〔清〕張廷玉等　撰

明史

中華書局

明史卷一百五十五

列傳第四十三

宋晟　薛祿郭義　金玉　劉榮　朱榮　費瓛　譚廣

陳懷馬亮　蔣貴孫琬　任禮　趙安　趙輔　劉聚

宋晟，字景陽，定遠人。父朝用，兄國興，並從渡江，皆積功至元帥。攻集慶，國興戰歿，晟嗣其職。既而朝用請老，晟方從鄧愈克徽州，召還，襲父官。累進都指揮同知，歷鎮江西、大同、陝西。洪武十二年坐法降涼州衞指揮使。十七年五月討西番叛酋，至亦集乃路，擒元海道千户也先帖木兒、國公吳把都剌赤等，俘獲萬八千人，送酋長京師，簡其精銳千人補卒伍，餘悉放遣。召還，復爲都指揮，進右軍都督僉事，仍鎮涼州。

二十四年充總兵官，與都督劉真討哈梅里。其地去肅州千餘里。晟令軍中多具糧糗，倍道疾馳，乘夜至城下。質明，金鼓聲震地，闔城股栗，遂克之。擒其王子別兒怯帖木兒、[一]

及僞國公以下三十餘人，收其部落輜重以歸。自是番戎慴服，兵威極於西域。明年五月從藍玉征罕東，徇阿眞川，土酋哈昝等遁去。師還，調中軍都督僉事。

二十八年六月從總兵官周興出開原，至忽剌江。部長西陽哈遁，追至甫答迷城，俘人畜而還。明年拜征南右副將軍，討廣西岬嶁諸寨苗，擒斬七千餘人。又明年，總羽林八衞兵討平五開、龍里苗。三十一年出鎮開平，從燕王出塞，還城萬全諸衞。建文改元，仍鎮甘肅。

成祖卽位，入朝，進後軍左都督，拜平羌將軍，遣還鎮。永樂三年招降把都帖木兒、倫都兒灰等部落五千人，獲馬駝牛羊萬六千。封西寧侯，祿千一百石，世指揮使。晟凡四鎮涼州，前後二十餘年，威信著絕域。帝以晟舊臣，有大將材，專任以邊事，所奏請輒報可。御史劾晟自專。帝曰：「任人不專則不能成功，況大將統制一邊，寧能盡拘文法。」卽敕晟以便宜從事。晟嘗請入朝。報曰：「西北邊務，一以委卿，非召命，毋輒來。」尋命營河西牧地，及圖出塞方略。會病卒，五年七月也。

晟三子。長瑄，建文中爲府軍右衞指揮使，戰靈壁，先登，斬數級，力鬭死。瑄弟琥，尚成祖女安成公主，得嗣侯，予世券。八年佩前將軍印，鎮甘肅。十年與李彬

捕叛酋老的罕，俘斬甚衆。召還。洪熙元年坐不敬奪爵，并削駙馬都尉官。宣德中復都尉。

琥既廢，弟瑛嗣。瑛尚咸寧公主。正統中，歷掌左軍前府事。瓦剌也先入寇，瑛充總兵官，督大同守將朱冕、石亨等戰陽和，全軍敗沒，瑛及冕皆戰死。贈鄆國公，謚忠順。

子傑嗣。景泰中典禁兵宿衞，以謹愼稱。卒，子誠嗣。署右府事，復佩平羌將軍印，鎮甘肅。誠有材武，嘗出獵至涼州，遇寇掠牛馬北去。誠三矢殪三人，寇驚散，盡驅所掠還。九傳至孫裕德，死流寇難。

薛祿，膠人。行六，軍中呼曰薛六。既貴，乃更名祿。祿以卒伍從燕起兵，首奪九門。眞定之戰，左副將軍李堅迎鬭。鋒始交，祿持槊刺堅墜馬，擒之。擢指揮僉事。從援永平，下大寧、富峪、會州、寬河。還救北平，先驅敗南軍游騎。進指揮同知。攻大同，爲先鋒。戰白溝河，追奔至濟南，遷指揮使。戰東昌，以五十騎敗南兵數百。時成祖爲盛庸所敗，還走北平。庸檄眞定諸將屯威縣、深州，邀燕歸路。祿皆擊走之。戰滹沱河，右軍却。祿馳赴陣，出入數十戰，破之，追奔至夾河，斬馘無算。戰單家橋，爲平安所執，奮脫縛，拔刀殺守卒，馳還復戰，大敗安軍。掠順德、大名、彰德。攻西水寨，生擒都指揮花英。乘勝下東阿、

東平、汶上，連戰淝河、小河、靈壁，功最。入京師，擢都督僉事。

永樂六年進同知。八年充驃騎將軍，從北征，進右都督。十年上言：「自古用人，必資豫教。今武臣子弟閒暇不教，恐緩急無可使者。」帝韙其言。會四方送幼軍數萬至，悉隸祿操習之。十五年以行在後軍都督董營造。十八年十二月定都北京，授奉天靖難推誠宣力武臣，封陽武侯，祿千一百石。二十一年將右哨從北征。還，討平長興盜。二十二年再領右哨從北征。

仁宗卽位，命掌左府，加太子太保，予世券。洪熙元年充總兵官，備禦塞外。尋以獲寇功，益祿五百石。是年頒諸將軍印於各邊鎮，祿佩鎮朔大將軍印，巡開平，至大同邊。宣宗卽位，召還，陳備邊五事。尋復遣巡邊。宣德元年從征樂安，爲前鋒。高煦就擒，留祿與尚書張本鎮撫之。明年春，奉詔巡視畿南諸府城池，嚴戒軍士毋擾民，違者以軍法論。是夏復佩大將軍印，北巡開平，還駐宣府。敵犯開平，無所得而退，去城三百餘里。祿帥精兵晝伏夜行，三夕至。縱輕騎蹂敵營，破之，大獲人畜。師還，敵躡其後，復奮擊敗之，敵由是遠遁。召還。三年從北征，破敵於寬河，留鎮薊州、永平。復數佩鎮朔印，巡邊護餉，出開平、宣府間。五年遇敵於鳳凰嶺，斬獲多，加太保。上言永寧衞團山及鵰鶚、赤城、雲州、獨石宜築城堡，便守禦。詔發軍民三萬六千赴工，精騎一千五百護之，皆聽祿節

制。臨行賜詩，以山甫、南仲爲比。祿武人不知書，以問楊士奇。士奇曰：「上以古賢人待君也。」祿拊心曰：「祿安敢望前賢，然敢不勉圖報上恩萬一。」其年六月有疾，召還。踰月卒。贈鄞國公，謚忠武。

祿有勇而好謀，謀定後戰，戰必勝。紀律嚴明，秋毫無犯。善撫士卒，同甘苦，人樂爲用。「靖難」諸功臣，張玉、朱能及祿三人爲最，而祿逮事三朝，巋然爲時宿將。

孫詵嗣。至曾孫翰卒，無子，族人爭襲，久之不得請，田宅並入官，世絕者三十餘年。萬曆五年乃復封翰族子鏊爲侯。再傳至濂。崇禎末，京師陷，被害。

永樂中從起兵北平，後積功至大將，封侯伯不以「靖難」功者，薛祿及郭義、金玉、劉榮、朱榮凡五人，而義、玉與祿同日封云。

郭義，濟寧人。洪武時，累功爲燕山千戶。從成祖入京師，累遷左都督。永樂九年坐曠職謫交阯立功，已而宥之。數從出塞，有功，封安陽侯，祿千一百石，亦授奉天靖難武臣號。時義在南京，疾革，聞命而卒。

金玉，江浦人。襲父官爲羽林衞百戶，調燕山護衞。從起兵有功，累遷河南都指揮使。

永樂三年進都督僉事。八年充鷹揚將軍從北征。師旋，爲殿。至長秀川，收敵所棄牛羊雜畜亙數十里。十四年討平山西妖賊劉子進。論前後功，封惠安伯，祿九百石。十九年卒。妻田氏自經以殉，贈淑人。

劉榮，宿遷人。初冒父名江。從魏國公徐達戰灰山、黑松林。爲總旗，給事燕邸。雄偉多智略，成祖深器之，授密雲衞百戶。從起兵爲前鋒，屢立戰功。徇山東，與朱榮帥精騎三千，夜襲南軍於滑口，斬數千人，獲馬三千，擒都指揮唐禮等。累授都指揮僉事。戰滹沱河，奪浮橋，掠館陶、曹州，大獲。還軍救北平，敗平安軍於平村。楊文以遼東兵圍永平，江往援，文引却。江聲言還北平，行二十餘里，卷甲夜入永平。文聞江去，復來攻。江突出掩擊，大敗之，斬首數千，擒指揮王雄等七十一人。遷都指揮使。從至淝河，與白義、王眞以輕騎誘致平安，敗之。

時南軍駐宿州，積糧爲持久計。成祖患之，議絕其餉道。命江將三千人往，趦趄不行。成祖大怒，欲斬之。諸將叩首請，乃免。渡江策功，以前罪不封，止授都督僉事。遷中府右都督。

永樂八年從北征，以遊擊將軍督前哨。乘夜據清水源，敗敵斡難河，復敗阿魯台於靖虜鎮。師還爲殿，卽軍中進左都督，遣鎮遼東。敵闌入殺官軍。帝怒，命斬江，既而宥之。九年復鎮遼東。十二年再從北征，仍爲前鋒，將勁騎偵敵於飲馬河。見敵騎東走，追至康哈里孩，擊斬數十人。復與大軍合擊馬哈木於忽失溫，下馬持短兵突陣，斬獲多，受上賞。復充總兵官，鎮遼東。

倭數寇海上，北抵遼，南訖浙、閩，瀕海郡邑多被害。江度形勢，請於金線島西北望海堝築城堡，設烽堠，嚴兵以待。十七年六月，瞭者言東南海島中舉火。江急引兵赴堝上。倭三十餘舟至，泊馬雄島，登岸奔望海堝。江依山設伏，別遣將斷其歸路，以步卒迎戰，佯却。賊入伏中，礮舉伏起，自辰至酉，大破賊。賊走櫻桃園空堡中。江開西壁縱之走，復分兩路夾擊，盡覆之，斬首千餘級，生擒百三十人。自是倭大創，不敢復入遼東。詔封廣寧伯，祿千二百石，予世券，始更名榮。尋遣還鎮。明年四月卒。

榮爲將，常爲軍鋒，所向無堅陣。馭士卒有紀律，恩信嚴明。諸欵塞者，撫輯備至。既卒，人咸思之。贈侯，謚忠武。

子湍嗣。卒，無子，弟安嗣。正統十四年與郭登鎮大同，也先擁英宗至城下，邀登出見，登不可。安出見，伏哭帝前。景帝降敕切責。安馳至京師，言奉上皇命來告敵情，且言

進己爲侯。羣臣交劾，下獄論死。會京師戒嚴，釋安充總兵官，陣東直門。寇退，進都督同知，守備白羊口，復伯爵。英宗復位，予世侯，再益祿三百石。曹欽反，安被創，加太子少傅。成化中卒。贈嶧國公，謚忠僖。傳爵至明亡。

朱榮，字仲華，沂人。洪武十四年以總旗從西平侯沐英征雲南。累官副千戶。守大寧，降於成祖。襲孫霖於滑口，圍定州，斷南軍餉道，大小二十餘戰，論功授都督僉事。

永樂四年從新城侯張輔征交阯，破雞陵關，會沐晟於白鶴。輔等議於嘉林江上流濟師，〔二〕遣榮陣下流十八里，日增其數以惑賊。又作舟筏爲欲濟狀，以牽制之。賊果分兵渡江登岸。榮等奮擊，大破之。大軍進克多邦城，榮功爲多。帝以榮嘗怠事，師還論功，僅擢右都督，賜白金鈔幣。七年復從輔討賊餘黨，平之。

明年督右掖，從征阿魯台，與劉榮並進左都督。十二年復從北征，與榮俱爲前鋒。其冬充總兵官，鎮大同。修忙牛嶺、兔毛河、赤山、榆楊口、來勝諸城，〔三〕寇不敢近。居三年，召還。

十八年代劉榮鎮遼東。二十年復從北征，爲前鋒。駐鸚鵡峒寇，以五千騎覘敵所向。大軍次玉沙泉。榮帥銳士三百人，人三馬，齎二十日糧深入。敵已棄牛羊馬駝北走，悉收

之，焚其輜重，移師破兀良哈。師還，封武進伯，祿千二百石，仍鎮遼東。二十二年復從北征。已，還鎮。洪熙元年佩征虜前將軍印，鎮如故。其年七月卒於鎮。贈侯，謚忠靖。

子冕嗣。以晉王濟熿新廢，命鎮山西，尋召還。六年命輸餉獨石，因巡其地。正統四年，佩征西將軍印，鎮大同。十四年從北征，戰於陽和，死之。謚忠愍。子瑛嗣。傳爵至明亡。

費瓛，定遠人。祖愚，洪武時爲燕府左相，改授燕山中護衞指揮使，傳子肅。至瓛從成祖起兵有功，累進後軍都督僉事。

永樂八年春，涼州衞千戶虎保、永昌衞千戶亦令眞巴等叛，衆數千，屯據驛路。新附伯顏帖木兒等應之。西鄙震動。都指揮李智擊之不勝。賊聲言攻永昌、涼州城。皇太子命瓛往討。至涼州，智及都指揮陳懷以師會，遂進兵鎮番。遇賊於雙城。瓛擊其左，懷等擊其右。賊大敗走，斬首三百餘級。追奔至黑魚海，獲賊千餘，馬駝牛羊十二萬。虎保等遠遁。乃班師。

十二年充總兵官，鎮甘肅。瓛以肅州兵多糧少，脫有調發，猝難措置，請以臨鞏稅糧付

近邊軍丁轉運。又以涼州多閑田，請給軍屯墾。從之。洪熙元年予平羌將軍印。永樂時，諸邊率用宦官協鎮，恣睢專軍務，瓛亦爲所制。仁宗知之，賜璽書責之曰：「爾以名臣後，受國重寄，乃俯首受制於人，豈大丈夫所爲！其痛自懲艾，圖後效。」瓛得書陳謝。

宣宗嗣位，進右府左都督。元年七月入朝，封崇信伯，祿千一百石。從征高煦，次流河驛。帝念前鋒薛祿軍少，命瓛帥兵益之。還，予世券，復鎮甘肅。二年，沙州衞賊屢劫撒馬兒罕及亦力把里貢使，瓛討破之。明年卒於鎮。

瓛爲人和易，善撫士。在鎮十五年，境內寧謐。子釗嗣。從征鄧茂七，還掌都督府。天順中，受武定侯郭英次孫昭賂，誣嫡孫昌不孝，欲奪其爵。法司請逮治。詔解府事。卒，子淮嗣爵。傳至明亡乃絕。

譚廣，字仲宏，丹徒人。洪武初，起卒伍，從征金山，爲燕山護衞百戶。從成祖起兵，以百騎掠涿州，生得將校三十人。戰白溝、眞定、夾河咸有功，屢遷指揮使，留守保定。都督韓觀帥師十二萬來攻。廣以孤軍力拒四十餘日，伺間破走之。永樂九年進大寧都指揮僉事。〔四〕董建北京。既而領神機營，從北征，充驍騎將軍。十

一年練軍山西。明年從征九龍口，爲前鋒。賊數萬憑岸，廣命挽强士射之。萬矢齊發，死者無算。乘勝夾擊，賊大敗。論功，進都督僉事。

仁宗嗣位，擢左都督，佩鎮朔將軍印，鎮宣府。宣德三年請軍衞如郡縣例，立風雲雷雨山川社稷壇。六年以宣府糧少，請如開平、獨石召商中鹽納粟，以足兵食。俱從之。明年，帝從戶部議，令他衞軍戍宣府者，悉遣還屯種。廣上言：「臣所守邊一千四百餘里，敵人窺伺，竊發無時。脫有警，徵兵數百里外，勢豈能及。屯種之議，臣愚未見其可。」帝以邊卒戍守有餘，但命永樂中調戍者勿遣。

正統初，朝議以脫歡雖款塞，狡謀未可測，命廣及他鎮總兵官陳懷、李謙、王彧圖上方略。廣等各上議，大要謂：「邊寇出沒不常，惟守禦爲上策。宜分兵扼要害，而間遣精銳巡塞外，遇敵則量力戰守，間諜以偵之，輕兵以躡之。寇來無所得，去有所懼，則邊患可少弭。」帝納其言。六年十一月以禦敵功，封永寧伯，祿千二百石，仍鎮宣府。八年乞致仕。優詔不許。明年十月召還陛見。帝憫其老，免常朝。是月卒，年八十二。謚襄毅。

廣長身多力，奮跡行伍至大將，大小百餘戰，未嘗挫衄。在宣府二十年，修屯堡，嚴守備，增驛傳，又請頒給火器於各邊。將校失律，卽奏請置罪，而撫士卒有恩。邊徼帖然，稱名將。嘗逞憤杖殺都司經歷，又以私憾杖百戶，並爲言官所劾。置不問。既卒，吏部言非

世券，授其子序指揮使。

陳懷，合肥人。襲父職爲眞定副千戶。永樂初，積功至都指揮僉事。從平安南，進都指揮使，涖山西都司事。再從張輔擒安南賊簡定，從都督費瓛征涼州叛人虎保，皆有功。仁宗立，進都督同知。

宣德元年代梁銘爲總兵官，鎮寧夏。時官軍征交阯者屢敗，詔發松潘軍援之，將士憚行。千戶錢宏與衆謀，詐言番叛，帥兵掠麥匝諸族。番人震恐，遂反。殺指揮陳傑等，陷松潘、疊溪，圍威、茂諸州。指揮吳玉、韓整、高隆相繼敗績，西鄙騷然。詔遣鴻臚丞何敏、指揮吳瑋往招之，而命懷統劉昭、趙安、蔣貴帥師數萬隨其後。瑋等至，賊不順命。瑋與龍州知州薛繼賢擊賊，復松潘。比懷至，仍用瑋前鋒，遂復疊溪，降二十餘寨，招撫復業者萬二千二百餘戶，歸所掠軍民二千二百餘人，事遂定。進左都督，厚賚金幣，而絀瑋功不錄。懷留鎮四川。在鎮驕縱不法，干預民事，受賕庇罪人，侵奪屯田，笞辱僉事柴震等，數爲言官所劾。帝降敕責讓，復以御史王禮彈章示之。懷引罪。置不問。

六年，松潘勒都、北定諸族曁空郎、龍溪諸寨番復叛。懷遣兵戰敗，指揮安寧等死者三

百餘人。懷乃親督兵深入，破革兒骨寨，進攻空郎乞兒洞。賊敗，斬首墜崖死者無算。革兒骨賊復聚生苗邀戰。擊破之，剿戮殆盡。於是任昌、牛心諸寨番聞風乞降，羣寇悉平。久之，巡按御史及按察使復奏：「懷僭侈踰分。每旦，令三司官分班立，有事跪白。懷中坐，稱旨行遣。且日荒於酒，不飭邊備，致城寨失陷。」宣宗怒，召懷還，命文武大臣鞫之，罪當斬。下都察院獄，宥死落職。

正統二年以原官鎭大同。時北人來貢者日給廩餼，爲軍民累。懷言於朝，得減省。居二年，以老召還，命理中府事。九年春，與中官但住出古北口，征兀良哈。還與馬亮等同封，而懷得平鄉伯。十四年扈駕北征，死土木。贈侯，諡忠毅。

子輔乞襲爵，吏部言非世券，執不許。景帝以懷死事，許之。輔卒，子政請襲，吏部執如初，中旨許嗣。政鎭兩廣久，自陳軍功，乞世券，吏部復執不可，詔予之。政卒，子信嗣。弘治中卒，無子，弟俊嗣指揮使。

馬亮，淇人。以燕山衞卒從成祖起兵，累功至都指揮僉事。宣宗時官至左都督。兀良哈之役，偕中官劉永誠出劉家口，至黑山、大松林、流沙河諸處，遇賊勝之，還封招遠伯。是役也，王振主之，故諸將功少率得封。

亮善騎射，每戰身先士卒，所向克捷，時稱驍將。爲伯三年卒。諡榮毅。

蔣貴，字大富，江都人。以燕山衞卒從成祖起兵。雄偉多力，善騎射，積功至昌國衞指揮同知。從大軍征交阯及沙漠，遷都指揮僉事，掌彭城衞事。宣德二年，四川松潘諸番叛，充右參將，從總兵官陳懷討之。募鄉導，絕險而進，薄其巢，一日十數戰，大敗之。進都指揮同知，鎭守密雲。七年復命爲參將，佐懷鎭松潘。明年進都督僉事，充副總兵，協方政鎭守。又明年，諸番復叛，政等分道進討。貴督兵四千，攻破任昌大寨，會都指揮趙得、宮聚兵以次討平龍溪等三十七寨，斬首一千七百級，投崖墜水死者無算。捷聞，進都督同知，充總兵官，佩平蠻將軍印，代政鎭守。

英宗卽位，以所統皆極邊地，奏增軍士月糧。正統元年召還，爲右都督。阿台寇甘、涼，邊將告急，命佩平虜將軍印，帥師討之。賊犯莊浪，都指揮江源戰死，亡士卒百四十餘人。侍郎徐晞劾貴，朝議以貴方選軍甘州，勢不相及，而莊浪乃晞所統，責晞委罪，置貴不問。

明年春，諜報敵駐賀蘭山後。詔大同總兵官方政、都指揮楊洪出大同迤西，貴與都督趙安出涼州塞會剿。貴至魚兒海子，都指揮安敬言前途無水草，引還。鎭守陝西都御史陳鎰言狀，〔五〕尚書王驥出理邊務，斬敬，責貴立功。貴感奮，會朶兒只伯懼罪，連遣使入貢，敵勢稍弱。貴帥輕騎敗之於狼山，追抵石城。已，聞朶兒只伯依阿台於兀魯乃地，貴將二千五百人爲前鋒往襲。副將李安沮之，貴拔劍厲聲叱安曰：「敢阻軍者死。」遂出鎭夷，間道疾馳三日夜，抵其巢。阿台方牧馬，貴猝入馬羣，令士卒以鞭擊弓韣驚馬，馬盡佚。敵失馬，挽弓步鬬。貴縱騎蹂擊，指揮毛哈阿奮入其陣，大敗之。復分軍爲兩翼，別遣百騎乘高爲疑兵，轉戰八十里。會任禮亦追敵至黑泉，阿台與朶兒只伯以數騎遠遁，西邊悉平。三年四月，王驥以捷聞，論功封定西伯，食祿一千二百石，給世券。明年代任禮鎭甘肅。又明年冬，以征麓川蠻思任發，召還京。

六年命佩平蠻將軍印，充總兵官，與王驥帥師抵金齒。分路進搗麓川上江寨，破杉木籠山七寨及馬鞍山象陣，〔六〕功皆第一。事詳王驥傳。明年，師還，進封侯，益祿三百石。八年夏，復佩平蠻將軍印，與王驥討思任發子思機發，攻破其寨。明年，師還，賞賚甚渥，加歲祿五百石。是役也，貴子雄乘敵敗，帥三十人深入。敵扼其後，自刎沉於江。贈懷遠將軍、彭城衞指揮使。

十四年正月，貴卒，年七十。贈涇國公，諡武勇。

貴起卒伍，不識字，天性樸實，忘己下人，能與士卒同甘苦。出境討賊，衣糧器械常身自囊負，不役一人，臨陣輒身先之，以故所向有功。

子義，病不能嗣，以義子琬嗣侯。天順末，佩平羌將軍印，總兵甘肅，築甘州沙河諸屯堡。

成化八年召還，協守南京，兼督操江。十年入督十二團營，尋兼總神機營兵。上言：「太祖肇建南京，京城外復築土城以衞居民，誠萬世之業。今北京但有內城。己巳之變，敵騎長驅直薄城下，可以爲鑒。今西北隅故址猶存，亟行勸募之令，濟以工罰，成功不難。」又言：「大同、宣府諸塞下，腴田無慮數十萬，悉爲豪右所占。畿內八府，良田半屬勢要家，細民失業。脫使邊關有警，內郡何資？請遣給事、御史按覈塞下田，定其科額；畿內民田，嚴戢豪右毋得侵奪。庶兵民足食而內外有備。」章下所司。雖不盡行，時論韙之。十三年帥京軍防秋大同、宣府，陳機宜十餘事。皆報可。十五年偕汪直按遼東邊事。

二十年佩將軍印，出禦邊寇。寇退班師，累加太保兼太子太傅。卒，贈涼國公，諡敏毅。

子𤫊嗣，典京營兵。弘治中充總兵官，歷鎮薊州、遼東、湖廣。官中外二十年，家無餘貲。再傳至孫傅。嘉靖中，累典軍府。佩征蠻將軍印，鎮兩廣。以平海賊及慶遠瑤功，加太子太保。明亡，爵絕。

任禮，字尚義，臨漳人。以燕山衞卒從成祖起兵，積功至山東都指揮使。永樂二十年擢都督僉事，從北征，前行偵敵，還受厚賞。仁宗卽位，命掌廣西都司事，尋改遼東。宣宗立，進都指揮同知。從平樂安，又從征兀良哈，還爲後拒。英宗立，進左都督。

正統元年佩平羌將軍印，充左副總兵鎮甘肅。阿台、朶兒只伯數犯肅州，璽書譙讓。二年復寇莊浪。都指揮魏榮擊却之，擒朶兒只伯姪把禿孛羅。禮以聞。三年與王驥、蔣貴出塞，敗朶兒只伯於石城，復分道至梧桐林、亦集乃，進至黑泉而還。斬獲多，封寧遠伯，祿千二百石。明年還朝。又明年代貴鎮甘肅。

八年，赤斤蒙古衞都督且旺失加苦也先暴橫，欲移駐也洛卜剌。禮以其地近肅州，執不許。已，奏請建寺於其地。禮復言許其建寺，彼必移居，遺後患，事竟寢。時邊將家僮墾塞上田者，每頃輸糧十二石。禮連請於朝，得減四石。是時邊塞無警，禮與巡撫曹翼屯田

積粟，繕甲訓兵，邊備甚固。

十一年，沙州衞都督喃哥兄弟爭，部衆離貳。禮欲乘其饑窘，遷之內地。會喃哥亦請居肅州境內。禮因遣都指揮毛哈剌往撫其衆，而親帥兵繼其後。比至，喃哥復持兩端。其部下欲奔瓦剌，禮進兵逼之，遂收其全部千二百餘人以還。事聞，賜賚甚厚。時瓦剌也先方盛，封喃哥弟鎖南奔爲祁王。禮以二寇合則勢益難制，遣人招之。鎖南奔欲從未決，禮潛師直抵罕東，縶之以歸。帝大喜，賜禮鐵券，令世襲。

十四年，也先分道入寇，抵肅州。禮遣裨將禦之，再戰再敗，失士馬萬計。徵還，以伯就第。景泰初，提督三千營，以老致仕。久之，復起守備南京，入掌中府。

禮自起卒伍，至大將，恪謹奉法。成化初卒。贈侯，謚僖武。子壽嗣，總兵鎮陝西。坐征滿四失律，宥死戍邊。子弘，予世指揮使。

趙安，狄道人。從兄琦，土指揮同知，坐罪死，安謫戍甘州。永樂元年進馬，除臨洮百戶，使西域。從北征有功，累進都指揮同知。

宣德二年，松潘番叛。充左參將，從總兵陳懷討平之，進都督僉事。時議討兀良哈，詔安與史昭統所部赴京師。兀良哈旋來朝，命回原衞。使烏思藏，四年還。明年復以左參將從史昭討曲先，斬獲多。九年，中官宋成等使烏思藏，命安帥兵千五百人送之畢力术江。〔三〕尋與侍郎徐晞出塞討阿台、朶兒只伯，敗之。

正統元年進都督同知，充右副總兵官，協任禮鎮甘肅。明年與蔣貴出塞，勦寇無功。三年，復與王驥、任禮、蔣貴分道進師，至刁力溝執右丞、達魯花赤等三十人。以功封會川伯，祿千石。明年移鎮涼州。安家臨洮，姻黨厮養多爲盜，副使陳斌以聞。在涼州又多招無賴爲僮奴，擾民，復爲御史孫毓所劾。詔皆不問。

安勇敢有將略，與貴、禮並稱西邊良將。九年十二月卒。子英爲指揮使，立功，進都督同知。

趙輔，字良佐，鳳陽人。襲職爲濟寧衞指揮使。景帝嗣位，尚書王直等以將才薦，擢署都指揮僉事，充左參將，守懷來。天順初，徵入右府涖事。

成化元年以中府都督同知拜征夷將軍，與韓雍討兩廣蠻，克大藤峽，還封武靖伯。已而蠻入潯州，言官交劾。廣西巡按御史端宏謂：「賊流毒方甚，而輔妄言賊盡，冒封爵，不罪

輔無以示戒。」輔乃自陳戰閥，委其罪於守將歐信。帝皆弗問。三年總兵征迤東，與都御史李秉從撫順深入，連戰有功，進侯。

八年，廷議大舉搜河套，拜輔將軍，陝西、延綏、寧夏三鎮兵皆聽節制。輔至榆林，寇已深入大掠。輔不能制，與王越疏請罷兵。言官交論其罪。命給事中郭鏜往勘，還言：「寇於六月入平涼、鞏昌、臨洮，殺掠人畜。迨七月而縱橫慶陽境內。輔與越至榆林不進，宜治其弛兵玩寇罪。」帝不納。輔還，猶督京營。言者攻益力，詔姑置之。輔辭侯，乞世伯。帝許其世伯，侯如故，僅減祿二百石。言官力爭。不聽。輔復上疏暴功，言減祿無以贍老。又言上命內官盧永征南蠻，黃順、汪直征東北，皆莫大功，宜付史館。余子俊等請置輔於法，卒不問。十二年解營務。家居十年卒。贈容國公，謚恭肅。

輔少俊辯有才，善詞翰，多交文士，又好結權幸。故屢遭論劾，卒無患。子承慶嗣伯，協守南京。正德初，坐傳寫諫官劉茝疏，爲劉瑾所惡，削半祿閑住。四傳至玄孫光遠，萬曆中鎮湖廣。明亡乃絕。

劉聚者，太監永誠從子也。爲金吾指揮同知。以「奪門」功，進都指揮僉事，復超擢都

督同知。與討曹欽，進右都督。

成化六年以右副總兵從朱永赴延綏，追賊黄草梁。遇伏，鏖戰傷頰，麾下力捍以免。頃復與都督范瑾等擊寇青草溝，敗之。永等追寇牛家砦，聚亦據南山力攻。寇大敗，出境。論功進左都督，以内援特封寧晉伯。

八年冬代趙輔爲將軍，總陝西諸鎭兵。寇入花馬池，率副總兵孫鉞、遊擊將軍王璽等擊却之。還至高家堡，寇復至，敗之。追奔至漫天嶺，伏起夾擊，又敗之。鉞、璽亦別破賊於井油山。捷聞，予世券。

其冬，孛羅忽、滿都魯、乩加思蘭遠兵深入，至秦州、安定、會寧諸州縣，縱横數千里。賊退，適王越自紅鹽池還，妄以大捷聞，璽書嘉勞。頃之，紀功兵部員外郎張謹劾聚及總兵官范瑾等六將，殺被掠者冒功。部科及御史交章劾。詔遣給事中韓文往勘，還奏如謹言。所報首功百五十，僅十九級。帝以寇既遁，置不問。聚尋卒。贈侯，謚威勇。

傳子祿及福。福，弘治中掌三千營，加太子太保。卒，子岳嗣。卒，從子文請嗣。吏部言聚無大功，子孫不宜再襲。世宗不允，命文嗣。亦傳至明亡乃絶。

贊曰：宋晟在太祖時，卽與開國諸元勳參迹戎行，其後四鎭涼州，威著西鄙。兩子尚主，世列徹侯，功名盛矣。薛祿以下諸人，皆與「靖難」。祿東昌、滹沱之戰，劉榮守永平，譚廣守保定，宣力最著。雖策勳之日，未卽剖符，而各以積閥受封。其善撫士卒，愼固封守，恪謹奉職，有足尚者。趙輔、劉聚猷績遠遜前人，而帶礪之盟，與國終始，誠厚幸哉。諸人並以勳爵鎭禦邊陲，故類著於篇。

校勘記

〔一〕擒其王子别兒怯帖木兒　别兒怯帖木兒之「别」字原誤作「列」，據本書卷三三〇哈梅里傳及太祖實録卷二一一洪武二十四年八月乙亥條改。

〔二〕輔等議於嘉林江上流濟師　嘉林江，原作「嘉陵江」，據本書卷一五四張輔傳、紅格本太宗實録卷六二永樂四年十二月辛卯條改。

〔三〕修忙牛嶺兔毛河赤山榆楊口來勝諸城　兔毛河、赤山，本書卷四一地理志作「兔毛川」、「赤兒山」。地書不載「來勝」，疑爲「東勝」之譌。讀史方輿紀要卷四四大同府東勝城注云：「洪武二十六年城東勝。」又云：「正統三年邊將周諒言，東勝州廢城西濱黄河，東接大同，南抵偏關，北連大山、榆楊等口，中有赤兒山，東西坦平，二百餘里，其北連亘官山，實外寇出没必經之地。」其所言地望，與「東勝」合。

〔四〕永樂九年進大寧都指揮僉事　永樂九年，明史稿傳三〇譚廣傳、英宗實録卷一一二正統九年十月甲子條均作「永樂元年」。「九」疑爲「元」之譌。

〔五〕鎭守陝西都御史陳鎰言狀　陳鎰，明史稿傳三〇蔣貴傳、英宗實録卷三五正統二年十月辛巳條均作「羅亨信」。按本書卷一七二羅亨信傳也説羅亨信「上章言貴逗留狀」，應以「羅亨信」爲是。

〔六〕破杉木籠山七寨及馬鞍山象陣　杉木籠山，原作「木籠山」，脱「杉」字，據本書卷一七一王驥傳補。按本書卷二四七劉綎傳、明一統志卷八七、蠻司合誌卷九作「沙木籠山」，本書卷三一四麓川傳則二名錯出。

〔七〕命安帥兵千五百人送之畢力术江　畢力术江，原作「畢力木江」，據本書卷三三〇阿瑞衞傳、卷三三一朶甘傳，明史稿傳三〇趙安傳改。

明史卷一百五十六

列傳第四十四

吳允誠子克忠　孫瑾　薛斌子綬　弟貴　李賢　吳成滕定　金順　金忠蔣信　李英從子文　毛勝　焦禮　毛忠孫銳　和勇　羅秉忠

吳允誠，蒙古人。名把都帖木兒，居甘肅塞外塔溝地，官至平章。永樂三年與其黨倫都兒灰率妻子及部落五千、馬駝萬六千，因宋晟來歸。帝以蒙古人多同名，當賜姓別之。尚書劉儁請如洪武故事，編爲勘合。允誠得賜姓名，授右軍都督僉事。倫都兒灰亦賜姓名柴秉誠，授後軍都督僉事。餘授官賜冠帶，給畜產鈔幣有差，使領所部居涼州耕牧。晟以招徠功，封西寧侯。自是降附者益衆，邊境日安，由允誠始。

七年往亦集乃覘敵，擒哈刺等二十餘人，進都督同知。明年從出塞，敗本雅失里，進右都督。尋進左都督。與中官王安追闊脫赤，至把力河獲之。封恭順伯，食祿千二百石，予世券。

允誠三子：答蘭、管者、克勤。允誠與二子從軍，留其妻及管者居涼州。番人虎保等誘脅允誠衆，欲叛去。允誠妻與管者謀，召部將都指揮保住、卜顏不花等擒其黨，誅之。帝喜，降敕獎之，賜纈鈔羊米甚厚，授管者指揮僉事。保住賜姓名楊效誠，授指揮僉事。韃靼可汗鬼力赤遇弒，其下多潰。答蘭與別立哥請出塞自效，有功。別立哥者，秉誠子也。

帝征瓦剌，允誠父子皆從。師還，命仍居涼州備邊。允誠卒，贈國公，謚忠壯。命答蘭更名克忠，襲其爵。再征阿魯台，從行。三征阿魯台，復從。兄弟皆有功。洪熙元年以戚里恩，克忠進侯。時管者已積功至都指揮同知，亦封廣義伯。克忠嘗充副總兵巡邊。正統九年統兵出喜峰口，征兀良哈，有功，加太子太保。

土木之變，克忠與其弟都督克勤子瑾爲後拒，寇奔至，驟戰不勝。敵兵據山上，飛矢石如雨，官軍死傷略盡。克忠下馬射，矢竭，猶殺數人，與克勤俱歿於陣。贈邠國公，謚忠勇。克勤贈遵化伯，謚僖敏。

瑾被執，逃歸，嗣侯。英宗嘗欲使瑾守甘肅，辭曰：「臣，外人，若用臣守邊，恐外裔輕中國。」帝善其言，乃止。曹欽反，瑾與從弟琮聞變，椎長安門上告。門閉，欽攻不得入，遂縱火。瑾將五六騎與欽力戰死。贈涼國公，謚忠壯，予世券。

三傳至曾孫繼爵，嘗守備南京。傳子汝胤孫惟英，與繼爵皆總督京營戎政。崇禎末，都城陷，汝胤弟勳衛汝徵偕妻女投繯死。

管者卒，子玘嗣。管者妻早奴亦有智略，嘗親入朝獻良馬。朝廷多其忠。玘卒，管者弟克勤子琮嗣，鎮守寧夏。成化四年，滿四反。琮坐激變，且臨陣先退，下獄論死。謫戍邊，爵除。

薛斌，蒙古人，本名脫歡。父薛台，洪武中歸附，賜姓薛，累官燕山右護衛指揮僉事。斌嗣職，從起兵，累遷都督僉事。從北征有功，進都督同知。永樂十八年封永順伯，祿九百石，世指揮使。

斌卒，子壽童方五歲，從父貴引見仁宗，立命嗣伯，賜名綬。長，驍勇善戰。正統十四年秋與成國公朱勇等遇敵於鷂兒嶺。軍敗，弦斷矢盡，猶持空弓擊敵。敵怒，支解之。旣

而知其本蒙古人也，曰：「此吾同類，宜勇健若此。」相與哭之。謚武毅。子輔，孫勳，並得嗣伯。勳子璽乃嗣指揮使，如券文。

貴，本名脫火赤，斌之弟。以舍人從燕王起兵，屢脫王於險，積官都指揮使。再從北征，進都督僉事。永樂二十年封安順伯，〔一〕祿九百石。宣德元年進侯，加祿三百石，予世券。卒，贈濱國公，謚忠勇。無子，從子山嗣爲指揮使。天順改元，以復辟恩，命山子忠嗣伯。卒，子瑤嗣。弘治中卒，子昂降襲指揮使。

李賢，初名丑驢，韃靼人。元工部尚書。〔二〕洪武二十一年來歸，通譯書。太祖賜姓名，授燕府紀善。侍燕世子最恭謹。「靖難」師起，有勞績，累遷都指揮同知。凡塞外表奏及朝廷所降詔敕，皆命賢譯。賢亦屢陳所見。成祖皆採納之。仁宗卽位，念舊勞，進後軍都督僉事，再進右都督，賜賚甚渥。尋召見，憫其病，封忠勤伯。食祿千一百石。尋卒。

吳成，遼陽人，初名買驢。父通伯，元遼陽行省右丞。太祖時，覲童來降，通伯父子與俱。買驢更今姓名，充總旗，數從大軍出塞。建文元年授永平衛百戶。降燕，從戰皆有功，三遷都指揮僉事，始知名。南軍聞吳買驢名，多於陣上指目之。設伏淝河，進兵小河，合戰

齊眉山，攻敗靈壁軍，皆殊死鬭，功多。

成祖即位，授都指揮使。從征本雅失里。疾戰，本雅失里以七騎遁。從征阿魯台，合朱榮兵爲前鋒，追至闊灤海。召還，進都督僉事。又三從出塞。洪熙元年進左都督。從陽武侯薛祿征大松嶺，爲前鋒，有功，增祿米。宣宗初，以成營宿衞東宮，錄舊勞，封淸平伯，祿千一百石，予世券。從征樂安，復與薛祿爲前鋒。事定，出守備興和。成好畋獵而不修武備。寇伺其出獵，卒入城，掠其妻孥以去。帝聞之，置不罪。已而阿魯台入貢，還其家口。三年，帝北征，從敗賊於寬河，進侯，祿如故。八年卒。贈渠國公，〔三〕諡壯勇。

子忠前死，忠子英嗣伯。卒，子璽嗣。坐貪淫奪爵。久乃復之。卒，無子，從弟琮嗣。四傳至玄孫遵周。〔四〕崇禎末，京師陷，被殺。

滕定，父璮住，元樞密知院。洪武中，來降。授會州衞指揮僉事，賜姓滕。從燕起兵，進燕山右衞指揮使。卒，定嗣官，屢從出塞，有功，進至都督僉事。宣德四年封奉化伯，祿八百石。正統初卒。子禰嗣，爲指揮使。

金順，本名阿魯哥失里。永樂中來降，授大寧都指揮僉事。從敗本雅失里，又敗阿魯台，累進都督僉事。宣德三年從巡北邊，有斬捕功。明年封順義伯，祿八百石。卒，子忠嗣，爲指揮僉事。

金忠者，蒙古王子也先土干也。素桀黠，爲阿魯台所忌。永樂二十一年，成祖親征漠北，至上莊堡，率妻子部屬來降。時六師深入，寇已遠遁。帝方恥無功，見其來歸，大喜，賜姓名，封忠勇王，賜冠帶織金襲衣，命坐列侯下，輟御前珍羞賜之，復賜金銀寶器。忠大喜過望。班師在道，忠騎從，數問寇中事，眷寵日隆。明年，忠請爲前鋒，討阿魯台自效。帝初不許。會大同、開平警報至，諸將請從忠言。帝復出塞，忠與陳懋爲前鋒，而阿魯台聞王師復出，倉皇渡答蘭納木兒河遁去。忠、懋至河不見寇，抵白邙山，卒無所遇，乃班師。仁宗嗣位，加太子太保，並支二俸。

宣德三年親征兀良哈，敗寇於寬河。忠與把台請自效，帝許之。或言不可遣，帝曰：「去留任所欲耳。朕有天下，獨少此二人邪。」二人獲數十人、馬牛數百來獻。帝喜，命中官酌以金卮，遂賜之。明年加太保。六年秋卒。命有司治喪葬。

把台者，忠之甥，從忠來降，授都督僉事。宣德初，賜姓名蔣信。正統中，封忠勇伯。從駕陷土木，也先使隸賽罕王帳下。信雖居朔漠，志常在中國。每詣上皇所慟哭，擁衞頗至。已，竟從駕還，詔復給其祿。景泰五年卒。贈侯，諡僖順。子也兒索忽襲爵。天順初，更名善。弘治中卒。無子，爵絕。

李英，西番人。父南哥，洪武中率衆歸附，授西寧州同知，累功進西寧衞指揮僉事。英嗣官。

永樂十年，番酋老的罕叛。英擊之。討來川，俘斬三百六十人。夜雪，賊遁，追盡獲之，進都指揮僉事。番僧張答里麻者，通譯書。成祖授以左覺義。居西寧，恣甚。以計取西番貢使貲，納逋逃，交通外域，肆惡十餘年。英發其事，磔死，籍其家。西陲快之。

末年，中官喬來喜、鄧誠等使西域，〔五〕道安定、曲先，遇賊見殺，掠所齎金幣。仁宗璽書諭赤斤、罕東及安定、曲先，詰賊主名，而敕英與土官指揮康壽等進討。英詗知安定指揮哈三孫散哥、曲先指揮散即思實殺使者，遂率兵西入。賊驚走。追擊，踰崑崙山，深入數百里。至雅令闊，與安定賊遇，大敗之，俘斬千一百餘人，獲馬牛雜畜十四萬。曲先賊聞風遠遁，安定王桑爾加失夾等懼，詣闕謝辠。宣宗嘉英功，遣使褒諭，宴勞之，令馳驛入朝。既至，擢右府左都督，賜賚加等。宣德二年封會寧伯，〔六〕祿千一百石，并封南哥如子爵。

英恃功而驕，所爲多不法。寧夏總兵官史昭奏英父子有異志。南哥上章辯。帝宥英，賜敕慰諭之。英家西寧，招逋逃七百餘戶，置莊墾田，豪奪人產，復爲兵部及言官所劾。帝宥英，追逃者入官。七年，西寧指揮祁震子成當襲父職。庶兄監藏，英甥也，欲奪之。成從祖太平攜成赴京辯。英遣人篡取太平及其義兒杖之，義兒竟死。言官交劾，并及前罪，遂下英詔獄，奪爵論死。〔七〕正統二年始釋。後稍給其祿。尋卒。英宗復辟，官其子㫤錦衣指揮同知。尋進都指揮使，用薦擢左軍都督僉事，屢分典營務，以嚴愼稱。

英從子文，宣德間爲陝西行都司都指揮僉事。西番思俄可嘗盜他部善馬，都指揮穆肅求不得。會思俄可以畜產鬻於邊，肅誣以盜，收掠致死，番人惶駭思亂。文劾之，逮肅下吏，西陲以寧。累官都指揮使。

天順元年冒迎駕功，進都督僉事。未幾，以右都督出鎭大同。寇二千餘騎犯威遠，文率師敗之，封高陽伯。石亨敗，革奪門冒功者官。文自首，帝以守邊不問。

四年秋，孛來大舉入寇，文按兵不戰，遂入雁門，大掠忻、代諸州，京師震恐。寇退，徵文下詔獄，論斬。帝宥文死，降都督僉事，立功延綏。既而進都督同知。成化中，哈密爲土魯番所併，求救於朝。詔文與右通政劉文往甘肅經略之，無功而還。弘治初卒。正德初贈高陽伯。

毛勝，字用欽，初名福壽，元右丞相伯卜花之孫。伯父那海，洪武中歸附，以「靖難」功至都指揮同知，無子。勝父安太嗣爲羽林指揮使，傳子濟，無子，勝嗣。論濟征北功，進都指揮使。嘗逃歸塞外，尋復自還。

正統七年以征麓川功，擢都督僉事。靖遠伯王驥請選在京番將舍人，捕苗雲南。乃命勝與都督冉保統六百人往。已，再征麓川，卽命二人充左右參將。賊平，進都督同知。

十四年夏，也先謀入寇，勝偕平鄉伯陳懷等率京軍三萬鎮大同。懷遇寇戰歿，勝脫還。以武清伯石亨薦，景帝進勝左都督，督三千營操練。

貴州苗大擾，詔勝往討。未行，而也先逼京師。勝禦之彰義門北，擊退之。越二日，引兵西直門外，解都督孫鏜圍。明日，都督武興戰歿於彰義門，寇乘勝進。勝與都御史王竑急援之，寇遂引却。勝追襲至紫荆關，頗有斬獲。事定，乃命以左副總兵統河間、東昌降夷赴貴州。賊首韋同烈據香罏山作亂，勝與總兵梁珤、右副總兵方瑛等從總督王來分道夾

擊。勝進自重安江，大破之。會師山下，環四面攻之。賊窘，縛同烈降。還討湖廣巴馬諸處反賊，克二十餘寨，擒賊首吳奉先等百四十人，斬首千餘級，封南寧伯，予世券。疏請更名，從之。移鎮騰衝。金齒芒市長官刀放革潛結麓川遺孽思卜發爲變，勝設策擒之。

巡按御史牟俸劾其貪暴不法數十事，且言勝本降人，狡猾難制，今又數通外夷，恐貽邊患。詔巡撫覆實，卒置不問。天順二年卒。贈侯，謚莊毅。

子榮嗣。坐石亨黨，發廣西立功。成化初，鎮貴州，尋移兩廣。卒，子文嗣。弘治初協守南京，傳爵至明亡乃絕。

焦禮，字尚節，蒙古人。父把思台，洪武中歸附，爲通州衞指揮僉事。子勝嗣，傳至義榮，無子，以勝弟謙嗣，累功至都指揮同知。卒，子管失奴幼，謙弟禮借襲其職，備禦遼東。

宣德初，禮當還職。宣宗念禮守邊勞，命居職如故，別授管失奴指揮使。禮尋以年勞，累進都指揮同知。正統中，積功至右都督。英宗北狩，景帝命充左副總兵，守寧遠。未幾，也先逼京城，詔禮率師入衞。寇退還鎮。景泰四年，賊二千餘騎犯興水堡，禮擊走之。璽書獎勵，進左都督。

英宗復辟，以禮守邊有功，召入覲，封東寧伯，世襲，賜賚甚厚，遣還鎮。兵部以禮年垂八十，不可獨任，奏遣都指揮鄧鐸協同守備。居無何，禮奏鐸欺侮，請更調。命都指揮張俊代鐸。天順七年卒於鎮。贈侯，謚襄毅。

禮有膽略，精騎射，善以少擊衆。守寧遠三十餘年，士卒樂爲用，邊陲寧謐。孫壽嗣爵。卒，無子，弟俊嗣。成化末，歷鎮甘肅、寧夏。弘治中，掌南京前府，兼督操江，出鎮貴州、湖廣。俊少事商販，既貴，能下士，而折衝非所長。卒，子淇嗣。嘗分典京營。正德中，賄劉瑾，出鎮兩廣。踰年卒，弟洵嗣。洵雖嗣爵，先業盡爲淇妻所有。生母卒，無以葬，哀憤得疾卒。無子，以再從子棟嗣。嘉靖中，提督五軍營，兼掌中府。踰十年，改總兵湖廣。卒，贈太子太保，謚莊僖。傳爵至明亡乃絕。

毛忠，字允誠，初名哈喇，西陲人。曾祖哈喇歹，洪武初歸附，起行伍爲千戶，戰歿。祖拜都從征哈密，亦戰歿。父寶以驍勇充總旗，至永昌百戶。忠襲職時，年二十，膂力絕人，善騎射。常從太宗北征。宣德五年征曲先叛寇，有功。

八年征亦不剌山，擒僞少師知院。九年出脫歡山，十年征黑山寇，皆擒其酋。各進一官，歷指揮同知。

正統三年從都督蔣貴征朶兒只伯，先登陷陣，大獲，擢都指揮僉事。十年以守邊勞，進同知，始賜姓。明年從總兵官任禮收捕沙洲衞都督喃哥部落，徙之塞內，進都指揮使。十三年率師至罕東，生縶喃哥弟僞祁王鎖南奔并其部衆，擢都督僉事，始賜名忠。尋充右參將，協守甘肅。

景泰初，侍郎李實使漠北，還言忠數遣使通瓦剌。詔執赴京。既至，兵部論其罪，請置大辟。景帝不許。請貶官，發福建立功。乃遣之福建，而官秩如故，令甘肅守臣徙其家屬京師。初忠之征沙漠也，獲番僧加失領眞以獻。英宗赦不誅。後逃之瓦剌，爲也先用，憾忠，欲陷之，遂宣言忠與也先交通，而朝廷不察也。英宗在塞外獨知之，比復辟，卽召還。而忠在福建亦屢有斬馘功，乃擢都督同知，充左副總兵，鎮守甘肅。陛見，慰諭甚至，賜玉帶、織金蟒衣。

天順二年，寇大入甘肅，巡撫芮釗劾奏諸將失事罪。部議忠功足贖罪，置不問。三年以鎮番破賊功，進左都督。五年，孛來以數萬騎分掠西寧、莊浪、甘肅諸道，入涼州。忠鏖戰一日夜，矢盡力疲。賊來益衆，軍中皆失色。忠意氣彌厲，拊循將士，復殊死鬭。賊見終

不可勝，而援軍亦至，遂解去，忠竟全師還。七年，永昌、涼州、莊浪塞外諸番屢爲邊患。忠與總兵官衞穎分討之。忠先破巴哇諸大族。其酋㕷㖿、馬吉思諸族，他將不能下者，忠復擊破之。論功，忠止增祿百石，而穎乃得世券，忠以爲言，遂封伏羌伯。

成化四年，固原賊滿四據石城反。詔忠移師討之，與總督項忠等夾攻賊巢。忠由木頭溝直抵𪩘架山下，多所斬獲。賊稍却，冒矢石連奪山北、山西兩峰。而項忠等軍亦克山之東峰，及石城東、西二門。賊大窘，相對哭。忽昏霧起，他哨舉烟掣軍，賊遂併力攻忠。忠力戰不已，爲流矢所中，卒，年七十五。從子海、孫鎧前救忠，亦死。

忠爲將嚴紀律，善撫士。其卒也，西陲人弔哭者相望於道。事聞，贈侯，諡武勇，予世券。弘治中，從有司言，建忠義坊於蘭州，以表其里。又從巡撫許進言，建武勇祠於甘州城東，春秋致祭。

孫銳，襲伯爵。成化中，協守南京。弘治初，出鎮湖廣，改兩廣。平蠻賊，累有功，咸璽書獎勵。九年以廣西破賊，增歲祿二百石。言官劾銳廣置邸舍，私造大舶以通番商。置不問。思恩土官岑濬反，與總督潘蕃討平之。既又討平賀縣僮賊。加官至太子太傅。正德三年，劉瑾欲殺尚書劉大夏，坐以處置田州事失宜，幷逮銳下詔獄。獄具，革其加官幷歲祿五

百石。已而賄瑾，起督漕運。踰年，瑾誅，被劾罷。六年，盜劉宸等擾畿甸，命銳與中官谷大用討之。所統京軍皆驕惰不習戰。明年正月遇賊於長垣，與戰大敗，身被傷，亡將印。會許泰援軍至，僅免。言官交劾，乃召還。以與大用同事，竟不罪。世宗卽位，復起鎮湖廣。居三年卒。贈太傅，諡威襄。

傳子江及漢。漢，嘉靖中掌南京左府，提督操江，改總督漕運。未上，給事中楊上林劾其所至貪墨，詔褫職逮問。卒，無子，從子桓嗣。卒，子登嗣，萬曆中，掌中軍府事垂二十年。又再傳而明亡。

和勇，初名脫脫孛羅，和寧王阿魯台孫也。阿魯台既爲瓦剌脫歡所殺，子阿卜只俺窮蹙，款塞來歸。宣宗授以左都督，賜第京師。卒，勇襲指揮使，帶俸錦衣衞，積功至都督僉事。天順元年詔加同知，賜姓名。久之以兩廣多寇，命充遊擊將軍，統降夷千人往討。時總兵顏彪無將略，賊勢愈熾。廣西巡撫吳禎殺降冒功，得優賞。彪效之，亦殺平民報捷。朝廷進彪官，勇亦進右都督。旣而師久無功，言官劾文武將吏之失事者。詔停勇俸，充爲事官。

成化初，趙輔、韓雍征大藤峽賊，詔勇以所部從征。其冬，賊大破，進左都督，增祿百石。三年召督効勇營訓練。尋上言：「大藤峽之役，臣與趙輔同功。輔還京，餘賊復叛。臣親搗賊巢，縶其魁，誅其黨，還被掠男女四千人。今輔已封伯，而臣止進秩，惟陛下憐察。」憲宗以勇再著戰功，特封靖安伯。十年卒。諡武敏，世襲指揮使。

勇性廉謹。在兩廣時，諸將多營私漁利，勇獨無所取。時論稱之。

羅秉忠，初名克羅俄領占，沙州衞都督僉事困卽來子也。兄喃哥既襲父職，英宗復命秉忠爲指揮使，協理衞事。旣而喃哥率千二百人內徙，詔居之東昌、平山二衞，給田廬什器，所以撫恤甚厚。喃哥卒，秉忠爲都指揮使，代領其衆。

英宗北狩，塞上多警。朝議恐降人乘機爲變，欲徙之南方。會貴州苗亂，都督毛福壽南征，卽擢秉忠都督僉事，率所部援勦。積戰功至左都督。天順初，始賜姓名。曹欽之反，番官多從之者。秉忠亦坐下獄，籍其家。久之，上章自辯，乃得釋。成化初，尙書程信討山都掌蠻，秉忠以遊擊將軍從。既抵永寧，分兵六道。秉忠由金鵝江進，大破之。論功，封順義伯。十六年卒。諡榮壯，子孫世指揮使。

贊曰：明興，諸番部懷太祖功德，多樂內附，賜姓名授官職者不可勝紀。繼以成祖銳意遠圖，震耀威武，於是吳允誠、金忠之徒，率衆來屬，遂得列爵授任，比肩勳舊。或以戰功自奮，錫券受封，傳世不絕。視夫陸梁倔强者，順逆殊異，不其昭歟！土木以還，勢以不競，邊政日弛，火篩、俺答諸部騷動無寧歲。盛衰之故槪可考焉。

校勘記

〔一〕永樂二十年封安順伯　二十年，原作「二十二年」，第二個「二」字衍，據本書卷七成祖紀、卷一〇六功臣世表、太宗實錄卷一二四永樂二十年九月辛未條删。

〔二〕元工部尙書　工部尙書，仁宗實錄卷六洪熙元年正月丁丑條作「兵部尙書」。

〔三〕贈渠國公　渠國公，本書卷一〇七功臣世表三作「梁國公」。

〔四〕四傳至玄孫遵周　遵周，原作「遵用」，據本書卷一〇七功臣世表、小腆紀年附考卷四改。按遵周字鼎盟，名字相應。

〔五〕中官喬來喜鄧誠等使西域　鄧誠，原作「鄧成」，據本書卷三三〇西域傳、又卷三三一尼八剌國

傳、太宗實錄卷二一一永樂十六年八月戊寅條改。

〔六〕封會寧伯　本書卷三三〇西番諸衞傳作「會昌伯」。

〔七〕遂下英詔獄奪爵論死　傳繫奪爵於宣德七年，本書卷一〇七功臣世表、英宗實錄卷二八均作「正統二年三月癸巳，有罪革爵」，與此不合。

明史卷一百五十七

列傳第四十五

金純　張本　郭敦　郭璡　鄭辰　柴車　劉中敷 孫機〔一〕
張鳳　周瑄 子紘　楊鼎 翁世資　黃鎬　胡拱辰　陳俊
林鶚　潘榮　夏時正

金純，字德修，泗州人。洪武中國子監生。以吏部尚書杜澤薦，授吏部文選司郎中。三十一年出爲江西布政司右參政。成祖即位，以蹇義薦，召爲刑部右侍郎。時將營北京，命採木湖廣。永樂七年從巡北京。八年從北征，遷左侍郎。

九年命與宋禮同治會通河，又同徐亨、蔣廷瓚濬魚王口黃河故道。初，太祖用兵梁、晉間，使大將軍徐達開塌場口，通河於泗，又開濟寧西耐牢坡引曹、鄆河水，以通中原之運。其

後故道淤塞，至是純疏治之。自開封北引水達鄆城，入塌場，出穀亭北十里爲永通、廣運二閘。

十四年改禮部左侍郎。越二月，進尚書。十五年從巡北京。十九年同給事中葛紹祖巡撫四川。仁宗即位，改工部。居數月，又改刑部。明年兼太子賓客。宣德三年，純有疾，帝命醫視療。稍間，免其朝參，俾護疾視事。會暑，敕法司理滯囚。純數從朝貴飲，爲言官所劾。帝怒曰：「純以疾不朝而燕於私，可乎？」命繫錦衣獄。既念純老臣，釋之，落太子賓客。八月予致仕去。

純在刑部，仁宗嘗諭純：「法司近尚羅織，言者輒以誹謗得罪，甚無謂。自今告誹謗者勿論。」純亦務寬大，每誡屬吏不得妄椎擊人。故當純時，獄無瘐死者。正統五年卒。贈山陽伯。

張本，字致中，東阿人。洪武中，自國子生授江都知縣。燕兵至揚州，御史王彬據城抗，爲守將所縛。本率父老迎降。成祖以滁、泰二知州房吉、田慶成率先歸附，命與本並爲揚州知府，偕見任知府譚友德同涖府事。尋擢本江西布政司右參政。

永樂四年召爲工部左侍郎。坐事免官，冠帶辦事。明年五月復官。尋以奏牘書銜誤左爲右，爲給事中所劾。帝命改授本部右侍郎而宥其罪。

七年，皇太子監國，奏爲刑部右侍郎。善摘奸。命督北河運。躬自相視，立程度，舟行得無滯。會疾作，太子賜之狐裘冠鈔，遣醫馳視。十九年將北征，命本及王彰分往兩直隸、山東、山西、河南，督有司造車挽運。明年即命本督北征餉。

仁宗即位，拜南京兵部尚書兼掌都察院事。召見，言時政得失，且請嚴飭武備。帝嘉納之，遂留行在兵部。

宣德初，工部侍郎蔡信乞徵軍匠家口隸錦衣衞。本言：「軍匠二萬六千人，屬二百四十五衞所，爲匠者暫役其一丁。若盡取以來，家以三四丁計之，數近十萬。軍伍既缺，人情驚駭，不可。」帝善本言。

征漢庶人，從調兵食。庶人就擒，命撫輯其衆，而錄其餘黨。還以軍政久敝，奸人用貨脫籍，而援平民實伍，言於帝。擇廷臣四出釐正之。時馬大孳息，畿內軍民爲畜牧所困。本請分牧於山東、河南及大名諸府。山東、河南養馬自此始。晉王濟熿坐不軌奪爵，本奉命散其護衞軍於邊鎮。

四年命兼太子賓客。戶部以官田租減，度支不給，請減外官俸及生員軍士月給。帝以

軍士艱，不聽減，餘下廷議。本等持不可，乃止。陽武侯薛祿城獨石諸戍成，本往計守禦之宜。還奏稱旨，命兼掌戶部。本慮邊食不足，而諸邊比歲稔，請出絲麻布帛輸邊易穀，多者三四十萬石，少者亦十萬石，儲偫頓充。六年病卒，賜賻三萬緡，葬祭甚厚。

本廉介有執持，尚刻少恕。錄高煦黨，脅從者多不免。成祖宴近臣，銀器各一案，因以賜之。獨本案設陶器，諭曰：「卿號『窮張』，銀器無所用。」本頓首謝，其爲上知如此。

郭敦，字仲厚，堂邑人。洪武中，以鄉舉入太學。授戶部主事。遷衢州知府，多惠政。衢俗，貧者死不葬，輒焚其屍。敦爲厲禁，且立義阡，俗遂革。禁民聚淫祠。敦疾，民禱弛其禁。弗聽，疾亦瘳。

在衢七年，永樂初，坐累徵，耆老數百人伏闕乞留，不得。後廷臣言敦廉正，召補監察御史。遷河南左參政，調陝西。十六年春，胡濙言敦有大臣體，擢禮部右侍郎兼太僕寺卿，偕給事中陶衎巡撫順天。二十年督北征餉。

仁宗即位，以大行喪不齋宿，降太僕卿。旋進戶部左侍郎，兼詹事府少詹事。宣德二年進尚書。陝西旱，命與隆平侯張信整飭庶務當行者，同三司官計議奏行。敦乃請蠲逋

賦，振貧乏，考黜貪吏，罷不急之務，凡十數事。悉從之。歲餘，召還。在部多所興革，罷王田之奪民業者，令民開荒不起科。建漕運議，民運至瓜洲、儀眞，資衞卒運至京。民甚便之。

敦事親孝，持身廉。同官有爲不義者，輒厲色待之，其人悔謝乃已。性好學。公退，手不釋卷。六年，卒官，年六十二。

郭璡，字時用，初名進，新安人。永樂初，以太學生擢戶部主事。歷官吏部左、右侍郎。仁宗即位，命兼詹事府少詹事，更名璡。

宣宗初，掌行在詹事府。吏部尚書蹇義老，輟部務，帝欲以璡代。璡厚重勤敏，然寡學術。楊士奇言恐璡不足當之，宜妙擇大臣通經術知今古者。帝乃止。踰年，卒爲尚書。諭以呂蒙正夾袋，虞允文材館錄故事。璡由是留意人才。識進士李賢輔相器，授吏部主事，後果爲名相。時外官九年考滿，部民走闕下乞留，輒增秩復任。璡慮有妄者，請覆實。從之。

璡雖長六卿，然望輕。又政歸內閣，自布政使至知府闕，聽京官三品以上薦舉。既又命御史、知縣，皆聽京官五品以上薦舉。要職選擢，皆不關吏部。正統初，左通政陳恭言：

「古者擇任庶官，悉由選部，職任專而事體一。今令朝臣各舉所知，恐開私謁之門，長奔競之風，乞杜絕，令歸一。」下吏部議。璡遜謝不敢當，事遂寢。

正統六年，御史曹恭以災異請罷大臣不職者。帝命科道官參議。璡及尚書吳中、侍郎李庸等被劾者二十人。璡等自陳。帝切責而宥之。璡子亮受賂爲人求官。事覺，御史孫毓等劾璡。乃令璡致仕，而以王直代。

鄭辰，字文樞，浙江西安人。永樂四年進士。授監察御史。江西安福民告謀逆事，命辰往廉之，具得誣狀。福建番客殺人，復命辰往。止坐首惡，釋其餘。南京敕建報恩寺，役四萬人。蜚語言役夫謗訕，恐有變，命辰往驗。無實，無一得罪者。谷庶人謀不軌，復命辰察之，盡得其蹤跡。帝語方賓曰：「是眞國家耳目臣矣。」

十六年超遷山西按察使，糾治貪濁不少貸。潞州盜起，有司以叛聞，詔發兵討捕。辰方以事朝京師，奏曰：「民苦徭役而已，請無發兵。」帝然之。還則屏騶從，親入山谷撫諭。盜皆感泣，復爲良民。禮部侍郎蔚綬轉粟給山海軍，辰統山西民輦任。民勞，多逋耗，綬令即山海貸償之。辰曰：「山西民貧而悍，急之恐生變。不如緩之，使自通有無。」用其言，卒無

逋者。丁內艱歸，軍民詣御史乞留。御史以聞，服闋還舊任。

宣德三年召爲南京工部右侍郎。初，兩京六部堂官缺，帝命廷臣推方面官堪內任者。蹇義等薦九人。獨辰及邵玘、傅啓讓，帝素知其名，卽眞授，餘試職而已。

英宗卽位，分遣大臣考察天下方面官。辰往四川、貴州、雲南，悉奏罷其不職者。雲南布政使周璟居妻喪，繼娶。辰劾其有傷風敎，璟坐免。正統二年，奉命振南畿、河南饑。〔三〕時河堤決，卽命辰伺便修塞。或議自大名開渠，引諸水通衞河，利灌輸。辰言勞民不便，事遂寢。遷兵部左侍郎，與豐城侯李彬轉餉宣府、大同。鎮守都督譚廣撓令，劾之，事以辦。八年得風疾，告歸。明年卒。

辰爲人重義輕財。初登進士，產悉讓兄弟。在山西與同僚杜僉事有違言。杜卒，爲治喪，資遣其妻子。

柴車，字叔輿，錢塘人。永樂二年以舉人授兵部武選司主事，歷員外郎。八年，帝北征，從尚書方賓扈行。還遷江西右參議。坐事，左遷兵部郎中，出知岳州府，復入爲郎中。

宣德五年擢兵部侍郎。明年，山西巡按御史張勖言大同屯田多爲豪右占據，命車往

按。得田幾二千頃，還之軍。

英宗初，西鄙不靖。以車廉幹，命協贊甘肅軍務。調軍給餉，悉得事宜。初，朶兒只伯寇涼州，副總兵劉廣喪師，不以實聞，顧飾功要賞。車劾其罪。械廣至京，賜車金幣，旌其直。岷州土官后能冒功得陞賞，車奏請加罪。能復請，命宥之。車反覆論其不可，曰：「詐冒如能者，實繁有徒，臣方次第按覈。今宥能，何以戢衆？若無功得官，則捐軀死敵者，何以待之？」朝廷雖從能請，然嘉車賢，遣使勞賜之。

正統三年，以破朶兒只伯功，增俸一級。在邊，章數十上，悉中時病。同事多不悅，車持益堅。嘗建言：「漠北降人，朝廷留之京師，雖厚爵賞，其心終異。如長脫脫木兒者，昔隨其長來歸，未幾叛去。今乃復來，安知他日不再叛，宜徙江南，離其黨類。」事下兵部，請處之河間、德州。帝報可。後降者悉以此令從事。

四年進兵部尚書，參贊如故。尋命兼理陝西屯田。明年召還，命與僉都御史曹翼歲更代出鎮。及期病甚，詔遣大理寺少卿程富代翼，而命車歸治疾。未及行，六年六月卒。

車在江西時，以採木入閩，經廣信。廣信守，故人也，餽蜜一罌。發視之，乃白金。笑曰：「公不知故人矣」，却不受。同事邊塞者多以宴樂爲豪舉。車惡之，遂斷酒肉。其介特多此類。

劉中敷，大興人，初名中孚。燕王舉兵，以諸生守城功，授陳留丞。擢工部員外郎。仁宗監國，命署部事，賜今名，遷江西右參議。宣德三年遷山東右參政，進左布政使。質直廉靜，吏民畏懷。歲大侵，言於巡撫，減賦三之二。

正統改元，父憂奪情，俄召拜戶部尚書。帝沖年踐阼，慮羣下欺己，治尚嚴。而中官王振假以立威，屢摭大臣小過，導帝用重典，大臣下吏無虛歲。三年諷給事御史劾中敷與左侍郎吳璽等，下獄，釋還職。

六年，言官劾中敷專擅。詔法司於內廷雜治。當流，許輸贖。帝特宥之。其冬，中敷、璽及右侍郎陳瑺請以供御牛馬分牧民間。言官劾其變亂成法，並下獄論斬。詔荷校長安門外，凡十六日而釋。瓦剌入貢，詔問馬駝芻菽數，不能對，復與璽、瑺論斬繫獄。中敷以母病，特許歸省。明年冬，當決囚，法司以請。命璽、瑺戍邊，中敷俟母終具奏。已，釋爲民。

景帝立，起戶部左侍郎兼太子賓客。時方用兵，論功行賞無虛日。中敷言府庫財有限，宜撙節以備緩急。帝嘉納。景泰四年卒。贈尚書。

中敷性淡泊，食不重味，仕宦五十年，家無餘貲。

子璉，正統十年進士。授刑科給事中，累官太僕寺卿。恥華靡，居官剛果。左遷遼東苑馬寺卿，卒。

子機，幼有孝行。成化十四年進士。改庶吉士。正德中，代張綵爲吏部尚書，以人言乞歸。起南京兵部尚書，參贊機務。流賊犯江上，衆議擇將。適都督李昂自貴州罷官至，機卽召任之，昂以無朝命辭。機曰：「機奉敕有云，『敕所不載，聽便宜』。此卽朝命也。」衆服其膽識。致仕歸，卒。

張鳳，字子儀，安平人。父益，官給事中。永樂八年從征漠北，歿於陣。鳳登宣德二年進士。授刑部主事。讞江西叛獄，平反數百人。

正統三年十二月，法司坐事盡繫獄，遂擢鳳本部右侍郎。以主事擢侍郎，前時未有也。明年命提督京倉。六年改戶部，尋調南京。適尚書久闕，鳳遂掌部事。貴州奏軍衞乏糧，乞運龍江倉及兩淮鹽於鎮遠府易米。鳳以龍江鹽雜泥沙，不堪易米給軍，盡以淮鹽予之，

然後以聞。帝嘉賞。又言留都重地，宜歲儲二百萬石，爲根本計。從之，遂爲令。南京糧儲，舊督以都御史。十二年冬命鳳兼理。廉謹善執法，號「板張」。

景泰二年進尚書。四年改兵部，參贊軍務。戶部尚書金濂卒，召鳳代之。時四方兵息，而災傷特甚，帝屢詔寬恤。鳳偕廷臣議上十事。明年復先後議上八事。咸報可。鳳以災傷蠲賦多，國用益詘，乃奏言：「國初天下田八百四十九萬餘頃，今數既減半，加以水旱停征，國用何以取給。京畿及河南、山東無額田，甲方墾闢，乙卽訐其漏賦。請準輕則征租，不惟永絕爭端，亦且少助軍國。」報可。給事中成章等劾鳳擅更祖制，楊穟等復爭之。帝曰：「國初都江南，轉輸易。今居極北，可守常制耶？」四方報凶荒者，鳳請令御史勘實。議者非之。

英宗復辟，調南京戶部，仍兼督糧儲。五年二月卒。

鳳有孝行。性淳樸。故人死，聘其女爲子婦，教其子而養其母終身。同學友蘇洪好面斥鳳過，及爲鳳屬官猶然。鳳待之如初。聞其貧，卽賙給之。

周瑄，字廷玉，陽曲人。由鄉舉入國學。正統中，除刑部主事，善治獄。十三年遷員外

郎。明年，帝北征。郎中當扈從者多託疾，瑄請行。六師覆沒，瑄被創歸，擢署郎中。校尉受賕縱盜，以警人代。瑄辨雪之，抵校尉罪。外郡送囚，一日至八百人。瑄慮其觸熱，三日決遣之殆盡。

景泰元年，以尚書王直薦，超拜刑部右侍郎。久之，出振順天、河間饑。未竣，而英宗復位。有司請召還。不聽。復賜敕，令便宜處置。瑄遍歷所部，大舉荒政，先後振饑民二十六萬五千，給牛種各萬餘，奏行利民八事。事竣還，明年轉左。帝方任門達、逯杲，數興大獄。瑄委曲開諭，多所救正，復飭諸郎毋避禍。以故移部定罪者，不至冤濫。官刑部久，屬吏不敢欺。意主寬恕，不爲深文。同佐部者安化孔文英，爲御史時按黃巖妖言獄，當坐者三千人，皆白其誣，獨械首從一人論罪。及是居部，與瑄並稱長者。七年命瑄署掌工部事。

瑄恬靜淡榮利。成化改元，爲侍郎十六年矣，始遷右都御史。督理南京糧儲，捕懲作奸者數輩，宿弊爲清。鳳陽、淮、徐饑，以瑄言發廩四十萬以振。久之，遷南京刑部尚書。令諸司事不須勘者，毋出五日，獄無滯囚。暑疫，悉遣輕繫者，曰：「召汝則至。」囚歡呼去，無失期者。

爲尚書九載，屢疏乞休。久之乃得請。家無田園，卜居南京。卒，贈太子少保，謚莊懿。

長子經，尚書，自有傳。次子紘，進士，爲南京吏科給事中。兩以災異言事。帝並嘉納。未幾，與御史張昺閱軍，爲中官蔣琮誣奏，貶南京光祿署丞。仕終山東參議。

楊鼎，字宗器，陝西咸寧人。家貧力學，舉鄉會試第一。正統四年，殿試第二。授編修。久之，與侍講杜寧等十人，簡入東閣肄業。鼎居侍從，雅欲以功名見。嘗建言修飭戎備、通漕三邊二事。同輩誚其迂，鼎益自信。也先將寇京師，詔行監察御史事，募兵兗州。

景泰三年進侍講兼中允。五年超擢戶部右侍郎。天順初轉左。陳汝言譖之。帝不聽。三年冬以陪祀陵寢不謹下獄，贖杖還職。帝嘗命中官牛玉諭旨，欲取江南折糧銀實內帑，而以他稅物充武臣俸。鼎不可。馬牛芻乏，議徵什二，又以民艱力沮。皆報罷。七年，尚書年富有疾，詔鼎掌部事。

成化四年代馬昂爲戶部尚書，而以翁世資爲侍郎。六年，鼎疏言：「陝西外患四寇，內患流民。然寇害止邊塞，流民則疾在腹心。漢中僻居萬山，襟喉川蜀，四方流民數萬，急之生變，置之有後憂。請暫設監司一人，專領其事。其願附籍者聽之，不願者資遣。兼與守

臣練士馬，修城池，庶可弭他日患。」詔從之。湖廣頻歲饑，發廩已盡，及是有秋，用鼎言，發庫貯銀布，易米備災。淮、徐、臨、德四倉，舊積糧百餘萬石，後餉乏民饑，輒請移用，粟且匱。鼎議上贖罪、中鹽、折鈔、徵逋六事行之。由是諸倉有儲蓄。尋加太子少保。

鼎居戶部，持廉，然性頗拘滯。十五年秋，給事御史劾鼎非經國才，鼎再疏求去。賜敕馳驛歸，命有司月給米二石，歲給役四人，終其身。大臣致仕有給賜，自鼎始也。卒，贈太子太保，謚莊敏。

子時暘，進士，累官侍講學士。多識典故，有用世才。時敷，舉人，廬墓被旌，官兵部司務。

翁世資者，莆田人。正統七年進士。除戶部主事，歷郎中。天順元年拜工部右侍郎。四年命中官往蘇、松、杭、嘉、湖增織彩幣七千匹。世資以東南水潦，民艱食，議減其半。尚書趙榮、左侍郎霍瑄難之，世資請身任其咎，乃連署以諫。帝果怒，詰主議者。榮等委之世資，遂下詔獄，謫衡州知府。成化初，擢江西左布政使。坐事下吏，尋得白。大軍征兩廣，歲轉江西餉，需十萬人，世資議齎直就易嶺南米。民得不擾。以右副都御史巡撫山東。歲饑，發倉儲五十餘萬石以振，撫流亡百六十二萬人。召爲戶部右侍郎，佐鼎。久之，代薛遠

總督倉場，進尚書。十七年還理部事。閱二年，致仕。

黃鎬，字叔高，侯官人。正統十二年以進士試事都察院。未半歲，以明習法律授御史。十四年按貴州。羣苗盡叛，道梗塞。靖遠伯王驥等自麓川還，軍無紀律，苗襲其後，官軍大敗。鎬赴平越，遇賊幾死。夜跳入城，賊圍之。議者欲棄城走，鎬曰：「平越，貴州咽喉，無平越是無貴州也。」乃偕諸將固守。置密疏竹筒中，募土人間行乞援於朝，且劾驥等覆師狀。景帝命保定伯梁珤等合川、湖軍救之，圍始解。城被困已九月，掘草根煮弩鎧而食之，死者相枕籍，城卒全，鎬功爲多。復留按一年。久之，遷廣東僉事，改浙江。

成化初，以大臣會薦，擢廣東左參政。高、雷、廉負海多盜，鎬討平之。再遷廣西左布政使。以右副都御史總督南京糧儲，歷吏部左、右侍郎。十六年拜南京戶部尚書。

鎬有才識，敏吏事，理鹽政，多所釐剔，時論稱之。十九年致仕，道卒。贈太子少保，謚襄敏。

胡拱辰，字共之，淳安人。正統四年進士。爲黟縣知縣，有惠政，擢御史。疏陳時弊八事。父艱歸。

景帝卽位，詔科道官憂居者悉起復。拱辰至，屢疏以選將、保邦、修德、弭災爲言，出爲貴州左參政。白水堡仡佬頭目沈時保素梗化，拱辰言於總兵官方瑛遣將擒之。一方遂寧。母憂去，御史追劾其受賕事，下浙江按臣執訊。事白，至畢節，平宣慰使隴富亂，威行邊徼。歷廣西、四川左、右布政使，皆有平寇功。

成化八年拜南京右副都御史，提督操江。十一年就遷兵部右侍郎。儲位虛久，與尚書崔恭等請冊立，言甚切。其年復就改左副都御史總理糧儲，就進工部尚書。節財省事，人皆便之。以年至乞歸。

弘治中，巡按御史陳銓言：「拱辰退休十餘年，生平清操如一日，乞加禮異以勵臣節。」詔有司月給廩二石，歲隸四人。正德元年，年九十，遣行人齎敕存問，賚羊酒，加賜廩、隸。三年正月卒。贈太子少傅，謚莊懿。

陳俊，字時英，莆田人。舉鄉試第一。正統十三年進士。除戶部主事。督天津諸衞軍

採草，奏減新增額三十五萬束。豪猾侵蘇、松改折銀七十餘萬兩，俊往督，不數月畢輸。尚書金濂以爲能，俾典諸曹章奏。歷郎中。

天順五年，兩廣用兵，俊督餉。時州縣殘破，帑藏殫虛，弛鹽商越境令，引加米二斗，軍興賴以無乏。母喪，不聽歸，蠻平始還。初，俊爲主事，奔父喪，賻者皆卻之。至是文武將吏醵金賻，亦不納。

成化初，擢南京太常少卿。四年召拜戶部右侍郎。俊練習錢穀。四方災傷，邊鎮急芻餉，奏請還至，裁決咸當，尚書楊鼎深倚之。京師大饑，先後發太倉粟八十萬石平糶。石值六錢，豪猾乘時射利。俊請糶以升斗爲率，過一石勿與，饑民獲濟。尋議用兵河套，敕俊赴河南、山、陝，會巡撫諸臣畫芻餉，發帑金二十萬助之。俊以邊庾空竭，歲又不登，而榆林道險遠，轉輸難，乃發金於內地市易，修西安、韓城、同官徑道，以利飛輓。還朝，進俸一級，歷吏部左、右侍郎。

九載滿，拜南京戶部尚書。尋改兵部，參贊機務。先是，參贊之任，不專屬兵部，自薛遠後，繼以俊，遂爲定制。久之，就改吏部。二十一年，星變，率九卿陳時弊二十事，皆極痛切。帝多采納。而權倖所不便者，終格不行。明年乞致仕。詔加太子少保，賜敕馳傳還。卒，謚康懿。

林鶚，字一鶚，浙江太平人。景泰二年進士。授御史，監京畿鄉試。陳循等訐考官，鶚邑子林挺預薦，疑鶚有私，逮挺考訊。挺實無他，得白。

英宗復辟，倣先朝故事，出廷臣爲知府，鶚得鎮江。召見，賜膳及道里費，諭所以擢用意。鶚感激，革弊舉廢，治甚有聲。漕故經孟瀆，險甚。巡撫崔恭議鑿河，自七里港引金山上流通丹陽避之。鶚言：「道里遠，多石，且壞民廬墓。請按京口閘、甘露壩故迹，濬之令通舟。春夏啓閘，秋冬度壩，功力省便。」恭從其議，遂爲永利。居五年，以才任治劇，調蘇州。

成化初，超遷江西按察使。有犯大辟賄達官求生者，鶚執愈堅。廣東寇剽贛州急。調兵禦之，遁去。廣信妖賊妄稱天神惑衆，捕戮其魁，立解散。歷左、右布政使。歲饑，奏減民租十五萬石。

成化六年擢南京刑部右侍郎。母憂服除，召爲刑部右侍郎。執法不撓。十二年得疾卒。

鶚事母孝謹，對妻子無惰容。不妄交與，公餘輒危坐讀書。歿不能具棺斂，友人爲經紀其喪。鶚在蘇州，先聖像剝落。鶚曰：「塑像，非古也，昔太祖於國學用木主。」命改從之。

嘉靖中，御史趙大佑上其節行，贈刑部尚書，諡恭肅。

潘榮，字尊用，龍溪人。正統十三年進士。犒師廣東，還，除吏科給事中。景泰初，疏論停起復、抑奔競數事。帝納之。尋進右給事中。四年九月上言：「致治之要，莫切於納諫。比以言者忤聖意，諭禮部，凡遇建言，務加審察，或假以報復，具奏罪之。此令一下，廷臣喪氣，以言爲諱。國家有利害，生民有得失，大臣有奸慝，何由而知？況今巨寇陸梁，塞上多事，奈何反塞言者路。望明詔臺諫，知無不言，緘默者罪。並敕閣部大臣，勿搜求參駁，虧傷治體。」疏入，報聞。

天順六年使琉球，還，遷都給事中。成化六年三月偕同官上言：「近雨雪愆期，災異迭見。陛下降詔自責，躬行祈禱，詔大臣盡言，宜上天感格。而今乃風霾晝晦，沴氣赤而復黑，豈非應天之道有未盡歟？夫人君敬天，不在齋戒祈禱而已。政令乖宜，下民失所，崇尚珍玩，費用不經，後宮無序，恩澤不均，爵濫施於賤工，賞妄及於非分，皆非敬天之道。願陛下日御便殿，召大臣極陳缺失而釐革之，庶災變可弭。」時萬妃專寵，羣小夤緣進寶玩，官賞冗濫，故榮等懇言之。帝不能用。是年遷南京太常少卿。

又七年，就擢戶部右侍郎。尋改右副都御史、總督南京糧儲。積奇羨數萬石以備荒。十七年召爲戶部左侍郎，尋署部事。英國公張懋等四十三人自陳先世以大功錫爵，子孫承繼，所司輒減歲祿，非祖宗報功意。榮等言：「懋等於無事時妄請增祿，若有功何以勸賞？況頻年水旱，國用未充，所請不可許。」事乃寢。中官趙陽等乞兩淮鹽十萬引，帝已許之。榮等言：「近禁勢家中鹽，詔旨甫頒，而陽等輒違犯，宜正其罪。」帝爲切責陽等。南京戶部尚書黃鎬罷，以榮代之。孝宗嗣位，謝政歸。賜月廩、歲夫如制。九年卒，年七十有八。贈太子太保。

夏時正，字季爵，仁和人。正統十年進士。除刑部主事。景泰六年以郎中錄囚福建，出死罪六十餘人。中有減死、詔充所在濱海衞軍者，時正慮其入海島爲變，轉發之山東，然後以聞。因言：「凡福建減死囚，俱宜戍之北方。」法司是其言，而請治違詔罪。帝特宥之。時正又言：「通番及劫盜諸獄，以待會讞，淹引時月，囚多瘐死。請令所司斷決。」詔從之，且推行之天下。

天順初，擢大理寺丞。久之，以便養，遷南京大理少卿。成化五年遷本寺卿。明年春命巡視江西災傷。除無名稅十餘萬石，汰諸司冗役數萬，奏罷不職吏二百餘人，增築南昌濱江堤及豐城諸縣陂岸，民賴其利。嘗上奏，不具齎奏人姓名，吏科論其簡恣。帝宥其罪，錄彈章示之，遂乞休歸。僦居民舍，布政使張瓚爲築西湖書院居之。家食三十年，年近九十而卒。

時正雅好學。閑居久，多所著述，於稽古禮文事尤詳。

贊曰：金純等黽勉奉公，當官稱職。加之褆躬清白，操行無虧，固列卿之良也。鄭辰之廉事，周瑄之治獄，皆有仁人之用心，君子哉。

校勘記

〔一〕孫機　原作「子機」。按本傳，中敷子璉，璉子機，明史稿傳四七劉中敷傳同，據改。

〔二〕正統二年奉命振南畿河南饑　正統二年，原作「正統元年」，據本書卷一〇英宗紀、英宗實錄卷三一正統二年六月乙亥條改。

明史卷一百五十八

列傳第四十六

黃宗載　顧佐 邵玘 陳勉 賈諒 嚴升　段民 吾紳
章敞 徐琦 劉戩　吳訥 朱與言　魏驥　魯穆
耿九疇　軒輗 陳復　黃孔昭

黃宗載，一名垕，字厚夫，豐城人。洪武三十年進士。授行人。奉使四方，未嘗受餽遺，累遷司正。

永樂初，以薦爲湖廣按察司僉事。巨奸宿猾，多謫戍銅鼓、五開間，陰持官吏短長。宗載榜數其罪，曰：「不改，必置之法。」衆莫敢犯。武陵多戎籍，民家慮與爲婚姻，徭賦將累己，男女至年四十尙不婚。宗載以理諭之，皆解悟，一時婚者三百餘家。鄰邑效之，其俗遂

變。徵詣文淵閣修永樂大典。書成，受賜還任。董造海運巨艦數十艘，事辦而民不擾。車駕北征，徵兵湖廣，使者貪暴失期。宗載坐不舉劾，謫楊青驛驛夫。

尋起御史，出按交阯。時交阯新定，州縣官多用兩廣、雲南舉人及歲貢生員之願仕遠方者，皆不善撫字。宗載因言：「有司率不稱職。若俟九年黜陟，恐益廢弛。請任二年以上者，巡按御史及兩司覈實舉按以聞。」帝是之。及歸，行李蕭然，不攜交阯一物。尙書黃福語人曰：「吾居此久，所接御史多矣，惟宗載知大體。」丁祖母憂，起復，改詹事府丞。洪熙元年擢行在吏部侍郎。少師蹇義領部事，宗載一輔以正。宣德元年奉命淸軍浙江。三年督採木湖湘。英宗初，以侍郎羅汝敬巡撫陝西，坐事戴罪辦事。汝敬妄引詔書復職，而吏部不言，爲御史所劾，宗載及尙書郭璡俱下獄。未幾，得釋，遷南京吏部尙書。居九年，乞休。章四上，乃許。九年七月卒於家，年七十九。

宗載持廉守正，不矯不隨，學問文章俱負時望。公卿大夫齒德之盛，推宗載云。

顧佐，字禮卿，太康人。建文二年進士。除莊浪知縣。端陽日，守將集官僚校射，以佐文士，難之。持弓矢一發而中，守將大服。

永樂初，入爲御史。七年，成祖在北京，命吏部選御史之才者赴行在，佐預焉。奉命招慶遠蠻，督採木四川，從北征，巡視關隘。遷江西按察副使，召爲應天尹。剛直不撓，吏民畏服，人比之包孝肅。北京建，改尹順天。權貴人多不便之，出爲貴州按察使。洪熙元年召爲通政使。

宣德三年，都御史劉觀以貪被黜，大學士楊士奇、楊榮薦佐公廉有威，歷官並著風采，爲京尹，政淸弊革。帝喜，立擢右都御史，賜敕奬勉，命察諸御史不稱者黜之，御史有缺，舉送吏部補選。佐視事，卽奏黜嚴皚、楊居正等二十人，謫遼東各衞爲吏，降八人，罷三人；而舉進士鄧棨、國子生程富、謁選知縣孔文英、教官方瑞等四十餘人堪任御史。帝使歷政三月而後任之。居正等六人辨愬。帝怒，幷諸爲吏者悉戍之。既而皚自戍所潛還京，脅他賄，爲佐所奏，且言皚謀害己。詔戮皚於市。帝北巡，命偕尙書張本等居守。還復賜敕，令約束諸御史。於是糾黜貪縱，朝綱肅然。

居歲餘，姦吏奏佐受隸金，私遣歸。帝密示士奇曰：「爾不嘗舉佐廉乎？」對曰：「中朝官俸薄，僕馬薪芻資之隸，遣隸半使出資免役。隸得歸耕，官得資費，中朝官皆然，臣亦然。先帝知之，故增中朝官俸。」帝歎曰：「朝臣貧如此。」因怒訴者曰：「朕方用佐，小人敢誣之，必下法司治。」士奇對曰：「細事不足干上怒。」帝乃以吏狀付佐曰：「汝自治之。」佐頓首謝，召

吏言：「上命我治汝，汝改行，吾當貸汝。」帝聞之益喜，謂佐得大體。或告佐不理冤訴。帝曰：「此必重囚教之。」命法司會鞫，果千戶臧淸殺無罪三人當死，使人誣佐。帝曰：「不誅淸，則佐法不行。」磔淸於市。

八年秋，佐有疾，乞歸。不許。以南京右都御史熊槪代理其事。踰年而槪卒。佐疾良已，入見。帝慰勞之，令免朝賀，視事如故。

正統初考察御史不稱者十五人，降黜之。邵宗九載滿，吏部已考稱，亦與焉。宗奏辨，尙書郭璡亦言宗不應與在任者同考。帝遂責佐。而御史張鵬等復劾宗微過。帝以鵬朋欺，幷切責佐。佐上章致仕去。賜敕奬慰，賚鈔五十貫，命戶部復其家。十一年九月卒。

佐孝友，操履淸白，性嚴毅。每旦趨朝，小憩外廬，立雙藤戶外。百僚過者，皆折旋避之。入內直廬，獨處小夾室，非議政不與諸司羣坐。人稱爲「顧獨坐」云。然持法深，論者以爲病。

時雩都陳勉、嶧縣賈諒先後爲副都御史，與佐同舉臺職，而蘭谿邵玘官南京，與佐齊名，繁昌嚴升名亦亞於玘。

玘，字以先，永樂中進士。授御史。仁宗監國，知其廉直。每法司缺官，卽命玘署，有重

獄輒付之。歷仕中外，所過人不敢犯。宣德三年由福建按察使入爲南京左副都御史。奏黜御史不職者十三人，簡黜諸司庸懦不肖者八十餘人，風紀大振。居二年，以疾卒官。玘負氣，好侮同列，治獄頗刻深。然持身廉潔，內行修，事母以孝聞。

陳勉，與玘同年進士。仁宗初，以楊士奇薦，由廣東副使擢左副都御史。信、豐諸縣盜起，命勉撫之，招徠三千六百餘人，亂遂定。景泰初，仕至南京右都御史，掌院事。〔一〕致仕，卒。勉外和內剛，精通法律，吏不敢欺。

賈諒，字子信。永樂中由鄉舉入太學，選侍皇太孫說書，擢刑科給事中。宣德四年劾清軍侍郎金庠受賄，罷之。郎中胡珏、蕭翔等十一人，御史方鼎三人，以不職被劾。帝未信，命諒及張居傑密察之。得實，悉貶官。明年又劾陽武侯薛祿朋比不敬，廷中肅然。尋拜右副都御史。偕錦衣指揮王裕、參議黃翰、中官張義等巡視四川、江西、湖廣，按治豪强不少假。正統二年，江北、河南大水，命諒及工部侍郎鄭辰往振。芒、碭山盜爲患，諒捕獲甚衆。四年還至德州，卒。諒內行修，當官有風采。

嚴升，建文時進士。歷官大理寺右少卿。清軍蘇、松，執法不撓。調南京僉都御史，與玘同心治事。剛果自信，嘗著神羊賦以見志焉。

段民，字時舉，武進人。永樂二年進士。選庶吉士。與章敞、吾紳輩俱讀書文淵閣，又俱授刑部主事。民旋進郎中。

山東妖婦唐賽兒作亂，三司官坐縱寇誅，擢民左參政。當是時索賽兒急，盡逮山東、北京尼及天下出家婦女，先後幾萬人。民力爲矜宥，人情始安。

車駕北征，餉舟由濟寧達潞河，陸輓出居庸至塞外。民深計曲算，下不擾而事集。既還，敕與巡按御史考所過府縣吏廉墨以聞。

宣德三年召入京，命署南京戶部右侍郎，踰年實授。又明年改刑部。初，二部皆以不治聞。民至，紀綱修舉，宿弊以革。上元人有爲姪毆者，憤甚，詣通政司告。時方令納米贖罪，而越訴禁甚嚴，犯者戍遼東。民上言：「依定例，卑幼之罪得贖，而尊長反遠竄，揆於理有未安，請更擬。」帝是之。帝以民廉介端謹，特賜敕，令考察南京百官。八年，詔書罪囚自十惡外並減一等。有重囚三十餘人，例不得赦，民亦減其罪。後有旨報決，乃復追還，而逃已數人。民自陳狀，給事中年富等劾民。帝知民賢，不問。

九年二月卒於官，年五十九。貧不能殮，都御史吳訥棁以衣衾。帝聞，命有司營葬。成化間，葉盛請褒卹不果。其後百有餘年，始追謚襄介。

吾紳，字叔縉，衢州人。官刑部主事，治獄有聲。歷郎中，拜禮部侍郎。成祖謂呂震曰：「紳出自翰林，可佐卿典禮矣。」既而爲震所擠，出爲廣東參政。尋召爲南京刑部侍郎，奉敕考察兩廣、福建方面官。有故人官參政，素貪黷，權要多爲之地。紳至，竟黜之，時稱其公。復改禮部。正統六年卒於官。

紳清强有執，澹於榮利。初拜侍郎，賀者畢集，而一室蕭然，了無供具，衆笑而起。

章敞，字尚文，會稽人。由庶吉士授刑部主事。山西盜發，捕逮數百人。敞察其冤，留詞色異者一人，餘悉遣出。明日訊之，留者盜，餘非也。遷郎中，改吏部。

宣德六年擢禮部侍郎。偕徐琦使安南，命黎利權國事。利遣人白相見禮，敞曰：「汝敬使者，所以尊朝廷，奚白爲？」利聽命，趨拜下坐。啗以聲色，不爲動。還致厚贐，不受，利以付貢使。及關，悉閱貢物，封其贐，付關吏。利死，子麟嗣，敞復奉詔往，却贐如初。

正統初，纂洪武以來條格，使諸司參酌，吏無能爲奸。尚書胡濙寬大，敞佐以嚴肅。二年十二月卒。子瑾亦累官至禮部侍郎。

徐琦，字良玉。先世錢塘人，其祖謫戍寧夏，遂家焉。幼力學，通經史。永樂十三年舉進士。授行人，歷兵部員外郎。明敏有斷，居官務持大體。宣德六年擢右通政。副敞使安南，亦不受餽。還拜南京兵部右侍郎。八年，帝以安南貢賦不如額，南征士卒未盡返，命琦復往。時黎利已死，其子麟疑未決。琦曉以禍福，麟懼，鑄代身金人，貢方物以謝。帝悅，命落琦戍籍，宴賚甚厚。

正統初，與工部侍郎鄭辰考察南畿有司，黜不法者三十人。時災異屢見，琦陳弭災十事。悉嘉納。五年命參贊南京機務。十四年進尚書，參贊如故。有言往年分調南京軍家屬悉宜北徙，朝議欲行之。琦奏：「安土重遷，人之情也。今驟徙數萬衆，人心一搖，事或叵測。」事得寢。軍衞無學校，琦請天下衞所視府州縣例皆立學。從之。

景泰元年，靖遠伯王驥贊機務，琦專理部事。驥解任，琦仍參贊。四年三月卒，年六十八。謚貞襄。

敞、琦皆以使安南不辱命著稱。安南多寶貨，後使者率從水道挾估客往以爲利，交人頗輕之。

弘治時，侍講劉戩往頒詔，由南寧乘傳抵其國，交人大驚。戩依舊制，受陪臣拜謁，不交一語，越宿卽行，餽遺一無所受。使人要於途，固致之，卒麾去，與敞、琦皆爲交人所重。戩，字景元，安福人。

吳訥，字敏德，常熟人。父遵，任沅陵簿，坐事繫京師。訥上書乞身代。事未白而父歿，訥感奮力學。永樂中，以醫薦至京。仁宗監國，聞其名，命教功臣子弟。成祖召對稱旨，俾日侍禁廷，備顧問。

洪熙元年，侍講學士沈度薦訥經明行修，授監察御史。敬愼廉直，不務矯飾。宣德初，出按浙江，以振風紀植綱常爲務。時軍犯逃者，往往令家人妄愬，逮繫至千人。訥請嚴禁，卽冤不得越告。從之。繼按貴州，恩威并行，蠻人畏服。將代還，部民詣闕乞留。不許。五年七月，進南京右僉都御史，尋進左副都御史。正統初，光祿丞董正等盜官物，訥發之，讁戍四十四人。右通政李畛者，奉使蘇、松，行

事多不謹。訥微誡之，畛不悅，誣訥稽延詔書等事。訥疏辯。互爲臺省所劾，俱逮下獄，旣而釋之。英宗初御經筵，錄所輯小學集解上之。四年三月，以老致仕，以朱與言代。

訥博覽，議論有根柢。於性理之奧，多有發明，所著書皆可垂於後。歸家，布衣蔬食，環堵蕭然。周忱撫江南，欲新其居，不可。家居十六年而卒，年八十六。諡文恪，鄉人祀之言偃祠。

朱與言，字一鶚，萬安人。永樂九年進士，授湖廣按察僉事。宣德中遷四川副使。合州盜起，督吏目熊鼎斬六十餘人，賊勢遂衰。事聞，擢鼎合州同知。雅州妖人爲亂，與言執送京師，境內以寧。正統元年召爲南京右副都御史，入代訥領院事。年老致仕，卒。與言剛方廉愼，爲政務大體。數建白，多切時弊。家居門庭清肅，鄉人有不善，惟恐與言知之。

魏驥，字仲房，蕭山人。永樂中，以進士副榜授松江訓導。常夜分攜茗粥勞諸生。諸生感奮，多成就者。召修永樂大典。書成，還任。用師逵薦，遷太常博士。帝謂曰：「劉履節爲御史九年，高皇帝方授是官，不輕予人也。」

宣德初，遷吏部考功員外郎，歷南京太常寺少卿。正統三年召試行在吏部左侍郎。踰年實授。屢命巡視畿甸遺蝗，問民疾苦。八年改禮部，尋以老請致仕。吏部尙書王直言驥未衰，如念其老，宜令去繁就簡。乃改南京吏部。復以老辭。不允。十四年進尙書。英宗北狩，驥率諸司條上時務，多施行。景泰元年，年七十七，致仕。

驥居官務大體。在太常，山川壇獲雙白兔，圻內生瑞麥，皆却不進。在吏部，有進士未終制，求考功。同官將許之。驥持不可。法司因旱卹刑，有王綱者，惡逆當辟，或憫其少，欲綏之。驥曰：「此婦人之仁，天道不時，正此故也。」獄決而雨。

正統中，王振怙寵，凌公卿，獨嚴重驥，呼「先生」。景泰初，以請老至京師。大學士陳循，驥門生也，請間曰：「公雖位冢宰，然未嘗立朝。願少待，事在循輩。」驥正色曰：「君爲輔臣，當爲天下進賢才，不得私一座主。」退語人曰：「渠以朝廷事爲一己事，安得善終。」竟致仕去。

驥端厚祇愼。顧勁直，好別白君子小人。恒曰：「無是非之心，非人也。」家居，憂國憂民，老而彌篤。蕭山故多水患，有宋時縣令楊時湖隄遺跡。驥倡修螺山、石巖、畢公諸塘堰，捍江潮，興湖利。鄉人賴之。居恒布衣糲食，不殖生產。事兄敎諭騏，雖耄益恭。時戴笠行田間。嘗遇錢塘主簿，隸訶之。答曰「蕭山魏驥也」。主簿倉皇謝慰而去。

成化七年，御史梁昉言：「臣先任蕭山，見致仕尙書臣魏驥里居，與里人耦處，敎子孫孝弟力田，增隄濬湖，捍禦災患。所行動應禮法，倡理學，勖後進。雖在林野，有補治化。驥生平學行醇篤，心術正大，諳世事，瞭國體。致仕二十餘年，年九十八歲，四方仰德，有如卿雲，百年化育，滋此人瑞。臣讀前史，有以歸老賜祿畢其身者，有尊養三老五更者，有安車蒲輪召者，有賜几杖者，上齒德也。驥齒德有餘，爵在上卿，可稱達尊。乞下所司，酌前代故事施行。」帝覽奏嘉歎，遣行人存問，賜羊酒，命有司月給米三石。使命未至而驥卒。賜祭葬如禮，諡文靖。其子完以驥遺言詣闕辭葬，乞以其金振饑民。帝憮然曰：「驥臨終遺命，猶恐勞民，可謂純臣矣。」許之。蕭山民德驥不已，詣闕請祀於德惠祠，以配楊時。制曰「可」。

魯穆，字希文，天台人。永樂四年進士。家居，褐衣蔬食，足跡不入州府。比謁選，有司餽之贐，穆曰：「吾方從仕，未能利物，乃先厲州里乎？」弗受。除御史。仁宗監國，屢上封事。遷福建僉事。理冤濫，摧豪強。泉州人李某調官廣西，其姻富民林某遣僕酖李於道，而室其妻。李之宗人訴於官，所司納林賂，坐訴者，繫獄久。穆廉得其實，立正林罪。漳民

周允文無子，以姪爲後，晚而妾生子，因析產與姪，屬以妾子。允文死，姪言兒非叔子，逐去，盡奪其貲，妾訴之。穆召縣父老及周宗族，密置妾子羣兒中。咸指兒類允文，遂歸其產。民呼「魯鐵面」。時楊榮當國，家人犯法，穆治之不少貸。榮顧謂穆賢，薦之朝。

英宗即位，擢右僉都御史。明年奉命捕蝗大名。還，以疾卒。命給舟歸其喪。始穆入爲僉都御史，所載不過囊衣，尚書吳中贈以器用，不受。至是中爲治棺衾，乃克殯。子崇志，歷官應天尹，廉直有父風。

耿九疇，字禹範，盧氏人。永樂末進士。宣德六年授禮科給事中。議論持大體，有清望。

正統初，大臣言兩淮鹽政久壞，宜得重名檢者治之，於是推擇爲鹽運司同知。痛革宿弊，條奏便宜五事，著爲令。母喪去官，場民數千人詣闕乞留。十年正月起爲都轉運使。節儉無他好，公退焚香讀書，廉名益振，婦孺皆知其名。以事見誣，逮下吏，已，得白，即留爲刑部右侍郎。屢辨疑獄，無所撓屈。禮部侍郎章瑾下獄，九疇及江淵等議貶其官。瑾壻給事中王汝霖銜之，與同官葉盛、張固、林聰等論刑

部不公。九疇、淵遂劾盛等，且言汝霖父永和死土木，嬉笑自如，不宜居職。時景帝新立，急於用人，置汝霖等不問，瑾如奏。鳳陽歲凶，盜且起，敕往巡視招撫。奏留英武、飛熊諸衞軍耕守，招來流民七萬戶，境內以安。

兩淮自九疇去，鹽政復弛。景泰元年仍命兼理。尋敕錄諸府重囚，多所平反。十月命兼撫江北諸府。

三年三月代陳鎰鎭陝西。都指揮楊得青等私役操卒，九疇劾之。詔按治，且命諸邊如得青者，具劾以聞。邊將請增臨洮諸衞戍，九疇言：「邊城士卒非乏。將帥能嚴紀律，賞罰明信，則人人自奮。不然，徒冗食耳。」乃不增戍。邊民春夏出作田，秋冬輒徙入塞，九疇言：「邊將所以禦寇衞民也，今使民避寇失業，安用將帥？」因禁民入徙。有被寇者，治守帥罪。

四年，布政使許資言：「侍郎出鎭，與巡按御史不相統，事多拘滯，請改授憲職便。」乃轉右副都御史。大臣鎭守、巡撫皆授都御史，自九疇始。有旨市羊角爲燈。九疇引宋蘇軾諫神宗買浙燈事，事乃寢。災異求言，請帝延儒碩，公賞罰，擇守令，簡將帥。優詔報焉。

天順初，議事京師。帝顧侍臣曰：「九疇，廉正人也。」留爲右都御史。罪人繫都察院獄者不給米。九疇爲言，乃日給一升，遂爲令。已，上疏陳崇廉恥、清刑獄、勸農桑、節軍賞、重臺憲五事。帝皆嘉納。是年六月，御史張鵬等劾石亨、曹吉祥。亨等謂九疇實使之，遂并下獄，謫江西布政使，尋調四川。

明年，禮部缺尚書。帝問李賢。賢曰：「老成清介，無如九疇。」乃召還。既至，憐其老，改南京刑部尚書。四年卒。謚清惠。子裕，自有傳。

軒輗，字惟行，鹿邑人。永樂末年進士。授行人司副。宣德六年用薦改御史。按福建，剔蠹鋤奸，風采甚峻。

正統元年清軍浙江，劾不職官四十餘人。五年言：「祖宗設御史官，爲職綦重。今內外諸司有事，多擅遣御史，非制，請禁之。」立報可。是年，超擢浙江按察使。前使奢汰，輗力矯之。寒暑一青布袍，補綴殆遍，居常蔬食，妻子親操井臼。與僚屬約，三日出俸錢市肉，不得過一斤。僚屬多不能堪。故舊至，食惟一豆。或具雞黍，則人驚以爲異。時鎭守內臣阮隨、布政使孫原貞、杭州知府陳復、仁和知縣許璞居官皆廉，〔二〕一方大治。

溫、處有銀場，洪武間歲課僅二千八百餘兩，永樂時增至八萬二千兩，民不堪命。帝即位，以大臣議罷之。至是參政俞士悅請復開，謂利歸於上，則礦盜自絕。下三司議，輗力持

不可，乃止。既而給事中陳傅復請，朝廷遽從之，遂致葉宗留之變。

景帝立，以右副都御史鎭守浙江。景泰元年命兼理兩浙鹽課。閩賊吳金八等流劫青田諸縣，輗與原貞討平之。賊首羅丕、廖寧八復自閩抵浙。輗等防遏有功，進秩一等。明年改督南京糧儲。五年復改左副都御史，掌南院事。考黜御史不職者數人。

天順元年二月召拜刑部尚書。數月，引疾乞歸。帝召見，問曰：「昔浙江廉使考滿歸，行李僅一篋，乃卿耶？」輗頓首謝。賜白金慰遣之。明年，南京督理糧儲缺官，帝問李賢，大臣中誰曾居此職者。賢以輗對，且稱其廉，乃命以左都御史往。八年夏以老乞骸骨，不待報徑歸。抵家趣具浴，欠伸而卒。

輗孤峭，遇人無賢否，拒不與接。爲按察使，嘗飲同僚家，歸撫其腹曰：「此中有贓物也。」在南都，都御史張純置酒延客。輗惡其汰，不往。徹饌遺之，亦不納。歲時詣禮部拜表慶賀，屏居一室，撤燭端坐，事竣竟歸，未嘗與僚友一語。僚友聞其來，亦輒避去，不樂與

之處。量頗褊隘。御史有許人陰私者，輒獎其能。嘗令御史劾南京祭酒吳節，節亦發軏私事，衆頗不直軏。然清操聞天下，與耿九疇齊名，語廉吏必曰軒、耿。

陳復，福建懷安人。軏同年進士，由戶部主事知杭州。廉靜無私，獄訟大省。日端坐堂皇，與曹掾講讀律令而已。遭喪，部民乞留，詔起復，未幾卒。軏倡僚屬助之，乃克斂。吏民相率致賻，其子盡却之，稱貸歸。

黃孔昭，黃巖人。初名曜，後以字行，改字世顯。年十四，遭父母喪，哀毀骨立。舉天順四年進士，授屯田主事。奉使江南，却餽弗受，進都水員外郎。

成化五年，文選郎中陳雲等爲吏所訐，盡下獄貶官，尚書姚夔知孔昭廉，調之文選。九年進郎中。故事，選郎率閉門謝客。孔昭曰：「國家用才，猶富家積粟。粟不素積，豈足贍饑；才不預儲，安能濟用？苟以深居絕客爲高，何由知天下才俊。」公退，遇客至，輒延見，訪以人才，書之於册。除官，以其才高下配地繁簡。由是銓敍平允。其以私干者，悉拒之。嘗與尚書尹旻爭，至推案盛怒。孔昭拱立，俟其怒止，復言之。旻亦信其諒直。旻暱通政談

倫，欲用爲侍郎，孔昭執不可。旻卒用之，倫果敗。旻欲推故人爲巡撫，孔昭不應。其人入都謁孔昭，至屈膝。孔昭益鄙之。旻令推舉，孔昭曰：「彼所少者，大臣體耳。」旻謂其人曰：「黃君不離銓曹，汝不能遷也。」

爲郎中滿九載，始擢右通政。久之，遷南京工部右侍郎。有官地十餘區爲勢家所侵，奏復之。奉詔薦舉方面，以知府樊瑩、僉事章懋應。後皆爲名臣。郎官主藏者以羨銀數千進，斥退之。掘地得古鼎，急命工鑴文廟二字，送之廟中。俄中貴欲獻諸朝，見鑴字而止。孔昭嗜學敦行，與陳選、林鶚、謝鐸友善，並爲士類所宗。弘治四年卒。嘉靖中，贈禮部尚書，謚文毅。子俌，亦舉進士，爲文選郎中。俌子綰，以議「大禮」至禮部尚書，自有傳。

贊曰：國家盛時，士大夫多以廉節自重，豈刻意勵行，好爲矯飾名譽哉。亦其澹嗜欲，恥營競，介特之性然也。仁、宣之際，懲吏道貪墨，登進公廉剛正之士。宗載佐銓衡，顧佐掌邦憲，風紀爲之一清。段民、吳訥、魏驥、魯穆皭然秉羔羊素絲之節。軒、耿、孔昭矯厲絕俗，物不能干。章敞、徐琦、劉戩律己嚴正，異域傾心。廉之足尙也卓矣。

校勘記

〔一〕景泰初仕至南京右都御史掌院事　南京右都御史，原作「南京右副都御史」，衍「副」字，據明史稿傳四三顧佐傳附陳勉傳、英宗實錄卷二三六景泰四年十二月己亥條刪。

〔二〕仁和知縣許璞居官皆廉　許璞，原作「許僕」，據明史稿傳四三軒軏傳改。

明史卷一百五十九

列傳第四十七

熊概 葉春 陳鎰 李儀 丁璿 陳泰 李棠 曾翬 賈銓
王宇 崔恭 劉孜 宋傑 邢宥 李侃 雷復 李綱 原傑
彭誼 牟俸 夏壎 子鍭 高明 楊繼宗

熊概，字元節，豐城人。幼孤，隨母適胡氏，冒其姓。永樂九年進士。授御史。十六年擢廣西按察使。峒谿蠻大出掠，布政使議請靖江王兵遏之。概不可，曰：「吾等居方面，寇至無捍禦，顧煩王耶？且寇必不至，戒嚴而已。」已而果然。久之，調廣東。

洪熙元年正月命以原官與布政使周幹、參政葉春巡視南畿、浙江。初，夏原吉治水江南還，代以左通政趙居任，兼督農務。居任不恤民，歲以豐稔聞。成祖亦知其誣罔。既卒，

左通政岳福繼之，庸懦不事事。仁宗監國時，嘗命概以御史署刑部，知其賢，故有是命。是年八月，幹還，言有司多不得人，土豪肆惡，而福不任職。宣宗召福還，擢概大理寺卿，與春同往巡撫。南畿、浙江設巡撫自此始。浙西豪持郡邑短長爲不法。海鹽民平康暴橫甚，御史捕之，遁去。會赦還，益聚黨八百餘人。概捕誅之。已，悉捕豪惡數十輩，械至京，論如法，於是奸宄帖息。諸衞所糧運不繼，軍乏食。概以便宜發諸府贖罪米四萬二千餘石贍軍，乃聞於朝。帝悅，諭戶部勿以專擅罪概。

概用法嚴，姦民憚之，騰謗書於朝。宣德二年，行在都御史劾概與春所至作威福，縱兵擾民。帝弗問，陰使御史廉之，無所得。由是益任概。明年七月賜璽書獎勵。概亦自信，諸當興革者皆列以聞。時屢遣部官至江南造紙、市銅鐵。概言水澇民饑，乞罷之。

五年還朝，始復姓。亡何，遷右都御史，治南院事。行在都御史顧佐疾，驛召概代領其職，兼署刑部。九年十月錄囚，自朝至日昃，未暇食。忽風眩卒。賜祭，給舟歸其喪。

概性剛決，巡視江南，威名甚盛。及掌臺憲，聲稱漸損於初。

葉春者，海鹽人。起家掾吏，歷禮部郎中兩淮鹽運使，改四川右參政，與概巡撫江、浙諸府。既復奉命與錦衣指揮任啓、御史賴英、太監劉寧巡視。先後凡三涖浙西，治事於鄉，人無議其私者。概遷都御史，春同日進刑部右侍郎。卒於官。

陳鎰，字有戒，吳縣人。永樂十年進士。授御史。遷湖廣副使，歷山東、浙江，皆有聲。英宗卽位之三月，擢右副都御史，與都督同知鄭銘鎭守陝西。北方饑民多流移就食。鎰道出大名見之，疏陳其狀，詔免賦役。正統改元，鎰言陝西用兵，民困供億，派徵物料，乞悉停免。詔可。明年五月，以勞績下敕獎勵，因命巡延綏、寧夏邊。所至條奏軍民便宜，多所廢置。所部六府饑，請發倉振。帝從輔臣請，修荒政。鎰請徧行於各邊，由是塞上咸有儲蓄。

六年春，以鎰久勞於外，命與王翺歲一更代。七年，翺調遼東，鎰復出鎭。歲滿當代，以陝人乞留，詔仍舊任。時倉儲充溢，有軍衞者足支十年，無者直可支百年。鎰以陳腐委棄可惜，請每歲春夏時，給官軍爲月餉，不復折鈔。從之。

九年春進右都御史，鎭守如故。秦中饑，乞蠲租十之四，其餘米布兼收。時瓦剌也先漸强，遣人授罕東諸衞都督喃哥等爲平章，又置甘肅行省名號。鎰以聞，請嚴爲之備。已，

命與靖遠伯王驥巡視甘肅、寧夏、延綏邊務，聽便宜處置。以災沴頻仍，條上撫安軍民二十四事，多議行。

鎰嘗恐襄、漢間流民嘯聚爲亂，請命河南、湖廣、陝西三司官親至其地撫恤之。得旨允行，而當事者不以爲意。王文亦相繼力言有司怠忽，恐遺禍。至成化時，乃有項忠之役，人益思鎰言。

英宗北狩，景帝監國，鎰合大臣廷論王振。於是振姪王山伏誅。也先將入犯，以于謙薦，出撫畿內。事寧，召還，進左都御史。

景泰二年，陝西饑，軍民萬餘人，「願得陳公活我」。監司以聞，帝復命之。鎰至是凡三鎭陝，先後十餘年，陝人戴之若父母。每還朝，必遮道擁車泣。再至，則歡迎數百里不絕。其得軍民心，前後撫陝者莫及也。

三年春召還，加太子太保，與王文並掌都察院。文威嚴，諸御史畏之若神。鎰性寬恕，少風裁，譽望損於在陝時。明年秋以疾致仕。卒，贈太保，謚僖敏。天順七年詔官其子伸爲刑部照磨。

李儀，涿人。永樂間以薦舉授戶部主事。宣宗既平高煦，儀請去趙王護衞。尚書張本亦言：「往歲孟賢謀逆，趙王未必不知。高煦亦謂與趙合謀。儀言是。」帝不聽。既而言者益衆。帝封其詞，遣使諭王如儀指。王即獻護衞，趙卒無事。儀尋出知九江府，有惠政。

英宗即位之歲，始設諸邊巡撫。僉都御史丁璿方督大同、宣府軍儲，而儀以右僉都御史巡撫其地，盛有所建置。明年請以大同東西二路分責於總兵官羅文、方政。從之。時朝議遣方政、楊洪出塞，與甘肅將蔣貴、史昭合擊朶兒只伯。儀言：「四裔爲患，自古有之，在備禦有方耳。和寧殘部，窮無所歸，乍臣乍叛，小爲邊寇，邊將謹待之，將自遁，何必窮兵。萬一乘虛襲我，少有失，適足爲笑。乞敕政等無窮追。」不納。

督糧參政劉璉不職，儀劾之。璉乃誣儀淫亂事。適參將石亨欲奏鎮守中官郭敬罪，先咨儀。儀誤緘咨牒於核餉主事文卷中，戶部以聞，敬、亨交奏訐。詔儀、璉自陳，而切責敬等。璉止停俸二歲。儀雖引罪，自負其直，詞頗激，遂被劾下吏瘐死。正統二年二月也。儀居官廉謹，邊人素德之。聞其死，建昭德祠以祀。

丁璿，上元人。永樂中進士。由御史擢居是職。正統五年將征麓川，命乘傳往備儲餉。尋言用兵便宜，遂命撫雲南。麓川平，召爲左副都御史，所至有聲。

陳泰，字吉亨，光澤人。幼從外家曹姓，既貴，乃復故。舉鄉試第一，除安慶府學訓導。

正統初，廷臣交薦，擢御史，巡按貴州。官軍征麓川，歲取土兵二千爲鄉導，戰失利，輒殺以冒功，泰奏罷之。再按山西。時百官俸薄，折鈔又不能即得。泰上章乞量增祿廩，俾足養廉，然後治贓汙，則貪風自息。事格不行。六年夏言：「連歲災異，咎在廷臣，請敕御史給事中糾彈大臣，去其尤不職者，而後所司各考覈其屬。」帝從之。於是御史馬謹等交章劾吏部尚書郭璡等數十人。已，復出按山東。泰素勵操行，好搏擊。三爲巡按，懲奸去貪，威稜甚峻。

九年超擢四川按察使，與鎮守都御史寇深相失。十二年八月，參議陳敏希深指，劾泰擅杖武職，毆輿夫至死。逮刑部獄，坐斬。泰奏辯，大理卿俞士悅亦具狀以聞。皆不聽。景帝監國，赦復官。于謙薦守紫荊關。也先入犯，關門不守，復論死。景帝宥之，命充爲事官，從總兵官顧興祖築關隘自效。景泰元年擢大理右少卿，守備白羊口。四月，都督同知劉安代寧遠伯任禮巡備涿、易、眞、保諸城，命泰以右僉都御史參其軍務。三年兼巡撫保定六府。尋命督治河道。自儀眞至淮安，濬渠百八十里，〔一〕塞決口九，築壩三，役六萬人，數月而畢。七年移撫蘇、松。

天順改元，罷巡撫官，改廣東副使，以憂去。四川盜起，有言泰嘗莅其地，有威名，乃復故官，往巡撫。八年進右副都御史，總督漕運兼巡撫淮、揚諸府。莅淮三年，謝政歸。成化六年卒。

李棠，字宗楷，縉雲人。宣德五年進士。授刑部主事，爲尚書魏源所器。金濂代源，以剛嚴懾下。棠與辯論是非，譴訶不爲動。濂亦器之，進員外郎。錄囚南畿，多所平反，進郎中。景帝嗣位，超擢本部侍郎。未幾，巡撫廣西，提督軍務。所部多寇，棠以次討平之。正己帥下，令行政舉。

景泰三年，思明土知府黃㻂老，子鈞嗣。㻂庶兄竑使其子殺㻂父子，滅其家，而以他盜爲亂告。棠檄右參政曾翚、副使劉仁宅按其事。翚等誘執竑父子下之獄。竑窘則遣使走京師，上書請帝廢太子立己子。帝大喜，立擢竑都督同知，出其子於獄。事具懷獻太子及土司傳。棠既不得竟黃竑獄，鬱鬱果疏謝病歸。不攜嶺表一物，以清節顯。

曾翚，字時升，泰和人。宣德八年進士。治秦府永興王葬，却有司饋遺。歷刑部員外郎。尚書金濂器之，俾典奏牘。有重獄，諸郎不能決，輒以屬翚。秦王訐巡撫陳鎰狎妓。翚按得其情，劾藩府誣大臣，鎰得白。

正統十三年進郎中。以何文淵薦，擢廣西右參政。李棠檄翚及副使劉仁宅按黃竑父子。竑使人持千金賄於道，且擁精兵挾之。二人佯許諾，已，誘執竑下之獄。棠以聞。未幾，竑以上書擢都督同知，父子俱出獄，翚等大恚而已。尋以憂去。服闋，起官河南。御史清軍者利得軍，多枉及民，翚辨釋甚衆。南陽諸府多流戶，衆議驅逐，人情惶急，翚與巡撫撫安之。

天順五年遷山東右布政使。民墾田無賦者，姦民指爲閒田，獻諸戚畹。部使者來勘，翚曰：「祖制，民墾荒田，永不科稅，奈何奪之？」使者奏如言，乃免。成化初，轉左。河南歲饑，計開封積粟多，奏請平糶，貧民賴以濟。召拜刑部左侍郎，仍食從二品俸。尋巡視浙江，〔二〕考察官吏，奏罷不職者百餘人，他弊政多所釐革。還朝，久之，謝病去。翚操行謹，所至有聲。及歸，生計蕭然，絕跡公府，鄉人以爲賢。

賈銓，字秉鈞，邯鄲人。永樂末進士。宣德四年授禮科給事中，數有參駁。英宗踐阼，既肆赦，復命讞在京重囚，多所原宥。從銓請，推之南京。秩滿，出爲大理知府。王驥征麓川，饋運有勞。驥薦之。麓川平，擢雲南左參政，仍知府事。尋以驥言，還治司事。正統十二年，左布政使闕，軍民數萬人頌銓，參贊軍務侍郎侯璡等亦疏請，銓遂得擢。土官十餘部，歲當貢馬輸差發銀及海肥，八府民歲當輸食鹽米鈔，至景泰初，皆積逋不能償。銓等爲言除之。治行聞，賜誥旌異。景泰七年，九載滿，當入都，軍民乞留。命還任。

天順四年與梁棨等舉政績卓異。戶部初闕尚書，王翺欲擢銓。帝問李賢，賢曰：「聞其名，未見其人也。」及是來覲，帝命賢視之，還奏貌寢。乃以爲右副都御史巡撫山東，尋兼撫河南。山東歲侵，請召還淸軍御史。河南饑，請停徵課馬。皆許之。成化初，左都御史李秉督師遼東，召銓署院事。中官唐愼等從征荊、襄還，杖死淮安知事谷淵，自奏丐免。銓請罪之。乃付愼等司禮監，命法司罪其從人。未幾，卒官。諡恭靖。

銓在雲南，治行爲一時冠。比爲巡撫，淸靜不自表暴，吏民亦安之。

王宇，字仲宏，祥符人。童丱時，日記萬言，巡撫侍郎于謙奇之。登正統四年進士，授南京戶部主事。秩滿當轉郎中，吏部以宇才，特用爲撫州知府。爲政簡靜，而鋤强遏姦，凜不可犯，一府大治。

天順元年，所司上其治行，詔賜誥命。頃之，擢山東右布政使，命撫恤所屬饑民。明年遷右副都御史，巡撫宣府。中官嚴順、都督張林等令家人承納芻糧。宇劾奏，都御史寇深爲解，帝切責深。尋命兼撫大同。石亨及從子彪驕恣，大同其舊鎭地，徵索尤橫。宇抗疏論其姦，乞置之法。疏雖不行，聞者敬憚。督餉郎中楊益不能備芻藁，爲宇所劾。戶部庇之，宇幷劾尙書沈固等。皆輸罪。遭喪，起復爲大理卿。固辭，不許。

宇剛介，所至有盛名。居大理，平反爲多。七年卒。

崔恭，字克讓，廣宗人。正統元年進士。除戶部主事。出理延綏倉儲，有能聲。以楊溥薦，擢萊州知府。內地輸遼東布，悉貯郡庫，歲久朽敝，守者多破家。恭別搆屋三十楹貯之，請約計歲輸外，餘以充本府軍餉，遂放遣守者八百人。也先犯京師，遣民兵數千入援。廷議城臨清，檄發役夫。恭以方春民乏食，請俟秋成。居府六年，萊人以比漢楊震。

景泰中，超遷湖廣右布政使。諸司供給，率取之民。恭與僚佐約，悉罷之。公安、監利流民擅相殺，恭下令願附籍者聽，否則迨秋遣歸，衆遂定。尋遷江西左布政使。司有廣濟庫，官吏乾沒五十萬。恭白於巡撫韓雍，典守者咸獲罪。定均徭法，酌輕重，十年一役，遂爲定例。

天順二年，寧王奠培不法，恭劾之。削其護衞，王稍戢。遷右副都御史，代李秉巡撫蘇、松諸府。按部，進耆老言利病，爲興革。與都督徐恭浚儀眞漕河，又浚常、鎭河，避江險。已，大治吳淞江。起崑山夏界口，至上海白鶴江，又自白鶴江至嘉定卞家渡，迄莊家涇，凡浚萬四千二百餘丈。又浚曹家港、蒲匯塘、新涇諸水。民賴其利，目曹家港爲「都堂浦」。初，周忱奏定耗羨則例，李秉改定以賦之輕重遞盈縮。其例甚平，而難於稽算，吏不勝煩擾。恭乃罷去，悉如忱舊。

吏部缺右侍郎，李賢、王翺舉恭。遂召用。置勸懲簿，有聞皆識之。翺甚倚恭，轉左。父憂起復。憲宗卽位，乞致仕。不允。成化五年，尙書李秉罷，商輅欲用姚夔，彭時欲用王㮣，而北人居言路者，謂時實逐秉，喧謗於朝。時稱疾不出，侍讀尹直以時、㮣皆己鄉人，恐因此得罪，急言於輅，以恭代秉。越五月，母喪歸。服除，起南京吏部，劾罷諸司不職者數人。

十一年春命參贊機務。居三年，致仕。又二年卒。贈太子少保，諡莊敏。

劉孜，字顯孜，萬安人。正統十年進士。授御史，出按遼東。景帝卽位，有建南遷議者。孜馳奏，乞斬言者以定人心。期滿當代，朝議邊務方殷，復留一歲。再按畿輔。時方築滄州城，以孜言罷。擢山東按察使。

天順四年，吏部舉天下治行卓異，按察使惟孜一人，遷左布政使。明年春，以右副都御史巡撫江南十府。蘇、松財賦，自周忱立法後，代者多紛更。孜首訪忱遺蹟，斟酌行之，民稱便。成化元年，應天饑，方振貸，而江北饑民就食者衆。孜請盡發諸縣廩，全活無算。時民間多積困。瀕江官田久廢沒，仍責輸賦。蘇、松、杭、嘉諸府僉補富戶。南京廊房旣傾圮，猶征鈔。上元、江寧農民代河泊所網戶採鰣魚。應天都稅宣課諸司額外增稅。江陰諸縣民戶償納荒租。六合、江浦官牛歲徵犢。孜皆疏罷之。

召拜南京刑部尙書，以宋傑代。四年致仕，道卒。

孜廉愼，治事精審。然持法過嚴，時議其刻。傑爲人長者。居二年，罷去，而邢宥代。

宥，文昌人。正統十三年進士。授御史，出巡福建。民十人被誣爲盜，當刑呼冤。宥爲緩之，果得眞盜。天順中，出爲台州知府，有治績，坐累謫晉江丞。憲宗復其職，改知蘇州。姦民攬納秋賦，置之法，得其贓萬緡，以隄沙河，甓官道。大水，民饑，不待奏輒發米二十萬斛以振。宥素廉介，及治蘇，嚴而不苛。傑薦於朝，詔加浙江左參政仍理府事，賜璽書。居半歲，遂以右僉都御史代傑巡撫。開丹陽河，築奔牛閘，省兌運冗費，民以爲便。尋兼理兩浙鹽政，考察屬吏，奏黜不職者百七十餘人。居數載，引疾歸。

李侃，字希正，東安人。正統七年進士。授戶科給事中。景帝監國，陳簡將才、募民壯、用戰車三事。也先逼京師，議者欲焚城外馬草。侃言敵輕剽，無持久心，乞勿焚，免復斂爲民累。皆報許。時父母在容城，侃曉夜悲泣，乞假，冒險迎之。景泰初，議錄扈從死事諸臣後。侃因言避難偸生者，宜嚴譴以厲臣節。上皇將還，與同官劉福等言禮宜從厚。忤旨，被詰，尚書胡濙爲解，乃已。

再遷都給事中。軍興，減天下學校師儒俸廩。侃奏復之。戶部尙書金濂違詔徵租，侃論濂，下之吏。石亨從子彪侵民業，侃請置重典，幷嚴禁勳戚、中官不得豪奪細民，有司隱

者同罪。帝宥亨、彪，餘如其請。時給事中敢言者，林聰稱首，侃亦矯抗有直聲。廷議易儲，諸大臣唯唯。侃泣言東宮無失德，聰與御史朱英亦言不可，時議壯之。擢詹事府丞。

天順元年改太常丞，進太僕卿。[三]明年復設山西巡撫，遷侃右僉都御史任之。奏言：「塞北之地，與窮荒無異。非生長其間者，未有能寧居而狎敵者也。今南人戍西北邊，怯風寒，聞寇股栗。而北人戍南，亦不耐暑，多潛逃。宜令南北清勾之軍，各就本土補伍，人情交便，戎備得修。」時不能用。奏發巡按李傑罪，傑亦訐侃。按傑事有驗，除名。侃無贓罪，獲宥。六年考察屬吏，奏罷布政使王允、李正芳以下百六十人。因言：「諸臣年與臣若、不堪任事者，臣悉退之，臣亦當罷。」詔不許。侃性剛方，力振風紀，貪墨者屏跡。其年冬以母喪歸，軍民擁泣，至不得行。服除，遂不出，家居十餘年卒。

侃事親孝，好學安貧，歿幾不能殮。弘治初，國子生江紀等言，前祭酒胡儼、都御史高明、李侃學行事功，彰著耳目，並乞賜諡。寢不行。侃二子：德恢，嚴州知府；德仁，河東鹽運使。

雷復，字景暘，湖廣寧遠人。正統初進士。授行人，歷官廣西副使。藤縣民胡趙成搆瑤陷縣治，復與參將范信討斬之。成化初以大臣會薦，擢山東右布政使。七年徵拜禮部右侍郎。尋改右副都御史，巡撫山西。繼李侃後，竭恪守法，得軍民心。敗寇紅沙烟，再敗之烟寺溝、石人村，賜敕獎勞。時山西大祲，而廷議以陝西用兵，令預徵芻餉，轉輸榆林。復上言：「自山西至榆林，道路險絕，民齎銀往易，價騰踴，不免稱貸，償責多破產。今雨雪愆違，饑民疾病流離，困悴萬狀，而應輸綾帛、藥果諸物，又不下萬計。乞依山東例蠲除，仍發帑振贍。」帝從之。及發金三萬不足，請鬻鹽四十萬引，幷令民入粟授散官。皆報可。十年夏卒於官。

李綱，字廷張，長清人。幼從父入都，墜車下，車轢體過，竟不傷，人咸異之。登天順元年進士，授御史。歷按南畿、浙江，劾去浙江贓吏至四百餘人，時目爲「鐵御史」。奉敕編集陝西延綏土兵。還，遷太僕寺少卿，巡畿輔馬政，盡却有司饋。按冀州，遇盜問隸人曰：「太僕李公耶？是何從得金。」不啓篋而去。成化十三年遷右僉都御史。轉左，出督漕運，與平江伯陳銳共事。踰年卒。銳見笥中惟斂衣，揮涕曰：「君子也。」爲具棺斂，聞其清節於朝。帝特命賜祭葬，不爲令。綱淸剛似李侃，爲時所重。

原傑，字子英，陽城人。正統十年進士。又二年，授南京御史，尋改北。巡按江西，捕

誅劇盜，姦宄斂跡。復按順天諸府。大水，牧官馬者乏芻，馬多斃，有司責償。傑請免之，開中鹽引入米振饑。疏入，爲部所格，景帝卒從傑議。超擢江西按察使。發寧王奠培淫亂事，革其護衞。治行聞，賜誥旌異，遷山東左布政使。

成化二年就拜右副都御史，巡撫其地。歲凶振救，民無流移。召爲戶部左侍郎。時黃河遷決不常，彼陷則此淤。軍民就淤墾種，姦徒指爲園場屯地，獻王府邀賞，王府輒據有之。傑請獻者謫戍，幷罪受獻者。從之。江西盜起，以傑嘗再莅其地得民，詔往治。捕戮六百餘人，餘悉解散。改左副都御史，還佐院事。

荊、襄流民數十萬，朝廷以爲憂。祭酒周洪謨嘗著流民圖說，謂當增置府縣，聽附籍爲編氓，可實襄、鄧戶口，俾數百年無患。都御史李賓以聞。帝善之。十二年，遂命傑出撫。偏歷山谿，宣朝廷德意，諸流民欣然願附籍。於是大會湖廣、河南、陝西撫、按官籍之，得戶十一萬三千有奇，口四十三萬八千有奇。其初至，無產及平時頑梗者，驅還其鄉，而附籍者用輕則定田賦。民大悅。因相地勢，以襄陽所轄鄖縣，居竹、房、上津、商、洛諸縣中，道路四達，去襄陽五百餘里，山林阻深，將吏鮮至，猝有盜賊，府難遙制，乃拓其城，置鄖陽府，以縣附之。且置湖廣行都司，增兵設戍，而析竹山置竹谿，析鄖置鄖西，析漢中之洵陽置白河，與竹山、上津、房咸隸新府。又於西安增山陽，南陽增南召、桐柏，汝州增伊陽，各隸其

舊府。制既定，薦知鄖州吳遠爲鄖陽知府，諸縣皆擇鄰境良吏爲之。流人得所，四境乂安。將還，以地界湖廣、河南、陝西，事無統紀，因薦御史吳道宏自代。詔即擢道宏大理少卿，撫治鄖陽、襄陽、荆州、南陽、西安、漢中六府。鄖陽之有撫治，自此始也。傑以功進右都御史。

傑數敭歷於外，既居內臺，不欲出。荆、襄之命，非其意也。事竣，急請還朝。會南京兵部缺尚書，以傑任之。傑疏辭。不許。遂卒於南陽，年六十一。鄖、襄民爲立祠，詔贈太子太保，錄其子宗敏爲國子生。

彭誼，字景宜，東莞人。正統中，由鄉舉除工部司務。嘗與尚書辯事，無所阿。景帝立，用薦改御史。從尚書石璞塞沙灣決河，進秩二等。復決，再往塞之。

景泰五年，以從大學士王文巡視江、淮，擒獲蘇州賊，擢大理寺丞。明年二月擢右僉都御史，提督紫荆、倒馬諸關。劾都指揮胡璽納賄縱軍罪。天順初，罷巡撫官。中朝有不悅誼者，下遷紹興知府。歲饑，輒發廩振貸。吏白當俟朝命，誼曰：「民方急，安得循故事耶？」築白馬閘障海潮。歷九載，多惠政。超擢山東左布政使，入爲工部左侍郎。

成化四年，遼東巡撫張岐得罪，吏部舉代者。帝曰：「遼東自王翺後，屢更巡撫，多不稱，可於大臣中求之。」乃改誼右副都御史以往。鎮守中官橫徵諸屬衞。誼下令，凡文牒不經巡撫審定者，所司毋輒行，虐焰爲息。十年冬，戶部檄所司開黑山金場。誼奏永樂中太監王彥等開是山，督夫六千人，三閱月止得金八兩，請罷之。遂止。

誼好古博學，通律曆、占象、水利、兵法之屬。平居謙厚簡默，臨事毅然有斷。鎮遼八年，軍令振肅。年未老，四疏告歸，家居四十餘年卒。

牟俸，巴人。景泰初進士。授御史，巡按雲南。南寧伯毛勝鎮金齒，俸列其違縱罪，將吏皆聳。天順元年出爲福建僉事。成化初，進秩副使。久之，遷江西按察使，政尚嚴厲，入爲太僕卿。

八年以左僉都御史巡撫山東。歲祲，請發濟南倉儲減價以糶，令臨清關稅收米麥濟振。皆從之。時大饑，雖獲振，饑民來，轉徙益多。俸請敕鄰境撫、按隨所在安輯，秋成賚遣復業。又乞開中淮、浙鹽百萬引，盡蠲州縣逋課。詔如所請，更命移臨清倉粟十萬石振之。至七月，俸又言公私困竭，救荒靡策，乞開納粟例，令胥吏得就選，富民授散官，且截留漕糧備振。十月復言：「今救荒者止救其饑，不謀其寒。縱得食，終不免僵死，乞貸貧民布棉。」帝皆嘉納。俸又檄發東昌、濟寧倉粟十萬餘石爲軍士月糧，而以德州、臨清寄庫銀易米振濟，奏請伏專擅罪。帝特宥之。已，復以俸奏免柴夫折價銀，移河南輸邊粟濟山東，而別給銀爲邊餉，山東輸京租二十萬石，給本地用。十年又饑，請發倉儲出貸。撫山東五年，盡心荒政，活饑民不可勝數。

以右副都御史改撫蘇、松。俸性嚴。以所部多巨室，欲故摧抑之，乃禁索私租，勸富家出穀備振動千計，怨謗紛然。中官汪直有事南京，或譖俸。直歸，未發也。俸初在山東，與布政陳鉞負氣不相下。後鉞從容言俸短，直信之。十四年，俸議事至京，直請執俸下詔獄。先是，所親學士江朝宗除服還朝，俸送之九江，聯舟並下，所至，有司供張頗盛。直因謂朝宗有所關說，并下獄。詞連僉事吳㻞等十餘人，俱被逮。繫獄半歲，謫戍湖廣。

俸在江西時，共成許聽獄，人多議其深文。至是被禍，皆知爲直誣，然無白其冤者。踰年，卒戍所。

夏壎，字宗成，天台人。景泰二年進士。授御史。天順初，巡按福建，繼淸軍江西，發鎮守中官葉達恣橫狀，達爲斂威。以薦超擢廣東按察使。時用師歲久，役民守城，壎至悉遣之。

成化初，奏：「瑤、僮弗靖，用兵無功，由有司撫字乖方，賊因得誘良民爲徒黨。劇寇數百，脅從萬千，進則驅之當前，退則殺以抒憤，害常在民，而利常在彼。況用兵不已，供斂日增，以易搖之人心，責無窮之軍費，恐外患未除，內變先作。請慎選監司守令，撫綏遺民，彼被脅之衆自聞風來歸。」帝深納其言。尋遷布政使，調江西。

八年以右副都御史巡撫四川。苗、獠時爲寇。壎立互知會捕法，賊爲之戢。古州苗萬餘，居爛土久，時議逐之，壎謂非計。松潘參將堯彧請益戍兵三千，又力陳不可。皆得寢。已，奏所部將校多犯法，奏請踰時，輒至逋逸。請先逮繫，然後奏聞。帝可之。

壎剛介，善聽斷，所至民不冤。在蜀二年，民夷畏服。然厭繁劇，與時多齟齬。子鍭獻詩勸歸，壎欣然納焉。年未五十，即求退。章四上，得請。既歸，杜門養親，不接賓客。又五年卒。

鍭舉進士。弘治四年謁選入都，上書請復李文祥、鄒智等官，罷大學士劉吉。忤旨，下獄，得釋。久之，除南京大理評事。疏論賦斂、徭役、馬政、鹽課利弊，及宗藩、戚里侵漁狀。

不報。餘素無宦情。居官僅歲餘，念母老，乞侍養，遂歸。家居三十餘年，竟不復出。

高明，字上達，貴溪人。幼事母以孝聞。登景泰二年進士，授御史。聞內苑造龍舟，切諫。有指揮爲大臣所陷，論死，辨出之。徐州民訴有司於朝。時例，越訴者戍邊。明言：「戍邊，防誣訴也。今訴不誣，法止當杖。」民有爲妖言者，吏貪功，誣以謀反。明按無反狀，止坐妖言律。皆報許。

巡按河南，黜屬吏六十人。再按畿輔，入總諸道章奏。天順初，尚書陳汝言有罪，偕諸御史劾，下之獄。四年，御史趙明等劾天下朝覲官，觸帝怒，詰章疏主名。衆大懼，明獨自承。都御史寇深言：「頻年章疏，盡出明手，幸勿以細故加罪。」帝意解，反稱明能。石亨既誅，僮僕皆收。明言不宜，坐免者百人。擢大理寺丞。

憲宗立，拜南京右僉都御史。以留都春夏淫雨，請修人事以回天意。時納馬入監者至萬餘人，明請區別。薦郎中孫瓊、陳鴻漸、梅倫、何宜，主事宋瑛，皆端方廉潔，恬於進取，宜顯擢以風有位。疏下所司。

成化三年，揚州鹽寇起，守兵失利，詔明討之。造巨艦，名曰籌亭，往來江上督戰，並

江置邏堡候望。賊蹤跡無所匿，遂平之。內官竊私鹽，據法沒入，鹽政大治。因條上利病十餘事，多議行。仍還原任，以親老乞終養歸。

十四年，上杭盜發。詔起巡撫福建，督兵往討。擒誅首惡，餘皆減死遣戍。以上杭地接江西、廣東，盜易嘯聚，請析置永定縣。移疾徑歸。久之，卒。

楊繼宗，字承芳，陽城人。天順初進士。授刑部主事。囚多疫死，爲時其食飲，令三日一櫛沐，全活甚衆。又善辨疑獄。河間獲盜，遣里民張文、郭禮送京師，盜逸。文謂禮曰：「吾二人並當死。汝母老，鮮兄弟，以我代盜，庶全汝母子命。」禮泣謝，從之。文桎梏詣部，繼宗察非盜，竟辨出之。

成化初，用王翺薦，擢嘉興知府。以一僕自隨，署齋蕭然。性剛廉孤峭，人莫敢犯。而時時集父老問疾苦，爲祛除之。大興社學。民間子弟八歲不就學者，罰其父兄。遇學官以賓禮。師儒競勸，文教大興。御史孔儒清軍，里老多撻死。繼宗榜曰：「御史杖人至死者，詣府報名。」儒怒。繼宗入見曰：「爲治有體。公但剔姦弊，勸懲官吏。若比戶稽核，則有司事，非憲體也。」儒不能難，而心甚銜之。瀕行，突入府署，發篋視之，敝衣數襲而已，儒慚而去。中官過者，繼宗遺以菱芡、曆書。中官索錢，繼宗即發牒取庫金，曰：「金具在，與我印劵。」中官咋舌不敢受。入覲，汪直欲見之，不可。憲宗問直：朝覲官孰廉，直對曰：「天下不愛錢者，惟楊繼宗一人耳。」

九載秩滿，超遷浙江按察使。數與中官張慶忤。慶兄敏在司禮，每於帝前毁繼宗。帝曰：「得非不私一錢之楊繼宗乎？」敏惶恐，遺書慶曰：「善遇之，上已知其人矣。」聞母喪，立出，止驛亭下，盡籍廨中器物付有司。惟攜一僕、書數卷而還。

服除，以右僉都御史巡撫順天。畿內多權貴莊田，有侵民業者，輒奪還之。按行關塞，武備大飭。星變，應詔陳言，歷指中官及文武諸臣貪殘狀，且請召還中官出鎮者，益爲權貴所嫉。治中陳翼訐其過，權貴因中之，左遷雲南副使。

孝宗立，遷湖廣按察使。既至，命汲水百斛，洗滌廳事而後視事，曰：「吾以除穢也。」居無何，復以僉都御史巡撫雲南。三司多舊僚，相見歡然。既而出位揖之曰：「明日有公事，諸君幸相諒。」遂劾罷不職者八人。未幾卒。

繼宗力持風節，而居心慈厚，自處必以禮。爲知府，謁上官必衣繡服，朝覲謁吏部亦然。或言不可，笑曰：「此朝廷法服也，此而不服，將安用之？」爲浙江按察時，倉官十餘人坐缺糧繫獄，至鬻子女以償。繼宗欲寬之而無由。一日，送月俸至，命量之，則溢原數。較

他司亦然。因悟倉吏缺糧之由，將具實以聞。衆懼，請於繼宗，願捐俸代償。由是十人者獲釋。嘗監鄉試得二卷，具朝服再拜曰：「二子當大魁天下，吾爲朝廷得人賀耳。」及拆卷，王華、李旻也，後果相繼爲狀元。人服其鑑。天啓初，謚貞肅。

贊曰：明初以十五布政司分治天下，諸邊要害則遣侯伯勳臣鎮扼之。永樂之季，敕蹇義等二十六人巡行天下，安撫軍民，事竣還朝，不爲經制。宣德初，始命熊概巡撫蘇、松、兩浙。越數年，而江西、河南諸省以次專設巡撫官。天順初，暫罷復設，諸邊亦稍用廷臣出鎮或參贊軍務。蓋以地大物衆，法令滋章，三司謹奉敎條，修其常職，而興利除弊，均賦稅，擊貪濁，安善良，惟巡撫得以便宜從事。熊概以下諸人，强幹者立聲威，愷悌者流惠愛，政績均有可紀。于謙、周忱巡撫最爲有名，而勳業尤盛，故別著焉。

校勘記

〔一〕濬袤百八十里　原脫「百」字，據明史稿傳四四陳泰傳、英宗實錄卷二五八景泰六年九月戊子條、國榷卷三一頁一九九九補。

〔二〕尋巡視浙江　巡視，原作「巡撫」。據本書卷一三憲宗紀、憲宗實錄卷七六成化六年二月辛未條改。

〔三〕進太僕卿　明史稿傳四四李侃傳、憲宗實錄卷二七〇成化二十一年九月庚申條都作進太僕少卿。按明官制太僕寺卿從三品，少卿正四品，都察院左右僉都御史正四品。如李侃由太僕卿遷右僉都御史，不是遷陞，反而降了一級，作進太僕少卿是。

明史卷一百六十

列傳第四十八

王彰　魏源　金濂　石璞 王巹　羅通　羅綺 張固
張瑄　張鵬　李裕

王彰，字文昭，鄭人。洪武二十年舉於鄉，補國子生。使山東平糴，以廉幹稱，擢吏科源士。〔一〕踰年，革源士，改給事中，累遷山西左參政。永樂五年召爲禮部侍郎。父喪，服除，改戶部。陝西大疫，奉使祀西嶽。新安民鬻子女償賦。彰奏爲蠲除，贖還所鬻。改右副都御史。陝西僉事馬英激肅州番爲變，殺御史及都指揮。彰劾英，置極典。又劾御史陳孟旭受賕枉法，文獻盜銀課，及金吾指揮李嚴逐母不養，皆坐死。他所論劾甚衆。十一年從帝北巡。彰有母年八十餘矣，命歸省，賜其母冠服金幣。諭之曰：「君子居官不忘親，居家不忘

君。凡所過，民安否，吏賢不肖，悉以聞。」彰還，奏事稱旨。久之，進右都御史。十九年，帝遣廷臣二十六人巡撫天下，彰與給事中王勵往河南。終明世，大臣得撫鄉土者，彰與葉春而已。河南水災，民多流亡，長吏不加恤。彰奏黜貪刻者百餘人，罷不急之徵十餘事，招復流民，發廩振貸，多所全活。還朝，命督餉北征。仁宗卽位，河溢開封，命彰與都指揮李信往振恤。

宣德元年五月命彰自良鄉抵南京巡撫軍民。尋以所言率常事，降敕切責，令詳具利病以聞。復諭侍臣曰：「兩京相距數千里，驛使往來爲擾，或遘水旱，小民失所，朝使還及御史巡歷皆不以告，故遣彰往視。今所奏多細故。大臣如此，朕復何望。卿等當悉朕意，君臣同體，勿有所疑。」尋召還，命與都督山雲巡山海至居庸諸關隘。踰二月還，奏將士擅離者，帝命逮治。遂命兵部三月一遣御史、給事中點閱。明年四月卒於官。

彰嚴介自持，請托皆絕，然用法過刻。其母屢以爲言，不能改。時劉觀爲左都御史。人謂彰公而不恕，觀私而不刻云。

魏源，字文淵，建昌縣人。永樂四年進士。除監察御史。辨松江知府黃子威誣，奏減

浙東瀕海漁課。巡按陝西。西安大疫，瘵活甚衆。奏言：「諸府倉粟積一千九十餘萬石，足支十年。今民疫妨農，請輸鈔代兩稅之半。」從之。涼州土寇將爲變。亟請剿，亂遂息。兩遭喪，俱起復。洪熙元年出爲浙江按察副使。

宣德三年召署刑部右侍郎。五年，河南旱荒，民多轉徙。帝以源廉正有爲，命爲左布政使，俾馳驛之任。時侍郎許廓往撫輯，廷議又起丁憂布政使李昌祺原官。源與廓、昌祺發倉廩，免逋賦雜役，流民漸歸。雨亦旋降，歲大豐。居三年，召還，授刑部左侍郎。明年，永豐民夏九旭等據大盤山爲亂。帝以源江西人，命撫之，都督任禮帥兵隨其後。未至，官軍擒九旭，因命二人採木四川，兼飭邊務。

英宗卽位，進尙書。正統二年五月命整飭大同、宣府諸邊，許便宜行事。源遣都督僉事李謙守獨石，楊洪副之，劾萬全衞指揮杜衡戍廣西。明年奏大同總兵官譚廣老，帝命黃眞、楊洪充左右參將協鎭，諸將肅然。按行天城、朔州諸險要，令將吏分守。設威遠衞，增修開平、龍門城，自獨石抵宣府，增置墩堠。免屯軍租一年，儲火器爲邊備，諸依權貴避役者悉括歸伍。尋以宣、大軍務久弛，請召還巡撫僉都御史盧睿，而薦兵部侍郎于謙爲鎭守參贊。朝廷以謙方撫山西、河南，不聽。于是言官以臨邊擅易置大臣爲源罪，合疏劾之。且言源爲御史嘗犯贓，乃冒領誥命。帝以源有勞，置不問。事竣還朝，與都御史陳智相詈

於直廬。智以聞，詔兩責之。

歲旱，錄上疑獄，且請推行於天下，報可。旋坐決獄不當，與侍郎何文淵俱下獄。得宥，復以上遼王貴烚罪狀，不言其內亂事，與三司官皆繫詔獄。累月，釋還職。

源在刑部久，議獄多平恕。陝西僉事計資言，武臣雜犯等罪，予半俸，謫極邊。源以所言深刻，奏寢之。郎中林厚言禁刁訟、告訐及擇理刑官、勘重囚務憑贓具四事，皆以源議得施行。六年以足疾命朝朔望。八年致仕，卒。

金濂，字宗瀚，山陽人。永樂十六年進士。授御史。宣德初，巡按廣東，廉能最。改按江西、浙江。捕巨盜不獲，坐免。盜就執，乃復官。嘗言郡縣吏貪濁，宜敕按察司、巡按御史察廉能者，如洪武間故事，遣使勞賚，則清濁分，循良勸。帝嘉納之。用薦遷陝西副使。

正統元年上書請補衞所缺官，益寧夏守兵，設漢中鎭守都指揮使，多議行。三年擢僉都御史，參贊寧夏軍務。濂有心計，善籌畫，西陲晏然。寧夏舊有五渠，而鳴沙洲七星、漢伯、石灰三渠淤。濂請濬之，溉蕪田一千三百餘頃。時詔富民輸米助邊，千石以上褒以璽書。濂言邊地粟貴，請幷旌不及額者，儲由此充。六年詔僉都御史盧睿與濂更代。明年，

睿召還，濂復出鎭。尋加右副都御史，與睿代者再。

八年秋拜刑部尙書，侍經筵。十一年，安鄉伯張安與弟爭祿，詔逮治。法司與戶部相諉，言官劾濂及戶部尙書王佐，右都御史陳鎰，侍郎丁鉉、馬昂，副都御史丁璿、程富等，俱下獄。數日，釋之。

福建賊鄧茂七等爲亂，都督劉聚、都御史張楷征之，不克。十三年十一月大發兵，命寧陽侯陳懋等爲將軍往討，以濂參軍務。比至，御史丁瑄已大破賊，茂七死，餘賊擁其兄子伯孫據九龍山，拒官軍。濂與衆謀，羸師誘之出，伏精兵，入其壘，遂擒伯孫。帝乃移楷討浙寇，而留濂擊平餘賊未下者。會英宗北狩，兵事棘，召還。言者交劾濂無功，景帝不問，加濂太子賓客，給二俸。尋改戶部尙書，進太子太保。

時四方用兵，需餉急，濂綜核無遺，議上撙節便宜十六事，國用得無乏。未幾，上皇還，也先請遣使往來如初。帝堅意絕之。濂再疏諫。不聽。初，帝卽位，詔免景泰二年天下租十之三。濂檄有司，但減米麥，其折收銀布絲帛者徵如故。三年二月，學士江淵以爲言，命部查理。濂內慚，抵無有。給事中李侃等請詰天下有司違詔故。濂恐事敗，乃言：「銀布絲帛，詔書未載，若槪減免，國用何資？」於是給事中御史劾濂失信於民，爲國斂怨，且訐其陰事。帝欲宥之，而侃與御史王允力爭，遂下都察院獄。越三日釋之，削宮保，改工部。吏部

尙書何文淵言理財非濂不可，乃復還戶部。濂上疏自理，遂乞骸骨，帝慰留之。東宮建，復宮保。尋復條上節軍匠及僧道冗食共十事。五年卒官，以軍功追封沭陽伯，諡榮襄。

濂剛果有才，所至以嚴辦稱，然接下多暴怒。在刑部持法稍深。及爲戶部，値兵興財詘，頗厚斂以足用云。

石璞，字仲玉，臨漳人。永樂九年舉於鄉，入國學。選授御史。正統初，歷任江西按察使。三年坐逸囚，降副使。璞善斷疑獄。民娶婦，三日歸寧，失之。婦翁訟婿殺女，誣服論死。璞禱於神，夢神示以麥字。璞曰：「麥者，兩人夾一人也。」比明，械囚趣行刑。未出，一童子窺門屛間。捕入，則道士徒也。叱曰：「爾師令爾偵事乎？」童子首實，果二道士匿婦槁麥中。立捕，論如法。在江西數年，風紀整肅，雖婦豎無不知石憲使者。

七年遷山西布政使。明年，以朝廷歲用物料，有司科派擾民，請于折糧銀內歲存千兩，令官買辦，庶官用可完，民亦不擾。從之。

工部尙書王巹以不能屈意王振，十三年致仕去。璞爲振所善，遂召爲尙書。明年，處

州賊葉宗留作亂，總兵官徐恭等往討，以璞參其軍事。師未至，宗留已爲其黨陳鑑胡所殺。巡撫張驥招降鑑胡，賊勢稍息。璞等逗遛無功，爲御史張洪等所劾，詔俟師旋以聞。

已而景帝嗣位，召還。論功，兼大理寺卿。尋出募天下義勇，還朝。會中官金英下獄，法司劾璞嘗賂英，遂并下璞獄，當斬，特宥之，出理大同軍餉。敵犯馬營，命提督宣府軍務。至則寇已退，還理部事。加太子太保，給二俸。

河決沙灣，命治之。璞以決口未易塞，別濬渠，自黑洋山至徐州，以通漕艘，而決口如故。乃命內官黎賢等偕御史彭誼助之。于沙灣築石堤以禦決河，開月河二，引水益運河以殺水勢，決乃塞。璞還言：「京師盜賊多出軍伍，間有獲者，輒云『糧餉虧減，妻孥饑凍故』。又聞兩畿、山東、河南被災窮民多事剽掠，不及今拊循，恐方來之憂甚於邊患。口外守軍，夜行晝伏，艱苦萬狀。今邊疆未靖，宜增餉以作士氣，乃反減其月糧，此實啓盜悞國之端，非節財足用之術。」帝深納其言。沙灣復決，璞再往治之。以母憂歸，起復。

六年改兵部尚書，與于謙協理部事。明年，湖廣苗亂，命璞總督軍務，與南和伯方瑛討之。天順元年以捷聞。召還，命致仕。既而論功，賜鈔幣。四年冬用李賢薦，召爲南京左都御史。時璞已老聵，不能任事。七年爲錦衣衛指揮僉事門達所劾罷，歸卒。

王卺，鄖人。永樂中鄉薦，歷山東左布政使，所至有惠政。正統六年入爲工部侍郎，代吳中爲尚書。歸家十五年卒。

羅通，字學古，吉水人。永樂十年進士。授御史，巡按四川。都指揮郭贇與清軍御史汪琳中交通爲奸利，通劾奏，逮治之。三殿災，偕同官何忠等極陳時政闕失。忤旨，出爲交阯清化知州。

宣德元年，黎利反，王通戰敗，擅傳檄割清化迤南畀賊。〔三〕賊方圍清化，通與指揮打忠堅守，乘間破賊，殺傷甚衆。賊將遁而檄至，通曰：「吾輩殺賊多，出城必無全理，與就縛，曷若盡忠死。」乃與忠益固守。賊久攻不下，令降將蔡福說降，通登陴大罵。賊知城不可拔，引去。及還京，宣宗大獎勞之。改戶部員外郎，出理宣府軍餉。奏言：「朝議儲餉開平，令每軍運一石，又當以騎士護行，計所費率二石七斗而致一石。今軍民多願輸米易鹽，請捐舊例五分之二，則人自樂輸，餉足而兵不疲。」帝可之。

正統初，還兵部郎中，從尚書王驥整飭甘肅邊務。從破敵于兀魯乃還，以貪淫事爲驥所覺。驥遣通奏邊情，卽疏通罪。下獄，謫廣西容山閘官。已，調東莞河泊所官。九年，都督僉事曹儉薦其有文武才，乞收用。吏部執不可。

景帝監國，以于謙、陳循薦，起兵部員外郎，守居庸關。俄進郎中。帝卽位，進右副都御史。也先犯京師，別部攻居庸甚急。天大寒，通汲水灌城，冰堅不得近。七日遁走，追擊破之。

景泰元年召還。時楊洪督京營，命通參軍務兼理院事。言：「諸邊報警，率由守將畏徵調，飾詐以惑朝廷，遇賊數十輒稱殺敗數千。向者德勝等門外不知斬馘幾何，而獲官者至六萬六千餘人。輦下且然，何況塞外。且韓信起自行伍，穰苴拔於寒微，宜博搜將士中如信、苴者，與議軍事。若今腰玉珥貂，皆苟全性命保爵祿之人，憎賢忌才，能言而不能行，未足與議也。」意蓋詆謙與石亨輩。謙疏辨，言：「槪責邊報不實，果有警，不奏必致悞事。德勝門外官軍升級，惟武清侯石亨功次冊當先者萬九千八百餘人，及陣亡三千餘人而已，安所得六萬之多？通以爲濫，宜將臣及亨等陞爵削奪。有如韓信、穰苴者，乞卽命指薦，并罷臣營務，俾專治部事。」疏下廷議。廷臣共言謙及石亨、楊洪實堪其任，又謂通志在滅賊，無他。帝兩解之。尋敕謙錄功，不得如從前冒濫，蓋因通言而發也。給事中覃浩等言通本以知兵用，不宜理院事，乃解其兼職。

塞上軍民多爲寇所掠。通請榜諸邊能自歸者，軍免戍守三年，民復徭役終身。又請懸

封爵重賞，募能擒斬也先、伯顏帖木兒、喜寧者。已，又言：「古之將帥務搜拔衆才，如知山川形勢者可使導軍，能騰高越險者可使覘敵，能風角鳥占者可使備變。今軍中未見其人，乞敕廷臣各舉所知，命總兵官楊洪、副將孫鏜同臣考驗。」詔皆行之。

宣府有警，總兵官朱謙告急。廷推都督同知范廣帥兵往，以通提督軍務。寇退，駐師懷來、宣府，以邊儲不敷，召還。六月，于謙以山西近寇，請遣大臣往鎮，楊洪亦乞遣重臣從雁門關護餉大同。帝以命通。通不欲行，請得與謙、洪俱。謙言國家多難，非臣子辭勞之日，奏乞躬往。帝不允，卒命通。通本謙所舉，而每事牴牾，人由是不直通。

二年召還，仍贊軍務。東宮改建，加太子少保。上言：「貢使攜馬四萬餘匹，宜量增價酬之。價增則後來益衆，此亦强中國弱外裔之一策。」帝以所貢馬率不堪用，若增價正墮賊計，寢通奏。四年進右都御史，贊軍務如故。

通好大言，遇人輒談兵。自陳殺賊功，求世襲武職，爲給事中王竑所劾。帝釋不罪。天順初，自陳預謀迎駕，恐爲石亨等所掩，乃授其二子所鎮撫。成化六年卒。賜祭葬如例。

羅綺，磁州人。宣德五年進士。英宗卽位，授御史，按直隸、福建有能名。

正統九年參贊寧夏軍務。踰年當代，軍民詣鎮守都御史陳鎰乞留。以聞，命復任。尋擢大理右寺丞，參贊如故。常以事劾指揮任信、陳斌。二人皆王振黨。十一年四月，信、斌訐綺不法事，下總兵官黃眞覆覈。眞謂綺常詈宦官爲老奴，以激怒振。召還京。法司擬贖，振改令錦衣衞再鞫。指揮同知馬順鍛鍊成獄，謫戍遼東。景帝立，綺訴冤，不聽。尋用尙書于謙、金濂薦，召復故官，進右少卿，副李實使瓦剌。

上皇還，以勞擢刑部左侍郎。明年二月，出督雲南、四川軍儲。已，代寇深鎮守松潘。賊首卓勞糾他砦阿兒結等頻爲寇，綺擒斬之。土官王永、高茂林、董敏相讐殺，守將不能制，綺搗永巢誅之。又敗黑虎諸塞番，斬馘三百五十。在鎮七年，威名甚震。

天順初，召爲左副都御史，以功賜二品祿。御史張鵬、楊瑄劾石亨。亨謂綺與右都御史耿九疇使之，幷下獄，降廣東參政。〔三〕綺鞅鞅未赴。明年閏二月，綺鄉人告磁州同知龍約自京還，與綺言天子仍寵宦官，刻香木爲王振形以葬，綺微笑云：「朝廷失政，致吾輩降黜。」奏上，捕綺下吏，坐死，籍其家，陳所籍財賄于文華門示百官，家屬戍邊，婦女沒入浣衣局。憲宗立，赦爲民，還其資產。

時與綺先後鎮四川者，張固，字公正，新喻人。宣德八年進士。正統初，授刑科給事中。改吏科，奉命撫裕州流民。景泰改元，給事中李實請於四川行都司設鎮守大臣，乃遷固大理右少卿，鎮建昌。有政績。三年還理寺事。山東盜起，奉命督捕。適霖潦災，流人載道，固盡心振卹，盜賊弭散。還，卒於官。固在諫職敢言，大臣多被彈劾，又劾都御史陳鎰等舉屬官出身掾吏者爲知府。自是掾吏不得歷知府，著爲例。英宗將北征，偕同官疏諫。復辟，追念之，已卒。遣使諭祭，官其一子。子鯒，仕至廣西按察使。

張瑄，字廷璽，江浦人。正統七年進士。授刑部主事，歷郎中，有能聲。景泰時，賜敕爲吉安知府。俗尙巫，迎神無休日。瑄遇諸途，投神水中。俄遘危疾，父老皆言神爲祟，請復之。瑄怒，不許，疾亦愈。歲大饑，陳牒上官，不俟報，輒發廩振貸。

居八年，用薦擢廣東右布政使。廣西賊莫文章等越境陷連山，瑄擊斬之。又破陽山賊周公轉〔四〕新興賊鄧李保等。既而大藤峽賊頻陷屬邑，瑄坐停俸。成化初，韓雍平賊，錄瑄轉餉勞，賜銀幣，給俸如初。瑄按行所部，督建預備倉六十二，修陂塘圩岸四千六百，增築廣州新會諸城垣一十二。民德瑄，惟恐其去。既轉左布政使，會滿九載，當赴京，軍民相率乞留。巡撫陳濂等爲之請，乃仍故任。

八年始以右副都御史巡撫福建。平賊林壽六、魏懷三等。福安、壽寧諸縣鄰江、浙，賊首葉旺、葉春等負險。瑄捕誅之，餘盡解散。帝降敕勞之，改撫河南。議事入都，陳撫流民、振滯才十八事，所司多議行。黃河水溢，瑄請振，且移王府祿米於他所，留應輸榆林餉濟荒，石取直八錢輸榆林，民稱便。

還理院事。尋遷南京刑部侍郎。久之，進尙書。二十年，星變，被劾，帝弗問。居三年，給事御史復劾之，遂落職。孝宗立，復官，致仕。

張鵬，字騰霄，淶水人。景泰二年進士。授御史。上疏言：「懷利事君，人臣所戒。比每遇聖節，或進羊馬錦綺，交錯殿廷。自非貪賄，安有餘財充進奉？且陛下富有四海，豈藉是足國哉？宜一切停罷，塞諂諛奔競之途。」疏凡四事，帝頗採用。出按大同、宣府，奏：「兩鎮軍士斂衣菲食，病無藥，死無棺，乞官給醫藥棺櫝，設義塚，俾饗厲祭，死者蒙恩，則生者勸。」帝立報可，且命諸邊概行之。奏停淮、揚征賦，給牛種。

天順元年，同官楊瑄劾石亨、曹吉祥。鵬亦偕劉泰、魏瀚、康驥論劾。俱得罪，下詔獄。

諸御史多謫官，而鵬、瑄戍遼東。頃之赦免，復戍南丹。憲宗立，廷臣交薦，召復原官，尋超擢福建按察使。

成化四年，以右僉都御史巡撫廣西，剿蠻寇有功。其冬罷巡撫官，命還理南京都察院事。改督漕運，兼撫淮、揚四府。尋解漕務，專理巡撫事。復還南院，進副都御史，巡撫寧夏。召還，歷兵部左、右侍郎。

十八年代陳鉞爲兵部尙書。守珠池宦官韋助乞往來高、肇、瓊、廉，會守巡官捕寇。鵬執不可，帝竟許之。南北印馬，率遣勛臣、內侍，後以災傷止遣御史。是年，帝復欲遣內侍，鵬等執不可。帝勉從之，命俟後仍如故事。鎮守大同中官汪直言小王子將大舉，請發京兵援。鵬等言：「大同士馬四萬已足用，所請宜勿許。且京軍困營造，精力銷沮，猝有急，何以作威厲氣，請悉停其役。」詔可。尋加太子少保。

鵬初爲御史，剛直尙氣節，有盛名。後敭歷中外，惟事安靜。羣小竊柄，閣臣萬安、劉吉輩專營私，鵬循職而已，不能有所匡救。二十一年，星變，鵬偕僚屬言：「傳奉武職至八百餘人，乞悉令閒住，非軍功毋濫授。四方鎮守、監槍、守備內官，非正統間原設者，悉宜召還。」廷臣亦交以請，下兵部覆覈。鵬畏中官，不敢堅其議，帝遂盡留之。時論皆咎鵬。奸民章瑾獻珍寶，得爲錦衣鎮撫。理刑缺，鵬所上不允。知帝意屬瑾，卽推用焉。臺諫劾大

中華書局

臣不職者多及鵬，鵬力求去，遂賜敕給驛以歸。弘治四年卒。諡懿簡。

李裕，字資德，豐城人。景泰五年進士。授御史。天順中，巡按陝西，上安邊八事。石彪濫報首功，詔裕覈實。彪從父亨以書抵裕，裕焚之，以實聞。亨亦旋敗。由是有強直聲。都御史寇深遇僚屬嚴，惟裕不爲屈。

以才擢山東按察使。重囚二百餘人，或經十餘年未判，裕旬月間決遣殆盡。大峴山賊寨七十餘，裕捕戮其魁，縱脅從，除其逋負，亂遂平。

成化初，遷陝西左布政使，入爲順天府尹。政聲大著。進右副都御史，總督漕運兼巡撫江北諸府。濬白塔、孟瀆二河以便漕。張秋南旺及淮安西湖舊編木捍衝激，勞費無已。裕與郎中楊恭等謀，易以石，遂爲永利。淮、鳳方饑，而太僕徵預備馬二萬匹。裕論罷之。在淮六歲，每歲入計事，陳利病，多施行。父憂歸，服除，留佐院事。

十九年代戴縉爲右都御史。縉附汪直，嘗請復立西廠者也，在臺綱紀不立。裕欲振之。御史有過，或遭箠撻，由是得謗。汪直敗，偕副都御史屠滽請雪諸忤直得罪者。帝不悅，奪俸。又坐累，調南京都察院。考績赴都，留爲工部尚書。

初，吏部尚書尹旻罷，耿裕代之。以持正不爲萬安所喜。而李孜省方貴幸用事，欲引鄉人，乃協謀去耿裕，以裕代之。裕本廉介負時望，以孜省故，名頗損。其銓敍亦平。故事，考察目有四：曰老疾，曰罷軟，曰貪酷，曰不謹。裕言：「人材質不同。偏執類酷，遲鈍類軟。乞立『才力不及』一途，以寓愛惜人才之意。」帝善之，遂著爲令。孝宗立，言官交章劾裕進由孜省。裕不平，爲辯誣錄，連疏乞休去。正德中卒，年八十八。

贊曰：王彰等或以性行未純，爲時訾議。綜其生平，瑕瑜互見。然敭歷中外，勞績多有可紀。書稱「與人不求備」，春秋之義善善長，則諸人固不失爲國家幹濟材歟。

校勘記

〔一〕擢吏科源士　吏科，原作「吏部」，據明史稿傳四四王彰傳、宣宗實錄卷二七宣德二年四月己未條改。

〔二〕劃清化進南界賊　進南，原作「進西」，據宣宗實錄卷二三宣德元年十二月甲子條、國榷卷一九頁一三一一、萬曆武功錄頁四一〇莫茂洽列傳改。

〔三〕降廣東參政　廣東，明史稿傳四四羅綺傳、憲宗實錄卷一天順八年正月己卯條、國榷卷三四頁二一六四都作「廣西」。

〔四〕又破陽山賊周公轉　陽山，明史稿傳五六韓雍傳附張瑄傳作「陽江」。陽山縣屬廣州府，陽江縣屬肇慶府。

明史卷一百六十一

列傳第四十九

周新　李昌祺 蕭省身　陳士啓　應履平　林碩　況鍾 朱勝
陳本深 羅以禮 莫愚 趙泰　彭勖 孫鼎　夏時　黃潤玉
楊瓚 王懋 葉錫 趙亮　劉實　陳選　夏寅　陳壯
張昺　宋端儀

周新，南海人。初名志新，字日新。成祖常獨呼「新」，遂爲名，因以志新字。洪武中以諸生貢入太學。授大理寺評事，以善決獄稱。

成祖即位，改監察御史。敢言，多所彈劾。貴戚震懼，目爲「冷面寒鐵」。京師中至以其名怖小兒，輒皆奔匿。巡按福建，奏請都司衞所不得淩府州縣，府衞官相見均禮，武人爲

之戢。改按北京。時令吏民罪徒流者耕北京閒田，監禁詳擬，往復待報，多瘐死。新請從北京行部或巡按詳允就遣，以免淹滯。從之。且命畿內罪人應決者許收贖。帝知新，所奏無不允。

還朝，即擢雲南按察使。未赴，改浙江。冤民繫久，聞新至，喜曰：「我得生矣。」至果雪之。初，新入境，羣蚋迎馬頭，跡得死人榛中，身繫小木印。新驗印，知死者故布商。密令廣市布，視印文合者捕鞫之，盡獲諸盜。一日，視事，旋風吹葉墜案前，葉異他樹。詢左右，獨一僧寺有之。寺去城遠，新意僧殺人。發樹，果見婦人屍。鞫實，磔僧。一商暮歸，恐遇劫，藏金叢祠石下，歸以語其妻。旦往求金不得，訴於新。新召商妻訊之，果商妻有所私。商驟歸，所私尚匿妻所，聞商語，夜取之。妻與所私皆論死。其他發奸摘伏，皆此類也。

新微服行部，忤縣令。令欲拷治之，聞廉使且至，繫之獄。新從獄中詢諸囚，得令貪汚狀。告獄吏曰：「我按察使也。」令驚謝罪，劾罷之。永樂十年，浙西大水，通政趙居任匿不以聞，新奏之。夏原吉爲居任解。帝命覆視，得蠲振如新言。嘉興賊倪弘三劫旁郡，黨數千人，累敗官軍。新督兵捕之，列木柵諸港汊。賊陸走，追躡之桃源，縶以獻。當是時，周廉使名聞天下。

錦衣衞指揮紀綱使千戶緝事浙江，攫賄作威福。新欲按治之，遁去。頃之，新齎文冊入京，遇千戶涿州，捕繫州獄，脫走訴於綱，綱誣奏新罪。帝怒，命逮新。旗校皆錦衣私人，在道榜掠無完膚。既至，伏陛前抗聲曰：「陛下詔按察司行事，與都察院同。臣奉詔擒奸惡，奈何罪臣？」帝愈怒，命戮之。臨刑大呼曰：「生爲直臣，死當作直鬼！」竟殺之。

他日，帝悔，問侍臣曰：「周新何許人？」對曰：「南海。」帝嘆曰：「嶺外乃有此人，枉殺之矣。」後帝若見人緋衣立日中，曰「臣周新已爲神，爲陛下治奸貪吏」云。後紀綱以罪誅，事益白。

妻有節操。新未遇時，縫紉自給。及貴，偶赴同官妻內讌，荆布如田家婦。諸婦慚，盡易其衣飾。新死無子。妻歸，貧甚。廣東巡撫楊信民曰：「周志新當代第一人，可使其夫人終日餒耶？」時時賙給之。妻死，浙人仕廣東者皆會葬。

李昌祺，名禎，以字行，廬陵人。永樂二年進士。選庶吉士。預修永樂大典，僻書疑事，人多就質。擢禮部郎中，遷廣西左布政使。坐事謫役，尋宥還。洪熙元年起故官河南。與右布政使蕭省身繩豪猾，去貪殘，疏滯舉廢，救災恤貧，數月政化大行。憂歸，宣宗已命侍郎魏源代。而是時河南大旱，廷臣以昌祺廉潔寬厚，河南民懷之，請起昌祺。命奪喪赴

官，撫恤甚至。正統改元，上書言三事，皆報可。四年致仕。家居二十餘年，屏跡不入公府，故廬裁蔽風雨，伏臘不充。景泰二年卒。

蕭省身，泰和人。與昌祺同舉進士。洪熙元年，布政考滿，當給誥命。奏父年八十餘，願以給父。帝嘉而許之，後遂爲例。居河南十二年，治行與昌祺等。

陳士啓，名雷，以字行，泰和人。永樂二年進士。選庶吉士，擢禮部郎中。尚書呂震險忮，屬吏皆憚之，承奉唯謹，士啓獨不少徇。

十二年三月，吏部言布、按二司多缺官。帝曰：「布政、按察，吾方岳臣，方數千里地懸數人手，其簡廷臣賢能者，分別用之。」於是諸曹郎、給事中出爲監司者二十餘人，而士啓得山東右參政。盡心吏事，不爲察察名。督徭賦，不峻期約。青州饑，疏請振之粟。使至，而饑民倍。士啓復上疏，先出粟予民，謂使者曰：「有罪吾獨任。」廷議竟從之。

坐唐賽兒亂下獄。數月，釋還職。高煦謀不軌，士啓自青州暮馳歸語三司，密聞於朝。高煦既執，從薛祿、張本錄餘黨，撫安人民。事竣，命清理山東軍籍。宣德六年卒於官。

應履平，奉化人。建文二年進士。授德化知縣。歷官吏部郎中，出爲常德知府。宣宗初，擢貴州按察使。所至祛除奸蠹，數論時政。舊制，都督府遣使於外，必領內勘合，下都司，不敢輒下衞。至是軍府寖橫，使者挾關文四馳，歷諸衞，朘軍伍。宣德七年，履平抗疏言：「勘合之設，所以防詐僞。今右軍府遣發至黔者，不遵故事，小人憑勢橫求，詐冒何從省。」宣宗善其言，都督陳政引罪。帝令諸司永守之，軍府爲之戢。

山雲鎮廣西以備蠻，歲調貴州軍萬人，春秋更代，還多逃亡，則取原衞軍以補，不逐逃者。履平奏：「貴州四境皆苗蠻，軍伍虛，有急孰與戰守？今衞軍逃於廣西，而以在衞者補。不數年，貴州軍伍盡空，邊釁且起。」帝乃命雲嚴責廣西諸衞，追還逃軍，俟足用，卽遣歸，罷貴州戍卒。雲，名將，鎮粵有功，輕履平書生。正統元年，履平劾雲弄權，擅作威福，帝令雲自陳。雲大驚，引罪。帝宥之。

明年，上書言四事。一，鎮遠六府，自湖廣改屬貴州，當食川鹽，去蜀道遠，仍食淮鹽爲便。一，軍衞糧支於重慶，舟楫不通，易就輕賫多耗費，請以鎮遠秋糧輸湖廣者就近支給。一，停黎平諸府歲辦黃白蠟。一，貴州初開，三司月俸止一石，今糧漸充裕，請增給。並

從之。

時方面以公事行部者，例不給驛。履平言僦車舟必擾民，請給驛便。又以軍伍不足，請令衞所官旂犯雜死及徒流者，俱送鎮將立功，期滿還伍；邊軍犯盜及土官民與官旂罪輕者，入粟缺儲所贖罪。並從之。三年遷雲南左布政使。時麓川用兵，屢奏勞績。八年致仕歸。

林碩，字懋弘，閩縣人。永樂十年進士。授御史，出按山東。宣德初，按浙江。爲治嚴肅，就擢按察使。千戶湯某結中官裴可烈爲奸利，碩將繩以法。中官誣碩毀詔書，被逮。碩叩頭言：「臣前爲御史，官七品。今擢按察使，官三品。日夜淬勵，思報上恩。小人不便，欲去臣，唯陛下裁察。」帝動容曰：「朕固未之信，召汝面訊耳。」立釋碩，復其官，敕責可烈。碩在浙久，人懷其惠。正統三年誤引赦例出人死，僉事耿定劾之。逮訊，輸贖還職。其冬遷廣東布政使，未及任而卒。其後寧波知府鄭珞劾可烈不法，可烈竟罷去。

況鍾，字伯律，靖安人。初以吏事尚書呂震，奇其才，薦授儀制司主事。遷郎中。宣德五年，帝以郡守多不稱職，會蘇州等九府缺，皆雄劇地，命部、院臣舉其屬之廉能者補之。鍾用尚書蹇義、胡濙等薦，擢知蘇州，賜敕以遣之。

蘇州賦役繁重，豪猾舞文爲奸利，最號難治。鍾乘傳至府。初視事，羣吏環立請判牒。鍾佯不省，左右顧問，惟吏所欲行止。吏大喜，謂太守闇易欺。越三日，召詰之曰：「前某事宜行，若止我；某事宜止，若強我行；若輩舞文久，罪當死。」立捶殺數人，盡斥屬僚之貪虐庸懦者。一府大震，皆奉法。鍾乃蠲煩苛，立條教，事不便民者，立上書言之。

清軍御史李立勾軍暴，同知張徽承風指，動以酷刑抑配平人。鍾疏免百六十人，役止終本身者千二百四十人。屬縣逋賦四年，凡七百六十餘萬石。鍾請量折以鈔，爲部議所格，然自是頗蠲減。又言：「近奉詔募人佃官民荒田，官田準民田起科，無人種者除賦額。崑山諸縣民以死徙從軍除籍者，凡三萬三千四百餘戶，所遺官田二千九百八十餘頃，應減稅十四萬九千餘石。其他官田沒海者，賦額猶存，宜皆如詔書從事。臣所領七縣，秋糧二百七十七萬九千石有奇。其中民糧止十五萬三千餘石，而官糧乃至二百六十二萬五千餘石，有畝徵至三石者，輕重不均如此。洪、永間，令出馬役於北方諸驛，前後四百餘匹，期三歲

遣還，今已三十餘歲矣。馬死則補，未有休時。工部征三梭闊布八百匹，浙江十一府止百匹，而蘇州乃至七百，乞敕所司處置。」帝悉報許。

當是時，屢詔減蘇、松重賦。鍾與巡撫周忱悉心計畫，奏免七十餘萬石。凡忱所行善政，鍾皆協力成之。所積濟農倉粟歲數十萬石，振荒之外，以代民間雜辦及逋租。其爲政，纖悉周密。嘗置二簿識民善惡，以行勸懲。又置通關勘合簿，防出納奸僞。置綱運簿，防運夫侵盜。置館夫簿，防非理需求。興利除害，不遺餘力。鋤豪強，植良善，民奉之若神。

先是，中使織造採辦及購花木禽鳥者踵至。郡佐以下，動遭笞縛。而衞所將卒，時淩虐小民。鍾在，斂跡不敢肆。雖上官及他省吏過其地者，咸心憚之。

鍾雖起刀筆，然重學校，禮文儒，單門寒士多見振贍。有鄒亮者，獻詩於鍾。鍾欲薦之，或爲匿名書毀亮。鍾曰「是欲我速成亮名耳」，立奏之朝。召授吏、刑二部司務。遷御史。

初，鍾爲吏時，吳江平思忠亦以吏起家，爲吏部司務，遇鍾有恩。至是鍾數延見，執禮甚恭，且令二子給侍，曰：「非無僕隸，欲籍是報公耳。」思忠家素貧，未嘗緣故誼有所干。人兩賢之。

鍾嘗丁母憂，郡民詣闕乞留。詔起復。正統六年，秩滿當遷，部民二萬餘人，走訴巡按

御史張文昌，乞再任。詔進正三品俸，仍視府事。明年十二月卒於官。吏民聚哭，爲立祠。鍾剛正廉潔，孜孜愛民，前後守蘇者莫能及。鍾之後李從智、朱勝相繼知蘇州，咸奉敕從事，然敕書委寄不如鍾矣。

李從智，宜賓人。

朱勝，金華人。勝廉靜精敏，下不能欺。嘗曰：「吏貪，吾不多受牒。隸貪，吾不行杖。獄卒貪，吾不繫囚。」由是公庭清肅，民安而化之。居七年，超遷江南左布政使。

初，與鍾同薦者，戶部郎中羅以禮知西安，兵部郎中趙豫知松江，工部郎中莫愚知常州，戶部員外郎邵旻知武昌，刑部員外郎馬儀知杭州，陳本深知吉安，御史陳鼎知建昌，何文淵知溫州，皆賜敕乘傳行。

陳本深，字有源，鄞人。永樂初，由鄉舉入國子監。授刑部主事。善發奸。畿內盜殺人，亡匿，有司繫無辜十八人於獄。本深以計獲盜，十八人皆免。遷員外郎。

與況鍾等同受敕爲知府，本深知吉安。吉安多豪强，好訐訟。巨猾彭摶等十九人橫閭

里，本深遣人與相結。爲具召與飲，伏壯士後堂，拉殺之，皆曳其屍以出，一府大驚。樂安大盜曾子良據大盤山，衆萬餘。本深設伏大破之，斬子良。

本深爲政舉大綱，不屑苛細。大猾既殲，府中無事。晨起，鼓而升堂，吏無所白，輒鼓而休。間有所訟，呼至榻前，析曲直遣之，亦不受狀。有抑不伸者，雖三尺童子，皆得徑白。久之，民恥爭訟。尤折節士人，飾治學宮，奏新先儒歐陽修、周必大、楊邦乂、胡銓、楊萬里、文天祥祠廟。正統六年，滿九載當遷，郡人乞留，詔予正三品俸。廨前民嫁女，本深聞鼓樂聲，笑曰：「吾來時，乳下兒也。今且嫁，我尚留此耶？」遂請老。前後守吉安十八年，既去，郡人肖像祀之。

羅以禮，桂陽人。永樂十三年進士。由郎中知西安府。遭喪，補紹興。再以喪去。代者不稱職，郡民追思，乞以禮於朝。詔起復視事。歲滿，進秩復任。已，移知建昌。所至皆有惠愛。歷三郡，凡二十七年，乃致仕。

莫愚，臨桂人。由鄉舉，以郎中出知常州。奏請減宜興歲進茶數，禁公差官淩虐有司，嚴核上官薦劾之實。皆報可。郡民陳恩保年十二，世業漁。其父兄行劫，恩保在舟中，有司以爲從論，當斬。愚疏言：「小兒依其父兄，非爲從比。令全家舟居，將舉家坐耶？」宣宗命釋之，謂廷臣曰：「爲守能言此，可謂有仁心矣。」正統六年秋滿，郡民乞留，巡撫周忱以聞。詔進二階復任。

與愚同時爲同知者，潞城趙泰，字熙和。由鄉舉入國子監。歷事都察院，授常州同知。濬孟瀆、得勝二河，作魏村閘。周忱、況鍾議減蘇州重糧，泰亦檢常州官田租，請並減之。遷工部郎中，命塞東昌決河。忱薦爲協同都運，益勤其職。亡何，疾卒。

彭勗，字祖期，永豐人。七歲，入佛寺不拜。僧强之，叱曰：「彼不衣冠而袒跣，何拜爲！」

永樂十三年舉進士。親老，乞近地以養，除南雄府教授。學舍後有祠，數現光怪。學官弟子率禱祀，勗撤而焚之。滿考，補建寧教授。副使王增有疾，醫者許宗道誣諸生游亨魘魅，以舍旁童五郎祠爲徵。增怒，置亨家七人重辟，下近祠居民獄四百家。勗抗論游氏非巫者，五郎非邪神，初捐地築城人也，事載郡志中。增愕，索圖經證之，大慚悔，事得解。建寧朱子故宅，有祠無祭。勗疏請春秋祭，蠲子孫徭。又創尊賢堂，祀胡安國、蔡沈、眞德秀。諸生翕然嚮學。

正統元年，以楊士奇薦，召授御史。時初設提學官，命督南畿學校。詳立教條，士風大振。疏言：「國朝祠祭，載在禮官。修齋起梁武帝，設醮起宋徽宗，宜一切除之。禁立庵院，罷給僧尼度牒。」又言：「眞定、保定、山東民逃鳳陽、潁州以萬計，皆守令匿災暴斂所致，乞厚軫恤。守令課績，宜以戶口增耗爲殿最。」又請設南京諸衞武學。皆報可。所至葺治先賢墳祠。母憂歸，以孫鼎代。勗起復，改吏部考功郎中，出爲山東副使。土木之變，數言兵事。以直不容於時，致仕歸。

孫鼎，字宜鉉，廬陵人。永樂間舉人。歷松江教授。正統八年，楊溥薦爲御史，董南畿學政。置本源錄，錄諸生善行。行部不令人知，單輿猝至。諸生謁，輒閉門試之，卽日定甲乙。諸生試歸，榜已揭通衢，請託者無所措手。通州旱饑，奏蠲糧三千四百餘石。英宗北狩，鼎試罷，謂諸生曰：「故事當簪花宴，今臣子枕戈之秋，不敢陷諸君不義。」設茗飲，步送諸門。既而詣闕上書，請隨所用效死。不報。未幾，以親老致仕。知府張瑄疏言：「鼎孝追曾、閔，學繼朱、程，宜起居論思之職。」帝不允。天順元年卒於家。

夏時，字以正，錢塘人。永樂十六年進士。授戶科給事中。

洪熙元年議改鈔法。時力言其擾市肆，無裨國用，疏留中。鈔果大沮，民多犯禁，議竟寢。帝思時言，命侍皇太子祀孝陵，所過有災傷，輒白太子，發粟以振。留署南京戶科。

宣德初，一日三上封事。稱旨，命署尚寶司，兼理吏、禮、兵、刑四科，視七篆，無留事。命覈後湖黃册，陳便宜十四事。邳、徐、濟寧、臨清、武清旱，以時請，遣官振之。尋擢江西僉事。

正統三年奏：「今守令多刻刑無辜，傷和干紀。乞令御史、按察司官遍閱罪囚，釋冤滯，逮按枉法官吏。」從之。遷參議。七年奏恤民六事，多議行。十二年以大臣薦，超擢廣西左布政使。前後所上又十餘疏，雖不盡用，天下壯其敢言。年未七十，致仕歸，卒。其為僉事時，進知州柯暹所撰教民條約及均徭册式，刊為令，人皆便之。

時為人廉潔好義。親歿，廬墓有異徵。歿而鄉人祀之，名其祠曰「孝廉」。

黃潤玉，字孟清，鄞人。五歲，侍母疾，夜不就寢。十歲，道見遺金不拾。永樂初，徙南方富民實北京，潤玉請代父行，官少之。對曰：「父去，日益老，兒去，日益長。」官異其言，

許之。

十八年舉順天鄉試。授建昌府學訓導。父喪除，改官南昌。宣德中，用薦擢交阯道御史。出按湖廣，斥兩司以下不職者至百有二十人。

正統初，詔推舉提學官。以楊士奇薦，擢廣西僉事，提督學政。時寇起軍興，有都指揮妄掠子女萬餘口，潤玉劾而歸之。副使李立入民死罪至數百人，亦為辨釋。南丹衞處萬山中，戍卒冒瘴多死，為奏徙夷曠地。

母憂歸，起官湖廣。論罷巡撫李實親故二人。實憤，奏潤玉不諳刑律，坐謫含山知縣。以年老歸。歸二十年，年八十有九卒。學者稱南山先生。

楊瓚，蠡縣人。永樂末進士。知趙城縣，課績為山西最，超擢鳳陽知府。正統十年大計天下羣吏，始命舉治行卓異者，瓚及王懋、葉錫、趙亮等與焉。鳳陽帝鄉，勛臣及諸將子孫多犯令。瓚請立戶稽出入，由是始遵約束。瓚言民間子弟可造者多，請增廣生員毋限額。

禮部採瓚言，考取附學。天下學校之有附學生，由瓚議始。

擢浙江右布政使。與鎮守侍郎孫原貞共平陶得二之亂。景泰二年，瓚以湖州諸府官田賦重，請均之民田賦輕者，而嚴禁詭寄之弊。詔與原貞督之，田賦稱平。久之，卒官。

王懋，修武人。永樂末進士，為海豐知縣。後超擢西安知府，亦有聲。

葉錫，永嘉人。宣德五年進士。為吳縣知縣，舉卓異遷。奸民訐於朝，將逮繫，吳人羣詣闕頌錫，乃令視事如故，抵誣者罪。尋擢寧國知府。而趙亮為慶雲典史，亦在舉中，同被宴賚。時人以為榮。秩滿，擢知本縣。

劉實，字嘉秀，安福人。宣德五年舉進士。居三年，選庶吉士。正統初，授金華府通判。仍歲荒旱，請蠲租，且贖還饑民子女。義門鄭氏族大，不能自給，又買馬出丁，供山西郵傳，困甚，亦以實言獲免。母喪歸，廬墓三載，起順天府治中。

景泰時，侍臣薦其文學。召修宋元通鑑綱目。實為人耿介，意所不可，雖達官貴人不稍遜。然頗自是。見同曹所纂不當，輒大笑，聲徹廷陛，人亦以此忌之。

天順初，還原任。四年擢知南雄府。商稅巨萬，舊皆入守橐，實無所私。中官至南雄，入譖言，府僚參謁，留實折辱之，民競前擁之出。中官慚，將召謝之，實不往。中官去，至

韶州，聞韶人言南雄守且訟於朝矣，懼，馳奏，誣實毀敕，大不敬，逮下詔獄。實從獄中上書言：「臣官三十年，未嘗以妻子自隨，食麤衣敝，為國家愛養小民，不忍困之，以是忤朝使。」帝覽書，意稍解，且釋之，而實竟瘐死。

實苦節自持。政務紛遝，未嘗廢書，士大夫重其學行。其歿也，南雄人哀而祠之。孫丙，自有傳。

陳選，字士賢，臨海人。父員韜，宣德五年進士。為御史，出按四川，黜貪獎廉，雪死囚四十餘人。正統末，大軍征鄧茂七，往撫其民，釋被誣為賊者千餘家。都指揮蔣貴要所部賄，都督范雄病不能治軍，皆劾罷之。歷廣東右參政，福建右布政使。廣東值黃蕭養亂後，而福建亦寇盜甫息，員韜所至，拊循教養，得士民心。

選自幼端愨寡言笑，以聖賢自期。天順四年會試第一，成進士。授御史，巡按江西，盡黜貪殘吏。時人語曰：「前有韓雍，後有陳選。」廣寇流入贛州，奏聞，不待報，遣兵平之。

憲宗即位，嘗劾尚書馬昂、侍郎吳復、鴻臚卿齊政，救修撰羅倫，學士倪謙、錢溥。言雖不盡行，一時憚其風采。已，督學南畿，頒冠、婚、祭、射儀於學宮，令諸生以時肄之。作小

學集註以教諸生。按部常止宿學宮，夜巡兩廡，察諸生誦讀。除試牘糊名之陋，曰：「己不自信，何以信於人？」

成化六年遷河南副使。尋改督學政，立教如南畿。汪直出巡，都御史以下皆拜謁，選獨長揖。直問何官，選曰：「提學副使。」直曰：「大於都御史耶？」選曰：「提學何可比都御史，但忝人師，不敢自詘辱。」選詞氣嚴正，而諸生亦羣集署外。直氣懾，好語遣之。

久之，進按察使。決遣輕繫數百人，重囚多所平反，囹圄爲空。治尙簡易，獨於贓吏無所假。然受賂百金以上者，坐六七鍰而止。或問之，曰：「奸人惜財亦惜命，若盡挈所賂以貨要人，即法撓矣。」歷廣東左、右布政使。肇慶大水，不待報，輒發粟振之。

二十一年詔減省貢獻，而市舶中官韋眷奏乞均徭戶六十人添辦方物。選持詔書爭，帝命與其半，眷由是怒選。番人馬力麻詭稱蘇門答剌使臣欲入貢，私市易。眷利其厚賄，將許之，選立逐之去。撒馬兒罕使者自甘肅貢獅子，將取道廣東浮海歸，云欲往滿喇加更市以進。選疏言不可許，恐遺笑外番，輕中國。帝納其言，而眷憾選甚。

先是，番禺知縣高瑤沒眷通番資鉅萬，選移檄奬之，且聞於朝。至是眷誣奏選、瑤朋比爲貪墨。詔遣刑部員外郎李行會巡按御史徐同愛訊之。選有所黜吏張褧，眷意其怨選，引令誣証選。褧堅不從，執褧拷掠無異辭。行、同愛畏眷，竟坐選如眷奏，與瑤俱被徵。士民

數萬號泣遮留，使者辟除乃得出。至南昌，病作。行阻其醫藥，竟卒。年五十八。

編修張元禎爲選治喪，殮之。褧聞選死，哀悼，乃上書曰：

臣聞口能鑠金，毀足銷骨。竊見故罪人選，抱孤忠，孑處羣邪之中，獨立衆憎之地。太監眷通番敗露，知縣瑤按法持之。選移文奬厲，以激貪懦，固賢監司事也。都御史宋旻及同愛怯勢養奸，致眷橫行胸臆，穢衊清流。勘官行頤指鍛煉，竟無左証。臣本小吏，詿誤觸法，被選黜罷，實臣自取。眷意臣憾選，厚賂噉臣，臣雖胥役，敢昧素心。眷知臣不可誘，嗾行等逮臣致理，拷掠彌月。臣忍死籲天，終無異口。行等乃依傍眷語，文致其詞，劾選勘災不實，擅便發倉，曲庇屬官，意圖報謝。必如所云，是毀共姜爲夏姬，詬伯夷爲莊蹻也。

頃年嶺外地震水溢，漂民廬舍，屬郡交牒報災，老弱引領待哺，而撫、按、藩臬若罔聞知。選獨抱隱憂，食不下咽。謂展轉行勘，則民命垂絕，所以便宜議振，志在救民，非有他也。選故剛正，不堪屈辱，憤懣旬日，嬰疾而殂。行幸其殞身，阻其醫療。訖命之日，密走報眷，小人佞毒，一至於此！臣擯黜罪人，秉耒田野，百無所圖，誠痛忠良銜屈，而爲聖朝累也。

不報。

員韜父子皆持操甚潔。而員韜量能容物，選務克己，因自號克菴，遇物亦稍峻。人謂員韜德性，四時皆備，選得其秋焉。嘗割田百四十畝贍其族人，暨卒，族人以選子戴貧還之，戴不可而止。弘治初，主事林沂疏雪選冤，詔復官禮葬。正德中，追贈光祿卿，謚忠愍。

夏寅，字正夫，松江華亭人。正統十三年舉進士。授南京吏部主事。力學，爲文以宏奧稱。進郎中。

成化元年考滿入都，上言：「徐州旱澇，民不聊生，饑餒切身，必爲盜賊，乞特遣大臣鎭撫，蠲租發廩。沿途貢船，丁夫不足，役及老稚。而所載官物僅一箱，餘皆私齎，乞嚴禁絕。淮、徐、濟寧軍士，赴京操練，然其地實南北要衝，宜各設文武官鎭守，訓兵屯田，常使兩京聲勢聯絡，倉猝可以制變。」章下所司行之，唯不設文武官。

遷江西副使，提督學校。其教務先德行。進浙江右參政。處州民苦虐政，走山谷。寅檄招之，衆皆解散。久之，進山東右布政使。弘治初，致仕歸。寅清直無黨援。嘗語人曰：「君子有三惜。此生不學，一可惜。此日閒過，二可惜。此身一敗，三可惜。」世傳爲名言。

陳壯，字直夫，[一]其先浙江山陰人。祖坐事謫戍交阯，後調京衞，遂家焉。壯舉天順八年進士，授南京御史。編修章懋等建言得罪，抗疏救之。帝遣中官采花木，復疏諫。尙書陳翌請以馬豆代百官俸，壯言飼馬之物，不可養士大夫。事乃寢。

壯家素窶，常祿外一無所取。父母歿，廬墓側，居喪一循古禮。歷江西僉事，致仕歸。家居十餘年，弘治中，以尙書張悅薦，起官福建。居二年，又乞致仕。時倪岳爲吏部，素賢之，擢河南副使。歲荒振饑，民懷其惠。僉都御史林俊謝病，舉以自代。未及遷，而壯又乞致仕。巡撫孫需奏留之。又二年，竟致仕去。

張昺，字仲明，慈谿人，都御史楷孫也。舉成化八年進士，授鉛山知縣。性剛明，善治獄。有嫁女者，及壻門而失女，互以訟於官，不能決。昺行邑界，見大樹妨稼，欲伐之。民言樹有神巢其巔。昺不聽，率衆往伐。有衣冠三人拜道左。昺叱之，忽不見。比伐樹，血流出樹間。昺怒手斧之，卒仆其樹。巢中墮二婦人，言狂風吹至樓上。其一即前所嫁女

也。有巫能隱形，淫人婦女。昺執巫痛杖之，無所苦。已，並巫失去。昺馳縛以歸，印巫背鞭之，立死。乃盡毀諸淫祠。寡婦惟一子，爲虎所噬，訴於昺。昺與婦期五日，乃齋戒祀城隍神。及期，二虎伏庭下，昺叱曰：「孰傷吾民，法當死。無罪者去。」一虎起，斂尾去。一虎伏不動，昺射殺之，以畀節婦，一縣稱神。鉛山俗，婦人夫死輒嫁，有病未死，先受聘供湯藥者。昺欲變其俗，令寡婦皆具牒受判。署二木，曰「羞」，嫁者跪之。曰「節」，不嫁者跪之。民傅四妻祝誓死守，舅姑紿令跪「羞」木下，昺判從之，祝投後園池中死。邑大旱，昺夢婦人泣拜，覺而識其里居姓氏，往詰其狀。及啓土，貌如生。昺哭之慟曰：「殺婦者，吾也。」爲文以祭，改葬焉，天遂大雨。諸異政多類此。

擢南京御史。弘治元年七月偕同官上言：「邇臺諫交章論事矣，而扈蹕糾儀者不免錦衣捶楚之辱，是言路將塞之漸也。經筵既舉矣，而封章累進，卒不能回寒暑停免之說，是聖學將怠之漸也。內倖雖斥梁芳，而賜祭仍及便辟，是復啓寵倖之漸也。外戚雖罪萬喜，而莊田又賜皇親，是驕縱姻婭之漸也。左道雖斥，而符書尚揭於宮禁，番僧旋復於京師，是異端復興之漸也。傳奉雖革，而千戶復除張質，通政不去張苗，是傳奉復啓之漸也。織造停矣，仍聞有蟒衣牛斗之織，淫巧其漸作乎？寶石廢矣，又聞有戚里不時之賜，珍玩其漸崇乎？詩云『靡不有初，鮮克有終』，願陛下以爲戒。」帝嘉納之。

先是，昺以雷震孝陵柏樹，與同官劾大學士劉吉等十餘人，給事中周紘亦與同官劾吉，吉銜之。其冬，昺、紘奉命閱軍，軍多缺伍，兩人欲劾奏守備中官蔣琮，琮先事劾兩人。章下內閣，吉修隙，擬黜之外。尚書王恕抗章曰：「不治失伍之罪，而罪執法之臣，何以服天下！」再疏爭，言官亦論救。乃調昺南京通政司經歷，紘南京光祿寺署丞。

久之，昺用薦遷四川僉事。富豪殺人，屢以賄免。御史檄昺治，果得其情。尋進副使。守備中官某將進術士周慧於朝，昺擒慧，論徙之極邊。歲餘，引疾歸。環堵蕭然，擁經史自娛。都御史王璟以振荒至，餽昺百金。堅拒不得，授下戶饑民粟以答其意。知縣丁洪，昺令鉛山所取士也，旦夕候起居，爲具蔬食。昺曰：「吾誠不自給，柰何以此煩令君。」卒弗受。炊烟屢絕，處之澹如。及卒，含斂不具，洪爲經紀其喪。

宋端儀，字孔時，莆田人。成化十七年進士。官禮部主事。雲南缺提學官，部議屬端儀，吏先期洩之。端儀曰：「啓事未登，已喧衆口，人其謂我干乞乎！」力辭之。已，進主客員外郎，貢使以贄見，悉却不納。

初在國學，爲祭酒丘濬所知。及濬柄政，未嘗一造其門。廣東提學缺，部以端儀名上，濬竟沮之。濬卒，始以按察僉事督廣東學校。卒官。

端儀慨建文朝忠臣湮沒，乃搜輯遺事，爲革除錄。建文忠臣之有錄，自端儀始也。

贊曰：明初重監司守牧之任。尚書有出爲布政使，而侍郎爲參政者，監司之入爲卿貳者，比比也。守牧稱職，增秩或至二品。天順而後，巡撫之寄專，而監司守牧不得自展布，重內輕外之勢成矣。夫賦政於外，於民最親。李昌祺、陳本深之屬，靜以愛民，況鍾、張昺能於其職。所謂承宣德化，爲天子分憂者，非耶？周新、陳選，冤死爲可哀。讀張瓚書，又以見公正之服人者至，而直道之終不泯也。

校勘記

〔一〕陳壯字直夫　直夫，原作「直大」，據明史稿傳四六陳壯傳、國朝獻徵錄卷九二陳公壯傳改。

明史卷一百六十二

列傳第五十

尹昌隆 耿通 陳諤 戴綸 林長懋 陳祚 郭循 劉球 子鉞 釪

陳鑑 何觀 鍾同 孟玘 楊集 章綸 子玄應 廖莊

倪敬 盛昶等 楊瑄 子源 盛顒等

尹昌隆，字彥謙，泰和人。洪武中進士及第。授修撰，改監察御史。

惠帝初卽位，視朝晏。昌隆疏諫曰：「高皇帝雞鳴而起，昧爽而朝，未日出而臨百官，故能庶績咸熙，天下乂安。陛下嗣守大業，宜追繩祖武，兢兢業業，憂勤萬幾。今乃卽於晏安，日上數刻，猶未臨朝。羣臣宿衞，疲於伺候，曠職廢業，上下懈弛。播之天下，傳之四裔，非社稷福也。」帝曰：「昌隆言切直，禮部其宣示天下，使知朕過。」未幾，以地震上言，謫福寧知

縣。燕兵既逼，昌隆以北來奏章動引周公輔成王爲詞，勸帝罷兵，許王入朝。設有蹉跌，便舉位讓之。若沈吟不斷，進退失據，將求爲丹徒布衣且不可得。成祖入京師，昌隆名在奸臣中，以前奏貸死，命傳世子於北平。

永樂二年册世子爲皇太子，擢昌隆左春坊左中允。隨事匡諫，太子甚重之。解縉之黜，同日改昌隆禮部主事。尚書呂震方用事，性刻忮。當其獨處精思，以手指刮眉尾，則必有密謀深計，官屬相戒，無敢白事者。昌隆前白事，震怒不應。移時又白之，震愈怒，拂衣起。昌隆退白太子，取令旨行之。震大怒，奏昌隆假托宮僚，陰欲樹結，潛蓄無君心。逮下獄。尋遇赦復官。父憂起復，謁震，震溫言接之。入理前奏，復下錦衣衞獄，籍其家。帝凡巡幸，下詔獄者率與以從，謂之隨駕重囚，昌隆與焉。

後數年，谷王謀反事發。以王前奏昌隆爲長史，坐以同謀，詔公卿雜問。昌隆辯不已，震折之。獄具，置極刑死，夷其族。後震病且死，號呼「尹相」，言見昌隆守欲殺之云。

耿通，齊東人。洪武中舉於鄉。授襄陽教授。永樂初，擢刑科給事中，歷左右給事。剛直敢言。嘗劾都御史陳瑛，御史袁綱、覃珩朋比爲蒙蔽，搆陷無辜，綱、珩已下獄，瑛長官，不宜獨宥。又言驍騎諸衞倉壞，工部侍郎陳壽不預修，糧至無所受，多損耗病民；工部尚書宋禮不卹下，匠役滿，不卽遣歸，多至失所。瑛等皆被譴責。當是時，給事中敢言者，通與陳諤，舉朝憚其風采。久之，擢大理寺右丞。

帝北巡，太子監國。漢王高煦謀奪嫡，陰結帝左右爲讒間，宮僚多得罪者。監國所行事，率多更置。通從容諫帝：「太子事無大過誤，可無更也。」數言之。帝不悅。十年秋，有言通受請托故出人罪者。帝震怒，命都察院會文武大臣鞫之午門，曰：「必殺通無赦。」羣臣如旨，當通罪斬。帝曰：「失出，細故耳，通爲東宮關說，壞祖法，離間我父子，不可恕，其置之極刑。」廷臣不敢爭，竟論姦黨，磔死。

陳諤，字克忠，番禺人。永樂中，以鄉舉入太學，授刑科給事中。遇事剛果，彈劾無所避。每奏事，大聲如鐘。帝令餓之數日，奏對如故。曰：「是天性也。」每見，呼爲「大聲秀才」。嘗言事忤旨，命坎瘞奉天門，露其首。七日不死，赦出還職。已，復忤旨，罰修象房。貧不能僱役，躬自操作。適駕至，問爲誰。諤匍匐前，具道所以。帝憐之，命復官。

歷任順天府尹，政尚嚴鷙，執政忌之，出爲湖廣按察使。改山西，坐事落職。仁宗卽位，遇赦當還故官。帝以諤前在湖廣頗摭楚王細故，謫海鹽知縣。遷荆王長史，爲王府所

厭苦。宣德三年遷鎭江同知。致仕歸，卒。

戴綸，高密人。永樂中，自昌邑訓導擢禮科給事中，與編修林長懋俱侍皇太孫說書。歷中允、諭德。仁宗卽位，太孫爲太子，遷洗馬，仍侍講讀。始成祖命太孫習武事，太孫亦雅好之，時出騎射。綸與長懋以太孫春秋方富，不宜荒學問而事游畋，時時進諫。綸又具疏爲帝言之。他日，太孫侍，帝問：「宮臣相得者誰也？」太孫以綸對。因出綸奏付之，太孫由此怨綸。

長懋者，莆田人。以鄉薦歷青州教授，擢編修。仁宗初，進中允。爲人剛嚴，累進直言，與綸善。

宣宗卽位，加恩宮僚，擢綸兵部侍郎。頃之，復以諫獵忤旨，命參贊交阯軍務。而長懋自南京來，後至，亦出爲鬱林知州。無何，坐怨望，並逮至京，下錦衣衞獄。帝臨鞫之，綸抗辯，觸帝怒，立箠死，籍其家。諸父河南知府賢、太僕寺卿希文皆被繫。

而長懋在獄十年，英宗立，乃得釋。復其官，還守鬱林，有惠政。其卒也，州人立廟祀之。

陳祚，字永錫，吳人。永樂中進士。擢河南參議。十五年與布政使周文褒、王文振合疏言建都北京非便，並謫均州太和山佃戶。躬耕力作，處之晏然。仁宗立，詔還用遷謫諸臣，祚在選中。會帝崩，不果用。

宣德二年命憲臣即均州覃試之，祚策第一。試吏部，復第一。遂擢御史，巡按福建。方面大吏多被彈擊，禁止和買，閩人德之。還奏白塔河上通邵伯湖，下注大江，蘇、松舟楫，多從往來，淺狹湮塞，請開濬。從之，轉漕果便。尋出按江西。

時天下承平，帝頗事遊獵玩好。祚馳疏勸勤聖學。其略曰：「帝王之學先明理，明理在讀書。陛下雖有聖德，而經筵未甚興舉，講學未有程度，聖賢精微，古今治亂，豈能周知洞晰。眞德秀大學衍義一書，聖賢格言，無不畢載。願於聽政之暇，命儒臣講說，非有大故，無得間斷。使知古今何而治，政事若何而得，必能開廣聰明，增光德業，而邪佞之以奇巧蕩聖心者自見疎遠，天下人民受福無窮矣。」帝見疏大怒曰：「豎儒謂朕未讀大學耶！薄朕至此，不可不誅。」學士陳循頓首曰：「俗士處遠，不知上無書不讀也。」帝意稍解。下祚獄，逮其家人十餘口，隔別禁繫者五年，其父竟瘐死。其時，刑部主事郭循諫拓西內皇城修離

宮，逮入面詰之。循抗辯不屈，亦下獄。英宗立，祚與循皆得釋復官。

祚再按湖廣。以奏遼王貴烚罪有所隱，與巡撫侍郎吳政逮至京，下獄。尋赦出。時王振用事，法務嚴峻，祚上言：「乃者法司論獄，多違定律。如侍郎吳璽誤舉主事吳軏，宜坐貢舉非其人律，乃坐以奏事有規避律斬。及軏自經死，獄官獄卒罪應遞減，乃援不應爲重罪，概杖之。一事如此，餘可推矣。天時不順，災沴數見，未必非此。」帝是之，以其章示法司。尋改南京，還福建按察使僉事。有威惠，祠祠不載祀典者悉撤去。久之，以疾歸，卒。

祚天資嚴毅，雖子弟罕接其言笑，獨重里人邢量。量博學士，隱於卜，敝屋數椽，或竟日不舉火。祚數挾册就質疑，往往至暮。

郭循，字循初，廬陵人。居官有才譽。既復職，進郎中，以尚書魏源薦，擢廣東參政，有剿寇功。景泰初卒。

劉球，字廷振，安福人。永樂十九年進士。家居讀書十年，從學者甚衆。授禮部主事。胡濙薦侍經筵，與修宣宗實錄，改翰林侍講。從弟玭知莆田，遺一夏布。球封還，貽書戒之。

正統六年，帝以王振言，大舉征麓川。球上疏曰：

帝王之馭四裔，必有其小而防其大，所以適緩急之宜，爲天下久安計也。周伐崇不克，退修德教以待其降。至於玁狁，則命南仲城朔方以備之。漢征南越不利，卽罷兵賜書通好。至於匈奴，雖已和親，猶募民徙居塞下，入粟實邊，復命魏尙守雲中拒之。

今麓川殘寇思任發素本羈屬，以邊將失馭，致勤大兵。雖渠魁未殲，亦多戮羣醜，爲誅爲舍，無繫輕重。璽書原其罪釁，使得自新，甚盛德也。邊將不達聖意，復議大舉，欲屯十二萬衆於雲南，以趣其降，不降則攻之。不慮王師不可輕出，蠻性不可驟馴，地險不可用衆，客兵不可久淹。況南方水旱相仍，軍民交困，若復動衆，紛擾爲憂。臣竊謂宜緩天誅，如周、漢之於崇、越也。

至於瓦剌，終爲邊患。及其未卽騷動，正宜以時防禦。迺欲移甘肅守將以事南征，卒然有警，何以爲禦？臣竊以爲宜愼防遏，如周、漢之於玁狁、匈奴也。

伏望陛下罷大舉之議，推選智謀將帥，輔以才識大臣，量調官軍，分屯金齒諸要害，結木邦諸蠻以爲援，乘間進攻，因便撫諭，寇自可服。至於西北障塞，當敕邊臣巡視，濬築溝垣，增繕城堡，勤訓練，嚴守望，以防不虞，有備無患之道也。

章下兵部。謂南征已有成命，不用球言。

八年五月雷震奉天殿。球應詔上言所宜先者十事。其略曰：

古聖王不作無益，故心正而天不違之。臣願皇上勤御經筵，數進儒臣，講求至道，務使學問功至，理欲判然，則聖心正而天心自順。夫政由己出，則權不下移。太祖、太宗日視三朝，時召大臣於便殿裁決庶政，權歸總於上。皇上臨御九年，事體日熟，願守二聖成規，復親決故事，使權歸於一。

古之擇大臣者，必詢諸左右、大夫、國人。及其有犯，雖至大辟亦不加刑，第賜之死。今用大臣未嘗皆出公論，及有小失，輒桎梏箠楚之。然未幾時，又復其職，甚非所以待大臣也。自今擇任大臣，宜允愜衆論。小犯則置之。果不可容，下法司定罪，使自爲計。勿輒繫，庶不乖共天職之意。

今之太常，卽古之秩宗，必得清愼習禮之臣，然後可交神明。今卿貳皆缺，宜選擇儒臣，使領其職。

古者省方巡狩，所以察吏得失，問民疾苦。兩漢、唐、宋盛時，數遣使巡行郡縣，洪、永間亦嘗行之。今久不舉，故吏多貪虐，民不聊生，而軍衞尤甚。宜擇公明廉幹之臣，分行天下。

古人君不親刑獄，必付理官，蓋恐徇喜怒而有所輕重也。邇法司所上獄，多奉敕

增減輕重，法司不能執奏，及訊他囚，又觀望以爲輕重，民用多冤，宜使各舉其職。至運磚輸米諸例，均非古法，尤宜罷之。

春秋營築悉書，戒勞民也。京師興作五六年矣，日不煩民而役軍，軍獨非國家赤子乎？況營作多完，宜罷工以蘇其力。

各處水旱，有司既不振救，請減租稅，或亦徒事虛文。宜令戶部以時振濟，量加減免，使不致失業。

麓川連年用兵，死者十七八，軍貲爵賞不可勝計。今又遣蔣貴遠征緬甸，責獻思任發。果擒以歸，不過梟諸通衢而已。緬將挾以爲功，必求與木邦共分其地。不與則致怨，與之則兩蠻坐大，是滅一麓川生二麓川也。設有蹉跎，兵事無已。臣見皇上每錄重囚，多宥令從軍，仁心若此。今欲生得一失地之竄寇，而驅數萬無罪之衆以就死地，豈不有乖於好生之仁哉。況思機發已嘗遣人來貢，非無悔過乞免之意。若敕緬斬任發首來獻，仍敕思機發盡削四境之地，分於各寨新附之蠻，則一方可寧矣。

迤北貢使日增，包藏禍心，誠爲難測。宜分遣給事、御史閱視京邊官軍，及時訓練，勿使借工各廠，服役私家。公武舉之選以求良將，定召募之法以來武勇，廣屯田，公鹽法，以厚儲蓄，庶武備無缺，而外患有防。

疏入，下廷議。言球所奏，惟擇太常官宜從，令吏部推舉。修撰董璘遂乞改官太常，奉享祀事。

初，球言麓川事，振固已銜之。欽天監正彭德清者，球鄉人也，素爲振腹心。凡天文有變，皆匿不奏，倚振勢爲姦，公卿多趨謁，球絕不與通。德清恨之，遂摘疏中攬權語，謂振曰：「此指公耳。」振益大怒。會璘疏上，振遂指球同謀，並逮下詔獄，屬指揮馬順殺球。順深夜攜一小校持刀至球所。球方臥，起立，大呼太祖、太宗。頸斷，體猶植。遂支解之，瘞獄戶下。璘從旁竊血裙遺球家。後其子鉞求得一臂，裹裙以殮。順有子病久，忽起捽順髮，拳且蹴之曰：「老賊，令爾他日禍逾我！我，劉球也。」順驚悸。俄而子死，小校亦死。璘，字德文，高郵人。有孝行。獄解，遂歸，不復出。

球死數年，瓦剌果入寇。英宗北狩，振被殺。朝士立擊順，斃之。而德清自土木遁還，下獄論斬，尋瘐死。詔戮其屍。景帝憐球忠，贈翰林學士，謚忠愍，立祠於鄉。

球二子，長鉞、次釪。皆篤學，躬耕養母。球既得卹，兄弟乃出應舉，先後成進士。鉞，廣東參政；釪，雲南按察使。

陳鑑，字貞明，高安人。宣德二年進士。授行人。正統中，擢御史。出按順天。言京師風俗澆漓，其故有五：一，事佛過甚；二，營喪破家；三，服食靡麗；四，優倡爲蠹；五，博塞成風。章下禮部，格不行。

改按貴州。時麓川會思任發子思機發遁孟養，屢上書求宥罪通貢。不許，復大舉遠征，兵連不解，雲、貴軍民疲敝。苗乘機煽動，閩、浙間盜賊大起。舉朝皆知其不可，懲劉球禍，無敢諫者。十四年正月，鑑抗疏言賊酋遠遁，不爲邊患，宜專責雲南守臣相機勦滅，無遠勞禁旅。王振怒，欲困之，改鑑雲南參議，使赴騰衝招賊。已，復摭鑑爲巡按時嘗請改四川播州宣慰司隸貴州，爲鑑罪，令兵部劾之，論死繫獄。景帝嗣位，乃得赦。尋授河南參議。致仕歸，卒。

自正統中，劉球以忤王振冤死，鑑繼下獄，中外莫敢言事者數年。至景帝時，言路始開，爭發憤上書。有何觀者，復以言得罪去。

觀以善書爲中書舍人。景泰二年劾尚書王直輩正統時阿附權奸，不宜在左右。中貴見權奸語，以爲侵己，激帝怒，下科道參議。吏科毛玉主奏稿，力詆觀，林聰、葉盛持之，乃刪削奏上。會御史疏亦上，中有「觀考滿不遷，私憾吏部」語。帝怒，下觀詔獄，杖之，謫九溪衞經歷。

鍾同，字世京，吉安永豐人。父復，宣德中進士及第。歷官修撰，與劉球善。球上封事，約與俱，復妻勸止之。球詣復邸，邀偕行。復已他往，妻從屛間詈曰：「汝自上疏，何累他人爲！」球出歎曰：「彼乃謀及婦人。」遂獨上奏，竟死。居無何，復亦病死。妻深悔之，每哭輒曰：「早知爾，曷若與劉君偕死。」同幼聞母言，即感奮，思成父志。嘗入吉安忠節祠，見所祀歐陽修、楊邦乂諸人，歎曰：「死不入此，非夫也。」

景泰二年舉進士，明年授御史。懷獻太子既薨，中外望復沂王於東宮。同與郎中章綸早朝，語及沂王，皆泣下，因與約疏請復儲。五年五月，同因上疏論時政，遂及復儲事，其略曰：

近得賊諜，言也先使偵京師及臨清虛實，期初秋大舉深入，直下河南。臣聞之不勝寒心，而廟堂大臣皆恬不介意。昔秦伐趙，諸侯自若，孔子順獨憂之，人皆以爲狂。臣今者之言，何以異此。臣草茅時，聞寺人搆惡，戕戮直臣劉球，遂致廷臣箝口。假使當時犯顏有人，必能諫止上皇之行，何至有蒙塵之禍。

陛下赫然中興，鋤奸黨，旌忠直，命六師禦敵於郊，不戰而三軍之氣自倍。臣謂陛下方且鞭撻四裔，坐致太平，奈何邊氛甫息，瘡痍未復，而侈心遽生，失天下望。伏願取鑒前車，厚自奮厲。毋徇貨色，毋甘嬉遊。親庶政以總威權，敦倫理以厚風俗，辨邪正以專委任，嚴賞罰以彰善惡，崇風憲以正紀綱。去浮費，罷冗員，禁僧道之蠹民，擇賢將以訓士。然後親率羣臣，謝過郊廟，如成湯之六事自責，唐太宗之十漸卽改，庶幾天意可回，國勢可振。

又言：

父有天下，固當傳之於子。乃者太子薨逝，足知天命有在。臣竊以爲上皇之子，卽陛下之子。沂王天資厚重，足令宗社有託。伏望擴天地之量，敦友于之仁，蠲吉具儀，建復儲位，實祖宗無疆之休。

又言：

陛下命將帥各陳方略，經旬踰時，互相委責。及石亨、柳溥有言，又不過庸人孺子之計。平時尚爾，一旦有急，將何策制之？夫禦敵之方，莫先用賢。陛下求賢若渴，而大臣之排抑尤甚，所舉者率多親舊富厚之家。卽長材屈抑，孰肯爲言。朝臣欺誑若此，臣所以撫膺流涕，爲今日妨賢病國者醜也。

疏入，帝不懌，下廷臣集議。寧陽侯陳懋、吏部尙書王直等請帝納其言，因引罪求罷。帝慰留之。越數日，章綸亦疏言復儲事，遂並下詔獄。明年八月，大理少卿廖莊亦以言沂王事予杖。左右言事由同倡，帝乃封巨梃就獄中杖之，同竟死。時年三十二。同之上疏也，策馬出，馬伏地不肯起。同叱曰：「吾不畏死，爾奚爲者？」馬猶盤辟再四，乃行。同死，馬長號數聲亦死。

英宗復位，贈同大理左寺丞，錄其子啓爲國子生，尋授咸寧知縣。啓請父遺骸歸葬，詔給舟車路費。成化中，授次子越通政知事，給同妻羅氏月廩。尋賜同諡恭愍，從祀忠節祠，與球聯位，竟如同初志。

方同下獄時，有禮部郎孟玘者，亦疏言復儲事。帝不罪。而進士楊集上書于謙曰：「奸人黃竑獻議易儲，不過爲逃死計耳，公等遽成之。公國家柱石，獨不思所以善後乎？今同等又下獄矣，脫諸人死杖下，而公等坐享崇高，如清議何！」謙以書示王文。文曰：「書生不知忌諱，要爲有膽，當進一官處之。」乃以集知安州。玘，閩人；集，常熟人也。

章綸，字大經，樂清人。正統四年進士。授南京禮部主事。景泰初，召爲儀制郎中。綸見國家多故，每慷慨論事。嘗上太平十六策，反覆萬餘言。也先旣議和，請力圖修攘以待其變。中官興安請帝建大隆福寺成，將臨幸，綸具疏諫。河東鹽運判官濟南楊浩除官未行，亦上章諫。帝卽罷幸。浩後累官副都御史，巡撫延綏。綸又因災異請求致變之由，語頗切至。

五年五月，鍾同上奏請復儲。越二日，綸亦抗疏陳修德弭災十四事。其大者謂：「內官不可干外政，佞臣不可假事權，後宮不可盛聲色。凡陰盛之屬，請悉禁罷。」又言：「孝弟者，百行之本。願退朝後朝謁兩宮皇太后，修問安視膳之儀。上皇君臨天下十有四年，是天下之父也。陛下親受册封，是上皇之臣也。陛下與上皇，雖殊形體，實同一人。伏讀奉迎還宮之詔曰：『禮惟加而無替，義以卑而奉尊。』望陛下允蹈斯言，或朔望，或節旦，率羣臣朝見延和門，以展友于之情，實天下之至願也。更請復汪后於中宮，正天下之母儀；還沂王之儲位，定天下之大本。如此則和氣充溢，災沴自弭。」疏入，帝大怒。時日已暝，宮門閉。乃傳旨自門隙中出，立執綸及鍾同下詔獄。榜掠慘酷，逼引主使及交通南宮狀。瀕死，無一語。會大風揚沙，晝晦，獄得稍緩，令錮之。明年杖廖莊闕下，因封杖就獄中杖綸、同各百。同竟死，綸長繫如故。

英宗復位，郭登言綸與廖莊、林聰、左鼎、倪敬等皆直言忤時，宜加旌擢。帝乃立釋綸。命內侍檢前疏，不得。內侍從旁誦數語，帝嗟歎再三，擢禮部右侍郎。綸旣以大節爲帝所重，而性亢直，不能諧俗。石亨貴倖招公卿飲，綸辭不往，又數與尙書楊善論事不合。亨、善共短綸，乃調南京禮部，就改吏部。

憲宗卽位，有司以遺詔請大婚。綸言：「山陵尙新，元朔未改，百日從吉，心寧自安。陛下踐阼之初，當以孝治天下，三綱五常實原於此。乞俟來春舉行。」議雖不從，天下咸重其言。成化元年，兩淮饑，奏救荒四事。皆報可。四年秋，子玄應以冒籍舉京闈。給事中朱清、御史楊智等因劾綸，命侍郎葉盛勘之。明年，綸及僉都御史高明考察庶官，兩人議不協。疏旣上，綸復獨奏給事中王讓不赴考察，且言明剛愎自用，己言多不見從，乞與明俱罷。章並下盛等。於是讓及下考諸臣連章劾綸。綸亦屢疏求罷。帝不聽。旣而盛等勘上玄應實冒籍。帝宥綸，而所奏他事，亦悉不問。未幾，復轉禮部。溫州知府范奎被論調官。綸言：「溫州臣鄉郡，奎大得民心。解官之日，士民三萬人哭泣攀轅，留十八日乃得去。請還之以慰民望。」章下所司，竟報寢。

綸性戇，好直言，不爲當事者所喜。爲侍郎二十年，不得遷，請老去。久之卒。居數年，其妻張氏上其奏稿，且乞恩。帝嘉歎，贈南京禮部尙書，諡恭毅，官一子鴻臚典簿。

玄應後舉進士，爲南京給事中。偕同官論陳鉞罪，忤旨停俸。孝宗嗣位，上治本五事。仕終廣東布政使。

廖莊，字安止，吉水人。宣德五年進士。八年改庶吉士，與知縣孔友諒等七人歷事六科。英宗初，授刑科給事中。正統二年，御史元亮請如詔書蠲邊軍侵沒糧餉，不允。按察使龔鐩亦請如詔書宥盜犯之未獲者，法司亦寢不行。莊以詔書當信，上章爭之。五年詔京官出修荒政，兼徵民逋。莊慮使者督趣困民，請寬災傷州縣，俟秋成，從之。振荒陝西，全活甚衆。還奏寬卹九事，多議行。楊士奇家人犯法，偕同官論列。或曰：「獨不爲楊公地乎？」曰：「正所以爲楊公也。」八年命與御史張驥同署大理寺事。踰月，授左寺丞。

十一年遷南京大理少卿。踰二年，奸人陳玞者，與所親賈福爭襲指揮職。南京刑部侍郎齊韶納玞賄，欲奪福官與之，爲莊所駁。韶搒福至死，被逮，玞亦誣莊，俱徵下詔獄。會韶他罪並發，棄市，莊乃得釋。

景泰五年七月上疏曰：「臣曩在朝，見上皇遣使册封陛下，每遇慶節，必令羣臣朝謁東

廡，恩禮隆洽，羣臣皆感歎，謂上皇兄弟友愛如此。今陛下奉天下以事上皇，願時時朝見南宮，或講明家法，或商略治道，歲時令節，俾羣臣朝見，以慰上皇之心，則祖宗在天之神安，天地之心亦安矣。太子者，天下之本。上皇之子，陛下之猶子也。宜令親儒臣，習書策，以待皇嗣之生，使天下臣民曉然知陛下有公天下之心，豈不美歟？蓋天下者，太祖、太宗之天下。仁宗、宣宗繼體守成者，此天下也。上皇北征，亦爲此天下也。今陛下撫而有之，宜念祖宗創業之艱難，思所以係屬天下之人心，即弭災召祥之道莫過於此。」疏入，不報。明年，莊以母喪，赴京關給勘合，詣東角門朝見。帝憶莊前疏，命廷杖八十，謫定羌驛丞。

天順初，召還。時母喪未終，復遭父喪，特予祭葬，命起復，仍官南京。天順五年就擢禮部右侍郎，改刑部。成化初，召爲刑部左侍郎。逾年卒。贈尚書，諡恭敏。

莊性剛，喜面折人過，而實坦懷無芥蔕。不屑細謹，好存謝賓客爲歡狎。既官法司，或勸稍屏謝往來，遠嫌疑。莊笑曰：「昔人有言『臣門如市，臣心如水』，吾無媿吾心而已。」卒之日，無以爲斂，衆裒錢助其喪。

初，景帝時，英宗在南宮，左右爲離間。及懷憲太子薨，羣小恐沂王復立，譏搆愈甚。故鍾同、章綸與莊相繼力言，皆得罪，然帝頗感悟。六年七月辛巳，刑科給事中徐正請間言事。亟召入，乃言：「上皇臨御歲久，沂王嘗位儲副，天下臣民仰戴。宜遷置所封之地，以絕人望。別選親王子育之宮中。」帝驚愕，大怒，立叱出之，欲正其罪。慮駭衆，乃命謫遠任，而帝怒未解。已，復得其淫穢事，謫戍鐵嶺衞。蓋帝雖怒同等所言過激，而小人之言亦未遽聽也。迨英宗復辟，于謙、王文以謀立外藩，誅死，其事遂不白云。

倪敬，字汝敬，無錫人。正統十三年進士。景泰初，擢御史。畿輔饑，命出視。請蠲田租，戶部持不可。再疏爭，竟得請。巡按山西。時有入粟補官令，敬奏罷之。戍將侵餉者，悉按治，豪猾斂迹。再按福建。時議將復銀冶，敬未行，抗疏論，得寢。既至，奏罷諸司器物濫取於民者。鎮守內臣戴細保貪橫，敬列其罪以聞。帝召細保還，命敬捕治其黨，吏民相慶。代還，留家四月，逮治，尋復職。

六年七月，以時多災異，偕同官吳江盛㬎、江陰杜宥、蕪湖黃讓、安福羅俊、固始汪清上言：「府庫之財，不宜無故而予；遊觀之事，不宜非時而行。曩以齋僧，屢出帑金易米，不知櫛風沐雨之邊卒，趨事急公之貧民，又何以濟之？近聞造龍舟，作燕室，營繕日增，嬉遊不少，非所以養聖躬也。章綸、鍾同直言見忤，幽錮踰年，非所以昭聖德也。願罷桑門之供，輟宴佚之娛，止興作之役，寬直臣之囚。」帝得疏不懌，下之禮部。部臣稱其忠愛。帝報聞，

然意終不釋。未幾，詔都御史蕭維禎考察其屬，諭令去之。御史罷黜者十六人，而敬等預焉，皆謫爲典史，敬得廣西宜山。英宗復辟，詔皆授知縣，乃以敬知祥符。安遠侯柳溥器敬，西征，請以自隨，改都督府都事。踰年師還卒。士類惜之。

盛㬎等五人，皆進士。㬎雋爽負氣。嘗按廣東，劾巡撫侍郎揭稽不職，稽坐左遷。㬎後爲羅江知縣，擢敍州知府，並有禦寇功。杜宥爲英德知縣。鄰境多寇，創立縣城。嘗被圍糧盡，宥死守不下。夜縋死士焚其營，賊始驚潰。移韶州通判，謝病歸。黃讓知安岳，遷中府都事。以撻錦衣衞隸，爲門達所譖，戍廣西。赦還，復冠帶。貧甚，課耕自給。羅俊嘗巡按四川，有廉聲。仕終南雄知府。

楊瑄，字廷獻，豐城人。景泰五年進士。授御史。剛直尚氣節。景帝不豫，廷臣請立東宮。帝不允。瑄與同官錢璡、樊英等約疏爭，會「奪門」事起，乃已。

天順初，印馬畿內。至河間，民訴曹吉祥、石亨奪其田。瑄以聞，並列二人怙寵專權狀。帝語大學士李賢、徐有貞曰：「眞御史也。」遂遣官按覈，而命吏部識瑄名，將擢用。吉祥聞之

懼，訴於帝，請罪之。不許。

未幾，亨西征還，適彗星見，十三道掌道御史張鵬、盛顒、周斌、費廣、張寬、王鑑、趙文博、彭烈、張奎、李人儀、邵銅、鄭冕、陶復及御史劉泰、魏翰、康驥將劾亨、吉祥諸違法事。先一日，給事中王鉉洩於亨。亨與吉祥泣訴帝，誣鵬等爲已誅內官張永從子，結黨排陷，欲爲永報讐。明日疏入，帝大怒，收鵬及瑄。御文華殿，悉召諸御史，擲彈章，俾自讀。斌且讀且對，神色自若。至冒功濫職，帝詰之曰：「彼帥將士迎駕，朝廷論功行賞，何云冒濫？」斌曰：「當時迎駕止數百人，光祿賜酒饌，名數具在。今超遷至數千人，非冒濫而何？」帝默然，竟下瑄、鵬及諸御史於獄。榜掠備至，詰主使者，瑄等無所引，乃坐都御史耿九疇、羅綺主謀，亦下獄。論瑄、鵬死，餘遣戍。

亨等復譖諸言官。帝諭吏部，給事、御史年踰三十者留之，餘悉調外。尚書王翺列上給事中何玘等十三人，御史吳禎等二十三人。詔以玘等爲州判官，禎等爲知縣。會大風震雷，拔木發屋，須臾大雨雹。亨、吉祥家大木俱折，二人亦懼。掌欽天監禮部侍郎湯序本亨黨，亦言上天示警，宜恤刑獄。於是帝感悟，戍瑄、鵬鐵嶺衞，餘貶知縣，泰、翰、驥三人復職，而玘、禎等亦得無調。瑄、鵬行半道，適承天門災，肆赦放還。或謂當詣亨、吉祥謝，二人卒不往，復謫戍南丹。

憲宗即位，並還故官。瑄尋遷浙江副使。按行海道，禁將校私縱戍卒。修捍海塘，築海鹽堤岸二千三百丈，民得奠居。爲副使十餘年，政績卓然，進按察使。西湖水舊可溉諸縣田四十六萬頃，時堙塞過半，瑄請浚之。設防置牐，以利灌溉，功未就，卒。海鹽人祠祀之。

子源，字本清，幼習天文，授五官監候。正德元年，劉瑾等亂政，源上言：「自八月初，大角及心宿中星動搖不止。大角，天王之坐；心宿中星，天王正位也，俱宜安靜，今乃動搖。其占曰『人主不安，國有憂。』意者陛下輕舉逸遊，弋獵無度，以致然也。又北斗第二第三第四星，明不如常。第二曰天璇，后妃之象。后妃不得其寵則不明，廣營宮室妄鑿山陵則不明。第三曰天機，不愛百姓，驟興征徭則不明。第四曰天權，號令不當則不明。伏願陛下祗畏天戒，安居深宮，絕嬉戲，禁遊畋，罷騎射，停工作，申嚴號令，毋輕出入，抑遠寵倖，裁節賜予，親元老大臣，日事講習，克修厥德，以弭災變。」疏下禮部，尚書張昇等稱源忠愛。報聞。迨十月，霾霧時作，源言：「此衆邪之氣，陰冒於陽，臣欺其君，小人擅權，下將叛上。」引譬甚切。瑾怒，矯旨杖三十，釋之。又上言：「自正德二年來，占得火星入太微垣帝座前，或東或西，往來不一，乞收攬政柄，思患預防。」蓋專指瑾也。瑾大怒，召而叱之曰：「若何官，亦學爲忠臣？」源厲聲曰：「官大小異，忠一也。」又矯旨杖六十，謫戍肅州。行至河陽驛，以創卒。其妻斬蘆荻覆之，葬驛後。

楊氏父子以忠諫名天下，爲士論重。而源小臣抗節，尤人所難。天啓初，賜謚忠懷。

盛顒，字時望，無錫人。周斌，字國用，昌黎人。王鑑，太原人。趙文博，代州人。彭烈，峽江人。李人儀，隆昌人。邵銅，閩縣人。鄭冕，樂平人。皆進士，授御史。顒降束鹿知縣；斌，江陰；鑑，膚施；文博，淳化；烈，江浦；人儀，襄陽；銅，博羅；冕，衡山。並有善政。

束鹿徭役苦不均，顒爲立九則法，繼者莫能易。母憂去。服除，民相率詣闕乞還。顒再任，益不用鞭扑。訟者，諭之，輒叩頭不復辯。鄰邑訟不決，亦皆赴訴，片言折之，各心厭去。郊外有隙地，爭來築室居之，遂成市，號爲「清官店」。

斌在江陰，有惠政。民歌曰：「旱爲災，周公禱之甘露來；水爲患，周公禱之陰雨散。」天順七年，先以薦擢開封知府。而顒等至憲宗嗣位，所司以治行聞。帝曰：「諸臣直諫爲權倖所排，又能稱職，其悉予郡。」於是擢顒知邵武；鑑，延安；文博，衞輝；烈，河南；人儀，荊州；銅，溫州；冕，衡州。顒復以任治劇，調延平。巡按御史上顒政績，陝西、湖廣守臣亦上鑑、人儀居縣時治行，皆特賜封誥。

顒累遷陝西左布政使。時三邊多警，歲復洊饑。顒經畫餽餉無缺，軍民悉安。成化十七年召爲刑部右侍郎。居二年，山東旱饑，盜起，改顒左副都御史往巡撫。顒至露禱，大雨霑溉，稿禾復蘇。舉救荒之政，既振，餘粟尚百餘萬石。又推行九則法於諸府，黜暴除苛，民甚德之。居三年，以老致仕。弘治中卒。

斌，歷廣東右布政使。初去江陰，民立生祠。及自開封遷去，民亦涕泣追送焉。鑑，初爲御史，嘗於左順門面斥中官非禮。中官怒甚，因考察屬都御史蕭維禎去之，維禎不可而止。文博，終巡撫河南右副都御史。烈，廣東左布政使。費廣等無考。

贊曰：直言敢諫之士，激於事變，奮不顧身，獲罪固其所甘心耳。然觀尹昌隆死於呂震，耿通陷於高煦，劉球之斃，陳鑑之繫，由於王振；楊瑄之戍，厄於石亨、曹吉祥，乃至戴綸諫遊獵，陳祚請勤學，鍾同、章綸、廖莊倡復儲，倪敬等直言時事，皆用買禍。忠臣之志抑而不伸，亦可悲夫。

二十四史

中華書局

清 張廷玉等撰

明史

第一五册

卷一六三至卷一七七（傳）

中華書局

明史卷一百六十三

列傳第五十一

李時勉 陳敬宗 劉鉉 薩琦 邢讓 李紹 林瀚 子庭棉 庭機 孫燫 烴 謝鐸 魯鐸 趙永

李時勉，名懋，以字行，安福人。成童時，冬寒以衾裹足納桶中，誦讀不已。中永樂二年進士。選庶吉士，進學文淵閣，與修太祖實錄。授刑部主事，復與重修實錄。書成，改翰林侍讀。

性剛鯁，慨然以天下爲己任。十九年，三殿災，詔求直言。條上時務十五事。成祖決計都北京，時方招徠遠人。而時勉言營建之非，及遠國入貢人不宜使羣居輦下，忤帝意。已，觀其他說，多中時病，抵之地，復取視者再，卒多施行。尋被讒下獄。歲餘得釋，楊榮薦復職。

洪熙元年復上疏言事。仁宗怒甚，召至便殿，對不屈。命武士撲以金瓜，脅折者三，曳出幾死。明日，改交阯道御史，命日慮一囚，言一事。章三上，乃下錦衣衞獄。時勉於錦衣千戶某有恩，千戶適涖獄，密召醫，療以海外血竭，得不死。仁宗大漸，謂夏原吉曰：「時勉廷辱我。」言已，勃然怒，原吉慰解之。其夕，帝崩。

宣宗卽位已踰年，或言時勉得罪先帝狀。帝震怒，命使者：「縛以來，朕親鞫，必殺之。」已，又令王指揮卽縛斬西市，毋入見。王指揮出端西旁門，而前使者已縛時勉從端東旁門入，不相值。帝遙見罵曰：「爾小臣敢觸先帝！疏何語？趣言之。」時勉叩頭曰：「臣言諒闇中不宜近妃嬪，皇太子不宜遠左右。」帝聞言，色稍霽。徐數至六事止。帝令盡陳之。對曰：「臣惶懼不能悉記。」帝意益解，曰：「是第難言耳，草安在？」對曰：「焚之矣。」帝乃太息，稱時勉忠，立赦之，復官侍讀。比王指揮詣獄還，則時勉已襲冠帶立階前矣。

宣德五年修成祖實錄成，遷侍讀學士。帝幸史館，撒金錢賜諸學士。皆俛取，時勉獨正立。帝乃出餘錢賜之。正統三年以宣宗實錄成，進學士，掌院事兼經筵官。六年代貝泰爲祭酒。八年乞致仕，不允。

初，時勉請改建國學。帝命王振往視，時勉待振無加禮。振銜之，廉其短，無所得。時勉嘗芟彝倫堂樹旁枝，振遂言時勉擅伐官樹入家。取中旨，與司業趙琬、掌饌金鑑並枷國子監前。官校至，時勉方坐東堂閱課士卷，徐呼諸生品第高下，顧僚屬定甲乙，揭榜乃行。方盛暑，枷三日不解。監生李貴等千餘人詣闕乞貸。有石大用者，上章願以身代。諸生圜集朝門，呼聲徹殿庭。振聞諸生不平，恐激變。及通政司奏大用章，振內慚。助教李繼請解於會昌侯孫忠。忠，皇太后父也。忠生日，太后使人賜忠家。忠附奏太后，太后爲言之帝。帝初不知也，立釋之。繼不拘檢柙，時勉嘗規切之。繼不能盡用，然心感時勉言，至是竟得其助。大用，豐潤人。樸魯，初不爲六館所知，及是名動京師。明年中鄉試，官至戶部主事。

九年，帝視學。時勉進講尙書，辭旨淸朗。帝悅，賜予有加。連疏乞致仕，不允。十二年春乃得請。朝臣及國子生餞都門外者幾三千人，或遠送至登舟，候舟發乃去。英宗北狩，時勉日夜悲慟。遣其孫驥詣闕上書，請選將練兵，親君子，遠小人，褒表忠節，迎還車駕，復讐雪恥。景泰元年得旨褒答，而時勉卒矣，年七十七。謚文毅。成化五年，以其孫顒請，改謚忠文，贈禮部侍郎。

時勉爲祭酒六年，列格、致、誠、正四號，訓勵甚切。崇廉恥，抑奔競，別賢否，示勸懲。諸生貧不能婚葬者，節省餮錢爲賻給。督令讀書，燈火達旦，吟誦聲不絕，人才盛於昔時。始，太祖以宋訥爲祭酒，最有名。其後寧化張顯宗申明學規，人比之訥。而胡儼當成

祖之世，尤稱人師。然以直節重望爲士類所依歸者，莫如時勉。英國公張輔暨諸侯伯奏，願偕詣國子監聽講。帝命以三月三日往。時勉升師席，諸生以次立，講五經各一章。畢事，設酒饌，諸侯伯讓曰：「受教之地，當就諸生列坐。」惟輔與抗禮。諸生歌鹿鳴之詩，賓主雍雍，盡暮散去，人稱爲太平盛事。

陳敬宗，字光世，慈谿人。永樂二年進士。選庶吉士，進學文淵閣，與修永樂大典。書成，授刑部主事。又與修五經四書大全，再修太祖實錄，授翰林侍講。內艱歸。

宣德元年起修兩朝實錄。明年轉南京國子監司業。帝諭之曰：「侍講，淸華之選；司業，師儒之席。位雖不崇，任則重矣。」九年，秩滿，遷祭酒。正統三年上書言：「舊制，諸生以在監久近，送諸司歷事。比來，有因事予告者，遷延累歲，至撥送之期始赴，實長奸惰，請以肄業多寡爲次第。又近有願就雜職之例，士風卑陋，誠非細故，請加禁止。」從之。

敬宗美鬚髯，容儀端整，步履有定則，力以師道自任。立教條，革陋習。六館士千餘人，每升堂聽講，設饌會食，整肅如朝廷。稍失容，即令待罪堂下。僚屬憚其嚴，誣以他事，訟之法司。周忱與敬宗善，曰：「盍具疏自理。」爲屬草，辭稍遷就。敬宗驚曰：「得無誑君耶？」不果上，事亦竟白。

滿考，入京師，王振欲見之，令忱道意。敬宗曰：「吾爲諸生師表，而私謁中貴，何以對諸生？」振知不可屈，乃貽之文錦羊酒，求書程子四箴，冀其來謝。敬宗書訖，署名而已。返其幣，終不往見。王直爲吏部尚書，從容謂曰：「先生官司成久，將薦公爲司寇。」敬宗曰：「公知我者，今與天下英才終日論議，顧不樂耶？」

性善飲酒，至數斗不亂。襄城伯李隆守備南京，每留飲，聲伎滿左右。竟日舉杯，未嘗一盼。其嚴重如此。

十二年冬乞休，不允。景泰元年九月與尙書魏驥同引年致仕。家居不輕出。有被其容接者，莫不興起。天順三年五月卒，年八十三。後贈禮部侍郎，謚文定。

初，敬宗與李時勉同在翰林，袁忠徹嘗相之，曳二人並列曰：「二公他日功名相埒。」敬宗儀觀魁梧，時勉貌稍寢，後二人同時爲兩京祭酒。時勉平恕得士，敬宗方嚴。終明世稱賢祭酒者，曰南陳北李。

劉鉉，字宗器，長洲人。生彌月而孤。及長，刲股療母疾。母卒，哀毀，以孝聞。永樂

中，用善書徵入翰林。舉順天鄉試，授中書舍人。宣德時，預修成祖、仁宗實錄，遷兵部主事，仍供事內廷。正統中，再修宣宗實錄，進侍講。以學士曹鼐等薦，與修撰王振敎習庶吉士。

景帝立，進侍講學士，直經筵。三年，以高穀薦，遷國子祭酒。時以國計不足，放遣諸生，不願歸者停其月廩。鉉言：「養才，國家急務。今倉廩尙盈，奈何靳此？」遂得復給。又令甄別六館生，年老貌寢、學藝疎淺者，斥爲民。鉉言：「諸生荷敎澤久，豈無片長。況離親戚，棄墳墓，艱苦備至，一旦被斥，非朝廷育才意。乞揀年貌衰而有學者，量授之官。」帝可其奏。尋以母喪歸。服闋，赴都，陳詢已爲祭酒。帝重鉉，命與詢並任。天順初，改少詹事，侍東宮講讀。明年十月卒。帝及太子皆賜祭，賻贈有加。憲宗立，贈禮部侍郎，謚文恭。

鉉性介特，言行不苟。敎庶吉士及課國子生，規條嚴整，讀書至老彌篤。仲子瀚以進士使南方。瀕行，閱其衣篋。比還，篋如故，乃喜曰：「無玷吾門矣。」瀚官終副使，能守父訓。

薩琦，字廷珪，其先西域人，後著籍閩縣。舉宣德五年進士。歷官禮部侍郎兼少詹事。天順元年卒。琦有文德，狷潔不苟合。名行與鉉相頡頏云。

邢讓，字遜之，襄陵人。年十八，舉於鄉，入國子監。爲李時勉所器，與劉珝齊名。登正統十三年進士。改庶吉士，授檢討。

景泰元年，李實自瓦剌還，請再遣使迎上皇。景帝不許。讓疏曰：「上皇於陛下有君之義，有兄之恩，安得而不迎？且令寇假大義以問我，其何辭以應。若從羣臣請，仍命實齎敕以往，且述迎復之指，雖上皇還否未可必，而陛下恩義之篤昭然於天下。萬一迎而不許，則我得責直於彼，以興問罪之師，不亦善乎。」疏入，帝委曲諭解之。天順末，父憂歸。未終喪，起修英宗實錄，進修撰。

成化二年超遷國子祭酒。慈懿太后崩，議祔廟禮，讓率僚屬疏諫。南京國學教官，例不得遷擢，讓等以爲言，由科目者，滿考得銓敍。讓在太學，亦力以師道自任，修辟廱通志，督諸生誦小學及諸經。痛懲謁告之弊，時以此見稱，而謗者亦衆。爲人負才狹中。意所輕重，輒形於詞色，名位相軋者多忌之。

五年擢禮部右侍郎。越二年，以在國子監用會饌錢事，與後祭酒陳鑑、司業張業、典籍王允等，俱得罪坐死。諸生訴闕下，請代。復詔廷臣雜治，卒坐死，贖爲民。

鑑既得罪，吏部尚書姚夔請起致仕禮部侍郎李紹爲祭酒。馳召之，而紹已卒。

紹字克述，安福人。宣德八年進士。改庶吉士，授檢討。大學士楊士奇臥病，英宗遣使詢人才，士奇舉紹等五人以對。土木之敗，京師戒嚴，朝士多遣家南徙。紹曰：「主辱臣死，奚以家爲？」卒不遣。累遷翰林學士。以李賢、王翺薦，擢禮部侍郎。成化二年以疾求解職。紹好學問，居官剛正有器局，能奬掖後進。其卒也，帝深惜之。

林瀚，字亨大，閩人。父元美，永樂末進士，撫州知府。瀚舉成化二年進士。改庶吉士，授編修。再遷諭德，請急歸。

弘治初，召修憲宗實錄，充經筵講官。稍遷國子監祭酒，進禮部右侍郎，掌監事如故。典國學垂十年，餼銀歲以百數計，悉貯之官，以次營立署舍。師儒免僦居，由瀚始。歷吏部左、右侍郎。

十三年拜南京吏部尚書。以災異，率羣僚陳十二事。御史王獻臣自遼東逮下詔獄，儒士孫伯堅等奮緣爲中書舍人。瀚疏爭，忤旨。乞罷，不許。已，奏請重根本，曰保固南京，曰佑啓皇儲，曰撫綏百姓，曰增進賢才。

正德元年四月，吏部尚書馬文升去位，言官丘俊、石介等薦瀚。帝用侍郎焦芳，乃改瀚南京兵部，參贊機務。命未至，瀚引疾乞休，因陳養正心、崇正道、務正學、親正人四事。優詔慰留。時災異數見，瀚及南京諸臣條時政十二事。語涉近倖，多格不行。

瀚素剛方，與守備中官不合，他內臣進貢道其地者，瀚每裁抑之，遂交譖於劉瑾。會劉健、謝遷罷政，瀚聞太息。言官戴銑等以留健、遷被徵，瀚獨餞送，瑾聞益恨。明年二月假銑等獄詞，謫瀚浙江參政。致仕。旋指爲奸黨。瑾誅，復官，致仕。予月廩歲隸如故事。尋命有司歲時存問。瀚爲人謙厚，而自守介然。卒年八十六。贈太子太保，謚文安。子九人，庭㭿、庭機最顯。

庭㭿，字利瞻，瀚次子也。弘治十二年進士。授兵部主事。歷職方郎中。吏部尚書張綵欲改爲御史，固謝之，乃以爲蘇州知府。頻歲大水，疏請停織造，罷繁征，割關課備振。再上，始報可。遷雲南左參政。正德九年，以父老乞侍養。時子炫已成進士，官禮部主事，亦謁假歸。三世一堂，鄉人稱盛事。

嘉靖初，父憂，服闋，起官江西，歷湖廣左、右布政使。舉治行卓異，擢右副都御史，巡撫

保定諸府。歷工部右侍郎。應詔言郊壇大工，南城、西苑相繼興作，請以儉約先天下。又因災傷，乞撤還採木、燒造諸使。進左，拜尚書，加太子太保。時帝方大興土木功，庭㭿所規畫多稱意。會詔建沙河行宮，庭㭿議加天下田賦，爲御史桑喬、給事中管見所劾。乞罷，歸卒。贈少保，謚康懿。炫終通政司參議。

庭機，字利仁，瀚季子也。嘉靖十四年進士。改庶吉士，授檢討，遷司業，擢南京祭酒，累遷至工部尚書。穆宗立，調禮部，俱官陪京。時子燫已爲祭酒，遂致仕歸。萬曆九年卒，年七十有六。贈太子太保，謚文僖。子燫、烴。

燫，字貞恒，庭機長子。嘉靖二十六年進士。改庶吉士，授檢討。景恭王就邸，命燫侍講讀。三遷國子祭酒。自燫祖瀚，父庭機，三世爲祭酒，前此未有也。隆慶改元，擢禮部右侍郎，充日講官。寇犯邊，條上備邊七事。改吏部，調南京吏部，署禮部事。魏國公徐鵬舉廢長立幼，燫持不可。萬曆元年進工部尚書，改禮部，仍居南京。名位一與父庭機等。母喪去官。服闋，以庭機篤老侍養，家居七年，先父庭機卒。贈太子少保，謚文恪。明代三世爲尚書，並得謚文，林氏一家而已。子世勳，性篤孝。芝生者三，枯篁復青。御史上其事，被旌。

烴字貞燿，庭機次子也。嘉靖四十一年進士。授戶部主事，歷廣西副使。兄㸌卒，請急歸養。久之，歷太僕少卿。因災異極陳礦稅之害，請釋逮繫諸臣。不報。終南京工部尚書致仕。林氏三世五尚書，皆內行修潔，爲時所稱。

謝鐸，字鳴治，浙江太平人。天順末進士。改庶吉士，授編修，預修英宗實錄。性介特，力學嗜古，講求經世務。

成化九年校勘通鑑綱目，上言：「綱目一書，帝王龜鑑。陛下命重加考定，必將進講經筵，爲致治資也。今天下有太平之形，無太平之實，因仍積習，廢實徇名。曰振綱紀，而小人無畏忌；曰勵風俗，而搢紳棄廉恥。飭官司，而汙暴益甚；恤軍民，而罷敝益極。減省有制，而興作每疲於奔命；蠲免有詔，而徵斂每困於追呼。考察非不舉，而倖門日開；簡練非不行，而私摫日衆。賞竭府庫之財，而有功者不勸；罰窮讞覆之案，而有罪者不懲。以至修省祈禱之命屢頒，水旱災傷之來不絕。禁垣被震，城門示災，不思竦動旋轉，以大答天人之望，是則誠可憂也。願陛下以古證今，兢兢業業，然後可長治久安，而載籍不爲無用矣。」帝不能從。

時塞上有警，條上備邊事宜，請養兵積粟，收復東勝、河套故疆。又言：「今之邊將，無異晚唐債帥。敗則士卒受其殃，捷則權豪蒙其賞。且剋侵軍餉，辦納月錢，三軍方怨憤塡膺，孰肯爲國效命者？」語皆切時弊。秩滿，進侍講，直經筵。遭兩喪，服除，以親不逮養，遂不起。

弘治初，言者交薦，以原官召修憲宗實錄。三年擢南京國子祭酒。上言六事，曰擇師儒，愼科貢，正祀典，廣載籍，復會饌，均撥歷。其正祀典，請進宋儒楊時而罷吳澄。禮部尚書傅瀚持之，乃進時而澄祀如故。

明年謝病去。家居將十年，薦者益衆。會國子缺祭酒，部議起之。帝素重鐸，擢禮部右侍郎，管祭酒事。屢辭，不許。時章懋爲南祭酒，兩人皆人師，諸生交相慶。居五年，引疾歸。

鐸經術湛深，爲文章有體要。兩爲國子師，嚴課程，杜請謁，增號舍，修堂室，擴廟門，置公廨三十餘居其屬。諸生貧者周恤之，死者請官定制爲之殮。家居好周恤族黨，自奉則布衣蔬食。正德五年卒。贈禮部尚書，謚文肅。

魯鐸，字振之，景陵人。弘治十五年會試第一。歷編修。閉門自守，不妄交人。武宗立，使安南，却其餽。

正德二年遷國子監司業。累擢南祭酒，尋改北。鐸屢典成均，教士切實爲學，不專章句。士有假歸廢學者，訓飭之，悔過乃已。久之，謝病歸。

嘉靖初，以刑部尚書林俊薦，用孝宗朝謝鐸故事，起南祭酒。踰年，復請致仕。累徵不起，卒。謚文恪。

鐸以德望重於時。居鄉，有盜掠牛馬。或紿云「魯祭酒物也」，舍之去。大學士李東陽生日，鐸爲司業，與祭酒趙永皆其門生也，相約以二帕爲壽。比檢笥，亡有，徐曰：「鄉有饋乾魚者，盍以此往？」詢諸庖，食過半矣，以其餘詣東陽。東陽喜，爲烹魚置酒，留二人飲，極歡乃去。

永，字爾錫，臨淮人。與鐸同年進士，亦官編修。復與鐸相繼爲祭酒。尋遷南京禮部侍郎。大學士楊一清重其才，欲引以自助，乃爲他語挑之。永正色曰：「可以纓冠汙吾道乎？」遂請致仕去。人服其廉介。

贊曰：明太祖時，國學師儒，體貌優重。魏觀、宋訥爲祭酒，造就人才，克舉其職。諸生銜命奉使，往往擢爲大官，不專以科目進也。中葉以還，流品稍雜，撥歷亦爲具文，成均師席，不過爲儒臣序遷之地而已。李時勉、陳敬宗諸人，方廉淸鯁，表範卓然，類而傳之，庶覩者有所法焉。

明史卷一百六十四

列傳第五十二

鄒緝 鄭維桓 柯暹　弋謙 黃驥　黃澤 孔友諒　范濟
聊讓 郭佑 胡仲倫 華敏 賈斌　左鼎 練綱　曹凱 許仕達
劉煒 尚褫　單宇 姚顯 楊浩　張昭 賀煬　高瑤 虎臣

鄒緝，字仲熙，吉水人。洪武中舉明經，授星子教諭。建文時入爲國子助教。成祖即位，擢翰林侍講。立東宮，兼左中允，屢署國子監事。

永樂十九年，三殿災，詔求直言，緝上疏曰：

陛下肇建北京，焦勞聖慮，幾二十年。工大費繁，調度甚廣，冗官蠶食，耗費國儲。工作之夫，動以百萬，終歲供役，不得躬親田畝以事力作。猶且征求無藝，至伐桑棗以

供薪，剝桑皮以爲楮。加之官吏橫征，日甚一日。如前歲買辦顏料，本非土產，動科千百。民相率斂鈔，購之他所。大青一斤，價至萬六千貫。及進納，又多留難，往復展轉，當須二萬貫鈔，而不足供一柱之用。其後既遣官采之產所，而買辦猶未止。蓋緣工匠多派牟利，而不顧民艱至此。

夫京師天下根本。人民安則京師安，京師安則國本固而天下安。自營建以來，工匠小人假託威勢，驅迫移徙，號令方施，廬舍已壞。孤兒寡婦哭泣叫號，倉皇暴露，莫知所適。遷移甫定，又復驅令他徙，至有三四徙不得息者。及其既去，而所空之地，經月逾時，工猶未及。此陛下所不知，而人民疾怨者也。

貪官汚吏，徧布內外，剝削及於骨髓。朝廷每遣一人，即是其人養活之計。虐取苛求，初無限量。有司承奉，惟恐不及。間有廉強自守、不事干媚者，輒肆讒毀，動得罪譴，無以自明。是以使者所至，有司公行貨賂，剝下媚上，有同交易。夫小民所積幾何，而內外上下誅求如此。

今山東、河南、山西、陝西水旱相仍，民至剝樹皮掘草根以食。老幼流移，顚踣道路，賣妻鬻子以求苟活。而京師聚集僧道萬餘人，日耗廩米百餘石，此奪民食以養無用也。

至報効軍士，朝廷厚與糧賜。及使就役，乃驕傲橫恣，閑遊往來。此皆姦詭之人，懼還原伍，假此規避，非眞有報効之心也。

朝廷歲令天下織錦、鑄錢，遣內官買馬外蕃，所出常數千萬，而所取曾不能一二。馬至雖多，類皆駑下，責民牧養，騷擾殊甚。及至死傷，輒令賠補。馬戶貧困，更鬻妻子。此尤害之大者。

漠北降人，賜居室，盛供帳，意欲招其同類也。不知來者皆懷窺覘，非眞遠慕王化，甘去鄉土。宜於來朝之後，遣歸本國，不必留爲後日子孫患。

至宮觀禱祠之事，有國者所當深戒。古人有言，淫祀無福。況事無益以害有益，蠹財妄費者乎！

凡此數事，皆下失民心，上違天意。怨讟之興，實由於此。

夫奉天殿者，所以朝羣臣，發號令，古所謂明堂也，而災首及焉，非常之變也。非省躬責己，大布恩澤，改革政化，疏滌天下窮困之人，不能回上天譴怒。前有監生生員，以單丁告乞侍親，因而獲罪遣戍者，此實有虧治體。近者大赦，法司執滯常條，當赦者尚復拘繫。並乞重加湔洗，蠲除租賦，一切勿征，有司百官全其廩祿，拔簡賢才，申行薦舉，官吏貪贓蠹政者覈其罪而罷黜之。則人心歡悅，和氣可臻，所以保安宗社，

爲國家千萬年無窮之基，莫有大於此者矣。

且國家所恃以久長者，惟天命人心，而天命常視人心爲去留。今天意如此，不宜勞民。當還都南京，奉謁陵廟，告以災變之故，保養聖躬休息於無爲，毋聽小人之言，復有所興作，以誤陛下於後也。

書奏，不省。

時三殿初成，帝方以定都詔天下，忽罹火災，頗懼，下詔求直言。及言者多斥時政，帝不懌，而大臣復希旨詆言者。帝於是發怒，謂言事者謗訕，下詔嚴禁之，犯者不赦。侍讀李時勉、侍講羅汝敬俱下獄，御史鄭維桓、何忠、羅通、徐瑢，給事中柯暹俱左官交阯，惟緝與主事高公望、庶吉士楊復得無罪。是年冬，緝進右庶子兼侍講。明年九月卒於官。

緝博極羣書，居官勤愼，清操如寒士。子循，宣德中爲翰林待詔，請贈父母。帝諭吏部曰：「曩皇祖征沙漠，朕守北京，緝在左右，陳說皆正道，良臣也，其予之。」

鄭維桓，慈谿人。永樂十三年進士。出知交阯南淸州，卒。柯暹，池州建德人。由鄉舉出知交阯驩州。累官浙江、雲南按察使。

弋謙，代州人。永樂九年進士。除監察御史。出按江西，言事忤旨，貶峽山知縣。復坐事免歸。

仁宗在東宮，素知謙骨鯁。及嗣位，召爲大理少卿。直陳時政，言官吏貪殘，政事多非洪武之舊，及有司誅求無藝。帝多採納。既復言五事，詞太激，帝乃不懌。尚書呂震、吳中，侍郎吳廷用，大理卿虞謙等因劾謙誣罔，都御史劉觀令衆御史合糾謙。帝召楊士奇等言之，士奇對曰：「謙不諳大體，然心感超擢恩，欲圖報耳。主聖則臣直，惟陛下優容之。」帝乃不罪謙。然每見謙，詞色甚厲。士奇從容言：「陛下詔求直言，謙言不當，觸怒。外廷悚惕，以言爲戒。今四方朝覲之臣皆集闕下，見謙如此，將謂陛下不能容直言。」帝惕然曰：「此固朕不能容，亦呂震輩迎合以益朕過，自今當置之。」遂免謙朝參，令專視司事。

未幾，帝以言事者益少，復召士奇曰：「朕怒謙矯激過實耳，朝臣遂月餘無言。爾語諸臣，白朕心。」士奇曰：「臣空言不足信，乞親降璽書。」遂令就榻前書敕引過曰：「朕自卽位以來，臣民上章以數百計，未嘗不欣然聽納。苟有不當，不加譴訶，羣臣所共知也。間者，大理少卿弋謙所言，多非實事，羣臣迎合朕意，交章奏其賣直，請置諸法。朕皆拒而不聽，但免謙朝參。而自是以來，言者益少。今自去冬無雪，春亦少雨，陰陽愆和，必有其咎，豈無

可言。而爲臣者，懷自全之計，退而默默，何以爲忠。朕於謙一時不能含容，未嘗不自愧咎。爾羣臣勿以前事爲戒，於國家利弊、政令未當者，直言勿諱。謙朝參如故。」時中官採木四川，貪橫。帝以謙清直，命往治之。擢謙副都御史，賜鈔以行，遂罷採木之役。

宣德初，交阯右布政戚遜以貪淫黜，命謙往代。王通棄交阯，謙亦論死。正統初，釋爲民。土木之變，謙布衣走闕下，薦通及甯懋、阮遷等十三人，皆奇才可用。衆議以通副石亨，謙請專任通，事遂寢。廷臣以謙負重名，奏留之，亦不報。景泰二年復至京，疏薦通等，不納。罷歸，未幾卒。仁宗性寬大，容直言，謙以故得無罪，反責呂震等。而黃驥言西域事，帝亦詰震而行其言。

驥，全州人。洪武中，中鄉舉。爲沙縣教諭。永樂時擢禮科給事中，常三使西域。仁宗初，上疏言：「西域貢使多商人假托，無賴小人投爲從者，乘傳役人，運貢物至京師，賞賚優厚。番人慕利，貢無虛月，致民失業妨農。比其使還，多齎貨物，車運至百餘輛。丁男不足，役及婦女。所至辱驛官，鞭夫隸，無敢與較者。乞敕陝西行都司，惟哈密諸國王遣使入貢者，許令來京，止正副使得乘驛馬，陝人庶少甦。至西域所產，惟馬切邊需，應就給甘肅軍士。其硇砂、梧桐、鹻之類，皆無益國用，請一切勿受，則來者自稀，浮費益省。」帝以示尚

書呂震，且讓之曰：「驥嘗奉使，悉西事。卿西人，顧不悉邪？驥言是，其卽議行。」後遷右通政，與李琦、羅汝敬撫諭交阯，不辱命。使還，尋卒。

黃澤，閩縣人。永樂十年進士。擢河南左參政。南陽多流民，拊循使復業。嘗率丁役至北京，周恤備至。久之，調湖廣。仁宗卽位，入覲，言時政，多見采。

宣宗立，下詔求言。澤上疏言正心、恤民、敬天、納諫、練兵、重農、止貢獻、明賞罰、遠嬖倖、汰冗官十事。其言遠嬖倖曰：「刑餘之人，其情幽陰，其慮險譎，大姦似忠，大詐似信，大巧似愚。一與之親，如飲醇酒，不知其醉；如噬甘腊，不知其毒。寵之甚易，遠之甚難。是以古者宦寺不使典兵干政，所以防患於未萌也。涓涓弗塞，將爲江河。此輩宜一切疏遠，勿使用事。漢、唐已事，彰彰可監。」當成祖時，宦官稍稍用事，宣宗寖以親幸，澤於十事中此爲尤切。帝雖嘉歎，不能用也。其後設內書堂，而中人多通書曉文義。宦寺之盛，自宣宗始。

宣德三年擢浙江布政使。復上言平陽、麗水等七縣銀冶宜罷，并請盡罷諸坑冶，語甚切。帝歎息曰：「民困若此，朕何由知。遣官驗視，酌議以聞。」澤在官有政績，然多暴怒。鹽運使丁鐩不避道，撻之，爲所奏。巡按御史馬謹亦劾澤

九載秩滿，自出行縣，斂白金三千兩償官物，且越境過家，遂逮下獄。正統六年黜爲民。初，澤奏金華、台州戶口較洪武時耗減，而歲造弓箭如舊，乞減免。下部議得允，而澤已罷官踰月矣。

孔友諒，長洲人。永樂十六年進士。改庶吉士，出知雙流縣。宣宗初，上言六事：

一曰，守令親民之官，古者不拘資格，必得其人，不限歲月，使盡其力。今居職者多不知撫字之方，而廉幹得民心者，又遷調不常，差遣不一。或因小事連累，朝夕營治，往來道路，日不暇給。乞敕吏部，擇才望素優及久歷京官者任之。諭戒上司，毋擅差遣，假以歲月，責成治効。至遠缺佐貳，多經裁減，獨員居職，或遇事赴京，多委雜職署事，因循苟且，政令無常，民不知畏。今後路遠之缺，常留一正員任事，不得擅離，庶法有常守。

二曰，科舉所以求賢，必名實相副，非徒誇多而已。今秋闈取士動一二百人。弊既多端，僥倖過半。會試下第，十常八九。其登第者，實行或乖。請於開科之歲，詳核諸生行履。孝弟忠信、學業優贍者，乃許入試。庶浮薄不致濫收，而國家得眞才之用。

三曰，祿以養廉，祿入過薄，則生事不給。國朝制祿之典，視前代爲薄。今京官及

方面官稍增俸祿，其餘大小官自折鈔外，月不過米二石，不足食數人。仰事俯育，與道路往來，費安所取資。貪者放利行私，廉者終窶莫訴。請敕戶部勘實天下糧儲，以歲支之餘，量增官俸，仍令內外風憲官，採訪廉潔之吏，重加旌賞。則廉者知勸，貪者知戒。

四曰，古者賦役量土宜，驗丁口，不責所無，不盡所有。今自常賦外，復有和買、採辦諸事。自朝廷視之，不過令有司支官錢平買。而無賴之輩，關通吏胥，壟斷貨物，巧立辨驗、折耗之名，科取數倍，姦弊百端。乞盡停採買，減諸不急務，則國賦有常，民無科擾。

其二事言汰冗員，任風憲，言者多及之，不具載。

宣德八年命吏部擇外官有文學者六十八人試之，得友諒及進士胡端禎等七人，悉令辦事六科。居二年，皆授給事中，惟友諒未授官而卒。

范濟，元進士。洪武中，以文學舉爲廣信知府，坐累謫戍興州。宣宗卽位，濟年八十餘矣，詣闕言八事。

其一曰，楮幣之法，昉於漢、唐。元造元統交鈔，〔一〕後又造中統鈔。久而物重鈔輕，公私俱敝，乃造至元鈔與中統鈔兼行，子母相權，新陳通用。又令民間以昏鈔赴平準庫，中統鈔五貫得換至元鈔一貫。又其法日造萬錠，共計官吏俸稍、內府供用若干，天下正稅雜課若干，斂發有方，周流不滯，以故久而通行。太祖皇帝造大明寶鈔，以鈔一貫當白金一兩，民歡趨之。迄今五十餘年，其法稍弊，亦由物重鈔輕所致。願陛下因時變通，重造寶鈔，一準洪武初制，使新舊兼行。取元時所造之數而增損之，審國家度支之數而權衡之，俾鈔少而物多，鈔重而物輕。嚴僞造之條，開倒換之法，推陳出新，無耗無阻，則鈔法流通，永永無弊。

其二曰，備邊之道，守險爲要。若朔州、大同、開平、宣府、大寧，乃京師之藩垣，邊徼之門戶。土可耕，城可守。宜盛兵防禦，廣開屯田，修治城堡，謹烽火，明斥堠。毋貪小利，毋輕遠求，堅壁清野，使無所得。俟其憊而擊之，得利則止，毋窮追深入。此守邊大要也。

其三曰，兵不在多，在於堪戰。比者多發爲事官吏人民充軍塞上，非白面書生，則老弱病廢。遇有征行，有力者得免，貧弱者備數。器械不完，糗糧不具。望風股栗，安能效死。今宜選其壯勇，勤加訓練，餘但令乘城擊柝，趨走牙門，庶幾各得其用。

其四曰，民病莫甚於勾軍。衞所差官至六七員，百戶差軍旗亦二三人，皆有力交結及畏避征調之徒，重賄得遣。既至州縣，擅作威福，迫脅里甲，恣爲姦私。無丁之家，誅求不已，有丁之戶，詐稱死亡。託故留滯，久而不還。及還，則以所得財物，徧賄官吏，朦朧具覆。究其所取之丁，十不得一，欲軍無缺伍難矣。自今軍士有故，令各衞報都督府及兵部，府、部諜布政、按察司，令府州縣準籍貫姓名，勾取送衞，則差人騷擾之弊自絕。

其五曰，洪武中令軍士七分屯田，三分守城，最爲善策。比者調度日繁，興造日廣，虛有屯種之名，田多荒蕪。兼養馬、採草、伐薪、燒炭，雜役旁午，兵力焉得不疲，農業焉得不廢。願敕邊將課卒墾荒，限以頃畝，官給牛種，稽其勤惰，明賞罰以示勸懲。則塞下田可盡墾，轉餉益紓，諸邊富實，計無便於此者。

其六曰，學校者，風化之源，人材所自出，貴明體適用，非徒較文藝而已也。洪武中妙選師儒，教養甚備，人材彬彬可觀。邇來士習委靡，立志不弘，執節不固。平居無剛方正大之氣，安望其立朝爲名公卿哉！宜選良士爲郡縣學官，擇民間子弟性行端謹者爲生徒，訓以經史，勉以節行，俟其有成，貢於國學。磨礱砥礪，使其氣充志定，卓然成材，然後舉而用之，以任天下國家事無難矣。

其七曰，兵者凶器，聖人不得已而用之。漢高祖解平城之圍，未聞蕭、曹勸以復讎；唐太宗禦突厥於便橋，未聞房、杜勸以報怨。古英君良相不欲疲民力以誇武功，計慮遠矣。洪武初年嘗赫然命將，欲清沙漠。既以餽運不繼，旋卽班師。遂撤東勝衞於大同，塞山西陽武谷口，選將練兵，扼險以待。內修政教，外嚴邊備，廣屯田，興學校，罪貪吏，徙頑民。不數年間，朶兒只巴獻女，伯顏帖木兒、乃兒不花等相繼擒獲，納哈出亦降，此專務內治，不勤遠略之明效也。伏望遠鑒漢、唐，近法太祖，毋以窮兵黷武爲快，毋以犁庭掃穴爲功。棄捐不毛之地，休養冠帶之民，俾竭力於田桑，盡心於庠序。邊塞絕傷痍之苦，閭里絕呻吟之聲，將無倖功，士無夭閼，遠人自服，荒外自歸，國祚靈長於萬年矣。

其八曰，官不在衆，在乎得人。國家承大亂後，因時損益，以府爲州，以州爲縣。繼又裁併小縣之糧不及俸者，量民數以設官。民多者縣設丞簿，少者知縣、典史而已。其時官無廢事，民不愁勞。今藩、臬二司及府州縣官，視洪武中再倍，政愈不理，民愈不寧，姦弊叢生，詐僞滋起。甚有官不能聽斷，吏不諳文移，乃容留書寫之人，在官影射，賄賂公行，獄訟淹滯，皆官冗吏濫所致也。望斷自宸衷，凡內外官吏，並依洪武中員額，冗濫者悉汰，則天工無曠，庶績咸熙，而天下大治矣。

奏上，命廷臣議之。尚書呂震以爲文辭冗長，且事多已行，不足采。帝曰：「所言甚有學識，多契朕心，當察其素履以聞。」震乃言：「濟故元進士，曾守郡，坐事戍邊。」帝曰：「惜哉斯人，令久淹行伍，今猶足用。」震曰：「年老矣。」帝曰：「國家用人，正須老成，但不宜任以繁劇。」乃以濟爲儒學訓導。

聊讓，蘭州人。肅府儀衞司餘丁也。好學有志尚，明習時務。景帝嗣位，懲王振蒙蔽，大闢言路，吏民皆得上書言事。景泰元年六月，讓詣闕陳數事，其略曰：

邇歲土木繁興，異端盛起，番僧絡驛，汚吏縱橫，相臣不正其非，御史不劾其罪，上下蒙蔽，民生凋瘵。狡寇犯邊，上皇播越。陛下枕戈嘗膽之秋，可不拔賢舉能，一新政治乎？昔宗、岳爲將，敵國不敢呼名；韓、范鎮邊，西賊聞之破膽。司馬光居相位，强鄰戒勿犯邊。今文武大臣之有威名德望者，宜使典樞要，且延訪智術才能之士，布滿朝廷，則也先必畏服，而上皇可指日還矣。

大臣，陽也；宦寺，陰也。君子，陽也；小人，陰也。近日食地震，陰盛陽微，譴見天地。望陛下總攬乾綱，抑宦寺使不得預政，遏小人俾不得居位，則陰陽順而天變弭矣。

天下治亂，在君心邪正。田獵是娛，宮室是侈，宦寺是狎，三者有一，足蠱君心。願陛下涵養克治，多接賢士大夫，少親宦官宮妾，自能革奢靡，戒遊佚，而心無不正矣。

堯立謗木，恐人不言，所以聖；秦除諡法，恐人議己，所以亡。陛下廣從諫之量，旌直言之臣，則國家利弊，閭閻休戚，臣下無所顧忌，而言無不盡矣。蘇子曰：「平居無犯顏敢諫之臣，則臨難必無仗節死義之士。」願陛下恒念是言而審察之。

書奏，帝頗嘉納之。後四年，讓登進士。官知縣卒。

景泰二年，監生郭佑亦上書言兵事，略曰：「逆寇犯順，上皇蒙塵，此千古非常之變，百世必報之讎也。今使臣之來，動以數千，務驕蹇責望於我，而我乃隱忍姑息，致賊勢日張，我氣日索，求和與和，求戰與戰，是和戰之權，不在我而在賊也。願陛下結人心，親賢良，以固國本；廣儲蓄，練將士，以壯國氣。正分定名，裁之以義。如桀驁侵軼，則提兵問罪。使大漠之南，不敢有匹馬闌入，乃可保百年無虞。不然西北力罷，東南財竭，不能一日安枕矣。昨以國用耗乏，謀國大臣欲紓一時之急，令民納粟者賜冠帶。今軍旅稍寧，行之如故。農工商販之徒，不較賢愚，惟財是授。驕親戚，誇鄉里，長非分之邪心。贓汚吏罷退爲民，欲掩閭黨之恥，納粟納草，冠帶而歸。前以冒貨去職，今以輸貨得官，何以禁貪殘，重名爵？況天下統一，藏富在民，未至大不得已，而舉措如此，是以空乏啓寇心也。」章下廷議，格不行。

又有胡仲倫者，雲南鹽課提舉司吏目也。緣事入都，會上皇北狩，也先欲妻以妹，上皇因遣廣寧伯劉安入言於帝，仲倫上疏爭之。言：「今日事不可屈者有七。降萬乘之尊，與譜婚媾，一也。敵假和議，使我無備，二也。必欲爲姻，驕尊自大，三也。索金帛，使我坐困，四也。以送駕爲名，乘機入犯，五也。逼上皇手詔，誘取邊城，六也。欲求山後之地，七也。稍從其一，大事去矣。曩上皇在位，王振專權，忠諫者死，鯁直者戍，君子見斥，小人驟遷，章奏多決中旨，黑白混淆，邪正倒置。閩、浙之寇方殷，瓦剌之釁大作。陛下宜親賢遠姦，信賞必罰，通上情，達下志，賣國之姦無所投隙，倉卒之變末由發機，朝廷自此尊，天下自此安矣。」帝嘉納焉。

又有華敏者，南京錦衣衞軍餘也。意氣慷慨，讀書通大義，憤王振亂國，與儕輩言輒裂眥怒詈。景泰三年九月上書曰：「近年以來，內官袁琦、唐受、喜寧、王振專權害政，致國事傾危。望陛下防微杜漸，總攬權綱，爲子孫萬世法。不然恐禍稔蕭牆，曹節、侯覽之害，復見於今日。臣雖賤陋，不勝痛哭流涕。謹以虐軍害民十事，爲陛下痛切言之。內官家積金銀珠玉，累室兼籯，從何而至？非內盜府藏，則外朘民膏。害一也。怙勢矜寵，占公侯邸

舍，興作工役，勞擾軍民。害二也。家人外親，皆市井無籍之子，縱橫豪悍，任意作奸，納粟補官，貴賤淆雜。害三也。建造佛寺，耗費不貲，營一己之私，破萬家之產。害四也。廣置田莊，不入賦稅，寄戶郡縣，不受征徭，阡陌連亙，而民無立錐。害五也。家人中鹽，虛占引數，轉而售人，倍支鉅萬，壞國家法，豪奪商利。害六也。奏求塌房，邀接商旅，倚勢賒買，恃强不償，行賈坐斂，莫敢誰何。害七也。賣放軍匠，名爲伴當，俾辦月錢，致內府監局營作乏人，工役煩重幷力不足。害八也。家人貿置物料，所司畏懼，以一科十，虧官損民。害九也。監作所至，非法酷刑，軍匠塗炭，不勝怨酷。害十也。」章下禮部，寢不行。

又有賈斌者，商河人，山西都司令史也。亦疏言宦官之害，引漢桓帝、唐文宗、宋徽欽爲戒。且獻所輯忠義集四卷，採史傳所記直諫盡忠守節之士，而宦官恃寵蠹政，可爲鑒戒者附焉，乞命工刊布。禮部以其言當，乞垂鑒納，不必刊行。帝報聞。

左鼎，字周器，永新人。正統七年進士。明年，都御史王文以御史多闕，請會吏部於進士選補。帝從之。尚書王直考鼎及白圭等十餘人，曉諳刑名，皆授御史。而鼎得南京。尋改北，巡按山西。

時英宗北狩，兵荒洊臻。請蠲太原諸府稅糧，停大同轉餉夫，以蘇其困。也先請和，抗言不可。尋以山東、河南饑，遣鼎巡視，民賴以安。律，官吏故勘平人致死者抵罪，時以給事中于泰言，悉得寬貰。鼎言：「小民無知，情貸可也。官吏深文巧詆，與故殺何異？法者，天下之公，不可意爲輕重。」自是論如律。

景泰四年疏言：「瓦剌變作，將士無用，由軍政不立。謂必痛懲前弊，乃今又五年矣。貂蟬盈座，悉屬公侯；鞍馬塞途，莫非將帥。民財歲耗，國帑日虛。以天下之大，土地兵甲之衆，曾不能振揚威武，則軍政仍未立也。昔太祖定律令，至太宗，暫許有罪者贖，蓋權宜也。乃法吏拘牽，沿爲成例，官吏受枉法財，悉得減贖。骫骳如此，復何顧憚哉。國初建官有常，近始因事增設。主事每司二人，今有增至十人者矣。御史六十人，今則百餘人矣。甚至一部有兩尚書，侍郎亦倍常額，都御史以數十計，此京官之冗也。外則增設撫民、管屯官。如河南參議，益二而爲四，僉事益三而爲七，此外官之冗也。天下布、按二司各十餘人，乃歲遣御史巡視，復遣大臣巡撫鎮守。夫今之巡撫鎮守，卽曩之方面御史也。爲方面御史，則合衆人之長而不足，爲巡撫鎮守，則任一人之智而有餘，有是理邪？至御史遷轉太驟，當以六年爲率。令其通達政事，然後可以治人。巡按所係尤重，毋使初任之員，漫然嘗試。其餘百執事，皆當慎擇而久任之。」帝頗嘉納。

未幾，復言：「國家承平數十年，公私之積未充。一遇軍興，抑配橫徵，鬻官市爵，率行衰世苟且之政，此司邦計者過也。臣請痛抑末技，嚴禁遊惰，斥異端使歸南畝，裁冗員以省虛糜，開屯田而實邊，料士伍而紓饟。寺觀營造，供佛飯僧，以及不急之工，無益之費，悉行停罷。專以務農重粟爲本，而躬行節儉以先之，然後可阜民而裕國也。倘忽不加務，任掊克聚斂之臣行朝三暮四之術，民力已盡而征發無已，民財已竭而賦斂日增。苟紓目前之急，不恤意外之虞，臣竊懼焉。」章下戶部。尚書金濂請解職，帝不許。鼎言亦不盡行。

踰月，以災異，偕同官陳救弊恤民七事。末言：「大臣不乏奸回，宜黜罷其尤，用清政本。」帝善其言，下詔甄別，而大臣辭職並慰留。給事中林聰請明諭鼎等指實劾奏，鼎、聰等乃共論吏部尚書何文淵、刑部尚書俞士悅、工部侍郎張敏、通政使李錫不職狀。錫罷，文淵致仕。

鼎居官清勤，卓有聲譽。御史練綱以敢言名，而鼎尤善爲章奏。京師語曰：「左鼎手，練綱口。」自公卿以下咸憚之。鼎出爲廣東右參政。會英宗復位，以郭登言，召爲左僉都御史。踰年卒。

練綱，字從道，長洲人。祖則成，洪武時御史。綱舉鄉試，入國子監。歷事都察院。郕王監國，上中興八策。也先將入犯，復言：「和議不可就，南遷不可從，有持此議者，宜立誅。安危所倚，惟于謙、石亨當主中軍，而分遣大臣守九門，擇親王忠孝著聞者，令同守臣勤王。檄陝西守將調番兵入衞。」帝悉從之。

綱有才辨，急功名。都御史陳鎰、尚書俞士悅皆綱同里，念綱數陳時政有聲，且畏其口，遂薦之，授御史。

景泰改元，上時政五事。巡視兩淮鹽政。駙馬都尉趙輝侵利，劾奏之。三年冬，偕同官應詔陳八事，並允行。亡何，復偕同官上言：「吏部推選不公，任情高下，請置尚書何文淵、右侍郎項文曜於理。尚書王直、左侍郎俞山素行本端，爲文曜等所罔，均宜按問。」帝雖不罪，終以綱等爲直。明年命出贊延綏軍務，自陳名輕責重，乞授僉都御史。帝曰：「遷官可自求耶？」遂寢其命。

初，京師戒嚴，募四方民壯分營訓練，歲久多逃，或赴操不如期，廷議編之尺籍。綱等言：「召募之初，激以忠義，許事定罷遣。今展轉輪操，已孤所望，況其逃亡，實迫寒餒，豈可遽著軍籍。邊方多故，倘更召募，誰復應之？」詔卽除前令。

五年巡按福建，與按察使楊珏互訐，俱下吏。謫珏黃州知府，綱邠州判官。久之卒。

曹凱，字宗元，益都人。正統十年進士。授刑科給事中。磊落多壯節。

英宗北征，諫甚力，且曰：「今日之勢，大異澶淵。彼文武忠勇，士馬勁悍。今中貴竊權，人心玩愒。此輩不惟以陛下爲孤注，卽懷、愍、徽、欽亦何暇恤？」帝不從，乘輿果陷。凱痛哭竟日，聲徹禁庭，與王竑共擊馬順至死。

景泰中，遷左。給事中林聰劾何文淵、周旋，詔宥之。凱上殿力諍，二人遂下吏。時令輸豆得補官，凱爭曰：「近例，輸豆四千石以上，授指揮。彼受祿十餘年，費已償矣，乃令之世襲，是以生民膏血養無功子孫，而彼取息長無窮也。有功者必相謂曰，吾以捐軀獲此，彼以輸豆亦獲此，是朝廷以我軀命等於荏菽，其誰不解體！乞自今惟令帶俸，不得任事傳襲，文職則止原籍帶俸。」帝以爲然，命已授者如故，未授者悉如凱議。

福建巡按許仕達與侍郎薛希璉相訐，命凱往勘。用薦，擢浙江右參政。時諸衞武職役軍辦納月錢，至四千五百餘人，以凱言禁止。鎮守都督李信擅募民爲軍，糜餉萬餘石，凱劾奏之。信雖獲宥，諸助信募軍者咸獲罪。在浙數年，聲甚著。

初，凱爲給事，常劾武清侯石亨。亨得志，修前憾，謫凱衞經歷，卒。

許仕達，歙人。正統十年進士。擢御史。景泰元年四月上疏言災沴數見，請帝痛自修省。帝深納之。未幾，復請於經筵之餘，日延儒臣講論經史。帝亦優詔褒答。巡按福建，劾鎮守中官廖秀，下之獄。秀訐仕達，下鎮守侍郎薛希璉等廉問。會仕達亦劾希璉貪縱，乃命凱及御史王豪往勘。還奏，兩人互有虛實，而耆老數千人乞留仕達。給事中林聰，閩人也，亦爲仕達言。乃命留任，且敕希璉勿搆郤。仕達厲風紀，執漳州知府馬嗣宗送京師。大理寺劾其擅執，帝以執贓吏不問。期滿當代，耆老詣闕請留，不許。未幾，卽以爲福建左參政。天順中，歷山東、貴州左、右布政使。

劉煒，字有融，慈谿人。正統四年進士。授南京刑科給事中。副都御史周銓以私憾撻御史。諸御史范霖、楊永與尚褫等十人共劾銓，煒與同官盧祥等復劾之。銓下詔獄，亦訐霖、永及煒、祥等。王振素惡言官，盡逮下詔獄。霖、永坐絞，後減死。他御史或戍或讁。煒、祥事白留任，而銓已先瘐死。煒累進都給事中。

景泰四年，戶部以邊儲不足，奏令罷退官非贓罪者，輸米二十石，給之誥敕。煒等言：「考退之官，多有罷軟酷虐、荒溺酒色、廉恥不立者，非止贓罪已也。賜之誥敕，以何爲辭。

若但褒其納米，則是朝廷誥敕止直米二十石，何以示天下後世。此由尚書金濂不識大體，有此謬舉。」帝立爲已之。山東歲歉，戶部以尚書沈翼習其地民瘼，請令往振。及往，初無方略。煒因劾翼，且言：「其地已有尚書薛希璉、少卿張固鎮撫，又有侍郎鄒幹、都御史王竑振濟，而復益之以翼，所謂『十羊九牧』。乞還翼南京戶部，而專以命希璉等。」從之。平江侯陳豫鎮臨清，事多違制。煒劾之，豫被責讓。

明年，都督黃竑以易儲議得帝眷，奏求霸州、武清縣地。煒等抗章言：「竑本蠻僚，遽蒙重任。怙寵妄干，乞地六七十里，豈盡無主者，請正其罪。」帝宥竑，遣戶部主事黃岡、謝昪往勘。還奏，果民產。戶部再請罪竑，帝卒宥焉。昪官至貴州巡撫，以清愼稱。煒，天順初出爲雲南參政，改廣東，分守惠、潮二府。潮有巨寇，招之不服，會兵進剿，誅其魁。改涖南韶。會大軍征兩廣，以勞瘁卒官。

尚褫，字景福，羅山人。正統四年進士。除行人。上書請毋囚繫大臣。擢南御史。以劾周銓下獄，與他御史皆讁驛丞，得雲南虛仁驛。景泰五年冬因災異上書陳數事，中言：「忠直之士，冒死陳言。執政者格以條例，輕則報罷，重則中傷，是言路雖開猶未開也。釋教盛行，誘煽聾俗，由掌邦禮者畏王振勢，度僧多至此，宜盡勒歸農。」章下禮部，尚書胡濙

惡其刺己，悉格不行。量移豐城知縣，爲邑豪誣搆繫獄，尋得釋。

成化初，大臣會薦，擢湖廣僉事。初有詔，荆、襄流民，許所在附籍。都御史項忠復遣還鄉，督甚急，多道死。褫憫之，陳牒巡撫吳琛請進止。琛以報忠，忠怒劾褫。中朝知其意在卹民，卒申令流民聽附籍，不願，乃遣還鄉。褫爲僉事十年，所司上其治行，賜誥旌異。致仕卒。

單宇，字時泰，臨川人。正統四年進士。除嵊縣知縣。馭吏嚴。吏欲誣奏宇，宇以聞。坐不幷上吏奏，逮下獄。事白，調諸暨。遭喪服除，待銓京師。適英宗北狩，宇憤中官監軍，諸將不得專進止，致喪師，疏請盡罷之，以重將權。景帝不納。

初，王振佞佛，請帝歲一度僧。其所修大興隆寺，日役萬人，糜帑數十萬，閎麗冠京都。英宗爲賜號「第一叢林」，命僧大作佛事，躬自臨幸，以故釋教益熾。至是宇上書言：「前代人君尊奉佛氏，卒致禍亂。近男女出家累百千萬，不耕不織，蠶食民間。營搆寺宇，徧滿京邑，所費不可勝紀。請撤木石以建軍營，銷銅鐵以鑄兵仗，罷遣僧尼，歸之民俗，庶皇風清

穆，異教不行。」疏入，爲廷議所格。復知侯官。

而咸陽姚顯以鄉舉入國學，亦上言：「曩者修治大興隆寺，窮極壯麗，又奉僧楊某爲上師，儀從侔王者。食膏粱，被組繡，藐萬乘若弟子。今上皇被留賊庭，乞令前赴瓦剌，化諭也先。誠能奉駕南還，庶見護國之力。不然，佛不足信彰彰矣。」

當景泰時，廷臣諫事佛者甚衆，帝卒不能從。而中官興安最用事，佞佛甚於振，請帝建大隆福寺，嚴壯與興隆並。四年三月，寺成，帝剋期臨幸。河東鹽運判官濟寧楊浩切諫，乃止。

宇好學有文名，三爲縣，咸以慈惠聞。居侯官，久之卒。

顯後爲齊東知縣，移武城，公廉剛正。用巡撫翁世資薦，擢太僕丞。浩初以鄉舉入國學，除官未行，遂抗疏，聲譽籍甚。累官右副都御史，巡撫延綏。

張昭，不知何許人。天順初，爲忠義前衞吏。英宗復辟甫數月，欲遣都指揮馬雲等使西洋，廷臣莫敢諫。昭聞之，上疏曰：「安內救民，國家之急務；慕外勤遠，朝廷之末策。漢光武閉關謝西域，唐太宗不受康國內附，皆深知本計者也。今畿輔、山東仍歲災歉，小民絕

食逃竄，妻子衣不蔽體，被薦裹席，鬻子女無售者。家室不相完，轉死溝壑，未及埋瘞，已成市爨，此可爲痛哭者也。望陛下用和番之費，益以府庫之財，急遣使振卹，庶饑民可救。」奏下公卿博議，言雲等已罷遣，宜籍記所市物俟命。帝命姑已之。

天順三年秋，建安老人賀煬亦上書論時事，言：「今銓授縣令，多年老監生。逮滿九載，年幾七十，苟且貪汚。宜擇年富有才能者，其下僚及山林抱德士，亦當推舉。景泰朝，錄先賢顏、孟、程、朱子孫，授以翰林博士，俾之奉祀。然有官無祿，宜班給以昭崇儒之意。黃榦、劉爚、蔡沈、眞德秀配祠朱子，亦景泰間從僉事呂昌之請，然未入祀辭，宜增補。預備義倉，本以振貧民，乃豪猾多冒支不償，致廩庾空虛。乞令出粟義民，各疏里內饑民，同有司散放。」

未幾，又言：「朝廷建學立師，將以陶鎔士類。而師儒鮮積學，草野小夫夤緣津要，初解兔園之冊，已廁鶚薦之羣。及受職泮林，猥瑣貪饕，要求百故，而授業解惑，莫措一詞。生徒亦往往玩愒歲月，佻達城闕，待次循資，濫升太學。侵尋老耋，倖博一官。但圖身家之謀，無復功名之念。及今不嚴甄選，人材日陋，士習日非矣。」帝善其言，下所司行之。

高瑤，字庭堅，閩縣人。由鄉舉爲荊門州學訓導。成化三年五月抗疏陳十事。其一言：「正統己巳之變，先帝北狩，陛下方在東宮，宗社危如一髮。使非郕王繼統，國有長君，則禍亂何由平，鑾輿何由返。六七年間，海宇寧謐，元元樂業，厥功不細。迨先帝復辟，貪天功者遂加厚誣，使不得正其終，節惠隮祀，未稱典禮。望特敕禮官集議，追加廟號，盡親親之恩。」章下，廷議久不決。至十二月始奏：「追崇廟號，非臣下敢擅議，惟陛下裁決。」而左庶子黎淳力爭，謂不當復，且言：「瑤此言有死罪二：一誣先帝爲不明，一陷陛下於不孝。臣以謂瑤此舉，非欲尊郕王，特爲羣邪進用階，必有小人主之者。」帝曰：「景泰往過，朕未嘗介意，豈臣子所當言。淳爲此奏，欲獻諂希恩耶？」議遂寢。然帝終感瑤言。久之，竟復郕王帝號。

瑤後知番禺縣，多異政。發中官韋眷通番事，沒其貲鉅萬於官。眷憾甚，誣奏於朝。瑤及布政使陳選俱被逮，士民泣送者塞道。瑤竟謫戍永州。釋還，卒。

黎淳，華容人。天順元年進士第一。官至南京禮部尚書，頗有名譽。其與瑤爭郕王廟號也，專欲阿憲宗意，至以昌邑、更始比景帝，爲士論所薄。當成化時，言路大阻，給事、御史多獲譴。惟瑤以卑官建危議，卒無罪，時皆稱帝盛德云。

又有虎臣者，麟遊人。成化中貢入太學。上言天下士大夫過先聖廟，宜下輿馬。從之。省親歸，會陝西大饑，巡撫鄭時將請振，臣齎奏行，陳饑歉狀，詞激切，大獲振貸。已，上言：「臣鄉比歲災傷，人相食，由長吏貪殘，賦役失均。請敕有司審民戶，編三等以定科徭。」從之。孝宗踐阼，將建棕棚萬歲山，備登眺。臣抗疏切諫。祭酒費誾懼禍及，鋃鐺縶臣堂樹下。俄官校宣臣至左順門，傳旨慰諭曰：「若言是，棕棚已毀矣。」誾大慚，臣名遂聞都下。頃之，命授七品官，乃以爲雲南碍嘉知縣，卒官。

贊曰：明自太祖開基，廣闢言路。中外臣寮，建言不拘所職。草野微賤，奏章咸得上聞。沿及宣、英，流風未替。雖升平日久，堂陛深嚴，而逢掖布衣，刀筆掾吏，抱關之冗吏，荷戈之戍卒，朝陳封事，夕達帝閽。採納者榮顯其身，報罷者亦不之罪。若仁宗之復弋謙朝參，引咎自責，卽懸鞀設鐸，復何以加。以此爲招，宜乎忼慨發憤之徒扼腕而談世務也。英、景之際，實錄所載，不可勝書。今掇其著者列於篇。迨憲宗季年，闇尹擅朝，事勢屢變，別自爲卷，得有考焉。

校勘記

〔一〕元造元統交鈔　按元史卷九三食貨志稱：「元初倣唐、宋、金之法，有行用鈔，其制無文籍可考。世祖中統元年始造交鈔。」「是年十月又造中統元寶鈔。」「元統」二字疑當作「中統」。

明史卷一百六十五

列傳第五十三

陶成子魯　陳敏　丁瑄　王得仁子一夔　葉禎
伍驥　毛吉　林錦　郭緒　姜昂子龍

陶成，字孔思，鬱林人。永樂中，舉於鄉，除交阯鳳山典史。尙書黃福知其賢，命署諒江府教授，交人化之。秩滿，遷山東按察司檢校，用薦擢大理評事。正統中，以劉中敷薦，超擢浙江僉事。成有智略，遇事敢任。倭犯桃渚，成密布釘板海沙中。倭至，艤舟躍上，釘洞足背。倭畏之，遠去。秩滿，進副使。處州賊葉宗留、陳鑑胡、陶得二等寇蘭谿，成擊斬數百人。進屯武義，立木城以守。誘賊黨爲內應，前後斬首數百，生擒百餘人。又自抵賊巢，諭降者三千餘人。賊勢漸衰，惟得二尙在。久之，勢復熾，擁衆來犯。先遣其黨十餘輩僞爲鄉民避賊者，以敝縕裹薪，闌入

城。及成出戰，賊持薪縱火，焚木城。官軍驚潰，成與都指揮僉事崔源戰死。時景泰元年五月也。事聞，贈成左參政，錄其子魯爲八品官。

魯，字自强，蔭授新會丞。當是時，廣西猺流劫高、廉、惠、肇諸府，破城殺吏無虛月。香山、順德間，土寇蜂起，新會無賴子羣聚應之。魯召父老語曰：「賊氣吞吾城，不早備且陷，若輩能率子弟捍禦乎？」皆曰「諾」。乃築堡砦，繕甲兵，練技勇，以孤城捍賊衝，建郭掘濠，布鐵蒺藜刺竹于外，城守大固。賊來犯，輒擊破之。天順七年，秩滿，巡撫葉盛上其績，就遷知縣。尋以破賊功，進廣州同知，仍知縣事。

成化二年從總督韓雍征大藤峽。雍在軍嚴重，獨於魯未嘗不虛己。用其策，輒有功。雍請擢魯爲僉事，專治新會、陽江、陽春、瀧水、新興諸縣兵。其冬會參將王瑛破劇賊廖婆保等於欽、化二州，大獲，璽書嘉勞。明年，賊首黃公漢等猖獗，偕參將夏鑑等連破之恩恩、潯州。未幾，賊陷石康，執知縣羅紳。復偕鑑追擊至六菊山，敗之。兩廣自韓雍去，罷總督不設，帥臣觀望相推諉，寇盜滋蔓。魯奏請重臣仍開府梧州，遂爲永制。秩滿，課最，進副使。兵部尙書余子俊奏其撫輯勞，賚銀幣。

魯治兵久。賊讐之次骨，劫其鬱林故居，焚誥命，發先塋，戕其族黨。魯聞大慟。詔徙籍廣東，補給封誥，慰勞有加，益奮志討賊。

二十年，以征荔浦猺功，增俸一級。又九載，課最，進湖廣按察使，治兵兩廣如故。鬱林、陸川賊黃公定、胡公明等爲亂，與參將歐磐分五路進討，大破之，毁賊巢一百三十。弘治四年，總督秦紘遣平德慶猺，進湖廣右布政使。魯言身居兩廣，而官以湖廣爲名，於事體非便，乃改湖廣左布政使兼廣東按察副使，領嶺西道事。人稱之爲「三廣公」。

十一年，總督鄧廷瓚請官其子，俾統魯所募健卒備征討。乃授其子荆民錦衣百戶。是年，魯卒。荆民復陳父功，遂進副千戶，世襲。

魯善撫士，多智計，謀定後戰。鑿池公署後，爲亭其中，不置橋。夜則召部下計事。以版度一人，語畢，令退。如是凡數人，乃擇其長而參伍用之，故常得勝算而機不洩。羽書狎至，戎裝宿戒，聲色不動。審賊可乘，潛師出城，中夜合圍，曉輒奏凱。賊善偵，終不能得要領。歷官四十五年，始終不離兵事。大小數十戰，凡斬馘二萬一千四百有奇，奪還被掠及撫安復業者十三萬七千有奇，兩廣人倚之如長城。然魯將兵不專尙武，嘗言：「治寇賊，化之爲先，不得已始殺之耳。」每平賊，率置縣建學以興教化。

魯初爲丞，年纔弱冠，知縣王重勉之學。重故老儒，魯遂請執弟子禮。每晨，授經史講解而後視事。後重卒官，魯執喪如父禮，且資其二子。又敬事名儒陳獻章，獻章亦重之。

宋陸秀夫、張世傑盡節崖山，未有廟祀，特爲建祠，請祠額，賜名大忠。嘉靖初，魯歿三十載矣，新會人思其德，頌於朝，賜祠祀之。

陳敏，陝西華亭人。宣德時，爲四川茂州知州。遭喪去官，所部諸長官司及番民百八十人詣闕奏言：「州僻處邊徼萬山中，與松潘、疊溪諸番鄰，歲被其患。自敏涖州，撫馭有方，民得安業。今以憂去職，軍民失所依。乞矜念遠方，還此良牧。」帝立報可。

正統中，九載滿，軍民復請留。進成都府同知，視茂州事。都司徐甫言，敏及指揮孫敬在職公勤，羣番信服。章下都御史王翶等覈實，進敏右參議，仍視州事。以監司秩涖州，前此未有也。

黑虎寨番掠近境，爲官軍所獲。敏從其俗，與誓而遣之。既復出掠，爲巡按御史陳員韜所劾。詔貰之。提督都御史寇深器其才，言敏往來撫卹番人，贊理軍政，乞別除知州，俾敏專戎務。吏部以敏涖茂久，別除恐未悉番情，猝難馴服，宜增設同知一人佐之。報可。敏既以參議治州，其體儼監司，遂劾按察使陳泰無故杖死番人。泰亦訐敏，帝不問，而泰下獄論罪。

景泰改元，參議滿九載，進右參政，視州事如前。涖州二十餘年，威信大行，番民胥悅。秩漸高，諸監司郡守反位其下，同事多忌之者。爲按察使張淑所劾，罷去。

丁瑄，不知何許人。正統間爲御史。初，福建多礦盜，命御史柳華捕之。華令村聚皆置望樓，編民爲甲，擇其豪爲長，得自置兵仗，督民巡徼。沙縣佃人鄧茂七素無賴，既爲甲長，益以氣役屬鄉民。其俗佃人輸租外，例餽田主。茂七倡其黨令毋餽，而田主自往受粟。田主訴於縣，縣逮茂七。不赴。下巡檢追攝，茂七殺弓兵數人。上官聞，遣軍三百捕之。被殺傷幾盡，巡檢及知縣並遇害。茂七遂大剽略，僞稱剗平王，設官屬。黨數萬人，陷二十餘縣。都指揮范眞、指揮彭璽等先後被殺。時福建參政交阯人宋新，〔一〕賄王振得遷左布政使，侵漁貪惡，民不能堪，益相率從亂，東南騷動。

十三年四月，茂七圍延平。〔二〕刷卷御史張海登城撫諭。賊訴乞貰死，免三年徭役，卽解散爲良民。海以聞。命瑄往招討，以都督劉聚、僉都御史張楷大軍繼其後。瑄既至，先令人齎敕往撫。茂七不肯降，瑄馳赴沙縣圖之。賊首林宗政等萬餘人攻後坪，欲立砦。瑄令通判倪冕等率衆先據要害，而身與都指揮雍埜等邀其歸路，斬賊二百餘級，獲其渠陳阿巖。

明年二月，瑄誘賊復攻延平，督衆軍分道衝擊。賊大敗，遁走。指揮劉福追之，遂斬茂七，招脅從復業。未幾，復擒其黨林子得等。尤溪賊首鄭永祖率四千人攻延平。瑄偕埜等邀擊，擒之，斬首五百有奇，餘黨潰散。

楷之監大軍討賊也，至建寧頓不進，日置酒賦詩爲樂。聞瑄破賊，則馳至延平攘其功。瑄被脅依違具奏。福不能平，愬之。詔責瑄具狀。楷等皆獲罪，瑄有功不問，功亦竟不錄。茂七雖死，其從子伯孫等復熾。朝廷更遣陳懋等以大軍討，瑄乃還朝。景泰初，出爲廣東副使，卒。

當是時，浙、閩盜所在剽掠爲民患。將帥率玩寇，而文吏勵民兵拒賊，往往多斬獲。閩則有張瑛、王得仁之屬。浙江則金華知府石瑁擒遂昌賊蘇才於蘭谿，處州知府張佑擊敗賊衆，擒斬千餘人。於是帝降敕，數詰讓諸將帥。都指揮鄧安等因歸咎於前御史柳華。時王振方欲殺朝士威衆，命逮華。華已出爲山東副使，聞命，仰藥死。詔籍其家，男戍邊，婦女沒入浣衣局。而御史汪澄、柴文顯亦以是得罪。

初，澄按福建，以茂七亂，檄浙江、江西會討。尋以賊方議降，止兵毋進。既知賊無降意，復趣進兵，而賊已不可制。浙江巡按御史黃英恐得罪，具白澄止兵狀，兵部因劾澄失機。福建三司亦言，賊初起，按臣柴文顯匿不奏，釀成今患。遂俱下吏。獄成，詔磔文顯，籍其家，澄棄市。而宋新及按察使方册等十人俱坐斬。遇赦，謫驛丞。天順初，復官。

論者謂華所建置未爲過，澄、文顯罪不至死。武將不能滅賊，反罪文吏，華、文顯至與叛逆同科，失刑實由王振云。華，吳縣人。文顯，浙江建德人。澄，仁和人。

王得仁，名仁，以字行，新建人。本謝姓，父避讐外家，因冒王氏。得仁五歲喪母，哀號如成人。初爲衞吏，以才薦授汀州府經歷。廉能勤敏，上下愛之。秩滿當遷，軍民數千人乞留，詔增秩再任。居三年，推官缺，英宗從軍民請，就令遷擢。數辯冤獄，却饋遺，抑鎭守內臣苛索，政績益著。

沙縣賊陳政景，故鄧茂七黨也，糾清流賊藍得隆等攻城。得仁與守將及知府劉能擊敗之，擒政景等八十四人，餘賊驚潰。諸將議窮搜，得仁恐濫及百姓，下令招撫，辨釋難民三百人。都指揮馬雄得通賊者姓名，將按籍行戮，得仁力請焚其籍。賊復寇寧化，率兵往援，斬首甚衆。民多自拔歸，賊勢益衰。

賊退屯將樂，得仁將追滅之，俄遘疾。衆欲輿歸就醫，得仁不可，曰：「吾一動，賊必長驅。」乃起坐帳中，諭將吏戮力平賊，遂卒。時正統十四年夏也。軍民哀慟。喪還，哭奠者道路相屬，多繪像祀之。天順末，吏民乞建祠。有司爲請，詔如廣東楊信民故事，春秋致祭。

子一夔，天順四年舉進士第一。授修撰，進左諭德。成化七年，彗星見，應詔陳五事，請正宮闈，親大臣，開言路，愼刑獄，戒妄費。語極剴摯，被旨切責。累遷工部尚書。卒，贈太子少保。正德中，諡文莊。

葉禎，字夢吉，高要人。舉於鄉，授潯州府同知。補鳳翔，調慶遠。兩廣猺賊蠭起，列郡咸被害，將吏率縮朒觀望。禎誓不與賊俱生，募健兒日訓練。峒酋韋父強數敗官軍，禎生縶之。其黨忿，悉衆攻城，旗山守將擁兵不救。禎率健兒出戰，賊却去。旋躡禎，戰相當，禎子公榮殲焉。

頃之，賊圍雞剌諸村，禎率三百人趨赴。道遇賊人頭山下，鏖戰，禎被數鎗，手刃賊一人，與從子官慶及三百人皆死。時天順三年正月晦也。嶺南素無雪，是夜大雷電，雪深尺許。賊釋圍去，諸村獲全。事聞，贈朝列大夫、廣西參議，守臣爲立廟祀之。

伍驥，字德良，安福人。景泰五年進士。授御史。莊重寡言笑，見義敢爲。天順七年巡按福建。先是，上杭賊起，都指揮僉事丁泉，汶上人，善捍禦。賊屢攻城，皆爲所却。已而賊轉熾。驥聞，立馳入汀州，調撥兵四集。驥單騎詣賊壘。賊不意御史猝至，皆擐甲露刃。驥從容立馬，諭以禍福。賊見其至誠，感悟泣下，歸附者千七百餘戶。給以牛種，俾復故業。

惟賊首李宗政負固不服，遂與泉深入破之。泉力戰，爲賊所害。驥弔死恤傷，激以忠義，復與賊戰。連破十八砦，俘斬八百餘人，四境悉平。而驥冒瘴癘成疾，班師至上杭卒。軍民哀之如父母，旦夕臨者數千人，爭出財立祠。成化中以知縣蕭宏請，詔與泉並祀，賜祠名褒忠。

毛吉，字宗吉，餘姚人。景泰五年進士。除刑部廣東司主事。司轄錦衣衞。衞卒伺百官陰事，以片紙入奏即獲罪，公卿大夫莫不惴恐。公行請屬，狎侮官司，即以罪下刑部者，亦莫敢捶撻。吉獨執法不撓，有犯必重懲之。其長門達怙寵肆虐。百官道遇率避馬，吉獨舉鞭拱手過，達怒甚。吉以疾失朝，下錦衣獄。達大喜，簡健卒，用巨梃搒之。肉潰見骨，不死。

天順五年擢廣東僉事，分巡惠、潮二府。痛抑豪右，民大悅。及期當代，相率籲留之。程鄉賊楊輝者，故劇賊羅劉寧黨也。已撫復叛，與其黨曾玉、謝瑩分據寶龍、石坑諸洞，攻陷江西安遠，剽閩、廣間。已，欲攻程鄉。吉先其未至，募壯士合官軍得七百人，抵賊巢。先破石坑，斬玉，次擊瑩，馘之，復生擒輝。諸洞悉破，凡俘斬千四百人。捷聞，憲宗進吉副使，璽書嘉勞。移巡高、雷、廉三府。

時民遭賊蹂，數百里無人烟，諸將悉閉城自守，或以賊告，反被撻。有自賊中逸歸者，輒誣以通賊，撲殺之。吉不勝憤，以平賊爲己任。按部雷州。海康知縣王騏，雲南太和人也，日以義激其民，賊至輒奮擊。吉壯其勇節，奬勵之。適報賊掠鄉聚，吉與騏各率所部擊敗之。薦騏，遷雷州通判。未聞命，戰死。贈同知，廕其子爲國子生。

成化元年二月，新會告急。吉率指揮閻華、掌縣事同知陶魯，合軍萬人，至大磴破賊，乘勝追至雲岫山，去賊營十餘里。時已乙夜，召諸將分三哨，黎明進兵。會陰晦，衆失期。及進戰，賊棄營走上山。吉命潘百戶者據其營，衆競取財物。賊馳下，殺百戶，華亦馬蹶，爲賊所殺，諸軍遂潰。吏勸吉避，吉曰：「衆多殺傷，我獨生可乎？」言未已，賊持鎗趨吉。吉且罵且戰，手劍一人，斷其臂。力絀，遂被害。是日，雷雨大作，山谷皆震動。又八日，始得屍，貌如生。事聞，贈按察使，錄其子科入國子監。尋登進士，終雲南副使。

方吉出軍時，齎千金犒，委驛丞余文司出入，已用十之三。吉旣死，文憫其家貧，以所餘金授吉僕，使持歸治喪。是夜，僕婦忽坐中堂作吉語，顧左右曰：「請夏憲長來。」舉家大驚，走告按察使夏壎。壎至，起揖曰：「吉受國恩，不幸死於賊。今余文以所遺官銀付吉家，雖無文簿可考，吉負垢地下矣。願亟還官，毋汚我。」言畢，仆地，頃之始甦。於是歸金於官。吉死時年四十，後賜諡忠襄。

林錦，字彥章，連江人。景泰初，由鄉貢授合浦訓導。瑤寇充斥，內外無備。錦條具方略，悉中機宜。巡撫葉盛異之，檄署靈山縣事。城毀於賊，錦因形便，爲柵以守，廣設戰具，賊不敢逼。滿秩去官，民曰：「公去，賊復至，誰禦者？」悉逃入山。盛以狀聞，詔即以錦爲

知縣。馳驛之官，民復來歸。

適歲饑，諸瑤益剽掠無虛日。錦單騎詣壘，曉以禍福。瑤感悟，附縣二十五部咸聽命。其不服者則討之。天順六年破賊羅禾水，再破之黃姜嶺，又大破之新莊。先後斬獲千餘級，還所掠人口，賊悉平，乃去柵，築土城。

盛及監司屢薦其才。成化改元，會廉州爲賊所陷，乃以錦爲試知府。[三]歲復大饑，賊四出劫掠。錦論散千餘人，誅梗化者，而綏輯其流移。境內悉平。

四年，上官交薦，請改授憲職，令專備欽、廉羣盜。乃以爲按察使僉事，益勤於政。十年賜敕旌異。久之，進副使。錦以所部屢有盜警，思爲經久計，乃設團河營於西，設新寮營於南，而別設洪崖營以杜諸寇出沒路。易靈山土城，更築高墉，亙五百丈，卒爲巖邑。十四年，兵部上其撫輯功，被賚。

錦在兵間，以敎化爲務。靈山尚鬼，則禁淫祠，修學校，勸農桑。其治廉、欽，皆飭學宮，振起文敎。爲人誠實，洞見肺腑，瑤蠻莫不愛信。其行軍，與士卒同甘苦，有功輒推以與人，以故士多效死，所在祠祀。

郭緒，字繼業，太康人。成化十七年進士。使楚府，却其饋。授戶部主事，督餉二十萬於陝西給軍。主者以羨告，悉還之。歷遷雲南參議。

初，孟密宣撫司之設也，實割木邦宣慰司地。既而孟密思揲復於界外侵木邦地二十七所。屢諭之還，不聽。乃調孟養宣撫思祿兵脅之。[四]思揲始還所侵地，然多殺孟養兵。思祿讐之，發兵越金沙江奪木邦故割孟密地十有三所。兩酋搆怨不已。

巡撫陳金承詔，遣緒與副使曹玉往諭之。甸餘抵金齒。參將盧和先統軍距所據地二程而舍，遣官馳驛往諭，皆留不報。和懼，還軍至干崖遇緒，[五]語故，戒勿進。緒不可。玉以疾辭。緒遂單騎從數人行，旬日至南甸，峻險不可騎，乃斬棘徒步引繩以登。又旬日至一大澤。土官以象輿來，緒乘之往。行毒霧中，泥沙踸踔。又旬日至孟賴，去金沙江僅二舍。手自爲檄，使持過江，諭以朝廷招徠意。蠻人相顧驚曰：「中國使竟至此乎？」發兵率象馬數萬夜渡江，持長槊勁弩，環之數重。從行者懼，請勿進。緒拔刀叱曰：「明日必渡江，敢阻者斬。」

思祿既得檄，見譬曉禍福甚備，又聞至者纔數人，乃遣酋長來聽令，且致饋。緒却之，出敕諭宣示。思祿亦繼至。緒先敍其勞，次白其冤狀，然後責其叛。諸酋聞，咸俛伏呼萬歲，請歸侵地。緒詰前所留使人，乃盡出而歸之。和及玉聞報馳至，則已歸地納款矣。時

弘治十四年五月也。[六]

越三年，擢緒四川督儲參政。武宗卽位，始以雲南功，加俸一級。明年致仕歸。

姜昂，字恒頫，太倉人。成化八年進士。除棗强知縣。授御史。偕同官劾方士李孜省，杖午門外。以母老乞改南，尋出爲河南知府。吏白事畢，退闔門讀書，鞭箠懸不用。藩府人有犯，立決遣之。改知寧波，擢福建參政。請終養歸，服闋而卒。昂在官，日市少肉供母，而自食菜茹。子弟學書，不聽用官紙筆，家居室不蔽風雨。

子龍，字夢賓，正德三年進士。歷禮部郎中。武宗南巡，率同官諫。罰跪五日，杖幾死。出爲建寧同知，尋遷雲南副使，備兵瀾滄、姚安。滇故盜藪，龍讓土酋曰：「爾世官，縱盜寧非賄乎？」酋懼，撫諭羣盜，悉聽命。巨盜方定者，既降而貧，爲妻妾所詬，卒不忍負龍，竟仰藥死。南安大盜千人，御史欲徵兵，龍檄三日散盡。四川鹽井剌馬仁、雲南麗江和歌仲讐殺數十年，龍撫諭，遂解。大候州土官猛國恃險肆暴，龍擒之。在滇四年，番、漢大治。鄞川州立三正人祠，祀袁州郭紳、莆田林俊及龍。

贊曰：陶成、陳敏諸人，以監司守令著征剿功，而成及毛吉、葉禎身死王事，勞烈顯著，亦可以愧戎帥之畏懦蹶踣者矣。林錦威能臨制，材足綏懷，邊疆皆得斯人，何憂不治。郭緒單騎入險，諭服兩酋，令當洪、永間亦何至尚淹常調哉。平世秉國者，多抑邊功，謂恐生事。然大帥倚內援，敍錄又多踰等，適足以長武夫玩寇之心，而無以奬勞臣致死之節。國家以賞罰馭世，曷可不公乎！

校勘記

〔一〕宋新　明史稿傳四六丁瑄傳、明史紀事本末卷三一都作「宋彰」。

〔二〕十三年四月茂七圍延平　本書卷一〇英宗前紀、英宗實錄卷一六九繫此事於正統十三年八月乙卯。

〔三〕會廉州爲賊所陷乃以錦爲試知府　廉州，原作「連州」。按本書卷四五地理志，連州屬廣東廣州府，是州不是府。而廣東別有廉州府。明史考證攟逸卷一〇稱：「考識大錄，成化元年十一月，廣西猺入高、廉二府，劫其府印庫物，遂以連山知縣孔鏞試高州知府，靈山知縣林錦試廉州

知府。傳誤廉爲連。」據改。

〔四〕乃調孟養宣撫思祿兵脅之　思祿，本書卷三一五木邦傳及孟養傳、明史稿傳一八九木邦傳及孟養傳、孝宗實錄卷一九五弘治十六年正月癸未條都作「思陸」。

〔五〕還軍至干崖遇緒　干崖，原作「千崖」，據本書卷四六地理志、卷三一五干崖傳、緬甸傳、木邦傳、孟養傳，明史稿傳一八九同上各傳，孝宗實錄卷一九五弘治十六年正月癸未條改。下同。

〔六〕時弘治十四年五月也　十四年，本書卷三一五孟養傳作「十六年」。孝宗實錄卷一九五作十六年正月癸未。

明史卷一百六十六

列傳第五十四

韓觀 山雲 蕭授 吳亮 方瑛 陳友 李震
王信 都勝 郭鋐 彭倫 歐磐 張祐

韓觀，字彥賓，虹人，高陽忠壯侯成子也。以舍人宿衛，忠謹為太祖所知，授桂林右衛指揮僉事。

洪武十九年討平柳州、融縣諸蠻，累遷廣西都指揮使。二十二年平富川蠻，設靈亭千戶所。二十五年平賓州上林蠻。二十七年會湖廣兵討全州、灌陽諸瑤，斬千四百餘人。明年捕擒宜山諸縣蠻，斬其偽王及萬戶以下二千八百餘人。以征南左副將軍從都督楊文討龍州土官趙宗壽，宗壽伏罪。移兵征南丹、奉議及都康、向武、富勞、〔一〕上林、思恩、都亮諸蠻，先後斬獲萬餘級。

觀生長兵間，有勇略。性鷙悍，誅罰無所假。下令如山，人莫敢犯。初，羣蠻所在蜂起，剽郡縣，殺守吏，勢甚熾。將士畏觀法，爭死鬭。觀得賊必處以極刑。間縱一二，使歸告諸蠻，諸蠻膽落。由是境內得安。

二十九年召還，進都督同知。明年復從楊文討平吉州及五開叛苗，與顧成討平水西諸蠻堡，還理左府事。建文元年練兵德州，禦燕師無功。成祖即位，委任如故。命往江西練軍城守，兼節制廣東、福建、湖廣三都司。

廬陵民嘯聚山澤，帝不欲用兵，遣行人許子謨齎敕招諭，命觀臨撫之。觀至，衆皆復業，賜璽書褒勞。命佩征南將軍印，鎮廣西，節制兩廣官軍。帝知觀嗜殺，賜璽書戒之曰：「蠻民易叛難服，殺愈多愈不治。卿往鎮，務綏懷之，毋專殺戮。」會羣蠻復叛，帝遣員外郎李宗輔齎敕招之。觀大陳兵示將發狀，而遣使與宗輔俱。桂林蠻復業者六千家，惟思恩蠻未附。而慶遠、柳、潯諸蠻方殺掠吏民，乃上章請討。

永樂元年與指揮葛森等擊斬理定諸縣山賊千一百八十有奇，擒其酋五十餘人，斬以徇。還所掠男女於民，而撫輯其逃散者。明年遣都指揮朱輝諭降宜山、忻城諸山寨。荔波瑤震恐，乞為編戶。帝屬觀撫之，八十餘洞皆歸附。明年，潯、桂、柳三府蠻作亂，已撫復叛，遣朱輝以偏師破之。蠻大懼。會朝廷遣郎中徐子良至，遂來降，歸所掠人畜器械。

四年大發兵討安南，詔觀畫方略，轉粟二十萬石餉軍。已，復命偕大理卿陳洽選土兵三萬會太平，仍令觀偵安南賊中動靜。尋從大兵發憑祥，抵坡壘關，以所部營關下，伐木治橋梁，給軍食。安南平，命措置交阯緣途諸堡，而柳、潯諸蠻乘觀出，復叛。

五年，觀旋師抵柳州。賊望風遁匿。觀請俟秋涼深入，且請濟師。帝使使發湖廣、廣東、貴州三都司兵，又敕新城侯張輔遣都督朱廣、方政以征交阯兵協討。十月，諸軍皆集，分道進剿。觀自以貴州、兩廣兵由柳州攻馬平、來賓、遷江、賓州、上林、羅城、融縣，皆破之。會兵象州，復進武宣、東鄉、桂林、貴平、永福。斬首萬餘級，擒萬三千餘人，羣蠻復定。捷聞，帝嘉勞之。

九年拜征夷副將軍，仍佩故印，總兵鎮交阯。明年復命轉粟給張輔軍。輔再出師定交阯，觀皆主饋運，不為將，故功不著。

觀在廣西久，威震南中，蠻人惴惴奉命。繼之者，自山雲外，皆不能及。十二年九月卒，無子。宣德二年，保定伯梁銘奏求觀南京故宅，帝許之。既聞觀妻居其中，曰：「觀，功臣也，雖歿，豈可奪之。」遂不許。令有司以他宅賜銘。

山雲，徐人。父青，以百戶從成祖起兵，積功至都督僉事。雲貌魁梧，多智略。初襲金吾左衛指揮使。數從出塞，有功。時幼軍二十五所，隸府軍前衛，掌衛者不任事，更命雲及李玉等五人撫戢之。仁宗立，擢行在中軍都督僉事。

宣德元年改北京行都督府，命偕都御史王彰自山海抵居庸，巡視關隘，以便宜行事。帝征樂安，召輔鄭王、襄王居守。

明年，柳、慶蠻韋朝烈等掠臨桂諸縣。時鎮遠侯顧興祖以不救丘溫被逮，〔二〕公侯大臣舉雲。帝亦自知之。三年正月命佩征蠻將軍印，充總兵官往鎮。雲至，討朝烈，破之。賊保山巔。山峻險，掛木於藤，壘石其上。官軍至，輒斷藤下木石，無敢近者。雲夜半束火牛羊角，以金鼓隨其後，驅向賊。賊謂官軍至，亟斷藤。比明，木石且盡，衆譟而登，遂盡破之。南安、廣源諸蠻悉下。是夏，忻城蠻譚團作亂，雲討擒之。四年春，討平柳、潯諸蠻。其秋，雒容蠻出掠，遣指揮王綸破之。雲上綸功，並劾其殺良民罪。帝宥綸而心重雲。廣西自韓觀卒後，諸蠻漸橫。雲以廣西兵少，留貴州兵為用，先後討平潯、柳、平樂、桂林、宜山、思恩諸蠻。九年又以慶遠、鬱林苗、瑤非大創不服，請濟師。詔發廣東兵千五百人益雲。雲分道剿捕，擒斬甚衆。復遣指揮田眞攻大藤峽賊，破之。

雲在鎮，先後大戰十餘，斬首萬二千二百六十，降賊酋三百七十，奪還男女二千五百八十，築城堡十三，舖舍五百，陶甎甃石，增高益厚。自是猺、僮屏跡，居民安堵。論功，進都督同知，璽書褒勞。

雲謀勇深沉，而端潔不苟取，公賞罰，嚴號令，與士卒同甘苦。臨機應變，戰無不捷。廣西鎮帥初至，土官率饋獻爲故事。帥受之，卽爲所持。雲始至，聞府吏鄭牢剛直，召問曰：「饋可受乎？」牢曰：「潔衣被體，一汚不可湔，將軍新潔衣也。」雲曰：「不受，彼且生疑，奈何？」牢曰：「黷貨，法當死。將軍不畏天子法，乃畏土夷乎？」雲曰：「善。」盡却饋獻，嚴馭之。由是土官畏服，調發無敢後者。雲所至，詢問里老，撫善良，察誣枉，土人皆愛之。

英宗卽位，雲墜馬傷股。帝遣醫馳視。以病請代，優詔不許。進右都督。正統二年上言：「潯州與大藤峽諸山相錯，猺寇出沒，占耕旁近田。左右兩江土官，所屬人多田少，其狼兵素勇，爲賊所畏。若量撥田州土兵於近山屯種，分界耕守，斷賊出入，不過數年，賊必坐困。」報可。嗣後東南有急，輒調用狼兵，自此始也。明年冬，卒於鎮。贈懷遠伯，諡忠毅。長子俊，襲府軍前衞指揮使。廣西人思雲不置，立祠肖像祀焉。

初，韓觀鎮廣西，專殺戮。慶遠諸生來迓。觀曰：「此皆賊覘我也。」悉斬之。雲平恕。參佐有罪，輒上請，不妄殺人，人亦不敢氾。鄭牢嘗逮事觀。觀醉，輒殺人，牢輒留之，醒乃以白。牢爲士大夫所重，然竟以隸終。

蕭授，華容人。由千戶從成祖起兵，至都指揮同知。永樂十六年擢右軍都督僉事，充總兵官，鎮湖廣、貴州。

宣德元年，鎮遠邛水蠻銀總作亂。指揮祝貴往撫，被殺。授遣都指揮張名破斬之。貴州宣慰所轄乖西巴香諸峒寨，山箐深險，諸蠻錯居，攻剽他部，傷官軍，發民塚，而昆阻比諸寨亦恃險不輸賦。二年，授遣都指揮蘇保會宣慰宋斌攻破昆阻比寨，窮追，斬僞王以下數百人。乖西諸蠻皆震懾歸命。

水西蠻阿閉妨宜作亂，授結旁寨酋，以計誅之。而西堡蠻阿骨等與寨底、豐寧、清平、平越、普安諸苗復相聚爲寇，四川筠連諸蠻應之。授且捕且撫。諸蠻先後聽命，承制赦之。以豐寧酋稔惡，械送京師，伏誅。七年諭降安隆酋岑俊。已，討辰州蠻，擒其酋八十，斬馘無算。移兵擊江華苗，討富川山賊，先後破擒之。

先是，貴州治古、答意二長官司苗數出掠。授築二十四堡，環其地，分兵以戍，賊不得逞。久之，其酋吳不爾覘官軍少，復掠清浪，殺官吏。授遣張名擊破之。賊走湖廣境，結生苗，勢復張。授乃發黔、楚、蜀軍分道捕討。進軍筸子坪，誅不爾，斬首五百九十餘級。賊悉平。九年，都勻蠻爲亂，引廣西賊入掠。授遣指揮陳原、顧勇分道邀擊，獲賊首韋萬良等，降下合江蔡郞等五十餘寨。

英宗卽位，命佩征蠻副將軍印，鎮守如故。念授年老，以都督僉事吳亮副之。正統元年，普定蠻阿遲等叛，僭稱王，四出攻掠。授遣顧勇等擣其巢，破之。而廣西蒙顧十六洞與湖廣逃民相聚蜂起，授督兵圍之。再戰，悉擒斬其酋，餘黨就誅。捷聞，進右都督。上言：「靖州與廣西接壤，時苦苗患。永樂、宣德間，嘗儲糧數萬石，備軍興。比年儲糧少，有警，發人徒轉輸，賊輒先覺，以故不能得賊。乞於清浪、靖州二衞，各增儲五萬石，庶緩急可藉。」報可。

四年，貴州計沙賊苗金蟲、〔三〕苗總牌糾洪江生苗作亂，〔四〕僞立統千侯、統萬侯號。授督兵抵計沙，分遣都指揮鄭通攻三羊洞，馬曄攻黃柏山，大破之。吳亮窮追至蒲頭、洪江，斬總牌，千戶尹勝誘斬金蟲，於是生苗盡降。授沉毅多計算，裨校皆盡其材，而馭軍嚴整。自鎮遠侯顧成歿，羣蠻所在屯結。官軍討之，皆無功。授在鎮二十餘年，規畫多本於成，久益明練，威信大行，寇起輒滅，前後諸帥莫及也。論功，進左都督。是年六月召還，以老致仕。尋起視事右府。十年卒。贈臨武伯，諡靖襄。

吳亮，來安人。永樂初，爲旗手衞指揮僉事。宣德中，署湖廣都指揮僉事。尋以右副總兵與王瑜督漕運。

英宗初，討新淦賊有功，累進都督僉事，副授鎮湖廣、貴州。破普定蠻，進都督同知。平計沙苗，進右都督。方政歿於麓川，召亮還京，命爲副總兵，將兵五萬往討。至雲南，賊益熾，坐金齒參將張榮敗不救，逮下獄。左遷都督僉事，仍佩征南副將軍印，鎮湖廣、貴州，討平四川都掌蠻。尋召還，視右府事。正統十一年卒。

亮姿貌魁梧，性寬簡，不喜殺戮，所至蠻人懷附。好讀書，至老，手不釋卷。

方瑛，都督政之子。正統初，以舍人從父征麓川。父戰死，瑛發憤，矢報父讐。初襲指揮使，已，論政死事功，遷都指揮同知。六年從王驥征麓川。帥兵六千突賊壘。賊渠衣黃衣帳中。瑛直前，左右擊斬數百人，蹦死者無算，遂平其地。進都指揮使。尋復從驥破貢章、沙壩、阿嶺諸蠻。進都督僉事，涖後府事，充右參將，協守雲南。十三年復從驥征麓川。破鬼山大寨，留鎮雲南。景泰元年，廷議以瑛有將略，命都督毛福壽代，還，進都督同知。甫抵京，而貴州羣苗叛，道梗，驥請瑛還討。其年四月拜右副總兵，與保定伯梁珤、侍郎侯璡次第破走之。進右都督。復破賞改諸砦，擒僞苗王王阿同等。璡卒，都御史王來代督軍務，分道擊賊香爐山。瑛入自龍場，大破平之。

三年秋，來劾瑛違法事，置不問。來召還，命瑛鎭守貴州。其冬，討白石崖賊，俘斬二千五百人，招降四百六十砦。進左都督。五年，四川草塘苗黃龍、韋保作亂，自稱平天大王，剽播州西坪、黃灘。瑛與巡撫蔣琳會川兵進剿，賊魁皆就縛。因分兵克中潮山及三百灘、乖西、谷種、乖立諸砦，執僞王谷蟻丁等，斬首七千餘。詔封南和伯。瑛爲將，嚴紀律，信賞罰，臨陣勇敢，善撫士。士皆樂爲用，以故數有功。廷臣言宜委以禁旅，乃召還，同石亨督京營軍務。明年，琳奏瑛前守貴州，邊境寧，苗蠻畏服，乞遣還。帝不許。未幾，湖廣苗叛，拜瑛平蠻將軍，率京軍討之，而使御史張鵬偵其後。還奏，瑛所過秋毫不犯，帝大喜。

七年，賊渠蒙能攻平溪衞。都指揮鄭泰等擊却之，能中火槍死。瑛遂進沅州，連破鬼板等一百六十餘砦。與尚書石璞移兵天柱，率陳友等分擊天堂諸砦，復大破之。克砦二百七十，擒僞侯伯以下一百二人。時英宗已復位。捷聞，璞召還，瑛留鎭貴州、湖廣。瑛討蒙能餘黨，克銅鼓藕洞一百九十五砦，覃洞、上隆諸苗各斬其渠納款。〔五〕帝嘉瑛功，進侯。天順

二年，東苗干把豬等僭僞號，攻都勻諸衞。命瑛與巡撫白圭合川、湖、雲、貴軍討之，克六百餘砦。邊方悉定。瑛前後克砦幾二千，俘斬四萬餘。平苗之功，前此無與比者。尋卒於鎭，年四十五。帝震悼，賜謚忠襄。

瑛天姿英邁，曉古兵法。嘗上練兵法及陣圖，老將多稱之。爲人廉，謙和不伐。所至鎭以安靜，民思之，久而不忘。

子毅，嗣伯爵，誘祖母誣從父瑞不孝，坐奪爵閑住。卒，子壽祥嗣。正德中，歷鎭貴州、湖廣。傳爵至明亡乃絕。

陳友，其先西域人，家全椒。正統初，官千戶，累遷都指揮僉事。頻年使瓦剌有勞，尋復進都指揮使。九年充寧夏游擊將軍，與總兵官黃眞擊兀良哈。多獲，進都督僉事。未幾，出塞招答哈卜等四百人來歸。

景帝卽位，進都督同知，征湖廣、貴州苗。尋充左參將，守備靖州。景泰二年偕王來等擊賊香爐山。自萬潮山入，大破之。留鎭湖廣。論功，進右都督。四年春奏斬苗五百餘級，五年又奏斬苗三百餘，而都指揮戚安等八人戰死。兵部疑首功不實，指揮蔡昇亦奏友欺妄。命總督石璞廉之，斬獲僅三四十人，陷將士千四百人，宜罪。詔令殺賊自効。

天順元年隨瑛征天堂諸苗，大獲。命充左副總兵，仍鎭湖廣。已，又偕瑛破蒙能餘黨。召封武平伯，予世券。孛來犯邊，充游擊將軍，從安遠侯柳溥等往禦。率都指揮趙瑛等與戰，敵敗遁。再犯鎭番，復擊却之，俘百六十人。尋佩將軍印，充總兵官，討寧夏寇。先是，寇大入甘、涼，溥及總兵衞潁等不能禦，〔六〕惟友稍獲。至是巡撫芮釗列諸將失事狀，兵部請免友罪。詔並宥溥等，召還，進侯，卒。

傳子至孫綱，弘治中，請友贈謚。詔贈沔國公，謚武僖。綱傳子勳及熹。嘉靖中，吏部以友征苗功多冒濫，請停襲。帝不從。熹子大策復得嗣，至明亡乃絕。

李震，南陽人。父謙，都督僉事，震襲指揮使。正統九年從征兀良哈有功，進都指揮僉事。已，從王驥平麓川，進同知。

景帝卽位，充貴州右參將。擊苗於偏橋，敗之。景泰二年從王來征韋同烈，破鎗兒、流源諸砦，俘斬千六百人，共克香爐山，獲同烈。進都指揮使，守靖州。尋坐罪徵還。方瑛討苗，乞震隨軍，詔許立功贖。已，從瑛大破天堂諸苗，仍充左參將。瑛平銅鼓諸賊，震亦進武岡，克牛欄等五十四砦。斬獲多，進都督僉事。

天順中，復從瑛平貴東苗干把豬。瑛卒，卽以震充總兵官，代鎭貴州、湖廣。初，麻城人李添保以逋賦逃入苗中，僞稱唐太宗後，聚萬餘，僭王，建元武烈，剽掠遠近。震進擊，大破之。添保遁入貴州鬼池諸苗中，復誘羣苗出掠。震擒之，送京師。尋破西堡苗。

五年春剿城步瑤、僮，攻橫水、城溪、莫宜、中平諸砦，皆破之。長驅至廣西西延，會總兵官過興軍，克十八團諸瑤，前後俘斬數千人。其冬命震專鎭湖廣，以李安充總兵，守貴州。明年夏率師由錦田、江華抵雲川、桂嶺、〔七〕橫江諸砦，破瑤，俘斬二千八百餘人。七年冬，苗擄赤谿湳洞長官司。震與安分道進，斬賊渠飛天侯等，破砦二百，遂復長官司。進都督同知。明年冬，廣西瑤侵湖南，夜入桂陽州大掠。震遣兵分道追擊，連敗之，俘斬千餘人。

成化改元，守備靖州。都指揮同知莊榮奏貴州黎平諸府密邇湖廣五開諸衞，非大將總領不可，乃復命震兼鎭貴州。未幾，獲賊首苗蟲蝦。

荆、襄賊劉千斤、石和尚爲亂，震進討。賊屢敗，乘勝追及於梅溪賊巢。官軍不利，都指揮以下死者三十八人，有詔切責。白圭等大軍至，震自南漳進兵合擊，大破之，賊遂平。論功，進右都督。

時武岡、沅靖、銅鼓、五開苗復蜂起，而貴州亦告警。震言貴州終難遙制，請專鎭湖廣。許之，乃還兵。由銅鼓、天柱分四道進，連破賊，直抵清水江。因苗爲導，深入賊境。兩月

閒破巢八百，焚廬舍萬三千，斬獲三千三百，而廣西瑤劫桂陽者，亦擊斬三千八百有奇。當是時，震威名著西南，苗、獠聞風畏懾，呼爲「金牌李」。七年，與項忠討平流賊李原，招撫流民九十萬人，荆、襄遂定。語具忠傳。

十一年，苗復犯武岡、靖州，湖湘大擾。震與巡撫劉敷等分五道進，破六百二十餘砦，俘斬八千五百餘人，獲賊孳萬計。論功封興寧伯。時武靖侯趙輔、寧晉伯劉聚皆以功封，論者多嘗議之，獨震功最高，人無異言。

參將吳經者，與震有隙。弟千戶綬爲汪直腹心，經屬綬譖之。會直方傾項忠，詞連震，遂逮下獄，奪爵，降左都督，南京閒住。未幾，直遣校尉緝事，言震陰結守備太監覃包，私通貨賂。帝怒，遣直赴南京數包等罪，責降包孝陵司香，勒震回京。直敗，震訴復爵，尋卒。

震在湖湘久，熟知苗情，善用兵。一時征苗功，方瑛後震爲最。然貪功好進，事交結，竟以是敗。

王信，字君實，南鄭人。生半歲，父忠征北戰歿，母岳氏苦節育之，後俱獲旌。正統中，信襲寬河衞千戶。

成化初，積功至都指揮僉事，守備荆、襄。劉千斤反，信以房縣險，進據之，民兵不滿千人。賊衆四千突至，圍其城。拒四十餘日，選死士，出城五六里擊敵。賊疑援至，驚走，追敗之。已，白圭統大軍至，以信爲右參將，分道抵後巖山，賊遂滅。論功，進都指揮同知。賊黨石龍復略巫山，信與諸將共平之。而流民仍嘯荆、襄、南陽間。信以爲憂，言於朝。卽命信兼督南陽軍務。賊首李原等果亂，信復與項忠討平之。擢署都督僉事，鎭守臨清。

十三年以本官佩平蠻將軍印，移鎭湖廣。永順、保靖二宣慰世相讎殺，信諭以禍福，兵卽解。靖州及武岡蠻久不戢，守臣議剿之。信親詣，犒以牛酒，責其無狀，衆稽顙服罪。

十七年疏言：「湖廣諸蠻雖腹心蠹，實無能爲。久不靖者，由我將士利其竊發以邀功也。選精銳，愼隄防，其患自息。荆、襄流逋，本避徭役，濫誅恐傷天和。南畝之氓咸無蓄積。收穫未竟，餱糧已空，機杼方停，布縷何在。乞選公正仁惠守令，加意撫綏。濫授冗員，無慮千百，無一矢勞，冒崇階之賞，乞察勘削奪。」部指揮劉斌、張全智勇，力薦於朝。且云：「英雄之士，處心剛正，安肯俯首求媚。若不加意延訪，則志士沉淪，朝廷安得而用之。」

二十一年，巡撫馬馴等言，副總兵周賢、參將彭倫官皆都督僉事，而信反止署職，宜量進一秩以重其權。兵部言信無軍功。帝特擢爲都督同知。頃之，改總督漕運。帥府舊有湖，擅爲利，信開以泊漕艘。勢要壅水，一裁以法，漕務修舉。明年卒。

信沉毅簡重，好觀書，被服儒雅。歷大鎭，不營私產，嘗曰：「儉足以久，死後不累子孫，所遺多矣。」故人婚喪，傾貲助之。子繼善、從善皆舉進士。

繼信總漕運者，寧津都勝、合肥郭鋐。勝襲職南京羽林左衞指揮僉事，鋐襲彭城衞指揮使。成化初，勝擢署都指揮僉事；而鋐亦以從征荔浦功，進都指揮僉事，中武舉，遷同知。勝備倭揚州，擊敗鹽徒爲亂者。尹旻等舉勝將才，鋐亦爲張懋所舉，乃命勝充參將，協同漕運，而鋐代之備倭。陝西大饑，勝奉詔輸米百萬石往振。信卒，遂遷署都指揮使，充總兵官代之，鋐代勝爲參將。弘治中，勝以都督僉事帶俸南京前府，時鋐已鎭守廣西副總兵，破府江僮賊，遂以時望擢總漕運。

鋐沉毅有將略。而勝無汗馬勳，徒以居官廉靜，故頻有任使。歷任五十七年，所處皆膏腴地，而自奉簡淡，日食止豆腐，時因以爲號。鋐累進都督同知，凡軍民利病多陳於朝。嘗濬通州河二十里，置壩，令淺船搬運，歲省白金數萬。當孝宗時，朝政整肅，文武大臣率得人，鋐莅漕十三年不易。正德初，始召佐後府，尋卒。

彭倫，初職爲湖廣永定衞指揮使，累功至都指揮同知。

成化初，從趙輔平大藤峽賊。進都指揮使，守備貴州清浪諸處，討破茅坪、銅鼓叛苗。賊掠乾溪，倫討之。賊還所掠，與盟而退。倫以賊入時，道邛水諸砦，不卽邀遏，乃下令，賊入境能生致者予重賞，縱者置諸法。由是諸司各約所屬，凡生苗輒入，卽擒之，送帳下者纍纍。倫大會所部目、把縛俘囚，置高竿，集健卒亂射殺之，復剮裂肢體，烹噉諸壯士。罪輕者截耳鼻使去，曰：「以此識，再犯不赦矣。」因令諸砦樹牌爲界，羣苗股栗不敢犯。

明年充右參將，仍鎭清浪。益盡心邊計，戎事畢舉。妖賊石全州潛入綾洞，煽動古州苗洪江、甘篆諸苗咸應之。倫遣兵截擒，並捜獲其妻子。諸苗將攻鎭遠，倫大敗之，斬首及墮崖死者無算。無何，邛水十四砦苗糾洪江生苗爲逆。倫分五哨往，甫行，雨如注，倫曰：「賊不虞我，急趨之，可得志也。」競進夾攻，繫其魁，俘斬餘黨。賊盡平。

靖州苗亂，湖廣總兵官李震檄倫會討。軍至邛水江，諸熟苗驚，欲竄。倫與僉事李晃計曰：「苗竄必助賊」，乃急撫定之。又緣道降天堂、小坪諸苗。旣抵靖州，倫將右哨，出賊背布營。賊走據高山，倫軍仰攻之，賊敗走。遂渡江，擣其巢，大獲。乘勝攻白崖塘。崖高萬仞，下臨深淵，稱絕險。倫會左哨同進，得徑路。夜登，賊倉皇潰。追斬二千餘級，俘獲如之，盡夷其砦。

初，臻剖、六洞苗侵欺苗田，不輸賦，又不供驛馬，有司莫敢問。倫遣人諭之，頓首請如制。錄功，進都督僉事。久之，御史鄧庠、員外郎費瑄勘事貴州，總兵官吳經等皆被劾，獨薦倫智謀老成。弘治初，經論罷，即以倫代。倫用師，先計後戰，故多功。四年以老致仕。卒，予卹如制。

歐磐，滁人。襲世職指揮使。[四]成化中，擢廣東都指揮僉事。屢剿蠻寇有功。用總督朱英薦，充廣西右參將，分守柳州、慶遠。與左參將馬義討融縣八甾瑤，克之。師旋，餘賊復出掠，被劾。帝紬磐等功，但卹死事家。瑤賊方公强亂，兵部劾總鎮中官顧恒，並及磐，當謫戍。督撫奏：「磐所守乃瑤、僮出沒地。」帝乃宥之，還故任。二十三年，鬱林陸川賊黃公定、胡公明等亂。磐偕按察使陶魯等分五道攻破之。進都指揮同知。

弘治初，謝病解職。總督秦紘言磐多歷戰陣，有才有守，乞起用。詔還任。八年，府江永安諸僮亂。總督閔珪調兵六萬，分四哨往討。磐自象州、修仁直擣陸峒，所向摧破。已，偕諸軍連破山砦百八十，斬首六千有奇。進都指揮使，遷廣西副總兵。思恩土官岑濬築石

城於丹良莊，截江括商利。帥府令毀之，不聽。磐自田州還，督兵將毀城。濬率衆拒，擊敗之，卒夷其城。都御史鄧廷瓚等以磐功多，言於朝，進都督僉事。十五年命佩平蠻將軍印，鎮守湖廣。

磐爲將廉，能得士。久鎮南邦，蠻人畏服。十八年請老。又二年卒。祭葬如制。

張祐，字天祐，廣州人。幼好學能文。弘治中襲世職爲廣州右衞指揮使。年十九，從總督潘蕃征南海寇𤇾元祖，先登有功。

正德二年擢署都指揮僉事，守備德慶、瀧水。瑤、僮負險者聞其威信，稍稍遁去。總督林廷選引爲中軍，事無大小咨焉。守備惠、潮，擒盜魁劉文安、李通寶穴，平之。遷廣西右參將，分守柳、慶。總督陳金討府江賊，命祐進沈沙口，大破之。增俸一等，擢副總兵，鎮守廣西。尋進署都督僉事。

古田諸瑤、僮亂。祐言：「先年征討，率倚兩江土兵，賞不酬勞。今調多失期，乞定議優賚。」從之。督都指揮沈希儀等討臨桂、灌陽諸瑤，斬首五百餘級，璽書獎勞。又連破古田賊，俘斬四千七百，進署都督同知。已，復討平洛容、肇慶、平樂諸蠻。增俸一等，蔭子，世

百戶。

嘉靖改元，母喪，哀毀骨立。尋以疾乞休，還衞。

初，上思州土目黃鏐作亂，祐購其黨黃廷寶縛獻之。總督張嵿惡祐不白己，至劾祐懷奸避難，逮繫德慶獄。數上書訟冤，釋令閒住。盧蘇、王受亂田州。總督姚鏌召至軍中，待以賓禮，多所裨贊。後王守仁代鏌，詢撫剿之宜，祐曰：「以夷治夷，可不煩兵而下。」守仁納之，蘇、受果效順，因命祐部分其衆。事寧，守仁言：「思、田初定，宜設一副總兵鎮之，請即以命祐。」報可。破封川賊盤古子，又剿廣東會寧劇賊丘區長等，斬首一千二百，勒銘大隆山。

十一年，楊春賊趙林花陷高州。總督陶諧檄祐討。深入，多所斬獲。忽中危疾卒，軍中爲哀慟。

祐身長八尺，智識絕人。馭軍有節制，與下同甘苦，不營私產。性好書，每載以自隨，軍暇即延儒生講論。嘗過烏蠻灘，謁馬伏波祠，太息曰：「歿不俎豆其間，非夫也。」題詩而去。後田州人立祠橫山祀之。

贊曰：苗蠻阻險自固，易動難服，自其性然。而草薙禽獮，濫殺邀功，貪貨賄，興事端，控馭乖方，綏懷無策，則鎮將之過也。韓觀諸人，雖功最焯著，而皆以威信震懾蠻荒。若山雲、王信、張祐之廉儉有守，士君子何以過，故尤足尚云。

校勘記

〔一〕富勞　原作「高勞」，據本書卷四五地理志、卷三一九向武州傳、太祖實錄卷二四二洪武二十八年閏九月癸卯條改。

〔二〕時鎮遠侯顧興祖以不救丘溫被逮　顧興祖，原脫「祖」字，據本書卷一〇六功臣世表、卷一四四顧成傳，明史稿傳四〇山雲傳，英宗實錄卷三五五天順七年閏七月甲子條補。

〔三〕貴州計沙賊苗金蟲　計沙，本書卷一〇英宗前紀、卷三一六黎平傳，明史稿傳四〇蕭授傳，英宗實錄卷五一正統四年二月丁巳條都作「計砂」。

〔四〕糾洪江生苗作亂　洪江，原作「紅江」，本卷彭倫傳及本書卷三一六黎平傳、明史稿傳四〇蕭授傳、英宗實錄卷五一正統四年二月丁巳條作「洪江」，爲一致故，據改。下同。

〔五〕覃洞上隆諸苗各斬其渠納款　上隆，本書卷三一六黎平傳作「上陸」。

〔六〕溥及總兵衞潁等不能禦　衞潁，原作「衞穎」，據本書卷一七五衞青傳附衞潁傳、明史稿傳五二

方瑛傳附陳友傳、英宗實錄卷二八四天順元年十一月甲子條改。

〔七〕桂嶺　原作「貴嶺」。明史稿傳五二李震傳、英宗實錄卷三四一天順六年六月甲申條都作「桂嶺」。按讀史方輿紀要卷一〇六及卷一〇七均載有「桂嶺」。卷一〇六謂桂嶺係廣西名山之一，在平樂府賀縣東北二百里，與湖廣永州府道州江華縣接界。地望正合。作「桂嶺」是，今改正。

明史卷一百六十七

列傳第五十五

曹鼐 張益　鄺埜 王佐 丁鉉等　孫祥 謝澤

袁彬 哈銘 袁敏

曹鼐，字萬鍾，寧晉人。少伉爽有大志，事繼母以孝聞。宣德初，由鄉舉授代州訓導，願授別職，改泰和縣典史。〔一〕七年督工匠至京師，疏乞入試，復中順天鄉試。明年舉進士一甲第一，賜宴禮部。進士宴禮部，自鼐始。入翰林，爲修撰。正統元年充經筵講官。宣宗實錄成，進侍講，錫三品章服。五年，以楊榮、楊士奇薦，入直文淵閣，參預機務。鼐爲人內剛外和，通達政體。榮既歿，士奇常病不視事，閣務多決於鼐。帝以爲賢，進翰林學士。十年進吏部左侍郎兼學士。十四年七月，也先入寇，中官王振挾帝親征。朝臣交章諫，不聽，鼐與張益以閣臣扈

從。未至大同，士卒已乏糧，宋瑛、朱冕全軍沒，諸臣請班師。振不許，趣諸軍進。大將朱勇膝行聽命，尙書鄺埜、王佐跪草中，至暮不得請。欽天監正彭德清言天象示警，若前，恐危乘輿。振詈曰：「爾何知！若有此，亦天命也。」鼐曰：「臣子固不足惜，主上繫天下安危，豈可輕進？」振終不從。前驅敗報踵至，始懼，欲還。定襄侯郭登言於鼐、益曰：「自此趨紫荊，裁四十餘里，駕宜從紫荊入。」振欲邀帝至蔚州幸其第，不聽，復折而東，趨居庸。八月辛酉次土木。地高，掘地二丈不及水。瓦剌大至，據南河。明日佯却，且遣使通和。帝召鼐草詔答之。振遽令移營就水，行亂。寇騎蹂陣入，帝突圍不得出，擁以去。鼐、益等俱及於難。景帝立，贈鼐少傅、吏部尙書、文淵閣大學士，謚文襄，官其子恩大理評事。英宗復位，加贈太傅，改謚文忠，復官其孫縈錦衣百戶。鼐弟鼎進士，歷吏科都給事中。

張益，字士謙，江寧人。永樂十三年進士。由庶吉士授中書舍人，改大理評事。與修宣宗實錄成，改修撰。博學強記，詩文操筆立就，三楊雅重之。尋進侍讀學士。正統十四年入文淵閣。未三月，遽蒙難以歿。景帝立，贈學士，謚文僖。曾孫琮進士。嘉靖初歷官南京右都御史。

鄺埜，字孟質，宜章人。永樂九年進士。授監察御史。成祖在北京，或奏南京鈔法爲豪民沮壞，帝遣埜廉視。衆謂將起大獄，埜執一二市豪歸，奏曰：「市人聞令震懼，鈔法通矣。」事遂已。倭犯遼東，戍守失律者百餘人，皆應死。命埜按問，具言可矜狀，帝爲宥之。嘗造北京，執役者鉅萬，命埜稽省，病者多不死。

十六年有言秦民羣聚謀不軌者，擢埜陝西按察副使，敕以便宜調兵剿捕。埜白其誣，詔誅妄言者。宣德四年振關中饑。在陝久，刑政清簡。父憂服除，擢應天府尹。蠲苛急政，市征田稅皆酌其平。

正統元年進兵部右侍郎。明年，尚書王驥出督軍，埜獨任部事。時邊陲多警，將帥乏人，埜請令中外博舉謀略材武士，以備任使。六年，山東災。埜請寬民間孳牧馬賠償之令，以甦其力。

十年進尚書。舊例諸衞自百戶以下當代者，必就試京師，道遠無資者，終身不得代。埜請就令各都司試之，人以爲便。瓦剌也先勢盛，埜請爲備，又與廷臣議上方略，請增大同兵，擇智謀大臣巡視西北邊務。尋又請罷京營兵修城之役，令休息以備緩急。時不能用。也先入寇，王振主親征，不與外廷議可否。詔下，埜上疏言：「也先入犯，一邊將足制之。

陛下爲宗廟社稷主，奈何不自重。」不聽。既扈駕出關，力請回鑾。振怒，令與戶部尚書王佐皆隨大營。埜墜馬幾殆，或勸留懷來城就醫。埜曰：「至尊在行，敢託疾自便乎？」車駕次宣府，朱勇敗沒。埜請疾驅入關，嚴兵爲殿。不報。又詣行在申請。振怒曰：「腐儒安知兵事，再言者死！」埜曰：「我爲社稷生靈言，何懼？」振叱左右扶出。埜與佐對泣帳中。明日，師覆，埜死，年六十五。

埜爲人勤廉端謹，性至孝。父子輔爲句容教官，教埜甚嚴。埜在陝久，思一見父，乃謀聘父爲鄉試考官。父怒曰：「子居憲司，而父爲考官，何以防閑？」馳書責之。埜又嘗寄父褐，復貽書責曰：「汝掌刑名，當洗冤釋滯，以無忝任使，何從得此褐，乃以汚我。」封還之。埜奉書跪誦，泣受教。景泰初，贈埜少保，官其子儀爲主事。成化初，謚忠肅。

王佐，海豐人。永樂中舉於鄉。卒業太學，以學行聞，擢吏科給事中。器宇凝重，奏對詳雅，爲宣宗所簡注。

宣德二年超拜戶部右侍郎。以太倉、臨清、德州、淮、徐諸倉多積弊，敕佐巡視。平江伯陳瑄言，漕卒十二萬人，歲漕艱苦，乞僉南方民如軍數，更番轉運。詔佐就瑄及黃福議之。

佐還奏，東南民力已困，議遂寢。受命治通州至直沽河道。已，赴宣府議屯田事宜。

英宗初立，出鎮河南。奏言軍衞收納稅糧，奸弊百出，請變其制。廷議自邊衞外，皆改隸有司。尋召還，命督理甘肅軍餉。正統元年理長蘆鹽課，三年提督京師及通州倉場，所至事無不辦。

六年，尚書劉中敷得罪，召理部事，尋進尚書。十一年承詔訊安鄉伯張安兄弟爭祿事，坐與法司相諉，被劾下吏，獲釋。時軍旅四出，耗費動以鉅萬，府庫空虛。佐從容調劑，節縮有方。在戶部久，不爲赫赫名，而寬厚有度，政務糾紛，未嘗廢學，人稱其君子。土木之變，與鄺埜、丁鉉、王永和、鄧棨同死難。贈少保，官其子道戶部主事。成化初，謚忠簡。

丁鉉，字用濟，豐城人。永樂中進士。授太常博士。歷工、刑、吏三部員外郎，進刑部郎中。正統三年超拜刑部侍郎。九年出理四川茶課，奏減其常數，以佚豐歲。振饑江、淮及山東、河南，民咸賴之。平居恂恂若無能，臨事悉治辦。從征歿，贈刑部尚書，官其子瓛大理評事。後謚襄愍。

王永和，字以正，崑山人。少至孝。父病伏枕十八年，侍湯藥無少懈。永樂中舉於鄉，

歷嚴州、饒州訓導。以蹇義薦，爲兵科給事中。嘗劾都督王彧鎮薊州縱寇，及錦衣馬順不法事。持節冊韓世子妃，糾中官蹇傲罪。以勁直聞。正統六年進都給事中。八年擢工部右侍郎。從征歿，贈工部尚書，官其子汝賢大理評事。後謚襄敏。

鄧棨，字孟擴，南城人。永樂末年進士。授監察御史，奉敕巡按蘇、松諸府。期滿將代去，父老赴闕乞留，得請。旋以憂去。宣德十年，陝西闕按察使，詔廷臣舉清慎有威望者。楊士奇薦棨，遂以命之。正統十年入爲右副都御史。北征扈從，師出居庸關，疏請回鑾，以兵事屬大將。至宣府、大同，復再上章。皆不報。及遇變，同行者語曰：「吾輩可自脫去。」棨曰：「鑾輿失所，我尙何歸！主辱臣死，分也。」遂死。贈右都御史，官其子瑺大理評事。後謚襄敏。

英宗之出也，備文武百官以行。六師覆於土木，將相大臣及從官死者不可勝數，英國公張輔及諸侯伯自有傳，其餘姓氏可考者，卿寺則龔全安、黃養正、戴慶祖、王一居、劉容、淩壽，給事、御史則包良佐、姚銑、鮑輝、張洪、黃裳、魏貞、夏誠、申祐、尹竑、童存德、孫慶、林祥鳳，庶寮則齊汪、馮學明、王健、程思溫、程式、逯端、俞鑑、張瑭、鄭瑄、俞拱、潘澄、錢昺、馬預、尹昌、羅如墉、劉信、李恭、石玉。景帝立，既贈卹諸大臣，自給事、御史以下，皆降敕

褒美，錄其子爲國子生，一時卹典綦備云。

龔全安，蘭谿人。進士，授工科給事中，累遷左通政。歿贈通政使。黃養正，名蒙，以字行，瑞安人。以善書授中書舍人，累官太常少卿。歿贈太常卿。戴慶祖，溧陽人，王一居，上元人。俱樂舞生，累官太常少卿。歿，俱贈太常卿。包良佐，字克忠，慈谿人。進士，授吏科給事中。鮑輝，字淑大，浙江平陽人。進士，授工科給事中，數有建白。張洪，安福人，黃裳，字元吉，曲江人。俱進士，授御史。裳嘗言寧、紹、台三府疫死三萬人，死者宜蠲租，存者宜振恤。巡視兩浙鹽政，請卹水災。報可。魏貞，懷遠人。進士，官御史。申祐，字天錫，貴州婺川人。父爲虎齧，祐持梃奮擊之，得免。舉於鄉，入國學，帥諸生救祭酒李時勉。旋登進士，拜四川道御史，以謇諤聞。尹竑，字太和，巴人。童存德，字居敬，蘭谿人。俱進士，官御史。林祥鳳，字鳴皐，莆田人。由鄉舉授訓導，擢御史。齊汪，字源澄，天台人。以進士歷兵部車駕司郎中。程思溫，婺源人。程式，常熟人。逯端，仁和人。俱進士，官員外郎。俞鑑，字元吉，桐廬人。以進士授兵部職方司主事。駕北征，郎中胡寧當從，以病求代，鑑慷慨許諾。或曰：「家遠子幼奈何？」鑑曰：「爲國，臣子敢計身家！」尚書鄺埜知其賢，數與計事，鑑曰：「惟力勸班師耳。」時不能用。張瑭，字廷玉，慈谿人。進士，授刑部主事。尹昌，吉水人。進士，官行人司正。羅如墉，字本崇，廬陵人。進士，授行人。從北征，瀕行，訣妻子，

誓以死報國，屬翰林劉儼銘其墓。儼驚拒之，如墉笑曰：「行當驗耳。」後數日果死。劉容，太僕少卿。淩壽，尚寶少卿。夏誠、孫慶皆御史。馮學明，郎中。王健，員外郎。俞拱、潘澄、錢昺，皆中書舍人。馬預，大理寺副。劉信，夏官正。李恭、石玉，序班。里居悉無考。

孫祥，大同人。正統十年進士。授兵科給事中。擢右副都御史，守備紫荊關。也先逼關，都指揮韓青戰死，祥堅守四日。也先由間道入，夾攻之，關破。祥督兵巷戰，兵潰被殺，言官誤劾祥棄城遁。寇退，有司修關，得其屍戰地，焚而瘞之，不以聞。祥弟禮詣闕言冤，詔卹其家。成化改元，錄其子紳爲大理寺右評事。

又謝澤者，上虞人。永樂十六年進士。由南京刑部主事出爲廣西參政。正統末，擢通政使，守備白羊口。王師敗於土木，守邊者無固志，澤與其子儼訣而行。受事未數日，也先兵大入，守將呂鐸遁。澤督兵扼山口，大風揚沙，不辨人馬。或請移他關避敵，澤不可。寇至，衆潰，澤按劍厲聲叱賊，遂被殺。事聞，遣官葬祭，錄儼爲大理評事。

袁彬，字文質，江西新昌人。正統末，以錦衣校尉扈帝北征。土木之變，也先擁帝北去，從官悉奔散，獨彬隨侍，不離左右。也先之犯大同、宣府，逼京師，皆奉帝以行。上下山坂，涉溪澗，冒危險，彬擁護不少懈。帝駐蹕土城，欲奉書皇太后貽景帝及諭羣臣，以彬知書，令代草。帝既入沙漠，所居止毳帳敝幃，旁列一車一馬，以備轉徙而已。彬周旋患難，未嘗違忤。夜則與帝同寢，天寒甚，恒以脅溫帝足。

有哈銘者，蒙古人。幼從其父爲通事，至是亦侍帝。帝宣諭也先及其部下，嘗使銘。也先輩有所陳請，亦銘爲轉達。帝獨居穹廬，南望悒鬱。二人時進諧語慰帝，帝亦爲解顏。

中官喜寧爲也先腹心。也先嘗謂帝曰：「中朝若遣使來，皇帝歸矣。」帝曰：「汝自送我則可，欲中朝遣使，徒費往返爾。」寧聞，怒曰：「欲急歸者彬也，必殺之。」寧勸也先西犯寧夏，掠其馬，直趨江表，居帝南京。彬、銘謂帝曰：「天寒道遠，陛下又不能騎，空取凍飢。且至彼而諸將不納，奈何？」帝止寧計。寧又欲殺二人，皆帝力解而止。也先將獻妹於帝，彬請駕旋而後聘，帝竟辭之。也先惡彬、銘二人，欲殺者屢矣。一日縛彬至曠埜，將支解之。帝聞，如失左右手，急趨救，乃免。彬嘗中寒。帝憂甚，以身壓其背，汗浹而愈。帝居漠北朞年，視彬猶骨肉也。

及帝還京，景帝僅授彬錦衣試百戶。天順復辟，擢指揮僉事。尋進同知。帝眷彬甚，奏請無不從。內閣商輅既罷，彬乞得其居第。既又以湫隘，乞官爲別建，帝亦報從。彬娶妻，命外戚孫顯宗主之，賜予優渥。時召入曲宴，敍患難時事，歡洽如故時。其年十二月進指揮使，與都指揮僉事王喜同掌衞事。二人嘗受中官夏時囑，私遣百戶季福偵事江西。福者，帝乳媼夫也。詔問誰所遣，二人請罪。帝曰：「此必有主使者。」遂下福吏，得二人受囑狀。所司請治時及二人罪。帝宥時，二人贖徒還職，而詔自今受囑遣官者，必殺無赦。已而坐失囚，喜解職，彬遂掌衞事。五年秋，以平曹欽功，進都指揮僉事。

時門達恃帝寵，勢傾朝野。廷臣多下之，彬獨不爲屈。達誣以罪，請逮治。帝欲法行，語之曰：「任汝往治，但以活袁彬還我。」達遂鍛鍊成獄。賴漆工楊塤訟冤，獄得解。然猶調南京錦衣衞，帶俸閒住。語詳達傳。

越二月，英宗崩，達得罪，貶官都勻。召彬復原職，仍掌衞事。未幾，達徵下獄，充軍南丹。彬餞之於郊，餽以贐。成化初，進都指揮同知。久之，進都指揮使。先是，掌錦衣衞者，率張權勢，罔財賄。彬任職久，行事安靜。

十三年擢都督僉事，涖前軍都督府。卒於官。世襲錦衣僉事。哈銘從帝還，賜姓名楊銘，歷官錦衣指揮使，數奉使外蕃爲通事。孝宗嗣位，汰傳奉

官，銘以塞外侍衞功，獨如故。以壽卒於官。

袁敏者，金齒衞知事也。英宗北征，應募從至大同。及駕還，駐萬全左衞。敏見敵騎逼，請留精兵三四萬人扼其衝，而車駕疾驅入關。王振不納，六師遂覆。敏跳還，上書景帝曰：「上皇蠡居九重，所服者袞繡，所食者珍羞，所居者瓊宮瑤室。今駕陷沙漠，服有袞繡乎？食有珍羞乎？居有宮室乎？臣聞之，主辱臣死。上皇辱至此，臣子何以爲心。臣不惜碎首刳心。乞遣官一人，或就令臣齎書及服御物問安塞外，以盡臣子之義。臣雖萬死，心實甘之。」命禮部議，竟報寢。

贊曰：異哉，土木之敗也。寇非深入之師，國非積弱之勢，徒以宦豎竊柄，狎寇弄兵，逆衆心而驅之死地，遂致六師撓敗，乘輿播遷，大臣百官身膏草野。夫始之不能制其不出，出不能使之早旋，枕藉疆埸，無益於敗。然値倉皇奔潰之時，主辱臣死，志異偸生，亦可無譏於傷勇矣。

校勘記

〔一〕改泰和縣典史 泰和縣，原作「太和縣」，據明史稿傳三三曹鼐傳改。按英宗實錄卷一八一正統十四年八月壬戌條稱曹鼐改「江西泰和縣典史」。太和縣在雲南，泰和縣在江西，作「泰和縣」是。

明史卷一百六十八

列傳第五十六

陳循 蕭鎡 王文 江淵 許彬 陳文 萬安 彭華

劉珝 子鈗 劉吉 尹直

陳循，字德遵，泰和人。永樂十三年進士第一。授翰林修撰，習朝廷典故。帝幸北京，命取秘閣書詣行在，遂留侍焉。

洪熙元年進侍講。宣德初，受命直南宮，日承顧問。賜第玉河橋西，巡幸未嘗不從。進侍講學士。正統元年兼經筵官。久之，進翰林院學士。九年入文淵閣，典機務。

初，廷議天下吏民建言章奏，皆三楊主之。至是榮、士奇已卒，循及曹鼐、馬愉在內閣，禮部援故事請。帝以楊溥老，宜優閒，令循等預議。明年進戶部右侍郎，兼學士。土木之變，人心洶懼。循居中，所言多採納。進戶部尚書，兼職如故。也先犯京師，請敕各邊精騎

入衞，馳檄回番以疑敵。帝皆從其計。

景泰二年，以葬妻與鄉人爭墓地，爲前後巡按御史所不直，循輒訐奏。給事中林聰等極論循罪。帝是聰言，而置循不問。循本以才望顯，及是素譽隳焉。

二年十二月進少保兼文淵閣大學士。帝欲易太子，內畏諸閣臣，先期賜循及高穀白金百兩，江淵、王一寧、蕭鎡半之。比下詔議，循等遂不敢諍，加兼太子太傅。尋以太子令旨賜百官銀帛。踰月，帝復賜循等六人黃金五十兩，進華蓋殿大學士，兼文淵閣如故。循子英及王文子倫應順天鄉試被黜，相與搆考官劉儼、黃諫，爲給事中張寧等所劾。帝亦不罪。

英宗復位，于謙、王文死，杖循百，戍鐵嶺衞。

循在宣德時，御史張楷獻詩忤旨。循曰「彼亦忠愛也」，遂得釋。御史陳祚上疏，觸帝怒，循婉爲解，得不死。景帝朝，嘗集古帝王行事，名勤政要典，上之。河南江北大雪，麥苗死，請發帑市麥種給貧民。因事進言，多足採者。然久居政地，刻躁爲士論所薄。其嚴譴則石亨輩爲之，非帝意也。

亨等既敗，循自貶所上書自訟，言：「天位，陛下所固有。當天與人歸之時，羣臣備法駕大樂，恭詣南內，奏請臨朝。非特宮禁不驚，抑亦可示天下萬世。而亨等儌倖一時，計不出

此，卒皆自取禍敗。臣服事累葉，曾著微勞，實爲所擠，惟陛下憐察。」詔釋爲民，一年卒。成化中，于謙事雪，循子引例請卹，乃復官賜祭。

同邑蕭鎡，字孟勤。宣德二年進士，需次於家。八年，帝命楊溥合選三科進士，拔二十八人爲庶吉士，鎡爲首。英宗卽位，授編修。正統三年進侍讀。久之，代李時勉爲國子監祭酒。景泰元年以老疾辭。旣得允，監丞鮑相率六館生連章乞留。帝可其奏。明年以本官兼翰林學士，與侍郎王一寧並入直文淵閣。又明年進戶部右侍郎，兼官如故。易儲議起，鎡曰：「無易樹子，霸者所禁，矧天朝乎。」不聽。加太子少師。寰宇通志成，進戶部尚書。帝不豫，諸臣議復憲宗東宮。李賢私問鎡，鎡曰：「旣退，不可再也。」英宗復位，遂削籍。天順八年卒。成化中，復官賜祭。鎡學問該博，文章爾雅。然性猜忌，遇事多退避云。

王文，字千之，初名强，束鹿人。永樂十九年進士。授監察御史。持廉奉法，爲都御史顧佐所稱。宣德末，奉命治彰德妖賊張普祥獄。還奏稱旨，賜今名。

英宗卽位，遷陝西按察使。遭父憂，命奔喪，起視事。正統三年正月擢右副都御史，巡

撫寧夏。五年召爲大理寺卿。明年與刑部侍郎何文淵錄在京刑獄，尋遷右都御史。九年出視延綏、寧夏邊務，劾治定邊營失律都督僉事王禎、都督同知黃眞等罪，邊徼爲肅。明年代陳鎰鎭守陝西。平涼、臨洮、鞏昌饑，奏免其租。尋進左都御史。在陝五年，鎭靜不擾。

景泰改元，召掌院事。文爲人深刻有城府，面目嚴冷，與陳鎰同官，一揖外未嘗接談。諸御史畏之若神，廷臣無敢干以私者，然中實柔媚。初，按大理少卿薛瑄獄，希王振指，欲坐瑄死。至是治中官金英縱家奴不法事，但抵奴罪。給事中林聰等劾文、鎰畏勢長奸，下詔獄。二人俱伏，乃宥之。二年六月，學士江淵上言法司斷獄多枉。文及刑部尚書俞士悅求罷，且言淵嘗私以事，不聽，故見誣。帝兩置之。

三年春，加太子太保。時陳鎰鎭陝西，將還，文當代。諸御史交章留之，乃改命侍郎耿九疇。南京地震，江、淮北大水，命巡視。偕南九卿議上軍民便宜九事。又言徐、淮間饑甚，而南京儲蓄有餘，請盡發徐、淮倉粟振貸，而以應輸南京者輸徐、淮，補其缺。皆報可。

是時，陳循最任，好剛自用。高穀與循不相能，以文强悍，思引與共政以敵之，乃疏請增閣員。循舉其鄉人蕭維禎，穀遂舉文。而文得中官王誠助，於是詔用文。尋自江、淮還朝，改吏部尚書，兼翰林院學士，直文淵閣。二品大臣入閣自文始。尋遭母喪，奪哀如前。文雖爲穀所引，而穀遲重，循性明決，文反與循合而不附穀。其後以子倫故，欲傾考官，又

用穀言而罷。由是兩人卒不相得。

五年三月，江、淮大水，復命巡視。先是蘇、松、常、鎭四府糧，四石折白銀一兩，民以爲便。後戶部復徵米，令輸徐、淮，凡一百十餘萬石。率三石而致一石，有破家者。文用便宜停之，又發廩振饑民三百六十餘萬。時年饑多盜，文捕長洲盜許道師等二百人。欲張其功，坐以謀逆。大理卿薛瑄辨其誣。給事中王鎭乞會廷臣勘實，得爲盜者十六人置之法，而餘得釋。還進少保，兼東閣大學士。再進謹身殿大學士，仍兼東閣。

初，英宗之還也，廷臣議奉迎禮。文時爲都御史，厲聲曰：「公等謂上皇果還耶？也先不索土地、金帛而遽送駕來耶？」衆素畏文，皆愕然不決而罷。及易儲議起，文率先承命。景帝不豫，羣臣欲乞還沂王東宮。文曰：「安知上意誰屬？」乃疏請早選元良。以是中外誼傳文與中官王誠等謀召取襄世子。

英宗復位，卽日與于謙執於班內。言官劾文與謙等謀立外藩，命鞫於廷。文力辯曰：「召親王須用金牌信符，遣人必有馬牌，內府兵部可驗也。」辭氣激壯。逮車駕主事沈敬按問，無迹。廷臣遂坐謙、文召敬謀未定，與謙同斬於市，諸子悉戍邊。敬亦坐知謀反故縱，減死，戍鐵嶺。文之死，人皆知其誣。以素刻忮，且迎駕、復儲之議不愜輿論，故冤死而民不思。成化初，赦其子還，尋復官，贈太保，謚毅愍。

倫，改名宗彝。成化初進士。歷戶部郎中，出理遼東餉。中官汪直東征，言宗彝督餉勞，擢太僕少卿。弘治中，累官南京禮部尚書。卒，謚安簡。

江淵，字世用，江津人。宣德五年庶吉士，授編修。正統十二年詔與杜寧、裴綸、劉儼、商輅、陳文、楊鼎、呂原、劉俊、王玉共十人，肄業東閣，曹鼐等爲之師。

郕王監國，徐有貞倡議南遷，太監金英叱出之，踉蹌過左掖門。淵適入，迎問之。有貞曰：「以吾議南遷不合也。」於是淵入，極陳固守之策。遂見知於王，由侍講超擢刑部右侍郎。也先薄京師，命淵參都督孫鏜軍事。

景泰元年出視紫荊、倒馬、白羊諸關隘，與都指揮同知翁信督修雁門關。其秋遂以本官兼翰林學士，入閣預機務。尋改戶部侍郎，兼職如故。

明年六月以天變條上三事：一，厚結朶顏、赤斤諸衞，爲東西藩籬；一，免京軍餘丁，以資生業；一，禁訐告王振餘黨，以免枉濫。詔悉從之。又明年二月改吏部，仍兼學士。是春，京師久雨雪。淵上言：「漢劉向曰，凡雨陰也，雪又雨之陰也。仲春少陽用事，而寒氣脅之，占法謂人君刑法暴濫之象。陛下恩威溥洽，未嘗不赦過宥罪，竊恐有司奉行無狀，冤抑或

有未伸。且向者下明詔，免景泰二年田租之三，今復移檄追徵，則是朝廷自失大信於民，怨氣鬱結，良由此也。」帝乃令法司申冤濫，詰戶部違詔，下尚書金濂於獄，卒免稅如詔。東宮既易，加太子少師。四川巡撫僉都御史李匡不職，以淵言罷之。母憂起復。初侍講學士倪謙遭喪，淵薦謙爲講官，謙遂奪哀。至是御史周文言淵引謙，正自爲今日地。帝以事既處分，不問，而令自今羣臣遭喪無濫保。

五年春，山東、河南、江北饑，命同平江侯陳豫往撫。淵前後條上軍民便宜十數事。幷請築淮安月城以護常盈倉，廣徐州東城以護廣運倉。悉議行。時江北洊饑，淮安糧運在塗者，淵悉追還備振，漕卒乘機侵耗。事聞，遣御史按實。淵被劾，當削籍。廷臣以淵守便宜，不當罪。帝宥之。

閣臣既不相協，而陳循、王文尤刻私。淵好議論，每爲同官所抑，意忽忽不樂。會兵部尚書于謙以病在告，詔推一人協理部事，淵心欲得之。循等佯推淵而密令商輅草奏，示以「石兵江工」四字，淵在旁不知也。比詔下，調工部尚書石璞於兵部，而以淵代璞，淵大失望。英宗復位，與陳循等俱謫戍遼東，未幾卒。

初，黃竑之奏易儲也，或疑淵主之。丘濬曰：「此易辨也，廣西紙與京師紙異。」索奏視之，果廣西紙，其誣乃白。成化初，復官。

許彬，字道中，寧陽人。永樂十三年進士。改庶吉士，授檢討。正統末，累遷太常少卿，兼翰林待詔，提督四夷館。上皇將還，遣彬至宣府奉迎，上皇命書罪己詔及諭羣臣敕，遣祭土木陣亡官軍，以此受知上皇，還擢本寺卿。石亨等謀復上皇，以其謀告彬，彬進徐有貞，語具有貞傳。英宗復位，進禮部左侍郎，〔一〕兼翰林院學士，入直文淵閣。未幾，爲石亨所忌，出爲南京禮部右侍郎，〔二〕甫行，貶陝西參政。至則乞休去。憲宗立，命以侍郎致仕，尋卒。

彬性坦率，好交游，不能擇人，一時浮蕩士多出其門。晚參大政，方欲杜門謝客，而客惡其變態，競相騰謗，竟不安其位。

陳文，字安簡，廬陵人。鄉試第一，正統元年進士及第，授編修。十二年命進學東閣。秩滿，遷侍講。

景泰二年，閣臣高穀薦文才，遂擢雲南右布政使。貴州比歲用兵，資餉雲南，民困轉輸。文令商賈代輸，而民倍償其費，皆稱便。稅課額鈔七十餘萬，吏俸所取給，典者侵蝕，吏或累歲不得俸。文悉按治，課日羨溢。雲南產銀，民間用銀貿易，視內地三倍。隸在官者免役，納銀亦三之，納者不爲病。文曰：「雖如是，得無傷廉乎？」損之，復令減隸額三之一。名譽日起，遷廣東左布政使，母憂未赴。

英宗既復位，一日謂左右曰：「向侍朕編修，晳而長者安在？」左右以文對，卽召爲詹事。乞終制。不允。入侍東宮講讀。學士呂原卒，帝問李賢誰可代者，曰：「柯潛可。」出告王翶，翶曰：「陳文以次當及，奈何抑之？」明日，賢入見，如翶言。

七年二月進禮部右侍郎兼學士，入內閣。文既入，數撓賢以自異，曰：「吾非若所薦也。」侍讀學士錢溥與文比舍居，交甚歡。溥嘗授內侍書，其徒多貴幸，來謁，必邀文共飲。英宗大漸，東宮內侍王綸私詣溥計事，不召文。文密覘之。綸言：「帝不豫，東宮納妃，如何？」溥謂：「當奉遺詔行事。」已而英宗崩，賢當草詔。文起奪其筆曰：「無庸，已有草者。」因言綸、溥定計，欲逐賢以溥代之，而以兵部侍郎韓雍代尚書馬昂。賢怒，發其事。是時憲宗初立，綸自謂當得司禮，氣張甚。英宗大殮，綸衰服襲貂，帝見而惡之。太監牛玉恐其軋己，因數綸罪，逐之去。溥謫知順德縣，雍浙江參政。詞所連，順天府尹王福，通政參議趙昂，南寧伯毛榮，都督馬良、馮宗、劉聚，錦衣都指揮僉事門達等皆坐謫。雍亦文素所不悅者也。改吏部左侍郎，同知經筵事。

成化元年進禮部尚書。羅倫論賢奪情。文內媿，陰助賢逐倫，益爲時論所鄙。三年春，帝命戶部尚書馬昂、副都御史林聰及給事中潘禮、陳越清理京營。文奏必得內臣共事，始可剗除宿弊，因薦太監懷恩。帝從之。英宗實錄成，加太子少保，兼文淵閣大學士。四年卒。贈少傅，諡莊靖。

文素以才自許，在外頗著績效，士大夫多冀其進用。及居宮端，行事鄙猥。旣參大政，無所建明。朝退則引賓客故人置酒爲曲宴，專務請屬。性卞急，遇睚眦怨必報。及賢卒，文益恣意行，名節大喪。歿後，禮部主事陸淵之、御史謝文祥皆疏論文不當得美諡。帝以事已施行，不許。

萬安，字循吉，眉州人。長身魁顏，眉目如刻畫，外寬而深中。正統十三年進士。改庶吉士，授編修。

成化初，屢遷禮部左侍郎。五年命兼翰林學士，入內閣參機務。同年生詹事李泰，中官永昌養子也，齒少於安。安兄事之，得其驩。自爲同官，每當遷，必推安出己上。至是議簡閹臣，泰復推安曰：「子先之，我不患不至。」故安得入閣，而泰忽暴病死。

安無學術，既柄用，惟日事請託，結諸閹爲內援。時萬貴妃寵冠後宮，安因內侍致殷勤，自稱子姪行。妃嘗自媿無門閥，聞則大喜。妃弟錦衣指揮通，遂以族屬數過安家。其妻王氏有母至自博興。王謂母曰：「憍家貧時，以妹爲人娣，今安在？」母曰：「第憶爲四川萬編修者。」通心疑是安，訪之則安小婦，由是兩家婦日往來。通妻著籍禁內，恣出入，安得備知宮中動靜，益自固。侍郎邢讓、祭酒陳鑑與安同年不相能。安搆獄，除兩人名。

七年冬，彗見天田，犯太微。廷臣多言君臣否隔，宜時召大臣議政。大學士彭時、商輅力請。司禮中官乃約以御殿日召對，且曰：「初見，情未洽，勿多言，姑俟他日。」將入，復約如初。比見，時言天變可畏，帝曰：「已知，卿等宜盡心。」時又言：「昨御史有疏，請減京官俸薪，武臣不免觖望，乞如舊便。」帝可之。安遂頓首呼萬歲，欲出。時、輅不得已，皆叩頭退。中官戲朝士曰：「若輩嘗言不召見。及見，止知呼萬歲耳。」一時傳笑，謂之「萬歲閣老」。帝自是不復召見大臣矣。

其後尹直入閣，欲請見帝計事。安止之曰：「往彭公請召對，一語不合，輒叩頭呼萬歲，以此貽笑。今吾輩每事盡言，太監擇而聞之，上無不允者，勝面對多矣。」其容悅不識大體，且善歸過於人如此。

九年進禮部尚書。久之，改戶部。十三年加太子少保，俄改文淵閣大學士。孝宗出閣，進吏部尚書、謹身殿大學士，尋加太子太保。時彭時已歿，商輅以忤汪直去，在內閣者劉珝、劉吉。而安爲首輔，與南人相黨附，珝與尚書尹旻、王越又以北人爲黨，互相傾軋。然珝疏淺而安深鷙，故珝卒不能勝安。

十八年，汪直寵衰，言官請罷西廠。帝不許。安具疏再言之，報可，中外頗以是稱安。文華大訓成，進太子太傅、華蓋殿大學士。復進少傅、太子太師，再進少師。

當是時，朝多秕政，四方災傷日告。帝崇信道教，封金闕、玉闕眞君爲上帝，遣安祭於靈濟宮。而李孜省、鄧常恩方進用，安因彭華潛與結，藉以排異己。於是珝及王恕、馬文升、秦紘、耿裕諸大臣相繼被逐，而華遂由詹事遷吏部侍郎，入內閣。朝臣無敢與安牴牾者。

華，安福人，大學士時之族弟，舉景泰五年會試第一。深刻多計數，善陰伺人短，與安、孜省比。嘗嗾蕭彥莊攻李秉，又逐尹旻、羅璟，人皆惡而畏之。踰年，得風疾去。

孝宗嗣位，安草登極詔書，禁言官假風聞挾私，中外譁然。御史湯鼐詣閣。[三]安從容言曰：「此裏面意也。」鼐即以其語奏聞，謂安抑塞言路，歸過於君，無人臣禮。於是庶吉士鄒智，御史文貴、姜洪等交章列其罪狀。先是，歙人倪進賢者，粗知書，無行，諂事安，日與講房中術。安暱之，因令就試，得進士。授爲庶吉士，除御史。帝一日於宮中得疏一小篋，則皆論房中術者，末署曰「臣安進」。帝命太監懷恩持至閣曰：「此大臣所爲耶？」安媿汗伏地，不能出聲。及諸臣彈章入，復令恩就安讀之。安數跪起求哀，無去意。恩直前摘其牙牌曰：「可出矣。」始惶遽索馬歸第，乞休去。時年已七十餘，尚於道上望三台星，冀復用。居一年卒，贈太師，謚文康。

初，孝穆皇太后之薨，內庭籍籍指萬貴妃。孝宗立，魚臺縣丞徐頊上書發其事。廷臣議逮鞫萬氏戚屬曾出入宮掖者。安驚懼不知所爲，曰：「我久不與萬氏往來矣。」而劉吉先與萬氏姻，亦自危。其黨尹直尚在閣，共擬旨寢之。孝宗仁厚，亦置不問，安、吉得無事。

安在政府二十年，每遇試，必令其門生爲考官，子孫甥壻多登第者。子翼，南京禮部侍郎。孫弘璧，翰林編修。安死無幾，翼、弘璧相繼死，安竟無後。

劉珝，字叔溫，壽光人。正統十三年進士。改庶吉士，授編修。天順中，歷右中允，侍講東宮。

憲宗即位，以舊宮僚屢遷太常卿，兼侍讀學士，直經筵日講。成化十年進吏部左侍郎，充講官如故。

珝每進講，反覆開導，詞氣侃侃，聞者爲悚。學士劉定之稱爲講官第一，憲宗亦愛重之。明年詔以本官兼翰林學士，入閣預機務。帝每呼「東劉先生」，賜印章一，文曰「嘉猷贊翊」。尋進吏部尚書，再加太子少保、文淵閣大學士。文華大訓成，加太子太保，進謹身殿大學士。

珝性疏直。自以宮僚舊臣，遇事無所回護。員外郎林俊以劾梁芳、繼曉下獄，珝於帝前解之。李孜省輩左道亂政，欲動搖東宮。珝密疏諫，謀少阻。素薄萬安，嘗斥安負國無恥。安積忿，日夜思中珝。初，商輅之劾汪直也，珝與萬安、劉吉助之爭，得罷西廠。他日，珝又折王越於朝，越慚而退。已而西廠復設，珝不能有所諍。至十八年，安見直寵衰，揣知西廠當罷，邀珝同奏。珝辭不與，安遂獨奏。疏上，帝頗訝無珝名。安陰使人訐珝與直有連。會珝子鎡邀妓狎飲，里人趙賓戲爲劉公子曲，或增飾穢語，雜教坊院本奏之。帝大怒，決意去珝。遣中官覃昌召安、吉赴西角門，出帝手封書一函示之。安等佯驚救。次日，珝具疏乞休。令馳驛，賜月廩、歲隸、白金、楮幣甚厚。其實排珝使去者，安、吉兩人謀也。

時內閣三人，安貪狡，吉陰刻。珝稍優，顧喜譚論，人目爲狂躁。珝既倉卒引退，而彭華、尹直相繼入內閣，安、吉之黨乃益固。珝初遭母憂，廬墓三年。比歸，侍父盡孝。父歿，復廬於墓。弘治三年卒，謚文和。嘉靖初，以言官請，賜祠額曰昭賢，仍遣官祭之。

子鈜，字汝中。八歲時，憲宗召見，愛其聰敏，且拜起如禮，即命爲中書舍人。宮殿門闕高，同官楊一清常提之出入。帝慮牙牌易損，命易以銀。歷官五十餘年，嘉靖中至太常卿，兼五經博士，仍供事內閣誥敕房。博學有行誼，與長洲劉棨並淹貫故實，時稱「二劉」。

劉吉，字祐之，博野人。正統十三年進士。改庶吉士，授編修，充經筵官。寰宇通志成，進修撰。天順四年侍講讀於東宮，以憂歸。憲宗即位，召纂英宗實錄。至京，上疏乞終制。不允，進侍讀。實錄成，遷侍讀學士，直經筵。累遷禮部左侍郎。

成化十一年與劉珝同受命兼翰林學士，入閣預機務，尋進禮部尚書。孝宗出閣，加太子少保兼文淵閣大學士。十八年遭父喪，詔起復。吉三疏懇辭，而陰屬貴戚萬喜爲之地，得不允。文華大訓成，加太子太保，進武英殿大學士。久之，進戶部尚書、謹身殿大學士，尋加少保兼太子太傅。

孝宗即位，庶吉士鄒智、御史姜洪力詆萬安、尹直及吉皆小人，當斥。吉深銜之。安、

直皆去，吉獨留，委寄愈專。慮言者攻不已，乃建議超遷科道官，處以不次之位。詔起廢滯，給事中賀欽、御史強珍輩十人已次第擬擢，吉復上疏薦之，部曹預薦者惟林俊一人，冀以此籠絡言路，而言者猶未息。庶子張昇，御史曹璘、歐陽旦，南京給事中方向，御史陳嵩等相繼劾吉。吉憤甚，中昇逐之。數興大獄，智、向因繫遠貶，洪亦謫官。復與中官蔣琮比，逐南御史姜綰等，臺署爲空。中外側目，言者亦少衰。

初，吉與萬安、劉珝在成化時，帝失德，無所規正，時有「紙糊三閣老，泥塑六尚書」之謠。至是見孝宗仁明，同列徐溥、劉健皆正人，而吉於閣臣居首，兩人有論建，吉亦署名，復時時爲正論，竊美名以自蓋。

弘治二年二月旱，帝令儒臣撰文禱雨。吉等言：「邇者奸徒襲李孜省、鄧常恩故術，見月宿在畢，天將陰雨，遂奏請祈禱，覬一驗以希進用。倖門一開，爭言祈禱，要寵召禍，實基於此，祝文不敢奉詔。」帝意悟，遂已之。五月以災異請帝修德防微，愼終如始。八月又以災異陳七事。代王獻海青，吉等言登極詔書已却四方貢獻，乞勿受。明年三月偕同列上言：「陛下聖質清羸，與先帝不同。凡宴樂游觀，一切嗜好之事，宜悉減省。左右近臣有請如先帝故事者，當以太祖、太宗典故斥退之。祖宗令節宴游皆有時，陛下法祖宗可也。」土魯番使者貢獅子還，帝令內閣草敕，遣中官送之。吉等言不宜優寵太過，使番戎輕中國。事

遂寢。既又言：「獅子諸獸，日飼二羊，歲當用七百二十，又守視校尉日五十人，皆繁費。宜絕諸獸食，聽自斃。」帝不能用。十二月，星變，又言：「邇者妖星出天津，歷杵臼，迫營室，其占爲兵，爲饑，爲水旱。今兩畿、河南、山西、陝西旱蝗，四川、湖廣歲不登。倘明年復然，恐盜賊竊發，禍亂將作。願陛下節用度，罷宴游，屏讒言，斥異教，留懷經史，講求治道。沙河修橋，江西造瓷器，南海子繕垣牆，俱非急務，宜悉停止。」帝嘉納之。帝惑近習言，頗崇祈禱事，發經牌令閣臣作贊，又令擬神將封號。吉等極言邪說當斥。

吉自帝初即位進少傅，兼太子太師，吏部尚書。及憲宗實錄成，又進少師、華蓋殿大學士。吉柄政久，權勢烜赫。帝初傾心聽信，後眷頗衰，而吉終無去志。五年，帝欲封后弟伯爵，命吉撰誥券。吉言必盡封二太后家子弟方可。帝不悅，遣中官至其家，諷令致仕，始上章引退。詔賜敕，馳驛如故事。

吉多智數，善附會，自緣飾，銳於營私，時爲言路所攻。居內閣十八年，人目之爲「劉緜花」，以其耐彈也。吉疑其言出下第舉子，因請舉人三試不第者，不得復會試。時適當會試期，舉子已羣集都下，禮部爲請。詔姑許入試，後如令。已而吉罷，令亦不行。吉歸，踰年卒。贈太師，謚文穆。

尹直，字正言，泰和人。景泰五年進士。改庶吉士，授編修。

成化初，充經筵講官，與修英宗實錄。總裁欲革去景泰帝號，引漢昌邑、更始爲比。直辨曰：「實錄中有初爲大臣，後爲軍民者。方居官時，則稱某官某，既罷去而後改稱。如漢府以謀逆降庶人，其未反時，書王書叔如故也。豈有逆計其反，而即降從庶人之號者哉！且昌邑旋立旋廢，景泰帝則爲宗廟社稷主七年。更始無所受命，景泰帝則策命於母后。當時定傾危難之中，微帝則京師非國家有。雖易儲失德，然能不惑於盧忠、徐振之言，卒全兩宮，以至今日。其功過足相準，不宜去帝號。」時不能難。既成，進侍讀，歷侍讀學士。

六年上疏乞纂修大明通典，并續成宋元綱目。章下所司。十一年遷禮部右侍郎，辭，不許。丁父憂，服除，起南京吏部右侍郎，就改禮部左侍郎。

二十二年春，召佐兵部。占城王古來爲安南所逼，棄國來求援。議者欲送之還，直曰：「彼窮來歸，我若驅使還國，是殺之也。宜遣大臣即詢，量宜處置。」詔從之，命都御史屠滽往。貴州鎮巡官奏苗反，請發兵，廷議將從之。直言起釁邀功，不可信。命官往勘，果無警。是年九月改戶部兼翰林學士，入內閣。踰月，進兵部尚書，加太子太保。[三]

直明敏博學，練習朝章，而躁於進取。性矜忌，不自檢飭，與吏部尚書尹旻相惡。直初

覦禮部侍郎，而旻薦他人，直以中旨得之。次日遇旻於朝，舉笏謝。旻曰：「公所謂簡在帝心者。」自是怨益深。後在南部八年，鬱鬱不得志，屬其黨萬安、彭華謀內召，旻輒持不可。諸朝臣亦皆畏直，幸其在南。及推兵部左、右侍郎，吏部列何琮等八人。詔用琮，而直以安、華及李孜省力，中旨召還。至是修怨，與孜省等比，陷旻父子得罪，又擠罷江西巡撫閔珪，物論喧然不平。刑部郎袁淸者，安私人，又幸於內侍郭聞。勘事浙江，輘轢諸大吏，吏部尚書李裕惡之。比還，即除紹興知府。淸懼，累章求改。裕極論其罪，下詔獄。安、聞以屬直，爲言於孜省，取中旨赦之，改知鄖陽。

孝宗立，進士李文祥，御史湯鼐、姜洪、繆樗，庶吉士鄒智等連章劾直。給事中宋琮及御史許斌言直自初爲侍郎以至入閣，夤緣攀附，皆取中旨。帝於是薄其爲人，令致仕。弘治九年表賀萬壽，幷以太子年當出閣，上承華箴，引先朝少保黃淮事，冀召對。帝却之。正德中卒，諡文和。

贊曰：易稱內君子外小人，爲泰；外君子內小人，爲否。況端揆之寄，百僚具瞻者乎！陳循以下諸人，雖不爲大奸慝，而居心刻忮，務逞己私。同己者比，異己者忌。比則相援，

忌則相軋。至萬安、劉吉要結近倖，蒙恥固位，猶幸同列多賢，相與彌縫匡救，而穢跡昭彰，小人之歸，何可掩哉！

校勘記

〔一〕進禮部左侍郎　左侍郎，本書卷一〇九宰輔年表、英宗實錄卷二七四天順元年正月壬午條作「右侍郎」。

〔二〕出爲南京禮部右侍郎　右侍郎，本書卷一〇九宰輔年表、英宗實錄卷二八〇天順元年七月庚午條作「左侍郎」。

〔三〕御史湯鼐詣閣　湯鼐，原作「楊鼐」，據本書同卷尹直傳、明史稿傳四八萬安傳、孝宗實錄卷五成化二十三年十月戊子條及卷二四弘治二年三月己巳條改。

〔四〕加太子太保　太子太保，本書卷一〇九宰輔年表，武宗實錄卷八二正德六年十二月戊子條俱作「太子少保」。國榷卷四八頁三〇一五作「太子太保」。

明史卷一百六十九

列傳第五十七

高穀　胡濙　王直

高穀，字世用，揚州興化人。永樂十三年進士。選庶吉士，授中書舍人。仁宗即位，改春坊司直郎，尋還翰林侍講。英宗即位，開經筵，楊士奇薦穀及苗衷、馬愉、曹鼐四人侍講讀。正統十年由侍講學士進工部右侍郎，入內閣典機務。

景泰初，進尚書，兼翰林學士，掌閣務如故。英宗將還，奉迎禮薄。千戶龔遂榮投書於穀，具言禮宜從厚，援唐肅宗迎上皇故事。穀袖之入朝，徧示廷臣曰：「武夫尙知禮，況儒臣乎！」衆善其言。胡濙、王直欲以聞。穀曰：「迎復議上，上意久不決。若進此書，使上知朝野同心，亦一助也。」都御史王文不可。已而言官奏之。詰所從得，穀對曰：「自臣所。」因抗章懇請如遂榮言。帝雖不從，亦不之罪。

二年進少保、東閣大學士。易儲，加太子太傅，給二俸。應天、鳳陽災，命祀三陵，振貧民。七年進謹身殿大學士，仍兼東閣。內閣七人，言論多齟齬。穀淸直，持議正。王文由穀薦，數擠穀。穀屢請解機務，不許。都給事中林聰忤權要論死，穀力救，得薄譴。陳循及文摘考官劉儼、黃諫，帝命禮部會穀覆閱試卷。穀力言儼等無私，且曰：「貴冑與寒士競進，已不可，況不安義命，欲因此擠考官乎？」帝乃賜循、文子中式，惟黜林挺一人，事得已。

英宗復位，循、文等皆誅竄，穀謝病。英宗謂穀長者，語廷臣曰：「穀在內閣議迎駕及南內事，嘗左右朕。其賜金帛襲衣，給驛舟以歸。」尋復賜敕獎諭。

穀旣去位，杜門絕賓客。有問景泰、天順間事，輒不應。天順四年正月卒，年七十。穀美丰儀，樂儉素，位至台司，敝廬瘠田而已。成化初，贈太保，諡文義。

胡濙，字源潔，武進人。生而髮白，彌月乃黑。建文二年舉進士，授兵科給事中。永樂元年遷戶科都給事中。

惠帝之崩於火，或言遁去，諸舊臣多從者，帝疑之。五年遣濙頒御製諸書，幷訪仙人

張邋遢，徧行天下州郡鄉邑，隱察建文帝安在。濙以故在外最久，至十四年乃還。所至，亦間以民隱聞。母喪乞歸，不許，擢禮部左侍郎。十七年復出巡江、浙、湖、湘諸府。二十一年還朝，馳謁帝於宣府。帝已就寢，聞濙至，急起召入。濙悉以所聞對，漏下四鼓乃出。先濙未至，傳言建文帝蹈海去，帝分遣內臣鄭和數輩浮海下西洋，至是疑始釋。

皇太子監國南京，漢王爲飛語謗太子。帝改濙官南京，因命廉之。濙至，密疏馳上監國七事，言誠敬孝謹無他，帝悅。

仁宗即位，召爲行在禮部侍郎。濙陳十事，力言建都北京非便，請還南都，省南北轉運供億之煩。帝皆嘉納。既聞其嘗有密疏，疑之，不果召。轉太子賓客，兼南京國子祭酒。

宣宗即位，仍遷禮部左侍郎。明年來朝，乃留行在禮部，尋進尚書。漢王反，與楊榮等贊親征。事平，賚予甚厚。明年賜第長安右門外，給閽者二人，賜銀章四。生辰，賜宴其第。四年命兼理詹事府事。六年，張本卒，又兼領行在戶部。時國用漸廣，濙慮度支不足，蠲租詔下，輒沮格。帝嘗切戒之，然眷遇不少替。嘗曲宴濙及楊士奇、夏原吉、蹇義，曰：「海內無虞，卿等四人力也。」

英宗即位，詔節冗費。濙因奏減上供物，及汰法王以下番僧四五百人，[一]浮費大省。正統五年，山西災，詔行寬恤，既而有採買物料之命。濙上疏言詔旨宜信。又言軍旗營求

差遣，因而擾民，宜罷之。皆報可。行在禮部印失，詔弗問，命改鑄。已，又失，被劾下獄。未幾，印獲，復職。九年，年七十，乞致仕，不許。英宗北狩，羣臣聚哭於朝，有議南遷者。濙曰：「文皇定陵寢於此，示子孫以不拔之計也。」與侍郎于謙合，中外始有固志。

景帝即位，進太子太傅。楊善使也先，濙言上皇蒙塵久，宜附進服食，不報。上皇將還，命禮部具奉迎儀。濙等議遣禮部迎於龍虎臺，錦衣具法駕迎居庸關，百司迎土城外，諸將迎教場門，上皇自安定門入，進東安門，於東上北門南面坐，皇帝謁見畢，百官朝見，上皇入南城大內。議上，傳旨以一轎二馬迎於居庸關，至安定門易法駕，餘如奏。給事中劉福等言禮太薄，帝報曰：「朕尊大兄爲太上皇帝，尊禮無加矣。福等顧云太薄，其意何居？禮部其會官詳察之。」濙等言：「諸臣意無他，欲陛下篤親親耳。」帝曰：「昨得太上皇書，具言迎駕之禮宜從簡損，朕豈得違之。」羣臣乃不敢言。會千戶龔遂榮爲書投大學士高穀，言奉迎宜厚，具言唐肅宗迎上皇故事。穀袖之以朝，與王直等共觀之。直與濙欲聞之帝，爲都御史王文所阻，而給事中葉盛竟以聞。盛同官林聰復劾直、濙、穀等，皆股肱大臣，有聞必告，不宜偶語竊議。有詔索書。濙等因以書進，且言：「肅宗迎上皇典禮，今日正可倣行。陛下宜躬迎安定門外，分遣大臣迎龍虎臺。」帝不悅曰：「第從朕命，無事紛更。」

上皇至，居南城宮。濙請帝明年正旦率羣臣朝延安門，不許。上皇萬壽節，請令百官

拜賀延安門，亦不許。三年正月與王直並進少傅。易太子，加兼太子太師。王文惡林聰，文致其罪，欲殺之。濙不肯署，遂稱疾，數日不朝。帝使興安問疾。對曰：「老臣本無疾，聞欲殺林聰，殊驚悸耳。」聰由是得釋。

英宗復位，力疾入朝，遂求去。賜璽書、白金、楮幣、襲衣，給驛，官其一子錦衣，世鎮撫。濙歷事六朝，垂六十年，中外稱耆德。及歸，有三弟，年皆七十餘，鬚眉皓白，燕聚一堂，因名之曰壽愷。又七年始卒，年八十九。贈太保，謚忠安。

濙節儉寬厚，喜怒不形於色，能以身下人。在禮部久，表賀祥瑞，以官當首署名，人因謂其性善承迎。南城人龔謙多妖術，濙薦爲天文生，又薦道士仰彌高曉陰陽兵法，使守邊，時頗譏之。

王直，字行儉，泰和人。父伯貞，洪武十五年以明經聘至京。時應詔者五百餘人，伯貞對第一。授試僉事，分巡廣東雷州。復呂塘廢渠，清鹽法。會罷分巡官，召還爲戶部主事。以父喪服闋，不時起，謫居安慶。建文初，復以薦知瓊州。崖州黎相仇殺，以反聞，且用兵。伯貞捕其首惡，兵遂罷。瓊田歲常三穫，以賦軍，軍不時受，俟民乏，乃急斂以要利。伯貞

爲立期，三輸之，弊始絕。居數年，大治，流民占籍者萬餘。憂歸，卒於家。

直幼而端重，家貧力學。舉永樂二年進士，改庶吉士，與曾棨、王英等二十八人同讀書文淵閣。帝善其文，召入內閣，俾屬草。尋授修撰。歷事仁宗、宣宗，累遷少詹事兼侍讀學士。

正統三年，宣宗實錄成，進禮部侍郎，學士如故。五年出涖部事，尚書胡濙悉以部政付之，直處之若素習者。八年正月代郭璡爲吏部尚書。十一年，戶部侍郎奈亨附王振，搆郎中趙敏，詞連直及侍郎曹義、趙新，並下獄。三法司廷鞫，論亨斬，直等贖徒。帝宥直、義，奪亨、新俸。

帝將親征也先，直率廷臣力諫曰：「國家備邊最爲謹嚴。謀臣猛將，堅甲利兵，隨處充滿，且耕且守，是以久安。今敵肆猖獗，違天悖理，陛下但宜固封疆，申號令，堅壁清野，蓄銳以待之，可圖必勝，不必親御六師，遠臨塞下。況秋暑未退，旱氣未回，青草不豐，水泉猶塞，士馬之用未充，兵凶戰危，臣等以爲不可。」帝不從，命直留守。王師覆於土木，大臣羣請太后立皇子爲皇太子，命郕王攝政。已，勸王即位，以安反側。時變起倉卒，朝臣議屢上，皆直爲首。而直自以不如于謙，每事推下之，雍容鎮率而已。加太子太保。

景泰元年，也先使使議和，且請還上皇，下禮部議未決。直率羣臣上言曰：「太上皇惑

細人言，輕身一出，至於蒙塵。陛下宵衣旰食，徵天下兵，與羣臣兆姓同心僇力，期滅此朝食，以雪不共戴天之恥。洒者天誘其衷，也先有悔心之萌，而來求成於我，請還乘輿，此轉禍爲福之機也。望陛下俯從其請，遣使往報，因察其誠僞而撫納之，奉太上皇以歸，少慰祖宗之心。陛下天位已定，太上皇還，不復涖天下事，陛下第崇奉之，則天倫厚而天眷益隆，誠古今盛事也。」帝曰：「卿等言良然。但前後使者五輩往，終不得要領。今復遣使，設彼假送駕爲名，來犯京師，豈不爲蒼生患。賊詐難信，其更議之。」

已而瓦剌別部阿剌使復至，胡濙等復以爲言。於是帝御文華殿門，召諸大臣及言官諭以宜絕狀。直對曰：「必遣使，毋貽後悔。」帝不悅。于謙前爲解，帝意釋。羣臣既退，太監興安銜甸出呼曰：「若等固欲遣使，有文天祥、富弼其人乎？」直大言曰：「廷臣惟天子使，既食其祿，敢辭難乎！」言之再，聲色愈厲。安語塞，乃議遣使，命李實、羅綺往。

既行，而瓦剌可汗脫脫不花及也先使先後至，將遣歸。使者謂館伴曰：「中國關外十四城皆爲我有。前阿剌知院使來，倘遣人偕往。今亦必得大臣同行，庶有濟。」胡濙以聞，下廷議。直等固請，乃遣楊善等報之。

比實還，又以也先使至，具言也先欲和狀。直與寧陽侯陳懋等上疏，請更遣使齎禮幣往迎上皇，不許。復上疏曰：「臣等與李實語，具得彼中情事。其所需衣物資斧者，上皇言

也，而奉迎車駕，也先意也。昨者脫脫不花及阿剌知院使來，皆有報使。今也先使以迎請爲辭，乃不遣使與偕，是疑敵而召兵也。」又不許。

已而實自言於帝。帝第報也先書，就令楊善迎歸而已。直等復上言：「今北使已發，願本上皇之心，順臣民之願，因彼悔心，遣使往報，以圖迎復，此不待計而決者也。不然，衆志難犯，違天不祥，彼將執爲兵端，邊事益棘，京師亦不得高枕臥矣。」帝乃命羣臣擇使，直與陳懋等請仍遣實。報曰：「候善歸議之。」御史畢鑾等復上疏，力言：「就令彼以詐來，我以誠往，萬一不測，則我之兵力固在。」帝終不聽。已而善竟奉上皇還。

二年，也先遣使入貢，且請答使。直屢疏言：「邊備未修，芻糧未積，瘡痍未復，宜如其請。遣使往以覘虛實，開導其善。」不許。無何，也先遣騎入塞，以報使爲辭。直與羣臣復請之，卒不許。直等乃上疏言：「陛下銳意治兵，爲戰守計，眞大有爲之主。然使命不通，難保其不爲寇。宜敕沿邊守臣，發兵遊徼，有警則入保，無事則力耕。陛下於機務之暇，時召京營總督、總兵，詢以方略，誠接而禮貌之，信賞罰以持其後，斯戰守可言也。」帝曰「善」。

明年正月進少傅。帝欲易太子，未發。會思明土知府黃玹以爲請。帝喜，下禮部議。胡濙唯唯，文武諸臣議者九十一人當署名，直有難色。陳循濡筆強之，乃署，竟易皇太子。直進兼太子太師，賜金幣加等。頓足歎曰：「此何等大事，乃爲一蠻酋所壞，吾輩愧死矣。」

景帝疾亟，直、濙等會諸大臣臺諫，請復立沂王爲皇太子，推大學士商輅草疏。未上，而石亨、徐有貞等奪門迎上皇復位，殺王文等。疏草留姚夔所，嘗出以示郎中陸昶，歎曰：「是疏不及進，天也。」直遂乞休。賜璽書、金綺、楮幣，給驛歸。

直爲人方面修髯，儀觀甚偉。性嚴重，不苟言笑。及與人交，恂恂如也。在翰林二十餘年，稽古代言編纂紀注之事，多出其手。與金谿王英齊名，人稱「二王」，以居地目直曰「東王」，英曰「西王」。直以次當入閣，楊士奇不欲也。及長吏部，益廉慎。時初罷廷臣薦舉方面大吏，專屬吏部。直委任曹郎，嚴抑奔競。凡御史巡方歸者，必令具所屬賢否以備選擢，稱得人。其子稹爲南國子博士。考績至部，文選郎欲留侍直，直不可，曰：「是亂法自我始也。」朝廷以直老，命何文淵爲尚書佐之。文淵去，又命王翺，部遂有二尚書。直爲尚書十四年，年益高，名德日益重。帝優禮之，免其常朝。

比家居，嘗從諸佃僕耕蒔，擊鼓歌唱。諸子孫更迭舉觴上壽，直歎曰：「曩者西楊抑我，令不得共事，然使我在閣，今上復辟，當不免遼陽之行，安得與汝曹爲樂哉！」天順六年卒，年八十四。贈太保，諡文端。

稹仕至翰林檢討，亦以學行稱。曾孫思，自有傳。

贊曰：高穀之清直，胡濙之寬厚，王直之端重，蓋皆有大臣之度焉。當英、景之間，國勢初更，人心觀望，執政任事之臣多阿意取容。而穀、濙惓惓於迎駕之儀，直侃侃於遣使之請，皆力持正議，不隨衆俛仰，故能身負碩望，始終一節，可謂老成人矣。

校勘記

〔一〕及汰法王以下番僧四五百人　四五百人，明史稿傳三四胡濙傳作「千餘人」。

明史卷一百七十

列傳第五十八

于謙 子冕 吳寧 王偉

于謙，字廷益，錢塘人。生七歲，有僧奇之曰：「他日救時宰相也。」舉永樂十九年進士。宣德初，授御史。奏對，音吐鴻暢，帝爲傾聽。顧佐爲都御史，待寮屬甚嚴，獨下謙，以爲才勝己也。扈蹕樂安，高煦出降，帝命謙口數其罪。謙正詞嶄嶄，聲色震厲。高煦伏地戰慄，稱萬死。帝大悅。師還，賞賚與諸大臣等。

出按江西，雪冤囚數百。疏奏陝西諸處官校爲民害，詔遣御史捕之。帝知謙可大任，會增設各部右侍郎爲直省巡撫，乃手書謙名授吏部，超遷兵部右侍郎，巡撫河南、山西。謙至官，輕騎徧歷所部，延訪父老，察時事所宜興革，卽具疏言之。一歲凡數上，小有水旱，輒上聞。

正統六年疏言：「今河南、山西積穀各數百萬。請以每歲三月，令府州縣報缺食下戶，隨分支給。先菽秫，次黍麥，次稻。俟秋成償官，而免其老疾及貧不能償者。州縣吏秩滿當遷，預備糧有未足，不聽離任。仍令風憲官以時稽察。」詔行之。河南近河處，時有衝決。謙令厚築隄障，計里置亭，亭有長，責以督率修繕。並令種樹鑿井，榆柳夾路，道無渴者。大同孤懸塞外，按山西者不及至，奏別設御史治之。盡奪鎭將私墾田爲官屯，以資邊用。威惠流行，太行伏盜皆避匿。在官九年，遷左侍郎，食二品俸。

初，三楊在政府，雅重謙。謙所奏，朝上夕報可，皆三楊主持。而謙每議事京師，空橐以入，諸權貴人不能無望。及是，三楊已前卒，太監王振方用事，適有御史姓名類謙者，嘗忤振。謙入朝，薦參政王來、孫原貞自代。通政使李錫阿振指，劾謙以久不遷怨望，擅舉人自代。下法司論死，繫獄三月。已而振知其誤，得釋，左遷大理寺少卿。山西、河南吏民伏闕上書，請留謙者以千數，周、晉諸王亦言之，乃復命謙巡撫。時山東、陝西流民就食河南者二十餘萬，謙請發河南、懷慶二府積粟以振。又奏令布政使年富安集其衆，授田給牛種，使里老司察之。前後在任十九年，丁內外艱，皆令歸治喪，旋起復。

十三年以兵部左侍郎召。明年秋，也先大入寇，王振挾帝親征。謙與尚書鄺埜極諫，不聽。埜從治兵，留謙理部事。及駕陷土木，京師大震，衆莫知所爲。郕王監國，命羣臣議戰守。侍講徐珵言星象有變，當南遷。謙厲聲曰：「言南遷者，可斬也。京師天下根本，一動則大事去矣，獨不見宋南渡事乎！」王是其言，守議乃定。時京師勁甲精騎皆陷沒，所餘疲卒不及十萬，人心震恐，上下無固志。謙請王檄取兩京、河南備操軍，山東及南京沿海備倭軍，江北及北京諸府運糧軍，亟赴京師，以次經畫部署，人心稍安。卽遷本部尚書。

郕王方攝朝，廷臣請族誅王振。而振黨馬順者，輒叱言官。於是給事中王竑廷擊順，衆隨之。朝班大亂，衞卒聲洶洶。王懼欲起，謙排衆直前掖王止，且啓王宣諭曰：「順等罪當死，勿論。」衆乃定。謙袍袖爲之盡裂。退出左掖門，吏部尚書王直執謙手歎曰：「國家正賴公耳。今日雖百王直何能爲！」當是時，上下皆倚重謙，謙亦毅然以社稷安危爲己任。

初，大臣憂國無主，太子方幼，寇且至，請皇太后立郕王。王驚謝至再。謙颺言曰：「臣等誠憂國家，非爲私計。」王乃受命。九月，景帝立，謙入對，慷慨泣奏曰：「寇得志，要留大駕，勢必輕中國，長驅而南。請飭諸邊守臣協力防遏。京營兵械且盡，宜亟分道募民兵，令工部繕器甲。遣都督孫鏜、衞穎、張軏、張儀、雷通分兵守九門要地，列營郭外。都御史楊善、給事中王竑參之，徙附郭居民入城。通州積糧，令官軍自詣關支，以贏米爲之直，毋棄以資敵。文臣如軒輗者，宜用爲巡撫。武臣如石亨、楊洪、柳溥者，宜用爲將帥。至軍旅之事，臣身當之，不效則治臣罪。」帝深納之。

十月敕謙提督各營軍馬。而也先挾上皇破紫荆關直入，窺京師。石亨議斂兵堅壁老之。謙不可，曰：「奈何示弱，使敵益輕我。」亟分遣諸將，率師二十二萬，列陣九門外：都督陶瑾安定門，廣寧伯劉安東直門，武進伯朱瑛朝陽門，都督劉聚西直門，鎭遠侯顧興祖阜成門，都指揮李端正陽門，都督劉得新崇文門，都指揮湯節宣武門，而謙自與石亨率副總兵范廣、武興陳德勝門外，當也先。以部事付侍郎吳寧，悉閉諸城門，身自督戰。下令，臨陣將不顧軍先退者，斬其將。軍不顧將先退者，後隊斬前隊。於是將士知必死，皆用命。副總兵高禮、毛福壽却敵彰義門北，擒其長一人。帝喜，令謙選精兵屯教場以便調用，復命太監興安、李永昌同謙理軍務。

初，也先深入，視京城可旦夕下，及見官軍嚴陣待，意稍沮。叛閹喜寧嗾使邀大臣迎駕，索金帛以萬萬計，復邀謙及王直、胡濙等出議。帝不許，也先氣益沮。庚申，寇窺德勝門。謙令亨設伏空舍，遣數騎誘敵。敵以萬騎來薄，副總兵范廣發火器，伏起齊擊之。也先弟孛羅、平章卯那孩中礮死。寇轉至西直門，都督孫鏜禦之，亨亦分兵至，寇引退。副總兵武興擊寇彰義門，與都督王敬挫其前鋒。寇且却，而內官數百騎欲爭功，躍馬競前。陣亂，興被流矢死。寇逐至土城，居民升屋，號呼投磚石擊寇，譁聲動天。王竑及福壽援至，寇乃却。相持五日，也先邀請既不應，戰又不利，知終弗可得志，又聞勤王師且至，恐斷其歸路，遂擁上皇由良鄉西去。謙調諸將追擊，至關而還。論功，加謙少保，總督軍務。謙曰：「四郊多壘，卿大夫之恥也，敢邀功賞哉！」固辭，不允。乃益兵守眞、保、涿、易諸府州，請以大臣鎭山西，防寇南侵。

景泰元年三月，總兵朱謙奏敵二萬攻圍萬全，敕范廣充總兵官禦之。已而寇退，謙請卽駐兵居庸，寇來則出關勦殺，退則就糧京師。大同參將許貴奏，迤北有三人至鎭，欲朝廷遣使講和。謙曰：「前遣指揮季鐸、岳謙往，而也先隨入寇。繼遣通政王復、少卿趙榮，不見上皇而還。和不足恃，明矣。況我與彼不共戴天，理固不可和。萬一和而彼肆無厭之求，從之則坐敝，不從則生變，勢亦不得和。貴爲介胄臣，而恇怯如此，何以敵愾，法當誅。」移檄切責。自是邊將人人主戰守，無敢言講和者。

初，也先多所要挾，皆以喜寧爲謀主。謙密令大同鎭將擒寧，戮之。又計授王偉誘誅間者小田兒。且因諜用間，請特釋忠勇伯把台家，許以封爵，使陰圖之。也先始有歸上皇意，遣使通款，京師稍解嚴。謙上言：「南京重地，撫輯須人。中原多流民，設遇歲荒，嘯聚可虞。乞敕內外守備及各巡撫加意整飭，防患未然，召還所遣召募文武官及鎭守中官在內地者。」

於時八月，上皇北狩且一年矣。也先見中國無釁，滋欲乞和，使者頻至，請歸上皇。大

臣王直等議遣使奉迎，帝不悅曰：「朕本不欲登大位，當時見推，實出卿等。」謙從容曰：「天位已定，寧復有他，顧理當速奉迎耳。萬一彼果懷詐，我有辭矣。」帝顧而改容曰：「從汝，從汝。」先後遣李實、楊善往，卒奉上皇以歸，謙力也。

上皇既歸，瓦剌復請朝貢。先是，貢使不過百人，正統十三年至三千餘，賞賚不饜，遂入寇。及是又遣使三千來朝，謙請列兵居庸關備不虞，京師盛陳兵，宴之。因言和議難恃，條上安邊三策。請敕大同、宣府、永平、山海、遼東各路總兵官增修備禦。京兵分隸五軍、神機、三千諸營，雖各有總兵，不相統一，請擇精銳十五萬，分十營團操。團營之制自此始。具兵志中。瓦剌入貢，每攜故所掠人口至。謙必奏酬其使，前後贖還累數百人。

初，永樂中，降人安置近畿者甚衆。也先入寇，多爲內應。謙謀散遣之。因西南用兵，每有征行，輒選其精騎，厚資以往，已更遣其妻子，內患以息。楊洪自獨石入衞，八城悉以委寇。謙使都督孫安以輕騎出龍門關據之，募民屯田，且戰且守，八城遂復。貴州苗未平，何文淵議罷二司，專設都司，以大將鎭之。謙曰：「不設二司，是棄之也。」議乃寢。謙以上皇雖還，國恥未雪，會也先與脫脫不花構，請乘間大發兵，身往討之，以復前仇，除邊患。帝不許。

謙之爲兵部也，也先勢方張，而福建鄧茂七、浙江葉宗留、廣東黃蕭養各擁衆僭號，湖廣、貴州、廣西、瑤、僮、苗、獠所至蜂起。前後征調，皆謙獨運。當軍馬倥傯，變在俄頃，謙目視指屈，口具章奏，悉合機宜。僚吏受成，相顧駭服。號令明審，雖勳臣宿將小不中律，卽請旨切責。片紙行萬里外，靡不惕息。其才略開敏，精神周至，一時無與比。至性過人，憂國忘身。上皇雖歸，口不言功。東宮旣易，命兼宮僚者支二俸。諸臣皆辭，謙獨辭至再。自奉儉約，所居僅蔽風雨。帝賜第西華門，辭曰：「國家多難，臣子何敢自安。」固辭，不允。乃取前後所賜璽書、袍、錠之屬，悉加封識，歲時一省視而已。

帝知謙深，所論奏無不從者。嘗遣使往眞定、河間采野菜，直沽造乾魚，謙一言卽止。用一人，必密訪謙。謙具實對，無所隱，不避嫌怨。由是諸不任職者皆怨，而用弗如謙者，亦往往嫉之。比寇初退，都御史羅通卽劾謙上功簿不實。御史顧曦言謙太專，請六部大事同內閣奏行。謙據祖制折之，戶部尙書金濂亦疏爭，而言者捃摭不已。諸御史以深文彈劾者屢矣，賴景帝破衆議用之，得以盡所設施。

謙性故剛，遇事有不如意，輒拊膺歎曰：「此一腔熱血，竟灑何地！」視諸選耎大臣、勳舊貴戚，意頗輕之，憤者益衆。又始終不主和議，雖上皇實以是得還，不快也。徐珵以議南遷，爲謙所斥。至是改名有貞，稍稍進用，嘗切齒謙。石亨本以失律削職，謙請宥而用之，總兵十營，畏謙不得逞，亦不樂謙。德勝之捷，亨功不加謙而得世侯，內媿，乃疏薦謙

子冕。詔赴京師，辭，不允。謙言：「國家多事，臣子義不得顧私恩。且亨位大將，不聞舉一幽隱，拔一行伍微賤，以裨軍國，而獨薦臣子，於公議得乎？臣於軍功，力杜僥倖，決不敢以子濫功。」亨復大恚。都督張軏以征苗失律，爲謙所劾，與內侍曹吉祥等皆素憾謙。

景泰八年正月壬午，亨與吉祥、有貞等旣迎上皇復位，宣諭朝臣畢，卽執謙與大學士王文下獄。誣謙等與黃竑搆邪議，更立東宮，又與太監王誠、舒良、張永、王勤等謀迎立襄王子。亨等主其議，嗾言官上之。都御史蕭惟禎定讞，坐以謀逆，處極刑。文不勝誣，辯之疾，謙笑曰：「亨等意耳，辯何益？」奏上，英宗尙猶豫曰：「于謙實有功。」有貞進曰：「不殺于謙，此舉爲無名。」帝意遂決。丙戌改元天順，丁亥棄謙市，籍其家，家戍邊。遂溪敎諭吾豫言謙罪當族，謙所薦舉諸文武大臣並應誅。部議持之而止。千戶白琦又請榜其罪，鏤板示天下。一時希旨取寵者，率以謙爲口實。

謙自值也先之變，誓不與賊俱生。嘗留宿直廬，不還私第。素病痰，疾作，景帝遣興安、舒良更番往視。聞其服用過薄，詔令上方製賜，至醯菜畢備。又親幸萬歲山，伐竹取瀝以賜。或言寵謙太過，興安等曰：「彼日夜分國憂，不問家產，卽彼去，令朝廷何處更得此人？」及籍沒，家無餘貲，獨正室鐍鑰甚固。啓視，則上賜蟒衣、劍器也。死之日，陰霾四合，天下冤之。指揮朶兒者，本出曹吉祥部下，以酒酹謙死所，慟哭。吉祥怒，抶之。明日復酹奠如

故。都督同知陳逵感謙忠義，收遺骸殯之。踰年，歸葬杭州。逵，六合人。故舉將才，出李時勉門下者也。皇太后初不知謙死，比聞，嗟悼累日。英宗亦悔之。

謙既死，而亨黨陳汝言代爲兵部尚書。未一年敗，贓累巨萬。帝召大臣入視，愀然曰：「于謙被遇景泰朝，死無餘貲，汝言抑何多也。」亨俯首不能對。俄有邊警，帝憂形於色。恭順侯吳瑾侍，進曰：「使于謙在，當不令寇至此。」帝爲默然。是年，有貞爲亨所中，戍金齒。又數年，亨亦下獄死，吉祥謀反族誅，謙事白。

成化初，冕赦歸，上疏訟冤，得復官賜祭。誥曰：「當國家之多難，保社稷以無虞，惟公道之獨持，爲權奸所並嫉。在先帝已知其枉，而朕心實憐其忠。」天下傳誦焉。弘治二年，用給事中孫需言，贈特進光祿大夫、柱國、太傅，諡肅愍，賜祠於其墓曰旌功，有司歲時致祭。萬曆中，改諡忠肅。杭州、河南、山西皆世奉祀不絕。

冕，字景瞻，蔭授副千戶，坐戍龍門。謙冤既雪，并復冕官。自陳不願武職，改兵部員外郎。居官有幹局，累遷至應天府尹。致仕卒。無子，以族子允忠爲後，世襲杭州衛副千戶，奉祠。

吳寧，字永清，歙人。宣德五年進士。除兵部主事。正統中，再遷職方郎中。郕王監國，謙薦擢本部右侍郎。謙禦寇城外，寧掌部事，命赴軍中議方略。比還，城門弗啓，寇騎充斥，寧立雨中指揮兵士，移時乃入。寇既退，畿民猶日數驚，相率南徙，或議仍召勤王兵。寧曰：「是益之使驚也，莫若告捷四方，人心自定。」因具奏行之。景泰改元，以疾乞歸，後不復出。家居三十餘年卒。

寧方介有識鑒。嘗爲謙擇壻，得千戶朱驥。謙疑之，寧曰：「公他日當得其力。」謙被刑，驥果歸其喪，葬之。驥自有傳。

王偉，字士英，攸人。年十四，隨父謫戍宣府。宣宗巡邊，獻安邊頌，命補保安州學生。舉正統元年進士，改庶吉士，授戶部主事。英宗北狩，命行監察御史事，集民壯守廣平。謙引爲職方司郎中。軍書塡委，處分多中窾會，遂薦擢兵部右侍郎。出視邊，叛人小田兒爲敵間，謙屬偉圖之。會田兒隨貢使入，至陽和城，壯士從道旁突出，斷其頭去，使者不敢詰。

偉喜任智數。既爲謙所引，恐嫉謙者目己爲朋附，嘗密奏謙誤，冀自解。帝以其奏授謙，謙叩頭謝。帝曰：「吾自知卿，何謝爲？」謙出，偉問：「上與公何言？」謙笑曰：「我有失，望君面規我，何至爾邪？」出奏示之，偉大慚沮。然竟坐謙黨，罷歸。成化三年復官，請毀白琦所鍥板。踰年，告病歸卒。

贊曰：于謙爲巡撫時，聲績表著，卓然負經世之才。及時遘艱虞，繕兵固圉。景帝既推心置腹，謙亦憂國忘家，身繫安危，志存宗社，厥功偉矣。變起奪門，禍機猝發，徐、石之徒出力而擠之死，當時莫不稱冤。然有貞與亨、吉祥相繼得禍，皆不旋踵，而謙忠心義烈，與日月爭光，卒得復官賜卹。公論久而後定，信夫。

明史卷一百七十一

列傳第五十九

王驥 孫瑾 徐有貞 楊善 李實 趙榮 霍瑄 沈固 王越

王驥，字尚德，束鹿人。長身偉幹，便騎射，剛毅有膽，曉暢戎略。中永樂四年進士。爲兵科給事中。使山西，奏免鹽池逋課二十餘萬，尋遷山西按察司副使。洪熙元年入爲順天府尹。宣德初，擢兵部右侍郎，代顧佐署都察院。久之，署兵部尚書。九年命爲眞。

正統元年奉詔議邊事，越五日未奏。帝怒，執驥與侍郎鄺埜下之獄。尋得釋。阿台、朶兒只伯數寇甘、涼，邊將屢失利。侍郎柴車、徐晞，都御史曹翼相繼經理邊務，未能制。二年五月命驥往，許便宜行事。驥疾驅至軍，大會諸將，問往時追敵魚兒海子，先退敗軍者誰。僉曰「都指揮安敬」。驥先承密旨戮敬，遂縛敬斬轅門，幷宣敕責都督蔣貴。諸將皆股

慄。驥乃大閱將士，分兵畫地，使各自防禦，邊境肅然。閱軍甘、涼，汰三之一。定更番法，兵得休息，而轉輸亦省。

俄阿台復入寇。帝以任禮爲平羌將軍，蔣貴、趙安爲副，驥督軍。三年春，偕諸將出塞，以貴爲前鋒，而自與任禮帥大軍後繼，與貴約曰「不捷，無相見也。」貴擊敵石城，敵走兀魯乃。貴帥輕騎二千五百人出鎭夷，間道兼行，三日夜及之。擒左丞脫羅，斬首三百餘，獲金銀印各一，駝馬兵甲千計。驥與禮自梧桐林至亦集乃，擒樞密、同知、僉院十五人，萬戶二人，降其部落，窮進至黑泉。而趙安等出昌寧，至刁力溝，亦擒右丞、達魯花赤三十人。分道夾擊，轉戰千餘里，朶兒只伯遠遁。論功，貴、禮皆封伯，而驥兼大理卿，支二俸。尋召還，理部事。

久之，麓川之役起。麓川宣慰使思任發叛，數敗王師。黔國公沐晟討之，不利，道卒，以沐昂代。昂條上攻取策，徵兵十二萬人。中官王振方用事，喜功名，以驥可屬，思大舉。驥亦欲自效。

六年正月遂拜蔣貴平蠻將軍，李安、劉聚爲副，而驥總督軍務，大發東南諸道兵十五萬討之。刑部侍郎何文淵、侍講劉球先後疏諫，不納。瀕行，賜驥、貴金兜鍪、細鎧、蟒繡緋衣、朱弓矢。驥請得以便宜從事。馳傳至雲南，部署諸將，遣參將冉保由東路趨孟定，大軍由中路至騰衝，分道夾擊。是年十一月與貴以二萬人趨上江，圍其寨，五日不下。會大風，縱火焚柵，拔之，斬首五萬餘級。進自夾象石，渡下江，通高黎貢山道。閏月至騰衝，長驅抵杉木籠山。賊乘高據險，築七壘相救。驥遣參將宮聚、副將劉聚分左右翼緣嶺上，而自將中軍奮擊之，賊大潰，乘勝至馬鞍山。

踰月，抵賊巢。山陡絕，深塹環之，東南面江，壁立不可上。驥遣前軍覘賊，敗其伏兵。賊更自間道立柵馬鞍山，出大軍後。驥戒軍中無動，而令都指揮方瑛以六千人突賊寨，斬首數百，復誘敗其象陣。會東路軍冉保等已合木邦、車里、大侯諸土軍，破烏木弄、戛邦諸寨，遣別將守西峩渡，防賊軼，刻期與大軍會。驥乃督諸將環攻其七門，積薪縱火。風大作，賊焚死無算，溺江死者數萬人。思任發攜二子走孟養。獲其虎符、金牌、宣慰司印及所掠騰衝諸衞所印章三十有奇。犁其巢穴，留兵守之而還。

明年四月遣偏師討維摩土司韋郎羅。郎羅走安南，俘其妻子。傳檄安南，縛之以獻。五月，師還。帝遣戶部侍郎王質齎羊酒迎勞，賜宴奉天門，封推誠宣力武臣、特進榮祿大夫、上柱國、靖遠伯，歲祿千二百石，世襲指揮同知，賜貂蟬冠玉帶。貴進侯，劉聚等遷賞有差。從征少卿李蕡，郎中侯璡、楊寧皆擢侍郎，士卒賜予加等。府庫爲竭。思任發之竄緬甸也，其子思機發復帥餘衆居者藍，乞入朝謝罪。廷議因而撫之，王振

不可。是年八月復命驥總督雲南軍務，帥參將冉保、毛福壽以往。未至而思機發遣弟招賽入貢，[一]緬甸亦奏獲思任發，要麓川地。朝廷不納其貢，且敕驥圖緬甸，驥因請濟師。

八年五月復命蔣貴爲平蠻將軍，調土兵五萬往，發卒轉餉五十萬人。驥初檄緬甸送思任發。緬人陽聽命，持兩端。是年冬，大軍逼緬甸，緬人以樓船載思任發覘官軍，而潛以他舟載之歸。驥知緬人資木邦水利爲脣齒，且慮思機發將以獻其父故仇之，故終不肯獻思任發。驥乃趨者藍，破思機發巢，得其妻子部落，而思機發獨脫去。

明年召還，加祿三百石，命與都御史陳鎰巡延綏、寧夏、甘肅諸邊。初，寧夏備邊軍，半歲一更，後邊事亟，三年乃更。軍士日久疲罷，又益選軍餘防冬，家有五六人在邊者，軍用重困。驥請歲一更，當代者以十月至，而代者留至來年正月乃遣歸，邊備足而軍不勞。帝善其議，行之諸邊。當是時，緬人已以思任發來獻，而思機發竊駐孟養地，屢遣使入貢謝罪。中外咸願罷兵。振意終未慊，要思機發躬入朝謝。沐斌帥師至金沙江招之，不至。論孟養執之以獻，亦不聽命。於是振怒，欲盡滅其種類。

十三年春復命驥總督軍務，宮聚爲平蠻將軍，帥師十五萬人往。[二]明年造舟浮金沙江，蠻人柵西岸拒守。官軍聯舟爲浮橋以濟，拔其柵，進破鬼哭山，連下十餘寨，墜溺死者無算，而思機發終脫去，不可得。是時，官軍踰孟養，至孟那海。地在金沙江西，去麓川千

里，自古兵力所不至，諸蠻見大軍皆震怖。而大軍遠涉，驥慮餽餉不繼，亟謀引還。時思機發雖遁匿，而思任發少子思陸復擁衆據孟養。驥度賊終不可滅，乃與思陸約，立石表，誓金沙江上，曰：「石爛江枯，爾乃得渡。」遂班師。

驥凡三征麓川，卒不得思機發。議者咎驥等老師費財，以一隅騷動天下。而會川衛訓導詹英抗疏劾之，大略謂：「驥等多役民夫，舁綵繒，散諸土司以邀厚利。擅用腐刑，詭言進御，實充私役。師行無紀，十五萬人一日起行，互相蹂踐。每軍負米六斗，跋陟山谷，自縊者多。抵金沙江，徬徨不敢渡，既渡不敢攻，攻而失都指揮路宣、翟亨等。俟賊解，多捕魚戶爲俘，以地分木邦、緬甸，掩敗爲功。此何異李宓之敗，而楊國忠以捷聞也。」奏下法司。王振左右之，得不問。而命英從驥軍自效。英知往且獲罪，匿不去。

當是時，湖廣、貴州諸苗，所在蜂起，圍平越及諸城堡，貴州東路閉。驥至武昌，詔還軍討苗。會英宗北狩，羣臣劾王振幷及驥。以驥方在軍，且倚之平苗，置弗問。命佩平蠻將軍印，充總兵官，侍郎侯璡總督軍務。已而苗益熾，衆至十餘萬。平越被圍半歲，巡按御史黃鎬死守，糧盡掘草根食之，而驥頓軍辰、沅不進。景泰元年，鎬草疏置竹筒中，募人自間道出，聞於朝。更命保定伯梁珤爲平蠻將軍，益兵二萬人。侯璡自雲南督之前，疾戰，大破賊，盡解諸城圍，而驥亦俘剗平王蟲富等以獻。

驥還，命總督南京機務。其冬，乞世券，與之。南畿軍素偷惰。驥至，以所馭軍法敎之。于謙弗重也，朝廷以其舊臣寵禮之。三年四月，賜敕解任，奉朝請。驥年七十餘，躍馬食肉，盛聲伎如故。

久之，石亨、徐有貞等奉英宗復辟，驥與謀。賞稍後，上章自訟，言：「臣子祥入南城，爲諸將所擠，墮地幾死。今論功不及，疑有蔽之者。」帝乃官祥指揮僉事，而命驥仍兵部尙書，理部事，加號奉天翊衞推誠宣力守正文臣、光祿大夫，餘如故。數月請老，又三年乃卒，年八十三。贈靖遠侯，謚忠毅。傳子瑺及孫添。添尙嘉善長公主。

再傳至孫瑾。嘉靖初，提督三千營，協守南京，還掌左府。久之，佩征蠻將軍印，鎭兩廣。廣東新寧、新興、恩平間，多高山叢箐，亡命者輒入諸瑤中，吏不得問，衆至萬餘人，流劫高要、陽江諸縣。官軍討之，輒失利。三十五年春，瑾與巡撫都御史談愷檄諸路土兵誅其魁陳以明，悉平諸巢。捷聞，加太子太保。而扶藜、葵梅諸山尙馮天恩等，據險爲寇者亦數十年。瑾復督軍分道進剿，破巢二百餘，復以功廕一子錦衣百戶。言官劾其暴橫，召還。爵傳至明亡乃絕。

徐有貞，字元玉，初名珵，吳人。宣德八年進士。選庶吉士，授編修。爲人短小精悍，多智數，喜功名。凡天官、地理、兵法、水利、陰陽方術之書，無不諳究。

時承平既久，邊備嬾惰，而西南用兵不息，珵以爲憂。正統七年疏陳兵政五事，帝善之而不能用。十二年進侍講。十四年秋，熒惑入南斗。珵私語友人劉溥曰「禍不遠矣」，亟命妻子南還。及土木難作，郕王召廷臣問計。珵大言曰：「驗之星象，稽之曆數，天命已去，惟南遷可以紓難。」太監金英叱之，胡濙、陳循咸執不可。兵部侍郎于謙曰：「言南遷者，可斬也。」珵大沮，不敢復言。

景帝卽位，遣科道官十五人募兵於外，珵行監察御史事，往彰德。寇退，召還，仍故官。珵急於進取，自創南遷議爲內廷詘笑，久不得遷。因遺陳循玉帶，且用星術，言「公帶將玉矣」。無何，循果加少保，大喜，因屢薦之。而是時用人多決於少保于謙。珵屬謙門下士游說，求國子祭酒。謙爲言於帝，帝曰：「此議南遷徐珵邪？爲人傾危，將壞諸生心術。」珵不知謙之薦之也，以爲沮己，深怨謙。循勸珵改名，因名有貞。

景泰三年遷右諭德。河決沙灣七載，前後治者皆無功。廷臣共舉有貞，乃擢左僉都御史，治之。至張秋，相度水勢，條上三策：一置水門，一開支河，一濬運河。議既定，督漕都

御史王竑以漕渠淤淺滯運艘，請急塞決口。帝敕有貞如竑議。有貞守便宜，言：「臨淸河淺，舊矣，非因決口未塞也。漕臣但知塞決口爲急，不知秋冬雖塞，來春必復決，徒勞無益。臣不敢邀近功。」詔從其言。有貞於是大集民夫，躬親督率，治渠建閘，起張秋以接河、沁。河流之旁出不順者，爲九堰障之。更築大堰，楗以水門，閱五百五十五日而工成。名其渠曰「廣濟」，[三]閘曰「通源」。方工之未成也，帝以轉漕爲急，工部尙書江淵等請遣中書偕文武大臣督京軍五萬人往助役，期三月畢工。有貞言：「京軍一出，日費不貲，遇漲則束手坐視，無所施力。今泄口已合，決堤已堅，但用沿河民夫，自足集事。」議遂寢。事竣，召還，佐院事。帝厚勞之。復出巡視漕河。濟寧十三州縣河夫多負官馬及他雜辦，所司趣之亟，有貞爲言免之。七年秋，山東大水，河堤多壞，惟有貞所築如故。有貞乃修舊隄決口，自臨淸抵濟寧，各置減水閘，水患悉平。還朝，帝召見，奬勞有加，進左副都御史。

八年正月，景帝不豫。石亨、張軏等謀迎上皇，以告太常卿許彬。彬曰：「此不世功也。彬老矣，無能爲。徐元玉善奇策，盍與圖之。」亨卽夜至有貞家。聞之，大喜，曰：「須令南城知此意。」軏曰：「陰達之矣。」令太監曹吉祥入白太后。辛巳夜，諸人復會有貞所。有貞升屋覽乾象，亟下曰：「時至矣，勿失。」時方有邊警，有貞令軏詭言備非常，勒兵入大內。亨掌門鑰，夜四鼓，開長安門納之。既入，復閉以遏外兵。時天色晦冥，亨、軏皆惶惑，謂有貞

曰：「事當濟否？」有貞大言必濟，趣之行。既薄南城，門錮，毀牆以入。上皇燈下獨出問故。有貞等俯伏請登位，乃呼進轝。兵士惶懼不能舉，有貞率諸人助挽以行。星月忽開朗，上皇各問諸人姓名。至東華門，門者拒弗納，上皇曰「朕太上皇帝也」，遂反走。乃升奉天門，有貞等常服謁賀，呼萬歲。

景帝明當視朝，羣臣咸待漏闕下。忽聞殿中呼噪聲，方驚愕。俄諸門畢啓，有貞出號於衆曰：「太上皇帝復位矣。」趣入賀。卽日命有貞兼學士，入內閣，參預機務。明日加兵部尚書。有貞謂亨曰：「願得冠側注從兄後。」亨爲言於帝，封武功伯兼華蓋殿大學士，掌文淵閣事，賜號奉天翊衞推誠宣力守正文臣，祿千一百石，世錦衣指揮使，給誥券。有貞遂誣少保于謙、大學士王文，殺之。內閣諸臣斥逐略盡。陳循素有德於有貞，亦弗救也。事權盡歸有貞，中外咸側目。而有貞愈益發舒，進見無時，帝亦傾心委任。

有貞既得志，則思自異於曹、石。窺帝於二人不能無厭色，乃稍稍裁之，且微言其貪橫狀，帝亦爲之動。御史楊瑄奏劾亨、吉祥侵占民田。帝問有貞及李賢，皆對如瑄奏。有詔奬瑄。亨、吉祥大怨恨，日夜謀構有貞。帝方眷有貞，時屛人密語。吉祥令小豎竊聽得之，故洩之帝。帝驚問曰：「安所受此語？」對曰：「受之有貞，某日語某事，外間無弗聞。」帝自是疏有貞。會御史張鵬等欲糾亨他罪，未上，而給事中王鉉泄之亨、吉祥。二人乃泣訴於帝，

謂內閣實主之。遂下諸御史獄，倂逮繫有貞及李賢。忽雷雹交作，大風折木。帝感悟，重違亨意，乃釋有貞出爲廣東參政。

亨等憾未已，必欲殺之。令人投匿名書，指斥乘輿，云有貞怨望，使其客馬士權者爲之。遂追執有貞於德州，幷士權下詔獄，榜治無驗。會承天門災，肆赦。亨、吉祥慮有貞見釋，言於帝曰：「有貞自撰武功伯券辭云『纘禹成功』，又自擇封邑武功。禹受禪爲帝，武功者曹操始封也，有貞志圖非望。」帝出以示法司，刑部侍郎劉廣衡等奏當棄市。詔徙金齒爲民。

亨敗，帝從容謂李賢、王翶曰：「徐有貞何大罪，爲石亨輩所陷耳，其釋歸田里。」成化初，復冠帶閒住。有貞既釋歸，猶冀帝復召，時時仰觀天象，謂將星在吳，益自負。常以鐵鞭自隨，數起舞。及聞韓雍征兩廣有功，乃擲鞭太息曰：「孺子亦應天象邪？」遂放浪山水間，十餘年乃卒。

有貞初出獄時，拊士權背曰：「子，義士也，他日一女相託。」金齒歸，士權時往候之，絕不及婚事。士權辭去，終身不言其事，人以是薄有貞而重士權。

楊善，字思敬，大興人。年十七爲諸生。成祖起兵，預城守有勞，授典儀所引禮舍人。永樂元年改鴻臚寺序班。善偉風儀，音吐洪亮，工進止。每朝謁引進奏時，上目屬之，累進右寺丞。仁宗卽位，擢本寺卿。宣德六年被劾下獄，褫冠帶，踰月。正統六年，子容詐作中官書，假金於尚書吳中。事覺，謫戍威遠衞，置善不問。久之，擢禮部左侍郎，仍視鴻臚事。

十四年八月扈駕北征，及土木，師潰，善間行得脫。也先將入寇，改左副都御史，與都督王通提督京城守備。寇退，進右都御史，視鴻臚如故。景泰元年，廷臣朝正畢，循故事，相賀於朝房。善獨流涕曰：「上皇在何所，而我曹自相賀乎！」衆媿，爲之止。是年夏，李實、羅綺使瓦剌，議罷兵，未還，而也先使至，言朝廷遣使報阿剌知院，而不遣大臣報可汗及太師，事必不濟。尚書王直等奏其言，廷議簡四人爲正副使，與偕行，帝命俟李實還議之。已而實將至，乃命善及侍郎趙榮爲使，齎金銀書幣往。

先是袁敏者，請齎服御物問上皇安，不納。及是，尚書胡濙等言，上皇蒙塵久，御用服食宜付善等隨行，亦不報。時也先欲還上皇，而敕書無奉迎語，自齎賜也先外，善等無他賜。善乃出家財，悉市彼中所需者，攜以往。

既至，其館伴與飲帳中，詫善曰：「土木之役，六師何怯也？」善曰：「彼時官軍壯者悉南

征，王司禮邀大駕幸其里，不爲戰備，故令汝得志耳。今南征將士歸，可二十萬。又募中外材官技擊，可三十萬。悉敎以神鎗火器藥弩，百步外洞人馬腹立死。又用策士言，緣邊要害，隱鐵椎三尺，馬蹄踐輒穿。又刺客林立，夜度營幕若猿猱。」伴色動。善曰：「惜哉，今皆置無用矣。」問：「何故？」曰：「和議成，歡好且若兄弟，安用此？」因以所齎遺之。其人喜，悉以語也先。

明日謁也先，亦大有所遺，也先亦喜。善因詰之曰：「太上皇帝朝，太師遣貢使必三千人，歲必再賚，金幣載途，乃背盟見攻何也？」也先曰：「奈何削我馬價，予帛多剪裂，前後使人往多不歸，又減歲賜？」善曰：「非削也，太師馬歲增，價難繼而不忍拒，故微損之。太師自度，價比前孰多也？帛剪裂者，通事爲之，事露，誅矣。卽太師貢馬有劣弱，貂或敝，亦豈太師意耶？且使者多至三四千人，有爲盜或犯他法，歸恐得罪，故自亡耳，留若奚爲？貢使受宴賜，上名或浮其人數，朝廷核實而予之。所減乃虛數，有其人者，固不減也。」也先屢稱善。善復曰：「太師再攻我，屠戮數十萬，太師部曲死傷亦不少矣。上天好生，太師好殺，故數有雷警。今還上皇，和好如故，中國金幣日至，兩國俱樂，不亦美乎？」也先曰：「敕書何以無奉迎語？」善曰：「此欲成太師令名，使自爲之。若載之敕書，是太師迫於朝命，非太師誠心也。」也先大喜，問：「上皇歸將復得爲天子乎？」善曰：「天位已定，難再移。」也先曰：「堯、

舜如何？」善曰：「堯讓舜，今兄讓弟，正相同也。」其平章昂克問善：「何不以重寶來購？」善曰：「若齎貨來，人謂太師圖利。今不爾，乃見太師仁義，為好男子，垂史策，頌揚萬世。」也先笑稱善。知院伯顏帖木耳勸也先留使臣，而遣使要上皇復位。也先懼失信，不可，竟許善奉上皇還。

時舉朝競奇善功，而景帝以非初遣旨，薄其賞。遷左都御史，仍涖鴻臚事。二年，廷臣朝正旦畢，修賀朝房。善又曰：「上皇不受賀，我曹何相賀也？」三年正月加太子太保。六年以衰老乞致仕，優詔不許。

善狀貌魁梧，應對捷給。然無學術，滑稽，對客鮮莊語。家京師，治第郭外。園多善果，歲時饋公卿戚里中貴，無不得其歡心。王振用事，善媚事之。至是又與石亨、曹吉祥結。天順元年正月，亨、吉祥奉上皇復辟，善以預謀，封奉天翊衛推誠宣力武臣、特進光祿大夫、柱國、興濟伯，歲祿千二百石，賜世券，掌左軍都督府事。尚書胡濙頌善迎駕功，命兼禮部尚書，尋改守正文臣。善使瓦剌，攜子四人行，至是並得官。又為從子、養子乞恩，得官者復十數人。氣勢烜赫，招權納賄，亨輩嫉而間之，以是漸疏外。二年五月卒。贈興濟侯，謚忠敏。

善負才辨，以巧取功名，而儉忮為士論所棄。其為序班，坐事與庶吉士章樸同繫獄，久

之，相狎。時方窮治方孝孺黨，樸言家有孝孺集，未及燬。善從借觀，密奏之。樸以是誅死，而善得復官。于謙、王文之戮，陳循之竄，善亦有力焉。子宗襲爵，後革「奪門」功，降金吾指揮使。孫增尚公主。

李實，字孟誠，合州人。正統七年進士。為人恣肆無拘檢，有口辨。景泰初，為禮科給事中。也先令完者脫歡議和，實請行。擢禮部右侍郎以往，少卿羅綺為副。至則見上皇，頗得也先要領，還言也先請和無他意。及楊善往，上皇果還。是年十月進右都御史，巡撫湖廣。五年召還，掌院事。初，實使謁上皇，請還京引咎自責，失上皇意。後以居鄉暴橫，斥為民。

趙榮，字孟仁，其先西域人。元時入中國，家閩縣。舅薩琦，官翰林，從入都，以能書授中書舍人。

正統十四年十月，也先擁上皇至大同，知府霍瑄謁見，慟哭而返。也先遂犯京師，奉上皇登土城，邀大臣出迓。榮慨然請行。大學士高穀拊其背曰：「子，忠義人也。」解所佩犀帶贈之，即擢大理右少卿，充鴻臚卿。偕右通政王復出城朝見，進羊酒諸物。也先以非大臣，遣之還，而邀于謙、石亨、王直、胡濙出。景帝不遣。改榮太常少卿，仍供事內閣。景泰元年七月擢工部右侍郎，偕楊善等往。敕書無奉迎語，善口辯，榮左右之，竟奉上皇歸。進左侍郎。

行人王晏請開沁河通漕運，[一]再下廷議，言不便，遣榮往勘。還，亦言不便。尋奉敕會山東、河南三司相度河道。衆以榮不由科目，慢之。榮怒，多所捶辱，又自攝衣探水深淺。三司各上章言榮單馬馳走，驚駭軍民，杖傷縣官，鬻廪米多取其直。撫、按薛希璉、張琛亦以聞。章下治河僉都御史徐有貞覈奏。法司言，榮雖失大體，終為急於國事，鬻米從人所為，諸臣侮大臣，抗敕旨，宜逮治，希璉、琛亦宜罪。帝令按臣責取諸臣供狀，宥之。

天順元年進尚書。曹欽反，榮策馬大呼於市曰：「曹賊作逆，壯士同我討罪。」果有至者，即率之往。賊平，英宗與李賢言，歎榮忠，命兼大理寺卿，食其俸。七年以疾罷。成化十一年卒。賜恤如制。

霍瑄，字廷璧，鳳翔人。由鄉舉入國學，授大同通判。正統十二年，以武進伯朱冕薦，就擢知府。也先擁英宗至城下，瑄與理餉侍郎沈固等出謁，叩馬號泣。衆露刃叱之，不為動。上皇命括城內金帛，瑄悉所有獻之，上皇嘉歎。寇數出沒大同、渾源，伺軍民樵採，輒

驅掠。或幸脫歸，率殘傷肢體。遺民相率入城，無所棲，又乏食。瑄俱為奏之。老弱聽暫徙，發粟振，而所留城守丁壯除賦役。秩滿當遷，鎮巡諸臣乞留。詔加山西右參政，仍治府事。

英宗復位，徵拜瑄工部右侍郎，而固亦以石亨薦，起為戶部尚書。既而巡撫上瑄治行，賜誥旌異。初，瑄在大同，巡撫年富被逮，瑄資其家還里，為鎮守太監韋力轉所惡，撻之十餘。至是瑄以聞，且言力轉每宴輒用妓樂，服御僭侈如王者，強取部民女為妾。力轉亦訐瑄違法事。帝兩釋焉。其年轉左，賜二品服。成化初，屢為言官所劾。命致仕。卒於京師。瑄初治郡有聲，晚節不檢。特以艱危時見知天子，遂久列顯位。

沈固，丹陽人。永樂中，起家鄉舉，積官至尚書。石亨敗，乞休去。

王越，字世昌，濬人。長身，多力善射，涉書史，有大略。登景泰二年進士。廷試日，旋風起，颺其卷去，更給卷，乃畢事。授御史，出按陝西。聞父訃，不俟代輒歸，為都御史所劾。帝特原之。

天順初，起掌諸道章奏，超拜山東按察使。七年，大同巡撫都御史韓雍召還，帝難其代，喟然曰：「安得如雍者而任之？」李賢薦越，召見。越偉服短袂，進止便利。帝喜，擢右副都御史以行。甫至，遭母憂，奪情視事。越乃繕器甲，簡卒伍，修堡砦，減課勸商，爲經久計。

成化三年，撫寧侯朱永征毛里孩，以越贊理軍務。其秋，兼巡撫宣府。

五年冬，寇入河套，延綏巡撫王銳請濟師，詔越帥師赴之。河套者，周朔方、秦河南地，土沃，豐水草。東距山西偏頭關，西距寧夏，可二千里。三面阻河，北拊榆林之背。唐三受降城在河外，故內地。明初，阻河爲守，延綏亦無事。自天順間，毛里孩等三部始入爲寇。然時出沒，不敢久駐。至是始屯牧其中，屢爲邊患。越至榆林，遣遊擊將軍許寧出西路龍州、鎭靖諸堡，范瑾出東路神木、鎭羌諸堡，而自與中官秦剛按榆林城爲聲援。寧戰黎家澗，瑾戰崖窖川，皆捷，右參將神英又破敵於鎭羌，寇乃退。

明年正月以捷聞，越引還。抵偏頭關，延綏告警。兵部劾越擅還。詔弗罪，而令越屯延綏近地爲援。寇萬餘騎五路入掠，越令寧等擊退之。進右副都御史。是年三月，朝廷以阿羅出等擾邊不止，拜撫寧侯朱永爲將軍，與越共圖之。破敵開荒川，諸將追奔至牛家寨，阿羅出中流矢走。論功，進右都御史。

又明年，越以方西征，辭大同巡撫。詔聽之，加總督軍務，專辦西事。然是時寇數萬，而官軍堪戰者僅萬人，又分散防守，勢不敵。永、越乃條上戰守二策。尙書白圭亦難之，請敕諸將守。其年，寇復連入懷遠諸堡，永、越禦却之。圭復請大舉搜套。

明年遣侍郎葉盛至軍議。時永已召還，越以士卒衣裝盡壞，馬死過半，請且休兵，與盛偕還。而廷議以套不滅，三邊終無寧歲。先所調諸軍已踰八萬，將權不一，迄無成功，宜專遣大將調度。乃拜武靖侯趙輔爲平虜將軍，〔五〕敕陝西、寧夏、延綏三鎭兵皆受節制，越總督軍務。比至，寇方深入環慶、固原飽掠，軍竟無功。越、輔以滿都魯、孛羅忽、乩加思蘭方强盛，勢未可破，乃奏言：「欲窮搜河套，非調精兵十五萬不可。今饋餉煩勞，公私困竭，重加科斂，內釁可虞。宜姑事退守，散遣士馬，量留精銳，就糧鄜、延，沿邊軍民悉令內徙。其寇所出沒之所，多置烽燧，鑿塹築牆，以爲保障。」奏上，廷議不決。越等又奏：「寇知我軍大集，移營近河，潛謀北渡，殆不戰自屈。但山、陝荒旱，芻糧缺供，邊地早寒，凍餒相繼。以時度之，攻取實難，請從防守之策，臣等亦暫還朝。」於是部科諸臣劾越、輔欺謾。會輔有疾，召還，以寧晉伯劉聚代。

明年，越與聚敗寇漫天嶺，進左都御史。是時三遣大將，皆以越總督軍務。寇每入，小擊輒去，軍罷卽復來，率一歲數入。將士益玩寇，而寇勢轉熾。其年九月，滿都魯及孛羅忽、乩加思蘭留妻子老弱於紅鹽池，大舉深入，直抵秦州、安定諸州縣。越策寇盡銳西，不備東偏，乃率延綏總兵官許寧、遊擊將軍周玉各將五千騎爲左右哨，出榆林，踰紅兒山，涉白鹽灘，兩晝夜行八百里。將至，暴風起，塵翳目。一老卒前曰：「天贊我也。去而風，使敵不覺。還軍，遇歸寇，處下風。乘風擊之，蔑不勝矣。」越遽下馬拜之，擢爲千戶。分兵千爲十覆，而身率寧、玉張兩翼，薄其營，大破之。擒斬三百五十，獲駝馬器械無算，焚其廬帳而還。及滿都魯等飽掠歸，則妻子畜產已蕩盡，相顧痛哭。自是遠徙北去，不敢復居河套，西陲息肩者數年。初，文臣視師者，率從大軍後，出號令行賞罰而已。越始多選跳盪士爲腹心將，親與寇搏，又以間覘敵累重邀劫之，或剪其零騎，用是數有功。

十年春，廷議設總制府於固原，舉定西侯蔣琬爲總兵官，越提督軍務，控制延綏、寧夏、甘肅三邊。總兵、巡撫而下，並聽節制。詔罷琬，卽以越任之，三邊設總制自此始。論功，加太子少保，增俸一級。紀功郎中張謹、兵科給事中郭鏜等論劉聚等濫殺冒功，幷劾越妄奏。越方自以功大賞薄，遂怏怏，稱疾還朝。

明年與左都御史李賓同掌院事，兼督十二團營。越素以才自喜，不修小節，爲朝議所齮。至是乃破名檢，與羣小關通。奸人韋英者，〔六〕以官奴從征延綏，冒功得百戶。汪直掌西廠用事，英爲爪牙，越因英自結於直。內閣論罷西廠，越遇大學士劉吉、劉珝於朝，顯謂

之曰：「汪直行事亦甚公。如黃賜專權納賂，非直不能去。商、萬在事久，是非多有所忌憚。二公入閣幾日，何亦爲此？」珝曰：「吾輩所言，非爲身謀。使直行事皆公，朝廷置公卿大夫何爲？」越不能對。

兵部尙書項忠罷，越當遷，而朝命予陝西巡撫余子俊。越彌不平，請解營務，優詔不許。因自陳搗巢功，爲故尙書白圭所抑，從征將士多未錄，乞移所加官酬之。子俊亦言越賞不酬功，乃進兵部尙書，仍掌院事。尋加太子太保。越急功名。汪直初東征，越望督師，爲陳鉞所沮。鉞驟寵，心益釁之。十六年春，延綏守臣奏寇潛渡河入靖虜，越乃說直出師。詔拜保國公朱永爲平虜將軍，直監軍，而越提督軍務。越說直令永率大軍由南路，己與直將輕騎循塞垣而西，俱會榆林。越至大同，聞敵帳在威寧海子，則盡選宣、大兩鎭兵二萬，出孤店，潛行至貓兒莊，分數道。值大風雨雪晦冥，進至威寧，寇猶不覺，掩擊大破之。斬首四百三十餘級，獲馬駝牛羊六千，師不至榆林而還。永所出道迂，不見敵，無功。由是封越威寧伯，世襲，歲祿千二百石。越受封，不當復領都察院，而越不欲就西班。御史許進等頌其功，引王驥、楊善例，請仍領院事，提督團營。從之。

明年復與直、永帥師出大同。適寇入掠，追擊至黑石崖，擒斬百二十餘人，獲馬七百

中華書局

四。進太子太傅，增歲祿四百石。明制，文臣不得封公侯。越從勳臣例，改掌前軍都督府，總五軍督兵，督團營如故。自是眞爲武人，且望侯矣。其年五月，宣府告警，命佩平胡將軍印，充總兵官。復以直監督軍務，率京軍萬人赴之。比至，寇已去，因留屯其地。至冬，而直爲其儕所間，寵衰。越等再請班師，不許。陳鉞居兵部，亦代直請。帝切責之，兩人始懼。已，大同總兵官孫鉞卒，卽命越代之，而以直總鎭大同、宣府，悉召京營將士還。

明年，寇犯延綏。越等調兵援之，頗有斬獲，益祿五十石。帝是時益知越、直交結狀。大學士萬安等以越有智計，恐誘直復進，乃請調越延綏以離之，兩人勢益衰。明年，直得罪，言官幷劾越。詔奪爵除名，謫居安陸，三子以功廕得官者，皆削籍，且使使齎敕諭之。越聞使至，欲自裁，見敕有從輕語，乃稍自安。越旣爲禮法士所疾，自負豪傑，驁然自如。飲食供奉擬王者，射獵聲樂自恣，雖謫徙不少衰。故其得罪，時議頗謂太過，而竟無白之者。孝宗立，赦還。

弘治七年，越屢疏訟冤。詔復左都御史，致仕。越年七十，耄矣，復結中官李廣，以中旨召掌都察院事。給事中季源、御史王一言等交章論，乃寢。

十年冬，寇犯甘肅。廷議復設總制官，先後會舉七人，不稱旨。吏部尚書屠滽以越名上，乃詔起原官，加太子太保，總制甘、涼邊務兼巡撫。越言甘鎭兵弱，非籍延、寧兩鎭兵難

以克敵，請兼制兩鎭，解巡撫事。從之。明年，越以寇巢賀蘭山後，數擾邊，乃分兵三路進勦。斬四十三級，獲馬駝百餘。加少保，兼太子太傅。遂條上制置哈密事宜。會李廣得罪死，言官連章劾廣黨，皆及越。越聞憂恨，其冬卒於甘州。贈太傅，諡襄敏。

越姿表奇偉，議論飈舉。久歷邊陲，身經十餘戰，知敵情僞及將士勇怯，出奇制勝，動有成算。奬拔士類，籠罩豪俊，用財若流水，以故人樂爲用。又嘗薦楊守隨、佀鍾、屠滽輩，皆有名於世。睦族敦舊，振窮卹貧，如恐不及。其膽智過絕於人。嘗與朱永帥千人巡邊，寇猝至，永欲走，越止之，列陣自固，寇疑未敢前。薄暮，令騎皆下馬，銜枚魚貫行，自率驍勇爲殿，從山後行五十里抵城，謂永曰：「我一動，寇追擊，無噍類矣，示暇以惑之也。下馬行，無軍聲，令寇不覺耳。」

性故豪縱。嘗西行謁秦王，王開筵奏妓。越語王：「下官爲王吠犬久矣，寧無以相酬者？」因盡乞其妓女以歸。一夕大雪，方圍爐飲，諸妓擁琵琶侍。一小校詗敵還，陳敵情。未竟，越大喜，酌金卮飲之，命彈琵琶侑酒，卽以金卮賜之。語畢益喜，指妓絕麗者，目之曰：「若得此何如？」校惶恐謝。越大笑，立予之。校所至爲盡死力。越在時，人多咎其貪功。及死，而將餒卒惰，冒功糜餉滋甚，邊臣竟未有如越者。

贊曰：人非有才之難，而善用其才之難。王驥、王越之將兵，楊善之奉使，徐有貞之治河，其才皆有過人者。假使隨流平進，以幹略自奮，不失爲名卿大夫。而顧以躁於進取，依附攀援，雖剖符受封，在文臣爲希世之遇，而譽望因之隕損，甚亦不免削奪。名節所繫，可不重哉！

校勘記

〔一〕遣弟招賽入貢　招賽，原作「招褰」，據本書卷三一四麓川傳、明史稿傳四一王驥傳、英宗實錄卷一〇〇正統八年正月庚午條改。

〔二〕帥師十五萬人往　十五萬，本書卷三一四麓川傳作「十三萬」。

〔三〕名其渠曰廣濟　廣濟，原作「廣渠」，據本書卷八三河渠志改。

〔四〕行人王晏請開沁河通漕運　王晏，原作「王宴」，據明史稿傳四七趙榮傳改。

〔五〕乃拜武靖侯趙輔爲平虜將軍　武靖侯，原作「武靖伯」，據本書卷一三憲宗紀、又卷三二七韃靼傳，憲宗實錄卷一〇四成化八年五月癸丑條改。按本書卷一〇七功臣世表，趙輔於成化四年正月由武靖伯進封武靖侯，爲平虜將軍節制陝西三邊事在成化八年，不當再稱「伯」。

〔六〕奸人韋英者　韋英，明史稿傳四一王越傳、憲宗實錄卷一六二成化十三年二月丁丑條、國榷卷三七頁二三七六都作「韋瑛」。

明史卷一百七十二

列傳第六十

羅亨信　侯璡　楊寧　王來　孫原貞 孫需　張憲
朱鑑　楊信民　張驥 笪淵　耿定　王晟　鄧顒　馬謹
程信 白圭 子鉞　張瓚 謝士元　孔鏞 李時敏
鄧廷瓚　王軾　劉丙

羅亨信，字用實，東莞人。永樂二年進士。改庶吉士，授工科給事中。出視浙江水災，奏蠲三縣租。進吏科右給事中，坐累謫交阯爲吏。居九年，仁宗嗣位，始召入爲御史。覈通州倉儲，巡按畿內，清軍山西，皆有聲。宣德中，有薦其堪方面者。命食按察僉事俸，待遷。英宗卽位之三月，擢右僉都御史，練兵平涼、西寧。正統二年，蔣貴討阿台、朶兒只伯，

亨信參其軍務。至魚兒海，貴等以芻餉不繼，留十日引還。亨信讓之曰：「公等受國厚恩，敢臨敵退縮耶？死法孰與死敵？」貴不從。亨信上章言貴逗遛狀。帝以其章示監督尚書王驥等。明年進兵，大破之。亨信以參贊功，進秩一等。

父喪歸葬。還朝，改命巡撫宣府、大同。參將石亨請簡大同民三之一爲軍，亨信奏止之。十年進右副都御史，巡撫如故。時遣官度二鎭軍田，一軍八十畝外，悉徵稅五升。亨信言：「文皇帝時，詔邊軍盡力墾田，毋徵稅，陛下復申命之，今奈何忽爲此舉？塞上諸軍，防邊勞苦，無他生業，惟事田作。每歲自冬徂春，迎送瓦剌使臣，三月始得就田，七月又復刈草，八月以後，修治關塞，計一歲中曾無休暇。況邊地磽瘠，霜早收薄，若更徵稅，則民不復畊，必致竄逸。計臣但務積粟，不知人心不固，雖有粟，將誰與守？」帝納其言而止。

初，亨信嘗奏言：「也先專候釁端，以圖入寇。宜預於直北要害，增置城衞爲備。不然，恐貽大患。」兵部議，寢不行。及土木之變，人情洶懼，有議棄宣府城者，官吏軍民紛然爭出。亨信仗劍坐城下，令曰：「出城者斬。」又誓諸將爲朝廷死守，人心始定。也先挾上皇至城南，傳命啓門。亨信登城語曰：「奉命守城，不敢擅啓。」也先逡巡引去。赤城、鵰鶚、懷來、永寧、保安諸守將棄城遁，並按其罪。

當是時，車駕既北，寇騎日薄城下，關門左右皆戰場。亨信與總兵楊洪以孤城當其衝，外禦強寇，內屛京師。洪既入衞，又與朱謙共守，勞績甚著。著兜鍪處，顚髮盡禿。景帝卽位，進左副都御史。明年，年七十有四矣，乞致仕。許之。歸八年，卒於家。

侯璡，字廷玉，澤州人。少慷慨有志節。登宣德二年進士，授行人。烏撒、烏蒙土官以爭地相讎殺，詔遣璡及同官章聰諭解之，正其疆理而還。副侍郎章敞使交阯，關門卑，前驅傴而入，璡叱曰：「此狗竇耳，奈何辱天使！」交人爲毀關，乃入。及歸，餽遺無所受。遷兵部主事。

正統初，從尚書柴車等出鐵門關禦阿台有功，進郎中。從王驥征麓川，至金齒。驥自統大軍擊思任發，而遣璡援大侯州。賊衆三萬至，督都指揮馬讓、盧鉞擊走之。遂由高黎貢山兼程夜行，會大軍，壓其巢。麓川平，拜禮部右侍郎，參贊雲南軍務，詔與楊寧二年更代。驥再征麓川，璡以功遷左。九年代還。母憂，起復，尋調兵部。十一年復代寧鎭雲南。思機發竄孟養，驥復南征。璡與都督張軏分兵進抵金沙江，破之鬼哭山。璽書褒賚。

景泰初，貴州苗韋同烈叛，圍新添、平越、清平、興隆諸衞。命璡總督貴州軍務討之。時副總兵田禮已解新添、平越圍，璡遂遣兵攻敗都盧、水西諸賊，貴州道始通。又調雲南兵，

由烏撒會師，開畢節諸路，檄普安土兵援安南衞，而自率師攻紫塘、彌勒等十餘寨。會賊復圍平越，回師擊退之。遂分哨七盤坡、羊腸河、楊老堡，解清平圍，東至重安江，與驥兵會。興隆抵鎭遠道皆通。捷聞，進兵部尚書。進克賞改苗，擒其渠王阿同等三十四人。別賊阿趙僞稱趙王，率衆掠清平，璡復討擒之。水西苗阿忽等六族皆自乞歸化，詔璡隨方處置。景泰元年八月以勞瘁卒於普定，年五十三。賜祭葬，廕其子錦衣衞世襲千戶。

楊寧，字彥謐，歙人。宣德五年進士。授刑部主事。機警多才能，負時譽。

正統初，從尚書魏源巡視宣、大。四年與都督吳亮征麓川。賊款軍門約降，寧曰：「兵未加而先降，誘我也，宜嚴兵待之。」不聽，令寧督運金齒。已而賊果大至，官兵敗績。諸將獲罪，寧擢郎中。復從王驥至騰衝破賊，寧與太僕少卿李蕡督戰，並有功。師還，寧超拜刑部右侍郎。遭母憂，奪情。

九年代侯璡參贊雲南軍務。時麓川甫平，寧以騰衝地要害，與都督沐昂築城置衞，設戍兵控諸蠻。邊方遂定。居二年，召還。閩、浙盜起，命寧鎭江西。賊至，輒擊敗之。暇則詢民疾苦，境內讋服。

景泰初，召拜禮部尚書，偕胡濙理部事。迤北可汗遣使入貢，寧言：「宜留使數日，宴勞賜予，視也先使倍厚。彼性多猜，二人必內搆，邊患可緩。」帝務誠信，不許。其冬，以足疾調南刑部。七年爲御史莊昇所劾，遣覈未報。寧力詆言官，都察院再劾寧脅制言路。詔免其罪，錄狀示之。英宗復辟，命致仕。踰年卒。

寧有才而善交權貴。嘗自敍前後戰功，乞世廕。子堣方一歲，遂得新安衞副千戶。

王來，字原之，慈谿人。宣德二年以會試乙榜授新建教諭。寧王府以諸生充樂舞，來請易以道士。諸王府設樂舞生始此。

六年以薦擢御史，出按蘇、松、常、鎭四府。命偕巡撫周忱考察屬吏，敕有「請自上裁」語。來言：「賊民吏，去之惟恐不速，必請而後行，民困多矣。」帝爲改敕賜之。中官陳武以太后命使江南，橫甚，來數抑之。武還，愬於帝。帝問都御史顧佐：「巡按誰也？」佐以來對。帝歎息稱其賢，曰「識之」。及報命，奬諭甚至。

英宗卽位，以楊士奇薦，擢山西左參政。言：「流民所在成家。及招還故土，每以失產復逃去。乞請隨在附籍便。」又言：「郡縣官不以農業爲務，致民多游惰，催徵輒致巳命。朝

廷憫其失業，下詔蠲除，而田日荒閑，租稅無出，累及良民。宜擇守長賢者，以課農爲職。其荒田，令附近之家通力合作，供租之外，聽其均分，原主復業則還之。蠶桑可裨本業者，聽其規畫。仍令提學風憲官督之，庶人知務本。」從之。

來居官廉，練達政事。侍郎于謙撫山西，亟稱其才，可置近侍。而來執法嚴，疾惡尤甚，以公事杖死縣令不職者十人。逮下獄，當徒。遇赦，以原官調補廣東。來自此始折節爲和平，而政亦修舉。正統十三年遷河南左布政使。明年改左副都御史，巡撫河南及湖廣襄陽諸府。也先逼京師，來督兵勤王。渡河，聞寇退，乃引還。

景泰元年，貴州苗叛。總督湖廣、貴州軍務侯璡卒於軍，進來右都御史代之。與保定伯梁珤、都督毛勝、方瑛會兵進討。至靖州，賊掠長沙、寶慶、武岡。來等分道邀擊，俘斬三千餘人，賊遁去。已，復出掠，官軍連戰皆捷。賊魁韋同烈據興隆，劫平越、清平諸衞，來與方瑛擊敗之。賊退保香爐山，山陡絕。勝、瑛與都督陳友三道進，來與珤大軍繼之。先後破三百餘寨，會師香爐山下。發礮轟崖石，聲動地。賊懼，縛同烈幷賊將五十八人降。餘悉解散。遂移軍清平，且檄四川兵共剿都勻、草塘諸賊。賊望風具牛酒迎降。

賊平，班師。詔留來、珤鎭撫。尋命來兼巡撫貴州。奏言：「近因黔、楚用兵，暫行鬻爵之例。今寇賊稍寧，惟平越、都勻等四衞乏餉。宜召商中鹽，罷納米例。」從之。

三年十月召還，加兼大理寺卿。珤以來功大，乞加旌異。都給事中蘇霖駁之，乃止。來還在道，以貴州苗復反，敕回師進討。明年，事平。召爲南京工部尚書。英宗復辟，六尚書悉罷。來歸。成化六年卒於家。

孫原貞，名瑀，以字行，德興人。永樂十三年進士。授禮部主事，歷郎中。英宗初，用薦擢河南右參政。居官清愼，有吏才。

正統八年，大臣會薦，遷浙江左布政使。久之，盜大起閩、浙間，赦而再叛。景帝卽位，發兵討之。原貞嘗策賊必叛，上方略，請爲備。至是卽命原貞參議軍事，深入擒其魁。而溫州餘賊猶未滅，命都指揮李信爲都督僉事，調軍討之。遂拜原貞兵部左侍郎，參信軍務，鎭守浙江。丁母憂，當去，副都御史軒輗請留之。報可。

景泰元年，原貞進兵擣賊巢。俘斬賊首陶得二等，招撫三千六百餘人，追還被掠男女。捷聞，璽書奬勵。請奔喪。踰月，還鎭。復分兵剿平餘寇。奏析瑞安地增置泰順，析麗水、青田二縣地置雲和、宣平、景寧四邑，建官置戍，盜患遂息。論功，進秩一等。浙官田賦重，右布政使楊瓚請均於民田輕額者。詔原貞督之，田賦以平。三年請褒贈禦賊死事武臣。指

揮同知脫綱、王瑛，都指揮僉事沈麟、崔源，皆得贈卹。六月進兵部尚書，鎭守如故。未幾，命考察福建庶官，因留鎭焉。福州、建寧二府，舊有銀冶，因寇亂罷。朝議復開，原貞執不可，乃寢。

五年冬，疏言：

四方屯軍，率以營繕、轉輸諸役妨耕作。宜簡精銳實伍，餘悉歸之農。苟增萬人屯，卽歲省支倉糧十二萬石，且積餘糧六萬石，兵食豈有不足哉。

今歲漕數百萬石，道路費不貲。如浙江糧軍兌運米，石加耗米七斗，民自運米，石加八斗，其餘計水程遠近加耗。是田不加多，而賦斂實倍，欲民無困，不可得也。況今太倉無十數年之積，脫遇水旱，其何以濟！宜量入爲出，汰冗食浮費。俟倉儲既裕，漸減歲漕數，而民困可蘇也。

臣昔官河南，稽諸逃民籍凡二十餘萬戶，悉轉徙南陽、唐、鄧、襄、樊間。羣聚謀生，安保其不爲盜。宜及今年豐，遣近臣循行，督有司籍爲編戶，給田業，課農桑，立社學、鄉約、義倉，使敦本務業。生計既定，徐議賦役，庶無他日患。

時不能盡用。後劉千斤之亂，果如原貞所料。

已，復鎭浙江。英宗復位，罷歸。成化十年卒，年八十七。

原貞所至有勞績，在浙江尤著名。

孫需，字孚吉，成化八年進士。爲常州府推官，疑獄立剖，擢南京御史。劾僧繼曉，忤旨，予杖，出爲四川副使。弘治中，累官右副都御史，巡撫河南。歲凶，募民築汴河堤，堤成而饑者亦濟。鎮守中官劉瑯貪横。奸民赴瑯訟者，需以法論之遣戍。瑯爲跪請，執不聽，瑯恨次骨。大臣子横于鄉，需抑之。瑯與謀，改需撫陝西。尋改撫鄖陽，安輯流民，占籍者九萬餘戶。正德元年召爲南京兵部右侍郎。四年就拜禮部尚書。未兩月，劉瑾惡之，追論撫河南時事，罰米輸邊。廷推需刑部尚書，中旨令致仕。瑾誅，起南京工部尚書，就改刑部，再改吏部。十三年乞休去。嘉靖初卒，謚清簡。

張憲，字廷式，與需同里，同舉進士，相代爲尚書。嘗爲浙江右布政使，後以工部右侍郎督易州山廠，公帑無毫髮私。歷南京禮部尚書。劉瑾勒致仕。瑾誅，起工部，卒。

朱鑑，字用明，晉江人。童時刲股療父疾。舉鄉試，授蒲圻教諭。宣德二年與廬陵知縣孔文英等四十三人，以顧佐薦，召於各道觀政三月，遂擢御史。巡

按湖廣，諭降梅花峒賊蕭啓寧等。請復舊制，同副使、僉事按行所部，問民疾苦。湖湘俗，男女婚嫁多踰三十。鑑申明禮制，其俗遂變。三載代歸。

正統五年復按廣東。奏設欽州守備都指揮。奉命錄囚，多所平反，招撫逋叛甚衆。還朝，請天下按察司增僉事一人，專理屯田，遂爲定制。

七年用薦擢山西左參政。奏減平陽採薪供邊夫役。景帝監國，進布政使。尋擢右副都御史，巡撫其地。上言：「也先奸詭百端，殺掠無已。復假和親，遣使覘伺。以送駕爲名，覬得開關延接。稍示抗拒，彼卽有辭。其謀既深，我慮宜遠。宜暫罷中貴監軍之制，假總兵以生殺權，使志無所撓，計有所施。整散兵，募勇士，重懸賞格，鼓勸義旅，徵勤王兵，數道並進，戮力復讎，庶大駕可還，敵兵自退。曩者江南寇發，皆以誅王振爲名。夫事歸朝廷則治，歸宦官則亂。昔高皇帝與羣臣議事，必屏去左右，恐泄事機。乞杜權倖之門，凡軍國重事，屬任大臣，必當有濟。」景帝嘉納之。

時瓦剌窺塞下，鑑日夜爲守禦計。景泰元年，敵數萬騎攻雁門，都指揮李端擊却之。尋犯河曲及義井堡，殺二指揮，圍忻、代諸州，石亭等不能禦，長驅抵太原城北，山西大震。命鑑移鎮雁門，而別遣都督僉事王良鎮太原。援兵漸集，敵亦饜，乃引去。時山西仍遘兵荒，鑑外飭戎備，內撫災民，勞瘁備至。

二年十月，鎮守山西都御史羅通召還，命鑑兼領其事。明年詔遣大臣行天下，黜陟有司。禮部侍郎鄒幹至山西，多所論劾。鑑請召幹還，幹因極論鑑徇護，帝是幹言。其年十月召鑑佐院事。至京，致仕去。

初，景帝易儲，鑑貽大學士陳循書，言不可。且曰：「陛下於上皇，當避位以全大義。」循大駭。英宗復位，鑑詣闕上表賀。帝曰：「鑑老疾，何妄來？其速令還。」家居二十餘年卒。

楊信民，名誠，以字行，浙江新昌人。鄉舉入國學。宣德時，除工科給事中。母憂歸。營葬土石必躬舁數百步，曰：「吾葬吾母，而專役他人，吾不安也。」服闋，改刑科。

正統中，清軍江西，還奏民隱五事，多議行。尋以王直薦，擢廣東左參議。清操絕俗，嘗行田野，訪利弊爲更置。性剛負氣，按察使郭智不法，信民劾之下獄。黃翰代智，信民復發其奸。已，又劾僉事韋廣，廣遂訐信民，因與翰俱被逮。軍民譁然，詣闕下乞留信民。詔復信民官，而翰、廣鞫實，除名。

景帝監國，于謙薦之，命守備白羊口。會廣東賊黃蕭養圍廣州急，嶺南人乞信民，乃以爲右僉都御史巡撫其地。士民聞而相慶曰：「楊公來矣。」時廣州被圍久，將士戰輒敗，禁民

出入，樵采絕，而鄉民避賊來者拒不納，多爲賊所害，民益愁苦歸賊。信民至，開城門，發倉廩，刻木契給民，得出入。賊見木契曰，「此楊公所給也」，不敢傷。避賊者悉收保，民若更生。信民益厲甲兵，多方招撫，降者日至。乃使使持檄入賊營，諭以恩信。蕭養曰：「得楊公一言，死不恨。」剋日請見。信民單車詣之，隔濠與語。賊黨望見，讙曰：「果楊公也。」爭羅拜，有泣下者。賊以大魚獻，信民受之不疑。

蕭養且降，而都督董興大軍至，賊忽中變。夜有大星隕城外，七日而信民暴疾卒。時景泰元年三月乙卯也。軍民聚哭，城中皆縞素。賊聞之，亦泣曰：「楊公死，吾屬無歸路矣。」訃聞，賜葬祭，錄其子玖爲國子生。廣東民赴京請建祠，許之。成化中，賜謚恭惠。久之，從選人盧從愿請，命有司歲以其忌日祭焉。

張驥，字仲德，安化人。永樂中舉於鄉，入國學。宣德初授御史。出按江西，慮囚福建，有仁廉聲。

正統八年，吏部尚書王直等應詔，博舉廷臣公廉有學行者，驥與焉。遷大理右寺丞，巡

撫山東。先是，濟南設撫民官，專撫流民，後反爲民擾，驥奏罷之。俗遇旱，輒伐新葬塚墓，殘其肢體，以爲旱所由致，名曰「打旱骨樁」，以驥言禁絕。還朝，進右少卿。已，命巡視濟寧至淮、揚饑民。驥立法捕蝗，停不急務，蠲逋發廩，民賴以濟。

十三年冬，巡撫浙江。初，慶元人葉宗留與麗水陳鑑胡，聚衆盜福建寶豐諸銀礦，已而羣盜自相殺，遂爲亂。九年七月，福建參議竺淵往捕，被執死。宗留僭稱王。時福建鄧茂七亦聚衆反，勢甚張。宗留、鑑胡附之，流剽浙江、江西、福建境上。參議耿定，僉事王晟及都督僉事陳榮，指揮劉眞，都指揮吳剛、襲禮，永豐知縣鄧顒，前後敗歿。遂昌賊蘇牙、俞伯通剽蘭溪，又與相應，遠近震動。驥至，遣金華知府石瑁擊斬牙等，撫定其餘黨。而鑑胡方以爭忿殺宗留，專其衆，自稱大王，國號太平，建元泰定，僞署將帥，圍處州，分掠武義、松陽、龍泉、永康、義烏、東陽、浦江諸縣。未幾，茂七死，鑑胡勢孤。驥命麗水丞丁寧率老人王世昌等齎榜入賊巢招之，鑑胡遂偕其黨出降。惟陶得二不就撫，殺使者，入山爲亂如故。時十四年四月也。驥既招降鑑胡，而別賊蘇記養等掠金華，亦爲官軍所獲，賊勢乃益衰。

其秋，景帝嗣位，召驥還，卒於道。驥所至，咸有建樹，山東、兩浙民久而思之。鑑胡至京，帝宥不誅。更遇赦，釋充留守衞軍。也先入犯，鑑胡乘間亡，被獲，伏誅。

竺淵，奉化人。耿定，和州人。王晟，鄆城人。鄧顒，樂昌人。俱進士。顒兵潰被執，不

屈死。詔爲營葬。淵等贈官，錄一子。

馬謹，字守禮，新樂人。宣德二年進士。事父母孝，遭喪，親負土以葬。正統中，以御史按浙江。時修備倭海船，徵材于嚴、衢諸郡。謹恐軍士藉勢肆斬伐，請禁飭之，報可。所至，貪猾屏跡。疏振台、處、寧、紹四府饑。吏部驗封郎中缺人久，帝令推擇。會謹九載滿，尚書郭璡薦謹廉直，遂用之。十年薦擢湖廣右布政使。

正統末，湖南叛苗掠靖州。命謹同御史侯爵撫諭，參將張善率兵繼之。謹等至，招數千人復業，其出掠者擊敗之。尋與善破淇溪諸寨。景泰初，復與善大破臘婆諸洞。已，同參將李震擊破靑龍渡、馬楊山諸賊，追奔至雞心嶺，先後斬首千四百有奇。師還，靖州賊復出掠，搗其巢，斬獲如前。武岡、城溪諸賊結廣西蠻，據靑䒿山，復與震攻破之。獲賊楊光拳等五百六十人，斬首倍之。扶城諸砦，聞風款附。

謹出入行間三歲，衝冒鋒鏑，與諸將同，而運籌轉餉功尤多。轉左布政使。錄功，進秩一等。六年五月，遷右副都御史，仍支二品俸。巡撫河南，撫流民三萬一千餘戶。天順初，廢巡撫官，謹亦罷歸，久之卒。

謹性廉介，楊士奇嘗稱爲「冰霜鐵石」。

程信，字彥實，其先休寧人，洪武中戍河間，因家焉。信舉正統七年進士，授吏科給事中。

景帝卽位，薦起薛瑄等三人。也先犯京師，信督軍守西城，上言五事。都督孫鏜擊也先失利，欲入城，信不納，督軍從城上發箭礮助之。鏜戰益力，也先遂卻。

景泰元年請振畿輔饑民，復河間學官、生徒因用兵罷遣者，皆報可。進左給事中。以天變上中興固本十事。其言敬天，則請帝敦孝友之實以答天心。帝嘉納之。

明年二月出爲山東右參政，督餉遼東。巡撫寇深奏盜糧一石以上者死，又置新斛視舊加大，屬信鉤考。信立碎之，曰：「奈何納人於死！」深由是不悅信。尋以憂去。服闋，起四川參政。理松潘餉，偕侍郎羅綺破黑虎諸寨。

天順元年，信入賀。時方錄景泰間進言者，特擢信太僕卿。京衞馬舊多耗，信定期徵之。三營大將石亨、孫鏜、曹欽並以「奪門」功有寵，庇諸武臣，爲言太僕苛急，請改隸兵部。信言：「高皇帝令太僕馬數，勿使人知。若隸兵部，馬登耗，太僕不得聞。脫有警，馬不給，

誰任其咎？」帝是之，乃隸太僕如故。

明年，改左僉都御史，巡撫遼東。都指揮夏霖恣不法，僉事胡鼎發其四十罪，信以聞，下霖錦衣獄。門達言信不當代奏，帝責令陳狀。時寇深方掌都察院，修前郤，劾信。徵下詔獄，降南京太僕少卿。五年召爲刑部右侍郎。母憂歸。

成化元年起兵部，尋轉左。四川戎縣山都掌蠻數叛，陷合江等九縣。廷議發大軍討之。以襄城伯李瑾充總兵官，太監劉恒爲監督，進信尚書，提督軍務。至永寧，分道進。都督芮成由戎縣，巡撫貴州都御史陳宜、參將吳經由芒部，都指揮崔旻由普市冰腦，〔一〕南寧伯毛榮由李子關，巡撫四川都御史汪浩、參將宰用由渡船鋪，左右遊擊將軍羅秉忠、穆義由金鵝池，而信與瑾居中節制。轉戰六日，破龍背、豹尾諸寨七百五十餘。明年至大壩，焚寨千四百五十。前後斬首四千五百有奇，俘獲無算。按諸九姓不奉化者遷瀘州衞，於渡船鋪增置關堡。改大壩爲太平川長官司，〔二〕分山都掌地，設官建治控制之。帝降璽書嘉勞。錄功，進兼大理寺卿，與白圭同涖兵部。言官劾信上首功不實。信四疏乞休，不許。信欲有爲，而阻於圭，不自得，數稱疾。

六年春旱，應詔言兵事宜更張者四，兵弊宜申理者五。大略言：延綏、兩廣歲遭劫掠，宜擇大臣總制；四方流民多聚荆、襄，宜早區畫；京軍操練無法，功次陞賞未當。語多侵圭。

圭奏寢之。改南京兵部，參贊機務。明年致仕，踰年卒。贈太子少保，謚襄毅。

信有才力，識大體。征南蠻時，制許便宜從事。迄班師，未嘗擅賞戮一人。曰：「刑賞，人主大柄也，不得已而假之人。幸而事集，輒自專，非人臣所宜。」在南京，守備臣欲預錢穀訟獄事，信曰：「守備重臣，所以譏非常也。若此，乃有司職耳。」論者韙之。子敏政，見文苑傳。

白圭，字宗玉，南宮人。正統七年進士。除御史，監朱勇軍，討兀良哈有功。巡按山西，辨疑獄百餘。從車駕北征，陷土木。脫還，景帝命往澤州募兵。尋遷陝西按察副使，擢浙江右布政使。福建賊鄧懷冒流剽處州，協諸將平之。

天順二年，貴州東苗干把猪等僭號，攻劫都勻諸處。詔進右副都御史，贊南和侯方瑛軍往討。圭以谷種諸夷為東苗羽翼，先剿破百四十七砦。遂會兵青崖，復破四百七十餘砦，乘勝攻六美山。干把猪就擒，諸苗震讋。湖廣災，就命圭巡撫。

四年召爲兵部右侍郎。明年，孛來寇莊浪。圭與都御史王竑贊都督馮宗軍務，分兵巡邊。圭敗之固原州。〔三〕七年進工部尚書。

成化元年，荊、襄賊劉千斤等作亂。敕撫寧伯朱永爲總兵官，都督喜信、鮑政爲左右參將，中官唐慎、林貴奉監之，而以圭提督軍務，發京軍及諸道兵會討。

千斤，名通，河南西華人。縣門石狻猊重千斤，通隻手舉之，因以爲號。正統中，流民聚荊、襄間，通竄入爲妖言，潛謀倡亂。石龍者，號石和尚，聚衆剽掠，通與共起兵，僞稱漢王，建元德勝，流民從者四萬人。圭等至南漳，賊迎戰，敗之，乘勝逼其巢。通奔壽陽，謀走陝西。圭遣兵扼其道，通乃退保大市，與苗龍合。官軍又破之雁坪，斬通子聰及其黨苗虎等。賊退保後巖山，據險下木石如雨。諸軍四面攻，圭往來督戰，士皆蟻附登。賊大敗，擒通及其衆三千五百餘人，獲賊子女萬一千有奇，焚其廬舍，夷險阻而還。石龍與其黨劉長子等逸去，轉掠四川，連陷巫山、大昌。圭等分兵蹙之，長子縛龍以降，餘寇悉平。錄功，加圭太子少保，增俸一級。遭父憂，葬畢，視事。

三年改兵部尚書，兼督十二團營。六年，阿羅出等駐牧河套，陝西數被寇。圭言鎮巡官僨肆宜治，延綏巡撫王銳、鎮守太監秦剛、總兵官房能俱獲罪去。圭乃議大舉搜河套，發京兵及他鎮兵十萬屯延綏，而以輸餉責河南、山西、陝西民，不給，則預徵明年賦，於是內地騷然。而前後所遣三大將朱永、趙輔、劉聚，皆畏怯不任戰，卒以無功。十年卒官，年五十六。贈少傅，謚恭敏。

圭性簡重，公退卽閉閣臥，請謁皆不得通。在貴州時，有憤中官虐而欲刺之者，悞入圭所。圭擁衾問之，其人驚曰：「乃吾公耶？」卽自刎，不殊，仆於地。圭呼燭起視，傅以善藥，遣之，人服其量。

次子鉞，字秉德。進士及第，授編修。累官太子少保、禮部尚書。習典故，以詞翰稱。卒，贈太子太保，謚文裕。

張瓚，字宗器，孝感人。正統十三年進士。授工部主事，遷郎中，歷知太原、寧波二府，有善政。

成化初，市舶中官福住貪恣，瓚禁戢其下。住誣瓚於朝，瓚遂列住罪。住被責，其黨多抵法。大臣會薦，遷廣東參政，轉浙江左布政使。

十年冬，以右副都御史巡撫四川。播州致仕宣慰楊輝言，所屬夭壩干、灣溪諸寨及重安長官司爲生苗竊據，請王師進討。詔瓚諭還侵地，不服則征之。瓚率兵討定，請設安寧宣撫司，卽授輝子友爲宣撫以鎮。詔可，賜敕獎勞。以母老乞歸，母已卒。

會松、茂番寇邊，詔起復視事。先是，僉事林璧言：「松茂曩爲大鎮。都御史寇深、侍郎羅綺嘗假便宜，專制其地，故有功。今惟設兩參將，以副使居中調度。事權輕，臨敵稟令制府，千里請戰，謀洩機緩，未有能獲利者。宜別置重臣彈壓，或卽命瓚兼領，專其責成。」十二年七月命瓚兼督松茂、安綿、建昌軍務。瓚至軍，審度形勢，改大壩舊設副使於安綿，而令副總兵堯彧軍松潘，參將孫暠軍威、疊，爲夾攻計。乘閒修河西舊路，作浮梁，治月城，避偏橋棧道，軍獲安行，轉餉無阻。十四年六月攻白草壩、西坡、禪定數大砦，斬獲亡算。徇茂州、疊溪，所過降附。抵曲山三砦，攻破之。再討平白草壩餘寇。先後破滅五十二砦，賊魁撒哈等皆殲。他一百五砦悉獻馬納款，諸番盡平。留兵戍要害，增置墩堡，乃班師。帝嘉其功，徵拜戶部左侍郎，辭歸終制。

十五年起左副都御史，總督漕運，兼巡撫江北諸府。十八年，歲大祲，疏請振濟。發銀五萬兩，復敕瓚移淮安倉糧分振，而瓚已卒。

瓚功名著西蜀。其後撫蜀者如謝士元輩，雖有名，不及瓚。惟夭壩干之役，或言楊輝溺愛庶長子友，欲官之，詐言生苗爲亂，瓚信而興師，其功不無矯飾云。

謝士元，字仲仁，長樂人。景泰五年進士。授戶部主事。督通州倉，陳四弊，屢與監倉宦官忤。天順七年擢建昌知府。地多盜，爲軍將所庇。士元以他事持軍將，奸發輒得。民懷券訟田宅，士元叱曰：「僞也，券今式，而所訟乃二十年事。」民驚服，訟爲衰止。考滿，進從三品俸，治府事如故，以憂去。

服闋，起知廣信。永豐有銀礦，處州民盜發之，聚數千人。將士憚其驍獷，不敢剿。士元勒兵趨之，賊遮刺士元，傷左股。裹創力戰，獲其魁，塞礦穴而還。入覲，改永平。遭喪不赴。

服闋，擢四川右參政，進右布政使。弘治元年就擢右副都御史，巡撫其地。土番大小姓者，將煽亂，士元託行邊，馳詣其地。賊恐，羅拜道左，徐慰遣之。歲大祲，流民趨就食。士元振恤有方，全活者數萬。明年，坐事下獄。事白，遂致仕。

孔鏞，字韶文，長洲人。景泰五年進士。知都昌縣。分戶九等以定役，設倉水次，便收斂，民甚賴之。以弟銘尚寧府郡主，改知連山。瑤、僮出沒鄰境，縣民悉竄。鏞往招之，民驚走。鏞炊飯民舍，留錢償其直以去。民乃漸知親鏞，相率還。鏞慰勞振恤，俾復故業，教以戰守，道路漸通，縣治遂復。都御史葉盛征廣西，以鏞從。諸將妄殺者，鏞輒力爭，所全活

甚衆。

成化元年，用葉盛等薦，擢高州試知府。前知府劉海以瑤警，閉城門自護。鄉民避瑤至者輒不納，還爲瑤所戕。又疑民陰附賊，輒戮之。賊緣是激衆怒，爲內應，城遂陷。鏞至，開門納來者，流亡日歸。城不能容，別築城東北居之。附郭多暴骸，民以疫死，復爲義塚瘞焉。

時賊屯境內者凡十餘部，而其魁馮曉屯化州，鄧公長屯茅峒，屢招不就。鏞一日單騎從二人直抵茅峒。峒去城十里許，道遇賊徒，令還告曰：「我新太守也。」公長驟聞新守至，亟呼其黨擐甲迎。及見鏞坦易無騶從，氣大沮。鏞徐下馬，入坐庭中，公長率其徒弛甲羅拜。鏞諭曰：「汝曹故良民，迫凍餒耳。前守欲兵汝，吾今奉命爲汝父母。汝，我子也。信我，則送我歸，賚汝粟帛。不信，則殺我，卽大軍至，無遺種矣。」公長猶豫，其黨皆感悟泣下。鏞曰：「餒矣，當食我。」公長爲跪上酒饌。既食，曰：「日且暮，當止宿。」夜解衣酣寢。賊相顧駭服。再宿而返。見道旁裸而懸樹上者纍纍，詢之，皆諸生也，命盡釋之。公長遣數十騎擁還，城中人望見，皆大驚，謂知府被執，來給降也，盡登陴。鏞止騎城外，獨與羸卒入，取穀帛，使載歸。公長益感激，遂焚其巢，率黨數千人來降。

公長既降，諸賊次第納款，惟曉恃險不服。鏞選壯士二百人，乘夜抵化州。曉倉皇走匿，獲其妻子以歸，撫恤甚厚，曉亦以五百人降。已，與僉事陶魯敗賊廖婆保。他賊先後來

犯，多敗去。境內大定。上官交薦，擢按察副使，分巡高、雷二府。益招劇賊梁定、侯大六、鄧辛酉等，給田產，分處內地爲官，備他盜。廣西賊犯信宜、岑溪，皆擊敗之。治績聞，賜誥命旌異。遭喪，服除，改廣西。瑤、僮聞鏞至，悉遠遁。

十四年，兵部上其功，賚銀幣，尋進按察使。荔浦賊來寇，總督朱英以兵屬鏞，擊平之，進食二品祿。

已，還左布政使。旋以右副都御史巡撫貴州。清平部苗阿溪者，桀驁多智，其養子阿賴尤有力，橫行諸部中。守臣皆納溪賂，驕不可制。鏞行部至清平，詗得溪所昵者二人。遂以計擒溪，磔之，幷討平雞背苗，郡蠻震懾。

鏞居官廉。歷仕三十餘年，皆在邊陲，觸瘴成疾。乞骸骨，不許。弘治二年召爲工部右侍郎，道卒，年六十三。

平樂李時敏者，爲信宜知縣。嘗與鏞共平瑤亂有功，還知化州。粵人以孔、李並稱。

鄧廷瓚，字宗器，巴陵人。景泰五年進士。知淳安縣，有惠政。丁母憂，服除，還太僕

寺丞。

貴州新設程番府，地在萬山中，蠻僚雜居，吏部難其人，特擢廷瓚爲知府。至則悉心規畫，城郭、衢巷、學校、壇廟、廨舍，以次興建。榜諭諸僚受約束。政平令和，巡撫陳儼上其治行。帝令久任。九載秩滿，始還山東左參政，尋進右布政使。

弘治二年以右副都御史巡撫貴州。廷瓚自令至守，淹常調者踰三十年。至是去知府止三歲，遂得開府。以生母憂歸。服闋，還原任。都勻苗乜富架、長脚等作亂，敕廷瓚提督軍務，同湖廣總兵官顧溥、貴州總兵官王通等討之。副使吳倬遣熟苗詐降富架，誘令入寇，伏兵擒其父子。官軍乘勝連破百餘寨，生繫長脚以歸，羣蠻震慴。廷瓚言：「都勻、清平舊設二衞、九長官司，其人皆世祿，自用其法，恣虐，激變苗民，亂四十餘年。今元兇就除，非大更張不可。請改爲府縣，設流官與土官兼治，庶可久安。」因上善後十一事，帝悉從之。遂設府一，曰都勻；州二，曰獨山、麻哈；縣一，曰清平。苗患自此漸戢。論功，進右都御史。

八年召掌南京都察院事。甫數月，命提督兩廣軍務兼巡撫。越二年，進左。廷瓚治尚簡易，於吏事但總大綱，結羣蠻以恩信，不輕用兵，而兵出必成功。鬱林、雲爐、大桂諸蠻及四會饑民作亂，以次討平，兩廣遂無事。十三年復召掌南院。未行，卒。贈太子少保，諡襄敏。

廷瓚有雅量，待人不疑，時多稱其長者。至所設施，動中機宜。其在貴州平苗功爲尤偉云。

王軾，字用敬，公安人。天順八年進士。授大理右評事，遷右寺正。錄囚四川，平反百餘人，擢四川副使。歲凶，請官銀十萬兩爲糴費。以按嘉定同知盛崇仁贓罪，被訐下吏。事白，還職，改陝西。

弘治初，擢四川按察使。三年遷南京右僉都御史，提督操江。八年進右副都御史，總理南京糧儲，旋命巡撫貴州。明年入爲大理卿，詔與刑部裁定條例頒天下。

十三年拜南京戶部尚書。尋命兼左副都御史，督貴州軍務，討普安賊婦米魯。時鎮守中官楊友、總兵官曹愷、巡撫錢鉞共發兵討魯，大敗於阿馬坡，都指揮吳遠被執，普安幾陷。友等請濟師，乃以命軾。軾未至，而友等遣人招賊。賊揚言欲降，益擁衆攻圍普安、安南衞城，斷盤江道，勢愈熾。又乘間劫執友。右布政使閭鉦、按察使劉福、都指揮李宗武、郭仁、史韜、李雄、吳達等死焉。

軾至，以便宜調廣西、湖廣、雲南、四川官軍、土兵八萬人，合貴州兵，分八道進，使致仕

都督王通將一軍。十五年正月，參將趙晟破六壁砦。賊遁，過盤江。都指揮張泰等渡江追擊，指揮劉懷等遂進解安南衞圍，而愷、通及都指揮李政亦各破賊砦。賊還攻平夷衞及大河、扼勒諸堡，都御史陳金以雲南兵禦之。賊遁歸馬尾籠寨，官軍聚攻益急，土官鳳英等格殺米魯，餘黨遂平。用兵凡五月，破賊砦千餘，斬首四千八百有奇，俘獲一千二百。捷聞，帝大喜，嘉勞。召還京，賜賚有加，錄功，加太子少保。已，改南京兵部，參贊機務。連乞致仕，不允。武宗立，遇疾復請。詔加太子太保，賜敕乘傳歸。卒，贈太保，諡襄簡。

劉丙，字文煥，南雄知府實孫也。成化末，登進士。選庶吉士，改御史，巡按雲南。雲南諸司吏，舊不得給由，父滿子代，丙請如例考入官。流戍僉發，必經兵部，多淹延致死，丙請屬之撫、按。土官無後者，請錄其弟姪，勿令妻妾冒冠服。俱著爲例。後督兩淮鹽課，中官請引二萬爲織造費，部議許之，丙執不可，得減四之三。歷福建、四川副使，俱督學校，三遷四川左布政使。

正德六年以右副都御史巡撫湖廣。所部鎭溪千戶所、筸子坪長官司與貴州銅仁，四川酉陽、梅桐諸土司，犬牙相錯。弘治中，錯溪苗龍麻陽與銅仁苗龍童保聚衆攻剽，土官李椿等實縱之，而筸子百夫長龍眞與通謀。後遂四出劫掠，遠近騷然，先後守臣莫能制。丙將討之，賊入連山深箐，爲拒守計。丙率師破其數寨。賊走據天生崖及六龍山。貴州巡撫沈林兵繼至，連攻破之。前後擒麻陽等百六十人，斬首八百九十餘級。都指揮潘勛又破鎮、筸諸寨，擒童保等二百人，斬首如前，餘賊遠遁。璽書獎勵。

丙操履清介，敢任事。所至嚴明，法令修舉。遷工部右侍郎，採木入山。越二載，犯風痹得疾，卒。詔贈尚書，諡恭襄。

贊曰：英、景間，瓦剌逼西陲，邊圉孔棘，而黃蕭養、葉宗留之徒劫掠嶺南、浙、閩境上。其後荆、襄流民嘯聚，則以劉通、石龍爲之魁。他若都勻、松、茂、黔、楚諸苗、猺，叛者數起。羅亨信、侯璡諸人，保固封圻，誅夷禁亂，討則有功，撫則信著，宣力封疆，無忝厥任矣。孔鏞以知府服叛猺，其才力有過人者。韓愈言柳中丞行事適機宜，風采可畏愛。不如是，惡能以有爲哉。

校勘記

〔一〕冰腦　本書卷四十六及明史稿志二二地理志都作「水腦」，稱普市守禦千戶所西南有水腦洞，與此互異。

〔二〕改大壩爲太平川長官司　憲宗實錄卷五三成化四年四月癸丑條、國榷卷三五頁二二四九、讀史方輿紀要卷七三都作「改大壩爲太平川，設太平長官司」。太平長官司見本書卷四三地理志。

〔三〕圭敢之固原州　固原州，本書卷三二七韃靼傳作「固原川」。按固原州弘治十五年始置，見本書卷四二地理志，此應作「固原川」。

明史卷一百七十三

列傳第六十一

楊洪 子俊 從子能 信　石亨 從子彪 從孫後　郭登　朱謙 子永 孫暉等　孫鏜 趙勝　范廣

楊洪，字宗道，六合人。祖政，明初以功爲漢中百戶。父璟，戰死靈璧。洪嗣職，調開平。善騎射，遇敵輒身先突陣。初，從成祖北征，至斡難河，獲人馬而還。帝曰：「將才也。」令識其名，進千戶。宣德四年命以精騎二百，專巡徼塞上。繼命城西猫兒峪，留兵戍之。敗寇於紅山。

英宗立，尙書王驥言邊軍怯弱，由訓練無人，因言洪能。詔加洪遊擊將軍。洪所部才五百，詔選開平、獨石騎兵益之，再進都指揮僉事。時先朝宿將已盡，洪後起，以敢戰著名。爲人機變敏捷，善出奇搗虛，未嘗小挫。雖爲偏校，中朝大臣皆知其能，有毀之者，輒爲曲

護，洪以是得展其才。

尙書魏源督邊事，指揮杜衡、部卒李全皆訐奏洪罪。帝從源言，謫衡廣西，執全付洪自治。尋命洪副都督僉事李謙守赤城、獨石。謙老而怯，故與洪左。洪每調軍，謙輒陰沮之。洪嘗勵將士殺敵，謙笑曰：「敵可盡乎？徒殺吾人耳。」御史張鵬劾罷謙，因命洪代，洪益自奮。朝廷亦厚待之，每奏捷，功雖微必敍。

洪初敗兀良哈兵，執其部長朶欒帖木兒。既代謙任，復敗其兵於西涼亭。帝賜敕嘉奬。又敕宣大總兵官譚廣等曰：「此即前寇延綏，爲指揮王禎所敗者，去若軍甚邇，顧不能撲滅，若視洪等䩄不？」

三年春，擊寇於伯顏山。洪馬蹶傷足，戰益力，擒其部長也陵台等四人。追至寶昌州，又擒阿台答剌花等五人。寇大敗，遁去。璽書慰勞，遣醫視，進都指揮同知，賜銀幣。尋以譚廣老，命充右參將佐之。洪建議加築開平城，拓龍門所，自獨石至潮河川，增置堠臺六十。尋進都指揮使。與兀良哈兵戰三岔口，又嘗追寇至亦把禿河。再遷都督同知。九年，兀良哈寇延綏，洪與內臣韓政等出大同，至黑山迤北，邀破之克列蘇。進左都督，軍士蒙賞者九千九百餘人。洪嘗請給旗牌，不許，乃自製小羽箭、木牌，令軍中。有司論其專擅，帝不問。

十二年充總兵官，代郭玹鎭宣府。自宣德以來，迤北未嘗大舉入寇，惟朶顏三衞衆乘間擾邊，多不過百騎，或數十騎。他將率巽懦，洪獨以敢戰至大將。諸部亦憚之，稱爲「楊王」。瓦剌可汗脫脫不花、太師也先皆嘗致書於洪，並遺之馬。洪聞於朝，敕令受之而報以禮。嗣後數有贈遺，帝方倚任洪，不責也。帝既北狩，道宣府，也先傳帝命趣開門。城上人對曰：「所守者主上城池。天已暮，門不敢開。且洪已他往。」也先乃擁帝去。

景帝監國，論前後功，封昌平伯。也先復令帝爲書遺洪，洪封上之。時景帝已即位，馳使報洪：「上皇書，僞也。自今雖眞書，毋受。」於是洪一意堅守。也先逼京師，急詔洪將兵二萬入衞。比至，寇已退。敕洪與孫鏜、范廣等追擊餘寇，至霸州破之，獲阿歸等四十八人，還所掠人畜萬計。及關，寇返鬬，殺官軍數百人，洪子俊幾爲所及。寇去，以功進侯，命率所部留京師，督京營訓練，兼掌左府事。朝廷以洪宿將，所言多采納。嘗陳禦寇三策，又奏請簡汰三千諸營將校，不得以貧弱充伍，皆從之。

景泰元年，于謙以邊警未息，宜令洪等條上方略。洪言四事，命兵部議行。都督宮聚、王喜、張斌先坐罪繫獄，洪與石亨薦三人習戰，請釋令立功。詔已許，而言官劾其黨邪撓政。帝以國家多事，務得人，置不問。上皇還，洪與石亨俱授奉天翊衞宣力武臣，予世券。

明年夏，佩鎭朔大將軍印，還鎭宣府。從子能、信充左右參將，其子俊爲右都督，管三

千營。洪自以一門父子官極品，手握重兵，盛滿難居，乞休致，請調俊等他鎭。帝不許。八月，以疾召還京，踰月卒。贈潁國公，謚武襄。妾葛氏自經以殉，詔贈淑人。

洪久居宣府，御兵嚴肅，士馬精強，爲一時邊將冠，然未嘗專殺。又頗好文學，嘗請建學宣府，教諸將子弟。

子傑嗣，上言：「臣家一侯三都督，蒼頭得官者十六人，大懼不足報稱。乞停蒼頭楊釗等職。」詔許之，仍令給俸。傑卒，無子，庶兄俊嗣。

俊，初以舍人從軍。正統中累官署都指揮僉事，總督獨石、永寧諸處邊務。景帝即位，給事中金達奉使獨石，劾俊貪侈，乃召還。也先犯京師，俊敗其別部於居庸，進都督僉事。尋充右參將，佐朱謙鎭宣府。太監喜寧數誘敵入寇，中朝患之，購擒斬寧者賞黃金千兩，白金二萬兩，爵封侯。寧爲都指揮江福所獲，而俊冒其功。廷臣請如詔。帝以俊邊將，職所當爲，不允。加右都督，賜金幣。

俊恃父勢橫恣，嘗以私憾杖都指揮陶忠至死。洪懼，奏俊輕躁，恐悞邊事，乞令來京，隨臣操練。許之。既至，言官交劾，下獄論斬。詔令隨洪立功。未幾，冒擒喜寧功事覺，詔追奪冒陞官軍，別賞福等，而降俊官，令剿賊自効。俄充遊擊將軍，巡徼眞、保、涿、易諸城，

還督三千營訓練。

景泰三年，俊上疏曰：「也先既弒其主，併其衆，包藏禍心，窺伺邊境，直須時動耳。聞其妻孥輜重，去宣府纔數百里。我緣邊宿兵不下數十萬，宜分爲奇正以待，誘使來攻。正兵列營大同、宣府，堅壁觀變，而出奇兵倍道擣其巢。彼必還自救，我軍夾攻，可以得志。」疏下廷議，于謙等以計非萬全，遂寢。團營初設，命俊分督四營。

明年復充遊擊將軍，送瓦剌使歸。至永寧，被酒，杖都指揮姚貴八十，且欲斬之，諸將力解而止。貴訴於朝，宣府參政葉盛亦論俊罪。以俊嘗潰於獨石，斥爲敗軍之將。俊上疏自理，封還所賜敕書，以明己功。言官劾其跋扈，論斬，錮之獄。會傑卒，傑母魏氏請暫釋俊營傑葬事。乃宥死，降都督僉事。旋襲洪職。家人告俊盜軍儲，再論死，輸贖還爵。久之，又以陰事告俊。免死奪爵，命其子珍襲。

俊初守永寧、懷來，聞也先欲奉上皇還，密戒將士毋輕納。既還，又言是將爲禍本。及上皇復位，張軏與俊不協，言於朝。遂徵下詔獄，坐誅。奪珍爵，戍廣西。憲宗立，授龍虎衞指揮使。

能，字文敬。沈毅善騎射。從洪屢立功，爲開平衞指揮使，進都指揮僉事。景泰元年

進同知，充遊擊將軍，沿邊巡徼。寇犯蔚州，畏不進，復與紀廣禦寇野狐嶺，敗傷右膝，爲御史張昊所劾。宥之。尋命與石彪各統精兵三千，訓練備調遣。再加都督僉事，累進左副總兵，協守宣府。巡撫李秉劾其貪懦，弗問。五年召還，總神機營。天順初，以左都督爲宣府總兵官，與石彪破寇磨兒山，封武強伯。也先已死，孛來繼興，能欲約兀良哈共襲劫之，與以信礮。兵部劾其非計。帝以能志在滅賊，置不罪。寇犯宣府，能失利，復爲兵部所劾，帝亦宥之。是年卒。無子，弟倫襲羽林指揮使。

信，字文實。幼從洪擊敵興州。賊將方躍馬出陣前，信直前擒之，以是知名。累功至指揮僉事。正統末，進都指揮僉事，守柴溝堡。也先犯京師，入衞，進都指揮同知。

景泰改元，守懷來，寇入不能禦。護餉永寧，聞礮聲奔還，皆被劾。朝議以方用兵，不問。累進都督僉事，代能爲左副總兵，協鎮宣府。上言：「鹿角之制，臨陣可捍敵馬，結營可衞士卒，每隊宜置十具。遇敵團牌拒前，鹿角列後，神銃弓矢相繼迭發，則守無不固，戰無不克。」從之。

天順初，移鎮延綏，進都督同知。明年破寇青陽溝，大獲。封彰武伯，佩副將軍印，充總兵官，鎮守如故。延綏設總兵官佩印，自信始也。頃之，破寇高家堡。三年與石彪大破寇於野馬澗。明年，寇二萬騎入榆林，信擊却之，追奔至金雞峪，斬平章阿孫帖木兒，還所掠人畜萬計。其冬，代李文鎮大同。

憲宗卽位，信自陳前後戰功，予世券。成化元年冬禦寇延綏無功，召還，督三千營。毛里孩據河套，命佩將軍印，總諸鎮兵往禦。寇既渡河北去，已，復還據套，分掠水泉營及朔州，信等屢却之。寇遂東入大同，因詔信還鎮大同。六年，信與副將徐恕、參將張瑛分道出塞，敗寇於胡柴溝，獲馬五百餘匹。璽書獎勵。

信在邊三十年，鎮以安靜，人樂爲用。然性好營利。代王嘗奏其違法事，詔停一歲祿。十三年冬卒於鎮。贈侯，謚武毅。

洪父子兄弟皆佩將印，一門三侯伯。其時稱名將者，推楊氏。昌平侯既廢，能以流爵弗世。而信獨傳其子瑾，弘治初領將軍宿衞。三傳至曾孫炳。隆慶時，協守南京。召掌京營戎政，屢加少師。卒，謚恭襄。傳子至孫崇猷。李自成陷京師，被殺。

石亨，渭南人。生有異狀，方面偉軀，美髯及膝。其從子彪魁梧似之，髯亦過腹。就飲酒肆，相者曰：「今平世，二人何乃有封侯相？」亨嗣世父職，爲寬河衞指揮僉事。善騎射，

能用大刀，每戰輒摧破。

正統初，以獲首功，累遷都指揮僉事。敗敵黃牛坡，獲馬甚衆。三年正月，敵三百餘騎飲馬黃河，亨追擊至官山下，多所斬獲。進都指揮同知。尋充左參將，佐武進伯朱冕守大同。六年上言：「邊餉難繼，請分大同左右、玉林、雲川四衞軍，墾淨水坪迤西曠土，官給牛種，可歲增糧萬八千石。」明年又言：「大同西路屯堡，皆臨極邊。玉林故城去右衞五十里，與東勝單于城接，水草便利。請分軍築壘，防護屯種。」詔皆允行。尋以敗敵紅城功，進都指揮使。敵犯延安，追至金山敗之，再遷都督僉事。亨以國制搜將才未廣，請倣漢、唐制，設軍謀宏遠、智識絕倫等科，令人得自陳，試驗擢用，不專保舉。報可。

十四年，與都督僉事馬麟巡徼塞外。至箭豁山，〔一〕敗兀良哈衆，進都督同知。是時，邊將智勇者推楊洪，其次則亨。亨雖偏將，中朝倚之如大帥，故亨亦盡力。其秋，也先大舉寇大同，亨及西寧侯宋瑛、武進伯朱冕等戰陽和口，瑛、冕戰沒，亨單騎奔還。降官，募兵自効。

郕王監國，尚書于謙薦之。召掌五軍大營，進右都督。無何，封武清伯。也先逼京師，命偕都督陶瑾等九將，分兵營九門外。德勝門當敵衝，特以命亨。于謙以尚書督軍。寇薄彰義門，都督高禮等却之。轉至德勝門外，亨用謙令，伏兵誘擊，死者甚衆。既而圍孫鏜西

直門外，以亨救引卻。相持五日，寇斂衆遁。論功，亨爲多，進侯。

景泰元年二月命佩鎮朔大將軍印，帥京軍三萬人，巡哨大同。遇寇，敗之。其秋，予世襲誥券。易儲，加亨太子太師。于謙立團營，命亨提督，充總兵官如故。

八年，帝將郊，宿齋宮，疾作不能行禮，召亨代。亨受命榻前，見帝病甚，遂與張軏、曹吉祥等謀迎立上皇。上皇既復辟，以亨首功，進爵忠國公。眷顧特異，言無不從。其弟姪家人冒功錦衣者五十餘人，部曲親故竄名「奪門」籍得官者四千餘人。兩京大臣，斥逐殆盡。納私人重賄，引用太僕丞孫弘，郎中陳汝言、蕭璁、張用瀚、郝璜、龍文、朱銓，員外郎劉本道爲侍郎。時有語曰「朱三千，龍八百」。勢焰熏灼，嗜進者競走其門。既以私憾殺于謙、范廣等，又以給事中成章、御史甘澤等九人嘗攻其失，貶黜之。數興大獄，搆陷耿九疇、岳正，而戍楊瑄、張鵬，謫周斌、盛顒等。又惡文臣爲巡撫，抑武臣不得肆，盡撤還。由是大權悉歸亨。

亨無日不進見，數預政事。所請或不從，艴然見於辭色。卽不召，必假事以入，出則張大其勢，市權利。久之，帝不能堪，嘗以語閣臣李賢。賢曰：「惟獨斷乃可。」帝然之。一日語賢曰：「閣臣有事，須燕見。彼武臣，何故頻見？」遂敕左順門，非宜召毋得納總兵官。亨自此稀燕見。

亨嘗白帝立碑於其祖墓。工部希亨指，請敕有司建立，翰林院撰文。帝以永樂以來，無爲功臣祖宗立碑故事，責部臣，而令亨自立。初，帝命所司爲亨營第。既成，壯麗踰制。帝登翔鳳樓見之，問誰所居。恭順侯吳瑾謬對曰：「此必王府。」帝曰：「非也。」瑾曰：「非王府，誰敢僭踰若此？」帝頷之。亨既權侔人主，而從子彪亦封定遠侯，驕橫如亨。兩家蓄材官猛士數萬，中外將帥半出其門。都人側目。

三年秋，彪謀鎮大同，令千戶楊斌等奏保。帝覺其詐，收斌等拷問得實，震怒，下彪詔獄。亨懼，請罪，帝慰諭之。亨請盡削弟姪官，放歸田里，帝亦不許。及鞫彪，得繡蟒龍衣及違式寢牀諸不法事，罪當死。遂籍彪家，命亨養病。亨嘗遣京衞指揮裴瑄出關市木，遣大同指揮盧昭追捕亡者。至是事覺，法司請罪亨，帝猶置不問。法司再鞫彪，言彪初爲大同遊擊，以代王增祿爲己功，王至跪謝。自是數款彪，出歌妓行酒。彪淩侮親王，罪亦當死。因劾亨招權納賕，肆行無忌，與術士鄒叔彝等私講天文，妄談休咎，宜置重典。帝命錮彪於獄，亨閒住，罷朝參。時方議革「奪門」功，窮治亨黨，由亨得官者悉黜，朝署一清。

明年正月，〔三〕錦衣指揮逯杲奏亨怨望，與其從孫後等造妖言，蓄養無賴，專伺朝廷動靜，不軌迹已著。廷臣皆言不可輕宥，乃下亨詔獄，坐謀叛律斬，沒其家貲。踰月，亨瘐死，彪、後並伏誅。

彪驍勇敢戰，善用斧。初以舍人從軍。正統末，積功至指揮同知。也先逼京師，既退，追襲餘寇，頗有斬獲，進署都指揮僉事。

景泰改元，詔予實授，充遊擊將軍，守備威遠衞。敵圍土城，彪用礟擊死百餘人，遁去。塞上日用兵，彪勇冠流輩，每戰必捷，以故一歲中數遷，至都督僉事。

恃亨勢，多縱家人占民產，又招納流亡五十餘戶，擅越關置莊墾田，爲給事中李侃、御史張奎所劾，請並罪亨。景帝皆有不問，但令給還民產，遣流亡戶復業而已。

三年冬，充右參將，協守大同。嘗憾巡撫年富抑己不得逞。及英宗復辟，召彪還。亨方得志，彪遂誣奏富罪，致之獄。未幾，進都督同知，再以遊擊將軍赴大同備敵。與參將張鵬等哨磨兒山。寇千餘騎來襲，彪率壯士衝擊，斬把禿王，搴其旗，俘斬百二十人。追至三山墩，又斬七十二人。以是封定遠伯，遊擊如故。

天順二年命偕高陽伯李文赴延綏禦寇，以疾召還，尋充總兵官。明年，寇二萬騎入掠安邊營。彪與彰武伯楊信等禦之，連戰皆捷，斬鬼力赤，追出塞，轉戰六十餘里，生擒四十餘人，斬首五百餘級，獲馬駝牛羊二萬餘，爲西北戰功第一。捷聞，進侯。彪本以戰功起家，不藉父兄廕，然一門二公侯，勢盛而驕，多行不義。謀鎮大同，與亨表裏握兵柄，爲帝所疑，

遂及於禍。

後，天順元年進士，助亨譸書。都督杜清出亨門下，後造妖言，有「土木掌兵權」語，蓋言杜也。事覺，後伏誅，清亦流金齒。

郭登，字元登，武定侯英孫也。幼英敏。及長，博聞强記，善議論，好談兵。洪熙時，授勳衞。

正統中，從王驥征麓川有功，擢錦衣衞指揮僉事。又從沐斌征騰衝，遷署都指揮僉事。十四年，車駕北征，扈從至大同，超拜都督僉事，充參將，佐總兵官廣寧伯劉安鎮守。朱勇等軍覆，倉猝議旋師。登告學士曹鼐、張益曰「車駕宜入紫荊關」，王振不從，遂及於敗。當是時，大同軍士多戰死，城門晝閉，人心洶洶。登慷慨奮勵，修城堞，繕兵械，拊循士卒，弔死問傷，親爲裹創傳藥，曰：「吾誓與此城共存亡，不令諸君獨死也。」八月，也先擁帝北去，經大同，使袁彬入城索金幣。登閉城門，以飛橋取彬入。登與安及侍郎沈固、給事中孫祥、知府霍瑄等出謁，伏地慟哭，以金二萬餘及宋瑛、朱冕、內臣郭敬家貲進帝，以賜也先等。是

中華書局

夕，敵營城西。登謀遣壯士劫營迎駕，不果。明日，也先擁帝去。

景帝監國，進都督同知，充副總兵。尋令代安爲總兵官。十月，也先犯京師，登將率所部入援，先馳蠟書奏。奏至，敵已退。景帝優詔褒答，進右都督。登計京兵新集，不可輕用，上用兵方略十餘事。

景泰元年春，偵知寇騎數千，自順聖川入營沙窩。登率兵躡之，大破其衆，追至栲栳山，斬二百餘級，得所掠人畜八百有奇。邊將自土木敗後，畏縮無敢與寇戰。登以八百人破敵數千騎，軍氣爲之一振。捷聞，封定襄伯，予世券。

四月，寇騎數千奄至，登出東門戰。佯北，誘之入土城。伏起，敵敗走。登度敵且復至，令軍士齎毒酒、羊豕、楮錢，僞爲祭冢者，見寇卽棄走。寇至，爭飲食之，死者甚衆。六月，也先復以二千騎入寇，登再擊却之。越數日，奉上皇至城外，聲言送駕還。登與同守者設計，具朝服候駕月城內，伏兵城上，俟上皇入，卽下月城閘。也先及門而覺，遂擁上皇去。

時鎭守中官陳公忌登。會有發公奸贓者，公疑登使之，遂與登搆。帝謂于謙曰：「大同，吾藩籬也。公與登如是，其何以守！」遣右監丞馬慶代公還，登愈感奮。初，也先欲取大同爲巢穴，故數來攻。及每至輒敗，有一營數十人不還者，敵氣懾，始有還上皇意。上皇旣還，代王仕壥頌登功，乞降敕奬勞。兵部言登已封伯，乃止。

二年，登以老疾乞休，舉石彪自代，且請令其子嵩宿衞。帝以嵩爲散騎舍人，不聽登辭。是時邊患甫息，登悉心措置，思得公廉有爲者與俱。遂劾奏沈固廢事，而薦尙書楊寧、布政使年富。又言大同旣有御史，又有巡按御史，僉都御史任寧宜止巡撫宣府。帝悉從之，以年富代固，而徵還固及寧。其秋，以疾召還。登初至大同，士卒可戰者纔數百，馬百餘匹。及是馬至萬五千，精卒數萬，屹然成巨鎭。登去，大同人思之。

初，英宗過大同，遣人謂登曰：「朕與登有姻，何拒朕若是？」登奏曰：「臣奉命守城，不知其他。」英宗銜之。及復辟，登懼不免，首陳八事，多迎合。尋命掌南京中府事。明年召還。言官劾登結陳汝言獲召，鞫實論斬。宥死，降都督僉事，立功甘肅。

憲宗卽位，詔復伯爵，充甘肅總兵官。奏邊軍償馬艱甚，至鬻妻子，乞借楚、慶、肅三王府馬各千匹，官酬其直。從之。用朱永等薦，召掌中府事，總神機營兵。成化四年復設十二團營，命登偕朱永提督。八年卒。贈侯，謚忠武。

登儀觀甚偉，髯垂過腹。爲將兼智勇，紀律嚴明，料敵制勝，動合機宜。嘗以意造「攪地龍」、「飛天網」，鑿深塹，覆以土木如平地。敵入圍中，發其機，自相撞擊，頃刻皆陷。又倣古製造偏箱車、四輪車，中藏火器，上建旗幟，鉤環聯絡，布列成陣，戰守皆可用。其軍以五人爲伍，歃之盟於神祠，一人有功，五人同賞，罰亦如之。十伍爲隊，隊以能挽六十斤弓者爲先鋒。十隊領以一都指揮，令功無相撓，罪有專責，一時稱善。

登事母孝，居喪秉禮。能詩，明世武臣無及者。無子，以兄子嵩爲子。登謫甘肅，留家京師，嵩窘其衣食。登妾縫紉自給，幾殆，弗顧。登還，欲黜之，以其壻於會昌侯，侯嘗活己，隱忍不發。及卒，嵩遂襲爵。後以非登嫡嗣，止嵩身，子參降錦衣衞指揮使。

朱謙，夏邑人。永樂初，襲父職，爲中都留守左衞指揮僉事。洪熙時，隸陽武侯薛祿，征北有功，進指揮使。宣德元年進萬全都指揮僉事。

正統六年與參將王眞巡哨至伯顏山，遇寇擊走之。次閔安山，遇兀良哈三百騎，又敗之。追至莽來泉，寇越山澗遁去，乃還。時謙已遷都指揮同知，乃以爲都指揮使。八年充右參將，守備萬全左衞。明年與楊洪破兀良哈兵於克列蘇，進都督僉事。所部發其不法事　帝以方防秋，宥之。復以北征功，進都督同知。

帝北狩，也先擁至宣府城下，令開門。謙與參將紀廣、都御史羅亨信不應，遂去。進右都督。與楊洪入衞，會寇已退，追襲之近畿。戰失利，洪劾之，兵部並劾洪不救。景帝俱弗問。洪入總京營，廷議欲得如洪者代之，咸舉謙。乃進左都督，充總兵官，鎭守宣府。

景泰元年四月，寇三百騎入石烽口，〔三〕復由故道去，降敕切責。踰月，復入犯。謙率兵禦之，次關子口。寇數千騎突至，謙拒以鹿角，發火器擊之，寇少却，如是數四。謙軍且退，寇復來追。都督江福援之，亦失利。謙卒力戰，寇不得入。六月復有二千騎南侵。謙遣都指揮牛璽等往禦，戰南坡。謙見塵起，率參將紀廣等馳援。自巳至午，寇敗遁。論功，封撫寧伯。是時，寇氣甚驕，屢擾宣府、大同，意二城旦旦夕下。而謙守宣府，郭登守大同，數挫其衆。也先知二人難犯，始一意歸上皇。八月，上皇還，道宣府，謙率子永出見，厚犒其使者。旣而謙謬報寇五千騎毀牆入。察之，則也先貢使也。詔切責之，謙惶恐謝。明年二月，卒於鎭。贈侯。子永襲。

謙在邊久，善戰。然勇而寡謀，故其名不若楊洪、石亨、郭登之著。成化中，謚武襄。

永，字景昌。偉軀貌，顧盼有威。初見上皇於宣府，數目屬焉。景泰中，嗣爵奉朝請。英宗復辟，睹永識之曰：「是見朕宣府者耶？」永頓首謝。卽日召侍左右，分領宣威營禁軍。天順四年，宣、大告警，命帥京軍巡邊。七年統三千營，尋兼神機營。憲宗立，改督團營，領三千營如故。

成化元年，荆、襄盜劉通作亂。命永與尙書白圭往討。進師南漳，擊斬九百有奇。會疾留南漳，而圭率大軍破賊。永往會，道遇餘賊，俘斬數百人。其秋復進討石龍、馮喜，皆捷。論功，進侯。

毛里孩犯邊，命佩將軍印，會彰武伯楊信禦之。會遣使朝貢，乃班師。六年，阿羅出寇延綏。復拜將軍，偕都御史王越，都督劉玉、劉聚往討，擊敗之蘇家寨。寇萬騎自雙山堡分五道至，戰於開荒川。寇少却，乘勢馳之，皆棄輜重走。至牛家寨，遇都指揮吳瓚兵少，寇圍之。指揮李鎬、滕忠至，復力戰。聚及都指揮范瑾、神英分據南山夾擊，寇乃大敗。斬首一百有六，獲馬牛數千，阿羅出中流矢遁。時斬獲無多，然諸將咸力戰追敵，邊人以爲數十年所未有。論功，予世侯。

阿羅出雖少挫，猶據河套。明年正月，寇屢入，永所部屢有斬獲。三月復以萬餘騎分掠懷遠諸堡。永與越等分兵爲五，設伏敗之，追至山口及滉忽都河，寇敗走。而遊擊孫鉞、蔡瑄別破他部於鹿窖山。捷聞，璽書奬勞。永等再請班師，皆不許。寇復以二萬餘騎入掠，擊退之。歲將盡，乃召永還，留越總制三邊。

十四年加永太子太保。明年冬，拜靖虜將軍，東伐，以中官汪直監督軍務。還，進爵保國公。又明年正月，延綏告警。命永爲將軍，越提督軍務，直仍監督，分道出塞。越與直選輕騎出孤店關，俘寇於威寧海子。而永率大軍由南路出榆林，[四]不見寇，道回遠，費兵食

巨萬，馬死者五千餘匹。於是越得封伯，直廕錫踰等，而永無功，賞不行。久之，進太子太傅。十七年二月，復偕直、越出師大同，禦亦思馬，[五]獲首功百二十，遂賜襲世公。

十九年秋，小王子入邊，宣、大告急。越與直已得罪，以永爲鎮朔大將軍，中官蔡新監其軍，督諸將周玉、李興等擊敗之。還，仍督團營。或投匿名書言永圖不軌，永乞解兵柄，不許。其冬，手敕加太傅、太子太師。弘治四年監修太廟成，進太師。

永治軍嚴肅，所至多奏功。前後八佩將軍印，內總十二團營兼掌都督府，列侯勛名無與比。九年卒。追封宣平王，謚武毅，子暉嗣。給事中王廷言永功不當公，朝議止予襲一世，後皆侯。詔可。

暉，字東陽。長身美髯，人稱其威重類父。又屢從父塞下，歷行陣，時以爲才。弘治五年授勳衞。年垂五十，始嗣爵，分典神機營。十三年更置京營大帥，命暉督三千營兼領右府事。

火篩入大同，平江伯陳銳等不能禦，命暉佩大將軍印代之。比至，寇已退，乃還。明年春，火篩連小王子，大入延綏、寧夏。右都御史史琳請濟師。復命暉佩大將軍印，統都督李俊、李澄、楊玉、馬儀、劉寧五將往，而以中官苗逵監其軍。至寧夏，寇已飽掠去，乃與琳、逵

率五路師搗其巢於河套。寇已徙帳，僅斬首三級，獲馬駝牛羊千五百以歸。未幾，寇入固原，轉掠平涼、慶陽，關中大震。兩鎮將嬰城不敢戰，而暉等畏怯不急赴。比至，斬首十二人，還所掠生口四千，遂以捷聞。

是役也，大帥非制勝才，師行紆迴無紀律，邊民死者徧野，諸郡困轉輸餉軍，費八十餘萬，他徵發稱是，先後僅獲首功十五級。廷臣連章劾三人罪。帝不問。已而上搗巢有功將士萬餘人，尚書馬文升、大學士劉健持之，帝先入逵等言，竟錄二百十人，署職一級，餘皆被賚。及班師，帝猶遣中官齎羊酒迎勞。言官極論暉罪，終不聽，以暉總督團營，領三千營右府如故。

武宗卽位，寇大入宣府，復命暉偕逵、琳帥師往。寇轉掠大同，參將陳雄擊斬八十餘級，還所掠人口二千七百有奇。暉等奏捷，列有功將士二萬餘人，兵部侍郎閻仲宇、大理丞鄧璋往勘，所報多不實。終以逵故，衆咸給賜。劉瑾用事，暉等更奏錄功太薄，請依成化間白狐莊例。兵部力爭，不納，竟從暉言，得擢者千五百六十三人，暉加太保。正德六年卒。

子麒，襲侯。嘗充總兵官，鎮兩廣。與姚鏌平田州，誅岑猛，加太子太保。嘉靖初，召還。久之，守備南京，卒。子岳嗣，亦守備南京。隆慶中卒。四傳至孫國弼。天啓中，楊漣劾魏忠賢，國弼亦乞速賜處分。忠賢怒，停其歲祿。崇禎時，總督京營。溫體仁柄國，國弼抗疏

劾之。詔捕其門客及繕疏者下獄，停祿如初。及至南京，進保國公。乃與馬士英、阮大鋮相結，以訖明亡。

孫鏜，字振遠，東勝州人。襲濟陽衞指揮同知。用朱勇薦，進署指揮使。正統末，擢指揮僉事，充左參將，從總兵官徐恭討葉宗留。敗賊金華，復破之烏龍嶺。

英宗北狩，景帝召鏜還，超擢都督僉事，典三千營。也先將入犯，進右都督，充總兵官，統京軍一萬禦之紫荊關。將發，寇已入，遂營都城外。寇薄德勝門，爲于謙等所却，轉至西直門。鏜與大戰，斬其前鋒數人，寇稍北，鏜逐之，寇益兵圍鏜。鏜力戰不解。高禮、毛福壽來援，禮中流矢。會石亨兵至，寇乃退。詔鏜副楊洪追之。戰於涿州深溝，頗有斬獲。師還，仍典營務。

景泰初，楊洪劾鏜下獄。石亨請赦鏜，江淵亦言城下之役，惟鏜戰最力，乃釋之。三年冬充副總兵，協郭登鎮大同。登節制嚴，鏜不得逞，欲與分軍，且令子百戶宏侮登。帝械宏，竟以鏜故貰之。召還，典三千營如故。英宗復辟，以「奪門」功封懷寧伯，尋予世券。

天順初，〔六〕甘肅告警，詔鏜充總兵官，帥京軍往討。將陛辭，病宿朝房。夜二鼓，太監曹吉祥、昭武伯曹欽反。其部下都指揮馬亮告變於恭順侯吳瑾，瑾趨語鏜。鏜草奏，叩東長安門，自門隙投入內廷，始得集兵縛吉祥，守皇城諸門。鏜走太平侯張瑾家，邀兵擊賊，瑾不敢出。鏜倉猝復走宣武街，急遣二子輔、軏呼征西將士，紿之曰：「刑部囚反獄，獲者重賞。」衆稍聚至二千人，始語之故。時已黎明，遂擊欽。欽方攻東長安門，不得入，轉攻東安門。鏜兵追及，賊稍散。軏斫欽中膊，軏亦被殺。欽知事不成，竄歸其家，猶督衆拒鏜力戰，至晡始定。論功第一，進爵世侯，仍典三千營。贈軏百戶，世襲。

鏜粗猛善戰，然數犯法。初賄太監金英，得遷都督。事覺，論斬，景帝特宥之。天順末，以受將士賄，屢被劾。不自安，求退。詔解營務及府軍前衞事，猶掌左府。

憲宗卽位，中官牛玉得罪。鏜坐與玉婚，停祿閒住。尋陳情，予半祿。已，復自陳功狀，給祿如故。成化七年卒。贈淶國公，謚武敏。

子輔請嗣，吏部言「奪門」功，例不得世傳。帝以鏜捕反者，予之。傳子至孫應爵，正德中總督團營。四傳至曾孫世忠。萬曆中鎮守湖廣，總督漕運凡二十年。又三傳至孫維藩。流賊陷京師，被殺。

鏜之冒「奪門」功封伯爵也，都督董興及曹義、施聚、趙勝等皆乘是時冒封，予世券。興、義、聚自有傳。

趙勝，字克功，遷安人。襲職爲永平衞指揮使。正統末，禦寇西直門，進都指揮僉事。天順初，與孫鏜等預「奪門」功，超遷都督僉事。又與鏜擊反者曹欽，進同知。孛來犯甘肅，勝與李杲充左右參將，從白圭西征至固原，擊寇，却之。憲宗立，典鼓勇營訓練。成化改元，山西告警，拜將軍。次雁門，寇已退，乃還。明年復出延綏禦寇。會方納款，遂旋師。尋典耀武營。四年充總兵官，鎮遼東。七年召典五軍營，已，改三千營。亂加思蘭犯宣府，詔勝爲將軍，統京兵萬人禦之，亦以寇遁召還。久之，進左都督，加太子太保。十九年封昌寧伯。勝初與李杲並有名。後屢督大師，未見敵，無功，貪緣得封，名大損。後加太保，營萬貴妃塋，墮崖石間死。贈侯，謚壯敏。弘治初，孫鑑乞襲爵。吏部言勝無功，不當傳世，乃授錦衣衞指揮使。

范廣，遼東人。正統中嗣世職，爲寧遠衞指揮僉事，進指揮使。十四年，積功遷遼東都指揮僉事。

廣精騎射，驍勇絕倫。英宗北狩，廷議舉將材，尚書于謙薦廣。擢都督僉事，充左副總兵，爲石亨副。也先犯京師，廣躍馬陷陣，部下從之，勇氣百倍。寇退，又追敗之紫荆關。錄功，命實授。俄進都督同知，出守懷來。尋召還。

景泰元年二月，亨出巡邊。時都督衞穎統大營，命廣協理。三月，寇犯宣府。敕兵部會諸營將遴選將材，僉舉廣。命充總兵官偕都御史羅通督兵巡哨，駐居庸關外。數月還京，副石亨提督團營軍馬。

亨所爲不法，其部曲多貪縱，廣數以爲言。亨銜之，譖罷廣，止領毅勇一營。廣又與都督張軏不相能。及英宗復辟，亨、軏恃「奪門」功，誣廣黨附于謙，謀立外藩，遂下獄論死。子昇戍廣西，籍其家，以妻孥第宅賜降丁。明年春，軏早朝還，途中爲拱揖狀。左右怪問之，曰：「范廣過也。」遂得疾不能睡，痛楚月餘而死。成化初，廷臣訟廣冤。命子昇仍襲世職。

廣性剛果。每臨陣，身先士卒，未嘗敗衄，一時諸將盡出其下。最爲于謙所信任，以故爲儕輩所忌。

贊曰：楊洪、石亨輩，遭時多事，奮爪牙之力，侯封世券，照耀一門，酬庸亦過厚矣。洪

知盛滿可懼，而亨邪狠粗傲，怙寵而驕，其赤族宜哉。朱謙勇略不及郭登，登乃無後，而謙子永，進爵上公，子孫世侯勿絕。孫鏜、范廣善戰略相等，而廣以冤死。所遇有幸有不幸，相去豈不遠哉！

校勘記

〔一〕箭豁山　本書卷三二八朶顏傳作「箭豁山」。

〔二〕明年正月　正月，原作「五月」，據本書卷一二英宗後紀、英宗實錄卷三一一天順四年正月癸卯條改。按石亨於正月下獄，二月死，見英宗實錄卷三一二天順四年二月癸亥條，作「五月」，誤。

〔三〕寇三百騎入石烽口　石烽口，英宗實錄卷一九一景泰元年四月丁酉條、國榷卷二九頁一八五一作「石峰口」。

〔四〕而永率大軍由南路出榆林　由南路，原作「由西路」，據本書卷一七一王越傳、明史稿傳五〇朱謙傳附朱永傳、憲宗實錄卷二〇一成化十六年三月丙戌條改。

〔五〕亦思馬　本書卷一七四劉寧傳、又卷三二七韃靼傳、孝宗實錄卷一〇九弘治九年二月戊午條作「亦思馬因」。

〔六〕天順初　初，當作「中」。事在天順五年，見本書卷一二英宗後紀。

明史卷一百七十四

列傳第六十二

史昭 劉昭 李達　巫凱 曹義 施聚　許貴 子寧　周賢 子玉
歐信　王璽　魯鑑 子麟 孫經　劉寧 周璽 莊鑑　彭清
姜漢 子奭 孫應熊　安國　杭雄

史昭，合肥人。永樂初，積功至都指揮僉事。八年充總兵官，鎮涼州。土軍老的罕先與千戶虎保作亂，虎保敗，老的罕就撫。昭上書言其必叛狀。未至，而老的罕果叛。昭與都指揮滿都等擊平之。移鎮西寧。仁宗立，進都督僉事。上言西寧風俗鄙悍，請設學校如中土。報可。宣德初，昭以衞軍守禦，不暇屯種，其家屬願力田者七百七十餘人，請俾耕藝，收其賦以足軍食。從之。五

年，曲先衞都指揮使散卽思邀劫西域使臣，昭率參將趙安偕中官王安、王瑾討之。長驅至曲先，散卽思望風遁，擒其黨答答不花等，獲男女三百四十人，馬駝牛羊三十餘萬，威震塞外。捷聞，璽書慰勞，賞賚加等。

七年春，以征西將軍鎮寧夏。孛的達里麻犯邊，遣兵擊之，至潤台察罕，俘獲甚衆。進都督同知。

正統初，昭以寧夏孤懸河外，東抵綏德二千里，曠遠難守，請於花馬池築哨馬營，增設烽堠，直接哈剌兀速之境。邊備大固。尋進右都督。時阿台、朵兒只伯數寇邊。詔昭與甘肅守將蔣貴、趙安進剿。並無功，被詔切責，貶都督僉事。三年復右都督。八年以老召還。明年卒。

昭居寧夏十二年，老成持重，兵政修舉，亦會敵勢衰弱，邊境得無事。兵部尚書王驥、寧夏參將王榮嘗舉其過。朝議以昭守邊久，習兵事，不易也。而與昭並爲邊將最久，有勳績可稱者，都督同知劉昭鎮西寧二十年，都指揮李達鎮洮州至四十年，並爲蕃漢所畏服。

劉昭，全椒人。永樂五年以都指揮同知使朶甘、烏思藏，建驛站。還至靈藏，番賊邀劫，昭敗之。進都指揮使，鎮河州。宣德二年，副陳懷討平松潘寇。累進都督同知，移西

寧，復鎮河州，兼轄西寧。罕東酋劄兒加邀殺中官使西域者，奪璽書金幣去。命昭副甘肅總兵官劉廣討之。劄兒加請還所掠書幣，貢馬贖罪。帝以窮寇不足深治，命昭等還。

李達，定遠人。累官都督僉事。正統中，致仕。

巫凱，句容人。由廬州衞百戶積功至都指揮同知。永樂六年以從英國公張輔平交阯功，遷遼東都指揮使。十一年召帥所部會北京。明年從征沙漠，命先還。凱言諸衞兵宜以三之二守禦，而以其一屯糧，開原市馬悉給本衞乘操。從之。

宣宗立，以都督僉事佩征虜前將軍印，代朱榮鎮遼東。時中國人自塞外脫歸者，令悉送京師，俟親屬赴領。凱言遠道往來，恐致失所，阻遠人慕歸心。乃更令有馬及少壯者送京師，餘得自便。敵掠西山，凱擊敗之，盡得所掠者，降敕褒勉。

帝嘗遣使造舟松花江招諸部。地遠，軍民轉輸大困，多逃亡。會有警，凱力請罷其役，而逃軍入海西諸部者已五百餘人。既而造舟役復興，中官阮堯民、都指揮劉淸等董之。多不法，致激變。凱劾堯民等，下之吏。

英宗登極，進都督同知，上言邊情八事。請厚恤死事者家，益官吏折俸鈔，歲給軍士冬

衣布棉，軍中口糧芻粟如舊制，且召商實邊。俱允行。未幾，爲兵部尚書王驥所劾。朝廷知凱賢，令凱自陳。幷諭廷臣，文武官有罪得實始奏，誣者罪不貸。凱由是得行其志。正統三年十二月有疾，命醫馳視，未至而卒。

凱性剛毅，饒智略，馭衆嚴而有恩。在遼東三十餘年，威惠並行，邊務修飭。前後守東陲者，曹義外皆莫及。

義，字敬方，儀眞人。以燕山左衞指揮僉事累功至都督僉事，副凱守遼東。凱卒，代爲總兵官。凱，名將，義承其後，廉介有守，遼人安之。兀良哈犯廣寧前屯，詔切責，命王翺往飭軍務，劾義死罪。頃之，義獲犯邊孛台等，詔戮於市。自是義數與兀良哈戰。正統九年，會朱勇軍夾擊，斬獲多，進都督同知，累官左都督。義在邊二十年，無赫赫功，然能謹守邊陲。其麾下施聚、焦禮等皆至大將。英宗復辟，特封義豐潤伯，聚亦封懷柔伯。居四年，義卒，贈侯，謚莊武。繼室李氏殉，詔旌之。

施聚，其先沙漠人，居順天通州。父忠爲金吾右衞指揮使，從北征，陣歿，聚嗣職。宣德中，備禦遼東，累擢都指揮同知。以義薦，進都指揮使。義與兀良哈戰，聚皆從。也先逼京師，景帝詔聚與焦禮俱入衞。聚慟哭，卽日引兵西。部下進牛酒，聚揮之曰：「天子安在？

吾屬何心饗此。」比至，寇已退，乃還。聚以勇敢稱，官至左都督。值英宗推恩，得封伯。後義二年卒，贈侯，謚威靖。義三傳至棟，聚四傳至瑾，吏部皆言不當復襲，世宗特許之。傳爵至明亡。

許貴，字用和，江都人，永新伯成子也。襲職爲羽林左衞指揮使。安鄉伯張安舉貴將才，試騎射及策皆最，擢署都指揮同知。尋以武進伯朱冕薦擢山西行都司，督操大同諸衞士馬。

正統末，守備大同西路。也先入寇，從石亨戰陽和後口，敗績，〔一〕貴力戰得還。英宗北狩，邊城悉殘破，大同當敵衝，人心尤恟懼。貴以忠義激戰士。敵來，擊敗之。進都指揮使。

景泰元年春，充右參將。敵寇威遠，追敗之蒲州營，奪還所掠人畜。敵萬騎逼城下，禦却之。再遷都督同知。大同乏馬，命求民間，得八百餘匹。所司不給直，貴爲請，乃予之。嘗募死士入賊壘，劫馬百餘，悉畀戰士，士皆樂爲用。分守中官韋力轉淫虐，衆莫敢言，貴劾奏之。三年，疾還京。英宗復辟，命理左府事，尋調南京。

松潘地雜番苗，密邇董卜韓胡，舊設參將一人。天順五年，守臣告警，廷議設副總兵，以貴鎮守。未抵鎮而山都掌蠻叛，詔便道先翦之。貴分兩哨直抵其巢，連破四十餘砦，斬首千一百級，生擒八百餘人，餘賊遠遁。貴亦感嵐氣，未至松潘卒。帝爲輟朝一日，賜賻及祭葬如制。

子寧，字志道。〔二〕正統末，自以舍人從軍有功，爲錦衣千戶。貴歿，嗣指揮使。用薦擢署都指揮僉事，守禦柴溝堡。

成化初，充大同遊擊將軍。寇入犯，與同官秦傑等禦之小龍州澗，擒其右丞把禿等十一人。改督宣府操練，移延綏。地逼河套，寇數入掠孤山堡。寧提孤軍奮擊之，三戰皆捷，寇渡河走。明年復以三千騎入沙河墩，與總兵官房能禦之。寇退，復掠康家岔。寧出塞百五十里，追與戰，獲馬牛羊千餘而還。

時能守延綏，無將略，巡撫王銳請濟師。詔大同巡撫王越帥衆赴。越遣寧出西路，破敵黎家澗。進都指揮同知。復遣寧與都指揮陳輝追寇，獲馬騾六百。朝廷以阿羅出復入河套，頻擾邊，命越與朱永禦，而以寧才，擢都督僉事，佩靖虜副將軍印，代能充總兵官。寧起世冑，不十年至大將，同列推讓不及，父友多隸部下，亦不以爲驕。踰月，寇大入，永遣寧及遊擊孫鉞禦之。至波羅堡，相持三日夜，寇乃解去。亡失多，寧以力戰得出，卒被賞。至冬，賊入安邊，寧追擊有功。

七年又與諸將孫鉞、祝雄等敗寇於混忽都河，璽書褒獎。迤北開元王把哈孛羅屢欲降，內懼朝廷見罪，外畏阿羅出讐之，徬徨不決。寧請撫慰以固其心，卒降之。明年，參將錢亮敗績於師婆澗，士卒死者十三四，寧與越等俱被劾。帝不罪。時滿都魯等屢犯延綏，寧帥鎮兵力戰。寇不得志，乃出西路，直犯環慶、固原。寧將輕騎夜襲之鴨子湖，奪馬畜而還。又明年，寇入榆林澗，與巡撫余子俊敗之。滿都魯等大入西路，留其家紅鹽池。越乘間與寧及宣府將周玉襲破其巢。進署都督同知。與子俊築邊牆，增營堡，寇患少衰。

十八年，寇分數道入，寧壍之邊牆，獲級百二十。予實授。時越方鎮大同，命寧與易鎮。至則與鎮守太監汪直不協。巡撫郭鏜以聞，調直南京。小王子大入。寧知敵勢盛，欲持重俟隙，乃斂兵守，而別遣將劉寧、董升與周璽相掎角。寇大掠，焚代王別堡。王趣戰，使衆哭於轅門。寧憤，與鏜等營城外。寇以十餘人爲誘，太監蔡新部騎馳擊。寧將士爭赴之，遇伏大敗，死者千餘人。寧奔夏米莊，鏜、新馳入城。會璽等來援，寇乃退。寧還，陣亡家婦子號呼詬詈，擲以瓦礫，寧大喪氣。已而寇復入，劉寧、宋澄、莊鑑等禦之。十戰，〔三〕少利，寇退。寧等掩其敗，更以捷聞。巡按程春震發之，與鏜、新俱下獄。鏜降六官，新以初任降三官，寧降指揮同知閒住。

弘治中，用薦署都指揮使，分領操練。十一年十二月卒。贈都督僉事。

寧束髮從軍，大小百十餘戰，身被二十七創。性沉毅，守官廉，待士有恩，不屑干進。劉寧、神英、李杲皆出麾下。子泰，自有傳。

周賢，滁人，襲宣府前衞千戶。景泰初，累功至都指揮僉事，守備西猫兒峪，助副總兵孫安守石八城。尋充右參將，代安鎮守。兀良哈入寇，總兵官過興令宣府副將楊信及賢合擊。賢不俟信，徑擊敗之。信被劾，都御史李秉言信緩師，賢亦棄約。帝兩宥之。

天順初，總兵官楊能奏賢擢都督僉事。寇駐塞下，能檄賢與大軍會，失期，徵下獄。以故官赴寧夏，隸定遠伯石彪。寇二萬騎入安邊營。彪率賢等擊之，連戰皆捷，追至野馬澗、半坡墩，寇大敗。而賢追不已，中流矢卒。詔贈都督同知。賢初下吏，自以不復用，及得釋，感激誓死報，竟如其志。

子玉，字廷璧，當嗣指揮使。以父死事，超二官爲萬全都司都指揮同知，督理屯田。進都指揮使，充宣府遊擊將軍。

成化九年，〔四〕會昌侯孫繼宗等奉詔舉將才，玉爲首。詔率所部援延綏，從王越襲紅鹽池。進署都督僉事，還守宣府。寇入馬營、赤城，擊敗之。兵部言宣府諸大帥無功，玉所部三千人能追敵出境，請加一秩酬其勞，乃予實授。尋充宣府副總兵。

十三年佩征朔將軍印，鎮宣府。破敵紅崖，追奔至水磨灣。進署都督同知。十七年五月，寇復入犯，參將吳儼、少監崖榮追出塞，至赤把都，爲所遮，兵分爲三，皆被圍。儼、榮走據北山，困甚。守備張澄率兵進，力戰，解二圍。抵北山下，儼、榮已夜遁。澄拔其衆而還，死者過半。澄所部七百人，亦多戰死。詔錄澄功，治儼等罪。玉先以葛谷堡、赤城頻受掠，凡三被論，至是復以節制不嚴見劾。帝皆置不問。

十九年，小王子犯大同，敗總兵官許寧。入順聖川大掠，以六千騎寇宣府。玉將二千人前行，巡撫秦紘兵繼進，至白腰山擊敗之。指揮曹洪邀擊至西陽河，都指揮孫成亦敗寇七馬房。時寇乘勝，氣甚銳，竟爲玉等所挫，一時稱其功。未幾，寇復入，玉伏兵敗之。朱永至大同，復會玉軍擊敗之鴉鶻峪。進署右都督。

余子俊築邊牆，玉不爲力，且與紘不相能。子俊惡之，奏與寧夏神英易鎮。久之，復移鎮甘肅。孝宗嗣位，實授右都督。

玉督邊牆工峻急，部卒張伏興等以瓦石投之。兵部言，悍卒漸不可長，遂戮伏興，戍其黨。

土魯番貢獅子，願獻還哈密城及金印，贖所留使者。玉爲之奏，帝命與巡撫王繼經畫。既果來歸，玉等皆受賚。七年，病歸，尋卒。謚武僖。

玉初爲偏裨，及鎮宣府，甚有名。後涖甘肅，部下屢失事，又侵屯田。死後事發，子襲職，降二等。

歐信，嗣世職金吾右衞指揮使。景泰三年以廣東破賊功，擢都指揮同知。已，命守備白羊口，遷大寧都指揮使。

天順初，以都督僉事充參將，守備廣東雷、廉諸府。巡撫葉盛薦其廉勇，進都督同知，代副總兵翁信。兩廣瑤僮陷開建，殺官吏，帝趣進兵。信破賊化州之馬里村，再破之石城，擊斬海南衞反者邵瑄。

時所在盜羣起，將吏不能定。廣西參將范信守潯、梧，瑤盡在境內，陰納瑤賂，縱使越境流劫，約毋犯已。於是雷、廉、高、肇悉被寇。帝命廣西總兵官陳涇及信合剿。時有斬馘，而賊勢不衰，朝廷猶倚范信。會涇以罪徵，乃擢范信都督僉事充副總兵，鎮廣東，而命信佩征蠻將軍印，代涇鎮廣西。

成化元年，賊掠英德諸縣，信討斬五百餘人，奪還人口。韓雍督師，令信等分五哨，攻破大藤峽。已而餘賊復入潯州，信被劾獲宥，召還，理前府事。

七年春，充總兵官，鎮守遼東，累敗福餘三衞。言者謂信已老，請召還。巡撫彭誼奏：「官軍耆老五千餘人，〔五〕皆言信忠謹有謀勇，累立戰功，威鎮邊陲。年六旬，騎射勝壯士，不宜召回。」乃留鎮如故。久之，陳鉞代誼。鉞貪功，信不能違，十四年爲巡按王崇之所劾。其冬，乃召歸。尋遣中官汪直等往按，直右鉞，歸罪信等。下獄，鐫一官閒住，飲恨而卒。

范信既徙廣東，賊勢愈盛，劫掠不止，乃語人曰：「今賊仍犯廣東，亦我遣之耶？」而是時都督顏彪佩征夷將軍印，討賊久無功，濫殺良民報捷。嶺南人咸疾之。

王璽，太原左衞指揮同知也。成化初，擢署都指揮僉事，守禦黃河七墅。巡撫李侃薦於朝。阿魯出寇延綏，命充遊擊將軍赴援，戰孤山堡，敗之。寇再入，戰漫天嶺、劉宗塢及漫塔、水磨川，皆有功。進都指揮同知，充副總兵，鎮守寧夏。九年以將才與周玉同薦。十

二年擢署都督僉事，充總兵官，鎮守甘肅。

黃河以西，自莊浪抵肅州南山，其外番人阿吉等二十九族所居也。洪武間，立石畫界，約樵牧毋越疆。歲久湮廢，諸番往往闌入，而中國無賴人又潛與交通爲邊患。璽請「復畫疆域，召集諸番，諭以界石廢，恐官軍欺凌諸部，今復立之，聽界外駐牧，互市則入關。如此，番人必聽命，可潛消他日憂」。帝稱善，從之。

十七年進署都督同知。時璽以都督僉事爲總兵官，而魯鑑以署都督同知爲參將，璽恐難於節制，乞解兵柄，故有是命。

初，哈密爲土魯番所擾，使其將牙蘭守之。都督罕愼寄居苦峪口，近赤斤、罕東，數相攻，罕愼勢窮無援。朝議敕璽築城苦峪，別立哈密衞以居之。璽遣諜者間牙蘭。牙蘭不聽，得其所羈掠九十餘人以歸，具悉虛實。十七年召集赤斤、罕東將士，犒以牛酒，令助罕愼。罕愼合二衞兵，夜襲哈密及剌木等八城，遂復其地，仍令罕愼居之。事聞，獎勞，賚金幣。已，罕東入寇，璽禦却之，請興師以討。帝念其常助罕愼，第遣使責諭。明年，北寇殺哨卒，璽率參將李俊及赤斤兵擊之於狼心山、黑河西，多所斬獲。

二十年移鎮大同。璽有復哈密功，官不進，陳於朝，乃實授都督同知。

璽習韜略，諳文事，勇而有謀。廷臣多稱之。在邊二十餘年，爲番人所憚。弘治元年

卒。賜祭葬，贈卹有加。

魯鑑，其先西大通人。〔六〕祖阿失都鞏卜失加，明初率部落歸附，太祖授爲百夫長，俾統所部居莊浪。傳子失加，累官莊浪衞指揮同知。正統末，鑑嗣父職。久之，擢署都指揮僉事。

成化四年，固原滿四反，鑑以土兵千人從征。諸軍圍石城，日挑戰，鑑出則先驅，入則殿後，最爲賊所憚。賊平，進署都督同知。尋充左參將，分守莊浪。命其子麟爲百戶，統治土軍。十七年坐寇入境，戴罪立功。尋充左副總兵，協守甘肅。寇犯永昌，被劾。鑑疏辨，第停其俸兩月。俄命充總兵官，鎮守延綏。自陳往功，予實授。

孝宗立，得疾，致仕。弘治初，命麟襲指揮使，加都指揮僉事。已，進同知，充甘肅遊擊將軍。

魯氏世守西陲，有捍禦功，至鑑官益顯，其世業益大，而所部土軍生齒又日盛。麟既移甘肅，帝以土軍非鑑不能治，特起治之，且命有司建坊旌其世績。鑑乃條上邊務四事，多議行。鑑有材勇，遇敵輒冒矢石，數被傷不爲沮，故能積功至大將。十五年以舊創疾發卒。贈

右都督，賜卹如制。

時麟已由甘肅參將擢左副總兵，豪健如其父，而恭順不如。先爲遊擊時，寇入永昌，失律，委罪副將陶禎，下御史按，當戍邊，但貶一秩，遊擊如故。暨爲副將，調韋州禦寇。寇大入不能擊，遣都指揮楊琳邀之孔壖溝。琳大敗，不救，連被劾。麟自愬，止停俸二月。時已授麟子經官，令約束土軍。而麟奏經幼，土人不受要束，乞歸治之。不俟報，徑歸。帝用劉大夏言，從其請。

武宗立，甘肅巡撫畢亨薦經及麟謀勇，令率所部協戰守。正德二年，經既襲指揮使，自陳嘗隨父有功，乃以爲都指揮僉事。未幾，麟卒，贈都督僉事，賜祭葬。故事，都指揮無卹典，以經乞，破例予之。

經積戰功，再遷都指揮使充左參將，分守莊浪。復自陳功閥，兵部執不可。帝特命爲署都督僉事。世宗立，乞休。巡撫許鳳翔言經力戰被創，疾行愈，且世將敢戰，知名異域，今邊患棘，不宜聽其去。帝乃諭留，且勞以銀幣。尋充副總兵分守如故。嘉靖六年冬，以都督同知充總兵官，鎮守延綏。大學士楊一清言：「經守莊浪二十餘載，屢立戰功，其部下土軍非他人所能及。雖其子瞻已爲指揮僉事，奉命統轄，然年尚少。今陝西總兵官張鳳乃延綏世將，若調鳳延綏，而改經陝西，自可彈壓莊浪，無西顧患。」帝立從之。居二年，竟以疾致仕。

久之，命瞻以本官守備山丹。經奏言：「自臣高祖後，世守茲土。今臣家居，瞻又移他鎮，土軍皇皇，不欲別附。若因此生他患，是隳先業而負世恩也，乞令守故業。」可。

二十二年，宣、大有警，詔經簡壯士五千赴援。至而邊患已息，乃遣還。以經力疾趨召，厚賚之。明年瞻卒。經以次子及孫皆幼，請得自轄土軍。詔許之。

經驍勇，奉職寡過，繼祖父爲大帥，保功名，稱良將。三十五年卒。賜卹如制。

劉寧，字世安，其先山陽人。襲世職，爲永寧衞指揮使。勇敢善戰。自以冗散無所見，會延綏用兵，疏請效死。尚書白圭許之。屢以功遷都指揮使，充宣府遊擊將軍。

周璽，字廷玉，遷安人。嗣職爲開平衞指揮使。負氣習兵書，善騎射。以征北功，擢署都指揮僉事充右參將，分守陽和，敕部兵三千訓肄聽調。成化十六年從王越征威寧海子，累進都指揮使。

時邊寇無虛歲。十八年分道入掠，璽與遊擊董昇戰黑石崖，寧戰塔兒山，皆有功。璽進署都督僉事，遷大同副總兵。寧進都督僉事，改左參將，分守陽和。

十九年秋，亦思馬因大入。大同總兵官許寧分遣璽守懷仁，寧與董昇營西山，自將中軍，擊之夏米莊，敗績。寧、昇被圍數重，幾陷。亟發巨礮擊之，敵多死，圍乃解。璽聞中軍失利，亟還兵援。夜遇敵，乘勝前，銳甚。璽厲將士曰：「今日有進無退。」大呼陷陣，敵少卻。久之，短兵接，臂中流矢，拔鏃戰益急，與子鵬及麾下壯士擊殺數十人。會寧兵至，中軍潰卒亦稍集，敵乃退，許寧等亦還。無何復入掠。寧將兵三千，遇之聚落站西，連戰敗之。復敗之白登、柳林，又追敗之小鴉鴿谷。而大同西路參將莊鑑亦邀其歸路，戰於牛心山，敵遂遁。時諸將多失利，許寧以下獲罪，而璽以功予實授，寧超遷都督同知，莊鑑以所部無失亡，亦賚銀幣。

鑑，遼東人。天順中，襲定遼右衞指揮使。驍猛有膽決。遇賊輒奮，數有功，累官都督僉事，掌左府。弘治十一年佩鎮朔將軍印，鎮宣府。以才與大同總兵官張俊易鎮。兵部侍郎熊繡奏其經畫功，進都督同知。

璽尋以右副總兵分守代州，兼督偏頭諸關，而改寧左副總兵，協守大同。二人並著功北邊，稱名將。璽以偏頭去太原遠，請改分守爲鎮守，又以鎮守不當聽節制，乞易總兵銜。憲宗皆曲從之。弘治初，移鎮陝西，討平扶風諸縣附籍回回。三年佩征西將軍印，鎮守寧夏，甫一歲卒。且死，召諸子曰：「吾佩印分閫，分已足，獨未嘗大破敵，抱恨入地矣。」連呼

「殺賊」而瞑。子鵬，累官錦衣衛指揮僉事。

璽歿後三年，而寧佩平羌將軍印，鎮甘肅。其冬，寇犯涼州，寧與戰抹山墩，擒斬五十餘，相持至暮，收輜重南行。寇復來襲，擒其長一人。明日，參將顏玉來援，副將陶禎兵亦至，寇乃遁。俘其稚弱，獲馬駝牛羊二千，進右都督。明年，與巡撫許進襲破土魯番於哈密，進左都督，增俸百石，以疾還京。十三年，大同告警，命寧爲副總兵，從平江伯陳銳禦之。銳無將略，與寧不協，止毋戰，寇遂得志去，坐停半俸閒住。尋以參將贊畫朱暉軍務，亦無功。寧自陳哈密功，乞封伯，詔還全俸。

寧有膽智，爲大同副將時，入貢者數萬人懷異志。寧率二十騎直抵其營，衆駭愕。有部長勒馬引弓出。寧前下馬，與諸部長坐，舉策指畫，宣天子威德。一人語不遜，寧摑其面，奮臂起，其長叱之退。寧復坐與語，呼酒歡飲，皆感悟，卒如約。嘗仿古番上法，以五十八人爲隊，〔七〕隊伍重爲陣，建五色幟。又各建五巨幟於中軍，中幟起，五陣各視其色應之，循環無端，每戰用是取勝。晚再赴大同，已老病，帥又怯懦，故無成功，然孝宗朝良將稱寧。十七年卒，贈廣昌伯。

彭清，字源潔，榆林人。初襲綏德衛指揮使，以功擢都指揮僉事。弘治初，充右參將，分守肅州。寇入犯，率兵躡之，獲馬駝器仗及所掠人畜而還。尋與巡撫王繼恢復哈密有功。

清雖位偏校，而好謀有勇略，名聞中朝，尤爲尙書馬文升所器。嘗引疾乞休，文升力言於朝，慰留之。八年，甘肅有警，以文升薦，擢左副總兵，仍守甘肅。未幾，巡撫許進乞移清涼州。而是時哈密復爲土魯番所據，文升方密圖恢復，倚清成功，言「肅州多故，而清名著西域，不可易」，乃寢。

文升既得楊翥策，銳欲擣哈密襲牙蘭，乃發罕東、赤斤暨哈密兵，令清統之爲前鋒，從許進潛往。行半月，抵其城下，攻克之。牙蘭已先遁，乃撫安哈密遺種，全師而還。是役也，文升授方略，擬從間道往，而進仍由故道，牙蘭遂逸去，斬獲無幾。然番人素輕中國，謂不能涉其地，至是始知畏。清功居多，稍遷都指揮使。

十年，總兵官劉寧罷，擢清都督僉事代之。其冬，土魯番歸哈密忠順王陝巴，且乞通貢，西域復定。屢辭疾，請解兵柄，不允。十五年卒。

清御士有恩，久鎮西陲，威名甚著，番夷憚之。性廉潔，在鎮遭母及妻妹四喪，貧不能歸葬。卒之日，將士及庶民婦豎皆流涕。遺命其子不得受賻贈，故其喪亦不能歸。帝聞之，命撫臣發帑錢，資送歸里，賜祭葬如制。

姜漢，榆林衛人。弘治中，嗣世職，爲本衛指揮使。御史胡希顏薦其材勇，進都指揮僉事，充延綏遊擊將軍。十八年春，寇犯寧夏興武營，漢帥所部馳援，遇於中沙墩，擊敗之。賜敕獎勞。武宗嗣位，寇大舉犯宣、大，漢偕副總兵曹雄、參將王戟分道援，有功。尋代雄爲副總兵，協守延綏。正德三年移守涼州。明年冬，擢署都督僉事，充總兵官，鎮寧夏。

漢馭軍嚴整，得將士心。甫數月而安化王寘鐇謀逆，置酒召漢及巡撫安惟學等宴。酒半，其黨何錦等率衆入，即座上執漢。漢奮起，怒罵不屈，遂殺之。子奭逃免。賊平，訟於朝。詔賜祭葬。有司爲立祠，春秋祭之。嘉靖時，復從巡撫張珩請，賜額「愍忠」。

奭當嗣職，帝以漢死事，特進一官，爲都指揮僉事。十一年，回賊魏景陽作亂，華陰諸縣悉被害，巡撫蕭翀檄奭討之，獲景陽。進署都指揮同知，充右參將守肅州。嘉靖二年，擢右副總兵，分守涼州，進署都督僉事，充總兵官，鎮甘肅。

回賊犯甘州，奭與戰張欽堡，敗走之。未幾，西海賊八千騎犯涼州，奭率遊擊周倫等襲擊於苦水墩，大敗之，斬首百餘級，殲其長，還所掠人口千二百、畜產二千。都指揮張錦亦戰死。錄功，進署都督同知。吉囊他部寇莊浪，奭與遇分水嶺，再勝之，遂至平嶺。敵騎大集，奭伏兵誘之，復斬其長一人，獲首功七十，予實授。十六年春，寇大入甘州，不能禦，貶二秩戴罪。尋以永昌破敵功，復署都督僉事。其冬，坐前罪罷。久之，以薦擢副總兵，協守大同，爲總督翁萬達劾罷，卒。

子應熊，嗣指揮使，擢宣府西路參將。二十七年春，俺答寇大同，總兵官周尙文戰曹家莊，應熊從萬達自懷來鼓譟揚塵而西。寇不測衆寡，遂遁。累進都督僉事，充總兵官，鎮守寧夏。三十二年，套寇數萬騎屯賀蘭山，遣精騎掠紅井。應熊戒將士固守以綴敵，而潛師攻敵營，斬首百四十級，進都督同知。越二年，套寇數萬踏冰西渡，由寧夏山後直抵莊涼。應熊等掩擊，獲首功百餘，進右都督。御史崔揀劾其縱寇，〔八〕褫職逮問，充爲事官，赴塞上立功。四十年秋，寇六萬餘騎犯居庸岔道口，應熊被圍於南溝，中五鎗墮馬，參將胡鎮殺數人奪之歸。其冬，復爲右都督，充總兵官，鎮守大同。以招徠塞外人口，增俸一級。

四十二年，寇大舉犯畿輔，詔應熊等入援，諸鎮兵盡集，見敵勢盛，不敢擊。給事中李瑜遂劾應熊及宣大總督江東、保定總兵官祝福坐視胡鎮被圍，一卒不發。帝怒，降敕嚴責。會寇將遁，應熊禦之密雲，頗有斬獲。寇退，帝令江東第諸將功，以應熊爲首，詔增其祖職二級。已，錄防秋勞，進左都督。總督趙炳然劾其縱寇互市，殘害朔州，坐戍邊。穆宗立，赦還。子顯祚襲職，累官署都督僉事、總兵官，歷鎮山西、宣府。子昞，亦至都督僉事，爲援遼總兵官。姜氏爲大將，著邊功，凡五世。

安國，字良臣，綏德衞人。初爲諸生，通春秋子史，知名里中。後襲世職，爲指揮僉事。正德三年中武會舉第一，進署指揮使，赴陝西三邊立功。劉瑾要賄，國同舉六十人咸無貲，瑾乃編之行伍，有警聽調，禁其擅歸。六十人者悉大窘，儕於戍卒，不聊生。而邊臣憚瑾，竟無有收恤之者。寘鐇反，肆赦，始放還。通政叢蘭請收用，瑾怒，諷給事中張瓚等劾諸人皆庸才，悉停其加官。瑾誅，始以故官分守寧夏西路。尋進署都指揮僉事，充右參將，擢右副總兵，協守大同，徙延綏。

十一年冬，寇二萬騎分掠偏頭關諸處，國偕遊擊杭雄馳敗之岢嵐州，斬首八十餘級，獲馬千餘匹。寇遂遁。

初，寇大入白羊口，帝遣中官張忠、都督劉暉、侍郎丁鳳統京軍討之，比至，已飽掠去。

忠、暉恥無功，紀功御史劉澄甫擁國等功歸之，大行遷賞，忠等悉增祿，予世廕。尚書王瓊亦加少保，廕子錦衣。國時以署都督僉事爲寧夏總兵官，僅予實授，意不平，不敢自列，乃具疏力辭，爲部卒重傷者乞敍錄。瓊請再敍國功，始進都督同知。

當是時，佞倖擅朝，債帥風大熾，獨國以材武致大將。竭誠練戎務，所至思盡職，推將材者必歸焉。在鎮四年卒。特謚武敏。

杭雄，字世威，世爲綏德衞總旗。雄承廕，數先登，積首功，六遷至指揮使。正德七年進署都指揮僉事，剿賊四川，尋守備西寧。用尚書楊一清薦，擢延綏遊擊將軍。從都御史彭澤經略哈密，偕副將安國破敵岢嵐，進都督僉事，改參將，擢都督同知，統邊兵操於西內。武宗幸宣府、大同，雄扈從，即拜大同總兵官。

嘉靖初，汰傳奉官，雄當貶，以方守邊，命署都督僉事，鎮守如故。小王子萬餘騎入沙河堡，雄戰却之。未幾，復大入，不能禦，求罷不許。移延綏，召僉書後軍都督府。

三年秋，土魯番侵甘肅，詔尚書金獻民視師，以雄佩平虜大將軍印，充總兵官，提督陝西、延綏、寧夏、甘肅四鎮軍務。列侯出征，始佩大將軍印，無授都督者，至是特以命雄。甫至，寇已破走，而雄亦得廕錦衣千戶。既班師，復出鎮寧夏。吉囊大入，總督王憲檄雄等破之，進都督同知。寇八千騎乘冰犯寧夏。雄及副總兵趙鎮禦之，前鋒陷伏中，雄等皆敗。總督王瓊劾之，奪官閒住。明年卒。

雄敢戰。嘗以數騎行邊，敵驟至。乃下馬積鞍爲壘，跪而射之。敵退，解衣，腋凝血，乃知中飛矢。武宗在大同，見雄氈帷敝甚，曰：「老杭窮乃爾。」寇至，帝將親擊。雄叩馬諫曰：「主人畜犬，不使吠盜，奚用犬爲。願聽臣等効力。」帝笑而止。少役延綏巡撫行臺，既貴，每至臺謁事，不敢正席坐，曰：「此當年役所也。」正德、嘉靖間，西北名將，馬永而下稱雄云。

贊曰：時平，則將略無由見。或綰符出鎮，守疆禦侮，著有勞效，以功名終，亦足尚矣。許貴、周賢、魯鑑、姜漢家世爲將，勳閥相承，而賢與漢死事尤烈。彭清、杭雄之清節，斯又其最優者歟。

校勘記

〔一〕從石亭戰陽和後口敗績　陽和後口，原作「陽和後日」。據明史稿傳五三許貴傳及英宗實錄卷

一八〇正統十四年七月癸巳條改。

〔二〕子寧字志道　明史稿傳五三許貴傳作「字宗道」。

〔三〕十戰　明史稿傳五三許貴傳附許寧傳作「七戰」。

〔四〕成化九年　原脫「成化」二字，承上文「天順初」易誤爲「天順九年」。本書卷一三憲宗紀、卷一七一王越傳均繫王越襲紅鹽池於成化九年，據補。

〔五〕官軍耆老五千餘人　明史稿傳五三歐信傳作「五十餘人」。

〔六〕魯鑑其先西大通人　西大通，原作「西大同」，據明史稿傳五三魯鑑傳改。按魯鑑父魯失加，英宗實錄卷一四四正統十一年八月乙丑條稱「失加，莊浪衞西大通人」。本書卷四二地理志莊浪衞注云：「又南有大通河」。魯鑑祖父三代世守莊浪衞，作「西大通人」是。

〔七〕以五十八人爲隊　孝宗實錄卷二一二弘治十七年五月丁酉條及明史考證攟逸卷一二引識大錄均作「以五十人爲隊」。

〔八〕御史崔揀劾其縱寇　崔揀，明史考證攟逸卷一二云：「萬姓通譜載嘉靖時有崔揀」，「任監察御史，與姜漢正同時。」按明進士題名碑錄嘉靖庚戌科有崔棟。

明史卷一百七十五

列傳第六十三

衞青 子穎　董興　何洪 劉雄　劉玉　仇鉞　神英 子周

曹雄 子謙　馮禎　張俊 李鉞　楊銳 崔文

衞青，字明德，松江華亭人。以薊州百戶降成祖，積功至都指揮僉事，莅中都留守司事，改山東備倭。

永樂十八年二月，蒲臺妖婦林三妻唐賽兒作亂。自言得石函中寶書神劍，役鬼神，剪紙作人馬相戰鬭。徒衆數千，據益都卸石棚寨。指揮高鳳敗歿，勢遂熾。其黨董彥昇等攻下莒、卽墨，圍安丘。總兵官安遠侯柳升帥都指揮劉忠圍賽兒寨。賽兒夜劫官軍。軍亂，忠戰死，賽兒遁去。比明，升始覺，追不及，獲賊黨劉俊等及男女百餘人。而賊攻安丘益急，知縣張旟、丞馬攄死戰，賊不能下，合莒、卽墨衆萬餘人以攻。青方屯海上，聞之，帥千騎

晝夜馳至城下。再戰，大敗之，城中亦鼓譟出，殺賊二千，生擒四千餘，悉斬之。時城中旦夕不能支，青救稍遲，城必陷。比賊敗，升始至，青迎謁。升怒其不待己，捽之出。是日，鼇山衞指揮王眞亦以兵百五十人殲賊諸城，賊遂平。而賽兒卒不獲。帝賜書勞青，切責升。尚書吳中等劾升，且言升媢青功。於是下升獄，而擢青山東都指揮使，眞都指揮同知，旟、攄左右參議，賞賚有差。

青還備倭海上。尋坐事繫獄。宣德元年，帝念其功，釋之，俾復職。時京師營繕役繁，調及防海士卒。青以爲言，得番代。英宗立，進都督僉事，尋卒。

青有孝行，善撫士卒，居海上十餘年，海濱人思之，請於朝，立祠以祀。

次子穎，正統初，襲濟南衞指揮使。景帝立，奉詔入衞，再遷至都指揮同知。以石亨薦，擢署都督僉事，管五軍營右哨。論黃花鎭、白羊口及西直門禦寇功，累進都督同知。景泰三年協鎭宣府。踰年，召還。天順元年，以「奪門」功，封宣城伯，予世券，出鎭甘肅。孛來入犯，不能禦，爲有司所劾，詔不問。亨敗，穎以守邊故得無奪。憲宗卽位，廷議以穎不勝任，乃召還。會盡革「奪門」世爵，穎以天順間征西番馬吉思、冬沙諸族功自愬，詔如故。成化二年爲遼東總兵官，尋引疾罷。給事中陳鉞等劾之，下獄，尋宥之。弘治中卒。贈侯，謚壯勇。

傳子至孫錞。嘉靖時，督神機營，屢加太保兼太子太師。四傳至時泰。〔一〕崇禎時，掌後府。京師陷，懷鐵券，闔門十七人皆赴井死。

董興，長垣人。初爲燕山右衞指揮使，累遷署都指揮同知。正統中，新建伯李玉等舉興將才，進署都指揮使，京營管操。復用薦，擢署都督僉事，充右參將，從寧陽侯陳懋討鄧茂七，破餘黨於建寧，進都督同知。

南海賊黃蕭養圍廣州，安鄉伯張安、都指揮王清戰死，賊衆攻城益急。詔拜興左副總兵，調江西、兩廣軍往討，而以侍郎孟鑑贊理軍務。興用天文生馬軾自隨。興果銳，不能戢下，軾戒之。景泰元年二月，師至廣州，賊舟千餘艘，勢甚熾，而徵兵未至，諸將請濟師。軾曰：「廣民延頸久矣，卽以狠兵往擊，猶拉朽耳。」興從之。既而兵大集，進至大洲擊賊，殺溺死者萬餘人，餘多就撫。蕭養中流矢死，函首以獻，俘其父及子等，餘黨皆伏誅。論功，進右都督，留鎭廣東。給事中黃士儁劾興寬縱，降其官。明年復職。

久之，召還，分督京營。與曹吉祥結姻，冒「奪門」功，封海寧伯。未幾，充總兵官，鎭遼東，予世券。議革「奪門」者爵，興以守邊得免。吉祥誅，乃奪興爵，仍右都督，發廣西立功。

以錦衣李貴薦，復爵，總兵宣府，再予世券。憲宗嗣位，罷還。已，停世襲。家居十餘年卒。

何洪，全椒人。嗣世職，爲成都前衞指揮使。正統中，從征麓川，景泰末，從征天柱、銅鼓，皆有功。屢遷都指揮使，掌四川都司事，與平東苗。憲宗卽位，論功，擢都督僉事。巡撫汪浩乞留洪四川，許之。

德陽人趙鐸反，自稱趙王，漢州諸賊皆歸之。連番衆，數陷城，殺將吏。遣其黨何文讓及僧悟昇掠安岳諸縣。洪斬悟昇，生擒文讓。鐸將逼成都，官軍分三路討。洪偕都指揮寧用趨彰明，賊引去。追至梓潼朱家河，力戰，賊少卻。洪乘勝陷陣，後軍不繼，爲賊所圍，左右跳盪，殺賊甚衆，力竭而死。

洪勇敢，善撫士，號令嚴，蜀將無及之者。既死，官軍奪氣。而四川都指揮僉事臨淮劉雄亦戰死。雄剛勁，遇敵輒前，嘗捕賊漢州，生擒七十餘人。及鐸亂，追之羅江大水河，手馘數人，賊連敗。千戶周鼎傷，雄前救之，徑奔賊陣，叢刺死。詔贈洪都督同知，予祭葬，子節襲都指揮僉事。雄贈都指揮同知，賜祭，命子襲職，超二官。

洪雖死，綿竹典史蕭讓帥鄉兵擊鐸，破之。官兵頻進擊，其黨稍散去。鐸勢孤，帥餘賊

趨彭明。千戶田儀等設伏梓潼，而參將周貴直搗其巢。賊大敗，夜奔石子嶺。儀亟進，斬鐸，賊盡平。成化元年五月也。〔二〕

劉玉，字仲璽，磁州人。生有膂力，給侍曹吉祥家。從征麓川，授副千戶，積功至都指揮僉事。天順元年以「奪門」功進都督僉事，尋充右參將，守備潯州。慶遠蠻剽博白及廣東之寧川，玉偕左參將范信邀擊，敗之。俄命分守貴州。從方瑛討東苗，殲干把豬。討西堡苗，縶其魁楚得。先後斬首千級，毀其巢而還。旋改右副總兵，鎮守貴州。吉祥誅，玉下吏當斬。以道遠不與謀，免死，謫海南副千戶。

六年，帝將以谷登爲甘肅副總兵。李賢言登不任，玉老成。乃復以爲都督僉事、右副總兵，鎮守涼州。咎咂族叛，會兵平之，進都督同知。

成化四年，滿俊亂固原，白圭舉玉爲總兵官，統左右參將夏正、劉清討之，兵分爲七。玉與總督項忠抵石城，賊已數敗。會毛忠死，玉亦被圍，中流矢，力戰得出。相持兩月，大小百十戰，竟平之。進左都督，掌右府事。自愬前西堡功，命增俸百石，掌耀武營。六年充左副總兵，從朱永出延綏。五月，河套部入犯，玉帥衆禦却之。逾年卒。贈固原伯，謚毅敏。

玉雖起僕隸，勇決過人，善撫士，所至未嘗衄。滿俊之叛，據石城險，屢敗官軍，玉戰最力。及論功，祗賜秩一級，時惜其薄。子文，襲指揮使。

仇鉞，字廷威，鎮原人。初以傭卒給事寧夏總兵府，大見信愛。會都指揮僉事仇理卒，無嗣，遂令鉞襲其世職，爲寧夏前衞指揮同知。理，江都人，故鉞自稱江都仇氏。再以破賊功，進都指揮僉事。

正德二年用總制楊一清薦，擢寧夏遊擊將軍。五年，安化王寘鐇及都指揮何錦、周昂，指揮丁廣反。鉞時駐城外玉泉營，聞變欲遁去。顧念妻子在城中，恐爲所屠滅，遂引兵入城。解甲覲寘鐇，歸臥家稱病，以所將兵分隸賊營。錦等信之，時時就問計。鉞亦謬輸心腹。而陰結壯士，遣人潛出城，令還報官軍旦夕至。鉞因紿錦、廣，宜急出兵守渡口，遏東岸兵，勿使渡河。錦、廣果傾營出，而昂獨守城。寘鐇以禡牙召鉞，鉞稱病亟。昂來視，鉞方堅臥呻吟。伏卒猝起，捶殺昂。鉞乃被甲橫刀，提其首，躍馬大呼，壯士皆集，徑馳詣寘鐇第，縛之。傳寘鐇令，召錦等還，而密諭其部曲以擒寘鐇狀，衆遂大潰。錦、廣單騎走賀蘭山，爲邏卒所獲，舉事凡十八日而敗。

先是，中朝聞變，議以神英爲總兵官，而命鉞爲副。俄傳鉞降賊，欲追敕還。大學士楊廷和曰：「鉞必不從賊，令知朝廷擢用，志當益堅。不然，棄良將資敵人耳。」乃不追。事果定。而劉瑾暱陝西總兵官曹雄，盡以鉞功歸之，鉞竟無殊擢。巡按御史閻睿訟其功，詔奪俸三月。瑾誅，始進署都督僉事，充寧夏總兵官。尋論功，封咸寧伯，歲祿千石，予世券。明年冬，召掌三千營。

七年二月拜平賊將軍，偕都御史彭澤討河南盜劉惠、趙鐩，以中官陸闇監其軍。未至，而參將馮禎戰死洛南，賊勢益熾。已，聞官軍將至，遂奔汝州。又聞官軍扼要害，乃走寶豐，復由舞陽、遂平轉掠汝州東南，敗奔固始，抵潁州，屯朱皐鎮。永順宣慰彭明輔等擊之，賊倉猝渡河，溺死者二千人。餘衆走光山，鉞追及之。命諸將神周、姚信、時源、金輔左右夾擊，賊大敗，斬首千四百有奇。湖廣軍亦破其別部賈勉兒於羅田。賊沿途潰散，自六安陷舒城，復還光山，至商城。官軍追之急，賊復南攻六安。將陷，時源等涉河進，敗之七里岡。賊趨廬州，至定遠西又敗。還至六安，分其衆爲二。劉惠與趙鐩二弟鐇、鎬帥萬餘人，北走商城。而鐩道遇其徒張通及楊虎遺黨數千人，勢復振，掠鳳陽，陷泗、宿、睢寧、定遠。於是澤與鉞計，使神周追鐩，時源、金輔追惠，姚信追勉兒。勉兒、鐩復合，周信連敗之宿州，追奔至應山，其衆略盡。鐩薙髮懷度牒，潛至江夏，飯村店，軍士趙成執送京師，伏誅。源、輔追劉惠，

連戰皆捷。惠窘走南召，指揮王謹追及於土地嶺，射中惠左目，自縊死。勉兒數爲都指揮朱忠、夏廣所敗，獲之項城丁村。餘黨邢本道、劉資及楊寡婦等先後皆被擒。凡出師四月，而河南賊悉平。

趙鐩，一名風子，文安諸生也。劉七等亂起，鐩挈家匿淀中，賊驅之登陸，將汙其妻女。鐩素驍健，有膂力，手格殺二賊，賊聚執之，遂入其黨爲之魁。賊專事淫掠，鐩稍有智計，定爲部伍，勸其黨無妄殺。移檄府縣，約官吏師儒毋走避，迎者安堵。由是横行中原，勢出劉六等上。嘗攻鈞州五日，以馬文升方家居，舍之去。〔三〕有司遣人齎招撫榜至，鐩具疏附奏言：「今羣奸在朝，舞弄神器，濁亂海內，誅戮諫臣，屏棄元老，舉動若此，未有不亡國者。乞陛下奮謀獨斷，梟羣奸之首以謝天下，即梟臣之首以謝羣奸。」其桀黠如此。

鉞既平河南賊，移師會陸完，共滅劉七等於江北。論功，進世侯，增祿百石，仍督三千營。

八年，大同有警，命充總兵官，統京軍禦之。鉞上五事，中請遣還京操邊軍，俾京軍出征，以省公私之擾，尤切時弊，時不能用。鉞既至，值寇犯萬全沙河，〔四〕擊之，斬首三級，而軍士亡者二十餘人，寇亦引去。奏捷蒙賚，朝論恥之。

帝詔諸邊將入侍豹房。鉞嘗一入，後輒力辭。十年冬，稱疾解營務。詔給軍三十人役

其家。世宗立，再起督三千營，掌前府事。未上卒，年五十七。謚武襄。

子昌以病廢，孫鑾嗣侯。世宗時，怙寵通邊，磔死，爵除。

神英，字景賢，壽州人。天順初，襲父職，爲延安衞指揮使，守備寧塞營，屢將騎兵，從都督張欽等征討有功。

成化元年，尚書王復行邊，薦英有謀勇，進都指揮僉事。以從征滿四功，遷都指揮使，充延綏右參將。屢敗乩加思蘭兵，進署都督僉事。巡撫余子俊築邊牆，命英董役，工成受賚。久之，充總兵官，鎮守寧夏，移延綏，復移宣府。弘治改元，移大同。十一年，馬市開，英違禁貿易，寇掠蔚州又不救，言官連劾，召還閒住。尋起督果勇營。嘗充右參將，從朱暉禦寇延綏。武宗立，寇犯宣府，與李俊並充左參將，帥京軍以援。尋以都督同知僉書左府，剿近畿劇賊，進右都督。

正德五年，給事中段豸劾英老，命致仕。當是時，劉瑾竊政。總兵官曹雄等以附瑾得重權。英素習瑾，厚賄之。因自陳邊功，乞敘錄，特詔予伯爵。吏、兵二部持之，下廷議。而廷臣希瑾指，無不言當封者，遂封涇陽伯，祿八百石。未幾，寘鐇反，命充總兵官討之。未

至，賊已滅。其秋，瑾敗，爲言官所劾。詔奪爵，以右都督致仕。越二年卒。

子周，輸粟爲指揮僉事。累官都指揮使，充延綏右參將。正德六年命以所部兵討河南流賊，數有功，再進都督同知。賊平，遂以副總兵鎮山西。九年秋，寇大入寧武關，躪忻、定襄、寧化。周擁兵不戰，軍民死者數千。詔巡撫官執歸京師。周潛結貴近，行至易州，僞稱病，自陳戰功。帝乃宥周罪，盡削其秩，爲總旗，而輸粟指揮如故。已，夤緣江彬入豹房，驟復都督，賜國姓，典兵禁中。遂與彬相倚爲聲勢，納賄不貲。彬敗，周亦下獄，伏誅。

曹雄，西安左衞人。弘治末，歷官都指揮僉事，爲延綏副總兵。武宗卽位，用總督楊一清薦，擢署都督僉事，充總兵官，鎮固原。以瑾同鄉，自附於瑾。瑾欲廣樹黨，日相親重。

正德四年，雄上言：「故事，布、按二司及兵備道臣文移達總兵官者，率由都司轉達。今邊務亟，徵調不時，都司遠在會城，往返千里，恐誤軍機。乞如巡撫大同例，徑呈總兵官便。」兵部尚書曹元希瑾意，覆如其言。既復受瑾屬，奏雄鎮守未佩印，宜如各邊例，特賜印以重其權。乃進雄署都督同知，以延綏總兵官吳江所佩征西將軍印佩之，而別鑄靖虜將軍印予

江。及總督才寬禦寇沙窩爲所殺，雄擁兵不救，佯引罪，乞解兵柄，令子謐齎奏詣京師。瑾異謐貌，妻以從女，而優詔褒雄，令居職如故，糾者反被責。

寘鐇反寧夏，雄聞變，卽統兵壓境上。令都指揮黃正以兵三千入靈州，固士卒心，約鄰境刻期討。密焚大、小二壩積草，與守備史鏞等奪河西船，盡泊東岸。賊黨何錦懼，急帥兵出守大壩，以防決河。雄乃令鏞潛通書仇鉞，俾從中舉事，賊遂成擒。是役也，功雖成於鉞，而居外布置，賊不內顧，雄有勞焉。捷聞，瑾以平賊功歸之，進左都督，謐亦官千戶。雄不安，引咎自劾，推功諸將，降旨慰勞。未幾，瑾敗，言官交劾，降指揮僉事，尋徵下獄，以黨逆論死，籍其家。詔宥之，與家屬永戍海南，遇赦不原。

雄長子謙，讀書能文，有機略，好施予。故參政李崙、主事孔琦家貧甚。雄請周卹其妻子，以勸廉吏，謙意也。御史高胤先被逮，無行貲。謙爲治裝，並卹其家。受業楊一清，聞一清將起用，貽書止之曰：「近日關中人材，連茹而起，實山川不幸。獨不留三五輩爲後日地耶。」時陜人率附瑾以進，故謙云然。雄下獄，謙亦被繫，爲怨家箠死。

馮禎，綏德衞人。起家卒伍，累功爲本衞指揮僉事。弘治末，擢署都指揮僉事，守備偏頭關。尋充參將，分守寧夏西路，以勇敢聞。寘鐇反，馳奏告變。事平，進署都指揮同知。已，擢副總兵，協守延綏。

正德六年七月，盜起中原。詔以所部千五百人入討。至阜城，遇賊。禎令軍中毋顧首級、貪虜獲，遂大敗賊。逐北數十里，俘斬八百六十有奇。進解曹州圍，執其魁朱諒。錄功，進都督僉事。

明年春，劉惠、趙鐩亂河南，連陷鹿邑、上蔡、西平、遂平、舞陽、葉，縱掠南頓、新蔡、商水、襄城，復還駐西平。禎偕副總兵時源，參將神周、金輔擊敗之。賊奔入城，官軍塞其門。乘夜焚死千餘人，斬首稱是，餘賊潰而西。巡撫鄧璋等朝崇王於汝寧，宴飲連日。賊招散亡，勢復振，陷鄢陵、滎陽、汜水、鞏。圍河南府三日，諸軍始集。賊屯洛南，覘官軍饑疲，迎戰。右哨金輔不敢渡洛，禎及源、周方陣，而後哨參將姚信所部京軍先馳，失利遽遁。陣亂，賊乘之。禎下馬殊死鬭，援絕死焉。贈洛南伯，賜祭葬，授其子大金都督僉事。後賊平，論功，復廕一子世百戶。明年是日，禎死所風霾大作，又明年，亦如之。伊王奏聞，敕有司建祠，歲以死日致祭。尋用給事中李鐸言，歲給米二石，帛二疋，贍其家。

中華書局

張俊，宣府前衞人。嗣世職，爲本衞指揮使。累擢大同遊擊將軍。弘治十二年以功進都指揮同知。

火篩入大同左衞，大掠八日。俊遣兵三百邀其前，復分兵三百爲策應，而親禦之荆東莊。依河結營，擊卻三萬餘騎。帝大喜，立擢都督僉事。未幾，總兵官王璽失事被徵，即命俊代之。其冬，以寇入戴罪，尋移鎮宣府。中官苗逵督師延綏，檄大同、宣府卒爲探騎。俊持不遣，逵遂劾俊。帝宥俊，而命發卒如逵言。

武宗初立，寇乘喪大入，連營二十餘里。俊遣諸將李稽、白玉、張雄、王鎮、穆榮各帥三千人，分扼要害。俄，寇由新開口毀垣入，稽遽前迎敵，玉、雄、鎮、榮各帥所部拒於虞臺嶺。俊急帥三千人赴援，道傷足，以兵屬都指揮曹泰。泰至鹿角山，被圍。俊力疾，益調兵五千人，持三日糧，馳解泰圍，復援出鎮。又分兵救稽、玉，稽、玉亦潰圍出。獨雄、榮阻山澗，援絕死。諸軍已大困，收兵還。寇追之，行且戰，僅得入萬全右衞城，士馬死亡無算。俊及中官劉清、巡撫李進皆徵還。御史郭東山言，俊扶病馳援，勸懲不宜偏廢，乃許贖罪。

正德五年，起署都督同知，典神威營操練。明年六月，賊楊虎等自山西十八盤還，破武安，掠威、曲周、武城、清河、故城、景州，轉入文安，與劉六等合。都指揮桑玉屢敗，僉事許承

芳請濟師。乃命俊充副總兵，與參將王琮統京軍千人討之。往來近畿數月，不能創賊。已，朝議調邊軍協守，賊遂連敗。明年三月，劉六、劉七、齊彥名、龐文宣等敗奔登、萊海套。陸完檄俊軍萊州，合諸將李鋐等邀之。賊遂北走，轉掠寶坻、香河、玉田，俊急偕許泰、卻永遏之。帝喜，勞以白金。賊由武清西去。未幾，得疾召還。後賊平，實授都督同知。久之，卒。

俊爲邊將，持廉，有謀勇，其歿也，家無贏資。

李鋐，大同右衞人。世指揮同知，累功進都指揮僉事，充參將，協守大同。山東盜起，詔改遊擊將軍，尋充副總兵，與俊等邀賊，復與劉暉部將傅鎧、張椿等數立功。賊平，進都指揮同知，充總兵官，鎮鳳陽諸府。尋以江西盜猖獗，擢署都督僉事，與都御史俞諫同提督軍務。賊王浩八據裴源山，憑高發矢石，官軍幾不支。鋐下馬持刀，督將士殊死鬭，賊乃走。追數十里，擒之。復以次討平劉昌三、胡浩三等。移駐餘干，將擊遺賊之未下者，疽發背，卒於軍。詔贈右都督，廕子都指揮僉事。

楊銳，字進之，蕭縣人。嗣世職，爲南京羽林前衞指揮使。正德初，以才擢掌龍江右衞

事，督造漕舟於淮安。

寧王宸濠有異謀，王瓊以安慶居要害，宜置戍，乃進銳署都指揮僉事，守備其地。銳與知府張文錦治戰艦，日督士肄水戰。十四年六月丙子，宸濠反。東下，焚彭澤、湖口、望江。己丑，奄至安慶城下，舟五十餘艘。銳、文錦與指揮崔文、同知林有祿、通判何景暘、懷寧知縣王誥等禦之江滸。已，收兵入城，被圍。銳、文軍城西，文錦、有祿軍城北，景暘、誥軍東南。城西尤要衝。銳晝夜拒戰，殺傷賊二百餘，斬其間諜，乃稍卻。

七月丁酉，賊悉兵至，號十萬，舳艫相銜六十餘里。宸濠乘黃艦，泊黃石磯，身自督戰。江西僉事潘鵬在賊軍，安慶人也，宸濠令諭降。呼銳及文錦語，衆心頗搖。吏黃洲者，以大義責數之，鵬慚而退。既復持僞檄至，其家僮見，遙呼之，銳腰斬以徇。將射鵬，鵬遯去，衆心乃定。賊怒，圍城數周，攻益急，銳等殊死戰。賊雲樓數十瞰城中，城中亦造飛樓射賊，夜縋人焚賊樓。賊置天梯，廣二丈，高於城，版蔽之，前後有門，伏兵其中，輪轉以薄城。城上束葦沃膏，燃其端，梯稍近即投之，須臾盡焚，賊多死。時軍衞卒不滿百，乘城皆民兵。老弱婦女餽餉，人運石一二，數日積如山。賊攻城，城上或投石，或沸湯沃之，賊輒傷。銳等射書賊營，諭令解散，有亡去者。乃募死士夜劫賊營，賊大驚擾，比曉稍定。宸濠慚憤，謂其下曰：「安慶且不克，安望南都。」會聞伍文定等破南昌，遂解圍去。文出城襲擊，又破之，旬有

八日而圍解。

事聞，武宗大喜，擢銳參將，分守安徽池、太、寧國及九江、饒、黃。銳薦鄭岳、胡世寧，帝即召用。世宗立，論功，擢都督僉事，廕子世千戶。再遷僉書左府，改南京右府。充總兵官，鎮遼東。改督漕運，鎮淮安。嘉靖十年爲巡按御史李循義劾罷，踰年卒。

崔文，世爲安慶衞指揮使，守城勞亞於銳。世宗錄其功，超三階爲都指揮使，廕子世百戶。江、淮多盜，廷議設總兵官，督上下江防，擢文都督僉事任之。改蒞南京前府，專督操江。久之，卒。

贊曰：衞青等當承平時，不逞竊發，列城擾攘，賴其戡定。雖所敵非堅，然勇敢力戰，功多可紀。或遂身膏原野，若何洪、劉雄、馮禎輩，壯節有足惜者。鉞以心計定亂，銳以城守摧逆，干城之寄，克稱廟謨。神英、曹雄亦有勞績，而以附閹損名，且獲罪，爲將者其以蹶弛爲戒哉。

校勘記

〔一〕四傳至時泰　時泰，原作「時春」，據本書卷一〇七功臣世表及神宗實錄卷四八〇萬曆三十九年二月己卯條改。

〔二〕成化元年五月也　五月，原作「正月」，據憲宗實錄卷一七成化元年五月甲子條、國榷卷三四頁二一九一改。

〔三〕以馬文升方家居舍之去　原繫於正德七年。按本書卷一八二馬文升傳稱「五年六月卒」，「卒後踰年，大盜趙鐩等剽河南，至鈞州。以文升家在，捨之去」。武宗實錄卷六四繫馬文升卒於正德五年六月壬辰。「方家居」三字應有衍誤。

〔四〕值寇犯萬全沙河　萬全沙河，原作「萬全河沙」，據武宗實錄卷一〇三正德八年五月辛未條、國榷卷四九頁三〇四五改。清一統志卷二四萬全縣有東沙河、西沙河。清萬全縣即明萬全右衞地。

明史卷一百七十六

列傳第六十四

李賢　呂原 子常　岳正　彭時　商輅　劉定之

李賢，字原德，鄧人。舉鄉試第一，宣德八年成進士。奉命察蝗災於河津，授驗封主事。少師楊士奇欲一見，賢竟不往。

正統初，言：「塞外降人居京師者盈萬，指揮使月俸三十五石，實支僅一石，降人反實支十七石五斗，是一降人當京官十七員半矣。宜漸出之外，省冗費，且消患未萌。」帝不能用。時詔文武臣誥敕，非九年不給。賢言：「限以九年，或官不能滿秩，或親老不待，不得者十八九，無以勸臣下。請仍三年便。」從之。遷考功郎中，改文選。扈從北征，師覆脫還。

景泰二年二月上正本十策，曰勤聖學，顧箴警，戒嗜慾，絕玩好，慎舉措，崇節儉，畏天變，勉貴近，振士風，結民心。帝善之，命翰林寫置左右，備省覽。尋又陳車戰火器之利，

帝頗採納。是冬，擢兵部右侍郎，轉戶部。也先數貢馬，賢謂輦金帛以强寇自斃，非策。因陳邊備廢弛狀，于謙請下其章厲諸將。轉吏部，採古二十二君行事可法者，曰鑑古錄，上之。

英宗復位，命兼翰林學士，入直文淵閣，與徐有貞同預機務。未幾，進尚書。賢氣度端凝，奏對皆中機宜，帝深眷之。山東饑，發帑振不足，召有貞及賢議，有貞謂頒振多中飽。賢曰：「慮中飽而不貸，坐視民死，是因噎廢食也。」遂命增銀。

石亨、曹吉祥與有貞爭權，並忌賢。諸御史論亨、吉祥，亨、吉祥疑出有貞、賢意，訴之帝，下二人獄。會有風雷變，得釋，謫賢福建參政。未行，王翺奏賢可大用，遂留爲吏部左侍郎。踰月，復尚書，直內閣如故。亨知帝嚮賢，怒，然無可如何，乃佯與交驩。賢亦深自匿，非宣召不入，而帝益親賢，顧問無虛日。

孛來近塞獵。亨言傳國璽在彼，可掩而取，帝色動。賢言釁不可啓，璽不足寶，事遂寢。亨益惡賢。時帝亦厭亨、吉祥驕橫，屏人語賢曰：「此輩干政，四方奏事者先至其門，爲之奈何？」賢曰：「陛下惟獨斷，則趨附自息。」帝曰：「向嘗不用其言，乃怫然見辭色。」賢曰：「願制之以漸。」當亨、吉祥用事，賢顧忌不敢盡言，然每從容論對，所以裁抑之者甚至。

及亨得罪，帝復問賢「奪門」事。賢曰：「迎駕則可，『奪門』豈可示後。天位乃陛下固

有，奪卽非順。且爾時幸而成功，萬一事機先露，亨等不足惜，不審置陛下何地。」帝悟曰：「然。」賢曰：「若郕王果不起，羣臣表請陛下復位，安用擾攘爲。此輩又安所得邀陞賞，招權納賄安自起。老成耆舊依然在職，何至有殺戮降黜之事，致干天象。易曰『開國承家，小人勿用』，正謂此也。」帝曰：「然。」詔自今章奏勿用「奪門」字，併議革冒功者四千餘人。至成化初，諸被革者愬請。復以賢言，并奪太平侯張瑾、興濟伯楊宗爵，時論益大快之。

帝既任賢，所言皆見聽。于謙嘗分遣降人南征，陳汝言希宦官指，盡召之還。賢力言不可。帝曰：「吾亦悔之。今已就道，後當聽其願去者。」帝憂軍官支俸多，歲入不給。賢請汰老弱於外，則費省而人不覺。帝深納焉。時歲有邊警，天下大水，江南北尤甚。賢外籌邊計，內請寬百姓，罷一切徵求。帝用其言，四方得蘇息。七年二月，空中有聲，帝欲禳之，命賢撰青詞。賢言君不恤民，天下怨叛，厥有鼓妖。因請行寬恤之政，又請罷江南織造，清錦衣獄，止邊臣貢獻，停內外採買。帝難之。賢執爭數四，同列皆懼。賢退曰：「大臣當知無不言，可卷舌偸位耶？」終天順之世，賢爲首輔，呂原、彭時佐之，然賢委任最專。

初，御史劉濬劾柳溥敗軍罪，觸帝怒。賢言御史耳目官，不宜譴。石亨譖賢曲護。帝浸疎賢，尋悟，待之如初。每獨對，良久方出。遇事必召問可否，或遣中官就問。賢務持大體，尤以惜人才、開言路爲急。所薦引年富、軒輗、耿九疇、王竑、李秉、程信、姚夔、崔恭、

李紹等，皆爲名臣。時勸帝延見大臣，有所薦，必先與吏、兵二部論定之。及入對，帝訪文臣，請問王翺；武臣，請問馬昂。兩人相左右，故言無不行，而人不病其專，惟羣小與爲難。

曹欽之反也，擊賢東朝房，執將殺之，逼草奏釋己罪。賴王翺救，乃免。賢密疏請擒賊黨。時方擾攘，不知賢所在。得疏，帝大喜。裹傷入見，慰勞之，特加太子太保。賢因言，賊既誅，急宜詔天下停不急務，而求直言以通閉塞。帝從之。

門達方用事，錦衣官校恣橫爲劇患，賢累請禁止，帝召達誡諭之。達怙寵益驕，賢乘間復具陳達罪，帝復召戒達。達銜次骨，因袁彬獄陷賢，賢幾不免，語載達傳。帝不豫，臥文華殿。會有間東宮於帝者，帝頗惑之，密告賢。賢頓首伏地曰：「此大事，願陛下三思。」帝曰：「然則必傳位太子乎？」賢又頓首曰：「宗社幸甚。」帝起，立召太子至。賢扶太子令謝。太子謝，抱帝足泣，帝亦泣，讒竟不行。

憲宗卽位，進少保、華蓋殿大學士，知經筵事。是年春，日黯無光，賢偕同官上言：「日，君象。君德明，則日光盛。惟陛下敬以修身，正以御下，剛以斷事，明以察微，持之不怠，則天變自弭，和氣自至。」翌日又言：「天時未和，由陰氣太盛。自宣德至天順間，選宮人太多，浣衣局沒官婦女愁怨尤甚，宜放還其家。」帝從之，中外欣悅。五月大雨雹，大風飄瓦，拔郊壇樹。賢言：「天威可畏，陛下當凜然加省，無狎左右近幸。崇信老成，共圖國是。」有司

請造鹵簿。賢言：「內庫尚有未經御者，今恩詔甫頒，方節財用，奈何復爲此。」帝卽日寢之。每遇災變，必與同官極陳無隱，而於帝初政，申誡尤切。

門達既竄，其黨多投匿名書搆賢。賢乞罷，有詔慰留。吳后廢，言官請誅牛玉，語侵賢，又有造蜚語搆賢者。帝命衞士宿賢家，護出入。成化二年三月遭父喪，詔起復。三辭不許，遣中官護行營葬。還至京，又辭。遣使宣意，遂視事。其年冬卒，年五十九。帝震悼，贈太師，謚文達。

賢自以受知人主，所言無不盡。景帝崩，將以汪后殉葬，用賢言而止。惠帝少子幽禁已六十年，英宗憐欲赦之，以問賢。賢頓首曰：「此堯、舜用心也，天地祖宗實式憑之。」帝意乃決。帝嘗祭山川壇，以夜出未便，欲遣官代祀。賢引祖訓爭之，卒成禮而還。嘗言內帑餘財，不以卹荒濟軍，則人主必生侈心，而移之於土木禱祠聲色之用。前後頻請發帑振貸卹邊，不可勝計。故事，方面官敕三品京官保舉。賢患其營競，令吏部每缺舉二人，請帝簡用。並推之例始此。

自三楊以來，得君無如賢者。然自郎署結知景帝，超擢侍郎，而所著書顧謂景帝爲荒淫。其抑葉盛，擠岳正，不救羅倫，尤爲世所惜云。

呂原，字逢原，秀水人。父嗣芳，萬泉教諭。兄本，景州訓導。嗣芳老，就養景州，與本相繼卒。貧不能歸葬，厝於景，原時至墓慟哭。久之，奉母南歸，家益貧。知府黃懋奇原文，補諸生，遣入學，舉鄉試第一。

正統七年，進士及第，授編修。十二年，與侍講裴綸等十人同選入東閣肄業，直經筵。景泰初，進侍講，與同官倪謙授小內侍書於文華殿東廡。帝至，命謙講國風，原講堯典，皆稱旨。問何官，並以中允兼侍講對。帝曰：「品同耳，何相兼爲。」進二人侍講學士，兼中允。尋進左春坊大學士。

天順初，改通政司右參議，兼侍講。徐有貞、李賢下獄之明日，命入內閣預機務。石亨、曹吉祥用事，貴倨，獨敬原。原朝會衣青袍，亨笑曰：「行爲先生易之。」原不答。尋與岳正列亨、吉祥罪狀，疏留中。二人怒，摘敕諭中語，謂閣臣謗訕。帝大怒，坐便殿，召對，厲聲曰：「正大膽敢爾，原素恭謹，阿正何也？」正罷去，原得留。李賢既復官入閣柄政，原佐之。未幾，彭時亦入，三人相得甚歡。賢通達，遇事立斷。原濟以持重，庶政稱理。其年冬，進翰林院學士。

六年遭母喪，水漿不入口三日。詔葬畢卽起視事。原乞終制。不允。乃之景州，啓父

兄殯歸葬，舟中寢苦哀毁。體素豐，至是羸瘠。抵家甫襄事而卒，年四十五。贈禮部左侍郎，謚文懿。

原內剛外和，與物無競。性儉約，身無紈綺。歸裝惟賜衣數襲，分祿恤宗姻。

子懽，字秉之。以蔭補國子生，供事翰林，遷中書舍人。疏乞應試，所司執故事不許。憲宗特許之，遂舉順天鄉試。舍人得赴試自懽始。累遷禮部郎中。好學能文，諳掌故。琉球請歲一入貢，回回貢使乞道廣東歸國，皆以非制格之。以薦進南京太僕寺少卿。故事，太僕馬數，不令他官知。以是文籍磨滅，登耗無稽。懽曰：「他官不與聞，是也，當職者，可冒罔耶？」議請三年一校勘，著爲例。累遷南京太常卿，輯典故因革若干卷。正德初，致仕歸。

岳正，字季方，漷縣人。正統十三年會試第一，賜進士及第，授編修，進左贊善。天順初，改修撰，教小內侍書。閣臣徐有貞、李賢下獄，帝既用呂原預政，頃之，薛瑄又致仕，帝謀代者。王翺以正薦，遂召見文華殿。正長身美鬚髯，帝遙見，色喜。既登陛，連

稱善。問年幾何，家安在，何年進士，正具以對。復大喜曰：「爾年正強仕，吾北人，又吾所取士，今用爾內閣，其盡力輔朕。」正頓首受命。趨出，石亨、張軏遇之左順門，愕然曰：「何自至此？」比入，帝曰：「朕今日自擇一閣臣。」問爲誰，帝曰：「岳正。」兩人陽賀。帝曰：「但官小耳，當與吏部左侍郎兼學士。」兩人曰：「陛下既得人，俟稱職，加秩未晚。」帝默然，遂命以原官入閣。

正素豪邁，負氣敢言。及爲帝所拔擢，益感激思自効。掌欽天監侍郎湯序者，亨黨也，嘗奏災異，請盡去奸臣。帝問正，正言：「奸臣無指名。即求之，人人自危。且序術淺，何足信也。」乃止。有僧爲妖言，錦衣校邏得之，坐以謀反。中官牛玉請官邏者，正言：「事縱得實，不過坐妖言律，邏者給賞而已，不宜與官。」僧黨數十人皆得免。或爲匿名書列曹吉祥罪狀，吉祥怒，請出榜購之。帝使正撰榜格，正與呂原入見曰：「爲政有體，盜賊責兵部，姦宄責法司，豈有天子出榜購募者？且事緩之則自露，急之則愈匿，此人情也。」帝是其言，不問。亨從子彪鎮大同，獻捷，下內閣問狀。使者言捕斬無算，不能悉致，皆梟置林木間。正按地圖指詰之，曰：「某地至某地，皆沙漠，汝梟置何所？」其人語塞。

時亨、吉祥恣甚，帝頗厭之。正從容言：「二人權太重，臣請以計間之。」帝許焉。正出見吉祥曰：「忠國公常令杜清來此何爲者？」吉祥曰：「辱石公愛，致誠款耳。」正曰：「不然，彼使伺公所爲耳。」因勸吉祥辭兵柄。復詣亨，諭令自戢。亨、吉祥揣知正意，怒。吉祥見帝，免冠，泣請死。帝內愧，慰諭之，召正責漏言。

會承天門災，正極言亨將爲不軌，且言：「陳汝言，小人。今既爲尚書，可用盧彬爲侍郎。二人者俱譎悍，若同事必相齮齕，乘其隙可並去之。」徐有貞再下獄，復云：「用有貞則天變可弭。」帝皆不納。及敕諭廷臣，命正視草。正草敕曰：「乃者承天門災，朕心震驚，罔知所措。意敬天事神，有未盡歟？祖宗成憲有不遵歟？善惡不分，用舍乖歟？曲直不辨，刑獄冤歟？征調多方，軍旅勞歟？賞賚無度，府庫虛歟？請謁不息，官爵濫歟？賄賂公行，政事廢歟？朋奸欺罔，附權勢歟？羣吏弄法，擅威福歟？征斂徭役太重，而閭閻靡寧歟？讒諂奔競之徒倖進，而忠言正士不用歟？抑有司闒茸酷暴，貪冒無厭，而致軍民不得其所歟？此皆傷和致災之由，而朕有所未明也。今朕省愆思咎，怵惕是存。爾羣臣休戚惟均，其洗心改過，無蹈前非，當行者直言無隱。」

敕下，舉朝傳誦。而亨、吉祥搆蜚語，謂正賣直謗訕。帝怒，命仍授內侍書。明日，謫欽州同知。道漷，以母老留旬日。陳汝言令巡校言狀，且言正嘗奪公主田。遂逮繫詔獄，杖百，戍肅州。行至涿，夜宿傳舍。手拳急，氣奔且死。涿人楊四醉卒酒，脫正拳，刳其中，且厚賂卒，乃得至戍所。亨、吉祥既誅，帝謂李賢曰：「岳正固嘗言之。」賢曰：「正有老母，得

放歸田里，幸甚。」乃釋爲民。

憲宗立，御史呂洪等請復正與楊瑄官，詔正以原官直經筵，纂修英宗實錄。初，正得罪，都督僉事季鐸乞得其宅，至是敕還正。正還朝，自謂當大用，而賢欲用爲南京祭酒，正不悅。忌者僞爲正劾賢疏草，賢嗛之。

成化元年四月，廷推兵部侍郎清理貼黃，以正與給事中張寧名並上。詔以爲私，出正爲興化知府，而寧亦補外。正至官，築陂溉田數千頃，節縮浮費，經理預備倉，欲有所興革。鄉士大夫不利其所爲，騰謗言。正亦厭吏職，五年入覲，遂致仕。又五年卒，年五十五。無子，大學士李東陽，御史李經，其壻也。

正博學能文章，高自期許，氣屹屹不能下人。在內閣才二十八日，勇事敢言，便殿論奏，至唾濺帝衣。有規以信而後諫者，慨然曰：「上顧我厚，懼無以報稱，子乃以諫官處我耶？」英宗亦悉其忠，其在戍所，嘗念之曰：「岳正倒好，只是大膽。」正聞自爲像贊，述帝前語，末言：「臣嘗聞古人之言，蓋將之死而靡憾也。」其自信不回如此。然意廣才疏，欲以縱橫之術離散權黨，反爲所噬，人皆迂而惜之。嘉靖中，追贈太常寺卿，謚文肅。

彭時，字純道，安福人。正統十三年進士第一，授修撰。明年，郕王監國，令同商輅入閣預機務。聞繼母憂，力辭，不允，乃拜命。釋褐踰年參大政，前此未有也。尋進侍讀。景泰元年以兵事稍息，得請終制。然由此忤旨。服除，命供事翰林院，不復與閣事。易儲，遷左春坊大學士。寰宇通志成，遷太常寺少卿。俱兼侍讀。

天順元年，徐有貞既得罪，岳正、許彬相繼罷。帝坐文華殿召見時，曰：「汝非朕所擢狀元乎？」時頓首。明日仍命入閣，兼翰林院學士。閣臣自三楊後，進退禮甚輕。爲帝所親擢者，唯時與正二人。而帝方嚮用李賢，數召賢獨對。賢雅重時，退必咨之。時引義爭可否，或至失色。賢初小忤，久亦服其諒直，曰：「彭公，眞君子也。」

慈壽皇太后上尊號，詔告天下。時欲推恩，賢謂一年不宜再赦。時曰：「非赦也，宜行優老典。朝臣父母七十與誥敕，百姓八十給冠帶，是『老吾老以及人之老』也。」賢稱善，卽奏行之。

帝愛時風度，選庶吉士。命賢盡用北人，南人必若時者方可。賢以語時。俄中官牛玉宣旨，時謂玉曰：「南士出時上者不少，何可抑之。」已，選十五人，南六人與焉。門達搆賢，帝惑之，曰：「去賢，行專用時矣。」或傳其語，時瞿然曰：「李公有經濟才，何可去？」因力直之。且曰：「賢去，時不得獨留。」語聞，帝意乃解。

帝大漸，口占遺命，定后妃名分，勿以嬪御殉葬，凡四事，付閣臣潤色。時讀竟，涕下，悲愴不自勝。中官復命，帝亦爲隕涕。

憲宗卽位，議上兩宮尊號。中官夏時希周貴妃旨，言錢后久病，不當稱太后。而貴妃，帝所生母，宜獨上尊號。賢曰：「遺詔已定，何事多言。」時曰：「李公言是也。朝廷所以服天下，在正綱常。若不爾，損聖德非小。」頃之，中官復傳貴妃旨：「子爲皇帝，母當爲太后，豈有無子而稱太后者？宣德間有故事。」賢色變，目時。時曰：「今日事與宣德間不同。胡后表讓位，退居別宮，故在正統初不加尊。今名分固在，安得爲比？」中官曰：「如是何不草讓表？」時曰：「先帝存日未嘗行，今誰敢草？若人臣阿意順從，是萬世罪人也。」中官厲聲恍以危語。時拱手向天曰：「太祖、太宗神靈在上，孰敢有二心。錢皇后無子，何所規利而爲之爭？臣義不忍默者，欲全主上聖德耳。若推大孝之心，則兩宮並尊爲宜。」賢亦極言之，議遂定。及將上寶册，時曰：「兩宮同稱則無別，錢太后宜加兩字，以便稱謂。」乃尊爲慈懿皇太后，貴妃爲皇太后。越數日，中官覃包至內閣曰：「上意固如是。但迫於太后，不敢自主，非二公力爭，幾慢大事。」時閣臣陳文默無語，聞包言，甚愧。禮成，進吏部右侍郎，兼學士，同知經筵。

成化改元，進兵部尚書，兼官如故。明年秋，乞歸省。三年二月詔趣還朝。英宗實錄

成，加太子少保，兼文淵閣大學士。

四年，慈懿太后崩，詔議山陵。時及商輅、劉定之言：「太后作配先帝，正位中宮，陛下尊爲太后，詔示天下。先帝全夫婦之倫，陛下盡母子之愛，於義俱得。今梓宮當合葬裕陵，主當祔廟，此不易之禮。比聞欲別卜葬地，臣等實懷疑懼。竊謂皇上所以遲疑者，必以今皇太后萬壽後，當與先帝同尊，自嫌二后並配，非祖宗制。考之於古，漢文帝尊所生母薄太后，而呂后仍祔長陵。宋仁宗追尊生母李宸妃，而劉后仍祔太廟。今若陵廟之制稍有未合，則有乖前美，貽議來葉。」於是諸大臣相繼言之。帝猶重違太后意，時偕朝臣伏文華門泣請。帝與太后皆感動，始從時議。

彗見三台，時等言：「外廷大政固所當先，宮中根本尤爲至急。諺云『子出多母』。今嬪嬙衆多，維熊無兆。必陛下愛有所專，而專寵者已過生育之期故也。望均恩愛，爲宗社大計。」時帝專寵萬貴妃，妃年已近四十，時故云然。又言：「大臣黜陟，宜斷自宸衷，或集羣臣僉議。不可悉委臣下，使大權旁落。」帝雖不能從，而心嘉其忠。

都御史項忠討滿四不利，朝議命撫寧侯朱永將京軍往赴。永故難其行，多所邀請。時惡其張大，且度軍可無行，第令整裝待。會忠馳奏，已圍賊石城。帝遣中官懷恩、黃賜偕兵部尚書白圭、程信等至閣議。時曰：「賊四出攻剽，鋒誠不可當。今入石城自保，我軍圍甚

固，此困獸易擒耳。」信曰：「安知忠不退師？」時曰：「彼部分已定，何故自退？且今出師，度何時到？」信曰：「來春。」時曰：「如此，益緩不及事。事成敗，冬月決矣。」信忿，出危言曰：「忠若敗，必斬一二人，然後出師。」衆危之，問時何見。曰：「觀忠疏曲折，知其能。若聞別遣禁軍，將退避不敢任，賊不可知矣。」時惟商輅然其言。至冬，賊果平，人乃大服。改吏部尚書。

五年得疾在告。踰三月，帝趣赴閣視事，免朝參。是冬，無雪。疏言：「光祿寺採辦，各城門抽分，掊尅不堪。而獻珍珠寶石者，倍估增直，漁竭帑藏。乞革其弊，以惠小民。」帝優詔褒納。畿輔、山東、河南旱，請免夏稅鹽鈔，及太僕寺賠課馬。京師米貴，請發倉儲五十萬石平糶。並從之。時以舊臣見倚重，遇事爭執無所避。而是時帝怠於政，大臣希得見。萬安同在閣，結中貴戚畹，上下壅隔，時頗懷憂。

七年，疾復作，乞致仕。帝慰留之，不得去。冬，彗復見，時言政本七事：一，毋惑佛事，糜金錢；二，傳旨專委司禮監，毋令他人，以防詐僞；三，延見大臣議政事；四，近幸賜予太多，工匠冒官無紀，而重囚死徙者，法不蔽罪，宜戒淫刑僭賞；五，虛懷受諫，勿惡切直；六，戒廷臣毋依違，凡政令失當，直言論奏；七，清理牧馬草地，減退勢要莊田。皆切中時弊。

寧晉伯劉聚爲從父太監永誠請封謚，且乞祠額，禮部執故事却之。帝特賜額曰褒功，

命內閣擬封謚。時等言：「卽予永誠，將來守邊內臣皆援此陳乞，是變祖宗法自今日始。」或言宋童貫封王，時曰：「貫封王在徽宗末年，豈盛世事耶？」乃寢。

時每因災變上言，或留中，或下所司，多阻隔，悒悒不得志。五年以後，凡七在告，帝輒命醫就視，數遣內臣賜賚。十一年正月，以秩滿進少保。踰月卒，年六十。贈太師，謚文憲。

時立朝三十年，孜孜奉國，持正存大體，公退未嘗以政語子弟。有所論薦，不使其人知。燕居無惰容，服御儉約，無聲樂之奉，非其義不取，有古大臣風。

商輅，字弘載，淳安人。舉鄉試第一。正統十年，會試、殿試皆第一。終明之世，三試第一者，輅一人而已。除修撰，尋與劉儼等十人進學東閣。輅丰姿瓌偉，帝親簡爲展書官。郕王監國，以陳循、高穀薦入內閣，參機務。徐珵倡南遷議，輅力沮之。其冬，進侍讀。景泰元年遣迎上皇於居庸，進學士。

三年，錦衣指揮盧忠令校尉上變，告上皇與少監阮浪、內使王瑤圖復位。帝震怒，捕二人下詔獄，窮治之。忠筮於術者同寅，寅以大義折之，且曰：「此大凶兆，死不足贖。」忠懼，

佯狂以冀免。輅及中官王誠言於帝曰：「忠病風，無足信，不宜聽妄言，傷大倫。」帝意少解。乃並下忠獄，坐以他罪，降爲事官立功。殺瑤，錮浪於獄，事得不竟。

太子既易，進兵部左侍郎，兼左春坊大學士如故，賜第南薰里。塞上腴田率爲勢豪侵據，輅請歸還之軍。開封、鳳陽諸府饑民流濟寧、臨淸間，爲有司驅逐。輅憂其爲變，請招墾畿內八府閒田，給糧種，民皆有所歸。鍾同、章綸下獄，輅力捄得無死。〔一〕寰宇通志成，加兼太常卿。

景帝不豫，羣臣請建東宮，不許。將繼奏，輅援筆曰：「陛下宜宗章皇帝之子，當立章皇帝子孫。」聞者感動。以日暮，奏未入，而是夜石亨輩已迎復上皇。明日，王文、于謙等被收，召輅與高穀入便殿，溫旨諭之，命草復位詔。亨密語輅，赦文毋別具條欵。輅曰：「舊制也，不敢易。」亨輩不悅，諷言官劾輅朋奸，下之獄。輅上書自愬復儲疏在禮部，可覆驗，不省。中官興安稍解之，帝愈怒。安曰：「向者此輩創議南還，不審置陛下何地。」帝意漸釋，乃斥爲民。然帝每獨念「輅，朕所取士，嘗與姚夔侍東宮」，不忍棄之。以忌者，竟不復用。

成化三年二月召至京，命以故官入閣。輅疏辭，帝曰：「先帝已知卿枉，其勿辭。」首陳勤學、納諫、儲將、防邊、省冗官、設社倉、崇先聖號、廣造士法，凡八事。帝嘉納之。其言納諫也，請召復元年以後建言被斥者。於是羅倫、孔公恂等悉復官。

明年，彗星見，給事中董旻、御史胡深等劾不職大臣，並及輅。御史林誠詆輅曾與易儲，不宜用，帝不聽，輅因求罷。帝怒，命廷鞫諸言者，欲加重譴。輅曰：「臣嘗請優容言者，今論臣反責之，如公論何。」帝悅，旻等各予杖復職。尋進兵部尚書。久之，進戶部。宋元通鑑綱目成，改兼文淵閣大學士。皇太子立，加太子少保，進吏部尚書。十三年進謹身殿大學士。

輅爲人，平粹簡重，寬厚有容，至臨大事，決大議，毅然莫能奪。仁壽太后莊戶與民爭田，帝欲徙民塞外。輅曰：「天子以天下爲家，安用皇莊爲。」事遂寢。乾淸宮門災，工部請採木川、湖。輅言宜少緩，以存警畏，從之。

悼恭太子薨，帝以繼嗣爲憂。紀妃生皇子，六歲矣，左右畏萬貴妃，莫敢言。久之，乃聞於帝。帝大喜，欲宣示外廷，遣中官至內閣諭意。輅請敕禮部擬上皇子名，於是廷臣相率稱賀。帝卽命皇子出見廷臣。越數日，帝復御文華殿，皇子侍，召見輅及諸閣臣。輅頓首曰：「陛下踐祚十年，儲副未立，天下引領望久矣。當卽立爲皇太子，安中外心。」帝頷之。是冬，遂立皇子爲皇太子。

初，帝召見皇子留宮中，而紀妃仍居西內。輅恐有他患，難顯言，偕同官上疏曰：「皇子聰明岐嶷，國本攸繫。重以貴妃保護，恩踰己出。但外議謂皇子母因病別居，久不得見。宜

移就近所，俾母子朝夕相接，而皇子仍藉撫育於貴妃，宗社幸甚。」由是紀妃遷永壽宮。踰月，妃病篤，輅請曰：「如有不諱，禮宜從厚。」且請命司禮監奉皇子，過妃宮問視，及製衰服行禮。帝皆是之。

帝將復郕王位號，下廷議。輅極言王有社稷功，位號當復，帝意遂決。帝建玉皇閣於宮北，命內臣執事，禮與郊祀等，輅等爭罷之。黑眚見，疏弭災八事，曰：番僧國師法王，毋濫賜印章；四方常貢外，勿受玩好；許諸臣直言；分遣部使慮囚，省冤獄；停不急營造；實三邊軍儲；守沿邊關隘；設雲南巡撫。帝優詔褒納。

中官汪直之督西廠也，數興大獄。輅率同官條直十一罪，言：「陛下委聽斷於直，直又寄耳目於羣小如韋瑛輩。皆自言承密旨，得顓刑殺，擅作威福，賊虐善良。陛下若謂擿奸禁亂，法不得已，則前此數年，何以帖然無事。且曹欽之變，由逯杲刺事激成，可爲懲鑒。自直用事，士大夫不安其職，商賈不安於途，庶民不安於業，若不亟去，天下安危未可知也。」帝愠曰：「用一內豎，何遽危天下，誰主此奏者？」命太監懷恩傳旨，詰責厲甚。輅正色曰：「朝臣無大小，有罪皆請旨逮問，直擅抄沒三品以上京官。大同、宣府，邊城要害，守備俄頃不可缺，直一日械數人。南京，祖宗根本地，留守大臣，直擅收捕。諸近侍在帝左右，直輒易置。直不去，天下安得無危？」萬安、劉珝、劉吉亦俱對，引義慷慨，恩等屈服。輅顧同

列謝曰：「諸公皆爲國如此，輅復何憂。」會九卿項忠等亦劾直，是日遂罷西廠。直雖不視廠事，寵幸如故。譖輅嘗納指揮楊曄賄，欲脫其罪。輅不自安，而御史戴縉復頌直功，請復西廠，輅遂力求去。詔加少保，賜敕馳傳歸。輅既去，士大夫益俛首事直，無敢與抗者矣。

錢溥嘗以不遷官，作禿婦傳以譏輅。高瑤請復景帝位號，黎淳疏駁，極詆輅。輅皆不爲較，待之如平時。萬貴妃重輅名，出父像，屬爲贊，遺金帛甚厚。輅力辭，使者告以妃意。輅曰：「非上命，不敢承也。」貴妃不悅，輅終不顧。其和而有執如此。

及謝政，劉吉過之，見其子孫林立，歎曰：「吉與公同事歷年，未嘗見公筆下妄殺一人，宜天之報公厚。」輅曰：「正不敢使朝廷妄殺一人耳。」居十年卒，年七十三。贈太傅，諡文毅。

子良臣，成化初進士，官翰林侍講。

劉定之，字主靜，永新人。幼有異稟。父授之書，日誦數千言。不令作文，一日偶見所爲祀竈文，大異之。舉正統元年會試第一，殿試及第，授編修。

京城大水，應詔陳十事，言：「號令宜出大公，裁以至正，不可苟且數易。公卿侍從，當

數召見，察其才能心術而進退之。降人散處京畿者，宜漸移之南方。郡縣職以京朝官補，使迭相出入，內外無畸重。薦舉之法，不當拘五品以上。可倣唐制，朝臣遷秩，舉一人自代，吏部籍其名而簡用之。武臣子孫，教以韜略。守令牧養爲先務，毋徒取幹辦。羣臣遭喪，乞永罷起復以敎孝。僧尼蠹國當嚴絕。富民輸粟授官者，有犯宜追奪。」疏入留中。十三年，弟寅之與鄉人相訐，辭連定之，下獄，得白。秩滿，進侍講。景帝即位，復上言十事，曰：

自古如晉懷、愍，宋徽、欽，皆因邊塞外破，藩鎮內潰，救援不集，馴致播遷。未有若今日以天下之大，數十萬之師，奉上皇於漠北，委以與寇者也。晉、宋遭禍亂，棄故土，偏安一隅，尚能奮於既衰，以禦方張之敵。未有若今日也先乘勝直抵都城，以師武臣之衆，[三]既不能奮武以破賊，又不能約和以迎駕，聽其自來而自去者也。國勢之弱，雖非旦夕所能强，豈可不思自强之術而力行之。臣愚敢略陳所見。

近日京軍之戰，但知堅壁持重，而不能用奇制勝。至前敗而後不救，左出而右不隨。謂宜倣宋吳玠、吳璘三疊陣法，互相倚恃，迭爲救護。至鐵騎衝突，必資刀斧以制之。郭子儀破安祿山八萬騎，用千人執長刀如牆而進。韓世忠破兀朮拐子馬，用五百人執長斧，上揕人胸，下斫馬足。是刀斧揮霍便捷，優於火鎗也。

紫荊、居庸二關，名爲關塞，實則坦途。今宜增兵士，繕亭障，塞蹊隧。陸則縱橫掘塹，名曰地網。水則瀦泉令深，名曰水櫃。或多植榆柳，以制奔突，或多招鄉勇，以助官軍。此皆古所嘗爲，已有明效。

往者奉使之臣，充以驛人騶夫，招釁啓戎，職此之故。今宜擇內蘊忠悃，外工專對，若陸賈、富弼其人者，使備正介之選，庶不失辭辱國。臣於上皇朝，乞徙漠北降人，知謀短淺，未蒙採納。比乘國釁，奔歸故土，寇掠畿甸者屢見告矣。宜乘大兵聚集時，遷之南方。使與中國兵民相錯雜，以牽制而變化之。且可省俸給，減漕輓，其事甚便。

天下農出粟，女出布，以養兵也。兵受粟於倉，受布於庫，以衞國也。向者兵士受粟布於公門，納月錢於私室。於是手不習擊刺之法，足不習進退之宜。第轉貨爲商，執技爲工，而以工商所得，補納月錢。民之膏血，兵之氣力，皆變爲金銀以惠奸宄。一旦率以臨敵，如驅羊拒狼，幾何其不敗也。今宜痛革其弊，一新簡練之政，將帥踵舊習者誅毋赦。如是而兵威不振者，未之有也。

守令朘民，猶將帥之剝兵也。宜嚴糾考，愼黜陟。犯贓者舉主與其罰，然後貪墨者寡，薦舉者愼，民安而邦本固矣。

古販繒屠狗之夫，俱足助成帝業。今于謙、楊善亦非出自將門。然將能知將，宜令各舉所知，不限門閥。公卿侍從，亦令舉勇力知謀之士，以備將材。庶搜羅既廣，禦侮有人。

昔者漢圖恢復，所恃者諸葛亮。南宋禦金，所恃者張浚。彼皆忠義夙著，功業久立。及街亭一敗，亮辭丞相。符離未捷，浚解都督。何則？賞罰明則將士奮也。昨德勝門下之戰，未聞摧陷强寇，但迭爲勝負，互殺傷而已。雖不足罰，亦不足賞。乃石亨則自伯進侯，于謙則自二品遷一品。天下未聞其功，但見其賞，豈不怠忠臣義士之心乎？可令仍循舊秩，勿躐新階，他日勳名著而爵賞加，正未爲晚。夫既與不忍奪者，姑息之政；既進不肯退者，患失之心。上不行姑息之政，下不懷患失之心，則治平可計日而望也。

向者御史建白，欲令大臣入內議政，疏寢不行。夫人主當總攬威權，親決機務。政事早朝未決者，日御便殿，使大臣敷奏。言官察其邪正而糾劾之，史官直書簡册，以示懲勸。此前代故事，祖宗成法也，願陛下遵而行之。若僅封章入奏，中旨外傳，恐偏聽獨任，致生奸亂，欲治化之成難矣。

人主之德，欲其明如日月以察直枉，仁如天地以覆羣生，勇如雷霆以收威柄。故

司馬光之告君，以仁明武爲言，卽中庸所謂知仁勇也。知仁勇非學而能之哉？夫經莫要於尙書、春秋，史莫正於通鑑綱目。陛下留心垂覽。其於君也，旣知禹、湯、文、武之所以興，又知桀、紂、幽、厲之所以替，而趨避審矣。於馭內臣也，旣知有呂強、張承業之忠，又知有仇士良、陳弘志之惡；於馭廷臣也，旣知有蕭、曹、房、杜之良，又知有李林甫、楊國忠之奸，而用舍當矣。如是則於知仁勇之德，豈不大有助哉。苟徒如嚮者儒臣進講，誦述其善，諱避其惡，是猶恐道路之有陷穽，閉目而過之，其不至於冥行顚仆者幾何。

今天下雖遭大創，尙如金甌之未缺。誠能本聖學以見之政治，臣見國勢可強，讐恥可雪，兄弟之恩可全，祖宗之制可復，亦何憚而不爲此。

書奏，帝優詔答之。

三年遷洗馬。也先使者乞遣報使，帝堅不許。定之疏引故事以請，帝下廷議，竟不果遣。久之，遷右庶子。天順改元，調通政司左參議，仍兼侍講，尋進翰林學士。憲宗立，進太常少卿，兼侍讀學士，直經筵。

成化二年十二月以本官入直文淵閣，進工部右侍郎，兼翰林學士。江西、湖廣災，有司方徵民賦。定之言國儲充積，倉庾至不能容，而此張口待哺之氓，乃責其租課，非聖主恤下

意。帝感其言，卽命停徵。四年進禮部左侍郎。萬貴妃專寵，皇后希得見，儲嗣未兆。郕王女及笄未下嫁。定之因久旱，並論及之。且請經筵兼講太祖御製諸書，斥異端邪教，勿令害政耗財。帝留其疏不下。五年卒官。贈禮部尙書，謚文安。

定之謙恭質直，以文學名一時。嘗有中旨命製元宵詩，內使却立以俟。據案伸紙，立成七言絕句百首。又嘗一日草九制，筆不停書。有質宋人名字者，就列其世次，若譜系然，人服其敏博。

贊曰：英宗之復辟也，當師旅饑饉之餘，民氣未復，權奸內訌，柱石傾移，朝野多故，時事亦孔棘矣。李賢以一身搘拄其間，沛然若有餘。奬厲人材，振飭綱紀。迨憲、孝之世，名臣相望，猶多賢所識拔。偉哉宰相才也。彭時、商輅侃侃守義，盡忠獻納，粹然一出於正。其於慈懿典禮，非所謂善成君德者歟。輅科名與宋王曾、宋庠埒，德望亦無媿焉。呂原、岳正、劉定之雖相業未優，而原之行誼，正之氣概，定之之建白，咸有可稱，故以時次，並列於篇。

校勘記

〔一〕鍾同章綸下獄輅力捄得無死　本書卷一一景帝紀作「杖章綸、鍾同於獄，同卒」。卷一六二鍾同傳言同被杖死，英宗實錄卷二五七景泰六年八月庚申稱「同竟死」。與此互異。

〔二〕以師武臣之衆　明經世文編卷四八頁三七六劉定之建言邊務十事疏作「數十萬之衆」。

明史卷一百七十七

列傳第六十五

王翱　年富　王竑　李秉　姚夔　王復　林聰　葉盛

王翱，字九皋，鹽山人。永樂十三年，初會試貢士於行在。帝時欲定都北京，思得北士用之。翱兩試皆上第，大喜。特召賜食，改庶吉士，授大理寺左寺正，左遷行人。

宣德元年以楊士奇薦，擢御史。時官吏有罪，不問重輕，許運磚還職。翱請犯贓吏但許贖罪，不得復官，以懲貪黷。帝從之。五年巡按四川。松潘蠻竊發，都督陳懷駐成都，相去八百餘里，不能制。翱上便宜五事：請移懷松潘，而松茂軍糧於農隙齊力起運，護以官軍，毋專累百姓，致被劫掠；吏不給由爲民蠹，令自首毋隱；州縣土司徧設社學；會川銀場歲運米八千餘石給軍，往返勞費，請令有罪者納粟自贖。詔所司議，詳運糧事，而遷蠹吏北京，餘悉允行。

英宗卽位，廷議遣文武大臣出鎭守。擢翱右僉都御史，偕都督武興鎭江西，懲貪抑奸，吏民畏愛。正統二年召還院。四年，處州賊流劫廣信，命翱往捕，盡俘以還。是年冬，松潘都指揮趙諒誘執國師商巴，掠其財，與同官趙得誣以叛。其弟小商巴怒，聚衆剽掠。命翱及都督李安軍二萬征之。而巡按御史白其枉，詔審機進止。翱至，出商巴於獄，遣人招其弟，撫定餘黨，而劾誅諒，戍得，復商巴國師。松潘遂平。六年代陳鎰鎭陝西，軍民之借糧不能償者，悉免之。

七年冬，提督遼東軍務。翱以軍令久弛，寇至，將士不力戰，因諸將庭謁，責以失律罪，命左右曳出斬之。皆惶恐叩頭，願効死贖。翱乃躬行邊，起山海關抵開原，繕城垣，濬溝塹。五里爲堡，十里爲屯，使烽燧相接。練將士，室鰥寡。軍民大悅。又以邊塞孤遠，軍餉匱，緣俗立法，令有罪得收贖。十餘年間，得穀及牛羊數十萬，邊用以饒。

八年以九載滿，進右副都御史。指揮孫璟鞭殺戍卒，其妻女哭之亦死。他卒訴璟殺一家三人。翱曰：「卒死法，妻死夫，女死父，非殺也。」命璟償其家葬薶費，璟感激。後參將遼東，追敵三百里，事李秉爲名將。

十二年與總兵曹義等出塞，擊兀良哈，擒斬百餘人，獲畜產四千六百，進右都御史。十四年，諸將破敵廣寧，翱方閱兵，寇猝至，衆潰。翱入城自

保。或謂城不可守，翱手劍曰：「敢言棄城者斬。」寇退，坐停俸半載。

景泰三年召還掌院事。易儲，加太子太保。潯、梧瑤亂，總兵董興、武毅推委不任事，于謙請以翁信、陳旺易之，而特遣一大臣督軍務，乃以命翱。兩廣有總督自翱始。翱至鎭，將吏讋服，推誠撫諭，瑤人嚮化，部內無事。明年召入爲吏部尚書。初，何文淵協王直掌銓，多私，爲言官攻去。翱代，一循成憲。

天順改元，直致仕，翱始專部事。石亨欲去翱，翱乞休。已得請，李賢力爭乃留。及賢爲亨所逐，亦以翱言留，兩人相得歡甚。帝每用人必咨賢，賢以推翱，以是翱得行其志。

帝眷翱厚，時召對便殿，稱先生不名。而翱年幾八十，多忘，嘗令郎談倫隨入。[一]帝問故，翱頓首曰：「臣老矣，所聆聖諭，恐遺悞，令此郎代識之，其人誠謹可信也。」帝喜。吏部主事曹恂已遷江西參議，遇疾還，翱以聞。命以主事回籍。恂怒，伺翱入朝，捽翱胸，摑其面，大聲詬詈。事聞，下詔獄。翱具言恂實病，得斥歸，時服其量。

五年加太子少保。成化元年進太子太保，雨雪免朝參。屢疏乞歸，輒慰留，數遣醫視疾。三年，疾甚，乃許致仕。未出都卒，年八十有四。贈太保，[二]謚忠肅。

翱在銓部，謝絕請謁，公餘恒宿直廬，非歲時朔望謁先祠，未嘗歸私第。每引選，或値召對，侍郎代選。歸雖暮，必至署閱所選，惟恐有不當也。論薦不使人知，曰：「吏部豈快恩

怨地耶。」自奉儉素。景帝知其貧，爲治第鹽山。孫以廕入太學，不使應舉，曰：「勿妨寒士路。」壻賈傑官近畿，翱夫人數迎女，傑恚曰：「若翁典銓，移我官京師，反手爾，何往來不憚煩也。」夫人聞之，乘間請翱。翱怒，推案，擊夫人傷面。傑卒不得調。其自遼東還朝也，中官同事者重翱，贐明珠數顆，翱固辭。其人曰：「此先朝賜也，公得毋以贓卻我乎。」不得已，納而藏焉。中官死，召其從子還之。爲都御史時，夫人爲娶一妾，踰半歲語翱。翱怒曰：「汝何破我家法。」卽日具金幣返之。妾終不嫁，曰：「豈有大臣妾嫁他人者。」翱卒，妾往奔喪，其子養之終身。李賢嘗語人曰：「皐陶言九德，王公有其五：亂而敬，擾而毅，簡而廉，剛而塞，强而義也。」然性頗執。嘗有詔舉賢良方正、經明行修及山林隱逸士。至者率下部試，翱黜落，百不取一二。性不喜南士。英宗嘗言：「北人文雅不及南人，顧質直雄偉，緩急當得力。」翱由是益多引北人。晚年徇中官郭聰囑，爲都御史李秉所劾，翱自引伏，蓋不無小損云。子孫世官錦衣千戶。

年富，字大有，懷遠人。本姓嚴，訛爲年。以會試副榜授德平訓導。年甫踰冠，嚴重如老儒。

宣德三年課最，擢吏科給事中。糾正違失，務存大體。帝以六科任重，命科擇二人掌其事，乃以富與賈銓並掌刑科。都御史顧佐等失入死罪十七人，富劾之。帝詰責佐等。英宗嗣位，上言：「永樂中，招納降人，縻以官爵，坐耗國帑，養亂招危，宜遣還故土。府軍前衞幼軍，本選民間子弟，隨侍青宮。今死亡殘疾，僉補爲擾。請於二十五所內，以一所補調，勿更累民。軍民之家，規免稅徭，冒僧道者累萬，宜悉遣未度者復業。」議多施行。

遷陝西左參政，尋命總理糧儲。陝西歲織綾絹氀毼九百餘匹。永樂中，加織駝毼五十匹，富請罷之。官吏諸生衞卒祿廩，率以邊餉減削，富請復其舊。諸邊將校占墾腴田有至三四十頃者，富奏每頃輸賦十二石。都督王禎以爲過重，疏爭之。廷議減三之二，遂爲定額。又會計歲用，以籌軍餉，言：「臣所部歲收二稅百八十九萬石，屯糧七十餘萬石。其間水旱流移，蠲逋負，大率三分減一，而歲用乃至百八十餘萬，入少出多。今鎮守諸臣不量國計，競請益兵，餉何由給。請減冗卒，汰駑馬，杜侵耗之弊。」帝可其奏。三邊士馬，供億浩繁。軍民疲遠輸，豪猾因緣爲奸利。富量遠近，定徵科，出入慎鉤考，宿弊以革，民困大蘇。富遇事，果敢有爲，權勢莫能撓，聲震關中。然執法過嚴，僥倖者多不悅，以是屢遭誣謗。陝西文武將吏恐失富，咸上章陳其勞，乃得停俸留任。

九載滿，遷河南右布政使。復有言富苛虐者，帝命覈舉主，將坐之。既知舉富者，少師楊溥也，意乃解。富至河南，歲饑，流民二十餘萬，[三]公剽掠。巡撫于謙委富輯之，皆定。土木敗後，邊境道阻，部檄富轉餉，無後期者，進左。

景泰二年春，以右副都御史巡撫大同，提督軍務。時經喪敗，法弛，弊尤甚。富一意拊循，奏免秋賦，罷諸州縣稅課局，停太原民轉餉大同。武清侯石亨、武安侯鄭宏、武進伯朱瑛，令家人領官庫銀帛，糴米實邊，多所乾沒。富首請按治。詔宥亨等，抵家人罪。亨所遣卒越關抵大同，富復劾亨專擅。亨輸罪。已，劾襄垣王府朵戶，又杖其廚役之署教授事者。又劾分守中官韋力轉、參將石彪及山西參政林厚罪。是時，富威名重天下，而諸豪家愈側目，相與摭富罪。于謙方當事，力保持之。帝亦知富深，故得行其志。林厚力詆富，帝曰：「厚怨富，誣富耳。朕方付富邊事，豈輕聽人言加辱耶。」削厚官。

六年，母憂，起復。七年，富上言：「諸邊鎮守監鎗內官增於前，如陽和、天城，一城二人，擾民殊甚，請減汰。」事格不行。又言：「高皇帝定制，軍官私罪收贖，惟笞則然。杖即降授，徒流俱充軍，律明甚。近犯贓者，輒皆復職，重惟立功。刑不足懲，更無顧憚。此皆法官過也。」下廷議，流徒輸贖如故，惟於本衞差操，不得領軍。英國公張懋及鄭宏各置田莊於邊境，歲役軍耕種，富劾之，還軍於伍。

天順元年革巡撫官，富亦罷歸。頃之，石彪以前憾劾富，逮下詔獄。帝問李賢，賢稱富能祛弊。帝曰：「此必彪爲富抑，不得逞其私耳。」賢曰：「誠如聖諭，宜早雪之。」諭門達從公問事。果無驗，乃令致仕。

明年，以廷臣薦，起南京兵部右侍郎，未上，改戶部，巡撫山東。道聞屬邑蝗，馳疏以聞。改左副都御史，巡撫如故。官吏習富威名，望之讋服，豪猾屛跡。

四年春，戶部缺尚書，李賢舉富，左右巧阻之。帝語賢曰：「戶部非富不可，人多不喜富，此富所以爲賢也。」特召任之。富酌贏縮，謹出納，躬親會計，吏不能欺。事關利害者，僚屬或不敢任，富曰：「第行之，吾當其責，諸君毋署名可也。」由是部事大理。丁父憂，奪哀如初。

憲宗立，富以陝西頻用兵，而治餉者非人，請黜左布政孫毓，用右布政楊璿、參政婁良、西安知府余子俊。吏部尚書王翱論富侵官，請下於理。富力辯曰：「薦賢爲國，非有所私也。」因乞骸骨。帝慰留之，爲黜毓。頃之，病疽卒。賜諡恭定。

富廉正強直，始終不渝，與王翱同稱名臣。初，英宗嘗諭李賢曰：「戶部如年富不易得。」賢對曰：「若他日繼翱爲吏部，非富不可。」然性好疑，尤惡干請。屬吏黠者，故反其意嘗之。欲事行，故言不可；即不行，故言可。富輒爲所賣。

王竑，字公度，其先江夏人。祖俊卿，坐事戍河州，遂著籍。竑登正統四年進士。十一年授戶科給事中，豪邁負氣節，正色敢言。

英宗北狩，郕王攝朝午門，羣臣劾王振誤國罪。讀彈文未起，王使出待命。衆皆伏地哭，請族振。錦衣指揮馬順者，振黨也，厲聲叱言者去。竑憤怒，奮臂起，捽順髮呼曰：「若曹奸黨，罪當誅，今尚敢爾！」且罵且齧其面，衆共擊之，立斃，朝班大亂。王恐，遽起入，竑率羣臣隨王後。王使中官金英問所欲言，曰：「內官毛貴、王長隨亦振黨，請置諸法。」王命出二人。衆又捶殺之，血漬廷陛。當是時，竑名震天下，王亦以是深重竑。且召諸言官，慰諭甚至。

王即帝位，也先犯京師，命竑與王通、楊善守禦京城，擢右僉都御史，督毛福壽、高禮軍。寇退，詔偕都指揮夏忠等鎮守居庸。竑至，簡士馬，繕阨塞，劾將帥不職者，壁壘一新。

景泰元年四月，浙江鎮守中官李德上言：「馬順等有罪，當請命行誅，諸臣乃敢擅殺。非有內官擁護，危矣。是皆犯闕賊臣，不宜用。」章下廷議。于謙等奏曰：「上皇蒙塵，禍由賊振，順等實振腹心。陛下監國，羣臣共請行戮，而順猶敢呵叱。是以在廷文武及宿衞軍士忠憤激發，不暇顧忌，捶死三人。此正春秋誅亂賊之大義也。向使乘輿播遷，奸黨猶在，國之安危殆未可知。臣等以爲不足問。」帝曰：「誅亂臣，所以安衆志。廷臣忠義，朕已知之，卿等勿以德言介意。」八月，竑以疾還朝。尋命同都督僉事徐恭督漕運，治通州至徐州運河。明年，尚寶司檢順牙牌不得，順子請責之竑，帝許焉。諸諫官言：「順黨奸罪重，廷臣共除之，追問牙牌。且非竑一人事，若責之竑，忠臣懼矣。」乃寢前旨。是年冬，耿九疇召還，敕竑兼巡撫淮、揚、廬三府，徐、和二州，又命兼理兩淮鹽課。

四年正月以災傷疊見，方春盛寒，上言：「請敕責諸臣痛自修省，省刑薄斂，罷無益之工，嚴無功之賞，散財以收民心，愛民以植邦本。陛下益近親儒臣，講道論德，進君子，退小人，以回天意。」且引罪乞罷。帝納其言，遂下詔修省，求直言。

先是，鳳陽、淮安、徐州大水，道殣相望，竑上疏奏，不待報，開倉振之。至是山東、河南饑民就食者坌至，廩不能給。惟徐州廣運倉有餘積，竑欲盡發之，典守中官不可。竑往告曰：「民旦夕且爲盜。若不吾從，脫有變，當先斬若，然後自請死耳。」中官憚竑威名，不得已從之。竑乃自劾專擅罪，因言「廣運所儲僅支三月，請令死罪以下，得於被災所入粟自贖」。帝復命侍郎鄒幹齎帑金馳赴，聽便宜。竑乃躬自巡行散振，不足，則令沿淮上下商舟，量大小出米，全活百八十五萬餘人。勸富民出米二十五萬餘石，給饑民五十五萬七千家。賦牛種七萬四千餘，復業者五千五百家，他境流移安輯者萬六百餘家。病者給藥，死

者具櫬，所鬻子女贖還之，歸者予道里費。人忘其饑，頌聲大作。初帝聞淮、鳳饑，憂甚。及得竑發廣運倉自劾疏，喜曰：「賢哉都御史，活我民矣。」尚書金濂、大學士陳循等皆稱竑功。是年十月，就進左副都御史。時濟寧亦饑，帝遣尚書沈翼齎帑金三萬兩往振。翼散給僅五千兩，餘以歸京庫。竑劾翼奉使無狀，請仍易米備振，從之。

明年二月上言：「比年饑饉薦臻，人民重困。頃冬春之交，雪深數尺，淮河抵海冰凍四十餘里，人畜僵死萬餘，弱者鬻妻子，强者肆劫斂，衣食路絕，流離載途。陛下端居九重，大臣安處廊廟，無由得見。使目擊其狀，未有不爲之流涕者也。陛下嗣位以來，非不敬天愛民，而天變民窮特甚者，臣竊恐聖德雖修而未至，大倫雖正而未篤，賢才雖用而未收其效，邪佞雖屏而未盡其類，仁愛施而實惠未溥，財用省而上供未節，刑罰寬而冤獄未伸，工役停而匠力未息，法制頒而奉行或有更張，賦稅免而有司或仍牽制。有一於此，皆足以干和召變。伏望陛下修厥德以新厥治。欽天命，法祖宗，正倫理，篤恩義，戒逸樂，絕異端，斯修德有其誠矣。進忠良，遠邪佞，公賞罰，寬賦役，節財用，戒聚斂，却貢獻，罷工役，斯圖治有其實矣。如是而災變不息，未之有也。」帝褒納之，敕內外臣工同加修省。

六年，霍山民趙玉山自稱宋裔，以妖術惑衆爲亂，竑捕獲之。先後劾治貪濁吏，革糧長之蠹民者，民大稱便。

英宗復辟，革巡撫官，改竑浙江參政。數日，石亨、張軏追論竑擊馬順事，除名，編管江夏。居半歲，帝於宮中得竑疏，見「正倫理，篤恩義」語，感悟。命遣官送歸田里，敕有司善視之。

天順五年，孛來寇莊浪，都督馮宗等出討。用李賢薦，起竑故官，與兵部侍郎白圭參贊軍務。明年正月，竑與宗擊退孛來於紅崖子川。圭等還，竑仍留鎮。至冬，乃召還。明年春，復令督漕撫淮、揚。淮人聞竑再至，歡呼迎拜，數百里不絕。

憲宗卽位，給事中蕭斌、御史呂洪等，共薦竑及宣府巡撫李秉堪大用。下廷議，尚書王翺、大學士李賢請從其言。帝曰：「古人君夢卜求賢，今獨不能從輿論所與乎？」卽召竑爲兵部尚書，秉爲左都御史。命下，朝野相慶。

時將用兵兩廣，竑舉韓雍爲總督。雍新得罪，衆難之。竑曰：「天子方棄瑕錄用，雍有罪不當用，竑非罪廢者耶？」卒用雍。竑條上進剿事宜，且言將帥征討，毋得奏攜私人，妄冒首功。又請復京營舊額，禁勢家豪帥擅役禁軍。於是命竑同給事中、御史六人簡閱十二營軍士。竑以擇兵不若擇將，共奏罷營職八十餘人，而愼簡材武補之。

兵部淸理貼黃缺官，竑偕諸大臣舉修撰岳正、都給事中張寧，爲李賢所沮，竟出二人於外，并罷會舉例。竑憤然曰：「吾尙可居此耶？」卽引疾求退。帝方嚮用竑，優詔慰留，日遣

醫視疾。竑請益切。九月命致仕去。竑爲尚書一年，謝病者四月，人以未竟其用爲惜。旣去，中外薦章百十上，並報寢。

初，竑號其室曰「戇庵」。旣歸，改曰「休庵」。杜門謝客，鄉人希得見。時李秉亦罷歸，日出入里閈，與故舊談笑遊燕。竑聞之曰：「大臣何可不養重自愛。」秉聞之，亦笑曰：「所謂大臣，豈以立異鄉曲，尙矯激爲賢哉。」時兩稱之。竑居家二十年，弘治元年十二月卒，年七十五。正德間，贈太子少保，謚莊毅。淮人立祠祀之。

李秉，字執中，曹縣人。少孤力學，舉正統元年進士，授延平推官。沙縣豪誣良民爲盜而淫其室，秉捕治豪。豪誣秉，坐下獄。副使侯軏直之，論豪如法，由是知名。徵入都察院理刑，將授御史，都御史王文薦爲本院經歷，尋改戶部主事。宣府屯田爲豪占，秉往視，歸田於民，而請罷科索，邊人賴之。兩淮鹽課弊覺，逮數百人。秉往覈，搜得僞印，逮者以白。

景帝立，進郎中。景泰二年命佐侍郎劉璉督餉宣府，發璉侵牟狀。卽擢右僉都御史代璉，兼參贊軍務。宣府軍民數遭寇，牛具悉被掠。朝廷遣官市牛萬五千給屯卒。人予直，

市糴種。璉盡以畀京軍之出守者，一不及屯卒，更停其月餉，而徵屯糧甚急。秉盡反璉政，厚恤之。軍卒自城守外，悉得屯作。凡使者往來及宦官鎮守供億科斂者，皆奏罷，以官錢給費。尋上邊備六事，言：「軍以有妻者爲有家，月餉一石，無者減其四。卽有父母兄弟而無妻，槪以無家論，非義。當一體增給。」從之。時宣府億萬庫頗充裕，秉益召商中鹽納糧，料餉戎裝，市耕牛給軍，軍愈感悅。

三年冬命兼理巡撫事。頃之，又命提督軍務。秉盡心邊計，不恤嫌怨。劾都指揮楊文、楊鑑，都督江福貪縱，罪之。論守獨石內官弓勝田獵擾民，請徵還。又劾總兵官紀廣等罪，廣訐秉自解。帝召秉還，以言官交請，乃命御史練綱、給事中嚴誠往勘，卒留秉。時邊民多流移，秉廣行招徠，復業者奏給月廩。瘞土木、鷂兒嶺暴骸，乞推行諸塞。軍家爲寇所殺掠無依者，官爲養贍，或資遣還鄉。釐諸弊政，所條奏百十章，多允行。諜報寇牧近邊，廷議遣楊俊會宣府兵出剿。秉曰：「塞外原諸部牧地，非犯邊也。掩殺倖功，非臣所敢聞。」乃止。諸部質所掠男婦求易米，朝議成丁者予一石，幼者半之。諸部槪乞一石，鎭將不可。秉曰：「是輕人重粟也。」如其言予之。自請專擅罪，帝以爲識體。

天順初，罷巡撫官，改督江南糧儲。初，江南蘇、松賦額不均。陳泰爲巡撫，令民田五升者倍征，官田重者無增耗，賦均而額不虧。秉至，一守其法。尋坐舉知府違例被逮，帝

以秉過微，宥之。復任，請濟墅關稅悉徵米備荒。又發內官金保監淮安倉科索罪。

御史李周等左遷，秉疏救。帝怒，將罪之。會廷議復設巡撫，大臣薦秉才，遂命巡撫大同。都指揮孫英先以罪貶職還衞，總兵李文妄引詔書，令復職。秉至，卽斥之。裨將徐旺領騎卒操練，秉以旺不勝任，解其官。未幾，天城守備中官陳例久病，秉請易以羅付。帝責秉專擅，徵下詔獄。指揮門達幷以前舉知府、救御史及斥孫英等爲秉罪。法司希旨，斥爲民。居三年，用閣臣薦，起故官，涖南京都察院。憲宗立，進右副都御史，復撫宣府。數月，召拜左都御史。

成化改元，掌大計，黜罷貪殘，倍於其舊。明年秋，命整飭遼東抵大同邊備。至卽劾鎭守中官李良、總兵武安侯鄭宏失律罪，出都指揮裴顯於獄，舉指揮崔勝、傅海等，擊敵鳳皇山。捷聞，璽書嘉勞。秉乃往巡宣府、大同，更將帥，申軍令而還。未幾，命爲總督，與武清伯趙輔分五道出塞，大捷。帝勞以羊酒，賜麒麟服，加太子少保。

三年冬，吏部尚書王翺致仕，廷推代者，帝特擢秉任之。秉銳意澄仕路。監生需次八千餘人，請分別考核，黜庸劣者數百人，於是怨謗紛起。左侍郎崔恭以久次當得尚書，而秉得之，頗不平。右侍郎尹旻嘗學於秉，秉初用其言，旣而疏之。侍讀彭華附中貴，數以私干秉，秉不聽。胥怨秉。御史戴用請兩京堂上官及方面正佐，如正統間例，會廷臣保舉；又吏部司屬與各部均陞調，不得久擅要地，且驟遷。語侵吏部，吏部持之。帝令兩京官四品以上，吏部具缺，取上裁。而御史劉璧、吳遠、馮徽爭請仍歸吏部。帝怒，詰責言者。會朝覲考察，秉斥退者衆，又多大臣鄉故，衆怨交集。而大理卿王槩亦欲去秉代其位，乃與華謀，嗾同鄉給事中蕭彥莊劾秉十二罪，且言其陰結年深御史附己以攬權。帝怒，下廷議。恭、旻輒言「吾兩人諫之不聽」，刑部尚書陸瑜等附會二人意爲奏。帝以秉徇私變法，負任使，落秉太子少保致仕。所連鮑克寬、李沖調外任，丘陵、張穆、陳民弼、孫遇、李齡、柳春皆罷。命彥莊指秉所結御史，不能對。久之，以璧等三人名上，遂俱下詔獄，出之外。陵等實良吏有名，以讒黜，衆議不平。陵尤不服，連章訐彥莊。廷訊，陵詞直。帝惡彥莊誣罔，謫大寧驛丞。

方秉之被劾也，勢洶洶，且逮秉。秉謂人曰：「爲我謝彭先生，秉罪惟上所命。第毋令入獄，入則秉必不出，恐傷國體。」因具疏引咎，略不自辨。時天下舉子方會試集都下，奮罵曰：「李公天下正人，爲奸邪所誣。若罪李公，願罷我輩試以贖。」及帝薄責秉，乃已。秉行，官屬餞送，皆欷歔，有泣下者。秉慷慨揖諸人，登車而去。秉去，恭遂爲尚書。

秉誠心直道，夷險一節，與王竑並負重望。家居二十年，中外薦疏十餘上，竟不起。弘治二年卒。贈太子太保。後諡襄敏。

子聰、明、智，孫邦直，皆舉鄉試。聰，南宮知縣，以彥莊劾罷歸。明，建寧府同知。智南陽府知府。邦直，寧波府同知；彥莊謫後，署大寧縣，以科斂爲盜所殺。

姚夔，字大章，桐廬人。孝子伯華孫也。正統七年進士，鄉、會試皆第一。明年授吏科給事中，陳時政八事。又言：「預備倉本振貧民。而里甲慮貧者不能償，輒隱不報。致稱貸富室，倍稱還之。收穫甫畢，遽至乏絕。是貧民遇凶年饑，豐年亦饑也。乞敕天下有司，歲再發廩，必躬勘察，先給其最貧者。」帝立命行之。

景帝監國，諸大臣議勸卽位，未決。以問諸言官，夔曰：「朝廷任大臣，正爲社稷計，何紛紛爲？」議遂定。也先薄京城，請急徵宣府、遼東兵入衞。景泰元年超擢南京刑部右侍郎。四年就改禮部，奉敕考察雲南官吏。還朝，留任禮部。

景帝不豫，尚書胡濙在告，夔強起之，偕羣臣疏請復太子。不允。明日，夔欲率百官伏闕請，而石亨輩已奉上皇復位，出夔南京禮部。〔四〕英宗雅知夔，及聞復儲議，驛召還，進左侍郎。天順二年改吏部。知府某以貪敗，賄石亨求復，夔執不可，遂止。七年代石瑁爲禮部尚書。

成化二年，帝從尙書李賓言，令南畿及浙江、江西、福建諸生，納米濟荒得入監。夔奏罷之。四年以災異屢見，疏請「均愛六宮，以廣繼嗣。乞罷西山新建塔院，斥遠阿吒哩之徒。勤視經筵，裁決庶政。親君子，遠小人，節用度，愛名器，服食言動，悉遵祖宗成憲，以回天意」。且言「今日能守成化初政足矣」。帝優旨答之。他所請十事，皆立報可。

慈懿太后崩，中旨議別葬，閣臣持不可，下廷議。夔言：「太后配先帝二十餘年，合葬升祔，典禮具在。一有不愼，違先帝心，損母后之德。他日有據禮議改者，如陛下孝德何。」疏三上，又率羣臣伏文華門哭諫。帝爲固請周太后，竟得如禮。後孝宗見夔及彭時疏，謂劉健曰：「先朝大臣忠厚爲國乃如此。」

彗星見，言官連劾夔，夔求去，不允。帝信番僧，有封法王、佛子者，服用僭擬無度。奸人慕之，競爲其徒。夔力諫，勢稍減。

五年代崔恭爲吏部尙書。雨雪失時，陳時弊二十事。七年加太子少保。彗星見，復偕羣臣陳二十八事，大要以絕求請，禁採辦，恤軍匠，減力役，撫流民，節冗費爲急。帝多採納。明年九月，南畿、浙江大水。夔請命廷臣共求安民弭患之術。每遇災異，輒請帝振恤，憂形於色。明年卒，贈少保，諡文敏。

夔才器宏遠，表裏洞達。朝議未定者，夔一言立決。其在吏部，留意人才，不避親故。

初，王翺爲吏部，專抑南人，北人喜之。至夔，頗右南人，論薦率能稱職。子璧，由進士歷官兵部郎中。項忠劾汪直，璧預其謀。直搆忠，連璧下獄，謫廣西思明同知，謝病歸。

夔從弟龍，與夔同舉進士，除刑部主事，累官福建左布政使。右布政使劉讓同年不相能。讓粗暴，龍亦乏清操。成化初入覲，王翺兩罷之。

王復，字初陽，固安人。正統七年進士。授刑科給事中。聲容宏偉，善敷奏。擢通政參議。

也先犯京師，邀大臣出迎上皇。衆憚行，復請往。乃遷右通政，假禮部侍郎，與中書舍人趙榮偕。敵露刃夾之，復等不爲懾。還仍涖通政事，再遷通政使。天順中，歷兵部左右侍郎。

成化元年，延綏總兵官房能奏追襲河套部衆，有旨獎勞。復以七百里趨戰非宜，且恐以僥倖啓釁，請敕戒諭，帝是之。進尙書。錦衣千戶陳珏者，本畫工。及卒，從子錫請襲百戶。復言：「襲雖先帝命，然非軍功，宜勿許。」遂止。

毛里孩擾邊，命復出視陝西邊備。自延綏抵甘肅，相度形勢，上言：「延綏東起黃河岸，西至定邊營，接寧夏花馬池，縈紆二千餘里。險隘俱在內地，而境外乃無屏障，止憑墩堡以守。軍反居內，民顧居外。敵一入境，官軍未行，民遭掠已盡矣。又西南抵慶陽，相去五百餘里，烽火不接，寇至，民猶不知。其迤北墩堠，率皆曠遠，非禦邊長策。請移府谷、響水等十九堡，置近邊要地。而自安邊營接慶陽，自定邊營接環州，每二十里築墩臺一，計凡三十有四。隨形勢爲溝牆，庶息響相聞，易於守禦。」

其經略寧夏，則言：「中路靈州以南，本無亭燧。東西二路，營堡遼絕，聲聞不屬，致敵每深入。亦請建置墩臺如延綏，計爲臺五十有八。」

其經略甘肅，則言：「永昌、西寧、鎭番、莊浪俱有險可守。惟涼州四際平曠，敵最易入。又水草便利，輒經年宿留。遠調援軍，兵疲銳挫，急何能濟。請於甘州五衞內，各分一千戶所，置涼州中衞，給之印信。其五所軍伍，則於五衞內餘丁選補。且耕且練，斯戰守有資，兵威自振。」又言：「洪武間建東勝衞，其西路直達寧夏，皆列烽堠。自永樂初，北寇遠遁，因移軍延綏，棄河不守。誠使兵強糧足，仍準祖制，據守黃河，萬全計也。今河套未靖，豈能遽復，然亦宜因時損益。延綏將校視他鎭爲少，調遣不足，請增置參將二人，統軍九千，使駐要地，互相援接，實今日急務。」奏上，皆從之。

復在邊建置，多合機宜。及還朝，言者謂治兵非復所長。特命白圭代之，改復工部。謹守法度，聲名逾兵部。時中官請修皇城西北迴廊，復議緩其役。給事中高斐亦言災沴頻仍，不宜役萬人作無益。帝皆不許。中官領騰驤四衞軍者，請給胖襖鞋袴。復執不可，曰：「朝廷制此，本給征行之士，使得刻日戒途，無勞縫紉。京軍則歲給冬衣布棉，此成憲也，奈何渝之。」大應法王劄實巴死，中官請造寺建塔。復言：「大慈法王但建塔，未嘗造寺。今不宜創此制。」乃止命建塔，猶發軍四千人供役云。十四年加太子少保。

復好古嗜學，守廉約，與人無城府，當官識大體。居工部十二年，會災異，言官言其衰老，乞休。不許。居二月，汪直諷言官更劾復及鄒幹、薛遠。乃傳旨，並令致仕歸。久之，卒。贈太子太保，諡莊簡。

林聰，字季聰，寧德人。正統四年進士。授吏科給事中。[五]景泰元年進都給事中。時方多故，聰慷慨論事，無所諱。中官金英家人犯法，都御史陳鎰、王文治之，不罪英。聰率同列劾鎰、文畏勢縱奸，幷及御史宋瑮、謝琚，皆下獄。已而復職。聰又言瑮、琚不任風紀，二人竟調外。中官單增督京營有寵，朝士稍忤者輒遭辱。家奴白晝殺人，奪民產，侵商稅。

聽發其奸，下詔獄，獲宥。增自是不敢肆。

三年春，疏言：「臣職在糾察刑獄。妖僧趙才興之疎族百口，律不當坐，而抄提至京。叛人王英，兄不知情，家口律不當逮，而俱配流所。雖終見原，然其始受害已不堪矣。湖廣巡撫蔡錫以劾副使邢端，爲所訐，繫獄經年，而端居職如故。侍郎劉璉督餉侵隱，不爲無罪，較沈固、周忱乾沒萬計，孰爲輕重？璉下獄追徵，而固、忱不問。犯人徐南與子中書舍人頤，俱坐王振黨當斬，乃論南大辟，頤止除名。皆刑罰之失平者。」帝是之。端下獄，璉得釋，南亦減死，除名。

東宮改建，聰有異論，遷春坊司直郎。四年春，學士商輅言聰敢言，不宜置之散地，乃復爲吏科都給事中。上言奪情非令典，請永除其令。帝納之。初，正統中，福建銀場額重，民不堪。聰恐生變，請輕之。時弗能用，已果大亂。及是復極言其害，竟得減免。

五年三月以災異偕同官條上八事，雜引五行諸書，累數千言。大略以絕玩好，謹嗜欲，爲崇德之本，而修人事，在進賢退奸。武清侯石亨、指揮鄭倫身享厚祿，而多奏求田地，百戶唐興多至一千二百餘頃，宜爲限制。餘如罷齋醮，汰僧道，愼刑獄，禁私役軍士，省輪班工匠，皆深中時弊。帝多採納。

先是，吏部尙書何文淵以聽言下獄，致仕去。及是，吏部除副使羅篪爲按察使，〔六〕參

政李輅、僉事陳永爲布政使。聰疏爭之，幷言山西布政使王瑛老，宜罷。篪等遂還故官，瑛致仕。御史白仲賢以久次，擢廣東按察使。聰言仲賢奔競，不當超擢，乃遷鎭江知府。兵部主事吳誠夤緣得吏部，聰劾之，遂改工部。諸司憚聰風裁，聰所言，無敢不奉行者，吏部尤甚。內閣及諸御史亦並以聰好論建，弗善也。

其年冬，聰甥陳和爲教官，欲得近地便養，聰爲言於吏部。御史黃溥等遂劾聰挾制吏部，幷前劾仲賢爲私其鄉人參政方員，欲奪仲賢官予之；與吳誠有怨，輒劾誠；福建參政許仕達囑聰求進，聰舉仕達堪巡撫。幷劾尙書王直阿聰。章下廷訊，坐專擅選法，論斬。高穀、胡濙力救。帝亦自知聰，止貶國子學正。

英宗復辟，超拜左僉都御史，出振山東饑，活饑民百四十五萬。還進右副都御史，捕江、淮鹽盜。以便宜，擒戮渠魁數人，餘悉解散，而奏籍指揮之受盜賂者。母憂起復，再辭。不許。

天順四年，曹欽反。將士妄殺，至割乞兒首報功，市人不敢出戶。聰署院事，急令獲賊者必生致，濫殺爲止。錦衣官校惡欽殺指揮逯杲，悉捕欽姻識。千戶龔遂榮及外舅賀三亦在繫中。人知其冤，莫敢直，聰辨出之。其他湔雪者甚衆。七年冬，以刑部囚自縊，諸給事中劾紀綱廢弛，與都御史李賓俱下獄。尋釋。

成化二年，淮南、北饑，聰出巡視。奏貸漕糧及江南餘糧以振，民德之如山東。明年偕戶部尙書馬昂清理京軍，進右都御史。七年代王越巡撫大同。歲餘，遇疾致仕。再歲，以故官起掌南院。前掌院多不樂御史言事，聰獨獎勵之。或咎聰，聰曰：「己既不言，又禁他人言，可乎？」

十三年秋，召拜刑部尙書，尋加太子少保。聰以舊德召用，持大體，秉公論，不嚴而肅，時望益峻。十五年偕中官汪直、定西侯蔣琬按遼東失事狀。直庇巡撫陳鉞，聰不能爭，論者惜焉。十八年乞歸不得，卒於位，年六十八。贈少保，謚莊敏。

聰爲諫官，嚴重不可犯。實恂恂和易，不爲嶄絕之行。以故不肖者畏之，而賢者多樂就焉。景泰時，士大夫激昂論事，朝多直臣，率聰與葉盛爲之倡。

葉盛，字與中，崑山人。正統十年進士。授兵科給事中。師覆土木，諸將多遁還，盛率同列請先正扈從失律者罪，且選將練兵，爲復讐計。郕王卽位，例有賞賚，盛以君父蒙塵辭。不許。

也先迫都城，請罷內府軍匠備征操。又請令有司儲糧料給戰士，遣散卒取軍器於天

津，以張外援。三日間，章七八上，多中機宜。寇退，進都給事中。言：「勸懲之道，在明賞罰。敢戰如孫鏜，死事如謝澤、韓青，當賞。其他守禦不嚴，赴難不力者，皆當罰。」大臣陳循等議召還鎭守居庸都御史羅通，幷留宣府都督楊洪掌京營。盛言：「今日之事，邊關爲急。往者獨石、馬營不棄，寇何以陷土木？紫荊、白羊不破，寇何以薄都城？今紫荊、倒馬諸關，寇退幾及一月，尙未設守禦。宣府爲大同應援，居庸切近京師，守之尤不可非人。洪等旣留，必求如洪者代之，然後可以副重寄而集大功。」帝是之。尋命出安集陳州流民。

景泰元年還朝，言：「流民雜五方，其情不一。雖幸成編戶，而鬬爭讐殺時時有之，宜專官綏撫。」又言：「畿輔旱蝗相仍，請加寬恤。」帝多採納。京衞武臣及其子弟多驕惰不習兵。盛請簡拔精壯，備操守京城。勳戚所置市廛，月徵稅。盛以國用不足，請籍其稅佐軍餉。皆從之。明年，上弭災防患八事。帝以兵革稍息，頗事宴遊。盛請復午朝故事，立報可。當是時，帝虛懷納諫，凡六科聯署建請，多盛與林聰爲首。廷臣議事，盛每先發言，往復論難。與議大臣或不悅曰：「彼豈少保耶」，因呼爲「葉少保」。然物論皆推盛才。

擢右參政，督餉宣府。尋以李秉薦，協贊都督僉事孫安軍務。初，安嘗領獨石、馬營、龍門衞、所四城備禦。英宗既北狩，安以四城遠在塞外，勢孤，奏棄之內徙。至是廷議命安修復。盛與闢草萊，葺廬舍，庀戰具，招流移，爲行旅置煖鋪，請帑金買牛千頭以賦屯卒，立

社學，置義冢，療疾扶傷。兩歲間，四城及赤城、鵰鶚諸堡次第皆完，安由是進副總兵。而守備中官弓勝害安，奏安疾宜代。帝以問盛，言：「安爲勝所持，故病。今諸將無踰安者。」乃留安，且遣醫視疾。已又劾勝，卒調之他鎭。

英宗復位，盛遭父憂，奔喪。天順二年召爲右僉都御史，巡撫兩廣。乞終制，不許。瀧水瑤鳳弟吉肆掠，督諸將生擒之。時兩廣盜蜂起，所至破城殺將。諸將怯不敢戰，殺平民冒功，民相率從賊。盛以蠻出沒不常，請自今攻劫城池者始以聞，餘止類奏。疏至兵部，駁不行。盛與總兵官顏彪破賊砦七百餘所。彪頗濫殺，謗者遂以咎盛。六年命吳禎撫廣西，而盛專撫廣東。

憲宗立，議事入都，給事中張寧等欲薦之入閣。以御史呂洪言遂止，而以韓雍代撫廣東。初，編修丘濬與盛不相能。大學士李賢入濬言，及是草雍敕曰：「無若葉盛之殺降也。」盛不置辨。稍遷左僉都御史，代李秉巡撫宣府。請量減中鹽米價，以勸商裕邊。復舉官牛官田之法，墾田四千餘頃。以其餘積市戰馬千八百匹，修堡七百餘所，邊塞益寧。

成化三年秋，入爲禮部右侍郎，偕給事中毛弘按事南京。還改吏部。出振眞定、保定饑，議清莊田，分養民間種馬，置倉涿州、天津，積粟備荒，皆切時計。

滿都魯諸部久駐河套，兵部尚書白圭議以十萬衆大舉逐之，沿河築城抵東勝，徙民耕

守。帝壯其議。八年春，敕盛往會總督王越，巡撫馬文升、余子俊、徐廷璋詳議。初，盛爲諫官，喜言兵，多所論建。既往來三邊，知時無良將，邊備久虛，轉運勞費，搜河套復東勝未可輕議。乃會諸臣上疏，言守爲長策。「如必決戰，亦宜堅壁清野，伺其惰歸擊之，令一大創，庶可遏再來。又或乘彼入掠，遣精卒進搗其巢，令彼反顧，內外夾擊，足以有功。然必守固，而後戰可議也。」帝善其言，而圭主復套。師出，竟無功。人以是服盛之先見。

八年轉左侍郎。十年卒，年五十五。諡文莊。

盛清修積學，尙名檢，薄嗜好，家居出入常徒步。生平慕范仲淹，堂寢皆設其像。志在君民，不爲身計，有古大臣風。

贊曰：天順、成化間，六部最稱得人。王翶等正直剛方，皆所謂名德老成人也。觀翶與李秉、年富之任封疆，王竑之擊奸黨、活饑民，王復之籌邊備，姚夔之典秩宗，林聰、葉盛之居言路，所表見，皆自卓卓。其聲實茂著，繫朝野重望，有以哉。

校勘記

〔一〕嘗令郎談倫隨入　談倫，原作「談論」，據明史稿傳五五王翶傳改。本書卷一八〇汪奎傳有「侍郎談倫」，卽其人，作「談倫」是。

〔二〕贈太保　憲宗實錄卷四八成化三年十一月戊辰作贈「少保」。

〔三〕歲饑流民二十餘萬　憲宗實錄卷四天順八年四月乙巳條作「歲饑流民入境者數萬」。

〔四〕出夔南京禮部　憲宗實錄卷一一三成化九年二月庚午條作「調南京刑部」。

〔五〕授吏科給事中　吏科，憲宗實錄卷二三一成化十八年閏八月庚寅條作「刑科」。

〔六〕吏部除副使羅箎爲按察使　羅箎，明史稿傳五五林聰傳作「羅篪」。

清 張廷玉等撰

明史

第一六册

卷一七八至卷一八九（傳）

中華書局

中華書局

明史卷一百七十八

列傳第六十六

項忠 韓雍 余子俊 阮勤 朱英 秦紘

項忠，字蓋臣，嘉興人。正統七年進士。授刑部主事，進員外郎。從英宗陷於瓦剌，令飼馬，乘閒挾二馬南奔。馬疲，棄之，徒跣行七晝夜，始達宣府。

景泰中，由郎中遷廣東副使。按行高州，諜報賊擄男女數百剽村落。忠曰：「賊無擄家理，必被掠良民也。」戒諸將毋妄殺。已，訊所俘獲，果然，盡釋之。從征瀧水瑤有功，增俸一秩。

天順初，歷陝西按察使。母憂歸，部民詣闕乞留，詔起復。時陝西連歲災傷，忠發廩振，且請輕罪納米，民賴以濟。

七年以大理卿召，民乞留如前，遂改右副都御史，巡撫其地。洮、岷羌叛，忠疏言：「羌

志在劫掠，盡誅則傷仁，遽撫則不威，請聽臣便宜從事。」報可。乃發兵據險，揚聲進討，衆盡降。西安水泉鹵不可飲，爲開龍首渠及阜河，引水入城。又疏鄭、白二渠，溉涇陽、三原、醴泉、高陵、臨潼五縣田七萬餘頃，民祠祀之。

陝西數苦兵。成化元年上言：「三邊大將遇敵逗留，雖云才怯，亦由權輕。士卒畏敵不畏將，是以戰無成功，宜許以軍法從事。廟堂舉將才，踰年不聞有一人應詔。陝西風土強勁，古多名將，豈無其人，但格於不能答策耳。今天下學校生徒善答策者百不一二，奈何責之武人。」帝善其言，而所司守故事不能用。

毛里孩寇延綏，詔忠偕彰武伯楊信禦之，無功。明年，信議大舉搜河套，敕忠提督軍務。忠方赴延綏，而寇復陷開城，深入靜寧、隆德六州縣，大掠而去。兵部劾忠，帝特宥之，搜套師亦不出。又明年，召理院事。

四年，滿俊反。滿俊者，亦名滿四。其祖巴丹，自明初率所部歸附，世以千戶畜牧爲雄長。仍故俗，無科徭。其地在開城縣之固原里，接邊境。俊獷悍，素藏匿姦盜，出邊抄掠。會有獄連俊，有司跡逮至其家，多要求。俊怒，遂激衆爲亂。守臣遣俊姪指揮璹往捕。俊殺其從者，劫璹叛，入據石城。石城，即唐吐番石堡。城稱險固，非數萬人不能克者也。山上有城砦，四面峭壁，中鑿五石井以貯水，惟一徑可緣而上。俊自稱招賢王，有衆四千。都指

擢邢端等禦之，敗績。不再月，衆至二萬，關中震動。乃命忠總督軍務，與監督軍務太監劉祥、總兵官都督劉玉帥京營及陝西四鎭兵討之。師未行，而巡撫陳价等先以兵三萬進討，復大敗。賊因官軍器甲，勢益張。朝議欲益兵。忠慮京軍脆弱不足恃，且更遣大將撓事權；因上言：「臣等調兵三萬三千餘人，足以滅賊。今秋深草寒，若更調他軍，恐往復需時，賊得遠遁。且邊兵不能久留，益兵非便。」大學士彭時、商輅主其議，京軍得毋遣。

忠遂與巡撫都御史馬文升分軍七道，抵石城下，與戰，斬獲多。伏羌伯毛忠乘勝奪其西北山，幾破，忽中流矢死。玉亦被圍。諸軍欲退，忠斬一千戶以徇。衆力戰，玉得出，乃列圍困之。適有星孛於台斗，中朝多言占在秦分，師不利。忠曰：「李晟討朱泚，熒惑守歲，此何害。」日遣兵薄城下，焚芻草，絕汲道。賊窘欲降，邀忠與文升相見。忠偕劉玉單騎赴之，文升亦從數十騎至，呼俊、璹諭以速降。賊遙望羅拜，忠直前挾璹以歸。俊氣沮，猶豫不出。忠命縛木爲橋，人負土囊塡濠塹，擊以銅礮，死者益衆。賊倚愛將楊虎貍爲謀主，夜出汲被擒。忠貰其死，諭以購賊賞格，示之金，且賜金帶鈎，縱歸，使誘俊出戰，伏兵擒焉。急擊下石城，盡獲餘寇。毀其城，鑿石紀功。增一衞於固原西北西安廢城，留兵戍之而還。

初，石城未下，天甚寒，士卒頗困。忠慮賊奔突，乘凍渡河與套寇合，日夜治攻具，身當矢石不少避，大小三百餘戰。彭時、商輅知忠能辦賊，不從中制，卒用殄賊。論功，進右都

御史，與林聰協掌院事。

白圭既平劉通，荆、襄間流民屯結如故。通黨李鬍子者名原，僞稱平王，與小王洪、王彪等掠南漳、房、內鄉、渭南諸縣。流民附賊者至百萬。六年冬，詔忠總督軍務，與湖廣總兵官李震討之。忠乃奏調永順、保靖土兵。而先分軍列要害，多設旗幟鉦鼓，遣人入山招諭。流民歸者四十餘萬，彪亦就擒。時白圭爲兵部，遣錦衣百戶吳綬贊參將王信軍。綬欲攘功，不利賊瓦解。縱流言，圭信之，止土兵毋調。忠疏爭，且劾綬罪，帝爲召綬還，而聽調土兵如故。合二十五萬，分八道逼之，流民歸者又數萬。賊潛伏山砦，伺間出劫。忠命副使余洵、都指揮李振擊之，遇於竹山。乘溪漲半渡截擊，擒李原、小王洪等，賊多溺死。忠移軍竹山，捕餘孽。復招流民五十萬，斬首六百四十，俘八百有奇，家口三萬餘人。戶選一丁，戍湖廣邊衞，餘令歸籍給田。疏陳善後十事，悉允行。

忠之下令逐流民也，有司一切驅逼。不前，即殺之。民有自洪武中占籍者，亦在遣中。戍者舟行多疫死。給事中梁璟因星變求言，劾忠妄殺。白圭亦言流民既成業者，宜隨所在著籍，又駁忠所上功次互異。帝皆不聽。進忠左都御史，蔭子綬錦衣千戶，諸將錄功有差。

忠上疏言：「臣先後招撫流民復業者九十三萬餘人，賊黨遁入深山，又招諭解散自歸者五十萬人。俘獲百人，皆首惡耳。今言皆良家子，則前此屢奏猖獗難禦者，伊誰也？賊黨

罪固當死，正因不忍濫誅，故令丁壯謫發遣戍。其久附籍者，或乃占山四十餘里，招聚無賴千人，爭鬭劫殺。若此者，可以久居故不遣乎？臣揭榜曉賊，謂已殺數千，蓋張虛勢怵之，非實事也。且圭固嘗身任其事，今日之事又圭所遺。先時，中外議者謂荆、襄之患何日得寧。今幸平靖，而流言沸騰，以臣爲口實。昔馬援薏苡蒙謗，鄧艾檻車被徵。功不見錄，身更不保。臣幸際聖明，願賜骸骨，勿使臣爲馬、鄧之續。」帝溫詔答之。

八年召還，與李賓協掌院事。後二年拜刑部尚書，尋代圭爲兵部。

汪直開西廠，恣橫，忠屢遭侮不能堪。會大學士商輅等劾直，忠亦倡九卿劾之。奏留中，而西廠遂罷，直深恨之。未幾，西廠復設，直以吳綬爲腹心，綬挾前憾，伺忠益急。忠不自安，乞歸治病。未行，而綬嗾偵事者誣忠罪。給事中郭鏜、御史馮貫等復交章劾忠，事連其子經、太監黃賜、興寧伯李震、彰武伯楊信等。詔法司會錦衣衞廷鞫，忠抗辯不少屈。然衆知出直意，無敢爲之白者，竟斥爲民，賜與震等亦得罪。直敗，復官，致仕。家居二十六年，至弘治十五年乃卒，年八十二。贈太子太保，諡襄毅。

忠倜儻多大略，練戎務，彊直不阿，敏於政事，故所在著稱。

子經，經子錫，錫子治元，皆舉進士。經，江西參政。錫，南京光祿寺卿。治元，員外郎。

韓雍，字永熙，長洲人。正統七年進士。授御史。負氣果敢，以才略稱。錄囚南畿。碭山教諭某笞膳夫，膳夫逃匿，父訴教諭殺其子，取他尸支解以證。既誣服，雍蹤跡得之，白其冤。出巡河道。已，巡按江西，黜貪墨吏五十七人。廬陵、太和盜起，捕誅之。

十三年冬，處州賊葉宗留自福建轉犯江西。官軍不利，都督僉事陳榮、指揮劉眞遇伏死。詔雍及鎭守侍郞楊寧督軍民協守。會福建巡按御史汪澄牒鄰境會討賊鄧茂七，俄以賊議降，止兵。雍曰：「賊果降，退未晚也。」趣進，賊已叛，澄坐得罪死。人以是服雍識。景泰二年擢廣東副使。大學士陳循薦爲右僉都御史，代楊寧巡撫江西。歲饑，奏免秋糧。劾奏寧王不法事，王府官皆得罪。時雍年甫三十，赫然有才望，所規畫措置，咸可爲後法。

天順初，罷天下巡撫官，改山西副使。寧王以前憾劾其擅乘肩輿諸事，下獄，奪官。起大理少卿。尋復爲右僉都御史，佐寇深理院事。石亨既誅，錦衣指揮劉敬坐飯亨直房，用朋黨律論死。雍言：「律重朋黨，謂阿比亂朝政也。以一飯當之，豈律意。且亨盛時，大臣朝夕趨門，不坐，獨坐敬何也？」深歎服，出之。母憂，起復。四年，巡撫宣府、大同。七年議事入覲，帝壯其貌，留爲兵部右侍郞。

中華書局

憲宗立，坐學士錢溥累，貶浙江左參政。廣西猺、獞流剽廣東，殘破郡邑殆徧。成化元年正月大發兵，拜都督趙輔爲總兵官，以太監盧永、陳瑄監其軍。兵部尚書王竑曰：「韓雍才氣無雙，平賊非雍莫可。」乃改雍左僉都御史，贊理軍務。

雍馳至南京，集諸將議方略。先是，編修丘濬上書大學士李賢，言賊在廣東者宜驅，在廣西者宜困。欲宿兵大藤峽，扼其出入，蹂其禾稼，期一二年盡賊。賢善之，獻於朝，詔錄示諸將。諸將主其說，請令遊擊將軍和勇率番騎趨廣東，而大軍直趨廣西，分兵撲滅。雍曰：「賊已蔓延數千里，而所至與戰，是自敝也。當全師直搗大藤峽。南可援高、肇、雷、廉，東可應南、韶，西可取柳、慶，北可斷陽峒諸路。首尾相應，攻其腹心，巢穴既傾，餘迎刃解耳。舍此不圖，而分兵四出，賊益奔突，郡邑益殘，所謂救火而噓之也。」衆曰「善」。輔亦知雍才足辦賊，軍謀一聽雍。

雍等遂倍道趨全州。陽峒苗掠興安，擊破之。至桂林，斬失機指揮李英等四人以徇。按地圖與諸將議曰：「賊以修仁、荔浦爲羽翼，當先收二縣以孤賊勢。」乃督兵十六萬人，分五道，先破修仁賊，窮追至力山。擒千二百餘人，斬首七千三百級。荔浦亦定。

十月至潯州，延問父老，皆曰：「峽，天險，不可攻，宜以計困。」雍曰：「峽延廣六百餘里，安能使困。兵分則力弱，師老則財匱，賊何時得平。吾計決矣。」遂長驅至峽口。儒生、里

老數十人伏道左，願爲嚮導。雍見即罵曰：「賊敢紿我！」叱左右縛斬之，左右皆愕。既縛，而袂中利刃出。推問，果賊也。悉支解刳腸胃，分挂林箐中，纍纍相屬。賊大驚曰：「韓公天神也。」

雍令總兵官歐信等爲五哨，自象州、武宣攻其北；身與輔督都指揮白全等爲八哨，自桂平、平南攻其南；參將孫震等爲二哨，從水路入；而別分兵守諸隘口。賊魁侯大狗等大懼，先移其累重於桂州橫石塘，而立柵南山，多置滾木、礧石、鏢鎗、藥弩拒官軍。

十二月朔，雍等督諸軍水陸並進，擁團牌登山，殊死戰。連破石門、林峒、沙田、古營諸巢，〔一〕焚其室廬積聚，賊皆奔潰。伐木開道，直抵橫石塘及九層樓諸山。賊復立柵數重，憑高以拒。官軍誘賊發矢石，度且盡，雍躬督諸軍緣木攀藤上。別遣壯士從間道先登，據山頂舉礮。賊不能支，遂大敗。先後破賊三百二十四砦，生擒大狗及其黨七百八十人，斬首三千二百有奇，墜溺死者不可勝計。峽有大藤如虹，橫亙兩厓間，雍斧斷之，改名斷藤峽，勒石紀功而還。分兵擊餘黨，鬱林、陽江、洛容、博白次第皆定。

帝大喜，賜敕嘉勞，召輔等還，遷雍左副都御史，提督兩廣軍務。雍乃散遣諸軍，以省饋餉，而遺孽侯鄭昂等遂乘虛陷潯州及洛容、北流二縣。雍被劾引罪，帝宥之。雍益發兵撲討。時諸賊所在蜂起，思恩、潯、賓、柳城悉被擾掠。流劫至廣東，欽、化二州皆應時破殄。

四年春，雍以兩廣地大事殷，請東西各設巡撫，帝可之。命陳濂撫廣東，張鵬撫廣西，而雍專理軍事。尋以憂歸。明年，兩廣盜復起，僉事陶魯言：「兩廣地勢錯互，當如臂指相使，不可離析。近賊犯廣西，臣與廣東三司議調兵，匝月未決，盜賊無所憚。乞仍命大臣總督便。」會僉事林錦、巡按御史龔晟亦以爲請。乃罷兩巡撫，而起復雍右都御史，總督如故。又明年正月，雍疏辭新命，乞終制，不許。雍抵任，遣參將張壽、遊擊馮昇等分道討賊，忻州八砦蠻及諸山猺、獞掠州縣者，皆摧破之。蠻民素讋雍威，寇盜寖息。

九年，柳、潯諸蠻復叛，參將楊廣等俘斬九百人。方更進，而賊破懷集縣。兵部劾雍奏報不實。廣西鎮守中官黃沁素憾雍抑己，因訐雍，且言其貪欲縱酒，濫賞妄費。帝遣給事中張謙等往勘，而廣西布政使何宜、副使張斆銜雍素輕己，共醖釀其罪。謙還奏，事虛實交半，竟命致仕去。

雍洞達闓爽，重信義。撫江西時，請追諡文天祥、謝枋得。詔諡天祥忠烈、枋得文節。有雄略，善斷，動中事機。臨戰，率躬親矢石，不目瞬。自奉尊嚴，三司皆長跪白事。轅門設銅鼓數十，儀節詳密。裨將以下，繩柙無所假。故雖令行禁止，民得安堵，而謗議亦易起。爲中官所齮齕，公論皆不平。兩廣人念雍功，尤惜其去，爲立祠祀焉。家居五年卒，年五十七。正德

間，諡襄毅。

初以軍功予一子錦衣百戶，雍以授其弟睦。至是，錄一子國子生。

余子俊，字士英，青神人。父祥，戶部郎中。子俊舉景泰二年進士，授戶部主事，進員外郎。在部十年，以廉幹稱。出爲西安知府。歲饑，發廩十萬石振貸。區畫以償，官不損而民濟。

成化初，所司上治行當旌者，知府十人，而子俊爲首。以林聰薦，爲陝西右參政，歲餘擢右布政使。六年轉左，調浙江。甫半載，拜右副都御史，巡撫延綏。

先是，巡撫王銳請沿邊築牆建堡，爲久遠計，工未興而罷。子俊上疏言：「三邊惟延慶地平易，利馳突。寇屢入犯，獲邊人爲導，徑入河套屯牧。自是寇顧居內，我反屯外，急宜於沿邊築牆置堡。況今舊界石所在，多高山陡厓。依山形，隨地勢，或剷削，或壘築，或挑塹，緜引相接，以成邊牆，於計爲便。」尚書白圭以陝民方困，奏緩役。既而寇入孤山堡，復犯榆林，子俊先後與朱永、許寧擊敗之。

是時，寇據河套，歲發大軍征討，卒無功。八年秋，子俊復言：「今征套士馬屯延綏者八

萬，谻蓌煩內地。若今冬寇不北去，又須備來年軍資。姑以今年之數約之，米豆需銀九十四萬，草六十萬。每人運米豆六斗、草四束，應用四百七萬人，約費行資八百二十五萬。公私煩擾至此，安得不變計。臣前請築牆建堡，詔事寧舉行。請於明年春夏寇馬疲乏時，役陝西運糧民五萬，給食興工，期兩月畢事。」圭猶持前議阻之。帝是子俊言，命速舉。

子俊先用軍功進左副都御史。明年，又用紅鹽池搗巢功，進右都御史。寇以搗巢故遠徙，不敢復居套。內地患稍息，子俊得一意興役。東起清水營，西抵花馬池，延袤千七百七十里，鑿崖築牆，掘塹其下，連比不絕。每二三里置敵臺崖砦備巡警。又於崖砦空處築短牆，橫一斜二如箕狀，以瞭敵避射。凡築城堡十一，邊墩十五，小墩七十八，崖砦八百十九，役軍四萬人，不三月而成。牆內之地悉分屯墾，歲得糧六萬石有奇。十年閏六月，子俊具上其事，因以母老乞歸，慰留不許。

初，延綏鎮治綏德州，屬縣米脂、吳堡悉在其外。寇以輕騎入掠，鎮兵覺而追之，輒不及，往往得利去。自子俊徙鎮榆林，增衞益兵，拓城置戍，攻守器畢具，遂爲重鎮，寇抄漸稀，軍民得安耕牧焉。

十二年十二月移撫陝西。子俊知西安時，以居民患水泉鹹苦，鑿渠引城西潏河入灌，民利之。久而水溢無所洩。至是，乃於城西北開渠洩水，使經漢故城達渭。公私益便，號余

公渠。又於涇陽鑿山引水，溉田千餘頃。通南山道，直抵漢中，以便行旅。學校、公署圮者悉新之。奏免岷、河、洮三衞之戍南方者萬有奇。易置南北之更戍者六千有奇，就戍本土。岷州栗林羌爲寇，子俊潛師設伏擊走之。

十三年召爲兵部尚書。奏申明條例十事，又列上軍功賞格，由是中外有所遵守。緬甸酋卜剌浪欲奪思洪發貢章地，設詞請於朝。子俊言不宜許，乃諭止之。貴州巡撫陳儼等以播州苗竊發，請調湖廣、廣西、四川兵五萬，合貴州兵會剿。子俊言賊在四川，而貴州請討，是邀功也，奏寢其事。初，子俊論陳鉞掩殺貢夷罪，帝以汪直故宥之。鉞多方搆子俊於直，會母憂歸，得免。

子俊之築邊牆也，或疑沙土易傾，寇至未可恃。至十八年，寇入犯，許寧等逐之。寇扼於牆塹，散漫不得出，遂大衄，邊人益思子俊功。服闋，拜戶部尚書，尋加太子太保。二十年命兼左副都御史，總督大同、宣府軍務。其冬還朝。明年正月，星變，陳時弊八事，帝多采納。未幾，復出行邊。

初，子俊巡歷宣、大，請以延綏邊牆法行之兩鎮，因歲歉而止。比復出，銳欲行之。言東起四海冶，[三]西抵黃河，延袤千三百餘里，舊有墩百七十，應增築四百四十，墩高廣皆三丈，計役夫八萬六千，數月可成。詔明年四月興工。然是時，歲比不登，公私耗敝，驟興大役，上下難之。子俊又欲責成於邊臣，而己不親其事，謗議由是起。至冬，疏請還京。帝入蜚語，命改左都御史，巡撫大同。中官韋敬譏子俊假修邊多侵耗，又劾子俊私恩怨，易將帥。兵部侍郎阮勤等爲白。帝怒，讓勤等。而給事、御史復交章劾，中朝多欲傾子俊。工部侍郎杜謙等往勘，平情按之。還奏易置將帥如勤等言，所費無私。然爲銀百五十萬，米菽二百三十萬，耗財煩民，不得無罪。遂落太子太保，致仕去，時二十二年二月也。

明年正月，兵部缺尚書。帝悟子俊無罪，復召任之，仍加太子太保。孝宗嗣位，以先朝老臣，待之彌厚。弘治元年疏陳十事，已，又上邊防七事，帝多允行。明年，疾亟，猶手削奏稿，陳救荒弭盜之策，甫得請而卒，年六十一。贈太保，諡肅敏。

子俊沉毅寡言，有偉略。凡奏疏公移，必自屬草，每夜分方寢。嘗曰：「大臣謀國，當身任利害，豈得遠怨市恩爲自全計。」故榆林始事，怨讟叢起，子俊持之益堅，竟以成功，爲數世利。性孝友，居母憂時，令子寘毋會試，曰：「雖無律令，吾心不忍也。」當廕子，移以廕弟。子寰，舉進士，終戶部員外郎。寘，就武廕爲錦衣千戶，終指揮同知。曾孫承勛、承業，皆進士。承勛，翰林修撰。承業，雲南僉事。

阮勤，本交阯人，其父內徙，占籍長子。勤舉景泰五年進士。歷台州知府。清慎有惠政，

賜誥旌異。以右副都御史巡撫陝西。築墩臺十四所，治垣塹三十餘里。歲饑，奏免七府租四十餘萬石。入爲侍郎，調南京刑部。蠻邦人著聲中國者，勤爲最。

朱英，字時傑，桂陽人。五歲而孤。力學，舉正統十年進士，授御史。浙、閩盜起，簡御史十三人與中官分守諸府，英守處州。而葉宗留黨四出剽掠，處州道梗。英間道馳至，撫降甚衆，戮賊首周明松等，賊散去乃還。

景泰初，御史王豪嘗以勘陳循爭地事，忤循，爲所訐。至是，循草詔，言風憲官被訐者，雖經赦宥，悉與外除。於是豪當改知縣。英言：「若如詔書，則凡遭御史抨擊之人，皆將挾讐誣訐，而御史愈緘默不言矣。」章下法司，請如英言，乃復豪職。未幾，出爲廣東右參議。過家省母，橐中惟賜金十兩。抵任，撫凋瘵流亡。立均徭法，十歲一更，民稱便。

天順初，兩廣賊愈熾，諸將多濫殺冒功。巡撫葉盛屬英督察。參將范信誣宋泰、永平二鄉民爲賊，屠戮殆盡，又欲屠進城鄉。英馳訊，悉縱去。信忿，留師不還。英密請於盛，檄信班師，一方始靖。潮州賊羅劉寧等流劫遠近，屢挫官兵。英會師破滅之。還所掠人口數千，別置一營以處婦女，人莫敢犯。

官參議十年，進右參政。遭母憂。成化初服闋，補陝西。大軍討滿四，英主饋餉有功。歷福建、陝西左、右布政使，皆推行均徭法。十年以右副都御史巡撫甘肅，先後陳安邊二十八事。其請徙居戎、安流離、簡貢使，於時務尤切。明年冬，兩廣總督吳琛卒，廷議以英前在廣東有威信，遂以代琛。

自韓雍大征以來，將帥喜邀功，利俘掠，名爲「鵰剿」。英至，鎭以寧靜，約飭將士，毋得張賊聲勢，妄請用師。招撫瑤、僮效順者，定爲編戶，給復三年。於是馬平、陽朔、蒼梧諸縣蠻悉望風附。而荔波賊李公主有衆數萬，久負固，亦遣子納款。爲置永安州處之，俾其子孫世吏目。自是歸附日衆，凡爲戶四萬三千有奇，口十五萬有奇。帝甚嘉之。

鎭守中官與督撫、總兵官坐次，中官居中，總督居總兵官左。時總兵官陳政以伯爵欲抑英居右，英不可，奏乞裁定。命解英總督，止爲巡撫，居政下。尚書余子俊言英招徠功多，當增秩褒賞，乃反削其事權，恐無以鎭諸蠻。乃擢英右都御史仍總督，位次如故。

田州酋黃明烝其知府岑溥祖母，欲殺溥。溥出走思恩，明因肆屠戮。英將進討，檄溥族人恩城知州岑欽殺明雪恥。欽遂誅明幷其族屬，傳首軍門。

英淳厚，然持法無所假借。與市舶中官韋眷忤，眷摭奏英專權玩賊。潯州知府史芳以事見責，亦訐英奸貪欺罔。按皆無驗，乃鐫芳二官，諭眷協和共事。

十六年，交阯攻老撾，議者恐其內寇，詔問英處置之宜。英對言彼不過爭甌脫耳，諭之當自悔懼。帝從其言，果上表謝。潯、梧、高、廉賊起，偕政等分道擊之，再戰，俘斬甚衆。十九年，桂林平樂蠻攻城殺將，英、政復分兵十二道擊破之。

明年入掌都察院事，尋加太子少保。又明年正月，星變，疏陳八事：請禁邊將節旦獻馬；鎭守中官、武將不得私立莊田，侵奪官地；燒丹符咒左道之人，當置重典；四方分守監槍內官勿進貢品物；罷撤倉場、馬房、上林苑增設內侍；召還建言得罪諸臣；淸內府收白糧積弊；治奸民投獻莊田及貴戚受獻者罪。權倖皆不便，執政多持之不行，英造內閣力爭，竟不能盡從也。時流民集京師者多，英請人給米月三斗，幼者半之，報許。其年秋卒。贈太子太保。

英爲總督承韓雍、吳琛後。雍雖有大功，恢廓自奉，贈遺過侈，有司困供億，公私耗竭。琛務謹廉，至英益持清節，僅攜一蒼頭之官。先後屢賜璽書、金幣，英藏璽書，貯金幣於庫。其威望不及雍，而惠澤過之。在甘肅積軍儲三十萬兩，廣四十餘萬，皆不以聞。或問之，答曰：「此邊臣常分，何足言。」人服其知大體。正德中，追謚恭簡。

子守孚，進士，刑部郎中。

秦紘，字世纓，單人。景泰二年進士。授南京御史。劾治內官傅鎖兒罪，諫止江南采翠毛、魚魫等使。權貴忌之，蜚語聞。會考察，坐謫湖廣驛丞。

天順初，以御史練綱薦，遷雄縣知縣。奉御杜堅捕天鵝暴橫，紘執杖其從者，坐下詔獄。民五千詣闕訟，乃調知府谷。憲宗卽位，遷葭州知州，調秦州。母喪去官，州人乞借紘，服闋還故任。尋擢鞏昌知府，改西安，遷陝西右參政。

成化十三年擢右僉都御史，巡撫山西，奏鎭國將軍奇澗等罪。奇澗父慶成王鍾鎰爲奏辯，且誣紘。帝重違王意，逮紘下法司治，事皆無驗。而內官尚亭籍紘家，以所得敝衣數事奏。帝歎曰：「紘貧一至此耶？」賜鈔萬貫旌之。於是奪奇澗等三人爵，王亦削祿三之一，而改紘撫河南。尋復調宣府。

小王子數萬騎寇大同，長驅入順聖川，掠宣府境。紘與總兵官周玉等邀擊，逐去。尋入掠興寧口，連戰卻之，追還所掠，璽書勞焉。進左僉都御史，巡撫如故。未幾，召還理院事，遷戶部右侍郎。萬安逐尹旻，誣紘旻黨，降廣西右參政。進福建左布政使。

弘治元年以王恕薦，擢左副都御史，督漕運。明年三月進右都御史，總督兩廣軍務。奏言：「中官、武將總鎭兩廣者，率縱私人擾商賈，高居私家，擅理公事，賊殺不辜，交通土官爲奸利。而天下鎭守官皆得擅執軍職，受民訟，非制，請嚴禁絕。總鎭府故有賞功所，歲儲

金錢數萬，費出無經，宜從都御史勾稽。廣、潮、南、韶多盜，當設社學，編保甲，以絕盜源。」帝悉從其請。恩城知州岑欽攻逐田州知府岑溥，與泗城知州岑應分據其地。紘入田州逐走欽，還溥於府，留官軍戍之，亂遂定。復遣將討平黎賊陵水，瑤賊德慶。

紘之初涖鎭也，劾總兵官安遠侯柳景貪暴，逮下獄。景亦訐紘，勘無左證，法司當景死。景連姻周太后家，有奧援，訐紘不已。詔幷逮紘，廷鞫卒無罪。詔宥景死，奪爵閒住，而紘亦罷歸。大臣王恕等請留紘，不納。廷臣復連章言紘可大用。居數月，起南京戶部尚書。十一年引疾去。

十四年秋，寇大入花馬池，敗官軍孔壩溝，直抵平涼。言者謂紘有威名，雖老可用。詔起戶部尚書兼右副都御史，總制三邊軍務。紘馳至固原，按行敗所。躬祭陣亡將士，掩其骼。奏錄死事指揮朱鼎等五人，恤軍士戰歿者家。劾治敗將楊林等四人罪，更易守將。練壯士，興屯田，申明號令，軍聲大振。

初，寇未入河套，平涼、固原皆內地無患。自孛來住牧後，固原當兵衝，爲平、慶、臨、鞏門戶，而城隘民貧，兵力單弱，商販不至。紘乃拓治城郭，招徠商賈，建改爲州，而身留節制之。奏言：「固原主、客兵止萬八千人，散守城堡二十四。勢分力弱，宜益兵。舊臨、鞏、秦州諸軍歲赴甘、涼備禦。及他方有警，又調兵甘、涼，或發京軍征討。夫京師天下本，邊將手

握重兵，而一遇有事輒請京軍，非強幹弱枝之道。請自今京兵毋輕發，臨、鞏、甘、涼諸軍亦宜各還本鎮。但選知兵宿將一二人各守其地，人以戍爲家，軍以將爲命，自樂趨役，而有戰心，計之得者也。」

紘見固原迤北延袤千里，閒田數十萬頃，曠野近邊，無城堡可依。議於花馬池迤西至小鹽池二百里，每二十里築一堡，堡周四十八丈，役軍五百人。固原迤北諸處亦各築屯堡，募人屯種，每頃歲賦米五石，可得五十萬石。規畫已定，而寧夏巡撫劉憲爲梗。紘乃奏曰：「竊見三邊情形，延綏、甘、涼地雖廣，而士馬精強。寧夏怯弱矣，然河山險阻。惟花馬池至固原，軍既怯弱，又墩臺疏遠，敵騎得長驅深入，故當增築墩堡，韋州、豫望城諸處亦然。今固原迤南修築將畢，惟花馬池迤北二百里，當築十堡。而憲危言阻衆，且廢垂成之功。乞令憲制三邊，而改臣撫寧夏，俾得終邊防，於事爲便。」帝下詔責憲，憲引罪，卒行紘策。修築諸邊城堡一萬四千餘所，垣塹六千四百餘里，固原屹爲重鎮。紘又以意作戰車，名「全勝車」，詔頒其式於諸邊。在事三年，四鎮晏然，前後經略西陲者莫及。

十七年加太子少保，召還視部事。以年老連章力辭，乞致仕。詔賜敕乘傳歸，月廩歲隸如制。明年九月卒，年八十。贈少保，謚襄毅。

紘廉介絕俗，妻孥菜羹麥飯常不飽。性剛果，勇於除害，不自顧慮，士大夫識與不識稱

爲偉人。在兩廣被逮時，方議討後山賊。治軍事畢，從容就道，儀衞騶從不貶損。既踰嶺，始囚服就縶。謂官校曰：「兩廣蠻夷雜處，總制體尊，遽就拘執，損國威。今既踰嶺，眞囚矣。」其嚴重得體如此。正德五年，劉瑾亂政。紘家奴憾紘婦弟楊瑾，以紘所遺火礮投緝事校尉，誣瑾畜違禁軍器。劉瑾怒，歸罪於紘。籍其家，無所得。言官張九敍、涂敬等復希瑾意劾紘，士類嗤之。

贊曰：項忠、韓雍皆以文學通籍，而親提桴鼓，樹勳戎馬之場。其應機決勝，成畫遠謀，雖宿將殆無以過，豈不壯哉。賞不酬勞，謠諑繼起，文法吏從而繩其後，功名之士所爲發憤而太息也。余子俊盡心邊計，數世賴之。朱英廉威名粵嶠，秦紘經略著西陲，文武兼資，偉哉一代之能臣矣。

校勘記

〔一〕連破石門林峒沙田古營諸巢　古營，原作「右營」，據本書卷三一七潯州傳、蠻司合誌卷一二改。

〔二〕言東起四海冶　四海冶，原作「四海治」。按四海冶係永寧衞一堡名。本書卷四〇地理志延慶州永寧縣注云：「本永寧衞」，「東有四海冶堡，天順八年置。」據改。下同。

明史卷一百七十九

列傳第六十七

羅倫　涂棐　章懋　從子拯　黃仲昭　莊昶

鄒智　舒芬　崔桐　馬汝驥

羅倫，字彝正，吉安永豐人。五歲嘗隨母入園，果落，衆競取，倫獨賜而後受。家貧樵牧，挾書誦不輟。及爲諸生，志聖賢學，嘗曰：「舉業非能壞人，人自壞之耳。」知府張瑄憫其貧，周之粟，謝不受。居父母喪，踰大祥，始食鹽酪。

成化二年，廷試，對策萬餘言。直斥時弊，名震都下。擢進士第一，授翰林修撰。踰二月，大學士李賢奔喪畢，奉詔還朝。倫詣賢沮之，不聽。乃上疏曰：

臣聞朝廷擬楊溥故事，起復大學士李賢。臣竊謂賢大臣，起復大事，綱常風化繫焉，不可不愼。曩陛下制策有曰：「朕夙夜拳拳，欲正大綱，舉萬目，使人倫明於上，風

俗厚於下。」竊謂明人倫，厚風俗，莫先於孝。在禮，子有父母之喪，君三年不呼其門。子夏問：「三年之喪，金革無避，禮歟？」孔子曰：「魯公伯禽有爲爲之也。今以三年之喪從其利者，吾弗知也。」陛下於賢，以爲金革之事起復之歟？則未之有也。以大臣起復之歟？則禮所未見也。

夫爲人君，當舉先王之禮教其臣；爲人臣，當守先王之禮事其君。昔宋仁宗嘗起復富弼矣，弼辭曰：「不敢遵故事以遂前代之非，但當據禮經以行今日之是。」仁宗卒從其請。孝宗嘗起復劉珙矣，珙辭曰：「身在草土之中，國無門庭之寇，難冒金革之名，私竊利祿之實。」孝宗不抑其情。此二君者，未嘗以故事強其臣。二臣者，未嘗以故事徇其君。故史册書之爲盛事，士大夫傳之爲美談。無他，君能敎臣以孝，臣有孝可移於君也。自是而後，無復禮義。王黼、史嵩之、陳宜中、賈似道之徒，皆援故事起復。然天下壞亂，社稷傾危，流禍當時，遺譏後代。無他，君不敎臣以孝，臣無孝可移於君也。陛下必欲賢身任天下之事，則賢身不可留，口實可言。宜降溫詔，俾如劉珙得以言事。使賢於天下之事知必言，言必盡。陛下於賢之言聞必行，行必力。賢雖不起復，猶起復也。苟知之而不能盡言，言之而不能力行，賢雖起復無益也。

且陛下無謂廟堂無賢臣，庶官無賢士。君，盂也；臣，水也。水之方圓，盂實主之。

臣之直佞，君實召之。陛下誠於退朝之暇，親直諒博洽之臣，講聖學君德之要，詢政事得失，察民生利病，訪人才賢否，考古今盛衰，舍獨信之偏見，納逆耳之苦言，則衆賢羣策畢萃於朝，又何待違先王之禮經，損大臣之名節，然後天下可治哉。

臣伏見比年以來，朝廷以奪情爲常典，縉紳以起復爲美名，食稻衣錦之徒，接踵廟堂，不知此人於天下之重何關耶。且婦於舅姑，喪亦三年，孫於祖父母，服則齊衰。奪情於夫，初無預其妻。奪情於父，初無干其子。今或舍館如故，妻孥不還，乃號於天下曰「本欲終喪，朝命不許」，雖三尺童子，臣知其不信也。爲人父者所以望其子之報，豈擬至於此哉。爲人子者所以報其親之心，豈忍至於此哉。枉己者不能直人，忘親者不能忠君。陛下何取於若人，而起復之也。

今大臣起復，羣臣不以爲非，且從而贊之。羣臣起復，大臣不以爲非，且從而成之。上下成俗，混然同流，率天下之人爲無父之歸，臣不忍聖明之朝，致綱常之壞，風俗之弊，一至此極也。願陛下斷自聖衷，許賢歸家持服。其他已起復者，仍令奔喪，未起復者，悉許終制。脫有金革之變，亦從墨衰之權，使任軍事於外，盡心喪於內。將朝廷端則天下一，大臣法則羣臣效，人倫由是明，風俗由是厚矣。

疏入，謫福建市舶司副提舉。御史陳選疏救，不報。御史楊琅復申救，帝切責之。尚書王

翺以文彥博救唐介事諷賢，賢曰：「潞公市恩，歸怨朝廷，吾不可以效之。」亡何，賢卒。明年以學士商輅言召復原職，改南京。居二年，引疾歸，遂不復出。

倫爲人剛正，嚴於律己。義所在，毅然必爲，於富貴名利泊如也。里居倡行鄉約，相率無敢犯。衣食粗惡，或遺之衣，見道殣，解以覆之。晨留客飲，妻子貸粟鄰家，及午方炊，不爲意。以金牛山人跡不至，築室著書其中，四方從學者甚衆。十四年卒，年四十八。嘉靖初，從御史唐龍請，追贈左春坊諭德，謚文毅。學者稱一峯先生。

方倫爲提舉時，御史豐城涂棐巡按福建。司禮中官黃賜，延平人也，請見，棐不可。泉州知府李宗學以受賕爲棐所按，訐棐自解，賜從中主其奏。棐、宗學俱被徵，詞連倫，當幷逮。鎮撫司某曰：「羅先生可至此乎？」即日鞫成上之。倫得免，棐亦復官。

棐，天順四年進士。成化中嘗言：「祖宗朝，政事必與大臣面議。自先帝幼沖，未能裁決，柄國者慮其缺遺，假簡易之辭，以便宣布。凡視朝奏事，論旨輒曰『所司知之』。此一時權宜，非可循爲定制。況批答多參以中官，內閣或不與，尤乖祖制。乞復面議，杜蔽壅之弊。」憲宗不能用。終廣東副使。

章懋，字德懋，蘭谿人。成化二年會試第一，成進士，改庶吉士。明年冬，授編修。

憲宗將以元夕張燈，命詞臣撰詩詞進奉。懋與同官黃仲昭、檢討莊㫤疏諫曰：「頃諭臣等撰鼇山煙火詩詞，臣等竊議，此必非陛下本懷，或以兩宮聖母在上，欲備極孝養奉其歡心耳。然大孝在乎養志，不可徒陳耳目之玩以爲養也。今川東未靖，遼左多虞，江西、湖廣赤地數千里，萬姓嗷嗷，張口待哺，此正陛下宵旰焦勞，兩宮母后同憂天下之日。至翰林官以論思爲職，鄙俚之言豈宜進於君上。伏讀宣宗皇帝御製翰林箴有曰『啓沃之言，唯義與仁。堯、舜之道，鄒、魯以陳』。張燈豈堯、舜之道，詩詞豈仁義之言。若謂煙火細故不足爲聖德累，則舜何必不造漆器，禹何必不嗜旨酒，漢文何必不作露臺。古帝王慎小謹微必矜細行者，正以欲不可縱，漸不可長也。伏乞將煙火停止，移此視聽以明目達聰，省此貲財以振饑恤困，則災祲可銷，太平可致。」帝以元夕張燈，祖宗故事，惡懋等妄言，並杖之闕下，左遷其官。修撰羅倫先以言事被黜，時稱「翰林四諫」。

懋既貶臨武知縣，未行，以給事中毛弘等論救，改南京大理左評事。踰三年，遷福建僉事。平泰寧、沙、尤賊，聽福安民採礦以杜盜源，建議番貨互通貿易以裕商民，政績甚著。滿考入都，年止四十一，力求致仕。吏部尚書尹旻固留之，不可。

既歸，屏跡不入城府。奉親之暇，專以讀書講學爲事，弟子執經者日益進。貧無供具，惟脫粟菜羹而已。四方學士大夫高其風，稱爲楓山先生。家居二十餘年，中外交薦，部檄屢起之，以親老堅不赴。

弘治中，孝宗登用羣賢。衆議兩京國學當用名儒，起謝鐸於北監。及南監缺祭酒，遂以懋補之。懋方遭父憂不就。時南監缺司業且二十年，詔特以羅欽順爲之，而虛位以待懋。十六年，服闋，懋復固辭。不允，始涖任。六館士人人自以爲得師。監生尤樾母病，例不得歸省，晝夜泣。懋遣之歸，曰：「吾寧以違制獲罪。」

武宗立，陳勤聖學、隆繼述、謹大婚、重詔令、敬天戒五事。正德元年乞休，五疏不允。復引疾懇辭，明年三月始得請。五年起南京太常卿，明年又起爲南京禮部右侍郎，皆力辭不就。言者屢陳懋德望，請加優禮，詔有司歲時存問。世宗嗣位，即家進南京禮部尚書，致仕。其冬，遣行人存問，而懋已卒，年八十六。贈太子少保，謚文懿。

懋爲學，恪守先儒訓。或諷爲文章，曰：「小技耳，予弗暇。」有勸以著述者，曰：「先儒之言至矣，芟其繁可也。」通籍五十餘年，歷俸僅滿三考。難進易退，世皆高之。

生三子，兼令業農。縣令過之，諸子釋耒跪迎，人不知其貴公子也。子省懋於南監，徒步往，道爲巡檢所笞，已知而請罪，懋慰遣之。晚年，三子一孫盡死。年八十二生少子接，

後以蔭爲國子生。

從子拯，字以道。幼從懋學，登弘治十五年進士，爲刑部主事。正德初，忤劉瑾，下詔獄，謫梧州府通判。瑾誅，擢南京兵部郎中。嘉靖中，累官工部尚書。桂萼欲復海運，延公卿議得失，拯曰：「海運雖有故事，而風濤百倍於河。且天津海口多淤，自古不聞有濬海者。」議遂寢。南北郊議起，拯言不可，失帝意。尋坐郊壇祭器缺供，落職歸。久之復官。致仕，卒。

黃仲昭，名潛，以字行，莆田人。祖壽生，翰林檢討，有學行。父嬉，束鹿知縣，以善政聞。

仲昭性端謹，年十五六卽有志正學。登成化二年進士，改庶吉士，授編修。與章懋、莊㫤同以直諫被杖，謫湘潭知縣。在道，用諫官言，改南京大理評事。兩京諸司隸卒率放還而取其月錢，爲故事，惟仲昭與羅倫不取。御史縱子弟取賂，刑部曲爲地，仲昭駁正之。有羣掠民婦轉鬻者，部坐首惡一人，仲昭請皆坐。連遭父母喪，不離苦塊者四年。服除，以

親不逮養，遂不出。

弘治改元，御史姜洪疏薦，吏部尚書王恕檄有司敦趣。比至，恕迓之大門外，揖讓升堂，相向再拜，世兩高之。除江西提學僉事，誨士以正學。久之再疏乞休，日事著述。學者稱未軒先生。卒年七十四。

仲昭兄深，御史。深子乾亨，行人。使滿剌加，歿於海。乾亨子如金，廣西提學副使；希雍，蘇州同知。仲昭孫懋，南京戶部侍郎。

莊㫤，字孔暘，江浦人。自幼豪邁不羣，嗜古博學。舉成化二年進士，改庶吉士，授翰林檢討。與編修章懋、黃仲昭疏諫內廷張燈，忤旨廷杖二十，謫桂陽州判官。尋以言官論救，改南京行人司副。居三年，母憂去。繼丁父憂，哀毀，喪除不復出。卜居定山二十餘年，學者稱定山先生。巡撫王恕嘗欲葺其廬，辭之。

㫤生平不尙著述，有自得，輒見之於詩。薦章十餘上，部檄屢趣，俱不赴。大學士丘濬素惡㫤，語人曰：「率天下士背朝廷者，㫤也。」弘治七年有薦㫤者，奉詔起用。㫤念濬當國，不出且得罪，强起入都。大學士徐溥語郎中邵寶曰：「定山故翰林，復之。」濬聞曰：「我不識所謂定山也。」乃復以爲行人司副。俄遷南京吏部郎中，得風疾。明年乞身歸，部臣不爲奏。又明年京察，尚書倪岳以老疾罷之。居二年卒，年六十三。天啓初，追謚文節。

鄒智，字汝愚，合州人。年十二能文。家貧，讀書焚木葉繼晷者三年。舉成化二十二年鄉試第一。

時帝益倦於政，而萬安、劉吉、尹直居政府，智憤之。道出三原，謁致仕尚書王恕，慨然曰：「治天下，在進君子退小人。方今小人在位，毒痡四海，而公顧屏棄田里。智此行非爲科名，欲上書天子，別白賢奸，拯斯民於塗炭耳。」恕奇其言，笑而不答。明年登進士。改庶吉士。遂上疏曰：

陛下於輔臣，遇事必咨，殊恩異數必及，亦云任矣。然或進退一人，處分一事，往往降中旨，使一二小人陰執其柄，是旣任之而又疑之也。陛下豈不欲推誠待物哉？由其進身之初，多出私門，先有以致陛下之厭薄。及與議事，又唯諾惟謹，伈伈俔俔，若有所不敢，反不如一二俗吏足以任事。此陛下所爲疑也，臣竊以爲過矣。昔宋仁宗知夏竦懷詐則黜之，知呂夷簡能改過則容之，知杜衍、韓琦、范仲淹、富弼可任則不次擢

之，故能北拒契丹，西臣元昊。未聞一任一疑，可以成天下事也。願陛下察孰爲竦，孰爲夷簡，而黜之容之，孰爲衍、琦、仲淹、弼而擢之，日與講論治道，不使小人得參其間，則天工亮矣。

臣又聞天下事惟輔臣得議，惟諫官得言。諫官雖卑，與輔臣等。乃今之諫官以軀體魁梧爲美，以應對捷給爲賢，以簿書刑獄爲職業，不畏天變，不恤人窮。或以忠義激之，則曰：「吾非不欲言，言出則禍隨，其誰吾聽？」嗚呼，旣不能盡言效職，而復引過以歸於上，有人心者固如是乎。臣願罷黜浮宂，廣求風節之臣。令仗下糾彈，入閣參議。或請對，或輪對，或非時召對，霽色接之，溫言導之，使得畢誠盡蘊，則天聽開矣。

臣又聞汲黯在朝，淮南寢謀，君子之有益人國也大矣。以陛下之聰明，寧不知君子可任，而故屈抑之哉？乃小人巧讒間以中傷之耳。今碩德如王恕，忠鯁如强珍，亮直剛方如章懋、林俊、張吉，皆一時人望，不宜貶錮，負上天生才之意。陛下誠召此數人，置要近之地，使各盡其平生，則天心協矣。

臣又聞高皇帝制閹寺，惟給掃除，不及以政。近者舊章日壞，邪徑日開，人主大權盡出其手。內倚之爲相，外倚之爲將，藩方倚之爲鎭撫，伶人賤工倚之以作奇技淫巧，法王佛子倚之以恣出入宮禁，此豈高皇帝所許哉！願陛下以宰相爲股肱，以諫官爲耳

目，以正人君子爲腹心，深思極慮，定宗社長久之計，則大綱正矣。

然其本則在陛下明理何如耳。竊聞侍臣進講無反覆論辨之功，陛下聽講亦無從容沃心之益。如此而欲明理以應事，臣不信也。願陛下念義理之難窮，惜日月之易邁，考之經史，驗之身心，使終歲無間，則聖學明而萬事畢治，豈特四事之舉措得其當已耶。

疏入，不報。

智既慷慨負奇，其時御史湯鼐、中書舍人吉人、進士李文祥亦並負意氣，智皆與之善。因相與品覈公卿，裁量人物。未幾，孝宗嗣位，弊政多所更。智喜，以爲其志且得行，乃復因星變上書曰：

伏讀明詔云「天下利弊所當興革，所在官員人等條具以聞」。此殆陛下知前日登極詔書爲奸臣所誤，禁言官毋風聞挾私言事，物論嚣然，故復下此條自解耳。夫不曰「朕躬有過，朝政有闕」，而曰「利弊當興革」，不曰「許諸人直言無隱」，而曰「官員人等條具以聞」。陛下所以求言者，已不廣矣。今欲興天下之利，革天下之弊，當求利弊之本原而興且革之，不當毛舉細故，以爲利弊在是也。

本原何在？閣臣是已。少師安持祿怙寵，少保吉附下罔上，太子少保直挾詐懷

奸，世之小人也。陛下留之，則君德必不就，朝政必不修，此弊所當革者也。致仕尚書王恕忠亮可任大事，尚書王竑剛毅可寢大奸，都御史彭韶方正可決大疑，世之君子也。陛下用之，則君德開明，朝政清肅，此利所當興也。

然君子所以不進，小人所以不退，大抵由宦官權重而已。漢元帝嘗任蕭望之、周堪矣，卒制於弘恭、石顯。宋孝宗嘗任劉儁卿、劉珙矣，卒間於陳源、甘昇。李林甫、牛仙客與高力士相附和，而唐政不綱。賈似道、丁大全與董宋臣相表裏，而宋室不振。君子小人進退之機，未嘗不繫此曹之盛衰。願陛下鑒既往，謹將來，攬天綱，張英斷。凡所以待宦官者，一以高皇帝爲法，則君子可進，小人可退，而天下之治出於一矣。

以陛下聰明冠世，豈不知刑臣不可委信，然而不免誤用者，殆正心之學未講也。心發於天理，則耳目聰明，言動中節，何宦官之能惑。發於人欲，則一身無主，萬事失綱，投間抵隙，蒙蔽得施。雖有神武之資，亦將日改月化而寖失其初。欲進君子退小人，興天下之利，革天下之弊，豈可得哉。

帝得疏，頷之。居無何，安、直相繼罷斥。而吉任寄如故，銜智刺骨。

鼐常朝當侍班，智告之曰：「祖宗盛時，御史侍班，得面陳政務得失，立取進止。自後惟退而具疏，此君臣情意所由隔也。君幸值維新之日，盍倣先朝故事行之。」及恕赴召至京，

智往謁曰：「後世人臣不獲時見天子，故事多苟且。願公且勿受官，先請朝見，取時政不善者歷陳之，力請除革，而後拜命，庶其有濟。若先受官，無復見天子之日矣。」鼐與恕亦未能用其言。

會劉槩獄起，吉使其黨魏璋入智名，遂下詔獄。智身親三木，僅屬喘息，慷慨對簿曰：「智見經筵以寒暑輟講，午朝以細事塞責，紀綱廢弛，風俗浮薄，生民憔悴，邊備空虛，私竊以爲憂。與鼐等往來論議誠有之，不知其他。」讞者承吉意，竟謫廣東石城所吏目，事具湯鼐傳。

智至廣東，總督秦紘檄召修書，乃居會城。聞陳獻章講道新會，往受業，自是學益粹。弘治四年十月得疾遽卒，年二十有六。同年生吳廷舉爲順德知縣，殮而歸其喪。天啓初，追謚忠介。

舒芬，字國裳，進賢人。年十二，獻馴鷹賦於知府祝瀚，遂知名。正德十二年舉進士第一，授修撰。

時武宗數微行，畋遊無度。其明年，孝貞皇后崩甫踰月，欲幸宣府。託言往視山陵，罷

沿道兵衞。芬上言：「陛下三年之內當深居不出，雖釋服之後，固儼然煢疚也。且自古萬乘之重，非奔竄逃匿，未有不嚴侍衞者。又等威莫大於車服，以天子之尊下同庶人，舍大輅袞冕而羸車褻服是御，非所以辨上下，定禮儀。」不聽。

孝貞山陵畢，迎主祔廟，自長安門入。芬又言：「孝貞皇后作配茂陵，未聞失德。祖宗之制，既葬迎主，必入正門。昨孝貞之主，顧從陛下駕由旁門入，他日史臣書之曰『六月己丑，車駕至自山陵，迎孝貞純皇后主入長安門』，將使孝貞有不得正終之嫌，其何以解於天下後世。昨祔廟之夕，疾風迅雷甚雨，意者聖祖列宗及孝貞皇后之靈，儆告陛下也。陛下宜卽明詔中外，以示改過。」不報。遂乞歸養，不許。

又明年三月，帝議南巡。時寧王宸濠久蓄異謀，與近倖相結，人情惶懼。言官伏闕諫，忤旨被責讓。芬憂之，與吏部員外郎夏良勝、禮部主事萬潮、庶吉士汪應軫要諸曹連章入諫，衆許諾。芬遂偕編修崔桐，庶吉士江暉、王廷陳、馬汝驥、曹嘉及應軫上疏曰：「古帝王所以巡狩者，協律度，同量衡，訪遺老，問疾苦，黜陟幽明，式序在位，是以諸侯畏焉，百姓安焉。若陛下之出，不過如秦皇、漢武，侈心爲樂而已，非能行巡狩之禮者也。博浪、柏谷，其禍亦可鑒矣。近者西北再巡，六師不戢，四民告病。哀痛之聲，上徹蒼旻，傳播四方，人心震動。故一聞南巡詔書，皆鳥驚獸散。而有司方以迎奉爲名，徵發嚴急，江、淮之間蕭然煩

賁。萬一不逞之徒，乘勢倡亂，爲禍非細。且陛下以鎭國公自命，苟至親王國境，或據勛臣之禮以待陛下，將北嚮朝之乎，抑南面受其朝乎？假令循名責實，深求悖謬之端，則左右寵倖無死所矣。尙有事堪痛哭不忍言者：宗藩蓄劉濞之釁，大臣懷馮道之心，以祿位爲故物，以朝署爲市廛，以陛下爲弈棋，以革除年間爲故事。特左右寵倖知術短淺，無能以此言告陛下耳。使陛下得聞此言，雖禁門之外，亦將警蹕而出，尙敢輕騎慢遊哉。」

疏入，陸完迎謂曰：「上聞有諫者輒恚，欲自引決。諸君且休，勿歸過君上，沽直名。」芬等不應而出。有頃，良勝、潮過芬，扼腕恨完。芬因邀博士陳九川至，酌之酒曰：「匹夫不可奪志，君輩可遂已乎？」明日遂偕諸曹連疏入。帝大怒，命跪闕下五日，期滿復杖之三十。芬創甚，幾斃，舁至翰林院中。掌院者懼得罪，命摽出之，芬曰：「吾官此，卽死此耳。」竟謫福建市舶副提舉，裹創就道。

世宗卽位，召復故官。嘉靖三年春，昭聖太后壽旦，詔免諸命婦朝賀。芬言：「前者興國太后令旦，命婦朝賀如儀。今遇皇太后壽節，忽行傳免，恐失輕重之宜。乞收成命，以彰聖孝。」帝怒，奪俸三月。時帝欲尊崇本生，芬偕其僚連章極諫。及張璁、桂萼、方獻夫驟擢學士，芬及同官楊維聰、編修王思羞與同列，拜疏乞罷。未幾，復偕同官楊愼等伏左順門哭爭。帝怒，下獄廷杖，奪俸如初。旋遭母喪歸，卒於家，年四十四。世稱「忠孝狀元」。

芬丰神玉立，負氣峻厲，端居竟日無倦容，夜則計過自訟。以倡明絕學爲己任。其學貫串諸經，兼通天文律曆，而尤精於周禮。嘗曰：「周禮視儀禮、禮記，猶蜀之視吳、魏也。賈氏謂儀禮爲本，周禮爲末，妄矣。朱子不加是正，何也？」疾革，其子請所言，惟以未及表章周禮爲恨。學者稱梓溪先生。萬曆中，追謚文節。先是，修撰羅倫以諫謫福建提舉，踰六十年而芬繼之。與倫同鄉同官，所謫地與官又同，福建士大夫遂祀芬配倫云。

崔桐，字來鳳，海門人。鄉試第一，與芬同進士及第。授編修。旣諫南巡，並跪闕下，受杖奪俸。嘉靖中，以侍讀出爲湖廣右參議，累擢國子祭酒，禮部右侍郎。

馬汝驥字仲房，綏德人。正德十二年進士。改庶吉士。偕芬等諫南巡，罰跪受杖。教習期滿，當授編修，特調澤州知州。徽王府人虐小民，比王有所屬，輒投其書櫝中不視。陵川知縣貪，汝驥欲黜之。巡按御史爲曲解，汝驥不聽，竟褫其官。世宗立，召復編修，尋錄直諫功，增秩一等。預修武宗實錄，進修撰。歷兩京國子司業，擢南京右通政，就改國子祭酒，召拜禮部右侍郎。尙書嚴嵩愛重汝驥，入閣稱之，帝特加侍讀學士。汝驥行己峭厲，然性故和易，人望歸焉。卒贈尙書，謚文簡。

應軫等自有傳。

贊曰：詞臣以文學侍從爲職，非有言責也。激於名義，侃侃廷諍，抵罪謫而不悔，豈非皎然志節之士歟。奪情之典不始李賢，然自羅倫疏傳誦天下，而朝臣不敢以起復爲故事，於倫理所裨，豈淺鮮哉。章懋等引宣宗箴，明國家設官意，不爲彰君之過。鄒智指列賢奸，矯拂媮末。舒芬危言聳切，有爰盎攬轡之風。況夫淸修峻節，行無瑕尤，若諸子者，洵足以矯文士浮夸之習矣。

明史卷一百八十

列傳第六十八

張寧 王徽王淵等 毛弘 丘弘 李森 魏元康永韶等
强珍 王瑞張稷 李俊 汪奎從子舜民 崔陞等
湯鼐吉人 劉槩 董傑 姜綰余濬等 姜洪歐陽旦 暢亨
曹璘 彭程 龐泮呂獻 葉紳 胡獻武衢等
張弘至 屈伸 王獻臣吳一貫 余濂

張寧，字靖之，海鹽人。景泰五年進士。授禮科給事中。七年夏，帝從唐瑜等奏，考覈南京大小諸臣。寧言：「京師尤根本地，不可獨免。」又言：「京衞帶俸武職，一衞至二千餘

人，通計三萬餘員。歲需銀四十八萬，米三十六萬，并他折俸物，動經百萬。耗損國儲，莫甚於此。而其間多老弱不嫻騎射之人。莫若簡可者，補天下都司、衞所缺官，而悉汰其餘。」議格不行。

帝得疾，適遇星變，詔罷明年元會，百官朝參如朔望。寧言：「四方來覲，不得一覲天顔，疑似之際，必至訛言相驚，願勉循舊典，用慰人心。」帝疾不能從，而「奪門」之變作。

天順中，曹、石竊柄。事關禮科者，寧輒裁損，英宗以是知寧。朝鮮與鄰部毛憐衞讐殺，詔寧同都指揮武忠往解。寧辭義慷慨，而忠驍健，張兩弓折之，射雁一發墜，朝鮮人大驚服，兩人竟解其讐而還。中官覃包邀與相見，不往。尋擢都給事中。

憲宗初御經筵，請日以大學衍義進講。是年十月，皇太后生辰，禮部尚書姚夔仍故事，設齋建醮，會百官赴壇行香。寧言無益，徒傷大體，乞禁止。帝嘉納之。未幾，給事中王徽以牛玉事劾大學士李賢，得罪。寧率六科論救，由是寖與內閣忤。會王竑等薦寧堪僉都御史淸軍職貼黃，與岳正並舉。得旨，會舉多私，皆予外任。寧出爲汀州知府，以簡靜爲治，期年善政具舉。

寧才高負志節，善章奏，聲稱籍甚。英宗嘗欲重用之，不果。久居諫垣，不爲大臣所喜。既出守，益鬱鬱不得志，以病免歸。家居三十年，言者屢薦，終不復召。

無子。有二妾，寧沒，剪髮誓死，樓居不下者四十年。詔旌爲「雙節」。

王徽，字尚文，應天人。天順四年進士。除南京刑科給事中。憲宗卽位數月，與同官王淵、朱寬、李翔、李鈞疏陳四事。末言：「自古宦官賢良者少，奸邪者多。若授以大權，致令敗壞，然後加刑，是始愛而終殺之，非所以保全之也。願法高皇帝舊制，毋令預政典兵，置產立業。家人義子，悉編原籍爲民。嚴禁官吏與之交接，惟厚其賞賚，使得豐足，無復他望。此國家之福，亦宦官之福也。」

其冬，帝入萬妃譖，廢吳后，罪中官牛玉擅易中宮，謫之南京，徽復與淵等劾之曰：

陛下册立中宮，此何等事，而賊臣牛玉乃大肆奸欺。中宮既退，人情咸謂玉必萬死。顧僅斥陪京，猶全首領，則凡侍陛下左右者將何所忌憚哉。內閣大臣，身居輔弼，視立后大事漠然不以加意。方玉欺肆之初，婚禮未成，禮官畏權，輒爲阿附。及玉事發之後，國法難貸，刑官念舊，竟至苟容。而李賢等又坐視成敗，不出一言，黨惡欺君，莫此爲甚。請并罪賢等，爲大臣不忠者戒。

臣等前疏請保全宦官，正欲防患於未萌。乃處置之道未聞，牛玉之禍果作。然往

不可諫，來猶可追，臣等不敢遠引，請以近事徵之。正統末，有王振矣，詎意復有曹吉祥。天順初，有吉祥矣，詎意復有牛玉。若又不思預防，安知後不有甚於牛玉者哉。

夫宦者無事之時似乎恭慎，一聞國政，卽肆奸欺。將用某人也，必先賣之以爲己功。將行某事也，必先泄之以張己勢。迨趨附日衆，威權日盛，而禍作矣。此所以不可預聞國政也。內官在帝左右，大臣不識廉恥，多與交結。餽獻珍奇，伊優取媚，卽以爲賢，而朝夕譽之。有方正不阿者，卽以爲不肖，而朝夕讒謗之，日加浸潤，未免致疑。由是稱譽者獲顯，讒謗者被斥，恩出於內侍，怨歸於朝廷，此所以不可許其交結也。內官弟姪授職任事，倚勢爲非，聚奸養惡，廣營財利，奸弊多端。身雖居內，心實在外。內外交通，亂所由起，此所以不可使其子姪在外任職營立家產也。

臣等職居言路，不爲苟容，雖死無悔，惟陛下裁察。

詔謂妄言邀譽，欲加罪。諸給事、御史交章論救，乃並謫州判官。徽得貴州普安，淵茂州，寬潼川，翔寧州，鈞綏德。奏蓋鈞筆也。侍郎葉盛、編修陳音相繼請留，不納。最後御史楊琅言尤切，幾得罪。

徽至普安，興學校教士，始有舉於鄉者。卻土官隴暢及白千戶賄，治甚有聲。居七年，棄官歸，言者屢薦，終以宦官惡之不復錄。徽嘗曰：「今仕者以剛方爲刻，怠緩爲寬。學者

以持正爲滯，恬軟爲通。爲文以典雅爲膚淺，怪異爲古健。」其論治，嘗誦張宣公語「無求辦事之人，當求曉事之人」，時皆服其切中。

弘治初，吏部尚書王恕薦起陝西左參議。踰年，謝病還，卒，年八十三。子韋，見文苑傳。

王淵，浙江山陰人。天順元年進士，除南京吏科給事中。素伉直，終順天府治中。朱寬，莆田人，李翔，大足人，皆天順元年進士。李鈞，永新人，景泰二年進士。寬爲南京禮科給事中，翔兵科，鈞工科。既被謫，寬進表入京，道卒。翔、鈞皆以判官終。

毛弘，字士廣，鄞人。登天順初進士。六年授刑科給事中。成化三年夏，偕六科諸臣上言：「比塞上多事，正陛下宵衣旰食時。乃聞退朝之暇，頗事逸遊。鼙聲數聞於外，非禁城所宜有。況災變頻仍，兩畿水旱，川、廣兵革之餘，公私交困。願省遊戲宴飲之娛，停金豆、銀豆之賞，日御經筵，講求正學，庶幾上解天怒，下慰人心。」御史展毓等亦以爲言，皆嘉納。

帝從學士商輅請，改元後建言罷官者悉錄用。弘請斷自踐阼而後，召還給事中王徽等，不許。慈懿太后崩，詔別葬。弘偕魏元等疏諫，未得請。朝罷，弘倡言曰：「此大事，吾輩當以死諫，請合大小臣工伏闕固爭。」衆許諾。有退卻者，給事中張賓呼曰：「君輩獨不受國恩乎，何爲首鼠兩端。」乃伏哭文華門，竟得如禮。

弘在垣中所論列最多，聲震朝宁。帝頗厭苦之，嘗曰：「昨日毛弘，今日毛弘。」前後所陳，或不見聽，而弘慷慨論議無所屈。欽天監正谷濱受賕當除名，命輸贖貶秩。正一眞人張元吉有罪論死，詔繫獄。弘等皆固爭，終不聽。三遷至都給事中。得疾，暴卒。

丘弘，字寬叔，上杭人。天順末進士。授戶科給事中。數陳時政。成化四年春，偕同官上言：「洪武、永樂間，以畿輔、山東土曠人稀，詔聽民開墾，永不科稅。邇者權豪怙勢，率指爲閒田，朦朧奏乞。如嘉善長公主求文安諸縣地，西天佛子劄實巴求靜海縣地，多至數十百頃。夫地踰百頃，古者百家產也。豈可徇一人之私情，而奪百家恒產哉。」帝納其言，詔自今請乞，皆不許，著爲令。劄實巴所乞地，竟還之民。弘再遷，至都給事中。

六年夏，山東、河南大旱，弘請振。因言：「四方告災，部臣拘成例，必覆實始免。上雖蠲租，下鮮實惠。請自今遇災，撫按官勘實，卽與蠲除。」從之。

萬貴妃有寵，中官梁芳、陳喜爭進淫巧，奸人屠宗順輩日獻奇異寶石，輒厚酬之，糜帑藏百萬計，有因以得官者。都人倣傚，競尚侈靡，僭擬無度。弘偕同官疏論宗順等罪，請追還帑金，嚴禁侈俗。事下刑部，尚書陸瑜因請置宗順等於理，沒其貲以振饑民。帝不許，但命僭侈者罪無赦，然竟不能禁也。

京師歲歉米貴，而四方游僧萬數，弘請驅逐，以省冗食。又請發太倉米，減價以糶，給貧民最甚者。帝悉從之。復言：「在京百獸房及清河寺諸處，所育珍禽野獸，日飼魚肉米菽，乞並縱放，以省冗費。」報聞。明年使琉球，道卒。

弘與毛弘同居言路，皆敢言，人稱「二弘」云。

李森，字時茂，歷城人。天順元年進士。授戶科給事中。負氣敢言。憲宗立，上疏請禁朝覲官科斂徵求爲民害者。吏部尚書王翺請從其言，帝爲下詔禁止。頃之，言「近有無功而晉侯、伯、都督者，有無才德而位九列者，有以畫、弈、彈琴、醫、卜技能而得官職者。名爵日輕，廩祿日費，是玩天下之公器，棄國家之大柄也。自今宜擇

人授，毋令匪才競進。」且請嚴軍官黜陟，覈逃伍虛糧。皆報可。御史謝文祥以劾姚夔下獄，森偕同官救之，不納。

明年夏，日食，瓊山縣地震，森疏陳十事。未幾，以貴倖侵奪民產，率諸給事言：「昔奉先帝敕，皇親强占軍民田者，罪毋赦，投獻者戍邊。一時貴戚莫敢犯。比給事中丘弘奏絕權貴請乞，陛下亦既俯從。乃外戚錦衣指揮周彧求武强、武邑田六百餘頃，翊聖夫人劉氏求通州、武清地三百餘頃，詔皆許之，何其與前敕悖也！彼谿壑難厭，而畿內膏腴有限，小民衣食皆出於此，一旦奪之，何以爲生。且本朝百年來戶口日滋，安得尚有閒田不耕不稼。名爲奏求，實豪奪而已。」帝善其言，而已賜者仍不問。山西災，山東及杭、紹、嘉、湖大水，森等請蠲振，帝並從之。

時帝未有儲嗣，而萬貴妃專寵，後宮莫得進。言者每勸上普恩澤，然未敢顯言妃妬也。惟森抗章爲言，帝心慍。森已再遷左給事中，會戶科都給事中缺，吏部列森名上，詔予外任。部擬興化知府，不允，乃出爲懷慶通判。未幾，投劾歸，不復出。

魏元，字景善，朝城人。天順元年進士。授禮科給事中。成化初，萬貴妃兄弟驕橫，元

疏劾之。四年，慈懿太后崩，將別葬。元偕同官三十九人抗章極諫，御史康永韶亦偕同官四十一人爭之，伏哭文華門，竟得如禮。

其年九月，彗星見。元率諸給事上言：

入春以來，災異疊至，近又彗星見東方，光拂台垣，皆陰盛陽微之證。臣聞君之與后，猶天之與地，不可得而參貳也。傳聞宮中乃有盛寵，匹耦中宮。尙書姚夔等向嘗言之，陛下謂「內事朕自裁置」。屛息傾聽，將及半載，而昭德宮進膳未聞少減，中宮未聞少增。夫宮闈雖遠，而視聽猶咫尺，衽席之微，謫見玄象，不可不懼。且陛下富有春秋，而震位尙虛。豈可以宗社大計一付之愛專情一之人，而不求所以固國本安民心哉。願明伉儷之義，嚴嫡妾之防。俾尊卑較然，各安其分。本支百世之基，實在於此。

四方旱澇相仍，民困日棘，荆、襄流民告變。陛下作民父母，初無儆惕，僅循故事，付部施行。而戶部尙書馬昻，凡有奏報，遇上意喜，則曰「移所司處置」；遇上意怒，則曰「事窒難行」；微有利害，卽乞聖裁。首鼠依違，民更何望。惟亟罷征稅，發內帑，遣官振贍，庶可少慰人心。

陛下崇信異教，每遇生歷之辰，輒重糜貲財，廣建齋醮。而西僧劄實巴等，至加法王諸號，賜予駢蕃。出乘棕輿，導用金吾仗，縉紳避道，奉養過於親王。悖理亂紀，孰

甚於此。乞革奪名號，遣還其國，追錄橫賜，用振饑民。仍敕寺觀，永不得再請齋醮，以蠹國用。

天下之財，不在官則在民。今公私交困，由玩好太多，賞賚無節。或營立塔寺，或購市珍奇。一物之微，累價巨萬，國帑安得不絀。願屛絕淫巧，停罷宴遊，諸銀場及不急務悉爲禁止。

至兩京文武大臣，不乏奸貪，爭爲蒙蔽。陛下勿謂其位高而不忍遽去，勿謂其舊臣而姑且寬容。宜令各自陳免，用全大體。其貪位不去者，則言官糾劾。而臣等濫居言路，無補於時，亦望罷歸，爲不職戒。

帝優詔褒答之，然竟不能用。

元屢遷都給事中，出爲福建右參政。巡視海道，嚴禁越海私販。巨商以重寶賂，元怒叱出之。母憂歸，廬墓三年，服除，起江西參政，卒。

康永韶，字用和，祁門人。舉於鄉，入國學，選授御史。成化初，巡按畿輔，劾尙書馬昻抑市民地。四年偕同官胡深、鄭己等爭慈懿太后山陵事。彗星見，復偕同官上言八事，大旨與元前疏相類。兩京大臣考察庶寮，去留多不當。永韶等復劾大臣行私，且摘刑部主事

余志等十二人罪，爲志所訐，俱下詔獄。永韶謫順昌知縣，再調福清、惠安。久之，有薦其知天文者，中旨召還，授欽天監正，進太常少卿，掌監事。永韶爲御史有直聲，及是乃更迎合取寵，占候多隱諱，甚者以災爲祥。陝西大饑，永韶言：「今春星變當有大咎，賴秦民饑死，足當之，誠國家無疆福。」帝甚悅，中旨擢禮部右侍郎，仍掌監事。坐曆多訛字，落職歸。

胡深，定遠衞人。天順末進士。旣爭慈懿太后山陵事，復與同官陳宏、鄭己、何純、方昇、張進祿上疏請斥奸邪，痛詆學士商輅，尙書程信、姚夔、馬昻。帝不納。翌日，給事中董旻、陳鶴、胡智亦劾輅等，疏呈御前。故事，諫官彈章非大廷宣讀則封進，未有不讀而面呈者。帝不悅，曰：「大臣進退有體，旻等敢不循舊章亂朝儀耶？」輅等乞休，帝惟聽昻去。夔憤甚，連疏求去。深、旻等復合辭攻，而詆夔甚力。帝怒，下深等九人獄。先是，御史林誠亦嘗劾輅，不納，引病去，帝并屬誠吏。毛弘等皆論救，輅亦請寬之，乃各杖二十，復其官。未幾，深坐按陝時杖殺訴冤者，謫黔陽丞，稍遷鬱林知州，卒。

鄭己，山海衞人。成化二年進士。巡按陝西，請蠲邊地逋賦，分別邊兵，令壯者戰守，老弱耕牧，章下所司。定西侯蔣琬鎭甘肅，己欲按其罪，語洩，爲所劾，戍宣府。己性矜傲，時論不甚惜。

董旻，樂平人。成化二年進士。歷吏科都給事中。爲吏所訐，下詔獄，謫石臼知縣。

孝宗時，卒官四川參議。

強珍，字廷貴，滄州人。成化二年進士。除涇縣知縣。請減額賦，民德之。擢御史。初，遼東巡撫陳鉞啓釁召敵，敵至，務爲蔽欺。巡按御史王崇之劾鉞，鉞大恐。謀之汪直，誣逮崇之下詔獄，輸贖，調延安推官。及直、鉞用兵，方論功而敵大入，中官韋朗、總兵官緱謙等匿不以聞。珍往巡按，請正鉞罪。兵部尙書余子俊等奏鉞累犯重辟，不當貸。帝弗從。未幾，指揮王全等誘殺朶顏衞人，珍發其狀，全等俱獲罪。直方自矜有大功，聞珍疏怒。適巡邊還，鉞郊迎五十里，訴珍誣己，直益怒，奏珍所劾皆妄。詔遣錦衣千戶蕭聚往勘，械赴京。比至，直先榜掠，然後奏聞，坐奏事不實，當輸贖。詔特謫戍遼東，而責兵部及言官先嘗劾鉞者。居三年，直敗，復珍官，致仕。

弘治初，起山東副使，擢大理少卿。明年，以右僉都御史巡撫宣府。時緱謙已罷，珍奏留謙才力可用。給事中言謙數失機，珍不應奏保，遂改南京右通政。尋以母老乞休，久之卒。

王瑞，字良璧，望江人。成化五年進士。授吏科給事中。嘗於文華殿抗言內寵滋甚，詞氣鯁直。帝震怒，同列戰慄，瑞無懼色。十五年疏請天下進表官各陳地方利病，帝惡其紛擾，杖之。

湖廣、江西撫、按官以所部災傷盜起，請免有司朝覲。瑞等言：「歲侵民困，由有司不職，正當加罪，乃爲請留。正官既留，則人才進退，何由審辨？是朝覲、考察兩大典，皆從此廢壞矣。」帝然其言，卽命吏部禁之。進都給事中，言：「三載黜陟，朝廷大典。今布、按二司賢否，由撫、按牒報，其餘由布、按評覆。任情毀譽，多至失眞。舉劾謬者，請連坐。」

十九年冬，瑞以傳奉冗員淆亂仕路，率同官奏曰：「祖宗設官有定員，初無倖進之路，近始有納粟冠帶之制，然止榮其身，不任以職。今倖門大開，鬻販如市。恩典內降，遍及吏胥。武階蔭襲，下逮白丁。或選期未至，超越官資；或外任雜流，驟遷京職。以至廝養賤夫、市井童稚，皆得攀援，妄竊名器，踰濫至此，有識寒心。伏覩英廟復辟，景泰倖用者卒皆罷斥，陛下臨御，天順冒功者一切革除。乞斷自宸衷，悉皆斥汰，以存國體。」御史寶應張稷等亦言：「比來末流賤伎妄廁公卿，屠狗販繒濫居清要。文職有未識一丁，武階亦未挾一矢。白徒驟貴，間歲頻遷，或父子並坐一堂，或兄弟分踞各署。甚有軍匠逃匿，易姓進身；

官吏犯贓，隱罪希寵。一日而數十人得官，一署而數百人寄俸。自古以來，有如是之政令否也？」帝得疏，意頗動。居三日，貶李孜省、淩中等四人秩，奪黃謙、錢通等九人官。人心快之。

明年正月，太監尚銘罷斥，而其黨李榮、蕭敬等猶用事。瑞等復奏劾之，不從。瑞居諫垣十餘年，遷湖廣右參議，謝病歸，卒。

李俊，字子英，岐山人。成化五年進士。除吏科給事中，屢遷都給事中。十五年，帝以李孜省爲太常寺丞，俊偕同官言：「孜省本贓吏，不宜玷清班，奉郊廟百神祀。」會御史亦有言，乃改上林監副。

時汪直竊柄，陷馬文升、牟俸遣戍。帝責言官不糾，杖俊及同官二十七人，御史王濬等二十九人。當是時，帝耽於燕樂，羣小亂政，屢致災譴。至二十一年正月朔申刻，有星西流，化白氣，聲如雷。帝頗懼，詔求直言，俊率六科諸臣上疏曰：

今之弊政最大且急者，曰近倖干紀也，大臣不職也，爵賞太濫也，工役過煩也，進獻無厭也，流亡未復也。天變之來，率由於此。

夫內侍之設，國初皆有定制。今或一監而叢一二十人，或一事而參五六七輩；或分布藩郡，享王者之奉；或總領邊疆，專大將之權；或依憑左右，援引憸邪；或交通中外，投獻奇巧。司錢穀則法外取財，貢方物則多端責賂，兵民坐困，官吏蒙殃。殺人者見原，僨事者逃罪。如梁芳、韋興、陳喜輩，不可枚舉。惟陛下大施剛斷，無令干紀，奉使於外者悉爲召還，用事於內者嚴加省汰，則近倖戢而天意可回矣。

今之大臣，其未進也，非夤緣內臣則不得進；其既進也，非依憑內臣則不得安。此以財貿官，彼以官鬻財，無怪其漁獵四方，而轉輸權貴也。如尚書殷謙、張鵬、李本，侍郎艾福、杜銘、劉俊，皆旣老且懦。尚書張鎣、張瑄，侍郎尹直，大理卿田景暘，皆清論不愜。惟陛下大加黜罰，勿爲姑息，則大臣知警而天意可回矣。

夫爵以待有德，賞以待有功也。今或無故而爵一庸流，或無功而賞一貴倖。祈雨雪者得美官，進金寶者射厚利。方士獻煉服之書，伶人奏曼延之戲。掾史胥徒皆叨官祿，俳優僧道亦玷班資。一歲而傳奉或至千人，數歲而數千人矣。數千人之祿，歲以數十萬計。是皆國之命脈，民之脂膏，可以養賢士，可以活饑民，誠可惜也。方士道流如左通政李孜省、太常少卿鄧常恩輩，尤爲誕妄，此招天變之甚者。乞盡罷傳奉之官，毋令玷朝列，則爵賞不濫而天意可回矣。

今都城佛刹迄無寧工，京營軍士不復遺力。如國師繼曉假術濟私，糜耗特甚，中外切齒。願陛下內惜資財，外惜人力，不急之役姑賜停罷，則工役不煩而天意可回矣。

近來規利之徒，率假進奉以耗國財。或錄一方書，市一玩器，購一畫圖，製一簪珥，所費不多，獲利十倍。願陛下洞燭此弊，留府庫之財爲軍國之備，則進獻息而天意可回矣。

陝西、河南、山西赤地千里。屍骸枕籍，流亡日多，萑苻可慮。願體天心之仁愛，憫生民之困窮，追錄貴倖鹽課，暫假造寺資財，移振饑民，俾苟存活，則流亡復而天意可回矣。

夫天下譬之人身。人主，元首也；大臣，股肱也；諫官，耳目也；京師，腹心也；藩郡，軀幹也。大臣不職則股肱痿痺，諫官緘默則耳目塗塞，京師不戢則腹心受病，藩郡災荒則軀幹削弱，元首豈能宴然而安哉？伏望陛下聽言必行，事天以實，疏斥羣小，親近賢臣，咨治道之得失，究前代之興亡，以聖賢之經代方書，以文學之臣代方士，則必有正誼足以廣聖學，讜論足以究天變，而手足便利，耳目聰明，腹心安泰，軀幹強健，元首於是乎大明矣。

中華書局

帝優詔答之。降孜省上林丞，常恩本寺丞，繼曉革國師爲民，令巡按御史追其誥敕。制下，舉朝大悅。五月，俊出爲湖廣布政司參議。弘治中，屢官山西參政，卒。

汪奎，字文燦，婺源人。成化二年進士。爲秀水知縣，擢御史。

二十一年，星變，偕同官疏陳十事，言：「建言貶謫諸臣，効忠於國，宜復其職。妖僧繼曉結中官梁芳，耗竭內藏，乞治芳罪，斬繼曉都市。倖奉官顧賢等皆中官恒從子而冒錦衣，李孜省小吏而授通政，宜盡斥以清仕路。尚書殷謙、李本，侍郎杜銘、尹直，皆素乏清譽，尚書張鵬、張鎣、張瑄，侍郎杜謙、艾福、馬顯、劉俊，大理卿宋欽，巡撫都御史魯能、馬馴，皆老懦無能，侍郎談倫奔競無恥，巡撫趙文博粗鄙妄爲，大理卿田景暘素行不謹，宜令致仕。鎭守、守備內官視天順間逾數倍，作威福，凌虐有司，浙江張慶、四川蔡用得逮治四品以下官，尤傷國體，宜悉撤還。內外坐營、監鎗內官增置過多，皆私役軍士，辦納月錢，多者至二三百人。武將亦皆私役健丁，行伍惟存老弱。勳戚、內官奏乞鹽利，滿載南行，所至張欽賜黃旗，商旅不行，邊儲虧損。並宜嚴禁。陝西、山西、河南頻年水旱，死徙大半，山、陝之民僅存無幾，宜核被災郡縣，概與蠲除。給事張善吉先坐罪謫官，考績至京，昏夜乞憐，得授

茲職，大玷清班，宜罷斥。山、陝、河、洛饑民多流鄖、襄，至骨肉相啖，請大發帑庾振濟，消弭他變。」

當是時，帝以災變求言，奎疏入，雖觸帝忌，未加譴。無何，有御史失儀，奎當面糾，退朝乃奏。帝以其怠緩，杖之於廷。居數月，復出爲夔州通判，討平雲陽劇賊。

孝宗立，量移敍州同知。以薦，擢成都知府。歲饑多盜，振救多復業。三遷廣西左布政使。弘治十四年以右副都御史巡撫貴州。未浹歲，普安賊婦米魯作亂，被劾致仕。正德六年卒。

從子舜民，字從仁。成化十四年進士。授行人，擢御史，出按甘肅。劾中官將帥失事，陳邊計，章數十上。先是，奎杖闕下，舜民扶掖之，帝聞而怒。至是，奏獄情詞不當，貶蒙化衞經歷。

弘治初，遷知東莞，未上，擢江西僉事。善讞獄，剖析如流。其清軍法，後人遵守之。改雲南屯田副使。田爲勢要奪者，釐而歸之官。麓川遺孽思祿渡金沙江，據孟密，承檄撫定之。母憂歸。服除，適淮、揚大饑，以故官奉命振濟。用便宜發粟，奏停不急務，活饑民百二十萬人，流冗復業者八千餘戶。進福建按察使。盜竊福清縣庫，或誣其怨家，已成獄。

舜民廉得眞盜，脫三十人於死，抵誣者罪。歲旱，禱不應。躬詣福州獄，釋枉繫輕罪者，所部有司皆清獄，遂大雨。歷河南左、右布政使。正德二年以右副都御史撫治鄖陽。甫一月，罷天下巡撫官，改莅南京都察院，道卒。

奎性簡靜，不苟取與，以篤實見稱。而舜民好學砥行，矯矯持風節，尤負時望。

方星變求言時，九卿各條奏數事，率有所避，無甚激切者，唯奎與李俊等言最直。而武選員外郎崔陞、彭綱，主事蘇章，戶部主事周軫，刑部主事李旦皆有言。陞、章言宦官妖僧罪，請亟誅竄，而尚書王恕今伊、傅，不宜置南京。綱斥李孜省、繼曉，請誅之以謝天下。軫亦請誅梁芳、李孜省，幷汰內侍，罷方書。旦陳十事，且言：「神仙、佛老、外戚、女謁，聲色貨利，奇技淫巧，皆陛下素所惑溺，而左右近習交相誘之。」言甚切。帝以方修省，皆不罪。後以吏盜竄舊賜外蕃敕事，下綱、章吏，貶之外。而密諭吏部尚書尹旻出旦等，且書六十人姓名於屏，俟奏遷則貶遠惡地。旦乃與給事中盧瑀、秦昇、童柷同日俱謫。部臣見遠謫者多，有應遷者輒故遲之，陞、軫遂得免。

崔陞，字廷進，本樂安人。父爲彰德庫大使，因家焉。成化五年進士。由工部主事改兵部。稍遷延安知府，四川參政。守官廉，居常服布袍，家童拾馬矢給爨。家居三十年，年

八十八卒。子銑，自有傳。

彭綱，清江人。與蘇章、周軫、秦昇、童柷皆成化十一年進士。貶永寧知州，改汝州。鑿渠溉田數千畝。再遷雲南提學副使。蘇章，餘干人。貶姚安通判，再遷延平知府。有政績。終浙江參政。周軫，莆田人，副使瑛從子。後進郎中，終山東運使。李旦，字啓東，獻縣人。成化十七年進士。貶鎭遠通判，未幾卒。盧瑀，鄞縣人。成化五年進士。爲刑科給事中，疏劾淮、揚逋課十餘萬，清西北勸市戰馬宿弊。嘗觸帝怒，杖之。遷工科都給事中，與昇、柷皆因星變陳言，獲譴。瑀貶長沙通判，終廣平知府。秦昇，南昌人，貶廣安州同知。童柷，蘭谿人，貶興國州同知，終袁州知府。

是時，崔陞以請召王恕忤旨，而工部主事王純亦以諫罷王恕被杖謫官。純，仙居人。成化十七年進士。貶思南推官。弘治中，屢遷湖廣提學僉事。

湯鼐，字用之，壽州人。成化十一年進士。授行人，擢御史。孝宗嗣位，首劾大學士萬安罔上誤國。明日，宣至左順門。中官森列，令跪。鼐曰：

「令鼐跪者，旨耶，抑太監意耶？」曰：「有旨。」鼐始跪。及宣旨，言疏已留中。鼐大言：「臣所言國家大事，奈何留中？」已而安斥，鼐亦出畿輔印馬，馳疏言：「陛下視朝之餘，宜御便殿，擇侍臣端方謹厚若劉健、謝遷、程敏政、吳寬者，日與講學論道，以爲出治之本。至如內閣尹直、尚書李裕、都御史劉敷、侍郎黃景，奸邪無恥，或夤緣中官進用，或依附佞倖行私。不早驅斥，必累聖明。司禮中官李榮、蕭敬曩爲言官劾罷，尋夤緣復入。遂摭言官過，貶竄殆盡，致士氣委靡。宜亟正典刑，勿爲姑息。諸傳奉得官者，請悉編置瘴鄉，示天下戒。且召致仕尚書王恕、王竑，都御史彭韶，僉事章懋等，而還建言得罪諸臣，以厲風節。」報聞。

弘治元年正月，鼐又劾禮部尚書周洪謨，侍郎倪岳、張悅，南京兵部尚書馬文升，因言：「少傅劉吉，與萬安、尹直奸貪等耳。安、直斥，而吉獨進官，不以爲恥。請大申黜陟，明示勸懲。」又劾李榮、蕭敬，而薦謫降進士李文祥爲臺諫。尚書王恕以盛暑請輟經筵，鼐極言不可，語侵恕。

當是時，帝更新庶政，言路大開。新進者爭欲以功名自見。封章旁午，頗傷激訐，鼐意氣尤銳。其所抨擊，間及海內人望，以故大臣多畏之，而吉尤不能堪。使人啗御史魏璋曰：「君能去鼐，行僉院事矣。」璋欣然，日夜伺鼐短。未幾，而吉人之獄起。

吉人者，長安人。成化末進士，爲中書舍人。四川饑，帝遣郎中江漢往振。人言漢不

勝任，宜遣四使分道振，且擇才能御史爲巡按，庶荒政有裨。因薦給事中宋琮、陳璚、韓鼎，御史曹璘，郎中王沂、洪鍾，員外郎東思誠，評事王寅，理刑知縣韓福及壽州知州劉槩可使，而巡按則鼐足任之。璋遂草疏，僞署御史陳景隆等名，言吉人抵抗成命，私立朋黨。帝怒，下人詔獄，令自引其黨。人以鼐、璘、思誠、槩、福對。璋又嗾御史陳璧等言：「璘、福、思誠非其黨，其黨則鼐、槩及主事李文祥、庶吉士鄒智、知州董傑是也。槩嘗餽鼐白金，貽之書，謂夜夢一人騎牛幾墮，鼐手挽之得不仆，又見鼐手執五色石引牛就道。因解之曰：『人騎牛謂朱，乃國姓；意者國將傾，賴鼐扶之，而引君當道也。』鼐、槩等自相標榜，詆毀時政，請並文祥、智、傑逮治。」疏上，吉從中主之，悉下詔獄，欲盡置之死。

刑部尚書何喬新、侍郎彭韶等持之，外議亦洶洶不平。乃坐槩妖言律斬；鼐受賄，戍肅州；人欺罔，削籍；智、文祥、傑皆謫官。吏部尚書王恕奏曰：「律重妖言，謂造作符讖類耳。槩書詞雖妄，良以鼐數言事不避利害，因推詡之。今當以妖言，設有如造亡秦讖者，更何以罪之？」帝得疏意動，命姑繫獄。既而熱審，喬新等言：「槩本不應妖言律。且槩五歲而孤，無兄弟，母孫氏守節三十年，曾被旌，老病且貧。槩死，母必不全，祈聖恩矜恤。」乃減槩死，戍海州。

槩，濟寧人。成化二十年進士。除壽州知州，毀境內淫祠幾盡，三年敎化大行。弘治

初上言：「刑賞予奪，人主大柄，後世乃有爲女子、小人、强臣、外戚所攘竊者，由此輩心險術巧，人主稍加親信，輒墮計中。愛者，乘君之喜而游言以揚之；惡者，乘君之怒而微言以中之，使賢人君子卒受曖昧而去。卿相缺人，則遷延餌引，待有交通請屬歆美易制之人，然後薦用。其剛正不阿者，輒媒孽而放棄之，俟其氣衰慮易，不至大立異同，乃更收錄。巧計既行，刑賞予奪雖名人主獨操，實一出於其所簸弄。迨黨立勢成，復恐一旦敗露，則又極意以排諫諍之士，務使其君孤立於上，耳無聞，目無見，以圖便其私，不至其身與國俱敗不止。故夫刑賞予奪，必由大臣奏請，臺諫集議，而後可行。或有矯誣，窮治不輕貸，則讒佞莫能間，而權不下移矣。」考績赴都，遂遇禍，竟卒於戍所。

鼐既戍，無援之者，久之始釋歸。

董傑，涇縣人。成化末進士。鼐之論暑月輟講也，傑方謁選，亦抗疏爭，由是知名。授沔陽知州，甫數月，逮繫詔獄，謫四川行都司知事，歷遷河南左布政使。所在盡職業，爲民所懷。正德六年，江西盜起，巡撫王哲兵敗召還，擢傑右副都御史代之。未幾卒。

璋既爲吉心腹，果擢大理寺丞。坐事下獄，黜爲九江同知，悒悒死。

姜綰，字玉卿，弋陽人。成化十四年進士。由景陵知縣擢南京御史。弘治初，陳治道十事。又言午朝宜論大政，毋泛陳細故，皆報聞。

二年二月，南京守備中官蔣琮以蘆場事下綰覆按，琮囑綰求右己。綰疏言：「琮以守備重臣與小民爭利，假公事以適私情，用揭帖而抗詔旨，揚言陰中，脅以必從。其他變亂成法，厥罪有十。以內官侵言官職，罪一。妬害大臣，妄論都御史秦紘，罪二。怒河閘官失迎候，欲奏罷之，罪三。受民詞不由通政，罪四。分遣腹心，侵漁國課，罪五。按季收班匠工銀，罪六。擅收用罷閑都事，罪七。官僚忤意，輒肆中傷，罪八。妄奏主事周琦罪，欺罔朝廷，罪九。保舉罷斥內臣，竊天子威柄，罪十。」事下南京三法司。既，復特遣官覆治以奏。

先是，御史余濬劾中官陳祖生違制墾後湖田，湖爲之淤。奏下南京主事盧錦勘報。錦故與祖生有隙。而給事中方向嘗率同官繆樗等劾祖生及文武大臣不職狀，又因雷震孝陵柏，劾大學士劉吉等十一人，而詆祖生益力。祖生銜向切骨。時向方監後湖黃册，祖生遂揭向、錦實侵湖田。詔下法司勘。勘未上，而琮爲綰所劾。於是琮、祖生及吉合謀削錦籍，謫向官，復逮綰及同官孫紘、劉遜、金章、紀傑、曹玉、譚肅、徐禮、余濬，給事中繆樗，赴京論鞫，皆謫爲州判官。

綰謫判桂陽，量移寧國同知，遷慶遠知府。斬劇賊韋七旋、韋萬妙。其黨糾賊數萬攻

城，綰堅守，檄民兵夾擊，破走之，東蘭諸州蠻悉歸侵地。總督劉大夏奇其材，薦爲右江兵備副使。思恩知府岑濬逐田州知府岑猛，綰獻策總督潘蕃。蕃令與都指揮金堂合諸路兵大破賊，思恩平。綰條二府形勢，請改設流官，比中土，廷議從之。綰引疾還。俄起河南按察使，尋復以疾歸，卒於家。

余濬，慈谿人。成化十七年進士。孝宗初，疏請永除納粟入監令。又劾浙江鎮守中官張慶、廣東鎮守中官韋眷，因薦王恕堪內閣，馬文升、彭韶、張悅、阮勤、黃孔昭堪吏部。後湖之勸，自濬啓之。貶平度州判官，終知府。

方向，字與義，桐城人。成化十七年進士。謫雲南多羅驛丞，歷官瓊州知府。入覲時，僕私市一珠，索而投諸海。

繆樗，字全之，溧陽人。成化十一年進士。孝宗初，陳時政八事。因劾大學士尹直等，時號敢言。終營州判官。

孫紘，字文冕，鄞人。成化十四年進士。謫膠州判官，遷廣德知州，卒官。紘少貧，傭書市肉以養母。既通籍，終身不食肉。

劉遜，安福人。成化十四年進士。謫澧州判官，遷武岡知州。岷王不檢下，遜裁抑之，

又欲損其歲祿。王怒，奏於朝，徵下詔獄，貶四川行都司斷事，歷湖廣副使。劉瑾徵賄不得，坐缺軍儲被逮，已而釋之。再坐斷獄稽延，罰米百石。先是，榮王乞辰州、常德田二千頃、山場八百里，民舍市廛千餘間，遜與巡撫韓重持勿予。至是，瑾悉予之。部議補遜瓊州副使，瑾勒令致仕。瑾誅，起官，歷福建按察使。

金章等無他表見。

姜洪，字希範，廣德人。成化十四年進士。除盧氏知縣。單騎勸農桑。民姜仲禮願代父死罪，洪奏免之。徵拜御史。

孝宗即位，陳時政八事。歷詆太監蕭敬，內閣萬安、劉吉，學士尹直，侍郎黃景、劉宣，都御史劉敷，尚書李裕、李敏、杜銘，大理丞宋經，而薦致仕尚書王恕、王竑、李秉，去任侍郎謝鐸，編修張元禎，檢討陳獻章，僉事章懋，評事黃仲昭，御史强珍、徐鏞、于大節，給事中王徽、蕭顯、賀欽，員外林俊，主事王純及現任尚書余子俊、馬文升，巡撫彭韶，侍郎張悅，詹事楊守陳。且言指揮許寧、內官懷恩，並拔出曹輩，足副任使。他所陳，多斥近倖，疏辭幾萬言。帝嘉納之。爲所斥者憾不置。

弘治元年出按湖廣，與督漕都御史秦紘爭文移，被劾，所司白洪無罪。劉吉欲中之，再下禮部會議，遂貶夏縣知縣。御史歐陽旦請召還洪及暢亨等，不納。遷桂林知府。瑤、獞侵擾古田，請兵討平之，擢雲南參政。土官陶洪與八百媳婦約爲亂，洪乘間剿滅。歷山東左參政。正德二年遷山西布政使。劉瑾索賀印錢，不應。四年二月，中旨令致仕。瑾誅，起山東左布政使。七年以右副都御史巡撫山西，未滿歲卒。

洪性廉直，身後喪不能舉。天啓初，追謚莊介。

歐陽旦，安福人。成化十七年進士。由休寧知縣擢御史。嘗請逐劉吉，罷皇莊。歷湖廣僉事、浙江副使，終南京右副都御史。

暢亨，字文通，河津人。成化十四年進士。由長垣知縣擢御史，巡按浙江。歲饑，奏罷上供綾紗等物。弘治元年二月，景寧縣屏風山異獸萬餘，大如羊，白色，銜尾浮空去。亨請罷濫、處銀課，而置鎮守中官張慶於法。章下所司，銀課得減，責慶陳狀。慶因訐亨考察不公，停亨俸三月。亨又劾僉事鄒滂，滂亦訐亨。慶等搆之，逮亨，謫涇陽知縣。給事中龐泮上疏爭，不聽。

曹璘，字廷暉，襄陽人。成化十四年進士。授行人。久之，選授御史。

孝宗嗣位，疏言：「梓宮發引，陛下宜衰絰杖屨送至大明門外，拜哭而別，率宮中行三年喪。貴妃萬氏有罪，宜告於先帝，削其謚，遷葬他所。」帝納其奏，而戒勿言貴妃事。頃之，請進用王恕等諸大臣，復先朝言事于大節等諸臣官，放遣宮中怨女，罷撤監督京營及鎮守四方太監。又言：「梁芳以指揮袁輅獻地建寺，請令襲廣平侯爵。以數畝地得侯，勳臣誰不解體，宜亟爲革罷。」疏奏，帝頗采焉。

弘治元年七月上言：「近日星隕地震，金木二星晝現，雷擊禁門，皇陵雨雹，南京內園災，狂夫叫閽，景寧白氣飛騰，而陛下不深求致咎之由，以盡弭災之實。經筵雖御，徒爲具文。方舉輒休，暫行遽罷，所謂『一日暴之，十日寒之』者。願日御講殿與儒臣論議，罷斥大學士劉吉等，以消天變。臣昨冬曾請陛下墨衰視政，今每遇節序，輒漸御黃衮，從官朱緋。三年之間，爲日有幾，宜但御淺服。且陛下方諒陰，少監郭鏞乃請選妃嬪。雖拒勿納，鏞猶任用，何以解臣民疑。祖宗嚴自宮之禁，今此曹干進紛紜，當論罪。朝廷特設書堂，令翰林官教習內使，本非高皇帝制。詞臣多夤緣以干進，而內官亦且假儒術以文奸，宜速罷之。諸邊有警，輒命京軍北征，此輩驕惰久，不足用。乞自今勿遣，而以出師之費賞邊軍。」帝得

疏，不喜，降旨譙讓。

已，出按廣東，訪陳獻章於新會，服其言論，遂引疾歸。居山中讀書，三十年不入城市。

彭程，字萬里，鄱陽人。成化末進士。弘治初，授御史，巡視京城。降人雜處畿甸多爲盜，事發則投戚里、奄豎爲窟穴。程每先機制之，有發輒得。巡鹽兩浙，代還，巡視光祿。

五年上疏言：「臣適見光祿造皇壇器。皇壇者，先帝修齋行法之所。陛下即位，此類廢斥盡，何復有皇壇煩置器。光祿金錢，悉民膏血。用得其當，猶恐病民，況投之無用地。頃李孜省、繼曉輩倡邪說，而先帝篤信之者，意在遠希福壽也。今二人已伏重辟，則禍患之來，二人尚不能自免，豈能福壽他人。倘陛下果有此舉，宜遏之將萌。如無，請治所司逢迎罪。」帝初無皇壇造器之命，特光祿姑爲備。帝得程奏大怒，以爲暴揚先帝過，立下錦衣獄。給事中叢蘭亦巡視光祿，繼上疏論之。帝宥蘭，奪光祿卿胡恭等俸，付程刑部定罪。尚書彭韶等擬贖杖還職。帝欲置之死，命繫之。韶等復疏救，程子尚三上章乞代父死，終不聽。

是時巡按陝西御史嵩縣李興亦坐酷刑繫獄。及朝審，上興及程罪狀。詔興斬，程及家

屬戍隆慶。文武大臣英國公張懋等合疏言：「興所斃多罪犯，不宜當以死。程用諫爲職，坐此戍邊，則作奸枉法者何以處之。」尚書王恕又特疏救。乃減興死，杖之百，偕妻子戍賓州，程竟無所減。程母李氏年老無他子，叩闕乞留侍養。南京給事中毛珵等亦奏曰：「昔劉禹錫附王叔文當竄遠方，裴度以其母老爲請，得改連州。陛下聖德，非唐中主可比，而程罪亦異禹錫。祈少矜憐，全其母子。」不許。子尚隨父戍所，遂舉廣西鄉試。明年，帝念程母老，放還。其後，劉瑾亂政，追論程巡鹽時稍虧額課，勒其家償。程死久矣，止遺一孫女。罄產不足，則並女鬻之，行道皆爲流涕。

龐泮，字元化，天台人。成化二十年進士。授工科給事中。弘治中，中旨取善擊銅鼓者，泮疏諫。屢遷刑科都給事中。副使楊茂元被逮，泮率同列救之，茂元得薄譴。

九年四月，帝以岷王劾武岡知州劉遜，命逮之。泮率同官呂獻等言：「錦衣天子親軍，非不軌及妖言重情不可輕遣。遜所坐微，而王奏牽左證百人，勢難盡逮。宜敕撫、按官體勘。」疏入，忤旨，下泮等四十二人及御史劉紳等二十人詔獄。六科署空，吏部尚書屠滽請令中書代收部院封事。御史張淳奉使還，恥獨不與，抗疏論之。考功郎中儲巏亦諫，滽等復率九卿救之。帝乃釋泮等，皆停俸三月。

中官何鼎以直言下獄，楊鵬、戴禮夤緣入司禮監。泮等言：「鼎狂直宜容。鵬等得罪先朝，俾參機密，害非小。」會御史黃山、張泰等亦以爲言。帝怒，詰外廷何由知內廷事，令對狀，停泮等俸半歲。威寧伯王越謀起用，中官蔣琮、李廣有罪，外戚周彧、張鶴齡縱家奴殺人，泮皆極論，直聲甚著。

十一年擢福建右參政。中官奪宋儒黃榦宅爲僧菴，泮改爲書院以祀榦。遷河南右布政使。中旨取洛陽牡丹，疏請罷之。轉廣西左布政使，致仕。

呂獻，浙江新昌人。成化二十年進士。授刑科給事中。坐事，杖闕廷。弘治時，詔選駙馬。李廣受富人金，陰爲地，爲獻所發，有直聲。正德中，終南京兵部右侍郎。

葉紳，字廷縉，吳江人。成化末進士。除戶科給事中，改吏科，歷禮科左給事中。弘治十年，太子年七歲，〔一〕猶未出閣，紳請擇講官教諭。尋以修省，陳八事。斥中官李廣，又劾尚書徐瓊、童軒、侯瓚，侍郎鄭紀、王宗彝，巡撫都御史劉瓛、張誥、張岫等二十

人，乞賜罷斥。而末言「去大奸」，則專劾李廣八大罪：「誑陛下以燒鍊，而進不經之藥，罪一。爲太子立寄壇，而興煖疏之說，罪二。撥置皇親，希求恩寵，罪三。盜引玉泉，經繞私第，罪四。首開倖門，大肆奸貪，罪五。太常崔志端、眞人王應椅輩稱廣爲教主眞人，廣即代求善官，乞賜玉帶，罪六。假果戶爲名，侵奪畿民土地，幾至激變，罪七。四方輸納上供，威取勢逼，致民破產，罪八。內而皇親駙馬事之如父，外而總兵鎮守稱之爲公。陛下奈何養此大奸於肘腋，而不思驅斥哉！」御史張縉等亦以爲言。帝曰：「姑置之。」踰數月，廣竟得罪，飲酖死。

紳又極陳大臣恩蔭葬祭之濫。下所司議，頗有減損。擢尚寶少卿，卒。

胡獻，字時臣，揚州興化人。弘治九年進士。改庶吉士，授御史。踰月，即極論時政數事，言：「屠滽爲吏部尚書，王越、李蕙爲都御史，皆交通中官李廣得之。廣得售奸，由陛下議政不任大臣，而任廣輩也。祖宗時，恒御內閣商決章奏，經筵日講悉陳時政得失，又不時接見儒臣，願陛下追復舊制。京、通二倉總督、監督內臣，每收米萬石勒白金十兩。以歲運四百萬石計之，人四千兩。又各占斗級二三百人，使納月錢。夫監督倉儲，自有戶部，焉用

中官，願賜罷遣。京操軍士自數千里至，而總兵、坐營等官各使分屬辦納月錢，乞嚴革以蘇其困。陛下遇災修省，去春求言，諫官及郎中王雲鳳、主事胡爟皆有論奏，留中不報，雲鳳尋得罪。如此，則與不修省何異。願斷自聖心，凡利弊當興革者，即見施行。東廠校尉，本以緝奸，邇者但為內戚、中官泄憤報怨。如御史武衢忤壽寧侯張鶴齡及太監楊鵬，主事毛廣忤太監韋泰，皆為校尉所發，推求細事，誣以罪名，舉朝皆知其枉，無敢言者。臣亦知今日言之，異日必為所陷，然臣弗懼也。」

疏入，鶴齡與泰各疏辨。會給事中胡易劾監庫中官賀彬貪黷八罪，彬亦訐易。帝遂下獻、易詔獄，謫獻藍山丞。久之，釋易。獻未赴官，遷宜陽知縣。馬文升數薦於朝，遷南都察院經歷。武宗即位，擢廣西提學僉事，遷福建提學副使，未任卒。

武衢，沂水人。成化二十年進士。以御史謫雲南通海主簿，終汾州知州。毛廣，平湖人。成化二十年進士。其事蹟無考。胡易，寧都人。弘治三年進士。為吏科給事中。華昶劾程敏政，法司白昂、閔珪據舊章令六科共鞫。東廠劾易等皆昶同僚，不當與訊。得旨下詔獄。昂、珪請罪，皆停俸。比昶獄成，易等猶被繫，大臣以為言，始令復職。

當弘治時，言官以忤內臣得罪者，又有任儀、車梁。任儀，閬中人。成化二十三年進士，為御史。弘治三年秋，詔修齋於大興隆寺。理刑知縣王嶽騎過之，中使捽辱嶽，使跪於寺前。儀不平，劾中使罪。姓名偶誤，乃並儀下吏。出為中部知縣，終山西參政。

車梁，山西永寧人。弘治三年進士，為御史。十五年條列時政，中言東廠錦衣衞所獲盜，先嚴刑具成案，然後送法司，法司不敢平反。請自今徑送法司，毋先刑訊。章下，未報。主東廠者言梁從父郎中霆先以罪為東廠所發，挾私妄言，遂下梁詔獄。給事御史交章論救，乃得釋，終漢陽知府。

張弘至，字時行，華亭人，南安知府弼子也。舉弘治九年進士，改庶吉士，授兵科給事中。

十二年冬，陳初政漸不克終八事：「初汰傳奉官殆盡，近匠官張廣寧等一傳至百二十餘人，少卿李綸、指揮張玘等再傳至百八十餘人。異初政者一。初追戮繼曉，逐番僧、佛子，近齋醮不息。異初政者二。初去萬安、李裕輩，朝彈夕斥，近被劾數十疏，如尚書徐瓊者猶居位。異初政者三。初聖諭有大政召大臣面議，近上下否隔。異初政者四。初撤增設內官，近已還者復去，已革者復增。異初政者五。初慎重詔旨，左右不敢妄干，近陳情乞恩率俞允。異初政者六。初令兵部申舊章，有妄乞陞武職者奏治，近乞陞無遠拒。異初政者七。初節光祿供億，近冗食日繁，移太倉銀賒市廛物。異初政者八。」帝下所司。

邊將王杲、馬昇、秦恭、陳瑛失機論死，久繫。弘至請速正典刑。親王之藩者，所次舍率營葺殿，並從官幕次，俱飾絨毯、錦帛，因弘至言多減省。孝宗晚年，從廷臣請，遣官覈騰驤四衞虛冒弊，以太監甯瑾言而止。弘至抗章爭，會兵部亦以為言，乃卒覈之。

武宗立，以戶科右給事中奉使安南。還遷都給事中，母憂歸卒。

屈伸，字引之，任丘人。成化末進士。選庶吉士，授禮科給事中。弘治九年詔度僧，禮部爭不得。伸極陳三不可，不納。京師民訛言寇近邊，兵部請榜諭。伸言：「若榜示，人心愈驚。昔漢建始中，都人訛言大水至，議令吏民上城避之。王商不從，頃之果定。今當以為法。」事遂寢。寇犯大同，游擊王杲匿敗績狀。伸率同官發之，並劾罪總兵官王璽等。

屢遷兵科都給事中。泰寧衞部長大掠遼陽，部議令守臣遺書，稱朝廷寬大不究已往，若還所掠，則予重賞。伸等言：「在我示怯弱之形，在彼無創艾之意，非王者威攘之道。前日犯邊不以為罪，今日歸俘反以為功，誨以為盜之利，啓無賴心，又非王者懷柔之道。」帝悟，書不果遣。

已，劾鎮守中官孫振、總兵官蔣驥、巡撫陳瑤僨事罪，帝不問。廣寧復失事，瑤等以捷聞。伸及御史耿明等交章劾其欺罔，乃按治之。

太監苗逵、成國公朱暉等搗巢獲三級，及寇大入固原，不敢救，既而斬獲十二級，先後以捷聞。伸等數劾之。及班師，又極論曰：「暉等西討無功，班師命甫下，將士已入國門，不知奉何詔書。且此一役糜京帑及邊儲共一百六十餘萬兩，而首功止三級。是以五十萬金易一無名之首也，乃所上有功將士至萬餘人。假使馘一渠魁如火篩，或斬級至千百，將竭天下財不足供費，而報功者不知幾萬萬也。暉、逵及都御史史琳、監軍御史王用宜悉置重典。」帝不聽。

雲南有鎮守中官，復遣監丞孫敍鎮金騰，伸等極言不可。錦衣指揮孫鑾坐罪閒住，中旨復之，令掌南鎮撫事。伸等力爭，乃命止帶俸。中旨令指揮胡震分守天津，伸力爭，不聽。鎮守河南中官劉瑯乞皂隸，帝命予五十人。故事，尚書僅十二人，伸等力爭，詔止減二十人。自後中官咸援例陳乞,祖制遂壞。

仲居諫垣久,持議侃侃不撓,未及遷而卒。

王獻臣,字敬止,其先吳人,隸籍錦衣衛。弘治六年舉進士。授行人,擢御史。巡大同邊,請亟正諸將姚信、陳廣閉營避寇及馬昇、王杲、秦恭喪師罪,悉罷大同、延綏旱傷逋賦,以寬軍民。帝多從之。嘗令部卒導從遊山,爲東廠緝事者所發,並言其擅委軍政官。徵下詔獄,罪當輸贖。特命杖三十,謫上杭丞。

十七年復以張天祥事被逮。天祥者,遼東都指揮僉事斌孫也。斌以罪廢,天祥入粟得祖官。有泰寧衛部十餘騎射傷海西貢使,天祥出毛喇關掩殺他衛三十八人以歸,指爲射貢使者。巡撫張鼐等奏捷,獻臣疑之。方移牒駁勘,會斌婦弟指揮張茂及子欽與天祥有郤,詐爲前屯衛文書呈獻臣,具言劫營事。獻臣即以聞。未報,而獻臣被徵。帝命大理丞吳一貫、錦衣指揮楊玉會新按臣余濂勘之,盡得其實。斌等皆論死,天祥斃於獄。

天祥叔父洪屢訟冤,帝密令東廠廉其事,還奏所勘皆誣。帝信之,欲盡反前獄,召內閣劉健等,出東廠揭帖示之,命盡逮一貫等會訊闕下。健等言東廠揭帖不可行於外。既退,

復爭之。帝再召見,責健等。健對曰:「獄經法司讞,皆公卿士大夫,言足信。」帝曰:「法司斷獄不當,身且不保,言足信乎?」謝遷曰:「事當從衆,若一二人言,安可信?」健等又言衆證遠,不可悉逮。帝曰:「此大獄,逮千人何恤。苟功罪不明,邊臣孰肯効力者?」健等再四爭執,見帝聲色厲,終不敢深言東廠非。一貫等既至,帝親御午門鞫之,欲抵一貫死。閔珪、戴珊力救,乃謫嵩明州同知,獻臣廣東驛丞,濂雲南布政司照磨,茂父子論死,而斌免,洪反得論功。武宗立,獻臣遷永嘉知縣。

吳一貫,字道夫,海陽人。成化十七年進士。由上高知縣擢御史。弘治中,歷按浙江、福建、南畿,以強幹聞。擢大理右寺丞。畿輔、河南饑,請發粟二十萬石以振,又別請二萬石給京邑及昌平民。既謫官,正德初,遷江西副使。討華林賊有功,進按察使。行軍至奉新卒,士民立忠節祠祀焉。

余濂,字宗周,都昌人。弘治六年進士。武宗時,終雲南副使。

孝宗勵精圖治,委任大臣,中官勢稍絀。而張天祥及滿倉兒事皆發自東廠,廷議猶爲所撓云。滿倉兒事,具孫磐傳。

贊曰:御史爲朝廷耳目,而給事中典章奏,得爭是非於廷陛間,皆號稱言路。天順以後,居其職者,振風裁而恥緘默。自天子、大臣、左右近習無不指斥極言。南北交章,連名列署。或遭譴謫,則大臣抗疏論救,以爲美談。顧其時門戶未開,名節自勵,未嘗有承意指於政府,効搏噬於權璫,如末季所爲者。故其言有當有不當,而其心則公。上者愛國,次亦愛名。然論國事而至於愛名,則將惟其名之可取,而事之得失有所不顧,於匡弼之道或者其未善乎。

校勘記

〔一〕弘治十年太子年七歲 年七歲,原作「年十七」。按武宗生於弘治四年九月丁酉,見孝宗實錄卷五五及武宗實錄卷一。弘治十年應年七歲,今刪「十」字,補「歲」字。

明史卷一百八十一

列傳第六十九

徐溥　丘濬　劉健　謝遷　李東陽　王鏊　劉忠

徐溥，字時用，宜興人。祖鑑，瓊州知府，有惠政。溥，景泰五年進士及第。授編修。憲宗初，擢左庶子，再遷太常卿兼學士。成化十五年拜禮部右侍郎，〔一〕尋轉左，久之改吏部。孝宗嗣位，兼文淵閣大學士，參預機務。旋進禮部尚書。

弘治五年，劉吉罷，溥爲首輔，屢加少傅、太子太傅。溥承劉吉恣睢之後，鎮以安靜，務守成法，與同列劉健、李東陽、謝遷等協心輔治，事有不可，輒共爭之。欽天監革職監正李華爲昌國公張巒擇葬地，中旨復官。溥等言：「即位以來，未嘗有內降。倖門一開，末流安底。臣等不敢奉詔。」八年，太皇太后召崇王來朝，溥等與尚書倪岳諫，帝爲請乃已。占城奏安南侵擾，帝欲遣大臣往解。溥等言：「外國相侵，有司檄諭之足矣，無勞遣使。萬一抗

令，則虧損國體，問罪興師，後患滋大。」於是罷不遣。

是年十二月，詔撰三清樂章。溥等言：「天至尊無對。漢祀五帝，儒者猶非之，況三清乃道家妄說耳。一天之上，安得有三大帝。且以周柱下史李耳當其一，以人鬼列天神，矯誣甚矣。郊祀樂章皆太祖所親製，今使製爲時俗詞曲以享神明，褻瀆尤甚。臣等誦讀儒書，邪說俚曲素所不習，不敢以非道事陛下。國家設文淵閣，命學士居之，誠欲其謨謀政事，講論經史，培養本原，匡弼闕失，非欲其阿諛順旨，惟言莫違也。今經筵早休，日講久曠，異端乘間而入。此皆臣等無狀，不足以啓聖心，保初政。憂愧之至，無以自容。數月以來，奉中旨處分未當者封還，執奏至再至三。顧陛下曲賜聽從，俾臣等竭駑鈍，少有裨益，非但樂章一事而已。」奏入，帝嘉納之。

帝自八年後，視朝漸晏，溥等屢以爲言。中官李廣以燒鍊齋醮寵。十年二月，溥等上疏極論曰：「舊制，內殿日再進奏，事重者不時上聞，又常面召儒臣，咨訪政事。今奏事日止一次，朝參之外，不得一望天顏。章奏批答不時斷決，或稽留數月，或竟不施行。事多壅滯，有妨政體。經筵進講，每歲不過數日，正士疎遠，邪說得行。近聞有以齋醮修鍊之說進者。宋徽宗崇道教，科儀符籙最盛，卒至乘輿播遷。金石之藥，性多酷烈。唐憲宗信柳泌以殞身，其禍可鑒。今龍虎山上清宮、神樂觀、祖師殿及內府番經廠皆焚燬無餘，彼如有靈，何不自保。天厭其穢，亦已明甚。陛下若親近儒臣，明正道，行仁政，福祥善慶，不召自至，何假妖妄之說哉！自古奸人蠱惑君心者，必以太平無事爲言。唐臣李絳有云：『憂先於事，可以無憂。事至而憂，無益於事。』今承平日久，溺於晏安。目前視之，雖若無事，然工役繁興，科斂百出，士馬罷敝，閭閻困窮，愁歎之聲上干和氣，致熒惑失度，太陽無光，天鳴地震，草木興妖，四方奏報殆無虛月，將來之患灼然可憂。陛下高居九重，言官皆畏罪緘默。臣等若復不言，誰肯爲陛下言者。」帝感其言。

三月甲子，御文華殿，召見溥及劉健、李東陽、謝遷，授以諸司題奏曰：「與先生輩議。」溥等擬旨上，帝應手改定。事端多者，健請出外詳閱。帝曰：「盍就此面議。」既畢，賜茶而退。自成化間，憲宗召對彭時、商輅後，至此始再見，舉朝詡爲盛事。然終溥在位，亦止此一召而已。

尋以災異求言，廷臣所上封事，經月不報，而言官論救何鼎忤旨待罪者久，溥等皆以爲言。於是悉下諸章，而罷諸言官弗問。溥時年七十，引年求退。不許，詔風雨寒暑免朝參。

十一年，皇太子出閣，加少師兼太子太師，進華蓋殿大學士。以目疾乞歸。帝眷留，久之乃許，恩賚有加。踰年卒，贈太師，謚文靖。

溥性凝重有度，在內閣十二年，從容輔導。人有過悞，輒爲掩覆，曰：「天生才甚難，不忍以微瑕棄也。」屢遇大獄及逮繫言官，委曲調劑。孝宗仁厚，多納溥等所言，天下陰受其福。嘗曰：「祖宗法度所以惠元元者備矣，患不能守耳。」卒無所更置。性至孝，嘗再廬墓。自奉甚薄，好施予。置義田八百畝贍宗族，請籍記於官，以垂永久，帝爲復其徭役。

丘濬，字仲深，瓊山人。幼孤，母李氏教之讀書，過目成誦。家貧無書，嘗走數百里借書，必得乃已。舉鄉試第一，景泰五年成進士。改庶吉士，授編修。濬既官翰林，見聞益廣，尤熟國家典故，以經濟自負。

成化元年，兩廣用兵，濬奏記大學士李賢，指陳形勢，纚纚數千言。賢善其計，聞之帝，命錄示總兵官趙輔、巡撫都御史韓雍。雍等破賊，雖不盡用其策，而濬以此名重公卿間。秩滿，進侍講。與修英宗實錄，進侍講學士。續通鑑綱目成，擢學士，遷國子祭酒。時經生文尚險怪，濬主南畿鄉試，分考會試皆痛抑之。及是，課國學生尤諄切告誡，返文體於正。尋進禮部右侍郎，掌祭酒事。

濬以眞德秀大學衍義於治國平天下條目未具，乃博採羣書補之。孝宗嗣位，表上其

書，帝稱善，賚金幣，命所司刊行。特進禮部尚書，掌詹事府事。修憲宗實錄，充副總裁。弘治四年，書成，加太子太保，尋命兼文淵閣大學士參預機務。尚書入內閣者自濬始，時年七十一矣。濬以衍義補所載皆可見之行事，請摘其要者奏聞，下內閣議行之。帝報可。

明年，濬上言：「臣見成化時彗星三見，徧掃三垣，地五六百震。邇者彗星見天津，地震天鳴無虛日，異鳥三鳴於禁中。春秋二百四十年，書彗孛者三，地震者五，飛禽者二。〔二〕今乃屢見於二十年之間，甚可畏也。願陛下體上天之仁愛，念祖宗之艱難，正身清心以立本而應務，謹好尚不惑於異端，節財用不至於耗國，公任使不失於偏聽，禁私謁，明義理，愼儉德，勤政務，則承風希寵、左道亂政之徒自不敢肆其奸，而天災弭矣。」因列時弊二十二事。帝納之。六年以目疾免朝參。

濬在位，嘗以寬大啓上心，忠厚變士習。顧性褊隘，嘗與劉健議事不合，至投冠於地。言官建白不當意，輒面折之。與王恕不相得，至不交一言。六年大計羣吏，恕所奏罷二千人。濬請未及三載者復任，非貪暴有顯跡者勿斥，留九十人。恕爭之不得，求去。太醫院判劉文泰嘗往來濬家，以失職訐恕，恕疑文泰受濬指，而言者譁然言疏稿出濬手。恕竟坐罷，人以是大不直濬。給事中毛珵，御史宋惪、周津等交章劾濬不可居相位，帝不問。踰年，加少保。八年卒，年七十六。〔三〕贈太傅，諡文莊。

濬廉介，所居邸第極湫隘，四十年不易。性嗜學，既老，右目失明，猶披覽不輟。議論好矯激，聞者駭愕。至修英宗實錄，有言于謙之死當以不軌書者。濬曰：「己巳之變，微于公社稷危矣。事久論定，誣不可不白。」其持正又如此。正德中，以巡按御史言賜祠於鄉，曰「景賢」。

劉健，字希賢，洛陽人。父亮，三原教諭，有學行。健少端重，與同邑閻禹錫、白良輔遊，得河東薛瑄之傳。舉天順四年進士，改庶吉士，授編修。謝交遊，鍵戶讀書，人以木強目之。然練習典故，有經濟志。

成化初，修英宗實錄，起之憂中，固辭，不許。書成，進修撰，三遷至少詹事，充東宮講官，受知於孝宗。既卽位，進禮部右侍郎兼翰林學士，入內閣參預機務。弘治四年進尚書兼文淵閣大學士，累加太子太保，改武英殿。十一年春，進少傅兼太子太傅，代徐溥爲首輔。

健學問深粹，正色敢言，以身任天下之重。淸寧宮災，太監李廣有罪自殺。健與同列李東陽、謝遷疏言：「古帝王未有不遇災而懼者。向來奸佞熒惑聖聽，賄賂公行，賞罰失當，災異之積，正此之由。今幸元惡殄喪，聖心開悟，而餘慝未除，宿弊未革。伏願奮發勵精，進賢黜姦，明示賞罰。凡所當行，斷在不疑，毋更因循，以貽後悔。」帝方嘉納其言，而廣黨蔡昭等旋取旨予廣祭葬、祠額。健等力諫，僅寢祠額。南北言官指陳時政，頻有所論劾，一切皆不問。國子生江瑢劾健、東陽杜抑言路。帝慰留健、東陽，而下瑢於獄，二人力救得釋。

十三年四月，大同告警，京師戒嚴。兵部請甄別京營諸將，帝召健及東陽、遷至平臺面議去留。乃去遂安伯陳韶等三人，而召鎭遠侯顧溥督團營。時帝視朝頗晏，健等以爲言，頷之而已。

十四年秋，帝以軍興缺餉，屢下廷議。健等言：「天下之財，其生有限。今光祿歲供增數十倍，諸方織作務爲新巧，齋醮日費鉅萬。太倉所儲不足餉戰士，而內府取入動四五十萬。宗藩、貴戚之求土田奪鹽利者，亦數千萬計。土木日興，科斂不已。傳奉冗官之俸薪，內府工匠之餼廩，歲增月積，無有窮期，財安得不匱。今陝西、遼東邊患方殷，湖廣、貴州軍旅繼動，不知何以應之。望陛下絕無益之費，躬行節儉，爲中外倡，而令羣臣得畢獻其誠，講求革弊之策，天下幸甚。」

明年四月，以災異陳勤朝講、節財用、罷齋醮、公賞罰數事。及冬，南京、鳳陽大水，廷臣多上言時務，久之不下。健等因極陳怠政之失，請勤聽斷以振紀綱，帝皆嘉納。大明會

典成，加少師兼太子太師、吏部尚書、華蓋殿大學士。與東陽、遷同賜蟒衣。閣臣賜蟒自健等始。

帝孝事兩宮太后甚謹，而兩宮皆好佛、老。先是，淸寧宮成，命灌頂國師設壇慶讚，又遣中官齎眞武像，建醮武當山，使使詣泰山進神袍，或白晝散燈市上。帝重違太后意，曲從之，而健等諫甚力。十五年六月詔擬釋迦啞塔像讚，十七年二月詔建延壽塔朝陽門外，除道士杜永祺等五人爲眞人，皆以健等力諫得寢。

是年夏，小王子謀犯大同，帝召見閣臣。健請簡京營大帥，因言京軍怯不任戰，請自今罷其役作以養銳氣。帝然之。退復條上防邊事宜，悉報允。未幾，邊警狎至，帝惑中官苗逵言銳欲出師。健與東陽、遷委曲阻之，帝意猶未回。兵部尚書劉大夏亦言京軍不可動，乃止。

帝自十三年召對健等後，閣臣希得進見。及是在位久，益明習政事，數召見大臣，欲以次革煩苛，除宿弊。嘗論及理財，東陽極言鹽政弊壞，由陳乞者衆，因而私販數倍。健進曰：「太祖時茶法始行，駙馬歐陽倫以私販坐死，高皇后不能救。如倫事，孰敢爲陛下言者。」帝曰：「非不敢言，不肯言耳。」遂詔戶部覈利弊，具議以聞。

當是時，健等三人同心輔政，竭情盡慮，知無不言。初或有從有不從，既乃益見信，所

奏請無不納，呼爲先生而不名。每進見，帝輒屏左右。左右間從屏間竊聽，但聞帝數數稱善。諸進退文武大臣，釐飭屯田、鹽、馬諸政，健翊贊爲多。

未幾，帝疾大漸，召健等入乾清宮。帝力疾起坐，自敍卽位始末甚詳，令近侍書之。已，執健手曰：「先生輩輔導良苦。東宮聰明，但年尚幼，好逸樂，先生輩常勸之讀書，輔爲賢主。」健等欷歔頓首受命而出。翌日帝崩。

武宗嗣位，健等釐諸弊政，凡孝宗所欲興罷者，悉以遺詔行之。劉瑾者，東宮舊豎也，與馬永成、谷大用、魏彬、張永、丘聚、高鳳、羅祥等八人俱用事，時謂之「八黨」，日導帝遊戲，詔條率沮格不舉。京師淫雨自六月至八月。健等乃上言：「陛下登極詔出，中外歡呼，想望太平。今兩月矣，未聞汰冗員幾何，省冗費幾何。詔書所載，徒爲空文。此陰陽所以失調，雨暘所以不若也。如監局、倉庫、城門及四方守備內臣增置數倍，朝廷養軍匠費鉅萬計，僅足供其役使，寧可不汰。文武臣曠職僨事、虛糜廩祿者，寧可不黜。畫史、工匠濫授官職者多至數百人，寧可不罷。內承運庫累歲支銀數百餘萬，初無文簿，司鑰庫貯錢數百萬，未知有無，寧可不勾校。至如縱內苑珍禽奇獸，放遣先朝宮人，皆新政所當先，而陛下悉牽制不行，何以慰四海之望。」帝雖溫詔答之，而左右宦豎日恣，增益且日衆。享祀郊廟，帶刀被甲擁駕後。內府諸監局僉書多者至百數十人，光祿日供驟益數倍。健等極陳其弊，請勸

政、講學，報聞而已。

正德元年二月，帝從尚書韓文言，畿甸皇莊令有司徵課，而每莊仍留宦官一人、校尉十人。健等言「皇莊旣以進奉兩宮，自宜悉委有司，不當仍主以私人，反失朝廷尊親之意」，因備言內臣管莊擾民。不省。

吏、戶、兵三部及都察院各有疏爭職掌爲近習所撓。健等擬旨，上不從，令再擬。健等力諫，謂：「奸商譚景清之沮壞鹽政，北征將士之無功授官，武臣神英之負罪玩法，御用監書篆之濫收考較，皆以一二人私恩，壞百年定制。況今政令維新，而地震天鳴，白虹貫日，恒星晝見，太陽無光。內賊縱橫，外寇猖獗，財匱民窮，怨謗交作。而中外臣僕方且乘機作奸，排忠直猶仇讎，保奸回如骨肉。日復一日，愈甚於前，禍變之來恐當不遠。臣等受知先帝，叨任腹心。邇者旨從中下，略不與聞。有所擬議，竟從改易。似此之類，不可悉舉。若復顧惜身家，共爲阿順，則罔上悞國，死有餘辜。所擬四疏，不敢更易，謹以原擬封進。」不報。

居數日，又言：「臣等遭逢先帝，臨終顧命，惓惓以陛下爲託，痛心刻骨，誓以死報。卽位詔書，天下延頸，而朝令夕改，迄無寧日。百官庶府，倣傚成風，非惟廢格不行，抑且變易殆盡。建言者以爲多言，幹事者以爲生事，累章執奏謂之瀆擾，釐剔弊政謂之紛更；憂在於

民生國計，則若罔聞知，事涉於近幸貴戚，則牢不可破。臣等心知不可，義當盡言。比爲鹽法、賞功諸事，極陳利害，拱俟數日，未蒙批答。若以臣等言是，宜賜施行，所言如非，卽當斥責。乃留中不報，視之若無。政出多門，咎歸臣等。宋儒朱子有言『一日立乎其位，則一日業乎其官；一日不得乎其官，則不敢一日立乎其位』。若冒顧命之名而不盡輔導之實，旣負先帝，又負陛下，天下後世其謂臣何。伏乞聖明矜察，特賜退休。」帝優旨慰留之，疏仍不下。

越五日，健等復上疏，歷數政令十失，指斥貴戚、近倖尤切。因再申前請。帝不得已，始下前疏，命所司詳議。健知志終不行，首上章乞骸骨，李東陽、謝遷繼之，帝皆不許。旣而所司議上，一如健等指。帝勉從之，由是諸失利者咸切齒。

六月庚午復上言：「近日以來，免朝太多，奏事漸晚，遊戲漸廣，經筵日講直命停止。臣等愚昧，不知陛下宮中復有何事急於此者。夫濫賞妄費非所以崇儉德，彈射釣獵非所以養仁心，鷹犬狐兔田野之物不可育於朝廷，弓矢甲冑戰鬭之象不可施於宮禁。今聖學久曠，正人不親，直言不聞，下情不達，而此數者雜交於前，臣不勝憂懼。」帝曰：「朕聞帝王不能無過，貴改過。卿等言是，朕當行之。」健等乃錄廷臣所陳時政切要者，請置坐隅朝夕省覽：曰無單騎馳驅，輕出宮禁，曰無頻幸監局，泛舟海子，曰無事鷹犬彈射，曰無納內侍進獻飲膳。

疏入，報聞。

先是，孝宗山陵畢，健等卽請開經筵。帝初勉應之，後數以朝謁兩宮停講，或云擇日乘馬。健等陳諫甚切至。八月，帝旣大婚，健等又請開講。命俟九月，至期又命停午講。健等以先帝故事，日再進講，力爭不得。

當是時，健等懇切疏諫者屢矣，而帝以狎近羣小，終不能改。旣而遣中官崔杲等督織造，乞鹽萬二千引。所司執奏，給事中陶諧、徐昂，御史杜旻、邵清、楊儀等先後諫，健等亦言不可。帝召健等至煖閣面議，頗有所詰問，健等皆以正對。帝不能難，最後正色曰：「天下事豈皆內官所壞，朝臣壞事者十常六七，先生輩亦自知之。」因命鹽引悉如杲請。健等退，再上章言不可。帝自愧失言，乃兪健等所奏。於是中外咸悅，以帝庶幾改過。

健等遂謀去「八黨」，連章請誅之。言官亦交論羣閹罪狀，健及遷、東陽持其章甚力。帝遣司禮詣閣曰：「朕且改矣，其爲朕曲赦若曹。」健等言：「此皆得罪祖宗，非陛下所得赦。」復上言曰：「人君之於小人，不知而誤用，天下尚望其知而去之。知而不去則小人愈肆，君子愈危，不至於亂亡不已。且邪正不並立，今舉朝欲決去此數人，陛下又知其罪而故留之左右，非特朝臣疑懼，此數人亦不自安。上下相猜，中外不協，禍亂之機始此矣。」不聽。健等以去就爭。瑾等八人窘甚，相對涕泣。而尚書韓文等疏復入，於是帝命司禮王岳等詣閣

議，一日三至，欲安置瑾等南京。遷欲遂誅之，健推案哭曰：「先帝臨崩，執老臣手，付以大事。今陵土未乾，使若輩敗壞至此，臣死何面目見先帝！」聲色俱厲。岳素剛正疾邪，慨然曰：「閣議是。」其儕范亨、徐智等亦以爲然。是夜，八人益急，環泣帝前。帝怒，立收岳等下詔獄，而健等不知，方倚岳內應。明日，韓文倡九卿伏闕固爭，健逆謂曰：「事且濟，公等第堅持。」頃之，事大變，八人皆宥不問，而瑾掌司禮。健、遷遂乞致仕，賜敕給驛歸，月廩、歲夫如故事。

健去，瑾憾不已。明年三月辛未詔列五十三人爲奸黨，榜示朝堂，以健爲首。又二年削籍爲民，追奪誥命。瑾誅，復官，致仕。後聞帝數巡遊，輒歎息不食曰：「吾負先帝。」世宗立，命行人齎敕存問，以司馬光、文彥博爲比，賜賚有加。及年躋九十，詔撫臣就第致束帛、餼羊、上尊，官其孫成學中書舍人。嘉靖五年卒，[四]年九十四。遺表數千言，勸帝正身勤學，親賢遠佞。帝震悼，賜卹甚厚，贈太師，謚文靖。

健器局嚴整，正己率下。朝退，僚寀私謁，不交一言。許進輩七人欲推焦芳入吏部，健曰：「老夫不久歸田，此座卽焦有，恐諸公俱受其害耳。」後七人果爲芳所擠。東陽以詩文引後進，海內士皆抵掌談文學，健若不聞，獨教人治經窮理。其事業光明俊偉，明世輔臣鮮有比者。

孫望之，進士。

謝遷，字于喬，餘姚人。成化十年鄉試第一。明年舉進士，復第一。授修撰，累遷左庶子。

弘治元年春，中官郭鏞請豫選妃嬪備六宮。遷上言：「山陵未畢，禮當有待。祥禫之期，歲亦不遠。陛下富於春秋，請俟諒陰旣終，徐議未晚。」尚書周洪謨等如遷議，從之。帝居東宮時，遷已爲講官，及是，與日講，務積誠開帝意。前夕必正衣冠習誦，及進講，敷詞詳切，帝數稱善。進少詹事兼侍講學士。

八年詔同李東陽入內閣參預機務。遷時居憂，力辭，服除始拜命。進詹事兼官如故。皇太子出閣，加太子少保、兵部尚書兼東閣大學士。上疏勸太子親賢遠佞，勤學問，戒逸豫，帝嘉之。尚書馬文升以大同邊警，餉饋不足，請加南方兩稅折銀。遷曰：「先朝以南方賦重，故折銀以寬之。若復議加，恐民不堪命。且足國在節用，用度無節，雖加賦奚益。」尚書倪岳亦爭之，議遂寢。

孝宗晚年慨然欲釐弊政。而內府諸庫及倉場、馬坊中官作奸骫法，不可究詰。御馬監、騰驤四衞勇士自以禁軍不隸兵部，率空名支餉，其弊尤甚。遷乘間言之，帝令擬旨禁約。遷曰：「虛言設禁無益，宜令曹司搜剔弊端，明白奏聞。然後嚴立條約，有犯必誅，庶積蠹可去。」帝俞允之。

遷儀觀俊偉，秉節直亮。與劉健、李東陽同輔政，而遷見事明敏，善持論。時人爲之語曰：「李公謀，劉公斷，謝公尤侃侃。」天下稱賢相。

武宗嗣位，屢加少傅兼太子太傅。數諫，帝弗聽。因天變求去甚力，帝輒慰留。及請誅劉瑾不克，遂與健同致仕歸，禮數俱如健。而瑾怨遷未已。焦芳旣附瑾入內閣，亦憾遷嘗舉王鏊、吳寬自代，不及己，乃取中旨勒罷其弟兵部主事迪，斥其子編修丕爲民。

四年二月，以浙江應詔所舉懷才抱德士餘姚周禮、徐子元、許龍，上虞徐文彪，皆遷同鄉，而草詔由健，欲因此爲二人罪。矯旨謂餘姚隱士何多，此必徇私援引，下禮等詔獄，詞連健、遷。瑾欲逮健、遷，籍其家，東陽力解。芳從旁厲聲曰：「縱輕貸，亦當除名。」旨下，如芳言，禮等咸戍邊。尚書劉宇復劾兩司以上訪舉失實，坐罰米，有削籍者。且詔自今餘姚人毋選京官，著爲令。其年十二月，言官希瑾指，請奪健、遷及尚書馬文升、劉大夏、韓文、許進等誥命，詔幷追還所賜玉帶服物，同時奪誥命者六百七十五人。當是時，人皆爲遷危，而遷與客圍棋、賦詩自若。瑾誅，復職，致仕。

世宗卽位，遣使存問，起迪參議，丕復官翰林。遷乃遣子正入謝，勸帝勤學、法祖、納諫，優旨答之。嘉靖二年復詔有司存問。六年，大學士費宏舉遷自代，楊一清欲阻張璁，亦力舉遷。帝乃遣行人齎手敕卽家起之，命撫、按官敦促上道。遷年七十九矣，不得已拜命。比至，而璁已入閣，一清以官尊於遷無相下意。遷居位數月，力求去。帝待遷愈厚，以天寒免朝參，除夕賜御製詩，及以病告則遣醫賜藥餌，光祿致酒餼，使者相望於道。遷竟以次年三月辭歸。[五]十年卒於家，年八十有三。贈太傅，謚文正。

迪仕至廣東布政使。丕鄉試第一，弘治末進士及第。歷官吏部左侍郎，贈禮部尚書。

李東陽，字賓之，茶陵人，以戍籍居京師。四歲能作徑尺書，景帝召試之，甚喜，抱置膝上，賜果鈔。後兩召講尚書大義，稱旨，命入京學。天順八年，年十八，成進士，選庶吉士，授編修。累遷侍講學士，充東宮講官。

弘治四年，[六]憲宗實錄成，由左庶子兼侍講學士，進太常少卿，兼官如故。五年，旱災求言。東陽條摘孟子七篇大義，附以時政得失，累數千言，上之。帝稱善。閣臣徐溥等以詔敕繁，請如先朝王直故事，設官專領。乃擢東陽禮部右侍郎兼侍讀學士，入內閣專典誥敕。八年以本官直文淵閣參預機務，與謝遷同日登用。久之，進太子少保、禮部尚書兼文淵閣大學士。

十七年，重建闕里廟成，奉命往祭。還上疏言：

臣奉使遄行，適遇亢旱。天津一路，夏麥已枯，秋禾未種，輓舟者無完衣，荷鋤者有菜色。盜賊縱橫，青州尤甚。南來人言，江南、浙東流亡載道，戶口消耗，軍伍空虛，庫無旬日之儲，官缺累歲之俸。東南財賦所出，一歲之饑已至於此。北地皆窳，素無積聚，今秋再歉，何以堪之。事變之生，恐不可測。臣自非經過其地，則雖久處官曹，日理章疏，猶不得其詳，況陛下高居九重之上耶？

臣訪之道路，皆言冗食太衆，國用無經，差役頻煩，科派重疊。京城土木繁興，供役軍士財力交殫，每遇班操，寧死不赴。勢家鉅族，田連郡縣，猶請乞不已。親王之藩，供億至二三十萬。游手之徒，託名皇親僕從，每於關津都會大張市肆，網羅商稅。國家建都於北，仰給東南，商賈驚散，大非細故。更有織造內官，縱羣小掊擊，閘河官吏莫不奔駭，鬻販窮民所在騷然，此又臣所目擊者。

夫閭閻之情，郡縣不得而知也。郡縣之情，廟堂不得而知也。廟堂之情，九重亦不得而知也。始於容隱，成於蒙蔽。容隱之端甚小，蒙蔽之禍甚深。臣在山東，伏聞

陛下以災異屢見，敕羣臣盡言無諱。然詔旨頻降，章疏畢陳，而事關內廷、貴戚者，動爲掣肘，累歲經時，俱見遏罷。誠恐今日所言，又爲虛文。乞取從前內外條奏，詳加採擇，斷在必行。

帝嘉歎，悉付所司。

是時，帝數召閣臣面議政事。東陽與首輔劉健等竭心獻納，時政闕失必盡言極諫。東陽工古文，閣中疏草多屬之。疏出，天下傳誦。明年，與劉健、謝遷同受顧命。

武宗立，屢加少傅兼太子太傅。劉瑾入司禮，東陽與健、遷卽日辭位。中旨去健、遷，而東陽獨留。恥之，再疏懇請，不許。初，健、遷持議欲誅瑾，詞甚厲，惟東陽少緩，故獨留。健、遷瀕行，東陽祖餞泣下。健正色曰：「何泣爲？使當日力爭，與我輩同去矣。」東陽默然。

瑾既得志，務摧抑縉紳。而焦芳入閣助之虐，老臣、忠直士放逐殆盡。東陽悒悒不得志，亦委蛇避禍。而焦芳嫉其位己上，日夕搆之瑾。先是，東陽奉命編通鑑纂要。既成，瑾令人摘筆畫小疵，除謄錄官數人名，欲因以及東陽。東陽大窘，屬芳與張綵爲解，乃已。

瑾兇暴日甚，無所不訕侮，於東陽猶陽禮敬。凡瑾所爲亂政，東陽彌縫其間，亦多所補救。尚寶卿崔璿、副使姚祥、郎中張瑋以違制乘肩輿，從者妄索驛馬，給事中安奎、御史張彧以覈邊餉失瑾意，皆荷重校幾死。東陽力救，璿等謫戍，奎、彧釋爲民。

三年六月壬辰，朝退，有遺匿名書於御道數瑾罪者，詔百官悉跪奉天門外。頃之，執庶僚三百餘人下詔獄。次日，東陽等力救，會瑾亦廉知其同類所爲，衆獲宥。後數日，東陽疏言寬恤數事，章下所司。既而戶部覆奏，言糧草虧折，自有專司，巡撫官總領大綱，宜從輕減。瑾大怒，矯旨詰責數百言，中外駭歎。瑾患盜賊日滋，欲戍其家屬並鄰里及爲之囊橐者。或自陳獲盜七十人，所司欲以新例從事。東陽言，如是則百年之案皆可追論也，乃免。劉健、謝遷、劉大夏、楊一清及平江伯陳熊輩幾得危禍，皆賴東陽而解。其潛移默奪，保全善類，天下陰受其庇，而氣節之士多非之。侍郎羅玘上書勸其早退，至請削門生籍。東陽得書，俛首長歎而已。

焦芳既與中人爲一，王鏊雖持正，不能與瑾抗，東陽乃援楊廷和共事，差倚以自強。已而鏊辭位，代者劉宇、曹元皆瑾黨，東陽勢益孤。東陽前已加少師兼太子太師，後瑾欲加芳官，詔東陽食正一品祿。四年五月，孝宗實錄成，編纂諸臣當序遷，所司援會典故事。詔以劉健等前纂修會典多縻費，皆奪陞職，東陽亦坐降俸。居數日，乃以實錄功復之。

五年春，久旱，下詔恤刑。而法司畏瑾，減死者止二人。其秋，瑾誅，東陽乃上疏自列曰：「臣備員禁近，與瑾職掌相關。凡調旨撰敕，或被駁再三，或徑自改竄，或持回私室，假手他人，或遞出謄黃，逼令落稾，眞假混淆，無從

別白。臣雖委曲匡持，期於少濟，而因循隱忍，所損亦多。理宜黜罷。」帝慰留之。

寘鐇平，加特進左柱國，廕一子尚寶司丞，爲御史張芹所劾。帝怒，奪芹俸。東陽亦乞休辭廕，不許。時焦芳、曹元已罷，而劉忠、梁儲入，政事一新。然張永、魏彬、馬永成、谷大用等猶用事，帝嬉遊如故。皇子未生，多居宿於外，又議大興豹房之役，建寺觀禁中。東陽等憂之，前後上章切諫，不報。七年，東陽等以京師及山西、陝西、雲南、福建相繼地震，而帝講筵不舉，視朝久曠，宗社祭享不親，禁門出入無度，谷大用仍開西廠，屢上疏極諫，帝亦終不聽。

九載秩滿，兼支大學士俸。河南賊平，廕子世錦衣千戶。再疏力辭，改廕六品文官。其冬，帝欲調宣府軍三千入衛，而以京軍更番戍邊。東陽等力持不可，大臣、臺諫皆以爲言。中官旁午索草敕，帝坐乾清宮門趣之，東陽等終不奉詔。明日竟出內降行之，江彬等遂以邊兵入豹房矣。東陽以老疾乞休，前後章數上，至是始許。賜敕、給廩隸如故事。又四年卒，年七十。贈太師，謚文正。

東陽事父淳有孝行。初官翰林時，常飲酒至夜深，父不就寢，忍寒待其歸，自此終身不夜飲於外。爲文典雅流麗，朝廷大著作多出其手。工篆隸書，碑版篇翰流播四裔。奬成後進，推挽才彥，學士大夫出其門者，悉粲然有所成就。自明興以來，宰臣以文章領袖縉紳

者，楊士奇後，東陽而已。立朝五十年，清節不渝。既罷政居家，請詩文書篆者塡塞戶限，頗資以給朝夕。一日，夫人方進紙墨，東陽有倦色。夫人笑曰：「今日設客，可使案無魚菜耶？」乃欣然命筆，移時而罷，其風操如此。

王鏊，字濟之，吳人。父琬，光化知縣。鏊年十六，隨父讀書，國子監諸生爭傳誦其文。侍郎葉盛、提學御史陳選奇之，稱爲天下士。成化十年鄉試，明年會試，俱第一。廷試第三，授編修。杜門讀書，避遠權勢。

弘治初，遷侍講學士，充講官。中貴李廣導帝遊西苑，鏊講文王不敢盤於遊田，反覆規切，帝爲動容。講罷，謂廣曰：「講官指若曹耳。」壽寧侯張巒故與鏊有連，及巒貴，鏊絕不與通。東宮出閣，大臣請選正人爲宮僚，鏊以本官兼諭德。尋轉少詹事，擢吏部右侍郎。

嘗奏陳邊計，略言：「昨火篩入寇大同，陛下宵旰不寧，而緣邊諸將皆嬰城守，無一人敢當其鋒者，此臣所不解也。臣竊謂今日火篩、小王子不足畏，而嬖倖亂政，功罪不明，委任不專，法令不行，邊圉空虛，深可畏也。比年邊將失律，往往令戴罪殺賊。副總兵姚信擁兵不進，亦得逃罪。此人心所以日懈，士氣所以不振也。望陛下大奮乾剛，時召大臣，咨詢邊

將勇怯，有罪必罰，有功必賞，專主將之權。起致仕尚書秦紘爲總制，節制諸邊，提督右都御史史琳坐鎭京營，遙爲聲援。厚恤沿邊死事之家，召募邊方驍勇之士，用間以攜其部曲。分兵掩擊，出奇制勝，寇必不敢長驅深入。」從之。又言：「宜倣前代制科，如博學宏詞之類，以收異材。六年一舉，尤異者授以清要之職，有官者加秩。數年之後，士類濯磨，必以通經學古爲高，脫去謏聞之陋。」時不能用。尋以父憂歸。

正德元年四月起左侍郎，與韓文諸大臣請誅劉瑾等「八黨」。俄瑾入司禮，大學士劉健、謝遷相繼去，內閣止李東陽一人。瑾欲引焦芳，廷議獨推鏊。瑾迫公論，命以本官兼學士與芳同入內閣。踰月，進戶部尚書文淵閣大學士。明年加少傅兼太子太傅。

景帝汪后薨，疑其禮。鏊曰：「妃廢不以罪，宜復故號，葬以妃，祭以后。」乃命輟朝，致祭如制。憲宗廢后吳氏之喪，瑾議欲焚之以滅迹，曰「不可以成服」。鏊曰：「服可以不成，葬不可薄也。」從之。尚寶卿崔璿等三人荷校幾死，鏊謂瑾曰：「士可殺，不可辱。今辱且殺之，吾尚何顏居此。」李東陽亦力救，璿等得遣戍。瑾銜尚書韓文，必欲殺之，又欲以他事中健、遷，鏊前後力救得免。或惡楊一清於瑾，謂築邊牆糜費。鏊爭曰：「一清爲國修邊，安得以功爲罪。」瑾怒劉大夏，逮至京，欲坐以激變罪死。鏊爭曰：「岑猛但遷延不行耳，未叛何名激變？」

時中外大權悉歸瑾，鏊初開誠與言，間聽納。而芳專媕阿，瑾橫彌甚，禍流縉紳。鏊不能救，力求去。四年，疏三上，許之。賜璽書、乘傳、有司給廩隸，咸如故事。家居十四年，廷臣交薦不起。

世宗卽位，遣行人存問。鏊疏謝，因上講學、親政二篇。帝優詔報聞，官一子中書舍人。嘉靖三年復詔有司存問。未幾卒，年七十五。贈太傅，謚文恪。

鏊博學有識鑒，文章爾雅，議論明暢。晚著性善論一篇，王守仁見之曰：「王公深造，世未能盡也。」少善制舉義，後數典鄉試，程文魁一代。取士尚經術，險詭者一切屏去。弘、正間，文體爲一變。

劉忠，字司直，陳留人。成化十四年進士。改庶吉士，授編修。弘治四年，憲宗實錄成，遷侍講，直經筵，尋兼侍東宮講讀。又九年進侍讀學士。

武宗卽位，以宮寮擢學士，掌翰林院，仍直經筵。正德二年，劉瑾用事，日導帝遊戲，亂祖宗舊章。忠上言戒逸遊、崇正學數事。已，因進講與楊廷和傅經義，規帝闕失，而指斥近倖尤切。帝謂瑾曰：「經筵，講書耳，浮詞何爲？」瑾素惡兩人，因諷吏部尚書許進出之南京。

南京諸部惟右侍郎一人，進特請用爲禮部左侍郎。命下，外議籍籍，進患之，甫兩月，卽擢忠本部尚書。其冬，就改吏部。時留都一御史，素驕橫，一郎中，張綵所暱也，秩滿，皆署下考。疾吏胥詭名寄籍，督諸曹核汰千人。大計京官，所黜多於前。又疏請不時糾劾，以示勸懲，無待六年考黜。詔可之。忠在南京正直有風采。然是時，瑾方以嚴苛折辱士大夫，而忠操繩墨待下，糾劾過峻。時論遂謂忠附會瑾意，頗歸怨焉。

五年二月改吏部尚書兼翰林學士，專典制誥。兩疏乞休，不報。瑾誅，以本官兼文淵閣大學士，入閣預機務。甫數日，以平寧夏功，加少傅兼太子太傅。故事，閣臣加官無遽至三孤者。忠無功驟得，不自安，連疏固辭，不許。瑾雖誅，張永、魏彬輩擅政，大臣復爭與交驩，忠獨無所顧。永嘗遣廖鵬謁忠，忠僕隸遇之，又却其餽，由是與永輩左。前後乞休疏七八上，皆慰留。明年命典會試。甫畢，帝以試錄文義多舛，召李東陽示之。忠知爲中官所掎，乞省墓。詔乘傳還。抵家，再上章乞致仕，報許。給月廩、歲隸終其身。

世宗卽位，屢薦不起。遣行人存問，忠奏謝，因有所獻納，帝褒其忠愛。嘉靖二年卒，年七十二。贈太保，謚文肅。

贊曰：徐溥以寬厚著，丘濬以博綜聞。觀其指事陳言，懇懇焉爲憂盛危明之計，可謂勤矣。劉健、謝遷正色直道，蹇蹇匪躬。閹豎亂政，秉義固諍。志雖不就，而剛嚴之節始終不渝。有明賢宰輔，自三楊外，前有彭、商，後稱劉、謝，庶乎以道事君者歟。李東陽以依違蒙詬，然善類賴以扶持，所全不少。大臣同國休戚，非可以決去爲高，遠蹈爲潔，顧其志何如耳。王鏊、劉忠持正不阿，奉身早退。此誠明去就之節，烏能委蛇俛仰以爲容悅哉。

校勘記

〔一〕成化十五年拜禮部右侍郎　十五年，國朝獻徵錄卷一四徐公溥行狀作「辛丑」，卽十七年，弇山堂別集卷五六同。按憲宗實錄卷二一二成化十七年二月辛亥條稱徐溥爲「太常寺卿」，是拜禮部侍郎當爲十七年二月後事。

〔二〕飛禽者二　原作「飛禽者三」，據國朝獻徵錄卷一四丘公濬傳改。按春秋記載的飛禽事件有二。一是僖公十六年「六鷁退飛過宋都」，一是昭公二十五年「有鸜鵒來巢」。此云飛禽者三誤。

〔三〕年七十六　上文說丘濬於弘治四年入閣，時年七十一，弘治八年應年七十五。傳文前後不符，當有譌誤。

〔四〕嘉靖五年卒　世宗實錄卷七四繫劉健卒於嘉靖六年三月壬午。

〔五〕遷竟以次年三月辭歸　三月，原作「正月」，據本書卷一一〇宰輔年表、世宗實錄卷八六嘉靖七年三月戊寅條改。

〔六〕弘治四年　原作「弘治五年」，與下文「五年」重出，據明史稿傳五九李東陽傳及武宗實錄卷一三九正德十一年七月己亥條改。

明史卷一百八十二

列傳第七十

王恕 子承裕　馬文升　劉大夏

王恕，字宗貫，三原人。正統十三年進士。由庶吉士授大理左評事，進左寺副。嘗條刑罰不中者六事，皆議行之。遷揚州知府，發粟振饑不待報，作資政書院以課士。天順四年以治行最，超遷江西右布政使，平贛州寇。憲宗嗣位，詔大臣嚴覈天下方面官，乃黜河南左布政使侯臣等十三人，而以恕代臣。

成化元年，南陽、荆、襄流民嘯聚爲亂，擢恕右副都御史撫治之。會丁母憂，詔奔喪兩月卽起視事。恕辭，不許。與尚書白圭共平大盜劉通，復討破其黨石龍。嚴束所部毋濫殺，流民復業。移撫河南。論功，進左副都御史，稍遷南京刑部右侍郎。〔一〕父憂，服除，以原官總督河道。浚高郵、邵伯諸湖，修雷公、上下句城、陳公四塘水閘。因災變，請講求弭

災策。帝爲賜山東租一年，畿輔亦多減免。旋改南京戶部左侍郎。

十二年，大學士商輅等以雲南遠在萬里，西控諸夷，南接交阯，而鎭守中官錢能貪恣甚，議遣大臣有威望者爲巡撫鎭壓之，乃改恕左副都御史以行，就進右都御史。初，能遣指揮郭景奏事京師，言安南捕盜兵闌入雲南境，帝卽命景齎敕戒約之。舊制，使安南必由廣西，而景直自雲南往。能因景遺安南王黎灝玉帶、寶絛、蟒衣、珍奇諸物。灝遣將率兵送景還，欲遂通雲南道。景懼後禍，紿先行白守關者。因脫歸，揚言安南寇至，關吏戒嚴。黔國公沐琮遣人諭其帥，始返。而諸臣畏能，匿不奏。能又頻遣景及指揮盧安、蘇本等交通干崖、孟密諸土官，納其金寶無算。恕皆廉得之。遣騎執景，景懼自殺，因劾能私通外國，罪當死。詔遣刑部郎中潘蕃往按之。能又以其間，驛進黃鸚鵡。恕請禁絕，且盡發能貪暴狀，言：「昔交阯以鎭守非人，致一方陷沒，今日之事殆又甚焉。陛下何惜一能，不以安邊徼。」能大懼，急屬貴近請召恕還。而是時商輅、項忠諸正人方以忤汪直罷，遂改恕掌南京都察院，參贊守備機務。能事立解，蕃勘上得實，置不問。

恕居雲南九月，威行徼外，黔國以下咸惕息奉令。疏凡二十上，直聲動天下。當是時，安南納江西叛人王姓者爲謀主，潛遣諜入臨安，又於蒙白市銅鑄兵器，將伺間襲雲南。恕請增設副使二員，以飭邊備，謀遂沮。

還南京數月，還兵部尚書，參贊如故。考選官屬，嚴拒請託，同事者咸不悅。而錢能歸，屢譖恕於帝。帝亦銜恕數直言，遂命兼右副都御史巡撫南畿。舊制，應天、鎮江、太平、寧國、廣德官田徵半租，民田全免。其後，民田率歸豪右，而官田累貧民。恕乃量減官田耗，稍增之民田。常州時有羨米，乃奏以六萬石補夏稅，又補他府戶口鹽鈔六百萬貫，公私便焉。所部水災，奏免秋糧六十餘萬石。周行振貸，全活二百餘萬口。江南歲輸白糧，民多至破產，而光祿槪以給庖人、賤工。又中官暴橫，四方輸上供物，監收者率要羨入。織造繒綵及採花卉禽鳥者，絡繹道路。恕先後論列，皆不納。

中官王敬挾妖人千戶王臣南行採藥物、珍玩，所至騷然，長吏多被辱。至蘇州，召諸生寫妖書，諸生大譁。敬奏諸生抗命。恕亟疏言：「當此凶歲，宜遣使振濟，顧乃橫索玩好。昔唐太宗諷梁州獻名鷹，明皇令益州織半臂褙子，進琵琶桿撥鏤牙合子諸物，李大亮、蘇頲不奉詔。臣雖無似，有慕斯人。」因盡列敬等罪狀。敬亦誣奏恕并及常州知府孫仁，仁被逮。仁，新淦人，由進士歷知府，爲人方峻，敬至不爲禮，以是見忤。恕抗章救，三疏劾敬。會中官尚銘亦發敬奸狀，乃下敬等獄，戍其黨十九人，而棄臣市，傳首南京。仁亦得釋歸，後積官至巡撫寧夏右副都御史。

二十年復改恕南京兵部尚書。時錢能亦守備南京，語人曰：「王公，天人也，吾敬事而

已。」恕坦懷待之，能卒斂戢。林俊之下獄也，恕言：「天地止一壇，祖宗止一廟，而佛至千餘寺。一寺立，而移民居且數百家，費內帑且數十萬，此舛也。俊言當，不宜罪。」帝得疏不懌。恕侃侃論列無少避。先後應詔陳言者二十一，建白者三十九，〔二〕皆力阻權倖。天下傾心慕之，遇朝事有不可，必曰「王公胡不言也？」則又曰「公疏且至矣」。已，恕疏果至。時爲謠曰：「兩京十二部，獨有一王恕。」於是貴近皆側目，帝亦頗厭苦之。

二十二年起用傳奉官，恕諫尤切，帝愈不悅。恕先加太子少保，會南京兵部侍郎馬顯乞罷，忽附批落恕宮保致仕，朝野大駭。恕數爲巡撫，歷侍郎至尚書，皆在留都。以好直言，終不得立朝。既歸，名益高，臺省推薦無虛月。工部主事仙居王純比恕汲黯，至予杖，謫思南推官。

孝宗卽位，始用廷臣薦，召入爲吏部尚書，尋加太子太保。〔三〕先是，中外劾大學士劉吉者，必薦恕，吉以是大恚。凡恕所推舉，必陰撓之。弘治元年閏正月，言官劾兩廣總督宋旻、漕運總督丘鼐等三十七人，宜降黜，中多素有時望者。吉竟取中旨允之，章不下吏部。恕以不得其職，拜疏乞去，不許。陝西缺巡撫，恕推河南布政使蕭禎。詔別推，恕執奏曰：「陛下不以臣不肖，任臣銓部。倘所舉不效，臣罪也。今陛下安知禎不才而拒之？是必左右近臣意有所屬。臣不能承望風指，以固祿位。且陛下既以禎爲不可用，是臣不可用也，願

乞骸骨。」帝乃卒用禎。

時言官多稱恕賢且老，不當任劇職，宜置內閣參大政。最後，南京御史吳泰等復言之。帝曰：「朕用蹇義、王直故事，官恕吏部，有謀議未嘗不聽，何必內閣也。」恕嘗侍經筵，見帝困熱暑，請依故事大寒暑暫停，仍進講義於宮中。進士董傑、御史湯鼐、給事中韓重等遂交章論駁，恕待罪請解職，優詔不許。恕上言：「臣蒙國厚恩，日夕思報。人見陛下任臣過重，遂望臣太深，欲臣盡取朝政更張之，如宋司馬光故事。無論臣才遠不及光，卽今亦豈元祐時。且六卿分職，各有攸司，臣豈敢越而謀之。但傑等責臣良是，臣無所逃罪，惟乞放還。」帝復優詔勉留之。恕感激眷遇，益以身任國事。方以疾在告，聞帝頗擢用宦官，至有賜蟒衣給莊田者，具疏切諫。中官黃順請起復匠官潘俊供役，恕言不可以小臣壞重典。再執奏，竟報許。

劉吉既憾恕，吉所陷壽州知州劉槩及言官周紘、張昺、湯鼐、姜綰等，恕又抗章力救，吉以是益恨，乃合私人魏璋等共排之。恕先後推用羅明、熊懷、强珍、陳壽、丘鼐、白思明等，咸諷璋等糾駁。恕知志不得行，連章求去。帝輒慰留，且以其老特免午朝，遇大風雨雪，早朝亦免。

徽王見沛乞歸德州田，已得旨。恕言王國懿親，不當爭尺寸地，使小民失業，帝婉辭報

焉。盧溝橋成，中官李興乞進文思院副使潘俊等官。恕言：「營造常職，安得錄功。成化季始有此事，陛下初政幸已革汰，奈何復行。且山陵大工未聞陞職，援例奏乞，將何詞拒之。」帝納其言。已，修京城河橋，帝復從興請授四人官，許五人冠帶。恕執奏，不從，再疏爭曰：「臣職掌銓選，義當盡言，而再疏莫回天聽，以爲業已許之不可易。夫事求其當，設未當，雖十易何害。不然，流弊有不可救者。」報聞。先後以災異條七事，以星變陳二十事，咸切時弊。壽寧伯張巒請勳號、誥券。恕言：「錢、王兩太后正位中宮數十年，錢承宗、王源始邀封爵。今皇后立甫三年，巒已封伯，遽有此請，累聖德，不可許。」通政經歷高祿，〔四〕巒妹壻也，超遷本司參議。恕言：「天下之官以待天下之士，勿私貴戚，妨公議。」中旨以次等御醫徐生超補院判，恕請選上考者，不納。文華殿中書舍人杜昌等夤緣遷秩，御醫王玉自陳乞進官，恕皆力爭寢之。

是時劉吉已罷，而丘濬入閣，亦與恕不相能。初，濬以禮部尚書掌詹事，與恕同爲太子太保。恕長六卿，位濬上。及濬入閣，恕以吏部弗讓也，濬由是不悅。恕考察天下庶官，已黜而濬調旨留之者九十餘人。恕屢爭不能得，因力求罷，不許。太醫院判劉文泰者，故往來濬家以求遷官，爲恕所沮，銜恕甚。恕里居日，嘗屬人作傳，鏤板以行。濬謂其沽直謗君，上聞罪且不小。文泰心動，乃自爲奏草，示除名都御史吳禎潤色之。訐恕變亂選法，且傳

中自比伊、周，於奏疏留中者，概云不報，以彰先帝拒諫，無人臣禮，欲中以奇禍。恕以奏出濬指，抗言：「臣傳作於成化二十年，致仕在二十二年，非有望於先帝也。且傳中所載，皆足昭先帝納諫之美，何名彰過。文泰無賴小人，此必有老於文學多陰謀者主之。」帝下文泰錦衣獄，鞫之得實，因請逮濬、恕及禎對簿。帝心不悅恕，乃貶文泰御醫，責恕沽名，焚所鏤版，置濬不問。恕再疏請辨理，不從，遂力求去。聽馳驛歸，不賜敕，月廩、歲隸亦頗減。廷論以是不直濬。及濬卒，文泰往弔，濬妻叱之出曰：「以若故，使相公齮王公，負不義名，何弔爲！」

恕歷中外四十餘年，〔五〕剛正清嚴，始終一致。所引薦耿裕、彭韶、何喬新、周經、李敏、張悅、倪岳、劉大夏、戴珊、章懋等，皆一時名臣。他賢才久廢草澤者，拔擢之恐後。弘治二十年間，衆正盈朝，職業修理，號爲極盛者，恕力也。武宗嗣位，遣行人齎敕存問，賚羊酒，益廩隸，且諭以讜論無隱。恕陳國家大政數事，帝優詔報之。正德三年四月卒，年九十三。平居食噉兼人，卒之日小減。閉戶獨坐，忽有聲若雷，白氣瀰漫，瞬之瞑矣。訃聞，輟朝，贈特進左柱國太師，謚端毅。五子、十三孫，多賢且顯。

少子承裕，字天宇。七歲能詩，弱冠著太極動靜圖說。恕官吏部，令日接賓客，以是周

知天下賢才，選用無不當。舉弘治六年進士。恕致政，承裕卽告歸侍養。起授兵科給事中，出理山東、河南屯田。減登、萊糧額，三畝徵一斗，還青州、彰德軍田先賜王府者三百六十餘頃。武宗立，屢遷吏科都給事中。以言事忤劉瑾，罰米輸塞上。再遷太僕卿。嘉靖六年累官南京戶部尙書。清逋稅一百七十萬石，積羨銀四萬八千餘兩。帝手書「清平正直」褒之。在部三年，致仕，卒。贈太子少保，謚康僖。

馬文升，字負圖，鈞州人。貌瓌奇多力。登景泰二年進士，授御史。歷按山西、湖廣，風裁甚著。還領諸道章奏。母喪除，超遷福建按察使。成化初，召爲南京大理卿，以父喪歸。

滿四之亂，陝西巡撫陳价下吏，卽家起文升右副都御史代价。馳至軍，與總督項忠討平之。事具忠傳。錄功進左副都御史，巡撫如故。文升數條奏便宜，務選將練兵，修安邊營至鐵鞭城烽堠，剪除劇賊。西固番族不卽命者悉滅之。修茶政，易番馬八千有奇，以給士卒。振鞏昌、臨洮饑民，撫安流移。績甚著。是時，孛羅忽、滿都魯、癿加思蘭比歲犯邊。文升請駐兵韋州，而設伏諸堡待之。遂敗寇黑水口，擒其平章迭烈孫，又敗之湯羊嶺，斬首二百，名其嶺曰「得勝坡」，勒石紀之而還。文升軍功甚盛，奏捷不爲誇張，中亦無主之者，以是賞薄。至九年冬，總制王越以大捷奏，文升亦遣子璁報功。廷臣勘奏不實，坐停俸三月。

十一年春，代越總制三邊軍務，尋入爲兵部右侍郎。明年八月整飭遼東軍務。巡撫陳鉞貪而狡，將士小過輒罰馬，馬價騰踴。文升上邊計十五事，因請禁之，鉞由是嗛文升。文升還部轉左。十四年春，鉞以掩殺冒功激變，中官汪直欲自往定之。帝令司禮太監懷恩等七人詣內閣會兵部議。恩欲遣大臣往撫，以沮直行。文升疾應曰：「善。」恩入白，帝卽命文升往。直不悅，欲令其私人王英與俱，文升謝絕之。疾馳至鎭，宣璽書撫慰，無不聽撫者。又請前以也先亂失授官璽書者十餘人，得襲官。事定，直欲攘其功，請於帝，挾王英馳至開原，再下令招撫。文升乃推功與直，然直內慚。文升又與直抗禮，奴視其左右，直益不喜。而陳鉞益諂事直，得直懽，日夜譖文升，思中之未有以發也。文升還，賜宴醴。明年春，以遼東屢失事，遣直偕定西侯蔣琬、尚書林聰等按之。會余子俊劾鉞，鉞疑出文升意，傾之益急。直因奏文升行事乖方，禁邊人市農器，致怨叛。乃下文升詔獄，謫戍重慶衞。直既傾文升，則與鉞大發兵徼功，鉞以是驟遷至尙書。

十九年，直敗，文升復官。明年起爲左副都御史巡撫遼東。文升凡三至遼，軍民聞其

來皆鼓舞。益禁抑中官、總兵，使不得朘削，衆益大喜。

二十一年進右都御史，總督漕運。淮、徐、和饑，移江南糧十萬石、鹽價銀五萬兩振之。是年冬，召爲兵部尙書。明年，以李孜省譖，調南京。

孝宗卽位，召拜左都御史。弘治元年上言：「憲宗朝，岳鎭海瀆諸廟，用方士言置石函，周以符篆，貯金書道經、金銀錢、寶石及五穀爲厭勝具，宜毀。」從之。又上言十五事，悉議行。帝耕耤田，敎坊以雜戲進。文升正色曰：「新天子當使知稼穡艱難，此何爲者？」卽斥去。御史徐瑁、賀霖失承旨下獄。文升言初政不宜輒罪言官，遂得釋。尋命提督十二團營。

明年，代余子俊爲兵部尙書，督團營如故。承平旣久，兵政廢弛，西北部落時伺塞下。文升嚴覈諸將校，黜貪懦者三十餘人。奸人大怨，夜持弓矢伺其門，或作謗書射入東長安門內。帝聞，詔錦衣緝捕，給騎士十二，衞文升出入。文升乞休，優詔不許。

小王子以數萬騎牧大同塞下，勢洶洶。文升以疾在告，帝使中官挾醫視，因就問計。文升謂彼方敗於他部，無能爲。請密爲備，而揚聲逼之，必徙去。已而果然。遭繼母憂，詔起復，再疏辭，不許。西北別部野乜克力，其長曰亦剌思王，曰滿哥王，曰亦剌因王，各遣使款肅州塞，乞貢且互市。巡撫許進、總兵官劉寧爲請，文升言互市可許，入貢不可許，乃却之。

土魯番既襲執陝巴，而令牙蘭據守哈密，僭稱可汗，侵沙州，迫罕東諸部附己。文升議，此寇桀驁，不大創終不知畏，宜用漢陳湯故事襲斬之。察指揮楊翥熟番情，召詢以方略。翥備陳罕東至哈密道路，請調罕東兵三千爲前鋒，漢兵三千繼之，持數日糧，間道兼程進，可得志。文升喜，遂請於帝，敕發罕東、赤斤、哈密兵，令副總兵彭清將之，隸巡撫許進往討，果克之，語詳進傳。

團營軍不足，請於錦衣及騰驤四衞中選補。已得請矣，中官甯瑾阻之。文升及兵科蔚春等言詔旨宜信，不納。陝西地大震。文升言：「此外寇侵凌之兆。今火篩方跳梁，而海內民困財竭，將懦兵弱。宜行仁政以養民，講武備以固圉。節財用，停齋醮，止傳奉冗員，禁奏乞閒地，日視二朝，以勤庶政。且撤還陝西織造內臣，振卹被災者家。」帝納其言，內臣立召還。

文升爲兵部十三年，盡心戎務，於屯田、馬政、邊備、守禦，數條上便宜。國家事當言者，卽非職守，亦言無不盡。嘗以太子年及四齡，當早諭教。請擇醇謹老成知書史如衞聖楊夫人者，保抱扶持，凡言語動止悉導之以正。若內庭曲宴，鐘鼓司承應，元宵鼇山，端午競渡諸戲，皆勿令見。至於佛、老之教，尤宜屏絕，恐惑眩心志。山東久旱，浙江及南畿水災，文升請命所司振卹，練士卒以備不虞。帝皆深納之。民困賦役，文升極陳其害，謂：「今民田

十稅四五，其輸邊塞者糧一石費銀一兩以上，豐年用糧八九石方易一兩。若絲綿布帛之輸京師者，交納之費過於所輸。南方轉漕通州至有三四石致一石者。中州歲役五六萬人治河，山東、河南修塞決口夫不下二十萬，蘇、松治水亦如之。湖廣建吉、興、岐、雍四王府，江西益、壽二府，山東衡府，通計役夫不下百萬。諸王之國役夫供應亦四十萬。加以湖廣征蠻，山、陝防邊，供餽餉給軍旅者又不知凡幾。賦重役繁，未有甚於此時者也。宜嚴敕內外諸司，省煩費，寬力役，毋擅有科率，王府之工宜速竣，庶令困敝少蘇。更乞崇正學，抑邪術，以清聖心；節財用，省工作，以培邦本。」詔下所司詳議。他所論奏者甚衆。在班列中最爲耆碩，帝亦推心任之。自太子太保屢加至少保兼太子太傅，歲時賜賚，諸大臣莫敢望也。

吏部尚書屠滽罷，廷推文升。御史魏英等言兵部非文升不可，帝亦以爲然。乃命倪岳代滽，而加文升少傅以慰之。岳卒，以文升代。南京、鳳陽大風雨壞屋拔木，文升請帝減膳撤樂，修德省愆，御經筵，絕遊宴，停不急務，止額外織造，振饑民，捕盜賊。已，又上吏部職掌十事。帝悉褒納。一品九載滿，加少師兼太子太師。帝以將考察，特召文升及都御史戴珊、史琳至煖閣，諭以秉公黜陟。又以文升年高重聽，再呼告之，命左右掖之下階。始文升爲都御史，王恕在吏部，兩人皆以正直任天下事。疏出，天下傳誦。恕去，人望皆歸文升。迨爲吏部，年已八十。修髯長眉，遇事侃侃不少衰。

孝宗崩，文升承遺詔請汰傳奉官七百六十三人，命留太僕卿李綸等十七人，餘盡汰之。正德元年，御用監中官王瑞復請用新汰者七人，文升不奉詔。給事中安奎刺得瑞納賄狀，劾之。瑞恚，誣文升抗旨，更下廷議，皆是文升，帝終不聽。文升因乞歸，不許。

是時，朝政已移於中官，文升老，日懷去志。會兩廣缺總督，文升推兵部侍郎熊繡。繡快快不欲出，其鄉人御史何天衢遂劾文升徇私欺罔。文升連疏求去，許之。賜璽書、乘傳，月廩歲隸有加。家居，非事未嘗入州城。語及時事，輒顰蹙不答。居三年，劉瑾亂政，坐文升前用雍泰爲朋黨，除其名。五年六月卒，年八十五。瑾誅，復官，贈特進光祿大夫、太傅，謚端肅。

文升有文武才，長於應變，朝端大議往往待之決。功在邊鎭，外國皆聞其名。尤重氣節，厲廉隅，直道而行。雖遭讒詬，屢起屢仆，迄不少貶。子璁，以鄉貢士待選吏部，文升使請外，曰：「必大臣子而京秩，誰當外者？」卒後踰年，大盜趙鐩等剽河南，至鈞州，以文升家在，捨之去。攻泌陽，燬焦芳家，束草若芳像裂之。嘉靖初，加贈文升左柱國、太師。

劉大夏，字時雍，華容人。父仁宅，由鄉舉知瑞昌縣。流民千餘家匿山中，邏者索賂不

得，誣民反，衆議加兵。仁宅單騎招之，民爭出訴，遂罷兵，擢廣西副使。

大夏年二十舉鄉試第一。登天順八年進士，改庶吉士。成化初，館試當留，自請試吏。乃除職方主事，再遷郎中。明習兵事，曹中宿弊盡革。所奏覆多當上意，尚書倚之若左右手。汪直好邊功，以安南黎灝敗於老撾，欲乘間取之。言於帝，索永樂間討安南故牘。大夏匿弗予，密告尚書余子俊曰：「兵釁一開，西南立糜爛矣。」子俊悟，事得寢。朝鮮貢道故由鴉鶻關，至是請改由鴨綠江。尚書將許之，大夏曰：「鴨綠道徑，祖宗朝豈不知，顧紆迴數大鎭，此殆有微意。不可許。」乃止。中官阿九者，其兄任京衞經歷，以罪爲大夏所笞。憲宗入其譖，捕繫詔獄，令東廠偵之無所得。會懷恩力救，乃杖二十而釋之。十九年，遷福建右參政，以政績聞。聞父訃，一宿卽行。

弘治二年服闋，遷廣東右布政使。田州、泗城不靖，大夏往諭，遂順命。後山賊起，承檄討之。令獲賊必生致，驗實乃坐，得生者過半。改左，移浙江。

六年春，河決張秋，詔博選才臣往治。吏部尚書王恕等以大夏薦，擢右副都御史以行。乃自黃陵岡浚賈魯河，復浚孫家渡、四府營上流，以分水勢。而築長隄，起胙城歷東明、長垣抵徐州，亙三百六十里。水大治，更名張秋鎭曰「安平鎭」。孝宗嘉之，賜璽書褒美，語詳河渠志。召爲左副都御史，歷戶部左侍郎。

十年命兼左僉都御史，往理宣府兵餉。尚書周經謂曰：「塞上勢家子以市糴爲私利，公毋以剛買禍。」大夏曰：「處天下事，以理不以勢，俟至彼圖之。」初，塞上糴買必粟千石、芻萬束乃得告納，以故，中官、武臣家得操利權。大夏令有芻粟者，自百束十石以上皆許，勢家欲牟利無所得。不兩月儲積充羨，邊人蒙其利。明年秋，三疏移疾歸，築草堂東山下，讀書其中。越二年，廷臣交薦，起右都御史，總制兩廣軍務。敕使及門，擕二僮行。廣人故思大夏，鼓舞稱慶。大夏爲清吏治，捐供億，禁內外鎮守官私役軍士，盜賊爲之衰止。

十五年拜兵部尚書，屢辭乃拜命。既召見，帝曰：「朕數用卿，數引疾何也？」大夏頓首言：「臣老且病，竊見天下民窮財盡，脫有不虞，責在兵部，自度力不辦，故辭耳。」帝默然。南京、鳳陽大風拔木，河南、湖廣大水，京師苦雨沈陰。大夏請凡事非祖宗舊而害軍民者，悉條上釐革。十七年二月又言之。帝命事當興革者，所司具實以聞，乃會廷臣條上十六事，皆權倖所不便者，相與力尼之。帝不能決，下再議。大夏等言：「事屬外廷，悉蒙允行。稍涉權貴，復令察覈。臣等至愚，莫知所以。」久之，乃得旨：「傳奉官疏名以請；幼匠、廚役減月米三斗；增設中官，司禮監覈奏；四衞勇士，御馬監具數以聞。餘悉如議。」織造、齋醮皆停罷，光祿省浮費鉅萬計，而勇士虛冒之弊亦大減。制下，舉朝歡悅。先是，外戚、近倖多干恩澤，帝深知其害政，奮然欲振之。因時多災異，復宣諭羣臣，令各陳缺失。大夏乃復上

數事。

其年六月再陳兵政十害，且乞歸。帝不許，令弊端宜革者更詳具以聞。於是，大夏舉南北軍轉漕番上之苦，及邊軍困敝、邊將侵尅之狀，極言之。帝乃召見大夏於便殿，問曰：「卿前言天下民窮財盡。祖宗以來徵斂有常，何今日至此？」對曰：「正謂不盡有常耳。如廣西歲取鐸木，廣東取香藥，費固以萬計，他可知矣。」又問軍，對曰：「窮與民等。」帝曰：「居有月糧，出有行糧，何故窮？」對曰：「其帥侵尅過半，安得不窮。」帝太息曰：「朕臨御久，乃不知天下軍民困，何以爲人主！」遂下詔嚴禁。當是時，帝方銳意太平，而劉健爲首輔，馬文升以師臣長六卿，一時正人充布列位。帝察知大夏方嚴，且練事，尤親信。數召見決事，大夏亦隨事納忠。

大同小警，帝用中官苗逵言，將出師。內閣劉健等力諫，帝猶疑之，召問大夏曰：「卿在廣，知苗逵延綏擣巢功乎？」對曰：「臣聞之，所俘婦稚十數耳。賴朝廷威德，全師以歸。不然，未可知也。」帝默然良久，問曰：「太宗頻出塞，今何不可？」對曰：「陛下神武固不後太宗，而將領士馬遠不逮。且淇國公小違節制，舉數十萬衆委沙漠，奈何易言之。度今上策惟守耳。」都御史戴珊亦從旁贊決，帝遽曰：「微卿曹，朕幾誤。」由是，師不果出。

莊浪土帥魯麟爲甘肅副將，求大將不得，恃其部衆强，徑歸莊浪。廷臣懼生變，欲授以大帥印，又欲召還京，處之散地。大夏請獎其先世忠順，而聽麟就閒。麟素貪虐失衆心，兵柄已去無能爲，竟怏怏病死。

帝欲宿兵近地爲左右輔。大夏言：「保定設都司統五衞，祖宗意當亦如此。請遣還操軍萬人爲西衞，納京東兵密雲、薊州爲東衞。」帝報可。中官監京營者恚失兵，揭飛語宮門。帝以示大夏曰：「宮門豈外人能至，必此曹不利失兵耳。」由是，間不得行。

帝嘗諭大夏曰：「臨事輒思召卿，慮越職而止。後有當行罷者，具揭帖以進。」大夏頓首曰：「事之可否，外付府部，內咨閣臣可矣。揭帖滋弊，不可爲後世法。」帝稱善。又嘗問：「天下何時太平？」對曰：「求治亦難太急。但用人行政悉與大臣面議，當而後行，久之天下自治。」嘗乘間言四方鎮守中官之害。帝問狀，對曰：「臣在兩廣見諸文武大吏供億不能敵一鎮守，其煩費可知。」帝曰：「然祖宗來設此久，安能遽革。第自今必廉如鄧原、麥秀者而後用，不然則已之。」大夏頓首稱善。大夏每被召，跪御榻前。帝左右顧，近侍輒引避。嘗對久，憊不能興，呼司禮太監李榮掖之出。一日早朝，大夏固在班，帝偶未見，明日諭曰：「卿昨失朝耶？恐御史糾，不果召卿。」其受眷深如此。特賜玉帶、麒麟服，所賚金幣、上尊，歲時不絕。

未幾，孝宗崩，武宗嗣位，承詔請撤四方鎮守中官非額設者。帝止撤均州齊元。大夏

復議上應撤者二十四人，又奏減皇城、京城守視中官，皆不納。頃之，列上傳奉武臣當汰者六百八十三人，報可。大漢將軍薛福敬等四十八人亦當奪官，福敬等故不入侍以激帝怒。帝遽命復之，而責兵部對狀，欲加罪。中官甯瑾頓首曰：「此先帝遺命，陛下列之登極詔書，不宜罪。」帝意乃解。中官韋興者，成化末得罪久廢，至是夤緣守均州。言官交諫，大夏等再三爭，皆不聽。正德元年春，又言：「鎮守中官，如江西董讓、薊州劉瑯、陝西劉雲、山東朱雲貪殘尤甚，乞按治。」帝不悅。大夏自知言不見用，數上章乞骸骨。其年五月，詔加太子太保，賜敕馳驛歸，給廩隸如制。給事中王翊、張檜請留之，吏部亦請如翊、檜言，不報。

大夏忠誠懇篤，遇知孝宗，忘身徇國，於權倖多所裁抑。嘗請嚴覈勇士，爲劉瑾所惡。劉宇亦憾大夏，遂與焦芳譖於瑾曰：「籍大夏家，可當邊費十二。」三年九月，假田州岑猛事，逮繫詔獄。瑾欲坐以激變律死，都御史屠滽持不可，瑾謾罵曰：「卽不死，可無戍耶？」李東陽爲婉解，且瑾詗大夏家實貧，乃坐戍極邊。初擬廣西，芳曰「是送若歸也」，遂改肅州。大夏年已七十三，布衣徒步過大明門下，叩首而去。觀者歎息泣下，父老擕筐送食，所至爲罷市、焚香祝劉尚書生還。比至戍所，諸司憚瑾，絕餽問，儒學生徒傳食之。遇團操，輒荷戈就伍。所司固辭，大夏曰：「軍，固當役也。」所擕止一僕。或問何不挈子姓，曰：「吾宦時，

不爲子孫乞恩澤。今垂老得罪，忍令同死戍所耶？」大夏既遣戍，瑾猶摭他事罰米輸塞上者再。

五年夏，赦歸。瑾誅，復官，致仕。清軍御史王相請復廩隸，錄其子孫。中官用事者終嗛之，不許。大夏歸，教子孫力田謀食。稍贏，散之故舊宗族。預自爲壙志，曰：「無使人飾美，俾懷愧地下也。」十一年五月卒，年八十一。贈太保，謚忠宣。

大夏嘗言：「居官以正己爲先。不獨當戒利，亦當遠名。」又言：「人生蓋棺論定，一日未死，卽一日憂責未已。」其被逮也，方鋤菜園中，入室攜數百錢，跨小驢就道。赦歸，有門下生爲巡撫者，枉百里謁之。道遇扶犁者，問孰爲尚書家，引之登堂，卽大夏也。朝鮮使者在鴻臚寺館遇大夏邑子張生，因問起居曰：「吾國聞劉東山名久矣。」安南使者入貢曰：「聞劉尚書戍邊，今安否？」其爲外國所重如此。

贊曰：王恕砥礪風節，馬文升練達政體，劉大夏篤棐自將，皆具經國之遠猷，蘊畜君之正志。綢繆庶務，數進讜言，迹其居心行己，磊落光明，剛方鯁亮，有古大臣節概。歷事累朝，享有眉壽，朝野屬望，名重遠方，詩頌老成，書稱黃髮，三臣者近之矣。恕昧遠名之戒，以作傳見疏。而文升、大夏被遇孝宗之朝，明良相契，荃宰一心。迨至宦豎乘權，耆舊擯斥，進退之際所係詎不重哉！

校勘記

〔一〕稍遷南京刑部右侍郎　原脫「南京」，據武宗實錄卷三七正德三年四月己卯條補，與本傳下文「歷侍郎至尚書，皆在留都」合。

〔二〕建白者三十九　國朝獻徵錄卷二四王公恕傳作「建白者二十九」。

〔三〕尋加太子太保　原作「尋加太子少保」，據本書卷一一一七卿年表、孝宗實錄卷八成化二十三年十二月丙申及武宗實錄卷三七正德三年四月己卯條改。

〔四〕通政經歷高祿　高祿，本書卷一八三周經傳及明史稿傳六一周經傳都作「沈祿」。

〔五〕恕歷中外四十餘年　原作「恕歷中外五十餘年」。武宗實錄卷三七正德三年四月己卯作「歷中外四十年」。按王恕于正統十三年成進士，至弘治六年致仕，計四十六年，傳文作「五十餘年」，於事實不符，今改正。

明史卷一百八十三

列傳第七十一

何喬新　彭韶　周經　耿裕　倪岳　閔珪　戴珊

何喬新，字廷秀，江西廣昌人。父文淵，永樂十六年進士。授御史，歷按山東、四川。烏蒙奸民什伽私其知府祿昭妻，懼誅，誣昭反，詔發軍討。文淵檄止所調軍，而白其誣。宣德五年用顧佐薦，賜敕知溫州府。居六年，治最，增俸賜璽書。以胡濙薦，擢刑部右侍郎，督兩淮鹽課。正統三年，兩識獄不當，與尚書魏源下獄，皆得釋。朝議征麓川，文淵疏諫曰：「麓川徼外彈丸地，不足煩大兵。若遣雲南守將屯金齒，令三司官撫諭之，遠人獲更生，而朝廷免調兵轉餉，策之善者也。」帝下其議，廷臣多主用兵。於是西南騷動，僅乃克之，而失亡多。其冬，以疾乞歸。景帝卽位，起吏部左侍郎，尋進尚書，佐王直理部事。東宮建，加太子太保。災異見，給事中林聰等劾文淵險邪。左庶子周旋疏言其枉，聰幷劾旋。御史曹凱復廷爭之，遂與旋俱下獄。聰疏有「囑內臣」語，太監興安請詰主名。聰不敢堅對，乃釋文淵命致仕。英宗復位，削其加官。而景泰中易儲詔書「父有天下傳之子」，語出文淵，或傳朝命逮捕，懼而自縊。

時喬新已登景泰五年進士，官南京禮部主事，奔喪歸里。里人故侍郎揭稽嘗受業文淵，而與喬新兄弟不協，奏文淵死實諸子迫之自經，又逼嫁父所愛妾。喬新亦訐稽爲巡撫時，嘗薦黃玹，且代草易儲疏。皆被徵比對簿。父妾斷指，爲諸郎訟冤，獄得少解。帝亦以事經赦，釋不問。已，復丁母憂。服除，改刑部主事，歷廣東司郎中。錦衣衛卒犯法，捕治不少貸。都指揮袁彬有所囑，執不從。彬怒，使人据摭無所得。由是名大起。

成化四年遷福建副使。所屬壽寧銀礦，盜採者聚衆千餘人，所過剽掠，募兵擊擒其魁。福寧豪尤氏殺人，出入隨兵甲，拒捕者二十年。福清薛氏時出諸番互市，事覺，謀作亂。皆捕殺之。福安、寧德銀礦久絕，有司責課，民多破產。喬新以爲言，減三之二。興化民自洪武初受牛於官，至是猶歲課其租，奏免之。清流歸化里介沙縣、將樂間，恃險不供賦，自都御史置歸化縣，其民始奉要束。遷河南按察使。歲大饑，故事，振貸迄秋止，喬新曰：「止於秋，謂秋成可仰也，今秋可但已乎？」振至明年麥熟乃止。都御史原傑以招撫流民至南陽，引喬新自助。初，項忠驅流民過當，民聞傑至，益竄山谷。喬新躬往招之，附籍者六萬餘戶。遷湖廣右布政使。荊州民苦徭役，驗丁口貧富，列爲九等，民便之。

十六年擢右副都御史，巡撫山西。邊地軍民每出塞伐木捕獸，喬新言：「此輩苟遇敵，必輸情求生，皆賊導也。宜毋聽闌出，犯者罪守將。」詔可。敵犯塞，偕參將支玉伏兵灰溝營，擊斬甚衆，進左副都御史。歲饑，奏免雜辦及戶口鹽鈔十之四。劾僉事尚敬、劉源稽獄，請敕天下斷獄官，淹半載以上者悉議罪。帝稱善，亟從之。召拜刑部右侍郎。山西大饑，人相食，命往振，活三十餘萬人，還流宂十四萬戶。還朝，會安寧宣撫使楊友欲奪嫡弟播州宣慰使愛爵，誣愛有異謀。喬新往勘，與巡撫劉璋共白愛誣。友奪官安置他府，播人遂安。

孝宗嗣位，萬安、劉吉等忌喬新剛正，出爲南京刑部尚書。沿江蘆洲率爲中官占奪，託言備進奉費，喬新奏還之民。初，喬新之出，中官懷恩不平。一日以事詣閣言：「新君踐阼，當用正人，胡爲出何公？」安等默然。既而刑部尚書杜銘罷，羣望屬喬新，而吉代安爲首輔，終忌之，久不補。弘治改元，用王恕薦，始召喬新代銘。奏言：「舊制遣官勘事及逮捕，必齎精微批文，赴所在官司驗視乃行 近止用駕帖不合符，宜復舊制，以防矯詐。」帝立報許。時吉仇正人，頻興大獄，喬新率據法直之。吉愈銜恨，數摭他事奪俸。二年夏，京城大水，喬新請恤被災者家，又慮刑獄失平，條上律文當更議者數事，吉悉格不行。大理丞闕，御史

鄒魯覬遷，而喬新薦郎中魏紳。會喬新外家與鄉人訟，魯即誣喬新受賕曲庇。吉取中旨下其外家詔獄，喬新乃拜疏乞歸。頃之，窮治無驗，魯坐停俸，喬新亦許致仕。

喬新性廉介。觀政工部時，嘗使淮西。巢令閻徽少學於文淵，以金幣餽。喬新却之，閻曰：「以壽吾師耳。」喬新曰：「子欲壽吾親，因他人致之則可，因吾致之則不可。」卒不受。福建市舶中官死，鎮守者分其貲遺三司，喬新獨固辭。不得，輸之於庫。既家居，楊愛遣使厚致贈，且獻良材可爲櫬者，喬新堅却之。

喬新年十一時，侍父京邸。修撰周旋過之，喬新方讀通鑑續編。旋問曰：「書法何如綱目？」對曰：「呂文煥降元不書叛，張世傑溺海不書死節，曹彬、包拯之卒不書其官，而紀羲、軒多採怪妄，似未有當也。」旋大驚異。比長，博綜羣籍，聞異書輒借鈔，積三萬餘帙，皆手較讐，著述甚富。與人寡合，氣節友彭韶，學問友丘濬而已。

罷歸後，巡按江西御史陳詮奏：「喬新始終全節，中間祇以受親故餽遺之嫌，勸令致仕，進退黯昧，誠爲可惜。乞行勘，本官如無疾則行取任用，有疾則加慰勞，以存故舊之恩，全進退之節。」不許。後中外多論薦，竟不復起。十五年卒，年七十六。

江西巡撫林俊爲彭韶及喬新請謚，吏部覆從之。有旨令上喬新致仕之由，給事中吳世忠言：「喬新學行、政事莫不優，忠勤剛介，老而彌篤。御史鄒魯挾私誣劾，一辭不辨，恬然退歸，杜門著書，人事寡接，士大夫莫不高其行。若必考退身之由，疑旌賢之典，則如宋蔣之奇嘗誣奏歐陽修矣，胡紘輩嘗誣奏朱熹矣，未聞以一人私情廢萬世公論也。」事竟寢。正德十一年，廣昌知縣張傑復以爲言，乃贈太子太保，[一]予廕。明年賜謚文肅。[二]

喬新五世孫源，萬曆初，爲刑部右侍郎，亦有清節。

彭韶，字鳳儀，莆田人。天順元年進士。授刑部主事，進員外郎。成化二年疏論僉都御史張岐憸邪，宜召王竑、李秉、葉盛，忤旨，下詔獄。給事中毛弘等救之，不聽，卒輸贖。尋遷郎中。

錦衣指揮周彧，太后弟也，奏乞武強、武邑民田不及賦額者，籍爲閒田。命韶偕御史季琮覆勘。韶等周視徑歸，上疏自劾曰：「眞定田，自祖宗時許民墾種，即爲恒產，除租賦以勸力農。功臣、戚里家與國咸休，豈當與民爭尺寸地。臣誠不忍奪小民衣食，附益貴戚，請伏奉使無狀罪。」疏入，詔以田歸民，而責韶等邀名方命，復下詔獄。言官爭論救，得釋。當是時，韶與何喬新同官，並有重名，一時稱何、彭。

遷四川副使。安岳扈氏焚滅劉某家二十一人，定遠曹氏殺其兄一家十二人，所司以爲

疑獄，久不決。韶一訊得實，咸伏辜。進按察使，盡撤境內淫祠。王府祭葬舊遣內官，公私煩費，奏罷之。雲南鎮守太監錢能進金燈，擾道路，韶劾之，不報。

十四年春，遷廣東左布政使。中官奉使紛遝，鎮守顧恒、市舶韋眷、珠池黃福，皆以進奉爲名，所至需求，民不勝擾。韶先後論奏。最後，梁芳弟錦衣鎮撫德以廣東其故鄉，歸採禽鳥花木，害尤酷。韶抗疏極論，語侵芳。芳怒，搆於帝，調之貴州。

二十年擢右副都御史，巡撫應天。明年正月，星變，上言：「彗星示災，見於歲暮，遂及正旦。歲暮者，天道之終。正旦者，歲事之始。此天心仁愛，欲陛下善始善終也。陛下嗣位之初，家禮正，防微周，儉德昭，用人慎。乃邇年以來，進奉貴妃，加於嫡后，褒寵其家，幾與先帝后家埒，此正家之道未終也。監局內臣數以萬計，利源兵柄盡以付之，犯法縱奸，一切容貸，此防微之道未終也。四方鎮守中官，爭獻珍異，動稱敕旨，科擾小民，此持儉之道未終也。六卿並加師保，監寺兼領崇階，及予告而歸，廩食輿夫濫加庸鄙。爵賞一輕，人誰知勸，此用人之道未終也。惟陛下愼終如始，天下幸甚。」時方召爲大理卿，帝得疏不悅，命仍故官巡撫順天、永平二府。

孝宗即位，召爲刑部右侍郎。嘉興百戶陳輔緣盜販爲亂，陷府城大掠，遁入太湖。遣韶巡視。韶至，賊已滅，乃命兼僉都御史，整理鹽法。尋進左侍郎。韶以商人苦抑配，爲定

折價額，蠲宿負。憫竈戶煎辦、徵賠、折閱之困，繪八圖以獻，條利病六事，悉允行。弘治二年秋，還朝。明年，改吏部。與尚書王恕甄人才，覈功實，仕路爲清。彗星見，上言宦官太盛，不可不亟裁損。因請午朝面議大政，毋祇具文。已，又言濫授官太多，乞嚴杜倖門，痛爲釐正。帝是其言，然竟不能用。

四年秋，代何喬新爲刑部尚書。故安遠侯柳景贓敗至數千兩，徵僅十一，以其母訴免。韶執奏曰：「昔唐宣宗元舅鄭光官租不入，京兆尹韋澳械其莊吏。宣宗欲寬之，澳不奉詔。景無元舅之親，贓非負租之比，獨蒙有除，是臣等守法媿於澳也。」不從。御史彭程以論皇壇器下獄，韶疏救，因極陳光祿冗食濫費狀，乃命具歲辦數以聞。荆王見潚有罪，奏上，淹旬不下。內官王明、苗通、高永殺人，減死遣戍。昌國公張巒建墳踰制，役軍至數萬。畿內民冒充陵廟戶及勇士旗校，輒免徭役，致見戶不支，流亡日衆。韶皆抗疏極論，但下所司而已。

韶涖部三年，昌言正色，秉節無私，與王恕及喬新稱三大老，而爲貴戚、近習所疾，大學士劉吉亦不之善。韶志不能盡行，連章乞休，乃命乘傳歸。月廩、歲隸如制。明年，南京地震，御史宗彝等言韶、喬新、强珍、謝鐸、陳獻章、章懋、彭程俱宜召用，不報。又明年，卒，年六十六。謚惠安，贈太子少保。

韶嗜學，公暇手不釋書。正德初，林俊言韶謚不副行，乞如魏驥、吳訥、葉盛，改謚文。竟不行。

周經，字伯常，刑部尚書瑄子也。天順四年進士。改庶吉士，授檢討。成化中，歷侍讀、中允，侍孝宗於東宮。講文華大訓，太子起立，閣臣以爲勞，議請坐聽。經與諸講官皆不可，乃已。

孝宗立，進太常少卿兼侍讀。弘治二年擢禮部右侍郎。中官請修黃村尼寺，奉祀孝穆太后。土魯番貢獅子不由甘肅，假道滿剌加，浮海至廣東。經倡議毀其寺，却貢不與通。改吏部，進左侍郎。通政經歷沈祿者，〔三〕皇后姑壻也。尚書王恕在告，中官傳旨擢祿本司參議。經言非面承旨，又無御札，不敢奉詔，復與恕疏爭之。事雖不能止，朝論韙焉。靈壽奸民獻地於中官李廣，戶部持不得。經倡九卿疏爭，卒罪獻地者。嘗上言：「外戚家無功求遷，無勞乞賞，兼齋醮遊宴，濫費無紀，致帑藏殫虛，宜大爲撙節。近例，預備倉積粟多者，守令賜誥敕，不次遷官，遂致剝下干進。請如洪武間例，悉出官帑平糴，毋奪民財，考績毋專以積粟爲能。至清軍之弊，洪熙以前在旗校，宣德以後在里胥。弊在旗校者，版籍猶

存，若里胥則並版籍而淆亂之，宜考故册洗奸弊。災傷民，乞省恤。惜薪司薪炭約支數年，災荒郡縣，宜盡與停免，四方顏料雜辦亦然。此救民急務也。」帝多採納之。

八年，文武大臣以災異陳時政，經爲具奏草，而斥戲樂一事，語尤切直。帝密令中官廉草奏者，尚書耿裕曰：「疏首吏部，裕實具草。」經曰：「疏草出經手，即有罪，罪經。」世兩賢之。

明年，代葉淇爲戶部尚書。時孝宗寬仁，而戶部尤奸蠹所萃，挾勢行私者不可勝紀。少不如意，讒毀隨之。經悉按祖宗成憲，無所顧。寬逋緩征，裁節冗濫，四方告災，必覆奏蠲除。每委官監稅課，入多者與下考，苛切之風爲之少衰。

奉御趙瑄獻雄縣地爲東宮莊。經等劾瑄違制，下詔獄。而帝復從鎮撫司言遣官勘實，經等復爭之曰：「太祖、太宗定制，閒田任民開墾。若因奸人言而籍之官，是土田予奪，盡出奸人口，小民無以爲生矣。」既而勘者及巡撫高銓言閒田止七十頃，悉與民田錯。於是從經言仍賦之民，治瑄罪。中官何鼎劾外戚張鶴齡下獄，經疏救之，忤旨切責。

雍王祐橒乞衡州稅課司及衡陽縣河泊所，經言不可許。帝納之，命自今四方稅課，王府不得請。中官織造者，請增給兩浙鹽課二萬引，經等言：「鹽筴佐邊，不宜濫給。且祖宗朝織染諸局供御有常數，若曰取用有加，則江南、兩浙已例外增造。若曰工匠不足，則仰食

公家不下千餘人，所爲何事。是知供用未必缺，而徒導陛下以勞民傷財之事也。」帝不從。經恐歲以爲常，再疏請斷其後，乃命歲予五千引。

先是，倉場監督內官依成化末年例裁減。十一年秋，帝復增用少監莫英等三人。經上疏力爭，帝以已遣不聽。內靈臺請錦衣餘丁百人供灑掃，經等諫，不納。經曰：「祖宗設內臺，其地至密。今一旦增百人，將必有漏洩妄言者。」帝悟，立已之。

崇王見澤乞河南退灘地二十餘里，經言不宜予。興王祐杬前後乞赤馬諸河泊所及近湖地千三百餘頃，經三疏爭之，竟不許。帝以肅寧諸縣地四百餘頃賜壽寧侯張鶴齡，其家人因侵民地三倍，且毆民至死，下巡撫高銓勘報。銓言可耕者無幾，請仍賦民，不許。時王府、勳戚莊田例畝徵銀三分，獨鶴齡奏加徵二分，且概加之沙鹻地。經抗章執奏，命侍郎許進偕太監朱秀覆覈。經言：「地已再勘，今復遣使，徒滋煩擾。昔太祖以劉基故滅青田賦，徵米五合，欲使基鄉里子孫世世頌基。今興濟篤生皇后，正宜恤民減賦，俾世世戴德，何乃使小民銜怨無已也。」頃之，進等還言此地乃憲廟皇親柏權及民恒產，不可奪。帝竟予鶴齡，如其請加稅，而命償權直，除民租額。經等復諫曰：「東宮、親王莊田徵稅自有例，鶴齡不宜獨優。權先帝妃家，亦戚畹也，名雖償直，實乃奪之。天下將謂陛下惟厚椒房親，不念先朝外戚。」帝終不納。

大同缺戰馬，馬文升請太倉銀以市。經言：「糧馬各有司存。祖訓六部毋相壓，兵部侵戶部權，非祖訓。」帝爲改撥太僕銀給之。給事中魯昂請盡括稅役金錢輸太倉，經曰：「不節織造、賞賚、齋醮、土木之費，而欲括天下財，是舛也。」內官傳旨索太倉銀三萬兩爲燈費，持不與。

經剛介方正，好强諫，雖重忤旨不恤，宦官、貴戚皆憚而疾之。太監李廣死，帝得朝臣與餽遺簿籍，大怒。科道因劾諸臣交通狀，有及經者，經上疏曰：「昨科道劾廷臣奔競李廣，闌入臣名。雖蒙恩不問，實含傷忍痛，無以自明。夫人奔競李廣，冀其進言左右，圖寵眷耳。陛下試思廣在時，曾言及臣否。且交結餽遺簿籍具在，乞檢會否有臣姓名。更嚴鞫廣家人，臣但有寸金、尺帛，卽治臣交結之罪，斬首市曹，以爲奔競無恥之戒。若無干涉，亦乞爲臣洗雪，庶得展布四體，終事聖明。若令含汙忍垢，卽死塡溝壑，目且不瞑。」帝慰答之。十三年，星變，自陳乞休。報許，賜敕馳驛，加太子太保，以倪岳代。廷臣爭上章留之，中外論薦者至八十餘疏，咸報寢。

武宗卽位，言官復薦，召爲南京戶部尚書，遭繼母憂未任。正德三年，服闋。經壻兵部尚書曹元方善劉瑾，言經雖老尚可用，乃召爲禮部尚書。固辭不許，强赴召。受事數月卽謝病去。五年三月卒，年七十一。贈太保，謚文端。

子僧，進士。浙江右參政。

耿裕，字好問，刑部尚書九疇子也。景泰五年進士。改庶吉士，授戶科給事中，改工科。天順初，以九疇爲右都御史，改裕檢討。九疇坐劾石亨貶，裕亦謫泗州判官。終父喪，補定州。

成化初，召復檢討，歷國子司業、祭酒。侯伯年幼者皆肄業監中，裕釆古諸侯、貴戚言行可法者爲書授之，帝聞而稱善。歷吏部左右侍郎。坐尚書尹旻累，停俸者再。已，代旻爲尚書。大學士萬安與裕不協，而李孜省私其同鄉李裕，欲使代裕，相與謀中之。坐以事，調侍郎黎淳南京，而奪裕俸。言官復交劾，宥之。裕入謝，旣出，帝怒曰：「吾再寬裕罪，當再謝。今一謝，以奪俸故，意鞅鞅耶？」孜省等因而傾之，遂調南京禮部，而以李裕代。踰年，孝宗嗣位，轉南京兵部參贊機務。

弘治改元，召拜禮部尚書。時公私侈靡，耗費日廣。裕隨事救正，因災異條上時事及申理言官，先後陳言甚衆，大要歸於節儉。給事中鄭宗仁疏節光祿供應，裕等請納其奏。巡視光祿御史田瀹以供費不足累行戶，請借太倉銀償之。裕等言，疑有侵盜弊，請敕所司禁防，帝皆從之。南京守備中官請增奉先殿日供品物，裕等不可。帝方踐阼，斥番僧還本土，止留乳奴班丹等十五人。其後多潛匿京師，轉相招引，齋醮復興。言官以爲言，裕等因力請驅斥。帝乃留百八十二人，餘悉逐之。禮部公廨火，裕及侍郎倪岳、周經等請罪，被劾下獄。已，釋之，停其俸。

初，撒馬兒罕及土魯番皆貢獅子，甘肅鎭守太監傅恵先圖形以進，巡按御史陳瑤請却之。裕等乞從瑤請，而治恵違詔罪，帝不從。後番使再至，留京師，頻有宣召。裕等言：「番人不道，因朝貢許其自新。彼復潛稱可汗，興兵犯順。陛下優假其使，適遇倔强之時，彼將謂天朝畏之，益長桀驁。且獅子野獸，無足珍異。」帝卽遣其使還。

尋代王恕爲吏部尚書，加太子太保。御用監匠人李綸等以內降得官，裕言：「先有詔，文官不由臣部推舉傳乞除授者，參送法司按治。今除用綸等，不信前詔，不可。」給事中呂獻等皆論奏，裕亦再疏爭，終不聽。

裕爲人坦夷諒直，諳習朝章。秉銓數年，無愛憎，亦不徇毀譽，銓政稱平。自奉澹泊。兩世貴盛，而家業蕭然，父子並以名德稱。九年正月卒，年六十七。贈太保，謚文恪。

倪岳，字舜咨，上元人。父謙，奉命祀北岳，母夢緋衣神入室，生岳，遂以爲名。謙終南京禮部尚書，謚文僖。

岳，天順八年進士。改庶吉士，授編修。成化中，歷侍讀學士，直講東宮。二十二年擢禮部右侍郎，仍直經筵。弘治初，改左侍郎。岳好學，文章敏捷，博綜經世之務。尚書耿裕方正持大體，至禮文制度率待岳而決。六年，裕改吏部，岳遂代爲尚書。

詔召國師領占竹於四川，岳力諫，帝不從。給事中夏昂、御史張禎等相繼爭之，事竟寢。時營造諸王府，規制宏麗，踰永樂、宣德之舊，岳請頒成式。又以四方所報災異，禮部於歲終類奏，率爲具文，乃詳次其月日，博引經史徵應。勸帝勤講學，開言路，寬賦役，愼刑罰，黜奸貪，進忠直，汰冗員，停齋醮，省營造，止濫賞。帝頗採納焉。

左侍郎徐瓊與后家有連，謀代岳。九年，南京吏部缺尚書，廷推瓊。詔加岳太子太保往任之，[一]而瓊果代岳。尋改岳南京兵部參贊機務。還，代屠滽爲吏部尚書，嚴絕請托，不徇名譽，銓政稱平。

岳狀貌魁岸，風釆嚴峻，善斷大事。每盈廷聚議，決以片言，聞者悅服。同列中，最推遜馬文升，然論事未嘗苟同。前後陳請百餘事，軍國弊政剔抉無遺。疏出，人多傳錄之。論西北用兵害尤切，其略云：

近歲毛里孩、阿羅忽、孛羅出、乩加思蘭大爲邊患。蓋緣河套之中，水草甘肥，易於屯牧，故賊頻據彼地，擁衆入掠。諸將怯懦，率嬰城自守。苟或遇敵，輒至挫衄。既莫敢折其前鋒，又不能邀其歸路。敵進獲重利，退無後憂，致兵鋒不靖，邊患靡寧。命將徂征，四年三舉，絕無寸功。或高臥而歸，或安行以返。析圭擔爵，優游朝行，輦帛輿金，充牣私室。且軍旅一動，輒報捷音，賜予濫施，官秩輕授。甚至妄殺平民，謬稱首級。敵未敗北，輒以奔遁爲辭。功賞所加，非私家子弟即權門厮養。而什伍之卒，轉餉之民，則委骨荒城，膏血野草。天怒人怨，禍幾日深，非細故也。

京營素號冗怯。留鎮京師，猶恐未壯根本，顧乃輕於出禦，用褻天威。臨陣輒奔，反墮邊軍之功，爲敵人所侮。且延綏邊也，去京師遠，宣府、大同亦邊也，去京師近。彼有門庭之喻，此無陛楯之嚴，可乎？頃兵部建議：令宣府出兵五千，大同出兵一萬，併力以援延綏，而不慮其相去既遠，往返不逮，人心苦於轉移，馬力疲於奔軼。夫聲東擊西者，賊寇之奸態也。擣虛批亢者，兵家之長策也。精銳既盡乎西，老弱乃留於北，萬一北或有警，而西未可離，首尾衡決，遠近坐困，其可爲得計哉。

至於延綏士馬屯集，糧糗不貲，乃以山西、河南之民任飛芻轉粟之役。徒步千里，夫運而妻供，父輓而子荷，道路愁怨，井落空虛。幸而得至，束芻百錢，斗粟倍直，不幸

遇賊，身且斃矣，他尚何云。輸將不足則有輕齎，輕齎不足又有預徵。水旱不可先知，豐歉未能逆卜，徵如何其可預也。又令民輸芻粟補官，而媚權貴私親故者，或出空牒以授，倉庾無升合之入。至若輸粟給鹽，則豪右請託，率占虛名鬻之，而商賈費且倍蓰。官爵日輕，鹽法日沮，而邊儲之不充如故也。

又朝廷出帑藏給邊，歲爲銀數十萬。山西、河南輸輕齎於邊者，歲不下數十萬。銀日積而多則銀益賤，粟日散而少則粟益貴。而不知者，遂於養兵之中，寓養狙之術。或以茶鹽，或以銀布，名爲準折糧價，實則侵剋軍需。故朝廷有糜廩之虞，軍士無果腹之樂。至兵馬所經，例須應付。居平，人日米一斗，馬日芻一束，追逐，一日之間或一二堡，或三四城，豈能俱給哉？而典守者巧爲竊攘之謀，凡所經歷悉有開支，罔上行私，莫此爲甚。

及訪禦敵之策，則又論議紛紜。有謂復受降之故險，守東勝之舊城，使聲援交接，掎角易制。夫欲復城河北，即須塞外屯兵。出孤遠之軍，涉荒漠之地，輜重爲累，饋餉惟艱。彼或抄掠於前，躡襲於後。曠日持久，軍食乏絕。進不得城，退不得歸，一敗而聲威大損矣。又有謂統十萬之衆，裹半月之糧，奮揚武威，掃蕩窟穴，使河套一空。事非不善也。然帝王之兵，以全取勝；孫、吳之法，以逸待勞。今欲鼓勇前行，窮搜遠擊，乘危履險，覬萬一之倖。贏糧遠隨則重不及事，提兵深入則孤不可援。且其間地方千里，無城郭之居，委積之守。彼或往來遷徙，罷我馳驅。我則情見勢屈，爲敵所困。既失坐勝之機，必蹈覆沒之轍。其最無策者，又欲棄延綏勿守，使兵民息肩，不知一民尺土皆受之祖宗，不可忽也。向失東勝，故今日之害萃於延綏，而關陝震動。今棄延綏，則他日之害鍾於關陝，而京師震動。賊愈近而禍愈大矣。

因陳重將權、增城堡、廣斥堠、募民壯、去客兵、明賞罰、嚴間諜、實屯田、復邊漕數事。時兵部方主用兵，不能盡用也。

十四年十月卒，年五十八。贈少保，諡文毅。明世父子官翰林，俱諡文，自岳始。

閔珪，字朝瑛，烏程人。天順八年進士。授御史。出按河南，以風力聞。成化六年擢江西副使，進廣東按察使。久之，以右僉都御史巡撫江西。南、贛諸府多盜，率強宗家僕。珪請獲盜連坐其主，法司議從之。尹直輩謀之李孜省，取中旨責珪不能弭盜，左遷廣西按察使。

孝宗嗣位，擢右副都御史，巡撫順天。入爲刑部右侍郎，進右都御史，總督兩廣軍務，

與總兵官毛銳討古田僮。副總兵馬俊、參議馬鉉自臨桂深入，[五] 敗死，軍遂退。詔停俸討賊。珪復進兵，連破七寨，他賊悉就撫。

弘治七年遷南京刑部尚書，尋召爲左都御史。十一年，東宮出閣，加太子少保。十三年代白昂爲刑部尚書，再加太子太保。以災異與都御史戴珊共陳時政八事，又陳刑獄四事，多報可。

珪久爲法官，議獄皆會情比律，歸於仁恕。宣府妖人李道明聚衆燒香，巡撫劉聰信千戶黃珍言，株連數十家，謂道明將引北寇攻宣府。及逮訊無驗，珪乃止坐道明一人，餘悉得釋，而抵珍罪，聰亦下獄貶官。帝之親鞫吳一貫也，將置大辟，珪進曰：「一貫推案不實，罪當徒。」帝不允，珪執如初。帝怒，戴珊從旁解之。帝乃霽威，令更擬。珪終以原擬上，帝不悅，召語劉大夏。對曰：「刑官執法乃其職，未可深罪。」帝默然久之，曰：「朕亦知珪老成不易得，但此事太執耳。」卒如珪議。

正德元年六月，以年踰七十再疏求退，不允。及劉瑾用事，九卿伏闕固諫，韓文被斥，珪復連章乞休。明年二月詔加少保，[六] 賜敕馳傳歸。六年十月卒，年八十二。贈太保，諡莊懿。

從孫如霖，南京禮部尚書。如霖曾孫洪學，吏部尚書。洪學從弟夢得，兵部戎政尚書。

他爲庶僚者復數人。

戴珊，字廷珍，浮梁人。父㬚，由鄉舉官嘉興教授，有學行。富人數輩遣其奴子入學，㬚不可。賄上官强之，執愈堅，見忤，坐他事去。

珊幼嗜學，天順末，與劉大夏同舉進士。久之，擢御史，督南畿學政。成化十四年遷陝西副使，仍督學政。正身率教，士皆愛慕之。歷浙江按察使，福建左、右布政使，終任不攜一土物。

弘治二年以王恕薦擢右副都御史，撫治鄖陽。蜀盜野王剛流劫竹山、平利。珊合川、陝兵，檄副使朱漢等討擒其魁，餘皆以脅從論，全活甚衆。入歷刑部左、右侍郎，與尚書何喬新、彭韶共事。晉府寧化王鍾鈵淫虐不孝，勘不得實，再遣珊等勘之，遂奪爵禁錮。進南京刑部尚書。久之，召爲左都御史。

十七年，考察京官，珊廉介不苟合。給事中吳蕣、王蓋自疑見黜，連疏詆吏部尚書馬文升，並言珊縱妻子納賄。珊等乞罷，帝慰留之。御史馮允中等言：「文升、珊歷事累朝，清德素著，不可因浮詞廢計典。」乃下蕣、蓋詔獄，命文升、珊即舉察事。珊等言：「兩人逆計當

黜，故先劾臣等。今黜之，彼必曰是挾私也。苟避不黜，則負委任，而使詐諼者得志。」帝命上兩人事蹟，皆黜之。已，劉健等因召對，力言蓋罪輕，宜調用。帝方嚮用文升、珊，卒不納。

帝晚年召對大臣，珊與大夏造膝宴見尤數。一日，與大夏侍坐。帝曰：「時當述職，諸大臣皆杜門。如二卿者，雖日見客何害。」袖出白金賚之，曰：「少佐而廉。」且屬勿廷謝，曰：「恐爲他人忌也。」珊以老疾數求退，輒優詔勉留，遣醫賜食，慰諭有加。珊感激泣下，私語大夏曰：「珊老病子幼，恐一旦先朝露，公同年好友，何惜一言乎？」大夏曰：「唯唯。」後大夏燕對畢，帝問珊病狀，言珊實病，乞憫憐聽其歸。帝曰：「彼屬卿言耶？主人留客堅，客則强留。珊獨不能爲朕留耶？且朕以天下事付卿輩，猶家人父子。今太平未兆，何忍言歸。」大夏出以告珊，珊泣曰：「臣死是官矣。」帝既崩，珊以新君嗣位不忍言去，力疾視事。疾作，遂卒。贈太子太保，謚恭簡。

贊曰：孝宗之爲明賢君，有以哉。恭儉自飭，而明於任人。劉、謝諸賢居政府，而王恕、何喬新、彭韶等爲七卿長，相與維持而匡弼之。朝多君子，殆比隆開元、慶曆盛時矣。喬新、韶雖未究其用，而望著朝野。史稱宋仁宗時，國未嘗無嬖倖，而不足以累治世之體，朝未嘗無小人，而不足以勝善類之氣。孝宗初政，亦略似之。不然，承憲宗之季，而欲使政不旁撓，財無濫費，滋培元氣，中外乂安，豈易言哉。

校勘記

〔一〕廣昌知縣張傑復以爲言乃贈太子太保　張傑，武宗實錄卷一六五正德十三年八月庚寅作「張潔」。又，太子太保，作「太子少傅」。

〔二〕明年賜謚文肅　明年指正德十二年。按武宗實錄卷一六五、國榷卷五〇頁三一五七都繫於正德十三年八月庚寅。

〔三〕通政經歷沈蘇者　沈蘇，本書卷一八二王恕傳作「高蘇」。

〔四〕詔加岳太子太保往任之　太子太保，孝宗實錄卷一八〇弘治十四年十月甲寅條作「太子少保」。

〔五〕參議馬鉉自臨桂深入　馬鉉，本書卷三一七桂林傳作「馬鉞」。

〔六〕明年二月詔加少保　二月，本書卷一一一七卿年表繫于正德二年「閏正月」，武宗實錄卷二二繫於正德二年閏正月癸亥。

明史卷一百八十四

列傳第七十二

周洪謨　楊守陳 弟守阯　子茂元　茂仁　張元禎 陳音　傅瀚

張昇　吳寬　傅珪　劉春　吳儼　顧清　劉瑞

周洪謨，字堯弼，長寧人。正統十年，進士及第。授編修。博聞强記，善文詞，熟國朝典故，喜談經濟。

景泰元年疏勸帝親經筵，勤聽政，因陳時務十二事。再遷侍讀。天順二年掌南院事。憲宗嗣位，復陳時務，言人君保國之道有三：曰力聖學，曰修內治，曰攘外侮。力聖學之目一：曰正心。修內治之目五：曰求眞才，去不肖，旌忠良，罷冗職，恤漕運。攘外侮之目六：曰選將帥，練士卒，講陳法，治兵器，足饋餉，靖邊陲。帝嘉納焉。成化改元，廷議討四川山都掌蠻，洪謨上方略六事，詔付軍帥行之。進學士。尋爲南

京祭酒。上言南監有紅板倉二十間，高皇后積粟以養監生妻孥者，宜修復，帝允行之。母喪服闋，改北監。十一年，言士風澆浮，請復洪武中學規。帝嘉納，命禮部榜諭。崇信伯費淮入監習禮，久不至。洪謨劾之，奪冠帶，以儒巾赴監，停歲祿之半，學政肅然。先聖像用冕旒十二，而舞佾豆籩數不稱，洪謨請備天子制。又言：「古者鳴球琴瑟爲堂上之樂，笙鏞柷敔爲堂下之樂，而干羽則舞於兩階。今舞羽居上，樂器居下，非古制，當改。」尚書鄒幹駁止之，洪謨再疏爭。帝竟俞其議。

遷禮部右侍郎。久之，轉左。以蔡傳所釋璿璣玉衡，後人遵用其制，考驗多不合，宜改製，帝即屬洪謨。洪謨易以木，旬日而就。十七年進尚書。二十年加太子少保。二十一年，星變，有所條奏，帝多採納。

弘治元年四月，天壽山震雷風雹，樓殿瓦獸多毀。洪謨復力勸修省，帝深納之。洪謨矜莊寡合，與萬安同鄉，安居政府時頗與之善。至是，言官先後論奏，致仕歸。又三年卒，年七十二。諡文安。

洪謨嘗言：「士人出仕，或去鄉數千里，既昧土俗，亦拂人情，不若就近選除。王府官終身不遷，乖祖制，當稍變更。都掌蠻及白羅羅羿子數叛，〔一〕宜特設長官司，就擇其人任之，庶無後患。」將歿，猶上安中國、定四裔十事。其好建白如此。

楊守陳，字維新，鄞人。祖範，有學行，嘗誨守陳以精思實踐之學。舉景泰二年進士，改庶吉士，授編修。成化初，充經筵講官，進侍講。英宗實錄成，遷洗馬。尋進侍講學士，同修宋元通鑑綱目。母憂服闋，起故官。孝宗出閣，爲東宮講官。時編文華大訓，事涉宦官者皆不錄。守陳以爲非，備列其善惡得失。書成，進少詹事。

孝宗嗣位，宮僚悉遷秩，執政擬守陳南京吏部右侍郎，帝舉筆去「南京」字。左右言劉宣見爲右侍郎，帝乃改宣左，而以守陳代之。修憲宗實錄，充副總裁。弘治改元正月，上疏曰：

孟子言「我非堯、舜之道不敢陳於王前」。夫堯、舜之道何道？書曰「人心惟危，道心惟微，惟精惟一，允執厥中」，此堯、舜之得於內者深，而爲出治之本也。詢四岳，闢四門，明四目，達四聰，此堯、舜之資於外者博，而爲致治之綱也。臣昔忝宮僚，伏覩陛下朗讀經書，未嘗勤睿問以究聖賢奧旨。儒臣略陳訓詁，未嘗進詳說以極帝王要道。是陛下得於內者未深也。今視朝，所接見者，大臣之丰采而已。君子、小人之情狀，小臣、遠臣之才行，何由識？退朝所披閱者，百官之章奏而已。諸司之典則，羣吏之情弊，何由見？宮中所聽信者，內臣之語言而已。百官之正議，萬姓之繁言，何由聞？恐陛

下資於外者未博也。

願遵祖宗舊制，開大小經筵，日再御朝。大經筵及早朝，但如舊儀。若小經筵，必擇端方博雅之臣，更番進講。凡所未明，輒賜清問。凡聖賢經旨，帝王大道，以及人臣賢否，政事得失，民情休戚，必講之明而無疑，乃可行之篤而無弊。若夫前朝經籍，祖宗典訓，百官章奏，皆當貯文華殿後，陛下退朝披覽。日令內閣一人、講官二人居前殿右廂，有疑則詢，必洞晰而後已。一日之間，居文華殿之時多，處乾清宮之時少，則欲寡心清，臨政不惑，得於內者深而出治之本立矣。午朝則御文華門，大臣臺諫更番侍直。事已具疏者用揭帖，略節口奏，陛下詳問而裁決之。在外文武官來覲，俾條列地方事，口陳大要，付諸司評議。其陛辭赴任者，隨其職任而戒諭之。有大政則御文華殿，使大臣各盡其謀，勿相推避。不當則許言官駁正。其他具疏進者，召閣臣面議可否，然後批答。而於奏事、辭朝諸臣，必降詞色，詳詢博訪，務竭下情，使賢才常接於目前，視聽不偏於左右，合天下之耳目以爲聰明，則資於外者博而致治之綱舉矣。

若如經筵、常朝祇循故事，凡百章奏皆付內臣調旨批答，臣恐積弊未革，後患滋深。且今積弊不可勝數。官鮮廉恥之風，士多浮競之習。教化凌夷，刑禁弛懈。俗侈而財滋乏，民困而盜日繁。列衞之城池不修，諸郡之倉庫鮮積。甲兵朽鈍，行伍空虛。

將驕惰而不知兵，士疲弱而不習戰。一或有警，何以禦之？此臣所以朝夕憂思，至或廢寢忘食者也。

帝深嘉納。後果復午朝，召大臣面議政事，皆自守陳發之。尋以史事繁，乞解部務。章三上，乃以本官兼詹事府，專事史館。二年卒。謚文懿，贈禮部尚書。

弟守阯。子茂元、茂仁。守阯，字維立。成化初，鄉試第一，入國學。祭酒邢讓下獄，率六館生伏闕訟冤。十四年，進士及第。授編修。秩滿，故事無遷留都者。會從兄守隨爲李孜省所逐，欲并逐守阯，乃以爲南京侍讀。

弘治初，召修憲宗實錄，直經筵，再遷侍講學士。給事中龐泮等以救知州劉遜悉下獄，吏部尚書屠滽奏遣他官攝之。守阯貽書，極詆滽失。十年大計京官。守阯時掌院事，言：「臣與掌詹事府學士王鏊，俱當聽部考察。但臣等各有屬員。進與吏部會考所屬，則坐堂上，退而聽考，又當候階下。我朝優假學士，慶成侍宴，班四品上，車駕臨雍，坐彝倫堂內，視三品，此故事也。今四品不與考察，則學士亦不應與。臣等職講讀撰述，稱否在聖鑒，有不待考察者。」詔可。學士不與考察，自守阯始。修會典，充副總裁。尋遷南京吏部右侍郎。嘗署兵部，陳時弊五事。改署國子監。考績入都，會典猶未成，仍留爲總裁。事竣，遷左侍

郎還任，進二秩。武宗立，引年乞休，不待報竟歸，詔加尚書致仕。劉瑾亂政，奪其加官。瑾敗乃復，久之卒。

守阯博極羣書，師事兄守陳，學行相埒。其爲解元、學士、侍郎，皆與兄同。又對掌兩京翰林院，人尤豔稱之。守陳卒，守阯爲位哭奠者三年。

茂元，字志仁。成化十一年進士。授刑部主事。歷郎中，出爲湖廣副使，改山東。弘治七年，河決張秋，詔都御史劉大夏治之，復遣中官李興、平江伯陳銳繼往。興威虐，縶辱按察使。茂元攝司事，奏言：「治河之役，官多而責不專。有司供億，日費百金。諸臣初祭河，天色陰晦，帛不能燃。所焚之餘，宛然人面，具耳目口鼻，觀者駭異。鬼神示怪，夫豈偶然。乞召還興、銳等，專委大夏，功必可成。且水者陰象，今后戚家威權太盛，假名姓肆貪暴者，不可勝數，請加禁防，以消變異。晝工、藝士，宜悉放遣。山東既有內臣鎮守，復令李全鎮臨清，宜撤還。」疏入，下山東撫、按勘，奏言：「焚帛之異誠有之，所奏供億，多過其實。」於是興、銳連章劾茂元妄，詔遣錦衣百戶胡節逮之。父老遮道愬節，乞還楊副使。及陛見，茂元長跪不伏，帝怒，置之詔獄。節遍叩中官，備言父老愬冤狀，中官多感動。會言者交論救，部擬贖杖還職，特謫長沙同知。謝病歸。久之，起安慶知府，遷廣西左參政。正德四年，劉

瑾遣御史孫迪校勘錢穀，索賄不予。瑾又惡茂元從父守隨，遂勒致仕。瑾誅，起官江西，尋遷雲南左布政使。以右副都御史巡撫貴州，改蒞南京都察院，終刑部右侍郎。

茂仁，字志道，成化末進士。歷刑部郎中。遼東鎮守中官梁玘被劾，偕給事中往按，盡發其罪。終四川按察使。

張元禎，字廷祥，南昌人。五歲能詩，寧靖王召見，命名元徵。巡撫韓雍器之曰「人瑞也」，乃易元禎。舉天順四年進士，改庶吉士，授編修。

憲宗嗣位，疏請行三年喪，不省。其年五月，疏陳三事：「一，勤講學。願不廢寒暑，所講必切於修德爲治之實，不必以亂亡忌觸爲諱。講退，更凝神靜味，驗之於身心政化。講官，令大臣公舉剛明正大之人，不拘官職大小。一，公聽政。請日御文華殿，午前進講，午後聽政。天下章奏，命諸臣詳議面陳可否，陛下親臨決其是非。暇則召五品以下官，隨意問以時事得失利病，令下情得以畢達。一，廣用賢。請命給事中、御史，各陳兩京堂上官賢否。如有不盡，亦許在京五品官指陳之，以爲進退。又令共薦有德望者，以代所去之位，則大臣皆得其人。於是命之各言其所屬及方面郡縣官之賢否，付內閣吏部陞黜之。中外羣臣，有

剛正敢言者，舉爲臺諫，不必論其言貌、官職、出身。但不宜委之堂上官，恐憚其剛方，而薦柔媚者以充數，所舉之人感其推薦，不敢直斥其非。是以古者大臣不舉臺諫。」疏入，以言多窒礙難行，寢之。預修英宗實錄，與執政議不合，引疾家居，講求性命之學。閱二十年，中外交薦，皆不赴。

弘治初，召修憲宗實錄，進左贊善。上言：「人君不以行王道爲心，非大有爲之主也。陛下毓德靑宮，已負大有爲之望。邇者頗崇異端，嬖近習，以蠱此心；殖貨利，耽玩好，以荒此心；開倖門，塞言路，以昧此心。則不能大有爲矣。願定聖志，一聖學，廣聖智。」疏反覆累萬言，帝頗納之。實錄成，遷南京侍講學士，以養母歸。久之，召爲會典副總裁。至則進學士，充經筵日講官，帝甚傾向。元禎體淸癯，長不踰中人，帝特設低几聽之。數月，以母憂去。服闋，遷南京太常卿。已，修通鑑纂要，復召爲副總裁。以故官兼學士，改掌詹事府。帝晚年德益進。元禎因請講筵增講太極圖、通書、西銘諸書。帝亟取觀之，喜曰：「天生斯人，以開朕也。」欲大用之，未幾晏駕。

武宗立，擢吏部左侍郎兼學士入東閣，專典誥敕。元禎素有盛譽。林居久，晚乃復出。館閣諸人悉後輩，見元禎言論意態，以爲迂濶，多姍笑之。又名位相軋，遂騰謗議，言官交章劾元禎。元禎七疏乞休，劉健力保持之。健去，元禎亦卒。天啓初，追謚文裕。

陳音，字師召，莆田人。天順末進士。改庶吉士，授編修。成化六年三月，以災異陳時政，言：「講學莫先於好問。陛下雖間御經筵，然勢分嚴絕，上有疑未嘗問，下有見不敢陳。願引儒臣賜坐便殿，從容咨論，仰發聖聰。異端者，正道之反，法王、佛子、眞人，宜一切罷遣。」章下禮部。越數日，又奏：「國家養士百年，求其可用，不可多得。如致仕尚書李秉，在籍修撰羅倫、編修張元禎、新會舉人陳獻章皆當世人望，宜召還秉等，而置獻章臺諫。言官多緘默，願召還判官王徽、評事章懋等，以開言路。」忤旨切責。

司禮太監黃賜母死，廷臣皆往弔，翰林不往。侍講徐瓊謀於衆，音大怒曰：「天子侍從臣，相率拜內豎之室，若淸議何！」瓊愧沮。秩滿，進侍講。汪直黨韋瑛夜帥邏卒入兵部郎中楊士偉家，縛士偉，考掠及其妻子。音與比鄰，乘墉大呼曰：「爾擅辱朝臣，不畏國法耶！」其人曰：「爾何人，不畏西廠！」音厲聲曰：「我翰林陳音也。」久之，遷南京太常少卿。劉吉父喪起復，音貽書勸其固辭，吉不悅。後吏部擬用音，吉輒阻之曰「腐儒」，以故十年不得調。嘗與守備中官爭事，爲所劾，事卒得直。弘治五年，吉罷，始進本寺卿。越二年卒。音負經術，士多遊其門者。然性健忘，世故瑣屑事皆不解。世多以不慧事附之以爲笑，然不盡實也。

傅瀚，字曰川，新喻人。天順八年進士。選庶吉士，除檢討。嗜學强記，善詩文。再遷左諭德，直講東宮。孝宗嗣位，擢太常少卿兼侍讀，歷禮部左、右侍郎。尋命兼學士入東閣，專典誥敕，兼掌詹事府事。

弘治十三年代徐瓊爲禮部尚書。保定獻白鵲，疏斥之。陝西巡撫熊翀以鄠縣民所得玉璽來獻，以爲秦璽復出也。瀚率同列言：「秦璽完毀，具載簡册。今所進璽，形色、篆紐皆不類，蓋後人倣爲之。且帝王受命在德不在璽，太祖製六璽，列聖相承，百三十餘載，天休滋至，受命之符不在秦璽明矣。請姑藏內府。」帝是其言，薄賞得璽者。京師星變、地震、雨雹，四方多變異。瀚條上軍民所不便者，請躬行節儉以先天下。光祿寺遣行戶物價至四萬餘兩。瀚言由供億之濫，願敦儉素，俾冗費不生。所條奏，率傅正議。十五年卒，贈太子太保，謚文穆。

張昇，字啓昭，南城人。成化五年進士第一。授修撰，歷諭德。弘治改元，遷庶子。大學士劉吉當國，昇因天變，疏言：「陛下卽位，言者率以萬安、劉吉、尹直爲言，安、直被斥，吉獨存。吉乃傾身阿佞，取悅言官，昏暮款門，祈免糾劾，許以超遷。由是諫官緘口，奸計始遂。貴戚萬喜依憑宮壼，凶焰熾張，吉與締姻。及喜下獄，猶爲營捄。父存則異居各爨，父歿則奪情起官。談笑對客，無復戚容。盛納豔姬，恣爲淫黷。」且歷數其納賄、縱子等十罪。吉憤甚，風科道劾昇誣詆，調南京工部員外郎。吉罷，復故官，歷禮部左、右侍郎。十五年代傅瀚爲尚書。

孝宗崩，眞人陳應循、西番灌頂大國師那卜堅參等以祓除，率其徒入乾淸宮，昇請置之法。詔奪眞人、國師、高士等三十餘人名號，逐之。昇在部五年，遇災異，輒進直言。亦數爲言者所攻，然自守謹飭。

武宗嬉遊怠政，給事中胡煜、楊一渶、張襘皆以爲言，章下禮部。昇因上疏，請親賢遠佞，克謹天戒。帝是之而不能用，昇遂連疏乞休，不允。正德二年，秦府鎭國將軍誠激請襲封保安王，昇執不可。忤劉瑾，謝病。詔加太子太保，乘傳歸，月米、歲夫如制。卒於家。

吳寬，字原博，長洲人。以文行有聲諸生間。成化八年，會試、廷試皆第一，授修撰。侍

孝宗東宮，秩滿進右諭德。孝宗卽位，以舊學遷左庶子，預修憲宗實錄，進少詹事兼侍讀學士。

弘治八年[三]擢吏部右侍郎。丁繼母憂，吏部員缺，命虛位待之。服滿還任，轉左，改掌詹事府，入東閣，專典誥敕，仍侍武宗東宮。宦豎多不欲太子近儒臣，數移事間講讀。寬率其僚上疏曰：「東宮講學，寒暑風雨則止，朔望令節則止，一年不過數月，一月不過數日，一日不過數刻。是進講之時少，輟講之日多，豈容復以他事妨誦讀。古人八歲就傅，卽居宿於外，欲離近習，親正人耳。庶民且然，矧太子天下本哉？」帝嘉納之。

十六年進禮部尚書，餘如故。先是，孝莊錢太后崩，廷議孝肅周太后萬歲後，並葬裕陵，祔睿廟，禮皆如適。至是，孝肅崩，將祔廟，帝終以並祔爲疑，下禮官集議。寬言魯頌閟宮、春秋考仲子之宮皆別廟，漢、唐亦然。會大臣亦多主別廟，帝乃從之。時詞臣望重者，寬爲最，謝遷次之。遷既入閣，嘗爲劉健言，欲引寬共政，健固不從。他日又曰：「吳公科第、年齒、聞望皆先於遷，遷實自愧，豈有私於吳公耶。」及遷引退，舉寬自代，亦不果用。中外皆爲之惜，而寬甚安之，曰：「吾初望不及此也。」年七十，數引疾，輒慰留，竟卒於官。贈太子太保，謚文定。授長子奭中書舍人，補次子奐國子生，異數也。

寬行履高潔，不爲激矯，而自守以正。於書無不讀，詩文有典則，兼工書法。有田數頃，

嘗以周親故之貧者。友人賀恩疾，遷至邸，旦夕視之。恩死，爲衣素一月。

傅珪，字邦瑞，清苑人。成化二十三年進士。改庶吉士。弘治中，授編修，尋兼司經局校書。與修大明會典成，遷左中允。武宗立，以東宮恩，進左諭德，充講官，纂修孝宗實錄。時詞臣不附劉瑾，瑾惡之。謂會典成於劉健等，多所糜費，鐫與修者官，降珪修撰。俄以實錄成，進左中允，再遷翰林學士，歷吏部左、右侍郎。

正德六年代費宏爲禮部尙書。禮部事視他部爲簡，自珪數有執爭，章奏遂多。帝好佛，自稱大慶法王。番僧乞田百頃爲法王下院，中旨下部，稱大慶法王與聖旨並。珪佯不知，執奏：「孰爲大慶法王，敢與至尊並書，大不敬。」詔勿問，田亦竟止。

珪居閒類木訥者。及當大事，毅然執持，人不能奪，卒以此忤權倖去。教坊司臧賢請易牙牌，製如朝士，又請改鑄方印，珪格不行。賢日夜騰謗於諸閹間，冀去珪。流寇擾河南，太監陸誾謀督師，下廷議，莫敢先發。珪厲聲曰：「師老民疲，賊日熾，以冒功者多，僨事者漏罰，失將士心。先所遣已無功，可復遣耶？今賊橫行郊圻肘腋間，民嚣然思亂，禍且夕及宗社。吾儕死不償責，諸公安得首鼠兩端。」由是議罷。疏上，竟遣誾，而中官皆憾珪。御史

張羽奏雲南災，珪因極言四方災變可畏。八年五月，復奏四月災，因言：「春秋二百四十二年，災變六十九事。今自去秋來，地震天鳴，雹降星殞，龍虎出見，地裂山崩，凡四十有二，而水旱不與焉，災未有若是甚者。」極陳時弊十事，語多斥權倖，權倖益深嫉之。會戶部尙書孫交亦以守正見忤，遂矯旨令二人致仕。兩京言官交章請留，不聽。

珪歸三年，御史盧雍稱珪在位有古大臣風，家無儲蓄，日給爲累，乞頒月廩、歲隸，以示優禮。又謂珪剛直忠讜，當起用。吏部請如雍言，不報。而珪適卒，年五十七。遺命毋請卹典。撫、按以爲言，詔廕其子中書舍人。嘉靖元年錄先朝守正大臣，追贈太子少保，謚文毅。

劉春，字仁仲，巴人。成化二十三年進士及第。授編修，屢遷翰林學士。正德六年擢吏部右侍郎，進左。八年代傅珪爲禮部尙書。淮王祐棨、鄭王祐檡皆由旁支襲封，而祐棨稱其本生爲考，祐檡幷欲追封入廟。交城王秉杌由鎭國將軍嗣爵，而進其妹爲縣主。春皆據禮駁之，遂著爲例。

帝崇信西僧，常襲其衣服，演法內廠。有綽吉我些兒者，出入豹房，封大德法王，遣其徒二人還烏思藏，請給國師誥命如大乘法王例，歲時入貢，且得齎茶以行，春持不可。帝命再議，春執奏曰：「烏思藏遠在西方，性極頑獷。雖設四王撫化，其來貢必有節制，使不爲邊患。若許其齎茶，給之誥敕，萬一假上旨以誘羌人，妄有請乞，不從失異俗心，從之則滋害。」奏上，罷齎茶，卒與誥命。春又奏：「西番俗信佛教，故祖宗承前代舊，設立烏思藏諸司，及陝西洮、岷，四川松潘諸寺，令化導番人，許之朝貢。貢期、人數皆有定制。比緣諸番僻遠，莫辨眞僞。中國逃亡罪人，習其語言，竄身在內，又多創寺請額。番貢日增，宴賞繁費。乞嚴其期限，酌定人數，每寺給勘合十道，緣邊兵備存勘合底簿，比對相同，方許起送。并禁自後不得濫營寺宇。」報可。廣東布政使羅榮等入覲，各言鎭守內臣入貢之害。春列上累朝停革貢獻詔旨，且言四方水旱盜賊，軍民困苦狀，乞罷諸鎭守臣。不納。

春掌禮三年，愼守彝典。宗藩請封，請婚及文武大臣祭葬、贈謚，多所裁正。遭憂，服闋，起南京吏部尙書。尋以禮部尙書專典誥敕，掌詹事府事。十六年卒。贈太子太保，謚文簡。

劉氏世以科第顯。春父規，御史。弟台，雲南參政。子彭年，巡撫貴州右副都御史。彭年子起宗，遼東苑馬寺卿。起宗子世賞，廣東左布政使。台子鶴年，雲南布政使，以清譽聞。鶴年孫世曾，巡撫雲南右副都御史，有征緬功。皆由進士。

吳儼，字克溫，宜興人。成化二十三年進士。改庶吉士，授編修，歷侍講學士，掌南京翰林院。正德初，召修孝宗實錄，直講筵。劉瑾竊柄，聞儼家多貲，遣人啗以美官。儼峻拒之，瑾怒。會大計羣吏，中旨罷儼官。瑾誅，復職歷禮部左、右侍郎，拜南京禮部尙書。

十二年，武宗北巡，儼抗疏切諫。明年復偕諸大臣上疏曰：「臣等初聞駕幸昌平，會具疏極論，不蒙採納。既聞出居庸，幸宣、大，宰輔不及知，羣臣不及從，三軍之士不及衞，京師內外人心動搖。徐、淮以南，荒饉千里，去冬雨雪爲災，民無衣食，安保其不爲盜。所禦之寇尙遠隔陰山，而不虞之禍或猝起於肘腋，臣所大懼也。」不報。

十四年卒官。贈太子少保，謚文肅。

顧清，字士廉，松江華亭人。弘治五年舉鄉試第一。明年，成進士，改庶吉士，授編修。與同年生毛澄、羅欽順、汪俊，相砥以名節。進侍讀。

正德初，劉瑾竊柄，清邑子張文冕爲謀主，附者立尊顯。清絕不與通，瑾銜之。四年摘會典小誤，挫諸翰林，清降編修。又以諸翰林未諳政事，調外任及兩京部屬，清得南京兵部

員外郎。會父憂，不赴。瑾誅，還侍讀，擢侍讀學士掌院事。尋遷少詹事，充經筵日講官，進禮部右侍郎。時澄已爲尚書，淸協恭守職，前後請建儲宮，罷巡幸，疏凡十數上。世宗嗣位，爲御史李獻所劾，罷歸。

淸學端行謹，恬於進取。家居，薦者相繼，悉報寢。嘉靖六年詔舉老成堪用內閣者，廷推及淸，乃以爲南京禮部右侍郎。上言：「錦衣職侍衞，祖宗朝非機密不遣。正德間，營差四出，海內騷然，陛下所親見。近乃遣千戶勘揚州高淪爭私財事，因其女婿，慘毒備加。請自今悉付所司，停旂校無遣。」從之。屢疏引疾，詔進尙書致仕。時方進表入都，道卒。謚文僖。

劉瑞，字德符，內江人。父時敎，官山東僉事，以廉惠稱。瑞舉弘治九年進士，選庶吉士，授檢討。好學潔修，遇事輒有論建。淸寧宮災，請罷醮壇。時召內閣講官延訪治道，又言：「故閣李廣門下內臣，宜悉治罪。前太監汪直，先帝罪人，今來覬用，當斥遠之。副使楊茂元、郎中王雲鳳以直言獲罪宜召復其官。京師之萬春宮，興濟眞武廟、壽寧侯第，在外之興、岐、衡、雍、汝、涇諸府，土木繁興，宜悉罷不急者。都勻之捷，鄧廷瓚冒其功，賀蘭之征，

王越啓其釁，請追正欺罔之罪。」報聞。闕里廟成，遣大學士李東陽祭告。瑞請更定先師封謚，不果行。

武宗卽位，疏陳端治本九事。請召祭酒章懋，侍郎王鏊，都御史林俊、雍泰，而超擢參政王綸、副使王雲鳳、僉事胡獻、知府楊茂元、照磨余濂。〔三〕由是，諸臣多獲進用。劉瑾用事，瑞卽謝病。貧不能還鄉，依從母子李充嗣於澧州。瑾榜瑞爲奸黨，又以前薦雍泰除其名，罰米輸塞上。坐是益困，授徒自給。瑾誅，以副使督浙江學校，召爲南京太僕少卿。嘉靖二年，由南太常卿就遷禮部右侍郎。因災變偕同官條上六事，且言齋醮無益且妨政，織造多費且病民。帝多納用之。大禮議起，瑞偕九卿合疏。極言大宗、小宗之義，凡數千言。四年卒官。贈尙書。隆慶初，謚文肅。

贊曰：周洪謨等以詞臣歷卿貳。或職事拳拳，或侃侃建白，進講以啓沃爲心，守官以獻替自效。於文學侍從之選，均無愧諸。

校勘記

〔一〕都掌蠻及白羅羅羿子數叛 羿子，原作「昇子」，據本書卷三一二永寧宣撫司傳、憲宗實錄卷一九八成化十五年十二月丁巳條改。

〔二〕弘治八年 明史稿傳六三吳寬傳作「弘治九年」。

〔三〕照磨余濂 原作「照磨金濂」，據明史稿傳六三劉瑞傳及武宗實錄卷七弘治十八年十一月壬午條改。按余濂見本書卷一八〇王獻臣傳及孝宗實錄卷二一八弘治十八年十一月乙未條。

明史卷一百八十五

列傳第七十三

李敏 葉淇　賈俊 劉璋　黃紱　張悅 張鎣　侶鍾　曾鑑
梁璟 王詔　徐恪　李介 子昆　黃珂　王鴻儒　叢蘭
吳世忠

李敏，字公勉，襄城人。景泰五年進士。授御史。天順初，奉敕撫定貴州蠻。還，巡按畿內。以薊州餉道經海口，多覆溺，建議別開三河達薊州，以避其險，軍民利之。成化初，用薦超遷浙江按察使。再任湖廣。歷山西、四川左、右布政使。十三年擢右副都御史，巡撫大同。敵騎出沒塞下，掩殺守墩軍，敏伏壯士突擒之。修治垣塹，敵不敢犯。十五年召爲兵部右侍郎。踰四年，病歸。河南大饑，條上救荒數事。詔以左副都御史

巡撫保定諸府。二十一年改督漕運，尋召拜戶部尚書。

先是，敏在大同，見山東、河南轉餉至者，道遠耗費，乃會計歲支外，悉令輸銀。民輕齎易達，而將士得以其贏治軍裝，交便之。至是，并請畿輔、山西、陝西州縣歲輸糧各邊者，每糧一石徵銀一兩，以十九輸邊，依時值折軍餉，有餘則召糴以備軍興。帝從之。自是北方二稅皆折銀，由敏始也。崇文門宣課司稅，多爲勢要所侵漁。敏因馬文升言請增設御史主事監視。御史陳璚斥敏聚斂，敏再疏求去。帝慰留之。貴戚請隙地及鷹房、牧馬場千頃，敏執不可，事得寢。

當憲宗末，中官、佞倖多賜莊田。既得罪，率辭而歸之官，罪重者奪之，然不以賦民。敏請召佃，畝科銀三分，帝從之，然他莊田如故也。會京師大水，敏乃極陳其害，言：「今畿輔皇莊五，爲地萬二千八百餘頃；勳戚、中官莊三百三十有二，爲地三萬三千一百餘頃。官校招無賴爲莊頭，豪奪畜產，戕殺人，汚婦女，民心痛傷，災異所由生。皇莊始正統間，諸王未封，相閒地立莊。王之藩，地仍歸官，其後乃沿襲。普天之下，莫非王土，何必皇莊。請盡革莊戶，賦民耕，畝概徵銀三分，充各宮用度。無皇莊之名，而有足用之效。至權要莊田，亦請擇佃戶領之，有司收其課，聽諸家領取。悅民心，感和氣，無切於此。」時不能用。南京御史與守備太監蔣琮相訐，御史咸逮謫，而琮居職如故。敏再疏力爭，皆不聽。

弘治四年得疾乞休，帝爲遣醫視療。已，復力請，乃以葉淇代，詔敏乘傳歸。未抵家卒。贈太子少保，謚恭靖。

敏生平篤行誼，所得祿賜悉以分昆弟、故人。里居時，築室紫雲山麓，聚書數千卷，與學者講習。及巡撫大同，疏籍之於官，詔賜名紫雲書院。大同孔廟無雅樂，以敏奏得頒給如制云。

葉淇，字本清，山陽人。景泰五年進士。授御史。天順初，石亨譖之下吏，考訊無驗，出爲武陟知縣。成化中累官大同巡撫。孝宗立，召爲戶部侍郎。弘治四年代李敏爲尚書，尋加太子少保。哈密爲土魯番所陷，守臣請給其遺民廩食，處之內地，淇曰：「是自貽禍也。」寢其奏。奸民獻大名地爲皇莊，淇議歸之有司。內官龍綬請開銀礦，淇不可。帝從之。已，綬請長蘆鹽二萬引，鬻於兩淮以供織造費。淇力爭，竟不納。

淇居戶部六年，直亮有執，能爲國家惜財用。每廷議用兵，輒持不可。惟變開中之制，令淮商以銀代粟，鹽課驟增至百萬，悉輸之運司，邊儲由此蕭然矣。九年四月乞休，歸卒。贈太子太保。

從子贄，進士，歷官刑部右侍郎，以清操聞。

賈俊，字廷杰，束鹿人。以鄉舉入國學。天順中，選授御史。歷巡浙江、山西、陝西、河南、南畿，所至有聲。

成化十三年自山東副使超拜右僉都御史，巡撫寧夏。在鎮七年，軍民樂業，召爲工部右侍郎。二十一年奉敕振饑河南。尋轉左，數月拜尚書。時專重進士，舉人無至六卿者，俊獨以重望得之。及孝宗踐阼，尚書王恕、李敏、周洪謨、余子俊、何喬新，都御史馬文升，皆一時民譽，俊參其間，亦稱職。

諸王府第、塋墓悉官予直，而儀仗時繕修。內官監欲頻興大工，俊言王府既有祿米、莊田，請給半直；儀仗非甚敝，不得煩有司；公家所宜營，惟倉庫、城池，餘皆停罷。帝報可。弘治四年，中官奏修沙河橋，請發京軍二萬五千及長陵五衞軍助役。內府寶鈔司乞增工匠。浙江及蘇、松諸府方罹水災而織造錦綺至數萬匹。俊皆執奏，並得寢。工部政務與內府監局相表裏，而內官監專董工役，職尤相關。俊不爲所撓，工役大省。太廟後殿成，加太子少保。足疾，致仕。詔許乘傳歸，給夫廩如制。踰年卒。

俊廉慎，居工部八年，望孚朝野。

代之者劉璋，字廷信，延平人。天順初進士。歷官中外有聲。居工部，亦數有爭執，名亞於俊。

黃紱，字用章，其先封丘人。曾祖從平越，遂家焉。紱登正統十三年進士，除行人，歷南京刑部郎中。剛廉，人目之曰「硬黃」。大猾譚千戶者，占民蘆場，莫敢問，紱奪還之民。

成化九年遷四川左參議。久之，進左參政。按部崇慶，旋風起輿前，不得行。紱曰：「此必有冤，吾當爲理。」風遂散。至州，禱城隍神，夢若有言州西寺者。寺去州四十里，倚山爲巢，後臨巨塘。僧夜殺人沉之塘下，分其貲。且多藏婦女於窟中。紱發吏兵圍之，窮詰，得其狀，誅僧毀其寺。倉吏倚皇親乾沒官糧巨萬，紱追論如法，威行部中。歷四川、湖廣左、右布政使。奏閉建昌銀礦。兩京工興，湖廣當輸銀二萬，例徵之民，紱以庫羨充之。荆王奏徙先壟，紱恐爲民擾，執不可。

二十二年擢右副都御史，巡撫延綏。劾參將郭鏞，都指揮鄭印、李鐸、王琮等抵罪，計捕奸豪張綱。申軍令，增置墩堡，邊政一新。出見士卒妻衣不蔽體，歎曰：「健兒家貧至是，

何面目臨其上。」亟豫給三月餉，親爲拊循。會有詔毀庵寺，紱因盡汰諸尼，以給壯士無妻者。及紱去，多攜子女拜送於道。

弘治三年拜南京戶部尙書。言官以紱進頗驟，頻有言。帝不聽，就改左都御史，焚差歷篩於庭曰：「事貴得人耳，資勞久近，豈立官意哉。」

紱歷官四十餘年，性卞急，不能容物。然操履潔白，所至有建樹。六年乞休，未行卒。

張悅，字時敏，松江華亭人。舉天順四年進士，授刑部主事，進員外郎。

成化中出爲江西僉事，改督浙江學校。力拒請託，校士不糊名，曰：「我取自信而已。」遷四川副使，進按察使。遭喪，服闋補湖廣。王府承奉張通縱恣，悅繩以法。及入覲，中官尙銘督東廠，衆競趨其門，悅獨不往。銘銜甚，伺察無所得。銘敗，召拜左僉都御史。

孝宗立，遷工部右侍郎，轉吏部左侍郎。王恕爲尙書，悅左右之，嘗兩攝選事。弘治六年夏，大旱，求言。陳遵舊章、卹小民、崇儉素、裁冗食、禁濫罰數事，又上修德、圖治二疏，並嘉納。俄遷南京右都御史，就改吏部尙書。九年復改兵部，參贊機務。以年至，累疏乞休。詔加太子少保，馳傳歸。卒贈太子太保，謚莊簡。

時與悅同里而先爲南京兵部尙書者張鎣，字廷器，正統十三年進士。景泰初，擢御史。歷江西副使按察使、陝西左布政使。成化三年以右副都御史巡撫寧夏。寧夏城，土築，鎣始甃以甎。道河流，溉靈州屯田七百餘頃。以父喪去。服除，起撫河間諸府，改大同，歷刑部左、右侍郎。十八年擢本部尙書。明年加太子少保。又明年，再以憂歸。弘治元年起南京兵部尙書，卒官，贈太子太保，謚莊懿。

倡鍾，字大器，鄆城人。成化二年進士。授御史，巡鹽兩淮。按浙江還，掌諸道章奏。汪直諷鍾劾馬文升，鍾不可，被譖杖闕下。以都御史王越薦，擢大理寺丞，再遷右少卿。

寇入大同，廷議遣大臣巡視保定諸府，乃以命鍾。居數月，即擢右副都御史巡撫其地。河間瀕海民地爲勢家所據，鍾奪還之。召爲刑部右侍郎。丁內艱，僦運艘載母柩南還。督漕總兵官王信奏之，逮下吏。會當路方逐尹旻黨，而鍾與旻爲同鄉，乃貶二秩爲曲靖知府。改徽州，復入爲大理寺左少卿。

弘治三年，以右副都御史巡撫蘇、松諸府，盡心荒政。召爲戶部侍郎總督倉場，尋改吏

部。十一年還右都御史。居二年，進戶部尙書。

十五年上天下會計之數，言：「常入之賦，以蠲免漸減，常出之費，以請乞漸增，入不足當出。正統以前軍國費省，小民輸正賦而已。自景泰至今，用度日廣，額外科率。河南、山東邊餉，浙江、雲南、廣東雜辦，皆昔所無。民已重困，無可復增。往時四方豐登，邊境無調發，州縣無流移。今太倉無儲，內府殫絀，而冗食冗費日加於前。願陛下惕然省憂，力加損節，且敕廷臣共求所以足用之術。」帝乃下廷臣議。議上十二事，其罷傳奉冗官，汰內府濫收軍匠，清騰驤四衞勇士，停寺觀齋醮，省內侍、畫工、番僧供應，禁王府及織造濫乞鹽引，令有司徵莊田租，皆權倖所不便者。疏留數月不下，鍾乃復言之。他皆報可，而事關權幸者終格不行。

奸商投外戚張鶴齡，乞以長蘆舊引十七萬免追鹽課，每引納銀五分，別用價買各場餘鹽如其數，聽鬻販，帝許之。後奸民援例乞兩淮舊引至百六十萬，鍾等力持，皆不聽。自此鹽法大壞，奸人橫行江湖，官司無如何矣。

東廠偵事者發鍾子瑞受金事，鍾屢疏乞休，命馳驛歸。正德時，劉瑾摭鍾在部時事，至罰米者三。又數年卒。

曾鑑，字克明，其先桂陽人，以戍籍居京師。天順八年進士。授刑部主事。通州民十餘人坐爲盜，獄已具，鑑辨其誣。已，果獲眞盜。成化末，歷右通政，累遷工部左侍郎。弘治十三年進尙書。

孝宗在位久，海內樂業，內府供奉漸廣，司設監請改造龍毯、素毯一百有奇。鑑等言：「毯雖一物，然徵毛毳於山、陝，採綿紗諸料於河南，召工匠於蘇、松，經累歲，勞費百端，祈賜停止。」不聽。內府針工局乞收幼匠千人，鑑等言：「往年尙衣監收匠千人，而兵仗局效之，收至二千人。軍器局、司設監又效之，各收千人。弊源一開，其流無已。」於是命減其半。太監李興請辦元夕煙火，有詔裁省，因鑑奏盡罷之。十六年，帝納諸大臣言召還織造中官，中官鄧瑢以請，帝又許之。鑑等極言，乃命減三之一。其冬，言諸省方用兵，且水旱多盜賊，乞罷諸營繕及明年煙火、龍虎山上清宮工作。帝皆報從。

正德元年，雷震南京報恩寺塔，守備中官傅容請修之。鑑言天心示儆，不宜重興土木以勞民力，乃止。御馬監太監陳貴奏遷馬房，欽天監官倪謙覆視，請從之。給事中陶諧等劾貴假公營私，幷劾謙阿附，不聽。鑑執奏，謂馬房皆由欽天監相視營造，其後任意增置者，宜令拆毀改正，葺以已資，庶牧養無妨而民不勞。報可。內織染局請開蘇、杭諸府織造，上供錦綺爲數二萬四千有奇。鑑力請停罷，得減三分之半。太監許鏞等各齎敕於浙江諸處抽運木植，亦以鑑言得寢。

孝宗末，閣部大臣皆極一時選，鑑亦持正。及與韓文等請誅宦官不勝，諸大臣留者率巽順避禍，鑑獨守故操。有詔賜皇親夏儒第，帝嫌其隘，欲拓之。鑑力爭，不從。明年春，中官黃準守備鳳陽，從其請，賜旗牌。鑑等言大將出征及諸邊守將，乃有旗牌，內地守備無故事，乃寢。其年閏正月致仕，旋卒。贈太子太保。

梁璟，字廷美，崞縣人。天順八年進士。授兵科給事中。成化時，屢遷都給事中。項忠征荆、襄，驅流民復業。璟劾其縱兵逼迫，較賊更慘，語具忠傳。延綏用兵，令山西預征芻粟，民相率逃亡。璟疏陳其困，得寬減。畿輔八府舊止設巡撫一人，駐薊州以禦邊，不能兼顧。璟請順天、永平二府分設一巡撫，以薊州邊務屬之，令巡撫陳濂專撫保定六府兼督紫荆諸關。朝議從之，遂爲定制。已，與同官韓文、王詔等奏請起致仕尙書王竑、李秉，而斥都御史王越，幷及宮闈隱事，被撻文華殿。武靖伯趙輔西征不敢戰，稱病求還，復謀典營府事。璟等極論其罪，乃令養疾歸。

九載秩滿，擢陝西左參政，分守洮、岷。西番入寇，督兵斬其魁。內艱服闋，還原任，歷左、右布政使。先後在陝十五年，多政績。

孝宗嗣位，遷右副都御史，巡撫湖廣。弘治二年，民饑，請免徵兩京漕糧八十九萬餘石，從之。帝登極詔書已罷四方額外貢獻，而提督武當山中官復貢黃精、梅筍、茶芽諸物。武當道士先止四百，至是倍之，所度道童更倍，咸衣食於官，月給油蠟、香楮，灑掃夫役以千計。中官陳喜又攜道士三十餘人，〔一〕各領護持敕，所至張威虐。璟皆奏請停免，多見採納。外艱服除，再撫四川。七年召拜南京吏部右侍郎。久之，就進戶部尙書。致仕歸，卒。

王詔，字文振，趙人。生有異姿，學士曹鼐奇之，妻以女。天順末，登進士，授工科給事中。睿皇后崩，值秋享太廟，時議謂不當以卑廢尊。詔言禮有喪不祭，無已，則移日俟釋服。議雖不行，識者是焉。勘牧馬草場，劾會昌侯孫繼宗、撫寧侯朱永侵占罪。時方面官缺，令京卿三品保舉。詔言恐長奔競風，不聽。累遷都給事中。八年七月敕修隆善寺工竣，授工匠三十人官尙寶少卿，任道遜等以書碑皆進秩。詔上疏力諫，不省。已，偕梁璟等論及宮闈事，帝大怒，召至文華殿面詰之。詔仰呼曰：「臣等言雖不當，然區區犬馬之誠，知爲國而已。」乃杖而釋之。出爲湖廣右參政。原傑經略荆、襄，詔襄理功爲多。以父憂去。服除再任，遷右布政使。

弘治元年轉貴州左布政使。其冬，以右副都御史巡撫雲南。土官好爭襲，所司入其賄，變亂曲直，生邊患。詔不通苞苴，一斷以法，且去弊政之不便者。諸夷歸命，邊徼寧戢。有故官不能歸者，妻子多鬻爲奴。詔爲資遣，得歸者甚衆。洪武中，尙書吳雲繼王禕死事，後禕謚忠文，歲祀之，而不及雲。詔以爲請，乃謚雲忠節，與禕並祀。四年召拜南京兵部右侍郎，未上，卒。

徐恪，字公肅，常熟人。成化二年進士。授工科給事中。中官欲出領抽分廠，恪等疏爭。中官怒，請即遣恪等，將摭其罪，無所得乃已。出爲湖廣左參議，遷河南右參政。陝西饑，當轉粟數萬石。恪以道遠請輸直，上下稱便。

弘治初，歷遷左、右布政使。徽王府承奉司違制置吏，恪革之。王奏恪侵侮，帝賜書誡王。河徙逼開封，有議遷藩府三司於許州者，恪言非便，遂寢。四年拜右副都御史，巡撫其地。奏言：「秦項梁、唐龐勛、元方谷珍輩往往起東南。今東南民力已竭，加水旱洊臻，去冬彗掃天津，直吳、越地。乞召還織造內臣，敕撫按諸臣加意拊循，以弭異變。」帝不從。故事，王府有大喪，遣中官致祭，所過擾民。成化末，始就遣王府承奉。及帝卽位，又復之。恪請如先帝制，幷條上汰冗官、清賦稅、禁科擾、定贖例、革抽分數事，多議行。戶部督逋急，恪以災變請緩其事。御史李興請於鄖陽別設三司，割南陽、荊州、襄陽、漢中、保寧、夔州隸之。恪陳五不可，乃止。

恪素剛正。所至，抑豪右，祛奸弊。及爲巡撫，以所部多王府，持法尤嚴，宗人多不悅。平樂、義寧二王遂訐恪減祿米、改校尉諸事。勘無驗，坐恪入王府誤行端禮門，欲以平二王忿。帝知恪無他，而以二王幼，降敕切責，命湖廣巡撫韓文與恪易任。吏民罷市，泣送數十里不絕。屬吏以羨金贐，揮之去。至則値岐王之國，中使攜鹽數百艘，抑賣於民，爲恪所持阻不行。其黨密搆於帝。居一歲，中旨改南京工部右侍郎。恪上疏曰：「大臣進用，宜出廷推，未聞有傳奉得者。臣生平不敢由他途進，請賜罷黜。」帝慰留，乃拜命。勢要家濫索工匠者，悉執不予。十一年考績入都，得疾，遂致仕，卒。

李介，字守貞，高密人。成化五年進士。選庶吉士，改御史，巡鹽兩浙，還掌河南道事。以四方災傷，陳時政數事，帝多採用之。介敢言，遇事不可，輒率同列論奏。忤帝意，兩撻

於庭。九載滿，擢大理丞，進少卿。

弘治改元，遷右僉都御史，巡撫宣府。尋召佐院事。歷兵部左、右侍郎。十年夏，北寇謀犯大同，命介兼左僉都御史，往督軍餉，且經略之。比至，寇已退，乃大修戎備。察核官田牛具錢還之軍，以其資償軍所逋馬價，邊人咸悅。先後條上便宜二十事。卒，贈尙書。

子昆，字承裕。弘治初進士。歷禮部主事。中官何鼎建言下獄，臺諫救之，咸被責。昆復論救，弗聽。父憂歸，起改兵部主事。帝將建延壽塔於城外，昆復疏諫。正德初，羣小用事。請黜邪枉，進忠直，杜宦戚請乞，節中外修費，皆不報。進員外郎，忤尙書劉宇，貶知解州。屢遷陝西左布政使。十年以右副都御史巡撫甘肅。與總督彭澤經略哈密，兵部尙書王瓊劾澤處置失宜，語連昆，下吏。法司言昆設謀遏强寇，功不可掩。瓊不從，謫浙江副使。世宗立，瓊得罪。復官，巡撫順天。尋召爲兵部右侍郎，嘉靖初，改左。大同軍亂，殺巡撫張文錦。昆奉命往撫，承制曲赦之，還請收卹文錦。帝方惡其激變，不從。遇疾歸，久之卒。

黃珂，字鳴玉，遂寧人。成化二十年進士。授龍陽知縣。治行聞，擢御史，出按貴州。金達長官何碖謀不軌，計擒之，改設流官。賊婦米魯亂，奏劾巡撫錢鉞、總兵官焦俊等，皆得罪。改按畿輔，歷山西按察使。

正德四年擢右僉都御史巡撫延綏。安化王寘鐇反，傳檄四方，用討劉瑾爲名。他鎭畏瑾，不敢以聞。珂封上其檄，因陳便宜八事，而急令副總兵侯勛、參將時源分兵扼河東，賊遂不敢出。亦不剌寇邊，珂偕總兵官馬昂督軍戰，敗之木瓜山。六年復寇邊，珂檄副總兵王勛等七將分據要害夾擊，復敗之。屢賜璽書、銀幣。

是年秋，入爲戶部右侍郎，總督倉場。河南用兵，出理軍餉。主客兵十餘萬，追奔轉戰，遷止無常。珂隨方轉輸，軍興無乏，錄功增俸一級。改刑部，進左侍郎，已改佐兵部。寧王宸濠謀復護衞，珂執議獨堅。九年擢南京右都御史，尋就拜工部尙書。以年至乞休歸，卒。贈太子少保，諡簡肅。

王鴻儒，字懋學，南陽人。少工書，家貧爲府書佐。知府段堅愛其書，留署中，親教之。遣入學校爲諸生，遂舉鄉試第一。成化末，登進士，授南京戶部主事。累遷郎中，擢山西僉

事，進副使，俱督學政。居九年，士風甚盛。孝宗嘗語劉大夏曰：「藩臬中若王鴻儒，他日可大用也。」

正德改元，謝病歸。劉瑾擅政，收召名流。四年夏，起爲國子祭酒，以父喪去。再起南京戶部侍郎，歷吏部右侍郎，尋轉左。十四年遷南京戶部尙書。甫履任，宸濠反，命督軍餉。疽發於背，遂卒，諡文莊。

鴻儒爲學，務窮理致用，爲世所推。在吏部，清正自持，門無私謁。弟鴻漸，鄉試亦第一。以進士累官山東右布政使，以廉靜稱。

叢蘭，字廷秀，文登人。弘治三年進士。爲戶科給事中。中官梁芳、陳喜、汪直、韋興，先以罪擯斥，復夤緣還京。蘭因清寧宮災，疏陳六事，極論芳等罪，諸人遂廢。尋言：「吏部遵詔書，請擢用建言詿誤諸臣，而明旨不盡從，非所以示信。失儀被糾，請免送詔獄。畿內征徭繁重，富民規免，他戶代之，宜釐正。」章下所司。進兵科右給事中。都督僉事吳安以傳奉得官，蘭請罷之。時命撥團營軍八千人修九門城濠，蘭言：「臣頃簡營軍，詔許專事訓練，無復差撥，命下未幾，旋復役之，如前詔何。」遂罷遣。遷通政參議。小王子犯大同，

命經略紫荆、倒馬諸關塞隘可通敵騎者百十所。

正德三年進左通政。明年冬出理延綏屯田。安化王寘鐇反，蘭奏陳十事，中言：「文武官罰米者，鬻產不能償。朝臣謫戍，刑官妄引新例鍛鍊成獄，沒其家貲。校尉徧行邊塞，勢焰薰灼，人不自保。」劉瑾大惡之，矯旨嚴責。給事中張瓚、御史汪賜等遂希旨劾蘭。瑾方憂邊事，置不問。數月，瑾誅，進通政使。俄擢戶部右侍郎，督理三邊軍餉。

六年，陝西巡撫都御史藍章以四月寇亂，移駐漢中。會河套有警，乃命蘭兼管固、靖等處軍務。蘭上言：「陝西起運糧草，數爲大戶侵牟，請委官押送。每鎮請發內帑銀數萬，預買糧草。御史張彧清出田畝，請蠲免子粒，如弘治十八年以前科則。靈州鹽課，請照例開中，召商糴糧。軍士折色，主者多剋減，乞選委鄰近有司散給。」從之。

是年冬，南畿及河南歲侵，命蘭往振。未赴而河北賊自宿遷渡河，將逼鳳陽。乃命蘭以本官巡視廬、鳳、滁、和，兼理振濟。河南白蓮賊趙景隆自稱宋王，掠歸德，蘭遣指揮石堅、知州張思齊等擊斬之。九月，賊平，論功賚金幣，增俸一級，召還理部事。部無侍郎缺，乃命添註。明年，大同有警，命巡視居庸、龍泉諸關。尋兼督宣、大軍餉，進右都御史，總制宣、大、山東軍務。令內地皆築堡，寇至收保如塞下。寇五萬騎自萬全右衞趨蔚州大掠，又三萬騎入平虜南城，以失事停半歲俸。

十年夏，改督漕運，尋兼巡撫江北。中官劉允取佛烏思藏，道蘭境，入謁，辭不見。允需舟五百餘艘、役夫萬餘人，蘭馳疏極陳其害。不報。居四年，以事忤兵部尚書王瓊，解漕務，專任巡撫。寧王宸濠反，蘭移鎮瓜州。十五年遷南京工部尚書。世宗卽位，御史陳克宅劾蘭附江彬。帝以蘭素清謹，釋勿問。蘭遂乞休去。卒，贈太子少保。

吳世忠，字懋貞，金谿人。弘治三年進士。授兵科給事中。兩畿及山東、河南、浙江民饑，有詔振恤，所司俟勘覆。世忠極言其弊，因條上興水利、復常平二事，多施行。已，請恤建文朝殉難諸臣，乞賜爵謚，崇廟食，且錄其子孫，復其族屬，爲忠義勸。章下禮官，寢不行。尚書王恕被訐求去，上疏請留之。壽寧侯張鶴齡求勘河間賜地，其母金夫人復求不已。帝命遣使，世忠言：「侯家仰托肺腑，豈宜與小民爭尺寸。命部勘未已，內臣未已，大臣又繼之。剝民斂怨，非國家福，尤非外戚之福。」不聽。

大同總兵官神英、副總兵趙昶等，因馬市令家人以違禁綵繒易馬，番人因闌入私易鐵器。既出塞，復潛兵掠蔚州，陷馬營，轉剽中東二路。英等擁兵不救，巡撫劉䆒、鎮守中官孫振又不以實聞。十一年，事發，世忠往勘。上疏備陳大同邊備廢弛，士卒困苦之狀。因極言英、䆒等貪利畏敵，蕩無法度。英落職，䆒、振召還，昶及遊擊劉淮、參將李嶼等俱逮問。已而䆒改大理少卿，昶以大理丞吳一貫覆讞僅鐫級。世忠復極論䆒罪，且詆一貫，帝皆不問。

寇犯延綏、大同，世忠言：「國初設七十二衞，軍士不下百萬。近軍政日壞，精卒不能得一二萬人。此兵足憂也。太倉之儲，本以備軍。近支費日廣，移用日多。倘興師十萬，犒賜無所取給。此食足憂也。正統己巳之變尙有石亨、楊洪，邇所用李杲、阮興、趙昶、劉淮之屬，先後皆敗。今王璽、馬昇又以失事告。此將帥足憂也。國家多事，大臣有以鎭之。邇者忠正多斥，貪庸獲存。既鮮匡濟之才，又昧去就之節，安能懾强敵壯國勢乎。此任人足憂也。政多舛乖，民日咨怨。京軍歛力役，京民苦催科，畿甸覬恩尤切。顧使不樂其生至此，臨難誰與死守。此民心足憂也。天變屢徵，火患頻發。雲南地震壓萬餘家，大同馬災踣二千匹。此天意足憂也。願順好惡以收人心，肅念慮以回天意，遣文武重臣經略宣、大，以飭邊防。策免諸臣不肖者，而起素有才望，如何喬新、劉大夏、倪岳、戴珊、張敷華、林俊諸人，以任國事。則賊將望風遠遁，而邊境可無憂矣。」帝以言多詆毀，切責之。尋乞大同增置臺堡，以閒田給軍耕墾，不徵其稅。江西歲饑盜起，請簡巡撫，黜有司貪殘者。又請築京師外城。所司多從其議。再遷吏科左給事中，擢湖廣參議，坐事降山東僉事。

正德四年閏九月召爲光祿少卿，旋改尙寶司卿。其年冬，與通政叢蘭等出理邊屯，世忠往薊州。明年奏言：「占種盜賣，積弊已久。若一一究問，恐人情不安，請量爲處分。」從之。劉瑾敗，言官劾其嘗請淸核屯田，助瑾爲虐。世忠故方鯁，朝議寬之，得免。再遷大理少卿。八年擢右僉都御史巡撫延綏。寇在河套，逐之失利，乃引疾歸。

贊曰：明至英宗以後，倖門日開。傳奉請乞，官冗役繁，用度奓汰，盛極孽衰，國計坐絀。李敏諸人斤斤爲國惜財，抵抗近倖，以求紓民。然涓滴之助，無補漏卮。國家當承平殷阜之世，侈心易萌。近習乘之，糜費日廣。易曰「節以制度，不傷財，不害民」，又曰「不節若，則嗟若」，此恭儉之主所爲凜凜也。

校勘記

〔一〕中官陳喜又擕道士三十餘人　陳喜，原作「陳善」，據明史稿傳六二梁璟傳、孝宗實錄卷二五弘治二年四月壬子條改。

明史卷一百八十六

列傳第七十四

韓文 顧佐 陳仁 張敷華 楊守隨 弟守隅 許進 子誥 讚 論
雍泰 張津 陳壽 樊瑩 熊繡 潘蕃 胡富 張泰 吳文度
張鼐 冒政 王璟 朱欽

韓文，字貫道，洪洞人，宋宰相琦後也。生時，父夢紫衣人抱送文彥博至其家，故名之曰文。成化二年舉進士，除工科給事中。覈韋州軍功，劾寧晉伯劉聚、都御史王越、馬文升等濫殺妄報。尋劾越薦李秉、王竑，語頗涉兩宮，帝怒，撻之文華殿庭。已，進右給事中。出爲湖廣右參議。中貴督太和山，乾沒公費。文力遏之，以其羨易粟萬石，備振貸。九谿土酋與鄰境爭地相攻，文往諭，皆服。閱七年，轉左。

弘治改元，王恕以文久淹，用爲山東左參政。居二年，用倪岳薦，擢雲南左布政使。以右副都御史巡撫湖廣，移撫河南，召爲戶部右侍郎。母喪除，起改吏部，進左。十六年拜南京兵部尚書。歲侵，米價翔踴。文請預發軍餉三月，戶部難之。文曰：「救荒如救焚，有罪吾自當之。」乃發廩十六萬石，米價爲平。明年召拜戶部尚書。

文凝厚雍粹，居常抑抑。至臨大事，剛斷無所撓。武宗卽位，賞賚及山陵、大婚諸費，需銀百八十萬兩有奇，部帑不給。文請先發承運庫，詔不許。文言：「帑藏虛，賞賚自京邊軍士外，請分別給銀鈔，稍益以內庫及內府錢，并暫借勳戚賜莊田稅，而敕承運庫內官核所積金銀，著之籍。且盡罷諸不急費。」帝不欲發內帑，命文以漸經畫。文持大體，務爲國惜財。眞人陳應循、大國師那卜堅參等落職，文請沒其貲實國帑。舊制，監局、倉庫內官不過二三人，後漸添注，或一倉十餘人，上林苑、林衡署至三十二人，文力請裁汰。淳安公主賜田三百頃，復欲奪任丘民業，文力爭乃止。

孝宗時，外戚慶雲、壽寧侯家人及商人譚景清等奏請買補殘鹽至百八十萬引，文條鹽政夙弊七事，論殘鹽尤切。孝宗嘉納，未及行而崩，卽入武宗登極詔中，罷之。侯家復奏乞，下部更議，文等再三執奏，弗從，竟如侯請。正德元年，內閣及言官復論之，詔下廷議。文言：「鹽法之設，專以備邊。今山、陝饑，寇方大入，度支匱絀，飛輓甚難。奈何壞祖宗法，忽邊防之重。」景清復陳乞如故，文等劾其桀悍，請執付法官。帝不得已，始寢前命。

榮王乞霸州莊田，崇王請自徵莊田租，勿令有司與，文皆持却之。保定巡撫王璟請革皇莊，廷議從之，帝命再議。文請命巡撫官召民佃，畝徵銀三分輸內庫，而盡撤中官管莊者，大學士劉健等亦力言內臣管莊擾民。乃命留中官各一人、校尉十人，餘如文議。中旨索寶石、西珠，文請屛絕珍奇，以養儉德。報可。帝將大婚，取戶部銀四十萬兩，文連疏請，得免四之一。

文司國計二年，力遏權倖，權倖深疾之。而是時青宮舊奄劉瑾等八人號「八虎」，日導帝狗馬、鷹兔、歌舞、角觝，不親萬幾。文每退朝，對僚屬語及，輒泣下。郎中李夢陽進曰：「公大臣，義共國休戚，徒泣何爲。諫官疏劾諸奄，執政持甚力。公誠及此時率大臣固爭，去『八虎』易易耳。」文捋鬚昂肩，毅然改容曰：「善。縱事勿濟，吾年足死矣，不死不足報國。」卽偕諸大臣伏闕上疏，略曰：「人主辨奸爲明，人臣犯顏爲忠。況羣小作朋，逼近君側，安危治亂胥此焉關。臣等伏覩近歲朝政日非，號令失當。自入秋來，視朝漸晚。仰窺聖容，日漸清削。皆言太監馬永成、谷大用、張永、羅祥、魏彬、丘聚、劉瑾、高鳳等造作巧僞，淫蕩上心。擊毬走馬，放鷹逐犬，俳優雜劇，錯陳於前。至導萬乘與外人交易，狎暱媟褻，無復禮體。日遊不足，夜以繼之，勞耗精神，虧損志德。遂使天道失序，地氣靡寧，雷異星變，桃李秋華，考厥占候，咸非吉徵。此輩細人，惟知蠱惑君上以便己私，而不思赫赫天命、皇皇帝業，在陛下一身。今大婚雖畢，儲嗣未建。萬一遊宴損神，起居失節，雖齏粉若輩，何補於事。高皇帝艱難百戰，取有四海。列聖繼承，以至陛下。先帝臨崩顧命之語，陛下所聞也。奈何姑息羣小，置之左右，以累聖德。竊觀前古奄宦誤國，爲禍尤烈，漢十常侍、唐甘露之變，其明驗也。今永成等罪惡旣著，若縱不治，將來益無忌憚，必患在社稷。伏望陛下奮乾剛，割私愛，上告兩宮，下諭百僚，明正典刑，以回天地之變，泄神人之憤，潛削禍亂之階，永保靈長之業。」疏入，帝驚泣不食。瑾等大懼。

時內閣劉健、謝遷等方持言官章不肯下，文疏復入。帝遣司禮太監李榮、王岳等詣閣議。一日三至，健等持益堅。岳素剛直，獨曰：「閣議是。」是夜，八人者環泣帝前。帝怒，立收岳下詔獄，而外廷固未之知也。明日，文倡九卿科道再詣闕固爭。俄有旨，宥八人不問。

瑾恨文甚，日令人伺文過。踰月，有以僞銀輸內庫者，遂以爲文罪。詔降一級致仕，郎中陳仁謫鈞州同知。給事中徐昂乞留文原官，中旨謂顯有囑託，落文職，以顧佐代，並除昂名。二年三月榜奸黨姓名，自劉健、謝遷外，尚書則文爲首，餘若張敷華、楊守隨、林瀚等凡五十三人，列於朝堂。文子高唐知州士聰、刑部主事士奇，皆削籍。文出都門，乘一藍輿，行李一車而已。瑾恨未已，坐以遺失部籍，逮文及侍郎張縉下詔獄。數月始釋，罰米千石輸大同。尋復罰米者再，家業蕩然。

瑾誅，復官，致仕。世宗卽位，遣行人齎璽書存問，賚羊酒。令有司月給廩四石，歲給役夫六人終其身。復加太子太保，廕一孫光祿寺署丞。嘉靖五年卒，年八十有六。贈太傅，謚忠定。

士聰，舉人。罷官後，不復仕。士奇進士，終湖廣參政。少子士賢，亦由舉人爲開封同知。孫廷瑋，進士，行太僕卿。

顧佐，字良弼，臨淮人。成化五年進士。授刑部主事，歷郎中。按錦衣指揮牛循，中官顧雄、鍾欽罪，無所撓。出爲河間知府。弘治中，再遷大理少卿，擢右僉都御史巡撫山西。宗室第宅，官爲繕，費不貲，佐請悉令自營治。正統末，權發太原、平陽民戍邊，後久不代，佐奏令更代。入爲左副都御史，劾罷遼東總兵官李杲、太監任良、巡撫張玉。歷戶部左、右侍郎，出理陝西軍食。善區畫，儲蓄餘三年。正德改元，代韓文爲尙書。劉瑾憾文，捃摭萬端。部有故册逸，欲以爲文罪，逼佐上其事。佐不可，坐事奪俸三月。佐乃再疏乞歸，從之。瑾憾不置，三罰米輸塞上，至千餘石。家貧，稱貸以償。卒，贈太子太保。

陳仁，字子居，莆田人。成化末進士。弘治中，官戶部郎中。闕里先聖廟災，疏請修省。陝西進古璽，仁抗疏斥其僞。詔召番僧領占竹於四川，仁疏諫。又請復建文忠臣方孝孺等官。多格不行。正德初，瑾以賸銀事坐尙書文罪，仁並謫。後瑾誅，累擢至浙江右布政使。

張敷華，字公實，安福人。父洪，御史，死土木難。敷華少負氣節。年七歲，里社樹爲祟，麾羣兒盡伐之。景泰初，錄死事後，入國學。舉天順八年進士，選庶吉士。成化元年，與劉大夏願就部曹。除兵部主事，歷郎中。廉重不撓，名等於大夏。

十一年出爲浙江參議。景寧礦盜起，至數千人。敷華諭散之，執其魁十二人。居浙十餘年，歷布政使。弘治初，還湖廣。歲饑，令府縣大修學宮，以傭直賚餓者。擢右副都御史，巡撫山西。中道奔喪，服闋還故官。部內賦輸大同，困於折價。敷華請太原以北可通車者仍輸米，民便之。改撫陝西，製婚娶、喪葬之式，納民於禮。妖僧據終南山爲逆，廷議用兵，尙書馬文升曰：「張都御史能辦此。」敷華果以計縛僧歸。遷南京兵部右侍郎。

十二年改右都御史，總督漕運兼巡撫淮、揚諸府。高郵湖堤圮，浚深溝以殺水勢。又築寶應堤。民利賴焉。改掌南京都察院。與吏部尙書林瀚、僉都御史林俊、祭酒章懋，稱「南都四君子」，就遷刑部尙書。

正德元年召爲左都御史。其冬，大臣與言官請去劉瑾等，內閣力主之。帝猶豫，敷華乃上言：「陛下宴樂逸遊，日狎憸壬，政令與詔旨相背，行事與成憲交乖，致天變上干，人心下拂。今給事中劉蒞，御史朱廷聲、徐鈺等連章論列，但付所司。英國公懋與臣等列名上請，但云『朕自處置』。臣竊歎惑，請略言時政之弊。如四十萬庫藏已竭，而取用不已。六七歲童子何知，而招爲勇士。織造已停，傳奉已革，尋復如故。鹽法、莊田方遣官清覈，而奏乞之疏隨聞。中官監督京營、鎭守四方者，一時屢有更易。政令紛拏，弊端滋蔓。夫國家大事，百人爭之不足，數人壞之有餘。願陛下審察。」疏入，不報。

旣而朝事大變，宦官勢益張。至除夕朝罷，忽傳旨與楊守隨俱致仕。敷華卽日就道。至徐州洪，坐小艇，觸石幾溺死。瑾恨未已，欲借湖廣倉儲浥爛，坐以贓罪。修撰康海過瑾曰：「吾秦人愛張公如父母，公忍相薄耶？」瑾意稍解，猶坐敷華奸黨，與守隨等榜名朝堂。明年六月病且革，衣冠揖家廟，就榻而卒。瑾誅後二年，贈太子少保，謚簡肅。

敷華性剛介。弘治時，劉大夏常薦之，帝曰：「敷華誠佳，但爲人太峻耳。」爲部郎奉使，

盜探其囊，得七金而已。

孫鰲山，官御史。

楊守隨，字維貞，鄞人，侍郎守陳從弟也。舉成化二年進士，授御史。巡視漕運，覈大同軍餉，巡按江西，所至以風采見憚。

六年疏陳六事，言：「郕王受命艱危時，削平禍亂，功甚大。歿乃謚以『戾』，公論不平。此非先帝意，權奸逞私憾者爲之也。亟宜改易，彰陛下親親之仁。尙書李秉劾忠守法，一時良臣，爲蕭彥莊誣劾致仕，乞卽召還。律令犯公罪者不罷，近御史朱賢、婁芳等並除名，乞復其官，且戒所司毋法外加罪，一以律令從事。西征之役，以數萬甲兵討出沒不常之寇，千里轉輸，曠日持久，恐外患未平，內地先敝，乞速班師，戒邊臣愼封守。近例，軍官犯罪未結正者，遇赦卽原，致此曹遷延，以希倖免。自今衆證明白者，卽據律定案，毋使逃罪。雖遇赦免，亦不得管軍。在外官俸、兵餉，有踰年不給者，由郡縣蓄積少也。請於起運外，量加存留，以濟乏匱。」疏奏，時不能從。太常少卿孫廣安母喪起復，守隨與給事中李和等連章論之，乃令守制。

八年冬以災異陳時政九事。廷議四方災傷，停遣刷卷御史。會昌侯孫繼宗請并停在京者，守隨言：「繼宗等任情作奸，恐罪及，假此祈免。」帝置繼宗不問，而刷卷如故。山東饑，廷議吏納銀免考，授冠帶。守隨極言不可，帝即罷之。擢應天府丞，未上，母憂歸。服除無缺，添註視事。初，李孜省授太常寺丞，因守隨言改上林監副，憾之。至是譖於帝，中旨責守隨不當添註，調南寧知府。

弘治初，召爲應天府尹，劾南京守備中官蔣琮罪。琮嗾其黨郭鏞劾守隨按給事方向獄不公，謫廣西右參政。久之，進按察使。八年召爲南京右僉都御史，提督操江。歷兩京大理卿。九載滿，進工部尚書，仍掌大理寺。刑部獄送寺覆讞者多加刑，主事朱瑬論其非。守隨言：「自永樂間，寺已設刑具。部囚多未得實，安得不更訊。」帝乃寢瑬奏。孝宗崩，中官張瑜等以誤用御藥下獄，守隨會訊杖之。

正德元年四月，守隨奏：「每歲熱審，行於京師而不行於南京，五歲一審錄，詳於在京而略於在外，皆非是。請更定其制。」報可。中官李興擅伐陵木論死，令家人以銀四十萬兩求變其獄。守隨持之堅，獄不得解。廷臣之爭餘璽也，中旨詰是何大事。守隨語韓文曰：「事誠有大於是者。」文遂偕九卿伏闕論「八黨」。文等既逐，守隨憤，獨上章極論之曰：

陛下嗣位以來，左右近臣，不能祗承德意，盡取先朝良法而更張之，盡誣先朝碩輔

而剗汰之。天下嗷嗷，莫措手足，致古今罕見之災，交集數月以內。陛下獨不思其故乎？

內臣劉瑾等八人，奸險佞巧，誣罔恣肆，人目爲「八虎」，而瑾尤甚，日以荒縱導陛下。或在西海擊鷹搏兔，或於南城躡峻登高，禁內鼓鉦震於遠邇，宮中火礮聲徹晝夜。淆雜尊卑，陵夷貴賤，引車騎而供執鞭之役，列市肆而親商賈之爲。致陛下日高未朝，漏盡不寢。此數人者，方且竊攬威權，詐傳詔旨，放逐大臣，刑誅臺諫，邀阻封章，廣納貨賂。傳奉冗員，多至千百，招募武勇，收及孩童。紫綬金貂盡予爪牙之士，蟒衣玉帶濫授心腹之人。附己者進官，忤意者褫職。內外臣僚，但知畏瑾，不知畏陛下。向也二三大臣受遺夾輔，今則有潛交默附，漏泄事機者矣。向也南北羣僚，矢心痛疾，今則有畫策主文，依附時勢者矣。而且數易邊境將帥之臣，大更四方鎮守之職，志欲何爲？

夫太阿之柄不可授人。今陛下於兵刑財賦之區，機務根本之地，悉以委之。或掌團營，或主兩廠，或典司禮，或督倉場，大權在手，彼復何憚。於是大行殺戮，廣肆誅求。府藏竭於上，財力匱於下，武勇疲於邊。上下胥讒，神人共憤。陛下猶不覺悟，方且謂委任得人，何其舛也。伏望大奮乾綱，立置此曹重典，遠鑒延熹之失，毋使臣蹈蕃、武已覆之轍。[一]

疏入，帝不省。瑾輩深銜之，傳旨致仕。守隨去，李興遂以中旨免死矣。瑾憾未釋。三年四月坐覆讞失出，逮赴京繫獄，罰米千石輸塞上。踰年，復坐庇鄉人重獄，除名，追毀誥命，再罰米二百石。守隨家立破。瑾誅，復官。又十年卒，年八十五。贈太子少保，謚康簡。

從弟守隅，由進士歷官江西參政，有政績。寧府祿米，石徵銀一兩，後漸增十之五。守隅入請於王，裁減如舊。瑾惡守隨，並罷守隅官。瑾死後，起官四川，終廣西布政使。

許進，字季升，靈寶人。成化二年進士。除御史。歷按甘肅、山東，皆有聲。陳鉞激變遼東，爲御史强珍所劾，進亦率同官論之。汪直怒，搆珍下獄，摘進他疏謬字，廷杖之幾殆。滿三考，遷山東副使。辨疑獄，人稱神明。分巡遼東，坐累，徵下詔獄。孝宗嗣位，釋還。

弘治元年擢右僉都御史巡撫大同。小王子久不通貢，遣使千五百餘人款關，進以便宜納之。請於朝，詔許五百人至京師。已而屢盜邊，進被劾，不問。三年復窺邊，進等整軍待

之。新寧伯譚祐以京軍援，乃遁去。又乞通貢，進再爲請，帝許之。當是時，大同士馬盛强，邊防修整。貢使每至關，率下馬脫弓矢入館，俛首聽命，無敢譁者。會進與分守中官石岩相訐，岩徵還，進亦謫兗州知府。

七年遷陝西按察使。土魯番阿黑麻攻陷哈密，執忠順王陝巴去，使其將牙蘭守之。尙書馬文升謂復哈密非進不可，乃薦爲右僉都御史，巡撫甘肅。明年涖鎮，告諸將曰：「小醜陸梁，謂我不敢深入耳。堂堂天朝不能發一鏃塞外，何以慰遠人。」諸將難之。乃獨與總兵官劉寧謀，厚結小列秃，使以四千騎往，殺數百人，小列秃中流矢卒。小列秃故與土魯番世相讐，及死，其子卜六阿歹益憤。進復厚結之，使斷賊道，無令東援牙蘭，而重犒赤斤、罕東及哈密遺種之居苦峪者，令出兵助討。十一月，副將彭清以精騎千五百出嘉峪關前行，寧與中官陸誾統二千五百騎繼之。越八日，諸軍俱會，羽集乜川。薄暮大風揚沙，軍士寒栗僵臥。進出帳外勞軍，有異烏悲鳴，將士多雨泣。進慷慨曰：「男兒報國，死沙場幸耳，何泣爲！」將士皆感奮。夜半風止，大雨雪。時番兵俱集，惟罕東兵未至，衆欲待之。進曰：「潛師遠襲，利在捷速，兵已足用，不須待也。」及明，冒雪倍道進。又六日奄至哈密城下。牙蘭已先遁去，餘賊拒守。官軍四面並進，拔其城，獲陝巴妻女。賊退保土剌。土剌，華言大臺也。守者八百人，諸軍再戰不下。問其俘，則皆哈密人爲牙蘭所劫者，進乃令勿攻。

或欲盡殲之，進不可，遣使撫諭卽下。於是探牙蘭所嚮，分守要害，而疏請懷輯罕東諸衞爲援，散土魯番黨與孤其勢，遂班師。錄功，加右副都御史。明年移撫陝西，歷戶部右侍郎，進左。十三年，火篩大舉犯大同，邊將屢敗。敕進與太監金輔、平江伯陳銳率京軍禦之，無功。言官劾輔等玩寇，并論進，致仕去。

武宗卽位，乃起爲兵部左侍郎，提督團營。正德元年代劉大夏爲尚書。七月應詔陳時政八事，極言內監役京軍，守皇城內侍横索月錢諸弊，多格不行。又以帝狎比羣小，請崇聖學，以古荒淫主爲戒，不納。中官王岳奏官校王縉等緝事捕盜功，各進一秩。進言：「邊將出萬死馘一賊，始獲晉級。此輩乃冒濫得之，孰不解體？」又言：「團營軍非爲營造設，宜悉令歸伍。」居兵部半歲，改吏部，明年加太子少保。

進以才見用，能任人，性通敏。劉瑾弄權，亦多委蛇徇其意，而瑾終不悅。方進督團營時，與瑾同事。每閱操，談笑指揮，意度閒雅，瑾及諸將咸服。一日操畢，忽呼三校前，各杖數十。瑾請其故，進出權貴請託書示之。瑾陽稱善，心不喜。至是，欲去進用劉宇代。焦芳以干請不得，亦因擠進。三年八月，南京刑部郎中闕，適無實授員外郎，進循故事以署事主事二人上。瑾以爲非制，令對狀。進不引咎，三降嚴旨譙責。不得已請罪，乃令致仕。未幾，坐用雍泰削其籍。二子誥、讚在翰林，俱輸贖調外任。尋與劉健等六百七十五人，並

追奪誥命。瑾又摘進在大同時籍軍出雇役錢，失勾校，欲籍其家。會瑾誅得解，復官致仕。未聞命卒，年七十四。嘉靖五年謚襄毅。

子誥、讚、詩、詞、論。詩，工部郎中。詞，知府。

誥，字廷綸，進次子也。弘治十二年進士。授戶科給事中。出視延綏軍儲，論丁糧、丁草之害，帝褒納之。尋劾監督中官苗逵貪肆罪，進刑科右給事中。正德元年，父進爲兵部尚書。故事，大臣子不得居言職，遂改翰林檢討。及進忤劉瑾削籍，並謫誥全州判官。父喪歸。久之，薦起尚寶丞，復引疾歸，家居授徒講學。嘉靖初，起南京通政參議，改侍講學士，直經筵，遷太常卿掌國子監。請於太學中建敬一亭，勒御製敬一箴註、程子四箴、范浚心箴於石，帝悅從之。帝將正文廟祀典，誥請用木主。文華殿東室舊有釋像，帝命撤去。誥所撰道統書言宜崇祀五帝、三王，以周公、孔子配，帝卽採用其言。十一年擢吏部右侍郎。其冬，拜南京戶部尚書，弟讚亦長戶部。兄弟並司兩京邦計，縉紳以爲榮。卒官，贈太子太保，謚莊敏。

誥官祭酒時，諸生旅櫬不能歸者三十餘，皆爲葬之，衣食不繼者並周卹。然頗善傅會。時有白鵲之瑞，誥獻論，司業陳寰獻頌，並宣付史館。給事中張裕、謝存儒，御史馮恩皆劾誥，裕至比之祝欽明。帝怒，下裕獄，謫福建布政司照磨，存儒亦調邊方。恩詆誥學術迂邪，誥求罷。帝曰：「恩所詆乃指前日去土偶用木主事也，爾以是介意邪？」其爲帝眷寵如此。

讚，字廷美，進第三子也。弘治九年進士。授大名推官。亦以辨疑獄知名，召拜御史。正德元年改編修。劉瑾逐進，讚亦出爲臨淄知縣。累遷浙江左布政使。

嘉靖六年入爲光祿卿，歷刑部左、右侍郎。知州金輅譎戍，賂武定侯郭勛。勛遣人篡取之，指揮王臣不與。縛臣以歸，掠取其賄。事覺，讚等請論如律。帝憐勛，諭法司毋刑輅等，輅等遂不承。尚書高友璣在告，坐畏縮，被劾去。讚請如常訊，具得勛納賄狀，乃再奪其祿。

八年，進尚書。詔許六部歷事監生發廷臣奸弊。有詹嵒者，訐吏部侍郎徐縉，下都御史汪鋐訊。嵒語塞，已論罪，嵒復訐縉及通政陳經等。再下鋐訊，鋐力斥其妄。會太常卿彭澤欲傾縉代之，僞爲縉書抵張孚敬求解，復甚孚敬劾縉賄己。縉疏辨，詔法司會錦衣衞訊。讚等卒論嵒誣罔，而縉行賄事莫能白，坐除名。帝方嘉嵒能奉詔言事，竟宥嵒罪。於是無賴子率持朝士陰事，索貲財，妄搆事端入奏，諸司爲惕息。軍人童源訐中官張永造塋，犯天壽山龍脈，復嗾永弟容僕王謙等發容違法事。奸人張雄又爲謙草奏，詆讚與兄誥及汪

鋐、廖道南、史道，內臣黃錦輩數十人受容重賂，源亦上疏助之。鞫得實，源等並戍極邊，告訐始少衰。

十年改讚戶部尚書。馳驛歸省母，母先卒。服未闋，詔以爲吏部尚書，服除始入朝。帝以讚醇謹，虛位待。及至，論列不當意。詔選宮僚，閣臣多引私黨，言官劾罷十餘人，帝以屬吏部。讚乃舉霍韜、毛伯溫、顧璘、呂柟、鄒守益、徐階、任瀚、薛蕙、周鈇、趙時春等，詔璘、柟、蕙仍故官，餘俱用之。屢加少保兼太子太保。九廟災，自陳免。居半歲，帝難其代，復起讚任之。請發內帑，借百官俸，括富民財，開鬻爵之令，以濟邊需。時議內地築墩堡，讚謂非計。帝以借俸、括財非盛世事，已之，墩堡議亦寢。翟鑾、嚴嵩柄政，多所請托。郎中王與齡勸讚發之。嵩辨之强，帝眷嵩，反切責讚，除與齡籍。讚自是懾嵩不敢抗，亦頗以賄聞矣。鑾罷，帝謀代者。嵩以讚柔和易制，引之。詔以本官兼文淵閣大學士參預機務。政事一決於嵩，讚無所可否。久之加少傅。以年踰七十，數乞休。帝責其忘君愛身，落職閒住。歸三年卒。後復官，贈少師，謚文簡。

論，字廷議，進少子也。嘉靖五年進士。授順德推官，入爲兵部主事，〔三〕改禮部。好談兵。幼從父歷邊境，盡知阨塞險易，因著九邊圖論上之。帝喜，頒邊臣議行，自是以知

兵閒。累遷南京大理寺丞。會廷推順天巡撫，論名列第二。帝曰「是上九邊圖論者」，卽拜右僉都御史，任之。白通事以千餘騎犯黃崖口，論督將士敗之。再犯大木谷，復爲官軍所却。錄功，進右副都御史。歲餘，以病免。俺答薄都城，起故官撫山西。錄防秋功，進兵部右侍郎，召理京營戎政。以築京師外城轉左。

三十三年出督宣、大、山西軍務。奸人呂鶴初與丘富以左道惑衆。富叛降俺答，爲之謀主。鶴遣其黨闌出塞外，引寇入犯，爲偵卒所獲。論遣兵捕鶴，並誅其黨。以功進右都御史，再以功進兵部尚書，廕子錦衣世千戶。翁萬達爲總督，築大同邊牆六百里，里建一墩臺於牆內。後以兵少牆不能守，盡撤而守臺。論言：「兵旣守臺，則寇攻牆不得用其力。及寇入牆，率震駭逃散。請改築於牆外，每三百步建一臺，俾矢石相及。去牆不得越三十步，高廣方四丈五尺，其顚損三之一，上置女牆、營舍，守以壯士十人。下築月城，穴門通出入。度工費不過九萬金，數月而足。」詔立從之。寇萬騎犯山西，論督軍遮破之朔州川。其犯宣府、龍門者，亦爲將士所敗，先後俘斬五百三十有奇。加太子太保，廕子如初。

三十五年，兵部尚書楊博以父喪去，召論代之。當是時，嚴嵩父子用事，將帥率以賄進。南北用兵，帝責中樞甚急。丁汝夔、王邦瑞、趙錦、聶豹，咸不得善去。論時已老，重自顧念。一切將帥黜陟，兵機進止，悉聽世蕃指揮，望由此損。俺答子辛愛憤總督楊順納其

逃妾，擁衆圍大同右衛城數重，城中析屋而爨。帝聞，深以爲憂，密問嵩。嵩意欲棄之而難於發言，則請降論問本兵。論請復右衛軍馬，歲辦五十萬金，故爲難詞，冀以動帝。帝顧亟措餉發兵，易置文武將吏，右衛圍亦尋解。給事中吳時來劾楊順，因言論雷同附和，日昏酣，置邊警度外。帝遂削論籍。嵩微爲之解，亦不能救也。

三十八年復起故官，督薊、遼、保定軍務。把都兒犯薊西，論厚集精銳以待。至則爲遊擊胡鎭所破。分掠沙兒嶺、燕子窩，又却，乃遁去。事聞，厚賚銀幣。尋又奏密雲、昌平二鎭防秋，須餉銀三十餘萬。給事中鄭茂言論奏請過多，請察其侵冒弊，詔論回籍聽勘。給事中鄧棟往覈，具得虛冒狀，奪官閒住。未幾卒，年七十二。隆慶初，復官，諡恭襄。

曾孫浩然，由世廕歷官太子太保，左都督。浩然子達胤，錦衣指揮。李自成陷京師，不屈死。其從兄佳胤，弘農衛指揮。崇禎十四年賊破靈寶，持刀赴鬬，死焉。

雍泰，字世隆，咸寧人。成化五年進士。除吳縣知縣。太湖漲沒田千頃，泰作堤爲民利，稱雍公堤。民妾亡去，妾父訟其夫密殺女匿屍湖石下。泰詰曰：「彼密殺汝女，汝何以

知匿所。且此非兩月尸，必汝殺他人女，冀得賂耳。」一考而服。

召爲御史，巡鹽兩淮。竈丁無妻者，泰爲婚匹。出知鳳陽府。父憂去，服闋起知南陽。余子俊督師，薦爲大同兵備副使，擢山西按察使。泰剛廉，所至好搏擊豪強。太原知府尹珍塗遇弗及避，泰召至，跽而數之。珍不服，泰竟笞珍。珍訴於朝，且告泰非罪杖人死，逮下詔獄。王恕請寬泰罪，會事經赦，乃降湖廣參議。弘治四年轉浙江右布政使，復以母憂去。

十二年起右副都御史，巡撫宣府。官馬死，軍士不能償，泰言於朝，以官帑市。邊軍貧，有妻者輒鬻，泰請官爲資給。尚書周經因令貧者給聘財，典賣者收贖，軍盡歡。參將王傑有罪，泰劾之，下泰逮問。泰又請按千戶八人，帝以泰屢抑武臣，方詔都察院行勘。而參將李稽坐事畏泰重劾，乞受杖，泰取大杖決之。稽乃奏泰凌虐，帝遣給事中徐仁偕錦衣千戶往按。傑復使人走登聞鼓下，訟泰妄逮將校至八十六人，幷及其壻納賂事。法司覈上，褫爲民。

武宗立，給事中潘鐸等薦泰有敢死之節，克亂之才。吏部尚書馬文升遂起泰南京右副都御史，提督操江，固辭不赴。正德三年春，許進爲吏部，復起前官。七月擢南京戶部尚書。劉瑾，泰鄉人也，怒泰不與通，甫四日卽令致仕。謂進私泰，遂削二人籍，而追斥馬文

升及前薦泰者尚書劉大夏、給事中趙士賢、御史張津等爲民，其他罰米輸邊者又五十餘人。泰歸，居韋曲別墅，不入城市。瑾誅，復官，致仕。年八十卒。卒時榻下有聲若霆者。

泰奉身儉素。貴賓至，不過二肉。爲尚書，無絺衣。及卒，家人始製以斂。天啓中，追諡端惠。

張津，字廣漢，博羅人。成化末進士，除建陽知縣。築城郭，遏礦盜，建朱熹、蔡元定諸賢祠，置祭田畀其子孫。憂歸，補大冶，徵授御史。弘治十四年冬，吏部缺尚書，廷臣推馬文升、閔珪，而津偕同官文森、曾大有請用致仕尚書周經、兩廣總督劉大夏。忤旨下詔獄。給事御史論救，得釋。已，言：「陛下延訪大臣，而庶官不預，非所以明目達聰也。乞命卿佐侍從及考滿朝覲諸外僚，咸得以時進見，通達下情。」武宗初，巡按廣西，劾總鎭中官韋經擅移官帑。預平富賀賊，被賚，出爲泉州知府。坐嘗舉泰，勒爲民。劉瑾敗，起寧波知府，遷山東左參政，擢右僉都御史，提督操江，進右副都御史，巡撫應天諸府。所部水旱，請停織造。車駕北巡，疏諫，不報。浙孝豐奸民據深山拒捕，積二十年莫能制。津託別事赴浙，悉縛之。加戶部右侍郎，巡撫如故。帝自宣府還，復欲北幸，津疏切諫，不報。卒，贈南京戶部尚書。

陳壽，字本仁，其先新淦人。祖志弘，洪武間代兄戍遼東，遂籍寧遠衞。壽少貧甚，得遺金，坐守至夜分，還其主。從鄉人賀欽學，登成化八年進士，授戶科給事中。視宣、大邊防，劾去鎮守中官不檢者。又嘗劾萬貴妃兄弟及中官梁芳、僧繼曉，繫詔獄。得釋，屢遷都給事中。

弘治元年，王恕爲吏部，擢壽大理丞。劉吉憾恕，諷御史劾壽不習刑名，冀以罪恕。竟調壽南京光祿少卿，就轉鴻臚卿。

十三年冬，以右僉都御史巡撫延綏。火篩數盜邊，前鎮巡官俱得罪去。壽至，蒐軍實，廣間諜，分布士馬爲十道，使互相應援，軍勢始振。明年，諸部大入，先以百餘騎來誘。諸將請擊之，壽不可。自出帳，擁數十騎，據胡牀指麾飲食。寇望見，疑之，引去。諸道襲擊，斬獲甚多。朝廷方遣苗逵等重兵至，而壽已奏捷。孝宗嘉之，加祿一等。逵欲乘勝搗巢。駐延綏久，戰馬三萬匹日費芻菽不貲。壽請出牧近塞，就水草，衆有難色。壽跨馬先行，衆皆從之，省費數十萬。當戰捷時，或勸注子弟名籍，壽曰：「吾子弟不知弓槊，寧當與血戰士同受賞哉。」竟不許。

十六年以右副都御史掌南院。正德初，劉瑾矯詔逮南京科道戴銑、薄彥徽等，壽抗章論救。瑾怒，令致仕。尋坐延綏倉儲虧損，罰米二千三百石、布千五百匹。貧不能償，上章自訴。瑾廉知壽貧，特免之。中官廖堂鎮陝西貪暴，楊一清以壽剛果，九年正月起撫其地。堂初奉詔製氈幄百六十間，贏金數萬，將遺權倖。壽檄所司留備振，復戒諭堂勿假貢獻名有所科取。堂怒，將傾之。壽四疏乞休，不得。堂爪牙數十輩散府縣漁利，壽命捕之，皆逃歸，氣益沮。其秋，拜南京兵部侍郎，陝人號呼擁輿，移日不得行。踰年，乞骸骨，就進刑部尚書，致仕。

壽爲給事中，言時政無隱，獨不喜劾人，曰：「吾父戒吾勿作刑官，易枉人。言官枉人尤甚，吾不敢妄言也。」嘉靖改元，詔進一品階，遣有司存問，時年八十有三。壽廉，歷官四十年，無家可歸。寓南京，所居不蔽風雨。其卒也，尚書李充嗣、府尹寇天敘爲之斂。又數年，親舊賻助，始得歸葬新淦。

樊瑩，字廷璧，常山人。天順末，舉進士，引疾歸養。久之，授行人，使蜀不受餽，土官作却金亭識之。成化八年擢御史。山東盜起，奉命捕獲其魁。清軍江北，所條奏多著爲例。改按雲南。交阯誘邊氓爲寇，馳檄寢其謀。出知松江府。運夫苦耗折，瑩革民夫，令糧長專運，而寬其綱，用以優之。賦役循周忱舊法，稍爲變通，民困大甦。憂歸，起知平陽。

弘治初，詔大臣舉方面官。侍郎黃孔昭以瑩應，尚書王恕亦器之，擢河南按察使。黃河爲患，民多流移。瑩巡振，全活甚衆。河南田賦多積弊，巡撫都御史徐恪欲考本末，衆難之。瑩曰：「視萬猶千，視千猶百耳，何難。」恪以屬瑩部吏鈎考，旬日間，宿蠹一清。四年遷應天府尹。守備中官蔣琮與言官訐奏，所蔓引多至罪黜。瑩承命推鞫，初若不爲異者，琮大喜。後奏其傷孝陵山脈事，琮遂下獄，充淨軍。

七年遷南京工部右侍郎，尋改右副都御史巡撫湖廣。錦田賊結兩廣瑤、僮爲寇，瑩諭散餘黨，戮首惡十八人。歲餘，以疾乞休。家居七年，中外交薦，起故官撫治鄖陽，旋改南京刑部右侍郎。

十六年，雲南景東衞晝晦七日，宜良地震如雷，曲靖大火數發，貴州亦多災異，命瑩巡視。至則劾鎮巡官罪，黜文武不職者千七百人。廉知景東之變，乃指揮吳勇侵官帑，圖脫罪，因雲霧晦冥虛張其事，劾罪之。還進本部尚書。

武宗踐阼，致仕歸。劉瑾以會勘隆平侯爭襲事，逮及瑩，削籍。明年又坐減松江官布，

罰米五百石輸邊。瑩素貧，至是益窘。三年十一月卒，年七十五。〔二〕瑾敗，復官，贈太子少保，謚清簡。

瑩性誠慤，農月坐籃輿載笠，子孫舁行田間，曰：「非徒親稼，欲子孫習勞也。」其後人率敦，多愿朴力學者。

熊繡，字汝明，道州人，其先以戍籍自豐城徙焉。繡舉成化二年進士，授行人。奉使楚府，巡茶四川，力拒餽遺。擢御史，巡按陝西。左布政于璠以官帑銀餽苑馬卿鄧進，繡發其罪。璠遍赴京訐繡，帝并下繡吏，謫知清豐。璠、進亦除名。久之，鳳翔闕知府，擢繡任之。

弘治初，遷山東左參政，進右布政使。七年以右副都御史巡撫延綏。榆林初僅小堡，屯兵備冬。景泰中，始移巡撫、總兵官居之，遂爲西北巨鎮，城隘弗能容，繡因請增築千二百餘丈。涖鎮數年，練兵積粟，邊政修舉。歷兵部左、右侍郎，尚書劉大夏深倚信之。騰驤四衞勇士額三四萬人，率虛籍。歲糜錢穀數十萬，多入奄人家。廷臣屢請稽核，輒被撓。十八年命繡清釐，未竟而孝宗崩。朝政漸變，繡力持不顧，得詭冒者萬四千人。御馬太監甯

瑾等疏請復舊，給事御史交章劾瑾，大夏亦力爭。武宗不得已從之，而宥瑾等不問。

正德元年擢右都御史，總督兩廣軍務兼巡撫事。既抵鎮，盡裁幕府供億，秋毫無所取。二年與總兵官伏羌伯毛銳討平賀縣僮。劉瑾以前汰勇士事深疾繡，伺察無所得。召掌南京都察院事，尋以中旨罷之。已，復摭延綏倉儲浥爛爲繡罪，罰米五百石，責繡躬輸於邊。繡家遂破。

十年閏四月卒，無子。巡撫秦金頌其清節於朝，贈刑部尚書。太僕少卿何孟春以繡承繼孫幼且貧，無以爲養，請如主事張鳳翔孔琦例，賜月廩，且乞予謚。遂謚莊簡，給其孫米月一石。

潘蕃，字廷芳，崇德人。初冒鍾姓，既顯始復。成化二年舉進士，授刑部主事。歷郎中。雲南鎮守中官錢能爲巡撫王恕所劾，詔蕃按，盡得其實。出爲安慶知府，改鄖陽。時府治初設，陝、洛流民畢聚。蕃悉心撫循，皆成土著。累遷山東、湖廣左右布政使。

弘治九年以右副都御史巡撫四川，兼提督松潘軍務。宣布威信，蠻人畏服，單車行松、茂莫敢犯。遷南京兵部右侍郎，就改刑部。

十四年進右都御史，總督兩廣。帳下士舊不下萬人，蕃汰之，纔給使令而已。黎寇符南蛇亂海南，聚衆數萬。蕃令副使胡富調狼土兵討斬之，平賊巢千二百餘所。論功，進左都御史。已，又平歸善劇賊古三仔、唐大鬢等。思恩知府岑濬與田州知府岑猛相讐殺，攻陷田州，猛窮乞援。蕃諭濬罷兵，不從，乃與鎮守太監韋經、總兵官伏羌伯毛銳集兵十餘萬，分六哨討之。濬死，傳首軍門，斬級四千七百，盡平其地。迴軍討平南海縣豐湖賊禤元祖。捷聞，璽書嘉勞。蕃奏，思恩宜設流官，猛搆兵失地，宜降同知，俾還守舊土。兵部尚書劉大夏議，猛世濟凶惡，不宜歸舊治，請兩府皆設流官，而降猛爲千戶，徙之福建。帝從之。正德改元之正月召爲南京刑部尚書。踰年，致仕。

初，蕃去兩廣，岑猛據田州不肯徙，知府謝湖畏猛悍，亦逗遛。事聞，逮湖詔獄。湖委罪蕃及韋經、毛銳，經復委罪於尚書大夏。劉瑾方惡大夏，遂并逮四人。大夏以不從蕃言爲罪，而蕃亦坐不能撫猛，俱謫戍肅州。三年九月也。既而瑾從戶部郎中莊襗言，遣太監韋霦覈廣東庫藏，奏應解贓罰諸物多朽敝，梧州貯鹽利軍賞銀六十餘萬兩不以時解。逮問蕃及前總督大夏、前左布政使仁和沈銳等八百九十九人，罰米輸邊。銳廉介，已遷南京刑部右侍郎，乞休歸，至是奪職。瑾誅，蕃以原官致仕。踰六年，卒。銳至嘉靖初，始復職致仕。

方蕃解官歸，無屋，稅他人宅居之。與鄉人飲，露坐花下，醉則任所之。其風致如此。

胡富，字永年，績溪人。成化十四年進士。授南京大理評事。弘治初，歷福建僉事。福寧繫囚二百餘人，富一訊皆定，囹圄頓空。以憂去，起補山東，遷廣東副使。四會瑤亂，剿擒五百餘人。瀧水瑤出沒無時，富度其所經地，得荒田三千餘頃，招僮戶耕牧其中。瑤畏僮不敢出擾，居民得田作。符南蛇圍儋州，富與參議劉信往覘。賊突至，殺信，富手斬劇賊一人，賊乃退。還益兵討平之。歷陝西左、右布政使。

正德初，入爲順天府尹。三年進南京大理寺卿，就遷戶部右侍郎。五年正月坐大理時勘事遲緩，勒致仕，亦瑾意也。瑾敗，起故官。七年拜本部尚書。南都倉儲僅支一年，富在部三載，有六年積。上十餘事，率權貴所不便，格不行，遂引年歸。嘉靖元年卒。〔四〕贈太子少保，謚康惠。

張泰，字叔亨，廣東順德人。成化二年進士。除知沙縣。時經鄧茂七之亂，泰撫綏招集，流亡盡復。入爲御史，偕同官諫萬貴妃干政，廷杖幾斃。出督京畿學校，以憂去，家居十餘年。

弘治五年起故官，按雲南。孟密土舍思揲搆亂，以兵遏木邦宣慰使罕空法於孟乃砦。守臣撫諭，拒不聽。泰與巡撫張誥集兵示必討，思揲懼，始罷兵。滇池溢，爲民災，泰築堤以弭其患。還朝，乞罷織造內臣，減皇莊及貴戚莊田被災稅賦，給畿省災民牛種。詔止給牛種，餘不行。寇入永昌，甘肅遊擊魯麟委罪副總兵陶禎，而總兵官劉寧疏言守臣不和，詔泰往勘。泰奏鎮守太監傅悳、故總兵官周玉侵據屯田，巡撫馮續減削軍餉，寇數入莫肯爲禦，失士卒六百餘、馬駝牛羊二萬皆不以聞。帝怒，下之吏。悳降內使，錮南京，續編氓口外。泰又言甘州膏腴地悉爲中官、武臣所據，仍責軍稅；城北草湖資戍卒牧馬，今亦被占。請悉歸之軍，且推行於延、寧二鎮，詔皆從之。遷太僕少卿，改大理。

初，薊州民田多爲牧馬草場所侵，又侵御馬監及神機營草場、皇莊，貧民失業，草場亦虧故額。孝宗屢遣給事中周旋，侍郎顧佐、熊翀等往勘，皆不能決。至是命泰偕錦衣官會巡撫周季麟復勘。泰密求得永樂間舊籍，參互稽考，田當歸民者九百三十餘頃，而京營及御馬監牧地咸不失故額。奏入，駁議者再，尚書韓文力持之，留中未下。及武宗嗣位，文再請，始出泰奏，流亡者咸得復業。

尋遷右副都御史督儲南京。奏釐革十二事，多報可。正德二年召爲工部右侍郎，踰年遷南京右都御史。泰淸謹。劉瑾專權，朝貴爭賂遺。泰奏表至京，惟餽土葛，瑾憾之。其年十月令以南京戶部尙書致仕。明年七月卒，摭他事罰米數百石。瑾誅，予葬祭如制。

吳文度，字憲之，晉江人，從父客江寧，遂家焉。登成化八年進士，除龍泉知縣，徵授南京御史。偕同官孫需等論妖僧繼曉，被廷杖。尋遷汀州知府。瑤弗靖，設方略綏撫，瑤承賦如居民。弘治中歷江西左參政，山西、河南左、右布政使。正德元年遷右副都御史，巡撫雲南。師宗州賊阿本等作亂，諭不從，乃遣參議陳一經等督軍二萬攻之，別遣兵截盤江，據賊巢背，先後俘斬千人。入歷戶部侍郎。三年冬進南京右都御史。方文度召自雲南，劉瑾以地產金寶，屢責賄。文度無以應，瑾深銜之。會工部尙書李鐩致仕，廷推文度及南京戶部侍郎王珩，遂改文度南京戶部尙書，與珩俱致仕。命下，舉朝駭異。既歸，所居屋僅數椽。瑾誅，未及用而卒。珩，趙人。起家進士，亦以淸操聞。

張鼐，字用和，歷城人。成化十一年進士。授襄陵知縣，入爲御史。憲宗末年數劾言

官，鼐力諫。又嘗劾妖僧繼曉、方士鄧常恩等。帝心惡之。出按江西。盜賊多强宗佃僕，鼐與巡撫閔珪交奏其事。尹直等搆之，乃貶珪而坐鼐尹旻黨，謫郴州判官。

弘治初，擢河南僉事，進參議，以協治黃陵岡遷副使。十五年進按察使。鼐官河南久，屢遭河患，督治有方，民爲立祠。是年秋擢右僉都御史巡撫遼東。時軍政久弛，又許餘丁納貲助驛遞，給冠帶，復其身，邊人競援例避役。鼐言不可，因條上定馬制、核屯糧、淸隱占、稽客戶、減軍伴數事，悉允行。尋劾分守中官劉恭貪虐罪，築邊牆自山海關迄開原靉陽堡凡千餘里。遼撫自徐貫後，歷張岫、張玉、陳瑤、韓重四人，多得罪去，至鼐稱能。

武宗立，移撫宣府。正德改元，召還，尋進右副都御史署院事。有知縣犯贓當褫職，卒殺人當抵死。劉瑾納重賄，欲寬之，鼐執不可，出爲南京右都御史。焦芳子黃中欲强市其居，畀通政魏訥，[五]鼐不從，芳父子亦怨之。會瑾遣給事中王翊等覈遼東軍餉，還奏芻粟多浥爛，遂以爲守臣罪，逮鼐及繼任巡撫馬中錫、鄧璋，[六]前參政冒政，參議方矩，郎中王藎、劉繹，下詔獄，令其家人輸米遼東。鼐坐輸二千石，以力不辦，繫遼東。久之，總兵官毛倫等具奏諸人苦狀，請得折價，瑾勉從之。閱三年事始竟，皆斥爲民。瑾誅，復官。鼐前卒，世宗初予卹。

冒政，泰州人。鼐同年進士，歷官右副都御史，巡撫寧夏。守官廉，劉瑾覬賄不得，遂假遼東事逮之，罰米至三千石。瑾誅，復職致仕。久之，卒。

王璟，字廷采，沂人。成化八年進士。爲登封知縣。歷兩京御史。弘治十四年以南京鴻臚卿拜右僉都御史，理兩浙鹽政。振荒浙江，奏行荒政十事，多所全活。十七年冬巡撫保定。武宗立，太監夏綬乞於眞定諸府歲加葦場稅，少監傅琢請履畝覈靜海、永淸、隆平諸縣田，太監張峻欲稅寧晉小河往來客貨，詔皆許之。又以莊田故，遣緹騎逮民魯堂等二百餘人，畿南騷動。璟抗疏切諫，尙書韓文等力持之，管莊內臣稍得召還。

正德元年四月引疾致仕，命馳傳歸。三年坐累奪官閒住。六年起撫山西。製火槍萬餘，檐藏箭六，皆傅毒藥，用以禦寇，寇不敢西。累遷右都御史。已，遷左，以張綸爲右都御史代之。後陳金以太子太保左都御史入院，位璟上，人號璟「中都御史」焉。時羣小用事，大臣靡然附之，璟獨守故操。再進太子太保。世宗立，致仕，卒贈少保，諡恭靖。

初，璟自保定巡撫歸，其後兵科給事中高汸勘滄州鹽山牧地，劾六十一人，及璟與前巡

撫都御史高銓，銓即汸父也。詔去職者勿問，璟、銓並獲免。

銓，江都人，累官南京戶部尙書。正德二年廷推左都御史，瑾勸令致仕。尋坐事逮下獄，復坐隆平侯家襲爵事除名，罰米五百石。後瑾益事操切，每遣使勘核，多務苛急承瑾意，汸遂并銓在劾中。汸後官至光祿少卿，以劾父不齒於人。瑾誅，銓復官致仕，卒。贈太子少保。

朱欽，字懋恭，邵武人。師吳與弼，以學行稱。舉成化八年進士，授寧波推官。治最，徵授御史。出督漕運，按河南，淸軍廣西，並著風節。弘治中，遷山東副使，歷浙江按察使。十五年入覲。吏部舉天下治行卓異者六人，欽與焉。僉都御史林俊又舉欽自代，乃稍遷湖廣左布政使。

武宗立，以右副都御史巡撫山東。中官王岳被謫，道死。欽上言：「岳謫守祖陵，罪狀未暴，賜死道路，不厭人心。臣知岳爲劉瑾輩所惡，必瑾譖毀以至此。望陛下察岳非辜，懲瑾讒賊。」疏至，瑾屏不奏，銜之。欽以山東俗淫酗，嚴禁市酤，令濟南推官張元魁察之，犯者

罪及鄰。比有懼而自縊者，其母欲奏訴，元魁與知府趙璜賄之乃已。瑾使偵事校尉發之，俱逮下詔獄，勒欽致仕，璜除名，元魁謫戍。瑾憾欽未已，摭前湖廣時小故，下巡按御史逮問。俄坐山東勘地事，斥爲民。又坐修曲阜先聖廟會計數多，罰輸米六百石塞下。又坐撫山東時，以民夫給事尚書秦紘家，再下巡按御史逮問。瑾誅，乃復官。十五年卒，年七十七。與弼之門以官學顯者，欽爲稱首。

贊曰：武宗初，劉、謝受遺輔政，韓文、張敷華等爲列卿長，當路多正人，國事有賴。「八虎」潛伏左右，雖未敢顯與朝士爲難，固腹心之蠹也。夫以外攻內，勢所甚難。況相權之輕，遠異前代，雖抱韓琦之忠，初無書敕之柄。區區爭勝於筆舌間，此難必之剛明之主，而以望之武宗，庸有濟乎。一擊不勝，反噬必毒，消長之機，間不容髮。宦豎之貽禍烈也，吁可畏哉！

校勘記

〔一〕毋使臣蹈蕃武已覆之轍　按「蕃武」係指後漢的陳蕃、竇武。蕃，原誤作「藩」，據明史稿傳六五

楊守隨傳改。

〔二〕入爲兵部主事　世宗實録卷五六四嘉靖四十五年閏十月乙未條作「入爲户部主事」。

〔三〕三年十一月卒年七十五　此十字原置於「明年又坐減松江官布，罰米五百石輸邊。瑩素貧，至是益窘」之前。但樊瑩死於正德三年，罰米事當在武宗卽位以後，正德三年以前。原文顯係倒置。今據明史稿傳六五樊瑩傳、武宗實録卷四四正德三年十一月癸亥條改正。

〔四〕嘉靖元年卒　原脫「卒」字。世宗實録卷一三、國榷卷五二頁三二五八均稱胡富卒於嘉靖元年四月戊戌，玆據補。

〔五〕昇通政魏訥　魏訥，原作「魏納」。武宗實録卷六六正德五年八月乙酉條及辛丑條凡兩見，都作「魏訥」，據改。

〔六〕逮弼及繼任巡撫馬中錫鄧章　鄧章，本書卷一八七何鑑傳、武宗實録卷三二正德二年十月甲申條及卷九一正德七年八月己酉條都作「鄧璋」。

明史卷一百八十七

列傳第七十五

何鑑　馬中錫　陸完　洪鍾 陳鎬 蔣昇　陳金　俞諫

周南 孫祿　馬昊

何鑑，字世光，浙江新昌人。成化五年進士。授宜興知縣。徵拜御史，巡宣府、大同。劾巡撫鄭寧以下數十人不職，按裨將孟璽等罪。還巡太倉。總督太監卒犯法，逮治之，爲所搆，下錦衣獄。得釋，再按江北。鳳陽皇陵所在，近境取寸木法皆死，陵軍多倚禁虐民。鑑請以山麓爲限，他樵採勿禁，遂著爲令。出爲河南知府。振異歲饑，條行荒政十事。歷四川左、右布政使。

弘治六年以右副都御史巡撫江南，兼理杭、嘉、湖三府稅糧。蘇、松水災，用便宜發漕米十五萬石振之。與侍郎徐貫疏吳淞、白茆諸渠，泄水入海，水患以除。復巡撫山東，遷刑

部侍郎。母憂去。

十八年還朝。時承平久，生齒日繁。孝宗覽天下户籍數乃視國初反減，咎所司溺職，欲釐正之。敕鑑以故官兼左僉都御史往河南、湖廣、陝西閱實戶口。得戶二十三萬五千有奇，口七十三萬九千有奇，因疏善後十事及軍民利病以聞。會孝宗已崩，武宗悉採納之。

正德二年拜南京兵部尚書參贊機務。鑑前撫江南，嘗按千戶張文冕罪，文冕亡去。至是搆於劉瑾，而瑾亦嗛鑑不與通，遂坐以事連罰米。貧不能償，奏愬獲免。

六年正月召爲刑部尚書。時大盜並起，劉寵、劉宸、楊虎、劉惠、齊彥名、朱諒等亂畿輔，方四、曹甫、藍廷瑞、鄢本恕等躪四川，汪澄二、羅光權、王浩八、王鈺五等擾江西，皆稱王，四方告急無虛日。兵部尚書王敞不能辦賊。帝既命洪鍾、陳金、馬中錫督師分討，其年五月，罷敞，以鑑代之。鑑乃選將練兵，錄民間材武士，令鄉聚悉樹柵浚溝，團結相救。河南、山西兵守黃河，斷太行。京操班軍，留守所在城邑。每漕艘運卒一人屯河濱，護運道，通行旅。文武大吏軼賊，請敕峻責之，而褒縣令能擊賊者。以中錫玩寇，奏遣陸完代還，調邊將從完討賊。賊連爲邊軍所破，奔迸四出。會中官谷大用、伏羌伯毛銳率師駐臨清，賊遂謀以十二月朔伺帝省牲南郊，乘間犯駕，先一日趨霸州。鑑立奏聞，夜設備。厥明，帝召問鑑。鑑請早出安人心，遂成禮而還。賊知有備，西掠保定諸州縣以去。河南巡撫鄧璋請

濟師，鑑言：「山東賊不及萬，官軍奚啻十倍。緣勢要私人營充頭目，撓律攘功，失將士心。請盡遣若屬還。都指揮以下失事，卽軍前行戮。益調邊軍助剿。」帝悉從之。尋以捷書屢聞，加鑑太子少保。

明年正月，賊突霸州，京師戒嚴。鑑令邊兵亟邀賊，賊遁去。賊渠楊虎、朱諒死，其黨分擾山東、河南。鑑以山東賊劉寵、劉宸、齊彥名等，責邊將許泰、郤永、劉暉、李鉞；以河南賊劉惠、趙鐩、邢老虎等，責邊將馮禎、時源、神周、金輔。未幾，毛銳敗績，與大用俱召還。鑑乃請用彭澤，與仇鉞同辦河南賊，而以山東賊專委陸完。五月，河南賊平。七月，山東餘賊亦平。陳金、洪鍾亦以次平江西、四川諸賊。帝喜，加鑑太子太保，廕子錦衣世百戶。鑑乃上言：「羣盜蕩平，民罹兵久，乞量免田租，多方振贍。黜貪殘長吏，停不急工役。還民故業，貸以牛種，復其家三年。有訐舊事及怙惡者，並置於理。」帝悉報可。

先是，七月中，鑑以羣盜未盡，請留邊將劉暉戍山東，時源戍河南，郤永戍畿輔，李鉞戍淮、揚，各假總兵之職，俟事寧始罷。仇鉞言，邊軍久勞，風土不習，人馬俱病。今賊已漸平，請留三之一討賊，餘悉遣還。廷議，二人議俱是，請四將各千人鎮壓，他將許泰、神周、金輔、溫恭輩俱統所部還邊鎮。帝許之，命延綏軍徑還，遼東、宣府、大同軍過闕勞賜。

帝時好弄兵。羣小寵幸者言，邊軍憨健過京軍遠甚，宜留之京營，帝以爲然。至十一

月，三鎮軍畢至，遂命留之，以京軍往代。鑑力陳不可，廷臣集議，復極言其害，帝竟不從。自是，邊軍於大內團操，號爲「外四家軍」，而江彬進用矣。

八年，宣府送迤北降人脫脫太等至京，命充御馬監勇士。鑑等上言：「漢、魏徙氐、羌於關中，郭欽、江統皆勸晉武早絕亂階。苻堅處鮮卑於漢南，苻融亦慮其窺測虛實。今使降人出入禁中，假寵踰分，且生慢侮。萬一北寇聞之，潛使黠賊僞降，以爲間諜，寧不爲將來患哉。」帝不聽。

寧王宸濠謀復護衞，鑑力遏之。都督白玉以失事罷，厚賄豹房諸倖臣求復，鑑執不從。諸倖臣嗾詗事者發鑑家僮取將校金錢，言官遂交章劾鑑，致仕去。閱九年卒，年八十。〔一〕

馬中錫，字天祿，故城人。父偉，爲唐府長史，以直諫忤王，械送京師，而盡縶其家人。中錫以幼免，乃奔訴巡按御史。御史言於王，釋其家。復奉母走京師訴冤，父竟得白，終處州知府。

中錫舉成化十年鄉試第一，明年成進士，授刑科給事中。萬貴妃弟通驕橫，再疏斥之，再被杖。公主侵畿內田，勘還之民。又嘗劾汪直違恣罪。歷陝西督學副使。

弘治五年召爲大理右少卿。南京守備太監蔣琮與兵部郎中婁性、指揮石文通相訐，連數百人，遣官按，不服。中錫偕司禮太監趙忠等往，一訊得實。性除名，琮下獄抵罪。擢右副都御史，巡撫宣府。劾罷貪耄總兵官馬儀，革鎭守以下私役軍士，使隸尺籍。寇嘗犯邊，督軍敗之。引疾歸，中外交薦。

武宗卽位，起撫遼東。還屯田於軍，而劾鎭守太監朱秀置官店、擅馬市諸罪。正德元年入歷兵部左右侍郎。劉瑾初得志，其黨朱瀛冒邊功至數百人。尚書閻仲宇許之，中錫持不可。瑾大恚，中旨改南京工部。明年勒致仕。其冬，逮繫詔獄，械送遼東，責償所收腐粟。踰年事竣，斥爲民。瑾誅，起撫大同。中錫居官廉，所至革弊任怨，以故有名。

六年三月，賊劉六等起，吏部尚書楊一清建議遣大臣節制諸道兵。乃薦中錫爲右都御史提督軍務，與惠安伯張偉統禁兵南征。

劉六名寵，其弟七名宸，文安人也，並驍悍善騎射。先是，有司患盜，召寵、宸及其黨楊虎、齊彥名等協捕，頻有功。會劉瑾家人梁洪徵賄於寵等不得，誣爲盜，遣甯杲、柳尚義繪形捕之，破其家。寵等乃投大盜張茂。茂家高樓重屋，複壁深窖，素招亡命爲逋逃主。宦官張忠與鄰，茂結爲兄，夤緣馬永成、谷大用、于經輩得出入豹房，侍帝蹴鞠，而乘間爲盜如故。後數爲河間參將袁彪所敗。茂窘，求救於忠。忠置酒私第，招茂、彪東西坐。酒酣，舉

觴屬彪字茂曰：「彥實吾弟也，自今毋相厄。」又舉觴屬茂曰：「袁公善爾，爾愼毋犯河間。」彪畏忠，唯唯而已。已，茂爲甯杲所擒，寵等相率詣京謀自首。忠與永成爲請於帝，且曰：「必獻萬金乃赦。」寵、宸不能辦，逃去。既而瑾誅，有詔許自首。寵等乃出詣官。兵部奏赦之，令捕他盜自效。寵等憚要束，未幾復叛。黨日衆，所至陷城殺將吏。

中錫等受命出師，敗賊於彰德，既又敗之河間，進左都御史。然賊方熾，諸將率畏懦莫敢當其鋒，或反與之結。參將桑玉嘗遇賊文安村中。寵、宸窘蹙，跳民家樓上，欲自剄。而玉素受賊賂，故緩之。有頃，彥名持大刀至，殺傷數十人，大呼抵樓下。寵、宸知救至，出，射殺數人。玉大敗。參將宋振禦賊棗强，不發一矢，城遂陷，死者七千人。

當是時，寵、宸等自畿輔犯山東、河南，南下湖廣，抵江西。復自南而北，直窺霸州。楊虎等由河北入山西，復東抵文安，與寵等合，破邑百數，縱橫數千里，所過若無人。中錫雖有時望，不習兵。偉亦紈袴子，見賊强，諸將怯，度不能破賊，乃議招撫。謂盜本良民，由酷吏甯杲與中官貪黷所激，若推誠待之，可毋戰降也。遂下令：賊所在勿捕，過勿邀擊，饑渴則食飲之，降者待以不死。賊聞，欲就撫，相戒毋焚掠，猶豫未定。而朝廷以京軍弱，議發邊兵。中錫欲戰，則兵未集，欲撫，則賊時向背，終不得要領。既建議主撫，不能變。會寵等聞邊兵且至，退屯德州桑園。中錫肩輿入其營，與酒食，開誠慰諭之。衆拜且泣，送馬爲

壽。寵慷慨請降，宸乃仰天咨嗟曰：「騎虎不得下。今奄臣柄國，人所知也。馬都堂能自主乎？」遂罷會。而是時方詔懸賞格購賊。寵等偵知之，益疑懼，徑去，焚掠如故。獨至故城，戒毋犯馬都堂家。由是，中錫謗大起，謂其以家故縱賊。言官交劾之，下詔切責。中錫猶堅持其說以請。兵部尚書何鑑謂賊誠解甲則貰死，卽不然，毋爲所誑。既而寵等終不降，乃遣侍郎陸完督師，而召中錫、偉還。

初，中錫受命討賊，大學士楊廷和謂楊一淸曰：「彼文士耳，不足任也。」竟無功，與偉同下獄論死。中錫死獄中，偉革爵。十一年，巡按御史盧雍追訟中錫冤，謂：「賊實聽撫，僉事許承芳忌之，潛請益兵，疑賊心。及賊再受約，方至軍門，而檻車已就道矣。」朝廷乃復中錫官，賜祭，予廕。

陸完，字全卿，長洲人。爲諸生。中官王敬至蘇，以事庭曳諸生。諸生競起擊之，完不與。惡完者中之，敬遂首列完名上聞。巡撫王恕極論敬罪，完乃得免。舉成化二十三年進士。謁選，恕方爲吏部，曰：「是嘗擊奄人者，當爲御史。」入臺，果有聲。正德初，歷江西按察使。寧王宸濠雅重之，時召預曲宴，以金罍爲贈。三年冬，擢右僉

都御史，巡撫宣府。劉瑾惡完赴闕後期，命以試職視事。明年夏，復改南院，督江防軍。完以都御史試職非故事，懼甚，賄瑾，召爲左僉都御史。五年春，拜兵部侍郎。瑾敗，言者劾其黨附，帝不問。

明年，霸州賊劉六、劉七等起，奉楊虎爲首。惠安伯張偉、右都御史馬中錫師出無功，逮繫論死。八月，詔完兼右僉都御史提督軍務，統京營、宣府、延綏軍討之。行及涿州，忽傳賊且逼京師，命還軍入衞。會副總兵許泰、游擊郤永等敗楊虎等於霸州，賊南走，京師始解嚴。指揮賀勇等再敗賊信安，副總兵馮禎復大敗之阜城，分兵追擊。賊東圍滄州。會劉六、七中流矢，乃解而南，陷山東縣二十。楊虎兵亦北殘威縣、新河。於是完頻請濟師。益發遼東、山西諸鎭兵逐賊。賊益南，圍濟寧，焚運舟，轉寇曹州。禎、泰、永擊斬二千餘人，獲其魁朱諒。錄功，進完右都御史，諸將皆增秩。中官谷大用、張忠意賊旦暮平，乃自請督師。詔以大用總督軍務，伏羌伯毛銳充總兵官，忠監神鎗，統京軍五千人，會完討賊。

時劉六等縱橫沂、莒間，而楊虎陷宿遷，執淮安知府劉祥、靈璧知縣陳伯安，連陷虹、永城、虞城、夏邑及歸德州。邊兵追及，賊退至小黃河渡口。百戶夏時設伏邀之，虎溺死。餘賊奔河南，推劉惠爲首，大敗副總兵白玉軍，攻陷沈丘，殺都指揮王保，執都指揮潘翀，北陷鹿邑。有陳翰者，與甯龍謀奉惠爲奉天征討大元帥，趙鐩副之。翰自爲侍謀軍國重務元帥府長史，與龍立東西二廠治事。分其軍爲二十八營，以應列宿，營各置都督，聚衆至十三萬。欲牽制官軍，於是惠、鐩擾河南，劉六及齊彥名等擾山東，黨分爲二。已而六復轉而北，永敗之濰縣。還趨霸州，帝將出郊省牲，聞之懼，急召完赴援，完擊破之文安。賊南至湯陰，完又督諸將追敗之，先後俘斬千人。

當是時，六等衆號數萬，然多脅從，精銳不過千餘人。自兵部下首功令，官軍追賊，賊輒驅良民前行，急則棄所掠逸去。官軍所殺皆良民，以故捷書屢奏，而賊勢不衰。

明年正月，六等復突霸州，京師戒嚴。詔完及大用、銳還禦近畿，賊乃西掠博野，攻蠡縣、臨城。大用、銳與遇於長垣，大敗。廷議召二人還，別命都御史彭澤同咸寧伯仇鉞辦河南賊，以畿輔、山東賊委完。完遣永追敗劉六於宋家莊。賊南犯滕縣，副總兵劉暉大敗之，賊遂奔登、萊海套。完師次平度，檄永、玉與游擊溫恭三道進攻，命副總兵張俊、李鋐及泰、暉分軍邀其奔逸。賊走，連戰皆大敗之，賊乃變服易馬而遁，先後擒斬二千六百餘人。賊止三百人北走，沿途招聚，勢復張。剽香河、寶坻、玉田，轉攻武淸。游擊王杲敗沒，巡撫甯杲兵亦敗，畿輔復震動。而賊轉南至冠縣，暉襲敗之，指揮張勛又敗之平原。賊南奔邳州，渡河抵固始。會河南賊已平，劉六等勢益衰，遂走湖廣。奪舟至夏口，遇都御史馬炳然，殺之。復登陸，焚漢口，爲指揮滿弼等追及，劉六中流矢，與子仲淮赴水死。

劉七、齊彥名率五百人舟行，自黃州順流抵鎭江。南京告急，完疾趨而南。帝命彭澤、仇鉞會完軍進剿。大兵盡集江南、北，賊猶乘潮上下肆掠。操江武靖伯趙弘澤、都御史陳世良遇之，敗績，死者無算。七月，賊治舟孟瀆。完等至鎭江，留鉞防守，令恭以騎駐江北，暉、永以舟趨江陰，完率都指揮孫文、傅鎧趨福山港。賊懼，抵通州。颶風大作，棄舟走保狼山。完命同知羅瑋夜導軍登山南麾之。彥名中槍死，七中矢亦赴水死，餘賊盡平。還朝，進完太子少保左都御史，廕子錦衣世百戶。明年代何鑑爲兵部尚書。

完有才智，急功名，善交權勢。劉暉、許泰、江彬皆其部將，後並寵倖用事，完遂得其力。

時宸濠已萌異志。聞完爲兵部，致書盛陳舊好，欲復護衞及屯田。完答書，令以祖制爲詞。宸濠遂遣人輦金帛鉅萬，寓所善教坊臧賢家，徧遺用事貴人，屬錢寧爲內主。比奏下，完遂爲覆請，而以屯田屬戶部，請付廷議。內閣擬旨上，並予之。舉朝譁然。六科給事中高淓、十三道御史汪賜等力爭，章並下部，久不覆。南京給事中徐文溥繼言之，完乃請納諫官言，帝竟不許。十年改吏部尚書。

宸濠反，就執。中官張永至南昌，搜其籍，得完平日交通事，上之。帝大怒。還至通州，執完，收其母妻子女，封識其家。比還京，反縛之竿，揭姓名於首，雜俘囚中，列凱旋前部以

入，將置極刑。值武宗崩，世宗立，法司覆奏完交外藩而遺金不却，處護衛而執奏不堅，當斬。完復乞哀，下廷臣覆讞。以平賊功，在八議之列，遂得減死，戍福建靖海衛。母年九十餘，竟死獄中。

初，完嘗夢至一山曰「大武」。及抵戍所，有山如其名，歎曰：「吾戍已久定，何所逃乎！」竟卒於戍所。

洪鍾，字宣之，錢塘人。成化十一年進士。爲刑部主事，遷郎中，奉命安輯江西、福建流民。還言福建武平、上杭、清流、永定，江西安遠、龍南，廣東程鄉皆流移錯雜，習鬬爭，易亂，宜及平時令有司立鄉社學，教之詩書禮讓。

弘治初，再遷四川按察使。馬湖土知府安鼇恣淫虐，土人怨之刺骨，有司利其金置不問，遷延二十年。僉事曲銳請巡按御史張鸞按治，鍾贊決，捕鼇送京師，置極刑。安氏自唐以來世有馬湖，至是改流官，一方始靖。歷江西、福建左、右布政使。

十一年擢右副都御史，巡撫順天。整飭薊州邊備，建議增築塞垣。自山海關西北至密雲古北口、黃花鎮直抵居庸，延亙千餘里，繕復城堡二百七十所，悉城緣邊諸縣，因奏減防

秋兵六千人，歲省輓輸犒賚費數萬計。所部潮河川去京師二百里，居兩山間，廣百餘丈，水漲成巨浸，水退則坦然平陸，寇得長驅直入。鍾言：「關以東三里許，其山外高內庳，約餘二丈，可鑿爲兩渠，分殺水勢，而於口外斜築石堰以束水。置關堰內，守以百人，使寇不得馳突，可免京師北顧憂，且得屯種河壖地。」兵部尚書馬文升等請從之。比興工，鑿山，山石崩，壓死者數百人。御史弋福、給事中馬予聰等劾鍾，巡撫張烜等請罷役，不聽。未幾，工成，侍郎張達偕司禮中官往視。還言石洞僅洩小水，地近邊垣多沙石，不利耕種。給事中屈伸等劾鍾欺妄三罪，諸言官及兵部皆請逮鍾。帝以鍾爲國繕邊，不當罪，停俸三月。

正德元年由巡撫貴州召督漕運兼巡撫江北。明年就進右都御史。蘇、松、浙江運舟由下港口及孟瀆河泝大江以達瓜洲，遠涉二百八十餘里，往往遭風濤。鍾言：「孟瀆對江有夾河，可抵白塔河口。舊置四閘，徑四十里。至宜陵鎮再折而北，即抵揚州運河。〔三〕開濬爲便。」從之。改掌南京都察院，就遷刑部尚書。四年冬，加太子少保兼左都御史，掌院事。

五年春，湖廣歲饑盜起。命鍾以本官總制軍務，陝西、河南、四川亦隸焉。沔陽賊楊清、丘仁等僭稱天王、將軍，出沒洞庭間。圍岳州，陷臨湘，官軍屢失利。鍾及總兵官毛倫檄都指揮潘勳、柴奎，布政使陳鎬，副使蔣昇擊破之於麻穰灘，擒斬七百四十餘人，賊遂平。初，鍾掌院事，劉瑾方熾。及瑾誅，言官劾鍾徇瑾撻御史。朝議以鍾討賊，置不問。

時保寧賊藍廷瑞自稱順天王，鄢本恕自稱刮地王，其黨廖惠稱掃地王，衆十萬餘，置四十八總管，延蔓陝西、湖廣之境。廷瑞與惠謀據保寧，本恕謀據漢中，取鄖陽，由荊、襄東下。巡撫林俊方議遏通江，而惠已至，攻陷其城，殺參議黃瓚，僉事錢朝鳳等遁去。適官軍自他郡還，賊疑援兵至，亦遁。俊益發羅、回及石砫土兵助朝鳳進剿，參議公勉仁亦會。龍灘河漲，賊半渡，羅、回奮擊之，擒斬八百餘人，墜崖溺水甚衆。俊復遣知府張敏、何珊等追之，獲惠，餘衆奔陝西西鄉。鍾乃下令招撫，歸者萬餘人。既而賊收散亡，陷營山，殺僉事王源，縱掠蓬、劍二州。

鍾赴四川，與俊議多不合，軍機牽制，賊益熾。已，乃檄陝西、湖廣、河南兵分道進，湖廣兵先追及於陝西石泉。廷瑞走漢中，都指揮金冕圍之。陝西巡撫藍章方駐漢中，廷瑞遣其黨何虎詣章，乞還川就撫。章以廷瑞本川賊，恐急之必致死，陝且受患，遂令冕護之出境。廷瑞既入川，求降，鍾等令至東鄉聽撫。賊意在緩師，遷延累月，依山結營，要求營山縣或臨江市屯其衆，遣官爲質。鍾令漢中通判羅賢入其營。本恕來謁，約既定，會官軍有殺其樵採者，賊復疑懼，遂殺賢，剽如故。官軍爲七壘守之，賊不得逸，其黨漸潰。廷瑞以所掠女子詐爲己女，結婚於永順土舍彭世麟，冀得間逸去。世麟密白鍾，鍾授方略使圖之。及期，廷瑞、本恕暨其黨王金珠等二十八人咸來會。伏發悉就擒，惟廖麻子得脫。其衆聞

變，驚潰渡河。鍾遣兵追擊，俘斬七百餘人，以功進太子太保。

未幾，廖麻子及其黨曹甫掠營山、蓬州。七年，總兵官楊宏，副使張敏、馬昊、何珊等合擊之。賊勢蹙，鍾乃議招撫。敏以單騎詣甫營，甫聽命，遂赴軍門受約束，歸散其黨。而麻子忿甫背己，殺之，幷其衆，轉掠川東。官軍不敢擊，潛躡賊後，馘良民爲功，土兵虐尤甚。時有謠曰：「賊如梳，軍如篦，土兵如鬀。」巡按御史王綸、紀功御史汪景芳劾鍾縱兵不戢。綸復奏鍾樂飲縱遊，致賊自合州渡江陷州縣。詔召鍾還，以彭澤代，鍾遂乞歸。嘉靖三年卒，謚襄惠。

陳鎬，會稽人。成化二十三年進士。既平賊，就遷右副都御史，巡撫湖廣。蔣昇，祁陽人，鎬同年進士。

陳金，字汝礪，應城人，徙武昌。祖坦，夔州知府。父琳，廣西僉事。金舉成化八年進士，除婺源知縣，擢南京御史。

弘治初，出按浙江，還因災異劾文武大僚十九人，侍郎丁永中、南京大理卿吳道宏、南

寧伯毛文等多罷去。尋遷山西副使，歷雲南左布政使，討平竹子箐叛苗。

十三年就拜右副都御史，巡撫其地。孟養酋思祿與孟密酋思揲搆兵積年。金奉詔發緬甸、干崖、隴川、南甸諸部兵，聚糧十二萬，爲征討計，而遣參議郭緒往撫之。思祿懼，遂罷兵修貢，金以功賚銀幣。貴州兵敗賊婦米魯，米魯退攻平夷衞及大河、扼勒諸堡。金發兵連破之，增俸一等，召爲南京戶部右侍郎。

正德改元，給事中周璽等劾不職大臣，金與焉。詔不問。金以母老乞歸，不允。尋以右都御史總督兩廣軍務。時內臣韋霦等建議，請輸兩廣各司所貯銀於京師。金疏不可，詔留二十餘萬。馬平、洛容僮猖獗，金偕總兵官毛銳發兵十三萬征之，俘斬七千餘人，進左都御史。斷藤峽苗時出剽。金念苗嗜魚鹽，可以利縻也，乃立約束，令民與苗市，改峽曰永通。苗性貪而黠，初陽受約，既乃不予直，殺掠益甚。潯州人爲語曰：「永通不通，來葬江中，誰其作者？噫，陳公！」蓋咎金失計也。

三年十月遷南京戶部尚書。明年冬，召爲左都御史，未聞命，以母喪歸。六年二月，江西盜起。詔起金故官，總制軍務。南畿、浙江、福建、廣東、湖廣文武將吏俱隸焉。許便宜從事，都指揮以下不用命者專刑戮。當是時，撫州則東鄉賊王鈺五、〔三〕徐仰三、傅傑一、揭端三等，南昌則姚源賊汪澄二、王浩八、殷勇十、洪瑞七等，瑞州則華林賊羅光權、陳福一

等，而贛州大帽山賊何積欽等又起，官軍累年不能克。金以屬郡兵不足用，奏調廣西狼土兵。明年二月先進兵東鄉，遣參議徐蕃等分屯要害，而令副總兵張勇，土官岑璽、〔四〕岑猛各統官兵、目兵擊賊熟塘。進戰南塝，追敗之赤岸蔭嶺。擒仰三，馘鈺五等，克柵二百六十五，斬首萬一千六百餘級，俘七百五十餘人。五月移師姚源，令參政董朴、吳廷舉等分營餘干、安仁、貴溪、鄱陽、樂平遏賊，而親統大軍擣其巢，勇十重創死。會張勇以目兵至，毒弩射殺瑞七、成七等，〔五〕俘斬共五千餘人。七月乘勝斬光權。華林賊盡平。又督副使王秩等擊大帽山賊，獲積欽，俘斬千七百餘人。半歲間，剿賊幾盡。遂卽東鄉立縣，並立萬年縣，招降人居之。前後每奏捷，輒賜璽書嘉勞，賚銀幣。加太子少保，廕子錦衣世百戶。

金累破劇賊，然所用目兵貪殘嗜殺，剽掠甚於賊，有巨族數百口闔門罹害者。所獲婦女率指爲賊屬，載數千艘去。民間謠曰：「土賊猶可，土兵殺我。」金亦知民患之，方倚其力，不爲禁。又不能持廉，軍資頗私入。功雖多，士民皆深怨焉。

東鄉之役，璽兵縱弩射，蹻捷若飛，賊大窘。璽兵要賞千金，金靳不予，乃縱賊使逸。桀黠者多不死，尚數千人。金急欲成功，遂下令招撫。其破姚源賊也，金喜，謂功在旦夕，與將吏置酒高會。賊覘諸要害無守者，乃悉所有賂目兵，乘暮遁去。時賊絕爨已三日，自分必死，沿途棄稚弱，散婦女。及抵貴溪，始得一飽食，遂轉掠衢、徽間。金知失策，亦下令招

降。賊首王浩八等故僞降以緩官兵，攻剽如故，卒不能盡賊。紀功給事中黎奭及兩京言官交章劾金。乃召金還，以俞諫代。金遂請終喪去。

十年再起，督兩廣軍務。府江賊王公珣等爲亂，金集諸道兵偕總兵官郭勛等分六路討之，斬公珣，大有所俘獲。加少保太子太保，廕子如初。復以饒平捷，詔予先受廕者進一秩。金承召還朝，道得疾歸，詔强起之。十四年冬入掌都察院事。世宗立，請老，命乘傳還。久之，卒。

俞諫，字良佐，桐廬人。父藎，舉進士，官御史，按江西，治外戚王氏、萬氏宗族恣橫罪。坐事，謫澧州判官。大築陂堰，溉田可萬頃。累遷鄖陽知府。

諫舉弘治三年進士，授長清知縣，擢南京御史。遷河南僉事，擒嵩賊呂梅。歷江西參議，平大帽山賊。遷廣東副使，中道召爲大理少卿。

正德六年擢右僉都御史，治水蘇、杭諸府，修治圩塘，民享其利。尋進右副都御史，提督操江。八年春，姚源降賊王浩八叛，詔以諫代陳金督江西、浙江、福建諸軍討之。時浩八衆萬餘，屯浙江開化，爲同知伍文定等所敗，遁還江西德興，以所執都指揮白弘、江洪爲質，

求撫於按察使王秩。秩受之，爲傳送姚源。浩八奔據貴溪裴源山，餘衆復集，連營十里。諫令秩與副使胡世寧、參政吳廷舉列屯要害，斷其歸路，而躬與都督李鋐乘夜冒雨潛進，大破之，俘斬數千人，遂擒浩八。其黨潰走玉山。諫與南贛巡撫周南、江西巡撫任漢復擊斬七百餘人。餘賊奔姚源，諫督廷舉等進剿，逼擒之。

諫懲金失，一意用兵，而任漢懦。先爲布政使，嘗贊金主撫。雖亟上首功，追賊緩，餘黨復起。先是，東鄉賊爲金所敗乞降，隸世寧，號新兵，而剽掠如故。既懼罪復叛，遣參將桂勇等討擒之。萬年雖立縣，賊尚衆，吏胥多賊黨，官府動息必知之。副使李情治峻急，衆欲叛，畏鋐在餘干不敢發。會鋐卒，王垂七、胡念二等遂作亂。殺情及饒州通判陳達、秦碧，指揮邢世臣等，焚廨舍。諫發兵擒之，亂乃定。言官劾諫及漢、南。兵部請召漢還，命諫兼領巡撫。明年擊臨川賊，斬其魁，而遣參將李隆擊新淦賊。賊踞萬山中，僭稱王且八年。隆等深入，悉就擒，俘斬千七百餘人。錄功，進諫右都御史，巡撫如故。劇賊徐九齡者，初嘯聚建昌、醴源，已，出沒江、湖間，積三十年，黃州、德安、九江、安慶、池州、太平咸被其害。諫討斬之，羣盜悉平。寧王宸濠諷御史張鰲山劾諫，十一年召還，遂乞致仕。

嘉靖改元，用薦起故官，總督漕運。青州礦盜王堂等起顏神鎮，流劫東昌、兗州、濟南。都指揮楊紀及指揮楊浩等擊之，浩死，紀僅免。詔責山東將吏，於是諸臣分道逐賊，賊不

復屯聚，流劫金鄉、魚臺間。突曹州，欲渡河不得，復掠考城並河西岸，至東明、長垣。河南及保定守臣咸告急。賊黨王友賢等轉掠胙符、封丘，南抵徐州。廷議以諸道巡撫權位相埒，乃命諫與都督魯綱並提督兩畿、山東、河南軍務，以便宜節制諸道兵討之。賊復流至考城。官軍方欲擊，而河南降賊張進引三百騎馳至。中都留守顏愷與俱前，方戰，進忽三麾其旗先却。賊乘之，官軍大潰，將士死者八百餘人。諫等連營進，賊始滅。其秋，召掌都察院事。踰年卒官，贈太子太保，諡莊襄。

周南，字文化，縉雲人。成化十四年進士。除六合知縣，擢御史，出按畿輔。弘治初，再按廣東，劾總兵官柳景。歷江西右布政使，擢右副都御史，巡撫大同。武宗初立，寇入宣府，參將陳雄等邀擊，敗之。錄功，增南俸一秩，母喪歸。正德三年，劉瑾擅政，以大同倉粟有浥爛者，逮南及督糧郎中孫祿下詔獄，械送大同，責倍輸。會赦，大同總兵官葉椿等為請，免其倍數。輸畢，釋為民。瑾誅，以故官撫宣府不就，引病歸。明年起督南、贛軍務。南贛巡撫之設，自南始。[六]汀州大帽山賊張時旺、黃鏞、劉隆、李四仔等聚衆稱王，攻剽城邑，延及江西、廣東之

境，數年不靖，官軍討之輒敗。推官莫仲昭、知縣蔣璣、指揮楊澤等被執，賊勢愈熾。南集諸道兵擊之龍牙，擒時旺。義民林富別擊斬鏞於鐵坑。其他諸砦為指揮孫堂等所破。而副使楊璋、僉事淩相等亦擊隆、四仔，擒之。先後斬獲五千人，仲昭等得逸還。捷聞，賜敕獎勞。南乃移師會總督陳金，共平姚源諸賊，境內遂寧。九年春進右都御史，總督兩廣軍務。踰年乞歸，卒。贈太子少保。

孫祿，棲霞人。弘治九年進士。由戶部主事歷郎中。瑾敗，起故官，累遷至應天府尹。

馬昊，本姓鄭，字宗大，寧夏人。弘治十二年進士。由行人選御史。正德初，遷山東僉事，坐累謫眞定推官。境內數有盜，昊教吏士習射，廣設方略，盜發輒獲。再坐累，謫判開州。眞定吏民伏闕請留，乃免。遷四川僉事。昊長身驍捷，善騎射，知兵。巨寇方四、曹甫等方熾，洪鍾討之久無功。昊至，閱所部，笑曰：「將不知兵，其何以戰？」於是擇健卒千人分數隊，隊立長，敎之。會甫將襲江津，昊從巡撫林俊勦賊，大敗之，俘斬及焚死者二千餘人。明年，方四陷江津，破綦

江，薄重慶。昊夜出百騎，舉火擊賊，賊驚潰。乘之，斬獲多，遂合羅、回土兵搏賊。賊陳左而伏兵其右，昊以正兵當左，身率百騎搗其伏。伏潰，趨左，左亦潰。四奔婺川，與甫相攻，衆遂散。四變姓名走，為他將所獲。昊再被獎，進副使，與總兵官楊宏擊敗甫。

甫降，而其黨廖麻子併其衆，連陷銅梁、榮昌。坐奪冠帶。時洪鍾已召還，巡撫高崇熙恇怯，復主撫。麻子等陽受約，崇熙遽罷諸軍，令副使張敏從開縣臨江市民，空其地處之，許給復三年，為請於朝。昊力爭，謂臨江市蜀襟喉，上達重、敍，下連湖、湘，地土饒衍，奈何棄以資賊，自遺患。崇熙不從，昊乃益治兵觀變。其明年，賊果執敏叛。詔逮崇熙，而擢昊右僉都御史代之。賊圍中江，將趨成都。昊以五千騎與總督彭澤敗之。遊擊閻勳追斬麻子劍州，餘衆走，推其黨喻思俸為主。總兵官陳珣追至富村，賊偽降。因北渡江，襲殺都指揮姚震，轉入巴山故巢。尋出走大安鎮，珣不敢前。而陝西兵與賊戰潰，賊遂越寧羌犯略陽。珣軍鼓譟，賊夜走，度廣元，為官軍所遏，還趨通、巴，招餘黨。諸將率稱病不擊賊，詔逮珣，且讓昊。昊乃與彭澤督諸軍獲思俸西鄉山中，復與澤平內江賊駱松祥，羣盜悉靖。錄功，進副都御史。

十年，亦不剌寇松潘，番人磨讓六少等乘機亂，為之鄉導，西土大震。昊招土番為間，發兵掩擊之。千戶張倫等夜率熟番攻破賊，獲磨讓六少，亦不剌遁去。昊以松潘地險阻，

番人往往邀劫餽運，乃督參將張傑等修築牆柵，自三舍堡至風洞關，凡五十里。賜敕褒之。

烏蒙、芒部二府壤接筠連、珙縣，圜亙千里，山箐深阻，諸蠻僰人子、羿子、仲家子、苗子、倮、㑩等雜居其中。有僰人子普法惡者，通漢語，曉符籙，妄言彌勒出世，自稱蠻王，煽諸夷作亂。流民謝文禮、謝文義應之。都指揮杜琮戰敗，文義奪其冑。十二年，昊督指揮曹昱進討，法惡敗，走保青山砦。昊分據水口，絕其汲道，闕南方圍待之。賊乏水渴，突南圍，官軍遮擊。法惡中流矢死，諸蠻大奔。以功，再進右都御史，廕子錦衣世百戶。

昊有才氣，能應變，揮霍自喜，所向輒有功。然官川中久，狎其俗，銳意立功名，卒以是敗。先是，亦不剌既遁，昊移兵攻小東路番砦未下，茂州羣蠻懼見侵，遂糾生苗圍城堡。參將芮錫等討之，兵敗，指揮龐昇等皆死。又嘗遣副總兵張傑、副使吳澧擊松潘南北二路番，不利，亡軍士三千餘人，匿不以聞。僰蠻平，不置戍守，遽班師。請改高縣為州，設長吏，增高、珙、筠連田租千八百石，令指揮魏武度田奪降人業給之軍民。而珙縣知縣步梁窺昊意，誘殺降人阿倘。杜琮以亡冑故，怨文義，潛使人購其頭。於是文義乘羣蠻怨，嗾之，遂大訌，攻高、慶符二縣，破其城。琮率兵禦之，又敗，死傷七百人。自黎雅以西，天全六番皆相繼亂。南京給事中孫懋暨巡按御史盧雍、黎龍先後劾昊。十四年遂遣官逮昊。行至河南，疏稱疾篤，留於家。世宗卽位，始就逮，尋削籍歸。楊一清、胡世寧薦之，為桂萼所駁而止。久

之，卒。

贊曰：何鑑綰中樞，能任諸將滅賊，蓋其時楊廷和在政府，閣部同心，故克奏勣云爾。馬中錫雅負時望，而軍旅非其所長，適用取敗。然觀劉宸阻降之言，亦可以覘朝事矣。陸完交結之罪浮於首功，得從八議，有佚罰焉。洪鍾、陳金威略甚著，而土兵之謠，聞之心惻，斯又統戎旃者所當留意也。

校勘記

〔一〕年八十　國朝獻徵錄卷三九何公鑑墓志銘作「年九十」。

〔二〕至宜陵鎮再折而北卽抵揚州運河　宜陵鎮，原作「冥陵鎮」，據明史稿傳六六洪鍾傳改。按明一統志卷一二、讀史方輿紀要卷二三揚州府城北有宜陵鎮，無「冥陵鎮」。

〔三〕撫州則東鄉賊王鈺五　王鈺五，武宗實錄卷八七正德七年五月甲寅條作「王玨五」。

〔四〕土官岑璗　岑璗，武宗實錄卷八七正德七年五月甲寅條作「岑瑬」。

〔五〕毒弩射殺瑞七成七等　成七，武宗實錄卷九一正德七年八月己酉條作「鄒成七」，此脫「鄒」姓。

〔六〕明年起督南贛軍務南贛巡撫之設自南始　明年，指劉瑾被誅之明年，卽正德六年。本書卷七三職官志稱南、贛等處地方，「弘治十年始設巡撫，正德十一年改提督軍務。」與此互異。

明史卷一百八十八

列傳第七十六

劉蒨 呂翀　艾洪　葛嵩　趙佑 朱廷聲等　戴銑 李光翰等

陸崑 薄彥徽等　蔣欽　周璽 涂禎　湯禮敬 王渙

何紹正　許天錫 周鑰等　徐文溥 翟唐　王鑾

張士隆　張文明 陳鼎等　范輅　張欽

周廣 曹琥　石天柱

劉蒨，字惟馨，涪州人。弘治十二年進士。授戶科給事中。劾戶部尚書侶鍾縱子受賕，論外戚慶雲侯、壽寧侯家人侵牟商利，阻壞鹺法，又論文選郎張綵顚倒銓政。有直

聲。

武宗踐阼，未數月，漸改孝宗之政。蒨疏諫曰：「先帝大漸，召閣臣劉健、李東陽、謝遷於榻前，託以陛下。今梓宮未葬，德音猶存，而政事多乖，號令不信。張瑜、劉文泰方藥弗愼，致先帝升遐，不卽加誅，容其奏辨。中官劉郠貽害河南，宜按治，僅調之薊州。戶部奏汰冗員，兵部奏革傳奉，疏皆報罷。夫先帝留健等輔陛下，乃近日批答章奏，以恩侵法，以私掩公，是閣臣不得與聞，而左右近習陰有干預矣。願遵遺命，信老成，政無大小，悉咨內閣，庶事無壅蔽，權不假竊。」報聞。

正德元年，吏部尚書馬文升致仕，廷議推補。御史王時中以閔珪、劉大夏不宜在推舉之列。蒨恐耆德益疏，上疏極論其謬。章下所司，是蒨言，詔爲飭言官毋挾私妄奏。孝宗在位時，深悉內臣出鎭之害，所遣皆愼選。劉瑾竊柄，盡召還之，而代以其黨。蒨言：「用新人不若用舊人，猶養饑虎不若養飽虎。」不聽。尋與給事中張文等極言時政缺失五事，忤旨，奪俸三月。

劉健、謝遷去位，蒨與刑科給事中呂翀各抗章乞留，語侵瑾。先是，兵科都給事中艾洪劾中官高鳳姪得林營掌錦衣衞。諸疏傳至南京守備武靖伯趙承慶所，應天尹陸珩錄以示諸僚，兵部尚書林瀚閱而太息。於是給事中戴銑、御史薄彥徽等，各馳疏極諫，請留健、遷。

瑾等大怒，矯旨逮銑、彥徽等，下詔獄鞫治，並蒞、翀、洪俱廷杖削籍，承慶停半祿閑住，瀚、衍貶秩致仕。既而列健、遷等五十三人爲奸黨，蒞及翀、洪並預焉。瑾敗，起蒞金華知府，舉治行卓異，未及遷輒告歸。嘉靖初，起知長沙，遷江西副使卒。御史范永奎訟於朝，特予祭葬。

呂翀，廣信永豐人。弘治十二年進士。其請留健、遷言：「二臣不可聽去者有五。孔子稱孟莊子之孝，以不改父之臣爲難。二臣皆先帝所簡以遺陛下，今陵土未乾，無故罷遣，何以慰在天之靈，不可一也。二臣雖以老疾辭，實由言違計沮，不得其職而去。陛下聽之，亦以其不善將順，非實有意優老也。在二臣得去就之義，在陛下有棄老成之嫌，不可二也。今民窮財殫，府藏虛罄，水旱盜賊，星象草木之變迭見雜出，萬一禍生不測，國無老成，誰與共事，不可三也。自古剛正者難容，柔順者易合。二臣既去，則柔順之人必進，將一聽陛下所爲，非國家之福，不可四也。書曰『無遺壽耇』。健等諳練有素，非新進可侔，今同日去國，天下後世將謂陛下喜新進而厭舊人，不可五也。」既削籍歸，後起雲南僉事。遷四川副使，修成都江堰以資灌溉，水利大興。嘉靖初卒。

艾洪，濱州人。弘治九年進士。授兵科給事中。武宗立，詔清覈騰驤諸衛及在京七

二衞軍。給事中葛嵩剔抉無所徇，得各監局占役者七千五百餘人，有旨送各營備操。既而中官魏興、蕭壽等撓之，格不行。洪率同官抗論，竟不能得。又劾英國公張懋、懷寧侯孫應爵、新寧伯譚佑、彰城伯張信，並請斥陝西鎮監劉雲、薊州鎮監劉瑯。不聽。雲尋調南京守備，乞以其養子倖爲錦衣千戶。洪復率同官劾之，事乃寢。洪在兵科久，諫疏多可稱。削籍後，復罰米二百石輸宣府。後起官，終福建左參政。

葛嵩，字鍾甫，無錫人。弘治十二年進士。由行人擢禮科給事中。閱薊州軍儲，核貴戚所侵地，歸之民。正德初，以盤營弊力抗權倖。請出先朝宮人，諫射獵，因劾魏國公徐俌。又偕九卿請誅劉瑾。瑾怒，斥爲奸黨，罷歸。

趙佑，字汝翼，雙流人。弘治十二年進士。由繁昌知縣召爲御史。

正德元年六月，災異求言，佑上言：「太監劉瑾、丘聚、馬永成輩日獻鷹犬，導騎射，萬一有銜橛之變，豈不爲兩宮憂。鎮守內臣鄧原、麥秀頗簡靜，而劉璟、梁裕擠代之。戶部議馬房草場召民佃種，甯瑾竟自奏止。李興擅伐陵木，已坐大辟，乃欲賂左右祈免。他如南京守備劉雲，倉場監督趙忠，韋雋、段循，俱夤緣增設。乞置瑾等於法，罷璟、裕毋遣，而汰革

額外冗員。自今政事必諮大臣、臺諫，不爲近習所搖，則災變自弭。」奏入，羣奄大恨。

帝將大婚，詔取太倉銀四十萬兩。佑言：「左右以婚禮爲名，將肆無厭之欲。計臣懼禍而不敢阻，閣臣避怨而不敢爭。用如泥沙，坐致耗國。不幸與師旅，遘饑饉，將何以爲計哉？」九月，宛平郊外李花盛開，佑言：「此陰擅陽權，非偶然也。」帝皆不納。

是時，中官益橫，佑與同官朱廷聲、徐鈺交章極論。章下閣議，將重罪中官。事忽中變，劉健、謝遷去位。瑾遂大逐廷臣忤己者，指佑與廷聲、鈺及陳琳、潘鏜等爲奸黨，勒罷之。瑾誅，佑用薦起山西僉事卒。

朱廷聲，字克諧，進賢人。弘治十二年進士。嘉靖中，終刑部右侍郎。

徐鈺，字用礪，江夏人。弘治九年進士，終四川左布政使。

陳琳，字玉鳴，莆田人。弘治九年進士。[一]由庶吉士改御史，上端本修政十五事。出督南畿學政。劉瑾逐健、遷，逮戴銑、陸崑等，琳抗章言：「南京窮冬雷震，正旦日食，正宜修德弭災，委心元寮，博采忠言，豈宜自棄股肱，隔塞耳目。」瑾大怒，謫揭陽丞。瑾敗，遷嘉興同知。世宗時，終南京兵部右侍郎。

潘鏜，字宗節，六安人。弘治九年進士。有孝行。爲滿城知縣，憂歸。繼知滑縣，擢御史，陳時務大計四事。孝宗嘉納之。正德初，以論高鳳爲中人所惡，傳旨鏜黨太監王岳，除其名。八年起廣東僉事，謝病歸。

戴銑，字寶之，婺源人。弘治九年進士，改庶吉士，授兵科給事中，數有建白。久之，以便養調南京戶科。武宗嗣位，偕同官請敕六科檢詳弘治間所行進賢、退奸、節財、訓兵、重祀、慎刑、救災、恤困諸大政，備錄進覽，凡裁決機務悉以爲準。報聞。踰月，言四方歲辦多非土產，勞費滋甚，宜蠲其所無。又請勤御經筵，俾密勿大臣從容獻納。既乃與給事中李光翰、徐蕃、牧相、任惠、徐暹及御史薄彥徽等連章奏留劉健、謝遷，且劾中官高鳳。帝怒，逮繫詔獄，廷杖除名。銑創甚，遂卒。世宗立，追贈光祿少卿。

李光翰，新鄉人。弘治十二年進士。授南京戶科給事中。正德改元，災異求言。光翰偕同官疏劾太監苗逵、高鳳、李榮及保國公朱暉，且言大學士劉健等疏陳鹽法事，留中不報，將使老臣不安其位。帝不省。既削籍歸，後起台州知府，與蕃同舉治行卓異，尋卒。

徐蕃，泰州人。弘治六年進士。授南京禮科給事中。武宗嗣位，復先朝所汰諸冗費，

蕃等力爭，不納。後起江西參議，從都御史陳金討平東鄉寇。嘉靖時，累官工部右侍郎。

牧相，餘姚人。弘治十二年進士。授南京兵科給事中。論救宣府都御史雍泰，又公疏請罷禮部尚書崔志端等，皆不聽。正德元年奉命與御史呂鏜清查御馬監，因陳濫役濫費之弊，及太監李棠扞詔旨營私罪。至是，受杖歸，授徒養母。後復官，擢廣西參議。命下，相已前卒。

任惠，灤州人。弘治九年進士。由行人擢南京吏科給事中。正德元年九月偕同官諫佚遊，語切直。後起山東僉事，未任卒。

徐暹，歷城人。弘治十五年進士。武宗即位，擢南京工科給事中。正德改元，因災異上言七事，且請斥英國公張懋、尚書張昇等，撤諸添註內官，明正張瑜、劉文泰用藥失宜致憫先帝，及太監李興擅伐陵木，新寧伯譚佑、侍郎李鐩同事不舉之罪。帝下之所司。後起山西僉事，進副使。平巨盜混天王，民德之。卒於官。

陸崑，字如玉，歸安人。弘治九年進士。授清豐知縣。以廉幹徵，擢南京御史。武宗即位，疏陳重風紀八事：一，獎直言。古者，臣下不匡，其刑墨。宋制，御史入臺，

踰十旬無言，有辱臺之罰。今郎署建言，如李夢陽、楊子器輩，當加旌擢，而言官考績，宜以章疏多寡及當否爲殿最。二，復面劾。舊制，御史上殿，被劾者趨出待罪，卽唐人對仗讀彈文遺意。近率封章奏聞，批答未行，彌縫先入。乞遵舊典面奏，立取睿裁。三，明淑慝。尚書劉大夏、王軾以病乞休，侍郎張元禎、陳清屢劾不去，賢不肖倒置，實治亂消長之關。宜勉留二人，放元禎等還田里。四，覈命令。近者言妨左右，頻見留中。事涉所私，輒收成命。乞令諸曹章奏俱具數送閣，已行者得考稽，未行者易奏請。五，養銳氣。御史與都御史，例得互相糾繩，行事不宜牽制。六，均差遣。御史以南北爲限，顯分重輕。自今除巡按面命外，其他差遣及遷轉資格，宜均擬上請，以示一體。七，專委任。河南道有考覈之責，請擇人專任。八，勵庶官。郎中田岩、姚汀、張憲，員外郎李承勛、胡世寧、張嶺、顧璘等二十人，皆宜顯擢。章下所司。又劾中官高鳳、苗逵、保國公朱暉，因請汰南京增設守備內臣，廣開言路，屏絕宴遊騎射。帝不能從。

時「八黨」竊柄，朝政日非。崑偕十三道御史薄彥徽、葛浩、貢安甫、王蕃、史良佐、李熙、任諾、姚學禮、張鳴鳳、蔣欽、曹閔、黃昭道、王弘、蕭乾元等，上疏極諫曰：「自古奸臣欲擅主權，必先蠱其心志。如趙高勸二世嚴刑肆志，以極耳目之娛；和士開說武成毋自勤約，宜及少壯爲樂；仇士良教其黨以奢靡導君，勿使親近儒生，知前代興亡之故。其君惑之，卒

皆受禍。陛下嗣位以來，天下顒然望治。乃未幾寵倖奄寺，顚覆典刑。太監馬永成、魏彬、劉瑾、傅興、羅祥、谷大用輩共爲蒙蔽，日事宴遊。上干天和，災祲疊告，廷臣屢諫，未蒙省納。若輩必謂宮中行樂，何關治亂，此正奸人欺君之故術也。陛下廣殿細旃，豈知小民窮簷蔀屋風雨之不庇；錦衣玉食，豈知小民祁寒暑雨凍餒之弗堪；馳騁宴樂，豈知小民疾首蹙頞赴訴之無路。昨日雷震郊壇，彗出紫微，夏秋亢旱，江南米價騰貴，京城盜賊橫行，可恣情縱欲，不一顧念乎？閣部大臣受顧命之寄，宜隨事匡救，弘濟艱難，言之不聽，必伏闕死諫，以悟聖意。顧乃怠緩悅從，巽順退託。自爲謀則善矣，如先帝付委、天下屬望何？伏望側身修行，亟屛永成輩以絕禍端，委任大臣，務學親政，以還至治。」疏至，朝事已變，劉健、謝遷皆被逐。於是彥徽爲首，復上公疏，請留健、遷，而罪永成、瑾等。瑾怒，悉逮下詔獄，各杖三十，除名。昭道、弘、乾元逮捕未至，命卽南京闕下杖之。江西清軍御史王良臣聞崑等被逮，馳疏救，並逮下詔獄，杖三十，斥爲民。後列奸黨五十三人，崑、彥徽等並與焉。瑾誅，復崑官致仕。世宗初，起用，未行而卒。

薄彥徽，陽曲人。弘治九年進士。授四川道御史。嘗劾崔志端以羽士玷春卿，有直聲。至是，被杖歸，未及起官卒。

葛浩，字天宏，上虞人。弘治九年進士。由五河知縣擢御史，數陳時政闕失，孝宗多采納。正德元年，帝允司禮中官高鳳請，令其從子得林掌錦衣衞事。浩等爭之，言：「先帝詔錦衣官悉由兵部推舉，陛下亦悉罷傳奉乞官。今得林由傳奉，不關兵部，廢先帝命，壞銓舉法，虛陛下詔，一舉三失，由鳳致之。乞治鳳罪，而罷得林。」御史潘鏜亦言：「鳳、得林操中外大柄，中人效尤，弊將安底。」帝皆不聽。浩既削籍，瑾憾未釋，復坐先所劾武昌知府陳晦不實，與安甫、蕃、熙、學禮、崑六人，逮杖闕下。瑾誅，起浩知邵武府。入覲，陳利弊五事，悉施行。嘉靖中，歷官兩京大理卿。帝郊祀，有犯蹕者，法司欲置重典，浩執奏，得不死。十年夏，雷震午門，自劾致仕歸，年九十二卒。

貢安甫，字克仁，江陰人。弘治九年進士。授長垣知縣。孝宗時，擢御史，嘗疏劾壽寧侯張鶴齡。正德初，考功郎楊子器以山陵事下詔獄，安甫疏力救。兵部尚書劉大夏爲中官所扼謝病去，戶部侍郎陳清遷南京工部尚書，安甫率御史請還大夏而罷清。報聞。彥徽等公疏，安甫筆也，瑾知之，故列奸黨以安甫首南御史。家居十年，終歲不入城市。後起山東僉事，甫三月，引疾歸。

史良佐，字禹臣，亦江陰人。弘治十二年進士。由行人擢御史。後起雲南副使。平十八寨苗，賜白金文綺。濬海口，溉田千頃，滇人頌之。

中華書局

李熙，上元人。弘治九年進士。由將樂知縣擢御史。十八年，奸人徐俊等造謠言，帝遣官齎駕帖至南京，有所捕治，已而知其妄。熙公疏言：「陛下於此事處與明少損矣。儻奸人效尤，妄以蜚語中善類，害何可勝言。」事下法司，亦力言駕帖之害，帝納之。正德元年九月，以災異，復偕御史陳十事。瑾誅，得禍者皆起，熙獨廢。世宗嗣位，始起饒州知府，遷浙江副使，以清操聞。

姚學禮，巴人，家京師。弘治六年進士。正德元年，公疏諫佚遊，不納。後起雲南僉事，終參議。

張鳴鳳，清平人。(三)弘治九年進士，為永康知縣。有政績，擢御史。後起湖廣僉事，進副使，母憂歸，卒。蔣欽杖死，別有傳。

曹閔，上海人。弘治九年進士，為沙縣知縣。被徵，民號泣攀留，累日不得去。既與崑等同得罪。後當起官，以養母不出。母終，枕塊，得寒疾卒。

黃昭道，平江人，弘治十二年進士。後起廣西僉事，再遷雲南參政。撫木邦、孟密有功。終左布政使。

王弘，六合人，弘治六年進士。

蕭乾元，萬安人，弘治十二年進士。王蕃、任諾鞫獄時，抵不與知，不足載。

王良臣，陳州人。弘治六年進士。官南京御史。瑾誅，起山東副使，終按察使。

蔣欽，字子修，常熟人。弘治九年進士。授衛輝推官。徵擢南京御史，數有論奏。

正德元年，劉瑾逐大學士劉健、謝遷，欽偕同官薄彥徽等切諫。瑾大怒，逮下詔獄，廷杖為民。居三日，欽獨具疏曰：「劉瑾，小豎耳。陛下親以腹心，倚以耳目，待以股肱，殊不知瑾悖逆之徒，蠹國之賊也。忽臣等奏留二輔，抑諸權奸，矯旨逮問，予杖削職。然臣思畎畝猶不忘君，況待命衽席，目擊時弊，烏忍不言。昨瑾要索天下三司官賄，人千金，甚有至五千金者。不與則貶斥，與之則遷擢。通國皆寒心，而陛下獨用之於左右，是不知左右有賊，而以賊為腹心也。給事中劉茝指陛下闇於用人，昏於行事，而瑾削其秩，撻辱之。矯旨禁諸言官，無得妄生議論。不言則失於坐視，言之則虐以非法。通國皆寒心，而陛下獨用之於前後，是不知前後有賊，而以賊為耳目股肱也。一賊弄權，萬民失望，愁歎之聲動徹天地。陛下顧憒然不聞，縱之使壞天下事，亂祖宗法。陛下尚何以自立乎？幸聽臣言，急誅瑾以謝天下，然後殺臣以謝瑾。使朝廷一正，萬邪不能入，君心一正，萬欲不能侵，臣之願也。今日之國家，乃祖宗之國家也。陛下苟重祖宗之國家，則聽臣所奏。如其輕之，則任瑾所欺。」疏入，再杖三十，繫獄。

越三日，復具疏曰：「臣與賊瑾勢不兩立。賊瑾蓄惡已非一朝，乘間起釁，乃其本志。陛下日與嬉遊，茫不知悟。內外臣庶，凜如冰淵。臣昨再疏受杖，血肉淋漓，伏枕獄中，終難自默，願借上方劍斬之。朱雲何人，臣肯少讓？陛下試將臣較瑾，瑾忠乎，臣忠乎？忠與不忠，天下皆知之，陛下亦洞然知之，何仇於臣，而信任此逆賊耶？臣骨肉都銷，涕泗交作，七十二歲老父，不顧養矣。臣死何足惜，但陛下覆國喪家之禍起於旦夕，是大可惜也。陛下誠殺瑾梟之午門，使天下知臣欽有敢諫之直，陛下有誅賊之明。陛下不殺此賊，當先殺臣，使臣得與龍逢、比干同遊地下，臣誠不願與此賊並生。」疏入，復杖三十。

方欽屬草時，燈下微聞鬼聲。欽念疏上且掇奇禍，此殆先人之靈欲吾寢此奏耳。因整衣冠立曰：「果先人，盍厲聲以告。」言未已，聲出壁間，益悽愴。欽歎曰：「業已委身，義不得顧私，使緘默負國為先人羞，不孝孰甚！」復坐，奮筆曰：「死即死，此稿不可易也！」聲遂止。杖後三日，卒於獄，年四十九。瑾誅，贈光祿少卿。嘉靖中，賜祭葬，錄一子入監。

周璽，字天章，廬州衛人。弘治九年進士。授吏科給事中。三遷禮科都給事中。慷慨

好言事。

武宗初即位，請毀新立寺觀，屏逐法王、真人，停止醮事，並論前中官齊玄煉丹糜金罪。(四)頃之，以久雨，偕同官劾侍郎李溫、太監苗逵。九月，以星變，復劾溫及尚書崔志端、熊翀、賈斌，都御史金澤、徐源等，翀、溫、澤因是罷。帝遣中官韋興守鄖陽，璽力言不可。尋復偕同官言：「邇者聰明日蔽，膏澤未施。講學一暴而十寒，詔令朝更而夕改。冗員方革復留，鎮監撤還更遣。解戶困於交收，鹽政壞於陳乞。厚戚畹而駕帖頻頒，私近習而帑藏不覈。不可不亟為釐正。」不聽。

正德元年復應詔陳八事，中劾大寮賈斌等十一人，中官李興等三人，勳戚張懋等七人，邊將朱廷、解端、李稽等三人。未幾，言：「陛下即位以來，鷹犬之好，糜費日甚。如是不已，則酒色游觀，便佞邪僻，凡可以悅耳目蕩心志者，將無所不至。光祿上供，視舊十增七八，新政已爾，何以克終。」御史何天衢等亦以為言。章下禮部，尚書張昇請從之。帝雖不加譴，不能用也。

明年擢順天府丞。璽論諫深切，率與中官牴牾，劉瑾等積不能堪。至是，命璽與監丞張淮、侍郎張縉、都御史張鸞、錦衣都指揮楊玉勘近縣皇莊。玉，瑾黨，三人皆下之。璽辭色無假，且公移與玉止牒文。玉奏璽侮慢敕使，瑾即矯旨逮下詔獄，搒掠死。瑾誅，詔復官

賜祭，恤其家。嘉靖初，錄一子。

又御史涂禎，新淦人也。弘治十二年進士。初爲江陰知縣。正德初，巡鹽長蘆。瑾縱私人中鹽，又命其黨畢眞託取海物，侵奪商利，禎皆據法裁之。比還朝，遇瑾止長揖。瑾怒，矯旨下詔獄。江陰人在都下者，謀斂錢賂瑾解之，禎不可，喟然曰：「死耳，豈以汙父老哉。」遂杖三十，論戍肅州，創重竟死獄中。瑾怒未已，取其子樸補伍。瑾誅，樸乃還，禎復官賜祭。

湯禮敬，字仁甫，丹徒人。弘治九年進士。授行人，擢刑科給事中。正德初，上言：「陛下踐阼以來，上天屢示災譴。不謹天戒，惟走馬射獵，遊樂無度。頃四月中旬，雷電雨雹，當六陽用事時，陰氣乃與之抗，此倖臣竊權，忠鯁疏遠之應也。」已，又論兩廣鎭監韋經，又偕九卿伏闕請誅「八黨」。劉瑾銜之，尋以其請當審奏囚決之日，有愬冤者屏勿奏，指爲變祖制，謫薊州判官。後列奸黨給事中十六人，禮敬居首，罷歸。未幾卒。瑾惡言官譏切時政多刺己，輒假他事坐之。禮敬得罪後，有王渙、何紹正。

王渙，字時霖，象山人。弘治九年進士。由長樂知縣徵授御史。正德元年，應詔條上應天要道五事，語多斥宦官。明年出視山海諸關，以病謝事未行。盜發其部內，都御史劉宇承瑾指劾渙失報。逮下詔獄，杖之，斥爲民。瑾敗，復官致仕。

何紹正，淳安人。弘治十五年進士。授行人。正德三年擢吏科給事中。中官廖堂鎭河南，奏保方面數人，且擅擬遷調。吏部尙書許進等不能難，紹正劾之。瑾不得已責堂自陳，而心甚銜紹正。及冬，坐頒曆導駕失儀，杖之闕下，謫海州判官。屢遷池州知府，築銅陵五十餘圩以備旱潦。宸濠反，攻安慶，池人震恐，紹正登陴固守。事平，增俸一級，遷江西參政致仕。池人爲立祠，與宋包拯並祀。

許天錫，字啓衷，閩縣人。弘治六年進士。改庶吉士。思親成疾，陳情乞假。孝宗賜傳以行。還朝，授吏科給事中。時言官何天衢、倪天明與天錫並負時望，都人有「臺省三天」之目。

十二年，〔四〕建安書林火。天錫言：「去歲闕里孔廟災，今茲建安又火，古今書版蕩爲灰燼。闕里，道所從出，書林，文章所萃聚也。春秋書宣榭火，說者曰：『榭所以藏樂器也。天意若曰不能行政令，何以禮樂爲？禮樂不行，天故火其藏以戒也。』頃師儒失職，正教不修。上之所尙者浮華，下之所習者枝葉。此番災變，似欲爲儒林一掃積垢。宜因此遣官臨視，刊定經史有益之書。其餘晚宋陳言，如論範、論草、策略、策海、文衡、文髓、主意、講章之類，悉行禁刻。其於培養人才，實非淺鮮。」所司議從其言，就令提學官校勘。

大同失事，天錫往核，具得其狀，巡撫洪漢、中官劉雲、總兵官王璽以下咸獲罪。內使劉雄怒儀眞知縣徐淮廚傳不飭，愬之南京守備中官以聞，逮淮繫詔獄。天錫及御史馮允中論救，卒調淮邊縣。御史文森、張津、曾大有言事下吏，崔志端由道士擢尙書，天錫皆力爭。

十七年五月，天變求言。上疏曰：「外官三年考察，又有撫按監臨，科道糾劾，其法已無可加。惟兩京堂上官例不考覈。而五品以下雖有十年考察之條，居官率限九載，或年勞轉遷，或服除改補，不能及期。今請以六年爲期，通行考察。其大寮曾經彈劾者，悉令自陳而簡去之，用儆有位。古者，災異策免三公，陰霖輒避位。今大臣不引咎，陛下又不行策免，宜且革公孤銜，俟天心既回，徐還厥職。祖宗御內官，恩不泛施，法不輕貸。內府二十四監局及在外管事者，並有常員。近年諸監局掌印、僉事多至三四十人，他管事無數，留都亦然。憑陵奢暴，蠹蝕民膏，第宅連雲，田園遍野，膏粱厭於輿臺，文繡被乎狗馬。凡若

此類，皆足召變。乞敕司禮監會內閣嚴行考察，以定去留。此後，或三年、五年一行，永爲定制。」帝善之。於是令兩京四品以上並自陳聽命，五品下六年考察，遂著爲令。惟大臣削公孤及內官考察，事格不行。尋與御史何深覈牛馬房，〔五〕條上便利十四事，歲省芻豆費五十餘萬。

武宗即位之七月，因災異上疏，請痛加修省，廣求直言，遷工科左給事中。正德改元，奉使封安南，在道進都給事中。三年春，竣事還朝。見朝事大變，敢言者皆貶斥，而劉瑾肆虐加甚，天錫大憤。六月朔，清覈內庫，得瑾侵匿數十事。知奏上必罹禍，乃夜具登聞鼓狀，將以尸諫，令家人於身後上之，遂自經。時妻子無從者，一童侍側，匿其狀而遁。或曰瑾懼天錫發其罪，夜令人縊殺之，莫能明也。時有旨令錦衣衞點閱六科給事中，不至者劾之。錦衣帥劾天錫三日不至。訊之，死矣。聞者哀之。

方瑾用事，橫甚，尤惡諫官，懼禍者往往自盡。

海陽周鑰，弘治十五年進士。爲兵科給事中，勘事淮安，與知府趙俊善。俊許貸千金，既而不與。時奉使還者，瑾皆索重賄。鑰計無所出，舟行至桃源，自刎。從者救之，已不能言，取紙書「趙知府悞我」，遂卒。事聞，繫俊至京，責鑰死狀，竟坐俊罪。

平定都夔，弘治十五年進士，爲禮科給事中。正德五年，出覈延綏戰功，瑾屬其私人。夔念從之則違國典，不從則得禍，遂自經死。

瓊山馮顒，弘治九年進士。爲御史，嘗以事忤瑾，爲所誣，自經死。顒初爲主事，官軍討叛黎符南蛇久不克，顒歷陳致變之由，請購已革土官子孫，俾召集舊卒，以夷攻夷，有功則復舊職。尚書劉大夏亟稱之，奏行其策。正德初，偕中官高金勘涇王所乞莊地，清還二千七百餘頃。而不得其死，人皆惜之。

瑾誅，天錫、綸、夔、顒俱復官賜祭，且恤其家。嘉靖中，天錫子春訟冤，復賜祭葬。

方瑾敗時，刑部員外郎夾江宿進疏陳六事，言：「忤逆瑾死者，內臣如王岳、范亨，言官如許天錫、周鑰，並宜卹贈。又附瑾大臣，如兵部尚書王敞等及內侍餘黨，俱宜斥。」疏入，帝怒將親鞫之，命張永召閣臣李東陽。東陽語永曰：「後生狂妄，且日暮非見君時，幸少寬之。」永入，少頃執進至午門，杖五十，削籍歸，未幾卒。世宗初，贈光祿少卿。

徐文溥，字可大，開化人。正德六年進士。授南京禮科給事中。劾尚書劉櫻、都御史李士實、侍郎呂獻、大理卿飾欽，而請召還致仕尚書孫交、傅珪。時論以爲當。

寧王宸濠求復護衞，文溥諫曰：「曩因寧藩不靖，英廟革其護衞、屯田。及逆瑾亂政，重賄謀復。瑾既伏誅，陛下又革之，正欲制以義而安全之耳。乃曰『驅使乏人』。夫晏居深邃，靡征討之勞，安享尊榮，無居守之責，何所用而乏人？且王暴行大彰：剝削商民，挾制官吏，招誘無賴，廣行劫掠，致舟航斷絕，邑里蕭條，萬民莫不切齒。及今止之，猶恐不遠，顧可縱之加恣，假翼於虎乎？貢獻本有定制，乃無故馳騁飛騎，出入都城，伺察動靜。況今海內多故，天變未息，意外之虞實未易料。宜裁以大義，勿徇私情，罪其獻謀之人，逐彼偵事之使，宗社幸甚。」時宸濠輿援甚衆，疏入，人咸危之，帝但責其妄言而已。又請擇建儲貳，不報。

十年四月復偕同官上疏曰：〔六〕「頃因災異，禮部奏請修省。伏讀聖諭，謂『事關朕躬者，皆已知之』。臣惟茲一念之誠，足以孚上帝迓休命矣。雖然，知之非艱，行之維艱。陛下誠能經筵講學，早朝勤政；布寬恤以安人心，躬獻享以重宗廟；孝養慈闈，敬事蒼昊；舍豹房而居大內，遠嬖倖而近儒臣；禁中不爲貿易，皇店不以罔財；還邊兵於故伍，斥番僧於外寺；毋昵俳優，盡屏義子，馬氏已醮之女弗留乎後宮，馬昂梟獍之族立奪其兵柄；停諸路之織造，罷不急之土木；汰倉局門戶之內官，禁水陸舟車之進奉；出留中奏牘以達下情，省傳奉冗員以慎名器；則陛下所謂『事關朕躬』，非徒知之，且一一行之，而不轉禍爲福者，未之有也。」報聞。

初，帝聽中官崔瑤、史宣、劉瑯、于喜誣奏，先後逮知府翟唐，部曹王鑾、王瑞之，御史施儒、張經等，又入中官王堂譖，下僉事韓邦奇獄。文溥言：「朝廷刑威所及，乃在奄侍一言。旗校繹絡於道途，縉紳駢首於狴犴，遠近震駭，上下屏氣。向一瑾亂政於內，今數瑾縱橫於外。乞并下堂法司，且追治瑤等誣罔罪。」帝不聽，遂引疾去。

世宗即位，廷臣交薦，起河南參議。未幾，以念母乞歸。撫按請移近地便養，乃改福建。尋還廣東副使。上言十事，多涉權要，恐貽母憂，復引疾歸。行至玉山卒。

翟唐，字堯佐，長垣人。弘治十二年進士。由壽光知縣召爲御史。正德四年出按湖廣，奏言：「四川賊首劉烈僭號設官，必將爲大患。湖廣、陝西壤地相接，入竹山可抵荊、襄，入漢中可抵秦、隴。今內外壅蔽，獎諭切責，率皆虛文，宜切圖預備之策。」時劉瑾竊柄，以唐言「壅蔽」，尤惡之。兵部尚書王敞希指，言今盜滋宿弊，唐乃云然，宜令指實。會瑾怒稍解，乃切責而宥之。久之，遷知寧波府。市舶中官崔瑤藉貢物擾民，爲唐所裁抑，且杖其黨王臣，臣尋病死。瑤奏唐阻截貢獻，笞殺貢使。帝怒，逮下詔獄。巡按御史趙春等交章救之。給事中范洵亦言唐被逮日，軍民遮道涕泣，請宥令還任。帝不聽，謫雲南嵩明知州。再還陝西副使卒。

王鑾，字廷和，大庾人。正德三年進士。授邵武知縣。入爲都水主事，出轄徐沛牐河。十一年，織造中官史宣過其地，索輓夫千人，沛縣知縣胡守約給其半。宣怒，自至縣捕吏，鑾助守約與抗。宣誣奏於朝，逮繫詔獄。以言官論救，守約罷官，鑾輸贖還職。已，分司南旺，又捕誅中官廖堂姪廖鵬之黨。嘉靖初，遷武昌知府。鎮守中官李景儒歲進魚鮓多科率，鑾疏請罷之。楚府征稅，茶商重困。鑾謂稅當歸官，力與爭，王詆爲毀辱親王。鑾遂請終養，不待報竟歸。後吏部坐以擅離職守，奪官。

張士隆，字仲修，安陽人。弘治八年舉鄉試，入太學。與同縣崔銑及寇天敍、馬卿、呂柟輩相砥礪，以學行聞。十八年成進士，授廣信推官。

正德六年入爲御史。巡鹽河東，劾去貪汙運使劉愉。建正學書院，興起文教。九年，乾清宮災，上疏曰：「陛下前有逆瑾之變，後遭薊盜之亂，猶不知警。方且輿居無度，狎暱匪人。積戎醜於禁中，戲干戈於臥內。徹旦燕遊，萬幾不理。寵信內侍，濁亂朝綱。致民困盜起，財盡兵疲。禍機潛蓄，恐大命難保。夫哀衣博帶之雅，孰與市井狡儈之羣；廣厦細旃之娛，孰與鞍馬驅馳之險。」不報。

出按鳳陽。織造中官史宣列黃梃二於轎前，號爲「賜棍」，每以抶人，有至死者，自都御史以下莫敢問，士隆劾奏之。又劾錦衣千戶廖鎧奸利事，且曰：「鎧虐陝西，即其父鵬虐河南故習也。河南以鵬故召亂，鎧又欲亂陝西。乞置鎧父子於法，幷召還廖鑾，以釋陝人之憤。」鑾，鎧所從鎭陝西者也。錢寧素暱鎧，見疏大恨，遂因士隆按薛鳳鳴獄以陷之。鳳鳴者，寶坻人，先爲御史，坐罪削籍，諂事諸佞倖，尤善寧。與從弟鳳翔有隙，嗾緝事者發其私，下吏論死。刑部疑有冤，幷捕鞫鳳鳴。鳳鳴懼，使其妾訴枉，自剄長安門外，詞連寶坻知縣周在及素所讐者數十人，悉逮付法司，而鳳鳴得釋。士隆與御史許完先後按治，復捕鳳鳴對簿，釋在還職。寧怒，令鳳鳴女告士隆、完治獄偏枉。遂下詔獄，謫士隆晉州判官。久之，擢知州。

世宗立，詔復故官，出爲陝西副使。漢中賊王大等匿豪家，結回回爲亂。士隆下令，匿賊者罪及妻孥無赦。賊無所容，遂就擒滅。築堰溉田千頃，民利之。卒於官。

張文明，字應奎，陽曲人。正德六年進士。授行人，擢御史，巡按遼東，尋按陝西。鎭

守中官廖堂貪恣，文明捕治其爪牙二十四人，堂大恨。

十三年，車駕幸延綏。文明馳疏諫，極陳災異，且言江彬逢惡導非，亟宜行誅，朝臣匡救無聞，亦當罰治。帝不省。既而文明朝行在。諸權倖扈從者，文明裁抑之，所需多不應。司禮太監張忠等譖於帝，言諸生毆旗校，文明縱勿治。帝怒，命械赴京師，下詔獄。明年春，言官交章請宥，不報。比駕旋，命執至豹房，帝將親鞫。文明自謂必死。及見帝，命釋之，謫電白典史。時劉瑾雖誅，佞幸猶熾，中外諫官被禍者不可勝數。文明止於貶謫，人以爲幸。

世宗立，召復故官，尋出爲松江知府。甫抵任，卒。巡按御史馬錄頌其忠，詔贈太常少卿。

陳鼎，字大器，其先宣城人。高祖尚書迪，死惠帝之難，子孫戍登州衞，遂占籍焉。鼎舉弘治十八年進士。正德四年授禮科試給事中。鎭守河南中官廖堂，福建人也，弟鵬之子鎧冒籍中河南鄉試。物議沸騰，畏堂莫敢與難。鼎上章發其事，鎧遂除名，堂、鵬大恨。會流寇起，鼎陳弭盜機宜。堂囑權倖摘其語激帝怒，下詔獄掠治。謂鼎前籍平江伯貲產，附劉瑾增估物價，疑有侵盜。尚書楊一清救之，乃釋爲民。世宗立，復故官，遷河南參議。妖

人馬隆等爲亂，鼎督兵誅之。改陝西副使，擢浙江按察使，廉介正直，不通私謁。召爲應天府尹，未任卒。

賀泰，字志同，吳縣人。弘治十二年進士。由衢州府推官入爲御史。武宗收京師無賴及宦官厮養爲義子，一日而賜國姓者百二十七人，泰抗言其非。諸人激帝怒，謫衢州推官。終廣東參議。

張璞，字中善，江夏人。弘治十八年進士。由歸安知縣召授御史。正德八年出按雲南。鎭守中官梁裕貪橫，璞裁抑之。爲所誣，逮赴詔獄，死獄中。世宗嗣位，贈太僕少卿，賜祭葬。

成文，大同山陰人。弘治十五年進士。由知縣擢御史。正德中，阿爾禿厮、亦不剌與小王子戰敗，引所部駐甘肅塞外，時入寇，掠陷堡砦五十有三。巡撫張翼、鎭守太監朱彬等反冒奏首功千九百有餘，以捷奏者十有一。文出巡按，盡發其奸，翼等賄中人傾文。會文劾僉事趙應龍，應龍亦訐文細事，遂逮文，斥爲民。嘉靖中起用，累官右副都御史巡撫遼東，告歸，卒。

李翰臣，大同人。正德三年進士。官御史，巡按山東。吏部主事梁穀誣歸善王當沍謀叛，翰臣劾穀挾私。近倖方欲邀功，責翰臣爲叛人掩飾。逮繫詔獄，謫德州判官。終山東副使。

張經，興州左衞人。正德六年進士。官御史。出按宣府，劾鎭守中官于喜貪肆罪。爲喜所訐，逮繫詔獄，謫雲南河西典史。尋卒。世宗初，贈祭如張璞。

毛思義，陽信人。弘治十五年進士。官永平知府。正德十三年駕幸昌平，民間婦女驚避。思義下令言：「大喪未舉，車駕必不遠出。非有文書，妄稱駕至擾民者，治以法。」鎭守中官郭原與思義有隙，以聞。立逮下詔獄，繫半歲，謫雲南安寧知州。嘉靖中，累遷副都御史、應天巡撫。

胡文璧，耒陽人。弘治十二年進士。正德初，由戶部郎中改御史。出知鳳陽，遷天津副使。中官張忠督直沽皇莊，縱羣小牟利，文璧捕治之。爲所搆，械繫詔獄，謫延安府照磨。嘉靖初，累官四川按察使。

王相，光山人。正德三年進士。官御史。十二年巡按山東。鎭守中官黎鑑假進貢苛斂，相檄郡縣毋輒行。鑑怒，誣奏於朝。逮繫詔獄，謫高郵判官。未幾卒。嘉靖初，贈光祿少卿。

董相，嵩縣人。正德六年進士。官御史，巡視居庸諸關。江彬遣小校米英執人於平谷，恃勢橫甚。相收而杖之，將以聞。彬遽譖於帝，械繫詔獄，謫判徐州。嘉靖初，召復故

官。終山東副使。

劉士元，彭縣人。正德六年進士。官御史，巡按畿輔。十三年，帝獵古北口，將招朶顏衞花當、把兒孫等燕勞，士元陳四不可。先是，帝幸河西務，指揮黃勳假供奉擾民，士元按之。勳懼，逃赴行在，因嬖倖譖於帝，云士元聞駕至，令民間盡嫁其女，藏匿婦人。帝怒，命裸縛面訊之。野次無杖，取生柳榦痛笞之四十，幾死，囚檻車馳入京。幷執知縣曹俊等十餘人，同繫詔獄。都御史王璟及科道陳霑、牛天麟等交章論救，不報，謫麟山驛丞。世宗立，復故官，出爲湖州知府，遷湖廣副使。修荒政，積粟百萬餘石。事聞，被旌勞。嘉靖九年屢遷右副都御史，巡撫貴州。居三年罷。

范輅，字以載，桂陽人。正德六年進士。授行人，除南京御史。武宗久無子，輅偕同官請擇宗室賢者育宮中，以宋仁宗爲法，不報。先後劾中官黎安、劉瑯及衞官簡文、王忠罪。又論馬姬有娠，不當入宮。語皆切直。

尋命清軍江西。寧王宸濠令諸司以朝服見，輅不可。奏言：「高帝定制，王府屬僚稱官，後乃稱臣，其餘文武及京官出使者皆稱官，朝使相見以便服。今天下王府儀注，制未畫

一。臣以爲尊無二上，凡不稱臣者，皆不宜具朝服，以嚴大防。」章下禮官議。宸濠馳疏爭之，廷議請如輅言。宸濠伶人秦榮僭侈，輅劾治之。又劾鎮守太監畢眞貪虐十五事，疏留不下。眞乃摭他事誣之，遂逮下詔獄。值帝巡幸，淹繫經年。至十四年四月始謫龍州宣撫司經歷。未幾，宸濠及眞謀逆誅，御史謝源、伍希儒等交章薦輅。未及召，世宗立，復故官。遷福建僉事，轉江西副使，致仕歸。又用胡世寧薦，起密雲兵備副使。討礦賊有功，歷江西、福建左、右布政使。卒官。

張欽，字敬之，順天通州人。正德六年進士。由行人授御史，巡視居庸諸關。

十二年七月，帝聽江彬言，將出關幸宣府。欽上疏諫曰：「臣聞明主不惡切直之言以納忠，烈士不憚死亡之誅以極諫。比者，人言紛紛，謂車駕欲度居庸，遠遊邊塞。臣度陛下非漫遊，蓋欲親征北寇也。不知北寇猖獗，但可遣將徂征，豈宜親勞萬乘。英宗不聽大臣言，六師遠駕，遂成己巳之變。且匹夫猶不自輕，陛下奈何以宗廟社稷之身蹈不測之險。今內無親王監國，又無太子臨朝。外之甘肅有土番之患，江右有羣賊之擾，淮南有漕運之艱，巴蜀有採辦之困。京畿諸郡夏麥少收，秋潦爲沴。而陛下不虞禍變，欲縱轡長驅，觀兵絕塞，

臣竊危之。」已，聞朝臣切諫皆不納，復疏言：「臣愚以爲乘輿不可出者有三：人心搖動，供億浩繁，一也；遠涉險阻，兩宮懸念，二也；北寇方張，難與之角，三也。臣職居言路，奉詔巡關，分當效死，不敢愛身以負陛下。」疏入，不報。

八月朔，帝微行至昌平，傳報出關甚急。欽命指揮孫璽閉關，納門鑰藏之。分守中官劉嵩欲詣昌平朝謁，欽止之曰：「車駕將出關，是我與君今日死生之會也。關不開，車駕不得出，違天子命，當死。關開，車駕得出，天下事不可知。萬一有如『土木』，我與君亦死。寧坐不開關死，死且不朽。」頃之，帝召璽。璽曰：「御史在，臣不敢擅離。」乃更召嵩。嵩謂欽曰：「吾主上家奴也，敢不赴。」欽因負敕印手劍坐關門下曰：「敢言開關者，斬。」夜草疏曰：「臣聞天子將有親征之事，必先期下詔廷臣集議。其行也，六軍翼衞，百官扈從，而後有車馬之音，羽旄之美。今寂然一不聞，輒云『車駕即日過關』，此必有假陛下名出邊勾賊者，臣請捕其人，明正典刑。若陛下果欲出關，必兩宮用寶，臣乃敢開，不然萬死不奉詔。」奏未達，使者復來。欽拔劍叱之曰：「此詐也。」使者懼而返，爲帝言「張御史幾殺臣」。帝大怒，顧朱寧：「爲我趣捕殺御史。」會梁儲、蔣冕等追至沙河，請帝歸京師。帝徘徊未決，而欽疏亦至，廷臣又多諫者，帝不得已乃自昌平還，意怏怏未已。又二十餘日，欽巡白羊口。帝微服自德勝門出，夜宿羊房民舍，遂疾馳出關，數問御史安在。欽聞，追之，已不及，欲再疏諫，

而帝使中官谷大用守關，禁毋得出一人。欽感憤，西望痛哭。於是京師盛傳張御史閉關三疏云。明年，帝從宣府還。至關，笑曰「前御史阻我，我今已歸矣」，然亦不之罪也。

世宗嗣位，出爲漢中知府。累官太僕卿。嘉靖十七年以右副都御史巡撫四川。召爲工部左侍郎，被論罷。

欽初姓李。既通顯，始復其姓。事父母孝。有不悅，長跪請，至解乃已。

周廣，字克之，崑山人。弘治十八年進士。歷知莆田、吉水二縣。正德中，以治最徵授御史，疏陳四事，略言：

三代以前，未有佛法。況剌麻尤釋教所不齒。耳貫銅環，身衣赭服，殘破禮法，肆爲淫邪。宜投四裔，以禦魑魅，奈何令近君側，爲羣盜興兵口實哉！

昔禹戒舜曰：「毋若丹朱傲，惟慢遊是好。」周公戒成王曰：「毋若商王紂之迷亂，酗於酒德。」今之伶人，助慢遊迷亂者也。唐莊宗與伶官戲狎，一夫夜呼，倉皇出走。臣謂宜遣逐樂工，不復籍之禁內，乃所以放鄭聲也。

陛下承祖宗統緒，而羣小獻媚熒惑，致三宮鬱怨，蘭殿無徵。雖陛下春秋鼎盛，獨

中華書局

不思萬世計乎？中人稍有資產，猶畜妾媵以圖嗣續。未有事蓄螟蛉，不顧祖宗繼嗣者也。義子錢寧本宦豎蒼頭，濫寵已極，乃復攘敓貨賄，輕蔑王章。甚至投刺於人，自稱皇庶子，僭踰之罪所不忍言。陛下何不愼選宗室之賢者，置諸左右，以待皇嗣之生。諸義兒、養子俱奪其名爵，乃所以遠佞人也。

近兩京言官論大臣禦寇不職者，陛下率優容，卽武將失律亦赦不誅。故兵氣不揚，功成無日，川原白骨，積如丘山。夫出師十萬，日費千金。今海內困憊已骨見而肉消矣，諸統兵大臣如陳金、陸完輩可任其優游玩寇，不加切責哉！請定期責令成功，以贖前罪。

寧見疏大怒，留之不下，傳旨謫廣東懷遠驛丞。主事曹琥救之，亦被謫。寧怒不已，使人遮道刺廣。廣知之，易姓名，變服，潛行四百餘里乃免。武定侯郭勛鎭廣東，承寧風旨以白金試廣，廣拒不受。伺廣謁御史，擒致軍門，箠繫幾死，御史救之始解。越二年，遷建昌知縣，有惠政。寧矯旨再謫竹寨驛丞。

世宗卽位，復故官，歷江西副使，提督學校。嘉靖二年擧治行卓異，擢福建按察使。鎭守中官以百金餽，廣貯之庫，將劾之。中官懼，謝罪，自是不敢撓。六年以右僉都御史巡撫江西，墨吏望風去。將限豪右田，不果。明年拜南京刑部右侍郎。居二年，暴疾卒。嘉靖

末，贈右都御史。

廣初以鄉擧入太學，師章懋。在里閈，與魏校友善。平生嚴冷無笑容。居官公强，弗受請託，士類莫不憚之。

曹琥，字瑞卿，巢人。弘治十八年進士。授南京工部主事，改戶部。旣抗疏救廣，吏部擬調河南通判。寧欲遠竄，乃改尋甸，再遷廣信同知。寧王宸濠鎭守中貴託貢獻，頻有徵斂。琥攝府事，堅持不予，士民德之。擢鞏昌知府，未任卒。嘉靖初，贈光祿卿。

石天柱，字季瞻，岳池人。正德三年進士。當除給事中，吏科李憲請如御史例，試職一年，授戶科試給事中。乾清宮災，上言「今日外列皇店，內張酒館。寵信番僧，從其鬼教。招集邊卒，褻其衣裝。甚者結爲昆弟，無復尊卑。數離深宮，馳驅郊外。章疏置之高閣，視朝月止再三。親老成爲贅疣，待義子以心腹。時享不親，慈闈罕至。不思前星未耀，儲位久虛。旣不常御宮中，又弗預選宗室。何以消禍本，計久長哉！」屢遷工科都給事中。

十一年，都督馬昂進其女弟，已有娠，帝嬖之。天柱率同官合詞抗論，未報。又上疏曰：「臣等請出孕婦，未蒙進止。竊疑陛下之意將遂立爲己子歟？秦以呂易嬴而嬴亡，晉以牛易馬而馬滅。彼二君者特出不知，致墮奸計，謂陛下亦爲之耶？天位至尊，神明之冑，尙不易負荷，而況幺麼之子。借使以陛下威力成於一時，異日諸王宗室肯坐視祖宗基業與他人乎？內外大臣肯俯首立於其朝乎？望急遣出，以清宮禁，消天下疑。」卒不報。

泰山有碧霞元君祠，中官黎鑑請收香錢爲修繕費。天柱言祀典惟有東嶽神，無所謂碧霞元君者，淫祀非禮，不可許。十二年四月詔毀西安門外鳴玉、積慶二坊民居，有所營建，天柱等疏請停止。帝皆不省。

是年，帝始巡遊塞外，營鎭國府於宣府，天柱率同官力諫。孝貞純皇后將葬，帝假啓土爲名，欲復巡幸。天柱念帝盤遊無度，廷臣雖諫，帝意不回，思所以感動之者，乃刺血草疏，略曰：「臣竊自念，生臣之身者，臣之親也。成臣之身者，累朝之恩也。感成身之恩欲報之於陛下者，臣之心也。因刺臣血，以寫臣心，明臣愚忠，冀陛下憐察。數年以來，星變地震，大水奇荒，災異不可勝數，而陛下不悟，禍延太皇太后。天之意，欲陛下居衰絰中，悔過自新，以保大業也。倘或不悟，天意或幾乎息矣。喪禮大事，人子所當自盡。陛下於太皇太后未能盡孝，則羣臣於陛下必不能盡忠。不忠，將無所不至，猝有變故，人心瓦解矣。夫大位者，奸之窺也。昔太康田於洛、汭，煬帝行幸江都，皆以致敗，可不鑒哉！方今朝廷空，城

市空，倉廩空，邊鄙空，天下皆知危亡之禍，獨陛下不知耳。治亂安危，在此行止。此臣所痛心爲陛下惜，復昧死爲陛下言也。」凡數千言。當天柱刺血時，恐爲家人所阻，避居密室，雖妻子不知。旣上，卽易服待罪。聞者皆感愴，而帝不悟也。

踰月，兵部尙書王瓊欲因哈密事殺都御史彭澤。廷臣集議，瓊盛氣以待，衆不敢發言。天柱與同官王爌力明澤無罪，乃得罷爲民。瓊怒，取中旨出兩人於外，天柱得臨安推官。世宗卽位，召復舊職。遷大理丞，未幾卒。久之，子請恤，特予祭。

贊曰：諫臣之職，在糾愆弼違。諸臣戒盤遊，斥權倖，引義力爭，無忝厥職矣。武宗主德雖荒，然文明止於遠竄，入關不罪張欽，其天姿固非殘暴酷烈者比。而義兒、閹豎，煬竈爲奸。桁楊交錯於闕庭，忠直負痛於狴戶。批鱗者尙獲生全，投鼠者必陷死地。元氣日削，朝野震驚，祚以不延，統幾中絕。風愆之訓，垂戒不亦切乎。

校勘記

〔一〕弘治九年進士　九年，原作「三年」，據明史稿傳六八趙佑傳附陳琳傳及明進士題名碑錄丙辰

科改。

〔二〕清平人　明史稿傳六八陸崑傳附張鳴鳳傳作「上海人」，明進士題名碑錄丙辰科作「直隸松江府上海縣民籍」。

〔三〕並論前中官齊玄煉丹糜金罪　此繫於九月以前，按武宗實錄卷七弘治十八年十一月辛丑條作「十一月」。

〔四〕十二年　原作「十三年」，據本書卷二九五行志、明史稿傳六八許天錫傳、孝宗實錄卷一五七弘治十二年十二月己巳條改。

〔五〕尋與御史何深覈牛馬房　何深，孝宗實錄卷二一八弘治十八年十一月辛卯條作「何琛」。

〔六〕十年四月復偕同官上疏曰　武宗實錄卷一三六繫此事於十一年四月癸酉。

明史卷一百八十九

列傳第七十七

李文祥　孫磐 徐珪　胡爟 周時從 王雄　羅僑

葉釗 劉天麒　戴冠　黃鞏　陸震

夏良勝 萬潮等　何遵 劉校等

李文祥，字天瑞，麻城人。祖正芳，山西布政使。父淵，陝西參政。文祥自幼俊異。弱冠舉於鄉，成化末登進士。萬安當國，重其才。以孫弘璧與同榜，款於家，文祥意弗慊也。屬題畫鳩，語含刺，安深銜之。未幾，孝宗嗣位，卽上封事，略曰：

祖宗設內閣、六部，贊萬幾，理庶務，職至重也。頃者，在位多匪人，權移內侍。賞罰任其喜怒，禍福聽其轉移。讐視言官，公行賄賂。阿之則交引驟遷，忤之則巧讒遠

竄。朝野寒心，道路側目。望陛下密察渠魁，明彰國憲，擇謹厚者供使令。更博選大臣，諮諏治理，推心委任，不復嫌疑，然後體統正而近習不得肆也。

祖宗定律，輕重適宜。頃法司專徇己私，不恤國典。豪强者雖重必寬，貧弱者雖輕必罪。惠及奸宄，養成玩俗。兼之風尙奢麗，禮制蕩然。豪民僭王者之居，富室擬公侯之服。奇技淫巧，上下同流。望陛下申明舊章，俾法曹遵律令，臣庶各守等威，然後禮法明而人心不敢玩也。

然國無其人，誰與共理？致仕尙書王恕、王竑，孤忠自許，齒力未衰；南京主事林俊、思南通判王純，剛方植躬，才品兼茂。望陛下起列朝端，資其議論，必有裨益，可翊明時。且賢才難得，自古爲然。習俗移人，豪杰不免。惟茲臣庶，不盡庸愚。能知自愧，卽屬名流；樂其危菑，乃爲猥品。願陛下明察羣倫，罷其罔上營私違天蠧物者，餘則勉以自新。旣開改過之路，必多遷善之人。

臣見登極詔書，不許風聞言事。古聖王懸鼓設木，自求誹謗。言之縱非其情，聽者亦足爲戒，何害於國，遽欲罪之。昔李林甫持此以禍唐，王安石持此以禍宋。遠近驟聞，莫不驚駭。願陛下再頒明詔，廣求直言，庶不墮奸謀，足彰聖德。大率君子之言決非小人之利，諮問倘及，必肆中傷。如有所疑，請試面對。

疏奏，宦官及執政萬安、劉吉、尹直等咸惡之，數日不下。忽詔詣左順門，以疏內有「中興再造」語，傳旨詰責。文祥從容辨析而出。謫授陝西咸寧丞。南京主事夏崇文論救，不納。工部主事莆田林沂復請召文祥及湯鼐，納崇文言，且召陳獻章、謝鐸等。時安已去，吉、直激帝怒，嚴旨切責之。廷臣多薦文祥，率爲吉、直所沮。

弘治二年以王恕薦召爲兵部主事，監司以下餽贐皆不納。到官未踰月，復以吉人事下獄，貶貴州興隆衞經歷。都御史鄧廷瓚征苗，咨以兵事，大奇之，欲薦爲監司。文祥曰：「昔以言事出，今以軍功進，不可。」固辭不得，乃請齎表入都，固乞告歸。疏再上，不許。還經商城，渡冰陷，死焉，年僅三十。

孫磐，遼陽人。弘治九年進士。觀政在部時，刑部典吏徐珪以滿倉兒事劾中官楊鵬得罪，磐上疏曰：「近諫官以言爲諱，而排寵倖觸權奸者乃在胥吏，臣竊羞之。請定建言者爲四等。最上不避患害，抗彈權貴者。其次揚清激濁，能補闕拾遺。又其次，建白時政，有裨軍國。皆分別擢敍。而粉飾文具、循默不言者，則罷黜之。庶言官知警，不至曠瘝。」時不見用。

徐珪者，應城人。先是，千戶吳能以女滿倉兒付媒者鬻於樂婦張，紿曰：「周皇親家也。」後轉鬻樂工袁璘所。能歿，妻聶訪得之。女怨母鬻己，詭言非己母。聶與子劫女歸。璘訟於刑部，郎中丁哲、員外郎王爵訊得情。璘語不遜，哲笞璘，數日死。御史陳玉、主事孔琦驗璘屍，瘞之。東廠中官楊鵬從子嘗與女淫，敎璘妻訴冤於鵬而令張指女爲妹，又令賈校尉屬女亦如張言。媒者遂言聶女前鬻周皇親矣。奏下鎭撫司，坐哲、爵等罪。復下法司、錦衣衞讞，索女皇親周彧家，無有。復命府部大臣及給事、御史廷訊，張與女始吐實。都察院奏，哲因公杖人死，罪當徒。爵、玉、琦及聶母女當杖。獄上，珪憤懣，抗疏曰：「聶女之獄，哲斷之審矣。鵬拷聶使誣服，鎭撫司共相蔽欺。陛下令法司、錦衣會問，懼東廠莫敢明，至鞫之朝堂乃不能隱。夫女誣母僅擬杖，哲等無罪反加以徒，輕重倒置如此，皆東廠威劫所致也。臣在刑部三年，見鞫問盜賊，多東廠鎭撫司緝獲，有稱校尉誣陷者，有稱校尉爲人報讐者，有稱校尉受首惡賕而以爲從、令傍人抵罪者。刑官洞見其情，無敢擅更一字。上干天和，災異迭見。臣願陛下革去東廠，戮鵬叔姪並賈校尉及此女於市，謫戍鎭撫司官極邊，進哲、爵、琦、玉各一階，以洗其冤，則天意可回，太平可致。如不罷東廠，亦當推選謹厚中官如陳寬、韋泰者居之，仍簡一大臣與共理。鎭撫司理刑亦不宜專用錦衣官。乞推選在京各衞一二人及刑部主事一人，共蒞其事。或三年、六年一更，則巡捕官校，當無有作奸擅刑，誣及無辜者矣。臣一介微軀，左右前後皆東廠鎭撫司之人，禍必不免。願與其死於此輩，孰若死於朝廷。願斬臣頭，以行臣言，給臣妻子送骸骨歸，臣雖死無恨。」帝怒，下都察院考訊。都御史閔珪等抵以奏事不實，贖徒還役。帝責具狀，皆上疏引罪，奪俸有差。乞珪贖徒畢，發爲民。既而給事中龐泮等言哲等獄詞覆奏已餘三月，繫獄者凡三十八人，乞早爲省釋。乃杖滿倉兒，送浣衣局，哲給璘埋葬費，發爲民。爵及琦、玉俱贖杖還職。時弘治九年十二月也。

磐尋擢吏部主事。正德元年，宦官漸用事，磐復上疏曰：「今日弊政，莫甚於內臣典兵。夫臣以內稱，外事皆不當預，矧可使握兵柄哉。前代盛時，未嘗有此。唐、宋季世始置監軍，而其國遂以不永。今九邊鎭守、監槍諸內臣，恃勢專恣，侵尅百端。有警則擁精卒自衞，克敵則縱部下攘功。武弁藉以賁緣，憲司莫敢訐問。所攜家人頭目，率惡少無賴。呑噬爭攫，勢同狼虎，致三軍喪氣，百職灰心。乞盡撤還京，專以邊務責將帥，此今日修攘要務也。」不從。及劉瑾得志，斥磐爲奸黨，勒之歸。瑾誅，起河南僉事，坐累罷。

珪以刑部主事陳鳳梧薦，授桐鄉丞。正德中，歷贛州通判。招降盜魁何積玉。已，復叛，下珪獄，尋釋之。後以平盜功擢知州。

胡爟，字仲光，蕪湖人。弘治六年進士。改庶吉士，授戶部主事。十年三月，災異求言。爟應詔，疏言「中官李廣、楊鵬引左道劉良輔輩惑亂聖聰，濫設齋醮，耗蠹國儲。而不肖士大夫方昏暮乞憐於其門，交通請託。陰盛陽微，災何由弭」。因極陳戚畹、方士、傳奉冗員之害。疏留中。未幾，廣死，故爟得無罪。

當成化時，宦官用事。孝宗嗣位，雖間有罷黜，而勢積重不能驟返。忤之者必結黨排陷，不勝不止。前後庶僚以忤璫被陷者，如弘治元年戶部員外郎周時從疏請置先朝遺奸汪直、錢能、蔡用輩於重典，而察核兩京及四方鎭守中官。諸宦官摘其奏中「宗社」字不越格，命法司逮治。已而釋之。

十三年秋，大同有警，命保國公朱暉禦之。行人永清王雄極言暉不足任，且請罷中官監督，以重將權。苗逵方督暉軍，謂雄阻軍，乃下詔獄，謫雲南浪穹丞。

羅僑，字維升，吉水人。性純靜，寡嗜慾。受業張元禎，講學里中。舉弘治十二年進士，除新會知縣，有惠愛。

正德初，入爲大理右評事。五年四月，京師旱霾，上疏曰：「臣聞人道理則陰陽和，政事失則災沴作。頃因京師久旱，陛下特沛德音，釋逋戍之囚，弛株連之禁，而齋禱經旬，雨澤尚滯。臣竊以爲天心仁愛未已也。陛下視朝，或至日昃，狎侮羣小，號呶達旦，其何以承天心基大業乎！文網日密，誅求峻急，盜賊白晝殺人，百姓流移載道，元氣索然。科道知之而不敢言，內閣言之而不敢盡，此壅蔽之大患也。古者進退大臣，必有體貌，黥劓之罪不上大夫。邇來公卿去不以禮。先朝忠藎如劉大夏者，謫戍窮邊，已及三載，陛下置之不問，非所以待耆舊、敬大臣也。本朝律例，參酌古今，足以懲奸而蔽罪。近者法司承望風旨，巧中善類。傳曰：『賞僭則及淫人，刑濫則及善人。不幸而過，寧僭無濫。』今之刑罰，濫孰甚焉。願陛下愼逸游，屛玩好，放棄小人，召還舊德，與在廷臣工，宵旰圖治，并敕法司愼守成律。卽有律輕情重者，亦必奏請裁決，毋擅有輕重。庶可上弭天變，下收人心。」時朝士久以言爲諱。僑疏上，自揣必死，輿櫬待命。劉瑾大怒，矯中旨詰責數百言，令廷臣議罪。大學士李東陽力救，得改原籍教職。其秋，瑾敗，僑尋召復官，引病去。宸濠反，王守仁起兵吉安，僑首赴義。

世宗卽位，卽家授台州知府。建忠節祠，祀方孝孺。延布衣張尺，詢民間疾苦。歲時

循行阡陌，課農桑，講明冠婚喪祭禮，境內大治。嘉靖二年舉行卓異。都御史姚鏌上書訟僑曰：「人臣犯顏進諫，自古爲難。曩『八黨』弄權，逆瑾亂政，廷臣結舌，全軀自保。而給事中劉茝、評事羅僑殉國忘身，發摘時弊，幸存餘息。遭遇聖朝，謂宜顯加奬擢，用厲具臣。乃僑知台州，茝知長沙，使懷忠竭節之士淹於常調，臣竊爲朝廷惜之。」帝納其言，擢僑廣東左參政，僑辭。部牒敦趣，不得已之官。踰年，遂謝病歸。

僑敦行誼，動則古人。羅洪先居喪，不廢講學，僑以爲非禮，遺書責之。其峭直如此。

葉釗，字時勉，豐城人。弘治十五年進士。除南京刑部主事。獄囚久淹，悉按法出之。守備中官侵蘆洲，判歸之民。應天諸府災，上荒政四事。尋進員外郎。

武宗立，應詔陳八事，中言：「宣、大被寇，殺卒幾千人。監督中官苗逵妄報首功，宜召還候勘。宦官典兵，於古未見。唐始用之，而宗社丘墟，我正統朝用之，而鑾輿北狩。自今軍務勿遣監督，鎭守者亦宜撤還。且國初宦官悉隸禮部，秩不過四品，職不過掃除。今請仍隸之部，易置司禮，俾供雜役。罷革東廠，移爲他署。斯左右不得擅權，而後天下可安也。」又乞召還劉大夏，宥諫官戴銑等。劉瑾怒，坐斷獄詿誤，逮下詔獄，削籍歸。講學西江。瑾誅，起禮部員外郎，未聞命卒。學者祀之石鼓書院。

時又有工部主事劉天麒者，臨桂人，釗同年進士。分司呂梁。奄人過者不爲禮，愬之瑾，逮下詔獄，謫貴州安莊驛丞卒。嘉靖初，復官予祭。

戴冠，信陽人。正德三年進士。爲戶部主事。見寵倖日多，廩祿多耗，乃上疏極諫，略曰：「古人理財，務去冗食。近京師勢要家子弟僮奴苟竊爵賞，錦衣官屬數至萬餘，次者繫籍勇士，投充監局匠役，不可數計，皆國家蠹也。歲漕四百萬，宿有贏餘。近紬水旱，所入不及前，而歲支反過之，計爲此輩耗三之一。陛下何忍以赤子膏血，養無用之蠹乎！兵貴精，不貴多。邊軍生長邊士，習戰陣，足以守禦。今遇警輒發京軍，而宣府調入京操之軍，累經臣下論列，堅不遣還。不知陛下何樂於邊軍，而不爲關塞慮也。天子藏富天下，務鳩聚爲帑藏，是匹夫商賈計也。逆瑾既敗，所籍財產不歸有司，而貯之豹房，遂創新庫。夫供御之物，內有監局，外有部司，此庫何所用之。」疏入，帝大怒，貶廣東烏石驛丞。嘉靖初，起官，歷山東提學副使，以清介聞。

黃鞏，字仲固，〔一〕莆田人。弘治十八年進士。正德中，由德安推官入爲刑部主事，掌諸司奏牘。歷職方武選郎中。十四年三月，有詔南巡，鞏上疏曰：

陛下臨御以來，祖宗之綱紀法度一壞於逆瑾，再壞於佞倖，又再壞於邊帥，蓋蕩然無餘矣。天下知有權臣，不知有天子，亂本已成，禍變將起。試舉當今最急者陳之。

一，崇正學。臣聞聖人主靜，君子愼動。陛下盤遊無度，流連忘反，動亦過矣。臣願陛下高拱九重，凝神定慮，屛紛華，斥異端，遠佞人，延故老，訪忠良，可以涵養氣質，薰陶德性，而聖學維新，聖政自舉。

二，通言路。言路者，國家之命脈也。古者，明王導人以言，用其言而顯其身。今則不然。臣僚言及時政者，左右匿不以聞。或事關權臣，則留中不出，而中傷以他事。使其不以言獲罪，而以他事獲罪。由是，雖有安民長策，謀國至計，無因自達。雖必亂之事，不軌之臣，陛下亦何由知。臣願廣開言路，勿罪其出位，勿責其沽名，將忠言日進，聰明日廣，亂臣賊子亦有所畏而不敢肆矣。

三，正名號。陛下無故降稱大將軍太師鎭國公，遠近傳聞，莫不驚嘆。如此，則誰

爲天子者？天下不以天子事陛下，而以將軍事陛下，天下皆爲將軍之臣矣。今不削去諸名號，昭上下之分，則體統不正，朝廷不尊。古之天子亦有號稱獨夫，求爲匹夫而不得者，竊爲陛下懼焉。

四，戒遊幸。陛下始時遊戲，不出大庭，馳逐止於南內，論者猶謂不可。既而幸宣府矣，幸大同矣，幸太原、榆林矣，所至費財動衆，郡縣騷然，至使民間夫婦不相保。陛下爲民父母，何忍使至此極也。近復有南巡之命。南方之民爭先挈妻子避去，流離奔踣，怨讟煩興。今江、淮大饑，父子兄弟相食。天時人事如此，陛下又重蹙之，幾何不流爲盜賊也。奸雄窺伺，待時而發。變生在內，則欲歸無路；變生在外，則望救無及。陛下斯時，悔之晚矣。彼居位大臣，用事中官，親暱羣小，夫豈有毫髮愛陛下之心哉？皆欲陛下遠出，而後得以擅權自恣，乘機爲利也。其不然，則亦袖手旁觀，如秦、越人不相休戚也。陛下宜翻然悔悟，下哀痛罪己之詔。罷南巡，撤宣府離宮，示不復出。發內帑以振江、淮，散邊軍以歸卒伍。雪已往之謬舉，收既失之人心。如是，則尚可爲也。

五，去小人。自古未有小人用事，不亡國喪身者也。今之小人簸弄威權，貪溺富貴者，實繁有徒。至於首開邊事，以兵爲戲，使陛下勞天下之力，竭四海之財，傷百姓之

心者，則江彬之爲也。彬，行伍庸流，兇狠傲誕，無人臣禮。臣但見其有可誅之罪，不聞其有可賞之功。今乃賜以國姓，封以伯爵，託以心腹，付以京營重寄，使其外持兵柄，內蓄逆謀，以成騎虎之勢，此必亂之道也。天下切齒怒罵，皆欲食彬之肉。陛下亦何惜一彬，不以謝天下哉！

六，建儲貳。陛下春秋漸高，前星未耀，祖宗社稷之託搖搖無所寄。方且遠事觀遊，屢犯不測，收養義子，布滿左右，獨不能豫建親賢以承大業，臣以爲陛下殆倒置也。伏望上告宗廟，請命太后，旁諏大臣，擇宗室親賢者一人養於宮中，以繫四海之望。他日誕生皇子，仍俾出藩，實宗社無疆之福也。

員外郎陸震草疏將諫，見鞏疏稱歎，因毀己稾，與鞏連署以進。帝怒甚，下二人詔獄，復跪午門。衆謂天子且出，鞏曰：「天子出，吾當牽裾死之。」跪五日，期滿，仍繫獄。越二十餘日，廷杖五十，斥爲民。彬使人沿途刺鞏，有治洪主事知而匿之，間行得脫。

既歸，潛心著述。或米盡，日中未爨，晏如也。嘗歎曰：「人生至公卿富貴矣，然不過三四十年。惟立身行道，千載不朽。世人顧往往以此易彼，何也？」

世宗立，召爲南京大理丞。疏請稽古正學，敬天勤民，取則堯、舜，保全君子，辨別小人。明年入賀，卒於京師。行人張岳訟其直節，贈大理少卿，賜祭葬。天啓初，追謚忠裕。

陸震，字汝亨，蘭谿人。受業同縣章懋，以學行知名。正德三年進士。除泰和知縣。時劉瑾擅政。以逋鹽課責縣民償者連數百人，震力白之上官，得免。鎮守中官歲徵貢絺，爲減其額。增築學舍居諸生，毀淫祠祀忠節。浮糧累民，稽賦籍，得詭寄隱匿者萬五千石以補之。建倉縣左，儲穀待振。親行鄉落，勸課農桑。立保伍法，使民備盜。甓城七里，外爲土城十里周之。時發狼兵討賊，所至擾民。震言於總督，令毋聽檥舟，官具糧糗，以次續食，〔三〕兵行肅然。督捕永豐、新淦賊，以功受賞。撫按交薦，徵爲兵部主事。泰和人生祠之。

在部，主諸司章奏，與中人忤，改巡紫荊諸關。又以論都御史彭澤、副使胡世寧無罪，忤尚書王瓊、陸完。

孝貞皇后崩，武宗至自宣府。既發喪數日，復欲北出。震抗疏曰：「日者，昊天不弔，威降大戚。車駕在狩，羣情惶惶。陛下單騎衝雪還宮，百官有司莫不感愴，以爲陛下前蔽而今明也。乃者梓宮在殯，遽擬遊巡，臣知陛下之心必有感然不安者。且陛下卽位十有二年矣，十者千之終，十有二者支之終。當氣運周會，正修德更新時，顧乃營宣府以爲居，縱騎

射以爲樂，此臣所深懼也。古人君車馬遊畋之好，雖或有之，至若以外爲主，以家爲客，挈天下大器、賞罰大柄付之於人，漠然不關意念，此古今所絕無者。伏望勉終喪制，深戒盤遊。」不報。

進武選員外郎。已，偕黃鞏諫南巡，逮下詔獄。獄中與鞏講易九卦，明憂患之道。同繫者率處分後事，震獨無一言。既杖，創甚，作書與諸子：「吾雖死，汝等當勉爲忠孝。吾筆亂，神不亂也。」遂卒。世宗立，贈太常少卿，予祭。

方震等繫獄，江彬必欲致之死，絕其飲食。震季子體仁，年十五，變服爲他囚親屬，職納橐饘焉。後有詔錄一子官，諸兄讓體仁，爲漳州通判，有政聲。孫可教，由進士歷南京禮部侍郎。

夏良勝，字于中，南城人。少爲督學副使蔡清所知，曰：「子異日必爲良臣，當無有勝子者」，遂名良勝。正德二年舉鄉試第一。明年，成進士，授刑部主事，調吏部，進考功員外郎。

南巡詔下，良勝具疏，與禮部主事萬潮、太常博士陳九川連署以進，言：「方今東南之

禍，不獨江、淮，西北之憂，近在輦轂。廟祀之曠位，不可以久虛；聖母之孝養，不可以恒曠。宮壼之孕祥，尙可以早圖；機務之繁重，未可以盡委。『鎭國』之號，傳聞海內，恐生覬覦之階；邊將之屬，納於禁近，詎忘肘腋之患。巡遊不已，臣等將不知死所矣。」

時舒芬、黃鞏、陸震疏已前入。吏部郎中張衍瑞等十四人，刑部郎中陸俸等五十三人繼之，禮部郎中姜龍等十六人、兵部郎中孫鳳等十六人又繼之。而醫士徐鏊亦以其術諫，略言：「養身之道，猶置燭然，室閉之則堅，風暴之則淚。陛下輕萬乘，習嬉娛，躍馬操弓，捕魚玩獸。遐復不憚遠遊，冒寒暑，涉關河，饍飲不調，餚蔌無擇，誠非養生道也。況南方卑濕，尤易致病。乞念宗廟社稷之重，勿事鞍馬，勿過醉飽，喜無傷心，怒無傷肝，慾無傷腎，勞無傷脾，就密室之安，違暴風之禍。臣不勝至願。」

諸疏既入，帝與諸倖臣皆大怒，遂下良勝、潮、九川、鞏、震、鏊詔獄，芬及衍瑞等百有七人罰跪午門外五日。而大理寺正周敍等十人，行人司副余廷瓚等二十人，工部主事林大輅、何遵、蔣山卿連名疏相繼上。帝益怒，並下詔獄。俄令敍、廷瓚、大輅等，與良勝等六人，俱跪闕下五日，加梏拳焉。至晚，仍繫獄。諸臣晨入暮出，纍纍若重囚，道途觀者無不泣下。而廷臣自大學士楊廷和、戶部尙書石玠疏救外，莫有言者。士民咸憤，爭擲瓦礫詬詈之。諸大臣皆恐，入朝不待辨色，請下詔禁言事者，通政司遂格不受疏。

是時，天連曀晝晦，禁苑南海子水涌四尺餘，橋下七鐵柱皆折如斬。金吾衞都指揮僉事張英曰：「此變徵也，駕出必不利。」乃肉袒戴刃於胸，囊土數升，持諫疏當蹕道跪哭，卽自刺其胸，血流滿地。衞士奪其刃，縛送詔獄。問囊土何爲？曰：「恐污帝廷，灑土掩血耳。」詔杖之八十，遂死。

芬等百有七人，跪既畢，杖各三十。以芬、衍瑞、俸、龍、鳳爲倡首，謫於外，餘奪俸半歲。良勝等六人及敍、廷瓚、大輅各杖五十，餘三十人四十。鞏、震、良勝、潮、九川除名，他貶黜有差，鏊戍邊。而車駕亦不復出矣。

良勝既歸，講授生徒。世宗立，召復故官。尙書喬宇賢之，奏爲文選郎中，公廉多所振拔。「大禮」議起，數偕僚長力爭。及席書、張璁、桂萼、方獻夫用中旨超擢，又執不可。由是爲議禮者所切齒。以久次遷南京太常少卿，未赴，外轉。給事中陳洸上書，傅會張璁等議，斥良勝與尙書宇等羣結朋黨，任情擠排，遂謫良勝茶陵知州。及明倫大典成，詔責前郎中良勝脅持庶官，醸禍特深，黜爲民。初，良勝輯其部中章奏，名曰銓司存稾，凡議禮諸疏具在。爲讐家所發，再下獄。論杖當贖，特旨謫戍遼東三萬衞。踰五年，卒於戍所。穆宗立，贈太常卿。舒芬等自有傳。

萬潮，字汝信，進賢人。正德六年進士。由寧國推官入爲儀制主事，與芬、良勝、九川稱「江西四諫」。世宗立，起故官，歷浙江提學副使。久之遷參政，以忤權貴調廣西。屢遷陝西左布政使、右副都御史巡撫延綏，所至著聲。

陳九川，字惟濬，臨川人。正德九年進士。從王守仁遊。尋授太常博士。既削籍，復從守仁卒業。世宗嗣位，召復故官，再遷主客郎中。正貢獻名物，節貢使犒賞費數萬。會天方國貢玉石，九川簡去其不堪者，所求蟒衣，不爲奏覆，復怒罵通事胡士紳等。士紳恚，假番人詞訐九川及會同館主事陳邦偁。帝怒，下二人詔獄。而是時張璁、桂萼欲傾費宏奪其位，乃屬士紳再訐九川盜貢玉饋宏製帶，詞連兵部郎中張穮、錦衣指揮張潮等。帝益怒，幷下穮等詔獄。指揮駱安請攝士紳質訊，給事中解一貫等亦以爲言，帝不許。獄成，九川戍鎭海衞，邦偁等削籍有差。久之，遇赦放還，卒。

張衍瑞，字元承，汲人。弘治十八年進士。爲清豐知縣。以執法忤劉瑾，逮下詔獄，幾死。瑾誅，得釋，官吏部文選郎中。既杖，謫平陽同知。嘉靖初，召還，擢太常少卿。尋卒，贈太僕卿。

姜龍，太倉人，見父昂傳。孫鳳，洛陽人。陸俸，吳縣人。周敍，九谿衞人。林大輅，莆田人。蔣山卿，儀眞人。皆由進士。山卿遊顧璘門，以詩名於時。既杖，鳳、俸並謫府同

知，敍縣丞，大輅州判官，山卿前府都事。世宗立，悉召復故官。鳳終副使，俸知府，敍工部尙書，大輅右副都御史巡撫湖廣，山卿廣西參政。

徐鏊，嘉定人，本高氏子。少孤，依舅京師，冒徐姓，從其業爲醫，供事內殿。既杖，謫戍烏撒。世宗卽位，召還，尋擢御醫。鏊性耿介，時朝士多新貴，不知鏊，鏊亦不言前事，一官垂三十年不調。年七十，求致仕。值同縣徐學謨爲禮部郎中，引見尙書吳山。山閱牘，有諫南巡事，瞿然曰：「此武廟時徐先生耶？何淹也。」兩侍郎嫌其老，學謨抗聲曰：「鏊雖老，然少與舒狀元同患難，爲可敬耳。」又久之，始遷院判。自引歸，卒年八十三。

時同受杖者，吏部則姚繼巖，行人則陶滋、巴思明、李錫、顧可久、鄧顯麒、熊榮、楊秦、[三]王懋、黃國用、李儼、潘銳、劉黻、張岳，大理寺則寺正金罍，寺副孟廷柯、張士鎬、郝鳳升、傅尙文、郭五常，評事姚如皋、蔡時，並謫官。世宗立，召還。張英亦得贈官予祭，授弟雄都指揮僉事。

姚繼巖，南通州人，張衍瑞同年生也。當遷文選郎中，讓衍瑞。嘉靖初，歷太常少卿，伏闕爭「大禮」。甘貧約，遠權勢。及卒，不能成喪。

何遵，字孟循，江寧人。家貧，父命之賈，不願也，去爲儒。舉正德九年進士。吏部尚書陸完聞其名，使子弟從學。及選臺諫，遵引疾曰：「不可因人進也。」授工部主事，榷木荆州。下令稅自百金以下減三之一，風濤敗貲者勿算。入算者手實其數自識之，藏於郡帑，數日一會所入。比去，不私一錢。

帝將南巡，以進香東嶽爲詞。遵抗言：「淫祠無福。萬一宗藩中藉口奉迎，潛懷不軌，則福未降而禍已隨。」蓋指宸濠也。諸權倖見疏，遏勿進。時黃鞏等已得罪，遵復與同官林大輅、蔣山卿上疏乞罷南巡，極言江彬怙權倡亂，鞏等無罪，願特寬宥，毋使後世有殺諫臣名。帝怒，下詔獄，廷杖四十。創甚，肢體俱裂，越二日遂卒，年三十四。家貧，僚友助而殮之。

當遵草疏時，家僮前，抱持哭曰：「主縱不自計，獨不念老親幼子乎？」遵執筆從容曰：「爲我謝大人，兒子勿令廢學足矣。」死之日，其父方與家人祭墓歸，有鳥悲鳴，心異之。或傳工部有以言獲罪者，父長號曰：「遵死矣！」已而果然。

時先遵受杖死者，刑部主事鄆城劉校、照磨汲人劉珏。與遵同死杖下者，陸震而外，大理評事長樂林公黼，行人司副鄱陽余廷瓚，行人盱眙李紹賢、澤州孟陽、玉山詹軾、安陸劉

概、祥符李惠。

劉校，字宗道。性至孝。母胡教子嚴，偶不悅，輒長跪請罪，母悅乃起。正德六年與詹軾、劉概同舉進士，授刑部主事。迎父就養，卒於途。校奔赴，抱屍痛哭幾絕。面有塵，以舌舐而拭之。及起故官，帝將南巡，刑曹諫疏，校所草也。杖將死，大呼曰：「校無恨，恨不見老母耳！」子元要，年十一，哭於旁。校曰：「爾讀書不多，獨不識事君致身義乎？善事祖母及母，毋媿而父。」遂絕。劉珏，由貢士。

林公黼，字質夫。父母喪，三年蔬粥，不入內。正德十二年與李紹賢、李惠同舉進士。諸曹諫南巡者，皆罰跪闕前，諸奸又日以危言恫喝，聞者惴惴。以故，戶曹不敢出疏，工曹諫者止三人。獨大理闔署諫，故帝怒加甚。公黼夜草疏，時聞暗中泣歎聲，不顧。比入獄，黃鞏與語，歎曰：「吾取友徧天下，乃近遺質夫。古人謂入險不驚，殆斯人乎！」公黼體羸，竟不勝杖而卒。

余廷瓚，字伯獻。與孟陽皆正德九年進士。當禮、兵二曹之進諫也，廷瓚亦率其僚陳巡遊十不可，通政司獨留之。居數日，諸曹已罰跪，疏始上。帝愈怒，掠治尤嚴。

李紹賢，字崇德。嘗頒詔至徐州，監倉中使席班首，紹賢立命撤其席，中使愕然去。比逮繫，見中官猶奴視之。

孟陽，字子乾。吏部侍郎春之子。爲行人，久不遷，或諷之見當路，陽不可。及是，語諸僚：「此舉繫社稷安危，一命之士皆與有憂，豈必言官乃當効死。」父春，前巡撫宣府，有軍功，忤中官張永罷歸。聞子死諫，哭之以詩，語甚悲壯，人爭傳之。

詹軾，字敬之。爲人開爽磊落，善談論。從父瀚，字汝約，與公黼同舉進士。時方爲刑部主事，亦以諫受杖。軾死，爲經紀其喪以歸。嘉靖中，瀚爭「大禮」，再受杖。每陰雨創痛，曰：「吾無媿敬之地下，足矣。」積官刑部侍郎。

劉概，字平甫。李惠，字德卿，尚書鉞之子。世宗立，贈遵、校尚寶卿，珏刑部主事，公黼、廷瓚太常丞，紹賢御史。各賜祭，錄一子入國學

其以創死稍後者，禮部員外郎慈谿馮涇，驗封郎中吳江王鑾，行人昌黎王瀚。

馮涇，字伯清，與瀚皆正德九年進士。涇以孝友稱。既卒，家貧不能還喪。世宗立，吏部以狀聞，賜米二十斛，命有司厚恤其家。

王鑾，字汝和。正德六年進士。試政吏部，爲尚書楊一清所知，擢文選主事。朝夕扃戶，人罕得見。再遷驗封郎中。被創，踰年卒。王瀚亦前卒。世宗立，贈御史，賜祭。

當諸曹連章迭諫，江彬怒甚。陰屬典詔獄者重其杖，以故諸臣多死。哭聲徹禁掖，帝

亦爲感動，竟罷南巡，諸臣之力也。

嘉靖初，主事仵瑜上疏曰：「正德間，給事、御史挾勢凌人，趨權擇便，凡朝廷大闕失，羣臣大奸惡，緘口不言。一時犯顏敢諍，視死如歸，或拷死闕廷，或流竄邊塞，皆郎中、員外、主事、評事、行人、照磨、庶吉士，非有言責者。張英本一武夫，抗言就死，行道悲傷。今幸聖皇御極，褒恤忠良，諸給事、御史更何顏復立清明之朝。請加黜罰，以示創懲。」章下吏部。瑜後以爭「大禮」杖死，自有傳。

贊曰：李文祥、孫磐甫釋褐觀政，未列庶位；胡爟以下率諸曹尚書郎，或冗散卑末。非司風憲，當言路，以諫諍爲盡職也。抗言極論，竄謫接踵，而來者愈多；死相枕籍，而赴蹈恐後。其抵觸權倖，指斥乘輿，皆切於安危之至計。若張英陷胸以悟主，徐鏊託術以諷諭，誠心出於忠愛，抑尤人所難能者矣。

校勘記

〔一〕字仲固　明史稿傳六九黃鞏傳、國朝獻徵錄卷六九黃公鞏傳都作「字伯固」。

〔二〕以次續食　續食，原作「績食」，據明史稿卷六九陸震傳改。

〔三〕楊秦　武宗實錄卷一七三正德十四年四月戊寅條作「楊泰」。

明史

清　張廷玉等撰

第一七册

卷一九〇至卷二〇一（傳）

中華書局

中華書局

明史卷一百九十

列傳第七十八

楊廷和　梁儲　蔣冕　毛紀　石珤 兄玠

楊廷和，字介夫，新都人。父春，湖廣提學僉事。廷和年十二舉於鄉。成化十四年，年十九，先其父成進士。改庶吉士，告歸娶，還朝授檢討。廷和爲人美風姿，性沉靜詳審，爲文簡暢有法。好考究掌故、民瘼、邊事及一切法家言，鬱然負公輔望。

弘治二年進修撰。憲宗實錄成，以預纂修進侍讀。改左春坊左中允，侍皇太子講讀。修會典成，超拜左春坊大學士，充日講官。正德二年由詹事入東閣，專典誥敕。以講筵指斥佞幸，忤劉瑾，傳旨改南京吏部左侍郎。五月遷南京戶部尚書。又三月召還，進兼文淵閣大學士，參預機務。明年加少保兼太子太保。瑾摘會典小誤，奪廷和與大學士李東陽等俸二級。尋以成孝宗實錄功還之。明年加光祿大夫、柱國，遷改吏部尚書、武英殿大學士。

時瑾橫益甚，而焦芳、張綵爲中外媾。廷和與東陽委曲其間，小有劑救而已。安化王寘鐇反，以誅瑾爲名。廷和等草赦詔，請擢邊將仇鉞，以離賊黨。鉞果執寘鐇。會張永發瑾罪，瑾伏誅，廷和等乃復論功進少傅兼太子太傅、謹身殿大學士，予一子中書舍人。

流賊劉六、劉七、齊彥名反，楊一清薦馬中錫討之。廷和言：「中錫，文士也，不任此。」時業已行，果不能平賊。廷和請逮中錫下獄，以陸完代之，而斬故受賕縱賊者參將桑玉。已，又用學士陳霽言，調諸邊兵討河南賊趙鐩等，而薦彭澤爲總制。賊平論功，錄廷和一子錦衣衞千戶。辭，特加少師、太子太師、華蓋殿大學士。東陽致政，廷和遂爲首輔。

張永既去瑾而驕，捕得男子臂龍文者以爲功，援故太監劉永誠例，覬封侯。廷和言「永誠從子聚自以戰功封伯耳，且非永誠身受之也」，乃止。彭澤將西討鄢本恕，問計廷和。廷和曰：「以君才，賊不足平，所戒者班師早耳。」澤後破誅本恕等卽班師，而餘黨復蝟起不可制。澤既發復留，乃歎曰：「楊公先見，吾不及也。」

乾清宮災，廷和請帝避殿，下詔罪己，求直言。因與其僚上疏，勸帝早朝晏罷，躬九廟祭祀，崇兩宮孝養，勤日講。復面奏開言路，達下情，還邊兵，革宮市，罷皇店，出西僧，省工作，減織造，凡十餘條，皆切至。帝不省。尋以父卒乞奔喪，不許。三請乃許，遣中官護行。旋復起之，三疏辭，始許。閣臣之得終父母喪者，自廷和始也。

服甫闋，卽召至。帝方獵宣府，使使賜廷和羊酒、銀幣。廷和疏謝，因請迴鑾，不報。復與大學士蔣冕馳至居庸，欲身出塞請。帝令谷大用扼關門，乃歸。帝命迴鑾日羣臣各製旗帳迎，廷和曰：「此里俗以施之親舊耳。天子至尊，不敢瀆獻。」帝再使使諭意，執不從，乃已。

當廷和柄政，帝恒不視朝，恣游大同、宣府、延綏間，多失政。廷和未嘗不諫，俱不聽。廷和亦不能執奏。以是邑邑不自得，數移疾乞骸骨，帝亦不聽。中官谷大用、魏彬、張雄，義子錢寧、江彬輩，恣橫甚。廷和雖不爲下，然亦不能有所裁禁，以是得稍自安。

御史蕭淮發寧王宸濠反謀，錢寧輩猶庇之，詆淮離間。廷和請如宣宗諭趙王故事，遣貴戚大臣齎敕往諭，收其護衞屯田。於是命中官賴義、駙馬都尉崔元等往，未至而宸濠反。帝欲帥師親征，廷和等力阻之。帝乃自稱總督軍務、威武大將軍、總兵官、後軍都督府、太師、鎭國公朱壽，統各京邊將士南討。而安邊伯許泰爲威武副將軍、〔一〕左都督劉暉爲平賊將軍前驅，鎭守、撫、按悉聽節制。命廷和與大學士毛紀居守。以乾清、坤寧二宮工成，推恩錄一子錦衣衞副千戶，辭。時廷和當草大將軍征南敕諭，謝弗肯，帝心恚。會推南京吏部尚書劉春理東閣誥敕，以廷和私其鄉人，切責之。廷和謝罪，乞罷，不許。少師梁儲等請與俱罷，復不許。廷和方引疾不入，帝遂傳旨行之。時十四年八月也。

帝既南，兩更歲朔。廷和頗以鎭靜持重，爲中外所推服。凡請迴鑾者數十疏，皆不復省。帝歸，駐蹕通州。廷和等舉故事，請帝還大內御殿受俘，然後正宸濠等誅，而帝已不豫。趣召廷和等至通州受事，卽行在執宸濠等僇之，駕乃旋。

明年正月，帝郊祀，嘔血輿疾歸，踰月益篤。時帝無嗣。司禮中官魏彬等至閣言，國醫力竭矣，請捐萬金購之草澤。廷和心知所謂，不應，而微以倫序之說風之，彬等唯唯。三月十四日丙寅，谷大用、張永至閣，言帝崩於豹房，以皇太后命，移殯大內，且議所當立。廷和舉皇明祖訓示之曰：「兄終弟及，誰能瀆焉。興獻王長子，憲宗之孫，孝宗之從子，大行皇帝之從弟，序當立。」梁儲、蔣冕、毛紀咸贊之，乃令中官入啓皇太后，廷和等候左順門下。頃之，中官奉遺詔及太后懿旨，宣諭羣臣，一如廷和請，事乃定。

廷和遂以遺詔令太監張永、武定侯郭勛、安邊伯許泰、尚書王憲選各營兵，分布皇城四門、京城九門及南北要害，廠衞御史以其屬扞掫。傳遺命罷威武營團練諸軍，各邊兵入衞者俱重賚散歸鎭，革皇店及軍門辦事官校悉還衞，哈密、土魯番、佛郎機諸貢使皆給賞遣還國，豹房番僧及少林僧、敎坊樂人、南京快馬船、諸非常例者，一切罷遣。又以遺詔釋南京逮繫囚，放遣四方進獻女子，停京師不急工務，收宣府行宮金寶歸諸內庫。中外大悅。

時平虜伯江彬擁重兵在肘腋間，知天下惡之，心不自安。其黨都督僉事李琮尤狠黠，勸彬乘間以其家衆反，不勝則北走塞外。彬猶豫未決。於是廷和謀以皇太后旨捕誅彬，遂與同官蔣冕、毛紀及司禮中官溫祥四人謀。張永伺知其意，亦密爲備。司禮魏彬者，故與彬有連。廷和以其弱可脅也，因題大行銘旌，與彬、祥及他中官張銳、陳嚴等爲詳言江彬反狀，以危語怵之。彬心動，惟銳力言江彬無罪，廷和面折之。冕曰：「今日必了此，乃臨。」嚴亦從旁贊決，因俾祥、彬等入白皇太后。良久未報，廷和、冕益自危。頃之，嚴至曰：「彬已擒矣。」彬既誅，中外相慶。

廷和總朝政幾四十日，興世子始入京師卽帝位。廷和草上登極詔書，文書房官忽至閣中，言欲去詔中不便者數事。廷和曰：「往者事齟齬，動稱上意。今亦新天子意耶？吾儕賀登極後，當面奏上，問誰欲削詔草者。」冕、紀亦相繼發危言，其人語塞。已而詔下，正德中蠹政釐抉且盡。所裁汰錦衣諸衞、內監局旗校工役爲數十四萬八千七百，減漕糧百五十三萬二千餘石，其中貴、義子、傳陞、乞陞一切恩倖得官者大半皆斥去。中外稱新天子聖人，且頌廷和功。而諸失職之徒銜廷和次骨，廷和入朝有挾白刃伺輿旁者。事聞，詔以營卒百人衞出入。帝御經筵，廷和知經筵事。修武宗實錄，充總裁。廷和先已加特進，一品滿九載，兼支大學士俸，賜敕旌諭。至是加左柱國。帝召對者三，慰勞備至。廷和益欲有所發攄，引用正人，布列在位。

給事、御史交章論王瓊罪狀，下詔獄。瓊迫，疏訐廷和以自解。法司當瓊奸黨律論死，瓊力自辨，得減戍邊。或疑法司承廷和指者。會石珤自禮部尙書掌詹事府，改吏部，廷和復奏改之学詹事司誥敕。人或謂廷和太專。然廷和以帝雖沖年，性英敏，自信可輔太平，事事有所持諍。錢寧、江彬雖伏誅，而張銳、張忠、于經、許泰等獄久不決。廷和等言：「不誅此曹，則國法不正，公道不明，九廟之靈不安，萬姓之心不服，禍亂之機未息，太平之治未臻。」帝乃籍沒其貲產。廷和復疏請敬天戒，法祖訓，隆孝道，保聖躬，務民義，勤學問，愼命令，明賞罰，專委任，納諫諍，親善人，節財用。語多剴切，皆優詔報可。及議「大禮」，廷和持論益不撓，卒以是忤帝意。

先是，武宗崩，廷和草遺詔。言皇考孝宗敬皇帝親弟興獻王長子某，倫序當立。遵奉祖訓兄終弟及之文，告於宗廟，請於慈壽皇太后，迎嗣皇帝位。旣令禮官上禮儀狀，請由東安門入居文華殿。翼日，百官三上箋勸進，俟令旨俞允，擇日卽位。其箋文皆循皇子嗣位故事。世宗覽禮部狀，謂：「遺詔以吾嗣皇帝位，非爲皇子也。」及至京，止城外。廷和固請如禮部所具儀，世宗不聽。乃御行殿受箋，由大明門直入，告大行几筵，日中卽帝位。詔草言「奉皇兄遺詔入奉宗祧」，帝遲回久之，始報可。越三日，遣官往迎帝母興獻妃。未幾，命禮官議興獻王主祀稱號。廷和檢漢定陶王、宋濮王事授尙書毛澄曰：「是足爲據，宜尊孝

宗曰皇考，稱獻王爲皇叔考興國大王，母妃爲皇叔母興國太妃，自稱姪皇帝名，別立益王次子崇仁王爲興王，奉獻王祀。有異議者卽奸邪，當斬。」進士張璁與侍郞王瓚言，帝入繼大統，非爲人後。瓚微言之，廷和恐其撓議，改瓚官南京。

五月，澄會廷臣議上，如廷和言。帝不悅。然每召廷和從容賜茶慰諭，欲有所更定，廷和卒不肯順帝指。乃下廷臣再議。廷和偕蔣冕、毛紀奏言：「前代入繼之君，追崇所生者，皆不合典禮。惟宋儒程頤濮議最得義理之正，可爲萬世法。至興獻王祀，雖崇仁王主之，他日皇嗣繁衍，仍以第二子爲興獻王後，而改封崇仁王爲親王，則天理人情，兩全無失。」帝益不悅，命博考典禮，務求至當。廷和、冕、紀復言：「三代以前，聖莫如舜，未聞追崇其所生父瞽瞍也。三代以後，賢莫如漢光武，未聞追崇其所生父南頓君也。惟皇上取法二君，則聖德無累，聖孝有光矣。」澄等亦再三執奏。帝留中不下。

七月，張璁上疏謂當繼統，不繼嗣。帝遣司禮太監持示廷和，言此議遵祖訓，據古禮，宜從。廷和曰「秀才安知國家事體」，復持入。無何，帝御文華殿召廷和、冕、紀，授以手敕，令尊父母爲帝后。廷和退而上奏曰：「禮謂爲所後者爲父母，而以其所生者爲伯叔父母，蓋不惟降其服而又異其名也。臣不敢阿諛順旨。」仍封還手詔。羣臣亦皆執前議。帝不聽。

迨九月，母妃至京，帝自定儀由中門入，謁見太廟，復申諭欲加稱興獻帝、后爲皇。廷和言：「漢宣帝繼孝昭後，謚史皇孫、王夫人曰悼考、悼后，光武上繼元帝，鉅鹿、南頓君以上立廟章陵，皆未嘗追尊。今若加皇字，與孝廟、慈壽並〔二〕，是忘所後而重本生，任私恩而棄大義，臣等不得辭其責。」因自請斥罷。廷臣諍者百餘人。帝不得已，乃以嘉靖元年詔稱孝宗爲皇考，慈壽皇太后爲聖母，〔三〕興獻帝、后爲本生父母，不稱皇。

當是時，廷和先後封還御批者四，執奏幾三十疏，帝常忽忽有所恨。左右因乘間言廷和恣無人臣禮。言官史道、曹嘉遂交劾廷和。帝爲薄謫道、嘉以安廷和，然意內移矣。尋論定策功，封廷和、冕、紀伯爵，歲祿千石，廷和固辭。改廕錦衣衞指揮使，復辭。帝以賞太輕，加廕四品京職世襲，復辭。會滿四考，超拜太傅，復四辭而止。特賜敕旌異，錫宴於禮部，九卿皆與焉。

帝頗事齋醮。廷和力言不可，引梁武、宋徽爲喻，優旨報納。江左比歲不登，中官請遣官督織造。工部及給事、御史言之，皆不聽，趣內閣撰敕。廷和等不奉命，因極言民困財竭，請毋遣。帝趣愈急，且戒毋瀆擾執拗。廷和力爭，言：「臣等與舉朝大臣、言官言之不聽，顧二三邪佞之言是聽，陛下能獨與二三邪佞共治祖宗天下哉？且陛下以織造爲累朝舊例，不知洪武以來何嘗有之，創自成化、弘治耳。憲宗、孝宗愛民節財美政非一，陛下不取

法，獨法其不美者，何也？卽位一詔，中官之倖路紬塞殆盡，天下方傳誦聖德，今忽有此，何以取信？」因請究擬旨者何人，疑有假御批以行其私者。帝爲謝不審，俾戒所遣官毋縱肆而已，不能止也。

廷和先累疏乞休，其後請益力。又以持考獻帝議不合，疏語露不平。三年正月，帝聽之去。〔四〕責以因辭歸咎，非大臣道。然猶賜璽書，給輿廩鄆護如例，申前廕子錦衣衞指揮使之命。給事、御史請留廷和，皆不報。廷和去，始議稱孝宗爲皇伯考。於是，廷和子修撰愼率羣臣伏闕哭爭，杖謫雲南。旣而王邦奇誣訐廷和及其次子兵部主事惇、壻修撰金承勛、鄉人侍讀葉桂章與彭澤弟沖交關請屬，俱逮下詔獄。鞫治無狀，乃得解。

七年，明倫大典成，詔定議禮諸臣罪。言廷和謬主濮議，自詭門生天子、定策國老，法當僇市，姑削職爲民。明年六月卒，年七十一。居久之，帝問大學士李時太倉所積幾何，時對曰：「可支數年。由陛下初年詔書裁革冗員所致。」帝慨然曰：「此楊廷和功，不可沒也。」隆慶初，復官，贈太保，謚文忠。

初，廷和入閣，東陽謂曰：「吾於文翰，頗有一日之長，若經濟事須歸介夫。」及武宗之終，卒安社稷者，廷和力也，人以東陽爲知言。

弟廷儀，兵部右侍郎。子愼、惇，孫有仁，皆進士。愼自有傳。

梁儲，字叔厚，廣東順德人。受業陳獻章。舉成化十四年會試第一，選庶吉士，授編修，尋兼司經局校書。

弘治四年進侍講。改洗馬，侍武宗於東宮。册封安南，却其饋。久之，擢翰林學士，同修會典，遷少詹事，拜吏部右侍郎。正德初，改左，進尙書，專典誥敕，掌詹事府。劉瑾摘會典小疵，儲坐降右侍郎。孝宗實錄成，復尙書，尋加太子少保，調南京吏部。瑾誅，以吏部尙書兼文淵閣大學士，入參機務。屢加少傅、太子太傅，進建極殿。

十年，楊廷和遭喪去，儲爲首輔。進少師、太子太師、華蓋殿大學士。時方建乾清、坤寧宮，又營太素殿、天鵝房、船塢，儲偕同官靳貴、楊一淸切諫。明年春，以國本未定，請擇宗室賢者居京師，備儲貳之選，皆不報。其秋，一淸罷，蔣冕代之。至明年，貴亦罷，毛紀入閣。

帝好微行，嘗出西安門，經宿返。儲等諫，不聽，然猶慮外廷知。是春，從近倖言召百官至左順門，明告以郊祀畢幸南海子觀獵。儲等曁廷臣諫，皆不納。八月朔，微服從數十騎幸昌平。次日，儲、冕、紀始覺，追至沙河不及，連疏請回鑾，越十有三日乃旋。儲等以國無儲副，而帝盤游不息，中外危疑，力申建儲之請，亦不報。九月，帝馳出居庸關，幸宣府，命谷大用守關，無縱廷臣出。〔三〕遂由宣府抵大同，遇寇於應州，幾殆。儲等憂懼，請回鑾益急。章十餘上，帝不爲動，歲除竟駐宣府。

當是時，帝失德彌甚。羣小竊權，濁亂朝政，人情惶惶。儲懼不克任，以廷和服闋，屢請召之。廷和還朝，儲遂讓而處其下。鳳陽守備中官丘德及鎭守延綏、寧夏、大同、宣府諸中官皆乞更敕書兼理民事，帝許之。儲等極言不可，弗聽。

十三年七月，帝從江彬言，將徧游塞上。託言邊關多警，命總督軍務、威武大將軍、總兵官朱壽統六師往征，令內閣草敕。閣臣不可，帝復集百官左順門面諭。廷和、冕在告，儲、紀泣諫，衆亦泣，帝意不可回。已而紀亦引疾，儲獨廷爭累日，帝竟不聽。踰月，帝以大將軍壽肅清邊境，令加封鎭國公。儲、紀上言：「公雖貴，人臣耳。陛下承祖宗業，爲天下君，奈何謬自貶損。既封國公，則將授以誥券，追封三代，祖宗在天之靈亦肯如陛下貶損否？況鐵券必有免死之文，陛下壽福無疆，何甘自菲薄，蒙此不祥之辭。名既不正，言自不順。臣等斷不敢阿意苟從，取他日戮身亡家之禍也。」不報。帝遂歷宣府、大同，直抵延綏。儲等疏數十上，悉置不省。

秦王請關中閒田爲牧地，江彬、錢寧、張忠等皆爲之請。帝排羣議許之，命閣臣草制。

廷和、冕引疾，帝怒甚。儲度不可爭，乃上制草曰：「太祖高皇帝著令，茲土不畀藩封。非吝也，念其土廣饒，藩封得之，多蓄士馬，富而且驕，奸人誘爲不軌，不利宗社。王今得地，宜益謹。毋收聚奸人，毋多蓄士馬，毋聽狂人謀不軌，震及邊方，危我社稷，是時雖欲保親親不可得已。」帝駭曰：「若是其可虞！」事遂寢。明年，帝將南巡。言官伏闕諫，儲、冕、紀亦以爲言。會諸曹多諫者，乃止。

寧王宸濠反，帝南征，儲、冕扈從。在道聞賊滅，連疏請駕旋。抵揚州，帝議南京行郊禮。儲、冕計此議行，則回鑾益無日，極陳不可，疏三上始得請。帝以宸濠械將至，問處置之宜。儲等請如宣宗征高煦故事，罪人既得，卽日班師。又因郊期改卜，四方災異、邊警，乞還乘輿。疏八九上，帝殊無還意。是秋，行在有物若豕首墮帝前，色碧，又進御婦人室中，若懸人首狀，人情益驚。儲、冕危言諫，帝頗心動。而羣小猶欲導帝游浙西，泛江、漢。儲、冕益懼，手疏跪泣行宮門外，歷未至酉。帝遣人取疏入，諭之起。叩頭言：「未奉兪旨，不敢起也。」帝不得已，許不日還京，乃叩頭出。

帝崩，楊廷和等定策迎興世子。故事，當以內閣一人與中貴勳戚偕禮官往。廷和欲留蔣冕自助，而慮儲老或憚行，乃佯惜儲憊老，阻其行。儲奮曰：「事孰有大於此者，敢以憊辭！」遂與定國公徐光祚等迎世子安陸邸。既卽位，給事中張九敍等劾儲結納權奸，持祿固寵。儲三疏求去，命賜敕馳傳，遣行人護行，歲給廩隸如制。卒，子鈞奏請贈謚。吏部侍郎桂萼等言，儲立身輔政，有干公議，因錄上兩京言官彈章。帝念先朝舊臣，特贈太師，謚文康。

先是，儲子次擄爲錦衣百戶。居家與富人楊端爭民田，端殺田主，次擄遂滅端家二百餘人。事發，武宗以儲故，僅發邊衞立功。後還職，累冒功至廣東都指揮僉事。

蔣冕，字敬之，全州人。兄昇，南京戶部尚書，以謹厚稱。冕舉成化二十三年進士，選庶吉士，授編修。弘治十三年，太子出閣，兼司經局校書。

正德中，累官吏部左侍郎，改掌詹事府，典誥敕，進禮部尚書，仍掌府事。冕清謹有器識，雅負時望。十一年命兼文淵閣大學士，預機務。明年改武英殿，加太子太傅。近倖冒邊功，大行陞賞，冕及梁儲亦廕錦衣世千戶。兩人力辭，乃改文廕。

帝之以威武大將軍行邊也，冕時病在告，疏諫曰：「陛下自損威重，下同臣子，倘所過諸王以大將軍禮見，陛下何辭責之？曩睿皇帝北征，六軍官屬近三十萬，猶且陷於土木。今宿衞單弱，經行邊徼，寧不寒心？請治左右引導者罪。」不報。十四年扈帝南征還，加少傅

兼太子太傅、戶部尚書、謹身殿大學士。帝崩，與楊廷和協誅江彬。

世宗卽位，議定策功，加伯爵，固辭。改廕錦衣世指揮，又辭。乃廕五品文職，仍進一階。御史張鵬疏評大臣賢否，請罷冕。御史趙永亨詆石珤不可掌銓衡。冕、珤遂求去。朝議不平，諸給事、御史皆言其不可去。帝乃命鴻臚諭留，再下優詔，始起視事。嘉靖三年遣官織造江南，命冕草敕。冕以江南被災，具疏請止，帝不從，敕亦久不進。帝責其違慢，冕引罪而止。

「大禮」議起，冕固執爲人後之說，與廷和等力爭之。帝始而婉諭，繼以譙讓，冕執議不回。及廷和罷政，冕當國，帝愈欲尊崇所生。逐禮部尚書汪俊以怵冕，而用席書代之，且召張璁、桂萼。物情甚沸，冕乃抗疏極諫曰：「陛下嗣承丕基，固因倫序素定。然非聖母昭聖皇太后懿旨，與武宗皇帝遺詔，則將無所受命。今旣受命於武宗，自當爲武宗之後。特兄弟之名不容紊，故但兄武宗，考孝宗，母昭聖，而於孝廟、武廟皆稱嗣皇帝，稱臣，稱御名，以示繼統承祀之義。今乃欲爲本生父母立廟奉先殿側，臣雖至愚，斷斷知其不可。自古人君嗣位謂之承祧踐阼，皆指宗祀而言。禮爲人後者惟大宗，以大宗尊之統也，亦主宗廟祭祀而言。自漢至今，未有爲本生父母立廟大內者。漢宣帝爲叔祖昭帝後，止立所生父廟於葬所。光武中興，本非承統平帝，而止立四親廟於章陵。宋英宗父濮安懿王，亦止卽園立廟。

陛下先年有旨，立廟安陸，與前代適同，得其當矣。豈可旣奉大宗之祀，又兼奉小宗之祀。夫情旣重於所生，義必不專於所後，將孝、武二廟之靈安所托乎！竊恐獻帝之靈亦將不能安，雖聖心亦自不能安也。邇者復允汪俊之去，趣張璁、桂萼之來，人心益駭。是日廷議建廟，天本晴明，忽變陰晦，至暮風雷大作。天意如此，陛下可不思變計哉？」因力求去。帝得疏不悅，猶以大臣故，優詔答之。未幾，復請罷建廟之議，且乞休，疏中再以天變爲言。帝益不悅，遂令馳傳歸，給月廩、歲夫如制。

冕當正德之季，主昏政亂，持正不撓，有匡弼功。世宗初，朝政雖新，而上下扞格彌甚，冕守之不移。代廷和爲首輔僅兩閱月，卒齟齬以去，論者謂有古大臣風。明倫大典成，落職閒住，久之卒。隆慶初復官，謚文定。

毛紀，字維之，掖縣人。成化末，舉鄉試第一，登進士，選庶吉士。弘治初，授檢討，進修撰，充經筵講官，簡侍東宮講讀。會典成，還侍讀。〔六〕武宗立，改左諭德，坐會典小誤，降侍讀。孝宗實錄成，擢侍講學士，爲講官。

正德五年進學士，遷戶部右侍郎。十年由吏部左侍郎拜禮部尚書。烏思藏入貢，其

使言有活佛能前知禍福。帝遣中官劉允迎之，攜錦衣官百三十，衞卒及私僕隸數千人，芻糧、舟車費以百萬計。紀等上言：「自京師至烏思藏二萬餘里，公私煩費，不可勝言。且自四川雅州出境，過長河西行數月而後至。無有郵驛、村市。一切資費，取辦四川。四川連歲用兵，流賊甫平，蠻寇復起。困竭之餘，重加此累，恐生意外變。」疏再上，內閣梁儲、靳貴、楊一清皆切諫，不報。郊祀畢，請勤朝講，又以儲嗣未建，乞早定大計，亦不聽。尋改理誥敕，掌詹事府。十二年兼東閣大學士入預機務。其秋加太子太保，改文淵閣。帝南征，紀佐楊廷和居守。駕旋，晉少保、戶部尚書、武英殿大學士。世宗卽位，錄定策功，加伯爵，再疏辭免。

嘉靖初，帝欲追尊興獻帝，閣臣執奏，忤旨。三年，廷和、冕相繼去國，紀爲首輔，復執如初。帝欲去本生之稱，紀與石珤合疏爭之。帝召見平臺，委曲諭意，紀終不從。朝臣伏闕哭爭者，俱逮繫，紀具疏乞原。帝怒，傳旨責紀要結朋奸，背君報私。紀乃上言曰：「曩蒙聖諭，國家政事商確可否，然後施行。此誠內閣職業也，臣愚不能仰副明命。邇者大禮之議，平臺召對，司禮傳諭，不知其幾，似乎商確矣，而皆斷自聖心，不蒙允納，何可否之有。至於笞罰廷臣，動至數百，乃祖宗來所未有者，亦皆出自中旨，臣等不得與聞。宣召徒勤，扞格如故。慰留雖切，詰責隨加。臣雖有體國之心，不能自盡。宋司馬光告神宗曰：『陛下所

以用臣，蓋察其狂直，庶有補於國家，若徒以祿位榮之而不取其言，是以官私非其人也。臣以祿位自榮，而不能救正，是徒盜竊名器以私其身也。』臣於陛下，敢舉以爲告。夫要結朋奸，背君報私，正臣平日所痛憤而深疾者。有一於此，罪何止罷黜。今陛下以之疑臣，尚可一日靦顏朝宁間哉。乞賜骸骨歸鄉里，以全終始。尤望陛下法祖典學，任賢納諫，審是非，辨忠邪，以養和平之福。」帝銜紀亢直，允其去，馳驛給夫廩如故事。

紀有學識，居官廉靜簡重。與廷和、冕正色立朝，並爲搢紳所倚賴。其代冕亦僅三月。後明倫大典成，追論奪官。久之，廷和、冕皆淪喪，紀以恩詔敍復，帝亦且忘之。二十一年，年八十，撫按以聞。詔遣官存問，再賜夫廩。又三年卒。贈太保，諡文簡。子渠，進士，太僕卿。

石珤，字邦彥，藁城人。父玉，山東按察使。〔七〕珤與兄玠同舉成化末年進士，改庶吉士，授檢討，數謝病居家。孝宗末，始進修撰。正德改元，擢南京侍讀學士。歷兩京祭酒，遷南京吏部右侍郎。召改禮部，進左侍郎。武宗始遊宣府，珤上疏力諫，不報。改掌翰林院事。廷臣諫南巡，禍

將不測，珤疏救之。十六年拜禮部尚書，掌詹事府。

世宗立，代王瓊爲吏部尚書。自羣小竊柄，銓政混濁。珤剛方，謝請託，諸犯清議者多見黜，時望大孚，而內閣楊廷和有所不悅。甫二月，復改掌詹事府，典誥敕。嘉靖元年遣祀闕里及東嶽。事竣還家，屢乞致仕。言官以珤望重，交章請留，乃起赴官。三年五月詔以吏部尚書兼文淵閣大學士入參機務。

帝欲以奉先殿側別建一室祀獻帝，珤抗疏言其非禮。及廷臣伏闕泣爭，珤與毛紀助之。無何，「大禮」議定，紀去位。珤復諫曰：「大禮一事已奉宸斷，無可言矣。但臣反覆思之，終有不安於心者。心所不安而不以言，言恐觸忤而不敢盡，則陛下將焉用臣，臣亦何以仰報君父哉。夫孝宗皇帝與昭聖皇太后，乃陛下骨肉至親也。今使疏賤讒佞小人輒行離間，但知希合取寵，不復爲陛下體察。茲孟冬時享在邇，陛下登獻對越，如親見之，寧不少動於中乎？夫事亡如事存。陛下承列聖之統，以總百神，臨萬方，焉得不加慎重，顧聽細人之說，干不易之典哉。」帝得奏不悅，戒勿復言。

明年建世廟於太廟東，帝欲從何淵言，毀神宮監，伐林木，以通輦道。給事中韓楷、御史楊秦、葉忠等交諫，忤旨奪俸。給事中衞道繼言之，貶秩調外。珤復抗章，極言不可，弗聽。及世廟成，帝欲奉章聖皇太后謁見，張璁、桂萼力主之。禮官劉龍等爭不得，諸輔臣以

爲言，帝不報，趣具儀。珤乃上疏曰：「陛下欲奉皇太后謁見世廟，臣竊以爲從令固孝，而孝有大於從令者。臣誠不敢阿諛以誤君上。竊惟祖宗家法，后妃已入宮，未有無故復出者。且太廟尊嚴，非時享祫祭，雖天子亦不輕入，況后妃乎？璁輩所引廟見之禮，今奉先殿是也。聖祖神宗行之百五十年，已爲定制，中間納后納妃不知凡幾，未有敢議及者，何至今日忽倡此議？彼容悅佞臣豈有忠愛之實，而陛下乃欲聽之乎？且陰陽有定位，不可侵越。陛下爲天地百神之主，致母后無故出入太廟街門，是坤行乾事，陰侵陽位，不可之大者也。臣豈不知君命當承，第恐上累聖德，是以不敢順旨曲從，以成君父之過，負覆載之德也。」奏入，帝大慍。

珤爲人清介端亮，孜孜奉國。數以力行王道，清心省事，辨忠邪，敦寬大，毋急近效爲帝言。帝見爲迂闊，弗善也。議「大禮」時，帝欲援以自助，而珤據禮爭，持論堅確，失帝意，璁、萼輩亦不悅。璁、萼朝夕謀輔政，攻擊費宏無虛日，以珤行高，不能有所加。至明年春，奸人王邦奇訐楊廷和，誣珤及宏爲奸黨，兩人遂乞歸。帝許宏馳驛，而責珤歸怨朝廷，失大臣誼，一切恩典皆不予。歸裝襆被車一輛而已。都人歎異，謂自來宰臣去國，無若珤者。自珤及楊廷和、蔣冕、毛紀以强諫罷政，迄嘉靖季，密勿大臣無進逆耳之言者矣。珤加官，自太子太保至少保。七年冬卒，諡文隱。隆慶初，改諡文介。

玠，字邦秀。弘治中，由汜水知縣召爲御史。出覈大同軍儲，按甘肅及陝西，所條上邊務，悉中機宜，爲都御史戴珊所委寄。嘗因災異，劾南京刑部尚書翟瑄以下二十七人。正德中，累官右副都御史，巡撫大同，召拜兵部右侍郎。海西部長數犯邊，泰寧三衞與別部相攻，久缺貢市，遣玠以左侍郎兼僉都御史往遼東巡視。出關撫諭，皆受約束。帝大喜，璽書嘉勞，召還。左都御史陸完遷，廷推代者，三上悉不用，最後推玠，乃以爲右都御史掌院事。御史李隱劾玠貪緣，不報。

十年拜戶部尚書。中官史大鎮雲南，請獨領銀場務。杜甫鎮湖廣，請借鹽船稅銀爲進貢資。劉德守涼州，請帶食茶六百引。玠皆執不可。西僧闡教王請船三百艘販載食鹽，〔八〕玠極言其害。帝初出居庸，玠切諫。及在宣府，需銀百萬兩，玠持不可。帝弗從，乃進其半。王瓊欲以哈密事害彭澤，玠獨廷譽之。奸民欲牟鹽利者，賄朱寧爲請，〔九〕玠不可，連章執奏。廷臣諫南巡跪闕下，諸大臣莫敢言，玠獨論救。羣小激帝怒，嚴旨責令自陳，遂引疾去。賜敕馳傳給廩隸如故事。家居二年卒，贈太子少傅。

玠有操行，居官亦持正。其爲都御史時，胡世寧論寧王，玠與李士實請罪世寧，以是爲人所譏。

中華書局

贊曰：武宗之季，君德日荒，嬖倖盤結左右。廷和爲相，雖無能改於其德，然流賊熾而無土崩之虞，宗藩叛而無瓦解之患者，固賴廟堂有經濟之遠略也。至其誅大奸，決大策，扶危定傾，功在社稷，即周勃、韓琦殆無以過。儲雖蒙物議，而大節無玷。蔣冕、毛紀、石珤，清忠鯁亮，皆卓然有古大臣風。自時厥後，政府日以權勢相傾。或脂韋淟涊，持祿自固。求如諸人，豈可多得哉。

校勘記

〔一〕而安邊伯許泰爲威武副將軍　許泰，本書卷一六武宗紀、卷一〇八外戚恩澤侯表及武宗實錄卷一九七正德十六年三月庚申條均作「朱泰」。許泰原姓許，武宗賜姓朱，見本書卷三〇七江彬傳附許泰傳。

〔二〕與孝廟慈壽並　原作「與慈壽考廟並」。世宗實錄卷九正德十六年十二月戊戌條作「而與孝廟慈壽並焉」。「孝」「考」形近而譌，「孝廟」又與「慈壽」倒置。據實錄改。

〔三〕慈壽皇太后爲聖母　慈壽，原作「慈聖」，據上文及本書卷一七世宗紀、卷一一四孝宗張皇后傳，

世宗實錄卷一〇嘉靖元年正月庚午條改。

〔四〕三年正月帝聽之去　本書卷一一〇宰輔年表作「二月致仕」。世宗實錄卷三六繫此事於三年二月丙午。

〔五〕九月帝馳出居庸關至無縱廷臣出　本書卷一六武宗紀及武宗實錄卷一五二均繫此事於八月辛未。

〔六〕遷侍讀　世宗實錄卷三〇〇嘉靖二十四年六月丁酉條作「晉侍講」。

〔七〕父玉山東按察使　明史考證擴逸卷一五曰：「按珤父玉曾任山西按察使。其兄玠以正德四年擢是職，相去僅二十年，人以爲世美。見列卿記。此作『山東』誤。」

〔八〕請船三百艘販載食鹽　三百艘，本書卷三三一護教王傳及武宗實錄卷一六四正德十三年七月丙午條均作「三十艘」。

〔九〕賄朱寧爲請　朱寧，本書三〇七錢寧傳作「錢寧」，武宗賜姓朱。

明史卷一百九十一

列傳第七十九

毛澄　汪俊弟偉　吳一鵬　朱希周　何孟春　豐熙子坊
徐文華　薛蕙胡侍　王祿　侯廷訓

毛澄，字憲清，崑山人。舉弘治六年進士第一。授修撰。預修會典成，進右諭德，直講東宮。武宗爲太子，以澄進講明晰稱之帝。帝大喜。方秋夜置宴，即徹以賜。

武宗立，進左庶子，直經筵。以母憂歸。正德四年，劉瑾摘會典小疵貶諸纂修者秩，以澄爲侍讀。服闋還朝，進侍講學士。再進學士，掌院事，歷禮部侍郎。〔一〕

十二年六月拜尚書。〔二〕其年八月朔，帝微行。澄率侍郎王瓚、顧清等疏請還宮。既又出居庸，幸宣府，久留不返。澄等頻疏諫，悉不報。明年正月，駕旋，命百官戎服郊迎。澄等請用常服，不許。七月，帝自稱威武大將軍朱壽，統六師巡邊。遂幸宣府，抵大同，歷山

西至榆林。澄等屢疏馳諫。至十二月，復偕廷臣上疏曰：「去歲正月以來，鑾輿數駕，不遑寧居。今茲之行，又已半歲。宗廟、社稷享祀之禮並係攝行，萬壽、正旦、冬至朝賀之儀悉從簡略。臘朔省牲，闕而不行，遂二年矣。歲律將周，郊禋已卜。皇祖之訓曰：『凡祀天地，精誠則感格，怠慢則禍生。』今六龍遐騁，旋軫無日。萬一冰雪阻違，道途梗塞，元正上日不及躬執玉帛於上帝前，陛下何以自安。且邊地荒寒，隆冬尤甚。臣等處重城，食厚祿，仰思聖體勞頓，根本空虛，遙望清塵，憂心如醉。伏祈趣駕速還，躬親祼享，宗社臣民幸甚。」不報。

十四年二月，駕甫還京，即諭禮部：「總督軍務威武大將軍、總兵官、太師、鎮國公朱壽遣往兩畿，瞻東嶽，奉安聖像，祈福安民。」澄等駭愕，復偕廷臣上言：「陛下以天地之子，承祖宗之業，九州四海但知陛下有皇帝之號。今曰『總督軍務、威武大將軍、太師、鎮國公』者，臣等莫知所指。夫出此旨者，陛下也。加此號者，陛下也。不知受此號者何人。如以皇儲未建，欲遍告名山大川，用祈默相，則遣使走幣，足將敬矣。何必躬奉神像，獻寶香，如佛、老所爲哉。」因歷陳五不可。亦不報。

宸濠反江西，帝南征示威武，駐蹕留都者踰歲。澄屢請回鑾。及駕返通州，用江彬言，將即賜宸濠死。澄據漢庶人故事，請還京告郊廟，獻俘行戮。不從。中官王堂鎮浙江，請

建生祠，西番闡化王使者乞額外賜茶九萬斤，澄皆力爭。不聽。王瓊欲陷彭澤，澄獨白其無罪。

武宗崩，澄偕大學士梁儲、壽寧侯張鶴齡、駙馬崔元、太監韋霦等迎世宗於安陸。既至，將謁見，有議用天子禮者。澄曰：「今卽如此，後何以加？豈勸進、辭讓之禮，當遂廢乎？」

世宗踐阼甫六日，有旨議興獻王主祀及尊稱。五月七日戊午，澄大會文武羣臣，上議曰：「考漢成帝立定陶王為皇太子，立楚孝王孫景為定陶王，奉共王祀。共王者，皇太子本生父也。時大司空師丹以為恩義備至。今陛下入承大統，宜如定陶王故事，以益王第二子崇仁王厚炫繼興王後，襲興王主祀事。又考宋濮安懿王之子入繼仁宗後，是為英宗。司馬光謂濮王宜尊以高官大爵，稱王伯而不名。范鎭亦言：『陛下既考仁宗，若復以濮王為考，於義未當。』乃立濮王園廟，以宗樸為濮國公奉濮王祀。程頤之言曰：『為人後者，謂所後為父母，而謂所生為伯、叔父母，此生人之大倫也。然所生之義，至尊至大，宜別立殊稱。曰皇伯、叔父某國大王，則正統既明，而所生亦尊崇極矣。』今興獻王於孝宗為弟，於陛下為本生父，與濮安懿王事正相等。陛下宜稱孝宗為皇考，改稱興獻王為『皇叔父興獻大王』，妃為『皇叔母興獻王妃』。凡祭告興獻王及上箋於妃，俱自稱姪皇帝某，則正統、私親，恩禮兼

盡，可以為萬世法。」議上，帝怒曰：「父母可更易若是耶！」命再議。

其月二十四日乙亥，澄復會廷臣上議曰：「禮為人後者為之子，自天子至庶人一也。興獻王子惟陛下一人，既入繼大統，奉祀宗廟，是以臣等前議欲令崇仁王厚炫主興獻王祀。至於稱號，陛下宜稱為皇叔父興獻大王，自稱姪皇帝名，以宋程頤之說為可據也。本朝之制，皇帝於宗藩尊行，止稱伯父、叔父，自稱皇帝而不名。今稱興獻王為皇叔父大王，又自稱名，尊崇之典已至，臣等不敢復有所議。」因錄程頤代彭思永議濮王禮疏進覽。帝不從，命博考前代典禮，再議以聞。

澄乃復會廷臣上議曰：「臣等會議者再，請改稱興獻王為叔父者，明大統之尊無二也。然加皇字於叔父之上，則凡為陛下伯、叔諸父皆莫能與之齊矣。加大字於王之上，則天下諸王皆莫得而並之矣。興獻王稱號既定，則王妃稱號亦隨之，天下王妃亦無以同其尊矣。況陛下養以天下，所以樂其心，不違其志，豈一家一國之養可同日語哉。此孔子所謂事之以禮者。其他推尊之說，稱親之議，似為非禮。推尊之非，莫詳於魏明帝之詔。稱親之非，莫詳於宋程頤之議。至當之禮，要不出於此。」幷錄上魏明帝詔書。

當是時，帝銳意欲推崇所生，而進士張璁復抗疏極言禮官之謬。帝心動，持澄等疏久不下。至八月庚辰朔，再命集議。澄等乃復上議曰：「先王制禮，本乎人情。武宗既無子嗣，又鮮兄弟，援立陛下於憲廟諸孫之中。是武宗以陛下為同堂之弟，考孝宗，母慈壽，無可疑矣，可復顧私親哉？」疏入，帝不懌，復留中。會給事中邢寰請議憲廟皇妃邵氏徽號，澄上言：「王妃誕生獻王，實陛下所自出。但既承大統，則宜考孝宗，而母慈壽太后矣。孝宗於憲廟皇妃宜稱皇太妃，則在陛下宜稱太皇太妃。如此，則彝倫既正，恩義亦篤。」疏入，報聞。其月，帝以母妃將至，下禮官議其儀。澄等請由崇文門入東安門，帝不可。乃議由正陽左門入大明東門，帝又不可。澄等執議如初，帝乃自定其儀，悉由中門入。

時尊崇禮猶未定，張璁復進大禮或問，帝益嚮之。至九月末，乃下澄等前疏，更令博采輿論以聞。澄等知勢不可已，謀於內閣，加稱興王為帝，妃為后，而以皇太后懿旨行之。乃疏言：「臣等一得之愚，已盡於前議。茲欲仰慰聖心，使宜於今而不戾乎情，合乎古而無悖乎義，則有密勿股肱在。臣等有司，未敢擅任。」帝遂於十月二日庚辰，以慈壽皇太后旨加興獻王號曰興獻帝，妃曰興國太后，〔三〕皇妃邵氏亦尊為皇太后，宣示中外。顧帝雖勉從廷議，意猶慊之。十二月十一日己丑復傳諭加稱皇帝。內閣楊廷和等封還御批，澄抗疏力爭，又偕九卿喬宇等合諫，帝皆不允。明年，嘉靖改元正月，清寧宮後三小宮災。〔四〕澄復以為言，會朝臣亦多諫者，事獲止。

澄端亮有學行，論事侃侃不撓。帝欲推尊所生，嘗遣中官諭意，至長跪稽首。澄駭愕，

急扶之起。其人曰：「上意也。上言『人孰無父母，奈何使我不獲伸』，必祈公易議。」因出囊金畀澄。澄奮然曰：「老臣悖耄，不能隳典禮。獨有一去，不與議已耳。」抗疏引疾至五六上，帝輒慰留不允。二年二月疾甚，復力請，乃許之。舟至興濟而卒。

先是，論定策功，加澄太子太傅，廕錦衣世指揮同知，力辭不受。帝雅敬憚澄，雖數忤旨，而恩禮不衰。既得疾，遣醫診視，藥物之賜時至。其卒也，深悼惜之。贈少傅，謚文簡。

汪俊，字抑之，弋陽人。父鳳，進士，貴州參政。俊舉弘治六年會試第一，授庶吉士，進編修。正德中，與修孝宗實錄，以不附劉瑾、焦芳，調南京工部員外郎。瑾、芳敗，召復原官。累遷侍讀學士，擢禮部右侍郎。嘉靖元年轉吏部左侍郎。

時議興獻王尊號，與尚書喬宇、毛澄輩力爭。澄引疾去，代者羅欽順不至，乃以俊為禮部尚書。是時獻王已加帝號矣，主事桂萼復請稱皇考。章下廷議。三年二月，〔五〕俊集廷臣七十有三人上議曰：「祖訓『兄終弟及』，指同產言。今陛下為武宗親弟，自宜考孝宗明矣。孰謂與人為後，而滅武宗之統也。儀禮傳曰：『為人後者，孰後？後大宗也。』漢宣起民間，猶嗣孝昭。光武中興，猶考孝元。魏明帝詔皇后無子，擇建支子，以繼大宗。孰謂入繼

之主與爲人後者異也。宋范純仁謂英宗親受詔爲子，與入繼不同，蓋言恩義尤篤，尤當不顧私親，非以生前爲子者乃爲人後，身後入繼者不爲人後也。蕚言『孝宗既有武宗爲之子，安得復爲立後』。臣等謂陛下自後武宗而上考孝宗，非爲孝宗立後也。又言『武宗全神器授陛下，何忍不繼其統』。臣等謂陛下既稱武宗皇兄矣，豈必改孝宗稱伯，乃爲繼其統乎？又言『禮官執者不過前宋濮議』。臣等愚昧，所執實不出此。蓋宋程頤之議曰：『雖當專意於正統，豈得盡絕於私恩。故所繼，主於大義；所生，存乎至情。至於名稱，統緒所繫，若其無別，斯亂大倫。』殆爲今日發也。謹集諸章奏，惟進士張璁、主事霍韜、給事中熊浹與蕚議同，其他八十餘疏二百五十餘人，皆如臣等議。」

議上，留中。而特旨召桂蕚、張璁、席書於南京。越旬有五日，乃下諭曰：「朕奉承宗廟正統，大義豈敢有違。第本生至情，亦當兼盡。其再集議以聞。」俊不得已，乃集羣臣請加皇字，以全徽稱。議上，復留十餘日。至三月朔，乃詔禮官，加稱興獻帝爲本生皇考恭穆獻皇帝，興國太后爲本生母章聖皇太后，擇日祭告郊廟，頒詔天下，而別諭建室奉先殿側，恭祀獻皇。俊等復爭曰：「陛下入奉大宗，不得祭小宗，亦猶小宗之不得祭大宗也。昔興獻帝奉藩安陸，則不得祭憲宗。今陛下入繼大統，亦不得祭興獻帝。是皆以禮抑情者也。然興獻帝不得迎養壽安皇太后於藩邸，陛下得迎興國太后於大內，受天下之養，而尊祀興獻帝

以天子之禮樂，則人子之情獲自盡矣。乃今聖心無窮，臣等敢不將順，但於正統無嫌，乃爲合禮。」帝曰：「朕但欲奉先殿側別建一室，以伸追慕之情耳。迎養藩邸，祖宗朝無此例，何容飾以爲詞。其令陳狀。」俊具疏引罪。乃嚴旨切責，而趣立廟益急。俊等乃上議曰：「立廟大內，有干正統。臣實愚昧，不敢奉詔。」

帝不納，而令集廷臣大議。俊等復上議曰：「謹按先朝奉慈別殿，蓋孝宗皇帝爲孝穆皇太后附葬初畢，神主無薦享之所而設也。當時議者，皆據周制特祀姜嫄而言。至爲本生立廟大內，則從古未聞。惟漢哀帝爲定陶恭王立廟京師。師丹以爲不可，哀帝不聽，卒遺後世之譏。陛下有可以爲堯、舜之資，臣等不敢導以衰世之事。請於安陸特建獻帝百世不遷之廟，俟他日襲封興王子孫世世獻饗，陛下歲時遣官持節奉祀，亦足伸陛下無窮至情矣。」

帝仍命遵前旨再議，俊遂抗疏乞休。再請益力，帝怒，責以肆慢，允其去。召席書未至，令吳一鵬署事。明倫大典成，落俊職，卒於家。隆慶初，贈少保，謚文莊。

俊行誼修潔，立朝光明端介。學宗洛、閩，與王守仁交好，而不同其說。學者稱石潭先生。

弟偉，字器之。由庶吉士授檢討。與俊皆忤劉瑾，調南京禮部主事。瑾誅，復故官。屢

遷南京國子祭酒。武宗以巡幸至，率諸生請幸學，不從。江彬矯旨取玉硯，偉曰：「有秀才時故硯，可持去。」俊罷官之歲，偉亦至吏部右侍郎，偕廷臣數爭「大禮」，又伏闕力爭。及席書、張璁等議行，猶持前說不變。轉官左侍郎，爲陳洸劾罷，卒於家。

吳一鵬，字南夫，長洲人。弘治六年進士。選庶吉士，授編修。戶部尚書周經以讒去，上疏乞留之。正德初，進侍講，充經筵講官。劉瑾出諸翰林爲部曹，一鵬得南京刑部員外郎。遷禮部郎中。瑾誅，復爲侍講。進侍講學士，歷國子祭酒、太常卿。並在南京。母喪除，起故官。

世宗踐阼，召拜禮部右侍郎。尋轉左。數與尚書毛澄、汪俊力爭「大禮」。俊去國，一鵬署部事，而帝趣建獻帝廟甚亟。一鵬集廷臣上議曰：「前世入繼之君，間有爲本生立廟園陵及京師者。第歲時遣官致祀，尋亦奏罷。然猶見非當時，取議後代。若立廟大內而親享之，從古以來未有也。臣等寧得罪陛下，不欲陛下失禮於天下後世。今張璁、桂蕚之言曰『繼統公，立後私』。又曰『統爲重，嗣爲輕』。竊惟正統所傳之謂宗，故立宗所以繼統，立嗣所以承宗，統之與宗初無輕重。況當我朝傳子之世，而欲倣堯、舜傳賢之例，擬非其倫。

又謂『孝不在皇不皇，惟在考不考』，遂欲改稱孝宗爲皇伯考。臣等歷稽前古，未有神主稱皇伯考者。惟天子稱諸王曰伯叔父則有之，非可加於宗廟也。前此稱本生皇考，實裁自聖心。乃謂臣等留一皇字以覘陛下，又謂『百皇字不足當父子之名』，何肆言無忌至此。乞速罷建室之議，立廟安陸，下璁、蕚等法司按治。」帝報曰：「朕起親藩，奉宗祀豈敢違越。但本生皇考寢園，遠在安陸，於卿等安乎？命下再四，爾等欺朕沖歲，黨同執違，敗父子之情，傷君臣之義。往且勿問，其奉先殿西室亟修葺，盡朕歲時追遠之情。」時嘉靖三年四月也。

頃之，一鵬極陳四方災異，言：「自去年六月迄今二月，其間天鳴者三，地震者三十八，秋冬雷電雨雹十八，暴風、白氣、地裂、山崩、產妖各一，民饑相食二。非常之變，倍於往時。願陛下率先羣工，救疾苦，罷營繕，信大臣，納忠諫，用回天意。」帝優詔報之。

踰月，手敕名奉先殿西室爲觀德殿，遂命一鵬偕中官賴義、京山侯崔元迎獻帝神主於安陸。一鵬等復上言：「歷考前史，並無自寢園迎主入大內者。此天下後世觀瞻所係，非細故也。且安陸爲恭穆啓封之疆，神靈所戀，又陛下龍興之地，王氣所鍾。故我太祖重中都，太宗重留都，皆以王業所基，永修世祀。伏乞陛下俯納羣言，改題神主，奉安故宮，爲百世不遷。其觀德殿中別設神位香几以慰孝思，則本生之情既隆，正統之義亦盡。」奏入，不納。一鵬乃行。慮使者爲道途患，疏請禁約，帝善其言而戒飭之。

比還朝，則廷臣已伏闕哭爭，朝事大變，而給事中陳洸譖張尤甚。一鵬抗疏曰：「大禮之議斷自聖心，正統本生，昭然不紊。而洸妄謂陛下誕生於孝宗沒後三年，嗣位於武宗沒後二月，無從授受，其說尤爲不經。謹按春秋以受命爲正始，故魯隱公上無所承，內無所受，則不書卽位。今陛下承武宗之遺詔，奉昭聖之懿旨，正合春秋之義。而洸謂孰從授受，是以陛下爲不得正始也。洸本小人，不痛加懲艾，無以杜效尤之漸。」不聽。

其年九月，一鵬以本官入內閣專典誥敕兼掌詹事府事。武宗實錄成，進尙書，領職如故。尋以省墓歸，還朝仍典誥敕。未幾，出理部事。前此典內閣誥敕者，皆需次柄政。而張璁、桂萼新用事，素銜一鵬異己，乃出爲南京吏部尙書，加太子少保。居二年，南京官劾諸大臣王瓊等不職，一鵬與焉，遂乞致仕。給廩如故事。卒贈太子太保，諡文端。子子孝，湖廣參政。

朱希周，字懋忠，崑山人，徙吳縣。高祖吉，戶科給事中。父文雲，按察副使。希周舉弘治九年進士。孝宗喜其姓名，擢爲第一。授修撰，進侍講，充經筵講官。劉瑾摘修會典小疵，降修撰。孝宗實錄成，復官。久之，進侍讀學士，擢南京吏部右侍郎。閱五年，召爲禮

部右侍郎。

時方議「大禮」，數偕其長爭執。會左侍郎吳一鵬奉使安陸，尙書席書未至，希周獨理部事。而帝方營觀德殿，令協律郎崔元初習樂舞生於大內。〔六〕太常卿汪舉劾之。帝遂令太常官一人同入內教習。希周上言：「太常樂舞有定數，不當更設。」帝不從。舉復爭，帝責其妄議。而是時張璁、桂萼已召至，益交章請去本生之號。帝悅從之，趣禮官具上册儀。希周率郎中余才、汪必東等疏諫曰：「陛下考孝宗、母昭聖三年矣，而更定之論忽從中出，則明詔爲虛文，不足信天下，祭告爲瀆禮，何以感神祇。且本生非貶詞也，不妨正統，而親之義寓焉。何嫌於此，而必欲去之，以滋天下之議。」

時羣臣諫者甚衆，疏皆留中，遂相率詣左順門跪伏。希周走告諸閣臣曰：「羣臣伏闕，公等能坐視乎？」亦偕羣臣跪伏以請。帝聞，大怒，命希周與何孟春等俱待罪，而盡繫庶僚於詔獄。明日，上章聖皇太后册文，希周及尙書秦金、金獻民、趙鑑、趙璜，侍郎何孟春，都御史王時中，大理少卿張縉、徐文華俱不赴。帝怒，責陳狀。希周等伏罪，復嚴旨譙責乃已。而是時庶僚繫獄者猶未釋，希周上言：「諸臣狂率，固不可宥。但今獻皇帝神主將至，必百官齋迎，乃克成禮。乞早寬縲絏，用襄大典。」不納。「大禮」遂自此定矣。

其明年，由左侍郎遷南京吏部尙書。嘉靖六年，大計京官，南六科無黜者。桂萼素以議禮嗛希周，且惡兩京言官嘗劾己，因言希周畏勢曲庇。希周言：「南京六科止七人，實無可去者。臣以言路私之固不可，如避言路嫌，誅責之，尤不可。且使舉曹皆賢，必去一二人示公，設舉曹皆不肖，亦但去一二人塞責乎？」因力稱疾乞休。溫旨許之，仍敕有司歲給夫廩。

林居三十年，中外論薦者三十餘疏，竟不復起。性恭謹，不妄取予。卒年八十有四。贈太子少保。瀕歿，屬諸子曰：「他日儻蒙易名典，勿犯我家諱。」乃避「文」，諡恭靖。

何孟春，字子元，郴州人。祖俊，雲南按察司僉事。父說，刑部郎中。孟春少遊李東陽之門，學問該博。第弘治六年進士，授兵部主事。言官龐泮等下獄，疏救之。詔修萬歲山毓秀亭、乾清宮西室，役軍九千人，計費百餘萬。抗疏極諫。清寧宮災，陳八事，疏萬餘言。進員外郎、郎中，出理陝西馬政，條目畢張。還，上釐弊五事，並劾撫臣不職。

正德初，請釐正孔廟祀典，不果行。出爲河南參政，廉公有威。擢太僕少卿，進爲卿。駕幸宣府，馳疏諫。尋以右副都御史巡撫雲南。討平十八寨叛蠻阿勿、阿寺等，奏設永昌府，增五長官司、五守禦所。錄功，廕一子，辭不受。

世宗卽位，遷南京兵部右侍郎，半道召爲吏部右侍郎。會蘇、松諸府旱潦相繼，而江、淮北河水大溢，漂沒田廬人畜無算。孟春倣漢魏相條奏八事，帝嘉納焉。尋進左侍郎。尙書喬宇罷，代署部事。

先是，「大禮」議起。孟春在雲南聞之，上疏言：

臣閱邸報，見進士屈儒奏中請尊聖父爲「皇叔考興獻大王」，聖母爲「皇叔母興獻大王妃」。得旨下部，知猶未奉兪命也。臣惟前世帝王，自旁支入奉大統，推尊本生，得失之迹具載史册。宣帝不敢加號於史皇孫，光武不敢加號於南頓君，晉元帝不敢加號於恭王，抑情守禮。宋司馬光所謂當時歸美，後世頌聖者也。哀、安、桓、靈乃追尊其父祖，犯義侵禮。司馬光所謂取譏當時，見非後世者也。儀禮喪服「爲人後者」傳曰「何以三年也？受重者，必以尊服服之」。「爲人後者，爲其父母報」，〔七〕傳曰「何以期也？不二斬也」，「重大宗者，〔八〕降其小宗也」。夫父母，天下莫隆焉。至繼大宗則殺其服，而移於所後之親，蓋名之不可以二也。聖人制禮，尊無二上，若恭敬之心分於彼，則不得專於此故也。今者廷臣詳議，事猶未決，豈非皇叔考之稱有未當者乎？抑臣愚亦不能無疑。禮，生曰父母，死曰考妣，有世父母、叔父母之文，而無世叔考、世叔妣之說。今欲稱興獻王爲皇叔考，古典何據？宋

英宗時有請加濮王皇伯考者，宋敏求力斥其謬。然則皇叔考之稱，豈可加於興獻王乎？卽稱皇叔父，於義亦未安也。經書稱伯父、叔父皆生時相呼，及其既歿，從無通親屬冠於爵位之上者。然則皇叔父之稱，其可復加先朝已謚之親王乎？臣伏覩前詔，陛下稱先皇帝爲皇兄，誠於獻王稱皇叔，如宋王珪、司馬光所云，亦已愜矣。而議者或不然，何也？天下者，太祖之天下也。自太祖傳至孝宗，孝宗傳之先皇帝，特簡陛下，授之大業。獻王雖陛下天性至親，然而所以光臨九重，富有四海，子子孫孫萬世南面者，皆先皇帝之德，孝宗之所貽也。臣故願以漢宣、光武、晉元三帝爲法，若非古之名，不正之號，非臣所願於陛下也。

及孟春官吏部，則已尊本生父母爲興獻帝、興國太后，繼又改稱本生皇考恭穆獻皇帝、本生聖母章聖皇太后。孟春三上疏乞從初詔，皆不省。於是帝益入張璁、桂萼等言，復欲去本生二字。璁方盛氣，列上禮官欺妄十三事，且斥爲朋黨。孟春偕九卿秦金等具疏，略曰：「伊尹謂『有言逆於心，必求諸道。有言遜於志，必求諸非道』。邇者，大禮之議，邪正不同。若諸臣匡拂，累千萬言，此所謂逆於心之言也，陛下亦嘗求諸道否乎？一二小人，敢託將順之說，招徠罷閒不學無恥之徒，熒惑聖聽，此所謂遜於志之言也，陛下亦嘗求諸非道否乎？何彼言之易行，而此言之難入也。」遂發十三難以辨折璁，疏入留中。

其時詹事、翰林、給事、御史及六部諸司、大理、行人諸臣各具疏爭，並留中不下，羣情益洶洶。會朝方罷，孟春倡言於衆曰：「憲宗朝，百官哭文華門，爭慈懿皇太后葬禮，憲宗從之，此國朝故事也。」修撰楊愼曰：「國家養士百五十年，仗節死義，正在今日。」編修王元正、給事中張翀等遂遮留羣臣於金水橋南，謂今日有不力爭者，必共擊之。孟春、金獻民、徐文華復相號召。於是九卿則尚書獻民及秦金、趙鑑、趙璜、俞琳，侍郎孟春及朱希周、劉玉，都御史王時中、張潤，寺卿汪舉、潘希曾、張九敍、吳祺，通政張瓚、陳霑，少卿徐文華及張縉、蘇民、金瓚，府丞張仲賢，通政參議葛檜，寺丞袁宗儒，凡二十有三人；翰林則掌詹事府侍郎賈詠，學士豐熙，侍講張璧，修撰舒芬、楊維聰、姚淶、張衍慶，編修許成名、劉棟、張潮、崔桐、葉桂章、王三錫、余承勳、陸釴、王相、應良、王思，檢討金皐、林時及愼、元正，凡二十有二人；給事中則張翀、劉濟、安磐、張漢卿、張原、謝蕡、毛玉、曹懷、張嵩、王瑄、張襏、鄭一鵬、黃重、李錫、趙漢、陳時明、鄭自璧、裴紹宗、韓楷、黃臣、胡納，〔九〕凡二十有一人；御史則王時柯、余翱、葉奇、鄭本公、楊樞、劉潁、祁杲、杜民表、楊瑞、張英、劉謙亨、許中、陳克宅、譚纘、劉翀、張錄、郭希愈、蕭一中、張恂、倪宗嶽、王璜、沈教、鍾卿密、胡瓊、張濂、何鰲、張曰韜、藍田、張鵬翰、林有孚，凡三十人；諸司郎官，吏部則郎中余寬、党承志、劉天民，員外郎馬理、徐一鳴、劉勳，主事應大猷、李舜臣、馬冕、彭澤、張鵾，司務洪伊，凡十有二人；戶部

則郎中黃待顯、唐昇、賈繼之、楊易、楊淮、胡宗明、栗登、党以平、何巖、馬朝卿，員外郎申良、鄭漳、顧可久、婁志德，主事徐嵩、張庠、高奎、安璽、王尙志、朱藻、黃一道、陳儒、陳騰鸞、高登、程旦、尹嗣忠、郭日休、李錄、周詔、戴亢、繆宗周、丘其仁、組琨、張希尹，司務金中夫，檢校丁律，凡三十有六人；禮部則郎中余才、汪必東、張翀、張懷，員外郎翁磐、李文中、張濲，主事張鏜、豐坊、仵瑜、丁汝夔、臧應奎，凡十有二人；兵部則郎中陶滋、賀緡、姚汝皐、劉淑相、萬潮，員外郎劉漳、楊儀、王德明，主事汪溱、黃嘉賓、李春芳、盧襄、華鑰、鄭曉、劉一正、郭持平、余禎、陳賞，司務李可登、劉從學，凡二十人；刑部則郎中相世芳、張峩、詹潮、胡璉、范錄、〔一〇〕陳力、張大輪、葉應驄、白轍、許路，員外郎戴欽、張儉、劉士奇，主事祁敕、趙廷松、熊宇、何鰲、楊濂、劉仕、蕭樟、顧鐸、王國光、汪嘉會、殷承敍、陸銓、錢鐸、方一蘭，凡二十有七人；工部則郎中趙儒、葉寬、張子衷、汪登、劉璣、江珊，員外郎金廷瑞、范鏓、龐淳，主事伍餘福、張鳳來、張羽、車純、蔣珙、鄭驄，凡十有五人；大理之屬則寺正毋德純、蔣同仁，寺副王暐、劉道，評事陳大綱、鍾雲瑞、王光濟、張徽、王天民、鄭重、杜鸞，凡十有一人；俱跪伏左順門。帝命司禮中官諭退，衆皆曰：「必得俞旨乃敢退。」自辰至午，凡再傳諭，猶跪伏不起。

帝大怒，遣錦衣先執爲首者。於是豐熙、張翀、余翱、余寬、黃待顯、陶滋、相世芳、毋德

純八人，並繫詔獄。楊愼、王元正乃撼門大哭，衆皆哭，聲震闕廷。帝益怒，命收繫五品以下官若干人，〔一一〕而令孟春等待罪。翼日，編修王相等十八人俱杖死，〔一二〕熙等及愼、元正俱謫戍，始下孟春等前疏，責曰：「朕嗣承大統，祇奉宗廟，尊崇大禮，自出朕心。孟春等毀君害政，變亂是非。且張璁等所上十三條尙留中未發，安得先知？其以實對。」於是孟春等具疏伏罪，言：「璁等所條者，於未進之日先以私稾示人，且有副本存通政司，故臣等知之。臣等忝從大臣後，得與議禮之末。竊以璁等欺罔，故昌言論辨，以瀆天聽，罪應萬死。惟望聖明加察，辨其孰正孰邪，則臣等雖死亦幸。」帝怒不已，責孟春倡衆逞忿，非大臣事君之道，法宜重治，姑從輕奪俸一月。旋出爲南京工部左侍郎。故事，南部止侍郎一人，時已有右侍郎張琮，復以孟春爲左，蓋贅員也。孟春屢疏引疾，至六年春始得請。及明倫大典成，削其籍。久之，卒於家。隆慶初，贈禮部尙書，謚文簡。孟春所居有泉，用燕去來時盈涸得名，遂稱燕泉先生云。

豐熙，字原學，鄞人，布政司慶孫也。幼有異稟。嘗大書壁間曰：「立志當以聖人爲的。遜第一等事於人，非夫也。」年十六喪母，水漿不入口數日，居倚廬三年。弘治十二年舉殿

試第二。孝宗奇其策，賜第一人袍帶寵之。授編修，進侍講，遷右諭德。以不附劉瑾，出掌南京翰林院事。父喪闋，起故官。

世宗即位，進翰林學士。興獻王「大禮」議起，熙偕禮官數力爭。及召張璁、桂萼爲學士，方獻夫爲侍讀學士，熙昌言於朝曰：「此冷褒、段猶流也，吾輩可與並列耶？」抗疏請歸，不允。既而尊稱禮定，卜日上恭穆獻皇帝諡册。熙等疏諫曰：「大禮之議頒天下三年矣，乃以一二人妄言，欲去本生之稱，專隆鞠育之報。臣等聞命，驚惶罔知攸措。竊惟陛下爲宗廟神人之主，必宗廟之禮加隆，斯繼統之義不失。若乖先王之禮，貽後世之譏，豈不重累聖德哉。」不得命，相率伏哭左順門。遂下詔獄掠治，復杖之闕廷，遣戍。熙得福建鎮海衞。

既璁等得志，乃相率請釋謫戍諸臣罪，皆首及熙，帝不聽。最後謹身殿災，熙年且七十，給事中田濡復請矜宥，卒不聽。居十有三年，竟卒於戍所。隆慶初，贈官賜恤。

子坊，字存禮。舉鄉試第一。嘉靖二年成進士。出爲南京吏部考功主事。尋謫通州同知。免歸。坊博學工文，兼通書法，而性狂誕。熙既卒，家居貧乏，思效張璁、夏言片言取通顯。十七年詣闕上書，言建明堂事，又言宜加獻皇帝廟號稱宗，以配上帝，世宗大悅。未

幾，進號睿宗，配饗玄極殿。其議蓋自坊始，人咸惡坊畔父云。明年復進卿雲雅詩一章，詔付史館。待命久之，竟無所進擢，歸家悒悒以卒。晚歲改名道生。別爲十三經訓詁，類多穿鑿語。或謂世所傳子貢詩傳，亦坊僞纂也。

徐文華，字用光，嘉定州人。正德三年進士。授大理評事。擢監察御史，巡按貴州。乖西苗阿雜等倡亂，偕巡撫魏英討之，破寨六百三十。璽書獎勞。江西副使胡世寧坐論寧王宸濠繫詔獄，文華抗疏救曰：「世寧上爲聖朝，下爲宗室，竭誠發憤，言甫脫口，而禍患隨之，亦可哀也。寧王威餤日以張，隱患日以甚。失今不戢，容有紀極。顧又置世寧重法，杜天下之口，奪忠鯁之氣，弱朝廷之勢，啓宗藩之心，招意外之變，皆自今日始矣。」不納。

帝遣中官劉允迎佛烏斯藏，文華力諫。不報。馬昂納妊身女弟於帝，又疏諫曰：「中人之家不取再醮之婦。陛下萬乘至尊，乃有此舉，返之於心則不安，宣之於口則不順，傳之天下後世則可醜。誰爲陛下進此者，罪可族也。萬一防閑闊略，不幸有李園、呂不韋之徒乘間投隙，豈細故哉。今昂兄弟子姪出入禁闥，陛下降紬等威，與之亂服雜坐，或同臥起，壞祖宗法，莫此爲甚。馬姬專寵於內，昂等弄權於外，禍機竊發，有不可勝言者。乞早誅以絕禍源。」亦不報。

文華既數進直言，帝及諸近倖皆銜之。會文華條上宗廟禮儀，祧廟、禘祫、特享、出主、祔食，凡五事。考證經義，悉可施行。帝怒，責其出位妄言，章下所司。禮官闇於經術，又阿帝意，遂奏文華言非是。命下詔獄，黜爲民。時正德十一年十月也。

世宗即位，起故官，歷河南按察副使。嘉靖二年舉治行卓異，入爲大理右少卿，尋轉左。時方議興獻帝「大禮」，文華數偕諸大臣力爭。明年七月復倡廷臣伏闕哭諫，坐停俸四月。已，席書、張璁、桂萼、方獻夫會廷臣大議，文華與汪偉、鄭岳猶力爭。武定侯郭勛遽曰：「祖訓如是，古禮如是，璁等言當。書曰大臣事君，當將順其美。」議乃定。及改題廟主，文華諫曰：「孝宗有祖道焉，不可以伯考稱。武宗有父道焉，不可以兄稱。不若直稱曰孝宗敬皇帝、武宗毅皇帝，猶兩全無害也。」疏入，命再奪俸。

六年秋，李福達獄起。主獄者璁、萼、獻夫，以議禮故憾文華等，乃盡反獄詞，下文華與諸法官獄。獄具，責文華阿附御史殺人，遣戍遼陽。遇赦，卒於道。隆慶初，贈左僉都御史。

自大學士毛紀、侍郎何孟春去位，諸大臣前爭「大禮」者或依違順旨，文華顧堅守前議不變。其被讁不以罪，士論深惜之。

薛蕙，字君采，亳州人。年十二能詩。舉正德九年進士，授刑部主事。諫武宗南巡，受杖奪俸。旋引疾歸。起故官，改吏部，歷考功郎中。

嘉靖二年，廷臣數爭「大禮」，與張璁、桂萼等相持不下。〔一三〕蕙撰爲人後解、爲人後辨及辨璁、萼所論七事，合數萬言上於朝。解有上下二篇，推明大宗義。其辨曰：

陛下繼祖體而承嫡統，合於爲人後之義，坦然無疑。乃有二三臣者，詭經畔禮，上惑聖聰。夫經傳纖悉之指，彼未能覩其十一，遽欲恃小慧，騁夸詞，可謂不知而作者也。

其曰「陛下爲獻帝不可奪之適嗣」。按漢石渠議曰：「大宗無後，族無庶子，己有一適子，當絕父嗣以後大宗否？」戴聖云：「大宗不可絕。禮言適子不爲後者，不得先庶子耳。族無庶子，則當絕父以後大宗。」晉范汪曰：「廢小宗，昭穆不亂。廢大宗，昭穆亂矣。先王所以重大宗也。豈得不廢小宗以繼大宗乎？」夫人子雖有適庶，其親親之心一也。而禮適子不爲後，庶子得爲後者，此非親其父母有厚薄也，直繫於傳重收族不同耳。今之言者不知推本祖禰，惟及其父母而止，此弗忍薄其親，忍遺其祖也。

其曰「爲人後者爲之子，乃漢儒邪說」。按此踵歐陽修之謬也。夫「爲人後者爲之

子」，其言出於公羊，固漢儒所傳者。然於儀禮實相表裏，古今以爲折衷，未有異論者也。藉若修之說，其悖禮甚矣。禮「爲人後者，斬衰三年」，此子於父母之喪也。以其父母之喪服之，非爲之子而何？其言之悖禮一也。傳言「爲所後者之祖父母妻，妻之父母昆弟，昆弟之子若子」。其若子者，由爲之子故耳。傳明言「若子」，今顧曰「不爲之子」，其言之悖禮二也。且爲人後者不爲之子，然則稱謂之閒，將不曰父，而仍曰伯父、叔父乎？其言之悖禮三也。又立後而不爲之子，則古立後者，皆未嘗實子之，而姑僞立是人也。是聖人僞教人以立後，而實則無後焉耳。其言之悖禮四也。夫無後者，重絕祖考之祀，故立後以奉之。今所後既不得而子，則祖考亦不得而孫矣。豈可以入其廟而奉其祀乎？其言之悖禮五也。由此觀之，名漢臣以邪說，無乃其自名耶？抑二三臣者亦自度其說之必窮也，於是又爲遁辭以倡之曰：「夫統與嗣不同，陛下之繼二宗，當繼統而不繼嗣。」此一言者，將欲以廢先王爲人後之義與？則尤悖禮之甚者也。然其牽合附會，眩於名實，苟不辨而絕之，殆將爲後世禍矣。

夫禮爲大宗立後者，重其統也。重其統不可絕，乃爲之立後。至於小宗不爲之後者，統可以絕，則嗣可以不繼也。是則以繼統故繼嗣，繼嗣所以繼統也。故禮「爲人後」，言繼嗣也。「後大宗」，言繼統也。統與嗣，非有二也，其何不同之有？自古帝王入繼

者，必明爲人後之義，而後可以繼統。蓋不爲後則不成子也。若不成子，夫安所得統而繼之。故爲後也者成子也，成子而後繼統，又將以絕同宗覬覦之心焉。聖人之制禮也，不亦善乎。抑成子而後繼統，非獨爲人後者爾也。禮無生而貴者。雖天子諸侯之子，苟不受命於君父，亦不敢自成尊也。春秋重授受之義，以爲爲子受之父，爲臣受之君。故穀梁子曰「臣子必受君父之命」。斯義也，非直尊君父也，亦所以自尊焉耳。蓋尊其君父，亦將使人之尊己也。如此則義禮明，而禍亂亡。今說者謂『倫序當立斯立已』，是惡知禮與春秋之意哉！

若夫前代之君，閒有弟終而兄繼，姪終而伯叔父繼者，此遭變不正者也。[四]然多先君之嗣。先君於己則考也，己於先君則子也。故不可考後君，而亦無兩統二父之嫌，若晉之哀帝、唐之宣宗是也。其或諸王入嗣，則未有仍考諸王，而不考天子者也。陛下天倫不先於武宗，正統不自於獻帝，是非予奪，至爲易辨。而二三臣者猥欲比於遭變不正之舉，故曰悖禮之尤者也。

其他所辨七事，亦率倣此。

書奏，天子大怒，下鎭撫司考訊。已，貰出之，奪俸三月。會給事中陳洸外轉，疑事由文選郎夏良勝及蕙。良勝已被訐見斥，而蕙故在。時亳州知州顏木方坐罪，乃誣蕙與木同

年相關通，疑有奸利。章下所司，蕙亦奏辨。帝不聽，令解任聽勘。蕙遂南歸。既而事白，吏部數移文促蕙起。蕙見璁、萼等用事，堅臥不肯起。十八年詔選宮僚，[三]擬蕙春坊司直兼翰林檢討。帝猶以前憾故，報罷。而蕙亦卒矣。

蕙貌臞氣清，持己峻潔，於書無所不讀。學者重其學行，稱爲西原先生。

當是時，廷臣力持「大禮」，而璁、萼建異議，舉朝非之。其不獲與廷議，而以璁、萼得罪者，又有胡侍、王祿、侯廷訓云。

胡侍，寧夏人。舉進士。歷官鴻臚少卿。張璁、桂萼既擢學士，侍劾二人越禮背經。因據所奏，反覆論辨，凡千餘言。帝怒，命逮治。言官論救，謫潞州同知。瀋府宗室勛注以事憾之，奏侍試諸生題譏刺，且謗「大禮」。逮至京，訊斥爲民。

王祿，新城人。舉於鄉，爲福建平和知縣。嘉靖九年疏請建獻帝廟於安陸，封崇仁王以主其祀，不當考獻帝，伯孝宗，涉二本之嫌。宗藩子有幼而岐嶷者，當養之宮中，備儲貳選。疏奏，卽棄官歸。命按臣逮治，亦斥爲民。

侯廷訓，樂清人。與張璁同郡，同舉進士，而持論不合。初釋褐，卽上疏請考孝宗，且言不當私藩邸舊臣，語最切直。除南京禮部主事。嘉靖三年冬，「大禮」定，廷訓心非之。私

刊所著議禮書，潛寄京師，下詔獄拷訊。子一元，年十三，伏闕訟冤，得釋。後起官至漳南僉事。以貪虐，被劾爲民。一元舉進士，官至江西布政使。

贊曰：「大禮」之議，楊廷和爲之倡，舉朝翕然同聲，大抵本宋司馬光、程頤濮園議。然英宗長育宮中，名稱素定。而世宗奉詔嗣位，承武宗後，事勢各殊。諸臣徒見先賢大儒成說可據，求無得罪天下後世，而未暇爲世宗熟計審處，準酌情理，以求至當。爭之愈力，失之愈深，惜夫。

校勘記

〔一〕歷禮部侍郎　禮部侍郎，武宗實錄卷一五〇正德十二年六月壬戌條、世宗實錄卷二六嘉靖二年閏四月己酉條都作「吏部侍郎」。

〔二〕十二年六月拜尚書　六月，原作「五月」，據本書卷一一一七卿年表、武宗實錄卷一五〇正德十二年六月壬戌條改。

〔三〕加興獻王號曰興獻帝妃曰興國太后　興國太后，本書卷一七世宗紀、世宗實錄卷七正德十六年

十月庚辰條都作「興獻后」。按嘉靖元年世宗始改稱其母尊號爲「興國太后」，見本書卷一七世宗紀及世宗實錄卷一二嘉靖元年三月壬戌條。此在正德十六年「十月二日庚辰」，應作「興獻后」。

〔四〕清寧宮後三小宮災　清寧宮，原作「寧清宮」，據世宗實錄卷十嘉靖元年正月己未條、國榷卷五二頁三二五一改。明會典卷七一有「清寧宮」。

〔五〕三年二月　二月，原作「正月」，據世宗實錄卷三六嘉靖三年二月戊申條、國榷卷五三頁三二九五改。

〔六〕協律郎崔元初習樂舞生於大內　崔元初，世宗實錄卷四〇嘉靖三年六月辛丑條作「崔元郝」。

〔七〕爲其父母報　爲，原作「謂」，據明史稿傳七六何孟春傳、儀禮喪服改。

〔八〕重大宗者　儀禮喪服作「持重於大宗者」。

〔九〕胡納　明史稿傳七六何孟春傳作「胡訥」。

〔一〇〕范錄　明史稿傳七六何孟春傳作「范祿」。

〔一一〕命收繫五品以下官若干人　五品，原作「四品」。明史稿傳七六何孟春傳、世宗實錄卷四一嘉靖三年七月戊寅條都作「五品」。按世宗實錄稱「四品以上姑於午門前宣諭停俸，五品以下各杖之。」作「五品」是，據改。

〔一二〕編修王相等十八人俱杖死　十八人，本書卷一九二王思傳、郭楠傳，世宗實錄卷四六嘉靖三年十二月辛卯條，都作「十七人」。本書卷一七世宗紀所記亦止十七人。

〔一三〕嘉靖二年廷臣數爭大禮與張璁桂萼等相持不下　二年，明史稿傳七六薛蕙傳、世宗實錄卷四〇嘉靖三年六月庚戌條都作「三年」。按桂萼上書言大禮，在嘉靖三年正月，二月，世宗召張璁、桂萼於南京，始與廷臣爭大禮。二年，桂萼尚未上書，作「三年」是。

〔一四〕間有弟終而兄繼姪終而伯叔父繼者此遭變不正者也　弟終而兄繼，原作「兄終而弟繼」。按「兄終弟及」是明之「祖訓」，不能說是「遭變不正者」。明史稿傳七六薛蕙傳作「弟終而兄繼」，是，據改。

〔一五〕十八年詔選宮僚　宮僚指東宮屬僚，原誤作「官僚」，據明史稿傳七六薛蕙傳、世宗實錄卷二二一嘉靖十八年二月癸丑條、國榷卷五七頁三五七〇改。

明史卷一百九十二

列傳第八十

楊慎 王元正　王思 王相　張翀　劉濟　安磐　張漢卿　張原

毛玉 裴紹宗　王時柯 余翱　鄭本公　張曰韜 胡瓊　楊淮 申良

張瀷 仵瑜　臧應奎　胡璉　余禎　李可登　安璽　殷承敘

郭楠 俞敬　李繼先　王懋

楊慎，字用修，新都人，少師廷和子也。年二十四，舉正德六年殿試第一，授翰林修撰。丁繼母憂，服闋起故官。十二年八月，武宗微行，始出居庸關，慎抗疏切諫。尋移疾歸。

世宗嗣位，起充經筵講官。常講舜典，言：「聖人設贖刑，乃施於小過，俾民自新。若元惡大奸，無可贖之理。」時大璫張銳、于經論死，或言進金銀獲宥，故及之。

嘉靖三年，帝納桂萼、張璁言，召爲翰林學士。慎偕同列三十六人上言：「臣等與萼輩學術不同，議論亦異。臣等所執者，程頤、朱熹之說也。萼等所執者，冷褒、段猶之餘也。今陛下既超擢萼輩，不以臣等言爲是，臣等不能與同列，願賜罷斥。」帝怒，切責，停俸有差。踰月，又偕學士豐熙等疏諫。不得命，偕廷臣伏左順門力諫。帝震怒，命執首事八人下詔獄。於是慎及檢討王元正等撼門大哭，聲徹殿庭。帝益怒，悉下詔獄，廷杖之。閱十日，有言前此朝罷，羣臣已散，慎、元正及給事中劉濟、安磐、張漢卿、張原，御史王時柯實糾衆伏哭。乃再杖七人於廷。慎、元正、濟並謫戍，餘削籍。慎得雲南永昌衞。先是，廷和當國，盡斥錦衣冒濫官。及是伺諸途，將害慎。慎知而謹備之。至臨淸始散去。扶病馳萬里，憊甚。抵戍所，幾不起。

五年聞廷和疾，馳至家。廷和喜，疾愈。還永昌，聞尋甸安銓、武定鳳朝文作亂，率僮奴及步卒百餘，馳赴木密所與守臣擊敗賊。八年聞廷和訃，奔告巡撫歐陽重請於朝，獲歸葬，葬訖復還。自是，或歸蜀，或居雲南會城，或留戍所，大吏咸善視之。及年七十，還蜀，巡撫遣四指揮逮之還。嘉靖三十八年七月卒，年七十有二。

慎幼警敏，十一歲能詩。十二擬作古戰場文、過秦論，長老驚異。入京，賦黃葉詩，李

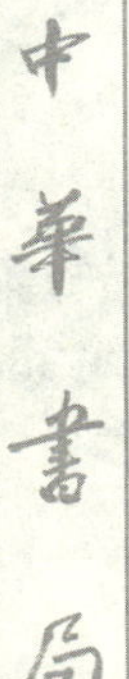

東陽見而嗟賞，令受業門下。在翰林時，武宗問欽天監及翰林：「星有注張，又作汪張，是何星也？」衆不能對。愼曰：「柳星也。」歷舉周禮、史記、漢書以復。預修武宗實錄，事必直書。總裁蔣冕、費宏盡付稾草，俾削定。嘗奉使過鎭江，謁楊一清，閱所藏書。叩以疑義，一清皆成誦。愼驚異，益肆力古學。既投荒多暇，書無所不覽。嘗語人曰：「資性不足恃。日新德業，當自學問中來。」故好學窮理，老而彌篤。世宗以議禮故，惡其父子特甚，每問愼作何狀。閣臣以老病對，乃稍解。愼聞之，益縱酒自放。明世記誦之博，著作之富，推愼爲第一。詩文外，雜著至一百餘種，並行於世。隆慶初，贈光祿少卿。天啓中，追謚文憲。

王元正，字舜卿，盩厔人。與愼同年進士。由庶吉士授檢討。武宗幸宣、大，元正述五子之歌以諷。竟以爭「大禮」，謫戍茂州卒。隆慶初，贈修撰。

王思，字宜學，太保直曾孫也。正德六年進士。改庶吉士，授編修。九年春，乾清宮災。思應詔上疏曰：「天下之治賴紀綱，紀綱之立係君身而已。私恩不偏於近習，政柄不移於左右，則紀綱立，而宰輔得行其志，六卿得專其職。今者內閣執奏方

堅，而或撓於傳奉，六卿擬議已定，而或阻於內批，此紀綱所由廢也。惟陛下抑私恩，端政本，用舍不以讒移，刑賞不以私拒，則體統正而朝廷尊矣。祖宗故事，正朝之外，日奏事左順門，又不時召對便殿。今每月御朝不過三五日，每朝進奏不踰一二事。其養德之功，求治之實，宰輔不得而知也。闕見之非，嗜好之過，宰輔不得而知也。天下之大，四海之遠，生民愁苦之狀，盜賊縱橫之由，豈能一一上達。伏願陛下悉遵舊典，凡遇宴閒，少賜召問，勿以遇災而懼，災過而弛，然後可以享天心，保天命。」

其年九月，帝狎虎而傷，閱月不視朝。思復上封事曰：「孝宗皇帝之子惟陛下一人，當爲天下萬世自重。近者道路傳言，虎逸於柙，驚及聖躬。臣聞之，且駭且懼。陛下卽位以來，於玆九年。朝宁不勤政，太廟不親享。兩宮曠於問安，經筵倦於聽講。揆厥所自，蓋有二端：嗜酒而荒其志，好勇而輕其身。由是，戒懼之心日忘，縱恣之欲日進，好惡由乎喜怒，政令出於多門。紀綱積弛，國是不立。士氣摧折，人心危疑。上天示警，日食地震。宗社之憂，凜若朝夕。夫勇不可好，陛下已薄有所懲矣。至於荒志廢業，惟酒爲甚。書曰：『甘酒嗜音，峻宇雕牆，有一於此，未或不亡。』陛下露處外宮，日湎於酒。厮養雜侍，禁衛不嚴。卽不幸變起倉卒，何以備之。此臣所大憂也。」疏入，留中者數日，忽傳旨降遠方雜職，遂謫潮州三河驛丞。

思年少氣銳，每衆中指切人是非。已悔之，自斂爲質訥。及被謫，怡然就道。夜過灘水，舟飄巨石上，緣石坐浩歌。家人後至，聞歌聲乃檥舟以濟。王守仁講學贛州，思從之遊。及守仁討宸濠，檄思贊軍議。

世宗嗣位，召復故官，仍加俸一級。思疏辭，且言：「陛下欲作敢言之氣，以防壅蔽之奸，莫若省覽奏章，召見大臣，勿使邪僻阿徇之說蠱惑聖聽，則堯、舜之治可成。不然，縱加恩於先朝譴責之臣，抑末矣。」帝不允，因命近日遷俸者，皆不得辭。尋充經筵講官。

嘉靖三年與同官屢爭「大禮」，不報。時張璁、桂萼、方獻夫爲學士，思羞與同列，疏乞罷歸。不許。其年七月，偕廷臣伏左順門哭諫。帝大怒，繫之詔獄，杖三十。踰旬，再杖之。思與同官王相，給事中張原、毛玉、裴紹宗，御史張曰韜、胡瓊，郎中楊淮、胡璉，員外郎申良、張瀔，主事安璽、仵瑜、臧應奎、余禎、殷承敘，司務李可登，凡十有七人，皆病創先後卒。隆慶初，各廕一子，贈官有差。思贈右諭德。

思志行邁流俗，與李中、鄒守益善。高陵呂柟亟稱之，嘗曰：「聞過而喜似季路，欲寡未能似伯玉，則改齋其人也。」改齋者，思別號也。

王相，字懋卿，鄞人。正德十六年進士。由庶吉士授編修。豪邁尚志節。事親篤孝。

家貧屢空，晏如。仕僅四年而卒。

張翀，字習之，潼川人。正德六年進士。選庶吉士，改刑科給事中。引疾歸，起戶科。

世宗卽位，詔罷天下額外貢獻。其明年，中都鎭守內官張陽復貢新茶。禮部請遵詔禁，不許。翀言：「陛下詔墨未乾，旋卽反汗，人將窺測朝廷，玩侮政令。且陽名貢茶，實雜致他物。四方效尤，何所抵極。願守前詔，無墮奸謀。」不聽。寧夏歲貢紅花，大爲軍民害，內外鎭守官涖任，率貢馬謝恩，翀皆請罷之。帝雖是其言，不能從。尋言：「中官出鎭，非太祖、太宗舊制。景帝遭國家多故，偶一行之。謂內臣是朝廷家人，但有急事，令其來奏。乃往歲宸濠謀叛，鎭守太監王宏反助爲逆，內臣果足恃耶？時平則坐享尊榮，肆毒百姓，遇變則心懷顧望，不恤封疆。不可不亟罷。」後張孚敬爲相，竟罷諸鎭守，其論實自翀發之。

屢遷禮科都給事中。又言：「頃聞紫禁之內，禱祠繁興。乾清宮內官十數輩，究習經典，講誦科儀，賞賚踰涯，寵幸日密。此由先朝罪人遺黨若太監崔文輩，挾邪術爲嘗試計。陛下爲其愚弄，而已得肆其奸欺。干撓政事，牽引羣邪，傷太平之業，失四海之望。竊計陛下寧遠君子而不忍斥其徒，寧棄讜言而不欲違其教，亦謂可以延年已疾耳。側聞頃來嬪御

女謁，充塞闈幃，一二黠慧柔曼者爲惑尤甚。由是，怠日講，疏召對，政令多僻，起居愆度。小人窺見間隙，遂以左道蠱惑。夫以齋醮爲足恃而恣欲宮壼之間，以荒淫爲無傷而邀福邪妄之術，甚非古帝王求福不回之道也。」

嘉靖二年四月，以災異，偕六科諸臣上疏曰：「昔成湯以六事自責曰：『政不節歟？民失職歟？宮壼崇歟？女謁盛歟？苞苴行歟？讒夫昌歟？』今誠以近事較之。快船方減而輒允藏保奏添，鎮戍方裁而更聽趙榮分守。詔核馬房矣，隨格于閻洪之一言；詔汰軍匠矣，尋奪於監門之羣咻。是政不可謂節也。末作競於奇巧，遊手半於閭閻。耕桑時廢，缺俯仰之資；教化未聞，成偷薄之習。是民不可謂不失職也。兩宮營建，採運艱辛。或一木而役夫萬千，或一椽而廢財十百。死亡枕藉之狀，呻吟號嘆之聲，陛下不得而見聞。是宮壼不可謂不崇也。奉聖、保聖之後，先女寵於册后；莊奉、肅奉之名，聯殊稱於乳母。或承恩漸隣於飛燕，或黠慧不下於婉兒，內以移主上之性情，外以開近習之負倚。是女謁不可謂不盛也。窮奸之鋭、雄，公肆賂遺而逃籍沒之律；極惡之鵬、鎧，密行請託而逭三載之誅。錢神靈而王英改問於錦衣，關節通而于喜竟漏於禁網。是苞苴不可謂不行也。獻廟主祀，屈府部之議，而用王槐諛佞之謀。重臣批答，乏體貌之宜，而入羣小甚間之論。或譖發於內，陰肆毒螫，或讒行於外，顯逞擠排，上以汨朝廷之是非，下以亂人物之邪正。是讒夫不可謂不

昌也。凡此，皆成湯之所無，而今日之所有，是以不避斧鉞之誅，用附責難之義。望陛下採納。」其年冬，命中官督蘇、杭織造，舉朝阻之不能得。翀復偕同官張原等力爭。時世宗初政，楊廷和等在內閣。羣小雖已用事，正論猶伸，翀前後指斥無所避。帝雖不見用，然亦嘗報聞，不罪也。

及明年三月，帝以桂萼言，鋭欲考獻帝，且欲立廟禁中，翀復偕同官力諫。帝於是責以朋言亂政，命奪俸。既又助尚書喬宇等再疏爭內殿建室之議，被詔切讓。呂柟、鄒守益下獄，翀等抗疏救。及張璁、桂萼召至，翀與給事三十餘人連章言：「兩人賦性奸邪，立心憸佞，變亂宗廟，離間宮闈，詆毀詔書，中傷善類。望亟出之，爲人臣不忠之戒。」皆不納。

帝愈欲考獻帝，改孝宗爲伯考，翀等憂之。會給事中張漢卿劾席書振荒不法，戶部尚書秦金請命官往勘，帝是之。翀等乃取廷臣劾萼等章疏，送刑部令上請，且私相語曰：「倘上亦云是者，即撲殺之。」璁等以其語聞。帝留疏不下，而責刑部尚書趙鑑等朋邪害正，翀等陷義罔忠，而進璁、萼學士。廷臣相顧駭歎。諸曹乃各具一疏，力言孝宗不可稱伯考，署名者凡二百二十餘人。帝皆留中不報。七月戊寅，諸臣相率伏左順門懇請。帝兩遣中官諭之不退，遂震怒。先逮諸曹爲首者八人於詔獄，翀與焉。尋杖於廷，謫戍瞿塘衛，而璁、萼寵益盛。翀居戍所十餘年，以東宮册立恩放還，卒。

劉濟，字汝楫，騰驤衛人。正德六年進士。由庶吉士授吏科給事中。山西巡撫李鉞劾左、右布政使倪天民、陳逵。吏部請黜之，帝不許。濟疏爭，不省。帝幸宣府、榆林，濟皆疏請回鑾。詔封許泰、江彬伯爵，又與諸給事中力爭，皆不報。世宗卽位，出核甘肅邊餉。奏革涼州分守中官及永昌新添遊兵。再遷工科左給事中。

嘉靖改元，進刑科都給事中。主事陳嘉言坐事下獄，濟疏救，不許。廖鵬父子及錢寧黨王欽等，皆以從逆論斬，鵬等夤緣中人冀脫死。濟上言：「自來死囚臨斬，鼓下猶受訴詞，奏上得報，已及日旰，再請而後行刑，則已薄暮，殊非與衆棄之之意。乞自三請後，鼓下不得受詞。鵬、欽等罪甚當，幸陛下勿疑。」詔自今以申酉行刑。鵬等竟緩決，欽後以中旨免死。濟力爭，不聽。故事，廠衛有所逮，必取原奏情事送刑科簽發駕帖。千戶白壽齎帖至，濟索原奏，壽不與，濟亦不肯簽發。兩人列詞上。帝先入壽言，竟詘濟議。中官崔文僕李陽鳳坐罪，已下刑部。帝受文愬，移之鎮撫。濟率六科爭之，不聽。都督劉暉以奸黨論戍，有詔復官。甘肅總兵官李隆嗾亂軍殺巡撫許銘，逮入都，營免赴鞫。濟皆力陳不可，帝從其言。暉奪職，隆受訊伏辜。

定國公徐光祚規占民田，嗾灤州民訐前永平知府郭九皋。太監芮景賢主之，緹騎逮訊。濟請并治光祚，章下所司。給事中劉最以劾中官崔文調外任，景賢復劾其違禁，與御史黃國用皆逮下詔獄，戍最而謫國用。法司爭不得，濟言：「國家置三法司，專理刑獄，或主質成，或主平反。權臣不得以恩怨爲出入，天子不得以喜怒爲重輕。自錦衣鎮撫之官專理詔獄，而法司幾成虛設。如最等小過耳，羅織於告密之門，鍛鍊於詔獄之手，旨從內降，大臣初不與知，爲聖政累非淺。且李洪、陳宣罪至殺人，降級而已。以最等視之，奚啻天淵，而罪顧一律，何以示天下。」帝怒，奪濟俸一月。后父陳萬言奴何璽毆人死，帝命釋之。濟執奏曰：「萬言縱奴殺人，得免爲幸，乃并釋璽等，是法不行於戚畹奴也。」

濟在諫垣久，言論侃侃，多與權幸相枝柱，直聲甚震，帝滋不能堪。「大禮」議起，廷臣爭者多得罪。濟疏救修撰呂柟，編修鄒守益，給事中鄧繼曾，御史馬明衡、朱淛、陳逅、季本，郎中林應驄，不聽。既而遮諸朝臣於金水橋，伏哭左順門，受杖闕廷。越十二日再杖，謫戍遼東。十六年册立皇太子，赦諸謫戍者，濟不與，卒於戍所。隆慶初復官，贈太常少卿。

安磐，字公石，嘉定州人。弘治十八年進士。改庶吉士。正德時，歷吏、兵二科給事中，乞假去。

世宗踐阼，起故官。帝手詔欲加興獻帝皇號，磐言：「興，藩國也，不可加於帝號之上。獻，謚法也，不可加於生存之母。本生、所後，勢不俱尊。大義私恩，自有輕重。」會廷臣多力爭，事得且止。

嘉靖元年，主事霍韜言，科道官褻服受詔，大不敬。磐偕同官論韜先以議禮得罪名教，恐言官發其奸，故摭拾細事，意在傾排。帝置不問。尋因事言：「先朝內外巨奸，若張忠、劉養、韋霦、魏彬、王瓊、甯杲等，漏網得全要領。其貨賂可以通神，未嘗不夤緣覬復用。宜嚴察預防，天下事毋令若輩再壞。」帝納其言，命錦衣官密訪緝之。中官張欽家人李賢者，帝許任爲錦衣指揮。磐極言不可，不聽。

錦衣千戶張儀以附中官張銳黜革，御史楊百之忽爲訟冤，言：「儀嘗宸濠逆謀時，首倡大義，勸銳卻其餽遺。今銳以是免死，儀功不錄，無以示報。」磐疏言：「百之憸邪，陽爲儀遊說，而陰與銳交關，爲銳再起地。」百之情得，乃誣磐因請屬不行，挾私行謗。吏部尚書喬宇等議黜百之，刑部謂情狀未明，宜俱逮治。帝兩宥之，奪百之俸三月，磐一月。

帝頻興齋醮，磐又抗言：「曩武宗爲左右所蠱，命番僧鎖南綽吉出入豹房，內官劉允迎佛西域。十數年間糜費大官，流謗道路。自劉允放，而鎖南囚，供億減，小人伏。奈何甫及二年，遽襲舊轍。不齋則醮，月無虛日。此豈陛下本意，實太監崔文等爲之。文鐘鼓廝役，夤緣冒遷，既經降革，乃營求還職。導陛下至此，使貽譏天下後世，文可斬也。文嘗試陛下，欲行香則從之，欲登壇則從之，欲拜疏則又從之。無已則導以遊幸、土木，導以征伐，方且連類以進，伺便以逞。臣故曰文可斬也。」疏入，報聞。

戶部主事羅洪載以杖錦衣百戶張瑾下詔獄，[一]磐與同官張漢卿、張逵、萬鵾等請付之法司。不聽。永福長公主下嫁，擇吾於七月下旬。磐言：「長公主於孝惠皇太后爲在室孫女，期服未滿，宜更其期。舊儀，駙馬見公主行兩拜禮，公主坐受，乖夫婦之分，亦當革正。」帝以遺旨格之，相見禮如故。

錦衣革職旗校王邦奇屢乞復職，磐言：「邦奇等在正德世，貪饕搏噬，有若虎狼。其捕奸盜也，或以一人而牽十餘人，或以一家而連數十家，鍛鍊獄詞，付之司寇，謂之『鑄銅板』。其緝妖言也，或用番役四出搜愚民詭異之書，或購奸僧潛行誘愚民彌勒之教，然後從而掩之，無有解脫，謂之『種妖言』。數十年內，死者塡獄，生者冤號。今不追正其罪，使得保首領，亦已幸矣，尙敢肆然無忌，屢瀆天聽，何爲者哉。且陛下收已渙之人心，奠將危之國脈，實在登極一詔。若使此輩攘臂一朝壞之，則奸人環立蠭起，隄防潰決，不知所紀極矣。宜嚴究治，絕禍源。」帝不能從。其後邦奇卒爲大厲如磐言。

帝驛召席書、桂萼等，磐請斥之以謝天下，且言：「今欲別立一廟於大內，是明知恭穆不可入太廟矣。夫孝宗既不得考，恭穆又不得入，是無考也。世豈有無考之太廟哉。此其說之自相矛盾者也。」不聽。

歷兵科都給事中。以率衆伏闕再受杖，除名爲民。卒於家。

張漢卿，字元傑，儀封人。正德六年進士。授魏縣知縣，徵拜刑科給事中。嘗陳杜僥倖、廣儲積、愼刑獄三事，深切時弊，不報。武宗將南巡，偕同官伏闕諫。世宗嗣位，從巡撫李鐸言，發帑金二十萬優䘏宣府軍民。以漢卿言，併發十三萬於大同。屢遷戶科都給事中。

嘉靖元年冬，與同官上言：「陛下軫念畿輔莊田之害，遣官會勘。敕自正德以後投獻及額外侵占者，盡以給民。王言一布，天下孰不誦陛下之仁。乃者給事中夏言、御史樊繼祖、主事張希尹勘上涿州薰皮廠、安州鷹房草場，詔旨留用。所司執奏，迄不肯從，非所以全

大信昭至公也。皮廠起於馬永成，鷹房創於谷大用，皆奪民業爲之。今馬俊、趙霦恃藩邸舊恩，妄求免革，是復蹈永成、大用故轍也。乞盡還之民，而嚴罪俊、霦爲欺罔者戒。」后父陳萬言請營新第，既又乞莊田，內官吳勳等請督蘇州織造，漢卿皆極諫。不納。應天諸府大旱，帝將鬻淮、浙餘鹽及所沒產，易銀振之。漢卿言：「易銀緩，非發帑金不可。」帝爲發銀十五萬。

未幾，復偕同官言：「今天下一歲之供，不給一歲之用，加以水旱頻仍，物力殫屈。陛下方躬行節儉，而中官梁棟等奏營造缺珠寶，是欲括戶部之銀也。梁政等又以蠲免三分之數，欲行京倉撥補，是欲耗太倉之粟也。夫內庫不足，取之計部，計部不足，取之郡邑小民，郡邑小民將安取哉？今東南洊饑，民至骨肉相食，而搜括之令頻行，臣等竊以爲不可。」報聞。已，又劾席書振濟乖方，乞遣官往勘，正其欺罔罪。帝方眷書甚，驛召爲禮部尚書，不罪也。

初，興獻帝議加皇號，漢卿力爭，至是又倡衆伏闕。兩受杖，斥爲民。二十年，言官邢如默、賈準等會薦天下遺賢，及漢卿，終不召。

中華書局

張原，字士元，三原人。正德九年進士。授吏科給事中。疏陳汰冗食、愼工作、禁貢獻、明賞罰、廣言路、進德學六事。中言：「天下幅員萬里，一舉事而計臣輒告匱，民貧故也。民何以貧？守令之裒斂，中臣之貢獻，爲之也。比年軍需雜輸十倍前制，皆取辦守令。守令假以自殖，又十倍於上供。民既困矣，而貢獻者復巧立名目，爭新競異，號曰『孝順』。取於民者十百，進於上者一二，朝廷何樂於此而受之。人君馭下惟賞與罰。邇者庸才厮養莫不封侯腰玉。或足不出門而受賞，身不履陳而奏功。禦敵者竟未沾恩，覆軍者多至逃罪。此士卒所由解體也。」疏入，權倖惡之，傳旨謫新添驛丞。

嘉靖初，召復兵科，仍加俸一級。南寧伯毛良殺其子，錦衣掌印指揮朱震等多違縱，[三]原先後論之，皆奪職閒住。帝進張鶴齡昌國公，封陳萬言泰和伯，世襲，授萬言子紹祖尙寶丞，又以外戚蔣泰等五人爲錦衣千、百戶，原抗疏極言，請行裁節。未幾，劾建昌侯張延齡强占民地，定國公徐光祚子、外戚玉田伯蔣輪、昌化伯邵蕙家人擅作威福。事雖不盡行，權貴皆震懾。

進戶科右給事中。撼門哭，再被杖，創重卒。貧不能歸葬。久之，都御史陳洪謨備陳原與毛玉、裴紹宗、王思、王相、胡瓊等妻子流離狀，請卹於朝。不許。隆慶元年贈光祿少卿。

毛玉，字國珍，更字用成，雲南右衞軍家子也，其先良鄕人。弘治十八年進士。正德五年，由行人擢南京吏科給事中。劉瑾既敗，大盜蠭起。玉言大學士焦芳、劉宇實亂天下，請顯僇，以謝萬姓。羣盜擾山東、河南，玉請備留都。已而盜果渡江，以備嚴不敢犯。外艱去，起南京兵科。御史林有年諫迎佛烏思藏下獄，玉抗疏救之，有年得薄罰。又以繼母艱去。服闋，除吏科。

世宗卽位逾年，興邸諸內官怙帝寵，漸驕佚。又故太監谷大用、魏彬等相次謀復起，事有萌芽。玉卽抗疏歷敍武宗時事，勸帝戒嗜欲，杜請託，以破僥倖之門，塞蠱惑之隙。帝嘉納焉。

御史曹嘉素輕險，倣宋范仲淹百官圖，分廷臣四等，加以品題。給事中安磐疏駁之，言唐王珪之論房玄齡等，本朝解縉之論黃福等，皆承君命而品藻之，未有漫然恣其口吻，如嘉者也。玉復言嘉背違成法，變亂國是，乞斥。帝從其言，貶嘉於外。御史許宗魯爲嘉訟，請斥玉，其同官倫以謀亦助爲言。給事中張原以庶僚聚訟，朝廷爲之多事，重損國體，乞身先斥罷。玉亦上疏求去，言：「宗魯等知朋友私恩，不顧朝廷大體。臣一身所係絕微，公論所關甚大，乞罷臣以謝御史。」帝皆慰留之。時宸濠戚屬連逮者數百人，玉奉命往訊，多所全活。且言宸濠稱亂，由左右貪賂釀成之。因劾守臣不死事者，而禁天下有司與藩府交通。帝俱從之。再遷左給事中。尋伏闕爭「大禮」，下獄受杖，竟卒。後贈光祿少卿。

裴紹宗，字伯修，渭南人。正德十二年進士。除海門知縣。武宗南巡，受檄署江都事，權倖憚之，供億大省。

世宗卽位，召入爲兵科給事中。卽疏請法祖定制，言：「太祖貽謀盡善。如重大臣，勤視朝，親歷田野，服浣濯衣，種蔬宮中，毀鏤金牀，碎水晶漏，造觀心亭，揭大學衍義之類，陛下所當繹思祖述。而二三大臣尤宜朝夕納誨，以輔養聖德。陛下日御便殿，親儒臣，使耳目不蔽於淫邪，左右不惑於險佞，則君志素定，治功可成。」帝嘉納之。帝欲加興獻帝皇號，紹宗力諫。嘉靖二年冬，帝以災異頻仍，欲罷明年郊祀慶成宴。紹宗言：「祭祀之禮莫重於郊丘，君臣之情必通於宴享。往以國戚廢大禮，今且從吉，宜卽舉行，豈可以災傷復免。」修撰唐皐亦言之。竟得如禮。明年，以伏闕受杖卒。贈官如毛玉。

王時柯，字敷英，萬安人。正德十二年進士。授行人。嘉靖三年擢御史，疏言：「桂萼輩以議禮迎合，傳陞美官。薛蕙、陳相、段續、胡侍等，連章論劾，實出至公。今佞人超遷而羣賢獲罪，恐海內聞之，謂陛下好諛惡直。願採忠讜之言，消朋比之禍，特寬蕙等而聽席書、方獻夫辭職，除張璁、桂萼別任，則是非不謬，人情悅服。」忤旨切責。未幾，有伏闕之事，再予杖，除名。

時御史疏爭「大禮」居首者余翱，字大振，定遠人，正德中進士。嘉靖二年爲御史，嘗劾司禮太監張佐蒙蔽罪。明年七月，與時柯等被杖戍邊。居戍所十四年。皇子生，赦還。穆宗卽位，時柯、翱皆復官，贈時柯光祿少卿。

鄭本公，朔州衞人。正德九年進士。歷御史。武宗不豫，國本未建，本公請愼選宗室親賢者正位東宮，繫天下望。不報。

世宗嗣位，及冬而乾淸宮成，帝由文華殿入居之。本公上言：「事之可思者有六。是宮八年營搆，一旦告成。陛下居安思危，當遠羣小，節燕遊，以防一朝之患。重妃配，廣繼嗣，

以爲萬世之計。愼終如始，兢兢業業，常若天祖之臨。求言益切，訪政益勤，用防壅蔽之患。持聖心，遠貨色，毋溺于鴆毒。重興作，惜財力，永鑒于先朝。」帝嘉納之。踰月，帝欲加興獻帝皇號，本公力言不可。

嘉靖改元，出按遼東。劾罷副總兵張銘、都指揮周輔。還朝，論救給事中劉最，忤旨切責。二年十月，時享太廟，帝不親行。本公與同官彭占祺極言遣代非宜，報聞。

明年三月，帝欲考興獻帝，立廟禁中。本公偕同官力爭，謂：「陛下潛邸之日，則爲孝宗之姪，興獻王之子。臨御之日，則爲孝宗之子，興獻帝之姪。可兩言決也。至立廟大內，實爲不經。獻帝之靈既不得入太廟，又空去一國之祀而託享于大內焉。陛下享太廟，其文曰『嗣皇帝』，於獻帝之廟，又當何稱？愛敬精誠，兩無所屬，獻帝將蹙然不安。」帝怒，責其朋言亂政，奪俸三月。其年六月，以席書爲禮部尙書，召張璁、桂萼入京。本公偕同官四十四人連章言：「萼首爲亂階，璁再肆欺罔，黃綰、黃宗明、方獻夫、席書連彙接踵。尙書之命，由中而下。行取之旨，已罷再頒。大臣因此被逐，言官由之得罪，雖往日璉、彬之奸，流禍不若是酷也。」不納。已，偕廷臣伏闕哭諫。繫獄，廷杖還職。當是時，爭「大禮」者，諸御史中，本公言最切中。

尋遷通政參議。九年不調，以疾請改南京。乃授大理寺丞，稍遷南京太僕少卿。謝病

歸。二十年，言官邢如默、賈準等會薦，詔用不赴，卒。

張曰韜，字席珍，莆田人。正德十二年進士。授常州推官。武宗南巡，江彬縱其黨橫行州縣。將抵常州，民爭欲亡匿。時知府暨武進知縣咸入覲，曰韜兼綰府縣印，召父老約曰：「彬黨至，若等力與格。」又釋囚徒，令與丐者各具瓦石待。已，彬黨果累騎來。父老直遮之境上，曰：「常州比歲災，物力大屈，無可啗若曹。府中惟一張推官，一錢不入，即欲具芻秣，亦無以辦。」言已，彬黨疑有他變，乃稍退，馳使告彬。曰韜即上書巡按御史言狀。御史東郊行部過常州，謂曰：「事迫矣，彬將以他事縛君。」命曰韜登己舟先發，自以小舟尾之。彬黨果大至，索曰韜，誤截御史舟。郊使嚴捕截舟者，而陰令緩之。其黨恐御史上聞，咸散去，曰韜遂免。彬亦戒其黨毋擾，由是常以南諸府得安。

世宗卽位，召爲御史。楊廷和等之爭織造也，曰韜亦上言：「陛下既稱閣臣所奏惟愛主惜民，是明知織造之害矣。既知之，而猶不已，實由信任大臣弗專，而羣小爲政也。自古未有羣小蒙蔽於內，而大臣能盡忠於外者。崔文輩二三小人嘗濁亂先朝，今復蒙惑聖衷，竊弄威福。陛下奈何任其逞私，不早加斥逐哉？臣聞織造一官，行金數萬方得之。既營之以重貲，而欲其不責償於下，此必無之事也。」帝不能用。

席書以中旨拜尙書，曰韜與同官胡瓊各抗疏力爭。既受杖，猶占疏劾奸人陳洸罪。未幾，竟死。隆慶初，追贈光祿少卿。

胡瓊，字國華，南平人。正德六年進士。由慈谿知縣入爲御史。歷按貴州、浙江有聲。哭諫，受杖卒。後贈官如曰韜。

楊淮，字東川，無錫人。正德十二年進士。授戶部主事，再遷郎中。始監京倉，革胥徒積弊殆盡。繼監淮、通二倉，罷中官茶果之供，除囤基及額外席草費。最後監內庫，奄人例有供饋，淮悉絕之。公勤廉愼，爲尙書孫交、秦金所重。伏闕受杖，月餘卒。囊無一物，家人賣屋以斂。金與淮同里，爲經紀歸其喪。後贈太常少卿。

申良，字延賢，高平人。登鄉薦，授招遠知縣。山東盜起，良豫爲戰守具。盜至，追擊至黃縣，俘斬數百人。已，復至，再破走之。歷知諸城、良鄉。權貴人往來要索，良悉拒之。

進安吉知州。錦衣葉瓊倚錢寧勢奪民田，良讞還之民。瓊因嗾奸人誣奏良，事竟得白。稍遷常州同知，入爲戶部員外郎。與淮俱杖死。贈太僕少卿。招遠民懷其政，繪像祀之。

張漻，字景川，廣東順德人。

祖善昭，四川僉事，謫臨江通判。先是，練子寧親黨戍臨江者八十餘人，善昭上書曰：「子寧忠貫日月，太宗謂『若使子寧在，朕固當用之』。仁宗亦謂『方孝孺等忠臣』。夫既忠之矣，何外親末屬，尙以奸惡賜配，百年不宥哉？」疏雖不行，中外皆壯之。

漻登正德九年進士，授建平知縣。忤巡江御史賀洪，改調廣昌。訟洪罪，洪坐削籍。漻自廣昌遷禮部主事，監督會同館。尙書王瓊與都御史彭澤有隙，以澤遣使土魯番許金幣贖哈密城印爲澤罪，嗾番人在館者暴澤過惡，誘漻爲署牒，且曰：「澤所爲，南宋覆轍也。事成當顯擢。」漻力拒曰：「王公誤矣。澤與土魯番檄具在，豈宋和戎比。昔范仲淹亦嘗致書元昊，寧獨澤也。」不肯署。尋進員外郎，受杖死。

仵瑜，字忠父，蒲圻人。父紳，工部主事。瑜少有志操，正德十二年釋褐，即謝病去。

起補禮部主事，復引疾歸。世宗踐阼，起故官。疏陳勤聖學、篤親親、開言路、敬大臣、選諍臣、去浮屠、拯困窮、重守令、修武備、儲人材十事。已，竟死杖下。

臧應奎，字賢徵，長興人。正德十二年進士。授南京車駕主事。進貢中官索舟踰額，力裁損之。中官遣卒譁於部，叱左右執之，遁去。父所生母卒，法不得承重，執私喪三年。入爲禮部主事，未幾杖死。應奎受業湛若水之門，以聖賢自期。嘗過文廟，慨然謂其友曰「吾輩歿，亦當俎豆其間」，其立志如此。

郎中胡璉，字重器，新喻人。正德六年進士，官刑部。嘗諫武宗南巡受杖。主事余禎，字興邦，奉新人。正德九年進士。司務李可登，字思善，輝縣人。弘治末鄉薦。俱官兵部。可登素慷慨，以忠義自許，竟如其志。戶部主事安璽，宛平人。正德十六年進士。刑部主事殷承敍，江夏人。正德九年進士。穆宗嗣位，贈璉太常少卿，璨太僕少卿，瑜、應奎、承敍、璽、禎光祿少卿，可登寺丞。

郭楠，字世重，晉江人。正德九年進士。授浦江知縣。課最，入爲御史。世宗卽位，請召還直臣舒芬、王思、黃鞏、張衍瑞等。從之。嘉靖元年，核餉兩廣。劾

總兵官撫寧侯朱麒貪懦，〔三〕詔爲戒飭。尋上章，請退朝之暇延見大臣，如祖宗故事。且言，主事陳嘉言忤中官，不宜逮繫。帝怒，奪其俸。

諸臣伏闕爭「大禮」，皆得罪。楠方巡按雲南，馳疏言：「人臣事君，阿意者未必忠，犯顏者未必悖。今羣臣伏闕呼號，或榜掠殞身，或閒關謫戍，不意聖明之朝，而忠良獲罪若此。乞復生者之職，卹死者之家，庶以收納人心，全君臣之義。」帝大怒，遣緹騎逮治，言官論救皆不納。旣至，下鎮撫獄掠治，復廷杖之，削其籍。

先是，諸人旣死，廷臣莫敢上聞。後府經歷俞敬奏言：「學士豐熙等皆以冒觸宸嚴，繫獄拷訊。諸臣跡雖狂悖，心實忠誠。今聞給事裴紹宗、編修王相、主事余禎等俱已死，熙等在獄者亦垂亡矣。其呻吟衽席，創重不能起者，又不知凡幾。竊惟獻皇帝神主已奉迎入廟，正宜赦過宥罪，章大孝於天下。望霽雷霆之威，施雨露之澤。已死者恤其後，垂亡者宥其身，使人臣無復以言爲諱，宗社之幸也。」通政司經歷李繼先亦上言：「陛下追崇尊號，乃人子至情，誠不容已。羣臣一時冒觸天威，重得罪譴，死者遂十餘人。大臣紛紛去位，小臣苟默自容。今日大同告變，曾無一人進一疏、畫一策者，則小大之臣，志不奮而氣不揚，亦可見矣。乞錄卹已死，赦還謫戍，追復去國諸臣，而在位者委任寬假之，使各陳邊計。臣愚不勝惓惓。」帝皆不省。

明年三月，御史王懋言：「廷臣以議禮死杖下者十有七人，其父母妻子顚沛可憫，乞賜優卹，贈官錄廕。」帝大怒，謫懋四川高縣典史。逾數日，而楠疏至。帝益怒，遂逮治削籍。

六年春，以災變修省，從吏部言量與楠一官，得吉水教諭。終南寧知府。

贊曰：「大禮」之爭，羣臣至撼門慟哭，亦過激且戇矣。然再受廷杖，或死或斥，廢錮終身，抑何慘也。楊愼博物洽聞，於文學爲優。王思、張翀諸人，或納諫武宗之朝，或抗論世宗初政，侃侃謇謇，死節官下，非徒意氣奮發立效一時已也。

校勘記

〔一〕戶部主事羅洪載以杖錦衣百戶張瑾下詔獄　張瑾，原作「張僅」，據本書卷一九四孫交傳、明史稿傳七三孫交傳及傳八四安磐傳改。

〔二〕錦衣掌印指揮朱震等多違縱　朱震，明史稿傳八四張原傳作「朱宸」。

〔三〕劾總兵官撫寧侯朱麒貪懦　朱麒，原作「朱麟」，據本書卷一〇七功臣世表、卷一七三朱謙傳、卷二〇〇姚鏌傳，明史稿傳五〇朱謙傳，武宗實錄卷八六正德七年四月癸卯條，世宗實錄卷一

一嘉靖元年二月癸未條改。

明史卷一百九十三

列傳第八十一

費宏 弟寀 從子懋中 子懋賢 世父瑄 翟鑾 李時
顧鼎臣 嚴訥 袁煒 李春芳 孫思誠等 陳以勤
趙貞吉 殷士儋 高儀

費宏，字子充，鉛山人。甫冠，舉成化二十三年進士第一，授修撰。弘治中，遷左贊善，直講東宮，進左諭德。

武宗立，擢太常少卿，兼侍講讀。預修孝宗實錄。充日講官。正德二年拜禮部右侍郎，尋轉左。五年進尚書。帝耽於逸樂，早朝日講俱廢。宏請勤政、務學、納諫，報聞。魯府鄒平王子當漵當襲父爵，〔一〕爲弟當涼所奪且數年矣。宏因當漵奏辨，據法正之。當涼

怒，誣宏受賂，宏不爲動。明年冬十二月命宏兼文淵閣大學士參預機務。尋加太子太保、武英殿大學士，進戶部尚書。

倖臣錢寧陰黨宸濠，欲交歡宏，餽綵幣及他珍玩。拒却之，寧慚且恚。宸濠謀復護衞、屯田，輦白金鉅萬，徧賂朝貴，寧及兵部尚書陸完主之。宏從弟編修寀，其妻與濠妻，兄弟也，知之以告宏。宏入朝，完迎問曰：「寧王求護衞，可復乎？」宏曰：「不知當日革之者何故。」完曰：「今恐不能不予。」宏峻却之。及中官持奏至閣，宏極言不當予，詔卒予之。於是宸濠與寧合，而恚宏。寧數偵宏事無所得。以御史余珊嘗劾寀不當留翰林，即指爲宏罪。中旨責陳狀，宏乞休。命并寀致仕。寧遣騎伺宏後，抵臨清，焚其舟，資裝盡燬。宏歸，杜門謝客。宸濠復求與通，宏謝絕之，益怒。會宏族人與邑奸人李鎭等訟，宸濠陰令鎭賊宏。鎭等遂據險作亂，率衆攻費氏。索宏不得，執所與訟者支解之，發宏先人塚，毀其家，劫掠遠近，衆至三千人。宏馳使愬於朝。下巡撫孫燧按狀，始遣兵剿滅。

宸濠敗，言者爭請召宏。世宗即位，遣行人即家起宏，加少保，入輔政。宏持重識大體，明習國家故事。與楊廷和、蔣冕、毛紀同心協贊，數勸帝革武宗弊政。「大禮」之議，諸臣力與帝爭，帝不能堪。宏頗揣知帝旨，第署名公疏，未嘗特諫，以是帝心善之。及廷和等去位，宏爲首輔。加少師兼太子太師、吏部尚書、謹身殿大學士，委任甚至。戶部議督正德

時逋賦，宏偕石珤、賈詠請斷自十年以後。從之。帝以四方災異，敕羣臣修省。宏等因言：「陛下用度無節，工役不休。畿內土地半成莊田，內庫收納要求踰倍。太倉無三年之積而冗食日增，京營無十萬之兵而赴工不已。直臣得罪未見原，言官舉職乃被詰。律所當行者數經讞不誅，罪無可辨者遽傳旨獲免。干和召怨，自非一端。」帝引咎褒答，然不能用也。大同兵變，張璁請討之。宏曰：「討而勝，玉石俱焚；不勝，彼將據城守，損威重多矣。莫若觀變而徐圖之。」事果旋定。

宏爲人和易，好推轂後進。其於「大禮」不能强諫，亦未嘗附離。而是時席書、張璁、桂萼用事。書弟檢討春，故由他曹改用。及武宗實錄成，宏議出爲僉事，書由是憾宏。璁、萼由郎署入翰林，驟至詹事，舉朝惡其人，宏每示裁抑，璁、萼亦大怨。帝嘗御平臺，特賜御製七言一章，命輯倡和詩集，署其銜曰「內閣掌參機務輔導首臣」。其見尊禮，前此未有也。璁、萼滋害宏寵，萼言：「詩文小技，不足勞聖心，且使宏得馮寵靈，凌壓朝士。」帝置不省。萼遂與璁毀宏於帝，言宏納郎中陳九川所盜天方貢玉，受尚書鄧璋賕謀起用，并及其居鄉事。宏上書乞休，略曰：「萼、璁挾私怨臣屢矣。不與經筵講官則怨，不與修獻皇帝實錄則怨，不爲兩京鄉試考官則怨，不爲教習則又怨。萼、璁疑內閣事屬臣操縱，抑知臣下采物望，上稟聖裁，非可專擅。萼、璁日攘袂搤擘，覬覦臣位。臣安能與小人相齮齕，祈賜骸

骨。」不允。及璁居兵部，宏欲用新寧伯譚綸掌奮武營，璁遂劾宏劫制府部。無何，又因宏子懋良坐罪下吏，攻之益力，復錄前後劾疏上之。不得請，則力求罷，詆宏尤切，章數上。宏亦連疏乞休，帝輒下優詔慰留，然終不以譴璁、萼。於是奸人王邦奇承璁、萼指，上書汙故大學士廷和等，并誣宏。宏竟致仕去。時六年二月也。十月，璁遂以尚書、大學士入直內閣，間一歲萼亦入矣。

十四年，萼既前死，璁亦去位，帝始追念宏。四月再遣行人即家起官如故。七月至京師。使中使勞以上尊御饌，面諭曰：「與卿別久，卿康健無恙，宜悉心輔導稱朕意。」宏頓首謝。自是眷遇益厚。偕李時召入無逸殿，與周覽殿廬，從容笑語，移時始出。賜銀章曰「舊輔元臣」。數有咨問，宏亦竭誠無隱。承璁、萼操切之後，易以寬和，朝士皆慕樂之。未幾卒，年六十有八。帝嗟悼，賻卹加等，贈太保，謚文憲。

宏三入內閣，佐兩朝殆十年。中遭讒搆，訖以功名終。其自少保入也，弟寀爲贊善，從子懋中由進士及第爲編修，宏長子懋賢方改庶吉士，父子兄弟並列禁近。寀官至少保、禮部尚書，謚文通。懋中終湖廣提學副使。懋賢歷兵部郎中。

宏世父瑄，成化十一年進士。弘治時爲兵部員外郎。貴州巡撫謝昶、總兵官吳經等奏

中華書局

爛土苗反，僭稱王，乞發大軍征討。以兵部尚書馬文升請，令瑄與御史鄧庠往按。白苗無反狀，撫定之。劾杲、經及鎮守中官張成罪。遷貴州參議以終。

翟鑾，字仲鳴，其先諸城人。曾祖爲錦衣衞校尉，因家京師。舉弘治十八年進士，改庶吉士。正德初，授編修。劉瑾改翰林於他曹，以鑾爲刑部主事。旋復官，進侍讀。

嘉靖中，累遷禮部右侍郎。六年春，廷推閣臣。帝意在張孚敬，弗與。命再推，乃及鑾。中貴人多譽鑾者，帝遂踰次用之。楊一清以鑾望輕，請用吳一鵬、羅欽順。帝不許，命鑾以吏部左侍郎兼學士入直文淵閣。尋賜銀章曰「清謹學士」。

鑾初入閣，一清、謝遷輔政，既而孚敬與桂萼入，鑾皆謹事之。孚敬、萼皆以所賜銀章密封言事，鑾獨無所言。詰之，則頓首謝曰：「陛下明聖，臣將順不暇，何獻替之有。」帝心愛之。一清、萼、孚敬先後罷，鑾留獨秉政者兩月。其後李時、方獻夫入，位皆居鑾上，鑾亦無所怫。帝數召時、鑾入見，嘗問：「都察院擬籍谷大用貲產，當乎？」時、鑾皆北人，與中貴合。時曰：「所擬不中律。」鑾曰：「按律，籍沒止三條，謀反、叛逆及奸黨耳。不合三尺法，何以信天下。」帝曰：「大用亂政先朝，正奸黨也。」鑾曰：「陛下，卽天也。春生秋殺，何所不可。」帝

卒從重擬。

丁生母憂歸。服闋，久不召。夏言、顧鼎臣居政府，鑾與謀召己。會帝將南巡，虜寇上有警，議遣重臣巡視，言等因薦鑾充行邊使。十八年二月改兵部尚書兼右都御史，諸邊文武將吏咸受節制。且齎帑金五十萬犒邊軍，東西往返三萬餘里。明年春入京，遂命以原官入閣。在大同與總督毛伯溫議築五堡，[二]過甘肅與總督劉天和議拓嘉峪關，皆受賚敍。

二十一年，言罷，鑾爲首輔。時已加少保、武英殿大學士，進少傅、謹身殿。嚴嵩初入，鑾以資地居其上，權遠出嵩下，而嵩終惡鑾，不能容。御史趙大佑劾鑾私同年，吏部尚書許讚亦發鑾請屬私書，帝皆不問。會鑾子汝儉、汝孝與其師崔奇勛所親焦清同舉二十三年進士，嵩遂屬給事中王交、王堯日劾其有弊。帝怒，下吏部、都察院。鑾疏辨，引西苑入直自解。帝益怒，勒鑾父子、奇勛、清及分考官編修彭鳳、歐陽曒爲民，而下主考少詹事江汝璧及鄉試主考諭德秦鳴夏、贊善浦應麒[三]詔獄，並杖六十，褫其官。

鑾初輔政，有修潔聲。中持服家居，至困頓不能自給。其用行邊起也，諸邊文武大吏俱櫜鞬郊迎，恒恐不得當鑾意，饋遺不貲。事竣，歸裝千輛，用以遺貴近，得再柄政，聲譽頓衰。又爲其子所累，訖不復振。踰三年卒，年七十。穆宗卽位，復官，謚文懿。

李時，字宗易，任丘人。父棨，進士，萊州知府。時舉弘治十五年進士，改庶吉士，授編修。正德中，歷侍讀、右諭德。世宗嗣位，爲講官，尋遷侍讀學士。

嘉靖三年擢禮部右侍郎。俄以憂歸。服除，爲戶部右侍郎。復改禮部，尋代方獻夫爲尚書。帝既定尊親禮，慨然有狹小前人之志，欲裁定舊章，成一朝制作。張孚敬、夏言用事，咸好更張。所建諸典禮，咸他人發端，而時傳會成之。或廷議不合，率具兩端，待帝自擇，終未嘗顯爭。以故帝愛其恭順。四方上嘉瑞，輒拜疏請賀。帝謙讓，時必再請。由是益以時爲忠。賜銀章曰「忠敏安愼」，俾密封言事。久而失之，請罪，帝再賜焉。

十年七月，四郊成，加太子太保。雷震午門，彗星見東井，時請敕臣工修省，令言官指陳利害興革。帝以建言乃科道專責，寢不行。光祿寺廚役王福、錦衣衞千戶陳昇請遷顯陵於天壽山，時等力陳不可。巡檢徐震奏於安陸建京師，時等駁其非制，遂議改州爲承天府。

其秋，桂萼卒，命時兼文淵閣大學士入參機務。時張孚敬已罷，翟鑾獨相。時後入，以宮保官尊，反居鑾上。兩人皆謙遜，無齟齬。帝御無逸殿，召時坐講無逸篇，鑾講豳風七月詩，武定侯郭勛及九卿翰林俱入侍。講畢，帝退御豳風亭賜宴。自是，數召見，諮謀政務。

明年春，孚敬還內閣，事取獨裁，時不敢有所評議。未幾，方獻夫入，與時亦相得。彗

星復出，帝召見時等，諭以引咎修省之意，從容語及乏才。時等退，條上務安靜、惜人才、愼刑獄三事，頗及「大禮」大獄廢斥諸臣。帝優詔褒答之，然卒不能用也。給事中魏良弼、御史馮恩先後劾吏部尚書汪鋐，觸帝怒，時皆爲論救。

十二年，孚敬復入，鑾以憂去，獻夫致仕。時隨孚敬後，拱手唯諾而已，以故孚敬安之。孚敬謝政，費宏再入，未幾卒，時遂獨相。時素寬平，至是益鎭以安靜。帝亦恒召對便殿，接膝咨詢。時雖無大匡救，而議論恒本忠厚，廷論咸以時爲賢。客星見天棓旁，帝問所主事應。對曰：「事應之說起漢京房，未必皆合。惟在人君修德以弭之。」帝稱善。扈蹕謁陵，道沙河，帝見居民蕭索，愴然曰：「七陵在此，宜加守護。」時對曰：「昔丘濬建議，京師當設四輔，以臨清爲南，昌平爲北，薊州、保定爲東西，各屯兵一二萬。今若於昌平增一總兵，可南衞京師，北護陵寢。」帝乃下廷臣勘議，於沙河築鞏華城，爲置戍焉。屢加少傅、太子太師、吏部尚書、華蓋殿大學士。會夏言入輔，時不與抗，每事推讓言，言亦安之。帝待時不如孚敬、言，然少責辱，始終不替，孚敬、言亦不敢望也。十七年十二月卒官，贈太傅，謚文康。

顧鼎臣，字九和，崑山人。弘治十八年進士第一。授修撰。正德初，再遷左諭德。嘉靖初，直經筵。進講范浚心箴，敷陳剴切。帝悅，乃自爲註釋，而鼎臣特受眷。累官詹事。給事中劉世揚、李仁劾鼎臣汙佞。帝下世揚等獄，以鼎臣救，得薄譴。拜禮部右侍郎。帝好長生術，內殿設齋醮。鼎臣進步虛詞七章，且列上壇中應行事。帝優詔襃答，悉從之。詞臣以青詞結主知，由鼎臣倡也。

改吏部左侍郎，掌詹事府。請令曾子後授五經博士，比三氏子孫，從之。大同軍變，張孚敬主用兵，鼎臣言不可，帝嘉納。十三年孟冬，享廟，命鼎臣及侍郎霍韜捧主。二人有期功服，當辭。乃上言：「古禮，諸侯絕期。今公卿卽古諸侯，請得毋避。」禮部尚書夏言極詆其非，乃已。尋進禮部尚書，仍掌府事。京師淫雨，四方多水災，鼎臣請振饑弭盜，報可。

十七年八月，以本官兼文淵閣大學士入參機務。尋加少保、太子太傅，進武英殿。初，李時爲首輔，夏言次之，鼎臣又次之。時卒，言當國專甚，鼎臣素柔媚，不能有爲，充位而已。帝將南巡，立皇太子，命言扈行，鼎臣輔太子監國。御史蕭祥曜劾吏部侍郎張潮受鼎臣屬，調刑部主事陸崑爲吏部。潮言：「兵部主事馬承學恃鼎臣有聯，自詭必得銓曹，臣故抑承學而用崑。」帝下承學詔獄，鼎臣不問。十九年十月卒官，年六十八。贈太保，諡文康。

鼎臣官侍從時，憫東南賦役失均，屢陳其弊，帝爲飭撫按。巡撫歐陽鐸釐定之。崑山無城，言於當事爲築城。後倭亂起，崑山獲全，鄉人立祠祀焉。

嚴訥，字敏卿，常熟人。舉鄉試，以主司試錄觸忌，一榜皆不得會試。嘉靖二十年成進士，改庶吉士，授編修，遷侍讀。三吳數中倭患，歲復大祲，民死徙幾半，有司徵斂益急。訥疏陳民困，請蠲貸。帝得疏感動，報如其請。尋與李春芳入直西苑。撰青詞，超授翰林學士。歷太常少卿，禮部左、右侍郎，改吏部，皆兼學士，仍直西苑。所撰青詞皆稱旨。

禮部尚書郭朴遷吏部，遂以訥代之。朴遭父喪，復代爲吏部尚書。嚴嵩當國，吏道汙雜。嵩敗，朴典銓猶未能盡變。訥雅意自飭，徐階亦推心任之。訥乃與朝士約，有事白於朝房，毋謁私邸。愼擇曹郎，務抑奔競，振淹滯。又以資格太拘，人才不能盡，倣先朝三途並用法，州縣吏政績異者破格超擢，銓政一新。尋錄供奉勞，加太子太保。

四十四年，袁煒罷，命兼武英殿大學士入參機務。以代者郭朴未至，仍掌銓政。帝齋居西苑，侍臣直廬皆在苑中。訥晨出理部事，暮宿直廬，供奉靑詞，小心謹畏，至成疾久不愈。其年冬十一月，遂乞歸。踰年，世宗崩，遂不復出。

訥既歸里，父母皆在。晨夕潔餐孝養，人以爲榮。訥嘗語人曰：「銓臣與輔臣必同心乃有濟。吾掌銓二年，適華亭當國，事無阻。且所任選郎賢，舉無失人。」華亭謂徐階，選郎則陸光祖也。家居二十年卒，年七十有四。贈少保，諡文靖。

袁煒，字懋中，慈谿人。嘉靖十七年會試第一，殿試第三，授編修。煒性行不羈，爲御史包孝所劾，帝宥不罪。進侍讀。久之，簡直西苑。撰青詞，最稱旨。三十五年，閣臣推修撰全元立掌南京翰林院，帝特用煒。煒疏辭，願以故官供奉。帝大喜，立擢煒侍講學士。甫兩月，手詔拜禮部右侍郎。明年，加太子賓客兼學士，賜一品服。三十九年，復以供奉恩加俸二等，俄進左侍郎。明年二月調吏部，兼官供奉如故。踰月遷禮部尚書，加太子少保，仍命入直。煒自供奉以後，六年中進宮保、尚書，前未有也。

先是二月朔，日食微陰，煒言不當救護。禮部尚書吳山不從，得譴去。帝聞煒言善之，遂以代山。及七月朔，又日食。曆官言食止一分五杪，例免救護。煒乃阿帝意上疏言：「陛下以父事天，以兄事日，羣陰退伏，萬象輝華。是以太陽晶明，氛祲銷爍，食止一分，與不食同。臣等不勝欣忭。」疏入，帝益喜。其冬，遂命以戶部尚書兼武英殿大學士入閣典機務。累加少傅兼太子太傅、建極殿大學士。四十四年春，疾篤，請假歸，道卒，年五十八。贈少

師，諡文榮。

煒才思敏捷。帝中夜出片紙，命撰青詞，舉筆立成。遇中外獻瑞，輒極詞頌美。帝畜一貓死，命儒臣撰詞以醮。煒詞有「化獅作龍」語，帝大喜悅。其詭詞媚上多類此。以故帝急枋用之，恩賜稠疊，他人莫敢望。

自嘉靖中年，帝專事焚修，詞臣率供奉青詞。工者立超擢，卒至入閣。時謂李春芳、嚴訥、郭朴及煒爲「青詞宰相」。而煒貴倨鮮渙，故出徐階門，直以氣凌之。與階同總裁承天大志，諸學士呈稿，煒竄改殆盡，不以讓階。諸學士不平，階第曰任之而已。其後煒死，階亦盡竄改之。煒自負能文。見他人所作，稍不當意，輒肆詆誚。館閣士出其門者，斥辱尤不堪，以故人皆畏而惡之。

李春芳，字子實，揚州興化人。嘉靖二十六年舉進士第一，除修撰。簡入西苑撰青詞，大被帝眷，與侍讀嚴訥超擢翰林學士。尋遷太常少卿，拜禮部右侍郎，俱兼學士，直西苑如故。佐理部事，進左侍郎，轉吏部，代訥爲禮部尚書。時宗室蕃衍，歲祿苦不繼。春芳考故事，爲書上之。諸吉凶大禮及歲時給賜，皆嚴爲之制。帝嘉之，賜名宗藩條例。尋加

太子太保。四十四年命兼武英殿大學士，與訥並參機務。世宗眷侍直諸臣厚，凡遷除皆出特旨。春芳自學士至柄政，凡六遷，未嘗一由廷推。

春芳恭慎，不以勢凌人。居政府持論平，不事操切，時人比之李時；其才力不及也，而廉潔過之。時徐階爲首輔，得君甚。春芳每事必推階，階亦雅重之。隆慶元年春，有詔修翔鳳樓，春芳曰：「上新卽位，而遽興土木，可乎？」事遂止。

齊康之劾徐階也，語侵春芳。春芳疏辨求去，帝慰留之。及代階爲首輔，益務以安靜，稱帝意。時同列者陳以勤、張居正。以勤端謹，而居正恃才凌物，視春芳蔑如也。始階以人言罷，春芳歎曰：「徐公尙爾，我安能久，容旦夕乞身耳。」居正遽曰：「如此，庶保令名。」春芳愕然，三疏乞休，帝不允。既而趙貞吉入代以勤，剛而負氣。及高拱再入直，凌春芳出其上，春芳不能與爭，謹自飭而已。俺答款塞求封，春芳偕拱、居正卽帝前決之。會貞吉爲拱逐，拱益張，修階故怨。春芳嘗從容爲階解，拱益不悅。時春芳已累加少師兼太子太師，進吏部尙書，改中極殿，度拱輩終不容己，兩疏請歸養，不允。南京給事中王禎希拱意，疏詆之，春芳求去益力。賜敕乘傳，遣官護行，有司給夫廩如故事。閱一歲，拱復爲居正所擠，幾不免。而春芳歸，父母尙無恙，晨夕置酒食爲樂，鄉里豔之。父母歿數年乃卒，年七十五。贈太師，諡文定。

孫思誠，天啓六年官禮部尙書，尋罷。崇禎初，坐頌璫閒住。

思誠孫淸，字映碧。崇禎四年進士。由寧波推官擢刑科給事中。熊文燦撫張獻忠，淸論其失策。以久旱請寬刑，忤旨，貶浙江按察司照磨。未赴，憂歸。起吏科給事中。俄出封淮府，國變得不與。福王時，請追謚開國名臣及武、熹兩朝忠諫諸臣，於是李善長等十四人，陸震等十四人，左光斗等九人，並得謚。

春芳曾孫信，廣東平和知縣。城破，與二子泓遠、淑遠同時死。

陳以勤，字逸甫，南充人。嘉靖二十年進士。選庶吉士，授檢討。久之，充裕王講官，遷修撰，進洗馬。時東宮位號未定，羣小多搆釁。世宗於父子素薄，王歲時不得燕見。常祿外，例有給賜，王亦不敢請。積三歲，邸中窘甚。王左右以千金賄嚴世蕃，世蕃喜，以屬戶部，得幷給三歲資。然世蕃常自疑，一日屛人語以勤及高拱曰：「聞殿下近有惑志，謂家大人何？」拱故爲謔語，以勤正色曰：「國本默定久矣。生而命名，從后從土，首出九域，此君意也。故事，諸王講官止用檢討，今兼用編修，獨異他邸，此相意也。殿下每謂首輔社稷臣，君安從受此言？」世蕃默然去，裕邸乃安。

爲講官九年，有羽翼功，而深自晦匿，王嘗書「忠貞」二字賜之。父喪除，還爲侍讀學士，掌翰林院。進太常卿，領國子監。擢禮部右侍郎，尋轉左，改吏部，掌詹事府。

穆宗卽位，以勤自以潛邸舊臣，條上謹始十事，曰定志、保位、畏天、法祖、愛民、崇儉、攬權、用人、接下、聽言。其言攬權、聽言尤切，詔嘉其忠懇。

隆慶元年春，擢禮部尙書兼文淵閣大學士，入參機務。累加少傅兼太子太傅，改武英殿。穆宗朝講希御，政無所裁決，近倖多緣內降得厚恩。以勤請勵精修政。帝心動，欲有所舉措，卒爲內侍所阻，疏亦留中。四年，條上時務因循之弊，請愼擢用，酌久任，治贓吏，廣用人，練民兵，重農穀。帝嘉之，下所司議。高拱掌吏部，惡所言侵己職，寢其奏，惟都察院議行贓吏一事而已。

初，以勤之入閣也，徐階爲首輔，而拱方嚮用，朝士各有所附，交相攻。以勤中立無所比，亦無私人，竟階與拱去，無訾及之者。及拱再入，與趙貞吉相軋，張居正復中搆之。以勤與拱舊僚，貞吉其鄉人，而居正則所舉士也，度不能爲解，恐終不爲諸人所容，力引疾求罷。遂進兼太子太師、吏部尙書，賜敕馳傳歸，詔其子編修于陛侍行。後二年，拱被逐，倉皇出國門，歎曰：「南充，哲人也。」以勤歸十年，年七十。復頒上方銀幣，命于陛馳歸賜之，

且敕有司存問。又六年卒。贈太保，諡文端。于陛別有傳。

趙貞吉，字孟靜，內江人。六歲日誦書一卷。及長，以博洽名。最善王守仁學。舉嘉靖十四年進士，選庶吉士，授編修。時方士初進用，貞吉請求眞儒贊大業。執政不懌，因請急歸。還朝遷中允，掌司業事。

俺答薄都城，謾書求貢。詔百官廷議，貞吉奮袖大言曰：「城下之盟，春秋恥之。既許貢則必入城，倘要索無已，奈何？」徐階曰：「君必有良策。」貞吉曰：「爲今之計，請至尊速御正殿，下詔引咎。錄周尙文功以勵邊帥，出沈束於獄以開言路，輕損軍之令，重賞功之格，遣官宣諭諸將，監督力戰，退敵易易耳。」時帝遣中使瞷廷臣，日中莫發一語，聞貞吉言，心壯之，諭嚴嵩曰：「貞吉言是，第不當及周尙文、沈束事耳。」召入左順門，令手疏便宜。立擢左諭德兼監察御史，奉敕宣諭諸軍。給白金五萬兩，聽隨宜勞賞。初，貞吉廷議罷，盛氣謁嚴嵩。嵩辭不見，貞吉怒叱門者。適趙文華至，貞吉復叱之。嵩大恨。及撰敕，不令督戰，以輕其權，且不與一卒護行。時敵騎充斥，貞吉馳入諸將營，散金犒士，宣諭德意，明日卽復命。帝大怒，謂貞吉漫無區畫，徒爲尙文、束游說。下之詔獄，杖於廷，謫荔波典史。

稍遷徽州通判，進南京吏部主事。

四十年遷至戶部右侍郎。廷議遣大臣赴薊州督餉練兵，嵩欲用貞吉，召飲示之意。貞吉曰：「督餉者，督京運乎，民運乎？若二運已有職掌，添官徒增擾耳。況兵之不練，其過宜不在是，即十戶侍出，何益練兵？」嵩怫然罷。會嵩請告，吏部用倉場侍郎林應亮。比嵩出，益怒。令都給事中張益劾應亮，調之南京，而改用僉都御史霍冀。益又言：「督餉戶部事職，今貞吉與左侍郎劉大賓廷推不及，是不職也，宜罷。」於是二人皆奪官。

隆慶初，起禮部左侍郎，掌詹事府。穆宗幸太學，祭酒胡杰適論罷，以貞吉攝事。講大禹謨稱旨，命充日講官。貞吉年踰六十，而議論侃直，進止有儀，帝深注意焉。尋遷南京禮部尚書。既行，帝念之，仍留直講。

三年秋，命兼文淵閣大學士參預機務。貞吉入謝，奏：「朝綱邊務一切廢弛，臣欲捐軀任事，惟陛下主之。」帝益喜。會寇入大同，總兵官趙岢失事，總督陳其學反以捷聞，為御史燕如宦所發。貞吉欲置重罰，兵部尚書霍冀僅議貶秩。貞吉與同官爭不得，因上言：「邊帥失律，祖宗法具在。今當事者屈法徇人，如公論何。臣老矣，效忠無術，乞賜罷。」不許。俄加太子太保。

貞吉以先朝禁軍列三大營，營各有帥，今以一人總三營，權重難制。因極言其弊，請分

五營，各統以大將，稍復祖宗之舊。帝善之，命兵部會廷臣議。尚書霍冀前與貞吉議不合，頗不然其言。廷臣亦多謂强兵在擇將，不在變法。冀等乃上議三大營宜如故，惟以一人為總督，權太重，宜三營各設一大將，而罷總督，以文臣為總理。報可。

初，給事中楊鎔劾冀貪庸。帝已留冀，冀以鎔貞吉鄉人，疑出貞吉意，疏辨乞罷，且詆貞吉。貞吉亦疏辨求去。詔留貞吉，褫冀官。其後營制屢更，未踰年即復其舊，貞吉亦不能爭也。俺答款塞求封，貞吉力贊其議。

先是，高拱再入閣即掌吏部。貞吉言於李春芳，亦得掌都察院。拱以私憾欲考察科道。貞吉與同事上言：「頃因御史葉夢熊言事忤旨，陛下嚴諭考覈言官，并及陛任在籍者。應考近二百人，其中豈無懷忠報主謇諤敢言之士。今一以放肆奸邪罪之，竊恐所司奉行過當，忠邪不分，致塞言路，沮士氣，非國家福也。」帝不從。拱以貞吉得其情，憾甚。及考察，拱欲去貞吉所厚者，貞吉亦持拱所厚以解。於是斥者二十七人，而拱所惡者咸與。拱猶以為憾也，嗾門生給事中韓楫劾貞吉庸橫，考察時有私。貞吉疏辨乞休，且言：「臣自掌院務，僅以考察一事與拱相左。其他壞亂選法，縱肆作奸，昭然耳目者，臣噤口不能一言，有負任使，臣真庸臣也。若拱者，斯可謂橫也已。臣放歸之後，幸仍還拱內閣，毋令久專大權，廣樹衆黨。」疏入，竟允貞吉去，而拱握吏部權如故。

貞吉學博才高。然好剛使氣，動與物迕。九列大臣，或名呼之，人亦以是多怨。高拱、張居正名輩出貞吉後，而進用居先。咸負才好勝不相下，竟齟齬而去。萬曆十年卒，贈少保，謚文肅。

殷士儋，字正甫，歷城人。嘉靖二十六年進士。選庶吉士，授檢討。久之，充裕王講官。凡關君德治道，輒危言激論，王為動色。遷右贊善，進洗馬，直論如故。

隆慶元年擢侍讀學士，掌翰林院事，進禮部右侍郎，未幾改吏部。明年春，拜禮部尚書，掌詹事府事。其冬，還理部事。四年正月朔望，日月俱食。士儋疏請布德、緩刑、納諫、節用，飭內外臣工講求民瘼。報聞。以舊恩，進太子太保。時寒暑皆罷講，士儋請如故事，四時無輟，并進講祖訓及大學衍義、貞觀政要。帝嘉納之。

始世宗定宗藩條例，親王無後，以兄弟及兄弟之子嗣，不得以旁繼。嘉靖末，肅懷王薨，無子。其大母定王妃請以輔國將軍縉熿嗣，禮部議縉熿實懷王從叔，不可承祧。詔許以將軍攝府事。及帝即位，王妃復請，前尚書高儀執不可。縉熿重賄中官，屬宗人為奏，祈必得，士儋持之甚力。帝以肅藩越在遠塞，不王無以鎮之，遂許縉熿嗣。士儋爭曰：「肅府自甘州徙蘭州，實內地。且請別選郡王賢者理府事，毋遂私請，壞條例。」而帝意堅不可奪。士儋乃請封為郡王，諸宗率以此令從事，帝終不許。

故事，郊畢，舉慶成宴。自世宗倦勤，典禮久廢。帝即位三載，猶未舉行，士儋始考定舊儀行之。十一月命以本官兼文淵閣大學士入閣辦事。俄俺答封事成，進少保，改武英殿。

始士儋與陳以勤、高拱、張居正並為裕邸僚，三人皆柄用，士儋仍尚書，不能無望。拱素善張四維，欲引共政，而惡士儋不親己，不為援。士儋遂藉太監陳洪力，取中旨入閣，以故怨拱及四維。四維父擅鹽利，為御史郜永春所劾。事已解，他御史復及之。拱、四維疑出士儋指，益相搆。御史趙應龍遂劾士儋進由陳洪，不可以參大政。士儋再辨求去，不允。而拱門生都給事中韓楫復揚言脅之，士儋亦疑出拱指。故事，給事中朔望當入閣會揖。士儋面詰楫曰：「聞君有憾於我，憾自可耳，毋為他人使。」拱曰：「非體也。」士儋勃然起，詬拱曰：「若逐陳公，逐趙公，復逐李公，今又為四維逐我，若能常有此座耶？」奮臂欲毆之。居正從旁解，亦誶而對。御史侯居良復劾士儋始進不正，求退不勇。士儋再疏請益力，乃賜道里費，乘傳歸，有司給廩隸如故事。家居十一年卒。時居正垂沒，四維為政，怨士儋，贈太保，謚文通。久之，改謚文莊。

高儀，字子象，錢塘人。嘉靖二十年進士。選庶吉士，授編修。歷侍講學士，掌南京翰林院。召爲太常卿，掌國子監事。擢禮部右侍郎，改吏部，教習庶吉士。四十五年代高拱爲禮部尚書。

穆宗卽位，諸大典禮皆儀所酌定。世宗遺命，郊社及祔享祔葬諸禮，悉稽祖制更定。儀乃會廷臣議：天地分祀不必改；旣祭先農，不當復祈穀西苑；帝社、帝稷、睿宗明堂配天與玉芝宮專祀，當廢；孝潔皇后當祔廟，別祀孝烈於他所。帝皆報可。旣而中官李芳復請天地合祀如洪武制，御史張檟請易皇極諸殿名，盡復其舊，儀皆持不可。帝踐阼四月，未召對大臣，儀屢請。

隆慶二年正月饗太廟，帝將遣代，儀偕僚屬諫，閣臣亦以爲言，乃親祀如禮。慶府輔國將軍縉熿請襲王爵，儀執不從。太子生七齡，儀疏請出閣，帝命待十齡行之。詔取光祿銀二十萬兩，儀力爭。初，世宗崇道教，太常多濫員，儀奏汰四十八人。寺卿陳慶奏供事乏缺，儀堅持不可。

掌禮部四年，每歲暮類奏四方災異，遇事秉禮循法，居職甚稱。引疾章六上，卒見留。會御史傅寵以先帝時撰文叩壇事劾儀，儀四疏求去，乃加太子少保馳傳歸。

歸二年，用高拱薦，命以故官侍東宮講讀，掌詹事府。六年四月詔兼文淵閣大學士入閣辦事。踰月，帝崩，預顧命。及拱爲張居正所逐，儀已病，太息而已。未幾卒。贈太子太保，謚文端。

儀性簡靜，寡嗜慾，室無妾媵。舊廬燬於火，終身假館於人。及沒，幾無以殮。

贊曰：費宏等皆起家文學，致位宰相。宏却錢寧，拒宸濠，忤張、桂，再躓再起，終亦無損清譽。李時、翟鑾皆負才望，而鑾晚節不振。貞吉負氣自高，然處傾軋之勢，卽委蛇，庸得免乎。顧鼎臣等雍容廟堂，可謂極遭逢之盛。而陳以勤誠心輔導，獻納良多。後賢濟美，繼登相位。終明之世，稱韋、平者，數以勤父子。天之報之，何其厚哉。

校勘記

〔一〕魯府鄒平王子當湨當饗父爵　當湨，原作「當瀆」，據本書卷一〇一諸王世表、明史稿表二諸王世表及傳七二費宏傳改。

〔二〕與總督毛伯溫議築五堡　五堡，原作「長堡」，據明史稿傳七二李時傳附翟鑾傳、世宗實錄卷二三〇嘉靖十八年十月壬午條改。

〔三〕浦應麒　原作「浦應麟」，據明史稿傳七二李時傳附翟鑾傳、世宗實錄卷二八九嘉靖二十三年八月甲午條、國榷卷五八頁三六六〇改。

明史卷一百九十四

列傳第八十二

喬宇 孫交子元 林俊子達 張黻 金獻民 秦金孫柱

趙璜 鄒文盛 梁材 劉麟 蔣瑤 王廷相

喬宇，字希大，山西樂平人。祖毅，工部左侍郎。父鳳，職方郎中。皆以清節顯。宇登成化二十年進士，授禮部主事。弘治初，王恕爲吏部，調之文選，三遷至郎中。門無私謁。擢太常少卿。

武宗嗣位，遣祀中鎮、西海。還朝，條上道中所見軍民困苦六事。已，遷光祿卿，歷戶部左、右侍郎。劉瑾敗，大臣多以黨附見劾，宇獨無所染。拜南京禮部尚書。乾清宮災，率同列言視朝不勤，經筵久輟，國本未建，義子猥多，番僧處禁寺，優伶侍起居，立皇店，留邊兵，習戰鬬，土木繁興，織造不息，凡十事。帝不省。久之，改兵部，參贊機務。以帝遠遊塞

上，而監國無人，請早建儲貳。帝將自擊寇，宇復率同列諫。皆不報。

未幾，寧王宸濠反，揚言旦夕下南京。宇嚴爲警備，而談笑自如。時攜客燕城外，密察地險易，置戍守。綜理周密，內外宴然。指揮楊銳有才略，署爲安慶守備。鎮守中官劉瑯與濠通，爲預伏死士。宇刺得其情，詰瑯用事者，瑯懼不敢動。宇乃大索城中，斬所伏壯士三百人，懸首江上。宸濠失內應，且知有備，不敢東。攻安慶，銳固守不得下。未幾敗。

帝至南京，詔百官戎服朝明年正旦。宇不可，率諸臣朝服賀。江彬索城門諸鑰，都督府問宇。宇曰：「守備者，所以謹非常。禁門鎖鑰，孰敢索，亦孰敢予，雖天子詔不可得。」都督府以宇言復，乃已。彬矯旨有所求，日數十至，宇必廷白之，彬亦稍稍止。彬欲譖去宇。守備太監王偉者，初爲帝伴讀，帝信之，每從中調護，故彬謀不行。帝駐南京九月，宇倡諸臣三請回鑾，又自伏闕請。鴐旋，扈至揚州。明年加太子太保。論保障功，復加少保。

世宗卽位，召爲吏部尚書。宇自爲選郎，有人倫鑒，及是銓政一清。帝求治銳甚。宇與林俊、彭澤、孫交，皆海內重望，帝亦委任之。凡爲權倖所黜者，皆起列庶位，天下欣欣望治。帝性剛，好自用，宇所執漸不見聽。興府需次官六十三人，乞遷敍。宇言此輩虛隸名籍，與見供事者不同。黜罰之有差，皆怨宇。帝欲封駙馬都尉崔元爲侯，外戚蔣輪、邵喜爲伯，宇不可。無何，詔進壽寧侯張鶴齡爲公，封后父陳萬言爲伯，授萬言子紹祖尚寶丞。

宇言：「累朝太后戚屬無生封公者，張巒亦歿後贈，今奈何以父贈爲子封。萬言封伯視巒更驟，而子授尚寶非制。願陛下守典章，以垂萬世。」帝並不從。史道訐楊廷和，宇言道挾私，遂下之詔獄。

宇遇事不可，無不力爭，而爭「大禮」尤切。帝欲加興獻帝皇號，宇言加皇於本生之親，則干正統，非所以重宗廟，正名分。及禮官請稱獻帝爲本生考，帝改稱本生皇考，又詔建獻帝廟於大內，宇等復連章諫。特旨用席書爲禮部尚書，宇又偕九卿言：「陛下罷汪俊，用席書，謫馬明衡、季本、陳逅，召張璁、桂萼、霍韜，舉措乖違，人心駭愕。夫以一二人邪說，廢天下萬世公議，內離骨肉，外間君臣，名爲効忠，實累聖德。且書不繇廷推，特出內降，此祖宗來所未有。乞令俊與書各仍舊職，宥明衡等，止璁、萼毋召。」尋復請罷璁、萼、書，而出爭「大禮」者呂柟、鄒守益於獄。

會璁、萼至京，詔皆用爲學士。宇等又言：「內降恩澤，先朝率施於佞倖小人。若士大夫一預其間，卽不爲清議所齒。況學士最清華，而俾萼等居之，誰復肯與同列哉。」帝怒，切責。宇遂乞休，許之。馳傳給夫廩，猶如故事。御史許中、劉隅等請留宇，帝曰：「朕非不用宇，宇自以疾求去耳。」後明倫大典成，追論前議，奪官。楊一清卒，宇渡江弔之。南都父老皆出迎，舉手加額曰：「活我者，公也。」

宇幼從父京師，學於楊一清。成進士後，復從李東陽遊。詩文雄雋，兼通篆籀。性好山水，嘗陟太華絕頂。遇虎，僕夫皆驚仆，宇端坐不動，虎徐帖尾去。家居澹泊，服御若寒士。身歿，二妾劉、許皆從死。穆宗卽位，復官，贈少傅，謚莊簡。

孫交，字志同，安陸人。成化十七年進士。授南京兵部主事，爲尚書王恕所知。弘治初，恕入吏部，薦授稽勳員外郎，歷文選郎中。居吏部十四年，於善類多所推引。遷太常少卿，提督四夷館。大同有警，命經略黃花鎭諸邊。增垣塹，廣樹藝，制敵騎馳突。永樂時，歲遺隆慶諸衞軍採薪炭。其後罷之，令歲輸銀二萬兩，軍重困。交奏免之。

正德初，擢光祿卿。三年進戶部右侍郎，提督倉場，改吏部。尚書張綵附劉瑾，交數規切。綵怒，調之南京。瑾敗，召拜戶部尚書。時征討流寇，調度煩急，仍歲凶，正賦不足，交區畫適宜。四方告饑，輒請蠲租遺振，以故民不至甚斂，而小人用事者皆不便之。帝欲以太平倉賜倖臣裴德，雲南鎭守中官張倫請採銀礦，南京織造中官吳經奏費乏，交皆力爭。八年六月，中旨與禮部尚書傅珪並致仕。[一]言官多請留，不報。

世宗在潛邸知交名，甫卽位，召復故官。首請帝日讀祖訓，言動悉取準則，經筵日講

寒暑勿輟。帝褒納焉。或議遷顯陵天壽山，交言：「山陵事重，太祖欲遷仁祖於鍾山，慮泄靈氣而止，具載皇陵碑。」事乃止。武宗侈汰之後，庫藏殫虛。交裁冗食，定經制，宿弊爲清。然事涉中官者，帝亦不能盡從也。嘗會廷臣議發內帑給軍廩官俸，已報可，爲中官梁謙等所沮。交言：「宮府異同，令出復反，非新政所宜。」不聽。

中官監督倉場者，初止數人，正德中增至五十五人。以交言罷撤過半，其後復漸增。帝已罷三十七人，交欲盡去之，並臨清、徐、淮諸倉，一切勿遣。帝令自今毋更加而已。守珠池中官，詔毋得預守土事，而安川貪緣復故。交劾川，命如前詔。正德中，上林苑內臣至九十九人，侵奪公私地無算。帝卽位，命留十八人，如弘治時。已復傳奉至六十二人，交乞汰如初，且盡歸侵奪地。報許。又論御馬監內臣宜如祖制，毋監收芻豆，並令戶部通知馬數，杜其侵耗。不從。

錦衣百戶張瑾率校尉支俸通倉，橫取狠藉，主事羅洪載欲按之。瑾紿請受杖，奏洪載擅笞禁衞官。帝怒，逮下詔獄謫外。交與林俊、喬宇先後論救，不納。御馬監閻洪乞外豹房地，交言：「先帝以豹房故，貽禍無窮。洪等欲修復以開游獵之端，非臣等所敢聞。」詔以地十頃給豹房，餘令百戶趙愷等佃如故。奉詔上各宮莊田數，視舊籍不同，帝詰其故。交言：「舊籍多以奏請投獻，數多妄報也。新籍少，以奉命清核，田多除豁也。」帝意稍解，令考成、弘間籍以聞。

交年已七十，連章乞罷。帝輒慰留，遣醫視療。請益力，乃許之。手詔加太子太保，馳驛。令子編修元侍行，有司時存問，給食米輿隸，復賜道里費。卒年八十，謚榮僖。

交言論恂恂，不以勢位驕人。淸愼恬憺，終始一致。初在南京，僚友以事簡多暇，相率談諧飲弈爲樂，交默處一室，讀書不輟。或以爲言，交曰：「對聖賢語，不愈於賓客、妻妾乎？」興獻王素愛重交，嘗割陽春臺東偏地益其宅。後中官言孫尚書侵地，世宗曰：「此先皇所賜，吾敢奪耶？」

元，進士，終四川副使。謹厚有父風。

林俊，字待用，莆田人。成化十四年進士。除刑部主事，進員外郎。性侃直，不隨俗浮湛。事涉權貴，尚書林聰輒屬俊治之。上疏請斬妖僧繼曉並罪中貴梁芳，帝大怒，下詔獄考訊。後府經歷張黻救之，並下獄。太監懷恩力救，俊得謫姚州判官，黻師宗知州。時言路久塞，兩人直聲震都下，爲之語曰：「御史在刑曹，黃門出後府。」尋以正月朔星變，帝感悟，復俊官，改南京。

弘治元年用薦擢雲南副使。鶴慶玄化寺稱有活佛，歲時集士女萬人，爭以金塗其面。俊命焚之，得金悉以償民逋。又毀淫祠三百六十區，皆撤其材修學宮。干崖土舍刀怕愈欲奪從子宣撫官，劫其印數年。俊檄諭之，遂歸印。進按察使。五年調湖廣。以雨雪災異上疏陳時政得失。又言德安、安陸建王府及增修吉府，工役浩繁，財費鉅萬，民不堪命。乞循寧、襄、德府故事，一切省儉，勿用琉璃及白石雕闌，請著爲例。不從。

九年引疾，不待報徑歸。久之，薦起廣東右布政使，不拜。起南京右僉都御史，督操江。十四年正月朔，陝西、山西地震水涌。疏述古宮闈、外戚、內侍、柄臣之禍，乞罷齋醮，減織造，淸役占，汰冗員，止工作，省供應，節賞賜，戒逸欲，遠佞幸，親賢人。又請豫教皇儲，因薦侍郎謝鐸，少卿儲瓘、楊廉，致仕副使曹時中，處士劉閔堪輔導。報聞。已，屢疏乞休，薦時中自代。不許。江西新昌民王武爲盜，巡撫韓邦問不能靖，命俊巡視。身入武巢，武請自効，悉擒賊黨。詔卽以俊代邦問，俊引朱熹代唐仲友、包拯代宋祁事，力辭。不允。乃更定要約，庶務一新。王府徵歲祿，率倍取於民，以俊言大減省。寧王宸濠貪暴，俊屢裁抑之。王請易琉璃瓦，費二萬。俊言宜如舊，毋涉叔段京鄙之求，吳王几杖之賜。王怒，伺其過，無所得。會俊以聖節按部，遂劾奏之，停俸三月。尋以母憂歸。

武宗卽位，言官交薦，江西人在朝者合疏乞還俊。乃進右副都御史，再撫江西，遭父

憂不果。正德四年起撫四川。眉州人劉烈倡亂，敗而逃，諸不逞假其名剽掠。俊繪形捕，莫能得。會保寧賊藍廷瑞、鄢本恕、廖惠等繼起，勢益張，轉寇巴州。猝遇之華蘴，單輿抵其營，譬曉利害，賊羅拜約降。淫雨失期，復叛去，攻陷通江。俊擊敗之龍灘河，遣知府張敏等追敗之門鎮子，遂擒廖惠。而廷瑞奔陝西西鄉，越漢中三十六盤，至大巴山。官軍追及，復大破之。遂移師擊瀘州賊曹甫，且遣人招諭。甫佯聽令，使弟琯劫如故。指揮李蔭斬琯首，賊遂移江津，分七營，將攻重慶。俊發酉陽、播州土兵助蔭，以元日掩破其四營。賊遁入民家，焚之盡斃。乘勝搗老營，指揮汪洋等中伏死。蔭復進，去賊十五里。甫以數十騎出，遇蔭兵，敗走。官軍乘勝進圍之，俘及焚死者二千有奇。已，本恕、廷瑞爲永順土舍彭世麟所擒。俊論功進右都御史。甫黨方四亡命思南，〔三〕復攻南川、綦江，以窺瀘州。俊益發土兵，令副使何珊、李鉞等敗之去。捷聞，璽書獎勵。

俊在軍，與總督洪鍾議多左。中貴子弟欲冒從軍功，輒禁止。御史俞緇走避賊，而僉事吳景戰歿。緇慚，欲委罪俊，遂劾俊累報首功，賊終不滅，加鑿井毀寺，逐僧徒，迫爲賊。於是俊前後被切責。比方四敗，賊且盡，俊辭加秩及賞，乞以舊職歸田。詔不許辭秩，聽其致仕。言官交請留，不報。俊歸，士民號哭追送。時正德六年十一月也。

世宗卽位，起工部尚書，改刑部。在道數引疾，不許。因請帝親近儒臣，正其心以出號

令，用渾樸爲天下先，初詔所革，無遷就以廢公議。旣抵京師，會暑月經筵輟講，舉祖宗勤學故事以諫。俊時年已七十，寓止朝房，示無久居意。數爲帝言親大臣，勤聖學，辨異端，節財用。朝有大政，必侃侃陳論，中外想望其風采。

中官葛景等奸利事覺，爲言官所糾，詔下司禮監察訊。俊言內臣犯法，法司不得訊，是宮府異體也，乞下法司公訊，以昭平明之治。都督劉暉下獄，俊當以交結朋黨律，言與許泰同罪，請斬以謝天下。廖鵬、廖鎧、齊佐、王璷論死，屢詔緩刑，俊乞亟行誅。又劾谷大用占民田萬餘頃。皆不聽。中官崔文家人李陽鳳索匠師宋鈺賄不獲，〔三〕嗾文杖之幾死，下刑部治未決，而中旨移鎮撫司。俊留不遣，力爭不納。明日又奏，帝怒責陳狀。俊言：「祖宗以刑獄付法司，以緝獲奸盜付鎮撫。訊鞫旣得，猶必付法司擬罪。未有奪取未定之囚，反付推問者。文先朝漏奸，罪不容誅，茲復干內降。臣不忍朝廷百五十年紀綱，爲此輩壞亂。」帝憚其言直，乃不問。

俊以耆德起田間，持正不避嫌，旣屢見格，遂乞致仕。詔加太子太保，給驛賜隸廩如制。

俊數爭「大禮」，與楊廷和合。嘗上言推尊所生有不容已之情，有不可易之禮，因輯堯、舜至宋理宗事凡十條，以上。及「大禮」議定，得罪者或杖死。四年秋，俊從病中上書言：

「古者鞭撲之刑，辱之而已，非欲糜爛其體膚而致之死也，又非所以加於士大夫也。成化時，臣及見廷杖一二三臣，率容厚棉底衣，重氈疊裹，然且沉臥，久乃得痊。正德朝，逆瑾竊權，始令去衣，致末年多杖死。臣又見成化、弘治時，惟叛逆、妖言、劫盜下詔獄，始命打問，他犯但言送問而已。今一概打問，亦非故事。自去歲舊臣斥逐殆盡，朝署爲空。乞聖明留念；旣去者禮致，未去者慰留。碩德重望如羅欽順、王守仁、呂柟、魯鐸輩，宜列置左右。臣衰病待盡，無復他望，敢效古人遺表之意，敬布犬馬之心。」帝但下所司而已。又明年，疾革，復上書請懋學隆孝，任賢納諫，保躬導和，且預辭身後卹典，遂卒。年七十六。

後一年，明倫大典成，追論俊附和廷和，削其官，其子達以士禮葬之。俊歷事四朝，抗辭敢諫，以禮進退，始終一節。隆慶初，復官，贈少保，謚貞肅。

達，正德九年進士。官至南京吏部郎中。工篆籀，能古文。

張黻，吉水人。成化八年進士。歷知涪州、宿州，介特不避權貴。弘治中，俊薦顯擢，而黻老不用。王恕爲之請，特予誥命。

金獻民，字舜舉，綿州人。成化二十年進士。除行人。弘治初，選授御史，按雲南、順天，並著風裁。出爲天津副使，歷湖廣按察使。

正德初，劉瑾亂政，追坐獻民勘天津地不實，與巡撫柳應辰等械繫詔獄，斥爲民。未幾，又坐湖廣事，再下獄，罰贖歸。踰年，又以瀏陽民劉道隆獄讞不實，罰米輸塞下。瑾誅，起貴州按察使。擢僉都御史，巡撫延綏，歷南京刑部尚書。

世宗卽位，召爲左都御史。李鳳陽下刑部，程貴下都察院，皆改詔獄，獻民力爭。已，遷刑部尚書。執奏奸黨王欽、王銓不宜貸死。皆不納。尋代彭澤爲兵部尚書。五星聚營室，其占主兵。獻民因請敕天下鎮巡官預守戰之備，且請用賢納諫，罷土木，屏玩好。帝頗采納。獻民性伉直，有執持，帝或不能從，卒無所徇。帝初卽位，盡斥先朝傳奉官。已，太監丘福、潘傑等死，詔官其弟姪錦衣。及司禮太監張欽死，以家人李賢承廕，賢死復欲官其子儒。獻民先後執奏，帝皆不從。土魯番速檀滿速兒寇肅州，命獻民兼右都御史總制陝西四鎮軍務。比至蘭州，巡撫陳九疇已破敵，獻民再以捷聞。還京，仍理部事。論功，廕錦衣世百戶。

錦衣百戶俞賢，中官泰養子也，以中旨管事，諫官爭之。獻民言：「祖宗有舊制，孝廟有禁例，陛下登極有明詔。賢無公家庸，又非泰子姓，猥以廝養竊名器，紊斁典章，不可之大

者。宜納諫官言。」弗聽。錦衣副千戶李全、王邦奇等以冒濫汰去，至是奏辨不已，下部覆議。獻民言：「全等足不履行陣而坐論首功，身不隸公家而躐躋顯秩。陛下登極，汰去者三百餘人，人心稱快。萬一倖端再啓，則前詔皆虛，將來奏擾，有何紀極。」帝竟授全等試百戶。獻民復奏曰：「令出惟行勿惟反。今以小人奏辨，一旦復官九十餘人，徇左右私，壞祖宗法，竊爲陛下惜之。明旨不許夤緣管事，而奔競已成風矣；不許比例陳乞，而奏擾已踵至矣。誰生厲階，至今爲梗。望仍斥全等，以息人言，消天變。」言官任洛等亦以爲言，不聽。會寧夏總兵官种勛行賂京師，偵事者獲其籍，獻民名在焉。給事蔡經、御史高世魁等交章劾之，獻民因引疾歸。居二年，邦奇訐前尚書彭澤，詞連獻民，逮下刑部獄。法司劾獻民奉命專征，未至其地，掠功妄報，失大臣體，宜奪職閒住，削其世廕。詔可。初，「大禮」議起，獻民數偕廷臣疏爭。及左順門哭諫，又與徐文華倡之。帝由此不悅，卒得罪。隆慶初，贈卹如制。

秦金，字國聲，無錫人。弘治六年進士。授戶部主事，歷郎中。正德初，遷河南提學副使，改右參政。守開封，破趙鐩於陳橋。歷山東左、右布政使。

承寇蹈後，與巡撫趙璜共拊循，瘡痍始起。九年擢右副都御史，巡撫湖廣。諸王府所據山場湖蕩，皆奏還之官。降盜賀璋、羅大洪復叛，討平之。郴州桂陽瑤龔福全稱王，金先後破砦八十餘，斬首二千級，擒福全及其黨劉福興等。錄功，增俸一級，廕錦衣世百戶，力辭得請。入爲戶部右侍郎。

世宗即位，改吏部。言官論金無人倫鑑，復改戶部，轉左，署部事。外戚邵喜乞莊田，金述祖制，請按治。帝宥喜，命都察院禁如制。中旨各宮仍置皇莊，遣官校分督。金言：「西漢盛時以苑囿賦貧民，今奈何剝民以益上。乞勘正德問額外侵占者，悉歸其主，而盡撤管莊之人。」帝稱善，即從其議。

嘉靖二年擢南京禮部尚書，率諸臣上疏曰：「陛下繼統以來，昭德塞違，勵精圖治，動無過舉，宜召天和，而災眚頻告者，何也？詩曰：『靡不有初，鮮克有終。』陛下登極一詔，百度咸貞，天下拭目望至治。比來多與詔違，百司罔遵，萬民失仰，此詔令不能如初也。即位之初，逐庸回，任耆舊。比內閣擬旨輒中改，至疏請，徒答溫語，此任賢不能如初也。即位之初，聽言如流，朝請暮報。比來事涉戚畹、宦寺，雖九卿執奏，科道交章，皆曰『業經有旨』，此聽納不能如初也。即位之初，凡先朝傳陞、乞陞等官，一切釐革。比來恩澤過濫，封拜頻煩，此愼名器不能如初也。即位之初，凡奸黨巨惡俱付三法司。比來輒下鎭撫，此謹國法

不能如初也。即位之初，首命戶部減馬房糧芻之半，且令科道官備覈馬數。乃因太監閻洪等言，遂寢前詔，此恤民瘼不能如初也。即位之初，遣斥法王、佛子、國師、禪師。比來於禁地設齋醮，此崇正道不能如初也。即位之初，精明充盛。比來聖躬弗豫，天顏未復，此嗇精神不能如初也。夫初政所以清明者，政出公朝，而左右不預也；今政所以淆溷者，政在左右，而外廷不知也。惟政不可一日不在朝廷，惟權不可一日移於左右。所謂政在朝廷者，非必皆獨運也。股肱有託，耳目有寄，即主威重於九鼎，國勢安於泰山。自古帝王制御天下，操此術而已。不則宮府之勢隔而信任有所偏，婦寺之情親而聽受有所蔽，名曰總攬，而太阿之鐔實移於下矣。」章下禮部，尚書汪俊力勸帝採納，報聞。

尋就改兵部。孫交去，召爲戶部尚書。帝欲考興獻帝，金偕廷臣伏闕爭，又與何孟春等條張璁建議之非。及上聖母册，金及趙璜等復不至，帝頻詰讓。金爲人樂易。及居官，一以廉正自持。在戶部，尤孜孜爲國。永福長公主乞寶坻、武淸地，以金言頗減。撫寧、山海莊地賜魏國公徐達者，達卒仍歸之官，定國公光祚請之，金執不可。給事中黃重、御史張珩等先後爭，金等復以爲言，始報許。內府諸監局軍匠至數千人，中官梁諫請下部採金玉珠石，金皆執奏，不聽。奸人逯俊等乞兩淮鹽引三十萬，帝許之。金力爭不可，積失帝旨。

六年春以考察自陳致仕，馳驛給夫廩如制。歸五年，薦者不已，乃起南京戶部，疏陳利民六事。尋召爲工部尚書，加太子少保。帝與張孚敬、李時評諸大臣，以金爲賢，頗嫌其老。居數月，加太子太保，改南京兵部。踰歲致仕歸。二十三年卒，年七十八。贈少保，謚端敏。

孫柱，以諸生授中書舍人。大學士高拱得罪，倉黃去京師，門生皆避匿，柱獨追送百里外。吳中行疏論張居正奪情，被杖下詔獄。柱挾醫視湯藥，遂忤居正，遷魯府審理。尋假考察罷之。

趙璜，字廷實，安福人。少從父之官，墮江中不死。稍長，行道上，得遺金，悉還其主。登弘治三年進士，授工部主事。改兵部，歷員外郎。出爲濟南知府。猾吏舞文，積歲爲蠹。璜擇愿民教之律令，得通習者二十餘人，逐吏而代之。漢庶人牧場久籍於官，募民佃。德王府奏乞之，璜勘還之民。閱七年，政績大著。

正德初，擢順天府丞，未上，劉瑾惡璜，坐巡撫朱欽事，逮下詔獄，除名。瑾誅，復職。

遷右僉都御史，巡撫宣府。尋調山東。河灘地數百里，賦流民墾而除其租。番僧乞徵以充齋糧，帝許之，璜力爭得免。曲阜爲賊破，闕里林廟在曠野，璜請移縣就闕里，從之。擢工部右侍郎，總理河道。以邊警改理畿輔戎備。事定，命振順天諸府饑，還佐部事。

世宗即位，進左侍郎，掌部事。裁宦官賜葬費及御用監料價，革內府酒醋麪局歲徵鐵輒價銀歲鉅萬。

嘉靖元年進尚書。劉瑾創玄明宮，糜財數十萬，瑾死，奸人獻爲皇莊。帝即位，斥以予民，既而中旨令仍舊。璜言詔下數月而忽更，示天下不信，帝即報許。會方修仁壽、淸寧宮，費不繼。璜因請與石景山諸房舍並斥賣以資用，可無累民，帝可之。給事中徐景嵩等謂詔書許還民，官不當自鬻，劾璜。璜疏辨，幷發景嵩他事。御史張鵬翰言璜摭言官，無大臣誼。帝責鵬翰黨庇景嵩，竟斥。其同官陳江亦以劾璜被責，求去。給事中章僑言璜一舉逐兩諫官，甚損國體。尙書彭澤復奏僑非是，僑再辨，帝兩解之。詔營后父陳萬言第，估工值六十萬，璜持之。萬言愬於帝，下郎中、員外二人詔獄。璜言：「二臣無與，乞罪臣。」帝不聽。其後論救踵至，萬言不自安，再請貸。二人獲釋，工價亦大減。

三年，顯陵司香內官言陵制狹小，請改營，視天壽山諸陵。璜言陵制與山水相稱，難概同，帝納其言。已，帝欲遷顯陵，璜不可，乃寢。詔建玉德殿，景福、安喜二宮，璜請俟仁壽

宮成，徐議其事，帝不許。頃之，以災異申前請，帝始從之，幷罷仁壽役。江西建眞人府，陝西督織造，皆遣中使，璝皆疏爭。營建世廟，中官所派物料，戶部多裁省。帝以問璝，璝言曩造乾清、坤寧兩宮所積餘貲，足移用，帝遂報可。

璝爲尙書六年，値帝初政，銳意釐剔，中官不敢撓，故得舉其職。後論執不已，諸權倖嫉者衆，帝意亦寖疏。璝素與秦金齊名。考察自陳，與金俱致仕。廷臣乞留，不許，馳驛給夫廩如故事。

璝有幹局，多智慮。事棼錯，他人相顧愕眙，璝立辨。旣去，人爭薦之。十一年召復故官，未上卒。贈太子太保，謚莊靖。

鄒文盛，字時鳴，公安人。弘治六年進士。除吏科給事中。遼東巡撫韓重劾鎭守中官廖玘，[四]文盛偕郎中楊茂仁勘實其罪，謫長陵司香。朶顏三衞屢擾邊，文盛還奏制馭六策。尙書劉大夏深善之，下之邊吏。

尋出覈兩廣糧儲。思恩土官岑濬與田州岑猛搆兵，文盛言：「田州廣西之藩蔽，李蠻田州之干城，參政武清受濬重賂，以計殺蠻釀成禍亂。制敕房供事參議岑業，濬懿親，爲彌

縫於中，漏我機事。請先誅二人，而後行討。」業有內援，帝不聽。淸尋以考察罷。

正德初，歷戶科都給事中，出爲保定知府，累遷福建左布政使。十一年以右副都御史巡撫貴州。淸平苗阿旁、阿階、阿革稱王，巡撫曹祥調永順、保靖土兵討之，尋被劾罷。阿旁等據香爐山，興隆、偏橋、平越、新添、龍里諸衞咸被其患。文盛至，檄川、湖兵協勦，以貴州兵擣巖木砦，擒阿革。川、湖兵至，抵山下，山壁立，惟小徑五，賊皆樹柵。仰攻不能克，乃製戰樓與崖齊，乘夜雨附崖登，拔柵焚廬舍。賊奔後山，據絕頂。官軍乘間梯籐木以上，遂擒阿旁，餘賊盡平。錄功，增俸一等，廕子錦衣世百戶，力辭免。芒部陳聰等爲亂，討破之。四川土舍重安馮綸與凱里楊弘有怨。弘卒，綸糾諸苗相讎殺，侵軼貴州境。文盛遣參議蔡潮詣播州，督宣慰楊斌撫定之。請復設安寧宣撫司，以弘子襲，而錄潮功。尙書王瓊以專擅爲潮罪，不敍。頃之，改蒞南京都察院。

世宗卽位，召爲戶部左、右侍郎，遷南京右都御史，就改戶部尙書。嘉靖六年，戶部尙書秦金罷，召文盛代之。首疏鹽政、錢法十一事。文盛爲人廉謹，踧踖若無能。與孫交、秦金、趙璜咸稱長者。歲餘，以年至，再疏乞歸。卒贈太子少保，謚莊簡。

梁材，字大用，南京金吾右衞人。弘治十二年進士。授德淸知縣，勤斂有異政。

正德初，遷刑部主事，改御史。出爲嘉興知府，調杭州。田租例參差，材爲酌輕重，立畫一之法。遷浙江右參政，進按察使。鎭守中官畢眞與宸濠通，將舉城應之。材與巡按張縉劾持眞，奪其兵衞。尋以憂去。

嘉靖初，起補雲南。土官相讎殺累年，材召其酋曰：「汝罪當死。今貰汝，以牛羊贖。」御史訐其輕，材曰：「如是足矣，急之變生。」諸酋束甲待變，聞無他迺止。歷貴州、廣東左、右布政使。吏民輸課，令自操權衡，吏不得預。時天下布政使廉名最著者二人，材與姚鏌也。

六年拜右副都御史，巡撫江西。甫兩月，召爲刑部左侍郎。尋改戶部，遂代鄒文盛爲尙書。自外僚登六卿，不滿二載。自以受恩深，益盡職。上言：「臣考去年所入止百三十萬兩，而所出至二百四十萬。加催徵不前，邊費無節，凶荒又多奏免，國計安所辦？詳求弊端：一宗藩，二武職，三冗食，四冗費，五逋負。」乞集廷臣計畫條請。於是宗藩、武職各議上三事，其他皆嚴爲節，帝悉報可。惟武職閒住者議停半俸，帝不納。經費大省，國用亦充。中官麥福請盡徵牧馬草場租，材不可。侍郎王軏淸勳戚莊田，言宜量等級爲限。材奏：「成

周班祿有土田，祿由田出，非常祿外復有土田。今勳戚祿已踰分，而陳乞動千萬，請申禁之。自特賜外，量存三之一，以供祀事。」帝命並淸已賜者，額外侵據悉還之民，勢豪家乃不敢妄請乞。畿輔屯田，御史督理，正統間易以僉事，權輕，屯政日弛。材請仍用御史。御史郭弘化言天下土田視國初減半，宜通行淸丈。材恐紛擾，請但敕所司淸釐，籍難稽者始履畝而丈。帝悉可之。

母喪去。服除，起故官。大同巡撫樊繼祖請益軍餉，材言：「大同歲餉七十七萬有奇，例外解發又累萬，較昔已數倍。日益月增，太倉銀不足供一鎭，無論九邊也。」繼祖數請不得，議開事例，下戶、兵二部行之。時修建兩宮、七陵，役京軍七萬，郭勛請給月糧冬衣。材言非故事，如所請，當歲費銀四十五萬；且冬衣例取內庫，非部事。勛怒，劾材悞公。帝詰責材，竟如勛奏。勛復建言三事，請開礦助工，餘鹽盡輸邊，漕卒得攜貨物。材議，不盡行，勛益怒。

材初爲戶部，値帝勤政，力祛宿弊，多見從。及是屢忤權倖，不得志，乃乞改南。爲給事中周珫所劾，下吏部，尙書許讚等請留之。帝不悅，令與材俱對狀。材引罪得宥，而讚等坐奪俸。材由此失帝意。考尙書六年滿，遂令致仕。初，徽王守莊者與佃人訟，材請革守莊者，令有司納租於王，報可。王奏不便，帝又從之。材已去，侍郎唐胄等執初詔。帝

大怒，幷責材。令以右侍郎閒住，而奪冑俸，下郎官詔獄。

明年，戶部尚書李廷相罷。帝念材廉勤，大臣亦多薦者，乃召復故官，加太子少保。三掌國計，砥節守公如一日，帝眷亦甚厚。其秋，考察京官，特命監之。有大獄不能決，又命兼掌刑部事。帝歎曰：「尚書得如材者十二人，吾無憂天下矣。」大工頻興，役外衞班軍四萬六千人。郭勛籍其不至者，責輸銀雇役，廩食視班軍。廷相嘗量給之，材堅持不予。勛劾材，帝命補給。勛又以軍不足，籍逃亡軍布棉折餉銀募工。材言：「今京班軍四萬餘，已足用，不宜藉口耗國儲。」帝從其奏。勛益怒，劾材變亂舊章。先是，醮壇須龍涎香，材不以時進，帝銜之。遂責材沽名誤事，落職閒住。歸，旋卒，年七十一。隆慶初，贈太子太保，諡端肅。

當嘉靖中歲，大臣或阿上取寵，材獨不撓，以是終不容。自材去，邊儲、國用大窘。世宗乃歎曰：「材在，當不至此。」

劉麟，字元瑞，本安仁人。世爲南京廣洋衞副千戶，因家焉。績學能文，與顧璘、徐禎卿稱「江東三才子」。弘治九年成進士。言官龐泮等下獄，麟偕同年生陸崑抗疏救。除刑部主

事，進員外郎。錄囚畿內，平反三百九十餘人。

正德初，進郎中，出爲紹興府知府。劉瑾銜麟不謁謝，甫五月，摭前錄囚細故，罷爲民。士民醵金贐不受，爲建小劉祠以配漢劉寵，因寓湖州。與吳琬、施侃、孫一元、龍霓爲「湖南五隱」。瑾誅，起補西安。遭父憂，樂吳興山水，奉父柩葬焉，遂居湖州。起陝西左參政，督糧儲。都御史鄧璋督師，議加賦充餉，麟力爭。會陝民詣闕愬，得寢。尋遷雲南按察使，謝病歸。

嘉靖初，召拜太僕卿。進右副都御史，巡撫保定六府。中官耿忠守備紫荊多縱，麟劾奏之。請捐天津三衞屯田課，及出庫儲給河間三衞軍月餉，〔五〕徵逋課以償，皆報可。帝因諭戶部，中外軍餉未給者，悉補給之。再引疾歸。起大理卿，拜工部尚書。侍衞軍不給衣履，錦衣帥駱安援紅盔軍例以請，麟執不可。詔量給銀自製，後五載一給爲常。四司財物悉貯後堂大庫，司官出納多侵漁，麟請特除一郎官主之。帝稱善，因賜名「節愼庫」。已，上節財十四事，汰內府諸監局冒破錢，中貴大恨。及顯陵工竣，執役者咸覬官。麟止擬賚，羣小愈怨。會帝納諫官言，停中外雜派工役，麟牒停浙江、蘇、松織造，而上供袍服在停中。中官吳勳以爲言，遂勒麟致仕。久之，顯陵殿閣雨漏，追論麟，落職。居工部，爲朝廷惜財謹費，僅踰年而罷。居郊外南坦，賦詩自娛。守爲築一臺，令爲搆堂，始有息游之所。家居三十餘年，廷臣頻論薦。晚好樓居，力不能搆，懸籃輿於梁，曲臥其中，名曰神樓。文徵明繪圖遺之。年八十七卒。贈太子少保，諡清惠。

蔣瑤，字粹卿，歸安人。弘治十二年進士。授行人。正德時，歷兩京御史。陳時弊七事，中言：「內府軍器局軍匠六千，中官監督者二人，今增至六十餘人，人占軍匠三十。他局稱是，行伍安得不耗。」幷言：「傳奉官及濫收校尉勇士並宜釐革。劉瑾雖誅，權猶在宦豎。」有旨詰問，且言「自今如瑤議者，毋覆奏」。

尋出爲荊州知府。築黃潭隄。調揚州。武宗南巡至揚，瑤供御取具而已，無所贈遺。諸嬖倖皆怒。江彬欲奪富民居爲威武副將軍府，瑤執不可。彬閉瑤空舍挫辱之，脅以帝所賜銅瓜，不爲懾。會帝漁獲一巨魚，戲言直五百金，彬卽畀瑤責其直。瑤懷其妻簪珥、袿服以進，曰：「庫無錢，臣所有惟此。」帝笑而遣之。府故有瓊花觀，詔取瓊花。瑤言自宋徽、欽北狩，此花已絕，今無以獻。又傳旨徵異物，瑤具對非揚產。帝曰：「苧白布，亦非揚產耶？」瑤不得已，爲獻五百疋。當是時，權倖以揚繁華，要求無所不至。微瑤，民且重困。駕旋，

瑤扈至寶應。中官丘得用鐵絙縶瑤，數日始釋，竟扈至臨清而返。揚人見瑤，無不感泣。迨遷陝西參政，爭出貲建祠祀之，名自此大震。

嘉靖初，歷湖廣、江西左、右布政使，以右副都御史巡撫河南。帝命桂萼等覈巡撫官去留，令瑤歸候調。已，累遷工部尚書。四郊工竣，加太子少保。西苑宮殿成，帝置宴。見瑤與王時中席在外，命移殿內，而移皇親於殿右以讓瑤，曰：「親親不如尊賢。」其重瑤如此。

時土木繁興，歲費數百萬計。瑤規畫咸稱帝意，數有賚予。以憂去。久之，自南京工部尚書，召改北部。帝幸承天，瑤扈從。京師營建，率役京軍，多爲豪家占匿。至是大工頻仍，歲募民充役，費二百餘萬。瑤以爲言，因請停不急者。豪家所匿軍畢出，募直大減。以老致仕去。

瑤端亮清介。既歸，僻處陋巷。與尚書劉麟、顧應祥輩結文酒社，徜徉峴山間。卒年八十九。贈太子太保，諡恭靖。

王廷相，字子衡，儀封人。幼有文名。登弘治十五年進士，選庶吉士，授兵科給事中。以憂去。正德初，服闋至京。劉瑾中以罪，謫亳州判官，量移高淳知縣。

召爲御史，疏言：「大盜四起，將帥未能平。由將權輕，不能禦敵，兵機疏，不能扼險也。盜賊所至，鄉民奉牛酒，甚者爲効力。盜有生殺權，而將帥反無之，故兵不用命。宜假便宜，退却者必斬。河南地平曠，賊易奔，山西地險阻，亦縱深入，將帥罪也。若陳兵黃河之津，使不得西，分扼井陘、天井，使不得東，而主將以大軍蹙之，則賊進退皆窮，可不戰擒矣。」帝切責總督諸臣，悉從其議。已，出按陝西，裁抑鎭守中官廖堂，被誣。時已改督京畿學校，逮繫詔獄，謫贛榆丞。屢遷四川僉事，山東副使，皆提督學校。

嘉靖二年舉治行卓異，再遷山東右布政使。以右副都御史巡撫四川，討平芒部賊沙保。尋召理院事。歷兵部左、右侍郎，遷南京兵部尚書，參贊機務。初有詔，省進貢快船。守備太監賴義復求增，廷相請酌物輕重以定船數，而大減宣德以後傳旨非祖制者。龍江、大勝、新江、浦子、江淮五關守臣藉稽察權利，安慶、九江藉春秋閱視索賂，廷相皆請革之。草場、蘆課銀率爲中官楊奇、卜春及魏國公徐鵬舉所侵蝕。以廷相請，逮問奇、春，奪鵬舉祿。三月入爲左都御史，疏言南京守備權太重，不宜令魏國世官。給事中曾忭亦言之，遂解鵬舉兵柄。

居二年，加兵部尚書兼前官，提督團營，仍理院事。兩考滿，加太子少保。畿民盜天壽山陵樹，巡按楊紹芳引盜大祀神御物律斬。廷相言：「大祀神御物者，指神御在內祭器帷帳

之物而言。律文盜陵木者，止杖一百，徒三年。今舍本律，非刑之平。」忤旨，罰俸一月。帝將幸承天，廷相與諸大臣諫，不納。扈從還，以九年滿，加太子太保。雷震奉先殿，廷相言：「人事修而後天道順，大臣法而後小臣廉。今廉隅不立，賄賂盛行，先朝猶暮夜之私，而今則白日之攫。大臣汚則小臣悉傚，京官貪則外臣無畏。臣職憲紀，不能絕其弊，乞先罷斥。」用以刺尚書嚴嵩、張瓚輩。帝但諭留而已。

初，廷相請以六條考察差還御史。帝令疏其所未盡，編之憲綱。乃取張孚敬、汪鋐所奏列，及新所定凡十五事以進，悉允行之。及九廟災，下詔修省，因敕廷相曰：「御史巡方職甚重。卿總憲有年，自定六條後，不考黜一人，今宜痛修省。」廷相惶恐謝。廷相掌內臺最久，有威重。督團營，與郭勛共事，逡巡其間，不能有所振飭。給事中李鳳來等論權貴奪民利，章下都察院，廷相檄五城御史覈實，遲四十餘日。給事中章允賢遂劾廷相徇私慢上。帝方詰責，而廷相以御史所覈聞，惟郭勛侵最多。帝令勛自奏，於是劾勛者羣起。勛復以領敕稽留觸帝怒，下獄。責廷相朋比阿黨，斥爲民。越三年卒。

廷相博學好議論，以經術稱。於星曆、輿圖、樂律、河圖、雒書及周、邵、程、張之書，皆有所論駁，然其說頗乖僻。隆慶初，復官，贈少保，謚肅敏。

贊曰：喬宇守南京，從容鎭靜，內嚴警備，可謂能當大事者矣。覲宇與孫交等砥節奉公，懇懇廷諍，意在杜塞倖門，裨益國是。雖得君行政，未能媲美蹇、夏，要其淸嚴不苟，行無瑕尤，於前人亦不多讓。蔣瑤爲尙書，功名損於治郡，王廷相掌內臺，風力未著，是殆其時爲之歟。

校勘記

〔一〕八年六月中旨與禮部尚書傅珪並致仕　六月，原作「五月」。據本書卷一一一七卿年表、武宗實錄卷一〇一正德八年六月辛亥條改。

〔二〕酋黨方四亡命思南　思南，原作「恩南」，據武宗實錄卷七九正德六年九月乙丑條改。按思南係一長官司，屬湖廣施州衞軍民指揮使司，位於南川、綦江、瀘州東北。作「恩南」誤。

〔三〕中官崔文家人李陽鳳索匠師宋鈺賄不獲　李陽鳳，明史稿傳七三林俊傳、世宗實錄卷二六嘉靖二年閏四月己未條同。本書本卷金獻民傳及卷二〇六劉世陽傳附趙漢傳作「李鳳陽」。

〔四〕劾鎭守中官廖玘　廖玘，本書卷一八四楊守陳傳附楊茂仁傳、孝宗實錄卷一九〇弘治十五年八月癸卯條都作「梁玘」。

〔五〕請捐天津三衞屯田課及出庫儲給河間三衞軍月餉　河間，原作「河南」，據明史稿傳七三劉麟傳改。按劉麟巡撫保定等六府，河間府居其一，其事權不涉及河南都指揮使司之河南等衞。作「河間」是。

明史卷一百九十五

列傳第八十三

王守仁　冀元亨

王守仁，字伯安，餘姚人。

父華，字德輝，成化十七年進士第一。授修撰。弘治中，累官學士、少詹事。華有器度，在講幄最久，孝宗甚眷之。李廣貴幸，華講大學衍義，至唐李輔國與張后表裏用事，指陳甚切。帝命中官賜食勞焉。正德初，進禮部左侍郎。以守仁忤劉瑾，出爲南京吏部尚書，坐事罷。旋以會典小誤，降右侍郎。瑾敗，乃復故，無何卒。華性孝，母岑年踰百歲卒。華已年七十餘，猶寢苫蔬食，士論多之。

守仁娠十四月而生。祖母夢神人自雲中送兒下，因名雲。五歲不能言，異人拊之，更名守仁，乃言。年十五，訪客居庸、山海關。時闌出塞，縱觀山川形勝。弱冠舉鄉試，學大

進。顧益好言兵，且善射。登弘治十二年進士。使治前威寧伯王越葬，還而朝議方急西北邊，守仁條八事上之。尋授刑部主事。決囚江北，引疾歸。起補兵部主事。

正德元年冬，劉瑾逮南京給事中御史戴銑等二十餘人。守仁抗章救，瑾怒，廷杖四十，謫貴州龍場驛丞。龍場萬山叢薄，苗、獠雜居。守仁因俗化導，夷人喜，相率伐木爲屋，以棲守仁。瑾誅，量移廬陵知縣。入覲，遷南京刑部主事，吏部尚書楊一清改之驗封。屢遷考功郎中，擢南京太僕少卿，就遷鴻臚卿。

兵部尚書王瓊素奇守仁才。十一年八月擢右僉都御史，巡撫南、贛。當是時，南中盜賊蜂起。謝志山據橫水、左溪、桶岡，池仲容據浰頭，皆稱王，與大庾陳曰能、樂昌高快馬、郴州龔福全等[一]攻剽府縣。而福建大帽山賊詹師富等又起。前巡撫文森托疾避去。志山合樂昌賊掠大庾，攻南康、贛州，贛縣主簿吳玭戰死。守仁至，知左右多賊耳目，乃呼老黠隸詰之。隸戰栗不敢隱，因貰其罪，令詗賊，賊動靜無勿知。於是檄福建、廣東會兵，先討大帽山賊。

明年正月，督副使楊璋等破賊長富村，[二]逼之象湖山，指揮覃桓、縣丞紀鏞戰死。守仁親率銳卒屯上杭。佯退師，出不意擣之，連破四十餘寨，俘斬七千有奇，指揮王鎧等擒師富。疏言權輕，無以令將士，請給旗牌，提督軍務，得便宜從事。尚書王瓊奏從其請。乃更兵

制：二十五人爲伍，伍有小甲；二伍爲隊，隊有總甲；四隊爲哨，[三]哨有長，協哨二佐之；二哨爲營，營有官，參謀二佐之；三營爲陣，陣有偏將；二陣爲軍，軍有副將。皆臨事委，不命於朝；副將以下，得遞相罰治。

其年七月進兵大庾。志山乘間急攻南安，知府季斆擊敗之。副使楊璋等亦生縶曰能以歸。遂議討橫水、左溪。十月，都指揮許清、贛州知府邢珣、寧都知縣王天與各一軍會橫水，斆及守備郟文、汀州知府唐淳、縣丞舒富各一軍會左溪，吉安知府伍文定、程鄉知縣張戩遏其奔軼。[四]守仁自駐南康，去橫水三十里，先遣四百人伏賊巢左右，進軍逼之。賊方迎戰，兩山舉幟。賊大驚，謂官軍已盡犁其巢，遂潰。乘勝克橫水，志山及其黨蕭貴模等皆走桶岡。左溪亦破。守仁以桶岡險固，移營近地，諭以禍福。賊首藍廷鳳等方震恐，見使至大喜，期仲冬朔降，而珣、文定已冒雨奪險入。賊阻水陣，珣直前搏戰，文定與戩自右出，賊倉卒敗走，遇淳兵又敗。諸軍破桶岡，志山、貴模、廷鳳面縛降。凡破巢八十有四，俘斬六千有奇。時湖廣巡撫秦金亦破福全。其黨千人突至，諸將擒斬之。乃設崇義縣於橫水，控諸瑤。還至贛州，議討浰頭賊。

初，守仁之平師富也，龍川賊盧珂、鄭志高、陳英咸請降。及征橫水，浰頭賊將黃金巢亦以五百人降，獨仲容未下。橫水破，仲容始遣弟仲安來歸，而嚴爲戰守備。詭言珂、志高，

讐也，將襲我，故爲備。守仁佯杖繫珂等，而陰使珂弟集兵待，遂下令散兵。歲首大張燈樂，仲容信且疑。守仁賜以節物，誘入謝。仲容率九十三人營教場，而自以數人入謁。守仁呵之曰：「若皆吾民，屯於外，疑我乎？」悉引入祥符宮，厚飲食之。賊大喜過望，益自安。守仁留仲容觀燈樂。正月三日大享，伏甲士於門，諸賊入，以次悉擒戮之。自將抵賊巢，連破上、中、下三浰，斬馘二千有奇。餘賊奔九連山。山橫亙數百里，陡絕不可攻。乃簡壯士七百人衣賊衣，奔崖下，賊招之上。官軍進攻，內外合擊，擒斬無遺。乃於下浰立和平縣，[五]置戍而歸。自是境內大定。

初，朝議賊勢強，發廣東、湖廣兵合剿。守仁上疏止之，不及。桶岡既滅，湖廣兵始至。及平浰頭，廣東尚未承檄。守仁所將皆文吏及偏裨小校，平數十年巨寇，遠近驚爲神。進右副都御史，予世襲錦衣衞百戶，再進副千戶。

十四年六月命勘福建叛軍。行至豐城而寧王宸濠反，知縣顧佖以告。守仁急趨吉安，與伍文定徵調兵食，治器械舟楫，傳檄暴宸濠罪，俾守令各率吏士勤王。都御史王懋中，編修鄒守益，副使羅循、羅欽德，郎中曾直，御史張鰲山、周魯，評事羅僑，同知郭祥鵬，進士郭持平，降謫驛丞王思、李中，咸赴守仁軍。御史謝源、伍希儒自廣東還，守仁留之紀功。因集衆議曰：「賊若出長江順流東下，則南都不可保。吾欲以計撓之，少遲旬日無患矣。」乃多

中華書局

遣間諜，檄府縣言：「都督許泰、郤永將邊兵，都督劉暉、桂勇將京兵，各四萬，水陸並進。南贛王守仁、湖廣秦金、兩廣楊旦各率所部合十六萬，直擣南昌，所至有司缺供者，以軍法論。」又爲蠟書遺僞相李士實、劉養正，敍其歸國之誠，令從臾早發兵東下，而縱諜洩之。宸濠果疑。與士實、養正謀，則皆勸之疾趨南京卽大位，宸濠益大疑。十餘日詗知中外兵不至，乃悟守仁紿之。七月壬辰朔留宜春王拱樤居守，而劫其衆六萬人，襲下九江、南康，出大江，薄安慶。

守仁聞南昌兵少則大喜，趨樟樹鎮。知府臨江戴德孺、袁州徐璉、贛州邢珣，都指揮余恩，〔六〕通判瑞州胡堯元童琦、撫州鄒琥、安吉談儲，推官王暐、徐文英，知縣新淦李美、泰和李楫、萬安王冕、寧都王天與，各以兵來會，合八萬人，號三十萬。或請救安慶，守仁曰：「不然。今九江、南康已爲賊守，我越南昌與相持江上，二郡兵絕我後，是腹背受敵也。不如直擣南昌。賊精銳悉出，守備虛。我軍新集氣銳，攻必破。賊聞南昌破，必解圍自救。逆擊之湖中，蔑不勝矣。」衆曰「善」。己酉次豐城，以文定爲前鋒，先遣奉新知縣劉守緒襲其伏兵。庚戌夜半，文定兵抵廣潤門，守兵駭散。辛亥黎明，諸軍梯絙登，縛拱樤等，宮人多焚死。軍士頗殺掠，守仁戮犯令者十餘人，宥脅從，安士民，慰諭宗室，人心乃悅。

居二日，遣文定、珣、璉、德孺各將精兵分道進，而使堯元等設伏。宸濠果自安慶還兵。

乙卯遇於黃家渡。文定當其前鋒，賊趨利。珣繞出賊背貫其中，文定、恩乘之，璉、德孺張兩翼分賊勢，堯元等伏發，賊大潰，退保八字腦。宸濠懼，盡發南康、九江兵。守仁遣知府撫州陳槐、饒州林城取九江，〔七〕建昌曾璵、廣信周朝佐取南康。丙辰復戰，官軍卻，守仁斬先卻者。諸軍殊死戰，賊復大敗，退保樵舍，聯舟爲方陣，盡出金寶犒士。明日，宸濠方晨朝其羣臣，官軍奄至。以小舟載薪，乘風縱火，焚其副舟，妃婁氏以下皆投水死。宸濠舟膠淺，倉卒易舟遁，王冕所部兵追執之。士實、養正及降賊按察使楊璋等皆就擒。南康、九江亦下。凡三十五日而賊平。京師聞變，諸大臣震懼。王瓊大言曰：「王伯安居南昌上游，必擒賊。」至是，果奏捷。

帝時已親征，自稱威武大將軍，率京邊驍卒數萬南下。命安邊伯許泰爲副將軍，偕提督軍務太監張忠、平賊將軍左都督劉暉將京軍數千，泝江而上，抵南昌。諸嬖倖故與宸濠通，守仁初上宸濠反書，因言：「覬覦者非特一寧王，請黜奸諛以回天下豪傑心。」諸嬖倖皆恨。宸濠既平，則相與媢功。且懼守仁見天子發其罪，競爲蜚語，謂守仁先與通謀，慮事不成，乃起兵。又欲令縱宸濠湖中，待帝自擒。

守仁乘忠、泰未至，先俘宸濠，發南昌。忠、泰以威武大將軍檄邀之廣信。守仁不與，間道趨玉山，上書請獻俘，止帝南征。帝不許。至錢唐遇太監張永。永提督贊畫機密軍

務，在忠、泰輩上，而故與楊一清善，除劉瑾，天下稱之。守仁夜見永，頌其賢，因極言江西困敝，不堪六師擾。永深然之，曰：「永此來，爲調護聖躬，非邀功也。公大勛，永知之，但事不可直情耳。」守仁乃以宸濠付永，而身至京口，欲朝行在。聞巡撫江西命，乃還南昌。忠、泰已先至，恨失宸濠。故縱京軍犯守仁，或呼名嫚罵。守仁不爲動，撫之愈厚。病予藥，死予棺，遭喪於道，必停車慰問良久始去。京軍謂王都堂愛我，無復犯者。忠、泰言：「寧府富厚甲天下，今所蓄安在？」守仁曰：「宸濠異時盡以輸京師要人，約內應，籍可按也。」忠、泰故嘗納宸濠賄者，氣懾不敢復言。已，輕守仁文士，强之射。徐起，三發三中。京軍皆歡呼，忠、泰益沮。會冬至，守仁命居民巷祭，已，上冢哭。時新喪亂，悲號震野。京軍離家久，聞之無不泣下思歸者。忠、泰不得已班師。比見帝，與紀功給事中祝續、御史章綸讒毀百端，獨永時時左右之。忠揚言帝前曰：「守仁必反，試召之，必不至。」忠、泰屢矯旨召守仁。守仁得永密信，不赴。及是知出帝意，立馳至。忠、泰計沮，不令見帝。守仁乃入九華山，日晏坐僧寺。帝覘知之，曰：「王守仁學道人，聞召卽至，何謂反？」乃遣還鎮，令更上捷音。守仁乃易前奏，言奉威武大將軍方略討平叛亂，而盡入諸嬖倖名，江彬等乃無言。

當是時，讒邪搆煽，禍變叵測，微守仁，東南事幾殆。世宗深知之。甫卽位，趣召入朝受封。而大學士楊廷和與王瓊不相能。守仁前後平賊，率歸功瓊，廷和不喜，大臣亦多忌

其功。會有言國哀未畢，不宜舉宴行賞者，因拜守仁南京兵部尚書。守仁不赴，請歸省。已，論功封特進光祿大夫、柱國、新建伯，世襲，歲祿一千石。然不予鐵券，歲祿亦不給。諸同事有功者，惟吉安守伍文定至大官，當上賞。其他皆名示遷，而陰絀之，廢斥無存者。守仁憤甚。時已丁父憂，屢疏辭爵，乞錄諸臣功，咸報寢。免喪，亦不召。久之，所善席書及門人方獻夫、黃綰以議禮得幸，言於張璁、桂萼，將召用，而費宏故銜守仁，復沮之。屢推兵部尚書，三邊總督，提督團營，皆弗果用。

嘉靖六年，思恩、田州土酋盧蘇、王受反。總督姚鏌不能定，乃詔守仁以原官兼左都御史，總督兩廣兼巡撫。綰因上書訟守仁功，請賜鐵券歲祿，並敍討賊諸臣，帝咸報可。守仁在道，疏陳用兵之非，且言：「思恩未設流官，土酋歲出兵三千，聽官征調。既設流官，我反歲遣兵數千防戍。是流官之設，無益可知。且田州鄰交阯，深山絕谷，悉猺、獞盤據，必仍設土官，斯可藉其兵力爲屏蔽。若改土爲流，則邊鄙之患，我自當之，後必有悔。」章下兵部，尚書王時中條其不合者五，帝令守仁更議。十二月，守仁抵潯州，會巡按御史石金定計招撫。悉散遣諸軍，留永順、保靖土兵數千，解甲休息。蘇、受初求撫不得，聞守仁至益懼，至是則大喜。守仁赴南寧，二人遣使乞降，守仁令詣軍門。二人竊議曰：「王公素多詐，恐紿我。」陳兵入見。守仁數二人罪，杖而釋之。親入營，撫其衆七萬。奏聞於朝，陳用兵

十害，招撫十善。因請復設流官，量割田州地，別立一州，以岑猛次子邦相爲吏目，署州事，俟有功擢知州。而於田州置十九巡檢司，以蘇、受等任之，並受約束於流官知府。帝皆從之。

斷藤峽猺賊，上連八寨，下通仙臺、花相諸洞蠻，盤亙三百餘里，郡邑罹害者數十年。守仁欲討之，故留南寧。罷湖廣兵，示不再用。伺賊不備，進破牛腸、六寺等十餘寨，峽賊悉平。遂循橫石江而下，攻克仙臺、花相、白竹、〔六〕古陶、羅鳳諸賊。令布政使林富率蘇、受兵直抵八寨，破石門，副將沈希儀邀斬軼賊，盡平八寨。

始，帝以蘇、受之撫，遣行人奉璽書獎諭。及奏斷藤峽捷，則以手詔問閣臣楊一清等，謂守仁自誇大，且及其生平學術。一清等不知所對。守仁之起由璁、萼薦，萼故不善守仁，以璁强之。後萼長吏部，璁入內閣，積不相下。萼暴貴喜功名，風守仁取交阯，守仁辭不應。一清雅知守仁，而黃綰嘗上疏欲令守仁入輔，毁一清，一清亦不能無移憾。萼遂顯詆守仁征撫交失，賞格不行。獻夫及霍韜不平，上疏爭之，言：「諸猺爲患積年，初嘗用兵數十萬，僅得一田州，旋復召寇。守仁片言馳諭，思、田稽首。至八寨、斷藤峽賊，阻深巖絕岡，國初以來未有輕議剿者，今一舉蕩平，若拉枯朽。議者乃言守仁受命征思、田，不受命征八寨。夫大夫出疆，有可以安國家，利社稷，專之可也。況守仁固承詔得便宜從事者乎？守仁討平叛藩，忌者誣以初同賊謀，又誣其輦載金帛。當時大臣楊廷和、喬宇飾成其事，至今未白。夫忠如守仁，有功如守仁，一屈於江西，再屈於兩廣。臣恐勞臣灰心，將士解體，後此疆圉有事，誰復爲陛下任之！」帝報聞而已。

守仁已病甚，疏乞骸骨，舉鄖陽巡撫林富自代，不俟命竟歸。行至南安卒，年五十七。喪過江西，軍民無不縞素哭送者。

守仁天姿異敏。年十七謁上饒婁諒，與論朱子格物大指。還家，日端坐，講讀五經，不苟言笑。游九華歸，築室陽明洞中。泛濫二氏學，數年無所得。謫龍場，窮荒無書，日繹舊聞。忽悟格物致知，當自求諸心，不當求諸事物，喟然曰：「道在是矣。」遂篤信不疑。其爲教，專以致良知爲主。謂宋周、程二子後，惟象山陸氏簡易直捷，有以接孟氏之傳。而朱子集註、或問之類，乃中年未定之說。學者翕然從之，世遂有「陽明學」云。

守仁既卒，桂萼奏其擅離職守。帝大怒，下廷臣議。萼等言：「守仁事不師古，言不稱師。欲立異以爲高，則非朱熹格物致知之論；知衆論之不予，則爲朱熹晚年定論之書。號召門徒，互相倡和。才美者樂其任意，庸鄙者借其虛聲。傳習轉訛，背謬彌甚。但討捕畬賊，擒獲叛藩，功有足錄，宜免追奪伯爵以章大信，禁邪說以正人心。」帝乃下詔停世襲，卹典俱不行。隆慶初，廷臣多頌其功。詔贈新建侯，謚文成。二年予世襲伯爵。既又有請以守仁與薛瑄、陳獻章同從祀文廟者。帝獨允禮臣議，以瑄配。及萬曆十二年，御史詹事講申前請。大學士申時行等言：「守仁言致知出大學，良知出孟子。陳獻章主靜，沿宋儒周敦頤、程顥。且孝友出處如獻章，氣節文章功業如守仁，不可謂禪，誠宜崇祀。」且言胡居仁純心篤行，衆論所歸，亦宜並祀。帝皆從之。終明之世，從祀者止守仁等四人。

始守仁無子，育弟子正憲爲後。晚年，生子正億，二歲而孤。既長，襲錦衣副千戶。隆慶初，襲新建伯。萬曆五年卒。子承勳嗣，督漕運二十年。子先進，無子，將以弟先達子業弘繼。先達妻曰：「伯無子，爵自傳吾夫。由父及子，爵安往？」先進怒，因育族子業洵爲後。及承勳卒，先進未襲死。業洵自以非嫡嗣，終當歸爵先達，且虞其爭，乃謗先達爲乞養，而別推承勳弟子先通當嗣，屢爭於朝，數十年不決。崇禎時，先達子業弘復與先通疏辨。而業洵兄業浩時爲總督，所司懼忤業浩，竟以先通嗣。業弘憤，持疏入禁門訴。自刎不殊，執下獄，尋釋。先通襲伯四年，流賊陷京師，被殺。

守仁弟子盈天下，其有傳者不復載。惟冀元亨嘗與守仁共患難。

冀元亨，字惟乾，武陵人。篤信守仁學。舉正德十一年鄉試。從守仁於贛，守仁屬以教子。宸濠懷不軌，而外務名高，貽書守仁問學，守仁使元亨往。宸濠語挑之，佯不喻，獨與之論學，宸濠目爲癡。他日講西銘，反覆君臣義甚悉。宸濠亦服，厚贈遺之，元亨反其贈於官。已，宸濠敗，張忠、許泰誣守仁與通。詰宸濠，言無有。忠等詰不已，曰：「獨嘗遣冀元亨論學。」忠等大喜，搒元亨，加以炮烙，終不承，械繫京師詔獄。

世宗嗣位，言者交白其冤，出獄五日卒。元亨在獄，善待諸囚若兄弟，囚皆感泣。其被逮也，所司繫其妻李，李無怖色，曰：「吾夫尊師樂善，豈他慮哉。」獄中與二女治麻枲不輟。事且白，守者欲出之。曰：「未見吾夫，出安往？」按察諸僚婦聞其賢，召之，辭不赴。已就見，則囚服見，手不釋麻枲。問其夫學，曰：「吾夫之學，不出閨門衽席間。」聞者悚然。

贊曰：王守仁始以直節著。比任疆事，提弱卒，從諸書生掃積年逋寇，平定孽藩。終明之世，文臣用兵制勝，未有如守仁者也。當危疑之際，神明愈定，智慮無遺，雖由天資高，其亦有得於中者歟。矜其創獲，標異儒先，卒爲學者譏。守仁嘗謂胡世寧少講學，世寧曰：「某恨公多講學耳。」桂萼之議雖出於娼忌之私，抑流弊實然，固不能以功多爲諱矣。

校勘記

〔一〕郴州襲福全等　郴州，原作「柳州」。本書卷一九四及明史稿傳七五秦金傳作「郴州桂陽猺龔福全」，武宗實錄卷一四九正德十二年五月丁亥條作「湖廣郴桂猺峒賊龔福全等」。按柳州府屬廣西，屬縣無桂陽，作「柳州」誤，今改正。

〔二〕督副使楊璋等破賊長富村　楊璋，原作「胡璉」。明史稿傳八〇王守仁傳、武宗實錄卷一五二正德十二年八月庚申條及卷一六四正德十三年七月己酉條都作「楊璋」。按本傳下文也作「楊璋」，據改。

〔三〕四隊爲哨　隊，原作「甲」，據明史稿傳八〇王守仁傳改。

〔四〕程鄉知縣張戩遏其奔軼　張戩，明史稿傳八〇王守仁傳、明史紀事本末卷四八都作「張戩」。

〔五〕乃於下浰立和平縣　和平縣，原作「平和縣」。明史稿傳八〇王守仁傳作「和平縣」。按本書卷四五地理志廣東惠州府有和平縣，注云：「正德十二年八月以龍川縣之和平司置」，「西北有浰頭山，三浰水出焉。」此言「下浰」當卽浰水之一所經之地，所言置縣年月也與傳文記事合。作「和平縣」是，據改。

〔六〕都指揮余恩　余恩，原作「佘恩」，據本書卷一一七寧王權傳、明史稿傳八〇王守仁傳、明經世文編卷一三一頁一二六七擒獲宸濠捷音疏改。

〔七〕饒州林城取九江　林城，本書卷一一七寧王權傳作「林瑊」。

〔八〕白竹　原作「白石」，據本書卷三一七潯州傳、世宗實錄卷九四嘉靖七年閏十月戊子條、明經世文編卷一三一頁一二八四八寨斷藤峽捷音疏改。

明史卷一百九十六

列傳第八十四

張璁 胡鐸　桂萼　方獻夫　夏言

張璁，字秉用，永嘉人。舉於鄉，七試不第。將謁選，御史蕭鳴鳳善星術，語之曰：「從此三載成進士，又三載當驟貴。」璁乃歸。正德十六年登第，年四十七矣。

世宗初踐阼，議追崇所生父興獻王。廷臣持之，議三上三却。璁時在部觀政，以是年七月朔上疏曰：「孝子之至，莫大乎尊親。尊親之至，莫大乎以天下養。陛下嗣登大寶，卽議追尊聖考以正其號，奉迎聖母以致其養，誠大孝也。廷議執漢定陶、宋濮王故事，謂爲人後者爲之子，不得顧私親。夫天下豈有無父母之國哉？記曰：『禮非天降，非地出，人情而已。』漢哀帝、宋英宗固定陶、濮王子，然成帝、仁宗皆預立爲嗣，養之宮中，其爲人後之義甚明。故師丹、司馬光之論行於彼一時則可。今武宗無嗣，大臣遵祖訓，以陛下倫序當立而迎立

之。遺詔直曰『興獻王長子』，未嘗著爲人後之義。則陛下之興，實所以承祖宗之統，與預立爲嗣養之宮中者較然不同。議者謂孝廟德澤在人，不可無後。假令聖考尚存，嗣位今日，恐弟亦無後兄之義。且迎養聖母，以母之親也。稱皇叔母，則當以君臣禮見，恐子無臣母之義。禮『長子不得爲人後』，聖考止生陛下一人，利天下而爲人後，恐子無自絕其父母之義。故在陛下謂入繼祖後，而得不廢其尊親則可，謂爲人後以自絕其親則不可。夫統與嗣不同，非必父死子立也。漢文承惠帝後，則以弟繼；宣帝承昭帝後，則以兄孫繼。若必奪此父子之親，建彼父子之號，然後謂之繼統，則古有稱高伯祖、皇伯考者，皆不得謂之統乎？臣竊謂今日之禮，宜別立聖考廟於京師，使得隆尊親之孝，且使母以子貴，尊與父同，則聖考不失其爲父，聖母不失其爲母矣。」

帝方扼廷議，得璁疏大喜，曰：「此論出，吾父子獲全矣。」亟下廷臣議。廷臣大怪駭，交起擊之，禮官毛澄等執如初。會獻王妃至通州，聞尊稱禮未定，止不肯入。帝聞而泣，欲避位歸藩。璁乃著大禮或問上之，帝於是連駁禮官疏。廷臣不得已，合議尊孝宗曰皇考，興獻王曰「本生父興獻帝」，璁亦除南京刑部主事以去，追崇議且寢。

至嘉靖三年正月，帝得桂萼疏心動，復下廷議。汪俊代毛澄爲禮部，執如澄。璁乃復上疏曰：「陛下遵兄終弟及之訓，倫序當立。禮官不思陛下實入繼大統之君，而強比與爲人後

之例，絕獻帝天性之恩，蔑武宗相傳之統，致陛下父子、伯姪、兄弟名實俱紊。寧負天子，不敢忤權臣，此何心也？伏睹聖諭云：『興獻王獨生朕一人，既不得承緒，又不得徽稱，罔極之恩何由得報？』執政窺測上心，有見於推尊之重，故今日爭一帝字，明日爭一皇字，而陛下之心，亦日以不帝不皇爲歉。既而加稱爲帝，謂陛下心既慰矣，故留一皇字以覘陛下將來未盡之心，遂致稱孝宗爲皇考，稱興獻帝爲本生父。父子之名既更，推崇之義安在？乃遽詔告天下，乘陛下不覺，陷以不孝。禮曰：『君子不奪人之親，亦不可奪親也。』陛下尊爲萬乘，父子之親，人可得而奪之，又可容人之奪之乎？故今日之禮不在皇與不皇，惟在考與不考。若徒爭一皇字，則執政必姑以是塞今日之議，陛下亦姑以是滿今日之心，臣恐天下知禮者，必將非笑無已也。」與桂萼第二疏同上。帝益大喜，立召兩人赴京。命未達，兩人及黃宗明、黃綰復合疏力爭。

及獻帝改稱本生皇考，閣臣以尊稱既定，請停召命，帝不得已從之。二人已在道，復馳疏曰：「禮官懼臣等面質，故先爲此術，求遂其私。若不亟去本生之稱，天下後世終以陛下爲孝宗之子，墮禮官欺蔽中矣。」帝益心動，趣召二人。五月抵都，復條上七事。衆洶洶，欲撲殺之。萼懼，不敢出。璁閱數日始朝。給事御史張獬、鄭本公等連章力攻，帝益不悅，特授二人翰林學士。二人力辭，且請面折廷臣之非。給事御史李學曾、吉棠等言：「璁、萼曲學

阿世，聖世所必誅。以傳奉爲學士，累聖德不少。」御史段續、陳相又特疏論，幷及席書。帝責學曾等對狀，下續、相詔獄。刑部尚書趙鑑亦請置璁、萼於理，語人曰：「得俞旨，便捶殺之。」帝責以朋奸，亦令對狀。璁、萼乃復列欺罔十三事，力折廷臣。及廷臣伏闕哭爭，盡繫詔獄予杖。死杖下者十餘人，貶竄相繼，由是璁等勢大張。其年九月卒用其議定尊稱。帝益眷倚璁、萼，璁、萼益恃寵讐廷臣，舉朝士大夫咸切齒此數人矣。

四年冬，大禮集議成，進詹事兼翰林學士。後議世廟神道、廟樂、武舞及太后謁廟，帝率倚璁言而決。璁緣飾經文，委曲當帝意，帝益器之。

璁急圖柄用，爲大學士費宏所抑，遂與萼連章攻宏。帝亦知其情，留宏不即放。五年七月，璁以省墓請。既辭朝，帝復用爲兵部右侍郎，兼官如故。給事中杜桐、楊言、趙廷瑞交章力詆，幷劾吏部尚書廖紀引用邪人。帝怒，切責之。兩京給事御史解一貫、張錄、〔一〕方紀達、戴繼先等復交章論不已，皆不聽。尋進璁左侍郎，復與萼攻費宏。明年二月與王邦奇獄，搆陷楊廷和等，宏及石珤同日罷。

吏部郎中彭澤以浮躁被斥，璁言：「昔議禮時，澤勸臣進大禮或問，致招衆忌。今諸臣去之，將以次去臣等。」澤乃得留。居三日，復言：「臣與舉朝抗四五年，舉朝攻臣至百十疏。今修大禮全書，元惡寒心，羣奸側目。故要略方進，讒謗繁興。使全書告成，將誣陷益甚。」

因引疾求退以要帝，帝優詔慰留。吏部闕尚書，推前尚書喬宇、楊旦；禮部尚書亦缺，推侍郎劉龍、溫仁和。仁和以倖深爭。璁言宇、旦乃楊廷和黨，而仁和亦不宜自薦。帝命大臣休致者，非奉詔不得推舉，宇等遂廢。

璁積怒廷臣，日謀報復。會山西巡按馬錄治反賊李福達獄，詞連武定侯郭勛，法司讞如錄擬。璁讒於帝，謂廷臣以議禮故陷勛。帝果疑諸臣朋比，乃命璁署都察院，桂萼署刑部，方獻夫署大理，覆讞，盡反其獄，傾諸異己者。大臣顏頤壽、聶賢以下咸被搒掠，錄等坐罪遠竄。帝益以爲能，獎勞之便殿，賚二品服，三代封誥。京察及言官互糾，已黜御史十三人，璁掌憲，復請考察斥十二人。又奏行憲綱七條，鉗束巡按御史。其年冬，遂拜禮部尚書兼文淵閣大學士入參機務，去釋褐六年耳。

楊一清爲首輔，翟鑾亦在閣，帝待之不如璁。嘗諭璁：「朕有密諭毋泄，朕與卿帖悉親書。」璁因引仁宗賜楊士奇等銀章事，帝賜璁二章，文曰「忠良貞一」，曰「繩愆弼違」，因幷及一清等。

璁初拜學士，諸翰林恥之，不與並列，璁深恨。及侍讀汪佃講洪範不稱旨，帝令補外。璁乃請自講讀以下量才外補，改官及罷黜者二十二人，諸庶吉士皆除部屬及知縣，由是翰苑爲空。七年正月，帝視朝，見璁、萼班兵部尚書李承勛下，意嗛之。一清因請加散官，乃

手敕加二人太子太保。璁辭以未建青宮，官不當設，乃更加少保兼太子太保。明倫大典成，復進少傅兼太子太傅、吏部尚書、謹身殿大學士。

一清再相，頗由璁、萼力，傾心下二人。而璁終以壓於一清，不獲盡如意，遂相齟齬。指揮聶能遷劾璁，璁欲置之死。一清擬旨稍輕，璁益恨，斥一清爲奸人鄙夫。一清再疏引退，且刺璁隱情。帝手敕慰留，因極言璁自伐其能，恃寵不讓，良可歎息。璁見帝忽暴其短，頗愧沮。八年秋，給事中孫應奎劾一清、萼幷及璁，其同官王準復劾璁私參將陳璠，宜斥。璁乞休者再，詞多陰詆一清，帝乃褒諭璁。而給事中陸粲復劾其擅作威福，報復恩怨。帝大感悟，立罷璁。頃之，其黨霍韜力攻一清，微爲璁白。璁行抵天津，帝命行人齎手敕召還。一清遂罷去，璁爲首輔。

帝自排廷議定「大禮」，遂以制作禮樂自任。而夏言始用事，乃議皇后親蠶，議勾龍、棄配社稷，議分祭天地，議罷太宗配祀，議朝日、夕月別建東、西二郊，議祀高禖，議文廟設主更從祀諸儒，議祧德祖正太祖南向，議祈穀，議大禘，議帝社帝稷，奏必下璁議。顧帝取獨斷，璁言亦不盡入。其諫罷太宗配天，三四往復，卒弗能止也。

十年二月，璁以名嫌御諱請更。乃賜名孚敬，字茂恭，御書四大字賜焉。夏言恃帝眷，數以事訐孚敬。孚敬銜之，未有以發。納彭澤言搆陷行人司正薛侃，因侃

以害言。廷鞫事露，旨斥其伎罔。御史譚纘、端廷赦、唐愈賢交章劾之。帝諭法司令致仕，孚敬乃大慚去。未幾，遣行人齎敕召之。明年三月還朝，言已擢禮部尚書，益用事。李時、翟鑾在閣，方獻夫繼入，孚敬亦不能專恣如曩時矣。

八月，彗星見東井，帝心疑大臣擅政，孚敬因求罷。都給事中魏良弼詆孚敬奸，孚敬言：「良弼以濫舉京營官奪俸，由臣擬旨，挾私報復。」給事中秦鰲劾孚敬強辨飾奸，言官論列輒文致其罪，擬旨不密，引以自歸，明示中外，若天子權在其掌握。帝是鰲言，令孚敬自陳狀，許之致仕。李時請給廩隸、敕書，不許。再請，乃得馳傳歸。十二年正月，帝復思之，遣鴻臚齎敕召。四月還朝。六月，彗星復見畢昴間，乞避位，不許。明年進少師兼太子太師、華蓋殿大學士。

初，潞州陳卿亂，孚敬主用兵，賊竟滅。大同再亂，亦主用兵，薦劉源清爲總督，師久無功。其後亂定，代王請大臣安輯。夏言遂力詆用兵之謬，請如王言，語多侵孚敬。孚敬怒，持王疏不行。帝諭令與言交好，而遣黃綰之大同，相機行事。孚敬以議不用，稱疾乞休，疏三上。已而子死，請益力。帝報曰：「卿無疾，疑朕耳。」孚敬復上奏，不引咎，且歷詆同議禮之蕚、獻夫、韜、綰等。帝詰責之，乃復起視事。帝於文華殿後建九五齋、恭默室爲齋居所，命輔臣賦詩。孚敬及時各爲四首以上。已，數召見便殿，從容議政。十四年春得疾，帝遣中

官賜尊牢，而與時言，頗及其執拗，且不惜人才以叢怨狀。又遣中官賜藥餌，手敕言：「古有剪鬚療大臣疾者，朕今以已所服者賜卿。」孚敬幸得溫諭，遂屢疏乞骸骨。命行人御醫護歸，有司給廩隸如制。明年五月，帝復遣錦衣官齎手敕視疾，趣其還。行至金華，疾大作，乃歸。十八年二月卒。帝在承天，聞之傷悼不已。

孚敬剛明果敢，不避嫌怨。既遇主，亦時進讜言。帝欲坐張延齡反，族其家。孚敬諍曰：「延齡，守財虜耳，何能反。」數詰問，對如初。及秋盡當論，孚敬上疏謂：「昭聖皇太后春秋高，卒聞延齡死，萬一不食，有他故，何以慰敬皇帝在天之靈。」帝恚，責孚敬：「自古强臣令主非一，若今愛死囚令主矣。當悔不從廷和事敬皇帝耶？」帝故爲重語惕止孚敬，而孚敬意不已。以故終昭聖皇太后世，延齡得長繫。他若清勛戚莊田，罷天下鎮守內臣，先後殆盡，皆其力也。持身特廉，痛惡贓吏，一時苞苴路絕。而性狠愎，報復相尋，不護善類。欲力破人臣私黨，而已先爲黨魁。「大禮」大獄，叢詬沒世。顧帝始終眷禮，廷臣卒莫與二，嘗稱少師羅山而不名。〔三〕其卒也，禮官請謚。帝取危身奉上之義，特謚文忠，贈太師。

時有胡鐸者，字時振，餘姚人。弘治末進士。正德中，官福建提學副使。嘉靖初，遷湖廣參政，累官南京太僕卿。鐸與璁同舉於鄉。「大禮」議起，鐸意亦主考獻王，與璁合。璁要

之同署，鐸曰：「主上天性固不可違，天下人情亦不可拂。考獻王不已則宗，宗不已則入廟，入廟則當有祧。以藩封虛號之帝，而奪君臨治世之宗，義固不可也。入廟則有位，將位於武宗上乎，武宗下乎？生爲之臣，死不得躋於君。然魯嘗躋僖公矣，恐異日不乏夏父之徒也。」璁議遂上。旋被召。鐸方服闋赴京，璁又要同疏，鐸復書謝之，且與辨繼統之義。「大禮」既定，鐸又貽書勸召還議禮諸人，養和平之福，璁不能從。鐸與王守仁同鄉，不宗其學，與璁同以考獻王爲是，不與同進。然其辨繼統，謂國統絕而立君寓立賢之意，蓋大謬云。

桂蕚，字子實，安仁人。正德六年進士。除丹徒知縣。性剛使氣，屢忤上官，調青田不赴。用薦起知武康，復忤上官下吏。

嘉靖初，由成安知縣遷南京刑部主事。世宗欲尊崇所生，廷臣力持，已稱興獻王爲帝，妃爲興國太后，頒詔天下二歲矣，蕚與張璁同官，乃以二年十一月上疏曰：「臣聞帝王事父孝，故事天明；事母孝，故事地察。未聞廢父子之倫，而能事天地主百神者也。今禮官失考典章，遏絕陛下純孝之心，納陛下於與爲人後之非，而滅武宗之統，奪獻帝之宗，且使興國太后壓於慈壽太后，禮莫之盡，三綱顛廢，非常之變也。乃自張璁、霍韜獻議，論者指爲干進，

逆箝人口，致達禮者不敢駁議。切念陛下侍興國太后，慨興獻帝弗祀，已三年矣，拊心出涕，不知其幾。願速發明詔，稱孝宗曰皇伯考，興獻帝曰皇考，別立廟大內，正興國太后之禮，定稱聖母，庶協事天事地之道。至朝臣所執不過宋濮議耳。按宋范純仁告英宗曰『陛下昨受仁宗詔，親許爲之子，至於封爵，悉用皇子故事，與入繼之主不同』，則宋臣之論，亦自有別。今陛下奉祖訓入繼大統，未嘗受孝宗詔爲之子也，則陛下非爲人後，而爲入繼之主也明甚。考興獻帝，母興國太后，又何疑。臣聞非天子不議禮；天下有道，禮樂自天子出。臣久欲以請，乃者復得席書、方獻夫二疏。伏望奮然裁斷，將臣與二臣疏並付禮官，令臣等面質。」帝大喜，明年正月手批議行。

三月，蕚復上疏曰：「自古帝王相傳，統爲重，嗣爲輕。故高皇帝法前王，著兄終弟及之訓。陛下承祖宗大統，正遵高皇帝制。執政乃無故任己私，背祖訓，其爲不道，尚可言哉。臣聞道路人言，執政窺伺陛下至情不已，則加一皇字而已。夫陛下之孝其親，不在於皇不皇，惟在於考不考。使考獻帝之心可奪，雖加千百字徽稱，何益於孝。陛下遂終其身爲無父人矣。逆倫悖義如此，猶可使與斯議哉！」與璁疏並上。帝益大喜，召赴京。初，議禮諸臣無力詆執政者，至蕚遂斥爲不道，且欲不使議。其言恣肆無忌，朝士尤疾之。召命下，衆益駭愕，羣起排擊，帝不爲動。蕚復偕璁論列不已，遂召爲翰林學士，卒用其言。蕚自是受知

中華書局

特深。

四年春，給事中柯維熊言：「陛下親君子而君子不容，如林俊、孫交、彭澤之去是也。遠小人而小人尚在，如張璁、桂萼之用是也。且今伏闕諸臣多死徙，而御史王懋、郭楠又謫譴，竊以爲罰過重矣。」萼、璁遂求去，優詔慰留。尋進詹事兼翰林學士。議世廟神道及太后謁廟禮，復排廷議，希合帝指。帝益以爲賢，兩人氣益盛。而閣臣抑之，不令與諸翰林等。兩人乃連章攻費宏并石珤，齮之去。

給事中陳洸犯重辟，萼與尚書趙鑑攘臂爭，爲南京給事中所劾，不問。嘗陳時政，請預蠲六年田租，更登極初宿弊，寬登聞鼓禁約，復塞上開中制，懲奸徒阻絕養濟院，聽窮民耕城垣隙地，停外吏赴部考滿，申聖敬，廣聖孝，凡數事。多議行。

六年三月進禮部右侍郎，兼官如故。時方京察，南京言官拾遺及萼。萼上言：「故輔楊廷和廣植私黨，蔽聖聰者六年，今次第斥逐，然遺奸在言路。昔憲宗初年，命科道拾遺後，互相糾劾，言路遂清，請舉行如制。」章下吏部，侍郎孟春等言：「憲宗無此詔。萼被論報復，無以厭衆心。」萼言：「詔出憲宗文集。春欲媚言官，宜并按問。」章下部再議，春等言成化中科道有超擢巡撫不稱者，憲宗命互劾，去者七人，非考察拾遺比。帝終然萼言，趣令速舉。給事中御史爭之，並奪俸。春等乃以御史儲良才等四人名上。帝獨黜良才，而特旨斥給事中

鄭自璧、孟奇。且令部院再覈，復黜給事中余經等四人，南京給事中顧溱等數人，乃已。

其年九月改吏部左侍郎。是月拜禮部尚書，兼翰林學士。故事，尚書無兼學士者，自萼始。甫踰月，還吏部尚書，賜銀章二，曰「忠誠靜慎」，曰「繩愆匡違」，令密封言事與輔臣埒。七年正月，手敕加太子太保。明倫大典成，加少保兼太子太傅。

萼既得志，日以報怨爲事。陳九疇、李福達、陳洸之獄，先後株連彭澤、馬錄、葉應驄等甚衆，或被陷至譴戍。廷臣莫不畏其兇威。獨疏薦建言獲罪鄧繼曾、季本等，因事貶謫黃國用、劉秉鑑等，諸人得量移。世亦稍以此賢萼。然王守仁之起也，萼實薦之。已，銜其不附己，力齮齕。及守仁卒，極言醜詆，奪其世封，諸卹典皆不予。

八年二月命以本官兼武英殿大學士入參機務。初，萼、璁赴召，廷臣欲倣先朝馬順故事，於左順門捶殺之，走武定侯郭勛家以免。勛遂與深相結，亦蒙帝眷典禁兵。久之，勛奸狀大露，璁、霍韜力庇勛。萼知帝已惡之，獨疏其兇暴貪狡數事，勛遂獲罪。楊一清爲首輔持重，萼、璁好紛更，且惡其壓己，遂不相能。給事中孫應奎請鑒別三臣賢否，詆萼最力。帝已疑萼，令滌宿愆，全君臣終始之義。萼乃大懼，疏辨，且稱疾乞休。帝報曰：「卿行事須勉徇公議，庶不負前日忠。」萼益懼。給事中王準因劾萼舉私人李夢鶴爲御醫。詔下吏部，言夢鶴由考選無私。帝終以爲疑，命太醫院更考。言官知帝意已移，給事中陸粲極論其罪，并言夢鶴與萼家人吳從周、序班桂林居間行賄事。奏入，帝大悟，立奪萼官，以尚書致仕。璁亦罷政。帝復列二人罪狀詔廷臣，略言：「其自用自恣，負君負國，所爲事端昭然衆見，而萼尤甚。法當置刑典，特寬貸之。」遂下夢鶴等法司，皆首服。

無何，霍韜兩疏詆萼，言一清與法司搆成萼贓罪。一清遂去位，刑部尚書周倫調南京，郎中、員外皆奪職，命法司會錦衣鎮撫官再讞。乃言夢鶴等假託行私，與萼無與。詔削夢鶴、林籍，從周論罪，萼復散官。是時璁已召還。史館儒士蔡圻知帝必復萼，疏頌萼功，請召之。帝乃賜敕，令撫按官趣上道。萼未至，國子生錢潮等復請趣萼。帝怒曰：「大臣進退，幺麼敢與聞耶？」并圻下吏。明年四月還朝，盡復所奪官，仍參機務。萼初銳意功名，勇任事，不恤物議，驟被摧抑，氣爲之懾，不敢復放恣。居位數月，屢引疾，帝輒優旨慰留。十年正月得請歸，卒於家。贈太傅，謚文襄。

萼所論奏，帝王心學論、皇極論、易復卦、禮月令及進禹貢圖、輿地圖說，皆有裨君德時政。性猜狠，好排異己，以故不爲物論所容。始與璁相得歡甚，比同居政府，遂至相失。

方獻夫，字叔賢，南海人。生而孤。弱冠舉弘治十八年進士，改庶吉士。乞歸養母，遂

丁母憂。正德中，授禮部主事，調吏部，進員外郎。與主事王守仁論學，悅之，遂請爲弟子。尋謝病歸，讀書西樵山中者十年。

嘉靖改元夏還朝，道聞「大禮」議未定，草疏曰：

先王制禮，本緣人情。君子論事，當究名實。竊見近日禮官所議，有未合乎人情，未當乎名實者，一則守禮經之言，一則循宋儒之說也。臣獨以爲不然。按禮經喪服傳曰「何如而可以爲人後，支子可也」。又曰「爲人後者孰後，後大宗也」。「大宗者，尊之統也」。「不可以絕，故族人以支子後大宗也。適子不得後大宗」。爲是禮者，蓋謂有支子而後可以爲人後，未有絕人之後以爲人後者也。今興獻帝止生陛下一人，別無支庶，乃使絕其後而後孝宗，豈人情哉！且爲人後者，父嘗立之爲子，子嘗事之爲父，故卒而服其服。今孝宗嘗有武宗矣，未嘗以陛下爲子。陛下於孝宗未嘗服三年之服，是實未嘗後孝宗也，而強稱之爲考，豈名實哉！爲是議者，未見其合於禮經之言也。

又按程頤濮議謂「英宗既以仁宗爲父，不當以濮王爲親」。此非宋儒之說不善，實今日之事不同。蓋仁宗嘗育英宗於宮中，是實爲父子。孝宗未嘗育陛下於宮中，其不同者一。孝宗有武宗爲子矣，仁宗未嘗有子也，其不同者二。濮王別有子可以不絕，興獻帝無別子也，其不同者三。豈得以濮王之事比今日之事哉？爲是議者，未見其善

述宋儒之說也。

若謂孝宗不可無後，故必欲陛下爲子，此尤不達於大道者也。推孝宗之心，所以必欲有後者，在不絕祖宗之祀，不失天下社稷之重而已，豈必拘拘父子之稱，而後爲有後哉。孝宗有武宗，武宗有陛下，是不絕祖宗之祀，不失天下社稷之重矣，是實爲有後也。且武宗君天下十有六年。不忍孝宗之無後，獨忍武宗之無後乎？此尤不通之說也。夫興獻帝當父也，而不得父。孝宗不當父也，而强稱爲父。武宗當繼也，而不得繼。是一舉而三失焉，臣未見其可也。

且天下未嘗有無父之國也。瞽瞍殺人，舜竊負而逃。今使陛下舍其父而有天下，陛下何以爲心哉！臣知陛下純孝之心，寧不有天下，決不忍不父其父也。說者又謂興獻帝不當稱帝，此尤不達於大道者也。孟子曰「孝子之至，莫大乎尊親」。周公追王太王王季，子思以爲達孝。豈有子爲天子，父不得稱帝者乎？

今日之事，臣嘗爲之說曰：陛下之繼二宗，當繼統而不繼嗣。興獻之異羣廟，在稱帝而不稱宗。夫帝王之體，與士庶不同。繼統者，天下之公，三王之道也。繼嗣者，一人之私，後世之事也。興獻之得稱帝者，以陛下爲天子也。不得稱宗者，以實未嘗在位也。伏乞宣示朝臣，復稱孝宗曰皇伯，興獻帝曰皇考，別立廟祀之。夫然後合於人

情，當乎名實，非唯得先王制禮之意，抑亦遂陛下純孝之心矣。

疏具，見廷臣方觝排異議，懼不敢上。爲桂萼所見，與席書疏並表上之。帝大喜，立下廷議。廷臣遂目獻夫爲奸邪，至不與往還。獻夫乃杜門乞假，既不得請，則進大禮上下二論，其說益詳。時已召張璁、桂萼於南京，至卽用爲翰林學士，而用獻夫爲侍講學士。攻者四起，獻夫亦力辭。帝卒用諸人議定「大禮」，由是荷帝眷與璁、萼埒。四年冬進少詹事。獻夫終不自安，謝病歸。

六年召修明倫大典。獻夫與霍韜同里，以議禮相親善，又同赴召，乃合疏言：「自古力主爲後之議者，宋莫甚於司馬光，漢莫甚於王莽。主濮議者，光爲首，呂誨、范純仁、呂大防附之，而光之說惑人最甚。主哀帝議者，莽爲首，師丹、甄邯、劉歆附之，而莽之說流毒最深。宋儒祖述王莽之說以惑萬世，誤後學。臣等謹按漢書、魏志、宋史，略采王莽、師丹、甄邯之奏，與其事始末，及魏明帝之詔，濮園之議，論正以附其後。乞付纂修官，參互考訂，俾天下臣子知爲後之議實起於莽，宋儒之論實出於莽，下洗羣疑，上彰聖孝。」詔下其書於史館。還朝未幾，命署大理寺事，與璁、萼覆讞李福達獄。萼等議馬錄重辟，獻夫力爭得減死。其年九月拜禮部右侍郎，仍兼學士，直經筵日講。尋代萼爲吏部左侍郎，復代爲禮部尙書。明倫大典成，加太子太保。

獻夫視璁、萼性寬平，遇事亦間有執持，不盡與附會。萼反陳洸獄，請盡逮問官葉應驄等，以獻夫言多免逮。思恩、田州比歲亂，獻夫請專任王守仁，而罷鎭守中官鄭潤、總兵官朱麒，帝乃召潤、麒還。思、田既平，守仁議築城建邑，萼痛詆之。獻夫歷陳其功狀，築城得毋止。璁、萼與楊一清搆，獻夫因災異進和衷之說，且請收召譴戍削籍余寬、馬明衡輩，而倍取進士之數。帝優詔答之，寬等卒不用。獻夫以尼僧、道姑傷風化，請勒令改嫁，帝從之。又因霍韜言，盡汰僧道無牒、毀寺觀私創者。帝欲殺陳后喪，獻夫引禮固爭。尋復代萼爲吏部尙書。萼、璁罷政，詔吏部核兩人私黨。獻夫言：「陸粲等所劾百十人，誣者不少。昔攻璁、萼者，以爲黨而去之。今附璁、萼者，又以爲黨而去之。縉紳之禍何時已。」乃奏留黃綰等二十三人，而黜儲良才等十二人。良才者，初爲御史，以考察黜。上疏詆楊廷和，指吏部侍郎孟春等爲奸黨，萼因請復其職。至是斥去，時論快之。安昌伯錢維圻卒，庶兄維垣請嗣爵。獻夫言外戚之封不當世及，歷引漢、唐、宋事爲證。帝善其言，下廷議，外戚遂永絕世封。

璁、萼既召還，羽林指揮劉永昌劾都督桂勇，語侵萼及兵部尙書李承勛。又劾御史廖自顯，自顯坐逮。已，又訐兵部郎中盧襄等。獻夫請按治永昌，毋令奸人以蜚語中善類，帝不從。獻夫遂求退，帝亦不允。給事中孫應奎劾獻夫私其親故大理少卿洗光、太常卿彭澤，

帝不聽。都給事中夏言亦劾獻夫壞選法，徙張璁所惡浙江參政黃卿於陝西，而用璁所愛党以平代，邪回之彭澤踰等躐遷太常，及他所私昵，皆有迹，疑獻夫交通賄賂。疏入，帝令卿等還故官。獻夫及璁疏辨，因引退。帝重違二人意，復令卿等如前擬。

頃之，給事中薛甲言：「劉永昌以武夫劾冢宰，張潤以軍餘劾勛臣，下淩上替，不知所止，願存廉遠堂高之義，俾小人不得肆攻訐。」章下吏部。獻夫等請從甲言，敕都察院嚴禁吏民，毋得壽張亂政，幷飭兩京給事御史及天下撫按官論事，先大體毋責小疵。當是時，帝方欲廣耳目，周知百僚情僞，得獻夫議不懌，報罷。於是給事中饒秀劾甲阿附：「自劉永昌後，言官未聞議大臣，獨夏言、孫應奎、趙漢議及璁、獻夫耳。漢已蒙詰譴，言、應奎所奏皆用人行政之失，甲乃指爲毛舉細故，而頌大臣不已。貪縱如郭勛，亦不欲人言。必使大臣橫行，羣臣緘口。萬一有逆人厠其間，奈何！」奏入，帝心善其言，下吏部再議。甲具疏自明，帝惡其不俟部奏，命削二官出之外。部謂甲已處分，不復更議。帝責令置對，停獻夫俸一月，郎官倍之。獻夫不自得，兩疏引疾。帝卽報允，然猶虛位以俟。

十年秋有詔召還。獻夫疏辭，舉梁材、汪鋐、王廷相自代。帝手詔褒答，遣行人蔡靉趣之。靉及門，獻夫潛入西樵，以疾辭。既而使命再至，云將別用，乃就道。明年五月至京，命以故官兼武英殿大學士入閣輔政。初，賜獻夫銀章曰「忠誠直諒」，令有事密封奏聞。獻夫

歸，上之朝，至是復賜如故。吏部尚書王瓊卒，命獻夫掌之。獻夫家居，引體自尊，監司謁見，輒稱疾不報。家人姻黨橫於郡中，鄉人屢訐告，僉事龔大稔聽之。獻夫還朝，囑大稔。會大稔坐事落職，疑獻夫爲之，遂上疏列其不法數事，詞連霍韜。獻夫疏辨，帝方眷獻夫，大稔遂被逮削籍。十月彗見東井。御史馮恩詆獻夫兇奸肆巧辨，播弄威福，將不利於國家，故獻夫掌吏部而彗見。帝怒，下之獄。獻夫亦引疾乞休，優詔不允。

獻夫飾恬退名，連被劾，中恧。雖執大政，氣厭厭不振。獨帝欲殺張延齡，常力爭。而其時桂萼已前卒。張璁最寵，罷相者屢矣。霍韜、黃宗明言事一不當，輒下之吏。獻夫見帝恩威不測，居職二歲，三疏引疾。帝優詔許之，令乘傳，予道里費。家居十年卒。先已加柱國、少保，乃贈太保，謚文襄。

獻夫緣議禮驟貴。與璁、萼共事，持論頗平恕，故人不甚惡之。

夏言，字公謹，貴溪人。父鼎，臨清知州。言舉正德十二年進士，授行人，擢兵科給事中。性警敏，善屬文。及居言路，謇諤自負。世宗嗣位，疏言：「正德以來，壅蔽已極。今陛下維新庶政，請日視朝後，御文華殿閱章疏，召閣臣面決。或事關大利害，則下廷臣集議。

不宜謀及褻近，徑發中旨。聖意所予奪，亦必下內閣議而後行，絕壅蔽矯詐之弊。」帝嘉納之。奉詔偕御史鄭本公、主事汪文盛覈親軍及京衞冗員，汰三千二百人，復條九事以上。輦下爲肅清。

嘉靖初，偕御史樊繼祖等出按莊田，悉奪還民產。劾中官趙霦、建昌侯張延齡，疏凡七上。請改後宮負郭莊田爲親蠶廠、公桑園，一切禁戚里求請及河南、山東奸人獻民田王府者。救被逮永平知府郭九皋。莊奉夫人弟邢福海、肅奉夫人弟顧福，傳旨授錦衣世千戶，言力爭不可。諸疏率謇諤，爲人傳誦。屢遷兵科都給事中。勘青羊山平賊功罪，論奏悉當。副使牛鸞獲賊中交通名籍，言請毀之以安衆心。孝宗朝，令吏、兵二部每季具兩京大臣及在外文武方面官履歷進御，正德後漸廢，以言請復之。七年，調吏科。

當是時，帝銳意禮文事。以天地合祀非禮，欲分建二郊，并日月而四。大學士張孚敬不敢決，帝卜之太祖亦不吉，議且寢。會言上疏請帝親耕南郊，后親蠶北郊，爲天下倡。帝以南北郊之說，與分建二郊合，令孚敬諭旨，言乃請分祀天地。廷臣持不可，孚敬亦難之，詹事霍韜詆尤力。帝大怒，下韜獄。降璽書獎言，賜四品服俸，卒從其請。又贊成二郊配饗議，語詳禮志。言自是大蒙帝眷。郊壇工興，即命言監之。延綏饑，言薦僉都御史李如圭爲巡撫。吏部推代如圭者，帝不用，再推及言。御史熊爵謂言出如圭爲己地，至比之張綵。

帝切責爵，令言毋辨。而言不平，訐爵且辭新命，帝乃止。

孚敬頤指百僚，無敢與抗者。言自以受帝知，獨不爲下。孚敬乃大害言寵，言亦怨孚敬驟用彭澤爲太常卿不右己，兩人遂有隙。言抗疏劾孚敬及吏部尚書方獻夫。孚敬、獻夫皆疏辨求去。帝顧諸人厚，爲兩解之。言既顯，與孚敬、獻夫、韜爲難，益以強直厚自結。帝欲輯郊禮爲成書，擢言侍讀學士，充纂修官，直經筵日講，仍兼吏科都給事中。言又贊帝更定文廟祀典及大禘禮，帝益喜。十年三月遂擢少詹事，兼翰林學士，掌院事，直講如故。言眉目疏朗，美鬚髯，音吐弘暢，不操鄉音。每進講，帝必目屬，欲大用之。孚敬忌彌甚，遂與彭澤搆薛侃獄，下言法司。已，帝覺孚敬曲，乃罷孚敬而釋言。八月，四郊工成，進言禮部左侍郎，仍掌院事。踰月，代李時爲本部尚書。去諫官未浹歲拜六卿，前此未有也。

時士大夫猶惡孚敬，恃言抗之。言既以開敏結帝知，又折節下士。御史喻希禮、石金請宥「大禮」大獄得罪諸臣。帝大怒，令言劾。言謂希禮、金無他腸，請帝寬恕。帝責言對狀，逮二人詔獄，遠竄之，言引罪乃已。以是大得公卿間聲。帝制作禮樂，多言爲尚書時所議，閣臣李時、翟鑾取充位。帝每作詩，輒賜言，悉酬和勒石以進，帝益喜。奏對應制，倚待立辦。數召見，諮政事，善窺帝旨，有所傅會。賜銀章一，俾密封言事，文曰「學博才優」。先後賜繡蟒飛魚麒麟服、玉帶、兼金、上尊、珍饌、時物無虛月。

孚敬、獻夫復相繼入輔。知帝眷言厚，亦不敢與較。已而皆謝事，議禮諸人獨霍韜在，讎言不置。十五年以順天府尹劉淑相事，韜、言相攻訐。韜卒不勝，事詳韜傳中。言由是氣遂驕。郎中張元孝、李遂與小忤，即奏謫之。皇子生，帝賜言甚渥。初加太子太保，進少傅兼太子太傅。〔三〕閏十二月遂兼武英殿大學士入參機務。扈蹕謁陵，還至沙河，言庖中火，延郭勛、李時帳，帝付言疏六亦焚。言當獨引罪，與勛等合謝，被譙責焉。時李時爲首輔，政多自言出。顧鼎臣入，恃先達且年長，頗欲有所可否。言意不悅，鼎臣遂不敢與爭。其冬，時卒，言爲首輔。十八年，以祗薦皇天上帝册表，加少師、特進光祿大夫、上柱國。明世人臣無加上柱國者，言所自擬也。

武定侯郭勛得幸，害言寵。而禮部尚書嚴嵩亦心妒言。言與嵩扈蹕承天，帝謁顯陵畢，嵩再請表賀，言乞俟還京。帝報罷，意大不懌。嵩知帝指，固以請，帝乃曰：「禮樂自天子出可也。」令表賀，帝自是不悅言。帝幸大峪山，言進居守敕稍遲。帝大怒曰：「言自卑官，因孚敬議郊禮進，乃怠慢不恭，進密疏不用賜章，其悉還累所降手敕。」言益懼，疏謝。請免追銀章、手敕，爲子孫百世榮，詞甚哀。帝怒不解，疑言毀損，令禮部追取。削少師勳階，以少保尚書大學士致仕。言乃以手敕四百餘，并銀章上之。居數日，怒解，命止行。復以少傅、太子太傅入直，言疏謝。帝悅，諭令勵初忠，秉公持正，免衆怨。言心知所云衆怨者，郭勛輩也，再疏謝。謂自處不敢後他人，一志孤立，爲衆所忌。帝復不悅，詰責之。惶恐謝，乃已。未幾，雷震奉天殿。召言及鼎臣，不時至。帝復詰讓，令禮部劾之。言等請罪，帝復讓言傲慢，并責鼎臣。已，乃還所追銀章、御書。陝西奏捷，復少師、太子太師，進吏部尚書，華蓋殿。江淮賊平，璽書奬勵，賜金幣，兼支大學士俸。

鼎臣已歿，翟鑾再入，恂恂若屬吏然，不敢少齟齬。而霍韜入掌詹事府，數修怨。以郭勛與言有隙，結令助己，三人日相搆。既而韜死，言、勛交惡自若。九廟災，言方以疾在告，乞罷，不允。昭聖太后崩，詔問太子服制，言報疏有譌字。帝切責言，言謝罪且乞還家治疾。帝益怒，令以少保、尚書、大學士致仕。言始聞帝怒已，上御邊十四策，冀以解。帝曰：「言既蘊忠謀，何堅自愛，負朕眷倚，姑不問。」初，言撰青詞及他文，最當帝意。言罷，獨翟鑾在，非帝所急也。及將出都，詣西苑齋宮叩首謝。帝聞而憐之，特賜酒饌，俾還私第治疾，俟後命。會郭勛以言官重劾，亦引疾在告。京山侯崔元新有寵，直內苑，忌勛。帝從容問元：「言、勛皆朕股肱，相妒何也？」元不對。帝問言歸何時，曰：「俟聖誕後，始敢請。」又問勛何疾，曰：「勛無疾，言歸卽出耳。」帝頷之。言官知帝眷言惡勛，因共劾勛。勛辨語誖謾，帝怒，削勛同事王廷相籍。給事中高時者，言所厚也，盡發勛貪縱不法十數事。遂下勛獄，復言少傅、太子太師、禮部尚書、武英殿大學士，疾愈入直。言雖在告，閣事多取裁。治勛獄，

悉其指授。二十一年春，一品九年滿，遣中使賜銀幣、寶鈔、羊酒、內饌，盡復其官階，璽書奬美，賜宴禮部，尚書、侍郎、都御史陪侍。當是時，帝雖優禮言，然恩眷不及初矣。

慈慶、慈寧兩宮宴駕，勛嘗請改其一居太子。言不可，合帝意。至是帝猝問太子當何居，言忘前語，念興作費煩，對如勛指。帝不悅。又疑言官劾勛出言意。及建大享殿，命中官高忠監視，言不進敕稾。入直西苑諸臣，帝皆令乘馬，又賜香葉束髮巾，用皮帛爲履。言謂非人臣法服，不受，又獨乘腰輿。帝積數憾欲去言，而嚴嵩因得間之。

嵩與言同鄉，稱先達，事言甚謹。言入閣援嵩自代，以門客畜之，嵩心恨甚。言既失帝意，嵩日以柔佞寵。言懼斥，呼嵩與謀。嵩則已潛造陶仲文第，謀齮言代其位。言知甚慍，諷言官屢劾嵩。帝方憐嵩不聽也，兩人遂大郄。六月，嵩燕見，頓首雨泣，愬言見凌狀。帝使悉陳言罪，嵩因振暴其短。帝大怒，手敕禮部，歷數言罪，且曰：「郭勛已下獄，猶千羅百織。言官爲朝廷耳目，專聽言主使。朕不早朝，言亦不入閣。軍國重事，取裁私家。王言要密，視等戲玩。言官不一言，徒欺謗君上，致神鬼怒，雨甚傷禾。」言大懼，請罪。居十餘日，獻帝諱辰，猶召入拜，候直西苑。言因謝恩乞骸骨，語極哀。疏留八日，會七月朔日食既，下手詔曰：「日食過分，正坐下慢上之咎，其落言職閒住。」帝又自引三失，布告天下。御史喬佑、給事中沈良才等皆具疏論言，且請罪。帝大怒，貶黜十三人。高時以劾勛故，獨謫遠邊。

於是嚴嵩遂代言入閣。

言久貴用事，家富厚，服用豪侈，多通問遺。久之不召，監司府縣吏亦稍慢易之，悒悒不樂。遇元旦、聖壽必上表賀，稱草土臣。帝亦漸憐之，復尚書、大學士。至二十四年，帝微覺嵩貪恣，復思言，遣官齎敕召還，盡復少師諸官階，亦加嵩少師，若與言並者。言至，直陵嵩出其上。凡所批答，略不顧嵩，嵩噤不敢吐一語。所引用私人，言斥逐之，亦不敢救，銜次骨。海內士大夫方怨嵩貪忮，謂言能壓嵩制其命，深以爲快。而言以廢棄久，務張權。文選郎高簡之戍，唐龍、許成名、崔桐、王用賓、黃佐之罷，王杲、王暐、孫繼魯之獄，皆言主之。貴州巡撫王學益、山東巡撫何鰲爲言官論劾，輒擬旨逮訊。龍故與嵩善，暐事牽世蕃，其他所譴逐不盡當，朝士仄目。最後御史陳其學以鹽法事劾崔元及錦衣都督陸炳，言擬旨令陳狀，皆造言請死，炳長跪乃得解。二人與嵩比而搆言，言未之悟也。帝數使小內豎詣言所，言負氣岸，奴視之。嵩必延坐，親納金錢袖中。以故日譽嵩而短言。言進青詞往往失帝旨，嵩聞益精治其事。

未幾，河套議起。言故慷慨以經濟自許，思建立不世功。因陝西總督曾銑請復河套，贊決之。嵩與元、炳媒孽其間，竟以此敗。江都人蘇綱者，言繼妻父也，雅與銑善。銑方請復河套，綱亟稱於言。言倚銑可辦，密疏薦之，謂羣臣無如銑忠者。帝令言擬旨，優奬之者再。

銑喜，益銳意出師。帝忽降旨詰責，語甚厲。嵩揣知帝意，遂力言河套不可復，語侵言。言始大懼謝罪，且言嵩未嘗異議，今乃盡諉於臣。帝責言强君脅衆，嵩復騰疏攻言，言亦力辨。而帝已入嵩譖，怒不可解。二十七年正月盡奪言官階，以尚書致仕，猶無意殺之也。會有蜚語聞禁中，謂言去時怨謗。嵩復代仇鸞草奏訐言納銑金，交關爲奸利，事連蘇綱，遂下銑、綱詔獄。嵩與元、炳謀，坐銑交結近侍律斬，綱戍邊，遣官校逮言。言抵通州，聞銑所坐，大驚墮車曰：「噫！吾死矣。」再疏訟冤，言：「鸞方就逮，上降諭不兩日，鸞何以知上語，又何知嵩疏而附麗若此。蓋嵩與崔元輩詐爲之以傾臣。嵩靜言庸違似共工，謙恭下士似王莽，奸巧弄權父子專政似司馬懿。在內諸臣受其牢籠，知有嵩不知有陛下。在外諸臣受其箝制，亦知有嵩不知有陛下。臣生死係嵩掌握，惟歸命聖慈，曲賜保全。」帝不省。獄成，刑部尚書喻茂堅、左都御史屠僑等當言死，援議貴議能條以上。帝不從，切責茂堅等，奪其俸，猶及言前不戴香冠事。其年十月竟棄言市。妻蘇流廣西，從子主事克承、從孫尚寶丞朝慶，削籍爲民。言死時年六十有七。

言豪邁有俊才，縱橫辨博，人莫能屈。既受特眷，揣帝意不欲臣下黨比，遂日與諸議禮貴人抗。帝以爲不黨，遇益厚，然卒爲嚴嵩所擠。言死，嵩禍及天下，久乃多惜言者。而言所推轂徐階，後卒能去嵩爲名相。隆慶初，其家上書白冤狀，詔復其官，賜祭葬，謚文愍。言

始無子。妾有身，妻忌而嫁之，生一子。言死，妻逆之歸，貌甚類言。且得官矣，忽病死。言竟無後。

贊曰：璁、萼、獻夫議尊興獻帝，本人子至情，故其說易入。原其初議未嘗不準情禮之中，乃至遭時得君，動引議禮自固，務快恩讎。於是知其建議之心，非有惓惓忠愛之實，欲引其君於當道也。言所奏定典禮，亦多可採。而志驕氣溢，卒爲嵩所擠。究觀諸人立身本末與所言是非，固兩不相掩云。

校勘記

〔一〕張錄　明史稿傳七七張璁傳、世宗實錄卷六六嘉靖五年七月戊子條均作「張祿」。

〔二〕嘗稱少師羅山而不名　羅山，原作「蘿山」，據明史稿傳七七張璁傳、世宗實錄卷二二一嘉靖十八年二月乙巳條、國朝獻徵錄卷一六張文忠公孚敬傳改。

〔三〕兼太子太傅　本書卷一一〇宰輔年表、世宗實錄卷一九三嘉靖十五年十一月己卯條都作「兼太子太師」。

明史卷一百九十七

列傳第八十五

席書 弟春 篆　霍韜 子與瑕　熊浹　黃宗明　黃綰 陸澄

席書，字文同，遂寧人。弘治三年進士。授郯城知縣。入爲工部主事，移戶部，進員外郎。十六年，雲南晝晦地震，命侍郎樊瑩巡視，奏黜監司以下三百餘人。書上疏言：「災異係朝廷，不係雲南。如人元氣內損，然後瘡瘍發四肢。朝廷，元氣也。雲南，四肢也。豈可舍致毒之源，專治四肢之末？今內府供應數倍往年，冗食官數千，投充校尉數萬，齋醮寺觀無停日，織造頻煩，賞賚踰度；皇親奪民田，宦官增遣不已；大獄據招詞不敢辯，刑官亦不敢伸；大臣賢者未起用，小臣言事謫者未復；文武官傳陞，名器大濫。災異之警，偶泄雲南，欲以遠方外吏當之，此何理也？漢遣八使巡行天下，張綱獨曰：『豺狼當道，安問狐狸。』今樊瑩職巡察，不能劾戚畹、大臣，獨考黜雲南官吏，舍本而治末。乞陛下以臣所言弊政，一切

釐革。他大害當祛，大政當舉者，悉令所司條奏而興革之。」時不能用。

武宗時，歷河南僉事、貴州提學副使。時王守仁謫龍場驛丞，書擇州縣子弟，延守仁教之，士始知學。屢遷福建左布政使。寧王宸濠反，急募兵二萬討之。至則賊已平，乃返。尋以右副都御史巡撫湖廣。中官李鎮、張暘假進貢及御鹽名斂財十餘萬，書疏發之。

嘉靖元年改南京兵部右侍郎。江南北大饑，奉命振江北。令州縣十里一廠，煮糜哺之，全活無算。

初，書在湖廣，見中朝議「大禮」未定，揣帝向張璁、霍韜，獻議言：「昔宋英宗以濮王第十三子出爲人後，今上以興獻王長子入承大統。英宗入嗣在衰衣臨御之時，今上入繼在宮車晏駕之後。議者以陛下繼統武宗，仍爲興獻帝之子，別立廟祀，張璁、霍韜之議未爲非也。然尊無二帝。陛下於武宗親則兄弟，分則君臣。既奉孝宗爲宗廟主，可復有他稱乎？宜稱曰『皇考興獻王』，此萬世不刊之典。禮臣三四執奏，未爲失也。然禮本人情，陛下尊爲天子，慈聖設無尊稱，可乎？故尊所生曰帝后，上慰慈闈，此情之不能已也。爲今日議，宜定號曰『皇考興獻帝』。別立廟大內，歲時祀太廟畢，仍祭以天子之禮，似或一道也。蓋別以廟祀則大統正而昭穆不紊，隆以殊稱則至愛篤而本支不淪，尊尊親親，並行不悖。至慈聖宜稱皇母某后，不可以興獻加之。獻，謚也，豈宜加於今日。」

中華書局

議既具，會中朝競詆張璁爲邪說，書懼不敢上，而密以示桂萼，萼然其議。三年正月，萼具疏幷上之。帝大喜，趣召入對。無何，詔改稱獻帝爲本生皇考，遂寢召命。會禮部尚書汪俊以爭建廟去位，特旨用書代之。故事，禮部長貳率用翰林官。是時廷臣排異議益力，書進又不由廷推，因交章詆書，至訾其振荒無狀，多侵漁。書亦屢辭新命，幷錄上大禮考議，且乞遣官勘振荒狀。帝爲遣司禮中官，戶、刑二部侍郎，錦衣指揮往勘，而趣書入朝益急。比至德州，則廷臣已伏闕哭爭，盡繫詔獄。書馳疏言：「議禮之家，名爲聚訟。兩議相持，必有一是。陛下擇其是者，而非者不必深較。乞宥其愆失，俾獲自新。」不允。

其年八月入朝，帝慰勞有加。踰月乃會廷臣大議，上奏曰：

三代之法，父死子繼，兄終弟及，自夏歷漢二千年，未有立從子爲皇子者也。漢成帝以私意立定陶王，始壞三代傳統之禮。宋仁宗立濮王子，英宗卽位，始終不稱濮王爲伯。今陛下生於孝宗崩後二年，乃不繼武宗大統，超越十有六年上考孝宗，天倫大義固已乖悖。又未嘗立爲皇子，與漢、宋不同。自古天子無大宗、小宗，亦無所生、所後。禮經所載，乃大夫士之禮，不可語於帝王。伯父子姪皆天經地義，不可改易。今以伯爲父，以父爲叔，倫理易常，是爲大變。

夫得三代傳統之義，遠出漢、唐繼嗣之私者，莫若祖訓。祖訓曰「朝廷無皇子，必

兄終弟及」。則嗣位者實繼統，非繼嗣也。伯自宜稱皇伯考，父自宜稱皇考，兄自宜稱皇兄。今陛下於獻帝、章聖已去本生之稱，復下臣等大議。臣書、臣璁、臣萼、臣獻夫及文武諸臣皆議曰：世無二道，人無二本。孝宗皇帝，伯也，宜稱皇伯考。昭聖皇太后，伯母也，宜稱皇伯母。獻皇帝，父也，宜稱皇考。章聖皇太后，母也，宜稱聖母。武宗仍稱皇兄，莊肅皇后宜稱皇嫂。尤願陛下仰遵孝宗仁聖之德，念昭聖擁翊之功，孝敬益隆，始終無間，大倫大統兩有歸矣。奉神主而別立禰室，於至親不廢，隆尊號而不入太廟，於正統無干，尊親兩不悖矣。一遵祖訓，允合聖經。復三代數千年未明之典禮，洗漢、宋悖經違禮之陋習，非聖人其孰能之。

議上，詔布告天下，尊稱遂定。

帝既加隆所生，中外獻諛希恩者紛然還至。錦衣百戶隨全、光祿錄事錢子勛既以罪褫，希旨請遷獻帝顯陵梓宮北葬天壽山。工部尚書趙璜等斥其謬，帝復下廷議。書乃會廷臣上言：「顯陵，先帝體魄所藏，不可輕動。昔高皇帝不遷祖陵，文皇帝不遷孝陵。全等諂諛小人，妄論山陵，宜下法司按問。」帝報曰：「先帝陵寢在遠，朕朝夕思望，不勝哀痛，其再詳議以聞。」書復集衆議，極言不可，乃已。

書以「大禮」告成，宜有以答天下望，乃條新政十二事以獻，帝優旨報焉。大同軍變，

殺巡撫張文錦，燬總兵官江桓印，而出故帥朱振於獄，令代桓。帝因而命之，諭禮部鑄新印。書持不可，請討之，與政府忤。時執政者費宏、石珤、賈詠，書心弗善也，乃力薦楊一清、王守仁入閣，且曰：「今諸大臣皆中材，無足與計天下事。定亂濟時，非守仁不可。」帝曰：「書爲大臣，當抒猷略，共濟時艱，何以中材自諉。」守仁迄不獲柄用。

四年，光祿寺丞何淵請建世室，祀獻皇帝於太廟。帝命禮官集議，書等上議：「王制，『天子七廟，三昭三穆』。周以文、武有大功德，乃立世室，與后稷廟皆百世不遷。我太祖立四親廟，德祖居北，後改同堂異室。議祧則以太祖擬文世室，太宗擬武世室。今獻皇帝以藩王追崇帝號，何淵乃欲比之太祖、太宗，立世室於太廟，甚無據。」不報。頃之，張璁特奏上，力言不可，書亦三疏如璁議。帝遣中官卽其家諭之，書復密疏切諫。帝不悅，責以畏衆飾奸。乃議別立禰廟，而世室之議竟寢。

五年秋，章聖太后將謁世廟，禮官議不合。書以目眚在告，上言：「母后謁廟，事出創聞，禮官實無所據，惟聖明裁酌。且世廟既成，宜有肆赦之典，請盡還議禮遣戍諸臣。所謂合萬國之歡心以祀先王，此天子大孝也。」報聞。

書以議禮受帝知，倚爲親臣。初進大禮集議，加太子太保，尋以獻帝實錄成，進少保。眷顧隆異，雖諸輔臣莫敢望。而書得疾不能視事，屢疏乞休，舉羅欽順自代，帝輒慰留不

允。其後疾篤，請益力，詔加武英殿大學士，賜第京師，支俸如故。甫聞命而卒。贈太傅，謚文襄，任一子尚寶丞，異數也。

書遇事敢爲，性頗偏愎。初，長沙人李鑑爲盜，知府宋卿論之死。書方巡撫湖廣，發卿贓私，因劾卿故入鑑罪。帝遣大臣按，不如書言。而書時已得幸，乃命逮鑑入京再訊。書遂言：「臣以議禮犯衆怒，故刑官率右卿而重鑑罪，請敕法司辨雪。」及法司讞上無異詞，帝重違書意，特減鑑死遣戍。其他庇陳洸，排費宏，率恣行私意，爲時論所斥。

弟春、篆。春由庶吉士授御史，巡雲南。以兄爲都御史，改翰林檢討。預修武宗實錄成，當進秩。內閣費宏以春由他官入，與檢討劉夔並擬按察僉事。夔亦故御史，以避兄侍郎龍改授者也。書大怒，疏言：「故事，無纂修書成，出爲外任者。」帝以書故留春，擢修撰，而夔亦留，擢編修。書由是怨宏，數詆諆。及書卒，帝念其議禮功，累進春翰林學士。嘉靖十二年由禮部右侍郎改吏部。詔舉堪翰林者，春欲召還故翰林楊惟聰、陳沂，尚書汪鋐不可，遂有隙。後鋐有所推舉，不與春議，春怒詬鋐。鋐訐春前附楊廷和排議禮諸臣，遂落職。卒於家。

篆爲戶科給事中。黔國公沐崑劾按察使沈恩等，篆與同官李長私語崑奏多誣，長卽劾

中華書局

崑。武宗責長誣重臣，下詔獄。詞連鑾，并繫治譎外，鑾得夷陵判官。世宗嗣位，復故官，未上卒。予祭，贈光祿少卿。

霍韜，字渭先，南海人。舉正德九年會試第一。謁歸成婚，讀書西樵山，經史淹洽。世宗踐阼，除職方主事。楊廷和方柄政，韜上言：「閣臣職參機務，今止票擬，而裁決歸近習。輔臣失參贊之權，近習起干政之漸。自今章奏，請召大臣面決施行，講官、臺諫，班列左右，衆議而公駁之。宰相得取善之名，內臣免招權之謗。」因言錦衣不當典刑獄，東廠不當預朝議，撫按兵備官不當以軍功授秩廕，興府護衞軍不當盡取入京概授官職，御史謝源、伍希儒赴難有功不當罷黜，平逆藩功自安慶、南昌外，不當濫敍。帝嘉納之。

及「大禮」議起，禮部尚書毛澄力持考孝宗，韜私爲大禮議駁之。澄貽書相質難，韜三上書極辨其非。已，知澄意不可回，其年十月上疏曰：

按廷議謂陛下宜以孝宗爲父，興獻王爲叔，別擇崇仁王子爲獻王後，考之古禮則不合，質之聖賢之道則不通，揆之今日之事體則不順。

考儀禮喪服章云「斬衰爲所後者」。又云「爲人後者，爲其父母報」。是於所後者，蓋

無稱爲父母之說，而於本生父母又無改稱伯叔父母之云也。漢儒不明其義，謬爲邪說曰「爲人後者爲之子」。果如其言，則漢宣帝當爲昭帝後矣。然昭帝從祖也，宣帝從孫也，孫將謂祖爲父，可乎？唐宣宗當爲武宗後矣，然武宗姪也，宣宗叔也，叔反謂姪爲父，可乎？吳諸樊兄弟四人以國相授受，蓋迭相爲後矣，是兄弟自具高曾祖考也，而可乎？故曰考之古禮則不合也。

天下者，天下之天下，非一人所得私也。宋人之告其君曰：「仁宗於宗室中特簡聖明，授以大業，陛下所以負扆端冕，富有四海，子孫萬世相承，皆先帝之德。」蓋謂仁宗以天下授英宗，宜舍本生父母而以仁宗爲父母也。臣以聖賢之道觀之，孟子言舜爲天子，瞽瞍殺人，臯陶執之，舜則竊負而逃，是父母重而天下輕也。若宋儒之說，則天下重而父母輕矣。故曰求之聖賢之道則不通也。

武宗嗣孝宗歷十有六年，孝宗非無嗣也。今强欲陛下重爲孝宗之嗣，何爲也哉？夫陛下爲孝宗子矣，誰爲武宗子乎？孝宗有兩嗣子矣，武宗獨無嗣子，可乎？臣子於君父一也，既不忍孝宗之無嗣，獨忍武宗之無嗣乎？若曰武宗以兄，固得享弟之祀，則孝宗以伯，獨不得享姪之祀乎？既可越武宗直繼孝宗矣，獨不可并越孝宗直繼憲宗乎？武宗無嗣，無可如何矣。孝宗有嗣，復强繼其嗣，而絕興獻之嗣，是於孝宗無所益，而於興獻不大有損乎？故曰揆之今日之事體則不順也。

然臣下之爲此議也，其故有三：曰前代故事之拘也，曰不忘孝宗之德也，曰避迎合之嫌也。今陛下既考孝宗矣，尊興獻王以帝號矣，則將如斯而已乎？臣竊謂帝王之相繼也，繼其統而已矣，固不屑屑於父子之稱也。惟繼其統，則不惟孝宗之統不絕，即武宗之統亦不絕矣。然則如之何而可乎？惟陛下於興獻王得正父子之稱，以不絕天性之恩。於國母之迎，得正天子之母之禮。復於昭聖太后、武宗皇后處之有其道，事之盡其誠，則於尊尊親親兩不悖矣。

帝得疏喜甚，迫羣議不遽行。而朝士咸指目韜爲邪說。韜意不自得，尋謝病歸。

嘉靖三年，帝議尊崇所生益急，兩詔召韜。韜辭疾不赴，馳疏言：

今日大禮之議，兩端而已。曰崇正統之大義也，曰正天倫之大經也。徒尊正統，其弊至於利天下而棄父母；徒重天倫，其弊至於小加大而卑踰尊。故臣謂陛下宜稱孝宗曰皇伯考，獻帝曰皇考，此天倫之當辨者也。尊崇之議，則姑在所緩，此大統之當崇者也。乃廷議欲陛下上考孝宗，又兼考獻帝，此漢人兩統之失也。本原既差，則愈議愈失。臣之愚慮，則願陛下預防未然之失，毋重將來之悔而已。始陛下尊昭聖皇太后爲母，雖於禮未合，然宮闈之內亦既相安。今一旦改稱，大非人情所堪。願陛下以臣

等建議之情，上啓皇太后，必中心悅豫無疑貳之隙。萬一未喻，亦得歸罪臣等，加賜誅斥，然後委曲申請，務得其歡心。陛下朝夕所以承迎其意，慰釋其憂者，亦無所不用其極，庶名分正而嫌隙消，天下萬世無所非議，此臣愚慮者一也。

昭聖之嫡嗣，武宗一人而已。武宗無嗣，莊肅皇后之屬望已矣。臣謂陛下之事昭聖，禮秩雖極尊崇，然其勢日輕。陛下之事聖母，尊稱雖或未至，然其勢日重。故今日廷臣惓惓以尊大統，母昭聖爲請者，蓋預防陛下將來之失，而追報孝宗之職分也。臣嘗伏讀明詔，正統大義，不敢有違，知陛下尊昭聖，敬莊肅，此心可上質天地，下信士庶矣。但恐左右之人不達聖意，妄生疑間，或以彌文小節，遂搆兩宮之隙，此不可不早慮而預防之也。願陛下以臣等建議之情，上啓聖母曰，昭聖皇太后實大統嫡宗，至尊無對，伏願聖母時自謙抑，示尊敬至意。莊肅皇后母儀天下十六年，聖母接見之儀，不可輕忽，凡正旦、賀壽，聖母每致謙讓不敢受納之意，俾宮闈大權一歸昭聖，而聖母若無與焉，則天下萬世稱頌懿德與天無極。萬一聖母意猶未喻，亦得歸罪臣等，加賜誅斥，然後委曲申請，務得允從，庶宗統正而嫌隙消，天下萬世無所非議，此臣愚慮者二也。

帝深嘉其忠義，趣令趨朝。明年擢少詹事兼侍講學士。韜固辭，且請令六部長貳、翰林、給事、御史俱調外任，練政體；監司、守令政績卓異，即擢卿丞，有文學者擢翰林；舉貢入仕皆

得擢翰林，陞部院，不宜困資格。帝不允辭，趣令赴職。下其奏於有司，悉格不用。

六年，還朝，命直經筵日講。韜自以南音力辭日講，請撰古今政要及詩書直解以進。帝褒許之。其年九月遷詹事兼翰林學士，韜復固辭，言：「自楊榮、楊士奇、楊溥以及李東陽、楊廷和顓權植黨，籠翰林爲屬官，中書爲門吏，故翰林遷擢不由吏部，而中書至有進秩尚書者。臣嘗建議，謂翰林去留，盡屬吏部，庶不陰倚內閣爲腹心，內閣亦不陰結翰林爲羽翼。且欲京官補外以均勞逸，議未即行，躬自蹈之，而又躐居學士徐縉上，何愧如之。」帝優詔不允。

明年四月進禮部右侍郎。韜力辭，且舉康海、王九思、李夢陽、魏校、顏木、王廷陳、何瑭自代，帝不允。再辭，乃允之。六月，「大禮」成，超拜禮部尚書，掌詹事府事。韜因言翰林院修書遷官、日講廕子、及巡撫子弟廕武職之非，而以爲己不能力挽，不可隨衆趨。且稱給事中陳洸冤，薦監生陳雲章才可用。帝優詔褒答，不允辭。韜復奏曰：「今異議者謂陛下特欲尊崇皇考，遂以官爵餌其臣，臣等二三臣苟圖官爵，遂阿順陛下之意。臣嘗自慨，若得禮定，決不受官，俾天下萬世知議禮者非利官也。苟疑議禮者爲利官，則所議雖是，彼猶以爲非，何以塞天下口。」因固辭不拜，帝猶不允。三辭，乃允之。

韜先後薦王守仁、王瓊諸人，帝皆納用。嘗因災異陳時弊十餘事，多議行。張璁、桂

萼之罷政也，韜謂言官陸粲等受楊一清指使，兩疏力攻一清，奪其職，而璁、萼召還。帝從夏言議，將分祀天地，建二郊，韜極言其非。帝不悅，責韜罔上自恣。言亦疏辨，力詆韜。韜素護前自遂，見帝怒，不敢辨，乃遺言書，痛詆之，復錄其書送法司。言怒，疏陳其狀，且劾韜無君七罪，并以其書進呈。帝大怒，責韜謗訕君上，醜正懷邪，遂下都察院獄。韜從獄中上書祈哀，璁亦再申救，帝皆不納。南京御史鄧文憲言，宜察韜心，容其戇，且天地分祀是置父母異處，郊外親蠶是廢內外防閑。帝怒，謫之邊方。韜繫獄踰月，帝終念其議禮功，令輸贖還職。尋以母喪歸。廣東僉事龔大稔訐韜及方獻夫居鄉不法事，大稔反被逮削籍。

十二年，韜起歷吏部左、右侍郎。時部事多主於尚書，兩侍郎率不預。韜爭於尚書汪鋐，侍郎始獲參部事。韜素剛愎，屢與鋐爭，鋐等亦嚴憚之。既而鋐罷，帝久不置尚書，以韜掌部事。閣臣李時傳旨，用鴻臚卿王道中爲順天府丞。韜言：「輔臣承天語無可疑，然臣等猶當奏請，用杜矯僞。」因守故事，列道中及應天府丞郭登庸二人名上。帝嘉其守法，乃用登庸，而改道中大理少卿。久之，出韜爲南京禮部尚書。

順天府尹劉淑相坐所親贓私被鞫，疑禮部尚書夏言姻通判費完陷之，訐言請屬事。帝怒，下淑相詔獄。淑相與韜善，言亦疑韜主之，遂訐韜扈蹕謁陵，遠遊銀山寺大不敬。韜自

訴，因論言：「請諡故少師費宏爲文憲，不敍宏累被劾狀，按律，增減緊關情節者斬。且『憲』乃純皇帝廟號，人臣安得用。」會南京給事中曾鈞騎馬，不避尚書劉龍、潘珍轎，龍與鈞互訐奏。韜劾鈞，且請禁小臣乘轎。給事中李充濁、曹邁等交章，言近侍之臣不當避道，雜舉公會宴次得與尚書同列以證，語頗侵韜。韜疑充濁倚言爲內主，訐充濁爲奸黨，復摭言他事。言益怒，奏韜大罪十餘事。且言彭時、宋濂皆於正德間諡文憲，不避廟號，韜陋不知故事。帝方不直韜，淑相復從獄中摭言他事，帝益怒，考訊之。辭服韜主使，乃斥淑相爲民，降韜俸一級。當議乘轎時，言被劾不預，都御史王廷相會禮部侍郎黃宗明、張璧請禁飭小臣如韜奏，而南京諸給事、御史自如。韜以爲言，帝復申飭，衆情滋不悅。曹邁及同官尹相等遂與韜忿爭。相劾韜還南部怨望，擅取海子魚，與鄉人羣飲郊壇松下；侍郎袁宗儒期喪不當進表，逼使行。韜上疏自理。下廷議。帝爲停韜俸四月，相等亦停二月。

韜既與言交惡，及言柄用，韜每欲因事陷之。上言：「頃吏部選劉文光等爲給事中，尋忽報罷，人皆曰閣臣抑之。給事中李鶴鳴考察謫官，尋復故，人皆曰賄得。宜諭吏部毋受當事頤指，使天下知威福出朝廷，而大臣有李林甫、秦檜者，不得播弄於左右。」其意爲言發也。於是鶴鳴上疏自白，並摭韜居鄉不法諸事。帝兩置之。無何，韜劾南京御史龔湜、郭体。湜等自辨，亦劾韜。帝並置不問。

十八年簡補宮僚，命韜以太子少保、禮部尚書協掌詹事府事。疏辭加秩，且詆大臣受祿不讓，晉秩不辭，或有狐鼠鑽結，陰固寵權，怨氣召災，實有所自。其意亦爲言發。既屢擊言不勝，最後見郭勛與言有隙，乃陰比勛，與共齮齕言。時中外訛言帝復南幸，韜因頌勛，言：「六飛南狩時，臣下多納賄不法。文官惟袁宗儒，武官惟郭勛不受饋。今訛言復播，宜有以禁戢之。」帝既下詔安羣情，乃詰韜曰：「朕昨南巡，卿不在行，受賄事得自何人？據實以奏。」韜對，請問諸郭勛。帝責其支詞，務令指實。韜窘，乃言：「扈從諸臣無不受餽遺、折取夫隸直者，第問之夏言，令自述。至各官取賄實跡，勛具悉始末，當不欺。如必欲臣言，請假臣風憲職，循途按之，當備列以奏。」章下所司。韜懼不當帝旨，尋赴京，列所遇進鮮船內臣貪橫狀，帝亦不問。明年十月卒於官，年五十有四。贈太子太保，諡文敏。

韜學博才高，量褊隘，所至與人競。帝頗心厭之，故不大用。先後多所建白，亦頗涉國家大計。且嘗薦「大禮」大獄得罪諸臣，及廢籍李夢陽、康海等。在南都，禁喪家宴飲，絕婦女入寺觀，罪娼戶市良人女，毀淫祠，建社學，散僧尼，表忠節。既去，士民思之。始與璁、萼結，既而比郭勛。舉進士出毛澄門下，素執弟子禮，議禮不合，遂不復稱爲座主。及總裁己丑會試，亦遂不以唐順之等爲門生。其議禮時，詆司馬光。後議薛瑄從祀，至追論光不可祀孔廟。其不顧公論如此。

中華書局

子與瑕，舉進士。授慈谿知縣。鄢懋卿巡鹽行部，與瑕不禮，爲所劾罷。起知鄞縣，終廣西僉事。

熊浹，字悅之，南昌人。正德九年進士。授禮科給事中。寧王宸濠將爲變，浹與同邑御史熊蘭草奏，授御史蕭淮上之。濠倉卒舉事，卒敗，本兩人早發之力。出核松潘邊餉。副總兵張傑倚江彬勢，贓累鉅萬，誘殺熟番上功啓邊釁，箠死千戶以下至五百人。又嘗率家衆遮擊副使胡澧。撫、按莫敢言。浹至，盡發其狀，傑遂褫職。

世宗踐阼，廷議追崇禮未定。浹馳疏言：「陛下起自藩服，入登大寶，倘必執爲後之說，考孝宗而母慈壽，則興獻母妃當降稱伯叔父母矣。不知陛下承懽內庭時，將仍舊稱乎，抑改而從今稱乎？若仍舊稱，而不得尊之爲后，則於慈壽徒有爲後之虛文，於母妃則又缺尊崇之大典，無一而可也。臣愚謂興獻王尊以帝號，別建一廟，以示不敢上躋於列聖。母妃則尊爲皇太后，而少殺其徽稱，以示不敢上同於慈壽。此於大統固無所妨，而天性之恩亦得以彙盡。」疏至，會興王及妃已稱爲帝后，下之禮官。

嘉靖初，由右給事中出爲河南參議。外艱歸。六年，服闋，召修明倫大典。超擢右僉都御史，協理院事。明年四月遷大理寺卿，俄遷右副都御史。大典成，轉左。八年二月遂擢右都御史，掌院事。

京師民張福訴里人張柱殺其母，東廠以聞，刑部坐柱死。不服，福姊亦泣訴官，謂母福自殺之，其鄰人之詞亦然。詔郎中魏應召覆按，改坐福。東廠奏法司妄出人罪，帝怒，下應召詔獄。浹是應召議，執如初。帝愈怒，褫浹職。給事中陸粲、劉希簡爭之，帝大怒，並下兩人詔獄。侍郎許讚等遂抵柱死，應召及鄰人俱充軍，杖福姊百，人以爲冤。當是時，帝方深疾孝、武兩后家，柱實武宗后家夏氏僕，故帝必欲殺之。

浹家居十年。至帝幸承天與近臣論舊人，乃召爲南京禮部尚書，改兵部，參贊機務。二十一年召爲兵部尚書，掌都察院事。居二年，代許讚爲吏部尚書。

帝於禁中築乩仙臺，間用其言決威福，浹論其妄。帝大怒，欲罪之，以前議禮故不遽斥。二品六年滿，加太子太保，坐事奪俸者再。浹知帝意終不釋，遂稱病乞休。帝大怒，褫職爲民。又十年卒。

浹少有志節，自守嚴。雖由議禮顯，然不甚黨比，尤愛護人才。故其去吏部也，善類多思之。隆慶初，復官，予祭葬，諡恭肅。

黃宗明，字誠甫，鄞人。正德九年進士。除南京兵部主事，進員外郎。嘗從王守仁論學。寧王宸濠反，上江防三策。武宗南征，抗疏諫，尋請告歸。

嘉靖二年起南京刑部郎中。張璁、桂萼爭「大禮」，自南京召入都，未上。三年四月，璁、萼、黃綰及宗明聯疏奏曰：「今日尊崇之議，以陛下與爲人後者，禮官附和之私也。以陛下爲入繼大統者，臣等考經之論也。人之言曰，兩議相持，有大小衆寡不敵之勢。臣等則曰，惟理而已。大哉舜之爲君，視天下悅而歸己，猶草芥也，惟不順於父母，如窮人無所歸。今言者徇私植黨，奪天子之父母而不顧，在陛下可一日安其位而不之圖乎？此聖諭令廷臣集議，終日相視莫敢先發者，勢有所壓，理有所屈故也。臣等大懼欺蔽因循，終不能贊成大孝。陛下何不親御朝堂，進百官而詢之曰：『朕以憲宗皇帝之孫，孝宗皇帝之姪，興獻帝之子，遵太祖兄終弟及之文，奉武宗倫序當立之詔，入承大統，非與爲人後者也。前者未及詳稽，遽詔天下，尊孝宗皇帝爲皇考，昭聖太后爲聖母，而興獻帝后別加本生之稱，朕深用悔艾。今當明父子大倫，繼統大義，改稱孝宗爲皇伯考，昭聖爲皇伯母，而去本生之稱，爲皇考恭穆獻皇帝，聖母章聖皇太后，此萬世通禮。爾文武廷臣尚念父子之親，君臣之義，與朕共明大

倫於天下。』如此，在朝百工有不感泣而奉詔者乎，更以此告於天下萬姓，其有不感泣而奉詔者乎，此卽周禮詢羣臣詢萬民之意也。」奏入，帝大悅，卒如其言。宗明亦遂蒙帝眷。

明年出爲吉安知府，遷福建鹽運使。六年召修明倫大典，以母憂歸。服闋，徵拜光祿卿。十一年擢兵部右侍郎。其冬，編修楊名以劾汪鋐下詔獄，詞連同官程文德，亦坐繫。詔書責主謀者益急。宗明抗疏救，且曰：「連坐非善政。今以一人妄言，必究主使，廷臣孰不懼。況名搒掠已極，當嚴冬或困斃，將爲仁明累。」帝大怒，謂宗明卽其主使，並下詔獄，謫福建右參政。帝終念宗明議禮功，明年召拜禮部右侍郎。

遼東兵變，捶辱巡撫呂經。而帝務姑息，納鎮守中官王純等言，將逮經。宗明言：「前者遼陽之變，生於有激。今重賦苛徭悉已釐正，廣寧復變，又誰激之？法不宜復赦。請令新撫臣韓邦奇勒兵壓境，揚聲討罪，取其首惡，用振國威，不得專事姑息。」帝不從，經卒被逮。宗明尋轉左侍郎，卒於官。

初，議禮諸臣恃帝恩眷，驅駕氣勢，恣行胸臆。宗明雖由是驟顯，持論頗平，於諸人中獨無甚惡之者。

黃綰，字宗賢，黃巖人，侍郎孔昭孫也。承祖廕官後府都事。嘗師謝鐸、王守仁。嘉靖初，爲南京都察院經歷。張璁、桂萼爭「大禮」，帝心嚮之。三年二月，綰亦上言曰：「武宗承孝宗之統十有六年，今復以陛下爲孝宗之子，繼孝宗之統，則武宗不應有廟矣。是使孝宗不得子武宗，乃所以絕孝宗也。由是，使興獻帝不得子陛下，乃所以絕興獻帝也。不幾於三綱淪，九法斁哉！」又奏入，帝大喜，下之所司。其月，再上疏申前說。俄聞帝下詔稱本生皇考，復抗疏極辨。又與璁、萼及黃宗明合疏爭，「大禮」乃定。綰自是大受帝知。及明年，何淵請建世室，綰與宗明斥其謬。尋遷南京刑部員外郎，再謝病歸。帝念其議禮功，六年六月召擢光祿少卿，預修明倫大典。

王守仁中忌者，雖封伯，不給誥券歲祿；諸有功若知府邢珣、徐璉、陳槐，御史伍希儒、謝源，多以考察黜。綰訟之於朝，且請召守仁輔政。守仁得給賜如制，珣等亦敍錄。綰尋遷大理左少卿。其年十月，璁、萼逐諸翰林於外，引己所善者補之，遂用綰爲少詹事兼侍講學士，直經筵。以任子官翰林，前此未有也。

明年，大典成，進詹事。錦衣僉事聶能遷者，初附錢寧得官，用登極詔例還爲百戶。後附璁、萼議「大禮」，且交關中貴崔文，得復故職。大典成，諸人皆進秩，能遷獨不與，大恨。

囑罷閒主事翁洪草奏，誣王守仁賄席書得召用，詞連綰及璁。綰疏辨，且乞引避。帝優旨留之，而下能遷法司，遣之戍，洪亦編原籍爲民。

綰與璁輩深相得。璁欲用爲吏部侍郎，且令典試南京，並爲楊一清所抑，又以其南音不令與經筵。綰大恚，上疏醜詆一清而不斥其名。帝心知其爲一清也，以浮詞責之。其年十月出爲南京禮部右侍郎，偏攝諸部印。十二年召拜禮部左侍郎。

初，綰與璁深相結。至是，夏言長禮部，帝方嚮用，綰乃潛附之，與璁左。其佐南禮部也，郎中鄒守益引疾，詔綰覈實。久不報，而守益竟去。吏部尚書汪鋐希璁指疏發其事，詔奪守益官，令鋐覆覈，鋐遂劾綰欺蔽。璁調旨削三秩出之外。會禮部請祈穀導引官，帝留綰供事。鋐於是再疏攻綰，且援及他事，帝復命調外。綰上疏自理，因詆鋐爲璁鷹犬，乞賜罷黜以避禍。帝終念綰議禮功，仍留任如故。綰自是顯與璁貳矣。

初，大同軍變，殺總兵官李瑾，據城拒守。總制侍郎劉源清、提督郤永議屠之。城中恟懼，外勾蒙古爲助，塞上大震。巡撫潘倣急請止兵，源清怒，馳疏力詆倣。璁及廷議並右源清，綰獨言非策。及源清罷，侍郎張瓚往代。未至，而郎中詹榮等已定亂。叛卒未盡獲，軍民瘡痍甚，代王請遣大臣綏輯之。疏下禮部，夏言以爲宜許，而極詆前用兵之謬，語侵璁。璁怒，力持不欲遣。帝委曲諭解之，乃特以命綰，且令察軍情，勘功罪，得便宜行事。

綰馳至大同，宗室軍民牒訴官軍暴掠者以百數，無告叛軍者。綰一無所問，以安其心。有爲叛軍使蒙古歸者，綰執戮之，反側者復相煽。綰大集軍民，曉以禍福。罹害者陳牒，綰佯不問，而密以牒授給振官，按里核實，一日捕首惡數十人。卒尚欽殺一家三人，懼不免，夜鳴金倡亂，無應者，遂就擒。綰復圖形購首惡數人，軍民乃不復虞詿誤。遂令有司樹木柵，設保甲四隅，創社學，教軍民子弟，城中大安。還朝，列上文武將吏功罪，極詆源清、泳。綰以勞增俸一等，璁及兵部庇源清，陰抑綰。綰累疏論，帝亦意嚮之，源清、泳卒被遠。綰尋以母憂歸。

十八年，禮官以恭上皇天上帝大號及皇祖謚號，請遣官詔諭朝鮮。時帝方議討安南，欲因以覘之，乃曰：「安南亦朝貢之國，不可以邇年叛服故，不使與聞。其擇大臣有學識者往。」廷臣屢以名上，皆不用。特起綰禮部尚書兼翰林學士爲正使，諭德張治副之。帝方幸承天，趣綰詣行在受命。綰憚往，至徐州先馳使奏疾不能前，致失期。帝責綰不馳赴行在，而舟詣京師爲大不敬，令陳狀，已而釋之。綰數陳便宜，請得節制兩廣、雲、貴重臣，遣給事御史同事，吏、禮、兵三部擇郎官二人備任使。帝悉從之。最後爲其父母請贈，且援建儲恩例請給誥命如其官。帝怒，褫尚書新命，令以侍郎閒住，使事亦竟寢。久之卒於家。

綰起家任子，致位卿貳。初附張璁，晚背璁附夏言，時皆以傾狡目之。

方「大禮」之興也，首繼璁上疏者爲襄府棗陽王祐楒。其言曰：「孝廟止宜稱『皇伯考』，聖父宜稱『皇考興獻大王』。卽興國之陵廟祀用天子禮樂，祝稱孝子皇帝某。聖母宜上徽號稱太妃，迎養宮中。庶繼體之道不失，天性之親不泯。」時世宗登極歲之八月也。自時厥後，諸希寵干進之徒，紛然而起。失職武夫、罷閒小吏亦皆攘臂努目，抗論廟謨。卽璁、萼輩亦羞稱之，不與爲伍。故自璁等八人外，率無殊擢。至致仕教諭王价，遂請加諸臣貶竄誅戮之刑，懲朋黨欺蔽之罪。而最陋者南京刑部主事歸安陸澄。初極言追尊之非，逮服闋入都，明倫大典已定，璁、萼大用事，澄乃言初爲人誤，質之臣師王守仁乃大悔恨。萼悅其言，請除禮部主事。而帝見澄前疏惡之，謫高州通判以去。

嘉靖四年七月，席書將輯大禮集議，因言：「近題請刊布，多繫建言於三年以前，若臣書及璁、萼、獻夫、韜，所正取者不過五人。禮科右給事中熊浹、南京刑部郎中黃宗明、都察院經歷黃綰、通政司經歷金述、監生陳雲章、儒士張少璉及楚王、棗陽王二宗室外，所附取者不過六人。有同時建議，若監生何淵、主事王國光、同知馬時中、巡檢房濬，言或未純，義多未正，亦在不取。其他罷職投閒之夫，建言於璁、萼等召用後者，皆望風希旨，有所覬覦，亦一切不錄。其錦衣百戶聶能遷、昌平致仕教諭王价建言三年二三月，未經採入。今二臣奏乞附名，應如其請。」帝從之。因詔「大禮」已定，自今有假言陳奏者，必罪不宥。

至十二年正月，蒲州諸生秦鏜伏闕上書，言：「孝宗之統訖於武宗，則獻皇帝於孝宗實爲兄終弟及。陛下承獻皇帝之統，當奉之於太廟，而張孚敬議禮，乃別創世廟以祀之，使不得預昭穆之次，是幽之也。」又謂：「分祀天地日月於四郊，失尊卑大小之序。去先師王號，撤其塑像，損其禮樂，增啓聖祠，皆非聖祖之意。請復其初。」帝得奏，大怒。責以毁上不道，下詔獄嚴訊，令供主謀。鏜服妄議希恩，實無主使者。乃坐妖言律論死，繫獄。其後又從豐坊之請，入廟稱宗，以配上帝，則璁輩已死，不及見矣。

贊曰：席書等亦由議禮受知，而持論差平。然事以激成，末流多變。蓋至入廟稱宗，則亦非諸人倡議之初心矣。書、韜在官頗有所建樹，浹、宗明能自斂戢，時論爲優。至綰之傾狡，乃不足道矣。

明史卷一百九十八

列傳第八十六

楊一清　王瓊　彭澤　毛伯溫 汪文盛 鮑象賢　翁萬達

楊一清，字應寧，其先雲南安寧人。父景，以化州同知致仕，攜之居巴陵。少能文，以奇童薦爲翰林秀才。憲宗命內閣擇師教之。年十四舉鄉試，登成化八年進士。父喪葬丹徒，遂家焉。

服除，授中書舍人。久之，遷山西按察僉事，以副使督學陝西。一清貌寢而性警敏，好談經濟大略。在陝八年，以其暇究邊事甚悉。入爲太常寺少卿，進南京太常寺卿。

弘治十五年用劉大夏薦，擢都察院左副都御史，督理陝西馬政。西番故饒馬，而仰給中國茶飲以去疾。太祖著令，以蜀茶易番馬資軍中用。久而寖弛，奸人多挾私茶闌出爲利，番馬不時至。一清嚴爲禁，盡籠茶利於官，以服致諸番，番馬大集。會寇大入花馬池，

帝命一清巡撫陝西，仍督馬政。甫受事，寇已退。乃選卒練兵，創平虜、紅古二城以援固原，築垣瀕河以捍靖虜，劾罷貪庸總兵武安侯鄭宏，裁鎮守中官冗費，軍紀肅然。武宗初立，寇數萬騎抵固原，總兵曹雄軍隔絶不相聞。一清帥輕騎自平涼晝夜行，抵雄軍爲之節度，多張疑兵脅寇，寇移犯隆德。一清夜發火礮，響應山谷間。寇疑大兵至，遁出塞。一清以延綏、寧夏、甘肅有警不相援，患無所統攝，請遣大臣兼領之。大夏請即命一清總制三鎮軍務。尋進右都御史。一清遂建議修邊，其略曰：

陝西各邊，延綏據險，寧夏、甘肅扼河山，惟花馬池至靈州地寬延，城堡復疏。寇毁牆入，則固原、慶陽、平涼、鞏昌皆受患。成化初，寧夏巡撫徐廷璋築邊牆綿亙二百餘里。在延綏者，余子俊修之甚固。由是，寇不入套二十餘年。後邊備疏，牆塹日夷。弘治末至今，寇連歲侵略。都御史史琳請於花馬池、韋州設營衞，總制尚書秦紘僅修四五小堡及靖虜至環慶治塹七百里，謂可無患。不一二年，寇復深入。是紘所修不足捍敵。臣久官陝西，頗諳形勢。寇動稱數萬，往來倏忽。未至徵兵多擾費，旣至召援輒後時。欲戰則彼不來，持久則我師坐老。臣以爲防邊之策，大要有四：修濬牆塹，以固邊防；增設衞所，以壯邊兵；經理靈、夏，以安內附；整飭韋州，以遏外侵。

今河套卽周朔方，漢定襄，赫連勃勃統萬城也。唐張仁愿築三受降城，置烽堠千

八百所，突厥不敢踰山牧馬。古之舉大事者，未嘗不勞於先，逸於後。夫受降據三面險，當千里之蔽。國初舍受降而衞東勝，已失一面之險。其後又輟東勝以就延綏，則以一面而遮千餘里之衝，遂使河套沃壤爲寇巢穴。深山大河，勢乃在彼，而寧夏外險反南備河。此邊患所以相尋而不可解也。誠宜復守東勝，因河爲固，東接大同，西屬寧夏，使河套方千里之地，歸我耕牧，屯田數百萬畝，省內地轉輸，策之上也。如或不能，及今增築防邊，敵來有以待之，猶愈無策。

因條具便宜：延綏安邊營石澇池至橫城三百里，宜設墩臺九百座，暖譙九百間，守軍四千五百人；石澇池至定邊營百六十三里，平衍宜牆者百三十一里，險崖峻阜可劃削者三十二里，宜爲墩臺，連接寧夏東路；花馬池無險，敵至仰客兵，宜置衞，與武營守禦所兵不足，宜召募；自環慶以西至寧州，宜增兵備一人；橫城以北，黃河南岸有墩三十六，宜修復。帝可其議。大發帑金數十萬，使一清築牆。而劉瑾憾一清不附己，一清遂引疾歸。其成者，在要害間僅四十里。瑾誣一清冒破邊費，逮下錦衣獄。大學士李東陽、王鏊力救得解。仍致仕歸，先後罰米六百石。

安化王寘鐇反。詔起一清總制軍務，與總兵官神英西討，中官張永監其軍。未至，一清故部將仇鉞已捕執之。一清馳至鎭，宣布德意。張永旋亦至，一清與結納，相得甚歡。

知永與瑾有隙，乘間扼腕言曰：「賴公力定反側。然此易除也，如國家內患何。」永曰：「何謂也？」一清遂促席畫掌作「瑾」字。永難之曰：「是家晨夕上前，枝附根據，耳目廣矣。」一清慷慨曰：「公亦上信臣，討賊不付他人而付公，意可知。今功成奏捷，請間論軍事，因發瑾奸，極陳海內愁怨，懼變起心腹。上英武，必聽公誅瑾。瑾誅，公益柄用，悉矯前弊，收天下心。呂强、張承業暨公，千載三人耳。」永曰：「脫不濟，奈何？」一清曰：「言出於公必濟。萬一不信，公頓首據地泣，請死上前，剖心以明不妄，上必爲公動。苟得請，卽行事，毋須臾緩。」於是永勃然起曰：「嗟乎，老奴何惜餘年不以報主哉！」竟如一清策誅瑾。永以是德一清，左右之，得召還，拜戶部尚書。論功，加太子少保，賜金幣。尋改吏部。

一清於時政最通練，而性闊大。愛樂賢士大夫，與共功名。凡爲瑾所搆陷者，率見甄錄。朝有所知，夕卽登薦，門生徧天下。嘗再帥關中，起偏裨至大將封侯者，累累然不絕。餽謝有所入，緣手卽散之。大盜蹦中原，一清疏請命將調兵。前後凡數上，皆報可。盜平，加少保、太子太保，廕錦衣百戶。再推內閣，不用。用尙書靳貴，而進一清少傅、太子太傅。給事中王昂論選法弊，指一清植私黨，帝爲謫昂。一清更申救，優旨報聞。乾清宮災，詔求直言。一清上書言視朝太遲，享祀太慢，西內創梵宇，禁中宿邊兵，畿內皇店之害，江南織造之擾。因引疾乞歸，帝慰留之。大學士楊廷和憂去，命一清兼武英殿大學士入參機務。

張永尋得罪罷，而義子錢寧用事。寧故善一清，有搆之者因蓄怨。會災異，一清自劾，極陳時政，中有「狂言惑聖聽，匹夫搖國是，禁廷雜介胄之夫，京師無藩籬之託」語，譏切近倖，帝弗省。寧與江彬輩聞之，大怒。使優人於帝前爲蜚語，刺譏一清。時有考察罷官者，嗾武學生朱大周訐一清陰事，而以寧爲內主。給事御史周金、陳軾等交章劾大周妄言，請究主使，帝不聽。一清乃力請骸骨歸，賜敕褒諭，給夫廩如制。帝南征，幸一清第，樂飲兩晝夜，賦詩賡和以十數。一清從容諷止，帝遂不爲江、浙行。

世宗爲世子時，獻王嘗言楚有三傑，劉大夏、李東陽及一清也，心識之。及卽位，廷臣交薦一清，乃遣官賜金幣存問，諭以宣召期，趣使有言。一清陳謝，特予一子官中書舍人。嘉靖三年十二月戊午詔一清以少傅、太子太傅改兵部尙書、左都御史，總制陝西三邊軍務。故相行邊，自一清始。溫詔褒美，比之郭子儀。一清至是三爲總制，部曲皆踴躍喜。亦不剌竄西海，爲西寧洮河害，金獻民言撫便，獨一清請剿。土魯番求貢，陳九疇欲絕之，一清則請撫。時帥諸將肄習行陣，嘗曰：「無事時當如有事隄防，有事時當如無事鎭靜。」

會張璁等力排費宏，御史吉棠因請還一清內閣。給事中章僑、御史侯秩等爭之。帝謫秩官，召一清爲吏部尙書、武英殿大學士。既入見，加少師，仍兼太子太傅，非故事也。亡何，獻皇帝實錄成，加太子太師、謹身殿大學士。一清以不預纂修辭，不許。王憲奏捷，推

功一清，加特進左柱國、華蓋殿大學士。費宏已去，一清遂爲首輔。帝賜銀章二，曰「耆德忠正」，曰「繩愆糾違」，令密封言事。與張璁論張永前功，起爲提督團營。給事中陸粲請增築邊牆，推明一清曩時議，一清因力從臾之。帝爲發帑金，命侍郎王廷相往，然久之亦竟止。明倫大典成，加正一品俸。

初，「大禮」議起，一清方家居，見張璁疏，寓書門人喬宇曰：「張生此議，聖人復起，不能易也。」又勸席書早赴召，以定大議。璁等旣驟顯，頗引一清。帝亦以一清老臣，恩禮加渥。免常朝日講侍班，朔望朝參，令晨初始入閣視事。御書、和章及金幣、牢醴之賜甚渥。所言邊事、國計，大小無不傾聽。

璁與桂萼既攻去費宏，意一清必援己，一清顧請召謝遷，心怨之。遷未至，璁已入內閣，多所更建。一清引故事稍裁抑，其黨積不平。錦衣聶能遷訐璁，璁欲置之死，一清不可。璁怒，上疏陰詆一清，又嗾黃綰排之甚力。一清疏辨，言璁以能遷故排己，且傍及璁他語。因乞骸骨。帝爲兩解之。一清又因災變請戒飭百官和衷，復乞宥議禮諸臣罪，璁益憾。桂萼入內閣，亦不相能。一清屢求去，且言：「今持論者尙紛更，臣獨主安靜；尙刻覈，臣獨主寬平。用是多齟齬，願避賢者路。」帝復溫旨褒之。而給事中王準、陸粲發璁、萼招權納賄狀，帝立罷璁、萼，且暴其罪。其黨霍韜攘臂曰：「張、桂行，勢且及我。」遂上疏力攻一清，

言其受張永、蕭敬賄。一清再疏辨，乞罷。帝雖慰留之，而璁復召還，韜攻益急，且言法司承一清風指，搆成蕚罪。帝果怒，令法司會廷臣雜議。出刑部尚書周倫於南京，以侍郎許讚代。讚乃實韜言，請削一清籍，帝令一清自陳。璁乃三上密疏，引一清贊禮功，乞賜寬假，實以堅帝意俾之去。帝果允致仕，馳驛歸，仍賜金幣。明年，璁等搆朱繼宗獄，坐一清受張永弟容金錢，爲永誌墓，又與容世錦衣指揮，遂落職閒住。一清大恨曰：「老矣，乃爲孺子所賣！」疽發背死。遺疏言身被汙衊，死且不瞑，帝令釋贓罪不問。後數年復故官。久之，贈太保，謚文襄。

一清生而隱宮，貌寺人，無子。博學善權變，尤曉暢邊事。羽書旁午，一夕占十疏，悉中機宜。人或訾己，反薦揚之。惟晚與璁、蕚異，爲所軋，不獲以恩禮終。然其才一時無兩，或比之姚崇云。

王瓊，字德華，太原人。成化二十年進士。授工部主事，進郎中。出治漕河三年，臚其事爲志。繼者按稽之，不爽毫髮，由是以敏練稱。改戶部，歷河南右布政使。正德元年擢右副都御史督漕運。[一]明年入爲戶部右侍郎。衡府有賜地，蕪不可耕，勒

民出租以爲常，王反誣民趙賢等侵據。瓊往按，奪旁近民地予之，賢等戍邊，民多怨者。三年春，廷推吏部侍郎，前後六人，皆不允。最後以瓊上，許之。坐任戶部時邊臣借太倉銀未償，所司奏遲，尚書顧佐奪俸，而瓊改南京。已，復改戶部。八年進尚書。瓊爲人有心計，善鉤校。爲郎時悉錄故牘條例，盡得其斂散盈縮狀。及爲尚書，益明習國計。邊帥請芻糗，則屈指計某倉、某場庤糧草幾何，諸郡歲輸、邊卒歲採秋青幾何，曰：「足矣。」重索妄也。」人益以瓊爲才。

十年代陸完爲兵部尚書。時四方盜起，將士以首功進秩。瓊言：「此嬴秦弊政。行之邊方猶可，未有內地而論首功者。今江西、四川妄殺平民千萬，縱賊貽禍，皆此議所致。自今內地征討，惟以蕩平爲功，不計首級。」從之。帝時遠遊塞外，經歲不還，近畿盜竊發。瓊請於河間設總兵一人，大名、武定各設兵備副使一人，責以平賊，而檄順天、保定兩巡撫，嚴要害爲外防，集遼東、延綏士馬於行在，以護車駕。中外恃以無恐。孝豐賊湯麻九反，有司請發兵剿。瓊請密敕勦糧都御史許廷光，出不意擒之，無一脫者。四方捷奏上，多推功瓊，數受廕賚，累加至少師兼太子太師，子錦衣世千戶。及營建乾清宮，又廕錦衣千戶者二，寵遇冠諸尚書。

十四年，寧王宸濠反。瓊請敕南和伯方壽祥督操江兵防南都，南贛巡撫王守仁、湖廣巡撫秦金各率所部趨南昌，應天巡撫李充嗣鎮京口，淮揚巡撫叢蘭扼儀眞。奏上，帝意欲親征，持三日不下。大學士楊廷和趣之，竟下親征詔，命瓊與廷和等居守。先是，瓊用王守仁撫南、贛，假便宜提督軍務。比宸濠反，書聞，舉朝惴惴。瓊曰：「諸君勿憂，吾用王伯安贛州，正爲今日，賊旦夕擒耳。」未幾，果如其言。

瓊才高，善結納。厚事錢寧、江彬等，因得自展，所奏請輒行。其能爲功於兵部者，亦彬等力也。陸完敗，代爲吏部尚書。瓊忌彭澤平流賊，聲望出己上，搆於錢寧，中澤危法。又陷雲南巡撫范鏞、甘肅巡撫李昆、副使陳九疇於獄，中外多畏瓊。而大學士廷和亦以瓊所誅賞，多取中旨，不關內閣，弗能堪。明年，世宗入繼，言官交劾瓊，繫都察院獄。瓊力訐廷和，帝愈不直瓊，下廷臣雜議。坐交結近侍律論死，命戍莊浪。瓊復訴年老，改戍綏德。

張璁、桂蕚、霍韜用事，以瓊與廷和讎，首薦之，不納。至嘉靖六年有邊警，蕚力請用瓊，不果。帝亦憫瓊老病，令還籍爲民。御史胡松因劾蕚謫外任，其同官周在請宥松，並下詔獄。蕚復言瓊前攻廷和，故廷臣羣起排之。帝乃命復瓊尚書待用。明年遂以兵部尚書兼右都御史代王憲督陝西三邊軍務。

土魯番據哈密，廷議閉關絕其貢，四年矣。至是，其將牙木蘭爲酋速檀滿速兒所疑，率衆二千求內屬。沙州番人帖木哥、土巴等，素爲土魯番役屬者，苦其徵求，亦率五千餘人入

附。番人來寇，連爲參將雲昌等所敗。其引瓦剌寇肅州者，遊擊彭濬擊退之。賊既失援，又數失利，乃獻還哈密，求通貢，乞歸羈留使臣，而語多謾。瓊奏乞撫納，帝從兵部尚書王時中議，如瓊請。霍韜難之，瓊再疏請詔還番使，通貢如故。自是西域復定，而北寇常爲邊患。初入犯莊浪，瓊部諸將遮擊之，斬數十級。俄由紅城子入，殺部餉主簿張文明。明年以數萬騎寇寧夏。已又犯靈州，瓊督遊擊梁震等邀斬七十餘人。其秋，集諸道精卒三萬，按行塞下。寇聞，徙帳遠遁。諸軍分道出，縱野燒，耀兵而還。

先是，南京給事中丘九仞劾瓊，帝慰留之。及璁、蕚罷政，諸劾璁、蕚黨者咸首瓊，乃令致仕。俄寢前詔，遣慰諭。會番大掠臨洮，瓊集兵討若籠、板爾諸族，[二]焚其巢，斬首三百六十，撫降七十餘族。錄功，加太子太保。瓊在邊，戎備甚飭。寇嘗入山西得利，踰歲復獵境上，陽欲東，瓊令備其西。寇果入，大敗之。諸番蕩平，西陲益靖。甘肅軍民素苦土魯番侵暴，恐瓊去，相率乞守臣奏留。於是巡撫唐澤、巡按胡明善具陳其功，乞如軍民請。優詔奬之。

初，帝惡楊廷和，疑廷臣悉其黨，故連用桂蕚、方獻夫爲吏部。及獻夫去，帝不欲授他人，久不補。至十年冬，遣行人齎敕召瓊爲吏部尚書。南京御史馬敭等十人力詆瓊先朝遺奸。帝大怒，盡逮敭等下詔獄，慰諭瓊。未幾，敭等亦還職。花馬池有警，兵部尚書王憲請

發兵。瓊言花馬池備嚴，寇不能入，大軍至，且先退，徒耗中國。憲竟發六千人，比至彰德，寇果遁。明年秋卒官。贈太師，謚恭襄。是年，彭澤已先卒矣。

當正、嘉間，澤、瓊並有才略，相中傷不已，亦迭爲進退。而瓊險忮，公論尤不予。然在本兵時功多。而其督三邊也，人以比楊一清云。

彭澤，字濟物，蘭州人。幼學於外祖段堅，有志節。會試二場畢，聞母病，徑歸，母病亦已。登弘治三年進士，授工部主事，歷刑部郎中。勢豪殺人，澤置之辟。中貴爲祈免，執不聽。出爲徽州知府。澤將遣女，治漆器數十，使吏送其家。澤父大怒，趣焚之，徒步詣徽。澤驚出迓，目吏負其裝。父怒曰：「吾負此數千里，汝不能負數步耶？」入，杖澤堂下。杖已，持裝徑去。澤益痛砥礪。政最，人以方前守孫遇。遇見循吏傳中。父喪歸。

正德初，起知眞定。閹人數撓禁，澤治一棺於廳事，以死怵之，其人不敢逞。遷浙江副使，歷河南按察使，所至以威猛稱。擢右僉都御史，巡撫遼東。進右副都御史，改保定。未赴，而劉惠、趙鐩等亂河南，命澤與咸寧伯仇鉞提督軍務討之。陳便宜十一事，厚賞峻罰，以激勸將吏。澤體幹修偉，腰帶十二圍，大音聲，與人語若叱咤。始至，大陳軍容，引見諸

將校，責以畏縮當死。諸將校股栗伏罪，良久乃釋。遂下令鼓行薄賊，大小數十戰，連破之。甫四月，賊盡平，語詳鉞傳。錄功，進右都御史、太子少保，廕子錦衣世百戶。

尋代洪鍾總督川、陝諸軍，討四川賊。時鄢本恕、藍廷瑞、廖惠、曹甫已平，惟廖麻子、喻思俸猖獗如故。澤偕總兵官時源數敗賊，部將閻勳追擒麻子於劍州。思俸竄通、巴間，勢復振。澤督諸軍圍之，卒就擒。澤遂移漢中，請班師。未報，而內江、榮昌賊復熾。澤又移師討平之，且平成都亂卒之執知州、指揮者。請班師益力，詔暫留保寧鎭撫。進左都御史、太子太保，廕子如初。

澤復請還者再，乃召還。未行，會土魯番據哈密，執忠順王速檀拜牙郎，[三]以其印去，投謾書甘肅，要索金幣。總制鄧璋、甘肅巡撫趙鑑以聞，請遣大臣經略。大學士楊廷和等共薦澤。澤久在兵間，厭之。以鄉土爲辭，且引疾，推璋及咸寧侯鉞可任。帝優詔慰勉，乃行。澤材武知兵，然性疎闊負氣。經略哈密事頗不當，錢寧、王瓊等交齮齕之，遂因此得罪。澤至甘州，土魯番方寇赤斤、苦峪諸衞，遣使索金幣，請還哈密。澤以番人可利啗也，與鑑謀，遣哈密都督寫亦虎仙以幣二千、銀酒鎗一賂之，令還哈密城印。未得報，輒奏事平，乞骸骨。召還理院事。巡按御史馮時雍言城未歸，澤不宜遽召。不納。

初，兵部缺尚書，廷臣共推澤，而王瓊得之，且陰阻澤。言官多劾瓊者，由是有隙。澤

又使酒常凌瓊，瓊愈欲傾之。澤時時罵錢寧，瓊以語寧，寧未信。瓊乃邀澤飲，匿寧所親屏間，挑澤醉罵使聞之，寧果大怒。會寇大入宣府，廷議以許泰將兵，澤總制東西兩邊軍務。及詔下，罷泰不遣，又不命澤總制，獨令提督兩遊擊兵六千人以行，意以困澤。澤言：「臣文臣，摧鋒陷陣非臣所能獨任。」瓊乃奏遣成國公朱輔。會寇遁，澤還理院事。

寫亦虎仙者，素桀黠。雖居肅州，陰通土魯番酋速檀滿速兒，爲之耳目，據城奪印皆其謀。澤初不知而遣之。滿速兒以城印來歸，留速檀拜牙郎如故。虎仙復啗使入寇，曰：「肅州可得也。」滿速兒悅，使其壻馬黑木隨入貢，以覘虛實，且徵賄。澤已還，鑑亦遷去，李昆代巡撫，慮他變，質其使於甘州，而驅虎仙出關。虎仙懼弗去。滿速兒聞之怒，復取哈密，分兵據沙州，自率萬騎寇嘉峪關。遊擊芮寧與參將蔣存禮禦之。寧以七百人先遇寇沙子壩。寇圍寧，而分兵綴存禮軍。寧軍盡沒，遂墮城堡，縱殺掠。詔澤提督三邊軍務往禦。會副使陳九疇縶其使失拜煙答及虎仙等，內應絕，乃復求和。澤兵遂罷。尋乞骸骨歸，馳驛給夫廩如制。澤既去，瓊追論嘉峪之敗，請窮詰增幣者主名。錢寧從中下其事，大學士梁儲等持之，乃已。會失拜煙答子訟父冤，下法司議，釋寫亦虎仙等。瓊因請遣給事御史勘失事狀，還報無所引。瓊遂劾澤妄增金幣，遺書議和，失信啓釁，辱國喪師，昆、九疇俱宜罪。詔斥澤爲民，昆、九疇逮訊。昆謫官，九疇除名。

世宗入繼，錢寧敗，瓊亦得罪。御史楊秉中請召澤，遂卽家起兵部尚書、太子太保。昆、九疇亦復官。部事積壞久，澤覈功罪，杜干請，兵政一新。初，正德時，廷臣建白戎務奉俞旨者，多廢格。澤彙臚列成書，次第修舉。又請敕九邊守臣，策防禦方略，毋畫境自保。鎭、巡居中調度，毋相牽制。諸邊各以農隙築牆濬濠，修墩臺，飭屯堡，爲經久計。內地盜甫息，敕守臣練卒伍，立保甲，懲匿盜不舉者。且撫西南諸苗蠻，申海禁，汰京軍老弱。帝咸嘉納。詔遣中官楊金、鄭斌、安川更代鎭守，復令張弼、劉瑤守涼州、居庸。澤持不可，罷弗遣。四川巡撫胡世寧劾分守中官趙欽，澤因請盡罷諸鎭守。時雖不從，其後鎭守竟罷。

嘉靖元年，澤言天下軍官，部皆有帖黃籍，用以黜陟，錦衣獨無，於是置籍如諸衞。錦衣千戶劉瓚等，詔書黜汰，復求還官，司禮中官蕭敬請補監局工匠千五百人，澤皆持不可，帝並從之。帝將授外戚蔣泰等五人爲錦衣，澤爭，不納。在部多所執持。會御史史道以許楊廷和下獄，澤復劾道。帝因諭言官，惟大奸及機密事專疏奏，餘只具公疏，毋挾私中傷善類。詔下，給事御史交章劾澤阻言路，壞祖宗法。帝乃從吏部言，停前諭。澤不自安，累疏乞休。言者復交劾之，乃加少保，賜敕乘傳歸。錦衣百戶王邦奇憾澤嘗抑己，上書言哈密失國，由澤賂番求和所致，語侵楊廷和、陳九疇等。張璁、桂萼方疾廷和，遂逮九疇廷訊，

戍邊。澤復奪官爲民，家居鬱鬱以卒。

總制尚書唐龍言：「澤孝友廉直，先後討平羣盜，功在盟府。陛下起之田間，俾掌邦政。澤孜孜奉國，復爲讒言搆罷。今歿已五年，所遺二妾，衣食不給。請錄澤往勞，復官加卹，以作忠臣之氣。」不從。隆慶初，復官，謚襄毅。

毛伯溫，字汝厲，吉水人。祖超，廣西知府。伯溫登正德三年進士，授紹興府推官。擢御史，巡按福建、河南。世宗卽位，中官張銳、張忠等論死，其黨蕭敬、韋霦陰緩之。伯溫請幷誅敬、霦，中官爲屏氣。

嘉靖初，遷大理寺丞。擢右僉都御史，巡撫寧夏。李福達獄起，坐爲大理時失入，褫職歸。用薦起故官，撫山西，移順天，皆未赴。改理院事，進左副都御史。爲趙府宗人祐棕所訐，解官候勘。已，復褫職。

十五年冬，皇嗣生，將頒詔外國。禮部尚書夏言以安南久失朝貢，不當遣使，請討之。遂起伯溫右都御史，與咸寧侯仇鸞治兵待命。以父喪辭，不許。明年五月至京，上方略六事。會安南世孫黎寧遣陪臣鄭惟僚等愬莫登庸弒逆，請興師復讐。帝疑其不實，命暫緩

師，敕兩廣、雲南守臣勘報，而命伯溫協理院事。御史何維柏請聽伯溫終制，不許。伯溫引疾不出，至禫除始起視事。其冬遷工部尚書。

十七年春，黔國公沐朝輔等以登庸降表至，請宥罪許貢。先是，雲南巡撫汪文盛奏登庸聞發兵進討，遣使潛覘。帝已敕邊前詔進兵，文盛又納安南降人武文淵策，具言登庸可破狀，復傳檄安南令奉表獻地。及是，下朝輔奏付廷議，僉言不可許。乃改伯溫兵部尚書兼右都御史，剋期啓行。帝以用兵事重，無必討意，特欲威服之。而兵部尚書張瓚無所晝，視帝意爲可否。朝論多主不當興師，顧不敢顯諫。制下數月，兩廣總督侍郎張經以用兵方略上，且言須兵三十萬，餉百六十萬石。欽州知州林希元則極言登庸易取，請卽日出師。瓚不敢決，復請廷議。議上無成策，帝不懌，讓瓚，師復止。命伯溫仍協理院事。

明年二月，帝幸承天。詔伯溫總督宣、大、山西軍務。俄選宮僚，加兼太子賓客。大同所轄鎭邊、鎭川、弘賜、鎭河、鎭虜五堡，相距二百餘里，極邊近賊帳。自巡撫張文錦以築堡致亂後，無敢議修者。伯溫曰：「變所由生，以任用匪人，非建議謬也。」卒營之。募軍三千防守，給以閒田，永除其賦。邊防賴焉。錄功，加太子少保。

是時登庸懼討，數上表乞降。帝亦欲因撫之，遣侍郎黃綰招諭。綰多所要求，帝怒，罷綰。再下廷議，咸言當討，帝從之。閏七月命伯溫、鸞南征。文武三品以下不用命者，許軍令從事。伯溫等至廣西，會總督張經、總兵官安遠侯柳珣，參政翁萬達、張岳等議，徵兩廣、福建、湖廣狼土官兵凡十二萬五千餘人，分三哨，自憑祥、龍峒、思陵州入；而以奇兵二爲聲援。檄雲南巡撫汪文盛帥兵駐蓮花灘，亦分三道進。部署已定，會鸞有罪召還，卽以珣代。十九年秋，伯溫等進駐南寧，檄安南臣民，諭以天朝興滅繼絕之義，罪止登庸父子，舉郡縣降者以其地授之。懸重購購登庸父子，而宣諭登庸籍土地、人民納款，卽如詔書宥罪。登庸大懼，遣使詣萬達乞降，詞甚哀。萬達送之伯溫所。伯溫承制許之，宣天子恩威，納其圖籍，幷所還欽州四峒地。權令還國聽命。馳疏以聞，帝大悅。詔改安南國爲安南都統使司，以登庸爲都統使，世襲，置十三宣撫司，令自署置。伯溫受命歲餘，不發一矢，而安南定，由帝本不欲用兵故也。論功，加太子太保。

二十一年正月還朝，復理院事。邊關數有警，伯溫請築京師外城。帝已報可，給事中劉養直言，廟工方興，物力難繼，乃命暫止。其年十月，張瓚卒，伯溫代爲兵部。瓚貪黷，在部八年，戎備盡墮。伯溫會廷臣議上防邊二十四事，軍令一新。言官建議，請覈實新軍、京軍及內府力士、匠役，以裕國儲。伯溫因上冗濫當革者二十餘條，凡錦衣、騰驤諸衞，御馬、內官、尚膳諸監，素爲中貴盤踞者，盡在革中。帝稱善，立命淸汰。宿弊頓釐，而左右近習多不悅。

二十三年秋，順天巡撫朱方以防秋畢請撤客兵。未幾，寇大入，直逼畿輔。帝震怒，幷械總督翟鵬遣戍，斃方杖下。御史舒汀言，方止議撤薊兵，而幷撤宣、大，則伯溫與職方郎韓最也。帝遂削伯溫籍，杖最八十，戍極邊。伯溫歸，疽發背卒。穆宗立，復官，賜卹。天啓初，追謚襄懋。

伯溫氣宇沉毅，飲啖兼十人。臨事決機，不動聲色。安南之役，萬達、岳策爲多。伯溫力薦於朝，二人遂得任用。

汪文盛，字希周，崇陽人。正德六年進士。授饒州推官。有顧嵩者，挾刃入淮王祐棨府，被執，誣文盛使刺王。下獄訊治，久之得白，還官。事詳淮王傳。入爲兵部主事，偕同官諫武宗南巡，杖闕下。嘉靖初，歷福州知府，遷浙江、陝西副使，皆督學校。擢雲南按察使。

十五年冬，廷議將討安南。以文盛才，就拜右僉都御史，巡撫其地。黔國公沐朝輔幼，兵事一決於文盛。副使鮑象賢言剿不如撫，文盛然之。會聞莫登庸已篡位，安南舊臣不服，多據地搆兵。有武文淵者，據宣光，以所部萬人降。獻進兵地圖，且言舊臣阮仁遷、黎景瑁等皆分據一方與登庸抗，天兵至，號召國中義士，諸方並起，登庸可擒也。文盛以聞。

授文淵四品章服，子弟給冠帶。文盛又招安南旁近諸國助討，皆聽命。乃奏言：「老撾地廣兵衆，可使當一面。八百、車里、孟艮多兵象，可備徵調。酋長俱未襲職，乞免其保勘，先授以官，彼必鼓勇爲用。」帝悉從之。文盛乃檄安南所部以土地歸者，仍故職，幷論登庸歸命。蓮花灘者，蒙自縣地，當交、廣水陸衝，爲安南腹裏。登庸部衆多來附，文盛列營樹柵蓮花灘處之。登庸益懼，請降，願修貢，因言黎寧阮氏子，所持印亦僞。文盛以聞，朝議不許。旣而毛伯溫至南寧，受登庸降如文盛議，安南遂定。是役也，功成於伯溫，然伐謀制勝，文盛功爲多。及論功，伯溫及兩廣鎮巡官俱進秩，而文盛止賚銀幣。奸人唐弼請開大理銀礦，帝許之。文盛斥其妄，下之吏。召爲大理卿。九廟災，道病，自陳疏少緩，令致仕。卒，賜䘏如制。

從子宗伊，字子衡，爲文盛後。嘉靖十七年進士。除浮梁知縣，累官兵部郎中。楊繼盛劾嚴嵩及其孫鵠冒功事，宗伊議不撓。忤嵩，自免歸。隆慶初，起南京吏部郎中，歷應天府尹。裁諸司供億，歲省民財萬計。萬曆初，進南京大理卿。三遷戶部尚書總督倉場，致仕，卒。天啓初，追謚恭惠。

鮑象賢，歙人。由進士授御史，歷雲南副使。毛伯溫檄文盛會師，以象賢領中哨。屢遷右副都御史，巡撫陝西，代石簡撫雲南。初，元江土舍那鑑殺知府那憲以叛，布政使徐樾往招降被殺。簡攻之未克，坐樾事罷，而象賢代之。乃集土、漢兵七萬以討，鑑懼，仰藥死，擇那氏後立之。遷兵部右侍郎，總督兩廣軍務。賊魁徐銓等糾倭橫海上，檄副使汪柏等擊斬之。廣西賊黃父將等擾慶遠，擣其巢，大獲。予象賢一子官。入佐南京兵部。被劾，回籍聽勘。家居十年，起太僕卿。復以右副都御史巡撫山東。召拜兵部左侍郎。年老引去。隆慶初卒。

翁萬達，字仁夫，揭陽人。嘉靖五年進士。授戶部主事。再遷郎中，出爲梧州知府。咸寧侯仇鸞鎮兩廣，縱部卒爲虐。萬達縛其尤橫者，杖之。閱四年，聲績大著。會朝議將討安南，擢萬達廣西副使，專辦安南事。萬達請於總督張經曰：「莫登庸大言『中國不能正土官弒逆罪，安能問我。』今憑祥州土舍李寰弒其土官珍，思恩府土目盧回煽九司亂，龍州土舍趙楷殺從子燧、煖，又結田州人韋應殺燧弟寶，斷藤峽瑤侯公丁負固。此曹同惡共濟，一旦約爲內應，我且不自保。先擒此數人問罪，安南易下耳。」經曰：「然，惟君之所爲。」於是誅寰、應，擒回，招還九司，誘殺楷，佯繫訟公丁者給公丁，執諸坐，以兩軍破平其巢。又

議割四峒屬南寧，降峒豪黃賢相。登庸始懼。遷浙江右參政。經以征安南非萬達不可，奏留之，乃命以參政涖廣西。已而毛伯溫集兵進勦，萬達上書伯溫，言：「揖讓而告成功，上策也。懾之以不敢不從，中策也。芟夷絕滅，終爲下策。」伯溫然之。會獲安南諜者丁南傑，萬達解其縛，厚遇，遣之去，怵以天朝兵威。登庸大懼，乃詣伯溫乞降。是役也，萬達功最，賞不踰常格。然帝知其能，遷四川按察使。歷陝西左、右布政使。

二十三年擢右副都御史，巡撫陝西。尋進兵部右侍郎兼右僉都御史，代翟鵬總督宣、大、山西、保定軍務。劾罷宣府總兵官郤永、副總兵姜奭，薦何卿、趙卿、沈希儀。趙卿遂代永。萬達謹偵候，明賞罰。每當防秋，發卒乘障，陰遣卒傾砒於油，察離次者砒其處。卒歸輒縛，毋敢復離次者。嚴殺降禁，違輒抵死。得降人，撫之如所親，以是益知敵情。寇數萬騎犯大同中路，入鐵裹門，故總兵官張達力戰却之。又犯鵓鴿谷，參將張鳳、諸生王邦直等戰死。萬達與總兵官周尙文備陽和，而遣騎四出邀擊，頗有斬獲。寇登山，見官兵大集，乃引去。事聞，賜敕獎賚。屢疏請修築邊牆，議自大同東路陽和口至宣府西陽河，須帑銀二十九萬。帝已許之，兵部撓其議，以大同舊有二邊，不當復於邊內築牆。帝不聽。乃自大同東路天城、陽和、開山口諸處爲牆百二十八里，堡七，墩臺百五十四，宣府西路西陽河、洗馬林、張家口諸處爲牆六十四里，敵臺十。斬崖削坡五十里。工五十餘日成。進右都御史。

代府宗室充灼等叛謀，進左都御史。

已，會宣、大、山西鎮巡官議上邊防修守事宜，其略曰：

山西起保德州黃河岸，歷偏頭，抵老營，二百五十四里。大同西路起丫角山，歷中北二路，東抵東陽河鎮口臺，六百四十七里。宣府起西陽河，歷中北二路，東抵永寧四海冶，千二十三里。凡千九百二十四里，皆逼巨寇，險在外，所謂極邊也。山西老營堡轉南而東，歷寧武、雁門，至平刑關八百里。〔三〕又轉南而東，歷龍泉、倒馬、紫荊之吳王口、插箭嶺、浮圖峪，至沿河口千七十餘里。又東北，歷高崖、白羊，至居庸關一百八十餘里。凡二千五十餘里，皆峻山層岡，險在內，所謂次邊也。外邊，大同最難守，次宣府，次山西之偏、老。大同最難守者，北路。宣府最難守者，西路。山西偏關以西百五十里，恃河爲險，偏關以東百有四里，略與大同西路等。內邊，紫荊、寧武、雁門爲要，次則居庸、倒馬、龍泉、平刑。邇年寇犯山西，必自大同；犯紫荊，必自宣府。

先年山西防秋，止守外邊偏、老一帶，歲發班軍六千人備禦，大同仍置兵，寧、雁爲聲援。比棄極衝，守次邊，非守要之意。宣府亦專備西、中二路，而北路空虛。且連年三鎮防秋，徵調遼、陝兵馬，糜糧賞不訾，恐難持久。併守之議，實爲善經。外邊四時皆防，城堡兵各有分地，冬春徂夏，不必參錯徵發。若泥往事臨時調遣，近者數十里，

遠者百餘里，首尾不相應。萬一如往年潰牆而入，越關而南，京師震駭，方始徵調，何益事機。擺邊之兵，未可遽罷。

易曰「王公設險以守其國」。「設」之云者，築垣乘障、資人力之謂也。山川之險，險與彼共。垣塹之險，險爲我專。百人之堡，非千人不能攻，以有垣塹可憑也。修邊之役，必當再舉。

夫定規畫，度工費，二者修邊之事。愼防秋，併兵力，重責成，量徵調，實邊堡，明出塞，計供億，節財用，八者守邊之事。

因條十事上之，帝悉報許。乃請帑銀六十萬兩，修大同西路、宣府東路邊牆，凡八百里。工成，予一子官。

萬達精心計，善鈎校，牆堞近遠，濠塹深廣，曲盡其宜。寇乃不敢輕犯。牆內戍者得以暇耕牧，邊費亦日省。初，客兵防秋，歲帑金一百五十餘萬，添發且數十萬，其後減省幾半。又議徙山西兵并力守大同，巡撫孫繼魯沮之。帝爲逮繼魯，悉納萬達言。

萬達更事久，帝深倚之，所請無不從，獨言俺答貢事與帝意左。先是，二十一年，俺答阿不孩使石天爵等款鎭遠堡求貢。言小王子等九部牧青山，豔中國縑帛，入掠止人畜，所得寡，且不能無亡失，故令天爵輸誠。朝議不納。天爵等復至，巡撫龍大有執之。大有進

一官，將吏悉遷擢，磔天爵於市。寇怒，大入屠村堡，信使絕五年。會玉林衞百戶楊威爲所掠，威詭能定貢市，遂釋還。俺答阿不孩復遣使款大同左衞塞，邊帥家丁董寶等狃天爵前事，復殺之，以首功報。萬達言：「北敵，弘治前歲入貢，疆場稍寧。自虞臺嶺之戰覆我師，漸輕中國，侵犯四十餘年。石天爵之事，臣嘗痛邊臣失計。今復通款，即不許，當善相諭遣。誘而殺之，此何理也。請亟誅寶等，榜塞上，明告以朝廷德意，解其蓄怨搆兵之謀。」帝不聽。

未幾，俺答阿不孩復奉印信番文，欲詣邊陳款。萬達爲奏曰：「今屆秋，彼可一逞。乃屢被殺戮，猶請貢不已者，緣入犯則利在部落，獲貢則利歸其長。處之克當，邊患可弭。若臣等封疆臣，貢亦備，不貢亦備，不緣此懈也。」兵部尚書陳經等言敵難信，請敕邊臣詰實，責萬達十日內回奏。萬達還其使，與約。至期，使者不至。萬達廑帝督過，以使者去無可究爲辭。已而使狎至，牢拒之，好言慰答而已。俺答以通好，散處其衆，不設備，亦不殺哨卒。頃之，復至，詞益恭。萬達又爲奏曰：「敵懇懇求貢，去而復來。今宣、大興版築，正當羈縻，使無擾。請限以地、以人、以時。悉聽，即許之貢，不聽則曲在彼，即拒絕之。」帝責其瀆奏，卒不許。蓋是時曾銑有復套之議，夏言主之，故力絀貢議，且以復套事行諸邊臣議之。

萬達議曰：

河套本中國故壤。成祖三犁王庭，殘其部落，舍黃河，衞東勝。後又撤東勝以就延綏，套地遂淪失。然正統、弘治間，我未守，彼亦未取。乃因循畫地守，捐天險，失沃野之利。弘治前，我猶歲搜套，後乃任彼出入，盤據其中，畜牧生養。譬之爲家，成業久矣，欲一舉復之，毋乃不易乎！提軍深入，山川之險易，途徑之迂直，水草之有無，皆未熟知。我馬出塞三日已疲，彼騎一呼可集。我軍數萬衆，緩行持重則備益固，疾行趨利則輜重在後。即得小利，歸師尙艱。倘失嚮導，全軍殆矣。彼遷徙遠近靡常。一戰之後，彼或保聚，或佯遁，觭角時動，壁壘相持，已離復合，終不渡河。我軍於此，戰耶，退耶，兩相守耶？數萬衆出塞，亦必數萬衆援之，又以驍將通糧道，是皆至難而不可任者也。

夫馳擊者彼所長，守險者我所便。弓矢利馳擊，火器利守險。舍火器守險，與之馳擊於黃沙白草間，大非計。議者欲整六萬衆，爲三歲期。春夏馬瘦，彼弱，我利於征，秋冬馬肥，彼強，我利於守。春蒐套，秋守邊，三舉彼必遠遁，我乃拒河守。夫馬肥瘦，我與敵共之。即彼弱，然坐以待，懼其擾擊我，及彼強，又懼其報復我。且六萬之衆，千里襲人，一舉失利，議論蜂起，烏能待三。即三舉三勝，彼敗而守，終不渡河，

版築亦無日。

議者見近時擣巢，恒獲首功，昔年城大同五堡，寇不深競，以爲套易復。然擣巢，因其近塞，乘不備，勝則倏歸，舉足南向即家門。復套，則深入其地，後援不繼，事勢異也。往城諸邊，近我土，彼原不以爲利。套，自其四時駐牧地，肯晏然已乎？事體異也。曰伺彼出套，據河守，先亟築渡口垣牆，以次移置邊堡。彼控弦十餘萬，豈肯空套出。築垣二千餘里，豈不日可成。堡非百數十不相聯絡，堡兵非千人不可居，而遊徼瞭望者不與，當三十萬衆不止也。況循邊距河，動輒千里，一歲食糜億萬。自內輸邊，自邊輸河，飛輓之艱不可不深慮。若令彼有其隙，我乘其敝，從而圖之，未嘗不可。今塞下喘息未定，邊卒瘡痍未起，橫挑強寇以事非常，愚所不解也。

議上，不省。

其後，俺答與小王子隙。小王子欲寇遼東，俺答以其謀告，請與中國夾攻以立信。萬達不敢聞。使者再至，爲言於朝，帝不許。

二十七年三月，萬達又言諸部求貢不遂，慚且憤，聲言大舉犯邊，乞令邊臣得便宜從事。帝怒，切責之，通貢議乃絕。其年八月，俺答犯大同不克，退攻五堡，官軍戰彌陀山卻之。趨山西，復敗還。踰月，犯宣府，大掠永寧、隆慶、懷來，軍民死者數萬。萬達坐停俸二

級，餞錄彌陀山功，還其俸。俺答將復寇宣府，總兵官趙卿怯，萬達奏以周尚文代。未至，寇犯滴水崖，指揮董暘、江瀚、〔五〕唐臣、張淮等戰死，遂南下駐隆慶石河營，分遊騎東掠。遊擊王鑰、大同遊擊袁正却之，寇移而南。會尚文萬騎至，參將田琦騎千餘與合，連戰曹家莊，斬四首，搴其旗，寇據險不退。萬達督參將姜應熊等馳赴，順風鼓譟，揚沙蔽天。寇驚曰：「翁太師至矣！」是夜東去。諸將追擊，連敗之。帝偵萬達督戰狀，大喜，立進兵部尚書兼右副都御史。尋召理部事。以父憂歸。

明年秋，大同失事，督撫郭宗皋、陳耀被逮，詔起萬達代宗皋。萬達方病疽，廬墓間，疏請終制。未達，而俺答犯都城。兵部尚書丁汝夔得罪，遂卽以萬達代之。萬達家嶺南，距京師八千里，倍道行四十日抵近京。時寇氛熾，帝日夕徯萬達至。遲之，以問嚴嵩。嵩故不悅萬達，言寇患在肘腋，諸臣觀望，非君召不俟駕之義。帝遂用王邦瑞於兵部。不數日萬達至，具疏自明。帝責其欺慢，念守制，姑奪職聽別用。仇鸞時爲大將軍，寵方盛，銜宿怨，譏言搆於帝。萬達遂失眷，降兵部右侍郎兼右僉都御史，經略紫荆諸關。

三十年二月，京察，自陳乞終制。帝疑其避事，免歸。瀕行疏謝，復摘譌字爲不敬，斥爲民。明年十月，兵部尚書趙錦以附仇鸞戍邊，復起萬達代之。未聞命卒，年五十五。

萬達事親孝。父歿，負土成墳。好談性命之學，與歐陽德、羅洪先、唐順之、王畿、魏

良政善。通古今，操筆頃刻萬言。爲人剛介坦直，勇於任事，履艱危，意氣彌厲。臨陣營身先士卒，尤善御將士，得其死力。嘉靖中，邊臣行事適機宜、建言中肯綮者，萬達稱首。隆慶中，追謚襄毅。

贊曰：楊一淸、王瓊俱負才略，著績邊陲。有人倫鑒，鋤奸定難因以成功。亦俱任智數。然瓊，其權譎之尤歟！彭澤望甚偉，顧處置哈密，抑何舛也。毛伯溫能任翁萬達、張岳，以成安南之功，不失爲持重將。萬達飭邊備，整軍實，其爭復套，知彼知己，尤深識遠慮云。

校勘記

〔一〕擢右副都御史督漕運　督漕運，明史稿傳四一王瓊傳作「治鹽兩淮」。

〔二〕瓊集兵討若籠板爾諸族　若籠，原脫「若」字，據本書卷三三〇西番諸衞傳、明史稿傳四一王瓊傳、世宗實錄卷一一四嘉靖九年六月庚辰條補。

〔三〕執忠順王速檀拜牙郎　拜牙郎，本書卷三二九土魯番傳、武宗實錄卷六弘治十八年十月丙辰條都作「拜牙郎」。

〔四〕至平刑關八百里　平刑關，原作「平邢關」，據明史稿傳七四翁萬達傳、世宗實錄卷三二〇嘉靖二十六年二月辛丑條改。下同。

〔五〕江瀚　原作「江潮」，據本書卷三二七韃靼傳、國榷卷五九頁三七二九改。世宗實錄卷三七五嘉靖二十八年二月壬子條作「江翰」。

明史卷一百九十九

列傳第八十七

李鉞 子惠　王憲　胡世寧 子純 繼　李承勛

王以旂　范鏓　王邦瑞 子正國　鄭曉

李鉞，字虔甫，祥符人。弘治九年進士。除御史。巡視中城，理河東鹽政，歷有聲績。正德改元，天鳴星變。偕同官陳數事，論中官李興、甯謹、苗逵、高鳳等罪，而請斥尚書李孟暘、都督神英。武宗不能用。以喪歸。劉瑾惡鉞劾其黨，假他事罰米五百石輸邊。瑾敗，起故官，出爲鞏昌知府，尋遷四川副使。巡撫林俊委鉞與副使何珊討敗流賊方四等，賜金加俸。遷陝西按察使，擢右僉都御史巡撫山西。寇入白羊口。鉞度宣、大有備，必窺岢嵐、五臺間，乃亟畫戰守。寇果犯岢嵐，鉞與延綏援將安國、杭雄敗之。加俸一級。尋討平內寇武廷章等。召入理院事。

世宗卽位，歷兵部左、右侍郎，出總制陝西三邊軍務。鉞長軍旅，料敵多中。初至固原，寇入犯，援兵未集。鉞下令大開諸營門，晝夜不閉。寇疑有備，未敢逼。乃擊之，寇引去。以其閒增築墩堡，謹烽堠，廣儲蓄，選壯勇爲備。未幾，寇復深入平涼、邠州。鉞令遊擊時陳、周尙文等，分伏要害遏其歸，斬獲多。鉞策寇失利必東犯延綏，檄諸將設伏待。寇果至，又敗去。已而言官論邠州失事罪，請罷總兵官劉淮、巡撫王珝等，並及鉞。詔奪淮職，責鉞圖後效。鉞自劾乞休，不許。盜楊錦等剽延綏，殺指揮翟相，鉞討擒之。

嘉靖二年，以塞上無警召還。給事中劉世揚請留鉞陝西，而久任諸邊巡撫。帝卒召鉞，進右都御史，總督漕運，巡撫鳳陽諸府，入掌都察院事。

四年代金獻民爲兵部尙書兼督團營。中官刁永等多所陳乞，帝皆許之。又錄司禮扶安家八人官錦衣。南京守備已三人，復命卜春添注以往。御馬監閻洪因軍政，請自考騰驤四衞及牧馬所官。鉞累疏力爭，帝皆不納，至責以抗旨，令對狀。鉞引罪乃罷。武定侯郭勛以會武宴列尙書下，疏爭之。鉞言：「中府官之有會武宴，猶禮部之有恩榮宴也。恩榮，禮部爲主，會武，中府爲主，故皆列諸尙書之次。宴圖可徵，不得引團營故事。」帝竟從勛言。錦衣革職百戶李全奏乞復任，鉞請治其違旨罪，帝不問。於是官旗鄭彪等皆援全例以請，鉞執奏如初，而疏有「猿攀狐媚」語。帝惡之，復責對狀，奪俸一月。

鉞既屢諫不用，失上意，且知爲近倖所嫉。會病，遂再疏乞休，許馳驛，未行卒。贈太子少保，遣官護喪歸葬。久之，賜謚恭簡。

子惠，正德十二年進士，官行人。諫武宗南巡，死於廷杖。贈監察御史。

王憲，字維綱，東平人。弘治三年進士。歷知阜平、滑二縣。召拜御史。正德初，擢大理寺丞。遷右僉都御史，清理甘肅屯田。進右副都御史，巡撫遼東，歷鄖陽、大同。以應州禦寇功，廕錦衣世百戶。遷戶部右侍郎，改撫陝西，入爲兵部右侍郎。近畿盜起，偕太監張忠、都督朱泰捕之，復以功廕錦衣。武宗南征，命率戶、兵、工三部郎各一人督理軍儲。蹕旋，以中旨代王瓊爲兵部尙書。世宗卽位，爲給事中史道劾罷。

嘉靖四年，廷推鄧璋及憲爲三邊總制，〔一〕言官持不可，帝竟用憲。部將王寀、史經連敗寇，璽書褒諭。吉囊數萬騎渡河從石臼墩深入，憲督總兵官鄭卿、杭雄、趙瑛等分據要害擊之，都指揮卜雲斷其歸路。寇至青羊嶺，大敗去。五日四捷，斬首三百餘級，獲馬駝器仗無算。帝大喜，加憲太子太保，復予一子廕。至是凡三廕錦衣世百戶矣。中官織花絨於

陝，憲請罷之。又因九廟成請釋還議禮得罪者，頗爲士大夫所稱。張璁、桂萼欲用王瓊爲總制，乃改憲南京兵部尙書。已，入爲左都御史。朔州告急，廷推憲總督宣、大。憲不肯行，曰：「我甫入中臺，何見驅亟也。」給事中夏言、趙廷瑞劾憲託疾避難，復罷歸。

未幾，帝追念憲，召爲兵部尙書。小王子入寇，條上平戎及諸邊防禦事宜。又請立京營分伍操練法，諸將不得藉內府供事，規避營操。帝皆嘉納。舊制，軍功論敍，有生擒、斬首、當先、殿後、奇功、頭功諸等，其後濫冒日多。憲定軍功襲替格，自永樂至正德，酌其輕重大小之差，臚析以上。詔著之會典爲成式。尋兼督團營。西番諸國來貢，稱王號者百餘人。憲與禮臣夏言等請如成化、弘治閒例，答敕止國王一人，仍限貢期、人數。議乃定。大同兵變，憲初言首亂當誅，餘宜散遣。而大學士張孚敬與總督劉源清力主用兵，憲乃不敢堅前議。源清攻城不能下，北寇又內侵，請別遣大臣禦北寇，已得專攻城。憲亦議從其奏，論者多尤憲。會帝悟大同重鎭，不宜破壞，乃寢其事，亂亦旋定。源清竟得罪去。居數年，憲引年歸，卒。贈少保，謚康毅。子汝孝，副都御史。見丁汝夔傳。

胡世寧，字永清，仁和人。弘治六年進士。性剛直，不畏强禦，且知兵。除德安推官。

岐王初就藩，從宦騶，世寧裁之。他日復請湖田，持不可。遷南京刑部主事。應詔陳邊備十策，復上書極言時政闕失。時孝宗已不豫，猶頷之。再遷郎中。與李承勛、魏校、余祐善，〔二〕時稱「南都四君子」。

遷廣西太平知府。太平知州李濬數殺掠吏民，世寧密檄龍英知州趙元瑤擒之。思明叛族黃文昌四世殺知府，占三州二十七村。副總兵康泰偕世寧入思明，執其兄弟三人。而泰畏文昌夜遁，委世寧空城中，危甚。諸土酋德世寧，發兵援，乃得還。文昌懼，歸所侵地降。土官承襲，長吏率要賄不時奏，以故諸酋怨叛。世寧令：「生子即聞府。應世及者，年十歲以上，朔望謁府。父兄有故，按籍請官於朝。」土官大悅。

母喪歸。服闋赴京。道滄州，流寇攻城急。世寧即馳入城，畫防守計。賊攻七日夜，不能拔，引去。再知寶慶府。岷王及鎮守中官王潤皆嚴憚之。遷江西副使。與都御史俞諫畫策擒盜，討平王浩八。以暇城廣昌、南豐、新城。

當是時，寧王宸濠驕橫有異志，莫敢言，世寧憤甚。正德九年三月上疏曰：「江西之盜，剿撫二說相持，臣愚以為無難決也。已撫者不誅，再叛者毋赦，初起者亟剿，如是而已。顧江西患非盜賊。寧府威日張，不逞之徒羣聚而導以非法，上下諸司承奉太過。數假火災奪民廛地，採辦擾旁郡，蹂籍徧窮鄉。臣恐良民不安，皆起為盜。臣下畏禍，多懷二心，禮樂

刑政漸不自朝廷出矣。請於都御史俞諫、任漢中專委一人，或別選公忠大臣鎮撫。敕王止治其國，毋撓有司，以靖亂源，銷意外變。」章下兵部。尚書陸完議，令諫往計賊情撫剿之宜，至所言違制擾民，疑出偽託，宜令王約束之。得旨報可。

宸濠聞，大怒。列世寧罪，徧賂權幸，必殺世寧。章下都察院。右都御史李士實，宸濠黨也，與左都御史石玠等上言，世寧狂率當治。命未下，宸濠奏復至，指世寧為妖言。乃命錦衣官校逮捕世寧。世寧已遷福建按察使，取道還里。宸濠遂誣世寧逃，馳使令浙江巡按潘鵬執送江西。鵬盡繫世寧家人，索之急。李承勛為按察使，保護之。世寧乃亡命抵京師，自投錦衣獄。獄中三上書言宸濠逆狀，卒不省。繫歲餘，言官程啓充、徐文華、蕭鳴鳳、邢寰等交章救，楊一清復以危言動錢寧，乃謫戍瀋陽。

居四年，宸濠果反。世寧起戍中為湖廣按察使。尋擢右僉都御史巡撫四川。道聞世宗即位，疏以司馬光仁、明、武三言進，因薦魏校、何瑭、邵銳可講官，林俊、楊一清、劉忠、林廷玉可輔弼，知府劉蒞、徐鈺先為諫官有直聲宜擢用。時韙其言。松潘所部熟番，將吏久不能制，率輸貨以假道。番殺官軍，憚不敢詰。官軍殺番，輒抵罪。世寧陳方略，請選將益兵，立賞罰格，嚴隱匿禁，修烽堠，時巡徼，以振軍威，通道路。詔悉行之。又劾罷副總兵張傑、中官趙欽。甫兩月，召為吏部右侍郎。未上，以父憂歸。

既免喪家居，朝廷方議「大禮」，異議者多得罪。世寧意是張璁等，疏乞早定追崇「大禮」。未上，語聞京師。既有議遷顯陵祔天壽山者，世寧極言不可，乃並前疏上之。帝深嘉歎。無何，聞廷臣伏闕爭，有杖死者，馳疏言：「臣向以仁、明、武三言進，然尤以仁為本。仁，生成之德，明，日月之臨，皆不可一日無。武則雷霆之威，但可一震而已。今廷臣忤旨，陛下赫然示威，辱以箠楚，體羸弱者輒斃。傳之天下，書之史冊，謂鞭撲行殿陛，刑辱及士夫，非所以光聖德。新進一言偶合，後難保必當。舊德老成一事偶忤，後未必皆非。望陛下以三無私之心，照臨於上，無先存適莫於中。」帝雖不能從，亦不忤。

尋召為兵部左侍郎。條戍邊時所見險塞利害二十五事以上。又請善保聖躬，毋輕餌藥物。獻大學秦誓章、洪範「惟辟威福」、繫辭節初爻講義，並乞留中。給事中余經遂劾世寧啓告密之漸。世寧乞罷，不許。「大禮」成，進秩一等。復陳用人二十事。工匠趙奎等五十四人以中官請，悉授職。世寧言賞過濫，不納。屢疏引疾。改南京吏部，就遷工部尚書。

已，復召為左都御史，加太子少保。辭宮銜，許之。世寧故方嚴。及掌憲，務持大體。條上憲綱十餘條，末言：「近士習忌刻，一遭譏毀，則終身廢棄。僉事彭祺發豪强罪，受謗奪官。諸如此者，宜許大臣申理。」帝採其言，惟祺報寢。執政請禁私謁，世寧曰：「臣官以察

為名。人非接其貌，聽其言，無由悉其才行。」帝以為然，遂弗禁。俄改刑部尚書。每重獄，別白為帝言之，帝輒感悟。中官剛聰誣漕卒掠御服，坐二千人，世寧劾其妄。已，聽情得抵罪，帝乃益信世寧。

兵部尚書王時中罷，以世寧代，加太子太保。再辭不得命，乃陳兵政十事，曰定武略、崇憲職、重將權、增武備、更賞罰、馭土夷、足邊備、絕弊源、正謬誤、惜人才。所言多破常格，帝優旨答之。土魯番貢使乞歸哈密城，易降人牙木蘭。王瓊上其事。世寧言：「先朝不惜棄大寧、交阯，何有於哈密。況初封忠順為我外藩，而自罕慎以來三為土魯番所執，遂狎與戎比，以疲我中國，耗財老師，戎得挾以邀索。臣以為此與國初所封元孽和順、寧順、安定三王等耳。安定在哈密內，近甘肅，今存亡不可知，我一切不問，獨重哈密何也？宜專守河西，謝絕哈密。牙木蘭本曲先衛人，反正歸順，非納降比，彼安得索之，唐悉怛謀事可鑑也。」張璁等皆主瓊議，格不用，獨留牙木蘭不遣。居兵部三月求去，帝不許，免朝參。世寧又上備邊三事。固稱疾篤，乃聽乘傳歸，給廩隸如制。歸數月，復起南京兵部尚書，固辭不拜。九年秋卒。贈少保，諡端敏。

世寧風格峻整，居官廉。疾惡若讎，而薦達賢士如不及。都御史馬昊、陳九疇坐累廢，副使施儒、楊必進考察被黜，御史李潤、副使范輅為時所抑，連章薦之。與人語，吶不出口。

及具疏，援据古今，洞中窾會。與李承勛善，而持議不苟合。承勛欲授隴勝官，復芒部故地，世寧言勝非隴氏子，芒氏不當復立。始以議禮與張璁、桂萼合，璁、萼德之，欲援以自助。世寧不肯附會，論事多牴牾。萼議欲銷兵，世寧力折之。昌化伯以他姓子冒封，下廷議。世寧言吾輩不得以厚賂故，誣朝廷，萼爲色變。萼方爲吏部，而世寧引疾，言：「天變人窮，盜賊滋起，咎在吏、戶、兵三部不得人。兵部尤重，請避賢路。」又以哈密議，語侵璁，諸大臣皆忌之。帝始終優禮不替。

子純、繼。純以父任知肇慶府，有才行。繼幼不慧，不爲世寧知。世寧在江西出討賊，部將入見繼。繼爲指陣法，進退離合甚詳，凡三日。世寧歸聞，大異之。知其故，嘆曰：「吾有子不自識，何也？」自是擊賊，輒令繼從，與策方略。世寧十不失三，繼十不失一。世寧方草疏論宸濠，繼請曰：「是且重得禍。」世寧曰：「吾已許國，遑恤其他。」及世寧下獄，繼念其父，病死。

李承勛，字立卿，嘉魚人。父田，進士，官右副都御史，巡撫順天。有操執，爲政不苛。

承勛舉弘治六年進士。由太湖知縣遷南京刑部主事。歷工部郎中，遷南昌知府。

正德六年，贛州賊犯新淦，執參政趙士賢。靖安賊據越王嶺瑪瑙岸，〔三〕華林賊又陷瑞州。諸道兵不敢前。承勛督民兵勦，數有功。華林賊殺副使周憲，憲軍大潰。承勛單騎入憲營，衆乃復集。都御史陳金卽檄承勛討之。賊黨王奇聽撫，搜得其吏刃，縱使還。奇感泣，誓以死報。承勛令奇密入砦，說降其黨爲內應，而親率所部登山。奇夜拔柵，官軍奮而前，降者自內出，賊遂潰。已，從金斬賊渠羅光權、胡雪二，華林賊平。鎮守中貴黎安誣承勛擅易賊首王浩八獄詞，坐下吏。大理卿燕忠卽訊，得白。

舉治行卓異，超遷浙江按察使。歷陝西、河南左、右布政使，以右副都御史巡撫遼東。邊備久弛，開原尤甚。士馬纔十二，牆堡墩臺圮殆盡。將士依城塹自守，城外數百里悉爲諸部射獵地，承勛疏請修築。會世宗立，發帑銀四十餘萬兩。承勛命步將四人各一軍守要害，身負畚鍤先士卒。凡爲城塹各九萬一千四百餘丈，墩堡百八十有一。招逋逃三千二百人，開屯田千五百頃。又城中固、鐵嶺，斷陰山、遼河之交，城蒲河、撫順，扼要衝，邊防甚固。錄功，進秩一等。又數陳軍民利病，咸報可。以疾歸。起故官，蒞南院。三遷刑部尚書，加太子少保。

帝以京營多弊，欲振飭之。遂加承勛太子太保，改兵部尚書兼左都御史，專督團營。尋兼掌都察院。以疾，三疏乞休，且言：「山西潞城賊以四道兵討之，不統於一人，故無功。川、貴芒部之役措置乖方，再勝再叛，宜命伍文定深計，毋專用兵。豐、沛河工，二年三易大臣，工不就，宜令知水利者各陳所見，而俾侍郎潘希曾度可否。其尤要者，在決壅蔽患。倣唐、宋轉對、次對故事，不時召見大臣。」帝不允辭，下其議於所司。時秦、晉、楚、蜀歲祲，詔免田賦。承勛言：「有司例十月始徵賦。今九月矣，恐官吏督趣，陰圖乾沒。宜及其未徵，遣官馳告以所蠲數。山陬僻壤，俾悉戶曉。有司不能奉宣德意者，罪之。撫按失舉奏，幷坐。」帝褒納之。奏奪京營把總湯清職。郭勛爲求復，語侵承勛。承勛因求退，給事中王準等劾勛恣。乃敕責勛，而下淸法司。

兵部尚書胡世寧致仕，詔承勛還部代之。疏言：「朝廷有大政及推舉文武大臣，必下廷議。議者率相顧不發，拱手聽。宜及未議前，備條所議，布告與議者，俾先諗其故，然後平心商質，各盡所懷。議苟不合，聽其別奏。庶足盡諸臣之見，而所議者公。」帝然其言，下詔申飭。尋命兼督團營。言官攻張璁、桂萼黨，幷及承勛。承勛連章求退，帝復溫旨答之。中官出鎮者，率暴橫。承勛因諫官李鳳毛等言，先後裁二十七人，又革錦衣官五百人，監局冒役數千人。獨御馬監未汰，復因給事中田秋奏，多所裁減。而請以騰驤四衞屬部，覈詭冒，制可。中官言曩彰義門破也先，東市剮曹賊，皆四衞功，以直內故易集，隸兵部不便。

承勛言：「彰義門之戰，禍由王振。東市作賊，卽曹吉祥也。」帝卒從承勛議，歸兵部。寇犯大同，議遣大臣督兵。衆推都御史王憲，憲不肯行。給事中夏言謂承勛曰：「事急，公當請行。」承勛竟不請。給事中趙廷瑞並劾之。會寇退，罷。

十年春，大風晝晦，帝憂邊事。承勛言：「去歲冰合，敵騎盡入河套。延、寧、固原皆當警備。甘肅軍餉專仰河東，宜於蘭州糴貯，以備緩急。曩河西患土魯番，今亦卜喇又深入。兩寇雲擾，孤危益甚。套寇出入，並經莊浪。急宜繕塞設險，斷臂截踵，使不得相合。兀良哈最近京師，不善撫，卽門庭寇。雲南安鳳之叛，軍民困敝，臨安、蒙自盜賊復興，曠日淹時，恐釀大患。交阯世子流寓老撾，異日歸命請援，或據地求封，皆未可測。惟急用人理財，俾邊鄙無虞。」帝嘉納焉。

承勛沉毅有大略。帝所信任，自輔臣外，獨承勛與胡世寧，大事輒咨訪。二人亦孜孜奉國，知無不言。世寧卒半歲，承勛亦卒，帝深嗟悼。贈少保，諡康惠。所賚予，常典外，特賜白金、綵幣、米蔬諸物。承勛官四十年，家無餘貲。其議「大禮」，亦與世寧相合云。

王以旂，字士招，江寧人。正德六年進士。除上高知縣。華林賊方熾，以旂訓鄉兵禦之，賊不敢犯。徵授御史，出按河南。宸濠反，鎮守太監劉璟倡議停鄉試。以旂言河南去江西遠，罷試無名。乃止。璟又言，帝親征，道且出汴，牒取供頓銀四萬兩。巡撫議予之，以旂執不予。

世宗卽位，欲加興獻帝皇號，以旂抗言不可。已，上弭災要務，言：「司禮取中旨免張漢贓科，臣不預聞，此啓矯僞之漸也。」帝不聽。累遷兵部右侍郎。徐、呂二洪竭，漕舟膠。命兼右僉都御史總理河漕。踰年，渠水通，進秩一等。尋拜南京右都御史。召爲工部尚書，改左都御史，代陳經爲兵部尚書兼督團營。

三邊總督曾銑議復河套，大學士夏言主之。數下優旨獎銑，令以旂集廷臣議。以旂等力主銑議。議上，帝意忽變，嚴旨咎銑，令再議。以旂等惶恐，盡反前說。帝逮銑，令以旂代之。套寇自西海還，肆掠永昌，鎮羌總兵官王繼祖禦却之。已，復來犯，并及鎮番、山丹。部將蔡勳、馬宗援三戰皆捷。前後斬首一百四十餘級。論功，廕以旂一子。已而寇數萬復屯寧夏塞外，將大入。官軍擊之，斬首六十餘級，寇宵遁。延綏、寧夏開馬市，二鎮市五千匹。其長狠台吉等約束所部，終市無譁。以旂以聞。詔大賚二鎮文武將吏，以旂復賜金幣。錄延綏將士破敵功，再廕一子。

在鎮六年，修延綏城堡四千五百餘所，又築蘭州邊垣，加官至太子太保。比卒，軍民爲

罷市。贈少保，謚襄敏，再予一子官。

范鏓，字平甫，其先江西樂平人，遷瀋陽。鏓登正德十二年進士，授工部主事，遷員外郎。嘉靖三年伏闕爭「大禮」，下獄廷杖。由戶部郎中改長蘆鹽運司同知，遷河南知府。歲大饑，巡撫都御史潘塤駁諸請振文牒，候勘實乃發。鏓不待報，輒開倉振之，全活十餘萬。民爭謳頌鏓，語聞禁中。帝爲責戶部及塤與巡按御史匿災狀。塤歸罪鏓以自解，被劾罷去，鏓名由此顯。還兩淮鹽運使，條上鹺政十要。歷四川參政，湖廣按察使，浙江、河南左、右布政使。

二十年擢右副都御史，巡撫寧夏。鏓爲人持重，有方略。既涖重鎮，不上首功。一意練步騎，廣儲蓄，繕治關隘亭障，寇爲遠徙，俘歸者五百人。上疏言：「邊將各有常祿，無給田之制。自武定侯郭勛奏以軍餘開墾田園給將領，委奸軍爲莊頭，害殊大。宜給還軍民，任耕種便。」帝從其請。

居數年，引疾歸。起故官，撫河南。尋召爲兵部右侍郎，轉左。尚書王以旂出督三邊，鏓署部事。頃之，奉詔總理邊關阨隘。奏上經略潮河川、居庸關諸處事宜，請於古道門外蜂窩嶺增墩臺一爲外屏，濬濠設橋，以防衝突。川西南兩山對處，各設敵臺，以控中流，分戍兵番直守要害。又薊鎮五里坨、刘車、开連口、〔四〕慕田谷等地，宜設墩臺。惡谷、紅上谷、〔五〕香鑪石等地，宜斬崖塹。居庸關外諸口，在宣府爲內地，在居庸則爲邊藩，宜敕東中路文武臣修築。加潮河川提督爲守備，增副將居庸關，領天壽山、黃花鎮。設橫嶺守備，塞懷來路，增置新軍二千餘人，資團練。又議紫荆、倒馬、龍泉等關及山海關、古北口經略事宜，請於紫荆之桑谷，倒馬之中窯關峪，龍泉之陡石嶺諸要害，創築城垣，增設敵樓營舍。薊州所轄燕河、太平、馬蘭、密雲四路，修築未竟者，括諸司贖鍰竣之。而浮圖峪、插箭嶺尤爲紫荆、倒馬二關衝，移參將分駐石門杜家莊，俾保定總兵駐紫荆。薊、遼懸絕千里，移建昌營遊擊於山海關。三屯等營缺軍，應速募，馬不足者補入。其常戍之兵介冑不備，量給鎧仗，番上者悉予行糧，毋俾荷戈枵腹。又言：「諸路緩急，以密雲之分守爲最。各關要害，以密雲之迤西爲最。若燕河之冷口，馬蘭之黃崖，太平之榆木嶺、擦崖子，皆所急也。宜敕撫鎮督諸將領分各營士馬，兼側近按伏之兵，迭爲戰守。」兵部言：「軍戍久，戀土。猝移置，恐他變。莫若山海關增置能將一員，募軍三千屯駐，聽薊、遼撫臣調度，援燕河。」餘如鏓言，下守臣議。

帝才鏓甚。會兵部尚書趙廷瑞罷，卽命鏓入代。鏓以老辭，且言隨事通變，乏將順之

宜。帝怒，責鏓不恭，削其籍。時嚴嵩當國，而鏓本由徐階薦，天下推爲長者，惜其去不以罪。然鏓罷，帝召翁萬達，甫至以憂去，丁汝夔代之。明年，俺答逼都城，汝夔遂誅死，而鏓歸久之乃卒。隆慶元年復官。

王邦瑞，字惟賢，宜陽人。早有器識。爲諸生，山東盜起，上剿寇十四策於知府。正德十二年成進士。改庶吉士。與王府有連，出爲廣德知州。

嘉靖初，祖憂去。補滁州。屢遷南京吏部郎中，出爲陝西提學僉事。坐歲貢不中式五名以上，貶濱州知州。再遷固原兵備副使。涇、邠巨盜李孟春，流劫河東、西，剿平之。以祖母憂去。服除，復提學陝西，轉參政。母憂解職。起擢右僉都御史，巡撫寧夏。寇乘冰入犯，設伏敗之。改南京大理卿。未上，召爲兵部右侍郎。改吏部，進左。

俺答犯都城，命邦瑞總督九門。邦瑞屯禁軍郭外，以巡捕軍營東、西長安街，大啓郭門，納四郊避寇者。兵部尚書丁汝夔下獄，命邦瑞攝其事，兼督團營。寇退，請治諸將功罪，且濬九門濠塹，皆報可。邦瑞見營制久弛，極陳其弊。遂罷十二團營，悉歸三大營，以咸寧侯仇鸞統之。邦瑞亦改兵部左侍郎，專督營務。復條上興革六事。中言宦官典兵，古

今大患，請盡撤提督監槍者。帝報從之。又舉前編修趙時春、工部主事申旞知兵，並改兵部，分理京營事。未幾，帝召兵部尙書翁萬達未至，遲之，遂命邦瑞代。條上安攘十二事。

仇鸞搆邦瑞於帝，帝眷漸移。會鸞奏革薊州總兵官李鳳鳴、大同總兵官徐珏任，而薦京營副將成勳代鳳鳴，密雲副將徐仁代珏。旨從中下。邦瑞言：「朝廷易置將帥，必采之公卿，斷自宸衷，所以愼防杜漸，示臣下不敢專也。且京營大將與列鎭將不相統攝，何緣京營，乃黜陟各鎭。今曲徇鸞請，臣恐九邊將帥悉奔走托附，非國之福也。」帝不悅，下旨譙讓。鸞又欲節制邊將，罷築薊鎭邊垣。邦瑞皆以爲不可。鸞大憾，益肆讒搆。會邦瑞復陳安攘大計，遂嚴旨落職，以冠帶辦事。居數日，大計自陳。竟除名，以趙錦代。

邦瑞去，鸞益横，明年誅死，錦亦坐黨比遣戍，於是帝漸思之。踰十年，京營缺人，帝曰：「非邦瑞不可。」乃起故官。既至，疏便宜數事，悉允行。踰年卒。贈太子少保，謚襄毅，遣行人護喪歸葬。

邦瑞嚴毅有識量。歷官四十年，以廉節著。子正國，南京刑部侍郎。

鄭曉，字窒甫，海鹽人。嘉靖元年舉鄉試第一。明年成進士，授職方主事。日披故牘，

盡知天下阨塞，士馬虛實强弱之數。尙書金獻民屬撰九邊圖志，人爭傳寫之。以爭「大禮」廷杖。大同兵變，上疏極言不可赦。張孚敬柄政，器之，欲改置翰林及言路，曉皆不應。父憂歸，久之不起。

許讚爲吏部尙書，調之吏部。歷考功郎中。夏言罷相，帝惡言官不糾劾，詔考察去留。大學士嚴嵩因欲去所不悅者，而曉去喬佑等十三人，多嵩所厚。嵩大憾曉，調文選。嵩欲用趙文華爲考功，曉言於讚曰：「昔黃禎爲文選，調李開先考功，皆山東人，詔不許。今調文華，曉避位而已。」讚以謝嵩。嵩欲以子世蕃爲尙寶丞，曉曰：「治中遷知府，例也。遷尙寶丞，無故事。」嵩益怒。以推諉降官周鈇等，貶曉和州同知。稍遷太僕丞，歷南京太常卿。召拜刑部右侍郎。俄改兵部，兼副都御史總督漕運。

大江南北皆中倭，漕艘幾阻。曉請發帑金數十萬，造戰舸，築城堡，練兵將，積芻糗。詔從之。中國奸民利倭賄，多與通。通州人顧表者尤桀黠，爲倭導。以故營砦皆據要害，盡知官兵虛實。曉懸重賞捕戮之。募鹽徒驍悍者爲兵，增設泰州海防副使，築瓜洲城，[六]廟灣、麻洋、雲梯諸海口皆增兵設堠。遂破倭於通州，連敗之如皋、海門，襲其軍呂泗，圍之狼山，前後斬首九百餘。賊潰去。錄功，再增秩，三賚銀幣。

時賊多中國人。曉言：「武健才諝之徒，困無所逞，甘心作賊。非國家廣行網羅，使有出身之階，恐有如孫恩、盧循輩出乎其閒，禍滋大矣。洪武時倭寇近海州縣。以高皇帝威靈，兼謀臣宿將，築城練兵，經略數年，猶未乂安。乃招漁丁、島人、鹽徒、蜑戶籍爲水軍至數萬人，又遣使出海宣布威德。久之，倭始不爲患。今江北雖平，而風帆出沒，倏忽千里。倭恃華人爲耳目，華人借倭爲爪牙，非詳爲區畫，後患未易弭也。」帝頗採納之。

尋召爲吏部左侍郎，還南京吏部尙書。帝以曉知兵，改右都御史協理戎政。尋拜刑部尙書。俺答圍大同右衞急，帝命兵部尙書楊博往督大師，乃以曉攝兵部。曉言：「今兵事方棘，而所簡聽征京軍三萬五千人，乃令執役赴工，何以備戰守。乞歸之營伍。」帝立從之。

尋還視刑部事。嚴嵩勢益熾。曉素不善嵩。而其時大獄如總督王忬以失律，中允郭希顏以言事，曉並予輕比，嵩則置重典。南都叛卒周山等殺侍郎黃懋官，海寇汪直通倭爲亂，曉置重典，嵩故寬假之。惟巡撫阮鶚、總督楊順、御史路楷，以嵩曲庇，曉不能盡法，議者譏其失出云。

故事，在京軍民訟，俱投牒通政司送法司問斷。諸司有應鞫者，亦參送法司，無自決遣者。後諸司不復遵守，獄訟紛拏。曉奏循故事，帝報許，於是刑部聞捕囚畿府。而巡按御史鄭存仁謂訟當自下而上，檄州縣，法司有追取，毋輒發。曉聞，率侍郎趙大祐、傅頤守故事爭，存仁亦據律執奏。章俱下都察院會刑科平議。議未上，曉疏辨。嵩激帝怒切讓，遂

落曉職，兩侍郎亦貶二秩。

曉通經術，習國家典故，時望蔚然。爲權貴所扼，志不盡行。既歸，角巾布衣與鄉里父老遊處，見者不知其貴人也。既卒，子履淳等訟曉禦倭功於朝，詔復職。隆慶初，贈太子少保，謚端簡。履淳自有傳。

贊曰：李鉞諸人皆以威略幹濟顯於時。鉞與王憲、王以旂之治軍旅，李承勛、范鏓之晝邊計，才力均有過人者。胡世寧奮不顧身，首發奸逆，危言正色，始終一節。易稱「王臣蹇蹇」，世寧近之矣。王邦瑞抵抗權倖，躓而復起，鄭曉諳悉掌故，博洽多聞，兼資文武，所在著效，亦不愧名臣云。

校勘記

[一] 廷推鄧璋及憲爲三邊總制　鄧璋，原作「鄧廷璋」，據本書卷二〇二廖紀傳、王憲傳及世宗實錄卷五六嘉靖四年十二月丁酉條改。

[二] 與李承勛魏校余祐善　余祐，原作「余祜」。本書卷二八二及明史稿傳一五九魏校傳都作「余

祐」。本書卷二八二及明史稿傳一五八胡居仁傳都附有余祐傳，據改。

〔三〕靖安賊據越王嶺瑪瑙岸　瑪瑙岸，本書卷二八九周憲傳作「瑪瑙砦」，讀史方輿紀要卷八四作「瑪瑙寨」，清一統志卷二三八作「瑪瑙崖」。

〔四〕开連口　明史稿傳七九范鏓傳作「升連口」，讀史方輿紀要卷一一作「弁連口」。

〔五〕紅土谷　原作「紅生谷」。明史考證攟逸卷一七：「按邊防考，紅土谷在黑谷關八十里，與惡谷、香鑪石等處連接。明嘉靖時始於此緣崖置塹以爲固。此作『紅生谷』誤。」其說是，據改。

〔六〕瓜洲城　原作「瓜州城」。據明史稿傳七三鄭曉傳改。

明史卷二百

列傳第八十八

姚鏌 子淶　張嵿　伍文定 邢珣等　蔡天祐 胡瓚　張文錦

詹榮 劉源清　劉天和　楊守禮　張岳 李允簡

郭宗皐　趙時春

姚鏌，字英之，慈谿人。弘治六年進士。除禮部主事，進員外郎。擢廣西提學僉事。立宣成書院，延五經師以教士子。桂人祀山魈卓旺。鏌毁像，俗遂變。遷福建副使，未幾改督學政。正德九年擢貴州按察使。十五年拜右副都御史，巡撫延綏。上邊務六事，皆議行。嘉靖元年，吉囊入涇陽。鏌遣遊擊彭楧出西路，釋指揮卜雲於獄，使副之。夜半邀擊，斬其二將，乃遁。璽書褒諭。尋召爲工部右侍郎，出督漕運，改兵部左侍郎。

四年遷右都御史，提督兩廣軍務兼巡撫。田州土官岑猛謀不軌。鏌調永順、保靖兵，使沈希儀與張經、李璋、張佑、程鑾各統兵八萬，〔一〕分道討。而鏌與總兵官朱麒等攻破定羅、丹梁。用希儀計，結猛婦翁岑璋使爲內應，大破之，斬猛子邦彥。璋誘殺猛，獻其首。詔進鏌左都御史，加太子少保，任一子官，諸將進秩有差。鏌請改設流官，陳善後七事，制可。乃命參議汪必東、僉事申惠與參將張經以兵萬人鎮其地。必東、惠移疾他駐。猛黨盧蘇、王受等詐言猛不死，借交阯兵二十萬且至，夷民信之。蘇等薄城，經突圍走，城遂陷。王受亦攻入思恩府。巡按御史石金劾鏌失策罔上，並論前總督盛應期。帝以鏌有功，許便宜撫剿。蘇、受數求赦，鏌不許，將大討之。會廷議起王守仁督兩廣軍，令鏌與同事。鏌引疾乞罷，許馳驛歸。

初，廣東提學道魏校毁諸寺觀田數千畝，盡入霍韜、方獻夫諸家。鏌至廣，追還之官。韜、獻夫恨甚，與張璁、桂萼合排鏌。謂大同當征而反撫，田州當撫而反征，皆費宏謀國不臧，釀成南北患。時宏雖去，猶借鏌以排之也。鏌既得請，方候代，千夫長韋貴、〔二〕徐伍攻復思恩。鏌上其狀。詔先賞貴等，而以撫剿事宜俟守仁處置。既而鏌奏辯石金前疏，詆金阻撓養寇。金亦再疏詆鏌。帝先入璁等言，落鏌職閒住。

其後，蘇、受復叛，帝漸思鏌。十三年，三邊闕總制。大學士費宏、李時同召對。宏薦鏌，時亦助之。遂命以兵部尚書總制三邊軍務。未赴，宏卒，鏌辭。帝不悅，仍落職閒住。鏌既罷，薦者至二十疏，不用。家居數年卒。

子淶，字維東。嘉靖二年殿試第一。授翰林修撰。爭「大禮」，廷杖。又議郊祀合祀，不當輕易。召修明倫大典，懇辭不與。累官侍讀學士。

張嵿，字時俊，蕭山人。成化二十三年進士。弘治初，修憲宗實錄，命往蘇、松諸府採軼事。事竣，授上饒知縣。遷南京兵部主事，就進刑部郎中。

正德初，遷興化知府。隆平侯張祐無子，弟祿與族人爭襲，訴於南京法司，久不決，復訴京師。劉瑾方擅政，遂削尚書樊瑩、都御史高銓籍。嵿以郎承勘，爲民。瑾敗，起知南雄。擢江西參政，進右布政使。舉治行卓異，遷左。寧王宸濠欲拓地廣其居，嵿執不可。大恚，遣人餽之。嵿發視，則棗梨薑芥，蓋隱語也。未幾，召爲光祿卿。以右副都御史巡撫保定諸府，忤中貴，移疾歸。世宗卽位，命以右都御史總督兩廣軍務。廣西上思州賊黃鏐糾尚兵劫州縣，嵿討擒

之。廣東新寧、恩平賊蔡猛三等剽掠，衆至數萬。嵿合兵三萬餘人擊新寧諸賊，破巢二百，擒斬一萬四千餘人，俘賊屬五千九百餘人，猛三等皆授首。自嶺南用兵，以寡勝衆未有若是役者。捷聞，獎賚。程鄉賊梁八尺等與福建上杭流賊相應。遣都指揮李皋等會福建官兵夾擊，俘斬五百餘人。歸善李文積聚奸宄拒捕，討之，久弗克。嵿遣參政徐度等剿之，俘斬千餘人。佛郎機國人別都盧剽劫滿剌加諸國，復率其屬疎世利等擁五舟破巴西國，遂入寇新會。嵿遣將出海擒之，獲其二舟，賊乃遁。

尋召掌南京都察院事，就改工部尚書。六年大計京官，拾遺被劾，致仕。後數年卒。

伍文定，字時泰，松滋人。父琇，貴州參議。文定登弘治十二年進士。有膂力，便弓馬，議論慷慨。授常州推官，精敏善決獄，稱强吏。魏國公徐俌與民爭田，文定勘歸之民。劉瑾入俌重賄，與大獄，巡撫艾樸以下十四人悉被逮。文定已遷成都同知，亦下詔獄，斥爲民。瑾敗，起補嘉興。

江西姚源賊王浩八等流劫浙江開化，都御史俞諫檄文定與參將李隆、都指揮江洪、僉事儲珊討之，軍華埠。而都指揮白弘與湖州知府黃衷別營馬金。賊黨劉昌三破執弘，官軍

大挫。浩八突華埠，洪、文定擊敗之，追及於孔埠。隆、珊亦追至池淮，[三]破其巢，進攻涇田。洪以奇兵深入，中賊誘，與指揮張琳等皆被執。文定等殿後得還，賊亦遁歸江西。諫等上文定忠勇狀，詔所司獎勞。擢河南知府，計擒劇賊張勇、李文簡。以才任治劇，調吉安。計平永豐及大茅山賊。已，佐巡撫王守仁平桶岡、橫水。

宸濠反，吉安士民爭亡匿。文定斬亡者一人，衆乃定。乃迎守仁入城。知府邢珣、徐璉、戴德孺等先後至，共討賊。文定當大帥。丙辰之戰，身犯矢石，火燎鬚不動。賊平，功最，擢江西按察使。張忠、許泰至南昌，欲冒其功，而守仁已俘宸濠赴浙江。忠等失望，大恨。文定出謁，遂縛之。文定罵曰：「吾不恤九族爲國家平大賊，何罪？汝天子腹心，屈辱忠義，爲逆賊報讐，法當斬。」忠益怒，椎文定仆地。文定求解任，不報。

尋還廣東右布政使。未赴，而世宗嗣位。上忠等罪狀，且曰：「曩忠、泰與劉暉至江西，忠自稱天子弟，暉稱天子兒，泰稱威武副將軍，與天子同僚。折辱命吏，誣害良民，需求萬端，漁獵盈百萬，致餓殍遍野，盜賊縱橫。雖寸斬三人，不足謝江西百姓。今大憝江彬、錢寧皆已伏法，三人實其黨與。乞速正天誅，用章國典。」又請發宸濠貲財，還之江西，以資經費；矜釋忠、泰所陷無辜及寧府宗人不預謀者，以清冤獄。帝並嘉納之。

論功，進右副都御史，提督操江。嘉靖三年討獲海賊董效等二百餘人，賜敕獎勞。尋

謝病歸。六年召拜兵部右侍郎。其冬擢右都御史，代胡世寧掌院事。

雲南土酋安銓反，敗參政黃昭道，攻陷尋甸、嵩明。明年，武定土酋鳳朝文亦反，殺同知以下官，與銓合兵圍雲南。詔進文定兵部尚書兼前職，提督雲南、四川、貴州、湖廣軍討之，以侍郎梁材督餉。會芒部叛酋沙保子普奴爲亂，幷以屬文定。文定未至雲南，銓等已爲巡撫歐陽重所破，遂移師征普奴。左都御史李承勛極言川、貴殘破，不當用兵，遂召還，命提督京營。文定至湖廣，疏乞省祭歸。已，四川巡按御史戴金復上言：「叛酋稱亂之初，勢尚可撫。而文定決意進兵，一無顧惜。飛芻輓糧，糜數十萬。及有詔罷師，尚不肯已。又極論土酋阿濟等罪。軍民訛言，幾復生變。臣愚以爲文定可罪也。」尚書方獻夫、李承勛因詆文定好大喜功，傷財動衆，乃令致仕。

文定忠義自許，遇事敢爲，不與時俯仰。芒部之役，憤小醜數亂，欲爲國伸威，爲議者旁撓。廟堂專務姑息，以故功不克就。九年七月卒於家。天啓初，追謚忠襄。

邢珣，當塗人，弘治六年進士。正德初，歷官南京戶部郎中。忤劉瑾，除名。瑾誅，起南京工部，遷贛州知府。招降劇盜滿總等，授廬給田，撫之甚厚。後討他盜，多藉其力。守仁征橫水、桶岡，珣常爲軍鋒。功最，增二秩。宸濠反，以重賞誘總。總執其使送珣，遂從

珣共平宸濠。

徐璉，朝邑人。文定同年進士。由戶部郎中出爲袁州知府。從討宸濠，獲首功千餘。事定，珣、璉遷江西右參政。世宗錄功，各增秩二等。嘉靖二年大計，給事御史劾監司不職者二十二人，珣、璉與焉。吏部以軍功未酬，請進秩布政使致仕，從之。二人竟廢。

珣子塤嘗學於張璁。嘉靖初登鄉薦。璁貴顯，屢欲援之，辭不應。授浦城知縣。有徐浦者，役公府。塤一見異之，令與子同學，爲娶妻。後登第爲給事中。其家世世祀塤。弟址，進士，歷御史，終山東鹽運使。以清操聞。

戴德孺，臨海人。弘治十八年進士。歷工部員外郎。監蕪湖稅，有清名。再遷臨江知府。宸濠反，遣使收府印，德孺斬之。與家人誓曰：「吾死守孤城。脫有急，若輩沉池中，吾不負國也。」即日戒嚴。旋與守仁共滅宸濠。以憂去。世宗以德孺馭軍最整，獨增三秩，爲雲南右布政使。舟次徐州，覆水死。後贈光祿寺卿，予一子官。

珣、璉等倡義討賊，月餘成大功。當事者以嫉守仁故，痛裁抑之。或賞或否，又往往借考功法逐之去。守仁之再疏辭爵也，爲諸人訟曰：

宸濠變初起，勢焰猖熾，人心疑懼退阻。當時首從義師，自伍文定、邢珣、徐璉、戴德孺諸人外，又有知府陳槐、曾璵、胡堯元等，知縣劉源清、馬津、傅南喬、李美、李楫

及楊材、王冕、顧佖、劉守緖、王軾等，鄉官都御史王懋中，編修鄒守益，御史張鰲山、伍希儒、謝源等。或擢鋒陷陣，或遮邀伏擊，或贊畫謀議，監錄經紀，所謂同功一體者也。帳下之士，若聽選官雷濟，已故義官蕭禹，致仕縣丞龍光，指揮高睿，千戶王佐等，或詐爲兵檄以撓其進止，壞其事機，或僞書反間以離其心腹，散其黨與。今聞紀功文册，改造者多所刪削。舉人冀元亨爲臣勸說寧王，反爲奸人搆陷，竟死獄中，尤傷心慘目，負之冥冥之中者。

夫宸濠積威凌劫，雖在數千里外，無不震駭失措。而況江西諸郡縣切近剝牀，觸目皆賊兵，隨處有賊黨，非眞有捐軀赴難之義，戮力報主之忠，孰肯甘虀粉之禍，從赤族之誅，蹈必死之地，以希萬一難冀之功乎！

今臣獨崇封爵，而此同事諸人者，或賞不行而并削其績，或賞未及而罰已先行，或虛受陞職之名而因使退閑，或冒蒙不忠之號而隨以廢斥，非獨爲已斥諸權奸所誣搆挫辱而已也。羣憎衆嫉，惟事指摘搜羅以爲快，曾未見有鳴其不平、伸其屈抑者，臣竊痛之。

奏入，卒寢不行。

蔡天祐，字成之，睢州人。父晟，濟南知府，以廉惠聞。天祐登弘治十八年進士，改庶吉士，授吏科給事中，出爲福建僉事。歷山東副使，分巡遼陽。歲歉，活饑民萬餘。闢濱海圩田數萬頃，民名之曰「蔡公田」。累遷山西按察使。

嘉靖三年，大同兵亂，巡撫張文錦遇害。詔曲赦亂卒，改巡撫宣府都御史李鐸撫之。鐸以母憂不至，乃擢天祐右僉都御史，巡撫大同。天祐從數騎馳入城，諭軍士獻首惡，衆心稍定。會尚書金獻民、總兵官杭雄出師甘肅，道大同，亂卒疑見討，復鼓譟。天祐懼，急請再赦。兵部言元惡不除無以警後，請特遣大臣總督宣、大軍務，以制其變。乃命戶部侍郎胡瓚偕都督魯綱統京軍三千人以往。瓚等未發而進士李枝齎餉銀至。亂卒曰：「此承密詔盡殺大同人，爲軍犒也。」夜中火起，圍枝館，出牒示之乃解。尋復殺知縣王文昌，圍代王府，脅王奏乞赦。王急攜二郡王走宣府。〔四〕巡按御史王官言：「亂卒方嚻，大兵壓境，是趣之叛也。請亟止禁軍，容臣密圖。」乃命瓚駐兵宣府。頃之，天祐奏總兵官桂勇已捕五十四人，請止京軍勿遣。帝責以阻撓，令必獲首惡郭鑑等。既而瓚次陽和，勇、天祐令千戶苗登擒斬鑑等十一人，函首送瓚，請班師。甫二日，鑑父郭疤子復糾徐氈兒等夜殺勇家人，又燬苗登家。瓚言非盡殲不可。帝乃切讓天祐，召勇還京，以故總兵朱振代之，敕瓚仍駐宣府。

居無何，天祐捕戮徐氈兒等，瓚等遂班師。明年正月，侍郎李昆、孟春，總兵官馬永交章言疤子潛逃塞外，必爲後患。帝將遣使勘，會瓚還京言逃卒無足患，帝乃罷勘官勿遣。疤子復潛入城，焚振第。明旦，天祐閉城大索。獲疤子及其黨三十四人，悉斬以徇。盡宥脅從，人心乃大定。事聞，賚銀幣。已，進副都御史，巡撫如故。

尋就進兵部右侍郎。久之，召還部。天祐以藩祿久缺，又歲當繕邊垣，用便宜增淮鹽引價，每引萬加銀五千，被訐。帝宥之。至是，御史李宗樞復追論前事，天祐因引疾去。居二年，奉詔起用。未至京，得疾告歸卒。年九十五。

天祐有才智。兵變時，左右皆賊耳目，幕府動靜悉知之。天祐廣招星卜藝士往來軍中，因具得其情，卒賴以成功。在鎮七年，威德大著，父老爲立安輯祠。

胡瓚，字伯珩，永平人。進士。官終南京工部尚書。

張文錦，安丘人。弘治十二年進士，授戶部主事。正德初，爲劉瑾所陷，逮繫詔獄，斥爲民。瑾誅，起故官。再遷郎中。督稅陝西，條上籌邊裕民十事。還安慶知府。度寧王宸濠必反，與都指揮楊銳爲禦備計。宸濠果反，浮江下。文錦等慮其攻南都，令軍士登城詬

之。宸濠乃留攻，卒不能克。事具楊銳傳。璽書褒美，擢太僕少卿。

嘉靖元年拜右副都御史，巡撫大同。文錦性剛。以拒賊得重名，遂銳意振刷，操切頗無序。大同北四望平衍，寇至無可禦。文錦曰：「寇犯宣府不能近鎮城者，以葛谷、白陽諸堡爲外蔽也。今城外即戰場，何以示重？」議於城北九十里外，增設五堡，曰水口、宣寧、只河、柳溝、樺溝。參將賈鑑督役嚴，卒已怨。及堡成，欲徙鎮卒二千五百家戍之。衆憚行，請募新丁，僚吏咸以爲言。文錦怒曰：「如此，則令不行矣。鎮親兵先往，孰敢後！」親兵素游惰有室。聞當發，大恐。請孑身往，得分番。又不聽，嚴趣之。鑑承風，杖其隊長。諸邊卒自甘州五衞殺巡撫許銘，朝廷處之輕，頗無忌。至是，卒郭鑑、柳忠等乘衆憤，遂倡亂。殺賈鑑，裂其屍，走出塞，屯焦山墩。文錦恐與外寇連，令副將時陳等招之入城，卽索治首亂者。郭鑑等大懼，復聚爲亂，焚大同府門，入行都司縱獄囚，又焚都御史府門。文錦踰垣走，匿博野王府第。亂卒欲燔王宮。王懼，出文錦。郭鑑等殺之，亦裂其屍，遂焚鎮守總兵公署。出故總兵朱振於獄，脅爲帥。時嘉靖三年八月也。

事聞，帝命侍郎李昆赦亂卒。昆爲文錦請卹典，不報。久之，文錦父政訟其子守安慶功，禮部爲之請，終不許。文錦妻李氏復上疏哀請。帝怒，命執齎疏者治之。副都御史陳洪謨言：「文錦僨事，朝廷戮之可也。假手士卒，傳之四方，損國威不小。」復降旨詰責。自

是，廷臣不敢言。萬曆中，始贈右都御史。天啓初，追諡忠愍。

詹榮，字仁甫，山海衞人。嘉靖五年進士。授戶部主事，歷郎中。督餉大同，值兵變，殺總兵官李瑾。總督劉源清率師圍城，久不下。榮素有智略，善應變。叛卒掠城中，無犯榮者。外圍益急，榮密約都指揮紀振、遊擊戴濂、鎮撫王寧同盟討賊。察叛卒馬昇、楊麟無逆志，乃陽令寧持官民狀詣源清所，爲叛卒乞原，而陰以榮謀告，請宥昇、麟死，畀三千金，俾募死士自効。會源清已罷，巡撫樊繼祖許之。昇、麟遂結心腹，擒首惡黃鎮等九人戮之。榮乃開城門，延繼祖入，復捕斬二十六人。錄功，擢光祿寺少卿，再遷太常寺少卿。

二十二年，以右僉都御史巡撫甘肅。魯迷貢使留甘州者九十餘人，總兵官楊信驅以禦寇，死者十之一。榮言：「彼以好來，而用之鋒鏑，失遠人心，且示中國弱。」詔奪信官，櫬死者遂之歸。番人感悅。

踰年，以大同巡撫趙錦與總兵官周尚文不相能，詔榮與錦易任。俺答數萬騎入掠，榮與尚文破之黑山陽，進右副都御史。寇復大舉犯中路，參將張鳳等陣歿。榮與尚文及總督翁萬達嚴兵備陽和，而遣騎邀擊，多所殺傷，寇乃引去。代府奉國將軍充灼行劉，榮奏奪

其祿。充灼等結小王子入寇，謀據大同。榮告尚文捕得，皆伏辜。榮以大同無險，乃築東路邊牆百三十八里，堡七，墩臺百五十四。又以守邊當積粟，而近邊弘賜諸堡三十一所，延亘五百餘里，閒治之皆膏腴田，可數十萬頃，乃奏請召軍佃作，復其租徭，移大同一歲市馬費市牛賦之，秋冬則聚而遏寇。帝立從焉。寇入犯，與尚文破之彌陀山，斬一部長。

榮先以靖亂功，進兵部右侍郎，又以繕邊破敵，累被獎賚。召還理部事，進左。尚書趙廷瑞罷，榮署部務，奏行秋防十事。已而翁萬達入爲尚書，遭母喪，榮復當署部務，辭疾乞休。帝怒，奪職閒住。越二年卒。

當榮之撫大同也，萬達爲總督，尚文爲總兵。三人皆有才略，寇數入不能得志。自後代者不能任，寇無歲不入躪邊，人益思榮等。明年，俺答薄京師，萬達、榮皆已去。論者謂二人在，寇未必至此。萬曆中，榮孫延爲順天通判，上書訟榮功。贈工部尚書，予卹如制。

劉源清，字汝澄，東平人。正德九年進士。授進賢知縣。宸濠反，源清積薪環室，命家人曰：「事急，火吾家。」一僕逸，手刃以徇。縣中諸惡少與賊通者，悉杖殺之。宸濠妃弟婁伯歸上饒募兵，源清邀戮之。賊檄至，立斬其使。會餘干知縣馬津、龍津驛丞孫天祐亦起兵拒賊。賊七騎下者，奪運舟於龍津，天祐與戰，殺數人。賊黨募兵過龍津，天祐追殺之，

焚其舟。婁氏家衆西下，亦爲天祐所遏，擒七十餘人。賊兵不敢經湖東以窺兩浙者，三人力也。賊平，源清徵爲御史。嘉靖改元，津亦入爲御史。津，滁州人。終福建副使。源清尋遷大理丞，謝病歸。

六年夏，以右僉都御史巡撫宣府。滴水崖賊郭春據城叛，稱王。源清遣卒捕之，爲所覺。副總兵劉淵令曰「止擒元惡」，以旗遶城而呼。其黨皆散，春等自剄死。總兵官郤永虐下，源清劾罷之。進副都御史。

十二年，以邊警還兵部左侍郎，總制宣、大、山西、保定諸鎮軍務。大同總兵官李瑾浚天城左孤店濠四十里，趣工急。卒王福勝等焚殺瑾，因焚巡撫潘倣署。倣奏瑾激變，帝命源清同總兵郤永討之。源清榜令解散。而榜言五堡變，處之過寬，五堡遺孽大懼。師次陽和，倣等密捕亂卒杖死十餘人，繫賊首王保等七十餘人以獻，請旋師。源清懲昔胡瓚事，不欲已，以囚屬御史蘇祐。因妄言前總兵朱振失職首亂，且多引無辜。源清遣參將趙綱入城大索。城中訛言城且屠，亂卒遂鼓譟，殺千戶張欽。會僉事孫允中自源清所至，諭源清意，撫慰之始定。振前爲亂卒所擁，實不反，詣源清自明。不能白，發憤自殺。

永兵至城下大掠，五堡遺孽遂盡反。迎戰，殺遊擊曹安。官軍攻據四關，晝夜圍擊。亂卒出前參將黃鎮等於獄，奉爲帥，死守。倣與鎮國將軍俊櫶等登城，止毋攻。俊櫶出見永

請緩兵，皆不聽。允中縋城出，言將士妄殺狀。源清叱曰：「汝爲賊游說耶！」欲囚之。允中不敢歸。源清因多設邏卒，遏王府及有司軍民章疏，而請益師至五萬。帝命侍郎錢如京、都督江桓統京軍八千以往。已忽悟，罷弗遣，專責源清、永討賊。儆馳疏言，將士妄殺激變，速旋師，亂可已。源清亦詆儆媚賊。張孚敬主源清，侍郎顧鼎臣、黃綰言用兵謬，帝不能決。

城圍久大困，毁王府及諸廨舍供爨。兵部復下安撫令，源清亦樹幟招降，叛卒稍稍自投。首惡黃鎮等亦分日出見，乞通樵採路，永許諾。翌日採薪者出，永悉執之。城中人益懼，亂卒復叛，勾外寇爲助。永遇之，大敗而遁。叛卒遂引寇十餘騎入城，指代府曰：「以此爲那顏居。」「那顏」者，華言大人也。城中人聞之，皆巷哭。明日，外寇攻東南二關，叛卒與掎角，官軍殊死戰，互有殺傷。寇知叛卒不足賴，倒戈擊之，大詬而去。是時，寇游騎南掠至朔、應。源清請募九邊兵，增總制官禦之，己得一意攻城，帝不許。源清乃百道攻，穴城，爲毒烟熏死者相籍。復請壅水灌之。帝大不懌，奪其職閒住，以兵部侍郎張瓚代之。瓚未至，郎中詹榮等已悉捕首惡。

黃綰勘功罪，言源清、永實罪魁，具劾其婪賄不貲狀。兵科曾忭等言，宸濠亂，源清有保障功，當蒙八議之貸。帝怒，下忭等詔獄，逮源清治之。獄久不決，綰憂去，乃減死斥爲

民。俺答薄京師，卽家起之，未赴而卒。隆慶初，贈兵部尙書。

劉天和，字養和，麻城人。正德三年進士。授南京禮部主事。劉瑾黜御史十八人，改他曹二十四人補之，天和與焉。出按陝西。鎮守中官廖堂奉詔辦食御物於蘭州，天和謂非所部，辭不往。堂奏天和拒命，詔逮之。部民哭送者萬人。錮詔獄久不釋，吏部尙書楊一清疏救，法司奏當贖杖還職，中旨謫金壇丞。刑部主事孫繼芳抗章救，不報。屢遷湖州知府，多惠政。

嘉靖初，擢山西提學副使。累遷南京太常少卿。以右僉都御史督甘肅屯政。請以肅州丁壯及山、陝流民於近邊耕牧，且推行於諸邊。尋奏當興革者十事，田利大興。

改撫陝西。請撤鎮守中官及罷爲民患者三十餘事，帝皆從之。洮、岷番四十二族蠢動，天和誅不順命者。又討平湖店大盜及漢中妖賊，就進右副都御史。

母憂，服闋以故官總理河道。黃河南徙，歷濟、徐皆旁溢。天和疏汴河，自朱仙鎮至沛飛雲橋，殺其下流。疏山東七十二泉，自鳧、尼諸山達南旺河，濬其下流。役夫二萬，不三月訖工。加工部右侍郎。故事，河南八府歲役民治河，不赴役者人出銀三兩。天和因歲

饑，請盡蠲旁河受役者課，遠河未役者半之。詔可。

十五年改兵部左侍郎，總制三邊軍務。兵車皆雙輪，用二十人，遇險卽困，又行遲不適於用。天和請倣前總督秦紘隻輪車，上置砲槍斧戟，廂前樹狻猊牌，左右虎盾，連二車可蔽三四十人。一人輓之，推且翼者各二人。戰則護騎士其中，敵遠則施火器，稍近發弓弩，又近乃出短兵。敵走，則騎兵追。復製隨車小帳，令士不露宿。又毒弩矢，修邊牆濠塹。皆從之。

吉囊十萬衆屯賀蘭山後，遣別部寇涼州，副將王輔逐奪其纛。寇莊浪，總兵官姜奭屢敗之。進天和右都御史。寇復大集兵將入犯。天和策寇瞯西有備必東，密檄延綏副將白爵宵行，與參將吳瑛合。寇果東入黑河墩，遇爵伏兵，大創而去。旣又入蒺藜川，爵尾擊之，寇多死。尋入寇家澗、張家塔，爲爵、瑛所敗。犯寧夏者，總兵官王效復破之。帝大喜，進天和左都御史。吉囊犯河西，天和禦却之，進兵部尙書。寇將入平虜城，天和伏兵花馬池。寇戰不勝，走河上，遇伏兵，多死於水。吉囊乘虛寇固原，剽掠且饜。會涇潦，弓矢盡膠，無鬭志。而諸將多畏縮，天和斬指揮二人，召故總兵周尙文令立功。會陝西總兵官魏時角寇至黑水苑，尙文盡銳夾擊，殺吉囊子小十王。寇退寧夏，巡撫楊守禮、總兵官任傑等復邀擊，敗之鐵柱泉，斬獲共四百四十餘級。論功，加天和太子太保，廕一子錦衣千戶，前

後賚銀幣十數。遷南京戶部尙書，召爲兵部尙書督團營。言官論天和衰老，遂乞休歸。家居三年卒。贈少保，謚莊襄。

天和初舉進士，劉瑾欲與敍宗姓，謝不往。晚年內召，陶仲文以刺迎，稱戚屬。天和返其刺曰：「悞矣，吾中外姻連無是人。」仲文恚，其罷官有力焉。

楊守禮，字秉節，蒲州人。正德六年進士。除戶部主事。嘉靖初，屢遷湖廣僉事。以計擒公安賊魁。坐事謫敍州通判。累遷右副都御史，巡撫四川。與副將何卿平諸番亂，賚銀幣。初，守禮貶敍州，爲僉事張文奎所辱。至是，文奎遷四川參議，恐守禮修隙，先以所摭事奏。詔二人俱解職歸。

守禮才器敏達，中外以爲能。居家未久，工部尙書秦金等會薦，起河南參政。再遷右副都御史，巡撫寧夏。寇犯固原，爲總督劉天和所敗。欲自寧夏去，守禮與總兵任傑等邀敗之。會天和召還，進守禮右都御史總督軍務代之。錄前功，進兵部尙書。總兵官李義、楊信連却吉囊，三賜璽書銀幣。尋上疏乞休，帝惡其避難，降俸二級。

其秋，寇三萬騎抵綏德。遊擊張鵬却之，總兵官吳英等追至塞外，東路參將周文兵亦

中華書局

至，夾擊敗之。巡按御史殷學言，寇入內地五百里，請治諸將罪。部議延綏游兵俱調宣、大，寇方避實擊虛，而我能以寡勝衆，宜錄其功。乃加守禮太子少保，學謫外。守禮尋以憂去。俺答薄都城，廷臣首以守禮薦，詔趣上道。寇退，止不行。久之卒。

張岳，字維喬，惠安人。自幼好學，以大儒自期。登正德十二年進士，授行人。武宗寢疾豹房。請令大臣侍從，臺諫輪直起居，視藥餌，防意外變。不報。與同官諫南巡，杖闕下，謫南京國子學正。

世宗嗣位，復故官，遷右司副。母老乞便養，改南京武選員外郎，歷主客郎中。方議大禘禮。張璁求始祖所自出者實之，禮官皆唯唯。岳言於尚書李時曰：「不如爲皇初祖位，毋實以人。」時大喜，告璁。璁不謂然，以初議上。帝竟令題皇初祖主，如岳言。璁銜之，出爲廣西提學僉事。行部柳州，軍缺餉大譟，城閉五日。岳令守城啓門，召詰譟者予餉去。尋以計擒首惡，置之理。入賀，改提學江西。不謁璁，璁黜廣西選貢七人，謫岳廣東鹽課提舉。遷廉州知府。督民墾棄地，教以桔槔運水。廉民多盜珠池。岳居四年，未嘗入一珠。

帝使使往安南詰莫登庸殺主，岳言於總督張經曰：「莫氏篡黎，可無勘而知也。使往

受謾詞辱國，請留使者毋前。」經不可。知欽州林希元上書請決討莫氏，岳貽書止之，復條上不可討六事。爲書貽執政曰：「據邊民報，黎賙襲封無嗣，以兄子譓爲子。陳暠作亂，賙遇害，暠篡。未幾國人擁立譓，暠奔諒山。譓立七年爲莫登庸所逼，出居升華。登庸立譓幼弟懬而相之，卒弒懬自立，國分爲三。黎在南，莫居中，陳在西北。後諒山亦爲登庸有，陳遂絕。而黎所居即古日南地，與占城鄰，限大海，登庸不能踰之南，故兩存。近登庸又以交州付其孫福海，而自營海東府地都齋居之。蓋安南諸府，惟海東地最大，即所謂王山郡也。此賊負篡逆名，常練兵備我，又時揚言求入貢。邊人以非故王也，弗敢聞。愚以爲彼內亂未嘗有所侵犯，可且置之，待其亂定乃貢。若必用兵，勝負利鈍非岳所敢知。」執政得書不能決。已，毛伯溫來視師，張經一以軍事委岳。又以翁萬達才，進二人於伯溫。岳與伯溫語數日，伯溫曰：「交事屬君矣。」許登庸如岳議。會岳遷浙江提學副使，又還參政，伯溫馳奏留之，乃改廣東參政，分守海北。登庸降，加岳俸一級，賜銀幣。尋以征瓊州叛黎功，加俸及賜如之。

塞上多事，言官薦岳邊才。伯溫言：「岳可南，翁萬達可北也。」遂擢岳右僉都御史，撫治鄖陽。旋移撫江西，進右副都御史，總督兩廣軍務兼巡撫。討破廣東封川僮蘇公樂等，進兵部右侍郎。平廣西馬平諸縣瑤賊，先後俘斬四千，招撫二萬餘人，誅賊魁韋金田等，增

俸一級。召爲刑部右侍郎，以御史徐南金言命留任。連山賊李金與賀縣賊倪仲亮等，出沒衡、永、郴、桂，積三十年不能平，岳大合兵討擒之。蒞鎮四年，巨寇悉平，召拜兵部左侍郎。

湖貴間有山曰蜡爾，諸苗居之。東屬鎮溪千戶所箄子坪長官司，隸湖廣，西屬銅仁、平頭二長官司，隸貴州，北接四川酉陽，廣袤數百里。諸苗數反，官兵不能制。侍郎萬鏜征之，四年不克。乃授其魁龍許保冠帶。湖苗暫息，而貴苗反如故。鏜班師，龍許保及其黨吳黑苗復亂。貴州巡撫李義壯告警，乃命岳總督湖廣、貴州、四川軍務，討之。進右都御史。義壯持鏜議欲撫，岳劾其阻兵，罷之。先義壯撫貴州者，僉都御史王學益與鏜附嚴嵩，主撫議，數從中撓岳。岳持益堅。許保襲執印江知縣徐文伯及石阡推官鄧本忠以去，岳坐停俸。乃使總兵官沈希儀、參將石邦憲等分道進，躬入銅仁督之。先後斬賊魁五十三人，獨許保、黑苗跳不獲。岳以捷聞，言貴苗漸平，湖苗聽撫，請遣土兵歸農，朝議許之。未幾，酉陽宣慰冉元嗾許保、黑苗突思州，劫執知府李允簡。邦憲兵邀奪允簡還，允簡竟死。嵩父子故憾岳，欲逮治之，徐階持不可。乃奪右都御史，以兵部侍郎督師。邦憲等旋破賊。岳搜山箐，餘賊獻思州印及許保。湖廣兵亦破擒首惡李通海等。岳以黑苗未獲，不敢報功。已而冉元謀露，岳發其奸。元賄嚴世蕃責岳絕苗黨。邦憲竟得黑苗以獻，苗患乃息。

岳卒於沅州。喪歸，沅人迎哭者不絕。已，敍功，復右都御史，贈太子少保，謚襄惠。

岳博覽工文章，經術湛深，不喜王守仁學，以程、朱爲宗。

李允簡，融縣人。由舉人起家。以郡境多寇，遣孥歸，獨與孫炳文居。祖孫皆被執，許保挾以求厚贖。允簡則傳語邦憲令亟進兵。在賊中自投高崖下，賊拽出，棄之途。思人舁還，至清浪衞而卒。詔贈貴州副使，賜祭葬，官一子。

郭宗皋，字君弼，福山人。嘉靖八年進士。選庶吉士。尋詔與選者皆改除，得刑部主事。擢御史。十二年十月，星隕如雨。未幾，哀沖太子薨，大同兵亂。宗皋勸帝惇崇寬厚，察納忠言，勿專以嚴明爲治。帝大怒，下詔獄，杖四十釋之。歷按蘇、松、順天。行部乘馬，不御肩輿。會廷推保定巡撫劉夔還理院事，宗皋論夔嘗薦大學士李時子，諂媚無行，不任風紀，坐奪俸兩月。尋出爲雁門兵備副使，轉陝西參政，還大理少卿。

二十三年十月，寇入萬全右衞，抵廣昌，列營四十里。順天巡撫朱方下獄，擢宗皋右僉都御史代之，寇已去。宗皋言：「密雲最要害，宜宿重兵。乞敕馬蘭、太平、燕河三屯歲發千

人，以五月赴密雲，有警則總兵官自將赴援。居庸、白楊，地要兵弱，遇警必待部奏，不能及事。請預擬借調之法，令建昌三屯軍，平時則協助密雲，遇警則移駐居庸。」俱報可。久之，宗皋聞敵騎四十萬欲分道入，奏調京營、山東、河南兵爲援。已覺無實，坐奪俸一年。故事，京營歲發五軍詣薊鎮防秋。宗皋請罷三軍，以其犒軍銀充本鎮募兵費。又請發修邊餘銀，增築燕河營、古北口。帝疑有侵冒，令罷歸聽勘。既而事得白，起故官，巡撫大同，與宣府巡撫李仁易鎮。尋進兵部右侍郎，總督宣、大、山西軍務。

俺答三萬騎犯萬全左衞，總兵官陳鳳、副總兵林椿與戰鷂兒嶺，殺傷相當，宗皋坐奪俸。明年再犯大同，總兵官張達及椿皆戰死，宗皋與巡撫陳燿坐奪俸。給事中唐禹追論死事狀，因言全軍悉陷，乃數十年未有之大衄。帝乃逮宗皋及燿，各杖一百，燿遂死，宗皋戍陝西靖虜衞。

隆慶改元，從戍所起刑部右侍郎，改兵部，協理戎政。旋進南京右都御史，就改兵部尚書參贊機務。給事中莊國禎劾宗皋衰庸，宗皋亦自以年老求去，詔許之。萬曆中，再存問，歲給廩隸。十六年，宗皋年九十，又遣行人存問。是年卒。贈太子太保，謚康介。

趙時春，字景仁，平涼人。幼與羣兒嬉，輒列旂幟，部勒如兵法。年十四舉於鄉。踰四年爲嘉靖五年，會試第一。選庶吉士。以張璁言改官，得戶部主事。尋轉兵部。

九年七月上疏曰：「陛下以災變求言已旬月，大小臣工率浮詞面謾。蓋自靈寶知縣言河清受賞，都御史汪鋐繼進甘露，今副都御史徐讚、訓導范仲斌進瑞麥，指揮張楫進嘉禾，鋐及御史楊東又進鹽華，禮部尚書李時再請表賀。仲斌等不足道，鋐、讚司風紀，時典三禮，乃罔上欺君，壞風傷政。」

帝責其妄言，且令獻讜言善策。時春惶恐引咎未對。帝趣之，於是時春上言：

當今之務最大者有四，最急者有三。

最大者，曰崇治本。君之喜怒，賞罰所自出，勿以逆心事爲可怒，則賞罰大公而天下治。曰信號令。無信一人之言，必參諸公論。毋狃一時之近，必稽之永遠。苟利十而害一則利不必興，功百而費半則功不必舉，如是而天下享安靜之福矣。曰廣延訪。宜倣古人輪對及我朝宣召之制，使大臣、臺諫、侍從各得敷納殿陛間，羣吏則以其職事召問之。曰勵廉恥。大臣宜待以禮，取大節略小過，臺諫言是者用之，非者寬容之，庶臣工自愛，不敢不勵。

其最急者，曰惜人才。凡得罪諸臣，其才不當棄，其過或可原，宜霈然發命，召還故秩。且因南郊禮成，除謫戍之罪，與之更始。曰固邊圉。敗軍之律宜嚴，臨陣而退者，裨將得以戮士卒，大將得以戮裨將，總制官得以戮大將，則人心震悚，而所向用命。曰正治教。請復古冠婚、喪祭之禮，絕醮祭、禱祀之術。凡佛老之徒有假引符籙、依託經讖，幻化黃白，飛昇遐景以冒寵祿者，即賜遣斥，則正道修明而民志定。

帝覽之，益怒，下詔獄掠治，黜爲民。久之，選東宮官屬，起翰林編修兼司經局校書。

帝有疾，時春與羅洪先、唐順之疏請東宮御殿，受百官正旦朝賀。帝大怒，復黜爲民。京師被寇，朝議以時春知兵，起兵部主事，贊理京營務，統民兵訓練。大將軍仇鸞倡馬市，時春憤曰：「此秦檜續耳。身爲大將，而效市儈，可乎？」忤鸞，爲所搆，幾重得罪。稍遷山東僉事，進副使。

三十二年擢僉都御史，巡撫山西。時春慷慨負奇氣，善騎射。慨寇縱橫，將帥不任戰，數謂人：「使吾領選卒五千，俺答、丘福不足平也。」作禦寇論，論戰守甚悉。既秉節鉞，益思以武功自奮。其年九月，寇入神池、利民諸堡，時春率馬步兵往禦之。至廣武，諸將畢會。諜報寇騎二千餘，去兩舍。時春擐甲欲馳，大將李淶固止之。時春大言曰：「賊知吾來必遁，緩追卽不及。」遂策馬前。及於大蟲嶺，伏兵四起，敗績。倉皇投一墩，守卒縋之上乃得免，淶軍竟覆。被論，解官聽調。時春喜談兵，至是一戰而敗。然當是時將帥率避寇不擊，

爲督撫者安居堅城，遙領軍事，無躬搏寇者。時春功雖不就，天下皆壯其氣。時春讀書善强記，文章豪肆，與唐順之、王愼中齊名。詩，伉浪自喜類其爲人。

贊曰：姚鏌等封疆宣其擘畫，軍務暢其機謀，勳績咸有可紀。伍文定從王守仁平宸濠之難，厥功最懋。趙時春將略自命，一出輒躓。夫危事而易言之，固知兵者所弗取乎。

校勘記

〔一〕使沈希儀與張經李璋張佑程鑒各統兵八萬　各統兵八萬，則共爲四十萬。按本書卷三一八及明史稿傳一九二田州傳都說「鏌偕總兵官朱麒發兵八萬，以都指揮沈希儀、張經等統之」。傳文衍「各」字。

〔二〕千夫長韋貴　韋貴，原作「韋貫」，據本書卷三一八及明史稿傳一九二田州傳、世宗實錄卷七九嘉靖六年八月乙丑條改。下同。

〔三〕珊亦追至池淮　池淮，原作「地淮」，據武宗實錄卷一〇〇正德八年五月癸巳條改。按讀史方輿紀要卷九三金華府開化縣下有「池淮溪」，其地有「池淮畈」。

〔四〕王急攜二郡王走宣府　郡王，原作「郡主」。明史稿傳八一蔡天祐傳作「郡王」。按世宗實錄卷四六嘉靖三年十二月庚子條稱代王「及大順王充燿、河西王充𤎗夜亡走宣府以避之」。作「郡主」誤，今改。

明史卷二百一

列傳第八十九

陶琰 子滋　王縝　李充嗣　吳廷舉 弟廷弼　方良永

弟良節 子重杰　王嬪　王軏　徐問　張邦奇 族父時徹

韓邦奇 弟邦靖　周金　吳嶽 譚大初

陶琰，字廷信，絳州人。父銓，進士，陝西右參議。琰舉成化七年鄉試第一，〔一〕十七年成進士，授刑部主事。弘治初，進員外郎。歷固原兵備副使。練士卒，廣芻粟。歷九年，部內晏如。遷福建按察使，浙江左布政使。

正德初，以右副都御史巡撫河南，遷刑部右侍郎。陝西遊擊徐謙訐御史李高。謙故劉瑾黨，行厚賂，欲中高危法。琰往按，直高。瑾怒，假他事下琰詔獄，褫其職，又罰米四百石

輸邊。瑾誅，起左副都御史，總督漕運兼巡撫淮、揚諸府。

六年轉南京刑部侍郎。明年，賊劉七等將犯江南，王浩八又入衢州。進琰右都御史，巡視浙江。至則七等已滅，浩八聽撫。會寧、紹瀕海地颶風大作，居民漂沒萬數。琰出帑金振救，而大築蕭山至會稽堤五萬餘丈。奏設兵備道守要害，防浩八黨出沒，遣將擊斬其渠魁。遂城開化、常山、遂安、蘭谿，境內以靖。復命總督漕運，七疏乞歸。世宗嗣位，起故官。凡三督漕，軍民習其政，不嚴而肅。

琰性清儉，飯惟一疏。每到官及罷去，行李止三竹笥。尋加戶部尚書。嘉靖元年召拜工部尚書。其冬，改南京兵部，加太子少保。未浹歲，屢引年乞休。加太子太保，乘傳歸，有司歲時存問。又九年卒，年八十有四。贈少保，謚恭介。

子滋，以進士授行人。諫武宗南巡，杖闕下，謫國子學正。嘉靖初，歷兵部郎中。率同官伏闕爭「大禮」，再受杖，謫戍榆林。兵部尚書王時中等言，琰老病呻吟，冀父子一相見，乞改調近衞。不許。十五年赦還，卒。

王縝，字文哲，東莞人。父恪，寶慶知府。縝登弘治六年進士，選庶吉士，授兵科給事中。劾三邊總制王越附汪直、李廣，不可復玷節鉞。出理南畿屯田。有司徵松江白紵六千疋，縝言紵非正供，且請停上清宮役。詔皆罷之。累遷工科都給事中。

武宗初立，內府工匠以營造加恩。縝率同官言：「陛下初登大寶，工匠末技已有以微勞進者，誠不可示後世。宜散遣先朝諸畫士，革工匠所授官。」帝不能用。中官張永請改築通州新城，縝言泰陵工作方興，不當復興無益之役。帝乃止。

正德元年出爲山西右參政。歷福建布政使，遷右副都御史，巡撫蘇、松諸府。協平江西賊王浩八。乾清宮災，疏請養宗室子宮中，定根本，去南京新增內官，召還建言被黜諸臣。不報。已，調鄖陽巡撫，遷南京刑部右侍郎。

世宗卽位，陳正本十事。嘉靖二年就擢戶部尙書。卒官。

李充嗣，字士修，內江人。給事中蕃孫也。登成化二十三年進士，改庶吉士。弘治初，授戶部主事。以從父臨安爲郎中，改刑部。坐累，謫岳州通判。久之，移隨州知州，擢陝西僉事，歷雲南按察使。

正德九年舉治行卓異，累遷右副都御史，巡撫河南。歲大祲。請發帑金移粟振之，不足則勸貸富室。時流民多聚開封，煮糜哺之。踰月，資遣還鄉。初，鎭守中官廖堂黨於劉瑾，假進貢名，要求百端，繼者以爲常。充嗣言：「近中官進貢，有古銅器、窰變盆、黃鷹、角鷹、錦雞、走狗諸物，皆借名科斂。外又有拜見銀、須知銀及使扣驛傳快手月錢、河夫歇役之屬，無慮十餘事，苛派動數十萬。其左右用事者，又私於境內抑買雜物，擅榷商賈貨利。乞嚴行禁絕。」詔但禁下人科取而已。

十二年移撫應天諸府。寧王宸濠反，充嗣謂尙書喬宇曰：「都城守禦屬於公，畿輔則充嗣任之。」乃白將精兵萬人，西屯采石。遣使入安慶城中，令指揮楊鋭等堅守。傳檄部內，聲言京邊兵十萬且夕至，趣供餉，以紿賊。賊果疑懼。事定，兵部及巡按御史胡潔言其功。時已就進戶部右侍郎，乃賜敕嘉勞。

有建議修蘇、松水利者，進充嗣工部尙書兼領水利事。未幾，世宗嗣位，遣工部郎林文霈、顏如瓌佐之。開白茅港，疏吳淞江，六閱月而訖工。語詳河渠志。

嘉靖元年論平宸濠功，加太子少保。蘇、松白糧輸內府。正德時驟增內使五千人，糧亦加十三萬石。帝用充嗣言，減從故額。又請常賦外盡蠲歲辦之浮額者，內府徵收，監以科道官，毋縱內臣苛索。帝俱從之。尋改南京兵部尙書。七年致仕，卒。久之，詔贈太子太保，諡康和。

吳廷舉，字獻臣，其先嘉魚人，祖戍梧州，遂家焉。成化二十三年登進士，除順德知縣。上官屬修中貴人先祠，廷舉不可。市舶中官市葛，以二葛與之，曰：「非產也。」中官大怒。御史汪宗器亦惡廷舉，曰：「彼專抗上官，市名耳。」會廷舉毀淫祠二百五十所，撤其材作堤，葺學宮、書院。宗器謂有所侵盜，執下獄。按之不得閒，慚而止。

爲縣十年，稍遷成都同知。憂歸，補松江。用尙書馬文升、劉大夏薦，擢廣東僉事。從總督潘蕃討平南海、淸遠諸盜。正德初，歷副使。發總鎭中官潘忠二十罪。忠亦訐廷舉他事，逮繫詔獄。劉瑾矯詔，枷之十餘日，幾死。戍雁門，旋赦免。

楊一淸薦其才，擢江西右參政。敗華林賊於連河。從陳金大破姚源賊。其黨走裴源，復從兪諫破之。賊首胡浩三旣撫復叛，廷舉往諭，爲所執。居三月，盡得其要領，誘使擒及得還，浩三果殺其兄浩二，內亂。官兵乘之，遂擒浩三。

與副使李夢陽不協，奏夢陽侵官，因乞休。不俟命竟去，坐停一歲俸。起廣東右布政使，復佐陳金平府江賊。擢右副都御史，振湖廣饑。已，復出湖南定諸夷疆地。寧王宸濠

有逆謀，疏陳江西軍政六事，爲豫防計。

世宗立，召爲工部右侍郎，旋改兵部。上疏詆陸完、王瓊、梁儲及少傅蔣冕，而自以爲己昔居憲職無一言，乞罷黜以儆幸位。時完早得罪，瓊及儲已罷去，廷舉借以傾冕。冕遂求罷。帝頗不直廷舉，調南京工部，而慰諭冕。冕固請留之，不聽。

嘉靖元年，廷舉乞休。尋以災異復自劾求罷，勸帝修德應天，因奏行其部興革十二事。尋就改戶部，遷右都御史，巡撫應天諸府。長洲知縣郭波以事挫織造中官張志聰。志聰伺波出，倒曳之車後。典史蕭景腆操兵救場，急率兵救。百姓登屋，飛瓦擊志聰。志聰奏逮波、景腆，廷舉具白志聰貪驕狀。帝乃降波五級，調景腆遠方，志聰亦召還。

三年，以「大禮」議未定，請如洪武中修孝慈錄故事，令兩京部、寺、臺、省及天下督、撫各條所見，並詢家居老臣，采而行之，彙爲一書，以詔後世。時已定稱本生考，廷舉窺帝意不慊，故爲此奏。給事中張原、劉祺交劾之，不報。尋改南京工部尙書，辭不拜，稱疾乞休。帝慰留。已，復辭，且引白居易、張詠詩，語多詼諧，中復用嗚呼字。帝怒，以廷舉怨望無人臣禮，勒致仕。

廷舉面如削瓜。衣敝帶穿，不事藻飾。言行必自信，人莫能奪。其在太學時，兄事羅玘。玘病痢，僕死，自煮藥飲之。負以如廁，一晝夜數十反。玘嘗語人曰：「獻臣生我。」廷

中華書局

舉好薛瑄、胡居仁學，尊事陳獻章。居湫隘，亡郭外田，有書萬卷。及卒，總督姚鏌庀其喪。隆慶中，追謚清惠。

弟廷弼，舉於鄉。廷舉枷吏部前，廷弼臥其械下。刑部主事宿進爲奏記張綵，乃得釋。

方良永，字壽卿，莆田人。弘治三年進士。督逋兩廣，峻却饋遺，爲布政使劉大夏所器。還授刑部主事。進員外郎，擢廣東僉事。瓊州賊符南蛇爲亂，大夏時爲總督，檄攝海南兵備，會師討平之。御史坐良永失利。大夏已入爲本兵，爲白於朝，賚銀幣。

正德初，父喪除，待銓闕下。外官朝見畢，必謁劉瑾。鴻臚導良永詣左順門叩頭畢，令東向揖瑾，良永竟出。或勸詣瑾家，良永不可。及吏部除良永河南撫民僉事，中旨勒致仕。既去，瑾怒未已，欲假海南殺人事中之。刑部郎中周敘力持，乃不坐。瑾誅，起湖廣副使。尋擢廣西按察使。發巡按御史朱志榮罪至謫戍。遷山東右布政使。旋調浙江，改左。

錢寧以鈔二萬鬻於浙，良永上疏曰：「四方盜甫息，瘡痍未瘳，浙東西雨雹。寧厮養賤流，假義子名，躋公侯之列。賜予無算，納賄不貲，乃敢攫民財，戕邦本。有司奉行急於詔

旨，胥吏緣爲奸，椎膚剝髓，民不堪命。鎮守太監王堂、劉璟畏寧威，受役使。臣何敢愛一死，不以聞。乞陛下下寧詔獄，明正典刑，並治其黨，以謝百姓。」寧懼，留疏不下。謀遣校尉捕假勢鬻鈔者，以自飾於帝，而請以鈔直還之民，陰召還前所遣使。寧初欲散鈔徧天下，先行之浙江、山東，山東爲巡撫趙璜所格，而良永白發其奸，寧自是不敢鬻鈔矣。寧方得志，公卿、臺諫無敢出一語。良永以外僚訟言誅之，聞者震悚。良永念母老，恐中禍，三疏乞休去。

世宗卽位，中外交薦。拜右副都御史，撫治鄖陽。以母老，再疏乞終養。都御史姚鏌請破格褒寵。尙書喬宇、孫交言，良永家無贏貲，宜用侍郎潘禮、御史陳茂烈故事，賜廩米。詔月給三石。久之，母卒，詔賜祭葬。皆異數也。服除，以故官巡撫應天，卽家賜敕。至衢州疾作，連疏乞致仕，未報遽歸，卒。卒後有南京刑部尙書之命。暨訃聞，賜卹如制，謚簡肅。

良永侍父疾，衣不解帶者三月。母病，良永年六十餘矣，手進湯藥無少怠。居倚廬哀毁，稱純孝焉。素善王守仁，而論學與之異。嘗語人曰：「近世專言心學，自謂超悟獨到，推其說以自附於象山，而上達於孔子。目賢聖教人次第爲小子無用之學，程、朱而下無不受擯，而不知其入於妄。」

弟良節，官廣東左布政使，亦有治行。子重杰，舉於鄉，以孝聞。

王爌，字存納，黃巖人。弘治十五年進士。除太常博士。正德時，屢遷刑科都給事中。武定侯郭勛鎭兩廣，行事乖謬。詔自陳，勛強辨，爌等駁之。都察院覆奏，不錄爌言，爌並劾都御史彭澤。帝責澤，置勛不問。御史林有年直言下獄，浙江僉事韓邦奇忤中官被逮，爌皆救之。帝幸大同久不反，爌力請回鑾。又與工科石天柱救彭澤，忤王瓊。中旨調兩人於外，爌得惠州推官。

世宗立，召復都給事中。旋擢太僕少卿，改太常。嘉靖三年遷應天府尹。歲大祲，奏免其賦。居四年，遷南京刑部右侍郎，以母老歸養。

家居十年，起故官。尋擢南京右都御史。守備中官進表，率以兩御史監禮。爌曰：「中官安得役御史？」止之。奉賀入朝，謁內閣夏言。言倨甚，大臣多隅坐，爌獨引坐正之。言不悅，爌遂謝病歸。

爌與御史潘壯不相能。壯坐大獄，詔爌提問。爌力白壯罪，至忤旨。人以此稱爌長者。卒，贈工部尙書。

王軏，開平衞人，弘治十二年進士。正德初，歷工部員外郎，屢遷山東左布政使。嘉靖初，入爲順天府尹。房山地震，軏言召災有由，語多指斥。忤旨切責。尋遷右副都御史，巡撫四川。芒部土官知府隴慰死，庶子政與嫡子壽爭立，朝議立壽。政倚烏撒，數搆兵，使人誘殺壽，奪其印。軏請討之。乃會貴州兵分道進，擒政於水西，招降四十九砦。璽書獎勞。

時將營仁壽宮，就拜軏工部右侍郎，督採大木。工罷，召還，改戶部。覈九門苜蓿地，以餘地歸之民。勘御馬監草場，釐地二萬餘頃，募民以佃。房山民以牧馬地獻中官韋恒，軏釐歸之官。奸人馮賢等復獻中官李秀，秀爲請於帝，軏抗疏劾之。帝雖宥秀，竟治賢等如律。出覈勛戚莊田，請如周制，計品秩，別親疏，以定多寡，非詔賜而隱占者俱追斷。戶部尙書梁材採其言，兼幷者悉歸官。稍進左侍郎。

初，軏之平隴政也，以隴氏無後，請改設流官，兵部尙書李鉞等然之。遂改芒部爲鎭雄府，分置四長官司，授隴氏疏屬阿濟等爲長官，而擢重慶通判程洸爲試知府。隴氏舊部沙保等攻執洸，奪其印，欲復立隴氏後。巡撫王廷相等破保，洸得還。保子普奴復連烏撒、水西苗攻剽畢節諸衞。帝命伍文定圖之。以朝議不合，召還。御史戴金因言：「芒部改流之

議，諸司咸執不可。軏徇洸邪說，違衆獨行，致疆埸不靖。」遂罷軏官。

以兵部尚書李承勛薦，起故官，總督倉場，再遷南京戶部尚書。御史龔湜劾軏老悖，吏部言軏居官儉素，搢紳儀表。帝乃責湜妄言。久之，就改兵部，參贊機務。詔舉將材，薦鄭卿、沈希儀等二十一人，皆擢用。居四年，以老乞罷。疏中言享年若干，帝以爲非告君體，勒爲民。久之卒。

徐問，字用中，武進人。弘治十五年進士。授廣平推官。遷刑部主事，歷兵部，出爲登州知府。地濱海多盜，問盡捕之。調臨江。修築壞堤七十二。轉長蘆鹽運使。運司故利藪，自好者不樂居。問曰：「吾欲清是官也。」終任不取一錢。累遷廣東左布政使。

嘉靖十一年以治行卓異，拜右副都御史，巡撫貴州。獨山州賊蒙鉞弑父爲亂。問聞南丹、泗城欲助逆，檄廣西撫按伐其謀。又檄鉞弟釗復父讎，事平得承襲。鉞援絕。問督大兵分道入，誅之。捷聞，賜金綺，召爲兵部右侍郎。疏陳武備八事。又言：「兩廣、雲、貴半土司，深山密箐，猺、僮、羅、僰所窟穴。邊將喜功召釁，好爲擣穴之舉。王師每入，巨憝潛蹤，所誅戮率無辜赤子。與大兵，費厚餉，以易無辜命，非陛下好生意。宜敕邊臣布威信，

嚴阨塞，謹哨探，使各安邊境，以絕禍萌。」帝深納其言。尋引疾歸。

二十一年召爲南京禮部侍郎。久之，就還戶部尚書。復引疾去，卒於家。

問清節自勵。居官四十年，敝廬蕭然，田不滿百畝。好學不倦，粹然深造，爲士類所宗。隆慶初，謚莊裕。

張邦奇，字常甫，鄞人。年十五，作易解及釋國語。登弘治末年進士，改庶吉士，授檢討。出爲湖廣提學副使。下教曰：「學不孔、顏，行不曾、閔，雖文如雄、褒，吾且斥之。」在任三四年，諸生競勸。時世宗方爲興世子，獻皇遣就試。乃特設兩案，己居北而使世子居南。文成，送入學。世宗由此知邦奇。

嘉靖初，提學四川，以親老乞歸。久之，桂萼掌銓，去留天下提學官，起邦奇福建。未幾，選外僚入坊局，改右庶子，還南京祭酒。以身爲教，學規整肅。就遷吏部侍郎。丁外艱歸。

帝嘗奉太后謁天壽諸陵，語及擇相。太后曰：「先皇嘗言提學張邦奇器識，他日可爲宰相，其人安在？」帝憬然曰：「尚未用也。」服闋，卽召爲吏部右侍郎，掌部事。推轂善類，人不可干以私。銓部升除，多受教政府，邦奇獨否，大學士李時銜之。郭勛家人犯法，昇重賄請寬，邦奇不從。帝欲卽授邦奇尚書，爲兩人沮止。尋改掌翰林院事，充日講官，加太子賓客，改掌詹事府。

九載考績，晉禮部尚書。以母老欲便養，乃改南京吏部。復改兵部，參贊機務。帝猶念邦奇，時與嚴嵩語及之。嵩曰：「邦奇性至孝，母老，不樂北來。」帝信其言，遂不召。二十三年卒，年六十一。贈太子太保，謚文定。

邦奇之學以程、朱爲宗。與王守仁友善，而語每不合。躬修力踐，跬步必謹。晝之所爲，夕必書於冊。性篤孝，以養親故，屢起輒退。其母後邦奇卒，壽至百歲。邦奇事寡嫂如事母。所著學庸傳、五經說及文集，粹然一出於正。

族父時徹，少邦奇二十歲，受業於邦奇。仕至南京兵部尚書。有文名。

韓邦奇，字汝節，朝邑人。父紹宗，福建副使。邦奇登正德三年進士，除吏部主事，進員外郎。

六年冬，京師地震，上疏陳時政闕失。忤旨，不報。會給事中孫禎等劾臣僚不職者，並

及邦奇。吏部已議留，帝竟以前疏故，黜爲平陽通判。遷浙江僉事，轄杭、嚴二府。宸濠令內豎假飯僧，聚千人於杭州天竺寺，邦奇立散遣之。其儀賓託進貢假道衢州，邦奇詰之曰：「入貢當沿江下，奚自假道？」歸語王，「韓僉事不可誑也。」

時中官在浙者凡四人，王堂爲鎭守，晁進督織造，崔琜主市舶，張玉管營造。爪牙四出，民不聊生。邦奇疏請禁止，又數裁抑堂。邦奇閔中官採富陽茶魚爲民害，作歌哀之。堂遂奏邦奇沮格上供，作歌怨謗。帝怒，逮至京，下詔獄。廷臣論救，皆不聽，斥爲民。

嘉靖初，起山東參議。乞休去。尋用薦，以故官蒞山西。再乞休去。起四川提學副使，入爲春坊右庶子。七年偕同官方鵬主應天鄉試，坐試錄謬誤，謫南京太僕丞。復乞歸。起山東副使，遷大理丞，進少卿，以右僉都御史巡撫宣府。入佐院事，進右副都御史，巡撫遼東。時遼陽兵變，侍郎黃宗明言邦奇素有威望，請假以便宜，速往定亂。帝方事姑息，不從，命與山西巡撫任洛換官。至山西，爲政嚴肅，有司供具悉不納，間日出俸米易肉一斤。

居四年，引疾歸。中外交薦，以故官起督河道。遷刑部右侍郎，改吏部。拜南京右都御史，進兵部尚書，參贊機務。致仕歸。三十四年，陝西地大震，邦奇隕焉。贈太子少保，謚恭簡。

邦奇性嗜學。自諸經、子、史及天文、地理、樂律、術數、兵法之書，無不通究。著述甚

富。所撰志樂，尤爲世所稱。

弟邦靖，字汝度。年十四舉於鄉。與邦奇同登進士，授工部主事。榷木浙江，額不充，被劾，以守官廉得免。進員外郎。乾清宮災，指斥時政甚切。武宗大怒，下之詔獄。給事中李鐸等以爲言，乃奪職爲民。世宗卽位，起山西左參議，分守大同。歲饑，人相食，奏請發帑，不許。復抗疏千餘言，不報。乞歸，不待命輒行。軍民遮道泣留。抵家病卒，年三十六。未幾，邦奇亦以參議蒞大同。父老因邦靖故，前迎，皆泣下。邦奇亦泣。

邦奇嘗廬居，病歲餘不能起。邦靖藥必分嘗，食飲皆手進。後邦靖病亟，邦奇日夜持弟泣，不解衣者三月。及歿，衰絰蔬食，終喪弗懈。鄉人爲立孝弟碑。

周金，字子庚，武進人。正德三年進士。授工科給事中。累遷戶科都給事中。疏言：「京糧歲入三百五萬，而食者乃四百三萬，當痛爲澄汰。中官迎佛及監織造者濫乞引鹽，騷橫道路，當罷。都督馬昂納有妊女弟，當誅昂而還其女。」朝議用兵土魯番，復哈密。金言西邊虛憊，而土魯番險遠，且青海之寇窺伺西寧，不宜計哈密。已，卒從金議。

嘉靖元年由太僕寺少卿遷都察院右僉都御史，巡撫延綏。邊人貧甚。金爲招商聚粟，廣屯積穀，以時給其食。改撫宣府，進右副都御史。大同叛卒殺張文錦，邊鎭兵皆驕。宣府總督侍郎馮清苛刻。諸軍請糧不從，且欲鞭之，衆譁然圍清府署。金方病，出坐院門，召諸軍官數之曰：「是若輩剝削之過。」欲痛鞭之。軍士氣稍平，擁而前請曰：「總制不恤我耳。」金從容諭以利害，衆乃散解去，得無變。

改撫保定。巡按御史李新芳疑廣平知縣謀己，欲抶之。知府爲之解，並欲執知府，發兵二千捕之。知府及佐貳皆走，一城盡空。金發其罪狀，而都御史王廷相庇新芳，與相爭。帝卒下新芳刑部，黜官。

金還兵部右侍郎。未幾，進右都御史，總督漕運，巡撫鳳陽諸府。久之，擢南京刑部尚書，就轉戶部。二十四年致仕歸，歲餘卒。贈太子太保，謚襄敏。

吳嶽，字汝喬，汶上人。嘉靖十一年進士。授戶部主事，歷郎中。督餉宣府，吏進羨金數千，拒之。出知廬州府。稅課歲萬金，例輸府，嶽以代郵傳費。西山薪故供官爨，嶽弛以利民。以憂去。服除，改保定，治如廬州。歷山西副使，浙江參政，湖廣按察使，山西右布政使，並以清靜得民。

遷右僉都御史，巡撫保定六府。奏蠲徵發冗費十六七，民力遂寬。甫浹歲，引疾去。久之，以貴州巡撫徵。尋進左副都御史，協理院事。

隆慶元年歷吏部左、右侍郎。京察竣，給事中胡應嘉有所申救。嶽詣內閣抗聲曰：「科臣敢留考察罷黜官，有故事乎？」應嘉遂得譴。遷南京禮部尚書，就改吏部。抑浮薄，杜僥倖，南都搢紳憚之。上疏陳六事，帝頗納其言。尋改兵部，參贊機務。未上，給由過家，病卒。詔贈太子太保，謚介肅。

嶽清望冠一時，飭躬嚴整。尚書馬森言平生見廉節士二人，嶽與譚大初耳。嶽知廬州時，王廷守蘇州，以公事遇京口。嶽召爲金山遊，攜酒一瓶，肉一斤，菜數束。廷笑曰：「止是乎？」嶽亦笑曰：「足供我兩人食矣。」歡竟日而還。去廬日，假一蓋禦雨，至卽命還之。

譚大初，字宗元，始興人。嘉靖十七年進士。授工部主事。憂歸。起補戶部，改戶科給事中。數論事。歷兵科左給事中，出爲江西副使。清軍，多所釋。御史孫愼以失額爲疑，大初曰：「失額罪小，殃民罪大。」嚴嵩親黨奪民田，治之不少貸。遷廣西右參政，投劾歸。久之，起故官河南。未上，擢南京右通政。俄遷應天府尹。將赴南都，而穆宗卽位，乞以參政

致仕，不許。隆慶元年召拜工部右侍郎，尋遷戶部左侍郎，督倉場。海瑞爲僉都御史，大初力薦瑞。已而屢疏乞休，不允。拜南京戶部尚書，引疾去。家居，田不及百畝。卒年七十五。謚莊懿。

贊曰：當正、嘉之際，士大夫刓方爲圓，貶其素履，羔羊素絲之節寖以微矣。陶琰諸人清操峻特，卓然可風。南都列卿，後先相望，不其賢乎。琰之督漕，充嗣之守禦，良永之遏錢寧，周金之弭亂卒，所豎立甚偉。至琰子之直節，廷綱、邦靖之篤行，尤無忝其父兄云。

校勘記

〔一〕成化七年鄉試第一　成化七年，明史稿傳七五陶琰傳作「成化十六年」。

二十四史

明史

清 張廷玉等撰

第一八册

卷二〇二至卷二一二(傳)

中華書局

中華書局

明史卷二百二

列傳第九十

廖紀 王時中 周期雍 唐龍 子汝楫 王杲 王暐

周用 宋景 屠僑 聞淵 劉訒 胡纘宗 孫應奎

餘姚孫應奎 方鈍 聶豹 李默 萬鏜 周延

潘恩 賈應春 張永明 胡松 績溪胡松

趙炳然

廖紀，字時陳，[一]東光人。弘治三年進士。授考功主事，屢遷文選郎中。正德中，歷工部右侍郎。提督易州山廠，羨金無所私。遷吏部左、右侍郎。世宗立，拜南京吏部尚書。調兵部，參贊機務。被論解職。

嘉靖三年，「大禮」議既定，吏部尚書楊旦赴召，道劾張璁、桂萼。璁、萼之黨陳洸遂劾旦而薦紀。帝罷旦，以紀代之。紀疏辭，言：「臣年已七十，精力不如喬宇，聰明不如楊旦。」時宇、旦方爲帝所惡，不許。光祿署丞何淵請建世室，祀興獻帝，下廷議。紀等執不可，帝弗從。紀力爭曰：「淵所言，干君臣之分，亂昭穆之倫，蔑祖宗之制，臣謹昧死請罷勿議。」不納。會廷臣多辭者，議竟寢。

已，條奏三事。其末言人材當惜，謂：「正德之季，宗社幾危。議者但知平定逆藩之功，而不知保護京師之力。自陛下繼統，老成接踵去，新進連茹登，以出位喜事爲賢，以凌分犯禮爲貴。伏望陛下於昔年致仕大臣，念其保護之勳，量行召用。其他降職、除名、遣戍者，使得以才自効。」帝但納其正士風、重守令二事而已。三邊總督楊一清召還內閣，璁等欲起王瓊，紀推彭澤、王守仁，帝不允。復以鄧璋、王憲名上，竟用憲。

五年正月，御史張袞、喻茂堅、朱實昌以世廟禮成，請宥議禮得罪諸臣，璁、萼亦以爲請，章俱下吏部。紀等列上四十七人，卒報罷。御史魏有本以劾郭勛、救馬永謫官，給事中沈漢等論救，帝不聽。紀從容爲言，且薦永及楊銳。帝納之，有本得無謫。紀在南都，持議與璁合，坐是劾罷。璁輩欲引助己，遂首六卿。而紀顧數與牴牾，璁輩亦不喜。年老稱病乞歸，許之去。初，獻皇實錄成，加太子太保。至是進少保，賜敕乘傳，夫廩視故事有加。

卒，贈少傅，[三]謚僖靖。

王時中，字道夫，黃縣人。弘治三年進士。授鄢陵知縣。嘗出郊，旋風擁馬首。時中曰：「冤氣也。」跡得屍眢井，乃婦與所私者殺之，遂伏辜。召拜御史，督察畿輔馬政。正德初，請革近畿皇莊，不報。吏部尚書馬文升致仕，時望屬劉大夏、閔珪。時中詆珪和媚，大夏昏耄。兩人各求退，焦芳遂得之，衆咸咎時中。出按宣、大，逮繫武職貪汚者百餘，爲東廠太監丘聚所奏。劉瑾捕時中下詔獄，荷重枷於都察院門。時中病甚，其妻往省，遇都御史劉宇，哭且訴。宇不得已言於瑾，釋之，謫戍鐵嶺衞。瑾誅，起四川副使，遷湖廣按察使。十二年以右僉都御史巡撫寧夏。

世宗立，召爲右副都御史。父喪除，起故官。會上章聖太后尊號，時中言本生二字不當去。及上册寶，百官陪列不至者九人，時中與焉。帝責對狀，已而貰之。

歷兵部左侍郎，代李鉞爲尚書。中官黃英等多所陳請，時中皆執不可。敍薊州平盜功，濫及通州守備鄢祐，爲言官李鳴鶴等所劾。時中乞休，且詆言者。給事中劉世揚等言時中不當退忿詈言官，帝乃切責時中，令歸聽勘。

嘉靖十年四月起復爲兵部尚書。御史郭希愈請重兵部侍郎之選，以邊臣有才者兩人分掌邊方、內地軍務。吏部議從之。時中言非祖宗臨時遣將意，帝遂從其議。帝欲用王憲於兵部，乃調時中刑部尚書。坐論御史馮恩獄，落職閒住。始，恩疏詆時中，及是以寬恩得罪，時稱爲長者。久之，遇赦，復官致仕。

周期雍，字汝和，江西寧州人。正德三年進士。授南京御史。劉瑾既誅，爲瑾斥者悉起，而給事中李光翰、任惠、徐蕃、牧相、徐暹、趙士賢，御史貢安甫、史良佐、曹閔、王弘、葛浩、姚學禮、張鳴鳳、王良臣、徐鈺、趙佑、楊璋、朱廷聲、劉玉，部郎李夢陽、王綸、孫磐等，以衆劾羣閹未得錄。期雍偕同官王佩力請，皆召用。兵部尚書王敞附瑾進，期雍請斥之。焦芳、劉宇猶在列，而劉大夏、韓文、楊守隨、林瀚、張敷華未雪，期雍皆極論。陳金討江西賊，縱苗殺掠，期雍發其狀。尋清軍廣東，劾鎮守武定侯郭勛，金與勛皆被責。出爲福建僉事。宸濠反，簡銳卒赴討。會賊平乃還。

嘉靖初，爲浙江參議。討平溫、處礦盜，予一子官。再遷湖廣按察使。九年擢右僉都御史，巡撫順天。薊州、密雲關堡數十，以避寇警移入內地，關外益無備，期雍悉修復之。數列上便宜。入爲大理卿，歷刑部左、右侍郎，右都御史，拜刑部尚書。大計京官，言官劾期雍納賄。吏部白其誣，詔爲飭言者。

十九年，郭勛修前郤，因風霾勸帝罷免大臣，期雍遂去位。家居十年卒。

唐龍，字虞佐，蘭谿人。受業於同縣章懋，登正德三年進士。除郯城知縣。禦大盜劉六，數敗之，加俸二等。

父喪，服除，徵授御史，出按雲南。錢寧義父參將盧和坐罪當死，寧爲奏辯，下鎮撫覆勘。會遣官錄囚，受寧屬欲出和，爲龍所持，卒正其罪。土官鳳朝明坐罪死，革世職。寧令滇人爲保舉，而矯旨許之。龍抗疏爭，寢其事。再按江西，疏趣張忠、許泰班師。三司官從宸濠叛者猶居位，龍召數之曰：「脅從罔治，謂凡民耳。若輩讀書食祿，何靦顏乃爾。」立收其印綬。擢陝西提學副使，遷山西按察使，召爲太僕卿。

嘉靖七年改右僉都御史，總督漕運兼巡撫鳳陽諸府。奏罷淮西官馬種牛，罷壽州正陽關榷稅，通、泰二州虛田租及漕卒船料，民甚德之。召拜左副都御史，歷吏部左、右侍郎。

十一年，陝西大饑。吉囊擁衆臨邊，延綏告警。詔進龍兵部尚書，總制三邊軍務兼理

振濟，齎帑金三十萬以行。龍奏行救荒十四事。時吉囊居套中，西抵賀蘭山，限以黃河不得渡，用牛皮爲渾脫，渡入山後。俺答亦自豐州入套爲患。龍用總兵官王效、梁震，數敗敵，屢被獎賚。

召爲刑部尚書。大猾劉東山搆陷建昌侯張延齡，興大獄。延齡，昭聖皇太后母弟，帝所惡也。吏坐獄不窮竟去者數十人，龍獨執正東山罪。「大禮」大獄及諸建言獲罪者，廷臣屢請寬，不能得。會九廟成，覃恩，龍錄上充軍應赦者百四十人，率得宥，所不原惟豐熙、楊慎、王元正、馬錄、呂經、馮恩、劉濟、邵經邦而已。考尚書六年滿，加太子少保。以母老乞歸侍養。久之，用薦起南京刑部尚書，就改吏部。兵部尚書戴金罷，召龍代之。太廟成，加太子太保。

尋代熊浹爲吏部尚書。龍有才，居官著勞績。及爲吏部，每事咨僚佐。年老多疾，輒爲所欺。御史陳九德劾前選郎高簡罔上行私，幷論龍衰暮，乃下簡詔獄。龍引疾，未報。吏科楊上林、徐良輔復論簡。詔杖簡六十遣戍。上林、良輔以不早言罷職，龍黜爲民。龍已有疾，輿出國門卒。

後數年，子修撰汝楫疏辯。詔復官，贈少保，謚文襄。龍故與嚴嵩善。龍之罷，實夏言主之。而汝楫素附嵩，得第一人及第。官至左諭德。後坐嵩黨奪官。

王杲，字景初，汶上人。正德九年進士。授臨汾知縣。擢御史，巡視陝西茶馬。帝遣中官分守蘭、靖。杲言窮邊饑歲，不宜設官累民，不報。

嘉靖三年，帝將遣中官督織造於蘇、杭，杲疏諫，不納。久之，擢太僕少卿，改大理，再遷左副都御史，進戶部右侍郎。河南大饑，命杲往振。杲請急發帑金，詔齎臨清倉銀五萬兩以行。既至，復請發十五萬兩。全活不可勝計。事竣，賜銀幣。尋以右都御史總督漕運。故事，繕運艘，軍三民七。總兵官顧寰以軍民困敝，請發兩淮餘鹽銀七十萬，戶部尚書李如圭不可。杲請改折兩年漕運十之三，以所省轉輸費治運艘，勿重困軍民，報可。

踰年，入為戶部尚書。后父安平侯方銳乞張家莊馬房地。杲言此地二千餘頃，正供所出，不可許，宜以大慈恩寺入官地二十頃予之。帝從其議。時國儲告匱，諸邊請增餉無虛月，四方多水旱，給事中李文進請議廣儲蓄。杲列九事以獻，已又上制財用十事，帝咸納之。舊制，歲漕四百萬石。杲以粟有餘而用不足，遇災傷率改折以便民。一日，帝見改折者過半，大驚，以詰戶部，杲等引罪。敕自今務遵祖制，毋輕變。

杲掌邦計，事無不辦，帝深倚之。後有詔買龍涎香，久不進，帝以此不悅。給事中馬

錫劾杲及巡倉御史艾朴受賄，給事中厲汝進言倉場尚書王暐亦然，並下獄。杲、朴遣戍，暐斥為民。杲竟卒於雷州戍所。隆慶初，給事中辛自修等訟杲冤。詔復官，賜祭葬，贈太子太保。

王暐，句容人。由進士除吉安推官。從王守仁平宸濠，遷大理寺副。爭「大禮」，下獄廷杖。累遷右副都御史，巡撫江西。歷兩京戶部侍郎，出督漕運，進尚書。歷官著清操。

周用，字行之，吳江人。弘治十五年進士。授行人。正德初，擢南京兵科給事中。父憂服闋，留補禮科。已，乞南。改南京兵科。諫迎佛烏斯藏及以中旨遷黜尚書、都給事中等官，且請治鎮守江西中官黎安罪。出為廣東參議，預平番禺盜，有功。歷浙江、山東副使。擢福建按察使，改河南右布政使。代監司鞫南陽滯獄，獄為之空。

嘉靖八年擢右副都御史，巡撫南、贛。召協理院事。歷吏部左、右侍郎。以起廢不當，尚書汪鋐委罪僚屬，乃調用南京刑部。就遷右都御史，工、刑二部尚書。九廟災，自陳致仕。

用端亮有節概。既罷，中外皆惜之，頻有推薦。久之，以工部尚書起督河道，數月，改漕運。未上，召拜左都御史。二品九年滿，加太子少保。二十五年代唐龍為吏部尚書。明年卒官。贈太子太保，謚恭肅。曾孫宗建，自有傳。

用掌憲時，愼自持而已，無所獻替。其後宋景、屠僑繼之，大略皆廉潔，與用相似。景未久卒，而僑居職八年。屬嚴嵩柄政，風紀不振。議丁汝夔獄，受杖不能去。

宋景，字以賢，奉新人。弘治十八年進士。知睢州。正德五年入為河南道御史。故事，知州無改御史者，劉瑾創之也。瑾誅，景引疾去。嘉靖三年以薦補浙江僉事，進山西副使。民饑為盜，殺守禦指揮。景樹幟，令被脅者赴之。賊咸歸命，乃擒斬其魁。四遷山西左布政使，累官南京吏工二部尚書。改兵部，參贊機務。入為左都御史。卒，贈太子少保、吏部尚書，謚莊靖。

屠僑，字安卿，吏部尚書滽再從子也。正德六年進士。授御史。巡視居庸諸關。武宗遣中官李嵩等捕虎豹，僑力言不可。世宗時，歷左都御史。卒，贈少保，謚簡肅。

聞淵，字靜中，鄞人。弘治十八年進士。初授禮部主事，已改刑部。楊一清為吏部，調淵稽勳員外郎。歷考功郎中，改掌文選，遷南京右通政。

嘉靖初，擢應天府尹，改尹順天。累遷南京兵部右侍郎，攝部事。薦馬永等十餘人。召為刑部右侍郎，遷左。進南京刑部尚書，就移吏部。召為刑部尚書。周用卒，代為吏部尚書。

侍郎徐階得帝眷，前尚書率推讓之。淵自以前輩，事取獨斷。大學士夏言柄政，淵老臣，不能委曲徇。及後議言獄，淵謂言事祇任意，跡涉要君，請帝自裁決。帝大怒，切責淵。嚴嵩既殺言，勢益橫，部權無不侵，數以小故奪淵俸。淵年七十矣，遂乞骸骨歸。家居十四年卒。先累加太子太保，卒贈少保，謚莊簡。

淵居官始終一節。晚扼權相，功名頗損。在南刑部時，張璁先為曹屬，嘗題詩於壁，屬淵勒石後堂。淵曰：「此尚書堂也，吾敢以相君故，為郎官勒石耶？」

劉訒，鄢陵人。父璟，刑部尚書。訒登正德十二年進士，為寧國推官，攝蕪湖縣事。武宗南巡，中貴索賄不得，繫訒詔獄。世宗立，復官。尋擢御史，遷南京通政參議。歷南京刑

部尚書，召改北。

初，帝幸承天，河南巡撫胡纘宗嘗以事笞陽武知縣王聯。聯尋爲巡按御史陶欽夔劾罷。聯素兇狡，嘗毆其父良，論死。久之，以良請出獄。復坐殺人，求解不得。知帝喜告訐，乃摭纘宗迎駕詩「穆王八駿」語爲謗詛。言纘宗命已刊布，不從，屬欽夔論黜，羅織成大辟。候長至日，令其子詐爲常朝官，闌入闕門訟冤。凡所不悅，若副都御史劉隅，給事中鮑道明，御史胡植、馮章、張洽，參議朱鴻漸，知府項喬、賈應春等百十人，悉擣入之。帝大怒，立遣官捕纘宗等下獄，命訒會法司嚴訊。訒等盡得其誣罔，仍坐聯死，當其子詐冒朝官律斬，而爲纘宗等乞宥。帝既從法司奏坐聯父子辟，然心嗛纘宗，頗多詰讓，下禮部都察院參議。嚴嵩爲之解，乃革纘宗職，杖四十。訒亦除名，法司正貳停半歲俸，郎官承問者下詔獄。嵩以對制平獄有功，令兼支大學士俸，嵩辭乃允。時法官率骫法徇上意。稍執正，譴責隨至。訒於是獄能持法，身雖黜，而天下稱之。

胡纘宗，陜西秦安人。正德三年進士。由檢討出爲嘉定判官。歷山東巡撫，改河南。

孫應奎，字文宿，洛陽人。正德十六年進士。授章丘知縣。

嘉靖四年入爲兵科給事中，上疏言：「輔臣之任，必忠厚鯁亮、純白堅定者乃足當之。今大學士楊一清雖練達國體，而雅性尙通，難以獨任。張璁學博性偏，傷於自恃，猶飭厲功名，當抑其過而用之。至於桂萼以梟雄桀驁之資，作威福，納財賄，阻抑氣節，私比黨與，勢侵六官，氣制言路，天下莫不怨憤。乞鑒別三臣賢否，以定用舍。」其意特右璁。而帝因其奏，慰留一清，戒諭璁、萼。既而同官王準、陸粲劾璁、萼罷相，準、粲亦下吏遠謫，以應奎首抗章不罪。未幾，劾吏部尙書方獻夫，帝頗納其言。獻夫援汪鋐爲助，遂詘應奎議。再遷戶科左給事中。行人薛侃建言忤旨，下廷訊，詞連張璁。應奎與同官曹汴揖璁避，[三]且上疏言狀。帝怒，下之詔獄，尋釋還職。

十一年大計天下庶官，王準謫富民典史。應奎言汪鋐爲璁、萼修郤，誣以不謹而黜之。乞復準官，責鋐，爲黨比戒。吏部尙書王瓊亦言準當黜，乃謫應奎高平縣丞。屢遷湖廣副使，督采大木，坐累復逮繫。尋釋還。歷右副都御史，巡撫順天。召理院事，遷戶部侍郎，進尙書。

俺答犯京師後，羽書旁午徵兵餉。應奎乃建議加派。自北方諸府暨廣西、貴州外，其他量地貧富，驟增銀一百十五萬有奇，而蘇州一府乃八萬五千。御史郭仁，吳人也，詣應奎請減，不從。仁遂劾奏，應奎疏辨。帝以仁不當私屬，調之外。既而國用猶不足，應奎言：「今歲入二百萬，而諸邊費六百餘萬，一切取財法行之已盡。請令諸曹所隸官吏、儒士、廚役、校卒，悉去其宂者。而臣部出入贏縮之數，亦綜其大綱，列籍進御，使百司庶府咸知爲國惜財。」報可。

三十一年正月命應奎條上京邊備用芻糧之數。應奎言：「自臣入都至今，計正稅、加賦、餘鹽五百餘萬外，他所搜括又四百餘萬。而所出自諸邊年例二百八十萬外，新增二百四十五萬有奇，修邊振濟諸役又八百餘萬。」帝以耗費多，疑有侵冒，分遣科道官往諸邊覈實。給事中徐公遴劾應奎粗疏自用，遂改南京工部尙書，以方鈍代。諸邊餉銀益增。鈍計無所出，請令諸臣條上理財策。議行二十九事，益纖屑傷大體。應奎就移戶部，致仕歸，卒。

應奎爲諫官，屢犯權貴，以風節自厲。晚官計曹，一切爲苟且計，功名大損於前。

有與應奎同姓名者，餘姚人，字文卿。由進士授行人，擢禮科給事中。疏劾汪鋐奸，忤旨下詔獄。已復杖闕下，謫華亭縣丞。鋐亦罷去。兩孫給諫之名，並震於朝廷。累官右副都御史，總理河道。踰年罷歸。爲山東布政時，有創開膠萊河議者，應奎力言不可。入覲，與吏部尙書爭官屬賢否，時稱其直。

方鈍，巴陵人。掌戶部七年，廉愼無過。嚴嵩中之，詔改南京，遂乞骸骨歸。

聶豹，字文蔚，吉安永豐人。正德十二年進士。除華亭知縣。濬陂塘，民復業者三千餘戶。

嘉靖四年召拜御史，巡按福建。出爲蘇州知府。憂歸，補平陽知府。山西頻中寇，民無寧居。豹令富民出錢，罪疑者贖，得萬餘金，修郭家溝、冷泉、靈石諸關隘，練鄉勇六千守之。寇卻，廷議以豹爲知兵。給事中劉繪、大學士嚴嵩皆薦之。擢陜西副使，備兵潼關。大計拾遺，言官論豹在平陽乾沒，大學士夏言亦惡豹，逮下詔獄，落職歸。

二十九年秋，都城被寇。禮部尙書徐階，豹知華亭時所取士也，爲豹訟冤，言其才可大用。立召拜右僉都御史，巡撫順天。未赴，擢兵部右侍郎，尋轉左。仇鸞請調宣、大兵入衞，豹陳四慮，謂宜固守宣、大，宣、大安則京師安。鸞怒。伺豹過無所得，乃已。三十一年召翁萬達爲兵部尙書，未至，卒，以豹代之。奏上防秋事宜，又請增築京師外城，皆報可。明年秋，[四]寇大入山西，覆總兵官李淶軍，大掠二十日而去。總督蘇祐反以大捷聞，爲巡按御史毛鵬所發，章下兵部。豹言：「寇雖有所掠，而我師斬獲過當，實上玄垂祐，陛下威靈所致。宜擇吉祭告，論功行賞。」帝喜，進秩任子者數十人，豹亦加太子少保，廕錦衣世千戶。京師外城成，進太子少傅。南北屢奏捷，及類奏諸邊功，豹率歸功玄祐。祭告行賞如初，豹亦進太子太保。

當是時，西北邊數遭寇，東南倭又起，羽書日數至。豹本無應變才，而大學士嵩與豹鄉里，徐階亦入政府，故豹甚爲帝所倚。久之，寇患日棘，帝深以爲憂。豹卒無所謀畫，條奏皆具文，帝漸知其短。會侍郎趙文華陳七事致仕，侍郎朱隆禧請設巡視福建大臣，開海濱互市禁，豹皆格不行。帝大怒切責。豹震慴請罪，復辨增官、開市之非，再下詔譙讓。豹愈惶懼，條便宜五事以獻。帝意終不懌，降俸二級。頃之，竟以中旨罷，而用楊博代之。歸數年卒，年七十七。隆慶初，贈少保，謚貞襄。

豹初好王守仁良知之說，與辨難，心益服。後聞守仁歿，爲位哭，以弟子自處。及繫獄，著困辨錄，於王守仁說頗有異同云。

李默，字時言，甌寧人。正德十六年進士。選庶吉士。嘉靖初，改戶部主事，進兵部員外郎。調吏部，歷驗封郎中。眞人邵元節貴幸，請封誥，默執不予。十一年爲武會試同考

官。及宴兵部，默據賓席，欲坐尚書王憲上。憲劾其不遜，謫寧國同知。屢遷浙江左布政使，入爲太常卿，掌南京國子監事。博士等官得與科道選，自默發之。歷吏部左、右侍郎，代夏邦謨爲尚書。自正德初焦芳、張綵後，吏部無侍郎拜尚書者。默出帝特簡，蓋異數也。

嚴嵩柄政，擅黜陟權。默每持己意，嵩銜之。會推遼東巡撫，列布政使張臬、謝存儒以上。帝問嵩，嵩言其不任。奪默職爲民，以萬鏜代。默掌銓僅七月。逾年，鏜罷，特旨復用默。已，命入直西內，賜直廬，許苑中乘馬。尋進太子少保。未幾，復命兼翰林學士。給事中梁夢龍劾默徇私，帝爲責夢龍。會大計羣吏，默戒門下謝賓客，同直大臣亦不得燕見，嵩甚恨。趙文華視師還，默氣折之。總督楊宜罷，嵩、文華欲用胡宗憲，默推王誥代，兩人恨滋甚。

初，文華爲帝言餘倭無幾，而巡按御史周如斗以敗狀聞。帝疑，數詰嵩。文華謀所以自解，稔帝喜告訐，會默試選人策問，言「漢武、唐憲以英睿興盛業，晚節用匪人而敗」，遂奏默誹謗。且言：「殘寇不難滅，以督撫非人，敗衂。由默恨臣劾其同鄉張經，思爲報復。臣論曹邦輔，卽嗾給事中夏栻、孫濬媒孽臣。延今半載，疆事日非。昨推總督，又不用宗憲而用誥。東南塗炭何時解，陛下宵旰憂何時釋。」帝大怒，下禮部及法司議。奏默偏執自用，失大臣體；所引漢、唐事，非所宜言。帝責禮部尚書王用賓等黨護，各奪俸三月，而下默詔

獄。刑部尚書何鰲遂引子罵父律絞。帝曰：「律不著臣罵君，謂必無也。今有之，其加等斬。」錮於獄，默竟瘐死。時三十五年二月也。

默博雅有才辨，以氣自豪。同考武試，得陸炳爲門生。炳貴盛，力推轂。默由外吏驟顯，有所恃，不附嵩。凡有銓除，與爭可否，氣甚壯。然性褊淺，用愛憎爲軒輊，頗私鄉舊，以恩威自歸，士論亦不甚附之。默既得罪，繼之者吳鵬、歐陽必進，視嵩父子意，承順惟謹，吏部權盡失。隆慶中，復默官，予祭葬。萬曆中，賜謚文愍。

萬鏜，字仕鳴，進賢人。父福，金華知府。鏜登弘治十八年進士。正德中，由刑部主事屢遷吏部文選郎中。司署火，下獄，贖還職。歷太常、大理少卿。

世宗嗣位，以鏜嘗貽書知縣劉源清，令預防宸濠，賚金幣。尋遷順天府尹，累遷右副都御史。歷兵部侍郎、右都御史，皆南京。彗星見，應詔陳八事。中言：「人邪正相懸，而形迹易混。其大較有四。人主所取於下者，曰任怨，曰任事，曰恭順，曰無私。而邪臣之恣强戾、好紛更、巧逢迎、肆攻訐者，其迹似之。人主所惡於下者，曰避事，曰沽名，曰朋黨，曰矯激。而正臣之守成法、恤公議、體羣情、規君失者，其迹似之。察之不精，則邪正倒置，而國是亂矣，此不可不愼也。治天下貴實不貴文。今陛下議禮制度考文，至明備矣，而於理財

用人安民講武之道，或有缺焉。願輟聲容之繁飾，略太平之美觀，而專從事於實用，斯治天下之道得矣。至大禮大獄得罪諸臣，幽錮已久，乞量加寬錄。」帝大怒，斥爲民，令吏部錮勿用。

家居十年，屢推薦，輒報罷。同年生嚴嵩柄政，援引之。湖廣蠟爾山蠻叛，起鏜副都御史，相機勦撫。鏜納土指揮田應朝策，誘致其酋，督兵破之。條上善後七事，帝咸報可。召鏜還。未幾，銅平酋龍子賢復叛，御史繆文龍言鏜勦撫皆失。詔下撫按官勘覆，歸罪於參將李經，事乃解。鏜得爲兵部侍郎。遷南京刑、禮二部尚書。召掌刑部。俄代李默爲吏部尚書。

鏜既爲嵩所引，每事委隨，又頗通饋遺。撫治鄖陽都御史闕，鏜以通政使趙文華名上。會給事中朱伯辰劾文華，文華上言：「納言之職，例不外推。鏜意在出臣，又嗾所親伯辰論劾，欲去臣。且鏜以侍郎起用，乃朦朧奏二品九年滿，得加太子少保。又以不得一品，面謾腹誹，無大臣禮。」帝怒，遂與伯辰並黜爲民。久之卒。隆慶初，復官，贈太子太保。

周延，字南喬，吉水人。嘉靖二年進士。除潛江知縣，改新會。擢兵科給事中。時議

新建伯王守仁罪，將奪其爵。延抗疏爲訟，坐謫太倉州判官。歷南京吏部郎中，出爲廣東參政。撫安南，征黎寇，皆預，有功。三遷廣東左布政使。以右副都御史巡撫應天。靖海寇林成亂。進兵部右侍郎，提督兩廣軍務。召爲刑部左侍郎。歷南京右都御史，吏、兵二部尚書。

嘉靖三十四年召爲左都御史。帝用給事中徐浦議，令廷臣及督撫各舉邊才。於是故侍郎郭宗皐，都御史曹邦輔、吳嶽，祭酒鄒守益，修撰羅洪先，御史吳悌、方涯，主事唐樞，參政周大禮、曹亨，參議劉志，知府黃華在舉中。御史羅廷唯駁曰：「浦疏本言邊才，而今廷臣乃以清修、苦節、實學、懿行舉，去初議遠矣。況又有夤緣進者。是假明詔開倖門。」帝納其言，責吏部濫舉，命與都察院更議。延與尚書吳鵬等言所舉皆人望，公無私。帝終不悅，切責延等，而舉者悉報罷。世宗時，海內賢士大夫被斥者衆，及是舉上，稍冀復用，而爲廷唯所阻，自是皆不復召矣。

延顏面寒峭，砥節奉公。權臣用事，政以賄成，延未嘗有染。然居臺端七年，無諫諍名。卒官，贈太子太保，謚簡肅。

延卒，歐陽必進代。踰月，遷吏部，乃以潘恩繼之。

恩，字子仁，上海人。嘉靖二年進士。授祁州知州，調繁鈞州。鈞，徽王封國也，宗戚豪悍，恩約束之。擢南京刑部員外郎。遷廣西提學僉事，署按察使事。有大猾匿靖江王所，捕之急，王不得已出之。憾恩，誣以事，按無實得免。累遷山東副使。御史葉經以試錄忤旨，並恩下詔獄，謫廣東河源典史。四遷，復爲江西副使，進浙江左參政。按部海鹽，倭猝至，圍城數匝。恩與參將湯克寬、僉事姜廷頤力禦却之。俄遷浙江左布政使，以右副都御史巡撫河南。偕按臣劾徽王載埨貪虐，遂奪國。伊王典楧驕橫，恩一切裁之。河南民素苦藩府，恩制兩悍王，名大著。久之，由刑部尚書改左都御史。

子允端，爲刑部主事。吏部尚書郭朴，恩門生也，調之禮部。給事中張益劾允端奔競，恩溺愛，朴徇私。帝置朴不問，改允端南京工部，令恩致仕。萬曆初，賜存問。卒年八十七。贈太子少保，謚恭定。

賈應春，字東陽，眞定人。嘉靖二年進士。授南陽知縣，遷和州知州。入爲刑部郎中。歷知潞安、開封二府。遷陝西副使。未赴，河南巡按陳蕙劾其貪濫，謫山東鹽運同知，蕙亦坐貶。久之，由漢陽知府復遷陝西副使，進右參政。寧羌賊起，會兵討平之。遷按察使，

左、右布政使，皆在陝西。就拜右副都御史，巡撫其地。

三十二年進兵部右侍郎，總督三邊軍務。俺答諸部歲擾邊，應春言：「諸邊間諜不通，每寇入莫測其向，我則無所不備。兵分勢孤，往往失事。夫寇將內犯，必聚衆治器，腊肉飼馬，傳箭祭旗，其形先露。而我民被掠者，間亦臨邊傳報，頗有左驗。使邊臣厚以官賞，令密偵候，視漫然散守者，功相十百。」乃定賞格以請。帝立從之。其秋，寇大入延綏，殺掠五千餘人。應春督諸將邀擊，獲首功二百四十，以捷聞。而巡按御史吉澄極言敗狀。帝竟錄應春功，官其一子。

明年罷宣、大總督蘇祐，以應春代。時秋防將屆，代應春者江東未至，令仍舊任。套寇數萬人屯寧夏山後，先遣騎五百餘入掠。總兵官姜應熊守紅井以綴敵，而密遣精兵薄其營，斬首百四十餘級，進應春右都御史。踰月，寇別部入永昌、西寧，爲守將所破。番人入鎭羌，總兵官王繼祖擊敗之，並賜應春銀幣。久之，寇五千騎犯環慶，爲都督袁正所破，掠莊浪，守將邀斬百二十人，再予應春一子官。在鎭數載，築邊垣萬一千八百餘丈，以花馬池閒田二萬頃給軍屯墾，邊人賴之。

徵拜南京戶部尚書。論邊垣功，進秩一等。旋召爲刑部尚書，改戶部。國用不足，應春以爲言。因命徵不及七分者，所司毋遷官。漕政廢弛，運艘多逋負，亦以應春言重其罰。

歲餘，致仕去。卒，贈太子太保。

張永明，字鍾誠，烏程人。嘉靖十四年進士。除蕪湖知縣。獻皇后梓宮南祔，所過繁費不貲。永明堊江岸佛舍爲殿，供器飾箔金，財用大省。

尋擢南京刑科給事中。寇入大同，山西總督樊繼祖，巡撫史道、陳講等不能禦，永明偕同官論其罪。已，又劾兵部尚書張瓚黷貨僨國，又劾大學士嚴嵩及子世蕃貪污狀。已，又劾兵部尚書戴金爲御史巡鹽時，增餘鹽羨銀，阻壞邊計。疏雖不盡行，中外憚之。

出爲江西參議。累遷雲南副使，山西左布政使。以右副都御史巡撫河南。伊王典楧恣橫，永明發其惡，後竟伏辜。

四十年遷刑部右侍郎。未上，改吏部，進左。尋拜刑部尚書。居數月，改左都御史。條上飭厲撫按六事。御史黃廷聘按浙歸，道湘潭，慢知縣陳安。安發其裝，得所攜金銀貨幣。廷聘皇恐謝，乃還之。永明聞，劾罷廷聘。浙江參政劉應箕先爲廷聘論罷，見廷聘敗，摭其陰事自辨。永明惡之，劾應箕，亦斥。

故事，京官考滿，自翰林外皆報名都察院，修庭謁禮。後吏部郎侍權，張濂廢報名，陸

光祖麼庭謁。永明榜令遵故事，列儀節奏聞，詔諸司遵守。郎中羅良當考滿，先詣永明邸，約免報名庭謁乃過院。永明怒，疏言：「此禮行百年，非臣所能損益。良輕薄無狀，當罷。又卿貳大臣考滿，詣吏部與堂官相見訖，卽詣四司門揖，司官輒南面答揖，亦非禮，當改正。」良疏辨，奪俸。詔禮部會禮科議之，奏言：「永明議是。自今吏部郎其承舊制。九卿翰林官揖四司，當罷。」詔可。

永明素清謹。掌憲在嚴嵩罷後，以整飭綱維爲己任。會給事中魏時亮劾，永明力求去，詔許馳驛歸。明年卒。贈太子少保，謚莊僖。

胡松，字汝茂，滁人。幼嗜學。嘗輯古名臣章奏，慨然有用世志。登嘉靖八年進士，知東平州。設方略捕盜，民賴以安。再遷南京禮部郎中，歷山西提學副使。

三十年秋，上邊務十二事，謂：

去秋俺答掠興、嵐，卽傳箭徵兵，剋期深入，守臣皆稔聞之。而巡撫史道、總兵官王陛等備禦無素。待其壓境，始以求貢上聞。又陰致賄遺，令勿侵已分地，冀嫁禍他境。今山西之禍，實大同貽之。宜亟置重典，以厲諸鎭。

大同自兵變以來，壯士多逃漠北爲寇用，今宜招使歸。有攜畜產器械來者，聽其自有。更給牛種費，優復數年。則我捐金十萬，可得壯士二萬。拊而用之，皆勁旅也。孰與棄之以資强敵哉。

大同最敵衝，爲鎭巡者較諸邊獨難。今宜不拘資格，精擇其人。豐給祿廩，使得收召猛士，畜養健丁。又久其期，非十年不得代。彼知不可驟遷，必不爲苟且旦夕計，而邊圉自固。又必稍寬文網，非大干憲典，言官毋得輕劾，以壞其成功。

至用間之道，兵家所貴。今寇諜獲於山西者已數十人，他鎭類是。故我之虛實，彼無不知。今宜厚養死士，潛縱遣之。得閒則斬其名王、部長及諸用事貴人。否亦可覘强弱虛實，而陰爲備。

又寇貪而好利，我誠不愛金帛。東路黃、毛三衞以牽其左，西收亦不剌遺種，予善地，以綴其右，使首尾掣曳，自相狼顧，則我可起承其敝，坐收全勝矣。

他所條析，咸切邊計。帝嘉其忠懇，進秩左參政。

松疏上，當事者已惡其侵官。及遷擢，益忌之。不畀以兵柄，令於三關聽用，欲因以陷之。寇大入，抵太原。給事中馮良知遂劾松建言冒賞，無寸功。紀功科道官張堯年、王珩劾總兵官張達等，並論松虛議無補，遂斥爲民。家居十餘年。屢薦，輒報罷。

至三十五年，以趙文華言，起陝西參政，分守平涼。復條嚴保甲、均賦稅、置常平、簡伉健數事。三遷江西左布政使，以右副都御史巡撫其地。所部多盜，松奏設南昌、南豐、萬安三營，遣將討捕，以次削平。進兵部右侍郎，巡撫如故。以會討廣東巨寇張璉及援閩破倭功，兩賜銀幣。

居三年，召理部事。進左侍郎，改吏部。還南京兵部尚書，參贊機務。代郭朴爲吏部尚書。奏言：「撫按舉劾，每舉數十人，虛譽浮詞，往往失實。所劾犯贓，僅擬降調，罷輭貪殘，僅擬改敎。賞罰不當，人何所激勸。且巡撫歲終例有册，第屬吏賢否，今皆寢閣，乞申飭其欺玩者。」帝嘉納之。

松潔己好修，富經術，鬱然有聲望。晚主銓柄，以振拔淹滯爲己任。甫七月，病卒。贈太子少保，謚恭肅。

時又有胡松者，字茂卿，績溪人。正德九年進士。嘉靖時爲御史。桂萼薦王瓊，松論之。忤旨，謫廉州推官。累官工部尚書。伊王欲拓其洛陽府第，計直十萬金，以十二賕嚴嵩，期必得。松據祖制爭，乃止。俺答入寇，仇鸞以邊衆入衞，欲悉召其衆實京師，移武庫仗於營，便給調。松言邊兵外也而內之，武庫仗內也而外之，非所以重肘腋，杜微愼防也，執弗許。尋引疾歸。卒年八十三。居家以孝友稱。

趙炳然，字子晦，劍州人。嘉靖十四年進士。除新喩知縣。徵拜御史。與給事中李文進覈宣、大、山西兵餉。劾前後督撫樊繼祖、史道，監司楊銳，指揮馮世彪等一百七十七人侵冒罪，坐謫有差。條上備邊十二事。歷按雲南、浙江。擢大理寺丞，進少卿。尋改右僉都御史，巡撫湖廣。進左副都御史，協理院事。

浙江、福建總督胡宗憲下獄，詔罷總督毋設。大學士徐階以浙江寇甫平，請設巡撫綏輯，遂進炳然兵部右侍郎兼右僉都御史往任之。浙罹兵燹久，又當宗憲汰侈後，財匱力絀。炳然廉以率下，悉更諸政令不便者，仍奏減軍需之半。民皆尸祝之。

福建巡撫游震得請浙兵勦賊。詔發義烏精兵一萬，命副總兵戚繼光將以往，仍諭炳然協勦。炳然言：「福建所以致亂者，由將吏撫馭無術，民變爲兵，兵變爲盜耳。今又驅浙兵以赴閩急，竊懼浙之復爲閩也。卽不得已而召募，亦必先本土後鄰壤，庶無釀禍本。」又條上防海八事，中言：「蘇、松、浙江水師皆統於總兵，駐定海，陸師皆統於副總兵，駐金山衞，並受總督節制。今督府旣革，則已判爲二鎭，彼此牽制，不得調發。請畫地分轄，各兼水陸軍務。」俱報可。其年，繼光破賊，瀕海餘寇流入浙江。官軍迎戰於連嶼、陡橋、石坪，斬首百餘級。新倭復犯石坪，將士乘勝殲之。炳然以援剿功，再賜金幣，進右都御史兼兵部右侍郎。

給事中辛自修劾罷戎政都御史李鐩，請擇素知兵者代之。乃召炳然爲兵部尚書，協理戎政。踰年，詔兼右都御史，總督宣、大、山西軍務。新平、平遠、保平三堡密邇宣府，舊屬大同。天城相去六十里，孤懸塞外，隔崇山，寇騎時出沒。炳然奏添設參將，別爲一營，報可。尋以總兵官馬芳等却敵功，被賚。已，召還部，代楊博爲尚書。考滿，加太子少保。炳然清勤練達，所至有聲績。隆慶初，以病乞休去。卒，贈太子太保，謚恭襄。

贊曰：世宗朝，璁、萼、言、嵩相繼用事，六卿之長不得其職。大都波流茅靡，澳涊取容。廖紀以下諸人，其矯矯者與。應奎司邦計，不能節以制度，顧務加賦以病民。㒰也碌碌，彌無足觀矣。

校勘記

〔一〕廖紀字時陳　時陳，國朝獻徵錄卷二五廖公紀墓誌銘作「廷陳」。

〔二〕贈少傅　少傅，原作「太保」，據世宗實錄卷一四三嘉靖十一年十月甲午條、國朝獻徵錄卷二五廖公紀墓誌銘改。按上文稱「進少保」，少保之上爲少傅，贈官作「少傅」是。

〔三〕應奎與同官曹汴揖璁避　曹汴，原作「曹忭」，據本書卷二〇七薛侃傳、世宗實錄卷一二八嘉靖十年七月戊午條、明進士題名碑錄嘉靖己丑科改。

〔四〕明年秋　明年，原作「是年」，卽三十一年，按本書卷一八世宗紀、世宗實錄卷四〇二嘉靖三十二年九月丙午條都作「三十二年」，據改。

明史卷二百三

列傳第九十一

鄭岳　劉玉 子懋　汪元錫 邢寰　寇天敍　唐胄

潘珍 族子旦　余光　李中 李楷　歐陽鐸　陶諧

孫大順　大臨　潘塤 呂經　歐陽重　朱裳

陳察　孫懋　王儀 子緘　王學夔　曾鈞

鄭岳，字汝華，莆田人。弘治六年進士。授戶部主事，改刑部主事。董天錫偕錦衣千戶張福決囚，福坐天錫上，岳言其非體。且言：「糾劾非鎭監職，而董讓行之。太常本禮部屬，而崔志端專之。內外效尤，益無忌憚。」忤旨，繫獄。尚書周經、侍郎許進等救，不聽。贖杖還職。

尋進員外郎。許進督師大同，貴近惡其剛方，議代之。罷職總兵官趙杲謀起用，京軍屢出無功。岳言進不可代，杲不可用，京軍不可出。朝論韙之。

遷湖廣僉事，歸宗藩侵地於民。施州夷民相讎殺者，有司以叛告。岳擒治其魁，餘悉縱遣。荆、岳饑，勸富民出粟，弛河泊禁。屬縣輸糧遠衞，率二石致一石。岳以其直給衞，而留粟備振，民乃獲濟。

正德初，擢廣西副使。土官岑猛當徙福建，據田州不肯徙。岳許爲奏改近地，猛乃請自效。尋改廣東。遷江西按察使，就遷左布政使。宸濠奪民田億萬計，民立砦自保。宸濠欲兵之，岳持不可。會提學副使李夢陽與巡按御史江萬實相訐，岳承檄按之。夢陽執岳親信吏，言岳子沄受賕，欲因以脅岳。宸濠因助夢陽奏其事，囚掠沄。巡撫任漢顧慮不能決，帝遣大理卿燕忠會給事中黎奭按問。忠等奏劾岳子私有迹，而夢陽挾制撫、按，俱宜斥。岳遂奪官爲民。宸濠敗，中外交薦，起四川布政使。以憂不赴。

世宗初，擢右副都御史，巡撫江西。甫兩月，召爲大理卿。嘉靖元年冬，上言內臣有犯，宜聽部院問理，毋從中決，不能從。帝數不豫，岳請遵聖祖寡欲勤治之訓，宮寢有制，進御以時，而退朝卽御文華，裁決章奏，日暮還宮，以養壽命之源。報聞。出按甘肅亂卒事，總兵官李隆等皆伏罪。還朝，以災異陳刑獄失平八事。

尋還兵部右侍郎。時「大禮」未定。岳言若以兩考爲嫌，第稱孝宗廟號，毋稱伯考，以稍存正統。大學士石珤請從之。帝切責珤，奪岳俸兩月。轉左侍郎。請罷山海關稅，弗許。中官崔文欲用其兄子爲副將，岳持不可。寧夏總兵官仲勛行賄京師，御史聶豹以風聞論岳。岳自白，因乞休。歸十五年而卒。

劉玉，字咸栗，萬安人。祖廣衡，永樂末進士。正統間，以刑部郎中出修浙江荒政，積粟數百萬，督治陂塘爲旱澇備。景泰初，歷左副都御史，鎮守陝西。請遇災傷，毋俟勘報，卽除其賦，庶有司不得借覆核陰行科率，從之。還治院事。福建、浙江盜起，命往督兵捕。議創壽寧縣於官臺山，以淸盜窟。討平處州賊。已，復巡撫遼東。居官以廉節稱。終刑部尚書。父喬，成化初進士。累官湖廣左布政使。

玉登弘治九年進士，授輝縣知縣。發粟振饑，奏蠲虛稅，復業者千家。擢御史。初，孫伯堅、金琦、王寧皆以傳奉得官，已，又以指揮胡震爲都指揮，分守通州。玉抗疏言：「傳奉不已，繼之內批，累聖德，乞皆罷之。」不納。武宗卽位甫四月，災異迭見，玉陳修省六事。出按京畿，中官吳忠奉命選后妃，肆貪

虐。玉奏。不問。劉健、謝遷罷，玉馳疏言：「劉瑾等佞幸小臣，巧戲弄，投陛下一笑。顧讒邪而棄輔臣，此亂危所自起。況今白虹貫日，彗見紫微宮，星搖天王之位。民窮財殫，所在空虛，陛下不改圖，天下將殆。乞置瑾等於理，仍留健、遷輔政。」不報。玉遂引疾歸。後瑾榜玉奸黨，復誣搆之。罰輸粟塞下者三，最後逮繫詔獄，削籍放歸。瑾誅，起河南僉事，遷福建副使，皆董學政。正德十五年累擢南京右僉都御史，提督江防。宸濠反，攻安慶，玉以舟師赴援。事定，改撫鄖陽。

世宗卽位，召爲左僉都御史。論遏亂功，進右副都御史。嘉靖元年改左。歷刑部左、右侍郎。初，偕九卿爭興獻帝不宜稱皇，及帝欲考獻帝，又偕廷臣伏闕哭爭。六年秋坐李福達獄削籍，卒於家。

玉所居僅庇風雨。天文、地理、兵制、刑律皆有論著。隆慶初，贈刑部尚書，謚端毅。子愨，南京工部右侍郎。歷官亦有聲。

汪元錫，字天啓，婺源人。正德六年進士。授兵科給事中。三遷都給事中。陝西鎮守中官廖鑾族子鎧，冒功爲錦衣千戶，隨鑾於陝。元錫爭之，言鎧父鵬已亂中

州，勿使鎧復亂陝右。乞徵還鑾，置鎧父子於理。偏頭關之捷，錄功太濫，偕同官言太監張忠、總兵官劉暉等不宜賞。湖廣鎮守太監杜甫請巡歷所部，帝許之，元錫等據祖制力爭。帝幸昌平、宣府、大同，元錫偕同官邢寰累疏諫；復言宣府守將朱振等皆扈從西巡，寇乘虛入塞，何以禦之。已，聞帝將選禁軍親征四海治部寇，復極陳不可。安遠侯柳文鎭湖廣，奏攜參隨七十餘人，元錫乞寢所奏。車駕還京，以應州之捷大賚文武羣臣。元錫等言：「是役殺邊民無算，六軍多傷。今君臣欣喜交賀，而軍民繫賊庭，南向號哭，臣等何忍受賜。」中旨以納粟都指揮馬昊守備儀眞，復遣內官分守潼關、山海關，駕又幸大喜峯口，欲招三衞花當、把兒孫，元錫等皆抗章諫。

帝欲南幸，舒芬、黃鞏切諫得罪，給事御史遂不敢爭。及帝將親征宸濠，元錫復諫沮。宸濠就執，元錫、寰偕六科馳疏請迴鑾。十五年，帝在南京，元錫等復屢申前請，且言：「供億繁費，使牒旁午。奸宄冒官校，少女充離宮。陛下不以宗社爲重，專事逸遊，豈能長保天下。」語甚危切。

中旨以內官晁進、楊保分守蘭州、肅州，元錫等言：「二州逼强寇，不可增官守，累居民。」羣小不悅，矯旨責之。詔改團營西官廳爲威武團練營，以江彬、許泰等提督之，別擇地爲團營教場。元錫言：「拓地則擾居民，興工則費財力，以朝廷自將之軍而彬等概加提督，

則僭名分。」不從。會帝崩，事已。

世宗卽位，疏言：「都督郤永以附江彬下獄，宜釋而用之。錦衣都指揮郭鰲等十人皆彬黨，宜下獄治。」咸報可。張銳、許泰繫獄，帝忽宥其死。元錫爭，不聽。屢遷至太僕卿。嘉靖六年，帝以李福達獄下三法司於理。元錫不能平，有後言，聞於張璁，幷下獄奪職。後用薦起故官。歷戶部左、右侍郎，致仕，卒。

邢寰，黃梅人。正德三年進士。數言事，有直聲。

寇天敍，字子惇，榆次人。由鄉舉入太學。與崔銑、呂柟善。登正德三年進士，除南京大理評事，進寺副。累遷應天府丞。武宗駐南京，從官衞士十餘萬，日費金萬計，近幸求索倍之。尹齊宗道憂懼卒，天敍攝其事，日靑衣皁帽坐堂上。江彬使者至，好語之曰：「民窮官帑乏，無可結歡，丞專待譴耳。」彬使累至皆然，彬亦止。他權幸有求，則曰：「俟若奏卽予。」禁軍攫民物，天敍與兵部尙書喬宇選拳勇者與搏戲。禁軍卒受傷，慙且畏，不敢橫。其隨事禁制多類此。駕駐九月，南京不大困者，天敍與宇力也。

嘉靖三年以右僉都御史巡撫宣府。未行，改鄖陽。甫二月，又改甘肅。回賊犯山丹，

督將士擒其長脫脫木兒。西域貢獅子、犀牛、西狗，天敍請却之，不聽。

進右副都御史，巡撫陝西。寇入固原，擊敗之，斬首百餘。又討平大盜王居等，累賜銀幣。織造太監至，有司議奏罷之。天敍曰：「甫至遽請罷，即不罷，焰且益張。」會歲祲，乃請蠲租稅，發粟振饑民；因言織造非儉歲所宜設，帝立召還。歷兵部右侍郎，卒。家貧，喪事不具。天敍在太學時，嘗聞父疾，馳六晝夜抵家，父疾亦瘳。

唐胄，字平侯，瓊山人。弘治十五年進士。授戶部主事。以憂歸。劉瑾斥諸服除久不赴官者，坐奪職。瑾誅，召用，以母老不出。

嘉靖初，起故官。疏諫內官織造，請爲宋死節臣趙與珞追謚立祠。進員外郎，遷廣西提學僉事。令土官及猺、獞悉遣子入學。擢金騰副使。土酋莽信虐，計擒之。木邦、孟養搆兵，胄遣使宣諭，木邦遂獻地。屢遷廣西左布政使。官軍討古田賊，久無功，胄遣使撫之，其魁曰：「是前唐使君令吾子入學者。」即解甲。

擢右副都御史，巡撫南、贛，移山東。遷南京戶部右侍郎。十五年改北部，進左侍郎。帝以安南久不貢，將致討，郭勛復贊之。詔遣錦衣官問狀，中外嚴兵待發。胄上疏諫

曰：

今日之事，若欲其修貢而已，兵不必用，官亦無容遣。若欲討之，則有不可者七，請一一陳之。

古帝王不以中國之治治蠻夷，故安南不征，著在祖訓。一也。

太宗既滅黎季犛，求陳氏後不得，始郡縣之。後兵連不解，仁廟每以爲恨。章皇帝成先志，棄而不守，今日當率循。二也。

外夷分爭，中國之福。安南自五代至元，更曲、劉、紹、吳、丁、黎、李、陳八姓，迭興迭廢，而嶺南外警遂稀。今紛爭，正不當問，奈何殃赤子以威小醜，割心腹以補四肢，無益有害。三也。

若謂中國近境，宜乘亂取之。臣考馬援南征，深歷浪泊，士卒死亡幾半，所立銅柱爲漢極界，乃近在今思明府耳。先朝雖嘗平之，然屢服屢叛，中國士馬物故者以數十萬計，竭二十餘年之財力，僅得數十郡縣之虛名而止。況又有征之不克，如宋太宗、神宗，元憲宗、世祖朝故事乎？此可爲殷鑒。四也。

外邦入貢，乃彼之利。一則奉正朔以威其鄰，一則通貿易以足其國。故今雖兵亂，尚累累奉表牋，具方物，款關求入，守臣以姓名不符却之。是彼欲貢不得，非抗不貢也。以此責之，詞不順。五也。

興師則需餉。今四川有採木之役，貴州有凱口之師，而兩廣積儲數十萬，率耗於田州岑猛之役。又大工頻興，所在軍儲悉輸將作，興師數十萬，何以給之。六也。

然臣所憂，又不止此。唐之衰也，自明皇南詔之役始。宋之衰也，自神宗伐遼之役始。今北寇日强，據我河套。邊卒屢叛，毀我藩籬。北顧方殷，更啓南征之議，脫有不測，誰任其咎。七也。

錦衣武人，闇於大體。倘稍枉是非之實，致彼不服，反足損威。即令按問得情，伐之不可，不伐不可，進退無據，何以爲謀。且今嚴兵待發之詔初下，而征求騷擾之害已形，是憂不在外夷，而在邦域中矣。請停遣勘官，罷一切征調，天下幸甚。

章下兵部，請從其議。得旨，待勘官還更議。明年四月，帝決計征討。侍郎潘珍、兩廣總督潘旦、巡按御史余光相繼諫，皆不納。後遣毛伯溫往，卒撫降之。

郭勛爲祖英請配享，胄疏爭。帝欲祀獻皇帝明堂，配上帝，胄力言不可。帝大怒，下詔獄拷掠，削籍歸。遇赦復冠帶，卒。隆慶初，贈右都御史。

胄耿介孝友，好學多著述，立朝有執持，爲嶺南人士之冠。

潘珍，字玉卿，婺源人。弘治十五年進士。正德中，歷官山東僉事，分巡兗州。賊劉七等猝至，有備不敢攻，引去，掠曲阜。珍奏徙縣治而城之。遷福建副使，湖廣左布政使。

嘉靖七年以右副都御史巡撫遼東。累遷兵部左侍郎。時議諫討安南，珍上疏諫曰：「陳暠、莫登庸皆弒逆之賊，黎寧與其父譓不請封入貢亦二十年，揆以大義，皆所當討，何獨徇寧請爲左右。且其地不足郡縣置，叛服無與中國。今北敵日蕃，聯帳萬里，烽警屢聞，顧釋門庭防，遠事瘴蠻，非計之得。宜遣大臣有文武才者，聲言進討。檄數登庸罪，赦其脅從，且令黎寧合剿。賊父子不擒則降，何必勞師。」帝責珍撓成命，褫職歸。尋以恩詔復官，致仕。珍廉直有行誼，中外十餘薦，皆報寢。卒，贈右都御史。

珍族子旦，字希周。弘治十八年進士。知漳州邵武。三遷浙江左布政使。斥羨金不取。嘉靖八年擢右副都御史，撫治鄖陽。數平巨寇。累遷刑部右侍郎。

十五年冬，以兵部左侍郎提督兩廣軍務。詔起復毛伯溫討安南。旦行過其里，語之曰：「安南非門庭寇。公宜以終喪辭。往來之間，少緩師期。俟其聞命求款，因撫之，可百全也。」旦抵廣，適安南使至，馳疏言：「莫登庸之篡黎氏，猶黎氏之篡陳氏也。朝廷將興問

罪師，登庸卽有求貢之使，何嘗不畏天威？乞容臣等觀變，待彼國自定。若登庸奉表獻琛，於中國體足矣，豈必窮兵萬里哉。」

章下禮、兵二部。族父珍適以言得罪，尚書嚴嵩、張瓚絀旦議不用。會伯溫入都，見旦疏不悅。言總督任重，宜擇知兵者。遂改旦南京兵部，以張經代之。未行，引疾乞休，語侵伯溫。帝怒，勒致仕。將還，吏白例支庫金爲道里費。旦笑曰：「吾不以妄取爲例。」卒，贈工部尚書。

旦上書半歲，廣東巡按御史余光亦言：「黎氏魚肉國君，在陳氏爲賊子，抗拒中國，在我朝爲亂魁。今失國，或天假手登庸以報之也。自宋以來，丁移於李，李奪於陳，陳篡於黎，今黎又轉於莫。欲興黎氏，勢必不能。臣已遣官責其修貢。道里懸遠，往復陳請，必失事機。乞令臣便宜從事。」帝以光疏中引五季、六朝事，下之兵部。咎光輕率，奪其俸。無何，光進鄉試錄。禮部尚書嚴嵩摘其誤，奏之，被逮削籍。光，江寧人。

李中，字子庸，吉水人。正德九年進士。楊一清爲吏部，數召中應言官試，不赴。

及授工部主事，武宗自稱大慶法王，建寺西華門內，用番僧住持，廷臣莫敢言。中拜官三月卽抗疏曰：「曩逆瑾竊權，勢焰薰灼。陛下旣悟，誅之無赦，聖武可謂卓絕矣。今大權未收，儲位未建，義子未革，紀綱日弛，風俗日壞，小人日進，君子日退，士氣日靡，言路日閉，名器日輕，賄賂日行，禮樂日廢，刑罰日濫，民財日殫，軍政日弊。瑾旣誅矣，而善治一無可舉者，由陛下惑異端故也。夫禁掖嚴邃，豈異教所得雜居。今乃建寺西華門內，延止番僧，日與聚處。異言日沃，忠言日遠，用舍顚倒，舉錯乖方。政務廢弛，職此之故。伏望陛下翻然悔悟，毀佛寺，出番僧，妙選儒臣，朝夕勸講，攬大權以絕天下之奸，建儲位以立天下之本，革義子以正天下之名，則所謂振紀綱、勵風俗、進君子、退小人諸事，可次第舉矣。」帝怒。罪將不測，以大臣救得免。踰日，中旨謫廣東通衢驛丞。王守仁撫贛州，檄中參其軍事。預平宸濠。

世宗踐阼，復故官。未任，擢廣東僉事。再遷廣西提學副使，以身爲教。擇諸生高等聚五經書院，五日一登堂講難。三遷廣東右布政使。忤總督及巡撫御史，坐以不稱職，當罷。霍韜署吏部事，稱中素廉節有才望，當留。會政府有不悅者，降四川右參政。

十八年擢右僉都御史，巡撫山東。歲歉，令民捕蝗者倍予穀，蝗絕而饑者濟。擒劇盜闞繼光，鄰境攘其功，中不與辯。進副都御史，總督南京糧儲。御史金燦按四川時，嘗薦中。中不謝，燦憾之，至是摭他事誣劾。方議調用而中卒。光宗時，追謚莊介。

中守官廉。自廣西歸，欲飯客，貸米鄰家。米至，又乏薪，將以浴器爨。會日已暮，竟不及飯而別。少學於同里楊珠，旣而擴充之，沉潛邃密，學者稱谷平先生。門人羅洪先、王龜年、周子恭皆能傳其學。中族人楷，又傳洪先之學。

楷，字邦正。由舉人授湯溪知縣。母艱服闋，補青田。時倭躪東南，楷積穀貲守禦。青田故無城。倭至，楷禦於沙埠，倭不得渡，乃以間築城。倭又至，登陴守，日殺賊數人，倭遁去。改知昌樂，亦以治行聞。

歐陽鐸，字崇道，泰和人。正德三年進士。授行人。上書極論時政，不報。使蜀府，王厚遺之，不受。歷工部郎中，改南兵部。出爲延平知府。毀淫祠數十百所，以其材葺學宮。司禮太監蕭敬家奴殺人，置之法。調福州，議均徭曰：「郡多士大夫，其士大夫又多田產。民有產者無幾耳，而徭則盡責之民。請分民半役。」士大夫率不便。巡按御史汪珊力持之，議乃行。

嘉靖三年擢廣東提學副使。累遷南京光祿卿，歷右副都御史，巡撫應天十府。蘇、松田不甚相懸。下者畝五升，上者至二十倍。鐸令賦最重者減耗米，派輕齎，最輕者徵本色，增耗米。陰輕重之，賦乃均。諸推收田，從圩不從戶，詭寄無所容。州縣荒田四千四百餘頃，歲勒民償賦。鐸以所清漏賦及他奇羨補之。議徭役及裁郵置費凡數十百條，民皆稱便。遷南京兵部侍郎，進吏部右侍郎。九廟災，自陳去。

鐸有文學，內行修潔。仕雖通顯，家具蕭然。卒，贈工部尚書，謚恭簡。

陶諧，字世和，會稽人。弘治八年鄉試第一。明年成進士，選庶吉士，授工科給事中。請命儒臣日講大學衍義，孝宗嘉納之。

正德改元，劉瑾等亂政。諧請以瑾等誤國罪告先帝，罪之勿赦。瑾摘其譌字令對狀，伏罪乃宥之。帝命中官崔杲等往江南、浙江織造，杲等復乞長蘆鹽引。諧再疏爭，皆不聽。諧當出理邊儲，以工科掌印無人，請俟行日遣官代署。瑾遂中諧，下詔獄廷杖，斥爲民。旋榜爲奸黨。又誣以巡視十庫時缺布不奏，復械至闕下杖之，謫戍肅州。瑾誅，釋還鄉，其黨猶用事，竟不獲召。

嘉靖元年復官。未至，除江西僉事，轉河南管河副使。命沿河植柳，傍藝葭葦，有事採以爲埽。總理都御史請推行之諸道，歲省費鉅萬。遷參政，歷左、右布政使，皆在河南。

久之，擢右副都御史，提督南、贛、汀、漳軍務。疏言：「守令遷太驟，宜以六年爲期。言官忤旨，當優容。養病官才力堪任者，毋終棄。」時南京御史馬揚等劾王瓊被逮，而新例養病久者率不復收敘，故諧以爲言。又奏：「今天下差徭煩重。既有河夫、機兵、打手、富戶、力士諸役，乃編審里甲，復徵曠丁課及供億諸費。乞皆罷免。」帝採納之。

尋遷兵部右侍郎，總督兩廣軍務。海寇陳邦瑞、許折桂等突入波羅廟，欲犯廣州，爲指揮李嶅所壓。邦瑞投水死，折桂還所執指揮二人，乞就撫。諧居折桂等東莞，編爲總甲，使約束其黨五百人爲新民。兵部以降賊羣聚，恐乘隙爲變，令解散其黨。已，陽春賊趙林花等攻城，與德慶賊鳳二全相倚爲患，諧討破百二十五砦。帝曰：「諧功足錄，第前縱患者誰？」乃僅賚銀幣。瓊山沙灣洞賊黎佛二等殺典史，諧復剿平。爲總督三年，俘斬累萬。毋憂歸。起兵部左侍郎。九廟災，自陳致仕歸。卒，贈兵部尚書。隆慶初，謚莊敏。

孫大順，字景熙。嘉靖四十五年進士。歷官福建右布政使。司帑失銀，吏卒五十人皆坐繫。大順言於左使曰：「盜者兩三人耳，何盡繫之爲。請爲公治之。」乃縱囚令跡盜，果得

眞者。終右副都御史，廣西巡撫。

弟大臨，字虞臣。嘉靖三十五年進士及第，授編修。吳時來劾嚴嵩，大臨爲定疏草。時來下詔獄，詰所共謀。大臨不顧，日餉之藥物，時來亦忍死無一言。萬曆初，累官吏部侍郎。卒，贈吏部尚書，謚文僖。大臨少應舉杭州，隣婦夜奔，拒之，且遂徙舍。爲人寬然長者，而內持貞介，不以勢利易。

大順子允淳，與父同登進士。終尚寶丞。

潘塤，字伯和，山陽人。正德三年進士。授工科給事中。性剛決，彈劾無所避。論諸大寮王鼎、劉機、甯杲、陳天祥等，多見納。

乾清宮災，塤上疏曰：「陛下涖阼九年，治效未臻，災祥迭見。臣願非安宅不居，非大道不由，非正人不親，非儒術不崇，非大閱不觀兵，非執法不成獄，非骨肉之親不干政，非汗馬之勞不濫賞。臣聞陛下好戲謔矣。臣以爲入而內庭琴瑟鐘鼓人倫之樂，不必遊離宮以爲歡，狎羣小以爲快也。出而外廷華裔一統莫非臣妾，不必收朝官爲私人，集遠人爲勇士也。聞陛下好佛矣。臣以爲南郊有天地，太廟有祖宗。錫祉迎庥，佛於何有？番僧可逐而度僧可止也。聞陛下好勇、好貨、好土木矣。臣以爲誅奸遏亂大勇也，不須馳馬試劍以自勞。三軍六師，大武也，不須邊將邊軍以自擁。任土作貢，皇店奚爲？闤闠駢闐，內市安用？阿房壯麗，古以爲金塊珠礫也，況養豹乎！金碧熒煌，古以爲塗膏釁血也，況供佛乎！是數者之好皆可已而不已者也。」疏入，報聞。

十一年正月，上書言：「陛下始者血氣未定，禮度或踰。今春秋已盛，更絃易轍，此其時也。昔太甲居桐，處仁遷義，不失中興。漢武下輪臺之詔，年已七十，猶爲令主。況陛下過未浮於太甲，悔又早於武帝，何愆不可蓋，何治不可建乎？」時欲毀西安門外民居，有所興作。塤與御史熊相、曹雷復切諫，皆不報。

三遷至兵科都給事中。右都督毛倫以附劉瑾論死，削世廕。倫嘗有德於錢寧，恃爲內援，其子求復襲。塤等力爭，寧從中主之，寢其奏。忽中旨命塤與吏科給事中呂經各進一階，外調，舉朝大駭。給事中邵錫、御史王金等交章請留，不報。遂添註塤開州同知。

嘉靖七年累官右副都御史，巡撫河南。潞州巨盜陳卿據青羊山爲亂，〔一〕山西巡撫江潮、常道先後討賊無功，乃敕塤會剿。塤謀於道曰：「賊守險，難以陣。合諸路夾攻，出不意奪其險，乃可擒也。」遂分五哨三路入，募土人爲導。首攻奪井腦，賊悉衆爭險。官軍奮擊，大破之，追奔至莎草嶺，燬安陽諸巢。山東副使牛鸞由潞城入，〔二〕破賊李莊泉。〔三〕其夕，

河南副使翟瓚搗卿巢，卿敗走。瓚追敗之欒莊山，又敗之神河。山西僉事陳大綱亦屢處賊，先後降二千三百餘人。自進兵至搜滅賊巢，凡二十九日。捷聞，帝將大賚，遣給事中夏言往覈，未報。河南大饑，塤不以時振，而河南知府范璁不待報，輒開倉發粟，民德而頌之。塤怨聲大起，流聞禁中。帝切責撫、按匿災狀。塤惶恐引罪，且歸罪於璁，遂爲給事中蔡經等所劾。詔罷塤，永不敍用。言覈上平賊功，塤爲首。桂萼惡之，但賚銀幣。年八十七卒。

呂經，字道夫，陝西寧州人。正德三年進士。授禮科給事中。九年，乾清宮災，經上疏極論義子、番僧、邊帥之害。屢遷吏科都給事中，復極論馬昂女弟入宮事，又劾方面最貪暴者四人。羣小咸惡，遂謫蒲州同知。又以事忤中官黃玉，誣劾繫獄。

世宗卽位，擢山東參政。嘉靖十三年累官右副都御史，巡撫遼東。故事，每軍一，佐以餘丁三；每馬一，給牧地五十畝。經損餘丁之二編入均徭册，盡收牧地還官。又役軍築邊牆，督趣過當。諸軍詣經乞罷役，都指揮劉尚德叱之不退，經呼左右榜訴者。卒遂爭毆尚德，經竄苑馬寺幽室中。〔四〕亂卒毀府門，火均徭册，搜得經，裂其冠裳，幽之都司署。帝詔經還朝。都指揮袁璘將剋諸軍草價爲辦裝，卒復執經，裸而置之獄，虐辱之，脅鎮守中官王純等奏經十一罪。帝逮經。亂卒復置官校於獄，久之始解。經下詔獄，謫戍茂州。數年釋

還。隆慶初，復官，卒。亂卒爲曾銑所定，見銑傳。

歐陽重，字子重，廬陵人。正德三年進士。殿試對策，歷詆閹政。授刑部主事。劉瑾兄死，百官往弔，重不往。張銳、錢寧掌廠衞，連搆搢紳獄，重皆力與爭。銳等假他事繫之獄，贖杖還職，仍停俸。再遷郎中。歷四川、雲南提學副使。還浙江按察使，未上。

嘉靖六年春拜右僉都御史，巡撫應天。會尋甸土酋安銓、鳳朝文反，廷議以重諳滇事，乃改雲南。初，武定土知府鳳詔母子坐事留雲南，朝文給其衆，言詔已戮，官軍將盡滅其部黨，以故諸蠻悉從爲亂，攻圍會城。重督兵擊敗之，而遣詔母子還故地。其黨愕，相率歸之。朝文計窮，絕普渡河走。追兵至，殲焉。銓逃尋甸故巢。官軍攻破其砦，執銓，賊盡平。乃散其黨二萬人，還尋甸府於鳳梧山下，更設守禦千戶所。重推功於前撫臣傅習，並進秩任子。緬甸、木邦、隴川、孟密、孟養諸酋相讐殺，各許奏於朝，下重等勘覆。遣參政王汝舟、知府嚴時泰等遍歷諸蠻，譬以禍福。皆還侵地，供貢如故。重列善後數事。悉報可，賜璽書褒諭。重乃卹創殘，振貧乏，輕傜賦，規畫鹽鐵商稅、屯田諸務。民咸便之。

雲南歲貢金千兩，費不貲。大理太和蒼山產奇石，鎮守中官遣軍匠攻鑿。山崩，壓死

無算。重皆疏罷之，浮費大省。

當是時，鎮守太監杜唐、黔國公沐紹勛相比爲奸利，長吏不敢問，羣盜由此起。重疏言，盜率唐、紹勛莊戶，請究主者。又奏紹勛任千戶何經廣誘奸人，奪民產；唐役占官軍，歲取財萬計。因極言鎮守中官宜革。帝頗納其言，頻下詔飭紹勛，命唐還京待勘。二人懼且怒，遣人結張璁，謀去重。會重奉命清異姓冒軍弊，都司久未報，給餉後期。唐等遂嗾六衞軍譁於軍門。巡按御史劉臬以聞，劾重及唐、紹勛處置失當。璁從中主之，解重職，責臬黨庇，調外任，唐、紹勛不問。都給事中夏言等抗章曰：「以軍士譟罪撫、按，紀綱謂何？況重奉詔非生事。臬言唐、紹勛罪與重等，今處分失宜，無以服天下。頃年士卒驕悍，相效成風，類以月糧借口。如甘肅、大同、福州、保定，事變屢見。失今不治，他日當事之臣以此爲諱，專務姑息，孰肯爲陛下任事哉！願曲宥二臣，全朝廷之體。」帝怒，奪言等俸。

重罷歸在道，聞御史王化劾其爲桂萼黨，不勝忿，抗疏陳辨，請錄「大禮」大獄被逐諸臣，而自乞褫職。又言得紹勛所遣百戶丁鎮私書，知行賄張璁，乞其覆護，璁奸佞，不宜在左右。璁疏辨。帝以重失職怨望，黜爲民。重以臬被譴，言等奪俸，皆由己致之，復疏乞重譴代言官罪。帝益怒，以已除名，置不問。重家居二十餘年，言者屢薦，竟不復召。

朱裳，字公垂，沙河人。年十四爲諸生，讀書釁舍，躬執爨。提學御史顧潛俾受學於崔銑。登正德九年進士，擢御史，巡鹽河南。錢寧遣人牟鹽利，裳禁不予。巡按山東。前御史王相忤鎮守中官黎鑑，被誣下詔獄。裳抗疏直相，劾鑑八罪。帝還自宣府，裳請下罪己詔，新庶政，以結人心。不報。山東大水，淹城武、單二城。以裳言，命相地改築。帝幸南都久，裳極陳小人熒惑之害。出爲鞏昌知府。

嘉靖二年舉治行卓異，遷浙江副使。日啜菜羹，妻操井臼，迎父就養。同列知其貧，製衣一襲爲壽，父亦拒不納。三遷至浙江左布政使，以右副都御史總理河道，數條上方略。外艱歸，久不起。帝南巡，謁行在，命以故官總理河道。迎章聖太后梓宮，冒暑卒。隆慶中，追贈戶部右侍郎，諡端簡。

陳察，字元習，常熟人。弘治十五年進士。授南昌推官。正德初，擢南京御史。尋改北。劉瑾既誅，武宗猶日狎羣小。察偕同官請務講學，節嗜欲，勤視朝，語甚切直。以養親歸。家居九年，始赴補。會帝將親征宸濠。察請無行，而亟下罪己詔。忤旨，奪俸一年。諭

羣臣吏諫，必置極典。

俄巡按雲南。助巡撫何孟春討定彌勒州，以功增秩。世宗卽位，疏言金齒、騰衝地極邊徼，既統以巡撫總兵，又有監司守備分轄，無事鎮守中官。因劾太監劉玉、都督沐崧罪。詔並罷還。

嘉靖初，按四川。請罷鎮守中官，不聽。帝親鞫楊言，落其一指。察大呼曰：「臣願以不肖軀易言命，不忍言獨死。」帝目攝之，察不爲動。退具疏申理，且請下王邦奇於獄，直聲震朝野。巡視京營，與給事中王科極陳武定侯郭勛貪橫狀。擢南京太僕少卿。疏辭，因請召前給事中劉世賢等二十餘人。帝怒，責以市恩要名，貶遠方雜職。給事中王俊民、鄭一鵬論救，皆奪俸。察補海陽教諭。累遷山西左布政使，入爲光祿卿。

十二年，以僉都御史巡撫南、贛。居二年，乞休，因薦前都御史萬鏜、大理卿董天錫等十四人可用。吏部請從其言。帝奪部臣俸，責察徇私妄舉，斥爲民。察居官廉，既歸，敝衣糲食而已。

孫懋，字德夫，慈谿人。正德六年進士。授浦城知縣，擢南京吏科給事中。御史張經、

寧波知府翟唐忤奄人被逮，懋偕同官論救。織造太監史宣誣主事王鑾、知縣胡守約，下之詔獄。懋言：「宣妄言御賜黃棍，聽撻死官吏，脅主簿孫錦死，今又誣守職臣。乞治宣罪，還鑾、守約故任。」未幾，復偕諸給事言：「臣等屢建白，不擇可否，一概留中。萬一奸人陰結黨類，公行阻遏，朝有大事，陛下不聞，大臣不知，禍可勝言！」皆不報。已，又劾罷鹽法侍郎薛章，請黜太僕少卿馬陟，留御史徐文華，召還謝遷、韓文、孫交、張原、周廣、高公韶、王思等，罷游畋射獵，復御朝常儀，還久留邊兵，汰錦衣冗官，諸疏皆侃侃。

江彬導帝巡幸。懋言：「彬梟桀憸邪，挾至尊出居庸，無大臣保護，獨處沙漠將半載。兩宮違養，郊廟不親，四方災異迭見，盜賊蜂起。留彬一日，爲宗社一日憂，乞立置重典。」時中外章奏，帝率不省視。規主闕者，往往得無罪。一觸權倖，禍立至，人皆爲懋危。而彬方日侍帝娛樂，亦不之見也。請回鑾，諫南幸，懋皆與。宸濠反，帝在南都，懋從行。請急定平賊功賞，既又數請還京，率同官伏闕，皆不省。

世宗卽位，疏薦建言貶謫諸臣周廣、范輅等二十人，皆召用。劾南京祭酒陳霽、太常卿張道榮，皆罷。未幾，言：「謝遷、韓文起用，乞倣宋起文彥博故事，不煩職務，大禮大政，時令參預，必有裨新政。」帝雖善之不能用。

出爲廣東參議，遷副使。嘉靖四年有錦衣官校偵事廣東。懋與按察使張祐疑其僞，執

之。事聞，逮下詔獄，謫藤縣典史。屢遷至廣西布政使。十六年入爲應天府尹。坐所進鄉試錄忤旨，致仕，卒。

王儀，字克敬，文安人。嘉靖二年進士。除靈璧知縣。以能，調嘉定。七年擢御史，巡按陝西。秦府豪占民產，儀悉奪還民。延綏大饑，朝命陝西布政使胡忠爲巡撫，儀論罷之。

已，巡按河南。趙府輔國將軍祐椋招亡命殺人劫㱿，積十餘年莫敢發。儀偕巡撫吳山奏之，奪爵禁錮。會儀出爲蘇州知府。甫三月，祐椋潛入都，奏儀掊摭，并訐都御史毛伯溫以私憾入己罪。且言「臣嘗建醮祈皇嗣，爲知府王天民訕笑」，請并按問。帝心知祐椋罪，而悅其建醮語，爲遣使覆按，解儀、伯溫任，下天民獄。使者奏儀不誣，第祐椋罪在赦前，宜輕坐。帝終憐祐椋愛己，竟復其爵，除儀名，伯溫、山、天民皆得罪。終嘉靖世多以誹謗齋醮獲重禍，由祐椋訐奏始。

儀去蘇州，士民走闕下乞留，帝不許。既而薦起知撫州。蘇州士民復走闕下乞還儀，至再，不報。歸愬於巡撫侯位。位以聞，帝乃許之。至則歎曰：「蘇賦當天下什二，而田額淆無可考，何以定賦。」乃履畝丈之，使縣各爲籍。以八事定田賦，以三條核稅課，徭役、雜辦維均。治爲知府第一，進浙江副使，飭蘇、松、常、鎮兵備。時巡撫歐陽鐸均田賦，儀佐之，以治蘇者推行於旁郡。坐與操江王學夔討賊敗績，停俸戴罪。未幾，殪賊江中，進秩一等，遷山西右參政，分守冀、寧。寇抵清源城，儀洞開城門，寇疑引去。按行所部，築城郭，積糗糧，榆次、平定間遂皆有城。

二十一年擢右僉都御史，巡撫宣府。寇入龍門，總兵官郤永等敗之。儀進右副都御史。尋以築邊垣，賚銀幣。寇自萬全右衞入，游騎犯完、唐。奪俸二級。考察拾遺，貶一官。已，勘上先事罪，貶秩如初。久之，除肅州兵備副使，協巡撫楊博徙哈密遺種於境外。稍遷右參政，復拜右僉都御史，巡撫甘肅。未行，俺答犯京師，詔儀馳鎮通州。仇鸞部卒掠民貲，捕笞之，枷市門外。鸞訴於帝，逮訊斥爲民，卒。隆慶初，子緘訟冤，復官賜卹。

緘，官按察使，分巡遼陽，以知兵名。

王學夔，安福人。正德時，以吏部主事諫南巡，跪闕下，受杖。嘉靖初，奏請裁戚畹，又申救言官。歷考功、文選郎中，廉謹爲時所稱。嘗撫治鄖陽。有僞稱皇子者，諸司議用兵。學夔曰：「妄豎子耳。」密捕致之辟。累遷南京吏、禮、兵三部尚書。隆慶、萬曆間，存問者再。年九十四卒。贈太子少保。

曾鈞，字廷和，進賢人。嘉靖十一年進士。授行人，擢南京禮科給事中。時四方銀場得不償費，且爲盜窟，鈞奏罷之。

鈞剛廉疾俗。首劾罷參贊尚書劉龍。已劾翊國公郭勛、禮部尚書嚴嵩。未幾劾工部侍郎蔣淦、延綏巡撫趙錦。最後劾罷操江都御史柴經。直聲震一時。

出爲雲南副使。兩司詣黔國公率廷謁，鈞始正其禮，且釐還所侵麗江民地。遷四川參政。黔寇亂，撫定之。屢遷河南左布政使。

三十一年以右副都御史總理河道。徐、邳等十七州縣連被水患，帝憂之，趣上方略。鈞請濬劉伶臺至赤晏廟八十里，〔三〕築草灣老黃河口，增高家堰長堤，繕新莊等舊牐。閱數月，工成。進工部右侍郎。

治河四年，入爲南京刑部右侍郎。久之，乞歸。家居十餘年卒。贈刑部尚書，謚恭肅。

贊曰：鄭岳等居官，歷著風操。箴主闕，抑近倖，本末皆有可觀。斤斤奉職，所至以治

辦聞，殆列卿之良歟。唐胄論安南，切於事理。歐陽鐸之均田賦，惠愛在民，令久於其任，幾與周忱比矣。

校勘記

〔一〕潞州巨盜陳卿據青羊山爲亂　青羊山，原作「青陽山」，據本書卷一九六夏言傳、明史稿傳七七夏言傳及傳八二潘塤傳、世宗實錄卷九四嘉靖七年閏十月壬申條改。

〔二〕山東副使牛鸞由潞城入　牛鸞，原作「牛鑾」，據本書卷一九六及明史稿傳七七夏言傳、世宗實錄卷九四嘉靖七年閏十月壬申條改。

〔三〕破賊李莊泉　李莊泉，世宗實錄卷九四嘉靖七年閏十月壬申條作「李莊東」。按實錄稱陳卿「同弟陳奉、陳訪牢守李莊口梨山西兵」，「李莊」顯係一地名，疑作「李莊東」是。

〔四〕經寶苑馬寺幽室中　苑馬寺，原作「花馬寺」，據世宗實錄卷一七三嘉靖十四年三月己丑條、國榷卷五六頁三五一三改。

〔五〕鈞請瀋劉伶臺至赤晏廟八十里　赤晏廟，原作「赤宴廟」，據本書卷八三食貨志、明史稿傳八二曾鈞傳、世宗實錄卷三九三嘉靖三十二年正月戊寅條改。

明史卷二百四

列傳第九十二

陳九疇　翟鵬 張漢　孫繼魯　曾銑　丁汝夔

楊守謙　商大節　王忬　楊選

陳九疇，字禹學，曹州人。倜儻多權略。自爲諸生，即習武事。弘治十五年進士。除刑部主事。有重囚越獄，人莫敢攖，九疇挺槊逐得之，遂以武健名。

正德初，錄囚南畿，忤劉瑾，謫陽山知縣。瑾敗，復故官，歷郎中，遷肅州兵備副使。總督彭澤之賂土魯番也，遣哈密都督寫亦虎仙往。九疇奮曰：「彭公受天子命，制邊疆，不能身當利害，何但模棱爲！」乃練卒伍，繕營壘，常若臨大敵。寫亦虎仙果通賊。番酋速檀滿速兒犯嘉峪關，遊擊芮寧敗死。尋復遣斬巴思等以駝馬乞和，而陰遺書虎仙及其姻黨阿剌思罕兒、失拜烟答等俾內應。九疇知賊計，執阿剌思罕兒及斬巴思付獄。通事毛鑑等守

之。鑑等故與通，欲縱去，衆番皆伺隙爲變。九疇覺之，僇鑑等。賊失內應，遂拔帳走。兵部尚書王瓊惡澤，并坐九疇失事罪，逮繫法司獄。以失拜烟答繫死爲罪，除其名。

世宗即位，起故官。俄進陝西按察使。居數月，甘肅總兵官李隆嗾部卒毆殺巡撫許銘，焚其屍。乃擢九疇右僉都御史，巡撫甘肅，按驗銘事，誅隆及亂卒首事者。九疇抵鎮，言額軍七萬餘，存者不及半，且多老弱，請令召募。詔可。

嘉靖三年，速檀滿速兒復以二萬餘騎圍肅州。九疇自甘州晝夜馳入城，射賊，賊多死。已，又出兵擊走之。其分掠甘州者，亦爲總兵官姜奭所敗。論功，進副都御史，賚金幣。九疇上言：「番賊敢入犯者，以我納其朝貢，縱商販，使得稔虛實也。寫亦虎仙逆謀已露，輪貨權門，轉蒙寵幸，以犯邊之寇，爲來享之賓。邊臣怵利害，拱手聽命，致內屬番人勾連接引，以至於今。今即不能如漢武興大宛之師，亦當效光武絕西域之計。先後入貢未歸者二百人，宜安置兩粵，其謀逆有迹者加之刑僇，則賊內無所恃，必不復有侵軼。倘更包含隱忍，恐河西十五衞所，永無息肩之期也。」事下，總制楊一清頗採其議。四年春致仕歸。

初，土魯番敗遁，都指揮王輔言速檀滿速兒及牙木蘭俱死於礮，九疇以聞。後二人上表求通貢，帝怪且疑。而番人先在京師者爲蜚語，言肅州之圍，由九疇激之，帝益信。會百戶王邦奇訐楊廷和、彭澤，詞連九疇。吏部尚書桂萼等欲緣九疇以傾澤，因請許通貢，而

追治九疇激變狀。大學士一清言事已前決。帝不聽，逮下詔獄。刑部尚書胡世寧言於朝曰：「世寧司刑而殺忠臣，寧殺世寧。」乃上疏爲訟冤曰：「番人變詐，妄騰謗讟，欲害我謀臣耳。夫其畜謀內寇，爲日已久。一旦擁兵深入，諸番約內應，非九疇先幾奮僇，且近遣屬夷劫其營帳，遠交瓦剌擾其窟巢，使彼內顧而返，則肅州孤城豈復能保。臣以爲文臣之有勇知兵忘身殉國者，無如九疇，宜番人深忌而欲殺也。惟聽部下卒妄報，以滿速兒等爲已死，則其罪有不免耳。」已，法司具獄亦如世寧言。帝卒中蕚等言，謫戍極邊。居十年，赦還。

翟鵬，字志南，撫寧衞人。正德三年進士。除戶部主事。歷員外郎中，出爲衞輝知府，調開封。擢陝西副使，進按察使。性剛介，歷官以清操聞。

嘉靖七年擢右僉都御史，巡撫寧夏。時邊政久弛，壯卒率占工匠私役中官家，守邊者並羸老不任兵。又番休無期，甚者夫守墩，妻坐鋪。鵬至，盡清占役，使得迭更。野雞臺二十餘墩孤懸塞外，久棄不守，鵬盡復之。歲大祲，請於朝以振。坐寇入停俸。復坐劾總兵官趙瑛失事，爲所訐，奪職歸。

二十年八月，俺答入山西內地。兵部請遣大臣督軍儲，因薦鵬。乃起故官，整飭畿輔、

山西、河南軍務兼督餉。鵬馳至，俺答已飽去，而吉囊軍復寇汾、石諸州。鵬往來馳驅，不能有所挫。寇退，乃召還。

明年三月，宣大總督樊繼祖罷，除鵬兵部右侍郎代之。上疏言：「將吏遇被掠人牧近塞，宜多方招徠。殺降邀功者，宜罪。寇入，官軍遏敵雖無功，竟賴以安者，當錄。若賊衆我寡，奮身戰，雖有傷折，未至殘生民者，罪當原。於法，俘馘論功，損挫論罪。乃有摧鋒陷陣不暇斬首，而在後掩取者反積級受功，有逡巡觀望幸苟全，而力戰當先者反以損軍治罪，非戎律之平。」帝皆從其議。會有降人言寇且大入，鵬連乞兵餉。帝怒，令革職閑住，因罷總督官不設。鵬受事僅百日而去。

其年七月，俺答復大入山西，縱掠太原、潞安。兵部請復設總督，乃起鵬故官，令兼督山東、河南軍務，巡撫以下並聽節制。鵬受命，寇已出塞。即馳赴朔州，請調陝西、薊、遼客兵八支，及宣、大三關主兵，兼募土著，選驍銳者十萬，統以良將，列四營，分布塞上，每營當一面。寇入境，游兵挑之，誘其追，諸營夾攻。脫不可禦，急趨關南依牆守，邀擊其困歸。帝從之。鵬乃浚壕築垣，修邊牆三百九十餘里，增新墩二百九十二，護墩堡一十四，建營舍一千五百間，得地萬四千九百餘頃，募軍千五百人，人給五十畝，省倉儲無算。疏請東自平刑，西至偏關，畫地分守。增游兵三支，分駐雁門、寧武、偏關。寇攻牆，戍兵拒，游兵出關夾攻，此守中有戰。東大同，西老營堡，因地設伏，伺寇所向。又於宣、大、三關間，各設勁兵，而別選戰士六千，分兩營，遇警令總督武臣張鳳隨機策應，此戰中有守。帝從其議，且命自今遇敵，逗遛者都指揮以下即斬，總兵官以下先取死罪狀奏請。

先是，鵬遣千戶火力赤率兵三百哨至豐州灘，不見寇。復選精銳百，遠至豐州西北，遇牧馬者百餘人，擊斬二十三級，奪其馬還。未入塞，寇大至，官軍饑憊，盡棄所獲奔。鵬具實陳狀。帝以將士敢深入，仍行遷賞。舊例，兵皆團操鎮城，聞警出戰。自邊患熾，每夏秋間分駐邊堡，謂之暗伏。鵬請入秋悉令赴塞，畫地分守，謂之擺邊，九月中還鎮。遂著爲令。

二十三年正月，帝以去歲無寇爲將帥力，降敕獎鵬，賜以襲衣。至三月，俺答寇宣府龍門所，總兵官郤永等却之，斬五十一級。論功，進兵部尚書。帝倚鵬殄寇，錫命屢加，所請多從，而責效甚急。鵬亦竭智力，然不能呼吸應變。御史曹邦輔嘗劾鵬，鵬乞罷，弗允。是年九月，薊州巡撫朱方請撤諸路防秋兵，〔一〕兵部尚書毛伯溫因併撤宣、大、三關客兵。俺答遂以十月初寇膳房堡。爲郤永所拒，乃於萬全右衞毀牆入。由順聖川至蔚州，犯浮屠峪，直抵完縣，京師戒嚴。帝大怒，屢下詔責鵬。鵬在朔州聞警，夜半至馬邑，調兵食，復趨渾源，遣諸將邀敵。御史楊本深劾鵬逗遛，致賊震畿輔。兵科戴夢桂繼之。遂遣官械鵬，而以兵部左侍郎張漢代。鵬至，下詔獄，坐永戍。行至河西務，爲民家所窘，告鈔關主事杖

之，廠衞以聞。復逮至京，卒於獄，人皆惜之。

初，鵬在衞輝，將入覲，行李蕭然，通判王江懷金遺之。鵬曰：「豈我素履未孚於人耶？」江慚而退，其介如此。隆慶初，復官。

張漢，鍾祥人。代鵬時，寇已出境，乃命翁萬達總督宣、大，而以漢專督畿輔、河南、山東諸軍。漢條上選將、練兵、信賞、必罰四事，請令大將得專殺偏裨，而總督亦得斬大將，人知退怯必死，自爭赴敵。帝不欲假臣下權，惡之。兵部言，漢老邊事，言皆可從。帝令再議。部臣乃言漢議皆當，而專殺大將，與會典未合。帝姑報可。會考察拾遺，言官劾漢剛愎。遂械繫詔獄，謫戍鎮西衞。後數年邊警，御史陳九德薦漢。帝怒，斥九德爲民。漢居戍所二十年卒。隆慶初，贈兵部尚書。

孫繼魯，字道甫，雲南右衞人。嘉靖二年進士。授澧州知州。坐事，改國子助教。歷戶部郎中，監通州倉。歷知衞輝、淮安二府。織造中官過淮，繼魯與之忤。誣逮至京，大學士夏言救免。繼魯不謝，言不悅。改補黎平。擢湖廣提學副使，進山西參政。數繩宗藩。

暨遷按察使，宗藩百餘人擁馬發其裝，敝衣外無長物，乃載酒謝過。還陝西右布政使。

二十六年擢右副都御史，代楊守謙巡撫山西。繼魯耿介，所至以清節聞，然好剛使氣。總督都御史翁萬達議撤山西內邊兵，并力守大同外邊，帝報可。繼魯抗章爭，言：「紫荊、居庸、山海諸關，東枕溟渤，雁門、寧武、偏頭諸關，西據黃河。天設重險，以藩衞國家，豈可聚師曠野，洞開重門以延敵。夫紫荊諸關之拱護京師，與雁門諸關之屏蔽全晉，一也。今議者不撤紫荊以并守宣府，豈可獨撤雁門以并守大同耶？況自偏頭、寧武、雁門東抵平刑關爲山西長邊，自右衞雙溝墩至東陽河、鎭口臺爲大同長邊，自丫角山至雙溝百四十里爲大同緊邊，自丫角山至老牛灣百四十里爲山西緊邊，論長邊則大同爲急，山西差緩，論緊邊則均爲最急。此皆密邇河套，譬之門闑。山西守左，大同守右。山西并力守左尙不能支，又安能分力以守大同之右。近年寇不敢犯山西內郡者，以三關備嚴故也。使三關將士遠離堡戍，欲其不侵犯難矣。全師在外，强寇內侵，卽紫荊、倒馬諸關不將徒守哉！」萬達聞之不悅，上疏言：「增兵擺邊，始於近歲，與額設守邊者不同。繼魯乃以危言相恐，復遺臣書，言往歲建雲中議，宰執幾不免。近年撤各路兵，督撫業蒙罪。其詆排如此。今防秋已逼，乞別調繼魯，否則早罷臣，無悞邊事。」兵部是繼魯言。帝不從，下廷議。廷臣請如萬達言。帝方倚萬達，怒繼魯騰私書，引往事議君上。而夏言亦惡繼魯，不爲地，遂逮下詔獄。疽發

於項，瘐死。

繼魯爲巡撫僅四月。山西人習其前政，冀有所設施，遽以非罪死，咸爲痛惜。宗藩有上書訟其冤者，卽前奪視其裝者也。穆宗卽位，贈兵部左侍郎，賜祭葬，廕一子，諡清愍。

曾銑，字子重，江都人。自爲諸生，以才自豪。嘉靖八年成進士，授長樂知縣。徵爲御史，巡按遼東。遼陽兵變，執辱都御史呂經。銑時按金、復，急檄副總兵李鑑罷經苛急事，爲亂軍乞赦。經罷，趣廣寧，悍卒于蠻兒等復執辱經。其月，撫順卒亦縛指揮劉雄父子。會朝廷遣侍郎林庭棉往勘，亂卒懼。遼陽倡首者趙劓兒潛詣廣寧與蠻兒合謀，欲俟鎭城官拜表，集衆亂，爲總兵官劉淮所覺，計不行。復結死囚，欲俟庭棉至，閉城門爲變。而銑已刺得二城及撫順爲惡者姓名，密授諸將，劓兒等數十人同日捕獲。銑上言：「往者甘肅、大同軍變，處之過輕。羣小謂辱命臣，殺主帥，罪不過此，遂相率爲亂。今首惡宜急誅。」乃召還庭棉，命銑勘實，悉斬諸首惡，懸首邊城，全遼大定。

擢銑大理寺丞，遷右僉都御史，巡撫山東。俺答數入內地，銑請築臨淸外城。工畢，進副都御史。居三年，改撫山西。經歲寇不犯邊，朝廷以爲功，進兵部侍郎，巡撫如故。

二十五年夏，以原官總督陝西三邊軍務。寇十萬餘騎由寧塞營入，大掠延安、慶陽境。銑率兵數千駐塞門，而遣前參將李珍搗寇巢於馬梁山陰，斬首百餘級。寇聞之，始遁。捷奏，賚銀幣。旣而寇屢入，遊擊高極死焉，副總兵蕭漢敗績。銑疏諸將罪，治如律。時套寇牧近塞，零騎往來，居民不敢樵採。銑方築塞，慮爲所擾，乃選銳卒擊之。寇稍北，間以輕騎入掠，銑復率諸軍驅之遠徙。參將李珍及韓欽功爲多，詔增銑俸一級，賜銀幣有加。

銑素喜功名，又感帝知遇，益圖所報稱。念寇居河套，久爲中國患，上疏曰：「賊據河套，侵擾邊鄙將百年。孝宗欲復而不能，武宗欲征而不果，使吉囊據爲巢穴。出套則寇宣、大、三關，以震畿輔；入套則寇延、寧、甘、固，以擾關中。深山大川，勢顧在敵而不在我。封疆之臣曾無有以收復爲陛下言者，蓋軍興重務也；小有挫失，媒孽踵至，鼎鑊刀鋸，面背森然。臣非不知兵凶戰危，而枕戈汗馬，切齒痛心有日矣。竊嘗計之：秋高馬肥，弓矢勁利，彼聚而攻，我散而守，則彼勝；冬深水枯，馬無宿槀，春寒陰雨，壤無燥土，彼勢漸弱，我乘其弊，則中國勝。臣請以銳卒六萬，益以山東鎗手二千，每當春夏交，攜五十日餉，水陸交進，直搗其巢。材官騶發，礮火雷激，則寇不能支。此一勞永逸之策，萬世社稷所賴也。」遂條八議以進。是時，銑與延、寧撫臣欲西自定邊營，東至黃甫川一千五百里，築邊牆禦寇，請帑金數十萬，期三年畢功。疏並下兵部。部臣難之，請令諸鎭文武將吏協議。詔報曰：「賊

據套爲中國患久矣，朕宵旰念之，邊臣無分主憂者。今銑倡恢復議甚壯，其令銑與諸鎭臣悉心上方略，予修邊費二十萬。」銑乃益銳。而諸巡撫延綏張問行、陝西謝蘭、寧夏王邦瑞及巡按御史盛唐以爲難，久不會奏。銑怒，疏請於帝，帝爲責讓諸巡撫。會問行已罷，楊守謙代之，意與銑同。銑遂合諸臣條上方略十八事，已又獻營陣八圖，並優旨下廷議。

廷臣見上意向銑，一如銑言。帝忽出手詔諭輔臣曰：「今逐套賊，師果有名否？兵食果有餘，成功可必否？一銑何足言，如生民荼毒何。」初，銑建議時，輔臣夏言欲倚以成大功，主之甚力。及是，大駭，請帝自裁斷。帝命刊手詔，徧給與議諸臣。時嚴嵩方與言有隙，欲因以傾言，乃極言套必不可復。陰詆言，故引罪乞罷，以激帝怒。旋復顯攻言，謂「向擬旨褒銑，臣皆不預聞。」兵部尙書王以旂會廷臣覆奏，遂盡反前說，言套不可復。帝乃遣官逮銑，出以旂代之；責科道官不言，悉杖於廷，停俸四月。帝雖怒銑，然無意殺之也。咸寧侯仇鸞鎭甘肅時，以阻撓爲銑所劾，逮問。嵩故雅親鸞。知銑所善同邑蘇綱者，言繼妻父，綱與銑、言嘗交關傳語，乃代鸞獄中草疏，誣銑掩敗不奏，剋軍餉鉅萬，遣子淳屬所親蘇綱賂當途。其言絕無左驗，而帝深入其說，立下淳、綱詔獄。給事中齊譽等見帝怒銑甚，請早正刑章。帝責譽黨奸避事，鐫級調外任。及銑至，法司比擬邊帥失陷城砦者律。帝必欲依正條，當銑交結近侍律斬，妻子流二千里，卽日行刑。銑旣死，言亦坐斬，而鸞出獄。

銑有膽略，長於用兵。歲除夜，猝命諸將出。時塞上無警，諸將方置酒不欲行，賂銘卒求緩於銑妾。銑斬銘卒以徇。諸將不得已，丙夜被甲行。果遇寇，擊敗之。翼日入賀畢，前請故。銑笑曰：「見烏鵲非時噪，故知之耳。」皆大服。銑廉，旣歿，家無餘貲。隆慶初，給事中辛自修、御史王好問訟銑志在立功，身罹重辟，識與不識，痛悼至今。詔贈兵部尚書，謚襄愍。萬曆中，從御史周磐請，建祠陝西。

李珍者，故坐事失官。銑從徒中錄用，復積戰功至參將。銑旣被誣，詔遣給事中申价等往覈，因并劾珍與指揮田世威、郭震爲銑爪牙，下之詔獄。逮及巡撫謝蘭、張問行，御史盛唐，副總兵李琦等，皆斥罰。勒淳、綱贓，䘏陣亡軍及居民被難者。銑嘗檄府衞銀三萬兩製車仗，亦責償於淳。且酷刑拷珍，令其實尅餉行賂事，幾死，卒不承。淳用是免，珍竟論死，世威、震謫戍。其後，俺答歲入寇，帝卒不悟，輒曰：「此銑欲開邊，故行報復耳。」

丁汝夔，字大章，霑化人。正德十六年進士。改庶吉士。嘉靖初，授禮部主事。爭「大禮」被杖，調吏部。累官山西左布政使，擢右副都御史，巡撫甘肅。歷撫保定、應天。入爲

左副都御史。坐事調湖廣參政。復以故官撫河南。歷吏部左、右侍郎。

二十八年十月拜兵部尚書兼督團營。條上邊務十事，皆報可。當是時，俺答歲寇邊，羽書疊至。天子方齋居西內，厭兵事，而大學士嚴嵩竊權，邊帥率以賄進，疆事大壞。其明年八月甲子，俺答犯宣府，諸將拒之不得入。汝夔卽上言：「寇不得志於宣府，必東趨遼、薊。請敕諸將嚴爲備。潮河川乃陵京門戶，宜調遼東一軍赴白馬關，保定一軍赴古北口。」從之。寇果引而東，駐大興州，去古北口百七十里。大同總兵官仇鸞知之，率所部馳至居庸南。順天巡撫王汝孝駐薊州，誤聽諜者謂寇向西北。汝夔信之，請令鸞還大同勿東，詔俟後報。及興州報至，命鸞壁居庸，汝孝守薊州。未幾，寇循潮河川南下至古北口，薄關城。總兵官羅希韓、盧鉞不能卻，汝孝師大潰。寇遂由石匣營達密雲，轉掠懷柔，圍順義城。聞保定兵駐城內，乃解而南，至通州。阻白河不得渡，駐河東孤山，分剽昌平、三河，犯諸帝陵，殺掠不可勝紀。

京師戒嚴。召各鎭勤王，分遣文武大臣各九人，守京城九門，定西侯蔣傳、吏部侍郎王邦瑞總督之，〔三〕而以錦衣都督陸炳，禮部侍郎王用賓，給事御史各四人，巡視皇城四門。詔大小文臣知兵者，許汝夔委用。汝夔條上八事，請列正兵四營於城外四隅，奇兵九營於九門外近郊。正兵營各一萬，奇兵營各六千。急遣大臣二人經略通州、涿州，且釋罪廢諸將使立功贖罪。帝悉從之。然是時册籍皆虛數。禁軍僅四五萬，老弱半之，又半役內外提督大臣家不歸伍，在伍者亦涕泣不敢前。從武庫索甲仗，主庫奄人勒常例，不時發。久之不能軍。乃發居民及四方應武舉諸生乘城，且大頒賞格。仇鸞與副將徐珏、遊擊張騰等軍白河西，楊守謙與副將朱楫等軍東直門外，諸路援兵亦稍集。議者率謂城內虛，城外有邊兵足恃，宜移京軍備內釁，汝夔亦以爲然。遂量掣禁軍入營十王府、慶壽寺前。掌營務者成國公朱希忠恐以兵少獲譴，乃東西抽掣爲掩飾計。士疲不得息，出怨言，而莫曉孰爲調者，則爭詈汝夔。鸞兵無紀律，掠民間。帝方眷鸞，令勿捕。汝夔亦戒勿治鸞兵。民益怨怒。

寇游騎四出，去都城三十里。及辛巳，遂自通州渡河而西，前鋒七百騎駐安定門外教場。明日，大營薄都城。分掠西山、黃村、沙河、大小榆河，畿甸大震。初，寇逼通州，部所遣偵卒出城不數里，道遇傷者，輒奔還妄言誑汝夔。旣而言不讎，汝夔弗罪也。募他卒偵之復如前。以故寇衆寡遠近皆不能知。宣府總兵官趙國忠，參將趙臣、孫時謙、袁正，遊擊姚冕，山西遊擊羅恭等，各以兵入援，營玉河諸處。詔兵部核諸鎭兵數，行賞賚。勤王兵先後五六萬人，皆聞變卽赴，未齎糗糧。制下犒師，牛酒無所出。越二三日，援軍始得數餅餌，益饑疲不任戰。

帝久不視朝，軍事無由面白。廷臣多以爲言，帝不許。禮部尚書徐階復固請，帝乃許。癸未，羣臣昧爽入。至日晡，帝始御奉天殿，不發一詞，但命階奉敕諭至午門，集羣臣切責之而已。帝怒文武臣不任事，尤怒汝夔。吏部因請起楊守禮、劉源清、史道、許論於家。汝夔不自安，請督諸將出城戰，而以侍郎謝蘭署部事。帝責其推委，命居中如故。寇縱橫內地八日，諸軍不敢發一矢。寇本無意攻城，且所掠過望，乃整輜重，從容趨白羊口而去。

方事棘，帝趣諸將戰甚急。汝夔以咨嵩。嵩曰：「塞上敗或可掩也，失利輦下，帝無不知，誰執其咎？寇飽自颺去耳。」汝夔因不敢主戰，諸將亦益閉營，寇以此肆掠無所忌。旣退，汝夔、蘭及戶工尚書李士翺、胡松，侍郎駱顒、〔四〕孫禬皆引罪。命革士翺職，停松俸，俱戴罪辦事，侍郎各停俸五月，而下汝夔獄。帝欲大行誅以懲後。汝夔窘，求救於嵩。嵩曰：「我在，必不令公死。」及見帝怒甚，竟不敢言。給事御史劾汝夔禦寇無策。帝責其不早言，奪俸有差。趣具獄，怒法司奏當緩，杖都御史屠僑、刑部侍郎彭黯、大理卿沈良才各四十，降俸五等。刑科張侃等循故事覆奏，各杖五十，斥侃爲民。坐汝夔守備不設，卽日斬於市，梟其首，妻流三千里，子戍鐵嶺。汝夔臨刑，始悔爲嵩所賣。

方廷訊時，職方郎王尚學當從坐。汝夔曰：「罪在尚書，郎中無預」，得減死論戍。比赴市，問左右：「王郎中免乎？」尚學子化適在旁，謝曰：「荷公恩，免矣。」汝夔歎曰：「汝父勸我

速戰，我爲政府惧。汝父免，我死無恨。」聞者爲泣下。隆慶初，復官。

汝夔既下獄，并逮汝孝、希韓、鋮。寇未盡去，官校不敢前，託言汝孝等追寇白羊口，遠不可卒至。比逮至，論死。帝怒漸解，而汝孝復以首功聞，命俱減死戍邊。

楊守謙，字允亨，徐州人。父志學，字遜夫，弘治六年進士。巡撫大同、寧夏，邊人愛之。累官刑部尚書，卒，謚康惠。

守謙登嘉靖八年進士，授屯田主事。改職方，歷郎中，練習兵計。出爲陝西副使，改督學政，有聲，就拜參政。未任，擢右僉都御史，巡撫山西。上言偏頭、老營堡二所，餘地千九百餘頃，請興舉營田。因薦副使張鎬爲提調，牛種取給本土。帝稱爲忠，卽報可。俄移撫延綏。請久任鎬，終其事。其後二年，營田大興。計秋穫可當帑銀十萬，邊關穀價減十五。守謙薦鎬可大用，且言延綏安定諸邊可如例。戶部請推行之九邊。帝悅，命亟行之，錄守謙、鎬功。守謙未去延綏，而鎬已巡撫寧夏矣。

守謙至延綏，言：「激勸軍士在重賞。令斬一首者陞一級，不願者予白金三十兩。賞已薄，又文移察勘，動涉歲時，以故士心不勸。近宣、大事棘，稍加賞格，請倍增其數，鎮巡官

驗明卽給。蓋增級、襲廕，有官者利之，窮卒覬賞而已。」兵部以爲然，定斬首一級者與五十兩，著爲令。以前山西修邊功，增俸一級，賜金幣有加。請給新設游兵月餉，發倉儲貸饑卒，皆報許。

二十九年進副都御史，巡撫保定兼督紫荊諸關。去鎭之日，傾城號泣，有追送數百里外者。未幾，俺答入寇，守謙率師倍道入援。帝聞其至，甚喜，令營崇文門外。會副總兵朱棏，參將祝福、馮登亦各以兵至，人心稍安。寇游騎散掠枯柳諸村，去京城二十里。守謙及棏等兵移營東直門外。詔同仇鸞調度京城及各路援兵，相機戰守。

寇薄都城，諸將高秉元、徐鏞等禦之，不能却。帝拜鸞大將軍，進守謙兵部右侍郎，協同提督內外諸軍事。鸞時自孤山還，至東直門覲望，斬死人首六級，報功。守謙孤軍薄俺答營，而陣無後繼，不敢戰。帝聞不悅。而尚書丁汝夔慮喪師，戒勿輕戰。諸將離城遠，見守謙不戰，亦堅壁，輒引汝夔及守謙爲辭。流聞禁中，帝益怒。

初，寇抵安定門，詔守謙與棏等合擊，莫敢前。守謙亦委無部檄，第中儆備。寇遂燬城外廬舍。城西北隅火光燭天，內臣園宅在焉，環泣帝前，稱將帥爲文臣制，故寇得至此。帝怒曰：「守謙擁衆自全，朕親降旨趣戰，何得以部檄爲解。」寇退，遂執守謙與汝夔廷鞫之。坐失惧軍機，卽日戮於市。守謙臨刑時，慨然曰：「臣以勤王反獲罪，讒賊之口實蔽聖聰。皇天后土知臣此心，死何恨。」邊陲吏士知守謙死，無不流涕者。

守謙坦易無城府，馭下多恩意。守官廉，位至開府，蕭然若寒士。然性遲重，客有勸之戰者，應曰：「周亞夫何人乎？」客曰：「公惧矣，今日何得比漢法。」守謙不納，竟得罪。隆慶初，贈兵部尚書，謚恪愍。

商大節，字孟堅，鍾祥人。嘉靖二年進士。授豐城知縣。始爲築城，捕境內盜幾盡。

擢兵科給事中。京察竣，復命科道互相劾，被謫鹽城縣丞。三遷刑部郎中，出爲廣東僉事。擣海南叛黎巢，增秩，賜金幣。累官山東按察使。擢右僉都御史，巡撫保定兼提督紫荊諸關。慮俺答內侵，疏請重根本，護神京。居四年，召理院事。俺答果大舉薄都城。詔城中居民及四方入應武舉者悉登陴守，以大節率五城御史統之。發帑金五千兩，命便宜募壯士。屢條上軍民急務。比寇退，復命兼管民兵，經略京城內外。訓練鼓舞，軍容甚壯。擢右副都御史，經略如故。所募民兵已四千，請以三等授餉。上者月二石，其次遞減五斗。帝亟從之。

仇鸞爲大將軍，盡統中外兵馬，惡大節獨爲一軍，不受其節制，欲困之。乃請畫地分

守，以京師四郊委大節。大節言：「臣雖經略京城，實非有重兵專戰守責者也。京城四郊利害，鸞欲專以臣當。臣節制者，止巡捕軍，鸞又頻調遣，奸宄猝發，誰爲捍禦哉？」所爭甚晰，而帝方寵鸞，不欲人撓其事，責大節懷奸避難，立下詔獄。法司希旨，當大節斬。嚴嵩言：「大節誠有罪，但法司引律非是。幸赦其死，戍極邊。」亦不聽。時三十年四月也。

明年八月，鸞死，大節故部曲石鏜、孫九思等數百人伏闕訟冤，章再上。兵部侍郎張時徹等言：「大節爲逆鸞制肘，以抵於法，乞順羣情赦之。」帝怒，鐫時徹二秩。明年竟卒於獄。隆慶初，復故官，贈兵部尚書，謚端愍。

王忬，字民應，太倉人。父倬，南京兵部右侍郎，以謹厚稱。忬登嘉靖二十年進士，授行人，遷御史。皇太子出閣，疏以武宗居青宮爲戒。又劾罷東廠太監宋興。出視河東鹽政，以疾歸。已，起按湖廣，復按順天。

二十九年，俺答大舉犯古北口。忬奏言潮河川有徑道，一日夜可達通州。因疾馳至通爲守禦計，盡徙舟楫之在東岸者。夜半，寇果大至。不得渡，遂壁於河東。帝密遣中使覘軍，見忬方厲士乘城。還奏，帝大喜。副都御史王儀守通州，御史姜廷頤劾其不職，忬亦言

儀縱士卒虐大同軍。大同軍者，仇鸞兵也。帝立命逮儀，而超擢忬右僉都御史代之。寇退，忬請振難民，築京師外郭，修通州城，築張家灣大小二堡，置沿河敵臺。皆報可。尋罷通州、易州守禦大臣，召忬還。

三十一年出撫山東。甫三月，以浙江倭寇亟，命忬提督軍務，巡視浙江及福、興、漳、泉四府。先後上方略十二事，任參將俞大猷、湯克寬，又奏釋參將尹鳳、盧鏜繫。賊犯溫州，克寬破之。其據昌國衞者，爲大猷擊退。而賊首汪直復糾島倭及漳、泉羣盜連巨艦百餘蔽海至，濱海數千里同告警。上海及南匯、吳淞、乍浦、蓁嶼諸所皆陷，蘇、松、寧、紹諸衞所州縣被焚掠者二十餘。留內地三月，飽而去。忬乃言將士逐燬其船五十餘艘。於是先所奪文武將吏俸，皆得復。尋以給事中王國禎言，改巡撫。忬方視師閩中，賊復大至，犯浙江，盧鏜等頻失利。御史趙炳然劾其罪，帝特宥忬。忬因請築嘉善、崇德、桐鄉、德清、慈谿、奉化、象山城，而恤被寇諸府。

時已遣尚書張經總督諸軍。大同適中寇，督撫蘇祐、侯鉞俱被逮，乃進忬右副都御史，巡撫大同。秋防事竣，就加兵部右侍郎。薊遼總督楊博還朝，即移忬代之。尋進右都御史。忬言：「騎兵利平地，步兵利險阻。今薊鎮畫地守，請去他郡防秋馬兵八千，易之以步，歲省銀五萬六千餘兩。」從之。打來孫十餘萬騎深入廣寧諸處，總兵官殷尚質等戰歿。忬

停俸三月。未幾，打來孫復以十萬騎屯青城，分遣精騎犯一片石、三道關。總兵官歐陽安拒却之。事聞，賚銀幣。把都兒等犯遷安，副總兵蔣承勛戰死。降忬兵部侍郎，留任。

初，帝器忬才，甚眷之。及所部屢失事，則以爲不足辦寇，諭嚴嵩與兵部計防守之宜。嵩奏流河口邊牆有缺，故寇乘之入，宜大修邊牆。且令忬選補額兵，操練戰守，不得專恃他鎮援兵。部條六事，如嵩指。帝乃下詔責忬，赦其罪，實主兵，減客兵，如議。於是練兵之議起。時寇別部入瀋陽，有鄉兵金仲良者擒其長討賴。忬賚銀幣，官仲良三級。防秋畢，復忬官。尋復用瀋陽却寇功，廕一子。已而寇復入遼陽，副總兵王重祿敗績。御史周斯盛以聞。帝置忬不問，治他將吏如律。

初，帝從楊博言，命薊鎮入衞兵聽宣大調遣。忬言：「古北諸口無險可守，獨恃入衞卒護陵京，奈何聽調發。」帝怒曰：「曩令薊鎮練兵，今一卒不練，遇防秋輒調他鎮兵，兵部詳議以聞。」部臣言：「薊鎮額兵多缺，宜察補」。乃遣郎中唐順之往覈。還奏額兵九萬有奇，今惟五萬七千，又皆羸老。忬與總兵官安、巡撫馬珮及諸將袁正等，俱宜按治。乃降忬俸二級。帝因問嵩：「邊兵入衞，舊制乎？」嵩曰：「祖宗時無調邊兵入內地者。正德中劉六猖獗，始調許泰、郤永領邊兵討賊。庚戌之變，仇鸞選邊兵十八支護陵京，未用以守薊鎮。至何棟始借二支防守，忬始盡調邊兵守要害，去歲又徵全遼士馬入關，致寇乘虛入犯，遂左一

空。若年復一年，調發不已，豈惟糜餉，更有他憂。」帝由是惡忬甚。踰月，寇犯清河，總兵官楊照禦之，斬首八百餘級。越四日，土蠻十萬騎薄界嶺口，副將馬芳拒却之。明日，敵騎二百奔還，芳及安俘斬四十級。忬猶被賚。

三十八年二月，把都兒、辛愛數部屯會州，挾朶顏爲鄉導，將西入，聲言東。忬遽引兵東。寇乃以其間由潘家口入，渡灤河而西，大掠遵化、遷安、薊州、玉田，駐內地五日，京師大震。御史王漸、方輅遂劾忬、安及巡撫王輪罪。帝大怒，斥安，貶輪於外，切責忬，令停俸自効。至五月，輅復劾忬失策者三，可罪者四，遂命逮忬及中軍遊擊張倫下詔獄。刑部論忬戍邊，帝手批曰：「諸將皆斬，主軍令者顧得附輕典耶？」改論斬。明年冬竟死西市。

忬才本通敏。其驟拜都御史，及屢更督撫也，皆帝特簡，所建請無不從。爲總督數以敗聞，由是漸失寵。既有言不練主兵者，益大恚，謂「忬怠事，負我」。嵩雅不悅忬。而忬子世貞復用口語積失歡於嵩子世蕃。嚴氏客又數以世貞家瑣事搆於嵩父子。楊繼盛之死，世貞又經紀其喪，嵩父子大恨。灤河變聞，遂得行其計。穆宗即位，世貞與弟世懋伏闕訟冤。復故官，予卹。

楊選，字以公，章丘人。嘉靖二十三年進士。授行人。擢御史，遷易州兵備副使。俺答圍大同右衞，巡撫朱笈被逮，超拜選右僉都御史代之。與侍郎江東、總兵官張承勛解其圍。憂歸，再起，仍故職。

四十年擢總督薊遼副都御史。條上封疆極弊十五事，多從其請。以居庸岔道却敵功，進兵部右侍郎。

明年五月，[四]古北口守將遣哨卒出塞，朶顏衞掠其四人。部長通漢叩關索賞，副總兵胡鎮執之，并縛其黨十餘人。通漢子懼，擁所執哨卒至牆下，請易其父。通漢者，辛愛妻義父也，選欲以牽制辛愛，要其子入質，乃遣還父。自是諸子迭爲質，半歲而代。選馳疏以聞，自詡方略。選及巡撫徐紳等俱受賞。

十月丁卯，辛愛與把都兒等大舉自牆子嶺、磨刀峪潰牆入犯，京師戒嚴。帝大驚，諭閣臣徐階曰：「朕東見火光，此賊去京不遠，其令兵部諭諸軍幷力勦逐。」明日，選以寇東遁聞，爲將士祈賞。帝疑，以問階。對曰：「寇營尙在平谷，選等往通州矣，謂追殺者，妄也。」帝銜之。寇稍東，大掠三河、順義，圍諸將傅津等於鄭官屯。選遣副將胡鎮偕總兵官孫臏、遊擊趙溱擊之。臏、溱戰歿，鎮力戰得脫。寇留內地八日不退。給事中李瑜遂劾選、紳與副使盧鎰，參將馮詔、胡粲，[五]遊擊嚴瞻等，俱逮下詔獄。又二日，寇始北去，京師解嚴。

初，諜者言寇將窺牆子嶺，部檄嚴待之，而三衞爲寇導者紿選赴潘家口。寇已入，選、紳懼得罪，徑趨都城，屯東直門外，旋還通州。及遣鎮等禦，又不勝。內侍家薊西者，譁言通漢父子實召寇。帝入其言，益怒。法司坐選、紳、詔守備不設律斬，鎰等戍。帝諭錦衣朱希孝坐以縱通漢勾賊罪，復下選詔獄。選不承，止承質通漢父子事，且言事已上聞。希孝錄其語上，刑部如帝指論選死。卽戮於市，梟其首示邊，妻子流二千里。紳論死繫獄，詔及鎰等戍邊。帝雖怒選甚，但欲誅其身，法司乃并坐其妻子。隆慶初，始釋還。

贊曰：世宗威柄自操，用重典以繩臣下，而弄權者借以行其私。於是闒冗廢職之徒事敗伏辜，而出力任事之臣亦中危法受戮，邊臣不得自展布，而武備隳矣。陳九疇、翟鵬、孫繼魯、曾銑皆可用之才，或譎或死，不以其罪。銑復套之議甚偉。然權臣當軸，而敵勢方强，雖頗、牧烏能有爲。丁汝夔之戮，於法誠不爲過。然戎律之弛，有由來矣，而汝夔獨蒙其咎。王忬、楊選於邊備甚踈，宜不免云。

校勘記

〔一〕薊州巡撫朱方請撤諸路防秋兵　薊州巡撫，本書卷一九八及明史稿傳七四毛伯溫傳作「順天巡撫」。按明代未設薊州巡撫，設有順天巡撫一員兼整飭薊州等處邊備。

〔二〕吏部侍郎王邦瑞總督之　吏部侍郎，原作「兵部侍郎」。世宗實錄卷三六四嘉靖二十九年八月戊寅條、國朝獻徵錄卷三九王公邦瑞墓志銘作「吏部左侍郎」。按王邦瑞此時已由兵部右侍郎改遷吏部左侍郎，見本書卷一九九本傳。作「兵部侍郎」誤，今改正。

〔三〕侍郎駱顒　駱顒，原作「雒顒」，據世宗實錄卷三六四嘉靖二十九年八月甲申條、國榷卷五九頁三七五九、明進士題名碑錄嘉靖癸未科改。

〔四〕明年五月　明年，指嘉靖四十一年。按以下記事，世宗實錄卷五二一繫於嘉靖四十二年五月戊寅，下段「十月丁卯」記事，本書卷一八世宗紀及世宗實錄卷五二六亦繫於四十二年，「明年」當作「四十二年」。

〔五〕胡桑　世宗實錄卷五二六嘉靖四十二年十月癸酉條、國榷卷六四頁三九九五都作「胡燦」。

明史卷二百五

列傳第九十三

朱紈　張經 李天寵　周珫　楊宜　彭黯等　胡宗憲 阮鶚　宗禮

曹邦輔 任環　吳成器　李遂 弟逢　進　唐順之 子鶴徵

朱紈，字子純，長洲人。正德十六年進士。除景州知州，調開州。嘉靖初，遷南京刑部員外郎。歷四川兵備副使。與副總兵何卿共平深溝諸砦番。五遷至廣東左布政使。二十五年擢右副都御史，巡撫南、贛。明年七月，倭寇起，改提督浙、閩海防軍務，巡撫浙江。

初，明祖定制，片板不許入海。承平久，奸民闌出入，勾倭人及佛郎機諸國入互市。閩人李光頭、歙人許棟踞寧波之雙嶼爲之主，司其質契。勢家護持之，漳、泉爲多，或與通婚姻。假濟渡爲名，造雙桅大船，運載違禁物，將吏不敢詰也。或負其直，棟等卽誘之攻剽。負直者脅將吏捕逐之，泄師期令去，期他日償。他日至，負如初。倭大怨恨，益與棟等合。

而浙、閩海防久隳，戰船、哨船十存一二，漳、泉巡檢司弓兵舊額二千五百餘，僅存千人。倭剽掠輒得志，益無所忌，來者接踵。

紈巡海道，採僉事項高及士民言，謂不革渡船則海道不可淸，不嚴保甲則海防不可復，上疏具列其狀。於是革渡船，嚴保甲，搜捕奸民。閩人資衣食於海，驟失重利，雖士大夫家亦不便也，欲沮壞之。紈討平覆鼎山賊。明年將進攻雙嶼，使副使柯喬、都指揮黎秀分駐漳、泉、福寧，遏賊奔逸，使都司盧鏜將福淸兵由海門進。而日本貢使周良違舊約，以六百人先期至。紈奉詔便宜處分。度不可却，乃要良自請，後不爲例。錄其船，延良入寧波賓館。奸民投書激變，紈防範密，計不得行。夏四月，鏜遇賊於九山洋，俘日本國人稽天，許棟亦就擒。棟黨汪直等收餘衆遁，鏜築塞雙嶼而還。番舶後至者不得入，分泊南麂、礁門、青山、下八諸島。

勢家既失利，則宣言被擒者皆良民，非賊黨，用搖惑人心。又挾制有司，以脅從被擄予輕比，重者引强盜拒捕律。紈上疏曰：「今海禁分明，不知何由被擄，何由脅從。若以入番導寇爲强盜，海洋敵對爲拒捕，臣之愚暗，實所未解。」遂以便宜行戮。

紈執法旣堅，勢家皆懼。貢使周良安插已定，閩人林懋和爲主客司，宣言宜發回其使。紈以中國制馭諸番，宜守大信，疏爭之强。且曰：「去外國盜易，去中國盜難。去中國瀕海之盜猶易，去中國衣冠之盜尤難。」閩、浙人益恨之，竟勸周良還泊海嶼，以俟貢期。吏部用御史閩人周亮及給事中葉鏜言，奏改紈巡視，以殺其權。紈憤，又明年春上疏言：「臣整頓海防，稍有次第，亮欲侵削臣權，致屬吏不肯用命。」既又陳明國是、正憲體、定紀綱、扼要害、除禍本、重斷決六事，語多憤激。中朝士大夫先入浙、閩人言，亦有不悅紈者矣。

紈前討溫、盤、南麂諸賊，連戰三月，大破之，還平處州礦盜。其年三月，佛郎機國人行劫至詔安。紈擊擒其渠李光頭等九十六人，復以便宜戮之。具狀聞，語復侵諸勢家。御史陳九德遂劾紈擅殺。落紈職，命兵科都給事杜汝禎按問。紈聞之，慷慨流涕曰：「吾貧且病，又負氣，不任對簿。縱天子不欲死我，閩、浙人必殺我。吾死，自決之，不須人也。」製壙志，作俟命詞，[一]仰藥死。二十九年，給事汝禎、巡按御史陳宗夔還，稱奸民鬻販拒捕，無僭號流劫事，坐紈擅殺。詔逮紈，紈已前死。柯喬、盧鏜等并論重辟。

紈清強峭直，勇於任事。欲爲國家杜亂源，乃爲勢家搆陷，朝野太息。自紈死，罷巡視大臣不設，中外搖手不敢言海禁事。浙中衞所四十一，戰船四百三十九，尺籍盡耗。紈招福清捕盜船四十餘，分布海道，在台州海門衞者十有四，爲黃巖外障。副使丁湛盡散遣之，撤備弛禁。未幾，海寇大作，毒東南者十餘年。

張經，字廷彝，侯官人。初冒蔡姓，久之乃復。正德十二年進士。除嘉興知縣。嘉靖四年召爲吏科給事中，歷戶科都給事中，數有論劾。言官指爲張、桂黨，吏部言經行修，不問。擢太僕少卿，歷右副都御史，協理院事。

十六年進兵部右侍郎，總督兩廣軍務。斷藤峽賊侯公丁據弩灘爲亂。經與御史鄒堯臣等定計，以軍事屬副使翁萬達，誘執公丁。參議田汝成請乘勢進討。命副總兵張經將三萬五千人爲左軍，萬達監之，指揮王良輔等六將分六道會南寧，都指揮高乾將萬六千人爲右軍，副使梁廷振監之，指揮馬文傑等四將分四道會賓州，抵賊巢夾擊。賊奔林峒而東。良輔等邀之，賊中斷，復西奔，斬首千二百級。其東者遁入羅運山，萬達等移師攻之。檄右軍沿江而東，繞出其背。賊刊巨木塞隘口，布蒺藜鉦筅，伏機弩毒鏢，懸石樹杪，急則撼其樹，石皆墜，官軍並以計破之。右軍愆期，田州土酋盧受乃縱賊去。俘其衆四百五十，招降者二千九百有奇。土人言，祖父居羅運八世矣，未聞官軍涉茲土也。捷聞，進經左侍郎，加秩一級。

尋與毛伯溫定計，撫定安南，再進右都御史。平思恩九土司及瓊州黎，進兵部尚書。副使張瑤等討馬平瑤屢敗，帝罪瑤等而宥經。給事中周怡劾經，經乞罷，不允。以憂歸。服闋，起三邊總督。給事中劉起宗言經在兩廣剋餉銀，寢前命。

三十二年起南京戶部尚書，就改兵部。明年五月，朝議以倭寇猖獗，設總督大臣。命經不解部務，[二]總督江南、江北、浙江、山東、福建、湖廣諸軍，便宜行事。經徵兩廣狼土兵聽用。其年十一月，[三]用兵科言改經右都御史兼兵部右侍郎，專辦討賊。倭二萬餘據柘林川沙窪，其黨方踵至。經日選將練兵，爲搗巢計。以江、浙、山東兵屢敗，欲俟狼土兵至用之。明年三月，田州瓦氏兵先至，欲速戰，經不可。東蘭諸兵繼至。經以瓦氏兵隸總兵官俞大猷，以東蘭、那地、南丹兵隸遊擊鄒繼芳，以歸順及思恩、東莞兵隸參將湯克寬，分屯金山衞、閔港、乍浦，掎賊三面，以待永順、保靖兵之集。會侍郎趙文華以祭海至，與浙江巡按胡宗憲比，屢趣經進兵。經曰：「賊狡且衆，待永、保兵至夾攻，庶萬全。」文華再三言，經守便宜不聽。文華密疏經糜餉殃民，畏賊失機，欲俟倭飽颺，剿餘寇報功，宜亟治，以紓東南大禍。帝問嚴嵩，嵩對如文華指，且謂蘇、松人怨經。帝怒，即下詔逮經。三十四年五月也。

方文華拜疏，永、保兵已至，其日即有石塘灣之捷。至五月朔，倭突嘉興，經遣參將盧鏜督保靖兵援，以大猷督永順兵由泖湖趨平望，以克寬引舟師由中路擊之，合戰於王江涇，斬賊首一千九百餘級，焚溺死者甚衆。自軍興來稱戰功第一。給事中李用敬、閻望雲等

言：「王師大捷，倭奪氣，不宜易帥。」帝大怒曰：「經欺誕不忠，聞文華劾，方一戰。用敬等黨奸。」杖於廷，人五十，斥爲民。已而帝疑之，以問嵩。嵩言：「徐階、李本江、浙人，皆言經養寇不戰。文華、宗憲合謀進剿，經冒以爲功。」因極言二人忠。帝深入其言。經既至，備言進兵始末，且言：「任總督半載，前後俘斬五千，乞賜原宥。」帝終不納，論死繫獄。其年十月，與巡撫李天寵俱斬。天下冤之。

天寵，孟津人。由御史遷徐州兵備副使，卻倭通州、如皋。三十三年六月擢右僉都御史，代王忬巡撫浙江。倭掠紹興，殲焉，賚銀幣。頃之，賊犯嘉善，圍嘉興，劫秀水、歸安，副使陳宗夔戰不利，百戶賴榮華中礮死，嘉善知縣鄧植棄城走。入城大掠。賊復陷崇德，攻德清，殺裨將梁鄂等。[四]文華謗天寵嗜酒廢事，帝遂除天寵名，而擢宗憲以代。未幾，御史葉恩以倭躪北新關，劾天寵，宗憲亦言其縱寇。帝怒，逮下獄，遂與經同日死。

代經者應城周珫、衡水楊宜。節制不行，狼土兵肆焚掠。東南民既苦倭，復苦兵矣。

隆慶初，復經官，謚襄愍。

珫爲戶科給事中，坐諫世宗南幸，謫鎮遠典史。累官右僉都御史，巡撫蘇、松諸府。疏陳禦倭有十難，有三策。經既得禍，即擢珫兵部右侍郎代之，無所展。會宗憲已代天寵，因

欲奪琉位。文華遂劾琉，薦宗憲。帝爲奪琉俸，尋勒爲民。琉在官僅三十有四日，而楊宜代。

宜撫河南，平劇賊師尚詔。遷南京戶部右侍郎，未幾代琉。時倭勢猶盛。宜爲總督，而文華督察軍務，威出宜上。易置文武大吏，惟其愛憎。宜懲經、天寵禍，曲意奉之。文華視之蔑如也。倭據陶宅，官軍久無功，文華遂劾宜。宜以狼兵徒剽掠不可用，請募江、浙義勇，山東箭手，益調江、浙、福建、湖廣漕卒，河南毛兵。比客兵大集，宜不能馭。川兵與山東兵私鬭，幾殺參將。酉陽兵潰於高橋，奪舟徑歸蘇州。明年正月，文華還朝，請罷宜，以宗憲代。會御史邵惟中上失事狀，遂奪宜職閒住。宜在事僅踰半歲，以賂事文華，故得禍輕。

倭之躪蘇、松也，起嘉靖三十二年，訖三十九年，其間爲巡撫者十人。安福彭黯，遷南京工部尚書。畏賊，不俟代去，下獄除名。黃岡方任、上虞陳洙皆未抵任。任丁憂，洙以才不足任別用。而代以鄞人屠大山，使提督軍務。蘇、松巡撫之兼督軍務，自大山始。閱半歲，以疾免。尋坐失事下詔獄，爲民。繼之者琉。繼琉者曹邦輔。以文華譖，下詔獄，謫戍。次眉州張景賢，以考察奪職。次盩厔趙忻，坐金山軍變，下獄貶官。次江陵陳錠，數月罷去。次翁大立。當大立時，倭患已息，而坐惡少年鼓譟爲亂，竟罷職。無一不得罪去者。

胡宗憲，字汝貞，績溪人。嘉靖十七年進士。歷知益都、餘姚二縣。擢御史，巡按宣、大。詔徙大同左衞軍於陽和、獨石，卒聚而譁。宗憲單騎慰諭，許勿徙，乃定。

三十三年出按浙江。時歙人汪直據五島煽諸倭入寇，而徐海、陳東、麻葉等巢柘林、乍浦、川沙窪，日擾郡邑。帝命張經爲總督，李天寵撫浙江，又命侍郎趙文華督察軍務。文華恃嚴嵩內援，恣甚。經、天寵不附也，獨宗憲附之。文華大悅，因相與力排二人。倭寇嘉興，宗憲中以毒酒，死數百人。及經破王江涇，宗憲與有力。文華盡掩經功歸宗憲，經遂得罪。尋又陷天寵，卽超擢宗憲右僉都御史代之。

時柘林諸倭移屯陶宅，勢稍殺。會蘇、松巡撫曹邦輔殲倭滸墅，文華欲攘功不得，大恨，遂進勦陶宅殘寇。宗憲與共，將鋭卒四千，營磚橋，約邦輔夾擊。倭殊死戰，宗憲兵死者千餘。文華令副使劉燾攻之，復大敗。而倭犯浙東諸州縣，殺文武吏甚衆。宗憲乃與文華定招撫計。文華還朝，盛毁總督楊宜，而薦宗憲，遂以爲兵部右侍郎代宜。

初，宗憲令客蔣洲、陳可願諭日本國王，遇汪直養子滶於五島，邀使見直。直初誘倭入犯，倭大獲利，各島由此日至。既而多殺傷，有全島無一歸者，死者家怨直。直乃與滶及葉碧川、王清溪、謝和等據五島自保。島人呼爲老船主。宗憲與直同鄉里，欲招致之。釋直母妻於金華獄，資給甚厚。洲等諭宗憲指。直心動，又知母妻無恙，大喜曰：「俞大猷絕我歸路，故至此。若貸罪許市，吾亦欲歸耳。但日本國王已死，各島不相攝，須次第諭之。」因留洲而遣滶等護可願歸。宗憲厚遇滶，令立功。滶遂破倭舟山，再破之列表。宗憲請於朝，賜滶等金幣，縱之歸。滶大喜，以徐海入犯來告。亡何，海果引大隅、薩摩二島倭分掠瓜洲、上海、慈谿，自引萬餘人攻乍浦，陳東、麻葉與俱。宗憲壁塘棲，與巡撫阮鶚相掎角。會海趨皂林，鶚遣遊擊宗禮擊海於崇德三里橋，三戰三捷。既而敗死，鶚走桐鄉。

禮，常熟人。由世千戶歷署都督僉事。驍健敢戰。練卒三千連破倭，至是敗歿。贈都督同知，謚忠壯，賜祠皂林。

鶚既入桐鄉，賊乘勝圍之。宗憲計曰：「與鶚俱陷無益也。」遂還杭州，遣指揮夏正等持滶書要海降。海驚曰：「老船主亦降乎？」時海病創，意頗動，因曰：「兵三路進，不由我一人也。」正曰：「陳東已他有約，所慮獨公耳。」海遂疑東。而東知海營有宗憲使者，大驚，由是有隙。正乘間說下海。海遣使來謝，索財物，宗憲報如其請。海乃歸俘二百人，解桐鄉圍。東留攻一日，亦去，復巢乍浦。鶚知不能當海，乃東渡錢塘禦他賊。

初，海入犯，焚其舟，示士卒無還心。至是，宗憲使人語海曰：「若已內附，而吳淞江方

有賊，何不擊之以立功，且掠其舸，爲緩急計。」海以爲然，邀擊之朱涇，斬三十餘級。宗憲令大猷潛焚其舟。海心怖，以弟洪來質，獻所戴飛魚冠、堅甲、名劍及他玩好。宗憲因厚遇洪，諭海縛陳東、麻葉，許以世爵。海果縛葉以獻。宗憲解其縛，令以書致東圖海，而陰泄其書於海。海怒。海妾受宗憲賂，亦說海。於是海復以計縛東來獻，帥其衆五百人去乍浦，別營梁莊。官軍焚乍浦巢，斬首三百餘級，焚溺死稱是。海遂刻日請降，先期猝至，留甲士平湖城外，率酋長百餘，冑而入。文華等懼，欲勿許，宗憲强許之。海叩首伏罪，宗憲摩海頂，慰諭之。海自擇沈莊屯其衆。沈莊者東西各一，以河爲塹。宗憲居海東莊，以西莊處東黨。令東致書其黨曰：「督府檄海，夕擒若屬矣。」東黨懼，乘夜將攻海。海挾兩妾走，間道中矟。明日，官軍圍之，海投水死。會盧鏜亦擒辛五郎至。辛五郎者，大隅島主弟也。遂俘洪、東、葉、五郎及海首獻京師。帝大悅，行告廟禮，加宗憲右都御史，賜金幣加等。海餘黨奔舟山。宗憲令俞大猷雪夜焚其柵，盡死。兩浙倭漸平。

三十六年正月，阮鶚改撫福建，卽命宗憲兼浙江巡撫事。蔣洲在倭中，諭山口、豐後二島主源義長、源義鎮還被掠人口，具方物入貢。宗憲以聞。詔厚賚其使，遣還。至十月，復遣夷目善妙等隨汪直來市，至岑港泊焉。浙人聞直以倭船至，大驚。巡按御史王本固亦言不便，朝臣譁宗憲且釀東南大禍。直遣滶詣宗憲曰：「我等奉詔來，將息兵安境。謂宜使者

遠迎，宴犒交至。今盛陳軍容，禁舟楫往來，公紿我耶？」宗憲解諭至再，直不信。乃令其子以書招之，直曰：「兒何愚也。汝父在，厚汝。父來，闔門死矣。」因要一貴官爲質。宗憲立遣夏正偕滶往。宗憲嘗預爲赦直疏，引滶入臥內，陰窺之。滶語直，疑稍解，乃偕碧川、清溪入謁。宗憲慰藉之甚至，令至杭見本固。本固下直等於獄。宗憲疏請曲貸直死，俾戍海上，繫番夷心。本固爭之强，而外議疑宗憲納賊賂。宗憲懼，易詞以聞。直論死，碧川、清溪戍邊。滶與謝和遂支解夏正，柵舟山，阻岑港而守。官軍四面圍之，賊死鬭，多陷歿者。

至明年春，新倭復大至，嚴旨責宗憲。宗憲懼得罪，上疏陳戰功，謂賊可指日滅。所司論其欺誕。帝怒，盡奪諸將大猷等職，切讓宗憲，令刻期平賊。時趙文華已得罪死，宗憲失內援，見寇患未已，思自媚於上，會得白鹿於舟山獻之。帝大悅，行告廟禮，厚賚銀幣。未幾，復以白鹿獻。帝益大喜，告謝玄極寶殿及太廟，百官稱賀，加宗憲秩。既而岑港之賊徙巢柯梅，官軍屢攻不能克。御史李瑚劾宗憲誘汪直啓釁。本固及給事中劉堯誨亦劾其老師縱寇，請追奪功賞。帝命廷議之，咸言宗憲功多，宜勿罷。帝嘉其擒直功，令居職如故。

賊之徒柯梅也，造巨艦爲遁計。及艦成，宗憲利其去，不擊。賊揚帆泊浯嶼，縱掠閩海

州縣。閩人大譟，謂宗憲嫁禍。御史瑚再劾宗憲三大罪。瑚與大猷皆閩人，宗憲疑大猷漏言，劾大猷不力擊，大猷遂被逮。

當是時，江北、福建、廣東皆中倭。宗憲雖盡督東南數十府，道遠，但遙領而已，不能遍經畫。然小勝，輒論功受賚無虛月。即敗衂，不與其罪。三十八年，賊大掠溫、台，別部復寇濱海諸縣。給事中羅嘉賓、御史龐尙鵬奉詔勘之。言宗憲養寇，當置重典，帝不問。明年，論平汪直功，加太子太保。

宗憲多權術，喜功名。因文華結嚴嵩父子，歲遺金帛子女珍奇淫巧無數。文華死，宗憲結嵩益厚，威權震東南。性善賓客，招致東南士大夫預謀議，名用是起。至技術雜流，豢養皆有恩，能得其力。然創編提均徭之法，加賦額外，民爲困敝，而所侵官帑、斂富人財物亦不貲。嘉賓、尙鵬還，上宗憲侵帑狀，計三萬三千，他冊籍沉滅。宗憲自辯，言：「臣爲國除賊，用間用餌，非小惠不成大謀。」帝以爲然，更慰諭之。尋上疏，請得節制巡撫及操江都御史，如三邊故事。帝即晉兵部尙書，如其請。復獻白龜二、五色芝五。帝爲謝玄告廟如前，賚宗憲加等。

明年，江西盜起，又兼制江西。未至，總兵官戚繼光已平賊。九月奏言：「賊屢犯寧、台、溫，我師前後俘斬一千四百有奇，賊悉蕩平。」帝悅，加少保。兩廣平巨盜張璉，亦論宗憲功。時嵩已敗，大學士徐階曰：「兩廣平賊，浙何與焉？」僅賜銀幣。未幾，南京給事中陸鳳儀劾其黨嚴嵩及奸欺貪淫十大罪，得旨逮問。及宗憲至，帝曰：「宗憲非嵩黨。朕拔用八九年，人無言者。自累獻祥瑞，爲羣邪所疾。且初議獲直予五等封，今若加罪，後誰爲我任事者。其釋令閒住。」

久之，以萬壽節獻祕術十四。帝大悅，將復用矣。會御史汪汝正籍羅龍文家，〔五〕上宗憲手書，乃被劾時自擬旨授龍文以達世蕃者，遂逮下獄。宗憲自敍平賊功，言以獻瑞得罪言官，且訐汝正受賕事。帝終憐之，並下汝正獄。宗憲竟瘐死，汝正得釋。萬曆初，復官，謚襄懋。

阮鶚者，桐城人，官浙江提學副使。時倭薄杭州，鄉民避難入城者，有司拒不許入。鶚手劍開門納之，全活甚衆。以附文華、宗憲得超擢右僉都御史，代宗憲巡撫浙江。又以文華言，特設福建巡撫，即以命鶚。初在浙不主撫，自桐鄉被圍，懼甚。寇犯福州，賂以羅綺、金花及庫銀數萬，又遺巨艦六艘，俾載以走。不能措一籌，而斂括民財動千萬計，帷帟盤盂率以錦綺金銀爲之。御史宋儀望等交章劾，逮下刑部。嚴嵩爲屬法司，僅黜爲民。所侵餉數，浮於宗憲，追還之官。

曹邦輔，字子忠，定陶人。嘉靖十一年進士。歷知元城、南和，以廉幹稱。擢御史，巡視河東鹽政。巡按陝西，劾總督張珩等冒功，皆譴戍。出爲湖廣副使，補河南。

柘城賊師尙詔反，陷歸德。檢校董綸率民兵巷戰，〔六〕手刃數賊，與其妻賈氏俱死之。又陷柘城，劫舉人陳聞詩爲帥。不聽，斬從者脅之。聞詩紿曰：「必欲我行，毋殺人，毋縱火。」賊許諾，擁上馬。不食三日，至鹿邑自縊。賊圍太康，都指揮尙允紹與戰鄢陵，敗績。允紹復擊賊於霍山，賊圍之，兵無敢進。邦輔斬最後者，士卒競進。賊大潰，擒斬六百餘人。尙詔走莘縣，被擒。賊起四十餘日，破府一，縣八，殺戮十餘萬。邦輔亟戰，殲之。詔賚銀幣，擢山西右參政，遷浙江按察使。

三十四年拜右僉都御史，巡撫應天。倭聚柘林。其黨自紹興竄，轉掠杭、嚴、徽、寧、太平，遂犯南京，破溧水，抵宜興。爲官軍所迫，奔滸墅。副總兵俞大猷、副使任環數邀擊之，而柘林餘賊已進據陶宅。邦輔督副使王崇古圍之，僉事董邦政、把總婁宇協剿。賊走太湖，追及之，盡殲其衆。副將何卿師潰，邦輔援之。以火器破賊舟，前後俘斬六百餘人。侍郎趙文華欲攘其功，邦輔捷書先奏，文華大恨。既而與浙江巡按御史胡宗憲會邦輔攻陶

宅賊，諸營皆潰。賊退，邦輔進攻之，復敗，坐奪俸。文華奏邦輔避難擊易，致師後期，總督楊宜亦奏邦輔故違節制。給事中夏栻、孫濬爭之，得無罪。文華還京，奏餘賊且盡，而巡按御史周如斗又奏失事狀，帝頗疑文華。文華因言：「賊易滅，督撫非人，致敗。臣昔論邦輔，栻、濬遂媒孽臣。東南塗炭何時解。」乃逮繫邦輔，謫戍朔州。

隆慶元年，楊博爲吏部，起邦輔左副都御史，協理院事。進兵部右侍郎，理戎政。尋以左侍郎兼右僉都御史，總督薊、遼、保定軍務。言修治邊牆非上策，宜急練兵；兵練而後邊事可議。以給事中張鹵言，召爲右都御史，掌院事。帝以京營事重，更協理爲閱視，令付大臣知兵者，遂以左都御史召還，任之。已，從恭順侯吳繼爵言，復改閱視爲提督。

未幾，轉南京戶部尚書。奏督倉主事張振選不奉約束。吏部因言：「往昔執政喜人悅己，屬吏恃爲奧援。搆陷堂上官，至屈體降意，倒置名分。在外巡按御史亦曲庇進士推知，監司賢不肖出其口吻。害政無甚於此。」穆宗深然其言，爲黜振選，飭內外諸司，然迄不能變。邦輔累乞骸骨，不聽。萬曆元年給由赴闕，復以病求去，且言辛愛有窺覦志，宜愼防之。遂致仕去。居三年，卒。贈太子少保。

邦輔廉峻。自吳中被逮時，有司上所儲俸錢，揮之去。歷官四十年，家無餘貲。撫、按奏其狀，詔遣右評事劉叔龍爲營墳墓。

任環，字應乾，長治人。嘉靖二十三年進士。歷知黃平、沙河、滑縣，並有能名。遷蘇州同知。倭患起，長吏不嫻兵革。環性慷慨，獨以身任之。三十二年閏三月禦賊寶山洋，[七]小校張治戰死。環奮前搏賊，相持數日，賊遁去。尋犯太倉，環馳赴之。嘗遇賊，短兵接，身被三創幾殆。宰夫捍環出，死之，賊亦引去。已而復至，裹瘡出海擊之。怒濤作，操舟者失色。環意氣彌厲，竟敗賊，俘斬百餘。復連戰陰沙、寶山、南沙，皆捷。擢按察僉事，整飭蘇、松二府兵備。倭剽掠厭，悉歸，惟南沙三百人舟壞不能去，環與總兵官湯克寬列兵守之。數月，賊大至，與舊倭合，掠華亭、上海。環等被劾，得宥。踰年，賊犯蘇州。城閉，鄉民繞城號。環盡納之，全活數萬計。副將解明道擊退賊，論前後功，進環右參政。賊掠常熟，環率知縣王鈇破其巢，焚舟二十七。未幾，賊掠陸涇壩，都督周于德敗績。環偕總兵官俞大猷擊敗之，焚舟三十餘。賊犯吳江，環、大猷擊敗之鶯脰湖，賊奔嘉興。頃之，三板沙賊奪民舟出海，環、大猷擊敗之馬蹟山。其別部屯嘉定者，火爇之，盡死。論功，廕一子副千戶。母憂，奪哀。賊屯新場，環與都司李經等率永順、保靖兵攻之。中伏，保靖土舍彭翅等皆死，環停俸戴罪。賊平，乞終制，許之。踰二年卒，年四十。給事中徐師曾頌其功，詔贈光祿卿，再廕一子副千戶，建祠蘇州，春秋致祭。

環在行間，與士卒同寢食，所得賜予悉分給之。軍事急，終夜露宿，或數日絕餐。嘗書姓名於肢體曰：「戰死，分也。先人遺體，他日或收葬。」將士皆感激，故所向有功。

時休寧吳成器由小吏爲會稽典史。倭三百餘劫會稽，爲官軍所逐，走登龕山。成器遮擊，盡殪之。未幾，又破賊曹娥江，擢浙江布政司經歷。遭喪，總督胡宗憲奏留之。擢紹興通判。論功，進秩二級。成器與賊大小數十戰皆捷。身先士卒，進止有方略，所部無秋毫犯。士民率於其戰處立祠祀之。

李遂，字邦良，豐城人。弱冠，從歐陽德學。登嘉靖五年進士，授行人。歷刑部郎中。錦衣衛送盜十三人，遂惟抵一人罪，餘皆辨釋。東宮建，赦天下。遂請列「大禮」大獄諸臣於赦令中，尚書聶賢懼不敢，乃與同官盧蕙請於都御史王廷相，廷相從之。事雖報罷，議者嘉焉。

俄調禮部，忤尚書夏言。因事劾之，下詔獄，謫湖州同知。三遷衢州知府，擢蘇、松兵備副使。屢遷廣東按察使。釋囚八百餘人。進山東右布政使。江洋多盜，遂遷右僉都御

史提督操江。軍政明，盜不敢發。俺答犯京師，召遂督蘇州軍餉。未謝恩，請關防符驗用新銜。帝怒，削其籍。

三十六年，倭擾江北。廷議以督漕都御史兼理巡撫不暇辦寇，請特設巡撫，乃命遂以故官撫鳳陽四府。時淮、揚三中倭，歲復大水，且日役民輓大木輸京師。遂請餉增兵，恤民節用，次第畫戰守計。

三十八年四月，倭數百艘寇海門。遂語諸將曰：「賊趨如皋，其衆必合。合則侵犯之路有三。由泰州逼天長、鳳、泗，陵寢驚矣。由黃橋逼瓜、儀，以搖南都，運道梗矣。若從富安沿海東至廟灣，則絕地也。」乃命副使劉景韶、遊擊丘陞扼如皋，而身馳泰州當其衝。時賊勢甚盛，副將鄧城禦之敗績，指揮張谷死焉。賊知如皋有備，將犯泰州，遂急檄景韶、陞遏賊。連戰丁堰、海安、通州，皆捷。賊沿海東掠，遂喜曰：「賊無能爲矣。」令景韶、陞尾之，而致賊於廟灣。復慮賊突淮安，乃夜半馳入城。賊尋至，遂督參將曹克新等禦之姚家蕩。通政唐順之、副總兵劉顯來援，賊大敗走，以餘衆保廟灣。景韶亦敗賊印莊，追奔至新河口，焚斬甚衆。廟灣賊據險不出，攻之月餘不克。遂令景韶塞塹、夷木壓壘陳，火焚其舟，賊乘夜雨潛遁。官軍據其巢，追奔至鰕子港，江北倭悉平。帝大喜，璽書奬勵。

賊駐崇明三沙者，將犯揚州。景韶戰連勝，圍之劉莊。會劉顯來援，遂檄諸軍盡屬顯。

攻破其巢，追奔白駒場，賊盡殄。時遂已遷南京兵部侍郎。論功，予一子官，賚銀幣。御史陳志勘上遂平倭功，前後二十餘戰，斬獲三千八百有奇。再予一子世千戶，增俸二級。

莅南京甫數月，振武營軍變。振武營者，尚書張鏊募健兒以禦倭。素驕悍。舊制，南軍有妻者，月糧米一石；無者，減其四；春秋二仲月，米石折銀五錢。馬坤掌南戶部，奏減折色之一，督儲侍郎黃懋官又奏革募補者妻糧，諸軍大怨。代坤者蔡克廉方病，諸軍以歲饑求復折色故額於懋官。懋官不可，給餉又踰期。三十九年二月都肄日，振武卒鼓譟懋官署。懋官急招鏊及守備太監何綬、魏國公徐鵬舉、臨淮侯李庭竹及遂至，諸營軍已甲而入。予之銀，爭攫之。懋官見勢洶洶，越垣投吏舍，亂卒隨及。鵬舉、鏊慰解不聽，竟戕懋官，裸其屍於市。綬、鵬舉遣吏持黃紙，許給賞萬金，卒輒碎之。至許犒十萬金，乃稍定。明日，諸大臣集守備廳，亂卒亦集。遂大言曰：「黃侍郎自越牆死，諸軍特不當殘辱之。吾據實奏朝廷，不以叛相誣也。」因麾衆退，許復妻糧及故額，人畀之一金補折價，始散。遂乃托病閉閤，給免死券以慰安之，而密諭營將掩捕首惡二十五人，繫獄。詔追褫懋官及克廉職，罷綬、庭竹、鏊，任鵬舉如故，遂以功議擢。止誅叛卒三人，餘戍邊衞，而三人已前死。遂歎曰：「兵自此益驕矣。」

未幾，江東代鏊爲尚書。江北池河營卒以千戶吳欽革其幫丁，毆而縛之竿。幫丁者，

操守卒給一丁，資往來費也。遂已召拜兵部左侍郎，以言官薦擢南京參贊尚書，鎭撫之。營卒惑妖僧繡頭，復倡訛言。遂捕斬繡頭，申嚴什伍，書其名籍、年貌，繫牌腰間，軍乃戢。既又奏調鎭武軍護陵寢，一日散千人，留都自是無患。越四年，以老致仕。

遂博學多智，長於用兵，然亦善逢迎。帝將重建三殿，遂奏五河縣泗水中湧大杉一，此川澤效靈，爲聖主鼎新助，帝大喜。又進白兔，帝爲遣官告廟。由此益眷遇。卒，贈太子太保，諡襄敏。

弟逢，字邦吉。由進士爲吏科給事中。侍郎劉源清下吏，逢救之，並繫，得釋。進戶科左給事中。偕同官諫南巡，下詔獄，謫永福典史。終德安知府。遂子材，自有傳。

唐順之，字應德，武進人。祖貴，戶科給事中。父寶，永州知府。順之生有異稟。稍長，洽貫羣籍。年二十三，〔八〕舉嘉靖八年會試第一，改庶吉士。座主張璁疾翰林，出諸吉士爲他曹，獨欲留順之。固辭，乃調兵部主事。引疾歸。久之，除吏部。十二年秋，詔選朝官爲翰林，乃改順之編修，校累朝實錄。事將竣，復以疾告，璁持其

疏不下。有言順之欲遠璁者，璁發怒，擬旨以吏部主事罷歸，永不復敍。至十八年選宮僚，乃起故官兼春坊右司諫。與羅洪先、趙時春請朝太子，復削籍歸。卜築陽羨山中，讀書十餘年。中外論薦，並報寢。

倭躪江南北。趙文華出視師，疏薦順之。起南京兵部主事。父憂未終，不果出。免喪，召爲職方員外郎，進郎中。出覈薊鎭兵籍，還奏缺伍三萬有奇，見兵亦不任戰，因條上便宜九事。總督王忬以下俱貶秩。

尋命往南畿、浙江視師，與胡宗憲協謀討賊。順之以禦賊上策，當截之海外，縱使登陸，則內地咸受禍。乃躬泛海，自江陰抵蛟門大洋，一晝夜行六七百里。從者咸驚嘔，順之意氣自如。倭泊崇明三沙，督舟師邀之海外。斬馘一百二十，沉其舟十三。擢太僕少卿。宗憲言順之權輕，乃加右通政。順之聞賊犯江北，急令總兵官盧鏜拒三沙，自率副總兵劉顯馳援，與鳳陽巡撫李遂大破之姚家蕩。賊窘，退巢廟灣。順之薄之，殺傷相當。遂欲列圍困賊，順之以爲非計，麾兵薄其營，以火礮攻之，不能克。三沙又屢告急，順之乃復援三沙，督鏜、顯進擊，再失利。順之憤，親躍馬布陣。賊搆高樓望官軍，見順之軍整，堅壁不出。顯請退師，順之不可，持刀直前，去賊營百餘步。鏜、顯懼失利，固要順之還。時盛暑，居海舟兩月，遂得疾，返太倉。李遂改官南京，卽擢順之右僉都御史，代遂巡撫。順之疾

甚，以兵事棘，不敢辭。渡江，賊已爲遂等所滅。淮、揚適大饑，條上海防善後九事。

三十九年春，汛期至。力疾泛海，度焦山，至通州卒，年五十四。訃聞，予祭葬。故事，四品但賜祭，順之以勞得賜葬云。

順之於學無所不窺。自天文、樂律、地理、兵法、弧矢、勾股、壬奇、禽乙，莫不究極原委。盡取古今載籍，剖裂補綴，區分部居，爲左、右、文、武、儒、稗六編傳於世，學者不能測其奧也。爲古文，洸洋紆折有大家風。生平苦節自厲，輟扉爲牀，不飾裀褥。又聞良知說於王畿，閉戶兀坐，匝月忘寢，多所自得。晚由文華薦，商出處於羅洪先。洪先曰：「向已隸名仕籍，此身非我有，安得侔處士。」順之遂出，然聞望頗由此損。崇禎中，追諡襄文。

子鶴徵，隆慶五年進士。歷官太常卿。亦以博學聞。

贊曰：朱紈欲嚴海禁以絕盜源，其論甚正。顧指斥士大夫，令不能堪，卒爲所齮齕，憤惋以死。氣質之爲累，悲夫！當寇患孔熾，撲滅惟恐不盡，便宜行誅，自其職爾，而以爲罪，則任法之過也。張經功不賞，而以冤戮，稔倭毒而助之攻，東南塗炭數十年。讞賊之罪，可勝誅哉。宗憲以奢黷蒙垢。然令徐海、汪直之徒不死，貽患更未可知矣。曹邦輔、任環戰

功可紀，李遂、唐順之捍禦得宜。而邦輔之平師尙詔，李遂之靖亂卒，其功尤著。以其始終倭事，故並列焉。

校勘記

〔一〕作俟命詞　原作「作絕命詞」。明史稿傳八三朱紈傳作「作俟命詞」。按國朝獻徵錄卷六二朱紈自撰朱公紈壙志，有「作俟命詞曰」云云，據改。

〔二〕命經不解部務　原脫「不」字，據明史稿傳八三張經傳、世宗實錄卷四一〇嘉靖三十三年五月丁巳條補。

〔三〕其年十一月　十一月，世宗實錄卷四一五嘉靖三十三年十月辛巳條、國榷卷六一頁三八四一都作「十月」。

〔四〕殺裨將梁鄂等　梁鄂，明史稿傳八三李天寵傳、世宗實錄卷四二〇嘉靖三十四年三月丁未條都作「梁鶚」。

〔五〕會御史汪汝正籍羅龍文家　汪汝正，明史稿傳八一胡宗憲傳作「王汝正」。

〔六〕檢校董綸率民兵巷戰　董綸，世宗實錄卷四〇一嘉靖三十二年八月乙亥條作「董倫」，而卷四〇七嘉靖三十三年二月乙亥條及卷四一二嘉靖三十三年七月戊申條又作「董綸」。國榷卷六一頁三八二七作「董倫」。本書卷二九〇陳聞詩傳附有董倫傳，事跡與此傳文合，疑作「董倫」是。

〔七〕三十二年閏三月禦賊寶山洋　三十二年，原作「三十一年」。按嘉靖三十一年無閏月，三十二年閏三月。倭寇由寶山洋登岸入掠，正是在三十二年閏三月，事詳倭奴遺事，並見世宗實錄卷三九六及國榷卷六〇頁三八一四，今據改。

〔八〕年二十三　原作年「三十二」。明史稿傳八一唐順之傳作「年二十三」。按本書及明史稿本傳稱唐順之嘉靖三十九年卒，年五十四。他舉進士是在嘉靖八年，應年二十三，今改正。

明史卷二百六

列傳第九十四

馬錄 顏頤壽　聶賢　湯沐　劉琦　盧瓊　沈漢　王科　**程啓充**

張逵　**鄭一鵬**　**唐樞**　**杜鸞**　**葉應驄** 藍田　黃綰

解一貫 鄭洛書　張錄　**陸粲** 劉希節　王準　**邵經邦**

劉世揚 趙漢　**魏良弼** 秦鰲　張寅　葉洪

馬錄，字君卿，信陽人。正德三年進士。授固安知縣。居官廉明，徵爲御史，按江南諸府。

世宗卽位，疏言：「江南之民最苦糧長。白糧輸內府一石，率費四五石。他如酒醋局、供應庫以至軍器、胖襖、顏料之屬輸內府者，費皆然。」戶部侍郎秦金等請從錄言，命石加耗

一斗，毋得苛求。中官黃錦誣劾高唐判官金坡，詔逮之，連五百餘人。錄言：「祖宗內設法司，外設撫、按，百餘年刑清政平。先帝時，劉瑾、錢寧輩蠱惑聖聰，動遣錦衣官校，致天下洶洶。陛下方勤新政，不虞復有高唐之命。」給事中許復禮等亦以爲言，獄得少解。嘉靖二年大計天下庶官，被黜者多訐撫、按，以錄言禁止。

五年出按山西，而妖賊李福達獄起。福達者，崞人。初坐妖賊王良、李鉞黨，戍山丹衞。逃還，更名午，爲清軍御史所勾，再戍山海衞。〔一〕復逃居洛川，以彌勒敎誘愚民邵進祿等爲亂。事覺，進祿伏誅，福達先還家，得免。更姓名曰張寅，往來徐溝間，輸粟得太原衞指揮使。子大仁、大義、大禮皆冒京師匠籍。用黃白術干武定侯郭勛，勛大信幸。其仇薛良訟於錄，按問得實。檄洛川父老雜辨之，益信。勛爲遺書錄祈免，錄不從，偕巡撫江潮具獄以聞，且劾勛庇奸亂法。章下都察院，都御史聶賢等覆如錄奏，力言勛黨逆罪。詔福達父子論死，妻女爲奴，沒其產，責勛對狀。勛懼，乞恩，因爲福達代辨，帝置不問。

會給事中王科、鄭一鵬、程輅、常泰、劉琦、鄭自璧、趙廷瑞、沈漢、秦祐、張逵、陳皐謨，御史程啓充、盧瓊、邵豳、高世魁、任淳，南京御史姚鳴鳳、潘壯、戚雄、王獻，評事杜鸞，刑部郎中劉仕，主事唐樞，交章劾勛，謂罪當連坐。勛亦累自訴，且以議禮觸衆怒爲言，帝心動。勛復乞張璁、桂萼爲援。璁、萼素惡廷臣攻己，亦欲借是舒宿憤，乃謂諸臣內外交結，借端陷

勛，將漸及諸議禮者。帝深入其言，而外廷不知，攻勛益急。帝益疑，命取福達等至京下三法司訊，既又命會文武大臣更訊之，皆無異詞。帝怒，將親訊，以楊一清之言而止，仍下廷鞫。尚書顏頤壽等不敢自堅，改擬妖言律斬。帝猶怒，命法司俱戴罪辦事，遣官往械錄、潮及前問官布政使李璋、按察使李珏、僉事章綸、都指揮馬豸等。時璋、珏已遷都御史，璋巡撫寧夏，珏巡撫甘肅，皆下獄廷訊。乃反前獄，抵良誣告罪。

帝以罪不及錄，怒甚。命璁、萼、方獻夫分署三法司事，盡下尚書頤壽，侍郎劉玉、王啓，左都御史賢，副都御史劉文莊，僉都御史張潤，大理卿湯沐，少卿徐文華、顧泌，寺丞汪淵獄，嚴刑推問，遂搜錄篋，得大學士賈詠、都御史張仲賢、工部侍郎閔楷、御史張英及寺丞淵私書。詠引罪致仕去，仲賢等亦下獄。萼等上言：「給事中琦、泰，郎中仕，聲勢相倚，挾私彈事，佐錄殺人。給事中科、一鵬、祜、漢、輅，評事鸞，御史鳴鳳、壯、雄，扶同妄奏，助成奸惡。給事中逵，御史世魁，方幸寅就死，得誣勛謀逆，率同連名，同聲駕禍。郎中司馬相妄引事例，故意增減，誣上行私。邇者言官締黨求勝，內則奴隸公卿，外則草芥司屬，任情恣橫，殆非一日，請大奮乾斷，彰國法。」帝納其言，幷下諸人獄，收繫南京刑部。先是，廷臣會訊，太僕卿汪元錫、光祿少卿余才偶語曰：「此獄已得情，何再鞫？」偵者告萼，以聞，亦逮問。

萼等遂肆搒掠。錄不勝刑，自誣故入人罪。萼等乃定爰書，言寅非福達，錄等恨勛，搆成冤獄，因列諸臣罪名。帝悉從其言。謫戍極邊，遇赦不宥者五人：璋、珏、綸、豸、前山西副使遷大理少卿文華。謫戍邊衞者七人：琦、逵、泰、瓊、啓充、仕及知州胡偉。爲民者十一人：賢、科、一鵬、祜、漢、輅、世魁、淳、鳴鳳、相、鸞。革職閒住者十七人：頤壽、玉、啓、潮、文莊、沐、泌、淵、元錫、才、楷、仲賢、潤、英、壯、雄、前大理丞遷僉都御史毛伯溫。其他下巡按逮問革職者，副使周宣等復五人。良抵死，衆證皆戍，寅還職。錄以故入人死未決，當徒。帝以爲輕，欲坐以奸黨律斬。萼等謂張寅未死，而錄代之死，恐天下不服，宜永戍烟瘴地，令緣及子孫。乃戍廣西南丹衞，遇赦不宥。帝意猶未慊，語楊一清等曰：「與其謬及後世，不若誅止其身，從舜典『罰弗及嗣』之意。」一清曰：「祖宗制律具有成法，錄罪不中死律。若法外用刑，吏將緣作奸，人無所措手足矣。」帝不得已，從之。以萼等平反有功，勞諭之文華殿，賜二品服俸、金帶、銀幣，給三代誥命。遂編欽明大獄錄頒示天下。時嘉靖六年九月壬午也。至十六年，皇子生，肆赦。諸謫戍者俱釋還，惟錄不赦，竟卒於戍所。

顏頤壽，巴陵人，居官有清望。

聶賢，長壽人。爲御史清廉。奪官五年，用薦起工部尚書，改刑部尚書。致仕，卒。謚榮襄。

湯沐，字新之，江陰人。弘治九年進士。除崇德知縣，徵授御史。正德初，嘗劾中官苗逵、保國公朱暉等罪，出爲湖廣僉事。劉瑾以沐不附己，用牙儈同寅許學士張芮事波及沐，謫武義知縣。瑾誅，復爲廣東僉事。累遷右副都御史，巡撫貴州。請立土官世系籍，絕其爭襲之弊，而令其子弟入學，報可。嘉靖二年改撫四川，入爲大理卿。既坐福達獄罷歸，家居六年，薦章數十上，不召，卒。沐居官三十載，屏絕餽遺，以廉潔稱。

劉琦，字廷珍，洛川人。〔二〕正德九年進士。嘉靖初，由行人授兵科給事中。時給京軍冬衣布棉恒過期，以琦請，即命琦立給。李福達逃洛川，琦知之甚悉。事覺，琦疏陳顚末，因劾郭勛黨逆，又與御史張問行劾勛侵盜草場租銀。既而馬錄獄具，坐琦佐使殺人，下獄，謫戍瀋陽。閱十年赦歸，卒。

盧瓊，字獻卿，浮梁人。正德六年進士。由固始知縣入爲御史。嘉靖改元，上言：「景皇帝有撥亂大功，而實錄猶稱郕戾王。敬皇帝深仁厚澤，而實錄成於焦芳手，是非顚倒。乞詔儒臣改撰。」帝惟命史官正孝宗實錄之不當者，然亦未有所正也。出按畿輔。桂萼疾臺諫排己，考察京官既竣，令科道互糾劾。吏科都給事中王俊民等爭之，瓊與同官劉隅等亦言交相訐抵報復，非盛世事。帝切責俊民、隅，奪其俸五月，瓊等皆三月，而命部院考之。瓊竟以劾勛謫戍邊。赦還，卒。

沈漢，字宗海，吳江人。正德十六年進士。授刑科給事中。中官馬俊、王堂久廢，忽自南京召至，漢論止之。改元詔書蠲四方逋稅，漢以民間已納者多飽吏橐，請已徵未解者，作來年正課。又言近籍沒奸黨貲數千萬，請悉發以補歲入不足之數。皆報可。嘉靖二年，以災異指斥時政。尚書林俊去位，復抗章爭之。戶部郎中牟泰坐吏盜官帑，下詔獄貶官。漢言：「吏爲奸利，在泰未任前。事敗，泰發之。泰無罪。」因極言刑獄宜付法司，毋委鎭撫。不納。大獄起，法司皆下吏。漢言：「祖宗之法不可壞，權倖之漸不可長，大臣不可辱，妖賊不可赦。」遂幷漢收繫，除其名。家居二十年，卒。曾孫璟，萬曆中爲吏部員外郎。請王恭妃封號，忤旨，降行人司正。天啓初，贈少卿。〔三〕

王科，字進卿，涉縣人。正德十二年進士。授藍田知縣。城隘，且無水，科導西山水入城，拓而廣之，遂爲望邑。毀境內淫祠，以其材葺學宮。嘉靖四年徵爲工科給事中。嘗劾兵部尚書金獻民無功，總兵官趙文、种勛失事，及陝西織造內官擾民，郭勛任奸人郭彪、鄭鸞，剝軍害民狀。又言：「三司首領、州縣佐貳以秩卑爲上官所輕棄，率貪冒不自惜，宜拔擢其廉能者。而諸邊財計之職，不宜處下才。鹽運官廉，當還敍。」大獄起，劾勛，遂下獄削籍。

方諸臣之被罪也，舉朝皆知其冤，莫敢白。踰月，南京御史吳彥獨抗章請寬之。上怒，斥於外。已而御史張祿亦以爲言。忤旨，切讓。自是無敢言者。十一年，桂萼已死，張璁亦免相，聶賢、毛伯溫始起用。張潤、汪元錫、李玨、閔楷亦相繼收錄。唯臺諫、曹郎竟無一人召復者。隆慶初，諸人皆復職贈官。錄首贈太僕少卿，琦、瓊俱光祿少卿，漢、科俱太常少卿。

當萼等反福達之獄，舉朝不直萼等。而以寅、福達姓名錯互，亦或疑之。至四十五年正月，四川大盜蔡伯貫就擒。自言學妖術於山西李同。所司檄山西，捕同下獄。同供爲李午之孫，大禮之子，世習白蓮教，假稱唐裔，惑衆倡亂，與大獄錄姓名無異，同竟伏誅。暨穆宗卽位，御史龐尚鵬言：「據李同之獄，福達罪益彰，而當時流毒縉紳至四十餘人。衣冠之禍，可謂慘烈。郭勛世受國恩，乃黨巨盜，陷朝紳。職樞要者承其頤指，鍛鍊周內。萬一陰蓄異謀，人人聽命，禍可勝言哉！乞追奪勛等官爵，優卹馬錄諸人，以作忠良之氣。」由是，福達獄始明。

程啓充，字以道，嘉定州人。正德三年進士。除三原知縣，入爲御史。嬖倖子弟家人濫冒軍功，有至都督賜蟒玉者。啓充言：「定制，軍職授官，悉準首功。今倖門大啓，有買功、

冒功、寄名、竄名、併功之弊。權要家賄軍士金帛，以易所獲之級，是謂買功。銜鋒斬馘者，甲也，而乙取之，甚者殺平民以爲賊，是謂冒功。身不出門閭，而名隸行伍，是謂寄名。賄求掾吏，洗補文册，是謂竄名。至有一人之身，一日之間，不出京師，而東西南朔四處報功者，按名累級，驟至高階，是謂併功。此皆壞祖宗法，解將士體，乞嚴爲察革。」帝不能用。

十一年正旦，羣臣待漏入賀，日晡禮始成。及散朝，已昏夜。衆奔趨而出，顛仆相踐踏。將軍趙朗者，死於禁門。啓充具奏其狀，請帝昧爽視朝，以圖明作之治。都督馬昂進妊身女弟，啓充等力爭。既又極陳冗官、冗兵、冗費之弊，乞通行革罷。帝皆不省。騰驤四衞軍改編各衞者，奉詔撤回，而各衞遺籍仍支糧，糜倉儲八十七萬餘石。啓充力言之，冒支弊絕。以憂歸。

世宗卽位，起故官，卽爭興獻帝皇號。嘉靖元年正月郊祀方畢，淸寧宮小房火。啓充言：「災及內寢，良由徇情之禮有戾天常，僭逼之名深乖典則。輔臣執議，禮臣建明，不能敵經生之邪說，佞倖之諛辭，動假母后以箝天下之口。臣謂不正大禮，不黜邪說，所謂修省皆具文也。況邇者旨由中出而內閣不知，奸黨獄成而曲爲庇護。諫臣斥逐，耳目有壅蔽之虞。大臣疎遠，股肱有痿痹之患。司禮之權重於宰相，樞機之地委之宦官。邇臣貪濁，頻有遷除。邊帥僨師，不聞譴斥。〔四〕莊田之賞賚過多，潛邸之乞恩未已。伏望陛下仰畏天明，俯察衆聽，親大臣，肅庶政，以回災變。」報聞。

尋出按江西。得宸濠通蕭敬、張銳、陸完等私書，欲亟去孫燧，云：「代者湯沐、梁宸可，其次王守仁亦可。」因論敬、銳等罪，並言守仁黨逆，宜追奪。給事中汪應軫詆守仁功，言：「逆濠私書，有詔焚毁。啓充輕信被黜知縣章立梅捃摭之辭，復有此奏，非所以勸有功。」主事陸澄亦爲守仁奏辨。御史向信因劾應軫與澄，帝曰：「守仁一聞宸濠變，仗義興兵，戡定大難，特加封爵，以酬大功，不必更議。」帝從太監梁棟請，遣中官督南京織造。啓充偕同官及科臣張嵩等極諫，不納。

啓充素蹇諤，張璁、桂萼惡之。會郭勛庇李福達獄，爲啓充所劾，璁、萼因指啓充挾私，謫戍邊衞。十六年赦還。言者交薦，不復用，卒。隆慶初，贈光祿少卿。

張逵，字懋登，餘姚人。正德十六年進士。改庶吉士。嘉靖元年授刑科給事中。疏言：「陛下臨御之初，國是大定。今舉動漸乖，弊端旋復。齋醮繁興，爵賞無紀。政事不關於宰執者非一，刑罰不行於貴近者甚多。臺諫會奏而斥爲瀆擾，大臣執法而責以回奏。至如崔元封侯，蔣輪市寵，陳萬言乞賜第，先朝貴戚未有若是恩倖也。廖鵬緩死，劉暉得官，李隆

復遣官勘問，先朝罪人未有若是淹縱也。願陛下一反目前之所爲。」報聞。給事中劉最、鄧繼曾謫官，逵疏救，不聽。尋伏闕爭「大禮」，下獄廷杖。

四年十一月上疏曰：「近廷臣所上封事，陛下批答必曰『已有旨處置』，是已行者不可言也。曰『尙議處未定』，是未行者不可言也。二者不言，則是終無可言也。且今日言者，已非陛下初政時比矣。初年，事之大者，既會疏公言之，又各疏獨言之。一不得行，則相聚環視，以不得其言爲愧。近者不然，會疏則刪削忌諱以避禍，獨疏則毛舉纖微以塞責。一不蒙譴，則交相慶賀，以苟免爲幸。消讜直之氣，長循默之風，甚非朝廷福也。」章下所司。

尋進右給事中。王科、陳察劾郭勛，帝慰留之。逵與同官鄭自璧、趙廷瑞言：「勛倚奸成橫，用酷濟貪，籠絡貨資，漁獵營伍，爲妖賊李福達請屬，爲逆黨陸完雪冤。溫旨諭留，是旌使縱也。」既復言：「福達誑惑愚民，稱兵犯順。勛黨叛逆，罪不容誅。」不聽。

尋以言事忤旨，黜爲吳江縣丞。復坐福達獄逮問，謫戍遼東邊衞。居十年，母死不得歸，哀痛而卒。隆慶初，贈光祿少卿。

鄭一鵬，字九萬，莆田人。正德十六年進士。改庶吉士。嘉靖初，官至戶科左給事中。

一鵬性伉直，居諫垣中最敢言。御史曹嘉論大學士楊廷和，因言內閣柄太重。一鵬駁之曰：「太宗始立內閣，簡解縉等商政事，至漏下數十刻始退。自陛下卽位，大臣宣召有幾？張銳、魏彬之獄，獻帝追崇之議，未嘗召廷和等面論。所擬旨，內多更定，未可謂專也。」

帝用中官崔文言，建醮乾清、坤寧諸宮，西天、西番、漢經諸廠，五花宮兩暖閣、東次閣，莫不有之。一鵬言：「禱祀繁興，必魏彬、張銳餘黨。先帝已誤，陛下豈容再誤。臣巡視光祿，見一齋醮蔬食之費，爲錢萬有八千。陛下忍斂民怨，而不忍傷佞倖之心。況今天災頻降，京師道殣相望，邊境戍卒，日夜荷戈，不得飽食，而爲僧道靡費至此，此臣所未解。」報聞。

東廠理刑千戶陶淳曲殺人，論謫戍。詔覆案，改擬帶俸。一鵬與御史李東等執奏，并劾刑部侍郎孟鳳，帝不聽。給事中鄧繼曾、修撰呂柟、編修鄒守益以言獲罪，一鵬皆疏救。

宮中用度日侈，數倍天順時。一鵬言：「今歲災用詘，往往借支太倉，而清寧、仁壽、未央諸宮，每有贏積，率饋遺戚里。曷若留供光祿，彰母后德。」帝命乾清、坤寧二宮暫減十之一。魯迷貢獅子、西牛、西狗、西馬及珠玉諸物。一鵬引漢閉玉門關謝西域故事，請敕邊臣量行賞賚，遣還國，勿使入京，彰朝廷不寶遠物之盛德，不聽。尋伏闕爭「大禮」，杖於廷。

侍郎胡瓚、都督魯綱督師討大同叛卒，列上功狀，請徧頒文武大臣、臺諫、部曹及各邊撫、按、鎭、監賞。一鵬言：「桂勇誅郭鑑等，在瓚未至之先。徐氈兒等之誅，事由朱振，於瓚

無與。瓚欲邀功冒賞，懼衆口非議，乃請幷敍以媚之。夫自大同搆難，大臣臺諫誰爲陛下畫一策者？孤城窮寇尙多逋逃，各邊鎭、撫相去數千里，安在其能掎角也。」請治瓚等欺罔罪，賞乃不行。

時諸臣進言多獲譴，而一鵬間得俞旨，益發舒言事。論楊宏不宜推寧夏總兵官，席書不宜訐費宏、留其弟春爲修撰；王憲貪緣貴近，鄧璋敗事甘肅，不宜舉三邊總督　服闋尙書羅欽順、請告祭酒魯鐸、被謫修撰呂柟宜召置經筵；廷臣乞省親養疾，不宜概不許。諸疏皆侃侃。會武定侯郭勛欲得虎賁左衞以廣其第，使指揮王琬等言，衞湫隘不足居吏士，而民郭順者願以宅易之。順，勛家奴也，其宅更湫隘。一鵬與同官張嵩劾勛：「以敝宅易公署，驕縱罔上。昔竇憲改沁水園，卒以逆誅。勛謀奪朝廷武衞，其惡豈止憲比。部臣附勢曲從，宜坐罪。」尙書趙璜等因自劾。詔還所易，勛甚銜之。而一鵬復以李福達獄劾勛，桂萼、張璁因坐以妄奏，拷掠除名。

九廟災，言官會薦遺賢及一鵬，竟不復召。久之，卒。隆慶初復官，贈光祿少卿。

唐樞，字惟中，歸安人。嘉靖五年進士。授刑部主事。言官以李福達獄交劾郭勛，然不

得獄辭要領。樞上疏言：

李福達之獄，陛下駁勘再三，誠古帝王欽恤盛心。而諸臣負陛下，欺蔽者肆其讒，諂諛者溷其說，畏威者變其辭，訪緝者淆其眞。是以陛下惑滋甚，而是非卒不能明。臣竊惟陛下之疑有六。謂謀反罪重，不宜輕加於所疑，一也。謂天下人貌有相似，二也。謂薛良言弗可聽，三也。謂李珏初牒明，四也。謂臣下立黨傾郭勛，五也。謂崞、洛證佐皆讎人，六也。臣請一一辨之。

福達之出也，始而王良、李鉞從之，其意何爲？繼而惠慶、邵進祿等師之，其傳何事？李鐵漢十月下旬之約，其行何求？「我有天分」數語，其情何謀？「太上玄天，垂文秘書」，其辭何指？劫庫攻城，張旗拜爵，雖成於進祿等，其原何自？鉞伏誅於前，進祿敗露於後，反狀甚明。故陝西之人曰可殺，山西之人曰可殺，京畿中無一人不曰可殺，惟左右之人曰不可，則臣不得而知也。此不必疑一也。

且福達之形最易辨識，或取驗於頭禿，或證辨於鄉音，如李二、李俊、李三是其族，識之矣。發於戚廣之妻之口，是其孫識之矣。始認於杜文柱，是其姻識之矣。質證於韓良相、李景全，是其友識之矣。一言於高尙節、王宗美，是鄜州主人識之矣。再言於邵繼美、宗自成，是洛川主人識之矣。三言於石文舉等，是山、陝道路之人皆識之矣。此

不必疑二也。

薛良怙惡，誠非善人。至所言張寅之卽福達，卽李午，實有明據，不得以人廢言。況福達蹤跡譎密，黠慧過人，人咸墮其術中，非良狡猾亦不能發彼陰私。從來發摘告訐之事，原不必出之敦良朴厚之人。此不當疑三也。

李珏因見薛良非善人，又見李福達無龍虎形、硃砂字，又見五臺縣張子眞戶內實有張寅父子，又見崞縣左廂都無李福達、李午名，遂苟且定案，輕縱元兇。殊不知五臺自嘉靖元年黃册始收，寅父子忽從何來？納粟拜官，其爲素封必非一日之積，前此何以隱漏？崞縣在城坊既有李伏荅，乃於左廂都追察，又以李午爲眞名，求其貫址，何可得也，則軍籍之無考，何足據也。況福達既有妖術，則龍虎形、硃砂字，安知非前此假之以惑衆，後此去之以避罪，亦不可盡謂薛良之誣矣。此不當疑四也。

京師自四方來者不止一福達，既改名張寅，又衣冠形貌似之，郭勛從而信之，亦理之所有。其爲妖賊餘黨，亦意料所不能及。在勛自有可居之過，在陛下旣宏議貴之恩，諸臣縱有傾勛之心，亦安能加之罪乎？此不用疑五也。

鞫獄者曰誣，必言所誣何因。曰讎，必言所讎何事。若曰薛良，讎也，則一切證佐非讎也。曰韓良相、戚廣，讎也，則高尙節、屈孔、石文舉，非讎也。曰魏泰、劉永振，讎

也，則今布按府縣官非讐也。曰山、陝人，讐也，則京師道路之人非讐也。此不用疑六也。

望陛下六疑盡釋，明正福達之罪。庶羣奸屏跡，宗社幸甚。

疏入，帝大怒，斥爲民。其後欽明大獄錄刪樞疏不載。

樞少學於湛若水，深造實踐。又留心經世略，九邊及越、蜀、滇、黔險阻阨塞，無不親歷。躡屩茹草，至老不衰。隆慶初，復官。以年老，加秩致仕。會高拱憾徐階，謂階恤錄先朝建言諸臣，乃彰先帝之過，請悉停之，樞竟不錄。

杜鸞，字羽文，陝西咸寧人。正德末進士。授大理評事。嘉靖初，伏闕爭「大禮」，杖午門外。長沙盜李鑑與父華劫村聚，華誅，鑑得脫。後復行劫，捕獲之。席書時撫湖廣，劾知府宋卿故入鑑。帝遣大臣按之，言鑑盜有狀，帝命逮鑑至京。書上言：「臣以議禮忤朝臣，問官故與臣左。乞敕法司會官覆。」於是鸞會御史蘇恩再訊，無異詞，疏言：「書以惡卿故爲鑑奏辨，且以議禮爲言。夫大禮之議，發於聖孝。書偶一言當意，動援此以挾陛下，壓羣僚。壞亂政體，莫此爲甚。」帝重違書意，竟免鑑死，戍遼東。

已，復有張寅之獄。鸞與刑部郎中司馬相、御史高世魁司其牘。鸞上言：「往者李鑑之獄，陛下徇席書言，誤隳廢法，權倖遂以鬻獄爲常，請託無忌。今勛謀又成矣。書曰『以議禮招怨』，勛亦曰『以議禮招怨』。書曰『欲殺鑑以仇臣』，勛亦曰『欲殺寅以仇臣』。簧鼓聖聽，如出一口。以陛下尊親之盛典，爲奸邪掩覆之深謀，將使賄賂公行，亂賊接踵，非聖朝福也。」已而桂萼等力反前獄，鸞坐除名。

初，萼之欲寬李鑑也，給事中管律言：「比言事者，每借議禮爲詞。或乞休，或引罪，或爲人辨冤，於議禮本不相涉，而動必援引牽附，何哉？蓋小人欲中傷人，以非此不足激陛下怒，而欲自固其寵，又非此不足得陛下歡也。乞誡自今言事者，據事直陳，毋假借，以累聖德。」帝是其言，命都察院曉示百官。越二日，御史李儼以世廟成，請恤錄議禮獲罪諸臣，且請詳察是非：「議禮是而行事非者，不以是掩非。議禮非而行事是者，不以非掩是。使黨與全消，時靡有爭，則大公之治也。」未幾，給事中陳皋謨亦言：「獻皇帝追崇之禮，實出陛下至情。書萼乃貪爲己功，互相黨援，恣情喜怒，作福作威。若李鑑父子，成案昭然。書曲爲申救，謂『衆以議禮憾臣，因陷鑑死』。夫議禮者，朝廷之公典，合與不合，何至深讐。縱使讐書，鑑非書子弟親戚交遊也，何故讐之。至郭勛黨庇奸人，請屬事露，則又代奸人妄訴，亦以議禮激衆怒爲言，不至於濫恩廢法不已，豈不大可異哉！乞亟斥書、勛而置鑑重典，窮按勛請託事，使人心曉然知權奸不足恃，國法不可干，然後逆節潛消，倖門永塞。」帝弗聽。

葉應驄，字肅卿，鄞人。正德十二年進士。授刑部主事。偕同官諫南巡，杖三十。嘉靖初，歷郎中。伏闕爭「大禮」，再下獄廷杖。

給事中潮陽陳洸素無賴。家居與知縣宋元翰不相能，令其子柱訐元翰謫戍。元翰摭洸罪及帷薄事刊布之，名辨冤錄。洸由是不齒於清議，尚書喬宇出之爲湖廣僉事。洸初嘗言獻帝不可稱皇。而是時張璁、桂萼輩以議禮驟顯，洸乃上疏言璁等議是，宜急去本生之稱，因詆宇及文選郎夏良勝，而稱引其黨前給事中于桂、閻閎、(五)史道，前御史曹嘉。帝即還洸等職，謫良勝於外。洸遂劾大學士費宏，尚書金獻民、趙鑑，侍郎吳一鵬、朱希周、汪偉，郎中余才、劉天民，員外郎薛蕙，給事中鄭一鵬悉邪黨，而薦廖紀等十五人。俄又劾吏部尚書楊旦等。帝益大喜。立罷旦，擢紀代之。璁、萼輩遂引以擊異己。

給事中趙漢、御史朱衣等交章劾洸，而御史張日韜、戴金、藍田又特疏論之。田并劾席書，且封上元翰辦冤錄。都御史王時中請罷洸聽勘。洸奏：「羣奸恨臣抗議大禮，將令撫按殺臣，請遣一錦衣往」。洸意，錦衣可利誘也。得旨遣應驄及錦衣千戶李經。應驄與焚香誓

天，會御史熊蘭、涂相等雜治，具上洸罪狀至百七十二條。除赦前及曖昧者勿論，當論者十三條。罪惡極，宜斬，妻離異，子柱絞。洸懼，亡詣闕申訴。帝持應驄奏不下。尚書趙鑑、副都御史張潤，給事中解一貫，御史鄭本公等連章執奏。帝不得已，始命覆覈。郎中黃綰力持應驄議。書、萼爲居間不能得，要璁共奏，謂洸議禮臣，爲法官所中。帝入其言，命免罪爲民。大理卿湯沐及鑑、一貫更爭之，不聽。未幾，「大禮」書成，并原洸妻子。應驄尋遷吉安知府，母喪歸。

六年，璁、萼益用事。而萼方掌刑部，廷臣馬錄等以劾郭勛下獄。洸謂乘此故案可反也，上書訐應驄等。萼因訟洸冤。遂逮洸、應驄、元翰、綰，而令按察使張祐等還籍候命，詞連四百人。九卿及錦衣衛廷訊，應驄對曰：「某所持者王章耳，必欲直洸，惟諸公命。」刑部尚書胡世寧等心知洸罪重，而懲前大獄，不敢執。會是日黃霧四塞，獄弗竟。次日，又大風拔木。有詔修省，不用刑。乃當應驄按事不實律，爲民，元翰、綰及田等貶斥有差，洸授冠帶。霍韜再疏爲洸訟不能得，洸益憾應驄。逾數年，更令人奏應驄勘獄時，酷殺無辜二十六人，下巡按李美覆勘。美言死者皆有狀，非故殺。刑部尚書許讚白應驄無罪。帝特謫應驄戍遼東。

是獄也，始終八載。凡攻洸與治洸獄者無不得罪，逮捕至百數十人。天下惡萼輩奸橫，

益羞言議禮臣矣。

應聽赴戍所，道經蘇州。知府治具候之，立解維去，致餽不受。十六年赦歸。明堂大享禮成，復冠帶。應聽敦行誼，好著書，數更患難氣不挫。

黃綰，息人。爲刑部主事，諫南巡被杖。歷郎中，出爲紹興知府，以寬大爲治。被徵時，士民哭震野，爭致贐，綰止取二錢。至京，下詔獄，瘐死。〔六〕隆慶初，贈太常少卿。

藍田，卽墨人。爭「大禮」被杖。張璁掌都察院，考察其屬，落職歸。

解一貫，字曾唯，交城人。正德十六年進士。除工科給事中。陳講學、修德、親賢、孝親、任相、遠奸、用諫、謹令、戒欲、恤民十事。世宗嘉納之。

嘉靖元年偕御史出覈牧馬草場。太監閻洪等奏遣中官一人與俱，一貫言不可，乃已。還朝，劾太監谷大用、李璽奪產殃民罪，帝宥之。而內臣、勛戚所據莊田，率歸之民。帝爲后父陳萬言營第，極壯麗。一貫力請裁節，復助楊廷和爭織造，皆不納。歷刑科左右給事中。雲南巡按郭楠以建言，廣東按察使張祜、副使孫懋以辱官校，皆逮治，御史方啓顏以杖

死宦官家人落職，元城知縣張好古以拘責戚畹家族鐫級，一貫皆論救。忤旨，停俸。

尋進吏科都給事中。敎授王价、錄事錢予勛以考察罷，假議禮希復用。一貫等言，如此，將壞祖宗百年制，事竟寢。張璁、桂萼日擊費宏不已，一貫偕同官言：「宏立朝行事，律以古大臣固不能無議。但入仕至今，未聞有大過。至璁、萼平生奸險，特以議禮一事偶合聖心。超擢以來，憑恃寵靈，淩轢朝士。與宏積怨已久，欲奪其位而居之。陛下以累疏俱付所司，而於其終乃曰『爾等宜各修乃職』，蓋所以陰折其奸謀者至矣。二三臣不體至意，或專攻宏，或兼攻璁、萼，不知能去宏，不能去璁、萼也。君子難進易退，小人則不然。宏恤人言，顧廉恥，猶可望以君子。璁、萼則小人之尤，何所忌憚。苟其計得行，則奸邪氣勢愈增，善類中傷無已，天下事將大有可慮者。」時鄭洛書、張錄皆論三人事，而一貫言尤切。詔下之所司。璁、萼等銜不已，竟謫開州判官以卒。

鄭洛書，字啓範，莆田人。弱冠登進士，授上海知縣，有善政。嘉靖四年召拜御史。張璁、桂萼以陳九川事訐費宏，洛書與同官鄭氣言：「九川事，人謂璁、萼與謀，固已得罪公論，而宏取與之際亦未明。夫朝廷有紀綱，大臣重進退，宏、璁、萼皆不可不去。宏不去，則有持祿保位之誚，璁、萼不去，亦冒蹊田奪牛之嫌。」詔責洛書妄言。

帝賜尚書趙鑑、席書詩翰，洛書言：「陛下眷禮大臣，此虞廷賡歌之風也。願推此心以念舊。如致仕大臣劉健、謝遷、林俊、孫交等，特降宸章，咨訪時政，則聖德益宏。又推此心以赦過。如遷謫豐熙、劉濟、余寬、王元正等，特垂仁恩，量與牽復，則聖度益廣。」報聞。李福達獄起，帝將親鞫之，洛書曰：「陛下操獨斷之威，使法官盡得罪，雖有張釋之、于定國不獲抗辨於人主之前，何以使刑罰中。」帝怒，將罪之，楊一清力解而止。尋出視南畿學政，道聞喪歸。

十二年京察事竣，更命科道官互糾，洛書被劾落職。給事中饒秀爲御史所劾，無所泄憤，復劾洛書及王重賢等九人貪汚闒茸。重賢等皆降黜。時論駭之。洛書家居再踰歲卒，年三十九。子開，往依上海。上海人治田百畝資之。歲一至，收其入以歸。

張錄，字宗制，城武人。正德六年進士。授太常博士，擢御史。嘉靖初，伏闕爭「大禮」，下獄廷杖。出按畿輔，劾宣府諸將失事，皆伏辜。

西域魯迷貢獅子、西牛方物，言所貢玉石計費二萬三千餘金，往來且七年，邀中國重賞。錄言：「明王不貴異物。今二獅日各飼一羊，是歲用七百餘羊也。牛食芻菽，今乃食果餌，則食人之食矣。願返其獻，歸其人，薄其賞，以阻希望心。」帝不能用。

張璁擢兵部侍郎，錄與諸御史爭之，不聽。璁與桂萼屢攻費宏，錄言：「今水旱相仍，變異迭出，正臣工修省時。諸人爲國股肱，相傾排若此，欲弭災變，不亦難乎？乞並黜三人，以回天譴。」帝爲戒諭璁、萼。後璁以侍郎總臺事，修前憾。言錄不諳憲體，遂罷歸。家居二十年卒。

陸粲，字子餘，長洲人。少謁同里王鏊，鏊異之曰：「此子必以文名天下。」嘉靖五年成進士，選庶吉士。七試皆第一。張璁、桂萼盡出庶吉士爲部曹、縣令，粲以才獨得工科給事中。勁挺敢言。疏言：「我朝太祖至宣宗，大臣造膝陳謀，不啻家人父子。自英宗幼沖，大臣爲權宜計，常朝奏事，先日擬旨，其餘政事具疏封進，沿襲至今。今陛下銳意圖治，願每日朝罷，退御便殿，延見大臣，侍從臺諫輪日奏對，撫按藩臬廷辭入謝，召訪便宜；復妙選博聞有道之士，更番入直，講論經史，如仁宗弘文閣故事。則上下情通，而天下事畢陳於前矣。」帝不能用。既言資格獨重進士，致貢舉無上進階，州縣敎職過輕，王官終身禁錮，皆宜變通。因陳久任使、愼考察、汰冗官諸事，而終之以復制科，倣唐、宋法，數歲一舉，以待異才：「高者儲之禁近，其次分置諸曹，先有官者遞進，庶人才畢出，野無遺賢。」

尋偕御史郗元洪清覈馬房錢穀。抗疏折御馬太監閻洪，宿弊爲清。與同官劉希簡爭張福獄。〔七〕帝怒，俱下詔獄。杖三十，釋還職。事具熊浹傳。

張璁、桂萼並居政府，專擅朝事。給事中孫應奎、王準發其私，帝猶溫旨慰諭。粲不勝憤，上疏曰：

璁、萼，兇險之資，乖僻之學。曩自小臣贊大禮，拔置近侍，不三四年位至宰弼。恩隆寵異，振古未聞。乃敢罔上逞私，專權招賄，擅作威福，報復恩仇。璁狠愎自用，執拗多私。萼外若寬迂，中實深刻。忮忍之毒一發於心，如蝮蛇猛獸，犯者必死。臣請姑舉數端言之。

萼受尚書王瓊賂遺鉅萬，連章力薦，璁從中主之，遂得起用。昌化伯邵杰，本邵氏養子，萼納重賄，竟使奴隸小人濫襲伯爵。萼所厚醫官李夢鶴假托進書，夤緣受職，居室相鄰，中開便戶往來，常與萼家人吳從周等居間。又引鄉人周時望爲選郎，交通鬻爵。時望既去，胡森代之。森與主事楊麟、王激又輔臣鄉里親戚也。銓司要地，盡布私人。典選僅踰年，引用鄉故，不可悉數。如致仕尚書劉麟，其中表親也。侍郎嚴嵩，其子之師也。僉都御史李如圭，由按察使一轉徑入內臺，南京太僕少卿夏尚朴，由知府期月遂得清卿，禮部員外張敔假曆律而結知，御史戴金承風搏

擊，甘心鷹犬，皆萼姻黨，相與朋比爲奸者也。禮部尚書李時柔和善逢，猾狡多智，南京禮部尚書黃綰曲學阿世，虛談眩人，諭德彭澤夤緣改秩，躐玷清華，皆陰厚於璁而陽附於萼者也。

璁等威權既盛，黨與復多，天下畏惡，莫敢訟言。不亟去之，兇人之性不移，將來必爲社稷患。

帝大感悟，立下詔暴璁、萼罪狀，罷其相，而以粲不早發，下之吏。既而詹事霍韜力詆粲，謂楊一清嗾之。希簡言：「璁、萼去位由聖斷。且使犬謂之嗾，韜以言官比之犬，侮朝廷。」而帝竟納韜言，召璁還，奪一清官，下希簡詔獄，釋還職，謫粲貴州都鎭驛丞。稍遷永新知縣。前後獲盜數百人，姦猾屛跡。久之，以念母乞歸。論薦者三十餘疏，皆報罷。霍韜亦薦粲，粲曰：「天下事大壞憸人手，尚欲以餘波污我耶？」母歿，毀甚，未終喪而卒。

劉希簡，字以順，漢州人。進士。除行人。爲工科給事中甫五月，兩以直言得罪，聲大振。久之，謫縣丞。終鞏昌知府。

王準，字子推，世籍秦府儀衞司。準以進士授知縣。爲禮科給事中，巡視京營，劾郭勛專恣罪。明年劾璁、萼引私人。璁、萼罷，準亦下吏，謫富民典史。稍遷知縣。都御史汪鋐希璁指，以考察罷之。

邵經邦，字仲德，仁和人。正德十六年進士。授工部主事。榷荆州稅，甫三月，稅額滿。遂啓關任商舟往來。進員外郎。

嘉靖八年冬十月，日有食之。經邦時官刑部，上疏曰：

兹者正陽之月，有日食之異。質諸小雅十月之篇，變象懸符。說詩者謂陰壯之甚，由不用善人，而其咎專歸皇父。然則今之調和燮理者，得無有皇父其人乎？邇陛下納陸粲言，命張璁、桂萼致仕。尋以璁議禮有功，復召輔政。人言籍籍，陛下莫之恤也。乃天變若此，安可勿畏。

夫議禮與臨政不同。議禮貴當，臨政貴公。正皇考之徽稱，以明父子之倫，禮之當也。雖排衆論，任獨見，而不以爲偏。若夫用人行政，則當辨別忠邪，審量才力，與天下之人共用之，乃爲公耳。今陛下以璁議禮有功，不察其人，不揆其才，而加之大

任，似私議禮之臣也。私議禮之臣，是不以所議者爲公禮也。夫禮唯至公，乃可萬世不易。設近於私，則固可守也，亦可變也。陛下果以尊親之典爲至當，而欲子孫世世守之乎？則莫若於諸臣之進退，一付諸至公，優其賚予，全其終始，以答其議禮之功，而博求海內碩德重望之賢，以弼成正大光明之業，則人心定，天道順，俾萬年之後，廟號世宗，子孫百世不遷，顧不偉歟？如徒加以非分之任，使之履盈蹈滿，犯天人之怒，亦非璁等福也。

帝大怒，立下鎭撫司拷訊。獄上，請送法司擬罪。帝曰：「此非常犯，不必下法司。」遂謫戍福建鎭海衞。十六年，皇子生，大赦。惟經邦與豐熙等八人不在赦例。經邦之戍所，閉戶讀書。與熙及同戍陳九川，時相討論。居鎭海三十七年卒。閩人立寓賢祠祀三人。隆慶初復官。

劉世揚，字實甫，閩人。正德十二年進士。改庶吉士，除刑科給事中。世宗即位，議加興獻帝皇號，世揚疏諫。都察院牒司禮監，攝中官吳善良。帝手批原牒付刑科，以善良付司禮。世揚言：「祖宗制，凡降詔旨必書於題奏疏揭，或登聞鼓狀，乃發六科，宣於諸曹。或國

有大事，上命先發，諸曹必補牘，於次日早朝進之，無竟批文牘者。今旨從中出，褻天語，更舊制，不可。」帝不聽。已，列先朝直臣舒芬、馬汝驥、王思、汪應軫、張原等二十人，請加恩以旌忠直，諸臣各進秩一等。嘗因災異，世揚請倣古人几杖箴銘之義，取聖賢格言書殿廡，帝納之。

歷吏科左給事中，進都給事中。與同官李仁劾詹事顧鼎臣汙佞，且言今日詹事卽他日輔臣。帝怒，詰詹事進輔臣，出何典例，世揚等引罪。帝怒不解，予杖，下詔獄，旣乃得釋。帝以久旱躬禱，世揚言在獄繫囚及建言謫戍諸臣怨咨之氣，上干天和，請悉疏釋。帝不能用。張璁、桂萼被劾罷，帝責諫官不言。世揚等乃盡劾璁、萼黨尚書王瓊而下數十人，章下吏部。而尚書方獻夫亦璁、萼黨也，但去編修金璐，御史敖鉞，太僕丞姚奎，郎中劉汝輗，員外郎張敔、郭憲，待詔葉幼學、儲良才八人而已。〔八〕未幾，復偕同官趙漢等陳修省八事。中言：「大學士石珤貞介，〔九〕歿未易名。尙書李鐩，國之盜臣，身後遺金得諡。給事中鄭一鵬坐論楊一淸再杖削職，一淸敗，一鵬宜復官。」世揚發璁、萼黨，見憾於璁，一鵬又嘗忤璁、萼。會璁已再相，而珤實前賜諡，璁因激帝怒，謂給事言皆妄。乃謫世揚江西布政司照磨，停漢等俸，然鐩諡亦由此奪。世揚屢遷河南提學僉事。告歸卒。

趙漢，字鴻逵，平湖人。正德六年進士。授建昌推官。擢南京戶科給事中，改兵科。嘉靖初，尙書林俊以執奏獄囚李鳳陽，被旨詰責。漢因言：「太監崔文亂政，巧逞奸欺，不特庇一李鳳陽而已。〔一〇〕工部尙書趙璜發文家人罪。文輒捕其諜者，痛杖幾死，曰『此杖寄與趙尙書』，其無狀至此。望急譴逐，毋爲新政累。」不聽。已，哭爭「大禮」，繫詔獄廷杖。

歷吏科左給事中。以疾去。起故官，遷工科都給事中。疏言：「內閣桂萼、翟鑾稱病三月，未嘗以曠職懇辭。張璁久專政權，亦未聞引賢共濟。乞諭鑾、萼亟去，簡用兩京大臣及家居耆舊，以分璁任。」上摘其謬字詰之，諭璁毋避，趣赴閣。璁因言漢忠謀，宜令備列堪內閣者。帝卽令漢舉所欲用，漢惶恐言：「臣欲璁引賢，無私主。」帝怒，責漢對不以實，趣以名上。漢益懼，言：「輔臣簡命，出自朝廷，非小臣所敢預。」帝乃宥之，奪俸一月。尋出爲陝西右參政，告歸。久之，以故官起山西。不數月復致仕。

子伊，廣西副使。年四十，卽以養父歸。屢徵不起。

魏良弼，字師說，新建人。嘉靖二年進士。授松陽知縣，召拜刑科給事中。採木侍郎黃衷事竣歸家，乞致仕，未許。緝事者奏衷潛入京師。帝怒，奪衷職。良弼言衷大臣，入都豈能隱，乞正言者欺罔罪，不報。張璁、桂萼初罷相，詔察其黨。給事中劉世揚等議及良弼。以吏部言，得留。尋命巡視京營。劾罷提督五軍營保定伯梁永福、〔一一〕太僕卿曾直，罪武定侯郭勛家奴，論團營兵政之弊，又請發銀米振京師饑，直聲大著。會南京御史馬敭等以劾吏部尙書王瓊被逮，良弼請釋之。帝怒，幷下詔獄。論贖還職，仍奪俸一年。三遷至禮科都給事中。

十一年八月，彗星見東井，芒長丈餘。良弼引占書言：「彗星晨見東方，君臣爭明。彗孛出井，奸臣在側。大學士張孚敬專橫竊威福，致奸星示異，亟宜罷黜。」孚敬奏良弼挾私。帝已疑孚敬，兩疏皆報聞。給事中秦鰲疏再入，孚敬竟罷去。踰月，良弼復偕同官劾吏部尙書汪鋐。帝方向鋐，奪良弼俸。鋐、孚敬俱恨良弼。

明年元日，副都御史王應鵬坐事下詔獄。良弼言履端之始，不宜以微過繫大臣。帝怒，再下詔獄。獄卒訝曰：「公又來耶！」爲垂涕。尋復職，奪俸。時孚敬復起柄政，與鋐修前郤，以考察後命科道官互糾，又奏上十一人，又不及良弼。孚敬益怒，擬旨切責，令吏部再考。鋐乃別糾二十六人，而良弼及秦鰲、葉洪皆前劾孚敬、鋐者，中外大駭。良弼竟坐不謹削籍。隆慶初，詔起廢籍。以年老卽家拜太常少卿，致仕，卒。天啓初，追諡忠簡。

葉洪，字子源，德州人。嘉靖八年進士。授戶科給事中。十一年肇舉祈穀禮於圜丘，帝不親祀。洪疏諫，帝責洪妄言。尋巡視京營，進工科右給事中。汪鋐遷吏部尙書，洪極論其奸，忤旨奪俸。明年考察，鋐修怨，遂坐洪浮躁，貶寧國縣丞。居二年，復以大計奪其職。言者屢訟冤，不復用。

秦鰲，字子元，崑山人。嘉靖五年進士。授行人。擢兵科給事中。劾魏國公徐鵬舉、中官賴義不法狀，義罷還。彗星見，劾張孚敬妬賢病國，擬議詔旨，輒引以自歸。帝遂罷孚敬。已，孚敬再相。汪鋐承風指以考察謫鰲東陽縣丞。屢遷福建右參議。卒官。

又有張寅者，太倉人。嘉靖初進士。歷南京御史。嘗劾禮部侍郎黃綰十罪。比張孚敬罷政，寅言其憸邪蠹政，不可悉數，請追所賜封誥、銀章之屬，明正其辟。幷劾左都御史汪鋐陰賊邪媚。帝怒，謫高唐判官。屢遷南京文選郎中。會簡宮僚，改春坊右司直兼翰林院檢討。未幾，被劾罷。

贊曰：書曰「非佞折獄，惟良折獄，罔非在中」。又曰「明啓刑書，胥占咸庶中」。正言折獄之不可不得其中也。張寅、李鑑，罪狀昭然。中於郭勛、席書之說，廷臣獲罪，而寅還職，鑑宥死。陳洸罪至百七十二條，竟得免死，而猶上書訟冤。凡攻洸之惡與治洸之獄者，逮捕至百數十人。皆由議禮觸衆怒，一言有以深入帝隱。甚矣，佞人之可畏也。夫反成案似於明，出死罪似於仁，而不知其借端報復，刑罰失中。佞良之辨，可弗審歟。

校勘記

〔一〕再戍山海衞　山海衞，原作「山丹衞」，據明史稿傳八五馬錄傳、世宗實錄卷六六嘉靖五年七月丙戌條、國榷卷五三頁三三四〇改。按世宗實錄稱「勾發山海衞」，國榷謂「勾調山海衞」，並非發還山丹衞。

〔二〕劉琦字廷珍洛川人　洛川人，原作「洛陽人」。明進士題名碑錄甲戌科作「陝西延安府鄜州洛川縣民籍」。明史考證攟逸卷一八云：「按琦爲陝西延安府洛川人，故得知福達逃洛川事。呂柟涇野集及題名錄並作洛川，此誤。」

〔三〕贈少卿　少卿，當作「光祿少卿」。明史稿傳八五馬錄傳附沈漢傳作「遷光祿丞。天啓初，贈少卿」。本傳刪「遷光祿丞」句，下文「少卿」無所指實。見明史考證攟逸卷一八。

〔四〕邊帥償師不問譴斥　不問譴斥，原作「不得遣斥」。明史稿傳八五程啓充傳作「不聞譴斥」，於

義較安，據改。

〔五〕閻閎　原作「閻宏」，據明史稿傳八五葉應驄傳、世宗實錄卷四二嘉靖三年八月癸巳條改。

〔六〕下詔獄瘐死　瘐死，原作「疫死」，形近而訛。據明史稿傳八五葉應驄傳改。

〔七〕與同官劉希簡爭張福獄　張福，原作「張福達」。本書卷一九七熊浹傳、明史稿傳八五陸粲傳、世宗實錄卷一〇三嘉靖八年七月甲午條、國榷卷五四頁三四〇四以及明史考證攟逸卷一八所引國朝獻徵錄與陸粲的文集都作「張福」。傳文衍「達」字，今刪。

〔八〕御史敖鉞至待詔葉幼學儲良才八人而已　敖鉞，原作「遨鉞」，據明史稿傳八五劉世揚傳，世宗實錄卷一〇四嘉靖八年八月丙戌條、戊子條、又卷一〇五嘉靖八年九月丙申條，國榷卷五四頁三四〇九改。儲良才，此作「待詔」，誤。明史稿傳八五劉世揚傳，世宗實錄卷一〇四嘉靖八年八月丙戌條、卷一〇五嘉靖八年九月丙申條都作「御史儲良才」。「儲良才」三字當移至「御史敖鉞」四字後方合。八人，本書卷一九六方獻夫傳、國榷卷五四頁三四〇九都作「十二人」，國榷具列十二人姓名。

〔九〕中言大學士石硊貞介　石硊，原作「石瑤」，據本書卷一一〇宰輔年表、卷一九〇石硊傳，明史稿傳八五劉世揚傳改。

〔一〇〕不特庇一李鳳陽而已　李鳳陽，本書卷一九四林俊傳、明史稿傳七三林俊傳、世宗實錄卷二六嘉靖二年閏四月己未條都作「李陽鳳」。

〔一一〕保定伯梁永福　保定伯，原作「保定侯」，據本書卷一〇七功臣世表改。

明史卷二百七

列傳第九十五

鄧繼曾 劉最　朱淛 馬明衡　陳逅　林應驄　楊言　劉安

薛侃 喻希禮　石金　楊名 黃直　郭弘化　劉世龍 徐申

羅虞臣　張選 黃正色　包節 弟孝　謝廷蒞　王與齡

周鈇　楊思忠 樊深　淩儒　王時舉　方新

鄧繼曾，字士魯，資縣人。正德十二年進士。授行人。世宗卽位之四月，以久雨，疏言：「明詔雖頒，而廢閣大半。大獄已定，而遲留尙多。擬旨間出於中人，奸諛漸倖於左右。禮有所不遵，孝有所偏重。納諫如流，施行則寡。是陛下修己親賢之誠，漸不如始，故天降霪雨以示警戒。伏願出令必信，斷獄不留，事惟咨於輔

臣，寵勿啓於近習，割恩以定禮，稽古以崇孝，則一念轉移，可以銷天災，答天戒矣。」

未幾，擢兵科給事中。疏陳杜漸保終四事：一、定君心之主宰，以杜蠱惑之漸；二、均兩宮之孝養，以杜嫌隙之漸；三、一政令，以杜欺蔽之漸；四、淸傳奉，以杜假託之漸。尋言興府從駕官不宜濫授。帝納之。

嘉靖改元，帝欲尊所生爲帝后。會掖庭火，廷臣多言咎在「大禮」。繼曾亦言：「去年五月日精門災，今月二日長安榜廊災，及今郊祀日，內廷小房又災。天有五行，火實主禮。人有五事，火實主言。名不正則言不順，言不順則禮不興。今歲未期而災者三，廢禮失言之效也。」提督三千營廣寧伯劉佶久病，繼曾論罷之。宣大、關陝、廣西數有警，中原盜竊發。繼曾陳戰守方略及儲將練兵足食之計，多議行。

三年，帝漸疏大臣，政率內決。繼曾抗章曰：「比來中旨，大戾王言。事不考經，文不會理，悅邪說之諂媚則賜敕褒俞，惡師保之抗言則漸將放黜。臣目覩出涕，口誦吞聲。夫祖宗以來，凡有批答，必付內閣擬進者，非止慮獨見之或偏，亦防矯僞者之假託也。正德之世，蓋極弊矣，尙未有如今日之可駭可歎者。左右羣小，目不知書，身未經事，乘隙招權，弄筆取寵，故言出無稽，一至於此。陛下不與大臣共政，而倚信羣小，臣恐大器之不安也。」疏入，帝震怒，下詔獄掠治，謫金壇縣丞。給事中張逵、韓楷、鄭一鵬，御史林有孚、馬明衡、季

本皆論救，不報。累遷至徽州知府，卒。

帝初踐阼，言路大開。進言者或過於切直，帝亦優容之。自劉最及繼曾得罪後，厭薄言官，廢黜相繼，納諫之風微矣。

最，字振廷，崇仁人。繼曾同年進士。由慈利知縣入爲禮科給事中。世宗議定策功，大行封拜，最疏止之。尋請帝勤聖學，於宮中日誦大學衍義，勿令左右近習誘以匪僻。嘉靖二年，中官崔文以禱祠事誘帝。最極言其非，且奏文耗帑金狀。而帝從文言，命最自覈侵耗數。最言「帑銀屬內府，雖計臣不得稽贏縮，文乃欲假難行事，逃己罪，制言官」。疏入，忤旨，出爲廣德州判官。言官論救，不納。已而東廠太監芮景賢奏最在途仍故銜，乘巨舫，取夫役，巡鹽御史黃國用復遣牌送之。帝怒，逮二人下詔獄。最充軍邵武，國用謫極邊雜職。法司及言官救之，責以黨比。最居戍所，久之赦還。家居二十餘年卒。

朱淛，字必東，莆田人。舉鄉試第一。嘉靖二年成進士。明年春與同縣馬明衡並授御史。甫閱月，會昭聖皇太后生辰，有旨免命婦朝賀。淛言：「皇太后親挈神器以授陛下，母

子至情，天日昭鑒。若傳免朝賀，何以慰親心而隆孝治。」明衡亦言：「暫免朝賀，在恒時則可，在議禮紛更之時則不可。且前者興國太后令節，朝賀如儀，今相去不過數旬，而彼此情文互異。詔旨一出，臣民駭疑。萬一因禮儀末節，稍成嫌隙，俾陛下貽譏天下，匪細故也。」時帝亟欲尊所生，而羣臣必欲帝母昭聖，相持未決。二人疏入，帝恚且怒。立捕至內廷，責以離間宮闈，歸過於上，下詔獄拷訊。侍郎何孟春、御史蕭一中論救，皆不聽。御史陳逅、季本，員外郎林應驄繼諫。帝愈怒，幷下詔獄，遠謫之。帝必欲殺二人，變色謂閣臣蔣冕曰：「此曹誣朕不孝，罪當死。」冕膝行頓首請曰：「陛下方興堯、舜之治，奈何有殺諫臣名。」良久，色稍解，欲戍之。冕又固請，繼以泣。乃杖八十，除名爲民，兩人遂廢。廷臣多論薦，不復召。

淛爲人長者，不欺人，或爲人欺亦不校。與明衡皆貧，淛尤甚。鄉里利病，必與有司言，雖忤弗顧。家居三十餘年卒。

明衡，字子萃。父思聰，死宸濠難，自有傳。明衡登正德十二年進士，授太常博士。甫爲御史，卽與淛同得罪。閩中學者率以蔡淸爲宗，至明衡獨受業於王守仁。閩中有王氏學，自明衡始。

中華書局

陳迵，字良會，常熟人。正德六年進士。除福清知縣。入爲御史。以救兩人謫合浦主簿。累官河南副使。帝幸承天，坐供具不辦，下獄爲民。

林應驄，亦莆田人。明衡同年進士。授戶部主事。嘉靖初，尚書孫交覈各宮莊田。帝以其數稍參差，有旨詰狀。應驄言：「部疏，臣司檢視，卽有誤，當罪臣。尚書總領部事，安能偏閱。今旬日間，戶、工二部尚書相繼令對狀，非尊賢優老之意。」疏入，奪俸。以救淛等，謫徐聞縣丞。代其長朝覲，疏陳時事，多議行。

楊言，字惟仁，鄞人。正德十六年進士。授行人。嘉靖四年擢禮科給事中。閱數日卽上言：「邇者仁壽宮災，諭羣臣修省。臣以爲責在公卿而不在陛下，罪在諫官而不在聖躬。朝廷設六科，所以舉正欺蔽也。今吏科失職，致陛下賢否混淆，進退失當。大臣蔣冕、林俊輩去矣，小臣王相、張漢卿輩皆得禍矣，而張璁、桂萼始由捷徑以竊清秩，終怙威勢以賊良善。戶科失職，致陛下儉德不聞，而張崙輩請索無厭，崔和輩敢亂舊章。禮科失職，致陛下享祀未格於神，而廟社無幈幪之庇。兵科失職，致陛下綱紀廢弛，而錦衣多冒濫之官，山海擿抽分之利，匠役增收而不禁，奏帶踰額而不裁。刑科失職，致陛下用罰不中。元惡如藍

華輩得寬籍沒之法，諍臣如郭楠輩反施杻械之刑。工科失職，致陛下興作不常。局官陸宜輩支俸踰於常制，內監陳林輩抽解及於蕪湖。凡此，皆時弊之急且大，而足以拂天意者。願陛下勤修庶政，而罷臣等以警有位，庶可以格天心，弭災變。」帝以浮謗責之。

奸人何淵請建世室。言與廷臣爭，不聽。言復抗章曰：「祖宗身有天下，大宗也，君也。獻皇帝舊爲藩王，小宗也，臣也。以臣並君，亂天下大分。以小宗並大宗，干天下正統。獻帝雖有盛德，非若周文、武創王業也，欲襲世室名，舛矣。如以獻帝爲自出之帝，是前無祖宗，以獻帝爲禰而宗之，是後無孝、武二帝。陛下前旣罪醫士劉惠之言，今乃納淵之說。前旣僉禮卿席書之議，今乃咈書之言。臣不知其何謂也。」

楊一清召入內閣，言請留之三邊。特旨拜張璁兵部侍郎。言以璁貪佞險躁，且新進，未更國家事，請罷璁，並劾吏部尚書廖紀引匪人。同官解一貫等亦諫。皆不納。有投匿名書御道者，言請卽燒之，報可。

六年，錦衣百戶王邦奇借哈密事請誅楊廷和、彭澤等，下部議，未覆，而邦奇復誣大學士費宏、石珤陰庇廷和，詞連廷和子主事惇等，將興大獄。言抗疏曰：「先帝晏駕，江彬手握邊軍四萬，圖爲不軌。廷和密謀行誅，俄頃事定，迎立聖主，此社稷之勳也。縱使有罪，猶當十世宥之。今旣以奸人言罷其官、戍其長子矣，乃又聽邦奇之誣而盡逮其鄉里、親戚，誣爲蜀黨，何意聖明之朝，忽有此事。至宏、珤乃天子師保之官，百僚之表也。邦奇心懷怨望，文飾奸言，詬辱大臣，熒惑聖聽。若窮治不已，株連益多，臣竊爲國家大體惜也。」書奏，帝震怒，并收繫言，親鞫於午門。羣臣悉集。言備極五毒，折其一指，卒無撓詞。旣罷，下五府九卿議。鎭遠侯顧仕隆等覆奏邦奇言皆虛妄，帝責仕隆等徇情。然獄亦因是解，謫言宿州判官。御史程啓充請還言舊任，不聽。稍遷溧陽知縣，歷南京吏部郎中。坐事再謫知夷陵。累官湖廣參議。

言爲吏，多著聲績。溧陽、夷陵皆祠祀之。

劉安，字汝勉，慈谿人。嘉靖五年進士。授南京工部主事，改河南道御史。入臺甫一月，上疏曰：「人君貴明不貴察。察，非明也。人君以察爲明，天下始多事矣。陛下臨御八年而治理未臻，識者謂陛下之治功損於明察。夫治，可以緩圖，不可以急取，可以休養致，不可以督責成。以急切之心，行督責之政，於是躬親有司之事，指摘臣下之失，令出而復返，方信而忽疑。大小臣工救過不暇，多有不安其位者。孰能爲陛下建長久之策，以圖平治哉。且朝廷者，四方之極也。內之君臣，習尙如此，則外而撫按守令之官，風從響應。上

以苛察繩，下以苛察應，恐民窮爲起盜之源，食寡無强兵之理。今明天子綜核於上，百執事振刷於下，叢蠹之弊十去其九，所少者元氣耳。伏望大包荒之量，重根本之圖，略繁文而先急務，簡細故而弘遠猷，不以一人之毁譽爲喜怒，不以一言之順逆爲行止，久任老成，優容言官，則君臣上下一德一心，人人各安其位，事事各盡其才，雍熙太和之治不難見矣。」帝閱疏大怒，逮赴錦衣衞拷訊。兵科給事中胡堯時救之，并逮治。獄具，謫堯時攸縣主簿，安餘干典史。築決堤數十丈，人稱劉公堤。再遷長沙同知，擢鳳陽知府。治行卓異，賜正三品服。以憂歸，卒。

薛侃，字尙謙，揭陽人。性至孝，正德十二年成進士，卽以侍養歸。師王守仁於贛州，歸語兄助教俊。俊大喜，率羣子姪宗鎧等往學焉。自是王氏學盛行於嶺南。

世宗立，侃授行人。母訃，隕絕，五日始食粥。嘉靖七年起故官。聞守仁卒，偕歐陽德輩爲位，朝夕哭。時方議文廟祀典，侃請祀陸九淵、陳獻章。九淵得報允。已，進司正。十年秋疏言：「祖宗分封子弟，必留一人京師司香，有事居守，或代行祭饗。列聖相承，莫之或改。至正德初，逆瑾懷貳，始令就封。乞稽舊典，擇親藩賢者居京師，愼選正人輔導，以待

他日皇嗣之生，此宗社大計。」帝方祈嗣，諱言之，震怒，立下獄廷鞫，究交通主使者。

南海彭澤爲吏部郎，無行。因議禮附張孚敬，遂與爲腹心。後京察被黜，孚敬奏留之，復引爲論德至太常卿。侃以疏草示澤。澤與侃及少詹事夏言同年生，而言是時數忤孚敬。澤默計儲副事觸帝諱，必興大獄，誣言同謀可禍也，給侃藁示孚敬，因報侃曰：「張公甚稱善，此國家大事，當從中贊之。」與爲期，趣之上。孚敬乃先錄侃藁以進，謂出於言，請勿先發以待疏至。帝許之。侃猶豫，澤頻趣之乃上。拷掠備至，侃獨自承，累日獄不具。澤挑使引言，侃瞋目曰：「疏，我自具。趣我上者，爾也。爾謂張少傅許助之，言何豫？」給事中孫應奎、曹汴揖孚敬避。孚敬怒，應奎等疏聞。詔並下言、應奎、汴詔獄，命郭勛、翟鑾及司禮中官會廷臣再鞫，具得其實。帝乃釋言等，出孚敬密疏二示廷臣，斥其忮罔，令致仕。侃爲民，澤戍大同。澤在朝專爲邪媚，及敗，天下快之。侃至潞河遇聖壽節，焚香叩祝甚謹。或報參政項喬曰：「小舟中有民服而祝聖者。」喬曰：「必薛中離也。」跡之，果然。中離者，侃自號也。歸家益力學，從游者百餘人。隆慶初，復官，贈御史。侄子宗鎧，自有傳。

侃歸數月，御史喻希禮、石金皆以言皇嗣得罪。希禮言：「陛下祈嗣禮成，瑞雪遂降，臣

以爲招和致祥不盡於此。往者大赦，今歲免刑，臣民盡沾澤，獨議禮議獄得罪諸臣遠戍邊徼，乞量移近地，或特賜赦免，則和氣薰蒸，前星自耀。」帝大怒曰：「謂朕罪諸臣致遲嗣續耶？所司參議以聞。」議未上，金亦言：「陛下一日萬幾，經理勞瘁。何若中涵太虛，物來順應。凡人才之用舍，政事之敷施，始以九卿之詳度，繼以內閣之咨謀，其弗協於中者，付諸臺諫之公論。陛下恭默凝神，挈其綱領，使精神內蘊，根本充固，則百斯男之慶，自不期而至。王守仁首平逆藩，繼靖巨寇，乃因疑謗，泯其前勞。大禮大獄諸臣，久膺流竄，因鬱既久，物故已多。望錄守仁功，寬諸臣罪，則太和之氣塞宇宙間矣。」帝不悅曰：「金欲朕勿御萬幾，即古奸臣導其君不親政之意，其并察奏。」尚書夏言等言二人無他腸。帝益怒，下二人詔獄，而責言等陳狀。伏罪乃宥之。二人竟謫戍邊衞。久之，赦還，卒。隆慶初，俱贈光祿少卿。

喻希禮，麻城人。石金，黃梅人。巡按廣西，與姚鏌不協。後與守仁共撫盧蘇、王受。還臺，值張、桂用事。御史儲良才輩爭附之，金獨侃侃不阿，以是有名。

楊名，字實卿，遂寧人。童子時，督學王廷相奇其語，補弟子員。嘉靖七年，鄉試第一。明年以第三人及第，授編修。聞大母喪，請急歸。還朝，爲展書官。

十一年十月，彗星見。名應詔上書，言帝喜怒失中，用舍不當。語切直，帝銜之，而答旨稱其納忠，令無隱。名乃復言：「吏部諸曹之首，尚書百官之表，而汪鋐小人之尤也。武定侯郭勛奸回險譎，太常卿陳道瀛、金贇仁粗鄙酣淫。數人者，羣情皆曰不當用，而陛下用之，是聖心之偏於喜也。諸臣建言觸忤者，心實可原。大學士李時以愛惜人才爲請，即荷嘉納，而吏部不爲題覆。臣所謂虛文塞責者，豈盡無哉？夫此得罪諸臣，羣情以爲當宥，而陛下不終宥，是聖心之偏於怒也。眞人邵元節猥以末術，過蒙采聽。嘗令設醮內府，且命左右大臣奔走供事，遂致不肖之徒有昏夜乞哀出其門者。書之史册，後世其將謂何？凡此聖心之少有所偏者，故臣敢抒其狂愚。」

疏入，帝震怒，即執下詔獄拷訊。鋐疏辨，謂：「名乃楊廷和鄉人。頃張孚敬去位，廷和黨輒思報復，故攻及臣。臣爲上簡用，誠欲一振舉朝廷之法，而議者輒病臣操切。且內閣大臣率務和同，植黨固位，故名敢欺肆至此。」帝深入其言，益怒，命所司窮詰主使。名數瀕於死，無所承，言嘗以疏草示同年生程文德，乃并文德下獄。侍郎黃宗明、候補判官黃直救之，先後皆下獄。法司再擬名罪，皆不當上指。特詔謫名戍，編伍瞿塘衞。明年釋還。屢薦終不復召。家居二十餘年，奉親孝。親歿，與弟台廬於墓。免喪，疾作，卒。

黃直，字以方，金谿人。受業於王守仁。嘉靖二年會試，主司發策極詆守仁之學。直與同門歐陽德不阿主司意，編修馬汝驥奇之，兩人遂中式。直既成進士，即疏陳隆聖治、保聖躬、敦聖孝、明聖鑒、勤聖學、務聖道六事。除漳州推官。以漳俗尚鬼，盡廢境內淫祠，易其材以葺橋梁公廨。御史誣以罪，送吏部降用。行至中途，疏請早定儲貳。帝怒，遣緹騎逮問。無何得釋，貶沔陽判官。嘗署崇陽縣事，有惠政。

外艱歸，三年不御酒肉。服闋赴部，適名、宗明下獄。直抗疏言：「九經之首曰修身，其中曰敬大臣，體羣臣。今楊名以直言置詔獄，非所以體羣臣。黃宗明以論救與同罪，非所以敬大臣。二者未盡，天下後世疑陛下修身之道亦有所未盡矣。」帝大怒，并下詔獄拷掠，命發極邊，編戍雷州衞。赦還，貧甚，妻紡織以給朝夕，直讀書談道自如。久之卒。隆慶初，贈光祿少卿。

郭弘化，字子弼，安福人。嘉靖二年進士。除江陵知縣，徵授御史。十一年冬，彗星見。弘化言：「按天文志井居東方，其宿爲木。今者彗出於井，則土木繁興所致也。臣聞四川、

湖廣、貴州、江西、浙江、山西及眞定諸府之採木者，勞苦萬狀。應天、蘇、松、常、鎭五府，方有造甎之役，民間耗費不貲，窰戶逃亡過半。而廣東以採珠之故，激民爲盜，至攻劫會城。皆足戾天和，干星變。請悉停罷，則彗滅而前星耀矣。」戶部尙書許讚等請聽弘化言。帝怒曰：「採珠，故事也，朕未有嗣，以是故耶？」責讚等附和，黜弘化爲民。久之，言官會薦，報寢。卒於家。穆宗立，贈光祿少卿。

劉世龍，字元卿，慈谿人。正德十六年進士。授太倉知州，改國子助教，遷南京兵部主事。

嘉靖十三年，南京太廟災。世龍應詔陳三事：

一、杜諂諛以正風俗。天下風俗之不正，由於人心之壞。人心之壞，患得患失使然也。今天下刻薄相尙，變詐相高，諂媚相師，阿比相倚。仕者日壞於上，學者日壞於下，彼倡此和，靡然成風。惟陛下赫然矯正，勿以詭隨阿比者爲賢，勿以正直骨鯁者爲不肖，勿以私好有所賞，勿以私惡有所罰，虛心以防邪佞，謙受以來忠讜，更敕大小臣工，協恭圖治，無權勢相軋，朋黨相傾，則風俗正矣。

二、廣容納以開言路。陛下臨御之初，犯顏敢諫之臣比先朝爲盛，所言或傷於激切，而放逐旣久，悔悟日深。當宥其旣往，以次錄用，死者則恤之。仍令大小臣工直言時政，以作忠義之氣。

三、愼舉動以存大體。立國者，在敬大臣，不遺故舊。蓋任之旣重，則禮之宜優。今或忽然去之，忽然召之，甚至嬰三木，被箠楚，何以勵臣節哉！臣愚以爲陛下歷試之餘，其人果無足取，則宜以禮使退。如素行無缺，偶以一時喜怒，輒從而顚倒之，陛下固付之無心，而天下有以窺陛下也。

至如張延齡憑寵爲非，法難容假。側聞長老之言，孝宗時待之過厚，遂釀今日之禍。顧區區腐鼠，何足深惜。獨念孝廟在天之靈，太皇太后垂老之景，乃至不能自庇其骨肉，於情忍乎？恐陛下孝養兩宮，亦不能不爲一動心也。頃創造神御閣、啓祥宮，特令大臣督理其事。臣以爲南京太廟方被災，工役之急當無過此。今興作頻年，四方凋敝，正時紬舉贏之會，亦宜量酌緩急而爲之以漸。此皆應天以實之道也。

疏入，帝震怒，謂世龍訕上庇逆。械繫至京，下詔獄拷掠。獄具，復廷杖八十，斥爲民。張延齡者，昭聖太后弟也。帝必欲殺之，故世龍重得罪。後二年，又以大猾劉東山訐告，盡斥諸刑曹郎羅虞臣、徐申等，猶以延齡故也。

世龍家居五十年，自養親一肉外，蔬食終身。卒之日，族人爲治衣冠葬之。

徐申，字周翰，崑山人。嘉靖初，由鄉舉除蘄水知縣。改知上饒，徵授刑部主事。延齡之繫獄也，申奏記尙書聶賢、唐龍言：「太后春秋高，延齡旦暮戮，何以慰太后心。宜援議貴議親例請於帝。」賢等深然之，獄久不決。始延齡下獄，提牢主事沈椿不令入獄，置別所。繼者益寬假之，脫梏拲，通家人出入。會大猾劉東山亦繫獄，上告延齡有不軌謀。憾前主事羅虞臣笞己，因訐及椿等。帝震怒，命執先後提牢主事三十七人付詔獄搒掠，申與焉。獄具，當輸贖還職，帝命杖之廷，盡謫外任，而斥虞臣爲民。

虞臣，廣東順德人。歷吏部主事。好剛疾惡。旣歸，結廬山中，讀書纂述。年僅三十五卒。申旣謫官，不赴，歸與同里魏校、方鳳輩優游歗咏爲樂。久之卒。

曾孫應聘，字伯衡，少有才名。萬曆十一年進士。改庶吉士，授檢討。二十一年京察，中蜚語當謫，拂衣歸。座主沈一貫當國，數招之，不出。家居十餘年，始起行人司副。還尙寶司丞，再遷太僕少卿。卒官。

張選，字舜舉。黃正色，字士尙。皆無錫人。同登嘉靖八年進士。正色除仁和知縣，選知蕭山縣，又隣境也。選治蕭山有聲。十二年冬，先入爲戶科給事中。明年四月時享太廟，遣武定侯郭勛代。選上言：「宗廟之祭，惟誠與敬。孔子曰『吾不與祭，如不祭』。傳曰『神不歆非類』。孟春廟享，遣官暫攝，中外臣心知非得已。玆孟夏祫享，倘更不親行，則迹涉怠玩。如或聖體初復，未任趨蹌，宜明詔禮官先期告廟。陛下亦宜靜處齋宮，以通神貺。」帝閱疏大怒，下之禮部。尙書夏言等言：「代祭之文，載之周官。語曰『子之所愼齊戰疾』。疾當愼，無異於祭，選言非是。但小臣無知，惟陛下曲赦。」帝愈怒，責言等黨比。命執選闕下，杖八十。帝出御文華殿聽之，每一人行杖畢，輒以數報。杖折者三。曳出，已死。帝怒猶未釋。是夕，不入大內，遶殿走，製祭祀記一篇。一夕鋟成，明旦分賜百官。而選出，家人投良劑得甦，帝竟削選籍。選居職甫三月，遽以言得罪，名震海內。

正色是時方憂居。已，補香山，旋改南海。座主霍韜宗人橫甚，正色繩以法。韜顧以爲賢，豪强屛跡，縣中大理。十七年召爲南京御史。劾兵部尙書張瓚奸貪，事甚有跡。而中有「歷官藩臬，無一善狀」語，瓚言己未任藩臬。帝以誣劾，奪俸兩月。明年，章聖太后梓宮南葬，命正色護視。事竣，劾中官鮑忠、駙馬都尉崔元、禮部尙書溫仁和所過納餽遺。帝召詰忠等。皆叩頭祈哀，因譖正色擅於梓宮前乘馬執扇，及江行涉險又不隨舟督護，大不敬。帝遂發怒，立捕下詔獄搒掠，遣戍遼東。

正色與選初同志相友善，至是先後以直節顯。正色居戍所三十年，其顚躓窮困視選尤甚。穆宗初，起選通政參議，以年老予致仕。召正色爲大理丞，進少卿，尋遷南京太僕卿，亦引年致仕。選先卒，正色後數年卒。

包節，字元達，先世嘉興人，其父始還華亭。節祖鼎，池州知府。爲治清簡，早歲乞休，爲鄉邑所重。節生五歲而孤，母躬教育之。登嘉靖十一年進士。授東昌推官。入爲御史。劾兵部尚書張瓚貪穢。出按雲南。時仕者以荒徼憚不欲往，因設告就遠方之法。節言：「此曹志甘投荒，非年迫衰遲，則家貧急祿。志在爲己，豈在恤民，滇中長吏所以多不得人也。請自今以附近選人充之，而州縣佐貳始用此曹，庶吏治可舉。」吏部請以節言槪行於雲、貴、兩廣。制可。

以疾歸。起故官，再按湖廣。顯陵守備中官廖斌擅威福，節欲繩之，語先洩。斌俟節謁陵時，故獻膳羞，遽使撤去，詭稱節麾出之。鍾祥民王憲告斌黨庇奸豪周章等，節捕章，斃之杖下。斌益怒，遂奏節不以正旦謁陵，次日始謁，時當進膳，不旁立，褻慢大不敬。奏

已入，節始奏斌前事。帝大怒，以節抵罪，逮詣詔獄搒掠，永戍莊浪衞。

莊浪極邊，敗屋頹垣，節處之甚安。獨念其母，自傷不克終養，日飲泣。母訃至，晝夜哭。已又聞弟孝卒，撫膺曰：「誰代吾奉祀者？」哭益悲。病死，遺言以衰絰殮。

孝，字元愛，後節三年成進士。由中書舍人爲南京御史。疏論禮部尚書溫仁和主辛丑會試有奸弊，且劾庶子童承敍、贊善郭希顏、〔一〕編修袁煒，帝皆不問。未幾，又劾巡撫孫襘、吳瀚，瀚罷去。

孝兄弟分居南北臺，並著風采，又皆有至情。節官北不得養母，孝遂以侍養歸。母亡，哀毀骨立，未終喪卒，節亦繼殞。時並稱其孝。

謝廷蒞，字子佩，富順人。嘉靖十一年進士。除新喻知縣，徵授吏科給事中。御史胡鰲言：「京師優倡雜處。請敕五城，諸非隸教坊兩院者，斥去之。」都御史王廷相等議可。帝惡鰲言褻，謫鹽城丞，奪廷相等俸。廷蒞救之，被詔切責。雷震謹身殿，疏陳修省數事，語直。帝摘疏中訛字，停其俸。十八年偕同官曾烶、李逢、周珫諫帝南巡，忤旨。

已，給事中戴嘉猷馳疏請回鑾，而車駕已發。帝大怒。甫還，卽執嘉猷幷廷蒞等下詔獄，謫廷蒞雲南典史。屢遷浙江僉事。以侍養歸，遂不出。

隆慶元年起故官山西，俄擢河南右參議，皆不拜。吏部高其行，請得以新秩歸老，許之。萬曆改元，四川巡撫曾省吾奏言：「廷蒞隱居三十年，家徒四壁，樂道著書，宜特加京秩，風勵士林。」詔卽加進太僕少卿。又數年卒。

王與齡，字受甫，寧鄉人。嘉靖八年進士。授蘇州推官。入爲戶部主事，調吏部，進員外郎。二十一年遷文選郎中。澄清銓敍，所推薦皆廉靜老成。

大學士翟鑾爲禮部主事張惟一求吏部，嚴嵩爲監生錢可教求東陽知縣，俱書抵與齡。與齡偕員外郎吳伯亨、主事李大魁、周鈇，白之尚書許讚，具疏以聞。言：「平時請屬甚多。臣等違抗，積罪如山。非聖明覆庇，則二權奸主於中，羣鷹犬和於外，臣等不爲前選郎王嘉賓之斥，得爲近日御史謝瑜之罷，幸矣。」疏入，鑾言惟一資望應遷。嵩抵無致書事，請逮可教訊治，因言：「聖明日覽奏章，革弊釐奸悉宸斷。而讚等妄意臣輩爲之，借以修怨。」帝方信嵩，又見疏中引嘉賓、瑜事，遂發怒。切責讚，除與齡名，伯亨

等俱調外。給事中周怡論之，廷杖繫獄。御史徐宗魯等亦以爲言，皆奪俸。自是，諸司以與齡爲戒，無復敢與嵩抗。

與齡既罷，錦衣遣使偵其裝，襆被外無長物，稱歎而去。里居，角巾躬稼圃，翛然自得。郡人爲作平陽四賢詩美之。四賢者，尚書韓文、陶琰、張潤及與齡也。越二十餘年，卒。

周鈇，字汝威，榆次人。嘉靖五年進士。授行人。擢御史，巡按陝西。被俘民自塞外逃歸者，邊將殺以冒功。鈇請下詔嚴禁，有報降五人以上者賞之，詔可。再按山東，特改右春坊清紀郎兼翰林院侍書。俺答將入寇，總督侍郎翟鵬以聞。鈇以中樞無籌策，請早爲計。帝以爲浮詞亂政，責降廬州府知事。旋改國子監丞，擢吏部文選主事。坐與齡發嵩等私屬事，貶河間通判。已而吏部擬擢南京吏部主事，嵩言鈇調官甫四月，不得驟遷。帝怒，詰責尚書許讚等，令錄左降官遷擢者姓名。讚引罪，幷列陳叔頤等十六人以聞。詔奪讚等俸，鐫文選郎鄭曉三級，鈇、叔頤等褫職爲民。廷臣論薦鈇，以嵩在位，不復召。穆宗初，贈光祿少卿。

楊思忠，字孝夫，平定人。嘉靖二十年進士。歷禮科給事中。二十九年，孝烈皇后大祥。欲預祧仁宗，祔后太廟，下廷議。尚書徐階以爲非禮，思忠力贊階議，餘人莫敢言。帝使人覘知狀。及議上，嚴旨譙責，命階與思忠更定，二人復據禮對。帝益怒，竟祧仁宗。階故得帝眷，獨銜思忠。每當遷，輒報罷。

逾三年，正旦日食，陰雲不見，六科合疏賀。帝摘疏中語，詰爲不成文，曰：「思忠懷欺，不臣久矣。」杖百，斥爲民，餘皆奪俸。隆慶元年起掌吏科。三遷右僉都御史，巡撫陝西。五年改南京戶部右侍郎。致仕卒。

世宗晚年，進言者多得重譴。二十九年，俺答薄都城。通政使樊深陳禦寇七事，中言仇鸞養寇要功。帝方眷鸞，立斥爲民。四十二年正月，御史淩儒請重貪墨之罰，革虛冒之兵，搜遺佚之士。因薦羅洪先、陸樹聲、吳嶽、吳悌。帝惡其市恩，杖六十，除名。四十五年十月，御史王時舉劾刑部尚書黃光昇，言：「內官季永以訴事犯乘輿，本無死比，乃擬眞犯；奸人王相私閹良民者三，本無生法，乃擬矜疑。宜勒令致仕。」帝怒，命編氓口外。踰月，御史方新上言：「黃河與北狄之患，自古有之。乃今豐、沛間陸地爲渠，而輿都有陵寢之憂，鳳陽有冰雹之厄，河南有饑饉之災，堯之洚水不烈於此矣。諸邊將惰卒驕，寇至輒巽愞觀望，

而寧武有軍士之變，南贛有土兵之叛，徽州諸府有礦徒竊發之虞，舜之三苗不棘於此矣。夫洚水、三苗不足爲累者，以堯、舜兢業於上，而禹、皋諸臣分憂於下也。今司論納者日獻禎祥，而疆埸之臣，惟冒首功，隱喪敗。爲國分憂者，誰也？斥罰之法，今不得不嚴。而陛下亦宜隨事自責，痛加修省，然後災變可息，而外患可弭也。」疏入，斥爲民。

深，大同人。儒，泰州人。時舉，順天通州人。新，青陽人。穆宗嗣位，並復官。深，尋遷刑部右侍郎。齊康之劾徐階也，深劾康幷詆高拱。時登極詔書赦死罪以下囚，而流徒已至配者，所司拘律令不遣。深言殊死猶赦，而此反不及，非所以廣皇仁。詔從其議。旋進左侍郎，罷歸。

儒既復御史，益發舒，亦以康事率同列劾拱。拱罷，又劾去大學士郭朴。頃之，劾罷撫治鄖陽都御史劉秉仁。又以永平失事劾總督劉燾、巡撫耿隨卿、總兵官李世忠罪。隨卿、世忠被逮，燾貶官。隆慶二年，儒再遷右僉都御史，理山西屯鹽。吏部追論其知永豐時貪墨，遂落職閒住。

時舉復官後，巡按貴州。聞給事中石星廷杖，且帝方廣市珠寶，馳疏救星，極陳奢靡之害。已，請陳后還中宮。章並報聞。萬曆初，都給事中雒遵，御史景嵩、韓必顯論譚綸被謫，時舉抗章救之。歷大理左少卿。

新終湖廣參議。

贊曰：賈山有言：「忠臣之事君也，言切直則不用而身危。」「然切直之言，明主之所亟欲聞，忠臣之所蒙死而竭知也。」鄧繼曾諸人箴主闕，指時弊，言切直矣，而杖斥隨之。伊尹曰：「有言逆于汝心，必求諸道。」有旨哉，有旨哉。

校勘記

〔一〕贊善郭希顏　郭希顏，原作「部希顏」，據明史稿傳八六包節傳、明進士題名碑錄嘉靖壬辰科改。

明史卷二百八

列傳第九十六

張芹　汪應軫　蕭鳴鳳 高公韶　齊之鸞　袁宗儒

許相卿　顧濟 子章志　章僑　余珊 汪珊　章商臣

黎貫 王汝梅　彭汝實　鄭自璧　戚賢　劉繪 子黃裳

錢薇　洪垣 方瓘　呂懷　周思兼　顏鯨

張芹，字文林，峽江人。弘治十五年進士。授福州推官。正德中，召爲南京御史。

寧夏既平，大學士李東陽亦進官廕子。芹抗疏曰：「東陽謹厚有餘，正直不足；儒雅足重，節義無聞。逆瑾亂政，東陽爲顧命大臣，既不能遏之於始，及惡跡既彰，又不能力與之抗。脂韋順從，惟其指使。今叛賊底平，東陽何力？冒功受賞，何以服人心。乞立賜罷斥，

奪其加恩，爲大臣事君不忠者戒。」疏出，東陽涕泣不能辯。帝責芹沽名，令對狀。芹請罪，停俸三月。

給事中竇明言事下獄，芹疏救之。帝嘗馳馬傷，編修王思切諫，坐遠戍。芹曰：「彼非諫官尚爾，吾儕可坐視乎！」遂上疏曰：「孟子言『從獸無厭謂之荒』。老聃曰『馳騁田獵，使人心發狂』。心狂志荒，何事不忘？皆甚言無益有害也。今輕萬乘之尊，乘危冒險，萬一有不可諱，皇嗣未誕，如宗廟社稷何！」帝不省。

尋出爲徽州知府。寧王宸濠反，言者以芹家江西，慮賊劫其親屬，取道出徽。乃改知杭州。已，復還徽州。嘉靖初，遷浙江海道副使。歷右參政、右布政使。坐爲海道時倭人爭貢誤傷居民，罷歸。

芹事繼母孝，持身儉素，枲袍糲食終其身。

汪應軫，字子宿，浙江山陰人。少有志操。正德十二年成進士，選庶吉士。

十四年詔將南巡。應軫抗言：「自下詔以來，臣民旁皇，莫有固志。臨清以南，率棄業罷市，逃竄山谷。苟不卽收成命，恐變生不測。昔谷永諫漢成帝，謂『陛下厭高美之尊號，

好匹夫之卑字。數離深宮，挺身晨夜，與羣小相逐。典門戶奉宿衞者，執干戈而守空宮』。其言切中於今。夫谷永，諂諛之臣；成帝，庸闇之主。永言而成帝容之。豈以陛下聖明，不能俯納直諫哉？」疏入，留中。繼復偕修撰舒芬等連章以請。跪闕門，受杖幾斃。

教習竣，擬授給事中。有旨補外，遂出爲泗州知州。土瘠民惰，不知農桑。應軫勸之耕，買桑植之。募江南女工，教以蠶繅織作。由是民足衣食。帝方南征，中使驛騷道路。應軫率壯夫百餘人列水次，舟至，卽挽之出境。車駕駐南京，命州進美婦善歌吹者數十人。應軫言：「州子女荒陋，無以應敕旨。臣向募有桑婦，請納之宮中，傳受蠶事。」事遂寢。

世宗踐阼，召爲戶科給事中。山東礦盜起，掠東昌、兗州，流入畿輔、河南境。應軫奏言：「弭盜與禦寇不同。禦寇之法，驅之境外而已。若弭盜而縱使出境，是嫁禍於鄰國也。凡一方有警，不行撲滅，致延蔓他境者，俱宜重論。」報可。在科歲餘，所上凡三十餘疏，咸切時弊。以便養，乞改南，遂調南京戶科。張璁、桂萼在南部，方議追尊獻皇帝。雅知應軫名，欲倚以自助。應軫與議不合，卽奏請遵禮經、崇正統，以安人心。不報。

嘉靖三年春，出爲江西僉事。居二年，具疏引疾，不俟命而歸，爲巡按所劾。詔所司逮問。應軫自陳親老，鮮兄弟，乞休侍養。吏部爲之請，乃免逮。久之，廷臣交薦。起故官，視江西學政。父艱歸，病卒。

蕭鳴鳳，字子雝，浙江山陰人。少從王守仁遊。舉鄉試第一。正德九年成進士，授御史。副使胡世寧下獄，抗章救之。同官內江高公韶劾王瓊誤邊計，言：「松潘副將吳坤請增設總兵於成都，瓊卽以坤任之。花當本我屬衞，日憑陵。由本兵非人，致小醜輕中國。」瓊怒，奏訐公韶。中旨責公韶陰結外蕃，交通間諜，令首實。鳴鳳上疏曰：「公韶劾瓊，所論者天下之事。瓊不當逞忿恣辯，以箝諫官口。」中旨責鳴鳳黨庇，而謫公韶富民典史。鳴鳳又劾江彬恃寵恣肆，釁將難圖。士論壯之。尋巡視山海諸關。武宗將出塞捕虎，鳴鳳疏諫，因具陳官司掊尅，軍民疾苦狀。不報。引疾歸。

起督南畿學政。諸生以比前御史陳選，曰「陳，泰山；蕭，北斗」。嘉靖初，遷河南副使，仍督學政。考察拾遺被劾。吏部惜其學行，調爲湖廣兵備副使。明年復改督廣東學政。鳴鳳三督學政，廉無私。然性剛狠，以憤撻肇慶知府鄭璋。[一]璋慙恚，投劾去，由是物論大譁。八年考察，兩京言官交章論，坐降調。已，與璋相詆訐。皆下巡按御史逮治。鳴鳳遂不出。

公韶，正德中爲御史，嘗劾總兵官郭勛罪。朶顏花當入寇，又劾總兵官遂安伯陳鏸、中

二十四史

中華書局

官王欣、巡撫王倬，鐫坐解職。世宗立，起謫籍。歷右副都御史，巡撫江西。終戶部右侍郎。

齊之鸞，字瑞卿，桐城人。正德六年進士。改庶吉士，授刑科給事中。

十一年冬，帝將置肆於京城西偏。之鸞上言：「近聞有花酒鋪之設，或云車駕將臨幸，或云朝廷收其息。陛下貴爲天子，富有四海，乃至競錐刀之利，如倡優館舍乎？」應州奏捷，帝降敕「總督軍務威武大將軍總兵官朱壽剿寇有功，宜特加公爵」。制下，舉朝大駭。之鸞偕諸給事中上言：「自古天子亦有親臨戰陣勘定禍亂者。成功之後，不過南面受賀，勒之金石，播之歌頌已耳，未有加爵酬勞，如今日之顚倒者。不知陛下何所取義，爲此不祥之舉，以駭天下耳目，貽百世之譏笑也。」

未幾，請召還編修王思，給事中張原、陳鼎，御史周廣、高公韶、李熙、徐文華、李穩、施儒、劉寓生，僉事韓邦奇，評事羅僑，皆不聽。帝將巡邊，復自稱威武大將軍。御史袁宗儒疏諫，大學士楊廷和、蔣冕、毛紀以去就爭。之鸞偕同官言：「三臣居師保之重，身係安危，邇者先後稱疾。今六飛臨邊踰月矣，宗廟社稷百官萬姓寄空城中。人心危疑，幾務叢積，

復杜門求決去。萬一事起倉卒，至於僨敗，三臣將何辭謝天下。乞陛下以社稷爲重，亟返宸居，與大臣共圖治理。」已而御史李潤等復爭之，卒不省。

之鸞再遷兵科左給事中。中官馬永成死，詔授其家九十餘人官。之鸞言：「永成貴顯，用事十有餘年，兄弟子姪皆高爵美官。而其儕復爲陳乞，將及百人。永成何功，恩濫如此，恐天下聞而解體也。」帝將南巡，之鸞偕同官及御史楊秉中等交章力諫。章入二日，未報。之鸞等不知所出，伏闕俟命，自辰至申。帝令中官傳諭，乃退。明日託疾免朝，欲以爲之鸞等罪。會諸曹郎黃鞏等聯章力諫，乃止不行。然鞏等下獄杖譴，之鸞輩亦不敢救也。宸濠反，張忠、許泰等南征，命之鸞偕左給事中祝續從軍紀功。未至，賊已滅。羣小忌王守仁，譖毀百端，之鸞力白其誣。忠、泰廣搜逆黨，株引無辜，之鸞多所開釋。且請蠲田租、停力役、寬逋負，帝頗採納。初冒徐姓，至是始復焉。

世宗踐阼，首上疏言：「祖宗法制，悉紛更於羣小。補救之道，在先定聖志，次廣言路。先朝元凶雖去，根據盤互，連蔓滋多，猶恐巧相營結，或邀定策之賞，或假迎扈之勞，以取憐固寵。天下事豈堪若輩更壞。言者久遏於權奸，欲吐忠鯁懣憤之氣，必有不顧忌諱，至於逆耳者，在嘉納而優容之。若稍或抑裁，則小人又乘之以讐忠直。言路一塞，不可復開，大爲新政累矣。陛下誠舉邇年亂政，盡返其初，中興之烈可以立覩。」帝嘉納之。又劾許泰及

兵部尚書王憲，二人竟獲譴。

其秋大計京官，被中傷，謫崇德丞。屢遷寧夏僉事。饑民採蓬子爲食，之鸞爲取二封，一進於帝，一以貽閣臣。且言時事可憂者三，可惜者四，語極切。帝付之所司。時方大修邊牆，之鸞董役。巡撫胡東皐稱其能，舉以自代。歷河南、山東副使。召爲順天府丞。未行，盜發，留鎮撫。尋擢河南按察使。卒官。

袁宗儒，字醇夫，雄縣人。正德三年進士。授御史。十二年冬，帝在大同。以郊祀將回鑾，既而復止。宗儒率同官力諫。明年夏，孝貞純皇后將葬，帝還京。宗儒等復引災異，力請罷皇店，遣邊兵，既又諫帝巡邊。語極危切。皆不報。擢大理寺丞。嘉靖三年爭「大禮」，廷杖。歷官右僉都御史，巡撫貴州。吏部尚書桂萼議宗儒改調，遂解職歸。未幾，起鄖陽，改山東。坐屬吏振饑無術，不能覺察，罷免。以薦起左副都御史。扈蹕承天，還京卒。

許相卿，字伯台，海寧人。正德十二年進士。世宗立，授兵科給事中。宦官張銳、張忠有罪論死，帝復寬之。給事中顧濟疏爭，帝下所司議，卒欲寬其死。相卿言：「天下望陛下爲孝皇，陛下奈何自處以正德。」帝議加興獻帝皇號，相卿復爭之。

嘉靖二年詔廕中官張欽義子李賢爲錦衣世襲指揮。相卿言：「于謙子冕止錦衣千戶，王守仁子正憲止錦衣百戶。賢中官厮養，反過之。忠勛大臣裔曾不若近倖奴，殉國勤事之臣誰不解體？部臣彭澤，科臣許復禮、安磐相繼言之，悉拒不納。毋乃重內侍而輕士大夫哉！」

尋復言：「天下政權出於一則治，二三則亂；公卿大夫參議則治，匪人僭干則亂。陛下繼統之初，登用老成，嘉納忠讜，裁抑僥倖，竄殛憸邪，可謂明且剛矣。曾未再期，偏聽私昵，秕政亟行，明少蔽，剛少遜，操權未得其術，而陰伺旁竊者得居中制之。如崔文以左道罔上，師保臺諫言之而不聽。羅洪載守職逮繫，廷臣疏七十上而不行。近又庇崔文奴奪法司之守，斥林俊以違旨，怒言官之奏擾。事涉中人，曲降溫旨，犯法不罪，請乞必從。此與正德朝何異哉！俊，國之望也，其去志決矣。俊去，類俊者必不留。陛下將與二三近習私人共理天下乎？今日天下，與先朝異。武宗時，勢已阽危，然元氣猶壯，調劑適宜，可以立起。何也？承孝宗之澤也。今日病雖稍蘇，而元氣已竭，調劑無方，將至不起。何也？承

中華書局

武宗之亂也。伏願深察亂機，收還政柄，取文輩置之重典。然後務學親賢，去讒遠色，延訪忠言，深恤民隱。務使宮府一體，上下一心，而後天下可爲也。」同官趙漢等亦皆以文爲言，帝卒不聽。未幾，以給事中李學曾、章僑，主事林應驄皆言事奪俸，復上疏諫。指帝氣驕志怠，甘蹈過僭。詞甚切。

爲給事三年，所言皆不聽，遂謝病歸。八年詔養病三年以上不赴都者，悉落職閒住，相卿遂廢。夏言故與同僚相善。既秉政，招之，謝弗應。

顧濟，字舟卿，崑山人。正德十二年進士。授行人，擢刑科給事中。

武宗自南都還，臥病豹房，惟江彬等侍。濟言：「陛下孤寄於外，兩宮隔絕，骨肉日疎。所恃以爲安者，果何人哉？漢高帝臥病數日，樊噲排闥，警以趙高之事。今羣臣中豈無噲憂者。願陛下愼擇廷臣更番入直，起居動息咸使與聞。一切淫巧戲劇，傷生敗德之事，悉行屏絕，則保養有道，聖躬自安。」不報。再踰月而帝崩。

世宗卽位之月，濟上疏曰：「陛下踐阼，除弊納諫，臣民踴躍，思見德化之成。然立法非難，守法爲難；聽諫非難，樂諫爲難。今新政所釐，多不便於奸豪權倖。臣恐盤據既深，玩

縱未已，非依怙宮闈，必請託左右。持法不固，則此輩將叢聚而壞之。此守法之難也。唐太宗貞觀初，每導羣臣使言。及至晚年，諫者乃多忤旨。陛下首闢言路，臣工靡不因事納忠。高遠者似涉於迂闊，切直者或過於犯顏。若怒其犯顏，其言必不入；視爲迂濶，則計必不行。此樂諫之難也。」尋復言：「內臣張雄、張銳等，詿誤先帝，業已逮治，又獲寬假。願斷以大義，俾無所售奸。」帝頗嘉納。既又劾司禮蕭敬黨庇銳等，而三法司會訊依違，無大臣節。不聽。帝欲加興獻帝皇號，濟言不可。尋請侍養歸，越數年卒。

子章志，嘉靖三十二年進士。累官南京兵部侍郎。奏減進奉馬快船額，南都人祀之。

章僑，字處仁，蘭谿人。正德十二年進士。授行人。嘉靖元年擢禮科給事中。疏劾中官蕭敬、芮景賢等。又言：「三代以下正學莫如朱熹。近有聰明才智，倡異學以號召，天下好高務名者靡然宗之。取陸九淵之簡便，詆朱熹爲支離。乞行天下，痛爲禁革。」御史梁世驃亦言之。帝爲下詔申禁。

尋又請依祖宗故事，早朝班退，許百官以次啓事。經筵日講，賜淸問，密勿大臣勤召對。又簡儒臣十數人，更番直便殿，以備咨訪。上納其言，而不能用。奸人何淵請立世室於太廟東北，僑力言其不可。未幾，又言：「添設織造內臣，貪橫殊甚。行戶至廢產鬻子以償。惟急停革，與天下更始。」疏入，不省。又因條列營務，劾定國公徐光祚、陽武侯薛倫不職，倫遂解任。尋請斥張璁、霍韜等，不聽。

孝陵司香谷大用乞還京治疾。僑言：「大用初連逆瑾，後引寧、彬，樹『八黨』之凶，釀十六年之禍，至先帝不得正其終。若不早遏絕，恐乘間伺隙，羣兇競起，不至復亂天下不止。」章下所司。吳廷舉請召家居大臣議禮，僑劾其陰附邪說。孟秋時享太廟，帝遣京山侯崔元。僑言：「奉命臨時，倉皇就位，誠敬何存？」帝怒，奪其俸二月。歷禮科左給事中。出知衡州府，終福建布政使。

余珊，字德輝，桐城人。正德三年進士。授行人，擢御史。庶吉士許成名等罷敎習，留翰林者十七人。珊以爲濫，疏論之。語侵內閣，不納。乾淸宮災，疏陳弊政，極指義子、西僧之謬。巡鹽長蘆，發中官奸利事。爲所誣，械繫詔獄，謫安陸判官。移知澧州。

世宗立，擢江西僉事，討平梅花峒賊。遷四川副使，備兵威、茂。嘉靖四年二月應詔陳

十漸，其略曰：

陛下有堯、舜、湯、武之資，而無稷、契、伊、周之佐，致時事漸不克終者有十。

正德間，逆瑾專權，假子亂政，不知紀綱爲何物，幸陛下起而振之。未幾而事樂因循，政多苟簡，名實乖謬，宮府異同，紛拏泄沓。以爲在朝廷而不在朝廷，以爲在宮省而不在宮省，遂至天子以其心爲心，百官萬民亦各以其心爲心。此紀綱之頹，其漸一也。

正德間，士大夫寡廉鮮恥，趨附權門，幸陛下起而作之。乃今則前日之去者復來，來者不去。自夫浮沉一世之人擢掌銓衡，首取軟美脂韋。重富貴薄名檢者，列之有位，致諛佞成風，廉恥道薄。甚者侯伯專糾彈，罷吏議禮樂。市門復開，賈販仍舊。此風俗之壞，其漸二也。

正德間，國柄下移，王靈不振，是以有安化、南昌之變，賴陛下起而整肅之。乃塞上戍卒近益驕恣。曩殺許巡撫而姑息，頃遂殺張巡撫而效尤。曩縛賈參將以立威，近又縛桂總兵而報怨。致檢關妖賊效之而戕主事，北邊庫吏仿之而賊縣官。陛下惑鄙儒姑息之談，牽俗吏權宜之計，遂使廟堂號令出於一二戍卒之口。此國勢之衰，其漸三也。

自逆瑾以來，以苞苴易將帥，故邊防盡壞，賴陛下起而申嚴之。然積弊已久，未能驟復。今朵顏蹢躅於遼海，羌戎跳梁於西川，北狄蹂躪於沙漠。寇勢方張，而食肉之徒不能早見預料，亟求制馭之方，乃假鎮靜之虛名，掩無能之實跡。甚且詐飾捷功，濫邀賞賚，虛張勞伐，峻取官階，而塞上多事日甚。此外裔之强，其漸四也。

自逆瑾以來，盡天下之脂膏，輸入權貴之室，是以有劉、趙、藍、鄢之亂，賴陛下起而保護之。乃近年以來，黃紙蠲放，白紙催徵，額外之斂，下及雞豚，織造之需，自爲商賈。江、淮母子相食，兗、豫盜賊橫行，川、陜、湖、貴疲於供餉。田野嗷嗷，無樂生之心。此邦本之搖，其漸五也。

正德朝，衣冠蒙禍，家國幾空，幸陛下起而收錄之。乃未幾而狂瞽之言，一鳴輒斥。昔猶謫遷外任，今或編配遐荒。昔猶禁錮終身，今至箠死殿陛。蓋自呂柟、鄒守益等去而殿閣空，顧清、汪俊等去而部寺空，張原、胡瓊等死而言路空。間有一二忠直士，又爲權奸排擠而遠之，俾不通，致陛下耳驀目眩，忽不自知其在鮑魚之肆矣。此人才之彫，其漸六也。

正德朝，奸邪迭進，忠諫不聞，幸陛下起而開通之。顧閱時未久，而此風復見。降心未懲其憤，逆耳或動諸顏。不剿說而折人以言，卽臆度而虞人以詐。朝進一封，暮

投千里。甚至三木囊頭，九泉含泣。此言路之塞，其漸七也。

正德朝，忠賢排斥，天下幾危，賴陛下起而主持之。豈期一轉瞬間，憸邪投隙而起。飾六藝以文奸言，假周官而奪漢政。堅白異同，模棱兩可。是蓋大奸似忠，大詐似信。王莽匿情於下士之日，安石垢面於入相之初。雖有聖哲，誰其辨之。臣恐正不敵邪，羣陰日盛。此邪正之淆，其漸八也。

正德之世，大臣日疎，小人日親，致政事乖亂，賴陛下紹統，堂廉復親。乃自大禮議起，凡偶失聖意者，譴謫之，鞭笞之，流竄之，必一網盡焉而後已。由是小人窺伺，巧發奇中，以投主好，以弋功名。陛下既用先入爲主，順之無不合，逆之無不怒。由是大臣顧望，小臣畏懼，上下乖戾，寖成睽孤，而泰交之風息矣。此君臣之睽，其漸九也。

正德之世，天鳴地震，物怪人妖，曾無虛歲，賴陛下紹統，災異始除。乃頃歲以來，雨雹殺禽獸，雷風拔樹屋，婦人產子兩頭，無極晝晦如夜，四方旱潦，奏報不絕，曾何異正德之季乎。且京師陰霾之氣，上薄太陽，白晝冥冥，罕有暉采，尤爲可畏。此災異之臻，其漸十也。

此十者，天子有一，無以保四海。陛下聖明，何以致此，無乃輔弼召之歟。竊見今日之爲輔弼第一人者，徒以奸佞，伴食怙恩。致上激天變，下召民災，中失物望。臣逆

知其非天下之第一流，而陛下乃任信之，不至於魚爛不已。願亟去其人，更求才兼文武如前大學士楊一清，老成厚重如今大學士石珤者，並置左右，庶弊政可除，天下可治。

臣又聞獻皇帝好賢下士，容物恕人，天下所共知也。今議禮諸臣，一言未合，輒以悖逆加之。謫配死徙，朝宁爲空。此豈獻皇帝意。苟非其意，雖尊以天下，無當也。陛下何不起而用之，使駿奔清廟，以慰獻皇帝在天之靈哉。

疏反覆萬四千言，最爲剴切，帝付之所司。其所斥輔弼第一人，謂費宏也。

珊律己清嚴，居官有威惠。外艱歸，士民祠之名宦。後副使胡東皐謁祠，獨顧珊嘆曰：「此吾師也。」服闋，以故官涖廣東。終四川按察使。

先是，有御史汪珊者，於嘉靖元年七月疏陳十漸。略言：「陛下初卽位，天下忻然望治，邇來漸不如初。初每事獨斷，今戚里左右，或潛移陰奪。初每事咨訪大臣，今禮貌雖隆，而實意日疎。初罷諸不經淫祠，今稍稍議復。初屏絕玩好，今教坊諸司或以新聲巧伎進。初日覽奏章，今或置不省，輒令左右可否。初釐革冗食冗費，今騰驤勇士不行覈實，御馬實數不得稽察。初裁革錦衣冒濫，今大臣近侍以迎立授世廕，舊邸旗校盡補親軍。初中官有

罪，懲以成法，今犯者多貸死，舉朝爭不得。初中官有過不復任用，今鎭守守備營求易置，倖門復啓。初納諫如流，今政事不便者，言官論奏，直曰『有旨』，訑訑拒人。」帝頗納其說。未幾，出爲河南副使，歷官至南京戶部右侍郎。

珊，字德聲，貴池人。正德六年進士。巡撫貴州時，討都勻叛苗有功。

韋商臣，字希尹，長興人。嘉靖二年進士。授大理評事。明年冬，商臣以「大禮」初定，廷臣下吏貶謫者無虛日，乃上疏曰：「臣所居官，以平獄爲職。乃自授任以來，竊見羣臣以議禮忤旨者，左遷則吏部侍郎何孟春一人，謫戍則學士豐熙等八人，杖斃則編修王思等十七人，以咈中使逮問，則副使劉秉鑑，布政馬卿，知府羅玉、查仲道等十人，以失儀就繫，則御史葉奇、主事蔡乾等五人，以京朝官爲所屬訐奏下獄，則少卿樂護、御史任洛等四人。此皆不平之甚，上干天象，下駭衆心。臣竊以爲皆所當宥。況比者水旱疫癘，星隕地震，山崩泉湧，風雹蝗蝻之害，殆徧天下，有識莫不寒心。及今平反庶獄，復戍者之官，錄死者之後，釋逮繫者之囚，正告訐者之罪，亦弭災禳患之一道也。」帝責以沽名賣直，謫清江丞，量移德安推官。

遷河南僉事。討平永寧巨寇，以功受賞。伊王虐殺其妃，商臣論如律。嘗治里居給事中杜桐殺人罪。桐搆之吏部尚書汪鋐。甫遷四川參議，遂以考察落職歸。言官薛宗鎧、戚賢、戴銑輩交章救，不納。家居數十年，卒。

黎貫，字一卿，從化人。正德十二年進士。改庶吉士，授御史。刷卷福建，劾鎮守內官尚春侵官帑狀，悉追還之。

世宗入繼，貫請復起居注之制，命詞臣編類章奏備纂述，從之。登極詔書禁四方貢獻，後鎮守中貴貢如故。貫上言：「陛下明詔甫頒，而諸內臣曲說營私，希恩固寵。其假朝命以徵取者謂之額，而自挾以獻者謂之額外。罔虐百姓，致朝廷之澤壅而不流，非所以昭大信，彰君德也。」

嘉靖二年，帝從玉田伯蔣輪請，於承天立興獻帝家廟，以輪子榮奉祀。貫言：「陛下信一諛臣之說，委祀事於外戚。神不歆非類，獻帝必將吐之。」不聽。尋疏言：「國初，夏秋二稅，麥四百七十一萬，而今損九萬。米二千四百七十三萬，而今損二百五十萬。以歲入則日減，以歲出則日增。乞敕所司通稽祖宗以來賦額及今日經費之數，列籍上聞。知賦入有

限，則費用不容不節。」帝嘉納焉。

出按江西，父喪歸。久之，起故官。會帝從張孚敬議，去孔子王號，改稱先師，並損籩豆佾舞之數。編修徐階以諫謫。御製改正祀典說，頒示廷臣，而孚敬復爲祀典或問以希合帝意。議已定，貫率同官合疏爭之。帝震怒，曰：「貫等謂朕已尊皇考爲皇帝，孔子豈反不可稱王，奸逆甚矣。其悉下法司按治。」於是都御史汪鋐言：「比者言官論事，每挾衆以凌人曰『此天下公議也』，不知倡之者止一人。請究倡議之人，明正其罪。」帝然之。已而刑部尚書許讚等上其獄，當贖杖還職，帝特命褫貫爲民。久之，卒於家。

方貫等上疏時，禮科都給事中華陽王汝梅亦率同官抗論，且曰：「陛下萬幾之餘，留神典禮，甚盛舉也。但恐生事之臣望風紛起，今日獻一議，謂某制當革，明日進一說，謂某制當復，國家自此多事矣。況祖宗成法，守之百六十年，縱使少不如古，循而行之，亦未爲過，何必紛紛事更易乎？」帝覽奏，斥其違旨，以祀典說示之。

汝梅，字濟元，由行人歷禮科都給事中。八年二月以災異求言。汝梅言：「比來章奏多逢迎，請分別忠佞，毋信諛言。大臣奏事，近多留中，請悉付之公論。人主之學，詞命非所重。今一事之行，動煩宸翰，亦少褻矣。宜倣祖宗故事，時御平臺，召見宰執，面決大議，既省筆札之勞，且絕壅蔽之害。」疏入，忤旨。及夏言請分祀天地，汝梅復偕同官力爭。尋出爲浙江參政，卒官。

彭汝實，字子充，嘉定州人。正德十六年進士。授南京吏科給事中。嘉靖三年疏言：「九江盜起，殺傷官軍。操江伍文定不即議剿，應城伯孫鉞擁兵不出，俱宜切責。」帝並從之。呂柟、鄒守益下獄，汝實抗章救。又因災異上言：「邇者黃風黑霧，春旱冬雷，地震泉竭，揚沙雨土。加以羣小盛長，盜賊公行，萬民失業。木異草妖，時時見告。天變於上，地變於下，人物變於中，而修省之詔無過具文。廷陛之間，忠邪未辨，以逢迎爲合禮，以守正爲沽直。長鯨巨鰸決網自如，腴田甲第橫賜無已。陛下春秋已逾志學，而經筵進講略無問難，黃閣票擬依常批答。棄燕閒於女寵，委腹心於貂璫。二廖諸張尚然緩死，李隆、蘇晉竟得無他。[三]如此而望天意回，人心感，不可得矣。」

大學士費宏以子坐事被論不出，禮部侍郎溫仁和以慶王台浤事聽勘。汝實言宜聽二臣避位，以明進退之義。因薦石珤、羅欽順、顧清、蔣冕可代宏，李廷相、崔銑、湛若水、何瑭、許誥可代仁和。章下所司。

奸人王邦奇之訐楊廷和、彭澤也，汝實言：「邦奇先後兩疏，始爲惶駭之語，終雜鄙褻之辭。中所引事，多顚倒淆惑，至謂費宏、石珤夜入楊一清門。今不聞召問一清，一清又久不爲白，何也？陛下即位之初，廷和裁省冗員數萬，坐此叢怨罷去。今其長子業以狂愚發遣，亦可已矣。而羣小蓄忿，蔓連不已，并其次子及壻又復下獄。夫誣告之律，視其所誣輕重反坐，此國法也。願追究主使之人，與告人同罪，毋令苟免，貽譏外蕃。」不聽。

汝實數言時政缺失，又嘗力爭「大禮」，爲璁、萼等所惡。以親老再疏請改近地教職，而舉貢士高任說、王表自代。章下，吏部承璁、萼指，言：「汝實倡言鼓衆，撓亂大禮，且與御史方鳳、程啟充朋黨通賄。自知考察不容，乃欲辭尊居卑，不當聽其倖免。」遂奪職閒住。與啟充及徐文華、安磐皆同里，時稱「嘉定四諫」。

鄭自壁，字采東，祥符人，隸籍京師。正德十二年進士。改庶吉士，除工科給事中。

世宗踐阼，中外競言時政。自壁請采有關化理者，類輯成書，以備觀覽，從之。初，正德中，奄人多奪民業爲莊田，至是因民訴，遣使往勘。自壁復備言其弊，帝命勘者嚴治，民患稍除。嘉靖二年，后父陳萬言辭黃華坊賜第，請西安門外新宅，詔予之。自壁以所請宅

已驚之民，不當奪，與安磐力爭，不聽。明年爭「大禮」受杖。

三遷至兵科都給事中。中官李能以修墩堡爲詞，請定山海關稅額。中官張忠、尙書金獻民等論甘肅功，廕子錦衣，其下參隨皆進秩。鎭守江西中官黎鑑，參隨踰常額。中官武忠從子英冒功，擢副千戶。錦衣官裁革者多賁緣復職，而司禮監奏收已汰諸匠近五百人。孝陵淨軍于喜擅赴京奏辨。安邊伯許泰戍死，其子請襲祖職。中官扶安黃英先後死，官其親屬。自璧皆抗疏爭，帝多不聽。嘗偕同官劾郭勛奸貪。及李福達事起，復劾勛交結妖人。帝以勛故，降旨責自璧。六年三月，宣府失事。復劾總兵傅鐸，并及鎭守中官王玳、巡撫周金、副將時陳等罪。鐸逮問，陳褫冠帶，而玳、金責立功贖罪。禮部侍郎桂萼請起王瓊於邊。自璧率同官與御史譚纘等言瓊罪宜追治，萼引奸邪，請并論，不納。

自璧最敢言，所言皆權倖，直聲震朝野。側目者共爲蜚語，聞於上。吏部以資推太僕少卿，不用。至是科道共劾，中旨降二級，調外任，遂謫江陰縣丞。命下，大臣幸其去，無救者。後廷臣屢論薦，竟不召。

戚賢，字秀夫，全椒人。嘉靖五年進士。授歸安知縣。縣有蕭總管廟，報賽無虛日。會

久旱，賢禱不驗，沉木偶於河。居數日，舟過其地，木偶躍入舟，舟中人皆驚。賢徐笑曰：「是特未焚耳。」趣焚之。潛令健隸入岸傍社，誡之曰：「水中人出，械以來。」已，果獲數人。蓋奸民募善泅者爲之也。

知府萬雲鵬操下急，賢數忤之。當上計，有毀雲鵬者，將被黜。賢走吏部白其枉，雲鵬竟得免。而尙書桂萼獨心異賢，喪去，起知唐縣。召爲吏科給事中。

十四年春，當大計外吏。大計罷者，例永不用，而是時言事諸臣忤柄臣意，率假計典錮之。賢乃先事言所黜有未當者，宜聽言官論救。帝稱善，從其請。會參議王存、韋商臣言事忤要人，〔三〕前給事中葉洪劾汪鋐被謫，果在黜中。賢方勘事陝西，給事中薛宗鎧因據賢疏伸救。吏部持不可，帝遂命已之。及賢還朝，以鋐恣橫，實張孚敬庇之，乃條其罪狀曰：「輔臣孚敬布腹心以操吏部之權，懸利害以箝言官之口。即如考察一事，陛下曲聽臣言，許其中雪，正防大臣行私也。今言官爲洪等辯救，孚敬乃曲庇冢臣，巧言阻遏。陛下有堯、舜知人之明，輔臣負伯鯀方命之罪。放流之典具在，惟陛下以威斷之。」帝內嘉賢言，而重違孚敬、鋐意，洪等竟不復。

再以喪去。補刑科都給事中。夏言柄國，會當選庶吉士，不能無所徇。賢疏陳請屬之弊，帝納其言。久之，劾郭勛吞噬徧天下。太廟災，復劾勛及尙書張瓚、樊繼祖等，而薦聞淵、熊浹、劉天和、王儀、程文德、徐樾、萬鏜、呂柟、魏校、程啓充、馬明衡、魏良弼、葉洪、王臣可任用。言滋不悅，激帝怒，謫山東布政司都事。諸被薦者皆奪俸。

賢尋以父老自免。歸十餘年，卒。賢少聞王守仁說，心契之。及官於浙，遂執弟子禮。

劉繪，字子素，一字少質，光州人。祖進，太僕少卿。繪長身修髯，磊落負奇氣。好擊劍，力挽六石弓。舉鄉試第一，登嘉靖十四年進士，授行人，改戶科給事中。

二十年詔兩京言官會薦邊才。給事中邢如默等薦毛伯溫、劉天和等二十人，而故御史段汝礪、副都御史翟瓚、參議王洙與焉。繪言：「汝礪乃大學士翟鑾姻戚，瓚、洙則夏言諭指如默排羣議而薦之者。相臣挾權以遏言官，言官懼勢而咈公議，上下雷同，非社稷福。乞罷鑾、言，罪如默，爲徇私植黨者戒。」帝是其言，出如默於外。言適罷政，鑾置不問。

明年，寇大入山西。繪上疏曰：「俺荅方强，必爲腹心患。議者謂宜守不宜戰，以故邊將多自全，或拾殘騎報首功。督巡諸臣亦第列士馬守要害，名曰淸野，實則避鋒；名曰守險，實則自衞。請專任翟鵬，得便宜從事。馳發宣、大、山西士馬，合十七八萬人。三路並舉，有進無退，寇雖多，可計日平也。」帝壯其言。令假鵬便宜，得戮都指揮以下。然鵬竟不

能出塞。頃之，劾山西巡撫劉臬結納夏言，且請罷吏部尙書許瓚、宣府巡撫楚書。臬、書由是去職。

繪兩劾言，言憾之，出爲重慶知府。土官爭地相讐，檄諭之，卽定。上官交薦，而言再入政府，屬言者論罷之。家居二十年，卒。

子黃裳，兵部員外郎。倭陷朝鮮，命贊畫侍郎宋應昌軍務。渡鴨綠江，抵平壤，大敗賊兵。賊遁，黃裳追逐，又連破之。錄功，進郎中。

錢薇，字懋垣，海鹽人。嘉靖十一年進士。受業湛若水。官行人，泊然自守。與同年生蔣信輩朝夕問學。擢禮科給事中。請令將帥家丁得自耕塞下田，毋徵其賦，總督大臣假便宜，專制閫外。格不行。又疏劾大學士李時、禮部尙書夏言、工部尙書溫仁和、外戚蔣輪。

進右給事中。郭勛請復鎭守內官，擅易置宿衞將校。薇憤，疏其不法七事。帝眷勛，然素知其橫，兩不問。已，因星變，極言主德之失，帝深銜之未發。疏諫南巡，坐奪俸。內閣夏言輩所選宮僚，多以徇私劾罷。薇偕同官呂應祥、任萬里乞如會推故事，集內閣九卿

公舉。帝特命並斥爲民。累薦，皆報寢。

集鄉里晚進與講學，足跡不及公府。倭患起，請於巡撫王忬，集兵爲備。鄉人德之。卒年五十三。隆慶初贈太常少卿。

洪垣，字峻之，婺源人。嘉靖十一年進士。禮部侍郎湛若水講學京師，垣受業其門。授永康知縣，徵授御史。

十八年，世宗南巡，册立皇太子，命閣臣夏言、顧鼎臣選宮僚。垣再疏言溫仁和、張衍慶、薛僑、胡守中、屠應埈、華察、胡經、史際、白悅、皇甫涍等皆庸流，不可使輔導青宮。帝亦已從他諫官言，廢黜者數人。未幾，劾「文選郎中黃禎先賄選郎楊育秀，得爲考功。及居文選，貪婪欺罔。知州王顯祖等考察調簡，而補大州。知縣何瑚年過六十，而選御史。皆非制。今當大計京官，乃以猥瑣之曹世盛爲考功郎，誤國甚」。帝下其章都察院，令會吏科參覈。乃下禎詔獄，及育秀、顯祖等，咸斥爲民。因詰責吏部尚書許讚、都御史王廷相，而令十三道御史公舉隱年冒進若瑚者。御史王之臣等坐調者四人，世盛亦改他部。垣一疏，而御史、曹郎以下得罪者至二十餘人。

出按廣東。以安南款附，增俸一級。未竣，出爲溫州知府。歲饑，有閉糴者，饑民殺之，垣坐落職歸。復與同里方瓘往從若水，若水爲建二妙樓居之。家食四十餘年，年九十。〔四〕

瓘絕意仕進。嘗自廣東還，同行友瘁死。舟中例不載屍，瓘秘不以告，與同寢累日，至韶州始發之。

垣同年呂懷，廣信永豐人，亦若水高弟子。由庶吉士授兵科給事中，改春坊左司直郎，歷右中允，掌南京翰林院事。每言王氏之良知與湛氏體認天理同旨，其要在變化氣質。作心統圖說以明之。終南京太僕少卿。

周思兼，字叔夜，華亭人。少有文名。嘉靖二十六年進士。除平度知州。躬巡郊野，坐籃輿中，攜飯一盂，令鄉民以次舁行。因盡得閭閻疾苦狀，悉蠲除之。王府奄人縱莊奴奪民產，監司杖奴斃，奄迫王奏聞，巡撫彭黯令思兼讞之。王置酒欲有所屬，竟席不敢言。思兼閱獄詞曰：「此決杖不如法。罪當杖，以王故，加一等。奄誣告，罪當戍，以王故，末減。」監司竟得復故秩。旁郡饑民掠食，所司持之急，且爲亂，上官檄思兼治之，作小木牌數千散四郊，令執牌就撫，悉振以錢穀，事遂定。入覲，舉治行第一，當遷。州人走闕下以請，乃復留一年。

擢工部員外郎，督臨清磚廠，士民遮道泣送。同年生貌類思兼，使經平度，民競走謁。見非是，各歎息去。河將決，思兼募民築隄，身立赤日中。隄成三日而秋漲大發，民免於災。進郎中，出爲湖廣僉事。岷府宗室五人封爵皆將軍，殺人掠貲財，監司避不入武岡者二十年。思兼廉得奸狀，縛其黨，悉繫之獄。五人藏利刃入，思兼與揖，而捫其臂曰：「吾爲將軍百口計，將軍乃爲此曹死耶？」皆沮退。乃列其罪奏聞，悉錮之高牆，還出宅子女於民。遭內艱去官，不復出。居久之，起廣西提學副使，未聞命而卒。

顏鯨，字應雷，慈谿人。嘉靖三十五年進士。授行人。擢御史，出視倉場。奸人馬漢怙定國公勢，貸子錢漕卒。償不時，則沒入其糧，爲怨家所訴。漢持定國書至，鯨立論殺之。四十一年，畿輔、山東西、河南北大稔。鯨請州縣贓罰銀毋輸京師，盡易粟備振，且發內府新錢爲糴本。帝悉報可。已，上漕政便宜六事。

明年出按河南。伊王典楧怙惡，久結掖廷中官、嚴嵩父子，內外應援，所請奏立下，爪

牙率礦盜。鯨欲除之，與參政耿隨卿計，持王承奉王鑑罪，鑑日告王所謀。時嵩已敗，鯨乃奏記徐階，說諸大璫絕其援，又盡捕王偵事飛騎。託言防寇，檄知府兵分屯要害地。乃會巡撫胡堯臣劾典楧抗旨、矯敕、僭擬、淫虐十大罪。王護衛及諸亡命幾萬人，不敢發。帝震怒，廢王爲庶人，錮之高牆，沒其貲，削世封。兩河人鼓舞相慶。景王之國，越界奪民產爲莊田，鯨執治其爪牙。魏國公侵民產，假欽賜名樹碑爲界。鯨仆其碑，戍其人。錦衣帥受諸侯少金，署名校尉籍中，爲民害。列侯使王府，道路驛騷。王府內官進奉，駕龍舟，所過恣橫。鯨請校尉缺從兵部補，册封改文臣，王府進奉遣屬吏。詔册親王及妃遣列侯，餘皆如鯨議。

改督畿輔學政。大興知縣高世儒奉詔核逃役，都督朱希孝以勾軍劾之，下部議。鯨劾希孝亂法，言：「世儒等按籍召行戶，非勾禁軍。此乃禁軍子弟家人倚城社，冒禁衛名，致吏不敢問。富人得抗詔，而貧者爲溝中瘠。世儒無罪，罪在錦衣。」帝怒，責鯨詆誣勛臣，貶安仁典史。

隆慶元年歷湖廣提學副使。以試恩貢生失張居正指，降山東參議。改行太僕少卿。都御史海瑞薦鯨異才，不報。

鯨按河南時，黜新鄭知縣，其人高拱所庇也。在湖廣，王篆欲祀其父鄉賢，執不許。至

是，拱掌吏部，冢爲考功，遂以不謹落鯨職。萬曆中，給事中鄒元標、御史饒位交章薦之，報寢。御史顧雲程言：「陛下大起遺佚，獨鯨及管志道以考察格之。夫相與冢宰賢，則黜幽爲公典，否則驅除異己而已。近又登用被察吳中行、艾穆、魏時亮、趙世卿，獨靳鯨、志道何也？」給事中姜應麟、李弘道亦言之，僅以湖廣副使致仕。中外論薦十餘疏，不果用。

贊曰：傳稱「未信而諫，則以爲謗己」。然志節之士，惓惓忠愛，何忍以不信自外其君哉。張芹等懷抱悃忱，激昂論事。其言雖不盡用，要與緘默者異矣。

校勘記

〔一〕以憤撻肇慶知府鄭璋　鄭璋，明史稿傳八七蕭鳴鳳傳作「鄭漳」。

〔二〕李隆蘇晉竟得無他　蘇晉，明史稿傳八七彭汝實傳作「蘇縉」。

〔三〕會參議王存韋商臣言事忤要人　王存，本書卷二〇九馮恩傳、世宗實錄卷一七一嘉靖十四年正月甲申條、國榷卷五六頁三五〇九都作「王臣」。

〔四〕家食四十餘年年九十　家食，似當作「家居」。年九十，明史稿傳八七洪垣傳作「年九十卒」。

明史卷二百九

列傳第九十七

楊最　顧存仁　高金　王納言　馮恩　子行可　時可　宋邦輔　薛宗鎧　曾翀
楊爵　浦鋐　周天佐　周怡　劉魁　沈束　沈鍊　楊繼盛
何光裕　龔愷　楊允繩　馬從謙　孫允中　狄斯彬

楊最，字殿之，射洪人。正德十二年進士。授工部主事。督逋山西，憫其民貧，不俟奏報輒返。尚書李鐩劾之，有詔復往。最乃與巡按御史牛天麟極陳歲災民困狀，請緩其徵，從之。

歷郎中，治水淮、揚。値世宗卽位，上言：「寶應氾光湖西南高，東北下。運舟行湖中三十餘里。而東北隄岸不踰三尺，雨霪風厲，輒衝決，阻壞運舟，鹽城、興化、通、泰良田悉

遭其害。宜如往年白圭修築高郵康濟湖，專敕大臣加修內河，培舊隄爲外障，可百年無患，是爲上策。其次於緣河樹杙數重，稍障風波，而增舊隄，毋使庳薄，亦足支數年。若但窒隙補闕，苟冀無事，一遇霪潦，蕩爲巨浸，是爲無策。」部議用其中策焉。

出爲寧波知府。請罷浙東貢幣，詔悉以銀充，民以爲便。累遷貴州按察使，入爲太僕卿。

世宗好神仙。給事中顧存仁、高金、王納言皆以直諫得罪。會方士段朝用者，以所煉白金器百餘因郭勛以進，云以盛飮食物，供齋醮，卽神仙可致也。帝立召與語，大悅。朝用言，帝深居無與外人接，則黃金可成，不死藥可得。帝益悅，諭廷臣令太子監國，「朕少假一二年，親政如初」。舉朝愕不敢言。最抗疏諫曰：「陛下春秋方壯，乃聖諭及此，不過得一方士，欲服食求神仙耳。神仙乃山棲澡鍊者所爲，豈有高居黃屋紫闥，袞衣玉食，而能白日翀舉者。臣雖至愚，不敢奉詔。」帝大怒，立下詔獄，重杖之，杖未畢而死。

最既死，監國議亦罷。明年，勛以罪瘐死。朝用詐僞覺，亦伏誅。隆慶元年，贈最右副都御史，諡忠節。

顧存仁，字伯剛，太倉人。嘉靖十一年進士。除餘姚知縣，徵爲禮科給事中。十七年

冬疏陳五事。首言宜廣曠蕩恩，赦楊慎、馬錄、馮恩、呂經等。末云：「敗俗妨農，莫甚釋氏。葉凝秀何人，而敢乞度？」帝方崇道家言。凝秀，道士也。帝以爲刺己，且惡其欲釋楊慎等，遂責存仁妄指凝秀爲釋氏，廷杖之六十，編氓口外。往來塞上，幾三十年。穆宗卽位，召爲南京通政參議。歷太僕卿。未幾，致仕。存仁困阨久，方見用，遽勇退，世尤高之。萬曆初，卒。

高金，石州人。爲兵科給事中。嘉靖九年上疏言：「陛下臨御之初，盡斥法王、國師、佛子，近又黜姚廣孝配享。臣每歎大聖人作爲，千古莫及。乃有眞人邵元節者，誤蒙殊恩，爲聖德累。夫元節，一道流耳。有勞，優以金帛足矣，乃加崇秩，復賜其師李得晟贈祭。廣孝不可配享於太廟，則二人益不可拜寵於聖朝。望削元節眞人號，幷奪得晟恩卹，庶異端闢，正道昌。」帝方欲受長生術，大怒，立下詔獄拷掠。終以其言直，釋之。尋偕御史唐愈賢稽覈御用監財物，劾奉御李興等侵蝕狀，置諸獄。後累官蘇州兵備副使。

王納言，信陽人。爲戶科給事中。請斥太常卿陳道瀛等，坐下詔獄，謫湖廣布政司照磨。累官陝西僉事。

馮恩，字子仁，松江華亭人。幼孤，家貧，母吳氏親督教之。比長，知力學。除夜無米且雨，室盡濕，恩讀書牀上自若。登嘉靖五年進士，除行人。出勞兩廣總督王守仁，遂執贄爲弟子。

擢南京御史。故事，御史有所執訊，不具獄以移刑部，刑部獄具，不復牒報。恩請尚書仍報御史。諸曹郎譁，謂御史屬吏我。恩曰：「非敢然也。欲知事本末，得相檢覈耳。」尚書無以難。已，巡視上江。指揮張紳殺人，立置之辟。大計朝覲吏，南臺例先糾。都御史汪鋐擅權，請如北臺，旣畢事，始許論列。恩與給事中林士元等疏爭之，得如故。

帝用閣臣議分建南北郊，且欲令皇后蠶北郊，詔廷臣各陳所見，而詔中屢斥異議者爲邪徒。恩上言：「人臣進言甚難，明詔令直諫，又詆之爲邪徒，安所適從哉？此非陛下意，必左右奸佞欲信其說者陰詆之耳。今士風日下，以緘默爲老成，以謇諤爲矯激，已難乎其忠直矣。若預恐有異議，而逆詆之爲邪，則必雷同附和，而後可也。況天地合祀已百餘年，豈宜輕改。禮『男不言內，女不言外』。皇后深居九重，豈宜遠出郊野。願速罷二議，毋爲好事希寵者所誤。」恩草疏時，自意得重譴。及疏奏，帝不之罪，恩於是益感奮。

十一年冬，彗星見，詔求直言。恩以天道遠，人道邇，乃備指大臣邪正，謂：

大學士李時小心謙抑，解棼撥亂非其所長。翟鑾附勢持祿，惟事模棱。戶部尚書許讚謹厚和易，雖乏剸斷，不經之費必無。禮部尚書夏言，多蓄之學，不羈之才，駕馭任之，庶幾救時宰相。兵部尚書王憲剛直不屈，通達有爲。刑部尚書王時中進退昧幾，委靡不振。工部尚書趙璜廉介自持，制節謹度。吏部尚書左侍郎周用才學有餘，直諒不足。右侍郎許誥講論便捷，學術迂邪。禮部左侍郎湛若水聚徒講學，素行未合人心。右侍郎顧鼎臣警悟疏通，不局偏長，器足任重。兵部左侍郎錢如京安靜有操守。右侍郎黃宗時雖擅文學，因人成事。刑部左侍郎聞淵存心正大，處事精詳，可寄以股肱。右侍郎朱廷聲篤實不浮，謙約有守。工部左侍郎黎奭滑稽淺近，才亦有爲。右侍郎林廷棉才器可取，通達不執。

而極論大學士張孚敬、方獻夫，右都御史汪鋐三人之奸，謂：

孚敬剛惡兇險，媢嫉反側。近都給事中魏良弼已痛言之，不容復贅。獻夫外飾謹厚，內實詐奸。前在吏部，私鄉曲，報恩讐，靡所不至。昨歲僞以病去，陛下遣使徵之，禮意懇至。彼方倨傲偃蹇，入山讀書，直俟傳旨別用，然後忻然就道。夫以吏部尚書別用，非入閣而何，此獻夫之病所以痊也。今又遣兼掌吏部，必將呼引朋類，播弄威福，不大壞國事不止。若鋐，則如鬼如蜮，不可方物。所仇惟忠良，所圖惟報復。今日奏降某官，明日奏調某官，非其所憎惡則宰相之所憎惡也。臣不意陛下寄鋐以腹心，

而鋐逞奸務私乃至此極。且都察院爲綱紀之首。陛下不早易之以忠厚正直之人，萬一御史銜命而出，效其鍥薄以希稱職，爲天下生民害，可勝言哉。故臣謂孚敬，根本之彗也；鋐，腹心之彗也；獻夫，門庭之彗也。三彗不去，百官不和，庶政不平，雖欲弭災，不可得已。

帝得疏大怒，逮下錦衣獄，究主使名。恩日受搒掠，瀕死者數，語卒不變。惟言御史宋邦輔嘗過南京，談及朝政暨諸大臣得失。遂幷逮邦輔下獄，奪職。

明年春移恩刑部獄。帝欲坐以上言大臣德政律，致之死。尚書王時中等言：「恩疏毀譽相半，非專頌大臣，宜減戍。」帝愈怒，曰：「恩非專指孚敬三臣也，徒以大禮故，仇君無上，死有餘罪。時中乃欲欺公鬻獄耶？」遂褫時中職，奪侍郎聞淵俸，貶郎中張國維、員外郎孫雲極邊雜職，而恩竟論死。長子行可年十三，伏闕訟冤。日夜匍匐長安街，見冠蓋者過，輒攀輿號呼乞救，終無敢言者。時鋐已遷吏部尚書，而王廷相代爲都御史。以恩所坐未當，疏請寬之，不聽。

比朝審，鋐當主筆，東向坐，恩獨向闕跪。鋐令卒拽之西面，恩起立不屈。卒呵之，恩怒叱卒，卒皆靡。鋐曰：「汝屢上疏欲殺我，我今先殺汝。」恩叱曰：「聖天子在上，汝爲大臣，欲以私怨殺言官耶？且此何地，而對百僚公言之，何無忌憚也。吾死爲厲鬼擊汝。」鋐怒

曰：「汝以廉直自負，而獄中多受人餽遺，何也？」恩曰：「患難相恤，古之義也。豈若汝受金錢，鬻官爵耶？」因歷數其事，詆鉉不已。鉉益怒，推案起，欲毆之。恩聲亦愈厲。都御史王廷相、尚書夏言引大體爲緩解。鉉稍止，然猶署情眞。恩出長安門，士民觀者如堵。皆歎曰：「是御史，非但口如鐵，其膝、其膽、其骨皆鐵也。」因稱「四鐵御史」。恩母吳氏擊登聞鼓訟冤。不省。

又明年，行可上書請代父死，不許。其冬，事益迫，行可乃刺臂血書疏，自縛闕下，謂：「臣父幼而失怙。祖母吳氏守節敎育，底於成立，得爲御史。舉家受祿，圖報無地，私憂過計，陷於大辟。祖母吳年已八十餘，憂傷之深，僅餘氣息。若臣父今日死，祖母吳亦必以今日死。臣父死，臣祖母復死，臣煢然一孤，必不獨生。冀陛下哀憐，置臣辟，而赦臣父，苟延母子二人之命。陛下僇臣，不傷臣心。臣被僇，不傷陛下法。謹延頸以俟白刃。」通政使陳經爲入奏。帝覽之惻然，令法司再議。尚書聶賢與都御史廷相言，前所引律，情與法不相麗，宜用奏事不實律，輸贖還職，帝不許。乃言恩情重律輕，請戍之邊徼，制可。遂遣戍雷州。而鉉亦後兩月罷矣。

越六年，遇赦還。家居，專爲德於鄉。穆宗卽位，錄先朝直言。恩年已七十餘，卽家拜大理寺丞，致仕。復從有司言，旌行可爲孝子。恩年八十一，卒。

行可既脫父於死，越數年登鄉薦。久之，不第。謁選，得光祿署正。遷應天府通判，有善政。弟時可，隆慶五年進士。累官按察使。以文名。

宋邦輔，字子相，東流人。旣罷歸，躬耕養親，妻操井臼，子樵牧。歲時與田夫會飲，醉卽作歌相和，高風動遠邇。士大夫造其門者，屛輿從而後入焉。

薛宗鎧，字子修，行人司正侃從子也。嘉靖二年與從父僑同成進士。授貴溪知縣，補將樂，調建陽。求朱子後，復之，以主祀事。歲饑振倉粟，先發後聞。給由赴京，留拜禮科給事中，以逋賦還任。至則民爭輸，課更最，仍詔入垣。再遷戶科左給事中。吏部尚書汪鋐以私憾斥王臣等，〔一〕宗鎧白其枉。語具戚賢傳。其後，鋐愈驕。會御史曾翀、戴銑劾南京尚書劉龍、聶賢等九人。鋐覆疏，具留之。帝召大學士李時言，鋐有私，留三人而斥其六。宗鎧與同官孫應奎復言，鋐肆奸植黨，擅主威福，巧庇龍等，上格明詔，下負公論，且縱二子爲奸利。鋐疏辨乞休，帝不許。而給事御史翁溥、曹逵等更相繼劾鋐。鋐又抗辨，且極詆宗鎧等挾私。翀復言：「鋐一經論劾，輒肆中傷，謗臣杜口已三年。蔽塞言路，罪莫大，乞立正厥辟。」帝果罷鋐官，而責宗鎧言不早。又惡翀「謗臣杜口」語，執下鎭撫司鞫訊。詞連應奎、逵及御史方一桂，皆杖闕下。斥宗鎧、翀、一桂爲民，鐫應奎、溥、逵等級，調外。宗鎧、翀死杖下。時十四年九月朔也。隆慶初，復宗鎧官，贈太常少卿。

曾翀，字習之，霍丘人。以進士授南京刑部主事，改御史。廷杖垂斃，曰：「臣言已行，臣死何憾。」神色無變。隆慶初，贈太常少卿。

楊爵，字伯珍，富平人。年二十始讀書。家貧，燃薪代燭。耕隴上，輒挾册以誦。兄爲吏，忤知縣繫獄。爵投牒直之，並繫。會代者至，爵上書訟冤。代者稱奇士，立釋之，資以膏火。益奮於學，立意爲奇節。從同郡韓邦奇遊，遂以學行名。

登嘉靖八年進士，授行人。帝方崇飾禮文，爵因使王府還，上言：「臣奉使湖廣，睹民多菜色，挈筐操刃，割道殍食之。假令周公制作，盡復於今，何補老羸饑寒之衆。」奏入，被兪旨。久之，擢御史，以母老乞歸養。母喪，廬墓，冬月筍生。推車糞田，妻饁於旁，見者不知其御史也。服闋，起故官。

帝經年不視朝。歲頻旱，日夕建齋醮，修雷壇，屢興工作。方士陶仲文加宮保，而太僕卿楊最諫死，翊國公郭勛尚承寵用事。二十年元日，微雪。大學士夏言、尚書嚴嵩等作頌稱賀。爵撫膺太息，中宵不能寐。踰月乃上書極諫曰：

今天下大勢，如人衰病已極。腹心百骸，莫不受患。卽欲拯之，無措手地。方且奔競成俗，賕賂公行，遇災變而不憂，非祥瑞而稱賀，讒諂面諛，流爲欺罔，士風人心，頹壞極矣。諍臣拂士日益遠，而快情恣意之事無敢齟齬於其間，此天下大憂也。去年自夏入秋，恒暘不雨。畿輔千里，已無秋禾。既而一冬無雪，元日微雪卽止。民失所望，憂旱之心遠近相同。此正撤樂減膳，憂懼不寧之時，而輔臣言等方以爲符瑞，而稱頌之。欺天欺人，不已甚乎！翊國公勛，中外皆知爲大奸大蠹，陛下寵之，使稔惡肆毒。羣狡趨赴，善類退處。此任用匪人，足以失人心而致危亂者，一也。

臣巡視南城，一月中凍餒死八十人。五城共計，未知有幾。孰非陛下赤子，欲延須臾之生而不能。而土木之功，十年未止。工部屬官增設至數十員，又遣官遠修雷壇。以一方士之故，朘民膏血而不知恤，是豈不可以已乎？況今北寇跳梁，內盜竊發，加以頻年災沴，上下交空，尙可勞民糜費，結怨天下哉？此興作未已，足以失人心而致危亂者，二也。

陛下卽位之初，勵精有爲，嘗以敬一箴頒示天下矣。乃數年以來，朝御希簡，經筵曠廢。大小臣庶，朝參辭謝，未得一睹聖容。敷陳復逆，未得一聆天語。恐人心日益怠媮，中外日益渙散，非隆古君臣都兪吁咈、協恭圖治之氣象也。此朝講不親，足以失人心而致危亂者，三也。

左道惑衆，聖王必誅。今異言異服列於朝苑，金紫赤紱賞及方外。〔三〕夫保傅之職坐而論道，今舉而畀之奇邪之徒。流品之亂莫以加矣。陛下誠與公卿賢士日論治道，則心正身修，天地鬼神莫不祐享，安用此妖誕邪妄之術，列諸清禁，爲聖躬累耶！臣聞上之所好，下必有甚。近者妖盜繁興，誅之不息。風聲所及，人起異議。貽四方之笑，取百世之譏，非細故也。此信用方術，足以失人心而致危亂者，四也。

陛下臨御之初，延訪忠謀，虛懷納諫。一時臣工言過激切，獲罪多有。自此以來，臣下震於天威，懷危慮禍，未聞復有犯顏直諫以爲沃心助者。往歲，太僕卿楊最言出而身殞，近日贊善羅洪先等皆以言罷斥。國體治道，所損甚多。臣非爲最等惜也。古今有國家者，未有不以任諫而興，拒諫而亡。忠藎杜口，則讒諛交進，安危休戚無由得聞。此阻抑言路，足以失人心而致危亂者，五也。

望陛下念祖宗創業之艱難，思今日守成爲不易，覽臣所奏，賜之施行，宗社幸甚。

先是，七年三月，靈寶縣黃河清，帝遣使祭河神。大學士楊一清、張璁等屢疏請賀，御史鄞人周相抗疏言：「河未清，不足虧陛下德。今好諛喜事之臣張大文飾之，佞風一開，獻媚者將接踵。願罷祭告，止稱賀，詔天下臣民毋奏祥瑞，水旱蝗蝻即時以聞。」帝大怒，下相

詔獄拷掠之，復杖於廷，謫韶州經歷。而諸慶典亦止不行。

及帝中年，益惡言者，中外相戒無敢觸忌諱。爵疏詆符瑞，且詞過切直。帝震怒，立下詔獄搒掠，血肉狼籍，關以五木，死一夕復甦。所司請送法司擬罪，帝不許，命嚴錮之。獄卒以帝意不測，屏其家人，不許納飲食。屢濱於死，處之泰然。既而主事周天佐、御史浦鋐以救爵，先後箠死獄中，自是無敢救者。

踰年，工部員外郎劉魁，再踰年，給事中周怡，皆以言事同繫，歷五年不釋。至二十四年八月，有神降於乩。帝感其言，立出三人獄。未踰月，尚書熊浹疏言乩仙之妄。帝怒曰：「我固知釋爵，諸妄言歸過者紛至矣。」復令東廠追執之。爵抵家甫十日，校尉至。與共麥飯畢，即就道。尉曰：「盍處置家事。」爵立屏前呼婦曰：「朝廷逮我，我去矣。」竟去不顧，左右觀者爲泣下。比三人至，復同繫鎮撫獄，桎梏加嚴，飲食屢絕，適有天幸得不死。二十六年十一月，大高玄殿災，帝禱於露臺。火光中若有呼三人忠臣者，遂傳詔急釋之。

居家二年，一日晨起，大鳥集於舍。爵曰：「伯起之祥至矣。」果三日而卒。隆慶初，復官，贈光祿卿，任一子。萬曆中，賜謚忠介。

爵之初入獄也，帝令東廠伺爵言動，五日一奏。校尉周宣稍左右之，受譴。其再至，治廠事太監徐府奏報。帝以密諭不宜宣，亦重得罪。先後繫七年，日與怡、魁切劘講論，忘其

困。所著周易辨說、中庸解，則獄中作也。

浦鋐，字汝器，文登人。正德十二年進士。授洪洞知縣，有異政。嘉靖初，召爲御史。刑部尚書林俊去國，中官秦文已斥復用，鋐疏力爭之。且言武定侯郭勛奸貪，宜罷其兵權。忤旨，奪俸三月。以養母歸。母喪除，起掌河南道事。給事中饒秀考察黜，訐鋐與同官張淼、段汝礪，給事中李鳳來，考功郎余胤緒，談省署得失，鋐等坐罷。

家居七年，廷臣交薦。起故官，出按陝西，連上四十餘疏。總督楊守禮請破格超擢，未報。而楊爵以直諫繫詔獄，鋐馳疏申救曰：「臣惟天下治亂，在言路通塞。言路通，則忠諫進而化理成。言路塞，則奸諛恣而治道隳。御史爵以言事下獄，幽囚已久，懲創必深。臣行部富平，皆言爵慤誠孚鄉里，孝友式風俗，有古賢士風。且爵本以論郭勛獲罪。今勛奸大露，陛下業致之理，則爵前言未爲悖妄。望弘覆載之量，垂日月之照，賜之矜釋，使列朝端，爵必能盡忠補過，不負所學。」疏奏，帝大怒，趣緹騎逮之。秦民遠近奔送，舍車下者常萬人，皆號哭曰：「願還我使君。」鋐赴徵，業已病。既至，下詔獄，搒掠備至。除日復杖之百，錮以鐵柙。爵迎哭之，鋐息已絕，徐張目曰：「此吾職也，子無然。」繫七日而卒。穆宗嗣位，卹典視爵等。

周天佐，字子弼，晉江人。嘉靖十四年進士。授戶部主事。屢分司倉場，以清操聞。

二十年夏四月，九廟災，詔百官言時政得失。天佐上書曰：「陛下以宗廟災變，痛自修省，許諸臣直言闕失，此轉災爲祥之會也。乃今闕政不乏，而忠言未盡聞，蓋示人以言，不若示人以政。求言之詔，示人以言耳。御史楊爵獄未解，是未示人以政也。國家置言官，以言爲職。爵繫獄數月，聖怒彌甚。一則曰小人，二則曰罪人。夫以盡言直諫爲小人，則爲緘默逢迎之君子不難也。以秉直納忠爲罪人，又孰不能爲容悅將順之功臣哉？人君一喜一怒，上帝臨之。陛下所以怒爵，果合於天心否耶？爵身非木石，命且不測，萬一溘先朝露，使諍臣飲恨，直士寒心，損聖德不細。願旌爵忠，以風天下。」帝覽奏，大怒。杖之六十，下詔獄。

天佐體素弱，不任楚。獄吏絕其飲食，不三日即死，年甫三十一。比屍出獄，曒日中，雷忽震，人皆失色。天佐與爵無生平交。入獄時，爵第隔扉相問訊而已。大興民有祭於柩而哭之慟者，或問之，民曰：「吾傷其忠之至，而死之酷也。」穆宗即位，贈光祿少卿。天啓初，謚忠愍。

周怡，字順之，太平縣人。爲諸生時，嘗曰：「鼎鑊不避，溝壑不忘，可以稱士矣。不然，皆僞也。」從學於王畿、鄒守益。登嘉靖十七年進士，除順德推官。舉卓異，擢吏科給事中。疏劾尚書李如圭、張瓚、劉天和。天和致仕去，如圭還籍待勘，瓚留如故。頃之，劾湖廣巡撫陸杰、工部尚書甘爲霖、採木尚書樊繼祖。立朝僅一歲，所摧擊，率當事有勢力大臣。在廷多側目，怡益奮不顧。

二十二年六月，[三]吏部尚書許讚率其屬王與齡、周鈇訐大學士翟鑾、嚴嵩私屬事。帝方嚮嵩，反責讚，逐與齡等。怡上疏曰：

人臣以盡心報國家爲忠，協力濟事爲和。未有公卿大臣爭於朝、文武大臣爭於邊，而能修內治、禦外侮者也。大學士鑾、嵩與尚書讚互相詆訐，而總兵官張鳳、周尚文又與總制侍郎翟鵬、督餉侍郎趙廷瑞交惡，此最不祥事，誤國孰甚。

今陛下日事禱祠而四方災祲未銷，歲開輸銀之例而府庫未充，累頒蠲租之令而百姓未蘇，時下選將練士之命而邊境未寧。內則財貨匱而百役興，外則寇敵橫而九邊耗。乃鑾、嵩憑藉寵靈，背公營私，弄播威福，市恩酬怨。夫輔臣眞知人賢不肖，宜明告吏部進之退之，不宜挾勢徇私，屬之進退。嵩威靈氣焰，凌轢百司。凡有陳奏，奔走

其門，先得意旨而後敢聞於陛下。中外不畏陛下，惟畏嵩久矣。鑾淟涊委靡，讚雖小心謹畏，然不能以直氣正色銷權貴要求之心，柔亦甚矣。

且直言敢諫之臣，於權臣不利，於朝廷則大利也。御史謝瑜、童漢臣以劾嵩故，嵩皆假他事罪之。諫諍之臣自此箝口，雖有檮杌、驩兜，誰復言之。

帝覽疏大怒，降詔責其謗訕，令對狀。杖之闕下，錮詔獄者再。隆慶元年起故官。未上，擢太常少卿。陳新政五事，語多刺中貴。時近習方導上宴遊，由是忤旨，出爲登萊兵備僉事。給事中岑用賓爲怡訟，不納。改南京國子監司業。復召爲太常少卿，未任卒。天啓初，追諡恭節。

劉魁，字煥吾，泰和人。正德中登鄉薦。受業王守仁之門。嘉靖初，謁選，得寶慶府通判。歷鈞州知州，潮州府同知。所至潔己愛人，扶植風教。入爲工部員外郎，疏陳安攘十事，帝嘉納。

二十一年秋，帝用方士陶仲文言，建祐國康民雷殿於太液池西。所司希帝意，務宏侈，程工峻急。魁欲諫，度必得重禍，先命家人鬻棺以待。遂上章曰：「頃泰享殿、大高玄殿諸工尙未告竣。內帑所積幾何？歲入幾何？一役之費動至億萬。土木衣文繡，匠作班朱紫，道流所居擬於宮禁。國用已耗，民力已竭，而復爲此不經無益之事，非所以示天下後世。」帝震怒，杖於廷，錮之詔獄。時御史楊爵先已逮繫，既而給事中周怡繼至，三人屢瀕死，講誦不輟。繫四年得釋，未幾復追逮之。魁未抵家，緹騎已先至，繫其弟以行。魁在道聞之，趣就獄，復與爵、怡同繫。時帝怒不測，獄吏懼罪，窘迫之愈甚，至不許家人通飲食。而三人處之如前，無幾微尤怨。又三年，與爵、怡同釋，尋卒。隆慶初，贈卹如制。

沈束，字宗安，會稽人。父儘，邠州知州。束登嘉靖二十三年進士，除徽州推官，擢禮科給事中。

時大學士嚴嵩擅政。大同總兵官周尚文卒，請卹典，嚴嵩格不予。束言：「尚文爲將，忠義自許。曹家莊之役，奇功也。雖晉秩，未酬勳，宜贈封爵延子孫。他如董暘、江瀚，力抗強敵，繼之以死。雖已廟祀，宜賜祭，以彰死事忠。今當事之臣，任意予奪，冒濫或倖蒙，忠勤反捐棄，何以鼓士氣，激軍心？」疏奏，嵩大恚，激帝怒，下吏部都察院議。聞淵、屠僑等言束無他腸，第疏狂當治。帝愈怒，奪淵、僑俸，下束詔獄。已，刑部坐束奏事不實，輸贖還

職。特命杖於廷，仍錮詔獄。時束入諫垣未半歲也。踰年，俺答薄都城。司業趙貞吉以請寬束得罪，自是無敢言者。

束繫久，衣食屢絕，惟日讀周易爲疏解。後同邑沈鍊劾嵩，嵩疑與束同族爲報復，令獄吏械其手足。徐階勸，得免。迨嵩去位，束在獄十六年矣，妻張氏上書言：「臣夫家有老親，年八十有九，衰病侵尋，朝不計夕。往臣因束無子，爲置妾潘氏。比至京師，束已繫獄，潘矢志不他適。乃相與寄居旅舍，紡織以供夫衣食。歲月積深，悽楚萬狀。欲歸奉舅，則夫之饘粥無資。欲留養夫，則舅又旦暮待盡。輾轉思維，進退無策。臣願代夫繫獄，令夫得送父終年，仍還赴繫，實陛下莫大之德也。」法司亦爲請，帝終不許。

帝深疾言官，以廷杖遣戍未足遏其言，乃長繫以困之。而日令獄卒奏其語言食息，謂之監帖。或無所得，雖諧語亦以聞。一日，鵲噪於束前，束謾曰：「豈有喜及罪人耶？」卒以奏，帝心動。會戶部司務何以尚疏救主事海瑞，帝大怒，杖之，錮詔獄，而釋束還其家。

束還，父已前卒。束枕塊飲水，佯狂自廢。甫兩月，世宗崩，穆宗嗣位。起故官，不赴。喪除，召爲都給事中。旋擢南京右通政。復辭疾。布衣蔬食，終老於家。束繫獄十八年。比出，潘氏猶處子也，然束竟無子。

沈鍊，字純甫，會稽人。嘉靖十七年進士。除溧陽知縣。用伉倨，忤御史，調茌平。父憂去，補清豐，入爲錦衣衞經歷。

鍊爲人剛直，嫉惡如讎，然頗疎狂。每飲酒輒箕踞笑傲，旁若無人。錦衣帥陸炳善遇之。炳與嚴嵩父子交至深，以故鍊亦數從世蕃飲。世蕃以酒虐客，鍊心不平，輒爲反之，世蕃憚不敢較。

會俺答犯京師，致書乞貢，多嫚語。下廷臣博議，司業趙貞吉請勿許。廷臣無敢是貞吉者，獨鍊是之。吏部尚書夏邦謨曰：「若何官？」鍊曰：「錦衣衞經歷沈鍊也。大臣不言，故小吏言之。」遂罷議。鍊憤國無人，致寇猖狂，疏請以萬騎護陵寢，萬騎護通州軍儲，而合勤王師十餘萬人，擊其惰歸，可大得志。帝弗省。

嵩貴幸用事，邊臣爭致賄遺。及失事懼罪，益輦金賄嵩，賄日以重。鍊時時搤腕。一日從尚寶丞張遜業飲，酒半及嵩，因慷慨罵詈，流涕交頤。遂上疏言：「昨歲俺答犯順，陛下奮揚神武，欲乘時北伐，此文武羣臣所願戮力者也。然制勝必先廟算，廟算必先爲天下除奸邪，然後外寇可平。今大學士嵩，貪婪之性疾入膏肓，愚鄙之心頑於鐵石。當主憂臣辱之時，不聞延訪賢豪，咨詢方略，惟與子世蕃規圖自便。忠謀則多方沮之，諛諂則曲意引

之。要賄鬻官，沽恩結客。朝廷賞一人，曰『由我賞之』；罰一人，曰『由我罰之』。人皆伺嚴氏之愛惡，而不知朝廷之恩威，尚忍言哉。姑舉其罪之大者言之。納將帥之賄，以啓邊陲之釁，一也。受諸王餽遺，每事陰爲之地，二也。攬吏部之權，[四]雖州縣小吏亦皆貨取，致官方大壞，三也。索撫按之歲例，致有司遞相承奉，而閭閻之財日削，四也。陰制諫官，俾不敢直言，五也。妬賢嫉能，一忤其意，必致之死，六也。縱子受財，斂怨天下，七也。運財還家，月無虛日，致道途驛騷，八也。久居政府，擅寵害政，九也。不能協謀天討，上貽君父憂，十也。」因併論邦謨諂諛黷貨狀。請均罷斥，以謝天下。帝大怒，搒之數十，謫佃保安。

既至，未有館舍。賈人某詢知其得罪故，徙家舍之。里長老亦日致薪米，遣子弟就學。鍊語以忠義大節，皆大喜。塞外人素戇直，又稔知嵩惡，爭詈嵩以快鍊。鍊亦大喜，日相與詈嵩父子爲常。且縛草爲人，象李林甫、秦檜及嵩，醉則聚子弟攢射之。或踔騎居庸關口，南向戟手詈嵩，復痛哭乃歸。語稍稍聞京師，嵩大恨，思有以報鍊。

先是，許論總督宣、大，常殺良民冒功，鍊貽書誚讓。後嵩黨楊順爲總督。會俺答入寇，破應州四十餘堡，懼罪，欲上首功自解，縱吏士遮殺避兵人，逾於論。鍊遺書責之加切。又作文祭死事者，詞多剌順。順大怒，走私人白世蕃，言鍊結死士擊劍習射，意叵測。世蕃以屬巡按御史李鳳毛。鳳毛謬謝曰：「有之，已陰散其黨矣。」既而代鳳毛者路楷，亦嵩黨也。世蕃屬與順合圖之，許厚報。兩人日夜謀所以中鍊者。會蔚州妖人閻浩等素以白蓮教惑衆，出入漠北，泄邊情爲患。官軍捕獲之，詞所連及甚衆。順喜，謂楷曰：「是足以報嚴公子矣。」竄鍊名其中，誣浩等師事鍊，聽其指揮，具獄上。嵩父子大喜。前總督論適長兵部，竟覆如其奏。斬鍊宣府市，戍子襄極邊。予順一子錦衣千戶，楷待銓五品卿寺。時三十六年九月也。順曰：「嚴公薄我賞，意豈未慊乎？」取鍊子袞、褎，杖殺之，更移檄逮襄。襄至，掠訊方急，會順、楷以他事逮，乃免。

後嵩敗，世蕃坐誅。臨刑時，鍊所教保安子弟在太學者，以一帛署鍊姓名官爵於其上，持入市。覩世蕃斷頭訖，大呼曰「沈公可瞑目矣」。因慟哭而去。

隆慶初，詔褒言事者。贈鍊光祿少卿，任一子官。襄乃上書，言順、楷殺人媚奸狀。給事中魏時亮、陳瓚亦相繼論之。遂下順、楷吏，論死。天啓初，謚忠愍。

楊繼盛，字仲芳，容城人。七歲失母。庶母妒，使牧牛。繼盛經里塾，覩里中兒讀書，心好之。因語兄，請得從塾師學。兄曰：「若幼，何學？」繼盛曰：「幼者任牧牛，乃不任學耶？」兄言於父，聽之學，然牧不廢也。年十三歲，始得從師學。家貧，益自刻厲。舉鄉試，卒業

國子監，徐階亟賞之。嘉靖二十六年登進士。授南京吏部主事。從尚書韓邦奇遊，覃思律呂之學，手製十二律，吹之聲畢和。邦奇大喜，盡以所學授之，繼盛名益著。召改兵部員外郎。

俺答躪京師，咸寧侯仇鸞以勤王故有寵。帝命鸞爲大將軍，倚以辦寇。鸞中情怯，畏寇甚。方請開互市市馬，冀與俺答媾，幸無戰鬭，固恩寵。繼盛以爲讎恥未雪，遽議和示弱，大辱國，乃奏言十不可、五謬。大略謂：

互市者，和親別名也。俺答蹂躪我陵寢，虔劉我赤子。天下大讎也，而先之和。不可一。往下詔北伐，天下曉然知聖意，日夜征繕助兵食。忽更之曰和，失信於天下。不可二。以堂堂中國，與之互市，冠履倒置。不可三。海內豪傑爭磨礪待試，一旦委置無用。異時欲號召，誰復興起。不可四。使邊鎮將帥以和議故，美衣媮食，弛懈兵事。不可五。往時邊卒私通境外，吏率裁禁，今乃導之使與通。不可六。盜賊伏莽，徒懾國威不敢肆耳，今知朝廷畏怯，睥睨之漸必開。不可七。俺答往歲深入，乘我無備故也。備之一歲，以互市終，彼謂國有人乎？不可八。或俺答負約不至，至矣，或陰謀伏兵突入；或今日市，明日復寇；或以下馬索上直。不可九。歲帛數十萬，得馬數萬匹。十年以後，帛將不繼。不可十。

議者曰「吾外爲市以羈縻之，而內修我甲兵」。此一謬也。夫寇欲無厭，其以衅終明甚。苟內修武備，安事羈縻？曰「吾陰市，以益我馬」。此二謬也。夫和則不戰，馬將焉用，且彼寧肯予我良馬哉？曰「市不已，彼且入貢」。此三謬也。夫貢之賞不貲，是名美而實大損也。曰「俺答利我市，必無失信」。此四謬也。吾之市，能盡給其衆乎？能信不給者之無入掠乎？曰「佳兵不祥」。此五謬也。敵加己而應之，何佳也。人身四肢皆癰疽，毒日內攻，而憚用藥石可乎？

夫此十不可、五謬，明顯易見。蓋有爲陛下主其事者，故公卿大夫知而莫爲一言。陛下宜奮獨斷，悉按諸言互市者，發明詔選將練兵。不出十年，臣請爲陛下竿俺答之首於藁街，以示天下萬世。

疏入，帝頗心動，下鸞及成國公朱希忠，大學士嚴嵩、徐階、呂本，兵部尚書趙錦，侍郎聶豹、張時徹議。鸞攘臂詈曰：「豎子目不睹寇，宜其易之。」諸大臣遂言遣官已行，勢難中止。帝尚猶豫，鸞復進密疏。乃下繼盛詔獄，貶狄道典史。其地雜番，俗罕知詩書。繼盛簡子弟秀者百餘人，聘三經師教之。鬻所乘馬，出婦服裝，市田資諸生。縣有煤山，爲番人所據，民仰薪二百里外。繼盛召番人諭之，咸服曰：「楊公卽須我曹穹帳亦舍之，況煤山耶？」番民信愛之，呼曰「楊父」。

已而俺答數敗約入寇，鸞奸大露，疽發背死，戮其屍。帝乃思繼盛言，稍遷諸城知縣。月餘調南京戶部主事，三日遷刑部員外郎。當是時，嚴嵩最用事。恨鸞凌己，心善繼盛首攻鸞，欲驟貴之，復改兵部武選司。而繼盛惡嵩甚於鸞。且念起謫籍，一歲四遷官，思所以報國。抵任甫一月，草奏劾嵩，齋三日乃上奏曰：

臣孤直罪臣，蒙天地恩，超擢不次。夙夜祇懼，思圖報稱，蓋未有急於請誅賊臣者也。方今外賊惟俺答，內賊惟嚴嵩，未有內賊不去，而可除外賊者。去年春雷久不聲，占曰「大臣專政」。冬日下有赤色，占曰「下有叛臣」。又四方地震，日月交食。臣以爲災皆嵩致，請以嵩十大罪爲陛下陳之。

高皇帝罷丞相，設立殿閣之臣，備顧問視制草而已，嵩乃儼然以丞相自居。凡府部題覆，先面白而後草奏。百官請命，奔走直房如市。無丞相名，而有丞相權。天下知有嵩，不知有陛下。是壞祖宗之成法。大罪一也。

陛下用一人，嵩曰「我薦也」；斥一人，曰「此非我所親，故罷之」。陛下宥一人，嵩曰「我救也」；罰一人，曰「此得罪於我，故報之」。伺陛下喜怒以恣威福。羣臣感嵩甚於感陛下，畏嵩甚於畏陛下。是竊君上之大權。大罪二也。

陛下有善政，嵩必令世蕃告人曰「主上不及此，我議而成之」。又以所進揭帖刊刻行世，名曰嘉靖疏議，欲天下以陛下之善盡歸於嵩。是掩君上之治功。大罪三也。

陛下令嵩司票擬，蓋其職也。嵩何取而令子世蕃代擬，又何取而約諸義子趙文華輩羣聚而代擬。題疏方上，天語已傳。如沈鍊劾嵩疏，陛下以命呂本，本卽潛送世蕃所，令其擬上。是嵩以臣而竊君之權，世蕃復以子而盜父之柄，故京師有「大丞相、小丞相」之謠。是縱姦子之僭竊。大罪四也。

嚴效忠、嚴鵠，乳臭子耳，未嘗一涉行伍。嵩先令效忠冒兩廣功，授錦衣所鎭撫矣。效忠以病告，鵠襲兄職。又冒瓊州功，擢千戶。以故總督歐陽必進躐掌工部，總兵陳圭、巡按黃如桂亦驟亞太僕。既藉私黨以官其子孫，又因子孫以拔其私黨。是冒朝廷之軍功。大罪五也。

逆鸞先已下獄論罪，賄世蕃三千金，薦爲大將。鸞冒擒哈舟兒功，〔三〕世蕃亦得增秩。嵩父子自誇能薦鸞矣，及知陛下有疑鸞心，復互相排詆，以泯前迹。鸞勾賊，而嵩、世蕃復勾鸞。是引背逆之姦臣。大罪六也。

前俺答深入，擊其惰歸，此一大機也。兵部尚書丁汝夔問計於嵩，嵩戒無戰。及汝夔逮治，嵩復以論救紿之。汝夔臨死大呼曰：「嵩悞我。」是悞國家之軍機。大罪七也。

郎中徐學詩劾嵩革任矣，復欲斥其兄中書舍人應豐。給事厲汝進劾嵩謫典史矣，復以考察令吏部削其籍。內外之臣，被中傷者何可勝計。是專黜陟之大柄。大罪八也。

凡文武遷擢，不論可否，但衡金之多寡而畀之。將弁惟賄嵩，不得不朘削士卒；有司惟賄嵩，不得不掊剋百姓。士卒失所，百姓流離，毒徧海內。臣恐今日之患不在境外而在域中。是失天下之人心。大罪九也。

自嵩用事，風俗大變。賄賂者薦及盜跖，疏拙者黜逮夷、齊。守法度者爲迂疎，巧彌縫者爲才能。勵節介者爲矯激，善奔走者爲練事。自古風俗之壞，未有甚於今日者。蓋嵩好利，天下皆尙貪。嵩好諛，天下皆尙諂。源之弗潔，流何以澄。是敝天下之風俗。大罪十也。

嵩有是十罪，而又濟之以五奸。知左右侍從之能察意旨也，厚賄結納。凡陛下言動舉措，莫不報嵩。是陛下之左右皆賊嵩之間諜也。以通政司之主出納也，用趙文華爲使。凡有疏至，先送嵩閱竟，然後入御。王宗茂劾嵩之章停五日乃上，故嵩得展轉遮飾。是陛下之喉舌乃賊嵩之鷹犬也。畏廠衛之緝訪也，令子世蕃結爲婚姻。陛下試詰嵩諸孫之婦，皆誰氏乎？是陛下之爪牙皆賊嵩之瓜葛也。畏科道之多言也，進士非其私屬，不得預中書、行人選。推官、知縣非通賄，不得預給事、御史選。既選之後，入則杯酒結歡，出則餽饋相屬。所有愛憎，授之論刺。歷俸五六年，無所建白，卽擢京卿。諸臣忍負國家，不敢忤權臣。是陛下之耳目皆賊嵩之奴隸也。科道雖入籠絡，而部寺中或有如徐學詩之輩亦可懼也，令子世蕃擇其有才望者，羅置門下。凡有事欲行者，先令報嵩，預爲布置，連絡蟠結，深根固蔕，各部堂司大半皆其羽翼。是陛下之臣工皆賊嵩之心膂也。陛下奈何愛一賊臣，而忍百萬蒼生陷於塗炭哉。

至如大學士徐階蒙陛下特擢，乃亦每事依違，不敢持正，不可不謂之負國也。願陛下聽臣之言，察嵩之奸。或召問裕、景二王，或詢諸閣臣。重則置憲，輕則勒致仕。內賊既去，外賊自除。雖俺答亦必畏陛下聖斷，不戰而喪膽矣。

疏入，帝已怒。嵩見召問二王語，喜謂可指此爲罪，密搆於帝。帝益大怒，下繼盛詔獄，詰何故引二王。繼盛曰：「非二王誰不懾嵩者！」獄上，乃杖之百，令刑部定罪。侍郎王學益，嵩黨也。受嵩屬，欲坐詐傳親王令旨律絞，郎中史朝賓持之。嵩怒，謫之外。於是尙書何鰲不敢違，竟如嵩指成獄，然帝猶未欲殺之也。繫三載，有爲營救於嵩者。其黨胡植、鄢懋卿怵之曰：「公不覩養虎者耶，將自貽患。」嵩頷之。會都御史張經、李天寵坐大辟。嵩揣帝意必殺二人，比秋審，因附繼盛名並奏，得報。其妻張氏伏闕上書，言：「臣夫繼盛

誤聞市井之言，尙狃書生之見，遂發狂論。聖明不卽加戮，俾從吏議。兩經奏讞，俱荷寬恩。今忽闌入張經疏尾，奉旨處決。臣仰惟聖德，昆蟲草木皆欲得所，豈惜一迴宸顧，下垂覆盆。倘以罪重，必不可赦，願卽斬臣妾首，以代夫誅。夫雖遠禦魑魅，必能爲疆場效死，以報君父。」嵩屏不奏，遂以三十四年十月朔棄西市，年四十。臨刑賦詩曰：「浩氣還太虛，丹心照千古。生平未報恩，留作忠魂補。」天下相與涕泣傳頌之。

初，繼盛之將杖也，或遺之蚺蛇膽。卻之曰：「椒山自有膽，何蚺蛇爲！」椒山，繼盛別號也。及入獄，創甚。夜半而蘇，碎甆盌，手割腐肉。肉盡，筋掛膜，復手截去。獄卒執燈顫欲墜，繼盛意氣自如。朝審時，觀者塞衢，皆歎息，有泣下者。後七年，嵩敗。穆宗立，卹直諫諸臣，以繼盛爲首。贈太常少卿，諡忠愍，予祭葬，任一子官。已，又從御史郝杰言，建祠保定，名旌忠。

後繼盛論馬市得罪者，何光裕、龔愷。光裕，字思問，梓潼人。嘉靖二十年進士。改庶吉士，除刑科給事中。偕同官楊上林、齊譽請召遺佚。帝可之，已而報罷。巡視京營，劾能尙書路迎。與給事中謝登之、御史曾佩建議節財，冗費大省。邊事迫，命清理諸陵守衞軍，條上祛弊七事，多報可。

屢遷兵科都給事中。都指揮呂元夤緣得錦衣，總旗王松冒功襲千戶，光裕皆舉奏之。兵部尙書趙錦疏辯，帝斥元，下松都察院獄，而奪錦等俸。

仇鸞之開馬市也，命尙書史道主之。俺答請，以粟豆易牛羊。光裕與御史龔愷等劾道：「委靡遷就。馬市既開，復請封號。今其表意在請乞，而道以爲謝恩。況表文非出賊手。道不去，則彼有無厭之求，我無必戰之志，誤國事不小。」時帝方嚮鸞，責光裕等借道論鸞，以探朝廷。杖光裕、愷八十，餘奪俸。光裕不勝杖，卒。隆慶初，贈太常少卿。

愷既杖，官如故。尋列靖江王驕恣狀，疏止大征粵寇。終湖廣副使。愷，字次元，松江華亭人。嘉靖二十六年進士。

楊允繩，字翼少，松江華亭人。嘉靖二十三年進士。授行人。久之，擢兵科給事中。嚴嵩獨相，有詔廷推閣員。允繩偕同官王德、沈束陳愼簡輔臣、收錄遺佚二事。未幾，奉命會英國公張溶、撫寧侯朱岳、定西侯蔣傳等簡應襲子弟於閱武場。指揮鄭璽忽傳寇至，溶等皆懼走，允繩獨不動，因奏之。褫璽職，奪溶、岳營務，罰傳等俸，由是知名。又劾罷兵部尙書趙廷瑞。

居諫垣未幾，疏屢上。言提學憲臣宜簡行誼，府州縣職宜量地煩簡爲三等，皆報可。俺答入犯，朝議急兵事。允繩請令五軍都督府、府軍前衞及錦衣衞堂上官，每遇考選軍政之歲，各具疏自陳，聽科道官拾遺；騰驤四衞及錦衣衞指揮以下，聽兵部考察。詔皆從之，著爲令。已，又陳禦邊四事，報可。再遷戶科左給事中。謝病歸。久之，起故官。

三十四年九月上疏言倭患，因推弊原，謂：「近者督撫命令不行於有司，非官不尊、權不重也。督撫蒞任，例賂權要，名『謝禮』。有所奏請，佐以苞苴，名『候禮』。及俸滿營遷，避難求去，犯罪欲彌縫，失事希芘覆，輸賄載道，爲數不貲。督撫取諸有司，有司取諸小民。有司德色以事上，督撫靦顏以接下。上下相蒙，風俗莫振。不肖吏又乾沒其間，指一科十。孑遺待盡之民必將挺而爲盜，隱憂不止海島間也。」

其冬巡視光祿。光祿丞胡膏僞增物直，允繩與同事御史張巽言劾之。下法司按驗。膏窘，言：「玄典隆重，所用品物，不敢徒取充數。允繩愶臣簡別太精，斥言醮齋之用，取具可耳，何必精擇，其欺謗玄修如此。」帝遂大怒，下允繩及膏詔獄。刑部尙書何鰲當允繩儀仗內訴事不實律絞，帝命仍與巽言杖於廷。巽言奪三官，膏調外任。居五年，允繩竟死西市。先是，有馬從謙者，以謗醮齋杖死。穆宗卽位，贈允繩光祿少卿，予一子官。天啓初，諡忠恪。膏尋以貪墨被劾，誅。

馬從謙，字益之，溧陽人。嘉靖十年舉順天鄉試第一。越三年成進士，授工部主事。出治二洪，有政績。改官主客，擢尚寶丞，掌內閣制誥。章聖太后崩，勸帝行三年喪，不報。稍進光祿少卿。提督中官杜泰乾沒歲鉅萬，爲從謙奏發，泰因誣從謙誹謗。巡視給事中孫允中、御史狄斯彬劾泰，如從謙言。帝方惡人言醮齋，而從謙奏頗及之，怒下從謙及泰詔獄。所司言誹謗無左証，帝益怒。下從謙法司，以允中、斯彬黨庇，謫邊方雜職。法司擬從謙戍遠邊。帝命廷杖八十，戍烟瘴，竟死杖下。而泰以能發謗臣罪，宥之。時三十一年十二月也。久之，光祿寺災，帝曰：「此馬從謙餘孽所致耳。」隆慶初，卹先朝建言杖死諸臣。中官追恨從謙，沮之。給事中王治、御史龐尚鵬力爭。帝以從謙所犯，比子罵父，終不許。允中，太原人。後屢遷應天府丞。斯彬，從謙同邑人。

贊曰：語有之，「君仁則臣直」。當世宗之代，何直臣多歟！重者顯戮，次乃長繫，最幸者得貶斥，未有苟全者。然主威愈震，而士氣不衰，批鱗碎首者接踵而不可遏。觀其蒙難時，處之泰然，足使頑懦知所興起，斯百餘年培養之效也。

校勘記

〔一〕吏部尚書汪鋐以私憾斥王臣等　王臣，本書卷二〇八戚賢傳作「王存」。

〔二〕賞及方外　方外，原作「外方」。據明史稿傳八八楊爵傳改。

〔三〕二十二年六月　原作「二十三年六月」，據明史稿傳八九周怡傳、世宗實錄卷二七五嘉靖二十二年六月壬寅條改。

〔四〕攬吏部之權　吏部，原作「御史」，據明史稿傳八八沈鍊傳、明經世文編卷二九六頁三一一五沈鍊早正奸臣誤國疏改。

〔五〕驚冒擒哈舟兒功　哈舟兒，原作「哈㖒兒」，據本書卷三二八朶顏福餘泰寧傳、明經世文編卷二九三頁三〇八八楊繼盛早誅奸險巧佞賊臣疏改。

明史卷二百十

列傳第九十八

桑喬 胡汝霖　謝瑜 王曄 伊敏生 童漢臣等　何維柏

徐學詩 葉經 陳紹　厲汝進 查秉彝等　王宗茂

周冕　趙錦　吳時來　張翀　董傳策

鄒應龍 張檟　林潤

桑喬，字子木，江都人。嘉靖十一年進士。十四年冬，由主事改御史，出按山西。所部頻寇躪，喬奏請盡蠲徭賦，厚恤死者家。參將葉宗等將萬人至荆家莊，陷賊伏中，大潰，賊遂深入。天城、陽和兩月間五遭寇。巡撫樊繼祖、總兵官魯綱以下，皆爲喬劾，副將李懋及宗等六人並逮治。

十六年夏，雷震謹身殿，下詔求言。喬偕同官陳三事，略言營造兩宮山陵，多侵冒，吉囊恣横，邊備積弛。而末言：「陛下遇災而懼，下詔修省。修省不外人事，人事無過擇官。尚書嚴嵩及林庭㭿、張瓚、張雲皆上負國恩，下乖輿望，災變之來，由彼所致。」疏奏，四人皆乞罷。詔庭㭿、雲致仕，留嵩、瓚如故。嵩再疏辨，且詆言者。給事中胡汝霖言：「大臣被論，引罪求退而已。嵩負穢行，召物議，逞辭奏辨，陰擠言官，無大臣體。」帝下詔戒飭如汝霖指。時嵩拜尚書甫半歲，方養交遊，揚聲譽，爲進取地，舉朝猶未知其奸，喬獨首發之。

喬尋巡按畿輔，引疾。都御史王廷相以規避劾之，嵩因搆其罪。逮下詔獄，廷杖，戍九江。居戍所二十六年而卒。隆慶初，贈恤如制。

胡汝霖，綿州人。由庶吉士除戶科給事中。二十年四月，九廟災。偕同官聶靜、御史李乘雲劾文武大臣救火緩慢者二十六人，嵩與焉。帝怒所劾不盡，下詔獄訊治，俱鐫級調外。汝霖得太平府經歷。既謫官，則請解於嵩，反附以進。累遷至右僉都御史，巡撫甘肅。及嵩敗，以嵩黨奪官。

謝瑜，字如卿，上虞人。嘉靖十一年進士。由南京御史改北。十九年正月，禮部尚書嚴嵩屢被彈劾求去，帝慰留。瑜言：「嵩矯飾浮詞，欺罔君上，箝制言官。且援明堂大禮、南巡盛事爲解，而謂諸臣中無爲陛下任事者，欲以激聖怒。奸狀顯然。」帝留疏不下。嵩奏辨，且言「瑜擊臣不已，欲與朝廷爭勝」。帝於是切責瑜，而慰諭嵩甚至。居二歲，竟用嵩爲相。甫踰月，瑜疏言：「武廟盤遊佚樂，邊防宜壞而未甚壞。今聖明在上，邊防宜固而反大壞者，大臣謀國不忠，而陛下任用失也。自張瓚爲中樞，掌兵而天下無兵，擇將而天下無將。說者謂瓚形貌魁梧，足稱福將。夫誠邊塵不聳，海宇晏然，謂之福可也。今瓚無功而恩廕屢加，有罪而褫奪不及，此其福乃一身之福，非軍國之福也。昔舜誅四凶，萬世稱聖。今瓚與郭勛、嚴嵩、胡守中，聖世之四凶。陛下旬月間已誅其二，天下翕然稱聖，何不並此二凶，放之流之，以全帝舜之功也。大學士翟鑾起廢棄中，授以巡邊之寄，乃優游晏衍，靡費供億。以盛苞苴者爲才，獻淫樂者爲敬，遂使邊軍益瘠，邊備更弛。行邊若此，將焉用之！故不清政本，天下必不治也。不易本兵，武功必不競也。」

疏入，留不下。嵩復疏辯，帝更慰諭，瑜復被譙讓。然是時帝雖嚮嵩，猶未深罪言者，嵩亦以初得政，未敢顯擠陷，故瑜得居職如故。未幾，假他事貶其官。又三載，大計，嵩密諷主者黜之。比疏上，令如貪酷例除名，瑜遂廢棄，終於家。

始瑜之爲御史也，武定侯郭勛陳時政，極詆大小諸臣不足任，請復遣內侍出鎮守。詔從之。瑜抗章奏曰：「勛所論諸事，影響恍惚，而復設鎮守，則其本意所注也。勛交通內侍，代之營求，利他日重賄。其言『官吏貪濁，由陛下無心腹耳目之人在四方』。又曰『文武懷奸避事，許內臣劾奏，則奸貪自息』。果若勛言，則內臣用事莫如正德時，其爲太平極治耶？陛下革鎮守內臣，誠聖明善政，而勛詆以偏私。在朝百官，孰非天子耳目，而勛詆以不足任。欲陛下盡疑天下士大夫，獨倚宦官爲腹心耳目，臣不知勛視陛下爲何如主？」會給事中朱隆禧亦以爲言，勛奏始寢。瑜，隆慶初復官，〔一〕贈太僕少卿。

王曄，字韜孟，金壇人。嘉靖十四年進士。授吉安推官，召拜南京吏科給事中。二十年九月偕同官上言：「外寇陸梁，本兵張瓚及總督尚書樊繼祖、新遷侍郎費宋不堪重寄。」帝下其章於所司。居兩月，復劾瓚，因及禮部尚書嚴嵩、總督侍郎胡守中，與巨奸郭勛相結納。嵩所居第宅，則勛私人代營之。踰月，御史伊敏生、鄭芸、陳策亦云嵩居宅乃勛私人孫溁所居，溁籍沒，嵩第應在籍中。帝怒，奪敏生等俸一級。嵩不問，而守中竟由曄疏獲罪。明年秋，嵩入內閣。吏科都給事中沈良才、御史喻時等交章劾嵩。踰月，山西巡按童漢臣章上。又踰月，曄與同官陳塏、〔二〕御史陳紹等章亦上。大指皆論嵩奸貪，而曄疏並及嵩

子世蕃，語尤剴切，帝皆不省。嵩憾甚，未有以中也。久之，爲山東僉事，給由入都，道病後期，嵩遂奪其官。曄在臺，嘗劾罷方面官三十九人，直聲甚著。比歸，環堵蕭然，數年卒。

伊敏生，上元人。鄭芸、陳策，俱莆田人。敏生官至山東參政。策，台州知府。芸，終御史。

沈良才，泰州人。〔三〕起家庶吉士，歷官至兵部侍郎。三十六年大計自陳，已調南京矣，嵩附批南京科道拾遺疏中，落其職。

喻時，光山人。官至南京兵部侍郎。

童漢臣，錢塘人。由魏縣知縣入爲御史。寇大入宣府、大同，總督樊繼祖等掩敗，三以捷聞。漢臣等劾之，得罪。其按山西，督諸將擊却俺答之薄太原者，會方劾嵩，觸其怒。明年，漢臣與巡撫李珏覈上繼祖等失事狀。章下吏部。漢臣前劾嵩並劾吏部尚書許讚，讚亦憾漢臣。因言漢臣劾遲延，宜並論。嵩遂擬旨鐫珏一階留任，謫漢臣湖廣布政司都事。舉朝皆知爲嵩所中，莫能救也。久之，爲泉州知府。倭賊薄城，有保障功。終江西副使。

陳塏，餘姚人。後爲嵩斥罷。

何維柏，字喬仲，南海人。嘉靖十四年進士。選庶吉士，授御史。雷震謹身殿，維柏言四海困竭，所在流移，而所司議加賦，民不爲盜不止。因請罷沙河行宮、金山功德寺工作，及安南問罪之師。帝頗嘉納。尋引疾歸。久之，起巡按福建。

二十四年五月疏劾大學士嚴嵩奸貪罪，比之李林甫、盧杞。且言嵩進顧可學、盛端明修合方藥，邪媚要寵。帝震怒，遣官逮治。士民遮道號哭，維柏意氣自如。下詔獄，廷杖，除名。家居二十餘年。

隆慶改元，召復官，擢大理少卿。遷左僉都御史。疏請日御便殿，召執政大臣謀政事，並擇大臣有才德者與講讀儒臣更番入直。宮中燕居，愼選謹厚內侍調護聖躬，俾游處有常，幸御有節。非隆冬盛寒，毋輟朝講。報聞。進左副都御史。母憂歸。

萬曆初，還朝。歷吏部左、右侍郎，極論鬻官之害。御史劉臺劾大學士張居正，居正乞罷，維柏倡九卿留之。及居正遭父喪，詔吏部諭留。尚書張瀚叩維柏，維柏曰：「天經地義，何可廢也。」瀚從之而止。居正怒，取旨罷瀚，停維柏俸三月。旋出爲南京禮部尚書。考察自陳，居正從中罷之。卒謚端恪。

中華書局

徐學詩，字以言，上虞人。嘉靖二十三年進士。授刑部主事，歷郎中。二十九年，俺荅薄京師。既退，詔廷臣陳制敵之策。諸臣多摭細事以應。學詩憤然曰：「大奸柄國，亂之本也。亂本不除，能攘外患哉？」卽上疏言：

大學士嵩輔政十載，奸貪異甚。內結權貴，外比羣小。文武遷除，率邀厚賄，致此輩掊克軍民，釀成寇患。國事至此，猶敢謬引佳兵不祥之說，以諱清問。近因都城有警，密輸財賄南還。大車數十乘，樓船十餘艘，水陸載道，駭人耳目。又納奪職總兵官李鳳鳴二千金，使鎭薊州，受老廢總兵官郭琮三千金，使督漕運。諸如此比，難可悉數。舉朝莫不歎憤，而無有一人敢牴牾者，誠以內外盤結，上下比周，積久勢成。而其子世蕃又兇狡成性，擅執父權。凡諸司奏請，必先白其父子，然後敢聞於陛下。陛下亦安得而盡悉之乎？

蓋嵩權力足以假手下石，機械足以先發制人，勢利足以廣交自固，文詞便給足以掩罪飾非。而精悍警敏，揣摩巧中，足以趨利避害；彌縫缺失，私交密惠，令色脂言，又足以結人歡心，箝人口舌。故前後論嵩者，嵩雖不能顯禍之於正言之時，莫不假事託人陰中之於遷除考察之際。如前給事中王曄、陳塏，御史謝瑜、童漢臣輩，于時亦蒙寬宥，而今皆安在哉？陛下誠罷嵩父子，別簡忠良代之，外患自無不寧矣。

帝覽奏，頗感動。方士陶仲文密言嵩孤立盡忠，學詩特爲所私修隙耳。帝於是發怒，下之詔獄。嵩不自安，求去，帝優詔慰諭。嵩疏謝，佯爲世蕃乞回籍，帝亦不許。學詩竟削籍。先劾嵩者葉經、謝瑜、陳紹與學詩皆同里，時稱「上虞四諫」。隆慶初，起學詩南京通政參議。未之官，卒。贈大理少卿。

初，學詩族兄應豐以善書擢中書舍人，供事無逸殿，悉嵩所爲。嵩疑學詩疏出應豐指，會考察，屬吏部斥之。應豐詣迎和門辭，特旨留用，嵩恚益甚。居數年以誤寫科書譖於帝，竟杖殺之。

葉經，字叔明。嘉靖十一年進士。除常州推官，擢御史。嵩爲禮部，交城王府輔國將軍表柙謀襲郡王爵，秦府永壽王庶子惟燱與嫡孫懷墡爭襲，[四]皆重賄嵩，嵩許之。二十年八月，經指其事劾嵩。嵩懼甚，力彌縫，且疏辯。帝乃付襲爵事於廷議，而置嵩不問。嵩由是憾經。又二年，經按山東監鄉試。試錄上，嵩指發策語爲誹謗，激帝怒。廷杖經八十，斥爲民。創重，卒。提調布政使陳儒及參政張臯，副使談愷、潘恩，皆謫邊方典史，由嵩報復也。穆宗卽位，贈經光祿少卿，任一子官。

陳紹終韶州知府。

厲汝進，字子修，灤州人。嘉靖十一年進士。授池州推官，徵拜吏科給事中。湖廣巡撫陸杰以顯陵工成，召爲工部侍郎。汝進言杰素犯清議，不宜佐司空，並劾尚書甘爲霖、樊繼祖不職。不納。

三遷至戶科都給事中。戶部尚書王杲下獄，汝進與同官海寧查秉彝、馬平徐養正、巴縣劉起宗、章丘劉祿合疏言：「兩淮副使張祿遣使入都，廣通結納。如太常少卿嚴世蕃、府丞胡奎等，皆承賂受囑有證。世蕃竊弄父權，嗜賄張餤。」詞連倉場尙書王暐。嵩上疏自理，且求援於中官以激帝怒。帝責其代杲解釋，命廷杖汝進八十，餘六十，並謫雲南、廣西典史。明年，嵩復假考察，奪汝進職。隆慶初，起故官。未至京，卒。

秉彝由黃州推官歷戶科左給事中。數建白時事。終順天府尹。

養正以庶吉士歷戶科右給事中。隆慶中，官至南京工部尚書。

起宗初除衢州推官。召爲戶科給事中。延綏洊饑，請帑金振救。終遼東苑馬寺卿。

祿以行人司擢戶科給事中。謫後，自免歸。

王宗茂，字時育，京山人。父橋，廣東布政使。從父格，太僕卿。宗茂登嘉靖二十六年進士，授行人。三十一年擢南京御史。時先後劾嚴嵩者皆得禍，沈鍊至謫佃保安。中外懾其威，益箝口。宗茂積不平，甫拜官三月，上疏曰：

嵩本邪諂之徒，寡廉鮮恥。久持國柄，作福作威。薄海內外，罔不怨恨。如吏、兵二部每選，請屬二十人，人索賄數百金，任自擇善地。致文武將吏盡出其門。此嵩負國之罪一也。

任私人萬宗爲考功郎。凡外官遷擢，不察其行能，不計其資歷，唯賄是問。致端方之士不得爲國家用。此嵩負國之罪二也。

往歲遣人論劾，潛輸家資南返，輦載珍寶，不可數計。金銀人物，多高二三尺者。下至溺器，亦金銀爲之。不知陛下宮中亦有此器否耶？此嵩負國之罪三也。

廣布良田，[五]遍於江西數郡。又於府第之後積石爲大坎，實以金銀珍玩，爲子孫百世計。而國計民瘼，一不措懷。此嵩負國之罪四也。

畜家奴五百餘人，往來京邸。所至騷擾驛傳，虐害居民，長吏皆怨怒而不敢言。

此嵩負國之罪五也。

陛下所食大官之饌不數品，而嵩則窮極珍錯。殊方異產，莫不畢致。是九州萬國之待嵩有甚於陛下。此嵩負國之罪六也。

往歲寇迫京畿，正上下憂懼之日，而嵩貪肆益甚。致民俗歌謠，遍於京師，達於沙漠。海內百姓，莫不祝天以冀其早亡，嵩尚恬不知止。此嵩負國之罪七也。

募朝士爲乾兒義子至三十餘輩。若尹耕、梁紹儒，早已敗露。此輩實衣冠之盜，而皆爲之爪牙，助其虐焰，致朝廷恩威不出於陛下。此嵩負國之罪八也。

夫天下之所恃以爲安者，財也，兵也。不才之文吏，以賂而出其門，則必剝民之財，去百而求千，去千而求萬，民奈何不困。不才之武將以賂而出其門，則必克軍之餉，或缺伍而不補，或臨期而不發，兵奈何不疲。邇者，四方地震，其占爲臣下專權。試問今日之專權者，寧有出於嵩右乎？陛下之帑藏不足支諸邊一年之費，而嵩所蓄積可贍儲數年。與其開賣官鬻爵之令以助邊，孰若去此蠹國害民之賊，籍其家以紓患也。臣見數年以來，凡論嵩者不死於廷杖，則役於邊塞。臣亦有身家，寧不致惜，而敢犯九重之怒，攖權相之鋒哉？誠念世受國恩，不忍見祖宗天下壞於賊嵩之手也。

疏至，通政司趙文華密以示嵩，留數日始上，由是嵩得預爲地。遂以誣詆大臣，謫平陽縣丞。

方宗茂上疏，自謂必死。及得貶，恬然出都。到官半歲，以母憂歸。嵩無以釋憾，奪其父橋官。橋竟憤悒卒。嵩罷相之日，宗茂亦卒。隆慶初，贈光祿少卿。

周冕，資縣人。嘉靖二十年進士。授太常博士，擢貴州道試御史。重建太廟成，奉安神主，帝將遣官代祭。御史鄭懋卿言其不可。帝怒，降手詔數百言譙廷臣，且言更有脅君取譽者，必罪不宥。舉朝懾息，無敢復言，冕獨抗章爭之。帝震怒，立下冕詔獄搒掠。終以其言直，釋還職。是時太子生十一年矣，猶未出閣講學。冕極言教諭不可緩，[二]請早降綸言，愼選侍從。帝又大怒，謫雲南通海縣典史。冕雖遠竄，意慷慨無所屈。數遷至武選郎中。楊繼盛劾嚴嵩及嚴效忠冒功事，語侵歐陽必進。必進奏辯，章下兵部。冕上言：

臣奉詔檢得二十七年通政司狀，效忠年十六，因武會試未第，咨兩廣軍門聽用。已而必進及總兵官陳圭奏黎賊平，遣效忠報捷，授錦衣試所鎭撫。未踰月，嚴鵠言兄效忠會斬首七級，并功加賞，應得署副千戶。今效忠身抱痼疾，鵠請代職。臣心疑其僞，方將覈實以聞。嵩子世蕃乃自創一稾付臣，屬臣依違題覆。臣觀其稾，率誕謾舛戾，請得一一折之。

如效忠曾中武舉，何初無本籍起送文牒，今又稱民人，而不言武舉？如效忠果鵠之兄，世蕃之子，則世蕃數子俱幼，未有名效忠者。如效忠果斬首七級，則當時狀稱年止十六，豈能赴戰。何軍門諸將俱未聞斬獲功，獨宰相一孫乃驍勇冠三軍？如曰效忠對敵，脛臂受創，計臨陣及差委，相去未一月，何以萬里軍情即能馳報？如曰效忠到京以創甚疾故，何以鵠代職之日，止告不能受職？如曰效忠鎭撫當代，則奏捷功止及身，例無傳襲。如曰效忠功當并論，例先奏請，何止用通狀，而逼令司官奉行？

臣悉心廉訪，初未有名效忠者赴軍門聽用，鵠亦非效忠親弟。其姓名乃詭設，首級亦要買，而非有纖毫實蹟也。必進旣嵩鄉曲，圭又世蕃姻親，依阿朋比，共爲欺罔。臣如不言，陛下何從知其奸。且自累朝以來，未聞有宰相之子孫從軍門報效者。今嵩不唯吝送軍門，而且詭託名姓，破壞祖宗之制，彼蔣應奎、唐國相輩何怪其效尤耶。臣職守攸關，義不敢隱，乞特賜究正，使天下曉然知朝廷有不可幸之功、不可犯之法。臣雖得罪，死無所恨。

疏奏，直聲震朝廷。嵩父子大懼，力事彌縫。帝責冕報復，下詔獄拷訊，斥爲民。冕旣得罪，而尚書覆奏如世蕃指矣。隆慶初，錄先朝直臣，起冕太僕少卿。遭母憂，未任，卒。

趙錦，字元樸，餘姚人。嘉靖二十三年進士。授江陰知縣，徵授南京御史。江洋有警，議設總兵官於鎭江。錦言「小寇剽掠，不足煩重兵。」帝乃罷之。已，疏言「淮、兗數百里，民多流傭，乞寬租徭，簡廷臣督有司拊循。」報可。軍興，民輸粟馬，得官錦衣，錦極陳不可。尋清軍雲南。

三十二年元旦，日食。錦以爲權奸亂政之應，馳疏劾嚴嵩罪。其略曰：

臣伏見日食元旦，變異非常。又山東、徐、淮仍歲大水，四方頻地震，災不虛生。昔太祖高皇帝罷丞相，散其權於諸司，爲後世慮至深遠矣。今之內閣，無宰相之名，而有其實，非高皇帝本意。頃夏言以貪暴之資，恣睢其間。今大學士嵩又以佞奸之雄，繼之怙寵張威，竊權縱欲，事無鉅細，罔不自專。人有違忤，必中以禍，百司望風惕息。天下事未聞朝廷，先以聞政府。白事之官，班候於其門，請求之賂，輻輳於其室。銓司黜陟，本兵用舍，莫不承意指。邊臣失事，率朘削軍資納賕嵩所，無功可以受賞，有罪可以逭誅。至宗藩勳戚之襲封，文武大臣之贈諡，其遲速予奪，一視賂之厚薄。以至希寵干進之徒，妄自貶損。稱號不倫，廉恥掃地，有臣所不忍言者。

陛下天縱聖神，乾綱獨運。自以予奪由宸斷，題覆在諸司，閣臣擬旨取裁而已。諸司奏稿，幷承命於嵩，陛下安得知之。今言誅，而嵩得播惡者，言剛暴而疏淺，惡易見，嵩柔佞而機深，惡難知也。嵩窺伺逢迎之巧，似乎忠勤，諂諛側媚之態，似乎恭順。引植私人，布列要地，伺諸臣之動靜，而先發以制之，故敗露者少。厚賂左右親信之人，凡陛下動靜意向，無不先得，故稱旨者多。或伺聖意所注，因而行之以成其私；或乘事機所會，從而鼓之以肆其毒。使陛下思之，則其端本發於朝廷；使天下指之，則其事不由於政府。幸而洞察於聖心，則諸司代嵩受其罰；不幸而遂傳於後世，則陛下代嵩受其謗。陛下豈誠以嵩爲賢邪？自嵩輔政以來，惟恩怨是酬，惟貨賄是斂。羣臣憚陰中之禍，而忠言不敢直陳；四方習貪墨之風，而閭閻日以愁困。

頃自庚戌之後，外寇陸梁。陛下嘗募天下之武勇以足兵，竭天下之財力以給餉，搜天下之遺逸以任將，行不次之賞，施莫測之威，以風示內外矣。而封疆之臣卒未有爲陛下寬宵旰憂者。蓋緣權臣行私，將吏風靡，以掊克爲務，以營競爲能。致朝廷之上，用者不賢，賢者不用，賞不當功，罰不當罪。陛下欲致太平，則羣臣不足承德於左右；欲遏戎寇，則將士不足禦侮於邊疆。財用已竭，而外患未見底寧；民困已極，而內變又虞將作。陛下躬秉至聖，憂勤萬幾，三十二年於茲矣，而天下之勢其危如此，非嵩之奸邪，何以致之。

臣願陛下覩上天垂象，察祖宗立法之微，念權柄之不可使移，思紀綱之不可使亂，立斥罷嵩，以應天變，則朝廷清明，法紀振飭。寇戎雖橫，臣知其不足平矣。

當是時，楊繼盛以劾嵩得重譴，帝方蓄怒以待言者。周冕爭冒功事亦下獄，而錦疏適至。帝震怒，手批其上，謂錦欺天謗君，遣使逮治，復慰諭嵩備至。於是錦萬里就徵，屢墮檻車，瀕死者數矣。既至，下詔獄拷訊，搒四十，斥爲民。父塤，時爲廣西參議，亦投劾罷。

錦家居十五年，穆宗卽位，起故官。擢太常少卿，未上，進光祿卿。江陰歲進子鱭萬斤，奏減其半。隆慶元年以右副都御史巡撫貴州，破擒叛苗龍得鮓等。宣慰安氏素桀驁，畏錦，爲効命。入爲大理卿，歷工部左、右侍郎。嘗署部事，有所爭執。

萬曆二年遷南京右都御史，改刑部尚書。張居正遭喪，南京大臣議疏留。錦及工部尚書費三暘不可而止。移禮部，又移吏部，俱在南京。錦以居正操切，頗訾議之。語聞，居正令給事中費尙伊劾錦講學談禪，妄議朝政，錦遂乞休去。居正死，給事、御史交薦，起故官。十一年召拜左都御史。是時，方籍居正貲產。錦言：「世宗籍嚴嵩家，禍延江西諸府。居正私藏未必逮嚴氏，若加搜索，恐貽害三楚，十倍江西民。且居正誠擅權，非有異志。其翊戴沖聖，夙夜勤勞，中外寧謐，功亦有不容泯者。今其官廕贈謚及諸子官職幷從褫革，已足示懲，乞特哀矜，稍寬其罰。」不納。

二品六年滿，加太子少保，尋加兵部尚書，掌院事如故。錦摘陳御史封事可採者數條，請旨行之。四川巡按雒遵劾錦，假條奏指錦爲奸臣。御史周希旦、給事中陳與郊不直遵，交章論列，遂調遵外任。帝幸山陵，再奉敕居守。其冬，以繼母喪歸。〔七〕十九年召拜刑部尚書。年七十六矣，再辭，不許。次蘇州卒。贈太子太保，謚端肅。

錦始終厲淸操，篤信王守仁學，而敎人則以躬行爲本。守仁從祀孔廟，錦有力焉。始忤嚴嵩，得重禍。及之官貴州，道嵩里，見嵩葬路旁，惻然憫之，屬有司護視。後忤居正罷官，居正被籍，復爲營救。人以是稱錦長者。

吳時來，字惟修，仙居人。嘉靖三十二年進士。授松江推官，攝府事。倭犯境，鄉民擕妻子趨城，時來悉納之。客兵獷悍好剽掠。時來以恩結其長，犯卽行法，無譁者。賊攻城，驟雨，城壞數丈。時來以勁騎扼其衝，急興版築，三日城復完，賊乃棄去。

擢刑科給事中。劾罷兵部尚書許論、宣大總督楊順及巡按御史路楷。皆嚴嵩私人，嵩疾之甚。會將遣使琉球，遂以命時來。三十七年三月，時來抗章劾嵩曰：「頃陛下赫然震怒，逮治僨事邊臣，人心莫不欣快。邊臣朘軍實、饋執政，罪也。執政受其饋，朋奸罔上，獨得無罪哉？嵩輔政二十年，文武遷除，悉出其手。潛令子世蕃出入禁所，批答章奏。世蕃因招權示威，頤指公卿，奴視將帥，筐篚苞苴，輻輳山積，猶無饜足。用所親萬寀爲文選郎，方祥爲職方郎，每行一事，推一官，必先稟命世蕃而後奏請。陛下但知議出部臣，豈知皆嵩父子私意哉。他不具論。如趙文華、王汝孝、張經、蔡克廉以及楊順、吳嘉會輩，或祈免死，或祈遷官，皆剝民膏以營私利，虛官帑以實權門，陛下已洞見其一二。言官如給事中袁洪愈、張瓚，〔八〕御史萬民英亦嘗屢及之。顧多旁指微諷，無直攻嵩父子者。臣竊謂除惡務本。今邊事不振由於軍困，軍困由官邪，官邪由執政之好貨。若不去嵩父子，陛下雖宵旰憂勞，邊事終不可爲也。」

時張翀、董傳策與時來同日劾嵩。而翀及時來皆徐階門生，傳策則階邑子，時來先又官松江，於是嵩疑階主使。密奏三人同日搆陷，必有人主之，且時來乃憚琉球之行，借端自脫。帝入其言，遂下三人詔獄，嚴鞫主謀者。三人瀕死不承，第言「此高廟神靈敎臣爲此言耳。」主獄者乃以三人相爲主使讞上。詔皆戍烟瘴，時來得橫州。

隆慶初，召復故官。進工科給事中。條上治河事宜，又薦譚綸、俞大猷、戚繼光宜用之薊鎮，專練邊兵，省諸鎮徵調。帝皆從之。撫治鄖陽。僉都御史劉秉仁被劾且調用，時來言秉仁薦太監李芳，無大臣節，秉仁遂坐罷。帝免喪既久，臨朝未嘗發言，時來上保泰九劄，報聞。尋擢順天府丞。

隆慶二年拜南京右僉都御史提督操江。移巡撫廣東。將行，薦所屬有司至五十九人。給事中光懋等劾其濫舉。會高拱掌吏部，雅不喜時來，貶雲南副使。復爲拱門生給事中韓楫所劾，落職閒住。

萬曆十二年始起湖廣副使。俄擢左通政，歷吏部左侍郎。十五年拜左都御史。誠意伯劉世延怙惡，數抗朝令，時來劾之，下所司訊治。時來初以直竄，聲振朝端。再遭折挫，沈淪十餘年。晚節不能自堅，委蛇執政間。連爲饒伸、薛敷教、王麟趾、史孟麟、趙南星、王繼光所劾，時來亦連乞休歸。未出都，卒。贈太子太保，諡忠恪。尋爲禮部郎中于孔兼所論，奪諡。

張翀，字子儀，柳州人。嘉靖三十二年進士。授刑部主事。疾嚴嵩父子亂政，抗章劾之。其略曰：

竊見大學士嵩貴則極人臣，富則甲天下。子爲侍郎，孫爲錦衣、中書，賓客滿朝班，親姻盡朱紫。犬馬尙知報主，乃嵩則不然。臣試以邊防、財賦、人才三大政言之。

國家所恃爲屏翰者，邊鎮也。自嵩輔政，文武將吏率由賄進。其始不核名實，但通關節，卽與除授。其後不論功次，但勤問遺，卽被超遷。託名修邊建堡，覆軍者得蔭子，濫殺者得轉官。公肆詆欺，交相販鬻。而祖宗二百年防邊之計盡廢壞矣。戶部歲發邊餉，本以贍軍。自嵩輔政，朝出度支之門，暮入奸臣之府。輸邊者四，餽嵩者六。臣每過長安街，見嵩門下無非邊鎮使人。未見其父，先餽其子。未見其子，先餽家人。家人嚴年富已踰數十萬，嵩家可知。私藏充溢，半屬軍儲。邊卒凍餒，不保朝夕。而祖宗二百年豢養之軍盡耗弱矣。邊防既隳，邊儲既虛，使人才足供陛下用猶不足憂也。自嵩輔政，藐蔑名器，私營囊橐。世蕃以狙獪資，倚父虎狼之勢，招權罔利，獸攫鳥鈔。〔九〕無恥之徒，絡繹奔走，靡然成風，有如狂易。而祖宗二百年培養之人才盡敗壞矣。

夫嵩險足以傾人，詐足以惑世，辨足以亂政，才足以濟奸。附己者加諸膝，異己者墜之淵。箝天下口使不敢言，而其惡日以恣。此忠義之士，所以搤腕憤激，懷深長之憂者也。陛下誠賜斥譴，以快衆憤，則緣邊將士不戰而氣自倍，百司庶府不令而政自新。

書奏，逮下詔獄拷訊，謫戍都勻。穆宗嗣位，召爲吏部主事，再遷大理少卿。隆慶二年春，以右僉都御史巡撫南、贛。所部萬羊山跨湖廣、福建、廣東境，故盜藪，四方商民種藍其間。至是，盜出劫，翀遣守備董龍剿之。龍聲言搜山，諸藍戶大恐。盜因煽之，嘯聚千餘人。兵部令二鎮撫臣協議撫剿之宜，久乃定。南雄劇盜黃朝祖流劫諸縣，轉掠湖廣，勢甚熾。翀討擒之。移撫湖廣。召拜大理卿，進兵部右侍郎。以侍養歸。萬曆初，起故官，督漕運。召爲刑部右侍郎，不拜，連章乞休。卒於家。天啓初，贈兵部尙書，諡忠簡。

董傳策，字原漢，松江華亭人。嘉靖二十九年進士。除刑部主事。三十七年抗疏劾大學士嚴嵩，略言：

嵩稔惡悞國，陛下豈不洞燭其奸。特以輔政故，尙爲優容，令自省改。而嵩怙不知戒，負恩愈深。居位一日，天下受一日之害。臣竊痛之。

夫邊疆督撫將帥欲得士卒死力，必資財用。今諸邊軍餉歲費百萬，强半賂嵩。遂令軍士饑疲，寇賊深入。此其壞邊防之罪一也。

吏、兵二部持選簿就嵩塡註。文選郎萬寀、職方郎方祥甘聽指使，不異卒隸。都門諺語至以「文武管家」目之。此其鬻官爵之罪二也。

侍郎劉伯躍以採木行部，擅斂民財及郡縣贓罪，輦輸嵩家，前後不絕。其他有司破冒攘敓，入獻於嵩者更不可數計。嵩家私藏，富於公帑。此其蠹國用之罪三也。

趙文華以罪放逐，嵩沒其囊橐巨萬，而令人護送南還。恐喝州縣，私役民夫，致道路驛騷，公私煩費。此其黨罪人之罪四也。

天下藩臬諸司，歲時問遺，動以千計，勢不得不掊克小民。民財日殫，嵩貲日積。於是水陸舟車載還其鄉，月無虛日。所至要索供億，勢如虎狼。此其騷驛傳之罪五也。

嵩久握重權，炙手而熱。干進無恥之徒，附羶逐穢，麕集其門。致士風日偸，官箴日喪。此其壞人才之罪六也。

嵩以蔽欺行其專權，生死予奪惟意所爲。而世蕃又以無賴之子，竊威助惡。父子肆凶，中外飲憤。有臣如此，非國法可容。臣待罪刑曹，宜詰奸慝。陛下誠不惜嚴氏以謝天下，則臣亦何惜一死以謝權奸。

疏入，下詔獄。謫戍南寧。

穆宗立，召復故官。歷郎中。隆慶五年累遷南京大理卿，進工部右侍郎。萬曆元年就改禮部。言官劾傳策受人賄，免歸。繩下過急，竟爲家奴所害。

鄒應龍，字雲卿，長安人。嘉靖三十五年進士。授行人，擢御史。嚴嵩擅政久，廷臣攻之者輒得禍，相戒莫敢言。而應龍知帝眷已潛移，其子世蕃益貪縱，可攻而去也，乃上疏曰：

工部侍郎嚴世蕃憑藉父權，專利無厭。私擅爵賞，廣致賂遺。使選法敗壞，市道公行。羣小競趨，要價轉鉅。刑部主事項治元以萬三千金轉吏部，舉人潘鴻業以二千二百金得知州。夫司屬郡吏賂以千萬，則大而公卿方岳，又安知紀極。

平時交通贓賄，爲之居間者不下百十餘人，而其子錦衣嚴鵠、中書嚴鴻，家人嚴年、幕客中書羅龍文爲甚。年尤桀黠，士大夫無恥者至呼爲鶴山先生。遇嵩生日，年輒獻萬金爲壽。臧獲富侈若是，主人當何如。

嵩父子故籍袁州，乃廣置良田美宅於南京、揚州，無慮數十所，以豪僕嚴冬主之。抑勒侵奪，民怨入骨。外地牟利若是，鄉里又何如。

尤可異者，世蕃喪母，陛下以嵩年高，特留侍養，令鵠扶櫬南還。世蕃乃聚狎客，擁豔姬，恒舞酣歌，人紀滅絕。至鵠之無知，則以祖母喪爲奇貨。所至驛騷，要索百故。諸司承奉，郡邑爲空。

今天下水旱頻仍，南北多警。而世蕃父子方日事掊克，內外百司莫不竭民脂膏，塞彼谿壑。民安得不貧，國安得不病，天人災變安得不迭至也。臣請斬世蕃首懸之於市，以爲人臣凶橫不忠之戒。苟臣一言失實，甘伏顯戮。嵩溺愛惡子，召賂市權，亦宜亟放歸田，用清政本。

帝頗知世蕃居喪淫縱，心惡之。會方士藍道行以扶乩得幸，帝密問輔臣賢否。道行詐爲乩語，具言嵩父子弄權狀，帝由是疏嵩而任徐階。及應龍奏入，遂勒嵩致仕，下世蕃等詔獄，擢應龍通政司參議。然帝雖罷嵩，念其贊修玄功，意忽忽不樂，手札諭階：「嵩已退，其子已伏辜，敢再言者，當并應龍斬之。」應龍深自危，不敢履任，賴階調護始視事。御史張檟巡鹽河東，不知帝指，上疏言：「陛下已顯擢應龍，而王宗茂、趙錦輩首發大奸未召，是曲突者不賞也。」帝大怒，立逮至，杖六十，斥爲民。久之，世蕃誅，應龍乃自安。

隆慶初，以副都御史總理江西、江南鹽屯。還工部右侍郎。鎮守雲南黔國公沐朝弼驕恣，廷議遣大臣有威望者鎮之，乃改應龍兵部侍郎兼右僉都御史巡撫雲南。至則發朝弼罪，朝弼竟被逮。萬曆改元，鐵索箐賊作亂，討平之。已，番人栂發反，合土漢兵進討，斬獲各千餘人。

應龍有才氣，初以劾嚴嵩得名，驟致通顯。及爲太常，省牲北郊，東廠太監馮保傳呼至，導者引入，正面爇香，儼若天子。應龍大駭，劾保僭肆，保深銜之。至是，京察自陳，保修郤，令致仕。臨安土官普崇明、崇新兄弟搆爭。崇明引廣南儂兵爲助，崇新則召交兵。已，交兵退，儂兵尚留，應龍命部將楊守廉往剿。守廉掠村聚，殺人。儂賊乘之，再敗官軍，人以咎應龍。應龍聞罷官，不俟代徑歸。代者王凝欲自以爲功，力排應龍。給事中裴應章遂劾應龍債事。巡按御史郭廷梧雅不善應龍，勘如凝言。應龍遂削籍，卒於家。十六年，陝西巡撫王璇言應龍歿後，遺田不及數畝，遺址不過數楹，卹典未被，朝野所恨。帝命復應龍官，予祭葬。

張檟，江西新城人。嘉靖三十八年進士。居臺中，敢言。穆宗初，復官。屢疏抗中官，嘗劾大學士高拱。拱復入閣掌吏部，檟已遷太僕少卿，坐不謹罷歸。萬曆中，累官工部右侍郎。

林潤，字若雨，莆田人。嘉靖三十五年進士。授臨川知縣。以事之南豐，[一〇]寇猝至，爲畫計卻之。徵授南京御史。嚴世蕃置酒召潤，潤談辨風生，世蕃心憚之。既罷，屬客謂之曰：「嚴侍郎謝君，無刺當世事。」潤到官，首論祭酒沈坤擅殺人，置之理。已，劾副都御史鄢懋卿五罪，嚴嵩庇之，不問。伊王典楧不道，數遭論列不悛，潤復糾之。典楧累奏辨，詆潤挾私。部科交章論王抗朝命，脅言官。世蕃納其賄，下詔責讓而已。潤因言宗室繁衍，歲祿不繼，請亟議變通。帝爲下所司集議。

會帝用鄒應龍言，戍世蕃雷州，其黨羅龍文潯州。世蕃留家不赴。龍文一詣戍所，即逃還徽州，數往來江西，與世蕃計事。四十三年冬，潤按視江防，廉得其狀，馳疏言：「臣巡視上江，備訪江洋羣盜，悉竄入逃軍羅龍文、嚴世蕃家。龍文卜築深山，乘軒衣蟒，有負險不臣之心。而世蕃日夜與龍文誹謗時政，搖惑人心。近假名治第，招集勇士至四千餘人。道路恟懼，咸謂變且不測。乞早正刑章，以絕禍本。」帝大怒，即詔潤逮捕送京師。世蕃子紹庭官錦衣，聞命亟報世蕃，使詣戍所。方二日，潤已馳至。世蕃猝不及赴，乃械以行，龍文亦從梧州捕至。遂盡按二人諸不法事，二人竟伏誅。

潤尋擢南京通政司參議，歷太常寺少卿。隆慶元年以右僉都御史巡撫應天諸府。屬吏懾其威名，咸震慄。潤至，則持寬平，多惠政，吏民皆悅服。居三年，卒官。年甫四十。潤鄉郡興化陷倭，特疏請蠲復三年，發帑金振䘏。鄉人德之。喪歸，遮道四十里，爲位祭哭凡三日。

贊曰：世宗非庸懦主也。嵩相二十餘年，貪饕盈貫。言者踵至，斥逐罪死，甘之若飴，而不能得君心之一悟。唐德宗言：「人謂盧杞奸邪，朕殊不覺。」各賢其臣，若蹈一轍，可勝歎哉。世蕃之誅，發於鄒應龍，成於林潤。二人之忠，非過於楊繼盛，其言之切直，非過於沈鍊、徐學詩等，而大憝由之授首。蓋惡積滅身，而鄒、林之彈擊適會其時歟。

校勘記

〔一〕隆慶初復官　原脫「官」字，據明史稿傳八九周怡傳附謝瑜傳補。

〔二〕同官陳塏　陳塏，原作「陳瑎」，據本書卷三〇八嚴嵩傳、明進士題名碑錄嘉靖壬辰科改。下同。

〔三〕泰州人　原作「秦州人」，據明史稿傳八九周怡傳、明進士題名碑錄嘉靖乙未年改。

〔四〕秦府永壽王庶子惟燱與嫡孫懷墡爭襲　庶子，原作「世子」。據本書卷一〇〇諸王世表改。

明史考證攟逸卷一八：「按懷墡爲永壽共和王庶長子惟焗之子，惟燱乃共和庶六子，不得稱世子。此誤庶爲世。」

〔五〕廣布良田　布，明史稿傳八九王宗茂傳作「市」。

〔六〕晁極言教諭不可緩　教諭，明史稿傳八八周冕傳作「諭教」。

〔七〕以繼母喪歸　繼母，原作「繼父」，據國朝獻徵錄卷四五趙公錦墓志銘改。

〔八〕言官如給事中袁洪愈張璁　袁洪愈，原作「袁洪」，脫「愈」字，據明史稿傳八九吳時來傳補。本書卷二二一有袁洪愈傳。

〔九〕獸攫烏鈔　烏鈔，原作「鳥鈔」。明史稿傳八九張翀傳作「烏鈔」。明史考證攟逸卷一八：「按周禮鄭注『烏鳶喜鈔盜，便汙人』。嘉隆奏議作『烏鈔』，此誤爲『鳥』。」據改。

〔一〇〕以事之南豐　南豐，國朝獻徵錄卷六二林公潤傳作「永豐」，又稱「永豐人爲之刻石紀功。」

明史卷二百十一

列傳第九十九

馬永 子林 孫炯 熿 飈　梁震 祝雄　王效 劉文　周尚文 趙國忠　馬芳　何卿　沈希儀　石邦憲

馬永，字天錫，遷安人。生而魁岸，驍果有謀。習兵法，好左氏春秋。嗣世職爲金吾左衞指揮使。正德時，從陸完擊賊有功，進都指揮同知。江彬練兵西內，永當隸彬，稱疾避之。守備遵化，寇入馬蘭峪，參將陳乾被劾，擢永代。戰柏崖、白羊峪，皆有功。

十三年進都督僉事，充總兵官，鎭守薊州。盡汰諸營老弱，聽其農賈，取傭直給健卒，由是永所將獨雄於諸鎭。武宗至喜峯口，欲出塞，永叩馬諫。帝注視久之，笑而止。中路擦崖當敵衝，無城堡，耕牧者輒被掠。永令人持一月糧，營崖表，版築其內。城廨如期立，乃遷軍守之。錄功，進署都督同知。

嘉靖元年，金山礦盜作亂。遣指揮康雄討平之，塞其礦。朶顏把兒孫結諸部邀賞不得，盜邊。永迎擊洪山口，而伏兵斷其後，斬獲過當，進右都督。已，復馘其驍將，把兒孫不敢復擾邊。大同兵變，殺巡撫張文錦，命桂勇爲總兵官往鎭，而議將撫之。永言：「逆賊干紀，朝廷赦其脅從，恩至渥也，顧猶抗命。今不剿，春和北寇南牧，叛卒勾連，禍滋大。宜亟調鄰鎭兵，剋期攻城，曉譬利害，懸破格之賞，令賊自相斬爲功，元凶不難殄也。」乃命永督諸軍與侍郎胡瓚往。會亂平，乃還鎭。

永上書爲陸完請恤典，且乞宥議禮獲罪諸臣。帝大怒，奪永官，寄祿南京後府。巡按御史丘養浩言：「永仁以恤軍，廉以律己，固邊防，却强敵，軍民安堵，資彼長城。聞永去，遮道乞留，且攜子女欲遂逃移。夫陸完久死炎瘴，非有權勢可託。永徒感國士知，欲效區區之報。不負知己，寧負國家？祈曲賜優容，俾還鎭。」順天巡撫劉澤及給事、御史交章救之，俱被譴。永竟廢不用。永杜門讀書，淸約如寒士。久之，用薦僉書南京前府。大同軍再亂，廷臣交薦。召至，已就撫，復還南京。

十四年，遼東兵變。罷總兵官劉淮，以永代之。大淸堡守將徐顯誘殺泰寧衞九人。〔一〕部長把當孩怒，寇邊，永擊斬之。其族屬把孫借朶顏兵報讐，復爲永所却。已，復入犯。中官王永戰敗，永坐戴罪。

遼東自軍變後，首惡雖誅，漏網者衆。悍卒無所憚，結黨叫呼，動懷不逞。廣寧卒佟伏、張鑑等乘旱饑，倡衆爲亂，諸營軍憚永無應者。伏等登譙樓，鳴鼓大譟，永率家衆仰攻。千戶張斌被殺，永戰益力，盡殲之。事聞，進左都督。

永畜士百餘人，皆西北健兒，驍勇敢戰。遼東變初定，帝問將於李時。時薦永，且曰：「其家衆足用也。」帝曰：「將須文武兼，寧專恃勇乎？」時曰：「遼士新定，須有威力者鎭之。」至是，竟得其力。都御史王廷相言：「永善用兵，且廉潔，宜仍用之薊鎭，作京師藩屏。」未及調，卒。遼人爲罷市。喪過薊州，州人亦灑泣。兩鎭並立祠。

永爲將，厚撫間諜，得敵人情僞，故戰輒勝。雅知人。所拔卒校，後多至大帥。尚書鄭曉稱永與梁震有古良將風。

梁震，新野人。襲榆林衞指揮使。嘉靖七年進署都指揮僉事，協守寧夏興武營。尋充延綏遊擊將軍。廉勇，好讀兵書，善訓士，力挽强命中，數先登。擢延綏副總兵。與總兵官王效却敵鎭遠關，進都督僉事。吉囊、俺答犯延綏，震敗之黃甫川。尋犯響水、波羅，參將任傑大敗之。吉囊復以十萬

騎入寇，震大破之乾溝，獲首功百餘。先後被獎賚。已，增俸一等。乾溝凡三十里，當敵衝。震濬使深廣，築士牆其上，寇不復輕犯。

十四年進都督同知，充陝西總兵官。尋論黃甫川功，進右都督。明年移鎭大同。大同亂兵速殺巡撫張文錦、總兵官李瑾。繼瑾者魯綱，威不振，兵益驕，文武大吏不敢要束。廷議以爲憂，移震往。震素畜健兒五百人，至則下令軍中，申約束。鎭兵素憚震，由是帖服。寇入犯，震破之牛心山，斬級百餘。寇憤，駐近邊伺隙。時車駕祀山陵，震伏將士於諸路。寇果入，大破之宣寧灣，又破之紅崖兒，斬獲甚衆。進左都督，廕一子百戶。震父棟，前陣亡。震辭廕子，乞父祭葬，帝嘉而許之。毛伯溫督師，與震修鎭邊諸堡，不數月工成。卒，贈太子太保，賜其家銀幣，加贈太保，謚武壯。

震有機略，號令明審。前後百十戰，未嘗少挫。時率健兒出塞劫敵營，或議其啓釁。震曰：「凡啓釁者，謂寇不擾邊，我横挑邀功也。今數深入，乃不思一挫之耶？」震歿，健兒無所歸。守臣以聞，編之伍，邊將猶頗得其力。

代震者遼東祝雄，起家世廕。歷都督僉事。自山西副總兵遷鎭大同。被劾解職，起鎭薊州。善撫士，治軍肅。寇入塞，率子弟爲士卒先。子少却，行法不貸。世宗書其名御屏。

爲將三十年，布袍氊笠，不異卒伍。既歿，遺貲僅供殮具。薊人祠祀之。

王效，延綏人。讀書能文辭，嫻韜略。騎射絕人，中武會試。嘉靖中，累官都指揮僉事，充延綏右參將。出神木塞，擣寇雙乃山，斬獲多。尋擢延綏副總兵。

十一年冬，進署都督僉事，充總兵官，代周尚文鎭寧夏。吉囊犯鎭遠關，效與梁震敗之柳門。追北蜂窩山，蹙溺之河，斬首百四十有奇。璽書獎賚。

吉囊十萬騎復窺花馬池，效、震拒之不得入，轉犯乾溝。震分兵擊，遂趨固原。總兵官劉文力戰，寇趨青山峴，大掠安定、會寧。效方敗別部於鼠湖，追至沙湖，疾移師往援，破之安定，再破之靈州，先後斬首百五十餘級。總制三邊尚書唐龍以大捷聞，而巡按御史奏諸將失事罪。給事中戚賢往勘，奏：「安、會二縣多殺掠，文當罪。然麾下卒僅八千，倍道蒙險，攖八九萬方張之寇，殊死戰，宜以功贖。震乾溝，效鼠湖、沙湖、安定、靈州之戰，以孤軍八百，當寇萬餘，功俱足錄。龍亦善調度。」詔文奪職，震、效賚銀幣，龍一子入監。是役也功多，執政尼之，故賞薄。御史周鈇以爲言，龍、效、震各加一級，效進都督同知。尋以清水營功，進右都督。寇以輕騎犯寧夏，效伏兵打鐙口，俟其半入横擊，敗之，而防河卒復以

戰艘邀斬其奔渡者。捷聞，進左都督。寇憤，設伏誘敗之，貶右都督。十六年移鎭宣府。踰年卒，謚武襄。

效言行謹飭，用兵兼謀勇，威名著西陲。與馬永、梁震、周尚文並爲名將。

劉文者，陽和衞人。襲指揮同知。屢遷署都督僉事，涼州右副總兵。嘉靖八年以總兵官鎭陝西。大破洮、岷叛番若籠、板爾諸族，斬首三百六十有奇。十一年，寇西掠還，將犯寧夏河東，文擊破之。積前功，進都督同知。後落職，起鎭延綏，改甘肅。卒，亦謚武襄。

周尚文，字彥章，西安後衞人。幼讀書，粗曉大義。多謀略，精騎射。年十六，襲指揮同知。屢出塞有功，進指揮使。寘鐇反，遏黃河渡口，獲叛賊丁廣等，推掌衞事。關內回賊四起，倚南山，尚文次第平之。御史劉天和劾中貴廖堂繫詔獄，事連尚文。拷掠令引天和，終不承，久之始釋。已，守備階州。計擒叛番，進署都指揮僉事，充甘肅遊擊將軍。嘉靖元年改寧夏參將。尋進都指揮同知，爲涼州副總兵。御史按部莊浪，猝遇寇。尚

文亟分軍擁御史，而自引麾下射之，寇乃遁。嘗追寇出塞，寇來益衆。尙文軍半至，麾下皆恐。乃從容下馬，解鞍背崖力戰，所殺傷相當。部將丁杲來援，寇始退。尙文被創甚，乃告歸。尋起故官。吉囊數踏冰入。尙文築牆百二十里，澆以水，冰滑不可上。冰泮則令力士持長竿鐵鉤，鉤殺渡者。

九年擢署都督僉事，充寧夏總兵官。王瓊築邊牆，尙文督其役。且濬渠開屯，軍民利之。寇掠西海，過寧夏，巡撫楊志學議發兵邀。尙文不從，劾解職。

久之，起山西副總兵。寇由偏頭關趨岢嵐，尙文轉戰三百里，破之，與子君佐俱傷，賚銀幣。尋以總兵官鎭延綏。寇犯紅山墩，力戰敗之，被賚。吉囊復大掠淸平堡，坐奪俸。

尙文優將才，負氣桀傲，所至與文吏競。文吏又往往挫折之，以故彌不相得。巡撫賈啓劾尙文老誖，兵部請調之甘肅。帝不從，各奪其俸。巡按張光祖言兩人必不可共處，乃革尙文任，亦貶啓秩。吉囊大入，抵固原。天和時已爲總督，激尙文立功。奮擊之黑水苑，殺其子號小十王者，獲首功百三十餘。乃以爲都督同知。

二十一年用薦爲東官廳聽征總兵官兼僉後府事。嚴嵩爲禮部尙書，子世蕃官後府都事，驕蹇。尙文面叱，將劾奏之，嵩謝得免。調世蕃治中，以避尙文，銜次骨。其秋以總兵官鎭大同，請增餉及馬。兵部言尙文陳請過當，方被詔切責，而尙文與巡撫趙錦不協，乞

休，弗允，日相搆。御史王三聘乞移之他鎭。廷議：大同敵衝，尙文假此避，不宜墮其奸謀。乃以錦爲甘肅巡撫。吉囊數萬騎犯前衞。尙文與戰黑山，殺其子滿罕歹，追至涼城。斬獲多，進右都督。已，寇由宣府逼畿甸，出大同塞而北。尙文邀之，稍有俘獲。後寇復大舉，犯鵓鴿谷，將南下。尙文備陽和，遣騎四出邀寇。寇遁，賜敕獎勞之。

總督翁萬達議築邊牆，自宣府西陽和至大同開山口，[三]延袤二百餘里，以屬尙文。乃益築陽和以西至山西丫角山，凡四百餘里，敵臺千餘。斥屯田四萬餘頃，益軍萬三千有奇。帝嘉其功，進左都督，加太子太保，永除屯稅。叛人充灼召小王子寇邊，尙文偵得其使者，加太保，廕子錦衣世千戶。終明之世，總兵官加三公者，尙文一人而已。

初，俺答及吉囊諸子盛强，諸邊歲受其患，大同尤甚。自尙文蒞鎭，與總督萬達、巡撫詹榮規畫戰守備邊，民息肩者數年。尙文益招叛人，孤敵勢，歸者相屬。二十七年八月，俺答伏兵五堡旁，誘指揮顧相等出，圍之彌陀山。尙文急督副總兵林椿、參將呂勇、遊擊李梅及二子君佐、君仁出塞援，圍始解。相及指揮周奉，千戶呂愷、郝經等已陣歿。尙文轉戰，次野口，伏突起。殊死戰，斬其長一人。相持月餘乃引去。尙文設伏，殺其殿卒而還。尙文三子俱罪戍，至是以父功得釋。俺答數萬騎犯宣府，萬達檄尙文大破之曹家莊。錄功，兼太子太傅，賜賚有加。其年卒，年七十五。

尙文淸約愛士，得士死力。善用間，知敵中曲折，故戰輒有功。自二十年後，俺答頻擾邊。宿將王效、馬永、梁震皆前死，惟尙文存，威名最盛。嚴嵩父子謀傾陷。功高，帝方藉以抗强敵，讒不得入。暨卒，格恤典不予，給事中沈束以爲言。嵩激帝怒，錮束詔獄。穆宗立，始贈太傅，諡武襄。

趙國忠，字伯進，錦州衞人，嗣指揮職。嘉靖八年舉武會試，進都指揮僉事，守備靉陽。擢錦義右參將。連破敵，增秩，賜金幣，進署都督僉事，爲遼東總兵官。禦敵有功，斬級百七十有奇。進都督同知，賜賚踰等。敵以八百騎從鴉鶻關入。都指揮康雲戰歿，裨將三人亦死，詔國忠戴罪立功。已，坐事被劾，命白衣視事。守備張文瀚禦敵死，國忠坐解任。

尋起西官廳右參將，授都督僉事，提督東官廳。俺答大舉犯宣府，總兵官趙卿不任戰，命國忠代之。至岔道，[三]寇已爲周尙文所敗，東走。國忠命參將孫勇率精卒逆擊於大滹沱，敗之。與尙文分道擊，寇盡走，以功受賚。復坐寇入，降俸二等。俺答薄京師，國忠趨入衞，壁沙河北。已，移護諸陵。寇騎至天壽山，見國忠陣紅門前，不敢入。

三十一年再鎭遼東。小王子打來孫以數萬騎寇錦州，國忠禦却之。明年入獅子口，督參將李廣等逐出塞，斬擒五十人。寇屢入楡林堡、高臺、蛤利河。先後掩擊，獲首功百五十

有奇，進秩一等。尋被論罷。

國忠善戰，射穿札，爲將有威嚴。歷兩鎭，繕亭障，練士馬，邊防賴之。

馬芳，字德馨，蔚州人。十歲爲北寇所掠，使之牧。芳私以曲木爲弓，剡矢射。俺答獵，虎虓其前，芳一發斃之。乃授以良弓矢、善馬，侍左右。芳陽爲之用，而潛自間道亡歸。周尙文鎭大同，奇之，署爲隊長。數禦寇有功，當得官，以父貧，悉受賞以養。

嘉靖二十九年秋，寇犯懷柔、順義。芳馳斬其將，授陽和衞總旗。寇嘗入威遠，伏驍騎鹽場，而以二十騎挑戰。芳知其詐，用百騎薄伏所，三分其軍銳，以次擊之。奮勇跳盪，敵騎辟易十里，斬首凡九十級。已，復禦之新平。寇營野馬川，刻日戰。芳度寇且遁，急乘之，斬級益多。衆方賀，芳遽策馬曰：「賊至矣。」趣守險，而身斷後。頃之，寇果鏖至。芳戰益力，寇乃去。亡何，戰泥河，復大破之。累遷指揮僉事。以功，進都指揮僉事，充宣府遊擊將軍。復以功，超遷都督僉事，隸總督爲參將。戰鎭山墩不利，奪俸。已，襲寇有功，進二秩，爲右都督。尋以功進左，賜蟒袍。偏裨加左都督，自芳始也。

三十六年遷薊鎭副總兵，分守建昌。土蠻十萬騎薄界嶺口，芳與總兵官歐陽安斬首

數十，獲驍騎猛克兔等六人。寇不知芳在，芳免冑示之，驚曰：「馬太師也。」遂却。捷聞，廕世總旗。未幾，辛愛、把都兒大入，躪遵化、玉田。芳追戰金山寺有功，而州縣破殘多，總督王忬以下俱獲罪，芳亦貶都督僉事。

尋移守宣府。寇大入山西，芳一日夜馳五百里及之，七戰皆捷。已，復爲左都督，就擢總兵官，以功進二秩。寇薄通州，芳入衞，令專護京師。寇退，再進一秩。尋與故總兵劉漢出北沙灘，搗寇巢。已，坐寇入，令戴罪。

四十五年七月，辛愛以十萬騎入西路，芳迎之馬蓮堡。堡圮，衆請塞之，不可。請登臺，亦不可。開堡四門，偃旗鼓，寂若無人。比暮，野燒燭天，囂呼達旦。芳臥，日中不起，敵騎窺者相屬，莫測所爲。明日，芳蹶然起，乘城，指示衆曰：「彼軍多反顧，且走。」勒兵追擊，大破之。隆慶初，或爲辛愛謀，以五萬騎犯蔚州，誘芳出，而以五萬騎襲宣府城，可得志。芳豫伐木環城，寇至不可上，遂解去。頃之，率參將劉潭等出獨石塞外二百里，襲其帳於長水海。還至塞，追者及鞍子山。迎戰，又大敗之。廕子千戶。

芳有膽智，諳敵情，所至先士卒。一歲數出師搗巢，或躬督戰，或遣裨將。家蓄健兒，得其死力。嘗命三十人出塞四百里，多所斬獲，寇大震。芳乃帥師至大松林，頓奮興和衞，登高四望，耀兵而還。

時大同被寇，視宣府尤甚。總督陳其學恐擾畿輔，令總兵官趙岢扼紫荆關。寇乃縱掠懷仁、山陰間，岢坐貶三秩，遂調芳與易鎮。俺答轉犯威遠幾破，會其學率胡鎮等救，而芳軍亦至，相拒十餘日，乃走。芳謂諸將曰：「大同非宣府比，與我間一牆耳。寇不時至，非大創之不可。」乃將兵出右衞，戰威寧海子，破之。其年，俺答就撫，塞上遂無事。

萬曆元年，〔四〕閱視侍郎吳百朋發芳行賄事，勒閒住。已，起僉書前軍都督府。順義王要賞，聲言渝盟，復用芳鎮宣府。七年以疾乞歸。又二年卒。

芳起行伍，十餘年爲大帥。戰膳房堡、朔州、登鷹巢、鵓子堂、龍門、萬全右衞、東嶺、孤山、土木、乾莊、岔道、張家堡、得勝堡、大沙灘，大小百十接，身被數十創，以少擊衆，未嘗不大捷。擒部長數十人，斬馘無算，威名震邊陲，爲一時將帥冠。石州城陷，副將田世威、參將劉寶論死，芳乞寢己廕子，贖二將罪，爲御史所劾，敕戒諭。後世威復爲將，遇芳譟，芳不與校，識者多之。

二子，棟、林。棟官至都督，無所見。林，由父廕累官大同參將。萬曆二十年，順義王撦力克款獻史、車二部長，林以制敵功，進副總兵。二十七年擢署都督僉事，爲遼東總兵官。林雅好文學，能詩，工書，交遊多名士，時譽籍甚，自許亦甚高。嘗陳邊務十策，語多觸文吏，寢不行。稅使高淮橫恣，林力與抗。淮劾奏之，坐奪職。給事中侯先春論救，改林戍烟瘴，先春亦左遷二官。久之，遇赦免。

遼左用兵，詔林以故官從征。楊鎬之四路出師也，令林將一軍由開原出三岔口，而以遊擊竇永澄監北關軍並進。林軍至尚間崖結營浚壕，嚴斥堠自衞。及聞杜松軍敗，方移營，而大清兵已逼。乃還兵，別立營，浚壕三周，列火器壕外，更布騎兵於火器外，他士卒皆下馬，結方陣壕內。又一軍西營飛芬山。杜松軍旣覆，大清兵乘銳薄林軍。見林壕內軍已與壕外合而陣，縱精騎直前衝之。林軍不能支，遂大敗。副將麻巖戰死，林僅以數騎免。死者彌山谷，血流尚間崖下，水爲之赤。大清遂移兵擊飛芬山。僉事潘宗顏等一軍亦覆。北關兵聞之，遂不敢進。林旣喪師，謫充爲事官，俾守開原。時蒙古宰賽、煖兔許助林兵，林與結約，恃此不設備。其年六月，大清兵忽臨城。林列衆城外，分少兵登陴。大清兵設楯梯進攻，而別以精騎破林軍之營東門外者。軍士爭門入，遂乘勢奪門，攻城兵亦踰城入。林城外軍望見盡奔。大清兵據城邀擊，壕不得渡，悉殲之。林及副將于化龍、參將高貞、遊擊于守志、守備何懋官等，皆死焉。尋贈都督同知，進世廕二秩。林雖更歷邊鎮，然未經强敵，無大將才。當事以虛名用之，故敗。

林五子，燃、熠、炯、爌、飈。燃、熠，戰死尚間崖。炯，天啓中湖廣總兵官。協討貴州叛賊，從王三善至大方，數戰皆捷。已，大敗，三善自殺，炯潰歸。得疾而卒。

爌幼習兵略，天啓中爲遼東遊擊。督師閣部孫承宗以其父死王事，奬用之，命代王楹守中右所。及巡撫袁崇煥更營制，以故官掌前鋒左營。數有功，屢遷至副總兵，守徐州。崇禎八年正月，賊陷鳳陽，大掠而去。爌及守備駱舉率兵入，以恢復告，遂留戍其地。八月，賊擾河南。總督朱大典命移駐潁、亳。事定，還徐州。十年，賊犯桐城，爌赴救，破之羅唱河。尋以護陵功，增秩一級。歸德、徐州間有地曰朱家廠，土寇據之，時出掠。爌剿滅之。賊犯固始，大典檄爌及遊擊張士儀等分戍霍丘西南，扼賊東下，賊遂走六安。大典又移爌等駐壽州東，兼護二陵。當是時，長、淮南北，專以陵寢爲重。爌馳驅數年，幸無失事。

十二年六月擢總兵官，鎮守天津。久之，移鎮甘肅。十五年督三協副將王世寵、王加春、魯胤昌等討破叛番，斬首七百餘級，撫安三十八族而還。其冬，督師孫傳庭檄召不至，疏劾之。帝令察爌堪辦賊，許戴罪圖功，否卽以賜劍從事。及爌至軍，傳庭貸其罪。已，復以逗遛淫掠被劾，帝仍令戴罪自劾。明年秋，傳庭將出關。有傳賊自內鄉窺商、雒者，檄爌移商州扼其北犯。已而傳庭師覆，爌遂還鎮。未幾，賊陷延綏、寧夏，遂陷蘭州，渡河抵甘州環攻之。爌與巡撫林日瑞竭力固守。賊乘雪夜坎而登。士卒寒甚，不能戰，城遂陷。

嬪、日瑞及中軍哈維新、姚世儒皆死焉。弟颺爲沔陽州同知，城陷，亦死之。嬪父子兄弟並死國難。

何卿，成都衞人。有志操，習武事。正德中，嗣世職爲指揮僉事。以能，擢筠連守備。從巡撫盛應期擊斬叛賊謝文禮、文義。世宗立，論功，進署都指揮僉事，充左參將，協守松潘。

嘉靖初，芒部土舍隴政、土婦支祿等叛。卿討之，斬首二百餘級，降其衆數百人。政奔烏撒，卿檄土官安寧擒以獻。寧佯諾，而匿政不出。巡撫湯沐言狀，帝奪卿冠帶。川、貴兵合討，賊始滅，還冠帶如初。五年春擢卿副總兵，仍鎮松潘。隴氏已絕，改芒部爲鎮雄府，設流官。未幾，政遺黨沙保復叛。卿偕參將魏武、參議姚汝皋等並進，斬保等賊首七人，餘盡殄。錄功，武最，卿次之，賜賚有差。黑虎五砦番反，圍長安諸堡，烏都、鵓鴿諸番亦繼叛。卿皆破平之，就進都督僉事。威茂番十餘砦連兵劫軍餉，且攻茂州及長寧諸堡，要撫賞。卿與副使朱紈築茂州外城以困之。旋以計殘其衆，戰屢捷，遂攻深溝，焚其碉砦。諸番窘，請贖罪。卿責獻首惡，番不應。復分剿淺溝、渾水二砦殲之。諸番乃爭獻首

惡，插血斷指耳，誓不復叛。卿乃與刻木爲約，分處其曹，畫疆守，松潘路復通。巡撫潘鑑等上二人功，詔賚銀幣，進署都督同知，鎮守如故。久之，以疾致仕。

二十三年，塞上多警。召卿，以疾辭。帝怒，奪其都督，命以都指揮使詣部聽調。未幾，寇逼畿輔，命營盧溝橋。松潘副總兵李爵爲巡撫丘養浩劾罷，詔以卿代。給事中許天倫言卿賄養浩劾爵，自爲地。帝怒，褫卿及養浩官，令巡按冉崇禮覈實。時兵事棘，翁萬達復薦卿，還其都督僉事，督東官廳軍馬。已而崇禮具言爵貪汚，「卿鎮松潘十七年，爲蜀保障，軍民頌德，且貧，安所得賄」。帝意乃解。四川白草番爲亂，副總兵高岡鳳被劾。兵部尚書路迎奏卿代之。卿再涖松潘，將士咸喜。乃會巡撫張時徹討擒渠惡數人，俘斬九百七十有奇，克營砦四十七，毀碉房四千八百，獲馬牛器械儲積各萬計。進署都督同知。卿素有威望，爲番人所憚。自威茂迄松潘、龍安夾道築牆數百里，行旅往來，無剽奪患。先後涖鎮二十四年，軍民戴之若慈母。再以疾歸。

三十三年，倭寇海上。詔卿與沈希儀各率家衆赴蘇、松軍門。明年充副總兵，總理浙江及蘇、松海防。卿，蜀中名將，不諳海道，年已老，兵與將不習，竟不能有所爲。爲巡按御史周如斗劾罷，卒。

沈希儀，字唐佐，貴縣人。嗣世職爲奉議衞指揮使。機警有膽勇，智計過絕於人。

正德十二年調征永安。以數百人擣陳村砦，馬陷淖中，騰而上，連馘三酋，破其餘衆。進署都指揮僉事。義寧賊寇臨桂，還巢，希儀追之。巢有兩隘，賊伏兵其一，使熟瑤紿官兵入。希儀策其詐，急從別隘直抵賊巢。賊倉卒還救，遂大破之。荔浦賊八千渡江東掠，希儀率五百人駐白面砦，待其歸。砦去蛟龍、滑石兩灘各數里。希儀以滑石灘狹，雖衆可薄，蛟龍灘廣，濟則難圖，欲誘致之滑石。乃樹旗百蛟龍灘，守以羸卒，然柴以疑之。賊果趨滑石。希儀預以小艦載勁卒伏葭葦中。賊渡且半，乘瀧急衝之，兩岸軍譟而前，賊衆多墜水死，收所掠而還。從副總兵張祐連破臨桂、灌陽、古田賊。進署都指揮同知，掌都司事。

嘉靖五年，總督姚鏌將討田州岑猛。用希儀計，間猛婦翁歸順土酋岑璋，使圖猛，而分兵五哨進。希儀將中哨，當工堯。工堯，賊要地，聚衆守之。希儀夜遣軍三百人，緣山上，繞出其背。比明合戰，則所遣軍已立幟山巔，賊大潰敗。猛走歸順，爲璋所執，田州平。希儀功最，鏌抑之，止受賚。鏌議設流官，希儀曰：「思恩以流官故，亂至今未已。田州復然，兩賊且合從起。」鏌不從。以希儀爲右參將，分守思、田。希儀請還鄉治裝，以參將張經代

守。甫一月，田州復叛，鏌罷歸。王守仁代，多用希儀計，思、田復定。

改右江柳慶參將，駐柳州。象州、武宣、融縣瑤反，討破之。謝病歸，頃之還故任。柳在萬山中，城外五里卽賊巢，軍民至無地可田，而官軍素罷不任戰。又賊耳目徧官府，閭閻動靜無不知。希儀謂欲大破賊，非狼兵不可，請於制府。調那地狼兵二千來，戍兵稍振。乃求得與瑤通販易者數十人，持其罪而厚撫之，使詗賊。賊動靜，希儀亦無不知。希儀每出兵，雖肘腋親近不得聞。至期鳴號，則諸軍咸集。令一人挾旗引諸軍行，不測所往。及駐軍設伏，賊必至，遇伏輒奔。官軍擊之，無不如志。已，賊寇他所，官軍又先至。遠村僻聚，賊度官軍所不逮者，往寇之，官軍又未嘗不在，賊驚以爲神。希儀得賊巢婦女畜產，果鄰巢者悉還之，惟取陰助賊者。諸瑤盡讋伏，無敢嚮賊。

希儀初至，令熟瑤得出入城中，無所禁。因厚賞其黠者，使爲諜。後漸令瑤婦入見其妻，賚以酒食繒帛。其夫常以賊情告者，則陰厚之。諸瑤婦利賞，爭勸其夫輸賊情，或自入府言之。以故，賊益無所匿形。希儀每於風雨晦冥夜，偵賊所止宿，分遣人齎銃潛伏舍旁。中夜銃舉，賊大駭曰：「老沈來矣！」咸挈妻子匍匐上山。兒啼女號，或寒凍觸厓石死，爭怨悔作賊非計。至曉下山，則寂無人聲。他巢亦然，衆愈益驚。潛遣人入城偵之，則希儀故居城中不出也。賊膽落，多易面爲熟瑤。

韋扶諫者，馬平瑤魁也，累捕不得。有報扶諫逃鄰賊三層巢者，希儀潛率兵剿之，則又與三層賊往劫他所。希儀盡俘三層巢妻子歸。希儀俘賊妻子盡以畀狼兵，至是獨閉之空舍，飲食之。使熟瑤往語其夫曰：「得韋扶諫，還矣。」諸瑤聞，悉來謁希儀。令入室視之，妻子固無恙。乃共誘扶諫出巢，縛以獻，易妻子還。希儀剜扶諫目，支解之，懸諸城門。諸瑤服希儀威信，益不敢爲盜。自是，柳城四旁數百里，無敢攘奪者。

希儀嘗上書於朝，言狼兵亦瑤、僮耳。瑤、僮所在爲賊，而狼兵死不敢爲非，非狼兵順，而瑤、僮逆也。狼兵隸土官，瑤、僮隸流官。土官令嚴足以制狼兵，流官勢輕不能制瑤、僮。若割瑤、僮分隸之旁近土官，土官世世富貴，不敢有他望。以國家之力制土官，以土官之力制瑤、僮，皆爲狼兵，兩廣世世無患矣。時不能用。至十六年而有思恩岑金之變。

初，思恩土官岑濬既誅，改設流官，以其酋二人韋貴、徐五爲土巡檢，分掌其兵各萬餘。夷民不樂漢法，凡數叛。鎭安有男子名金，自言濬子。鎭安土官乃潛召其舊部酋長，出金而與之盟曰：「若小主也。」諸酋羅拜，擁金歸，聚兵五千，將攻城，復故地，遠近洶洶。濬誅時，其酋楊留者無所歸，率黨千餘人詣賓州，應募爲打手。希儀在賓，留入言，欲往見小主人。希儀故患金，及聞留言，益大駭。因好謂留曰：「是岑濬第九子耶？我向征田州固聞之。」因自語「岑氏其復乎？」欲以深動留，留果喜。已，召留密室，言：「予我重賂，即爲金復

官。」且出，復呼入曰：「韋貴、徐五今分將思恩兵，必讐金，善防之。」留益大信。金遂從五千人因留以見。門者奔告，請無納。希儀罵曰：「金，土官子，非賊，奈何不納。」引入，厚結之，又引以詣兵備副使，隨以計漸散其五千人。卒縛金，留亦自恨死，思恩復寧。已，從總督張經大破斷藤峽、弩灘賊，受賚歸。

希儀鎭柳、慶久，渠魁宿猾捕誅殆盡。先後擣巢，斬馘積五千餘級，未嘗悉奏功，故多不敍。十九年復謝病，柳人祀之山雲祠。旋起四川左參將，分守敍、瀘及貴州迤西諸處。其冬，擢署都督僉事，充總兵官，鎭貴州。復謝病歸。塞上多警，召天下名將至京師，希儀在召中。希儀鎭柳、慶，每戰必先登，身數被創，陰雨輒痛劇，故數謝病。至京，亦以病辭。帝疑其規避，褫都督官，令赴部候用。翁萬達薦其才。會江、淮多盜，議設督捕總兵官，乃復希儀署都督僉事以往。

二十六年以爲廣東副總兵。命自今將領至自川、廣、雲、貴者，毋推京營及西北邊，著爲令。從總督張岳大破賀縣賊倪仲亮等，予實授，仍賚銀幣。瓊州五指山熟黎素畏法，供徭賦，知州邵濬虐取之。其酋那燕遂結崖州、感恩、昌化諸黎爲亂。總督歐陽必進議并萬州、陵水黎討之，分兵五道。希儀適病，最後至，謂必進曰：「萬州、陵水黎未有黨惡之實，奈何并誅，益樹敵。莫若止三道。」必進從之。希儀乃偕參將武鸞、俞大猷等直入五指山下，斬那燕及其黨五千四百有奇，俘獲者五之一，招降三千七百人。捷聞，進都督同知，改貴州總兵官。復從岳平銅仁叛苗龍許保、吳黑苗。又以病歸。倭寇海上，命督川、廣兵赴剿。無功，爲周如斗劾罷。

希儀爲人坦率，居恒諧笑，洞見肺腑。及臨敵，應變出奇，人莫測。尤善撫士卒。常染危病，卒多自戕以禱於神。最後一人，至以箭穿其喉。其得士心如此。

石邦憲，字希尹，貴州清平衞人。嘉靖七年嗣世職爲指揮使。累功，進署都指揮僉事，充銅仁參將。苗龍許保、吳黑苗叛，總督張岳議征之，而賊陷印江、石阡，邦憲坐逮問。岳以銅仁賊巢穴，而邦憲有謀勇，乃奏留之。邦憲遂與川、湖兵進貴州，破苗砦十有五。竄山箐者，搜戮殆盡。上功，邦憲第一。未及敍，而許保等突入思州，執知府李允簡以去。邦憲急邀，奪之歸。坐是停俸戴罪。賊既破思州，復糾餘黨，與湖廣蜡爾山苗合，欲攻石阡。不克，還過省溪。千戶安大朝等邀之，斬獲大半，盡奪其輜重，賊不能軍。邦憲乃使使購老備、老偉等執許保送軍門，而黑苗竄如故。復以計購烏朗土官田興邦等斬黑苗，賊盡平。遂進署都督僉事，充總兵官，代沈希儀鎭貴州。

臺黎砦苗闕保倡亂，四川容山、廣西洪江諸苗應之。遠近騷然，撫剿莫能定。邦憲與湖廣兵分道討破之，傳檄十八砦，許執首惡贖罪。諸苗聽撫，設盟受約而還。

播州宣慰楊烈殺長官王黼，〔五〕黼黨李保等治兵相攻且十年，總督馮岳與邦憲討平之。眞州苗盧阿項爲亂，〔六〕邦憲以兵七千編筏渡江，直抵磨子崖。策賊必夜襲，先設備。賊至，擊敗之。賊求援於播州吳鯤。諸將懼，邦憲曰：「水西宣慰安萬銓，播州所畏也。吾調水西兵攻烏江，聲楊烈縱鯤助逆罪，烈奚暇救人乎？」已，水西兵至。邦憲進逼其巢，乘風縱火，斬關而登，賊大奔潰，擒賊首父子，斬獲四百七十餘人。進署都督同知。

破地隆阡叛苗四砦，又破答千諸砦，擒其渠魁。地隆阡遺賊龍老三、龍得奎結龍停苗老夭、扳凳苗石章保等縱兵掠，執石耶洞土官妻冉氏以歸，攻梅平砦。官軍要擒老三。得奎走免，復與老夭等攻破平南營囤。邦憲偵冉氏在老夭所，陽議贖，而潛擊殺老夭。官軍遂入龍停砦，并執扳凳砦苗龍老丙，令執獻章保。於是諸苗悉降。白洗、養鵝諸苗叛，討擒其魁，降百餘砦。

湖廣溆浦瑤沈亞當等爲亂，總督石勇檄邦憲討之，生擒亞當，斬獲二百有奇。浦溆平，銅仁、都勻苗相煽叛。邦憲亟馳還，率守備安大朝進剿。先破彪山砦賊，乘勝略定諸砦。獲賊首龍老羅、王三等，餘黨盡平。又與總督黃光昇，修湖北墩臺、烽堠百十所，招降

冷水溪諸洞苗二十八砦。

播州容山副長官土舍韓甸與正長官土舍張問相攻，甸屢勝，遂糾生苗䴔湖、貴境，垂二十年。問亦糾黨自助。邦憲討之，斬百餘人。問潛出，被獲。官軍乘勝入甸巢。會暮，大雨，迷失道。守備葉勛、百戶魏國相等陷伏中，死焉。邦憲奪圍出，還軍鎮遠。再征之，賊沿江守。邦憲佯與爭，而別自上流三十里編竹以渡。水陸並進，大破之。斬甸，容山平。進右都督。

尋與巡撫吳維嶽招降平州叛酋楊珂，剿平龍里衞賊阿利等。當是時，水西宣慰安國亨恃衆跋扈，謁上官，辭色不善，輒鼓衆譁譟而出。邦憲召責之曰：「爾欲反耶？吾視爾釜中魚爾。爾兵孰與雲、貴、川、湖多？爾四十八酋長，吾鑄四十八印畀之。朝下令，夕滅爾矣。」國亨叩頭謝，爲斂戢。隆慶元年剿平鎮遠苗。已，又破誅白泥土官楊贇及苗酋龍力水等。部內帖然。

邦憲生長黔土，熟苗情。善用兵，大小數十百戰，無不摧破。前後進秩者四，賚銀幣十有三。所得俸賜，悉以饗士，家無贏資。爲總兵官十七年，威鎮蠻中。與四川何卿、廣西沈希儀並稱一時名將。明年卒官。贈左都督。

贊曰：嗚呼，明至中葉，曷嘗無邊材哉！如馬永、梁震、周尙文、沈希儀之徒，出奇制勝，得士卒死力，雖古名將何以加焉。然功高賞薄，起蹶靡常。此無異故，其抗懷奮激，無以結歡在朝柄政重人，宜其齟齬不相入也。馬芳三代爲將，父子兄弟先後殉國，偉矣哉！

校勘記

〔一〕大清堡守將徐顒誘殺泰寧衞九人　大清堡，原作「太清堡」，泰寧衞，原作「大寧衞」，據本書卷三二八及明史稿傳二〇一朶顏福餘泰寧傳改。按明會典卷一三三遼東邊圖有「大清堡」，在廣寧鎮城北。又洪武間，先后置大寧左右中前后五衞，屬北平行都司。永樂初，徙行都司於保定，遂盡遺大寧地與朶顏福餘泰寧。見本書卷四〇地理志、卷九〇兵志及卷三二八朶顏福餘泰寧傳。嘉靖十四年大寧衞在保定府境內，徐顒所誘殺者當非內地大寧衞人，而是泰寧衞人。

〔二〕自宣府西陽和至大同開山口　開山口，原作「關山口」，據本書卷一九八及明史稿傳七四翁萬達傳改正。

〔三〕至岔道　岔道，原作「坌道」。據明史稿傳九〇周尙文傳改。按讀史方輿紀要卷一八宣府衞棒槌峪注稱：「舊有邊牆，東達大小紅門、岔道諸處，謂之南山口，宣鎮之內阻也。」作「岔道」是下同。

〔四〕萬曆元年　原脫「萬曆」兩字。按上文稱「其年，俺答就撫」。本書卷一九穆宗紀，俺答就撫在隆慶五年三月，下一個元年卽萬曆元年，據補。

〔五〕播州宣慰楊烈殺長官王黼　王黼，本書卷三一二、明史稿傳一八六播州宣慰司傳及世宗實錄卷四二四嘉靖三十四年七月己酉條都作「王黻」。

〔六〕眞州苗盧阿項爲亂　眞州，原作「播州」。本書卷三一二、明史稿一八六播州宣慰司傳並作「眞州」。按下文稱「賊（指盧阿項等）求援於播州吳鯤」，播州宣慰司傳稱阿盧項等被討平爲「眞州盜平」，此應作「眞州」，今改正。

明史卷二百十二

列傳第一百

俞大猷 盧鏜 湯克寬 戚繼光 弟繼美 朱先 劉顯 郭成

李錫 黃應甲 尹鳳 張元勳

俞大猷，字志輔，晉江人。少好讀書。受易於王宣、林福，得蔡清之傳。又聞趙本學以易推衍兵家奇正虛實之權，復從受其業。嘗謂兵法之數起五，猶一人之身有五體，雖將百萬，可使合爲一人也。已，又從李良欽學劍。家貧屢空，意嘗豁如。父歿，棄諸生，嗣世職百戶。

舉嘉靖十四年武會試。除千戶，守禦金門。軍民囂訟難治，大猷導以禮讓，訟爲衰止。海寇頻發，上書監司論其事。監司怒曰：「小校安得上書。」杖之，奪其職。尙書毛伯溫征安南，復上書陳方略，請從軍。伯溫奇之。會兵罷，不果用。

二十一年，俺答大入山西，詔天下舉武勇士。大猷詣巡按御史自薦，御史上其名兵部。會伯溫爲尙書，送之宣大總督翟鵬所。召見論兵事，大猷屢折鵬。鵬謝曰：「吾不當以武人待子。」下堂禮之，驚一軍，然亦不能用。大猷辭歸，伯溫用爲汀漳守備。涖武平，作讀易軒，與諸生爲文會，而日教武士擊劍。連破海賊康老，俘斬三百餘人。擢署都指揮僉事，僉書廣東都司。新興恩平峒賊譚元清等屢叛，總督歐陽必進以屬大猷。乃令良民自爲守，而親率數人徧詣賊峒，曉以禍福，且教之擊劍，賊駭服。有蘇青蛇者，力格猛虎，大猷紿斬之，賊益驚。乃詣何老猫峒，令歸民侵田，而招降渠魁數輩。二邑以寧。

二十八年，朱紈巡視福建，薦爲備倭都指揮。會安南入寇，必進奏留之。先是，安南都統使莫福海卒，子宏瀷幼。其大臣阮敬謀立其壻莫敬典，范子儀謀立其黨莫正中，互讐殺。正中敗，挈百餘人來歸。子儀收殘卒遁海東。至是妄言宏瀷死，迎正中歸立。剽掠欽、廉等州，嶺海騷動。必進檄大猷討之。馳至廉州，賊攻城方急。大猷以舟師未集，遣數騎諭降，且聲言大兵至。賊不測，果解去。無何，舟師至，設伏冠頭嶺。賊犯欽州，大猷遮奪其舟。追戰數日，生擒子儀弟子流，斬首千二百級。窮追至海東雲屯，檄宏瀷殺子儀函首來獻。事平，嚴嵩抑其功不敘，但賚銀五十兩而已。

是年，瓊州五指山黎那燕搆感恩、昌化諸黎共反，必進復檄大猷討。而朝議設參將於

崖州，即以大猷任之。乃會廣西副將沈希儀諸軍，擒斬賊五千三百有奇，招降者三千七百。大猷言於必進曰：「黎亦人也，率數年一反一征，豈上天生人意。宜建城設市，用漢法雜治之。」必進納其言。大猷乃單騎入峒，與黎定要約，海南遂安。

三十一年，倭賊大擾浙東。詔移大猷寧、台諸郡參將。會賊破寧波昌國衞，大猷擊却之。復攻陷紹興臨山衞，轉掠至松陽。知縣羅拱辰力禦賊，而大猷邀諸海，斬獲多，竟坐失事停俸。未幾，逐賊海中，焚其船五十餘，予俸如故。越二年，賊據寧波普陀。大猷率將士攻之，半登，賊突出，殺武舉火斌等三百人，坐戴罪辦賊。俄敗賊吳淞所，詔除前罪，仍賚銀幣。賊自健跳所入掠，大猷連戰破之。旋代湯克寬爲蘇松副總兵。所將卒不三百人，徵諸道兵未集，賊犯金山，大猷戰失利。時倭屯松江柘林者盈二萬，總督張經趣之戰，大猷固不可。及永順、保靖兵稍至，乃從經大破賊於王江涇，功爲趙文華、胡宗憲所攘，不敍。坐金山失律，謫充爲事官。

柘林倭雖敗，而新倭三十餘艘突青村所，與南沙、小烏口、浪港諸賊合，犯蘇州陸涇壩，直抵婁門，敗南京都督周于德兵。賊復分爲二，北掠滸墅，南掠橫塘，延蔓常熟、江陰、無錫之境，出入太湖。大猷偕副使任環大敗賊陸涇壩，焚舟三十餘。又遮擊其自三丈浦出海者，沉七艘，賊乃退泊三板沙。頃之，他倭犯吳江。大猷及環又邀破之鶯脰湖，賊走嘉興。

三板沙賊掠民舟將遁，大猷追擊於馬蹟山，擒其魁。金涇、許浦、白茅港賊俱出海，大猷追擊於茶山，焚五舟。賊走保馬蹟山、三板沙，將士復追及，壞其三舟。江陰蔡港倭亦去，官兵分擊於馬蹟、馬圖、寶山。值颶風作，賊舟多覆。柘林倭亦爲官兵所擊沉二十餘舟，餘賊退登陸。已，復泛舟出海。大猷及僉事董邦政分擊，獲九舟。而賊又遭風壞三舟，餘三百人登岸，走據華亭陶宅鎮，屢敗趙文華等大軍。夜屯周浦永定寺，官兵四集進圍之。而柘林失風賊九舟巢於川沙窪，糾合至四十餘艘，勢猶未已。巡撫曹邦輔劾大猷縱賊，帝怒，奪其世廕，責取死罪招，立功自贖。時周浦賊圍急，乘夜東北奔，爲遊擊曹克新所邀，斬首百三十，遂與川沙窪賊合。諸軍日夜擊，賊焚巢出海。大猷偕副使王崇古入洋追之，及於老鸛嘴，焚巨艦八，斬獲無算。餘賊奔上海浦東。

初，以倭患急，特命都督劉遠爲浙江總兵官，兼轄蘇、松諸郡，數月無所爲。廷臣爭言大猷才。三十五年三月遂罷遠，以大猷代。賊犯西庵、沈莊及清水窪。大猷偕邦政擊敗之，賊走陶山，詔還世廕。賊自黃浦遁出海，大猷追敗之。其年冬，以與平徐海功，加都督僉事。海既平，浙西倭悉靖。獨寧波舟山倭負險，官兵環守不能克。是時士兵狠兵悉已遣歸，而川、貴所調麻寮、大剌、鎮溪、桑植兵六千始至。大猷乘大雪，四面攻之。賊死戰，殺土官一人。諸軍益競，進焚其柵，賊多死，其逸出者復殪，賊盡平。加大猷署都督同知。

明年，胡宗憲方圖汪直，用盧鏜言將與通市，大猷力爭不可。及直誘入下吏，其黨毛海峯等遂據舟山，阻岑港自守。大猷環攻之，時小勝。然苦仰攻，將士先登多死，新倭又大至。朝廷趣宗憲甚急，宗憲讓爲大言以對。廷臣競詆宗憲，並劾大猷。乃奪大猷及參將戚繼光職，期一月內平賊。大猷等懼，攻益力，賊益死守。三十七年七月乃自岑港移柯梅，造舟成，泛海去。大猷等橫擊之，沈其一舟，餘賊遂揚帆而南，流劫閩、廣。大猷先後殺倭四五千，賊幾平。而官軍圍賊已一年，宗憲亦利其去，陰縱之，不督諸將邀擊。比爲御史李瑚所劾，則委罪大猷縱賊以自解。帝怒，逮繫詔獄，再奪世蔭。

陸炳與大猷善，密以己貲投嚴世蕃解其獄，令立功塞上。大同巡撫李文進習其才，與籌軍事。乃造獨輪車拒敵馬。嘗以車百輛，步騎三千，大挫敵安銀堡。文進上其制於朝，遂置兵車營。京營有兵車，自此始也。文進將襲板升，謀之大猷，果大獲，詔還世蔭。寇掠廣武，大猷拒却之。先論平汪直功，許除罪錄用。及是，鎭筸有警。川湖總督黃光昇薦大猷，即用爲鎭筸參將。

廣東饒平賊張璉數攻陷城邑，積年不能平。四十年七月詔移大猷南贛，合閩、廣兵討之。時宗憲兼制江西，知璉遠出，檄大猷急擊。大猷謂「宜以潛師擣其巢，攻其必救，奈何以數萬衆從一夫浪走哉？」乃疾引萬五千人登柏嵩嶺，俯瞰賊巢。璉果還救，大猷連破之，

斬首千二百餘級。賊懼，不出。用間誘璉出戰，從陣後執之，并執賊魁蕭雪峯。廣人攘其功，大猷不與較。散餘黨二萬，不戮一人。擢副總兵，協守南、贛、汀、漳、惠、潮諸郡。遂乘勝征程鄉盜，走梁寧，擒徐東洲。林朝曦者，獨約黃積山大舉。官軍攻斬積山，朝曦遁，後亦爲徐甫宰所滅。大猷尋擢福建總兵官，與戚繼光復興化城，共破海倭。詳繼光傳。繼光先登，受上賞，大猷但賚銀幣。

四十二年十月徙鎭南贛。明年改廣東。潮州倭二萬與大盜吳平相犄角，而諸峒藍松三、伍端、溫七、葉丹樓輩日掠惠、潮間。閩則程紹祿亂延平，梁道輝擾汀州。大猷以威名懾羣盜，單騎入紹祿營，督使歸峒，因令驅道輝歸，兩人卒爲他將所滅。惠州參將謝敕與伍端、溫七戰，失利。以「俞家軍」至，恐之，端乃驅諸酋以歸。無何，大猷果至，七被擒。端自縛，乞殺倭自効。大猷使先驅，官軍繼之，圍倭鄒塘，一日夜克三巢，焚斬四百有奇，又大破之海豐。倭悉奔崎沙、甲子諸澳，奪漁舟入海。舟多沒於風，脫者二千餘人，還保海豐金錫都。大猷圍之兩月，賊食盡，欲走。副將湯克寬設伏邀之，手斬其梟將三人。參將王詔等繼至，賊遂大潰。乃移師潮州，以次降藍松三、葉丹樓。遂使招降吳平，居之梅嶺。平未幾復叛，造戰艦數百，聚衆萬餘，築三城守之，行劫濱海諸郡縣。福建總兵官戚繼光襲平，平遁保南澳。四十四年秋入犯福建，把總朱璣等戰沒於海中。大猷將水兵，繼光將陸兵，夾擊平南澳，大破之。平僅以身免，奔據饒平鳳凰山。繼光留南澳。大猷部將湯克寬、李超等躡賊後，連戰不利，平遂掠民舟出海。閩廣巡按御史交章論之，大猷坐奪職。平卒爲克寬所追擊，遠遁以免，不敢入犯矣。

河源、翁源賊李亞元等猖獗。總督吳桂芳留大猷討之，徵兵十萬，分五哨進。大猷使間擒賊黨而親擣其巢，生擒亞元，俘斬一萬四百，奪還男婦八萬餘人。乃還大猷職，以爲廣西總兵官。故事，以勳臣總兩廣兵，與總督同鎭梧州。帝用給事中歐陽一敬議，兩廣各置大帥，罷勳臣。乃召恭順侯吳繼爵還京，以大猷代，予平蠻將軍印。而以劉顯鎭廣東。兩廣並置帥，自大猷及顯始也。伍端死，其黨王世橋復叛，〔一〕劫執同知郭文通。大猷連敗之，其部下執以獻。進署都督同知。

海賊曾一本者，吳平黨也。既降復叛，執澄海知縣，敗官軍，守備李茂才中礮死。詔大猷暫督廣東兵協討。隆慶二年，一本犯廣州，尋犯福建。大猷合郭成、李錫軍擒滅之。錄功，進右都督。

廣西古田僮黃朝猛、韋銀豹等，嘉靖末嘗再劫會城庫，殺參政黎民表。〔二〕巡撫殷正茂徵兵十四萬，屬大猷討之。分七道進，連破數十巢。賊保潮水，巢極巔，攻十餘日未下。大猷佯分兵擊馬浪賊，而密令參將王世科乘雨夜登山設伏。黎明礮發，賊大驚。諸軍攀援

上，賊盡死。馬浪諸巢相繼下。斬獲八千四百有奇，擒朝猛、銀豹，百年積寇盡除。進世蔭爲指揮僉事。

大猷爲將廉，馭下有恩。數建大功，威名震南服。而巡按李良臣劾其奸貪，兵部力持之，詔還籍候調。起南京右府僉書。未任，以都督僉事爲福建總兵官。萬曆元年秋，海寇突閩峽澳，坐失利奪職。復以署都督僉事起後府僉書，領車營訓練。三疏乞歸。卒，贈左都督，謚武襄。

大猷負奇節，以古賢豪自期。其用兵，先計後戰，不貪近功。忠誠許國，老而彌篤，所在有大勳。武平、崖州、饒平皆爲祠祀。譚綸嘗與書曰：「節制精明，公不如綸。信賞必罰，公不如戚。精悍馳騁，公不如劉。然此皆小知，而公則堪大受。」戚謂戚繼光，劉謂劉顯也。

子杏阜，福建總兵官。

盧鏜，汝寧衞人。嘉靖時由世蔭歷福建都指揮僉事，爲都御史朱紈所任。紈自殺，鏜亦論死。尋赦免，以故官備倭福建。遷都指揮。擊賊嘉興，敗，責戴罪。尋擢參將，分守浙東濱海諸郡，與副將大猷大破賊王江涇。旋督保靖土兵及蜀將陳正元兵擊賊張莊，焚其壘。追擊之後港，爲賊所敗。賊出沒台州外海，都指揮王沛敗之大陳山。賊登山，官軍焚

其舟。鏜會剿，擒其酋林碧川等，餘倭盡滅。別賊掠諸縣，指揮閔溶等敗死，鏜奪職戴罪。旋以薦擢恊守江浙副總兵。賊陷仙居，趨台州，鏜破之彭溪，乃與胡宗憲共謀滅徐海。宗憲招汪直，鏜亦說日本使善妙令擒直。直與日本貳，卒伏誅。倭犯江北，鏜馳援破之，又敗北洋倭二十餘艘。賊斂舟三沙，復流劫江北。巡撫李遂劾鏜縱賊，鏜已擢都督僉事，爲江南、浙江總兵官，奪職視事。以通政唐順之薦，復職如初。尋以誅汪直功，進都督同知。倭復犯浙東。水陸十餘戰，斬首千四百有奇。總督宗憲以蕩平聞，鏜復增俸賚金。鏜擢用由宗憲，宗憲敗，給事中丘橓劾鏜八罪。逮治，免歸。

鏜有將略。倭難初興，諸將悉望風潰敗，獨鏜與湯克寬敢戰，名亞俞、戚云。

克寬，邳州衞人。父慶，嘉靖中江防總兵官。克寬承世廕，歷官都指揮僉事，充浙江參將。倭犯溫州，克寬擊敗之。別賊寇嘉興屬邑，克寬至海鹽被圍。偕參政潘恩等拒守，賊不能克，乃焚掠而去。無何，陷乍浦城，轉掠奉化、寧海。克寬追圍於獨山民家，火焚之。賊半死，餘奪圍遁。

時濱海多被倭患，而將士無紀律，賊至輒奔，議設大將統制江、淮。乃命克寬爲副總兵，駐金山衞，提督海防諸軍。倭三百人泊崇明南沙。克寬偕僉事任環攻之，敗績。賊移

舟寶山，克寬追敗之南家觜。賊乃轉寇嘉定、上海間，被劾奪官從軍。倭二千餘分掠蘇、松。克寬逆戰採淘港，斬首八百餘級。都御史王忬薦爲浙西參將。遇賊嘉、湖，復失利，詔以白衣辦賊。總督張經議搗賊柘林，令克寬將廣西土兵屯乍浦，與副將大猷等相掎角。大戰王江涇，斬級二千。會趙文華劾經，惑克寬言縱倭飽颺，遂併逮問，論死。久之，赦免。

廣東用兵，命赴軍前自効。從大猷大破倭海豐，還世廕。俄以爲惠、潮參將，復從大猷破吳平。平未幾復振，克寬已擢狼山副總兵，命留討賊。俄敗之陽江烏猪洋。平窘，奔安南。都御史吳桂芳檄安南協討，遣克寬以舟師會，夾擊平萬橋山下。焚其舟，擒斬四百人，平遠竄。乃進克寬署都督僉事，爲廣東總兵官。曾一本突海豐、惠來間，克寬倡議撫之，令居潮陽下澮地。未幾，激民變，一本亦反，詔逮克寬訊治。尋赦免，赴蘇鎮立功。萬曆四年，炒蠻入掠古北口。克寬偕參將苑宗儒追出塞，遇伏，戰死。

戚繼光，字元敬，世登州衞指揮僉事。父景通，歷官都指揮，署大寧都司，入爲神機坐營，有操行。繼光幼倜儻負奇氣。家貧，好讀書，通經史大義。嘉靖中嗣職，用薦擢署都指揮僉事，備倭山東。改僉浙江都司，充參將，分部寧、紹、台三郡。

三十六年，倭犯樂清、瑞安、臨海，繼光援不及，以道阻不罪。尋會俞大猷兵，圍汪直餘黨於岑港。久不克，坐免官，戴罪辦賊。已而倭遁，他倭復焚掠台州。給事中羅嘉賓等劾繼光無功，且通番。方按問，旋以平汪直功復官，改守台、金、嚴三郡。

繼光至浙時，見衞所軍不習戰，而金華、義烏俗稱慓悍，請召募三千人，教以擊刺法，長短兵迭用，由是繼光一軍特精。又以南方多藪澤，不利馳逐，乃因地形制陣法，審步伐便利，一切戰艦、火器、兵械精求而更置之。「戚家軍」名聞天下。

四十年，倭大掠桃渚、圻頭。繼光急趨寧海，扼桃渚，敗之龍山，追至鴈門嶺。賊遁去，乘虛襲台州。繼光手殲其魁，蹙餘賊瓜陵江盡死。而圻頭倭復趨台州，繼光邀擊之仙居，道無脫者。先後九戰皆捷，俘馘一千有奇，焚溺死者無算。總兵官盧鏜、參將牛天錫又破賊寧波、溫州。浙東平，繼光進秩三等。閩、廣賊流入江西。總督胡宗憲檄繼光援。擊破之上坊巢，賊奔建寧。繼光還浙江。

明年，倭大舉犯福建。自溫州來者，合福寧、連江諸倭攻陷壽寧、政和、寧德。自廣東南澳來者，合福清、長樂諸倭攻陷玄鍾所，延及龍巖、松溪、大田、古田、莆田。是時寧德已屢陷。距城十里有橫嶼，四面皆水路險隘，賊結大營其中。官軍不敢擊，相守踰年。其新至者營牛田，而酋長營興化，東南互爲聲援。閩中連告急，宗憲復檄繼光剿之。先擊橫嶼

賊。人持草一束，填壕進。大破其巢，斬首二千六百。乘勝至福清，搗敗牛田賊，覆其巢，餘賊走興化。急追之，夜四鼓抵賊柵。連克六十營，斬首千數百級。平明入城，興化人始知，牛酒勞不絕。繼光乃旋師。抵福清，遇倭自東營澳登陸，擊斬二百人。而劉顯亦屢破賊。閩宿寇幾盡。於是繼光至福州飲至，勒石平遠臺。

及繼光還浙後，新倭至者日益衆，圍興化城匝月。會顯遣卒八人齎書城中，衣刺「天兵」二字。賊殺而衣其衣，紿守將得入，夜斬關延賊。副使翁時器、〔四〕參將畢高走免，通判奚世亮攝府事，〔五〕遇害，焚掠一空。留兩月，破平海衞，據之。初，興化告急，時帝已命俞大猷爲福建總兵官，繼光副之。及城陷，劉顯軍少，壁城下不敢擊。大猷亦不欲攻，需大軍合以困之。四十二年四月，繼光將浙兵至。於是巡撫譚綸令將中軍，顯左，大猷右，合攻賊於平海。繼光先登，左右軍繼之，斬級二千二百，還被掠者三千人。綸上功，繼光首，顯、大猷次之。帝爲告謝郊廟，大行敘賚。繼光先以橫嶼功，進署都督僉事，及是進都督同知，世廕千戶，遂代大猷爲總兵官。

明年二月，倭餘黨復糾新倭萬餘，圍仙遊三日。繼光擊敗之城下，又追敗之王倉坪，斬首數百級，餘多墜崖谷死，存者數千奔據漳浦蔡丕嶺。繼光分五哨，身持短兵緣崖上，俘斬數百人，餘賊遂掠漁舟出海去。久之，倭自浙犯福寧，繼光督參將李超等擊敗之。乘勝追

中華書局

永寧賊，斬馘三百有奇。尋與大猷擊走吳平於南澳，遂擊平餘孽之未下者。

繼光爲將號令嚴，賞罰信，士無敢不用命。與大猷均爲名將。操行不如，而果毅過之。大猷老將務持重，繼光則飆發電舉，屢摧大寇，名更出大猷上。

隆慶初，給事中吳時來以薊門多警，請召大猷、繼光專訓邊卒。部議獨用繼光，乃召爲神機營副將。會譚綸督師遼、薊，乃集步兵三萬，徵浙兵三千，請專屬繼光訓練。帝可之。二年五月命以都督同知總理薊州、昌平、保定三鎮練兵事，總兵官以下悉受節制。至鎮，上疏言：

薊門之兵，雖多亦少。其原有七。營軍不習戎事，而好末技，壯者役將門，老弱僅充伍，一也。邊塞逶迤，絕鮮郵置，使客絡繹，日事將迎，參游爲驛使，營壘皆傳舍，二也。寇至，則調遣無法，遠道赴期，卒斃馬僵，三也。守塞之卒約束不明，行伍不整，四也。臨陣馬軍不用馬，而反用步，五也。家丁盛而軍心離，六也。乘障卒不擇衝緩，備多力分，七也。七害不除，邊備曷修。

而又有士卒不練之失六，雖練無益之弊四。何謂不練？夫邊所藉惟兵，兵所藉惟將；今恩威號令不足服其心，分數形名不足齊其力，緩急難使，一也。有火器不能用，二也。棄土著不練，三也。諸鎮入衞之兵，嫌非統屬，漫無紀律，四也。班軍民兵數盈

四萬，人各一心，五也。練兵之要在先練將。今注意武科，多方保舉似矣，但此選將之事，非練將之道，六也。何謂雖練無益？今一營之卒，爲礮手者常十也。不知兵法五兵迭用，當長以衞短，短以救長，一也。三軍之士各專其藝，金鼓旗幟，何所不蓄，今皆置不用，二也。弓矢之力不强於寇，而欲藉以制勝，三也。教練之法，自有正門。美觀則不實用，實用則不美觀，而今悉無其實，四也。

臣又聞兵形象水，水因地而制流，兵因地而制勝。薊之地有三。平原廣陌，內地百里以南之形也。半險半易，近邊之形也。山谷仄隘，林薄蓊翳，邊外之形也。寇入平原，利車戰。在近邊，利馬戰。在邊外，利步戰。三者迭用，乃可制勝。今邊兵惟習馬耳，未嫻山戰、林戰、谷戰之道也，惟浙兵能之。願更予臣浙東殺手、礮手各三千，再募西北壯士，足馬軍五枝，步軍十枝，專聽臣訓練，軍中所需，隨宜取給，臣不勝至願。

又言：「臣官爲創設，諸將視爲綴疣，臣安從展布。」章下兵部，言薊鎮既有總兵，又設總理，事權分，諸將多觀望，宜召還總兵郭琥，專任繼光。乃命繼光爲總兵官，鎮守薊州、永平、山海諸處，而浙兵止弗調。錄破吳平功，進右都督。寇入青山口，拒卻之。

自嘉靖以來，邊牆雖修，墩臺未建。繼光巡行塞上，議建敵臺。略言：「薊鎮邊垣，延袤

二千里，一瑕則百堅皆瑕。比來歲修歲圮，徒費無益。請跨牆爲臺，睥睨四達。臺高五丈，虛中爲三層，臺宿百人，鎧仗糗糧具備。令戍卒畫地受工，先建千二百座。然邊卒木强，律以軍法將不堪，請募浙人爲一軍，用倡勇敢。」督撫上其議，許之。浙兵三千至，陳郊外。天大雨，自朝至日昃，植立不動。邊軍大駭，自是始知軍令。五年秋，臺功成。精堅雄壯，二千里聲勢聯接。詔予世廕，賚銀幣。

繼光乃議立車營。車一輛用四人推輓，戰則結方陣，而馬步軍處其中。又製拒馬器，體輕便利，遏寇騎衝突。寇至，火器先發，稍近則步軍持拒馬器排列而前，間以長鎗、筤筅。寇奔，則騎軍逐北。又置輜重營隨其後，而以南兵爲選鋒，入衞兵主策應，本鎮兵專戍守。節制精明，器械犀利，薊門軍容遂爲諸邊冠。

當是時，俺答已通貢，宣、大以西，烽火寂然。獨小王子後土蠻徙居插漢地，控弦十餘萬，常爲薊門憂。而朶顏董狐狸及其兄子長昂交通土蠻，時叛時服。萬曆元年春，二寇謀入犯。馳喜峯口，索賞不得，則肆殺掠，獵傍塞，以誘官軍。繼光掩擊，幾獲狐狸。其夏，復犯桃林，不得志去。長昂亦犯界嶺。官軍斬獲多，邊吏諷之降，狐狸乃款關請貢。廷議給以歲賞。明年春，長昂復窺諸口不得入，則與狐狸共逼長禿令入寇。繼光逐得之以歸。長禿者，狐狸之弟，長昂叔父也。於是二寇率部長親族三百人，叩關請死罪，狐狸服素衣叩頭

乞赦長禿。繼光及總督劉應節等議，遣副將史宸、羅端詣喜峯口受其降。皆羅拜，獻還所掠邊人，攢刀設誓。乃釋長禿，許通貢如故。終繼光在鎮，二寇不敢犯薊門。

尋以守邊勞，進左都督。已，增建敵臺，分所部十二區爲三協，協置副將一人，分練士馬。炒蠻入犯，湯克寬戰死，繼光被劾，不罪。久之，炒蠻偕妻大嬖只襲掠邊卒，官軍追破之。土蠻犯遼東，繼光急赴，偕遼東軍拒退之。繼光已加太子太保，錄功加少保。

自順義受封，朝廷以八事課邊臣：曰積錢穀、修險隘、練兵馬、整器械、開屯田、理鹽法、收塞馬、散叛黨。三歲則遣大臣閱視，而殿最之。繼光用是頻廕賚。南北名將馬芳、俞大猷前卒，獨繼光與遼東李成梁在。然薊門守甚固，敵無由入，盡轉而之遼，故成梁擅戰功。

自嘉靖庚戌俺答犯京師，邊防獨重薊。增兵益餉，騷動天下。復置昌平鎮，設大將，與薊相脣齒。猶時躪內地，總督王忬、楊選並坐失律誅。十七年間，易大將十人，率以罪去。繼光在鎮十六年，邊備修飭，薊門宴然。繼之者，踵其成法，數十年得無事。亦賴當國大臣徐階、高拱、張居正先後倚任之。居正尤事與商確，欲爲繼光難者，輒徙之去。諸督撫大臣如譚綸、劉應節、梁夢龍輩咸與善，動無掣肘，故繼光益發舒。

居正歿半歲，給事中張鼎思言繼光不宜於北，當國者遽改之廣東。繼光悒悒不得志，强一赴，踰年即謝病。給事中張希皐等復劾之，竟罷歸。居三年，御史傅光宅疏薦，反奪

倖。繼光亦遂卒。

繼光更歷南北，並著聲。在南方戰功特盛，北則專主守。所著紀效新書、練兵紀實，〔五〕談兵者遵用焉。

弟繼美，亦爲貴州總兵官。

有朱先者，嘉興人。當繼光時，爲薊鎮南兵營參將，遷副總兵。後數爲廣東、福建總兵官。

初起家武舉，募海濱鹽徒爲一軍。自胡宗憲爲御史至總督，皆倚任。先大小數十戰，皆先登，殺倭甚衆。以功授都司。

宗憲被逮，先解官護行。宗憲釋還，先乃歸。御史按福建，巡撫王詢侵軍費，檄先證之。先曰：「先，王公部將也，不敢誣府主。」御史怒，坐先萬金，論死繫獄，閱八年始白。萬曆初，用薦起圜山把總。歷登闖帥，以年老謝事歸。復起，辭不赴。

先爲將有胆智，砥節首公。其處宗憲、詢二事，時論以爲有國士風。

劉顯，南昌人。生而膂力絕倫，稍通文義。家貧落魄，之叢祠欲自經，神護之不死。間行入蜀，爲童子師。已，冒籍爲武生。

嘉靖三十四年，宜賓苗亂，巡撫張臬討之。顯從軍陷陣，手格殺五十餘人，擒首惡三人。諸軍繼進，賊盡平。顯由是知名。官副千戶，輸貲爲指揮僉事。

南京振武營初設，用兵部尚書張鏊薦，召令訓練。擢署都指揮僉事，僉書浙江都司。遷參將，分守蘇、松。倭犯江北，逼泗州，鏊檄顯防浦口。顯測賊將遁，追擊至安東。方暑，披單衣，率四騎誘賊，伏精甲岡下。賊出，斬一人。所乘馬中矢，下拔其鏃，射殺追者。誘至岡下，大敗之去。賊出所俘女子蠱將士，顯悉遣有司。明日伺賊出，潛燬其舟。賊敗走舟，舟已焚，死者無算。顯進秩三等。尋遷副總兵，協守江、浙。

三沙倭復劫江北，被圍於劉家莊。顯以銳卒數千至，巡撫李遂令盡護江北軍。顯率所部直入，諸營繼之，自辰迄酉。賊巢破，逐北至白駒場、茅花墩，斬首六百有奇，賊盡殄。而遂譖賊由三沙來，實盧鏜及顯罪。顯坐停俸。已，應天巡撫翁大立薦顯驍勇，請久任，帝可之。振武營兵變後，諸將務姑息，兵益驕。給事中魏元吉薦顯署都督僉事，節制其軍。顯挈蜀卒五百人往，一軍帖然。聞賊流入江西，大掠石城、臨川、東鄉、金谿，殺吏民萬計。詔顯赴剿，擊敗之陽湖，賊乃遁。

四十一年五月，廣東賊大起。詔顯充總兵官鎮守。會福建倭患棘，顯赴援。與參將戚繼光連破賊，賊略盡。而新倭大至，攻陷興化城。顯以兵少，逼城未敢戰，被劾，戴罪。賊以間攻據平海衞。他倭劫福清，謀與平海倭合。顯及俞大猷合於遮浪，盡殲之。平海倭欲遁，爲把總許朝光所邀敗。乃盡焚其舟，退還舊屯。戚繼光亦至，顯與大猷共助擊之，遂復興化。錄功，進先所廕世職二秩。江北倭未平，廷議設總兵官於狼山，統制大江南北，改顯任之。顯行部通州，以敕書許節制知府以下，而同知王汝言不爲禮，劾奏，錮其秩。已，移鎮浙江。

顯有將略，居官不守法度。巡按御史劾之，革任候勘。用巡撫劉畿薦，命充爲事官，鎮守如故。隆慶改元，以軍政拾遺被劾，貶秩視事。用巡撫谷中虛薦，還故官，移鎮貴州。廣西僮賊韋念父子僭稱王，攻剽安順。巡撫阮文中檄顯剿，俘斬五百餘人。四川巡撫曾省吾議征都掌蠻，令顯移鎮其地。復被劾罷，省吾奏留之。

都掌蠻者，居敍州戎縣，介高、珙、筠連、長寧、江安、納溪六縣間，古瀘戎也。〔六〕成化初爲亂，程信討平之。正德中，普法惡復爲亂，馬昊討平之。至是，其酋阿大、阿二、方三等據九絲山，剽遠近。其山修廣，而四隅峭仄。東北則雞冠嶺、都都寨、凌霄峯三岡，峻壁數千仞。有阿苟者，居凌霄峯，爲賊耳目，威儀出入如王者。省吾議討之，屬顯軍事。起故將

郭成、安大朝爲佐，調諸土兵，合官軍凡十四萬人。萬曆改元三月，畢集敍州，誘執阿苟，攻拔凌霄，進逼都都寨。三酋遣其黨阿墨固守。官軍頓匝月，鑿灘以通漕，擊斬阿墨，拔其寨。阿大自守雞冠。顯令人誘以官，而分五哨盡壁九絲城下。乘無備，夜半緣緪上，斬關入。遲明，諸將畢至。阿二、方三走保牡猪寨。郭成破雞冠，獲阿大。諸軍攻牡猪，擒方三。阿二走，追獲於貴州大盤山。克寨六十餘，獲賊魁三十六，俘斬四千六百，拓地四百餘里，得諸葛銅鼓九十三，銅鐵鍋各一。阿大泣曰：「鼓聲宏者爲上，可易千牛，次者七八百。得鼓二三，便可僭號稱王。鼓山巔，羣蠻畢集，今已矣。」鍋狀如鼎，大可函牛，刻畫有文彩。相傳諸葛亮以鼓鎮蠻。鼓失，則蠻運終矣。錄功，進顯都督同知。已而剿餘孽，復俘斬千一百有奇。

都掌蠻既滅，顯引疾求去，而以有司阻撓爲言。詔聽顯節制，顯益行其志。擊西川番沒舌、丟骨、人荒諸砦，斬其首惡，撫餘衆而還。建昌傀厦、洗馬諸番，咸獻首惡。西陲以寧。九年冬卒官。子綎，自有傳。

郭成，四川敍南衞人。由世職歷官蘇松參將，進副總兵。倭犯通州，爲守將李錫所敗，轉掠崇明三沙。成擊沈其舟，斬首百三十餘級。隆慶元年冬，擢署都督僉事，爲廣東總

兵官。渡海追會一本大獲，進署都督同知。叛將周雲翔等殺參將耿宗元，亡入賊中。屯平山大安峒，將寇海豐。成偕南贛軍夾擊之，斬首千三百餘級，獲被掠通判潘槐而下六百餘人，生縶雲翔。潮州諸屬邑，賊巢以百數。郭明據林樟，胡一化據北山洋，陳一義據馬湖，剽劫二十載。成督諸軍擊殺明等，俘斬千三百有奇。四川都掌蠻爲亂，詔成移鎮。尋被劾，罷歸。

萬曆改元，命劉顯大征，詔成充爲事官，爲之副。先登九絲山，生縶阿大。初，成父爲蠻殺，乃以所斬首級及生擒諸蠻置父墓前，剖心致祭，鄉人壯之。尋僉書南京後府，出爲貴州總兵官，鎮守銅仁。成有膽智。每苗出掠，潛遣壯士入其砦，斬馘而出。嘗挺身入林箐察賊。苗一日數驚，曰：「郭將軍至矣。」相戒莫敢犯。復被劾，罷歸。

起四川總兵官。永寧宣撫奢效忠卒，其妻奢世統無子，妾奢世續子崇周幼。前總兵劉顯因命世續署宣撫印。世統怒，攻奪其落紅寨。世續奔永寧。成遣義兒郭天心偕指揮禹嘉績按問。〔七〕天心遂據世續永寧私第，罄取其資，而成亦入落紅，盡掠奢氏九世之積。效忠弟沙卜遂拒殺裨將三人，執天心等。撫、按交章劾成，下吏，遣戍雲南。會有松茂之役，薦從軍。成乃將七千人，直抵黃沙。屢破賊，與總兵官李應祥盡平河東西諸巢，以功授參將。復偕應祥大破賦乃諸賊，增世職二級。賦乃黨楊九乍復出爲亂，成討平之。火落

赤擾西寧，四川巡撫李尚思以地近松潘，檄成軍松林，游擊萬鏊軍漳臘。寇不敢逼，西陲獲安。楊應龍叛，成進討，無功，戴罪辦理。尋卒於官。

李錫，歙人。世新安衞千戶。倭警，數有功，爲通州守備。屢擢揚州參將，江北副總兵。隆慶元年冬，以署都督僉事爲福建總兵官。

海寇曾一本横行閩、廣間，俞大猷將赴廣西，總督劉燾令會閩師夾擊。一本至閩，錫出海禦之，與大猷遇賊柘林澳，三戰皆捷。賊遁馬耳澳復戰。會廣東總兵官郭成率參將王詔等以師會，次萊蕪澳，分三哨進。一本駕大舟力戰，諸將連破之，燬其舟。詔生擒一本及其妻，斬首七百餘，死水火者萬計。時廣寇惟一本最强，錫、大猷、成共平之，而錫功最鉅。其後一本餘黨梁本豪復亂，爲黃應甲所擒，然視錫時力較易。錫論功，加署都督同知。倭入寇，擊却之。

六年春，以征蠻將軍代大猷鎮廣西平樂。府江者，桂林抵梧州驛道也。南北亙五百里，兩岸崇山深箐，賊巢盤亙。自嘉靖間張岳破平後，至是復猖獗。嘗執知州邀重賄。道路梗塞，城門晝閉。大猷議討之，會罷官去。巡撫郭應聘與錫計，徵兵六萬，令參將錢鳳翔、王世科，都指揮王承恩、董龍各將一軍，以副使鄭茂、金柱，僉事夏道南監之，錫居中節制。破賊巢數十，斬馘五千有奇，僮酋楊錢甫等悉授首。錄功，進世職二等。

柳州懷遠，瑤、僮、伶、侗環居之，瑤尤獷悍。侵據縣治久，吏民率寓郡城。隆慶時大征古田，諸瑤懼而聽命。知縣馬希武之官，〔八〕繕城塹，程役過嚴，諸瑤殺希武及經歷等五人，復反。巡撫應聘與總督殷正茂議征之。萬曆元年正月，錫進次長安鎮。會連雨雪，乃退師。益徵浙東鳥銃手、湖廣永順鈎刀手及狼兵十萬人，令參將鳳翔、世科，都指揮楊照、戚繼美，故參將亦孔昭、魯國賢，六道並進，監以副使沈子木。錫自統水師，次羅江，獨當其衝。時賊屯板江大洲，累石樹柵，潛以舟來襲。錫伏舟敗之，水陸並進。會鳳翔等亦至，賊悉舟西遁。追擊，連破數巢。賊據楓木大山，前阻隄澗，鼓譟出。諸軍奮擊，而別以奇兵繞其後。賊大奔，保天鵝嶺。錫以水軍截潯江，督諸將攻斬渠魁二人。乘勝復破數巢，直抵清州界。賊奔大巢，亙數里，崖壁峭絕，爲重柵拒官軍，鏢弩矢石雨下。婦人裸體揚箕，擲牛羊犬首爲厭勝。諸軍大呼直上，四面舉火，賊盡殲。先後破巢一百四十，獻馘三千五百有奇，俘獲撫降者無算。

永福、永寧、柳城幷以賊告，洛容僮又殺典史。錫令王瑞討永寧，〔九〕楊照討柳城，〔一〇〕參將門崇文討永福，亦孔昭討洛容，己帥舟師屯理定江，節制諸軍。甫一旬，四道並捷。斬

首四千五百有奇，洛容賊首陶浪金等俱伏誅。錫以功進秩二等。巡按御史唐鍊〔一一〕言錫一年內破賊二百一十四巢，獲首功一萬二千餘級，宜久其任。帝可之。尋從淩雲翼大破羅旁賊，授世廕百戶。六年，卒官。

黃應甲者，不知何許人。隆慶中，以潯梧左參將從俞大猷討平韋銀豹，進秩二等。萬曆五年屢遷浙江總兵官。改鎮廣東。龍川鮑時秀者，妻杜氏，有妖術。乃據義都緃嶺，立二十四方大總，自號無敵峒王，既降復反。應甲討平之。蜑戶蘇觀陞、周才雄招亡命數千人，縱掠雷、廉間，殺斷州千戶田治。應甲率五軍並進，生擒觀陞、才雄，斬首四百餘級，其黨縛酋長陳泉以降。

未幾，梁本豪亂。本豪，故曾一本黨，亦蜑戶也。一本誅，竄海中，習水戰，遠通西洋。且結倭兵爲助，殺千戶，掠通判以去。十年六月，總督陳瑞與應甲謀，分水軍二，南駐老萬山備倭，東駐虎門備蜑，別以兩軍備外海，兩軍扼要害。水軍沈蜑舟二十，生擒本豪。諸軍競進，大破之石茅洲。賊復奔潭洲沙灣，聚舟二百，及倭舟十，相掎角。諸將合追，先後俘斬千六百有奇，沈其舟二百餘，撫降者二千五百。帝爲告郊廟，大行敍賚，應甲等進秩有差。他倭寇瓊崖，應甲斬首二百餘，奪其舟。再賜金。旋入僉左軍府。罷歸，卒。

尹鳳，字德輝，南京人。錫總兵福建時部將也，〔一二〕世府軍後衞指揮同知。鳳早孤。讀書，嫻騎射。嘉靖中舉武科，鄉、會試皆第一。擢署都指揮僉事，備倭福建。徙僉浙江都司，進福建參將。倭陷福清、南安，連綜出海。鳳邀擊，沈其七舟。追至外洋，連戰浯嶼、東洛、七礁，擒斬二百人。擊倭梅花洋走之，追至橫山，擒斬二百六十。大小凡十數戰，內地賴以稍寧。改掌浙江都司，謝病歸。隆慶初，以故官涖福建，從錫平曾一本。萬曆初，累官署都督僉事，提督京城巡捕。未幾，謝事歸。

張元勳，字世臣，浙江太平人。嗣世職爲海門衞新河所百戶。沈毅有謀。值倭警，隸戚繼光麾下。有功，進千戶。從破橫嶼諸賊，屢進署都指揮僉事，充福建游擊將軍。隆慶初，破倭福安，改南路參將。從李錫破曾一本，進副總兵。

五年春，擢署都督僉事，代郭成爲總兵官，鎭守廣東。惠州河源賊唐亞六、廣州從化賊萬尚欽、韶州英德賊張廷光劫掠郡縣，莫能制。明年，元勳進勦。斬馘六百有奇，亞六等授首，餘黨悉平。肇慶恩平十三村賊陳金鶯等，與鄰邑苔村三巢賊羅紹清、林翠蘭、譚權伯、

藤峒、九逕十寨賊黃飛鶯、丘勝富、黃高暉、諸可行、黃朝富等，相煽爲亂。故事，兩粵惟大征得敍功，鵰勦不敍，故諸將不樂鵰勦。總督殷正茂與元勳計，令鵰勦得論功，諸軍爭奮。正茂又密遣副將梁守愚、游擊王瑞等屯恩平，若常戍者，掩不備，斬翠蘭等，生擒紹清、權伯以獻。其諸路鵰勦者，效首功二千四百有奇，還被掠子女千三百餘人，生得金鶯，惟高暉等亡去。元勳逐北至藤峒，〔一三〕又生獲勝富、可行、朝富等八十人。部將鄧子龍等亦獲高暉、飛鶯。三巢、十寨、十三村諸賊盡平，餘悉就撫。

惠、潮地相接，山險木深。賊首藍一清、賴元爵與其黨馬祖昌、黃民太、曾廷鳳、黃鳴時、曾萬璋、李仲山、卓子望、葉景清、曾仕龍等各據險結砦，連地八百餘里，黨數萬人。正茂議大征。會金鶯等已滅，諸賊頗懼。廷鳳、萬璋並遣子入學，祖昌、景清亦佯乞降。正茂知其詐，徵兵四萬，令參將李誠立、沈思學、王詔，游擊王瑞等分將之，元勳居中節制，監司陳奎、唐九德、顧養謙、吳一介監其軍，數道並進。賊敗，乃憑險自守。官軍遍搜深箐邃谷間。而元勳偕九德，追亡至南嶺。一日夜馳至養謙所，擊破李坑，生得子望等。明年破烏禽嶂。仕龍阻高山，元勳佯飲酒高會，忽進兵擊擒之。先後獲大賊首六十一人，次賊首六百餘人，破大小巢七百餘所，擒斬一萬二千有奇。帝爲宣捷，告郊廟，進元勳署都督同知，世廕百戶。元勳復討斬餘賊千三百有奇，撫定降者。巨寇皆靖。

潮州賊林道乾之黨諸良寶既撫復叛，襲殺官軍，掠六百人入海。再犯陽江，敗走。乃據潮故巢，居高山巔，不出戰。官軍營淤泥中。副將李誠立挑戰，墜馬傷足，死者二百人。賊出掠而敗，走巢固守。元勳積草土與賊壘平，用火攻之，斬首千一百餘級。時萬曆二年三月也。捷聞，進世廕一級。遺孽魏朝義等四巢亦降。尋與胡宗仁共平良寶黨林鳳。惠、潮遂無賊。其冬，倭陷銅鼓石、雙魚城。元勳大破之儒峒，俘斬八百餘級。進秩爲眞。五年，從總督淩雲翼大征羅旁賊，斬首萬六千餘級。進都督，改廕錦衣。尋以疾致仕，卒於家。

元勳起小校。大小百十戰，威名震嶺南。與廣西李錫並稱良將。

贊曰：世宗朝，老成宿將以俞大猷爲稱首，而數奇屢躓。以內外諸臣攘敓，而掩遏其功者衆也。戚繼光用兵，威名震寰宇。然當張居正、譚綸任國事則成，厥後張鼎思、張希皐等居言路則廢。任將之道，亦可知矣。劉顯平蠻引疾，而以有司阻撓爲辭，有以夫。李錫、張元勳首功甚盛，而不蒙殊賞，武功所由不競也。

校勘記

〔一〕其黨王世橋復叛　王世橋，本書卷二二二明史稿傳一〇一吳桂芳傳並作「王西橋」。

〔二〕殺參政黎民表　參政，原作「參將」，據本書卷二二二及明史稿傳一〇〇殷正茂傳改。黎民表，世宗實錄卷五四一嘉靖四十三年十二月壬辰條同，本書及明史稿殷正茂傳、本書卷三一七及明史稿傳一九一桂林傳、國榷卷六四頁四〇〇八作「黎民衷」。

〔三〕副使翁時器　副使，世宗實錄卷五一五嘉靖四十一年十一月己酉條、國榷卷六三頁三九八五作「參政」。

〔四〕通判奚世亮攝府事　通判，世宗實錄卷五一五嘉靖四十一年十一月己酉條作「同知」，國榷卷六三頁三九八五作「署印同知」。

〔五〕練兵紀實　原作「練兵事實」，據本書卷九八藝文志、千頃堂書目卷一三、四庫全書總目卷一〇〇改。

〔六〕古瀘戎也　原作「古瀘賊也」，據明史稿傳九一劉顯傳改。

〔七〕成遣義兒郭天心偕指揮禹嘉績按問　禹嘉績，原作「禹嘉續」，據明史稿傳九一劉顯傳附郭成傳改。

〔八〕知縣馬希武之官　馬希武，明史稿傳九一李錫傳及萬曆武功錄頁三五二懷遠諸猺僮列傳並同。

中華書局

而神宗實錄卷六隆慶六年十月庚申條及國榷卷六八頁四二〇八作「馮希武」。

〔九〕錫令王瑞討永寧　王瑞，原作「王端」。本書卷二一二張元勳傳作「王端」又作「王瑞」，按本書卷三一七及明史稿傳一九一柳州傳，萬曆武功錄頁三六〇永寧洛容諸僮列傳都作「王瑞」，據改。下同。

〔一〇〕楊照討柳城　楊照，原作「柳照」，據本傳上文及萬曆武功錄卷四永寧洛容諸僮列傳改。

〔一一〕巡按御史唐鍊　唐鍊，原作「唐諫」，據明史稿傳九一李錫傳、萬曆武功錄頁三六〇永寧洛容諸僮列傳改。

〔一二〕錫總兵福建時部將也　部將，原作「步將」，據明史稿傳九一李錫傳附尹鳳傳改。

〔一三〕元勳逐北至藤峒　藤峒，原作「滕峒」，據明史稿傳九一張元勳傳改。

明史

清　張廷玉等撰

第一九册

卷二一三至卷二二六(傳)

中華書局

中華書局

明史卷二百十三

列傳第一百一

徐階 弟陟 子璠等　高拱 郭朴　張居正 曾孫同敞

徐階，字子升，松江華亭人。生甫周歲，墮眢井，出三日而蘇。五歲從父道括蒼，墮高嶺，衣掛於樹不死。人咸異之。嘉靖二年進士第三人。授翰林院編修，予歸娶。丁父憂，服除，補故官。階爲人短小白晳，善容止。性穎敏，有權略，而陰重不泄。讀書爲古文辭，從王守仁門人遊，有聲士大夫間。

帝用張孚敬議欲去孔子王號，易像爲木主，籩豆禮樂皆有所損抑。下儒臣議，階獨持不可。孚敬召階盛氣詰之，階抗辯不屈。孚敬怒曰：「若叛我。」階正色曰：「叛生於附。階未嘗附公，何得言叛？」長揖出。斥爲延平府推官。連攝郡事。出繫囚三百，毀淫祠，創鄉社學，捕劇盜百二十人。遷黃州府同知，擢浙江按察僉事，進江西按察副使，俱視學政。

皇太子出閣，召拜司經局洗馬兼翰林院侍講。丁母憂歸。服除，擢國子祭酒，遷禮部右侍郎，尋改吏部。故事，吏部率鐍門，所接見庶官不數語。階折節下之。見必深坐，咨邊腹要害，吏治民瘼。皆自喜得階意，願爲用。尚書熊浹、唐龍、周用皆重階。階數署部事，所引用宋景、張岳、王道、歐陽德、范鏓皆長者。用卒，聞淵代，自處前輩，取立斷。階意不樂，求出避之。命兼翰林院學士，教習庶吉士。尋掌院事，進禮部尚書。

帝察階勤，又所撰青詞獨稱旨，召直無逸殿。與大學士張治、李本俱賜飛魚服及上方珍饌、上尊無虛日。廷推吏部尚書，不聽，不欲階去左右也。階遂請立皇太子，不報。復連請之，皆不報。後當冠婚，復請先裕王，後景王，帝不懌。尋以推恩加太子太保。

俺答犯京，階請釋周尚文及戴綸、歐陽安等自效，報可。已，請帝還大內，召羣臣計兵事，從之。中官陷寇歸，以俺答求貢書進。帝以示嚴嵩及階，召對便殿。嵩曰：「饑賊耳，不足患。」階曰：「傅城而軍，殺人若刈菅，何謂饑賊？」帝然之，問求貢書安在。嵩出諸袖曰：「禮部事也。」帝復問階。階曰：「寇深矣，不許恐激之怒，許則彼厚要我。請遣譯者紿緩之，我得益爲備。援兵集，寇且走。」帝稱善者再。嵩、階因請帝出視朝。寇尋飽去，乃下階疏，弗許貢。

嵩怙寵弄權，猜害同列。既仇夏言置之死，而言嘗薦階，嵩以是忌之。初，孝烈皇后崩，帝欲祔之廟，念壓於先孝潔皇后，又睿宗入廟非公議，恐後世議祧，遂欲當已世預祧仁

宗，以孝烈先祔廟，自爲一世，下禮部議。階抗言女后無先入廟者，請祀之奉先殿，禮科都給事中楊思忠亦以爲然。疏上，帝大怒。階皇恐謝罪，不能守前議。帝又使階往邯鄲落成呂仙祠。階不欲行，乃以議祔廟解，得緩期。至寇逼城，帝益銜階。摘思忠元旦賀表誤，廷杖之百，斥爲民，以怵階。嵩因謂階可間也，中傷之百方。一日獨召對，語及階。嵩徐曰：「階所乏非才，但多二心耳。」蓋以其嘗請立太子也。階危甚，度未可與爭，乃謹事嵩，而益精治齋詞迎帝意，左右亦多爲地者。帝怒漸解。未幾，加少保，尋進兼文淵閣大學士，參預機務。密疏發咸寧侯仇鸞罪狀。嵩以階與鸞嘗同直，欲因鸞以傾階。及聞鸞罪發自階，乃愕然止，而忌階益甚。

帝既誅鸞，益重階，數與謀邊事。時議減鸞所益衞卒，階言：「不可減。又京營積弱之故，卒不在乏而在冗，宜精汰之，取其廩以資賞費。」又請罷提督侍郎孫禬。帝始格於嵩，久而皆用之。一品滿三載，進勳，爲柱國，再進兼太子太傅、武英殿大學士。滿六載，兼食大學士俸，再錄子爲中書舍人，加少傅。九載，改兼吏部尚書。賜宴禮部，璽書褒諭有加。帝雖重階，稍示形迹。嘗以五色芝授嵩，使鍊藥，謂階政本所關，不以相及。階皇恐請，乃得之。帝亦漸委任階，亞於嵩。

楊繼盛論嵩罪，以二王爲徵，下錦衣獄。嵩屬陸炳究主使者。階戒炳曰：「卽不慎，一

及皇子，如宗社何！」又爲危語動嵩曰：「上惟二子，必不忍以謝公，所罪左右耳。公奈何顯結宮邸怨也。」嵩慺懼，乃寢。倭躪東南，帝數以問階，階力主發兵。階又念邊卒苦饑，請收畿內麥數十萬石，自居庸輸宣府，紫荊輸大同。帝悅，密傳諭行之。楊繼盛之劾嵩也，嵩固疑階。趙錦、王宗茂劾嵩，〔一〕階又議薄其罰。及是給事中吳時來、主事董傳策、張翀劾嵩不勝，皆下獄。傳策，階里人；時來、翀，階門生也。嵩遂疏辨，顯謂階主使，帝不聽。有所密詢，皆舍嵩而之階。尋加太子太師。

帝所居永壽宮災，徙居玉熙殿，〔二〕隘甚，欲有所營建，以問嵩。嵩請還大內，帝不懌。問階，階請以三殿所餘材，責尚書雷禮營之，可計月而就。帝悅，如階議。命階子尚寶丞璠兼工部主事董其役，十旬而功成。帝卽日徙居之，命曰萬壽宮。以階忠，進少師，兼支尚書俸，予一子中書舍人。子璠亦超擢太常少卿。嵩乃日屈。嵩子世蕃貪橫淫縱狀亦漸聞，階乃令御史鄒應龍劾之。帝勒嵩致仕，擢應龍通政司參議。階遂代嵩爲首輔。

已而帝念嵩供奉勞，憐之。又以嵩去，忽忽不樂，乃降諭欲退而修眞且傳嗣，復責階等奈何以官與邪物，謂應龍也。階言：「退而傳嗣，臣等不敢奉命。應龍之轉，乃二部奉旨行之。」帝乃已。

帝以嵩在直久，而世蕃顧爲奸於外，因命階無久直。階窺帝意，言苟爲奸，在外猶在

中華書局

內，固請入直。帝以嵩直廬賜階。階榜三語其中曰：「以威福還主上，以政務還諸司，以用舍刑賞還公論。」於是朝士侃侃，得行其意。袁煒數出直，階請召與共擬旨。因言「事同衆則公，公則百美基；專則私，私則百弊生。」帝頷之。階以張孚敬及嵩導帝猜刻，力反之，務以寬大開帝意。帝惡給事御史抨擊過當，欲有所行遣。階委曲調劑，得輕論。會問階知人之難。階對曰：「大奸似忠，大詐似信。惟廣聽納，則窮兇極惡，人爲我攖之；深情隱慝，人爲我發之。故聖帝明王，有言必察。卽不實，小者置之，大則薄責而容之，以鼓來者。」帝稱善。言路益發舒。

寇由牆子嶺入，直趨通州。帝方祠齋，兵部尚書楊博不敢奏，謀之階，檄宣府總兵官馬芳、宣大總督江東入援。芳兵先至，階請亟賞之，又請重東權，俾統諸道兵。寇從通掠香河，階請亟備順義，而以奇兵邀之古北口。寇趨順義不得入，乃走古北口。其後軍遇參將郭琥伏而敗，頗得其所掠人畜輜重。始帝怒博不早聞與總督楊選之任寇入也，欲罪之未發。階言：「博雖以祠齋禁不敢聞，而二鎭兵皆其所先檄。若選則非尾寇，乃送之出境耳。」帝竟誅選，不罪博。進階建極殿大學士。

袁煒以疾歸，道卒，階獨當國。屢請增閣臣，且乞骸骨。乃命嚴訥、李春芳入閣，而待階益隆。以一品十五載考，恩禮特厚，復賜玉帶、繡蟒、珍藥。帝手書問階疾，諄懇如家人，階

益恭謹。帝或有所委，通夕不假寐，應制之文未嘗踰頃刻期。帝日益愛階。階採輿論利便者，白而行之。嘉靖中葉，南北用兵。邊鎭大臣小不當帝指，輒逮下獄誅竄，閣臣復竊顏色爲威福。階當國後，緹騎省減，詔獄漸虛，任事者亦得以功名終。於是論者翕然推階爲名相。

嚴訥請告歸，命郭朴、高拱入閣，與春芳同輔政，事仍決於階。階數請立太子，不報。已而景王之藩，病薨。階奏奪景府所占陂田數萬頃還之民，楚人大悅。帝欲建雩壇及興都宮殿，階力止之。鄢懋卿驟增鹽課四十萬金，階風御史請復故額。方士胡大順等勸帝餌金丹，階力陳其矯誣狀，大順等尋伏法。帝服餌病躁。戶部主事海瑞極陳帝失，帝恚甚，欲卽殺之，階力救得繫。帝病甚，忽欲幸興都，階力爭乃止。未幾，帝崩。階草遺詔，凡齋醮、土木、珠寶、織作悉罷，「大禮」大獄、言事得罪諸臣悉牽復之。詔下，朝野號慟感激，比之楊廷和所擬登極詔書，爲世宗始終盛事云。

同列高拱、郭朴以階不與共謀，不樂。朴曰：「徐公謗先帝，可斬也。」拱初侍穆宗裕邸，階引之輔政，然階獨柄國，拱心不平。世宗不豫時，給事中胡應嘉嘗劾拱，拱疑階嗾之。隆慶元年，應嘉以救考察被黜者削籍去，言者謂拱修舊郤脅階斥應嘉。階復請薄應嘉罰，言者又劾拱。拱欲階擬杖，階從容譬解，拱益不悅。令御史齊康劾階，言其二子多干請及家人橫里中狀。階疏辯，乞休。九卿以下交章劾拱譽階，拱遂引疾歸。康竟斥，朴亦以言者

攻之，乞身去。

給事、御史多起廢籍，恃階而強，言多過激。帝不能堪，諭階等處之。同列欲擬譴，階曰：「上欲譴，我曹當力爭，乃可導之譴乎。」請傳諭令省改。帝亦勿之罪。是年詔翰林撰中秋宴致語，階言：「先帝未撤几筵，不可宴樂。」帝爲罷宴。帝命中官分督團營，階力陳不可而止。南京振武營兵屢譁，階欲汰之。慮其據孝陵不可攻也，先令操江都御史唐繼祿督江防兵駐陵傍，而徐下兵部分散之。事遂定。羣小璫毆御史於午門，都御史王廷將糾之。階曰：「不得主名，劾何益？且慮彼先誣我。」乃使人以好語誘大璫，先錄其主名。廷疏上，乃分別逮治有差。階之持正應變，多此類也。

階所持諍，多宮禁事，行者十八九，中官多側目。會帝幸南海子，階諫，不從。方乞休，而給事中張齊以私怨劾階，階因請歸。帝意亦漸移，許之。賜馳驛。以春芳請，給夫廩，璽書褒美，行人導行，如故事。陛辭，賜白金、寶鈔、彩幣、襲衣。舉朝皆疏留，報聞而已。王廷後刺得張齊納賄事，劾戍之邊。階既行，春芳爲首輔，未幾亦歸。拱再出，扼階不遺餘力。郡邑有司希拱指，爭齮齕階，盡奪其田，戍其二子。會拱復爲居正所傾而罷，事乃解。萬曆十年，〔三〕階年八十。詔遣行人存問，賜璽書、金幣。明年卒。贈太師，謚文貞。

階立朝有相度，保全善類。嘉、隆之政多所匡救。間有委蛇，亦不失大節。

階弟陟，嘉靖二十六年進士。累官南京刑部侍郎。子璠，以蔭官太常卿；琨、瑛，尚寶卿。孫元春，進士，亦官太常卿。元春孫本高，官錦衣千戶。天啓中拒魏忠賢建祠奪職。崇禎改元以薦起，累官左都督。諸生念祖，國變城破，與妻張，二妾陸、李，皆自縊。

高拱，字肅卿，新鄭人。嘉靖二十年進士。選庶吉士。踰年授編修。穆宗居裕邸，出閣講讀，拱與檢討陳以勤並爲侍講。世宗諱言立太子，而景王未之國，中外危疑。拱侍裕邸九年，啓王益敦孝謹，敷陳剴切。王甚重之，手書「懷賢忠貞」字賜焉。累遷侍講學士。嚴嵩、徐階遞當國，以拱他日當得重，薦之世宗。拜太常卿，掌國子監祭酒事。四十一年擢禮部左侍郎。尋改吏部兼學士，掌詹事府事。進禮部尚書，召入直廬。撰齋詞，賜飛魚服。四十五年拜文淵閣大學士，與郭朴同入閣。拱與朴皆階所薦也。

世宗居西苑，閣臣直廬在苑中。拱未有子，移家近直廬，時竊出。一日帝不豫，誤傳非常，拱遽移具出。始階甚親拱，引入直。拱驟貴，負氣頗忤階。給事中胡應嘉，階鄉人也，以劾拱姻親自危，且瞯階方與拱郤，遂劾拱不守直廬，移器用於外。世宗病亟，勿省也。拱

疑應嘉受階指，大慽之。

穆宗即位，進少保兼太子太保。階雖爲首輔，而拱自以帝舊臣，數與之抗，朴復助之。階漸不能堪。而是時以勤與張居正皆入閣，居正亦侍裕邸講。階草遺詔獨與居正計，拱心彌不平。會議登極賞軍及請上裁去留大臣事，階悉不從拱議，嫌益深。應嘉掌吏科，佐部院考察。事將竣，忽有所論救。帝責其牴牾，下閣臣議罰。朴奮然曰：「應嘉無人臣禮，當編氓。」階旁睨拱，見拱方怒，勉從之。言路謂拱以私怨逐應嘉，交章劾之。給事中歐陽一敬劾拱尤力。階於拱辯疏，擬旨慰留，而不甚譴言者。拱益怒，相與忿詆閣中。御史齊康爲拱劾階，康坐黜。於是言路論拱者無虛日，南京科道至拾遺及之。拱不自安，乞歸，遂以少傅兼太子太傅、尚書、大學士養病去。隆慶元年五月也。拱以舊學蒙眷注，性強直自遂，頗快恩怨，卒不安其位去。既而階亦乞歸。

三年冬，帝召拱以大學士兼掌吏部事。拱乃盡反階所爲，凡先朝得罪諸臣以遺詔錄用贈卹者，一切報罷。且上疏極論之曰：「明倫大典頒示已久。今議事之臣假託詔旨，凡議禮得罪者悉從褒顯，將使獻皇在廟之靈何以爲享？先帝在天之靈何以爲心？而陛下歲時入廟，亦何以對越二聖？臣以爲未可。」帝深然之。法司坐方士王金等子弑父律。拱復上疏曰：「人君隕於非命，不得正終，其名至不美。先帝臨御四十五載，得歲六十有餘。末年

抱病，經歲上賓，壽考令終，曾無暴遽。今謂先帝爲王金所害，誣以不得正終，天下後世視先帝爲何如主。乞下法司改議。」帝復然拱言，命減戍。拱之再出，專與階修郤，所論皆欲以中階重其罪。賴帝仁柔，弗之竟也。階子弟頗橫鄉里。拱以前知府蔡國熙爲監司，簿錄其諸子，皆編戍。所以扼階者，無不至。逮拱去位，乃得解。

拱練習政體，負經濟才，所建白皆可行。其在吏部，欲遍識人才，授諸司以籍，使署賢否，誌爵里姓氏，月要而歲會之。倉卒舉用，皆得其人。又以時方憂邊事，請增置兵部侍郎，以儲總督之選。由侍郎而總督，由總督而本兵，中外更番，邊材自裕。又以兵者專門之學，非素習不可應卒。儲養本兵，當自兵部司屬始。宜慎選司屬，多得智謀才力曉暢軍旅者，久而任之，勿遷他曹。他日邊方兵備督撫之選，皆於是取之。更各取邊地之人以備司屬，如銓司分省故事，則題覆情形可無扞格，并重其賞罰以鼓勵之。凡邊地有司，其責頗重，不宜付雜流及遷謫者。皆報可，著爲令。拱又奏請科貢與進士並用，勿循資格。其在部考察，多所參伍，不盡憑文書爲黜陟，亦不拘人數多寡，黜者必告以故，使衆咸服。古田瑤賊亂，用殷正茂總督兩廣。曰：「是雖貪，可以集事。」貴州撫臣奏土司安國亨將叛，命阮文中代爲巡撫。臨行語之曰：「國亨必不叛，若往，無激變也。」既而如其言。以廣東有司多貪黷，特請旌廉能知府侯必登，以厲其餘。又言馬政、鹽政之官，名爲卿、爲使，而實以閒局視

之。失人廢事，漸不可訓。惟敎官驛遞諸司，職卑祿薄，遠道爲難。宜銓注近地，以恤其私。詔皆從之。拱所經畫，皆此類也。

俺答孫把漢那吉來降，總督王崇古受之，請於朝，乞授以官。朝議多以爲不可，拱與居正力主之。遂排衆議請於上，而封貢以成。事具崇古傳。進拱少師兼太子太師、尚書、大學士，改建極殿。拱以邊境稍寧，恐將士惰玩，復請敕邊臣及時閒暇，嚴爲整頓，仍時遣大臣閱視。帝皆從之。遼東奏捷，進柱國、中極殿大學士。

尋考察科道，拱請與都察院同事。時大學士趙貞吉掌都察院，持議稍異同。給事中韓楫劾貞吉有所私庇。貞吉疑拱嗾之，遂抗章劾拱，拱亦疏辨。帝不直貞吉，令致仕去。拱既逐貞吉，專橫益著。尚寶卿劉奮庸上疏陰斥之，給事中曹大埜疏劾其不忠十事，皆謫外任。拱初持清操，後其門生、親串頗以賄聞，致物議。帝終眷拱不衰也。

始拱爲祭酒，居正爲司業，相友善，拱亟稱居正才。及是李春芳、陳以勤皆去，拱爲首輔，居正肩隨之。拱性直而傲，同官殷士儋輩不能堪，居正獨退然下之，拱不之察也。馮保者，中人，性黠，次當掌司禮監。拱薦陳洪及孟沖，帝從之。保以是怨拱，而居正與保深相結。六年春，帝得疾，大漸，召拱與居正、高儀受顧命而崩。初，帝意專屬閣臣，而中官矯遺詔命與馮保共事。

神宗即位，拱以主上幼沖，懲中官專政，條奏請詘司禮權，還之內閣。又命給事中雒遵、程文合疏攻保，而已從中擬旨逐之。拱使人報居正，居正陽諾之，而私以語保。保訴於太后，謂拱擅權不可容，太后頷之。明日召羣臣入，宣兩宮及帝詔。拱意必逐保也，急趨入。比宣詔，則數拱罪而逐之。拱伏地不能起，居正掖之出，僦騾車出宣武門。居正乃與儀請留拱，弗許。請得乘傳，許之。拱既去，保憾未釋。復搆王大臣獄，欲連及拱，已而得寢。居家數年，卒。居正請復其官與祭葬如例。中旨給半葬，祭文仍寓貶詞云。久之，廷議論拱功。贈太師，謚文襄，廕嗣子務觀爲尚寶丞。

郭朴，字質夫，安陽人。嘉靖十四年進士。選庶吉士。累官禮部右侍郎，入直西苑。歷吏部左、右侍郎兼太子賓客。南京禮部缺尚書，帝憐朴久次，特加太子少保擢任之。朴辭曰：「幸與撰述，不欲遠離闕下。」帝大喜，命即以太子少保、禮部尚書、詹事府侍直如故。頃之，吏部尚書歐陽必進罷，即以朴代之。越二年，以父喪去。及嚴訥由吏部入閣，帝謀代者。時董份以工部尚書行吏部左侍郎事，方受帝眷，而爲人貪狡無行。徐階慮其代訥，急言於帝，起朴故官。朴固請終制，不許。尋以考績，加太子太保。四十五年兼武英殿大學士，入預機務，與高拱並命。階早貴，權重，春芳、訥事之謹，至

不敢講鈞禮。而朴與拱鄉里相得，事階稍倨，拱尤負才自恣。及世宗崩，階草遺詔，盡反時政之不便者。拱與朴不得與聞，大恚，兩人遂與階有隙。言路劾拱者多及朴。拱謝病歸，朴不自安，亦求去。帝固留之。時朴已加至少傅、太子太傅矣。御史龐尙鵬、淩儒等攻不止，遂三疏乞歸。家居二十餘年卒。贈太傅，謚文簡。

朴爲人長者。兩典銓衡，以廉著。輔政二年無過。特以拱故，不容於朝，時頗有惜之者。

張居正，字叔大，江陵人。少穎敏絕倫，十五爲諸生。巡撫顧璘奇其文，曰：「國器也。」未幾，居正舉於鄉，璘解犀帶以贈，且曰：「君異日當腰玉，犀不足溷子。」嘉靖二十六年，居正成進士，改庶吉士。日討求國家典故。徐階輩皆器重之。授編修，請急歸，亡何還職。

居正爲人，頎面秀眉目，鬚長至腹。勇敢任事，豪傑自許。然沉深有城府，莫能測也。嚴嵩爲首輔，忌階，善階者皆避匿。居正自如，嵩亦器居正。遷右中允，領國子司業事。與祭酒高拱善，相期以相業。尋還理坊事，遷侍裕邸講讀。王甚賢之，邸中中官亦無不善居正者。而李芳數從問書義，頗及天下事。尋遷右諭德兼侍讀，進侍講學士，領院事。

階代嵩首輔，傾心委居正。世宗崩，階草遺詔，引與共謀。尋遷禮部右侍郎兼翰林院學士。月餘，與裕邸故講官陳以勤俱入閣，而居正爲吏部左侍郎兼東閣大學士。尋充世宗實錄總裁，進禮部尙書兼武英殿大學士，加少保兼太子太保，去學士五品僅歲餘。時徐階以宿老居首輔，與李春芳皆折節禮士。居正最後入，獨引相體，倨見九卿，無所延納。間出一語輒中肯，人以是嚴憚之，重於他相。

高拱以很躁被論去，徐階亦去，春芳爲首輔。亡何趙貞吉入，易視居正。居正與故所善掌司禮者李芳謀，召用拱，俾領吏部，以扼貞吉，而奪春芳政。拱至，益與居正善。春芳尋引去，以勤亦自引，而貞吉、殷士儋皆爲所搆罷，獨居正與拱在，兩人益相密。拱主封俺答，居正亦贊之，授王崇古等以方略。加柱國、太子太傅。六年滿，加少傅[四]、吏部尙書、建極殿大學士。以遼東戰功，加太子太師。和市成，加少師，餘如故。

初，徐階既去，令三子事居正謹。而拱銜階甚，嗾言路追論不已，階諸子多坐罪。居正從容爲拱言，拱稍心動。而拱客搆居正納階子三萬金，拱以誚居正。居正色變，指天誓，辭甚苦。拱謝不審，兩人交遂離。拱又與居正所善中人馮保郄。穆宗不豫，居正與保密處分後事，引保爲內助，而拱欲去保。神宗卽位，保以兩宮詔旨逐拱，事具拱傳，居正遂代拱爲首輔。帝御平臺，召居正奬諭之，賜金幣及繡蟒斗牛服。自是賜賚無虛日。

帝虛己委居正，居正亦慨然以天下爲己任，中外想望丰采。居正勸帝遵守祖宗舊制，不必紛更，至講學、親賢、愛民、節用皆急務。帝稱善。大計廷臣，斥諸不職及附麗拱者。復具詔召羣臣廷飭之，百僚皆惕息。帝當尊崇兩宮。故事，皇后與天子生母並稱皇太后，而徽號有別。保欲媚帝生母李貴妃，風居正以並尊。居正不敢違，議尊皇后曰仁聖皇太后，皇貴妃曰慈聖皇太后，兩宮遂無別。慈聖徙乾淸宮，撫視帝，內任保，而大柄悉以委居正。

居正爲政，以尊主權、課吏職、信賞罰、一號令爲主。雖萬里外，朝下而夕奉行。黔國公沐朝弼數犯法，當逮，朝議難之。居正擢用其子，馳使縛之，不敢動。既至，請貸其死，錮之南京。漕河通，居正以歲賦逾春，發水橫溢，非決則涸，乃采漕臣議，督艘卒以孟冬月兌運，及歲初畢發，少罹水患。行之久，太倉粟充盈，可支十年。互市饒馬，乃減太僕種馬，而令民以價納，太僕金亦積四百餘萬。又爲考成法以責吏治。初，部院覆奏行撫按勘者，嘗稽不報。居正令以大小緩急爲限，誤者抵罪。自是，一切不敢飾非，政體爲肅。南京小奄醉辱給事中，言者請究治。居正謫其尤激者趙參魯於外以悅保，而徐說保裁抑其黨，毋與六部事。其奉使者，時令緹騎陰詷之。其黨以是怨居正，而心不附保。

居正以御史在外，往往凌撫臣，痛欲折之。一事小不合，詬責隨下，又敕其長加考察。給事中余懋學請行寬大之政，居正以爲風己，削其職。御史傅應禎繼言之，[五]尤切。下

詔獄，杖戍。給事中徐貞明等羣擁入獄，視具橐饘，亦逮謫外。御史劉臺按遼東，誤奏捷。居正方引故事繩督之，臺抗章論居正專恣不法，居正怒甚。帝爲下臺詔獄，命杖百，遠戍。居正陽具疏救之，僅奪其職。已，卒戍臺。由是，諸給事御史益畏居正，而心不平。

當是時，太后以帝沖年，尊禮居正甚至，同列呂調陽莫敢異同。及吏部左侍郎張四維入，恂恂若屬吏，不敢以僚自處。

居正喜建豎，能以智數馭下，人多樂爲之盡。俺答款塞，久不爲害。獨小王子部衆十餘萬，東北直遼左，以不獲通互市，數入寇。居正用李成梁鎭遼，戚繼光鎭薊門。成梁力戰却敵，功多至封伯，而繼光守備甚設。居正皆右之，邊境晏然。兩廣督撫殷正茂、淩雲翼等亦數破賊有功。浙江兵民再作亂，用張佳胤往撫卽定，故世稱居正知人。然持法嚴。覈驛遞，省冗官，淸庠序，多所澄汰。公卿羣吏不得乘傳，與商旅無別。郎署以缺少，需次者輒不得補。大邑士子額隘，艱於進取。亦多怨之者。

時承平久，羣盜蝟起，至入城市劫府庫，有司恒諱之，居正嚴其禁。匿弗舉者，雖循吏必黜。得盜卽斬決，有司莫敢飾情。盜邊海錢米盈數，例皆斬，然往往長繫或瘐死。居正獨亟斬之，而追捕其家屬。盜賊爲衰止。而奉行不便者，相率爲怨言，居正不恤也。

慈聖太后將還慈寧宮，諭居正謂：「我不能視皇帝朝夕，恐不若前者之向學、勤政，有累

先帝付託。先生有師保之責，與諸臣異。其爲我朝夕納誨，以輔台德，用終先帝憑几之誼。」因賜坐蟒、白金、綵幣。未幾，丁父憂。帝遣司禮中官慰問，視粥藥，止哭，絡繹道路，三宮賻贈甚厚。

戶部侍郎李幼孜欲媚居正，倡奪情議，居正惑之。馮保亦固留居正。諸翰林王錫爵、張位、趙志皐、吳中行、趙用賢、習孔敎、沈懋學輩皆以爲不可，弗聽。吏部尚書張瀚以持慰留旨，被逐去。御史曾士楚、給事中陳三謨等遂交章請留。中行、用賢及員外郎艾穆、主事沈思孝、進士鄒元標相繼爭之。皆坐廷杖，謫斥有差。時彗星從東南方起，長亙天。人情洶洶，指目居正，至懸謗書通衢。帝詔諭羣臣，再及者誅無赦，謗乃已。於是使居正子編修嗣修與司禮太監魏朝馳傳往代司喪，禮部主事曹誥治祭，工部主事徐應聘治喪。居正請無造朝，以靑衣、素服、角帶入閣治政，侍經筵講讀，又請辭歲俸。帝許之。及帝舉大婚禮，居正吉服從事。給事中李淶言其非禮，居正怒，出爲僉事。時帝顧居正益重，常賜居正札，稱「元輔張少師先生」，待以師禮。

居正乞歸葬父，帝使尙寶少卿鄭欽、錦衣指揮史繼書護歸，期三月，葬畢卽上道。仍命撫按諸臣先期馳賜璽書敦諭。範「帝賚忠良」銀印以賜之，如楊士奇、張孚敬例，得密封言事。戒次輔呂調陽等「有大事毋得專決，馳驛之江陵，聽張先生處分」。居正請廣內閣員，詔

卽令居正推。居正因推禮部尙書馬自强、吏部右侍郎申時行入閣。自强素迕居正，不自意得之，頗德居正，而時行與四維皆自昵於居正，居正乃安意去。帝及兩宮賜賚慰諭有加禮，遣司禮太監張宏供張餞郊外，百僚班送。所過地，有司飭廚傳，治道路。遼東奏大捷，帝復歸功居正。使使馳諭，俾定爵賞。居正爲條列以聞。調陽益內慚，堅臥，累疏乞休不出。居正言母老不能冒炎暑，請俟淸涼上道。於是內閣、兩都部院寺卿、給事、御史俱上章，請趣居正亟還朝。帝遣錦衣指揮翟汝敬馳傳往迎，計日以俟；而令中官護太夫人以秋日由水道行。居正所過，守臣率長跪，撫按大吏越界迎送，身爲前驅。道經襄陽，襄王出候，要居正宴。故事，雖公侯謁王執臣禮，居正具賓主而出。過南陽，唐王亦如之。抵郊外，詔遣司禮太監何進宴勞，兩宮亦各遣大璫李琦、李用宣諭，賜八寶金釘川扇、御膳、餅果、醪醴，百僚復班迎。入朝，帝慰勞懇篤，予假十日而後入閣，仍賜白金、彩幣、寶鈔、羊酒，因引見兩宮。及秋，魏朝奉居正母行，儀從煊赫，觀者如堵。比至，帝與兩宮復賜賚加等，慰諭居正母子，幾用家人禮。

時帝漸備六宮，太倉銀錢多所宣進。居正乃因戶部進御覽數目陳之，謂每歲入額不敵所出，請帝置坐隅時省覽，量入爲出，罷節浮費。疏上，留中。帝復令工部鑄錢給用，居正以利不勝費止之。言官請停蘇、松織造，不聽。居正爲面請，得損大半。復請停修武英殿工，

及裁外戚遷官恩數，帝多曲從之。帝御文華殿，居正侍講讀畢，以給事中所上災傷疏聞，因請振。復言：「上愛民如子，而在外諸司營私背公，剝民罔上，宜痛鉗以法。而皇上加意撙節，於宮中一切用度、服御、賞賚、布施，裁省禁止。」帝首肯之，有所蠲貸。居正以江南貴豪怙勢及諸奸猾吏民善逋賦，選大吏精悍者嚴行督責。賦以時輸，國藏日益充，而豪猾率怨居正。

居正服將除，帝召吏部問期日，敕賜白玉帶、大紅坐蟒、盤蟒。御平臺召對，慰諭久之。使中官張宏引見慈慶、慈寧兩宮，皆有恩賚，而慈聖皇太后加賜御膳九品，使宏侍宴。

帝初卽位，馮保朝夕視起居，擁護提抱有力，小扞格，卽以聞慈聖。慈聖訓帝嚴，每切責之，且曰：「使張先生聞，奈何！」於是帝甚憚居正。及帝漸長，心厭之。乾清小璫孫海、客用等導上遊戲，皆愛幸。慈聖使保捕海、用，杖而逐之。居正復條其黨罪惡，請斥逐，而令司禮及諸內侍自陳，上裁去留。因勸帝戒遊宴以重起居，專精神以廣聖嗣，節賞賚以省浮費，却珍玩以端好尙，親萬幾以明庶政，勤講學以資治理。帝迫於太后，不得已，皆報可，而心頗嗛保、居正矣。

帝初政，居正嘗纂古治亂事百餘條，繪圖，以俗語解之，使帝易曉。至是，復屬儒臣紀太祖列聖寶訓、實錄分類成書，凡四十：曰創業艱難，曰勵精圖治，曰勤學，曰敬天，曰法祖，曰保民，曰謹祭祀，曰崇孝敬，曰端好尙，曰愼起居，曰戒遊佚，曰正宮闈，曰敎儲貳，曰睦宗

藩，曰親賢臣，曰去奸邪，曰納諫，曰理財，曰守法，曰儆戒，曰務實，曰正紀綱，曰審官，曰久任，曰重守令，曰馭近習，曰待外戚，曰重農桑，曰興敎化，曰明賞罰，曰信詔令，曰謹名分，曰裁貢獻，曰愼賞賚，曰敦節儉，曰愼刑獄，曰褒功德，曰屛異端，曰飭武備，曰御戎狄。其辭多警切，請以經筵之暇進講。又請立起居注，紀帝言動與朝內外事，日用翰林官四員入直，應制詩文及備顧問。帝皆優詔報許。

居正自奪情後，益偏恣。其所黜陟，多由愛憎。左右用事之人多通賄賂。馮保客徐爵擢用至錦衣衞指揮同知，署南鎭撫。居正三子皆登上第。蒼頭游七入貲爲官，勛戚文武之臣多與往還，通姻好。七具衣冠報謁，列於士大夫。世以此益惡之。

亡何，居正病。帝頻頒敕諭問疾，大出金帛爲醫藥資。四閱月不愈，百官並齋醮爲祈禱。南都、秦、晉、楚、豫諸大吏，亡不建醮。帝令四維等理閣中細務，大事卽家令居正平章。居正始自力，後憊甚不能徧閱，然尙不使四維等參之。及病革，乞歸。上復優詔慰留，稱「太師張太岳先生」。居正度不起，薦前禮部尙書潘晟及尙書梁夢龍，侍郎余有丁、許國、陳經邦，已，復薦尙書徐學謨、曾省吾、張學顏，侍郎王篆等可大用。帝爲黏御屛。晟，馮保所受書者也，强居正薦之。時居正已昏甚，不能自主矣。及卒，帝爲輟朝，諭祭九壇，視國公兼師傅者。居正先以六載滿，加特進中極殿大學士；以九載滿，加賜坐蟒衣，進左柱國，廕一子

尙寶丞；以大婚，加歲祿百石，錄子錦衣千戶爲指揮僉事；以十二載滿，加太傅；以遼東大捷，進太師，益歲祿二百石，子由指揮僉事進同知。至是，贈上柱國，謚文忠，命四品京卿、錦衣堂上官、司禮太監護喪歸葬。於是四維始爲政，而與居正所薦引王篆、曾省吾等交惡。

初，帝所幸中官張誠見惡馮保，斥於外，帝使密詗保及居正。至是，誠復入，悉以兩人交結恣橫狀聞，且謂其寶藏踰天府。帝心動。左右亦浸言保過惡，而四維門人御史李植極論徐爵與保挾詐通奸諸罪。帝執保禁中，逮爵詔獄。謫保奉御居南京，盡籍其家金銀珠寶鉅萬計。帝疑居正多蓄，益心豔之。言官劾篆、省吾并劾居正，篆、省吾俱得罪。新進者益務攻居正。詔奪上柱國、太師，再奪謚。居正諸所引用者，斥削殆盡。召還中行、用賢等，遷官有差。劉臺贈官，還其產。御史羊可立復追論居正罪，指居正搆遼庶人憲㸅獄。庶人妃因上疏辯冤，且曰：「庶人金寶萬計，悉入居正。」帝命司禮張誠及侍郎丘橓偕錦衣指揮、給事中籍居正家。誠等將至，荆州守令先期錄人口，錮其門，子女多遁避空室中。比門啓，餓死者十餘輩。誠等盡發其諸子兄弟藏，得黃金萬兩，白金十餘萬兩。其長子禮部主事敬修不勝刑，自誣服寄三十萬金於省吾、篆及傅作舟等，尋自縊死。事聞，時行等與六卿大臣合疏，請少緩之；刑部尙書潘季馴疏尤激楚。詔留空宅一所、田十頃，贍其母。而御史丁此呂復追論科場事，謂高啓愚以舜、禹命題，爲居正策禪受。尙書楊巍等與相駁。此呂出外，啓

愚削籍。後言者復攻居正不已。詔盡削居正官秩，奪前所賜璽書、四代誥命，以罪狀示天下，謂當剖棺戮屍而姑免之。其弟都指揮居易，子編修嗣修，俱發戍烟瘴地。

終萬曆世，無敢白居正者。熹宗時，廷臣稍稍追述之。而鄒元標爲都御史，亦稱居正。詔復故官，予葬祭。崇禎三年，禮部侍郎羅喻義等訟居正冤。帝令部議，復二廕及誥命。十三年，敬修孫同敞請復武廕，併復敬修官。帝授同敞中書舍人，而下部議敬修事。尙書李日宣等言：「故輔居正，受遺輔政，事皇祖者十年。肩勞任怨，舉廢飭弛，弼成萬曆初年之治。其時中外乂安，海內殷阜，紀綱法度莫不修明。功在社稷，日久論定，人益追思。」帝可其奏，復敬修官。

同敞負志節，感帝恩，益自奮。十五年奉敕慰問湖廣諸王，因令調兵雲南。未復命，兩京相繼失，走詣福建。唐王亦念居正功，復其錦衣世廕，授同敞指揮僉事。尋奉使湖南，聞汀州破，依何騰蛟於武岡。永明王用廷臣薦，改授同敞侍讀學士。爲總兵官劉承胤所惡，言翰林、吏部、督學必用甲科，乃改同敞尙寶卿。以大學士瞿式耜薦，擢兵部右侍郎兼翰林侍讀學士，總督諸路軍務。

同敞有文武材，意氣慷慨。每出師，輒躍馬爲諸將先。或敗奔，同敞危坐不去。諸將復還戰，或取勝。軍中以是服同敞。大將王永祚等久圍永州，大兵赴救，胡一青率衆迎敵，戰敗。同敞馳至全州，檄楊國棟兵策應，乃解去。順治七年，大兵破嚴關，諸將盡棄桂林走。城中虛無人，獨式耜端坐府中。適同敞自靈川至，見式耜。式耜曰：「我爲留守，當死此。子無城守責，盍去諸。」同敞正色曰：「昔人恥獨爲君子，公顧不許同敞共死乎？」式耜喜。取酒與飲，明燭達旦。侵晨被執。諭之降，不從。令爲僧，亦不從。乃幽之民舍。雖異室，聲息相聞，兩人日賦詩倡和。閱四十餘日，整衣冠就刃，顏色不變。既死，同敞屍植立，首墜躍而前者三，人皆辟易。

而居正第五子允修，字建初，廕尙寶丞。崇禎十七年正月，張獻忠掠荆州，允修題詩於壁，不食而死。

贊曰：徐階以恭勤結主知，器量深沉。雖任智數，要爲不失其正。高拱才略自許，負氣凌人。及爲馮保所逐，柴車即路。傾軋相尋，有自來已。張居正通識時變，勇於任事。神宗初政，起衰振隳，不可謂非幹濟才。而威柄之操，幾於震主，卒致禍發身後。書曰「臣罔以寵利居成功」，可弗戒哉。

校勘記

〔一〕趙錦王宗茂劾嵩　趙錦，原作「趙景」。本書卷二一〇鄒應龍傳、明史稿傳七一徐階傳都作「趙錦」。按本書卷二一〇有趙錦傳，事蹟與此合，據改。

〔二〕徙居玉熙殿　玉熙殿，世宗實錄卷五〇三嘉靖四十年十一月辛亥條、國榷卷六三頁三九六九都作「玉熙宮」。

〔三〕萬曆十年　十年，原作「元年」。神宗實錄卷一三六作「神宗卽位之十年，階年八十」。按下文言徐階「明年卒」。徐階卒於萬曆十一年四月己巳，見明史稿紀一六神宗紀及神宗實錄卷一三六。此作「元年」誤，今改正。

〔四〕六年滿加少傅　加少傅，原作「加太傅」。明史稿傳九二張居正傳作「加少傅」。按「六年滿」，時當隆慶四年。本書卷一一〇宰輔年表、穆宗實錄卷五二隆慶四年十二月戊午條均繫張居正加少傅於隆慶四年。下文又言張居正「以十二年滿加太傅」，時爲萬曆四年，見本書卷一一〇宰輔年表，此作「加太傅」誤，今改正。

〔五〕御史傅應禎繼言之　傅應禎，原作「傅應楨」。本書卷二二九有傅應禎傳，事蹟與此合，今據。

明史卷二百十四

列傳第一百二

楊博 子俊民 馬森 劉體乾 王廷 毛愷 葛守禮

靳學顏 弟學曾

楊博，字惟約，蒲州人。父瞻，御史，終四川僉事。博登嘉靖八年進士，除盩厔知縣，調長安。徵爲兵部武庫主事，歷職方郎中。

大學士翟鑾巡九邊，以博自隨。所過山川形勢，土俗好惡，士卒多寡强弱，皆疏記之。至肅州，屬番數百遮道邀賞。鑾慮來者益衆，不能給。博請鑾盛儀衞，集諸番轅門外，數以天子宰相至，不悉衆遠迎，將縛以屬吏。諸番羅拜請罪，乃稍賚其先至者，餘皆懼不復來。鑾還，薦博可屬大事。吉囊、俺答歲盜邊，尚書張瓚一切倚辦博。帝或中夜降手詔，博隨事條答，悉稱旨。毛伯溫代瓚，博當遷，特奏留之。已，遷山東提學副使，轉督糧參政。

二十五年超拜右僉都御史，巡撫甘肅。大興屯利，請募民墾田，永不征租。又以暇修築肅州榆樹泉及甘州平川境外大蘆泉諸處墩臺，鑿龍首諸渠。初，罕東屬番避土魯番亂，還肅州境上，時與居民戕殺。監生李時暘以爲言，事下守臣。博爲築金塔、白城七堡，召其長，令率屬徙居之。諸番徙七百餘帳，州境爲之肅清。總兵官王繼祖却寇永昌，鎮羌參將蔡勳等戰鎮番、山丹，三告捷，斬首百四十餘級。進博右副都御史。以母憂歸。仇鸞鎮甘肅，總督曾銑劾之，詔逮治。博亦發其貪罔三十事。鸞拜大將軍，數毀之，帝不聽。服闋，鸞已誅，召拜兵部右侍郎。轉左，經略薊州、保定。

初，俺答薄都城，由潮河川入，議者爭請爲備。水湍悍，不可城。博緣水勢建石墩，置戍守，還督京城九門。時因寇警，歲七月分兵守陴。博曰：「寇至，須鎮靜，奈何先事自擾。」罷其令。尋遷總督薊、遼、保定軍務。博以薊逼京師，護畿甸陵寢爲大，分布諸將，畫地爲防。

三十三年秋，把都兒及打來孫十餘萬騎犯薊鎮，攻牆。帝憂甚，數遣騎偵博。博擐甲宿古北口城上，督總兵官周益昌等力禦。帝大喜。馳賜緋豸衣，犒軍萬金。寇攻四晝夜不得入，乃并攻孤山口，登牆。官軍斷一人腕，乃退屯虎頭山。博募死士，夜以火驚其營。寇擾亂，比明悉去。進右都御史，廕子錦衣千戶。明年，打來孫復入益昌，擊却之。遂擢博兵部尚書，錄防秋功，加太子少保。

嚴嵩父子招權利，諸司爲所撓，博一切格不行。嵩恨博，會丁父憂去。兵部尚書許論罷，帝起博代之。博未終喪，疏辭。而帝以大同右衞圍急，改博總督宣、大、山西軍務。博墨縗馳出關。未至，侍郎江東等以大軍進，寇引去。時右衞圍六月，守將王德戰亡，城中芻粟且盡，士死守無二心。博厚撫卹，奏行善後十事。以給事中張學顏言，留博鎮撫。奏錮被寇租，因僉其丁壯爲義勇，分隸諸將。博以邊人不習車戰，寇入輒不支，請造偏箱車百輛；有警則右衞車東，左衞車西，使相聲援。又以大同牆圮，繕治爲急；次則塞銀鈫、驛馬諸嶺，以絕窺紫荊路；備居庸南山，以絕窺陵寢畿甸路；修陽神地諸牆塹，以絕入山西路。乃於大同牛心山諸處築堡九，墩臺九十二，接左衞高山站，〔一〕以達鎮城。濬大濠二，各十八里，小濠六十有四。五旬訖功，賜敕獎賚。

帝數欲召博還，又虞邊，以問嵩。嵩雅不喜博，請令江東署部事，俟秋防畢徐議之，遂不召。秋防訖，加太子太保，留鎮如故。時素把伶及叛人丁都記等數以輕騎寇邊，博先後計擒之。又數出奇兵襲寇，寇稍徙帳。因議築故總督翁萬達所創邊牆，招還內地民爲寇掠者千六百餘人。又請通宣、大荒田水利，薄其租。報可。改薊遼總督。秋防竣，廷議欲召博還，吏部尚書吳鵬不可。鄭曉署兵部，爭之曰：「博在薊、遼則薊、遼安，在本兵則九邊俱安。」乃召還，加少保。

帝憂邊甚，博每先事爲防，帝眷倚若左右手。嘗語閣臣：「自博入，朕每憂邊，其語博預爲謀。」博上言：「今九邊，薊鎮爲重。請敕邊臣逐大同寇，使不得近薊，宣、大諸將從獨石偵情形，預備黃花、古北諸要害，使一騎不得入關，即首功也。」帝是之。

四十二年十月，寇擁衆窺薊州，聲言犯遼陽。總督楊選帥師東，博檄止之。又手書三往，卒不從。博拊几曰：「敗矣。」急徵兵入援，寇已潰牆子嶺，犯通州。帝嘆曰：「庚戌事又見矣。」諸路兵先後至。命宣大總督江東統文武大臣分守皇城、京城，鎮遠侯顧寰以京營兵分布城內外。寇解而東，蹦順義、三河，飽掠去。援兵不發一矢，取道斃及零騎傷殘者報首功。帝怏怏，諭博曰：「賊復飽颺，何以懲後？」遂誅選。博懼及，徐階力保持之。帝念博前功，不罪。久之，改吏部尚書。

隆慶改元，請遵遺詔，錄建言諸臣，死者皆贈卹。時方計羣吏，山西人無一被黜者。給事中胡應嘉劾博庇其鄉人，博連疏乞休。並慰留，且斥言者。一品滿三考，進少傅兼太子太傅。帝將遊南海子，博率同列諫。御史詹仰庇以直言罷，博爭之。屯鹽都御史龐尚鵬被論，博議留。忤旨，遂謝病歸。尚書劉體乾等交章乞留，不聽。大學士高拱掌吏部，薦博堪本兵。詔以吏部尚書理兵部事。陳薊、昌戰守方略，謂：「議者以守牆爲怯，言可聽，實無少效。牆外邀擊，害七利三；牆內格鬭，利一害九。夫因牆守，所謂先處戰地而待敵。名守，實戰也。臣爲總督，嘗拒打來孫十萬衆，以爲當守牆無疑。」因陳明應援、申駐守、處京營、諭屬夷、修內治諸事，帝悉從之。

博魁梧豐碩，臨事安閒有識量。出入中外四十餘年，始終以兵事著。六年，高拱罷，乃改博吏部，進少師兼太子太師。明年秋，疾作，三疏乞致仕歸。逾年卒。贈太傅，謚襄毅。

拱柄國時欲中徐階危禍，博造拱力爲解。拱亦心動，事獲已。其後張居正逐拱，將周內其罪，博毅然爭之。及興王大臣獄，博與都御史葛守禮詣居正力爲解。居正憤曰：「二公謂我甘心高公耶？」博曰：「非敢然也，然非公不能回天。」會帝命守禮偕都督朱希孝會訊，博陰爲畫計，使校尉恍大臣改供；又令拱僕雜稠人中，令大臣識別，茫然莫辨，事乃白。人以是稱博長者。

子俊民，字伯章，嘉靖四十一年進士。除戶部主事，歷禮部郎中。隆慶初，遷河南提學副使。萬曆初，歷太僕少卿。父博致政，侍歸。起故官，累遷兵部左侍郎署部事。時議擒力克嗣封。俊民言：「款未可遽罷。惟內修守備，而外勒西部，使盡還巢，申定市額，使無濫索而已。」議遂定。進戶部尚書，總督倉場。十九年還理部事。河南大饑，人相食，請發銀米各數十萬。或議其稽緩，因自劾求罷。疏六上，不允。小人競請開礦，俊民爭不得，稅使

乃四出。天下騷然，時以咎俊民。在事歷三考，累加太子太保。卒官，贈少保。後敍東征轉餉功，贈少傅兼太子太傅。

馬森，字孔養，懷安人。父俊，晚得子，家人抱之墜，殞焉。俊給其妻曰「我誤也」，不之罪。踰年而舉森。嘉靖十四年成進士，授戶部主事，歷太平知府。民有兄弟訟者，予鏡令照曰：「若二人老矣，忍傷天性乎？」皆感泣謝去。再遷江西按察使。有進士嬖外婦而殺妻，撫按欲緩其獄，森卒抵之法。

歷左布政使，就擢巡撫右副都御史。入爲刑部右侍郎，改戶部。初，森在江西薦布政使宋淳。淳後撫南、贛，以贓敗，森坐調大理卿。屢駁疑獄，與刑部尚書鄭曉、都御史周延稱爲「三平」。病歸，起南京工部右侍郎。改戶部，督倉場，尋轉左。以右都御史總督漕運，兼巡撫鳳陽，遷南京戶部尚書。隆慶初，改北部。

是時，登極詔書蠲天下田租半。太倉歲入少，不能副經費，而京、通二倉積貯無幾。森鉤校搜剔，條行十餘事。又列上錢穀出入之數，勸帝節儉。帝手詔責令措置，森奏：「祖宗舊制，河、淮以南以四百萬供京師，河、淮以北以八百萬供邊。一歲之入，足供一歲之用。後邊陲多事，支費漸繁，一變而有客兵之年例，再變而有主兵之年例。其初止三五十萬耳，後漸增至二百三十餘萬。屯田十虧七八，鹽法十折四五，民運十逋二三，悉以年例補之。在邊則士馬不多於昔，在太倉則輸入不益於前，而所費數倍。重以詔書蠲除，故今日告匱，視往歲有加。臣前所區畫，算及錙銖，不過紓目前急，而於國之大體，民之元氣，未暇深慮。願廣集衆思，令廷臣各陳所見。」又奏河東、四川、雲南、福建、廣東、靈州鹽課事宜。詔皆如所請。帝嘗命中官崔敏發戶部銀六萬市黃金。森持不可，且言，故事御札皆由內閣下，無司禮徑傳者，事乃止。旣又命購珠寶，森亦力爭，不聽。三年以母老乞終養。賜馳驛歸，後屢薦不起。

森爲考官時，夏言𨚗出其門，欲介之見言，謝不往。嚴嵩聞而悅之，森亦不附。爲徐階所重，遂引用之。里居，贊巡撫龐尚鵬行一條鞭法，鄉人爲立報功祠。萬曆八年卒。贈太子少保，謚恭敏。

劉體乾，字子元，東安人。嘉靖二十三年進士。授行人，改兵科給事中。司禮太監鮑忠卒，其黨李慶爲其姪鮑恩等八人乞遷。帝已許之，以體乾言止錄三人。轉左給事中。

帝以財用絀，詔廷臣集議。多請追宿逋，增賦額。體乾獨上奏曰：「蘇軾有言『豐財之道，惟在去其害財者』。今之害最大者有二，冗吏、冗費是也。歷代官制，漢七千五百員，唐萬八千員，宋極冗至三萬四千員。本朝自成化五年，武職已逾八萬。合文職，蓋十萬餘。今邊功陞授、勳貴傳請、曹局添設、大臣恩廕，加以廠衞、監局、勇士、匠人之屬，歲增月益，不可悉舉。多一官，則多一官之費。請嚴敕諸曹，淸革冗濫，減俸將不貲。又聞光祿庫金，自嘉靖改元至十五年，積至八十萬。自二十一年以後，供億日增，餘藏頓盡。進御果蔬，初無定額，止㮚內監片紙，如數供御。乾沒狼籍，輒轉鬻市人。其他諸曹，侵盜尤多。宜著爲令典，歲終使科道臣會計之，以淸冗費。二冗旣革，國計自裕。舍是，而督逋、增賦，是揚湯止沸也。」於是部議請汰各監局人匠。從之。

累官通政使，遷刑部左侍郎。改戶部左侍郎，總督倉場。隆慶初，進南京戶部尚書。南畿、湖廣、江西銀布絹米積逋二百六十餘萬，鳳陽園陵九衞官軍四萬，而倉粟無一月儲。體乾再疏請責成有司，又條上六事，皆報可。

馬森去，召改北部。詔取太倉銀三十萬兩。體乾言：「太倉銀所存三百七十萬耳，而九邊年例二百七十六萬有奇，在京軍糧商價百有餘萬，薊州、大同諸鎭例外奏乞不與焉。若復取以上供，經費安辦？」帝不聽。體乾復奏：「今國計絀乏，大小臣工所共知。卽存庫之數，乃

中華書局

近遣御史所搜括，明歲則無策矣。今盡以供無益費，萬一變起倉卒，如國計何！」於是給事中李已、楊一魁、龍光，御史劉思問、蘇士潤、賀一桂、傅孟春交章乞如體乾言，閣臣李春芳等皆上疏請，乃命止進十萬兩。又奏太和山香稅宜如泰山例，有司董之，毋屬內臣。忤旨，奪俸半年。

帝嘗問九邊軍餉、太倉歲發及四方解納之數。體乾奏：「祖宗朝止遼東、大同、宣府、延綏四鎮，繼以寧夏、甘肅、薊州，又繼以固原、山西，今密雲、昌平、永平、易州俱列戍矣。各鎮防守有主兵。其後增召募，增客兵，而坐食愈衆。各鎮芻餉有屯田。其後加民糧，加鹽課，加京運，而橫費滋多。」因列上隆慶以來歲發之數。又奏：「國家歲入不足供所出，而額外陳乞者多。請以內外一切經費應存革者，刊勒成書。」報可。

詔市縣二萬五千斤，體乾請俟湖州貢。帝不從，趣之急。給事中李已言：「三月非用縣時，不宜重擾商戶。」體乾亦復爭，乃命止進萬斤。踰年詔趣進金花銀，且購貓睛、祖母綠諸異寶。已上書力諫，體乾請從已言，不納。內承運庫以白劄索部帑十萬。體乾執奏，給事中劉繼文亦言白劄非體。帝報有旨，竟取之。體乾又乞承運庫減稅額二十萬，爲中官崔敏所格，不得請。是時內供已多，數下部取太倉銀，又趣市珍珠黃綠玉諸物。體乾淸勁有執，每疏爭，積忤帝意，竟奪官。給事中光懋、御史淩琯等交章請留，不聽。

神宗卽位，起南京兵部尙書，奏言：「留都根本重地，故額軍九萬，馬五千餘匹。今軍止二萬二千，馬僅及半，單弱足慮。宜選諸衞餘丁，隨伍操練，發貯庫草場銀買馬。」又條上防守四事。並從之。萬曆二年致仕，卒。贈太子少保。

王廷，字子正，南充人。嘉靖十一年進士。授戶部主事，改御史。疏劾吏部尙書汪鋐，謫亳州判官。歷蘇州知府，有政聲。累遷右副都御史，總理河道。三十九年轉南京戶部右侍郎，總督糧儲。南京督儲，自成化後皆以都御史領之，至嘉靖二十六年始命戶部侍郎兼理。及振武營軍亂，言者請復舊制，遂以副都御史章煥專領，而改廷南京刑部。未上，復改戶部右侍郎兼左僉都御史，總督漕運，巡撫鳳陽諸府。

時倭亂未靖。廷建議以江南屬鎭守總兵官，專駐吳淞，江北屬分守副總兵，專駐狼山。遂爲定制。淮安大饑，與巡按御史朱綱奏留商稅餉軍，被詔切讓。給事中李邦義因劾廷拘滯，吏部尙書嚴訥爲廷辨，始解。轉左侍郎，還理部事。以通州禦倭功，加俸二級。遷南京禮部尙書，召爲左都御史。奏行愼選授、重分巡、謹刑獄、端表率、嚴檢束、公舉劾六事。

隆慶元年六月，京師雨潦壞廬舍，命廷督御史分行振恤。會朝覲天下官，廷請嚴禁餽遺，酌道里費，以儆官邪，蘇民力。帝謁諸陵，詔廷同英國公張溶居守。中官許義挾刃脅人財，爲巡城御史李學道所笞。羣璫伺學道早朝，邀擊之左掖門外。廷上其狀，論戍有差。

御史齊康爲高拱劾徐階。廷言：「康懷奸黨邪，不重懲無以定國是。」帝爲謫康，諭留階。拱遂引疾去。而給事中張齊者，嘗行邊，受賈人金。事稍泄，陰求階子璠居間，璠謝不見。齊恨，遂摭康疏語復論階，階亦引疾去。廷因發齊奸利事，言：「齊前奉命賞軍宣、大，納鹽商楊四和數千金，爲言恤邊商、革餘鹽數事，爲大學士階所格。四和抵齊取賄，蹤跡頗露。齊懼得罪，乃借攻階冀自掩。」遂下齊詔獄。刑部尙書毛愷當齊戍，詔釋爲民。拱起再相，廷恐其修郤，而愷亦階所引，遂先後乞休以避之。給事中周芸、御史李純樸訟齊事，謂廷、愷阿階意，羅織不辜。刑部尙書劉自强覆奏：「齊所坐無實，廷、愷屈法徇私。」詔奪愷職，廷斥爲民，宥齊，補通州判官。

萬曆初，齊以不謹罷，愷已前卒。浙江巡按御史謝廷傑訟愷狷潔有古人風，坐按張齊奪官，今齊已黜，足知愷守正。詔復愷官。於是巡撫四川都御史曾省吾言：「廷守蘇州時，人比之趙淸獻。直節勁氣，始終無改。宜如毛愷例復官。」詔以故官致仕。十六年給夫廩如制，仍以高年特賜存問。明年卒。諡恭節。

毛愷，字達和，江山人。嘉靖十四年進士。授行人，擢御史。坐論洗馬鄒守益不當投散地，爲執政所惡，謫寧國推官。歷刑部尙書。太監李芳驟諫忤穆宗，命刑部置重辟。愷奏：「芳罪狀未明，非所以示天下公。」芳乃得貰死。愷贈太子少保，諡端簡。

葛守禮，字與立，德平人。嘉靖七年，舉鄉試第一。明年成進士，授彰德推官。巨盜誣富家，株連以百數。守禮盡出之，主獄者譖之御史。會藩府獄久不決，屬守禮，一訊卽得，乃大驚服。冬至，趙王戒百官朝服賀，守禮獨不可。

遷兵部主事。父喪服闋，補禮部。寧府宗人悉錮高牆，後稍得脫，因請封。禮部尙書夏言議量復中尉數人。未上，而言入閣，嚴嵩代之。守禮適遷儀制郎中，駁不行。故事，郡王絕，近支得以本爵理府事，不得繼封。交城、懷仁、襄垣近支絕，以繼封請，守禮持之堅。會以疾在告，三邸人乘間行賂，遂得請。旗校詗其事以聞。所籍記賂遺十餘萬，獨無守禮名，帝由是知守禮廉。

遷河南提學副使，再遷山西按察使，進陝西布政使，擢右副都御史，巡撫河南。入爲戶部侍郎，督餉宣、大。改吏部。自左侍郎遷南京禮部尙書。李本署吏部事，希嚴嵩指考察廷臣，署守禮下考，勒致仕。後帝問守禮安在，左右謬以老病對。帝爲歎惜久之。

隆慶元年起戶部尚書。奏言：「畿輔、山東流移日衆，以有司變法亂常，起科太重，徵派不均。且河南北，山東西，土地磽瘠，正供尚不能給，復重之徭役。工匠及富商大賈，皆以無田免役，而農夫獨受其困，此所謂舛也。乞正田賦之規，罷科差之法。又國初徵糧，戶部定倉庫名目及石數價值，通行所司，分派小民，隨倉上納，完欠之數瞭然可稽。近乃定爲一條鞭法，計畝徵銀。不論倉口，不問石數。吏書夤緣爲奸，增減灑派，弊端百出。至於收解，乃又變爲一串鈴法，謂之夥收分解。收者不解，解者不收，收者獲積餘之貲，解者任賠補之累。夫錢穀必分數明而後稽覈審，今混而爲一，是爲那移者地也。願敕所司，酌復舊規。」詔悉舉行。於是奏定國計簿式，頒行天下。自嘉靖三十六年以後完欠、起解、追徵之數及貧民不能輸納，備錄簿中。自府州縣達布政，送戶部稽考，以清隱漏那移侵欺之弊。又以戶部專理財賦，必周知天下倉庫盈虛，然後可節縮調劑。祖宗時令天下歲以文冊報部，乃請遣御史譚啓、馬明謨、張問明、趙巖分行天下董其事，並承敕以行。覃恩例賞邊軍，或言士伍虛冒，宜乘給賞汰之。守禮言：「此朝廷曠典，乃以賈怨耶？」議乃止。

大學士高拱與徐階不相能，舉朝攻拱。侍郎徐養正、劉自强，拱所厚，亦詣守禮言。守禮不可，養正等遂論拱。守禮尋乞養母歸。及拱再相，深德守禮，起爲刑部尚書。初，階定

方士王金等獄，坐妄進藥物，比子殺父律論死。詔下法司會訊。守禮等議金妄進藥無事實，但習故陶仲文術，左道惑衆，應坐爲從律編戍。給事中趙奮言：「法司爲天下平。昔則一主於入，而不爲先帝地；今則一主於出，而不恤後世議。罪有首而後有從，金等爲從，孰爲首？將以陶仲文爲首，則仲文死已久。爲法如此，陛下何賴哉。」疏入，報聞。

尋改守禮左都御史。奏言：「畿內地勢窪下，河道堙塞，遇潦則千里爲壑。請倣古井田之制，濬治溝洫，使旱潦有備。」章下有司。又申明巡撫事宜，條列官箴、士節六事。守禮議王金獄，與拱合，然不附拱。後張居正欲以王大臣事搆殺拱，守禮力爲解，乃免。階、拱、居正更用事，交相軋。守禮周旋其間，正色獨立，人以爲難。萬曆三年以老乞休。詔加太子少保，馳驛歸。六年卒。贈太子太保，謚端肅。

靳學顏，字子愚，濟寧人。嘉靖十三年舉鄉試第一。明年成進士，授南陽推官，以廉平稱。歷吉安知府，治行高，累遷左布政使。隆慶初，入爲太僕卿，改光祿。旋拜右副都御史，巡撫山西。應詔陳理財，凡萬餘言。言選兵、鑄錢、積穀最切。其略曰：

宋初禁軍十萬，總天下諸路亦不過十萬，其後慶曆、治平間增至百餘萬。然其時財

用不絀。我朝邊兵四十萬。其後雖增兵益戍，而主兵多缺，不若宋人十倍其初也。然自嘉靖中卽以絀乏告，何哉？宋雖增兵，而天下無養兵費。我朝以民養兵，而新軍又一切仰太倉。舊餉不減，新餉日增，費一也。周豐鎬、漢西都，率有其名而無實。我朝留都之設，建官置衞，坐食公帑，費二也。唐、宋宗親或通名仕版，或散處民間。我朝分封列爵，不農不仕，吸民膏髓，費三也。有此三者，儲畜安得不匱。而其間尤耗天下之財者，兵而已。夫陷鋒摧堅，旗鼓相當，兵之實也。今邊兵有戰時，若腹兵則終世不一當敵。每盜賊竊發，非陰陽、醫藥、雜職，則丞貳判簿爲之將；非鄉民里保，則義勇快壯爲之兵。在北則借鹽丁礦徒，在南則借狼土。此皆腹兵不足用之驗也。當限以輪番守戍之法。或遠不可徵，或弱不可任，則聽其耕商，而移其食以餉邊。如免班軍而徵價，省充發而輸贖，亦變通一策也。欲京兵强，亦宜責以輪番戍守。夫京師去宣府、薊鎮纔數百里，京營九萬卒，歲以一萬戍二鎮，九年而一周，未爲苦也，而怯者與邊兵同其勁矣。又以畿輔之卒塡京戍之闕，其部伍、號令、月糧、犒賞亦與京卒同，而畿輔之卒皆親兵矣。夫京卒戍薊鎮，則延、固之費可省。戍宣府，則宣府、大同之氣自張。寇畏宣、大之力制其後，京卒之勁當其前，則仰攻深入之事鮮矣。

臣又覩天下之民皇皇以匱乏爲慮者，非布帛五穀不足也，銀不足耳。夫銀，寒不可

衣，饑不可食，不過貿遷以通衣食之用，獨奈何用銀而廢錢？錢益廢，銀益獨行。獨行則藏益深，而銀益貴，貨益賤，而折色之辦益難。豪右乘其賤收之，時其貴出之。銀積於豪右者愈厚，行於天下者愈少，更踰數十年，臣不知所底止矣。錢者，泉也，不可一日無。計者謂錢法之難有二：利不讐本，民不願行。此皆非也。夫朝廷以山海之產爲材，以億兆之力爲工，以賢士大夫爲役，何本之費？誠令民以銅炭贖罪，而匠役則取之營軍，一指麾間，錢徧天下矣。至不願行錢者，獨奸豪爾。請自今事例、罰贖、徵稅、賜賚、宗祿、官俸、軍餉之屬，悉銀錢兼支。上以是徵，下以是輸，何患其不行哉。

臣又聞中原者，邊鄙之根本也。百姓者，中原之根本也。民有終身無銀，而不能終歲無衣，終日無食。今有司夙夜不遑者，乃在銀而不在穀，臣竊慮之。國家建都幽燕，北無郡國之衞，所恃爲腹心股肱者，河南、山東、江北及畿內八府之人心耳。其人率驚悍而輕生，易動而難戢，游食而寡積者也。一不如意，則輕去其鄉，往往一夫作難，千人響應，前事已屢驗矣。弭之之計，不過曰恤農以繫其家，足食以繫其身，聚骨肉以繫其心。今試覈官廩之所藏，每府得數十萬，則司計者安枕可矣。得三萬焉，猶足塞轉徙者之望，設不滿萬，豈得無寒心？臣竊意不滿萬者多也。

臣近者疏請積穀，業蒙允行。第恐有司從事不力，無以塞明詔。敢卽臣說申言之。

其一曰官倉，發官銀以糴也。一曰社倉，收民穀以充也。官倉非甚豐歲不能舉，社倉雖中歲皆可行。唐義倉之開，每歲自王公以下皆有入。宋則準民間正稅之數，取二十分之一以爲社。誠倣而推之，就土俗，合人情，占歲候以通其變，計每歲二倉之入以驗其功，著爲令，而歲歲修之，時其豐歉而斂散之。在官倉者，民有大饑則以振，在民倉者，雖官有大役亦不聽貸。借此藏富於民，即藏富於國也。今言財用者，不憂穀之不足，而憂銀之不足。夫銀實生亂，穀實弭亂。銀之不足，而泉貨代之。五穀不足，則孰可以代者哉？故曰明君不寶金玉，而寶五穀，伏惟聖明垂意。

疏入，下所司議，卒不能盡行也。

尋召爲工部右侍郎，改吏部，進左侍郎。學顏內行修潔，見高拱以首輔掌銓，專恣甚，遂謝病歸，卒。弟學曾，山西副使。治績亦有聞。

贊曰：明之中葉，邊防墮，經費乏。當時任事之臣，能留意於此者鮮矣。若楊博、馬森、劉體乾、葛守禮、靳學顏之屬，庶幾負經濟之略者。就其設施與其所建白，究而行之，亦補苴一時而已，況言之不盡行，行之不能久乎。自時厥後，張居正始一整飭。居正歿，一切以

空言從事，以迄於亡。蓋其壞非朝夕之積矣。

校勘記

〔一〕接左衞高山站　高山站，原作「高山跕」，據明史稿傳九三楊博傳、皇明九邊考卷五大同鎮邊域考改。

明史卷二百十五

列傳第一百三

王治　歐陽一敬胡應嘉　周弘祖岑用賓、鄧洪震　詹仰庇

駱問禮楊松　張應治　鄭履淳　陳吾德李已　胡涍

汪文輝　劉奮庸曹大埜

王治，字本道，忻州人。嘉靖三十二年進士。除行人，遷吏科給事中。寇屢盜邊，邊臣多匿不奏，小勝，文臣輒冒軍功。治請臨陣斬獲，第錄將士功，文臣及鎮帥不親搏戰者止賜賚。從之。再遷禮科左給事中。

隆慶元年偕御史王好問覈內府諸監局歲費。中官崔敏請止之，爲給事中張憲臣所劾。得旨：「詔書所載者，自嘉靖四十一年始，聽治等詳覈。不載者，已之。」治等力爭，不許。

事竣，劾中官趙廷玉、馬尹乾沒罪，詔下司禮監按問。尋上疏陳四事。「一、定宗廟之禮以隆聖孝。獻皇雖貴爲天子父，未嘗南面臨天下，雖親爲武宗叔，然嘗北面事武宗。今乃與祖宗諸帝並列，設位於武宗右，揆諸古典，終爲未協。臣以爲獻皇祔太廟，不免遞遷。若專祀世廟，則億世不改。乞敕廷臣博議，務求至當。一、謹燕居之禮以澄化源。人主深居禁掖，左右便佞窺伺百出，或以燕飲聲樂，或以遊戲騎射。近則損敝精神，疾病所由生。久則妨累政事，危亂所由起。比者人言籍籍，謂陛下燕閒舉動，有非諒闇所宜者。臣竊爲陛下慮之。」其二，請勤朝講，親輔弼。疏入，報聞。

進吏科都給事中。劾薊遼總督都御史劉燾、南京督儲都御史曾于拱不職，于拱遂罷。山西及薊鎮並中寇，治以罪兵部尚書郭乾、侍郎遲鳳翔，偕同官歐陽一敬等劾之。詔罷乾，貶鳳翔三秩視事。部議卹光祿少卿馬從謙。帝不許，治疏爭。帝謂從謙所犯，比子罵父律，終不允。治又請追謚何瑭，雪夏言罪，且言大理卿朱廷立、刑部侍郎詹瀚共鍛成夏言、曾銑獄，〔一〕宜追奪其官。咸報可。明年，左右有言南海子之勝者，帝將往幸。治率同官諫。大學士徐階、尚書楊博、御史郝杰等並阻止。皆不聽。至則荒莽沮濕，帝甚悔之。治尋擢太僕少卿，改大理，進太僕卿。憂歸，卒。

中華書局

歐陽一敬，字司直，彭澤人。嘉靖三十八年進士。除蕭山知縣。徵授刑科給事中。劾太常少卿晉應槐爲文選郎時劣狀，而南京侍郎傅頤、寧夏巡撫王崇古、湖廣參政孫弘軾由應槐進，俱當罷。吏部爲應槐等辨，獨罷頤官。未幾，劾罷禮部尚書董份。

三遷兵科給事中。言廣西總兵當用都督，不當用勳臣。因劾恭順侯吳繼爵罷之，以俞大猷代。寇大入陝西，劾總督陳其學、巡撫戴才，俱奪官。又以軍政劾英國公張溶，山西、浙江總兵官董一奎、劉顯，掌錦衣衞都督李隆等九人不職。溶留，餘俱貶黜。

自嚴嵩敗，言官爭發憤論事，一敬尤敢言。隆慶元年正月，吏部尚書楊博掌京察，黜給事中鄭欽、御史胡維新，而山西人無下考者。吏科給事中胡應嘉劾博挾私憤，庇鄉里。應嘉先嘗劾高拱，拱修郤，將重罪之。徐階等重違拱意，且以應嘉實佐察，初未言，今黨同官妄奏，擬旨斥爲民。言路大譁。一敬爲應嘉訟，斥博及拱。詆拱奸險橫惡，無異蔡京，且言：「應嘉前疏臣與聞，黜應嘉不若黜臣。」會給事中辛自修、御史陳聯芳疏爭，階乃調應嘉建寧推官。一敬尋劾拱威制朝紳，專柄擅國，亟宜罷。不聽。踰月，御史齊康劾階。諸給事御史以康受拱指，羣集闕下，詈而唾之。一敬首劾康，康亦劾一敬。時康主拱，一敬主階，互指爲黨。言官多論康，康竟坐謫。

已，陳兵政八事，部皆議行。南京振武營兵由此罷。湖廣巡按陳省劾太和山守備中官呂祥，[二]詔徵祥還，罷守備官。未幾，復遣監丞劉進往代。一敬言：「進故名倖，守顯陵無狀。肅皇帝下之獄，充孝陵衞淨軍，今不宜用。」從之。中官呂用等典京營，一敬力諫，事寢。黔國公沐朝弼殘恣，屢抗詔旨。一敬請治其罪，報可。俄擢太常少卿。拱再起柄政，一敬懼，即日告歸，半道以憂死。時應嘉已屢遷參議，憂歸，聞拱再相，亦驚怖而卒。

應嘉，沭陽人。由宜春知縣擢吏科給事中。三遷都給事中。論侍郎黃養蒙、李登雲及布政使李磐、侯一元不職，皆能去。登雲者，大學士高拱姻也。應嘉策拱必害己，遂并劾拱，言：「拱輔政初，即以直廬爲隘，移家西安門外，夤夜潛歸。陛下近稍違和，拱即私運直廬器物於外。臣不知拱何心。」疏入，拱大懼，亟奏辯。會帝崩，得不覺。拱以此銜應嘉。穆宗嗣位，應嘉請帝御文華殿與輔臣面議大政，召訪諸卿顧問侍從，令科臣隨事駁議。帝納焉。應嘉居諫職，號敢言。然悻悻好搏擊，議者頗以傾危目之。

周弘祖，麻城人。嘉靖三十八年進士。除吉安推官。徵授御史，出督屯田、馬政。隆慶改元，司禮中貴及藩邸近侍廕錦衣指揮以下至二十餘人。弘祖馳疏請止賚金幣，或停世襲，且言：「高皇帝定制，宦侍止給奔走掃除，不關政事。孝宗召對大臣，宦侍必退去百餘武，非惟不使之預，亦且不使之聞。願陛下勿與謀議，假以顏笑，則彼無亂政之階，而聖德媲太祖、孝宗矣。臣又聞先帝初載，欲廕太監張欽義子錦衣，兵部尚書彭澤執奏再四。今趙炳然居澤位，不能效澤忠，無所逃罪。」報聞。已，請汰內府監局、錦衣衞、光祿寺、文思院冗員，復嘉靖初年之舊，又請倣行古社倉制。詔皆從之。

明年春，言：「近四方地震，土裂成渠，旂竿數火，天鼓再鳴，隕星旋風，天雨黑豆，此皆陰盛之徵也。陛下嗣位二年，未嘗接見大臣，咨訪治道。邊患孔棘，備禦無方。事涉內庭，輒見撓沮，如閱馬、核庫，詔出復停。皇莊則親收子粒，太和則權取香錢，織造之使累遣，糾劾之疏留中。內臣爵賞謝辭，溫旨遠出六卿上，尤祖宗朝所絕無者。」疏入，不報。其冬詔市珍寶，魏時亮等爭，不聽。弘祖復切諫。尋遷福建提學副使。大學士高拱掌吏部，考察言官，惡弘祖及岑用賓等，謫弘祖安順判官，用賓宜川縣丞。

用賓，廣東順德人。官南京給事中，多所論劾。又嘗論拱很愎，以故拱憾之，出爲紹興知府。旣中以察典，遂卒於貶所。而弘祖謫未幾，拱罷，量移廣平推官。萬曆中，屢遷南京

光祿卿。坐朱衣謁陵免。

當隆慶初，以地震言事者，又有鄭洪震，宣化人。時爲兵部郎中，上疏曰：「入夏以來，淫雨彌月。又京師去冬地震，今春風霾大作，白日無光。近大同又報雨雹傷物，地震有聲。陛下臨御甫半年，災異疊見。傳聞後宮游幸無時，嬪御相隨，後車充斥。左右近習，濫賜予。政令屢易，前後背馳，邪正混淆，用舍猶豫。萬一奸宄濟生，寇戎軼犯，其何以待之。」帝納其言，下禮官議修省。洪震尋以疾歸。萬曆改元，督撫交章論薦，竟不起。

詹仰庇，字汝欽，安溪人。嘉靖四十四年進士。由南海知縣徵授御史。

隆慶初，穆宗詔戶部購寶珠，尚書馬森執奏，給事中魏時亮、御史賀一桂等繼爭，皆不聽。仰庇疏言：「頃言官諫購寶珠，反蒙詰讓。昔仲虺戒湯不邇聲色，不殖貨利，召公戒武王玩人喪德，玩物喪志，湯、武能受二臣之戒，絕去玩好，故聖德光千載。若侈心一生，不可復遏，恣情縱欲，財耗民窮。陛下玩好之端漸啓，弼違之諫惡聞，羣小乘隙，百方誘惑，害有不勝言者。況寶石珠璣，多藏中貴家，求之愈急，邀直愈多，奈何以有用財，耗之無用之物。今兩廣需餉，疏請再三，猶靳不予，何輕重倒置乎。」不報。三年正月，中宮製烟火，延燒禁

中華書局

中廬舍，仰庇請按治。左右近習多切齒者。

帝頗耽聲色，陳皇后微諫，帝怒，出之別宮。外庭皆憂之，莫敢言。仰庇入朝，遇醫禁中出。詢之，知后寢疾危篤，卽上疏言：「先帝愼擇賢淑，作配陛下，爲宗廟社稷內主。陛下宜遵先帝命，篤宮闈之好。近聞皇后移居別宮，已近一載，抑鬱成疾，陛下略不省視。萬一不諱，如聖德何。臣下莫不憂惶，徒以事涉宮禁，不敢頌言。臣謂人臣之義，知而不言，當死；言而觸諱，亦當死。臣今日固不惜死。願陛下采聽臣言，立復皇后中宮，時加慰問，臣雖死賢於生。」帝手批答曰：「后無子多病，移居別宮，聊自適，以冀却疾。爾何知內庭事，顧妄言。」仰庇自分得重譴，同列亦危之。及旨下，中外驚喜過望，仰庇益感奮。

亡何，巡視十庫，疏言：「內官監歲入租稅至多，而歲出不置籍。按京城內外園廛場地，隸本監者數十計，歲課皆屬官錢，而內臣假上供名，恣意漁獵。利填私家，過歸朝宁。乞備覈宜留宜革，幷出入多寡數，以杜奸欺。再照人主奢儉，四方係安危。陛下前取戶部銀，用備緩急。今如本監所稱，則盡以創鰲山、修宮苑、製鞦韆、造龍鳳艦、治金櫃玉盆。羣小因乾沒，累聖德，虧國計。望陛下深省，有以玩好逢迎者，悉屛出罪之。」宦官益恨。故事，諸司文移往還，及牧民官出敎，用「照」字，言官上書無此體。宦官因指「再照人主」語，爲大不敬。帝怒，下詔曰：「仰庇小臣，敢照及天子，且狂肆屢不悛。」遂廷杖百，除名，幷罷科道之

巡視庫藏者。南京給事中駱問禮、御史余嘉詔等疏救，且言巡視官不當罷。不納。仰庇爲御史僅八月，數進讜言，竟以獲罪。

神宗嗣位，錄先朝直臣。以仰庇在京時嘗爲商人居間，不得內召，除廣東參議。尋乞歸。家居十餘年，起官江西。再遷南京太僕少卿。入爲左僉都御史，進左副都御史。仰庇初以直節負盛名。至是爲保位計，頗不免附麗。饒伸以科場事劾大學士王錫爵、左都御史吳時來，仰庇卽劾伸。進士薛敷敎劾時來及南京右都御史耿定向，仰庇未及閱疏，卽論敷敎排陷大臣，敷敎坐廢。及吏部侍郎趙煥、兵部侍郎沈子木相繼去，仰庇謀代之，蹤跡頗著。給事中王繼光、主事姜士昌、員外郎趙南星、南京御史王麟趾等，交章論列。仰庇不自安，屢求去。帝雖慰留，而衆議籍籍不止。稍遷刑部右侍郎。移疾歸，久之卒。

駱問禮，諸暨人。嘉靖末進士。歷南京刑科給事中。隆慶三年，陳皇后移別宮，問禮偕同官張應治等上言：「皇后正位中闈，卽有疾，豈宜移宮。望亟返坤寧，毋使後世謂變禮自陛下始。」不報。給事張齊劾徐階，爲廷臣所排，下獄削籍。問禮獨言齊贓可疑，不當以糾彈大臣實其罪。張居正請大閱，問禮謂非要務，而請帝日親萬幾，詳覽奏章。未幾，劾誠

意伯劉世延、福建巡撫涂澤民不職，帝並留之。

帝初納言官請，將令諸政務悉面奏於便殿，問禮遂條上面奏事宜。一言「陛下躬攬萬幾，宜酌用羣言，不執己見，使可否予奪，皆合天道，則有獨斷之美，無自用之失」。二言「陛下宜日居便殿，使侍從官常在左右，非嚮晦不入宮闈，則涵養薰陶，自多裨益」。三言「內閣，政事根本，宜參用諸司，無拘翰林，則講明義理，通達政事，皆得其人」。四言「詔旨必由六科，諸司始得奉行，脫有未當，許封還執奏。如六科不封駁，諸司失檢察者，許御史糾彈」。五言「頃詔書兩下，皆許諸人直言。然所採納者，除言官與一二大臣外，盡付所司而已。宜益廣言路，凡臣民章奏，不惟其人惟其言，令匹夫皆得自効」。六言「陛下臨朝決事，凡給事左右，如傳旨、接奏章之類，宜用文武侍從，毋使中官參與，則窺竊之漸無自而生」。七言「士習傾危，稍或異同，輒加排陷。自今，凡議國事，惟論是非，不徇好惡。衆人言未必得，一人言未必非，則公論日明，士氣可振」。八言「政令之出，宜在必行。今所司題覆，已報可者未見修舉，因循玩愒，習爲故常。陛下當明作於上，敕諸臣奮勵於下，以挽頹惰之風」。九言「面奏之儀，宜略去繁文務求實用，俾諸臣入而敷奏，退而治事，無或兩妨，斯上下之交可久」。十言「修撰、編檢諸臣，宜令更番入直，密邇乘輿，一切言動，執簡侍書。其耳目所不及者，諸司或以月報，或以季報，令得隨事纂緝，以垂勸戒」。

疏奏，帝不悅。宦侍復從中搆之，謫楚雄知事。明年，吏部舉雜職官當遷者，問禮及御史楊松在舉中。帝曰：「此兩人安得遽遷，俟三年後議之。」萬曆初，屢遷湖廣副使，卒。

楊松，河南衞人。歷官御史，巡視皇城。尙膳少監黃雄徵子錢與民鬨，兵馬司捕送松所。事未決，而內監令校尉趣雄入直，詭言有駕帖。松驗問無有，遂劾雄詐稱詔旨。帝令黜兵馬司官，而鐫松三秩，謫山西布政司照磨。神宗立，擢廬州推官，終山西副使。

張應治，秀水人。在垣中抗疏，多可稱。爲高拱所惡，出爲九江知府。終山東副使。

鄭履淳，字叔初，刑部尙書曉子也。舉嘉靖四十年進士，除刑部主事，遷尙寶丞。隆慶三年冬疏言：

頃年以來，萬民失業，四方多故，天鳴地震，災害洊臻，正陛下宵旰憂勤時也。夫饑寒迫身，易爲衣食，嗷嗷赤子，聖主之所以爲資。不及今定周家桑土之謀，切虞廷困窮之懼，則上天所以警動海內者，適足以資他人矣。

今最急莫如用賢。陛下御極三祀矣，曾召問一大臣，面質一講官，賞納一諫士，以

共晝思患豫防之策乎？高亢睽孤，乾坤否隔，忠言重折檻之罰，儒臣虛納牖之功，宮闈違脫珥之規，朝陛拂同舟之義。回奏蒙譴，補牘奚從？內批徑出，封還何自？紀綱因循，風俗玩愒。功罪罔核，文案徒繁。闇寺潛爲厲階，善類漸以短氣。言涉宮府，肆撓多端。梗在私門，堅持不破。萬衆惶惶，皆謂羣小侮常，明良疏隔，自開闢以來，未有若是而永安者。

伏願奮英斷以決大計，勿爲小故之所淆；弘濬哲以任君子，勿爲嬖昵之所惑。移美色奇珍之玩，而保瘡痍，分昭陽細務之勤，而和庶政。以蠻裔爲闕門勁敵，以錢穀爲黎庶脂膏。拔用陸樹聲、石星之流，嘉納殷士儋、翁大立諸疏。經史講筵，日親無倦。臣民章奏，與所司面相可否。萬幾之裁理漸熟，人才之邪正自知。察變謹微，回天開泰，計無踰於此。

疏入，帝大怒，杖之百，繫刑部獄數月。刑科舒化等以爲言，乃釋爲民。神宗立，起光祿少卿，卒。

陳吾德，字懋修，歸善人。嘉靖四十四年進士。授行人。隆慶三年擢工科給事中。

兩廣多盜，將吏率虛文罔上。吾德列便宜八事，皆允行。明年正月朔，日有食之，已而月復食。吾德言：「歲首日月並食，天之大災，陛下宜屏斥一切玩好，應天以實。」詔遣中官督織造，吾德偕同官嚴用和切諫，報聞。帝從中官崔敏言，命市珍寶，戶部尚書劉體乾、戶科都給事中李已執奏，不從。吾德復偕已上疏曰：「伏睹登極詔書，罷採辦，蠲加派，且云『各監局以缺乏爲名，移文苛取，及所司阿附奉行者，言官即時論奏，治以重典』，海內聞之，歡若更生。比者左右近習，干請紛紜，買玉市珠，傳帖數下。人情惶駭，咸謂詔書不信，無所適從。邇時府庫久虛，民生困瘁，司度支者日夕憂危。陛下柰何以玩好故，費數十萬貲乎！敏等獻諂營私，罪不可宥。乞亟譴斥，以全詔書大信。」帝震怒，杖已百，錮刑部獄，斥吾德爲民。

神宗嗣位，起吾德兵科。萬曆元年進右給事中。張居正柄國，諫官言事必先請，吾德獨不往。禮部主事宋儒與兵部主事熊敦朴不相能，誣敦朴欲劾居正，屬尚書譚綸劾罷之。既而誣漸白，吾德遂劾儒，亦謫之外。居正以吾德不白己，嗛之。未幾，爭成國公朱希忠贈定襄王爵，益忤居正。及慈寧宮後室災，吾德力爭，出爲饒州知府。有盜建昌王印章者，遁之南京見獲。居正客操江都御史王篆坐吾德部下失盜，謫馬邑典史。御史又劾其泣饒時違制講學，用庫金市學田，遂除名爲民。居正死，薦起思州推官，移寶慶同知，皆以親老不赴。後終湖廣僉事。

李已，字子復，磁人。嘉靖四十四年進士。除太常博士，擢禮科給事中。隆慶中，頻詔戶部有所徵索。尚書劉體乾輒執奏，已每助之，以是積失帝意。及爭珍寶事，遂得禍。未幾，刑科給事中舒化等請釋已，刑部尚書葛守禮等因言：「朝審時，重囚情可矜疑者，咸得末減。已及內犯張恩等十人，讞未定，不列朝審中。苟瘐死犴狴，將累深仁。」帝乃釋已，恩等繫如故。法司以恩等有內援，欲借以脫已。及已獨釋，衆翕然稱帝仁明。

神宗立，薦起兵科都給事中。奏言：「陛下初基，弊端盡去，傳奉一事，豈可尙踵故常。內臣即有勤勞，當優以金帛，名器所在，不容濫設。」帝嘉納之。御史胡涍建言得罪，已首論救。尋劾兵部尚書譚綸去取邊將不當。平江伯陳王謨罪廢，復夤緣出鎮湖廣，已力爭得寢。擢順天府丞，遷大理右少卿。疏請改父母誥命，日已暮，逼禁門守者投入。帝怒，謫常州同知。

初，已與吾德並敢言，已尤以直著。兩遭摧抑，頗事營進。後爲南京考功郎中。九年京察，希張居正指，與尚書何寬置司業張位、長史趙世卿察典，遂得擢南京尚寶卿。三遷右僉都御史，巡撫保定六府。踰年，罷歸，卒。

胡涍，字原荊，無錫人。嘉靖末舉進士。歷知永豐、安福二縣，擢御史。神宗即位之六日，命馮保代孟沖掌司禮監，召用南京守備張宏。涍請嚴馭近習，毋惑諂諛，虧損聖德。保大怒，思傾之。其冬，妖星見，慈寧宮後延燒連房。[二]涍乞徧察掖廷中曾蒙先朝寵幸者，體恤優遇，其餘無論老少一概放遣。奏中有「唐高不君，則天爲虐」語。帝怒，問輔臣，「二語所指爲誰。」張居正對曰：「涍言雖狂悖，心無他。」帝意未釋，嚴旨譙讓。涍惶恐請罪，斥爲民。踰年，巡按御史李學詩薦涍。詔自後有薦者，幷逮治涍。久之，卒。

汪文輝，字德充，婺源人。嘉靖四十四年進士。授工部主事。隆慶四年改御史。高拱以內閣掌吏部，權勢烜赫。其門生韓楫、宋之韓、程文、涂夢桂等並居言路，日夜走其門，專務搏擊。文輝亦拱門生，心獨非之。明年二月疏陳四事，專責言官。其略曰：

先帝末年所任大臣，本協恭濟務，無少釁嫌。始於一二言官見廟堂議論稍殊，遂潛察低昂，窺所向而攻其所忌。致顛倒是非，熒惑聖聽，傷國家大體。苟踵承前弊，交煽並搆，使正人不安其位，恐宋元祐之禍，復見於今，是爲傾陷。

祖宗立法至精密矣，而卒有不行者，非法敝也，不得其人耳。今言官條奏，率銳意更張。部臣重違言官，輕變祖制，遷就一時，苟且允覆。及法立弊起，又議復舊。政非通變之宜，民無畫一之守，是爲紛更。

古大臣坐事退者，必爲微其詞，所以養廉恥，存國體。今或掇其已往，揣彼未形，逐景循聲，爭相詬病，若市井喧鬨然。至方面重臣，苟非甚奸慝，亦宜棄短錄長，爲人才惜。今或搜抉小疵，指爲大蠹，極言醜詆，使決引去。以此求人，國家安得全才而用之，是爲苛刻。

言官能規切人主，糾彈大臣。至言官之短，誰爲指之者？今言事論人或不當，部臣不爲奏覆，卽憤然不平；雖同列明知其非，亦莫與辨，以爲體貌當如是。夫臣子且不肯一言受過，何以責難君父哉。是爲求勝。

此四弊者，今日所當深戒。然其要在大臣取鑒前失，勿用希指生事之人。希指生事之人進，則忠直貞諒之士遠，而頌成功、譽盛德者日至於前。大臣任己專斷，卽有闕失，孰從聞之。蓋宰相之職，不當以救時自足，當以格心爲本。願陛下明飭中外，消朋比之私，還淳厚之俗，天下幸甚。

疏奏，下所司。拱惡其刺己，甫三日，出爲寧夏僉事。修屯政，覈浮糧，建水廂，流亡漸

歸。御史富平孫丕揚忤拱，爲希指者所劾。方行勘，文輝抗言曰：「毛舉細故，齮齕正人，以快當路之私，我固不肯爲，諸君亦不可也。」於是緩其事。未幾，劾者先得罪去，丕揚竟獲免。

神宗嗣位，拱罷政，召爲尚寶卿。尋告歸。久之，有詔召用。未赴卒。

劉奮庸，洛陽人。嘉靖三十八年進士。授兵部主事。尋改禮部兼翰林待詔，侍穆宗裕邸。進員外郎。穆宗卽位，以舊恩，擢尚寶卿。已，藩邸舊臣相繼柄用，獨奮庸久不調。大學士高拱亦故講官也，再起任事，頗專恣，奮庸疾之。隆慶六年三月上疏曰：

陛下踐阼六載，朝綱若振飭，而大柄漸移；仕路若肅清，而積習仍故。百僚方引領以覩勵精之治，而陛下精神志意漸不逮初。臣念潛邸舊恩，誼不忍默。謹條五事，以俟英斷。

一、保聖躬。人主一身，天地人神之主，必志氣清明，精神完固，而後可以御萬幾。望凝神定志，忍性抑情，毋逞旦夕之娛，毋徇無涯之慾，則無疆之福可長保也。

二、總大權。今政府所擬議，百司所承行，非不奉詔旨，而其間從違之故，陛下曾獨斷否乎？國事之更張，人才之用舍，未必盡出忠謀，協公論。臣願陛下躬攬大權，凡庶府建白，閣臣擬旨，特留淸覽，時出獨斷，則臣下莫能測其機，而政柄不致旁落矣。

三、愼儉德。陛下嗣位以來，傳旨取銀不下數十萬，求珍異之寶，作鼇山之燈，服御器用，悉鏤金雕玉。生財甚難，靡敝無紀。願察內帑之空虛，思小民之艱苦，不作無益，不貴異物，則國用充羨，而民樂其生矣。

四、覽章奏。人臣進言，豈能皆當。陛下一切置不覽，非惟虛忠良獻納之誠，抑恐權奸蔽壅，勢自此成。望陛下留神章奏，曲垂容納。言及君德，則反己自修；言及朝政，則更化善治。聽言者旣見之行事，而進言者益樂於効忠矣。

五、用忠直。邇歲進諫者，或以勤政，或以節用，或以進賢退不肖，此皆無所利而爲之；非若承望風旨，肆攻擊以雪他人之憤，迎合權要，交薦拔以樹淫朋之黨者比也。願恕狂愚之罪，嘉批鱗之誠，登之有位，以作士氣，則讜規日聞，裨益非尠。

疏入，帝但報聞，不怒也。而附拱者謂奮庸久不徙官，怏怏風刺，相與詆訾之。給事中涂夢桂遂劾奮庸動搖國是。會給事中曹大埜亦劾拱十罪，帝斥之。給事中程文因奏拱竭忠報國，萬世永賴，奮庸與大埜漸搆姦謀，傾陷元輔，罪不可勝誅。章並下吏部。拱方掌部事，陽爲二臣祈寬。帝不許，竟謫大埜乾州判官，奮庸興國知州。夢桂、文皆拱門生。夢桂

極詆奮庸，文則盛稱頌拱，又盡舉大埜奏中語代拱剖析，士論非之。奮庸謫官兩月，會神宗卽位，遂擢山西提學僉事。再遷陝西提學副使。以病乞歸，卒。

大埜，巴縣人。其劾拱，張居正實使之。萬曆中，累遷右副都御史，巡撫江西。以貪劾免。

贊曰：世宗之季，門戶漸開。居言路者，各有所主。故其時不患其不言，患其言之冗漫無當，與其心之不能無私；言愈多，而國是愈益淆亂也。汪文輝所陳四弊，有旨哉！論明季言路諸臣，而考其得失，當於是觀之。

校勘記

〔一〕刑部侍郎詹瀚共鍛成夏言曾銑獄　詹瀚，原作「詹翰」，據明史稿傳九四王治傳、國朝獻徵錄卷四六詹公瀚墓誌、明進士題名碑錄正德丁丑科改。

〔二〕劾太和山守備中官呂祥　呂祥，原作「呂詳」，據明史稿傳九四歐陽一敬傳、穆宗實錄卷一〇

隆慶元年七月壬申條、國榷卷六五頁四〇六二改。下同。

〔三〕慈寧宮後延燒連房　慈寧宮，原作「慈慶宮」。按本書卷二九及明史稿志五五行志稱「萬曆元年十一月己亥，慈寧宮後舍火」。據改。

明史卷二百十六

列傳第一百四

吳山　陸樹聲子彥章　瞿景淳子汝稷　汝說　田一儁沈懋學　從孫壽民　黃鳳翔韓世能　余繼登　馮琦從祖惟訥　從父子咸　王圖劉曰寧　翁正春　劉應秋子同升　唐文獻楊道賓　陶望齡　李騰芳　蔡毅中　公鼐　羅喻義　姚希孟　許士柔　顧錫疇

吳山，字曰靜，高安人。嘉靖十四年進士及第，授編修。累官禮部左侍郎。三十五年改吏部。尋代王用賓爲禮部尚書。明年加太子太保。

山與嚴嵩鄉里。嵩子世蕃介大學士李本飲山，欲與爲婚姻。山不可，世蕃不悅而罷。

帝欲用山內閣，嵩密阻之。府丞朱隆禧者，考察罷官，獻方術，得加禮部侍郎。及卒請卹，山執不與。裕、景二邸並建，國本未定。三十九年冬，帝忽諭禮部，具景王之藩儀。嵩知帝激於郭希顏疏，欲覘人心，諷山留王。山曰，「中外望此久矣」，立具儀以奏，王竟之藩。司禮監黃錦嘗竊語山曰：「公他日得爲編氓幸矣；王之藩，非帝意也。」

明年二月朔，日當食，微陰。曆官言：「日食不見，卽同不食。」嵩以爲天眷，趣部急上賀，侍郎袁煒亦爲言。山仰首曰：「日方虧，將誰欺耶？」仍救護如常儀。帝大怒，山引罪。帝謂山守禮無罪，而責禮科對狀。給事中李東華等震懼，劾山，請與同罪。帝乃責山賣直沽名，停東華俸。嵩言罪在部臣。帝乃貰東華等，命姑識山罪。吏科梁夢龍等見帝怒山甚，又惡專劾山，乃并吏部尚書吳鵬劾之。詔鵬致仕，山冠帶閒住。時皆惜山而深快鵬之去。

穆宗卽位，召爲南京禮部尚書，堅辭不赴。卒，贈少保，諡文端。

陸樹聲，字與吉，松江華亭人。初冒林姓，及貴乃復。家世業農。樹聲少力田，暇卽讀書。舉嘉靖二十年會試第一。選庶吉士，授編修。三十一年請急歸。遭父喪，久之起南京司業。未幾，復請告去。起左諭德，掌南京翰林院。尋召還春坊，不赴。久之，起太常卿，掌南京祭酒事。嚴敕學規，著條教十二以勵諸生。召爲吏部右侍郎，引病不拜。隆慶中，再起故官，不就。神宗嗣位，即家拜禮部尚書。

初，樹聲屢辭朝命，中外高其風節。遇要職，必首舉樹聲，唯恐其不至。張居正當國，以得樹聲爲重，用後進禮先謁之。樹聲相對穆然，意若不甚接者，居正失望去。一日以公事詣政府。見席稍偏，熟視不就坐，居正趣爲正席。其介介如此。北部要增歲幣，兵部將許之，樹聲力爭。歲終，陳四方災異，請帝循舊章，省奏牘，愼賞賚，防壅蔽，納讜言，崇儉德，攬魁柄，別忠邪。詔皆嘉納。

萬曆改元，中官不樂樹聲，屢宣詣會極門受旨，且頻趣之。比趨至，則曹司常事耳。樹聲知其意，連疏乞休。居正語其弟樹德曰：「朝廷行相平泉矣。」平泉者，樹聲別號也。樹聲聞之曰：「一史官，去國二十年，豈復希揆席耶？且虛拘何益。」其冬請愈力，乃命乘傳歸。辭朝，陳時政十事。語多切中，報聞而已。居正就邸舍與別，問誰可代者。舉萬士和、林燫。比出國門，士大夫傾城追送，皆謝不見。

樹聲端介恬雅，翛然物表，難進易退。通籍六十餘年，居官未及一紀。與徐階同里，高拱則同年生。兩人相繼柄國，皆辭疾不出。爲居正所推，卒不附也。已，給廩隸如制，加太子少保，再遣存問。弟樹德，自有傳。子彥章，萬曆十七年進士。樹聲誡毋就館選，隨以行

人終養。詔給月俸，異數也。樹聲年九十七卒。贈太子太保，謚文定。彥章有節概，官至南京刑部侍郎。

瞿景淳，字師道，常熟人。八歲能屬文。久困諸生間，教授里中自給。嘉靖二十三年舉會試第一，殿試第二，授編修。

鄭王厚烷以言事廢，徙鳳陽。景淳奉敕封其子載堉爲世子，攝國事。世子內懼，贐重幣，景淳却之。時恭順侯吳繼爵爲正使。已受幣，慚景淳，亦謝不納。既而語景淳曰：「上遣使密詗狀，微公，吾幾中法。」滿九載，遷侍讀，請急歸。江南久苦倭，總督胡宗憲師未捷。景淳還京，謁大學士嚴嵩。嵩語之曰：「倭旦夕且平。胡總督才足辦，南中人短之，何也？」景淳正色曰：「相公遙度之耳。景淳自南來，目覩倭患。胡君坐擁十萬師，南中人不得一安枕臥。相公不欲聞，誰爲言者？」嵩愕然謝之。

歷侍讀學士，掌院事。改太常卿，領南京祭酒事，就遷吏部右侍郎。隆慶元年召爲禮部左侍郎。用總校永樂大典勞，兼翰林院學士，支二品俸，侍經筵，修嘉靖實錄。疾作，累疏乞骸骨歸。踰年卒。贈禮部尚書，謚文懿。

爲編修時，典制誥。錦衣陸炳先後四妻，欲封最後者。屬景淳撰詞，不可。介嚴嵩爲請，亦不應。橐金以投，卒笑謝之。

子汝稷、汝說。汝稷，字元立。好學，工屬文，以廕補官。三遷刑部主事。扶溝知縣扶宗人，神宗令予重比。汝稷曰：「是微服至邑庭，官自扶扶溝民耳。」讞上，竟得釋。歷黃州知府，徙邵武，再守辰州。永順土司彭元錦助其弟保靖土司象坤，與酉陽冉躍龍相讐殺。〔一〕汝稷馳檄元錦解兵去，三土司皆安。尋遷長蘆鹽運使，以太僕少卿致仕。尋卒。汝說字星卿。五歲而孤。搆文成，輒跪薦父木主前。萬曆中舉進士，官至湖廣提學僉事。亦以剛正聞。子式耜，別有傳。

田一儁，字德萬，大田人。隆慶二年會試第一。選庶吉士，授編修，進侍講。萬曆五年，吳中行攻張居正奪情，趙用賢等繼之，居正怒不測。一儁偕侍講趙志皋、修撰沈懋學等疏救，格不入。乃會王錫爵等詣居正，陳大義。一儁詞尤峻，居正心嗛之。未幾，志皋等皆逐，一儁先請告歸，獲免。

居正歿，起故官。屢遷禮部左侍郎，掌翰林院。辭疾歸，未行卒。一儁禔身嚴苦，家無贏貲。贈禮部尚書。

懋學，字君典，宣城人。父寵，字畏思。嘉靖中舉鄉試，授行唐知縣。以民不諳織紝，置機杼教之。調獲鹿，徵授御史，官至廣西參議。師貢安國、歐陽德，又從王畿、錢德洪游。知府羅汝芳創講會，御史耿定向聘寵與梅守德共主其席。

懋學少有才名。舉萬曆五年進士第一，授修撰。居正子嗣修，其同年生也。疏既格不入，乃三貽書勸嗣修諫，嗣修不能用。以工部尚書李幼滋與居正善，復貽書爲言。幼滋報曰：「若所言，宋人腐語，趙氏所以不競也。張公不奔喪，與揖讓征誅，並得聖賢中道，豎儒安足知之。」幼滋初講學，盜虛名，至是縉紳不與焉。懋學遂引疾歸。居數年，卒。福王時，追謚文節。

從孫壽民，字眉生，爲諸生有聲。崇禎九年行保舉法，巡撫張國維以壽民應詔。甫入都，疏劾兵部尚書楊嗣昌奪情。復攻總督熊文燦，言：「嗣昌挈軍旅權，付文燦兵十二萬，餉二百八十餘萬。使賊面縛輿櫬，猶應宣布皇威，而後待以不死；今乃講盟結約，若與國然。

天下有授柄於賊，而能制賊者乎？」通政張紹先寢不上。壽民以書責，紹先乃請上裁，嗣昌皇恐待罪。帝以疏違式，命勿進。壽民遂櫽括兩疏上之，留中。少詹事黃道周歎曰：「此何等事，在朝者不言而草野言之，吾輩愧死矣。」後道周及何楷等相繼抗疏，要自壽民發之。壽民名動天下。未幾移疾去，講學姑山，從游者數百人。福王時，阮大鋮用事。銜壽民劾嗣昌疏有「大鋮妄陳條畫，鼓煽豐芑」語，必欲殺之。壽民乃變姓名避之金華山。國變乃歸，不復出。

黃鳳翔，字鳴周，晉江人。隆慶二年進士及第，授編修。教習內書堂，輯前史宦官行事可爲鑒戒者，令誦習之。世宗實錄成，進修撰。

萬曆五年，張居正奪情，杖諸諫者。鳳翔不平，誦言於朝，編纂章奏，盡載諸諫疏。及居正二子會試，示意，鳳翔峻卻之。當主南畿試，以王篆欲私其子，復謝不往。屢遷南京國子祭酒。省母歸，起補北監。

時方較刻十三經註疏，鳳翔言：「頃陛下去貞觀政要，進講禮經，甚善。陛下讀曾子論孝曰敬父母遺體，則當思珍護聖躬。誦學記言學然後知不足，則當思緝熙聖學。察月令篇

以四時敷政、法天行健，則可見聖治之當勤勵。繹世子篇陳保傅之教、齒學之儀，則可見皇儲之當早建豫教。」疏入，報聞。

尋擢禮部右侍郎。洮、河告警，抗疏言：「多事之秋，陛下宜屏游宴，親政事，以實圖安攘。爲今大計，惟用人、理財二端。宋臣有言，『平居無極言敢諫之臣，則臨難無敵愾致命之士』。鄒元標直聲勁節，銓司特擬召用。其他建言遷謫，如潘士藻、孫如法亦擬量移，而疏皆中寢。士氣日摧，言路日塞，平居祇懷祿養交，臨難孰肯捐軀爲國家盡力哉。昔宋藝祖欲積縑二百萬，易遼人首；太宗移內藏上供物，爲用兵養士之資。今戶部歲進二十萬，初非舊額，積成常供。陛下富有四海，奈何自營私蓄。竊見都城寺觀，丹碧熒煌，梵剎之供奉，齋醮之祈禳，何一不糜內帑。與其要福於冥漠之鬼神，孰若廣施於孑遺之赤子。」帝不能用。

廷臣爭建儲，久未得命，帝諭閣臣以明春舉行。大學士王家屏出語禮部，鳳翔與尚書于愼行、左侍郎李長春以冊立儀上。帝怒，俱奪俸，意復變。鳳翔又疏爭，不報，遂請告去。

二十年，禮部左侍郎韓世能去，張一桂未任而卒，復起鳳翔代之。尋改吏部，拜南京禮部尚書。以養親歸。再起故官，力以親老辭。久之母卒，遂不出，卒於家。天啓初，謚文簡。

世能，字存良，長洲人。鳳翔同年進士。由庶吉士授編修。與修世宗、穆宗實錄，充經筵日講官。歷侍讀、祭酒、禮部侍郎、教習庶吉士。館閣文字，是科爲最盛。世能嘗使朝鮮，賂遺一無所受。

余繼登，字世用，交河人。萬曆五年進士。改庶吉士，授檢討。與修會典成，進修撰，直講經筵。尋進右中允，充日講官。時講筵久輟，侍臣無所納忠。繼登與同官馮琦共進通鑑講義，傅以時政缺失。歷少詹事兼侍讀學士，充正史副總裁。已，擢詹事掌翰林院。兩宮災，偕諸講官引洪範五行傳切諫。不報。進禮部右侍郎。

二十六年，以左侍郎攝部事。陝西、山西地震，南都雷火，西寧鐘自鳴，〔二〕紹興地湧血。繼登於歲終類奏，因請罷一切誅求開採之害民者。時不能用。雷擊太廟樹，復請帝躬郊祀、廟享，冊立元子，停礦稅，撤中使。帝優詔報聞而已。

旋擢本部尚書。時將討播州楊應龍。繼登請罷四川礦稅，以佐兵食。復上言：「頃者星躔失度，水旱爲沴，太白晝見，天不和也。鑿山開礦，裂地求砂，致狄道山崩地震，地不和也。閭閻窮困，更加誅求，帑藏空虛，復責珠寶，奸民蟻聚，中使鴟張，中外壅隔，上下不交，

人不和也。戾氣凝而不散，怨毒結而成形，陵谷變遷，高卑易位，是爲陰乘陽、邪干正、下叛上之象。臣子不能感動君父，言愈數愈厭，故天以非常之變，警悟陛下，尚可恬然不爲意乎？」帝不省。

繼登自署部事，請元子冊立冠婚。疏累上，以不得請，鬱鬱成疾。每言及，輒流涕曰：「大禮不舉，吾禮官死不瞑目。」病滿三月，連章乞休，不許。請停俸，亦不許。竟卒於官。贈太子少保，謚文恪。

繼登樸直愼密，寡言笑。當大事，言議侃侃。居家廉約。學士曾朝節嘗過其里，蓬蒿滿徑。及病革，視之，擁粗布衾，羊毳覆足而已。幼子應諸生試，夫人請爲一言，終不可。

馮琦，字用韞，臨朐人。幼穎敏絕人。年十九，舉萬曆五年進士，改庶吉士，授編修。預修會典成，進侍講，充日講官，歷庶子。三王並封議起，移書王錫爵力爭之。進少詹事，掌翰林院事。遷禮部右侍郎，改吏部。涖政勤敏，力抑營競，尚書李戴倚重之。

二十七年九月，太白、太陰同見於午；又狄道山崩，平地湧大小山五。琦草疏，偕尚書戴上言：

近見太陰經天，太白晝見，已爲極異。至山陷成谷，地湧成山，則自開闢以來惟唐垂拱中有之，而今再見也。竊惟上天無私，惟民是聽。欲承天意，當順民心。比來天下賦額，視二十年以前，十增其四。而民戶殷足者，則十減其五。東征西討，蕭然苦兵。

自礦稅使出，而民間之苦更甚。加以水旱蝗災，流離載道，畿輔近地，盜賊公行，此非細故也。諸中使銜命而出，所隨奸徒，動以千百。陛下欲通商，而彼專困商。陛下欲愛民，而彼專害民。蓋近日神奸有二：其一工伺上意，具有成奏，假武弁上之；其一務剝小民，晝有成謀，假中官行之。運機如鬼蜮，取財盡錙銖。遠近同嗟，貧富交困。貧者家無儲蓄，惟恃經營。但奪其數錢之利，已絕其一日之生。至於富民，更蒙毒害。或陷以漏稅竊礦，或誣之販鹽盜木。布成詭計，聲勢赫然。及其得財，寂然無事。小民累足屏息，無地得容。利歸羣奸，怨萃朝宁。夫以刺骨之窮，抱傷心之痛，一呼則易動，一動則難安。今日猶承平，民已洶洶，脫有風塵之警，天下誰可保信者。夫哱拜誅，關白死，此皆募民丁以爲兵，用民財以爲餉。若一方窮民倡亂，而四面應之，於何徵兵，於何取餉哉！陛下試遣忠實親信之人，采訪都城內外，閭巷歌謠，令一一聞奏，則民之怨苦，居然可覩。天心仁愛，明示咎徵，誠欲陛下翻然改悟，坐弭禍亂。

乃禮部修省之章未蒙批答，而奸民搜括之奏又見允行，如納何其賢妄說，令徧解天下無礙官銀。夫四方錢穀，皆有定額，無礙云者，意蓋指經費羨餘。近者征調頻仍，正額猶逋，何從得羨。此令一下，趣督嚴急，必將分公帑以充獻。經費罔措，還派民間，此事之必不可者也。又如仇世亨奏徐鼐掘墳一事，以理而論，烏有一墓藏黃金巨萬者。借使有之，亦當下撫按覈勘。先正其盜墓之罪，而後沒墓中之藏。未有罪狀未明，而先沒入貲財者也。片紙朝入，嚴命夕傳，縱抱深冤，誰敢辨理。不但破此諸族，又將延禍多人。但有株連，立見敗滅。輦轂之下尚須三覆，萬里之外止據單詞。遂令狡猾之流，操生殺之柄。此風一倡，孰不效尤。已同告緡之令，又開告密之端。臣等方欲陳訴，而奸人之奏又得旨矣。五日之內，搜取天下公私金銀已二百萬。奸內生奸，例外創例。臣等前猶望其日減，今更患其日增，不至民困財殫，激大亂不止。伏望陛下穆然遠覽，亟與廷臣共圖修弭，無令海內赤子結怨熙朝，千秋青史貽譏聖德。

不報。

尋轉左侍郎，拜禮部尚書。帝將册立東宮，詔下期迫，中官掌司設監者以供費不給爲詞。琦曰：「今日禮爲重，不可與爭。」其弟戶部主事瑗適輦餉銀四萬出都，琦立追還，給費，事乃克濟。

三十年，帝有疾，論停礦稅，既而悔之。琦與同列合疏爭，且請躬郊廟祭享，御殿受朝，不納。湖廣稅監陳奉以虐民撤還，會陝西黃河竭，琦言遼東高淮、山東陳增、廣東李鳳、陝西梁永、雲南楊榮，肆虐不減於奉，並乞徵還，皆不報。南京守備中官邢隆請別給關防徵稅，琦不可，乃以御前牙關防給之。

時士大夫多崇釋氏教，士子作文每竊其緒言，鄙棄傳註。前尚書余繼登奏請約禁，然習尚如故。琦乃復極陳其弊，帝爲下詔戒厲。

琦明習典故，學有根柢。數陳讜論，中外想望丰采，帝亦深眷倚。內閣缺人，帝已簡用朱國祚及琦。而沈一貫密揭，言二人年未及艾，盍少需之，先用老成者。乃改命沈鯉、朱賡。琦素善病，至是篤。十六疏乞休，不允。卒於官，年僅四十六。遺疏請厲明作，發章奏，補缺官，推誠接下，收拾人心。語極懇摯。帝悼惜之。贈太子少保。天啓初，謚文敏。

自琦曾祖裕以下，累世皆進士。裕，字伯順，以戍籍生於遼東。師事賀欽，有學行。終雲南副使。祖惟重，行人。父子履，河南參政。從祖惟健，舉人；惟訥，字汝言，江西左布政使，加光祿卿致仕。惟重、惟健、惟訥皆有文名，惟訥最著。

惟健子子咸，字受甫。少孤，事母孝。母疾，不解衣者踰年。母歿，哀毀骨立。萬曆元

年舉於鄉。再會試不第，遂不復赴。講求濂、洛之學，嘗曰：「爲學須剛與恒。不剛則墮，不恒則退。」治家宗顏氏家訓。鍾羽正稱「子咸信道忘仕則漆雕子，循經蹈古則高子羔」云。

王圖，字則之，耀州人。萬曆十一年進士。改庶吉士，授檢討，以右中允掌南京翰林院事。召充東宮講官。「妖書」事起，沈一貫欲有所羅織，圖，其教習門生也，盡言規之。累遷詹事，充日講官，教習庶吉士。進吏部右侍郎，掌翰林院。兄國，方巡撫保定。廷臣附東林及李三才者，往往推轂圖兄弟。會孫丕揚起掌吏部，孫瑋以尚書督倉場，皆陝西人。諸不悅圖者，目爲秦黨。而是時郭正域、劉曰寧及圖並有相望。正域逐去，曰寧卒，時論益歸圖。葉向高獨相久，圖且夕且入閣，忌者益衆。適將京察，惡東林及李三才、王元翰者，設詞惑丕揚，令發單咨是非，將陰爲鉤黨計。圖急言於丕揚，止之。羣小大恨。

初，圖典庚戌會試。分校官湯賓尹欲私韓敬，與知貢舉吳道南盛氣相詬誶。比出闈，道南欲劾賓尹，以圖沮而止。王紹徽者，圖同郡人，賓尹門生也，極譽賓尹於圖，而言道南黨欲傾賓尹并及圖，宜善爲計。圖正色却之，紹徽怫然去。時賓尹已爲祭酒，其先歷翰林京察，當圖注考，恩先發傾之。乃與紹徽計，令御史金明時劾圖子寶坻知縣淑抃贓私鉅萬。

且謂國素疾李三才，圖爲求解，國怒詈之，圖遂欲以拾遺去國。圖兄弟抗章力辯，忌者復僞爲淑抃劾國疏，播之邸抄。圖上疏言狀，帝爲下詔購捕，乃已。及考察，卒注賓尹不謹，褫其官，明時亦被黜。由是其黨大譟。秦聚奎、朱一桂、鄭繼芳、徐兆魁、高節、王萬祚、曾陳易輩，連章力攻圖。圖亦連章求去，出郊待命。溫詔屢慰留，堅臥不起，九閱月始予告歸。國亦乞休去，未幾卒。四十五年京察，當事者多賓尹、紹徽黨，以拾遺落圖職。

天啓三年召起故官。進禮部尚書，協理詹事府。明年，魏忠賢黨劉弘先劾圖，遂削籍。尋卒。崇禎初，贈太子太保，謚文肅。淑抃終戶部郎中。

劉曰寧，字幼安，南昌人。萬曆十七年進士。改庶吉士，授編修。遷右中允，直皇長子講幄。時冊立未舉，外議紛紜。曰寧旁慰曲喻，依於仁孝，光宗心識之。礦使四出，曰寧發憤上疏，陳六疑四患，極言稅監李道、王朝諸不法狀。疏入，留中。以母病歸。起右諭德，掌南京翰林院，就遷國子祭酒。奉母歸，吏進贏金數千，曰「例也」，曰寧峻却之。尋起少詹事，母喪不赴。服闋，召爲禮部右侍郎，協理詹事府。道卒。贈禮部尚書。天啓初，追謚文簡。

翁正春，字兆震，侯官人。萬曆中，爲龍溪教諭。二十年擢進士第一，授修撰，累遷少詹事。

三十八年九月拜禮部左侍郎，代吳道南署部事。十一月，日有食之，正春極言闕失，不報。明年秋，萬壽節，正春獻八箴：曰清君心，遵祖制，振國紀，信臣僚，寶賢才，謹財用，恤民命，重邊防。帝不省。吉王翊鑾請封支子常源爲郡王。正春言翊鑾之封在宗藩條例已定之後，〔三〕其支庶宜止本爵。乃授鎭國將軍。王貴妃薨，久不卜葬，正春以爲言。命偕中官往擇地，得吉。中官難以煩費，正春勃然曰：「貴妃誕育元良，他日國母也，奈何以天下儉乎？」奏上，報可。代王欲廢長子鼎渭，立次子鼎莎，朝議持二十餘年。正春集衆議上疏，鼎渭卒得立。琉球中山王遣使入貢，正春言：「中山已入於倭，今使臣多倭人，貢物多倭器，絕之便，否亦宜詔福建撫臣量留土物，毋俾入朝。」帝是之。

四十年，進士鄒之麟分校鄉試，私舉子童學賢，爲御史馬孟禎等所發。正春議黜學賢，謫之麟，而不及主考官。給事中趙興邦、亓詩教因劾正春徇私。正春求去，不許。頃之，言官發湯賓尹、韓敬科場事。正春坐敬不謹，敬黨大恨。詩教復劾正春，正春疏辯，益求去。帝雖慰留，然自是不安其位。尋改吏部，掌詹事府，以侍養歸。

天啓元年起禮部尚書，協理詹事府事。抗論忤魏忠賢，被旨譙責。明年，御史趙胤昌希指劾之，正春再疏乞歸。帝以正春嘗爲皇祖講官，特加太子少保，賜敕馳傳，異數也。時正春年逾七十，母百歲，率子孫奉觴上壽，鄉閭豔之。未幾，卒。崇禎初，謚文簡。

正春風度峻整，終日無狎語。倦不傾倚，暑不裸裎，目無流視。見者肅然。明一代，科目職官冠廷對者二人：曹鼐以典史，正春以教諭云。

劉應秋，字士和，吉水人。萬曆十一年進士及第，授編修，遷南京司業。十八年冬，疏論首輔申時行言：「陛下召對輔臣，諮以邊事，時行不能抒誠謀國，事事蒙蔽。賊大舉入犯，旣掠洮、岷，直迫臨、鞏，覆軍殺將，頻至喪敗，而時行猶曰『掠番』，曰『聲言入寇』，豈洮、河以內，盡皆番地乎？輔臣者，天子所與託腹心者也。輔臣先蒙蔽，何責庶僚。故近日敵情有按臣疏而督撫不以聞者，有督撫聞而樞臣不以奏者。彼習見執政大臣喜聞捷而惡言敗，故內外相蒙，恬不爲怪。欺蔽之端，自輔臣始。夫士風高下，關乎氣運，說者謂嘉靖至今，士風三變。一變於嚴嵩之黷賄，而士化爲貪。再變於張居正之專擅，而士競於險。至於今，外逃貪黷之名，而頑夫債帥多出門下；陽避專擅之迹，而芒刃斧斤倒持手中。威福之權，潛移其向，愛憎之的，明示之趨。欲天下無靡，不可得也。」語并侵次輔王錫爵。時主事蔡時鼎、南京御史章守誠亦疏論時行。〔四〕並留中。應秋尋召爲中允，充日講官。歷右庶子、祭酒。

二十六年有撰憂危竑議者，御史趙之翰以指大學士張位，幷及應秋。所司言應秋非位黨宜留。帝命調外，應秋遂辭疾歸。初，御史黃卷索珠商徐性善賕，不盡應，上章籍沒之。應秋署卷啓天子好利之端。男子諸龍光奏訐李如松，至荷枷大暑中。應秋言一妄人上書，何必置死地。時詞臣率優游養望，應秋獨好譏評時事，以此取忌，竟被黜。歸數年，卒。崇禎時，贈禮部侍郎，謚文節。

子同升，字晉卿。師同里鄒元標。崇禎十年，殿試第一。莊烈帝問年幾何，對曰：「五十有一。」帝曰：「若尚如少年，勉之。」授翰林修撰。楊嗣昌奪情入閣，何楷、林蘭友、黃道周言之俱獲罪，同升抗疏言：「日者策試諸臣，簡用嗣昌，良以中外交訌，冀得一效，拯我蒼生，聖明用心，亦甚苦矣。都人籍籍謂嗣昌縗絰在身，且入閣非金革比。臣以嗣昌必且哀痛惻怛，上告君父，辭免綸扉；乃循例再疏，遽入辦事。夫人有所不忍，而後能及其所忍；有所不爲，而後可以有爲。臣以嗣昌所忍，覘其所爲，知嗣昌心失智短，必不能爲國建功。何也？

成天下之事在乎志，勝天下之任在乎氣，志敗氣餒，而能任天下事，必無是理。伎倆已窮，苟且富貴。兼樞部以重綸扉之權，借綸扉爲解樞部之漸。和議自專，票擬由己。與方一藻、高起潛輩扶同罔功，掩敗爲勝。歲糜金繒，養患邊圉。立心如此，獨不畏堯、舜在上乎？曩自陛下切責議和，而嗣昌不可以爲臣。今一旦忽易墨縗，而嗣昌不可以爲子。若附和黨比，緘口全軀，嗣昌得罪名教，臣亦得罪名教矣。」疏入，帝大怒，謫福建按察司知事。移疾歸。廷臣屢薦，將召用，而京師陷。

福王立，召起故官，不赴。明年五月，南都不守，江西郡縣多失。同升攜家將入福建，止雩都，與楊廷麟謀興復。唐王加同升祭酒。同升乃入贛州，偕廷麟籌兵食。取吉安、臨江，加詹事兼兵部左侍郎。同升已羸疾，日與士大夫講忠孝大節，聞者咸奮。以廷麟請，撫南、贛，十二月卒於贛州。

唐文獻，字元徵，華亭人。萬曆十四年進士第一。授修撰，歷詹事。

沈一貫以「妖書」事傾尚書郭正域，持之急。文獻偕其僚楊道賓、周如砥、陶望齡往見一貫曰：「郭公將不免，人謂公實有意殺之。」一貫踢蹐，酹地若爲誓者。文獻曰：「亦知公無

意殺之也，第臺省承風下石，而公不早訖此獄，何辭以謝天下。」一貫斂容謝之。望齡見朱賡不爲救，亦正色責以大義，願棄官與正域同死。獄得稍解。然文獻等以是失政府意。久之，拜禮部右侍郎，掌翰林院事。

初，文獻出趙用賢門，以名節相矜許。同年生給事中李沂劾張鯨被廷杖，[五]文獻捄之出，資給其湯藥。荆州推官華鈺忤稅監逮下詔獄，[六]文獻力周旋，得無死。掌翰林日，當考察。執政欲庇一人，執不許。卒官。贈禮部尚書，謚文恪。

楊道賓，字惟彥，晉江人。萬曆十四年進士第二，授編修。累遷國子祭酒，少詹事，禮部右侍郎，掌翰林院事。轉左，改掌部事。嘗因星變請釋逮繫知縣滿朝薦等，又請亟舉朝講大典，皆不報。南京大水，疏陳時政。略言：「宮中夜分方寢，日旰未起，致萬幾怠曠。請夙興夜寐，以圖治功。時御便殿，與大臣面決大政。章疏及時批答，毋輒留中及從內降。」帝優旨報聞。皇太子輟講已四年，道賓極諫，引唐宦官仇士良語爲戒。其冬，天鼓鳴，道賓言：「天之視聽在民。今民生顚躓，無所赴愬，天若代爲之鳴。宜急罷礦使，更張闕政，以和民心。」帝不聽。踰年卒官。贈禮部尚書，謚文恪。

陶望齡，字周望，會稽人。父承學，南京禮部尚書。望齡少有文名。舉萬曆十七年會試第一，殿試一甲第三，授編修，歷官國子祭酒。篤嗜王守仁說，所宗者周汝登。與弟奭齡皆以講學名。卒謚文簡。

李騰芳，字子實，湘潭人。萬曆二十年進士。改庶吉士。好學，負才名。三王並封旨下，騰芳爲書詣朝房投大學士王錫爵。略言：「公欲暫承上意，巧借封王，轉作册立。然恐王封既定，大典愈遲。他日公去而事壞，罪公始謀，何辭以解。此不獨宗社憂，亦公子孫禍也。」錫爵讀未竟，遽牽衣命坐，曰：「諸人詈我，我何以自明？如子言，我受教。但我疏必親書，謂子孫禍何也？」騰芳曰：「外廷正以公手書密揭，無由知其詳，公乃欲藉以自解。異日能使天子出公手書示天下乎？」錫爵憮然淚下，明日遂反並封之詔。

屢遷左諭德。騰芳與崑山顧天埈善。天埈險詖無行，爲世所指名，被劾去，騰芳亦投劾歸。時遂有顧黨、李黨之目。詔論朝士擅去者罪，貶騰芳太常博士。三十九年京察，復以浮躁謫江西都司理問。稍遷行人司正，歷太常少卿，掌司業事。

光宗立，擢少詹事，署南京翰林院。旋拜禮部右侍郎，教習庶吉士。御史王安舜劾騰芳驟遷。騰芳辭位，熹宗不許，竟以省母歸。天啓初，以故官協理詹事府，尋改吏部左侍

郎。丁內艱，加禮部尚書以歸。魏忠賢惡騰芳與楊漣同鄉。御史王際逵因論騰芳被察驟起，丁憂進官，皆非制。遂削奪。

崇禎初，再以尚書協理詹事府。京師戒嚴，條畫守禦，多稱旨，代何如寵掌部事。卒官。贈太子太保。

蔡毅中，字宏甫，光山人。祖鳳翹，平陽同知。父光，臨洮同知。毅中五歲通孝經。父問：「讀書何爲？」對曰：「欲爲聖賢耳。」萬曆二十九年第進士，改庶吉士，授檢討。時礦稅虐民，毅中取祖訓、會典諸書禁戒礦稅者，集爲二卷，注釋以上。大學士沈鯉於毅中爲鄉先達，與首輔沈一貫不相能。而溫純參政河南，器毅中於諸生。至是爲都御史，疏侵一貫。一貫疑出毅中手，爲鯉地，銜之。遂用計典，鐫秩去。起麻城丞。旋以行人司副召擢尚寶丞。移疾歸。四十五年，以浮躁鐫秩。

天啓初，大起廢籍，補長蘆鹽運判官。屢遷國子祭酒，擢禮部右侍郎，仍領祭酒事。楊漣劾魏忠賢得嚴旨，毅中率其屬抗疏言：

學校者，天下公議所從出也。臣正與諸生講「爲君難」一書，忽接楊漣劾忠賢疏，

合監師生千有餘人無不鼓掌稱慶。乃皇上不下其奏於九卿，而謂一切朝政皆親裁，以奸璫爲忠，代之受過，合監師生無不扼心愁歎不已也。臣惟三代以後，漢、隋、唐、宋諸君，其受權璫之害與處權璫之法，載在通鑑。我朝列聖受權璫之害與處權璫之法，載在實錄。臣皆不必多言。但取至近至親如武宗之處劉瑾，神宗之處馮保二事，願皇上遵之。瑾在武宗左右，言聽計從，一聞諸臣劾奏，夜半自起，擒而殺之。神宗臨御方十齡，保左右扶持，盡心竭力。旣而少作威福，臺省劾奏，未聞舉朝公疏，神祖遂不動聲色而成保於南京。

今忠賢無保之功，而極瑾之惡。二十四罪，無一不當悉究。舉朝羣臣欲於朝罷，跪以候旨，忠賢遂要皇上入宮，不禮羣臣。今又欲於視學之日，羣臣及太學諸生面叩陳請矣，而皇上漫不經意。數日以來，但有及忠賢者，留中不發，如此蒙蔽，其中寧可測哉。乞將連疏發九卿科道從公究問，即不加劉瑾之誅，而以處馮保之法懲之，則恩威並著，與神祖媲美矣。

疏入，忠賢戟手大詬。毅中乃再疏乞歸，不許。已，嗾其黨劾罷之。

毅中有至性。四歲父病，籲天請代。公車時，聞母喪，一慟嘔血數升，終喪斷酒肉，不入內寢。方母病，盛夏思冰，盂水忽凍。廬居，有紫芝、白鳥、千鴉集墓之異。卒，贈禮部

尙書。

公鼐，字孝與，蒙陰人。曾祖奎躋，湖廣副使。父家臣，翰林編修。鼐舉萬曆二十九年進士，改庶吉士，授編修。屢遷左諭德，爲東宮講官。進左庶子，引疾歸。

光宗立，召拜祭酒。熹宗進鼐詹事，乃上疏曰：「近聞南北臣僚，論先帝升遐一事，跡涉怪異，語多隱藏。恐因委巷之訛傳，流爲湘山之稗說，臣竊痛焉。皇祖在昔，原無立愛之心。祇因大典遲回，於是纔還册立之後，有三王並封之事，憂危竑議之後，有國本攸關之事。迨龐、劉之邪謀，張差之梃擊，而逆亂極矣。臣嘗備員宮僚，目睹狂謀孔熾，以歸向東宮者爲小人，不向東宮者爲君子。盡除朝士之清流，陰翦元良之羽翼。批根引蔓，干紀亂常。至今追想，猶爲寒心。夫臣子愛君，存其眞不存其僞。今實錄纂修在即，請將光宗事蹟，別爲一錄。凡一月間明綸善政，固大書特書；其有聞見異詞及宮闈委曲之妙用，亦皆直筆指陳，勒成信史。臣雖不肖，竊敢任之。」疏入，不許。

天啓元年，鼐以紀元甫及半載，言官獲譴者至十餘人，上疏切諫，幷規諷輔臣。忤旨，譙責。尋遷禮部右侍郎，協理詹事府，充實錄副總裁。鼐好學博聞，磊落有器識。見魏忠賢亂政，引疾歸。

初，廷議李三才起用不決，鼐颺言曰：「今封疆倚重者，多遠道未至。三才猷略素優，家近輦轂，可朝發夕至也。」侍郎鄒元標趣使盡言，以言路相持而止。後御史葉有聲追論鼐與三才爲姻，徇私妄薦，遂落職閒住。未幾卒。崇禎初，復官賜卹，諡文介。

羅喩義，字湘中，益陽人。萬曆四十一年進士。改庶吉士，授檢討。請假歸。

天啓初還朝，歷官諭德，直經筵。六年擢南京國子祭酒。諸生欲爲魏忠賢建祠，喩義懲其倡者，乃已。忠賢黨輯東林籍貫，湖廣二十人，以喩義爲首。

莊烈帝嗣位，召拜禮部右侍郎，協理詹事府。尋充日講官，敎習庶吉士。

喩義性嚴冷，閉戶讀書，不輕接一客。後見中外多故，將吏不習兵，銳意講武事，推演陣圖獻之。帝爲褒納。以時方用兵，而督撫大吏不立軍府，財用無所資，因言：「武有七德，豐財居其一。正餉之外，宜別立軍府，朝廷勿預知。饗士、賞功、購敵，皆取給於是。」又極陳車戰之利。帝下軍府議於所司，令喩義自製戰車。喩義復上言按畝加派之害，而以戰車營造職在有司，不肯奉詔。帝不悅，疏遂不行。

明年九月進講尙書，[七]撰布昭聖武講義。中及時事，有「左右之者不得其人」語，頗傷執政，末陳祖宗大閱之規，京營之制，冀有所興革。呈稿政府，溫體仁不懌。使正字官語喩義，令改。喩義造閣中，隔屏詬體仁。體仁怒，上言：「故事，惟經筵進規，多於正講，日講則正多規少。今喩義以日講而用經筵之制，及令刪改，反遭其侮，惟聖明裁察。」遂下吏部議。喩義奏辨曰：「講官於正文外旁及時事，亦舊制也。臣展轉敷陳，冀少有裨益。體仁刪去，臣誠恐愚忠不獲上達，致忤輔臣。今稿草具在，望聖明省覽。」吏部希體仁指，議革職閒住，可之。喩義雅負時望，爲體仁所傾，士論交惜。瀕行乞恩，請乘傳，帝亦報可。家居十年，卒。

姚希孟，字孟長，吳縣人。生十月而孤，母文氏勵志鞠之。稍長，與舅文震孟同學，並負時名。舉萬曆四十七年進士，改庶吉士。座主韓爌、館師劉一燝器之。兩人並執政，遇大事多所咨決。天啓初，震孟亦取上第，入翰林，甥舅並持淸議，望益重。尋請假歸。四年冬還朝，趙南星、高攀龍等悉去位，黨禍大作，希孟鬱鬱不得志。其明年以母喪歸。甫出都，給事中楊所修劾其爲繆昌期死黨，遂削籍。魏忠賢敗，其黨倪文煥懼誅，使使持厚賄求

解，希孟執而鳴之官。

崇禎元年起左贊善。歷右庶子，爲日講官。三年秋，與諭德姚明恭主順天鄉試。有武生二人冒籍中式，給事中王猷論之，遂獲譴。希孟雅爲東林所推，韓爌等定逆案，參其議。羣小惡希孟，謀先之。及華允誠劾溫體仁、閔洪學，兩人疑疏出希孟手，體仁遂借冒籍事修隙，擬旨覆試，黜兩生下所司，論考官罪，擬停俸半年。體仁意未慊，令再擬。希孟時已遷詹事，乃貶二秩爲少詹事，掌南京翰林院。尋移疾歸，家居二年，卒。

許士柔，字仲嘉，常熟人。天啓二年進士。改庶吉士，授檢討。崇禎時，歷遷左庶子，掌左春坊事。

先是，魏忠賢既輯三朝要典，以光宗實錄所載與要典左，乃言葉向高等所修非實，宜重修，遂恣意改削牴牾要典者。崇禎改元，燬要典而所改光宗實錄如故。六年，少詹事文震孟言：「皇考實錄爲魏黨曲筆，當改正從原錄。」時溫體仁當國，與王應熊等陰沮之，事遂寢。士柔憤然曰：「若是，則要典猶弗焚矣。」乃上疏曰：「皇考實錄總記，於世系獨略。皇上娠教之年，聖誕之日，不書也。命名之典，潛邸之號，不書也。聖母出何氏族，受何封號，不書

也。此皆原錄備載，而改錄故削之者也。原錄之成，在皇上潛邸之日，猶詳愼如彼。新錄之進，在皇上御極之初，何以率略如此，使聖朝父子、母后、兄弟之大倫，皆闇而不明，缺而莫考。其於信史謂何。」疏上，不省。

體仁令中書官檢穆宗總記示士柔，士柔具揭爭之曰：「皇考實錄與列聖條例不同。列聖在位久，登極後事，編年排纂，則總記可以不書。皇考在位僅一月，三后誕育聖躬皆在未登極以前，不書之總記，將於何書也。穆廟大婚之禮，皇子之生，在嘉靖中，故總記不載，至於冊立大典，編年未嘗不具載也。皇考一月易世，熹廟之冊立當書，皇上之冊封獨不當書乎？」體仁怒，將劾之，爲同列沮止。士柔復上疏曰：「累朝實錄，無不書世系之例。臣所以抉擿改錄，正謂與累朝成例不合也。孝端皇后，皇考之嫡母也，原錄具書保護之功，而改錄削之，何也？當日國本幾危，坤寧調護，眞孝慈之極則，顧復之深恩，史官不難以寸管抹摋之，此尤不可解也。」疏上，報聞。

體仁滋不悅。會體仁嗾劉孔昭劾祭酒倪元璐，因言士柔族子重熙私撰五朝注略，將以連士柔。士柔亟以注略進，乃得解。尋出爲南京國子祭酒。

體仁去，張至發當國，益謀逐士柔。先是，高攀龍贈官，士柔草詔詞送內閣，未給攀龍家。故事，贈官誥，屬誥敕中書職掌。崇禎初，褒卹諸忠臣，翰林能文者或爲之，而中書以

爲侵官。崇禎三年禁誥文駢儷語。至是攀龍家請給，去士柔草制時數年矣，主者仍以士柔前撰文進。中書黃應恩告至發誥語違禁，至發喜，劾士柔，降二級調用。司業周鳳翔抗疏辯曰：「詞林故事，閣臣分屬撰文，或手加詳定，或發竄改，未有徑自糾參者也。贈誥專屬中書，崇禎三年所申飭，未有追咎元年之史官，詆爲越俎者也。」不報。士柔尋補尙寶司丞，遷少卿，卒。子琪詣闕辨誣，乃復原官。贈詹事兼侍讀學士。

顧錫疇，字九疇，崑山人。年十三，以諸生試南京，魏國公以女女之。第萬曆四十七年進士，改庶吉士，授檢討。

天啓四年，魏忠賢勢大熾，錫疇偕給事中董承業典試福建，程策大有譏刺。忠賢黨遂指爲東林，兩人並降調。已，更削籍。

崇禎初，召復故官。歷遷國子祭酒。疏請復積分法，禮官格不行。錫疇復申言之，且請擇監生爲州縣長。已，請正從祀位次，進士爲國子博士者得與考選。帝並允行。省親歸，乞在籍終養。母服除，起少詹事，進詹事，拜禮部左侍郎，署部事。帝嘗召對，問理財用

人。錫疇退，列陳用人五失，曰銓敍無法，文網太峻，議論太多，資格太拘，鼓舞未至。請先令用人之地一清其源。「精心鑒別，隨才器使，一善也。赦小過而不終廢棄，二善也。省議論而專責成，三善也。拔異才而不拘常格，四善也。急獎勵而寬督責，五善也。」末極陳耗財之弊，仍歸本於用人。帝善其奏。

楊嗣昌疏請撫流寇，有「樂天者保天下」及「善戰服上刑」語。錫疇抗言此諸侯交鄰事，稱引不倫，與嗣昌大忤。嗣昌秉政，諸詞臣多攻之，嗣昌頗疑錫疇。會駙馬都尉王昺有罪，錫疇擬輕典，嗣昌搆之，遂削其籍。十五年，廷臣交薦，召還。御史曹溶、給事中黃雲師復言其不當用。帝不聽，起爲南京禮部左侍郎。

福王立，進本部尙書。時尊福恭王爲恭皇帝，將議廟祀，錫疇請別立專廟。俄請補建文帝廟謚、景皇帝廟號及建文朝忠臣贈謚，並從之。東平伯劉澤清言：「宋高宗即位南京，即以靖康二年五月爲建炎元年，從民望也。乞以今歲五月爲弘光元年。」錫疇言明詔已頒，不可追改，乃已。時定大行皇帝廟號爲思宗，忻城伯趙之龍言「思」非美稱，援證甚核，錫疇亦以爲然，疏請改定。大學士高弘圖以前議自己出，力持之，遂寢。溫體仁之卒也，特謚文忠，而文震孟、羅喻義、姚希孟、呂維祺皆不獲謚。錫疇言：「體仁得君行政最專且久，其負先帝罪大且深，乞將文忠之謚，或削或改，而補震孟諸臣，庶天下有所勸懲。」報可。遂謚

諸人，削體仁謚。

吏部尚書張慎言去位，代者徐石麒未至，命錫疇攝之。時馬士英當國，錫疇雅不與合。給事中章正宸、〔八〕熊汝霖劾之，遂乞祭南海去。明年春，御史張孫振力頌體仁功，請復故謚。遂勒錫疇致仕。

南都失守，錫疇鄉邑亦破。時方遭父喪，間關赴閩。唐王命以故官，力辭不拜，寓居溫州江心寺。總兵賀君堯撻辱諸生，錫疇將論劾。君堯夜使人殺之，投屍於江。溫人覓之三日，乃得棺殮。

贊曰：吳山等雍容館閣，歛歷臺省，固所謂詞苑之鴻儒，廟堂之鼎望也。要其守正自立，不激不爭，淳靜敦雅，承平士大夫之風流，概可想見矣。

校勘記

〔一〕與酉陽冉躍龍相讐殺　冉躍龍，原作「冉御龍」，據本書卷三一二及明史稿傳一八六酉陽宣撫司傳、神宗實錄卷五八八萬曆四十七年十一月戊子條改。

〔二〕西寧鐘自鳴　西寧，本書卷三〇五行志稱萬曆「二十六年五月庚寅古浪城樓大鐘自鳴者三」。國榷卷七八頁四八一三作「庚寅，甘肅古浪城樓大鐘自鳴」。按西寧衞與古浪守禦千戶所不相屬，疑當作「古浪」。

〔三〕正春言翊鑾之封在宗藩條例已定之後　宗藩條例，原作「宗藩要例」，據本書卷九七及明史稿志七五藝文志改。按本書卷一九三李春芳傳稱：「時宗室蕃衍，歲祿苦不繼，春芳考故事爲書上之。諸吉凶大禮及歲時給賜，皆嚴爲之制。帝嘉之，賜名宗藩條例。」

〔四〕南京御史章守誠亦疏論時行　章守誠，原作「張守誠」，據明史稿傳九八劉應秋傳、神宗實錄卷二二八萬曆十八年十月己巳條改。

〔五〕同年生給事中李沂劾張鯨被廷杖　李沂，原作「李泝」。明進士題名碑錄萬曆丙戌科作「李沂」。按本書卷二三四有李沂傳，事跡與此合，今改正。

〔六〕荊州推官華鈺忤稅監遠下詔獄　華鈺，原作「華玨」。神宗實錄卷三三八萬曆二十七年八月丁丑條作「華鈺」。按本書卷二三七有華鈺傳，事跡與此合，今改正。

〔七〕明年九月進講尚書　「明年」繫於「莊烈帝嗣位」之後，是莊烈帝即位之明年，卽崇禎元年。按明史稿傳九八羅喻義傳，在「明年九月進講尚書」之上，尚有「崇禎三年進左侍郎直講如故」一句。如此，則「明年」實指崇禎四年。今傳文刪省明史稿此一句，而未改原文「明年」二字，致生時間差異。當以明史稿爲是。

〔八〕給事中章正宸　章正宸，原作「章正震」。明史稿傳九八顧錫疇傳作「章正宸」。按本書卷二五八有章正宸傳，據改。

明史卷二百十七

列傳第一百五

王家屛　陳于陛　沈鯉　于愼行　李廷機　吳道南

王家屛，字忠伯，大同山陰人。隆慶二年進士。選庶吉士，授編修，預修世宗實錄。高拱兄捷前爲操江都御史，以官帑遺趙文華，家屛直書之。時拱方柄國，囑稍諱，家屛執不可。

萬曆初，進修撰，充日講官。敷奏剴摯，帝嘗斂容受，稱爲端士。張居正寢疾，詞臣率奔走禱祈，獨家屛不往。再遷侍講學士。十二年擢禮部右侍郎，改吏部，甫踰月，命以左侍郎兼東閣大學士入預機務。去史官二年卽輔政，前此未有也。

申時行當國，許國、王錫爵次之，家屛居末。每議事，秉正持法，不亢不隨。越二年，遭繼母憂。詔賜銀幣，馳傳，行人護行。服甫闋，詔進禮部尚書，遣行人召還。抵京師，三月

未得見。家屛以爲言，請因聖節御殿受賀，畢發留中章奏，舉行册立皇太子禮。不報。復偕同官疏請。帝乃於萬壽節強一臨御焉。俄遣中官諭家屛，奬以忠愛。家屛疏謝，復請帝勤視朝。居數日，帝爲一御門延見，自是益深居不出矣。

評事雒于仁進四箴，〔一〕帝將重罪之。家屛言：「人主出入起居之節，耳目心志之娛，庶官不及知，不敢諫者，輔弼之臣得先知而預諫之，故能防欲於微渺。今于仁以庶僚上言，而臣備位密勿，反緘默苟容，上虧聖明之譽，下陷庶僚蒙不測之威，臣罪大矣，尚可一日立於聖世哉。」帝不懌，留中，而于仁得善去。

十八年以久旱乞罷，言：「邇年以來，天鳴地震，星隕風霾，川竭河涸，加以旱潦蝗螟，疫癘札瘥，調變之難莫甚今日。況套賊跳梁於陝右，土蠻猖獗於遼西，貢市屬國復鴟張虎視於宣、大。虛內事外，內已竭而外患未休；剝民供軍，民已窮而軍食未裕。且議論紛紜，罕持大體；簿書淩雜，祇飾靡文。綱維縱弛，愒玩之習成；名實混淆，僥倖之風啓。陛下又深居靜攝，朝講希臨。統計臣一歲間，僅兩覲天顏而已。間嘗一進瞽言，竟與諸司章奏並寢不行。今驕陽爍石，小民愁苦之聲殷天震地，而獨未徹九閽。此臣所以中夜徬皇，飲食俱廢，不能自已者也。乞賜罷歸，用避賢路。」不報。

時儲位未定，廷臣交章請册立。其年十月，閣臣合疏以去就爭。帝不悅，傳諭數百言，切責廷臣沽名激擾，指爲悖逆。時行等相顧錯愕，各具疏再爭，杜門乞去。獨家屛在閣，復請速決大計。帝乃遣內侍傳語，期以明年春夏，廷臣無所奏擾，卽於冬間議行，否則待踰十五歲。家屛以口敕難據，欲帝特頒詔諭，立具草進。帝不用，復諭二十年春舉行。家屛喜，卽宣示外廷，外廷歡然。而帝意實猶豫，聞家屛宣示，弗善也，傳諭詰責。時行等合詞謝，乃已。

明年秋，工部主事張有德以册立儀注請。帝復以爲激擾，命止其事。國執爭去，時行被人言，不得已亦去，錫爵先以省親歸，家屛遂爲首輔。以國諫疏已列名，不當獨留，再疏乞罷。不允，乃視事。家屛制行端嚴，推誠秉公，百司事一無所撓。性忠讜，好直諫。册立期數更，中外議論紛然。家屛深憂之，力請踐大信，以塞口語，消宮闈釁。不報。

二十年春，給事中李獻可等請豫教，帝黜之。家屛封還御批力諫。帝益怒，譴謫者相屬。家屛遂引疾求罷，上言：

汲黯有言：「天子置公卿輔弼之臣，寧令從臾承意陷主於不義乎。」每感斯言，惕然內愧。頃年以來，九閽重閉，宴安懷毒，郊廟不饗，堂陛不交。天災物怪，罔徹宸聽；國計民生，莫關聖慮。臣備員輔弼，曠職瘝官，久當退避。迺今數月間，請朝講，請廟饗，請元旦受賀，請大計臨朝，悉寢不報。臣犬馬微誠，不克感回天意，已可見矣。至豫

敎皇儲，自宜早計，奈何厭聞直言，概加貶謫。臣誠不忍明主蒙咈諫之名，熙朝有横施之罰，故冒死屢陳。若依違保祿，浹涊苟容，汲黯所謂「陷主不義」者，臣死不敢出此，願賜骸骨還田里。

帝得奏不下。次輔趙志皐亦爲家屛具揭。帝遂責家屛希名託疾。家屛復奏，言：

名，非臣所敢棄，顧臣所希者陛下爲堯、舜之主，臣爲堯、舜之臣，則名垂千載，沒有餘榮。若徒犯顏觸忌，抗爭僨事，被譴罷歸，何名之有！必不希名，將使臣身處高官，家享厚祿，主愆莫正，政亂莫匡，可謂不希名之臣矣，國家奚賴焉。更使臣棄名不顧，逢迎爲悅，阿諛取容，許敬宗、李林甫之姦佞，無不可爲，九廟神靈必陰殛臣，豈特得罪於李獻可諸臣已哉。

疏入，帝益不悅。遣內侍至邸，責以徑駁御批，故激主怒，且託疾要君。家屛言：「言涉至親，不宜有怒。事關典禮，不宜有怒。臣與諸臣但知爲宗社大計，盡言效忠而已，豈意激皇上之怒哉？」於是求去益力。或勸少需就大事。家屛曰：「人君惟所欲爲者，由大臣持祿，小臣畏罪，有輕羣下心。吾意大臣不愛爵祿，小臣不畏刑誅，事庶有濟耳。」遂復兩疏懇請。詔馳傳歸。家屛柄國止半載，又强半杜門，以戇直去國，朝野惜焉。閱八年儲位始定。〔二〕遣官

齎敕存問，賚金幣羊酒。又二年卒，年六十八。贈少保，謚文端。熹宗立，再贈太保，任一子尚寶丞。

家屏家居時，朝鮮用兵。貽書經略顧養謙曰：「昔衞爲狄滅，齊桓率諸侯城楚丘，春秋高其義；未聞遂與狄仇，連諸侯兵以伐之也。今第以保會稽之恥，激厲朝鮮，以城楚丘之功，奬率將吏，無爲主而爲客則善矣。」養謙不能用，朝鮮兵數年無功。其深識有謀，皆此類也。

陳于陛，字元忠，大學士以勤子也。隆慶二年進士。選庶吉士，授編修。萬曆初，預修世、穆兩朝實錄，充日講官。累遷侍講學士，擢詹事，掌翰林院。疏請早建東宮。十九年拜禮部右侍郎，領詹事府事。明年改吏部，進左侍郎，教習庶吉士。奏言元子不當封王，請及時册立豫教，又請早朝勤政，皆不報。又明年進禮部尚書，仍領詹事府事。

于陛少從父以勤習國家故實。爲史官，益究經世學。以前代皆修國史，疏言：「臣考史家之法，紀、表、志、傳謂之正史。宋去我朝近，制尤可考。眞宗祥符間，王旦等撰進太祖、太宗兩朝正史。仁宗天聖間，呂夷簡等增入眞宗朝，名三朝國史。此則本朝君臣自修本朝

正史之明證也。我朝史籍，止有列聖實錄，正史闕焉未講。伏覩朝野所撰次，可備採擇者無慮數百種。倘不及時網羅，歲月浸邈，卷帙散脫，耆舊漸凋，事跡罕據。欲成信史，將不可得。惟陛下立下明詔，設局編輯，使一代經制典章，犂然可考，鴻謨偉烈，光炳天壤，豈非萬世不朽盛事哉。」詔從之。二十二年三月遂命詞臣分曹類纂，以于陛及尚書沈一貫、少詹事馮琦爲副總裁，而閣臣總裁之。

其年夏，首輔王錫爵謝政，遂命于陛兼東閣大學士入參機務。疏陳親大臣、錄遺賢、奬外吏、核邊餉、儲將才、擇邊吏六事。末言：「以肅皇帝之精明，而末年貪黷成風，封疆多事，則倦勤故也。今至尊端拱，百職不修，不亟圖更始，後將安極。」帝優詔答之，而不能用。帝以軍政失察，斥兩都言官三十餘人。于陛與同官申救至再，又獨疏請宥，俱不納。以甘肅破賊功，加太子少保。乾清、坤寧兩宮災，請面對，不報。乞罷，亦不許。其秋，二品三年滿，改文淵閣，進太子太保。

時內閣四人。趙志皐、張位、沈一貫皆于陛同年生，遇事無齟齬。而帝拒諫益甚，上下否隔。于陛憂形於色，以不能補救，在直廬數太息視日影。二十四年冬病卒於位，[三]史亦竟罷。贈少保，謚文憲。終明世，父子爲宰輔者，惟南充陳氏。世以比漢韋、平焉。

沈鯉，字仲化，歸德人。祖瀚，建寧知府。鯉，嘉靖中舉鄉試。師尚詔作亂，陷歸德，已而西去。鯉策賊必再至，急白守臣，捕殺城中通賊者，嚴爲守具。賊還逼，見有備去。奸人倡言屠城，將驅掠居民，鯉請諭止之，衆始定。四十四年成進士，改庶吉士，授檢討。大學士高拱，其座主又鄉人也，旅見外，未嘗以私謁。

神宗在東宮，鯉爲講官，嘗令諸講官書扇。鯉書魏卞蘭太子頌以進，因命陳大義甚悉。神宗咨美，遂蒙眷。比卽位，用宮寮恩，進編修。旋進左贊善。每直講，舉止端雅，所陳說獨契帝心。帝亟稱之。連遭父母喪，帝數問沈講官何在，又問服闋期，命先補講官俟之。萬曆九年還朝。屬當輟講，特命展一日，示優異焉。

明年秋，擢侍講學士，再遷禮部右侍郎。尋改吏部，進左侍郎。屛絕私交，好推轂賢士，不使知。十二年冬，拜禮部尚書。去六品甫二年至正卿。素負物望，時論不以爲驟。久之，會典成，加太子少保。鯉初官翰林，中官黃錦緣同鄉以幣交，拒不納。教習內書堂，侍講筵，皆數與巨璫接，未嘗與交。及官愈高，益無所假借，雖上命及政府指，不徇也。

十四年春，貴妃鄭氏生子，進封皇貴妃。鯉率僚屬請册建皇長子，進封其母，不許。未幾，復以爲言，且請宥建儲貶官姜應麟等。忤旨譙讓。帝旣却羣臣請，因詔諭少俟一二三年。

至十六年，期已屆，鯉執前旨固請，帝復不從。

鯉素鯁亮。其在部持典禮，多所建白。念時俗侈靡，稽先朝典制，自喪祭、冠婚、宮室、器服率定爲中制，頒天下。又以士習不端，奏行學政八事。又請復建文年號，重定景帝實錄，勿稱郕戾王。大同巡撫胡來貢議移祀北岳於渾源，力駁其無據。太廟侑享，請移親王及諸功臣於兩廡，毋與帝后雜祀。進世廟諸妃葬金山者，配食永陵。諸帝陵祀，請各遣官毋兼攝。諸王及妃墳祝版稱謂未協者，率請裁定。帝憂旱，步禱郊壇，議分遣大臣禱天下名山大川。鯉言使臣往來驛騷，恐重困民，請齋三日以告文授太常屬致之，罷寺觀勿禱，帝多可其奏。鄭貴妃父成憲爲父請卹，[四]援后父永年伯例，鯉力駁之。詔畀葬資五千金，鯉復言過濫。順義王妻三娘子請封，鯉不予妃號，但稱夫人。眞人張國祥言肅皇享國久長，由虔奉玄修所致，勸帝效之，鯉劾國祥詆誣導諛，請正刑辟。事亦寢。秦王誼漶故由中尉入繼，而乞封其弟郡王，中貴爲請，申時行助之，鯉不可。唐府違制請封妾子，執不從，帝並以特旨許之。京師久旱，鯉備陳卹民實政以崇儉戒奢爲本，且請減織造。已，京師地震，又請謹天戒，恤民窮。畿輔大侵，請上下交修，詞甚切。帝以四方災，敕廷臣修省，鯉因請大損供億營建，振救小民。帝每嘉納。

初，藩府有所奏請，賄中貴居間，禮臣不敢違，輒如志。至鯉，一切格之。中貴皆大怨，

數以事問於帝。帝漸不能無疑，累加詰責，且奪其俸。鯉自是有去志。而時行銜鯉不附己，亦忌之。一日，鯉請告，遽擬旨放歸。帝曰：「沈尚書好官，奈何使去？」傳旨諭留。時行益忌。其私人給事中陳與郊爲人求考官不得，怨鯉，屬其同官陳尚象劾之。與郊復危言撼鯉，鯉求去益力。帝有意大用鯉，微言：「沈尚書不曉人意。」有老宮人從子爲內豎者，走告鯉；司禮張誠亦屬鯉鄉人內豎廖某密告之。鯉並拒之，曰：「禁中語，非所敢聞。」皆恚而去。鯉卒屢疏引疾歸。累推內閣及吏部尚書，皆不用。二十二年起南京禮部尚書，辭弗就。

二十九年，趙志皋卒，沈一貫獨當國。廷推閣臣，詔鯉以故官兼東閣大學士入參機務，與朱賡並命。屢辭不允。明年七月始入朝，時年七十有一矣。一貫以士心夙附鯉，深忌之，貽書李三才曰：「歸德公來必奪吾位，將何以備之？」歸德，鯉邑名，欲風鯉辭召命也。三才答書，言鯉忠實無他腸，勸一貫同心。一貫由此并慽三才。鯉既至，卽具陳道中所見礦稅之害。他日復與賡疏論。皆弗納。楚假王被訐事起，禮部侍郎郭正域請行勘，鯉是之。及奸人所撰續憂危竑議發，一貫輩張皇其事，令其黨錢夢皐誣奏正域鯉門生，協造妖言，并羅織鯉奸贓數事。帝察其誣，不問。而一貫輩使邏卒日夜操兵圍守其邸。已而事解，復譖鯉詛咒。鯉嘗置小屏閣中，列書謹天戒、恤民窮、開言路、發章奏、用大僚、補庶官、起廢棄、舉考選、釋冤獄、撤稅使十事，而上書「天啓聖聰，撥亂反治」八字。每入閣，輒焚香拜祝之，

讒者遂指爲詛咒。帝取入視之，曰：「此豈詛咒耶？」讒者曰：「彼詛咒語，固不宜諸口。」賴帝知鯉深，不之信。

先是，閣臣奏揭不輕進，進則無不答者。是時中外扞格，奏揭繁，多寢不下。鯉以失職，累引疾求退。獎諭有加，卒不能行其所請。三十二年敍皮林功，加太子太保。尋以秩滿，加少保，改文淵閣。

鯉初相，卽請除礦稅。居位數年，數以爲言。會長陵明樓災，〔三〕鯉語一貫、賡各爲奏，俟時上之。一日大雨，鯉曰：「可矣。」兩人問故，鯉曰：「帝惡言礦稅事，疏入多不視，今吾輩冒雨素服詣文華奏之，上訝而取閱，亦一機也。」兩人從其言。帝得疏，曰：「必有急事。」啓視果心動，然不爲罷。明年長至，一貫在告，鯉、賡謁賀仁德門。帝賜食，司禮太監陳矩侍，小璫數往來竊聽，且執筆以俟。鯉因極陳礦稅害民狀，矩亦戚然。鯉復進曰：「礦使出，破壞天下名山大川靈氣盡矣，恐於聖躬不利。」矩嘆息還，具爲帝道之。帝悚然遣矩咨鯉所以補救者。鯉曰：「此無他，急停開鑿，則靈氣自復。」帝聞爲首肯。一貫慮鯉獨收其功，急草疏上。帝不懌，復止。然越月果下停礦之命，鯉力也。

鯉遇事秉正不撓。壓於一貫，志不盡行。而是時一貫數被論，引疾杜門，鯉乃得行閣事。皇孫生，詔赦天下。中官請徵茶蠟夙逋，鯉以戾詔旨再執奏，竟報寢。帝乳母翊聖夫

人金氏，其夫官都督同知，歿，請以從子繼。鯉言都督非世官，乃已。眞人張國祥謂皇孫誕生，己有祝釐功，乞三代誥命且世襲詹事主簿。鯉力斥其謬，乃賚以金幣。帝惑中貴言，將察核畿輔牧地，諭鯉撰敕。鯉言：「近年以來，百利之源，盡籠於朝廷，常恐勢極生變。況此牧地，豈眞有豪右隱占新墾未科者？奸民所傳，未足深信。」遂止。雲南武弁殺稅使楊榮。帝怒甚，將遣官逮治。鯉具陳榮罪狀，請誅爲首殺榮者，而貸其餘，乃不果逮。陝西稅使梁永求領鎭守事，亦以鯉言罷。遼東稅使高淮假進貢名，率所統練甲至國門。鯉中夜密奏其不可，詔責淮而止。時一貫雖稱疾杜門，而章奏多卽家擬旨，鯉力言非故事。

鯉既積忤一貫，一貫將去，慮鯉在，貽己後憂，欲與俱去，密傾之。帝亦嫌鯉方鯁，因鯉乞休，遂命與一貫同致仕。賡疏乞留鯉，不報。既抵家，疏謝，猶極陳怠政之弊，以明作進規。年八十，遣官存問，賚銀幣。鯉奏謝，復陳時政要務。又五年卒，年八十五。贈太師，謚文端。

于慎行，字無垢，東阿人。年十七，舉於鄉。御史欲卽鹿鳴宴冠之，以未奉父命辭。隆慶二年成進士。改庶吉士，授編修。萬曆初，穆宗實錄成，進修撰，充日講官。故事，率以

翰林大僚直日講，無及史官者。慎行與張位及王家屏、沈一貫、陳于陛咸以史官得之，異數也。嘗講罷，帝出御府圖畫，令講官分題。慎行不善書，詩成，屬人書之，具以實對。帝悅，嘗大書「責難陳善」四字賜之，詞林傳爲盛事。

御史劉臺以劾張居正被逮，僚友悉避匿，慎行獨往視之。及居正奪情，偕同官具疏諫。呂調陽格之，不得上。居正聞而怒，他日謂慎行曰：「子吾所厚，亦爲此耶？」慎行從容對曰：「正以公見厚故耳。」居正怫然。慎行尋以疾歸。居正卒，起故官。進左諭德，日講如故。時居正已敗，侍郎丘橓往籍其家。慎行遺書，言居正母老，諸子覆巢之下，顚沛可傷，宜推明主帷蓋恩，全大臣簪屨之誼。詞極懇摯，時論韙之。由侍講學士擢禮部右侍郎。轉左，改吏部，掌詹事府。尋遷禮部尚書。

慎行明習典制，諸大禮多所裁定。先是，嘉靖中孝烈后升祔，祧仁宗。萬曆改元，穆宗升祔，復祧宣宗。慎行謂非禮，作太廟祧遷考，言：「古七廟之制，三昭三穆，與太祖之廟而七。劉歆、王肅並以高、曾、祖、禰及五世、六世爲三昭三穆。其兄弟相傳，則同堂異室，不可爲一世。國朝，成祖既爲世室，與太祖俱百世不遷，則仁宗以下，必實歷六世，而後三昭三穆始備。孝宗與睿宗兄弟，武宗與世宗兄弟，昭穆同，不當各爲一世。世宗升祔，距仁宗止六世，不當祧仁宗。穆宗升祔，當祧仁宗，不當祧宣宗。」引晉、唐、宋故事爲據，其言辨而

嚴。事雖不行，識者服其知禮。又言：「南昌、壽春等十六王，世次既遠，宜別祭陵園，不宜祔享太廟。」亦寢不行。

十八年正月疏請早建東宮，出閣講讀。及冬，又請。帝怒，再嚴旨詰責。愼行不爲懾，明日復言：「冊立，臣部職掌，臣等不言，罪有所歸。幸速決大計，放歸田里。」帝益不悅，責以要君疑上，淆亂國本，及僚屬皆奪俸。山東鄉試，預傳典試者名，已而果然。言者遂劾禮官，皆停俸。愼行引罪乞休。章累上，乃許。家居十餘年，中外屢薦，率報寢。

三十三年始起掌詹事府。疏辭，復留不下。居二年，廷推閣臣七人，首愼行。詔加太子少保兼東閣大學士，入參機務。再辭不允，乃就道。時愼行已得疾。及廷謝，拜起不如儀，上疏請罪。歸臥於家，遂草遺疏，請帝親大臣、錄遺逸、補言官。數日卒，年六十三。贈太子太保，謚文定。

愼行學有原委，貫穿百家。神宗時，詞館中以愼行及臨朐馮琦文學爲一時冠。

李廷機，字爾張，晉江人。貢入太學，順天鄉試第一。萬曆十一年，會試復第一，以進士第二授編修。累遷祭酒。故事，祭酒每視事，則二生共舉一牌詣前，大書「整齊嚴肅」四

字。蓋高皇帝所製，以警師儒者。廷機見之惕然，故其立教，一以嚴爲主。

久之，遷南京吏部右侍郎，署部事。二十七年典京察，無偏私。嘗兼署戶、工二部事，綜理精密。奏行軫恤行戶四事，商困大蘇。外城陵垣，多所繕治，費皆取公帑奇羨，不以煩民。召爲禮部右侍郎，四辭不允，越二年始受任。時已進左侍郎，遂代郭正域視部事。會楚王華奎因正域發其餽遺書，誣訐正域不法數事。廷機意右楚王，而微爲正域解。大學士沈一貫欲藉妖書傾正域，廷機與御史沈裕、同官涂宗濬俱署名上趣定皦生光獄，株連遂絕。三十三年夏，雷震郊壇。既率同列條上修省事宜，復言今日闕失，莫如礦稅，宜罷撤。不報。其冬，類上四方災異。秦王誼漶由中尉進封，其庶長子應授本爵，賄緣欲封郡王，廷機三疏力持。王遣人居間，廷機固拒，特旨許之。益府服內請封，亦持不可。

廷機遇事有執，尤廉潔，帝知之。然性刻深，亦頗偏愎，不諳大體。楚宗人華趆以奏訐楚王，撫按官既擬奪爵，錮高牆，廷機援祖訓謀害親王例，議置之死。言路勢張，政府暨銓曹畏之，不敢出諸外，年例遂廢。禮部主事聶雲翰論之，廷機希言路意，中雲翰察典。給事中袁懋謙劾之。廷機求退，不允。

時內閣止朱賡一人。給事中王元翰等慮廷機且入輔，數陰詆之。三十五年夏，廷推閣臣，廷機果與焉。給事中曹于汴、宋一韓，御史陳宗契不可。相持久之，卒列以上。帝雅重

廷機，命以禮部尚書兼東閣大學士入參機務。廷機三辭始視事。元翰及給事中胡忻攻之不已，帝爲奪俸，以慰廷機。已而姜士昌、宋燾復以論廷機被黜，羣情益憤。廷機力辨求罷，又疏陳十宜去，帝慰諭有加。明年四月，主事鄭振先論賡十二罪，幷及廷機。廷機累疏乞休，杜門數月不出。言者疑其僞，數十人交章力攻。廷機求去不已，帝屢詔勉留，且遣鴻臚趣出，堅臥不起。待命踰年，乃屏居荒廟，廷臣猶有繁言。至四十年九月，疏已百二十餘上，乃陛辭出都待命。同官葉向高言廷機已行，不可再挽，乃加太子太保，賜道里費，乘傳，以行人護歸。居四年卒。贈少保，謚文節。

廷機繫閣籍六年，秉政止九月，無大過。言路以其與申時行、沈一貫輩密相授受，故交章逐之。輔臣以齮齕受辱，屏棄積年而後去，前此未有也。廷機輔政時，四川巡撫喬璧星銳欲討鎭雄安堯臣，與貴州守臣持議不決。廷機力主撤兵，其後卒無事，議者稱之。閩人入閣，自楊榮、陳山後，以語言難曉，垂二百年無人，廷機始與葉向高並命。後周如磐、張瑞圖、林釺、蔣德璟、黃景昉復相繼云。

吳道南，字會甫，崇仁人。萬曆十七年進士及第。授編修，進左中允。直講東宮，太子

偶旁矚，道南卽輟講拱竢，太子爲改容。

歷左諭德少詹事。擢禮部右侍郎，署部事。歷城、高苑牛產犢，皆兩首兩鼻，道南請盡蠲山東諸稅，召還內臣；又因災異言貂璫斂怨，乞下詔罪己，與天下更新。皆不報。尋請追謚建文朝忠臣。京師久旱，疏言：「天下人情鬱而不散，致成旱災。如東宮天下本，不使講明經術，練習政務，久置深闈，聰明隔塞，鬱一也。法司懸缺半載，讞鞫無人，囹圄充滿，有入無出，愁憤之氣，上薄日星，鬱二也。內藏山積，而閭閻半菽不充，曾不發帑振救，坐視其死亡轉徙，鬱三也。櫱臣滿朝薦、卞孔時，時稱循吏，因權璫搆陷，一繫數年，鬱四也。廢棄諸臣，實堪世用，一斥不復，山林終老，鬱五也。陛下誠渙發德音，除此數鬱，不崇朝而雨露遍天下矣。」帝不省。

道南遇事有操執，明達政體。朝鮮貢使歸，請市火藥，執不予。土魯番貢玉，請勿納。遼東議開科試士，以巖疆當重武，格不行。父喪歸。服闋，卽家拜禮部尚書兼東閣大學士預機務，與方從哲並命。三辭不允，久之始入朝。故事，廷臣受官，先面謝乃蒞任。帝不視朝久，皆先蒞任。道南至，不獲見，不敢入直。同官從哲爲言，帝令先視事，道南疏謝。居數日，言：「臣就列經旬，僅下瑞王婚禮一疏。他若儲宮出講、諸王豫敎、簡大僚、舉遺佚、撤稅使、補言官諸事，廷臣舌敝以請者，

中華書局

舉皆杳然，豈陛下簡置臣等意。」帝優詔答之，卒不行。迨帝因「梃擊」之變，召見羣臣慈寧宮。道南始得面謝，自是不獲再見。

織造中官劉成死，遣其黨呂貴往護，貴嗾奸民留己督造。中旨許之，命草敕。道南偕從哲爭，且詢疏所從進，請永杜內降，弗聽。鄱陽故無商稅，中官爲稅使，置關湖口征課。道南極言傍湖舟無所泊，多覆沒，請罷關勿征，亦不納。

道南輔大政不爲詭隨，頗有時望。歲丙辰偕禮部尚書劉楚先典會試。吳江舉人沈同和者，副都御史季文子，目不知書，賄禮部吏，與同里趙鳴陽聯號舍。其首場七篇，自坊刻外，皆鳴陽筆也。榜發，同和第一，鳴陽亦中式，都下大譁。道南等亟檢舉，詔令覆試。同和竟日搆一文。下吏，戍烟瘴，鳴陽亦除名。

先是，湯賓尹科場事，實道南發之，其黨側目。御史李嵩、周師旦遂連章論道南，而給事中劉文炳攻尤力。道南疏辨乞休，頗侵文炳。文炳遂極詆，御史張至發助之。道南不能堪，言：「臺諫劾閣臣，職也，未有肆口嫚罵者。臣辱國已甚，請立罷黜。」帝雅重道南，謫文炳外任，奪嵩等俸。御史韓浚、朱堦救文炳，復詆道南。道南益求去。杜門踰年，疏二十七上，帝猶勉留。會繼母訃至，乃賜道里費，遣行人護歸。天啓初，以覃恩卽家進太子太保。居二年卒。贈少保，諡文恪。

贊曰：傳稱「道合則服從，不合則去」，其王家屛、沈鯉之謂乎。廷機雖頗叢物議，然清節不汙。若于陛之世德，愼行之博聞，亦足稱羽儀廊廟之選矣。

校勘記

〔一〕評事雒于仁進四箴　雒于仁，原作「雒於仁」。明史稿傳九五王家屛傳作「雒于仁」。按本書卷二三四有雒于仁傳，事跡與此合，據改。下同。

〔二〕閱八年儲位始定　按本書卷一〇九宰輔年表，王家屛於萬曆二十年三月致仕，本書卷二一神宗紀，二十九年十月，立皇子常洛爲皇太子，相去九年餘。

〔三〕二十四年冬病卒於位　「二十四年」當移至上文「乾淸、坤寧兩宮災」前。按上文稱「二十二年三月」，又稱「其年夏」，又稱「乾淸、坤淸兩宮災」，又稱「其秋」，是將兩宮災及其秋以下記事均繫於二十二年。考本書卷二〇神宗紀，二十四年三月，乾淸、坤寧兩宮災，其秋以下記事亦在二十四年。疑傳文「二十四年」誤倒。

〔四〕鄭貴妃父成憲爲父請恤　成憲，原作「承憲」，據本書卷三〇〇及明史稿傳一七六鄭成憲傳改。

〔五〕會長陵明樓災　長陵，原作「孝陵」，據本書卷二一神宗紀、神宗實錄卷三九六萬曆三十二年五月癸酉條、國榷卷七九頁四九二七改。

明史卷二百十八

列傳第一百六

申時行 子用懋 用嘉 孫紹芳　王錫爵 弟鼎爵 子衡　沈一貫　方從哲　沈漼 弟演

申時行，字汝默，長洲人。嘉靖四十一年進士第一。授修撰。歷左庶子，掌翰林院事。

萬曆五年由禮部右侍郎改吏部。時行以文字受知張居正，蘊藉不立崖異，居正安之。六年三月，居正將歸葬父，請廣閣臣，遂以左侍郎兼東閣大學士入預機務。已，進禮部尚書兼文淵閣，累進少傅兼太子太傅、吏部尚書、建極殿。張居正攬權久，操羣下如束濕，異己者率逐去之。及居正卒，張四維、時行相繼柄政，務爲寬大。以次收召老成，布列庶位，朝論多稱之。然是時內閣權積重，六卿大抵徇閣臣指。諸大臣由四維、時行起，樂其寬，多與相厚善。

四維憂歸，時行爲首輔。余有丁、許國、王錫爵、王家屏先後同居政府，無嫌猜。而言路爲居正所遏，至是方發舒。以居正素暱時行，不能無諷刺。時行外示博大能容人，心故弗善也。帝雖樂言者訐居正短，而頗惡人論時事，言事者輒謫官。衆以此望時行，口語相詆諆。諸大臣又皆右時行拄言者口，言者益憤，時行以此損物望。

十二年三月，御史張文熙嘗言前閣臣專恣者四事，請帝永禁革之。時行疏爭曰：「文熙謂部院百執事不當置考成簿，送閣察考；吏、兵二部除授，不當一一取裁；督撫巡按行事，不當密揭請敎；閣中票擬，當使同官知。夫閣臣不職當罷黜，若幷其執掌盡削之，是因噎廢食也。至票擬，無不與同官議者。」帝深以爲然，絀文熙議不用。御史丁此呂言侍郎高啓愚以試題勸進居正，帝手疏示時行。時行曰：「此呂以曖昧陷人大辟，恐讒言接踵至，非淸明之朝所宜有。」尙書楊巍因請出此呂於外，帝從巍言。而給事御史王士性、李植等交章劾巍阿時行意，蔽塞言路。帝尋亦悔之，命罷啓愚，留此呂。時行、巍求去。有丁、國言：「大臣國體所繫，今以羣言留此呂，恐無以安時行、巍心。」國尤不勝憤，專疏求去，詆諸言路。副都御史石星、侍郎陸光祖亦以爲言。帝乃聽巍，出此呂於外，慰留時行、國，而言路羣起攻國。時行請量罰言者，言者益心慽。既而李植、江東之以大峪山壽宮事撼時行不勝，貶去，閣臣與言路日相水火矣。

初，御史魏允貞、郎中李三才以科場事論及時行子用懋，貶官。給事中鄒元標劾罷時行姻徐學謨，時行假他疏逐之去。已而占物情，稍稍擢三人官，三人得毋廢。世以此稱時行長者。時行欲收人心，罷居正時所行考成法，一切爲簡易，亦數有獻納。嘗因災異，力言催科急迫，徵派加增，刑獄繁多，用度侈靡之害。又嘗請止撫按官助工贓罰銀，請減織造數，趣發諸司章奏。緣尙寶卿徐貞明議，請開畿內水田。用鄧子龍、劉綎平隴川，薦鄭洛爲經略，趣順義王東歸，寢葉夢熊奏以弭楊應龍之變。然是時天下承平，上下恬熙，法紀漸不振。時行務承帝指，不能大有建立。帝每遇講期多傳免。時行請雖免講仍進講章。自後爲故事，講筵遂永罷。評事雒于仁進酒色財氣四箴。帝大怒，召時行等條分析之，將重譴。時行請毋下其章，而諷于仁自引去，于仁賴以免。然章奏留中自此始。

十四年正月，光宗年五歲，而鄭貴妃有寵，生皇三子常洵，頗萌奪嫡意。時行率同列再請建儲，不聽。廷臣以貴妃故，多指斥宮闈，觸帝怒，被嚴譴。帝嘗詔求直言。郎官劉復初、李懋檜等顯侵貴妃。時行請帝下詔，令諸曹建言止及所司職掌，聽其長擇而獻之，不得專達。帝甚悅，衆多咎時行者。

時行連請建儲。十八年，帝召皇長子、皇三子，令時行入見毓德宮。時行拜賀，請亟定大計。帝猶豫久之，下詔曰：「朕不喜激聒。近諸臣章奏概留中，惡其離間朕父子。若明歲

廷臣不復瀆擾，當以後年册立，否則俟皇長子十五歲舉行。」時行因戒廷臣毋激擾。

明年八月，工部主事張有德請具册立儀注。帝怒，命展期一年。而內閣中亦有疏入。時行方在告，次輔國首列時行名。時行密上封事，言：「臣方在告，初不預知。册立之事，聖意已定。有德不諳大計，惟宸斷親裁，勿因小臣妨大典。」於是給事中羅大紘劾時行，謂陽附羣臣之議以請立，而陰緩其事以內交。中書黃正賓復論時行排陷同官，巧避首事之罪。二人皆被黜責。御史鄒德泳疏復上，時行力求罷。詔馳驛歸。歸三年，光宗始出閣講學，十年始立爲皇太子。

四十二年，時行年八十，帝遣行人存問。詔書到門而卒。先以雲南岳鳳平，加少師兼太子太師、中極殿大學士，詔贈太師，謚文定。

子用懋、用嘉。用懋，字敬中，舉進士。累官兵部職方郎中。神宗擢太僕少卿，仍視職方事。再遷右僉都御史，巡撫順天。崇禎初，歷兵部左、右侍郎，拜尙書，致仕歸。卒，贈太子太保。用嘉，舉人。歷官廣西參政。孫紹芳，進士，戶部左侍郎。

王錫爵，字元馭，太倉人。嘉靖四十一年舉會試第一，廷試第二，授編修。累遷至祭酒。

萬曆五年以詹事掌翰林院。張居正奪情，將廷杖吳中行、趙用賢等。錫爵要同館十餘人詣居正求解，居正不納。錫爵獨造喪次切言之，居正徑入不顧。中行等既受杖，錫爵持之大慟。明年進禮部右侍郎。居正甫歸治喪，九卿急請召還，錫爵獨不署名。旋乞省親去。居正以錫爵形已短，益銜之，錫爵遂不出。

十二年冬，即家拜禮部尚書兼文淵閣大學士，參機務。還朝，請禁諂諛、抑奔競、戒虛浮、節侈靡、闢橫議、簡工作。帝咸褒納。

初，李植、江東之與大臣申時行、楊巍等相搆，以錫爵負時望，且與居正貳，力推之。比錫爵至，與時行合，反出疏力排植等，植等遂悉去。時時行爲首輔，許國次之，三人皆南畿人，而錫爵與時行同舉會試，且同郡，政府相得甚。然時行柔和，而錫爵性剛負氣。十六年，子衡舉順天試第一，郎官高桂、饒伸論之。錫爵連章辨訐，語過忿，伸坐下詔獄除名，桂謫邊方。御史喬璧星請帝戒諭錫爵，務擴其量，爲休休有容之臣，錫爵疏辨。以是積與廷論忤。

時羣臣請建儲者衆，帝皆不聽。十八年，錫爵疏請豫教元子，錄用言官姜應麟等，且求

宥故巡撫李材，不報。嘗因旱災，自陳乞罷。帝優詔留之。火落赤、眞相犯西陲，議者爭請用兵，錫爵主款，與時行合。未幾，偕同列爭册立不得，杜門乞歸。尋以母老，連乞歸省。乃賜道里費，遣官護行。歸二年，時行、國及王家屏相繼去位，有詔趣召錫爵。二十一年正月還朝，遂爲首輔。

先是有旨，是年春舉册立大典，戒廷臣毋瀆陳。廷臣鑒張有德事，咸默默。及是，錫爵密請帝決大計。帝遣內侍以手詔示錫爵，欲待嫡子，令元子與兩弟且並封爲王。錫爵懼失上指，立奉詔擬諭旨。而又外慮公論，因言「漢明帝馬后、唐明皇王后、宋眞宗劉后皆養諸妃子爲子，請令皇后撫育元子，則元子即嫡子，而生母不必崇位號以上壓皇貴妃」，亦擬諭以進。同列趙志皐、張位咸不預聞。帝竟以前諭下禮官，令即具儀。於是舉朝大譁。給事中史孟麟、禮部尚書羅萬化等，羣詣錫爵第力爭。廷臣諫者，章日數上。錫爵偕志皐、位力請追還前詔，帝不從。已而諫者益多，而岳元聲、顧允成、張納陛、陳泰來、于孔兼、李啓美、曾鳳儀、鍾化民、項德禎等遮錫爵於朝房，面爭之。李騰芳亦上書錫爵。錫爵請下廷議，不許。請面對，不報。乃自劾三悞，乞罷斥。帝亦迫公議，追寢前命，命少俟一二三年議行。錫爵旋請速決，且曰：「曩元子初生，業爲頒詔肆赦，詔書稱『祗承宗社』，明以皇太子待之矣。今復何疑而弗決哉？」不報。

七月，彗星見，有詔修省。錫爵因請延見大臣。又言：「彗漸近紫微，宜愼起居之節，寬左右之刑，寡嗜欲以防疾，散積聚以廣恩。」踰月，復言：「彗已入紫微，非區區用人行政所能消弭，惟建儲一事可以禳之。蓋天王之象曰帝星，太子之象曰前星。今前星既耀而不早定，故致此災。誠速行册立，天變自弭。」帝皆報聞，仍持首春待期之說。錫爵答奏復力言之，又連章懇請。

十一月，皇太后生辰，帝御門受賀畢，獨召錫爵煖閣，勞之曰：「卿扶母來京，誠忠孝兩全。」錫爵叩頭謝，因力請早定國本。帝曰：「中宮有出，奈何？」對曰：「此說在十年前猶可，今元子已十三，尚何待？況自古至今，豈有子弟十三歲猶不讀書者。」帝頗感動。錫爵因請頻召對，保聖躬。退復上疏力請，且曰：「外廷以固寵陰謀，歸之皇貴妃，恐鄭氏舉族不得安。惟陛下深省。」帝得疏，心益動，手詔諭錫爵：「卿每奏必及皇貴妃，何也？彼數勸朕，朕以祖訓后妃不得與外事，安敢輒從。」錫爵上言：「今與皇長子相形者，惟皇貴妃子，天下不疑皇貴妃而誰疑？皇貴妃不引爲己責而誰責？祖訓不與外事者，不與外廷用人行政之事也。若册立，乃陛下家事，而皇三子又皇貴妃親子，陛下得不與皇貴妃謀乎？且皇貴妃久侍聖躬，至親且賢，外廷紛紛，莫不歸怨，臣所不忍聞。臣六十老人，力捍天下之口，歸功皇貴妃，陛下尚以爲疑。然則必如羣少年盛氣以攻皇貴妃，而陛下反快於心乎？」疏入，帝頷

之。志皐、位亦力請。居數日，遂有出閣之命。而帝令廣市珠玉珍寶，供出閣儀物，計直三十餘萬。戶部尚書楊俊民等以故事爭，給事中王德完等又力諫。帝遂手詔諭錫爵，欲易期。錫爵婉請，乃不果易。明年二月，出閣禮成，俱如東宮儀，中外爲慰。

錫爵在閣時，嘗請罷江南織造，停江西陶器，減雲南貢金，出內帑振河南饑。帝皆無忤，眷禮逾前後諸輔臣。其救李沂，力爭不宜用廷杖，尤爲世所稱。特以阿並封指，被物議。既而郎中趙南星斥，侍郎趙用賢放歸，論救者咸遭譴謫，衆指錫爵爲之。雖連章自明且申救，人卒莫能諒也。錫爵遂屢疏引疾乞休。帝不欲其去，爲出內帑錢建醮祈愈。錫爵力辭，疏八上乃允。先累加太子太保，至是命改吏部尚書，進建極殿，賜道里費，乘傳，行人護歸。歸七年，東宮建，遣官賜敕存問，賚銀幣羊酒。

三十五年，廷推閣臣。帝既用于愼行、葉向高、李廷機，還念錫爵，特加少保，遣官召之。三辭，不允。時言官方厲鋒氣，錫爵進密揭力詆，中有「上於章奏一概留中，特鄙夷之如禽鳥之音」等語。言官聞之大憤。給事中段然首劾之，其同官胡嘉棟等論不已。錫爵亦自闔門養重，竟辭不赴。又三年，卒於家，年七十七。贈太保，謚文肅。

子衡，字辰玉，少有文名。爲舉首才，自稱因被論，遂不復會試。至二十九年，錫爵能

相已久，始舉會試第二人，廷試亦第二。授編修。先父卒。

錫爵弟鼎爵，進士。累官河南提學副使。

沈一貫，字肩吾，鄞人。隆慶二年進士。選庶吉士，授檢討，充日講官。進講高宗諒陰，拱手曰：「託孤寄命，必忠貞不二心之臣，乃可使百官總己以聽。苟非其人，不若躬親聽覽之爲孝也。」張居正以爲刺己，頗憾一貫。居正卒，始遷左中允。歷官吏部左侍郎兼侍讀學士，加太子賓客。假歸。

二十二年起南京禮部尚書，復召爲正史副總裁，協理詹事府，未上。王錫爵、趙志皐、張位同居內閣，復有旨推舉閣臣。吏部舉舊輔王家屏及一貫等七人名以上。而帝方怒家屏，譙責尚書陳有年。有年引疾去。一貫家居久，故有清望，閣臣又力薦之。乃詔以尚書兼東閣大學士，與陳于陛同入閣預機務，命行人卽家起焉。會朝議許日本封貢。一貫慮貢道出寧波爲鄉郡患，極陳其害，貢議乃止。未幾，錫爵去，于陛位第三，每獨行己意。一貫柔而深中，事志皐等惟謹。其後于陛卒官，志皐病痹久在告，位以薦楊鎬及憂危竑議事得罪去，一貫與位嘗私致鎬書，爲贊畫主事丁應泰所劾。位疏辨激上怒罷。一貫惟引咎，帝

乃慰留之。

時國本未定，廷臣爭十餘年不決。皇長子年十八，諸請冊立冠婚者益迫。帝責戶部進銀二千四百萬，爲冊立、分封諸典禮費以困之。一貫再疏爭，不聽。二十八年命營慈慶宮居皇長子。工竣，諭一貫草敕傳示禮官，上冊立、冠婚及諸王分封儀。敕既上，帝復留不下。一貫疏趣，則言：「朕因小臣謝廷讚乘機邀功，故中輟。俟皇長子移居後行之。」既而不舉行。明年，貴妃弟鄭國泰迫羣議，請冊立、冠婚并行。一貫因再草敕請下禮官具儀，不報。廷議有欲先冠婚後冊立者，一貫不可，曰：「不正名而苟成事，是降儲君爲諸王也。」會帝意亦頗悟，命卽日舉行。九月十有八日漏下二鼓，詔下。既而帝復悔，令改期。一貫封還詔書，言「萬死不敢奉詔」，帝乃止。十月望，冊立禮成，時論頗稱之。會志皐於九月卒，一貫遂當國。初，志皐病久，一貫屢請增閣臣。及是乃簡用沈鯉、朱賡，而事皆取決於一貫。尋進太子太保、戶部尚書、武英殿大學士。[一]

自一貫入內閣，朝政已大非。數年之間，礦稅使四出爲民害。其所誣劾逮繫者，悉滯獄中。吏部疏請起用建言廢黜諸臣，并考選科道官，久抑不下，中外多以望閣臣。一貫等數諫，不省。而帝久不視朝，閣臣屢請，皆不報。一貫初輔政面恩，一見帝而已。東征及楊應龍平，帝再御午門樓受俘。一貫請陪侍，賜面對，皆不許。上下否隔甚，一貫雖小有救正，大率依違其間，物望漸減。

迨三十年二月，皇太子婚禮甫成，帝忽有疾。急召諸大臣至仁德門，俄獨命一貫入啓祥宮後殿西煖閣。皇后、貴妃以疾不侍側，皇太后南面立稍北，帝稍東，冠服席地坐，亦南面，太子、諸王跪於前。一貫叩頭起居訖，帝曰：「先生前。朕病日篤矣，享國已久，何憾。佳兒佳婦付與先生，惟輔之爲賢君。礦稅事，朕因殿工未竣，權宜採取，今可與江南織造、江西陶器俱止勿行，所遣內監皆令還京。法司釋久繫罪囚，建言得罪諸臣咸復其官，給事中、御史卽如所請補用。朕見先生止此矣。」言已就臥。一貫哭，太后、太子、諸王皆哭。一貫復奏：「今尚書求去者三，請定去留。」帝留戶部陳蕖、兵部田樂，而以祖陵衝決，削工部楊一魁籍。一貫復叩首，出擬旨以進。是夕，閣臣九卿俱直宿朝房。漏三鼓，中使捧諭至，具如帝語一貫者。諸大臣咸喜。

翼日，帝疾瘳，悔之。中使二十輩至閣中取前諭，言礦稅不可罷，釋囚、錄直臣惟卿所裁。一貫欲不予，中使輒搏顙幾流血，一貫惶遽繳入。時吏部尚書李戴、左都御史溫純期卽日奉行，頒示天下，刑部尚書蕭大亨則謂弛獄須再請。無何，事變。太僕卿南企仲劾戴、大亨不卽奉帝諭，起廢釋囚。帝怒，并二事寢不行。當帝欲追還成命，司禮太監田義力爭。帝怒，欲手刃之。義言愈力，而中使已持一貫所繳前諭至。後義見一貫唾曰：「相公稍持

之，礦稅撤矣，何怯也！」自是大臣言官疏請者日相繼，皆不復聽。礦稅之害，遂終神宗世。

帝自疾瘳以後，政益廢弛。稅監王朝、梁永、高淮等所至橫暴，奸人乘機虐民者愈衆。一貫與鯉、賡共著論以風，又嘗因事屢爭，且揭陳用人行政諸事。帝不省。顧遇一貫厚，嘗特賜敕奬之。一貫素忌鯉，鯉亦自以講筵受主眷，非由一貫進，不爲下，二人漸不相能。禮部侍郎郭正域以文章氣節著，鯉甚重之。都御史溫純、吏部侍郎楊時喬皆以清嚴自持相標置，一貫不善也。會正域議奪呂本謚，一貫、賡與本同鄉，寢其議。由是益惡正域并惡鯉及純、時喬等，而黨論漸興。浙人與公論忤，由一貫始。

三十一年，楚府鎮國將軍華趆訐楚王華奎爲假王。一貫納王重賄，令通政司格其疏月餘，先上華奎劾華趆欺罔四罪疏。正域，楚人，頗聞假王事有狀，請行勘虛實以定罪案。一貫持之。正域以楚王饋遺書上，帝不省。及撫按臣會勘并廷臣集議疏入，一貫力右王，嗾給事中錢夢皐、楊應文劾正域，勒歸聽勘，華趆等皆得罪。正域甫登舟，未行，而「妖書」事起。一貫方銜正域與鯉，其黨康丕揚、錢夢皐等遂捕僧達觀、醫生沈令譽等下獄，窮治之。一貫從中主其事，令錦衣帥王之禎與丕揚大索鯉私第三日，發卒圍正域舟，執掠其婢僕乳媼，皆無所得。乃以皦生光具獄。二事錯見正域及楚王傳中。

始，都御史純劾御史于永清及給事中姚文蔚，語稍涉一貫。給事中鍾兆斗爲一貫論

純，御史湯兆京復劾兆斗而直純。純十七疏求去，一貫佯揭留純。至歲乙巳，大察京朝官。純與時喬主其事，夢皋、兆斗皆在黜中。一貫怒，言於帝，以京察疏留中。久之，乃盡留給事、御史之被察者，且許純致仕去。於是主事劉元珍、龐時雍，南京御史朱吾弼力爭之，謂二百餘年計典無特留者。時南察疏亦留中，後迫衆議始下。一貫自是積不爲公論所與，彈劾日衆，因謝病不出。

三十四年七月，給事中陳嘉訓、御史孫居相復連章劾其奸貪。一貫憤，益求去。帝爲黜嘉訓，奪居相俸，允一貫歸，鯉亦同時罷。而一貫獨得溫旨，雖廣右之，論者益訾其有內援焉。

一貫之入閣也，爲錫爵、志皋所薦。輔政十有三年，當國者四年。枝拄清議，好同惡異，與前後諸臣同。至楚宗、妖書、京察三事，獨犯不韙，論者醜之，雖其黨不能解免也。一貫歸，言者追劾之不已，其鄉人亦多受世詆諆云。一貫在位，累加少傅兼太子太傅、吏部尚書、建極殿大學士。家居十年卒。贈太傅，謚文恭。

方從哲，字中涵，其先德清人。隸籍錦衣衞，家京師。從哲登萬曆十一年進士，授庶

吉士，屢遷國子祭酒。請告家居，久不出，時頗稱其恬雅。大學士葉向高請用爲禮部右侍郎，不報。中旨起吏部左侍郎。爲給事中李成名所劾，求罷，不允。

四十一年拜禮部尚書兼東閣大學士，與吳道南并命。時道南在籍，向高爲首輔，政事多決於向高。向高去國，從哲遂獨相。請召還舊輔沈鯉，不允。御史錢春劾其容悅，從哲乞罷。帝優旨慰留。未幾，道南至。會張差梃擊事起，刑部以瘋癲蔽獄。王之宷鉤得其情，龐保、劉成等跡始露。從哲偕道南斥之宷言謬妄，帝納之。道南爲言路所詆，求去者經歲，以母憂歸。從哲復獨相，卽疏請推補閣臣。自後每月必請。帝以一人足辦，迄不增置。

從哲性柔懦，不能任大事。時東宮久輟講，瑞王婚禮逾期，惠王、桂王未擇配，福府莊田遣中使督賦，又議令鬻鹽，中旨命呂貴督織造，駙馬王昺以救劉光復褫冠帶，山東盜起，災異數見，言官罹鳳翀、郭尚賓以直言貶，帝遣中使令工部侍郎林如楚繕修咸安宮，宣府缺餉數月。從哲皆上疏力言，帝多不聽。而從哲有內援，以名爭而已，實將順帝意，無所匡正。

向高秉政時，黨論鼎沸。言路交通銓部，指清流爲東林，逐之殆盡。及從哲秉政，言路已無正人，黨論漸息。丁巳京察，盡斥東林，且及林居者。齊、楚、浙三黨鼎立，務搏擊清流。齊人亓詩教，從哲門生，勢尤張。

從哲昵羣小，而帝怠荒亦益甚。畿輔、山東、山西、河南、江西及大江南北相繼告災，疏皆不發。舊制，給事中五十餘員，御史百餘員。至是六科止四人，而五科印無所屬；十三道止五人，一人領數職。在外，巡按率不得代。六部堂上官僅四五人，都御史數年空署，督撫監司亦屢缺不補。文武大選、急選官及四方教職，積數千人，以吏、兵二科缺掌印不畫憑，久滯都下，時攀執政輿哀訴。詔獄囚，以理刑無人不決遣，家屬聚號長安門。職業盡弛，上下解體。

四十六年四月，大清兵克撫順，朝野震驚。帝初頗憂懼，章奏時下，不數月泄泄如故。從哲子世鴻殺人，巡城御史劾之。從哲乞罷，不允。長星見東南，長二丈，廣尺餘，十有九日而滅。是日京師地震。從哲言：「妖象怪徵，層見疊出，除臣奉職無狀痛自修省外，望陛下大奮乾綱，與天下更始。」朝士雜然笑之。帝亦不省。御史熊化以時事多艱，佐理無效劾從哲，乞用災異策免。從哲懇求罷，堅臥四十餘日，閣中虛無人。帝慰留再三，乃起視事。

明年二月，楊鎬四路出師，兵科給事中趙興邦用紅旗督戰，師大敗。禮部主事夏嘉遇謂遼事之壞，由興邦及從哲庇李維翰所致，兩疏劾之。從哲求罷，不敢入閣，視事於朝房。帝優旨懇留，乃復故，而反擢興邦爲太常少卿。未幾，大清兵連克開原、鐵嶺。廷臣於文華

門拜疏，立請批發，又候旨思善門，皆不報。從哲乃叩首仁德門跪俟俞旨，帝終不報。俄請帝出御文華殿，召見羣臣，面商戰守方略，亦不報。請補閣臣疏十上，情極哀，始命廷推。及推上，又不用。從哲復連請，乃簡用史繼偕、沈㴶，疏仍留中，終帝世寢不下。御史張新詔劾從哲諸所疏揭，委罪君父，誑言欺人，祖宗二百年金甌壞從哲手。御史蕭毅中、劉蔚、周方鑑、楊春茂、王尊德、左光斗，山西參政徐如翰亦交章擊之。從哲連疏自明，且乞罷。帝皆不問。自劉光復繫獄，從哲論救數十疏。帝特釋爲民，而用人行政諸章奏終不發。帝有疾數月。會皇后崩，從哲哭臨畢，請至榻前起居。召見弘德殿，跪語良久，因請補閣臣 用大僚 下臺諫命。帝許之，乃叩頭出。帝素惡言官。前此考選除授者，率候命二三年，及是候八年。從哲請至數十疏，竟不下。帝自以海宇承平，官不必備，有意損之。及遼左軍興，又不欲矯前失，行之如舊。從哲獨秉國成，卒無所匡救。又用姚宗文閱遼東，齮經略熊廷弼去，遼陽遂失。論者謂明之亡，神宗實基之，而從哲其罪首也。

四十八年七月丙子朔，帝不豫，十有七日大漸。外廷憂危，從哲偕九卿臺諫詣思善門問安。越二日，召從哲及尚書周嘉謨、李汝華、黃嘉善、黃克纘等受顧命。又二日，乃崩。

八月丙午朔，光宗嗣位。鄭貴妃以前福王故，懼帝銜之，進珠玉及侍姬八人啗帝。選侍李氏最得帝寵，貴妃因請立選侍爲皇后，選侍亦爲貴妃求封太后。帝已於乙卯得疾，丁

已力疾御門，命從哲封貴妃爲皇太后，從哲遽以命禮部。侍郎孫如游力爭，事乃止。辛酉，帝不視朝，從哲偕廷臣詣宮門問安。時都下紛言中官崔文昇進洩藥，帝由此委頓，而帝傳諭有「頭目眩暈，身體軟弱，不能動履」語，羣情益疑駭。給事中楊漣劾文昇并及從哲。刑部主事孫朝肅、徐儀世，御史鄭宗周并上書從哲，請保護聖體，速建儲貳。從哲候安，因言進藥宜慎。帝褒答之。戊辰，新閣臣劉一燝、韓爌入直，帝疾已殆。辛未召從哲、一燝、爌，英國公張惟賢，吏部尚書周嘉謨，戶部尚書李汝華，禮部侍郎署部事孫如游，刑部尚書黃克纘，左都御史張問達，給事中范濟世、楊漣，御史顧慥等至乾清宮。帝御東煖閣憑几，皇長子、皇五子等皆侍。帝命諸臣前，從哲等因請慎醫藥。帝曰：「十餘日不進矣。」遂諭册封選侍爲皇貴妃。甲戌復召諸臣，諭册封事。從哲等請速建儲貳。帝顧皇長子曰：「卿等其輔爲堯、舜。」又語及壽宮，從哲等以先帝山陵對。帝自指曰：「朕壽宮也。」諸臣皆泣。帝復問：「有鴻臚官進藥者安在？」從哲曰：「鴻臚寺丞李可灼自云仙方，臣等未敢信。」帝命宣可灼至，趣和藥進，所謂紅丸者也。帝服訖，稱「忠臣」者再。諸臣出竢宮門外。頃之，中使傳上體平善。日晡，可灼出，言復進一丸。從哲等問狀，曰：「平善如前。」明日九月乙亥朔卯刻，帝崩。中外皆恨可灼甚，而從哲擬遺旨賚可灼銀幣。時李選侍居乾清宮，羣臣入臨，諸閹閉宮門不許入。劉一燝、楊漣力拄之，得哭臨如禮，擁皇長子出居慈慶宮。從哲委蛇而已。

初，鄭貴妃居乾清宮侍神宗疾，光宗卽位猶未遷。尚書嘉謨責貴妃從子養性，乃還慈寧宮。及光宗崩，而李選侍居乾清宮。給事中漣及御史左光斗念選侍嘗邀封后，非可令居乾清，以沖主付託也。於是議移宮，爭數日不決。從哲欲徐之。至登極前一日，一燝、爌邀從哲立宮門請，選侍乃移噦鸞宮。明日庚辰，熹宗卽位。

先是，御史王安舜劾從哲輕薦狂醫，又賞之以自掩。從哲擬太子令旨，罰可灼俸一年。御史鄭宗周劾文昇罪，請下法司，從哲擬令旨司禮察處。及御史郭如楚、馮三元、焦源溥，給事中魏應嘉，太常卿曹珖，光祿少卿高攀龍，主事呂維祺，先後上疏言：「可灼罪不容誅，從哲庇之，國法安在！」而給事中惠世揚直糾從哲十罪、三可殺。言：「從哲獨相七年，妨賢病國，罪一。驕蹇無禮，失悞哭臨，罪二。梃擊青宮，庇護奸黨，罪三。恣行胸臆，破壞絲綸，罪四。縱子殺人，蔑視憲典，罪五。阻抑言官，蔽壅耳目，罪六。陷城失律，寬議撫臣，罪七。馬上催戰，覆沒全師，罪八。徇私罔上，鼎鉉貽羞，罪九。代營榷稅，蠹國殃民，罪十。貴妃求封后，舉朝力爭，從哲依違兩可，當誅者一。李選侍乃鄭氏私人，抗淩聖母，飲恨而沒。從哲受劉遜、李進忠所盜美珠，欲封選侍爲貴妃，又聽其久據乾清，當誅者二。崔文昇用洩藥傷損先帝，諸臣論之，從哲擬脫罪，李可灼進劫藥，從哲擬賞賚，當誅者三。」疏入，責世揚輕詆。從哲累求去，皆慰留。已而張潑、袁化中、王允成等連劾之，皆不聽。其冬，給事中程註復劾之，從哲力求去，疏六上。命進中極殿大學士，賚銀幣、蟒衣，遣行人護歸。

天啓二年四月，禮部尚書孫愼行追論可灼進紅丸，斥從哲爲弑逆。詔廷臣議。都御史鄒元標主愼行疏。從哲疏辨，自請削官階，投四裔。帝慰諭之。給事中魏大中以九卿議久稽，趣之上。廷臣多主愼行罪從哲，惟刑部尚書黃克纘，御史王志道、徐景濂，給事中汪慶百右從哲，而詹事公鼐持兩端。時大學士爌述進藥始末，爲從哲解。於是吏部尚書張問達會戶部尚書汪應蛟合奏言：「進藥始末，臣等共聞見。輔臣視皇考疾，急迫倉皇，弑逆二字何忍言。但可灼非醫官，且非知脈知醫者。以藥嘗試，先帝龍馭卽上昇。從哲與臣等九卿未能止，均有罪，乃反賚可灼。及御史安舜有言，止令養病去，罰太輕，何以慰皇考，服中外。宜如從哲請，削其官階，爲法任咎。至可灼罪不可勝誅，而文昇當皇考哀感傷寒時，進大黃涼藥，罪又在可灼上。法皆宜顯僇，以洩公憤。」議上，可灼遣戍，文昇放南京，而從哲不罪。無何，愼行引疾去。五年，魏忠賢輯「梃擊」、「紅丸」、「移宮」三事爲三朝要典以傾正人，遂免可灼戍，命文昇督漕運。其黨徐大化請起從哲，從哲不出。然一時請誅從哲者貶殺略盡矣。

崇禎元年二月，從哲卒。贈太傅，謚文端。三月下文昇獄，戍南京。

沈漼，字銘縝，烏程人。

父節甫，字以安。嘉靖三十八年進士。授禮部儀制主事，歷祠祭郎中。詔建祠禁內，令黃冠祝釐，節甫持不可。尙書高拱恚甚，遂移疾歸。起光祿丞。會拱掌吏部，復移疾避之。萬曆初，屢遷至南京刑部右侍郎。召爲工部左侍郎，攝部事。御史高舉言節甫素負難進之節，不宜一歲三遷。吏部以節甫有物望，絀其議。節甫連上疏請省浮費，核虛冒，止興作，減江、浙織造，停江西瓷器，帝爲稍減織造數。中官傳奉，節甫持不可，且上疏言之。又嘗獻治河之策，語鑿鑿可用。父憂歸，卒。贈右副都御史。天啓初，漼方柄用，得賜謚端清。

漼與弟演同登萬曆二十年進士。漼改庶吉士，授檢討。累官南京禮部侍郎，掌部事。西洋人利瑪竇入貢，因居南京，與其徒王豐肅等倡天主教，士大夫多宗之。漼奏：「陪京都會，不宜令異教處此。」識者韙其言。然漼素乏時譽。與大學士從哲同里閈，相善也。神宗末從哲獨當國，請補閣臣，詔會推。亓詩教等緣從哲意擯何宗彥、劉一燝輩，獨以漼及史繼偕名上。帝遂用之。或曰由從哲薦也。疏未發，明年，神宗崩，光宗立，乃召漼爲禮部尙書兼東閣大學士。未至，光宗復崩。天啓元年六月，㴶始至。

故事，詞臣教習內書堂，所教內豎執弟子禮。李進忠、劉朝皆㴶弟子。李進忠者，魏忠賢始名也。㴶既至，密結二人，乃奏言：「遼左用兵亟，臣謹於東陽、義烏諸邑及揚州、淮安募材官勇士二百餘，請以勇士隸錦衣衛，而量授材官職。」進忠、朝方舉內操，得㴶奏大喜。詔錦衣官訓練募士，授材官王應斗等遊擊以下官有差。㴶又奏募兵後至者復二百餘人，請發遼東、四川軍前。詔從之。尋加太子太保，進文淵閣，再進少保兼太子太保、戶部尚書、武英殿大學士。

禁中內操日盛，駙馬都尉王昺亦奉詔募兵，願得帷幄重臣主其事。廷臣皆言㴶與朝陰相結，於是給事中惠世揚、周朝瑞等劾㴶陽託募兵，陰藉通內。劉朝內操，㴶使門客誘之。王昺疏，疑出㴶教。閹人、戚畹、姦輔內外弄兵，長安片土，成戰場矣。㴶疏辨，因請疾求罷。帝慰留之。世揚等遂盡發㴶通內狀，刑部尚書王紀再疏劾㴶，比之蔡京。㴶亦劾紀保護熊廷弼、佟卜年、劉一爋等。詔兩解之。未幾，紀以卜年獄削籍，議者益側目㴶。大學士葉向高言「紀、㴶交攻，均失大臣體。今以讞獄斥紀，如公論何？」朱國祚至以去就爭，帝皆弗聽。㴶不自安，乃力求去。命乘傳歸。逾年卒。贈太保，謚文定。

㴶弟演，由工部主事歷官南京刑部尚書。

贊曰：神宗之朝，於時爲豫，於象爲蠱。時行諸人有鳴豫之凶，而無幹蠱之略。外畏清議，內固恩寵，依阿自守，掩飾取名，彌誻無聞，循默避事。書曰「股肱惰哉，萬事墮哉」，此孔子所爲致歎於「焉用彼相」也。

校勘記

〔一〕尋進太子太保戶部尚書武英殿大學士　此繫於二十九年十月後。按本書卷一一〇宰輔年表，萬曆二十五年：「一貫，五月晉太子太保、戶部尚書、武英殿大學士。」二十九年：「一貫，十一月，晉兼太子太傅、建極殿大學士。」神宗實錄卷三六五萬曆二十九年十一月丙申條同。當以神宗實錄及宰輔年表爲是。

明史卷二百十九

列傳第一百七

張四維 子泰徵　甲徵　馬自强 子怡　慥　許國　趙志皐

張位　朱賡 子敬循

張四維，字子維，蒲州人。嘉靖三十二年進士。改庶吉士，授編修。隆慶初，進右中允，直經筵，尋遷左諭德。四維倜儻有才智，明習時事。楊博、王崇古久歷邊陲，善談兵。四維，博同里而崇古姊子也，以故亦習知邊務。高拱深器之。

拱掌吏部，超擢翰林學士。甫兩月，拜吏部右侍郎。俺答封貢議起，朝右持不決。四維爲交關於拱，款事遂成。拱益才四維，四維亦干進不已，朝士頗有疾之者。御史郜永春視鹽河東，言鹽法之壞由勢要橫行，大商專利，指四維、崇古爲勢要，四維父、崇古弟爲大商。四維奏辨，因乞去。拱力護之，溫詔慰留焉。

初，趙貞吉去位，拱欲援四維入閣，而殷士儋夤緣得之，諸人遂相搆。及御史趙應龍劾士儋，士儋未去，言路復有劾四維者。四維已進左侍郎，不得已引去，無何士儋亦去。東宮出閣，召四維充侍班官。給事中曹大埜言四維賄拱得召，四維馳疏辨，求罷。帝不許，趣入朝。未至而穆宗崩，拱罷政，張居正當國，復移疾歸。

四維家素封，歲時餽問居正不絕。武淸伯李偉，慈聖太后父也，故籍山西，四維結爲援。萬曆二年復召掌詹事府。明年三月，居正請增置閣臣，引薦四維，馮保亦與善，遂以禮部尚書兼東閣大學士入贊機務。當是時，政事一決居正。居正無所推讓，視同列蔑如也。四維由居正進，謹事之，不敢相可否，隨其後，拜賜進官而已。居正卒，四維始當國。累加至少師、吏部尚書、中極殿大學士。

初，四維曲事居正，積不能堪，擬旨不盡如居正意，居正亦漸惡之。既得政，知中外積苦居正，欲大收人心。會皇子生，頒詔天下，疏言：「今法紀修明，海宇寧謐，足稱治平。而文武諸臣，不達朝廷勵精本意，務爲促急煩碎，致徵斂無藝，政令乖舛，中外囂然，喪其樂生之心。誠宜及此大慶，蕩滌煩苛，弘敷惠澤，俾四海烝黎，咸戴帝德，此固人心培國脈之要術也。」帝嘉納之。自是，朝政稍變，言路亦發舒，詆居正時事。

於是居正黨大懼。王篆、曾省吾輩，厚結申時行以爲助。而馮保欲因兩宮徽號封己爲伯，惡四維持之。篆、省吾知之，厚賄保，數短四維，而使所善御史曹一夔劾吏部尚書王國光媚四維，拔其中表弟王謙爲吏部主事。時行遂擬旨罷國光，並謫謙。四維以帝慰留，復起視事。命甫下，御史張問達復劾四維。四維窘，求保心腹徐爵、張大受賄保，保意稍解。時行乃諷問達於外，以安四維。四維以時行與謀也，卒銜之。已而中官張誠譖保，保眷大衰，四維乃授意門生李植輩發保奸狀。保及篆、省吾皆逐，朝事一大變。

於是四維稍汲引海內正人爲居正所沉抑者。雖未卽盡登用，然力反前事，時望頗屬焉。雲南貢金後期，帝欲罪守土官，又詔取雲南舊貯礦銀二十萬，皆以四維言而止。尋以父喪歸。服將闋，卒。贈太師，謚文毅。

子泰徵、甲徵皆四維柄政時舉進士。泰徵累官湖廣參政，甲徵工部郎中。

馬自强，字體乾，同州人。嘉靖三十二年進士。改庶吉士，授檢討。隆慶中，歷洗馬，直經筵。遷國子祭酒，振飭學政，請寄不行。遷少詹事兼侍讀學士，掌翰林院。神宗爲皇太子出閣，充講官。敷陳明切，遂受眷。及卽位，自强已遷詹事，敎習庶吉士，乃擢禮部右侍郎，爲日講官。尋以左侍郎掌詹事府，直講如故。丁繼母憂歸。服闋，詔

以故官協理詹事府。至則遷吏部左侍郎，仍直經筵。甫兩月，廷推禮部尚書。帝遣使詢居正尚書得兼講官否，居正言，事繁不得兼。乃用爲尚書，罷日講，充經筵講官。

禮官所掌，宗藩事最多，先後條例自相牴牾，黠吏得恣爲奸利。自强擇其當者俾僚吏遵守，諸不可用者悉屏之。每藩府疏至，應時裁決，榜之部門，明示行止，吏無所牟利。龍虎山正一眞人，隆慶時已降爲提點，奪印敕。至是，張國祥求復故號，自强寢其奏。國祥乃重賄馮保固求復，自强力持不可，卒以中旨許之。初，俺答通貢市，賞有定額，後邊臣徇其求，額漸溢。自强請申故約，濫乞者勿與，歲省費不貲。世宗實錄成，加太子少保。

六年三月，居正將歸葬父。念閣臣在鄉里者，高拱與己有深隙，殷士儋多奥援，或乘間以出，惟徐階老易與，擬薦之自代。已遣使報階，既念階前輩，己還，當位其下，乃請增置閣臣。帝卽令居正推擇，遂以人望薦自强及所厚申時行。自强初以救吳中行、趙用賢忤居正，自分不敢望，及制下，人更以是多居正。時呂調陽、張四維先在閣。調陽衰，數寢疾不出，小事四維代擬旨，大事則馳報居正於江陵，聽其裁決。自强雖持正，亦不能有爲，守位而已。

已，居正還朝，調陽謝政，自强亦得疾卒。詔贈少保，謚文莊，遣行人護喪還。子怡，舉人，終參議；慥，進士，尙寶卿。

關中人入閣者，自自强始。其後薛國觀繼之。終明世，惟二人。

許國，字維楨，歙縣人。舉鄉試第一，登嘉靖四十四年進士。改庶吉士，授檢討。神宗爲太子出閣，兼校書。及卽位，進右贊善，充日講官。歷禮部左、右侍郎，改吏部，掌詹事府。

十一年四月以禮部尙書兼東閣大學士入參機務。國與首輔申時行善。以丁此呂事與言者相攻，語侵吳中行、趙用賢，由是物議沸然。已而御史陳性學復摭前事劾國，時行右國，請薄罰性學。國再疏求去，力攻言者。帝命鴻臚宣諭，始起視事。南京給事中伍可受復劾國，帝爲謫可受官。國復三疏乞休，語憤激，帝不允。性學旋出爲廣東僉事。先是，帝考卜壽宮，加國太子太保，改文淵閣，以雲南功進太子太傅。國以父母未葬，乞歸襄事。帝不允，命其子代。御史馬象乾以劾中官張鯨獲罪，國懇救。帝爲霽威受之。

十七年，進士薛敷敎劾吳時來，南京御史王麟趾、黃仁榮疏論臺規，辭皆侵國。國憤，連疏力詆，幷及主事饒伸。伸方攻大學士王錫爵，公議益不直國。國性木强，遇事輒發。數與言者爲難，無大臣度，以故士論不附。

明年秋，火落赤犯臨洮、鞏昌，西陲震動，帝召對輔臣暖閣。時行言款貢足恃，國謂渝盟犯順，桀驁已極，宜一大創之，不可復羈縻。帝心然國言，而時行爲政不能奪。無何，給事中任讓論國庸鄙。國疏辨，帝奪讓俸。國、時行初無嫌。而時行適爲國門生萬國欽所論，讓則時行門生也，故爲其師報復云。福建守臣報日本結琉球入寇，國因言：「今四裔交犯，而中外小臣爭務攻擊，致大臣紛紛求去，誰復爲國家任事者？請申諭諸臣，各修職業，毋恣胸臆。」帝遂下詔嚴禁。國始終忿疾言者如此。

廷臣爭請冊立，得旨二十年春舉行。十九年秋，工部郎張有德以儀注請，帝怒奪俸。時行適在告，國與王家屏慮事中變，欲因而就之，引前旨力請。帝果不悅，責大臣不當與小臣比。國不自安，遂求去。疏五上，乃賜敕馳傳歸。踰一日，時行亦罷，〔二〕而冊立竟停。人謂時行以論劾去，國以爭執去，爲二相優劣焉。

國在閣九年，廉愼自守，故果遭攻擊，不能被以汙名。卒，贈太保，謚文穆。

趙志皐，字汝邁，蘭谿人。隆慶二年進士及第，授編修。萬曆初，進侍讀。張居正奪情，將廷杖吳中行、趙用賢。志皐偕張位、習孔敎等疏救，格不上，則請以中行等疏宜付史

館，居正恚。會星變考察京朝官，遂出志皋爲廣東副使。居三年，再以京察謫其官。居正歿，言者交薦，起解州同知。旋改南京太僕丞，歷國子監司業、祭酒，再遷吏部右侍郎，並在南京。尋召爲吏部左侍郎。

十九年秋，申時行謝政，薦志皋及張位自代。遂進禮部尚書兼東閣大學士，入參機務。明年春，王家屏罷，王錫爵召未至，志皋暫居首輔。會寧夏變起，兵事多所咨決。主事岳元聲疏論錫爵，中言當事者變亂傾危，爲主事諸壽賢、給事中許弘綱所駁。志皋再辨，帝皆不問。

二十一年，錫爵還朝，明年五月遂歸，志皋始當國。遼東失事，詔褫巡撫韓取善職，逮副使馮時泰詔獄，而總兵官楊紹勳止下御史問。給事中吳文梓等論其失平，志皋亦言：「封疆被寇，武臣罪也。今寬紹勳而深罪文吏，武臣益恣，文吏益喪氣。」帝不從，時泰竟謫戍。皇太后誕辰，帝受賀畢，召見輔臣暖閣，志皋論有御史彭應參。言官乞減織造，志皋等因合詞請。尋極論章奏留中之弊，請盡付諸曹議行。帝惡中官張誠黨霍文炳，以言官不舉發，貶黜者三十餘人。志皋等連疏諫，皆不納。累進少傅，加太子太傅，改建極殿。

時兩宮災，彗星見，日食九分有奇，三殿又災，連歲間變異迭出。志皋請下罪己詔，因累疏陳時政缺失。而其大者定國本、罷礦稅諸事，凡十一條。優詔報聞而已。皇長子年十

六時，志皋嘗請舉冠婚禮。帝命禮官具儀。及儀上，不果行。二十六年三月，志皋等復以爲言，終不允。

張居正柄國，權震主。申時行繼之，勢猶盛。王錫爵性剛負氣，人亦畏之。志皋爲首輔，年七十餘，耄矣，柔而懦，爲朝士所輕，詬誶四起。其始爲首輔也，値西華門災，御史趙文炳論之。無何，南京御史柳佐、給事中章守誠言，吏部郎顧憲成等空司而逐志皋，實激帝怒。已而給事中張濤、楊洵，御史冀體，況上進，南京評事龍起雷相繼披詆。而巡按御史吳崇禮劾其子兩淮運副鳳威，鳳威坐停俸。未幾，工部郎中岳元聲極言志皋宜放，給事中劉道亨詆尤力。志皋憤，言：「同一閣臣也，往日勢重而權有所歸，則相率附之以媒進。今日勢輕而權有所分，則相率擊之以博名。」因求退益切。帝慰諭之。

初，日本封貢議起，石星力主之。志皋亦冀無事，相與應和。及封事敗，議者蜂起，凡劾星者必及志皋。志皋每被言，輒疏辨求退，帝悉勉留。先嘗譴言者以謝之，後言者益衆，則多寢不下，而留志皋益堅。迨封事大壞，星坐欺罔下獄論死，位亦以楊鎬故褫官，而志皋終不問。然志皋已病不能視事，乞休疏累上，御史于永清、給事中桂有根復疏論之。志皋身在牀褥，於罷礦、建儲諸大政，數力疾草疏爭，帝歲時恩賜亦如故。志皋疾轉篤。在告四年，疏八十餘上。二十九年秋卒於邸舍。贈太傅，謚文懿。

張位，字明成，新建人。隆慶二年進士。改庶吉士。授編修，預修世宗實錄。萬曆元年，位以前代皆有起居注，而本朝獨無，疏言：「臣備員纂修，竊見先朝政事，自非出於詔令，形諸章疏，悉湮沒無考。鴻猷茂烈，鬱而未章，徒使野史流傳，用僞亂眞。今史官充位，無以自効。宜日分數人入直，凡詔旨起居，朝端政務，皆據見聞書之，待內閣裁定，爲他年實錄之助。」張居正善其議，奏行焉。

後以救吳中行、趙用賢忤居正意。時已遷侍講，抑授南京司業。未行，復以京察，謫徐州同知。居正卒之明年，用給事中馮景隆、御史孫維城薦，〔二〕擢南京尙寶丞。俄召爲左中允，管司業事，進祭酒。疏陳六事，多議行。以禮部右侍郎，教習庶吉士，引疾歸。詔起故官，協理詹事府，辭不赴。久之，以申時行薦，拜吏部左侍郎兼東閣大學士，與趙志皋並命。

王錫爵還朝，帝適降諭三王並封，以待嫡爲辭。而志皋、位遽請帝篤修交泰，早兆高禖，議者竊哂之。趙南星以考察事褫官，朝士詆錫爵者多及位。錫爵去，志皋爲首輔。位與志皋相厚善。志皋衰，位精悍敢任，政事多所裁決。時黜陟權盡還吏部，政府不得侵撓。

位深憾之，事多掣其肘。以故孫鑨、陳有年、孫丕揚、蔡國珍皆不安其位而去。

二十四年，兩宮災，礦稅議起，位等不能沮。及奸人請稅煤炭，開臨淸皇店，位與沈一貫乃執奏不可，不報。明年春，借一貫陳經理朝鮮事宜。請於開城、平壤建置重鎭，練兵屯田，通商惠工，省中國輓輸。且擇人爲長帥，分署朝鮮八道，爲持久計。事下朝鮮議。其國君臣慮中國遂幷其土，疏陳非便，乃寢。頃之，日本封事壞，位力薦參政楊鎬才，請付以朝鮮事務。鎬遭父喪，又請奪情視事，且薦邢玠爲總督。帝皆從之。位已進禮部尙書，改文淵閣，以甘肅破賊敍功，加太子太保，復以延鎭功，進少保、吏部尙書，改武英殿。

三殿災，志皋適在告，位偕同列請面慰，不許。乃請帝引咎頒赦，勤朝講，發章奏，躬郊廟，建皇儲，錄廢棄，容狂直，宥細過，補缺官，減織造，停礦使，撤稅監，釋繫囚。帝優詔報之，不能盡行。位又言：「臣等請停礦稅，非遽停之也，蓋欲責成撫按，使上不虧國，下不累民耳。」於是給事中張正學劾位逢迎遷就，宜斥。帝亦不省。

位初官翰林，聲望甚重，朝士冀其大用。及入政府，招權示威，素望漸衰。給事中劉道亨劾位奸貪數十事。位憤，力辨，遂落道亨三官。呂坤、張養蒙與孫丕揚交好，而沈思孝、徐作、劉應秋、劉楚先、戴士衡、楊廷蘭則與位善，各有所左右。丕揚嘗劾位，指道亨爲其黨。道亨恥之，劾位以自解。已而贊畫主事丁應泰劾楊鎬喪師，言位與鎬密書往來，朋黨

欺罔，鎬拔擢由賄位得之。帝怒下廷議。位惶恐奏辨，帝猶慰留。給事中趙完璧、徐觀瀾復交章論。位窘，亟奏：「羣言交攻，孤忠可憫。臣心無纖毫愧，惟上矜察。」帝怒曰：「鎬由卿密揭屢薦，故奪哀授任。今乃朋欺隱匿，辱國損威，猶云無愧。」遂奪職閑住。

無何，有獲妖書名憂危竑議者，御史趙之翰言位實主謀。帝亦疑位怨望有他志，詔除名爲民，遇赦不宥。其親故右都御史徐作、侍郎劉楚先、祭酒劉應秋、給事中楊廷蘭、主事萬建崑皆貶黜有差。

位有才，果於自用，任氣好矜。其敗也，廷臣莫之救。既卒，亦無湔雪之者。天啓中，復官，贈太保，謚文莊。

朱賡，字少欽，浙江山陰人。父公節，泰州知州。兄應，刑部主事。賡登隆慶二年進士，改庶吉士，授編修。萬曆六年以侍讀爲日講官。宮中方興土木，治苑囿。賡因講宋史，極言「花石綱」之害，帝爲悚然。歷禮部左、右侍郎。帝營壽宮於大峪山，命賡往視。中官示帝意欲倣永陵制，賡言：「昭陵在望，制過之，非所安。」疏入，久不下。已，竟如其言。累官禮部尚書，遭繼母喪去。

二十九年秋，趙志皐卒，沈一貫獨當國，請增置閣臣。帝素慮大臣植黨，欲用林居及久廢者。詔賡以故官兼東閣大學士參預機務，遣行人召之。再辭，不允。明年四月詣闕，即捐一歲俸助殿工。其秋極陳礦稅之害，帝不能用。既而與一貫及沈鯉共獻守成、遣使、權宜三論，大指爲礦稅發，賡手筆也。賡於己邸門獲妖書，而書辭誣賡動搖國本，大懼。立以疏聞，乞避位。帝慰諭有加。一貫倡羣小窮治不已。賡在告，再貽書一貫，請速具獄無株連，事乃得解。

三十三年大計京官。帝留被察者錢夢皐輩，及南京察疏上，亦欲有所留。賡力陳不可，曰：「北察之留，旨從中出，人猶咎臣等。今若出自票擬，則二百餘年大典，自臣壞之，死不敢奉詔。」言官劾溫純及鯉，中使傳帝意欲去純。賡言大臣去國必採公論，豈可於劾疏報允。帝下南察疏，而純竟去。其冬，工部請營三殿。時方濬河、繕城，賡力請俟之異日。帝皆納之，不果行。

三十四年，一貫、鯉去位，賡獨當國，年七十有二矣。朝政日弛，中外解體。賡疏揭月數上，十不能一下。御史宋燾首諷切賡，給事中汪若霖繼之。賡緣二人言，力請帝更新庶政，於增閣臣、補大僚、充言路三事語尤切。帝優詔答之而不行。賡乃素服詣文華門懇請，終不得命。賡以老，屢引疾，閣中空無人。帝諭簡閣臣，而廷臣慮帝出中旨如往年趙志皐、張位故事。賡力疾請付廷推，乃用于慎行、李廷機、葉向高，而召王錫爵於家，以爲首輔。既給事中王元翰、胡忻以廷機之用，賡實主之，疏詆廷機並侵賡。賡疏辭，帝爲切責言者。既而姜士昌及燾被謫，言路謂出賡意，益不平。禮部主事鄭振先遂劾賡十二大罪，且言賡與一貫、錫爵爲過去、見在、未來三身。帝怒，貶振先三秩。俄以言官論救，再貶二秩。

先，考選科道，吏部擬上七十八人。候命踰年，不下，賡連疏趣之。三十六年秋，命始下。諸人列言路，方欲見風采，而給事中若霖先嘗忤賡，及是見黜，適當賡病起入直時。衆謂賡修郤，攻訐四起，先後疏論至五十餘人。給事中喻安性者，賡里人，爲賡上疏言：「今日政權不由內閣，盡移於司禮。」言者遂交章劾安性，復侵賡。是時賡已寢疾，乞休疏二十餘上。言者慮其復起，攻不已，而賡以十一月卒於官。遺疏陳時政，語極悲切。賡先加少保兼太子太保，進吏部尚書、文華殿大學士。及卒，贈太保，謚文懿。御史彭端吾復疏詆賡，給事中胡忻請停其贈謚，帝不聽。

賡醇謹無大過，與沈一貫同鄉相比，暱給事中陳治則、姚文蔚等，以故蒙訴病云。子敬循，官禮部郎中，改稽勳。前此無正郎改吏部者，自敬循始。終右通政。

贊曰：四維等當軸處中，頗滋物議。其時言路勢張，恣爲抨擊。是非瞀亂，賢否混淆，羣相敵仇，罔顧國是。詬誶日積，又烏足爲定論乎。然謂光明磊落有大臣之節，則斯人亦不能無愧辭焉。

校勘記

〔一〕踰一日時行亦罷　一日，原作「一月」。本書卷一一〇宰輔年表萬曆十九年：時行「九月致仕」，國「九月致仕」。兩人致仕都在九月。神宗實錄卷二四〇萬曆十九年九月、國榷卷七五頁四六五八都作壬申許國去，甲戌申時行去，正踰一日。據改。

〔二〕用給事中馮景隆御史孫維城薦　孫維城，原作「孫惟成」，據神宗實錄卷一三三萬曆十一年丙戌條、明進士題名碑錄隆慶辛未科改。

明史卷二百二十

列傳第一百八

萬士和 王之誥 劉一儒 吳百朋 劉應節 徐栻 王遴

畢鏘 舒化 李世達 曾同亨 弟乾亨 辛自修 溫純

趙世卿 李汝華

萬士和，字思節，宜興人。父吉，桐廬訓導，有學術。士和成嘉靖二十年進士，改庶吉士，授禮部主事。父喪除，乞便養母，改南京兵部。累遷江西僉事，歲裁上供瓷器千計。遷貴州提學副使，進湖廣參政。撫納叛苗二十八砦，以功賚銀幣。三殿工興，採木使者旁午。士和經畫備至，民賴以安。遷江西按察使，之官踰期，劾免。起山東按察使，再遷廣東左布政使。政事故專決於左，士和曰：「朝廷設二使，如左右

手，非有軒輊。」乃約右使分日治事。召拜應天府尹，道遷右副都御史。督南京糧儲，奏請便民六事。隆慶初，進戶部右侍郎，總督倉場。尋改禮部，進左。引疾歸。

神宗立，起南京禮部侍郎，署國子監事。萬曆元年，禮部尚書陸樹聲去位。張居正用樹聲言，召士和代之。條上崇儉數事。又以災祲屢見，奏乞杜倖門，容戇直，汰冗員，抑干請，多犯時忌。俺答及所部貢馬，邊臣請加官賞。士和言賞賚有成額，毋徇邊臣額外請，從之。方士倚馮保求官，士和持不可。成國公朱希忠歿，居正許贈王，士和力爭。給事中余懋學言事得罪，士和言直臣不當斥。於是積忤居正。給事中朱南雍承風劾之，遂謝病去。居正歿，起南京禮部尚書，再疏引年不赴。卒，年七十一。贈太子少保，謚文恭。

王之誥，字告若，石首人。嘉靖二十三年進士。授吉水知縣。遷戶部主事，改兵部員外郎，出為河南僉事。討師尚詔有功，轉參議。調大同兵備副使。以搗板升功，增俸一級，進山西右參政。擢右僉都御史，巡撫遼東。大興屯田，每營墾田百五十頃，役軍四百人。列上便宜八事，行之。召為兵部右侍郎。尋以左侍郎總督宣、大、山西軍務。

隆慶元年就進右都御史。俺答犯石州，之誥令山西總兵官申維岳，參將劉寶、尤月、黑

雲龍四營兵尾之南下，而檄大同總兵官孫吳、山西副總兵田世威等出天門關，遏其東歸。巡撫王繼洛駐代州不出，維岳不敢前，石州遂陷。殺人數萬，所過無孑遺，大掠十有四日而去。事聞，維岳、世威、寶論死，繼洛戍邊，吳落職。之誥以還守南山，止貶二秩。

明年詔之誥以左侍郎巡視薊、遼、保定、宣、大、山西，侍郎劉燾巡陝西、延綏、寧夏、甘肅。之誥以疾辭，代以冀練。已，復因給事中張鹵言，皆罷不遣。三年起督京營。進右都御史，總督陝西三邊軍務。以延寧將士搗巢功，予一子官，遷南京兵部尚書。

神宗嗣位，召拜刑部尚書。張居正專政，之誥與有連，每規切之。萬曆三年乞假送母歸，踰時不至，被劾。會之誥亦奏請終養，遂報許。後居正喪父奪情，杖言者闕下。歸葬還闕，之誥以召還直臣，收人心為勸。卒，贈太子太保，謚端襄。

時有夷陵劉一儒者，字孟真，亦居正姻也。嘉靖三十八年進士。屢官刑部侍郎。居正當國，嘗貽書規之。居正歿，親黨皆坐斥，一儒獨以高潔名。尋拜南京工部尚書。甫半歲，移疾歸。初，居正女歸一儒子，珠琲紈綺盈箱篋，一儒悉扃之別室。居正死，貲產盡入官，一儒乃發向所緘物還之。南京御史李一陽請還一儒於朝，以厲恬讓。帝可其奏。一儒竟不赴召，卒於家。天啟中，追謚莊介。

吳百朋，字維錫，義烏人。嘉靖二十六年進士。授永豐知縣。徵拜御史，歷按淮、揚、湖廣。擢大理寺丞，進右少卿。

四十二年夏，進右僉都御史，撫治鄖陽。改提督軍務，巡撫南、贛、汀、漳。與兩廣提督吳桂芳討平河源賊李亞元、程鄉賊葉丹樓，又會師破倭海豐。

初，廣東大埔民藍松山、余大眷倡亂，〔一〕流劫漳、延、興、泉間。官軍擊敗之，奔永春。與香寮盜蘇阿普、范繼祖連兵犯德化，〔二〕為都指揮耿宗元所敗，偽請撫。百朋亦陽罷兵，而誘賊黨為內應，先後悉擒之，惟三巢未下。三巢者，和平李文彪據岑岡，龍南謝允樟據高沙，賴清規據下歷。朝廷以倭患棘，不討且十年。文彪死，子珍及江月照繼之，益猖獗。四十四年秋，百朋進右副都御史，巡撫如故。上疏曰：「三巢僭號稱王，旋撫旋叛。廣東和平、龍川、興寧，江西龍南、信豐、安遠，蠶食過半。不亟討，禍不可言。三巢中惟清規跨江、廣六縣，最逆命，用兵必自下歷始。」帝采部義，從之。百朋乃命守備蔡汝蘭討擒清規於苦竹嶂，羣賊震懾。

隆慶初，吏部以百朋積苦兵間，稍遷大理卿。給事中歐陽一敬等請留百朋剿賊，詔進

兵部右侍郎兼右僉都御史，巡撫如故。百朋奏，春夏用兵妨耕作，宜且聽撫，帝從之。尋擢南京兵部右侍郎。乞終養，不許。改刑部右侍郎。父喪歸，起改兵部。

萬曆初，奉命閱視宣、大、山西三鎮。百朋以糧餉、險隘、兵馬、器械、屯田、鹽法、番馬、逆黨八事核邊臣，督撫王崇古、吳兌，總兵郭琥以下，陞賞黜革有差。又進邊圖，凡關塞險隘，番族部落，士馬强弱，亭障遠近，歷歷如指掌。以省母歸。起南京右都御史，召拜刑部尚書。踰年卒。

劉應節，字子和，濰人。嘉靖二十六年進士。授戶部主事。歷井陘兵備副使，兼轄三關。三關屬井陘道自此始。四十三年以山西右參政擢右僉都御史，巡撫遼東。母喪歸。

隆慶元年起撫河南。俺答寇石州，山西騷動，詔應節赴援。已，寇退。會順天巡撫耿隨卿坐殺平民充首功逮治，改應節代之。建議永平西門抵海口距天津止五百里，可通漕，請募民習海道者赴天津領運，同運官出海達永平。部議以漕卒冒險不便，發山東、河南粟十萬石儲天津，令永平官民自運焉。

四年秋，進右副都御史，巡撫如故。旋進兵部右侍郎兼右僉都御史，代譚綸總督薊、遼、

保定軍務。奏罷永平、密雲、霸州采礦。又因御史傅孟春言，議諸鎮積貯，當計歲豐歉。常時以折色便軍，可以積粟；凶歲以本色濟荒，可以積銀。又明年建議通漕密雲，上疏曰：「密雲環控潮、白二水，天設之以便漕者也。向二水分流，至牛欄山始合。通州運艘至牛欄山，以上陸運至龍慶倉，輸輓甚苦。今白水徙流城西，去潮水不二百武，近且疏渠植壩，合爲一流，水深漕便。舊昌平運額共十八萬石有奇，今止十四萬，密雲僅得十萬，惟賴召商一法，而地瘠民貧，勢難長恃。閘通倉粟多紅朽。若漕五萬石於密雲，而以本鎮折色三萬五千兩留給京軍，則通倉無腐粟，京軍沾實惠，密雲免僉商，一舉而三善備矣。」報可。

給事中陳渠以薊鎮多虛伍，請核兵省餉。應節上疏曰：「國初設立大寧，薊門猶稱內地。既大寧內徙，三衞反覆，一切防禦之計，與宣、大相埒，而額兵不滿三萬。倉卒召外兵，疲於奔命，又半孱弱。於是議減客兵，募土著，而游食之徒，饑聚飽颺。請清勾逃軍，而所勾皆老稚，又未必安於其伍。本鎮西起鎮邊，東抵山海，因地制兵，非三十萬不可。今主、客兵不過十三萬而已。且宣府地方六百里，額兵十五萬；大同地方千餘里，額兵十三萬五千；今薊、昌地兼二鎮，而兵力獨不足。援彼例此，何以能守？以今上計，發精兵二十餘萬，恢復大寧，控制外邊，俾畿輔肩背益厚，宣、遼聲援相通，國有重關，庭無近寇，此萬年之利也。如其不然，集兵三十萬，分屯列戍，使首尾相應，此百年之利也。又不然，則選主、客兵十七萬，訓練有成，不必仰藉隣鎮，亦目前苟安之計。今皆不然，徵兵如弈棋，請餉如乞糴，操練如摶沙，教戰如談虎。邊長兵寡，掣襟肘見。今爲不得已之計，姑勾新軍補主兵舊額十一萬，與入衞客兵分番休息，庶軍不告勞，稍定邊計。」部議行所司清軍，而補兵之說卒不行。

萬曆元年進右都御史兼兵部右侍郎，總督如故。進南京工部尚書，召爲戎政尚書，改刑部。錦衣馮邦寧者，太監保從子，道遇不引避，應節叱下之，保不悅。會雲南參政羅汝芳奉表至京，應節出郭與談禪，給事中周良寅疏論之，遂偕汝芳劾罷。卒，贈太子少保。

初，王宗沐建議海運，應節與工部侍郎徐栻請開膠萊河，張居正力主之。用栻兼僉都御史以往，議鑿山引泉，計費百萬。議者爭駁之。召栻還，罷其役。栻，常熟人，累官南京工部尚書。

王遴，字繼津，霸州人。嘉靖二十六年進士。除紹興推官。入爲兵部主事，歷員外郎。峭直矜節概，不妄交。同官楊繼盛劾嚴嵩及其孫效忠冒功事，下部覆。世蕃自爲稾，以屬武選郎中周冕。冕發之，反得罪。尚書聶豹懼，趣所司以世蕃稾上。遴直前爭，豹怒，竟覆

如世蕃言。繼盛論死，遴爲資粥饘，且以女字其子應箕。嵩父子大恚，摭他事下之詔獄。事白復官。及繼盛死，收葬之。遷山東僉事，再遷岢嵐兵備副使。有威名，爲巡撫所忌，劾去。官民相率訟冤，詔許起用。

四十五年擢右僉都御史，巡撫延綏。寇大入定邊、固原，總兵官郭江戰歿。總督陳其學、陝西巡撫戴才坐免，遴貶俸一秩。隆慶改元，寇六入塞，皆失利去。而御史溫如玉論遴不已，解官候勘。後御史楊鈐勘上其功，遂以故官巡撫宣府。總兵官馬芳驍勇，寇不敢深入。遴乃大興屯田，邊儲賴之。秩滿，進右副都御史。尋召拜兵部右侍郎。省親歸，起協理戎政。

神宗立，張居正秉政。遴其同年生，然雅不相能。會議閱邊，遴請行。命往陝西四鎮。峻絕餽遺。事竣，遽移疾歸。居正歿，始起南京工部尚書。尋改兵部，參贊機務。守備中官丘得用濫役營軍，遴奏禁之，因奏行計安留都十二事。召拜戶部尚書。先奉詔蠲除及織造議留共銀百七十六萬餘兩，命於太倉庫補進，遴言：「陛下歷十餘年之儲積僅三百餘萬，今因一載蠲除，卽收補於庫。計十餘年之積，不足償二年取補之資。矧金花額進歲當百萬，自六年以後增進二十萬，今合六年計之，不啻百萬矣。庫積非源泉，歲進不已，後將何繼？」因言京、通二倉糧積八百萬石，足供九年之需，請量改折百五十萬石，三年而止。詔許

一年。

時尚寶丞徐貞明、御史徐待開京東水田，遴力贊之，議遂決。故事，戶部銀專供軍國，不給他用。帝大婚，暫取濟邊銀九萬兩爲織造費，至是復欲行之，遴執爭。未幾詔取金四千兩爲慈寧宮用，遴又力持。皆不納。已，陳理財七事，請崇節儉、重農務、督逋負、懲貪墨、廣儲蓄、飭貢市。帝報曰：「事關朕躬者已知之，餘飭所司議行。」時釋教大盛，遴請汰其壯者歸農，聚衆修齋者坐左道罪。禮部尚書沈鯉請如遴言。詔已許，后妃宦官多言不便，事中止。

改兵部尚書。遼東總兵官李成梁賂遺徧輦轂，不敢至遴門。遴在戶部頻執爭，已爲中官所嫉。會帝閱壽宮，中官持御批索馬。遴以爲題本當鈐印，司禮傳奉由科發部，無徑下部者，援故事執奏。帝不悅。大學士申時行嘗以管事指揮羅秀屬遴補錦衣僉書，遴格不許。時行乃調旨責遴擅留御批，失敬上體。御史因交章劾遴，遴乞休去，張佳胤代之。給事中張養蒙言：「羅秀本太監滕祥奴，賄入禁衞。往歲營僉書，尚書遴持正，爲所中傷去。未幾秀即躐用，物議沸騰。」於是黜秀，佳胤亦罷。

遴雖退，聲望愈重，以年高存問者再三。三十六年卒。贈太子太保。天啓中，追謚恭肅。

畢鏘，字廷鳴，石埭人。嘉靖三十二年進士。授刑部主事。歷郎中，擢浙江提學副使，遷廣西右參政，進按察使，再遷湖廣左布政使。召爲太僕卿，未至，改應天尹。海瑞撫江南，移檄京府，等於屬吏，鏘却不受。瑞察鏘政，更與善。進南京戶部右侍郎，督理糧儲。

萬曆二年入爲刑部右侍郎。改戶部，總督倉場。擢南京戶部尚書，謝病去。起南京工部尚書，就改吏部，徵爲戶部尚書。帝以風霾諭所司陳時政，鏘以九事上。中言：「錦衣旗校至萬七千四百餘人，內府諸監局匠役數亦稱是。此冗食之尤，宜屏除冒濫。州縣丈田滋弊，雲南鼓鑄不酬工直，宜已裁而復置，田欲墾而再停。請酌土俗人情，毋率意更改。至袍服錦綺，歲有積餘，何煩頻織。天燈費鉅萬，尤不經。濫予不可不裁，淫巧不可不革。」他所奏，並多切要。近倖從中撓之，不盡行。鏘乃引年乞罷。予馳驛歸。

鏘遇事守正，有物望。年及八十，賜存問，加太子少保。後凡存問者再。其孫汝楩奉表入謝，詔以爲太學生。年九十三而卒。贈太子太保，謚恭介。

舒化，字汝德，臨川人。嘉靖三十八年進士。授衡州推官。改補鳳陽，擢戶科給事中。

隆慶初，三遷刑科給事中。帝任宦官，旨多從中下。化言：「法者天下之公，大小罪犯宜悉付法司。不當，則臣等論劾。若竟自敕行，則喜怒未必當，而法司與臣等俱虛設。」詔是其言。冬至郊天，聞帝咳聲，推論陰陽姤復之漸，請法天養微陽，詞甚切直。有詔言災眚洊至，由部院政事不修，令廠衞密察。化偕同列言：「廠衞徼巡輦下，惟詰奸宄、禁盜賊耳。駕馭百官，乃天子權，而糾察非法，則責在臺諫，豈廠衞所得干。今命之刺訪，將必開羅織之門，逞機阱之術，禍貽善類，使人人重足累息，何以爲治。且廠衞非能自廉察，必屬之番校。陛下不信大臣，反信若屬耶？」御史劉思賢等亦極陳其害。帝並不從。已而事竟寢。校尉負屍出北安門，兵馬指揮孫承芳見之，疑有奸，繫獄鞫訊，詞連內官李陽春。陽春懼，訴於帝。言尉所負非死者，出外乃死，承芳妄生事，刑校尉。帝信之，杖承芳六十，斥爲民。化請以陽春所奏下法司勘問，不納。

四年熱審，請釋纍臣鄭履淳、李芳，及朝審，又請釋李已，皆得宥。時高拱當國，路楷、楊順以搆殺沈鍊論死。拱欲爲楷地，謂順首禍，順死，楷可勿坐。化取獄牘示拱曰：「獄故無鍊名。有之，自楷始。楷誠罪首。」拱又議宥方士王金等罪，化言：「此遺詔意，即欲勿罪，宜何辭？」忤拱，出爲陝西參政。再疏致仕歸。

萬曆初，累擢太僕少卿。復以疾歸。由南京大理卿召拜刑部左侍郎。雲南緬賊平，帝御午門樓受俘。化讀奏詞，音吐洪亮，進止有儀，帝目屬之。會刑部缺尚書，手詔用化。化言：「陛下仁心出天性。知府錢若賡、知州方復乾以殘酷死戍。請飭大小臣僚各遵律例毋淫刑。大明律一書，高皇帝揭之兩廡，手加更定。今未經詳斷者或命從重擬議，已經定議者又詔加等處斬，是謂律不足用也。去冬雨雪不時，災異頻見，咎當在此。」帝優詔答之。會續修會典，因輯嘉靖三十四年以後事例與刑名相關者三百八十二條，奏之。詔頒示中外。

十四年應詔陳言。請信詔令，清獄訟，速訊鞫，嚴檢驗，禁冤濫，而以格天安民歸本聖心。帝嘉納焉。帝慮羣下欺罔，閒有訐發，輒遣官逮捕，牽引證佐，文案累積。化言：「主衞貴執要，不當侵有司；徒使人歸過於上，而下反得緣以飾非。」潞王府小校以事爲兵馬司吏目所笞，帝怒，逮吏目下詔獄，掠死，又罪其捕卒七人。化爭之。詔罪爲首一人，餘並獲宥。

明年，京察拾遺，南京科道論及化。遂三疏乞歸，帝不許。會當慮囚，復起視事。中貴傳帝意宥重辟三十餘人，化爭不可。詔卒從其議。尋稱病篤，乃聽歸。卒，贈太子少保，謚莊僖。

李世達，字子成，涇陽人。嘉靖三十五年進士。授戶部主事。改吏部，歷考功、文選郎中，與陸光祖並爲尚書所倚。隆慶初，丁曾祖憂。起右通政，歷南京太僕卿。

萬曆二年以右僉都御史巡撫山東。尋進右副都御史，總理河道。未上，改撫浙江。旋移疾歸，起督漕運兼巡撫鳳陽。黃河南侵，淮安告警，世達請修石堤捍城；寶應氾光湖風濤險惡，歲漂溺，請開越河殺水勢。俱報可。還南京兵部右侍郎。召改戶部，復改吏部，進左侍郎。擢南京吏部尚書，就改兵部，參贊機務。

俄召爲刑部尚書。中官張德毆人死，世達請置於理，刑科唐堯欽亦言之，德遂屬吏。大興知縣王階坐撻樂舞生下吏，帝密遣兩校尉偵之，譌曰爲巡風主事孫承榮所拒。校尉還奏，帝怒詰世達。世達言偵伺非大體。承榮竟奪俸。東廠太監張鯨有罪，言官交劾，帝曲貸之。世達執奏，帝乃屏鯨於外。駙馬都尉侯拱宸僕斃平民抵法，世達請並坐拱宸。乃革其任，命國學肄禮。罪人焦文粲法不當死，帝怒入之。會朝審，命戶部尚書宋纁主筆。世達言於纁，薄文粲罪。忤旨，詰問，復據法以對。帝卒不從。時帝燕居多暴怒，近侍屢以非罪死，世達因災異上書以諷。浙江饑，或請令罪人出粟除罪。世達言：「法不可廢，寧赦毋贖。赦則恩出於上，法猶存。贖則力出於下，人滋玩。」識者韙之。

改左都御史。兵馬指揮何价虐死三人，御史劉思瑜庇之。世達劾奏，帝鐫思瑜秩。復

劾罷御史韓介等數人。帝深惡言官，下詔申飭，責以挾私報復。世達言：「效忠持正者，語雖過激，心實無他。即或心未可知，而言不可廢，並宜容納。惟緘默依阿，然後加黜罰。則讜言日進，邪說漸消。」報聞。

二十一年與吏部尚書孫鑨同主京察，斥政府私人殆盡。考功郎中趙南星被劾貶官，世達力爭之，反除南星等名，遂求去，不許。其秋，吏部侍郎趙用賢以絕婚事被訐，世達白其無罪。郎中楊應宿、鄭材疏詆世達，遂連章乞休去。歸七年卒。贈太子太保，謚敏肅。

曾同亨，字于野，吉水人。父存仁，雲南布政使。同亨舉嘉靖三十八年進士。授刑部主事。改禮部，還吏部文選主事。故事，丞簿以下官，聽胥吏銓注，同亨悉躬親之。與陸光祖、李世達齊名。隆慶初，爲文選郎中，薦用遺佚幾盡。進太常少卿，請急去。

萬曆初，起大理少卿。歷順天府尹，以右副都御史巡撫貴州。御史劉臺得罪張居正。同亨，臺姊夫也，給事中陳三謨欲並逐之，奏同亨羸不任職。詔調南京，遂移疾歸。九年，京察拾遺，給事中秦燿、御史錢岱等復希居正指，列同亨名。勒休致。

居正卒，起南京太常卿。召爲大理卿，遷工部右侍郎。督治壽宮，節浮費三十餘萬。由

左侍郎進尚書。軍器自外輸，率不中程，奏請半收其直，又請減織造之半。皆報可。汝安王妃乞橋稅，同亨拒之。帝竟如妃請。內府工匠，隆慶初數至萬五千八百人，尋汰二千五百人，而中官濫增不已。同亨疏請清釐。已得旨，中官復奏寢之。給事中楊其休疏爭，弗納。同亨弟乾亨請裁冗員以裕經費，京衞諸武臣謂減己月俸也，大譁，伺同亨出朝圍而譟之。同亨再乞休，不得請。九門工成，加太子少保。力乞去，詔乘傳歸。起南京吏部尚書，辭不拜。久之，再起故官，累辭乃就職。稅使所在虐民，同亨極諫。

三十三年大計京官，與考功郎徐必達持正不撓。是年，北察失執政意，中旨留給事中錢夢皐等，南察及同亨自陳疏，亦久不下。同亨適給由入都，遂引疾。詔加太子太保致仕。同亨初入吏部，嚴嵩其鄉人，尚書吳鵬則父同年也，同亨無私謁。嘗止宿署舍，彌月不歸。雅與羅汝芳、耿定向善。尚書楊博痛詆僞儒，同亨曰：「此中多闇修，非可概斥。即使陽假名義，視呈身進取、恬不知恥者，孰愈哉？」卒年七十有五。贈少保，謚恭端。

弟乾亨，字于健。從羅洪先學。登萬曆五年進士，除合肥知縣，調休寧。擢御史。給事中馮景劾李成梁被譴，乾亨以尚書張學顏右成梁也，並劾之。帝怒，黜爲海州判官。稍遷大名推官，歷光祿少卿。

十八年冬，敕兼監察御史，閱視大同邊務。劾罷總兵官以下十餘人。大同士兵歲餉萬二千石，兵自徵之，民不勝擾。乾亨議留兵二百，餘盡汰之。屢奏邊備事宜，輒中機要。諸武弁之詬同亨也，大學士王家屏遺諭之曰：「天下有叛軍，寧有叛臣？若曹於禁地辱大臣，罪且死。」諸人乃散去。尚書石星言貴臣被辱，大傷國體，給事中鍾羽正亦言之。不報。家屏密揭力爭，乃奪掌後府定國公徐文璧祿半歲，而治首事者以法。

乾亨尋進大理丞，遷少卿。考功郎趙南星以考察事被斥，乾亨論救，侵執政，復移書辨之。廷推巡撫者三，俱不用。遂引疾歸，未幾卒。乾亨言行不苟，與其兄並以名德稱。

辛自修，字子吉，襄城人。嘉靖三十五年進士。除海寧知縣。擢吏科給事中。奏言：「吏部銓注，遴才要矣，量地尤急。邇京府屬吏以大計去者十之五，豈畿輦下獨多不肖哉？地艱而事猥也。請量地劇易以除官，量事繁簡以注考。」吏部善其言，請令撫按舉劾如自修議。巡視京營，劾典營務鎮遠侯顧寰、協理僉都御史李燧，請戒寰罷燧。從之。歷遷禮科都給事中。誠意伯劉世延不法，自修極論其奸。詔革任禁錮。隆慶元年，給事中胡應嘉言事斥，自修疏救。未幾，論奪尚書顧可學、徐可成，侍郎朱隆禧、

郭文英贈謚；以可成由黃冠，文英由工匠，可學、隆禧俱以方藥進也。擢太僕少卿，引疾歸。

萬曆六年起應天府丞，再遷光祿卿。以右僉都御史巡撫保定六府。奏減均徭里甲銀六萬兩，增築雄、任丘二縣堤，以禦滹沱水患。每歲防秋，巡撫移駐易州，徵所部供費，防秋已罷，徵如故，自修奏已之。入歷大理卿，兵部左、右侍郎，擢南京右都御史。御史沈汝梁者，巡視下江，用餽遺爲名，盡括所部贖鍰，自修劾奏之。帝方欲懲貪吏，乃命逮治汝梁，而召自修爲左都御史。

十五年大計京官，政府欲庇私人，去異己。吏部尚書楊巍承意指惟謹，自修患之，先期上奏，請勿以愛憎爲喜怒，排抑孤立之人。帝善其言，而政府不悅。有貪競者十餘輩，皆政府所厚，自修欲去之。給事中陳與郊自度不免，遂言憲臣將以一眚棄人，一舉空國。於是自修所欲斥者悉獲免。已而御史張鳴岡等拾遺，首工部尚書何起鳴。起鳴故以督工與中官張誠厚，而雅不善自修，遂訐自修挾讐主使。與郊及給事中吳之佳助之。御史高維崧、趙卿、張鳴岡、左之宜不平，劾起鳴飾非詭辨。帝先入張誠言，頗疑自修。得疏益不悅，曰：「朝廷每用一人，言官輒紛紛排擊。今起鳴去，爾等舉堪此任者。」維崧等具疏引罪，無他舉。帝怒，悉出之外。給事中張養蒙申救，亦奪俸。刑部主事王德新復疏爭，語侵孌倖。帝下之詔獄，酷刑究主者。無所承，乃削其籍。自修不自安，亟引疾歸。

自修之進也，非執政意，故不爲所容。久之，起南京刑部尚書。復以工部尚書召。未上，卒。贈太子太保，謚肅敏。

德新，安福人，後起官至光祿丞。

溫純，字景文，三原人。嘉靖四十四年進士。由壽光知縣徵爲戶科給事中。隆慶三年，穆宗旣禫除，猶不與大臣接。純請遵祖制延訪羣工，親決章奏，報聞。

屢遷兵科都給事中。倭陷廣東廣海衞，大殺掠而去。總兵劉燾以戰却聞，純劾燾欺罔。時方召燾督京營，遂置不問。黔國公沐朝弼有罪，詔許其子襲爵。純言事未竟，不當遽襲。中官陳洪請封其父母，純執不可。言官李已、石星獲譴，疏救之。初，趙貞吉更營制，三營各統一大將。以恭順侯吳繼爵典五軍，而都督袁正、焦澤典神樞、神機。繼爵恥與同列，固辭。帝爲罷二人，盡易以勳臣。純請廣求將才，毋拘世爵，不納。已，復命文臣三人分督之，時號「六提督」。純以政令多門，極陳不便，遂復舊制。俺答請貢市，高拱定議許之。純以爲弛邊備，非中國利。出爲湖廣參政，引疾歸。

萬曆初，用薦起河南參議。十二年，以大理卿改兵部右侍郎兼右副都御史，巡撫浙江。入爲戶部左侍郎，進右副都御史，督倉場。母憂去。起南京吏部尚書。召拜工部尚書。父老，乞養歸。終喪，召爲左都御史。

礦稅使四出，有司逮繫纍纍，純極論其害，請盡釋之，不報。已，諸閹益橫，所至剽奪，汙人婦女。四方無賴奸人蠭起言利：有請開雲南塞外寶井者；或又言海外呂宋國有機易山，素產金銀，歲可得金十萬、銀三十萬；或言淮、揚饒鹽利，用其筴，歲可得銀五十萬。帝並欣然納之，遠近駭震。純言：「緬人方伺隙，寶井一開，兵端必起。余元俊一鹽犯，數千贓不能輸，而欲得五十萬金，將安取之？機易山在海外，必無徧地金銀，任人往取；不過假借詔旨，闌出禁物與番人市易，利歸羣小，害貽國家。乞盡捕諸奸人，付臣等行法，而亟撤稅監之害民者。」亦不報。當是時，中外爭請罷礦稅，帝悉置不省。純等憂懼不知所出，乃倡諸大臣伏闕泣請。帝震怒，問誰倡者，對曰：「都御史臣純。」帝爲霽威，遣人慰諭曰：「疏且下。」乃退。已而卒不行。廣東李鳳、陝西梁永、雲南楊榮並以礦稅激民變，純又抗言：「稅使竊弄陛下威福以十計，參隨憑藉稅使聲勢以百計，地方奸民竄身爲參隨爪牙以萬計。宇內生靈困於水旱，困於採辦、營運、轉輸，旣囂然喪其樂生之心，安能復勝此千萬虎狼耶！願即日罷礦稅，逮鳳等置於理。」亦不報。

先是，御史顧龍楨巡按廣東，與布政使王泮語不合，起毆之，泮即棄官去。純劾罷龍

楨。御史于永清按陝西貪，懼純舉奏，倡同列救龍楨，顯與純異，以脅制純，又與都給事中姚文蔚比而傾純。純不勝憤，上疏盡發永清交搆狀，並及文蔚，語頗侵首輔沈一貫。一貫等疏辨。帝爲下永清、文蔚二疏，而純劾疏留不下。純益憤，三疏論之，因力丐罷，乃謫永清。純遂與一貫忤。給事中陳治則、鍾兆斗皆一貫私人，先後劾純。御史湯兆京不平，疏斥其妄。純求去，章二十上，杜門者九閱月。帝雅重純，諭留之。純不得已，强起視事。及妖書事起，力爲沈鯉、郭正域辨誣。楚宗人戕殺撫臣，純復言無反狀。一貫怨益深。

三十二年大計京朝官。純與吏部侍郎楊時喬主之，一貫所欲庇者兆斗及錢夢皐等皆在謫中。疏入，久之忽降旨切責，盡留被察科道官，而察疏仍不下。純求去益力。夢皐、兆斗旣得留，則連章訐純楚事。言純曲庇叛人，且誣以納賄。廷臣大駭，爭劾夢皐等。夢皐等亦再疏劾純求勝。俱留中。已，南京給事中陳嘉訓等極論二人陰有所恃，朋比作奸，當亟斥之，而聽純歸，以全大臣之體。帝竟批夢皐等前疏，予純致仕，夢皐、兆斗亦罷歸。

純清白奉公。五主南北考察，澄汰悉當。肅百僚，振風紀，時稱名臣。卒，贈少保。天啓初，追謚恭毅。

趙世卿，字象賢，歷城人。隆慶五年進士。授南京兵部主事。

張居正當國，政尚嚴。州縣學取士不得過十五人；布按二司以下官，雖公事毋許乘驛馬；大辟之刑，歲有定額；徵賦以九分爲率，有司不及格者罰；又數重譴言事者。世卿奏匡時五要。請廣取士之額，寬驛傳之禁，省大辟，緩催科，而末極論言路當開，言：「近者臺諫習爲脂韋，以希世取寵。事關軍國，卷舌無聲。徒摭不急之務，姑塞言責。延及數年，居然高踞卿貳，誇耀士林矣。然此諸人豈盡臾詬無節，忍負陛下哉，亦有所懲而不敢耳。如往歲傅應禎、艾穆、沈思孝、鄒元標皆以建言遠竄，至今與戍卒伍。此中才之士，所以內自顧恤，寧自同於寒蟬也。宜特發德音，放還諸人，使天下曉然知聖天子無惡直言之意，則士皆慕義輸誠，效忠於陛下矣。」居正欲重罪之。吏部尚書王國光曰：「罪之適成其名，請爲公任怨。」遂出爲楚府右長史。明年京察，復坐以不謹，落職歸。

居正死，起戶部郎中，出爲陝西副使。累遷戶部右侍郎，督理倉場。世卿饒心計。凡所條奏，酌劑贏縮，軍國賴焉。戶部尚書陳蕖有疾，侍郎張養蒙避不署事；帝怒，並罷之，而進世卿爲尚書。

時礦稅使四出爲害，江西稅監潘相至擅捕繫宗室。曩時關稅所入歲四十餘萬，自爲稅使所奪，商賈不行，數年間減三之一，四方雜課亦如之。歲入益寡，國用不支，邊儲告匱，而

內供日繁。歲增金花銀二十萬，宮帑日充羨。世卿請復金花銀百萬故額，罷續增數，不許。乞發內庫銀百萬及太僕馬價五十萬以濟邊儲，復忤旨切責。世卿又請正潘相罪，且偕九卿數陳其害，皆不納。世卿復言脂膏已竭，閭井蕭然，喪亂可虞，揭竿非遠，不及今罷之，恐後將無及。帝亦不省。

三十二年，蘇、松稅監劉成以水災請暫停米稅。帝以歲額六萬，米稅居半，不當盡停，令以四萬爲額。世卿上言：「鄉者既免米稅，旋復再征，已失大信於天下。今成欲免稅額之半，而陛下不盡從，豈惻隱一念，貂璫尚存，而陛下反漠然不動心乎？」不報。

其夏，雷火燬祖陵明樓，妖蟲蝕樹，又大雨壞神道橋梁。帝下詔咨實政。世卿上疏曰：

今日實政，孰有切於罷礦稅者。古明主不貴異物，今也聚悖入之財，斂蒼生之怨，節儉之謂何？是爲君德計，不可不罷者一。多取所以招尤，慢藏必將誨盜。鹿臺、鉅橋，足致倒戈之禍。是爲宗社計，不可不罷者二。古者國家無事則預桑土之謀，有事則議金湯之策。安有鑿四海之山，榷三家之市，操弓挾矢，戕及良民，燬室踰垣，禍延雞犬，經十數年而不休者。是爲國體計，不可不罷者三。貂璫漁獵，翼虎烋烋。毀掘冢墓則枯骨蒙殃，奸虐子女而良家飲恨。人與爲怨，謠諑屢聞，此而不已，後將何極。是爲民困計，不可不罷者四。國家財賦不在民則在官，今盡括入奸人之室。故督逋租而逋租絀，稽關稅而關稅虧，搜庫藏而庫藏絕，課鹽筴而鹽筴薄，徵贖鍰而贖鍰消。外府一空，司農若埽。是爲國課計，不可不罷者五。天子之令，信如四時。三載前嘗曰「朕心仁愛，自有停止之時」，今年復一年，更待何日。天子有戲言，王命委草莽。是爲詔令計，不可不罷者六。

陛下試思服食宮室，以至營造征討，上何事不取之民，民何事不供之上。嗟此赤子，曾無負於國，乃民方歡呼以供九重之欲，而陛下不少遂其欲。民方奔走以供九重之勞，而陛下不少慰其勞。民方竭蹷以赴九重之難，而陛下不少恤其難。返之於心，必有不自安者矣。陛下勿謂蠢蠢小民可駕馭自我，生殺自我，而不足介意也。民之心卽天之心，今天譴頻仍，雷火妖蟲，淫雨疊至，變不虛生，其應非遠。故今日欲回天意在恤民心，欲恤民心在罷礦稅，無煩再計而決者。

帝優答之而不行。

至三十四年三月始詔罷礦使，稅亦稍減。然遼東、雲南、四川稅使自若，吏民尤苦之。雲南遂變作，楊榮被戕。而西北水旱時時見告，國用益不支。踰月復奏請捐內帑百萬佐軍用，不從。世卿遂連章求去，至十五上，竟不許。

先是，福王將婚，進部帑二十七萬，帝猶以爲少，數遣中使趣之。中使出詐語，且劾世

卿抗命。世卿以爲辱國，疏聞於朝，帝置不問。至三十六年，七公主下嫁，宣索至數十萬。世卿引故事力爭，詔減三之一。世卿復言：「陛下大婚止七萬，長公主下嫁止十二萬，乞陛下再裁損，一倣長公主例。」帝不得已從之。福王新出府第，設崇文稅店，爭民利，世卿亦諫阻。

世卿素勵清操，當官盡職。帝雅重之。吏部缺尚書，嘗使兼署，推舉無所私。惟楚宗人與王相訐，世卿力言王非僞，與沈一貫議合。李廷機輔政，世卿力推之。廷臣遂疑世卿黨比。於是給事中杜士全、鄧雲霄、何士晉、胡忻，御史蘇爲霖、馬孟禎等先後劾之，世卿遂杜門乞去。章復十餘上，不報。三十八年秋，世卿乃拜疏出城候命。明年十月乘柴車徑去，廷臣以聞，帝亦不罪也。家居七年卒，贈太子少保。

李汝華，字茂夫，睢州人。萬曆八年進士。授兗州推官。徵授工科給事中，嘗劾戎政尚書鄭洛不職。及出閱甘肅邊務，洛方經略西事，主和戎。汝華疏洛畏敵貽患，且劾諸將吏侵軍資，復請盡墾甘肅閒田。還朝，歷吏科都給事中，多所糾擿。

尋遷太常少卿，擢右僉都御史巡撫南、贛。稅使四出，議括關津諸稅輸內府。汝華以稅

本餉軍，力爭止之。既而詔四方稅務盡領於有司，以其半輸稅監，進內府，半輸戶部。獨江西潘相勒有司悉由己輸。汝華極論相違詔，帝竟如相議，且推行之四方。

汝華在籍十四年，威惠甚著，進秩兵部右侍郎，召拜戶部左侍郎。尚書趙世卿去位，遂掌部事。福王莊田四萬頃，詔旨屢趣，不能及額。汝華數偕廷臣執爭，僅減四之一。〔三〕及王既之國，詔許自遣使督租，所在驛騷。內使閻時詣汝州，杖二人死。汝華請遵祖制隸有司，盡撤還使者，不納。畿輔、山東大饑，因汝華言出倉米平糶，且發銀以振。汝華復奏行救荒數事，兩地賴之。先是，山東饑，蠲歲賦七十萬，是年盡蠲又百七十餘萬。汝華以邊餉不繼，請天下稅課未入內藏者，暫留一年補其缺，輔臣亦助為言。疏三上，不報。已，進尚書。

四十六年，鄭繼之去，兼攝吏部事。畿輔、陝西大饑，汝華請振，皆不報。遼東兵事興，驟增餉三百萬。汝華累請發內帑不得，則借支南京部帑，括天下庫藏餘積，徵宿逋，裁工食，開事例。而遼東巡撫周永春請益兵加賦，汝華議：天下田賦，自貴州外，畝增銀三釐五毫，得餉二百萬。明年復議益兵增賦如前。又明年四月，兵部以募兵市馬，工部以制器，再議增賦。於是畝增二釐，為銀百二十萬。先後三增賦，凡五百二十萬有奇，遂為歲額。當是時，內帑山積，廷臣請發率不應。計臣無如何，遂為一切苟且之計，苛斂百姓。而樞臣徵

兵，乃遠及蠻方，致奢崇明、安邦彥相繼反，用師連年。又割四川、雲南、廣西、湖廣、廣東所加之賦以餉之，而遼餉仍不充，天下已不可支矣。

汝華練達勤敏，立朝無黨阿。官戶部久，於國計贏縮，邊儲虛實，與鹽漕屯牧諸大政，皆殫心裁劑。歲比不登，意常主寬恤，獨加賦之議不能力持，馴致萬方虛耗，內外交訌。天啓元年得疾乞休，加太子太保致仕。卒，謚恭敏。從子夢辰，自有傳。

贊曰：古稱文昌政本，七卿之任，蓋其重矣。萬士和諸人奉職勤慮，異夫依阿保位之流，劉應節、王遴、舒化、李世達尤其卓然者哉。李汝華司邦計，值兵興餉絀，請帑不應，乃不能以去就爭，而權宜取濟，遂與裒刻聚斂者同譏。時事至此，其可歎也夫！

校勘記

〔一〕廣東大埔民藍松山余大眘倡亂　余大眘，世宗實錄卷五三六嘉靖四十三年七月丙午條、國榷卷六四頁四〇〇三均作「余大春」。

〔二〕與香寮盜蘇阿普范繼祖連兵犯德化　德化，原作「德安」。世宗實錄卷五三六嘉靖四十三年七月丙午條作「德化」。按德化鄰永春，同屬泉州府，德安則遠在江西九江府，作「德化」是，據改。

〔三〕僅減四之一　按本書卷一二〇福王傳稱「所司皆力爭，常洵亦奏辭，得減半」，與此互異。

明史卷二百二十一

列傳第一百九

袁洪愈 子一鶚 譚希思　王廷瞻　郭應聘 吳文華　耿定向 弟定理 定力　王樵 子肯堂　魏時亮 陳瓚　郝杰 胡克儉　趙參魯　張孟男 衞承芳　李禎　丁賓

袁洪愈，字抑之，吳縣人。舉嘉靖二十五年鄉試第一。明年成進士，授中書舍人。擢禮科給事中。劾檢討梁紹儒阿附權要，文選郎中白璧招權鬻官，尚書萬鏜、侍郎葛守禮不檢下。詔切責鏜、守禮，下璧詔獄，斥紹儒於外。紹儒，大學士嚴嵩私人也。已，陳邊務數事，詔俱從之。嵩屬吏部尚書吳鵬，出爲福建僉事。歷河南參議、山東提學副使、湖廣參政，所在以清節著。嵩敗，召爲南京太僕少卿，就遷太常。隆慶五年以疾歸。

萬曆中，起故官。遷南京工部右侍郎，進右都御史，掌南院事，就改禮部尚書。南京御史譚希思疏論中官、外戚，且請循舊制，內閣設絲綸簿，宮門置鐵牌。詔下南京都察院勘訊，將坐以誣罔。洪愈已改官，代者未至，乃具言希思所陳，載王可大國憲家猷、薛應旂憲章錄二書。帝以所據非頒行制書，謫希思雜職。洪愈尋上疏請禁干謁，又極諫屯田廢壞之害，乞令商人中鹽，免內地飛輓。皆議行。

萬曆十五年就改吏部。其冬引年乞休。帝重其清德，加太子少保致仕。洪愈通籍四十餘年，所居不增一椽，出入徒步。卒，年七十四。巡撫周孔教捐金葬之。贈太子太保，謚安節。

子一鶚，以廕，官治中。饘粥不繼以死。

希思，茶陵人。歷右副都御史，巡撫四川。

王廷瞻，字稚表，黃岡人。父濟，參政。廷瞻舉嘉靖三十八年進士，授淮安推官。入爲御史，督畿輔屯政。穆宗在裕邸，欲易莊田，廷瞻不可。隆慶元年，所部久雨。請自三宮以下及裕府莊田改入乾清宮者，悉蠲其租。詔減十之五。已，言勳戚莊田太濫，請於初給時裁量田數，限其世次，爵絕歸官。制可。高拱再輔政，廷瞻常論拱，遂引疾歸。

神宗立，起故官。歷太僕卿。萬曆五年以右僉都御史巡撫四川。番屢犯松潘。廷瞻令副使楊一桂、總兵官劉顯剿之，殲其魁，羣蠻納款。風村、白草諸番，久居二十八砦，率男婦八千餘人來降。復命總兵顯討建昌、傀厦、洗馬、姑宰、鐵口諸叛番，皆獻首惡出降。增俸一級，進右副都御史，撫南、贛。

入爲南京大理卿。歷兩京戶部左、右侍郎，以右都御史出督漕運兼巡撫鳳陽諸府。寶應氾光湖堤蓄水濟運，平江伯陳瑄所築也。下流無所洩，決爲八淺，匯成巨潭，諸鹽場皆沒。淮流復奔入，勢益洶湧。前巡撫李世達等議開越河避其險，廷瞻承之。鑿渠千七百七十六丈，爲石閘三，減水閘二，石堤三千三十六丈，子堤五千三百九十丈，費公帑二十餘萬，八月竣事。詔旨褒嘉，賜河名弘濟。進廷瞻戶部尚書，巡撫如故。

尋改南京刑部尚書。未上，乞歸。久之卒。贈太子少保。兄廷陳，見文苑傳。

郭應聘，字君賓，莆田人。嘉靖二十九年進士。授戶部主事。歷郎中，出爲南寧知府。遷威茂兵備副使，[一]轉廣東參政。從提督吳桂芳平李亞元，[二]別擊賊首張韶南、黃仕良

等。還廣西按察使，歷左、右布政使。隆慶四年大破古田賊，斬獲七千有奇。已，從巡撫殷正茂平古田，再進秩。

正茂遷總督，遂擢應聘右副都御史代之。府江瑤反。府江，上起陽朔，下達昭平，亙三百餘里。諸瑤夾江居，怙險剽劫。成化、正德間，都御史韓雍、陳金討平之，至是攻圍荔浦、永安，劫知州楊惟執、指揮胡翰。[三]事聞，大學士張居正奏假便宜，寓書應聘曰：「炎荒瘴癘區，役數萬衆，不宜淹留，速破其巢，則餘賊破膽。」應聘集土、漢兵六萬，令總兵官李錫進討。未行，而懷遠瑤亦殺知縣馬希武反。應聘與正茂議先征府江，三閱月悉定，乃檄錫討懷遠。天大雨雪，無功而還。

懷遠，古牂牁，地界湖、貴靖、黎諸州，環郭皆瑤，編氓處其外。嘉靖中征之不克，知縣寄居府城，遙示羈縻而已。古田既復，瑤懾兵威願服屬，希武始入其地。議築城，董作過峻，瑤遂亂，希武見殺。及是，師出無功，應聘益調諸路兵，鎮撫白杲、黃土、大梅、青淇侗、僮，以孤賊勢，而錫與諸將連破賊，斬其魁，懷遠乃下。事皆具錫傳。初議行師，錫以陽朔金寶嶺賊近，欲先滅之。應聘曰：「君第往，吾自有處。」錫行數日，應聘與按察使吳一介出不意襲殺其魁。比懷遠克復，陽朔亦定，乃分遣諸將門崇文、楊照、亦孔昭等討洛容、上油、邊山。五叛瑤悉平。神宗大悅，進兵部右侍郎兼右副都御史，巡撫如故。

萬曆二年召爲戶部右侍郎，尋以憂歸。八年起改兵部，兼右僉都御史，仍撫廣西。時十寨初下，應聘與總督劉堯誨奏設三鎮隸賓州，以土巡檢守之，而統於思恩參將，十寨遂安。進右都御史兼兵部右侍郎，總督兩廣軍務。前總督多受將吏金，應聘悉謝絕。踰年，召掌南京都察院，以吳文華代。頃之，就拜兵部尚書，參贊機務。久之，引疾歸。

應聘在廣西，奏復陳獻章、王守仁祠。劉臺謫戍潯州，爲僦居供廩餼，歿復賻斂歸其喪，像祀之。官南京，與海瑞敦儉素，士大夫不敢侈汰。歸七月卒。贈太子少保，謚襄靖。

吳文華，字子彬，連江人。父世澤，府江兵備副使，有威名。文華舉嘉靖三十五年進士，授南京兵部主事。歷四川右參政，與平土官鳳繼祖。四遷河南左布政使。萬曆三年以右副都御史巡撫廣西。討平南鄉、陸平、周塘、板寨瑤及昭平黎福莊父子。偕總督淩雲翼征河池、咘咳、北三瑤。三瑤未爲逆，雲翼喜事，殺戮甚慘，得廕襲，文華亦受賞。遷戶部右侍郎，請終養歸。起兵部右侍郎兼右僉都御史，仍撫廣西。遷總督兩廣軍務，巡撫廣東。進右都御史。會巡撫吳善、總兵呼良朋討平嚴秀珠。岑崗賊李珍、江月照拒命久，文華購擒月照，平珍。尋入爲南京工部尚書，就改兵部。引疾去。仍起南京工部，力辭，虛位三年以待。卒，年七十八。贈太子少保，謚襄惠。

耿定向，字在倫，黃安人。嘉靖三十五年進士。除行人，擢御史。嚴嵩父子竊政，吏部尚書吳鵬附之。定向疏鵬六罪，因言鵬壻學士董份總裁會試，私鵬子紹，宜併斥。嵩爲營護，事竟寢。出按甘肅，舉劾無所私。去任，行篋一肩，有以石經餽者，留境上而去。還督南京學政。

隆慶初，擢大理右寺丞。高拱執政，定向嘗譏其褊淺無大臣度，拱嗛之。及拱掌吏部，以考察謫定向橫州判官。拱罷，量移衡州推官。

萬曆中，累官右副都御史。吏部侍郎陸光祖爲御史周之翰所劾，〔三〕光祖已留，定向復頌光祖賢，詆之翰。給事中李以謙言定向擠言官，定向求去，帝不問。歷刑部左、右侍郎，擢南京右都御史。御史王藩臣劾應天巡撫周繼，疏發踰月不以白定向。定向怒，守故事力爭，自劾求罷，且詆藩臣論劾失當。因言故江西巡撫陳有年、四川巡撫徐元泰皆賢，爲御史方萬山、王麟趾劾罷，今宜召用，而量罰藩臣。藩臣坐停俸二月。於是給事中許弘綱、觀政進士薛敷教、南京御史黃仁榮及麟趾連章劾定向。麟趾言：「南臺去京師遠，章疏先傳，人得爲計。如御史孫鳴治論魏國公徐邦瑞，陳揚善論主事劉以煥，皆因奏辭豫聞，一則貪緣倖免，一則搆擅被誣。故邇來投揭有遲浹月者，事理宜然，非自藩臣始。」語並侵大學士許國、左都御史吳時來、副都御史詹仰庇。執政方惡言者，勒敷教還籍省過，麟趾、仁榮亦停俸。時已除定向戶部尚書督倉場，定向因力辭求退。章屢上，乃許。卒，年七十三。贈太子少保，謚恭簡。

定向初立朝有時望。後歷徐階、張居正、申時行、王錫爵四輔，皆能無齟齬。至居正奪情，寓書友人譽爲伊尹而貶言者，時議訾之。其學本王守仁。嘗招晉江李贄于黃安，後漸惡之，贄亦屢短定向。士大夫好禪者往往從贄遊。贄小有才，機辨，定向不能勝也。贄爲姚安知府，一旦自去其髮，冠服坐堂皇，上官勒令解任。居黃安，日引士人講學，雜以婦女，專崇釋氏，卑侮孔、孟。後北遊通州，爲給事中張問達所劾，逮死獄中。

定向弟定理、定力。定理終諸生。與定向俱講學，專主禪機。定力，隆慶中進士，除工部主事。萬曆中，累官右僉都御史，督操江，疏陳礦使之患。再遷南京兵部右侍郎。卒，贈尚書。

王樵，字明遠，金壇人。父臬，兵部主事。諫武宗南巡，被杖。終山東副使。樵舉嘉靖二十六年進士，授行人。歷刑部員外郎。著讀律私箋，甚精核。胡宗憲計降汪直，欲赦直以示信。樵言此叛民與他納降異，直遂誅。遷山東僉事，移疾歸。

萬曆初，張居正柄國，雅知樵，起補浙江僉事，擢尚寶卿。劉臺劾居正，居正乞歸。諸曹奏留之，樵獨請全諫臣以安大臣，略言：「自古明主欲開言路，言不當，猶優容之；大臣欲廣上德，人攻己，猶薦拔之。如宋文彥博于唐介是也。今居正留而臺得罪，無乃非仁宗待唐介意乎。」居正大恚，出爲南京鴻臚卿。旋因星變自陳，罷之。

家居十餘年，起南京太僕少卿，時年七十餘矣。歲中再遷大理卿，尋拜南京刑部右侍郎。誠意伯劉世延主使殺人，樵當世延革任。尋就擢右都御史。給事中盧大中劾其衰老，帝令致仕。

樵恬澹誠慤，溫然長者。邃經學，易、書、春秋，皆有纂述。卒，贈太子少保，謚恭簡。

子肯堂，字宇泰。舉萬曆十七年進士，選庶吉士，授檢討。倭寇朝鮮，疏陳十議，願假御史銜練兵海上。疏留中，因引疾歸。京察，降調。家居久之，吏部侍郎楊時喬薦補南京行人司副。終福建參政。肯堂好讀書，尤精於醫。所著證治準繩該博精粹，世競傳之。

魏時亮，字工甫，南昌人。嘉靖三十八年進士。授中書舍人，擢兵科給事中。

隆慶元年正月七日，有詔免朝，越三日復傳免。時亮以新政不宜遽怠，上疏切諫。尋以左給事中，副檢討許國使朝鮮。故事，王北面聽詔，使者西面。時亮爭之，乃南面宣詔。還，進戶科給事中，因列上遼東事宜。已，請愼起居，罷游宴，日御便殿省章奏，召大臣裁決。報聞。興都莊地八千三百頃，中官奪民田，復增八百頃，立三十六莊。帝從撫按奏，屬有司徵租，還兼併者於民。中官張堯爲請，又許之。時亮極諫，不納。

帝臨朝，拱默未嘗發一言。及石州陷，有請帝詰問大臣者。越二日，講罷，帝果問石州破狀。中官王本輒從旁詬諸臣欺蔽。帝慍，目懾之，本猶刺刺語。帝不悅而罷。時亮劾本無人臣禮，大不敬，且數其不法數事。疏雖不行，士論壯之。十月初，詔停日講。時亮率同列言天未沍寒，不宜遽輟。俄請以薛瑄、陳獻章、王守仁從祀文廟，章下所司。又言方春東作，宜敕有司釋輕繫，停訟獄，詔可。

明年六月言：「今天下大患三：藩祿不給也，邊餉不支也，公私交困也。宗藩有一時之計，有百世之計。亟立宗學，教之禮讓，祿萬石者歲捐五之一，二千石者十之一，千石者二十之一，以贍貧宗，立爲定制。此一時計也。各宗聚居一城，貧日益甚，宜令就近散處，給

閒田使耕以代祿，奸生之孽，重行黜削。此百世計也。邊餉莫要於屯鹽，近遣大臣龐尚鵬、鄒應龍、淩儒經理，事權雖重，顧往河東者兼理四川，往江北者兼理山東、河南，往江南者兼理浙、湖、雲、貴，重內地而輕塞下，非初旨也。且一人領數道，曠遠難周。請在內地者專責巡撫，令尚鵬等三人分任塞下屯事，久任責成，有功待以不次，則利興而邊儲自裕。今天下府庫殫虛，百姓困瘁，而建議者欲罄天下庫藏輸內府，以濟旦夕之用，脫州郡有變，何以待之？夫守令以養民爲職，要在勸農桑、清徭賦、重鄉約、嚴保甲，而簿書獄訟、催科巧拙不與焉。」疏上，多議行。

其冬復疏言：「天下可憂在民窮，能爲民紓憂者，知府而已。宜愼重其選，治行卓越，即擢京卿若巡撫，則人自激勸。督學者，天下名教所繫，當擇學行兼懋者，毋限以時。教行望峻，則召爲祭酒或入翰林，以示風勵。」下部議，卒不行。

三年擢太僕少卿。初，徐階、高拱相搆，時亮與朝臣攻去拱。已而拱復入，考察言官，排異己者，時亮及陳瓚、張檟已擢京卿，皆被斥。時亮坐不謹，落職。

萬曆十二年用丘橓、余懋學等薦，起南京大理丞。累遷右副都御史，攝京營戎政，陳安攘要務十四事。尋請以水利、義倉、生養、賦役、清獄、弭盜、善俗七條課守令，歲終報部院及科，計吏時以修廢定殿最。又請皇長子出閣講學。歷刑部左、右侍郎，拜南京刑部尚書。

踰年卒官。

時亮初好交遊，負意氣。嘗劾罷左都御史張永明，爲時論所非。時亮亦悔之。中遭挫抑，潛心性理之學。天啓中，謚莊靖。

陳瓚，字廷祼，常熟人。嘉靖三十五年進士。授江西永豐知縣。治最，擢刑科給事中。劾罷嚴嵩黨祭酒王才、諭德唐汝楫。遷左給事中。劾文選郎南軒，請錄建言廢斥者。帝震怒，杖六十除名。隆慶元年起官吏科，請卹楊最、楊爵、羅洪先、楊繼盛，而誅奸黨之殺沈鍊者。帝可之，楊順、路楷皆逮治。其冬擢太常少卿。高拱惡瓚爲徐階所引，瓚已移疾歸，竟坐浮躁謫洛川丞，不赴。萬曆中，累官刑部左侍郎。初，瓚爲拱所惡被斥，及張居正柄政亦惡之，不召。居正死，始以薦起會稽縣丞。其後官侍郎。稽勳郎顧憲成疏論時弊謫官，瓚責大學士王錫爵曰：「憲成疏最公，何以得譴？」錫爵曰：「彼執書生之言，徇道旁之口，安知吾輩苦心。」瓚曰：「恐書生之言當信，道旁之口當察，憲成苦心亦不可不知也。」錫爵默然。瓚前後忤執政如此。卒官，贈右都御史，謚莊靖。檟見鄒應龍傳。

郝杰，字彥輔，蔚州人。父銘，御史。杰舉嘉靖三十五年進士，授行人，擢御史。隆慶元年巡撫畿輔。冬，寇大入永平，疏請蠲被掠地徭賦，且言：「比年罰行於文臣而弛於武弁，及於主帥而略於偏裨，請飭法以振國威。」俱報可。已，劾薊督劉燾、巡撫耿隨卿觀望，寇退則斷死者報首功，又奪遼東將士棒槌厓戰績，並論副使沈應乾、遊擊李信、周冕罪。帝爲黜應乾，下信、冕獄，敕燾、隨卿還籍聽勘。詔遣中官李祐督蘇、杭織造，工部執奏，不從。杰言：「登極詔書罷織造甫一年，敕使復遣，非畫一之政。且內臣專恣，有司剝下奉之，損聖德非小。」帝終不聽。駕幸南海子，命京營諸軍盡從。徐階、楊博等諫，不聽，杰復爭之，卒不從。刑部侍郎洪朝選以拾遺罷，上疏自辨，杰等劾其違制，遂削職。以嘗論高拱非宰輔器，爲所嫉。及拱再召，杰遂請急去。拱罷，起故官。旋以私議張居正逐拱非是，出爲陝西副使。再遷山東左布政使。被劾，降遼東苑馬寺卿兼海道兵備，加山東按察使。

十七年擢右僉都御史，巡撫遼東。以督諸將擊敵，錄一子官。時李成梁爲總兵官，威望甚著，然上功不無抵欺。寇入塞，或斂兵避，既退，始尾襲老弱，或乘虛擣零部，誘殺附塞者充首功，習以爲常。督撫諸臣庇之，杰獨不與比。十九年春，成梁用參將郭夢徵策，使副將李寧襲板升於鎭夷堡，獲老弱二百八十餘級。師旋，爲別部所遮，寧先走，將士數千人失亡大半，成梁飾功邀敍。杰具奏草，直言其故，要總督蹇達共奏。達匿其草，自爲奏論功。

巡按御史胡克儉馳疏劾寧，詞連成梁，亦詆杰。兵部置寧罪不議。克儉大憤，盡發成梁、達隱蔽狀。先是，十八年冬，海州被掠十三日，副將孫守廉不戰，成梁亦弗救。克儉既劾守廉，申時行、許國庇之，止令聽勘。克儉乃言：「臣初劾守廉，時行以書沮臣，及劾寧，又與國諭臣寬其罪。徇私背公，將壞邊事。」並歷詆一鶚、達及兵科給事中張應登朋奸欺罔，達置杰會稾功罪疏不奏，遂追數成梁前數年冒功狀。帝謂成梁前功皆由巡按勘報，克儉懸度妄議。卒置成梁等不問，而心以杰爲不欺。

旋就進右副都御史。日本陷朝鮮，達遣裨將祖承訓以三千人往，皆沒。事聞，杰亦被劾，帝特免之。朝鮮王避難將入遼，杰請擇境外善地處之，且周給其從官、衞士，報可。尋遷兵部右侍郎，總督薊、遼、保定軍務。召理戎政，進右都御史。日本封貢議起，杰曰：「平秀吉罪不勝誅，顧加以爵命，荒外聞之，謂中朝無人。」議不合，徙南京戶部尚書。移疾歸。起南京工部尚書。就改兵部，參贊機務。卒官。贈太子少保。

胡克儉，字共之，光山人。萬曆十四年進士。由庶吉士改御史，巡按山東。遼東其所轄也，奏禁買功、竊級諸弊。既劾成梁，爲要人所忌。會克儉劾左都御史李世達曲庇罪囚，至詆爲賊，執政遂言克儉妄排執法大臣，不可居言路，謫蘄水丞。上官以事遣歸，里居三十

年。光宗立，起光祿少卿。天啓中，歷刑部右侍郎。五年冬，逆黨李恒茂論其衰朽，落職歸。崇禎初，復官。卒，贈尚書。克儉本姓扶，冒胡姓，久之始復故。

趙參魯，字宗傳，鄞人。隆慶五年進士。選庶吉士，改戶科給事中。萬曆二年，慈聖太后立廟涿州，祀碧霞元君。部科臣執奏，不從。參魯斥其不經，且言：「南北被寇，流害生民，興役濬河，鬻及妻子。陛下發帑治橋建廟，已五萬有奇。苟移振貧民，植福當更大。」亦不聽。南京中官張進醉辱給事中王頤，給事中鄭岳、楊節交章論，未報，參魯復上言：「進乃守備中官申信黨，不併治信無以厭人心。」時信方結馮保，朝議遂奪岳等俸，謫參魯高安典史。遷饒州推官，擢福建提學僉事，請急歸。遭喪，服除，仍督學福建。歷南京太常卿。

十七年以右副都御史巡撫福建。申嚴海禁，戮姦商通倭者。遷大理卿。召爲刑部左侍郎，改兵部，旋改吏部。日本封貢議起，參魯持不可。總督顧養謙不懌，爭於朝，且言參魯熟倭情，宜任。章下廷臣，參魯復持前說；因著東封三議，辨利害甚悉。其後封事卒不成。

拜南京刑部尚書。誠意伯劉世延妄指星象，欲起兵勤王，被劾下吏，參魯當以死。南京工部主事趙學仕以侵牟爲侍郎周思敬所劾，擬戍。學仕移罪家僮，法司予輕比。御史朱吾弼復劾之，並及參魯，言學仕乃大學士志皋族父，〔三〕故參魯庇之。參魯乞休。吏部尚書孫丕揚等言參魯履行素高，不當聽其去，詔留之。累加太子太保。致仕，卒，謚端簡。

張孟男，字元嗣，中牟人。嘉靖四十四年進士。授廣平推官。稍遷漢中同知。入爲順天治中，累進尚寶丞。高拱以內閣兼吏部，其妻，孟男姑也，自公事外無私語。拱憾之，四歲不遷。及拱被逐，親知皆引匿，孟男獨留拱邸爲治裝送之郊。張居正用事，擢孟男太僕少卿。孟男復不附，失居正意，不調。久之，居正敗，始累遷南京工部右侍郎。尋召入，以本官掌通政司事。

萬曆十七年，帝不視朝者八月，孟男疏諫，且言：「嶺南人訟故都御史李材功，蔡人訟故令曹世卿枉，章並留中，其人繫兵馬司，橐饘不繼，莫必其生，虧損聖德。」帝心動，乃問一御門。其冬改戶部，進左侍郎。尋拜南京工部尚書，就改戶部。時留都儲峙耗竭，孟男受事，粟僅支二年，不再歲遂有七年之蓄。水衡修倉，發公羨二千金助之。或謂奈何耘人田。孟男曰：「公家事，乃畫區畔耶？」南京御史陳所聞劾孟男貪鄙，吏部尚書孫鑨言孟男忠誠謹

恪，臺臣所論，事由郎官，帝乃留之。孟男求去，不允。再疏請，乃聽歸。久之，召拜故官。

三十年春，有詔罷礦稅。已，弗果行。孟男率同列諫，不報。加太子少保。五上章乞歸，不許。時礦稅患日劇，孟男草遺疏數千言，極陳其害，言：「臣備員地官，所征天下租稅，皆鬻男市女、朘骨割肉之餘也。臣以催科爲職，臣得其職，而民病矣。聚財以病民，虐民以搖國，有臣如此，安所用之。臣不勝哀鳴，爲陛下杞人憂耳。」屬其子上之，明日遂卒。南京尚書趙參魯等奏其清忠，贈太子太保。

衞承芳，字君大，達州人。隆慶二年進士。萬曆中，累官溫州知府。公廉善撫字。進浙江副使，謝病歸。薦起山東參政，歷南京鴻臚卿。吏部推太常少卿朱敬循爲右通政，以承芳貳之。敬循，大學士賡子也。賡言：「承芳臣同年進士，恬澹之操，世罕能及，臣子不當先。」帝許焉。尋還南京光祿卿，擢右副都御史巡撫江西。嚴絕餽遺，屬吏爭自飭。入爲南京兵部右侍郎，就拜戶部尚書。福王乞蘆洲，自江都抵太平南北千餘里，自遣內官徵課。承芳抗疏爭，卒不從。萬曆間，南京戶部尚書有清名者，前有張孟男，後則稱承芳。尋就改吏部。卒官。贈太子太保，謚清敏。

李禎，字維卿，安化人。隆慶五年進士。除高平知縣，徵授御史。萬曆初，傅應禎以直言下詔獄，禎與同官喬巖、給事中徐貞明擁入護視之，坐謫長蘆鹽運司知事。遷歸德推官、禮部主事，三遷順天府丞。十八年，洮、河有警，極言貢市非策，因歷詆邊吏四失。帝以納款二十年，不當咎始事，遂寢其議。以右僉都御史巡撫湖廣，言：「知縣梁道凝循吏，反注下考，宜懲挾私者以勵其餘。薦舉屬吏不應專及高秩，下僚如趙蛟、楊果者，亦當顯旌之。」蛟、果，萬曆初以吏員超擢者也。詔皆報可。召爲左僉都御史，再遷戶部右侍郎。趙用賢以絕婚事被訐，戶部郎中鄭材復詆之。禎駁材疏，語侵其父洛。材憤，疏詆禎，禎遂乞休，不允。御史宋興祖請改材他部避禎，全大臣體，乃出材南京。禎尋調兵部，進左侍郎。

二十四年，日本封貢事僨，首輔趙志皐、尙書石星俱被劾。廷臣議戰守，章悉下兵部。禎等言：「今所議惟戰守封三事。封則李宗城雖徵，楊方亨尙在。若遽議罷，無論中國數百人淪於異域，而我兵食未集，勢難遠征。宜令方亨靜俟關白來迎則封，不迎則止。我以戰守爲實務，而相機應之。且朝鮮素守禮，王師所屯，宜嚴禁擾掠。」得旨如議。而疏內言志皐、星當去。詔詰禎，止令議戰守事，何擅及大臣去留，姑勿問。志皐自是不悅禎。明年，

星得罪，命禎攝部事。禎以平壤、王京、釜山皆朝鮮要地，請修建大城，興屯開鎭，且列上戰守十五策，俱允行。後又數上方略。

四川被寇。禎言：「川、陝接界，而松潘向無寇患者，以諸番爲屛蔽也。自俺答西牧，隴右騷然。其後隴右備嚴，寇不得逞，而禍乃移之川矣。今諸番强半折入於西部。臣閱地圖，從北界迤西閒道達蜀地，多不隔三舍。幸層巖疊嶂，屹然天險，如鎭虜堡爲漳臘門戶，虹橋關爲松城咽喉。關堡之外，或嶺或崖，皆可據守。守阿玉嶺，則不能越啞際而窺堡。守黃勝場，則不敢踰塞墩而寇關。他如橫山、寡石崖尤爲要害，皆當亟議防禦，令撫鎭臣計畫以聞。」報可。

禎質直方剛，署事規畫頗當。有欲即用爲尙書者，志皐以故憾，陰沮之。而張位、沈一貫雅與經略邢玠、經理楊鎬通，亦不便禎所爲，言禎非將材，惟蕭大亨堪任。帝不聽。其後玠、鎬益無功，志皐等又請罷禎，御史況上進劾禎庸鄙。帝皆不聽。甘肅缺巡撫，禎以劉敏寬名上。給事楊應文言敏寬方坐事勘，不當推舉。帝以詰禎，禎言：「前奉詔敏寬須巡撫缺用，臣故舉之。」帝怒禎不引罪，調之南京。後考察，南京言官拾遺及禎，遂命致仕。

久之，起南京刑部尙書。踰年復引疾，不俟報徑歸，帝怒。大學士葉向高言：「禎實病，不可深責。十餘年來，大臣乞休得請者，百無一二。李廷機、趙世卿皆羈留數載，疏至百餘上。今尙書孫丕揚、李化龍又以考察軍政疏不下，相率求去。若復踵禎轍，實傷國體。諸臣求去，約有數端。疾病當去，被言當去，不得其職當去。宜曲體其情，可留留之，不可留則聽之。」帝竟奪禎職閒住。未幾卒。

丁賓，字禮原，嘉善人。隆慶五年進士。授句容知縣。徵授御史。大學士張居正，賓座主也，誣劉臺以贓，屬賓往遼東按之。賓力辭，忤居正意去官。

萬曆十九年用薦起故官，復以憂去。起南京大理丞。累遷南京右僉都御史兼督操江。江防多懈，賓率將校乘一舟往來周視，增守兵戍要害，部內晏然。南衞世職率赴京師請襲，留滯不得官，賓請就南勘襲。妖民劉天緒左道事覺，兵部尙書孫鑛欲窮治之，詔下法司訊鞫。賓兼攝刑部大理事，力平反，論七人死，餘皆獲釋。召拜工部左侍郎，尋擢南京工部尙書。自上元至丹陽道路，盡易以石，行旅頌之。數引年乞罷，光宗立始予致仕。

賓官南都三十年，每遇旱潦，輒請振貸，時出家財佐之。初以御史家居。及丁憂歸，連三年大饑，咸捐貲以振。至天啓五年，復捐粟三千石振貧民，以貲三千金代下戶之不能輸賦者。撫按錄上其先後事，時已加太子少保，詔進太子太保，旌其門。以年高，三被存問。

崇禎六年卒，年九十一。諡淸惠。

贊曰：南京卿長，體貌尊而官守無責，故爲養望之地，資地深而譽聞重者處焉。或強直無所附麗，不爲執政所喜，則以此遠之。袁洪愈諸人類以淸强居優閒之地，不竟其用，亦以自全。干時冒進之徒，可以風矣。

校勘記

〔一〕遷威茂兵備副使　威茂，原作「威遠」。明史稿傳一〇二郭應聘傳作「威茂」。按本書卷七三職官志整飭兵備道有「威茂道」，無「威遠道」。據改。

〔二〕從提督吳桂芳平李亞元　提督，原作「總督」。明史稿傳一〇二郭應聘傳作「提督」。據本書卷七三職官志，正德、嘉靖、隆慶間，兩廣「總督」已改稱「提督」，萬曆三年才又復稱「總督」。又按卷二二三吳桂芳傳稱「部議罷總督，改桂芳兵部右侍郎兼右僉都御史提督兩廣軍務兼理巡撫」。作「提督」是，據改。又，李亞元，原作「李元亞」。明史稿傳一〇二郭應聘傳作「李亞元」。按本書卷二二三吳桂芳傳、世宗實錄卷五六一嘉靖四十五年八月甲申條都作「李亞元」，據改。

〔三〕劾知州楊惟執指揮胡翰　胡翰，原作「胡瀚」，據本書卷三一七平樂傳，明史稿傳一〇二郭應聘傳、傳一九一平樂傳改。

〔四〕吏部侍郎陸光祖爲御史周之翰所劾　周之翰，原作「趙之翰」，據本書卷二二四、明史稿傳一〇三陸光祖傳及神宗實錄卷一五五萬曆十二年十一月甲申條改。

〔五〕言學仕乃大學士志皐族父　本書卷二四二朱吾弼傳作「大學士趙志皐弟學仕」。

明史卷二百二十二

列傳第一百十

譚綸 徐甫宰 王化 李佑　王崇古 子謙 孫之楨 之寀 李棠
方逢時　吳兌 孫孟明 孟明子邦輔　鄭洛　張學顏
張佳胤　殷正茂 李遷　淩雲翼

譚綸，字子理，宜黃人。嘉靖二十三年進士。除南京禮部主事。歷職方郎中，遷台州知府。

綸沉毅知兵。時東南倭患已四年，朝議練鄉兵禦賊。參將戚繼光請期三年而後用之。綸亦練千人。立束伍法，自裨將以下節節相制。分數既明，進止齊一，未久卽成精銳。倭犯柵浦，綸自將擊之，三戰三捷。倭復由松門、澶湖掠旁六縣，進圍台州，不克而去。轉寇仙居、臨海，綸擒斬殆盡。進海道副使，益募浙東良家子敎之，而繼光練兵已及期，綸因收之以爲

用，客兵罷不復調。倭自象山突台州，綸連破之馬崗、何家礦，又與繼光共破之葛埠、南灣。加右參政，會憂去。

以尚書楊博薦起，復將浙兵，討饒平賊林朝曦。朝曦者，大盜張璉餘黨也。璉既滅，朝曦據巢不下，出攻程鄉。知縣徐甫宰嚴兵待，而遣主簿梁維棟入賊中，諭散其黨。朝曦窮，棄巢走，綸及廣東兵追擒之。尋改官福建，乞終制去。繼光數破賊，浙東略定。倭轉入福建。自福寧至漳、泉，千里盡賊窟，繼光漸擊定之。師甫旋，其衆復犯邵武，陷興化。

四十二年春再起綸。道擢右僉都御史，巡撫福建。倭屯崎頭城，都指揮歐陽深搏戰中伏死，倭遂據平海衞，陷政和、壽寧，各扼海道爲歸計。綸環柵斷路，賊不得去，移營渚林。繼光至，綸自將中軍，總兵官劉顯、俞大猷將左、右軍。令繼光以中軍薄賊壘，左右軍繼之，大破賊，復一府二縣。詔加右副都御史。綸以延、建、汀、邵間殘破甚，請緩征蠲賦。又考舊制，建水砦五，扼海口，薦繼光爲總兵官以鎮守之。倭復圍仙遊，綸、繼光大破賊城下。已而繼光破賊王倉坪、蔡丕嶺，餘賊走，廣東境內悉定。綸上疏請復行服，世宗許之。

四十四年冬，起故官，巡撫陝西。未上而大足民作亂，陷七城。詔改綸四川，至已破滅。雲南叛酋鳳繼祖遁入會理，綸會師討平之。進兵部右侍郎兼右僉都御史，總督兩廣軍務兼巡撫廣西。招降岑岡賊江月照等。

綸練兵事，朝廷倚以辦賊，遇警輒調，居官無淹歲。迨南寇略平，而邊患方未已。隆慶元年，給事中吳時來請召綸、繼光練兵。詔徵綸還部，進左侍郎兼右僉都御史，總督薊、遼、保定軍務。綸上疏曰：

薊、昌卒不滿十萬，而老弱居半，分屬諸將，散二千里間。敵聚攻，我分守，衆寡強弱不侔，故言者亟請練兵。然四難不去，兵終不可練。

夫敵之長技在騎，非召募三萬人勤習車戰不足以制敵。計三萬人月餉，歲五十四萬，此一難也。燕、趙之士銳氣盡於防邊，非募吳、越習戰卒萬二千人雜教之，事必無成。臣與繼光召之可立至，議者以爲不可。信任之不專，此二難也。軍事尚嚴，而燕、趙士素驕，驟見軍法必大震駭。且去京師近，流言易生，徒令忠智之士掣肘廢功，更釀他患，此三難也。我兵素未當敵，戰而勝之，彼不心服。能再破，乃終身創，而忌嫉易生，欲再舉，禍已先至。此四難也。

以今之計，請調薊鎮、眞定、大名、井陘及督撫標兵三萬，分爲三營，令總兵參遊分將之，而授繼光以總理練兵之職。春秋兩防，三營兵各移近邊。至則遏之邊外，入則決死邊內。二者不效，臣無所逃罪。又練兵非旦夕可期，今秋防已近，請速調浙兵三千，以濟緩急。三年後，邊軍既練遣還。

詔悉如所請，仍令綸、繼光議分立三營事宜。綸因言：「薊鎮練兵踰十年，然竟不效者，任之未專，而行之未實也。今宜責臣綸、繼光，令得專斷，勿使巡按、巡關御史參與其間。」自兵事起，邊臣牽制議論，不能有爲，故綸疏言之。而巡撫劉應節果異議，巡按御史劉翾、巡關御史孫代又劾綸自專。穆宗用張居正言，悉以兵事委綸，而諭應節等無撓。

綸相度邊隘衝緩，道里遠近，分薊鎮爲十二路，路置一小將，總立三營：東駐建昌備燕河以東，中駐三屯備馬蘭、松、太，西駐石匣備曹牆、古石。諸將以時訓練，互爲掎角，節制詳明。是歲秋，薊、昌無警。異時調陝西、河間、正定兵防秋，至是悉罷。綸初至按行塞上，謂將佐曰：「秣馬厲兵，角勝負呼吸者，宜於南；堅壁清野，坐制侵軼者，宜於北。」遂與繼光圖上方略，築敵臺三千，起居庸至山海，控守要害。綸召入爲右都御史兼兵部左侍郎，協理戎政。會臺工成，益募浙兵九千餘守之。邊備大飭，敵不敢入犯。以功進兵部尚書兼右都御史，協理如故。其冬，予告歸。

神宗卽位，起兵部尚書。萬曆初，加太子少保。給事中雒遵劾綸不稱職。綸三疏乞罷，優詔留之。五年卒官。贈太子太保，謚襄敏。

綸終始兵事垂三十年，積首功二萬一千五百。嘗戰酣，刃血漬腕，累沃乃脫。與繼光共事齊名，稱「譚、戚」。

徐甫宰，字允平，浙江山陰人。嘉靖中舉順天鄉試，除武平知縣。武平當閩、粵交，多盜，甫宰築城立堡者三。上官以程鄉盜藪，調之往。既平朝曦，超擢潮州兵備僉事，添注剿寇，任一子千戶。已而程鄉賊溫鑑、梁輝等合上杭賊寇江西。平遠知縣王化遮擊之檀嶺，賊敗奔瑞金，副使李佑三戰皆捷。賊由間道歸程鄉，甫宰討擒之，餘黨悉平。賚銀幣。已，補潮州分巡僉事兼理兵備事。東莞水兵徐永太等亂，停俸討賊。甫宰已疾亟，乞歸。未幾卒。

王化，字汝贊，廣西馬平人。父尙學，職方郎中。化登鄉薦。嘉靖四十年新置平遠縣，授化知縣。以擊賊檀嶺，有知兵名。田坑賊梁國相既降復叛，約三圖賊葛鼎棨等分寇江西、福建。化寄妻子會昌，而身率鄉兵往擊。賊連敗，乃縱反間會昌，言化已歿，化妻計氏慟哭自刎。化怒，追賊益急，獲國相於石子嶺。遷潮州府同知，仍署縣事。計被旌，官爲立祠。化舉卓異，超擢廣東副使。南贛巡撫吳百朋以貪黷劾之，削籍。巡按御史趙淳薦其知兵，乃命以僉事飭惠、潮兵備。久之，考察罷。

李佑，字吉甫，貴州清平衞人。嘉靖二十六年進士。歷官江西副使，邀賊瑞金有功。尋敗廣東賊吳志高、江西下歷賊賴清規等，皆賚銀幣。進江西右參政。偕總兵官俞大猷，大破劇賊李亞元。擢僉都御史，巡撫廣東。屢敗海寇林道乾、山寇張韶南等。隆慶中，被劾

罷歸。

王崇古，字學甫，蒲州人。嘉靖二十年進士。除刑部主事。由郎中歷知安慶、汝寧二府。遷常鎭兵備副使，擊倭夏港，追殲之靖江。從巡撫曹邦輔戰滸墅。已，偕俞大猷追倭出海。累進陝西按察使，河南右布政使。

四十三年改右僉都御史，巡撫寧夏。崇古喜譚兵，具知諸邊阨塞，身歷行陣，修戰守，納降附，數出兵搗巢。寇屢殘他鎭，寧夏獨完。隆慶初，加右副都御史。

吉囊子吉能據河套爲西陲諸部長，別部賓兔駐牧大、小松山，南擾河、湟番族，環四鎭皆寇。總督陳其學無威略，總兵官郭江、黃演等皆敗死，陝西巡撫戴才亦坐免。其冬，進崇古兵部右侍郎兼右僉都御史，總督陝西、延、寧、甘肅軍務。崇古奏給四鎭旗牌，撫臣得用軍法督戰，又指畫地圖，分授諸大將趙岢、雷龍等。數有功。着力兔行牧河東，龍潛出興武襲破其營，斬獲多，加崇古右都御史。吉能犯邊，爲防秋兵所遏，移營白城子。龍等出花馬池、長城關與戰，大敗之。崇古在陝七年，先後獲首功甚多。

自河套以東宣府、大同邊外，吉囊弟俺答、昆都力駐牧地也。又東薊、昌以北，吉囊、俺

答主土蠻居之，皆强盛。俺答又納叛人趙全等，據古豐州地，招亡命數萬，屋居佃作，號曰板升。全等尊俺答爲帝，爲治城郭宮殿；亦自治第，制度如王者，署其門曰開化府。又日夜教俺答爲兵。東入薊、昌，西掠忻、代，遊騎薄平陽、靈石，至潞安以北。起嘉靖辛丑，擾邊者三十年，邊臣坐失事得罪者甚衆，患視陝西四鎭尤劇。朝廷募獲全者官都指揮使，賞千金，卒不能得。邊將士率賄寇求和，或反爲用；諸陷寇自拔歸者，輒殺之以冒功賞；敵情不可得，而軍中動靜敵輒知。四年正月詔崇古總督宣、大、山西軍務。崇古禁邊卒闌出，而縱其素通寇者深入爲間。又檄勞番、漢陷寇軍民，率衆降及自拔者，悉存撫之。歸者接踵。西番、瓦剌、黃毛諸種一歲中降者踰二千人。

其冬，把漢那吉來降。把漢那吉者，俺答第三子鐵背台吉子也。幼失父，育於俺答妻一克哈屯。長娶大成比妓不相得。把漢自聘我兒都司女，〔一〕號三娘子，卽俺答外孫女也。俺答見其美，奪之。把漢恚，又聞崇古方納降，是年十月率妻子十餘人來歸。巡撫方逢時以告。崇古念因此制俺答，則趙全等可除也，留之大同，慰藉甚至。偕逢時疏聞於朝曰：「俺答橫行塞外幾五十年，威制諸部，侵擾邊圉。今神厭凶德，骨肉離叛，千里來降，宜給宅舍，授官職，豐餼廩服用，以悅其心，嚴禁出入，以虞其詐。若俺答臨邊索取，則因與爲市，責令縛送板升諸逆，還被掠人口，然後以禮遣歸，策之上也。若遂桀驁稱兵，不可理諭，則明示欲殺，以

撓其志。彼望生還，必懼我制其死命。志奪氣沮，不敢大逞，然後徐行吾計，策之中也。若遂棄而不求，則當厚加資養，結以恩信。其部衆繼降者，處之塞下，卽令把漢統領，略如漢置屬國居烏桓之制。他日俺答死，子辛愛必有其衆。因加把漢名號，令收集餘衆，自爲一部。辛愛必忿爭。彼兩族相持，則兩利俱存，若互相讐殺，則按兵稱助。彼無暇侵陵，我遂得休息，又一策也。若循舊例安置海濱，使俺答日南望，侵擾不已；又或給配諸將，使之隨營立功，彼素驕貴不受驅策，駕馭苟乖，必滋怨望，頓生颺去之心，終貽反噬之禍，均爲無策。」

奏至，朝議紛然。御史饒仁侃、武尙賢、葉夢熊皆言敵情叵測。夢熊至引宋受郭藥師、張瑴事爲喩。兵部尙書郭乾不能決，大學士高拱、張居正力主崇古議。詔授把漢指揮使，賜緋衣一襲，而黜夢熊於外，以息異議。

俺答方掠西番，聞變急歸，調辛愛兵分道入犯，索把漢甚急。辛愛佯發兵，陰擇便利，以故俺答不得志。一克哈屯思其孫，朝夕哭，俺答患之。巡撫逢時遣百戶鮑崇德入其營，俺答盛氣待之曰：「自吾用兵，而鎭將多死。」崇德曰：「鎭將孰與而孫？今朝廷待而孫甚厚，稱兵是速其死也。」俺答疑把漢已死，及聞言，心動，使使詗之。崇古令把漢緋袍金帶見使者，俺答喜過望，崇德因說之曰：「趙全等旦至，把漢夕返。」俺答大喜，屏人語曰：「我不爲亂，亂由全等。今吾孫降漢，是天遣之合也。天子幸封我爲王，永長北方，諸部孰敢爲患。卽不幸

死，我孫當襲封，彼受朝廷厚恩，豈敢負耶？」遂遣使與崇德俱來，又爲辛愛求官，幷請互市。崇古以聞，帝悉報可。俺答遂縛全等十餘人以獻，崇古亦遣使送把漢歸。帝以叛人既得，祭告郊廟，磔全等於市。加崇古太子少保、兵部尙書，總督如故。

把漢既歸，俺答與其妻撫之泣。遣使報謝，誓不犯大同。崇古令要土蠻、昆都力、吉能等皆入貢，俺答報如約，惟土蠻不至。崇古念土蠻勢孤，薊、昌可無患，命將士勿燒荒擣巢，議通貢市，休息邊民。朝議復譁。尙書郭乾謂馬市先帝明禁，不宜許。給事中章端甫請敕崇古無邀近功，忽遠慮。

崇古上疏曰：「先帝既誅仇鸞，制復言開市者斬，邊臣何敢故違禁旨，自陷重辟。但敵勢既異昔强，我兵亦非昔怯，不當援以爲例。夫先帝禁開馬市，未禁北敵之納款。今敵求貢市，不過如遼東、開原、廣寧之規，商人自以有無貿易，非請復開馬市也。俺答父子兄弟橫行四五十年，震驚宸嚴，流毒畿輔，莫收遏劉功者，〔二〕緣議論太多，文網牽制，使邊臣無所措手足耳。昨秋，俺答東行，京師戒嚴，至倡運甎聚灰塞門乘城之計。今納款求貢，又必責以久要，欲保百年無事，否則治首事之罪。豈惟臣等不能逆料，他時雖俺答亦恐能保其身，不能制諸部於身後也。夫拒敵甚易，執先帝禁旨，一言可決。但敵既不得請，懷憤而去，縱以把漢之故，不擾宣、大，而土蠻三衞歲窺薊、遼，吉能、賓兔侵擾西鄙，息警無時，財力殫絀，雖

智者無以善其後矣。昔也先以剋減馬價而稱兵，忠順王以元裔而封哈密，小王子由大同二年三貢，此皆前代封貢故事。夫揆之時勢，旣當俯從，考之典故，非今創始。堂堂天朝，容荒服之來王，昭聖圖之廣大，以示東西諸部，傳天下萬世，諸臣何疑憚而不爲耶？」因條封貢八事以上。

詔下廷議。定國公徐文璧、侍郎張四維以下二十二人以爲可許，英國公張溶、尙書張守直以下十七人以爲不可許。尙書朱衡等五人言封貢便、互市不便，獨僉都御史李棠極言當許狀。郭乾悉上衆議。會帝御經筵，閣臣面請外示羈縻，內修守備。乃詔封俺答順義王，名所居城曰歸化；昆都力、辛愛等皆授官；封把漢昭勇將軍，指揮使如故。俺答率諸部受詔甚恭，使使貢馬，執趙全餘黨以獻。帝嘉其誠，賜金幣。又雜采崇古及廷臣議，賜王印，給食用，加撫賞，惟貢使不聽入京。

河套吉能亦如約請命。以事在陝西，下總督王之誥議。之誥欲令吉能一二年不犯，方許封貢。崇古復上疏曰：「俺答、吉能親爲叔姪，首尾相應。今收其叔而縱其姪，錮其首而舒其臂，俺答必呼吉能之衆就市河東宣、大；商販不能給，而吉能糾俺答擾陝西，四鎭之憂方大矣。」帝然其言，亦授吉能都督同知。崇古乃廣召商販，聽令貿易。布帛、菽粟、皮革遠自江、淮、湖廣輻輳塞下，因收其稅以充犒賞。其大小部長則官給金繒，歲市馬各有數。崇古

仍歲詣弘賜堡宣諭威德。諸部羅拜，無敢譁者。自是邊境休息。東起延、永，西抵嘉峪七鎮，數千里軍民樂業，不用兵革，歲省費什七。[三]詔進太子太保。

萬曆初，召理戎政。給事中劉鉉劾崇古行賄營遷，詔責鉉妄言。已，加少保，遷刑部尚書，改兵部。初，俺答諸部嘗越甘肅掠西番。既通款，其從孫切盡台吉連歲盜番，不得志，求俺答西援。崇古每作書止之，俺答亦報書謝。是年，俺答請與三鎮通事約誓，欲西迎佛。崇古上言：「西行非俺答意，且以迎佛爲名不可沮，宜飭邊鎮嚴守備，而陰泄其謀於番族以示恩。」於是鉉及同官彭應時、南京御史陳堂交章論崇古弛防御敵。崇古疏辯乞休。帝優詔報之，令勿以人言介意。給事中尹瑾、御史高維崧再劾之，崇古力請致仕，帝乃允歸。

俺答既死，辛愛、撦力克相繼襲封。十五年詔以崇古竭忠首事，三封告成，廕一子世錦衣千戶，有司以禮存問。又二年卒。贈太保，謚襄毅。

崇古身歷七鎮，勳著邊陲。封貢之初，廷議紛呶，有爲危言撼帝者。閣臣力持之，乃得成功。順義歸款二十年，崇古乃歿。總督梅友松撫馭失宜，西邊始擾，而禍已紓於嘉靖時，宣、大則歸款迄明季不變。

子謙，萬曆五年進士。官工部主事，榷稅杭州。羅木營兵變，脅執巡撫吳善言。謙馳諭

之乃解。終太僕少卿。孫之楨，以廕累官太子太保、左都督，掌錦衣衞事凡十有七年；之寀，萬曆二十六年進士，官兵部右侍郎，陝西三邊總督。

李棠，長沙人。由吏部郎中累遷右副都御史，巡撫南、贛。督僉事諸察討平韶州山賊。終南京吏部右侍郎。仕宦三十年，以介潔稱。天啓初，追謚恭懿。

方逢時，字行之，嘉魚人。嘉靖二十年進士。授宜興知縣，再徙寧津、曲周。擢戶部主事，歷工部郎中，遷寧國知府。廣東、江西盜起，詔於興寧、程鄉、安遠、武平間築伸威鎮，擢逢時廣東兵備副使，與參將俞大猷鎮之。已而程鄉賊平，移巡惠州。

隆慶初，改宣府口北道，加右參政。旋擢右僉都御史，巡撫遼東。四年正月移大同。俺答犯威遠堡，別部千餘騎攻靖鹵，伏兵却之。其冬，俺答孫把漢那吉來降，逢時告總督王崇古曰：「機不可失也。」遣中軍康綸率騎五百往受之。與崇古定計，挾把漢以索叛人趙全等。遣百戶鮑崇德出雲石堡語俺答部下五奴柱曰：「欲還把漢則速納款，若以兵來，是趣之死矣。」五奴柱白俺答，遂入營，說以執趙全易把漢。俺答心動，遣火力赤致書逢時。而全方從臾用兵，俺答又惑之，令其子辛愛將二萬騎入弘賜堡，兄子永邵卜趨威遠堡，自率衆犯平虜城。逢時曰：「此必趙全謀也。」全嘗投書逢時，言悔禍思漢，欲復歸中國。逢時以示俺答，俺答大驚，有執全意。及戰，又不利，乃引退。辛愛猶未知，奄至大同。逢時使人持把漢箭示之曰：「吾已與而父約，以報汝。」辛愛執箭泣曰：「此吾弟鐵背台吉故物也，我來求把漢，把漢既授官，又有成約，當更計之。」乃遣部下啞都善入見。逢時曉以大義，犒而遣之。辛愛喜，因使求幣，逢時笑曰：「台吉，豪傑也，若納款，方重加爵賞，何愛此區區，損盛名。」辛愛大慙，復遣啞都善來謝曰：「邊人不知書，蒙太師教，幸甚。」俺答使者至故將田世威所，世威亦讓之曰：「爾來求和，兵何爲者？」使者還報俺答，召辛愛還。辛愛東行，宣府總兵官趙岢遏之，復由大同北去。於是巡按御史姚繼可劾逢時輒通寇使，屏人語，導之東行，嫁禍隣鎮。大學士高拱曰：「撫臣臨機設策，何可洩也。但當觀後效，不宜先事輒易。」帝然之。俺答乃遣使定約，夜召全等計事，卽帳中縛之送大同。逢時受之，崇古亦送把漢歸。逢時以功進兵部右侍郎兼右僉都御史。甫拜命，以憂歸。後崇古入理京營，神宗問誰可代者，大學士張居正以逢時對。

萬曆初，起故官，總督宣、大、山西軍務。始逢時與崇古共決大計，而貢市之議崇古獨成之。逢時復代崇古，乃申明約信。兩人首尾共濟，邊境遂安。

逢時分巡口北，時親行塞外，自龍門盤道墩以東至靖湖堡山梁一百餘里，形勢聯絡，

歎曰：「此山天險。若修鑿，北可達獨石，南可援南山，誠陵京一藩籬也。」及赴陽和，道居庸，出關見邊務修舉，欲幷遂前計。上疏曰：「獨石在宣府北，三面隣敵，勢極孤懸。懷、永與陵寢止限一山，所係尤重。其地本相屬，而經行之路尙在塞外，以故聲援不便。若設盤道之險，舍迂就徑，自龍門黑峪以達寧遠，經行三十里，南山、獨石皆可朝發夕至，不惟拓地百里，亦可漸資屯牧，於戰守皆利。」遂與巡撫吳兌經營修築，設兵戍守。累進兵部尙書兼右副都御史，總督如故，加太子少保。

五年召理戎政。時議者爭言貢市利害。逢時臨赴闕上疏曰：

陛下特恩起臣草土中代崇古任，賴陛下神武，八年以來，九邊生齒日繁，守備日固，田野日闢，商賈日通，邊民始知有生之樂。北部輸誠效貢，莫敢渝約，歲時請求，隨宜與之，得一菓餅，輒稽首歡笑。有掠人要賞，如打喇明安兔者，告俺答罰治，卽俛首聽命。而異議者或曰「敵使充斥爲害」，或曰「日益費耗，彼欲終不可足」，或曰「與寇益狎，隱憂叵測」。此言心則忠矣，事機或未覩也。

夫使者之入，多者八九人，少者二三人，朝至夕去，守貢之使，賞至卽歸，何有充斥。財貨之費，有市本，有撫賞，計三鎮歲費二十七萬，較之鄉時戶部客餉七十餘萬，太僕馬價十數萬，十纔二三耳。而民間耕穫之入，市賈之利不與焉。所省甚多，何有

耗費。乃若所憂則有之，然非隱也。方庚午以前，三軍暴骨，萬姓流離，城郭丘墟，芻糧耗竭，邊臣首領不保，朝廷爲旰食。七八年來，幸無此事矣。若使臣等處置乖方，客小費而虧大信，使一旦肆行侵掠，則前日之憂立見，何隱之有哉？

其所不可知者，俺答老矣，誠恐數年之後，此人既死，諸部無所統一，其中狡黠互相爭搆，假托異辭，遂行侵擾。此則時變之或然，而不可預料者。在我處之，亦惟罷貢絕市，閉關固壘以待。仍禁邊將毋得輕舉，使曲常在彼，而直常在我。因機處置，顧後人方略何如耳。夫封疆之事，無定形亦無定機，惟朝廷任用得人，處置適宜，何必拘拘焉貢市非而戰守是哉？

臣又聞之，禦戎無上策；征戰禍也，和親辱也，賂遺恥也。今曰貢，則非和親矣；曰市，則非賂遺矣。既貢且市，則無征戰矣。臣幸藉威靈，制伏强梗，得免斧鉞之誅。今受命還朝，不復與聞閫外之事，誠恐議者謂貢市非計，輒有敷陳，國是搖惑。內則邊臣畏縮，外則部落攜貳，事機乖迕，後悔無及。臣雖得去，而犬馬之心實有不能一日忘者，謹列上五事。

至京，復奏上款貢圖。

尋代崇古爲尚書，署吏部事，加太子太保。以平兩廣功，進少保。累疏致仕歸，御書「盡

忠」字賜之。二十四年卒。

逢時才略明練。處置邊事，皆協機宜。其功名與崇古相亞，稱「方、王」云。

吳兌，字君澤，紹興山陰人。嘉靖三十八年進士。授兵部主事。隆慶三年由郎中遷湖廣參議。調河南，遷薊州兵備副使。五年秋，擢右僉都御史，巡撫宣府。兌舉鄉試出高拱門。拱之初罷相也，兌獨送至潞河。及拱再起兼吏部，遂超擢之。釋褐十三年得節鉞，前此未有也。

時俺答初封貢，而昆都力、辛愛陰持兩端，助其主土蠻爲患。兌有智計，操縱馴伏之。嘗偵俺答離營獵，從五騎直趨其營。守者愕，控弦。從騎呵之曰：「太師來犒軍耳。」皆拜跪迎導，且獻酪。兌遍閱廬帳，抵暮還。市者或潛盜所鬻馬，兌使人棓擊之，曰：「後復盜，即閉關停市。」諸部追所奪馬，幷執其人以謝。辛愛復擾邊，俺答曰：「宣、大，我市場也。」戒勿動。然辛愛猶桀驁，俺答常以己馬代入貢。既得賞賜，抵地不肯受，又遣兵掠車夷。車夷者，不知其所出，自嘉靖中徙至，與史夷雜居，皆宣鎮保塞屬也。辛愛掠之，以其長革固去，其二比妓來駐龍門教場。兌以史、車唇齒，車被掠，史益孤，奏築堡居之。使使詰責辛愛，令還革固而勒其比妓遠邊。辛愛誘比妓五蘭且沁、威兀慎，歲盜葛峪堡器甲、牛羊。兌皆付三娘子罰治。三娘子有盛寵於俺答，辛愛嫉妬，數詛詈之。三娘子以此爲兌盡力。辛愛、撦力克相繼襲王，皆妻三娘子，三娘子主貢市者三世。昆都力嘗求封王，會病死。其子青把都擁兵至塞，多所要挾。兌諭以禍福，而耀武震之。青把都懼，貢如初。其女東桂嫁朶顏都督長昂，嘗隨父入貢，訴其貧。兌諭其昆弟，每一馬分一繒畀之。後東桂報土蠻別騎掠三岔河東，兌得爲備，有功。

萬曆二年春，推款貢功，加兌右副都御史。貢市畢，加兵部右侍郎兼右僉都御史。五年夏，代方逢時總督宣、大、山西軍務。俺答西掠瓦剌，聲言迎佛，寄帑於兌，留旗箭爲信。尚書王崇古奏上方略，使兌諭俺答繞賀蘭山後行，勿道甘肅；又陰洩其謀於瓦剌。俺答兵遂挫，留青海未歸。而青把都復附土蠻，其部下時入寇。大學士張居正令兌趣俺答東還約束之，青把都亦罰治其下，款貢乃益堅。七年秋，以左侍郎召還部，尋加右都御史，仍佐部事。

九年夏，復以本官總督薊、遼、保定軍務兼巡撫順天。泰寧速把亥與青把都交通，陰入市宣府，而歲犯遼東以要款。朝廷拒不許，兌修義州城備之。明年春，速把亥來寇，總兵官李成梁擊斬之。其弟炒花、姪老撒卜兒悉遁去。詔進兌兵部尚書仍兼右都御史。尋進太子少保，召拜兵部尚書。御史魏允貞劾兌歷附高拱、張居正，且饋馮保金千兩，封識具存。給

事王繼光亦言兌受將吏饋遺，御史林休徵助之攻。帝乃允兌去，後數年卒。

孫孟明，襲錦衣千戶，佐許顯純理北司刑。天啓初，讞中書汪文言，頗爲之左右。顯純怒，誣孟明藏匿亡命。下本司拷訊，削籍歸。崇禎初，起故官，累遷都督同知，掌衞事。孟明居官貪，以附東林頗得時譽。

子邦輔襲職，亦理北司刑。崇禎末，給事中姜埰、行人司副熊開元以言事同日繫詔獄，帝欲置之死，邦輔故緩其獄。帝怒稍解，令嚴訊主使者。邦輔乃略訊即具獄上，詔予杖百，二人由是獲免。

鄭洛，字禹秀，安肅人。嘉靖三十五年進士。除登州推官，徵授御史。劾罷嚴嵩黨鄢懋卿、萬寀、萬虞龍。出爲四川參議，遷山西參政。佐總督王崇古款俺答有功。

萬曆二年由浙江左布政使改右僉都御史，巡撫山西。移大同，加右副都御史，入爲兵部右侍郎。七年以左侍郎總督宣、大、山西軍務。昆都力子滿五大令銀定入犯，洛奏停貢市，遣使責俺答罰贖駝馬牛羊，乃復許款。三娘子佐俺答主貢市，諸部皆受其約束。及辛愛

襲封，年老且病，欲妻三娘子。三娘子不從，率衆西走，辛愛自追之，貢市久不至。洛計三娘子別屬，則辛愛雖王無益，乃使人語之曰：「夫人能歸王，不失恩寵，否則塞上一婦人耳。」三娘子聽命。辛愛更名乞慶哈，貢市惟謹。洛以功加兵部尚書兼右副都御史。

十四年，乞慶哈死，子撦力克當襲。三娘子以年長，自練兵萬人，築城別居。洛恐貢市無主，復諭撦力克曰：「夫人三世歸順，汝能與之匹，則王，不然封別有屬也。」撦力克盡逐諸妾，復妻三娘子。遂以明年嗣封，幷奏封三娘子忠順夫人。洛乃上疏請定市馬數，宣府不得踰三萬，大同萬四千，山西六千，而申飭將吏嚴備，以防盜竊，且無輕遏其部落馳獵者。帝嘉納之。御史許守恩劾洛。乞歸，不允。自太子少保累加至太子太保，召爲戎政尙書。

十八年，洮河用兵，詔兼右都御史，經略陝西、延、寧、甘肅及宣、大、山西邊務。松套賓兔等屢越甘肅侵擾河、湟諸番。及俺答迎佛，又建寺於青海，奏賜名仰華，留永邵卜別部把爾戶及丙兔、火落赤守之，俱牧海上。他部往來者，率取道甘肅，甘肅鎭臣以通款弗禁也。丙兔死，其子眞相進據莽剌川，火落赤據揑工川，益倂吞番族。河套都督卜失兔亦遣使邀撦力克，撦力克遺洛書，以赴仰華爲名。洛使從塞外行，又諭忠順夫人曰：「彼中撫賞不能多，且王家在東，恐有內顧憂也。」撦力克遂行。未至，把爾戶部卒闌入西寧。副總兵李奎方醉，單騎馳之。卒持鞚自白，爲奎所斫，遂大譟，射奎死。火落赤、眞相進圍舊洮州，副總兵李聯

芳敗歿。入臨洮、河州、渭源，總兵官劉承嗣失利，遊擊李芳等皆死。當是時，撦力克已至仰華，火落赤、眞相益挾爲重，關中大震，惟把爾戶不助逆。

事聞，詔洛經略七鎭，以僉事萬世德、兵部員外郎梁雲龍隨軍贊畫，而停撦力克貢市。俄罷總督梅友松，命洛兼領其事。洛以洮河之禍，由縱敵入青海，乃馳至甘肅，令曰：「北部自青海歸巢者，聽假道；自巢入青海者，卽勒兵拒之。」未幾，卜失兔至水泉，欲趨青海。總兵官張臣與相持月餘，洛設伏掩擊之，卜失兔僅以身免。莊禿賴後至，聞之亦退去。

明年，洛與雲龍入西寧，控扼青海。撦力克聞之，西徙二百里，還洮河所掠人口，與忠順夫人輸罪請歸。火落赤、眞相亦夜去，兩川餘黨留莽剌南山。洛慮諸部約結，先遣使趣撦力克北歸，別遣雲龍、世德收番族以弱其勢，而具以狀奏聞。言：「自順義南牧，借途收番，子女牛羊皆有之，生死唯所制。洮河之役，遂爲嚮導，番戎之勢不分，則心腹之患無已。臣鼓舞勞來，招回諸番八萬餘人，皆陛下威德所致。」且具陳收番有六利。是時，撦力克觀望不卽歸，洛與相羈縻，先遣總兵官尤繼先擊走莽剌餘寇。督撫魏學曾、葉夢熊等請決戰，夢熊又騰書都下，洛疏持不可。夢熊乃調苗兵三千爲選鋒，詆洛爲秦檜、賈似道。會撦力克北歸謝罪，乞復貢市，洛乃進兵青海，走火落赤、眞相，焚仰華，置戍西寧、歸德而還。

尙書石星以宣、大事急，請速召洛究款戰之計。洛旣至，與總督蕭大亨，巡撫王世揚、邢玠等上疏曰：「撦力克諉罪火落赤、眞相，桀驁之狀已斂。且其部落數千里，部長十餘輩。在巢保疆者，宣鎭則靑把都兄弟未嘗東窺薊、遼，而兀愼、擺腰五路之在新平，馴服猶故。在西行牧者，不他失未嘗窺莽、揑，而大成比妓則又歸巢獨先。今以一人之罪，概絕諸部，消往日之恩，開將來之隙，臣未見其可。今史二外叛，屢犯邊疆，若令順義王縛獻以著信，然後酌議市賞，在我固未爲失策也。」議遂定。尋加少保，仍召理戎政。順義王果縛史二來獻，復款如故。

初，閱邊給事中張棟言，洮河之衄，殞將喪師，洛爲其所輕，故東西移帳自便。太僕寺丞徐琰復詆洛，乞處分以除悞國之罪。棟再疏劾洛欺罔，給事中章尙學亦請令洛回宣、大。至是撦力克歸，棟又言：「火、眞亂首，順義亂階，洛宜除兇雪恥，乃虛詞誘敵，而重利媚之。今火、眞依海爲窟，出沒如故，洛輒侈然敍文武勞。乞敕所司，毋徇洛請。」洛乃謝病歸。尙書星言洛無重利啗敵事，且有威望，不宜久棄。逾三年，官軍與番人夾擊把爾戶於西寧，大破之。星復奏洛收番之功，再詔起用。當時以洛有物議，卒不推也。卒，贈太保，諡襄敏。

張學顏，字子愚，肥鄉人。生九月失母，事繼母以孝聞。親喪廬墓，有白雀來集。登嘉

靖三十二年進士，由曲沃知縣入爲工科給事中。遷山西參議，以總督江東劾去官。事白，遷永平兵備副使，再調薊州。

俺答封順義王，察罕土門汗語其下曰：「俺答，奴也，而封王，吾顧弗如。」挾三衞窺遼欲以求王。而海、建諸部日强，皆建國稱汗。大將王治道、郎得功戰死，遼人大恐。隆慶五年二月，遼撫李秋免，大學士高拱欲用學顏，或疑之。拱曰：「張生卓犖倜儻，人未之識也，置諸盤錯，利器當見。」侍郎魏學曾後至，拱迎問曰：「遼撫誰可者？」學曾思良久，曰：「張學顏可。」拱喜曰：「得之矣。」遂以其名上，進右僉都御史，巡撫遼東。

遼鎭邊長二千餘里，城砦一百二十所，三面隣敵。官軍七萬二千，月給米一石，折銀二錢五分，馬則冬春給料，月折銀一錢八分，卽歲稔不足支數日。自嘉靖戊午大饑，士馬逃故者三之二。前撫王之誥、魏學曾相繼綏輯，未復全盛之半。繼以荒旱，餓莩枕籍。學顏首請振恤，實軍伍，招流移，治甲仗，市戰馬，信賞罰。黜懦將數人，創平陽堡以通兩河，移遊擊於正安堡以衞鎭城，戰守具悉就經畫。大將李成梁敢力戰深入，而學顏則以收保爲完策，敵至無所亡失，敵退備如初，公私力完，漸復其舊。十一月與成梁破土蠻卓山，進右副都御史。明年春，土蠻謀入寇，聞有備而止。

奸民闌出海上，踞三十六島。閱視侍郎汪道昆議緝捕，學顏謂緝捕非便。命李成梁按

兵海上，示將加誅，別遣使招諭，許免差役。未半載，招還四千四百餘口，積患以消。秋，建州都督王杲以索降人不得，入掠撫順，守將賈汝翼詰責之。杲益慍，約諸部爲寇，副總兵趙完責汝翼啓釁。學顏奏曰：「汝翼卻杲饋遺，懲其違抗，實伸國威，苟緣此罷斥，是進退邊將皆敵主之矣。臣謂宜諭王杲送還俘掠，否則調兵勦殺，毋事姑息以蓄禍。」趙完懼，餽金貂，學顏發之。詔逮完，而宣諭王杲如學顏策。諸部聞大兵且出，悉竄匿山谷。杲懼，十二月約海西王台送俘獲就款，學顏因而撫之。

遼陽鎭東二百餘里舊有孤山堡，巡按御史張鐸增置險山五堡，然與遼鎭聲援不接。都御史王之誥奏設險山參將，轄六堡一十二城，分守叆陽。又以其地不毛，欲移置寬佃，以時絀不果。萬曆初，李成梁議移孤山堡於張其哈佃，移險山五堡於寬佃、長佃、雙墩、長領散等。皆據膏腴，扼要害。而邊人苦遠役，出怨言。工甫興，王杲復犯邊，殺遊擊裴承祖。巡按御史亟請罷役，學顏不可，曰：「如此則示弱也。」卽日巡塞上，撫定王兀堂諸部，聽於所在貿易。卒築寬佃，斥地二百餘里。於是撫順以北，清河以南，皆遵約束。明年冬，發兵誅王杲，大破之，追奔至紅力寨。張居正第學顏功在總督楊兆上，加兵部侍郎。

五年夏，土蠻大集諸部犯錦州，要求封王。學顏奏曰：「敵方憑陵，而與之通，是畏之也。制和者在彼，其和必不可久。且無功與有功同封，犯順與效順同賞，既取輕諸部，亦見

笑俺答。臣等謹以正言卻之。」會大雨，敵亦引退。其冬，召爲戎政侍郎，加右都御史。未受代，而土蠻約泰寧速把亥分犯遼、瀋、開原。明年正月破敵劈山，殺其長阿丑台等五人，學顏遂還部。踰年，拜戶部尙書。

時張居正當國，以學顏精心計，深倚任之。學顏撰會計錄以勾稽出納。又奏列清丈條例，釐兩京、山東、陝西勳戚莊田，清溢額、脫漏、詭借諸弊。又通行天下，得官民屯牧湖陂八十餘萬頃。民困賠累者，以其賦抵之。自正、嘉虛耗之後，至萬曆十年間，最稱富庶，學顏有力焉。然是時宮闈用度汰侈，多所徵索。學顏隨事納諫，得停發太倉銀十萬兩，減雲南黃金課一千兩，餘多弗能執爭。而金花銀歲增二十萬兩，遂爲定額。人亦以是少之。

十一年四月改兵部尙書，時方興內操，選內豎二千人雜廝養訓練，發太僕寺馬三千給之。學顏執不與馬，又請停內操，皆不聽。其年秋，車駕自山陵還，學顏上疏曰：「皇上恭奉聖母，扶輦前驅，拜祀陵園，考卜壽域，六軍將士十餘萬，部伍齊肅。惟內操隨駕軍士，進止自恣。前至涼水河，喧爭無紀律，奔逸衝突，上動天顏。今車駕已還，猶未解散。謹稽舊制，營軍隨駕郊祀，始受甲於內庫，事畢卽還。宮中惟長隨內侍許佩弓矢。又律：不係宿衞軍士，持寸刃入宮殿門者，絞；入皇城門者，戍邊衞。祖宗防微弭亂之意甚深且遠。今皇城內被甲乘馬持鋒刃，科道不得糾巡，臣部不得檢閱。又招集廝養僕隸，出入禁苑，萬一驟起

邪心，朋謀倡亂，譁於內則外臣不敢入，譁於夜則外兵不及知，譁於都城白晝則曰天子親兵也，驅之不肯散，捕之莫敢攖。正德中，西城練兵之事，良可鑒也。」疏上，宦豎皆切齒，爲蜚語中傷。神宗察知之，詰責主使者。學顏得免，然亦不能用也。

考滿，加太子少保。雲南岳鳳、罕虔平，進太子太保。時張居正既歿，朝論大異。初，御史劉臺以劾居正得罪，學顏復論其贓私。御史馮景隆論李成梁飾功，學顏亟稱成梁十大捷非妄，景隆坐貶斥。學顏故爲居正所厚，與李成梁共事久，物論皆以學顏黨於居正、成梁。御史孫繼先、曾乾亨，給事中黃道瞻交章論學顏。學顏疏辯求去，又請留道瞻，不聽。明年，順天府通判周弘禴又論學顏交通太監張鯨，神宗皆黜之於外。學顏八疏乞休，許致仕去。二十六年卒於家。贈少保。

張佳胤，字肖甫，銅梁人。嘉靖二十九年進士。知滑縣。劇盜高章者，詐爲緹騎，直入官署，劫佳胤索帑金。佳胤色不變，僞書券貸金，悉署游徼名，召入立擒賊，由此知名。擢戶部主事，改職方，遷禮部郎中。以風霾考察，謫陳州同知。歷遷按察使。

隆慶五年冬，擢右僉都御史，巡撫應天十府。安慶兵變，坐勘獄辭不合，調南京鴻臚

卿，就遷光祿。進右副都御史，巡撫保定，道聞喪歸。

萬曆七年起故官，巡撫陝西。未上，改宣府。時青把都已服，其弟滿五大猶桀驁，所部八賴掠塞外史、車二部，總兵官麻錦擒之。佳胤命錦縛八賴將斬，而身馳赦之，八賴叩頭誓不敢犯邊。後與總督鄭洛計服滿五大。入爲兵部右侍郎。

十年春，浙江巡撫吳善言奉詔減月餉。東、西二營兵馬文英、劉廷用等搆黨大譟，縛毆善言。張居正以佳胤才，令兼右僉都御史代善言。甫入境，而杭民以行保甲故，亦亂。佳胤問告者曰：「亂兵與亂民合乎？」曰：「未也。」佳胤喜曰：「速驅之，尙可離而二也。」既至，民剽敓甚。佳胤從數卒佯問民所苦，下令除之。衆益張，夜掠巨室，火光燭天。佳胤召游擊徐景星諭二營兵，令討亂民自贖。擒百五十人，斬其三之一。乃佯召文英、廷用，予冠帶。而密屬景星捕七人，幷文英、廷用斬之。二亂悉定。帝優詔褒美。尋以左侍郎還部，錄功，加右都御史。

未幾，拜戎政尙書，尋兼右副都御史，總督薊、遼、保定軍務。以李成梁擊斬逞加努功，加太子少保。成梁破土蠻瀋陽，復進太子太保。召還理部事。敍勞，予一品誥。御史許守恩劾佳胤嘗獲本兵，御史徐元復劾之，遂三疏謝病歸。越二年卒。贈少保。天啓初，謚襄憲。

二十四史

殷正茂，字養實，歙人。嘉靖二十六年進士。由行人選兵科給事中。劾罷南京刑部侍郎沈應龍。歷廣西、雲南、湖廣兵備副使，遷江西按察使。

隆慶初，古田僮韋銀豹、黃朝猛反。銀豹父朝威自弘治中敗官兵於三厄，殺副總兵馬俊、參議馬鉉，正德中嘗陷洛容。嘉靖時，銀豹及朝猛劫殺參政黎民衷，〔四〕提督侍郎吳桂芳遣典史廖元招降之。還元主簿以守，而銀豹數反覆。隆慶三年冬，廷議大征。擢正茂右僉都御史巡撫廣西。正茂與提督李遷調土、漢兵十四萬，令總兵俞大猷將之。先奪牛河、三厄險，諸軍連克東山鳳凰寨，蹙之潮水。廖元誘僮人斬朝猛，銀豹窮，令其黨陰斬貌類己者以獻。捷聞，進兵部右侍郎，巡撫如故。改古田爲永寧州，設副使參將鎮守。未幾，僉事金柱捕得銀豹，正茂因自劾。詔磔銀豹京師，置正茂不問。

尋代遷提督兩廣軍務。當是時，羣盜惠州藍一淸、賴元爵，潮州林道乾、林鳳、諸良寶，瓊州李茂，處處屯結。廣中日告警，倭又數爲害。正茂議守巡官畫地分守，而徙瀕海譎戍之民於雲南、川、湖，絕倭嚮導。乃令總兵官張元勳、參政江一麟等先後殺倭千餘，以次盡平諸盜。廣西巡撫郭應聘亦奏平懷遠、洛容猺，語詳元勳及李錫傳。正茂以功累加兵部尚書兼右副都御史。倭復陷銅鼓、雙魚，元勳大破之儒峒，犯電白，正茂剿殺千餘人。嶺表略定。

萬曆三年召爲南京戶部尚書，以淩雲翼代。明年改北部。疏請節用，又諫止採買珠寶。而張居正以正茂所餽鵝罽轉奉慈寧太后爲坐褥。李幼孜與爭寵，嗾言官詹沂等劾之。遂屢引疾。六年致仕歸。久之，起南京刑部尚書。居正卒之明年，御史張應詔言，正茂以金盤二，植珊瑚其中，高三尺許，賂居正，復取金珠、翡翠、象牙餽馮保及居正家人游七。正茂疏辨，請告，許之。二十年卒。

正茂在廣時，任法嚴，道將以下奉行惟謹。然性貪，歲受屬吏金萬計。初征古田，大學士高拱曰：「吾捐百萬金予正茂，縱乾沒者半，然事可立辦。」時以拱爲善用人。

李遷，字子安，新建人。嘉靖二十年進士。隆慶四年官南京兵部右侍郎，以左侍郎總督兩廣。給事中光懋言兩廣向設提督，事權畫一，今兩巡撫相牽掣，不便。乃改遷提督兼巡撫廣東，而特命正茂爲廣西巡撫。後遂爲定制。以平銀豹功加右都御史。尋討惠、潮山寇，俘斬千二百餘級。召爲刑部尚書。引疾歸，卒。諡恭介。遷出入中外三十年，不妄取一錢，年近七十，母終，廬墓。

淩雲翼，字洋山，太倉州人。嘉靖二十六年進士。授南京工部主事。隆慶中，累官右僉都御史，撫治鄖陽。疏論衞所兵消耗之弊，凡六事，多議行。

萬曆元年進右副都御史，巡撫江西。三遷兵部左侍郎兼右僉都御史，提督兩廣軍務，代殷正茂。時寇盜略盡，惟林鳳遁去。鳳初屯錢澳求撫，正茂不許，遂自彭湖奔東番魍港，爲福建總兵官胡守仁所敗。是年冬，犯柘林、靖海、碣石，已，復犯福建。守仁追擊至淡水洋，沉其舟二十。賊失利，復入潮州。參政金淛諭降其黨馬志善、李成等，鳳夜遁。明年秋，把總王望高以呂宋番兵討平之。

尋進征羅旁。羅旁在德慶州上下江界、東西兩山間，延袤七百里。成化中，韓雍經略西山頗安輯，惟東山猺阻深箐剽掠，有司歲發卒戍守。正茂方建議大征，會遷去。雲翼乃大集兵，令兩廣總兵張元勳、李錫將之。四閱月，克巢五百六十，俘斬、招降四萬二千八百餘人。岑溪六十三山、七山、那留、連城諸處隣境猺、僮皆懼。賊首潘積善求撫，雲翼奏設官戍之。論功，加右都御史兼兵部侍郎，賜飛魚服。乃改瀧水縣爲羅定州，設監司、參將。積患頓息。六年夏，與巡撫吳文華討平河池、咘咳、北三諸猺，又捕斬廣東大廟諸山賊。嶺表悉定。

召爲南京工部尚書，就改兵部，以兵部尚書兼右副都御史總督漕運，巡撫淮、揚。河臣潘季馴召入，遂兼督河道。加太子少保。召爲戎政尚書，以病歸。家居驕縱，給事、御史連

章劾之。詔奪官，後卒。

雲翼有幹濟才。羅旁之役，繼正茂成功。然喜事好殺戮，爲當時所譏。

贊曰：譚綸、王崇古諸人，受任嚴疆，練達兵備，可與余子俊、秦紘先後比跡。考其時，蓋張居正當國，究心於軍謀邊瑣。書疏往復，洞矚機要，委任責成，使得展布，是以各盡其材，事克有濟。觀於此，而居正之功不可泯也。

校勘記

〔一〕長耍大成比妓不相得把漢自聘我兒都司女　大成比妓、我兒都司，本書卷三二七韃靼傳作「大成比吉」和「襖兒都司」。

〔二〕莫收遏劉功者　明經世文編卷三一七頁三三六〇王崇古確議封貢事宜疏作「未收遏虜之功者」。

〔三〕歲省費什七　明史稿傳一〇〇王崇古傳作「歲省費什三」。

〔四〕劫殺參政黎民衷　黎民衷，或作「黎民表」，見本書卷二一二校勘記〔三〕。

明史卷二百二十三

列傳第一百十一

盛應期 朱衡 翁大立 潘志伊 潘季馴 萬恭 吳桂芳 傅希摯 王宗沐 子士崧 士琦 士昌 從子士性 劉東星 胡瓚 徐貞明 伍袁萃

盛應期，字思徵，吳江人。弘治六年進士。授都水主事，出轄濟寧諸牐。太監李廣家人市私鹽至濟，畏應期，投鹽水中去。會南京進貢內官誣應期阻薦新船，廣從中搆逮應期及主事范璋下詔獄。璋筦衞河，亦忤中貴者也。獄具，謫雲南驛丞。稍遷祿豐知縣。

正德初，歷雲南僉事。武定知府鳳應死，其妻攝府事，子朝鳴爲寇。應期單車入其境，母子惶怖，歸所侵。策鳳氏終亂，奏降其秩，設官制之。寢不行，後卒叛。與御史張璞、副使

晁必登抑鎭守太監梁裕。裕劾三人，俱逮下詔獄，璞竟拷死。會乾淸宮災，應期得復職。四遷至陝西右布政使。擢右副都御史巡撫四川。討平天全六番招討使高文林。會泉江獎蠻普法惡作亂，富順奸民謝文禮、文義附之。法惡死，指揮何卿等先後討誅文禮、文義。應期賚銀幣，以憂歸。

嘉靖二年起故官，巡撫江西。宸濠亂後，瘡痍未復，奏免雜調緡錢數十萬，請留轉輸南京米四十七萬、銀二十萬，以食饑民。又令諸府積穀備荒至百餘萬。尋進兵部右侍郎，總督兩廣軍務。將行，籍上積穀數。帝以陳洪謨代，而獎賚應期。後洪謨積益多，亦被賚。

應期至廣，偕撫寧侯朱麒督參將李璋等，討平思恩土目劉召，復賚銀幣。朝議大征岑猛。應期條上方略七事，言廣兵疲弱不可用，麒等恚。會御史許中劾應期暴虐，麒等因相與爲流言。御史鄭洛書復劾應期賄結權貴。應期已遷工部侍郎，引疾歸。

六年，黃河水溢入漕渠，沛北廟道口淤數十里，糧艘爲阻，侍郎章拯不能治。尚書胡世寧、詹事霍韜、僉事江良材請於昭陽湖東別開漕渠，爲經久計。議未定，以御史吳仲言召拯還，即家拜應期右都御史以往。應期乃議於昭陽湖東，北進江家口，南出留城口，開濬百四十餘里，較疏舊河力省而利永；夫六萬五千，銀二十萬兩，剋期六月。工未成，會旱災修省，言者多謂開河非計，帝遽令罷役。應期請展一月竟其功，不聽。初，應期請令郎中柯維

熊分濬支河，維熊力贊新河之議，至是亦言不便。應期上章自理。帝怒，詔與維熊俱奪職。世寧言：「新河之議倡自臣。應期剋期六月，今四月，功已八九。緣程工促急，怨讟煩興。維熊反覆變詐，傾大臣，誤國事。自古國家僨大事，必責首議，臣請與同罷。」帝不許。後更赦，復官致仕，卒。應期罷後三十年，朱衡循新河遺跡成之，運道蒙利焉。

朱衡，字士南，萬安人。嘉靖十一年進士。歷知尤溪、婺源，有治聲。遷刑部主事，歷郎中。出爲福建提學副使，累官山東布政使。三十九年進右副都御史巡撫其地。奏言：「比遼左告饑，暫弛登、萊商禁，轉粟濟之。猾商遂竊載他貨，往來販易，並開靑州以西路。海島亡命，陰相搆結，禁之便。」從之。召爲工部右侍郎。

四十四年進南京刑部尚書。其秋，河決沛縣飛雲橋，東注昭陽湖，運道淤塞百餘里。改衡工部尚書兼右副都御史，總理河漕。衡馳至決口，舊渠已成陸。而故都御史盛應期所開新河，自南陽以南東至夏村，又東南至留城，故址尚在。其地高，河決至昭陽湖止，不能復東，可以通運，乃定議開新河，築堤呂孟湖以防潰決。河道都御史潘季馴以爲濬舊渠便，議與衡不合。衡持益堅，引鮎魚、薛沙諸水入新渠，築馬家橋堤以遏飛雲橋決口，身自

督工。劾罷曹濮副使柴涞，重繩吏卒不用命者，浮議遂起。明年，給事中鄭欽劾衡虐民倖功，詔遣給事中何起鳴往勘，工垂竣矣。及秋，河決馬家橋，議者紛然謂功不可成。起鳴初主衡議，亦變其說，與給事中王元春、御史黃襄交章請罷衡。〔一〕會新河已成，乃止。河長一百九十四里。漕艘由境山入，通行至南陽。未幾，季馴以憂去，詔衡兼理其事。

隆慶元年加太子少保。山水驟溢，決新河，壞漕艘數百。給事中吳時來言：「新河受東、兗以南費、嶧、鄒、滕之水。以一堤捍羣流，豈能不潰。宜分之以殺其勢。」衡乃開支河四，洩其水入赤山湖。明年秋，召還部。又明年，衡上疏曰：「先臣宋禮濬治舊渠，測量水平，計濟寧平地與徐州境山巔相準，北高南下，懸流三十丈。故魯橋閘以南稍啓立涸，舟行半月始達。東、兗之民增閘挑淺，苦力役者百六十年。屬者改鑿新渠，遠避黃流，舍卑就高，地形平衍，諸閘不煩起閉，舟行日可百餘里，夫役漫無事事。近河道都御史翁大立奏請裁革，宜可聽。」於是汰閘官五，夫役六千餘，以其儲直爲修渠費。

四年秋，河決睢寧，起季馴總理。明年冬，閱視河道給事中雒遵劾罷季馴，言廷臣可使，無出衡右者。六年正月詔兼左副都御史，經理河道。穆宗崩，大學士高拱以山陵工請召衡。會邳州工亦竣，衡遂還朝。

衡先後在部，禁止工作，裁抑浮費，所節省甚衆。穆宗時，內府監局加徵工料，濫用不

訾，衡隨時執奏。未幾，詔南京織造太監李佑趣辦袍緞千八百餘匹，衡因言官孫枝、姚繼可、嚴用和、駱問禮先後諫，再疏請，從之。帝切責太監崔敏，傳令南京加造緞十餘萬匹，衡議停新造，但責歲額，得減新造三之二。命造鰲山燈，計費三萬餘兩，又命建光泰殿、瑞祥閣於長信門，衡皆奏止之。及神宗卽位，首命停織造，而內臣不卽奉詔，且請增織染所顏料。衡奏爭，皆得請。皇太后傳諭發帑金修涿州碧霞元君廟。衡復爭，報聞。

衡性強直，遇事不撓，不爲張居正所喜。萬曆二年，給事中林景暘劾衡剛愎。衡再疏乞休。詔加太子太保，馳驛歸。其年夏，大雨壞昭陵祾恩殿，追論督工罪，奪宮保。卒年七十三。子維京，自有傳。

翁大立，餘姚人。嘉靖十七年進士。累官山東左布政使。三十八年以右副都御史巡撫應天、蘇州諸府。蘇州以倭警募壯士，後兵罷無所歸，羣聚剽奪。大立得其主名，捕甚急。惡少懼，夜劫縣衞獄，縱囚自隨，攻都御史行署，大立率妻子遁。知府王道行督兵力拒之，乃斬葑門，奔入太湖爲盜。命大立戴罪捕賊，尋被劾罷。久之，起故官，巡撫山東。遭喪不赴。

隆慶二年命督河道。朱衡既開新河，漕渠便利。大立因頌新河之利有五，而請濬回回

墓以達鴻溝，引昭陽之水沿鴻溝出留城，以溉湖下腴田千頃。未幾，又請鑿邵家嶺，令水由地浜溝出境山，入漕河。帝皆從之。

三年七月，河大決沛縣，漕艘阻不進。帝從大立請，大行振貸。大立又請漕艘後至者貯粟徐州倉，平價出糶。詔許以三萬石賚民。大立以下民昏墊、閭閻愁困狀，帝莫能周知，乃繪圖十二以獻。且言：「時事可憂，更不止此。東南財賦區，而江海泛溢，粒米不登，京儲可慮一也。邊關千里，悉遭洪水，墩堡傾頹，何恃以守，可慮二也。畿輔、山東、河南，霪雨既久，城郭不完，寇盜無備，可慮三也。江海間颶風鼓浪，舟艦戰卒，悉入波流，海防可慮四也。淮、浙鹽場鹹泥盡沒，竈戶流移，商賈不至，國課可慮五也。望陛下以五患十二圖付公卿博議，速求拯濟之策。」帝留圖備覽，下其奏於所司。

當是時，黃河既決，淮水復漲。自清河縣至通濟閘抵淮安城西淤三十餘里，決方、信二壩出海，〔三〕平地水深丈餘，寶應湖堤往往崩壞。山東沂、莒、郯城水溢，從沂河、直河出邳州，人民多溺死。大立奔走經營，至四年六月，鴻溝、境山諸工，及淮流疏濬，次第告成。帝喜，錫賚有差。時大立已陞工部右侍郎，旋改兵部爲左。會代者陳大賓未至，而山東沙、薛、汶、泗諸水驟漲，決仲家淺諸處，黃河又暴至，茶城復淤。已而淮自泰山廟至七里溝亦淤十餘里。其明年遂爲給事中宋良佐劾罷。

萬曆二年起南京刑部右侍郎，就改吏部。明年入爲刑部右侍郎，再遷南京兵部尚書。六年致仕歸。

先是，隆慶末，有錦衣指揮周世臣者，外戚慶雲侯裔也。家貧無妻，獨與婢荷花兒居。盜入其室，殺世臣去。把總張國維入捕盜，惟荷花兒及僕王奎在，遂謂二人姦弑其主。獄成，刑部郎中潘志伊疑之，久不決。及大立以侍郎署部事，憤荷花兒弑主，趣志伊速決。志伊終疑之，乃委郎中王三錫、徐一忠同讞。竟無所平反，置極刑。踰數年，獲眞盜。都人競稱荷花兒冤，流聞禁中。帝大怒，欲重譴大立等。會給事中周良寅、蕭彥復劾之，乃追奪大立職，調一忠、三錫於外。志伊時已知九江府，亦謫知陳州。志伊，吳江人。進士，終廣西右參政。歷官有聲。

潘季馴，字時良，烏程人。嘉靖二十九年進士。授九江推官。擢御史，巡按廣東。行均平里甲法，廣人大便。臨代去，疏請飭後至者守其法，帝從之。進大理丞。四十四年由左少卿進右僉都御史，總理河道。與朱衡共開新河，加右副都御史。尋以憂去。

隆慶四年，河決邳州、睢寧。起故官，再理河道，塞決口。明年，工竣，坐驅運船入新溜

漂沒多，爲勘河給事中雒遵劾罷。

萬曆四年夏，再起官，巡撫江西。明年冬，召爲刑部右侍郎。是時，河決崔鎭，黃水北流，清河口淤澱，全淮南徙，高堰湖堤大壞，淮、揚、高郵、寶應間皆爲巨浸。大學士張居正深以爲憂。河漕尚書吳桂芳議復老黃河故道，而總河都御史傅希摯欲塞決口，束水歸漕，兩人議不合。會桂芳卒，六年夏，命季馴以右都御史兼工部左侍郎代之。季馴以故道久湮，雖濬復，其深廣必不能如今河，議築崔鎭以塞決口，築遙堤以防潰決。又：「淮清河濁，淮弱河強，河水一斗，沙居其六，伏秋則居其八，非極湍急，必至停滯。當藉淮之清以刷河之濁，築高堰束淮入清口，以敵河之強，使二水並流，則海口自濬。卽桂芳所開草灣亦可不復修治。」遂條上六事，詔如議。

明年冬，兩河工成。又明年春，加太子太保，進工部尚書兼左副都御史。季馴初至河上，歷虞城、夏邑、商丘，相度地勢。舊黃河上流，自新集經趙家圈、蕭縣，出徐州小浮橋，極深廣。自嘉靖中北徙，河身既淺，遷徙不常，曹、單、豐、沛常苦昏墊。上疏請復故河。給事中王道成以方築崔鎭高堰，役難並舉。河南撫按亦陳三難，乃止。還南京兵部尚書。十一年正月召改刑部。

季馴之再起也，以張居正援。居正歿，家屬盡幽繫，子敬修自縊死。季馴言：「居正母

逾八旬，旦暮莫必其命，乞降特恩宥釋。」又以治居正獄太急，宣言居正家屬斃獄者已數十人。先是，御史李植、江東之輩與大臣申時行、楊巍相訐。季馴力右時行、巍，痛詆言者，言者交怒。植遂劾季馴黨庇居正，落職爲民。

十三年，御史李棟上疏訟曰：「隆慶間，河決崔鎭，爲運道梗。數年以來，民居旣奠，河水安流，咸曰：『此潘尚書功也。』昔先臣宋禮治會通河，至於今是賴，陛下允督臣萬恭之請，予之諡蔭。今季馴功不在禮下，乃當身存之日，使與編戶齒，寧不隳諸臣任事之心，失朝廷報功之典哉。」御史董子行亦言季馴罪輕責重。詔俱奪其俸。其後論薦者不已。

十六年，給事中梅國樓復薦，遂起季馴右都御史，總督河道。自吳桂芳後，河漕皆總理，至是復設專官。明年，黃水暴漲，衝入夏鎭，壞田廬，居民多溺死。季馴復築塞之。十九年冬，加太子太保、工部尚書兼右都御史。

季馴凡四奉治河命，前後二十七年，習知地形險易。增築設防，置官建閘，下及木石樁埽，綜理纖悉，積勞成病。三疏乞休，不允。二十年，泗州大水，城中水三尺，患及祖陵。議者或欲開傅寧湖至六合入江，或欲濬周家橋入高、寶諸湖，或欲開壽州瓦埠河以分淮水上流，或欲弛張福堤以洩淮口。季馴謂祖陵王氣不宜輕洩，而巡撫周寀、陳于陛，巡按高舉謂周家橋在祖陵後百里，可疏濬，議不合。都給事中楊其休請允季馴去。歸三年卒，年七十五。

萬恭，字肅卿，南昌人。嘉靖二十三年進士。授南京文選主事，歷考功郎中。壽王喪過南京，中貴欲令朝王妃，恭厲聲曰：「禮不朝后，況妃乎！」遂止。就遷光祿少卿，入改大理。

四十二年，寇逼通州，帝方急兵事。以兵部右侍郎蔡汝楠、協理戎政侍郎喻時不勝任，調之南京，欲代以鄭曉、楊順、葛縉，手詔問徐階。階以曉文士，順、縉匪人，請命吏部推擇。帝乃諭尚書嚴訥越格求之，遂以湖廣參政李燧代時，而命恭代汝楠。恭列上選兵、議將、練兵車、火器諸事，皆報可。明年，燧罷，衆將推恭，恭引疾。及用趙炳然，恭起視事。於是給事中胡應嘉劾恭奸欺。恭奏辯，部議調恭。詔勿問。恭不自安，力請劇邊自效。乃命兼僉都御史，巡撫山西。甫至，寇犯龍鬚墩，恭伏兵擊却之。未幾，寇五萬騎至朔州川，恭與戰老高墓。列車爲陣，發火器，寇少却。忽風起，火反焚車，寇復大至。諸將殊死戰，寇乃去。事聞，賚銀幣。巡撫故無旗牌，恭請得之。濱河州縣患套寇東掠，歲鑿冰以防，恭爲築牆四十里。教人以耕及用水車法，民大利之。浹歲，以內艱歸。

隆慶初，給事中岑用賓等拾遺及恭。吏部尚書楊博議，仍用之邊方。暨服闋，恭遂不

出。六年春，給事中劉伯燮薦恭異才。會河決邳州，運道大阻，已遣尚書朱衡經理，復命恭以故官總理河道。恭與衡築長堤，北自磨臍溝迄邳州直河，南自離林迄宿遷小河口，各延三百七十里。費帑金三萬，六十日而成。高、寶諸河，夏秋汎濫，歲議增堤，而水益漲。恭緣堤建平水閘二十餘，以時洩蓄，專令濬湖，不復增堤，河遂無患。

恭强毅敏達，一時稱才臣。治水三年，言者劾其不職，竟罷歸。家居垂二十年卒。孫燝自有傳。

吳桂芳，字子實，新建人。嘉靖二十三年進士。授刑部主事。有崔鑑者，年十三，忿父妾凌母，手刃之。桂芳爲著論擬赦。尚書聞淵曰：「此董仲舒春秋斷獄，柳子厚復讎議也。」鑑遂得宥。

及淵入吏部，欲任以言職。會聞繼母病，遽請歸，留之不可。起補禮部，歷遷揚州知府。禦倭有功，遷俸一級。又建議增築外城。揚有二城，自桂芳始。歷浙江左布政使，進右僉都御史，巡撫福建。父喪歸。起故官，撫治鄖陽。尋進右副都御史總理河道，未任。兩廣總督張臬以非軍旅才被劾罷，部議罷總督，改桂芳兵部右侍郎兼右僉都御史，提督兩

廣軍務兼理巡撫。

兩廣羣盜河源李亞元、程鄉葉丹樓連歲爲患，潮州舊倭屯據鄒塘。桂芳先討倭。以降賊伍端爲前驅，官軍繼進，一日夜克三巢，焚斬四百餘人。帝深嘉之，令與南贛提督吳百朋乘勝滅賊。而新倭寇福建者爲戚繼光所敗，流入境。桂芳、百朋會調土、漢兵，乘其初至急擊之。倭懼，悉奔甲子崎沙，奪漁舟入海。暴風起，皆覆溺死。脫者還海豐，副總兵湯克寬擒斬殆盡。因建議海道副使轄東莞以西至瓊州，領番夷市舶，更設海防僉事，巡東莞以東至惠潮，專禦倭寇。又進討亞元、丹樓，平之。

降賊王西橋、〔三〕吳平已撫復叛。西橋掠東莞，敗都指揮劉世恩兵，執肇慶同知郭文通以求撫。桂芳擒斬之，進討平。平初據南澳，爲戚繼光、俞大猷所敗，奔饒平鳳凰山，掠民舟出海，自陽江奔安南。桂芳檄安南萬寧宣撫司進剿，遣克寬以舟師會之，夾擊平萬橋山下。乘風縱火，平軍死無算，擒斬三百九十餘人。參將傅應嘉言平已擒，後復云溺死。福建巡撫汪道昆奏聞，桂芳不肯，曰：「風火交熾時，何以知其必死也。」平黨林道乾復竄南澳，時議設參將戍守。桂芳言：「澳中地險而腴。元時曾設兵戍守，戍兵即據以叛，此禦盜生盜也，不如戍柘林便。」從之。召爲南京兵部右侍郎，尋改北部。隆慶初，轉左，以疾乞歸。言官數論薦。

萬曆三年冬，卽家起故官，總督漕運兼巡撫鳳陽。明年春，桂芳以淮、揚洪潦奔流，惟雲梯關一徑入海，致海湧橫沙，河流汎溢，而興、鹽、高、寶諸州縣所在受災，請益開草灣及老黃河故道以廣入海之路，修築高郵東西二堤以蓄湖水。皆下所司議行。未幾，草灣河工告成。是年秋，河決曹縣、徐州、桃源，給事中劉鉉疏議漕河，語侵桂芳。桂芳疏辯曰：「草灣之開，以高、寶水患衝齧，疏以拯之，非能使上游亦不復漲也。今山陽以南諸州縣，水落佈種，斗米四分，則臣斯舉亦旣得策矣。若徐、邳以上，非臣所屬，臣何與焉。」因請罷。御史邵陛言：「諸臣以河漲歸咎草灣，阻任事氣，乞策勵桂芳，益底厥績，而詰責河臣傅希摯曠職。」從之。

其明年，希摯議塞崔鎭決口，束水歸漕，而桂芳欲衝刷成河以爲老黃河入海之道。廷議以二人意見不合，改希摯撫陝西，以李世達代。未幾，又改世達他任，命桂芳兼理河漕。六年正月詔進工部尚書兼右副都御史，居職如故。未踰月，卒。尋以高郵湖堤成，贈太子少保。

傅希摯，衡水人。累官右僉都御史，巡撫山東。隆慶末，戶部以餉乏議裁山東、河南民兵，希摯爭之而止。改總理河道。以茶城淤塞，開梁山以下寧洋山，出右洪口。萬曆五年

進右副都御史，巡撫陝西。已遷戶部右侍郎，坐隴右礦賊未靖，論罷。起總督漕運，歷南京戶、兵二部尚書。召理戎政，以老被劾。加太子少保致仕。

王宗沐，字新甫，臨海人。嘉靖二十三年進士。授刑部主事。與同官李攀龍、王世貞輩，以詩文相友善。宗沐尤習吏治。歷江西提學副使。修白鹿洞書院，引諸生講習其中。三遷山西右布政使。所部歲祲，宗沐因入覲上疏曰：「山西列郡俱荒，太原尤甚。三年於茲，百餘里不聞雞聲。父子夫婦互易一飽，命曰『人市』。宗祿八十五萬，累歲缺支，饑疫死者幾二百人。夫山西，京師右掖。自故關出眞定，自忻、代出紫荆，皆不過三日。宣、大之糧雖派各郡，而運本色者皆在太原。饑民一聚，蹂踐劫奪，歲供宣、大兩鎭六十七萬餉，誰爲之辦。此可深念者一也。四方奏水旱者以十分上，部議常裁而爲三，所免不過存留者而已。今山西所謂存留者，二鎭三關之輸也。存留乃反急於起運，是山西終不蒙分毫之寬。此可深念者二也。開疆萬山之中，巖阻巉絕，太原民不得至澤、潞，安望就食他所。獨眞定米稍可通。然背負車運，率二斗而致一斗，甫至壽陽，則價已三倍矣。是可深念者三也。饑民相聚爲盜，招之不可，勢必撲殺。小則支庫金，大則請內帑。與其發帑以賞殺盜之人，孰若發帑使不爲盜。此可深念者四也。近丘富往來誘惑，邊民妄傳募人耕田不取租稅。愚民何知，急不暇擇，長邊八百餘里，誰要之者。彼誘而來，我逃而虛。此可深念者五也。」因請緩征逋賦，留河東新增鹽課以給宗祿。尋改廣西左布政使，再補山東。

隆慶五年，給事中李貴和請開膠萊河。宗沐以其功難成，不足濟運，遺書中朝止之。拜右副都御史，總督漕運兼巡撫鳳陽，極陳運軍之苦，請亟優恤。又以河決無常，運道終梗，欲復海運，上疏曰：「自會通河開濬以來，海運不講已久。臣近官山東，嘗條斯議。巡撫都御史梁夢龍毅然試之，底績無壅，而慮者輒苦風波。故元人海運多驚，以其起自太倉、嘉定而北也。若自淮安而東，引登、萊以泊天津，是謂北海，中多島嶼，可以避風。又其地高而多石，蛟龍有往來而無窟宅。故登州有海市，〔四〕以石氣與水氣相搏，映石而成，石氣能達於水面，以石去水近故也。北海之淺，是其明驗。可以佐運河之窮，計無便於此者。」因條上便宜七事。明年三月遂運米十二萬石自淮入海，五月抵天津。敍功，與夢龍俱進秩，賜金幣。而南京給事中張煥言：「比聞八舟漂沒，失米三千二百石。宗沐預計有此，私令人糴補。夫米可補，人命可補乎？宗沐掩飾視聽，非大臣誼。」宗沐疏辨求勘。詔行前議，習海道以備緩急。未幾，海運至卽墨，颶風大作，覆七舟。都給事中賈三近、御史鮑希顏及山東巡撫傅希摯俱

言不便，遂寢。時萬曆元年也。

宗沐以徐、邳俗獷悍，多姦猾，濱海鹽徒出沒，六安、霍山礦賊竊發，奏設守將。又召豪俠巨室三百餘人充義勇，責令捕盜，後多以功給冠帶。遷南京刑部右侍郎，召改工部。尋進刑部左侍郎，奉敕閱視宣、大、山西諸鎭邊務。母喪歸。九年，以京察拾遺罷，不敍。居家十餘年卒。贈刑部尚書。天啓初，追謚襄裕。

子士崧、士琦、士昌，從子士性，皆進士。士崧官刑部主事。士琦歷重慶知府。播州宣慰使楊應龍叛，承總督邢玠檄至松坎撫定之。遂進兵備副使，治其地。尋以山東參政監軍朝鮮有功，超擢河南右布政使。坐應龍復叛，降湖廣右參政。歷山東右布政使，佐佘宗濬封順義王，進秩賜金。擢右副都御史巡撫大同，被劾擬調。未幾卒。

士昌由龍谿知縣擢兵科給事中。寇犯固原、甘肅，方議諸將罪，而延綏兩以捷聞。兵部請告廟宣捷，士昌奏止之。改禮科。礦稅興，疏言：「近日御題黃纛，遍布關津；聖旨朱牌，委褻蔀屋。遂使三家之村，雞犬悉盡；五都之市，絲粟皆空。且稅以店名，無異北齊之市肆；官從內遣，何啻西苑之斜封。」不報。二十九年，帝將册立東宮，而故緩其期。士昌偕同官楊天民極諫，謫貴州鎭遠典史。屢遷大理右丞署事，與張問達共定張差獄。旋進右少

卿，擢右僉都御史，巡撫福建。歸卒。

士性，字恒叔，由確山知縣徵授禮科給事中。首陳天下大計，言朝廷要務二，曰親章奏，節財用；官司要務三，曰有司文網，督學科條，王官考覈；兵戎要務四，曰中州武備，晉地要害，北寇機宜，遼左戰功。疏凡數千言，深切時弊，多議行。詔製鰲山燈。未幾，慈寧宮火，士性請停前詔，帝納之。楊巍議黜丁此呂，士性劾巍阿輔臣申時行，時行納巍邪媚，皆失大臣誼。寢不行。時行，士性座主也。久之，疏言：「朝廷用人，不宜專取容身緘默，緩急不足恃者。請召還沈思孝、吳中行、艾穆、鄒元標、黃道瞻、蔡時鼎、閻道立、顧憲成、孫如法、姜應麟、馬應圖、王德新、盧洪春、彭遵古、諸壽賢、顧允成等。」忤旨，不報。遷吏科給事中，出爲四川參議，歷太僕少卿。河南缺巡撫，廷推首王國，士性次之。帝特用士性。士性疏辭，言資望不及國。帝疑其矯，且謂國實使之，遂出國於外，調士性南京。久之，就遷鴻臚卿，卒。

劉東星，字子明，沁水人。隆慶二年進士。改庶吉士，授兵科給事中。大學士高拱攝吏部，以非時考察，謫蒲城縣丞。徙盧氏知縣，累遷湖廣左布政使。

萬曆二十年擢右僉都御史，巡撫保定。時朝鮮以倭難告。王師調集，悉會天津，而天津、靜海、滄州、河間皆被災。東星請漕米十萬石平糶，民乃濟。召爲左副都御史。進吏部右侍郎，以父老請侍養歸，瀕行而父卒。

二十六年，河決單之黃堌，運道堙阻，起工部左侍郎兼右僉都御史，總理河漕。初，尚書潘季馴議開黃河上流，循商、虞而下，歷丁家道口出徐州小浮橋，即元賈魯所浚故道也，朝廷以費鉅未果。東星即其地開濬。起曲里鋪至三仙臺，抵小浮橋。又濬漕渠自徐、邳至宿。計五閱月工竣，費僅十萬。詔嘉其績，進工部尚書兼右副都御史。

明年渠邵伯、界首二湖。又明年奉開泇河。泇界滕、嶧間，南通淮、海，引漕甚便。前總督翁大立首議開濬，後尚書朱衡、都御史傅希摯復言之。朝廷數遣官行視，迄無成畫。河臣舒應龍嘗鑿韓莊，工亦中輟。東星力任其役。初議費百二十萬，及工起費止七萬，而渠已成十之三。會有疾，求去。屢旨慰留。卒官。後李化龍循其遺跡，與李三才共成之，漕永便焉。

東星性儉約。歷官三十年，敝衣蔬食如一日。天啓初，謚莊靖。

胡瓚，字伯玉，桐城人。萬曆二十三年進士。授都水主事。分司南旺司兼督泉閘，駐濟寧。泗水所注，瓚修金口壩遏之。造舟汶上，爲橋於寧陽，民不病涉。河決黃堌，瓚憂之。會劉東星來總河漕，瓚與往復論難。謂黃堌不杜，勢且易黃而漕，漕南北七百里，以涓涓之泉，安能運萬千有奇之艘，使及期飛渡。贊東星濬賈魯河故道，益治汶、泗間泉數百。尋源竟委，著泉河史上之。瓚治泉，一夫濬一泉，各有分地，省其勤惰而賞罰之。冬則養其餘力，不征於官。以疏濬運道有功，增秩一等。二十七年督修琉璃河橋。三年橋成，省費七萬有奇。累官江西左參政。予告歸，久之卒。

徐貞明，字孺東，貴溪人。父九思，見循吏傳。貞明舉隆慶五年進士。知浙江山陰縣，敏而有惠。萬曆三年徵爲工科給事中。會御史傅應禎獲罪，貞明入獄調護，坐貶太平府知事。十三年累遷尚寶司丞。

初，貞明爲給事中，上水利、軍班二議，謂：

神京雄據上游，兵食宜取之畿甸，今皆仰給東南。豈西北古稱富彊地，不足以實廩而練卒乎。夫賦稅所出，括民脂膏，而軍船夫役之費，常以數石致一石，東南之力竭矣。又河流多變，運道多梗，竊有隱憂。聞陝西、河南故渠廢堰，在在有之；山東諸泉，

引之率可成田；而畿輔諸郡，或支河所經，或澗泉自出，皆足以資灌溉。北人未習水利，惟苦水害，不知水害未除，正由水利未興也。蓋水聚之則爲害，散之則爲利。今順天、眞定、河間諸郡，桑麻之區，半爲沮洳，由上流十五河之水惟泄於猫兒一灣，欲其不汎濫而壅塞，勢不能也。今誠於上流疏渠濬溝，引之灌田，以殺水勢，下流多開支河，以泄橫流，其淀之最下者，留以瀦水，稍高者，皆如南人築圩之制，則水利興，水患亦除矣。

至於永平、灤州抵滄州、慶雲，地皆萑葦，土實膏腴。元虞集欲於京東濱海地築塘捍水以成稻田。若倣集意，招徠南人，俾之耕藝，北起遼海，南濱青齊，皆良田也。宜特簡憲臣，假以事權，毋阻浮議，需以歲月，不取近功。或撫窮民而給其牛種，或任富室而緩其征科，或選擇健卒分建屯營，或招徠南人許其占籍。俟有成績，次及河南、山東、陝西。庶東南轉漕可減，西北儲蓄常充，國計永無絀矣。

其議軍班則言：

東南民素柔脆，莫任遠戍。今數千里勾軍，離其骨肉。而軍壯出於戶丁，幫解出於里甲，每軍不下百金。而軍非土著，志不久安，輒賂衛官求歸。衛官利其賂，且可以冒餉也，因而縱之。是困東南之民，而實無補於軍政也。宜倣匠班例，軍戶應出軍者，

歲徵其錢，而召募土著以足之便。

事皆下所司。兵部尚書譚綸言勾軍之制不可廢。工部尚書郭朝賓則以水田勞民，請俟異日。事遂寢。

及貞明被謫，至潞河，終以前議可行，乃著潞水客談以畢其說。其略曰：

西北之地旱則赤地千里，潦則洪流萬頃，惟雨暘時若，庶樂歲無饑，此可常恃哉？惟水利興而後旱潦有備，利一。中人治生必有常稔之田，以國家之全盛獨待哺於東南，豈計之得哉？水利興則餘糧棲畝皆倉庾之積，利二。東南轉輸其費數倍。若西北有一石之入，則東南省數石之輸，久則蠲租之詔可下，東南民力庶幾稍甦，利三。西北無溝洫，故河水橫流，而民居多沒。修復水田則可分河流，殺水患，利四。西北地平曠，寇騎得以長驅。若溝洫盡舉，則田野皆金湯，利五。游民輕去鄉土，易於爲亂。水利興則業農者依田里，而游民有所歸，利六。招南人以耕西北之田，則民均而田亦均，利七。東南多漏役之民，西北罹重徭之苦，以南賦繁而役減，北賦省而徭重也。使田墾而民聚，則賦增而北徭可減，利八。沿邊諸鎮有積貯，轉輸不煩，利九。天下浮戶依富家爲佃客者何限，募之爲農而簡之爲兵，屯政無不舉矣，利十。塞上之卒，土著者少。屯政舉則兵自足，可以省遠募之費，甦班戍之勞，停攝勾之苦，利十一。宗祿浩繁，勢

將難繼。今自中尉以下量祿之田，使自食其土，爲長子孫計，則宗祿可減，利十二。修復水利，則倣古井田，可限民名田。而自昔養民之政漸可舉行，利十三。民與地均，可倣古比閭族黨之制，而教化漸興，風俗自美，利十四也。

譚綸見而美之曰：「我歷塞上久，知其必可行也。」已而順天巡撫張國彥、副使顧養謙行之薊州、永平、豐潤、玉田，皆有效。及是貞明還朝，御史蘇瓚、徐待力言其說可行，而給事中王敬民又特疏論薦，帝乃進貞明少卿，賜之敕，令往會撫按諸臣勘議。

時瓚方奉命巡關，復獻議曰：「治水與墾田相濟，未有水不治而田可墾者。畿輔爲患之水莫如盧溝、滹沱二河。盧溝發源於桑乾，滹沱發源於泰戲，源遠流長。又合深、易、濡、泡、沙、滋諸水，散入各淀，而泉渠溪港悉注其中。以故高橋、白洋諸淀，大者廣圍一二百里，小亦四五十里。每當夏秋淫潦，膏腴變爲潟鹵，菽麥化爲萑葦，甚可惜也。今治水之策有三：濬河以決水之壅，疏渠以殺淀之勢，撤曲防以均民之利而已。」帝並下貞明。

貞明乃躬歷京東州縣，相原隰，度土宜，周覽水泉分合，條列事宜以上。戶部尚書畢鏘等力贊之，因採貞明疏，議爲六事：請郡縣有司以墾田勤惰爲殿最，聽貞明舉劾；地宜稻者以漸勸率，宜黍宜粟者如故，不遽責其成；召募南人，給衣食農具，俾以一教十；能墾田百畝以上，卽爲世業，子弟得寄籍入學，其卓有明效者，倣古孝弟力田科，量授鄉遂都鄙之長；墾

荒無力者，貸以穀，秋成還官，旱潦則免；郡縣民壯，役止三月，使疏河芟草，而墾田則募專工。帝悉從之。其年九月遂命貞明兼監察御史領墾田使，有司撓者劾治。

貞明先詣永平，募南人爲倡。至明年二月，已墾至三萬九千餘畝。又遍歷諸河，窮源竟委，將大行疏濬。而奄人、勳戚之占閑田爲業者，恐水田興而已失其利也，爭言不便，爲蜚語聞於帝。帝惑之。三月，閣臣申時行等以風霾陳時政，力言其利。帝意終不釋。御史王之棟，畿輔人也，遂言水田必不可行，且陳開滹沱不便者十二。帝乃召見時行等，諭令停役。時行等請罷開河，專事墾田。已，工部議之棟疏，亦如閣臣言。帝卒罷之，而欲追罪建議者，用閣臣言而止。貞明乃還故官。尋乞假歸。十八年卒。

貞明識敏才練，慨然有經世志。京東水田實百世利，事初興而卽爲浮議所撓，論者惜之。初議時，吳人伍袁萃謂貞明曰：「民可使由，不可使知。君所言，得無太盡耶？」貞明問故。袁萃曰：「北人懼東南漕儲派於西北，煩言必起矣。」貞明默然。已而之棟竟劾奏如袁萃言。

袁萃，字聖起，吳縣人。舉萬曆五年會試。又三年釋褐，授貴溪知縣。擢兵部主事，進員外郎，署職方事。李成梁子如楨求爲錦衣大帥，袁萃力爭，寢之。出爲浙江提學僉事。巡撫牒數十人寄學，立却還之。歷廣東海北道副使。中官李敬轄珠池，其參隨擅殺人，袁

萃捕論如法。請告歸。所撰林居漫錄、彈園雜志多貶斥當世公卿大夫，而於李三才、于玉立尤甚云。

贊曰：事功之難立也，始則羣疑朋興，繼而忌口交鑠，此勞臣任事者所爲腐心也。盛應期諸人治漕營田，所規畫爲軍國久遠大計，其奏效或在數十年後。而當其時浮議滋起，或以輟役，或以罷官，久之乃食其利，而思其功。故曰「可與樂成，難與慮始」，信夫。

校勘記

〔一〕與給事中王元春御史黃襄交章請罷衡　黃襄，原作「王襄」，據明史稿傳一〇一朱衡傳改。世宗實錄卷五六二嘉靖四十五年九月庚戌條作「黃衮」，「衮」當是「襄」之誤。

〔二〕決方信二壩出海　本書卷八五河渠志作「決禮、信二壩出海」。

〔三〕降賊王西橋　王西橋，本書卷二一二俞大猷傳作「王世橋」。

〔四〕故登州有海市　登州，原作「登舟」，據明史稿傳一〇一王宗沐傳、明經世文編卷三四三頁三六八二王宗沐乞廣餉道以備不虞疏改。

明史卷二百二十四

列傳第一百十二

嚴清　宋纁　陸光祖　孫鑨子如法　陳有年　孫丕揚

蔡國珍　楊時喬

嚴清，字公直，雲南後衞人。嘉靖二十三年進士。除富順知縣。公廉恤民，治聲大起。憂歸，補邯鄲。入爲工部主事，歷郎中。董作京師外城，修九陵，吏無所侵牟，工成加俸。連丁內外艱。服除，補兵部，擢保定知府。故事，歲籍民充京師庫役，清罷之。振荒弭盜，人以比前守吳嶽。歷遷易州副使，陝西參政，四川按察使、右布政使。並以淸望，薦章十餘上。

隆慶二年以右僉都御史巡撫貴州。未上，改四川。淸久官川中，僚吏憚其風采，相率厲名行，少墨敗者。郡縣卒歲團操成都，清罷之。番人入貢，裁爲定額。痛絕强宗悍吏，毀

者亦衆。陝西賊流入境，巡按御史王廷瞻劾清縱寇。大學士趙貞吉言：「賊起鄖、陝，貽害川徼，卽有罪，當罪守土臣，不宜專責巡撫。臣蜀人，深知清約己愛人，省事任怨。今蜀地歲荒民流，方倚清如父母，奈何棄之。任事臣欲爲國家利小民，必得罪豪右。論者不察，動以深文求之。頃海瑞既去，若清復罷，是任事之臣皆不免彈擊，惟全軀保位爲得計矣。」疏奏，不允，命解官聽調。清遂不出。

萬曆二年起撫山西。未赴，改貴州。歷兩京大理卿，三遷刑部尚書。張居正當國，尚書不附麗者獨清。居正既卒，籍馮保家，得廷臣餽遺籍，獨無清名，神宗深重焉。會吏部尚書梁夢龍罷，卽以清代。日討故實，辨官材，自丞佐下皆親署，無一倖進者。中外師其廉儉，書問幾絕。甫半歲，得疾歸。帝數問閣臣：「嚴尚書病愈否？」十五年，兵部缺尚書。用楊博故事，特詔起補。遣使趣行，而清疾益甚，不能赴。又三年卒。贈太子太保，謚恭肅。

清初拜尚書，不能具服色，束素犀帶以朝。或嘲之曰：「公釋褐時，七品玳瑁帶猶在耶？」清笑而已。

宋纁，字伯敬，商丘人。嘉靖三十八年進士。授永平推官。擢御史，出視西關，按應天諸府。隆慶改元，再按山西。俺答陷石州，將士捕七十七人，當斬。纁訊得其誣，釋者殆半。靜樂民李良雨化爲女，纁言此陽衰陰盛之象，宜進君子退小人，以挽氣運。帝嘉納之。擢順天府丞，尋以右僉都御史巡撫保定諸府。核缺伍，汰冗兵，罷諸道援兵防禦，省餉無算。

萬曆初，與張居正不合，引疾歸。居正卒，廷臣交薦，以故官撫保定。獲鹿諸縣饑，先振後以聞。帝以近畿宜俟命，令災重及地遠者便宜振貸，餘俱奏聞。尋遷南京戶部右侍郎。召還部，進左，改督倉場。請減額解贖銀，民壯弓兵諸役已裁者，勿徵民間工食。十四年遷戶部尚書。民壯工食已減半，復有請盡蠲者，纁因幷曆日諸費奏裁之。有司徵賦懼缺額，鞭撻取盈，纁請有司考成，視災傷爲上下。山西連歲荒，賴社倉獲濟，纁請推行天下，以紙贖爲糴本，不足則勸富人，或令民輸粟給冠帶。又言：「邊儲大計，最重屯田、鹽筴。近諸邊年例銀增至三百六十一萬，視弘治初八倍，宜修屯政，商人墾荒中鹽。」帝皆稱善。聖節賞賚，詔取部帑銀二十萬兩，纁執奏，不從。潞王將之國，復取銀三十萬兩市珠寶，纁亦力爭，乃減三之一。故事，金花銀歲進百萬兩，帝卽位之六年，增二十萬，遂以爲常。纁三請停加額，終不許。

纁爲戶部五年，值四方多災。爲酌盈虛，籌緩急，奏報無需時，上下賴之。而都御史吳

時來以吏部尚書楊巍年老求去，忌纁名出己上，兩疏劾，纁因杜門乞休，帝不許。及巍去，卒以纁代之。巍在部，不能止吏奸，且遇事輒請命政府。纁絕請寄，獎廉抑貪，罪黠吏百餘人，於執政一無所關白。會文選員外郎缺官，纁擬起鄒元標。奏不下，再疏趣之。大學士申時行遂擬旨切責，斥元標南京。頃之，以序班盛名昭註官有誤，時行劾奏之。序班劉文潤遷詹事府錄事，時行又劾文潤由輸粟進，不當任清秩。時殿閣中書無不以貲進者，時行獨爭一錄事。纁知其意，五疏乞休。福建僉事李琯言：「時行庇巡撫秦燿，而纁議罷之。仇主事高桂，而纁議用之。以故假小事齮齕，使不得安其位。」帝不納琯言，亦不允纁請。無何，纁卒官。詔贈太子太保，謚莊敬。

纁凝重有識，議事不苟。石星代爲戶部，嘗語纁曰：「某郡有奇羨，可濟國需。」纁曰：「朝廷錢穀，寧蓄久不用，勿使搜括無餘。主上知物力充羨，則侈心生矣。」星憮然。有郎言漕糧宜改折。纁曰：「太倉之儲，寧紅腐不可匱絀，一旦不繼，何所措手？」中外陳奏，帝多不省，或直言指斥，輒曰「此沽名耳」，不罪。于愼行稱帝寬大，纁愀然曰：「言官極論得失，要使人主動心；縱罪及言官，上意猶有所儆省。概置勿問，則如痿痺不可療矣。」後果如其言。

陸光祖，字與繩，平湖人。祖淞，父杲，皆進士。淞，光祿卿。杲，刑部主事。光祖年十七，與父同舉於鄉。尋登嘉靖二十六年進士，除濬縣知縣。兵部尚書趙錦檄畿輔民築塞垣，光祖言不便。錦怒，劾之。光祖言於巡撫，請輪雇值，民乃安。郡王奪民產，光祖裁以法。遷南京禮部主事，請急歸。補祠祭主事，歷儀制郎中。嚴訥爲尚書，雅重光祖，議無不行。及訥改吏部，調光祖驗封郎中，改考功。王崇古、張瀚、方逢時、王一鶚挂物議，力雪之。既而改文選，益務汲引人才，登進者碩幾盡。又破格擢廉能吏王化、江東、邵元善、張澤、李珙、郭文通、蔡琮、陳永、謝侃。或由鄉舉貢士，或起自書吏。由是下僚競勸，訥亦推心任之，故光祖得行其志。左侍郎朱衡銜光祖，有後言，御史孫丕揚遂以專擅劾光祖。時已遷太常少卿，坐落職閒住。

大學士高拱掌吏部，謀傾徐階。階賓客皆避匿，光祖獨爲排解。及拱罷，楊博代爲吏部，義之，特起南京太僕少卿。未上，擢本寺卿。又就進大理卿。半道丁父艱。萬曆五年起故官。張居正以奪情杖言者，光祖遺書規之。及王用汲劾居正，居正將中以危禍，光祖時入爲大理卿，力解得免。居正與光祖同年相善，欲援爲助，光祖無詭隨。及遷工部右侍郎，以議漕糧改折忤居正，御史張一鯤論之，光祖遽引歸。

十一年冬，薦起南京兵部右侍郎。甫旬日，召爲吏部。悉引居正所擯老成人，布九列。

李植、江東之力求居正罪，光祖言居正輔翼功不可泯，與言路左。植輩以丁此呂故攻尚書楊巍，光祖右巍詆言者。言者遂羣攻光祖，乃由左侍郎出爲南京工部尚書。御史周之翰劾光祖附宗人炳得清華，帝不問。御史楊有仁遂劾光祖受賕請屬，巍力保持之，事得寢，光祖竟引疾去。

十五年起南京刑部尚書，就改吏部。率同官劾東廠太監張鯨，且乞宥李沂。已，言國本未定，由鯨搆謀，請除之以安宗社。及帝召還鯨，復率同官極諫。入爲刑部尚書。帝嘗書其名御屏。吏部尚書宋纁卒，遂用光祖代，而以趙錦代光祖。御史王之棟言二人不當用。帝怒，貶之棟雜職。時部權爲內閣所奪，纁力矯之，遂遭挫，光祖不爲懾。嘗以事與大學士申時行迕。時行不悅，光祖卒無所徇。時行謝政，特旨用趙志皋、張位，時行所密薦也。光祖言，輔臣當廷推，不當內降。帝命不爲後例。

二十年大計外吏，給事中李春開、王遵訓、何偉、丁應泰，御史劉汝康皆先爲外吏，有物議，悉論黜之。又舉許孚遠、顧憲成等二十二人，時論翕然稱焉。頃之，以推用饒伸、萬國欽忤旨，文選郎王教以下盡逐。光祖謂事由己，引罪乞休，爲郎官祈宥，不許。及會推閣臣，廷臣循故事，首光祖名。詔報曰：「卿前請廷推，推固宜首卿。」光祖知不能容，日懷去志。無何，以王時槐、蔡悉、王樵、沈節甫老成魁艾，特推薦之，給事中喬胤遂劾光祖及文選郎鄒觀光。光祖遂力求去，許馳驛。在籍五年卒。贈太子太保，諡莊簡。

光祖清强有識，練達朝章。每議大政，一言輒定。初官禮部，將擢尚寶少卿，力讓時槐。丕揚劾罷光祖，後再居吏部，推轂之甚力。趙用賢、沈思孝以論此呂事與光祖左，後亦數推輓之。御史蔡時鼎、陳登雲嘗劾光祖，光祖引登雲爲知己。時鼎視鹺兩淮，以建言罷，商人訐於南刑部，光祖時爲尚書，雪其誣，罪妄訐者。人服其量。

孫鑨，字文中。父陞，字志高，都御史燧季子也。嘉靖十四年進士及第。授編修，累官禮部侍郎。嚴嵩枋國，陞其門生也，獨無所附麗。會南京禮部尚書缺，衆不欲行，陞獨請往。卒，贈太子少保，諡文恪。陞嘗念父死宸濠之難，終身不書寧字，亦不爲人作壽文。居官不言人過，時稱篤行君子。四子，鑨、鋌、鑛、鑛。鋌，南京禮部右侍郎。鑛，太僕卿。鑛自有傳。

鑨舉嘉靖三十五年進士，授武庫主事。歷武選郎中，尚書楊博深器之。世宗齋居二十年，諫者輒獲罪。鑨請朝羣臣，且力詆近倖方士，引趙高、林靈素爲喻。中貴匿不以聞，鑨遂引疾歸。

隆慶元年起南京文選郎中。萬曆初，累遷光祿卿。引疾歸。里居十年，坐臥一小樓，賓客罕見其面。起故官，進大理卿。都御史吳時來議律例，多紕盩，鑨力爭之。帝悉從駁議。歷南京吏部尚書，尋改兵部，參贊機務。命甫下，會陸光祖去。廷推代者再，乃召爲吏部尚書。

吏部自宋纁及光祖爲政，權始歸部。至鑨，守益堅。故事，冢宰與閣臣遇不避道，後率引避。光祖爭之，乃復故。然陰戒騶人異道行，至鑨益徑直。張位等不能平，因欲奪其權。建議大僚缺，九卿各舉一人，類奏以聽上裁，用杜專擅。鑨言：「廷推，大臣得共衡可否，此『爵人於朝，與衆共之』之義，類奏啓倖途，非制。」給事中史孟麟亦言之。詔卒如位議。自是吏部權又漸散之九卿矣。

二十一年大計京朝官，力杜請謁。文選員外郎呂胤昌，鑨甥也，首斥之。考功郎中趙南星亦自斥其姻。一時公論所不予者貶黜殆盡，大學士趙志皋弟預焉。由是執政皆不悅。王錫爵方以首輔還朝，欲有所庇。比至而察疏已上，庇者在黜中，亦不能無憾。會言官以拾遺論劾稽勳員外郎虞淳熙、職方郎中楊于廷、主事袁黃。鑨議謫黃，留淳熙、于廷。詔黃方贊畫軍務，亦留之。給事中劉道隆遂言淳熙、于廷不當議留，乃下嚴旨責部臣專權結黨。鑨言：「淳熙，臣鄉人，安貧好學。于廷力任西事，尚書石星極言其才。今寧夏方平，臣不敢以功爲罪。且既名議覆，不嫌異同。若知其無罪，以諫官一言而去之，自欺欺君，臣誼不忍爲也。」帝以鑨不引罪，奪其俸，貶南星三官，淳熙等俱勒罷。

鑨遂乞休，且白南星無罪。左都御史李世達以己同掌察，而南星獨被譴，亦爲南星、淳熙等訟。帝皆不聽。於是僉都御史王汝訓，右通政魏允貞，大理少卿曾乾亨，郎中于孔兼，員外郎陳泰來，主事顧允成、張納陛、[一]賈巖，助教薛敷教交章訟南星冤，而泰來詞尤切。其略曰：

臣嘗四更京察。其在丁丑，張居正以奪情故，用御史朱璉謀，借星變計吏，箝制眾口。署部事方逢時、考功郎中劉世亨依違其間。如蔡文範、習孔教輩並掛察籍，不爲眾所服。辛巳，居正威福已成，王國光唯諾惟謹，考功郎中孫惟清與吏科秦燿謀盡錮建言諸臣吳中行等。今輔臣趙志皋、張位，撫臣趙世卿亦掛名南北京察，公論冤之。丁亥，御史王國力折給事中楊廷相、同官馬允登之邪議。而尚書楊巍素性模棱，考功郎徐一檟立調停之畫。涇、渭失辯，亦爲時議所譏。獨今春之役，旁咨博採，覈實稱情，邪諂盡屏，貪墨必汰，乃至鑨割渭陽之情，南星忍秦、晉之好，公正無踰此者。元輔錫爵兼程赴召，人或疑其欲干計典。今其親故皆不能庇，欲甘心南星久矣。故道隆章上，而專權結黨之旨旋下。

夫以吏部議留一二庶僚爲結黨，則兩都大僚被拾遺者二十有二人，而閣臣議留者六，詹事劉虞夔以錫爵門生而留，獨可謂之非黨耶？且部權歸閣，自高拱兼攝以來，已非一日。尚書自張瀚、嚴清而外，選郎自孫鑛、陳有年而外，莫不奔走承命。其流及於楊巍，至劉希孟、謝廷宷而掃地盡矣。尚書宋纁稍欲振之，卒爲故輔申時行齮齕以死。尚書陸光祖、文選郎王教、考功郎鄒觀光矢志澄清，輔臣王家屏虛懷以聽，銓敍漸清。乃時行身雖還里，機伏垣牆，授意內璫張誠、田義及言路私人，教、觀光遂不久斥逐。今祖其故智，借拾遺以激聖怒，是內璫與閣臣表裏，箝勒部臣，而陛下未之察也。

疏入，帝怒，謫孔兼、泰來等。世達又抗疏論救，帝怒，盡斥南星、淳熙、于廷黃爲民。鑨乃上疏言：「吏部雖以用人爲職，然進退去留，必待上旨。是權固有在，非臣部得專也。今以留二庶僚爲專權，則無往非專矣。以留二司屬爲結黨，則無往非黨矣。如避專權結黨之嫌，畏縮選愞，使銓職之輕自臣始，臣之大罪也。臣任使不效，徒潔身而去，俾專權結黨之說終不明於當時，後來者且以臣爲戒，又大罪也。」固請賜骸骨，仍不允。鑨遂杜門稱疾。疏累上，帝猶溫旨慰留，賜羊豕、酒醬、米物，且敕侍郎蔡國珍暫署選事，以需鑨起。鑨堅臥三月，疏至十上，乃許乘傳歸。居三年卒。贈太子太保，謚清簡。

鑨嘗曰：「大臣不合，惟當引去。否則有職業在，謹自守足矣。」其志節如此。

子如法，官刑部主事。以諫阻鄭貴妃進封，貶潮陽典史。久之，移疾歸。廷臣累薦，悉報寢。卒，贈光祿少卿。

陳有年，字登之，餘姚人。父克宅，字卽卿，正德九年進士。嘉靖中官御史。哭爭「大禮」，有大僚欲去，克宅扼其項曰：「奈何先去爲人望？」其人愧而止。俄繫獄廷杖。獲釋。先後按貴州、河南，多所彈劾。吏部尚書廖紀姻爲所劾罷，惡之，出爲松潘副使。累遷右副都御史，巡撫貴州。都勻苗王阿向作亂，據凱口囤。克宅與總兵官楊仁攻斬阿向。論功，進秩。旋移撫蘇、松。旣行，而阿向黨復叛，坐罷官候勘。巡撫汪珊討平賊，推功克宅。克宅已卒，乃賜卹典。

有年舉嘉靖四十一年進士，授刑部主事。改吏部，歷驗封郎中。萬曆元年，成國公朱希忠卒，其弟錦衣都督希孝賄中官馮保援張懋例乞贈王，大學士張居正主之。有年持不可，草奏言：「令典：功臣歿，公贈王，侯贈公，子孫襲者，生死止本爵。懋贈王，廷議不可，卽希忠父輔亦言之。後竟贈，非制。且希忠無勳伐，豈當濫寵。」左侍郎劉光濟署部事，受指

居正爲刪易其稾。有年力爭，竟以原奏上。居正不懌，有年卽日謝病去。

十二年起稽勳郎中，歷考功、文選，謝絕請寄。除目下，中外皆服。遷太常少卿，以右僉都御史巡撫江西。尚方所需陶器，多奇巧難成，後有詔許量減，旣而如故。有年引詔旨請，不從。內閣申時行等固爭，乃免十之三。南畿、浙江大祲，詔禁鄰境閉糴，商舟皆集江西，徽人尤衆。而江西亦歲儉，羣乞有年禁遏。有年疏陳濟急六事，中請稍弛前禁，令江西民得自救。南京御史方萬山劾有年違詔。帝怒，奪職歸。薦起督操江，累遷吏部右侍郎。改兵部，又改吏部。尚書孫鑨、左侍郎羅萬化皆鄉里，有年力引避，朝議不許。

尋由左侍郎擢南京右都御史。二十一年與吏部尚書溫純共典京察，所黜咸當。未幾遂代純位。其秋，鑨謝事，召拜吏部尚書。止宿公署中，見賓則於待漏所。引用僚屬，極一時選。

明年，王錫爵將謝政，廷推閣臣，詔無拘資品。有年適在告，侍郎趙參魯、盛訥，文選郎顧憲成往咨之，列故大學士王家屏、故禮部尚書沈鯉、故吏部尚書孫鑨、禮部尚書沈一貫、左都御史孫丕揚、吏部侍郎鄧以讚、少詹事馮琦七人名上。蓋鑨、丕揚非翰林爲不拘資，琦四品爲不拘品也。家屏以爭國本去位，帝意雅不欲用。又推及吏部尚書、左都御史非故事，嚴旨責讓。謂：「不拘資品乃昔年陸光祖自爲內閣地。今推鑨、丕揚，顯屬徇私。前吏部嘗兩推閣臣，可具錄姓名以上。」於是備列沈鯉、李世達、羅萬化、陳于陛、趙用賢、朱賡、

于愼行、石星、曾同亨、鄧以讚等。而世達故左都御史也，帝復不悅。謂：「詔旨不許推都御史，何復及世達。家屛舊輔臣，不當擅議起用。」乃命于陛、一貫入閣，而謫憲成及員外郎黃縉、王同休，主事章嘉禎、黃中色爲雜職。錫爵首疏救，有年及參魯等疏繼之，帝並不納。趙志皐、張位亦併爲言。而二人者故不由廷推，因謂：「輔臣當出特簡，廷推由陸光祖交通言路爲之，不可爲法。」帝喜。降旨再譙責，遂免縉等貶謫，但停俸一年。給事中盧明諏疏救憲成。帝怒，貶明諏秩，斥憲成爲民。

有年抗疏言：「閣臣廷推，其來舊矣。曩楊巍秉銓，臣署文選，廷推閣臣六人，今元輔錫爵卽是年所推也。臣邑前有兩閣臣，弘治時謝遷，嘉靖時呂本，並由廷推，官止四品，而耿裕、聞淵則以吏部尚書居首。是廷推與推及吏部，皆非自今創也。至不拘資品，自出聖諭，臣敢不仰承。」因固乞骸骨。帝得疏，以其詞直，溫旨慰答。有年自是累疏稱疾乞罷。帝猶慰留，賚食物、羊酒。有年請益力。最後，以身雖退，遺賢不可不錄，力請帝起廢。帝報聞。有年遂杜門不出。數月中，疏十四上。乃予告，乘傳歸。歸裝，書一篋，衣一笥而已。二十六年正月卒，年六十有八。四月詔起南京右都御史，而有年已前卒。贈太子太保，諡恭介。

故事，吏部尚書未有以他官起者。屠滽掌都察院，楊博、嚴清掌兵部，皆用原銜領之。

南京兵部尚書楊成起掌南院，亦領以故銜。有年以右都御史起，蓋帝欲用之，而政府陰抑之也。

有年風節高天下。兩世膴仕，無宅居其妻孥，至以油幙障漏。其歸自江西，故廬火，乃僦一樓居妻孥，而身栖僧舍。其刻苦如此。

孫丕揚，字叔孝，富平人。嘉靖三十五年進士。授行人。擢御史。歷按畿輔、淮、揚，矯然有風裁。隆慶中，擢大理丞。以嘗劾高拱，拱門生給事中程文誣劾丕揚，落職候勘。拱罷，事白，起故官。

萬曆元年擢右僉都御史，巡撫保定諸府。以嚴爲治，屬吏皆惴惴。按行關隘，增置敵樓三百餘所，築邊牆萬餘丈。錄功，進右副都御史。中官馮保家在畿內，張居正屬爲建坊，丕揚拒不應。知二人必怒，五年春引疾歸。

其冬大計京官，言路希居正指劾之。詔起官時，調南京用。御史按陝西者，知保等憾不已，密諷西安知府羅織其贓。知府遣吏報御史，吏爲虎噬。及再報，則居正已死，事乃解。起應天府尹。召拜大理卿，進戶部右侍郎。

十五年，河北大饑。丕揚鄉邑及隣縣蒲城、同官至採石爲食。丕揚傷之，進石數升於帝，因言：「今海內困加派，其窮非止啖石之民也。宜寬賦節用，罷額外徵派及諸不急務，損上益下，以培蒼生大命。」帝感其言，頗有所減罷。

尋由左侍郎擢南京右都御史，以病歸。召拜刑部尚書。丕揚以獄多滯囚，由公移牽制。議刑部、大理各置籍，凡獄上刑部，次日卽詳讞大理，大理審允，次日卽還刑部，自是囚無淹繫。尋奏：「五歲方恤刑，恐冤獄無所訴。請敕天下撫按，方春時和，令監司按行州縣，大錄繫囚，按察使則錄會城囚。死罪矜疑及流徒以下可原者，撫按以達於朝，期毋過夏月。輕者立遣，重者仍聽部裁，歲以爲常。」帝報從之。已，條上省刑省罰各三十二事。帝稱善，優詔褒納。自是刑獄大減。有內豎殺人，逃匿禁中。丕揚奏捕，卒論戍。改左都御史。陳臺規三事，請專掌印、重巡方、久巡城，著爲令。已，又言：「閭閻民瘼非郡邑莫濟，郡邑吏治非撫按監司莫淸。撫按監司風化，非部院莫飭。請立約束頒天下，獎廉抑貪，共勵官箴。」帝咸優詔報許。

二十二年拜吏部尚書。丕揚挺勁不撓，百僚無敢以私干者，獨患中貴請謁。乃創爲掣籤法，大選急選，悉聽其人自掣，請寄無所容。一時選人盛稱無私，然銓政自是一大變矣。

二十三年大計外吏。九江知府沈鐵嘗爲衡州同知，發巡撫秦燿罪，江西提學僉事馬猶

龍嘗爲刑部主事，定御史祝大舟贓賄，遂爲庇者所惡。考功郎蔣時馨黜之，丕揚不能察。及時馨爲趙文炳所劾，丕揚力與辨雪。謂釁由丁此呂，此呂坐逮。丕揚又力詆沈思孝，於是思孝及員外郎岳元聲連章訐丕揚。[二]丕揚請去甚力。其冬，帝以軍政故，貶兩京言官三十餘人。[三]丕揚猶在告，偕九卿力諫，弗納。已而帝惡大學士陳于陛論救，謫諸言官邊方。丕揚等復抗疏諫，帝益怒，盡除其名。

初，帝雖以夙望用丕揚，然不甚委信。有所推舉，率用其次。數請起廢，輒報罷。丕揚以志不行，已懷去志，及是杜門踰半歲。疏十三上，多不報。至四月，溫諭勉留，乃復起視事。主事趙學仕者，大學士志皐族弟也，坐事議調，文選郎唐伯元輒注饒州通判。俄學仕復以前事被訐，給事中劉道亨因劾吏部附勢，語侵丕揚。博士周獻臣有所陳論，亦頗侵之。丕揚疑道亨受同官周孔教指，獻臣又孔教宗人，益疑之，復三疏乞休。最後貽書大學士張位，懇其擬旨允放。位如其言。丕揚聞，則大恚，謂位逐己，上疏詆位及道亨、孔教、獻臣、思孝甚力。帝得疏，不直丕揚。位亦疏辯求退，帝復詔慰留，而位同官陳于陛、沈一貫亦爲位解。丕揚再被責讓，許馳傳去。

久之，起南京吏部尚書，辭不就。及吏部尚書李戴免，帝難其代，以侍郎楊時喬攝之。時喬數請簡用尚書。帝終念丕揚廉直，三十六年九月召起故官。屢辭，不允。明年四月始

入都，年七十有八矣。三十八年大計外吏，黜陟咸當。又奏舉廉吏布政使汪可受、王佐、張偲等二十餘人，詔不次擢用。

先是，南北言官羣擊李三才、王元翰，連及里居顧憲成，謂之東林黨。而祭酒湯賓尹諭德顧天埈各收召朋徒，干預時政，謂之宣黨、崑黨，以賓尹宣城人，天埈崑山人也。御史徐兆魁、喬應甲、劉國縉、鄭繼芳、劉光復、房壯麗，給事中王紹徽、朱一桂、姚宗文、徐紹吉、周永春輩，則力排東林，與賓尹、天埈聲勢相倚，大臣多畏避之。至是，繼芳巡按浙江，有僞爲其書抵紹徽、國縉者，中云「欲去福清，先去富平；欲去富平，先去耀州兄弟」。又言「秦脈斬斷，吾輩可以得志」。福清謂葉向高，耀州謂王國、王圖，富平卽丕揚也。國時巡撫保定，圖以吏部侍郎掌翰林院，與丕揚皆秦人，故曰「秦脈」。蓋小人設爲挑激語，以害繼芳輩，而其書乃達之丕揚所。丕揚不爲意，會御史金明時居官不職，慮京察見斥，先上疏力攻圖并詆御史史記事、徐縉芳，謂爲圖心腹。及圖、縉芳疏辯，明時再劾之，因及繼芳僞書事。國縉疑書出縉芳及李邦華、李炳恭、徐良彥、周起元手，因目爲「五鬼」；五人皆選授御史候命未下者也。當是時，諸人日事攻擊，議論紛呶，帝一無所問，則益植黨求勝，朝端鬨然。

及明年三月大計京官，丕揚與侍郎蕭雲舉、副都御史許弘綱領其事，考功郎中王宗賢、吏科都給事中曹于汴、河南道御史湯兆京、協理御史喬允升佐之。故御史康丕揚、徐大化，

故給事中鍾兆斗、陳治則、宋一韓、姚文蔚，主事鄭振先、張嘉言及賓尹、天埈、國縉咸被察，又以年例出紹徽、應甲於外。羣情翕服，而諸不得志者深銜之。當計典之初擧也，兆京謂明時將出疏要挾，以激丕揚。丕揚果怒，先期止明時過部考察，特疏劾之。旨下議罪，而明時辨疏復犯御諱。帝怒，褫其職。其黨大譁。謂明時未嘗要挾兆京，祇以劾圖一疏實之，爲圖報復。於是刑部主事秦聚奎力攻丕揚，爲賓尹、大化、國縉、紹徽、應甲、嘉言辨。時部院察疏猶未下，丕揚奏趣之，因發聚奎前知績溪、吳江時貪虐狀。帝方向丕揚，亦褫聚奎職。由是黨人益憤，謂丕揚果以僞書故斥紹徽、國縉，且二人與應甲嘗攻三才、元翰，故代爲修隙，議論洶洶。弘綱聞而畏之。累請發察疏，亦若以丕揚爲過當者。黨人藉其言，益思撼丕揚。禮部主事丁元薦甫入朝，慮察疏終寢，抗章責弘綱，因盡發崑、宣黨搆謀狀。於是一桂、繼芳、永春、兆魁、宗文爭擊元薦，爲明時等訟冤。賴向高調獲，至五月察疏乃下。給事中彭惟成、南京給事中高節，御史王萬祚、曾成易猶攻訐不已。丕揚以人言紛至，亦屢疏求去，優詔勉留。先是，楊時喬掌察，斥科道錢夢皐等十人，特旨留任。至是丕揚亦奏黜之，羣情益快。

丕揚以白首趨朝，非薦賢無以報國。先後推轂林居耆碩，若沈鯉、呂坤、郭正域、丘度、蔡悉、顧憲成、趙南星、鄒元標、馮從吾、于玉立、高攀龍、劉元珍、龐時雍、姜士昌、范淶、歐陽東鳳輩。帝雅意不用舊人，悉寢不報。丕揚又請起故御史錢一本等十三人，故給事中鍾羽正等十五人，亦報罷。丕揚齒雖邁，帝重其老成清德，眷遇益隆。而丕揚乞去不已，疏復二十餘上。既不得請，則於明年二月拜疏徑歸。向高聞之，急言於上。詔令乘傳，且敕所司存問。既而丕揚疏謝，因陳時政四事，帝復優詔報之。家居二年卒，年八十三。贈太保。天啓初，追謚恭介。

蔡國珍，字汝聘，奉新人。嘉靖三十五年進士。鄉人嚴嵩當國，欲羅致門下。國珍不應，乞就南，爲刑部主事。盜七十餘人久繫，讞得其情，減釋過半。就改吏部，進郎中。出爲福建提學副使，以侍養歸。遭母喪。服除，遂不出。家居垂二十年。

張居正既卒，朝議大起廢籍。萬曆十一年仍以故官涖福建。遷湖廣右參政，分守辰沅。洞蠻亂，將吏議剿，國珍檄諭之，遂定。歷浙江左布政使，以右僉都御史提督操江。召爲左副都御史，歷吏部左、右侍郎，與尚書孫鑨、陳有年綜核銓政。擢南京吏部尚書。

二十四年閏八月，孫丕揚去國，帝久不除代。部事蠹弛，其年十二月竟廢大選。閣臣及言官數爲言，明年二月始命國珍爲吏部尚書。三殿災，率諸臣請修省。旋有詔起廢。國

珍列三等，人品正大、心術光明者，文選郎王敎等二十四人，才有足錄、過無可棄者，給事中喬允等三十三人，因人詿誤、釁非己作者，給事中耿隨龍等三十六人，並請錄用。竟報寢。明年三月倡廷臣詣文華門請擧皇長子冊立、冠婚，〔四〕言必得請方退。帝遣中官諭曰：「此大典，稍需時耳，何相挾若是。」乃頓首出。給事中戴士衡劾文選郎白所知贓私，國珍爲辨，且求罷。帝不聽，除所知名。御史況上進因論國珍八罪。帝察其誣，不問。國珍遂稱疾，累疏乞休。先是，丕揚坐忤張位去官，位欲援同已者爲助，以國珍鄉人，汲引甚力。及秉銓，一守成憲，不爲位用。位惡之，國珍乃懷去志。至是，帝忽怒吏部，貶黜諸郎二十二人。國珍求去益力，許乘傳歸。

初，楊巍爲吏部，與內閣相比，得居位八年。自宋纁、陸光祖力與閣抗，權雖歸部，身不見容，故自纁至國珍卒未浹歲去，惟丕揚閱二年。時咸議閣臣忮，而惜纁等用未竟也。國珍素以學行稱，風力不及孫鑨、陳有年，而清操似之，均爲時望所屬。家居十三年卒，年八十四。贈太子太保，謚恭靖。

楊時喬，字宜遷，上饒人。嘉靖四十四年進士。除工部主事。榷稅杭州，令商人自署

所入，輪之有司，無所預。隆慶元年冬，上時政要務，言：「幾之當愼者三：以日勤朝講爲修德之幾，親裁章奏爲出令之幾，聽言能斷爲圖事之幾。弊之最重者九：曰治體怠弛，曰法令數易，曰賞罰無章，曰用度太繁，曰鬻官太濫，曰莊田擾民，曰習俗侈靡，曰士氣卑弱，曰議論虛浮。勢之偏重者三：宦寺難制也，宗祿難繼也，邊備難振也。」疏入，帝褒納，中外傳誦焉。

擢禮部員外郎，遷南京尙寶丞。萬曆初，以養親去。服除，起南京太僕丞，復還尙寶。移疾歸。時喬雅無意榮進，再起再告。閱十七年始薦起尙寶卿，四遷南京太常卿。疏請議建文帝謚，祠祀死節諸臣。就遷通政使。秩滿，連章乞休，不允。

三十一年冬，召拜吏部左侍郎。時李戴已致仕，時喬至卽署部事。絕請謁，謝交游，止宿公署，苞苴不及門。及大計京朝官，首輔沈一貫欲庇其所私，憚時喬方正，將令兵部尙書蕭大亨主之，次輔沈鯉不可而止。時喬乃與都御史溫純力鋤政府私人。若給事中錢夢皐，御史張似渠、于永淸輩，咸在察中，又以年例出給事中鍾兆斗於外。一貫大慍，密言於帝，留察疏不下。夢皐亦假楚王事再攻郭正域，謂主察者爲正域驅除。帝意果動，特留夢皐；已，盡留科道之被察者，而嚴旨責時喬等報復。時喬等惶恐奏辨，請罷斥，帝不問。夢皐既留，遂合兆斗累疏攻純，并侵時喬。時喬求去。已而員外郎賀燦然請斥被察科道，亦詆純

挾權闕捷，顧獨稱時喬。又言「陛下睿斷躬操，非閣臣所能竊弄」，意蓋爲一貫解。時喬以與純共事，復疏請貶黜，不報。及純去，夢皐、兆斗亦引歸。帝復降旨譙讓，謂「祖宗朝亦常留被察科道，何今日揣疑君父，誣詆輔臣」。因責諸臣朋比，令時喬策勵供職，而盡斥燦然及劉元珍、龐時雍輩。時喬歎曰：「主察者逐，爭察者亦竄矣，尙可靦顏居此乎？」九疏引疾，竟不得請。時中外缺官多不補，而羣臣省親養病給假，及建言詿誤被譴者，充滿林下，率不獲召。時喬乃備列三百餘人，三疏請錄用。三十四年，皇長孫生，有詔起廢，時喬復列上遷謫鄒元標等九十六人，削籍范儁等一百十人。帝卒不省。

明年大計外吏。時喬已偕副都御史詹沂受事，居數日，帝忽命戶部尙書趙世卿代時喬，遂中輟；蓋去冬所批察疏，至是誤發之也。輔臣朱賡謂非體，立言於帝。帝亦覺其誤，卽日收還。時喬堅辭不肯任，吏科陳治則劾其怨懟無人臣禮。有旨詰責，時喬乃再受事。永年伯王棟卒，其子明輔請襲。時喬以外戚不當傳世，固爭之，弗聽。時一貫已罷，言路爭擊其黨。而李廷機者，一貫教習門生也，閣臣闕，衆多推之；惟給事中曹于汴、〔五〕宋一韓，御史陳宗契持不可。時喬卒從衆議。未幾，又推黃汝良、全天敍爲侍郎，諸攻一貫者益不悅。給事中王元翰、胡忻遂交劾時喬。時喬疏辨，力求罷。

當是時，帝委時喬銓柄，又不置右侍郎，一人獨理部事，銓敍平允。然堂陛扞格，曠官廢事，日甚一日，而中朝議論方囂，動見掣肘。時喬官位未崇，又自溫純去，久不置都御史，益無以鎭壓百僚。由是上下相淩，紀綱日紊，言路得收其柄。時喬亦多委蛇，議者諒其苦心，不甚咎也。秉銓凡五年。最後起故尙書孫丕揚。未至，而時喬已卒。篋餘一敝裘，同列賻襚以殮。詔贈吏部尙書，謚端潔。

時喬受業永豐呂懷，最不喜王守仁之學，闢之甚力，尤惡羅汝芳。官通政時具疏斥之曰：「佛氏之學，初不溷於儒。乃汝芳假聖賢仁義心性之言，倡爲見性成佛之教，謂吾學直捷，不假修爲。於是以傳註爲支離，以經書爲糟粕，以躬行實踐爲迂腐，以綱紀法度爲桎梏。踰閑蕩檢，反道亂德，莫此爲甚。望敕所司明禁，〔六〕用彰風敎。」詔從其言。

贊曰：古者冢宰統百官，均四海，卽宰相之任也。後代政柄始分，至明中葉，旁撓者衆矣。嚴淸諸人，淸公素履，秉正無虧，彼豈以進退得失動其心哉。孫丕揚創掣籤法，雖不能辨材任官，要之無任心營私之弊，苟非其人，毋寧任法之爲愈乎！蓋與時宜之，未可援古義以相難也。

校勘記

〔一〕張納陛　明史稿傳一〇三孫鑨傳、神宗實錄卷二五八萬曆二十一年三月癸未條作「張納陛」。

〔二〕於是思孝及員外郎岳元聲連章訐丕揚　岳元聲，神宗實錄卷二九一萬曆二十三年十一月丁丑條、國榷卷七七頁四七六三都作「樂元聲」。

〔三〕貶兩京言官三十餘人　兩京，原作「南京」，據本書卷二一七及明史稿傳九五陳于陛傳、神宗實錄卷二九二萬曆二十三年十二月庚申條改。

〔四〕明年三月偕廷臣詣文華門請舉皇長子册立冠婚　三月，原作「正月」。本書卷二一神宗紀、神宗實錄卷三二〇都繫於萬曆二十六年三月壬子，據改。

〔五〕曹于汴　原作「會于汴」。明史稿傳一〇三楊時喬傳、神宗實錄卷四三三萬曆三十五年五月乙丑條、國榷卷八〇頁四九七三都作「曹于汴」。按本書卷二五四有曹于汴傳，據改。

〔六〕望敕所司明禁　原脫「望」字，據明史稿傳一〇三楊時喬傳補。

明史卷二百二十五

列傳第一百十三

張瀚　王國光　梁夢龍　楊巍　李戴　趙煥　鄭繼之

張瀚，字子文，仁和人。嘉靖十四年進士。授南京工部主事。歷廬州知府，改大名。俺答圍京師，詔遣兵部郎中徵畿輔民兵入衞。瀚立閱戶籍，三十丁簡一人，而以二十九人供其餉，得八百人。馳至眞定，請使者閱兵，使者稱其才。累遷陝西左布政使，擢右副都御史，巡撫其地。甫半歲，入爲大理卿。進刑部右侍郎，俄改兵部，總督漕運。隆慶元年改督兩廣軍務。時兩廣各設巡撫官，事不關督府。瀚請如三邊例，乃悉聽節制。大盜曾一本寇掠廣州，詔切責瀚，停總兵官俞大猷、郭成俸。已，一本浮海犯福建，官軍迎擊大破之，賚銀幣。已，復犯廣東，陷碣石衞，叛將周雲翔等殺雷瓊參將耿宗元，與賊合。廷議鐫瀚一秩調用。已而成大破賊，獲雲翔。詔還瀚秩，卽家俟召。再撫陝西。遷南京

右都御史，就改工部尙書。

萬曆元年，吏部尙書楊博罷，召瀚代之。秩滿，加太子少保。時廷推吏部尙書，首左都御史葛守禮，次工部尙書朱衡，次瀚。居正惡守禮戇，厭衡驕，故特拔瀚。瀚資望淺，忽見擢，舉朝益趨事居正，而瀚進退大臣率奉居正指。卽出己意，輿論多不協。以是爲御史鄭準、王希元所劾。居正顧之厚，不納也。御史劉臺劾居正，因論瀚撫陝狼籍又唯諾居正狀。

比居正遭喪，謀奪情，瀚心非之。中旨令瀚諭留居正，居正又自爲牘，風瀚屬吏，以覆旨請。瀚佯不喻，謂「政府奔喪，宜予殊典，禮部事也，何關吏部」。居正復令客說之，不爲動，乃傳旨責瀚久不奉詔，無人臣禮。廷臣惴恐，交章留居正，瀚獨不與，撫膺太息曰：「三綱淪矣！」居正怒。嗾給事中王道成、御史謝思啓摭他事劾之，勒致仕歸。居正歿，帝頗念瀚。詔有司給月廩，年及八十，特賜存問。卒，贈太子少保，謚恭懿。

王國光，字汝觀，陽城人。嘉靖二十三年進士。授吳江知縣。鄰邑有疑獄來質，訊輒得情。調儀封，擢兵部主事。改吏部，歷文選郎中。屢遷戶部右侍郎，總督倉場。謝病去。

隆慶四年起刑部左侍郎，拜南京刑部尙書。未上，改戶部，再督倉場。神宗卽位，還理部事。時簿牒繁冗，自州縣達部，有繕書、輸解、交納諸費，公私苦之。國光疏請裁倂，去繁文十三四，時稱簡便。戶部十三司，自弘治來，以公署隘，惟郎中一人治事，員外郎、主事止除官日一赴而已。郎中力不給，則委之吏胥，弊益滋。國光盡令入署，職務得修舉。甘肅巡撫廖逢節等各條上其數，耗蠹爲損。

萬曆元年奏言：「國初，天下州縣存留夏稅秋糧可一千二百萬石。其時議主寬大，歲用外，計贏銀百萬有餘。使有司歲徵無缺，則州縣積貯自豐，水旱盜賊不能爲災患。今一遇兵荒，輒留京儲，發內帑。由有司視存留甚緩，苟事催科則謂擾民，弊遂至此。請行天下撫按官，督所司具報出入、存留、逋負之數，臣部得通融會計，以其餘濟邊。有司催徵不力者，悉以新令從事。」制可。京軍支糧通州者，候伺甚艱。國光請遣部郎一人司之，名坐糧廳。投牒驗發，無過三日，諸軍便之。天下錢穀散隸諸司，國光請歸倂責成：畿輔府州縣歸福建司，南畿歸四川司，鹽課歸山東司，關稅歸貴州司，淮、徐、臨、德諸倉歸雲南司，御馬、象房及二十四馬房芻料歸廣西司。[一]遂爲定制。

三年，京察拾遺。國光爲南京給事、御史所劾。再疏乞罷，帝特留之。明年復固以請，

乃詔乘傳歸。瀕行，以所輯條例名萬曆會計錄上之。帝嘉其留心國計，令戶部訂正。及書成，詔褒諭焉。

五年冬，吏部尙書張瀚罷，起國光代。陳采實政、別繁簡、責守令、恤卑官、罷加納數事，皆允行。尋以考績，加太子太保。八年當考察外吏，請毋限日期。詔許之，且命詿誤者聽從公辯雪。明年大計京朝官，徇張居正意，置吳中行等五人於察籍。

國光有才智。初掌邦計，多所建白。及是受制執政，聲名損於初。給事中商尙忠論國光銓選私所親，而給事中張世則出爲河南僉事，憾國光，劾其鬻官黷貨。國光再奏辯，帝再慰留，責世則挾私，貶儀眞丞。及居正卒，御史楊寅秋劾國光六罪。帝遂怒，落職閒住。已，念其勞，命復官致仕。

梁夢龍，字乾吉，眞定人。嘉靖三十二年進士。改庶吉士。授兵科給事中，首劾吏部尙書李默。帝方顧默厚，不問。出覈陝西軍儲。劾故延綏巡撫王輪、督糧郎中陳燦等，廢斥有差。

歷吏科都給事中。帝怒禮部尙書吳山，夢龍惡獨劾山得罪清議，乃幷吏部尙書吳鵬劾

罷之。嘗上疏，言：「相臣賢否，關治道汚隆。請毋拘資格，敕在廷公舉名德宿望之臣，以光聖治。」帝疑諸臣私有所推引，責令陳狀。夢龍惶恐謝罪，乃奪俸。擢順天府丞。坐京察拾遺，出爲河南副使。河決沛縣，尚書朱衡議開徐、邳新河，夢龍董其役。三遷河南右布政使。

隆慶四年擢右僉都御史，巡撫山東。是秋，河決宿遷，覆漕糧八百艘。朝議通海運，以屬夢龍。夢龍言：「海道南自淮安至膠州，北自天津至海倉，各有商艇往來其間。自膠州至海倉，島人及商賈亦時出入。臣等因遣人自淮安轉粟二千石，自膠州轉麥千五百石，入海達天津，以試海道，無不利者。由淮安至天津，大要兩旬可達。歲五月以前，風勢柔順，揚帆尤便。況舟由近洋，洋中島嶼聯絡，遇風可依。苟船非朽敝，按占候以行，自可無虞。較元人殷明略故道，安便尤甚。丘濬所稱『傍海通運』，卽此是也。請以河爲正運，海爲備運。萬一河未易通，則海運可濟，而河亦得悉心疏濬，以圖經久。又海防綦重，沿海衞所玩愒歲久，不加繕飭，識者有未然之憂。今行海運兼治河防，〔二〕非徒足裨國計，兼於軍事有補。」章下戶部。部議海運久廢，猝難盡復，請令漕司量撥糧十二萬石，自淮入海以達天津。工部給銀，爲海艘經費。報可。已而海運卒不行，事具王宗沐傳。明年冬，遷右副都御史，移撫河南。

神宗初，張居正當國。夢龍其門下士，特愛之，召爲戶部右侍郎。尋改兵部，出賚遼東有功將士。五年以兵部左侍郎進右都御史，總督薊、遼、保定軍務。李成梁大破土蠻於長定堡，帝爲告廟宣捷，大行賞賚，官夢龍一子。已，給事中光懋言：「此乃保塞內屬之部，游擊陶承譽假犒賚掩襲之，請坐以殺降罪。」兵部尚書方逢時曲爲解，夢龍等亦辭免恩廕。及土蠻三萬騎入東昌堡，成梁擊敗之。寧前復警，夢龍親率勁卒三千出山海關爲成梁聲援，分遣兩參將遮擊，復移繼光駐一片石邀之，敵引去。前後奏永奠堡、〔三〕丁字泊、馬蘭峪、養善木、紅土城、寬奠、廣寧右屯、錦、義、大寧堡諸捷，累賜敕獎勵，就加兵部尚書。以修築黃花鎮、古北口邊牆，加太子少保，再廕子至錦衣世千戶。召入掌部務，疏陳軍政四事。尋錄防邊功，加太子太保。

十年六月，居正歿，吏部尚書王國光劾罷，夢龍代其位。踰月，御史江東之劾夢龍浼徐爵賄保得吏部，以孫女聘保弟爲子婦，御史鄧練、趙楷復劾之，遂令致仕。家居十九年卒。天啓中，趙南星訟其邊功，贈少保。崇禎末，追謚貞敏。

楊巍，字伯謙，海豐人。嘉靖二十六年進士。除武進知縣。擢兵科給事中。操江僉都

御史史褒善已遷大理卿，巍言：「東南倭患方劇，參贊、巡撫俱論罪，褒善獨倖免，又貪緣美遷，請幷吏部罰治。」帝怒，停選司俸，還褒善故官。

巍旣忤吏部，遂出爲山西僉事。已，遷參議，分守宣府。寇入犯，偕副將馬芳擊斬其部長，賚銀幣。尋爲陽和兵備副使。擢右僉都御史，巡撫宣府。錄擣巢功，進秩二級。踰年，以養母歸。歸二年，召起巡撫陝西。增補屯戍軍伍，清還屯地之奪於藩府者。隆慶初，進右副都御史，移撫山西。所部驛遞銀歲徵五十四萬，巍請減四之一。修築沿邊城堡，檄散大盜李九經黨。復乞養母去。

神宗立，起兵部右侍郎。萬曆二年改吏部，進左，又以終養歸。母年逾百歲卒。十年起南京戶部尚書，旋召爲工部尚書。有詔營建行宮，近功德寺。巍爭之，乃止。明年改戶部，還吏部尚書。明制，六部分涖天下事，內閣不得侵。至嚴嵩，始陰撓部權。迨張居正時，部權盡歸內閣，逡巡請事如屬吏，祖制由此變。至是，申時行當國。巍素厲清操，有時望，然年耄骫骳，多聽其指揮。御史丁此呂論科場事，時行及余有丁、許國輩皆惡之。巍論謫此呂，爲御史江東之、李植等所攻，與時行俱乞罷。帝從諸大臣請，慰留巍等而戒諭言者，巍乃起復視事。

當居正初敗，言路張甚，帝亦心疑諸大臣朋比，欲言官摘發之以杜壅蔽。諸大臣懼見

攻，政府與銓部陰相倚以制言路。先是，九年京察，張居正令吏部盡除異己者。十五年復當大計。都御史辛自修欲大有所澄汰，巍徇政府指持之。出身進士者，貶黜僅三十三人，而翰林、吏部、給事、御史無一焉。賢否混淆，羣情失望。十七年夏，帝久不視朝，中外疑帝以張鯨不用故託疾。巍率同列請以秋日御殿。至十月，巍等復請。帝不悅，責以沽名。

巍初歷中外，甚有聲。及秉銓，素望大損。然有清操，性長厚，不爲刻覈行。明年以年幾八十，屢疏乞歸。詔乘傳，給廩隸如故事。歸十五年，年九十二而卒。贈少保。

李戴，字仁夫，延津人。隆慶二年進士。除興化知縣，有惠政。擢戶科給事中。廣東以軍興故，增民間稅。至萬曆初亂定，戴奏正之。累遷禮科都給事中。出爲陝西右參政，進按察使。張居正尚名法，四方大吏承風刻覈，戴獨行之以寬。由山西左布政使擢右副都御史，巡撫山東。歲凶，累請蠲振。入爲刑部侍郎。累進南京戶部尚書，召拜工部尚書。以繼母憂去。

二十六年，吏部尚書蔡國珍罷。廷推代者七人，戴居末，帝特擢用之。當是時，趙志皋、沈一貫輔政，雖不敢撓部權，然大僚缺人，九卿及科道掌印者咸得自舉聽上裁，而吏部

諸曹郎亦由九卿推舉，尚書不得自擇其屬，在外府佐及州縣正、佐官則盡用掣簽法，部權日輕。戴視事，謹守新令，幸無罪而已。

明年，京察。編修劉綱、中書舍人丁元薦、南京評事龍起雷嘗以言事忤當路，咸置察中，時議頗不直戴。而是時國本未定，皇長子冠婚久稽，戴每倡廷臣直諫。及礦稅害劇，戴率九卿言：「陳增開礦山東，知縣吳宗堯逮。李道抽分湖口，知府吳寶秀等又逮。天下爲增、道者何限，有司安所措手足。且今水旱頻仍，田里蕭耗，重以東征增兵益餉，而西事又見告矣。民不聊生，奸宄方竊發，柰何反爲發其機，速其變哉。」不報。

山西稅使張忠奏調夏縣知縣韓薰簡僻。戴以內官不當擅舉刺，疏爭之。湖廣陳奉屢奏逮有司，戴等又極論，且言：「奉及遼東高淮擅募勁卒橫民間，尤不可不問。」帝亦弗聽。已，復偕同列言：「自去夏六月不雨至今，路殣相望，巡撫汪應蛟所奏饑民十八萬人。加以頻值寇警，屢興征討之師，按丁增調，履畝加租，賦額視二十年前不啻倍之矣。瘡痍未起，而採榷之害又生。不論礦稅有無，概勒取之民間，此何理也。天下富室無幾，奸人肆虐何極。指其屋而恐之曰『彼有礦』，則家立破矣；『彼漏稅』，則橐立罄矣。持無可究詰之說，用無所顧畏之人，蚩蚩小民，安得不窮且亂也。湖廣激變已數告，而近日武昌尤甚。此輩寧不愛性命哉？變亦死，不變亦死，與其吞聲獨死，毋寧與讐家俱糜。故一發不可遏耳。陛

下可視爲細故耶？」亦不報。

三十年二月，帝有疾，詔罷礦稅，釋繫囚，錄建言譴謫諸臣。越日，帝稍愈，命礦稅採榷如故。戴率同官力諫。時釋罪、起廢二事，猶令閣臣議行，戴即欲疏名上請，而刑部尚書蕭大亨謂釋罪必當奏聞。方具疏上，太僕卿南企仲以二事久稽，劾戴等不能將順。帝怒，并停前詔。戴引罪求罷，帝不許。自是請起廢者再，率九卿乞停礦稅者四，皆不省。稽勳郎中趙邦清素剛介，爲給事中張鳳翔所劾，疑出文選郎中鄧光祚、驗封郎中侯執躬意，辨疏侵之。御史沈正隆、給事中田大益交章劾邦清。邦清憤，盡發光祚、執躬私事。光祚亦騰疏力攻，部中大鬨，戴無所裁抑。御史左宗郢、李培遂劾戴表率無狀，戴引疾乞去。帝諭留，爲貶邦清三秩，允光祚、執躬歸，羣囂乃息。

明年冬，妖書事起。錦衣官王之楨等與同官周嘉慶有隙，言妖書，嘉慶所爲，下詔獄窮治。嘉慶，戴甥也。比會鞫，戴引避。帝聞而惡之。會王士騏通書事發，下部議。士騏奏辨。帝謂士騏不宜辨，責戴不能鉗屬官。戴引罪，而疏紙誤用印，復被譙讓，罪其司屬。戴疏謝，用印如故。帝怒，令致仕，奪郎中以下俸。

戴秉銓六年，溫然長者，然聲望出陸光祖諸人下。趙志皋、沈一貫柄政，戴不敢爲異，以是久於其位，而銓政益頹廢矣。卒，贈少保。

趙煥，字文光，掖縣人。嘉靖四十四年進士。授烏程知縣。入爲工部主事，改御史。萬曆三年，中官張宏請遣其黨榷眞定材木，煥及給事中侯于趙執奏，不從。張居正遭父喪，言官交章請留，煥獨不署名。擢順天府丞，累遷左僉都御史。

十四年三月，風霾求言。煥請恢聖度，納忠言，謹顰笑，信政令，時召大臣商榷治理，次第舉行實政，弊在內府者一切報罷，而飭戒督撫有司務求民瘼。[四]帝嘉納焉。尋遷工部右侍郎。改吏部，進左。乞假去。起南京右都御史，以親老辭。時煥兄遼東巡撫僉都御史燿亦乞歸養。吏部言二人情同，燿爲長子，且任封疆久，可聽其歸。乃趣煥就職。尋召爲刑部尚書。議日本貢事，力言非策。男子諸龍光訐奏李如松通倭下吏，并及其黨陳仲登枷赤日中，期滿戍瘴鄉。[五]煥以盛暑必斃，而二人罪不當死，兩疏力爭。忤旨，詰責。復以議浙江巡按彭應參獄失帝意，遂引疾歸。再起南京右都御史，就改吏部尚書，皆不赴。家居十六年。召拜刑部尚書，尋兼署兵部。

四十年二月，孫丕揚去，改署吏部。時神宗怠於政事，曹署多空。內閣惟葉向高，杜門者已三月。六卿止一煥在，又兼署吏部，吏部無復堂上官。兵部尚書李化龍卒，召王象乾未

至，亦不除侍郎。戶、禮、工三部各止一侍郎而已。都察院自溫純罷去，八年無正官。故事，給事中五十人，御史一百十人，至是皆不過十人。煥累疏乞除補，帝皆不報。其年八月，遂用煥爲吏部尚書，諸部亦除侍郎四人。既而考選命下，補給事中十七人，御史五十人，言路稱盛。

然是時朋黨已成，中朝議論角立。煥素有清望，驟起田間，於朝臣本無所左右，顧雅不善東林。諸攻東林者乘間入之。所舉措，往往不協清議，先後爲御史李若星、給事中孫振基所劾。帝皆優詔慰留之。已，兵部主事卜履吉爲署部事都御史孫瑋所論。煥以履吉罪輕，擬奪俸三月。給事中趙興邦劾煥狥私。煥疏辨，再乞罷。向高言：「今國事艱難，人才日寡。在野者既賜環無期，在朝者復晨星無幾，乃大小臣工日尋水火，甚非國家福也。臣願自今已後共捐成心，憂國事，議論聽之言官，主張聽之當事。使大臣得展布而毋苦言官之掣肘，言官得發舒而毋患當事之摧殘，天下事尚可爲也。」因請諭煥起視事，煥乃出。

明年春，以年例出振基及御史王時熙、魏雲中於外。三人嘗力攻湯賓尹、熊廷弼者，又不移咨都察院，於是御史湯兆京守故事爭，且詆煥。煥屢疏訐辯，杜門不出，詔慰起之。兆京以爭不得，投劾徑歸。其同官李邦華、周起元、孫居相，及戶部郎中賀烺交章劾煥擅權，請還振基等於言路。帝爲奪諸臣俸，貶烺官以慰煥。煥請去益力。九月遂叩首闕前，出城

待命，帝猶遣諭留。給事中李成名復劾煥伐異黨同，煥遂稱疾篤，堅不起。踰月，乃許乘傳歸。

四十六年，吏部尚書鄭繼之去國。時黨人勢成，清流斥逐已盡。齊黨亓詩教勢尤張。以煥爲鄉人老而易制，力引煥代繼之，年七十有七矣。比至，一聽詩教指揮，不敢異同，由是素望益損。帝終以煥清操委信之。及明年七月，遼東告警，煥率廷臣詣文華門固請帝臨朝議政。抵暮，始遣中官諭之退，而諸軍機要務廢閣如故。煥等復具疏趣之，且作危語曰：「他日薊門蹂躪，敵人叩閽，陛下能高枕深宮，稱疾謝却之乎？」帝由是嗛焉。考滿當增秩，寢不報。煥尋卒，卹典不及。光宗立，始賜如制。熹宗初，贈太子太保。

鄭繼之，字伯孝，襄陽人。嘉靖四十四年進士。除餘干知縣。遷戶部主事，歷郎中。遷寧國知府，進四川副使，以養親歸。服除，久之不出。

萬曆十九年用給事中陳尚象薦，起官江西，進右參政。召爲太僕少卿，累遷大理卿。東征師罷，吏部尚書李戴議留戍兵萬五千，令朝鮮供億。繼之曰：「既留兵，自當轉餉，柰何疲敝屬國。」議者韙之。爲大理九年，擢南京戶部尚書，就改吏部。

四十一年，吏部尚書趙煥罷。時帝雖倦勤，特謹銓部選，久不除代。以繼之有清望，明年二月乃召之代煥。繼之久處散地，無黨援。然是時言路持權，齊、楚、浙三黨尤橫，大僚進退惟其喜怒。繼之故楚產，習楚人議論，且年八十餘，耄而憒，遂一聽黨人意指。文選郎中王大智者，繼之所倚信。其秋以年例出御史宋槃、〔六〕潘之祥，給事中張鍵，南京給事中張篤敬於外，皆嘗攻湯賓尹、熊廷弼者也。時定制，科道外遷必會都察院吏科，繼之不令與聞。比考選科道，中書舍人張光房，知縣趙運昌、張廷拱、曠鳴鸞、濮中玉當預，而持議頗右于玉立、李三才，遂見抑，改授部曹。大智同官趙國琦以爲言。大智怒，搆於繼之逐之去。由是御史孫居相、張五典、周起元等援年例故事以爭，且爲光房等五人稱枉，吏科都給事中李瑾亦以失職抗疏劾大智。御史唐世濟則右吏部，詆居相等。居相再疏力攻大智，大智乃引疾去。繼之亦覺其非，不爲辯。

至明年二月，胡來朝爲文選，出兵科都給事中張國儒、御史馬孟禎、〔七〕徐良彥於外，復不咨都察院、吏科。國儒已陪推京卿，法不當出外，孟禎、良彥則素忤黨人，故來朝抑之。繼之不能禁。時居相等已去國，獨瑾再爭，詆繼之、來朝甚力。來朝等不能難，其黨思以衆力勝之，於是諸御史羣起攻瑾。瑾爭之强，疏三上。來朝等亦三疏詆訐，詞頗窮。來朝乃言：「年例協贊之旨，實秉國者調停兩祖，非可爲制，乞改前令從事。」帝一無所處分。瑾方奉使，自引去。其秋，給事中梅之煥，御史李若星、張五典年例外轉，所司復不預聞。吏科韓光裕、御史徐養量稍言之，然勢孤竟不能爭也。

時縉雲李鋕以刑部尚書兼署都察院，亦浙黨所推轂。四十五年大計京官，繼之與鋕司其事，考功郎中趙士諤、給事中徐紹吉、御史韓浚佐之。所去留悉出紹吉等意，繼之受成而已。一時與黨人異趣者，貶黜殆盡，大僚則中以拾遺，善類爲空。

繼之以篤老累疏乞休，帝輒慰留不允。明年春，稽首闕下，出郊待命。帝聞，命乘傳歸。又數年卒，年九十二。贈少保。

贊曰：張瀚、王國光、梁夢龍皆以才辦稱，楊巍、趙煥、鄭繼之亦負清望，及秉銓政，蒙詬議焉。於時政府參懷，言路脅制，固積重難返，然以公滅私之節，諸人蓋不能無愧云。

校勘記

〔一〕御馬象房及二十四馬房芻料歸廣西司　二十四，本書卷七二職官志廣西清吏司作「二十三」。

〔二〕今行海運兼治河防　上文言海運與海防，此「河防」二字當係「海防」之譌。

〔三〕永奠堡　原作「永莫堡」。按明會典卷一三三遼東邊圖有永奠堡，而無「永莫堡」，「莫」「奠」形近而訛，今改正。

〔四〕而飭戒督撫有司務求民瘼　督撫，原作「督府」。據明史稿傳一〇四趙煥傳改。

〔五〕期滿戍瘴鄉　原脫「期」字，致文義不明。據明史稿傳一〇四趙煥傳補。

〔六〕宋槃　原作「李槃」，據本書卷二五四孫居相傳、明史稿傳一〇四鄭繼之傳及傳一三四孫居相傳改。

〔七〕馬孟禎　原作「馬孟楨」。按本書卷二三〇及明史稿傳一一四有馬孟禎傳，事跡與此合，據改。

明史卷二百二十六

列傳第一百十四

海瑞 何以尚 丘橓 呂坤 郭正域

海瑞，字汝賢，瓊山人。舉鄉試。入都，卽伏闕上平黎策，欲開道置縣，以靖鄉土。識者壯之。署南平教諭。御史詣學宮，屬吏咸伏謁，瑞獨長揖，曰：「臺謁當以屬禮，此堂，師長教士地，不當屈。」遷淳安知縣。布袍脫粟，令老僕藝蔬自給。總督胡宗憲嘗語人曰：「昨聞海令爲母壽，市肉二斤矣。」宗憲子過淳安，怒驛吏，倒懸之。瑞曰：「曩胡公按部，令所過毋供張。今其行裝盛，必非胡公子。」發橐金數千，納之庫，馳告宗憲，宗憲無以罪。都御史鄢懋卿行部過，供具甚薄，抗言邑小不足容車馬。懋卿恚甚。然素聞瑞名，爲斂威去，而屬巡鹽御史袁淳論瑞及慈谿知縣霍與瑕。與瑕，尚書韜子，亦抗直不諂懋卿者也。時瑞已擢嘉興通判，坐謫興國州判官。久之，陸光祖爲文選，擢瑞戶部主事。

時世宗享國日久，不視朝，深居西苑，專意齋醮。督撫大吏爭上符瑞，禮官輒表賀。廷臣自楊最、楊爵得罪後，無敢言時政者。四十五年二月，瑞獨上疏曰：

臣聞君者，天下臣民萬物之主也，其任至重。欲稱其任，亦惟以責寄臣工，使盡言而已。臣請披瀝肝膽，爲陛下陳之。

昔漢文帝賢主也，賈誼猶痛哭流涕而言。非苛責也，以文帝性仁而近柔，雖有及民之美，將不免於怠廢，此誼所大慮也。陛下天資英斷，過漢文遠甚。然文帝能充其仁恕之性，節用愛人，使天下貫朽粟陳，幾致刑措。陛下則銳精未久，妄念牽之而去，反剛明之質而誤用之。至謂遐舉可得，一意修眞，竭民脂膏，濫興土木，二十餘年不視朝，法紀弛矣。數年推廣事例，名器濫矣。二王不相見，人以爲薄於父子。以猜疑誹謗戮辱臣下，人以爲薄於君臣。樂西苑而不返，人以爲薄於夫婦。吏貪官橫，民不聊生，水旱無時，盜賊滋熾。陛下試思今日天下，爲何如乎？

邇者嚴嵩罷相，世蕃極刑，一時差快人意。然嵩罷之後猶嵩未相之前而已，世非甚清明也，不及漢文帝遠甚。蓋天下之人不直陛下久矣。古者人君有過，賴臣工匡弼。今乃修齋建醮，相率進香，仙桃天藥，同辭表賀。建宮築室，則將作竭力經營；購香市寶，則度支差求四出。陛下誤舉之，而諸臣誤順之，無一人肯爲陛下正言者，諛之甚也。然媿心餒氣，退有後言，欺君之罪何如！

夫天下者，陛下之家。人未有不顧其家者，內外臣工皆所以奠陛下之家而磐石之者也。一意修眞，是陛下之心惑。過於苛斷，是陛下之情偏。而謂陛下不顧其家，人情乎？諸臣徇私廢公，得一官多以欺敗，多以不事事敗，實有不足當陛下意者。其不然者，君心臣心偶不相値也，而遂謂陛下厭薄臣工，是以拒諫。執一二之不當，疑千百之皆然，陷陛下於過舉，而恬不知怪，諸臣之罪大矣。記曰「上人疑則百姓惑，下難知則君長勞」，此之謂也。

且陛下之誤多矣，其大端在於齋醮。齋醮所以求長生也。自古聖賢垂訓，修身立命曰「順受其正」矣，未聞有所謂長生之說。堯、舜、禹、湯、文、武聖之盛也，未能久世，下之亦未見方外士自漢、唐、宋至今存者。陛下受術於陶仲文，以師稱之。仲文則旣死矣，彼不長生，而陛下何獨求之。至於仙桃天藥，怪妄尤甚。昔宋眞宗得天書於乾祐山，孫奭曰「天何言哉？豈有書也」。桃必採而後得，藥必製而後成。今無故獲此二物，是有足而行耶？曰「天賜者」，有手執而付之耶？此左右奸人，造爲妄誕以欺陛下，而陛下誤信之，以爲實然，過矣。

陛下又將謂懸刑賞以督責臣下，則分理有人，天下無不可治，而修眞爲無害已

乎？太甲曰：「有言逆于汝心，必求諸道；有言遜于汝志，必求諸非道。」用人而必欲其唯言莫違，此陛下之計左也。旣觀嚴嵩，有一不順陛下者乎？昔爲同心，今爲戮首矣。梁材守道守官，陛下以爲逆者也，歷任有聲，官戶部者至今首稱之。然諸臣寧爲嵩之順，不爲材之逆，得非有以窺陛下之微，而潛爲趨避乎？卽陛下亦何利於是。

陛下誠知齋醮無益，一旦翻然悔悟，日御正朝，與宰相、侍從、言官講求天下利害，洗數十年之積誤，置身於堯、舜、禹、湯、文、武之間，使諸臣亦得自洗數十年阿君之恥，置其身於皐、夔、伊、傅之列，天下何憂不治，萬事何憂不理。此在陛下一振作間而已。釋此不爲，而切切於輕舉度世，敝精勞神，以求之於繫風捕影、茫然不可知之域，臣見勞苦終身，而終於無所成也。今大臣持祿而好諛，小臣畏罪而結舌，臣不勝憤恨。是以冒死，願盡區區，惟陛下垂聽焉。

帝得疏，大怒，抵之地，顧左右曰：「趣執之，無使得遁。」宦官黃錦在側曰：「此人素有癡名。聞其上疏時，自知觸忤當死，市一棺，訣妻子，待罪於朝，僮僕亦奔散無留者，是不遁也。」帝默然。少頃復取讀之，日再三，爲感動太息，留中者數月。嘗曰：「此人可方比干，第朕非紂耳。」會帝有疾，煩懣不樂，召閣臣徐階議內禪，因曰：「海瑞言俱是。朕今病久，安能視事。」又曰：「朕不自謹惜，致此疾困。使朕能出御便殿，豈受此人詬詈耶？」遂逮瑞下詔

獄，究主使者。尋移刑部，論死。獄上，仍留中。戶部司務何以尚者，揣帝無殺瑞意，疏請釋之。帝怒，命錦衣衞杖之百，錮詔獄，晝夜搒訊。越二月，帝崩，穆宗立，兩人並獲釋。

帝初崩，外庭多未知。提牢主事聞狀，以瑞且見用，設酒饌款之。瑞自疑當赴西市，恣飲噉，不顧。主事因附耳語：「宮車適晏駕，先生今即出大用矣。」瑞曰：「信然乎？」即大慟，盡嘔出所飲食，隕絕於地，終夜哭不絕聲。既釋，復故官。俄改兵部。擢尚寶丞，調大理。

隆慶元年，徐階爲御史齊康所劾，瑞言：「階事先帝，無能救於神仙土木之誤，畏威保位，誠亦有之。然自執政以來，憂勤國事，休休有容，有足多者。康乃甘心鷹犬，搏噬善類，其罪又浮於高拱。」人韙其言。

歷兩京左、右通政。三年夏，以右僉都御史巡撫應天十府。屬吏憚其威，墨者多自免去。有勢家朱丹其門，聞瑞至，黝之。中人監織造者，爲減輿從。瑞銳意興革，請濬吳淞、白茆，通流入海，民賴其利。素疾大戶兼并，力摧豪强，撫窮弱。貧民田入於富室者，率奪還之。徐階罷相里居，按問其家無少貸。下令飈發淩厲，所司惴惴奉行，豪有力者至竄他郡以避。而奸民多乘機告訐，故家大姓時有被誣負屈者。又裁節郵傳冗費。士大夫出其境率不得供頓，由是怨頗興。都給事中舒化論瑞迂滯不達政體，宜以南京清秩處之，帝猶優詔獎瑞。已而給事中戴鳳翔劾瑞庇奸民，魚肉搢紳，沽名亂政，遂改督南京糧儲。瑞撫吳甫半歲。

小民聞當去，號泣載道，家繪像祀之。將履新任，會高拱掌吏部，素銜瑞，并其職於南京戶部，瑞遂謝病歸。

萬曆初，張居正當國，亦不樂瑞，令巡按御史廉察之。御史至山中視，瑞設雞黍相對食，居舍蕭然，御史歎息去。居正憚瑞峭直，中外交薦，卒不召。十二年冬，居正已卒，吏部擬用左通政。帝雅重瑞名，畀以前職。明年正月召爲南京右僉都御史，道改南京吏部右侍郎，瑞年已七十二矣。疏言衰老垂死，願比古人尸諫之義，大略謂：「陛下勵精圖治，而治化不臻者，貪吏之刑輕也。諸臣莫能言其故，反借待士有禮之說，交口而文其非。夫待士有禮，而民則何辜哉？」因舉太祖法剝皮囊草及洪武三十年定律枉法八十貫論絞，謂今當用此懲貪。其他規切時政，語極剴切。獨勸帝虐刑，時議以爲非。御史梅鵾祚劾之。帝雖以瑞言爲過，然察其忠誠，爲奪鵾祚俸。

帝屢欲召用瑞，執政陰沮之，乃以爲南京右都御史。諸司素媮惰，瑞以身矯之。有御史偶陳戲樂，欲遵太祖法予之杖。百司惴恐，多患苦之。提學御史房寰恐見糾擿欲先發，給事中鍾宇淳復慫恿，寰再上疏醜詆。瑞亦屢疏乞休，慰留不允。十五年，卒官。

瑞無子。卒時，僉都御史王用汲入視，葛幃敝籝，有寒士所不堪者。因泣下，醵金爲斂。小民罷市。喪出江上，白衣冠送者夾岸，酹而哭者百里不絕。贈太子太保，謚忠介。

瑞生平爲學，以剛爲主，因自號剛峯，天下稱剛峯先生。嘗言：「欲天下治安，必行井田。不得已而限田，又不得已而均稅，尚可存古人遺意。」故自爲縣以至巡撫，所至力行清丈，頒一條鞭法。意主於利民，而行事不能無偏云。

始救瑞者何以尚，廣西興業人，起家鄉舉。出獄，擢光祿丞。又以劾高拱坐謫。拱罷，起雷州推官，終南京鴻臚卿。

丘橓，字茂實，諸城人。嘉靖二十九年進士。由行人擢刑科給事中。三十四年七月，倭六七十人失道流劫，自太平直逼南京。兵部尚書張時徹等閉城不敢出，閱二日引去。給事御史劾時徹及守備諸臣罪，時徹亦上其事，詞多隱護。橓劾其欺罔，時徹及侍郎陳洙皆罷。帝久不視朝，嚴嵩專國柄。橓言權臣不宜獨任，朝綱不宜久弛，嚴嵩深憾之。已，劾嵩黨寧夏巡撫謝淮、應天府尹孟淮貪黷，謝淮坐免。是年，嵩敗，橓劾由嵩進者順天巡撫徐紳等五人，帝爲黜其三。

還兵科都給事中。劾南京兵部尚書李遂、鎮守兩廣平江伯陳王謨、錦衣指揮魏大經咸

以賄進，大經下吏，王謨革任。已，又劾罷浙江總兵官盧鏜。寇犯通州，總督楊選被逮。及寇退，橓偕其僚陳善後事宜，指切邊弊。帝以橓不早劾選，杖六十，斥爲民，餘謫邊方雜職。橓歸，敝衣一篋，圖書一束而已。隆慶初，起任禮科，不至。尋擢南京太常少卿，進大理少卿。病免。神宗立，言官交薦。張居正惡之，不召。

萬曆十一年秋起右通政。未上，擢左副都御史，以一柴車就道。既入朝，陳吏治積弊八事，言：

臣去國十餘年，士風漸靡，吏治轉汙，遠近蕭條，日甚一日。此非世運適然，由風紀不振故也。如京官考滿，河南道例書稱職。外吏給由，撫按官概與保留。以朝廷甄別之典，爲人臣交市之資。敢徇私而不敢盡法，惡無所懲，賢亦安勸。此考績之積弊，一也。

御史巡方，未離國門，而密屬之姓名，已盈私牘。甫臨所部，而請事之竿牘，又滿行臺。以豸冠持斧之威，束手俯眉，聽人頤指。此請託之積弊，二也。

撫按定監司考語，必託之有司。有司則不顧是非，侈加善考，監司德且畏之。彼此結納，上下之分蕩然。其考守令也，亦如是。此訪察之積弊，三也。

貪墨成風，生民塗炭，而所劾罷者大都單寒輭弱之流。苟百足之蟲，傅翼之虎，即

贓穢狼籍，還登薦剡。嚴小吏而寬大吏，詳去任而略見任。此舉劾之積弊，四也。

懲貪之法在提問。乃豺狼見遺，狐狸是問，徒有其名。或陰縱之使去，或累逮而不行，或批駮以相延，或朦朧以幸免。即或終竟其事，亦必博長厚之名，而以盡法自嫌。苞苴或累萬金，而贓止坐之銖黍。草菅或數十命，而罰不傷其毫釐。此提問之積弊，五也。

薦舉糾劾，所以勸懲有司也。今薦則先進士而舉監，非有憑藉者不與焉。劾則先舉監而進士，縱有訾議者罕及焉。晉接差委，專計出身之途。於是同一官也，不敢接席而坐，比肩而行。諸人自分低昂，吏民觀瞻頓異。助成驕縱之風，大喪賢豪之氣。此資格之積弊，六也。

州縣佐貳雖卑，亦臨民官也，必待以禮，然後可責以法。今也役使譴訶，無殊輿隸。獨任其汚瀆害民，不屑禁治。禮與法，兩失之矣。學校之職，賢才所關。今不問職業，而一聽其所爲。及至考課，則曰「此寒官也」，概與上考。若輩知上官不我重也，則因而自棄；知上官必我憐也，又從而日偷。此處佐貳教職之積弊，七也。

科場取士，故有門生、座主之稱。若巡按，舉劾其職也。乃劾者不任其怨，舉者獨冒爲恩。尊之爲舉主，而以門生自居，筐篚問遺，終身不廢。假明揚之典，開賄賂之

門，無惑乎清白之吏不概見於天下也。方今國與民俱貧，而官獨富。既以官而得富，還以富而市官。此餽遺之積弊，八也。

要此八者，敗壞之源不在於外，從而轉移亦不在於下也。昔齊威王烹一阿大夫，封一即墨大夫，而齊國大治。陛下誠大奮乾剛，痛懲吏弊，則風行草偃，天下可立治矣。

疏奏，帝稱善。敕所司下撫按奉行，不如詔者，罪。

頃之，言：「故給事中魏時亮、周世選，御史張櫝、李復聘以忤高拱見黜，文選郎胡汝桂以忤尚書被傾，宜賜甄錄。御史于應昌搆陷劉臺與王宗載同罪，宗載遣戍而應昌止罷官。勞堪巡撫福建，殺侍郎洪朝選。御史張一鯤監應天鄉試，王篆子之鼎夤緣中式。錢岱監湖廣鄉試，先期請居正少子還就試，會居正卒不果，遂私中篆子之衡。曹一夔身居風憲，盛稱馮保爲顧命大臣。朱璉則結馮保爲父，游七爲兄。此數人者，得罪名教，而亦止罷官。此綱紀所以不振，人心所以不服。臣初入臺，誓掃除積弊。今待罪三月，而大吏恣肆，小吏貪殘，小民怨咨，四方賂遺如故，臣不職可見。請罷斥以儆有位。」時已遷刑部右侍郎。帝優詔報之。召時亮、世選、櫝、復聘、汝桂還，削應昌、堪、一鯤、一夔、璉籍，貶岱三秩。未幾，偕中官張誠往籍張居正家。還，轉左侍郎，增俸一秩。尋拜南京吏部尚書，卒官。贈太子太保，謚簡肅。

橓强直好搏擊，其清節爲時所稱云。

呂坤，字叔簡，寧陵人。萬曆二年進士。爲襄垣知縣，有異政。調大同，徵授戶部主事，歷郎中。遷山東參政、山西按察使、陝西右布政使。擢右僉都御史，巡撫山西。居三年，召爲左僉都御史。歷刑部左、右侍郎。

二十五年五月疏陳天下安危。其略曰：

竊見元旦以來，天氣昏黃，日光黯淡，占者以爲亂徵。今天下之勢，亂象已形，而亂勢未動。天下之人，亂心已萌，而亂人未倡。今日之政，皆播亂機使之動，助亂人使之倡者也。臣敢以救時要務，爲陛下陳之。自古幸亂之民有四。一曰無聊之民。飽溫無由，身家俱困，因懷逞亂之心，冀緩須臾之死。二曰無行之民。氣高性悍，玩法輕生，居常愛玉帛子女而不得，及有變則淫掠是圖。三曰邪說之民。白蓮結社，徧及四方，教主傳頭，所在成聚。倘有招呼之首，此其歸附之人。四曰不軌之民。乘釁蹈機，妄思雄長。惟冀目前有變，不樂天下太平。陛下約己愛人，損上益下，則四民皆赤子，否則悉爲寇讎。

今天下之蒼生貧困可知矣。自萬曆十年以來，無歲不災，催科如故。臣久爲外吏，見陛下赤子凍骨無兼衣，饑腸不再食，垣舍弗蔽，苫藁未完；流移日衆，棄地猥多；留者輸去者之糧，生者承死者之役。君門萬里，孰能仰訴。今國家之財用耗竭可知矣。數年以來壽宮之費幾百萬，織造之費幾百萬，寧夏之變幾百萬，黃河之潰幾百萬，今大工、採木費，又各幾百萬矣。土不加廣，民不加多，非有雨菽湧金，安能爲計。今國家之防禦疏略可知矣。三大營之兵以衞京師也，乃馬半羸敝，人半老弱。九邊之兵以禦外寇也，皆勇於挾上，怯於臨戎。外衞之兵以備征調資守禦也，伍缺於役占，家累於需求，皮骨僅存，折衝奚賴。設有千騎橫行，兵不足用，必選民丁。以怨民鬬怨民，誰與合戰。

人心者，國家之命脈也。今日之人心，惟望陛下收之而已。關隴氣寒土薄，民生實艱。自造花絨，比戶困趣逼。提花染色，日夜無休，千手經年，不成一匹。他若山西之紬，蘇、松之錦綺，歲額既盈，加造不已。至饒州磁器，西域回青，不急之須，徒累小民敲骨。陛下誠一切停罷，而江南、陝西之人心收矣。

以採木言之。丈八之圍，非百年之物。深山窮谷，蛇虎雜居，毒霧常多，人烟絕少，寒暑饑渴瘴癘死者無論矣。乃一木初臥，千夫難移，倘遇阻艱，必成傷殞。蜀民語

中華書局

曰「入山一千，出山五百」，哀可知也。至若海木，官價雖一株千兩，比來都下，為費何止萬金。臣見楚、蜀之人，談及採木，莫不哽咽。苟損其數，增其直，多其歲月，減其尺寸，而川、貴、湖廣之人心收矣。

以採礦言之。南陽諸府，比歲饑荒。生氣方蘇，菜色未變。自責報殷戶，而半已驚逃。自供應礦夫工食、官兵口糧，而多至累死。自都御史李盛春嚴旨切責，而撫按畏罪不敢言。今礦沙無利，責民納銀，而奸人仲春復為攘奪侵漁之計。朝廷得一金，郡縣費千倍。誠敕戒使者，毋散砂責銀，有侵奪小民若仲春者，誅無赦，而四方之人心收矣。

官店租銀收解，自趙承勛造四千之說，而皇店開。自朝廷有內官之遣，而事權重。夫市井之地，貧民求升合絲毫以活身家者也，陛下享萬方之富，何賴於彼？且馮保八店，為屋幾何，而歲有四千金之課。課既四千，徵收何止數倍。不奪市民，將安取之？今豪家遺僕設肆，居民尚受其殃，况特遣中貴，賜之敕書，以壓卵之威，行竭澤之計，民困豈顧問哉。陛下撤還內臣，責有司輸課，而畿甸之人心收矣。

天下宗室，皆九廟子孫。王守仁、王錦襲蓋世神奸。籍隔數千里，而冒認王弼子孫；專隔三百年，而妄稱受寄財產。中間偽造絲綸，假傳詔旨，明欺聖主，暗陷親王，有

如楚王銜恨自殺，陛下何辭以謝高皇帝之靈乎？此兩賊者，罪應誅殛，乃止令回籍，臣恐萬姓驚疑。誠急斬二賊以謝楚王，而天下宗藩之心收矣。

崇信伯費甲金之貧，十廟珠寶之誣，皆通國所知也。始誤於科道之風聞，嚴追猶未為過。今眞知其枉，又加禁錮，實害無辜。請還甲金革去之祿，復五城廠衛降斥之官，而勳戚之人心收矣。

法者，所以平天下之情。其輕其重，太祖既定為律，列聖又增為例。如輕重可以就喜怒之情，則例不得為一定之法。臣待罪刑部三年矣，每見詔獄一下，持平者多拂上意，從重者皆當聖心。如往年陳恕、王正甄、常照等獄，臣等欺天罔人，已自廢法，陛下猶以為輕，俱加大辟。然則律例又安用乎！誠俯從司寇之平，勉就祖宗之法，而囹圄之人心收矣。

自古聖明之君，豈樂誹謗之語。然而務求言賞諫者，知天下存亡，係言路通塞也。比來驅逐既多，選補皆罷。天閽邃密，法座崇嚴，若不廣達四聰，何由明照萬里。今陛下所聞，皆衆人之所敢言也，其不敢言者，陛下不得聞矣。一人孤立萬乘之上，舉朝無犯顏逆耳之人，快在一時，憂貽他日。陛下誠釋曹學程之繫，還吳文梓等官，凡建言得罪者，悉分別召用，而士大夫之心收矣。

朝鮮密邇東陲，近吾肘腋，平壤西鄰鴨綠，晉州直對登、萊。倘倭夷取而有之，籍衆為兵，就地資食，進則斷我漕運，退則窺我遼東。不及一年，京城坐困，此國家大憂也。乃彼請兵而二三其說，許兵而延緩其期；力窮勢屈，不折入為倭不止。陛下誠早決大計，幷力東征，而屬國之人心收矣。

四方輸解之物，營辦既苦，轉運尤艱。及入內庫，率至朽爛，萬姓脂膏，化為塵土。倘歲一稽核，苦竄者嚴監收之刑，朽腐者重典守之罪。一整頓間，而一年可備三年之用，歲省不下百萬，而輸解之人心收矣。

自抄沒法重，株連數多。坐以轉寄，則並籍家資。誣以多贓，則互連親識。宅一封而雞豚大半餓死，人一出則親戚不敢藏留。加以官吏法嚴，兵番搜苦，少年婦女，亦令解衣。臣曾見之，掩目酸鼻。此豈盡正犯之家、重罪之人哉。一字相牽，百口難解。奸人又乘機恐嚇，挾取資財，不足不止。半年之內，擾徧京師，陛下知之否乎？願慎抄沒之舉，釋無辜之繫，而都下之人心收矣。

列聖在御之時，豈少宦官宮妾，然死於箠楚者，未之多聞也。陛下數年以來，疑深怒盛。廣廷之中，狼籍血肉，宮禁之內，慘戚啼號。厲氣冤魂，乃聚福祥之地。今環門守戶之衆，皆傷心側目之人。外表忠勤，中藏憸毒。既朝暮不能自保，即九死何愛一

身。陛下臥榻之側，同心者幾人，暮夜之際，防患者幾人，臣竊憂之。願少霽威嚴，慎用鞭扑，而左右之人心收矣。

祖宗以來，有一日三朝者，有一日一朝者。陛下不視朝久，人心懈弛已極，奸邪窺伺已深，守衛官軍祗應故事。今乾淸修造，逼近御前。軍夫往來，誰識面貌。萬一不測，何以應之。臣望發宮鑰於質明，放軍夫於日昃。自非軍國急務，慎無昏夜傳宣。章奏不答，先朝未有。至於今日，强半留中。設令有國家大事，邀截實封，揚言於外曰「留中矣」，人知之乎？願自今章疏未及批答者，日於御前發一紙，下會極門，轉付諸司照察，庶君臣雖不面談，而上下猶無欺蔽。

臣觀陛下昔時勵精為治，今當春秋鼎盛，曾無夙夜憂勤之意，惟孜孜以患貧為事。不知天下之財，止有此數，君欲富則天下貧，天下貧而君豈獨富。今民生憔悴極矣，乃採辦日增，誅求益廣，斂萬姓之怨於一言，結九重之讐於四海，臣竊痛之。使六合一家，千年如故，卽宮中虛無所有，誰忍使陛下獨貧。今禁城之內，不樂有君。天下之民，不樂有生。怨讟愁歎，難堪入聽。陛下聞之，必有食不能咽，寢不能安者矣。臣老且衰，恐不得復見太平，籲天叩地，齋宿七日，敬獻憂危之誠。惟陛下密行臣言，翻然若出聖心警悟者，則人心自悅，天意自回。苟不然者，陛下他日雖悔，將何及耶。

疏入，不報。坤遂稱疾乞休，中旨許之。於是給事中戴士衡劾坤機深志險，謂石星大誤東事，孫鑛濫殺不辜，坤顧不言，曲爲附會，無大臣節。給事中劉道亨言往年孫丕揚劾張位，位疑疏出坤手，故使士衡劾坤。位奏辨。帝以坤旣罷，悉置不問。

初，坤按察山西時，嘗撰閨範圖說，內侍購入禁中。鄭貴妃因加十二人，且爲製序，屬其伯父承恩重刊之。士衡遂劾坤因承恩進書，結納宮掖，包藏禍心。坤持疏力辨。未幾，有妄人爲閨範圖說跋，名曰憂危竑議，略言：「坤撰閨範，獨取漢明德后者，后由貴人進中宮，坤以媚鄭貴妃也。坤疏陳天下憂危，無事不言，獨不及建儲，意自可見。」其言絕狂誕，將以害坤。帝歸罪於士衡等，其事遂寢。

坤剛介峭直，留意正學。居家之日，與後進講習。所著述，多出新意。初，在朝與吏部尙書孫丕揚善。後丕揚復爲吏部，屢推坤左都御史未得命，言：「臣以八十老臣保坤，冀臣得親見用坤之效。不效，甘坐失舉之罪，死且無憾。」已，又薦天下三大賢，沈鯉、郭正域，其一卽坤。丕揚前後推薦，疏至二十餘上，帝終不納。福王封國河南，賜莊田四萬頃。坤在籍，上言：「國初分封親藩二十有四，賜田無至萬頃者。河南已封周、趙、伊、徽、鄭、唐、崇、潞八王，若皆取盈四萬，占兩河郡縣且半，幸聖明裁減。」復移書執政言之。會廷臣亦力爭，得減半。卒，天啓初，贈刑部尙書。

郭正域，字美命，江夏人。萬曆十一年進士。選庶吉士，授編修，與修撰唐文獻同爲皇長子講官。皆三遷至庶子，不離講帷。每講畢，諸內侍出相揖，惟二人不交一言。出爲南京祭酒。諸生納貲許充貢，正域奏罷之。李成梁孫以都督就婚魏國徐弘基家，騎過文廟門，學錄李維極執而抶之。李氏蒼頭數十人躪邸門，弘基亦至。正域曰：「今天子尙皮弁拜先聖，人臣乃走馬廟門外乎？且公侯子弟入學習禮，亦國子生耳，學錄非抶都督也。」令交相謝而罷。

三十年徵拜詹事，復爲東宮講官。旋擢禮部右侍郎，掌翰林院。三十一年三月，尙書馮琦卒，正域還署部事。夏，廟饗，會日食，正域言：「禮，當祭日食，牲未殺，則廢。朔旦宜專救日，請朝享廟。」從之。方澤陪祀者多託疾。正域謂祀事不虔，由上不躬祀所致。請下詔飭厲，冬至大祀，上必親行。帝然之，而不能用。

初，正域之入館也，沈一貫爲教習師。後服闋授編修，不執弟子禮，一貫不能無望。至是，一貫爲首輔，沈鯉次之。正域與鯉善，而心薄一貫。會臺官上日食占，曰：「日從上食，占爲君知佞人用之，以亡其國。」一貫怒而詈之，正域曰：「宰相憂盛危明，顧不若瞽史邪？」一貫聞之怒。兩淮稅監魯保請給關防，兼督江南、浙江織造，鯉持不可，一貫擬予之，正域亦力爭。秦王以嫡子久未生，請封其庶長子爲世子，屢詔趣議。前尙書馮琦持不上，正域亦執不許。王復請封其他子爲郡王，又不可，一貫使大璫以上命脅之。正域榜於門曰：「秦王以中尉進封，庶子當仍中尉，不得爲郡王。妃年未五十，庶子亦不得爲世子。」一貫無以難。及建議欲奪黃光昇、許論、呂本謚，一貫與朱賡皆本同鄉也，曰：「我輩在，誰敢奪者！」正域援筆判曰：「黃光昇當謚，是海瑞當殺也。許論當謚，是沈鍊當殺也。呂本當謚，是鄢懋卿、趙文華皆名臣，不當削奪也。」議上，畢朝趣之，而卒不行。

正域旣積忤一貫，一貫深憾之。會楚王華奎與宗人華趆等相訐，正域復與一貫異議，由此幾得危禍。先是，楚恭王得廢疾，隆慶五年薨，遺腹宮人胡氏孿生子華奎、華壁。或云內官郭綸以王妃兄王如言妾尤金梅子爲華奎，妃族人如綍奴王玉子爲華壁。儀賓汪若泉嘗訐奏之，事下撫按。王妃持甚堅，得寢。萬曆八年，華奎嗣王，華壁亦封宣化王。宗人華趆者，素強禦忤王。華趆妻，如言女也。是年遣人訐華奎異姓子也，不當立。一貫屬通政使沈子木，格其疏勿上。月餘楚王劾華趆疏至，乃上之。命下部議。未幾，華趆入都訴通政司邀截實封及華奎行賄狀，楚宗與名者，凡二十九人。子木懼，召華趆令更易月日以上。旨幷下部。正域請敕撫按公勘，從之。

初，一貫屬正域毋言通政司匿疏事。及華趆疏上，正域主行勘。一貫言親王不當勘，但當體訪。正域曰：「事關宗室，臺諫當亦言之。」一貫微笑曰：「臺諫斷不言也。」及帝從勘議，楚王懼，奉百金爲正域壽，且屬毋竟楚事，當酬萬金，正域嚴拒之。已而湖廣巡撫趙可懷、巡按應朝卿勘上，言詳審無左驗，而王氏持之堅，諸郡主縣主則云「罔知眞僞」，乞特遣官再問。詔公卿雜議於西闕門，日晏乃罷。議者三十七人，各具一單，言人人殊。李廷機以左侍郎代正域署部事，正域欲盡錄諸人議，廷機以辭太繁，先撮其要以上。一貫遂嗾給事中楊應文、御史康丕揚劾禮部壅閼羣議，不以實聞。正域疏辨，且發子木匿疏、一貫阻勘及楚王餽遺狀。一貫益恚，謂正域遣家人導華趆上疏，議令楚王避位聽勘，私庇華趆。

當是時，正域右宗人，大學士沈鯉右正域，尙書趙世卿、謝傑，祭酒黃汝良則右楚王。給事中錢夢皋遂希一貫指論正域，詞連次輔鯉。應文又言正域父懋嘗笞辱於楚恭王，故正域因事陷之。正域疏辨，留中不報。一貫、鯉以楚事皆求去，廷機復請再問。帝以王嗣位二十餘年，何至今始發，且夫訐妻證，不足憑，遂罷楚事勿按。正域四疏乞休去。楚王旣得安，遂奏劾正域，大略如應文言；且訐其不法數事，請褫正域官。詔下部院集議。廷機微刺正域，而謂其已去可無苛求。給事中張問達則謂藩王欲進退大臣，不可訓，乃不罪正域而令巡按御史勘王所訐以聞。

俄而妖書事起。一貫以鯉與己地相逼，而正域新罷，因是陷之，則兩人必得重禍，乃爲帝言臣下有欲相傾者爲之。蓋微引其端，以動帝意。亡何，錦衣衞都督王之禎等四人以妖書有名，指其同官周嘉慶爲之。東廠又捕獲妖人皦生光。巡城御史康丕揚爲生光訟冤，言妖書、楚事同一根柢，請少緩其獄，賊兄弟可授首闕下。意指正域及其兄國子監丞正位。帝怒，以爲庇反賊，除其名。一貫力救始免。丕揚乃先後捕僧人達觀、醫者沈令譽等，而同知胡化則告妖書出教官阮明卿手。未幾，廠衞又捕可疑者一人曰毛尚文。數日間鋃鐺旁午，都城人人自危。嘉慶等皆下詔獄。嘉慶旋以治無驗，令革任回籍。令譽故嘗往來正域家，達觀亦時時游貴人門，嘗爲正域所搒逐，尚文則正域僕也。一貫、丕揚等欲自數人口引正域，而化所訐阮明卿，則錢夢皋壻。夢皋大恚，上疏顯攻正域，言：「妖書刊播，不先不後，適在楚王疏入之時。蓋正域乃沈鯉門徒，而沈令譽者，正域食客，胡化又其同鄉同年，羣奸結爲死黨。乞窮治根本，定正域亂楚首惡之罪，勒鯉閒住。」帝令正域還籍聽勘，急嚴訊諸所捕者。達觀拷死，令譽亦幾死，皆不承。法司迫化引正域及歸德。歸德，鯉所居縣也。化大呼曰：「明卿，我仇也，故訐之。正域舉進士二十年不通問，何由同作妖書？我亦不知誰爲歸德者。」帝知化枉，釋之。

都督陳汝忠掠訊尚文，遂發卒圍正域舟於楊村，盡捕媼婢及傭書者男女十五人，與生光雜治，終無所得。汝忠以錦衣告身誘尚文曰：「能告賊，即得之。」令引令譽，且以乳媼龔氏十歲女爲徵。比會訊，東廠太監陳矩詰女曰：「汝見妖書版有幾？」曰：「盈屋。」矩笑曰：「妖書僅二三紙，版顧盈屋邪？」詰尚文曰：「令譽語汝刊書何日？」尚文曰：「十一月十六日。」戎政尚書王世揚曰：「妖書以初十日獲，而十六日又刊，將有兩妖書邪？」拷生光妻妾及十歲兒，以鍼刺指爪，必欲引正域，皆不應。生光仰視夢皋、丕揚，大罵曰：「死則死耳，奈何教我迎相公指，妄引郭侍郎乎？」都御史溫純等力持之，事漸解，然猶不能具獄。

光宗在東宮，數語近侍曰：「何爲欲殺我好講官？」諸人聞之皆懼。詹事唐文獻偕其僚楊道賓等詣一貫爭之，李廷機亦力爲之地，獄益解。刑部尚書蕭大亨具爰書，猶欲坐正域。郎中王述古抵稾於地，大亨乃止。遂坐生光極刑，釋諸波及者，而正域獲免。方獄急時，邏卒圍鯉舍及正域舟，鈴柝達旦。又聲言正域且逮，迫使自裁。正域曰：「大臣有罪，當伏尸都市，安能自屏野外。」既而幸無事，乃歸。歸三年，巡按御史史學遷勘上楚王所訐事，無狀。給事顧士琦因請召還正域，不報。

正域博通載籍，勇於任事，有經濟大略，自守介然，故人望歸之。扼於權相，遂不復起，家居十年卒。後四年，贈禮部尚書。光宗遺詔，加恩舊學，贈太子少保，謚文毅，官其子中書舍人。

贊曰：海瑞秉剛勁之性，戇直自遂，蓋可希風汲黯、宋包拯。苦節自厲，誠爲人所難能。丘橓、呂坤，雖非瑞匹，而指陳時政，炳炳鑿鑿，鯁亮有足稱者。郭正域持楚獄，與執政異趣，險難忽發，僅而後免，危矣哉。以妖書事與坤相首尾，故並著焉。

明史

清　張廷玉等撰

第二〇册

卷二二七至卷二四〇（傳）

中華書局

明史卷二百二十七

列傳第一百十五

龐尚鵬　宋儀望　張岳　李材　陸樹德　蕭廩

賈三近　李頤　朱鴻謨　蕭彥弟雍　查鐸　孫維城

謝杰　郭惟賢　萬象春　鍾化民　吳達可

龐尚鵬，字少南，南海人。嘉靖三十二年進士。除江西樂平知縣。擢御史。偕給事中羅嘉賓出覈南京、浙江軍餉，請罪參將戚繼光、張四維，而盡發胡宗憲失律、貪淫及軍興督撫侵軍需狀。還朝，出按河南。巡撫蔡汝楠欲會疏進白鹿，尚鵬不可。改按浙江。民苦徭役，爲舉行一條鞭法。按治鄉官呂希周、嚴杰、茅坤、潘仲驂子弟僮奴，請奪希周等冠帶。詔盡黜爲民。

尚鵬介直無所倚。所至搏擊豪强，吏民震慴。已，督畿輔學政。隆慶元年請帝時御便殿，延見大臣，恤建言得罪者馬從謙等。已，又申救給事中胡應嘉，論大學士郭朴無相臣體。擢大理右寺丞。

明年春，朝議興九邊屯、鹽。擢尚鵬右僉都御史，與副都御史鄒應龍、唐繼祿分理。尚鵬轄兩淮、長蘆、山東三運司，兼理畿輔、河南、山東、江北、遼東屯務。抵昌平，劾內侍張恩擅殺人，兩淮巡鹽孫以仁贓罪，皆獲譴。其秋，應龍等召還，命尚鵬兼領九邊屯務。疏列鹽政二十事，鹺利大興。乃自江北躬歷九邊，先後列上屯政便宜，江北者四，薊鎮者九，遼東、宣、大者各十一，寧夏者四，甘肅者七。奏輒報可。

尚鵬權既重，自負經濟才，慷慨任事。諸御史督鹽政者以事權見奪，欲攻去之。河東巡鹽郜永春劾尚鵬行事乖違，吏部尚書楊博議留之。會中官惡博，激帝怒，譙讓，罷博而落尚鵬職，汰屯鹽都御史官。時三年十二月也。明年復坐按浙時驗進宮幣不中程，斥爲民。神宗立，御史計坤亨等交薦，保定巡撫宋纁亦白其無罪。萬曆四年冬，始以故官撫福建。奏蠲逋餉銀，推行一條鞭法。劾罷總兵官胡守仁，屬吏咸奉職。張居正奪情，重譴言者。尚鵬移書救，居正深銜之。會拜左副都御史，居正令吏科陳三謨以給由歲月有誤劾之，遂罷去。家居四年卒。浙江、福建暨其鄉廣東皆以徭輕故德尚鵬，立祠祀。天啓中，賜

中華書局

謚惠敏。

宋儀望，字望之，吉安永豐人。嘉靖二十六年進士。授吳縣知縣。民輸白糧京師，輒破家。儀望令諸區各出公田，計役授田贍之。禁火葬，創子游祠，建書院，惠績甚著。徵授御史。劾大將軍仇鸞挾寇自重，疏留中。已，陳時務十二策。巡鹽河東，請開桑乾河通宣、大餉道，言：「河發源金龍池下甕城驛古定橋，會桑水，東流千餘里，入盧溝橋。其間惟大同卜村有叢石，宣府黑龍灣石崖稍險，然不踰五十里，水淺者猶二三尺，疏鑿甚易。曩大同巡撫侯鉞嘗乘小艇赴懷來，歷卜村、黑龍灣，安行無虞。又自懷來泝流，載米三十石達之古定河，足利漕可徵。」時方行乞運，率三十石致一石。儀望疏至，下廷議。兵部尚書聶豹言：「河成便漕，兼制敵騎。」工部尚書歐陽必進言：「道遠役重。」遂報罷。

儀望尋省母歸。還朝，發胡宗憲、阮鶚奸貪狀，鶚被逮。二人皆嚴嵩私人，嵩由是不悅。及受命督三殿門工，嵩子世蕃私賈人金，屬必進俾與工事，儀望執不可。工竣，敍勞，擢大理右寺丞。世蕃以爲德，儀望請急歸，無所謝，世蕃益怒。會災異考察京官，必進遷吏部，遂坐以浮躁，貶夷陵判官。嵩敗，擢霸州兵備僉事。請城涿州，除馬戶逋稅。進大名兵

備副使，改福建。與總兵官戚繼光合兵破倭，因列海防善後事。詔從其請。

隆慶二年，吏部尚書楊博欲黜儀望，考功郎劉一儒持之，乃鐫二秩，補四川僉事。四遷大理少卿。

萬曆二年，張居正當國，雅知儀望才，擢右僉都御史，巡撫應天諸府。奏減屬郡災賦。海警稍定，將吏諱言兵，儀望與副使王叔果修戰備。倭果至，禦之黑水洋，斬獲多，進右副都御史。先有詔雪建文諸臣，儀望創表忠祠祀之南京。宋忠臣楊邦乂，儀望鄉人也，葬江寧，歲久漸湮，儀望爲封其墓，載其祠祀典。故太常卿袁洪愈、祭酒姜寶皆不爲居正所喜，儀望薦之朝，漸失居正意。四年稍遷南京大理卿。踰年改北，被劾罷歸。

儀望少師聶豹，私淑王守仁，又從鄒守益、歐陽德、羅洪先遊。守仁從祀，儀望有力焉。家居數年卒。

張岳，字汝宗，餘姚人。嘉靖三十八年進士。授行人。擢禮科給事中。巡視內府庫藏，奏行釐弊八事。已，又陳時政，極言講學者以富貴功名鼓動士大夫，談虛論寂，靡然成風。又今吏治方清，獨兵部無振刷，推用總兵黃印、韓承慶等，非庸即狡。曹司條例淆亂無

章，胥吏朋奸，搏噬將校，其咎必有所歸。時徐階當國，爲講學會，而楊博在兵部，意蓋指二人也。博奏辨乞罷，帝慰留之。博自是惡岳。及掌吏部，岳已遷工科左給事中，遂出爲雲南參議。再遷河南參政。

萬曆初，張居正雅知岳，用爲太僕少卿。再遷南京右僉都御史，督操江。甫到官，會居正父喪謀奪情，南京尚書潘晟及諸給事、御史，咸上疏請留居正。岳獨馳疏請令馳驛奔喪，居正大怒。會大計京官，給事中傅作舟等承風劾岳，貶一秩調外，岳遂歸。久之，操江僉都御史呂藿、給事中吳綰知居正憾未釋，摭劾岳落職閒住。

甫兩月，居正死，南京御史方萬山薦岳，劾作舟。作舟坐斥，起岳四川參議。旋擢右僉都御史，巡撫南、贛。入爲左僉都御史，獻時政四議。其一言宗藩宜以世次遞殺，親盡則停，俾習四民之業。其一言治河之策，夏鎮固當開，沽頭亦不可廢。並報寢。進左副都御史，上疏評議廷臣賢否，爲給事中袁國臣等所論。時已遷刑部右侍郎，坐罷歸。

李材，字孟誠，豐城人，尚書遂子也。舉嘉靖四十一年進士，授刑部主事。素從鄒守益講學。自以學未成，乞假歸，訪唐樞、王畿、錢德洪，與問難。

隆慶中還朝。由兵部郎中稍遷廣東僉事。羅旁賊猖獗，材襲破之周高山，設屯以守。賊有三巢在新會境。調副總兵梁守愚由恩平，遊擊王瑞由德慶入，身出肇慶中道，夜半斬賊五百級，燬廬舍千餘，空其地，募人田之。亡何，倭五千攻陷電白，大掠而去。材追破之石城，設伏海口，伺其遁而殲之，奪還婦女三千餘。會奸人引倭自黃山間道潰而東。材聲言大軍數道至以疑賊，而返故道迎擊，盡殺之。又追襲雷州倭至英利，皆遁去，降賊渠許恩於陽江。錄功，進副使。

萬曆初，張居正柄國，不悅材，遂引疾去。居正卒，起官山東。以才調遼東開原。尋遷雲南洱海參政，進按察使，備兵金騰。金騰地接緬甸，而孟養、蠻莫兩土司介其間，叛服不常。緬部目曰大曩長、曰散奪者，率數千人據其地。材謂不收兩土司無以制緬，遣人招兩土司來歸，而問討抗命夷阿坡。居頃之，緬遣兵爭蠻莫，材合兩土司兵敗緬衆，殺大曩長，逐散奪去。緬帥莽應裏益兵至孟養，復擊沈其舟，斬其將一人，乃退。有猛密者，地在緬境，數爲緬侵奪，舉族內徙，有司居之戶碗。至是，緬勢稍屈，材資遣還故土。亡何，緬人驅象陣大舉復讐，兩土司告急。材遣遊擊劉天俸率把總寇崇德等出威緬，渡金沙江，與孟養兵會遮浪迎擊之。賊大敗，生擒繡衣賊將三人。巡撫劉世曾、總兵官沐昌祚以大捷聞，詔令覆勘。未上，而材擢右僉都御史，撫治鄖陽。

材好講學，遣部卒供生徒役，卒多怨。又徇諸生請，改參將公署爲學宮。參將米萬春諷門卒梅林等大譟，馳入城，縱囚毁諸生廬，直趨軍門，挾賞銀四千，洶洶不解。居二日，萬春脅材更軍中不便十二事，令上疏歸罪副使丁惟寧、知府沈鈇等，材隱忍從之。惟寧責數萬春，萬春欲殺惟寧，跳而免，材遂復劾惟寧激變。詔下鈇等吏，貶惟寧三官，材還籍候勘。時十五年十一月也。

御史楊紹程劾萬春首亂，宜罪。大學士申時行庇之，置不問，旋調天津善地去。而材又以雲南事被訐，遂獲重譴。初，有詔勘征緬功，巡按御史蘇酇言斬馘不及千，破城拓地皆無驗，猛密地尚爲緬據，材、天俸等虛張功伐，副使陳嚴之與相附和，宜並罪。帝怒，削世曾籍，奪吕胙祿一年，材、嚴之、天俸俱逮下詔獄。刑部尚書李世達、左都御史吳時來、大理少卿李棟等，當材、天俸徒，嚴之鐫秩。帝不懌，奪郎中、御史、寺正諸臣俸，典詔獄李登雲等亦解官。於是改擬遣戍。特旨引紅牌說謊例，坐材、天俸斬，嚴之除名。大學士時行等數爲解，給事中唐堯欽等亦言：「材以夷攻夷，功不可泯。奏報偶虛，坐以死，假令盡虛無實，掩罪爲功，何以罪之？設不幸失城池，全軍不返，又何以罪之？」帝皆不聽。幽繫五年，論救者五十餘疏。已，天俸以善用火器，釋令立功，時行等復爲材申理，皆不省。亡何，孟養使入貢，具言緬人侵軼，天朝救援，破敵有狀，聞典兵者在獄，衆皆流涕，而

楚雄士民閶世祥等亦相率詣闕訟冤。帝意乃稍解，命再勘。勘至，材罪不掩功。大學士王錫爵等再疏爲言，帝故遲之，至二十一年四月，始命戍鎮海衞。

材所至，輒聚徒講學，學者稱見羅先生。繫獄時，就問者不絕。至戍所，學徒益衆。許孚遠方巡撫福建，日相過從，材以此忘羈旅。久之赦還。卒年七十九。

陸樹德，字與成，尚書樹聲弟也。嘉靖末進士。除嚴州推官。行取當授給事、御史，會樹聲拜侍郎，乃授刑部主事。

隆慶四年改禮科給事中。穆宗御朝講，不發一語。樹德言：「上下交爲泰，今暌隔若此，何以劘君德，訓萬幾？」不報。屢遷都給事中。六年四月詔輟東宮講讀，樹德言：「自四月迄八月，爲時甚遙，請非盛暑，仍御講筵。」不聽。穆宗頗倦勤，樹德言：「日月交蝕，旱魃爲災，當及時修省。」及帝不豫，又請謹藥餌，善保護，仲夏亢陽月，宜益愼起居。帝不悅，疏皆留中。內臣請祈福戒壇，已得旨，樹德言：「戒壇度僧，男女擾雜，導淫傷化。陛下欲保聖躬，宜法大禹之惡旨酒，成湯之不邇聲色，何必奉佛。」

未幾，穆宗崩，神宗嗣位，中官馮保擠司禮孟沖而代之。樹德言：「先帝甫崩，忽傳馮保掌司禮監，果先帝意，何不傳示數日前，乃在彌留後。果陛下意，則哀痛方深，萬幾未御，何暇念中官。」疏入，保大恨。比議祧廟，樹德請毋祧宣宗，仍祀睿宗世室，格不行。已，極陳民運白糧之患，請領之漕臣，從之。

樹德居言職三年，疏數十上，率侃直。會樹聲掌禮部，乃量遷尚寶卿。歷太常少卿，南京太僕卿，以右僉都御史巡撫山東。樹德素清嚴，約束僚吏，屏絕聲伎。山東民壯改民兵，戍薊門，隆慶末令歲輸銀二萬四千，罷其戍役。尋命增輸三萬，樹德請如河南例罷之。帝不從，而爲免增輸之數。德府白雲湖故民田，爲王所奪，後已還民，王復結中官謀復之。樹德爭不得，乞休歸。久之卒。

蕭廩，字可發，萬安人。祖乾元以御史劾劉瑾，廷杖下獄，終雲南副使。廩舉嘉靖末進士，授行人。隆慶三年擢御史。因地震，請加禮中宮。已，出覈陝西四鎮兵食。斥將吏隱占卒數萬人歸伍。固原州海剌都之地，密邇松山，爲楚府牧地。廩言楚府封武昌，牧地在塞下，與寇接，王所收四五百金，而奸宄窟穴，弊甚大，宜諭使獻之朝廷。詔可。已，改巡茶馬。七苑牧地，養馬八千七百餘匹，而占地五萬五千三百頃有奇。廩但給萬二千二百餘

頃，歲益課二萬。

萬曆元年巡按浙江。請祀建文朝忠臣十二人，從祀王守仁於文廟。尋擢太僕少卿，再遷南京太僕卿。九年，由光祿卿改右僉都御史，巡撫陝西。時方覈天下隱田，大吏爭希張居正指增賦，廩令如額而止。境內回回部常羣行拾麥穗，間或草竊，耀州以變告。廩撫諭之，戮數人，變遂定；令拾麥毋帶兵器，儕偶不得至十人。進右副都御史，移撫浙江。先以賞貢使，歲增造綵幣二千。廩請均之福建及徽、寧諸府，從之。已，請減上供織造，不許。還工部右侍郎，召改刑部。進兵部左侍郎，以官卒。贈尚書。

廩初從歐陽德、鄒守益遊。制行醇謹，故所至有立。

賈三近，字德修，嶧縣人。隆慶二年進士。選庶吉士，授吏科給事中。四年六月疏言：「善治者守法以宜民，去其太甚而已。今廟堂之令不信於郡縣，郡縣之令不信於小民。蠲租矣而催科愈急，振濟矣而追逋自如，恤刑矣而冤死相望。正額之輸，上供之需，邊疆之費，雖欲損毫釐不可得。形格勢制，莫可如何。且監司考課，多取振作集事之人，而輕寬

平和易之士，守令雖賢，安養之心漸移於苛察，撫字之念日奪於征輸，民安得不困。乞戒有司務守法，而監司殿最毋但取旦夕功，失惇大之體。」已，復疏言：「撫按諸臣遇州縣長吏，率重甲科而輕鄉舉。同一寬也，在進士則爲撫字，在舉人則爲姑息。同一嚴也，在進士則爲精明，在舉人則爲苛戾。是以爲舉人者，非華顛豁齒不就選；人或褰足毀裳，息心仕進。夫鄉舉豈乏才良，宜令勉就是途，因行激勸。」詔皆俞允。再遷左給事中，勘事貴州。中道罷遣，遂請急歸。

神宗嗣位，起戶科給事中。萬曆元年，平江伯陳王謨以太后家姻，夤緣得鎮湖廣。三近劾其垢穢，乃不遣。給事中雒遵、御史景嵩、韓必顯劾譚綸被謫，三近率同列救之，詔增供用庫黃蠟歲二萬五千，三近等又諫，皆不從。時方行海運，多覆舟，以三近言罷其役。肅王縉熿，隆慶間用賄以輔國將軍襲封，至是又請復莊田，三近再疏爭，遂弗予。初，有令征賦以八分爲率，不及者議罰。三近請地凋敝者減一分，詔從之。中官溫泰請盡輸關稅、鹽課於內庫，三近言課稅本餉邊，今屯田半蕪，開中法壞，塞下所資惟此，苟歸內帑，必誤邊計。議乃寢。頃之，擢太常少卿。再遷南京光祿卿，請假歸。

十二年召掌光祿，其秋拜右僉都御史，巡撫保定。畿輔大饑，振貸有方。召拜大理卿。未上，以親老歸養。起兵部右侍郎，復以親老辭，不許。尋卒。

李頤，字惟貞，餘干人。隆慶二年進士。授中書舍人。博習典故，負才名。萬曆初，擢御史。同官胡涍、景嵩、韓必顯，給事中雒遵相繼獲譴，抗疏申救，不聽。清軍湖廣、廣西，請免土民遠戍，祇充傍近衞所軍，制可。忤張居正，出爲湖州知府。遷蘇松兵備副使、湖廣按察使。鄖陽兵變，知府沈鈇且得罪，頤爲白其冤，而密殲首亂者。以母喪歸。起故官，莅陝西，進河南右布政使。擢右僉都御史，巡撫順天。進右副都御史。以定亂兵，進兵部右侍郎。長昂桀驁，頤與總兵王保擒其心腹小郎兒等七人，賊遂讋。已，別部伯牙入寇，督將士敗之羅文峪，進左侍郎。久之，進右都御史。

時礦稅使四出。馬堂駐天津，王忠駐昌平，王虎駐保定，張曄駐通州。頤疏言：「燕京王氣所鍾，去陵寢近，開鑿必損靈氣。」又言：「畿輔地荒歲儉，而敕使誅求不遺纖屑，恐臨清激變之慘，復見輦轂下。」已，遼東稅使高淮誣劾山海同知羅大器，頤復言：「內監外僚，初無統攝，且遼陽礦稅何預薊門？若皆效淮所爲，有司將無遺類。陛下奉天之權，制馭宇內，今盡落宦豎手，朝奏夕報，如響應聲。縱所劾當罪，尚非所以爲名，何況無辜，暴加摧折。」皆不報。頤在鎮十年，威望大著。中使憚頤廉正，畿民少安。二十九年，以工部右侍郎代劉東星管理河道。議上築決口，下疏故道，爲經久計。甫兩月，以勞卒。贈兵部尚書。

頤仕宦三十餘年，敝車羸馬，布衣蔬食。初爲御史，首請祀胡居仁於文廟，寢未行。見居仁裔孫希祖幼且貧，字以女，養之於家。弟謙早卒，以己廕畀其子。

朱鴻謨，字文甫，益都人。隆慶五年進士。授吉安推官。識鄒元標於諸生，厚禮之。擢南京御史。元標及吳中行等得罪，鴻謨疏救，語侵居正，斥爲民。

鴻謨歸，杜門講學，不入城市。居正卒，起故官，出按江西。奏蠲水災賦，請減饒州磁器，不報。又疏薦建言削籍者，忤旨，奪俸。擢光祿少卿。由大理少卿擢右僉都御史，提督操江。改撫應天、蘇州十府。引二祖節儉之德，請裁上供織造，報聞。吳中徭役不均，令一以田爲準，不及百畝者無役，縣爲立籍，定等差。貴游子弟恣里中，無賴者與共爲非，遠近訛言謂有不軌謀。鴻謨盡捕之，上疏告變。朝議將用兵，兵部主事伍袁萃亟言於尚書石星，令覆勘，乃解。鴻謨尋入爲刑部右侍郎，卒官。不能斂，僚屬醵金以辦。贈刑部尚書，諡恭介。

蕭彥，字思學，涇縣人。隆慶五年進士。除杭州推官。萬曆三年擢兵科給事中。自塞上多警，邊吏輒假招降倖賞。彥言：「議招逆黨，爲中國逋亡設耳，乃欲以此招漠北敵人。夫李俊、滿四等休養百年，稱亂一旦，降人不可處內地，明矣。宜一切報罷。」從之。以工科左給事中閱視陝西四鎮邊務。還奏訓兵、儲餉十事，並允行。

尋進戶科都給事中。初，行丈量法，延、寧二鎮益田萬八千餘頃。總督高文薦請三年征賦，彥言：「西北墾荒永免科稅，祖制也。況二鎮多沙磧，奈何定永額，使初集流庸懷去志。」遂除前令。詔購金珠，已，停市，而命以其直輸內庫。彥言不當虛外府以實內藏，不聽。尋上言：「察吏之道，不宜視催科爲殿最。昨隆慶五年詔征賦不及八分者，停有司俸。至萬曆四年則又以九分爲及格，仍令帶征宿負二分，是民歲輸十分以上也。有司憚考成，必重以敲扑。民力不勝，則流亡隨之。臣以爲九分與帶征二議，不宜並行。所謂寬一分，民受一分之賜也。」部議允行。未幾，浙江巡撫張佳胤復以舊例請，部又從之。彥疏爭，乃詔如新令。詔取黃金三千二百兩，彥請納戶部言減其半，不從。

擢太常少卿，以右僉都御史巡撫貴州。都勻答千巖苗叛，土官蒙詔不能制，彥檄副使楊寅秋破擒之。宣慰安國亨詭言獻大木，被賚。及徵木無有，爲彥所劾。國亨懼，誣商奪其木，許彥於朝。帝怒，欲罪彥。大學士申時行等言國亨反噬，輕朝廷，帝乃止。

改撫雲南。時用師隴川，副將鄧子龍不善御軍，兵大譟，守備姜忻撫定之。而其兵素驕，給餉少緩，遂作亂。鼓行至永昌，趨大理，抵瀾滄，過會城。彥調土、漢兵夾攻之，斬首八十，脅從皆撫散。事聞，賚銀幣。自緬甸叛，孟養、車里二宣慰久不貢。至是修貢，彥撫納之。

尋以副都御史撫治鄖陽。進兵部右侍郎，總制兩廣軍務。日本躪朝鮮。會暹羅入貢，其使請勤王，尚書石星因令發兵搗日本。彥言暹羅處極西，去日本萬里，安能飛越大海，請罷其議，星執不從。既而暹羅兵卒不出。召拜戶部右侍郎，尋卒。

彥從同縣查鐸學，有志行。服官明習天下事，所在見稱。後贈右都御史，謚定肅。

弟雍，廣東按察使。宦績亞於彥，而學過之。時稱「二蕭」。

查鐸，字子警，嘉靖四十五年進士。隆慶時，為刑科左給事中。忤大學士高拱，出為山西參議。萬曆初，官廣西副使，移疾歸。繕水西書院，講王畿、錢德洪之學，後進多歸之。

孫維城，字宗甫，丘縣人。隆慶五年進士。歷知濬、太康、任丘三縣。萬曆十年擢南京御史。初，張居正不奔喪，寧國諸生吳仕期欲上書諫。未發，太平同知龍宗武告之操江胡檟以聞於居正。會有偽為海瑞劾居正疏者，播之邸抄。宗武意仕期，遂置獄，搒掠七日而卒。居正死，仕期妻訟冤，維城疏言狀。檟已擢刑部侍郎，宗武湖廣參議，皆落職戍邊，天下快之。中官田玉提督太和山請兼行分守事，帝許之，維城援祖制力陳不可。

俄以救言官范儁，奪俸一年。忤座主大學士許國，出為永平知府。遷赤城兵備副使。繕亭障二百六十所，招史、車二部千餘人。以功屢進按察使，兵備如故。部長安兔挾五千騎邀賞，維城請於督、撫，革其市賞而責之，戢不敢肆。尋以右布政使移守宣府，改廣東左布政使。

二十九年拜右僉都御史，巡撫延綏。河套常犯順，罷貢市十餘年。後復松山，築邊城，諸部長恐，益侵軼。至是，吉囊、卜莊等乞款。〔一〕閱巡撫王見賓當去，請益切。在寧夏者曰著宰，亦請之巡撫楊時寧。兩鎮交奏，給事中桂有根請聽邊臣自主。維城方代見賓，時寧亦還去，以黃嘉善代，二人並申約束。維城又條善後六事，款事復堅。

初，維城在宣府，與總兵官龐承恩不相能。會承恩亦移鎮延綏。一日，維城見城外積沙及城，命餘丁除之。承恩紿其衆曰：「食不宿飽，且塞沙可盡乎？」卒遂譟。維城曉之曰：「除城沙，以防寇耳，非謂塞上沙也。」卒悟而散。維城因自劾，帝慰留維城，治譟者。然維城竟坐是得疾，不數月卒。將吏入視其橐，僅俸數金，賻而歸其喪。

謝杰，字漢甫，長樂人。萬曆初進士。除行人。冊封琉球，却其餽。其使入謝，仍以金餽，卒言於朝而返之。歷兩京太常少卿。南京歲祀懿文太子，以祠祭司官代，杰言：「視版署御名，而遣賤者將事，於禮為褻。請如哀沖、莊敬二太子例，遣列侯。」帝是之，乃用南京五府僉書。累遷順天府尹。以右副都御史巡撫南、贛。屬吏被薦者以賄謝，杰曰：「賄而後薦，干戈之盜。薦而後賄，衣冠之盜。」人以為名言。進南京刑部右侍郎。

二十五年春，杰以帝荒於政事，疏陳十規。言：「前此兩宮色養維一，今則定省久曠，慶賀亦疏。孝安太后發引，並不親送。前此太廟時饗皆躬親，今則皆遣代。前此經筵臨御，聖學日勤，今則講官徒設，講席久虛。前此披星視朝，今則高拱深居，累年不出。前此歲旱步禱郊壇，今則圜丘大報，久缺齋居；宸宮告災，亦忘修省。前此四方旱澇，多發帑金，今則採礦榷稅。前此用財有節，今則歲進月輸；而江右之磁，江南之紵，西蜀之扇，關中之絨，率取之逾額。前此樂聞讜言，今則封事甫陳，嚴綸隨降，但經廢棄，永不賜環。前此撫卹宗

室，恩義有加，今則楚藩見誣，中璫旋出，以市井奸宄間骨肉懿親。前此官盛任使，下無曠鰥，今則大僚屢虛，庶官不補。是陛下孝親、尊祖、好學、勤政、敬天、愛民、節用、聽言、親親、賓賢，皆不克如初矣。」不報。召為刑部左侍郎，擢戶部尚書督倉場。時四方遇災，率請改折，杰請歲運必三百萬以上方許議折，從之。三十二年卒官。

初，杰父敎諭廷衮家居老矣，族人假其名逋賦。縣令劉禹龍言於御史逮之。杰代訊，幾斃。後撫贛，禹龍家居，未嘗修隙，時服其量。

郭惟賢，字哲卿，晉江人。萬曆二年進士。自清江知縣拜南京御史。張居正既死，吳中行、趙用賢等猶未錄。會皇長子生，詔赦天下，惟賢因請召諸臣。馮保惡其言，謫江山丞。保敗，還故官。劾左都御史陳炌希權臣指，論罷御史趙燿、〔二〕趙應元，不可總憲紀。炌罷去。又薦王錫爵、賈三近、孫鑨、何源、孫丕揚、耿定向、曾同亨、詹仰庇，皆獲召。主事董基諫內操被謫，惟賢救之，忤旨，調南京大理評事。給事中阮子孝、御史潘惟岳等交章救。帝怒，奪俸有差。惟賢尋遷戶部主事，歷順天府丞。

二十年以右僉都御史巡撫湖廣。景王封德安，土田倍諸藩，國絕賦額猶存。及帝弟潞

王之國衞輝，悉以景賦予王。王奏賦不及額，帝爲奪監司以下俸，責撫按急奏報。惟賢言：「景府賦額皆奸民投獻，妄張其數。臣爲王履畝，增賦二萬五千，非復如往者虛數，王反稱不足，何也？且潞去楚遠，莫若徵之有司，轉輸潞府。會典皇莊及勳戚官莊，遇災蠲減視民田。今襄、漢水溢，王佃民流亡過半，請蠲如例。」又言：「長沙、寶慶、衡州三衞軍戍武岡，而永州、寧遠諸衞遠戍廣西，瘴癘死無數。請分番迭戍武岡，罷其戍廣西者。」帝悉報許。承天守備中官以徵興邸舊賦，請罪潛江知縣及諸佃民，旨下撫按勾捕。惟賢言：「臣撫楚，事無不當問。今中官問，而臣等爲勾捕，臣實不能。」帝直其言而止。尋請以太和山香稅充王府逋祿，免加派小民，又請以周敦頤父輔成從祀啓聖。詔皆從焉。

入爲左僉都御史。言行取不宜久停，言官不宜久繫，臺員不宜久缺。已，復言天下多故，乃自大僚至監司率有缺不補，政日廢弛，且建言獲譴者不下百餘人，効忠者皆永棄，帝不納。尋還左副都御史。請早建皇儲，愼簡輔弼，亟行考選，盡下推舉諸疏，俱不報。久之，以憂歸。起戶部左侍郎，未上卒。贈右都御史。天啓初，謚恭定。

萬象春，字仁甫，無錫人。萬曆五年進士。選庶吉士，授工科給事中。皇女生，詔戶部、光祿寺各進銀十萬兩。象春力諫，不聽。

屢遷禮科都給事中。鄭貴妃有盛寵，而帝耽於酒。象春因慈寧宮災疏諫，報聞。時宗室繁衍，歲祿不繼，象春議變通。會河南巡撫褚鈇亦奏其事，帝卽命象春遍詣河南、山西、陝西諸王府，計畫以聞。象春抵河南方集議，而周府諸宗人疑鈇疏出宗正睦㮮意，羣毆睦㮮幾死。象春以狀聞，帝爲奪諸人歲祿。象春復以次詣秦、晉諸藩，奏上便宜十五事，多著爲令。眞人張國祥乞三年一覲，象春言左道無民社寄，不當在述職之列。時詔許后父永年伯王偉乘肩輿，象春言：「勳戚不乘輿，祖制也。固安伯陳景行、武淸伯李偉，太后父，衰白封，始賜肩輿。定國公徐文璧班首重臣，嗣爵久，故亦蒙殊典。今偉非三人比，乞寢前命。」皆不許。孟秋將享廟，帝齋宿宮中，象春言當在便殿，不當於內寢。帝怒，停俸三月。已，因災異，言：「外吏貪殘不當遣緹騎逮問，宮禁邃密不當宿重兵，廷臣建言貶黜當敍還，內臣有犯當付外廷按治。」帝報聞。象春在諫垣久，前後七十餘疏，多關軍國計。請復建文年號，加景帝廟謚，尤爲時所稱。

出爲山東參政。妖賊郭大通爲亂，計擒之。歷山西左布政使。二十五年以右副都御史巡撫山東。倭躪朝鮮，濱海郡邑悉戒嚴。象春拊軍民，供饋運，應機立辦。中使陳增以礦稅至，象春疏論其害。福山知縣韋國賢忤增被侵辱，象春力保持之，增遂劾國賢沮撓，象

春黨庇。詔逮國賢，奪象春俸，遂引疾歸。起南京工部右侍郎，未上卒。贈右都御史。

鍾化民，字維新，仁和人。萬曆八年進士。授惠安知縣，多異政。御史安九域薦於朝，以俸未及期，移知樂平，治復最。

徵授御史。與同官何卓、王愼德交章請建儲，不報。出視陝西茶馬，言：「邊塞土寒，獨畜馬爲業。今慮其闌出爲厲禁，於是民間孳息與境內貿易俱廢，公私緩急亦無所資。請聽踰境販鬻，特不得入番中。又曩寧夏乏餉，歲發萬金易米二萬七千石，後所司乾沒，濫征之民。請以墾田粟補之，永停徵派。」俱報可。巡按山東，歲旱請蠲振先發後聞。坐寧夏時取官銀交際，爲尙寶丞周弘禴所劾，謫行人司正。

累遷儀制郎中。瀋王珵堯由支庶嗣，請封其庶子爲郡王，化民持不可。帝傳諭曰：「第予虛名，令藉是婚娶耳。」化民奏曰：「瀋王子與元子孰親？王子不卽封，慮妨婚娶。元子不卽立，不慮妨豫教乎？」帝怒，以化民辭直無以難。帝命並封三王，化民與顧允成等面詰王錫爵於朝房。尋進光祿丞。

二十二年，河南大饑，人相食，命化民兼河南道御史往振。荒政具舉，民大悅。既竣，繪圖以進。帝嘉之，褒諭者再。擢太常少卿。二十四年以右僉都御史巡撫河南，討平南陽礦盜。夾河賊嘯聚數千人，復督兵破之。時方采礦，抗疏力諫。

化民短小精悍，多智計。居官勤厲，所至有聲。徧歷八府，延父老問疾苦。勞瘁卒官，士民相率頌於朝。詔贈右副都御史，賜祠曰忠惠。

吳達可，字安節，宜興人，尙書儼從孫也。萬曆五年進士。歷知會稽、上高、豐城，並有聲。

選授御史。疏請御經筵勤學，時與大臣臺諫面議政務，報聞。大學士趙志皐久疾乞休，未得請。達可力言志皐衰庸，宜罷，不納。二十八年正月請因始和布令，舉皇長子册立冠婚禮，簡輔臣補臺諫，撤礦稅中使，不報。視鹽長蘆。歲侵，繪上饑民十四圖，力請振貸。稅使馬堂、張曰華議加鹽稅，奸商妄稱嘉靖中大同用兵貸其貲三萬六千金，請於鹽課補給，戶部許之。達可皆抗爭，事得已。

改按江西。稅使潘相毆折輔國將軍謀圯肢，並繫宗人宗達，誣以刼課，劾上饒知縣李鴻主使。帝切責謀圯等，奪鴻官。達可言：「宗人無故受刑，又重之以詰責，將使天潢人人

自危。鴻無辜，不當黜。願亟正相罪，復鴻官。」同官湯兆京亦極論相罪，且言遼東高淮、陝西梁永、山東陳增、廣東李鳳、雲南楊榮皆元惡，爲民害，不可一日留。皆弗聽。鴻，吳人；大學士申時行之壻。萬曆十六年舉北闈鄉試，爲吏部郎中高桂所攻。後七年成進士。至是，抗相，以强直稱。相又請開廣信銅塘山，採取大木，鑿泰和斌姥山石膏，達可復極諫不可，閣臣亦爭之，乃寢。

還掌河南道事。佐溫純大計京官。尋陳新政要機，痛規首輔沈一貫。疏留中。擢太僕少卿，再遷南京太僕卿。召改光祿，進通政使。鎭撫史晉以罪罷，妄投封章詆朝貴。達可封其疏而劾之，晉尋得罪。奏請正疏式、屏讒邪、重駁正、懲奸宄數事，帝嘉納焉。尋上疏乞休去。卒，贈右副都御史。

贊曰：龐尙鵬諸人歷官中外，才諝幹局，咸有可稱。賈三近陳時政，多長者之言，其言資格，深中積弊。謝杰却屬吏餽，亦無愧楊震云。

校勘記

〔一〕吉囊卜莊等乞款　卜莊，神宗實錄卷三六二嘉靖二十九年八月辛卯條、國榷卷七九頁四八八一作「莊卜」。

〔二〕論罷御史趙燿　趙燿，原作「趙耀」，據本書卷二二五趙煥傳、神宗實錄卷一三九萬曆十一年七月癸未條改。

明史卷二百二十八

列傳第一百十六

魏學曾　葉夢熊　梅國楨　李化龍　江鐸

魏學曾，字惟貫，涇陽人。嘉靖三十二年進士。除戶部主事，遷郎中。中官爲商人請支芻糧銀鉅萬，學曾持不可，乃已。尋擢光祿少卿，進右僉都御史，巡撫遼東。隆慶初，土蠻大入永平。學曾入駐山海，檄諸將王治道等追擊至義院口，大捷。進右副都御史。學曾乃易置將吏，招納降附，釐屯田二千餘頃，數破敵，被賞賚。以疾去。起兵部右侍郎，提督神樞營。旋改吏部，轉左侍郎。

穆宗崩，大學士高拱欲去馮保，屬言官論劾。學曾遺書大學士張居正曰：「外人皆言公與保有謀，遺詔亦出公手。今日之事，不宜復護此閹。」居正怒。及拱被逐，舉朝失色，學曾獨大言曰：「上踐阼伊始，輒逐顧命大臣，且詔出何人，不可不明示百官。」要諸大臣詣居正

邸爭之。諸大臣多不往，居正亦辭以疾。自是益忤。出爲南京右都御史。未上，給事中宗弘暹希居正指劾之。詔以故官候調，學曾遂歸。居正歿踰年，起南京戶部右侍郎。召爲右都御史，督倉場。尋以南京戶部尙書致仕。

萬曆十八年，順義王撦力克西赴青海，火落赤、眞相犯洮河，副總兵李奎、李聯芳先後被殺。朝命尙書鄭洛經略七鎭兼領總督，洛固辭總督。明年春，閣臣王錫爵薦學曾。起兵部尙書，總督陝西、延、寧、甘肅軍務。時洛專主款。學曾至，與議不合，陝西巡撫葉夢熊助之。初，順義王封，夢熊以諫沮坐得罪，學曾亦爲高拱言不便。至是，撦力克助叛，學曾、夢熊欲遂討之，詆洛玩寇。會撦力克東歸，火落赤諸部亦徙去，學曾奏撦力克雖歸，陰留精兵二萬於嘉峪，欲助火落赤、眞相。其說本採諸道路，朝士乃爭附和之。錫爵意悔，具疏言狀，又遺書責夢熊。而兵部尙書石星以順義旣東，宣、大事急，召洛還定撫議，置學曾疏不問。未幾，河套部長土昧明安入市畢，要請增賞。學曾令總兵官杜桐、神木參將張剛、孤山遊擊李紹祖出不意擊斬明安，俘馘四百八十餘級，奪馬畜器械稱是。學曾以功加太子少保。而明安子擺言太聲言復仇，號召諸部。

明年，哱拜反，遂煽諸部爲亂。拜，西部人也。嘉靖中得罪其部長，父兄皆見殺，拜跳脫來降，驍勇屢立戰功。前督撫王崇古、石茂華先後奏加副總兵，遂多畜亡命。子承恩，拜

夢妖物入妻施脅而生，狠形梟啼，性狠戾。拜老，承恩襲父爵。十九年，洮、河告警，御史周弘禴舉承恩及指揮土文秀、拜義子哱雲等。巡撫黨馨檄文秀西援，拜謁經略鄭洛，願與子承恩從出師。馨惡其自薦，抑損之，拜以故心怨。至金城，見諸鎮兵皆出其下。比賊退，取道塞外還，寇騎遇之皆辟易，遂有輕中外心。馨數裁拜，且按承恩罪笞之二十，雲、文秀亦以他故怨馨。會戍卒請衣糧久弗給，拜遂嗾軍鋒劉東暘、許朝作亂。二十年三月殺馨及副使石繼芳，〔一〕逼總兵官張維忠縊死。雲、文秀殺遊擊梁琦、守備馬承光。東暘稱總兵，奉拜爲謀主，承恩、朝爲左、右副總兵，雲、文秀爲左、右參將。承恩遂陷玉泉營、中衞、廣武，河西望風靡。惟文秀徇平虜，參將蕭如薰堅守不下。賊既取河西四十七堡，且渡河，復誘河套著力兔、宰僧犯平虜、花馬池。全陝皆震動。

學曾檄副總兵李昫率遊擊吳顯趨靈州，別遣遊擊趙武趨鳴沙州，沿河扼賊南渡，而自駐花馬池，當賊衝。昫等渡河，賊將多遁去，四十七堡皆復，惟寧夏鎮城尚爲賊據。著力兔等中外相呼應，拜、文秀攻趙武於玉泉。雲引著力兔攻平虜，如薰設伏射殺雲。昫救武，圍亦解。四月，昫引兵與故總兵牛秉忠抵鎮城下。帝已擢董一奎爲總兵，李贇副之，已，復擢如薰代一奎，而以麻貴代贇。未至，昫等攻城。賊於東西二門各出驍騎三千搏戰，步卒列火車爲營。官軍擊之，奪其車百輛，追奔入湖，賊溺死無算。副總兵王通戰尤力。家丁高

猛等乘勝入北門，後兵不繼被殺，通亦負傷，榆林遊擊俞尚德戰死。翼日，朝、文秀脅慶王上東城，乞暫罷兵，詭言願獻首惡。會官軍糧盡，乃引退，休近堡。

學曾日夜趣芻餉，調延綏、莊浪、蘭、靖、榆林兵。道回遠，所治舟亦未具，乃駐花馬池，俟軍至移靈州。頃之，延綏遊擊姜顯謨、都司蕭如蕙，甘州故總兵張傑及麻貴軍皆至，復抵鎮城攻之。賊計延綏、榆林兵出內虛，勾黃台吉妻，令其子拾達大、從子火落赤、土昧鐵雷掠甯安邊、磚井堡以牽我兵。承恩復以閆合寇兵，伏延漢渠，掠糧車二百。學曾自花馬池還靈州，被圍，救至而解。貴等數攻城不能克，賊殺慶王妃，盡掠其宮人金帛。牛秉忠戰傷右股，乃復退師。帝用尚書星言，賜學曾尚方劍督戰。會寧夏巡撫朱正色、甘肅巡撫葉夢熊、監軍御史梅國楨，〔二〕諸大將劉承嗣、董一奎、李如松先後至軍，六月復攻城，連戰不下。

夢熊，字男兆，歸善人。嘉靖四十年進士。由福清知縣入爲戶部主事，轉餉寧夏。改御史，以諫受把漢那吉降，貶郃陽丞。累遷贛州知府，平黃鄉賊。遷浙江副使，改永平。萬曆十七年冬，由山東布政使擢右僉都御史，巡撫貴州。尋改陝西，進右副都御史。以請討撦力克，與經略洛議相左。廷議方右洛，絀其議不用。會撦力克東歸，洛亦還宣、大，乃移夢熊甘肅，與學曾共事。夢熊有膽決，敢任事。會拜反，上疏自請討賊，帝然之。以六月至靈州，與學曾合。

國楨，字克生，麻城人。少雄傑自喜，善騎射。舉萬曆十一年進士。除固安知縣。中官詣國楨請收責於民，國楨僞令民鬻妻以償。民夫婦哀慟，中官爲毀券。擢御史，會拜反，學曾師久無功。時寧遠伯李成梁方被論，廷議欲遣爲大將，未敢決，國楨獨疏保之。乃遣成梁子如松爲提督，將遼東、宣、大、山西諸鎮兵以往。而國楨監其軍，遂與如松至寧夏。

初，學曾欲招東暘、朝，令殺拜父子贖罪，遣卒葉得新往。四人方約同死，折得新脛，置之獄。巡撫朱正色以賊詭請降，而張傑嘗總寧夏兵，故與拜善，遣傑入城招之。朝乃昇得新見傑，得新大罵賊，被殺，傑亦繫不遣。而學曾以賊求撫爲之請，帝切責。及是，城中百戶姚欽、武生張遐齡射書城外，約內應，夜半舉火。外兵不至，賊殺其黨五十人，欽縋城出，來奔。當是時，賊外以求撫緩兵，而陰結寇爲助，然糧盡，勢且困。七月，學曾與夢熊、國楨定計，決黃河大壩水灌之，水抵城下。時套寇卜失兔、莊禿賴以三萬騎犯定邊、小鹽池，用土昧鐵雷爲前鋒，而別遣宰僧以萬騎從花馬池西沙湃口入，爲拜聲援。麻貴擊之右溝，寇稍挫，分趨下馬關及鳴沙洲。學曾令遊擊龔子敬扼沙湃口，而檄延綏總兵官董一元搗土昧鐵雷巢，斬首百三十餘級，寇大驚引去。遇子敬，圍之十重，子敬死，寇亦去，賊援遂絕。學曾益決大壩水。八月，河決隄壞，復繕治之，城外水深八九尺，東西城崩百餘丈。著力兔、宰僧復入李剛堡。如松、貴等擊敗之，追奔至賀蘭山。賊益懼求款，未決，會學曾得罪罷。朝

命以夢熊代，夢熊遂成功。

初，學曾之遣人招東暘、朝也，留固原十餘日以俟之，帝責其玩寇；李昫渡河又稍遲，松山、河套寇先入，官軍用是再失利。學曾嘗上疏令監軍無與兵事，帝爲飭國楨如其言，國楨頗憾之。及至軍，劾諸將觀望，而頗以玩寇爲學曾罪。給事中許子偉亦劾學曾惑於招撫，誤國事。國楨又言僉事隨府從城上躍下，賊令四人下取，我軍咫尺不敢前；又北寇數萬斷我糧道，殺戮無算，匿不以奏。帝遂大怒，逮學曾至京。然學曾逮未踰月，城壞而大軍入，賊竟以破滅。

夢熊既代學曾，亦賜尚方劍。時調度靈州，獨國楨監軍寧夏。賊被圍久，食盡無援，而城受水浸，益大崩。國楨挾諸將趨南關。秉忠先登，國楨大呼，諸將畢登。賊退據大城，攻數日不下。國楨使間紿東暘、朝、承恩互相殺，以降貰其罪。三人內猜疑，東暘、朝遂先誘殺承恩黨文秀。承恩亦與其黨周國柱誘東暘、朝殺之，盡懸東暘、朝、文秀首城上，開門降。如松率兵圍拜家。拜倉皇縊，闔室自焚死。夢熊自靈州馳至，下令盡誅拜黨及降人二千，慰問宗室士庶。寧夏平。夢熊、正色、國楨各上捷奏，而俘承恩獻京師。帝御門受賀，詔磔承恩於市，夢熊、正色、國楨各廕世官，如松功第一，如薰、貴、秉忠等加恩有差。學曾初奪職爲民，敍功，以原官致仕。

學會任事勞勩。灌城招降之策，本其所建。及宣捷，帝召見大學士趙志皋、張位，志皋、位力爲學會解，尚書星以下多白學會無罪。國楨亦上疏言：「學會應變稍緩，臣請責諸將以振士氣，而逮學會之命，發自臣疏，竊自悔恨。學會不早雪，臣將受萬世譏。」如松亦言：「學會被逮時，三軍雨泣。」夢熊亦推功學會。帝初不聽，既而復其官。居家數年卒。夢熊以功進右都御史。

初，卜失兔爲都督，其部長切盡台吉最用事。切盡台吉死，卜失兔不能制諸部。經略鄭洛專事羈縻。學會以洮河之變惡諸部爲逆，襲殺明安。會拜反，著力兔、宰僧遂聲言與拜爲一家，而卜失兔、莊秃賴亦引兵助之。及拜誅，切盡台吉之比吉率著力兔、宰僧、莊秃賴等頓首花馬池塞下，悔罪求款。夢熊爲奏請。帝以夢熊初主學會，責其前後異議，令要諸部縛叛贖罪。著力兔等求款益堅，夢熊乃與巡撫田樂奏上四鎮款戰機宜，俟朝議。中外相仗莫敢決，卜失兔遂率諸部大入定邊。總兵官麻貴等擊卻之，夢熊以功加太子少保。未幾，切盡台吉從子青把都兒犯甘肅，總兵官楊濬、副總兵何崇德禦之，斬首六百餘級。夢熊復加太子太保、兵部尚書。尋入爲南京工部尚書，而以都御史李汶代。〔三〕自洮河變後，寇頗輕中國。招撫議既絕，諸部數入犯，四鎮遂頻歲用兵云。夢熊雖功多，其品望遠出學會下。卒官。

國楨既招降承恩，以夢熊貪功殺降劾其罪。夢熊奏辨，言：「拜所畜家人皆死士，緩一二日東陽、朝黨復集，必再亂。臣寧負殺降名，以絕禍本。」帝爲下詔和解之。論功，擢國楨太僕少卿。踰年，遷右僉都御史，巡撫大同。久之，遷兵部右侍郎，總督宣、大、山西軍務。在鎮三年，節省市賞銀十五萬兩有奇。父喪歸，未起而卒。贈右都御史。

李化龍，字于田，長垣人。萬曆二年進士。除嵩縣知縣。年甫二十，胥吏易之。化龍陰察其奸，悉召置之法，縣中大治。遷南京工部主事，歷右通政使。

二十二年夏，擢右僉都御史，巡撫遼東。初，總兵官李成梁破殺泰寧速把亥，其子把兔兒弟炒花據舊遼陽以北，居兩河之中，益結土蠻爲患。其年四月，把兔兒圍遼陽，朵顏小歹青、福餘伯言兒分犯錦、義，掠清細河，巡撫韓取善坐免。化龍受事甫兩月，把兔兒與伯言兒等寇鎮武。又約土蠻子卜言台周犯右屯。把兔兒先至吳家墳。化龍與總兵官董一元定計先擊把兔、伯言兒，伯言兒中流矢死，把兔被傷。卜言台周至，攻右屯不利，亦解去。於是把兔、小歹青、卜言台周益相結，謀復前恥。化龍與一元嚴備之。一元又出塞，搗巢有功，而把兔傷重竟死，邊塞讋服。詳具一元傳。化龍進兵部右侍郎。

明年，小歹青悔禍款塞，請開木市於義州，且告朵顏長昂將犯邊。已，長昂果犯錦、義，副總兵李如梅擊卻之。歹青言既信，化龍遂許其請。上疏曰：

環遼皆敵也，迤北土蠻種類多不可數。近邊者，直寧前則長昂，直錦、義則小歹青，直廣寧、遼、瀋則把兔、炒花、花大，直開、鐵則伯言、煖兔，其在東邊海西則猛骨孛羅、那林孛羅、卜寨，皆與遼地項背相望。並牆圍獵，則刁斗聲相聞，蓋肘腋憂也。自那卜被剿，數年東陲無事。去年把兔、伯言戰死，炒花、花大一敗塗地。今伯言子宰賽受罰，入市廣寧，遼、瀋、開、鐵間警報漸希。所未馴伏者，惟小歹青與長昂耳。小歹青素兇狡，雄長諸部。西助長昂，東助炒花。大舉動以數萬，小竊則飛騎出沒錦、義間。自周之望、柏朝翠戰歿，無敢以一矢加遺。凌河上下方數百里，野多暴骨，民無寧宇。遠慮者每以河西不保爲虞。今乃叩關求市，臣遍詢將領及彼地居民，僉言木市開有五利。

河西無木，皆在邊外，叛亂以來，仰給河東，以邊警又不時至。故河西木貴於玉，市通則材木不可勝用。利一。所疑於歹青者無信耳。彼重市爲生路，當市時必不行掠。即今年市而明年掠，我已收今年不掠之利矣。利二。遼東馬市，成祖所開，無他賞，本聽商民與交易。木市與馬市等，有利於民，不費於官。利三。大舉之害酷而希，

零竊之害輕而數。小歹青不掠錦、義，零竊少矣。又西不助長昂，東不助炒花，則敵勢漸分。即寧前、廣寧患亦漸減。且大舉先報，又得預爲備。利四。零竊既希，邊人益得修備。利五。

疏入，從之。化龍尋以病去，木市亦停止。其後總兵官馬林復議開市，與巡撫李植相左，論久不決，小歹青遂復爲寇云。

二十七年三月，化龍起故官，總督湖廣、川、貴軍務兼巡撫四川，討播州叛臣楊應龍。應龍之先曰楊鏗，〔四〕明初內附，授宣慰使。應龍性猜狠嗜殺。數從征調，恃功驕蹇。知川兵脆弱，陰有據蜀志，間出剽州縣。嬖小妻田雌鳳，讒殺妻張氏，屠其家。用誅罰立威，所屬五司七姓不堪其虐，走貴州告變。巡撫葉夢熊疏請大征。詔不聽，逮繫重慶獄。應龍詭將兵征倭自效，得脫歸。復逮，不出。四川巡撫王繼光發兵討，覆於白石，應龍諉罪諸苗。朝廷命邢玠總督。值東西用兵，勢未能窮治，因招撫之。應龍益結生苗，奪五司七姓地，并湖廣四十八屯以畀之，〔五〕歲出侵掠。是年二月敗官軍於飛練堡，都司楊國柱、指揮李廷棟等皆死。已，復破殺綦江參將房嘉寵、遊擊張良賢，投屍蔽江下。僞軍師孫時泰請直取重慶，搗成都，劫蜀王爲質，而應龍遷延，聲言爭地界，冀曲赦如曩時。化龍至成都，徵兵未至，亦謬爲好語縻之。

帝聞綦江破，大怒。追褫前四川、貴州巡撫譚希思、江東之職，而賜化龍劍，假便宜討賊。賊焚東坡、爛橋，梗湖、貴路，又焚龍泉，走都司楊惟忠。化龍劾諸大帥不用命者，沈尚文逮治，童元鎮、劉綎皆革職充爲事官。明年二月分八道進兵。諸軍大集，化龍先檄水西兵三萬守貴州，斷招苗路，乃移重慶，大誓文武。川師四路：總兵官劉綎由綦江，總兵官馬孔英由南川，總兵官吳廣由合江，副將曹希彬受廣節制，由永寧。黔師三路：總兵官童元鎮由烏江，參將朱鶴齡受元鎮節制，統宣慰使安疆臣由沙溪，總兵官李應祥由興隆。楚師一路分兩翼：總兵官陳璘由偏橋，副總兵陳良玭受璘節制，由龍泉。每路兵三萬，官兵三之，土司七之。貴州巡撫郭子章駐貴陽，湖廣巡撫支可大移沅州，化龍自將中軍策應。帝以楚地遼闊，又擢江鐸爲僉都御史，巡撫偏、沅。湖廣設偏沅巡撫，自鐸始也。

推官高折枝先以南川兵進，據桑木鎮，綎復自綦江入。應龍以勁兵二萬屬其子朝棟曰：「爾破綦江，馳南川，盡焚積聚，彼無能爲也。」比抗諸路兵皆大敗，應龍頓足歎曰：「吾不用時泰計，今死矣！」或言水西佐賊，化龍詰之疆臣，斬賊使，二氏交遂絕。烏江兵敗績，逮下元鎮於理，諸將益奮。綎先入婁山關，直抵海龍囤，璘、疆臣兵亦至。賊勢急，上囤死守，遣使詐降。化龍檄諸將斬使，焚書。以綎與應龍有舊，諭無通賊，綎械其人以自明。八路兵皆會囤下，築長圍困之，更番迭攻。六月，綎破土、月二城，應龍窘，與二妾俱縊。明晨，

官軍入城，七子皆被執。詔磔應龍屍幷子朝棟於市。自出師至滅賊，凡百有十四日。播自唐乾符中入楊氏，二十九世，八百餘年，至應龍而絕[一]。以其地置遵義、平越二府，分屬川、貴。

化龍初聞父喪，以金革起復，至是乞歸終制。三十一年四月起工部右侍郎，總理河道，與淮、揚巡撫李三才奏開泇河，由直河入泇口抵夏鎮二百六十里，避黃河呂梁之險。再以憂去，未代。敍前平播功，晉兵部尚書，加少保，廕一子世錦衣指揮使。

三十五年夏，起戎政尚書。化龍以京營根本，奏陳十一濫、十二苦、十九宜，又上屯政十二事，皆置不理。兵部自二十七年後，左、右侍郎皆空署。未幾，尚書蕭大亨亦致仕，化龍掌部事。三十七年正月，京師訛言寇至，民爭避匿，邊民逃入都門者亦數萬，九門晝閉。輔臣言兵部尚書惟一人，何以應猝變，帝亦不報。遼戰士二萬餘皆老弱，而稅監高淮肆虐，遼人切齒。化龍請停稅課且增兵萬人，又條上兵食款戰之策，帝皆不報。一品秩滿，加柱國、少傅兼太子太保。卒官，年七十。諡襄毅，贈少師，加贈太師。

化龍具文武才。播州之役，以劉綎驕蹇，先摧挫之而薦其才，故綎爲盡力。開河之功，爲漕渠永利，詳見河渠志。

江鐸，字士振，仁和人。高祖玭，景泰時爲禮科給事中。劾石亨怙寵罔上，有直聲。官至山東參政。曾祖瀾，正德時南京禮部尚書。卒諡文昭。祖曉，嘉靖中工部侍郎。父圻，萬曆初廣西提學僉事。父母疾，嘗藥舐糞。居喪寢苫三年，經寢室必俯其首，妻經夫廬亦然。卒，門人私諡爲孝端先生。自玭至鐸五世皆進士。而曉弟暉，正德中爲庶吉士，與舒芬等諫南巡受杖。世宗時，由編修出爲河南僉事。

鐸登第在萬曆二年。授刑部主事。累官山西按察使，擢撫偏、沅。夾攻楊應龍有功，與郭子章皆廕一子世錦衣指揮。丁母艱去。奪情，命留討皮林諸洞蠻，平之。詳具陳璘傳。以勞疾歸。卒，贈兵部右侍郎。

贊曰：哱拜一降人耳，雖假以爵秩而憑藉未厚。倉猝發難，據鎮城，聯外寇，邊鄙爲之騷然，武備之弛有由來矣。楊應龍惡稔貫盈，自速殄滅。然盤踞積久，地形險惡，非師武臣力，奏績豈易言哉。李化龍之功可與韓雍、項忠相埒，較寧夏之役，難易懸殊矣。

校勘記

〔一〕二十年三月殺馨及副使石繼芳　三月，原作「二月」，據本書卷二〇神宗本紀、神宗實錄卷二四

六萬曆二十年三月戊辰條改。

〔二〕梅國楨　原作「梅國禎」，據本書卷二三八及明史稿傳一一五李成梁傳附李如松傳、神宗實錄卷二四七萬曆二十年四月甲辰條、明進士題名碑錄癸未科改。下同。卷目照改。

〔三〕以都御史李汶代　李汶，神宗實錄卷二八四萬曆二十三年四月己未條、國榷卷七七頁四七四九同。本書卷三二七韃靼傳作「李收」，又作「李旼」，明史稿傳二〇一韃靼傳統作「李旼」。

〔四〕應龍之先曰楊鏗　楊鏗，原作「楊鑑」，據本書卷三一二及明史稿傳一八六播州宣慰司傳、太祖實錄卷七一洪武五年正月乙丑條、萬曆武功錄頁五〇八播酋楊應龍列傳中改。

〔五〕并湖廣四十八屯以畀之　湖廣，原作「湖貴」，據本書卷三一二及明史稿傳一八六播州宣慰司傳、萬曆武功錄頁五二二播酋楊應龍列傳下改。

明史卷二百二十九

列傳第一百十七

劉臺 馮景隆 孫繼先 傅應禎 王用汲 吳中行 子亮 元 從子宗達 趙用賢 孫士春 艾穆 喬璧星 葉春及 沈思孝 丁此呂

劉臺，字子畏，安福人。隆慶五年進士。授刑部主事。萬曆初，改御史。巡按遼東，坐誤奏捷，奉旨譙責。四年正月，臺上疏劾輔臣張居正，曰：

臣聞進言者皆望陛下以堯、舜，而不聞責輔臣以皋、夔。何者？陛下有納諫之明，而輔臣無容言之量也。高皇帝鑒前代之失，不設丞相，事歸部院，勢不相攝，而職易稱。文皇帝始置內閣，參預機務。其時官階未峻，無專肆之萌。二百年來，即有擅作威福者，尚惴惴然避宰相之名而不敢居，以祖宗之法在也。乃大學士張居正偃然以相自處，自高拱被逐，擅威福者三四年矣。諫官因事論及，必曰：「吾守祖宗法。」臣請即以祖宗法正之。

祖宗進退大臣以禮。先帝臨崩，居正託疾以逐拱，既又文致之王大臣獄。及正論籍籍，則抵拱書，令勿驚死。既迫逐以示威，又遺書以市德，徒使朝廷無禮於舊臣。祖宗之法若是乎？

祖宗朝，非開國元勳，生不公，死不王。成國公朱希忠，生非有奇功也，居正違祖訓，贈以王爵。給事中陳吾德一言而外遷，郎中陳有年一爭而斥去。臣恐公侯之家，布賄厚施，緣例陳乞，將無底極。祖宗之法若是乎？

祖宗朝，用內閣冢宰，必由廷推。今居正私薦用張四維、張瀚。四維在翰林，被論者數矣。其始去也，不任教習庶吉士也。四維之爲人也，居正知之熟矣。知之而顧用之，夫亦以四維善機權，多憑藉，自念親老，旦暮不測，二三年間謀起復，任四維，其身後託乎？瀚生平無善狀。巡撫陝西，贓穢狼籍，及驟躐銓衡，唯諾若簿吏，官缺必請命居正，所指授者，非楚人親戚知識，則親戚所援引也；非宦楚受恩私故，則恩故之黨助也。瀚惟日取四方小吏，權其賄賂，而其他則徒擁虛名。聞居正貽南京都御史趙錦書，臺諫毋議及冢宰，則居正之脅制在朝言官，又可知矣。祖宗之法如是乎？

祖宗朝，詔令不便，部臣猶訾閣擬之不審。今得一嚴旨，居正輒曰「我力調劑故止是」；得一溫旨，居正又曰「我力請而後得之」。由是，畏居正者甚於畏陛下，感居正者甚於感陛下。威福自己，目無朝廷。祖宗之法若是乎？

祖宗朝，一切政事，臺省奏陳，部院題覆，撫按奉行，未聞閣臣有舉劾也。居正定令，撫按考成章奏，每具二册，一送內閣，一送六科。撫按延遲，則部臣糾之。六部隱蔽，則科臣糾之。六科隱蔽，則內閣糾之。夫部院分理國事，科臣封駁奏章，舉劾，其職也。閣臣銜列翰林，止備顧問，從容論思而已。居正創爲是說，欲脅制科臣，拱手聽令。祖宗之法若是乎？

至於按臣回道考察，苟非有大敗類者，常不舉行，蓋不欲重挫抑之。近日，御史俞一貫以不聽指授，調之南京。由是巡方短氣，莫敢展布，所憚獨科臣耳。居正於科臣既啗之以遷轉之速，又恐之以考成之遲，誰肯舍其便利，甘彼齮齕，而盡死言事哉。往年，趙參魯以諫遷，猶曰外任也；余懋學以諫罷，猶曰禁錮也；今傅應禎則譴戍矣，又以應禎故，而及徐貞明、喬巖、李禎矣。摧折言官，讐視正士。祖宗之法如是乎？

至若爲固寵計，則獻白蓮白燕，致詔旨責讓，傳笑四方矣。規利田宅，則誣遼王以重罪，而奪其府地，今武岡王又得罪矣。爲子弟謀舉鄉試，則許御史舒鼇以京堂，布政施堯臣以巡撫矣。起大第於江陵，費至十萬，制擬宮禁，遣錦衣官校監治，鄉郡之脂膏

盡矣。惡黃州生儒議其子弟倖售，則假縣令他事窮治無遺矣。編修李維楨偶談及其豪富，不旋踵即外斥矣。蓋居正之貪，不在文吏而在武臣，不在內地而在邊鄙。不然，輔政未幾，即富甲全楚，何由致之？宮室輿馬姬妾，奉御同於王者，又何由致之？

在朝臣工，莫不憤歎，而無敢爲陛下明言者，積威之劫也。臣舉進士，居正爲總裁。臣任部曹，居正薦改御史。臣受居正恩亦厚矣，而今敢訟言攻之者，君臣誼重，則私恩有不得而顧也。願陛下察臣愚悃，抑損相權，毋俾僨事誤國，臣死且不朽。

疏上，居正怒甚，廷辯之，曰：「在令，巡按不得報軍功。去年遼東大捷，臺違制妄奏，法應降謫。臣第請旨戒諭，而臺已不勝憤。後傅應禎下獄，究詰黨與。初不知臺與應禎同邑厚善，實有所主。乃妄自驚疑，遂不復顧藉，發憤於臣。且臺爲臣所取士，二百年來無門生劾師長者，計惟一去謝之。」因辭政，伏地泣不肯起。帝爲降御座手掖之，慰留再三。居正強諾，猶不出視事，帝遣司禮太監孫隆齎手敕宣諭，乃起。遂捕臺至京師，下詔獄，命廷杖百，遠戍。居正陽具疏救，乃除名爲民，而居正恨不已。臺按遼東時，與巡撫張學顏不相得。至是學顏爲戶部，誣臺私贖鍰，居正屬御史于應昌巡按遼東覈之，而令王宗載巡撫江西，廉臺里中事。應昌、宗載等希居正意，實其事以聞，遂戍臺廣西。臺父震龍、弟國，俱坐罪。臺至潯州未幾，飲於戍主所，歸而暴卒。是日居正亦卒。

明年，御史江東之訟臺冤，劾宗載、應昌。詔復臺官，罷宗載、應昌，下所司廉問。南京給事中馮景隆因言遼東巡撫周詠與應昌共陷臺，應昌已罷，詠尙爲薊遼總督，亦宜罷。南京御史孫繼先亦發學顏陷臺罪。帝方嚮學顏。以景隆疏中幷劾李成梁，學顏爲成梁訟。繼先又並劾學顏、成梁。乃謫景隆薊州判官，繼先臨淸州判官，置學顏不問。已而江西巡撫曹大埜、遼東巡撫李松，勘報宗載、應昌等朋比傾陷皆有狀。刑部以故入論，奏宗載等遣戍、除名、降黜有差。贈臺光祿少卿，廕一子。天啓初，追謚毅思。

馮景隆，浙江山陰人。萬曆五年進士。嘗訟趙世卿冤，且請召張位、習孔敎，申救御史魏允貞，至是謫官。後量移南陽推官。

孫繼先，字胤甫，盂人。隆慶五年進士。居正既敗，繼先請召吳中行、趙用賢、艾穆、沈思孝、鄒元標幷及余懋學、趙應元、傅應禎、朱鴻謨、孟一脈、王用汲。又薦魏學曾、宋纁、張岳、毛綱、胡執禮、王錫爵、賈三近、溫純、曹科、陳有年、朱光宇、趙參魯等諸人。旣坐謫，終南京吏部主事。

傅應禎，字公善，安福人。隆慶五年進士。除零陵知縣。殲洞庭劇寇，論殺祁陽巨猾，民賴以安。調知溧水。

萬曆三年徵授御史。張居正當國，應禎其門生也，有所感憤，疏陳重君德、蘇民困、開言路三事，言：

邇者雷震端門獸吻，京師及四方地震疊告，曾未聞發詔修省，豈眞以天變不足畏耶？眞定抽分中使，本非舊典，正統間嘗暫行之，先帝納李芳言，已詔罷遣，而陛下顧欲踵行失德之事，豈眞以祖宗不足法耶？給事中朱東光奏陳保治，初非折檻解衣者比，乃竟留中不報，豈眞以人言不足恤耶？此三不足者，王安石以之誤宋，不可不深戒也。

陛下登極初，自隆慶改元以前逋租，悉賜蠲除，四年以前免三徵七，恩至渥也。乃上軫恤已至，而下延玩自如，曾未有擔負相屬者，何哉？小民一歲之入，僅足給一歲，無遺力以償負也。近乃定輸不及額者，按撫聽糾，郡縣聽調。諸臣畏譴，督趣倍嚴。致流離接踵，怨咨愁歎，上徹於天。是豈太平之象，陛下所樂聞者哉？請下明詔，自非官吏乾沒，並曠然除之。民困旣蘇，則災沴自弭。

陛下登極初，召用直臣石星、李已，臣工無不慶幸。近則趙參魯糾中涓而謫爲典史，余懋學陳時政而錮之終身，他如胡執禮、裴應章、侯於趙、趙煥等封事累上，一切置之，如初政何？臣請擢參魯京職，還懋學故官，爲人臣進言者勸。

疏奏，居正以疏中王安石語侵己，大怒，調旨切責，以其詞及懋學，執下詔獄，窮治黨與。應禎瀕死無所承，乃謫戍定海。給事中嚴用和、御史劉天衢等疏救，不聽。方應禎下獄，給事中徐貞明偕御史李禎、喬巖入視之。錦衣帥余廕以聞，三人亦坐謫。

十一年，用御史孫繼先言，召復官。〔一〕帝將幸昌平閱壽宮，而薊鎭告警，應禎止帝勿行，且陳邊備甚悉。優詔答之。俄擢南京大理寺丞。將行，奏薦海內知名士三十七人。尋移疾歸，三年而卒。贈本寺右少卿。應禎與同邑劉臺同舉進士，爲御史，同忤居正得禍，鄕人並祠祀之。

王用汲，字明受，晉江人。爲諸生時，郡被倭，客兵橫市中。會御史按部至，用汲言狀。知府曰：「此何與諸生事？」用汲曰：「范希文秀才時，以天下爲己任，矧鄕井之禍乃不關諸生耶？」舉隆慶二年進士，授淮安推官。稍遷常德同知，入爲戶部員外郞。

萬曆六年，首輔張居正歸葬其親，湖廣諸司畢會。巡按御史趙應元獨不往，居正嗛之。

及應元事竣得代，卽以病請。僉都御史王篆者，居正客也，素憾應元，且迎合居正意，屬都御史陳炌劾應元規避，遂除名。用汲不勝憤，乃上言：

御史應元以不會葬，得罪輔臣，遂爲都御史炌所論，坐託疾欺罔削籍，臣竊恨之。夫疾病人所時有，今在廷大小諸臣，曾以病請者何限。御史陸萬鍾、劉光國、陳用賓皆以巡方事訖引疾，與應元不異也，炌何不並劾之。卽炌當世宗朝，亦養病十餘年。後夤緣攀附，驟列要津。以退爲進，宜莫如炌。己則行之，而反以責人，何以服天下。陛下但見炌論劾應元，以爲恣情趨避，罪當罷斥。至其意所從來，陛下何由知之。

如昨歲星變考察，將以弭災也，而所挫抑者，半不附宰臣之人。如翰林習孔敎，則以鄒元標之故；禮部張程，則以劉臺之故；刑部浮躁獨多於他部，則以艾穆、沈思孝而推戈；考後劣轉趙志皐，又以吳中行、趙用賢而遷怒。蓋能得輔臣之心，則雖屢經論列之潘晟，且得以不次蒙恩；苟失輔臣之心，則雖素負才名之張岳，難免以不及論調。臣不意陛下省災塞咎之舉，僅爲宰臣酬恩報怨之私。且凡附宰臣者，亦各藉以酬其私，可不爲太息矣哉！

孟子曰「逢君之惡其罪大」，臣則謂逢相之惡其罪更大也。陛下天縱聖明，從諫勿咈。諸臣熟知其然，爭欲碎首批鱗以自見。陛下欲織錦綺，則撫臣、按臣言之；欲採珍異，則部臣、科臣言之；欲取太倉光祿，則臺臣、科臣又言之。陛下悉見嘉納，或遂停止，或不爲例。至若輔臣意之所向，不論是否，無敢一言以正其非，且有先意結其歡，望風張其焰者，是臣所謂逢也。今大臣未有不逢相之惡者，妳特其較著者爾。

以臣觀之，天下無事不私，無人不私，獨陛下一人公耳。陛下又不躬自聽斷，而委政於衆所阿奉之大臣。大臣益得成其私而無所顧忌，小臣益苦行私而無所愬告，是驅天下而使之奔走乎私門矣。陛下何不日取庶政而勤習之，內外章奏躬自省覽，先以意可否焉，然後宣付輔臣，俾之商榷。閱習既久，智慮益弘，幾微隱伏之間自無逃於天鑒。夫威福者，陛下所當自出；乾綱者，陛下所當獨攬。寄之於人，不謂之旁落，則謂之倒持。政柄一移，積重難返，此又臣所日夜深慮，不獨爲應元一事已也。居正以罪輕，移怒四維，厲色待之者累日。

用汲歸，屏居郭外，布衣講授，足不踐城市。居正死，起補刑部。未上，擢廣東僉事。尋召爲尚寶卿，進大理少卿。會法司議胡欑、龍宗武殺吳仕期獄，傅以謫戍。用汲駁奏曰：「按律，刑部及大小官吏，不依法律、聽從上司主使、出入人罪者，罪如之。蓋謂如上文，罪斬、妻子爲奴、財產入官之律也。仕期之死，欑非主使者乎？宗武非聽上司主使者乎？今僅謫戍，不知所遵何律也。」上欲用用汲言，閣臣申時行等謂仕期自斃，宜減等，獄遂定。尋遷順天府尹。歷南京刑部尚書，致仕。

用汲爲人剛正，遇事敢爲。自尹京後，累遷皆在南，以强直故也。卒，贈太子太保，謚恭質。

吳中行，字子道，武進人。父性，兄可行，皆進士。性，尚寶丞。可行，檢討。〔二〕中行甫冠舉鄉試，性誠無躁進，遂不赴會試。隆慶五年成進士，選庶吉士，授編修。

大學士張居正，中行座主也。萬曆五年，居正遭父喪，奪情視事。御史曾士楚、吏科都給事中陳三謨倡疏奏留，舉朝和之，中行獨憤。適彗出西南，長竟天，詔百官修省，中行乃首上疏曰：「居正父子異地分暌，音容不接者十有九年。一旦長棄數千里外，陛下不使匍匐星奔，憑棺一慟，必欲其違心抑情，銜哀茹痛於廟堂之上，而責以訏謨遠猷，調元熙載，豈情也哉！居正每自言謹守聖賢義理，祖宗法度。宰我欲短喪，子曰：『予有三年之愛於其父母乎？』王子請數月之喪，孟子曰：『雖加一日愈於已。』聖賢之訓何如也？在律，雖編氓小吏，匿喪有禁；惟武人得墨衰從事，非所以處輔弼也。卽云起復有故事，亦未有一日不出國

門，而遽起視事者。祖宗之制何如也？事繫萬古綱常，四方視聽，惟今日無過舉，然後後世無遺議。銷變之道無踰此者。」

疏既上，以副封白居正。居正愕然曰：「疏進耶？」中行曰：「未進不敢白也。」明日，趙用賢疏入。又明日，艾穆、沈思孝疏入。居正怒，謀於馮保，欲廷杖之。翰林院侍講趙志皋、張位，于愼行、張一桂、田一儁、李長春，修撰習孔教、沈懋學俱具疏救，格不入。學士王錫爵乃會詞臣數十人，求解於居正，弗納。遂杖中行等四人。明日，進士鄒元標疏爭，亦廷杖。五人者，直聲震天下。中行、用賢並稱吳、趙。南京御史朱鴻謨疏救五人，亦被斥。中行等受杖畢，校尉以布曳出長安門，舁以板扉，卽日驅出都城。中行氣息已絕，中書舍人秦柱挾醫至，投藥一匕，乃蘇。輿疾南歸，刲去腐肉數十臠，大者盈掌，深至寸，一肢遂空。

九年大計京官，列五人察籍，錮不復敍。居正死，士楚當按蘇、松，憮然曰：「吾何面目見吳、趙二公！」遂引疾去。三謨已擢太常少卿，尋與士楚俱被劾削籍。廷臣交薦中行，召復故官，進右中允，直經筵。大學士許國攻李植、江東之，詆中行、用賢爲其黨。中行奏辨，因乞罷，不許。再遷右諭德。御史蔡系周劾植，復侵中行，中行求去，章四上。詔賜白金、文綺，馳傳歸。言者屢薦，執政抑不召。久之，起侍講學士，掌南京翰林院。同里僉事徐常吉嘗訟中行，事已解，給事中王嘉謨復摭舊事劾之，命家居俟召。尋卒。後贈禮部右侍郎。

子亮、元，從子宗達。亮官御史，坐累貶官，終大理少卿。元，江西布政使。宗達，少傅、建極殿大學士。〔三〕亮尙志節，與顧憲成諸人善。而元深疾東林，所輯吾徵錄，詆毀不遺力。兄弟異趣如此。

趙用賢，字汝師，常熟人。父承謙，廣東參議。用賢舉隆慶五年進士，選庶吉士。

萬曆初，授檢討。張居正父喪奪情，用賢抗疏曰：「臣竊怪居正能以君臣之義效忠於數年，不能以父子之情少盡於一日。臣又竊怪居正之勳望積以數年，而陛下忽敗之一旦。莫若如先朝楊溥、李賢故事，聽其暫還守制，刻期赴闕，庶父子音容乖暌阻絕於十有九年者，得區區稍伸其痛於臨穴憑棺之一慟也。國家設臺諫以司法紀、任糾繩，乃今嘵嘵爲輔臣請留，背公議而徇私情，蔑至性而創異論。臣愚竊懼士氣之日靡，國是之日淆也。」疏入，與中行同杖除名。用賢體素肥，肉潰落如掌，其妻腊而藏之。用賢有女許御史吳之彥子鎭。之彥懼及，深結居正，得巡撫福建。過里門，不爲用賢禮，且坐鎭於其弟下，曰「婢子也」，以激用賢。用賢怒，已察知其受居正黨王篆指，遂反幣告絕。之彥大喜。

居正死之明年，用賢復故官，進右贊善。江東之、李植輩爭嚮之，物望皆屬焉。而用賢性剛，負氣傲物，數訾議大臣得失。申時行、許國等忌之。會植、東之攻時行，國遂力詆植、東之，而陰斥用賢、中行，謂：「昔之專恣在權貴，今乃在下僚；昔顛倒是非在小人，今乃在君子。意氣感激，偶成一二事，遂自負不世之節，號召浮薄喜事之人，黨同伐異，罔上行私，其風不可長。」於是用賢抗辨求去，極言朋黨之說，小人以之去君子、空人國，詞甚激憤。帝不聽其去。黨論之興遂自此始。

尋充經筵講官。再遷右庶子，改南京祭酒。薦舉人王之士、鄧元錫、劉元卿，清修積學。又請建儲，有言官李沂罪。居三年，擢南京禮部右侍郎。以吏部郎中趙南星薦，改北部。尋以本官兼教習庶吉士。

二十一年，王錫爵復入內閣。初，用賢徙南，中行、思孝、植、東之已前貶，或罷去，故執政安之。及是，用賢復以爭三王並封語侵錫爵，爲所銜。會改吏部左侍郎，與文選郎顧憲成辨論人才，羣情益附，錫爵不便也。用賢故所絕婚吳之彥者，錫爵里人，時以僉事論罷，使其子鎭訐用賢論財逐壻，蔑法棄倫。用賢疏辨，乞休。詔禮官平議。尚書羅萬化以之彥其門生，引嫌力辭。錫爵乃上議曰：「用賢輕絕，之彥緩發，均失也。今趙女已嫁，難問初盟，吳男未婚，無容反坐。欲折其衷，宜聽用賢引疾，而曲貸之彥。」詔從之。用賢遂免歸。

戶部郎中楊應宿、鄭材復力詆用賢，請據律行法。都御史李世達、侍郎李禎疏直用賢，〔四〕斥兩人讒諂，遂爲所攻。高攀龍、吳弘濟、譚一召、孫繼有、安希范輩皆坐論救褫職。自是朋黨論益熾。中行、用賢、植、東之創於前，元標、南星、憲成、攀龍繼之。言事者益裁量執政，執政日與枝拄，水火薄射，訖於明亡云。

用賢長身聳肩，議論風發，有經濟大略。蘇、松、嘉、湖諸府，財賦敵天下半，民生坐困。用賢官庶子時，與進士袁黃商搉數十晝夜，條十四事上之。時行、錫爵以爲吳人不當言吳事，調旨切責，寢不行。家居四年卒。天啓初，贈太子少保、禮部尚書，謚文毅。

孫士春、士錦，崇禎十年同舉進士。士春，字景之。第三人及第，授編修。明年，兵部尚書楊嗣昌奪情視事，未幾入閣。少詹事黃道周劾之，下獄。士春上疏曰：「嗣昌墨縗視事，既已罔效。陛下簡入綸扉，自應力辭新命。乃閱其奏牘，徒計歲月久近間，絕無哀痛惻怛之念，何奸悖一至此也。陛下破格奪情，曰人才不足故耳。不知人才所以不振，正由愛功名、薄忠孝致之。且無事不講儲材，有事輕言破格，非用人無弊之道也。臣祖用賢，首論故相奪情，幾斃杖下，腊敗肉示子孫。臣敢背家學，負明主，坐視綱常掃地哉？」帝怒，謫廣東布政司照磨。祖孫並以攻執政奪情斥，士論重之。後復故官，終左中允。

艾穆，字和父，平江人。以鄉舉署阜城教諭，鄰郡諸生趙南星、喬璧星皆就學焉。入爲國子助教。張居正知穆名，欲用爲誥敕房中書舍人，不應。

萬曆初，擢刑部主事。進員外郎，錄囚陝西。時居正法嚴，決囚不如額者罪。穆與御史議，止決二人。御史懼不稱，穆曰：「我終不以人命博官也。」還朝，居正盛氣譙讓。穆曰：「主上沖年，小臣體好生德，佐公平允之治，有罪甘之。」揖而退。

及居正遭喪奪情，穆私居歎息，遂與主事沈思孝抗疏諫曰：「自居正奪情，妖星突見，光逼中天。言官曾士楚、陳三謨甘犯清議，率先請留，人心頓死，舉國如狂。今星變未銷，火災繼起。臣敢自愛其死，不灑血一爲陛下言之。陛下之留居正也，動曰爲社稷故。夫社稷所重，莫如綱常。而元輔大臣者，綱常之表也。綱常不顧，何社稷之能安？且事偶一爲之者，例也；而萬世不易者，先王之制也。今棄先王之制，而從近代之例，如之何其可也。居正今以例留，腼顏就列矣。異時國家有大慶賀、大祭祀，爲元輔者，欲避則害君臣之義，欲出則傷父子之情。臣不知陛下何以處居正，居正又何以自處也。徐庶以母故辭於昭烈曰：『臣方寸亂矣。』居正獨非人子而方寸不亂耶？位極人臣，反不修匹夫常節，何以對天下

後世！臣聞古聖帝明王勸人以孝矣，未聞從而奪之也。爲人臣者，移孝以事君矣，未聞爲所奪也。以禮義廉恥風天下猶恐不足，顧乃奪之，使天下爲人子者，皆忘三年之愛於其父，常紀墮矣。異時卽欲以法度整齊之，何可得耶！陛下誠眷居正，當愛之以德，使奔喪終制，以全大節，則綱常植而朝廷正，朝廷正而百官萬民莫不一於正，災變無不可弭矣。」

時吳中行、趙用賢請令居正奔喪，葬畢還朝，而穆、思孝直請令終制，故居正尤怒。中行、用賢杖六十，穆、思孝皆八十加梏拲，置之詔獄。越三日，以門扉舁出城，穆遣戍涼州。創重不省人事，既而復甦，遂詣戍所。穆，居正鄉人也。居正語人曰：「昔嚴分宜時未有同鄉攻擊者，我不得比分宜矣。」九年，大計，復置穆、思孝察籍。

及居正死，言官交薦，起戶部員外郎。遷四川僉事，屢遷太僕少卿。十九年秋，擢右僉都御史，巡撫四川。故崇陽知縣周應中、賓州知州葉春及行義過人，穆舉以自代，不報。既之官，有告播州宣慰使楊應龍叛者，貴州巡撫葉夢熊請征之。蜀人多言應龍强，未易輕舉，穆亦不欲加兵，與夢熊異。朝命兩撫臣會勘，應龍不顧赴貴州，乃逮至重慶，對簿論斬，輸贖，放之還。穆病歸，未幾卒。後應龍復叛，議者追咎穆，奪其職。

喬璧星，臨城人。官右僉都御史，亦巡撫四川。

中華書局

葉春及，歸善人。由鄉舉授福清教諭。上書陳時政，纚纚三萬言。終戶部郎中。

沈思孝，字純父，嘉興人。舉隆慶二年進士。又三年，謁選。高拱署吏部，欲留爲屬曹，思孝辭焉，乃授番禺知縣。殷正茂總制兩廣，欲聽民與番人互市，且開海口諸山徵其稅，思孝持不可。

萬曆初，舉卓異，又爲刑部主事。張居正父喪奪情，與艾穆合疏諫。廷杖，戍神電衞。居正死，召復官，進光祿少卿。政府惡李植、江東之及思孝輩。思孝遷太常少卿，御史龔仲慶希指詆之，思孝遂求去，不許。尋遷順天府尹，坐寬縱冒籍舉人，貶三秩視事。思孝御三品服自若，被劾，調南京太僕卿，仍貶三秩。未幾，謝病歸。

吏部尙書陸光祖起爲南京光祿卿。尋進右僉都御史，巡撫陝西。寧夏哱拜叛，詔思孝移駐下馬關，爲總督魏學曾聲援。思孝以兵少，請募浙江及宣、大騎卒各五千，發內帑供軍，并乞宥故都御史李材罪，令立功。詔思孝近地召募，而罷材勿遣。思孝與學曾議軍事不合，給事中侯慶遠劾思孝舍門戶而守堂奧，設還卒以衞妻孥，不任封疆事。改撫河南，辭不赴。

頃之，召爲大理卿。中官郝金詐傳懿旨下獄，刑部薄其罪，思孝駁誅之。帝悅，進工部左侍郎。陝西織羊絨爲民患，以思孝奏，減十之四。進右都御史，協理戎政。初，廷推李禎爲首，思孝次之，帝特用思孝。或疑有奧援，給事中楊東明、鄭廷彥相繼疏劾。帝以廷彥受東明指，謫東明，奪廷彥俸。

二十三年，吏部尙書孫丕揚掌外察，黜參政丁此呂。思孝與東之素善此呂。會御史趙文炳劾文選郎蔣時馨受賄，時馨疑思孝嗾之，遂訐思孝先庇此呂，後求吏部不得，以此二事憾己，遂結江東之、劉應秋等，令李三才屬文炳。帝惡時馨，罷其官。思孝等疏辨，且求去。丕揚言時馨無罪，此呂受贓有狀，思孝不當庇。因上此呂訪單，乞歸。訪單者，吏部當察時，咨公論以定賢否，廷臣因得書所聞以投掌察者。事率覈實，然間有因以中所惡者。帝降詔慰留丕揚，逮此呂，詰讓思孝。御史俞价、强思、馮從吾，給事中黃運泰、祝世祿，皆爲時馨訟冤，語侵思孝、東之。給事中楊天民、馬經綸、馬文卿又各疏劾思孝，大抵言文炳之疏由思孝，藉以搖丕揚也。思孝屢乞罷，因詆丕揚負國。員外郎岳元聲言大臣相攻，宜兩罷，以並論丕揚、思孝，而其指特攻時馨以及丕揚。疏方上，文炳忽變其說，謂：「元聲、東之述思孝意，迫之救此呂、劾時馨，非己意也。」帝皆置不問。

思孝素以直節高天下，然尙氣好勝，動輒多忤，以此呂故，頗被物議。然時馨、此呂皆非端人，丕揚、思孝亦各有所左右。其明年，御史林培請辨忠邪，又力詆思孝、東之，且言：「丕揚杜門半載，辭疏十上，意必得請而後已。思孝則杜門未幾，近見從吾、運泰等罷，謂朝廷不難去言官五六人以安我。此人不去，爲朝端害。」帝顧思孝厚，謫培官。乾清宮災，思孝請行皇長子冠禮以回天心。又以日本封事大壞，請亟修戰守備，并論趙志皋、石星誤國。其秋，丕揚去位，思孝亦引疾，詔馳傳歸，朝端議論始息。久之，丕揚復起爲吏部，御史記事復詆思孝與顧天埈合謀欲搆陷丕揚。顧憲成、高攀龍力辨其誣，而思孝卒矣。天啓中，贈太子少保。

丁此呂，字右武，新建人。萬曆五年進士。由漳州推官徵授御史。慈寧宮災，請撤鼇山，停織造、燒造，還建言譴謫諸臣，去張居正餘黨，速誅徐爵、游七。報聞。尋劾禮部侍郎高啓愚命題示禪授意，謫潞安推官。語詳李植傳。尋遷太僕丞，歷浙江右參政。考察論黜，復遣官逮之。大學士趙志皋等再疏乞宥，且言此呂有氣節，未必果貪汚。丕揚亦言此呂無逮問條，乞免送詔獄。帝皆不從，逮下鎭撫，謫戍邊。

贊曰：劉臺諸人，皆以論張居正得罪。罰最重者，名亦最高。用汲之免也，幸耳。平心論之，居正爲相，於國事不爲無功，諸人論之，不無過當。然聞謗而不知懼，忿戾怨毒，務快己意。虧盈好還，禍釀身後。傳曰「惟善人能受盡言」。於戲難哉！

校勘記

〔一〕十一年用御史孫繼先言召復官　十一年，原作「十一月」。明通鑑卷六六考異謂傳應補萬曆三年坐謫戍，在戍所八年，召復官應在萬曆十一年，「傳中『月』字蓋『年』字之誤」。考異說是，據改。

〔二〕可行檢討　檢討，明史稿傳一〇八吳中行傳作「修撰」。

〔三〕元江西布政使宗達少傅建極殿大學士　明史稿傳一〇八吳中行傳作「元，江西參政。宗達，少師、中極殿大學士」。據本書卷一〇九宰輔年表，吳宗達于崇禎六年十二月晉少傅、建極殿大學士，七年二月晉少師、中極殿大學士。

〔四〕侍郎李禎疏直用賢　李禎，原作「李楨」。按本書卷二二一及明史稿傳一〇二有李禎傳，事蹟與此合，今改正。

明史卷二百三十

列傳第一百十八

蔡時鼎　萬國欽王教　饒伸兄位　劉元震　元霖

湯顯祖李琯　逯中立盧明諏　楊恂冀體　朱爵

姜士昌宋燾　馬孟禎　汪若霖

蔡時鼎，字台甫，漳浦人。萬曆二年進士。歷知桐鄉、元城，爲治清嚴。徵授御史。太和山提督中官田玉兼分守事，時鼎言不可，並及玉不法狀。御史丁此呂以劾高啓愚被謫，時鼎論救，語侵楊巍、申時行。報聞。已，巡鹽兩淮。悉捐其羨爲開河費，置屬邑學田。還朝，會戚畹子弟有求舉不獲者，誣順天考官張一桂私其客馮詩、章維寧及編修史鈳子記純，又濫取冒籍者五人。帝怒，命詩、維寧荷枷，解一桂、鈳官。時行等爲之解。帝益

怒，奪鈳職，下詩、維寧吏。法司廷鞫無驗，忤旨被讓。卒枷二人一月，而調一桂南京。時鼎以事初糾發不由外廷，徑從中出，極言宵人蜚語直達御前，其漸不可長；且盡疑大臣言官有私，則是股肱耳目舉不可信，所信者誰也？帝怒，手札諭閣臣治罪。會時行及王錫爵在告，許國、王家屏僅擬停俸，且請稍減詩、維寧荷校之期，以全其命。帝不從，責時鼎疑君訕上，降極邊雜職。又使人詗知發遣冒籍者多寬縱，責府尹沈思孝對狀。國、家屏復上言：「人君貴明不貴察。苟任一己見聞，猜防苛密，縱聽斷精審，何補於治；且使姦人乘機得中傷善類，害胡可言。願停察訪以崇大體，宥言官以彰聖度。」帝不懌，手詔詰讓。是日，帝思時行，遣中使就第勞問。而國等既被責，具疏謝，執爭如初。會帝意稍解，乃報聞。時鼎竟謫馬邑典史，告歸。居二年，吏部擬序遷，不許。御史王世揚請如石星、海瑞、鄒元標例，起之廢籍，不報。已，起太平推官，進南京刑部主事，就改吏部。

十八年冬，復疏劾時行，略言：「比年天災民困，紀綱紊斁，吏治混淆。陛下深居宮闕，臣民呼籲莫聞。然羣工進言，猶蒙寬貸。乃輔臣時行則樹黨自堅，忌言益甚。不必明指其失，卽意向稍左，亦輒中傷。或顯斥於當時，或徐退於後日。致天下諛佞成風，正氣消沮。夫營私之念重，則奉公之意必衰；巧詐之機熟，則忠誠之節必退。自張居正物故，張四維憂去，時行卽爲首輔。懲前專擅，矯以謙退；鑒昔嚴苛，矯以寬平。非不欲示休休之量，養和平之福，無如患得患失之心勝，而不可則止之義微。貌退讓而心貪競，外包容而中忮刻。私僞萌生，欲蓋彌著。夫居正之禍在徇私滅公，然其持法任事，猶足有補於國。今也改革其美，而紹述其私；盡去其維天下之心，而益巧其欺天下之術。徒思邀福一身，不顧國禍，若而人者，尚可俾相天下哉！」因歷數其十失，勸之省改。疏留中。尋進南京禮部郎中。卒官。貧不具含殮，士大夫賻而治其喪。

萬國欽，字二愚，新建人。萬曆十一年進士。授婺源知縣。徵拜御史。言事慷慨，不避權貴。十八年劾吏部尚書楊巍，被詰讓。里居尚書董份，大學士申時行、王錫爵座主也，屬浙江巡按御史奏請存問。國欽言份諂事嚴嵩，又娶尚書吳鵬巳字之女，居鄉無狀，不宜加隆禮，事遂寢。

初，吏部員外郎趙南星、戶部主事姜士昌疏斥政府私人。[一]給事中李春開以出位糾南星、士昌，而其黨陳與郊爲助。刑部主事吳正志上疏，言春開、與郊媚政府，干清議，且論御史林祖述保留大臣之非。於是御史赫瀛集諸御史於朝堂，議合疏糾正志，以臺體爲辭。國

欽與周孔教獨不署名。瀛大恚，盛氣讓國欽。國欽曰：「冠豸冠，服豸服，乃日以保留大臣傾善類爲事，我不能苟同。」瀛氣奪，疏不果上，而正志竟謫宜君典史。奄人袁進等毆殺平民，國欽再疏劾之。

十八年夏，火落赤諸部頻犯臨洮、鞏昌。七月，帝召見時行等於皇極門，咨以方略，言邊備廢弛，督撫乏調度，欲大有所振飭。時行以款貢足恃爲言。帝曰：「款貢亦不足恃。若事務媚敵，使心驕意大，豈有饜足時。」時行等奉諭而退。未幾，警報狎至，乃推鄭洛爲經略尚書行邊，實用以主款議也。國欽抗疏劾時行，曰：「陛下以西事孔棘，特召輔臣議戰守，而輔臣於召對時乃飾詞欺罔。陛下怒賊侵軼，則以爲攻抄熟番。臨、鞏果番地乎？陛下責督撫失機，則以爲咎在武臣。封疆僨事，督撫果無與乎？陛下言款貢難恃，則云通貢二十年，活生靈百萬。西寧之敗，肅州之掠，獨非生靈乎？是陛下意在戰，時行必不欲戰；陛下意在絕和，時行必欲與和。蓋由九邊將帥，歲餽金錢，漫無成畫。寇巳殘城堡，殺吏民，猶謂計得。三邊總督梅友松意專媚敵。前奏順義謝恩西去矣，何又圍我臨、鞏？後疏盛誇戰績矣，何景古城全軍皆覆？甘肅巡撫李廷儀延賊入關，不聞奏報，反代請贖罪。計馬牛布帛不及三十金，而殺掠何止萬計。欲仍通市，臣不知於國法何如也。此三人皆時行私黨，故敢朋奸誤國乃爾。」因列上時行納賄數事。帝謂其淆亂國事，誣汚大臣，謫劍州判官。

初，國欽疏上，座主許國責之曰：「若此舉，爲名節乎，爲國家乎？」國欽曰：「何敢爲名節，惟爲國事耳。卽言未當，死生利害聽之。」國無以難。

二十年，吏部尙書陸光祖擬量移國欽爲建寧推官，饒伸爲刑部主事。帝以二人皆特貶，不宜遷，切責光祖，而盡罷文選郎中王教，員外郎葉隆光，主事唐世堯、陳遴瑋等。大學士趙志皋疏救，亦被譙責。國欽後歷南京刑部郎中，卒。

王教，淄川人。佐光祖澄淸吏治。給事中胡汝寧承權要旨劾之，事旋白。竟坐推國欽、伸，斥爲民。

饒伸，字抑之，進賢人。萬曆十一年進士。授工部主事。十六年，庶子黃洪憲典順天試，大學士王錫爵子衡爲舉首，申時行壻李鴻亦預選。禮部主事于孔兼疑舉人屠大壯及鴻有私。尙書朱賡、禮科都給事中苗朝陽欲寢其事。禮部郎中高桂遂發憤論可疑者八人，並及衡，請得覆試。錫爵疏辨，與時行並乞罷。帝皆慰留之，而從桂請，命覆試。禮部侍郎于愼行以大壯文獨劣，擬乙置之。都御史吳時來及朝陽不可。桂直前力爭，乃如愼行議，列

甲乙以上。時行、錫爵調旨盡留之，且奪桂俸二月。衡實有才名，錫爵大憤，復上疏極詆桂。伸乃抗疏言：「張居正三子連占高科，而輔臣子弟遂成故事。洪憲更謂一舉不足重，居然置之選首。子不與試，則錄其壻，其他私弊不乏聞。覆試之日，多有不能文者。時來罔分優劣，蒙面與桂力爭，遂朦朧擬請。至錫爵訐桂一疏，劍戟森然，乖對君之體。錫爵柄用三年，放逐賢士，援引憸人。今又巧護己私，欺罔主上，勢將爲居正之續。時來附權蔑紀，不稱憲長。請俱賜罷。」

疏旣入，錫爵、時行並杜門求去。而許國以典會試入場，閣中遂無一人。中官送章奏於時行私第，時行仍封還。帝驚曰：「閣中竟無人耶？」乃慰留時行等而下伸詔獄。給事中胡汝寧、御史林祖述等復劾伸及桂，以媚執政。御史毛在又侵孔兼，謂桂疏其所使。孔兼奏辨求罷。於是詔諸司嚴約所屬，毋出位沽名，而削伸籍，貶桂三秩，調邊方，孔兼得免。

伸旣斥，朝士多咎錫爵。錫爵不自安，屢請敍用。起伸南京工部主事，改南京吏部。引疾歸，遂不復出。熹宗卽位，起南京光祿寺少卿。天啓四年累官刑部左侍郎。魏忠賢亂政，請告歸。所輯學海六百餘卷，時稱其浩博。

兄位。累官工部右侍郎。母年百歲，與伸先後以侍養歸。

先是，任丘劉元震、元霖兄弟俱官九列，以母年近百歲，先後乞養親歸，與伸兄弟相類。一時皆以爲榮。元震，字元東，隆慶五年進士。由庶吉士，萬曆中歷官吏部侍郎。天啓中，贈禮部尙書，諡文莊。元霖，萬曆八年進士。歷官工部尙書。福王開邸洛陽，有所營建。元霖執奏，罷之。卒，贈太子太保。

湯顯祖，字若士，臨川人。少善屬文，有時名。張居正欲其子及第，羅海內名士以張之。聞顯祖及沈懋學名，命諸子延致。顯祖謝弗往，懋學遂與居正子嗣修偕及第。顯祖至萬曆十一年始成進士。授南京太常博士，就遷禮部主事。

十八年，帝以星變嚴責言官欺蔽，並停俸一年。顯祖上言曰：「言官豈盡不肖，蓋陛下威福之柄潛爲輔臣所竊，故言官向背之情，亦爲默移。御史丁此呂首發科場欺蔽，申時行屬楊巍劾去之。御史萬國欽極論封疆欺蔽，時行諷同官許國遠謫之。一言相侵，無不出之於外。於是無恥之徒，但知自結於執政。所得爵祿，直以爲執政與之。縱他日不保身名，而今日固已富貴矣。給事中楊文舉奉詔理荒政，徵賄鉅萬。抵杭，日宴西湖，鬻獄市薦以漁厚利。輔臣乃及其報命，擢首諫垣。給事中胡汝寧攻擊饒伸，不過權門鷹犬，以其私人，

猥見任用。夫陛下方責言官欺蔽，而輔臣欺蔽自如。失今不治，臣謂陛下可惜者四。朝廷以爵祿植善類，今直爲私門蔓桃李，是爵祿可惜也。羣臣風靡，罔識廉恥，是人才可惜也。輔臣不越例予人富貴，不見爲恩，是成憲可惜也。陛下御天下二十年。前十年之政，張居正剛而多欲，以羣私人，囂然壞之。後十年之政，時行柔而多欲，以羣私人，靡然壞之。此聖政可惜也。乞立斥文舉、汝寧，誡諭輔臣，省愆悔過。」帝怒，謫徐聞典史。稍遷遂昌知縣。二十六年上計京師，投劾歸。又明年大計，主者議黜之。李維禎爲監司，力爭不得，竟奪官。家居二十年卒。

顯祖意氣慷慨，善李化龍、李三才、梅國楨。後皆通顯有建豎，而顯祖蹭蹬窮老。三才督漕淮上，遣書迎之，謝不往。

顯祖建言之明年，福建僉事李琯奉表入都，列時行十罪，語侵王錫爵。言惟錫爵敢恣睢，故時行益貪戾，請並斥以謝天下。帝怒，削其籍。甫兩月，時行亦罷。琯，豐城人。萬曆五年進士，嘗官御史。旣斥歸，家居三十年而卒。

顯祖子開遠，自有傳。

逯中立，字與權，聊城人。萬曆十七年進士。由行人擢吏科給事中。遇事敢言。行人高攀龍，御史吳弘濟，南部郎譚一召、孫繼有、安希范咸以爭趙用賢之罷被斥，中立抗疏曰：「諸臣率好修士，使跧伏田野，誠可惜也。陛下怒言者，則曰『出朕獨斷』，輔臣王錫爵亦曰『至尊親裁』。臣謂所斥者非正人也，則斷自宸衷，固陛下去邪之明；即擬自輔臣，亦大臣爲國之正。若所斥者果正人也，出於輔臣之調旨，而有心斥逐者爲妬賢；即出於至尊之親裁，而不能匡救者爲竊位。大臣以人事君之道，當如是乎？陛下欲安輔臣，則罷言者；不知言者罷，輔臣益不自安。」疏入，忤旨，停俸一歲。

尋進兵科右給事中。有詔修國史，錫爵舉故詹事劉虞夔爲總裁。虞夔，錫爵門生也，以拾遺劾罷。諸御史言不當召。而中立詆虞夔尤力，並侵錫爵，遂寢召命。未幾，文選郎顧憲成等以會推閣臣事被斥，給事中盧明諏救之，亦貶秩。中立上言：「兩年以來，銓臣相繼屏斥。尚書孫鑨去矣，陳有年杜門求罷矣，文選一署空曹逐者至再三，而憲成又繼之。臣恐今而後，非如王國光、楊巍，則不能一日爲冢宰；非如徐一櫆、謝廷寀、劉希孟，則不能一日爲選郎。臧否混淆，舉錯倒置，使黜陟重典寄之權門，用舍斥罰視一時喜怒，公議壅閼，煩言滋起。此人才消長之機，理道廢興之漸，不可不深慮也。且會推閣臣，非自十九年始。

皇祖二十八年廷推六員，而張治、李本二臣用；即今元輔錫爵之入閣，亦會推也。蓋特簡與廷推，祖宗並行已久。廷推必諧於僉議，特簡或由於私援。今輔臣趙志皋等不稽故典，妄激聖怒，即揭救數語，譬之强笑，而神不偕來，欲以動聽難矣。方今疆場交聳，公私耗斁，羣情恩亂，識者懷憂。乃朝議紛紜若爾，豈得不長歎息哉！」帝怒，嚴旨責讓，斥明諏爲民，而貶中立陝西按察司知事。引疾歸，家居二十年卒。熹宗時，贈光祿少卿。

盧明諏，黃巖人。萬曆十四年進士。

楊恂，字伯純，代人。萬曆十一年進士。授行人，擢刑科給事中。錦衣冗官多至二千人，請大加裁汰，不用。累遷戶科都給事中。朝鮮用兵，冒破帑金不貲。恂請嚴敕邊臣，而劾武庫郎劉黃裳侵耗罪。黃裳卒罷去。尋上節財四議，格不行。

王錫爵謝政，趙志皋代爲首輔。御史柳佐、章守誠劾之。志皋乞罷，不許。御史冀體極論志皋不可不去。帝怒，責對狀。體抗辭不屈，貶三秩，出之外，以論救者衆，竟斥爲民。恂復論志皋，並及張位。其略曰：「今之議執政者，僉曰擬旨失當也，貪鄙無爲也。是固可憂，而所憂有大於是者。許茂橓罷閒錦衣，厚齎金玉爲奸，被人緝獲。使大臣清節素孚，彼安敢冒昧如此！乃緝獲者被責，而行賄者不問。欲天下澄清，其可得耶？可憂者一。楊應龍負固不服，執政貪其重餌，與之交通。如近日綦江捕獲奸人，得所投本兵及提督巡捕私書。其餘四緘及黃金五百、白金千、虎豹皮數十，不言所投。臣細詢播人，始囁嚅言曰『求票擬耳』。夫票擬，輔臣事也，而使小醜得以利動哉？可憂者二。推陞者，吏部職也。邇來創專擅之說以蠱惑聖聰，陛下入其言而疑之。於是內託上意，外諉廷推，或正或陪，惟意所欲。苟兩者俱無當，則駁令更推；少不如意，譴謫加焉。倘謂簡在帝心，非政府所預，何所用者非梓里姻親，則門牆密契也？如是而猶曰吏部專擅乎？可憂者三。言官，天子耳目，糾繩獻納，其職也。邇來進朋黨之說以激聖怒，陛下納其譖而惡之。於是假託天威，肆行胸臆。非顯斥於建白之時，則陰中於遷除之日。倘謂斷自宸衷，無可挽救，何所斥者非宿昔積怨，則近日深讐也？如是而猶謂言官結黨乎？可憂者四。首輔志皋日薄西山，固無足責。位素負物望，乃所爲若斯；且其機械獨深，朋邪日衆，將來之禍，更有難言者。請罷志皋而防位，嚴飭陳于陛、沈一貫，毋效二人所爲。」

疏入，忤旨。命鐫一級，出之外。志皋、位疏辨，且乞宥恂，于陛、一貫亦論救。乃以原品調陝西按察經歷。引疾歸。久之，吏部尚書蔡國珍奉詔起廢。及恂，未召卒。

冀體，武安人。被廢，累薦不起，卒於家。

其時以論志皋獲譴者又有朱爵，開州人。由茌平知縣召爲吏科給事中。嘗論時政闕失，因疏志皋、位寢閣壅蔽罪，不報。尋切諫三王並封，且論救朱維京、王如堅等，復劾志皋、位私同年羅萬化爲吏部。坐謫山西按察知事，卒於家。天啓中，贈太僕少卿。

姜士昌，字仲文，丹陽人。父寶，字廷善。嘉靖三十二年進士。官編修。不附嚴嵩，出爲四川提學僉事。再轉福建提學副使，累遷南京國子監祭酒。請罷納粟例，復積分法，又請令公侯伯子弟及舉人盡入監肄業，詔皆從之。累官南京禮部尙書。嘗割田千畝以贍宗族。

士昌五歲受書，至「惟善爲寶」，以父名輟讀拱立。師大奇之。舉萬曆八年進士，除戶部主事，進員外郎。請帝杜留中，錄遺直，舉召對，崇節儉。尋進郎中。以省親去。

還朝，言吏部侍郎徐顯卿搆陷張位，少詹事黃洪憲力擠趙用賢，宜黜之以警官邪；主事鄒元標、參政呂坤、副使李三才素著直讜，宜拔擢以厲士節。又請復連坐之法，愼巡撫之選，旌苦節之士，重贓吏之罰。疏入，給事中李春開劾其出位。遂下詔禁諸司毋越職刺舉。已，因風霾，請早建國本。貴妃父鄭承憲乞改造父塋，詔與五千金。士昌言：「太后兄陳昌言止五百金，而妃家乃十之，何以示天下？」弗納。稍遷陝西提學副使，江西參政。

三十四年，大學士沈一貫、沈鯉相繼去國。明年秋，士昌齎表入都，上疏言：

皇上聽一貫、鯉並去，輿論無不快一貫而惜鯉。夫一貫招權罔利，大壞士風吏道，恐天下林居貞士與己齟齬，一切阻遏，以杜將來。即得罪張居正諸臣，皇上素知其忠義、注意拔擢者，皆擯不復用，甚則借他事處之。其直道左遷諸人、久經遷轉在告者，一貫亦擯不復用。在廷守正不阿、魁壘老成之彥，小有同異，亦巧計罷之。且空部院以便於擇所欲用，空言路以便於恣所欲爲，空天下諸曹與部院、言路等，使人不疑。至於己所欲用所欲爲者，又無不可置力而得志；所不欲者，輒流涕語人曰「吾力不能得之皇上」。善則歸己，過則歸君，人人知其不忠。

夫鯉不肥身家，不擇利便，惟以衆賢効之君，較一貫忠邪遠甚。一貫既歸，貨財如山，金玉堆積；鯉家徒壁立，貧無餘貲，較一貫貪廉遠甚。一貫患鯉邪正相形，借妖書事傾害，非皇上聖明，幾至大僇。臣以爲輔臣若一貫憸邪異常，直合古今奸臣盧杞、章惇而三矣。然竟無一人以鯉、一貫之賢奸爲皇上正言別白者，臣竊痛之。

且一貫之用，由王錫爵所推轂。今一貫去，以錫爵代首揆，是一貫未嘗去也。錫爵素有重名，非一貫比。然器量褊狹，嫉善如讐。高桂、趙南星、薛敷教、張納陛、于孔

兼、高攀龍、孫繼有、安希范、譚一召、顧憲成、章嘉禎等一黜不復。頃聞錫爵有疏請錄遺佚。謂宜如其所請，召還諸臣，然後敦趣就道，不然，恐錫爵無復出理也。至論劾一貫諸臣，如劉元珍、龐時雍、陳嘉訓、朱吾弼，亦亟宜召復，以爲盡忠發奸者之勸。至於他臣，以觸忤被中傷異同致罷去者，請皆以次拂拭用之。

說者謂皇上於諸臣，雖三下明詔，意若向用，寔未欲用者，臣獨以爲不然。皇上初嘗罷傅應禎、余懋學、鄒元標、艾穆、沈思孝、吳中行、趙用賢、朱鴻謨、孟一脈、趙世卿、郭惟賢、王用汲等，後又嘗謫魏允貞、李三才、黄道瞻、譚希思、周弘禴、江東之、李植、曾乾亭、馮景隆、馬應圖、王德新、顧憲成、李懋檜、董基、張鳴岡、饒伸、郭實、諸壽賢、顧允成、彭遵古、薛敷教、吳正志、王之棟等，旋皆擢用。頃年改調銓曹鄒觀光、劉學曾、李復陽、羅朝國、趙邦柱、洪文衡等於南京，亦俱漸還清秩。而鄒元標起自戍所，累蒙遷擢，其後未有一言忤主，而謂皇上忽復怒之，而調之南，而錮不復用，豈不厚誣皇上也哉。蓋皇上本無不用諸臣之心，而輔臣實決不用諸臣之策也。說者謂俗流世壞，宜用潔清之臣表率之。然古今廉相獨推楊綰、杜黄裳，以其能推賢薦士耳。王安石亦有清名，乃用其學術驅斥諸賢，竟以禍宋。爲輔臣者可不鑒於此哉。

其意以陰諷李廷機。廷機大恚，疏辨曰：「人才起用，臣等不惟不敢干至尊之權，亦何敢侵

吏部職。」士昌見疏，復貽書規之，廷機益不悅，然帝尚未有意罪士昌也。會朱賡亦疏辨如廷機指，帝乃下士昌疏，命罪之。吏部侍郎楊時喬、副都御史詹沂請薄罰，不許。詔鐫三秩爲廣西僉事。御史宋燾論救，復詆一貫，刺廷機。帝益怒，謫燾平定判官，再謫士昌興安典史。

士昌好學，勵名檢。居恒憤時疾俗，欲以身輓之。故雖居散僚，數有論建，竟齟齬以終。

士昌謫之明年，禮部主事鄭振先劾賡等大罪十二，亦鐫三秩，調邊方用。

宋燾，泰安人。萬曆二十九年進士。自庶吉士授御史，任氣好搏擊。出按應天諸府，疏斥首輔朱賡。廷臣繼有請，皆責備輔臣，其端自燾發也。及坐謫，旋請假歸。卒於家。天啓初，贈士昌太常少卿，燾光祿少卿。

馬孟禎，字泰符，桐城人。萬曆二十六年進士。授分宜知縣。將內召，以征賦不及四分，爲戶部尚書趙世卿所劾，詔鐫二秩。甫三日，而民逋悉完。

續授御史。文選郎王永光，儀制郎張嗣誠，都給事中姚文蔚、陳治則，以附政府擢京卿，南京右都御史沈子木年幾八十未謝政，孟禎並疏論之。大學士李廷機被劾奏辨，言入

仕以來，初無大謬。孟禎駁之曰：「廷機在禮部昵邪妄司官彭遵古，而聶雲翰建言忤時，則抑之至死。秉政未幾，姜士昌、宋燾、鄭振先皆得罪。姚文蔚等濫授京堂，陳用賓等屢擬寬旨。猶不謂之謬哉？」王錫爵辭召，密疏痛詆言者。孟禎及南京給事中段然並上疏極論。尋陳僉商之害，發工部郎陳民志、范鈁黷貨罪。又陳通壅蔽、錄直臣、決用舍、恤民窮、急邊餉五事。請召用鄒元標、趙南星、王德完，放廷機還田里。皆不報。

三十九年夏，怡神殿災。孟禎言：「二十年來，郊廟、朝講、召對、面議俱廢，通下情者惟章奏。而疏入旨出悉由內侍，其徹御覽與果出聖意否，不得而知，此朝政可慮也。臣子分流別戶，入主出奴，愛憎由心，雌黄信口，流言蜚語，騰入禁庭，此士習可慮也。畿輔、山東、山西、河南，比歲旱饑。民間賣女鬻兒，食妻啖子，鋌而走險，急何能擇。一呼四應，則小盜合羣，將爲豪傑之藉，此民情可慮也。」帝亦不省。

吏部侍郎蕭雲舉佐京察，有所庇，孟禎首疏攻之。論者日衆，雲舉引去。山海參將李獲陽忤稅監，下獄死，孟禎爲訟冤，因請貸卞孔時、王邦才、滿朝薦、李嗣善等之在獄者，且言：「楚宗一獄，死者已多，今被錮高牆者，誰非高皇帝子孫，乃令至是。」皆弗聽。四十二年冬，考選科道，中書舍人張光房，〔三〕知縣趙運昌、張廷拱、曠鳴鸞、濮中玉，以言論忤時，抑不得與。孟禎不平，具疏論之。是時三黨勢張，忌孟禎讜直，出爲廣東副使。移疾不赴。

天啓初，起南京光祿少卿，召改太僕。以憂歸。魏忠賢得志，爲御史王業浩所論，遂削籍。崇禎初，復官。

孟禎少貧。既通顯，家無贏資。惟衒趙世卿抑己，既入臺卽疏劾世卿，人以爲隘。

汪若霖，字時甫，光州人。父治，保定知府。若霖舉萬曆二十年進士，授行人。三十三年擢戶科給事中。言「有司貪殘，率從輕論，非律；邊吏竭脂膏，外媚敵，內媚要津，而京軍十萬半虛冒，非計」。兵部尚書蕭大亨被劾求去，吏部議留，若霖力詆部議。雲南民變，殺稅使楊榮，詔從巡撫陳用賓言，[三]命四川丘乘雲兼領。[四]若霖言：「用賓養成榮惡，今不直請罷稅，而倡議領於四川，負國甚。乞亟斥用賓，追寢前命。」皆不報。

進禮科右給事中。自正月至四月不雨，若霖上疏曰：「臣稽洪範傳，言之不從，是謂不乂，[五]厥罰恒暘。今郊廟宜親，朝會宜舉，東宮講習宜開，此下累言之，而上不從者也。又有上言之而中變者：稅務歸有司，權璫猶侵奪；起廢有明詔，啓事猶沉閣是也。有上屢言之而久不決、下數言之而上不斷者：中外大僚之推補，被劾諸臣之進退是也。凡此皆言不從之類。積鬱成災，天人恒理。陛下安得漠然而已哉！」時南京戶、工二部缺尚書，禮部缺侍

郎，廷推故尚書徐元泰、貴州巡撫郭子章、故詹事范醇敬。若霖言：「三人不足任，且舉者不能無私。請自今廷推勿以一人主持，衆皆書諾。宜籍舉主姓名，復祖宗連坐之法。」詔申飭如若霖言，所推悉報寢。兵部主事張汝霖，大學士朱賡壻也。典試山東，所取士有篇章不具者。若霖疏劾之，停其俸。中官楊致中枉法拷殺指揮鄭光擢，若霖率同官列其十罪，不報。

朱賡獨相，朝事益弛。若霖言：「陛下獨相一賡，而又晝接無聞，補牘莫應，此最大患也。方今紀綱壞，政事壅，人才耗，庶職空，民力窮，邊方廢，官邪橫，盜賊繁，士大夫幾忘廉恥禮義，而小民愁苦冤痛之聲徹於寰內。輔臣宜慨然任天下重，收拾人心，以効之當宁。如徒謙讓未遑，或以人言，輕懷去就，則陛下何賴焉？」賡乃緣若霖指，力請帝急行新政。帝亦不省。

五月朔，大雨雹。若霖謂用人不廣，大臣專權之象，具疏切言之。已而京師久雨，壞田廬。若霖復言大臣比周相倚，小臣趨風，其流益甚，意復詆賡及新輔李廷機輩也。三十六年巡視庫藏，見老庫止銀八萬，而外庫蕭然，諸邊軍餉逋至百餘萬。疏請集議長策，亦留中。

先是，吏部列上考選應授科道者，知縣新建汪元功、進賢黃汝亨、南昌黃一騰與焉。賡黨給事中陳治則推轂元功、汝亨。若霖劾二人囂競，吏部因改擬部曹。治則怒劾一騰交搆。帝以言官紛爭，留部疏。廷臣屢請乃下，而責若霖首倡煩言，並元功、汝亨、一騰各貶一級，出之外。廷臣論救，皆不省。若霖遂出爲潁州判官，卒。

贊曰：明至中葉以後，建言者分曹爲朋，率視閣臣爲進退。依阿取寵則與之比，反是則爭。比者不容於淸議，而爭則名高。故其時端揆之地，遂爲抨擊之叢，而國是淆矣。雖然，所言之是非，閣臣之賢否，黑白判然，固非私怨惡之所得而加，亦非可盡委之沽直好事，謂人言之不足恤也。

校勘記

[一]戶部主事姜士昌疏斥政府私人　姜士昌，原作「張士昌」。明史稿傳一一二萬國欽傳、神宗實錄卷二一八萬曆十七年十二月癸未條都作「姜士昌」。按本書本卷有姜士昌傳，事跡與此合，據改。

[二]張光房　原作「張先房」，據本書卷二二五鄭繼之傳及卷二五四孫居相傳、明史稿傳一〇四鄭

繼之傳及傳一三四孫居相傳、明進士題名碑錄萬曆辛丑科改。

[三]詔從巡撫陳用賓言　陳用賓，原作「趙用賓」，據本書卷二一神宗紀、卷三〇五梁永傳、神宗實錄卷四四九萬曆三十六年八月癸亥條改。

[四]命四川丘乘雲兼領　丘乘雲，原作「丘承雲」，據本書卷三〇五梁永傳、神宗實錄卷四一九萬曆三十四年三月己卯條改。

[五]言之不從是謂不乂　不乂，原作「不入」。明史稿傳一一四汪若霖傳作「不乂」。按漢書卷二七中劉向所撰洪範五行傳作「不乂」。據改。

明史卷二百三十一

列傳第一百十九

顧憲成 歐陽東鳳 吳炯 顧允成 張納陛 賈巖 諸壽賢 彭遵古 錢一本 子春 于孔兼 陳泰來 史孟麟 薛敷教 安希范 吳弘濟 譚一召 孫繼有 劉元珍 龐時雍 葉茂才

顧憲成，字叔時，無錫人。萬曆四年舉鄉試第一。八年成進士，授戶部主事。大學士張居正病，朝士羣爲之禱，憲成不可。同官代之署名，憲成手削去之。居正卒，改吏部主事。請告歸三年，補驗封主事。

十五年大計京朝官，都御史辛自修掌計事。工部尚書何起鳴在拾遺中，自修坐是失執政意。給事中陳與郊承風旨並論起鳴、自修，實以攻自修而庇起鳴。於是二人並罷，并責

御史糾起鳴者四人。憲成不平，上疏語侵執政，被旨切責，謫桂陽州判官。稍遷處州推官。丁母憂，服除，補泉州推官。舉公廉第一。擢吏部考功主事，歷員外郎。會有詔三皇子並封王。憲成偕同官上疏曰：

皇上因祖訓立嫡之條，欲暫令三皇子並封王，以待有嫡立嫡，無嫡立長。臣等伏而思之，「待」之一言，有大不可者。太子，天下本。豫定太子，所以固本。是故有嫡立嫡，無嫡立長，就見在論是也，待將來則非也。我朝建儲家法，東宮不待嫡，元子不並封。廷臣言甚詳，皇上概弗省，豈皇上創見有加列聖之上乎？有天下者稱天子，天子之元子稱太子。天子繫乎天，君與天一體也；太子繫乎父，父子一體也。主鬯承祧，於是乎在，不可得而爵。今欲並封三王，元子之封何所係乎？無所係，則難乎其爲名；有所係，則難乎其爲實。

皇上以爲權宜云耳。夫權宜者，不得已而行之也。元子爲太子，諸子爲藩王，於理順，於分稱，於情安，有何不得已而然乎？耦尊鈞大，逼所由生。皇上以祖訓爲法，子孫以皇上爲法。皇上不難創其所無，後世詎難襲其所有。自是而往，幸皆有嫡可也，不然，是無東宮也。又幸而如皇上之英明可也，不然，凡皇子皆東宮也。無乃啓萬世之大患乎？皇后與皇上共承宗祧，期於宗祧得人而已。皇上之元子諸子，卽皇后之元

子諸子。恭妃、皇貴妃不得而私之，統於尊也。豈必如輔臣王錫爵之請，須拜皇后爲母，而後稱子哉？

況始者奉旨，少待二三年而已，俄改二十年，又改於二十一年，然猶可以歲月期也。今曰「待嫡」，是未可以歲月期也。命方布而忽更，意屢遷而愈緩。自並封命下，叩閽上封事者不可勝數，至里巷小民亦聚族而竊議，是孰使之然哉，人心之公也。而皇上猶責輔臣以擔當。錫爵夙夜趣召，乃排羣議而順上旨，豈所謂擔當；必積誠感悟納皇上於無過之地，乃眞擔當耳。不然，皇上且不能如天下何，而況錫爵哉！

皇上神明天縱，非溺寵狎昵之比。而不諒者，見影而疑形，聞響而疑聲，卽臣等亦有不能爲皇上解者。皇上盛德大業，比隆三五。而乃來此意外之紛紛，不亦惜乎。伏乞令皇元子早正儲位，皇第三子、皇第五子各就王爵。父父子子，君君臣臣，兄兄弟弟。宗廟之福，社稷之慶，悉在是矣。

憲成又遺書錫爵，反覆辨論。其後並封議遂寢。

二十一年京察。吏部尚書孫鑨、考功郎中趙南星盡黜執政私人，憲成實左右之。及南星被斥，憲成疏請同罷，不報。尋遷文選郎中。所推舉率與執政牴牾。先是，吏部缺尚書，錫爵欲用羅萬化，憲成不可，乃用陳有年。後廷推閣臣，萬化復不與。錫爵等皆恚，萬化乃

獲推，會帝報罷而止。及是，錫爵將謝政，廷推代者。憲成舉故大學士王家屛，忤帝意，削籍歸。事具有年傳。

憲成既廢，名益高，中外推薦無慮百十疏，帝悉不報。至三十六年，始起南京光祿少卿，力辭不就。四十年卒於家。天啓初，贈太常卿。魏忠賢亂政，其黨石三畏追論之，遂削奪。崇禎初，贈吏部右侍郎，謚端文。

憲成姿性絕人，幼卽有志聖學。暨削籍里居，益覃精研究，力闢王守仁「無善無惡心之體」之說。邑故有東林書院，宋楊時講道處也，憲成與弟允成倡修之，常州知府歐陽東鳳與無錫知縣林宰爲之營構。落成，偕同志高攀龍、錢一本、薛敷教、史孟麟、于孔兼輩講學其中，學者稱涇陽先生。當是時，士大夫抱道忤時者，率退處林野，聞風響附，學舍至不能容。憲成嘗曰：「官輦轂，志不在君父，官封疆，志不在民生，居水邊林下，志不在世道，君子無取焉。」故其講習之餘，往往諷議朝政，裁量人物。朝士慕其風者，多遙相應和。由是東林名大著，而忌者亦多。

旣而淮撫李三才被論，憲成貽書葉向高、孫丕揚爲延譽。御史吳亮刻之邸抄中，攻三才者大譁。而其時于玉立、黃正賓輩附麗其間，頗有輕浮好事名。徐兆魁之徒遂以東林爲口實。兆魁騰疏攻憲成，恣意誣詆。謂滸墅有小河，東林專其稅爲書院費；關使至，東林輒以

書招之，卽不赴，亦必致厚餽，講學所至，僕從如雲，縣令館穀供億，非二百金不辦，會時必談時政，郡邑行事偶相左，必令改圖，及受黃正賓賄。其言絕無左驗。光祿丞吳炯上言爲一一致辨，因言：「憲成貽書救三才，誠爲出位，臣嘗咎之，憲成亦自悔。今憲成被誣，天下將以講學爲戒，絕口不談孔、孟之道，國家正氣從此而損，非細事也。」疏入，不報。嗣後攻擊者不絕，比憲成歿，攻者猶未止。凡救三才者，爭辛亥京察者，衞國本者，發韓敬科場弊者，請行勘熊廷弼者，抗論張差梃擊者，最後爭移宮、紅丸者，忤魏忠賢者，率指目爲東林，抨擊無虛日。借魏忠賢毒焰，一網盡去之。殺戮禁錮，善類爲一空。崇禎立，始漸收用。而朋黨勢已成，小人卒大熾，禍中於國，迄明亡而後已。

歐陽東鳳，字千仞，潛江人。年十四喪父，哀毀骨立。母病嘔血，跪而食之。舉於鄉，縣令憫其貧，遺以田二百畝，謝不受。萬曆十七年成進士，除興化知縣。大水壞堤，請振於上官不應，遂自疏於朝。坐越奏停俸，然竟如所請。屢遷南京刑部郎中，擢平樂知府。撫諭生瑤，皆相親如子弟。因白督學監司，擇其俊秀者入學，瑤漸知禮讓。稅使橫行，東鳳力抗之。以才調常州。布帷瓦器，胥吏不能牟一錢，擒奸人劇盜且盡。憲成輩講學，爲建東林書院。居四年，謝事歸。起山西副使，擢南京太僕少卿，並辭不就。卒於家。

吳炯，字晉明，松江華亭人。萬曆十七年成進士，授杭州推官。入爲兵部主事，乞假歸。恬靜端介，不鶩榮利。家居十二年，始起故官。久之，進光祿丞。天啓中，累遷南京太僕卿。魏忠賢私人石三畏追論炯黨庇憲成，落職閒住。崇禎初，復官。炯家世素封。無子，置義田以贍族人。郡中貧士及諸生赴舉者，多所資給。嘗輸萬金助邊，被詔旌奬。

顧允成，字季時，憲成弟。性耿介，厲名節。舉萬曆十一年會試，十四年始赴殿試。對策中有曰：「陛下以鄭妃勤於奉侍，册爲皇貴妃，廷臣不勝私憂過計。請立東宮，進封王恭妃，非報罷則峻逐。或不幸貴妃弄威福，其戚屬左右竊而張之，內外害可勝言。頃張居正罔上行私，陛下以爲不足信，而付之二三匪人。恐居正之專，尙與陛下二。此屬之專，遂與陛下一。二則易間，一難圖也。」執政駭且恚，置末第。

會南畿督學御史德清人房寰，連疏詆都御史海瑞，允成不勝憤。偕同年生彭遵古、諸壽賢抗疏劾之，略言：「寰妬賢醜正，不復知人間羞恥事。臣等自幼讀書，卽知慕瑞，以爲當代偉人。寰大肆貪汙，聞瑞之風，宜愧且死，反敢造言逞誣，臣等所爲痛心。」因劾其欺罔七罪。始寰疏出，朝野多切齒。而政府庇之，但擬旨譙讓。及得允成等疏，謂寰已切讓，不當出位妄奏，奪三人冠帶，還家省愆，且令九卿約束辦事進士，毋妄言時政。南京太僕卿沈思孝上言：「二三年來，今日以建言防人，明日以越職加人罪，且移牒諸司約禁，而進士觀政者，復令堂官鉗束之。夫禁其作奸犯科可也，而反禁其讜言直諫，教其砥行立節可也，而反教以緘默取容。此風一開，流弊何極。諫官避禍希寵不言矣，庶官又不當言，大臣持祿養交不言矣，小臣又不許言。萬一權奸擅朝，傾危宗社，陛下安從聞之。臣歷稽先朝故事，練綱、鄒智、孫磐、張璁並以書生建言，未聞以爲罪，獨奈何錮允成等耶？」疏入，忤旨被責，三人遂廢。寰復詆瑞及思孝，其言絕狂誕。自是獲罪淸議，出爲江西副使。給事中張鼎思劾其奸貪，寰亦訐鼎思請寄事。諸給事中不平，連章攻寰，寰與鼎思並謫，遂不復振。

久之，南京御史陳邦科請錄用允成等，不許。巡按御史復言之，詔許以教授用。允成歷任南康、保定。入爲國子監博士，遷禮部主事。三王並封制下，偕同官張納陛、工部主事岳元聲合疏諫曰：「册立大典，年來無敢再瀆者，以奉二十一年舉行之明詔。茲既屆期，羣臣莫不引領。而元輔王錫爵星駕趣朝，一見禮部尙書羅萬化、儀制郎于孔兼，卽戒之弗言，慨然獨任，臣等實喜且慰。不意陛下出禁中密札，竟付錫爵私邸，而三王並封之議遂成，卽次輔趙志皋、張位亦不預聞。夫天下事非一家私議。元子封王，祖宗以來未有此禮，錫爵安得專之，而陛下安得創之。」當是時，光祿丞朱維京、給事中王如堅疏先入。帝震怒，戍極邊。

維京同官涂杰、王學曾繼之，斥爲民。及是諫者益衆，帝知不可盡斥，但報「遵旨行」。已而竟寢。

未幾，吏部尙書孫鑨等以拾遺事被責。允成謂閣臣張位實爲之，上疏力詆位，因及錫爵。納陛亦抗章極論，幷侵附執政者。帝怒，謫允成光州判官，納陛鄧州判官。皆乞假歸，不復出。

納陛，字以登，宜興人。年十六，從王畿講學。舉萬曆十七年進士。由刑部主事改禮部。生平尙風節。鄉邑有利害，輒爲請於有司而後已。東林書院之會，納陛與焉。又與同邑史孟麟、吳正志爲麗澤大會，東南人士爭赴之。

時與允成等同以部曹爭三王並封，又爭拾遺事者，戶部主事滁人賈巖，亦貶曹州判官。投劾歸，卒。天啓中，贈允成、納陛光祿少卿，巖尙寶丞。

諸壽賢，字延之，崑山人。旣釋褐，上疏願放歸田，力學十年，然後從政。章下所司，寢不奏。旣斥歸。久之，起南陽教授。入爲國子助教，擢禮部主事。戚里中貴干請，輒拒之。遘疾，請告歸，授徒自給。久之卒。

彭遵古，麻城人，終光祿少卿。

錢一本，字國瑞，武進人。萬曆十一年進士。除廬陵知縣，徵授御史。入臺卽發原任江西巡按祝大舟貪墨狀，大舟至遣戍。已，論請從祀曹端、陳眞晟、羅倫、羅洪先於文廟。出按廣西。

帝以張有德請備大禮儀物，復更册立東宮期，而申時行柄國，不能匡救。一本上論相、建儲二疏。其論相曰：

昨兪旨下輔臣，令輔臣總政。夫朝廷之政，輔臣安得總之。內閣代言擬旨，本顧問之遺，遇有章奏，閣臣宜各擬一旨。今一出時行專斷。皇上斷者十一，時行斷者十九。皇上斷謂之聖旨，時行斷亦謂之聖旨。惟嫌怨所在，則以出自聖斷爲言，罪何可勝誅。所當論者一。

評事雒于仁進四箴之箴，陛下欲見之施行，輔臣力勸留中。既有言及輔臣之章，亦盡留中不下。道吾君以遂非文過如此，復安望其盡忠補過耶？所當論者二。

科場弊竇，汙人齒頰，而敢擬原無私弊之旨，以欺吾君。臣請執政子弟有中式而被人指摘者，除名改蔭。又與見從仕籍者，暫還里居，俟父致政，乃議進止。毋令犬馬報

主之心，不勝其牛馬子孫之計。所當論者三。

大臣以身殉國，安復有家。乃以遠臣爲近臣府庫，又合遠近之臣爲內閣府庫。開門受賂自執政始，而歲歲申餽遺之禁何爲哉？所當論者四。

墨敕斜封，前代所患；密啓言事，先臣弗爲。今閣臣或有救援之舉，或有密勿之謀，類具揭帖以進；雖格言正論，讜議忠謀，已類斜封密啓之爲，非有公聽並觀之正。況所言公，當與天下公言之；所言私，忠臣不私。奈何援中書之故事，啓留中之弊端，昭恩怨之所由，示威福之自己。所當論者五。

我國家倣古爲治，部院卽分職之六卿，內閣卽論道之三公。未聞三公可盡攬六卿之權，歸一人掌握，而六卿又頫首屏氣，唯唯聽命於三公，必爲請敎而後行也。所當論者六。

三公職在論道。師，道之敎訓。今講幄經年不御，是何師也？傅，傅之德義。今外帑匱乏，私藏充盈，不能一爲救正，是何傅也？保，保其身體。今聖躬常年靜攝，尙以多疾爲辭，是何保也？其兼銜必曰太子之師、傅、保，而册立皇元子之儀，至今又復改遲，臣不知其所兼者何職矣。所當論者七。

翰林一途，謂之儲相。累資躡級，循列卿位，以覬必得。遂使國家命相之大任，

僅爲閣臣援引之私物。庸者習軟熟結納之態，黠者恣憑陵傾奪之謀。外推內引，璫閣表裏。始進不正，安望其終。故自來內閣之臣一據其位，遠者二十年，近者十年，不敗不止。嵩之鑒不遠，而居正蹈之；居正之鑒不遠，而時行又蹈之。繼其後者庸碌罷駑，或甚於時行；褊隘執拗，又復爲居正。若非大破常格，公天下以選舉，相道終未可言。所當論者八。

先民詢芻蕘之言，明王設誹謗之木。今大臣懼人攻己，而欲鉗天下之口，不目之爲奸、爲邪、爲浮薄，必詈之爲讒、爲謗、爲小人。目前之耳目可塗，身後之是非難罔。所當論者九。

君臣之分，等於天地。今上名之曰總政，己亦居之曰總政。以其身居於寵利之極，耐彈忍辱，必老死於位而後已。古所謂元老大臣，乃如是其不知進退存亡者耶？大臣既無難進易退之節，天下安有頑廉懦立之風。舉一世之人心風俗，糜爛於乞墦登壟之坑，滔滔而莫之止。是故陛下之治，前數年不勝其操切慘刻，而勢焰爍人；後數年不勝其姑息委靡，而賢愚共貫。前之政自居正總，今之政自時行總，而皆不自朝廷總故也。所當論者十。

然君道莫先論相，而取人亦在君身，願陛下勿以國本爲兒戲。昔孔子以九經告君，

而先之修身、勸賢。大抵讒夫女謁貨利之交，一有惑溺，則內之心志決不清明，外之身體決不强固。矧以豔處之褒姒，而爲善譖之驪姬，狐媚既以蠱其心，鹿臺又復移其志。陛下之方寸，臣知其不能自持者多矣，抑何以貴德尊士，而修身取人哉！

其論國本曰：

陛下所以遲遲建儲者，謂欲效皇祖世宗之爲耳。然皇祖中年嘗立莊敬爲太子，封皇考爲裕王，非終不立太子也。矧今日事體又迥然不同。皇貴妃寵過皇后。其處心積慮，無一日而不萌奪嫡之心，無一日而不思爲援立其子之計。此世宗時所無也。凡子必依於母，皇元子之母壓於皇貴妃之下。陛下曰「長幼有序」，皇貴妃曰「貴賤有等」。倘一日遂其奪嫡之心，不審陛下何以處此。此世宗時所無也。景王就封，止皇考一人在京。今則章服不別，名分不正。弟既憑母之寵而朝夕近倖，母又覬子之立而日夜樹功。此世宗時所無也。傳聞陛下先曾失言於皇貴妃，皇貴妃執此爲信。及今不斷，蠱惑日深，剛斷日餒，事體日難。此世宗時所無也。

前者有旨不許諸司激擾，愈致遲延，非陛下預設機穽，以禦天下言者乎！使屆期無一人言及，則佯爲不知，以冀其遲延。有一人言及，則禦之曰「此來激擾我也」，改遲一年。明年又一人言及，則又曰「此又來激擾我也」，又改二三年。必使天下無一人敢

中華書局

言而後已，庶幾依違遷就，以全其袵席昵愛之私，而曾不顧國本從此動搖，天下從此危亂。臣以爲陛下之禦人至巧，而爲謀則甚拙也。此等機智不可以罔匹夫匹婦，顧欲以欺天下萬世耶！

疏入，留中。

時廷臣相繼爭國本，惟一本言最戇直。帝銜之。無何，杖給事中孟養浩。中旨以養浩所逞之詞根托一本，造言誣君，搖亂大典，遂斥爲民。屢薦，卒不用。一本旣罷歸，潛心六經、濂、洛諸書，尤研精易學。與顧憲成輩分主東林講席，學者稱啓新先生。里居二十五年，預剋卒日，賦詩誌之，如期而逝。天啓初，贈太僕寺少卿。

子春，字若木，萬曆三十二年進士。歷知高陽、獻二縣，徵授御史。太僕少卿徐兆魁攻李三才，因痛詆顧憲成。春三疏首發其憸邪。出按湖廣，請予禮部侍郎郭正域及光祿少卿顧憲成卹典。楚宗人以訐僞王事，錮高牆者甚衆，春爲訟冤，尋復請釋回故宗家屬，語甚切至。咸寧知縣滿朝薦久繫，奏請釋之，因請幷釋王邦才、卞孔時。又再疏劾守備中官杜茂，且備陳採榷之害，言：「臣不忍皇上聽小人之謀，名出漢桓、唐德下，爲我明基禍之主。」帝以湖廣地爲福王莊田。春三疏力爭，帝降旨切責。

葉向高致政去，方從哲爲首輔。春抗疏言：「今天下人材則朝虛野實，貨財則野虛朝實。從哲不能救正，而第於福王則無事不曲從。臣嘗歎皇上有爲堯、舜之資，而輔佐無人。僅得王家屏、沈鯉，又俱不信用。其餘大抵庸惡陋劣，奸回娼嫉之徒，不意至從哲而風益下。臣聞從哲每向人言，輒云內相之意，是甘爲萬安、焦芳，曾趙志皋、沈一貫之不若也。」從哲疏辨乞去。帝慰留，而責春妄言瀆奏，出爲福建右參議。尋丁父艱。天啓初，起故官。召爲尙寶少卿，歷遷光祿卿。五年，魏忠賢黨門克新劾春倚恃東林，父作子述，削籍歸。

崇禎九年召拜通政使。遷戶部右侍郎，歷尙書。總督倉場，條行釐弊十事。以勞瘁予告。未幾，起南京戶部尙書。疏請皇太子出閣，從之。累疏引疾，不允。九年條上戰守之策，幷論賊三可擊狀。帝如議敕行。十一年，黃道周、劉同升等諫楊嗣昌奪情，被貶謫。范景文等疏救，春名與焉。明年正月削景文籍，置春不問。春爲御史，甚有聲。及居大僚，循職無咎。會上疏請改折白糧，忤旨，罷歸。是年卒。

于孔兼，字元時，金壇人。萬曆八年進士。授九江推官。入爲禮部主事，再遷儀制郎中。疏論都御史吳時來晚節不終，不當諡忠恪，因請諡楊爵、陳瓚、孟秋。乃奪時來諡，而諡爵忠介。

大學士王家屏以爭册立求去。孔兼上言：「陛下徇內嬖之情，而搖主鬯之器。不納輔臣之言，反重諫官之罰。且移怒吏部，削籍三人。夫萬國欽獲罪申時行，饒伸獲罪王錫爵，非獲罪於陛下也。輔臣於數千里外，能遙制朝權若此，毋乃陛下以此示恩，欲其復來共成他圖耶。自陛下有近日之舉，而善類寒心，邪臣鼓掌。將來逢君必巧，豫教無期，申生、楊廣再見於今，此宗廟之不利，非直臣等憂也。」帝得疏，怒甚。已，竟留中。

明年正月，有詔並封三王。孔兼與員外郎陳泰來合疏爭曰：「立嫡之訓，自古有之。然歷考祖宗以來，未有虛東宮之位以候嫡子者。昔陛下正位東宮，年甫六歲，仁聖皇太后方在盛年，先皇帝曾不少待，陛下豈不省記乎？地逼則嫌生，禮殊則分定。願收還新諭，建儲、封王一時並舉，宗社幸甚。」未報。

孔兼又言：「陛下堅持待嫡之說，旣疑羣臣謗訕，又謂朝綱倒持，遂欲坐諫者以無禮於君之罪。夫謂元子當立不容緩者，君子也。此有禮於君者，王如堅諸人是也。謂並封可行逢上意者，小人也。此無禮於君者，許夢熊一人是也。今欲以無禮之罪，而加之有禮於其君者，何以服人心，昭國法？臣又惟巫蠱之謗啓於堯母，承乾之誅成於偏愛。自古亂臣，未有不窺人君之隙而逢迎以遂其奸者。始錫爵之兩諭並擬，其負國悞君大矣。旣不能轉移君

心決計於初，乃以杜門求去爲計。夫前無失策，一去可以成名。失而後爭，爭而不得，雖去不足塞責矣。人謂錫爵言無不盡，特苦陛下聽斷之不行。臣則云陛下悔心已萌，特憂錫爵感孚之未至。若姑云徐徐，坐視君父之過舉，錫爵縱不爲宗社計，獨不爲身名計乎？」會廷臣多諫者，其事竟寢。

亡何，考功郎中趙南星坐京察削籍。孔兼、泰來各疏救。帝積前恨，謫孔兼安吉判官，泰來饒平典史。孔兼投牒歸。家居二十年，杜門讀書，矩矱整肅，鄉人稱之無間言。

泰來，字伯符，平湖人。年十九，舉萬曆五年進士，授順天教授，進國子博士。見執政與言路相水火，上書規之，坐是五年不調。

南京禮部郎中馬應圖，泰來同邑又同年生也，十三年上疏譏切執政，又力詆給事中齊世臣，御史龔懋賢、蔡系周、孫愈賢、吳定，而盛稱吳中行、趙用賢、沈思孝、李植諸人。忤旨，謫大同典史。給事中王致祥、御史柴祥等希執政意，復連章劾應圖，且言泰來爲點定奏章。帝以應圖旣貶不問。泰來引疾歸。久之，起禮部主事，進員外郎。疏請建儲，不報。踰年遂卒，年三十六。天啓中，孔兼、泰來俱贈光祿少卿。

于氏爲金壇望族。孔兼祖湛，戶部侍郎。兄文熙，大名兵備副使。再從弟仕廉，南京戶

部侍郎，有清望。

史孟麟，字際明，宜興人。萬曆十一年進士。授庶吉士，改吏科給事中。疏劾少詹事黃洪憲典試作奸，左都御史吳時來沮抑言路。執政庇之，格不行。員外郎趙南星、主事姜士昌相繼劾兩人，并及副都御史詹仰庇。執政滋不說。吏科都給事中陳與郊素附執政，屬同官李春開三疏訐南星、士昌妄言。帝止下春開疏，而留南星、士昌奏不發。給事中王繼光、萬自約不平，復抗章論時來等，詞甚峻切。孟麟亦上疏力攻春開，語并侵執政，因求罷，不許。孟麟竟自引歸。春開亦謝病去，後以考察罷。孟麟尋召爲兵科右給事中。

二十年，大學士趙志皋、張位言「凡會議會推，並令廷臣類奏，取自上裁，用杜專權」。孟麟疏爭曰：「自臣通籍以來，竊見閣臣侵部院之權，言路希閣臣之指，官失其守，言失其責久矣。陛下更置輔臣，與天下更始，政事歸六部，公論付言官，天下方欣欣望治，柰何忽有此令？蓋太祖罷中書省，分設六部，恐其專也；而官各有職，不相侵越，則又惟恐其不專。蓋以一事任一官，則專不爲害，卽使敗事，亦罪有所歸。此祖宗建官之意也。今令諸臣各書所見，類奏以聽上裁，則始以一部之事，分而散之於諸司，究以諸司之權，合而收之於禁密。事

雖上裁，旨由閣擬。脫有私意奸其間，內託上旨，外諉廷言，誰執其咎？又脫有馮保、張居正者，竄緣爲奸，授意外廷，小人趨承，扶同罔上，朝廷不得察其非，當官不能爭其是，又誰執其咎？臣竊謂政權分之六部，不可以爲專。惟六部不專，則必有專之者。是乃收攬威權之漸，必不可從也。」忤旨，不納。

再遷吏科都給事中。三王並封議起，孟麟、于孔兼等詣王錫爵邸爭之。又進或問一篇，別白尤力。尚書孫鑨、考功郎中趙南星掌癸巳京察，孟麟實佐之。南星以讒言斥，孟麟亦引疾歸。召拜太僕少卿，復以疾去。

孟麟素砥名節，復與東林講會，時望益重。家居十五年，召起故官，督四夷館。會覩梃擊事，疏請冊立皇太孫，絕羣小覬覦之望。且救御史劉光復。帝怒，謫兩浙鹽運判官。熹宗立，稍遷南京禮部主事。累擢太僕卿，卒。

薛敷教，字以身，武進人。祖應旂，字仲常。嘉靖十四年進士。由慈谿知縣屢遷南京考功郎中，主京察。大學士嚴嵩嘗爲給事中王曄所劾，囑尚寶丞諸傑貽書應旂，令黜曄。應旂反黜傑，嵩大怒。應旂又黜常州知府符驗，嵩令御史桂榮劾應旂挾私黜郡守，謫建昌通判。歷浙江提學副使。應旂雅工場屋文字，與王鏊、唐順之、瞿景淳齊名。其閱文所品題，百不失一。以大計罷歸，顧憲成兄弟方少，從之學，敷教遂與善，用風節相期許。及舉萬曆十七年進士，與高攀龍同出趙南星門，益以名教自任。

會南京御史王藩臣疏劾巡撫周繼，不具揭都察院，爲其長耿定向所劾。左都御史吳時來因請申飭憲規，藩臣坐停俸。敷教上言：「時來壅遏言路，代人狠噬。而二三輔臣，曲學險詖，又故縱庶宗，以祟九列，塞主上聰明。宜嚴黨邪之禁，更易兩都臺長，以清風憲。」疏上，大學士申時行等疏言：「故事，御史建白，北京卽日投揭臺長，南京則以三日。藩臣廢故事，薄罰未爲過。必如敷教言，將盡抑大臣而後可耶？」副都御史詹仰庇劾敷教煽惑人心，淆亂國是。詔敷教歸，省過三年，以教職用。大學士許國以敷教其門生而疏語侵己，尤憤，自請罷斥。因言：「邇來建言成風，可要名，可躐秩，又可掩過，故人競趨之爲捷徑，此風旣成，莫可救止。方今京師訛言東南赤旱，臣未爲憂，而獨憂此區區者，彼止一時之災，此則世道之慮也。」時來亦乞休，力詆敷教及主事饒伸。帝慰留國、時來。都給事中陳與郊復上疏極詆建言諸臣，帝亦不問。

二十年夏，起敷教鳳翔教授，旋遷國子助教。明年力爭三王並封，又上書王錫爵。尋以救南星，謫光州學正。省母歸，遂不復出。

敷教禔身嚴苦，垢衣糲食，終身未嘗受人饋。家居二十年，力持清議，大吏有舉動，多用敷教言而止。後與憲成兄弟及攀龍輩講學。卒，贈尚寶司丞。

安希范，字小范，無錫人。萬曆十四年進士。授行人。遷禮部主事，乞便養母，改南京吏部。

二十一年，行人高攀龍以趙用賢去國，疏爭之，與鄭材、楊應宿相訐。攀龍謫揭陽典史。御史吳弘濟復爭，亦被黜。希范上疏曰：「近年以來，正直之臣不安於位。趙南星、孟化鯉爲選郎，秉公持正，乃次第屏黜。趙用賢節槪震天下，止以吳鎮豎子一疏而歸，使應宿、材得竊意指，交章攻擊。至如孫鑨之清修公正，李世達之練達剛明，李禎之孤介廉方，並朝廷儀表。鑨、世達先後去國，禎亦堅懷去志。天下共惜諸臣不用，而疑閣臣媢嫉不使竟其用也。高攀龍一疏，正直和平，此陛下忠臣，亦輔臣諍友。至如應宿辨疏，塗面喪心，無復人理。明旨下部科勘議，未嘗不是攀龍非應宿。及奉處分之詔，則應宿僅從薄謫，攀龍反竄炎荒。輔臣誤國不忠，無甚於此。乃動輒自文，諉之宸斷。坐視君父過舉，弼違補衰之謂何！苟俟降斥之後，陽爲申救以愚天下耳目，而天下早已知其肺腑矣。吳弘濟辨別君子小人，較若蒼

素，乃與攀龍相繼得罪。臣之所惜，不爲二臣，正恐君子皆退，小人皆進，誰爲受其禍者。乞陛下立斥應宿、材，爲小人媚竈之戒；復攀龍、弘濟官，以獎忠良；并嚴諭閣臣王錫爵，無挾私植黨，仇視正人。則相業光而聖德亦光矣。」時南京刑部郎中譚一召、主事孫繼有方以劾錫爵被譴。希范疏入，帝怒，斥爲民。

希范恬靜簡易，與東林講學之會。熹宗嗣位，將起官，先卒。贈光祿少卿。

吳弘濟，字春陽，秀水人。希范同年進士。由蒲圻知縣擢御史。連劾福建巡撫司汝濟、大理卿吳定、戎政侍郎郝杰、薊遼總督顧養謙，不納。三王並封詔下，偕同官抗疏爭。既而以論應宿、攀龍事，貶二秩調外。王錫爵等疏救，給事、御史、執政疏每上，輒重其罰，竟斥爲民。未幾卒。熹宗時，贈官如希范。

譚一召，大庾人。孫繼有，餘姚人。一召疏曰：「輔臣錫爵再輔政以來，斥逐言者無虛月。攀龍、弘濟之黜，一何甚也。自趙南星秉公考察，錫爵含怒積憤。故南星一掛彈章而斥，于孔兼、薛敷敎、張納陛等以申救而斥，孟化鯉等以推張棟而斥，李世達、孫鑨又相繼罷去矣。怒心橫生，觸事輒發，又安知是非公論耶！」繼有疏曰：「吳弘濟救攀龍則黜，黃紀賢、吳文梓救弘濟則罰，鄭材傾陷善類，而黜罰不加，何其舛也。今所指爲攀龍罪者，以攀龍謂陛下不

親一事，批答盡出輔臣。然疏內初無此語，何以服攀龍心？然此猶小者耳。本兵、經略，安危所係，乃以匪人石星、宋應昌任之，豈不悞國家大計哉！」與一召疏並上。帝怒曰：「近罪攀龍，出朕獨斷。小臣無狀，誣諂閣臣，朋奸黨惡，不可不罪。其除一召名，謫繼有極邊雜職。」給事中葉繼美疏救二人及希范。帝益怒，并除繼有名，遣官逮希范、一召，奪繼美俸一年。錫爵力救，詔免逮。諸人遂廢於家。繼有終知府。

劉元珍，字伯先，無錫人。萬曆二十三年進士。初授南京禮部主事，進郎中，親老歸養。起南京職方，釐汰老弱營軍，歲省銀二萬有奇。

三十三年京察。吏部侍郎楊時喬、都御史溫純，盡黜政府私人錢夢皐等。大學士沈一貫密爲地，詔給事、御史被黜者皆留，且不下察疏。元珍方服闋需次，抗疏言：「一貫自秉政以來，比暱憸人，叢集奸慝，假至尊之權以售私，竊朝廷之恩以市德，罔上不忠，孰大於是！近見夢皐有疏，每以黨加人。從古小人未有不以朋黨之說先空善類者。所關治亂安危之機，非細故也。」疏奏，留中。一貫亟自辨，乞明示獨斷之意，以釋羣疑。夢皐亦詆元珍爲溫純鷹犬。疏皆不報。未幾，敕諭廷臣以留用言官之故，貶元珍一秩，調邊方。一貫佯救，給

事、御史侯慶遠、葉永盛等亦爭之，不從。時員外郎賀燦然、南京御史朱吾弼相繼論察典。而主事龐時雍則直攻一貫欺罔者十，誤國者十；且曰：「一貫之富貴日崇，陛下之社稷日壞。頃南郊雷震，正當一貫奏請頒行敕諭之時。意者天厭其奸，以警悟陛下，俾早除讒慝乎。」帝得疏怒，命并元珍、燦然貶三秩，調極邊。頃之，慶遠及御史李枏等申救。帝益怒，奪其俸，謫元珍等極邊雜職。俄御史周家棟指陳時政，語過激。帝遷怒元珍等，皆除其名。然察疏亦下，諸被留者皆自免去。

光宗卽位，起元珍光祿少卿。時遼、瀋既沒，故贊畫主事劉國縉入南四衞，以招撫軍民爲名，投牒督餉侍郎，令發舟南濟。議者欲推爲東路巡撫，元珍上疏言：「國縉乃李成梁義兒，成梁棄封疆，國縉爲營免，遂基禍本。楊鎬、李如柏喪師，國縉甫爲贊畫，卽奏保二人，欲坐杜松以違制。創議用遼人，冒官帑二十萬金募土兵三萬，曾不得一卒之用。被劾解官，乃忽擁數萬衆，欲問道登、萊，竄處內地。萬一敵中間諜闌入其間，何以備之？」疏下兵部巡撫議，遂寢。

未幾，元珍卒官。初，元珍罷歸，以講學爲事。表節義，卹鰥寡，行義重於時。

時雍，汶上人。萬曆二十年進士。知丹徒縣，歷戶、兵二部主事。既除名，未及起用而卒。

葉茂才，字參之，無錫人。萬曆十七年進士。除刑部主事，以便養改南京工部。榷稅蕪湖，課登，輒縱民舟去。既而課羨，請以餉邊卒，不取一錢。就改吏部，進郎中，三遷南京大理丞。復引疾。

四十年起南京太僕少卿。時朝士方植黨爭權。祭酒湯賓尹、修撰韓敬既敗，其黨猶力庇之。御史湯世濟者，敬邑人也。疏陳時政，陰詆發敬奸弊者。茂才馳疏駁之。其黨給事中官應震輩遂連疏力爭。茂才更具揭發其隱，因移疾乞休。世濟益恚，偕同年金汝諧、牟志夔攻之不已。茂才再疏折之，竟自引去。當是時，黨人悉踞言路，凡他曹有言，必合力逐之。茂才既去，黨人益專，無復操異議者。天啓初，召爲太僕少卿，改太常，皆不赴。四年擢南京工部右侍郎。明年抵官。甫三月，以時政日非，謝病歸。友人高攀龍被逮，赴水死，使者將逮其子，茂才力救免之。未幾卒。

茂才恬淡寡嗜好。通籍四十年，家食强半。始同邑顧憲成、允成、安希范、劉元珍及攀龍並建言去國，直聲震一時，茂才祗以醇德稱。及官太僕，清流盡斥，邪議益棼，遂奮身與

抗，人由是服其勇。時稱「東林八君子」，憲成、允成、攀龍、希范、元珍、武進錢一本、薛敷教及茂才也。

贊曰：成、弘以上，學術醇而士習正，其時講學未盛也。正、嘉之際，王守仁聚徒於軍旅之中，徐階講學於端揆之日，流風所被，傾動朝野。於是搢紳之士，遺佚之老，聯講會，立書院，相望於遠近。而名高速謗，氣盛招尤，物議橫生，黨禍繼作，乃至眾射之的，咸指東林。甘陵之部，洛、蜀之爭，不烈於是矣。憲成諸人，清節姱修，為士林標準。雖未嘗激揚標榜，列「君宗」、「顧」、「俊」之目，而負物望者引以為重，獵時譽者資以梯榮，附麗游揚，薰蕕猥雜，豈講學初心實然哉。語曰「為善無近名」，士君子亦可以知所處矣。

明史卷二百三十二

列傳第一百二十

魏允貞 弟允中 劉廷蘭　王國　余懋衡　李三才

魏允貞，字懋忠，南樂人。萬曆五年進士。授荊州推官。大學士張居正歸葬，羣吏趨事恐後，允貞獨不赴，且抶其奴。治行最，徵授御史。吏部尚書梁夢龍罷。允貞言：「銓衡任重。往者會推之前，所司率受指執政或司禮中官，以故用非其人。」帝納其言，特用嚴清，中外翕服。俄劾兵部尚書吳兌，兌引去。

已，陳時弊四事，言：「自居正竊柄，吏、兵二部遷除必先關白，故所用悉其私人。陛下宜與輔臣精察二部之長，而以其職事歸之。使輔臣不侵部臣之權以行其私，部臣亦不乘輔臣之間以自行其私，則官方自肅。自居正三子連登制科，流弊迄今未已。請自今輔臣子弟

中式，俟致政之後始許廷對，庶倖門稍杜。自居正惡聞讜言，每遇科道員缺，率擇才性便給、工諂媚、善逢迎者授之，致昌言不聞，佞臣得志。自今考選時，陛下宜嚴敕所司，毋循故轍。俺答自通市以來，邊備懈弛。三軍月餉，既剋其半以充市賞，復剋其半以奉要人，士無宿飽，何能禦寇。至遼左戰功，尤可駭異。軍聲則日振於前，生齒則日減於舊。奏報失真，遷敘逾格，賞罰無章，何以能國哉！」疏入，下都察院。

先是，居正既私其子，他輔臣呂調陽子興周，張四維子泰徵、甲徵，申時行子用懋，皆相繼得舉。甲徵、用懋將廷對，而允貞疏適上。四維大慍，言：「臣待罪政府，無所不當聞。今因前人行私，而欲臣不預聞吏、兵二部事，非制也。」因為子白誣，且乞骸骨。時行亦疏辨。帝並慰留，而責允貞言過當。戶部員外郎李三才奏允貞言是，並貶秩調外。允貞得許州判官。給事中御史周邦傑、趙卿等論救，不納。允貞雖謫，然自是輔臣居位，其子無復登第者。久之，累遷右通政。

二十一年以右僉都御史巡撫山西。允貞素剛果，清操絕俗。以所部地瘠民貧，力裁幕府歲供及州縣冗費，以其銀數萬繕亭障，建烽堠，置器市馬易粟。又奏免平陽歲額站銀八萬，以所省郵傳羨補之。雁門、平定軍以逋屯糧竄徙，允貞奏除其租，招令復業。岢嵐互市，省撫賞銀六萬。汾州有兩郡王，宗人與軍民雜處，知州秩卑不能制，奏改為府。自款

市成，邊政廢。允貞視要害，築邊牆萬有餘丈。政聲大著。帝亦數嘉其能。會詔中官張忠採礦山西，允貞抗疏極諫，不報。已，西河王知㷆請開解州、安邑、絳縣礦，以儀賓督之。指揮王守信請開平定、稷山諸礦。帝並報允。允貞恐民愈擾，請令忠兼領，亦不納。

三殿災，詔求直言。允貞言咎在輔臣，歷數趙志皋、張位罪。且曰：「前二臣以二月加恩，踰月兩宮災。今年又加恩，而三殿復災。天意昭然。」位等力辨，求罷。帝慰留，責允貞邊臣不當言朝事，因屢推不用，遂肆狂言，奪俸五月。頃之，允貞疏舉遺賢，請召還王家屏、陳有年、沈鯉、李世達、王汝訓及小臣史孟麟、張棟、萬國欽、馬經綸、顧憲成、趙南星、鄒元標等，疏留中。以久次，進右副都御史。

二十八年春，疏陳時政缺失，言：「行取諸臣，幾經論薦，陛下猶不輕予一官。彼魯坤、馬堂、高淮、孫朝輩，試之何事，舉之何人，乃令其銜命橫行，生殺予奪，恣出其口。廷臣所陳率國家大計，一皆寢閣，甚者嚴譴隨之。彼報稅之徒，悉無賴奸人，鄉黨不齒，顧乃朝奏夕報，如響應聲。臣不解也。胥徒入鄉，民間猶擾，況緹騎四出，如虎若狼，家室立破。如吳寶秀、華鈺諸人，禍至慘矣，而陛下曾不一念及。錢穀出入，上下相稽，猶多奸弊。敕使手握利權，動逾數萬。有司不敢問，撫按不敢聞，豈無吮膏血以自肥者，而陛下曾不一察及。金取於滇，不足不止。珠取於海，不罄不止。錦綺取於吳越，不極奇巧不止。乃元老聽其

投閒，直臣幾於永錮，是陛下之愛賢士，曾不如愛珠玉錦綺也。」疏奏，亦不省。

先是，張忠以開礦至，後孫朝復至権稅，誅求百方，允貞每事裁抑。會忠杖死太平典史武三傑，朝使者逼殺建雄縣丞李逢春，允貞疏暴其罪。朝怒，劾允貞抗命沮撓。帝留允貞疏不下，而下朝疏於部院。吏部尚書李戴、都御史溫純等力稱允貞賢，請下允貞疏平議。帝並留中。山西軍民數千恐允貞去，相率詣闕愬冤，兩京言官亦連章論救。帝乃兩置不問。明年，忠以夏縣知縣袁應春抗禮，劾貶之。允貞請留應春，不報。

允貞父已九十餘，允貞歲歲乞侍養，章二十上。廷議以敕使害民，非允貞不能制，固留之。其年五月請益力，始聽歸。士民爲立祠。已，閱視者奏允貞守邊勞，即家進兵部右侍郎。尋卒。天啓初，追謚介肅。

弟允中、允孚。允中爲諸生，副使王世貞大器之。歲鄉試，世貞戒門吏曰：「非魏允中第一，無伐鼓以傳也。」已而果然。時無錫顧憲成、漳浦劉廷蘭並爲舉首，負儁才，時人稱「三解元」。尋與廷蘭舉萬曆八年進士。張居正專政，災異見，而中外方競頌功德。允中、廷蘭各上書座主申時行，勸之補救。時行不能用。允中尋授太常博士，擢吏部稽勳主事，調考功。未幾卒。允孚官刑部郎中，亦有名。

廷蘭與兄廷蕙、廷芥亦皆舉進士，有名。世所稱「南樂三魏」、「漳浦三劉」者也。

王國，字之楨，耀州人。萬曆五年進士。選庶吉士，改御史。張居正疾篤，疏薦其座主潘晟入內閣，帝從之。國與同官魏允貞、雷士楨及給事中王繼光、孫瑋、牛惟炳、〔一〕張鼎思抗言不可，寢其命。已，極論中官馮保罪。且言：「居正死，保令徐爵索其家名琴七、夜光珠九、珠簾五、黃金三萬、白金十萬。居正子簡修躬齎至保邸，而保揚言陛下取之，誣汙聖德。」因發曾省吾、王篆表裏結納狀。國疏自外至，與李植疏先後上。帝已納植言罪保，植遂受知，而國亦由此顯名。還朝，薦王錫爵、陸樹聲、胡執禮、耿定向、海瑞、胡直、顏鯨、魏允貞。尋出督南畿學政，以疾歸。

起掌河南道。首輔申時行欲置所不悅者十九人察典，吏部尚書楊巍等依違其間，國力持不可。時行以御史馬允登貲在國前，乃起允登掌察，而國佐之。諸御史咸集，允登書十九人姓名，曰：「諸人可謂公論不容者矣。」國熟視，叱曰：「諸人獨忤執政耳。天日監臨，何出此語。」允登意不回。國怒，奮前欲毆允登。允登走，國環柱逐之，同列救解。事聞，兩人

並調外，國得四川副使。移疾歸。而十九人賴國以免。

久之，起故官，蒞山西。改督河南學政，遷山東參政。所在以公廉稱。召爲太僕少卿。復出爲山西副使，歷南京通政使。三十七年以兵部右侍郎兼右僉都御史巡撫保定。歲凶，屢上寬恤事宜。大盜劉應第、董世耀聚衆稱王，剽劫遠近，督兵討滅之。進右都御史，巡撫如故。

國剛介。與弟吏部侍郎圖並負時望，爲黨人所忌。乞休歸，卒。

余懋衡，字持國，婺源人。萬曆二十年進士。除永新知縣。徵授御史。時以殿工，礦稅使四出，〔二〕驕橫。懋衡上疏言：「與其騷擾里巷，榷及雞豚，曷若明告天下，稍增田賦，共襄殿工。今避加賦之名，而爲竭澤之計，其害十倍於加賦。」忤旨，停俸一年。

巡按陝西。稅監梁永輦私物於畿輔，役人馬甚衆。懋衡奏之。永大恨，使其黨樂綱賄膳夫毒懋衡。再中毒，不死。拷膳夫，獲所予賄及餘蠱。遂上疏極論永罪，言官亦爭論永，帝皆不省。永慮軍民爲難，召亡命擐甲自衞。御史王基洪聲言永必反，具陳永斬關及殺掠吏民狀。巡撫顧其志頗爲永諱，永乃藉口辨。帝疑御史言不實。而咸寧、長安二知縣持永

益急。永黨王九功輩多私裝，恐爲有司所跡，託言永遣，乘馬結陣馳去。縣隸追及之華陰，相格鬬，已皆被繫，懋衡遂以反逆聞。永窘甚，爪牙盡亡，獨綱在，乃教永誣劾咸寧知縣滿朝薦，朝薦被逮。永不久亦撤還，關中始靖。懋衡尋以憂歸。起掌河南道事。擢大理右寺丞，引疾去。

天啟元年起歷大理左少卿，進右僉都御史，與尚書張世經共理京營戎政。進右副都御史，改兵部右侍郎，俱理戎政。三年八月廷推南京吏部尚書，以懋衡副李三才，推吏部左侍郎，以曹于汴副馮從吾。帝皆用副者。大學士葉向高等力言不可，弗聽。懋衡、于汴亦以資後三才等，力辭新命，引疾歸。

明年十月再授前職。懋衡以璫勢方張，堅臥不起。既而奸黨張訥醜詆講學諸臣，以懋衡、從吾及孫愼行爲首，遂削奪。崇禎初，復其官。

李三才，字道甫，順天通州人。萬曆二年進士。授戶部主事，歷郎中。與南樂魏允貞、長垣李化龍以經濟相期許。及允貞言事忤執政，抗疏直之，坐謫東昌推官。再遷南京禮部郎中。會允貞、化龍及鄒元標並官南曹，益相與講求經世務，名籍甚。遷山東僉事。所部

多大猾積盜。廣設方略，悉擒滅之。遷河南參議，進副使。兩督山東、山西學政，擢南京通政參議，召爲大理少卿。

二十七年以右僉都御史總督漕運，巡撫鳳陽諸府。時礦稅使四出。三才所部，榷稅則徐州陳增、儀眞暨祿，鹽課則揚州魯保，蘆政則沿江邢隆，棋布千里間。延引奸徒，僞鍥印符，所至若捕叛亡，公行攘奪。而增尤甚，數窘辱長吏。獨三才以氣凌之，裁抑其爪牙肆惡者，且密令死囚引爲黨，輒捕殺之，增爲奪氣。

然奸民以礦稅故，多起爲盜。浙人趙一平用妖術倡亂。事覺，竄徐州，易號古元，妄稱宋後。與其黨孟化鯨、馬登儒輩聚亡命，署僞官，期明年二月諸方並起。謀洩，皆就捕。一平亡之寶坻，見獲。

三才再疏陳礦稅之害，言：「陛下愛珠玉，民亦慕溫飽；陛下愛子孫，民亦戀妻孥。奈何陛下欲崇聚財賄，而不使小民享升斗之需；欲綿祚萬年，而不使小民適朝夕之樂。自古未有朝廷之政令、天下之情形一至於斯，而可幸無亂者。今闕政猥多，而陛下病源則在溺志貨財。臣請渙發德音，罷除天下礦稅。欲心既去，然後政事可理。」踰月未報，三才又上言：「臣爲民請命，月餘未得請。聞近日章奏，凡及礦稅，悉置不省，此宗社存亡所關，一旦衆畔土崩，小民皆爲敵國，風馳塵鶩，亂衆麻起，陛下塊然獨處，卽黃金盈箱，明珠塡屋，誰

爲守之。」亦不報。三十年，帝有疾，詔罷礦稅，俄止之。三才極陳國勢將危，請亟下前詔，不聽。

淸口水涸阻漕。三才議濬渠建閘，費二十萬，請留漕粟濟之。督儲侍郎趙世卿力爭，三才遂引疾求去。帝惡其委避，許之。淮揚巡按御史崔邦亮、巡漕御史李思孝，給事中曹于汴，御史史學遷、袁九皐交章乞留。而學遷言：「陛下以陳增故，欲去三才，託詞解其官。年來中使四出，海內如沸。李盛春之去以王虎，魏允貞之去以孫朝，前漕臣李誌之去亦以礦稅事。他監司守令去者，不可勝數，今三才復繼之。淮上軍民以三才罷，欲甘心於增，增避不敢出。三才不當去可知。」疏仍不答。三才遂去淮之徐州。連疏請代，未得命。會侍郎謝杰代世卿督儲，復請留。乃命三才供事俟代者，帝亦竟不遣代也。

明年九月復疏言：「乃者迅雷擊陵，大風拔木，洪水滔天，天變極矣。趙古元方磔於徐，李大榮旋梟於亳，而睢州巨盜又復見告，人離極矣。陛下每有徵求，必曰『內府匱乏』。夫使內府果乏，是社稷之福也，所謂貌瘦而天下肥也。而其實不然。陛下所謂匱乏者，黃金未遍地，珠玉未際天耳。小民饔飧不飽，重以征求，箠楚無時，桁楊滿路，官惟丐罷，民惟請死，陛下寧不惕然警悟邪！陛下毋謂臣禍亂之言爲未必然也；若旣已然矣，將置陛下何地哉！」亦不報。既而睢盜就獲，三才因奏行數事，部內晏然。

歙人程守訓以貲官中書，爲陳增參隨。縱橫自恣，所至鼓吹，盛儀衞，許人告密，刑拷及婦孺。畏三才，不敢至淮。三才劾治之，得贓數十萬。增懼爲己累，幷搜獲其奇珍異寶及僭用龍文服器。守訓及其黨俱下吏伏法，遠近大快。

三十四年，皇孫生。詔併礦稅，釋逮繫，起廢滯，補言官，既而不盡行。三才疑首輔沈一貫尼之，上疏陰詆一貫甚力。繼又言：「恩詔已頒，旋復中格，道路言前日新政不過乘一時喜心，故旋開旋蔽。」又謂：「一貫慮沈鯉、朱賡逼己。既忌其有所執爭，形己之短，又恥其事不由己，欲壞其成。行賄左右，多方蠱惑，致新政阻格。」帝得疏，震怒。嚴旨切責，奪俸五月。其明年，暨祿卒。三才因請盡撤天下稅使，帝不從，命魯保兼之。

是時顧憲成里居，講學東林，好臧否人物。三才與深相結，憲成亦深信之。三才嘗請補大僚，選科道，錄遺佚。因言：「諸臣祇以議論意見一觸當塗，遂永棄不收，要之於陛下無忤。今乃假天子威以錮諸臣，復假忤主之名以文己過。負國負君，罪莫大此。」意爲憲成諸人發。已，復極陳朝政廢壞，請帝奮然有爲，與天下更始。且力言遼左阽危，必難永保狀。帝皆置不省。

三才揮霍有大略，在淮久，以折稅監得民心。及淮、徐歲侵，又請振恤，蠲馬價。淮人深德之。屢加至戶部尚書。

會內閣缺人，建議者謂不當專用詞臣，宜與外僚參用，意在三才。及都御史缺，需次內召。由是忌者日衆，謗議紛然。工部郎中邵輔忠遂劾三才大奸似忠，大詐似直，列具貪僞險橫四大罪，御史徐兆魁繼之。三才四疏力辨，且乞休。給事中馬從龍，御史董兆舒、彭端吾，南京給事中金士衡相繼爲三才辨。大學士葉向高言三才已杜門待罪，宜速定去留，爲漕政計。皆不報。已而南京兵部郎中錢策，南京給事中劉時俊，御史劉國縉、喬應甲，給事中王紹徽、徐紹吉、周永春、姚宗文、朱一桂、李瑾，南京御史張邦俊、王萬祚，復連章劾三才。而給事中胡忻、曹于汴，南京給事中段然，御史史學遷、史記事、馬孟禎、〔三〕王基洪，又交章論救。朝端聚訟，迄數月未已。憲成乃貽書向高，力稱三才廉直，又貽書孫丕揚力辨之。御史吳亮素善三才，即以兩書附傳邸報中，由是議者益譁。應甲復兩疏力訐，至列其十貪五奸。帝皆不省。三才亦力請罷，疏至十五上。久不得命，遂自引去。帝亦不罪也。

三才既家居，忌者慮其復用。四十二年，御史劉光復劾其盜皇木營建私第至二十二萬有奇。且言三才與于玉立遙執相權，意所欲用，銓部輒爲推舉。三才疏辨，請遣中官按問。給事中劉文炳、御史李徵儀、工部郎中聶心湯、大理丞王士昌，助光復力攻三才。徵儀、心湯，三才嘗舉吏也。三才憤甚，自請籍其家。工部侍郎林如楚言宜遣使覆勘。光復再疏，幷言其侵奪官廠爲園囿。御史劉廷元遂率同列繼之，而潘汝禎又特疏論劾。既而巡按御

史顏思忠亦上疏如光復指。三才益憤，請諸臣會勘，又請帝親鞫。乃詔徵儀偕給事中吳亮嗣往。

其明年，光復坐事下獄。三才陽請釋之，而復力爲東林辨白，曰：「自沈一貫假撰妖書，擅僇楚宗，舉朝正人攻之以去。繼湯賓尹、韓敬科場作奸，孽由自取，於人何尤。而今之黨人動與正人爲讐，士昌、光復尤爲戎首。挺身主盟，力爲一貫、敬報怨。騰說百端，攻擊千狀。以大臣之賢者言之，則葉向高去矣，王象乾、孫瑋、王圖、許弘綱去矣，曹于汴、胡忻、朱吾弼、葉茂才、南企仲、朱國禎等去矣，近又攻陳薦、汪應蛟去矣。以小臣之賢者言之，梅之煥、孫振基、段然、吳亮、馬孟禎、湯兆京、周起元、史學遷、錢春等去矣，李朴、鮑應鰲、丁元薦、龐時雍、吳正志、劉宗周等去矣。合於己則留，不合則逐。陛下第知諸臣之去，豈知諸黨人驅之乎？今奸黨讐正之言，一曰東林，一曰淮撫。所謂東林者，顧憲成讀書講學之所也。從之遊者如高攀龍、姜士昌、錢一本、劉元珍、安希范、岳元聲、薛敷教，並束身厲名行，何負國家哉？偶曰東林，便成陷穽。如鄒元標、趙南星等被以此名，即力阻其進。所朝上而夕下者，惟史繼偕諸人耳。人才邪正，實國祚攸關，惟陛下察焉。」疏入，衆益恨之。亮嗣等既往勘，久之無所得。第如光復言還報，遂落職爲民。

天啓元年，遼陽失。御史房可壯連疏請用三才。有詔廷臣集議。通政參議吳殿邦力言不可用，至目之爲盜臣。御史劉廷宣復薦三才，言：「國家既惜其才，則用之耳，又何議。然廣寧已有王化貞，不若用之山海。」帝是其言，即欲用三才，而廷議相持未決。詹事公鼐力言宜用，刑部侍郎鄒元標、僉都御史王德完並主之。已，德完迫衆議，忽變前說。及署議，元標亦不敢主。議竟不決，事遂寢。三年起南京戶部尚書，未上卒。後魏忠賢亂政，其黨御史石三畏追劾之。詔削籍，奪封誥。崇禎初復官。

三才才大而好用機權，善籠絡朝士。撫淮十三年，結交遍天下。性不能持廉，以故爲衆所毀。其後擊三才者，若邵輔忠、徐兆魁輩，咸以附魏忠賢名麗逆案。而推轂三才，若顧憲成、鄒元標、趙南星、劉宗周，皆表表爲時名臣。故世以三才爲賢。

贊曰：朋黨之成也，始於矜名，而成於惡異。名盛則附之者衆。附者衆，則不必皆賢而胥引之，樂其與己同也。名高則毀之者亦衆。毀者不必不賢而怒而斥之，惡其與己異也。同異之見岐於中，而附者毀者爭勝而不已，則黨日衆，而爲禍熾矣。魏允貞、王國、余懋衡皆以卓犖閎偉之概，爲衆望所歸。李三才英邁豪雋，傾動士大夫，皆負重名。當世黨論之盛，數人者實爲之魁，則好同惡異之心勝也。易曰「渙其羣，元吉」。知此者，其惟聖人乎。

校勘記

〔一〕牛惟炳　原作「牛惟柄」，據明史稿傳一〇六王國傳、神宗實錄卷一二五萬曆十年六月庚戌條改。

〔二〕時以殿工礦稅使四出　原脫「使」字。明史稿傳一二一余懋衡傳作「帝以殿工，廣設礦稅使」，本書本卷李三才傳亦有「時礦稅使四出」語，據補。

〔三〕馬孟禎　原作「馬孟祚」。明史稿傳一二一李三才傳作「馬孟禎」。本書本卷下文也作「馬孟禎」，卷二三〇有馬孟禎傳。據改。

明史卷二百三十三

列傳第一百二十一

姜應麟 從子思睿　陳登雲　羅大紘 黃正賓　李獻可 舒弘緒
陳尚象　丁懋遜　吳之佳　葉初春　楊其休　董嗣成　賈名儒　張棟
孟養浩　朱維京　王如堅　王學曾 涂杰　張貞觀
樊玉衡 子鼎遇　維城　孫自一　謝廷讚 兄廷諒　楊天民
何選 馮生虞　任彥棻

姜應麟，字泰符，慈谿人。父國華，嘉靖中進士。歷陝西參議，有廉名。應麟舉萬曆十一年進士，改庶吉士，授戶科給事中。貴妃鄭氏有殊寵，生子常洵，詔進封爲皇貴妃。而王恭妃育皇長子已五歲，無所益封。中外籍籍，疑帝欲立愛。十四年二

月，應麟首抗疏言：「禮貴別嫌，事當愼始。貴妃所生陛下第三子猶亞位中宮，恭妃誕育元嗣翻令居下。揆之倫理則不順，質之人心則不安，傳之天下萬世則不正，非所以重儲貳、定衆志也。伏請俯察輿情，收還成命。其或情不容已，請先封恭妃爲皇貴妃，而後及於鄭妃，則禮既不違，情亦不廢。然臣所議者末，未及其本也。陛下誠欲正名定分，別嫌明微，莫若俯從閣臣之請，册立元嗣爲東宮，以定天下之本，則臣民之望慰，宗社之慶長矣。」疏入，帝震怒，抵之地，徧召大璫諭曰：「册封貴妃，初非爲東宮起見，科臣奈何訕朕！」手擊案者再。諸璫環跪叩首，怒稍解，遂降旨：「貴妃敬奉勤勞，特加殊封。立儲自有長幼，姜應麟疑君賣直，可降極邊雜職。」於是得大同廣昌典史。吏部員外郎沈璟、刑部主事孫如法繼言之，並得罪。兩京申救者疏數十上，皆不省。自後言者蠭起，咸執「立儲自有長幼」之旨，以責信於帝。帝雖厭苦之，終不能奪也。

應麟居廣昌四年，量移餘干知縣。以父憂歸。服闋，至京，會吏部數以推舉建言諸臣得重譴，應麟遂不復補。家居二十年。光宗立，起太僕少卿。給事中薛鳳翔劾應麟老病失儀，遂引疾去。崇禎三年卒，贈太常卿。

從子思睿，字顓愚。少孤，事母孝。舉天啓二年進士，授行人。崇禎三年擢御史。明年春，陳天下五大弊：曰加派病民，曰郵傳過削，曰搜剔愈精，頭緒愈亂，曰懲毖愈甚，頹廢愈多，曰督責愈急，蒙蔽愈深。忤旨，切責。其冬遣宦官監視邊務，抗疏切諫。已，劾首輔周延儒以家人周文郁爲副將，弟素儒爲錦衣，叔父人瑞爲中書，受賕行私，請罷斥。已，論救給事中魏呈潤，御史李曰輔、王績燦。[一]

巡按雲南。陛辭，歷指諸弊政，而言：「舉朝拯焚救溺之精神，專用之摘抉細微，而以察吏詰戎予奪大柄僅付二三閹寺。厝火自安，不知變計，天下安望太平！」忤旨，切責。

還朝，值帝撤還二部總理諸鎭監視內臣。思睿請並撤監視京營關、寧者。因詆向來秉政大臣阿承將順之罪，意指溫體仁也。體仁二子儼、伉數請囑提學僉事黎元寬。會元寬以文體險怪論黜，遂發其二子私書。思睿劾體仁縱子作奸，以元寬揭爲據。體仁謂揭不出元寬手，思睿等羣謀排陷。元寬上疏證明，思睿再劾體仁以「羣謀」二字成陷人之阱，但知有子，不知有君。帝怒，奪俸五月。出視河東鹽政。安邑有故都御史曹于汴講學書院，思睿爲置田構學舍，公餘親蒞講授。代還，乞假歸里。未幾卒。

陳登雲，字從龍，唐山人。萬曆五年進士。除鄢陵知縣。政最，徵授御史。出按遼東，

疏陳安攘十策，又請速首功之賞。改巡山西。

還朝，會廷臣方爭建儲。登雲謂議不早決，由貴妃家陰沮之。十六年六月遂因災異抗疏，劾妃父鄭承憲，[二]言：「承憲懷禍藏奸，窺覬儲貳。日與貂璫往來，綢繆杯酌，且廣結山人、術士、緇黃之流。曩陛下重懲科場冒籍，承憲妻每揚言事由己發，用以恐喝勛貴，簧鼓朝紳。不但惠安遭其虐焰，即中宮與太后家亦謹避其鋒矣。陛下享國久長，自由敬德所致，而承憲每對人言，以爲不立東宮之效。干撓盛典，蓄隱邪謀，他日何所不至。苟不震奮乾剛，斷以大義，雖日避殿撤樂、素服停刑，恐天心未易格，天變未可弭也。」疏入，貴妃、承憲皆怒，同列亦爲登雲危，帝竟留中不下。

久之，疏論吏部尚書陸光祖，又論貶四川提學副使馮時可，論罷應天巡撫李淶、順天巡撫王致祥，又論禮部侍郎韓世能、尚書羅萬化、南京太僕卿徐用檢。朝右皆憚之。時方考選科道，登雲因疏言：「近歲言官，壬午以前怵於威，則摧剛爲柔；壬午以後昵於情，則化直爲佞。其間豈無剛直之人，而弗勝齟齬，多不能安其身。二十年來，以剛直擢京卿者百止一二耳。背公植黨，逐嗜乞憐，如所謂『七豺』、『八狗』者，言路顧居其半。夫臺諫爲天下持是非，而使人賤辱至此，安望其抗顏直繩，爲國家鉏大奸、殲巨蠹哉！與其慨用而斥之，不若愼於始進。」因條數事以獻。

出按河南。歲大饑，人相食。副使崔應麟見民啖澤中雁矢，囊示登雲，登雲即進之於朝。帝立遣寺丞鍾化民齎帑金振之。登雲巡方者三，風裁峻厲。以久次當擢京卿，累寢不下，遂移疾歸。尋卒。

羅大紘，字公廓，吉水人。萬曆十四年進士。授行人。十九年八月遷禮科給事中。甫拜命，即上定制書數千言。已，復言視朝宜勤，語皆切直。

先有詔以二十年春冊立東宮，至是工部主事張有德以預備儀物請。帝怒，命奪俸三月，更緩冊立事。尚書曾同亨請如前詔，忤旨，切讓。大紘復以爲言，詔奪俸如有德。大學士許國、王家屏連署閣臣名，乞收新命，納諸臣請，帝益怒。首輔申時行方在告，聞帝怒，乃密揭言：「臣雖列名公疏，實不與知。」帝喜，手詔褒答，而揭與詔俱發禮科。故事，閣臣密揭無發科者。時行慚懼，亟謀之禮科都給事中胡汝寧，遣使取揭。時獨大紘守科，使者紿取之。及往索，時行留不發。大紘乃抗疏曰：「臣奉職無狀，謹席藁以待。獨念時行受國厚恩，乃內外二心，藏奸蓄禍，誤國賣友，罪何可勝言。夫時行身雖在告，凡翰林遷改之奏皆儼然首列其名，何獨於建儲一事深避如此。縱陛下赫然震怒，加國等以不測之威，時行亦

當與分過。況陛下未嘗怒，而乃沮塞睿聰，搖動國本，苟自獻其乞憐之術，而過主上悔悟之萌，此臣之所大恨也。假令國等得請，將行慶典而恩澤加焉，時行亦辭之乎？蓋其私心妄意陛下有所牽繫，故陽附廷臣請立之議，而陰緩其事，以爲自交宮掖之謀。使請之而得，則明居羽翼之功；不得，則別爲集菀之計。其操此術以愚一世久矣，不圖今日乃發露之也。」疏入，帝震怒，命貶邊方雜職。俄以六科鍾羽正等論救，斥爲民，羽正等奪俸。中書舍人黃正賓復抗疏力詆時行。帝怒，下獄拷訊，斥爲民。時行亦不安，無何，竟引去。

大紘志行高卓。鄉人以配里先達羅倫、羅洪先，號爲「三羅」。天啓中，贈光祿少卿。

正賓，歙人。以貲爲舍人，直武英殿。恥由貲入官，思樹奇節，至是遂見推清議。後李三才、顧憲成咸與遊，益有聲士大夫間。再遷尚寶少卿，引病歸。魏忠賢下汪文言獄，詞連正賓。坐贓千金，遣戍大同。莊烈帝嗣位，復官，致仕。崇禎元年六月，魏黨徐大化、楊維垣已罷官，猶潛居輦下，交通奄寺，正賓在都，抗疏發其奸。勒兩人歸田里，都人快之。而疏有「潛通宦寺」語，帝命指名。正賓以趙倫、于化龍對。帝以其妄，斥回籍。

李獻可，字堯俞，同安人。萬曆十一年進士。除武昌推官。課最，徵授戶科給事中。屢遷禮科都給事中。

二十年正月偕六科諸臣疏請豫教，言：「元子年十有一矣，豫教之典當及首春舉行。倘謂內庭足可誦讀，近侍亦堪輔導，則禁閨幽閉，豈若外朝之清肅，內臣忠敬，何如師保之尊嚴。」疏入，帝大怒，摘疏中誤書弘治年號，責以違旨侮君，貶一秩調外，餘奪俸半歲。大學士王家屏封還御批，帝益不悅。吏科都給事中鍾羽正言：「獻可之疏，臣實贊成之，請與同謫。」吏科給事中舒弘緒亦言「言官可罪，豫教必不可不行」。帝益怒，出弘緒南京，而羽正及獻可並以雜職徙邊方。大學士趙志皐論救，被旨譙讓。吏科右給事中陳尚象復爭之，坐斥爲民。戶科左給事中孟養浩，御史鄒德泳，戶兵刑工四科都給事中丁懋遜、張棟、吳之佳、楊其休，禮科左給事中葉初春，各上疏救。帝益怒，廷杖養浩百，除其名。德泳、懋遜等六人並貶一秩，出之外。獻可、羽正、弘緒亦除名。

當是時，帝一怒而斥諫官十一人，朝士莫不駭歎，然諫者卒未已。禮部員外郎董嗣成、御史賈名儒特疏爭之，御史陳禹謨、吏科左給事中李周策亦偕其僚論諫。帝怒加甚，奪嗣成職，名儒謫邊方，德泳、懋遜等咸削籍，禹謨等停俸有差。禮部尚書李長春等亦疏諫，帝

復詰讓。獻可等遂廢於家。久之，吏部尚書蔡國珍、侍郎楊時喬先後請收敍，咸報寢。天啓初，錄先朝言事諸臣。獻可已前卒，詔贈光祿卿。

弘緒，名儒皆獻可同年進士。弘緒，通山人。由庶吉士改給事中。尚象、懋遜、之佳、初春、其休、嗣成皆萬曆八年進士。

尚象，都勻人。以中書舍人爲給事中。嘗劾罷尚書沈鯉，爲士論所非。至是以直言去，國人始稱焉。天啓中，贈官如弘緒。

懋遜，霑化人。爲餘姚知縣，有治績，入爲吏科給事中。既削籍，里居三十年。光宗立，起太僕少卿，累遷工部左侍郎。卒，贈尚書。

之佳，長洲人。初爲襄陽知縣。初春，吳縣人。初爲順德知縣。並以治行徵。至是與張棟並斥，稱「吳中三諫」。天啓初，贈之佳太僕少卿，初春光祿少卿。之佳孫逵，亦兵科給事中。敢言。

其休，青城人。由蘇州推官擢吏科給事中。內官張德毆殺人，帝令司禮按問，薇罪其下。其休乞並付德法司，竟報許。帝數不視朝。十七年正月，其休以萬邦入覲，請臨御以風勵諸臣。他論奏甚衆。罷歸，卒，贈太常少卿。

嗣成，烏程人。祖份，禮部尚書。父道醇，南京給事中。仍世貴顯。嗣成以氣節著，士論多之。

名儒，眞定人。贈官如初春。

棟，字伯任，崑山人。萬曆五年進士。除新建知縣。徵授工科給事中。請盡蠲天下逋租，格不行。時蠲租例，相沿但蠲存留，不及起運。棟請無拘故事，從之。再遷刑科左給事中。吳中白糧爲累，民承役輒破家，棟請令出貲助漕舟附載。申時行、王錫爵絀其議，棟遂移疾歸。起兵科都給事中。劾去南京戶部尚書張西銘、刑部侍郎詹仰庇。軍政拾遺，劾恭順侯吳繼爵、宣城伯衞國本、忻城伯趙泰修、宣府總兵官李迎恩。繼爵留，餘並罷。已，言邊臣敍功不宜及內閣、部、科，帝亦從焉。遣視固原邊備。時經略鄭洛方議和，棟言撦力克負固不歸，卜失兔桀黠如故，火落赤、眞相雄據海上，不可使洛委責以去。因論兵部尚書王一鶚。會一鶚已卒，洛亦報撦力克東歸，遂寢其奏。棟又言：「洮、河失事，陛下赫然震怒。命洛視師，豈止欲其虛詞媚敵，博一順義東歸畢事耶？今火、眞依海爲窟，出沒自如，不宜敍將吏功。」報聞。母卒，棟年已六十，毀瘠廬墓，竟卒於墓所。天啓中，贈太常少卿。

德泳，祭酒守益孫。養浩、羽正自有傳。

孟養浩，字義甫，湖廣咸寧人。萬曆十一年進士。授行人。擢戶科給事中，遷左給事中。帝嚴譴李獻可，養浩疏諫曰：「人臣即至狂悖，未有敢於侮君者，陛下豈眞以其侮而罪之耶？獻可甫躋禮垣，驟議鉅典。一字之悞，本屬無心，乃遽蒙顯斥。臣愚以爲有五不可。元子天下本，豫敎之請，實爲宗社計。陛下不惟不聽，且從而罰之，是坐忍元子失學，而敝帚宗社也。不可者一。長幼定序，明旨森嚴，天下臣民既曉然諒陛下之無他矣。然豫敎、册立，本非兩事。今日既遲回於豫敎，安知來歲不游移於册立，是重啓天下之疑。不可者二。父子之恩，根於天性，豫敎之請，有益元子明甚。而陛下罪之，非所以示慈愛。不可者三。古者引裾折檻之事，中主能容之。陛下量侔天地，奈何言及宗社大計，反震怒而摧折之，天下萬世謂陛下何如主。不可者四。獻可等所論，非二三言官之私言，實天下臣民之公言也。今加罪獻可，是所罪者一人，而實失天下人之心。不可者五。祈陛下收還成命，亟行豫敎。」帝大怒，言册立已諭於明年舉行，養浩疑君惑衆，殊可痛惡。令錦衣衞杖之百，削籍爲民，永不敍用。中外交薦，悉報寢。光宗立，起太常少卿。半歲中遷至南京刑部右侍郎。未之官，卒。

朱維京，字大可，工部尚書衡子也。舉萬曆五年進士，授大理評事，進右寺副。九年京察，謫汝州同知，改知崇德。入爲屯田主事，再遷光祿丞。火落赤敗盟，經略鄭洛主和，督撫魏學曾、葉夢熊主戰。維京請召洛還，專委學曾等經理。及學曾以寧夏事被逮，復抗疏救之。

二十一年，三王並封詔下，維京首上疏曰：「往奉聖諭，許二十一年册立，廷臣莫不延頸企踵。今忽改而爲分封，是向者大號之頒，徒戲言也，何以示天下？聖諭謂立嗣以嫡，是已。但元子既長，欲少遲册立，以待中宮正嫡之生，則祖宗以來實無此制。考英宗之立，以宣德三年；憲宗之立，以正統十四年；孝宗之立，以成化十一年。少者止一二齡，多亦不過五六齡耳。維時中宮正位，嫡嗣皆虛，而祖宗曾不少待。即陛下册立亦在先帝二年之春。近事不遠，何不取而證之。且聖人爲政，必先正名。今分封之典，三王並舉。冠服宮室混而無別，車馬儀仗雜而無章，府僚庶宷淆而無辨。名既不正，弊實滋多。且令中宮苟耀前星，則元子退就藩服，嫡庶分定，何嫌何疑。今預計將來，坐格成命，是欲愚天下，而實以天下爲戲也。夫人臣以道事君，不可則止。陛下雖有並封之意，猶不遽行，必以手詔咨大學士王錫爵，錫爵縱不能如李沆引燭之焚，亦當爲李泌造膝披陳，轉移聖心而後已。如其不然，王家屛之高蹤自在，陛下優禮輔臣，必無韓瑗、來濟之辱也。奈何噤無一語，若胥吏之承行，惟恐或後。彼楊素、李勣千古罪人。其初心豈不知有公論，惟是患得患失之心勝，遂至不能自持耳。」

帝震怒，命謫戍極邊。錫爵力救，得爲民。家居甫二年，卒。天啓時，贈太常少卿。

王如堅，字介石，安福人。萬曆十四年進士。授懷慶推官。入爲刑科給事中，抗疏爭三王並封，其略曰：

謹按十四年正月聖諭「元子幼小，册立事俟一二三年舉行」，是明言長子之爲元子也。又十八年正月詔旨「朕無嫡子，長幼自有定序」，是明示倫次之不可易也。已而十九年八月，奉旨「册立之事，改於二十一年舉行」，此則陛下雖怒羣臣激聒，輒更定期，未嘗遽寢册立之事。乃今已屆期，忽傳並封爲王，以待嫡嗣。臣始而疑，旣而駭。陛下言猶在耳，豈忘之耶？曩者謂二三年舉行，已遲至二十年矣，二十年舉行又改至二十一年矣，今二十一年倏改爲並封，是陛下前此灼然之命，尚不自堅，今日羣臣將何所取信。

夫立嫡之條，祖訓爲廢嫡者戒也。今日有嫡可廢乎？且陛下欲待正嫡，意非眞待也。古王者後宮無偏愛，故適后多後嗣。後世愛有所專，則天地之交不常泰，欲後嗣之繁難矣。我祖宗以來，中宮誕生者有幾？國本早定，惟元子是屬。或二三齡而立，或五六齡而立。卽陛下春宮受册時，止六齡耳，寧有待嫡之議與潞王並封之詔哉？今皇長子且十二齡矣，聞皇后撫育無間己出。元子早定一日，卽早慰中宮一日之心。后素賢明，何有舍當前之冢嗣，而覬幸不可知之數耶？宮闈之內，衽席之間，左右近習之輩，見形生疑，未必不以他意窺陛下。卽如昨歲册立之旨，方待舉行，而宗室中已有並封之疏，安知非機事外洩，彼得量朝廷之淺深。

夫別名號，辨嫌疑，禮之善經也。元子與衆子，其間冠服之制，鹵簿之節，恩寵之數，接見之儀，迥然不齊矣。一日並封而同號，則有並大之嫌，逼長之患。執狐疑而來讒賊，幾微之際，不可不愼。苟謂渙命新頒，難於遽改。則數年已定之明旨，尙可移易，今綸言初發，何不可中止也。

帝怒甚，命與朱維京皆戍極邊。王錫爵疏救，免戍爲民。尋卒。天啓中，贈光祿少卿。

王學曾，字唯吾，南海人。萬曆五年進士。授醴陵知縣，調崇陽。擢南京御史。時吏民有罪，輒遣官校逮捕。學曾疏請止之，不納。十三年，慈寧宮成，諸督工內侍俱廕錦衣。學曾論其太濫，且劾工部尚書楊兆諂諛中官。兆惶恐，引罪。已，言龍江關密邇蕪湖，蕪湖已徵稅，龍江不宜復徵，格不行。光山牛產一犢若麟，有司欲以聞，巡撫臧惟一不可。帝命禮部徵之，尙書沈鯉諫，惟一亦疏論，不聽。學曾抗言：「麟生牛腹，次日卽斃，則祥者已不祥矣。不祥之物，所司未嘗上聞，陛下何自聞之？毋亦左右小人以奇怪惑聖心也。今四方災旱，老稚流離，啼饑號寒之聲，陛下不聞；北敵梟張，士卒困苦，呻吟嗟怨之狀，陛下不聞；宗室貧窮，饔飧弗給，愁困涕洟之態，陛下不聞；而獨已斃之麟聞。彼爲左右者，豈誠忠於陛下乎？願收還成命，內臣語涉邪妄者，卽嚴斥之。」帝責其要名沽直，降興國判官。時御史蔡時鼎亦以言獲罪。南京御史王藩臣、給事中王嗣美等交章救兩人。帝怒，奪俸一級。

學曾累遷南京刑部主事，召爲光祿丞。與少卿涂杰合疏爭三王並封，忤旨，皆削籍。後數年，吏部尙書蔡國珍疏請起用，不納。卒於家。

杰，新建人。隆慶五年進士。由龍游知縣入爲御史。擢官光祿。熹宗時，贈學曾太僕少卿，杰太常少卿。[三]

張貞觀，字惟誠，沛人。萬曆十一年進士。除益都知縣，擢兵科給事中。出閱山西邊務。五臺奸人張守清招亡命三千餘人，擅開銀礦，又締姻潞城、新寧二王。帝納巡按御史言，敕守清解散徒黨，諭二王絕姻。守清乞輸課於官，開礦如故。貞觀力爭，乃已。前巡撫沈子木、李采菲皆貪。子木夤緣爲兵部侍郎，貞觀並追劾之。子木坐貶，采菲奪職。還，進工科右給事中。泗州淮水大溢，幾齧祖陵。貞觀往視，定分黃導淮之策。

再遷禮科都給事中。三王並封制下，貞觀率同列力爭。瀋王珵堯由郡王進封，其諸弟止應爲將軍，珵堯爲營得郡王。貞觀及禮部尙書羅萬化守故事極諫。不納。時郊廟祭享率遣官代行，貞觀力請帝親祀。俄秋享，復將遣官。貞觀再諫，不報。明年正月，有詔皇長子出閣講讀。而兵部請護衛，工部奏儀仗，禮部進儀注，皆留中。又止令預告奉先殿，朝謁兩宮，他禮皆廢。於是貞觀等上言：「禮官議，御門受賀、皇長子見羣臣之禮，載在舊儀；卽諸王加冠，亦以成禮而賀，賀畢謁見。元子初出，乃不當諸王一冠乎？且謁謝止兩宮，而缺然於陛下及中宮母妃之前，非所以教孝；賀靳於二皇子，而漠然於兄弟長幼之間，非所以

序別。」疏入，忤旨，奪俸一年。

工科給事中黎道照上言：「元子初就外傅，陛下宜示之身教。乃採辦珠玉珍寶，費至三十六萬有奇，又取太僕銀十萬充賞，非作法於初之意。且貞觀等秉禮直諫，職也，不宜罰治。」給事中趙完璧等亦言之。帝怒，奪諸臣俸，謫貞觀雜職。大學士王錫爵等切救，乃貶三秩。頃之，都給事中許弘綱、御史陳惟芝等連章申論，帝竟除貞觀名，言官亦停俸。中外交薦，卒不起。天啓中卒，贈太常少卿。

樊玉衡，字以齊，黃岡人。萬曆十一年進士。由廣信推官徵授御史。京察，謫無爲判官。稍遷全椒知縣。

二十六年四月，玉衡以册立久稽，上言：「陛下愛貴妃，當圖所以善處之。今天下無不以册立之稽歸過貴妃者，而陛下又故依違，以成其過。陛下將何以託貴妃於天下哉。由元子而觀則不慈，由貴妃而觀則不智，無一可者。願早定大計，册立、冠婚諸典次第舉行，使天下以元子之安爲貴妃功，豈不並受其福，享令名無窮哉。」疏奏，帝及貴妃怒甚。旨一日三四擬，禍且不測。大學士趙志皐等力救，言自帝卽位未嘗殺諫臣。帝乃焚其疏，忍而不

發。再踰月，以憂危竑議連及，遂永戍雷州。長子鼎遇伏闕請代者再，不許。光宗立，起南京刑部主事，以老辭。疏陳親賢、遠奸十事，優詔答之。尋命以太常少卿致仕，卒於家。

子維城，舉萬曆四十七年進士。除海鹽知縣，遷禮部主事。天啓七年坐事謫上林苑典簿。莊烈帝即位，魏忠賢未誅，抗疏言：「高皇帝定律，人臣非有大功，朦朧奏請封爵者，所司及封受之人俱斬。今魏良卿、良棟、鵬翼，白丁乳臭兒，並叨封爵，皆當按律誅。忠賢所積財，半盜內帑，籍還太府，可裕九邊數歲之餉。」因請褒恤楊漣、萬璟等一十四人，召還賀逢聖、文震孟、孫必顯等三十二人，亟正張體乾、許顯純、楊寰等罪。其月，又言：「崔呈秀雖死，宜剖棺戮屍。『五虎』、『五彪』之徒，乃或賜馳驛，或僅令還鄉，何以服人心，昭國典。」末斥吏科陳爾翼請緝東林遺孽之非，乞釋御史方震孺罪。帝並採納之。

崇禎元年遷戶部主事，進員外郎。歷泉州知府、福建副使。八年以大計罷歸。十六年，黃州城南門哭五日夜。衆知禍必至，傾城走，婦女多不及行。三月二十四日，張獻忠破黃岡，知縣孫自一、縣丞吳文燮死之。賊欲屈維城，抗聲大罵，刃洞胸而死。賊遂驅婦女墮城，稍緩，輒斷其腕，血淋漓土石間。三日而城平，復殺之以實塹焉。自一，光山人。

謝廷讚，字曰可，金谿人。父相，由鄉舉爲東安知縣。初，歲饑，吏僞增戶口冒振，繼者遂按籍征賦，民困甚。相爲請，得減戶千三百。奸人殺四人，棄其屍，獄三年不決。相禱於神，得屍所在，獄遂成。

廷讚舉萬曆二十六年進士。未授官，即極論礦稅之害。旋授刑部主事。先是，詔二十八年春舉行册立、冠婚之禮。將屆期，都御史溫純、禮科給事中楊天民、御史馮應鳳相繼言，不報。廷讚上疏言閣員當補，臺省當選，礦稅當撤，冠婚、册立當速，詔令當信。持疏跪文華門，候命踰時。帝震怒，遣中官田義詰責。越數日，命大學士趙志皋、沈一貫擬敕諭，令禮部具儀。比擬諭進，竟不發。志皋、一貫趣之，帝乃言因廷讚出位邀功，以致少待，命示諸司靜俟。遂褫廷讚職爲民，並奪尚書蕭大亨，侍郎邵杰、董裕俸一歲，貶郎中徐如珂、員外郎林燿，主事鍾鳴陛、曹文偉三秩，調極邊。是歲册立之禮不行，廷讚歸。僑寓維揚，授徒自給。久之，卒。天啓中，贈尚寶卿。

兄廷諒，字友可。萬曆二十三年進士。授南京刑部主事。帝命李廷機入閣，又召王錫

爵。廷諒言「廷機才弱而闇，錫爵氣高而揚，均不宜用」。又曰：「儲君之立爲王也，自錫爵始；舉人之有考察也，自廷機始；巡按之久任也，自趙世卿始；章疏之留中也，自申時行始；年例之不舉，考察之不下也，自沈一貫始。此皆亂人國者也。」疏入，留中。終順慶知府。

楊天民，字正甫，山西太平人。萬曆十七年進士。除朝城知縣。調繁諸城，有異政，擢禮科給事中。時方纂修國史，與御史牛應元請復建文年號，從之。二十七年，狄道山崩，下成池，山南湧大小山五。天民言：「平地成山，惟唐垂拱間有之，而唐遂易爲周。今虎狼之使吞噬無窮，狗鼠之徒攘奪難厭。不市而征稅，無礦而輸銀。甚且毀廬壞冢，籍人貲產，非法行刑。自大吏至守令，每被譴逐。郡邑不肖者，反助虐交歡，藉潤私橐。嗷嗷之衆，益無所歸命，懷樂禍心，有土崩之勢。天心仁愛，亟示譴告，陛下尚不覺悟，翻然與天下更始哉！」不報。文選郎中梅守峻貪黷，將擢太常少卿，天民劾罷之。延綏總兵官趙夢麟濳師襲寇，以大捷聞，督撫李汶、王見賓等咸進秩予廕。寇乃大入，殺軍民萬計，汶等又妄奏捷。天民再疏論之，奪見賓職，夢麟戍邊，汶亦被譴。

天民尋進右給事中。册立久稽，再疏請，不報。無何，貴妃弟鄭國泰疏請皇長子先冠

婚後册立，天民斥其非。國泰懼，委罪都指揮李承恩，奪其俸。順天、湖廣鄉試文多用二氏語，天民請罪考官楊道賓、顧天埈等，疏留中。

二十九年五月，天民復偕同官上言，請早定國本。帝大怒，謫天民及王士昌雜職，餘奪俸一年，以士昌亦給事禮科也。時御史周盤等公疏請，亦奪俸。天民得貴州永從典史。至十月，帝迫廷議，始立東宮，[四]而天民等卒不召。天民幽憤卒。天啓中，贈光祿少卿。

初，天民去諸城，民爲立祠。其後長吏不職，父老率聚哭祠下。

何選，字靖卿，宛平人。萬曆十一年進士。除南昌知縣，徵授御史。廷臣爭國本多獲譴，選語鄭貴妃弟國泰，令以朝野公論、鄭氏禍福懇言於貴妃，俾妃自請。國泰猶豫，選厲色責之曰：「若不及今爲身家計，吾儕羣擊之，悔無及矣。」國泰懼，乃入告於妃，且疏請早定，以釋危疑。帝意不懌。已，知出選指，深銜之。

未幾，吏部擬調驗封員外郎鄒元標於文選，疏六日不下，選以爲言。帝憶前事，謫湖廣布政司照磨。稍遷南京通政司經歷。刑部缺員外郎，吏部擬用選。帝憾未釋，謂特降官不當推舉，切讓尚書孫丕揚等，謫文選郎中馮生虞、員外郎馮養志等極邊，而斥選爲民。以閣

臣言，稍寬生虞、養志等罰。南京給事中任彥蘖抗章論救，語侵閣臣。帝復怒，謫彥蘖於外，生虞仍以雜職調邊方。旋以言官論救，並斥彥蘖爲民。於是御史許聞造上言：「陛下頃歲以來，謂公忠爲比周，謂論諫爲激擾；詘銓衡之所賢，撓刑官之所執。光祿太僕之帑，括取幾空；中外大小之官，縣缺不補。敲扑遍於宮闈，桁楊接於道路。論救忠良，則愈甚其罪；諫止貢獻，則愈增其額。奏牘沉閣而莫稽，奄寺縱橫而無忌。今欲摘陳一事，則慮陛下益甚其事；欲摘救一人，則慮陛下益罪其人。陛下執此以拒建言之臣，諸臣因此而塞進言之路。邇年以來，諸臣謇諤之風，視昔大沮矣。」不報。

生虞，大足人。彥蘖，任城人。天啓中，贈選光祿少卿，生虞太常少卿。

贊曰：野史載神宗金合之誓。都人子之說，雖未知信否，然恭妃之位久居鄭氏下，固有以滋天下之疑矣。姜應麟等交章力爭，不可謂無羽翼功。究之鄭氏非褒、驪之煽處，國泰亦無驪、鈞之惡戾，積疑召謗，被以惡聲。詩曰「時靡有爭，王心載寧」。諸臣何其好爭也。

校勘記

〔一〕王績燦　原作「王績粲」。明史稿傳一一〇姜應麟傳作「王績燦」，本書卷二五八吳執御傳附有王績燦傳，事跡與此合，據改。

〔二〕勍妃父鄭承憲　鄭承憲，本書卷二一七及明史稿傳九五沈鯉傳、神宗實錄卷一九九萬曆十六年六月庚申條同。本書卷三〇〇及明史稿傳一七七本傳作「鄭成憲」。

〔三〕贈學曾太僕少卿杰太常少卿　原作「贈學曾光祿少卿杰太僕少卿」。據明史稿傳一一〇王學曾傳、熹宗實錄卷一八天啓二年六月甲申條改。

〔四〕至十月帝迫廷議始立東宮　十月，原作「九月」，據本書卷二一神宗紀、神宗實錄卷三六四萬曆二十九年十月己卯條改。

明史卷二百三十四

列傳第一百二十二

盧洪春 范儁　董基　王就學等　李懋檜　李沂 周弘禴　潘士藻

雒于仁　馬經綸 林熙春　林培　劉綱　戴士衡

曹學程 子正儒　郭實　翁憲祥　徐大相

盧洪春，字思仁，東陽人。父仲佃，廣西布政使。洪春舉萬曆五年進士，授旌德知縣，擢禮部祠祭主事。

十四年十月，帝久不視朝，洪春上疏曰：「陛下自九月望後連日免朝，前日又詔頭眩體虛，暫罷朝講。時享太廟，遣官恭代，且云『非敢偷逸，恐弗成禮』。臣愚捧讀，驚惶欲涕。夫禮莫重於祭，而疾莫甚於虛。陛下春秋鼎盛，諸症皆非所宜有。不宜有而有之，上傷聖母

之心，下駭臣民之聽，而又因以廢祖宗大典，臣不知陛下何以自安也。抑臣所聞更有異者。先二十六日傳旨免朝，即聞人言籍籍，謂陛下試馬傷額，故引疾自諱。果如人言，則以一時馳騁之樂，而昧周身之防，其爲患猶淺。倘如聖諭，則以目前衽席之娛，而忘保身之術，其爲患更深。若乃爲聖德之累，則均焉而已。且陛下毋謂身居九重，外廷莫知。天子起居，豈有寂然無聞於人者。然莫敢直言以導陛下，是將順之意多，而愛敬之心薄也。陛下平日遇頌諛必多喜，遇諫諍必多怒，一涉宮闈，嚴譴立至，孰肯觸諱，以蹈不測之禍哉。羣臣如是，非主上福也。願陛下以宗社爲重，毋務矯託以滋疑。力制此心，愼加防檢。勿以深宮燕閒有所恣縱，勿以左右近習有所假借，飭躬踐行，明示天下以章律度，則天下萬世將慕義無窮。較夫挾數用術，文過飾非，幾以聾瞽天下之耳目者，相去何如哉。」

疏入，帝震怒。傳諭內閣百餘言，極明謹疾遣官之故。以洪春悖妄，命擬旨治罪。閣臣擬奪官，仍論救。帝不從，廷杖六十，斥爲民。諸給事中申救，忤旨，切讓。諸御史疏繼之，帝怒，奪俸有差。洪春遂廢於家，久之卒。光宗嗣位，贈太僕少卿。

御史范儁嘗陳時政。帝方疾，見儁疏中「防人欲」語，斥之。主事董基以諫內操謫官。其後員外郎王就學因諫帝託疾不送梓宮，尋罷去。皆與洪春疏相類。

范儁，字國士，高安人。萬曆五年進士。爲義烏知縣，徵授御史。十二年正月陳時政十事，語皆切至，而中言「人欲宜防，力以靡曼麴蘗爲戒」。先是，慈寧宮災，給事中鄒元標疏陳六事，忤帝意。及帝遘微疾，大臣方問安，而儁疏適入。帝恚曰：「儁未罪元標，致儁復爾，當重懲之。」申時行等擬鐫秩。帝猶怒，將各予杖。是夜大雷雨，明日朝門外水三尺餘。帝怒少霽，時行等亦力救，乃斥爲民。明年，給事中張維新請推用譴謫諸臣，詔許量移，惟儁不敍。給事中孫世禎、御史方萬山等言儁不宜獨遺，坐奪俸。自是屢薦不起，里居數十年卒。天啓初，復官，贈光祿少卿。

董基，字巢雄，掖縣人。萬曆八年進士。授刑部主事。十二年，帝集內豎三千人，〔一〕授以戈甲，操於內廷。尚書張學顏諫，不納。基抗疏曰：「內廷清嚴地，無故聚三千之衆，輕以凶器嘗試，竊爲陛下危之。陛下以爲行幸山陵，有此三千人可無恐乎？不知此皆無當實用。設遇健卒勁騎，立見披靡，車駕不可恃以輕出也。夫此三千人安居美食，筋力柔靡，一旦使執銳衣堅，〔二〕蒙寒犯暑，臣聞頃者竟日演練，中暍瀕死者數人，若輩未有不怨者。聚三千蓄怨之人於肘腋，危無逾此者。且自內操以來，賞賚已二萬金。長此不已，安有殫竭，有用之財，靡之無用之地，誠可惜也。」疏入，忤旨，命貶二秩，調邊方。九卿、給事、御史

交章論救，且請納基言，不聽。竟謫基萬全都司都事。

明年，兵科給事中王致祥言：「祖宗法，非宿衞士不得持寸兵。今授羣不逞利器，出入禁門，禍不細。」大學士申時行亦語司禮監曰：「此事繫禁廷，諸人擐甲執戈未明而入。設奸人竄其中，一旦緩急，外廷不得聞，宿衞不及備，此公等剝膚患也。」中官悚然，乘間力言。帝乃留致祥疏，即日罷之。會謫降官皆量移，基亦遷南京禮部主事，終南京大理卿。致祥，忻州人。隆慶五年進士。歷官右僉都御史，巡撫順天。

王就學，字所敬，武進人。萬曆十四年進士。授戶部主事。三王並封議起，朝論大譁。就學，王錫爵門人也，偕同年生錢允元往規之，爲流涕。會庶吉士李騰芳投錫爵書，與就學語相類。錫爵悟，並封詔得寢。就學改禮部，進員外郎，尋調吏部。二十四年，孝安陳太后梓宮發引，帝嫡母也，當送門外，以有疾，遣官代行。吏部侍郎孫繼皐言之。帝怒，抵其疏於地。就學抗疏曰：「人子於親惟送死爲大事。今乃靳一攀送，致聖孝不終。豈獨有乖古禮，即聖心豈能自安。於此而不用其情，烏乎用其情？於此而可忍，烏乎不可忍？恐難以宣諸詔諭，書諸簡冊，傳示天下萬世也。」疏奏，不省。踰二年，詔甄別吏部諸郎，斥就學爲民。尋卒於家。

繼皐抗疏未幾，給事中劉道亨劾文選員外郎蔡夢麟紊銓政，幷及繼皐。乞罷，不報。及三殿災，大臣自陳，皆慰留，獨繼皐致仕去。卒，贈禮部尚書。繼皐，字以德，無錫人。萬曆二年進士第一。

李懋檜，字克蒼，安溪人。萬曆八年進士。除六安知州，入爲刑部員外郎。

十四年三月，帝方憂旱，命所司條上便宜。懋檜及部郎劉復初等爭言皇貴妃及恭妃册封事，章一日並上。帝怒，欲加重譴，言者猶不已。閣臣請帝詔諸曹建言止及所司職掌，且不得專達，以慰解帝意。居數日，帝亦霽威，諸疏皆留中。而懋檜疏又有保聖躬、節內供、御近習、開言路、議蠲振、愼刑罰、重舉刺、限田制七事，亦寢不行。

明年，給事中邵庶因論誠意伯劉世延，刺及建言諸臣。懋檜上言：「庶因世延條奏，波及言者，欲概絕之。『防人之口，甚於防川』，庶豈不聞斯語哉？今天下民窮財殫，所在饑饉，山、陝、河南，婦子仳離，僵仆滿道，疾苦危急之狀，蓋有鄭俠所不能圖者，陛下不得聞且見也。邇者雷擊日壇，星墜如斗，天變示儆於上，幾輦之間，子弒父，僕弒主，人情乖離於下。庶以爲海內盡無可言已乎？夫在廷之臣，其爲言官者十僅二三。言官不必皆智，不爲

言官者不必皆愚。無論往事，即如邇歲馮保、張居正交通亂政，其連章保留，頌功諛德，若陳三謨、曾士楚者，並出臺垣，而請劍引裾杖謫以去者，非庶僚則新進書生也。果若庶言，天下幸無事則可，脫有不虞之變，陛下何從而知。庶復以堂上官禁止司屬爲得計，伏覩大明律，百工技藝之人，若有可言之事，直至御前奏聞，但有阻遏者斬。大明會典及皇祖臥碑亦屢言之。百工技藝之人，有言尚不敢阻，況諸司百執事乎？庶言一出，志士解體，善言日壅，主上不得聞其過，羣下無所獻其忠，禍天下必自庶始。陛下必欲重百官越職之禁，不若嚴言官失職之罰。言官不言，坐以負君誤國之罪。輕則記過，重則褫官。科道當遷，一眎其章奏多寡得失爲殿最，則言官無不直言，庶官無事可言，出位之禁無庸，太平之效自致矣。」

帝責其沽名，命貶一秩。科道合救，不允。庶偕同列胡時麟、梅國樓、郭顯忠復交章論劾，乃再降一秩，爲湖廣按察司經歷。歷禮部主事，以憂歸，屢薦不起。家居二十年，始起故官。進南京兵部郎中。天啓初，終太僕少卿。

李沂，字景魯，嘉魚人。萬曆十四年進士。改庶吉士。十六年冬，授吏科給事中。中官

張鯨掌東廠，橫肆無憚。御史何出光劾鯨死罪八，并及其黨錦衣都督劉守有、序班邢尚智。尚智論死，守有除名，鯨被切讓，而任職如故。御史馬象乾復劾鯨，詆執政甚力，帝下象乾詔獄。大學士申時行等力救，且封還御批，不報。許國、王錫爵復各申救，乃寢前命，而鯨竟不罪。外議謂鯨以金寶獻帝獲免。

沂拜官甫一月，上疏曰：「陛下往年罪馮保，近日逐宋坤，鯨惡百保而萬坤，奈何獨濡忍不去？若謂其侍奉多年，則壞法亦多年；謂痛加省改，猶足供事，則未聞可馴虎狼使守門戶也。流傳鯨廣獻金寶，多方請乞，陛下猶豫未忍斷決。中外臣民初未肯信，以爲陛下富有四海，豈愛金寶；威如雷霆，豈徇請乞。及見明旨許鯨策勵供事，外議藉藉，遂謂爲眞。虧損聖德，夫豈淺尠！且鯨奸謀既遂，而國家之禍將從此始，臣所大懼也。」

是日，給事中唐堯欽亦具疏諫。帝獨手沂疏，震怒，謂沂欲爲馮保、張居正報讎，立下詔獄嚴鞫。時行等乞宥，不從。獄上，詔廷杖六十，斥爲民。御批至閣，時行等欲留御批，中使不可，持去。帝特遣司禮張誠出監杖。時行等上疏，俱詣會極門候進止。帝言：「沂置貪吏不言，而獨謂朕貪，謗誣君父，罪不可宥。」竟杖之。太常卿李尚智、給事中薛三才等抗章論救，俱不報。國、錫爵以言不見用，引罪乞歸。錫爵言：「廷杖非正刑，祖宗雖間一行之，亦未有詔獄、廷杖幷加於一人者。故事，惟盜賊大逆則有打問之旨，今豈可加之言官。」

帝優詔慰留錫爵，卒不聽其言。

初，馮保獲罪，實鯨爲之，故帝云然。或謂鯨罪不至如保。張誠掌司禮，素德保，授意言者發之，事秘莫能明也。其時，周弘禴、潘士藻皆以忤鯨得罪，而沂禍爲烈。家居十八年，未召而卒。光宗嗣位，贈光祿少卿。

弘禴，字元孚，麻城人。倜儻負奇，好射獵。舉萬曆二年進士，授戶部主事。降無爲州同知，遷順天通判。

十三年春上疏指斥朝貴，言：「兵部尚書張學顏被論屢矣。陛下以學顏故，逐一給事中、三御史，此人心所共憤也。學顏結張鯨爲兄弟，言官指論學顏而不敢及鯨，畏其勢耳。若李植之論馮保，似乎忠讜矣，實張宏門客樂新聲爲謀主。其巡按順天，納娼爲小妻，猖狂干紀，則恃宏爲內援也。鯨、宏既竊陛下權，而植又竊司禮勢，此公論所不容。祖訓，大小官許至御前言事。今吏科都給事中齊世臣乃請禁部曹建言。曩居正竊權，臺省羣頌功德，而首發其奸者，顧在艾穆、沈思孝，部曹言事果何負於國哉？居正惡員外郎管志道之建白也，御史龔懋賢因誣以老疾；惡主事趙世卿之條奏也，尚書王國光遂錮以王官。論者切齒，爲其附權奸而棄直言，長壅蔽之禍也。今學顏、植交附鯨、宏，鯨敢竊柄，世臣豈不聞？已不

敢言，奈何反欲人不言乎？前此長吏垣者周邦傑、秦燿。當居正時，燿則甘心獵犬，邦傑則比迹寒蟬。今燿官太常，邦傑官太僕矣，諫職無補，坐陟京卿，尚謂臺省足恃乎？而乃禁諸臣言事也。夫逐一人之言者，其罪小；禁諸臣之言者，其罪大。往者，嚴嵩及居正猶不敢明立此禁，何世臣無忌憚一至此哉！乞放學顏、植歸里，出燿、邦傑於外，屏張鯨使閒居，而奪世臣諫職，嚴敕司禮張誠等止掌內府禮儀，毋干政事，天下幸甚。」帝怒，謫代州判官，再遷南京兵部主事。

十七年，帝始倦勤，章奏多留中不下。弘禴疏諫，且請早建皇儲，不報。尋召爲尚寶丞。明年冬，命監察御史閱視寧夏邊務。巡撫僉都御史梁問孟、巡茶御史鍾化民，取官帑銀交際，弘禴疏發之。詔褫問孟職，調化民於外。河東有秦、漢二壩，弘禴請以石爲之，瀦渠北達鴛鴦諸湖，大興水利。還朝，以將材薦哱承恩、土文秀、哱雲。明年，承恩等反，坐謫澄海典史。投劾歸，卒於家。天啓初，以嘗請建儲，贈太僕少卿。

潘士藻，字去華，婺源人。萬曆十一年進士。授溫州推官。擢御史，巡視北城。慈寧宮近侍侯進忠、牛承忠私出禁城，狎婦女。邏者執之，爲所毆，訴於士藻。私牒司禮監治之。帝恚曰：「東廠何事？乃自外庭發。」杖兩閹，斃其一。鯨方掌東廠，怒。會火災修省，

士藻言：「今天下之患，莫大於君臣之意不通。宜倣祖制，及近時平臺暖閣召對故事，面議所當施罷。撤大工以俟豐歲，蠲織造、燒造以昭儉德，免金花額外征以佐軍食。且時召講讀諸臣，問以經史。對賢人君子之時多，自能以敬易肆，以義奪欲。修省之實，無過於此。」鯨乃激帝怒，謫廣東布政司照磨。科道交章論救，不聽。尋擢南京吏部主事。再遷尚寶卿，卒官。

雒于仁，字少涇，涇陽人。父遵，吏科都給事中。神宗初卽位，馮保竊權。帝御殿，保輒侍側。遵言：「保一侍從之僕，乃敢立天子寶座，文武羣工拜天子邪，抑拜中官邪？欺陛下幼沖，無禮至此！」遵乃大學士高拱門生。保疑遵受拱指，遂謀逐拱。遵疏留中。尋劾兵部尚書譚綸，因薦海瑞。吏部尚書楊博稱綸才，詆瑞迂滯，疏遂寢。頃之，綸陪祀日壇，咳不止。御史景嵩、韓必顯劾綸衰病。居正素善綸，而馮保欲緣是爲遵罪，因傳旨詰嵩、必顯欲用何人代綸，令會遵推舉，遵等惶懼不敢承。俱貶三秩，調外。遵得浙江布政司照磨。保敗，屢遷光祿卿。改右僉都御史，巡撫四川。罷歸，卒。

于仁舉萬曆十一年進士。歷知肥鄉、清豐二縣，有惠政。十七年入爲大理寺評事。疏

獻四箴以諫。其略曰：

臣備官歲餘，僅朝見陛下者三。此外惟聞聖體違和，一切傳免。郊祀廟享遣官代行，政事不親，講筵久輟。臣知陛下之疾，所以致之者有由也。臣聞嗜酒則腐腸，戀色則伐性，貪財則喪志，尙氣則戕生。陛下八珍在御，觴酌是耽，卜晝不足，繼以長夜。此其病在嗜酒也。寵「十俊」以啓倖門，溺鄭妃，靡言不聽。忠謀擯斥，儲位久虛。此其病在戀色也。傳索帑金，括取幣帛。甚且掠問宦官，有獻則已，無則譴怒。李沂之瘡痍未平，而張鯨之貲賄復入。此其病在貪財也。今日搒宮女，明日抶中官，罪狀未明，立斃杖下。又宿怨藏怒於直臣，如范儁、姜應麟、孫如法輩，皆一詘不申，賜環無日。此其病在尙氣也。四者之病，膠繞身心，豈藥石所可治？今陛下春秋鼎盛，猶經年不朝，過此以往，更當何如？

孟軻有取於法家拂士，今鄒元標其人也。陛下棄而置之，臣有以得其故矣。元標入朝，必首言聖躬，次及左右。是以明知其賢，忌而弗用。獨不思直臣不利於陛下，不便於左右，深有利於宗社哉。陛下之溺此四者，不曰操生殺之權，人畏之而不敢言，則曰居邃密之地，人莫知而不能言。不知鼓鐘於宮，聲聞於外，幽獨之中，指視所集。且保祿全軀之士可以威權懼之，若懷忠守義者，卽鼎鋸何避焉。臣今敢以四箴獻。若陛下肯用臣言，卽立誅臣身，臣雖死猶生也。惟陛下垂察。

酒箴曰：耽彼麴糱，昕夕不輟，心志內懵，威儀外缺。神禹疏狄，夏治興隆。進藥陛下，醲醑勿崇。

色箴曰：豔彼妖姬，寢興在側，啓寵納侮，爭妍誤國。成湯不邇，享有遐壽。進藥陛下，內嬖勿厚。

財箴曰：競彼鏐鐐，錙銖必盡，公帑稱盈，私家懸罄。武散鹿臺，八百歸心，隋煬剝利，天命難諶。進藥陛下，貨賄勿侵。

氣箴曰：逞彼忿怒，恣睢任情，法尙操切，政盭公平。虞舜溫恭，和以致祥，秦皇暴戾，羣怨孔彰。進藥陛下，舊怨勿藏。

疏入，帝震怒。會歲暮，留其疏十日。所云「十俊」，蓋十小閹也。

明年正旦召見閣臣申時行等於毓德宮，手于仁疏授之。帝自辨甚悉，將置之重典。時行等委曲慰解，見帝意不可回，乃曰：「此疏不可發外，恐外人信以爲眞。願陛下曲賜優容，臣等卽傳諭寺卿，令于仁去位可也。」帝乃頷之。居數日，于仁引疾，遂斥爲民。久之卒。天啓初，贈光祿少卿。

馬經綸，字主一，順天通州人。萬曆十七年進士。除肥城知縣，入爲御史。

二十三年冬，兵部考選軍政。帝謂中有副千戶者，不宜擅署四品職。責部臣徇私，兵科不糾發。降武選郎韓范、都給事中吳文梓雜職。鐫員外郎曾偉芳，主事江中信、程僖、陳楚產，給事中劉仕瞻三秩，調極邊。以御史區大倫、兪价、强思，給事中張同德言事常忤旨，亦鐫三秩。而五城御史夏之臣、朱鳳翔、涂喬遷、時偕行、楊述中籍中官客用家，不稱旨，並謫邊遠典史。又以客用貲財匿崇信伯費甲金家，刑部拷訊無實，謫郎中徐維濂於外。一時嚴旨頻下，且不得千戶主名，舉朝震駭。時東廠太監張誠失帝意。誠家奴錦衣副千戶霍文炳當遷指揮僉事，部臣先已奏請，而帝欲尋端罪言官，遂用是爲罪。旋移怒兩京科道，以爲緘默，命掌印者盡鐫三秩。於是給事中耿隨龍、鄒廷彥、黎道昭、孫羽侯、黃運泰、毛一公，御史李宗延、顧際明、袁可立、綦才、吳禮嘉、王有功、李固本，南京給事中伍文煥、費必興、盧大中，御史柳佐、聶應科、李文熙等十九人俱調外，留者並停俸一年。又令吏部列上職名，再罷御史馮從吾、薛繼茂、王愼德、姚三讓四人。大學士趙志皋、陳于陛、沈一貫及九卿各疏爭，尙書石星請罷職以寬諸臣，皆不納。于陛又特疏申救。帝怒，命降諸人雜職，悉調邊方。尙書孫丕揚等以詔旨轉嚴，再疏乞宥。帝益怒，盡奪職爲民。經綸憤甚，抗疏曰：

頃屢奉嚴旨，斥逐南北言官。臣幸蒙恩，罰俸供職，今日乃臣諫諍之日矣。陛下數年以來，深居靜攝。君臣道否，中外俱抱隱憂。所恃言路諸臣，明目張膽爲國家裁辨邪正，指斥奸雄。雖廟堂處分，未必盡協輿論，而縉紳公議，頗足維持世風，此高廟神靈實鑒佑之。所賚臺省耳目之用大矣，陛下何爲一旦自塗其耳目邪？

夫以兵部考察之故，而罪兵科是已。乃因而蔓及於他給事，又波連於諸御史。去者不明署其應得之罪，留者不明署其姑恕之由。雖聖意淵微，未易窺測，而道路傳說，嘖有煩言。陛下年來厭苦言官，動輒罪以瀆擾，今忽變而以箝口罪之。

夫以無言罪言官，言官何辭。臣竊觀陛下所爲罪言官者，猶淺之乎罪言官也。乃言官今日之箝口不言者，有五大罪焉。陛下不郊天有年矣，曾不能援故典排閽以諍，是陷陛下之不敬天者。罪一。陛下不享祖有年矣，曾不能開至誠牽裾以諍，是陷陛下之不敬祖者。罪二。陛下輟朝不御，停講不舉，言官言之而不能卒復之，是陷陛下不能如祖宗之勤政。罪三。陛下去邪不決，任賢不篤，言官言之而不能强得之，是陷陛下不能如祖宗之用人。罪四。陛下好貨成癖，御下少恩，肘腋之間，叢怨蓄變，言官俱慮之，而卒不能批鱗諫止，是陷陛下甘棄初政，而弗獲克終。罪五。言官負此大罪，陛下肯奮然勵精而以五罪罪之，豈不當哉！奈何責之箝口不言者，不於此而於彼也。

日者廷臣交章論救，不惟不肯還職，而且落職爲民。夫諸臣本出草莽，今還初服，亦復何憾。獨念朝廷之過舉不可遂，大臣之忠懇不可拂。陛下不聽閣疏之救，改降級而爲雜職，則輔臣何顏？是自離其腹心也。不聽部疏之救，改雜職而爲編氓，則九卿何顏？是自戕其股肱也。夫君臣一體，元首雖明，亦賴股肱腹心耳目之用。今乃自塞其耳目，自離其腹心，自戕其股肱，陛下將誰與共理天下事乎！

夫人君受命於天，與人臣受命於君一也。言官本無大罪，一旦震怒，罪以失職，無一敢抗命者。既大失人心，必上拂天意。萬一上天震怒，以陛下之不郊不禘、不朝不講、不惜才、不賤貨，咎失人君之職，而赫然降非常之災，不知陛下爾時能抗天命否乎？臣不能抗君，君不能抗天，此理明甚，陛下獨不思自爲社稷計乎？

帝大怒，亦貶三秩，出之外。

經綸既獲譴，工科都給事中海陽林熙春等上疏曰：「陛下怒言官緘默，斥逐三十餘人，臣等不勝悚懼。今御史經綸慷慨陳言，竊意必溫旨褒嘉，顧亦從貶斥。是以建言罪邪，抑以不言罪邪？臣等不能解也。前所罪者，既以不言之故，今所罪者又以敢言之故，令臣等安所適從哉。陛下誠以不言爲溺職，則臣等不難進憂危之苦詞；誠以直言爲忤旨，則臣等不難効喑默之成習。但恐廟堂之上，率諂佞取容，非君上之福也。臣等富貴榮辱之念豈與

人殊。然寧爲此不爲彼者，毋亦沐二百餘年養士之恩，不負君父，且不負此生耳。陛下奈何深怒痛疾，而折辱至是哉！」帝益怒，謫熙春茶鹽判官，加貶經綸爲典史。是日，御史定興鹿久徵等亦上疏，請與諸臣同罪，貶澤州判官。二疏列名凡數十人，悉奪俸。

頃之，南京御史東莞林培疏陳時政。帝追怒經綸，竟斥爲民。既歸，杜門却掃凡十年。卒，門人私謚閶道先生。

培由鄉舉爲新化知縣。縣僻陋，廣置社學教之。民有死於盜者，不得。禱於神，隨蝴蝶所至獲盜，時驚爲神。徵授南京御史，劾罷誠意伯劉世延，置其爪牙於法。已，上書言徐維濂不當謫；陝西織花絨、購回青擾民，宜罷；湖廣以魚鮓、江南以織造並奪撫按官俸，蘇州通判至以織造故褫官，皆不可訓；幷論及沈思孝等。帝怒，謫福建鹽運知事。告歸，卒。

天啓初，復經綸官，贈太僕少卿。培贈光祿少卿，熙春亦還故職。屢遷大理卿，年老乞罷。時李宗延、柳佐輩咸官於朝，頌其先朝建言事。詔加戶部右侍郎，致仕。

劉綱，邛州人。祖，文恂，孝子。父，應辰，舉鄉試不仕，亦以孝義聞。綱舉萬曆二十三年進士，改庶吉士。二十五年七月上疏曰：

去歲兩宮災，詔示天下，略無禹、湯罪己之誠，文、景蠲租之惠，臣已知天心之未厭矣。比大工肇興，伐木榷稅，採石運甓，遠者萬里，近者亦數百里。小民竭膏血不足供費，絕筋骨不足任勞，鬻妻子不能償貸。加以旱魃爲災，野無青草，人情胥怨，所在如讐。而天不悔禍，三殿復災。五行志曰：「君不思道，厥災燒宮。」陛下試自省，晝之爲、夜之息，思在道乎，不在道乎？

凡敬天法祖，親賢遠奸，寡欲保身，賤貨愼德，俱謂之道，反是非道矣。陛下比年以來，簡禋祀，罷朝講，棄股肱，閼耳目，斷地脈，忽天象，君臣有數載之隔，堂陛若萬里而遙。陛下深居靜攝，所爲祈天永命者何狀，卽外廷有不知，上天寧不見邪？今日之災，其應以類，天若曰：皇之不極，於誰會歸，何以門爲？朝儀久曠，於誰禀仰，何以殿爲？元宰素餐，有汙政地，何以閣爲？其所以示警戒，勸更新者，至深切矣。尚可因循玩愒，重怒上帝哉！

臣聞五行之性，忌積喜暢。積者，災之伏也，請冒死而言積之狀。皇長子冠婚、册立久未舉行，是曰積典。大小臣僚以職事請，强半不報，是曰積牘。外之司府有官無

人，是曰積缺。罪斥諸臣，概不錄敍，是曰積才。閫外有揚帆之醜，中原起揭竿之徒，是曰積寇。守邊治河，諸臣虛詞罔上，恬不爲怪，是曰積玩。諸所爲積，陛下不能以明斷決，元輔趙志皋不能以去就爭，天應隨之，毫髮不爽。陛下何不召九卿、臺諫面議得失，見兔顧犬，未爲晚也。若必專任志皋，處堂相安，小之隳政事而羞士類，大之叢民怨而益天怒。天下大計奈何以此匪人當之！此不可令關白諸酋聞也。

帝得疏，恚甚，將罪之。以方遘殿災，留中不報。

已而授編修。居二年，京察。坐浮躁，調外任，遂歸。明年卒。故事，翰林與政府聲氣相屬。綱直攻志皋短，故嗛之不置，假察典中之。明世以庶吉士專疏建言者，前惟鄒智，後則劉之綸與綱，並四川人。

戴士衡，字章尹，莆田人。萬曆十七年進士。除新建知縣，擢吏科給事中。薊州總兵官王保濫殺南兵，士衡極論其罪。已，請亟補言官，劾石星誤國大罪五。山東稅使陳增請假便宜得舉刺將吏，淮、揚魯保亦請節制有司，士衡力爭。仁聖太后梓宮發引，帝不親送，士衡言：「母子至情，送死大事，奈何於內庭數武地，靳一舉足勞。今山陵竣

事，顧陛下扶杖出迎神主，庶少慰聖母之靈，答臣民之望。」錦衣千戶鄭一麟奏開昌平銀礦。士衡以地逼天壽山，抗疏爭。皆不報。

二十五年正月極陳天下大計，言：「方今事勢不可知者三：天意也，人心也，氣運也。大可慮者五：紀綱廢弛也，戎狄侵陵也，根本動搖也，武備疎略也，府藏殫竭也。其切要而當亟正者一，則君心也。陛下高拱九重，目不睹師保之容，耳不聞丞弼之議，美麗當前，燕惰自佚，卽欲殫聰明以計安社稷，其道無由。誠宜時御便殿，召執政大臣講求化理，則心清欲寡，政事自修。」亦不報。

日本封事敗，再劾星及沈惟敬、楊方亨，且列上防倭八事。多議行。俄劾南京工部尚書葉夢熊、刑部侍郎呂坤、薊遼總督孫鑛及通政參議李宜春。時鑛已罷，宜春自引歸，坤亦以直諫去。給事中劉道亨右坤，力詆士衡，謂其受大學士張位指。士衡亦劾道亨與星同鄉，爲星報復。帝以言官互爭，皆報寢。尋劾罷文選郎中白所知。

帝惡吏部郎，貶黜者二十二人，因詰責吏科朋比。都給事中劉爲楫、楊廷蘭、張正學、林應元及士衡俱引罪。詔貶爲楫一秩，與廷蘭等並調外。士衡得蘄州判官。無何，詔改遠方，乃授陝西鹽課副提舉。未赴，會憂危竑議起，竟坐遣戍。

先是，士衡再劾坤，謂潛進閨範圖說，結納宮闈，因請舉册立、冠婚諸禮。帝不悅。至

是有跋閨範後者，名曰憂危竑議，誣坤與貴妃從父鄭承恩、戶部侍郎張養蒙、山西巡撫魏允貞、吏科給事中程紹、吏部員外郎鄧光祚及道亨、所知等同盟結納，羽翼貴妃子。承恩大懼。以坤、道亨、所知故與士衡有隙，而全椒知縣樊玉衡方上疏言國本，指斥貴妃，遂妄指士衡實爲之，玉衡與其謀。帝震怒，貴妃復泣訴不已，夜半傳旨逮下詔獄拷訊。比明，命永戍士衡廉州、玉衡雷州。御史趙之翰復言：「是書非出一人，主謀者張位，奉行者士衡，同謀者右都御史徐作、禮部侍郎劉楚先、國子祭酒劉應秋、故給事中楊廷蘭、禮部主事萬建崑也。諸臣皆位心腹爪牙，宜幷斥。」帝入其言，下之部院。時位已落職閒住，署事侍郎裴應章、副都御史郭惟賢力爲作等解，不聽。奪楚先、作官，出應秋於外，廷蘭、建崑謫邊方，應章等復論救。帝不悅，斥位爲民。

士衡等再更赦，皆不原。四十五年，士衡卒於戍所。巡按御史田生金請脫其戍籍，釋玉衡生還，帝不許。天啓中，贈太僕少卿。

曹學程，字希明，全州人。萬曆十一年進士。歷知石首、海寧。治行最，擢御史。帝命將援朝鮮。已而兵部尚書石星聽沈惟敬言，力請封貢。乃以李宗城、楊方亨爲正

副使，往行册封禮。未至日本，而惟敬言漸不售，宗城先逃歸。帝復惑星言，欲遣給事中一人充使，因察視情實。學程抗疏言：「邇者封事大壞，而方亨之揭，謂封事有緒。星、方亨表裏應和，不足倚信。爲今日計，遣科臣往勘則可，往封則不可。石星很很自用，趙志皐碌碌依違，東事之潰裂，元輔、樞臣俱不得辭其責。」

初，朝鮮甫陷，御史郭實論經略宋應昌不足任，幷陳七不可。帝以實沮撓，謫懷仁典史。後已遷刑部主事。會封貢議既罷，而朝鮮復懇請之。帝乃追怒前主議者，以實倡首，斥爲民。幷敕石星盡錄異議者名，將大譴責。志皐等力解乃已。及遣使不得要領，因欲別遣，已而罷之，卽以方亨爲正使矣。而學程方督畿輔屯田，不知也。疏入，帝大怒，謂有暗囑關節，逮下錦衣衞嚴訊。搒掠無所得，移刑部定罪。尙書蕭大亨請宥，帝不許，命坐逆臣失節罪斬。刑科給事中侯廷佩等訟其冤。志皐及陳于陛、沈一貫言尤切，皆不納。自是救者不絕，多言其母年九十餘，哭子待斃。帝卒弗聽，數遇赦亦不原。

其子正儒，朝夕不離犴狴。見父憔悴骨立，嘔血仆地，久之乃甦，因刺血書奏乞代父死，終不省。三十四年九月始用朱賡言，謫戍湖廣寧遠衞。久之，放歸，卒。天啓初，贈太僕少卿。崇禎時，旌正儒爲孝子。

郭實，字伯華，高邑人。萬曆十一年進士。授朝邑知縣，選授御史。御史王麟趾劾湖廣巡撫秦燿結政府狀，謫徐溝丞。實復劾燿，燿乃罷。比去任，侵贓贖銀鉅萬，爲衡州同知沈鈇所發，下吏戍邊。故事，撫按贓贖率貯州縣爲公費，自燿及都御史李采菲，御史沈汝梁、祝大舟咸以自潤敗。自是率預滅其籍，無可稽矣。實以論朝鮮事黜。久之，封貢不成，星下吏。給事中侯廷佩請還實官，不許。家居十五年，起南京刑部主事，終大理右寺丞。

翁憲祥，字兆隆，常熟人。萬曆二十年進士。爲鄞縣知縣。課最，入爲禮科給事中。以憂去。

補吏科，疏陳銓政五事。其一論掣籤法，言：「使盡付之無心，則天官之職一吏可代。苟爲不然，則地本預擬，何必於大廷中爲掩飾之術。請亟停罷。」時不能從。故事，正郎不奉使，撫按必俟代，至是多反之。而江西巡撫許弘綱以父憂徑歸，廣西巡撫楊芳亦以憂乞免代，憲祥極言非制。弘綱貶官，芳亦被責。言者詆朱賡、李廷機輒被譴，憲祥疏論。已，劾雲南巡撫陳用賓、兩廣總督戴燿，並不報。

是時大僚多缺。而侍郎楊時喬、楊道賓旬日間相繼物故，吏、禮二部長貳遂無一人。

兵部止一尚書，養痾不出。戶、刑、工三部暨都察院堂上官，俱以人言註籍。通政大理亦無見官。憲祥言九卿俱曠，甚傷國體。因陳補缺官、起遺佚數事，報聞。

屢遷刑科都給事中。吏部尚書孫丕揚、副都御史許弘綱以考察爲言路所攻，求去。憲祥言：「一時賢者，直道難容，相率引避。國是如此，可爲寒心。」既而軍政拾遺，疏爲錦衣都督王之楨所撓，久不下。罪人陳用賓等已論死，疏亦留中。憲祥皆抗章論駁。知縣滿朝薦、李嗣善，同知王邦才，以忤稅使繫獄，力請釋之。會冬至停決囚，復請推緩刑德意，宥槩臣、矜楚獄。帝皆不報。

尋調吏科。四十一年命輔臣葉向高典會試，給事中曾六德以論救被察官坐貶，旨皆從內出。憲祥力諫。中官黃勳、趙祿、李朝用、胡濱等不法，亦連疏彈劾。久之，擢太常少卿。居數年卒。

徐大相，字覺斯，江西安義人。萬曆四十四年進士。授東昌推官。改武學教授，稍遷國子博士。四十七年九月朔，百僚將早朝，司禮中官盧受傳免。衆趨出，受從後姍侮。大相憤，歸草二疏。一論遼左事，一論受奸邪。時接疏者卽受也。見遼事疏曰：「此小臣，亦

敢言事。」及帝閱第二疏，顧受曰：「此卽論汝罪者。」受錯愕，叩頭流血請罪，曰：「奴當死。」疏乃留中。是日，南京國子學錄喬拱璧亦疏劾受，不報。明年遷兵部主事。

天啓二年調吏部稽勳主事，移考功。明年進驗封員外郎。進士薛邦瑞爲其祖蕙請謚，大相與尚書張問達議如其請。熹宗方惡卹典冗濫，鐫大相三秩，出之外。問達等引罪，不問。大學士葉向高、都御史趙南星等連疏救，乃改鐫二秩。大相方候命，羣奄黨受者數十輩，持梃譟於門。比搜大相橐，止俸金七十兩，乃閧然散。家居，杜門讀書，里人罕見其面。

崇禎元年起故官。俄改考功，遷驗封郎中。歷考功、文選。奏陳遵明旨、疏淹滯、破請託、肅官評、正選規、重掌篆、崇禮讓、勵氣節、抑僥倖、覈吏弊十事，帝卽命飭行。故尚書孫丕揚等二十六人爲魏忠賢削奪，大相請復其官，帝不許。旋以起廢忤旨，貶秩視事。給事中杜三策言大相端廉，起廢協輿論，不當譴，不聽。父憂歸，卒於家。

贊曰：神宗中年，德荒政圮。懷忠發憤之士，宜其激昂抗詞以匡君失。然納諫有方，務將以誠意。絞訐摩上，君子弗爲。謂其忠厚之意薄，而衒沽之情勝也。雒于仁、馬經綸詆譏譙讓，幾爲儕偶所不能堪矣。聖人取諷諫，意者殆不如是乎？

校勘記

〔一〕帝集內豎三千人　三千人，本書卷二二二及明史稿傳一〇〇張學顏傳都作「二千人」。

〔二〕一旦使執銳衣堅　一旦，原作「一日」，據明史稿傳一〇九盧洪春傳附董基傳改。

明史卷二百三十五

列傳第一百二十三

王汝訓　余懋學　張養蒙　孟一脈　何士晉　陸大受

張庭　李栴　王德完　蔣允儀　鄒維璉　吳羽文

王汝訓，字古師，聊城人。隆慶五年進士。除元城知縣。萬曆初，入爲刑部主事。改兵部，累遷光祿少卿。吏科都給事中海寧陳與郊者，大學士王錫爵門生，又附申時行，恣甚。汝訓抗疏數其罪，言：「與郊今日薦巡撫，明日薦監司。每疏一出，受賄狼籍。部曹吳正志一發其奸，身投荒徼。吏部尚書楊巍亦嘗語侍郎趙煥，謂爲小人。乞速罷譴。且科道以言爲職，乃默默者顯，諤諤者絀。直犯乘輿，屢荷優容。稍涉當塗，旋遭擯斥。言官不難於批鱗，而難於借劍，此何爲也？天下惟公足以服人。今言者不論是非，被言者不論邪正，模棱兩可，曲事調停，而曰務存大體。是懲議論之紛紜，而反致政體之決裂也。乞特敕吏

部，自後遷轉科道，毋惡異喜同，毋好諛醜正。」是時，巍以政府故，方厚與郊。聞汝訓言引己且刺之，大恚，言：「臣未嘗詆與郊。汝訓以寺臣攻言路，正決裂政體之大者。」乃調汝訓南京。頃之，御史王明復劾與郊幷及巍，詔奪明俸，擢與郊太常少卿。都人爲之語曰：「欲京堂，須彈章。」與郊尋以憂去。後御史張應揚追劾其交通文選郎劉希孟，考選納賄，並免官。未幾，其子殺人論死，與郊悒悒卒。

汝訓入爲太常少卿。孟秋饗廟，帝不親行。汝訓極諫。帝慍甚，以其言直，不罪也。尋進太僕卿，調光祿。汝訓先爲少卿，寺中歲費二十萬，至是濫增四萬有奇。汝訓據會典，請盡裁內府冗食，不許。

二十二年改左僉都御史。旋進右副都御史，巡撫浙江。汝訓性清介，方嚴疾惡。巡按御史南昌彭應參亦雅以强直名，相與力鋤豪右。烏程故尚書董份、祭酒范應期里居不法，汝訓將繩之。適應參行部至，應期怨家千人遮道陳牒。應參持之急，檄烏程知縣張應望按之。應期自縊死，其妻吳氏詣闕愬冤。帝命逮應參、應望詔獄，革汝訓職，詰吏部都察院任用非人。尙書孫丕揚、都御史衷貞吉等引罪，且論救。帝意未釋，謫救應參者給事中喬胤等於外。言官訟汝訓、應參亦及胤，帝愈怒。疏入，輒重胤譴，至除名，而謫應望戍烟瘴，應參爲民。

汝訓家居十五年，起南京刑部右侍郎。召改工部，署部事。初，礦稅興，以助大工爲名。後悉輸內帑，不以供營繕。而四方採木之需多至千萬，費益不訾。汝訓屢請發帑佐工，皆不報。在部歲餘，力淸夙弊。中官請乞，輒執奏不予，節冗費數萬。卒，贈工部尙書，謚恭介。

余懋學，字行之，婺源人。隆慶二年進士。授撫州推官，擢南京戶科給事中。萬曆初，張居正當國，進白燕白蓮頌。懋學以帝方憂旱，下詔罪己，與百官圖修禳。而居正顧獻瑞，非大臣誼，抗疏論之。已，論南京守備太監申信不法，帝爲罷信。久之，陳崇惇大、親謇諤、愼名器、戒紛更、防佞諛五事。時居正方務綜覈，而懋學疏與之忤，斥爲民，永不敍錄。居正死，起懋學故官，奏奪成國公朱希忠王爵，請召還光祿少卿岳相、給事中魏時亮等十八人。帝俱報可。尋擢南京尙寶卿。

十三年，御史李植、江東之等以言事忤執政。同官蔡系周、孫愈賢希執政指，紛然攻訐，懋學上言：

諸臣之不能容植等，一則以科場不能無私，而惡植等之訐發；一則以往者常保留

居正，而忌吳中行、沈思孝等之召用。二疑交於中，故百姤發於外也。夫威福自上，則主勢尊。植等三臣，陛下所親擢者也，乃舉朝臣工百計排之；假令政府欲用一人，諸臣敢力挫之乎？臣謹以臣工之十蠹爲陛下言之。

今執政大臣一政之善輒矜贊導之功，一事之失輒諉挽回之難，是爲誣上。其蠹一。

進用一人，執政則曰我所注意也，冢宰則曰我所推轂也，選郎則曰我所登用也。受爵公朝，拜恩私室，是爲招權。其蠹二。

陛下天縱聖明，猶虛懷納諫。乃二三大僚，稍有規正，輒奮袂而起，惡聲相加，是爲諱疾。其蠹三。

中外臣工，率探政府意向，而不恤公論。論人則毀譽視其愛憎，行政則舉置徇其喜怒，是爲承望。其蠹四。

君子立身，和而不同。今當路意有所主，則羣相附和，敢於抗天子，而難於違大臣，是爲雷同。其蠹五。

我國家諫無專官，今他曹稍有建白，不曰出位，則曰沽名，沮忠直之心，長壅蔽之漸，是爲阻抑。其蠹六。

自張居正蒙蔽主聽，道路以目，今餘風未殄，欺罔日滋。如潘季馴之斥，大快人心，而猶累牘連章爲之申雪，是爲欺罔。其蠹七。

近中外臣僚或大臣交攻，或言官相訐，始以自用之私，終之好勝之習。好勝不已，必致忿爭，忿爭不已，必致黨比。唐之牛、李，宋之洛、蜀，其初豈不由一言之相失哉？是爲競勝。其蠹八。

佞諛成風，日以寖甚。言及大臣，則等之伊、傅；言及邊帥，則擬以方、召；言及中官，則誇呂、張復出；言及外吏，則頌卓、魯重生。非藉結歡，卽因邀賂，是爲佞諛。其蠹九。

國家設官，各有常職。近兩京大臣務建白以爲名高，侵職掌而聽民訟。長吿訐之風，失具瞻之體，是爲乖戾。其蠹十也。

懋學夙以直節著稱，其摘季馴不無過當。然所言好勝之弊，必成朋黨，後果如其言。累遷南京戶部右侍郎，總理漕儲。疏白程任卿、江時之冤，二人遂得釋。二十一年以拾遺論罷。卒，贈工部尙書。天啓初，追諡恭穆。

張養蒙，字泰亨，澤州人。萬曆五年進士。選庶吉士，歷吏科左給事中。少負才名，明習天下事。居言職，慷慨好建白。以南北多水旱，條上治奸民、恤流民、愛富民三事，帝嘉納之。錦衣都指揮羅秀營僉書，兵部尙書王遴格不行，失歡權要而去，秀竟賄緣得之。養蒙疏發其狀，事具遴傳。御史高維崧等言事被謫，養蒙偕同官論救，復特疏訟之。忤旨，奪俸。

尋遷工科都給事中。都御史潘季馴奏報河工，養蒙上言曰：「二十年來，河幾告患矣。當其決，隨議塞；當其淤，隨議濬，事竣輒論功。夫淤決則委之天災而不任其咎，濬塞則歸之人事而共蒙其賞。及報成未久，懼有後虞，急求謝事，而繼者復告患矣。其故皆由不久任也。夫官不久任，其弊有三：後先異時也，人已異見也，功罪難執也。請倣邊臣例，增秩久任，斯職守專而可責成功。」帝深然之。

有詔潞安進綢二千四百匹。未幾，復命增五千。養蒙率同官力爭，且曰：「從來傳奉織造，具題者內臣，擬旨者閣臣，抄發者科臣。今徑下部，非祖制。」不從。出爲河南右參政。尋召爲太僕少卿，四遷左副都御史。

二十四年極諫時政闕失，言：

邇來殿廷希御，上下不交。或疑外臣不可盡信，或疑外事未可盡從。君臣相猜，政事積廢。致市猾得以揣意旨，左右得以播威權。惟利是聞，禍將胡底。謹以三輕二重之弊爲陛下陳之。

一、部院之體漸輕。或虛其位而不補，或用其人而不任。如冬官一曹，亞卿專署，已爲異事，乃冢宰何官，數月虛位。法司議劉世延罪，竟爾留中，主事劉冠南疏入卽發。何小臣聽而大臣不聽，單疏下而公疏不下哉！以至戶曹三疏諫開礦，臣院九疏催行取，皆置不報。議大事則十疏而九不行，遇廷推則十人而九不用。夫大臣師表百僚，奈何輕之至此。

一、科道之職漸輕。五科都給事中久虛不補，御史曹學程一繫不釋，考選臺諫，屢請屢格，乃至服闋補任，亦皆廢閣。是不欲言路之充也。夫政無缺失，何憚人言。徒使唯諾風成，謇諤意絕，國是將何定乎？

一、撫按之任漸輕。如開礦一事，撫按有言，咸蒙切責。於是鄭一麟以千戶而妄劾李盛春。〔一〕夫閹人、武弁得以制巡撫之命，紀綱不倒置乎？一璫得志，諸璫效尤，撫按斂手，何有於監司？從此陛下之赤子將無人拊循矣。

一、進獻之途漸重。下僚捐俸，儒士獻資，名爲助工，實懷覬幸。甚者百戶王守仁以謀復世爵，妄擣楚府，而使陛下恩薄於懿親；主簿張以述以求復舊秩，妄獻白鹿，而使陛下德損於玩物。部臣糾之不聽，言官糾之不聽，業已明示好惡，大開受獻之門。

將見媚子宵人投袂競起，今日獻靈瑞，明日貢珍奇，究使敗節文官、僨軍武帥，憑藉錢神，邀求故物，不至如嘉靖末年之濁亂不止也。

一、內差之勢漸重。中使紛然四出，乞請之章無日不上，批答之旨無言不溫。左右藉武弁以營差，武弁藉左右以網利，共搆狂言，誑惑天聽。陛下方厭外臣沮撓，謂欲辦家事，必賴家奴，於是有言無不立聽。豈武弁皆急君，而朝紳盡誤國乎？今奸宄實繁有徒。採礦不已，必及採珠；皇店不止，漸及皇莊。繼而營市舶，繼而復鎭守，內可以謀坐營，外可以謀監軍。正德敝風，其鑒不遠。

凡此三輕二重，勢每相因，德與財不並立，中與外不兩勝，惟陛下早見而速圖之。

不報。

又明年六月，兩宮三殿繼災。養蒙復上疏曰：「近日之災，前古未有。自非君臣交儆，痛革敝風，恐虛文相讙，大禍必至。臣請陛下躬謁郊廟，以謝嚴譴；立御便殿，以通物情；早建國本，以繫人心；停銀礦、皇店之役，杜四海亂階；減宦官宮妾之刑，弭蕭牆隱禍。然此皆應天實事，猶非應天實心也。罪己不如正己，格事不如格心。陛下平日成心有四。一曰好逸。朝享倦於躬臨，章奏倦於省覽。古帝王乾健不息，似不如此。一曰好疑。疑及近侍，則左右莫必其生；疑及外庭，則僚寀不安於位。究且謀以疑敗，好以疑容。古帝王至誠馭物，似不如此。一曰好勝。奮厲威嚴以震羣工，喜諂諛而惡鯁直，厭封駁而樂順從。古帝王予違汝弼，似不如此。一曰好貨。以聚斂爲奉公，以投獻爲盡節。古帝王四海爲家，似不如此。願陛下戒此四者，亟圖更張，庶天意可回，國祚可保。」帝亦不省。

尋遷戶部右侍郎。時再用師朝鮮，命養蒙督餉。事寧，予一子官。三十年，尚書陳蕖稱疾乞罷。詔養蒙署事。會養蒙亦有疾在告，固辭。給事中夏子陽劾其托疾，遂罷歸。卒於家。天啓初，賜諡毅敏。

孟一脈，字淑孔，東阿人。隆慶五年進士。爲平遙知縣。以廉能擢南京御史。萬曆六年五月上言：「近上兩宮徽號，覃恩內外，獨御史傅應禎，進士鄒元標，部郎艾穆、沈思孝，投荒萬里，遠絕親闈，非所以廣錫類溥仁施也。」疏入，忤張居正，黜爲民。

居正死，起故官，疏陳五事，言：

近再選宮女至九十七人，急徵一時，輦下甚擾。一也。

中外章奏，宜下部臣議覆，閣臣擬旨，脫有不當，臺諫得糾駁之。今乃不任臣工，顓取宸斷，明旨一出，臣下莫敢犯顏。二也。

士習邪正，繫世道汙隆。今廉恥日喪，營求苟且。亟宜更化救弊，先實行而後才華。三也。

東南財賦之區，靡於淫巧，民力竭矣，非陛下有以倡之乎？數年以來，御用不給。今日取之光祿，明日取之太僕，浮梁之磁，南海之珠，玩好之奇，器用之巧，日新月異。遇聖節則有壽服，元宵則有燈服，端陽則有五毒吉服，年例則有歲進龍服。以至覃恩錫賚，小大畢霑，謁陵犒賜，耗費鉅萬。錙銖取之，泥沙用之。於是民間習爲麗侈，窮耳目之好，竭工藝之能，不知紀極。夫中人得十金，即足供終歲之用。今一物而常兼中人數家之產。或刻沉檀，鏤犀象，以珠寶金玉飾之。周鼎、商彝、秦鉈、漢鑑，皆搜求於海內。窮歲月之力，專一器之工；罄生平之資，取一盼之適。殊不知財賄易盡，嗜欲無窮。陛下誠能恭儉節約以先天下，禁彼浮淫，還之貞樸，則財用自裕，而風俗亦淳。四也。

邊疆之臣，日弛戎備，上下蒙蔽，莫以實聞。由邊臣相繼爲本兵，題覆處分，盡在其口。言出而中傷隨之，誰肯爲無益之談，自取禍敗哉？漁夫舍餌以得魚，未聞以餌養魚者也。今以中國之文帛綺繡爲蕃戎常服，雖曰貢市，實則媚之。邊臣假貢市以賂戎，戎人肆剽竊而要我。彼此相欺，以誑君父。幸其不來，來則莫禦。所謂以餌養魚者也。請明詔樞臣，洗心易慮。戰守之備，一一講求，付之邊臣。使將識敵情，兵識將意，庶乎臂指如意，國可無虞。五也。

疏入，忤旨，謫建昌推官。屢遷南京右通政。移疾歸。

四十一年，起右僉都御史，巡撫南、贛。居三年，廷推左副都御史。未得命，給事中官應震論其縱子驕恣。疏雖留中，一脈竟引疾去。年八十一卒。

一脈初以直諫著聲。晚膺節鉞，年力已衰，不克有所表樹云。

何士晉，字武莪，宜興人。父其孝，得士晉晚。族子利其貲，結黨致之死。繼母吳氏匿士晉外家。讀書稍懈，母輒示以父血衣。士晉感厲，與人言，未嘗有笑容。

萬曆二十六年舉進士。持血衣愬之官，罪人皆抵法。初授寧波推官，擢工科給事中。首疏請通章奏、緩聚斂。俄言：「袞職有闕，廷臣言雖逆耳，每荷優容。獨論及輔臣，必欲借主威以洩憤。是陛下負拒諫之名，輔臣收固寵之實，天下所以積憤輔臣而不能平也。如孫鑛、郭子章、戴燿、沈子木，宜舍不舍，公論乖違，輔臣賡安得不任其咎？」無何，劾左都督王之楨久掌錦衣，[二]爲內閣爪牙，中樞心腹。又劾大學士王錫爵逢君賊善，召命宜停；戶部

尚書趙世卿誤國，無大臣體。已，復言：「朝端大政，宜及今早行者，在放輔臣以清政地，罷大臣被論者以伸公議。斥王之楨以絕禍源，釋于孔時、王邦才等以蘇冤獄。」

初，皇長孫生，有詔起廢，列上二百餘人。閱三年，止用顧憲成等四人。士晉請大起廢籍。瑞王將婚，詔典禮視福王，費當十九萬。初，帝弟潞王婚費不及其半，士晉請視潞王。帝將崇奉太后，詔建靈應宮，士晉以非禮力爭，且曰：「聖母所注念者東宮出講，諸王早婚，與遺賢之登進也，乃諸臣屢請不應。而不時內降者，非中貴之營求，即鬼神之香火，何也？」帝皆不省。

未幾，有張差梃擊之事。王之寀鉤得差供，帝遷延不決，士晉三上疏趣之。當是時，變起非常，中外咸疑謀出鄭國泰，然無敢直犯其鋒者。郎中陸大受稍及之，國泰大懼，急出揭自明，人言益籍籍。士晉乃抗疏曰：

陛下與東宮，情親父子，勢共安危，豈有禍逼蕭牆，不少動念者。候命踰期，旁疑轉棘。竊詳大受之疏，未嘗實指國泰主謀，何張皇自疑乃爾？因其自疑，人益不能無疑，然人之疑國泰，不自今日始也。陛下試問國泰，三王之議何由起？閨範之序何由進？妖書之毒何由搆？此其禍之疑也。孟養浩等何由杖？戴士衡等何由戍？王德完等何由錮？此挑激之疑也。南宗順，刑餘也，而陰募死士千人，謂何？順義王，外寇

也，而各宮門守以重兵，謂何？王曰乾，逆徒也，而疏中先有龐保、劉成名姓，謂何？此不執之疑也。三者積疑至今日，忽有張差一事，正與往者舉措相符，安得令人不疑！且今日之疑國泰，又非張差一事已也。恐騎虎難下，駭鹿走險，一擊不效，別有陰謀。陛下不急護東宮，則東宮爲孤注。萬一東宮失護，而陛下又轉爲孤注矣。

國泰欲釋人疑，惟明告貴妃，力求陛下速執保、成下吏。如果國泰主謀，是乾坤之大逆，九廟之罪人，非但貴妃不能庇，卽陛下亦不能庇也。借劍尙方，請自臣始。或別有主謀，無與國泰事，請令國泰自任，凡皇太子、皇長孫起居悉屬國泰保護，稍有疎虞，罪卽坐之，則臣與在廷諸臣亦願陛下保全國泰身，無替恩禮。若國泰畏有連引，預熒惑聖聰，久稽廷訊，或潛散黨與，俾之遠逃，或陰斃張差，以冀滅口，則罪愈不容誅矣。惟聖明裁察。

疏入，帝大怒，欲罪之。念事已有跡，恐益致人言。而吏部先以士晉爲東林黨，擬出爲浙江僉事，候命三年未下。至是，帝急簡部疏，命如前擬。吏部言闕官已補，請改命。帝不許，命調前補者。吏部又以士晉積資已深，秩當參議。帝怒，切責尙書，奪郎中以下俸。士晉之官四年，移廣西參議。光宗立，擢尙寶少卿，遷太僕。

天啓二年以右僉都御史巡撫廣西。安南入犯，督將吏屢擊却之。四年擢兵部右侍郎，

總督兩廣軍務，兼巡撫廣東。明年四月，魏忠賢大熾，爭梃擊者率獲罪。御史田景新希旨，誣叛臣安邦彥賄士晉十萬金，阻援兵。遂除士晉名，徵賄助餉。士晉憤鬱而卒。有司徵贓急，家人但輸數百金，產已罄。會莊烈帝立，獲免，復官賜恤。

陸大受，字凝遠，武進人。萬曆三十五年進士。授行人，屢遷戶部郎中。福王將之國，詔賜莊田四萬頃。大受請大減田額，因劾鄭國泰驕恣亂法狀，疏留中。王之宋發張差事，大受抗疏言：「青宮何地，張差何人，敢白晝持梃直犯儲蹕，此乾坤何等時耶！業承一內官，何以不知其名？業承一大第，何以不知其所？彼三老、三太互相表裏，而霸州武舉高順寧者，今皆匿於何地？奈何不嚴竟而速斷耶？」〔三〕戶部主事薊州張庭者，大受同年生也，亦上言：「奸人突入大內，狙擊青宮，陛下宜何如震怒，立窮主謀。乃廷臣交章，一無批答，何也？君側藏奸，上下蒙蔽，皆由陛下精神偏注，皇太子召見甚稀，而前此冊立、選婚及近時東宮出講、郭妃卜葬諸事，陛下皆弗勝遲回，強而後可。彼宦寺者安得不妄生測度，陰蓄不逞，以僥倖於萬一哉！」皆不報。

大受尋出爲撫州知府，以清潔著聞。居二年，徐紹吉、韓浚以京察奪其官。庭再遷郎中，被齮齕。引退，抑鬱以死。

又有聞喜李俸者，爲刑部郎中。當諸司會鞫時，張差語涉逆謀，郎中胡士相等相顧不敢錄。俸力爭，乃得入獄詞，遂爲鄭氏黨所惡。及遷鳳翔知府，諸黨人以言懾之，竟不敢之任。後復中以京察，卒於家。

天啓初，御史張愼言、方震孺、魏光緒、楊新期交章訟三人冤。乃贈庭、俸光祿寺少卿，大受起補韶州。已，都御史高攀龍請加庭、俸廕諡，不果。大受未幾卒。

王德完，字子醇，廣安人。萬曆十四年進士。選庶吉士，改兵科給事中。西陲失事，德完言：「諸邊歲糜餉數百萬，而士氣日衰，戎備日廢者，以三蠹未除，二策未審也。何爲三蠹？一曰欺，邊吏罔上也。二曰徇，市賞增額也。三曰虛，邊防鮮實也。何謂二策？有目前之策，有經久之策。謹守誓盟，苟免搏噬，此計在目前。大修戰具，令賊不敢窺邊，則百年可保無事，此計在經久。今經略鄭洛主款，巡撫葉夢熊又言戰，邊臣不協，安望成功。」帝爲飭二臣。石星爲本兵，德完上十議以規時，帝納之。已，請裁李成梁父子權，劾褫黔國公沐昌祚冠服，罷巡撫朱孟震、賈待問、郭四維，少卿楊四知、趙卿。又發廣東總督劉繼文、總兵官李棟等冒功罪。半歲章數十上，率軍國大計。

累遷戶科都給事中。上籌畫邊餉議，言：「諸邊歲例，弘、正間止四十三萬，至嘉靖則二百七十餘萬，而今則三百八十餘萬。惟力行節儉，足以補救。蓋耗蠹之弊，外易剔而內難除。宜嚴覈內府諸庫，汰其不急。又加意屯田、鹽法，外開其源，而內節其流，庶幾國用可足。」時弗能用。倭寇久躪朝鮮，再議封貢。德完言：「封則必貢，貢則必市，是沈惟敬誤經略，經略誤總督，總督誤本兵，本兵誤朝廷也。」後封果不成。德完尋以疾歸。

二十八年起任工科。極陳四川採木、榷稅及播州用兵之患。又言三殿未營，不宜復興玄殿、龍舟之役。皆不報。已，劾湖廣稅使陳奉四大罪。再疏極論，謂奉必激變。奉果爲楚人所攻，僅以身免。尋因禱雨言：「今出虎兕以噬羣黎，縱盜賊而呑赤子，幽憤沉結，叩訴無從，故雨澤緣天怒而屯，螟螣因人妖而出。願盡撤礦稅之使，釋逮繫之臣，省愆贖過，用弭災變。」不報。四川妖人韓應龍奏請榷鹽、採木。尋甸知府蔡如川、趙州知州甘學書，以忤稅使被逮。德完皆力爭。復劾山東稅使陳增、畿輔稅使王虎罪。不報。

已極陳國計匱乏，言：「近歲寧夏用兵，費百八十餘萬；朝鮮之役，七百八十餘萬；播州之役，二百餘萬。今皇長子及諸王子冊封、冠婚至九百三十四萬，而袍服之費復二百七十餘萬，冗費如此，國何以支？」因請減織造，止營建，亟完殿工，停買珠寶，愼重採辦，大發內帑，語極切至。帝亦不省。

時帝寵鄭貴妃，疎皇后及皇長子。皇長子生母王恭妃幾殆，而皇后亦多疾。左右多竊意后崩，貴妃即正中宮位，其子爲太子。中允黃輝，皇長子講官也，從內侍微探得其狀，謂德完曰：「此國家大事，旦夕不測，書之史冊，謂朝廷無人。」德完乃屬輝具草。十月上疏言：「道路喧傳，謂中宮役使僅數人，伊鬱致疾，阽危弗自保，臣不勝驚疑。宮禁嚴秘，虛實未審。臣即愚昧，決知其不然。第臺諫之官得風聞言事。果中宮不得於陛下以致疾歟？則子於父母之怒，當號泣幾諫。果陛下眷遇中宮有加無替歟？則子於父母之謗，當昭雪辨明。衡是兩端，皆難緘默。敢效漢朝袁盎却坐之議，陳其愚誠。」疏入，帝震怒，立下詔獄拷訊。尚書李戴、御史周盤等連疏論救。忤旨，切責，御史奪俸有差。大學士沈一貫力疾草奏爲德完解，帝亦不釋。旋廷杖百，除其名。復傳諭廷臣：「諸臣爲皇長子耶，抑爲德完耶？如爲皇長子，慎無擾瀆。必欲爲德完，則再遲冊立一歲。」廷臣乃不復言。然帝自是懼外廷議論，眷禮中宮，始終無間矣。

光宗立，召爲太常少卿。俄擢左僉都御史。天啓元年，京師獲間諜，詞連司禮中官盧受。德完請出受南京。

初，德完直聲震天下。及居大僚，持論每與鄒元標等異。楊鎬、李如楨喪師論死，[四]廷臣急欲誅之。德完乃上疏請酌公論，或遣戍立功，或即時正辟，蓋設兩途以俟帝寬之。

且因薦順天府丞邵輔忠、通政參議吳殿邦，以兩人嘗力攻李三才也。疏出，果寬鎬等。於是給事中魏大中再疏論之，德完亦力辨。帝爲詰責大中，事乃已。

德完尋進戶部右侍郎。給事中朱欽相、倪思輝言事獲罪，疏救之。明年，遷左。亡何卒官。其後，輔忠、殿邦以黨逆敗，僉爲德完惜之。

蔣允儀，字聞韶，宜興人。萬曆四十四年進士。授桐鄉知縣，移嘉興。天啓二年擢御史。時廣寧已失，熊廷弼、王化貞俱論死，而兵部尚書張鶴鳴如故，糾之者反獲譴。允儀不平，疏詆其同罪佚罰。[五]因言：「近言官稍進苦口，輒見齟齬，遷謫未已，申之戒諭。使諸臣不遵明諭，而引裾折檻以甘斥逐，天下事猶可爲也；使諸臣果遵明諭，而箝口結舌以保祿位，天下事尚忍言哉！頃者，恒暘不雨，二麥無秋，皇上於宮中祈禱，反得冰雹之災。變不虛生，各以類應。夫以坤維之厚重而震撼於妖孽，以鬚眉之丈夫而交關於婦寺，以籍叢煬竈之奸而托之奉公潔己，是皆陰脅陽之徵也。」報聞。鶴鳴既屢被劾，因詆劾者爲羣奸朋謀，而反與前尚書黃嘉善、崔景榮並以邊功晉宮保。允儀益憤，言：「鶴鳴既以斬級微功邀三次之賞，即當以失地大罪伏不赦之辜。且以七百里之榆關，兼旬而後至，畏縮無丈夫氣，偃蹇無人臣禮。猶且靦顏哆口評經、撫功罪，若身在功罪外者。陛下試問鶴鳴，爲本兵，功罪殺於邊臣，今日經、撫俱論辟，鶴鳴應得何罪，又問鶴鳴，舊日經、撫俱論辟，嘉善、景榮應得何罪，赫然震怒，論究如法，庶封疆不致破壞。」帝不用。

會議紅丸事，力詆方從哲，請盡奪官階、祿廕。其黨惡之。徐州舊設參將，山東盜熾，以允儀請，改設總兵。尋疏論四川監司周著、林宰、徐如珂等功，請優敘。而劾總督張我續退縮，請罷斥。不從。

踰月，請杜傳宣、慎爵賞、免立枷、除苛政。且言：「向者丁巳之察，凡抗論國本繫籍正人者，莫不巧加羅織。陰邪盛而陽氣傷，致有今日之禍。今計期已迫，願當事者早伐邪謀，亟培善類。」疏入，魏忠賢、劉朝輩皆不悅。以丁巳主察之人不指名直奏，責令置對。允儀言：「丁巳主察者鄭繼之、李鋕也，[六]考功科道則趙士諤、徐紹吉、韓浚也。當日八法之處分，臺省之例轉，大僚之拾遺，黑白顛倒，私意橫行。凡抗論建藩，催請之國，保護先帝，有功國本者，靡不痛加催抑，必欲敗其名，錮其身，盡其倫類而後快。於是方從哲獨居政府，斥詩教、趙興邦等分部要津。凡疆圉重臣，皆賄賂請托而得，如李維翰、楊鎬、熊廷弼、李如柏、如楨，何一不出其保舉。迨封疆破壞，囹圄充塞，而此輩宴然無恙。臣所以痛心遼事，追恨前此當軸之人也。」中旨將重譴允儀，以大學士葉向高言，停俸半歲。

已，復因災祲上言：「內降當停，內操當罷。陵工束手，非所以展孝思；直臣久廢，非所以光聖德。東南杼柚已空，重以屢次之加派；金吾冒濫已極，加以非分之襲封。聖心一轉移，天下無不順應。區區修禳虛文，安能格上穹哉！」帝不能用。

巡按陝西，條上籌邊八事。太常少卿王紹徽家居，與里人馮從吾不協。允儀重從吾，薄紹徽。魏忠賢擢紹徽佐都察院用事。五年，允儀還朝，即出爲湖廣副使。其冬又使給事中蘇兆先劾其爲門戶渠魁，遂削籍。

崇禎元年薦起御史，言：「奸黨王紹徽創點將錄，獻之逆奄。其後效之者有同志、天監、盜柄諸錄，清流遂芟刈無遺。乞加削奪，爲傾陷忠良之戒。」從之。其冬掌河南道事，陳計吏八則。明年佐都御史曹于汴，大計京官，貶黜者二百餘人，坐不謹者百人，仕路爲清。尋擢太僕少卿。

四年六月以右僉都御史撫治鄖陽。諸府標兵止五百，餉六千，不及一大郡監司。且承平久，人不知兵，而屬城率庫薄，無守具。六年，流賊將窺湖廣。兵部令移鎮襄陽，鄖陽益虛。其冬，賊大至，陷鄖西上津。明年陷房縣、保康。允儀兵少，不能禦，上章乞援，且請罪。會賊入川，鄖得少緩。中官陳大金與左良玉來援，副使徐景麟見其多攜婦女，疑爲賊，用礮擊之，士馬多死。大金怒，訴諸朝，命逮景麟，責允儀陳狀。已而并逮允儀下獄，戍邊，而以廬象昇代。十五年，御史楊爾銘、給事中倪仁禎相繼論薦，未及用而卒。

鄒維璉，字德輝，江西新昌人。萬曆三十五年進士。授延平推官。耿介有大節。巡撫袁一驥以私憾摭布政竇子偁罪，維璉以去就爭。監司欲爲一驥建生祠，維璉抗詞力阻。行取，授南京兵部主事，進員外郎。遼左用兵，疏陳數事。尋以憂去。

天啓三年起官職方，進郎中。刑部主事譚謙益薦妖人宋明時能役神兵復遼左地，魏忠賢陰主之。維璉極言其妖妄。忠賢怒，矯旨譙責。海內方用師，將帥悉賄進，職方尤冗穢。維璉素清嚴，請寄皆絕。因極論債帥之弊，譏切中官、大臣。

吏部尚書趙南星知其賢，調爲稽勳郎中。時言路橫恣，凡用吏部郎，必咨其同鄉居言路者。給事中傅櫆、陳良訓、章允儒以南星不先咨己，大怒，共詬誶維璉。及維璉調考功，櫆等益怒，交章力攻。又以江西有吳羽文，例不當用，兩人迫羽文去，以窘辱維璉。維璉憤，拜疏求罷，即日出城。疏中以章惇攻蘇軾，蔡京逐司馬光爲言，櫆等愈怒。櫆遂顯攻魏大中、左光斗以及維璉。自是朝端水火，諸賢益不安其位矣。維璉欲去不得，詔留視事。乃嚴覈官評，無少假借。

楊漣劾魏忠賢，被旨切責。維璉抗疏曰：「忠賢大姦大惡，罄竹難書。陛下憐其小信小忠，不忍割棄。豈知罪惡既盈，即不忍不可得。漢張讓、趙忠，靈帝以父母稱之；唐田令孜，僖宗亦以阿父稱之；我朝王振、曹吉祥、劉瑾，亦嘗寵之羣臣之上。有一人老死牖下，獲保富貴哉？今陛下以太阿授忠賢，非所以爲宗社計，亦非所以爲忠賢計也。若夫黃扆元老，九列巨卿，安可自處於商輅、劉健、韓文下？」疏入，責其瀆奏。崔呈秀坐贓被劾，維璉論戍邊。諸媚璫者力別其是非，請託，拒不聽，諸逆黨交憾。及趙南星去國，維璉願與俱去，忠賢即放歸。無何，張訥劾南星，追論維璉調部非法，詔削籍。復搆入汪文言獄，下吏，戍貴州。

崇禎初，起南京通政參議，就遷太僕少卿，疏陳卜相、久任、納言、議謚、籌兵五事。五年二月擢右僉都御史，代熊文燦巡撫福建。海寇劉香亂，遣遊擊鄭芝龍擊破之。海外紅夷據彭湖，挾互市，後徙臺灣，漸泊厦門。維璉屢檄芝龍防遏之，不聽。明年夏，芝龍剿賊福寧，紅夷乘間襲陷厦門城，大掠。維璉急發兵水陸進，芝龍亦馳援，焚其三舟，官軍傷亦衆。寇乃泛舟大洋，轉掠青港、荆嶼、石灣。諸將禦之銅山，連戰數日，始敗去。維璉在事二年，勞績甚著。會當國者溫體仁輩雅忌維璉，而閩人宦京師者騰謗於朝，竟坐是罷官。八年春，敍却賊功，詔許起用。旋召拜兵部右侍郎，遘疾不赴，卒於家。

吳羽文既謝病歸，至崇禎六年始復出。歷考功文選郎中。帝以積疑吏部有私，選郎十一人譴黜大半，遷者三人而已。羽文痛絕諸弊，數與溫體仁牴牾。賊毀皇陵，有詔肆赦。體仁令刑部尚書馮英以逆案入詔內。羽文執止之，而議起錢龍錫、李邦華等。偵事者誣羽文納二人賕，下獄。羽文用高鳳翔爲大名知府。鳳翔故嘗坐小罰，言者復謂其徇私，坐謫戍。侍郎吳甡等交薦，復官，未赴卒。羽文，字長卿，南昌人。萬曆四十一年進士。

贊曰：王汝訓諸人建言，挺謇諤之節，洊歷卿貳，不隕厥問。余懋學之言十蠹，有以哉。
鄒維璉抗魏奄，拒逆黨，僅坐謫戍，幸矣。

校勘記

〔一〕鄒一麟以千戶而妄劾李盛春　明史稿傳一〇六張養蒙傳作「鄒一麟以千戶而妄劾孫鑛，王虎以中官而妄劾李盛春。」按神宗實錄卷三〇三萬曆二十四年十月戊寅條左副都御史張養蒙奏云：「鄒一麒（麒字應作麟）一千戶耳，輒奏督撫孫鑛等遲玩。」「王虎一中貴耳，輒參巡撫李盛

春誣揑。」傳文有脫誤。

〔二〕劾左都督王之楨久掌錦衣　王之楨，原作「王之禎」。據本書卷二二五李戴傳及卷二三四翁憲祥傳、明史稿傳一一四翁憲祥傳及傳一二四何士晉傳改。

〔三〕奈何不嚴覈而速斷耶　嚴覈，原作「嚴禁」，據明史稿傳一二四何士晉傳附陸大受傳改。

〔四〕楊鎬李如楨喪師論死　李如楨，原作「李如禎」，據本書卷二三八李成梁傳、明史稿傳一一〇王德完傳改。按如楨兄弟名如松、如柏、如樟、如梅，都從木不從示，見李成梁傳。

〔五〕疏詆其同罪佚罰　疏詆，原作「疏直」，據明史稿傳一三六蔣允儀傳改。

〔六〕丁巳主察者鄭繼之李鋕也　李鋕，原作「李誌」，據本書卷一一二七卿年表改。

明史卷二百三十六

列傳第一百二十四

李植 羊可立 江東之 湯兆京 金士衡 王元翰
孫振基 子必顯 丁元薦 于玉立 李朴 夏嘉遇

李植，字汝培。父承式，自大同徙居江都，官福建布政使。植舉萬曆五年進士，選庶吉士，授御史。十年冬，張居正卒，馮保猶用事。其黨錦衣指揮同知徐爵居禁中，爲閱章奏，擬詔旨如故。居正黨率倚爵以自結於保，爵勢益張。而帝雅銜居正、保，未有以發。御史江東之首暴爵奸，并言兵部尚書梁夢龍與爵交驩，以得吏部，宜斥。帝下爵獄，論死，夢龍罷去。植遂發保十二大罪。帝震怒，罪保。植、東之由是受知於帝。

明年，植巡按畿輔，請寬居正所定百官乘驛之禁，從之。帝用禮部尚書徐學謨言，將卜壽宮於大峪山。植屢行閱視，謂其地未善。欲偕東之疏爭，不果。明年，植還朝。時御

史羊可立亦以追論居正受帝知。三人更相結，亦頗引吳中行、趙用賢、沈思孝爲重。執政方忌中行、用賢，且心害植三人寵。會爭御史丁此呂事及論學謨卜壽宮之非，與申時行等相拄，卒被斥去。

初，兵部員外郎嵇應科、山西提學副使陸檄、河南參政戴光啓爲鄉會試考官，私居正子嗣修、懋修、敬修。居正敗，此呂發其事。又言：「禮部侍郎何雒文代嗣修、懋修撰殿試策，而侍郎高啓愚主南京試，至以『舜亦以命禹』爲題，顯爲勸進。」大學士申時行、余有丁、許國皆嗣修等座主也，言考官止據文藝，安知姓名，不宜以此爲罪，請敕吏部覈官評，以定去留。尚書楊巍議黜雒文，改調應科、檄，留啓愚、光啓，而言此呂不顧經旨，陷啓愚大逆。此呂坐謫。植、東之及同官楊四知、給事中王士性等不平，交章劾巍，語侵時行。東之疏言：「時行以二子皆登科，不樂此呂言科場事。巍雖庇居正，實媚時行。」時行、巍並求去。帝欲慰留時行，召還此呂，以兩解之。有丁、國言不謫此呂，無以安時行、巍心。國反覆詆言者生事，指中行、用賢爲黨。中行、用賢疏辨求去，語皆侵國，用賢語尤峻。國避位不出。於是左都御史趙錦，副都御史石星，尚書王遴、潘季馴、楊兆，侍郎沈鯉、陸光祖、舒化、何起鳴、褚鈇，大理卿溫純及都給事中齊世臣、御史劉懷恕等，極論時行、國、巍不宜去。主事張正鵠、南京郎中汪應蛟、御史李廷彥、蔡時鼎、黃師顏等又力攻請留三臣者之失。中行亦疏言：「律禁上言大臣德政。邇者襲請留居正遺風，輔臣辭位，羣起奏留，贊德稱功，聯章累牘。此諂諛之極，甚可恥也。祖宗二百餘年以來，無諫官論事爲吏部劾罷者，則又壅蔽之漸，不可長也。」帝竟留三臣，責言者如錦等指。其後，啓愚卒爲南京給事中劉一相劾去，時行亦不能救也。

帝追讐居正甚。以大臣陰相庇，獨植、東之、可立能發其奸，欲驟貴之，風示廷臣。一相又劾錦衣都督劉守有匿居正家資。帝乃諭內閣黜守有，超擢居正所抑丘橓、余懋學、趙世卿及植、東之凡五人。時行等力爲守有解，言橓等不宜驟遷。帝重違大臣意，議雖寢，心猶欲用植等。頃之，植劾刑部尚書潘季馴朋黨奸逆，誣上欺君，季馴坐削籍。帝遂手詔吏部擢植太僕少卿，東之光祿少卿，可立尚寶少卿，並添註。廷臣益忌植等。

十三年四月旱，御史蔡系周言：「古者，朝有權臣，獄有冤囚，則旱。植數爲人言，『至尊呼我爲兒，每觀沒入寶玩則喜我』。其無忌憚如此。陛下欲雪枉，而刑部尚書之枉，先不得雪。今日之旱，實由於植。」又曰：「植迫欲得中行柄國，以善其後；中行迫欲得植秉銓，而騁其私。倘其計得行，勢必盡毒善類，今日旱災猶其小者。」其他語絕狂誕。所稱尚書，謂季馴也。疏上，未報，御史龔懋賢、孫愈賢繼之。東之發憤上疏曰：「思孝、中行、用賢及張岳、鄒元標數臣，忠義天植，之死不移，臣實安爲之黨，樂從之遊。今指植與交歡爲黨，則植

猶未若臣之密，願先罷臣官。」不允。可立亦抗言：「奸黨懷馮、張私惠，造不根之辭，以傾建言諸臣，勢不盡去臣等不止。」乞罷職。章下內閣，時行等請詰可立奸黨主名。帝仍欲兩爲之解，寢閣臣奏，而敕都察院：「自今諫官言事，當顧國家大體，毋以私滅公，犯者必罪。」植、東之求去，不許。給事御史齊世臣、吳定等交章劾可立不當代植辨。報曰：「朕方憂旱，諸臣何紛爭？」乃已。七月，御史龔仲慶又劾植、中行、思孝爲邪臣，帝惡其排擠，出之外。世臣及御史顧鈐等連章論救，不聽。

是時，竟用學謨言，作壽宮於大峪山。八月，役既興矣，大學士王錫爵，植館師，東之、可立又嘗特薦之於朝，錫爵故以面折張居正，爲時所重。三人念時行去，錫爵必爲首輔，而壽宮地有石，時行以學謨故主之，可用是罪也，乃合疏上言：「地果吉則不宜有石，有石則宜奏請改圖。乃學謨以私意主其議，時行以親故贊其成。今鑿石以安壽宮者，與曩所立表，其地不一。朦朧易徙，若弈棋然，非大臣謀國之忠也。」時行奏辨，言：「車駕初閱時，植、東之見臣直廬，力言形龍山不如大峪。今已二年，忽創此議。其借事傾臣明甚。」帝責三人不宜以葬師術責輔臣，奪俸半歲。三人以明習葬法薦侍郎張岳、太常何源。兩人方疏辭，錫爵忽奏言恥爲植三人所引，義不可留，因具奏不平者八事。大略言：「張、馮之獄，上志先定，言者適投其會，而輒自附於用賢等攖鱗折檻之黨。且謂舍建言別無人品，建言之中，舍

採摭張、馮舊事，別無同志。以中人之資，乘一言之會，超越朝右，日尋戈矛。大臣如國、巍、化龍，曩嘗舉爲正人。[一]一言相左，日謀剸刃，皆不平之大者。」御史韓國楨，給事中陳與郊、王敬民等因迭攻植等，帝下敬民疏，貶植戶部員外郎，東之兵部員外郎，可立大理評事。張岳以諸臣紛爭，具疏評其實否，頗爲植、東之、可立地，請令各宜力一方，以全終始。於時行、國、錫爵、巍、化、光祖、世臣、定、愈賢皆褒中寓刺，而力詆季馴、懋賢、系周、仲慶，惟中行、用賢、思孝無所譏貶。帝責岳頌美大臣，且支蔓，不足定國是，岳坐免。帝猶以植言壽宮有石數十丈，如屏風，其下皆石，恐寶座將置於石上。閏月，復躬往視之，終謂大峪吉，遂調三人於外。御史柯挺因自言習葬法，力稱大峪之美，獲督南畿學政。而植同年生給事中盧逵亦承風請正三人罪，士論哂之。

植、東之、可立自以言事見知，未及三歲而貶。植得綏德知州，旋引疾歸。居十年，起沂州知州。屢官右僉都御史，巡撫遼東。時二十六年也。植墾土積粟，得田四萬畝，歲獲糧萬石。戶部推其法九邊。以倭寇退，請因師旋，還主、客銳卒，驅除宿寇，恢復舊遼陽。詔下總督諸臣詳議，不果行。奏稅監高淮貪暴，請召還，不報。後淮激變，委阻撓罪於植。植疏辨乞休，帝慰留之。明年，錦、義失事，巡按御史王業弘劾植及諸將失律。植以卻敵聞，且詆業弘。業弘再疏劾植欺蔽，詔解官聽勘。勘已，命家居聽用，竟不召。卒，贈兵部右侍郎。

可立，汝陽人。由安邑知縣爲御史，與植等並擢。已，由評事調大名推官。終山東僉事。

江東之，字長信，歙人。萬曆五年進士。由行人擢御史。首發馮保、徐爵奸，受知於帝。僉都御史王宗載嘗承張居正指，與于應昌共陷劉臺，東之疏劾之。故事，御史上封事，必以副封白長官。東之持入署，宗載迎謂曰：「江御史何言？」曰：「爲死御史鳴冤。」問爲誰？曰：「劉臺也。」宗載失氣反走，遂與應昌俱得罪。

東之出視畿輔屯政，奏駙馬都尉侯拱宸從父豪奪民田，[二]置於理。先是，皇子生，免天下田租三之一，獨不及皇莊及勛戚莊田。東之爲言，減免如制。還朝，擢光祿少卿，改太僕。坐爭壽宮事，與李植、羊可立皆貶。東之得霍州知州，以病免。久之，起鄧州，進湖廣僉事。三遷大理寺右少卿。

二十四年以右僉都御史巡撫貴州。擊高砦叛苗，斬首百餘級。京察，被劾免官。復以遣指揮楊國柱討楊應龍敗績事，黜爲民。憤恨抵家卒。

東之官行人時，刑部郎舒邦儒闔門病疫死，遺孤一歲，人莫敢過其門。東之經紀其喪，提其孤歸，乳之。舒氏卒有後。

湯兆京，字伯閎，宜興人。萬曆二十年進士。除豐城知縣。治最，徵授御史。連劾禮部侍郎朱國祚、薊遼總督萬世德，帝不問。巡視西城，貴妃宮閹豎塗辱禮部侍郎敖文禎，兆京彈劾，杖配南京。時礦稅繁興，奸人競言利。有謂開海外機易山，歲可獲金四十萬者，[三]有請徵徽、寧諸府契稅，釐高淳諸縣草場者，帝意俱嚮之。兆京偕同官金忠士、史學遷、溫如璋交章力諫，不報。出按宣府、大同，請罷稅使張曄，礦使王虎、王忠，亦不納。

掌河南道。佐孫丕揚典京察，所譴黜皆當，而被黜者之黨爭相攻擊。兆京亦十餘疏應之。其詞直，卒無以奪也。詳具丕揚傳中。尋出按順天諸府。守陵中官李浚誣軍民盜陵木，逮繫無虛日。兆京按宣府時奏之，浚亦誣訐兆京。帝遣使按驗，事已白，而諸被繫者猶未釋，兆京悉縱遣之。東廠太監盧受縱其下橫都市，[四]兆京論如法。

還復掌河南道。福王久不之國，兆京倡給事御史伏闕固請，卒不得命。南京缺提學御史，吏部尚書趙煥調浙江巡按呂圖南補之，尋以年例出三御史於外，皆不咨都察院。兆

京引故事爭。圖南之調，爲給事中周永春所劾，棄官歸。兆京及御史王時熙、汪有功爲圖南申雪，語侵永春幷及煥，二人連章辨，兆京亦爭之強。帝欲安煥，爲稍奪兆京俸。兆京以不得其職，拜疏徑歸。御史李邦華、周起元、孫居相遂助兆京攻煥。帝亦奪其俸，然煥亦引去。

兆京居官廉正，遇事慷慨。其時黨勢已成，正人多見齮齕。兆京力維持其間，清議倚以爲重。屢遭排擊，卒無能一言汚之者。天啓中，贈太僕少卿。

金士衡，字秉中，長洲人。父應徵，雲南參政，以廉能稱。士衡舉萬曆二十年進士，授永豐知縣，擢南京工科給事中。疏陳礦稅之害，言：「曩者採於山，榷於市，今則不山而採，不市而榷矣。刑餘小醜，市井無藉，安知遠謀，假以利柄，貪饕無厭。楊榮啓釁於麗江，高淮肆毒於遼左，孫朝造患於石嶺，其尤著者也。蕭、碭、豐、沛間河流決隄，居人爲魚鱉，乃復橫征巧取以蹙之。今天下水旱盜賊，所在而有。獸窮則攫，鳥窮則啄，禍將有不可言者。」甘肅地震，復上疏曰：「往者湖廣氷雹，順天晝晦，豐潤地陷，四川星變，遼東天鼓震，山東、山西則牛妖、人妖，今甘肅天鳴地裂，山崩川竭矣。陛下明知亂徵，而泄泄從事，是以

天下戲也。」因極言邊糈告匱，宜急出內帑濟餉，罷撤稅使，毋專掊克，引鹿臺、西園爲戒。帝皆不聽。南京督儲尙書王基、雲南巡撫陳用賓拾遺被劾，給事中錢夢皐、御史張以渠等考察被黜，爲沈一貫所庇，帝皆留之。士衡疏爭。侍郎周應賓、黃汝良、李廷機當預推內閣。士衡以不協人望，抗章論。姜士昌、宋燾言事得罪，並申救之。給事中王元翰言軍國機密不宜抄傳，詔併禁章奏未下者。由是中朝政事，四方寂然不得聞。士衡力陳其非便。疏多不行。帝召王錫爵爲首輔，以被劾奏辨，語過憤激，士衡馳疏劾之。

尋擢南京通政參議。時元翰及李三才先後爲言者所攻，士衡並爲申雪。三十九年大計京官。掌南察者，南京吏部侍郎史繼偕，齊、楚、浙人之黨也，與孫丕揚北察相反，凡助三才、元翰者悉斥之。士衡亦謫兩浙鹽運副使，不赴。天啓初，起兵部員外郎。累遷太僕少卿。引疾去，卒於家。

先是，楊應龍伏誅，貴州宣慰使安疆臣邀據故所侵地。總督王象乾不許。士衡遂劾象乾起釁。後象乾弟象恒巡撫蘇、松，以兄故頗銜士衡。廉知其清介狀，稱說不置云。

王元翰，字伯舉，雲南寧州人。萬曆二十九年進士。選庶吉士。三十四年改吏科給事

中。意氣陵厲，以諫諍自任。時廷臣習偷惰，法度盡弛。會推之柄散在九列科道，率推京卿，每畧數倍舊額。而建言諸臣，一斥不復。大臣被彈，率連章詆訐。元翰悉疏論其非。

尋進工科右給事中，巡視廠庫，極陳惜薪司官多之害。其秋上疏，極言時事敗壞，請帝昧爽視朝，廷見大臣，言官得隨其後，日陳四方利病。尋復陳時事，言：「輔臣，心膂也。朱賡輔政三載，猶未一覲天顏，可痛哭者一。九卿强半虛懸，甚者闔署無一人。監司、郡守亦曠年無官，或一人綰數符。事不切身，政自苟且，可痛哭者二。兩都臺省寥寥幾人。行取入都者，累年不被命。庶常散館亦越常期。御史巡方事竣，遣代無人。威令不行，上下胥玩，可痛哭者三。被廢諸臣久淪山谷。近雖奉詔敍錄，未見連茹彙征。苟更閱數年，日漸銷鑠。人之云亡，邦國殄瘁，可痛哭者四。九邊歲餉缺至八十餘萬，平居凍餒，脫巾可虞；有事怨憤，死綏無望。塞北之患未可知也。京師十餘萬兵，歲靡餉二百餘萬，大都市井負販游手而已。一旦有急，能驅使赴敵哉？可痛哭者五。天子高拱深居，所恃以通下情者，祇章疏耳，今一切高閣。慷慨建白者莫不曰『吾知無濟，第存此議論耳』。世道何如哉！可痛哭者六。榷稅使者滿天下，致小民怨聲徹天，降災召異。方且指殿工以爲名，借停止以愚衆。是天以回祿警陛下，陛下反以回祿剝萬民也。衆心離叛，而猶不知變，可痛哭者七。郊廟不親，則天地祖宗不相屬；朝講不御，則伏機隱禍不上聞。古今

未有如此而天下無事者。且青宮輟講，亦已經年，親宦官宮妾，而疎正人端士，獨奈何不爲宗社計也！可痛哭者八。」帝皆不省。

武定賊阿克作亂。元翰上言：「克本小醜，亂易平也。至雲南大害，莫甚貢金、榷稅二事。民不堪命，至殺稅使，而徵榷如故。貢金請減，反增益之。衆心憤怨，使亂賊假以爲名。賊首縱撲滅，虐政不除，滇之爲滇，猶未可保也。」俄言：「礦稅之設，本爲大工。若捐內帑數百萬金，工可立竣，毋徒苦四方萬姓。」疏皆不報。尋兩疏劾貴州巡撫郭子章等凡四人，言：「子章曲庇安疆臣，堅意割地，貽西南大憂。且嘗著婦寺論，言人主當隔絕廷臣，專與宦官宮妾處，乃相安無患。子章罪當斬。」不納。

先是，廷推閣臣。元翰言李廷機非宰相器。已而黃汝良推吏部侍郎，全天敍推南京禮部侍郎。汝良，廷機邑人；天敍，朱賡同鄉也。元翰極論會推之弊，譏切政府，二人遂不用。至是，將推兩京兵部尙書蕭大亨、孫鑛爲吏部尙書。元翰亦疏論二人，幷言職方郎中用懋爲大亨謀主，太常少卿唐鶴徵爲鑛謀主，亦當斥。尋因災異，乞亟罷賡、大亨及副都御史詹沂。且言：「近更有二大變。大小臣工志期得官，不顧嗤笑，此一變也。陛下不恤人言，甚至天地譴告，亦悍然弗顧，此又一變也。有君心之變，然後臣工之變因之。在今日，挽天地洪水寇賊之變易，挽君心與臣工之變難。」又言：「陛下三十年培養之人才，半掃除於申時

行、王錫爵，半禁錮於沈一貫、朱賡。」因薦鄒元標、顧憲成等十餘人。無何，又劾給事中喻安性、御史管橘敗羣叢穢，皆不報。掌廠內官王道不法，疏暴其罪，亦弗聽。

元翰居諫垣四年，力持清議。摩主闕，拄貴近，世服其敢言。然銳意搏擊，毛舉鷹鷙，舉朝咸畏其口。吏科都給事中陳治則與元翰不相能。御史鄭繼芳，其門人也，遂劾元翰盜庫金，剋商人貲，奸贓數十萬。元翰憤甚，辨疏詆繼芳北鄙小賊，語過激。於是繼芳黨劉文炳、王紹徽、劉國縉等十餘疏並攻之，而史記事、胡忻、史學遷、張國儒、馬孟禎、陳于廷、吳亮、金士衡、高節、劉蘭輩則連章論救。帝悉不省。元翰乃盡出其篋笥，舁置國門，縱吏士簡括，慟哭辭朝而去。吏部坐擅離職守，謫刑部檢校。後孫丕揚主京察，斥治則、國縉等，亦以浮躁坐元翰，再貶湖廣按察知事。

方繼芳之發疏也，卽潛遣人圍守元翰家。及元翰去，所劾贓無有，則謂寄之記事家。兩黨分爭久不息。而是時劾李三才者亦指其貪，諸左右元翰者又往往左右三才，由是臣僚益相水火，而朋黨之勢成矣。

天啓初，累遷刑部主事。魏忠賢亂政，其黨石三畏劾之，削籍。莊烈帝卽位，復官。將召用，爲尙書王永光所尼。元翰乃流寓南都，十年不歸。卒，遂葬焉。

孫振基，字肖岡，潼關衞人。萬曆二十九年進士。除莘縣知縣，調繁安丘。三十六年四月以治行徵，與李成名等十七人當授給事中，先除禮部主事。四十年十月命始下，振基得戶科。時吏部推舉大僚，每患乏才，振基力請起廢。

韓敬者，歸安人也，受業宣城湯賓尹。賓尹分校會試，敬卷爲他考官所棄。賓尹搜得之，强總裁侍郎蕭雲舉、王圖錄爲第一。榜發，士論大譁。知貢舉侍郎吳道南欲奏之，以雲舉、圖資深，嫌擠排前輩，隱不發。及廷對，賓尹爲敬賁緣得第一人。後賓尹以考察褫官，敬亦稱病去，事三年矣。會進士鄒之麟分校順天鄉試，所取童學賢有私，於是御史孫居相幷賓尹事發之。下禮官，會吏部都察院議，顧不及賓尹事。振基乃抗疏請並議，未得命。禮部侍郎翁正春等議黜學賢，謫之麟，亦不及賓尹等。振基謂議者庇之，再疏論劾。帝乃下廷臣更議。御史王時熙、劉策、馬孟禎亦疏論其事，而南京給事中張篤敬證尤力。方賓尹之分校也，越房取中五人，他考官效之，競相搜取，凡十七人。[三]時賓尹雖廢，中朝多其黨，欲藉是寬敬。正春乃會九卿趙煥及都給事中翁憲祥、御史余懋衡等六十三人議坐敬不謹，落職閒住。御史劉廷元、董元儒、過庭訓，敬同鄉也，謂敬關節果眞，罪非止不謹，執不署名，意欲遷延爲敬地。正春等不從，持初議上。廷元遂疏劾之，公議益憤。振基、居相、

篤敬及御史魏雲中等連章論列。給事中商周祚亦敬同鄉，議幷罪道南。孟禎以道南發奸，不當罪，再疏糾駁。帝竟如廷元等言，敕部更覈。廷元黨亓詩教遂劾正春首鼠兩端，正春尋引去。

會熊廷弼之議亦起。初，賓尹家居，嘗奪生員施天德妻爲妾，不從，投繯死。諸生馮應祥、芮永縉輩訟於官，爲建祠，賓尹恥之。後永縉又發諸生梅振祚、宣祚朋淫狀。督學御史熊廷弼素交歡賓尹，判牒言此施、湯故智，欲藉雪賓尹前恥。又以所司報永縉及應祥行劣，杖殺永縉。巡按御史荆養喬遂劾廷弼殺人媚人，疏上，徑自引歸。廷弼亦疏辨。都御史孫瑋議鐫養喬秩，令廷弼解職候勘。時南北臺諫議論方囂，各有所左右。振基、孟禎、雲中策及給事中李成名、麻僖、陳伯友，御史李邦華、崔爾進、李若星、潘之祥、翟鳳翀、徐良彥等持勘議甚力。而篤敬及給事中官應震、姚性、吳亮嗣、梅之煥、亓詩教、趙興邦，御史黃彥士，南京御史周遠等駁之，疏凡數十上。振基及諸給事御史復極言廷弼當勘，斥應震等黨庇，自是黨廷弼者頗屈。帝竟納瑋言，令廷弼解職。其黨大恨。吏部尚書趙煥者，惟詩教言是聽，乃以年例出振基及雲中、時熙於外。振基得山東僉事，瑋亦引去。

振基勁直敢言。居諫垣僅半歲，數有建白。既去，科場議猶未定，策復上疏極論。而賓尹黨必欲十七人並罪，以寬敬。孫愼行代正春，復集廷臣議。仍坐敬關節，而爲十七人

昭雪。疏竟留中。賓尹、敬有奧援，外廷又多助之，故議久不決。篤敬復上疏論敬，陰詆諸黨人。諸黨人旋出之外，幷逐愼行。既而居相、策引去，之祥外遷。孟禎不平，疏言：「廷弼聽勘一事，業逐去一總憲，外轉兩言官矣，復斷斷於篤敬，毋乃已甚乎。」孟禎遂亦調外。敬科場一案，亦去兩侍郎、兩言官矣，復斷斷於篤敬，毋乃已甚乎。」孟禎遂亦調外。凡與敬爲難者，朝無一人。敬由是得寬典，僅謫行人司副。葢七年而事始竣云。振基到官，尋以憂去，卒於家。

子必顯，字克孝。萬曆四十四年進士。官文選員外郎，爲尚書趙南星所重。天啓五年冬，魏忠賢羅織淸流，御史陳睿謨劾其世投門戶，遂削籍。崇禎二年起驗封郎中，移考功。明年移文選。尚書王永光雅不喜東林，給事中常自裕因劾其推舉不當數事，且詆以貪汙。御史吳履中又劾其紊亂選法。必顯兩疏辨，帝不聽，謫山西按察司經歷，量移南京禮部主事。道出柘城、歸德，適流賊來犯，皆爲設守，完其城。一時推知兵。歷尚寶司丞、大理左寺丞。十一年冬，都城被兵，兵部兩侍郎皆缺，尚書楊嗣昌請不拘常格，博推才望者遷補，遂擢必顯右侍郎。甫一月，無疾而卒。

丁元薦，字長孺，長興人。父應詔，江西僉事。元薦舉萬曆十四年進士。請告歸。家居八年，始謁選爲中書舍人。甫期月，上封事萬言，極陳時弊。言今日事勢可寒心者三：饑民思亂也，武備積弛也，日本封貢也。可浩歎者七：征斂苛急也，賞罰不明也，忠賢廢錮也，輔臣妬嫉也，議論滋多也，士習敗壞也，褒功恤忠未備也。坐視而不可救藥者二，則紀綱、人心也。其所言輔臣，專斥首輔王錫爵，元薦座主也。

二十七年京察。元薦家居，坐浮躁論調。閱十有二年，起廣東按察司經歷，移禮部主事。甫抵官，値京察事竣，尚書孫丕揚力淸邪黨，反爲其黨所攻。副都御史許弘綱故共掌察，見羣小横甚，畏之，累疏請竣察典，語頗示異。羣小藉以攻丕揚。察疏猶未下，人情杌隉，慮事中變，然無敢言者。元薦乃上言弘綱持議不宜前郤，幷盡發諸人隱狀。黨人惡之，交章論劾無虛日。元薦復再疏辨晰，竟不安其身而去。其後邪黨愈熾，正人屛斥殆盡，至有以「六經亂天下」語入鄉試策問者。元薦家居不勝憤，復馳疏闕下，極詆亂政之叛高皇，邪說之叛孔子者。疏雖不報，黨人益惡之。四十五年京察，遂復以不謹削籍。

天啓初，大起遺佚。元薦格於例，獨不召。至四年，廷臣交訟其冤，起刑部檢校，歷尙寶少卿。明年，朝事大變，復削其籍。

元薦初學於許孚遠，已，從顧憲成遊。慷慨負氣，遇事奮前，屢躓無少挫。通籍四十年，

前後服官不滿一載。同郡沈漼召入閣，邀一見，謝不往。嘗過高攀龍，請與交歡，辭曰：「吾老矣，不能涉嫌要津。」遂別去。〔六〕當東林、浙黨之分，浙黨所彈射東林者，李三才之次則元薦與于玉立。

于玉立，字中甫，金壇人。萬曆十一年進士。除刑部主事，進員外郎。二十年七月疏陳時政闕失，言：「陛下寵幸貴妃，宴逸無度。恣行威怒，鞭笞羣下，宮人奄豎無辜死者千人。夫人懷必死之心，而使處肘腋房闥間，倘因利乘便，甘心一逞，可不寒心。田義本一奸豎，陛下寵信不疑。邇者奏牘或下或留，推舉或用或否，道路籍籍，咸謂義簸弄其間。蓋義以陛下爲城社，而外廷之憸邪又以義爲城社。黨合謀連，其禍難量。且陛下一惑於嬖倖，而數年以來，問安視膳，郊廟朝講，一切不行。至邊烽四起，禍亂成形，猶不足以動憂危之情，奪晏安之習。是君身之不修，未有甚於今日者矣。夫宮庭震驚，而陛下若罔聞，何以解兩宮之憂？深拱禁中，開賫緣之隙，致邪孽侵權，而陛下未察其奸，何以杜旁落之漸？萬國欽輩未嘗忤主，而終於禁錮，何以勵骨鯁之臣？上下隔越，國議、軍機無由參斷，而陛下稱旨下令，終不出閨闥之間，何以盡大臣之謀？忠良多擯，邪佞得名，何以作羣臣之氣？遠近之民，皆疑至尊日求般樂，不顧百姓塗炭，何以繫天下之心？」因力言李如松、龐貴不可爲大

將，鄭洛不當再起，石星不堪爲本兵。疏入，不報。

尋進郎中，謝病歸。久之，起故官。康丕揚輩欲以妖書陷郭正域，玉立獨左右之。會有言醫人沈令譽實爲妖書者，搜其篋，得玉立與吏部郎中王士騏書，中及其起官事。帝方下吏部按問，而玉立遽疏辨。帝怒，褫其官。

玉立倜儻好事。海內建言廢錮諸臣，咸以東林爲歸。玉立與通聲氣，東林名益盛。而攻東林者，率謂玉立遙制朝權，以是詬病東林。玉立居家久之，數被推薦。三十七年稍起光祿丞，辭不赴。言者猶齮齕不已，御史馬孟禎抗章直之，帝皆不省。又三年，以光祿少卿召，終不出。天啓初，錄先朝罣譴諸臣，玉立已前卒，贈尚寶卿。

李朴，字繼白，朝邑人。萬曆二十九年進士。由彰德推官入爲戶部主事。

四十年夏，朴以朝多朋黨，清流廢錮，疏請破奸黨，錄遺賢，因爲顧憲成、于玉立、李三才、孫丕揚辨謗，而薦呂坤、姜士昌、鄒元標、趙南星。帝不聽。明年再遷郎中。齊、楚、浙三黨勢盛，稍持議論者，羣譟逐之。主事沈正宗、賀烺皆與相拄，坐貶官。朴性戇，積憤不平。其年十二月上疏曰：

朝廷設言官，假之權勢，本責以糾正諸司，舉刺非法，非欲其結黨逞威，挾制百僚，排斥端人正士也。今乃深結戚畹近侍，威制大僚，日事請寄，廣納賂遺，褻衣小車，遨遊市肆，狎比娼優，或就飲商賈之家，流連山人之室。身則鬼蜮，反誣他人。此蓋明欺至尊不覽章奏，大臣柔弱無爲，故猖狂恣肆，至於此極。臣謂此輩皆可斬也。

孫瑋、湯兆京、李邦華、孫居相、周起元各爭職掌，則羣攻之。今或去或罰，惟存一居相，猶謂之黨。夫居相一人耳，何能爲？彼浙江則姚宗文、劉廷元輩，湖廣則官應震、吳亮嗣、黃彥士輩，山東則亓詩教、周永春輩，四川則田一甲輩，百人合爲一心，以擠排善類，而趙興邦輩附麗之。陛下試思居相一人敵宗文輩百人，孰爲有黨耶？

乃攻東林者，今日指爲亂政，明日目爲擅權，不知東林居何官？操何柄？在朝列言路者，反謂無權，而林下投閑杜門樂道者，反謂有權，此不可欺三尺豎子，而乃以欺陛下哉！

至若黃克纘贓私鉅萬，已敗猶見留，顧憲成清風百代，已死猶被論，而封疆坐死如陳用賓，科場作奸如韓敬，趨時鬻爵如趙煥，殺人媚人如熊廷弼，猶爲之營護，爲之稱冤。國典安在哉！

望俯察臣言，立賜威斷，先斬臣以謝諸奸，然後斬諸奸以謝天下，宗社幸甚。」

疏奏，臺諫皆大恨。宗文等及其黨力詆，并侵居相，而一甲且羅織其贓私。

帝雅不喜言官，得朴疏，心善之。會大學士葉向高、方從哲亦謂朴言過當，乃下部院議罰。而朴再疏發亮嗣、應震、彥士、一甲贓私，及宗文、廷元庇韓敬，興邦媚趙煥狀，且言：「詩教爲羣兇盟主，實社稷巨蠹，陛下尤不可不察。」帝爲下詔切責言官，略如朴指。黨人益怒，排擊無虛日。侍郎李汝華亦以屬吏出位妄言劾朴。部院議鐫朴三級，調外任，帝持不下。

至明年四月，吏部奉詔起廢，朴名預焉。於是黨人益譁，再起攻朴，并及文選郎郭存謙。存謙引罪，攻者猶未已。朴益憤，復陳浙人空國之由，追咎沈一貫，詆宗文及毛一鷺甚力，以兩人皆浙產也。頃之，又再疏劾宗文、一鷺及其黨董定策等。帝皆置不問。其年六月，始用閣臣言，下部院疏，謫朴州同知。自後黨人益用事，遂以京察落其職。

天啓初，起用，歷官參議。卒，贈太僕少卿。魏忠賢竊柄，御史安伸追論，詔奪其贈。崇禎初，復焉。

夏嘉遇，字正甫，松江華亭人。萬曆三十八年進士。授保定推官。

四十五年用治行徵。當擢諫職，先注禮部主事。帝久倦勤，方從哲獨柄國。碌碌充位，中外章奏悉留中。惟言路一攻，則其人自去，不待詔旨。臺諫之勢積重不返，有齊、楚、浙三方鼎峙之名。齊則給事中亓詩教、周永春，御史韓浚。楚則給事中官應震、吳亮嗣。浙則給事中姚宗文、御史劉廷元。而湯賓尹輩陰爲之主。其黨給事中趙興邦、張延登、徐紹吉、〔七〕商周祚，御史駱駸曾、過庭訓、房壯麗、牟志夔、唐世濟、金汝諧、彭宗孟、田生金、李徵儀、董元儒、李嵩輩，與相倡和，務以攻東林排異己爲事。其時考選久稽，屢趣不下，言路無幾人，盤踞益堅。後進當入爲臺諫者，必鉤致門下，以爲羽翼，當事大臣莫敢攖其鋒。詩教者，從哲門生，而吏部尚書趙煥鄉人也。煥耄昏，兩人一聽詩教。詩教把持朝局，爲諸黨人魁。武進鄒之麟者，浙人黨也。先坐事謫上林典簿，至是爲工部主事，附詩教、浚。求吏部不得，大恨，反攻之，并詆從哲。詩教怒，煥爲黜之麟。時嘉遇及工部主事鍾惺、中書舍人尹嘉賓、行人魏光國皆以才名，當列言職。詩教輩以與之麟善，抑之，俾不與考選。以故嘉遇不能無怨。

四十七年三月，遼東敗書聞，嘉遇遂抗疏言：「遼左三路喪師，雖緣楊鎬失策，揆厥所由，則以縱貸李維翰故。夫維翰喪師辱國，罪不容誅，乃僅令回籍聽勘。誰司票擬，則閣臣方從哲也；誰司糾駁，則兵科趙興邦也。參貂白鏹，路遺絡繹，國典邊防，因之大壞。惟

陛下立斷。」疏入，未報。從哲力辨，嘉遇再疏劾之，并及詩教。於是詩教、興邦及亮嗣、延登、壯麗輩交章力攻。詩教謂嘉遇不得考選，故挾私狂逞。嘉遇言：「詩教於從哲，一心擁戴，相倚爲奸。凡枚卜、考選諸大政，百方撓阻，專務壅蔽，遏絕主聰。遂致綱紀不張，戎馬馳突，臣竊痛之。今內治盡壞，縱日議兵食、談戰守，究何益於事？故臣爲國擊奸，冀除禍本，雖死不避，尙區區計升沉得喪哉！」

時興邦以右給事中掌兵科。先有旨，俟遼東底寧，從優敍錄。至是以嘉遇連劾，吏部遂立擢爲太常少卿。嘉遇益憤，疏言：「四路奏功，興邦必將預其賞。則今日事敗，興邦安得逃其罰？且不罰已矣，反從而超陟之。是臣彈章適爲薦剡，國家有如是法紀哉！」疏奏，諸御史復合詞攻嘉遇。嘉遇復疏言：「古人有云，見無禮於君者逐之，如鷹鸇之逐鳥雀也。詩教、興邦謂臣不得臺諫而怒。夫爵位名秩，操之天子，人臣何敢干？必如所言，是考選予奪二臣實專之。此無禮於君者一。事寧優敍，非明旨乎？乃竟蔑而棄之。此無禮於君者二。魏光國疏論詩教，爲通政沮格。夫要截實封者斬。自來奸臣不敢爲，而詩教爲之。此無禮於君者三。二奸每事請託，一日以七事屬職方郎楊成喬。成喬不聽，遂逐之去。詩教以舊憾欲去其鄉知府，考功郎陳顯道不從，亦逼之去。夫吏、兵二部，天子所以馭天下也，而二奸敢侵越之。此無禮於君者四。有臣如此，臣義豈與俱生哉！」

先是，三黨諸魁交甚密，後齊與浙漸相貳。布衣汪文言者，素遊黃正賓、于玉立之門，習知黨人本末。後玉立遣之入都，益悉諸黨人所爲，策之曰：「浙人者，主兵也，齊、楚則應兵。成功之後，主欲逐客矣，然柄素在客，未易逐，此可搆也。」遂多方設奇間之，諸人果相疑。而鄒之麟既見惡齊黨，亦交鬬其間。揚言齊人張鳳翔爲文選，必以年例斥宗文、廷元。於是齊、浙之黨大離。及是嘉遇五疏力攻，詩教輩亦窘。而浙人唐世濟、董元儒遂助嘉遇排擊。自是亓、趙之勢頓衰，興邦竟不果遷，自引去。時論快焉。

光宗立，嘉遇乞改南部，就遷吏部員外郎。天啓中，趙南星秉銓，召爲考功員外郎，改文選署選事。時左光斗、魏大中以嘉遇與之麟、韓敬同年相善，頗疑之。已，見嘉遇公廉，亦皆親善。及陳九疇劾謝應祥，語連嘉遇，鐫三級，調外，語具南星傳。未幾，黨人張訥誣劾南星，并及嘉遇，遂除名。尋鍛鍊光斗、大中獄，誣嘉遇嘗行賄。逮訊論徒，憤恨發病卒。崇禎初，贈太常少卿。

贊曰：李植、江東之諸人，風節自許，矯首抗俗，意氣橫厲，抵排羣枉，迹不違乎正。而質之矜而不爭，羣而不黨之義，不能無疚心焉。「古之矜也廉，今之矜也忿戾」，聖人所爲致

慨於末世之益衰也。

校勘記

〔一〕壘嘗舉爲正人 舉爲，明史稿傳一〇八李植傳作「譽爲」。

〔二〕奏駙馬都尉侯拱宸從父豪奪民田 侯拱宸，本書卷一二一壽陽公主傳作「侯拱辰」。

〔三〕歲可獲金四十萬者 四十萬，原作「四百萬」。明史稿傳一一四湯兆京傳作「四十萬」。按本書卷三二三及明史稿傳一九七呂宋傳、神宗實錄卷三七五萬曆三十年八月丙戌條都作「歲可得金十萬兩，銀三十萬兩」。作「四十萬」是，據改。

〔四〕東廠太監盧受縱其下橫都市 盧受，原作「盧爱」，據本書卷二三四徐大相傳、卷二三五王德完傳、又卷二五四曹珖傳，明史稿傳一一四湯兆京傳改。

〔五〕凡十七人 本書卷七〇選舉志作「共十八人」。明史考證攟逸卷二三謂「按選舉志作十八人，合韓敬數之。此既統以凡字，亦應作十八人。下文言十七人，與敬對言故也。」

〔六〕嘗過高攀龍請與交歡辭曰吾老矣不能涉嫌要津遽別去 按明史稿傳一一四丁元薦傳：「嘗過高攀龍所，給事中魏大中至，攀龍請與交歡，辭曰：『吾老矣，不能涉嫌要津。』遽別去。」本傳脫去其中一段，致不可解。

〔七〕徐紹吉　原作「徐紹言」，據本書卷二二五鄭繼之傳、又卷二三五蔣允儀傳、神宗實錄卷五五一萬曆四十四年十一月戊子條改。

明史卷二百三十七

列傳第一百二十五

傅好禮　姜志禮　包見捷　田大益　馮應京
何棟如　王之翰　卞孔時　吳宗堯　吳寶秀　華鈺　王正志

傅好禮，字伯恭，固安人。萬曆二年進士。知涇縣，治最，入爲御史。嘗陳時政，請節游宴，停內操，罷外戚世封，止山陵行幸，又上崇實、杜漸諸疏。語皆剴直。巡按浙江。歲大祲，條上荒政。行部湖州，用便宜發漕折銀萬兩，易粟振饑民。改按山東。泰安州同知張壽朋當貶秩，文選郎謝廷宋用爲永平推官，謂州同知六品，而推官七品也。好禮馳疏劾其非制，廷宋坐停俸，壽朋改調。好禮尋謝病歸。召進光祿少卿，改太常。時稅使四出，海內騷然。

二十六年冬，奸民張禮等僞爲官吏，羣小百十人分據近京要地，稅民間雜物，弗予，捶至死。好禮極論其害，因言：「自朝鮮用兵，畿民富者貧，貧者死，〔一〕思亂已久，奈何又虐征。國家縱貧，亦不當頭會箕斂，括細民續命之脂膏；況奸徒所得千萬，輸朝廷者什一耳，陛下何利爲之。」奏入，四日未報，復具疏請。帝大怒，傳旨鐫三級，出之外。大理卿吳定疏救。帝益怒，謫好禮大同廣昌典史，定鐫三級，調邊方。言官復交章論救，斥定爲民。既而帝思好禮言，下其疏，命廠衞嚴緝，逮禮等二十八人詔獄，其害乃除。好禮之官，未幾，請急歸。家居十五年卒。天啓中，贈太常卿。

姜志禮，字立之，丹陽人。萬曆十七年進士。歷建昌、衢州推官，入爲大理評事。三十三年以囚多瘐死，疏言：「犴狴之間，一日斃十五人。積日而計，亦何紀極。又況海內小民，罹災祲而轉死溝壑，及爲礦稅所羅織、貂璫所攫噬、含冤畢命者，又復何限！乞亟爲矜宥，勿久淹繫，且盡除礦稅，毋使宵人竊弄魁柄，賊虐烝黎。」不報。歷刑部員外，出爲泉州知府，遷廣東副使，並有聲。

進山東右參政，分守登、萊。福王封國河南，詔賜田二百萬畝，跨山東、湖廣境。既之國，遣中貴徐進督山東賦，勢甚張。志禮抗疏曰：「臣所轄二郡，民不聊生，且與倭鄰，不宜有藩府莊田以擾茲土也明甚。且自高皇帝迄今累十餘世，封王子弟多矣，有賜田二萬頃、延連數十郡者乎？繼此而封，尚有瑞、惠、桂三王也。倘比例以請，將予之乎，不予之乎？況國祚靈長，久且未艾。嗣是天家子姓，各援今日故事以請，臣恐方內土田，不足共諸藩分裂也。」帝大怒，貶三秩爲廣西僉事。久之，遷江西參議。

天啓三年由浙江副使入爲尚寶少卿，尋進卿。河南進玉璽，魏忠賢欲志禮疏獻之。志禮不可。忠賢怒，令私人劾其衰老，遂乞休。詔加太常少卿致仕，已而削奪。崇禎初，復官。

志禮性淳樸，所居多政績，亦以行誼稱於鄉。

包見捷，雲南臨安衞人。萬曆十七年進士。改庶吉士，授戶科給事中，屢遷都給事中。

奸人李本立請採珠廣東，帝命中官李敬偕往。見捷極言其害，不聽。時小人蠭起言利。千戶李仁請稅湖口商舟，命中官李道往。主簿田應壁請賣兩淮沒官餘鹽，令稅使魯保

兼理。見捷等並力爭。頃之，令道、保節制有司。見捷又陳不便者數事。皆不報。益都知縣吳宗堯劾稅使陳增不法，見捷因請盡罷礦稅。無已，先撤增還。未幾，天津稅使王朝死，見捷請勿遣代。忤旨，切責。以馬堂代朝。見捷又劾堂、保及浙江劉忠。帝不納，益遣高寀、暨祿、李鳳榷稅於京口、儀眞、廣東，並專敕行事。又以奸人閻大經言，命高淮徵稅遼東。見捷等累請停罷，至是言：「遼左神京肩臂，視他鎭尤重。奸徒敢爲禍首，陛下不懲以三尺，急罷開採，則遼事必不可爲，而國步且隨之矣。」遼東撫按及山海主事吳鍾英相繼爭。皆不納。

時中外爭礦稅者無慮百十疏，見捷言尤數，帝心銜之。居數日，又率司官極論，乃謫見捷貴州布政司都事，餘停俸一年。大學士沈一貫、給事中趙完璧等先後論救，完璧等亦坐停俸。見捷尋引疾去。

三十四年起興業知縣。累遷太僕少卿。久之，以右僉都御史巡撫江西。光宗卽位，召拜吏部右侍郎。明年卒官。

田大益，字博眞，四川定遠人。萬曆十四年進士。授鍾祥知縣。擢兵科給事中，疏論日本封貢可虞。又言：「東征之役，在將士，則當據今日之斬馘以論功；在主帥，則當視後日之成敗以定議。」時韙其言。毋喪除，起補戶科。

二十八年十月疏言：「陛下受命日久，驕泰乘之，布列豺狼，殄滅善類，民無所措，靡不蓄怨含憤，覬一旦有事。願陛下惕然警覺，敬天地，嚴祖宗，毋輕臣工，毋戕民命，毋任閹人，毋縱羣小，毋務暴刻，毋甘怠荒，急改敗轍，遵治規，用保祖宗無疆之業。」未幾，極陳礦稅六害，言：

內臣務爲劫奪，以應上求。礦不必穴，而稅不必商；民間丘隴阡陌，皆礦也，官吏農工，皆入稅之人也。公私騷然，脂膏殫竭。向所謂軍國正供，反致缺損。卽令有司威以刀鋸，祇足驅民而速之亂耳。此所謂斂巧必蹶也。

陛下嘗以礦稅之役爲裕國愛民。然內庫日進不已，未嘗少佐軍國之需。四海之人，方反唇切齒，而冀以計智甘言，掩天下耳目，其可得乎。此所謂名僞必敗也。

財積而不用，祟將隨之。脫巾不已，至於揭竿，適爲奸雄睥睨之資。此時雖家給人予，亦且蹴之覆之而不可及矣。此所謂賄聚必散也。

夫衆心不可傷也。今天下上自簪纓，下至耕夫販婦，茹苦含辛、搤擥側目，而無所控訴者，蓋已久矣。一旦土崩勢成，家爲讐，人爲敵，衆心齊倡，而海內因以大潰。此

所謂怨極必亂也。

國家全盛二百三十餘年，已屬陽九，而東征西討以求快意。上之蕩主心，下之耗國脈。二豎固而良醫走，死氣索而大命傾。此所謂禍遲必大也。

陛下矜奮自賢，沈迷不返。以豪璫奸弁爲腹心，以金錢珠玉爲命脈。藥石之言，褎如充耳。卽令逢、干剖心，皐、夔進諫，亦安能解其惑哉。此所謂意迷難救也。

此六者，今之大患。臣畏死不言，則負陛下，陛下拒諫不納，則危宗社。願深察而力反之。

皆不報。

明年疏論湖廣稅監陳奉，救僉事馮應京。忤旨，切責。時武昌民以應京被逮，羣聚鼓譟，欲殺奉，奉逃匿楚府以免。大益因上言：「陛下驅率狼虎，飛而食人，使天下之人，剝膚而吸髓，重足而累息，[三]以致天災地坼，山崩川竭。釁自上開，憤由怨積，奈何欲塗民耳目，以自解釋，諉曰權宜哉！今楚人以奉故，沈使者不返矣，且欲甘心巡撫大臣矣。中朝使臣不敢入境偵緩急，踰兩月矣。四方觀聽，惟在楚人。臣意陛下必且曠然易慮，立罷礦稅，以靖四方，奈何猶戀戀不能自割也！夫天下至貴，而金玉珠寶至賤也。積金玉珠寶若泰山，不可市天下尺寸地，而失天下，又何用金玉珠寶爲哉！今四方萬姓，見陛下遇楚事而無

變志，知禍必不解，必且羣起爲變。此時卽盡戮諸璫以謝天下，寧有濟耶？」帝怒，留中。

又明年遷兵科都給事中。時兩京缺尚書三，侍郎十，科道九十四，天下缺巡撫三，布按監司六十六，知府二十五。大益力請簡補，亦不聽。

三十一年，江西稅監潘相請勘合符牒勿經郵傳。巡按御史吳達可駁之，不聽。大益復守故事力爭，竟如相請。內使王朝嘗言，近京采煤歲可獲銀五千，乃率京營兵劫掠西山諸處。煤戶洶洶，朝以沮撓聞。有旨逮治，皆入都城訴失業狀。沈一貫等急請罷朝，且擬敕諭撫按，未得命。大益言：「國家大柄莫重於兵。朝擅役禁軍，請急誅，爲無將之戒。」御史沈正隆，給事中楊應文、白瑜亦疏諫。帝俱不納。俄用中官陳永壽奏，乃召朝還。遼東稅監高淮擁精騎數百至都城。大益言：「祖制，人臣不得弄兵。淮本掃除之役，敢盜兵權，包禍心，罪當誅。」帝亦不問。

明年八月極陳君德缺失，言：「陛下專志財利，自私藏外，絕不措意。中外羣工因而泄泄。君臣上下，曾無一念及民。空言相蒙，人怨天怒，妖祲變異，罔不畢集。乃至皇陵爲發祥之祖而災，孝陵爲創業之祖而災，長陵爲奠鼎之祖而亦災。天欲蹶我國家，章章明矣。臣觀十餘年來，亂政亟行，不可枚舉，而病源止在貨利一念。今聖諭補缺官矣，釋繫囚矣，然礦稅不撤，而羣小猶恣橫，[三]閭閻猶朘削，則百工之展布實難，而罪罟之羅織必衆。缺官

雖補，繫囚雖釋，曾何益哉！陛下中歲以來，所以掩聰明之質，而甘蹈貪愚暴亂之行者，止爲家計耳。不知家之盈者，國必喪。如夏桀隕於瑤臺，商紂焚於寶玉，幽、厲啓戎於榮夷，桓、靈絕統於私鬻，德宗召難於瓊林，道君兆禍於花石。覆轍相仍，昭然可鑒。陛下邇來亂政，不減六代之季。一旦變生，其何以託身於天下哉！」居月餘，復以星變乞固根本，設防禦，罷礦稅。帝皆不省。又明年，以久次添注太常少卿，卒官。

大益性骨鯁，守官無他營。數進危言，卒獲免禍。蓋時帝倦勤，上章者雖千萬言，大率屛置勿閱故也。

馮應京，字可大，盱眙人。萬曆二十年進士。爲戶部主事。督薊鎭軍儲，以廉幹聞。尋改兵部，進員外郎。

二十八年擢湖廣僉事，分巡武昌、漢陽、黃州三府。繩貪墨，摧奸豪，風采大著。稅監陳奉恣橫，巡撫支可大以下唯諾惟謹，應京獨以法裁之。奉掊克萬端，至伐塚毀屋，刳孕婦，溺嬰兒。其年十二月有諸生妻被辱，訴上官。市民從者萬餘，哭聲動地，蠭涌入奉廨，諸司馳救乃免。應京捕治其爪牙，奉怒，陽餉食而置金其中。應京復暴之，益慚恨。明年

正月置酒邀諸司，以甲士千人自衞，遂舉火箭焚民居。民羣擁奉門。奉遣人擊之，多死，碎其屍，擲諸途。可大噤不敢出聲，應京獨抗疏列其十大罪。[四]奉亦誣奏應京撓命，陵敕使。帝怒，命貶雜職，調邊方。給事中田大益、御史李以唐等交章劾奉，乞宥應京。帝益怒，除應京名。是時，襄陽通判邸宅、推官何棟如、棗陽縣知縣王之翰亦忤奉被劾。詔宅、之翰爲民，棟如遣逮。俄以都給事中楊應文論救，遂幷逮應京、宅、之翰三人。頃之，奉又誣劾武昌同知卞孔時抗拒，孔時亦被逮。

緹騎抵武昌，民知應京獲重譴，相率痛哭。奉乃大書應京名，列其罪，榜之通衢。士民益憤，聚數萬人圍奉廨，奉窘，逃匿楚王府，遂執其爪牙六人，[五]投之江，幷傷緹騎，詈可大助虐，焚其府門，可大不敢出。奉潛遣參隨三百人，引兵追逐，射殺數人，傷者不可勝計。日已晡，猶紛拏。應京囚服坐檻車，曉以大義，乃稍稍解散。奉匿楚府，逾月不敢出，亟請還京。大學士沈一貫因極言奉罪，請立代還。言官亦爭以爲請。帝未許。俄江西稅監李道亦奏奉侵匿狀，乃召還，隸其事於承天守備杜茂。頃之，東廠奏緹騎有死者。帝慍甚，手詔內閣，欲究主謀。一貫言民心宜靜，請亟遣重臣代可大拊循，因以侍郎趙可懷薦。帝乃褫可大官，令可懷馳往。未至，可大已遣兵護奉行。舟車相銜，數里不絕。可懷入境，亦遣使護之。奉得迤邐去。

應京之就逮也，士民擁檻車號哭，車不得行。既去，則家爲位祀之。三郡父老相率詣闕訴冤，帝不省。吏科都給事中郭如星、刑科給事中陳維春更連章劾奉。帝怒，謫兩人邊方雜職，繫應京等詔獄，拷訊久之不釋。應京乃於獄中著書，昕夕無倦。三十二年九月，星變修省。廷臣多請釋繫囚，於是應京及宅、棟如獲釋。之翰先瘐死，而孔時繫獄如故。

應京志操卓犖，學求有用，不事空言，爲淮西士人之冠。出獄三年卒。天啓初，贈太常少卿，謚恭節。

何棟如，無錫人。居官守正。旣爲奉所陷，襄陽人赴闕訴冤，不聽。及出獄，削籍歸，家居十七年。天啓初，始起南京兵部主事。會遼陽陷。時議募兵，棟如自請行。遂齎帑金赴浙江，得六千七百人。甫至而廣寧復陷，又自請出關覘形勢。乃進太僕少卿，充軍前贊畫。棟如志銳而才疎。初在浙，不能無浮費。所募兵畏出關，多逃亡。及兩疏論熊廷弼、王化貞功罪，給事中蔡思充、朱童蒙，御史陳保泰遂交章劾之。棟如疏辨，因請非時考察京官，用清朋黨。朝貴大恨，遂下詔獄，榜掠備至。五年秋，坐贓戍滁陽。崇禎初，復官。致仕卒。

王之翰，絳州人。官棗陽。力阻開礦，遂被逮拷死。天啓初，贈光祿少卿。

孔時旣長繫，廷臣救者數十上。帝皆不省。四十一年，萬壽節，棻向高復以爲言，乃削籍放還。熹宗立，起南京刑部員外郎。

吳宗堯，字仁叔，歙縣人。萬曆二十三年進士。授益都知縣。性強項。中官陳增以開礦至，誣奏福山知縣韋國賢阻撓，被逮削籍。守令多屈節如屬吏，宗堯獨具賓主禮。增黨程守訓，宗堯邑子也。宗堯惡其奸，不與通。驛丞金子登說增開孟丘山礦，宗堯叱其欺罔。子登懼，搆於增。日徵千人鑿山，多捶死；又誣富民盜礦，三日捕繫五百人。

二十六年九月，宗堯盡發增不法事。帝得疏意動，持不下。會給事中包見捷極論增罪，請撤還。帝責增，令檢下。見捷同官郝敬復請治增罪，帝乃不悅，責宗堯狂逞要名。已而山東巡撫尹應元劾增背旨虐民二十罪。帝遂發怒，切責應元，削宗堯籍。敬復抗疏諫，帝益怒，奪俸一年，并奪應元俸。增遂劾宗堯阻撓礦務，且令守訓誣訐之。帝旣遣逮治，御史劉景辰、給事中侯慶遠爭之，不聽。使者至，民大譁，欲殺增。宗堯行，民哭聲震地。旣至，下詔獄拷訊，繫經年。禮部郎鮑應鰲等言於沈一貫曰：「南康守吳寶秀已得安居牖下，

宗堯何獨不然？」一貫揭入，卽釋爲民，未幾卒。天啓時，贈光祿少卿，賜祭，錄一子。

吳寶秀，字汝珍，平陽人。萬曆十七年進士。授大理評事。歷寺正，出爲南康知府。湖口稅監李道橫甚，寶秀不與通。漕舟南還，乘風揚帆入湖口。道欲榷其貨，遣卒急追之，舟覆有死者。道遣吏捕漕卒，寶秀拒不發。道怒，劾寶秀及星子知縣吳一元、青山巡檢程資阻撓稅務，詔俱逮治。給事中楊應文等請下撫按公勘。大學士沈一貫、吏部尚書李戴、國子祭酒方從哲等交章爲言，俱不報。寶秀妻陳氏慟哭，請偕行，寶秀不可。乃括餘貲及簪珥付其妾曰：「夫子行，以爲路費。」夜自經死。

寶秀至京，下詔獄。大學士趙志皐上言：「頃臣臥病，聞中外人情洶洶，皆爲礦稅一事。南康守吳寶秀逮繫時，其妻至投繯自盡，闔郡號呼，幾成變亂。事關民生向背，宗社安危，臣不敢以將去之身，隱默而不言。」星子民陳英者，方廬墓，約儒士熊應鳳等走京師，伏闕訟冤，乞以身代。於是撫按及南北諸臣論救者疏十餘上，帝皆不省。一日，司禮田義彙諸疏進御前，帝怒擲地。義從容拾起，復進之，叩首曰：「閹臣跪候朝門外，不奉處分不敢退。」帝怒稍平，取閱閣臣疏，命移獄刑部。皇太后亦聞陳氏之死，從容爲帝言。至九月，與一元等並釋爲民。歸家，踰年卒。

初，南康士民建祠，特祀陳氏，後合寶秀祀之。天啓中，贈太僕少卿，賜祭，錄其一子。

華鈺，字德夫，丹徒人。萬曆二十三年進士。授荊州推官。稅監陳奉僕直馳府署中，鈺笞之。奉佯謝，銜之刺骨。奉所受敕止江稅，乃故移之市，又倍蓰征之。稍與辨，輒毆擊破面。商賈怖匿，負擔者不敢出其塗。鈺白御史嚴戢，奉益恨。奉欲榷沙市稅，沙市人羣起逐之，奉疑鈺所使。已，欲榷黃州團風鎭稅，復爲鎭民所逐，奉又疑經歷車任重數之。[六]遂上疏極論鈺、任重阻撓罪，并及巡按御史曹楷、襄陽知府李商耕、黃州知府趙文煥、[七]荊門知州高則巽等數十人。帝切責楷，貶商耕等三人官，鈺、任重皆被逮。時二十七年八月也。

旣至，下鎭撫獄訊治，俾引御史楷。鈺堅不承，繫獄中。初，吳宗堯、吳寶秀皆不久卽釋。帝欲痛折辱以懼之，於是鈺與馮應京、王正志等先後十餘人悉長繫。廷臣論救章數上，皆不報。獄中有鳥，形類鶴而小，怪鳴，則逮者至。一夕，鳥鳴甚哀。鈺起坐俟之，則應京至。居久之，語鈺以主靜窮理之學，日相與研究。三十二年六月，長陵災，肆赦，鈺與任

重並釋爲民。家居四年卒。天啓中，贈尚寶少卿，賜祭，錄一子。

王正志，祥符人。萬曆二十六年進士。除富平知縣。二十八年，稅使梁永、趙欽肆虐，正志捕其黨李英杖殺之，因極論二人不法罪。欽亦以李英事訐奏，帝怒，命逮之。給事中陳惟春言正志劾欽罪多，宜提訊，欽所劾正志事宜下撫按覈實，免其逮繫。御史李時華亦言近日所逮吳應鴻、勞養魁、蔡如川、甘學書及正志等，俱宜敕下撫按勘虛實，不得以一人單詞枉害良善。皆不報。未幾，梁永亦訐正志。帝命諸抗違欺隱者悉指名劾奏，重治之。宦官益張，長吏皆喪氣。正志繫詔獄四年，三十一年夏，瘐死。天啓時，贈祭，廕子，皆視鈺。

自礦稅興，中使四出，跆藉有司。謗書一聞，駕帖立下。二十四年，則遼東參將梁心；二十五年，則山東福山知縣韋國賢；二十六年，則山東益都知縣吳宗堯；二十七年，則江西南康知府吳寶秀、星子知縣吳一元、山東臨清守備王煬；二十八年，則廣東新會在籍通判吳應鴻，舉人勞養魁、鍾聲朝、梁斗輝，雲南尋甸知府蔡如川，趙州知州甘學書及正志；二十九年，則湖廣按察僉事馮應京、襄陽通判邸宅、推官何棟如、棗陽知縣王之翰、武昌同知卞孔時、江西饒州通判陳奇可；三十年，則鳳陽臨淮知縣林錝；三十四年，則陝西咸陽知縣

宋時際，[八]三十五年，則陝西咸寧知縣滿朝薦；三十六年，[九]則遼東海防同知王邦才、參將李獲陽，皆幽繫詔獄，久者至十餘年。煬、應鴻、獲陽斃獄中，其他削籍、貶官有差。至士民幽繫死亡者，尤不可勝紀也。

贊曰：神宗二十四年，軍府千戶仲春請開礦助大工，遂命戶部錦衣官各一人同仲春開採。給事中程紹言嘉靖中採礦，費帑金三萬餘，得礦銀二萬八千五百，得不償失，因罷其役。給事中楊應文繼言之。皆不納。由是卑秩宂僚，下至市井黠桀，奮起言利。而璫使四出，毒流海內，民不聊生，至三十三年乃罷。嗣是軍興徵發，加派再三。府庫未充，膏脂已竭，明室之亡於是決矣。

校勘記

〔一〕畿民富者貧貧者死　畿民，原作「饑民」，據明史稿傳一一三傳好禮傳改。按此承上文「近京要地」而言，作「畿民」是。

〔二〕熏足而累息　累息，原作「纍息」，據明史稿傳一〇九田大益傳改。

〔三〕翠小猶恣横　恣横，原作「盗横」，據明史稿傳一〇九田大益傳改。

〔四〕澁京獨抗疏列其十大罪　十大罪，原作「九大罪」，據本書卷三〇五陳增傳附陳奉傳、明史稿傳一七九陳奉傳改。

〔五〕遂執其爪牙六人　本書卷三〇五陳增傳附陳奉傳、明史稿傳一七九陳奉傳都作「十六人」。

〔六〕奉又疑經歷車任重教之　車任重，原倒作「車重任」，據本書卷三〇五陳增傳附陳奉傳、明史稿傳一七九陳奉傳改。

〔七〕黃州知府趙文煥　趙文煥，本書卷三〇五陳增傳附陳奉傳、明史稿傳一七九陳奉傳作「趙文煒」，神宗實錄卷三三八萬曆二十七年八月丁丑條作「趙文炳」，湖北通志卷一一三頁二七三五職官表萬曆任年無考襤有趙文炳。

〔八〕咸陽知縣宋時際　宋時際，原作「宗時際」，據本書卷三〇五梁永傳、明史稿傳一一三華鈺傳、神宗實錄卷四一七萬曆三十四年正月癸巳條改。

〔九〕三十六年　原作「三十七年」，據本書卷三〇五高淮傳、明史稿傳一七九高淮傳、神宗實錄卷四四七萬曆三十六年六月庚申條改。

明史卷二百三十八

列傳第一百二十六

李成梁 子如松　如柏　如楨　如樟　如梅　麻貴 兄錦

李成梁，字汝契。高祖英自朝鮮內附，授世鐵嶺衞指揮僉事，遂家焉。成梁英毅驍健，有大將才。家貧，不能襲職，年四十猶爲諸生。巡按御史器之，資入京，乃得襲。積功爲遼東險山參將。

隆慶元年，土蠻大入永平。成梁赴援有功，進副總兵，仍守險山。尋協守遼陽。三年四月，張擺失等屯塞下，成梁迎擊斬之，殲其卒百六十有奇。餘衆遠徙，遂空其地。錄功，進秩一等。

四年九月，辛愛大入遼東。總兵官王治道戰死，擢成梁署都督僉事代之。當是時，俺答雖款塞，而插漢部長土蠻與從父黑石炭，弟委正、大委正，從弟煖兔、拱兔，子卜言台周，

從子黃台吉勢方强。泰寧部長速把亥、炒花，朶顏部長董狐狸、長昂佐之。東則王杲、王兀堂、淸佳砮、楊吉砮之屬，亦時窺塞下。十年之間，殷尚質、楊照、王治道三大將皆戰死。成梁乃大修戎備，甄拔將校，收召四方健兒，給以厚餼，用爲選鋒。軍聲始振。

明年五月，敵犯盤山驛，指揮蘇成勛擊走之。無何，土蠻大入。成梁遇於卓山，麾副將趙完等夾擊，斷其首尾。乘勝抵巢，馘部長二人，斬首五百八十餘級。進署都督同知，世廕千戶。又明年十月，土蠻六百騎營舊遼陽北河，去邊二百餘里，俟衆集大舉，成梁擊走之。萬曆元年，又擊走之前屯。已，又破走之鐵嶺鎭西諸堡。增秩二等。朶顏兀魯思罕以四千騎毀牆入，成梁禦却之。

建州都指揮王杲故與撫順通馬市。及是，誘殺備禦裴承祖，成梁謀討之。明年十月，杲復大舉入。成梁檄副將楊騰、遊擊王惟屏分屯要害，而令參將曹簠挑戰。諸軍四面起，敵大奔，盡聚杲寨。寨地嵩，杲深溝堅壘以自固。成梁用火器攻之，破數栅，矢石雨下。把總于志文、秦得倚先登，諸將繼之。杲走高臺，射殺志文。會大風起，縱火焚之，先後斬馘千一百餘級，毀其營壘而還。進左都督，世廕都指揮同知。杲大創，不能軍，走匿阿哈納寨。曹簠勒精騎往，杲走南關。都督王台執以獻，斬之。

三年春，土蠻犯長勇堡，擊敗之。其冬，炒花大會黑石炭、黃台吉、卜言台周、以兒鄧、煖

中華書局

兔、拱兔、堵剌兒等二萬餘騎，從平虜堡南掠。副將曹簠馳擊，遂轉掠瀋陽。見城外列營，乃據西北高墩。成梁邀戰，發火器。敵大潰，棄輜重走。追至河滸，乘勝渡河，擊斬以千計。加太子太保，世廕錦衣千戶。

明年，黑石炭、大委正營大淸堡邊外，謀錦、義。成梁率選鋒馳二百里，逼其營，攻破之。殺部長四人，獲級六十有奇。

五年五月，土蠻復入，〔一〕聯營河東，而遣零騎西掠。成梁掩其巢，得利而還。明年正月，速把亥糾土蠻大入，營劈山。成梁馳至丁字泊，敵方分騎繞牆入。成梁夜出塞二百里，搗破劈山營，獲級四百三十，馘其長五人。加太保，世廕本衞指揮使。

三月，遊擊陶承嚳擊敵長定堡，獻馘四百七十有奇。帝已告謝郊廟，大行賞賚，廕成梁世指揮僉事。有言所殺乃土蠻部曲，因盜牛羊事覺，懼罪來歸，承嚳掩殺之。給事中光懋因請治承嚳殺降罪，御史勘如懋言。兵部尚書方逢時，督撫梁夢龍、周詠先與承嚳同敍功，力爲解。卒如御史奏，盡奪諸臣恩命。

六月，敵犯鎭靜堡，復擊退之。十二月，速把亥、炒花、煖兔、拱兔會土蠻黃台吉，大、小委正，卜兒亥，慌忽太等三萬餘騎壁遼河攻東昌堡，深入至耀州。成梁遣諸將分屯要害以遏之，而親提銳卒，出塞二百餘里，直搗圜山。斬首八百四十，及其長九人，獲馬千二百匹。

敵聞之，皆倉皇走出塞。論功，封寧遠伯，歲祿八百石。

是時，土蠻數求貢市，關吏不許，大恨。七年十月復以四萬騎自前屯錦川營深入。成梁命諸將堅壁，自督參將楊粟等遏其衝。會戚繼光亦來援，敵遂退。俄又與速把亥合壁紅土城，聲言入海州，而分兵入錦、義。成梁踰塞二百餘里，直抵紅土城，擊敗之，獲首功四百七十有奇。

迤東都督王兀堂故通市寬奠，後參將徐國輔弟國臣强抑市價，兀堂乃與趙鎖羅骨數遣零騎侵邊。明年三月以六百騎犯靉陽及黃岡嶺，指揮王宗義戰死。復以千餘騎從永奠入，成梁擊走之，追出塞二百里。敵以騎卒拒，而步卒登山鼓譟。成梁大敗之，斬首七百五十，盡毀其營壘。捷聞，并錄紅土城功，予成梁世襲。其秋，兀堂復犯寬奠，副將姚大節擊破之。兀堂由是不振。

土蠻數侵邊不得志，忿甚，益徵諸部兵分犯錦、義及右屯、大凌河。以城堡堅，不可克，而成梁及薊鎭兵亦集，乃引去。無何，復以二萬餘騎從大鎭堡入攻錦州〔二〕。參將熊朝臣固守，而遣部將周之望、王應榮出戰，頗有斬獲。矢盡，皆戰死。敵乃分掠小凌河、松山、杏山。成梁馳援，始出境。

九年正月，土蠻復與黑石炭，大、小委正，卜言台周，腦毛大，黃台吉，以兒鄧，煖兔，拱

兔、炒戶兒聚兵塞下，謀入廣寧。成梁帥輕騎從大寧堡出。去塞四百餘里，至襖郎兔大戰。自辰迄未，敵不支敗走。官軍將還，敵來追。成梁逆擊，且戰且行。先後斬首三百四十，及其長八人。錄功，增歲祿百石，世廕一等。

四月，黑石炭、以兒鄧、小歹青、卜言兔入遼陽。副將曹簠追至長安堡，遇伏，失千總陳鵬以下三百十七人，馬死者四百六十匹，遂大掠人畜而去。簠等下吏，成梁不問。十月，土蠻復連速把亥等十餘萬騎攻圍廣寧，不克，轉掠團山堡、盤山驛及十三山驛，攻義州。成梁禦却之。

十年三月，速把亥率弟炒花、子卜言兔入犯義州。成梁禦之鎭夷堡，設伏待之。速把亥入，參將李平胡射中其脅，墜馬，蒼頭李有名前斬之。寇大奔，追馘百餘級。炒花等慟哭去。速把亥爲遼左患二十年，至是死。帝大喜，詔賜甲第京師，世廕錦衣指揮使。

初，王杲死，其子阿台走依王台長子虎兒罕。以王台獻其父，嘗欲報之。王台死，虎兒罕勢衰，阿台遂附北關合攻虎兒罕。又數犯孤山、汎河。成梁出塞，遇於曹子谷，斬首一千有奇，獲馬五百。阿台復糾阿海連兵入，抵瀋陽城南渾河，大掠去。成梁從撫順出塞百餘里，火攻古勒塞，射死阿台。連破阿海寨，擊殺之，獻馘二千三百。杲部遂滅。錄功，增歲祿百石，世廕指揮僉事。

北關淸佳砮、楊吉砮素讐南關。王台沒，屢侵台季子猛骨孛羅，且藉土蠻、煖兔、慌忽太兵侵邊境。其年十二月，巡撫李松使備禦霍九皋許之貢市。淸佳砮、楊吉砮率二千餘騎詣鎭北關謁。松、九皋見其兵盛，譙讓之，則以三百騎入。松先伏甲於旁，約二人不受撫則礮舉甲起。頃之，二人抵關，據鞍不遜，松叱之，九皋麾使下，其徒遽拔刀擊九皋，并殺侍卒十餘人。於是軍中礮鳴，伏盡起，擊斬二人并其從騎，與淸佳砮子兀孫孛羅、楊吉砮子哈兒哈嗌盡殲焉。成梁聞礮，急出塞，擊其留騎，斬首千五百有奇。餘衆刑白馬，攢刀，誓永受約束，乃旋師。錄功，增歲祿二百石，改前廕指揮僉事爲錦衣衞指揮使。方成梁之出塞也，炒花等以數萬騎入蒲河及大寧堡。將士防禦六日，始出塞。

十三年二月，把兔兒欲報父速把亥之怨，偕從父炒花、姑壻花大糾西部以兒鄧等以數萬騎入掠瀋陽。既退，駐牧遼河，聲犯開原、鐵嶺。成梁與巡撫李松濬爲浮橋濟師，踰塞百五十里，疾掩其帳。寇已先覺，整衆逆戰。成梁爲疊陣，親督前陣擊，而松以後陣繼之，斬首八百有奇。捷聞，增歲祿百石，改廕錦衣指揮使爲都指揮使。

其年五月，敵犯瀋陽，伏精騎塞下，誘官軍。游擊韓元功追襲之，敗死。閏九月，諸部長復犯蒲河，殺裨將數人，大剽掠，而西部銀燈亦窺遼、瀋。成梁令部將李平胡出塞三百五十里，搗破銀燈營，斬首一百八級。諸部長聞之，始引去。

中華書局

十四年二月，土蠻部長一克灰正糾把兎兒、炒花、花大等三萬騎，約土蠻諸子共馳遼陽挾賞。成梁偵得之，率副將楊燮，參將李寧、李興、孫守廉以輕騎出鎭邊堡。晝伏夜行二百餘里，至可可毋林。大風雷，敵不覺。既至，風日晴朗，敵大驚，發矢如雨。將士冒死陷陣，獲首功九百，斬其長二十四人。其年十月，敵七八萬騎犯鎭夷諸堡，閱五日始去。

十五年春，東西部連營入犯。其秋八月，復以七八萬騎犯鎭夷堡。十月，把漢大成糾土蠻十萬騎由鎭夷、大淸二堡入，數日始出。

北關既被創，後淸佳砮子卜寨與楊吉砮子那林孛羅漸强盛，數與南關虎兒罕子歹商搆兵。成梁以南關勢弱，謀討北關以輔翊之。明年五月率師直擣其巢。卜寨走，與那林孛羅合，憑城守。城四重，攻之不下。用巨礮擊之，碎其外郛，遂拔二城，斬馘五百餘級。卜寨等請降，設誓不復叛，乃班師。

十七年三月，敵犯義州，復入太平堡，把總朱永壽等一軍盡沒。九月，腦毛大合白洪大、長昂三萬騎復犯平虜堡，備禦李有年、把總馮文昇皆戰死，成梁還鋒沒者數百人。敵大掠瀋陽蒲河、榆林，八日始去。明年二月，卜言台周，黄台吉，大、小委正結西部叉漢塔塔兒五萬餘騎復深入遼、瀋、海、蓋。成梁遣遣兵出塞襲之，遇伏，死者千人。成梁乃報首功二百八十，得增祿廕。土蠻族弟土墨台猪借西部青把都、恰不愼及長昂、滾兎十萬騎深入海

州。成梁不敢擊，縱掠數日而去。十九年閏三月，〔三〕成梁乘給事侯先春閱視，謀邀擣巢功，使副將李寧等出鎭夷堡潛襲板升，殺二百八十人。〔四〕師還遇敵，死者數千人。成梁及總督蹇達不以聞。巡按御史胡克儉盡發其先後欺罔狀，語多侵政府。疏雖不行，成梁由是不安於位。及先春還朝，詆尤力，帝意頗動。成梁再疏辭疾，言者亦踵至。其年十一月，帝竟從御史張鶴鳴言，解成梁任，以寧遠伯奉朝請。明年，哱拜反寧夏，御史梅國楨請用成梁，給事中王德完持不可，乃寢。

成梁鎭遼二十二年，先後奏大捷者十，帝輒祭告郊廟，受廷臣賀，蟒衣金繒歲賜稠疊。邊帥武功之盛，二百年來未有也。其始銳意封拜，師出必捷，威振絕域。已而位望益隆，子弟盡列崇階，僕隸無不榮顯。貴極而驕，奢侈無度。軍貲、馬價、鹽課、市賞，歲乾沒不貲，全遼商民之利盡籠入己。以是灌輸權門，結納朝士，中外要人無不餉其重賕，爲之左右。每一奏捷，內自閣部，外自督撫而下，大者進官廕子，小亦增俸賚金。恩施優渥，震耀當世。而其戰功率在塞外，易爲緣飾。若敵入內地，則以堅壁淸野爲詞，擁兵觀望；甚或掩敗爲功，殺良民冒級。閣部共爲蒙蔽，督撫、監司稍忤意，輒排去之，不得舉其法。先後巡按陳登雲、許守恩廉得其殺降冒功狀，擬論奏之，爲巡撫李松、顧養謙所沮止。既而物議沸騰，御史朱應轂、給事中任應徵、僉事李琯交章抨擊。事頗有跡，卒賴輿援，反詰責言者。及申

時行、許國、王錫爵相繼謝政，成梁失內主，遂以去位。

成梁諸戰功率藉健兒。其後健兒李平胡、李寧、李興、秦得倚、孫守廉輩皆富貴，擁專城。暮氣難振，又轉相掊克，士馬蕭耗。迨成梁去遼，十年之間更易八帥，邊備益弛。

二十九年八月，馬林獲罪。大學士沈一貫言成梁雖老，尙堪將兵。乃命再鎭遼東，年已七十有六矣。是時，土蠻、長昂及把兎兒已死，寇鈔漸稀。而開原、廣寧之前復開馬、木二市。諸部耽市賞利，爭就款。以故成梁復鎭八年，遼左少事。以閱視敍勞，加至太傅。

當萬曆初元時，兵部侍郎汪道昆閱邊，成梁獻議移建孤山堡於張其哈剌佃，〔五〕險山堡於寬佃，沿江新安四堡於長佃、長嶺諸處，仍以孤山、險山二參將戍之，可拓地七八百里，益收耕牧之利。道昆上於朝，報可。自是生聚日繁，至六萬四千餘戶。及三十四年，成梁以地孤懸難守，與督、撫蹇達、趙楫建議棄之，盡徙居民於內地。居民戀家室，則以大軍驅迫之，死者狼籍。成梁等反以招復逃人功，增秩受賞。兵科給事中宋一韓力言棄地非策。巡按御史熊廷弼勘奏如一韓言，一韓復連章極論。帝素眷成梁，悉留中不下。久之卒，年九十。

弟成材，參將。子如松、如柏、如楨、如樟、如梅皆總兵官；如梓、如梧、如桂、如楠亦皆至參將。

如松，字子茂，成梁長子。以父廕爲都指揮同知，充寧遠伯勳衞。驍果敢戰，少從父諳兵機。再遷署都督僉事，爲神機營右副將。

萬曆十一年出爲山西總兵官。給事中黄道瞻等數言如松父子不當並居重鎭，大學士申時行請保全之，乃召僉書右府。尋提督京城巡捕。給事中邵庶嘗劾如松及其弟副總兵如柏不法，且請稍抑，以全終始，不納。十五年復以總兵官鎭宣府。巡撫許守謙閱操，如松引坐與並。參政王學書却之，語不相下，幾攘臂。巡按御史王之棟因劾如松驕横，幷詆學書，帝爲兩奪其俸。已復被論，給事中葉初春請改調之，乃命與山西李迎恩更鎭。其後，軍政拾遺，給事中閱視，數遭論劾。帝終眷之不爲動，召僉書中府。

二十年，哱拜反寧夏，御史梅國楨薦如松大將才，其弟如梅、如樟並年少英傑，宜令討賊。乃命如松爲提督陝西討逆軍務總兵官，卽以國楨監之。武臣有提督，自如松始也。已命盡統遼東、宣府、大同、山西諸道援軍。六月抵寧夏。如松以權任既重，不欲受總督制，事輒專行。兵科許弘綱等以爲非制，尙書石星亦言如松敕書受督臣節度，不得自專，帝乃下詔申飭。先是，諸將董一奎、麻貴等數攻城不下。如松至，攻益力。用布囊三萬，實以土，踐之登，爲礮石所却。如樟夜攀雲梯上，不克。游擊龔子敬提苗兵攻南關，如松乘勢將

登，亦不克，乃決策水攻。拜穿，遣養子克力蓋往勾套寇，如松令部將李寧追斬之。已，套寇以萬餘騎至張亮堡。如松力戰，手斬士卒畏縮者，寇竟敗去。水侵北關，城崩。如松及蕭如薰等佯擊北關誘賊，而潛以銳師襲南關，攀雲梯而上。拜及子承恩自斬叛黨劉東暘、許朝乞貸死。於是如松先登，如薰及麻貴、劉承嗣等繼之，盡滅拜族。錄功，進都督，世廕錦衣指揮同知。

會朝鮮倭患棘，詔如松提督薊、遼、保定、山東諸軍，剋期東征。弟如柏、如梅並率師援勦。如松新立功，氣益驕，與經略宋應昌不相下。故事，大帥初見督師，甲冑庭謁，出易冠帶，始加禮貌。如松用監司謁督撫儀，素服側坐而已。十二月，如松至軍，沈惟敬自倭歸，言倭酋行長願封，請退平壤迤西，以大同江爲界。如松叱惟敬憸邪，欲斬之。參謀李應試曰：「藉惟敬紿倭封，而陰襲之，奇計也。」如松以爲然，乃置惟敬於營，誓師渡江。

二十一年正月四日，師次肅寧館。行長以爲封使將至，遣牙將二十人來迎，如松檄遊擊李寧生縛之。倭猝起格鬭，僅獲三人，餘走還。行長大駭，復遣所親信小西飛來謁，如松慰遣之。六日，次平壤。行長猶以爲封使也，竚風月樓以待，羣倭花衣夾道迎。如松分布諸軍，抵平壤城，諸將逡巡未入，形大露，倭悉登陴拒守。是夜，襲如柏營，擊却之。明旦，如松下令諸軍無割首級，攻圍缺東面。以倭素易朝鮮軍，令副將祖承訓詭爲其裝，潛伏西

南。令遊擊吳惟忠攻迤北牡丹峯。而如松親提大軍直抵城下，攻其東南。倭礮矢如雨，軍少却。如松斬先退者以徇。募死士，援鉤梯直上。倭方輕南面朝鮮軍，承訓等乃卸裝露明甲。倭大驚，急分兵捍拒，如松已督副將楊元等軍自小西門先登，如柏等亦從大西門入。火器並發，烟焰蔽空。惟忠中礮傷胸，猶奮呼督戰。如松馬斃於礮，易馬馳，墮塹，躍而上，麾兵益進。將士無不一當百，遂克之。獲首功千二百有奇。倭退保風月樓。夜半，行長渡大同江，遁還龍山。寧及參將查大受率精卒三千潛伏東江間道，復斬級三百六十。乘勝逐北，十九日，如柏遂復開城。所失黃海、平安、京畿、江源四道並復。酋清正據咸鏡，亦遁還王京。

官軍既連勝，有輕敵心。二十七日再進師。朝鮮人以賊棄王京告。如松信之，將輕騎趨碧蹄館。距王京三十里，猝遇倭，圍數重。如松督部下鏖戰。一金甲倭搏如松急，指揮李有聲殊死救，被殺。如柏、寧等奮前夾擊，如梅射金甲倭墮馬，楊元兵亦至，斫重圍入，倭乃退，官軍喪失甚多。會天久雨，騎入稻畦中不得逞。倭背岳山，面漢水，聯營城中，廣樹飛樓，箭礮不絕，官軍乃退駐開城。二月既望，諜報倭以二十萬衆入寇。如松令元軍平壤，扼大同江，接餉道；如柏等軍寶山諸處爲聲援；大受軍臨津；留寧、承訓軍開城；而身自東西調度。聞倭將平秀嘉據龍山倉，積粟數十萬，密令大受率死士從間焚之。倭遂乏食。

初，官軍捷平壤，鋒銳甚，不復問封貢事。及碧蹄敗衄，如松氣大索，應昌、如松急欲休息，而倭亦芻糧並絕，且懲平壤之敗，有歸志，於是惟敬款議復行。四月十八日，倭棄王京遁，如松與應昌入城，遣兵渡漢江尾倭後，將擊其惰歸。倭步步爲營，分番迭休，官軍不敢擊。倭乃結營釜山，爲久留計。時兵部尚書石星力主封貢，議撤兵，獨留劉綎拒守。如松乃以十二月班師。論功，加太子太保，增歲祿百石。言者詆其和親辱國，屢攻擊之。帝不問。

二十五年冬，遼東總兵董一元罷，廷推者三，中旨特用如松。言路復交章力爭，帝置不報。如松感帝知，氣益奮。明年四月，土蠻寇犯遼東。如松率輕騎遠出搗巢，中伏力戰死。帝痛悼，令具衣冠歸葬，贈少保、寧遠伯，立祠，謚忠烈。以其弟如梅代爲總兵官，授長子世忠錦衣衞指揮使，掌南鎮撫司，仍充寧遠伯勳衞，復廕一子本衞指揮使，世襲。恤典優渥，皆出特恩云。

世忠未久卒，無子。弟顯忠由廕歷遼東副總兵，當嗣爵，朝臣方惡李氏，無爲言者。至崇禎中，如松妻武氏愬於朝。章下部議，竟寢。後莊烈帝念成梁功，顯忠子尊祖得嗣寧遠伯。闖賊陷京師，遇難。

如柏，字子貞，成梁第二子。由父廕爲錦衣千戶。嘗與客會飲，礮聲徹大內，下吏免官。

再以廕爲指揮僉事。數從父出塞有功，歷密雲游擊，黃花嶺參將，薊鎮副總兵。萬曆十六年，御史任養心言：「李氏兵權太盛。姻親廝養分操兵柄，環神京數千里，縱橫蟠據，不可動搖。如柏貪淫，跋扈尤甚。不早爲計，恐生他變。」帝乃解如柏任。於是成梁上書乞罷，并請盡罷子弟官，帝慰留不許。久之，起故官，署宣府參將。引疾歸。

如松之禦倭朝鮮也，詔如柏署都督僉事，先率師赴援。既拔平壤，如柏疾趨開城，攻克之，斬首百六十有奇。師旋，進都督同知，爲五軍營副將。尋出爲貴州總兵官。二十三年改鎮寧夏。著力兎犯平虜、橫城，如柏邀之，大獲，斬首二百七十有奇。進右都督。再以疾歸，家居二十餘年。會遼東總兵官張承廕戰歿，文武大臣英國公張惟賢等合疏薦如柏，詔以故官鎮遼東。蒙古炒花入犯，督諸將擊却之。

始成梁、如松爲將，厚畜健兒，故所向克捷。至是，父兄故部曲已無復存，而如柏暨諸弟放情酒色，亦無復少年英銳。特以李氏世將，起自廢籍中。顧如柏中情怯，惟左次避敵而已。我大清師臨河，如柏故引軍防懿路。及楊鎬四路出師，令如柏以一軍出鴉鶻關。甫抵虎攔路，鎬聞杜松、馬林兩軍已覆，急檄如柏還。大清哨兵二十人見之，登山鳴螺，作大軍追擊狀，如柏軍大驚，奔走相蹴死者千餘人。御史給事中交章論劾，給事中李奇珍連疏爭尤力。帝終念李氏，詔還候勘。既入都，言者不已。如柏懼，遂自裁。

如楨，成梁第三子。由父廕爲指揮使。屢加至右都督，並在錦衣。嘗掌南、北鎮撫司，提督西司房，列環衛者四十年。最後，軍政拾遺，部議罷職，章久留不下。如楨雖將家子，然未歷行陣，不知兵。及兄如柏革任，遼人謂李氏世鎮遼東，邊人憚服，非再用李氏不可，巡撫周永春以爲言。而是時如柏兄弟獨如楨在，兵部尚書黃嘉善遂徇其請，以如楨名上，帝即可之。時萬曆四十七年四月也。

如楨藉父兄勢，又自以錦衣近臣，不肯居人下。未出關，即遣使與總督汪可受講鈞禮，朝議譁然，嘉善亦特疏言之。如楨始怏怏去。既抵遼，經略楊鎬使守鐵嶺。鐵嶺故李氏宗族墳墓所在。當如柏還京，其族黨部曲高貲者悉隨之而西，城中爲空。後鎬以孤城難守，令如楨還屯瀋陽，僅以參將丁碧等防守，力益弱。大清兵臨城，如楨擁兵不救，城遂失。言官交章論列，經略熊廷弼亦論如楨十不堪，乃罷任。天啓初，言者復力攻，下獄論死。崇禎四年，帝念成梁勳，特免死充軍。

如樟，亦由父廕，歷都指揮僉事。從兄如松征寧夏，先登有功，累進都督僉事。歷廣西、延綏總兵官。

如梅，字子清。亦由父廕，歷都指揮僉事。從兄如松征日本，卻敵先登。屢遷遼東副總兵。二十四年，炒花、卜言兔將入犯，如梅謀先襲之。督部將方時新等出塞三百里，直搗其廬帳，斬首百餘級而還。明年，如梅與參政楊鎬謀復從鎮西堡出塞，潛襲敵營，失利，損部將十人，士卒百六十人。如梅以血戰重創，免罪。

日本封事敗，其年八月進署都督僉事，充禦倭副總兵，赴朝鮮援剿。時麻貴三路進師，令如梅將左軍，與右軍共攻蔚山。如梅偕參將楊登山騎兵先進，設伏海濱，而令遊擊擺賽以輕騎誘賊，斬首四百有奇，餘賊遁歸島山。副將陳寅冒矢石奮呼上，破柵兩重。至第三柵，垂拔，楊鎬爲總理，宿與如梅暱，不欲寅功出其上，遽鳴金收軍。翌日，如梅至，攻之，不能拔。已而賊援至，如梅軍先奔，諸軍亦相繼潰。贊畫主事丁應泰劾鎬，并劾如梅當斬者二，當罪者十，帝不納。旋用爲禦倭總兵官。會其兄如松戰歿，即命如梅馳代之。踰年，坐擁兵畏敵，劾罷。久之，起僉書左府。四十年，鎬巡撫遼東，力薦如梅爲帥。不得，至以死爭。給事中麻僖、御史楊州鶴力持不可，乃止。

成梁諸子，如松最果敢，有父風，其次稱如梅。然躁動，非大將才，獨楊鎬深信。後復倚任其兄如柏，卒以致敗。

麻貴，大同右衞人。父祿，嘉靖中爲大同參將，從鎮帥劉漢襲板升，大獲。俺答圍右衞，祿與副將尚表固守，乘間擊斬其部長，寇乃引退。辛愛犯京東，祿以宣府副總兵入衞，與子遊擊錦並有卻敵功。

貴由舍人從軍，積功至都指揮僉事，充宣府遊擊將軍。隆慶中，遷大同新平堡參將。寇大入，掠山陰、懷仁、應州。將吏並獲罪，獨貴與兄副將錦拒戰有功，受賞。

萬曆初，再遷大同副總兵。十年冬，以都督僉事充寧夏總兵官。無何，徙鎮大同。時諸部納款久，撦力克襲封順義王，奉中國益虔。貴頻以安邊勞蒙賜賚。

十九年爲閱視少卿曾乾亨所劾，謫戍邊。明年，寧夏哱拜反。廷議貴健將知兵，且多畜家丁，乃起戍中爲副將，總兵討賊。屢攻城不克。其五月，哱拜以套寇五百騎圍平虜堡，貴選精卒三百間道馳却之。俄以總督魏學曾命撫著力兔、銀定、宰僧於橫城，啖以重利，皆不應，貴乃還攻城。寧夏總兵董一奎攻其南，固原總兵李昫攻其西，[五]故總兵劉承嗣攻其北，牛秉忠攻其東，貴以游兵主策應。哱拜自北門出戰，將往勾套部，貴逐之入城，別遣將馬孔英、麻承詔等擊套寇援兵，俘斬百二十人。拜初與套部深相結，諸部長稱之爲王。日

坐著力兔帳中，主籌畫，至是不敢復出。俄朝命蕭如薰代董一奎，盡將諸道援兵，以貴爲副。而李如松軍亦至，攻益急。賊奉黃金、繡蟒于卜失兔等，請急徇靈州，先據下馬關，沮餉道。卜失兔與莊禿賴果合兵犯定邊，而宰僧從花馬池西沙湃入。貴迎擊，挫宰僧於石溝。會董一元搗土昧巢，諸部長俱解去。賊復乞援於著力兔，擁衆大入。如松率勁騎迎戰張亮堡，自卯迄巳，敵銳甚。會貴及李如樟等兵至，夾擊之，寇乃却。逐北至賀蘭山，獲首級百二十餘。持示賊，賊益恟懼。無何城破，賊盡平。貴以功增秩，予廕。尋擢總兵官，鎮守延綏。

二十二年七月，卜失兔糾諸部深入定邊，營張春井。貴乘虛搗其帳於套中，斬首二百五十有奇。還自寧塞，復邀其零騎。會寇留內地久，轉掠至下馬關。寧夏總兵蕭如薰不能禦，總督葉夢熊急檄貴赴援。督副將蕭如蘭等連戰鹽馬臺、薛家窪，斬首二百三十有奇，獲畜產萬五千。帝爲告廟宣捷，進署都督同知，予世廕。明年，卜失兔復入塞，掠八日而還。順義王撦力克約之納款，不從，復擬大入。貴勒兵萬五千人，遊擊閻逢時等出紅山爲中軍，參將師以律等出高家堡、神木、孤山爲左軍，參將孫朝梁等出定邊、安邊、平山爲右軍，而自以大軍當一面。銜枚疾趨，踰塞六十里。寇莫知所防，大潰。俘斬四百有奇，獲馬駝牛羊千五百。再進秩，予廕。尋以病歸。

中華書局

二十五年，日本封事敗，起貴備倭總兵官，赴朝鮮。已，加提督，盡統南北諸軍。貴馳至王京，倭已入慶州，據閑山島，圍南原。守將楊元遁，全州守將陳愚衷亦遁，倭乘勢逼王京。貴別遣副將解生守稷山，朝鮮亦令都體察使李元翼出忠清道遮賊鋒。生頗有斬獲功，參將彭友德亦破賊青山。倭將行長退屯井邑，清正還慶州。經略邢玠、經理楊鎬先後至，分兵三協：左李如梅，右李芳春、解生，中高策。貴與鎬督左右協兵專攻清正。策駐宜寧，東援兩協，西扼行長。諸軍至慶州，倭悉退屯蔚山，如梅誘敗之。清正退保島山，築三砦自固。遊擊茅國器率死士拔其砦，斬馘六百五十，諸軍遂進圍其城。城新築以石，堅甚，將士仰攻多死。圍十日，倭襲敗生兵。明年正月二日，行長來援，九將兵俱潰。賊張旗幟江上，鎬大懼，倉皇撤師，以捷奏。既而敗狀聞，帝罷鎬，責貴以功贖。與劉綎、陳璘、董一元分四路。貴居東，當清正，數戰有功。會平秀吉死，官軍益力攻。十一月，清正先遁，貴遂入島山、西浦，諸路共俘斬二千二百有奇。明年三月，旋師。進右都督，予世廕。

三十八年命貴鎮遼東。泰寧炒花素桀驁，九子各將兵，他部宰賽、煖兔又助之。邊將畏戰，但以增歲賞爲事，寇益無所忌。明年，臨邊要賞，將士出不意擊之，拔營遁，徙額力素居焉。其地忽天鳴地震，炒花驚懼，再徙渡老河，去邊幾四百里，其第三子色特哂之，南移可可毋林，伺隙入犯。貴伏兵敗之，追北至白雲山，斬馘三百四十有奇。色特憤，謀復讐，

糾宰賽、以兒鄧，皆不應。乃東糾卜言顧、伯要兒，西糾哈剌漢乃蠻，合犯清河，皆潰。以兒鄧等懼，代炒花求款，邊境乃寧。明年，插漢虎墩兔以三萬騎入掠穆家堡。禦之敗去。其夏，貴引病乞罷，詔乘傳歸。

貴果毅驍捷，善用兵，東西並著功伐。先後承特賜者七，錫世廕者六。及歿，予祭葬。稱一時良將焉。

兄錦，少從父行陣，有戰功。累官千總，協守大同右衞。千戶魏昂者，坐罪亡入沙漠，引寇至城下，挾取妻子，錦伏甲擒之。俺答圍城，數突圍，城卒完。尋以殺人，幷父奪官下吏。當事以塞上方用兵，而錦父子兄弟並敢戰，曲法貸之。屢遷宣府遊擊將軍。以勤王功，進秩一等，遷大同參將。隆慶初，進本鎮副總兵，從趙岢出塞敗寇兵，與弟貴並有保境功。俺答納款，錦招塞外叛人歸者甚衆。萬曆五年擢山西總兵官。尋改鎮宣府，卒。

錦子承勛，遼東副總兵，都督僉事，南京後府僉書。從子承恩，都督同知，宣府、延綏、大同總兵官。更歷諸鎮，以勇力聞。後起援遼東，屢退避，下獄當死。詔納馬八百匹免罪，其家遂破。承詔，寧夏參將。從平哱拜有功。後爲蒼頭所弒。承訓，薊鎮副總兵。承宣，洮岷副總兵。承宗，遼東副總兵。天啓初，戰死沙嶺。

麻氏多將才。人以方鐵嶺李氏，曰「東李西麻」。

贊曰：自俺答款宣、大，薊門設守固，而遼獨被兵。成梁遂擅戰功，至剖符受封，震耀一時，倘亦有天幸歟。麻貴宣力東西，勳閥可稱。兩家子弟多歷要鎮，是以時論以李、麻並列。然列戟擁麾，世傳將種，而恇怯退避，隳其家聲。語曰「將門有將」，諸人得無愧乎！

校勘記

〔一〕五年五月土蠻復入　原脫「五年」。明史稿傳一一五李成梁傳作「五年」。按神宗實錄卷六三萬曆五年六月丁卯條稱：「先是五月丙申，土蠻入犯錦州。」事在萬曆五年五月甚明，據補。

〔二〕復以二萬餘騎從大鎮堡入攻錦州　傳文記此事於九年正月之前，本書卷二〇神宗紀、神宗實錄卷一〇八均繫於萬曆九年正月癸酉。

〔三〕十九年閏三月　閏三月，原作「閏二月」。按是年閏三月，不閏二月，今改。

〔四〕殺二百八十人　本書卷二二一及明史稿傳一〇二郝杰傳作「獲老弱二百八十餘級」。

〔五〕成梁獻議移建孤山堡於張其哈剌佃　張其哈剌佃，本書卷二二二張學顏傳作「張其哈佃」。

〔六〕固原總兵李昫攻其西　李昫，原作「李煦」，據明史稿傳一一六麻貴傳、神宗實錄卷二四九萬曆二十六年六月丁酉條改。

明史卷二百三十九

列傳第一百二十七

張臣 子承廕 孫應昌 全昌 德昌 董一元 王保 杜桐 弟松

子文煥 孫弘域 蕭如薰 達雲 尤繼先 官秉忠

柴國柱 李懷信

張臣，榆林衞人。起行伍，爲隊長。蹻捷精悍，搏戰好陷堅。從千總劉朋守黄甫川。朋遇寇喪馬被圍，臣單騎馳救，射中其魁，奪馬載朋歸，由此知名。旋代朋職，屢戰跨馬梁、李家溝、高家堡、田家梁、西紅山，並有功，遷宣府膳房堡守備。寇嘗大入，環攻堡，欲生得臣。臣召麾下酌水爲酒，歡呼歌飲，寇莫測所爲，不敢登。臣夜決圍出，取他道以歸。上官壯之，擢延綏入衞遊擊將軍。

隆慶元年九月，土蠻大入昌黎、撫寧、樂亭、盧龍，遊騎至灤河。諸將莫敢戰，臣獨勒兵赴之。遼帥王治道曰：「敵衆我寡，往必無利。」臣不顧，率所部千人擐甲直馳，呼聲震山谷，寇以數騎嘗，奮前斬之。追至棒槌崖，斬首百十餘級，墜崖死傷者無算。事寧，薊鎭諸將悉獲罪，臣以功增秩二級。無何，寇潛入楊子嶺，參將吳昂被殺，命臣代之。尋進副總兵，領總督標下事，改守薊鎭西協。

萬曆初，錄秋防功，進署都督僉事。炒蠻潛入古北口，參將范宗儒追至十八盤山，戰歿，餘衆被圍。臣急偕遊擊高廷禮等馳救，寇始去，坐鐫一秩。五年春，以總兵官鎭守寧夏。順義王俺答報怨瓦剌，欲取道賀蘭，臣不可，俺答恚，語不遜。臣夜決漢、唐二渠水，道不通，復陳兵赤水口，〔一〕俺答乃從山後去。三歲互市，毋敢譁者。閱邊給事中以苛禮責望，劾罷之。

十一年，小阿卜戶犯黑峪關，守將陳文治以下俱逮繫。詔起臣副總兵，駐守馬蘭峪。會朶顏長昂屢擾邊，薊鎭總兵官楊四畏不能禦，乃調四畏保定，而徙臣代之。長昂雅憚臣，使其從母土阿、妻東桂款關乞降，乃撫賞如初。猛可眞者，俺答弟老把都棄妾也，坐與小阿卜戶犯黑峪關，罷歲賞。既納款，復猖獗，以謾詞報邊臣，而令大嬖只代爲謝罪。大嬖只者，順義王乞慶哈棄妾也。臣等測其詐，令將士出塞捕二十三人，繫之獄，令還我被掠人。猛可眞以所愛者五人在俘中，許獻還所掠，親叩關索故賞。臣等幷召大嬖只入演武場，譙責甚厲。兩婦叩頭請死，乃貸之。先後獻還八十餘人，中有被拘數十年者。臣以功紀錄優敍。尋進署都督同知，召僉書左府事。出爲陝西總兵官，鎭守固原。

十八年春，移鎭甘肅。火落赤犯洮、河，卜失兔將往助之，其母泣沮，不從，遂攜妻女行，由永昌宋家莊穴牆入。臣逆戰水泉三道溝，手格殺數人，奪其坐纛。卜失兔及其黨炒胡兒並中流矢走，臣亦被創。將士斬級以百數，生獲其愛女及牛馬羊萬八百有奇。卜失兔仰天大慟曰：「傷哉我女，悔不用母言，以至此也。」自是不敢歸巢，與宰僧匿西海。已，屬宰僧謝罪，其母及順義王亦代爲言，乃還其女，而使歸套。臣以功進秩爲眞。

時諸部長桀驁甚，經略鄭洛專主款。臣以爲不足恃，上書陳八難、五要。大略云：邊薄兵寡，餉絀寇驕，諸部順逆難明，宜復額兵，嚴勾卒，足糧餉，分敵勢，明賞罰。且以創重乞歸，帝不許。後二年，謝病去。臣更歷四鎭，名著塞垣，爲一時良將。

子承廕，由父廕積功至延綏副總兵。勇而有謀，尤精騎射，數鏖戰未嘗挫衄。萬曆三十七年代王威爲延綏總兵官。沙計及猛克什力數犯邊。是年冬，復犯波羅、神木。承廕邀卻之，追斬八十餘人。沙計欲修貢，守臣惡其反覆，拒之，益徙近邊，以數千騎犯雙山堡。

承廕擊走之，俘斬百二十有奇。四十年，沙計復入塞。承廕遮擊之嚮水，斬首百七十餘級。積前功，進署都督同知，世廕本衞副千戶。是歲，遼東總兵官麻貴罷，敕承廕馳代之。蟒金諸部近寧前，守將祖天壽間出獵，被圍曹莊，將士死者二百三十人，被掠者六百餘人，天壽以數騎免。事聞，論死。承廕初抵任，獲免。敖克等犯中後所，拒斬其二長，餘走出塞。時虎墩兔、炒花、煖兔、宰賽逼處遼境，無歲不犯邊。承廕未至時，虎墩兔以三萬騎犯穆家堡，參將郎名忠等遏斬其四十餘騎。及再舉，守將梁汝貴襲破其營。已而乃蠻諸部連犯中後所、連山驛，副總兵李繼功等力戰，殪其魁，徐引去。自是虎墩兔所屬貴英哈等三十餘部悉奉約束，遼西得少安。承廕旋以病去。甫歲餘，起守薊鎭。未至，復改鎭遼東。

四十六年四月，我太祖高皇帝起兵，拔撫順，巡撫李維翰趣承廕赴援。承廕急率副將頗廷相、參將蒲世芳、遊擊梁汝貴等諸營並發，次撫順。承廕據山險，分軍三，立營浚濠，布列火器。甫交鋒，大清兵蹴之，大潰。承廕、世芳皆戰死。廷相、汝貴已潰圍出，見失主將，亦陷陣死。將士死者萬人，生還者十無一二，舉朝震駭。既而撫安、三岔兒、白家衝三堡連失，詔逮維翰，贈承廕少保，左都督，立祠曰精忠，世廕指揮僉事。廷相以下，贈廕有差。

承廕子應昌、全昌、德昌。應昌嗣祖臣職，當爲指揮僉事。以父陣亡，增三秩爲都司僉書，經略楊鎬用爲左翼遊擊。四路出師，使從李如柏。天啓元年，遷大同井坪參將，調延綏。二年秋，河套入犯，不能禦，免歸。督師孫承宗召置麾下，命駐錦州。承宗去，高第盡撤松、錦守具，應昌亦歸。

崇禎二年，總督楊鶴檄應昌署定邊鎮將事。河套入寇，擊斬百二十餘級，擢昌平副總兵，鶴遂薦應昌以副將鎮定邊。四年春，神一元陷保安，應昌偕左光先破斬一元。其弟一魁代領其衆，圍慶陽。應昌及杜文煥趨戰，圍始解。不沾泥圍米脂，應昌偕王承恩擊走之。楊鶴撫一魁，處之寧塞，而殺其黨茹成名。賊黨張孟金、黃友才懼，挾一魁以叛。延綏巡撫張福臻令應昌及馬科擊之，斬首千七百餘級。友才走，一魁守不下。其冬，洪承疇代鶴，命參政戴君恩、總兵曹文詔同應昌討之。數敗賊，賊棄城走。文詔偕應昌擊敗之駙馬溝。明年春，應昌擒友才。混天猴陷宜君、鄜州，襲靖邊，應昌追敗之，射傷賊將白廣恩。八月，山西總兵官馬士麟病免，擢應昌都督僉事代之。言者謂寧武卒善逃，宜令應昌率所部三千人以從，報可。王之臣陷臨縣。其地倚黃雲山，榆林河水出焉，入於黃河。城三面峭壁，西阻水。巡撫許鼎臣、總督張宗衡督兵攻。賊與土寇田福、田科等相倚，久不拔。會王自用陷遼州，逼會城。鼎臣還，專以恢復責應昌。六年春，賊約福劫官軍，撫標中軍陳國威因僞稱之臣往逆，斬福頭懸城下，急擊，賊始降。

應昌在關中，威名甚著。及是選愞逗撓，務與賊相避。總督宗衡五檄之不赴，奏諸朝，限應昌與文詔三月平賊。應昌避賊不擊，殺良民冒功，爲巡按御史李嵩、兵科祝世美所劾。帝乃遣近侍爲應昌內中軍。七月，部卒潰鳴謙驛。監視中官劉允中劾其避賊，帝猶貸之，令會剿畿南賊。久之，擊賊平山，僞報首功，連爲允中及巡按御史馮明玠、眞定巡撫周堪賡所劾，帝令圖功自贖。七年春，追賊靈寶，稍有功。已，擊賊均州五嶺山，敗績。身中一矢，退還河南。其弟全昌爲宣府總兵官。宣府有警，令應昌援，又無功，命解職候勘。

八年，洪承疇出師河南，令率私家士馬以從。三月抵信陽。會賊大入秦，承疇命應昌及鄧玘、尤翟文防漢江南北。玘死，承疇以賊必由鳳縣棧道直入略陽，改命應昌、翟文自鄖陽轉赴興安、漢中，以會左光先、趙光遠諸軍。至六月，艾萬年、曹文詔相繼戰歿，賊盡趨西安，承疇急檄應昌及光先還救。八月，李自成陷咸陽。越二日，應昌、光先兵至，擊斬四百四十餘級，獲軍師一人。及全昌兵敗陷賊，其潰卒歸關中，掠沿河州縣。山西巡撫吳甡請令應昌收置麾下，應昌已得疾，不能軍。無何卒。

全昌由廕敍，歷官靈州參將。崇禎四年與同官趙大胤擊點燈子於中部，已，連戰郃陽、韓城，首功多。巡撫練國事請加二將副將銜。大胤駐耀州、富平間，扼賊西路；全昌駐韓城、郃陽間，扼賊東路。五年七月代應昌爲定邊副總兵。曹文詔追賊隴州、平、鳳界，全昌及馬科率千人應之，殄滅殆盡。

明年五月擢署都督僉事，充總兵官，鎮守宣府。應昌方鎮山西，兄弟接壤爲大帥。明年七月，大清兵西征插漢，旋師入其境。攻圍龍門、新城、赤城，克保安州，薄鎮城，全昌嬰城固守。已而大清兵西行，全昌進兵應州。帝以其孤軍，敕吳襄、尤世威赴援，不應。全昌至渾源，以捷聞，還軍葛峪、羊房口。襄等復不援。八月，大清兵再入其境。閏八月四日克萬全右衞，〔二〕他城堡多失守。既解嚴，兄應昌以罪解職，命全昌并將其軍。兵科常自裕言文臣張宗衡等重論，而武臣輕貸，非法。於是全昌與文詔並戍邊。用山西巡撫吳甡請，命全昌、文詔爲援剿總兵官，與猛如虎等大破高加計。

八年春，會洪承疇於汝寧，擊敗汝州賊。俄西入關，與祖大弼敗賊醴泉。五月與賀人龍敗老回回於秦王嶺。尋解鳳翔圍，走賊秦州，敗之張家川。已而都司田應龍、張應龍戰死，艾萬年、曹文詔相繼歿，官軍益衰，賊盡趨西安。承疇急檄全昌及曹變蛟先赴渭、華格其前，親督軍尾其後，却賊紅鄉溝，賊乃南入商、雒。承疇又命全昌及趙光遠提兵三千截潼關大峪口，部卒大譁，闌入衆澤，劫庫殺人。河南巡撫玄默請急援盧氏，不聽。光遠擅歸關中，全昌迤邐至潁州。九月中，追蝎子塊於沈丘瓦店，戰敗被執，賊挾之攻

蘄、黃。全昌因代賊求撫，總理盧象昇不許，責全昌喪師辱國，曰「賊果欲降，可滅其黨示信」。賊不聽命。久之，全昌脫歸，謁象昇陽和。象昇令募兵山、陝。尋薦之朝，令赴軍前立功，帝不許。十年四月，以楊嗣昌言逮付法司，謫戍邊衞。

德昌，崇禎初爲清水營守備。三年夏，剿王嘉胤被傷，坐奪官。久之，起歷保定參將，連破土寇仁義王。十四年春，總督楊文岳命從虎大威以五千人援開封，不敢進。其冬，擢保定副總兵，仍從文岳，數有功。十六年卒。贈特進榮祿大夫，左都督。

董一元，宣府前衞人。父暘，嘉靖中爲宣府遊擊將軍。俺答犯滴水崖，力戰死。贈官錫廕，春秋世祀。兄一奎，都督僉事。歷鎮山西、延綏、寧夏三邊，以勇敢著。一元勇如兄，而智略過之。嘉靖時，歷薊鎮遊擊將軍。土蠻、黑石炭等以萬餘騎犯一片石，總兵官胡鎮禦之，一元功最，超俸三級，遷石門寨參將。隆慶初，破敵棒槌崖，功復最。再進二級，遷副總兵，駐防古北口。移守宣府。

萬曆十一年以都督僉事爲昌平總兵官，尋徙宣府。十五年徙薊州。〔三〕久之，劾罷。鄭

洛經略洮、河，命一元鎮兵西寧。火落赤入犯，一元擊之西川，多所斬獲。尋以副總兵協守寧夏，擢延綏總兵官。哱拜之亂，套中諸部長悉助之。一元乘其西掠，輕騎擣土昧巢，獲首功百三十，驅其畜產而還，寇內顧引去。進署都督同知，入為中府僉事。

遼東自李成梁後，代以楊紹勳，一歲三失事。尤繼先繼之，半歲病去。廷議擇帥，乃以命一元。泰寧速把亥為官軍所殺，其次子把兔兒常欲復讎。從父炒花及姑壻花大助之，勢益強。西部卜言台周，故插漢土蠻子也，部衆十餘萬，與把兔兒東西相倚，數侵邊。至是卜言合一克灰正、腦毛大諸部，聲犯廣寧。而把兔兒以炒花、花大、煖兔、伯言兒之衆營舊遼陽，將入掠鎮武、錦、義。一元與巡撫李化龍策曰：「卜言雖衆，然去邊遠，我特患把兔兒及炒花耳。今其衆不過萬騎，破之則西部將不戰走。」乃遣副將孫守廉馳右屯禦西部，而親將大軍匿鎮武外，為空營待之。寇騎馳入營，大笑，以為怯，乃深入。官軍忽從中起，奮呼陷陣，自午至酉。寇大奔，逐北七十餘里，至白沙堝。俘斬五百四十有奇，獲馬駝二千計。伯言兒中矢死，把兔兒亦傷，餘衆終夜馳，天明駐馬環哭。其明日，卜言台周入右屯，攻五日夜。守廉等固守，乃引去。時二十二年十月也。捷聞，帝大喜，祭告郊廟，宣捷行賞，進一元左都督，加太子太保，廕本衞世指揮使。兵部尚書石星以下亦進秩有差。

伯言兒最慓悍，諸部倚以為強。嘗誘殺慶雲守備王鳳翔，坐革歲賞。至是被殲，諸部為

奪氣，其部下遂納款。把兔兒、炒花及卜言台周、瓜兔兒、歹青復臨邊駐牧，期以明年正月略遼、瀋東西。一元廬歲晏不備，為寇所乘，乃先西巡以遏其鋒。化龍亦留弱卒廣寧，數西發以疑寇。一元提健卒，踏冰渡河，監軍楊鎬與之俱。度墨山，天大雪，將士氣益奮。行四百里，三日夜乃抵其巢。斬首百二十級，獲牛馬甲仗無算，全師而還。把兔兒以鎮武創重，歎曰：「我竟不獲報父讎乎？」未幾死，其衆散亂，諸部悉遠遁。一元以功進世廕二秩。久之，以病歸，命王保代。

朝鮮再用師，詔一元隸總督邢玠麾下，參贊軍事。尋代李如梅為禦倭總兵官。時兵分四路。一元由中路，禦石曼子於泗州，先拔晉州，下望晉，乘勝濟江，連毀永春、昆陽二寨。賊退保泗州老營，攻下之，遊擊盧得功陣歿。前逼新寨。寨三面臨江，一面通陸，引海為濠，海艘泊寨下千計，築金海、固城為左右翼。一元分馬步夾攻。步兵遊擊彭信古用大棓擊寨，碎其數處。衆軍進逼賊濠，毀其柵。忽營中礮裂，煙焰漲天。賊乘勢衝擊，固城援賊亦至。騎兵諸將先奔，一元亦還晉州。事聞，詔斬遊擊馬呈文、郝三聘，落信古等職，充為事官；一元亦奪宮保，貶秩三等。會關白死，倭遁走。石曼子為陳璘所殲，一元得還故秩，賚銀幣。久之卒。一元歷鎮衞邊，並著勞績。與麻貴、張臣、杜桐、達雲為邊將選云。

王保，榆林衞人。驍勇絕倫，起行伍，積功為延綏參將。萬曆十六年遷延綏、定邊副總兵。十九年冬，擢署都督僉事，充昌平總兵官，尋改山西。薊鎮總兵官張邦奇被劾，命保與易任。自嘉靖庚戌後，薊鎮重於他鎮，他鎮不得比。迨俺答款塞，宣、大、山西三鎮烽煙寂然。陝西四鎮以火落赤敗盟，始復用兵，然寇弱易禦。獨泰寧、福餘諸部時時犯遼東。而薊門密邇王畿，與遼帥俱慎選。以保有威望，用之。朶顏長昂當張臣鎮薊時納款。居五六年，復連寇石門路、木馬峪、花場谷，[四]遂罷其市賞。後偕銀燈寇山海關。已，又馳喜峰口要賞。邦奇佯許增市，誘殺其通事二十五人。長昂益怒，犯大青山。頃之，遣其黨小郎兒等潛伏喜峰口，射殺偵卒。會保已至，遂擒之。長昂每資小郎兒籌策，懼而謝罪，獻還被掠人畜，保乃釋還小郎兒。長昂補五貢，邊吏始補二賞，互市如初。御史陳遇文援穆宗詔以請，進保署都督同知，副將張守愚以下皆進秩。

薊三協南營兵，戚繼光所募也，調攻朝鮮，撤還，道石門，鼓譟，挾增月餉。保誘令赴演武場，擊之，殺數百人，以反聞。給事中戴士衡、御史汪以時言南兵未嘗反，保縱意擊殺，請遣官按問。巡關御史馬文卿庇保，言南兵大逆有十，尚書石星附會之，遂以定變功進保秩為眞，廕子。督撫孫鑛、李頤等亦進官受賜，時論尤之。

二十三年冬，順義王撦力克弟趕兔率三軍犯白馬關及東西臺，為守備徐光啓，副將李

芳春、戴延春所卻。明年秋，復偕部長倒布犯黑谷頂，敗而去。保度其再至，分營幵連口及橫河兒。[五]寇果馳橫河。官軍夜半疾抵石塘嶺，襲其營。寇大驚潰，乘勢追出塞。其冬，復犯羅文峪，敗去。詔代一元鎮遼東。朝鮮再用師，敕保防海，卒於海州。贈左都督。子學書，宣府總兵官。學詩、學禮並副總兵。學書既里居，守榆林城，拒李自成，不屈死。

杜桐，字來儀，崑山人，徙延安衞。萬曆初，由世廕累官清水營守備，以謀勇著。遷延綏入衞遊擊將軍，改古北口參將。用總督梁夢龍薦，擢延綏副總兵。十四年就拜署都督僉事，充總兵官。

時卜失兔以都督同知為套中主，威令不行，其下各雄長，志常叵測。朔漠素無痘症，自嘉靖庚戌深入石州，染此症，犯者輒死。打兒漢者，卜失兔祖吉能部落也，數將命奉貢，累官指揮同知。一日，互市還，與其儕禿退台吉等俱染痘死。禿退子阿計疑邊吏酖其父，思亂。及卜失兔西助火落赤共擾河西，諸部遂蠢動。十九年冬，打兒漢子土昧與他部明安互市訖，復臨邊要賞，聲犯內地。桐與巡撫賈仁元計先出兵襲之。乃令參將張剛自神木，遊擊李紹祖自孤山，桐率輕騎自榆林，三道並出。遇寇力戰，大破之，斬首四百七十餘級，誠

明安而還。延綏自吉能納款，塞上息肩二十年，自此兵端復開。明安子擺言太日思報復，寇鈔無已時矣。桐先被劾罷，以是役功，超授右都督，僉書後府。

二十一年以總兵官鎮保定。二十四年徙延綏。明年再徙鎮寧夏。著力兔、宰僧入犯，逆戰水塘溝，俘斬百二十。寇益糾諸部連犯平虜、興武，桐督諸將馬孔英、鄧鳳、蕭如蕙等連破之，斬首二百餘級。而延綏將士亦數搗巢，諸部長懼，乞款，詞甚哀。三十年，二鎮撫臣孫維城、黃嘉善協謀撫之，乃復貢市。論功，文臣自內閣以下悉進官。桐以先去職，但賚銀幣，許復用而已。久之，卒於家。桐自偏裨至大帥，積首功一千八百，時服其勇。

弟松，字來清。有膽智，勇健絕倫。由舍人從軍，累功為寧夏守備。萬曆二十二年，卜失兔掠張春井，大入下馬關。松偕遊擊史見、李經以二千餘騎邀擊馬蓮井，小勝，誤入伏中，見戰死，松、經皆重傷，士卒死過半。麻貴援軍至，松復裹創力戰，寇始敗走。時松已進遊擊將軍，論功還延綏參將。貴大舉搗巢，松以右軍出清平塞，多所斬獲，進副總兵。尋以本官改寧夏東路。松為將廉，尚氣不能容物。嘗因小忿薙髮為僧，部議聽其歸。尋起孤山副總兵。三十三年擢署都督僉事，代李如樟鎮延綏。明年，套寇犯安邊、懷遠，松大破之，改鎮薊州。

三十六年夏，代李成梁鎮遼東。十二月敗敵連山驛。賴暈歹者，朶顏長昂子也，狡黠為邊患。與從父蟒金潛入薊鎮河流口，大掠去。復結黃台吉謀犯喜峰口。松受總督王象乾指，潛搗黃台吉帳，以牽薊寇。乃從寧遠中左所夜馳至哈流兔，掩殺拱兔部落百四十餘級。以大捷聞，邀重賞。副使馬拯謂拱兔內屬，不當剿，彼且復讐，與松相訐。松忿，邀賞愈急，詔予之。拱兔果以無罪見剿怒，小歹青又數激之，乃以五千騎攻陷大勝堡，執守將耿尚仁支解之。深入小凌河，肆焚掠。遊擊于守志遇於山口，大敗，死千餘人，守志亦重創。松駐大凌河，不敢救。遼人多咎松，朝議謂松前僅抵錦州邊十里，未嘗出塞，所殺乃保塞部落，悉縛殺之，非陣斬。松愈忿，言撫按諸臣附會馬拯，害其奇功。自提兵出塞，將搗巢以雪前恥，而所得止五級，士馬多陷大凌河。松益慚憤，數欲自經，盡焚其鎧冑器仗，置一切疆事弗問。兵部以聞，乃勒松歸里，而以王威代之。

松既廢，時多惜其勇，然惡其僨事，無推轂之者。至四十三年，河套寇大入，令松以輕騎搗火落赤營。獲首功二百有奇，復敍用。逾二年，薊、遼多事，特設總兵官鎮山海關，以松任之。四十六年，張承廕戰歿，詔松馳援遼陽。明年二月，楊鎬議四路出師。以撫順最衝，令松以六萬兵當之，故總兵趙夢麟、保定總兵王宣為佐。期三月二日抵二道關，會李如柏等並進。松勇而無謀，剛愎使氣。二十九日夜，出撫順關，日馳百餘里，抵渾河。半渡，河流急，不能盡渡。松醉趣之，將士多溺河中。松遂以前鋒進，連克二小砦，松喜。三月朔乘勢趨撒爾湖谷口。時大清方築城界凡山上，役夫萬五千，以精騎四百護之。聞松軍至，精騎則盡伏谷口以待。松軍過將半，伏兵尾擊之，追至界凡渡口，與築城夫合據山旁吉林崖。明日，松引大軍圍崖，別遣將營撒爾湖山上。松軍攻崖，方戰，大清益千人助之，已又續遣二旗兵趨界凡以為援，而遣六旗兵攻松別將於撒爾湖山。明日，六旗兵大戰，破撒爾湖山軍，死者相枕藉。所遣助吉林崖者，自山馳下擊松軍，二旗兵亦直前夾擊，松兵大敗，松與夢麟、宣皆歿於陣。橫屍亙山野，流血成渠。大清兵逐北二十里，至勺琴山而還。時車營五百尚阻渾河，而松已敗。頃之，馬林、劉綎兩軍亦敗，獨李如柏一軍遁還。事聞，朝議多咎松輕進。天啓初，贈少保左都督，世廕千戶，立祠賜祭。宣亦贈官，立祠，世廕指揮僉事。宣，榆林人。夢麟，見父岢傳。

桐子文煥，字弢武。由廕敍，歷延綏遊擊將軍，累進參將、副總兵。四十三年擢署都督僉事、寧夏總兵官。延綏被寇，文煥赴救，大破之。明年遂代官秉忠鎮延綏。屢敗寇安邊、保寧、長樂，斬首三百有奇。西路火落赤、卜言太懼，相率降。沙計數盜邊，為文煥所敗，遂納款。既而復與吉能、明愛合，駐高家、柏林邊，要封王、補賞十事。文煥襲其營，斬首百五

十。火落赤諸部落攢刀立誓，獻罰九九。九九者，部落中罰駝馬牛羊數也。已，沙計又伏兵沙溝，誘殺都指揮王國安，糾猛克什力犯雙山堡，復犯波羅。文煥擊破之，追奔二十餘里。當是時，套寇號十萬。然其衆分四十二枝，多者二三千，少不及千騎，屢不得志。沙計乃與吉能、明愛、猛克什力相繼納款，延綏遂少事。文煥尋以疾歸。天啓元年再鎮延綏。詔文煥援遼，文煥乃遣兵出河套，搗巢以致寇。諸部大恨，深入固原、慶陽，圍延安，揚言必縛文煥，掠十餘日始去。命解職候勘。奢崇明圍成都，總督張我續請令文煥赴救。至則圍已解，偕諸軍復重慶。崇明遁永寧，文煥頓不進。尋擢總理，盡統川、貴、湖廣軍。度不能制賊，謝病去。坐延綏失事罪，戍邊。七年起鎮寧夏。寧、錦告警，詔文煥馳援，俄令分鎮寧遠。進右都督，調守關門。尋引疾去。

崇禎元年錄重慶功，廕指揮僉事。三年，陝西羣盜起，五鎮總兵並以勤王行。總督楊鶴請令文煥署延鎮事，兼督固原軍。數敗賊，賊亦日益多。會山西總兵王國樑擊王嘉胤於河曲，大敗，賊入據其城。部議設一大將，兼統山、陝軍協討。乃令文煥為提督，偕曹文詔馳至河曲，絕饟道以困之。神一元陷寧塞，文煥家破。遂留文詔，令文煥西還。四年，御史吳甡劾其殺延川難民冒功，給事中張承詔復劾之，下獄褫職。十五年用總督楊文岳薦，以故官討賊。無功，復謝病歸。

子弘域，天啓初歷延綏副總兵。七年夏，文煥援遼，卽擢總兵官，代鎭寧夏。積資至右都督。崇禎中，提督池河、浦口二營練兵，遏賊南渡，頗有功。十三年移鎭浙江。尋謝病去。國變後，文煥父子歸原籍崑山，卒。

蕭如薰，字季馨，延安衞人。萬曆中，由世廕百戶歷官寧夏參將，守平虜城。

二十年春，哱拜、劉東暘據寧夏鎭城反，遣其黨四出略地。拜子承恩徇玉泉營，遊擊傅桓拒守，爲其下所執。賊已徇中衞及廣武，參將熊國臣等棄城奔，列城皆風靡。賊黨土文秀徇平虜，獨如薰堅守不下。如薰妻楊氏，故尚書兆女也，賢而有智，贊夫死守，日具牛酒犒士。拜養子雲最驍勇，引河套著力兔急攻。如薰伏兵南關，佯敗，誘賊入，射雲死，餘衆敗去。又襲著力兔營，獲人畜甚多。著力兔憤，復來攻，爲麻貴所却，城獲全。初，帝聞如薰孤城抗賊，大喜，厚賚銀幣，擢官副總兵。六月遂以都督僉事爲寧夏總兵官，盡統延綏、甘肅、固原諸援軍。其秋竟與李如松等共平賊，再進署都督同知，廕錦衣世指揮僉事，妻楊氏亦被旌。

二十二年八月，卜失兔西犯定邊，闌入固原塞，副將姜直不能禦，遂由沙梁隤牆入，直

抵下馬關，縱橫內地幾一月。如薰免官，直下吏。尋復以總兵官鎭守固原。套寇入犯，擊却之。青海寇糾番族犯洮、岷，如薰及臨洮總兵孫仁禦之，擒斬三百四十有奇，撫叛番五千人，獲駝馬甲仗無算。再鎭寧夏。銀定、歹成數入犯，輒挫衄去。徙鎭薊州。久之，罷歸。再起故官，鎭延綏。

天啓初，廷議京軍不足用，召邊將分營訓練。如薰典神機營。陛見，帝賜食加獎勞焉。明年出鎭徐州。俄召還京，復以總兵官鎭守保定。五年夏，魏忠賢黨劾其與李三才聯姻，遂奪職。崇禎初卒，賜恤如制。

如薰爲將持重。更歷七鎭，所在見稱。自隆慶後，款市既成，烽燧少警，輦下視鎭帥爲外府。山人雜流，乞朝士尺牘往者，無不饜所欲。薊鎭戚繼光有能詩名，尤好延文士，傾貲結納，取足軍府。如薰亦能詩，士趨之若鶩，賓座常滿。妻楊氏、繼妻南氏皆貴家女，至脫簪珥供客猶不給。軍中患苦之，如薰莫能却也。一時風會所尚，諸邊物力爲耗，識者歎焉。

如薰祖漢，涼州副總兵、都督僉事。父文奎，京營副將、都督同知。兄如蘭，陝西副總兵、都督僉事，前府僉書；如蕙，寧夏總兵官、〔六〕都督同知；如芷，提督南京敎場、都督僉事。

達雲，涼州衞人。勇悍饒智略。萬曆中，嗣世職指揮僉事。擢守備，進肅州遊擊將軍。炒胡兒入犯，偕參將楊濬擊敗之，遷西寧參將。

永邵卜者，順義王俺答從子也，部衆强盛。先嘗授都督同知，再進龍虎將軍。自以貢市在宣府，守臣遇己厚，不可逞，乃隨俺答西迎活佛，留據青海，與瓦剌他卜囊歲爲西寧患。〔七〕嘗誘殺副將李魁。〔八〕邊臣不能報，益有輕中國心。二十三年九月九日度將士必燕飲，擁勁騎直入南川。屬番偵告，雲設兵要害，令番人繞出朶爾硤口外，潛扼其背，而己提精卒二千與戰。方合，伏忽起，寇首尾不相顧，番人夾擊，大敗之。雲手馘其帥一人，斬首六百八十餘級。其走峽外者，又爲番人所殲。獲駝馬戎器無算。爲西陲戰功第一。所馘把都爾哈，卽前殺李魁者，其地卽魁陣亡處，時又皆九月也。先是，副將李聯芳爲寇所殺，總兵尤繼先生獲其讐。邊人以此二事爲快。

雲既勝，度寇必復至，厚集以待。踰月，寇果連眞相、火落赤諸部，先圍番剌卜爾寨以誘官軍。番不能支，合於寇，寇遂逼西川。雲督諸軍營康纏溝，寇悉衆圍之，矢石如雨。雲左右衝擊，自辰至申，戰數十合。寇死傷無算，乃以長鎗鈎杆專犯西寧軍。西寧軍堅不可破，寇始遁，追奔數十里而還。捷聞，帝大喜，遣官告郊廟，宣捷。大學士趙志皋以下悉進官。雲擢都督同知，廕本衞世指揮使。寇歲掠諸番，番不敵則折而入寇。及寇敗遠徙，雲

急招番，復業者七千餘戶。永邵卜連犯明沙、上谷，雲並擊走之。初，南川奏捷，雲已進副總兵，至是命以總兵官鎭守延綏。未幾，鎭甘肅。二十六年，永邵卜復犯西寧，參將趙希雲等陣歿，雲坐停俸。

甘、寧間有松山，賓兔、阿赤兔、宰僧、著力兔等居之，屢爲兩鎭患。巡撫田樂決策恢復。雲偕副將甘州馬應龍、涼州姜河、永昌王鐵塊等分道襲之。寇遠竄，盡拔其巢，攘地五百里。雲以功進右都督，廕世指揮僉事。無何，青海寇糾衆分犯河西，五道俱有備，獻首功百七十有奇。松山既復，爲築邊垣，分屯置戍。錄功進左都督。寇戀其故巢，乘官軍撤防時潛兵入犯，雲據險邀擊之。寇大敗，斬首百六十。加雲太子少保。寇益糾其黨犯鎭番，雲及諸將蔣穎等大破之，斬首三百七十餘級。帝爲告廟，行賞，進雲世廕二秩。寇復入犯，雲破走之。

是時，寇失松山，走據賀蘭山。後連青海諸部寇鈔不已，銀定、歹成尤桀驁。三十三年連營犯鎭番。雲遣副將柴國柱擊之，寇大敗去。未幾，青海寇復大入，將士分道遮擊，生擒其長沙賴，餘敗奔。三十五年敍功，雲增勳廕。是年，松山、青海二寇復連兵犯涼州，雲逆戰紅崖，大獲，斬首百三十有奇。

雲爲將，先登陷陣，所至未嘗挫衄，名震西陲，爲一時邊將之冠。以秋防卒於軍。贈太

子太保。子奇勛，萬曆末爲昌平總兵官。

尤繼先，榆林衞人。萬曆中，積功爲大同副總兵。十八年，火落赤、眞相犯洮、河，副總兵李聯芳等戰死。詔進署都督僉事，充總兵官，代劉承嗣鎭守固原。寇據莽刺、捏工二川，日蠶食番族，且擾西寧。聞官軍大集，卜失兎又敗於水泉，乃乘冰堅渡黃河北走，留其黨可卜列、宗塔兒等五百餘人牧莽刺川南山。南山即石門大山口，走烏思藏門戶也。屬番來告，繼先乃令番以八百人前導，與故總兵承嗣，遊擊原進學、吳顯等疾馳七百里，直抵南山。奮擊，大破之，斬首百五十有奇，生獲十二人。而拜巴爾的者，可卜列從子，前殺聯芳，至是被擒。師旋，寇尾至撒川。見有備，乃夜走。他寇犯鎭羌、西寧、石羊亦俱敗。火落赤遂徙帳西海。錄功，進秩爲眞，增世廕一秩。尋以病歸。起僉中軍府事。

二十一年冬爲遼東總兵官。炒花二千騎入韓家路，繼先督諸軍奮擊，寇乃去。再引疾歸。二十四年起鎭薊州。自戚繼光鎭守十年，諸部雖叛服不常，然邊警頗稀。寇嘗一入靑山口，輒敗去。最後，長昂導班、白二部長入犯，道石門，闖山海關，京東民盡逃入通州。繼先出關，寇已縱掠寧前去。總督蹇達怒繼先不追擊，而繼先方收召降丁八百人，欲倚爲用。達乃疏言番情難馭，恐遺後憂，請調繼先別鎭，俾降丁隨往。部議以延綏杜松與易任，巡撫

劉四科爭之。達復疏言：「守邊在自强，繼先獨言惟藉降丁。去歲出關，何竟不得降丁力？羽書狎至，邊隘虛實久爲所窺。呼吸變生，安所措手！」兵科宋一韓等力主達議，且劾繼先他事。繼先遂罷，卒於家。

繼先眇一目，習兵敢戰，時稱「獨目將軍」。

官秉忠，榆林衞人。萬曆中起世廕，歷官固原參將，擢寧夏、甘肅副總兵。嘗與主將達雲大破寇於紅崖，銀定、歹成屢被挫去。移守薊鎭東協，積功加署都督同知。

四十年五月擢總兵官，代張承廕鎭延綏。套寇犯保寧，秉忠督參將杜文煥等敗之白土澗。[九]一日再捷，俘斬二百五十，馘其長十二人。無何，旗牌撒勒犯長樂，秉忠將輕騎追襲之，大獲。猛克什力犯保寧，秉忠又破之。已而猛克挾賞不獲，再寇保寧及懷遠，秉忠隨所向以勁騎遮擊，先後斬首二百二十有奇。猛克及旗牌復以千餘騎犯波羅，遙見保寧軍，遂遁出塞。

吉能者，卜失兎子，爲套中之主，士馬雄諸部。見卜失兎襲順義王，補其五年市賞，遂挾求封王，且還八年市賞。邊臣不許，則大怨。會他部鐵雷以痘瘡死，妄言邊吏毒殺之。而

沙計盜邊，又被衄去。吉能遂合套中諸部，大舉入寇。東道高家、大柏油、神木、柏林，中道波羅，西道磚井、寧塞諸城堡盡被蹂躪。副將孫洪謨禦之大柏油，中伏被圍。遊擊萬化孚等不救，士卒死傷過半，洪謨遂降。秉忠聞寇入，急遣遊擊張榜潛劫其營，又敗，死四百餘人。會故帥杜松、寧夏帥杜文煥援軍至，並破敵，而秉忠所部亦有斬獲，寇始退。然猶駐塞下，時鈔掠。秉忠亦屢出襲擊，多獲首功，竟以前負被劾去官。方候代，沙計謀從雙山、建安入犯，秉忠設伏待之。遂大敗去，斬其首二百有奇。

四十六年與劉綎、柴國柱等同被召，令僉書前府，尋赴援遼東。楊鎬之四路出師也，令秉忠防守鎭城。無何，辭疾歸。久之卒。子撫民，亦爲寧夏總兵官。

柴國柱，西寧衞人。萬曆中，由世廕歷西寧守備。驍猛善射。從參將達雲擊寇南川，勇冠軍。錄功，進都指揮僉事。寇盜邊，輒爲國柱所挫。屢進涼州副總兵。

松山既復，方建堡置堠，寇數來擾，國柱頻擊却之。銀定、歹成連兵寇鎭番，國柱馳救，斬首二百有奇，獲馬駝甲仗無算。靑海寇大掠鎭羌、黑古城諸堡，守備楊國珍不能禦，國柱急率遊擊王允中等擊走之。銀定、歹成復犯河西，國柱邀擊，獲首功百二十。擢署都督僉

事，陝西總兵官。

三十六年春，改鎭甘肅。銀定、歹成屢不得志，益寇鈔永昌。國柱馳與大戰，敗之，追至麻山湖，斬首百六十有奇。其部落復入寇，守備鄭崇雅等戰歿，國柱坐奪俸一年。河套、松山諸部長合兵入寇，國柱檄諸將分道擊，復斬首百六十。屢加右都督，世廕指揮僉事。久之，罷官。

四十六年夏，召僉書都督府事。無何，代杜松鎭山海關。松敗歿，虎墩兎乘機犯邊，國柱等力遏之。尋移鎭瀋陽。謝病歸。天啓初，追錄邊功，加左都督。卒，賜恤如制。

李懷信，大同人。由世廕歷都指揮僉事，掌山西都司。廉勤，數被推薦。萬曆中，遷延綏中路參將，進定邊副總兵。卜失兎、火落赤、鐵雷、擺言太等歲擾邊。定邊居延綏西，被患尤棘。懷信勇敢有謀，寇入輒敗。其先後鎭帥杜松、王威、張承廕、官秉忠又皆一時選，故邊患雖劇，而士氣不衰。

四十三年擢甘肅總兵官，延人爲立生祠。松山寇入掠蘆溝墩諸處，懷信邀擊，大敗之。斬首三百有奇，獲駝馬甲仗無算。已，復分三道犯鎭番諸堡，懷信亦分遏之。寇引還，將士

尾其後，獲首功百九十有奇。自後寇入多失利去，威名著河西。先是，陝西止設四鎮，自西寧多警，增設臨洮總兵官，遂爲五鎮。然惟甘、延最當敵衝，故擇帥常慎。而甘肅北有松山，南臨青海，諸部落環居其外，尤難禦。懷信在鎮，邊人恃以無恐。

四十七年，遼東急，詔充援剿總兵官，馳赴遼東。時熊廷弼爲經略，令懷信偕柴國柱、賀世賢以四萬人守瀋陽。煖兔、炒花謀入犯，廷弼急移懷信戍首山，寇不敢入。俄泛懿有警，檄懷信禦却之。遼事益急，諸老將多引避。廷弼復負氣凌諸將，懷信不能堪，亦堅臥引疾去。天啓二年起鎮大同。明年罷。已，追錄邊功，進左都督。久之，卒於家。

贊曰：張臣諸人，勇略自奮，著效邊陲，均一時良將選也。董一元白沙堝、壘山之捷，奇偉不下王越。至承廕與松，以將門子捐軀報國，視世所稱「東李西麻」者，相去何等也。

校勘記

〔一〕復陳兵赤木口　赤木口，明史稿傳一一六張臣傳及讀史方輿紀要卷六二作「赤木口」。

〔二〕萬全右衞　本書卷二三莊烈帝紀及國榷卷九三頁五六九五作「萬全左衞」。

〔三〕尋徙宣府十五年徙薊州　明史稿傳一一六董一元傳作「尋徙薊州，又徙宣府」。

〔四〕花場谷　明史稿傳一一六董一元傳附王保傳作「花場谷」。

〔五〕分營开連口及横河兒　开連口，明史稿傳一一六董一元傳附王保傳作「井連口」。

〔六〕寧夏總兵官　明史稿傳一一六蕭如薰傳作「延綏總兵官」。

〔七〕與瓦剌他卜囊歲爲西寧患　明史稿傳一一六達雲傳作「更名瓦剌他卜囊，歲爲西寧患」。

〔八〕李魁　本書卷三三〇西域諸衞傳作「李奎」。

〔九〕敗之白土澗　明史稿傳一一六官秉忠傳、神宗實錄卷四九八萬曆四十年八月壬戌並作「白玉澗」。

明史卷二百四十

列傳第一百二十八

葉向高　劉一燝兄一焜　一煜　韓爌　朱國祚朱國禎

何宗彥　孫如游孫嘉績

葉向高，字進卿，福清人。父朝榮，養利知州。向高甫妊，母避倭難，生道旁敗厠中。數瀕死，輒有神相之。舉萬曆十一年進士，授庶吉士，進編修。遷南京國子司業，改左中允，仍視司業事。

二十六年召爲左庶子，充皇長子侍班官。礦稅橫行，向高上疏，引東漢西邸聚錢事爲鑑，不報。尋擢南京禮部右侍郎。久之，改吏部。再陳礦稅之害，又請罷遼東稅監高淮，語皆切至。妖書獄興，移書沈一貫力諫。一貫不悅，以故滯南京九年。

後一貫罷，沈鯉亦去，朱賡獨當國。帝命增閣臣。三十五年五月擢向高禮部尚書兼東

閣大學士，與王錫爵、于愼行、李廷機並命。十一月，向高入朝，愼行已先卒，錫爵堅辭不出。明年，首輔賡亦卒，次輔廷機以人言久杜門，向高遂獨相。

當是時，帝在位日久，倦勤，朝事多廢弛，大僚或空署，士大夫推擇遷轉之命往往不下，上下乖隔甚。廷臣部黨勢漸成，而中官榷稅、開礦，大爲民害。帝又寵鄭貴妃，福王不肯之國。向高用宿望居相位，憂國奉公，每事執爭效忠藎。帝心重向高，體貌優厚，然其言大抵格不用，所救正十二三而已。東宮輟講者五年，廷臣屢請不得命。三十七年二月，向高擇吉以請，亦不報。自是歲春秋必懇請，帝皆不納。貴妃王氏，太子生母也，薨四日不發喪。向高以爲言，乃發喪。而禮官上其儀注，稽五日不行。向高復爭之，疏乃下。福王府第成，工部以之國請，向高擬旨上。帝不發，改明春。及期迫，向高請先飭儀衞舟車，帝不納。四十一年春，廷臣交章請，復諭改明春。已，忽傳旨，莊田非四萬頃不行，廷臣大駭。向高因進曰：「田四萬頃，必不能足，之國且無日，明旨又不信於天下矣。且王疏引祖制，而祖制無有是事。曩惟世宗時景王有之。景王久不之國，皇考在裕邸，危疑不安。此何可效也？」帝報曰：「莊田自有成例，且今大分已定，何猜？」向高因疏謝，言：「皇考時，名位雖未正，然講讀不輟，情意通。今東宮輟講八年，且不奉天顏久，而福王一日兩見，以故不能無疑。惟堅守明春期，而無以莊田藉口，天下疑自釋。」帝報福王無一日兩見事。

向高有裁斷，善處大事。錦衣百戶王曰乾者，京師奸人也，與孔學、趙宗舜、趙思聖等相訐告。[一]刑官讞未竟，曰乾乃入皇城放礮上疏。刑官大驚，將擬曰乾死罪。曰乾遂訐奏鄭妃內侍姜嚴山與學等及妖人王三詔用厭勝術詛咒皇太后、皇太子死，擁立福王。帝震怒，遶殿行半日，曰：「此大變事，宰相何無言？」內侍即跪上向高奏。奏言：「此事大類往年妖書，然妖書匿名難詰，今兩造具在，一訊即情得。陛下當靜處之，稍張皇，則中外大擾。至其詞牽引貴妃、福王，尤可痛恨。臣與九卿所見皆同，敢以聞。」帝讀竟太息曰：「吾父子兄弟全矣。」明日，向高又言：「曰乾疏不宜發。發則上驚聖母，下驚東宮，貴妃、福王皆不安。宜留中，而別諭法司治諸奸人罪，且速定明春之國期，以息羣喙，則天下帖然無事。」帝盡用其言，太子、福王得相安。貴妃終不欲福王之國，言明年冬太后七十壽，王宜留慶賀。帝令內閣宜諭。向高留上諭弗宣，請今冬預行慶壽禮，如期之國。帝遣中使至向高私邸，必欲下前諭。向高言：「外廷喧傳陛下欲假賀壽名留福王，約千人伏闕請。今果有此諭，人情益疑駭，將信王曰乾妖言，朝端必不靜。聖母聞之，亦必不樂。且潞王，聖母愛子，亦居外藩，何惓惓福王爲？」因封還手諭。帝不得已從之，福王乃之國。

向高嘗上疏言：「今天下必亂必危之道，蓋有數端，而災傷寇盜物怪人妖不與焉。廊廟空虛，一也。上下否隔，二也。士大夫好勝喜爭，三也。多藏厚積，必有悖出之釁，四也。

風聲氣習日趨日下，莫可挽回，五也。非陛下奮然振作，簡任老成，布列朝署，取積年廢弛政事一舉新之，恐宗社之憂，不在敵國外患，而即在廟堂之上也。」其言絕痛切。帝知其忠愛，不能行。

初，向高入閣。未幾，陳用人理財策，力請補缺官，罷礦稅。見帝不能從，乃陳上下乖離之病。兩疏乞罷，帝不允。向高自獨相，即請增閣臣，帝不聽。及吏部尚書孫丕揚以薦賢不用求去，向高特疏請留，亦不報，遂引疾。屢諭，乃出視事。已，又言：「臣屢求去，輒蒙恩諭留。顧臣不在一身去留，而在國家治亂。今天下所在災傷死亡，畿輔、中州、齊、魯流移載道，加中外空虛，人才俱盡。罪不在他人，臣何可不去。且陛下用臣，則當行其言。今章奏不發，大僚不補，起廢不行，臣微誠不能上達，留何益。誠用臣言，不徒縻臣身，臣濫先朝露，有餘幸矣。」帝不省。京師大水，四方多奏水旱。向高又言：「自閣臣至九卿臺省，曹署皆空，南都九卿亦止存其二。天下方面大吏，去秋至今，未嘗用一人。陛下萬事不理，以爲天下長如此，臣恐禍端一發，不可收也。」帝亦不省。

四十年春，向高以歷代帝王享國四十年以上者，自三代迄今止十君，勸帝力行新政。因復以用人行政請，亦不報。向高志不行，無月不求去，帝輒優旨勉留。向高復言：「臣進退可置不問，而百僚必不可盡空，臺諫必不可盡廢，諸方巡按必不可不代。中外離心，輦轂肘腋間，怨聲憤盈，禍機不測，而陛下務與臣下隔絕。帷幄不得關其忠，六曹不得舉其職，舉天下無一可信之人，而自以爲神明之妙用，臣恐自古聖帝明王無此法也。」

先是，向高疾，閣中無人，章奏就其家擬旨者一月。及是，向高堅臥益久，即家擬旨如前，論者以爲非體，向高亦自言其非，堅乞去。帝卒不命他相，遣鴻臚官慰留。至帝萬壽節，始起視事。其後，向高主癸丑會試，章奏皆送闈中，尤異事云。帝考選科道七十餘人，命久不下。向高懇請數十疏，越二年乃下。言官既多，攻擊紛起。帝心厭之，章悉留中。向高請盡付所司，定其去留。因言：「大臣者，小臣之綱。今六卿止趙煥一人，而都御史十年不補，彈壓無人，人心何由戢？」帝但責言官妄言，而大僚迄不補。向高請增置閣臣，章至百餘上，帝始用方從哲、吳道南。向高疏謝，因引退，優詔不允。

四十二年二月，皇太后崩。三月，福王之國。向高乞歸益數，章十餘上。至八月，允其去。向高以三載考績，進太子太保、文淵閣大學士；敍延綏戰功，加少保兼太子太保，改戶部尚書、武英殿；一品三載滿，加少傅兼太子太傅，改吏部尚書、建極殿。至是，命加少師兼太子太師，賜白金百，彩幣四，表裏大紅坐蟒一襲，遣行人護歸。

向高在相位，務調劑羣情，輯和異同。然其時黨論已大起，御史鄭繼芳力攻給事中王元翰，左右兩人者相角。向高請盡下諸疏，敕部院評曲直，罪其論議顚倒者一二人，以警其

餘，帝不報。諸臣既無所見得失，益樹黨相攻。未幾，又爭李三才之事，黨勢乃成。無錫顧憲成家居，講學東林書院，朝士爭慕與游。三才被攻，憲成貽書向高暨尚書孫丕揚，訟其賢。會辛亥京察，攻三才者劉國縉以他過掛察典，喬應甲亦用年例出外，其黨大譁。向高以大體持之，察典得無撓，而兩黨之爭遂不可解。及後，齊、楚、浙黨人攻東林殆盡。浸尋至天啓時，王紹徽等撰所謂東林點將錄，令魏忠賢按氏名逐朝士。以向高嘗右東林，指目爲黨魁云。

向高歸六年，光宗立，特詔召還。未幾，熹宗立，復賜敕趣之。屢辭，不得命。天啓元年十月還朝，復爲首輔。言：「臣事皇祖八年，章奏必發臣擬。即上意所欲行，亦遣中使傳諭。事有不可，臣力爭，皇祖多曲聽，不欲中出一旨。陛下虛懷恭己，信任輔臣，然間有宜傳滋疑議。宜愼重綸音，凡事令臣等擬上。」帝優旨報聞。[二]旋納向高請，發帑金二百萬，爲東西用兵之需。

熹宗初政，羣賢滿朝，天下欣欣望治。然帝本沖年，不能辨忠佞。魏忠賢、客氏漸竊威福，搆殺太監王安，以次逐吏部尚書周嘉謨及言官倪思輝等。大學士劉一燝亦力求去。向高言：「客氏出復入，而一燝顧命大臣不得比保姆，致使人揣摩於奧窔不可知之地，其漸當防。」忠賢見向高疏刺己，恨甚。既而刑部尚書王紀削籍，禮部尚書孫愼行、都御史鄒元標

先後被攻致仕去。向高爭不得，因請與元標同罷。帝不聽，而忠賢益恨向高。

向高爲人光明忠厚，有德量，好扶植善類。再入相，事沖主，不能謇直如神宗時，然猶數有匡救。給事中章允儒請減上供袍服。奄人激帝怒，命廷杖。向高論救者再，乃奪俸一年。御史帥衆指斥宮禁，奄人請帝出之外，以向高救免。給事中傅櫆救王紀，將貶謫，亦以向高言僅奪俸。紀既罷去，御史吳甡、王祚昌薦之，部議以故官召。忠賢怒，將重譴文選郎，向高亦救免。給事中陳良訓疏譏權奄，忠賢摘其疏中「國運將終」語，命下詔獄，窮治主使。向高以去就爭，乃奪俸而止。熊廷弼、王化貞論死，言官勸帝速決。向高請俟法司覆奏，帝從之。有請括天下布政司、府、州、縣庫藏盡輸京師者，向高言：「郡邑藏已竭，藩庫稍餘。倘盡括之，猝有如山東白蓮教之亂，何以應之？」帝皆不納。

忠賢既默恨向高，而其時朝士與忠賢抗者率倚向高。〔三〕忠賢乃時毛舉細故，責向高以困之。向高數求去。四年四月，給事中傅櫆劾左光斗、魏大中交通汪文言，招權納賄，命下文言詔獄。向高言：「文言內閣辦事，實臣具題。光斗等交文言事曖昧，臣用文言顯然。乞陛下止罪臣，而稍寬其他，以消縉紳之禍。」因力求速罷。當是時，忠賢欲大逞，憚衆正盈朝，伺隙動。得櫆疏喜甚，欲藉是羅織東林，終憚向高舊臣，并光斗等不罪，止罪文言。然東林禍自此起。

至六月，楊漣上疏劾忠賢二十四大罪。向高謂事且決裂，深以爲非。廷臣相繼抗章至數十上，或勸向高下其事，可決勝也。向高念忠賢未易除，閣臣從中挽回，猶冀無大禍。乃具奏稱忠賢勤勞，朝廷寵待厚，盛滿難居，宜解事權，聽歸私第，保全終始。忠賢不悅，矯帝旨敍己功勤，累百餘言。向高駭曰：「此非奄人所能，必有代爲草者。」探之，則徐大化也。忠賢雖憤，猶以外廷勢盛，未敢加害。其黨有導以興大獄者，忠賢意遂決。於是工部郎中萬燝以劾忠賢廷杖，向高力救，不從，死杖下。無何，御史林汝翥亦以忤奄命廷杖。汝翥懼，投遵化巡撫所。或言汝翥，向高甥也，羣奄圍其邸大譟。向高以時事不可爲，乞歸已二十餘疏，至是請益力。乃命加太傅，遣行人護歸，所給賜視彝典有加。尋聽辭太傅，有司月給米五石，輿夫八。

向高既罷去，韓爌、朱國禎相繼爲首輔，未久皆罷。居政府者皆小人，清流無所依倚。忠賢首誣殺漣，光斗等次第戮辱，貶削朝士之異己者，善類爲一空云。熹宗崩，向高亦以是月卒，年六十有九。崇禎初，贈太師，謚文忠。

劉一燝，字季晦，南昌人。父曰材，嘉靖中進士，陝西左布政使。萬曆十六年，一燝與兄一焜、一煜並舉於鄉。越七年，又與一煜並舉進士。改庶吉士，授檢討。

一焜爲考功郎，掌京察。大學士沈一貫欲庇其私人錢夢皐、鍾兆斗等，屬一燝爲請。一燝謝不可，夢皐等竟以中旨留，由是忤一貫意。尋歷祭酒，詹事，掌翰林院事。四十五年春京察，黨人用事，謀逐孫承宗、繆昌期等，一燝力保持得免。故事，掌院無滿歲不遷者，一燝居四年始遷禮部右侍郎，教習庶吉士。光宗卽位，擢禮部尚書兼東閣大學士，參預機務，偕何宗彥、韓爌並命。時內閣止方從哲一人。

萬曆末年，神宗欲用史繼偕、沈漼。兩人方在籍，帝命召之。未及至，帝復命宗彥、一燝、爌。明日復命朱國祚及舊輔葉向高。而宗彥、國祚、向高亦皆在籍，惟一燝、爌入直。甫拜命，帝已得疾，一燝偕諸臣召見乾清宮。明日九月朔，帝崩。〔四〕諸臣入臨畢，一燝詰羣奄：「皇長子當柩前卽位，今不在，何也？」羣奄東西走不對。東宮伴讀王安前曰：「爲李選侍所匿耳。」一燝大聲言：「誰敢匿新天子者？」安曰：「徐之，公等愼勿退。」遂趨入白選侍。選侍頷之，復中悔，挽皇長子裾。安直前擁抱疾趨出。一燝見之，急趨前呼萬歲，捧皇長子左手，英國公張惟賢捧右手，掖升輦。及門，宮中厲聲呼：「哥兒却還！」使使追躡者三輩。一燝傍輦疾行，翼升文華殿，先卽東宮位，羣臣叩頭呼萬歲。

事稍定，選侍猶趣還乾清。時選侍居乾清。一燝曰：「乾清不可居，殿下宜暫居慈慶。」

皇長子心憚選侍，然之。一燝語安曰：「主上沖年，無母后。外庭有事，吾受過；宮中起居，公等不得辭責。」明日，周嘉謨及左光斗疏請移宮。〔五〕時首輔從哲徘徊其間，已，又欲緩移宮。一燝曰：「本朝故事，仁聖，嫡母也，移慈慶；慈聖，生母也，移慈寧。今何日，可姑緩耶？」初五日偕同官請卽日降旨，竚立宮門以俟。選侍不得已，移噦鸞宮，〔六〕天子復還乾清，事始大定。帝既踐阼，從哲被劾在告，一燝遂當國，與爌相得甚歡。念內廷惟王安力衞新天子，乃引與共事。安亦傾心嚮之。所奏請，無不從。發內帑，抑近倖，搜遺逸，舊德宿齒布滿九列，中外欣欣望治焉。

明年，天啓改元，瀋陽失。廷臣多請復用熊廷弼。一燝亦言：「廷弼守遼一載，殘疆宴然，不知何故蓺除。及下廷議，又皆畏懼，不敢異同。嗣後軍國大事，陛下當毅然主持，敕諸臣洗心滌慮，悉破雷同附和，共憂國奉公。」帝優旨褒答。尋有詔盡謫前排廷弼者姚宗文等官。言路多怨一燝。一燝嘗言：「任天下事者，惟六官。言路張，則六官無實政。善治天下者，俾六官任事，言路得繩其愆，言官陳事，政府得裁其是，則天下治」於是一切條奏悉下部議，有不經者，詔格之。

初，選侍將移宮，其內豎李進忠、劉朝、田詔等盜內府秘藏，過乾清門仆，金寶墮地。帝怒，悉下法司，案治甚急。羣奄懼，搆蜚語，言帝薄先朝妃嬪，致選侍移宮日，跣足投井，以搖惑外廷。御史賈繼春遂上安選侍書。刑部尚書黃克纘、給事中李春曄、御史王業浩輩張大其辭，欲脫盜奄罪。帝惡繼春妄言，且疑其有黨，將嚴譴之。一燝謂天子新卽位，輒疑臣下朋黨，異時奸人乘間，士大夫必受其禍。乃具疏開帝意，爲繼春解，而反覆言朋黨無實。繼春得削籍去。御史張愼言、高弘圖疏救繼春，帝欲幷罪，亦以一燝言而止。帝慽選侍甚，必欲誅盜奄。王安爲司禮，亦惡之。諸奄百方救，卒不得。久而帝漸忘前事，安亦爲魏忠賢排死，諸奄乃厚賄忠賢爲地，而上疏辨冤。帝果免朝、詔死，下其疏法司。一燝執奏，詔等議誅久，無可雪，疏直下部，前無此制。帝不得已，下其疏於閣。一燝復言：「此疏外不由通政司，內不由會極門，例不當擬旨，謹封還原疏。」由是忠賢輩大恨，朝等亦竟免死，益任用。定陵工成，忠賢欲以爲功。一燝援故事，內臣非司禮掌印及提督陵工不得濫廕，止擬加恩三等。諸言官論客氏被譴者，一燝皆疏救，又請出客氏於外。及言官交章論沈漼，漼疑一燝主之，與忠賢、客氏等比，而齮一燝。一燝持大體，不徇言路意。言路頗怨。又密窺魏、客等漸用事，一燝勢孤，是年四月，候補御史劉重慶遂力詆一燝不可用。帝怒謫重慶。一燝再論救，不聽。而職方郎中余大成，御史安伸，給事中韋蕃、霍維華交章劾一燝。帝不問。既而維華外轉，其同官孫杰疑一燝屬嘉謨爲之，上疏力攻一燝。一燝疏辨求罷。帝已慰留，給事中侯震暘、御史陳九疇復劾之，幷刺其結納王安。於是一燝四疏乞歸，忠賢

從中主之，傳旨允其去。

先是，從哲去，帝數稱一燝爲首輔，[七]一燝不敢當，虛位俟葉向高。及向高至，入讒言，謂一燝尼己。至是，知其無他，力稱一燝有翼衞功，不可去。帝復慰留，一燝堅臥不起。二年三月，疏十二上，[八]乃令乘傳歸。既歸，兵部尚書張鶴鳴與奸細杜茂、劉一巘獄，欲指一巘爲一燝族，株連之。刑部尚書王紀不可，遂被斥去，而一燝得白。鶴鳴，一燝向所推轂者也。已而忠賢大熾，矯旨責一燝誤用廷弼，削官，追奪誥命，勒令養馬。崇禎改元，詔復官，遣官存問。一燝在位，累加少傅、太子太傅、吏部尚書、中極殿大學士。八年卒，贈少師。福王時，追諡文端。

一焜，字元丙。萬曆二十年進士。授行人。歷考功郎中，佐侍郎楊時喬典京察，盡斥執政私人。已，改文選，遷太常少卿，以憂去。久之，由故官擢右僉都御史，巡撫浙江。帝遣中官曹奉建鎭海寺於普陀山。一焜偕巡按李邦華爭不可，不聽。織造中官劉成卒，一焜屢疏請勿遣代。已得請，會命中官呂貴護成遺裝，奸人遂請留貴督織造，疏直達禁中。一焜與邦華極論其罪，帝卒命貴代之。一焜復疏爭，不報。貴既任，條行十事，多侵擾。一焜疏駁，且禁治其爪牙，貴爲斂威。一焜以暇築龕山海塘千二百丈，濬復餘杭南湖，民賴其利。御史沈珣誣訐其贓私，一焜自引去。卒，贈工部右侍郎。

一煜，兵部郎中。

韓爌，字象雲，蒲州人。萬曆二十年進士。選庶吉士。進編修，歷少詹事，充東宮講官。四十五年擢禮部右侍郎，協理詹事府。久之，命教習庶吉士。

泰昌元年八月，光宗嗣位，拜禮部尚書兼東閣大學士，入參機務。未幾，光宗疾大漸，與方從哲、劉一燝同受顧命。時宮府危疑，爌竭誠翼衞，中外倚以爲重。大帥李如柏、如楨兄弟有罪，當逮治，中旨寬之。爌與一燝執奏，逮如律。以登極恩，加太子太保、戶部尚書、文淵閣大學士。從哲去，一燝當國，爌協心佐理。

天啓元年正月，兩人以帝爲皇孫時，未嘗出閣讀書，請於十二日卽開經筵，自後日講不輟，從之。遼陽失，都城震驚。爌、一燝以人情偸玩，擬御札戒勵百官，共圖實效，帝納之。廷臣以兵餉大絀，合詞請發帑，爌、一燝亦以爲言，詔發百萬兩。大婚禮成，加少保、吏部尚書、武英殿大學士，廕一子尚寶司丞。未幾，以貴州平苗功，加少傅、太子太傅、建極殿大學士。帝封乳母客氏爲奉聖夫人，大婚成，當出外，仍留之宮中。御史畢佐周切諫，六科、

十三道復連署爭，皆不納。爌、一燝引祖制爲言，乃命俟梓宮發引，擇日出宮。

二年四月，禮部尚書孫愼行劾方從哲用李可灼紅丸藥，罪同弒逆，廷議紛然。一燝已去位，爌特疏白其事，曰：

先帝以去年八月朔踐阼。臣及一燝以二十四日入閣。適鴻臚寺官李可灼云有仙丹欲進。從哲愕然，出所具問安揭，有「進藥十分宜愼」語。臣等深以爲然，卽諭之去。二十七日召見羣臣，先帝自言不用藥已二十餘日。至二十九日遇兩內臣，言帝疾已大漸，有鴻臚寺官李可灼來思善門進藥。從哲及臣等皆言彼稱仙丹，便不敢信。是日仍召見。諸臣問安畢，先帝卽顧皇上，命臣等輔佐爲堯、舜。又語及壽宮，臣等以先帝山陵對，則云：「是朕壽宮。」因問有鴻臚官進藥。從哲奏云：「李可灼自謂仙丹，臣等未敢信。」先帝卽命傳宣。臣等出，移時可灼至，同入診視，言病源及治法甚合。先帝喜，命速進。臣等復出，令與諸醫商榷。一燝語臣，其鄉兩人用此，損益參半。諸臣相視，實未敢明言宜否。須臾，先帝趣和藥，臣等復同入。可灼調以進，先帝喜曰：「忠臣，忠臣。」臣等出，少頃，中使傳聖體服藥後暖潤舒暢，思進飲膳，諸臣歡躍而退。比申末，可灼出云：「聖上恐藥力不繼，欲再進一丸。」諸醫言不宜驟。乃傳趣益急，因再進訖。臣等問再服復何狀，答言平善如初。此本日情事也。次日，臣等趨朝，而先帝已於卯

刻上賓矣，痛哉！

方先帝召見羣臣時，被衮憑几，儼然顧命。皇上焦顏侍側，臣等環跪徬徨，操藥而前，籲天以禱。臣子際此，憾不身代。凡今所謂宜愼宜止者，豈不慮於心，實未出於口，抑且不以萌諸心。念先帝臨御雖止旬月，恩膏實被九垓。爲臣子者宜何如頌揚，何如紀述。乃禮臣忠憤之激談，與遠邇驚疑之紛議，不知謂當時若何情景，而進藥始末實止如此。若不據實詳剖，直舉非命之凶稱，加諸考終之令主，恐先帝在天之靈不無恫怨，皇上終天之念何以爲懷。乞渙發綸音，布告中外，俾議法者勿以小疑成大疑，編摹者勿以信史爲謗史。

文震孟建言獲譴，論救甚力。

三年以山東平妖賊功，加少師、太子太師。時葉向高當國，爌次之。及楊漣劾魏忠賢二十四大罪，忠賢頗懼，求援於爌。爌不應，忠賢深銜之。既向高罷，爌爲首輔，每事持正，爲善類所倚。然向高有智術，籠絡羣奄，爌惟廉直自持，勢不能敵。而同官魏廣微又深結忠賢，遍引邪黨。其冬，忠賢假會推事逐趙南星、高攀龍，爌急率朱國禎等上言：「陛下一日去兩大臣，臣民失望。且中旨徑宣，不復到閣，而攀龍一疏，經臣等擬上者，又復更易，大駭聽聞，有傷國體。」忠賢益不悅，傳旨切責。未幾，又逐楊漣、左光斗、陳于廷，朝政大變，忠

賢勢益張。

故事，閣中秉筆止首輔一人。廣微欲分其柄，囑忠賢傳旨，諭爌同寅協恭，而責次輔毋伴食。爌惶懼，卽抗疏乞休。略言：「臣備位綸扉，咎愆日積。如詰戎宜先營衞，而觀兵禁掖，無能紓宵旰憂。忠直尙稽召還，而搒掠朝堂，無能回震霆怒。後先諸臣之罷斥，諭旨中出之紛更，不能先時深念，有調劑之方，又不能臨事執持，爲封還之戇。皆臣罪之大者。皇上釋此不問，責臣以協恭，責同官以協贊。同官奉詔以從事，臣欲補過無由矣。乞亟褫臣官，爲佐理溺職之戒。」得旨：「卿親承顧命，當竭忠盡職。乃歸非於上，退有後言。今復悻悻求去，可馳驛還籍。」諸輔臣請如故事，加以體貌，不報。爌疏謝，有「左右前後務近端良，重綸綍以重仕途，肅紀綱以肅朝宁」語。忠賢及其黨益恨。爌去，朱國禎爲首輔。李蕃攻去之，顧秉謙代其位。公卿庶僚皆忠賢私人矣。

五年七月，逆黨李魯生劾爌，削籍除名。又假他事坐贓二千，繫其家人於獄。爌鬻田宅，貸親故以償，乃棲止先墓上。

莊烈帝登極，復故官。崇禎元年，言者爭請召用，爲逆黨楊維垣等所扼，但賜敕存問，官其一子。至五月，始遣行人召之。〔九〕十二月還朝，復爲首輔。帝御文華後殿閱章奏，召爌等，諭以擬旨務消異同，開誠和衷，期於至當。爌等頓首謝，退言：「上所諭甚善，而密勿政機，諸臣參互擬議，不必顯言分合。至臣等晨夕入直，勢不能報謝賓客。商政事者，宜相見於朝房，而一切禁私邸交際。」帝卽諭百僚遵行。

二年正月，大學士劉鴻訓以張慶臻敕書事被重譴，爌疏救，不聽。溫體仁訐錢謙益，御史任贊化亦疏訐體仁。帝召見廷臣，體仁力詆贊化及御史毛羽健爲謙益死黨。帝怒，切責贊化。爌請寬贊化以安體仁。帝因謂：「進言者不憂國而植黨，自名東林，於朝事何補？」爌退，具揭言：「人臣不可以黨事君，人君亦不可以黨疑臣。但當論其才品臧否，職業修廢，而黜陟之。若戈矛妄起於朝堂，畛域橫分於宮府，非國之福也。」又率同官力救贊化，不納。

皇長子生，請盡蠲天下積逋，報可。

時大治忠賢黨，爌與李標、錢龍錫主之。列上二百六十二人，罪分六等，名曰「欽定逆案」，頒行天下。言者爭擊吏部尙書王永光，南京禮部主事王永吉言之尤力。帝怒，將罪之。爌等言永吉不宥，永光必不安，乃止奪俸一年。工部尙書張鳳翔奏廠、庫積弊。帝怒，召對廷臣詰責。巡視科道王都、高賚明二人力辨，帝命錦衣官執之，爌、標、龍錫並救解。而是日永光以羽健疏劾，請帝究主使者。爌退，申救都等，因言永光不宜請究言官。帝不納，然羽健卒獲免。

初，熊廷弼既死，傳首九邊，屍不得歸葬。至是，其子詣闕疏請。爌等因言：「廷弼之

死，由逆奄欲殺楊漣、魏大中，誣以行賄，因盡殺漣等，復懸坐廷弼贓銀十七萬，刑及妻孥，冤之甚者。」帝乃許收葬。

時遼事急，朝議汰各鎭兵。又以兵科給事中劉懋疏，議裁驛卒。帝以問爌，爌言：「汰兵止當清占冒及增設冗兵爾。衝地額兵不可汰也。驛傳疲累，當責按臣核減，以甦民困，其所節省仍還之民。」帝然之。御史高捷、史𡑍以罪免，永光力引之。都御史曹于汴持不可，永光再疏爭。爌言，故事當聽都察院咨用。帝方眷永光，不從。九月以將行慶典，請停秋決，亦不從。

時逆案雖定，永光及袁弘勳、捷、𡑍輩日爲翻案計。至十月，大清兵入畿甸，都城戒嚴。初，袁崇煥入朝，嘗與錢龍錫語邊事。龍錫，東林黨魁也，永光等謀因崇煥興大獄，可盡傾東林。倡言大清兵之入，由崇煥殺毛文龍所致。捷遂首攻龍錫，逐之。明年正月，中書舍人加尙寶卿原抱奇故由輸貲進，亦劾爌主款誤國，招寇欺君，郡邑殘破，宗社阽危，不能設一策，拔一人，坐視成敗，以人國僥倖，宜與龍錫並斥。其言主款者，以爌，崇煥座主也。帝重去爌，貶抱奇秩。無何，左庶子丁進以遷擢愆期怨爌，亦劾之，而工部主事李逢申劾疏繼上。爌卽三疏引疾。詔賜白金彩幣，馳驛遣行人護歸，悉如彝典。進、逢申並爌會試所舉士也。

爌先後作相，老成愼重。引正人，抑邪黨，天下稱其賢，獨嘗庇王永光云。十七年春，李自成陷蒲州，迫爌出見，不從。賊執其孫以脅。爌止一孫，乃出見，賊釋其孫。爌歸，憤鬱而卒，年八十矣。

朱國祚，字兆隆，秀水人。萬曆十一年進士第一。授修撰。進洗馬，爲皇長子侍班官，尋進諭德。日本陷朝鮮，石星惑沈惟敬言，力主封貢。國祚面詰星：「此我鄉曲無賴，因緣爲奸利耳，公獨不計辱國乎？」星不能用。

二十六年超擢禮部右侍郎。湖廣稅監陳奉橫甚。國祚貽書巡按御史曹楷，令發其狀。帝怒，幾逮楷，奉亦因此撤去。尙書余繼登卒，國祚攝部事。

時皇長子儲位未定，冠婚踰期，國祚屢疏諫。戚臣鄭國泰請先冠婚，後册立。國祚抗疏言：「本朝，外戚不得與政事。册立大典，非國泰所宜言。況先册立，後冠婚，其儀仗、冠服之制，祝醮、敕戒之辭，陞降、坐立之位，朝賀拜舞之節，因名制分，因分制禮，甚嚴且辨。一失其序，名分大乖。違累朝祖制，背皇上明綸，犯天下淸議，皆此言也。」又言：「册立之事，理不可緩。初謂小臣激聒，故遲之。後羣臣勿言，則曰待嫡。及中宮久無所出，則曰皇

長子體弱，須其强。今又待兩宮落成矣。自三殿災，朝廷大政令率御文華殿。三禮之行，在殿不在宮。頃歲趣辦珠寶，戶部所進視陛下大婚數倍之。遠近疑陛下借珠寶之未備，以遲典禮。且詔旨採辦珠寶，額二千四百萬，而天下賦稅之額乃止四百萬。卽不充國用，不給邊需，猶當六年乃足。必待取盈而後舉大禮，幾無時矣。」已，又言：「太祖、成祖、仁宗，卽位初，卽建儲貳。宣宗、英宗册爲皇太子時，止二歲，憲宗、孝宗止六歲，陛下亦以六歲。未聞年十九而不册立者。」國祚攝尙書近二年，爭國本至數十疏，儲位卒定。

陝西狄道山崩，其南湧小山五，國祚請修省。社稷壇枯樹生烟，復陳安人心、收人望、通下情、淸濫獄四事。雲南巡撫陳用賓進土物，國祚劾之。尋轉左侍郎，改吏部。御史湯兆京劾其縱酒踰檢，帝不問，國祚遂引疾歸。

光宗卽位，以國祚嘗侍潛邸，特旨拜禮部尙書兼東閣大學士，入閣參機務。天啓元年六月還朝。尋加太子太保，進文淵閣。國祚素行淸愼，事持大體，稱長者。明年會試，故事，總裁止用內閣一人，是科用何宗彥及國祚，有譏其中旨特用者。國祚旣竣事，卽求罷，優詔不允。都御史鄒元標侍經筵而躓，帝遣中使問狀。國祚進曰：「元標在先朝直言受杖，故步履猶艱。」帝爲之改容。刑部尙書王紀爲魏忠賢所逐。國祚合疏救，復具私揭爭之。紀爲禮部侍郎時，嘗以事忤國祚者也。

三年，進少保、太子太保，〔10〕戶部尙書，改武英殿。十三疏乞休，詔加少傅兼太子太傅，乘傳歸。明年卒。贈太傅，謚文恪。從子大啓，文選郎中，終刑部左侍郎。

同時，朱國禎，字文寧，烏程人。萬曆十七年進士。累官祭酒，謝病歸，久不出。天啓元年擢禮部右侍郎，未上。三年正月拜禮部尙書兼東閣大學士，與顧秉謙、朱延禧、魏廣微並命。閣中已有葉向高、韓爌、何宗彥、朱國祚、史繼偕，又驟增四人，直房幾不容坐。六月，國禎還朝，秉謙、延禧以列名在後，謙居其次。改文淵閣大學士，累加少保兼太子太保。魏忠賢竊國柄，國禎佐向高，多所調護。四年夏，楊漣劾忠賢，廷臣多勸向高出疏，至有詬者。向高慍甚，國禎請容之。及向高密奏忤忠賢，決計去，謂國禎曰：「我去，蒲州更非其敵，公亦當早歸。」蒲州謂爌也。向高罷，爌爲首輔，爌罷，國禎爲首輔。廣微與忠賢表裏爲奸，視國禎蔑如。其冬爲逆黨李蕃所劾，三疏引疾。忠賢謂其黨曰：「此老亦邪人，但不作惡，可令善去。」乃加少傅，賜銀幣，廕子中書舍人，遣行人送歸，月廩、輿夫皆如制。崇禎五年卒。贈太傅，謚文肅。

何宗彥，字君美。其父由金谿客隨州，遂家焉。宗彥舉萬曆二十三年進士。累官詹事。四十二年遷禮部右侍郎，署部事。

福王之國河南，請求無已。宗彥上疏，言可慮者有六，帝不聽。又屢疏請東宮講學，皇孫就傅，及瑞、惠、桂三王婚禮。太子生母王貴妃薨，不置守墳內官，又不置墳戶贍地，宗彥力爭之。梃擊事起，宗彥因言：「天下疑陛下薄太子久。太子處積輕之勢，致慈慶宮門止守以耄年二內侍，中門則寂無一人。乞亟下張差廷訊，凡青宮諸典禮，悉允臣部施行，宗社幸甚。」不報。尋轉左侍郎，署部如故。

四十四年冬，隆德殿災，宗彥請通下情，修廢政，補曠官。明年，皇長孫年十三，未就傅，宗彥再疏力言。自是頻歲懇請，帝終不納。四十六年六月，京師地震。上修省三事。時帝不視朝已三十載，朝政積弛，庶官盡曠。明年秋，遼事益棘。宗彥率僚屬上言：「自三路喪師，開原、鐵嶺相繼沒，瀋陽孤危。請陛下臨朝，與臣等面籌兵食大計。」帝亦不報。

宗彥淸修有執。攝尙書事六年，遇事侃侃敷奏，時望甚隆。其年十二月會推閣臣，廷臣多首宗彥，獨吏科給事中張延登不署名，遂不獲與。宗彥旋乞假去。御史薛敷政、蕭毅中、左光斗、李徵儀、倪應春、彭際遇、張新詔等交章惜之，而延登同官亓詩教、薛鳳翔又屢疏糾駁。其時齊黨勢盛，非同類率排去之。宗彥無所附麗，故終不安其位。

中華書局

明年，神宗崩，光宗立，即家拜禮部尚書兼東閣大學士。天啓元年夏還朝。屢加少師兼太子太師、吏部尚書、建極殿大學士。四年正月卒官，贈太傅，謚文毅。弟宗聖，由鄉舉歷官工部主事。以附魏忠賢，驟加本部右侍郎。崇禎初，削籍，論配，名麗逆案。

孫如游，字景文，餘姚人，都御史燧曾孫也。萬曆二十三年進士。累官禮部右侍郎。四十七年冬，左侍郎何宗彥去位，署印無人，大學士方從哲屢以如游請。明年三月始得命。部事叢積，如游決遣無滯。時白蓮、無爲諸邪教橫行，宗彥嘗疏請嚴禁，如游復申其說。帝從之。七月，帝疾大漸，偕諸大臣受顧命。

帝崩，鄭貴妃懼禍，深結李選侍，爲請封后。選侍喜，亦爲請封太后以悅之。楊漣語如游曰：「皇長子非選侍所愛。選侍后，嫡矣，他日將若何？亟白執政，用遺詔舉册立。登極三日，公即援詔以請。」如游然之。八月朔，光宗即位。三日，如游請建東宮，帝納之。俄遵遺旨諭閣臣，封貴妃爲皇太后。如游奏曰：「考累朝典禮，以配而后者，乃敵體之經；以妃而后者，則從子之義。祖宗以來，豈無抱衾之愛，而終引去席之嫌，此禮所不載也。先帝念

貴妃勞，不在無名之位號；陛下體先帝志，亦不在非分之尊崇。若義所不可，則遵命非孝，遵禮爲孝。臣不敢曲徇，自蹈不忠之罪。」疏入，未報。

如游尋進本部尚書。帝既命建東宮，又言皇長子體質清弱，稍緩册立期。如游力持不可。二十三日命封選侍爲皇貴妃。期已定矣，越三日，帝又趣之。如游奏曰：「先奉諭上孝端皇后、孝靖皇太后尊謚，又封郭元妃、王才人爲皇后，禮皆未竣，貴妃之封宜在後。既聖諭諄切，且有保護聖儲功，即如先所定期，亦無不可。」帝許之。選侍以貴妃爲未足，必欲得皇后。二十九日再召廷臣，選侍迫皇長子言之。如游曰：「上欲封選侍爲皇貴妃，當即具儀進。」帝漫應曰：「諾。」選侍聞，大不悅。明日，帝崩，朝事大變。如游請改册封期，報可。熹宗爲皇孫時，未就傅。即位七日，如游即請開講筵，亦報可。

十月命以東閣大學士入參機務。言者詆其不由廷推，交章論列。如游亦屢乞去，帝輒勉留。天啓元年二月上疏言：「祖宗任用閣臣，多由特簡。遠者無論，在世廟，則有張璁、桂萼、方獻夫、夏言、徐階、袁煒、嚴訥、李春芳；在穆廟，則有陳以勤、張居正、趙貞吉；在神廟，則有許國、趙志皐、張位。即皇考之用朱國祚，亦特簡也。今陛下沖齡，臣才品又非諸臣比，有累至尊知人之明。乞速賜骸骨，還田里。」帝仍留之。如游十四疏乞去，乃加太子太保、文淵閣大學士，遣官護送，廕子給賜悉如彝典。家居四年卒。贈少保，謚文恭。

孫嘉績，字碩膚。崇禎十年進士。授南京工部主事，召改兵部。大清兵薄都城，按營不動，來莫測。嘉績曰：「此待後至者，即舉來南下爾。」越三日，蒙古兵數萬果從青山口入，即日南下。於是尚書楊嗣昌以嘉績知兵，調爲職方員外郎。進郎中。督師中官高起潛請之。會有發其納賄事，遂下獄。已，黃道周亦下獄。嘉績躬親飲食湯藥，力調護之，因從受易。會諸生涂仲吉疏救道周，帝益怒，移獄錦衣嚴訊。諸生與道周往來者多詭詞自脫，獨嘉績無所隱。擬雜犯死罪，繼擬烟瘴充軍，皆不允。保定總督張福臻陛見，薦嘉績才，請用爲參謀，不聽。徐石麒爲刑部尚書，具爰書奏，乃釋之。福王時，起九江兵備僉事，未赴。魯王監國紹興，擢右僉都御史，累進東閣大學士。王航海，嘉績從至舟山。其年遘疾卒。

贊曰：熹宗初，葉向高以宿望召起，海內正人倚以爲重，卒不能有所匡救。蓋政柄內移，非一日之積，勢固無如何也。劉一燝、韓爌諸人，雖居端揆之地，而宵小比肩，權璫掣肘，紛撓杌隉，幾不自全。朱國祚、何宗彥紬於黨人，孫如游又以中旨特用，爲外廷所詬。於是而知明良相遭，誠千載之一遇也夫。

校勘記

〔一〕趙思聖等相訐告　趙思聖，原作「趙聖」，據明史稿傳九五葉向高傳補。

〔二〕帝優旨報聞　優旨，原作「復旨」，據明史稿傳九五葉向高傳改。

〔三〕而其時朝士與忠賢抗者率倚向高　率倚，原作「卒倚」，據明史稿傳九五葉向高傳改。

〔四〕明日九月朔帝崩　明日，原作「明年」。按召見劉一燝諸大臣事是八月甲戌日，其明日正是九月乙亥朔。據本書卷二一光宗紀、明史稿傳一一九劉一燝傳、光宗實錄泰昌元年九月乙亥朔條改。

〔五〕周嘉謨及左光斗疏請移宮　周嘉謨，原作「嘉謨」，據本書卷二二熹宗紀、卷二四一周嘉謨傳補。

〔六〕初五日至選侍不得已移噦鸞宮　噦鸞宮，當作「仁壽殿」。按選侍於九月初五日己卯移居仁壽殿，見本書卷二二熹宗紀、又卷二四四楊漣傳及光宗實錄泰昌元年九月己卯條。又選侍於二十七日辛丑移居噦鸞宮，見同上光宗實錄九月己亥條、國榷卷八四頁五一八一。

〔七〕先是從哲去帝數稱一燝爲首輔　原脫「去帝」二字，據明史稿傳一一九劉一燝傳補。

〔八〕二年三月疏十二上　三月，原作「正月」，據本書卷二二熹宗紀、卷一〇九宰輔年表、熹宗實錄卷一五天啓二年三月丁酉條改。疏十二，同上熹宗實錄作「十疏」。

〔九〕至五月始遣行人召之　五月，本書卷一一〇宰輔年表、國榷卷八九頁五四三一作「四月」。

〔一〇〕三年進少保太子太保　三年，本書卷一一〇宰輔年表作「元年」。

二十四史

明史

清　張廷玉等撰

第二一册

卷二四一至卷二五四(傳)

中華書局

明史卷二百四十一

列傳第一百二十九

周嘉謨　張問達 陸夢龍　傅梅　汪應蛟　王紀 楊東明　孫瑋

鍾羽正　陳道亨 子弘緒

周嘉謨，字明卿，漢川人。隆慶五年進士。除戶部主事，歷韶州知府。萬曆十年遷四川副使，分巡瀘州。窮治大猾楊騰霄，置之死。建武所兵燔總兵官沈思學廨，單車諭定之。尋撫白草番。督兵邛州、灌縣，皆有方略。居五年，進按察使，移疾歸。久之，起故官。榷稅中官丘乘雲播虐，逮繫相屬。嘉謨檄所司拒絕，而捞殺奸民助虐者，乘雲爲戢。

就遷左布政使。擢右副都御史，巡撫雲南。隴川宣撫多安民叛，入緬，據蠻灣。嘉謨討擒之，立其弟安靖而還。進兵部右侍郎，巡撫如故。黔國公沐昌祚侵民田八千餘頃。嘉

謨劾治之，復劾其孫啓元罪狀。久之，改督兩廣軍務兼巡撫廣東。滿考，加右都御史。廣西土酋引交阯兵內犯，官軍拒退之。嘉謨爲增兵置戍。南海、三水、高要、四會、高明諸邑大水，壞圩岸，留贖鍰築之。

遷南京戶部尚書，尋召拜工部尚書。孝定后喪，內廷宣索不貲。嘉謨言喪禮有中制，不當信左右言，妄耗國帑，不納。俄改吏部尚書。

四十八年七月，神宗崩。八月丙午朔，光宗卽位。鄭貴妃據乾清宮，且邀封皇太后。嘉謨從言官楊漣、左光斗等言，以大義責貴妃從子養性，示以利害。貴妃乃移慈寧宮，封后事亦寢。外廷皆言貴妃進侍姬八人，致帝得疾。二十六日，嘉謨因召見，以寡欲進規。帝注視久之，令皇長子諭外廷：「傳聞不可信。」諸臣乃退。二十九日，帝疾大漸。嘉謨偕大學士方從哲、劉一燝、韓爌等受顧命。其夕，帝崩。質明，九月乙亥朔，光宗遺詔皇長子嗣位。而李選侍專制宮中，勢頗張。廷臣慮不測。既入臨，請見皇長子，呼萬歲，奉至文華殿受朝，送居慈慶宮。嘉謨奏言：「殿下之身，社稷是託，出入不宜輕脫。大小殮，朝暮臨，須臣等至乃發。」皇長子頷之。諸大臣定議，皇長子以九月六日卽位。選侍居乾清自如，且欲挾皇長子同居。嘉謨亟草疏率廷臣請移宮，光斗、漣繼之。五日，選侍始移噦鸞宮。〔一〕時大故頻仍，國勢杌隉，首輔從哲首鼠兩端，一燝、爌又新秉政，嘉謨正色立朝，力持大議，中外

中華書局

倚以爲重。

神宗末，齊、楚、浙三黨爲政。黜陟之權，吏部不能主。及嘉謨秉銓，惟才是任。光、熹相繼踐阼，嘉謨大起廢籍，耆碩滿朝。向稱三黨之魁及朋奸亂政者，亦漸自引去，中朝爲清。已，極陳吏治斂壞，請責成撫、按、監司。上官注考，率用四六儷語，多失實，嘉謨請以六事定官評：一曰守，二曰才，三曰心，四曰政，五曰年，六曰貌。各注其實，毋飾虛詞。帝稱善，行之。

天啓元年，御史賈繼春得罪。其同官張愼言、高弘圖疏救，帝欲並罪之。嘉謨等力爲解，乃奪愼言、弘圖俸而止。朱欽相、倪思輝被譴，嘉謨亦申救。給事中霍維華希魏忠賢指劾王安，置之死。嘉謨惡之，出維華於外。忠賢怒，嗾給事中孫杰劾嘉謨受劉一燝屬爲安報讐，且以用袁應泰、佟卜年等爲嘉謨罪。嘉謨求退，忠賢矯旨許之。大學士葉向高等請留嘉謨竣大計事，不聽。明年，廣寧陷。嘉謨憂憤，馳疏劾兵部尚書張鶴鳴主戰僨國罪。五年秋，忠賢黨周維持復劾嘉謨曲庇王安，遂削籍。

崇禎元年薦起南京吏部尚書，加太子太保。明年，卒官，年八十四。贈少保。

張問達，字德允，涇陽人。萬曆十一年進士。歷知高平、濰二縣，有惠政。徵授刑科給事中。寧夏用兵，請盡蠲全陝逋賦，從之。父喪除，起故官，歷工科左給事中。帝方營建兩宮，中官利乾沒，復興他役。問達力請停止，不納。俄陳礦稅之害，言：「閹尹一朝銜命，輒敢糾彈郡守，甚且糾撫按重臣。而孫朝所攜程守訓、陳保輩，至箠殺命吏，毀室廬，掘墳墓。不一按問，若萬方怨恫何！」

典試山東，疏陳道中饑饉流離狀，請亟罷天下礦稅，皆不報。已，巡視廠庫。故事，令商人辦內府器物，僉名以進，謂之僉商。而諸高貲者率賄近幸求免，帝輒許之。問達兩疏爭執，又極論守訓罪，並寢不行。進禮科都給事中。劾晉江李贄邪說惑衆，逮死獄中。贄事具耿定向傳。

三十年十月，星變，復請盡罷礦稅。時比年日食皆在四月，問達以純陽之月其變尤大，先後疏請修省，語極危切，帝終不納。尋遷太常少卿，以右僉都御史巡撫湖廣。所部水災，數請蠲貸。帝方營三殿，採木楚中，計費四百二十萬有奇。問達多方拮据，民免重困。久之，召拜刑部右侍郎，署部事兼署都察院事。

四十三年五月，讞問張差梃擊事。問達從員外郎陸夢龍言，令十三司會訊，詞連鄭貴妃宮監龐保、劉成。中外籍籍，疑貴妃弟國泰爲之。問達等奏上差獄。帝見保、成名，留疏不下。尋召方從哲、吳道南及問達等於慈寧宮，命並磔二人。甫還宮，帝意復變。乃先戮差，令九卿三法司會訊保、成於文華門。保、成供原姓名曰鄭進、劉登雲，而不承罪。方鞫時，東宮傳諭曰：「張差情實風癲，誤入宮門，擊傷內侍，罪不赦。後招保、成係內官，欲謀害本宮。彼何益，當以讐誣，從輕擬罪。」問達等以鞫審未盡，上疏曰：「奸人闖宮，事關宗社。今差已死，二囚易抵飾。文華門尊嚴之地，臣等不敢刑訊，何由得情？二囚偏詞，何足爲據？差雖死，所供詞故在，其同謀馬三道等亦皆有詞在案，孰得而滅之？況慈寧召對，面諭並決。煌煌天語，通國共聞。若不付之外庭，會官嚴鞫，安肯輸情？既不輸情，安從正法？祖宗二百年來，未有罪囚不付法司，輒令擬罪者。且二人係內臣。法行自近，陛下尤當嚴其銜轡，而置之重辟。奈何任彼展辨，不與天下共棄之也。」帝以二囚涉鄭氏，付外庭，議益滋，乃潛斃之於內，言皆以創重身死。而馬三道等五人，命予輕比坐流配。其事遂止。是年解都察院事。久之，遷戶部尚書，督倉場。尋兼署刑部，拜左都御史。光宗疾大漸，同受顧命。

天啓元年冬，代周嘉謨爲吏部尚書。連掌內外大計，悉叶公論。當是時，萬曆中建言詿誤獲譴諸臣棄林下久，死者已過半。問達等定議：以廷杖、繫獄、遣戍者爲一等，贈官廕子；貶竄、削籍者爲一等，但贈官。獲恤者七十五人。

會孫愼行、鄒元標追論「紅丸」，力攻方從哲。詔廷臣集議，與議者百十餘人。問達既集衆議，乃會戶部尚書汪應蛟等上疏曰：

按愼行奏，首罪李可灼進紅丸。可灼先見從哲，臣等初未知。及奉召進乾清宮，候於丹墀，從哲與臣等共言李可灼進藥，俱愼重未決。俄宣臣等至宮內跪御前，先帝自言「朕躬虛弱」。語及壽宮，並諭輔陛下爲堯、舜。因問「可灼安在」。可灼趨入，和藥以進，少頃又進。聖躬安舒就寢。此進藥始末，從哲及文武諸臣所共見者。是時羣情倉惶，悽然共切。弑逆二字，何可忍言。在諸臣固諒從哲無是心，卽愼行疏中亦已相諒。若可灼輕易進藥，非但從哲未能止，臣與衆人亦未能止，臣等均有罪焉。及御史王安舜等疏論可灼，從哲自應重擬，乃先止罰俸，繼令養疾，則失之太輕。今不重罪可灼，何以慰先帝而服中外之心。宜提付法司，正以刑辟。若崔文昇妄投涼藥，罪亦當誅。請並下法司，與可灼並按。從哲則應如其自請，削去官階，爲法任咎，此亦大臣引罪之道宜然，而非臣等所敢議也。

至還侍欲垂簾聽政，羣臣初入臨，閹者阻不容入，羣臣排闥而進。哭臨畢，奉聖躬至文華殿，行朝謁嵩呼禮，復奉駕還慈慶宮。因議新主登極，選侍不當復居乾清。九卿卽公疏請移，言官繼之，從哲始具揭奏請，選侍遂卽日移宮。然輿論猶憾從哲之奏，不毅然爲百僚倡。倘非諸臣共挾大義，連章急趨，則乾清何地，猶然混居，令得假竊魁柄，將如陛下登極還宮何！

疏入，帝謂從哲心跡自明，不當輕議。止逮可灼下吏。文昇已安置南京，弗問。

問達歷更大任，「梃擊」、「紅丸」、「移宮」三大案並經其手。持議平允，不激不隨。先以秩滿，加太子太保，至是乞休，疏十三上。詔加少保，乘傳歸。五年，魏忠賢擅國。御史周維持劾問達力引王之寀植黨亂政，遂削奪。御史牟志夔復誣問達贓私，請下吏按問。命捐貲十萬助軍興。頃之，問達卒。以巡撫張維樞言，免其半。問達家遂破。崇禎初，贈太保，予一子官。維持、志夔咸名挂逆案。

陸夢龍，字君啓，會稽人。萬曆三十八年進士。授刑部主事，進員外郎。

張差獄起，引凡向宮殿射箭、放彈、投磚石等律當以斬。獄具，提牢主事王之寀奏差口詞甚悉，乞敕會問。大理丞王士昌亦上疏趣之。時夢龍以典試廣東杜門，主事邢臺傳梅過之曰：「人情庇奸，而甘心儲皇。吾雖恤刑山右，當上疏極論，君能共事乎？」夢龍曰：「張公遇我厚，遽上疏，若張公何？當力爭之耳。」乃偕見問達。時郎中胡士相等不欲再鞫，趣問達具疏請旨，以疏入必留中，其事可遂寢。夢龍得其情，止勿復請。衆曰：「提馬三爺、李外

父輩，非得旨不可。」夢龍曰：「堂堂法司，不能捕一編氓，須天子詔耶？差所供，必當訊實。」問達以爲然。

明日，會訊，士相、永嘉、會禎、夢龍、梅、之寀及鄭紹先凡七人，惟之寀、梅與夢龍合。將訊，衆咸囁嚅。夢龍呼刑具三，無應者。擊案大呼，始具。差長身駢脅，睨視傲語，無風癲狀。夢龍呼紙筆，命畫所從入路。梅問：「汝何由識路？」差言：「我薊州人，非有導者，安得入？」問：「導者誰？」曰：「大老公龐公，小老公劉公。」且曰：「豢我三年矣，予我金銀壺各一。」夢龍曰：「何爲？」曰：「打小爺。」於是士相立推坐起曰：「此不可問矣。」遂罷訊。夢龍必欲得內豎名。越數日，問達再令十三司會審，差供逆謀及龐保、劉成名，一無所隱。士相主筆，躊躇不敢下，郎中馬德灃趣之。永嘉復以爲難。夢龍咈然曰：「陸員外不肯匿，誰敢匿？」獄乃具。給事中何士晉遂疏詆鄭國泰。帝於是斃保、成於內，而棄差市。梅慮其潛易，躬請監刑。當是時，自夢龍、之寀、梅、德灃外，鮮不爲鄭氏地者。已而之寀、德灃悉被罪，梅以京察罷官。夢龍賴問達力獲免，由郎中歷副使。

天啓四年，貴州賊未靖，總督蔡復一薦夢龍知兵，改右參政，監軍討賊。安邦彥犯普定。夢龍偕總兵黃鉞以三千人禦之。曉行大霧中，直前薄賊，賊大敗。三山苗叛，思州告急。夢龍夜遣中軍吳家相進擣賊巢，撾苗鼓，聲振山谷。苗大奔潰，焚其巢而還。尋改湖廣監軍，還廣東按察使。上官建忠賢祠，列夢龍名，亟遣使剷去之。

崇禎元年大計，忠賢黨猶用事，鐫一級調任。三年起副使，以故官分巡東兗道。盜起曹、濮間，討斬其魁，餘衆悉降。遷右參政，守固原。夢龍慷慨好談兵，以廓清羣盜自負。七年夏，賊來犯，擊却之。閏八月，賊陷隆德，〔二〕殺知縣費彥芳，遂圍靜寧州。〔三〕夢龍率遊擊賀奇勳、都司石崇德禦之。抵老虎溝。賊初不滿千，已而大至。夢龍所將止三百餘人，被圍數重，賊矢石如雨，突圍不得出。二將抱夢龍泣。夢龍揮之曰：「何作此婦孺態！」大呼奮擊，手馘數人，與二將俱戰死。事聞，贈太僕卿。

而傅梅，崇禎中歷台州知府，解職歸。十五年冬，捐金佐知府吉孔嘉守城。城破殉難，贈太常少卿。

汪應蛟，字潛夫，婺源人。萬曆二年進士。授南京兵部主事，歷南京禮部郎中。給由入都，值吏部侍郎陸光祖與御史江東之等相訐。應蛟不直光祖，抗疏劾之，於政府多所譏切。

累遷山西按察使。治兵易州，陳礦使王虎貪恣狀，不報。朝鮮再用兵，移應蛟天津。

及天津巡撫萬世德經略朝鮮，即擢應蛟右僉都御史代之。屢上兵食事宜，扼險列屯，軍聲甚振。稅使王朝死，帝將遣代。應蛟疏請止之，忤旨，切責。朝鮮事寧，移撫保定。歲旱蝗，振恤甚力。已，極言畿民困敝，請盡罷礦稅。會奸人柳勝秋等妄言括畿輔稅可得銀十有三萬。應蛟三疏力爭，然僅得減半而已。三十年春，帝命停礦稅，俄中止。應蛟復力爭，不納。

應蛟在天津，見葛沽、白塘諸田盡爲汙萊，詢之土人，咸言斥鹵不可耕。應蛟念地無水則鹻，得水則潤，若營作水田，當必有利。乃募民墾田五千畝，爲水田者十之四，畝收至四五石，田利大興。及移保定，乃上疏曰：「天津屯兵四千，費餉六萬，俱斂諸民間。留兵則民告病，恤民則軍不給，計惟屯田可以足食。今荒土連封，蒿萊彌望，若開渠置堰，規以爲田，可七千頃，頃得穀三百石。近鎮年例，可以兼資，非獨天津之餉足取給也。」因條畫墾田丁夫及稅額多寡以請，得旨允行。

已，請廣興水利。略言：「臣境內諸川，易水可以溉金臺，滹水可以溉恒山，溏水可以溉中山，滏水可以溉襄國。漳水來自鄴下，西門豹嘗用之。瀛海當諸河下流，視江南澤國不異。其他山下之泉，地中之水，所在而有，咸得引以溉田。請通渠築防，量發軍夫，一準南方水田之法行之。所部六府，可得田數萬頃，歲益穀千萬石，畿民從此饒給，無旱潦之患；

卽不幸漕河有梗，亦可改折於南，取糴於北。」工部尚書楊一魁亟稱其議，帝亦報許，後卒不能行。召爲工部右侍郎，未上，予告去。已，進兵部左侍郎，以養親不出。親沒，竟不召。

光宗立，起南京戶部尚書。天啓元年改北部。東西方用兵，驟加賦數百萬。應蛟在道，馳疏言：「漢高帝稱蕭何之功曰：『鎭國家，撫百姓，給餉餽不絕，吾不如蕭何。』夫給餽餉而先以撫百姓，故能興漢滅楚，如運諸掌也。今國家多難，經費不支，勢不得緩催科；然弗愛養民力，而徒竭其脂膏，財殫氓窮，變亂必起，安得不預爲計。」因列上愛養十八事。帝嘉納焉。熊廷弼建三方布置之策，需餉千二百萬，應蛟力阻之。廷議「紅丸」事，請置崔文昇、李可灼於法，而斥方從哲爲編氓。

應蛟爲人，亮直有守，視國如家。謹出納，杜虛耗，國計賴之。帝保母客氏求墓地踰制，應蛟持不予，遂見忤。會有言其老不任事者，力乞骸骨。詔加太子少保，馳傳歸。陛辭，疏陳聖學。引宋儒語，以宦官、宮妾爲戒。久之，卒於家。應蛟學主誠敬，其出處辭受一軌於義。里居，謝絕塵事，常衣緼枲。

王紀，字惟理，芮城人。萬曆十七年進士。授池州推官。入爲祠祭主事，歷儀制郎中。

秉禮持正，時望蔚然。二十九年，帝將册立東宮，數遷延不決。紀抗疏極論。其冬，禮成，擢光祿少卿，引疾去。

四十一年自太常少卿擢右僉都御史，巡撫保定諸府。連歲水旱，紀設法救荒甚備。稅監張曄請征恩詔已蠲諸稅，紀兩疏力爭，曄竟取中旨行之。紀劾曄抗違詔書，沮格成命，皆不報。居四年，部內大治，遷戶部右侍郎，總督漕運兼巡撫鳳陽諸府。歲大凶，振救如畿輔。光宗立，召拜戶部尚書，督倉場。

天啓二年代黃克纘爲刑部尚書。時方會議「紅丸」事。紀偕侍郎楊東明署議，言：「方從哲知有貴妃，不知有君父。李可灼進藥駕崩，反慰以恩諭，賚之銀幣，國典安在？不逮可灼，無以服天下；不逮崔文昇，無以服可灼；不削奪從哲官階廕蔭，無以洩天地神人之憤。」議出，羣情甚竦。

主事徐大化者，素無賴。日走魏忠賢門，搆陷善類，又顯劾給事中周朝瑞、惠世揚。紀憤甚，劾大化溺職狀。因言：「大化誠爲朝廷擊賊，則大臣中有交結權璫，誅鋤正士，如宋蔡京者，何不登彈文，而與正人日尋水火。」其言大臣，指大學士沈㴶也。大化由此罷去，而㴶及忠賢深憾之。御史楊維垣與大化有連，且素附㴶，遂助㴶詆紀，言紀所劾大臣無主名，請令指實。紀遂直攻㴶，言：「㴶與京，生不同時，而事實相類。其結納魏忠賢，與京之契合童

貫同也。乞哀董羽宸，與京之懇款陳瓘同也。要盟死友邵輔忠、孫杰，與京之固結吳居厚同也。逐顧命元臣劉一燝、周嘉謨，與安置呂大防、蘇軾同也。斥逐言官江秉謙、熊德陽、侯震暘，與貶謫安常民、任伯雨同也。至於賄交婦寺，竊弄威權，中旨頻傳而上不悟，朝柄陰握而下不知，此又京迷國罔上，百世合符者。」客、魏聞之怒，爲㴶泣愬帝前。帝謂紀煩言，加譙責焉。

初，李維翰、熊廷弼、王化貞下吏，紀皆置之重辟。而與都御史、大理卿上廷弼、化貞爰書，微露兩人有可矜狀，而言不測特恩，非法官所敢輕議。有千總杜茂者，齎登萊巡撫陶朗先千金，行募兵。金盡而兵未募，不敢歸，返薊州僧舍，爲邏者所獲，詞連佟卜年。卜年，遼陽人，舉進士，歷知南皮、河間，遷夔州同知，未行，經略廷弼薦爲登萊監軍僉事。邏者搒掠。茂言嘗客於卜年河間署中三月，與言謀叛，因挾其二僕往通李永芳。行邊尚書張鶴鳴以聞。鶴鳴故與廷弼有隙，欲藉卜年以甚其罪。朝士皆知卜年冤，莫敢言。及鎭撫既成獄，移刑部，紀疑之，以問諸曹郎。員外郎顧大章曰：「茂既與二僕往來三千里，乃拷訊垂斃，終不知二僕姓名，其誣服何疑？卜年雖非間諜，然實佟養眞族子，流三千里可也。」紀議從之。邏者又獲奸細劉一巘。忠賢疑劉一燝昆弟，欲立誅一巘與卜年，因一巘以株連一燝。紀皆執不可。㴶遂劾紀護廷弼，緩卜年等獄，爲二大罪。帝責紀陳狀，遂斥爲民。以

侍郎楊東明署部事，坐卜年流二千里。獄三上三卻。給事中成明樞、張鵬雲、沈惟炳，卜年同年生也，爲發憤，摭他事連劾東明。卜年獲長繫，瘐死，而東明遂引疾去。

紀既斥，大學士葉向高、何宗彥、史繼偕論救，皆不聽。後閹黨羅織善類，紀先卒，乃免。崇禎元年復官，贈少保，廕一子，諡莊毅。

楊東明，字啓修，虞城人。官給事中。請定國本，出閣豫教，早朝勤政，酌宋應昌、李如松功罪之平。上河南饑民圖，薦寺丞鍾化民往振。掌吏科，協孫丕揚主大計。後以劾沈思孝，思孝與相詆，貶三官爲陝西布政司照磨。里居二十六年。光宗立，起太常少卿。天啓中，累遷刑部右侍郎。既歸，遂卒。崇禎初，贈刑部尚書。

孫瑋，字純玉，渭南人。萬曆五年進士。授行人，擢兵科給事中。劾中官魏朝及東廠辦事官鄭如金罪，如金坐下詔獄。二人皆馮保心腹也。

初，張居正以刑部侍郎同安洪朝選輕遼王罪，銜之。後勞堪巡撫福建，希居正意，諷同安知縣金枝捃摭朝選事，堪飛章奏之。命未下，捕置之獄，絕其飯食三日，死，禁勿殮，屍腐

獄中。堪尋召爲左副都御史，未至京而居正卒。朝選子都察院檢校競訴冤闕下，堪復飛書抵馮保，削競籍，廷杖遣歸。至是，瑋白發其事，並及堪諸貪虐狀，堪免官。未幾，朝選妻訴冤，丘橓亦爲訟，競復援胡檟、王宗載事，請與堪俱死，乃遣堪戍。

當是時，廠衛承馮保餘威，濫受民訟，撫按訪察奸猾，多累無辜；有司斷獄，往往罪外加罰；帝好用立枷，重三百餘斤，犯者立死。瑋皆極陳其害。詔立枷如故，餘從瑋言。以母病，不候命擅歸，坐謫桃源主簿。久之，歷遷太常卿。

三十年以右副都御史巡撫保定。朝鮮用兵，置軍天津，月餉六萬，悉派之民間。先任巡撫汪應蛟役軍大治水田，以所入充餉。瑋踵行之，田益墾，遂免加派。歲比不登，旱蝗、大水相繼，瑋多方振救，帝亦時出內帑佐之。所條荒政，率報允。畿輔礦使倍他省。礦已竭而搜鑿不已，至歲責民賠納。瑋累疏陳其害，且列天津稅使馬堂六大罪，皆不省。

就進兵部侍郎，召爲右都御史，督倉場。進戶部尚書，督倉場如故。大僚多缺，命署戎政。已，又兼署兵部。瑋言：「陛下以纍纍三印悉畀之臣，豈眞國無人耶？臣所知，大僚則有呂坤、劉元震、汪應蛟，庶僚則有鄒元標、孟一脈、趙南星、姜士昌、劉九經，臺諫則有王德完、馮從吾輩，皆德立行修，足備任使。苟更閱數年，陛下卽欲用之，不可得矣。」弗聽。

都御史自溫純去後，八年不置代。至四十年十二月，外計期迫，始命瑋以兵部尚書掌

左都御史事。瑋素負時望。方欲振風紀，而是時朋黨勢成，言路大橫。會南畿巡按御史荊養喬與提學御史熊廷弼相訐，瑋議廷弼解職候勘。廷弼黨官應震、吳亮嗣輩遂連章攻瑋。瑋累疏乞休，帝皆慰留。無何，吏部以年例出兩御史于外，不關都察院。瑋以失職，求去益力，疏十餘上。明年七月稽首文華門，出郭候命。至十月，始予告歸。

天啓改元，起南京吏部尚書，改兵部，參贊機務。三年召拜刑部尚書。囚繫衆，獄舍至不能容。瑋請近畿者就州縣分繫。內使王文進殺人，下司禮議罪，其餘黨付法司。瑋言一獄不可分兩地，請幷文進下吏，不聽。其冬，以吏部尚書再掌左都御史事，累以老疾辭，不允。明年秋，疾篤，上疏曰：「今者天灾迭見，民不聊生。內而城社可憂，外而牖戶未固。法紀凌遲，人心瓦解。陛下欲圖治平，莫如固結人心；欲固結人心，莫如登用善類。舊輔臣劉一燝，憲臣鄒元標，尚書周嘉謨、王紀、孫愼行、盛以弘、鍾羽正等，侍郎曹于汴，詞臣文震孟，科臣侯震暘，臺臣江秉謙，寺臣滿朝薦，部臣徐大相，並老成蹇諤，踣伏草野，良可歎惜。倘蒙簡擢，必能昭德塞違，爲陛下收拾人心。尤望寡欲以保聖躬，勤學以進主德，優容以廣言路，明斷以攬大權。臣遘疾危篤，報主無期，敢竭微忱，用當屍諫。」遂卒。贈太子太保。魏忠賢用事，陝西巡撫喬應甲劾瑋素黨李三才、趙南星，不當叨冒恩恤。詔追誥命，奪其廕。崇禎初，復之。後謚莊毅。

鍾羽正，字叔濂，益都人。萬曆八年進士。除滑縣知縣。甫踰冠，多惠政，徵授禮科給事中。疏言朝講不宜輟，張鯨不宜赦，不報。

遷工科左給事中，出視宣府邊務。哈剌愼老把都諸部挾增市賞二十七萬有奇。羽正建議裁之。與參政王象乾讋以利害，莫敢動。兵部左侍郎許守謙先撫宣府，以賄聞，羽正劾去之。又劾罷副總兵張充實等，而悉置諸侵盜軍資者於理。

還爲吏科都給事中。劾禮部侍郎韓世能，薊遼總督蹇達，大理少卿楊四知、洪聲遠不職，四知、聲遠坐貶謫。時當朝覲，請禁餽遺，言：「臣罪莫大于貪。然使內臣貪而外臣不應，外臣貪而內臣不援，則尙相顧畏莫敢肆。今內以外爲府藏，外以內爲窟穴，交通賂遺，比周爲奸，欲仕路清，世運泰，不可得也。」帝善其言，敕所司禁之。且命閣部大臣公事議於朝房，毋私邸接賓客。吏部推孟一脈應天府丞，蔡時鼎江西提學，副以呂興周、馬猶龍。帝惡一脈、時鼎嘗建言，皆用副者。羽正率同列上言：「陛下不用一脈、時鼎，中外謂建白之臣，不惟一時見斥，而且復進無階，銷忠直之氣，結諫諍之舌，非國家福。」疏入，忤旨，奪俸有差。

二十年正月偕同官李獻可等請皇長子出閣豫教。帝怒，謫獻可官。羽正以已實主議，請與同謫，竟斥爲民。杜門讀書，士大夫往來其地，率辭不見。林居幾三十年。光宗立，起太僕少卿。未至，進本寺卿。

天啓二年，吏部將用爲左副都御史，羽正辭曰：「馮公從吾僉院已久，吾後入，先之，是長競也。西臺何地，可以是風有位乎？」乃受僉都御史而讓從吾爲副。甫入署，卽言：「方從哲進藥議謚，封后移宮，無謀鮮斷，似佞似欺，宜免其官秩，使爲法受過。沈㴶結內援，招權賄，宜遄決其去。」羣小多不悅。熊廷弼、王化貞之獄，衆議紛呶。羽正言：「向者開原、鐵嶺之罪不明，致失遼陽；遼陽之罪不明，致失廣寧。朝廷疆土，堪幾番敗壞。」由是二人皆坐大辟。會朱童蒙以講學擊鄒元標及從吾，羽正言書院之設，實爲京師首善勸，不當議禁，因自劾乞休。頃之，代從吾爲左副都御史，俄改戶部右侍郎，督倉場。

明年春，拜工部尚書。故事，奄人冬衣隔歲一給。是夏六月，羣奄千餘人請預給，蠭擁入署，碎公座，毆掾吏，肆罵而去。蓋忌羽正者嗾奄使發難也。羽正疏聞，因求罷。詔司禮太監杖謫羣奄，而諭羽正出視事。羽正求去益堅，因言：「今帑藏殫虛，九邊壯士日夜荷戈寢甲，弗獲一飽。而獨內官請乞，朝至夕從。此輩聞之，其誰不含憤。臣奉職不稱，義當罷黜。」復三疏自引歸。

踰年，逆黨霍維華追理三案，言羽正委身門戶，遂削奪。崇禎初，復官。久之卒。贈太子太保。

陳道亨，字孟起，新建人。萬曆十四年進士。除刑部主事，歷南京吏部郎中。同里鄧以讚、袁貞吉亦官南都，人號「江右三淸」。遭母喪，家燬于火，僦屋以居。窮冬無幃，妻御葛裳，與子拾遺薪爇以禦寒。或有贈遺，拒弗受。由湖廣參政遷山東按察使、右布政使，轉福建爲左，所至不私一錢。以右副都御史提督操江。

天啓二年，妖賊徐鴻儒作亂。道亨守濟寧，扼諸要害，以衞漕舟。事平，增俸賜銀幣。尋拜南京兵部尚書，參贊機務。楊漣等羣擊魏忠賢，被譙責。道亨憤，偕九卿上言：「高皇帝定令，內臣止供掃除，不得典兵預政。陛下徒念忠賢微勞，舉魁柄授之，恣所欲爲，舉朝忠諫皆不納。何重視宦豎輕天下士大夫至此。」疏入，不納。道亨遂連疏求去。詔許乘傳歸。踰年卒。

道亨貞亮有守。自參政至尚書，不以家累自隨，一蒼頭執爨而已。崇禎初，贈太子少保，謚淸襄。

子弘緒，字士業。爲晉州知州，以文名。

贊曰：光、熹之際，朝廷多故。又承神宗頹廢之餘，政體怠弛，六曹罔修厥職。周嘉謨、張問達諸人，懇懇奉公，詩所稱「不懈于位」者，蓋庶幾焉。汪應蛟持國計，謹出納，水田之議，鑿鑿可見施行。孫瑋請登用善類，鍾羽正請禁餽遺，韙哉，救時之良規也。

校勘記

〔一〕五日選侍始移噦鸞宮　噦鸞宮，當作「仁壽殿」。參見本書卷二四〇校勘記〔六〕。

〔二〕閏八月賊陷隆德　國榷卷九三頁五六五三、懷陵流寇始終錄卷七都作「八月」，無「閏」字。

〔三〕遂圍靜寧州　靜寧州，原作「靜海州」。明史稿傳一一一張問達傳附陸夢龍傳、國榷卷九三頁五六五三作「靜寧州」。按明無「靜海州」，靜寧州與隆德縣相鄰，與固原州都在陝西平涼府，且與此記事情況合，據改。

明史卷二百四十二

列傳第一百三十

陳邦瞻　畢懋康兄懋良　蕭近高　白瑜　程紹

翟鳳翀郭尚賓　洪文衡何喬遠　陳伯友李成名　董應舉

林材　朱吾弼林秉漢　張光前

陳邦瞻，字德遠，高安人。萬曆二十六年進士。授南京大理寺評事。歷南京吏部郎中，出爲浙江參政。進福建按察使，遷右布政使。改補河南，分理彰德諸府。開水田千頃，建滏陽書院，集諸生講習。士民祠祀之。就改左布政使。以右副都御史巡撫廣西。〔一〕上林土官黃德勳弟德隆及子祚胤叛德勳，投田州土酋岑懋仁。〔二〕懋仁納之，襲破上林，殺德勳，掠妻子金帛。守臣問狀，詭言德勳病亡，乞以祚胤繼。邦瞻請討於朝。會光宗

嗣位，即擢邦瞻兵部右侍郎，總督兩廣軍務兼巡撫廣東，遂移師討擒之。海寇林莘老嘯聚萬餘人侵掠海濱，邦瞻扼之，不得逞。澳夷築室靑州，奸民與通，時侵內地，邦瞻燔其巢。召拜工部右侍郎。未上，改兵部，進左。

天啓二年五月疏陳四事，中言：「客氏旣出復入，乃陛下過舉。輔臣不封還內降，引義固爭，致罪譴言者，再蹈拒諫之失，其何解於人言？」疏入，忤旨譙讓。尋兼戶、工二部侍郎，專理軍需。明年卒官。詔贈尚書。

邦瞻好學，敦風節。服官三十年，吏議不及。

畢懋康，字孟侯，歙人。萬曆二十六年進士。以中書舍人授御史。言內閣不當專用詞臣，邊臣失律者宜重按，部郎田大年、賀盛瑞，中書舍人丁元薦以忤權要廢，當雪。疏留中。視鹽長蘆。

畿輔多河渠，湮廢不治。懋康言：「保定淸河，其源發於滿城。抵淸苑而南十里，則湯家口爲上閘，又十里則淸楊爲下閘。順流東下，直抵天津。旁近易、安諸州，新安、雄、完、唐、慶都諸縣，並通舟楫仰共利。二閘創自永樂初，日久頹圮，急宜修復，歲漕臨、德二倉二

十萬石餉保定、易州、紫荊諸軍，足使士卒宿飽。往者，密雲、昌平故不通漕。萬曆初，總督劉應節、楊兆疏潮、白二河，陵泉諸水，漕粟以餉二鎮，二鎮之軍賴之。此可倣而行也。」詔從之。巡按陝西，疏陳邊政十事，劾罷副總兵王學書等七人。請建宗學如郡縣學制。報可。改按山東，擢順天府丞。以憂去。天啓四年起右僉都御史，撫治鄖陽。

懋康雅負器局，敭歷中外。與族兄懋良並有清譽，稱「二畢」。

懋良，字師皐。先懋康舉進士。由萬載知縣擢南京吏部主事。歷副使，至左布政使，俱在福建。振饑民，減加派，撫降海寇，以善績稱。懋康爲巡撫之歲，懋良亦自順天府尹擢戶部右侍郎，督倉場。魏忠賢以懋康爲趙南星所引，欲去之。御史王際逵劾其附麗邪黨，遂削籍。而懋良亦以不附忠賢，爲御史張訥所論，落職閒住。兄弟相繼去國，士論更以爲榮。

崇禎初，起懋康南京通政使。越二年，召拜兵部右侍郎，尋罷。而懋良亦起兵部左侍郎。會京師戒嚴，尚書張鳳翔以下皆獲罪。懋良得原，致仕去。懋康再起南京戶部右侍郎，督糧儲。旋引疾歸。兄弟皆卒於家。

蕭近高，字抑之，廬陵人。萬曆二十三年進士。授中書舍人。擢禮科給事中。甫拜官，卽上疏言罷礦稅、釋繫囚、起廢棄三事，明詔已頒，不可中止。帝怒，奪俸一年。頃之，論江西稅使潘相擅刑宗人罪，不報。旣而停礦分稅之詔下，相失利，擅移駐景德鎮，請專理窰務。帝卽可之，近高復力爭。後江西撫按並劾相，相以爲近高主之，疏詆甚力。近高疏辨，復劾相。疏雖不行，相不久自引去。

屢遷刑科都給事中。知縣滿朝薦、諸生王大義等皆忤中使繫獄三年。近高請釋之，不報。遼東稅使高淮激民變，近高劾其罪，請撤還，帝不納。又以淮誣奏逮同知王邦才、參將李獲陽，近高復論救。會廷臣多劾淮者，帝不得已徵還，而邦才等繫如故。無何，極陳言路不通，耳目壅蔽之患。未幾，又言王錫爵密揭行私，宜止勿召；朱賡被彈六十餘疏，不當更留。皆不報。故事，六科都給事中內外遞轉。人情輕外，率規避，近高自請外補。吏部侍郎楊時喬請亟許以成其美。乃用爲浙江右參政，進按察使。以病歸。起浙江左布政使。所至以清操聞。

泰昌元年召爲太僕卿。廷議「紅丸」之案，近高言崔文昇、李可灼當斬，方從哲當勒還故里，張差謀逆有據，不可蔽以瘋癲。歷工部左、右侍郎。天啓二年冬，引疾去。御史黃尊素因言近高暨侍郎余懋衡、曹于汴、饒伸，太僕少卿劉弘謨、〔三〕劉宗周並辭榮養志，清風襲

人，亟宜褒崇，風勵有位。詔許召還。五年冬，起南京兵部，添注左侍郎。力辭，不允。時魏忠賢勢張，諸正人屛斥已盡。近高不欲出，遷延久之。給事中薛國觀劾其玩命，遂落職。崇禎初，乃復。卒於家。

白瑜，字紹明，永平人。萬曆二十三年進士。選庶吉士，授兵科給事中。帝旣册立東宮，上太后徽號，瑜請推廣孝慈，以敦儉、持廉、惜人才、省冤獄四事進，皆引祖訓及先朝事以規時政，辭甚切。三十年，京師旱，陝西河州黃河竭。〔四〕禮官請修省，瑜言：「修省宜行實政。今逐臣久錮，纍臣久羈，一蒙矜釋，卽可感格天心。」末言礦稅之害。皆不報。

累遷工科都給事中。帝於射場營乾德臺，瑜抗疏力諫，又再疏請斥中官王朝、陳永壽，帝不能無憾。會瑜論治河當專任，遂責其剿拾陳言，謫廣西布政使照磨。以疾歸。光宗立，起光祿少卿，三遷太常卿。給事中倪思輝、朱欽相，御史王心一以直言被謫，瑜抗疏論救。

天啓二年由通政使拜刑部右侍郎，署部事。鄭貴妃兄子養性奉詔還籍，逗遛不去，其家奴張應登訐其通塞外。永寧伯王天瑞者，顯皇后弟也，〔五〕以后故銜鄭氏，遂偕其弟錦衣

天麟交章劾養性不軌。瑜以鄭氏得罪先朝，而交通事實誣，乃會都御史趙南星、大理卿陳于廷等讞上其獄，請抵奴誣告罪，勒養性居遠方。制可。明年進左侍郎。卒官。贈尚書。

程紹，字公業，德州人。祖瑤，江西右布政使。紹舉萬曆十七年進士。除汝寧推官，徵授戶科給事中。巡視京營。副將佟養正等五人行賄求遷，皆劾置於理。帝遣使採礦河南，紹兩疏言宜罷，皆不報。

再遷吏科左給事中。會大計京官，御史許聞造訐戶部侍郎張養蒙等，語侵吏部侍郎裴應章。紹言聞造挾吏部以避計典，且附會閣臣張位，聞造乃貶邊方。主事趙世德考察貶官，廷議征楊應龍，兵部擧世德知兵，紹駁止之。又劾文選郎楊守峻，守峻自引去。饒州通判沈榜貶官，夤緣稅監潘相得留，紹極言非法。山西稅使張忠以夏縣知縣韓薰忤己，〔六〕奏調之僻地，紹又爭之。帝怒，斥爲民。以沈一貫救，詔鐫一秩，出之外。給事中李應策、御史李炳等爭之。帝益怒，幷薰斥爲民，而奪應策等俸。紹家居二十年。光宗卽位，起太常少卿。

天啓四年歷右副都御史，巡撫河南。宗室居儀封者，爲盜窟。紹列上其狀，廢徙高牆。

臨漳民耕地漳濱，得玉璽，龍紐龜形，方四寸，厚三寸，文曰「受命於天，既壽永昌」，以獻紹。紹聞之於朝，略言：「秦璽不足徵久矣。今璽出，適在臣疆，既不當復埋地下，又不合私祕人間。欲遣官恭進闕廷，跡涉貢媚。且至尊所寶，在德不在璽，故先馳奏聞，候命進止。昔王孫圉不寶玉珩，齊威王不寶照乘，前史美之。陛下尊賢愛士，野無留良。尚有一代名賢，如鄒元標、馮從吾、王紀、周嘉謨、盛以弘、孫愼行、鍾羽正、余懋衡、曹于汴等皆憂國奉公，白首魁艾。其他詞林臺諫一錮不起者，並皇國禎祥，盛朝珍寶。臣不能汲致明廷，徒獻符貢瑞，臣竊羞之。願陛下惟賢是寶。在朝之忠直，勿事虛拘；在野之老成，亟圖登進。彼區區秦璽之眞僞，又安足計哉。」魏忠賢方斥逐耆碩，見之不悅。後忠賢勢益張，紹遂引疾歸。崇禎六年薦起工部右侍郎。越二年，以年老，四疏乞休去。卒，贈本部尚書。

翟鳳翀，字凌元，益都人。萬曆三十二年進士。歷知吳橋、任丘，有治聲，徵授御史。疏薦鍾羽正、趙南星、鄒元標等，因言：「宋季邪諂之徒，終日請禁僞學，信口詆諆。近年號講學者，不幸類此。」出按遼東。宰賽、煖兔二十四營環開原而居，歲爲邊患。宰賽尤桀驁，數敗官軍，殺守

將，因挾邊吏增賞。慶雲參將陳洪範所統止羸卒二千，又恇怯不任戰。鳳翀奏請益兵，易置健將，開原始有備。又請所在建常平倉，括贖鍰，節公費，易粟備荒。帝善其議，命推行於諸邊。故遼陽參將吳希漢失律聽勘，以內援二十年不決，且謀復官。鳳翀一訊成獄，置之大辟。邊人快之。

帝因「梃擊」之變，召見廷臣於慈寧宮。大學士方從哲、吳道南無所言。御史劉光復方發口，遽得罪。鳳翀上言：「陛下召對廷臣，天威開霽，千載一時。輔臣宜舉朝端大政，如皇太子、皇長孫講學，福府莊田釐引，大僚空虛，考選沉閣，以及中旨頻降，邊警時聞，水旱盜賊之相仍，流移饑殍之載道，一一縷奏於前。乃緘默不言，致光復以失儀獲罪。光復一日未釋，輔臣未可晏然也。」忤旨，切責。山東大饑。以鳳翀疏，遣御史過庭訓齎十六萬金振之。

中官呂貴假奸民奏，留督浙江織造。冉登提督九門，誣奏市民毆門卒，下兵馬指揮歐相之吏。邢洪辱御史淩漢翀於朝，給事中郭尚賓等劾之，帝釋洪不問。漢翀爲廢將淩應登所毆，洪復曲庇應登。鳳翀抗疏極論貴、登、洪三人罪。且曰：「大臣造膝無從，小臣叩閽無路。宦寺浸用，政令多違，實開羣小假借之端，成太阿倒持之勢。」帝大怒，謫山西按察使經歷。而是時，尚賓亦上疏極言：「比來擬旨不由內閣，託以親裁。言官稍涉同類，輒云黨附。將使大臣不肯盡言，小臣不敢抗論，天下事尚可爲哉？乞陛下明詔閣臣，封還內降，容納直諫，以保治安。」忤旨，謫江西布政使檢校。閣臣及言官論救，皆不納。帝於章疏多不省，故廷臣直諫者久不被譴。至是二人同日謫官，時稱「二諫」。

鳳翀既謫，三遷。天啓初爲南京光祿少卿。四年以大理少卿進右僉都御史，巡撫延綏。魏忠賢黨御史卓邁、汪若極連章論之，遂削籍。崇禎二年起兵部右侍郎，尋出撫天津。以疾歸。卒，贈兵部尚書。

尚賓，字朝諤，南海人，鳳翀同年進士。自吉安推官授刑科給事中。遇事輒諫諍，尤憤中官之橫。嘗因事論稅使李鳳、高宋、潘相，頗稱敢言。已，竟謫官。光宗時乃復起，累官刑部右侍郎，亦以不附忠賢削籍。崇禎初，爲兵部右侍郎。卒，贈尚書。

洪文衡，字平仲，歙人。萬曆十七年進士。授戶部主事。帝將封皇長子爲王，偕同官賈巖合疏爭。尋改禮部。與郎中何喬遠善。喬遠坐詿誤被謫，文衡已遷考功主事，竟引病歸。起補南京工部，歷郎中。力按舊章，杜中貴橫索，節冗費爲多。官工部九年，進光祿少

卿。改太常，督四夷館。中外競請起廢，帝率報寢。久之，乃特起顧憲成。憲成已辭疾，忌者猶憚其進用，御史徐兆魁首疏力攻之。文衡慮帝惑兆魁言，抗章申雪。因言：「今兩都九列，强半無人，仁賢空虛，識者浩歎。所堪選擇而使者，祇此起廢一途。今憲成尚在田間，已嬰羅罔，俾聖心愈疑。連茹無望，貽禍賢者，流毒國家，實兆魁一疏基之矣。」〔七〕尋進大理少卿。以憂去。

泰昌元年起太常卿。光宗既崩，議升祔。文衡請祧睿宗，曰：「此肅宗一時崇奉之情，〔八〕不合古誼。且睿宗嘗爲武宗臣矣，一旦加諸其上，禮既不合，情亦未安。當時臣子過於將順，因循至今。夫情隆於一時，禮垂於萬世。更定之舉正在今時。」疏格不行。未幾卒，贈工部右侍郎。

文衡天性孝友。居喪，斷酒肉不處內者三年。生平不妄取一介。

喬遠，字穉孝，晉江人。萬曆十四年進士。除刑部主事，歷禮部儀制郎中。神宗欲封皇長子爲王，喬遠力爭不可。同官陳泰來等言事被謫，抗疏救之。石星主封倭，而朝鮮使臣金晬泣言李如松、沈惟敬之誤，致國人束手受刃者六萬餘人。喬遠卽以聞，因進累朝馭倭故事，帝頗心動。而星堅持己說，疏竟不行。坐累謫廣西布政使經歷，以事歸。里居二

十餘年，中外交薦，不起。

光宗立，召爲光祿少卿，移太僕。王化貞駐兵廣寧，主戰。喬遠畫守禦策，力言不宜輕舉。無何，廣寧竟棄。天啓二年進左通政。鄒元標建首善書院，朱童蒙等劾之。喬遠言：「書院上梁文實出臣手，義當并罷。」語侵童蒙。進光祿卿，通政使。五疏引疾，以戶部右侍郎致仕。崇禎二年起南京工部右侍郎。給事中盧兆龍劾其衰庸，自引去。

喬遠博覽，好著書。嘗輯明十三朝遺事爲名山藏，又纂閩書百五十卷，頗行於世，然援据多舛云。

陳伯友，字仲怡，〔九〕濟寧人。萬曆二十九年進士。授行人。擢刑科給事中。甫拜命，即劾罷河南巡撫李思孝。俄論鄒之麟科場弊宜勘；奄豎辱駙馬冉興讓，宜置之法；楚宗英㸅、蘊鈁，良吏滿朝薦、王邦才等宜釋。已，又言：「陛下清明之心，不幸中年爲利所惑，皇皇焉若不足。以致財匱民艱，家成徹骨之貧，人抱傷心之痛。今天下所以杌隉傾危而不可救藥者，此也。」又言：「李廷機去國，操縱不出上裁。至外而撫按，內而庶僚，去留無所斷決。士大夫意見分歧，議論各異，陛下漫無批答。曷若盡付外廷公議，於以平曲直、定國是乎？」

帝皆不省。熊廷弼爲荆養喬所訐，伯友與李成名等力主行勘。

既又陳時政四事，言：「擬旨必由內閣。昨科臣曾六德之處分，閣臣葉向高之與試，悉由內降。而福王之國之旨，亦於他疏批行。非獨褻天言，抑且貽隱禍。〔一〇〕法者天下所共。黔國公沐昌祚請令其孫啓元代鎭，已非法矣。乃撫按據法請勘，而以內批免之，疑中有隱情。御史呂圖南改提學，此爭爲賢，彼爭爲不肖，盍息兩家戈矛，共圖軍國大計。福王久應之國，今春催請不下數百疏，何以忽易期？」疏亦留中。尋以艱去。及服除，廷議多排東林，遂不出。

至四十六年，以年例，即家除河南副使。天啓四年屢遷太常寺卿，治少卿事。楊漣劾魏忠賢，伯友亦偕卿胡世賞等抗疏極論。明年十二月，御史張樞劾其倚附東林，遂削奪。莊烈帝即位，詔復官，未及用而卒。

成名，字寰知，太原衞人。祖應時，南京戶部員外郎，以淸白著。成名舉萬曆三十二年進士，授中書舍人。擢吏科給事中。疏陳銓政失平，語侵尚書趙煥。俄請釋纍臣滿朝薦，言朝薦不釋，則諸璫日肆，國家患無已。吏部侍郎方從哲，中旨起官。成名抗疏劾之，并及其子恣橫狀。從哲求去，帝不許。是時，黨人日攻東林，成名遂移疾歸。家居五年，起山東副使。天啓初，遷湖廣參政，入爲太僕少卿。四年春，擢右僉都御史，巡撫南、贛。魏忠賢以成名爲趙南星所用，因所屬給由，犯御諱，除其名。爲巡撫止八月，士民祠祀焉。崇禎改元，召拜戶部右侍郎，以左侍郎專理邊餉。京師戒嚴，改兵部。帝召對平臺，區畫兵事甚悉。數月而罷，卒於家。

董應舉，字崇相，閩縣人。萬曆二十六年進士。除廣州教授。與稅監李鳳爭學傍壖地，鳳舍人馳騎文廟前，縶其馬，用是有名。

遷南京國子博士。再遷南京吏部主事。召爲文選主事。歷考功郎中，告歸。起南京大理丞。四十六年閏四月，日中黑子相鬬。五月朔，有黑日掩日，日無光。時遼東撫順已失，應舉言：「日生黑眚，乃強敵侵凌之徵。亟宜勤政修備，以消禍變。」因條上方略。帝置不省。

天啓改元，再遷太常少卿，督四夷館。二年春，陳急務數事，極言天下兵耗民離，疆宇日蹙，由主威不立，國法不行所致。帝以爲應舉知兵，令專任較射演武。已，上言保衞神京在設險營屯。遂擢應舉太僕卿兼河南道御史，經理天津至山海屯務。應舉以責太重，陳十難十利，帝悉敕所司從之。乃分處遼人萬三千餘戶於順天、永平

河間、保定，詔書褒美。遂用公帑六千買民田十二萬餘畝，合閑田凡十八萬畝，廣募耕者，畀工廩、田器、牛種，濬渠築防，教之藝稻，農舍、倉廨、場圃、舟車畢具，費二萬六千，而所收黍麥穀五萬五千餘石。廷臣多論其功，就進右副都御史。天津葛沽故有水陸兵二千，應舉奏令屯田，以所入充歲餉，屯利益興。

五年六月，朝議以屯務既成，當廣鼓鑄。乃改應舉工部右侍郎，專領錢務，開局荆州。尋議給兩淮鹽課爲鑄本，命兼戶部侍郎，并理鹽政。應舉至揚州，疏請釐正鹽規，議商人補行積引，增輸銀視正引之半，爲部議所格。應舉方奏析，而巡鹽御史陸世科惡其侵官，劾之。魏忠賢傳旨詰讓，御史徐揚先遂希指再劾，落職閑住。崇禎初，復官。

應舉好學善文。其居官，慷慨任事；在家，好興利捍患。比沒，海濱人祠祀之。

林材，字謹任，閩縣人。萬曆十一年進士。授舒城知縣。擢工科給事中。吏部推鄭洛戎政尚書，起張九一貴州巡撫。材極言兩人不當用，九一遂罷。王錫爵赴召，材疏論，并及趙志皋、張位。再請建儲豫教，又爭三王並封之謬。

屢遷吏科都給事中。劾罷南京尚書郝杰、徐元泰。經略宋應昌惑沈惟敬，力請封貢。

材乞斬應昌、惟敬，不報。志臯、位擬旨失當，材抗疏駁之。二十二年夏六月，西華門災，材偕同官上言，切指時政缺失。帝慍甚，以方修省不罪。吏部推顧養謙總理河道，材論止之。兵部將大敍平壤功，材力詆石星罔上，星乃不敢濫敍。其冬，復率同官言成憲不當爲祭酒，馮夢禎不當爲詹事，劉元震不當爲吏部侍郎。帝積前怒，言材屢借言事誣謗大臣，今復暗傷善類。乃貶三官，餘停俸一歲。會御史崔景榮等論救，再貶程鄉典史。材遂歸里不出。光宗卽位，始起尙寶丞，再遷太僕少卿。還朝未幾，卽乞歸。天啓中，起南京通政使，卒。崇禎初，贈右都御史。

朱吾弼，字諧卿，高安人。萬曆十七年進士。授寧國推官。徵授南京御史。大學士趙志臯弟學仕爲南京工部主事，〔二〕以贓敗。南京刑部因志臯故，〔三〕輕其罪，議調饒州通判。吾弼疏論，竟謫戍之。奏請建國本，簡閣臣，補言官，罷礦稅，不報。山西巡撫魏允貞爲稅使孫朝所訐，吾弼乞治朝欺罔罪。廣東稅使李鳳乾沒，奸人王遇桂請稅江南田契，吾弼皆疏論其罪。時無賴子蠭起言利，廷臣輒連章力爭。帝雖不盡從，亦未嘗不容其切直。雷震皇陵，吾弼請帝廷見大臣，講求祖宗典制，次第舉行，與天下更始。尋復

言：「陛下孝敬疏於郊廟，惕厲弛於朝講，土木盛宮苑，榛蕪遍殿廷，羣小橫中外，正士困囹圄，閭閻以礦稅竭，郵傳以輸輓疲，流亡以水旱增，郡縣以徵求困，草澤生心，衣冠喪氣，公卿不能補牘，臺諫無從引裾。不可不深察而改圖也。」末言禮部侍郎郭正域疾惡嚴，居己峻，不可以楚事棄。

先是，楚假王議起，首輔沈一貫陰左右王，以正域請行勘，嗾其黨錢夢臯輩逐之去。舉朝無敢留正域及言楚事者，吾弼獨抗章申理。而御史林秉漢以楚宗人戕殺巡撫，亦請詳勘。且言：「王旣非假，何憚於勘？」吾弼、秉漢遂爲一貫等所惡。會夢臯京察將黜，遂訐秉漢爲正域鷹犬，語侵沈鯉、楊時喬、溫純。秉漢坐貶貴州按察司檢校，而夢臯得留。郎中劉元珍論之，反獲譴。吾弼復疏直元珍，請黜夢臯，因力詆一貫，亦忤旨，停俸一年，遂移疾去。居三年，起南京光祿少卿，召爲大理右丞。齊、楚、浙三黨用事，吾弼復辭疾歸。熹宗立，召還。屢遷南京太僕卿。天啓五年爲御史吳裕中劾罷。

秉漢，字伯昭，長泰人。按廣東，亦再疏劾李鳳。旣謫，尋移疾歸，卒於家。天啓中，贈太僕少卿。

張光前，字爾荷，澤州人。萬曆三十八年進士。授蒲圻知縣。補安肅。甫四月，〔三〕擢吏部驗封主事。歷文選員外郎、稽勳郎中。乞假去。

天啓四年，趙南星爲尙書，起爲文選郎中。甫視事，魏忠賢欲逐南星，假廷推謝應祥事矯旨切責。南星時與推應祥者，員外郎夏嘉遇，非光前也。光前抗疏爭之，曰：「南星人品事業昭灼人耳目，忽奉嚴旨責以不公忠，臣竊惑之。選郎，諸曹領袖，尙書臂指。南星所甄別進退，臣實佐之。功罪與共，乞先賜罷斥。」亦被旨切責。未幾，以推喬允升等代南星，忤忠賢意，削侍郎陳于廷及楊漣、左光斗籍。光前又抗疏曰：「會推尙書，于廷主議，臣執筆，謹席藁待罪。」遂貶三秩，調外任。

光前操行淸嚴，峻却請謁。知縣石三畏贓私狼籍，得奧援，將授臺諫。光前出之爲王官，其黨咸側目。明年，光前兄右布政使光縉治兵遵化，爲奄黨門克新所劾，亦削籍。兄弟並以忤奄去，見稱於世。崇禎元年起光祿少卿，不赴。三年起太常。已，進大理少卿。累疏乞休，及家而卒。

贊曰：朝政弛，則士大夫騰空言而少實用。若陳邦瞻、畢懋康、翟鳳翀、萓應舉，尙思有所建立，惜不逢明作之朝，故所表見止此耳。蕭近高、洪文衡諸人皆以淸素自矢，白瑜論鄭氏獄能持平，固卿貳之錚錚者歟。

校勘記

〔一〕以右副都御史巡撫廣西　廣西，原作「陝西」。國榷卷八四頁五一五九作「廣西」。按下文所記乃陳邦瞻請討廣西田州土官岑懋仁事，作「陝西」誤，今改正。

〔二〕上林土官黃德勳弟德隆及子祚胤叛德勳投田州土會岑懋仁　黃德勳，原作「黃德勛」；岑懋仁，原作「岑茂仁」。勳、勛，懋、茂，都是一字異書，而在本書有關各篇中互爲歧異。今從本書卷三一八田州傳一律作「黃德勳」「岑懋仁」，不再一一出校勘記。

〔三〕太僕少卿劉弘謨　劉弘謨，明史稿傳一二四蕭近高傳作「劉洪謨」。

〔四〕陝西河州黃河竭　河州，原作「河南」。據本書卷二一神宗紀、明史稿傳一二四白瑜傳改。河州屬陝西臨洮府，在黃河上游。

〔五〕永寧伯王天瑞者顯皇后弟也　顯皇后弟，當作「孝靖王太后父」，見本書卷一〇八外戚恩澤侯表、卷一一四神宗孝靖王太后傳。按顯皇后，是神宗孝端王皇后，與王天瑞無關，見本書卷一

一四神宗孝靖王皇后傳。

〔六〕山西稅使張忠以夏縣知縣韓薰忤己　按本書卷三〇五楊榮傳作「山西稅監孫朝」，本書卷二三二魏允貞傳作「張忠採礦山西」。此作「張忠」，當稱「礦監」不當稱「稅使」，如稱「稅使」，當作「孫朝」。

〔七〕實兆魁一疏基之矣　基，原「塞」，據明史稿傳一二四汪文衡傳改。

〔八〕此肅宗一時崇奉之情　按明無「肅宗」，當作「肅皇」，即世宗肅皇帝。

〔九〕字仲怡　仲怡，原作「仲恬」，據明史稿傳一二四陳伯友傳改。

〔一〇〕抑且貽隱禍　隱禍，原作「陰禍」，據明史稿傳一二四陳伯友傳改。

〔一一〕大學士趙志皐弟學仕爲南京工部主事　本書卷二二一趙參魯傳稱學仕「乃大學士志皐族父」。

〔一二〕南京刑部因志皐故　南京，明史稿傳一二四朱吾弼傳作「兩京」，疑是。

〔一三〕甫四月　四月，明史稿傳一一三張光前傳作「兩月」。

明史卷二百四十三

列傳第一百三十一

趙南星　鄒元標　孫愼行　盛以弘　高攀龍　馮從吾

趙南星，字夢白，高邑人。萬曆二年進士。除汝寧推官。治行廉平，稍遷戶部主事。張居正寢疾，朝士羣禱，南星與顧憲成、姜士昌戒弗往。居正歿，調吏部考功。引疾歸。

起歷文選員外郎。疏陳天下四大害，言：「楊巍乞休，左都御史吳時來謀代之，忌戶部尚書宋纁聲望，連疏排擠。副都御史詹仰庇力謀吏、兵二部侍郎。大臣如此，何以責小臣，是謂干進之害。禮部尚書沈鯉、侍郎張位、諭德吳中行、南京太僕卿沈思孝相繼自免，獨南京禮部侍郎趙用賢在，詞臣黃洪憲輩每陰譏之，言官唐堯欽、孫愈賢、蔡系周復顯爲詆誣。彙正不容，宵人得志，是謂傾危之害。州縣長吏選授太輕，部寺之官計日而取郡守，不問才行。而撫按論人贓私有據，不曰未甚，則曰任淺，概止降調。其意以爲惜才，不知此乃惜

不才也。吏治日汙，民生日瘁，是謂州縣之害。鄉官之權大於守令，橫行無忌，莫敢誰何。如渭南知縣張棟，治行無雙，裁抑鄉官，被讒不獲行取，是謂鄉官之害。四害不除，天下不可得治。」

疏出，朝論韙之。而中所抨擊悉時相所庇，於是給事中李春開起而駁之。其疏先下，南星幾獲譴。給事中王繼光、史孟麟、萬自約，部曹姜士昌、吳正志並助南星詆春開，且發時來、仰庇、洪憲讒諂狀。春開氣沮，然南星卒以病歸。再起，歷考功郎中。

二十一年大計京官，與尚書孫鑨秉公澄汰。首黜所親都給事中王三餘及鑨甥文選員外郎呂胤昌，他附麗政府及大學士趙志皐弟皆不免。政府大不堪。給事中劉道隆因劾吏部議留拾遺庶僚非法。得旨，南星等專權植黨，貶三官。俄因李世達等疏救，斥南星爲民。後論救者悉被譴，鑨亦去位，一時善類幾空。事具鑨傳。

南星里居，名益高。與鄒元標、顧憲成，海內擬之「三君」。中外論薦者百十疏，卒不起。光宗立，起太常少卿。俄改右通政，進太常卿。至則擢工部右侍郎。居數月，拜左都御史，慨然以整齊天下爲任。天啓三年大計京官，以故給事中亓詩教、趙興邦、官應震、吳亮嗣先朝結黨亂政，議黜之。吏科都給事中魏應嘉力持不可。南星著四凶論，卒與考功郎程正己置四人不議。他所澄汰，一如爲考功時。浙江巡按張素養薦部內人材，及姚宗文、

邵輔忠、劉廷元。南星劾其謬，素養坐奪俸。先是，巡方者有提薦之例，南星已奏止之。而陝西高弘圖、山西徐揚先、宣大李思啓、河東劉大受，復踵行如故。南星並劾奏之，巡方者始知畏法。

尋代張問達爲吏部尚書。當是時，人務奔競，苞苴恣行，言路橫尤甚。每文選郎出，輒邀之半道，爲人求官，不得則加以惡聲，或逐之去。選郎即公正無如何，尚書亦太息而已。南星素疾其弊，銳意澄清，獨行己志，政府及中貴亦不得有所干請，諸人憚其剛嚴不敢犯。有給事爲貲郎求鹽運司，即注貲郎王府，而出給事於外。知縣石三畏素貪，夤緣將行取，南星亦置之王府。時進士無爲王官者，南星不恤也。

魏忠賢雅重之，嘗於帝前稱其任事。一日，遣娣子傅應星介一中書贄見，南星麾之去。嘗並坐弘政門，選通政司參議，正色語忠賢曰：「主上沖齡，我輩內外臣子宜各努力爲善。」忠賢默然，怒形於色。大學士魏廣微，南星友允貞子也，素以通家子畜之。廣微入內閣，嘗三至南星門，拒勿見。又嘗嘆曰：「見泉無子。」見泉，允貞別號也。廣微恨刺骨，與忠賢比而齮南星。

東林勢盛，衆正盈朝。南星益搜舉遺佚，布之庶位。高攀龍、楊漣、左光斗秉憲；李騰芳、陳于廷佐銓；魏大中、袁化中長科道；鄭三俊、李邦華、孫居相、饒伸、王之寀輩悉置卿

貳。而四司之屬，鄒維璉、夏嘉遇、張光前、程國祥、劉廷諫亦皆民譽。中外忻忻望治，而小人側目，滋欲去南星。給事中傅櫆以維璉改吏部己不與聞，首假汪文言發難，劾南星紊舊制，植私人。維璉引去，南星奏留之，小人愈恨。會漣劾忠賢疏上，宮府益水火。南星遂杜門乞休，不許。

攀龍之劾崔呈秀也，南星議戍之。呈秀窘，夜走忠賢邸，叩頭乞哀，言：「不去南星及攀龍、漣等，我兩人未知死所。」忠賢大以爲然，遂與定謀。會山西缺巡撫，河南布政使郭尚友求之。南星以太常卿謝應祥有清望，首列以請。既得旨，而御史陳九疇受廣微指，言應祥嘗知嘉善，大中出其門，大中以師故，謀於文選郎嘉遇而用之，徇私當斥。大中、嘉遇疏辯，語侵九疇。九疇再疏力詆，並下部議。南星、攀龍極言應祥以人望推舉，大中、嘉遇無私，九疇妄言不可聽。忠賢大怒，矯旨黜大中、嘉遇，并黜九疇，而責南星等朋謀結黨。南星遽引罪求去，忠賢復矯旨切責，放歸。明日，攀龍亦引去。給事中沈惟炳論救，亦出之外。俄以會推忤忠賢意，并斥于廷、漣、光斗、化中，引南星所擯徐兆魁、喬應甲、王紹徽等置要地。小人競進，天下大柄盡歸忠賢矣。

忠賢及其黨惡南星甚，每矯敕諭，必目爲元凶。於是御史張訥劾南星十大罪，并劾維璉、國祥、嘉遇及王允成。得旨，並削籍。令再奏南星私黨，訥復列上邦華及孫鼎相等十四人，[一]並貶黜。自是爲南星擯棄者，無不拔擢。其素所推奬者，率遭奇禍。諸干進速化之徒，一擊南星，輒遂所欲。而石三畏亦起爲御史，疏攻南星及李三才、顧憲成、孫丕揚、王圖等十五人。死者皆削奪，縉紳禍益烈。尋以汪文言獄詞連及南星，下撫按提問。適郭尚友巡撫保定，而巡按馬逢皐亦憾南星，乃相與庭辱之。笞其子清衡及外孫王鍾龐，[二]繫之獄，坐南星贓萬五千。南星家素貧，親故捐助，始獲竣。卒戍南星代州，清衡莊浪，鍾龐永昌。嫡母馮氏、生母李氏，並哀慟而卒。子生七齡，驚怖死。南星抵戍所，處之怡然。

莊烈帝登極，有詔赦還。巡撫牟志夔，忠賢黨也，故遲遣之，竟卒於戍所。崇禎初，贈太子太保，[三]謚忠毅。櫆、呈秀、廣微、九疇、兆魁、應甲、紹徽、訥、三畏、尚友、志夔，俱名麗逆案，爲世大僇焉。

鄒元標，字爾瞻，吉水人。九歲通五經。泰和胡直，嘉靖中進士，官至福建按察使，師歐陽德、羅洪先，得王守仁之傳。元標弱冠從直遊，即有志爲學。舉萬曆五年進士。觀政刑部。

張居正奪情，元標抗疏切諫。且曰：「陛下以居正有利社稷耶？居正才雖可爲，學術則

偏 志雖欲爲，自用太甚。其設施乖張者，如州縣入學，限以十五六人。有司希指，更損其數。是進賢未廣也。諸道決囚，亦有定額。所司懼罰，數必取盈。是斷刑太濫也。大臣持祿苟容，小臣畏罪緘默，有今日陳言而明日獲譴者。是言路未通也。黃河泛濫爲災，民有駕嵩爲巢、啜水爲餐者，而有司不以聞。是民隱未周也。其他用刻深之吏，沮豪傑之材，又不可枚數矣。伏讀敕諭，『朕學尚未成，志尚未定，先生既去，前功盡隳』。陛下言及此，宗社無疆之福也。雖然，弼成聖學，輔翼聖志者，未可謂在廷無人也。且幸而居正丁艱，猶可挽留；脫不幸遂捐館舍，陛下之學將終不成，志將終不定耶？臣觀居正疏言『世有非常之人，然後辦非常之事』，若以奔喪爲常事而不屑爲者。不知人惟盡此五常之道，然後謂之人。今有人於此，親生而不顧，親死而不奔，猶自號於世曰我非常人也，世不以爲喪心，則以爲禽彘，可謂之非常人哉？」

疏就，懷之入朝。適廷杖吳中行等。元標俟杖畢，取疏授中官，紿曰：「此乞假疏也。」及入，居正大怒，亦廷杖八十，謫戍都勻衞。衞在萬山中，夷僚與居，元標處之怡然。益究心理學，學以大進。巡按御史承居正指，將害元標。行次鎭遠，一夕，御史暴死。

元標謫居六年，居正歿，召拜吏科給事中，首陳培聖德、親臣工、肅憲紀、崇儒行、飭撫臣五事。尋劾罷禮部尚書徐學謨、南京戶部尚書張士佩。

徐學謨者，嘉定縣人。嘉靖中，爲荊州知府。景恭王之藩德安，欲奪荊州城北沙市地。學謨力抗不予，爲王所劾。下撫按逮問，改官。荊州人德之，稱沙市爲「徐市」。居正素與厚。萬曆中，累遷右副都御史，撫治鄖陽。居正歸葬父，學謨事之謹，召爲刑部侍郎。越二年，擢禮部尚書。自弘治後，禮部長非翰林不授。惟席書以言「大禮」故，由他曹遷，萬士和不由翰林，然先歷其部侍郎。學謨徑拜尚書，廷臣以居正故，莫敢言。居正卒，學謨急締姻於大學士申時行以自固。及奉命擇壽宮，通政參議梁子琦劾其始結居正，繼附時行，詔奪子琦俸。元標復劾之，遂令致仕歸。

慈寧宮災，元標復上時政六事。中言：「臣曩進無欲之訓，陛下試自省，果無欲耶，寡欲耶？語云：『欲人勿聞，莫若勿爲。』陛下誠宜翻然自省，加意培養。」當是時，帝方壯齡，留意聲色游宴，謂元標刺己，怒甚，降旨譙責。首輔時行以元標己門生，而劾罷其姻學謨，亦心慽，遂謫南京刑部照磨。就遷兵部主事。召改吏部，進員外郎，以病免。起補驗封。陳吏治十事，民瘼八事，疏幾萬言。文選缺員外郎，尚書宋纁請用元標，〔四〕久不獲命，纁連疏趣之。給事中楊文煥、御史何選亦以爲言。帝怒，詰責纁，謫文煥、選於外，而調元標南京。刑部尚書石星論救，亦被譙讓。元標居南京三年，移疾歸。久之，起本部郎中，不赴。旋遭母憂，里居講學，從游者日衆，名高天下。中外疏薦遺佚，凡數十百上，莫不以元標爲首。卒不用。家食垂三十年。

光宗立，召拜大理卿。未至，進刑部右侍郎。天啓元年四月還朝，首進和衷之說，言：「今日國事，皆二十年諸臣醞釀所成。往者不以進賢讓能爲事，日錮賢逐能。而言事者又不降心平氣，專務分門立戶。臣謂今日急務，惟朝臣和而已。朝臣和，天地之和自應。向之論人論事者，各懷偏見。偏生迷，迷生執，執而爲我，不復知有人，禍且移於國。今與諸臣約，論一人當惟公惟平，毋輕搖筆端；論一事當懲前慮後，毋輕試耳食。以天下萬世之心，衡天下萬世之人與事，則議論公，而國家自享安靜和平之福。」因薦涂宗濬、李邦華等十八人。帝優詔褒納。居二日，復陳拔茅闡幽、理財振武數事，及保泰四規。且請召用葉茂才、趙南星、高攀龍、劉宗周、丁元薦，而恤錄羅大紘、雒于仁等十五人。帝亦褒納。

初，元標立朝，以方嚴見憚，晚節務爲和易。或議其逐初仕時。元標笑曰：「大臣與言官異。風裁踔絕，言官事也。大臣非大利害，即當護持國體，可如少年悻動耶？」時朋黨方盛，元標心惡之，思矯其弊，故其所薦引不專一途。嘗欲舉用李三才，因言路不與，元標即中止。王德完譏其首鼠，元標亦不較。南京御史王允成等以兩人不和，請帝諭解。元標言：「臣與德完初無纖芥，此必有人交構其間。臣嘗語朝士曰：『方今上在沖歲，敵在門庭，祗有同心共濟。倘復黨同伐異，在國則不忠，在家則不孝。世自有無偏無黨之路，奈何從

室內起戈矛耶？』」帝嗣位已久，而先朝廢死諸臣猶未贈卹，元標再陳闡幽之典，言益懇切。

其年十二月改吏部左侍郎。未到官，拜左都御史。明年典外察，去留惟公。御史潘汝楨、過庭訓雅有物議。及庭訓秩滿，汝楨注考濫美。元標疏論之，兩人並引疾去。已，言丁巳京察不公，專禁錮異己，請收錄章家禎、丁元薦、史記事、沈正宗等二十二人。由是諸臣多獲昭雪。又言：「明詔收召遺佚，而諸老臣所處猶是三十年前應得之官，宜添注三品崇秩，昭陛下褒尊耆舊至意。」帝納其言。於是兩京太常、太僕、光祿三卿各增二員。

孫愼行之論「紅丸」也，元標亦上疏曰：「乾坤所以不毀者，恃此綱常。綱常所以植立者，恃此信史。臣去年舟過南中，南中士大夫爭言先帝猝然而崩，大事未明，難以傳信。臣初不謂然。及既入都，爲人言先帝盛德，宜速登信史。諸臣曰：『言及先帝彌留大事，令人閣筆，誰敢領此？』臣始有疑於前日之言。元輔方從哲不伸討賊之義，反行賞奸之典，即謂無其心，何以自解於世。且從哲秉政七年，未聞建樹何事，但聞馬上一日三趣戰，喪我十萬師徒。試問誰秉國成，〔五〕而使先帝震驚，奸人闖宮，豺狼當路，憸邪亂政？從哲何詞以對？從來懲戒亂賊，全在信史。失今不成，安所底止。」時刑部尚書黃克纘希內廷意，羣小和之，而從哲世居京師，黨附者衆，崔文昇黨復彌縫於內，格愼行與衆議，皆不得伸。未幾，愼行及王紀偕逐，元標疏救，不聽。

元標自還朝以來，不爲危言激論，與物無猜。然小人以其東林也，猶忌之。給事中朱童蒙、郭允厚、郭興治慮明年京察不利己，潛謀驅逐。會元標與馮從吾建首善書院，集同志講學，童蒙首請禁之。元標疏辨求去，帝已慰留，允厚復疏劾，語尤妄誕。而魏忠賢方竊柄，傳旨謂宋室之亡由於講學，將加嚴譴。葉向高力辨，且乞同去，乃得溫旨。興治及允厚復交章力攻，興治至比之山東妖賊。元標連疏請益力，詔加太子太保，〔六〕乘傳歸。陛辭，上老臣去國情深疏。歷陳軍國大計，而以寡欲進規，人爲傳誦。四年卒於家。明年，御史張訥請毀天下講壇，力詆元標，忠賢遂矯旨削奪。崇禎初，贈太子太保、吏部尚書，謚忠介。

童蒙等既劾元標，遂得罪清議，尋以年例外遷。及忠賢得志，三人並召還。歲餘，允厚至戶部尚書、太子太保。童蒙至右副都御史，巡撫延綏，母死不持服，爲忠賢建生祠。興治亦加至太僕卿。忠賢敗，三人並麗逆案云。

孫愼行，字聞斯，武進人。幼習聞外祖唐順之緒論，即嗜學。萬曆二十三年舉進士第三人，授編修，累官左庶子。數請假里居，鍵戶息交，覃精理學。當事請見，率不納。有以

政事詢者，不答。

四十一年五月由少詹事擢禮部右侍郎，署部事。當是時，郊廟大享諸禮，帝二十餘年不躬親，東宮輟講至八年，皇長孫九齡未就外傅，瑞王二十三未婚，楚宗人久錮未釋，代王廢長立幼，久不更正，臣僚章奏一切留中，福府莊田取盈四萬頃；愼行並切諫。已，念東宮開講，皇孫出閣，係宗社安危，疏至七八上。代王廢長子鼎渭，立愛子鼎莎，李廷機爲侍郎時主之，其後，羣臣爭者百餘疏，帝皆不省。愼行屢疏爭，乃獲更置。楚宗人擊殺巡撫趙可懷，爲首六人論死，復錮英嫶等二十三人於高牆，禁蘊鈁等二十三人於遠地。愼行力白其非叛，諸人由此獲釋。皇太子儲位雖定，福王尙留京師，須莊田四萬頃乃行，宵小多窺伺。廷臣請之國者愈衆，帝愈遲之。愼行疏十餘上，不見省。最後，貴妃復請帝留王慶太后七旬壽節，羣議益籍籍。愼行乃合文武諸臣伏闕力請，大學士葉向高亦爭之强。帝不得已，許明年季春之國，羣情始安。

韓敬科場之議，愼行擬黜敬。而家居時素講學東林，敬黨尤忌之。會吏部缺侍郎，廷議改右侍郎李鋕於左，而以愼行爲右，命俱未下。御史過廷訓因言鋕未履任，何復推愼行，給事中亓詩敎和之。愼行遂四疏乞歸，〔七〕出城候命，帝乃許之。已而京察，御史韓浚等以趣福王之國，謂愼行邀功，列之拾遺疏中。帝察其無罪，獲免。

熹宗立，召拜禮部尙書。初，光宗大漸，鴻臚寺丞李可灼以紅鉛丸藥進，俄帝崩，廷臣交章劾之。大學士方從哲擬旨令引疾歸，賚以金幣。天啓二年四月，〔八〕愼行還朝，上疏曰：

先帝驟崩，雖云夙疾，實緣醫人用藥不審。閱邸報，知李可灼紅丸乃首輔方從哲所進。夫可灼官非太醫，紅丸不知何藥，乃敢突然以進。昔許悼公飲世子藥而卒，世子卽自殺，春秋猶書之爲弑。然則從哲宜何居？速引劍自裁以謝先帝，義之上也，合門席稾以待司寇，義之次也，乃悍然不顧。至舉朝共攻可灼，僅令回籍調理，豈不以己實薦之，恐與同罪歟？臣以爲從哲縱無弑之心，卻有弑之事；欲辭弑之名，難免弑之實。實錄中卽欲爲君父諱，不敢不直書方從哲連進藥二丸，須臾帝崩，恐百口無能爲天下後世解也。

然從哲之罪實不止此。先是則有皇貴妃欲爲皇后事。古未有天子旣崩而立后者。倘非禮官執奏，言路力持，幾何不遺禍宗社哉！繼此則有諡皇祖爲恭皇帝事。歷考晉、隋、周、宋，其末世亡國之君率諡曰「恭」，而以加之我皇祖，豈眞不學無術，實乃呪詛君國，等於亡王，其設心謂何？後此則有選侍垂簾聽政事。劉遜、李進忠幺麼小豎，何遂膽大揚言。說者謂二豎早以金寶輸從哲家，若非九卿、臺諫力請移宮，選侍一日得志，陛下幾無駐足所。聞爾時從哲濡遲不進，科臣趣之，則云遲數日無害。任婦寺之縱橫，忍君父之杌隉，爲大臣者宜爾乎？

臣在禮言禮，其罪惡逆天，萬無可生之路。若其他督戰僨國，罔上行私，縱情蔑法，干犯天下之名義，釀成國家之禍患者，臣不能悉數也。陛下宜急討此賊，雪不共之仇。毋詢近習，近習皆從哲所攀援也。毋拘忌諱，忌諱卽從哲所布置也。幷急誅李可灼，以洩神人之憤。

時朝野方惡從哲，愼行論雖過刻，然爭韙其言。顧近習多爲從哲地，帝乃報曰：「舊輔素忠愼，可灼進藥本先帝意。卿言雖忠愛，事屬傳聞。幷進封移宮事，當日九卿、臺諫官親見者，當據實會奏，用釋羣疑。」於是從哲疏辨。刑部尙書黃克纘右從哲，亦曲爲辨。愼行復疏折之，曰：「由前則過信可灼，有輕進藥之罪，由後則曲庇可灼，有不討賊之罪，兩者均無辭乎弑也。從哲謂移宮有揭。但諸臣之請在初二，從哲之請在初五。爾時章疏入乾清不入慈慶者已三日，國政幾於中斷，非他輔臣訪知，與羣臣力請，其害可勝言哉！伏讀聖諭『輔臣義在體國，爲朕分憂。今似此景象，何不代朕傳諭一言，屏息紛擾，君臣大義安在？』又云『朕凌虐不堪，晝夜涕泣六七日』。夫從哲爲顧命元臣，使少肯義形於色，何至令至尊憂危如此！惟阿婦寺之意多，戴聖明之意少，故敢於凌皇祖，悖皇考，而欺陛下也。」末復力言

克纘之謬。章並下廷議。旣而議上，惟可灼下吏戍邊，從哲置不問。

山東巡撫奏，五月中，日中月星並見。愼行以爲大異，疏請修省，語極危切。秦王誼漶由旁枝進封，其四子法不當封郡王，厚賄近倖，遂得溫旨。愼行堅不奉詔，三疏力爭，不得。七月謝病去。

其冬，廷推閣臣，以愼行爲首，吏部侍郎盛以弘次之。魏忠賢抑不用，用顧秉謙、朱國禎、朱延禧、魏廣微，朝論大駭。葉向高連疏請用兩人，竟不得命。已，忠賢大熾，議修三朝要典，「紅丸」之案以愼行爲罪魁。其黨張訥遂上疏力詆，有詔削奪。未幾，劉志選復兩疏追劾，詔撫按提問，遣戍寧夏。未行，莊烈帝嗣位，以赦免。

崇禎元年命以故官協理詹事府，力辭不就。愼行操行峻潔，爲一時搢紳冠。朝士數推轂入閣，吏部尙書王永光力排之，迄不獲用。八年廷推閣臣，屢不稱旨。最後以愼行及劉宗周、林釬名上，帝卽召之。愼行已得疾，甫入都，卒。贈太子太保，謚文介。

盛以弘，字子寬，潼關衞人。父訥，字敏叔。訥父德，世職指揮也，討洛南盜戰死。訥號泣請於當事，水漿不入口者數日，爲發兵討斬之。久之，舉隆慶五年進士。由庶吉士累官吏部右侍郎。與尙書陳有年、左侍郎趙參魯共釐銓政。母憂歸，以篤孝聞。卒，贈禮部

尚書。天啓初，謚文定。

以弘，萬曆二十六年進士。由庶吉士累官禮部尚書。天啓三年謝病歸。魏忠賢亂政，落其職。崇禎初，起故官，協理詹事府，卒官。明世，衞所世職用儒業顯者，訥父子而已。

高攀龍，字存之，無錫人。少讀書，輒有志程、朱之學。舉萬曆十七年進士，授行人。四川僉事張世則進所著大學初義，詆程、朱章句，請頒天下。攀龍抗疏力駁其謬，其書遂不行。

侍郎趙用賢、都御史李世達被訐去位，朝論多咎大學士王錫爵。攀龍上疏曰：

近見朝宁之上，善類擯斥一空。大臣則孫鑨、李世達、趙用賢去矣，小臣則趙南星、陳泰來、顧允成、薛敷教、張納陛、于孔兼、賈巖斥矣。邇者李禎、曾乾亨復不安其位而乞去矣，選郎孟化鯉又以推用言官張棟，空署而逐矣。

夫天地生才甚難，國家需才甚亟，廢斥如此，後將焉繼。致使正人扼腕，曲士彈冠，世道人心何可勝慨！且今陛下朝講久輟，廷臣不獲望見顏色。天言傳布，雖曰聖裁，隱伏之中，莫測所以。故中外羣言，不曰「輔臣欲除不附己」，則曰「近侍不利用正

人」。陛下深居九重，亦曾有以諸臣賢否陳於左右，而陛下於諸臣，亦嘗一思其得罪之故乎？果以爲皆出聖怒，則諸臣自孟化鯉而外，未聞忤旨，何以皆罷斥？卽使批鱗逆耳，如董基等，陛下已嘗收錄，何獨於諸臣不然？臣恐陛下有祛邪之果斷，而左右反借以行媢嫉之私；陛下有容言之盛心，而臣工反遺以拒諫諍之誚。傳之四海，垂諸史冊，爲聖德累不小。

輔臣王錫爵等，跡其自待，若愈於張居正、申時行，察其用心，何以異於五十步笑百步。卽如諸臣罷斥，果以爲當然，則是非邪正，恒人能辨，何忍坐視至尊之過舉，得毋內洩其私憤，而利於斥逐之盡乎？

末力詆鄭材、楊應宿讒諂宜黜。應宿亦疏訐攀龍，語極妄誕。疏並下部院，議請薄罰兩臣，稍示懲創。帝不許，鐫應宿二秩，謫攀龍揭陽添注典史。之官七月，以事歸。尋遭親喪，遂不出，家居垂三十年。言者屢薦，帝悉不省。

熹宗立，起光祿丞。天啓元年進少卿。明年四月疏劾戚畹鄭養性，言：「張差梃擊實養性父國泰主謀。今人言籍籍，咸疑養性交關奸宄，別懷異謀，積疑不解，當思善全之術。至劉保謀逆，中官盧受主之，劉于簡獄詞具在。受本鄭氏私人，而李如楨一家交關鄭氏，計陷名將，失地喪師。于簡原供，明言李永芳約如楨內應。若崔文昇素爲鄭氏腹心，知先帝症虛，故用泄藥，罪在不赦。陛下僅行斥逐，而文昇猶潛住都城。宜勒養性還故里，急正如楨、文昇典刑，用章國法。」疏入，責攀龍多言，然卒遣養性還籍。

孫愼行以「紅丸」事攻舊輔方從哲，下廷議。攀龍引春秋首惡之誅，歸獄從哲。給事中王志道爲從哲解，攀龍遺書切責之。尋改太常少卿，疏陳務學之要，因言：「從哲之罪非止紅丸，其最大者在交結鄭國泰。國泰父子所以謀危先帝者不一，始以張差之梃，繼以美姝之進，終以文昇之藥，而從哲實左右之。力扶其爲鄭氏者，力鋤其不爲鄭氏者；一時人心若狂，但知鄭氏，不知東宮。此賊臣也，討賊，則爲陛下之孝。而說者乃曰『爲先帝隱諱則爲孝』，此大亂之道也。陛下念聖母則宣選侍之罪，念皇考則隆選侍之恩，仁之至義之盡也。而說者乃曰『爲聖母隱諱則爲孝』。明如聖諭，目爲假託；忠如楊漣，謗爲居功。人臣避居功，甘居罪，君父有急，袖手旁觀，此大亂之道也。惑於其說，孝也不知其爲孝，不孝也以爲大孝；忠也不知其爲忠，不忠也以爲大忠。忠孝皆可變亂，何事不可妄爲。故從哲、養性不容不討，奈何猶令居輦轂下！」時從哲輩奧援甚固，摘疏中「不孝」語激帝怒，將加嚴譴。葉向高力救，乃奪祿一年。旋改大理少卿。鄒元標建書院，攀龍與焉。元標被攻，攀龍請與同罷，詔留之。進太僕卿，擢刑部右侍郎。

四年八月拜左都御史。楊漣等羣擊魏忠賢，勢已不兩立。及向高去國，魏廣微日導忠

賢爲惡，而攀龍爲趙南星門生，並居要地。御史崔呈秀按淮、揚還，攀龍發其穢狀，南星議戍之。呈秀窘，急走忠賢所，乞爲義兒，遂摭謝應祥事，謂攀龍黨南星。嚴旨詰責，攀龍遽引罪去。頃之，南京御史游鳳翔出爲知府，訐攀龍挾私排擠。詔復鳳翔故官，削攀龍籍。呈秀憾不已，必欲殺之，竄名李實劾周起元疏中，遣緹騎往逮。攀龍晨謁宋儒楊龜山祠，以文告之。歸與二門生一弟飲後園池上，聞周順昌已就逮，笑曰：「吾視死如歸，今果然矣。」入與夫人語，如平時。出，書二紙告二孫曰：「明日以付官校。」因遣之出，扃戶。移時諸子排戶入，一燈熒然，則已衣冠自沈於池矣。發所封紙，乃遺表也，云：「臣雖削奪，舊爲大臣，大臣受辱則辱國。謹北向叩頭，從屈平之遺則。」復別門人華允誠書云：「一生學問，至此亦少得力。」時年六十五。遠近聞其死，莫不傷之。

呈秀憾猶未釋，矯詔下其子世儒吏。刑部坐世儒不能防閑其父，謫爲徒。崇禎初，贈太子少保，兵部尚書，謚忠憲，授世儒官。

初，海內學者率宗王守仁，攀龍心非之。與顧憲成同講學東林書院，以靜爲主。操履篤實，粹然一出於正，爲一時儒者之宗。海內士大夫，識與不識，稱高、顧無異詞。攀龍削官之秋，詔毀東林書院。莊烈帝嗣位，學者更修復之。

馮從吾，字仲好，長安人。萬曆十七年進士。改庶吉士，授御史。巡視中城，閹人修刺謁，拒却之。禮科都給事中胡汝寧傾邪狡猾，累劾不去。從吾發其奸，遂調外。時當大計，從吾嚴邏偵，苞苴絕跡。

二十年正月抗章言：「陛下郊廟不親，朝講不御，章奏留中不發。試觀戊子以前，四裔效順，海不揚波；己丑以後，南倭告警，北寇渝盟，天變人妖，疊出累告。勵精之效如彼，怠斁之患如此。近頌敕諭，謂聖體違和，欲借此自掩，不知鼓鐘於宮，聲聞於外。陛下每夕必飲，每飲必醉，每醉必怒。左右一言稍違，輒斃杖下，外庭無不知者。天下後世，其可欺乎！願陛下勿以天變爲不足畏，勿以人言爲不足恤，勿以目前晏安爲可恃，勿以將來危亂爲可忽，宗社幸甚。」帝大怒，欲廷杖之。會仁聖太后壽辰，閣臣力解得免。尋告歸，起巡長蘆鹽政。潔己惠商，奸宄斂迹。旣還朝，適帝以軍政大黜兩京言官。從吾亦削籍，猶以前疏故也。

從吾生而純慤，長志濂、洛之學，受業許孚遠。罷官歸，杜門謝客，取先正格言，體驗身心，造詣益邃。家居二十五年，光宗踐阼，起尚寶卿，進太僕少卿，並以兄喪未赴。俄改大理。

天啓二年擢左僉都御史。甫兩月，進左副都御史。廷議「三案」，從吾言：「李可灼以至尊嘗試，而許其引疾，當國何心！至梃擊之獄，與發奸諸臣爲難者，卽奸人也。」由是羣小惡之。

已，與鄒元標共建首善書院，集同志講學其中，給事中朱童蒙遂疏詆之。從吾言：「宋之不競，以禁講學故，非以講學故也。我二祖表章六經，天子經筵，皇太子出閣，皆講學也。臣子以此望君，而己則不爲，可乎？先臣守仁，當兵事倥傯，不廢講學，卒成大功。此臣等所以不恤毀譽，而爲此也。」因再稱疾求罷，帝溫詔慰留。而給事中郭允厚、郭興治復相繼詆元標甚力。從吾又上言：「臣壯歲登朝，卽與楊起元、孟化鯉、陶望齡輩立講學會，自臣告歸乃廢。京師講學，昔已有之，何至今日遂爲詬厲。」因再疏引歸。

四年春，起南京右都御史，累辭未上，召拜工部尚書。會趙南星、高攀龍相繼去國，連疏力辭，予致仕。明年秋，魏忠賢黨張訥疏詆從吾，削籍。鄉人王紹徽素銜從吾，及爲吏部，使喬應甲撫陝，搯摭百方，無所得。乃毀書院，曳先聖像，擲之城隅。從吾不勝憤悒，得疾卒。崇禎初，復官，贈太子太保，謚恭定。

贊曰：趙南星諸人，持名檢，勵風節，嚴氣正性，侃侃立朝，天下望之如泰山喬嶽。詩有之，「邦之司直」，其斯人謂歟。權枉盈廷，讒諂相繼，「人之云亡，邦國殄瘁」，悲夫！

校勘記

〔一〕訥復列上邦華及孫鼎相等十四人　十四人，本書卷三〇六曹欽程傳作「十七人」。

〔二〕笞其子清衡及外孫王鍾龐　王鍾龐，熹宗實錄天啓七年十月庚戌條、國榷卷八八頁五三九三都作「王中龐」。

〔三〕贈太子太保　熹宗實錄天啓七年十月庚戌條、國榷卷八八頁五三九三都作「太子少保」。

〔四〕尚書宋纁請用元標　宋纁，原作「宗纁」。本書卷一一二七卿年表、明史稿傳一一二鄒元標傳都作「宋纁」。按本書卷二四二有宋纁傳，事跡與此合，據改。

〔五〕試問誰秉國成　試問，原作「訊問」，據明史稿傳一一二鄒元標傳改。

〔六〕詔加太子太保　太子太保，原作「太子少保」，據本書卷一一二七卿年表、熹宗實錄卷二二天啓二年十月乙酉條改。

〔七〕愼行遂四疏乞歸　遂，原作「隨」，據明史稿傳一一二孫愼行傳改。

〔八〕天啓二年四月　原作「天啓元年四月」。本書卷二四〇韓爌傳、熹宗實錄卷一六天啓二年四月辛巳條、國榷卷八五頁五二〇四、明史紀事本末卷六八都繫孫愼行論「紅丸」疏於天啓二年四月。本傳下文「五月中，日中星並見」，天文志也載於天啓二年五月。傳文作「元年」誤，今改正。下文「二年七月謝病去」，「二年」重出，今删。

明史卷二百四十四

列傳第一百三十二

楊漣　左光斗弟光先　魏大中子學洢　學濂　周朝瑞
袁化中　顧大章弟大韶　王之寀

楊漣，字文孺，應山人。爲人磊落負奇節。萬曆三十五年成進士，除常熟知縣。舉廉吏第一，擢戶科給事中，轉兵科右給事中。

四十八年，神宗疾，不食且半月，皇太子未得見。漣偕諸給事、御史走謁大學士方從哲，御史左光斗趣從哲問安。從哲曰：「帝諱疾。卽問，左右不敢傳。」漣曰：「昔文潞公問宋仁宗疾，內侍不肯言。潞公曰：『天子起居，汝曹不令宰相知，將毋有他志，速下中書行法。』公誠日三問，不必見，亦不必上知，第令宮中知廷臣在，事自濟。公更當宿閣中。」曰：「無故事。」漣曰：「潞公不訶史志聰，此何時，尙問故事耶？」越二日，從哲始率廷臣入問。及帝疾

亟，太子尙躊躇宮門外。漣、光斗遣人語東宮伴讀王安：「帝疾甚，不召太子，非帝意。當力請入侍，嘗藥視膳，薄暮始還。」太子深納之。

無何，神宗崩。八月丙午朔，光宗嗣位。越四日，不豫。都人喧言鄭貴妃進美姬八人，又使中官崔文昇投以利劑，帝一晝夜三四十起。而是時，貴妃據乾清宮，與帝所寵李選侍相結。貴妃爲選侍請皇后封，選侍亦請封貴妃爲皇太后。漣、光斗乃倡言於朝，共詰責鄭養性，令貴妃移宮。貴妃卽移慈寧。漣遂劾崔文昇用藥無狀，請推問之。且曰：「外廷流言，謂陛下興居無節，侍御蠱惑。必文昇藉口以掩其用藥之奸，文昇之黨煽布以預杜外廷之口。既損聖躬，又虧聖德，罪不容死。至貴妃封號，尤乖典常。尊以嫡母，若大行皇后何？尊以生母，若本生太后何？請亟寢前命。」疏上，越三日丁卯，帝召見大臣，幷及漣，且宣錦衣官校。衆謂漣疏忤旨，必廷杖，囑從哲爲解。從哲勸漣引罪，漣抗聲曰：「死卽死耳，漣何罪？」及入，帝溫言久之，數目漣，語外廷毋信流言。遂逐文昇，停封太后命。再召大臣皆及漣。

漣自以小臣預顧命，感激，誓以死報。九月乙亥朔，昧爽，帝崩。廷臣趨入，諸大臣周嘉謨、張問達、李汝華等慮皇長子無嫡母、生母，勢孤孑甚，欲共託之李選侍。漣曰：「天子

寧可託婦人？且選侍昨於先帝召對羣臣時，強上入，復推之出，是豈可託幼主者？請亟見儲皇，卽呼萬歲，擁出乾清，暫居慈慶。」語未畢，大學士方從哲、劉一燝、韓爌至，漣趣諸大臣共趨乾清宮。閹人持梃不容入，漣大罵：「奴才！皇帝召我等。今已晏駕，若曹不聽入，欲何爲！」閹人却，乃入臨。羣臣呼萬歲，請於初六日登極，而奉駕至文華殿，受羣臣嵩呼。駕甫至中宮，內豎從寢閤出，大呼：「拉少主何往？主年少畏人！」有攬衣欲奪還者。漣格而訶之曰：「殿下羣臣之主。四海九州莫非臣子，復畏何人！」乃擁至文華殿。禮畢，奉駕入慈慶宮。

當是時，李選侍居乾清。一燝奏曰：「殿下暫居此，俟選侍出宮訖，乃歸乾清宮。」羣臣遂退議登極期，語紛紛未定，有請改初三者，有請於卽日午時者。漣曰：「今海宇清晏，內無嫡庶之嫌。父死之謂何？含斂未畢，袞冕臨朝，非禮也。」或言登極則人心安，漣曰：「安與不安，不在登極早暮。處之得宜，卽朝委裘何害？」議定，出過文華殿。太僕少卿徐養量、御史左光斗至，責漣僨大事，唾其面曰：「事脫不濟，汝死，肉足食乎！」漣爲竦然。乃與光斗從周嘉謨於朝房，言選侍無恩德，必不可同居。

明日，嘉謨、光斗各上疏請選侍移宮。初四日得兪旨。而選侍聽李進忠計，必欲皇長子同居。惡光斗疏中「武氏」語，議召皇長子，加光斗重譴。漣遇內豎於麟趾門，內豎備言

狀。漣正色曰：「殿下在東宮爲太子，今則爲皇帝，選侍安得召？且上已十六歲，他日卽不奈選侍何，若曹置身何地？」怒目視之，其人退。給事中惠世揚、御史張潑入東宮門，駭相告曰：「選侍欲垂簾處光斗，汝等何得晏然？」漣曰：「無之。」出皇極門，九卿科道議上公疏，未決。

初五日傳聞欲緩移宮期。漣及諸大臣畢集慈慶宮門外，漣語從哲趣之。從哲曰：「遲亦無害。」漣曰：「昨以皇長子就太子宮猶可，明日爲天子，乃反居太子宮以避宮人乎？卽兩宮聖母如在，夫死亦當從子。選侍何人，敢欺藐如此！」時中官往來如織，或言選侍亦顧命中人。漣斥之曰：「諸臣受顧命於先帝，先帝自欲先顧其子，何嘗先顧其嬖媵？請選侍於九廟前質之，若曹豈食李家祿者？能殺我則已，否則，今日不移，死不去。」一燝、嘉謨助之，詞色俱厲，聲徹御前。皇長子使使宣諭，乃退。復抗疏言：「選侍陽託保護之名，陰圖專擅之實，宮必不可不移。臣言之在今日，殿下行之在今日，諸大臣贊決之，亦惟今日。」其日，選侍遂移宮，居仁壽殿。

明日庚辰，熹宗卽位。自光宗崩，至是凡六日。漣與一燝、嘉謨定宮府危疑，言官惟光斗助之，餘悉聽漣指。漣鬚髮盡白，帝亦數稱忠臣。未幾，遷兵科都給事中。御史馮三元等極詆熊廷弼。漣疏論其事，獨持平。旋劾兵部尙書黃嘉善八大罪，嘉善罷去。

當選侍之移宮也，漣卽言於諸大臣曰：「選侍不移宮，非所以尊天子。既移宮，又當有以安選侍。是在諸公調護，無使中官取快私讎。」既而諸奄果爲流言。御史賈繼春遂上書內閣，謂不當於新君御極之初，首勸主上以違忤先帝，逼逐庶母，表裏交搆，羅織不休，俾先帝玉體未寒，遂不能保一姬女。蓋是時，選侍宮奴劉遜、劉朝、田詔等以盜寶繫獄，詞連選侍父。諸奄計無所出，則妄言選侍投繯，皇八妹入井，以熒惑朝士。繼春藉其言，首發難。於是光斗上疏述移宮事。而帝降諭言選侍氣毆聖母，及要挾傳封皇后，與卽日欲垂簾聽政語。又言：「今奉養李氏於噦鸞宮，尊敬不敢怠。」大學士從哲封還上諭。帝復降諭言選侍過惡，而自白贍養優厚，俾廷臣知。未幾，噦鸞宮災。帝諭內閣，言選侍暨皇八妹無恙。而是時，給事中周朝瑞謂繼春生事。繼春與相詆諆，乃復上書內閣，有「伶仃之皇八妹，入井誰憐，孀寡之未亡人，雉經莫訴」語。朝瑞與辨駁者再。漣恐繼春說遂滋，亦上敬述移宮始末疏，且言：「選侍自裁，皇八妹入井，蜚語何自，臣安敢無言。臣寧使今日忤選侍，無寧使移宮不速，不幸而成女后獨覽文書、稱制垂簾之事。」帝優詔褒漣志安社稷，復降諭備述宮掖情事。繼春及其黨益忌漣，詆漣結王安，圖封拜。漣不勝憤，冬十二月抗章乞去，卽出城候命。帝復褒其忠直，而許之歸。天啓元年春，繼春按江西還，抵家，見帝諸諭，乃具疏陳上書之實。帝切責，罷其官。漣、繼春先後去，移宮論始息。

天啓二年起漣禮科都給事中，旋擢太常少卿。明年冬，拜左僉都御史。又明年春，進左副都御史。而是時魏忠賢已用事，羣小附之，憚衆正盈朝，不敢大肆。漣益與趙南星、左光斗、魏大中輩激揚諷議，務植善類，抑憸邪。忠賢及其黨銜次骨，遂興汪文言獄，將羅織諸人。事雖獲解，然正人勢日危。其年六月，漣遂抗疏劾忠賢，列其二十四大罪，言：

高皇帝定令，內官不許干預外事，祇供掖廷灑掃，違者法無赦。聖明在御，乃有肆無忌憚，濁亂朝常，如東廠太監魏忠賢者。敢列其罪狀，爲陛下言之。

忠賢本市井無賴。中年淨身，夤入內地。初猶謬爲小忠、小信以倖恩，繼乃敢爲大奸、大惡以亂政。祖制，以擬旨專責閣臣。自忠賢擅權，多出傳奉，或徑自內批。壞祖宗二百餘年之政體，大罪一。

劉一燝、周嘉謨，顧命大臣也，忠賢令孫杰論去。急於翦己之忌，不容陛下不改父之臣，大罪二。

先帝賓天，實有隱恨。孫愼行、鄒元標以公義發憤，忠賢悉排去之。顧於黨護選侍之沈㴶，曲意綢繆，終加蟒玉。親亂賊而讎忠義，大罪三。

王紀、鍾羽正先年功在國本。及紀爲司寇，執法如山；羽正爲司空，清修如鶴。忠賢搆黨斥逐，必不容盛時有正色立朝之直臣，大罪四。

國家最重無如枚卜。忠賢一手握定，力阻首推之孫愼行、盛以弘，更爲他辭以錮其出。豈眞欲門生宰相乎？大罪五。

爵人於朝，莫重廷推。去歲南太宰、北少宰皆用陪推，致一時名賢不安其位。顚倒銓政，掉弄機權，大罪六。

聖政初新，正資忠直。乃滿朝薦、文震孟、熊德陽、江秉謙、徐大相、毛士龍、侯震暘等，抗論稍忤，立行貶黜，屢經恩典，竟阻賜環。長安謂天子之怒易解，忠賢之怒難調，大罪七。

然猶曰外廷臣子也。去歲南郊之日，傳聞宮中有一貴人，以德性貞靜，荷上寵注。忠賢恐其露己驕橫，託言急病，置之死地。是陛下不能保其貴幸矣，大罪八。

猶曰無名封也。裕妃以有姙傳封，中外方爲慶幸。忠賢惡其不附己，矯旨勒令自盡。是陛下不能保其妃嬪矣，大罪九。

猶曰在妃嬪也。中宮有慶，已經成男，乃忽焉告殞，傳聞忠賢與奉聖夫人實有謀焉。是陛下且不能保其子矣，大罪十。

先帝青宮四十年，所與護持孤危者惟王安耳。卽陛下倉卒受命，擁衞防維，安亦不可謂無勞。忠賢以私忿，矯旨殺於南苑。是不但仇王安，而實敢仇先帝之老奴，況

其他內臣無罪而擅殺擅逐者，又不知幾千百也，大罪十一。

今日奬賞，明日祠額，要挾無窮，王言屢褻。近又於河間毀人居屋，起建牌坊，鏤鳳雕龍，干雲插漢，又不止塋地僭擬陵寢而已，大罪十二。

今日廕中書，明日廕錦衣。金吾之堂口皆乳臭，誥敕之館目不識丁。如魏良弼、魏良材、魏良卿、魏希孔及其甥傅應星等，濫襲恩廕，褻越朝常，大罪十三。

用立枷之法，戚畹家人駢首畢命，意欲誣陷國戚，動搖中宮。若非閣臣力持，言官糾正，椒房之戚，又興大獄矣，大罪十四。

良鄉生員章士魁，坐爭煤窰，託言開礦而致之死。假令盜長陵一抔土，何以處之？趙高鹿可爲馬，忠賢煤可爲礦，大罪十五。

王思敬等牧地細事，責在有司。忠賢乃幽置檻阱，恣意搒掠，視士命如草菅，大罪十六。

給事中周士樸執糾織監，忠賢竟停其陞遷，使吏部不得專銓除，言官不敢司封駁，大罪十七。

北鎭撫劉僑不肯殺人媚人，忠賢以不善鍛鍊，遂致削籍。示大明之律令可以不守，而忠賢之律令不敢不遵，大罪十八。

給事中魏大中遵旨蒞任，忽傳旨詰責。及大中回奏，臺省交章，又再褻王言。毋論玩言官於股掌，而煌煌天語，朝夕紛更，大罪十九。

東廠之設，原以緝奸。自忠賢受事，日以快私讐、行傾陷爲事。縱野子傅應星、陳居恭、傅繼教輩，投匭設阱。片語稍違，駕帖立下，勢必興同文館獄而後已，大罪二十。

邊警未息，內外戒嚴，東廠訪緝何事？前奸細韓宗功潛入長安，實主忠賢司房之邸，事露始去。假令天不悔禍，宗功事成，未知九廟生靈安頓何地，大罪二十一。

祖制，不蓄內兵，原有深意。忠賢與奸相沈潅創立內操，藪匿奸宄，安知無大盜、刺客爲敵國窺伺者潛入其中。一旦變生肘腋，可爲深慮，大罪二十二。忠賢進香涿州，警蹕傳呼，清塵墊道，人以爲大駕出幸。及其歸也，改駕四馬，羽幢青蓋，夾護環遮，儼然乘輿矣。其間入幕効謀，叩馬獻策者，實繁有徒。忠賢此時自視爲何如人哉？大罪二十三。

夫寵極則驕，恩多成怨。聞今春忠賢走馬御前，陛下射殺其馬，貸以不死。忠賢不自伏罪，進有傲色，退有怨言，朝夕隄防，介介不釋。從來亂臣賊子，只爭一念，放肆遂至不可收拾，奈何養虎兕於肘腋間乎！此又寸臠忠賢，不足盡其辜者，大罪二十四。

凡此逆跡，昭然在人耳目。乃內廷畏禍而不敢言，外廷結舌而莫敢奏。間或奸狀

敗露，則又有奉聖夫人爲之彌縫。甚至無恥之徒，攀附枝葉，依託門牆，更相表裏，迭爲呼應。積威所刦，致掖廷之中，但知有忠賢，不知有陛下；都城之內，亦但知有忠賢，不知有陛下。卽如前日，忠賢已往涿州，一切政務必星夜馳請，待其旣旋，詔旨始下。天顏咫尺，忽慢至此，陛下之威靈尚尊於忠賢否耶？陛下春秋鼎盛，生殺予奪，豈不可以自主？何爲受制么麼小醜，令中外大小惴惴莫必其命？伏乞大奮雷霆，集文武勳戚，敕刑部嚴訊，以正國法，幷出奉聖夫人於外，用消隱憂，臣死且不朽。

忠賢初聞疏，懼甚。其黨王體乾及客氏力爲保持，遂令魏廣微調旨切責漣。先是，漣疏就，欲早朝面奏。値次日免朝，恐再宿機洩，遂於會極門上之，忠賢乃得爲計。漣愈憤，擬對仗復劾之。忠賢詗知，遏帝不御朝者三日。及帝出，羣閹數百人衷甲夾陛立，敕左班官不得奏事，漣乃止。

自是，忠賢日謀殺漣。至十月，吏部尚書趙南星旣逐，廷推代者，漣注籍不與。忠賢矯旨責漣大不敬，無人臣禮，偕吏部侍郎陳于廷、僉都御史左光斗並削籍。忠賢恨不已，再興汪文言獄，將羅織殺漣。五年，其黨大理丞徐大化劾漣、光斗黨同伐異，招權納賄，命逮文言下獄鞫之。許顯純嚴鞫文言，使引漣納熊廷弼賄。文言仰天大呼曰：「世豈有貪贓楊大洪哉！」至死不承。大洪者，漣別字也。顯純乃自爲獄詞，坐漣贓二萬，遂逮漣。士民數萬人擁道攀號。所歷村市，悉焚香建醮，祈祐漣生還。比下詔獄，顯純酷法拷訊，體無完膚。其年七月遂於夜中斃之，年五十四。

漣素貧，產入官不及千金。母妻止宿譙樓，二子至乞食以養。徵贓令急，鄉人競出貲助之，下至賣菜傭亦爲輸助。其節義感人如此。崇禎初，贈太子太保、兵部尚書，謚忠烈，官其一子。

左光斗，字遺直，桐城人。萬曆三十五年進士。除中書舍人。選授御史，巡視中城。捕治吏部豪惡吏，獲假印七十餘，假官一百餘人，輦下震悚。

出理屯田，言：「北人不知水利，一年而地荒，二年而民徙，三年而地與民盡矣。今欲使旱不爲災，澇不爲害，惟有興水利一法。」因條上三因十四議：曰因天之時，因地之利，因人之情；曰議濬川，議疏渠，議引流，議設壩，議建閘，議設陂，議相地，議築塘，議招徠，議擇人，議擇將，議兵屯，議力田設科，議富民拜爵。其法犁然具備，詔悉允行。水利大興，北人始知藝稻。鄒元標嘗曰：「三十年前，都人不知稻草何物，今所在皆稻，種水田利也。」閹人劉朝稱東宮令旨，索戚畹廢莊。光斗不啓封還之，曰：「尺土皆殿下有，今日安敢私受。」閹人憤而去。

光宗崩，李選侍據乾清宮，迫皇長子封皇后。光斗上言：「內廷有乾清宮，猶外廷有皇極殿，惟天子御天得居之，惟皇后配天得共居之。其他妃嬪雖以次進御，不得恒居，非但避嫌，亦以別尊卑也。選侍既非嫡母，又非生母，儼然尊居正宮，而殿下乃退處慈慶，不得守几筵，行大禮，名分謂何？選侍事先皇無脫簪戒旦之德，於殿下無拊摩養育之恩，此其人，豈可以託聖躬者？且殿下春秋十六齡矣，內輔以忠直老成，外輔以公孤卿貳，何慮乏人，尙須乳哺而襁負之哉？況睿哲初開，正宜不見可欲，何必託於婦人女子之手？及今不早斷決，將借撫養之名，行專制之實。武氏之禍再見於今，將來有不忍言者。」時選侍欲專大權，廷臣牋奏，令先進乾清，然後進慈慶。得光斗牋，大怒，將加嚴譴。數遣使宣召光斗。光斗曰：「我天子法官也，非天子召不赴。若輩何爲者？」選侍益怒，邀熹宗至乾清議之。熹宗不肯往，使使取其牋視之，心以爲善，趣擇日移宮，光斗乃免。當是時，宮府危疑，人情危懼，光斗與楊漣協心建議，排閹奴，扶沖主，宸極獲正，兩人力爲多。由是朝野並稱爲「楊、左」。

未幾，御史賈繼春上書內閣，言帝不當薄待庶母。光斗聞之，卽上言：「先帝宴駕，大臣從乾清宮奉皇上出居慈慶宮，臣等以爲不宜避選侍。故臣於初二日具愼守典禮肅清宮禁一疏。宮中震怒，禍幾不測。賴皇上保全，發臣疏於內閣。初五日，閣臣具揭再催，奉旨移

宮。至初六日，皇上登極，駕還乾清。宮禁肅然，內外寧謐。夫皇上既當還宮，則選侍之當移，其理明白易曉。惟是移宮以後，自宜存大體，捐小過。若復株連蔓引，使宮闈不安，卽於國體有損。乞立誅盜寶宮奴劉遜等，而盡寬其餘。」帝乃宣諭百官，備述選侍凌虐聖母諸狀。及召見又言「朕與選侍有仇。」繼春用是得罪去。

時廷臣議改元。或議削泰昌弗紀，或議去萬曆四十八年，卽以今年爲泰昌，或議以明年爲泰昌，後年爲天啓。光斗力排其說，請從今年八月以前爲萬曆，以後爲泰昌，議遂定。孫如游由中旨入閣，抗疏請斥之。出督畿輔學政，力杜請寄，識鑒如神。

天啓初，廷議起用熊廷弼，罪言官魏應嘉等。光斗獨抗疏爭之，言廷弼才優而量不宏，昔以守遼則有餘，今以復遼則不足。已而廷弼竟敗。三年秋，疏請召還文震孟、滿朝薦、毛士龍、徐大相等，幷乞召繼春及范濟世。濟世亦論「移宮」事與光斗異者，疏上不納。其年擢大理丞，進少卿。

明年二月拜左僉都御史。是時，韓爌、趙南星、高攀龍、楊漣、鄭三俊、李邦華、魏大中諸人咸居要地。光斗與相得，務爲危言覈論，甄別流品，正人咸賴之，而忌者浸不能容。光斗與給事中阮大鋮同里，招之入京。會吏科都給事中缺，當遷者，首周士樸，次大鋮，次大中。大鋮邀中旨，勒士樸不遷，以爲己地。趙南星惡之，欲例轉大鋮。大鋮疑光斗發其謀，

恨甚。熊明遇、徐良彥皆欲得僉都御史，而南星引光斗爲之，兩人亦恨光斗。江西人又以他故銜大中，遂共嗾給事中傅櫆劾光斗、大中與汪文言比而爲奸。光斗疏辨，且詆櫆結東廠理刑傅繼教爲昆弟。櫆恚，再疏訐光斗。光斗乞罷，事得解。

楊漣劾魏忠賢，光斗與其謀，又與攀龍共發崔呈秀贓私，忠賢暨其黨咸怒。及忠賢逐南星、攀龍、大中，次將及漣、光斗。光斗憤甚，草奏劾忠賢及魏廣微三十二斬罪，擬十一月二日上之，先遣妻子南還。忠賢詗知，先二日假會推事與漣俱削籍。羣小恨不已，復構文言獄，入光斗名，遣使往逮。父老子弟擁馬首號哭，聲震原野，緹騎亦爲雪涕。至則下詔獄酷訊。許顯純誣以受楊鎬、熊廷弼賄，漣等初不承，已而恐以不承爲酷刑所斃，冀下法司，得少緩死爲後圖。諸人俱自誣服。光斗坐贓二萬。忠賢乃矯旨，仍令顯純五日一追比，不下法司，諸人始悔失計。容城孫奇逢者，節俠士也，與定興鹿正以光斗有德於畿輔，倡議醵金，諸生爭應之。得金數千，謀代輸，緩其獄，而光斗與漣已同日爲獄卒所斃，時五年七月二十有六日也，年五十一。

光斗既死，贓猶未竟。忠賢令撫按嚴追，繫其羣從十四人。長兄光霽坐累死，母以哭子死。都御史周應秋猶以所司承追不力，疏趣之，由是諸人家族盡破。及忠賢定三朝要典，「移宮」一案以漣、光斗爲罪魁，議開棺僇屍。有解之者，乃免。忠賢既誅，贈光斗右都

御史，錄其一子。已，再贈太子少保。福王時，追諡忠毅。

弟光先，由鄉舉官御史，巡按浙江。任滿，既出境，許都反東陽。光先聞變疾返，討平之。福王既立，馬士英薦阮大鋮，光先爭不可。後大鋮得志，逮光先。亂亟道阻，光先間行走徽嶺。緹騎索不得，乃止。

魏大中，字孔時，嘉善人。自爲諸生，讀書砥行，從高攀龍受業。家酷貧，意豁如也。舉於鄉，家人易新衣冠，怒而毀之。第萬曆四十四年進士，官行人。數奉使，秋毫無所擾。

天啓元年擢工科給事中。楊鎬、李如楨既論大辟，以僉都御史王德完言，大學士韓爌遽擬旨減死。大中憤，抗疏力爭。詆德完晚節不振，盡喪典型，語幷侵爌。帝爲詰責大中，而德完恚甚，言曩不舉李三才，爲大中所怒。兩人互詆訐，疏屢上，爌亦引咎辭位。御史周宗建、徐揚先、張捷、徐景濂、溫皐謨，給事中朱欽相右德完，交章論大中，久而後定。

明年偕同官周朝瑞等兩疏劾大學士沈漼，語侵魏進忠、客氏。及議「紅丸」事，力請誅方從哲、崔文昇、李可灼，且追論鄭國泰傾害東宮罪。持議峻切，大爲邪黨所仄目。太常少

卿王紹徽素與東林爲難，營求巡撫。大中惡其人，特疏請斥紹徽，紹徽卒自引去。再遷禮科左給事中。是時恤典冒濫，每大臣卒，其子弟賷緣要路以請，無不如志。大中素疾之，一切裁以典制。

四年遷吏科都給事中。大中居官不以家自隨，二蒼頭給爨而已。入朝則鍵其戶，寂無一人。有外吏以苞苴至，舉發之，自是無敢及大中門者。吏部尙書趙南星知其賢，事多咨訪。朝士不能得南星意，率怨大中。而是時牴排東林者多屛廢，方恨南星輩次骨。東林中又各以地分左右。大中嘗駁蘇松巡撫王象恒恤典，山東人居言路者咸怒。及駁浙江巡撫劉一焜，江西人亦大怒。給事中章允儒，江西人也，性尤忮，嗾其同官傅櫆假汪文言發難。

文言者，歙人。初爲縣吏，智巧任術，負俠氣。于玉立遣入京刺事，輸貲爲監生，用計破齊、楚、浙三黨。察東宮伴讀王安賢而知書，傾心結納，與談當世流品。光、熹之際，外廷倚劉一燝，而安居中以次行諸善政，文言交關力爲多。魏忠賢既殺安，府丞邵輔忠遂劾文言，褫其監生。既出都，復逮下吏，得末減。益游公卿間，輿馬常塡溢戶外。大學士葉向高用爲內閣中書。大中及韓爌、趙南星、楊漣、左光斗與往來，頗有迹。

會給事中阮大鋮與光斗、大中有隙，遂與允儒定計，囑櫆劾文言，幷劾大中貌醜心險，色取行違，與光斗等交通文言，肆爲奸利。疏入，忠賢大喜，立下文言詔獄。大中時方遷吏

科，上疏力辨，詔許履任。御史袁化中、給事中甄淑等相繼爲大中、光斗辨。大學士葉向高以舉用文言，亦引罪求罷。獄方急，御史黃尊素語鎭撫劉僑曰：「文言無足惜，不可使搢紳禍由此起。」僑頷之，獄辭無所連。文言廷杖褫職，牽及者獲免。大中乃遵旨履任。明日，鴻臚報名面恩，忠賢忽矯旨責大中互訐未竣，不得赴新任。故事，鴻臚報名狀無批諭旨者，舉朝駭愕。檍亦言中旨不宜旁出，大中乃復視事。

未幾，楊漣疏劾忠賢，大中亦率同官上言：「從古君側之奸，非遂能禍人國也。有忠臣不惜其身以告之君，而其君不悟，乃至於不可救。今忠賢擅威福，結黨與，首殺王安以樹威於內；繼逐劉一燝、周嘉謨、王紀以樹威於外；近且斃三戚畹家人以樹威於三宮。深結保姆客氏，伺陛下起居；廣布傅應星、陳居恭、傅繼教輩，通朝中聲息。人怨於下，天怒於上，故漣不惜粉身碎首爲陛下力陳。今忠賢種種罪狀，陛下悉引爲親裁，代之任咎。恐忠賢所以得溫旨，卽出忠賢手，而漣之疏，陛下且未及省覽也。陛下貴爲天子，致三宮列嬪盡寄性命於忠賢、客氏，能不寒心。陛下謂宮禁嚴密，外廷安知。枚乘有言『欲人弗知，莫若弗爲』，未有爲其事而他人不知者。又謂左右屏而聖躬將孤立。夫陛下一身，大小臣工所擁衞，何藉於忠賢？若忠賢、客氏一日不去，恐禁廷左右悉忠賢、客氏之人，非陛下之人，陛下眞孤立於上耳。」

忠賢得疏大怒，矯旨切讓，尙未有以罪也。大學士魏廣微結納忠賢，表裏爲奸，大中每欲糾之。會孟冬時享，廣微偃蹇後至，大中遂抗疏劾之。廣微慍，益與忠賢合。忠賢勢益張，以廷臣交攻，陽示斂戢，且曲從諸所奏請，而陰伺其隙。迨吏部推謝應祥巡撫山西，廣微遂嗾所親陳九疇劾大中出應祥門，推舉不公，貶三秩，出之外。盡逐諸正人吏部尙書趙南星等，天下大權一歸於忠賢。

明年，逆黨梁夢環復劾文言，再下詔獄。鎭撫許顯純自削牘以上，南星、漣、光斗、大中及李若星、毛士龍、袁化中、繆昌期、鄒維璉、鄧渼、盧化鰲、錢士晉、夏之令、王之寀、徐良彥、熊明遇、周朝瑞、黃龍光、顧大章、李三才、惠世揚、施天德、黃正賓輩，無所不牽引，而以漣、光斗、大中、化中、朝瑞、大章爲受楊鎬、熊廷弼賄，大中坐三千，矯旨俱逮下詔獄。鄉人聞大中逮去，號泣送者數千人。比入鎭撫司，顯純酷刑拷訊，血肉狼籍。其年七月，獄卒受指，與漣、光斗同夕斃之，故遲數日始報。大中屍潰敗，至不可識。莊烈帝嗣位，忠賢被誅，廣微、檍、九疇、夢環並麗逆案。大中贈太常卿，諡忠節，錄其一子。

長子學洢，字子敬。爲諸生，好學工文，有至性。大中被逮，學洢號慟欲隨行。大中曰：「父子俱碎，無爲也。」乃微服間行，刺探起居。既抵都，邏卒四布，變姓名匿旅舍，晝伏夜出，稱貸以完父贓。贓未竟，而大中斃，學洢慟幾絕。扶櫬歸，晨夕號泣，遂病。家人以粟進，輒麾去，曰：「詔獄中，誰半夜進一粟者。」竟號泣死。崇禎初，有司以狀聞，詔旌爲孝子。

次子學濂，有盛名。舉崇禎十六年進士，擢庶吉士。明年，李自成逼京師，與同官吳爾壎慷慨有所論建，大學士范景文以聞。莊烈帝特召見兩人，將任用之。無何，京師陷，不能死，受賊戶部司務職，隤其家聲。既而自慚，賦絕命詞二章，縊死。去帝殉社稷時四十日矣。

文言之再下詔獄也，顯純迫令引漣等。文言備受五毒，不承，顯純乃手作文言供狀。文言垂死，張目大呼曰：「爾莫妄書，異時吾當與面質。」顯純遂卽日斃之。漣、大中等逮至，無可質者，贓懸坐而已。諸所誣趙南星、繆昌期輩，亦並令撫按追贓。衣冠之禍，由此偏天下。始熊廷弼論死久，帝以孫承宗請，有詔待以不死。刑部尙書喬允升等遂欲因朝審寬其罪，大中力持不可。及忠賢殺大中，乃坐以納廷弼賄云。

周朝瑞，字思永，臨清人。萬曆三十五年進士。授中書舍人。

光宗嗣位，擢吏科給事中，疏請收錄先朝遺直。俄陳愼初三要，曰信仁賢，廣德澤，遠邪佞。因請留上供金花銀，以佐軍興。詞多斥中貴。中貴皆惡之，激帝怒，貶秩調外，時列諫垣甫四日也。未出都而熹宗立，詔復故官。疏請容納直言，又陳考選諸弊。日講將舉，進君臣交警之規。帝並褒納。賈繼春之請安李選侍也，朝瑞力駁之，與繼春往復者數四。

天啓元年再遷禮科左給事中。時遼事方棘。朝瑞請於閣臣中推通曉兵事者二人專司其事，而以職方郎一人專理機宜，給事中二人專主封駁，帝可之。雄縣知縣王納諫爲閹人所誣，中旨鐫秩。給事中毛士龍以糾駁閹人，爲府丞邵輔忠所陷，中旨除名。朝瑞並抗疏論列。十二月辛巳，日上有一物覆壓，忽大風揚沙，天盡赤。都人駭愕，所司不以聞。朝瑞請帝修省，而嚴敕內外臣工，毋鬬爭僨國，更詰責所司不奏報之罪，帝納之。時帝踐阼歲餘，未嘗親政，權多旁落，朝瑞請帝躬覽萬機。帝降旨，言政委閣臣，祖宗舊制不可紊，然其時政權故不在閣也。

明年二月，廣寧失，詔停經筵日講。朝瑞等上言：「此果出聖意，輔臣當引義爭。如輔臣阿中涓意，則其過滋大。且主上沖齡，志意未定，獨賴朝講不輟，諸臣得一覲天顏，共白指鹿之奸。今當朝已漸傳免，倘併講筵廢之，九閽既隔，無謁見時，司馬門之報格不入，呂

大防之貶不及知，國家大事去矣。」會禮部亦以爲言，乃命日講如故。

已，偕諸給事御史惠世揚、左光斗等極論大學士沈漼結中官練兵，爲肘腋之賊。漼疏辨。朝瑞等盡發其賄交魏進忠、盧受、劉朝、客氏，而末復侵其私人邵輔忠、徐大化。語過激，奪疏首世揚俸。大化嘗承要人指，力攻熊廷弼，朝瑞惡之。無何，王化貞棄廣寧逃，大化又請立誅廷弼。朝瑞以廷弼才可用，請令帶罪守山海。疏四上，並抑不行。大化遂力詆朝瑞，朝瑞憤，亦醜詆大化。所司爲兩解之。朝瑞方擢太僕少卿，而大化爲魏忠賢腹心，必欲殺朝瑞，竄其名汪文言獄中，與楊漣等五人並逮下鎮撫獄，坐妄議「移宮」及受廷弼賄萬金。五日再訊，搒掠備至，竟斃之獄。崇禎初，贈大理卿，予一子官。福王時，諡忠毅。

袁化中，字民諧，武定人。萬曆三十五年進士。歷知內黃、涇陽，有善政。泰昌元年擢御史。時熹宗沖齡踐阼，上無母后，宮府危疑。化中上疏劾輔臣方從哲，報聞。天啓元年二月疏陳時事可憂者八：曰宮禁漸弛，曰言路漸輕，曰法紀漸替，曰賄賂漸章，曰邊疆漸壞，曰職掌漸失，曰宦官漸盛，曰人心漸離。語皆剴切。出按宣、大，以憂歸。服除，起掌河南道。

楊漣劾魏忠賢，化中亦率同官上疏曰：「忠賢障日蔽月，逞威作福，視大臣如奴隸，斥言官若孤雛，殺內廷外廷如草菅。朝野共危，神人胥憤，特陛下未之知；故忠賢猶有畏心。今漣已侃詞入告矣，陛下念潛邸微勞，或貸忠賢以不死。而忠賢實自懼一死，懼死之念深，將鋌而走險，騎虎難下，臣恐其橫逞之毒不在搢紳，而卽在陛下。陛下試思，深宮之內，可使多疑多懼之人日侍左右，而不爲防制哉？」疏入，忠賢大恨。

錦衣陳居恭者，忠賢爪牙也，爲漣所論及，亦攻忠賢自解。化中特疏劾之，落其職。毛文龍獻俘十二人，而稚兒童女居其八。化中力請釋之，因言文龍敍功之濫。忠賢素庇文龍，益不悅。崔呈秀按淮、揚，贓私狼籍。回道考覈，化中據實上之，崔呈秀大恨。會謝應祥廷推被訐，化中與其事。呈秀遂嗾忠賢貶化中秩，調之外。已，竄入汪文言獄詞中，逮下詔獄。呈秀令許顯純坐以楊鎬、熊廷弼賄六千，酷刑拷掠，於獄中斃之。崇禎初，贈太僕卿，官其一子。福王時，追諡忠愍。

顧大章，字伯欽，常熟人。父雲程，南京太常卿。大章與弟大韶，孿生子也。大章舉萬曆三十五年進士，授泉州推官，乞改常州教授。父喪除，值朝中朋黨角立，正士日摧。大章慨然曰：「昔賈彪不入『顧』『廚』之目，卒西行以解其難。余向與東林疏，可以彪自況也。」乃入都，補國子博士。與朝士通往來，陰察其交關肯綮，清流賴之。

稍遷刑部主事。以奉使歸。還朝，天啓已改元，進員外郎。尚書王紀令署山東司事。司轄輦轂，最難任。自遼陽失，五城及京營巡捕日以邏奸細爲事。稍有蹤迹，卒論死。絕無左驗者二百餘人，所司莫敢讞，多徙官去，囚未死者僅四之一。大章言於紀曰：「以一身易五十人命且甘之，矧一官乎！」卽日會讞，繫三人，餘悉移大理釋放。紀大嗟服。佟卜年之獄，紀用大章言擬流卜年，未上而紀斥。侍郎楊東明署事，欲置之大辟。大章力爭，卒擬流。忤旨，詰責，竟論卜年辟，瘐死獄中。

魏忠賢欲借劉一燝株累劉一燝，大章力辨其非，忠賢大恨。卜年、一燝事具紀、一燝傳中。熊廷弼、王化貞之下吏也，法司諸屬二十八人共讞，多有議寬廷弼者。大章因援「議能」、「議勞」例，言化貞宜誅，廷弼宜論戍。然二人卒坐死。大章亦遷兵部去，無異議也。會王紀劾罷徐大化，又疏刺客氏。其黨疑紀疏出大章手，恨之。大化令所親御史楊維垣訐大章妄倡「八議」，鬻大獄，大章疏辨。維垣四疏力攻，言納廷弼賄四萬，且列其鬻獄數事，反覆詆訐不休。大章危甚，賴座主葉向高保持之，下所司驗問，都御史孫瑋等白其誣。帝以大章瀆辨，稍奪其俸，大章遂引歸。

五年起官。歷禮部郎中，陝西副使。大化已起大理丞，與維垣爲忠賢鷹犬，因假汪文言獄逮及大章，逮下鎮撫拷掠，坐贓四萬。及楊漣等五人旣死，羣小聚謀，謂諸人潛斃於獄，無以厭人心，宜付法司定罪，明詔天下。乃移大章刑部獄，由是漣等慘死狀外人始聞。比對簿，大章詞氣不撓。刑部尚書李養正等一如鎮撫原詞，以「移宮」事牽合封疆，坐六人大辟。爰書旣上，忠賢大喜，矯詔布告四方，仍移大章鎮撫。大章慨然曰：「吾安可再入此獄！」呼酒與大韶訣，趣和藥飲之，不死，投繯而卒。崇禎初，贈太僕卿，官其一子。福王時，追諡裕愍。

初，大章等被逮，祕獄中忽生黃芝，光彩遠映。及六人畢入，適成六瓣，或以爲祥。大章嘆曰：「芝，瑞物也，而辱於此，吾輩其有幸乎？」已而果然。

大韶，字仲恭，老於諸生。通經史百家及內典，於詩、禮、儀禮、周官多所發明，他辨駁者復數萬言。嘗以爲宋、元以來述者之事備，學者但當誦而不述。將死，始繕所箋詩、禮、莊子，曰炳燭齋隨筆云。

王之宋，字心一，朝邑人。萬曆二十九年進士。除清苑知縣，遷刑部主事。

四十三年五月初四日酉刻，有不知姓名男子，持棗木梃入慈慶宮門，擊傷守門內侍李鑑。至前殿檐下，爲內侍韓本用等所執，付東華門守衞指揮朱雄等收之。慈慶宮者，皇太子所居宮也。明日，皇太子奏聞，帝命法司按問。巡皇城御史劉廷元鞫奏：「犯名張差，薊州人。止稱吃齋討封，語無倫次。按其迹，若涉瘋癲。稽其貌，實係黠猾。請下法司嚴訊。」時東宮雖久定，帝待之薄。中外疑鄭貴妃與其弟國泰謀危太子，顧未得事端，而方從哲輩亦頗關通戚畹以自固。差被執，舉朝驚駭。廷元以瘋癲奏。刑部山東司郎中胡士相偕員外郎趙會楨、勞永嘉共訊，一如廷元指。言：「差積柴草，爲人所燒，氣憤發癲。於四月內訴冤入京，遇不知名男子二人，紿令執梃作冤狀。乃由東華門入，直至慈慶宮門。按律當斬，加等立決。」稾定未上。山東司主治京師事，署印侍郎張問達以屬之。而士相、永嘉與廷元皆浙人，士相又廷元姻也，瘋癲具獄，之宋心疑其非。

是月十一日，之宋値提牢散飯獄中，末至差，私詰其實。初言「告狀」，復言「捺死罷，已無用」。之宋令置飯差前：「吐實與飯，否則餓死。」麾左右出，留二吏扶問之。始言：「小名張五兒。有馬三舅、李外父令隨不知姓名一老公，說事成與汝地幾畝。比至京，入不知街道大宅子。一老公飯我云：『汝先衝一遭，遇人輒打死，死了我們救汝。』畀我棗木棍，導我由

後宰門直至宮門上，擊門者墮地。老公多，遂被執。」之宋備揭其語，因問達以聞。且言差不癲不狂，有心有膽。乞縛兇犯於文華殿前朝審，或敕九卿科道三法司會問。疏入未下，大理丞王士昌、行人司正陸大受、戶部主事張庭、給事中姚永濟等連上疏趣之。而大受疏有「奸戚」二字，帝惡之，與之宋疏俱不報。廷元復請速檢諸疏，下法司訊斷。御史過庭訓言禍生肘腋，宜亟剪，亦俱不報。庭訓遂移文薊州蹤跡之。知州戚延齡具言其致癲始末，言：「貴妃遣璫建佛寺，璫置陶造甓，居民多鬻薪獲利者。差賣田貿薪往市於璫，土人忌之，焚其薪。差訟於璫，爲所責，不勝憤，持梃欲告御狀。」於是原問諸臣據爲口實矣。

二十一日，刑部會十三司司官胡士相、陸夢龍、鄒紹光、曾曰唯、趙會禎、勞永嘉、王之宋、吳養源、曾之可、柯文、羅光鼎、曾道唯、劉繼禮、吳孟登、岳駿聲、唐嗣美、馬德灃、朱瑞鳳等再審。差供：「馬三舅名三道，李外父名守才，不知街道宅子乃住朝外大宅之劉成。二人令我打上宮門，打得小爺，喫有，著有。」小爺者，內監所稱皇太子者也。又言：「有姊夫孔道同謀，凡五人。」於是刑部行薊州道，提馬三道等，疏請法司提龐保、劉成對鞫。而給事中何士晉與從哲等亦俱以爲言。帝乃諭究主使，會法司擬罪。是日，刑部據薊州回文以上。已，復諭嚴刑鞫審，速正典刑。時中外籍籍，語多侵國泰，國泰出揭自白。士晉復疏攻國泰，語具士晉傳。

先是，百戶王曰乾上變，言奸人孔學等爲巫蠱，將不利於皇太子，詞已連劉成。成與保皆貴妃宮中內侍也。至是，復涉成。帝心動，諭貴妃善爲計。貴妃窘，乞哀皇太子，自明無它。帝亦數慰諭，俾太子白之廷臣。太子亦以事連貴妃，大懼。乃緣帝及貴妃意，期速結。二十八日，帝親御慈寧宮，皇太子侍御座右，三皇孫雁行立左階下。召大學士方從哲、吳道南暨文武諸臣入，責以離間父子，諭令磔張差、龐保、劉成，無他及。因執太子手曰：「此兒極孝，我極愛惜。」既又手約太子體，諭曰：「自襁褓養成丈夫，使我有別意，何不早更置。且福王已之國，去此數千里，自非宣召，能翼而至乎？」因命內侍引三皇孫至石級上，令諸臣熟視，曰：「朕諸孫俱長成，更何說？」顧問皇太子有何語，與諸臣悉言無隱。皇太子具言：「瘋癲之人宜速決，毋株連。」又責諸臣云：「我父子何等親愛，而外廷議論紛如，爾等爲無君之臣，使我爲不孝之子。」帝又謂諸臣曰：「爾等聽皇太子語否？」復連聲重申之。諸臣跪聽，叩頭出，遂命法司決差。明日磔於市。又明日，司禮監會廷臣鞫保、成於文華門。時已無左證，保、成展轉不承。會太子傳諭輕擬，廷臣乃散去。越十餘日，刑部議流馬三道、李守才、孔道。帝從之，而斃保、成於內廷。其事遂止。

當是時，帝不見羣臣二十有五年矣，以之宋發保、成事，特一出以釋羣臣疑，且調劑貴妃、太子。念其事似有跡，故不遽罪之宋也。四十五年京察，給事中徐紹吉、御史韓浚用

拾遺劾之宋貪，遂削其籍。

天啓初，廷臣多爲之訟冤，召復故官。二年二月上復讐疏，曰：

禮，君父之讐，不共戴天。齊襄公復九世之讐，春秋大之。曩李選侍氣毆聖母，陛下再三播告中外，停其貴妃之封，聖母在天之靈必有心安而目瞑者。此復讐一大義也。

乃先帝一生遭逢多難，彌留之際，飲恨以崩。試問：李可灼之誤用藥，引進者誰？崔文昇之故用藥，主使者誰？恐方從哲之罪不在可灼、文昇下。此先帝大讐未復者，一也。

張差持梃犯宮，安危止在呼吸。此乾坤何等時，乃劉廷元曲蓋奸謀，以瘋癲具獄矣。胡士相等改注口語，以賣薪成招矣。其後復讞，差供同謀舉事，內外設伏多人。守才、三道亦供結黨連謀，而士相輩悉抹去之。當時有內應，有外援。一夫作難，九廟震驚，何物兇徒，敢肆行不道乃爾！緣外戚鄭國泰私結劉廷元、劉光復、姚宗文輩，珠玉金錢充滿其室。言官結舌，莫敢誰何，遂無復顧憚，睥睨神器耳。國泰雖死，罪不容誅。法當開棺戮屍，夷其族，豬其宮，而至今猶未議及。此先帝大讐未復者，二也。

總之，用藥之術，卽梃擊之謀。擊不中而促之藥，是文昇之藥慘於張差之梃也。張

又言：

差之前，從無張差；劉成之後，豈乏劉成？臣見陛下之孤立於上矣。

郎中胡士相等，主瘋癲者也。堂官張問達，調停瘋癲者也。寺臣王士昌疏忠而心佞，評無隻字，訟多溢詞。堂官張問達語轉而意圓，先允瘋癲，後寬奸宄。勞永嘉、岳駿聲等同惡相濟。張差招有「三十六頭兒」，則胡士相閣筆。招有「東邊一起幹事」，則岳駿聲言波及無辜。招有「紅封票，高眞人」，則勞永嘉言不及究紅封敎。今高一奎見監薊州，係鎭朔衞人。蓋高一奎，主持紅封敎者也。馬三道，管給紅票者也。龐保、劉成，供給紅封敎多人撒棍者也。諸奸增減會審公單，大逆不道。

疏入，帝不問，而先主瘋癲者恨次骨。

未幾，之寀遷尙寶少卿。踰年，遷太僕少卿，尋轉本寺卿。廷元及岳駿聲、曾道唯以之寀侵己，先後疏辨。之寀亦連疏力折，并發諸人前議差獄時，分金紅廟中，及居間主名甚悉。事雖不行，諸人益疾之。

四年秋，拜刑部右侍郎。明年二月，魏忠賢勢大張，其黨楊維垣首翻「梃擊」之案，力詆之寀，坐除名。俄入之汪文言獄中，下撫按提問。岳駿聲復訐之，且言其逼取鄭國泰二萬金，有詔追治。及修三朝要典，其「梃擊」事以之寀爲罪首。府尹劉志選復重劾之，遂逮下

詔獄，坐贓八千，之寀竟瘐死。崇禎初，復官，賜卹。

自「梃擊」之議起，而「紅丸」、「移宮」二事繼之。兩黨是非爭勝，禍患相尋，迄明亡而後已。

贊曰：國之將亡也，先自戕其善類，而水旱盜賊乘之。故禍亂之端，士君子恒先被其毒。異哉，明之所稱「三案」者！舉朝士大夫喋喋不去口，而元惡大憝因用以剪除善類，卒致楊、左諸人身塡牢戶，與東漢季年若蹈一轍。國安得不亡乎！

明史卷二百四十五

列傳第一百三十三

周起元　繆昌期　周順昌 子茂蘭　朱祖文　顏佩韋等

周宗建 蔣英　黃尊素　李應昇　萬燝 丁乾學等

周起元，字仲先，海澄人。萬曆二十八年鄉試第一，明年成進士。歷知浮梁、南昌，以廉惠稱。

行取入都，注湖廣道御史。方候命，値京察。御史劉國縉疑鄭繼芳假書出起元及李邦華、李炳恭、徐縉芳、徐良彥手，遂目爲「五鬼」，繼芳且入之疏中。起元憤，上章自明。居二年，御史命始下。

會太僕少卿徐兆魁以攻東林爲御史錢春所劾，起元亦疏劾之。奸人劉世學者，誠意伯

劉藎臣從祖也，疏詆顧憲成。起元憤，力斥其謬。藎臣遂訐起元，益詆憲成。起元再疏極論，其同官翟鳳翀、余懋衡、徐良彥、魏雲中、李邦華、王時熙、潘之祥亦交章論列。且下令捕世學，世學遂遁去。吏部侍郎方從哲由中旨起官，起元力言不可，并刺給事中亓詩教、周永春，吏部侍郎李養正、郭士望等。吏部尙書趙煥出雲中、時熙於外。起元劾其背旨擅權，坐停俸。煥去，鄭繼之代，又出之祥及張鍵。起元亦抗疏糾駁，因言張光房等五人不當擯之部曹。與黨人牴牾，忌者益衆。

尋巡按陝西，風采甚著。卒以東林故，出爲廣西參議，分守右江道。柳州大饑，羣盜蠭起，起元單騎招劇賊，而振恤饑民甚至。移四川副使，未上。會遼陽破，廷議通州重地，宜設監司，乃命起元以參政涖之。

天啓三年入爲太僕少卿。旋擢右僉都御史，巡撫蘇、松十府。公廉愛民，絲粟無所取。遇大水，百方拯卹，民忘其困。織造中官李實素貪橫，妄增定額，恣誅求。蘇州同知楊姜署府事，實惡其不屈，摭他事劾之。起元至，即爲姜辨冤，且上去蠹七事，語多侵實。實欲姜行屬吏禮，再疏誣逮之。起元再疏雪姜，更切直。魏忠賢庇實，取嚴旨責起元，令速上姜貪劣狀。起元益頌姜廉謹，詆實誣毀，因引罪乞罷。忠賢大怒，矯旨斥姜爲民。起元復劾實貪恣不法數事，而爲姜求寬。實以此斂威，而忠賢遂銜起元不置。分守參政朱童蒙者，先爲兵

中華書局

科都給事中，以攻鄒元標講學外遷，失志狂暴，每行道輒鞭撲數十人，血肉狼籍。起元欲糾之，童蒙遂稱病去，起元乃列其貪虐狀以聞。忠賢遂矯旨削起元籍，擢童蒙京卿。

六年二月，忠賢欲殺高攀龍、周順昌、繆昌期、黃尊素、李應昇、周宗建六人，取實空印疏，令其黨李永貞、李朝欽誣起元爲巡撫時乾沒帑金十餘萬，日與攀龍輩往來講學，因行居間。矯旨逮起元，至則順昌等已斃獄中。許顯純酷搒掠，竟如實疏，懸贓十萬。罄貲不足，親故多破其家。九月斃之獄中，吳士民及其鄉人無不垂涕者。

莊烈帝嗣位，贈兵部右侍郎，官一子。福王時，追謚忠惠。

繆昌期，字當時，江陰人。爲諸生有盛名，舉萬曆四十一年進士，改庶吉士，年五十有二矣。有同年生忌之，揚言爲于玉立所薦，自是有東林之目。

張差梃擊事，劉廷元倡言瘋癲，劉光復和之，疏詆發訐者，謂不當詫之爲奇貨，居之爲元功。昌期憤，語朝士曰：「奸徒狙擊青宮，此何等事，乃以『瘋癲』二字庇天下亂臣賊子，以『奇貨元功』四字沒天下忠臣義士哉！」廷元輩聞其語，深疾之。給事中劉文炳劾大學士吳道南，遂陰詆昌期。時方授檢討，文炳再疏顯攻，昌期卽移疾去。既而京察，廷元輩復思中

之，學士劉一燝力持乃免。

天啓元年還朝。一燝以次輔當國。其冬，首輔葉向高至。小人間一燝於向高，謂欲沮其來，向高不悅。會給事中孫杰承魏忠賢指，劾一燝及周嘉謨，忠賢遽傳旨允放。昌期急詣向高，力言二人顧命重臣，不可輕逐，內傳不可奉。向高怫然曰：「上所傳，何敢不奉。」昌期曰：「公，三朝老臣。始至之日，以去就力爭，必可得也。若一傳而放兩大臣，異日天子手滑，不復可止矣。」向高默然。昌期因備言一燝質直無他腸，向高意少解。會顧大章亦爲向高言之，一燝乃得善去。兩人故向高門下士也。

昌期尋遷左贊善，進諭德。楊漣劾忠賢疏上，昌期適過向高。向高曰：「楊君此疏太率易。其人於上前時有匡正。鳥飛入宮，上乘梯手攫之，其人挽衣不得上。有小璫賜緋者，叱曰：『此非汝分，雖賜不得衣也。』其強直如此。是疏行，安得此小心謹愼之人在上左右？」昌期愕然曰：「誰爲此言以誤公？可斬也。」向高色變，昌期徐起去。語聞於漣，漣怒。向高亦內慙，密具揭，請帝允忠賢辭，忠賢大慍。會有言漣疏乃昌期代草者，忠賢遂深怒不可解。及向高去，韓爌秉政。忠賢逐趙南星、高攀龍、魏大中及漣、光斗，爌皆具揭懇留。忠賢及其黨謂昌期實左右之。而昌期於諸人去國，率送之郊外，執手太息，由是忠賢益恨。昌期知勢不可留，具疏乞假，遂落職閒住。

五年春，以汪文言獄詞連及，削職提問。忠賢恨不置。明年二月復於他疏責昌期已削籍猶冠蓋延賓，令緹騎逮問。踰月，復入之李實疏中，下詔獄。昌期慷慨對簿，詞氣不撓。竟坐贓三千，五毒備至。四月晦，斃於獄。

莊烈帝卽位，贈詹事兼侍讀學士，錄其一子，詔幷予謚。而是時，姚希孟以詞臣持物論，雅不善左光斗、周宗建，力尼之。遂幷昌期及周起元、李應昇、黃尊素、周朝瑞、袁化中、顧大章，皆不獲謚。福王時，始謚文貞。

周順昌，字景文，吳縣人。萬曆四十一年進士。授福州推官。捕治稅監高寀爪牙，不少貸。寀激民變，劫辱巡撫袁一驥，質其二子，幷質副使呂純如。或議以順昌代，順昌不可，純如以此銜順昌。擢吏部稽勳主事。天啓中，歷文選員外郎，署選事。力杜請寄，抑僥倖，清操皭然。乞假歸。

順昌爲人剛方貞介，疾惡如讎。巡撫周起元忤魏忠賢削籍，順昌爲文送之，指斥無所諱。魏大中被逮，道吳門。順昌出餞，與同臥起者三日，許以女聘大中孫。旂尉屢趣行，順昌瞋目曰：「若不知世間有不畏死男子耶？歸語忠賢，我故吏部郎周順昌也。」因戟手呼忠

賢名，罵不絕口。旂尉歸，以告忠賢。御史倪文煥者，忠賢義子也，誣劾同官夏之令，致之死。順昌嘗語人，他日倪御史當償夏御史命。文煥大恚，遂承忠賢指，劾順昌與罪人婚，且誣以贓賄，忠賢卽矯旨削奪。先所忤副使呂純如，順昌同郡人，以京卿家居，挾前恨，數譖於織造中官李實及巡撫毛一鷺。已，實追論周起元，遂誣順昌請囑，有所乾沒，與起元等並逮。

順昌好爲德於鄉。有冤抑及郡中大利害，輒爲所司陳說，以故士民德順昌甚。及聞逮者至，衆咸憤怒，號冤者塞道。至開讀日，不期而集者數萬人，咸執香爲周吏部乞命。諸生文震亨、楊廷樞、王節、劉羽翰等前謁一鷺及巡按御史徐吉，請以民情上聞。旂尉厲聲罵曰：「東廠逮人，鼠輩敢爾！」大呼：「囚安在？」手擲鋃鐺於地，聲琅然。衆益憤，曰：「始吾以爲天子命，乃東廠耶！」蜂擁大呼，勢如山崩。旂尉東西竄，衆縱橫毆擊，斃一人，餘負重傷，踰垣走。一鷺、吉不能語。知府寇愼、知縣陳文瑞素得民，曲爲解諭，衆始散。順昌乃自詣吏。又三日北行，一鷺飛章告變。東廠刺事者言吳人盡反，謀斷水道，劫漕舟，忠賢大懼。已而一鷺言縛得倡亂者顏佩韋、馬傑、沈揚、楊念如、周文元等，亂已定，忠賢乃安。然自是緹騎不出國門矣。

順昌至京師，下詔獄。許顯純鍛鍊，坐贓三千，五日一酷掠。每掠治，必大罵忠賢。顯

純椎落其齒，自起問曰：「復能罵魏上公否？」順昌噀血唾其面，罵益厲。遂於夜中潛斃之。時六年六月十有七日也。

明年，莊烈帝卽位，文煥伏誅，實下吏，一鷺、吉坐建忠賢祠，純如坐頌璫，並麗逆案。順昌贈太常卿，官其一子。給事中瞿式耜訟諸臣冤，稱順昌及楊漣、魏大中清忠尤著，詔謚忠介。

長子茂蘭，字子佩，刺血書疏，詣闕愬冤，詔以所贈官推及其祖父。茂蘭更上疏，請給三世誥命，建祠賜額。帝悉報可，且命先後慘死諸臣，咸視此例。茂蘭好學砥行，不就廕敍。國變後，隱居不出，以壽終。

諸生朱祖文者，都督先之孫。當順昌被逮，間行詣都，爲納饘粥、湯藥。及徵贓令急，奔走稱貸諸公間。順昌櫬歸，祖文哀慟發病死。

佩韋等皆市人，文元則順昌輿隸也，論大辟。臨刑，五人延頸就刃，語寇愼曰：「公好官，知我等好義，非亂也。」監司張孝流涕而斬之。吳人感其義，合葬之虎丘傍，題曰「五人之墓」。其地卽一鷺所建忠賢普惠祠址也。

周宗建，字季侯，吳江人，尚書用曾孫也。萬曆四十一年進士。除武康知縣，調繁仁和，有異政，入爲御史。

天啓元年爲顧存仁、王世貞、陶望齡、顧憲成請謚，追論萬曆朝小人，歷數錢夢皐、康丕揚、亓詩敎、趙興邦亂政罪，幷詆李三才、王圖。時遼事方棘，上疏責備輔臣。無何，瀋陽破，宗建責當事大臣益急，因請破格用人，召還熊廷弼。已，論兵部尚書崔景榮不當信奸人劉保，輔臣劉一燝不當抑言路，因刺右通政林材、光祿卿李本固。材、本固移疾去。魏大中劾王德完庇楊鎬、李如楨。宗建爲德完力攻大中，其持論數與東林左。會是歲冬，奉聖夫人客氏旣出宮復入，宗建首抗疏極諫，中言：「天子成言，有同兒戲。法宮禁地，僅類民家。聖朝舉動有乖，內外防閑盡廢。此輩一叨隆恩，便思踰分，狎溺無紀，漸成驕恣，釁孽日萌，後患難杜。王聖、宋娥、[一]陸令萱之覆轍，可爲殷鑒。」忤旨，詰責。清議由此重之。

明年，廣寧失。廷臣多庇王化貞，欲甚熊廷弼罪。宗建不平，爲剖兩人罪案，頗右廷弼，諸庇化貞者乃深疾宗建。京師久旱，五月雨雹。[二]宗建謂陰盛陽衰之徵，歷陳四事。一專譏大學士沈潅。一請寬建言廢黜諸臣。一言廷弼已有定案，不當因此羅織朝士，陰刺兵部尚書張鶴鳴、給事中郭鞏。一則專攻魏進忠，略言：「近日政事，外廷嘖嘖，咸謂奧窔之中，

莫可測識，諭旨之下，有物憑焉。如魏進忠者，目不識一丁，而陛下假之嚬笑，日與相親。一切用人行政，墮於其說，東西易向而不知，邪正顚倒而不覺。況內廷之借端，與外廷之投合，互相扶同。離間之漸將起於蠅營，讒搆之釁必生於長舌。其爲隱禍，可勝言哉！」進忠者，魏忠賢故名也。時方結客氏爲對食，廷臣多陰附之，其勢漸熾。見宗建疏，銜次骨，未發也。鄒元標建首善書院，宗建實司其事。元標罷，宗建乞與俱罷，不從。巡視光祿，與給事中羅尙忠力剔奸弊，節省爲多。尋請核上供器物，中官怒，取旨詰責。宗建等再疏力持，中人滋不悅。

給事中郭鞏者，[三]先以劾廷弼被謫。廷弼敗，復官，遂深結進忠。知進忠最惡宗建，乃疏詆廷弼，因詆朝廷之薦廷弼者，而宗建與焉。其鋒銳甚，南京御史涂世業和之，詆宗建誤廷弼，且誤封疆。宗建憤，疏駁世業，語侵鞏，抉其結納忠賢事。鞏亦憤，上疏數千言，詆宗建益力，幷及劉一燝、鄒元標、周嘉謨、楊漣、周朝瑞、毛士龍、方震孺、江秉謙、熊德陽輩數十人，悉指爲廷弼逆黨。宗建益憤，抗疏力駁其謬，且曰：「李維翰、楊鎬、袁應泰、王化貞，皆壞封疆之人也。亓詩敎力主催戰，趙興邦賄賣邊臣，皆誤封疆之人也。其他薦維翰，薦鎬，薦應泰、化貞者，亦誤封疆之人也。鞏胡不一擊之，而獨苛求廷弼，且詆薦廷弼者爲逆黨哉？」

當是時，忠賢勢益盛。宗建慮內外合謀，其禍將大，三年二月遂抗疏直攻忠賢，略言：「臣於去歲指名劾奏，進忠無一日忘臣。於是乘私人郭鞏入都，唆以傾臣，幷傾諸異己者。鞏乃創爲『新幽大幽』之說，把持察典，編廷臣數十人姓名爲一册，思一網中之。又爲匿名書，羅織五十餘人，投之道左。給事中則劉弘化爲首，次及周朝瑞、熊德陽輩若而人；御史則方震孺爲首，次及江秉謙輩若而人，而臣亦其中一人也。既欲羅諸臣，以快報復之私，更欲獨中臣，以釋進忠之恨。是察典不出於朝廷，乃鞏及進忠之察典也。幸直道在人，鞏說不行，始別借廷弼，欲一穽陷之。

鞏又因臣論及王安，笑臣有何瓜葛。陛下亦知安之所以死乎？身首異處，肉飽烏鳶，骨投黃犬，古今未有之慘也。鞏卽心暱進忠，何至背公滅理，且牽連劉一燝、周嘉謨、楊漣、毛士龍輩，謂盡安黨。請陛下窮究安死果出何人傾害，則此事卽進忠一大罪案。鞏之媚進忠，卽此可爲證據矣。

先朝汪直、劉瑾，雖皆梟獍，幸言路清明，臣僚隔絕，故非久卽敗。今權璫報復，反借言官以伸，言官聲勢，反借權璫以重。數月以來，熊德陽、江秉謙、侯震暘、王紀、滿朝薦斥矣，鄒元標、馮從吾罷矣，文震孟、鄭鄤逐矣。近且扼孫愼行、盛以弘，而絕其揆路。舉朝各愛一死 無敢明犯其鋒者。臣若尙顧微軀，不爲入告，將

內有進忠爲之指揮，旁有客氏爲之羽翼，外有劉朝輩爲典兵示威，而又有羣輩蟻附蠅集，內外交通，驅除善類，天下事尚忍言哉！

疏入，進忠益怒。率劉朝等環泣帝前，乞自兇以激帝怒。乃令宗建陳交通實狀，將加重譴，宗建回奏益侃直。進忠議廷杖之，閣臣力爭，乃止奪俸。

會給事中劉弘化、御史方大任等交章助宗建攻進忠、羣，羣復力詆諸人。詔下諸疏平議，廷臣爲兩解之。乃嚴旨切責，奪羣、宗建俸三月。是時，劉朝典內操，遂謀行邊。廷臣微聞之，莫敢言。宗建曰：「羣自謂未嘗通內，今誠能出片紙遏朝，吾請爲洗交結之名。」羣噤不敢發。宗建乃抗疏極諫，歷陳三不可、九害。會朝與進忠有隙，事亦中寢。其冬出按湖廣，以憂歸。

五年三月，大學士馮銓銜御史張愼言嘗論己，屬其門生曹欽程誣劾，而以宗建爲首，幷及李應昇、黃尊素。忠賢遂矯詔削籍，下撫按追贓。明年以所司具獄緩，遣緹騎逮治。俄入之李實疏中，下詔獄毒訊。許顯純厲聲罵曰：「復能詈魏上公一丁不識乎！」竟坐納廷弼賄萬三千，斃之獄。

宗建既死，徵贓益急。其所親副使蔣英代之輸，亦坐削籍。忠賢敗，詔贈宗建太僕寺卿，官其一子。福王時，追謚忠毅。

蔣英，嘉善人。舉進士，歷知松溪、漳浦、宜興。天啓時，由南京驗封郎中，出爲福建副使，遂遭璫禍。忠賢敗，以故官分巡蘇、松，坐事貶秩。未行而宜興民變，上官以英先治宜興，得民心，檄之撫治。宜興非英所轄，辭不得，則單騎往諭，懲豪家僮客數人，令亂民自獻其首惡，亂遂定。宜興故多豪家，修撰陳於泰、編修陳於鼎兄弟尤橫，遂激民變。羣執兵鼓譟，勢洶洶。賴英，事旋定。而周延儒方枋國，與陳氏有連，銜英，再貶兩秩，遂歸。

羣，遷安人。以附忠賢，驟遷至兵部侍郎。莊烈帝定逆案，削籍論配。我大清拔遷安，羣遁去。後詣闕自言拒聘，上所撰却聘書。兵部尚書梁廷棟論之，下獄坐死。巡撫楊嗣昌爲訟冤，得遣戍。

黃尊素，字眞長，餘姚人。萬曆四十四年進士。除寧國推官，精敏彊執。

天啓二年擢御史，謁假歸。明年冬還朝，疏請召還余懋衡、曹於汴、劉宗周、周洪謨、王紀、鄒元標、馮從吾，而劾尙書趙秉忠、侍郎牛應元、通政丁啓睿頑鈍。秉忠、應元俱引去。山東妖賊既平，餘黨復熾。巡撫王惟儉不能撫馭，尊素疏論之。因言：「巡撫本內外兼用，今盡用京卿，不若敭歷外服者之練習。」又數陳邊事，力詆大將馬世龍，忤樞輔孫承宗意。時帝在位數年，未嘗一召見大臣。尊素請復便殿召對故事，面決大政，否則講筵之暇，令大臣面商可否。帝不能用。

四年二月，大風揚沙，晝晦，天鼓鳴，如是者十日。三月朔，京師地震三，乾淸宮尤甚。適帝體違和，人情恇懼。尊素力陳時政十失。末言：「陛下厭薄言官，人懷忌諱，遂有剽竊皮毛，莫犯中局者。今阿保重於趙嬈，禁旅近於唐末，蕭牆之憂慘於敵國。廷無謀幄，邊無折衝。當國者昧安危之機，誤國者護恥敗之局。不於此進賢退不肖，而疾剛方正直之士如仇讎，陛下獨不爲社稷計乎？」疏入，魏忠賢大怒，謀廷杖之。韓爌力救，乃奪俸一年。

旣而楊漣劾忠賢，被旨譙讓。尊素憤，抗疏繼之，略言：「天下有政歸近倖，威福旁移，而世界淸明者乎？天下有中外洶洶，無不欲食其肉，而可置之左右者乎？陛下必以爲曲謹可用，不知不小曲謹，不大無忌。必以爲惟吾駕馭，不知不可駕馭，則不可收拾矣。陛下登極以來，公卿臺諫纍纍罷歸，致在位者無固志。不於此稱孤立，乃以去一近侍爲孤立耶？今忠賢不法狀，廷臣已發露無餘。陛下若不早斷，彼形見勢窮，復何顧忌。忠賢必不肯收其已縱之韁，而淨滌其腸胃。忠賢之私人，必不肯回其已往之棹，而默消其冰山。始猶與士大夫爲讎，繼將以至尊爲注。柴柵旣固，毒螫誰何。不惟臺諫折之不足，卽干戈取之亦難

矣。」忠賢得疏愈恨。

萬燝旣廷杖，又欲杖御史林汝翥，諸言官詣閣爭之。小璫數百人擁入閣中，攘臂肆罵，諸閣臣俯首不敢語。尊素厲聲曰：「內閣絲綸地，卽司禮非奉詔不敢至，若輩無禮至此！」乃稍稍散去。無何，燝以創重卒。尊素上言：「律例，非叛逆十惡無死法。今以披肝瀝膽之忠臣，竟殞於磨牙礪齒之兇豎。此輩必欣欣相告，吾儕借天子威柄，可鞭笞百僚。後世有秉董狐筆、繼朱子綱目者，書曰『某月某日，郎中萬燝以言事廷杖死』，豈不上累聖德哉！進廷杖之說者，必曰祖制，不知二正之世，王振、劉瑾爲之；世祖、神宗之朝，張璁、嚴嵩、張居正爲之。奸人欲有所逞，憚忠臣義士掣其肘，必借廷杖以快其私，使人主蒙拒諫之名，已受乘權之實，而仁賢且有抱蔓之形。於是乎爲所欲爲，莫有顧忌，而禍卽移之國家。燝今已矣。辱士殺士，漸不可開。乞復故官，破格賜卹，俾遺孤得扶櫬還鄉，燝死且不朽。」疏入，益忤忠賢意。

八月，河南進玉璽。忠賢欲侈其事，命由大明門進，行受璽禮，百僚表賀。尊素上言：「昔宋哲宗得璽，蔡確等競言祥瑞，改年元符，宋祚卒不競。本朝弘治時，陝西獻玉璽，止令取進，給賞五金。此祖宗故事，宜從。」事獲中止。五年春，遣視陝西茶馬。甫出都，逆黨曹欽程劾其專擊善類，助高攀龍、魏大中虐焰，遂削籍。

尊素謇諤敢言，尤有深識遠慮。初入臺，鄒元標實援之，卽進規曰：「都門非講學地，徐文貞已叢議於前矣。」元標不能用。楊漣將擊忠賢，魏大中以告，尊素曰：「除君側者，必有內援。楊公有之乎？一不中，吾儕無噍類矣。」萬燝死，尊素諷漣去，漣不從，卒及於禍。大中將劾魏廣微，尊素曰：「廣微，小人之包羞者也，攻之急，則鋌而走險矣。」大中不從，廣微益合於忠賢，以興大難。

是時，東林盈朝，自以鄉里分朋黨。江西章允儒、陳良訓與大中有隙，而大中欲駁尚書南師仲恤典，秦人亦多不悅。尊素急言於大中，止之。最後，山西尹同皋、潘雲翼欲用其座主郭尚友爲山西巡撫，大中以尚友數問遺朝貴，執不可。尊素引杜征南數遺洛中貴要爲言，大中卒不可，議用謝應祥，難端遂作。

汪文言初下獄，忠賢卽欲羅織諸人。已，知爲尊素所解，恨甚。其黨亦以尊素多智慮，欲殺之。會吳中訛言尊素欲效楊一清誅劉瑾，用李實爲張永，授以秘計。忠賢大懼，遣刺事者至吳中凡四輩。侍郎烏程沈演家居，奏記忠賢曰：「事有迹矣。」於是日遣使譙訶實，取其空印白疏，入尊素等七人姓名，遂被逮。使者至蘇州，適城中擊殺逮周順昌旂尉，其城外人并擊逮尊素者。逮者失駕帖，不敢至。尊素聞，卽囚服詣吏自投詔獄。許顯純、崔應元搒掠備至，勒贓二千八百，五日一追比。已，知獄卒將害己，叩首謝君父，賦詩一章，遂死，時

六年閏六月朔日也，年四十三。崇禎初，贈太僕卿，任一子。福王時，追謚忠端。

李應昇，字仲達，江陰人。萬曆四十四年進士。授南康推官。出無辜十九人於死，置大猾數人重辟。士民服其公廉，爲之謠曰：「前林後李，清和無比。」林謂晉江林學曾，卒官南京戶部侍郎，以清愼著稱者也。九江、南康間有柯、陳二大族，相傳陳友諒苗裔，負固强梗，嘗拒捕，有司議兵之。應昇單騎往諭，皆叩頭聽命，出所匿罪人，一方以定。

天啓二年徵授御史，謁假歸。明年秋還朝。時天子闇弱，庶政怠弛。應昇上疏曰：「方今遼土淪沒，黔、蜀用兵，紅夷之焰未息，西部之賞日增；逃兵肆掠於畿輔，窮民待盡於催科。逗遛習慣，大將畏敵而不敢前；法紀陵夷，驕兵鼓譟而弗能問。在在增官，日日會議；覆疏衍爲故套，嚴旨等若空言。陛下不先振竦精神，發皇志氣，羣臣孰肯任怨以破情面之世界者？祖宗有早午晚三朝，猶時御便殿咨訪時政。願俯納臣言，奮然力行，天下事尚可爲也。」報聞。

頃之，復陳時政，略曰：「今天下敝壞極矣，在君臣奮興而力圖之。陛下振紀綱，則片紙若霆；大臣捐私曲，則千里運掌；臺諫任糾彈，則百司飲冰。今動議增官，爲人營窟，紛紜遷徙，名實乖張。自遼、瀋增巡撫，而侵冒百餘萬，增招練監軍，而侵冒又十餘萬。邊關內地，將領如蟻，剝軍侵餉，又不知幾十萬。增置總督，何補塞垣；增置京堂，何裨政事。樞貳添注矣，孰慷慨以行邊；司空添注矣，孰拮据以儲備；大將添注矣，祇工媒孽而縱遁逃；禮、兵司屬添注二三十人矣，誰儲邊才而精典禮。濫開邊俸，捷徑燃灰，則吏治日壞；白衣擐臂，邪人入幕，則奸弁充斥。臣請斷自聖心，一切報罷。」又言：「今事下部曹，十九寢閣，宜重申國典，明正將領之罪。錦衣旂尉，半歸權要，宜遣官巡視，如京營之制。衞官襲職，比試不嚴，宜申明舊章，無使倖進將校蠶食。逃軍不招，私募乞兒，半分其餉，宜力爲創懲。窮民敲扑，號哭滿庭，奸吏侵漁，福堂安坐，宜嚴其法制。」時不能用。俄劾南京都御史王永光庇部郎范得志，顚倒公論，永光尋自引去。

四年正月疏陳外番、內盜及小人三患，譏切近習，魏忠賢惡之。已，復疏陳民隱，言有十害宜急除，五反宜急去，帝爲戒飭所司。京師一日地三震，疏請保護聖躬，速停內操。忠賢領東廠，好用立枷，有重三百斤者，不數日卽死，先後死者六七十人。應昇極言宜罷，忠賢大恨。應昇知忠賢必禍國，密草疏列其十六罪。將上，爲兄所知，攘其疏毁之，怏怏而止。楊漣劾忠賢，得嚴旨。應昇憤，卽抗疏繼之。中言：「從來奄人之禍，其始莫不有小忠小信以固結主心。根株旣深，毒手乃肆。今陛下明知其罪，曲賜包容。彼緩則圖自全之計，

急則作走險之謀。蕭牆之間，能無隱禍？故忠賢一日不去，則陛下一日不安。臣爲陛下計，莫如聽忠賢引退，以全其命；爲忠賢計，亦莫若早自引決，以乞帷蓋之恩。不然惡稔貫盈，他日欲保首領，不可得矣。」又曰：「君側不淸，安用彼相。一時寵利有盡，千秋靑史難欺。不欲爲劉健、謝遷者，并不能爲東陽。倘畫策投歡，不幾與焦芳同傳耶？」

時魏廣微方深結忠賢，爲之謀主，知應昇譏己，大恨。萬燝之死也，應昇極言廷杖不可再，士氣不可折，譏切忠賢輩甚至。已，代高攀龍草疏劾崔呈秀。呈秀窘，昏夜款門，長跪乞哀。應昇正色固拒，含怒而去。十月朔，帝廟享頒曆，廣微後至，爲魏大中等所糾。廣微恚，辨疏詆言者。應昇復抗疏論之，且曰：「廣微父允貞爲言官，得罪輔臣以去，聲施至今。廣微奈何比言官路馬，斥爲此輩？夫不與此輩爲伍者，必別與一輩爲緣。乞陛下戒諭廣微，退讀父書，保其家聲，毋倚三窟，與言官爲難，他日庶可見乃父地下。」廣微益怒，謀之忠賢，將鐫秩。首輔韓爌力救，乃奪祿一年。其月，趙南星等悉被逐，朝事大變。

明年三月，工部主事曹欽程劾應昇護法東林，遂削籍。忠賢恨未已。六年三月假李實劾周起元疏，入應昇名。遂逮下詔獄，酷掠，坐贓三千。尋於閏六月二日斃之，年甫三十四。崇禎初，贈太僕卿，錄一子。福王時，追謚忠毅。

萬燝，字闇夫，南昌人，兵部侍郎恭孫也。少好學，砥礪名行。舉萬曆四十四年進士，授刑部主事。嘗疏論刑獄干和。

天啓初元，兵事棘，工部需才，調燝工部營繕主事。督治九門垣墉，市銅江南，皆勤於其職。遷虞衡員外郎，司鼓鑄。時慶陵大工未竣，費不貲。燝知內府廢銅山積，可發以助鑄，移牒內官監言之。魏忠賢怒，不發，燝遂具疏以請。忠賢益怒，假中旨詰責。燝旋進屯田郎中，督陵務。

其時，忠賢益肆，廷臣楊漣等交擊，率被嚴旨。燝憤，抗章極論，略言：「人主有政權，有利權，不可委臣下，況刑餘寺人哉。忠賢性狡而貪，膽麤而大。口銜天憲，手握王爵，所好生羽毛，所惡成瘡痏。廕子弟，則一世再世；賚厮養，則千金萬金。毒痡士庶，斃百餘人；威加搢紳，空十數署。一切生殺予奪之權盡爲忠賢所竊，陛下猶不覺悟乎？且忠賢固供事先帝者也，陛下之寵忠賢，亦以忠賢曾供事先帝也。乃於先帝陵工，略不厝念。臣嘗屢請銅，靳不肯予。間過香山碧雲寺，見忠賢自營墳墓，其規制弘敞，擬於陵寢。前列生祠，又前建佛宇，璇題耀日，珠網懸星，費金錢幾百萬。爲己墳墓則如此，爲先帝陵寢則如彼，可勝誅哉！今忠賢已盡竊陛下權，致內廷外朝止知有忠賢，不知有陛下，尚可一日留左右耶？」疏

入，忠賢大怒，矯旨廷杖一百，斥爲民。執政言官論救，皆不聽。

當是時，忠賢惡廷臣交章劾己，無所發忿，思借燝立威。乃命羣奄至燝邸，捽而毆之。〔四〕比至闕下，氣息纔屬。杖已，絕而復甦。羣奄更肆蹴踏，越四日即卒，時四年七月七日也。〔五〕

忠賢恨猶不置，羅織其罪，誣以贓賄三百。燝廉吏，破產乃竣。崇禎初，贈光祿卿，官其一子。福王時，謚忠貞。

燝杖死未幾，巡城御史福清林汝翥嘗笞內侍曹進、傅國興，忠賢矯旨杖汝翥如燝。汝翥懼，逃之遵化，自歸於巡撫鄧渼。〔六〕渼以聞，卒杖之。汝翥起家鄉舉，知沛縣。徐鴻儒攻沛甚急，堅守不下，由此擢御史。崇禎時，仕至浙江副使。汝翥雖受杖，幸不死。而是時，丁乾學、夏之令、吳裕中、劉鐸、吳懷賢、蘇繼歐、張汶諸人，皆忤忠賢致死。

乾學，浙江山陰人，寄籍京師，官檢討。天啓四年偕給事中郝土膏典試江西，發策刺忠賢。忠賢怒，矯旨鐫三秩，復除其名。已，使人詐爲校尉往逮，挫辱之，竟憤鬱而卒。崇禎初，贈侍讀學士。

之令，光山人。知攸、歙二縣，徵授御史。嘗疏論邊事，力詆毛文龍不足恃。忠賢庇文龍，傳旨削之令籍，閣臣救免。及巡皇城，內使馮忠等犯法，劾治之，益爲忠賢所銜，崔呈秀亦以事銜之。遂屬御史卓邁劾之令黨比熊廷弼，有詔削奪。頃之，御史倪文煥復劾之令計陷文龍，幾悞疆事。遂逮下詔獄，坐贓拷死。

裕中，江夏人。爲順德知縣，徵授御史。大學士丁紹軾陷熊廷弼死，裕中有疏詆紹軾。忠賢傳旨詰裕中爲廷弼姻戚，代之報讐。廷杖一百，創重卒。崇禎初，賜贈廕。

鐸，廬陵人。由刑部郎中爲揚州知府。憤忠賢亂政，作詩書僧扇，有「陰霾國事非」句。偵者得之，聞於忠賢。倪文煥者，揚州人也，素銜鐸，遂嗾忠賢逮治之。鐸雅善忠賢子良卿，事獲解，許還故官。良卿從容問鐸：「曩錦衣往逮，索金幾何？」曰：「三千金耳。」良卿令錦衣還之。其人怒，日夜伺鐸隙，言鐸繫獄時，與囚方震孺同謀居間，遂再下獄。會鐸家人有夜醮者，參將張體乾誣鐸呪詛忠賢，刑部尚書薛貞坐以大辟。忠賢誅，貞、體乾並抵罪，鐸贈太僕少卿。

懷賢，休寧人。由國子監生授內閣中書舍人。同官傅應星者，〔七〕忠賢甥也，懷賢遇之無加禮，應星恨之。楊漣劾忠賢疏出，懷賢書其上曰：「宜如韓魏公治任守忠故事，即時遣戍。」又與工部主事吳昌期書，有「事極必反，反正不遠」語。忠賢偵知之，大怒曰：「何物小吏，亦敢謗我！」遂矯旨下詔獄，坐以結納汪文言，爲左光斗、魏大中鷹犬，拷掠死。崇禎初，

贈工部主事。

繼歐，許州人。歷知元氏、眞定、柏鄉，入爲吏部稽勳主事，累遷考功郎中。將調文選，中旨謂爲楊漣私黨，削籍歸。時緹騎四出，同里副使孫織錦素附忠賢，遣人怵繼歐曰：「逮者至矣。」繼歐自經死。崇禎初，贈太常寺卿。

汶，邯鄲人。尚書國彥曾孫也。由廕敍爲後軍都督府經歷。嘗被酒詆忠賢，下獄拷掠死。亦獲贈卹。

贊曰：自古閹宦之甘心善類者，莫甚於漢、唐之季，然皆倉卒一時，爲自救計耳。魏忠賢之殺諸人也，揚毒焰以快其私，肆無忌憚。蓋主荒政粃之餘，公道淪亡，人心敗壞，凶氣參會，羣邪翕謀，故搢紳之禍烈於前古。諸人之受禍也，酷矣哉！

校勘記

〔一〕宋娥 原誤作「朱娥」，據明史稿傳一二七周宗建傳改。按宋娥是後漢順帝的乳母，見後漢書卷六〇上楊厚傳。

〔二〕五月雨雹　五月，本書卷二八五行志作「四月」。

〔三〕給事中郭鞏者　給事中郭鞏，本書卷三〇五魏忠賢傳作「御史郭鞏」。

〔四〕捽而毆之　原作「摔而毆之」，據明史稿傳一二七萬爆傳改。

〔五〕時四年七月七日也　本書卷二二熹宗紀作四年六月丙申，熹宗實錄卷四三作四年六月戊戌。

〔六〕自歸於巡撫鄧渼　鄧渼，熹宗實錄卷四三天啓四年六月壬寅條、國榷卷八六頁五二八九都作「鄧漢」。

〔七〕同官傅應星者　傅應星，原作「傅應昇」，據本書卷三〇五魏忠賢傳、明史稿傳一二七萬爆傳改。下同。

明史卷二百四十六

列傳第一百三十四

滿朝薦　江秉謙　侯震暘 倪思輝　朱欽相　王心一

王允成 李希孔　毛士龍

滿朝薦，字震東，麻陽人。萬曆三十二年進士。授咸寧知縣，有廉能聲。稅監梁永縱其下劫諸生橐，朝薦捕治之。永怒，劾其擅刑稅役，詔鐫一官。大學士沈鯉等論救，不聽。會巡撫顧其志極論永貪殘狀，乃復朝薦官，奪俸一歲。無何，永遣人蠱巡按御史余懋衡。事覺，朝薦捕獲其人。永懼，率衆擐甲入縣庭。吏卒早爲備，無所掠而去。城中數夜驚，言永反。或謂永宜自明，永遂下教，自白不反狀，然蓄甲者數百。而朝薦助懋衡操之急，諸惡黨多亡去。朝薦追之渭南，頗有所格傷。永懼，使使繫書髮中，入都訟朝薦劫上供物，殺數人，投屍河中。帝震怒，立遣使逮治，時三十五年七月也。既至，下詔獄搒掠，遂

長繫。中外論救，自大學士朱賡以下，百十疏。最後，四十一年秋，萬壽節將屆，用大學士葉向高請，乃與王邦才、卞孔時並釋歸。

光宗立，起南京刑部郎中，再遷尙寶卿。天啓二年，遼東地盡失，海內多故，而廷臣方植黨逞浮議。朝薦深慮之，疏陳時事十可憂、七可怪，語極危切。尋進太僕少卿，復上疏曰：

比者，風霾曀晦，星月晝見，太白經天，四月雹，六月冰，山東地震，畿內霪潦，天地之變極矣。四川則奢崇明叛，貴州則安邦彥叛，山東則徐鴻儒亂，民人之變極矣。而朝廷政令乃顚倒日甚。

一乞骸耳，周嘉謨、劉一燝，顧命之元老，以中讒去，孫愼行，守禮之宗伯，以封典去，王紀，執法如山之司寇，以平反去，皆漠不顧惜；獨惓惓於三十疏劾之沈㴶，卽去而猶加異數焉。祖宗朝有是顚倒乎？一建言耳，倪思輝、朱欽相等之削籍，已重箝口之嗟；周朝瑞、惠世揚等之拂衣，又中一網之計。祖宗朝有是顚倒乎？一邊筴耳，西部索百萬之賞，邊臣猶慮其未飽；健兒乞錙銖之餉，度支尙謂其過奢。祖宗朝有是顚倒乎？一棄城耳，多年議確之犯或以庇厚而緩求；旬日矜疑之輩反以跖深而苛督。祖宗朝有是顚倒乎？一緝奸耳，正罪自有常律，平反原無濫條。遼陽之禍，起於袁應泰之

大納降人。降人盡占居民婦女，故遼民發憤，招敵攻城。事發倉卒，未聞有何人獻送之說也。廣寧之變，起於王化貞之誤信西部，取餉金以啖插而不給卒伍，以故人心離散。敵兵過河，又不聞西部策應，遂至手足無措，抱頭鼠竄。亦事發倉卒，未聞有何人獻送之說也。深求奸細，不過爲化貞卸罪地耳。王紀不欲殺人媚人，反致削籍。祖宗朝有是顚倒乎？

若夫閣臣之職，在主持清議。今章疏有妬才壞政者，非惟不斥也，輕則兩可，重則竟行其言矣。有砥奸報國者，非惟不納也，輕則見讓，重則遞加黜罰矣。尤有恨者，沈㴶賄盧受得進，及受敗，又交通跋扈之奄以樹威。振、瑾僨裂之禍，皆㴶作俑，而放流不加。他若戚畹，豈不當檢，何至以閹寺之譏，斃其三僕。三宮分有常尊，何至以傾國之昵，僭逼母儀。此皆顚倒之甚者也。顧成於陛下者什之一二，成於當事大臣者十之八九。臣誠不忍見神州陸沈，祈陛下終覽臣疏，與閣部大臣更絃易轍，悉軌祖宗舊章，臣卽從逢、干於地下，猶生之年。

旣奏，魏忠賢激帝怒，降旨切責，褫職爲民。大學士向高申救甚力，帝不納。已，忠賢黨撰東林同志錄，朝薦與焉，竟不復用。崇禎二年薦起故官，未上卒。

江秉謙，字兆豫，歙人。萬曆三十八年進士。除鄞縣知縣。用廉能徵，擬授御史。久不得命，以葬親歸。光宗立，命始下。入臺，侃侃言事。

天啓元年首陳君臣虛己奉公之道，規切甚至。戶部尚書李汝華建議興屯，請專遣御史，三年課績，所墾足抵年例餉銀，卽擢京卿。秉謙力駁其謬，因言汝華尸素，宜亟罷。汝華疏辨，秉謙再劾之。

瀋陽旣失，朝士多思熊廷弼，而給事中郭鞏獨論廷弼喪師悞國，請幷罪閣臣劉一燝。秉謙憤，力頌廷弼保守危疆功，且曰：「今廷弼勘覆已明，議者猶以一人私情沒天下公論，寧壞朝廷封疆，不忘胸中畛域。」章下廷議。會遼陽復失，廷弼旋起經略。鞏坐妄議奪官，遂與秉謙爲讐。廷弼旣鎭山海，議遣使宣諭朝鮮發兵牽制。副使梁之垣請行，廷弼喜，請付二十萬金爲軍貲。兵部尚書張鶴鳴不予，秉謙抗疏爭。鶴鳴怒，力詆秉謙朋黨。秉謙疏辨，帝不罪。

鶴鳴旣抑廷弼，專庇巡撫王化貞，朝士多附會之。帝以經、撫不和，詔廷臣議。秉謙言：「陛下再起廷弼，委以重寄，曰『疆場事不從中制』。乃數月以來，廷弼不得措手足，呼號日聞，辨駁踵至。執爲詞者曰『經、撫不和，化貞主戰，廷弼主守耳』。夫廷弼非專言守，謂

守定而後可戰也。化貞銳意戰，卽戰勝，可無事守乎？萬一不勝，又將何以守？此中利害，夫人知之。乃一則無言不從，一則無策不棄。豈眞不明於戰守之說，但從化貞、廷弼起見耳。陛下旣命廷弼節制三方，則三方之進戰退守當一一聽其指揮。乃化貞欲進，則使廷弼從之進；欲退，則使廷弼隨之退。化貞倏進倏退，則使廷弼進不知所以戰，退不知所以守。是化貞有節制廷弼之權，而廷弼未嘗有節制三方之權也。故今日之事，非經、撫不和，乃好惡經、撫者不和；非戰守之議論不合，乃左右經、撫者之議論不合。請專責廷弼，實圖戰守。」末譏首輔葉向高兩可含糊，勢必兩可掣肘，安能責成功。語極切至。

後朝議方撤廷弼，而化貞已棄廣寧遁。秉謙益憤，以職方郎耿如杞附和鶴鳴，力助化貞排廷弼，致封疆喪失，連疏攻之。幷援世宗戮丁汝夔故事，乞亟置鶴鳴於法。帝以鶴鳴方行邊，不當輕詆，奪秉謙俸半歲，如杞不問。秉謙復上疏言：「鶴鳴一入中樞，初不過鹵莽而無遠識，旣乃至兇狠而動殺機。明知西部間諜俱虛，戰守參差難合，乃顧自欺以欺朝廷。何處有機會？而曰機會可乘。何日渡河？而曰渡河必勝。旣欲驅經略以出關，而不肯付經略以節制；旣欲置廷弼於廣寧，而未嘗移化貞於何地。破壞封疆之罪，可置弗問哉？且化貞先棄地先逃，猶曰功罪相半。卽此一言，縱寸斬鶴鳴，不足贖其欺君悞國罪，乃猶敢哆口定他人罪案耶！」

當是時，大學士沈㴶潛結中官劉朝、乳媼客氏，募兵入禁中，興內操。給事中惠世揚、周朝瑞等十二人再疏力攻，秉謙與焉，幷詆朝及客氏。內外胥怨，遂假劾鶴鳴疏，出秉謙於外。無何，郭鞏召還，交通魏忠賢，力沮秉謙。是冬，皇子生，言官被謫者悉召還，獨秉謙不與。家居四年，聞忠賢益亂政，憂憤卒。

居數月，忠賢黨御史卓邁追劾秉謙保護廷弼，遂削籍。崇禎初，復官。

侯震暘，字得一，嘉定人。祖堯封，監察御史。忤大學士張居正，外轉。累官至福建右參政，有廉直聲。

天啓初，擢吏科給事中。是時，保姆奉聖夫人客氏方擅寵，與魏忠賢及大學士沈㴶相表裏，勢焰張甚。旣遣出宮，熹宗思念流涕，至日旰不御食，遂宣諭復入。震暘疏言：「宮闈禁地，姦璫羣小睥睨其側，內外鈎連，借叢煬竈，有不忍言者。王聖寵而煽江京、李閏之奸，趙嬈寵而搆曹節、王甫之變。[一]幺麼里婦，何堪數昵至尊哉。」不省。

會遼事棘，經略熊廷弼、巡撫王化貞相牴牾。兵部尚書張鶴鳴右化貞，議者遂欲移廷弼，與化貞畫地任事。震暘逆知其必敗，疏言：「事勢至此，陛下宜遣問經臣。果能加意訓

綀，則進止遲速不從中制，雖撤撫臣，一以付之，無不可者。如不然，則督其條晰陳奏，以聽吏議，摭拾殘局，專任化貞。此一說也。不則移廷弼密雲，而出本兵爲經略。鶴鳴素慷慨自命，與其事敗同罪，不若挺身報國。此又一說也。不則遂以經略授化貞，擇沈深有謀者代任巡撫，以資後勁。此又一說也。不則直移廷弼於登、萊，終其三方布置之策，與化貞相掎角。此又一說也。若復還延猶豫，必僨國事。」疏上，方有旨集議，而大清兵已破廣寧矣。化貞、廷弼相率入關門，猶數奉溫旨，責以戴罪立功。

震暘大憤懣，再疏言：「臣言不幸驗矣，爲今日計，論法不論情。河西未壞以前，舉朝所惜者，什七在化貞，今不能爲化貞惜也。河西既壞以後，舉朝所寬者什九在廷弼，今亦不能爲廷弼寬也。策撫臣者，謂宜責令還赴廣寧，聯屬西部。然而倉庫已竭，其能赤手效包胥乎？策經臣者，謂宜仍責守關。然所謂守者，將如廷弼前議三十萬兵數十萬餉，以圖後效乎？抑止令率殘卒出關外，姑示不殺乎？凡此無一可者。及今不定逃臣之律，殘疆其奚賴焉。」其後治失事罪，蓋略如震暘疏云。

已，遂劾大學士沈潅結納奉聖夫人及諸中官爲朋黨，具發其搆殺故監王安狀。忠賢卽日傳旨譴震暘。震暘陛辭，復上田賦、河渠二議。以逐臣不當建議，再鐫二級以歸。震暘在埴八月，章奏凡數十上。崇禎初，召復故官，震暘已前卒。因其子主事峒曾請，

特贈太常少卿。

方震暘之論客氏也，給事中祁門倪思輝、臨川朱欽相疏繼之。帝大恚，並貶三官。大學士劉一燝、尚書周嘉謨等交章論救，皆不納。御史吳縣王心一言之尤切，帝怒，貶官如之。心一同官龍谿馬鳴起復抗疏諫，且言客氏六不可留。帝議加重譴，用一燝等言，奪俸一年。

先是，元年正月，客氏未出宮，詔給土田二十頃，爲護墳香火貲。又詔魏進忠侍衛有功，待陵工告竣，並行敍錄。心一抗疏言：「陛下眷念二人，加給土田，明示優錄，恐東征將士聞而解體。況梓宮未殯，先念保姆之香火，陵工未成，强入奄侍之勤勞，於理爲不順，於情爲失宜。」不報。至是，與思輝、欽相並貶，廷臣請召還者十餘疏。皇子生，詔思輝、欽相、心一、鳴起並復故官。

欽相尋擢太僕少卿。楊漣旣劾魏忠賢，欽相亦抗疏極論。五年以右僉都御史巡撫福建，討賊楊六、蔡三、鍾六等有功。旋以忤忠賢，除名。思輝，崇禎時終南京督儲尚書。心一終刑部侍郎。鳴起終南京右都御史。

王允成，字述文，澤州人。萬曆中舉於鄉，除獲鹿知縣。以治行異等，徵授南京御史。時甲科勢重，乙科多卑下之。允成體貌魁梧，才氣飈發，欲淩甲科出其上，首疏論遼左失事諸臣，請正刑辟。

熹宗卽位，廷臣方爭論「梃擊」、「移宮」事，而帝降兩諭罪選侍，因言移宮後相安狀。大學士方從哲封還上諭。允成陳保治十事，中言：「張差闖宮，說者謂瘋癲。青宮豈發瘋之地？龐保、劉成豈並瘋之人？言念及此，可爲寒心。今鄭氏四十年之恩威猶在，卵翼心腹寔繁有徒，陛下當思所以防之。比者，聖諭多從中出。當，則開煬竈之端；不當，而臣下爭執，必成反汗之勢。孰若事無大小，盡歸內閣。至元輔方從哲，屢劾不去。陛下於選侍移宮後，發一敕諭，不過如常人表明心跡耳，從哲輒封還。夫封后之命，都督之命，貶謫周朝瑞之命，何皆不封還？司馬昭之心，路人知之矣。」姚宗文閱視遼左，與熊廷弼相失，歸而鼓同列攻之。允成惡其奸，再疏論列。

天啓元年疏請卹先朝直臣，列楊天民等三十六人以上，帝納之。俄陳任輔弼、擇經略、愼中樞、專大帥、更戎政、嚴賞罰數事。末言：「方今最可慮者，陛下孤立禁中。先朝怙權恃寵諸奄，與今日左右近習，互相忌嫉，恐乘機肆毒，彼此相戕。夫防護禁庭，責在內閣

及司禮。務令潛消默化，俾聖躬與皇弟，並得高枕無憂，斯爲根本至計。」時韙其言。

已，劾刑部尚書黃克纘倡言保護選侍，貽悞賈繼春，又曲庇盜寶內侍，至辨御史焦源溥綱常一疏，刺謬特甚。已，極論內降及留中之害，末復規切閣部大臣。忤旨，停俸。給事中毛士龍劾府丞邵輔忠，允成亦偕同官李希孔斥輔忠。已，極言綱紀廢弛，請戒姑息，破因循，指斥時事甚悉。

當是時，中貴劉朝、魏進忠與乳媼客氏相倚爲奸。允成抗疏歷數其罪，略言：「內廷顧命之璫，犬食其餘，不蒙帷蓋之澤；外廷顧命之老，中旨趣出，立見田里之收。以小馬爲馳騁之貲，誰啓盤於遊田之漸；以大臣爲釋忿之地，誰啓啼其蓄長之心。劉朝輩初亦不預外事，自沈潅、邵輔忠導之，遂恣肆無忌。浸假而王心一、倪思輝、朱欽相斥矣，浸假而司空用陪推矣，浸假而中旨用考官矣。是易置大臣之權在二豎也。近者弄權愈甚，逐大臣如振落，王紀、滿朝薦並削職爲編氓。是驅除大臣之權在二豎也。科臣遷改，自有定敍，給假推陞，往例皆然。乃惡周朝瑞之正直，忽有不許推用之旨。是轉遷百官之權在二豎也。秦藩以小宗繼大宗，諸子不得封郡王，祖制昭然。乃部科爭之不獲，相繼而去。是進退諸藩之權在二豎也。招權納賄，作福作威。二豎弄權於外，客氏主謀於中。王振、劉瑾之禍將復見今日。」疏入，進忠輩切齒。允成復特疏論秦府濫恩之謬，帝終不省。

三年六月，允成又劾進忠，進忠益恨。明年，趙南星爲吏部，知允成賢，調之於北。未幾，南星被逐，御史張訥劾南星調允成非法，遂除名。後給事中陳維新復劾允成貪險，詔撫按提問，坐以贓私。莊烈帝嗣位，以允成嘗請保護皇弟，識其名，召復故官。未幾卒。

當天啓初，東林方盛。其主張聯絡者，率在言路。允成居南，與北相應和，時貴多畏其鋒。然謇謇敢言，屢犯近倖，其風采足重云。

李希孔，字子鑄，三水人。萬曆三十八年進士。授中書舍人，擢南京御史。給事中姚宗文閱遼東軍，排經略熊廷弼，希孔連疏劾之。已，又糾宗文阻抑考選，以「令旨」二字抗言繳還，遏先帝非常之德。泰昌元年冬，陳時政七事。天啓改元，與允成劾邵輔忠。已，請宥言官倪思輝、朱欽相、王心一。三年上折邪議，以定兩朝實錄，疏言：

昔鄭氏謀危國本，而左袒之者，莫彰著於三王並封之事。今秉筆者不謂非也，且推其功，至與陳平、狄仁傑並。此其說不可解也。當時並封未有旨，輔臣王錫爵蓋先有密疏請也。迨旨下禮部，而王如堅、朱維京、涂一臻、王學曾、岳元聲、顧允成、于孔兼等苦口力爭，又共責讓錫爵於朝房。於是錫爵始知大義之不可違，而天下之不我予。隨上疏檢舉，而封事停也。假令如堅等不死爭，不責讓，將並封之事遂以定，而子以母

貴之說，且徐邀定策國老之勛。而乃飾之曰：「旋命旋引咎，事遂以止。」嗟乎，此可爲錫爵諱乎哉！且聞錫爵語人曰：「王給事中遺悔否？」以故事關國本，諸臣槁項黃馘，終錫爵世不復起。不知前代之安劉、復唐者，誰阨王陵，使之不見天日乎？曾剪除張柬之、桓彥範等五人，而令齎志以沒乎？臣所以折邪議者，一也。

其次，莫彰於張差闖宮之事。而秉筆者猶謂無罪也，且輕其事，而列王大臣、貫高事爲辭。此其說又不可解也。王大臣之徒手而闖至乾清宮門也，馮保怨舊輔高拱，置刃其袖，挾使供之，非實事也。張差之梃，誰授之而誰使之乎？貫高身無完膚，而詞不及張敖，故漢高得釋敖不問。可與張差之事，造謀主使口招歷歷者比乎？昔寬處之以全倫，今直筆之以存實，以戒後，自兩不相妨，而奈之何欲諱之？且諱之以爲君父隱，可也；爲亂賊輩隱，則何爲？臣所以折邪議者，二也。

至封后遺詔，自古未有帝崩立后者。此不過貴妃私人謀假母后之尊，以弭罪狀。故稱遺詔，以要必行。奈何猶稱先志，重誣神祖，而陰爲阿附傳封者開一面也？臣所以折邪議者，三也。

先帝之令德考終，自不宜謂因藥致崩，被不美之名。而當時在內視病者，烏可於積勞積虛之後，投攻剋之劑。羣議洶洶，方蓄疑慮變之深，而遽值先帝升遐，又適有下藥之事，安得不痛之恨之，疾首頓足而深望之。乃訐奸者憤激而甚其詞，庇奸者借題以逸其罰。君父何人，臣子可以僥倖而嘗試乎？臣所以折邪議者，四也。

先帝之繼神廟棄羣臣也，兩月之內，鼎湖再號。陛下孑然一身，怙恃無託，宮禁深閟，狐鼠實繁，其於杜漸防微，自不得不倍加嚴慎。即不然，而以新天子儼然避正殿，讓一先朝宮嬪，萬世而下謂如何國體。此楊漣等諸臣所以權衡輕重，亟以移宮請也。宮已移矣，漣等之心事畢矣，本未嘗居以爲功，何至反以爲罪而禁錮之，擯逐之，是誠何心？卽選侍久侍先帝，生育公主，諸臣未必不力請於陛下，加之恩禮。今陛下既安，選侍又未嘗不安，有何冤抑，而汲汲皇皇爲無病之沈吟。臣所以折邪議者，五也。

抑猶有未盡者。神祖與先帝所以處父子骨肉之際，仁義孝慈，本無可以置喙。卽當年母愛子抱，外議諠譁，然雖有城社媒孽之奸，卒不以易祖訓立長之序，則愈足見神祖之明聖，與先帝之大孝。何足諱，何必諱，又何可諱。若謂言及鄭氏之過，便傷神祖之明，則我朝仁廟監國危疑，何嘗爲成祖之累。而當時史臣直勒之汗青，並未聞有嫌疑之避也。何獨至今而立此一說，巧爲奸人脫卸，使昔日不能置之罪，今日不容著之書，何可訓也。今史局開，公道明，而坐視奸輩陰謀，辨言亂義，將令三綱紊，九法滅，天下止知有私交，而不知有君父。乞特敕纂修諸臣，據事直書，無疑無隱，則繼述大孝

過於武、周，而世道人心攸賴之矣。

詔付史館參酌，然其後卒不能改也。已，又請出客氏於外，請誅崔文昇。忌者甚衆，指爲東林黨。未幾，卒官，故不與璫禍。

毛士龍，字伯高，宜興人。萬曆四十一年進士。授杭州推官。熹宗卽位，擢刑科給事中，首劾姚宗文閱視乖張。楊漣去國，抗疏請留。天啓改元正月疏論「三案」，力言孫愼行、陸夢龍、陸大受、何士晉、馬德澧、王之宷、楊漣等有功社稷，而魏浚輩醜正害直之罪。帝是之。

李選侍之移宮也，其內豎劉朝、田詔、劉進忠等五人，以盜貲下刑部獄。尚書黃克纘庇之，數稱其冤。帝不從，論死。是年五月，王安罷，魏進忠用事。詔等進重賂，令其下李文盛等上疏鳴冤，進忠卽傳旨貸死。大學士劉一燝等執奏者再。旨下刑科，士龍抄參者三，旨幾中寢。克纘乃陳其冤狀，而請付之熱審。進忠不從，傳旨立釋。士龍憤，劾克纘阿旨骫法，不可爲大臣，且數朝等罪甚悉。由是，進忠及諸奄銜士龍次骨。進忠廣開告密，誣天津廢將陳天爵交通李永芳，[三]逮其一家五十餘人，下詔獄。士龍卽劾錦衣駱思恭及誣告者罪。進忠憾張后抑己，誣爲死囚孫二所出，布散流言。士龍請究治妖言奸黨并主使逆

徒，進忠益憾。

至九月，士龍劾順天府丞邵輔忠奸貪，希孔、允成亦劾之，輔忠大懼。朝等因誘以超擢，令攻士龍。輔忠遂訐士龍官杭州時盜庫納妓，進忠從中下其疏。尙書周嘉謨等言兩人所訐，風聞，請寬貸。進忠不從，削士龍籍，輔忠落職閒住。進忠後易名忠賢，顯盜國柄，恨士龍未已。四年冬，令其私人張訥劾之，再命削籍。明年三月入之汪文言獄詞，謂納李三才賄三千，謀起南京吏部，下撫按提訊追贓，遣戍平陽衞。已而輔忠起用，驟遷兵部侍郎。六年十二月，御史劉徽復摭輔忠前奏，劾士龍納訪犯萬金，下法司逮治。士龍知忠賢必殺己，夜中踰牆遁。其妾不知也，謂有司殺之，被髮號泣於道，有司無如之何。士龍乃潛至家，載妻子浮太湖以免。

莊烈帝嗣位，忠賢伏誅。朝士爲士龍稱冤，詔盡赦其罪。士龍始詣闕謝恩，且陳被陷之故。帝憐之，命復官致仕，竟不召用。至崇禎十四年，里人周延儒再相，始起漕儲副使，督蘇、松諸郡糧。明年冬，入爲太僕少卿。又明年春，擢左僉都御史。時左都御史李邦華、副都御史惠世揚皆未至，士龍獨掌院事。帝嘗語輔臣：「往例御史巡方，類微服訪民間。近高牙大纛，氣淩巡撫，且公署前後皆通竇納賄，每奉使富可敵國，宜重懲。」士龍聞，劾逮福建巡按李嗣京。十月謝病歸。國變後卒。

贊曰：滿朝薦，健令也，出死力以抗兇鋒，幽深牢而弗悔。及躋言路，益發憤時事，庶幾强立不反者歟。江秉謙、侯震暘之論經撫，李希孔之論「三案」，皆切中事理。王允成直攻劉朝、魏進忠，而不與楊、左、周、黃諸人同難。毛士龍顧以譎免。蓋忠賢殺人皆成於附閹邪黨，彼其甘心善類，授之刃而假手焉且加功者，罪直浮於忠賢已。

校勘記

〔一〕趙嬈寵而摴曹節王甫之變　王甫，原作「皇甫」，據明史稿傳一二五侯震暘傳改。按王甫是後漢的一個宦官，見後漢書卷一〇八曹節傳。

〔二〕誣天津廢將陳天爵交通李永芳　李永芳，原作「李承芳」，據明史稿傳一二五王允成傳附毛士龍傳改。

明史卷二百四十七

列傳第一百三十五

劉綎 喬一琦　李應祥 童元鎭　陳璘 吳廣　鄧子龍　馬孔英

劉綎，字省吾，都督顯子。勇敢有父風。用廕爲指揮使。萬曆初，從顯討九絲蠻。先登，擒其酋阿大。以功，遷雲南迤東守備，改南京小教場坐營。

十年冬，〔一〕緬甸犯永昌、騰越，巡撫劉世曾請濟師。明年春，擢綎遊擊將軍，署騰衝守備事。緬甸去雲南遠，自其酋莽瑞體以兵服諸番，勢遂强，數擾邊境。江西人岳鳳者，商隴川，驍桀多智，爲宣撫多士寧記室。士寧妻以妹。鳳誘士寧往見瑞體，潛與子囊烏酖殺之，并殺其妻子，奪金牌印符，受瑞體僞命，代士寧爲宣撫。瑞體死，子應裏嗣。鳳結耿馬賊罕虔、南甸土舍刀落參、芒市土舍放正堂，與應裏從父猛別、弟阿瓦等，各率象兵數十萬攻雷

弄、盞達、干崖、南甸、木邦、老姚、思甸諸處，殺掠無算。窺騰越、永昌、大理、蒙化、景東、鎭沅、元江。已，陷順寧，破盞達，又令囊烏引緬兵突猛淋。指揮吳繼勳等戰死。鄧川土官知州何鈺，鳳僚壻也，使使招之，鳳縶獻應裏。

當是時，車里、八百、孟養、木邦、孟艮、孟密、蠻莫皆以兵助賊，賊勢益盛。黔國公沐昌祚聞警，移駐洱海，巡撫劉世曾亦移楚雄。大徵漢土軍數萬，令參政趙睿壁蒙化，副使胡心得壁騰衝，陸通霄壁趙州，僉事楊際熙壁永昌，與監軍副使傅寵、姜忻督參將胡大賓等分道進擊。〔二〕大小十餘戰，積級千六百有奇，猛別、落參皆殪。參將鄧子龍擊斬罕虔於姚關。綎應裏趣鳳東寇姚關，北據灣甸、芒市。會綎至軍，軍大振。鳳懼，乃令妻子及部曲來降。綎責令獻金牌印符及蠻莫、孟密地。乃以送鳳妻子還隴川爲名，分兵趨沙木籠山，據其險，而己馳入隴川境。鳳度四面皆兵，遂詣軍門降。綎復率兵進緬，緬將先遁，留少兵隴川。綎攻之，鳳子囊烏亦降。綎乃攜鳳父子往攻蠻莫，乘勝掩擊。賊窘，縛緬人及象馬來獻，蠻莫平。遂招撫孟養賊，賊將乘象走，追獲之。復移師圍孟璉，生擒其魁。

雲南平，獻俘於朝。帝爲告謝郊廟，受百官賀。大學士申時行以下，悉進官廕子。綎亦進副總兵，予世廕。乃改孟密安撫司爲宣撫，增設安撫二，曰蠻莫，曰耿馬；長官司二，曰孟璉，曰孟養；千戶所二，一居姚關，一居猛淋。皆名之曰「鎭安」。命綎以副總兵署臨元參

將，移鎭蠻莫。初，鳳降本以計誘，而巡撫世曾稱陣擒，遂行獻俘禮，敍功及閣部。

未幾，緬人復大舉寇孟密。孟密兵戰敗，賊遂圍五章。把總高國春率五百人援，破賊數萬，連摧六營，爲西南戰功第一。進官，世廕副千戶。綎亦優敍。蠻莫設安撫，以土官思順有功，特授之。綎納其重賄，又縱部將謝世祿等淫虐，思順大怨。

綎，將家子。父顯部曲多健兒，綎擁以自雄。征緬之役，勒兵金沙江，築將臺於王驥故阯，威名甚盛。然性貪，御下無法。兵還至騰衝，甲而譟，焚民居。綎在蠻莫，聞之馳至，犒以金錢，始定。思順恐禍及，叛歸莽酋。詔革綎任，以遊擊候調。

無何，羅雄變起。羅雄者，曲靖屬州也，者氏世爲知州。嘉靖時，者濬嗣職，殺營長而奪其妻，生子繼榮。濬年老無他子，繼榮得襲職，遂弒濬。妖僧王道、張道以繼榮有異相，奉爲主。用符術鍊丁甲，煽聚徒黨，獨外弟隆有義不從。十三年冬，繼榮分黨四剽，廣西師宗、陸涼諸府州咸被患。巡撫劉世曾檄調漢土軍，屬監司程正誼、鄭璧等分禦之。會綎解官至霑益，世曾喜，令與裨將劉紹桂、萬鏊分道討。綎直搗繼榮寨，拔之，獲其妻妾數人，繼榮逸去。綎連克三砦，斬王道、張道，追亡至阿拜江。隆有義部卒斬繼榮首以獻，賊盡平。時首功止五十餘級，而撫降者萬餘人，論者稱其不妄殺。初，綎破繼榮，有論其私財物者，功不錄。世曾爲辨誣，乃賜白金。尋用爲廣西參將，移四川。

二十年召授五軍三營參將。會朝鮮用師，綎請率川兵五千赴援，詔以副總兵從征。至則倭已棄王京遁，綎趨尙州烏嶺。嶺亙七十里，峭壁通一線，倭拒險。別將查大受、祖承訓等間道踰槐山，出烏嶺後。倭大驚，遂移駐釜山浦。綎及承訓等進屯大丘、忠州，以全羅水兵布釜山海口，〔三〕朝鮮略定。未幾，倭遣小西飛納款，遂犯咸安、晉州，逼全羅。提督李如松急遣李平胡、查大受屯南原，祖承訓、李寧屯咸陽，綎屯陝川，扼之。倭果分犯，諸將並有斬獲。倭乃從釜山移西生浦，送王子歸朝鮮。帝命撤如松大軍還，止留綎及遊擊吳惟忠合七千六百人，分扼要口。總督顧養謙力主盡撤，綎、惟忠亦先後還。

屬播酋楊應龍作亂，擢綎四川總兵官。綎戍朝鮮二年，勞甚，覬勘功優敍，乃賄御史宋興祖。興祖以聞，法當褫。部議綎功多，請盡革雲南所加功級，以副總兵鎭四川。尋以應龍輸款，而青海寇數擾邊，特設臨洮總兵官，移綎任之。

二十四年三月，火落赤、眞相、昆都魯、歹成、他卜囊等掠番寇內地。綎部將周國柱等擊之莽剌川腦，斬首百三十有奇，獲馬牛雜畜二萬計。帝爲告郊廟宣捷。綎等進秩予廕有差。

明年五月，朝鮮再用師。詔綎充禦倭總兵官，提督漢土兵赴討。又明年二月抵朝鮮，則楊鎬、李如梅已敗。經略邢玠乃分軍爲三，中董一元，東麻貴，西則綎，而陳璘專將水兵。

綎營水源。倭亦分三路，西行長據順天，壕砦深固。綎欲誘執之，遣使請與期會。使者三反，綎皆單騎俟道中。行長覘知之，乃信，期以八月朔定約。至期，綎部卒洩其謀，行長大驚，逸去。綎進攻失利。監軍參政王士琦怒，縛其中軍。綎懼，力戰破之。賊退不敢出，諸將三道進，綎挑戰破之，驅賊入大城。已，賊聞平秀吉死，將遁。綎夜半攻奪粟林、〔四〕曳橋，斬獲多。石曼子引舟師救，陳璘邀擊之海中。行長遂棄順天，乘小艘遁。

班師，進綎都督同知，世廕千戶。遂移師征楊應龍。會四川總兵官萬鏊罷，卽以綎代之。

時兵分八道，川居其四。川東又分爲二，以綦江道最要，令綎當之。應龍熟綎才，頗懼，益兵守要害。二十八年正月，諸將克丁山、銅鼓、嚴村，遂直搗楠木、山羊、簡臺三峒。峒絕險，賊將穆照等衆數萬連營，諸將憚之。綎分兵攻其三面，大戰於李漢壩，生擒其魁，餘賊奔入峒。乘勢克三關，直搗峒前，焚之，賊多死。盡克三峒，擒穆照及賊魁吳尙華。是日，綎督戰，左持金，右挺劍，大呼曰：「用命者賞，不用命者齒劍！」鬭死者四十人，遂大捷。應龍乃遣子朝棟、惟棟及其黨楊珠統銳卒數萬，由松坎、魚渡、羅古池三道並進。綎伏萬人羅古，待松坎賊；〔五〕以萬人伏營外，待魚渡賊；而別以一軍策應。賊果至，伏盡起。綎率部下轉戰，斬首數百，追奔五十里。賊聚守石虎關，綎亦掘塹守。

初，綎聞征播命，逗遛，多設難以要朝廷。言官交劾，議調南京右府僉書。綎至是聞

之，卽辭任。總督李化龍以平播非綎不可，固留之，力薦於朝。綎乃復受事，踰夜郎舊城，攻克賊滴淚、三坡、瓦窰坪、石虎諸隘，直抵婁山關。婁山萬峯插天，叢箐中一徑纔數尺。賊設木關十三座，排柵置深坑，百險俱備。綎分奇兵爲左右路，間道趨關後，而自督大軍仰攻，奪其關，追至永安莊，兩路軍亦會。綎老將持重，慮賊衝突，聯諸營：一據婁山關爲老營，一據白石口爲腰營，一據永安莊爲前營。都指揮王芬者，勇而寡謀，每戰輒請爲前鋒，連勝有輕敵心，獨營松門埡之衝，距大營數里。賊方有烏江之勝，謀再奪婁山。適穆照遺使洩芬孤軍狀，賊乃襲殺芬，守備陳大剛、〔六〕天全招討楊愈亦死，失亡士卒二千人。綎聞，親率騎卒往救，部將周以德、周敦吉分兩翼夾攻，賊始大奔，追至養馬城而還。是日，應龍幾被獲，乃不敢窺婁山。綎懲前失，劄近關堅壁，且請濟師。踰十餘日，克後水囤，營於冠子山。尋會馬孔英、吳廣諸軍，逼海龍囤下，與諸將共平賊，綎功爲多。

初，李化龍薦綎，言官謂綎嘗納應龍賄，宜奪官從軍。部議謫爲事官，戴罪辦賊。綎德化龍，使使齎玉帶一、黃金百、白金千投化龍家，爲化龍父所叱。投巡按御史崔景榮家，亦如之。化龍、景榮並奏其事，詔革綎任，永不收錄，沒其物於官。已，錄平播功，進左都督，世廕指揮使。

三十六年，雲南阿克反，起綎討賊總兵官。未至，賊已平，寢前命。四十年，四川建昌

僳亂，命綎爲總兵官討之。偕參政王之機分八道督諸將攻，而己居中節制。克桐槽、沈渣、阿都、厦卜、越北諸砦，大小五十六戰，斬馘三千三百有奇，諸僳巢穴一空。

綎爲將，數被黜抑，性驕恣如故。嘗拳毆馬湖知府詹淑。淑改調，綎奪祿半年。久之，以軍政拾遺罷歸。

四十六年，帝念遼警，召爲左府僉書。明年二月，經略楊鎬令綎及杜松、李如柏、馬林四路出師。綎兵四萬，由寬佃，副使康應乾監之，[七]遊擊喬一琦別監朝鮮軍並進。綎鎭蜀久，好用蜀兵。久待未至，遂行。而所分道獨險遠，重岡疊嶺，馬不成列。抵深河，連克牛毛、馬家二砦。大清兵五百守董鄂路。聞綎軍至，逆戰。綎縱兵圍數重，大清兵衆寡不敵，失二裨將，傷五十人，餘潰圍出。綎已深入三百里，杜松軍覆猶不知。復整衆進，遇大清兵。綎引軍登阿布達里岡，將布陣，大清兵亦登岡，出其上，而別以一軍趨綎西。岡上軍自高馳下，奮擊綎軍，綎殊死戰。趨綎西者復從旁夾擊，綎軍不能支。大清兵乘勢追擊，遇綎後二營軍。未及陳，復爲大清兵所乘。大潰，綎戰死。養子劉招孫者，最驍勇，突圍，手格殺數人，亦死。士卒脫者無幾。

時應乾及朝鮮軍營富察之野，大清遂移師邀之。應乾兵及朝鮮兵列械將戰，狂風驟起，揚沙石。應乾發火器，反擊己營，大亂。大清兵趨擊，大破之，掩殺幾盡。應乾以數百

騎免。一琦亦爲大清兵所破，走入朝鮮營。朝鮮都元帥姜弘立、副元帥金景瑞懼，[八]率衆降，一琦投崖死。楊鎬聞杜松、馬林師敗，馳召綎及李如柏還。騎未至，綎已覆，獨如柏全。事聞，帝遣中使祭陣亡將士，恤綎家。

綎於諸將中最驍勇。平緬寇，平羅雄，平朝鮮倭，平播酋，平僳，大小數百戰，威名震海內。綎死，舉朝大悚，邊事日難爲矣。綎所用鑌鐵刀百二十斤，馬上輪轉如飛，天下稱「劉大刀」。天啓初，贈少保，世廕指揮僉事，立祠曰「表忠」。一琦，字伯珪，上海人。

李應祥，湖廣九谿衞人。以武生從軍，積功至廣西思恩參將。萬曆七年，巡撫張任大征十寨，應祥與有功。卽其地設三鎭，築城列戍。應祥方職營建，會擢松潘副總兵，當事者奏留之，以新秩涖舊任。從總兵王尚文大破馬平賊韋王明。尋以署都督僉事，入爲五軍營副將。

十三年改南京左府僉事，[九]出爲四川總兵官。松、茂諸番列砦四十八，歲爲吏民患。王廷瞻撫蜀時，嘗遣副將吳子忠擊破丢骨、人荒、沒舌三砦，諸酋乃降。故事，諸番歲有賞賚，番恃强要索無已。其來堡也，有下馬、上馬、解渴、過堡酒及熱衣氣力偏手錢；戍軍更番，亦奉以錢，曰新班、架梁、放狗、躧草、掛綵。廷瞻一切除之，西陲稍靖。僅六七年，勢復猖獗。巡撫雒遵屬應祥討之。提卒三千入茂州，克一巖。番恃險，剽如故。

無何，遵罷，徐元泰代。檄諭之，使三反，番不應。窺蒲江關，斷歸水崖、黃土坎道，築牆五哨溝，絕東南聲援。見官軍少，相顧笑曰：「如此磨子兵，奈我何。」磨子者，謂屢旋轉而數不增也。其冬突平夷堡，掠良民，刳其腸，繞二牛角，牛奔，腸寸裂。明年正月，遂圍蒲江關，礮燬雉堞。守將朱文達出，斬數十人。賊稍解，東南路始通。

元泰決計大征。諸路兵悉集，乃命遊擊周于德將播州兵爲前鋒，遊擊邊之垣將酉陽兵爲後拒，故總兵郭成將敍、馬兵扼其吭，參將朱文達將平茶兵擊其脅，而應祥居中節制，參議王鳳監之。應祥令軍中各樹赤、白幟一。良民陷賊者徒手立赤幟下，熟番不附賊者徒手立白幟下，卽免罪。番雖多，遇急不相救。國師喇嘛者，狡猾，聯姻青海酋丙兔與灣仲、占柯等，刻木連大小諸姓，歃血詛盟。至是，邀灣仲、占柯先犯歸化以嘗官軍。于德誘擒喇嘛、灣仲，守備曹希彬，復擊斬占柯。丢骨、人荒、沒舌三砦最强，于德皆攻克，復連破卜洞王諸砦。文達、成、之垣亦各拔數砦，與于德軍合。遂攻破蜈蚣、茹兒諸巢。嘉靖初，之垣祖輪以指揮討茹兒賊，被殺，漆其頭爲飲器。及是六十年，之垣乃得之，以還葬焉。

賊屢北，窘，悉棄輜重餌官軍。官軍不顧，斬關入，賊多死。河東平。尋渡河而西，連破西坡、西革、歪地、乾溝、樹底諸巢。有小粟谷者，首亂。覘大軍西，不設備。郭成夜襲之，大獲。牛尾砦尤險惡，將士三路夾攻，火其柵，斬酋合兒結父子。河西亦平。諸軍得所積稞粟，留十日，盡焚其砦，以六月班師。其逃竄谷者，求偏頭結賽乞降。應祥令埋奴設誓，然後許之。埋奴者，番人反接其奴，獻軍前，誦天而誓，卽牽至要路，掘坎埋之，露其首，凡埋二十三人。偏頭結賽雅善天竺僧。僧言歲在雞犬，番有阨。偏頭信之，預匿山谷中。逸賊以爲神，跡而拜求之，故偏頭爲之請。是役也，焚碉房千六百有奇，生擒賊魁三十餘人，俘馘以千餘計。自是羣番震讋，不敢爲患，邊人樹碑記績焉。

建昌、越嶲諸衞，番倮雜居。建昌逆酋曰安守，曰五咱，曰王大咱，與越嶲邛部黑骨夷並起爲亂。巡撫徐元泰議討，徵兵萬八千。仍以文達、之垣分將，應祥統之，副使周光鎬監其軍。十一月，光鎬先渡瀘，黑骨與大咱已據相嶺，焚三峽橋；五咱等亦寇禮州、德昌二所。時徵兵未集，光鎬先設疑，以嘗相嶺賊，賊果退據桐槽。桐槽者，大咱巢穴也。已而諸道兵盡抵越嶲，應祥令文達攻五咱，之垣攻大咱，姑置黑骨夷弗問。夜半走三百里抵禮州。賊半渡，文達擊敗之，遂渡河擣其巢。之垣亦屢破桐槽，大咱亡入山峪中。

無何，五咱據磨旗山挑戰。官軍夾擊，賊退保毛牛山。山延袤六七百里，連大小西番

界，文達兵大破之。五咱西遁，與安守合，結砦西谿。會所徵鹽井馬剌兵三千至，〔一〇〕猙獰跳躍，類非人形，諸番所深畏。應祥偵賊將劫營，乃潛移己營，而令馬剌兵屯其處。夜分賊來襲，馬剌起擊之，伏屍狼籍。諸將遂進攻西谿，逐北至磨砦七板番。連兵圖五咱，而令裨將田中科營麥達，逼安守。會諜者報守謀襲中科，應祥夜飲材官高逢勝三巨觥，令率敢死士三百疾趨七十里，抵麥達而伏。守夜至，遇伏被擒。守爲羣寇魁，守殪，西南邛筰、苴蘭、靡莫諸酋皆震怖。商山四堡番乞降於之垣，大小七板番乞降於文達。各埋奴道左，呼號頓首，誓世世不敢叛。五咱勢窮，走昌州，亦爲裨將王言所獲。

土木安四兒者，居建昌城中，潛剽掠於外。至是知禍及，率黨數百人走據盧郎溝。諸軍既滅五咱，應祥遣之北，示將討黑骨者，四兒遂弛備。將士忽還軍襲之，獲四兒。

復討大咱。初，大咱敗，匿所親普雄酋姑咱所。大軍至，姑咱懼，密告裨將王之翰，之翰搜得大咱，而黑夷酋阿弓等七人在大孤山，亦先爲之翰所擒。於是建昌、越巂諸番盡平。上首功二千有奇，撫降者三千餘人。時萬曆十五年七月也。

邛部屬夷賦乃者，地近馬湖。其酋撒假與外兄安興、木瓜夷白祿、雷坡賊楊九乍等，數侵掠內地。巡撫曾省吾議討之。會有都蠻之役，不果。乃建六堡，益戍兵千二百人，而諸蠻鴟張如故。及建、越興師，又藏納叛人。元泰乃令都指揮李獻忠等分剿。〔一一〕賊詐降，誘

執獻忠等三將，殺士卒數千人，勢益猖獗。應祥等師旋，元泰益徵播州、酉陽諸土兵，合五萬人，令應祥督文達、之垣及周于德諸將三道入，故總兵郭成亦從征。十一月，于德首敗白祿兵，追至馬蝗山，懸索以登，賊潰。乘勢攻木瓜夷，射殺白祿。追至利濟山，雪深數尺。于德先登，復大敗賊，燬其巢。初，撒假與九乍率萬人據山，播州兵擊走之。至是，文達復破之大田壩，合于德兵追逐，所向皆捷。遊擊萬鏊躡擊撒假於鼠囤，獲其妻子。郭成復至巨寶山大戰，生擒撒假。安興據巢守，文達、鏊分道入，獲其母妻。安興擲金於途，以緩追者，遂得脫。已，諸軍深入，竟獲之。他夷倮畏威降者二千餘人，悉獻還土田，願修職貢，兵乃罷。凡斬首一千六百九十餘，俘獲七百三十有奇，以其地置屏山縣。論功，應祥屢加都督同知，元泰亦至兵部尚書。

當是時，蜀中劇寇盡平，應祥威名甚著。御史傅霈按部，詰應祥冒餉。應祥賄以千金，爲所奏，罷職。兵部舉應祥僉書南京右府，給事中薛三才持不可。

二十八年大征播州。貴州總兵官童元鎮逗遛，總督李化龍劾之，薦應祥代。時分兵八道，貴州分烏江、興隆二道。詔元鎮充爲事官由烏江入，應祥由興隆入，諸道剋二月望進兵。應祥未受事，副將陳寅等已連克數囤，拒賊四牌高囤下，別遣兵從間道直搗龍水囤。賊從高

鼓譟，官軍殊死戰，俘朝俸妻子，乘勢抵河畔。會烏江敗書聞，斂兵不進者旬日。及應祥受任，益趣諸將急渡。寅等乃取他道渡河，而潛爲浮橋以濟師。諸軍渡，賊失險，乞降者相繼，應祥悉受之。賊所恃止黃灘一關，壁立，衆死守。會賊徒石勝俸等率萬餘人降，告曰：「去黃灘三十里有三關，入播門戶也，先襲破之，則黃灘孤難守。」應祥然其計，令偕陳寅率精卒四千夜抵關下。勝俸以數十騎誘開門，殲其戍卒。黃灘賊懼。寅督諸將渡河攻關前，勝俸由墳林暗渡襲關後，賊乃大敗。應祥直抵海龍囤，合諸道兵共滅楊應龍。

播既平，還鎮銅仁。明年改鎮四川。播遺賊吳洪、盧文秀等惡有司法嚴，而遵義知縣蕭鳴世失衆心。洪等遂稱應龍有子，聚衆爲亂。應祥偕副使傅光宅捕之，盡獲。應祥尋卒於官。以平播功，贈左都督，世廕千戶。

應祥爲將，謀勇兼資，所至奏績。平蜀三大寇，功最多。

童元鎮，桂林右衞人。萬曆中爲指揮，從討平樂賊莫天龍有功，屢遷遊擊將軍。高江瑤反，從呼良朋破平之。歷永寧、潯、梧參將，進副總兵。擢署都督僉事，爲廣西總兵官。未幾，改廣東。

二十三年，總督陳大科以元鎮熟蠻事，仍移廣西。岑溪西北爲上、下七山，介蒼藤間，有

平田、黎峒、白板、九密等三十七巢。東南爲六十三山，〔一二〕有孔亮、陀田、桑園、古欖、魚修等百餘巢，與廣東羅旁接。山險箐深，環數百里無日色。賊首潘積善等據之，久爲民患。及羅旁平，積善懼，乞降。爲設參將於大峒，兵千餘戍之。其後，將領多掊克，士卒又疲弱，賊復生心，時出剽。會歲饑，粵東亡命浪賊數百人潛入七山，誘諸瑤爲亂。元鎮先以參將戍岑溪，得諸瑤心。至是，積善及其黨韋月咸願招撫自效，六十三山諸瑤多受約束。有訛言將剿北科瑤者。諸瑤謂紿己，大恨，遂與孔亮山賊攻月，殺之，火大峒參將署。督撫陳大科、戴燿屬元鎮討之。時副將陳璘、參將吳廣罷官里居，大科起令將兵，與元鎮並進。賊伐大木塞道，環佈箛簽。元鎮偕督軍開道，而潛從小徑上。孔亮山賊憑高，弩矢雨下。諸軍用火器攻，大破之。俘馘千五百有奇，餘招撫復業。時府江韋扶仲等亦據險亂，元鎮與參政陸長庚謀，募瑤爲間，乘夜獲其妻子，誘出劫，伏兵擒之。餘黨悉平。元鎮以功增秩賜金。

會日本破朝鮮。廷議由浙、閩泛海搗其巢，牽制之，乃改元鎮浙江。既而事寢，移鎮貴州。

二十八年，李化龍大征楊應龍，令元鎮督永順、鎮雄、泗城諸土軍，由烏江進。元鎮憚應龍，久駐銅仁不進，屢趣乃行。時劉綎、吳廣諸軍已進，羣賊議分兵守，其黨孫時泰曰：「兵

分則力薄。乘官軍未集，先破其弱者，餘自退矣。」應龍善之。閉元鎮發烏江，應龍喜曰：「此易與耳。」謀縱之渡江，密以計取。監軍按察使楊寅秋言烏江去播不遠，宜俟諸道深入，與俱進。元鎮不從。於是永順兵先奪烏江，賊遣千餘人沿江叫罵以誘之。諸軍既濟，復奪老君關。前哨參將謝崇爵乘勢督泗城及水西兵再拔河渡關。三月望，賊以步騎數千先衝水西軍。軍中驅象出戰，賊多傷。俄驚象者斃，象反走，擲火器者又誤擊己營，陣亂。泗城兵先走，崇爵亦走，爭浮橋，橋斷，殺溺死者數千人。

河渡既敗，烏江相去六十里，猶未知。明日，參將楊顯發永順兵三百出哨。道遇賊數萬，咸爲水西裝。永順兵不之疑，賊掩殺三百人，亦襲其裝，直趨烏江。烏江軍信爲水西、永順軍，不設備，遂爲賊所破，爭先渡江。賊先斷浮橋，士卒多溺死，顯及二子與焉。元鎮所部三萬人，不存什一，將校止崇爵等三人，江水爲不流。

貴陽聞警，居民盡避入城，遠近震動。化龍用上方劍斬崇爵，益徵兵，檄鎮雄土官隴澄邀賊歸路。隴澄者，卽安堯臣，水西安疆臣弟也。軍不與元鎮合，獨全，當事頗疑其通賊。寅秋以鎮雄去播止二日，令搗巢立效，澄許之。河渡未敗時，澄已遣部將劉岳、王嘉猷攻拔苦竹關及半壩嶺。暨敗，二將移新站。賊伏兵大水田，別以五千人來襲，敗還。嘉猷乃揚聲搗入水田，而潛以一軍拔大夫關，直抵馬坎，斷賊歸路，與疆臣合，賊遂遁。會都指揮

徐成將兵至，合泗城土官岑紹勳兵，再克河渡關。賊將張守欽、袁五受據長箐、萬丈林。永順兵擊破之，生擒守欽。攻清潭洞，復擒五受。會朝議責元鎮敗狀，令李應祥并將其軍，遂合水西、鎮雄諸部，直抵海龍囤，竟滅賊。

兵初興，元鎮坐逗遛，謫爲事官。及是，逮至京，下吏，罪當死。法司援前岑溪功，謫戍烟瘴。遇赦，廣西巡撫戴燿爲請。部議不許，竟卒於戍所。

陳璘，字朝爵，廣東翁源人。嘉靖末，爲指揮僉事。從討英德賊有功，進廣東守備。與平大盜賴元爵及嶺東殘寇。萬曆初，討平高要賊鄧勝龍，又平揭陽賊及山賊鍾月泉，屢進署都指揮僉事，僉書廣東都司。

官軍攻諸良寶，副將李成立戰敗，總督殷正茂請假璘參將，自將一軍。賊平，授肇慶遊擊將軍，徙高州參將。總督凌雲翼將大征羅旁，先下令購剿。璘所破凡九十巢。已，分十道大征。璘從信宜入，會諸軍，覆滅之，以其地置羅定州及東安、西寧二縣。卽遷璘副總兵，署東安參將事。未幾，餘孽殺吏民，責璘戴罪辦賊。璘會他將朱文達攻破石牛、青水諸巢，斬捕三百六十餘人，授俸如故。

時東安初定，璘大興土木，營寺廟，役部卒，且勒其出貲。卒咸怨，因事倡亂，掠州縣，爲巡按御史羅應鶴所劾，詔奪璘官。既而獲賊，乃除罪，改狼山副總兵。

璘有謀略，善將兵，然所至貪黷，復被劾褫官。廢久之，朝士多惜其才，不敢薦。二十年，朝鮮用兵，以璘熟倭情，命添註神機七營參將，至則改神樞右副將。無何，擢署都督僉事，充副總兵官，協守薊鎮。明年正月詔以本官統薊、遼、保定、山東軍，禦倭防海。會有封貢之議，暫休兵，改璘協守漳、潮。坐賄石星，爲所奏，復罷歸。

二十五年，封事敗，起璘故官，統廣東兵五千援朝鮮。明年二月擢禦倭總兵官，與麻貴、劉綎並將。部卒次山海關鼓譟，璘被責。尋令提督水軍，與貴、綎及董一元分道進，副將陳蠶、鄧子龍，遊擊馬文煥、季金、張良相等皆屬焉。兵萬三千餘人，戰艦數百，分布忠清、全羅、慶尚諸海口。初，賊泛海出沒，官軍乏舟，故得志。及見璘舟師，懼不敢往來海中。會平秀吉死，賊將遁，璘急遣子龍偕朝鮮將李舜臣邀之。子龍戰沒，蠶、金等軍至，邀擊之。倭無鬭志，官軍焚其舟。賊大敗，脫登岸者又爲陸兵所殲，焚溺死者萬計。時綎方攻行長，驅入順天大城。璘以舟師夾擊，復焚其舟百餘。石曼子西援行長，璘邀之半洋，擊殺之，殲其徒三百餘。賊退保錦山，官軍挑之不出。已，渡匿乙山。崖深道險，將士不敢進。璘夜潛入，圍其巖洞。比明，礟發，倭大驚，奔後山，憑高以拒。將士殊死攻，賊遁走。

璘分道追擊，賊無脫者。論功，璘爲首，綎次之，貴又次之。進璘都督同知，世廕指揮僉事。

師甫旋，會有征播之役。命璘爲湖廣總兵官，由偏橋進，副將陳良玭由龍泉，受璘節制。二十八年二月，軍次白泥，楊應龍子朝棟率衆二萬渡烏江迎戰。璘前禦之，而分兩翼躡其後。賊少挫，追奔至龍溪山，賊合四牌賊共拒。四牌在江外，與江內七牌皆五司遺種，九股惡苗，素助賊。璘廣招撫，乃進軍龍溪。偵知賊有伏，令遊擊陳策用火器擊之。賊據險，矢石雨下。璘先登，斬小校退者以徇。把總吳應龍等陷陣，賊大潰，退四牌保兒囤。璘二裨將逼之，中伏。璘募死士從應龍等奮擊，賊復潰，奔據囤巔，夜由山後遁。黎明追及於袁家渡，復敗之。四牌之賊遂盡。

三月望，諸軍爲浮橋渡江。知賊將張佑、謝朝俸、石勝俸等營七牌野豬山，璘卽夜發抵苦練坪。前鋒與戰，後軍至，夾擊之。賊敗逃深箐，官軍遂入苦菜關。會童元鎮烏江師敗，璘懼，請退師。總督李化龍不可。璘乃進營楠木橋，次湄潭。賊悉聚青蛇、長坎、瑪瑙、保子四囤，地皆絕險，而青蛇尤甚。璘議，同日攻則兵力弱，止攻一囤，則三囤必相助。乃先攻三囤，次及青蛇。良玭師亦來會，令伏囤後，別以一軍守板角關，防賊逸。璘督諸將力攻三日，賊死傷無算，三囤遂下。青蛇四面陡絕，璘圍其三面，購死士從瑪瑙後附葛至山背舁礟。賊惶駭，諸軍進攻，焚其茅屋。賊退入囤內，木石交下。將士冒死上，毀大柵二重，

中華書局

前後擊之。賊大敗，斬首一千九百有奇，七牌之賊亦盡。

乃分兵六道，攻克大小三渡關，乘勝抵海龍囤下。諸將俱攻囤前，獨水西安疆臣攻其後，相持四十餘日。其下受賊重賄，多與通，且潛以火藥遺賊，故賊不備。其後璘知之，與監軍者謀，令疆臣退一舍。璘移其處，置鐵牌百餘，距囤丈許，賊強弩無所施。又爲蝨板於柵前，賊每夜出劫，爲釘傷，不敢復出。應龍勢窮，相聚哭。化龍初有令，諸將分日攻。六月六日，璘與吳廣當進兵。璘夜四更銜枚上，賊鼾睡，斬其守關者，樹白幟，鳴礮。賊大驚潰散，應龍自焚。廣軍亦至，賊盡平。

遂移師討皮林。皮林在湖、貴交，與九股苗相接。有吳國佐者，洪州司特峒寨苗也，桀黠無賴。其從父大榮以叛誅，國佐收其妾。黎平府持之急，遂反。自稱「天皇上將」，其黨石纂太稱「太保」。合攻上黃堡，誘敗參將黃沖霄，追至永從縣，殺守備張世忠炙而噉之，掠屯堡七十餘，焚五開南城，陷永從，圍中潮所。時方征播州，未暇討。既平播，偏沅巡撫江鐸命璘與良玭合兵討之。良玭失利。明年，鐸移駐靖州，命璘率副將李遇文等七道進。璘擒苗酋銀貢等。遊擊宋大斌攻破特峒，焚之。國佐逃天浦四十八寨，復入古州毛洞，追獲之。石纂太逃廣西上巖山，指揮徐時達誘縛之。賊黨楊永祿率衆萬餘屯白沖。遊擊沈弘猷等夾攻，生擒永祿。諸苗悉平。

征播時，璘投賄李化龍家。會劉綎使爲化龍父所麾，璘使走。化龍疏於朝，綎獲罪，璘獨免。後兵部尚書田樂推璘鎮貴州，給事中洪瞻祖遂劾璘營求。帝以璘東西積戰功，卒如樂議。貴東西二路苗，曰仲家苗，盤踞貴龍、平新間，爲諸苗巨魁；在水硍山介銅仁、思石者曰山苗，紅苗之羽翼也。自平播後，貴州物力大屈，苗益生心，剽掠無虛日。三十三年冬，巡撫郭子章請於朝。明年四月令璘軍萬人攻水硍，遊擊劉岳督宣慰安疆臣兵萬人攻西路，並克之。乃令璘移新添，獨攻東路，復克之。生獲酋十二人，斬首三千餘級，招降者萬三千餘人，部內遂靖。改鎮廣東，卒官。先敍平播功，加左都督，世廕指揮使。既卒，以平苗功，贈太子太保，再廕百戶。

吳廣，廣東人。以武生從軍，累著戰功，歷福建南路參將，坐事罷歸。會岑溪瑤反，總督陳大科檄廣從總兵童元鎮討之。將士少却，廣手斬一卒以徇，遂大破之。論功，復故官。

萬曆二十五年以副總兵從劉綎禦倭朝鮮，領水軍與陳璘相犄角，俘斬甚衆。甫班師，大征播州，擢廣總兵官，以一軍出合江。副將曹希彬以一軍出永寧，受廣節制。廣屯二郎壩，大行招徠。賊驍將郭通緒迎戰，將士襲走之。陶洪、安村、羅村三砦土官各出降，他部來歸者數萬。廣擇其壯者從軍。通緒扼穿崖囤，廣督土漢軍擊破之。劉綎、馬孔英已入播，廣猶頓二郎，總督李化龍趣之。乃議分四哨進攻崖門，別遣永寧女土官奢世續等督夷兵二千，扼桑木埡諸要害，以防饟道。諸將連破數囤，進營母豬塘。楊應龍懼，令通緒盡發關外兵拒敵。廣伏礮手五百於磨槍埡外南岡下，而遣裨將趙應科挑戰。埡夾兩山中，甚隘。通緒橫槊衝應科，應科佯北。通緒追出埡，遇伏。急旋馬，中礮墜。方躍上他馬，伏兵攢刺之殪，餘賊大奔。官軍逐北，賊盡降。遂薄崖門。徑小止容一騎，賊衆萬餘出關拒戰。希彬懸賞千金，士攀崖競進，追至第四關。關上男婦盡哭。賊黨自殺其魁羅進恩，率萬餘人出降。其第一關猶拒不下，廣乘夜疾進，奪其關，關內民爭獻牛酒。劉綎、馬孔英已入關，李應祥、陳璘猶在關外。廣合希彬軍連戰紅碗、水土崖、分水關皆捷，遂進營水牛塘。應龍大懼。知廣軍孤深入，謀欲襲之，乃遣人詐降。廣測其詐，堅壁以待。應龍擁衆三萬直衝大營，諸將殊死戰。會他將來援，賊乃退。廣遂與諸道軍逼海龍囤。賊詐令婦人乞降，吳囤上，又詐報應龍仰藥死，廣信之。已，知其詐，急燒第二關，奪三山，絕賊樵汲，賊益窘。旋與陳璘從囤後登，應龍急自焚死。獲其子朝棟，出應龍屍烈焰中。廣中毒矢，失聲，絕而復甦，遂以本官鎮四川。踰年卒。

初，廣之頓二郎也，有言其受賄養寇者，詔譴充爲事官。後論功贈都督同知，世廕千戶。

鄧子龍，豐城人。貌魁梧，驍捷絕倫。嘉靖中，江西賊起，掠樟樹鎮。子龍應有司募，破平之。累功授廣東把總。

萬曆初，從大帥張元勳討平巨盜賴元爵。已，從平陳金鶯、羅紹清。賊魁黃高暉逸，子龍入山生獲之。遷銅鼓石守備。尋擢署都指揮僉事，掌浙江都司。被論當奪職，帝以子龍犯輕，會麻陽苗金道侶等作亂，擢參將討之。大破賊，解散其黨。五開衞卒胡若盧等火監司行署，撻逐守備及黎平守。靖州、銅鼓、龍里諸苗咸響應爲亂。子龍火其東門以致賊，而潛兵入北門，賊遂滅。

十一年閏二月，緬甸犯雲南。詔移子龍永昌。木邦部耿馬奸人罕虔與岳鳳同爲逆，說緬酋莽應裏內侵，虔從掠干崖、南甸。已，引渡查理江，直犯姚關。灣甸土知州景宗眞及弟宗材助之。子龍急戰攀枝樹下，〔三〕陣斬宗眞、虔，生獲宗材。虔子招罕、招色奔三尖山，令叔罕老率蒲人藥弩手五百阻要害。子龍餌蒲人以金，盡知賊間道。乃命裨將鄧勇等提北勝、蒗渠諸番兵，直搗賊巢，而預伏兵山後夾擊。夜半上，生擒招罕、招色、罕老及其黨百三十餘人，斬首五百餘級，尖山巢空，乃撫流移數千人。會劉綎亦俘岳鳳以獻。帝悅，進子龍副總兵，子世廕。無何，緬人復寇猛密，把總高國春大破之。子龍以掎角功，亦優敍。自是，蠻人先附緬者，多來附。

永昌、騰衝夙號樂土。自岳、罕猖亂，始議募兵，所募多亡命，乃立騰衝、姚安兩營。劉綎將騰軍，子龍將姚軍，不相能，兩軍鬬。帝以兩將皆有功，置不問。旣而綎罷，劉天俸代。天俸逮，遂以子龍兼統之。子龍抑騰兵，每工作，輒虐用之，而右姚兵。及用師隴川，子龍故爲低昂，椎牛饗士，姚兵倍騰兵。騰兵大不堪，欲散去。副使姜忻令他將轄之，乃定。而姚兵久驕，因索餉作亂，由永昌、大理抵會城，所過剽掠。諸兵夾擊之，斬八十四級，俘四百餘人，亂始靖。子龍坐褫官下吏。

十八年，孟養賊思箇叛。子龍方對簿，巡撫吳定請令立功自贖，帝許之。命未至，定已與黔國公沐昌祚遣將却之。無何，丁改十寨賊普應春、霸生等作亂，勢張甚。定大徵漢土軍，令子龍軍其右，遊擊楊威軍其左，大破之，斬首一千二百級，招降六千六百人。帝爲告謝郊廟，宣捷受賀，復子龍副總兵，署金山參將事。先是，猛廣土官思仁烝其嫂甘線姑，欲妻之，弗克。偕其黨丙測叛歸緬，數導入寇。二十年攻孟養，犯蠻莫。土同知思紀奔等練山。子龍擊敗之，乃去。子龍尋被劾罷歸。

二十六年，朝鮮用師。詔以故官領水軍，從陳璘東征。倭將渡海遁，璘遣子龍偕朝鮮

統制使李舜臣督水軍千人，駕三巨艦爲前鋒，邀之釜山南海。子龍素慷慨，年踰七十，意氣彌厲。欲得首功，急攜壯士二百人躍上朝鮮舟，直前奮擊，賊死傷無算。他舟誤擲火器入子龍舟。舟中火，賊乘之，子龍戰死。舜臣赴救，亦死。事聞，贈都督僉事，世廕一子，廟祀朝鮮。

馬孔英者，宣府塞外降丁也，積戰功爲寧夏參將。

萬曆二十年，哱拜反，引套寇入掠，孔英屢擊敗之。卜失兔入下馬關，從麻貴邀擊，大獲。進本鎭副總兵。二十四年九月，着力兔、宰僧犯平虜、橫城。孔英偕參將鄧鳳力戰，斬首二百七十有奇，賜金幣。令推大將缺，乃擢署都督僉事，以總兵官涖舊任，尋進秩爲眞。二十七年，着力兔、宰僧復犯平虜、興武，孔英與杜桐等分道襲敗之。再入，又敗之。

會大征播州楊應龍。詔發陝西四鎭兵，令孔英將以往。兵分八道，孔英道南川，獨險遠，去應龍海龍囤六七百里。未至，重慶推官高折枝監紀軍事，請獨當一面。乃與參將周國柱先以石砫宣撫馬千乘兵破賊金筑，復督酉陽宣撫冉御龍敗賊於官壩。孔英至軍，平茶、邑梅兵亦集，軍容甚壯。先師期一日入眞州，用土官鄭葵、路麟爲鄉道，別遣邊兵千扼明月關。諸軍鼓行前，連破四寨，次赤崖，抵清水坪、封寧關，破賊營十數，逼桑木關。關內民降者日千計。折枝結三大砦處之，禁殺掠。降者日衆，賊益孤。關爲賊要害，山險箐深，賊憑高拒。乃令千乘、御龍出關左右，國柱搗其中。賊用標槍藥矢，銳甚。官軍殊死戰，奪其關，逐北至風坎關，賊復大敗。連破九杵、黑水諸關，苦竹、羊崖、銅鼓諸寨。國柱攻金子壩，無一人，疑有伏。焚空砦十九，嚴兵以待。賊果突出，擊敗之。孔英乃留王之翰兵守白玉臺，衞饟道，平茶、邑梅兵守桑木關，而親帥大軍進營金子壩。

應龍聞桑木關破，大懼，遣弟世龍及楊珠以銳卒劫之翰營。之翰走，殺饟卒無算。平茶兵來援，賊始退。孔英還擊世龍，復却。裨將劉勝奮擊，賊乃奔。官軍進朗山口，由朗山進蒙子橋。深箐蘙翳，賊處處設伏，悉剿平之。應龍益懼，遣其黨詐降，謀爲內應。折枝盡斬之，伏以待。珠果夜劫營，伏發，賊驚潰，追奔至高坪。已，奪賊養馬城，直抵海龍第二關下，賊守兵益多。孔英軍已深入，而諸道未有至者。酉陽、延綏兵皆退，賊躡殺官軍六十人。居數日，劉綎兵至，乃合兵連克海崖、海門諸關。賊走保囤上，竟覆滅。

初，總督李化龍剋師期，諸將莫利先入。孔英所將邊卒及諸土兵，皆獷悍，監紀折枝勇而有謀，故師獨先。八道圍海龍，諸將以囤後易攻，爭走其後，孔英獨壁關前。錄功，進都督同知，世廕千戶。

久之，以總兵官鎭貴州。平金筑，定番叛苗，生擒首惡阿包、阿牙等。已而欲襲黃柏山苗。苗知之，先發，敗官兵，匿不報。又誘執苗酋石阿四，稱陣擒冒功。爲巡撫胡桂芳所劾，罷歸卒。

贊曰：播州之役，諸將用命，合八道師，歷時五月，僅乃克之，可謂勞矣。劉綎勇略冠諸將，勞最多，其後死事亦最烈。鄧子龍始事姚安，名與綎埒，垂老致命，廟祀海隅。昔人謂「武官不惜死」，兩人者蓋無愧於斯言也夫。

校勘記

[一] 十年冬　本書卷二〇神宗紀、神宗實錄卷一三四都作萬曆十一年閏二月甲子。

[二] 傳寵姜忻督參將胡大賓等分道進擊　姜忻，原作「江忻」，據明史稿傳一一七劉綎傳改。

[三] 以全羅水兵布釜山海口　全羅，原作「金羅」，據下文及本書卷二五九楊鎬傳、卷三二〇朝鮮傳改。

[四] 綎夜半攻奪粟林　粟林，原作「栗林」，據本書卷三二〇及明史稿傳一九四朝鮮傳、讀史方輿紀

要卷三八改。

〔五〕待松坎賊　松坎，原作「松坡」，據上文及明史稿傳一一七劉綎傳改。

〔六〕守備陳大剛　明史稿傳一一七劉綎傳及神宗實錄卷三四八萬曆二十八年六月戊寅條都作「守備陳大綱」。

〔七〕副使康應乾監之　康應乾，原脫「應」字，據明史稿傳一一七劉綎傳及神宗實錄卷五七九萬曆四十七年二月乙亥條補。

〔八〕副元帥金景瑞欋　金景瑞，原作「仝景瑞」，國榷卷八三頁五一三一、朝鮮李朝實錄光海君日記卷一三六都作「金景瑞」，據改。

〔九〕改南京左府僉事　左府，明史稿傳一一七李應祥傳作「後府」。

〔一〇〕會所徵鹽井馬剌兵三千至　馬剌，原作「剌馬」，據明史稿傳一一七李應祥傳改。按馬剌是一長官司，屬鹽井衞軍民指揮使司，見本書卷四三地理志。下同。

〔一一〕元泰乃令都指揮李獻忠等分剿　李獻忠，明史稿傳一一七李應祥傳作「李猷忠」。下同。

〔一二〕東南爲六十三山　六十三山，原脫「六」字。本書卷二一七廣西土司傳稱廣西猺、獞「六十三山倚爲巢穴」，萬曆武功錄頁三六四謂「六十三山及七山皆岑溪猺巢也」，今據補。下同。

〔一三〕子龍急戰攀枝樹下　攀枝樹，本書卷三一五緬甸傳、蠻司合誌卷一〇、讀史方輿紀要卷一一九

都作「攀枝花」。國榷卷七二頁四四六〇稱：「初，莽應禮架藤橋渡江，屯猛皮嶺，直入攀枝花樹，鄧子龍伏兵迎之。」地名當作「攀枝花」。

明史卷二百四十八

列傳第一百三十六

梅之煥　劉策 徐縉芳　陳一元　李若星　耿如杞 胡士容

顏繼祖 王應豸等　李繼貞　方震孺　徐從治

謝璉　余大成等

梅之煥，字彬父，麻城人，侍郎國楨從子也。年十四爲諸生。御史行部閱武，之煥騎馬突教場。御史怒，命與材官角射。九發九中，長揖上馬而去。

萬曆三十二年舉進士，改庶吉士。居七年，授吏科給事中。東廠太監李浚誣拷商人，之煥劾其罪。尋上言：「今天下民窮餉匱，寇橫兵疲。言官舍國事，爭時局。部曹舍職掌，建空言。天下盡爲虛文所束縛。有意振刷者，不曰生事，則曰苛求。事未就而謗興，法未

伸而怨集。豪傑灰心，庸人養拙，國事將不可爲矣。請陛下嚴綜覈以責實事，通言路以重紀綱，別臧否以惜人才，庶於國事有濟。」時朝臣部黨角立，之煥廉觚自勝，嘗言：「附小人者必小人，附君子者未必君子。蠅之附驥，卽千里猶蠅耳。」時有追論故相張居正者，之煥曰：「使今日有綜名實、振紀綱如江陵者，諭訿之徒敢若此耶？」其持平不欲傅會人如此。出爲廣東副使，擒誅豪民沈殺烈女者，民服其神。海寇袁進掠潮州，之煥扼海道，招散其黨，卒降進。改視山東學政。

天啓元年以通政參議召還太常少卿，擢右僉都御史，巡撫南、贛。丁內外艱，家居。當此之時，魏、客亂政，應山楊漣首發忠賢之奸。忠賢恚甚，拷殺漣。由此悍然益誅鋤善類，慣憹楚人矣。謂漣被逮時，過麻城，漣罪人也，之煥與盤桓流涕，當削籍，其實漣未嘗過麻城也。無何，逆黨梁克順誣以贓私，詔徵贓。

莊烈帝卽位，乃免徵。起故官，巡撫甘肅。大破套寇，斬首七百餘級，生得部長三人，降六百餘人。明年春，寇復大入，患豌豆創，環大黃山而病。諸將請掩之，之煥不可，曰：「幸災不仁，乘危不武，不如舍之，因以爲德焉。」遂不戰。踰月，羣寇望邊城搏顙涕泣而去。冬，京師戒嚴，有詔入衞。且行，西部乘虛犯河西。之煥止留，遣兵伏賀蘭山後，邀其歸路，大兵出水泉峽口，再戰再敗之，斬首八百四十有奇。引軍東。俄悍卒王進才殺參將孫懷忠

等以叛，走蘭州。之煥遂西定其變，復整軍東。明年五月抵京師，已後時矣。有詔之煥入朝。翌日又詔之煥落職候勘，溫體仁已柄政矣。初，體仁訐錢謙益，之煥移書中朝，右謙益。至是，體仁修隙，之煥遂得罪。

之煥雖文士，負材武，善射，旣廢，無所見。所居縣，阻山多盜。之煥無事，輒率健兒助吏捕，無脫者。先是，甘肅兵變，其潰卒畏捕誅，往往亡命山谷間，爲羣盜，賊勢益張。至是，賊數萬來攻麻城，望見之煥部署，輒引去。帝追敍甘肅前後功，復之煥官，廕子，然終不召。明年病卒。

劉策，字範董，武定人。萬曆二十九年進士。由保定新城知縣入爲御史。疏劾太僕少卿徐兆魁，復力爭熊廷弼行勘及湯賓尹科場事。賓尹雖家居，遙執朝柄，嗾其黨逐攻者孫振基、王時熙。已而給事中劉文炳劾兩淮巡鹽御史徐縉芳，言策入葉向高幕，干票擬；策同官陳一元，向高姻親，顧權利。時策按宣、大，疏言：「文炳爲湯賓尹死友，代韓敬反噬。昔年發奸如振基、時熙輩，今皆安在？」向高亦以策無私交，爲辨雪。文炳、策屢疏相詆，南京御史吳良

輔言：「文炳一疏而彈御史縉芳、一元、策及李若星，再疏而彈詞臣蔡毅中、焦竑及監司李維楨，他波及尚多。人才摧殘甚易。淸品如策，雅望如竑，不免詆斥，天下寧有完人。」策復詆文炳倚方從哲爲冰山，苟一時富貴，不顧淸議。一元論銓政，嘗譏切向高，時按江西，見文炳疏，憤甚，遂揭文炳陰事。且曰：「向高行矣。今秉政者從哲，文炳鄉人，奴顏婢膝，任好爲之。」御史馬孟楨亦言：「敬關節實眞，旣斥兩侍郞、兩給諫謝之矣。乃伉直之劉策，攻擊不休，而同發奸之張篤敬復驅除將及，何太甚也！」疏入，帝皆不省。策憤謝病去。時攻兆魁、廷弼、賓尹輩者，黨人率指目爲東林，以年例出之外。至四十六年秋，在朝者已無可逐，乃卽家徙策爲河南副使。策辭疾不赴。

天啓元年春，起天津兵備。擢右僉都御史，巡撫山西。召拜兵部右侍郞，協理戎政。五年冬，黨人劾策爲東林遺奸，遂削籍。崇禎二年夏，起故官，兼右僉都御史，總理薊、遼、保定軍務。大淸兵由大安口入內地，策不能禦，被劾。祖大壽東潰，策偕孫承宗招使還。明年正月與總兵張士顯並逮，論死，棄市。

縉芳，晉江人。爲御史，首爲顧憲成請謚，劾天津稅監馬堂九大罪，有敢言名。巡兩淮，頗通賓客賂遺，被劾，坐贓。天啓中，遣戍。

一元，侯官人。在江西，振饑有法。移疾去。天啓初，起歷應天府丞。御史余文縉劾向高，及一元，遂落職。崇禎初，復官。溫體仁柄國，惡其附東林，而以爲己門生也，引嫌不召。卒於家。

李若星，字紫垣，息縣人。萬曆三十二年進士。歷知棗強、眞定。擢御史，首劾南京兵部尙書黃克纘。巡視庫藏，陳畜國病商四弊，請得稽十庫出納，以杜侵漁，不報。巡按山西，請撤稅使。因再劾克纘爲沈一貫私人，湯賓尹死友，宜罷，不從。還朝，出爲福建右參議，移疾歸。

天啓初，起官陝西，召爲尙寶少卿，再遷大理右少卿。三年春，以右僉都御史巡撫甘肅。陛辭，發魏忠賢、客氏之奸。明年遣將丁孟科、官維賢擊河套松山諸部鎭番，斬首二百四十餘級。捷聞，未敍，有傳若星將起義兵淸君側之惡者。忠賢聞之，卽令許顯純入之汪文言獄詞，誣其賄趙南星，得節鉞。五年三月遂除若星名，下河南撫按提問。明年，獄上，杖之百，戍廉州。

莊烈帝卽位，赦還。崇禎元年起工部右侍郞兼右僉都御史，總理河道。追論甘肅功，

進秩二品。黃河大決，淹泗州，沒睢寧城。若星請修祖陵，移睢寧縣治他所，從之。都城戒嚴，遣兵入衞。病歸，遭父憂。久之，召爲兵部右侍郞。十一年以本官兼右僉都御史，代朱燮元總督川、湖、雲、貴軍務，兼巡撫貴州。討安位餘孽安隴璧及苗仲諸賊，有功。

福王時，解職。以鄉邑殘破，寓居貴州。桂王遷武岡，召爲吏部尙書。未赴，遭亂，死於兵。

耿如杞，字楚材，館陶人。萬曆四十四年進士。除戶部主事。

天啓初，以才歷職方郞中。軍書旁午，日應數十事。出爲陝西參議，遷遵化兵備副使。當是時，逆奄竊柄，諂子無所不至，至建祠祝釐。巡撫劉詔懸忠賢畫像於喜峯行署，率文武將吏五拜三稽首，呼九千歲。如杞見其像，冕旒也，半揖而出。忠賢令詔劾之，逮下詔獄，坐贓六千三百，論死。

時又有胡士容者，薊州參議也，數忤其鄉官崔呈秀，呈秀銜之。將爲忠賢建祠，士容又不奉命。及士容遷江西副使，道通州，遂誣以多乘驛馬，侵盜倉儲，捕下詔獄掠治，坐贓七千，論死。

至秋，將行刑，而莊烈帝即位，崔、魏相繼伏誅。帝曰：「廠衛深文，附會鍛鍊，朕深痛焉。其赦耿如杞，予復原官，胡士容等改擬。」於是如杞上疏言：「臣自入鎮撫司，五毒並施，縛赴市曹者，日有聞矣。幸皇上赦臣以不死，驚魂粗定，乞放臣還家養疾。」帝不許，立擢如杞右僉都御史，巡撫山西。

插漢虎墩兔據順義王地，爲邊患，戰款無定策。如杞言守邊爲上，修塞垣，繕戰壘，劃山塹谷，事有緒矣。二年，京師戒嚴，如杞率總兵官張鴻功以勍卒五千人赴援，先至京師。軍令，卒至之明日，汛地既定，而後乃給餉。如杞兵既至，兵部令守通州，明日調昌平，又明日調良鄉，汛地累更，軍三日不得餉，乃譟而大掠。帝聞之，大怒，詔逮如杞、鴻功，廷臣莫敢救者。四年竟斬西市。

方如杞之爲職方郎也，與主事鹿善繼黨張鶴鳴，排熊廷弼而庇王化貞，疆事由是大壞，及是得罪。

士容既釋出獄，二年除陝西副使，進右參政，卒於官。士容初令長洲，捕豪惡，築婁江石塘，有政聲。

福王時，贈如杞右僉都御史。子章光，進士，尚寶卿。士容，字仁常，廣濟人。

顏繼祖，漳州人。萬曆四十七年進士。歷工科給事中。崇禎元年正月論工部冗員及三殿敍功之濫，汰去加秩寄俸二百餘人。又極論魏黨李魯生、霍維華罪狀。又有御史袁弘勳者，劾大學士劉鴻訓，錦衣張道濬佐之。繼祖言二人朋邪亂政，〔一〕非重創，禍無極。帝皆納其言。

遷工科右給事中。三年巡視京城十六門濠塹，疏列八事，劾監督主事方應明曠職。帝杖斥應明。外城庳薄，議加高厚，繼祖言時絀難舉贏而止。再遷吏科都給事中，疏陳時事十大弊。憂歸。

八年起故官，上言：「六部之政筦於尚書，諸司之務握之正郎，而侍郎及副郎、主事止陪列畫題，政事安得不廢。督撫諸臣獲罪者接踵，初皆由會推。然會推但六科掌篆者爲主，卿貳、臺臣罕至。且九卿、臺諫止選郎傳語，有唯諾，無翻異，何名會推？」帝稱善。

尋擢太常少卿，以右僉都御史巡撫山東。分兵扼境上，河南賊不敢窺青、濟。劾故撫李懋芳侵軍餉二萬有奇，被旨嘉獎。十一年，畿輔戒嚴，命繼祖移駐德州。時標下卒僅三千，而奉本兵楊嗣昌令，五旬三更調。後令專防德州，濟南由此空虛。繼祖屢請敕諸將劉澤清、倪寵等赴援，皆逗遛不進。明年正月，大清兵克濟南，執德王。繼祖一人不能兼顧，言官交章劾繼祖。繼祖咎嗣昌，且曰：「臣兵少力弱，不敢居守德之功，不敢不分失濟之罪。請以爵祿還朝廷，以骸骨還父母。」帝不從，逮下獄，棄市。

終崇禎世，巡撫被戮者十有一人：薊鎮王應豸，山西耿如杞，宣府李養沖，登萊孫元化，大同張翼明，順天陳祖苞，保定張其平，山東顏繼祖，四川邵捷春，永平馬成名，順天潘永圖，而河南李仙風被逮自縊，不與焉。

王應豸，掖縣人。爲戶部主事，諂魏忠賢，甫三歲，驟至巡撫，加右都御史。崇禎二年春，薊卒索餉，譟而甲，參政徐從治諭散其衆。應豸置毒飯中，欲誘而盡殺之，諸軍復大亂。帝命巡按方大任廉得其剋餉狀，論死。

李養沖，永年人。歷兵部右侍郎，巡撫宣府。崇禎二年既謝事，御史吳玉劾其侵盜撫賞銀七萬，及冒功匿敗諸狀。論死，斃於獄。

張翼明，永城人。以兵部右侍郎巡撫大同。崇禎元年，插漢虎墩兔入犯，殺掠萬計。翼明及總兵官渠家楨不能禦，〔二〕並坐死。

陳祖苞，海寧人。崇禎十年以右副都御史巡撫順天。明年坐失事繫獄，飲鴆卒。帝怒祖苞漏刑，錮其子編修之遴，永不敍。

張其平，偃師人。歷右僉都御史，巡撫保定。十一年冬，坐屬邑失亡多，與繼祖駢死西市。

馬成名，溧陽人。潘永圖，金壇人，與成名爲姻婭。崇禎十四年冬，成名以右僉都御史巡撫永平。永圖亦起昌平兵備僉事，未浹歲，至巡撫。畿輔被兵，成名、永圖並以失機，十六年斬西市。餘自有傳。

李繼貞，字徵尹，太倉州人。萬曆四十一年進士。除大名推官，歷遷兵部職方主事。天啓四年秋，典試山東，坐試錄刺魏忠賢，降級，已而削籍。

崇禎元年起武選員外郎，進職方郎中。時軍書旁午，職方特增設郎中，協理司事。繼貞幹用精敏，尚書熊明遇深倚信之，曰：「副將以下若推擇，我畫諾而已。」

四年，孔有德反山東，明遇主撫，繼貞疏陳不可，且請調關外兵入剿。明遇不能從，後訖用其言滅賊。初，延綏盜起，繼貞請發帑金，用董摶霄人運法，糴米輸軍前。且令四方贖鍰及捐納事例者，輸粟於邊，以撫饑民。又言：「兵法撫、剿並用，非撫賊也，撫饑民之從賊者耳。今斗米四錢，已從賊者猶少，未從賊而勢必從賊者無窮。請如神廟特遣御史振濟故事,齎三十萬石以往,安輯饑民,使不爲賊,以孤賊勢。」帝感其言,遣御史吳甡以十萬金往。繼貞少之,帝不聽,後賊果日熾。

繼貞爲人强項,在事清執,請謁不得行。大學士周延儒,繼貞同年生,屬總兵官於繼貞。繼貞瞠目謝曰:「我不奉命,必獲罪。刑部獄甚寬，可容繼貞也。」延儒銜之。已,加尚寶寺卿。當遷,帝輒令久任。田貴妃父弘遇以坐門功求優敍不獲,屢疏詆繼貞,帝不聽。中官曹化淳欲用私人爲把總,繼貞不可,乃囑戎政尚書陸完學言於尚書張鳳翼以命繼貞,繼貞亦不可,鳳翼排繼貞議而用之。化淳怒,與弘遇日伺其隙,譏之帝,坐小誤,貶三秩。會敍甘肅功,繼貞請起用故巡撫梅之煥,帝遂發怒,削繼貞籍。已,論四川桃紅壩功,復官,致仕。

十一年用薦起,歷兩京尚寶卿。明年春召對,陳水利屯田甚悉,遷順天府丞。尋超拜兵部右侍郎兼右僉都御史,巡撫天津,督薊、遼軍餉。乃大興屯田,列上經地、招佃、用水、任人、薄賦五議。白塘、葛沽數十里間,〔三〕田大熟。十四年冬,詔發水師援遼,坐戰艦不具,除名。明年夏,召爲兵部添注右侍郎。得疾,卒於途。是夕,星隕中庭。贈右都御史,官一子。

方震孺,字孩未,桐城人,移家壽州。萬曆四十一年進士。由沙縣知縣入爲御史。熹宗嗣位,逆璫魏忠賢內結客氏。震孺疏陳三朝艱危,言:「宮妾近侍,嚬笑易假,窺瞯可慮。中旨頻宣,恐蹈斜封隱禍。」元年陳拔本塞源論曰:「曩者梃擊之案,王之寀、陸大受、張庭、李俸悉遭廢斥,而東林如趙南星、高攀龍、劉宗周諸賢,廢錮終身,亟宜召復。至楊漣之爭移宮,可幸無罪,不知何以有居功之說,又有交通之疑?將使天下後世謂堯、舜在上,而有交通矯旨之閹宦。」疏入,直聲震朝廷。其春巡視南城。中官張曄、劉朝被訟,忠賢爲請。震孺不從,卒上聞,忠賢益恚怨。

遼陽既破,震孺一日十三疏,請增巡撫,通海運,調邊兵,易司馬。日五鼓撾公卿門,籌畫痛哭,而自請犒師。是時,三岔河以西四百里,人烟絕,軍民盡竄,文武將吏無一騎東者。帝壯其言,發帑金二十萬震孺犒師。六月,震孺出關,延見將士,弔死扶傷,軍民大悅。因上言:「河廣不七十步,一葦可航,非有驚濤怒浪之險,不足恃者一。兵來,斬木爲排,浮以土,多人推之,如履平地,不足恃者二。河去代子河不遠,兵從代子徑渡,守河之卒不滿二萬,能望其半渡而遏之乎?不足恃者三。沿河百六十里,築城則不能,列柵則無用,不足恃者四。黃泥窪、張叉站沖淺之處,可修守,今地非我有,不足恃者五。轉眼冰合,遂成平地,周次置防,猶得五十萬人,兵從何來?不足恃者六。」又言:「我以退爲守,則守不足;我以進爲守,則守有餘。專倚三岔作家,萬一時事偶非,榆關一綫遂足鎮薊門哉?」疏入,帝命震孺巡按遼東,監紀軍事。

震孺按遼,居不廬、食不火者七月。議者欲棄三岔河,退守廣寧。震孺請駐兵鎮武。〔五〕軍法不嚴,震孺請敕寧前監軍,專斬逃軍逃將。並從其言。然是時,經撫不和,疆事益壞。震孺再疏言山海無外衞,宜亟駐兵中前,以爲眼目,不省。

明年正月,任滿,候代前屯,而大清兵已再渡三岔河。先鋒孫得功不戰,而呼於鎮武曰「兵敗矣」,遂走。巡撫王化貞在廣寧,亦倉皇走。列城聞之皆走,惟震孺前屯無動。當是時,西平守將羅一貫已戰死,參將祖大壽擁殘兵駐覺華島上。於是震孺召水師帥張國卿相與謀曰:「今東師四外搜糧,聞祖將軍在島上有米豆二十餘萬,兵十餘萬人,民數萬,戰艦、器仗、馬牛無數,東師卽媾得島兵,得島兵以攻榆關,豈有幸哉。」於是震孺、國卿航海見大壽,慷慨語曰:「將軍歸,相保以富貴;不歸,震孺請以頸血濺將軍。」大壽泣,震孺亦泣,遂相攜以歸,獲軍民輜重無算。

有主事徐大化者,忠賢黨也,劾震孺曰「擴差」。都御史鄒元標奮筆曰:「方御史保全山海,無過且有社稷功。」給事中郭興治遂借道學以逐元標。元標去,震孺亦卽能歸。明年,

忠賢、廣微興大獄,再募劾方御史者,興治再論震孺河西贓私。逮問掠治,坐贓六千有奇,擬絞。而揚州守劉鐸呪詛之獄又起,遂誣震孺與交通,坐大辟,繫獄。有邏卒時時佐震孺飲啖,問之,則曰:「小人有妻,聞公精忠,手治以獻者也。」輒報璫曰:「某病革,某瀕死。」璫以是防益疎。

明年,莊烈帝嗣位,得釋還。八年春,流賊犯壽州,州長吏適遷秩去,震孺倡士民固守,賊自是不敢逼壽州。巡撫史可法上其功,用爲廣西參議。尋擢右僉都御史,巡撫廣西。京師陷,福王立南京,卽日拜疏勤王。馬士英、阮大鋮憚之,敕還鎮。震孺竟鬱鬱憂憤而卒。

徐從治,字仲華,海鹽人。母夢神人舞戈於庭,寤而生。從治舉萬曆三十五年進士,除桐城知縣。累官濟南知府,以卓異遷兗東副使,駐沂州〔六〕。天啓元年,妖賊徐鴻儒反鄆城,連陷鄒、滕、嶧縣。從治捕得其黨之伏沂者殺之,請就家起故總兵楊肇基主兵事,而獻擣賊中堅之策,遂滅鴻儒。事詳趙彥傳。

從治警敏通變,其禦賊類主剿不主撫,故往往滅賊。旋以右參政分守濟南。錄功,從治最,進右布政使,督漕江南。妖賊再起,巡撫王惟儉奏留從治,仍守沂。按臣主撫,從治

議不合，遂告歸。

中外計議調，崇禎初，以故秩飭薊州兵備。薊軍久缺餉，圍巡撫王應豸於遵化。從治單騎馳入，陰部署夷丁、標兵，分營四門，按甲不動，登城而呼曰：「給三月糧，趣歸守汛地，否將擊汝！」衆應聲而散。其應變多類此。進秩左布政使，再請告歸。

四年起飭武德兵備。孔有德反山東，巡撫余大成檄從治監軍。明年正月馳赴萊州，而登州已陷。大成削籍，遂擢從治右副都御史代之，與登萊巡撫謝璉並命。詔璉駐萊州，從治駐青州，調度兵食。從治曰：「吾駐青，不足鎭萊人心；駐萊，足係全齊命。」乃與璉同受事於萊。

有德者，遼人。與耿仲明、李九成、毛承祿輩皆毛文龍帳下卒也。文龍死，走入登州。登萊巡撫孫元化官遼久，素言遼人可用，乃用承祿爲副將，有德、仲明爲遊擊，九成爲偏裨，且多收遼人爲牙兵。是年，大淩河新城被圍，部檄元化發勁卒泛海，趨耀州鹽場，示牽制。有德詭言風逆，改從陸赴寧遠。十月晦，有德及九成子千總應元統千餘人以行，經月抵吳橋，縣人罷市，衆無所得食。一卒與諸生角，有德抶之，衆大譁。九成先齎元化銀市馬塞上，用盡無以償，適至吳橋。聞衆怨，遂與應元謀，劫有德，相與爲亂。陷陵縣、臨邑、商河，殘齊東，圍德平。既而舍去，陷青城、新城，整衆東。

余大成者，江寧人也。不知兵。初爲職方，嘗奏發大學士劉一燝私書，齮之去。後又以事忤魏忠賢，削籍歸，有清執名。而巡撫山東，則白蓮妖賊方熾，又有逃兵之變，皆不能討。及聞有德叛，卽託疾數日不能出，不得已遣中軍沈廷諭參將陶廷鑨往禦，則皆敗而走。大成恐，遂定議撫，而元化軍亦至。

元化者，故所號善西洋大礮者也，至是亦主撫，檄賊所過郡縣無邀擊。賊長驅，無敢一矢加者。賊佯許元化降。元化師次黃山館而返，賊遂抵登州。元化遣將張燾率遼兵駐城外，總兵張可大率南兵拒賊。元化猶招降賊，賊不應。五年正月戰城東，遼兵遽退，南兵遂敗。燾兵多降賊，賊遣之歸，士民爭請拒勿內。元化不從，賊遂入。日夕，城中火起，中軍耿仲明、都司陳光福等導賊入自東門，城遂陷。可大死之。元化自刎不殊，與參議宋光蘭、僉事王徵及府縣官悉被執。大成馳入萊州。

初，登州被圍，朝廷鐫大成、元化三級，令辦賊。及登失守，革元化職，而以謝璉代。有德既破登州，推九成爲主，己次之，仲明又次之。用巡撫印檄州縣餉，趣元化移書求撫於大成曰：「畀以登州一郡，則解。」大成聞於朝。帝怒，命革大成職，而以從治代。

先是，賊攻破黃縣，知縣吳世揚死之。至是，攻萊，從治、璉與總兵楊御蕃等分陴守。御蕃，肇基子。肇基，從治所共剿滅妖賊鄒、滕者也。御蕃積戰功至通州副總兵。會登州陷，兵部尚書熊明遇奏署總兵官，盡將山東兵，與保定總兵劉國柱、天津總兵王洪兼程進。遇賊新城，洪先走。御蕃拒之二日，不勝，突圍出，遂入萊城，從治、璉倚以剿賊。賊攻萊不下，分兵陷平度，知州陳所問自經。賊益攻萊，輦元化所製西洋大礮，日穴城，城多頹。從治等投火灌水，穴者死無算。使死士時出掩擊之，毀其礮臺，斬獲多。而明遇卒惑大成撫議也，命主事張國臣爲贊畫往撫之，曰「安輯遼人之在山東者」，以國臣亦遼人也。國臣先遣廢將金一鯨入賊營，已而國臣亦入，爲賊移書，遣一鯨還報曰：「毋出兵壞撫局。」從治等知其詐，叱退一鯨，遣間使三上疏，言賊不可撫。最後言：「萊城被圍五十日，危如累卵。日夜望援兵，卒不至，知必爲撫議悞矣。國臣致書臣，內抄詔旨並兵部諭帖，乃知部臣已據國臣報，達聖聽。夫國臣桑梓情重，忍欺聖明而陷封疆。其初遣一鯨入賊營，何嘗有止兵不攻之事。果止兵，或稍退舍，臣等何故不樂撫。特國臣以撫爲賊解，而賊實借撫爲緩兵計。一鯨受賊賄，對援師則誑言賊數萬，不可輕進；對諸將則誑言賊用西洋礮攻，城將陷矣，賴我招撫，賊卽止攻。夫一鯨三入賊營，每入，賊攻益急。而國臣乃云賊嗔我縋城下擊，致彼之攻。是使賊任意攻擊，我不以一矢加遺，如元化斷送登城，然後可成國臣之撫耶？當賊過青州，大成擁兵三千，剿賊甚易。元化遺書謂『賊已就撫，爾兵毋東』，大成遂止勿追，致賊延蔓。今賊視臣等猶元化，乃爲賊解，曰吳橋激變有因也，一路封刀不殺也，

聞天子詔遂止攻掠也。將誰欺！盈廷中國臣妄報，必謂一紙書賢於十萬兵，援師不來，職是故矣。臣死當爲厲鬼以殺賊，斷不敢以撫謾至尊，淆國是，悞封疆，而戕生命也。」疏入，未報。

當是時，外圍日急，國柱、洪及山東援軍俱頓昌邑不敢進，兩撫臣困圍城中。於是廷議更設總督一人，以兵部右侍郎劉宇烈任之。調薊門、四川兵，統以總兵鄧玘，調密雲兵，統以副將牟文綬，以右布政使楊作楫監之，往援萊。三月，宇烈、作楫、國柱、洪、玘及監視中官呂直，巡按御史王道純，義勇副將劉澤淸，新兵參將劉永昌、朱廷祿，監紀推官汪惟效等並集昌邑。玘、國柱、洪、澤淸等至萊州，馬步軍二萬五千，氣甚盛。而宇烈無籌略，諸師懦怯，抵沙河，日十輩往議撫，縱還所獲賊陳文才。於是賊盡得我虛實，益以撫愚我，而潛兵繞其後，盡焚我輜重。宇烈懼，遂走青州，撤三將兵就食。玘等夜半拔營散，賊乘之，大敗。

洪、國柱走青、濰，玘走昌邑，澤清接戰於萊城，傷二指，亦敗走平度，惟作楫能軍。三將既敗，舉朝譁然，而明遇見官軍不可用，撫議益堅。

先是，登州總兵可大死，以副將吳安邦代之，安邦尤怯鈍。奉令屯寧海，規取登州。仲明揚言以城降，安邦信之，離城二十五里而軍。中軍徐樹聲薄城被擒，安邦走還寧海。登既不能下，而賊困萊久，璉、從治、御蕃日堅守待救。至四月十六日，從治中礮死，萊人大

臨，守陴者皆哭。

山東士官南京者，合疏攻宇烈，請益兵。於是調昌平兵三千，以總兵陳洪範統之。洪範亦遼人。明遇日跂望曰：「往哉，其可撫也。」天津舊將孫應龍者，大言於衆曰：「仲明兄弟與我善，我能令其縛有德、九成來。」巡撫鄭宗周予之兵二千，從海道往。仲明聞之，僞函他死人頭紿之曰：「此有德也。」應龍率舟師抵水城。延之入，猝縛斬之，無一人脫者。賊得巨艦，勢益張。島帥黃龍攻之不克而還。遂破招遠，圍萊陽。知縣梁衡固守，賊敗去。

宇烈復至昌邑，洪範、文綬等亦至。萊州推官屈宜陽請入賊營講撫，賊佯禮之。宜陽使言賊已受命。宇烈奏得請，乃手書諭賊令解圍。賊邀宇烈，宇烈懼不往。營將嚴正中舁龍亭及河，賊擁之去，而令宜陽還萊，文武官出城開讀，圍卽解。御蕃不可。璉曰：「圍且六月，旣已無可奈何，宜且從之。」遂偕監視中官徐得時、翟昇，知府朱萬年出。有德等叩頭扶伏，涕泣交頤，璉慰諭久之而還。明日復令宜陽入，請璉、御蕃同出。御蕃曰：「我將家子，知殺賊，何知撫事。」璉等遂出。有德執之，猝攻城，却令萬年呼降。萬年呼曰：「吾死矣，汝等宜固守。」罵不絕口而死。賊送璉及二中官至登囚之，正中、宜陽皆死。

初，撫議興，獨從治持不可。宇烈諸將信之，而尙書明遇主其議。從治死，璉遂被擒。於是舉朝恚憤，逮宇烈下獄，調關外勁卒剿之，罷總督及登萊巡撫不設，專任代從治者朱大

典以行。明遇坐主撫誤國，能歸，遂絕撫議。八月，大典合兵救萊。兵甫接，賊輒大敗，圍解。有德走登州，九成殺璉及二中官。大典圍登，九成戰死。城破，追剿。有德、仲明入海遁。生擒承祿等，斬應元，賊盡平。事詳大典傳。詔贈從治兵部尙書，賜祭葬，廕錦衣百戶，建祠曰「忠烈」；贈璉兵部右侍郎，亦賜祭葬，建祠，廕子；以御蕃功多，加署都督同知，總兵，鎭登、萊。而宇烈以次年遣戍。璉，字君實，監利人。宇烈，綿竹人，大學士宇亮兄也。其戍也，人以爲失刑。大成逮下獄，遣戍。赦還，卒於家。

元化，字初陽，嘉定人。天啓間舉於鄉。所善西洋礮法，葢得之徐光啓云。廣寧覆沒，條備京、防邊二策。孫承宗請於朝，得贊畫經略軍前。主建礮臺敎練法，因請據寧遠、前屯，以策干王在晉，在晉不能用。承宗行邊，還奏，授兵部司務。承宗代在晉，遂破重關之非，築臺製礮，一如元化言。還授元化職方主事。已，元化贊畫袁崇煥寧遠。還朝，尋罷。

崇禎初，起武選員外郞，進職方郞中。崇煥巳爲經略，乞元化自輔，遂改元化山東右參議，整飭寧前兵備。三年，皮島副將劉興治爲亂，廷議復設登萊巡撫，遂擢元化右僉都御史任之，駐登州。明年，島衆殺興治，元化奏副將黃龍代，汰其兵六千人。及有德反，朝野由是怨元化之不能討也。賊縱元化還，詔逮之。首輔周延儒謀脫其死，不得也，則援其師光啓入閤圖之，卒不得，同張燾棄市。光蘭，徵充軍。

贊曰：疆圉多故，則思任事之臣。梅之煥諸人，風采機略尙大異於巽愞恇怯之徒，而牽於文法，或廢或死，悲夫！叛將衡行，縛而斬之，一偏裨力耳。中撓撫議，委堅城畀之，援師觀望不進，徒擾擾焉。設官命將，何益之有。撫議之悞國也，可勝言哉！

校勘記

〔一〕繼祖言二人朋邪亂政　二人，係指袁弘勳和張道濬。原作「六人」，據明史稿傳一三七顏繼祖傳改。

〔二〕翼明及總兵官渠家楨不能禦　渠家楨，明史稿傳一三七顏繼祖傳作「渠家禎」。

〔三〕白塘葛沽數十里間　葛沽，原作「葛姑」，據明史稿傳一三六李繼貞傳改。

〔四〕震孺請駐兵鎭武　鎭武，原作「振武」。明史稿傳一三六方震孺傳作「鎭武」。按「振武」係一衞名，屬山西都指揮使司，去遼東廣寧甚遠。「鎭武」係一堡名，在廣寧，見明會典卷一二六。作「鎭武」是，據改。下同。

〔五〕以阜異遷兗東副使駐沂州　按本書卷七五職官志按察司副使所司諸道有兗州道，駐沂州，無「兗東道」。

明史卷二百四十九

列傳第一百三十七

朱燮元 徐如珂 劉可訓 胡平表 盧安世 林兆鼎
李橒 史永安 劉錫元 王三善 岳具仰等 朱家民
蔡復一 沈儆炌 袁善 周鴻圖 段伯炌 胡從儀

朱燮元，字懋和，浙江山陰人。萬曆二十年進士。除大理評事。遷蘇州知府、四川副使，改廣東提督學校。以右參政謝病歸。起陝西按察使，移四川右布政使。

天啓元年，就遷左。將入覲，會永寧奢崇明反，蜀王要燮元治軍。永寧，古藺州地。奢氏，倮儸種也，洪武時歸附，世爲宣撫使。傳至崇周，無子。崇明以疏屬襲，外恭內陰鷙，子寅尤驍桀好亂。時詔給事中明時舉、御史李達徵川兵援遼。崇明父子請行，先遣土目樊

龍、樊虎以兵詣重慶。巡撫徐可求汰其老弱，餉復不繼，龍等遂反。殺可求及參政孫好古、總兵官黃守魁等，時舉、達負傷遁。時九月十有七日也。賊遂據重慶，播州遺孽及諸亡命奸人蠭起應之。賊黨符國禎襲陷遵義，列城多不守。

崇明僭僞號，設丞相五府等官，統所部及徼外雜蠻數萬，分道趨成都。陷新都、內江，盡據木椑、龍泉諸隘口。指揮周邦太降，冉世洪、雷安世、瞿英戰死。成都兵止二千，餉又絀。燮元檄徵石砫、羅綱、龍安、松、茂諸道兵入援，斂二百里內粟入城。偕巡按御史薛敷政、右布政使周著、按察使林宰等分陴守。賊障革裹竹牌鉤梯附城，壘土山，上架蓬蓽，伏弩射城中。燮元用火器擊却之，又遣人決都江堰水注濠。賊治橋，得少息，因斬城中通賊者二百人，賊失內應。賊四面立望樓，高與城齊。燮元命死士突出，擊斬三賊帥，燔其樓。

既而援兵漸集。登萊副使楊述程以募兵至湖廣，遂合安綿副使劉芬謙、石砫女土官秦良玉軍敗賊牛頭鎮，復新都。他路援兵亦連勝賊。然賊亦愈增，日發塚，擲枯骸。忽自林中大譟，數千人擁物如舟，高丈許，長五十丈，樓數重，牛革蔽左右，置板如平地。一人披髮仗劍，上載羽旗，中數百人挾機弩毒矢，旁翼兩雲樓，曳以牛，俯瞰城中。城中人皆哭。燮元曰：「此呂公車也。」乃用巨木爲機關，轉索發礮，飛千鈞石擊之。又以大礮擊牛，牛返走，敗去。

有諸生陷賊中，遣人言賊將羅乾象欲反正。〔一〕燮元令與乾象俱至，呼飲戍樓中，不脫其佩刀，與同臥酣寢。乾象誓死報，復縋而出。自是，賊中舉動無不知。乃遣部將詐降，誘崇明至城下。伏起，崇明跳免。會諸道援軍至，燮元策賊且走，投木牌數百錦江，流而下，令有司沉舟斷橋，嚴兵待。乾象因自內縱火，崇明父子遁走瀘州，乾象遂以衆來歸。城圍百二日而解。

初，朝廷聞重慶變，卽擢燮元右副都御史，巡撫四川，〔二〕以楊愈懋爲總兵官，而擢河南巡撫張我續總督四川、貴州、雲南、湖廣軍。未至而成都圍解，官軍乘勢復州縣衞所凡四十餘。惟重慶爲樊龍等所據。其地三面阻江，一面通陸。副使徐如珂率兵繞出佛圖關後，與良玉攻拔之。崇明發卒數萬來援，如珂迎戰，檄同知越其杰躡賊後，殺萬餘人。監軍僉事戴君恩令守備金富廉攻斬賊將張彤，樊龍亦戰死。帝告廟受賀，進君恩三官。燮元所遣他將復建武、長寧，獲僞丞相何若海，瀘州亦旋復。

先是，國禎陷遵義，貴州巡撫李橒已遣兵復之。永寧人李忠臣嘗爲松潘副使，家居，陷賊，以書約愈懋爲內應，事覺，合門遇害。賊卽用其家僮紿愈懋，襲殺之，幷殺順慶推官郭象儀等。再陷遵義，殺推官馮鳳雛。

當是時，崇明未平，而貴州安邦彥又起。安氏世有水西，宣慰使安位方幼，邦彥以故得

倡亂。朝議錄燮元守城功，加兵部侍郎，總督四川及湖廣荆、岳、鄖、襄，陝西漢中五府軍務，兼巡撫四川，而以楊述中總督貴州軍務，兼制雲南及湖廣辰、常、衡、永十一府，代我續共辦奢、安二賊。然兩督府分閫治軍，川、貴不相應，賊益得自恣。三年，燮元謀直取永寧，集將佐曰：「我久不得志於賊，我以分，賊以合也。」乃盡掣諸軍會長寧，連破麻塘坎、觀音庵、青山崖、天蓬洞諸砦。與良玉兵會，進攻永寧，擊敗奢寅於土地坎，追至老軍營、涼傘鋪，盡焚其營。寅被二鎗遁，樊虎亦中鎗死。復追敗之橫山，入青嵓坪，抵城下，拔之，擒叛將周邦太，降賊二萬。副總兵秦衍祚等亦攻克遵義。崇明父子逃入紅崖大囤，官軍躡而拔之。連拔天台、白崖、楠木諸囤，撫定紅潦四十八砦。賊奔入舊藺州城，五月爲參將羅乾象所攻克。崇明父子率餘衆走水西龍場客仲壩，倚其女弟奢社輝以守。初，賊失永寧，卽求救於安邦彥。邦彥遣二軍窺遵義、永寧，燮元敗走之。總兵官李維新等遂攻破客仲巢，崇明父子竄深箐。維新偕副使李仙品、僉事劉可訓、參將林兆鼎等搗龍場，生擒崇明妻安氏、弟崇輝。寅、國禎皆被創走。錄功，進燮元右都御史。

時蜀中兵十六萬，土、漢各半。漢兵不任戰，而土兵驕淫不肯盡力。成都圍解，不卽取重慶；重慶復，不卽搗永寧；及永寧、藺州並下，賊失巢穴，又縱使遠竄。大抵土官利養寇，官軍效之，賊得展轉爲計。崇明父子方窘甚，燮元以蜀已無賊，遂不窮追。永寧既拔，拓地

千里。燮元割膏腴地歸永寧衞，以其餘地爲四十八屯，給諸降賊有功者，令歲輸賦於官，曰「屯將」，隸於敍州府，增設同知一人領之。且移敍州兵備道於衞城，與貴州參將同駐，蜀中遂靖。而邦彥張甚。

四年春陷貴州，巡撫王三善軍沒。明年，總理魯欽敗於織金，貴州總督蔡復一軍又敗。廷臣以三善等失事由川師不協助，議合兩督府。乃命燮元以兵部尚書兼督貴州、雲南、廣西諸軍，移鎮遵義，而以尹同臯代撫四川。燮元赴重慶，邦彥偵知之。六年二月，謀乘官軍未發，分犯雲南、遵義，而令寅專犯永寧。未行，寅被殺，乃已。寅凶淫甚。有阿引者，受燮元金錢，乘寅醉殺之。寅既死，崇明年老無能爲，邦彥亦乞撫。燮元聞於朝，許之，乃遣參將楊明輝往撫。燮元旋以父喪歸，偏沅巡撫閔夢得來代。

先是，貴州巡撫王瑊謂督臣移鎮貴陽有十便，朝議從之。夢得乃陳用兵機宜，請自永寧始，次普市、摩泥、赤水，百五十里皆坦途。赤水有城可屯兵，進白巖、層臺、畢節、大方僅二百餘里。我旣宿重兵，諸番交通之路絕，然後貴陽、遵義軍剋期進，賊必不能支。疏未報，夢得召還，代以尚書張鶴鳴，議遂寢。鶴鳴未至，明輝奉制書，僅招撫安位，不云赦邦彥。邦彥怒，殺明輝，撫議由此絕。鶴鳴視師年餘，未嘗一戰，賊得養其銳。

崇禎元年六月復召燮元代之，兼巡撫貴州，仍賜尚方劍。錄前功，進少保，世廕錦衣指

揮使。時寇亂久，里井蕭條，貴陽民不及五百家，山谷悉苗仲。而將士多殺降報功，苗不附。燮元招流移，廣開墾，募勇敢；用夢得前議，檄雲南兵下烏撒，四川兵出永寧，下畢節，而親率大軍駐陸廣，逼大方。總兵官許成名、參政鄭朝棟由永寧復赤水。邦彥聞之，分守陸廣、鴨池、三岔諸要害，別以一軍趨遵義。自稱四裔大長老，號崇明大梁王，合兵十餘萬，先犯赤水。燮元授計成名，誘賊至永寧。乃遣總兵官林兆鼎從三岔入，副將王國禎從陸廣入，劉養鯤從遵義入，合傾其巢。邦彥恃勇，擬先破永寧軍，還拒諸將，急索戰。四川總兵官侯良柱、副使劉可訓遇賊十萬於五峰山、桃紅壩，大破之。賊奔據山巓。諸將乘霧力攻，賊復大敗。又追敗之紅土川，邦彥、崇明皆授首，時二年八月十有七日也。捷聞，帝大喜。以成名與良柱爭功，賞久不行。

烏撒安效良死，其妻安氏招故霑益土酋安遠弟邊爲夫，負固不服。燮元乘兵威脅走邊，遂復烏撒。燮元以境內賊略盡，不欲窮兵，乃檄招安位，位不決。燮元集將吏議曰：「水西地深險多箐篁，蠻烟㶉雨，莫辨晝夜，深入難出。今當扼其要害，四面迭攻，賊乏食，將自斃。」於是攻之百餘日，斬級萬餘。養鯤復遣人入大方，燒其室廬。位大恐，三年春，遣使乞降。燮元與約四事：一、貶秩，二、削水外六目地歸之朝廷，三、獻殺王巡撫者首，四、開畢節等九驛。位請如約，率四十八目出降。燮元受之，貴州亦靖。遂上善後疏曰：「水西自河以外，悉入版圖。沿河要害，臣築城三十六所，近控蠻苗，遠聯滇、蜀，皆立郵舍，繕郵亭，建倉廩，賊必不敢猝入爲寇。鴨池、安莊傍河可屯之土，不下二千頃，人賦土使自贍，鹽酪芻茭出其中。諸將士身經數百戰，咸願得尺寸地長子孫，請割新疆以授之，使知所激勸。」帝報可。

初，崇明、邦彥之死，實川中諸將功，而黔將爭之。燮元頗右黔將，屢奏於朝，爲四川巡按御史馬如蛟所劾。燮元力求罷，帝慰留之。其冬討平定番、鎮寧叛苗，乃通威清等上六衞及平越、清平、偏橋、鎮遠四衞道路，凡一千六百餘里，繕亭障，置游徼。貴陽東北有洪邊十二馬頭，故宣慰宋嗣殷地也。嗣殷以助邦彥被剿滅，乃卽其地置開州，又奏復故施秉縣，招流民實之。

四年，阿迷州土官普名聲作亂，陷彌勒州曲江所，又攻臨安及寧州，遠近震動。巡撫王伉、總兵官沐天波不能禦，伉逮戍。燮元遣兵臨之，遂就撫。

龍場壩者，隣大方，邦彥以假崇明。崇明旣滅，總兵侯良柱欲設官屯守以自廣。而安位謂己故地，數舉兵爭，燮元不之禁。會燮元劾良柱不職，良柱亦訐燮元曲庇安氏，納其重賄。章下四川巡按御史劉宗祥。宗祥亦劾燮元受賄，且以龍場、永寧不置邑衞爲欺罔。帝以責燮元。燮元乃上言：「禦夷之法，來則安之，不專在攻取也。今水西已納款，惟明定疆

界，俾自耕牧，以輸國賦。若設官屯兵，此地四面孤懸，中限河水，不利應援，築城守渡，轉運煩費。且內激蘭州必死之鬬，外挑水西扼吭之嫌，兵端一開，未易猝止，非國家久遠計。」帝猶未許。後勘其地，果如所議。論桃紅壩功，進少師，世廕錦衣指揮使。一品六年滿，加左柱國。再議平賊功，世廕錦衣指揮僉事。

十年，安位死，無嗣，族屬爭立。朝議又欲郡縣其地，燮元力爭。遂傳檄土目，布上威德。諸蠻爭納土，獻重器。燮元乃裂疆域，衆建諸蠻。復上疏曰：

水西有宣慰之土，有各目之土。宣慰公土，宜還朝廷。各目私土，宜界分守，籍其戶口，徵其賦稅，殊俗內嚮，等之編氓。大方、西溪、谷里、北那要害之地，築城戍兵，足銷反側。夫西南之境，皆荒服也，楊氏反播，奢氏反藺，安氏反水西。滇之定番，小州耳，爲長官司者十有七，數百年來未有反者。非他苗好叛逆，而定番性忠順也，地大者跋扈之資，勢弱者保世之策。今臣分水西地，授之酋長及有功漢人，咸俾世守。虐政苛斂，一切蠲除，參用漢法，可爲長久計。

因言其便有九：

不設郡縣置軍衞，因其故俗，土漢相安，便一。地益墾闢，聚落日繁，經界旣正，土酋不得侵軼民地，便二。黔地荒确，仰給外邦，今自食其地，省轉輸勞，便三。有功將

士，酬以金則國帑方匱，酬以爵則名器將輕，錫以土田，於國無損，便四。既世其土，各圖久遠，爲子孫計，反側不生，便五。大小相維，輕重相制，無事易以安，有事易以制，便六。訓農治兵，耀武河上，俾賊遺孽不敢窺伺，便七。軍民願耕者給田，且耕且守，衞所自實，無勾軍之累，便八。軍耕抵餉，民耕輸糧，以屯課耕，不拘其籍，以耕聚人，不世其伍，便九。

帝咸報可。無何，所撫土目有叛者，諸將方國安等軍敗，燮元坐貶一秩。已，竟破滅之。十一年春卒官，年七十三。

燮元長八尺，腹大十圍，飲啖兼二十人。鎭西南久，軍貲贖鍰，歲不下數十萬，皆籍之於官。治事明決，軍書絡繹，不假手幕佐。行軍務持重，謀定後戰，尤善用間。使人各當其材。犯法，卽親愛必誅；有功，厮養不遺賞也。馭蠻以忠信，不妄殺，苗民懷之。初官陝西時，遇一老叟，載與歸，盡得其風角、占候、遁甲諸術。將別，語燮元曰：「幸自愛，他日西南有事，公當之矣。」內江牟康民者，奇士也，兵未起時，語人曰：「蜀且有變，平之者朱公乎？」已而果然。

徐如珂，字季鳴，吳縣人。萬曆二十三年進士。除刑部主事，歷郎中。主事謝廷讚疏

請建儲。帝怒，盡貶刑曹官。如珂降雲南布政司照磨。累遷南京禮部郎中，廣東嶺南道右參議。〔三〕暹羅貢使餽犀角、象牙，如珂不受。天啓元年，遷川東兵備副使。擊殺奢崇明黨樊龍，復重慶。奉檄搗藺州土城。賊借水西兵十萬來援，前軍少却。捍子軍覃懋勳挽白竹弩連中之，賊大潰。轉戰數十里，斬首萬餘級，遂拔藺州，崇明父子竄水西去。乃召如珂爲太僕少卿，轉左通政。

魏忠賢逐楊漣，如珂郊餞之，忠賢銜甚。遷光祿卿，修公廨竣，疏詞無所稱頌。六年九月，廷推南京工部右侍郎，遂削籍。歸里三月，治具飲客。頃之卒。崇禎初，以原推起用，死歲餘矣。尋錄破賊功，賜祭葬，進秩一等，官一子。

劉可訓，澧州人。萬曆中舉鄉試。歷官刑部員外郎。天啓元年恤刑四川。會奢崇明反，圍成都，可訓佐城守有功，擢僉事，監軍討賊。崇明走龍場壩，可訓督諸將進勦，功最多。總督朱燮元彙奏文武將吏功，盛推可訓，乃遷威茂兵備參議。崇禎元年改敍瀘副使，仍監諸將軍。二年與總兵侯良柱破賊十萬衆於五峯山，斬崇明及安邦彥。御史毛羽健言：「可訓將孤軍，出入蠻烟瘴雨者多年。初無守土責，因奉命錄囚，而乃見危授命，解圍成都，奏捷永寧，掃除藺穴，逆寅授首。五路大戰，十道並攻，皆抱病督軍，誓死殉國。畀以節鉞，誰曰不宜？」帝頗納其言。未幾，畿輔被兵，可訓率師入衞。三年五月恢復遵化，擢右僉都御史，巡撫順天、永平，督薊鎭邊務。兵部尚書梁廷棟囑私人沈敏於可訓，敏遂交關爲奸利。御史水佳胤劾可訓，落職歸。後敍四川平寇功，復官，世廕錦衣千戶。未及起用，卒於家。

胡平表，雲南臨安人。萬曆中舉於鄉，歷忠州判官。天啓元年秋，樊龍陷重慶，平表縋城下，詣石砫土官秦良玉乞師，號泣不食飲者五晝夜。良玉爲發兵。巡撫朱燮元檄平表監良玉軍。會擢新鄭知縣，燮元奏留之，改重慶推官，監軍兼副總兵，盡護諸軍將。戰數有功，擢四川監軍僉事，兼理屯田。遷貴州右參議。崇禎元年，總督張鶴鳴言：「平表偏州小吏，慷慨赴義。復新都，解成都圍，連戰白市驛、馬廟，進據兩嶺，俘斬無算。奪二郎關，擒賊帥黑蓬頭，追降樊龍，遂克重慶。用六千人敗奢、安二酋十萬兵。請以本官加督師御史銜，賜之專敕，必能梟逆賊首獻闕下。」部議格不行，乃進秩右參政，分守貴寧道，廕子錦衣世千戶。久之，擢貴州布政使。四年大計，坐不謹落職。十三年，督師楊嗣昌薦之，詔以武昌通判監標下軍事。嗣昌卒，乃罷歸。

盧安世，貴州赤水衞人。萬曆四十年舉於鄉，爲富順教諭。天啓初，奢崇明反，遣賊逼取縣印，署令棄城走。安世收印，率壯士擊斬賊。無何，賊數萬猝至，安世單騎鬬，手馘數人，詣上官請兵復其城。帝用大學士孫承宗言，超擢僉事，監軍討賊，屢戰有功。五年四

月，總督朱燮元上言：「自遵義五路進兵，永寧破巢之後，大小數百戰，擒獲幾四萬人，降賊將百三十四人，招撫羣賊及土、漢、苗仲二十九萬三千二百餘人，皆監司李仙品、劉可訓、鄭朝棟及安世等功，武將則林兆鼎、秦翼明、羅乾象，土官則陳治安、冉紹文、悅先民等。」帝納之。安世進貴州右參議，遷四川副使、遵義監軍，功復多。崇禎初，予世廕武職，進右參政。久之，解官，歸卒。

林兆鼎，福建人。天啓中，爲四川參將，積功至總兵官，都督同知。崇禎三年遣將討定番州苗，連破十餘寨，擒其魁。四年遣將討湖廣苗黑酋，攻拔二百餘寨。加左都督，召僉南京右府。卒，贈太子少保。

李檼，字長孺，鄞人。曾祖循義，衡州知府。祖生威，鳳陽推官。檼登萬曆二十九年進士，授行人，擢御史。例轉廣東鹽法僉事，歷山東參議、陝西提學副使、山東參政、按察使。

四十七年秋，擢右僉都御史，巡撫貴州。貴州宣慰同知安邦彥者，宣慰使堯臣族子。堯臣死，子位幼，其母奢社輝代領其事。社輝，永寧宣撫奢崇明女弟也，邦彥遂專兵柄。會朝議徵西南兵援遼，邦彥素桀黠，欲乘以起事，詣檼請行。檼諭止之。邦彥歸，益爲反謀。檼

累疏請增兵益餉，中朝方急遼事，置不問。

會標被劾，乃六疏乞休。天啓元年始得請，以王三善代。而奢崇明已反重慶，陷遵義，貴陽大震，標遂留視事。時城中兵不及三千，倉庫空虛。標與巡按御史史永安貸雲南、湖廣銀四萬有奇，募兵四千，儲米二萬石，治戰守具，而急遣總兵官張彥芳、〔四〕都司許成名、黃運清，監軍副使朱芹，提學僉事劉錫元等援四川。屢捷，遂復遵義、綏陽、湄潭、眞安、桐梓。

二年二月，或傳崇明陷成都，邦彥遂挾安位反，自稱羅甸王。四十八支及他部頭目安邦俊、陳其愚等蠭起相應，烏撒土目安效良亦與通。邦彥首襲畢節，都司楊明廷固守，擊斬數百人。效良助邦彥陷其城，明廷敗歿。賊遂分兵陷安順平壩，效良亦西陷霑益，而邦彥自統水西軍及羅鬼、苗仲數萬，東渡陸廣河，直趨貴陽，別遣王倫等下甕安，襲偏橋，以斷援兵。洪邊土司宋萬化糾苗仲九股陷龍里。

標、永安聞變，亟議城守。會藩臬、守令咸入覲，而彥芳鎭銅仁，運清駐遵義。城中文武無幾人，乃分兵爲五，令錫元及參議邵應禎、都司劉嘉言、故副總兵劉岳分禦四門，標自當北門之衝。永安居譙樓，團街市兵，防內變。學官及諸生亦督民兵分堞守。賊至，盡銳攻北城，標迎戰，敗之。轉攻東門，爲錫元所却。乃日夕分番馳突，以疲官兵。爲三丈樓臨城，用婦人、雞犬厭勝術。標、永安烹彘雜斗米飯投飼雞犬，而張虎豹皮於城樓以祓之，乃

得施礮石，夜縋死士燒其樓。賊又作竹籠萬餘，土壘之，高踰睥睨。永安急撤大寺鐘樓建城上，賊棄籠去，官軍出燒之。數出城邀賊糧，賊怒，盡發城外塚，徧燒村砦。又先後攻陷廣州、普定、威清、普安、安南諸衞。貴陽西數千里，盡爲賊據。

初被圍，彥芳、運清來救，敗賊於新添。賊誘入龍里，二將皆敗，乃縱之入城曰「使耗汝糧」，城中果大困。川貴總督張我續、巡撫王三善擁兵不進，標、永安連疏告急，詔旨督責之。會彥芳等出戰頻得利，賊退保澤溪，〔五〕乃遣裨將商士傑等率九千人分控威清、新添二衞，且乞援兵。賊謂城必拔，沿山列營柵隔內外，間旬日一來攻，輒敗去。副總兵徐時逢、參將范仲仁赴援，遇賊甕城河。仲仁戰不利，時逢擁兵不救，遂大敗，諸將馬一龍、白自强等殲焉，援遂絕。賊聞三善將進兵，益日夜攻擊，長梯蟻附，城幾陷者數矣。標奮臂一呼，士卒雖委頓，皆强起斫賊，賊皆顚踣死城下。王三善屢被嚴旨，乃率師破重圍而進。十二月七日，抵貴陽城下，圍始解。標乃辭兵事，解官去。三善既破賊，我續無寸功，乾沒軍資六十萬，言官交劾，解職候勘。

我續，邯鄲人，刑部尚書國彥子。其後夤緣魏忠賢起戶部侍郎，進尚書，名麗逆案云。

方官廩之告竭也，米升直二十金。食糠覈草木敗革皆盡，食死人肉，後乃生食人，至親屬相噉。彥芳、運清部卒公屠人市肆，斤易銀一兩。標盡焚書籍冠服，預戒家人，急則自

盡，皆授以刀鐶。城中戶十萬，圍困三百日，僅存者千餘人。〔六〕孤城卒定，皆標及永安、錫元功。熹宗用都御史鄒元標言，進標兵部右侍郎，永安太僕少卿，錫元右參政。及圍解，當再敍功，御史蔣允儀言安位襲職時，標索其金盆，致啓釁。章下貴州巡按侯恂覈。未報，御史張應辰力頌標功。恂覈上，亦白其誣。帝責允儀。

初，永安遣運清往新添、平越趣援兵，懼其不濟，欲出城督之。錫元疑永安有去志，以咨標，標止永安。及錫元當絕食時，議發兵護標、永安出城，身留死守，永安亦疑錫元。而運清因交搆其間，三人遂相失。永安詆錫元議留身守城，欲輸城於賊，標亦與謀，兩人上章辨。吏部尚書趙南星、左都御史孫瑋等力爲三人解，而言永安功第一，當不次大用，標已進官，當召還，錫元已進參政，當更優敍。詔可之。然標竟不召，錫元亦無他擢，二人並還里。獨永安在朝，連擢太常卿、右僉都御史，巡撫寧夏，再以兵部右侍郎總督三邊。標及諸將吏功，迄不敍。六年秋，御史田景新頌標功，不納。

崇禎元年，給事中許譽卿再以金盆事劾標。帝召咨廷臣，獨御史毛羽健爲標解，吏部尚書王永光等議如羽健言，給事中余昌祚詆羽健曲庇。帝下川貴總督朱燮元等再覈，羽健乃上疏曰：「安、奢世爲婚姻，同謀已久。奢寅寇蜀，邦彥即寇黔，何用激變？當貴陽告急，正廣寧新破之日，舉朝皇皇，已置不問。後知標不死，孤城尙存，始命王三善往救，至則圍

已十月。安酋初發難，崇明欲取成都作家，邦彥欲圖貴陽爲窟，西取雲南，東擾偏、沅、荆、襄，非標扼其衝，東南盡塗炭。乃按臣永安不二三載躋卿貳，督師三邊，標則投閒林壑，又以永安謗書爲標罪。案金盆之說發自允儀，當年已自承風聞，何至今猶執爲實事？」貴州人亦爭爲標頌冤。燮元乃偕巡按御史趙洪範交章雪其枉，標事始白。九年冬，敍守城功，進一秩，賚銀幣。久之卒於家。

錫元，長洲人。崇禎中，任寧夏參政。

永安，武定人。共標城守，功多。以在邊時建魏忠賢祠，後爲御史甯光先論罷，不爲人所重云。

王三善，字彭伯，永城人。萬曆二十九年進士。由荆州推官入爲吏部主事。歷考功文選郎中，進太常少卿。齊、楚、浙三黨抨擊李三才，三善自請單騎行勘，遂爲其黨所推。天啓元年十月擢右僉都御史，代李標巡撫貴州。時奢崇明已陷重慶。明年二月，安邦彥亦反，圍貴陽。標及巡按御史史永安連章告急，趣三善馳援。三善始駐沅州，調集兵食。

已次鎭遠，再次平越，去貴陽百八十里，方遣知府朱家民乞兵四川。兵未至，不敢進。疏請便宜從事，給空名部牒，得隨才委任。帝悉報可。

至十二月朔，知貴陽圍益困，集衆計曰：「失城死法，進援死敵，等死耳，盍死敵乎？」乃分兵爲三：副使何天麟等從清水江進，爲右部；僉事楊世賞等從都匀進，爲左部；自將二萬人，與參議向日升，副總兵劉超，參將楊明楷、劉志敏、孫元謨、王建中等由中路，當賊鋒。舟次新安，抵龍頭營。超前鋒遇賊，衆欲退，斬二人乃定。賊酋阿成驍勇，超率步卒張良俊直前斬其頭，賊衆披靡。三善等大軍亦至，遂奪龍里城。諸將議駐師觀變，三善不可，策馬先。邦彥疑三善有衆數十萬，乃潛遁，餘賊退屯龍洞。官軍遂奪七里沖，進兵畢節鋪。元模、明楷連敗賊，其渠安邦俊中礮死，生獲邦彥弟阿倫，遂抵貴陽城下，賊解圍去。標、永安請三善入城。三善曰：「賊兵不遠，我不可卽安。」營於南門外。明日，破賊澤溪。賊走渡陸廣河。居數日，左右二部兵及湖廣、廣西、四川援兵先後至。

三善以二萬人破賊十萬，有輕敵心，欲因糧於敵。舉超爲總兵官，令渡陸廣，趨大方，搗安位巢，以世賞監之；總兵官張彥芳渡鴨池，搗邦彥巢，以天麟監之。漢、土兵各三萬。別將都司線補袞出黃沙渡。剋期並進。超等至陸廣，連戰皆捷，彥芳部將秦民屏亦破賊五大寨，諸將益輕敵。邦彥先合崇明、效良兵誘官軍深入。三年正月，超渡陸廣，賊薄之，獨

山土官蒙詔先遁，官軍大敗，爭渡河，超走免，明楷被執，諸將姚旺等二十六人殲焉。賊遂攻破鴨池軍，部將覃弘化先逃，諸營盡潰，彥芳退保威清，惟補袞軍獨全。

諸苗見王師失利，復蠭起。土酋何中尉進據龍里，而邦彥使李阿二圍青巖，斷定番餉道，令宋萬化、吳楚漢爲左右翼，自將趨貴陽，遠近大震。三善急遣遊擊祁繼祖等取龍里，王建中、劉志敏救青巖。繼祖燔上、中、下三牌及賊百五十砦，建中亦燔賊四十八莊，龍里、定番路皆通。三善又夜遣建中、繼祖搗楚漢八姑蕩，燔莊砦二百餘，薄而攻之。賊溺死無算。萬化不知楚漢敗，詐降。三善佯許，而令諸將捲甲趨之。萬化倉皇出戰，被擒，邦彥爲奪氣。羣苗復效順，三善給黃幟，令樹營中。邦彥望見不敢出，增兵守鴨池、陸廣諸要害。

時崇明父子屢敗，邦彥救之，爲川師敗走。總理魯欽等剿擒中尉，彥芳亦追賊鴨池，而賊復乘間陷普安。總督楊述中駐沅州，畏賊。朝命屢趣，始移鎭遠。議與三善左，三善屢求退。不許。會崇明爲川師所窘，逃入貴州龍場，依邦彥。三善議會師進討，述中暨諸將多持不可。三善排羣議，以閏十月，自將六萬人渡烏江，次黑石，連敗賊，斬前逃將覃弘化以徇。賊乃柵漆山，日遣遊騎掠樵採者。軍中乏食，諸將請退師。三善怒曰：「汝曹欲退，不如斬吾首詣賊降。」諸將乃不敢言。三善募壯士逼漆山。緋衣峩冠，肩輿張蓋，自督陣，語將士曰：「戰不捷，此卽吾致身處也。」旁一山頗峻，麾左軍據其顚。賊倉皇拔柵爭山，將

士殊死戰，賊大敗，邦彥狼狽走。

三善渡渭河，降者相繼。師抵大方，入居安位第。位偕母奢社輝走火灼堡，邦彥竄織金，先所陷將楊明楷乃得還。位窘，遣使詣述中請降。述中令縛崇明父子自贖，三善責幷獻邦彥。往返之間，賊得用計爲備。三善以賊方平，議郡縣其地。諸苗及土司咸惴恐，益合於邦彥。三善先約四川總兵官李維新滅賊，以餉乏辭。

三善屯大方久，食盡，述中弗爲援，不得已議退師。四年正月盡焚大方廬舍而東，賊躡之。中軍參將王建中、副總兵秦民屏戰歿。官軍行且戰，至內莊，後軍爲賊所斷。三善還救，士卒多奔。陳其愚者，賊心腹，先詐降，三善信之，與籌兵事，故軍中虛實賊無不知。至是遇賊，其愚故縱轡衝三善墜馬。三善知有變，急解印綬付家人，拔刀自刎，不殊，羣賊擁之去。罵不屈，遂遇害。同知梁思泰、主事田景猷等四十餘人皆死。賊拘監軍副使岳具仰以要撫。具仰遣人馳蠟書於外，被殺。

三善倜儻負氣，多權略。家中州，好交四方奇士俠客，後輒得其用。救貴陽時，得邸報不視，曰：「吾方辦賊，奚暇及此？且朝議戰守紛紛，閱之徒亂人意。」其堅決如此。然性卞急，不能持重，竟敗。先以解圍功，加兵部右侍郎，旣歿，巡按御史陸獻明請優卹，所司格不行。崇禎改元，贈兵部尚書，世廕錦衣僉事，立祠祭祀。九年冬，再敍解圍功，贈太子少保。

大方之役，御史貴陽徐卿伯上言：「邦彥招四方奸宄，多狡計。撫臣得勝驟進，視蠢苗不足平。不知澤溪以西，渡陸廣河，皆鳥道，深林叢箐，彼誘我深入，以木石塞路，斷其郵書，阻餉道，遮援師，則彼不勞一卒，不費一矢，而我兵已坐困矣。」後悉如其言。

岳具仰，延安人。舉於鄉，歷瀘州知州，戶部郎中。貴州亂，朝議具仰知兵，用爲監軍副使。內莊之敗，監軍四人，其三得脫還，惟具仰竟死。

田景猷，貴州思南人。天啓二年甫釋褐，憤邦彥反，疏請賫敕宣諭。廷議壯之，卽擢職方主事。賊方圍貴陽，景猷單騎往，曉以禍福，令釋兵歸朝。邦彥不聽，欲屈景猷，日陳寶玩以誘之，不爲動。賊乃留景猷，遣其徒恐以危禍。景猷怒，拔刀擊之，其人走免。羈賊中二年，至是遇害。具仰贈光祿卿，景猷太常少卿，並錄其一子。

楊明楷者，銅仁烏羅司人。內莊之敗，明楷爲中軍，免死。後從魯欽討長田賊，功最，終副總兵。

朱家民，字同人，曲靖人。萬曆三十四年舉於鄉，爲涪州知州。天啓二年官貴陽知府。奉三善命，乞援兵於四川，又借河南兵，共解其圍。乃撫傷殘，招流移，寬徭賦，遠邇悅服。丁父憂，奪情，擢安普監軍副使，加右參政。崇禎時，就遷按察使、左布政，以平寇功，

加俸一級。久之，致仕歸，卒。自邦彥始亂，雲、貴諸土酋盡反，攻陷安南等上六衞，雲南路斷。其後路雖通，羣苗猶出沒爲患。家民率參將許成名等討平盤江外阿野、魯頗諸砦，於是相度盤江西坡、板橋、海子、馬場諸要害，築石城五，宿兵衞民。又於其間築六城，廨舍廬井畢備。羣苗惕息，行旅晏然。盤江居雲、貴交，兩山夾峙，一水中絕，湍激迅悍，舟濟者多陷溺。家民倣瀾滄橋制，冶鐵爲絙三十有六，長數百丈，貫兩崖之石而懸之，覆以板，類於蜀之棧，而道始通。

蔡復一，字敬夫，同安人。萬曆二十三年進士。除刑部主事，歷兵部郎中。居郎署十七年，始遷湖廣參政，分守湖北。進按察使、右布政使，以疾歸。光宗立，起故官，遷山西左布政使。

天啓二年以右副都御史撫治鄖陽。歲大旱，布衣素冠，自繫於獄，遂大雨。奢崇明、安邦彥反，貴州巡撫王三善敗歿，進復一兵部右侍郎代之。兵燹之餘，斗米値一金，〔七〕復一勞徠拊循，人心始定。尋代楊述中總督貴州、雲南、湖廣軍務，兼巡撫貴州。賜尙方劍，便宜從事。復一乃召集將吏，申嚴紀律。遣總理魯欽等救凱里，斬賊衆五百餘。賊圍普

定，遣參將尹伸、副使楊世賞救，却之，搗其巢，斬首千二百級。發兵通盤江路，斬逆酋沙國珍及從賊五百。欽與總兵黃鉞等復破賊於汪家沖、蔣義寨，斬首二千二百，長驅織金。織金者，邦彥巢也，緣道皆重關疊隘，木石塞山徑。將士用巨斧開之，或攀籐穿竇而入。賊戰敗，遁深箐，斬首復千級。窮搜不得邦彥，乃班師。是役也，焚賊巢數十里，獲牛馬、甲仗無算。復一以隣境不協討，致賊未滅，請敕四川出兵遵義，抵水西，雲南出兵霑益，抵烏撒，犄角平賊。帝悉可之。因命廣西、雲南、四川諸郡隣貴州者，聽復一節制。

五年正月，欽等旋師渡河。賊從後襲擊，諸營盡潰，死者數千人。時復一爲總督，而朱燮元亦以尙書督四川、湖廣、陝西諸軍，以故復一節制不行於境外。欽等深入，四川、雲南兵皆不至。復一自劾，因論事權不一，故敗。巡按御史傅宗龍亦以爲言，廷議移燮元督河道，令復一專督五路師。御史楊維垣獨言燮元不可易，帝從之，解復一任聽勘，而以王瑊爲右僉都御史，代撫貴州。

復一候代，仍拮据兵事，與宗龍計，剿破烏粟、螺螄、長田及兩江十五砦叛苗，斬七百餘級。賊黨安效良首助邦彥陷霑益，雲南巡撫沈儆炌遣兵討之，未定，遷侍郎去。代者閔洪學，招撫之，亦未定。及是見雲南出師，懼，約邦彥犯曲靖、尋甸。復一遣許成名往援，賊望風遁。又遣劉超等討平越苗阿秩等，〔八〕破百七十砦，斬級二千三百有奇。至十月，復一卒

於平越軍中。訃聞，帝嘉其忠勤，贈兵部尙書，諡清憲，任一子官。

復一好古博學，善屬文，耿介負大節。既歿，橐無遺貲。瑊既至，見邦彥不易平，欲解去。夤緣魏黨李魯生，遷南京戶部右侍郎。崇禎初，被劾歸。流賊陷應城，遇害。

沈儆炌，字叔永，歸安人。父子木，官南京右都御史。儆炌登萬曆十七年進士。歷河南左布政使，入爲光祿卿。四十七年以右副都御史巡撫雲南。神宗末，詔增歲貢黃金二千，儆炌疏爭。會光宗立，如其請。

雲龍州土舍段進忠掠永昌、大理，〔九〕儆炌討擒之。安邦彥反，諸土目並起。安效良陷霑益，李賓陷平夷，祿千鍾犯尋甸、嵩明，張世臣攻武定，邦彥女弟設科掠曲靖，轉寇陸涼。儆炌起故參將雲南人袁善，令率守備金爲貴、土官沙源等馳救嵩明，大破之。賊轉寇尋甸，復大敗去。乃請復善故官，與諸將分討賊，數有功。會儆炌遷南京兵部右侍郎，而代者閔洪學至，乃以兵事委之去。後拜南京工部尙書，爲魏忠賢黨石三畏所劾，落職閒住。崇禎初，復官，卒於家。子胤培，禮科都給事中。

洪學既至，亦任用袁善。賊陷普安，圍安南，善攻破之，通上六衞道。王三善之歿，六

衞復梗，善護御史傅宗龍赴黔，道復通。已而敗安效良於霑益，又敗賊於炎方、馬龍。七年，御史朱泰禎核上武定、嵩明、尋甸破賊功，大小百三十三戰，斬四千六百餘級，請宣捷告廟，從之。魏忠賢等並進秩，廕子。善加都督同知，世廕錦衣指揮僉事。崇禎初，卒官。

周鴻圖，字子固，卽墨人。起家歲貢生，知宿遷縣。以侯恂薦，遷貴陽同知，監紀軍事，積軍功至知府。會勻哈叛苗與邦彥相倚爲亂。天啓六年春，巡撫王瑊及御史傅宗龍使監胡從儀及都司張雲鵬軍，分道搜山，所向摧破。會聞魯欽敗，賊復趨龍場助邦彥。已而邦彥屢敗，賊返故巢。鴻圖、從儀等攻之，破焚一百餘寨，斬首千二百餘級。鴻圖擢副使，分巡新鎭道；從儀進副總兵。當是時，鴻圖駐平越，轄下六衞，參議段伯炌駐安莊，轄上六衞。千餘里閒，奸宄屏息，兩人力也。鴻圖終陝西參政。

伯炌，雲南晉寧人。由鄉舉爲鎭寧知州。力拒安邦彥，超擢僉事，分巡鎭寧。邦彥寇普定，偕從儀擊破之，由此擢參議。

胡從儀，山西人。天啓四年以遊擊援普定，功多。既而破賊長田。以參將討平勻哈，後又與諸將平老蟲添。崇禎三年討平苗賊汪狂、抱角，召爲保定總兵官，卒於京邸。贈都督僉事。黔人愛之，爲立眞將軍碑。

贊曰：奢、安之亂，禍發於蜀，蔓延於黔，勞師者幾十載。燮元戡之以兵威，因俗制宜，開屯設衛，不亟亟焉郡縣其地，以蹈三善之覆轍，而西南由茲永寧，庶幾可方趙營平之制羌、韋南康之鎮蜀者歟。

校勘記

〔一〕遣人言賊將羅乾象欲反正　羅乾象，原誤倒作「羅象乾」，據本書卷三一二永寧宣撫司傳、明史稿傳一二八朱燮元傳、熹宗實錄卷一三天啓二年正月乙丑條改。下同。

〔二〕卽擢燮元右副都御史巡撫四川　右副都御史，原作「僉都御史」。明史稿傳一二八朱燮元傳、熹宗實錄卷一〇天啓元年十月己丑條都作「右副都御史」。按下文言「錄功，進燮元右都御史」，應以作「右副都御史」是，今改正。

〔三〕廣東嶺南道右參議　嶺南道，明史稿傳一二八朱燮元傳附徐如珂傳作「嶺東道」。

〔四〕而急遣總兵官張彥芳　張彥芳，原作「張彥方」，據本書卷三一六及明史稿傳一九〇貴陽傳改。下同。

〔五〕賊退保澤溪　澤溪，明史稿傳一二八李橒傳作「宅溪」。

〔六〕僅存者千餘人　本書卷三一六及明史稿傳一九〇貴陽傳、又明史稿傳一二八李橒傳都作「僅餘二百人」。

〔七〕斗米值一金　明史稿傳一二八蔡復一傳作「斗米銀八錢」。

〔八〕又遣劉超等討平越苗阿秩等　阿秩，本書卷二七〇魯欽傳作「阿秋」。

〔九〕雲龍州土舍段進忠掠永昌大理　段進忠，原作「段進志」，據明史稿傳一二八蔡復一傳附沈儆炌傳、國榷卷八四頁五一八四改。

明史卷二百五十

列傳第一百三十八

孫承宗 子鈴等

孫承宗，字稚繩，高陽人。貌奇偉，鬚髯戟張。與人言，聲殷牆壁。始為縣學生，授經邊郡。往來飛狐、拒馬間，直走白登，又從紇干、清波故道南下。喜從材官老兵究問險要阨塞，用是曉暢邊事。

萬曆三十二年登進士第二人，授編修，進中允。「梃擊」變起，大學士吳道南以諮承宗。對曰：「事關東宮，不可不問；事連貴妃，不可深問。龐保、劉成而下，不可不問也；龐保、劉成而上，不可深問也。」道南如其言，具揭上之，事遂定。出典應天鄉試，發策著其語。攖黨人忌，將以大計出諸外，學士劉一燝保持，乃得免。歷諭德、洗馬。

熹宗卽位，以左庶子充日講官。帝每聽承宗講，輒曰「心開」，故眷注特殷。天啓元年進少詹事。時瀋、遼相繼失，舉朝洶洶。御史方震孺請罷兵部尚書崔景榮，以承宗代。廷臣亦皆以承宗知兵，遂推為兵部添設侍郎，主東事。帝不欲承宗離講筵，疏再上不許。二年擢禮部右侍郎，協理詹事府。

未幾，大清兵逼廣寧，王化貞棄城走，熊廷弼與俱入關。兵部尚書張鶴鳴懼罪，出行邊。帝亦急東事，遂拜承宗兵部尚書兼東閣大學士，入直辦事。越數日，命以閣臣掌部務。承宗上疏曰：「邇年兵多不練，餉多不覈。以將用兵，而以文官招練。以將臨陣，而以文官指發。以武略備邊，而日增置文官於幕。以邊任經、撫，而日問戰守於朝。此極弊也。今天下當重將權。擇一沉雄有氣略者，授之節鉞，得自辟置偏裨以下，勿使文吏用小見沾沾陵其上。邊疆小勝小敗，皆不足問，要使守關無闌入，而徐為恢復計。」因列上撫西部、恤遼民、簡京軍、增永平大帥、修薊鎮亭障、開京東屯田數策，帝褒納焉。時邊警屢告，閣部大臣幸旦暮無事，而言路日益紛呶。承宗乃請下廷弼於理，與化貞並讞，用正朝士黨護。又請逮給事中明時舉、御史李達，以懲四川之招兵致寇者。又請詰責遼東巡按方震孺、登萊監軍梁之垣、薊州兵備邵可立，以警在位之骫骳者。諸人以次獲譴，朝右聳然，而側目怨咨者亦衆矣。

兵部尚書王在晉代廷弼經略遼東，與總督王象乾深相倚結。象乾在薊門久，習知西部

種類情性，西部亦愛戴之。然實無他才，惟啖以財物相羈縻，冀得以老解職而已。在晉謀用西部襲廣寧，象乾甚之曰：「得廣寧，不能守也，獲罪滋大。不如重關設險，衞山海以衞京師。」在晉乃請於山海關外八里鋪築重關，用四萬人守之。其僚佐袁崇煥、沈棨、孫元化等力爭不能得，奏記於首輔葉向高。向高曰：「是未可臆度也。」承宗請身往決之。帝大喜，加太子太保，賜蟒玉、銀幣。抵關，詰在晉曰：「新城成，卽移舊城四萬人以守乎？」在晉曰：「否，當更設兵。」曰：「如此，則八里內守兵八萬矣。一片石西北不當設兵乎？且築關在八里內，新城背卽舊城址，舊城之品坑地雷爲敵人設，抑爲新兵設乎？新城可守，安用舊城？如不可守，則四萬新兵倒戈舊城下，將開關延入乎，抑閉關以委敵乎？」曰：「關外有三道關可入也。」曰：「若此，則敵至而兵逃如故也，安用重關？」曰：「將建三寨於山，以待潰卒。」曰：「兵未潰而築寨以待之，是教之潰也。且潰兵可入，敵亦可尾之入。今不爲恢復計，畫關而守，將盡撤藩籬，日閧堂奧，畿東其有寧宇乎？」在晉無以難。承宗乃議守關外。監軍閻鳴泰主覺華島，袁崇煥主寧遠衞。在晉持不可，主守中前所。舊監司邢愼言、張應吾逃在關，皆附和之。

初，化貞等既逃，自寧遠以西五城七十二堡悉爲哈喇愼諸部所據，聲言助守邊。前哨遊擊左輔名駐中前，實不出八里鋪。承宗知諸部不足信，而寧遠、覺華之可守，已決計將自

在晉發之，推心告語凡七晝夜，終不應。還朝，言：「敵未抵鎭武而我自燒寧、前，此前日經、撫罪也；我棄寧、前，敵終不至，而我不敢出關一步，此今日將吏罪也。將吏匿關內，無能轉其畏敵之心以畏法，化其謀利之智以謀敵，此臣與經臣罪也。與其以百萬金錢浪擲於無用之版築，曷若築寧遠要害以守。八里鋪之四萬人當寧遠衝，與覺華相犄角。敵窺城，令島上卒旁出三岔，斷浮橋，繞其後而橫擊之。卽無事，亦且收二百里疆土。總之，敵人之帳幕必不可近關門，杏山之難民必不可置膜外。不盡破庸人之論，遼事不可爲也。」其他制置軍事又十餘疏。帝嘉納。無何，御講筵，承宗面奏在晉不足任，乃改南京兵部尙書，幷斥逃臣愼言等，而八里築城之議遂熄。

在晉既去，承宗自請督師。詔給關防敕書，以原官督山海關及薊、遼、天津、登、萊諸處軍務，便宜行事，不從中制，而以鳴泰爲遼東巡撫。承宗乃辟職方主事鹿善繼、王則古爲贊畫，請帑金八十萬以行。帝特御門臨遣，賜尙方劍、坐蟒，閣臣送之崇文門外。既至關，令總兵江應詔定軍制，僉事崇煥建營舍，廢將李秉誠練火器，贊畫善繼、則古治軍儲，沈棨、杜應芳繕甲仗，司務孫元化築礮臺，中書舍人宋獻、羽林經歷程崙主市馬，廣寧道僉事萬有孚主採木。而令遊擊祖大壽佐金冠於覺華，副將孫諫助趙率教於前屯，〔一〕遊擊魯之甲拯難民，副將李承先練騎卒，參將楊應乾募遼人爲軍。

是時，關上兵名七萬，顧無紀律，冒餉多。承宗大閱，汰逃將數百人，遣還河南、眞定疲兵萬餘，以之甲所救難民七千發前屯爲兵。應乾所募遼卒出戍寧遠，咨朝鮮使助聲援。檄毛文龍於東江，令復四衞。檄登帥沈有容進據廣鹿島。欲以春防躬詣登、萊商進取，而中朝意方急遼，弗許也。應詔被劾，承宗請用馬世龍代之，以尤世祿、王世欽爲南北帥，聽世龍節制，且爲世龍請尙方劍。帝皆可之。世龍既受事，承宗爲築壇，拜行授鉞禮。率教已守前屯，盡驅哈喇愼諸部，撫場猶在八里鋪。象乾議開水關，撫之關內。承宗不可，乃定於高臺堡。

時大清兵委廣寧去，遼遺民入居之。插漢部以告有孚，有孚謀挾西部乘間殲之，冒恢復功。承宗下檄曰：「西部殺我人者，致罰如盟言。」是役也，全活千餘人。帝好察邊情，時令東廠遣人詣關門，具事狀奏報，名曰「較事」。及魏忠賢竊政，遣其黨劉朝、胡良輔、紀用等四十五人齎內庫神礮、甲仗、弓矢之屬數萬至關門，爲軍中用，又以白金十萬，蟒、麒麟、獅子、虎、豹諸幣頒賚將士，而賜承宗蟒服、白金慰勞之，實覘軍也。承宗方出關巡寧遠，中路聞之，立疏言：「中使觀兵，自古有戒。」帝溫旨報之。使者至，具杯茗而已。

鳴泰之爲巡撫也，承宗薦之。後知其無實，軍事多不與議。鳴泰怏怏求去，承宗亦引疾。言官共留承宗，詆鳴泰，巡關御史潘雲翼復論劾之。帝乃罷鳴泰，而以張鳳翼代。鳳

翼怯，復主守關議。承宗不悅，乃復出關巡視。抵寧遠，集將吏議所守。衆多如鳳翼指，獨世龍請守中後所，而崇煥、善繼及副將茅元儀力請守寧遠，承宗然之，議乃定。令大壽興工，崇煥、滿桂守之。先是，虎部竊出盜掠，率教捕斬四人。象乾欲斬率教謝虎部，承宗不可。而承宗所遣王楹戍中右，護其兵出採木，爲西部朗素所殺。承宗怒，遣世龍剿之。象乾恐壞撫局，令朗素縛逃人爲殺楹者以獻，而增市賞千金。承宗方疏爭，而象乾以憂去。

承宗患主款者撓己權，言督師、總督可勿兼設，請罷己，不可，則弗推總督。幷請以遼撫移駐寧遠。帝命止總督推。而鳳翼謂置己死地也，因大恨。與其鄉人雲翼、有孚等力毀世龍，以撼承宗。無何，有孚爲薊撫岳和聲所劾，益疑世龍與崇煥搆陷，乃共爲浮言，撓出關計。給事中解學龍遂極論世龍罪。承宗憤，抗疏陳守禦策，言：「拒敵門庭之中，與拒諸門庭外，勢既辨。我促敵二百里外，敵促我二百里中，勢又辨。蓋廣寧，我遠而敵近，寧遠，我近而敵遠。我不進逼敵，敵將進而逼我。今日卽不能恢遼左，而寧遠、覺華終不可棄。請敕廷臣雜議主、客之兵可否久戍，本折之餉可否久輸，關外之土地人民可否捐棄，屯築戰守可否興舉，再察敵人情形果否坐待可以消滅。臣不敢爲百年久計，祇計及五年間究竟何如。倘臣言不當，立斥臣以定大計，無紆迴不決，使全軀保妻子之臣附合衆喙，以殺臣一身而悞天下也。」復爲世龍辯，而發有孚等交搆狀。

有孚者，故侍郎世德子也，爲廣寧理餉同知。城陷逃歸，象乾題爲廣寧道僉事，專撫插漢，乾沒多。至是以承宗言被斥。鳳翼亦以憂歸，喻安性代。而廷臣言總督不可裁，命吳用先督薊、遼，代象乾。承宗惡本兵趙彥多中制，稱疾求罷，舉彥自代以困之，廷議不可而止。

時寧遠城工竣，關外守具畢備。承宗圖大舉，奏言：「前哨已置連山、大凌河，速畀臣餉二十四萬，則功可立奏。」帝命所司給之。兵、工二部相與謀曰：「餉足，渠即妄爲，不如許而不與，文移往復稽緩之。」承宗再疏促，具以情告。帝爲飭諸曹，而師竟不果出。

初，方震孺、游士任、李達、明時舉之譴，承宗實劾之，後皆爲求宥。復稱楊鎬、熊廷弼、王化貞之勞，請免死遣戍。朝端譁然。給事中顧其仁、許譽卿，御史袁化中交章論駁，帝皆置弗省。會承宗敍五防效勞，諸臣且引疾乞罷，乃遣中官劉應坤等齎帑金十萬犒將士，而賜承宗坐蟒、膝襴，佐以金幣。

當是時，忠賢益盜柄。以承宗功高，欲親附之，令應坤等申意。承宗不與交一言，忠賢由是大憾。會忠賢逐楊漣、趙南星、高攀龍等，承宗方西巡薊、昌。念抗疏帝未必親覽，往在講筵，每奏對輒有入，乃請以賀聖壽入朝面奏機宜，欲因是論其罪。魏廣微聞之，奔告忠賢：「承宗擁兵數萬將清君側，兵部侍郎李邦華爲內主，公立虀粉矣！」忠賢悸甚，繞御牀

哭。帝亦爲心動，令內閣擬旨。次輔顧秉謙奮筆曰：「無旨離汛地，非祖宗法，違者不宥。」夜啓禁門召兵部尚書入，令三道飛騎止之。又矯旨諭九門守閹，承宗若至齊化門，反接以入。承宗抵通州，聞命而返。忠賢遣人偵之，一襆被置輿中，後車鹿善繼而已，意少解。而其黨李蕃、崔呈秀、徐大化連疏詆之，至比之王敦、李懷光。承宗乃杜門求罷。

五年四月，給事中郭興治請令廷臣議去留，論冒餉者復踵至，遂下廷臣雜議。吏部尚書崔景榮持之，乃下詔勉留，而以簡將、汰兵、清餉三事責承宗奏報。承宗方遣諸將分戍錦州、大小凌河、松、杏、右屯諸要害，拓地復二百里，罷大將世欽、世祿，副將李秉誠、孫諫，汰軍萬七千餘人，省度支六十八萬。而言官論世龍不已。至九月，遂有柳河之敗，死者四百餘人，語詳世龍傳。於是臺省劾世龍幷及承宗，章疏數十上。承宗求去益力，十月始得請。先已屢加左柱國、少師、太子太師、中極殿大學士，遂加特進光祿大夫，廕子中書舍人，賜蟒服、銀幣，行人護歸。而以兵部尚書高第代爲經略。無何，安性亦罷，遂廢巡撫不設。

初，第力扼承宗，請撤關外以守關內。承宗駁之，第深憾。明年，寧遠被圍，乃疏言關門兵止存五萬，言者益以爲承宗罪。承宗告戶部曰：「第初莅關，嘗給十一萬七千人餉，今但給五萬人餉足矣。」第果以妄言引罪。後忠賢遣其黨梁夢環巡關，欲傅致承宗罪，無所得而止。承宗在關四年，前後修復大城九、堡四十五，練兵十一萬，立車營十二、水營五、火營

二、前鋒後勁營八，造甲胄、器械、弓矢、礮石、渠答、鹵楯之具合數百萬，拓地四百里，開屯五千頃，歲入十五萬。後敍寧遠功，廕子錦衣世千戶。

莊烈帝卽位，在晉入爲兵部尚書，恨承宗不置，極論世龍及元儀熒惑樞輔壞關事，又嗾臺省交口詆承宗，以沮其出。二年十月，大清兵入大安口，取遵化，將薄都城，廷臣爭請召承宗。詔以原官兼兵部尚書守通州，仍入朝陛見。承宗至，召對平臺。帝慰勞畢，問方略。承宗奏：「臣聞袁崇煥駐薊州，滿桂駐順義，侯世祿駐三河，此爲得策。又聞尤世威回昌平，世祿駐通州，似未合宜。」帝問：「卿欲守三河，何意？」對曰：「守三河可以沮西奔，遏南下。」帝稱善，曰：「若何爲朕保護京師？」承宗言：「當緩急之際，守陴人苦饑寒，非萬全策。請整器械，厚犒勞，以固人心。」所條畫俱稱旨。帝曰：「卿不須往通，其爲朕總督京城內外守禦事務，仍參帷幄。」趣首輔韓爌草敕下所司鑄關防。承宗出，漏下二十刻矣，卽周閱都城，五鼓而畢，復出閱重城。明日夜半，忽傳旨守通州。時烽火徧近郊，承宗從二十七騎出東便門，道亡其三，疾馳抵通，門者幾不納。既入城，與保定巡撫解經傳、御史方大任、總兵楊國棟登陴固守。而大清兵已薄都城，乃急遣遊擊尤岱以騎卒三千赴援。旋遣副將劉國柱督軍二千與岱合，而發密雲兵三千營東直門，保定兵五千營廣寧門。以其間遣將復馬蘭、三屯二城。

至十二月四日，而有祖大壽之變。大壽，遼東前鋒總兵官也，偕崇煥入衞。見崇煥下吏，懼誅，遂與副將何可綱等率所部萬五千人東潰，遠近大震。承宗聞，急遣都司賈登科齎手書慰諭大壽，而令遊擊石柱國馳撫諸軍。大壽見登科，言：「麾下卒赴援，連戰俱捷，冀得厚賞。城上人羣詈爲賊，投石擊死數人。所遣邏卒，指爲間諜而殺之。勞而見罪，是以奔還。當出搗朶顏，然後束身歸命。」柱國追及諸軍，其將士持弓刀相向，皆垂涕，言：「督師旣戮，又將以大礮擊斃我軍，故至此。」柱國復前追，大壽去已遠，乃返。承宗奏言：「大壽危疑已甚，又不肯受滿桂節制，因譌言激衆東奔，非部下盡欲叛也。當大開生路，曲收衆心。遼將多馬世龍舊部曲，臣謹用便宜，遣世龍馳諭，其將士必解甲歸，大壽不足慮也。」帝喜從之。承宗密札諭大壽急上章自列，且立功贖督師罪，而已當代爲剖白。大壽諾之，具列東奔之故，悉如將士言。帝優詔報之，命承宗移鎭關門。諸將聞承宗、世龍至，多自拔來歸者。大壽妻左氏亦以大義責其夫，大壽斂兵待命。

當潰兵出關，關城被劫掠，閉門罷市。承宗至，人心始定。關城故十六里，衞城止二里。今敵在內，關城無可守，衞城連關，可步屧而上也。乃別築牆，橫互於關城，穴之使礮可平出。城中水不足，一晝夜穿鑿百井。舊汰牙門將僑寓者千人，窮而思亂，皆廩之於官，使巡行街衢，守臺護倉，均有所事。內間不得發，外來者輒爲邏騎所得，由是關門守完。乃

遣世龍督步騎兵萬五千入援，令遊擊祖可法等率騎兵四營西戍撫寧。三年正月，大壽入關謁承宗，親軍五百人甲而候於門。承宗開誠與語，卽日列其所統步騎三萬於教場，行誓師禮，羣疑頓釋。

時我大清已拔遵化而守之。是月四日拔永平。八日拔遷安，遂下灤州。分兵攻撫寧，可法等堅守不下。大清兵遂向山海關，離三十里而營。副將官惟賢等力戰。乃還攻撫寧及昌黎，俱不下。當是時，京師道梗，承宗、大壽軍在東，世龍及四方援軍在西。承宗募死士沿海達京師，始知關城尚無恙。關西南三縣：曰撫寧，昌黎，樂亭；西北三城：曰石門、臺頭、燕河。六城東護關門，西繞永平，皆近關要地。承宗飭諸城嚴守，而遣將戍開平，復建昌，聲援始接。

方京師戒嚴，天下勤王兵先後至者二十萬，皆壁於薊門及近畿，莫利先進。詔旨屢督趣，諸將亦時戰攻，然莫能克復。世龍請先復遵化，承宗曰：「不然，遵在北，易取而難守，不如姑留之，以分其勢，而先圖灤。今當多爲聲勢，示欲圖遵之狀以牽之。諸鎭赴豐潤、開平，聯關兵以圖灤。得灤則以開平兵守之，而騎兵決戰以圖永。得灤、永則關、永合，而取遵易易矣。」議既定，乃令東西諸營並進，親詣撫寧以督之。五月十日，大壽及張春、丘禾嘉諸軍先抵灤城下，世龍及尤世祿、吳自勉、楊麒、王承恩繼至，越二日克之。而副將王維城

等亦入遷安。我大清兵守永平者，盡撤而北還，承宗遂入永平。十六日，諸將謝尙政等亦入遵化。四城俱復。帝爲告謝郊廟，大行賞賚，加承宗太傅，賜蟒服、白金，世襲錦衣衞指揮僉事。力辭太傅不受，而屢疏稱疾乞休，優詔不允。

朶顏束不的反覆，承宗令大將王威擊敗之，復賚銀幣。先以册立東宮，加太保。及神宗實錄成，加官亦如之。並辭免，而乞休不已。帝命閣臣議去留，不能決。特遣中書齎手詔慰問，乃起視事。四年正月出關東巡，抵松山、錦州，還入關，復西巡，徧閱三協十二路而返。條上東西邊政八事，帝咸採納。五月以考滿，詔加太傅兼食尙書俸，廕尙寶司丞，賚蟒服、銀幣、羊酒，復辭太傅不受。

初，右屯、大凌河二城，承宗已設兵戍守。後高第來代，盡撤之，二城遂被毁。至是，禾嘉巡撫遼東，議復取廣寧、義州、右屯三城。承宗言廣寧道遠，當先據右屯，築城大凌河，以漸而進。兵部尙書梁廷棟主之，遂以七月興工。工甫竣，我大清兵大至，圍數周。承宗聞，馳赴錦州，遣吳襄、宋偉往救。禾嘉屢易師期，偉與襄又不相能，遂大敗於長山。至十月，城中糧盡援絕，守將祖大壽力屈出降，城復被毁。廷臣追咎築城非策也，交章論禾嘉及承宗。承宗復連疏引疾。十一月得請，賜銀幣乘傳歸。言者追論其喪師辱國，奪官閒住，幷奪寧遠世廕。承宗復列上邊計十六事，而極言禾嘉軍謀牴牾之失，帝報聞而已。家居七

年，中外屢請召用，不報。

十一年，我大清兵深入內地。以十一月九日攻高陽，承宗率家人拒守。大兵將引去，繞城納喊者三，守者亦應之三。曰「此城笑也，於法當破」，圍復合。明日城陷，被執。望闕叩頭，投繯而死，年七十有六。

子舉人鈐，尙寶丞鑰，官生鈰，生員鉁、鎬，從子鍊，及孫之沆、之滂、之澋、之洁、之澹，從孫之澈、之渼、之泳、之澤、之渙、之瀚，皆戰死。督師中官高起潛以聞。帝嗟悼，命所司優卹。當國者楊嗣昌、薛國觀輩陰扼之，但復故官，予祭葬而已。福王時，始贈太師，謚文忠。

贊曰：承宗以宰相再視師，皆粗有成效矣，奄豎斗筲，後先齮扼，卒屏諸田野，至閽門膏斧鑕，而恤典不加。國是如此，求無危，安可得也。夫攻不足者守有餘。度彼之才，恢復固未易言，令專任之，猶足以愼固封守，而廷論紛呶，亟行翦除。蓋天眷有德，氣運將更，有莫之爲而爲者夫。

校勘記

〔一〕副將孫諫助趙率教於前屯　孫諫，原作「陳諫」。本傳下文有「孫諫」，本書卷二七一趙率教傳有「副將孫諫」，熹宗實錄卷三五天啓三年閏十月丁亥條亦作「孫諫」，據改。

明史卷二百五十一

列傳第一百三十九

李標 李國𣚴 周道登　劉鴻訓　錢龍錫 錢士升 士晉　成基命

何如寵 兄如申 錢象坤　徐光啓 鄭以偉 林釬　文震孟 周炳謨

蔣德璟 黃景昉　方岳貢 丘瑜 瑜子之陶

李標，字汝立，高邑人。萬曆三十五年進士。改庶吉士，授檢討。泰昌時，累遷少詹事。天啓中，擢拜禮部右侍郎，協理詹事府。標師同邑趙南星，黨人忌之，列名東林同志錄中。標懼禍，引疾歸。

莊烈帝嗣位，卽家拜禮部尚書兼東閣大學士。崇禎元年三月入朝。未幾，李國𣚴、來宗道、楊景辰相繼去，標遂爲首輔。帝銳意圖治，恆召大臣面決庶政。宣府巡撫李養沖疏言

旂尉往來如織，蹤跡難憑，且慮費無所出。帝以示標等曰：「邊情危急，遣旂尉偵探，奈何以爲僞？且祖宗朝設立廠衞，奚爲者？」標對曰：「事固宜愼。養沖以爲不賂恐毀言日至，賂之則物力難勝耳。」帝默然。同官劉鴻訓以增敕事爲御史吳玉所糾，帝欲置鴻訓於法，標力辯其納賄之誣。溫體仁訐錢謙益引己結浙闈事爲詞，給事中章允儒廷駁之。帝怒，幷謙益將重譴，又欲罪給事中瞿式耜、御史房可壯等。標言：「陛下處分謙益、允儒，本因體仁言，體仁乃不安求罷。乞陛下念謙益事經恩詔，姑令回籍；於允儒仍許自新，而式耜等概從薄罰。諸臣安，體仁亦安。」帝不從，自是深疑朝臣有黨，標等遂不得行其志。是冬，韓爌還朝，標讓爲首輔，尋與爌等定逆案。

三年正月，爌罷，標復爲首輔，累加至少保兼太子太保、戶部尚書、武英殿大學士。先是，與標並相者六人，宗道、景辰以附璫斥，鴻訓以增敕戍，周道登、錢龍錫被攻去，獨標在，遂五疏乞休。至三月得請。家居六年卒。贈少傅，謚文節。

李國𣚴，字元治，高陽人。萬曆四十一年進士。由庶吉士歷官詹事。天啓六年七月超擢禮部尚書入閣。釋褐十四年卽登宰輔，魏忠賢以同鄉故援之也。然國𣚴每持正論。劉志選劾張國紀以撼中宮，國𣚴言：「子不宜佐父難母，而況無間之父母乎！」國紀乃得免罪。御史方震孺及高陽令唐紹堯繫獄，皆力爲保全。崇禎初，以登極恩進左柱國、少師兼太子太師、吏部尚書、中極殿大學士。國子監生胡煥猷劾國𣚴等褫衣冠，國𣚴薦復之。時人稱爲長厚。元年五月得請歸里，薦韓爌、孫承宗自代。卒，贈太保，謚文敏。宗道、景辰事見黃立極傳中。

周道登，吳江人。萬曆二十六年進士。由庶吉士歷遷少詹事。天啓時，爲禮部左侍郎，頗有所爭執。以病歸。五年秋，廷推禮部尚書，魏忠賢削其籍。崇禎初，與李標等同入閣。道登無學術，奏對鄙淺，傳以爲笑。御史田時震、劉士禎、王道直、吳之仁、任贊化，給事中閻可陛交劾之，悉下廷議。吏部尚書王永光等言道登黨護樞臣王在晉及宗生朱統飾、鄉人陳于鼎館選事，俱有實跡，乃罷歸。閱五年而卒。

劉鴻訓，字默承，長山人。父一相，由進士歷南京吏科給事中。追論故相張居正事，執政忌之，出爲隴右僉事。終陝西副使。

萬曆四十一年，鴻訓登第，由庶吉士授編修。神、光二宗相繼崩，頒詔朝鮮。甫入境，遼陽陷。朝鮮爲造二洋船，從海道還。沿途收難民，船重而壞。跳淺沙，入小舟，飄泊三日

夜，僅得達登州報命。遭母喪，服闋，進右中允，轉左諭德。父喪歸。天啓六年冬，起少詹事，忤魏忠賢，斥爲民。

莊烈帝卽位，拜禮部尚書兼東閣大學士，參預機務，遣行人召之。三辭，不允。崇禎元年四月還朝。當是時，忠賢雖敗，其黨猶盛，言路新進者羣起抨擊之。諸執政嘗與忠賢共事，不敢顯爲別白。鴻訓至，毅然主持，斥楊維垣、李恆茂、楊所修、田景新、孫之獬、阮大鋮、徐紹吉、張訥、李蕃、賈繼春、霍維華等，人情大快。而御史袁弘勳、史𡌴、高捷本由維垣輩進，思合謀攻去鴻訓，則黨人可安也。弘勳乃言所修、繼春、維垣夾攻表裏之奸，有功無罪，而誅鋤自三臣始。又詆鴻訓使朝鮮，滿載貂參而歸。錦衣僉事張道濬亦訐攻鴻訓，鴻訓奏辯。給事中顏繼祖言：「鴻訓先朝削奪。朝鮮一役，舟敗，僅以身免。乞諭鴻訓入直，共籌安攘之策。至弘勳之借題傾人，道濬之出位亂政，非重創未有已也。」帝是之。給事中鄧英乃盡發弘勳贓私，且言弘勳以千金贄維垣得御史。帝怒，落弘勳職候勘。已而高捷上疏言鴻訓斥擊奸之維垣、所修、繼春、大鋮，而不納孫之獬流涕忠言，謬主焚燬要典，以便私黨孫愼行進用。帝責以妄言，停其俸。史𡌴復佐捷攻之。言路多不直兩人，兩人遂罷去。

七月，以四川賊平，加鴻訓太子太保，進文淵閣。帝數召見廷臣。鴻訓應對獨敏，謂民困由吏失職，請帝久任責成。以尚書畢自嚴善治賦，王在晉善治兵，請帝加倚信。帝初甚

向之。闔門兵以缺餉鼓譟，帝意責戶部。而鴻訓請發帑三十萬，示不測恩，由是失帝指。

至九月而有改敕書之事。舊例，督京營者，不轄巡捕軍。惠安伯張慶臻總督京營，敕有「兼轄捕營」語，提督鄭其心以侵職論之。命覈中書賄改之故，下舍人田佳璧獄。給事中李覺斯言：「稾具兵部，送輔臣裁定，乃令中書繕寫。寫訖，復審視進呈。兵部及輔臣皆當問。」十月，帝御便殿，問閣臣，皆謝不知。帝怒，令廷臣劾奏。尚書自嚴等亦謝不知，帝益怒。給事中張鼎延、御史王道直咸言慶臻行賄有跡，不知誰主使。御史劉玉言：「主使者，鴻訓也。」慶臻曰：「改敕乃中書事，臣實不預知。且增轄捕卒，取利幾何，乃行重賄？」帝叱之。閱兵部揭有鴻訓批西司房語，佳璧亦供受鴻訓指，事遂不可解。而侍郎張鳳翔詆之尤力。閣臣李標、錢龍錫言鴻訓不宜有此，請更察訪。帝曰：「事已大著，何更訪爲？」促令擬旨。標等逡巡未上，禮部尚書何如寵爲鴻訓力辯，帝意卒不可回。乃擬旨，鴻訓、慶臻並革職候勘。無何，御史田時震劾鴻訓用田仰巡撫四川，納賄二千金；給事中閻可陛劾副都御史賈毓祥由賂鴻訓擢用。鴻訓數被劾，連章力辯。因言「都中紳奸狄姓者，詭誣慶臻千金，致臣無辜受禍。」帝不聽，下廷臣議罪。

明年正月，吏部尚書王永光等言：「鴻訓、慶臻罪無可辭，而律有議貴條，請寬貸。」兵部尚書王在晉、職方郎中苗思順贓證未確，難懸坐。」帝不許。鴻訓謫戍代州，在晉、思順並削

籍，慶臻以世臣停祿三年。覺斯、鼎延、道直、玉、時震以直言增秩一級。

鴻訓居政府，銳意任事。帝有所不可，退而曰：「主上畢竟是沖主。」帝聞，深銜之，欲置之死。賴諸大臣力救，乃得稍寬。七年五月卒戍所。〔一〕福王時，復官。

錢龍錫，字稚文，松江華亭人。萬曆三十五年進士。由庶吉士授編修，屢遷少詹事。天啓四年擢禮部右侍郎，協理詹事府。明年改南京吏部右侍郎。忤魏忠賢，削籍。

莊烈帝卽位，以閣臣黃立極、施鳳來、張瑞圖、李國櫓皆忠賢所用，不足倚，詔廷臣推舉，列上十人。帝倣古枚卜典，貯名金甌，焚香肅拜，以次探之，首得龍錫，次李標、來宗道、楊景辰。輔臣以天下多故，請益一二人。復得周道登、劉鴻訓，並拜禮部尚書兼東閣大學士。明年六月，龍錫入朝，立極等四人俱先罷，宗道、景辰亦以是月去。標爲首輔，龍錫、鴻訓協心輔理，朝政稍清。尋以蜀寇平，加太子太保，改文淵閣。

帝好察邊事，頻遣旂尉偵探。龍錫言：「舊制止行於都城內外，若遠遣恐難委信。」海寇犯中左所，總兵官俞咨皐棄城遁，罪當誅。帝欲并罪巡撫朱一馮。龍錫言：「一馮所駐遠，非棄城者比，罷職已足蔽辜。」瑞王出封漢中，請食川鹽。龍錫言：「漢中食晉鹽，而瑞藩獨用

川鹽，恐奸徒借名私販，莫敢譏察。」故事，纂修實錄，分遣國學生採事蹟於四方。龍錫言：「實錄所需在邸報及諸司奏牘，遣使無益，徒滋擾，宜停罷。」烏撒土官安效良死，其妻改適霑益土官安邊，欲兼有烏撒，部議將聽之。龍錫言：「效良有子其爵，立其爵以收烏撒，存亡繼絕，於理爲順。安邊淫亂，不可長也。」帝悉從之。明年，帝以漕船違禁越關，欲復設漕運總兵官。龍錫言：「久裁而復，宜集廷臣議得失。」事竟止。廷議汰冗官，帝謂學官尤冗。龍錫言：「學官舊用歲貢生，近因舉人乞恩選貢，纂修占缺者多，歲貢積至二千六百有奇，皓首以歿，良可憫。且祖宗設官，於此稍寬者，以師儒造士需老成故也。」帝亦納之。言官鄒毓祚、韓一良、章允儒、劉斯琜獲譴，並爲申救。

御史高捷、史䇲旣罷，王永光力引之，頗爲龍錫所扼，兩人大恨。逆案之定，半爲龍錫主持，奸黨銜之次骨。及袁崇煥殺毛文龍，報疏云：「輔臣龍錫爲此一事低徊過臣寓。」復上善後疏言：「閣臣樞臣，往復商確，臣以是得奉行無失。」時文龍擁兵自擅，有跋扈聲，崇煥一旦除之，卽當宁不以爲罪也。其冬十二月，大清兵薄都城。帝怒崇煥戰不力，執下獄，而捷、䇲已爲永光引用。捷遂上章，指通款殺將爲龍錫罪。且言祖大壽師潰而東，由龍錫所挑激。帝以龍錫忠愼，戒無過求。龍錫奏辯，言：「崇煥陛見時，臣見其貌寢，退謂同官『此人恐不勝任』。及崇煥以五年復遼自詭，往詢方略。崇煥云：『恢復當自東江始。文龍可用則用之，不

可用則去之易易耳。』迨崇煥突誅文龍，疏有『臣低徊』一語。臣念文龍功罪，朝端共知，因置不理。奈何以崇煥誇詡之詞，坐臣朋謀罪？」又辯挑激大壽之誣，請賜罷黜。帝慰諭之，龍錫卽起視事。捷再疏攻，帝意頗動。龍錫再辯，引疾，遂放歸。時兵事旁午，未暇竟崇煥獄。

至三年八月，䇲復上疏言：「龍錫主張崇煥斬帥致兵，倡爲款議，以信五年成功之說。賣國欺君，其罪莫逭。龍錫出都，以崇煥所畀重賄數萬，轉寄姻家，巧爲營幹，致國法不伸。」帝怒，敕刑官五日內具獄。於是錦衣劉僑上崇煥獄詞。帝召諸臣於平臺，置崇煥重辟。責龍錫私結邊臣，蒙隱不舉，令廷臣議罪。是日，羣議於中府，謂：「斬帥雖龍錫啓端，而兩書有『處置愼重』語，意不在擅殺。殺文龍乃崇煥過舉。至講款，倡自崇煥。龍錫始答以『酌量』，繼答以『天子神武，不宜講款』。然軍國大事，私自商度，不抗疏發奸，何所逃罪。」帝遂遣使逮之。十二月逮至，下獄。〔二〕復疏辯，悉封上崇煥原書及所答書，帝不省。時羣小麗名逆案者，聚謀指崇煥爲逆首，龍錫等爲逆黨，更立一逆案相抵。謀既定，欲自兵部發之。尚書梁廷棟憚帝英明，不敢任而止。乃議龍錫大辟，且用夏言故事，設廠西市以待。帝以龍錫無逆謀，令長繫。

四年正月，右中允黃道周疏言龍錫不宜坐死罪。忤旨，貶秩調外，而帝意寖解矣。夏五月大旱，刑部尚書胡應台等乞宥龍錫，給事中劉斯琜繼言之，詔所司再讞。乃釋獄，戍

定海衞。在戍十二年，兩遇赦不原。其子請輸粟贖罪，會周延儒再當國，尼不行。福王時，復官歸里。未幾卒，年六十有八。

錢士升，字抑之，嘉善人。萬曆四十四年殿試第一，授修撰。天啓初，以養母乞歸。久之，進左中允，不赴。高邑趙南星、同里魏大中受璫禍，及江西同年生萬燝杖死追贓，皆力爲營護，破產助之，以是爲東林所推。

崇禎元年起少詹事，掌南京翰林院。明年以詹事召。會座主錢龍錫被逮，送之河干，卽謝病歸。四年起南京禮部右侍郎，署尚書事。祭告鳳陽陵寢，疏陳戶口流亡之狀甚悉。六年九月召拜禮部尚書兼東閣大學士，參預機務。明年春入朝。請停事例，罷鼓鑄，嚴贓吏之誅，止遣官督催新舊餉，第責成於撫按。帝悉從之。

帝操切，溫體仁以刻薄佐之，上下囂然。士升因撰四箴以獻，大指謂寬以御衆，簡以臨下，虛以宅心，平以出政，其言深中時病。帝雖優旨報聞，意殊不懌也。

無何，武生李璡請括江南富戶，報名輸官，行首實籍沒之法。士升惡之，擬旨下刑部提問，帝不許，同官溫體仁遂改輕擬。士升曰：「此亂本也，當以去就爭之。」乃疏言：「自陳啓新言事，擢置省闥。比來借端倖進者，實繁有徒，然未有誕肆如璡者也。其曰縉紳豪右之

家，大者千百萬，中者百十萬，以萬計者不能枚舉。臣不知其所指何地。就江南論之，富家數畝以對，百計者什六七，千計者什三四，萬計者千百中一二耳。江南如此，何況他省。且郡邑有富家，固貧民衣食之源也。地方水旱，有司令出錢粟，均糶濟饑，一遇寇警，令助城堡守禦，富家未嘗無益於國。周禮荒政十二，保富居一。今以兵荒歸罪於富家朘削，議括其財而籍沒之，此秦皇不行於巴清、漢武不行於卜式者，而欲行於聖明之世乎？今秦、晉、楚、豫已無寧宇，獨江南數郡稍安。此議一倡，無賴亡命相率而與富家爲難，不驅天下之民胥爲流寇不止。或疑此輩乃流寇心腹，倡橫議以搖人心，豈直借端倖進已哉！」疏入，而璡已下法司提問。帝報曰：「卽欲沽名，前疏已足致之，毋庸汲汲。」前疏謂四箴也。士升惶懼，引罪乞休。帝卽許之。

士升初入閣，體仁頗援之。體仁推轂謝陞、唐世濟，士升皆爲助。文震孟被擠，士升弗能救，論者咎之。至是乃以讜言去位。

弟士晉，萬曆中由進士除刑部主事。恤刑畿輔，平反者千百人。崇禎時，以山東右布政擢雲南巡撫。築師宗、新化六城，濬金針、白沙等河，平土官岑、儂兩姓之亂，頗著勞績。已而經歷吳鯤化訐其營賄，體仁卽擬嚴旨，且屬同官林釬弗洩，欲因弟以逐其兄。命下，而士

晉已卒，事乃已。士升，國變後七年乃卒。

成基命，字靖之，大名人，後避宣宗諱，以字行。萬曆三十五年進士。改庶吉士，歷司經局洗馬，署國子監司業事。天啓元年疏請幸學不先白政府。執政者不悅，令以原官還局，遂請告歸。尋起少詹事。累官禮部右侍郎兼太子賓客，改掌南京翰林院事。六年，魏忠賢以基命爲楊漣同門生，落職閒住。

崇禎元年起吏部左侍郎。明年十月，京師戒嚴，基命請召還舊輔孫承宗，省一切浮議，倣嘉靖朝故事，增設樞臣，帝並可之。踰月，拜禮部尚書兼東閣大學士，入閣輔政。庶吉士金聲薦僧申甫爲將，帝令基命閱其所部兵，極言不可用，後果一戰而敗。袁崇煥、祖大壽入衞，帝召見平臺，執崇煥屬吏，大壽在旁股慄。基命獨叩頭請愼重者再，帝曰：「愼重卽因循，何益？」基命復叩頭曰：「敵在城下，非他時比。」帝終不省。大壽至軍，卽擁衆東潰，帝憂之甚。基命曰：「令崇煥作手札招之，當歸命也。」時兵事孔棘，基命數建白，皆允行。及解嚴，〔二〕召對文華殿。帝言法紀廢弛，宜力振刷。基命曰：「治道去太甚，譬理亂絲，當覓其緒，驟紛更益擾亂。」帝曰：「慢則糾之以猛，何謂紛更？」其後溫體仁益導帝以操切，天下遂大亂。

三年二月，工部主事李逢申劾基命欲脫袁崇煥罪，故乞愼重。基命求罷，帝爲貶逢申一秩。韓爌、李標相繼去，基命遂爲首輔，與周延儒、何如寵、錢象坤共事。以恢復永平敍功，並加太子太保，進文淵閣。至六月，溫體仁、吳宗達入，延儒、體仁最爲帝所眷，比而傾基命，基命遂不安其位矣。方崇煥之議罪也，基命病足不入直。錦衣張道濬以委卸劾之，工部主事陸澄源疏繼上。基命奏辯曰：「澄源謂臣當兩首廷推，皆韓爌等欲藉以救崇煥。當廷推時，崇煥方倚任，安知後日之敗，預謀救之。其說祖逢申、道濬，不逐臣不止，乞放歸。」帝慰留之。卒三疏自引去。

基命性寬厚，每事持大體。先是，四城未復，兵部尚書梁廷棟銜總理馬世龍，將更置之，以撼樞輔承宗。基命力調劑，世龍卒收遵、永功。尚書張鳳翔、喬允升、韓繼思相繼下吏，並爲申理。副都御史易應昌下詔獄，以基命言，改下法司。御史李長春、給事中杜齊芳坐私書事，將置重典。基命力救，不聽，長跪會極門，言：「祖宗立法，眞死罪猶三覆奏，豈有詔獄一訊遽置極刑。」自辰至酉未起。帝意解，得遣戍。逢申初劾基命，後以礮炸下獄擬戍，帝猶以爲輕，亦以基命言得如擬。爲首輔者數月，帝欲委政延儒，遂爲其黨所逐。八年卒於家。贈少保，謚文穆。

何如寵，字康侯，桐城人。父思龍，知棲霞縣，有德於民。如寵登萬曆二十六年進士，由庶吉士累遷國子監祭酒。天啓時，官禮部右侍郎，協理詹事府。五年正月，廷推左侍郎，魏廣徵言如寵與左光斗同里友善，遂奪職閒住。

崇禎元年起爲吏部右侍郎。未至，拜禮部尚書。宗藩婚嫁命名，例請於朝。貧者爲部所稽，自萬曆末至是，積疏累千，有白首不能完家室，骨朽而尚未名者。用如寵請，貧宗得嫁娶者六百餘人。大學士劉鴻訓以增敕事，帝怒不測，如寵力爲剖析，得免死戍邊。明年冬，京師戒嚴，都人桀黠者，請以私財聚衆助官軍，朝議壯之。如寵力言其叵測，不善用，必啓內釁。帝召問，對如初。帝出片紙示之，則得之偵事，與如寵言合，由是受知。十二月命與周延儒、錢象坤俱以本官兼東閣大學士，入閣輔政。帝欲族袁崇煥，以如寵申救，免死者三百餘口。累加少保、戶部尚書、武英殿大學士。

四年春，副延儒總裁會試。事竣，即乞休，疏九上乃允。陛辭，陳惇大明作之道。抵家，復請時觀通鑑，察古今理亂忠佞，語甚切。六年，延儒罷政，體仁當爲首輔。而延儒憾體仁排己，謀起如寵以抑之。如寵畏體仁，六疏辭，體仁遂爲首輔。

如寵性孝友。母年九十，色養不衰。操行恬雅，與物無競，難進易退，世尤高之。十四年卒。福王時，贈太保，謚文端。

兄如申，與如寵同舉進士。官戶部郎中，督餉遼東。有清操，軍士請復留二載。終浙江右布政使。

錢象坤，字弘載，會稽人。萬曆二十九年進士。改庶吉士，授檢討，進諭德，轉庶子。泰昌改元，官少詹事，直講筵。講畢，見中官王安與執政議事，即趨出。安使人延之，堅不入。天啓中，給事中論織造，語侵中貴，詔予杖，閣臣救不得。象坤語葉向高講筵面奏之，乃免。時行立枷法，慘甚。象坤白之帝，多所寬釋。再遷禮部右侍郎兼太子賓客。

四年七月，向高辭位。御史黃公輔慮象坤柄政，請留向高，詆象坤甚力。象坤遂辭去。六年，廷推南京禮部尚書。魏忠賢私人指爲繆昌期黨，落職閒住。

崇禎元年召拜禮部尚書，協理詹事府。明年冬，都城被兵，條禦敵三策。奉命登陴分守，祁寒不懈。帝覘知，遂與何如寵並相。明年，溫體仁入，象坤其門生，讓而居其下。累加少保，進武英殿。象坤在翰林，與龍錫、謙益、士升並負物望，有「四錢」之目。及體仁相，無附和跡。

四年，御史水佳胤連劾兵部尚書梁廷棟，廷棟不待旨即奏辯。廷棟故出象坤門，佳胤疑象坤洩之，語侵象坤。延儒以廷棟嘗發其私人贓罪，惡之，并惡象坤。象坤遂五疏引疾去，廷棟落職。給事中吳執御、傅朝佑稱象坤難進易退，不當以門生累，不聽。家居十年，無病而卒。贈太保，謚文貞，廕一子中書舍人。

徐光啓，字子先，上海人。萬曆二十五年舉鄉試第一，又七年成進士。由庶吉士歷贊善。從西洋人利瑪竇學天文、曆算、火器，盡其術。遂徧習兵機、屯田、鹽筴、水利諸書。楊鎬四路喪師，京師大震。累疏請練兵自効。神宗壯之，超擢少詹事兼河南道御史。練兵通州，列上十議。時遼事方急，不能如所請。光啓疏爭，乃稍給以民兵戎械。

未幾，熹宗即位。光啓志不得展，請裁去，不聽。旣而以疾歸。遼陽破，召起之。還朝，力請多鑄西洋大礮，以資城守。帝善其言。方議用，而光啓與兵部尚書崔景榮議不合，御史丘兆麟劾之，復移疾歸。天啓三年起故官，旋擢禮部右侍郎。五年，魏忠賢黨智鋌劾之，落職閒住。

崇禎元年召還，復申練兵之說。未幾，以左侍郎理部事。帝憂國用不足，敕廷臣獻屯

鹽善策。光啓言屯政在乎墾荒，鹽政在嚴禁私販。帝褒納之，擢本部尚書。時帝以日食失驗，欲罪臺官。光啓言：「臺官測候本郭守敬法。元時嘗當食不食，守敬且爾，無怪臺官之失占。臣聞曆久必差，宜及時修正。」帝從其言，詔西洋人龍華民、鄧玉函、羅雅谷等推算曆法，光啓爲監督。

四年春正月，光啓進日躔曆指一卷、測天約說二卷、大測二卷、日躔表二卷、割圜八線表六卷、黃道升度七卷、黃赤距度表一卷、通率表一卷。是冬十月辛丑朔，日食，復上測候四說。其辯時差里差之法，最爲詳密。

五年五月以本官兼東閣大學士，入參機務，與鄭以偉並命。尋加太子太保，進文淵閣。光啓雅負經濟才，有志用世。及柄用，年已老，值周延儒、溫體仁專政，不能有所建白。明年十月卒。贈少保。

鄭以偉，字子器，上饒人。萬曆二十九年進士。改庶吉士，授檢討，累遷少詹事。泰昌元年官禮部右侍郎。天啓元年，光宗祔廟，當祧憲宗，太常少卿洪文衡以睿宗不當入廟，請祧奉玉芝宮，以偉不可而止，論者卒是文衡。尋以左侍郎協理詹事府。四年，以偉直講筵，與璫忤，上疏告歸。崇禎二年召拜禮部尚書。久之，與光啓並相。再辭，不允。以偉修潔自好，書過目不忘。文章奧博，而票擬非其所長。嘗曰：「吾富於萬卷，窘於數行，乃爲後進

所藐。」章疏中有「何況」二字，悞以爲人名也，擬旨提問，帝駁改始悟。自是詞臣爲帝輕，遂有館員須歷推知之論，而閣臣不專用翰林矣。以偉累乞休，不允。明年六月，卒官。贈太子太保。御史言光啓、以偉相繼沒，蓋棺之日，囊無餘貲，請優卹以媿貪墨者。帝納之，乃謚光啓文定，以偉文恪。

其後二年，同安林釬爲大學士，未半歲而卒。亦有言其淸者，得謚文穆。釬，字實甫，萬曆四十四年殿試第三人，授編修。天啓時，任國子司業。監生陸萬齡請建魏忠賢祠於太學旁，具簿醵金，强釬爲倡。釬援筆塗抹，卽夕挂冠欞星門徑歸。忠賢矯旨削其籍。崇禎改元，起少詹事。九年由禮部侍郎入閣，有謹愿誠恪之稱。

久之，帝念光啓博學强識，索其家遺書。子驥入謝，進農政全書六十卷。詔令有司刊布，加贈太保，錄其孫爲中書舍人。

文震孟，字文起，吳縣人，待詔徵明曾孫也。祖國子博士彭，父衞輝同知元發，並有名行。震孟弱冠以春秋舉於鄉，十赴會試。至天啓二年，殿試第一，授修撰。時魏忠賢漸用事，外廷應之，數斥逐大臣。震孟憤，於是冬十月上勤政講學疏，言：「今

四方多故，無歲不蹙地陷城，覆軍殺將，乃大小臣工臥薪嘗膽之日。而因循粉飾，將使祖宗天下日銷月削。非陛下大破常格，鼓舞豪傑心，天下事未知所終也。陛下昧爽臨朝，寒暑靡輟，政非不勤。然鴻臚引奏，跪拜起立，如傀儡登場已耳。請按祖宗制，唱六部六科，則六部六科以次白事，糾彈敷奏，陛下與輔弼大臣面裁決焉。則聖智日益明習，而百執事各有奮心。若僅揭帖一紙，長跪一諾，北面一揖，安取此鴛行豸繡、橫玉腰金者爲。經筵日講，臨御有期，學非不講。然侍臣進讀，鋪敍文辭，如蒙師誦說已耳。祖宗之朝，君臣相對，如家人父子。咨訪軍國重事，閭閻隱微，情形畢照，奸詐無所藏，左右近習亦無緣蒙蔽。若僅尊嚴如神，上下拱手，經傳典謨徒循故事，安取此正笏垂紳、展書簪筆者爲。且陛下旣與羣臣不洽，朝夕侍御不越中涓之輩，豈知帝王宏遠規模。於是危如山海，而閣臣一出，莫挽偸安之習；慘如黔圍，而撫臣坐視，不聞嚴譴之施。近日舉動，尤可異者。鄒元標去位，馮從吾杜門，首揆冢宰亦相率求退。空人國以營私窟，幾似濁流之投。詈道學以逐名賢，有甚僞學之禁。唐、宋末季，可爲前鑒。」

疏入，忠賢屛不卽奏。乘帝觀劇，摘疏中「傀儡登場」語，謂比帝於偶人，不殺無以示天下，帝頷之。一日，講筵畢，忠賢傳旨，廷杖震孟八十。首輔葉向高在告，次輔韓爌力爭。會庶吉士鄭鄤疏復入，內批俱貶秩調外。言官交章論救，不納。震孟亦不赴調而歸。六年

冬，太倉進士顧同寅、生員孫文豸坐以詩悼惜熊廷弼，爲兵馬司緝獲。御史門克新指爲妖言，波及震孟，與編修陳仁錫、庶吉士鄭鄤並斥爲民。

崇禎元年以侍讀召。改左中允，充日講官。三年春，輔臣定逆案者相繼去國，忠賢遺黨王永光輩日乘機報復，震孟抗疏糾之。帝方眷永光，不報。震孟尋進左諭德，掌司經局，直講如故。五月復上疏曰：「羣小合謀，欲借邊才翻逆案。天下有無才悞事之君子，必無懷忠報國之小人。今有平生無恥，慘殺名賢之呂純如，且藉奧援思辯雪。永光爲六卿長，假竊威福，倒置用舍，無事不專而濟以狠，發念必欺而飾以朴。以年例大典而變亂祖制，以考選盛舉而擯斥淸才。舉朝震恐，莫敢訟言。臣下雷同，豈國之福。」帝令指實再奏。震孟言：「殺名賢者，故吏部郎周順昌。年例則抑吏科都給事中陳良訓，考選則擯中書舍人陳士奇、潘有功是也。」永光辯疏得溫旨，而責震孟任情牽詆。然羣小翻案之謀亦由是中沮。

震孟在講筵，最嚴正。時大臣數逮繫，震孟講魯論「君使臣以禮」一章，反覆規諷，帝卽降旨出尙書喬允升、侍郎胡世賞於獄。帝嘗足加於膝，適講五子之歌，至「爲人上者，奈何不敬」，以目視帝足。帝卽袖掩之，徐爲引下。時稱「眞講官」。旣忤權臣，欲避去。出封益府，便道歸，遂不復出。

五年，卽家擢右庶子。久之，進少詹事。初，天啓時，詔修光宗實錄，禮部侍郎周炳謨載神宗時儲位臲卼及「妖書」、「梃擊」諸事，直筆無所阿。其後忠賢盜柄，御史石三畏劾削炳謨職。忠賢使其黨重修，是非倒置。震孟摘尤謬者數條，疏請改正。帝特御平臺，召廷臣面議，卒爲溫體仁、王應熊所沮。

八年正月，賊犯鳳陽皇陵。震孟歷陳致亂之源，因言：「當事諸臣，不能憂國奉公，一統之朝，强分畛域，加膝墜淵，總由恩怨。數年來，振綱肅紀者何事，推賢用能者何人，安內攘外者何道，富國强兵者何策。陛下宜奮然一怒，發哀痛之詔，按失律之誅，正誤國之罪，行撫綏之實政，寬閭閻之積逋。先收人心以遏寇盜，徐議濬財之源，毋徒竭澤而漁。盡斥患得患失之鄙夫，廣集羣策羣力以定亂，國事庶有瘳乎！」帝優旨報之，然亦不能盡行也。

故事，講筵不列春秋。帝以有裨治亂，令擇人進講。震孟，春秋名家，爲體仁所忌，隱不舉。次輔錢士升指及之，體仁佯驚曰：「幾失此人。」遂以其名上。及進講，果稱帝旨。

六月，帝將增置閣臣，召廷臣數十人，試以票擬。震孟引疾不入，體仁方在告。七月，帝特擢震孟禮部左侍郎兼東閣大學士，入閣預政。兩疏固辭，不許。閣臣被命，卽投刺司禮大奄，兼致儀狀，震孟獨否。掌司禮者曹化淳，故屬王安從奄，雅慕震孟，令人輾轉道意，卒不往。震孟旣入直，體仁每擬旨必商之，有所改必從，喜謂人曰：「溫公虛懷，何云奸

也？」同官何吾騶曰：「此人機深，詎可輕信。」越十餘日，體仁窺其疎，所擬不當，輒令改，不從，則徑抹去。震孟大慍，以諸疏擲體仁前，體仁亦不顧。

都給事中許譽卿者，故劾忠賢有聲，震孟及吾騶欲用爲南京太常卿。體仁忌譽卿伉直，諷吏部尚書謝陞劾其與福建布政使申紹芳營求美官。體仁擬以貶謫，度帝欲重擬必發改，已而果然。遂擬斥譽卿爲民，紹芳提問。震孟爭之不得，咈然曰：「科道爲民，是天下極榮事，賴公玉成之。」體仁遽以聞。帝果怒，責吾騶、震孟徇私撓亂。吾騶罷，震孟落職閑住。

方震孟之拜命也，卽有旨撤鎮守中官。及次輔王應熊之去，忌者謂震孟爲之。由是有譖其居功者，帝意遂移。震孟剛方貞介，有古大臣風。惜三月而斥，未竟其用。歸半歲，會甥姚希孟卒，哭之慟，亦卒。廷臣請卹，不允。十二年詔復故官。十五年贈禮部尚書，賜祭葬，官一子。福王時，追諡文肅。二子秉、乘。乘遭國變，死於難。

周炳謨，字仲覲，無錫人。父子義，嘉靖中庶吉士，萬曆中仕至吏部侍郎，卒謚文恪。炳謨，萬曆三十二年進士。當重修光宗實錄時，炳謨已先卒。崇禎初，贈禮部尚書，謚文簡。父子皆以學行稱於世。

蔣德璟，字申葆，晉江人。父光彥，江西副使。德璟，天啓二年進士。改庶吉士，授編修。崇禎時，由侍讀歷遷少詹事，條奏救荒事宜。尋擢禮部右侍郎。時議限民田，德璟言：「民田不可奪，而足食莫如貴粟。北平、山、陝、江北諸處，宜聽民開墾，及課種桑棗，修農田水利。府縣官考滿，以是爲殿最。至常平義倉，歲輸本色，依令甲行之足矣。」十四年春，楊嗣昌卒於軍，命九卿議罪。德璟議曰：「嗣昌倡聚斂之議，加剿餉、練餉，致天下民窮財盡，胥爲盜。又匿失事，飾首功。宜按仇鸞事，追正其罪。」不從。

十五年二月，耕耤禮成，請召還原任侍郎陳子壯、祭酒倪元璐等，帝皆錄用。六月，廷推閣臣，首德璟。入對，言邊臣須久任，薊督半載更五人，事將益廢弛。帝曰：「不稱當更。」對曰：「與其更於後，曷若愼於初。」帝問天變何由弭，對曰：「莫如拯百姓。近加遼餉千萬，〔三〕練餉七百萬，民何以堪！祖制，三協止一督、一撫、一總兵，今增二督、三撫、六總兵，又設副將數十人，權不統一，何由制勝！」帝頷之。首輔周延儒嘗薦德璟淵博，可備顧問，文體華贍，宜用之代言。遂擢德璟及黃景昉、吳甡爲禮部尚書兼東閣大學士，同入直。延儒、甡各樹門戶，德璟無所比。性鯁直，黃道周召用，劉宗周免罪，德璟之力居多。開封久被圍，自請馳督諸將戰，優詔不允。

明年進御覽備邊冊。凡九邊十六鎮新舊兵食之數，及屯、鹽、民運、漕糧、馬價悉志焉。已，進諸邊撫賞冊及御覽簡明冊。帝深嘉之。諸邊士馬報戶部者，浮兵部過半，耗糧居多，而屯田、鹽引、民運，每鎮至數十百萬，一聽之邊臣。天津海道輸薊、遼歲米豆三百萬，惟倉場督臣及天津撫臣出入，部中皆不稽覈。德璟語部臣，合部運津運、各邊民運、屯、鹽，通爲計畫，餉額可足，而加派之餉可裁。因復條十事以責部臣，然卒不能盡釐也。

一日召對，帝語及練兵。德璟曰：「會典，高皇帝敎練軍士，一以弓弩刀鎗行賞罰，此練軍法。衞所總、小旂補役，以鎗勝負爲升降。凡武弁比試，必騎射精嫻，方准襲替，此練將法。豈至今方設兵？」帝爲悚然。又言：「祖制，各邊養軍止屯、鹽、民運三者，原無京運銀。自正統時始有數萬，迄萬曆末，亦止三百餘萬。今則遼餉、練餉并舊餉計二千餘萬，而兵反少於往時，耗蠹乃如此。」又言：「文皇帝設京衞七十二，計軍四十萬。畿內八府，軍二十八萬。又有中都、大寧、山東、河南班軍十六萬。〔四〕春秋入京操演，深得居重馭輕勢。今皆虛冒。且自來征討皆用衞所官軍，嘉靖末，始募兵，遂置軍不用。至加派日增，軍民兩困。願憲章二祖，修復舊制。」帝是之，而不果行。

十七年，戶部主事蔣臣請行鈔法。言歲造三千萬貫，一貫價一兩，歲可得銀三千萬兩。

侍郎王鼇永贊行之。帝特設內寶鈔局，晝夜督造。募商發賣，無一人應者。德璟言：「百姓雖愚，誰肯以一金買一紙。」帝不聽。又因局官言，責取桑穰二百萬斤於畿輔、山東、河南、浙江。德璟力爭，帝留其揭不下，後竟獲免。先以軍儲不足，歲僉畿輔、山東、河南富戶，給值令買米豆輸天津，多至百萬，民大擾。德璟因召對面陳其害，帝卽令擬諭罷之。

二月，帝以賊勢漸逼，令羣臣會議，以二十二日奏聞。都御史李邦華密疏云輔臣知而不敢言。翼日，帝手其疏問何事。陳演以少詹事項煜東宮南遷議對，帝取視默然。德璟從旁力贊，帝不答。

給事中光時亨追論練餉之害。德璟擬旨：「向來聚斂小人倡爲練餉，致民窮禍結，誤國良深。」帝不悅，詰曰：「聚斂小人誰也？」德璟不敢斥嗣昌，以故尚書李待問對。帝曰：「朕非聚斂，但欲練兵耳。」德璟曰：「陛下豈肯聚斂。然既有舊餉五百萬，新餉九百餘萬，復增練餉七百三十萬，臣部實難辭責。且所練兵馬安在？薊督練四萬五千，今止二萬五千。保督練三萬，今止二千五百。保鎮練一萬，今止二百。若山、永兵七萬八千，薊、密兵十萬，昌平兵四萬，宣大、山西及陝西三邊各二十餘萬，一經抽練，原額兵馬俱不問，并所抽亦未練，徒增餉七百餘萬，爲民累耳。」帝曰：「今已并三餉爲一，何必多言。」德璟曰：「戶部雖并爲一，州縣追比，仍是三餉。」帝震怒，責以朋比。德璟力辯，諸輔臣爲申救。尚書倪元璐以鈔餉乃戶部職，自引咎，帝意稍解。明日，德璟具疏引罪。帝雖旋罷練餉，而德璟竟以三月二日去位。給事中汪惟效、檢討傅鼎銓等交章乞留，不聽。德璟聞山西陷，未敢行。及知廷臣留己，卽辭朝，移寓外城。賊至，得亡去。

福王立於南京，召入閣。自陳三罪，固辭。明年，唐王立於福州，與何吾騶、黃景昉並召。又明年以足疾辭歸。九月，王事敗，而德璟適病篤，遂以是月卒。

黃景昉，字太穉，亦晉江人。天啓五年進士。由庶吉士歷官庶子，直日講。崇禎十一年，帝御經筵，問用人之道。景昉言「近日考選不公，推官成勇、朱天麟廉能素著，乃不得預清華選」。又言「刑部尚書鄭三俊四朝元老，至清無儔，不當久繫獄」。退復上章論之，三俊旋獲釋，勇等亦俱改官。

景昉尋進少詹事。嘗召對，言：「近撤還監視中官高起潛，關外輒聞警報，疑此中有隱情。臣家海濱，見沿海將吏每遇調發，卽報海警，冀得復留。觸類而推，其情自見。」帝頷之。十四年以詹事兼掌翰林院。時庶常停選已久，景昉具疏請復，又請召還修撰劉同升、編修趙士春，皆不報。

十五年六月召對稱旨，與蔣德璟、吳甡並相。明年並加太子少保，改戶部尚書、文淵閣。

南京操江故設文武二員，帝欲裁去文臣，專任誠意伯劉孔昭。副都御史惠世揚遲久不至，帝命削其籍。景昉俱揭爭，帝不悅，遂連疏引歸。唐王時，召入直，未幾，復告歸。國變後，家居十數年始卒。

方岳貢，字四長，穀城人。天啓二年進士。授戶部主事，進郎中。歷典倉庫，督永平糧儲，並以廉謹聞。

崇禎元年出爲松江知府。海濱多盜，捕得輒杖殺之。郡東南臨大海，颶潮衝擊，時爲民患。築石堤二十里許，遂爲永利。郡漕京師數十萬石，而諸倉乃相距五里，爲築城垣護之，名曰「倉城」。他救荒助役，修學課士，咸有成績，舉卓異者數矣。薛國觀敗，其私人上海王陛彥下吏，素有郤，因言岳貢嘗餽國觀三千金，遂被逮。士民詣闕訟冤，巡撫黃希憲亦白其誣，下法司讞奏。一日，帝晏見輔臣，問：「有一知府積俸十餘年，屢舉卓異者誰也？」蔣德璟以岳貢對。帝曰：「今安在？」德璟復以陛彥株連對，帝頷之。法司讞上，言行賄無實跡，宜復官。帝獎其清執，報可。

無何，給事中方士亮薦岳貢及蘇州知府陳洪謐，乃擢山東副使兼右參議，總理江南糧儲。所督漕艘，如期抵通州。帝大喜。吏部尚書鄭三俊舉天下廉能監司五人，岳貢與焉。帝趣使入對，見於平臺，問爲政何先，對曰：「欲天下治平，在擇守令。察守令賢否，在監司。察監司賢否，在巡方。察巡方賢否，在總憲。總憲得人，御史安敢以身試法。」帝善之，賜食，日晡乃出。越六日，卽超擢左副都御史。嘗召對，帝適以事詰吏部尚書李遇知。遇知曰：「臣正糾駁。」岳貢曰：「何不卽題參？」深合帝意。翼日命以本官兼東閣大學士，時十六年十一月也。故事，閣臣無帶都御史銜者，自岳貢始。

岳貢本吏材。及爲相，務勾檢簿書，請覈赦前舊賦，意主搜括，聲名甚損。十七年二月命以戶、兵二部尚書兼文淵閣大學士總督漕運、屯田、練兵諸務，駐濟寧。已而不行。李自成陷京師，岳貢及丘瑜被執，幽劉宗敏所。賊索銀，岳貢素廉，貧無以應，拷掠備至。搜其邸，無所有，松江賈人爲代輸千金。四月朔日與瑜並釋。十二日，賊旣殺陳演等，令監守者幷殺二人。監守者奉以繯，二人並縊死。

丘瑜，宜城人。天啓五年進士。由庶吉士授檢討。崇禎中，屢遷少詹事。襄陽陷，瑜上言卹難宗、擇才吏、旌死節、停催征、蘇郵困、禁勞役六事。帝採納焉。歷禮部左右侍郎。因召對，言：「督師孫傳庭出關，安危所係，愼勿促之輕出。俾鎭定關中，猶可號召諸將，相

機進剿。」帝不能從。十七年正月以本官兼東閣大學士，同范景文入閣。都城陷，受拷掠者再，搜獲止二千金，旣而被害。

瑜子之陶，年少有幹略。李自成陷宜城，瑜父民忠罵賊而死。之陶被獲，用爲兵政府從事，尋以本府侍郎守襄陽。襄陽尹牛佺，賊相金星子，其倚任不如也。之陶以蠟丸書貽傳庭曰：「督師與之戰，吾詭言左鎭兵大至，搖其心，彼必返顧。督師擊其後，吾從中起，賊可滅也。」傳庭大喜，報書如其言，爲賊邏者所得。傳庭恃內應，連營前進，之陶果舉火，報左兵大至。自成驗得其詐，召而示以傳庭書，責其負己。之陶大罵曰：「吾恨不斬汝萬段，豈從汝反耶！」賊怒，支解之。

贊曰：莊烈帝在位僅十七年，輔相至五十餘人。其克保令名者，數人而已，若標等是也。基命能推轂舊輔以定危難，震孟以風節顯，德璟諳悉舊章。以陸喜之論薛瑩者觀之，所謂侃然體國，執正不懼，斟酌時宜，時獻徽益者乎。至於扶危定傾，殆非易言也。嗚呼，國步方艱，人材亦與俱盡，其所由來者漸矣。

校勘記

〔一〕七年五月辛戌所　七年五月，國榷卷九二頁五五八三作「五年正月庚戌」，明史考證攟逸卷二五引倪元璐所撰墓誌，亦作「五年正月」，疑傳文誤。

〔二〕十二月逮至下獄　十二月，本書卷二三莊烈帝紀作「九月己卯」。

〔三〕及解嚴　解嚴，原作「戒嚴」，據明史稿傳一三〇成基命傳改。

〔四〕近加遼餉千萬　千萬，原作「十萬」。明史稿傳一三〇蔣德璟傳作「千餘萬」。按本書卷七八食貨志引御史郝晉言「近加派遼餉至九百萬」。「十」字顯係「千」字之譌，今改正。

〔五〕又有中都大寧山東河南班軍十六萬　中都，原作「中部」。明史稿傳一三〇蔣德璟傳作「中都」。按「中都」是指「中都留守司」，今改正。

明史卷二百五十二

列傳第一百四十

楊嗣昌　吳甡

楊嗣昌，字文弱，武陵人。萬曆三十八年進士。改除杭州府教授。遷南京國子監博士，累進戶部郎中。天啓初，引疾歸。

崇禎元年起河南副使，加右參政，移霸州。四年移山海關飭兵備。父鶴，總督陝西被逮。嗣昌三疏請代，得減死。五年夏，擢右僉都御史，巡撫永平、山海諸處。嗣昌父子不附奄，無嫌於東林。侍郎遷安郭鞏以逆案謫戍廣西，其鄉人爲訟冤。嗣昌以部民故，聞於朝，給事中姚思孝駁之，自是與東林郄。

七年秋，拜兵部右侍郎兼右僉都御史，總督宣、大、山西軍務。時中原饑，羣盜蜂起。嗣昌請開金銀銅錫礦，以解散其黨。又六疏陳邊事，多所規畫。帝異其才。以父憂去，復遭

繼母喪。

九年秋，兵部尚書張鳳翼卒，帝顧廷臣無可任者，卽家起嗣昌。三疏辭，不許。明年三月抵京，召對。嗣昌通籍後，積歲林居，博涉文籍，多識先朝故事，工筆札，有口辨。帝與語，大信愛之。鳳翼故柔靡，兵事無所區畫。嗣昌銳意振刷，帝益以爲能。每對必移時，所奏請無不聽，曰：「恨用卿晚。」嗣昌乃議大舉平賊。請以陝西、河南、湖廣、江北爲四正，四巡撫分勦而專防，以延綏、山西、山東、江南、江西、四川爲六隅，六巡撫分防而協勦，是謂十面之網。而總督、總理二臣，隨賊所向，專征討。福建巡撫熊文燦者，討海賊有功，大言自詭足辦賊。嗣昌聞而善之。會總督洪承疇、王家禎分駐陝西、河南。〔一〕家禎故庸材，不足任，嗣昌乃薦文燦代之。因議增兵十二萬，增餉二百八十萬。其措餉之策有四：曰因糧，曰溢地，曰事例，曰驛遞。因糧者，因舊額之糧，量爲加派，畝輸糧六合，石折銀八錢，傷地不與，歲得銀百九十二萬九千有奇。溢地者，民間土田溢原額者，核實輸賦，歲得銀四十萬六千有奇。事例者，富民輸資爲監生，一歲而止。驛遞者，前此郵驛裁省之銀，以二十萬充餉。議上，帝乃傳諭：「流寇延蔓，生民塗炭，不集兵無以平寇，不增賦無以餉兵。勉從廷議，暫累吾民一年，除此腹心大患。其改因糧爲均輸，布告天下，使知爲民去害之意。」尋議諸州縣練壯丁捍本土，詔撫按飭行。

賊攻淅川，左良玉不救，城陷。山西總兵王忠援河南，稱疾不進，兵譟而歸。嗣昌請逮戮失事諸帥，以肅軍令。遂逮忠及故總兵張全昌。良玉以六安功，落職戴罪自贖。

嗣昌既建「四正六隅」之說，欲專委重文燦。文燦顧主撫議，與前策牴牾。帝譙讓文燦，嗣昌亦心望。既已任之，則曲爲之解。乃上疏曰：「網張十面，必以河南、陝西爲殺賊之地。然陝有李自成、惠登相等，大部未能剿絕，法當驅關東賊不使合，而使陝撫斷商、雒，鄖撫斷鄖、襄，安撫斷英、六，鳳撫斷亳、潁，而應撫之軍出靈、陝，保撫之軍渡延津。然後總理提邊兵，監臣提禁旅，豫撫提陳永福諸軍，幷力合剿。若關中大賊逸出關東，則秦督提曹變蛟等出關協擊。期三月盡諸劇寇。巡撫不用命，立解其兵柄，簡一監司代之。總兵不用命，立奪其帥印，簡一副將代之。監司、副將以下，悉以尙方劍從事。則人人効力，何賊不平。」乃剋今年十二月至明年二月爲滅賊之期。帝可其奏。

是時，賊大入四川，朝士尤洪承疇縱賊。嗣昌因言於帝曰：「熊文燦在事三月，承疇七年不效。論者繩文燦急，而承疇縱寇莫爲言。」帝知嗣昌有意左右之，變色曰：「督、理二臣但責成及時平賊，奈何以久近藉之口！」嗣昌乃不敢言。文燦既主撫議，所加餉天子遣一侍郎督之，本藉以剿賊，文燦悉以資撫。帝既不復詰，廷臣亦莫言之。

至明年三月，嗣昌以滅賊踰期，疏引罪，薦人自代。帝不許，而命察行間功罪，乃上疏

曰：「洪承疇專辦秦賊，賊往來秦、蜀自如，剿撫俱無功，不免於罪。熊文燦兼辦江北、河南、湖廣賊，撫劉國能、張獻忠，戰舞陽、光山，剿撫俱有功，應免罪。諸巡撫則河南常道立、湖廣余應桂有功，陝西孫傳庭、山西宋賢、山東顏繼祖、保定張其平、江南張國維、江西解學龍、浙江喻思恂有勞，鄖陽戴東旻無功過，鳳陽朱大典、安慶史可法宜策勵圖功。總兵則河南左良玉有功，陝西曹變蛟、左光先無功，山西虎大威、山東倪寵、江北牟文綬、保定錢中選有勞無功，河南張任學、寧夏祖大弼無功過。承疇宜遣逮，因軍民愛戴，請削宮保、尙書，以侍郎行事。變蛟、光先貶五秩，與大弼期五月平賊，踰期幷承疇逮治。大典貶三秩，可法戴罪自贖。」議上，帝悉從之。

嗣昌既終右文燦，而文燦實不知兵。既降國能、獻忠，謂撫必可恃。嗣昌亦陰主之，所請無不曲徇，自是不復言「十面張網」之策矣。是月，帝御經筵畢，嗣昌奏對有「善戰服上刑」等語。帝怫然，詰之曰：「今天下一統，非戰國兵爭比。小醜跳梁，不能伸大司馬九伐之法，奈何爲是言？」嗣昌慚。

當是時，流賊既大熾，朝廷又有東顧憂，嗣昌復陰主互市策。適太陰掩熒惑，帝減膳修省，嗣昌則歷引漢永平、唐元和、宋太平興國事，蓋爲互市地云。給事中何楷疏駁之，給事中錢增、御史林蘭友相繼論列，帝不問。

六月改禮部尙書兼東閣大學士，入參機務，仍掌兵部事。嗣昌既以奪情入政府，又奪情起陳新甲總督，於是楷、蘭友及少詹事黃道周抗疏詆斥，修撰劉同升、編修趙士春繼之。帝怒，並鐫三級，留翰林。刑部主事張若麒上疏醜詆道周，遂鐫道周六級，幷同升、士春皆謫外。已而南京御史成勇、兵部尙書范景文等言之，亦獲譴。嗣昌自是益不理於人口。

我大清兵入牆子嶺、青口山，薊遼總督吳阿衡方醉，不能軍，敗死。京城戒嚴，召盧象昇帥師入衞。象昇主戰，嗣昌與監督中官高起潛主款，議不合，交惡。編修楊廷麟劾嗣昌誤國。嗣昌怒，改廷麟職方主事監象昇軍，而戒諸將毋輕戰。諸將本恇怯，率藉口持重觀望，所在列城多破。嗣昌據軍中報，請旨授方略。比下軍前，則機宜已變，進止乖違，疆事益壞云。象昇既陣亡，嗣昌亦貶三秩，戴罪視事。

十二年正月，濟南告陷，德王被執，遊騎直抵兗州。〔二〕二月，大清兵北旋，給事中李希沆言：「聖明御極以來，北兵三至。己巳之罪未正，致有丙子。丙子之罪未正，致有今日。」語侵嗣昌。御史王志舉亦劾嗣昌誤國四大罪，請用丁汝夔、袁崇煥故事。帝怒，希沆貶秩，志舉奪官。初，帝以嗣昌才而用之，非廷臣意。知其必有言，言者輒斥。嗣昌既有罪，帝又數逐言官，中外益不平。嗣昌亦不自安，屢疏引罪，乃落職冠帶視事。未幾，以敍功復之。

先是，京師被兵，樞臣皆坐罪。二年，王洽下獄死，復論大辟。九年，張鳳翼出督師，服

毒死，猶削籍。及是，亡七十餘城，而帝眷嗣昌不衰。嗣昌乃薦四川巡撫傅宗龍自代。帝命嗣昌議文武諸臣失事罪，分五等：曰守邊失機，曰殘破城邑，曰失陷藩封，曰失亡主帥，曰縱敵出塞。於是中官則薊鎭總監鄧希詔、分監孫茂霖，巡撫則順天陳祖苞、保定張其平、山東顏繼祖，總兵則薊鎭吳國俊、陳國威，山東倪寵，援剿祖寬、李重鎭及他副將以下，至州縣有司，凡三十六人，〔三〕同日棄市。而嗣昌貶削不及，物議益譁。

當戒嚴時，廷臣多請練邊兵。嗣昌因定議：宣府、大同、山西三鎭兵十七萬八千八百有奇，三總兵各練萬，總督練三萬。以二萬駐懷來，一萬駐陽和，東西策應。餘授鎭監、巡撫以下分練。延綏、寧夏、甘肅、固原、臨洮五鎭兵十五萬五千七百有奇。五總兵各練萬，總督練三萬。以二萬駐固原，一萬駐延安，東西策應。餘授巡撫、副將以下分練。遼東、薊鎭兵二十四萬有奇。五總兵各練萬，總督練五萬。外自錦州，內抵居庸，東西策應。餘授鎭監、巡撫以下分練。汰通州、昌平督治二侍郎，設保定一總督，合畿輔、山東、河北兵，得十五萬七千有奇。四總兵各練二萬，總督練三萬。北自昌平，南抵河北，聞警策應。餘授巡撫以下分練。又以畿輔重地，議增監司四人。於是大名、廣平、順德增一人，眞定、保定、河間各一人。薊遼總督下增監軍三人。議上，帝悉從之。嗣昌所議兵凡七十三萬有奇，然民流餉絀，未嘗有實也。

帝又採副將楊德政議，府汰通判，設練備，秩次守備，州汰判官，縣汰主簿，設練總，秩次把總，並受轄於正官，專練民兵。府千，州七百，縣五百，捍鄉土，不他調。嗣昌以勢有緩急，請先行畿輔、山東、河南、山西，從之。於是有練餉之議。初，嗣昌增剿餉，期一年而止。後餉盡而賊未平，詔徵其半。至是，督餉侍郎張伯鯨請全徵。帝慮失信，嗣昌曰：「無傷也，加賦出於土田，土田盡歸有力家，百畝增銀三四錢，稍抑兼并耳。」大學士薛國觀、程國祥皆贊之。於是剿餉外復增練餉七百三十萬。論者謂：「九邊自有額餉，概予新餉，則舊者安歸？邊兵多虛額，今指爲實數，餉盡虛糜，而練數仍不足。且兵以分防不能常聚，故有抽練之議，抽練而其餘遂不問。且抽練仍虛文，邊防愈益弱。至州縣民兵益無實，徒糜厚餉。」以嗣昌主之，事鉅莫敢難也。神宗末增賦五百二十萬，崇禎初再增百四十萬，總名遼餉。至是，復增剿餉、練餉，額溢之。先後增賦千六百七十萬。〔四〕民不聊生，益起爲盜矣。

五月，熊文燦所撫賊張獻忠反穀城，羅汝才等九營皆反。八月，傅宗龍抵京，嗣昌解部務，還內閣。〔五〕帝大驚，詔逮文燦。特旨命嗣昌督師，賜尚方劍，以便宜誅賞。九月朔，召見平臺。嗣昌曰：「君言不宿於家，臣朝受命，夕啓行，軍資甲仗望敕所司遄發。」帝悅，曰：「卿能如此，朕復何憂。」翌日，賜白金百、大紅紵絲四表裏、斗牛衣一、賞功銀四萬、銀牌千五百、幣帛千。嗣昌條七事以獻，悉報可。四日召見賜宴，手觴三爵，

御製贈行詩一章。嗣昌跪誦，拜且泣。越二日，陛辭，賜膳。二十九日抵襄陽，入文燦軍。文燦就逮，嗣昌猶爲疏辯云。

十月朔，嗣昌大誓三軍，督理中官劉元斌，湖廣巡撫方孔炤，總兵官左良玉、陳洪範等畢會。賊賀一龍等掠葉，圍沈丘，焚項城之郛，寇光山。副將張琮、刁明忠率京軍踰山行九十里，及其巢。先驅射賊，殪絳袍而馳者二人，追奔四十里，斬首千七百五十。嗣昌稱詔頒賜。十一月，興世王王國寧以衆千人來歸，受之於襄陽，處其妻子樊城。表良玉平賊將軍。〔六〕諸將積驕玩，無鬬志。獻忠、羅汝才、惠登相等八營遁鄖陽、興安山間，掠南漳、穀城、房、竹山、竹谿。嗣昌鞭刁明忠，斬監軍僉事殷大白以徇。檄巡撫方孔炤遣楊世恩、羅安邦剿汝才、登相，〔七〕全軍覆於香油坪。嗣昌劾逮孔炤，奏辟永州推官萬元吉爲軍前監紀，從之。

當是時，李自成潛伏陝右，賀一龍、左金王等四營跳梁漢東，嗣昌專剿獻忠。獻忠屢敗於興安，求撫，不許。其黨托天王常國安、金翅鵰劉希原來降，獻忠走入川，良玉追之。嗣昌牒令還，良玉不從。十三年二月七日與陝西副將賀人龍、李國奇夾擊獻忠於瑪瑙山，〔八〕大破之，斬馘三千六百二十，〔九〕墜巖谷死者無算。其黨掃地王曹威等授首，十反王楊友賢率衆降。是月也，帝念嗣昌，發銀萬兩犒師，賜斗牛衣、良馬、金鞍各二。使者甫出國門，而

瑪瑙山之捷至。大悅，再發銀五萬，幣帛千犒師。論功，加太子少保。而湖廣將張應元、汪之鳳敗賊水右壩，〔一〇〕獲其軍師。四川將張令、方國安敗之千江河。李國奇、賀人龍等敗之寒溪寺、鹽井。川、陝、湖廣諸將畢集，復連敗之黃墩、木瓜溪，軍聲大振。汝才、登相求撫，獻忠持之，斂兵南漳、遠安間。殺安撫官姚宗中，走大寧、大昌，犯巫山，爲川中患。獻忠遁興安、平利山中，良玉圍而不攻，賊得收散亡，由興安、房縣走白羊山而西，與汝才等合。嗣昌以羣賊合，其勢復張，乃由襄陽赴夷陵，扼其要害。帝念嗣昌行間勞苦，賜敕發賞功銀萬，賜鞍馬二。罷鄖陽撫治王鰲永，詔廢將猛如虎軍前立功。黃得功、宋紀大破賊商城，賀一龍五大部降而復叛。鄭嘉棟、賀人龍大破汝才、登相開縣。汝才偕小秦王東奔，登相越開縣而西，自是二賊始分。

當是時，諸部士馬居山谷，罹炎暑瘴毒，物故十二三。京兵之在荆門、雲南兵之在簡坪、湖廣兵之在馬蝗坡者，久屯思歸，夜亡多。關河大旱，人相食，土寇蜂起。陝西賨開遠、河南李際遇爲之魁。饑民從之，所在告警。嗣昌以聞。帝發帑金五萬，營醫藥，責諸將進兵。而陝之長武，川之新寧、大竹，湖廣之羅田又相繼報陷。嗣昌乃下招撫令，爲諭帖萬紙，散之賊中。七月，監軍孔貞會等大破汝才豐邑坪。其黨混世王、小秦王率其下降，賊魁整十萬及登相、王光恩亦相繼降。於是羣賊盡萃於蜀中。嗣昌遂入川，以八月泛舟上，

謂川地阨塞，諸軍合而蹙之，可盡殄。而人龍以秦師自開縣譟而西歸，應元等敗績於夔之土地嶺，獻忠勢復張，汝才與之合。聞督師西，遂急趨大昌，犯觀音巖，守將邵仲光不能禦，遂突淨壁，陷大昌。嗣昌斬仲光，劾逮四川巡撫邵捷春。賊遂渡河至通江，嗣昌至萬縣。賊攻巴州不下。嗣昌至梁山，檄諸將分擊。賊已陷劍州，趨保寧，將由間道入漢中。趙光遠、賀人龍拒之，賊乃轉掠，陷梓潼、昭化，抵綿州，將趨成都。十一月，嗣昌至重慶。賊攻羅江，不克，走綿竹。嗣昌至順慶，諸將不會師。賊轉掠至漢州，去中江百里，守將方國安避之去，賊遂縱掠什邡、綿竹、安縣、德陽、金堂間。所至空城而遁，全蜀大震。賊遂由水道下簡州、資陽。嗣昌徵諸將合擊，皆退縮。屢徵良玉兵，又不至。賊遂陷榮昌、永川。十二月，陷瀘州。

自賊再入川，諸將無一邀擊者。嗣昌雖屢檄，令不行。其在重慶也，下令赦汝才罪，降則授官，惟獻忠不赦，擒斬者賚萬金，爵侯。翌日，自堂皇至庖湢，遍題「有斬督師獻者，賚白金三錢」。嗣昌駭愕，疑左右皆賊，勒三日進兵。會雨雪道斷，復戒期。三檄人龍，不奉令。初，嗣昌表良玉平賊將軍，良玉寖驕，欲貴人龍以抗之。既以瑪瑙山功不果，人龍慍，反以情告良玉，良玉亦慍。語載良玉、人龍傳。

嗣昌雖有才，然好自用。躬親簿書，過於繁碎。軍行必自裁進止，千里待報，坐失機

會。王鰲永嘗諫之，不納。及鰲永罷官，上書於朝曰：「嗣昌用師一年，蕩平未奏，此非謀慮之不長，正由操心之太苦也。天下事，總挈大綱則易，獨周萬目則難。況賊情瞬息更變，今舉數千里征伐機宜，盡出嗣昌一人，文牒往返，動踰旬月，坐失事機，無怪乎經年之不戰也。其閒能自出奇者，惟瑪瑙山一役。若必遵督輔號令，良玉當退守興安，無此捷矣。臣以爲陛下之任嗣昌，不必令其與諸將同功罪，但責其提衡諸將之功罪。嗣昌之馭諸將，不必人人授以機宜，但覈其機宜之當否。則嗣昌心有餘閒，自能決奇制勝，何至久延歲月，老師糜餉爲哉。」

先是，嗣昌以諸將進止不一，納幕下評事元吉言，用猛如虎爲總統，張應元副之。比賊入瀘州，如虎及賀人龍、趙光遠軍至，賊復渡南溪，越成都，走漢州、德陽、綿州、劍州、昭化至廣元，又走巴州、達州。諸軍疲極，惟如虎軍躡其後。十四年正月，嗣昌知賊必出川，遂統舟師下雲陽，檄諸軍陸行追賊。人龍軍旣譟而西，頓兵廣元不進，所恃惟如虎。比與賊戰開縣、黃陵城，大敗，將士死亡過半。如虎突圍免，馬贏關防盡爲賊有。

初，賊竄南溪，元吉欲從閒道出梓潼，扼歸路以待賊。嗣昌檄諸軍躡賊疾追，不得拒賊遠，令他逸。諸將乃盡從瀘州逐後塵。賊折而東返，歸路盡空，不可復遏，嗣昌始悔不用元吉言。賊遂下夔門，抵興山，攻當陽，犯荊門。嗣昌至夷陵，檄良玉兵，使十九返。良玉撤

興、房兵趨漢中，若相避然。賊所至，燒驛舍，殺塘卒，東西消息中斷。鄖陽撫治袁繼咸聞賊至當陽，急謀發兵。獻忠令汝才與相持，而自以輕騎一日夜馳三百里，殺督師使者於道，取軍符。以二月十一日抵襄陽近郊，用二十八騎持軍符先馳呼城門督師調兵，守者合符而信，入之。夜半從中起，城遂陷。

獻忠縛襄王置堂下，屬之酒，曰：「吾欲斷楊嗣昌頭，嗣昌在遠。今借王頭，俾嗣昌以陷藩伏法。王努力盡此酒。」遂害之。未幾，渡漢水，走河南，與賀一龍、左金王諸賊合。嗣昌初以襄陽重鎭，仞深溝方洫而三環之，造飛梁，設橫枑，陳利兵而譏訶，非符要合者不得渡。嗣昌江、漢閒列城數十，倚襄陽爲天險，賊乃出不意而破之。嗣昌在夷陵，驚悸，上疏請死。下至荊州之沙市，聞洛陽已於正月被陷，福王遇害，益憂懼，遂不食。以三月朔日卒，年五十四。

廷臣聞襄陽之變，交章論列，而嗣昌已死矣。繼咸及河南巡按高名衡以自裁聞，其子則以病卒報，莫能明也。帝甚傷悼之，命丁啓睿代督師。傳諭廷臣：「輔臣二載辛勞，一朝畢命，然功不掩過，其議罪以聞。」定國公徐允禎等請以失陷城寨律議斬。上傳制曰：「故輔嗣昌奉命督剿，無城守專責，乃詐城夜襲之檄，嚴飭再三，地方若罔聞知。及違制陷城，專罪督輔，非通論。且臨戎二載，屢著捷功，盡瘁殞身，勤勞難泯。」乃昭雪嗣昌罪，賜祭，歸其

喪於武陵。嗣昌先以剿賊功進太子少傅，旣死，論臨、藍平盜功，進太子太傅。〔一〕廷臣猶追論不已，帝終念之。後獻忠陷武陵，心恨嗣昌，發其七世祖墓，焚嗣昌夫婦柩，斷其屍見血，其子孫獲半體改葬焉。

吳甡，字鹿友，揚州興化人。萬曆四十一年進士。歷知邵武、晉江、濰縣。天啓二年徵授御史。初入臺，趙南星擬以年例出之。甡乃薦方震孺等，而追論崔文昇、李可灼罪，遂得留。後又諫內操宜罷，請召還鄒元標、馮從吾、文震孟，乃積與魏忠賢忤。七年二月削其籍。

崇禎改元，起故官。溫體仁訐錢謙益，周延儒助之。甡恐帝卽用二人，言枚卜大典當就廷推中簡用，事乃止。時大治忠賢黨，又值京察，甡言此輩罪惡非考功法所能盡，宜先定其罪，毋混察典。御史任贊化以劾體仁譴，甡論救，而力詆王永光媢嫉，請罷黜。皆不納。出按河南。妖人聚徒劫村落，甡遍捕賊魁誅之。奉命振延綏饑，因諭散賊黨。帝聞，卽命按陝西。劾大將杜文煥冒功，置之法。數爲民請命，奏無不允。遷大理寺丞，進左通政。

七年九月超擢右僉都御史，巡撫山西。甡歷陳防禦、邊寇、練兵、恤民四難，及議兵、議將、議餉、議用人四事。每歲暮扼河防秦、豫賊，連三歲，無一賊潛渡，以閒修築邊牆。八年四月上疏言：「晉民有三苦。一苦凶荒，無計餬口。一苦追呼，無力輸租。一苦殺掠，無策保全。由此悉爲盜。請蠲最殘破地十州縣租。」帝卽敕議行。戶部請稅閒架，甡力爭，弗聽。其秋，我大清平察哈爾國，旋師略朔州，直抵忻、代，守將屢敗。總督楊嗣昌遣副將自代州往偵，亦敗走。甡鐫五級，嗣昌及大同巡撫葉廷桂鐫三級，俱戴罪視事。先是，定襄縣地震者再，甡曰：「此必有東師也。」飭有司繕守具，已而果入。定襄以有備，獨不被兵。山西大盜賀宗漢、劉浩然、高加計皆前巡撫戴君恩所撫，擁衆自恣。甡陽爲撫慰，而密令參將虎大威、劉光祚等圖之，以次皆被殲。甡行軍樹二白旗，脅從及老弱婦女跪其下，卽免死，全活甚衆。在晉四年，軍民戴若慈母。謝病歸。

十一年二月起兵部左侍郎。其冬，尚書楊嗣昌言邊關戒嚴，甡及添注侍郎惠世揚久不至，請改推。帝怒，落職閒住。十三年冬起故官。明年命協理戎政。帝嘗問京營軍何以使練者盡精，汰者不譁，甡對曰：「京營邊勇營萬二千專練騎射，壯丁二萬專練火器，廩給厚，而技與散兵無異。宜行分練法，技精者，散兵拔爲邊勇，否則邊勇降爲散兵，壯丁亦然。老弱者汰補，革弊當以漸，不可使知有汰兵意。」帝然之。又問別立戰營，能得堪戰者

五萬否，甡對：「京營兵合堪戰。承平日久，發兵剿賊，輒沿途僱充。將領利月餉，游民利剽敓，歸營則本軍復充伍。今練兵法要在選將，有戰將自有戰兵，五萬非難。但法忌紛更，不必別立戰營也。」帝顧兵部尚書陳新甲，令速選將，而諭甡具疏以聞。賜果餌，拜謝出。

十五年六月擢禮部尚書兼東閣大學士。周延儒再相，馮銓力爲多，延儒許復其冠帶。銓果以捐資振饑屬撫按題敍，延儒擬優旨下戶部。公議大沸，延儒患之。馮元飆爲甡謀，說延儒引甡共爲銓地。延儒默援之，甡遂得柄用。及延儒語銓事，甡唯唯，退召戶部尚書傅淑訓，告以逆案不可翻，寢其疏不覆。延儒始悟爲甡紿。延儒欲起張捷爲南京右都御史，甡力尼之。甡居江北，延儒居江南，各樹黨。延儒引用錦衣都督駱養性，甡持不可。後帝論諸司弊竇，甡言錦衣尤甚，延儒亦言緹騎之害，帝並納之。

十六年三月，帝以襄陽、荊州、承天連陷，召對廷臣，隕涕謂甡曰：「卿向歷巖疆，可往督湖廣師。」甡具疏請得精兵三萬，自金陵趨武昌，扼賊南下。帝方念湖北，覽疏不悅，留中。甡請面對，帝御文昭閣，諭以所需兵多，猝難集。南京隔遠，不必退守。甡奏：「左良玉跋扈甚，督師嗣昌九檄徵兵，一旅不發。臣不如嗣昌，而良玉踞江、漢甚於曩時。臣節制不行，徒損威重。南京從襄陽順流下，窺伺甚易，宜兼顧，非退守。」大學士陳演言：「督師出，則督、撫兵皆其兵。」甡言：「臣請兵，正爲督、撫無兵耳。使臣束手待賊，事機一失，有不忍

言者。」帝乃令兵部速議發兵。尚書張國維請以總兵唐通、馬科及京營兵共一萬畀甡。又言此兵方北征，俟敵退始可調。帝命姑俟之。甡屢請，帝曰：「徐之，敵退兵自集，卿獨往何益？」

踰月，延儒出督師，朝受命，夕啓行。蔣德璟謂倪元璐曰：「上欲吳公速行，緩言相慰者，試之耳，覷首輔疾趨可見。」甡卒遲回不肯行。部所撥唐通兵，演又請留，云關門不可無備。甡不得已，以五月辭朝。先一日出勞從騎，帝猶命中官賜銀牌給賞。越宿忽下詔責其逗遛，命輟行入直。甡惶恐，兩疏引罪，遂許致仕。既行，演及駱養性交搆之，帝益怒。至七月，親鞫吳昌時，作色曰：「兩輔臣負朕，朕待延儒厚，乃納賄行私，罔知國法。命甡督師，百方延緩，爲委卸地。延儒被糾，甡何獨無？」既而曰：「朕雖言，終必無糾者，錦衣衞可宣甡候旨。」甡入都，敕法司議罪。十一月遣戍金齒。南京兵部尚書史可法馳疏救，不從。

明年，行次南康，聞都城變。未幾，福王立於南京，赦還，復故秩。吏部尚書張愼言議召用甡，爲勛臣劉孔昭等所阻。國變後，久之，卒於家。

贊曰：明季士大夫問錢穀不知，問甲兵不知，於是嗣昌得以才顯。然迄無成功者，得非功罪淆於愛憎，機宜失於遙制故耶？吳甡按山右有聲，及爲相，遂不能有爲。進不以正，其能正邦乎。抑時勢實難，非命世材，固罔知攸濟也。

校勘記

〔一〕會總督洪承疇王家禎分駐陝西河南　王家禎，原作「王家楨」。本書卷二五八湯開遠傳、明史稿傳一三八楊嗣昌傳都作「王家禎」。本書卷二六四和明史稿傳一四六都有王家禎傳，事跡與此合，據改。下同。

〔二〕遊騎直抵兗州　直抵，原作「北抵」，據明史稿傳一三八楊嗣昌傳改。

〔三〕凡三十六人　本書卷二四莊烈帝紀作「三十三人」。

〔四〕先後增賦千六百七十萬　按本書卷七八食貨志引御史郝晉言，加派「遼餉」九百萬，「剿餉」三百三十萬，「練餉」七百三十多萬，共一千九百六十多萬。志、傳不盡同。

〔五〕未幾羅狹山敗書聞　羅狹山，本書卷二四莊烈帝紀及卷二七三左良玉傳都作「羅猴山」。卷三〇九張獻忠傳、綏寇紀略卷六及懷陵流寇始終錄卷一二作「羅狹山」。明史紀事本末卷七七作「羅喉山」。明通鑑卷八六莊烈帝紀考異引三編質實云：「羅狹山，一名羅猴山。」「羅猴」，疑當作「羅喉」，爲九曜之一。

〔六〕表良玉平賊將軍　傳文繫此事於崇禎十二年十一月。本書卷二四莊烈帝紀、國榷卷九七頁五八五一、懷陵流寇始終錄卷一二都繫於本年十月。

〔七〕檄巡撫方孔炤遣楊世恩羅安邦剿汝才登相　羅安邦，原作「羅萬邦」，據本書卷二六〇鄭崇儉傳、卷二六九湯九州傳，明史稿傳一三八楊嗣昌傳，懷陵流寇始終錄卷一二改。

〔八〕十三年二月七日至擊獻忠於瑪瑙山　原脫「十三年」。按瑪瑙山之戰發生於崇禎十三年二月七日，見本書卷二四莊烈帝紀及其他有關文獻，今補。

〔九〕斬馘三千六百二十　瑪瑙山之戰，明兵屠殺義軍人數，各書記載不一。本書卷三〇九張獻忠傳作「斬首千三百餘級」，明史稿傳一三八楊嗣昌傳作「斬馘三千五百有奇」，懷宗實錄卷一三崇禎十三年二月壬子條作「斬二千八百八十七級」，國榷卷九七頁五八五六作「左兵斬二千二百八十七級」，「秦兵斬首一千三百三十有三」，綏寇紀略卷七同國榷，懷陵流寇始終錄卷一三作「斬首二千三百級」。國榷及綏寇紀略總數與本文數字合，明史稿與本文大數合。張獻忠傳與國榷所稱秦兵殺義軍數合。

〔一〇〕敗賊水右壩　水右壩，原作「水石壩」，據本書卷三〇九張獻忠傳、明史稿傳一八三張獻忠傳、綏寇紀略卷七、懷陵流寇始終錄卷一三改。

〔一一〕嗣昌先以剿賊功進太子少傅既死論臨藍平盜功進太子太傅　少傅，本書卷一〇九宰輔年表、

國榷卷九七頁五八九一作「少保」。太傅，懷宗實錄卷一四崇禎十四年三月丙子條、國榷卷九七頁五八九一、懷陵流寇始終錄卷一四作「太保」。

明史卷二百五十三

列傳第一百四十一

王應熊 何吾騶　張至發 孔貞運　黃士俊　劉宇亮　薛國觀 袁愷　程國祥 蔡國用　范復粹　方逢年　張四知等　陳演　魏藻德 李建泰

王應熊，字非熊，巴縣人。萬曆四十一年進士。天啓中，歷官詹事，以憂歸。崇禎三年召拜禮部右侍郎。明年冬，帝遣宦官出守邊鎭，應熊上言：「陛下焦勞求治，何一不倚信羣臣，乃羣臣不肯任勞任怨，致陛下萬不獲已，權遣近侍監理。書之青史，謂有聖明不世出之主，而羣工不克仰承，直當愧死。且自神宗以來，士習人心不知職掌何事，有舉會典律例告之者，反訐爲申、韓刑名。近日諸臣之病，非臨事不擔當之故，乃平時未講求之過也；亦非因循於夙習之故，實憓忘於舊章之過也。」語皆迎帝意，遂蒙眷注。嘗酗酒，詬尙書黃汝良，爲給事中馮元飆所劾。汝良爲之隱，乃解。五年進左侍郎，元飆發其貪汙狀，帝不省。

應熊博學多才，熟諳典故，而性谿刻强很，人多畏之。周延儒、溫體仁援以自助，咸與親善。及延儒罷，體仁援益力。六年冬，廷推閣臣，應熊望輕不與，特旨擢禮部尙書兼東閣大學士，與何吾騶並入參機務。命下，朝野胥駭。給事中章正宸劾之曰：「應熊强愎自張，縱橫爲習，小才足覆短，小辨足濟貪。今大用，必且芟除異己，報復恩讎，混淆毁譽。況狠籍封靡，淪於市行。顧收還成命，別選忠良。且訛言謂左右先容，由他途以進，使天下薰心捷足之徒馳騁而起，爲聖德累不小。」帝大怒，下正宸詔獄，削籍歸。有勸應熊爲文彥博者，應熊咈然，佯具疏引退，語多憤激。屢爲給事中范淑泰、御史吳履中所攻，帝皆不問。

八年正月，流賊陷鳳陽，毁皇陵。巡撫楊一鵬，應熊座主；巡按吳振纓，體仁姻也。二人恐帝震怒，留一鵬、振纓疏未上，俟恢復報同奏之，遂擬旨令撫按戴罪。主事鄭爾說、胡江交章詆應熊、體仁朋比悞國，帝怒謫二人，而給事中何楷、許譽卿、范淑泰，御史張纘曾、吳履中、張肯堂言之不已。淑泰言：「一鵬恢復疏以正月二十一日，核察失事情形疏以正月二十八日，天下有未失事先恢復者哉？應熊改塡月日，欺誑之罪難辭。」且劾其他受賄事。帝顧應熊厚，皆不聽，而鐫楷、纘曾秩，慰諭應熊。應熊亦屢疏辯，謂「座主門生，誼不容薄，敢辭比之名。票擬實臣起草，敢辭悞之罪。」楷益憤，屢疏糾之，最後復疏言：「故事，奏章非發抄，外人無由聞，非奉旨，邸報不許抄傳。臣疏六月初十日上，十四日始奉明旨，應熊乃於十三日奏辯。旨尚未下，應熊何由知？臣不解者一。且旨下必由六科抄發。臣疏十四日下，而百戶趙光修先送錦衣堂上官，則疏可不由科抄矣。臣不解者二。」應熊始懼，具疏引罪。帝下其家人及直日中書七人於獄。獄具，家人戍邊，中書貶二秩。應熊乃屢疏乞休去，乘傳賜道里費，行人護行。帝亦知應熊不協人望，特已所拔擢，不欲以人言去也。

十二年遣官存問。其弟應熙橫於鄉，鄉人詣闕擊登聞鼓，列狀至四百八十餘條，贓一百七十餘萬，詞連應熊。詔下撫按勘究。會應熊復召，事得解。

時延儒再相，患言者攻己，獨念應熊剛很，可藉以制之，力言於帝。十五年冬，遣行人召應熊。明年六月，應熊未至，延儒已罷歸。給事中龔鼎孳密疏言：「陛下召應熊，必因其秉國之日，衆口交攻，以爲孤立無黨，孰知其同年密契，肺腑深聯，恃延儒在也。臣去年入都，聞應熊賄延儒爲再召計。延儒對衆大言，至嘗欲起巴縣。巴縣者，應熊也。未幾，召命果下。以政本重地，私相援引，是延儒雖去猶未去，天下事何堪再悞！」帝得疏心動，留未下。已而延儒被逮，不卽赴，俟應熊至，始尾之行。一日，帝顧中官曰：「延儒何久不至？」對曰：「需王應熊先入耳。」帝益疑之。九月，應熊至，宿朝房。請入對，不許，請歸田，許之，乃輒

沮而返。

十七年三月，京師陷。五月，福王立於南京。八月，張獻忠陷四川。乃改應熊兵部尙書兼文淵閣大學士，總督川、湖、雲、貴軍務，專辦川寇。時川中諸郡，惟遵義未下，應熊入守之。縞素誓師，開幕府，傳檄討賊。明年奏上方略，請敕川陝、湖貴兩總督，鄖陽、湖廣、貴州、雲南四巡撫出師合討。幷劾四川巡撫馬乾縱兵淫掠，[一]革職提問。命未達而南都亡，乾居職如故。已而獻忠死，諸將楊展等各據州縣自雄，應熊不能制。其部將曾英最有功，復重慶，屢破賊兵。王祥亦出師綦江相掎角。祥才武不及英，而應熊委任過之。又明年十月，獻忠餘黨孫可望、李定國等南走重慶，英戰歿。可望襲破遵義，應熊遁入永寧山中，旋卒於畢節衞。一子陽禧，死於兵，竟無後。

何吾騶，香山人。萬曆四十七年進士。由庶吉士歷官少詹事。崇禎五年擢禮部右侍郎。六年十一月加尙書，同王應熊入閣。溫體仁久柄政，欲斥給事中許譽卿。已擬旨，文震孟爭之，吾騶亦助爲言。體仁訐奏，帝奪震孟官，兼罷吾騶。詳見震孟傳。

居久之，唐王自立於福州，召爲首輔，與鄭芝龍議事輒相牴牾。閩疆旣失，踉蹌回廣州。永明王以原官召之，爲給事中金堡、大理寺少卿趙昱等所攻。引疾辭去，卒於家。

張至發，淄川人。萬曆二十九年進士。歷知玉田、遵化。行取，授禮部主事，改御史。時齊、楚、浙三黨方熾。至發，齊黨也，上疏陳內降之弊。因言：「陛下惡結黨，而秉揆者先不能超然門戶外。頃讀科臣疏云：『日來慰諭輔臣溫旨，輔臣與司禮自相參定，方聽御批。』果若人言，天下事尙可問耶？」語皆刺葉向高，帝不報。時言官爭排東林，戶部郎中李朴不平，抗疏爭。至發遂劾朴背公死黨，誑語欺君，帝亦不報。

尋出按河南。福王之藩洛陽，中使相望於道。至發以禮裁之，無敢橫。宗祿不給，爲置義田，以贍貧者。四十三年，豫省饑，請留餉備振，又請改折漕糧，皆報聞。還朝，引病歸。

天啓元年進大理寺丞。三年請終養。魏忠賢黨薦之，矯旨令吏部擢用，至發方養親不出。

崇禎五年起順天府丞，進光祿卿。精覈積弊，多所釐正，遂受帝知。八年春，遷刑部右侍郎。六月，帝將增置閣臣。以翰林不習世務，思用他官參之。召廷臣數十人，各授一疏，令擬旨。遂擢至發禮部左侍郎兼東閣大學士，與文震孟同入直。自世宗朝許讚後，外僚入

閣，自至發始。

時溫體仁爲首輔，錢士升、王應熊、何吾騶次之。越二年，體仁輩盡去，至發遂爲首輔。萬曆中，申時行、王錫爵先後柄政，大旨相紹述，謂之「傳衣鉢」。至發代體仁，一切守其所爲，而才智機變遜之，以位次居首，非帝之所注也。嘗簡東宮講官，擯黃道周，爲給事中馮元飆所刺。至發怒，兩疏詆道周，而極頌體仁孤執不欺，復爲編修吳偉業所劾。講官項煜論至發把持考選，庇兒女姻任濬而抑成勇。至發上章辯，帝遂逐煜去。

內閣中書黃應恩悍戾，體仁、至發輩倚任之，恃勢恣橫。及爲正字，不當復爲東宮侍書，恐帝與太子開講同日也。至發不諳故事，令兼之。應恩不能兼，講官撰講義送應恩繕錄，拒不納。檢討楊士聰論之，至發揭寢其疏。士聰復上書閣中，極論其事，至發終庇之。會復故總督楊鶴官，許給誥命，應恩當撰文。因其子嗣昌得君，力爲洗雪。忤旨，將加罪，至發擬公揭救。同官孔貞運、傅冠曰：「曩許士柔事，吾輩未嘗救，獨救應恩何也？」至發咈然曰：「公等不救，我自救之。」連上三揭。帝不聽，特降諭削應恩籍。嗣昌疏救，亦不聽。無何，大理寺副曹荃發應恩賕請事，詞連至發。至發憤，連疏請勘。帝雖優旨褒答，卒下應恩獄。至發乃具疏，自謂當去者三，而未嘗引疾。忽得旨回籍調理，時人傳笑，以爲遵旨患病云。

至發頗清强。起自外吏，諸翰林多不服。又始終惡異己，不能虛公延攬。帝亦惡其洩漏機密，聽之去。且不遣行人護行，但令乘傳，賜道里費六十金、彩幣二表裏，視首輔去國彝典，僅得半焉。既歸，捐貲改建淄城，賜敕優獎。俄以徽號禮成，遣官存問。十四年夏，帝思用舊臣，特敕召周延儒、賀逢聖及至發，獨至發四疏辭。明年七月病歿。先屢加太子太傅、禮部尚書、文淵閣大學士。及卒，贈少保，祭葬、廕子如制。

代至發爲首輔者，孔貞運。代貞運者，劉宇亮。

貞運，句容人，至聖六十三代孫也。萬曆四十七年以殿試第二人授編修。天啓中，充經筵展書官，纂修兩朝實錄。莊烈帝嗣位，貞運進講皇明寶訓，稱述祖宗勤政講學事，帝嘉納之。崇禎元年擢國子監祭酒，尋進少詹，仍管監事。二年正月，帝臨雍，貞運進講書經。唐貞觀時，祭酒孔穎達講孝經，有釋奠頌。孔氏子孫以國師進講，至貞運乃再見。帝以聖裔故，從優賜一品服。冬十月，畿輔被兵，條上禦敵城守應援數策。尋以艱歸。六年服闋，起南京禮部侍郎。越二年，還吏部左侍郎。

九年六月與賀逢聖、黃士俊並入內閣。時體仁當國，欲重治復社，值其在告，貞運從寬結之。體仁怒語人曰：「句容亦聽人提索矣。」自是不敢有所建白。及至發去位，貞運代之，

乃揭救鄭三俊、錢謙益，俱從寬擬。帝親定考選諸臣，下輔臣再閱，貞運及薛國觀有所更。迨命下，閣擬悉不從，而帝以所擇十八卷下部議行。適新御史郭景昌等謁貞運於朝房，貞運言所下諸卷，說多難行。景昌與辯，退卽上疏劾之。帝雖奪景昌俸，貞運卒引歸。十七年五月，莊烈帝哀詔至。貞運哭臨，慟絕不能起。舁歸，得疾遽卒。

黃士俊，順德人。萬曆三十五年殿試第一。授修撰，歷官禮部尚書。崇禎九年入閣，累加少傅，予告歸。父母俱在堂，錦衣侍養，人以爲榮。唐王以原官召，未赴。後相永明王，耄不能決事，數爲臺省論列。辭歸而卒。

劉宇亮，綿竹人。萬曆四十七年進士。屢遷吏部右侍郎。崇禎十年八月擢禮部尚書，與傅冠、薛國觀同入閣。宇亮短小精悍，善擊劍。居翰林，常與家僮角逐爲樂。性不嗜書，館中纂修、直講、典試諸事，皆不得與。座主錢士升爲之援，又力排同鄉王應熊，張己聲譽，竟獲大用。明年六月，貞運罷歸，遂代爲首輔。其冬，都城戒嚴，命閱視三大營及勇衞營軍士，兩日而畢。又閱視內城九門，外城七門，皆苟且卒事。時大清兵深入，帝憂甚，宇亮自請督察軍情。帝喜，卽革總督盧象昇任，命宇亮往代。

宇亮請督察，而帝忽改爲總督，大懼，與國觀及楊嗣昌謀，且具疏自言。乃留象昇，而宇亮仍往督察，各鎮勤王兵皆屬焉。甫抵保定，聞象昇戰歿。過安平，偵者報大清兵將至，相顧無人色，急趨晉州避之。知州陳弘緒閉門不納，士民亦歃血誓不延一兵。宇亮大怒，傳令箭：「亟納師，否則軍法從事。」弘緒亦傳語曰：「督師之來以禦敵也，今敵且至，奈何避之？芻糧不繼，責有司。欲入城，不敢聞命。」宇亮乃馳疏劾之，有旨逮治。州民詣闕訟冤，願以身代者千計，弘緒得鐫級調用。帝自是疑宇亮不任事，徒擾民矣。

明年正月至天津。憤諸將退避，疏論之，因及總兵劉光祚逗遛狀。國觀方冀爲首輔，與嗣昌謀傾宇亮，遽擬旨軍前斬光祚。比旨下，光祚適有武清之捷，宇亮乃繫光祚於獄，而具疏乞宥，繼上武清捷音。國觀乃擬嚴旨，責以前後矛盾，下九卿科道議。僉謂宇亮玩弄國憲，大不敬。宇亮疏辯，部議落職閒住。給事中陳啓新、沈迅復重劾之，改擬削籍。帝令戴罪圖功，事平再議。宇亮竟以此去位，而國觀代爲首輔矣。已而定失事者五案，宇亮終免議。久之，卒於家。

薛國觀，韓城人。萬曆四十七年進士。授萊州推官。天啓四年擢戶部給事中，數有建

白。魏忠賢擅權，朝士爭擊東林。國觀所劾御史游士任、操江都御史熊明遇、保定巡撫張鳳翔、兵部侍郎蕭近高、刑部尚書喬允升，皆東林也。尋遷兵科右給事中，於疆事亦多所論奏。忠賢遣內臣出鎮，偕同官疏爭。七年再遷刑科都給事中。

崇禎改元，忠賢遺黨有欲用王化貞，寬近高，〔三〕出胡嘉棟者，國觀力持不可。奉命察北鎮醫無閭，還言關內外營伍虛耗、將吏侵剋之弊，因薦大將滿桂才。帝褒以忠讜，令指將吏侵剋者名。列上副將王應暉等六人，詔俱屬之吏。陝西盜起，偕鄉人仕於朝者，請設防速剿，并追論故巡撫喬應甲納賄縱盜罪。削應甲籍，籍其贓。國觀先附忠賢，至是大治忠賢黨，爲南京御史袁燿然所劾。國觀懼，且虞掛察典，思所以撓之，乃劾吏科都給事中沈惟炳、兵科給事中許譽卿，言：「兩人主盟東林，與瞿式耜掌握枚卜。文華召對，陛下惡章允儒妄言，嚴旨處分。譽卿乃持一疏授惟炳，使同官劉斯琜邀臣列名，臣拒不應，遂使燿然劾臣。臣自立有品，不入東林，遂罹其害。今朝局惟論東林異同向背，借崔、魏爲題，報仇傾陷。今又把持京察，而式耜以被斥之人，久居郭外，遙制察典，舉朝無敢言。」末詆燿然賄劉鴻訓得御史。帝雖以撓察典責之，國觀卒免察。然清議不容，旋以終養去。

三年秋，用御史陳其猷薦，起兵科都給事中。遭母憂，服闋，起禮科都給事中，還太常少卿。九年擢左僉都御史。明年八月拜禮部左侍郎兼東閣大學士，入參機務。國觀爲人陰

鷙谿刻，不學少文。溫體仁因其素仇東林，密薦於帝，遂超擢大用之。

十一年六月進禮部尚書。其冬，首輔劉宇亮出督師，國觀與楊嗣昌比，搆罷宇亮。明年二月代其位。敍勦寇功，加太子太保、戶部尚書，進文淵閣。敍城守功，加少保、吏部尚書，進武英殿。

先爲首輔者，體仁最當帝意，居位久。及張至發、孔貞運、劉宇亮繼之，皆非帝意所屬，故旋罷去。國觀得志，一踵體仁所爲，導帝以深刻，而才智彌不及，操守亦弗如。帝初頗信嚮之，久而覺其奸，遂及於禍。

始帝燕見國觀，語及朝士貪婪。國觀對曰：「使廠衞得人，安敢如是。」東廠太監王德化在側，汗流沾背，於是專察其陰事。國觀任中書王陛彥，而惡中書周國興、楊餘洪，以漏詔旨、招權利劾之，並下詔獄。兩人老矣，斃廷杖下。其家人密緝國觀通賄事，報東廠。而國觀前匿史𡼖所寄銀，周、楊兩家又誘𡼖蒼頭首告。由是諸事悉上聞，帝意漸移。史𡼖者，清苑人。爲御史無行，善結納中官，爲王永光死黨。巡按淮、揚，括庫中贓罰銀十餘萬入己橐。攝巡鹽，又掩取前官張錫命貯庫銀二十餘萬。及以少卿家居，檢討楊士聰劾吏部尚書田唯嘉納周汝弼金八千推延綏巡撫，𡼖居間，并發𡼖盜鹽課事。𡼖得旨自陳，遂訐士聰，而鹽課則請敕淮、揚監督中官楊顯名核奏。俄而錫命子沆訐𡼖，給事中張焜

芳復劾𡼖侵盜有據。〔三〕又嘗勒富人于承祖萬金，事發，則遣家人齎重貲謀於黠吏，圖改舊籍。帝乃怒，褫𡼖職。𡼖急攜數萬金入都，主國觀邸。謀既定，出疏攻焜芳及其弟炳芳、煒芳。閣臣多徇𡼖，擬嚴旨。帝不聽，止奪焜芳官候訊。及顯名核疏上，力爲𡼖解，而不能諱者六萬金，𡼖下獄。會有兵事，獄久不結，瘐死。都人籍籍，謂𡼖所攜貲盡爲國觀有。家人證之，事大著。國觀猶力辨𡼖贓爲黨人搆陷，帝不聽。

帝初憂國用不足，國觀請借助，言：「在外羣僚，臣等任之；在內戚畹，非獨斷不可。」因以武清侯李國瑞爲言。國瑞者，孝定太后兄孫，帝曾祖母家也。國瑞薄庶兄國臣，國臣憤，詭言「父貲四十萬，臣當得其半，今請助國爲軍貲」。帝初未允。因國觀言，欲盡借所言四十萬者，不應則勒期嚴追。或教國瑞匿貲勿獻，拆毀居第，陳什器通衢鬻之，示無所有。嘉定伯周奎與有連，代爲請。帝怒，奪國瑞爵，國瑞悸死。有司追不已，戚畹皆自危。因皇五子病，交通宦官宮妾，倡言孝定太后已爲九蓮菩薩，空中責帝薄外家，諸皇子盡當殀，降神於皇五子。俄皇子卒，帝大恐，急封國瑞七歲兒存善爲侯，盡還所納金銀，而追恨國觀，待隙而發。國觀素惡行人吳昌時。及考選，昌時虞國觀抑己，因其門人以求見。國觀僞與交驩，擬第一，當得吏科。迨命下，乃得禮部主事。昌時大恨，以爲賣己，與所善東廠理刑吳道正謀，發丁憂侍郎蔡奕琛行賄國觀事。帝聞之，益疑。

十三年六月，楊嗣昌出督師，有所陳奏。帝令擬諭，國觀乃擬旨以進。帝遂發怒，下五府九卿科道議奏。掌都督府魏國公徐允禎、吏部尚書傅永淳等不測帝意，議頗輕，請令致仕或閒住。帝度科道必言之，獨給事中袁愷會議不署名，且疏論永淳徇私狀，而微詆國觀藐肆妬嫉。帝不懌，抵疏於地曰：「成何糾疏！」遂奪國觀職，放之歸，怒猶未已。

國觀出都，重車纍纍，偵事者復以聞。而東廠所遣伺國觀邸者，値陛彥至，執之，得其招搖通賄狀。詞所連及，永淳、奕琛暨通政使李夢辰、刑部主事朱永佑等十一人。命下陛彥詔獄窮治。頃之，愷再疏，盡發國觀納賄諸事，永淳、奕琛與焉。國觀連疏力辨，詆愷受昌時指使，帝不納。

至十月，陛彥獄未成，帝以行賄有據，卽命棄市，而遣使逮國觀。國觀遷延久不赴，明年七月入都。令待命外邸，不以屬吏，國觀自謂必不死。八月初八日夕，監刑者至門，猶鼾睡。及聞詔使皆緋衣，蹶然曰：「吾死矣！」倉皇覓小帽不得，取蒼頭帽覆之。宣詔畢，頓首不能出聲，但言「吳昌時殺我」，乃就縊。明日，使者還奏。又明日許收斂，懸梁者兩日矣。輔臣戮死，自世廟夏言後，此再見云。法司坐其贓九千，沒入田六百畝，故宅一區。國觀險忮，然罪不至死。帝徒以私憤殺之，贓又懸坐，人頗有冤之者。

袁愷，聊城人。既劾罪國觀，後爲給事中宋之普所傾，罷去。福王時，起故官，道卒。

程國祥，字仲若，上元人。舉萬曆三十二年進士。歷知確山、光山二縣，有清名。遷南京吏部主事，乞養歸。服闋，起禮部主事。天啓四年，吏部尚書趙南星知其可任，調爲己屬，更歷四司。發御史楊玉珂請屬，玉珂被謫，國祥亦引疾歸。其冬，魏忠賢既逐南星，御史張訥劾國祥爲南星邪黨，遂除名。

崇禎二年起稽勳員外郎。遷考功郎中，主外計，時稱公愼。御史龔守忠詆國祥通賄，國祥疏辯。帝褒以清執，下都察院核奏，事得白，守忠坐褫官。尋遷大理右寺丞。歷太常卿、南京通政使，就遷工部侍郎，復調戶部。

九年冬，〔四〕召拜戶部尚書。楊嗣昌議增餉，國祥不敢違。而是時度支益匱，四方奏報災傷者相繼。國祥多方區畫，亦時有所蠲減。最後建議，借都城賃舍一季租，可得五十萬，帝遂行之。勳戚奄豎悉隱匿不奏，所得僅十三萬，而怨聲載途。然帝由是眷國祥。

十一年六月，帝將增置閣臣，出御中極殿，召廷臣七十餘人親試之。發策言：「年來天災頻仍，今夏旱益甚，金星晝見五旬，四月山西大雪。朝廷腹心耳目臣，務避嫌怨。有司舉

劾，情賄關其心。剋期平賊無功，而剿兵難撤。外敵生心，邊餉日絀。民貧既甚，正供猶艱。有司侵削百方，如火益熱。若何處置得宜，禁戢有法，卿等悉心以對。」會天大雨，諸臣面對後，漏已深，終考者止三十七人。顧帝意已前定，特假是爲名耳。居數日，改國祥禮部尚書，與楊嗣昌、方逢年、蔡國用、范復粹俱兼東閣大學士，入參機務。時劉宇亮爲首輔，傅冠、薛國觀次之，又驟增國祥等五人。國觀、嗣昌最用事。國祥委蛇其間，自守而已。明年四月召對，無一言。帝傳諭責國祥緘默，大負委任。國祥遂乞休去。

國祥始受業於焦竑。歷任卿相，布衣蔬食，不改儒素。與其子上俱撰有詩集。國祥歿後，家貧，不能舉火。上營葬畢，感疾卒，無嗣。

蔡國用，金谿人。萬曆三十八年進士。由中書舍人擢御史。天啓五年陳時政六事，詆葉向高、趙南星，而薦亓詩教、趙興邦、邵輔忠、姚宗文等七人。魏忠賢喜，矯旨褒納。尋忤璫意，勒令閒住。

崇禎元年起故官，屢遷工部右侍郎。督修都城，需石甚急，不克辦。國用建議取牙石用之。牙石者，舊列崇文、宣武兩街，備駕出除道者也。帝閱城，嘉其功，遂欲大用。十一年六月，廷推閣臣，國用望輕，不獲與，特旨擢禮部尚書，入閣辦事。累加少保，改吏部尚

書、武英殿。[五]十三年六月卒於官，贈太保，謚文恪。國用居位清謹，與同列張四知皆庸才，碌碌無所見。

范復粹，黃縣人。萬曆四十七年進士。除開封府推官。崇禎元年爲御史。廷議移毛文龍內地，復粹言：「海外億萬生靈誰非赤子，倘棲身無所，必各據一島爲盜，後患方深。」又言：「袁崇煥功在全遼，而尚寶卿董懋中詆爲逆黨所庇，持論狂謬。」懋中遂落職，文龍亦不果移。

巡按江西，請禁有司害民六事。時大釐郵傳積弊，減削過甚，反累民，復粹極陳不便。丁艱歸。服闋，還朝，出按陝西。陳治標治本之策：以任將、設防、留餉爲治標；廣屯、蠲賦、招撫爲治本。帝褒納之。廷議有司督賦缺額，兼罪撫按，復粹力言不可。

由大理右寺丞進左少卿。居無何，超拜禮部左侍郎兼東閣大學士。時同命者五人，翰林惟方逢年，餘皆外僚，而復粹由少卿，尤屬異數。蓋帝欲閣臣通知六部事，故每部簡一人：首輔劉宇亮由吏部，國祥以戶，逢年以禮，嗣昌以兵，國用以工。刑部無人，復粹以大理代之。累加少保，進吏部尚書、武英殿。

十三年六月，國觀罷，復粹爲首輔。給事中黃雲師言「宰相須才識度三者」，復粹恚，因

自陳三者無一，請罷，溫旨慰留。御史魏景琦劾復粹及張四知學淺才疏，伴食中書，遺譏海內。帝以妄詆下之吏。明年加少傅兼太子太傅，改建極殿。賊陷洛陽，復粹等引罪乞罷，不允。帝御乾清宮左室，召對廷臣，語及福王被害，泣下。復粹曰：「此乃天數。」帝曰：「雖氣數，亦賴人事挽回。」復粹等不能對。帝疾初愈，大赦天下，命復粹錄囚，自尚書傅宗龍以下，多所減免。是年五月致仕。國變後，卒於家。

方逢年，遂安人。萬曆四十四年進士。[六]天啓四年以編修典湖廣試，發策有「巨璫大蠹」語，且云「宇內豈無人焉，有薄士大夫而覓皋、夔、稷、契於黃衣閹尹之流者」。魏忠賢見之，怒，貶三秩調外。御史徐復陽希指劾之，削籍爲民。

崇禎初，起原官，累遷禮部侍郎。十一年詔廷臣舉邊才，逢年以汪喬年應。未幾，擢禮部尚書，入閣輔政。其冬，刑科奏摘參未完疏，逢年以犯贓私者，人亡產絕，親戚坐累，幾同瓜蔓，遂輕擬以上。而帝意欲罪刑部尚書劉之鳳，責逢年疎忽。逢年引罪，即罷歸。

福王時，復原官，不召。魯王三召之，用其議，定稱魯監國。紹興破，王航海，逢年追不及，與方國安等降於我大清。已而以蠟丸書通閩，事洩被誅。

張四知者，費縣人。天啓二年進士。由庶吉士授檢討。崇禎中，歷官禮部右侍郎。貌寢甚，嘗患惡瘍。十一年六月，廷推閣臣忽及之。給事中張淳劾其爲祭酒時貪汚狀，四知憤，帝前力辨，言己孤立，爲廷臣所嫉。帝意頗動，薛國觀因力援之。明年五月與姚明恭、魏照乘俱拜禮部尚書兼東閣大學士。

明恭，蘄水人。出趙興邦門，公論素不予。崇禎十一年由詹事遷禮部侍郎，教習庶吉士。給事中耿始然劾其與副都御史袁鯨比而爲奸利，帝不聽。明年遂柄用。

照乘，滑人。天啓時，爲吏部都給事中。崇禎十一年歷官兵部侍郎。明年，國觀引入閣。

三人者，皆庸劣充位而已。四知加太子太保，進吏部尚書、武英殿。明恭加太子太保，進戶部尚書、文淵閣。照乘加太子少傅，進戶部尚書、文淵閣。帝自即位，務抑言官，不欲以其言斥免大臣。彈章愈多，位愈固。四知秉政四載，爲給事中馬嘉植，御史鄭崑貞、曹溶等所劾，帝皆不納。十五年六月始致仕。照乘亦四載。御史楊仁願、徐殿臣、劉之勃相繼論劾，[七]引疾去。明恭甫一載，鄉人詣闕訟之，請告歸。後四知降於我大清。

陳演，井研人。祖效，萬曆間以御史監征倭軍，卒於朝鮮，贈光祿卿。演登天啓二年進士，改庶吉士，授編修。崇禎時，歷官少詹事，掌翰林院，直講筵。十三年正月擢禮部右侍郎，協理詹事府。

演庸才寡學，工結納。初入館，卽與內侍通。莊烈帝簡用閣臣，每親發策，以所條對覘能否。其年四月，中官探得帝所欲問數事，密授演，條對獨稱旨，卽拜禮部左侍郎兼東閣大學士，與謝陞同入閣。明年進禮部尚書，改文淵閣。十五年以山東平盜功加太子少保，改戶部尚書、武英殿。被劾乞罷，優旨慰留。明年五月，周延儒去位，遂爲首輔。尋以城守功，加太子太保。十七年正月考滿，加少保，改吏部尚書、建極殿。踰月罷政。再踰月，都城陷，遂及於難。

演爲人旣庸且刻。惡副都御史房可壯、河南道張煊不受屬，因會推閣臣譏於帝，可壯等六人俱下吏。王應熊召至，旋放還，演有力焉。自延儒罷後，帝最倚信演。臺省附延儒者，盡趨演門。當是時，國勢累卵，中外舉知其不支。演無所籌畫，顧以賄聞。及李自成陷陝西，逼山西，廷議撤寧遠吳三桂兵，入守山海關，策應京師。帝意亦然之，演持不可。後帝決計行之，三桂始用海船渡遼民入關。往返者再，而賊已陷宣、大矣。演懼不自安，引疾求罷。詔許之，賜道里費五十金，彩幣四表裏，乘傳行。

演旣謝事，薊遼總督王永吉上疏力詆其罪，請置之典刑。給事中汪惟效、孫承澤亦極論之。演入辭，謂佐理無狀，罪當死。帝怒曰：「汝一死不足蔽辜。」叱之去。演貲多，不能遽行。賊陷京師，與魏藻德等俱被執，繫賊將劉宗敏營中。其日獻銀四萬，賊喜，不加刑。四月八日，已得釋。十二日，自成將東禦三桂，慮諸大臣爲後患，盡殺之。演亦遇害。

魏藻德，順天通州人。崇禎十三年舉進士。旣殿試，帝思得異才，復召四十八人於文華殿，問「今日內外交訌，何以報讐雪恥」。藻德卽以「知恥」對，又自敍十一年守通州功。帝善之，擢置第一，授修撰。

十五年，都城戒嚴，疏陳兵事。明年三月召對稱旨。藻德有口才。帝以己所親擢，且意其有抱負，五月驟擢禮部右侍郎兼東閣大學士，入閣輔政。藻德力辭部銜，乃改少詹事。正統末年，兵事孔棘，彭時以殿試第一人，踰年卽入閣，然仍故官修撰，未有超拜大學士者。陳演見帝遇之厚，曲相比附。八月補行會試，引爲副總裁，越蔣德璟、黃景昉而用之。藻德居位，一無建白，但倡議令百官捐助而已。十七年二月詔加兵部尚書兼工部尚書、文淵閣大學士，總督河道、屯田、練兵諸事，駐天津，而命方岳貢駐濟寧，蓋欲出太子南京，俾先清道路也。有言百官不可令出，出卽潛遁者，遂止不行。

及演罷，藻德遂爲首輔。同事者李建泰、方岳貢、范景文、丘瑜，皆新入政府，莫能補救。至三月，都城陷，景文死之，藻德、岳貢、瑜並被執，幽劉宗敏所。賊下令勒內閣十萬金，京卿、錦衣七萬，或五三萬，給事、御史、吏部、翰林五萬至一萬有差，部曹數千，勛戚無定數。藻德輸萬金，賊以爲少，酷刑五日夜，腦裂而死。復逮其子追徵，訴言：「家已罄盡。父在，猶可丐諸門生故舊。今已死，復何所貸？」賊揮刃斬之。

李建泰，曲沃人。天啓五年進士。歷官國子祭酒，頗著聲望。崇禎十六年五月擢吏部右侍郎。十一月以本官兼東閣大學士，與方岳貢並命。疏陳時政切要十事，帝皆允行。

明年正月，李自成逼山西。建泰慮鄉邦被禍，而家富於貲，可藉以佐軍，毅然有滅賊志，常與同官言之。會平陽陷，帝臨朝歎曰：「朕非亡國之君，事事皆亡國之象。祖宗櫛風沐雨之天下，一朝失之，何面目見於地下！朕願督師親決一戰，身死沙場無所恨，但死不瞑目耳！」語畢痛哭。陳演、蔣德璟諸輔臣請代，俱不許。建泰頓首曰：「臣家曲沃，願出私財餉軍，不煩官帑，請提師以西。」帝大喜，慰勞再三，曰：「卿若行，朕倣古推轂禮。」建泰退，卽

請復故御史衞楨固官，授進士淩駉職方主事，並監軍；參將郭中杰爲副總兵，領中軍事；薦進士石嶐聯絡延、寧、甘、固義士，〔八〕討賊立功。帝俱從之。加建泰兵部尚書，賜尚方劍，便宜從事。

二十六日行遣將禮。駙馬都尉萬煒以特牲告太廟。日將午，帝御正陽門樓，衞士東西列，自午門抵城外，旌旗甲仗甚設。內閣五府六部都察院掌印官及京營文武大臣侍立，鴻臚贊禮，御史糾儀。建泰前致辭。帝獎勞有加，賜之宴。御席居中，諸臣陪侍。酒七行，帝手金卮親酌建泰者三，卽以賜之。乃出手敕曰「代朕親征」。宴畢，內臣爲披紅簪花，用鼓樂導尚方劍而出。建泰頓首謝，且辭行。帝目送之。行數里，所乘肩輿忽折，衆以爲不祥。

建泰以宰輔督師，兵食並絀，所攜止五百人。甫出都，聞曲沃已破，家貲盡沒，驚怛而病。日行三十里，士卒多道亡。至定興，城門閉不納。留三日，攻破之，笞其長吏。抵保定，賊鋒已逼，不敢前，入屯城中。已而城陷，知府何復、鄉官張羅彥等並死之。建泰自刎不殊，爲賊將劉方亮所執，送賊所。

賊旣敗，大清召爲內院大學士。未幾，罷歸。姜瓖反大同，建泰遙應之。兵敗被擒，伏誅。

贊曰：天下治亂，係於宰輔。自溫體仁導帝以刻深，治尚操切，由是接踵一跡。應熊剛很，至發險忮，國觀陰騺，一效體仁之所爲，而國家之元氣已索然殆盡矣。至於演、藻德之徒，機智弗如，而庸庸益甚，禍中於國，旋及其身，悲夫！

校勘記

〔一〕並劾四川巡撫馬乾縱兵淫掠　馬乾，原作「馬體乾」，據本書卷二七九樊一蘅傳、又卷二九五耿廷籙傳，明史稿傳一三三王應熊傳刪「體」字，下同。

〔二〕忠賢遺黨有欲用王化貞寬近高　近高，原作「高」，脫「近」字。按上文稱薛國觀劾蕭近高，本書卷二四二蕭近高傳，所述與本傳文相合，據補。

〔三〕給事中張焜芳復劾薤侵盜有據　張焜芳，原作「劉焜芳」，按本書卷二九一有張焜芳傳，事跡與此合，據改。

〔四〕九年冬　本書卷一一二七卿年表、懷宗實録卷一〇崇禎十年正月辛丑條、國榷卷九六頁五七七四都作「十年正月」。

〔五〕改吏部尚書武英殿　本書卷一一〇宰輔年表、懷宗實録卷一二崇禎十二年六月己丑條、國榷卷九七頁五八四三都作「户部尚書、文淵閣大學士」。

〔六〕萬曆四十四年進士　按方逢年於天啓二年壬戌舉進士，見明進士題名碑録天啓壬戌科，傳文疑誤。

〔七〕御史楊仁願徐殿臣劉之勃相繼論劾　劉之勃，原作「劉之渤」，據本書卷二六三劉之勃傳及明史稿傳一三三張四知傳附魏照乘傳改。

〔八〕薦進士石巃聯絡延寧甘固義士　石巃，原作「石㠉」，據國榷卷一〇〇頁六〇六一、明進士題名碑録崇禎癸未科改。

明史卷二百五十四

列傳第一百四十二

喬允升 易應昌等　曹于汴　孫居相 弟鼎相　曹珖

陳于廷　鄭三俊　李日宣　張瑋 金光辰

喬允升，字吉甫，洛陽人。萬曆二十年進士。除太谷知縣。以治行高等，徵授御史。歷按宣、大、山西、畿輔，並著風采。

三十九年大計京官。允升協理河南道，力鋤匪類。而主事秦聚奎、給事中朱一桂咸爲被察者訟冤。察疏猶未下，允升慮帝意動搖，三疏別白其故，且劾吏部侍郎蕭雲舉佐察行私，事乃獲竣，雲舉亦引去。尋遷順天府丞，進府尹。齊、楚、浙三黨用事，移疾歸。

天啓初，起歷刑部左、右侍郎。三年進尚書。魏忠賢逐吏部尚書趙南星，廷推允升代。忠賢以允升爲南星黨，并逐主議者，允升復移疾歸。既而給事中薛國觀劾允升主謀邪黨，

詔落職閒住。

崇禎初，召拜故官。時訟獄益繁，帝一切用重典。允升執法不撓，多所平反。先是，錢謙益典試浙江。有奸人金保元、徐時敏僞作關節，授舉子錢千秋。千秋故有文，獲薦，覺保元、時敏詐，與之鬨。事傳京師，爲部、科磨勘者所發。謙益大駭，詰知二奸所爲，疏劾之，并千秋俱下吏。罪當戍，二奸瘐死，千秋更赦釋還，事已七年矣。溫體仁以枚卜不與，疑謙益主之，復發其事。詔逮千秋再訊。帝深疑廷臣結黨，蓄怒以待，而體仁又密伺於旁，廷臣相顧惕息。允升乃會都御史曹于汴、大理卿康新民等讞鞫者再。千秋受拷無異詞，允升等具以聞。帝不悅，命覆勘。體仁慮謙益事白，已且獲譴，再疏劾法官六欺，且言獄詞盡出謙益手。允升憤，求去。帝雖慰留，卒如體仁言，奪謙益官閒住。千秋荷校死。

二年冬，我大清兵薄都城，獄囚劉仲金等百七十人破械出，欲踰城，被獲。帝震怒，下允升及左侍郎胡世賞、提牢主事敖繼榮獄，欲置之死。中書沈自植乘間摭劾允升他罪，章并下按問。副都御史掌院事易應昌以允升等無死罪，執奏再三。帝益怒，并下應昌獄，鐫僉都御史高弘圖、大理寺卿金世俊級，奪少卿周邦基以下俸，令再讞。弘圖等乃坐允升絞，而微言其年老可念。帝謂允升法當死，特高年篤疾減死，與繼榮俱戍邊，世賞贖杖爲民。尚書胡應台等上應昌罪，帝以爲輕。杖郎中徐元嘏於廷，鐫應台秩視事，應昌論死。四年四

月，久旱求言，多請緩刑。乃免應昌及工部尚書張鳳翔、御史李長春、給事中杜齊芳、都督李如楨死，遣戍邊衞。允升赴戍所，未幾死。允升端方廉直，敭歷中外，具有聲績，以詿誤獲重譴，天下惜之。

易應昌，字瑞芝，臨川人。萬曆四十一年進士。熹宗時，由御史累遷大理少卿。逆黨劾爲東林，削籍。崇禎二年起左僉都御史，進左副都御史，與曹于汴持史䢖、高捷起官事，爲時所重，至是獲罪。福王時，召復故官，遷工部右侍郎。國變後卒。

帝在位十七年，刑部易尚書十七人。薛貞，以奄黨抵死。蘇茂相，半歲而罷。王在晉，未任改兵部去。允升，遣戍。韓繼思，坐議獄除名。胡應台，獨得善去。馮英，被劾遣戍。鄭三俊，坐議獄逮繫。劉之鳳，坐議獄論絞，瘐死獄中。甄淑，坐納賄下詔獄，改繫刑部，瘐死。李覺斯，坐議獄削籍去。劉澤深，卒於位。鄭三俊，再爲尚書，改吏部。范景文，未任，改工部。徐石麒，坐議獄落職閒住。〔一〕胡應台，再召不赴。繼其後者張忻，賊陷京師，與子庶吉士端並降。

曹于汴，字自梁，安邑人。萬曆十九年舉鄉試第一。明年成進士，授淮安推官。以治行高第，授吏科給事中。疏劾兩京兵部尚書田樂、邢玠及雲南巡撫陳用賓，樂、玠遂引去。吏部郎趙邦清被誣，于汴疏雪之。謁告歸，僦屋以居，不蔽風日。

起歷刑科左、右給事中。朝房災，請急補曠官，修廢政。遼左有警，朝議增兵。于汴言：「國家三歲遣使者閱邊，盛奬邊臣功伐。蟒衣金幣之賜，官秩之增，未嘗或靳。今廢防至此，宜重加按問。邊道超擢，當於秩滿時閱實其績，毋徒循資俸，坐取建牙開府。」

進吏科都給事中。給事中胡嘉棟發中官陳永壽兄弟奸，永壽反訐嘉棟。于汴極論永壽罪。故事，章疏入會極門，中官直達之御前，至是必啓視然後進御。于汴謂乖祖制，洩事機，力請禁之。三十八年典外察，去留悉當。明年典京察，屏湯賓尹、劉國縉等，而以年例出王紹徽、喬應甲於外。其黨羣起力攻，于汴持之堅，卒不能奪。以久次擢太常少卿，疏寢不下，請告又不報，候命歲餘，移疾歸。

光宗立，始以太常少卿召。至則改大理少卿，遷左僉都御史，佐趙南星京察。事竣，進左副都御史。天啓三年秋，吏部缺右侍郎，廷推馮從吾，以于汴副。中旨特用于汴。于汴以從吾名位先己，義不可越，四辭不得，遂引疾歸。明年起南京右都御史，辭不拜。時紹徽、應甲附魏忠賢得志，必欲害于汴，屬其黨石三畏以東林領袖劾之，遂削奪。

崇禎元年召拜左都御史。振舉憲規，約敕僚吏，臺中肅然。明年京察，力汰匪類，忠賢餘黨幾盡，仕路爲清。溫體仁訐錢謙益，下錢千秋法司，訊不得實。體仁以于汴謙益座主也，幷訐之。于汴亦發體仁欺罔狀。帝終信體仁，謙益竟獲罪。

先是，詔定逆案。于汴與大學士韓爌、李標、錢龍錫，刑部尚書喬允升平心參決，不爲已甚，小人猶惡之。故御史高捷、史䢖素憸邪，爲清議所擯，吏部尚書王永光力薦之。故事，御史起官，必都察院咨取。于汴惡其人，久弗咨。永光憤，再疏力爭。已得請，于汴猶以故事持之，兩人遂投牒自乞。于汴益惡之，卒持不予。兩人竟以部疏起官，遂日夜謀傾于汴。

中書原抱奇者，賈人子也，嘗誣劾大學士爌。至是再劾爌及于汴幷及尚書孫居相、侍郎程啓南、府丞魏光緒，目爲「西黨」，請皆放黜，以五人籍山西也。帝絀抱奇言不聽。而工部主事陸澄源復劾于汴朋奸六罪。帝雖譴澄源，于汴卒謝事去。及辭朝，以敦大進規。七年卒，年七十七。贈太子太保。

于汴篤志正學，操履粹白。立朝，正色不阿，崇奬名敎，有古大臣風。

孫居相，字伯輔，沁水人。萬曆二十年進士。除恩縣知縣。徵授南京御史。負氣敢言。嘗疏陳時政，謂「今內自宰執，外至郡守縣令，無一人得盡其職。政事日廢，治道日乖，天變人怨，究且瓦解土崩。縱珠玉金寶亘地彌天，何救危亂！」帝不省。誠意伯劉世延屢犯重辟，廢爲庶人，錮原籍。不奉詔，久居南京，益不法，妄言星變，將勒兵赴闕。居相疏發其奸，幷及南京勳臣子弟暴横狀。得旨下世延吏，安遠、東寧、忻城諸侯伯子弟悉按問，强暴爲戢。稅使楊榮激變雲南，守太和山中官黃勳嗾道士毆辱知府，居相皆極論其罪。

時中外多缺官，居相兼攝七差，署諸道印，事皆辦治。大學士沈一貫數被人言，居相力詆其奸貪植黨，一貫乃去，居相亦奪祿一年。連遭內外艱。服闋，起官，出巡漕運，還發湯賓尹、韓敬科場事。廷議當褫官，其黨爲營護，旨下法司覆勘。居相復發敬通賄狀，敬遂不振。故事，御史年例外轉，吏部、都察院協議。王時熙、魏雲中之去，都御史孫瑋不與聞。居相再疏劾尚書趙煥，煥引退。及鄭繼之代煥，復以私意出宋槃、潘之祥於外，居相亦據法力爭。吏部侍郎方從哲由中旨起官，中書張光房等五人以持議不合時貴，擯不與科道選，居相並抗章論列。

當是時，朋黨勢成，言路不肖者率附吏部，以驅除異己，勢張甚。居相挺身與抗，氣不少沮。於是過庭訓、〔二〕唐世濟、李徵儀、劉光復、趙興邦、周永春、姚宗文、吳亮嗣、汪有功、王萬祚輩羣起爲難。居相連疏揞拄，諸人迄不能害。至四十五年，亦以年例出居相江西參政，引疾不就。

天啓改元，起光祿少卿。改太僕，擢右僉都御史，巡撫陝西。四年春，召拜兵部右侍郎。其冬，魏忠賢盜柄，復引疾歸。無何，給事中陳序謂居相出趙南星門，與楊漣交好。序同官虞廷陛又劾居相力薦李三才，遙結史記事，遂削奪。

崇禎元年起戶部右侍郎，專督鼓鑄。尋改吏部，進左侍郎，以戶部尚書總督倉場。轉漕多僱民舟，民憊甚，以居相言獲蘇。高平知縣喬淳貪虐，爲給事中楊時化所劾，坐贓二萬有奇。淳家京師，有奧援，乞移法司覆訊，且訐時化請囑致隙。時化方憂居，通書居相，報書有「國事日非，邪氛益惡」語，爲偵事者所得，聞於朝。帝大怒，下居相獄，謫戍邊。七年卒於戍所。

弟鼎相，歷吏部郎中、副都御史，巡撫湖廣，亦有名東林中。

曹珖，字用韋，益都人。萬曆二十九年進士。授戶部主事，督皇城四門。倉衞軍貸羣璫子錢，償以月餉，軍不支餉者三年。及餉期，羣璫抱券至，珖命減息，璫大譁。珖曰：「并

私劵奏聞，聽上處分耳。」羣璫請如命，軍困稍蘇。以憂去。

起補兵部武選主事，歷職方郎中。大璫私人求大帥，珖不可。東廠太監盧受疏申職掌，珖亦請敕受約束部卒，毋陷良民。稍遷河南參政，[三]引疾歸。久之，起南京太常少卿。光宗驟崩，馳疏言：「先帝春秋鼎盛，奄棄羣臣，道路咸知奸黨陰謀，醫藥雜進，以至於此。天下之弑逆，有毒而非酖，戕而非刃者，此與先年梃擊，同一奸宄。乞明詔輔臣，直窮奸狀，以雪先帝之讐。」報聞。

天啓初，敍職方時邊功，加光祿卿，進太常大理卿。魏忠賢亂政，大獄紛起，珖請告歸。尋爲給事中潘士聞所劾，落職閒住。御史盧承欽歷攻東林，詆珖狎主邪盟，遂削奪。

崇禎元年起戶部右侍郎，督錢法，尋遷左侍郎。三年拜工部尚書。珖初名珍，避仁宗諱，始改名。五年，陵工成，加太子少保。桂王重建府第，議加江西、河南、山東、山西田賦十二萬有奇。浙江逋織造銀十餘萬，巡撫陸完學請編入正額。珖皆持不可。

中官張彝憲總理戶、工兩部事，議設座於部堂，珖不可。右侍郎高弘圖履任，彝憲欲共設公座。珖與弘圖約，比彝憲至，皆曰「事竣矣」，撤座去，彝憲怏怏。及主事金鉉、馮元飈交疏劾彝憲，彝憲疑出珖，日指摘其隙。會山永巡撫劉宇烈請料價萬五千兩、鉛五萬斤，工部無給銀例，與鉛之半。宇烈怒，奏鉛皆濫惡。彝憲取粗鉛進曰「庫鉛盡然」，欲以罪珖。嚴旨盡鎔庫鉛，司官中毒死者三人，內外官多獲罪。彝憲乃糾巡視科道許國榮等十一人，珖疏救，忤旨詰責。彝憲又指鬨工冒破齮齕之，珖累疏乞骸骨歸，五月得請。屢薦不起。家居十四年卒。

陳于廷，字孟諤，宜興人。萬曆二十三年進士。歷知光山、唐山、秀水三縣，徵授御史。甫拜命，卽論救給事中汪若霖，詆大學士朱賡甚力，坐奪俸一年。頃之，劾職方郎中申用懋、趙拱極、黃克謙爲宰相私人，不宜處要地，又劾賡及王錫爵當斥。已，言諭德顧天埈素干清議，不宜久玷詞林。語皆峻切。視鹺河東，劾稅使張忠撓鹽政。正陽門災，極陳時政闕失。父喪歸。服除，起按江西。時稅務已屬有司，而中官潘相欲親督湖口稅，于廷劾其背旨虐民。淮府庶子常洪作奸，論置之法。改按山東。

光宗立，擢太僕少卿，徙太常。議「紅丸」事，極言崔文昇、李可灼當斬。尚書王紀被斥，特疏申救。再進大理卿、戶部右侍郎，改吏部，進左侍郎。尚書趙南星既逐，于廷署事。大學士魏廣微傳魏忠賢意，欲用其私人代南星，且許擢于廷總憲。于廷不可，以喬允升、馮從吾、汪應蛟名上。忠賢大怒，謂所推仍南星遺黨，矯旨切責，并楊漣、左光斗盡斥爲民。文

選郎張光前、[四]御史袁化中、房可壯亦坐貶黜。自是清流盡逐，小人日用事矣。

崇禎初，起南京右都御史。與鄭三俊典京察，盡去諸不肖者。南御史差竣，例聽北考，于廷請先考於南，報可。召拜左都御史。以巡方責重，列上糾大吏、薦人才、修荒政、嚴屯鹽、禁耗羨、清獄囚、訪奸豪、弭寇盜八事，請於回道日核實課功。優詔褒納。給事中馬思理，御史高倬、余文縉坐事下吏，並抗疏救之。秩滿，加太子少保。三疏乞休，不允。

兩浙巡鹽御史祝徽、廣西巡按御史畢佐周並擅撻指揮，非故事。事聞，帝方念疆場多故，欲倚武臣，旨下參覈。于廷等言：「軍官起世胄，率不循法度，概列彈章，將不勝擾，故小過薄責以懲。凡御史在外者盡然，不自二臣始。」帝以指揮秩崇，非御史得杖，令會兵部稽典制以聞。典制實無杖指揮事，乃引巡撫勅書提問四品武職語以對。帝以比擬不倫，責令再核。于廷等終右御史，所援引悉不當帝意。疏三上三卻，竟削籍歸。家居二年卒。福王時，贈少保。

于廷端亮有守。周延儒當國，于廷其里人，無所附麗。與溫體仁不合，故卒獲重譴去。

鄭三俊，字用章，池州建德人。萬曆二十六年進士。授元氏知縣。累遷南京禮部郎

中、歸德知府、福建提學副使。家居七年，起故官，督浙江糧儲。

天啓初，召爲光祿少卿，改太常。未上，陳中官侵冒六事。時魏忠賢、客氏離間后妃，希得見帝，而三俊疏有「篤厚三宮，妖冶不列於御」語。忠賢遣二豎至閣中，摘「妖冶」語，令重其罪。閣臣力爭，而擬旨則以先朝故事爲辭。三俊復疏言：「近日糜爛荼毒，無踰中璫，閣臣悉指爲故事。古人言奄豎聞名，非國之福。今聞名者已有人。內連外結，恃閣臣彈壓抑損之，而閣臣輒阿諛自溺其職，可爲寒心。」忠賢益怒，以語侵內閣，留中不下。擢左僉都御史，疏陳兵食大計，規切內外諸司。吏部郎中徐大相言事被譴，抗疏救之。

四年正月遷左副都御史。戶部右侍郎楊漣劾忠賢，三俊亦上疏極論。尋署倉場事。太倉無一歲蓄，三俊奏行足儲數事。忠賢盡逐漣等，三俊遂引疾去。明年，忠賢黨張訥請毀天下書院，劾三俊與鄒元標、馮從吾、孫愼行、余懋衡合汙同流，褫職閒住。

崇禎元年起南京戶部尚書兼掌吏部事。南京諸僚多忠賢遺黨，是年京察，三俊澄汰一空。京師被兵，大臣大獲譴。明年春，三俊以建儲入賀，力言：「皇上憂勞少過，人情鬱結未宣。百職庶司，救過不贍，上下睽孤，足爲隱慮。願保聖躬以保天下，收人心以收封疆。」帝褒納之。南糧歲額八十二萬七千有奇，積逋至數百萬，而兵部又增兵不已。三俊初至，倉庫不足一月餉。三俊力祛宿弊，糾有司尤怠玩者數人，屢與兵部爭虛冒，久之，士得宿

飽。萬曆時，稅使四出，蕪湖始設關，歲徵稅六七萬，泰昌時已停。至是，度支益絀，科臣解學龍請增天下關稅，南京宣課司亦增二萬。三俊以爲病民，請減其半，以其半征之蕪湖坐賈。戶部遂派蕪湖三萬，復設關徵商。三俊請罷征，併於工部分司計舟輸課，不稅貨物。皆不從，遂爲永制。蕪湖、淮安、杭州三關皆隸南戶部，所遣司官李友蘭、霍化鵬、任俶皆貪，三俊悉劾罷之。

居七年，就移吏部。八年正月復當京察，斥罷七十八人，時服其公。旋上議官評、杜請屬、愼差委三事，帝皆採納。流寇大擾江北，南都震動，三俊數陳防禦策。禮部侍郎陳子壯下獄，抗疏救之。

考績入都，留爲刑部尚書，加太子少保。帝以陰陽愆和，命司禮中官錄囚，流徙以下皆減等。三俊以文武諸臣詿誤久繫者衆，請令出外候讞。因論告訐株蔓之弊，乞敕「內外諸臣行惻隱實政。內而五城訊鞫，非重辟不必參送法司；外而撫按提追，非眞犯不必盡解京師；刑曹決斷，以十日爲期」。帝皆從之。代州知州郭正中因天變，請舉寒審之典，帝命考故事。三俊稽歷朝實訓，得祖宗冬月錄囚數事，備列上奏，寢不行。前尚書馮英坐事遣戍，其母年九十有一，三俊乞釋還侍養，不許。

初，戶部尚書侯恂坐屯豆事下獄，帝欲重譴之。三俊屢讞上，不稱旨。議者謂恂與三

俊皆東林，曲法縱舍。工部錢局有盜穴其垣，命按主者罪，三俊亦擬輕典。帝大怒，褫其官下吏。應天府丞徐石麒適在京，上疏力救，忤旨切責。帝御經筵，講官黃景昉稱三俊至清，又偕黃道周各疏救。帝不納，切責三俊欺罔。以無贓私，令出獄候訊。宣大總督盧象昇復救之，大學士孔貞運等復以爲言，乃許配贖。

十五年正月召復故官。會吏部尚書李日宣得罪，卽命三俊代之。時値考選，外吏多假繕城、墾荒名，減俸行取，都御史劉宗周疏論之。諸人乃夤緣周延儒，囑兵部尚書張國維以知兵薦，帝卽欲召對親擢。三俊言：「考選者部、院事，天子且不得專，況樞部乎？乞先考定，乃請聖裁。」帝不悅，召三俊責之，對不屈。宗周復言：「三俊欲俟部、院考後，第其優劣純疵，恭請欽定。若但以奏對取人，安能得眞品。」帝不從，由是倖進者衆。帝下詔求賢，三俊舉李邦華、劉宗周自代，且薦黃道周、史可法、馮元飈、陳士奇四人。姜埰、熊開元言事下獄，及宗周獲嚴譴，三俊皆懇救。先後奏罷不職司官數人，銓曹悉廩廩。大僚缺官，三俊數引薦，賢士之廢斥者多復用。刑部尚書徐石麒獲罪，率同官合疏乞留。

三俊爲人端嚴清亮，正色立朝。惟引吳昌時爲屬，頗爲世詬病。時文選缺郎中，儀制郎中吳昌時欲得之。首輔周延儒力薦於帝，且以囑三俊。他輔臣及言官亦多稱其賢，三俊遂請調補。帝特召問，三俊復徇衆意以對。帝頷之，明日卽命下。以他部調選郎，前此未

有也。帝惡言官不職，欲多汰之，嘗以語三俊。三俊與昌時謀出給事四人、御史六人於外。給事、御史大譁，謂昌時案制弄權，連章力攻，并詆三俊。三俊懇乞休致，詔許乘傳歸。國變後，家居十餘年乃卒。

李日宣，字晦伯，吉水人。萬曆四十一年進士。授中書舍人，擢御史。

天啓元年，遼陽破。請帝時召大僚，面決庶政。尋請宥侯震暘以開言路，厚中宮以肅名分。忤旨，切責。已又薦丁元薦、鄒維璉、麻僖等十餘人，乞召還朱欽相、劉廷宣等，帝以濫薦逐臣，停俸三月。旋出理河東鹽政。還朝，以族父邦華佐兵部，引嫌歸。五年七月，逆黨倪文煥劾邦華、日宣爲東林邪黨，遂削籍。

莊烈帝卽位，復故官，以邦華在朝，久不出。崇禎三年起故官，巡按河南。還朝，掌河南道事。中官王坤訐大學士周延儒，日宣率同官言：「內臣監兵，不宜侵輔臣，且插款中疑邊情多故，坤責亦不可道。」報聞。遷大理丞，屢進太常卿。九年冬，擢兵部右侍郎，鎭守昌平。久之，進左侍郎，協理戎政。尋敍護陵功，加兵部尚書。十三年九月擢吏部尚書。

十五年五月會推閣臣，日宣等以蔣德璟、黃景昉、姜曰廣、王錫袞、倪元璐、楊汝成、楊

觀光、李紹賢、鄭三俊、劉宗周、吳甡、惠世揚、王道直名上。帝令再推數人，而副都御史房可壯、工部右侍郎宋玫、大理寺卿張三謨與焉。大僚不獲推者，爲流言入內，且創二十四氣之說，帝深惑之。踰月，召日宣及與推諸臣入中左門，偕輔臣賜食。已，出御中極殿，令諸臣奏對。玫陳九邊形勢甚辯。帝惡其干進，叱之，乃命德璟、景昉、甡入閣，而以徇情濫舉責日宣等回奏。奏上，帝怒不解，復御中左門，太子及定、永二王侍。帝召日宣，聲甚厲。次召吏科都給事中章正宸、河南道御史張煊，〔三〕及玫、可壯、三謨，詰其妄舉。日宣奏辯。帝曰：「汝嘗言秉公執法，今何事不私？」正宸奏：「日宣多游移，臣等常劾之，然推舉事，實無所徇。」日宣復爲玫等三人解。帝命錦衣官提下日宣等六人，並褫冠帶就執。時帝怒甚，侍臣皆股栗失色。德璟、景昉、甡叩頭辭新命，因言：「臣等並在會推中。若諸臣有罪，臣等豈能安。」大學士周延儒等亦乞優容。帝皆不許，遂下刑部。廷臣交章申救，不納。帝疑其未就獄，責刑部臣剋期三日定讞。侍郎惠世揚、徐石麒擬予輕比，帝大怒，革世揚職，鐫石麒二秩，郎中以下罪有差。御史王漢言：「枚卜一案，日宣等無私。陛下懷疑，重其罪，刑官莫知所執。」不聽。獄上，日宣、正宸、煊戍邊，玫、可壯、三謨削籍。久之，赦還，卒。

張瑋，字席之，武進人。少孤貧，取糠粃自給，不輕受人一飯，爲同里薛敷教所知。講學東林書院，師孫慎行。其學以愼獨研幾爲宗。

萬曆四十年舉應天鄉試第一。越七年，成進士，授戶部主事。調兵部職方，歷郎中，出爲廣東提學僉事。粵俗奢麗，督學至，宮室供張輿馬饌牽之奉甲他省，象犀文石，名花珠貝，磊砢璀璨，瑋悉屏去弗視也。大吏建魏忠賢祠，乞上梁文於瑋，瑋卽日引去。瑋廉，歸而布袍草履，授徒於家。

莊烈帝卽位，起江西參議，歷福建、山東副使。大學士吳宗達謂瑋難進而易退，言之吏部，召爲尚寶卿，進太僕少卿。坐事調南京大理丞，引疾去。久之，起應天府丞。是歲，四方大旱，瑋以軍食可虞，奏請：「禁江西、湖廣遏糴，而令應天、常、鎭、淮、揚五郡折輪漕糧銀，赴彼易米，則小民免催科之苦，太倉無顆粒之虧；他十庫所收銅錫顏料皮布，非州縣土產者，悉解折色，且盡改民解爲官解，以救民湯火。」所司多議行。

遷南京光祿卿，召入爲右僉都御史，遷左副都御史。時劉宗周、金光辰並總憲紀，瑋乃上風勵臺班疏曰：「懲往正以監來。今極貪則原任巡按蘇松御史王志舉，極廉則原任南京試御史成勇。勇與臣曾不相知，家居聞勇被逮，士民泣送者萬輩，百里不休。後入南都，始知勇在臺不濫聽一辭，不輕贖一鍰，不受屬吏一蔬一果。杰紳悍吏爲民害者，不少假借。委曲開導民以孝弟。臣離南中，輒扳轅願借成御史，惠我南人。雖前奉嚴譴，宜召爲諸御史勸。」疏上，一時稱快。詔下志舉法司逮治，成勇敍用。

瑋旋以病謝歸，未幾卒。福王時，贈左都御史，謚淸惠。

金光辰，字居垣，全椒人。崇禎元年進士。授行人。擢御史，巡視西城。內使周二殺人，牒司禮監捕之，其人方直御前，叩頭乞哀。帝曰：「此國家法，朕不得私。」卒抵罪。出按河南，條奏至三百餘章，彈劾不避權勢。九年還朝。京師戒嚴，光辰分守東直門，劾兵部尙書張鳳翼三不可解、一大可憂。帝以鳳翼方在行間，寢其奏。

時帝久罷內遣，然以邊警，諸臣類萎靡不任，仍分遣中官盧維寧等總監通、津、臨、德等處兵馬糧餉，而意頗諱言之。光辰疏請罷遣，帝怒，召對平臺。風雨驟至，侍臣立雨中，至以袖障霤。久之，帝召光辰責之。光辰對曰：「皇上以文武諸臣無實心任事，委任內臣。臣愚以任內臣，諸臣益弛卸不任。」帝大怒，聲色俱厲，將重譴光辰，而迅雷直震御座，風雨聲大作。光辰因言：「臣往在河南，見皇上撤內臣而喜。」語未終，帝沉吟，卽云「汝言毋復爾」，然意亦稍解。人謂光辰有天幸云。時張元佐以兵部右侍郎出守昌平，同時內臣提督天壽山者卽日往。帝顧閣臣曰：「內臣卽日往，侍臣三日未出，朕之用內臣過耶？」翼日有詔，光

辰鐫三級調外。

久之，由浙江按察司照磨召爲大理寺正，進太僕丞。十三年五月復偕諸大臣召對平臺，咨以禦邊、救荒、安民之策。光辰班最後，時已夜，光辰獨對燭影中，娓娓數百言，帝爲聳然聽。明日諭諸臣各繕疏以進。尋移尙寶丞。陳罷練總、換授、私派、僉報數事，報聞。歷光祿少卿、左通政。十五年五月復偕諸臣召對德政殿，備陳賊形勢。帝悅，擢左僉都御史。無何，以救劉宗周，仍鐫三級調外。事具宗周傳。明年丁父憂。福王時，起故官，未赴。國變，家居二十餘年卒。

贊曰：明自神宗而後，士大夫峻門戶而重意氣。其賢者敦厲名檢，居官有所執爭，卽淸議翕然歸之。雖其材識不遠，耳目所熟習，不能不囿於風會，抑亦一時之良也。遭時孔棘，至救過不暇，顧安得責以挽回幹濟之業哉。

校勘記

〔一〕徐石麒坐讞獄落職閒住　徐石麒，原作「徐石麟」。本書卷一一二七卿年表，卷二五四鄭三俊

傳、李日宣傳，卷二五六劉之鳳傳都作「徐石麒」。卷二七五有徐石麒傳，事跡與此合，據改。

〔二〕過庭訓　原作「過廷訓」，據本書卷二三六夏嘉遇傳、卷二四二翟鳳翀傳及明史稿傳一三四孫居相傳改。

〔三〕稍遷河南參政　河南，原作「河東」，據明史稿傳一三四曹珖傳改。

〔四〕文選郎張光前　張光前，原作「張可前」，按本書卷二四二有張光前傳，事跡與此合，據改。

〔五〕河南道御史張煊　張煊，本書卷二七五徐石麒傳作「張瑄」。

明史

清　張廷玉等撰

第二二册

卷二五五至卷二六七（傳）

中華書局

中華書局

明史卷二百五十五

列傳第一百四十三

劉宗周 祝淵 王毓蓍　黃道周 葉廷秀

劉宗周，字起東，山陰人。父坡，爲諸生。母章氏妊五月而坡亡。既生宗周，家酷貧，攜之育外家。後以宗周大父老疾，歸事之，析薪汲水，持藥糜。然體孱甚，母嘗憂念之不置，遂成疾。又以貧故，忍而不治。萬曆二十九年，宗周成進士，母卒於家。宗周奔喪，爲堊室中門外，日哭泣其中。服闋，選行人，請養大父母。遭喪，居七年始赴補。母以節聞於朝。

時有崑黨、宣黨與東林爲難。宗周上言：「東林，顧憲成講學處。高攀龍、劉永澄、姜士昌、劉元珍，皆賢人。于玉立、丁元薦，較然不欺其志，有國士風。諸臣摘流品可也，爭意見不可；攻東林可也，黨崑、宣不可。」黨人大譁，宗周乃請告歸。

天啓元年起儀制主事。疏言：「魏進忠導皇上馳射戲劇，奉聖夫人出入自由。一舉逐諫臣三人，罰一人，皆出中旨，勢將指鹿爲馬，生殺予奪，制國家大命。今東西方用兵，奈何以天下委閹豎乎。」進忠者，魏忠賢也，大怒，停宗周俸半年。尋以國法未伸，請戮崔文昇以正弒君之罪，戮盧受以正交私之罪，戮楊鎬、李如楨、李維翰、鄭之范以正喪師失地之罪，戮高出、胡嘉棟、康應乾、牛維曜、劉國縉、傅國以正棄城逃潰之罪；急起李三才爲兵部尚書，錄用清議名賢丁元薦、李朴等，諍臣楊漣、劉重慶等，以作仗節徇義之氣。帝切責之。累遷光祿丞、尚寶、太僕少卿，移疾歸。四年起右通政，至則忠賢逐東林且盡，宗周復固辭。忠賢責以矯情厭世，削其籍。

崇禎元年冬，召爲順天府尹。辭，不許。明年九月入都，上疏曰：

陛下勵精求治，宵旰靡寧。然程效太急，不免見小利而速近功，何以致唐、虞之治。

夫今日所汲汲於近功者，非兵事乎？誠以屯守爲上策，簡卒節餉，修刑政而威信布之，需以歲月，未有不望風束甲者。而陛下方銳意中興，刻期出塞。當此三空四盡之秋，竭天下之力以奉饑軍而軍愈驕，聚天下之軍以博一戰而戰無日，此計之左也。

今日所規規於小利者，非國計乎？陛下留心民瘼，惻然痌瘝。而以司農告匱，一時所講求者皆掊克聚斂之政。正供不足，繼以雜派。科罰不足，加以火耗。水旱災傷，一切不問。敲扑日峻，道路吞聲，小民至賣妻鬻子以應。有司以掊克爲循良，而撫字之政絕；上官以催徵爲考課，而黜陟之法亡。欲求國家有府庫之財，不可得已。

功利之見動，而廟堂之上日見其煩苛。事事糾之不勝糾，人人摘之不勝摘，於是名實紊而法令滋。頃者，特嚴贓吏之誅，自宰執以下，坐重典者十餘人，而貪風未盡息，所以導之者未善也。賈誼曰：「禮禁未然之先，法施已然之後。」誠導之以禮，將人人有士君子之行，而無狗彘之心，所謂禁之於未然也。今一切詿誤及指稱賄賂者，卽業經昭雪，猶從吏議，深文巧詆，絕天下遷改之途，益習爲頑鈍無恥，〔一〕矯飾外貌以欺陛下。士節日隳，官邪日著，陛下亦安能一一察之。

且陛下所以勞心焦思於上者，以未得賢人君子用之也。而所嘉予而委任者，率奔走集事之人；以摘發爲精明，以告訐爲正直，以便給爲才諝，又安所得賢者而用之。得其人矣，求之太備，或以短而廢長；責之太苛，或因過而成悞。

且陛下所擘畫，動出諸臣意表，不免有自用之心。臣下救過不給，讒諂者因而間之，猜忌之端遂從此起。夫恃一人之聰明，而使臣下不得盡其忠，則耳目有時壅；憑一人之英斷，而使諸大夫國人不得衷其是，則意見有時移。方且爲內降，爲留中，何以追

喜起之盛乎？數十年來，以門戶殺天下幾許正人，猶蔓延不已。陛下欲折君子以平小人之氣，用小人以成君子之公，前日之覆轍將復見於天下也。

陛下求治之心，操之太急。醞釀而爲功利；功利不已，轉爲刑名；刑名不已，流爲猜忌；猜忌不已，積爲壅蔽。正人心之危，所潛滋暗長而不自知者。誠能建中立極，默正此心，使心之所發，悉皆仁義之良，仁以育天下，義以正萬民，自朝廷達於四海，莫非仁義之化，陛下已一旦躋於堯、舜矣。

帝以爲迂闊，然歎其忠。

未幾，都城被兵，帝不視朝，章奏多留中不報。傳旨辦布囊八百，中官競獻馬騾，又令百官進馬。宗周曰：「是必有以遷幸動上者。」乃詣午門叩頭諫曰：「國勢強弱，視人心安危。乞陛下出御皇極門，延見百僚，明言宗廟山陵在此，固守外無他計。」俯伏待報，自晨迄暮，中官傳旨乃退。米價騰躍，請罷九門稅，修賈區以處貧民，爲粥以養老疾，嚴行保甲之法，人心稍安。

時樞輔諸臣多下獄者，宗周言：「國事至此，諸臣負任使，無所逃罪，陛下亦宜分任咎。禹、湯罪己，興也勃焉。曩皇上以情面疑羣臣，羣臣盡在疑中，日積月累，結爲陰痞，識者憂之。今日當開示誠心，爲濟難之本，御便殿以延見士大夫，以票擬歸閣臣，以庶政歸部、院，

以獻可替否予言官。不效，從而更置之，無坐錮以成其罪。乃者朝廷縛文吏如孤雛，而視武健士不啻驕子，漸使恩威錯置。文武皆不足信，乃專任一二內臣，閫以外次第委之。自古未有宦官典兵不僨國者。」又劾馬世龍、張鳳翼、吳阿衡等罪，忤帝意。

三年以疾在告，進祈天永命之說，言：

法天之大者，莫過於重民命，則刑罰宜當宜平。陛下以重典繩下，逆黨有誅，封疆失事有誅。一切詿誤，重者杖死，輕者謫去，朝署中半染赭衣。而最傷國體者，無如詔獄。副都御史易應昌以平反下吏，法司必以鍛鍊爲忠直，蒼鷹乳虎接踵於天下矣。願體上天好生之心，首除詔獄，且寬應昌，則祈天永命之一道也。

法天之大者，莫過於厚民生，則賦斂宜緩宜輕。今者宿逋見征及來歲預征，節節追呼，閭閻困敝，貪吏益大爲民厲。貴州巡按蘇琰以行李被訐於監司。巡方黷貨，何問下吏。吸膏吮脂之輩，接迹於天下矣。願體上天好生之心，首除新餉，幷嚴飭官方，則祈天永命之又一道也。

然大君者，天之宗子，輔臣者，宗子之家相。陛下置輔，率由特簡。亦願體一人好生之心，毋驅除異己，搆朝士以大獄，結國家朋黨之禍，毋寵利居成功，導人主以富強，釀天下土崩之勢。

閎延儒、溫體仁見疏不懌。以時方禱雨，而宗周稱疾，指爲偃蹇，激帝怒，擬旨詰之，且令陳足兵、足餉之策。宗周條畫以對，延儒、體仁不能難。

爲京尹，政令一新，挫豪家尤力。閹人言事輒不應，或相詬誶，宗周治事自如。武清侯蒼頭毆諸生，[二]宗周捶之，枷武清門外。嘗出，見優人籠篋，焚之通衢。賙恤單丁下戶尤至。居一載，謝病歸，都人爲罷市。

八年七月，內閣缺人，命吏部推在籍者，以孫慎行、林釬及宗周名上。詔所司敦趣，宗周固辭，不許。明年正月入都，慎行已卒，與釬入朝。帝問人才、兵食及流寇猖獗狀。宗周言：「陛下求治太急，用法太嚴，布令太煩，進退天下士太輕。諸臣畏罪飾非，不肯盡職業，故有人而無人之用，有餉而無餉之用，有將不能治兵，有兵不能殺賊。流寇本朝廷赤子，撫之有道，則還爲民。今急宜以收拾人心爲本，收拾人心在先寬有司。參罰重則吏治壞，吏治壞則民生困，盜賊由此日繁。」帝又問兵事。宗周言：「禦外以治內爲本。內治修，遠人自服，干羽舞而有苗格。願陛下以堯、舜之心，行堯、舜之政，天下自平。」對畢趨出。帝顧體仁迂其言，命釬輔政，宗周他用。旋授工部左侍郎。踰月，上痛憤時艱疏，言：

陛下銳意求治，而二帝三王治天下之道未暇講求，施爲次第猶多未得要領者。首屬意於邊功，而罪督遂以五年恢復之說進，是爲禍胎。己巳之役，謀國無良，朝廷始有

積輕士大夫之心。自此耳目參於近侍，腹心寄於干城，治術尚刑名，政體歸叢脞，天下事日壞而不可救。廠衞司譏察，而告訐之風熾；詔獄及士紳，而堂廉之等夷。人人救過不給，而欺罔之習轉甚；事事仰成獨斷，而諂諛之風日長。三尺法不伸於司寇，而犯者日衆，詔旨雜治五刑，歲躬斷獄以數千，而好生之德意泯。刀筆治絲綸而王言褻，誅求及瑣屑而政體傷。參罰在錢穀而官愈貪，吏愈橫，賦愈逋。敲扑繁而民生瘁，嚴刑重斂交困而盜賊日起。總理任而臣下之功能薄，監視遣而封疆之責任輕。督、撫無權而將日懦，武弁廢法而兵日驕，將懦兵驕而朝廷之威令幷窮於督、撫。朝廷勒限平賊，而行間日殺良報功，生靈益塗炭。一旦天牖聖衷，撤總監之任，重守令之選，下弓旌之招，收酷吏之威，布維新之化，方與二三臣工洗心滌慮，以聯泰交，而不意君臣相遇之難也。得一文震孟而以單辭報罷，使大臣失和衷之誼；得一陳子壯而以過戇坐辜，使朝宁無吁咈之風。此關於國體人心非淺鮮者。

陛下必體上天生物之心以敬天，而不徒倚風雷；必念祖宗鑑古之制以率祖，而不輕改作。以簡要出政令，以寬大養人才，以忠厚培國脈。發政施仁，收天下泮渙之人心。而且還內廷掃除之役，正懦帥失律之誅，慎天潰改授之途。遣廷臣齎內帑、巡行郡國，爲招撫使，赦其無罪而流亡者。陳師險隘，堅壁清野，聽其窮而自歸。誅渠之

外，猶可不殺一人，而畢此役，奚待於觀兵哉。

疏入，帝怒甚，諭閣臣擬嚴旨再四。每擬上，帝輒手其疏覆閱，起行數周。已而意解，降旨詰問，謂大臣論事宜體國度時，不當效小臣歸過朝廷爲名高，且奬其清直焉。

時太僕缺馬價，有詔願捐者聽。體仁及成國公朱純臣以下皆有捐助。又議罷明年朝覲。宗周以輸貲、免覲爲大辱國。帝雖不悅，心善其忠，益欲大用。體仁患之，募山陰人許瑚疏論之，謂宗周道學有餘，才諝不足。帝以瑚同邑，知之宜眞，遂已不用。

其秋，三疏請告去。至天津，聞都城被兵，遂留養疾。十月，事稍定，乃上疏曰：

己巳之變，誤國者袁崇煥一人。小人競修門戶之怨，異己者概坐以崇煥黨，日造蜚語，次第去之。自此小人進而君子退，中官用事而外廷浸疏。文法日繁，欺罔日甚，朝政日隳，[三]邊防日壞。今日之禍，實己巳以來釀成之也。

且以張鳳翼之溺職中樞也，而俾之專征，何以服王洽之死？以丁魁楚等之失事於邊也，而責之戴罪，何以服劉策之死？諸鎮勤王之師，爭先入衞者幾人，不聞以逗遛蒙詰責，何以服耿如杞之死？今且以一州八縣之生靈，結一飽颺之局，則廷臣之累累若若可幸無罪者，又何以謝韓爌、張鳳翔、李邦華諸臣之或戍或去？豈昔爲異己驅除，今不難以同己相容隱乎？臣於是而知小人之禍人國無已時也。

昔唐德宗謂羣臣曰：「人言盧杞奸邪，朕殊不覺。」羣臣對曰：「此乃杞之所以爲奸邪也。」臣每三覆斯言，爲萬世辨奸之要。故曰「大奸似忠，大佞似信」。頻年以來，陛下惡私交，而臣下多以告訐進；陛下錄清節，而臣下多以曲謹容；陛下崇勵精，而臣下奔走承順以爲恭；陛下尙綜覈，而臣下瑣屑吹求以示察。凡若此者，正似信似忠之類，究其用心，無往不出於身家利祿。陛下不察而用之，則聚天下之小人立於朝，有所不覺矣。天下卽乏才，何至盡出中官下。而陛下每當緩急，必委以大任。三協有遣，通、津、臨、德有遣；又重其體統，等之總督。中官總督，置總督何地？總督無權，置撫、按何地？是以封疆嘗試也。

且小人每比周小人，以相引重，君子獨岸然自異。故自古有用小人之君子，終無黨比小人之君子。陛下誠欲進君子退小人，決理亂消長之機，猶復用中官參制之，此明示以左右袒也。有明治理者起而爭之，陛下卽不用其言，何至幷逐其人。而御史金光辰竟以此逐，若惟恐傷中官心者，尤非所以示天下也。

至今日刑政之最舛者，成德，傲吏也，而以贓戍，何以肅懲貪之令？申紹芳，十餘年監司也，而以莫須有之鑽刺戍，何以昭抑競之典？鄭鄤之獄，或以誣告坐，何以示敦倫之化？此數事者，皆爲故輔文震孟引繩批根，卽向驅除異己之故智，而廷臣無敢言，

陛下亦無從知之也。嗚呼，八年之間，誰秉國成，而至於是！臣不能爲首揆溫體仁解矣。語曰「誰生厲階，至今爲梗」，體仁之謂也。

疏奏，帝大怒，體仁又上章力詆，遂斥爲民。

十四年九月，吏部缺左侍郎，廷推不稱旨。帝臨朝而嘆，謂大臣「劉宗周淸正敢言，可用也」，遂以命之。再辭不得，乃趨朝。道中進三劄：一曰明聖學以端治本，二曰躬聖學以建治要，三曰重聖學以需治化，凡數千言。帝優旨報之。明年八月未至，擢左都御史。力辭，有詔敦趨。踰月，入見文華殿。帝問都察院職掌安在，對曰：「在正己以正百僚。必存諸中者，上可對君父，下可質天下士大夫，而後百僚則而象之。大臣法，小臣廉，紀綱振肅，職掌在是，而責成巡方其首務也。巡方得人，則吏治清，民生遂。」帝曰：「卿力行以副朕望。」乃列建道揆、貞法守、崇國體、清伏奸、懲官邪、飭吏治六事以獻，帝褒納焉。俄劾御史喩上猷、嚴雲京而薦袁愷、成勇，帝並從之。其後上猷受李自成顯職，卒爲世大詬。

冬十月，京師被兵。請旌死事盧象昇，而追戮誤國奸臣楊嗣昌，逮跋扈悍將左良玉；防關以備反攻，防潞以備透渡，防通、津、臨、德以備南下。帝不能盡行。

閏月晦日召見廷臣於中左門。時姜埰、熊開元以言事下詔獄，宗周約九卿共救。入朝，聞密旨置二人死。宗周愕然謂衆曰：「今日當空署爭，必改發刑部始已。」及入對，御史楊若橋薦西洋人湯若望善火器，請召試。宗周曰：「邊臣不講戰守屯戍之法，專恃火器。近來陷城破邑，豈無火器而然？我用之制人，人得之亦可制我，不見河間反爲火器所破乎？國家大計，以法紀爲主。大帥跋扈，援師逗遛，奈何反姑息，爲此紛紛無益之舉耶？」因議督、撫去留，則請先去督師范志完。且曰：「十五年來，陛下處分未當，致有今日敗局。不追禍始，更絃易轍，欲以一切苟且之政，補目前罅漏，非長治之道也。」帝變色曰：「前不可追，善後安在？」宗周曰：「在陛下開誠布公，公天下爲好惡，合國人爲用舍，進賢才，開言路，次第與天下更始。」帝曰：「目下烽火逼畿甸，且國家敗壞已極，當如何？」宗周曰：「武備必先練兵，練兵必先選將，選將必先擇賢督、撫，擇賢督、撫必先吏、兵二部得人。宋臣曰：『文官不愛錢，武官不惜死，則天下太平。』斯言，今日鍼砭也。論者但論才望，不問操守；未有操守不謹，而遇事敢前，軍士畏威者。若徒以議論捷給，舉動恢張，稱曰才望，取爵位則有餘，責事功則不足，何益成敗哉。」帝曰：「濟變之日，先才後守。」宗周曰：「前人敗壞，皆由貪縱使然；故以濟變言，愈宜先守後才。」帝曰：「大將別有才局，非徒操守可望成功。」宗周曰：「他不具論，如范志完操守不謹，大將偏裨無不由賄進，所以三軍解體。由此觀之，操守爲主。」帝色解曰：「朕已知之。」敕宗周起。

於是宗周出奏曰：「陛下方下詔求賢，姜埰、熊開元二臣遽以言得罪。國朝無言官下詔

獄者，有之自二臣始。陛下度量卓越，妄如臣宗周，戇直如臣黃道周，尙蒙使過之典，二臣何不幸，不邀法外恩？」帝曰：「道周有學有守，非二臣比。」宗周曰：「二臣誠不及道周，然朝廷待言官有體，言可用用之，不可置之。卽有應得之罪，亦當付法司。今遽下詔獄，終於國體有傷。」帝怒甚，曰：「法司錦衣皆刑官，何公何私？且罪一二言官，何遽傷國體？有如貪贓壞法，欺君罔上，皆可不問乎？」宗周曰：「錦衣，膏粱子弟，何知禮義，聽寺人役使。卽陛下問貪贓壞法，欺君罔上，亦不可不付法司也。」帝大怒曰：「如此偏黨，豈堪憲職！」有閒曰：「開元此疏，必有主使，疑卽宗周。」金光辰爭之。帝叱光辰，幷命議處。翼日，光辰貶三秩調用，宗周革職，刑部議罪。閣臣持不發，捧原旨御前懇救，乃免，斥爲民。

歸二年而京師陷。宗周徒步荷戈，詣杭州，責巡撫黃鳴駿發喪討賊。鳴駿誠以鎭靜，宗周勃然曰：「君父變出非常，公專閫外，不思枕戈泣血，激勵同仇，顧藉口鎭靜，作遜避計耶？」鳴駿唯唯。明日，復趣之。鳴駿曰：「發喪必待哀詔。」宗周曰：「嘻，此何時也，安所得哀詔哉！」鳴駿乃發喪。問師期，則曰：「甲仗未具。」宗周嘆曰：「嗟乎，是烏足與有爲哉！」乃與故侍郎朱大典，故給事中章正宸、熊汝霖召募義旅。將發，而福王監國於南京，起宗周故官。宗周以大仇未報，不敢受職。自稱草莽孤臣，疏陳時政，言：

今日大計，舍討賊復仇，無以表陛下渡江之心；非毅然決策親征，無以作天下忠義

之氣。

一曰據形勝以規進取。江左非偏安之業，請進圖江北。鳳陽號中都，東扼徐、淮，北控豫州，西顧荊、襄，而南去金陵不遠，請以駐親征之師。大小銓除，暫稱行在，少存臣子負罪引慝之心。從此漸進，秦、晉、燕、齊必有響應而起者。

一曰重藩屏以資彈壓。淮、揚數百里，設兩節鉞，不能禦亂，爭先南下，致江北一塊土，拱手授賊。督漕路振飛坐守淮城，久以家屬浮舟遠地，是倡之逃也。於是鎭臣劉澤清、高傑遂有家屬寄江南之說。軍法臨陣脫逃者斬，臣謂一撫二鎭，皆可斬也。

一曰愼爵賞以肅軍情。請分別各帥封賞，孰當孰濫，輕則收侯爵，重則奪伯爵。夫以左帥之恢復而封，高、劉之敗逃亦封，又誰不當封者？武臣既濫，文臣隨之，外臣既濫，中璫隨之，恐天下聞而解體也。

一曰核舊官以立臣紀。燕京既破，有受僞官而叛者，有受僞官而逃者，有在封守而逃者，有奉使命而逃者，法皆不赦。亟宜分別定罪，爲戒將來。至於僞命南下，徘徊順逆之間，實繁有徒，必且倡爲曲說，以惑人心，尤宜誅絕。

又言：

當賊入秦流晉，漸過畿南，遠近洶洶，獨大江南北晏然。而二三督撫不聞遣一騎

以壯聲援，賊遂得長驅犯闕。坐視君父之危亡而不救，則封疆諸臣之當誅者一。囚問已確，諸臣奮戈而起，決一戰以贖前愆，自當不俟朝食。方且仰聲息於南中，爭言固圉之策，卸兵權於閫外，首圖定策之功，則封疆諸臣之當誅者又一。新朝既立之後，謂宜不俟終日，首遣北伐之師。不然，則亟馳一介，間道北進，檄燕中父老，起塞上名王，哭九廟，厝梓宮，訪諸王。更不然，則起閩帥鄭芝龍，以海師下直沽，九邊督鎭合謀共奮，事或可爲。而諸臣計不出此，則舉朝謀國不忠之當誅者又一。罪廢諸臣，量從昭雪，自應援先帝遺詔及之，今乃概用新恩。誅閹定案，前後詔書鶻突，勢必彪虎之類，盡從平反而後已，則舉朝謀國不忠之當誅者又一。臣謂今日問罪，當自中外諸臣不職者始。

詔納其言，宣付史館，中外爲悚動。而馬士英、高傑、劉澤清恨甚，滋欲殺宗周矣。宗周連疏請告不得命，遂抗疏劾士英，言：

陛下龍飛淮甸，天實予之。乃有扈蹕微勞，入內閣，進中樞，宮銜世廕，晏然當之不疑者，非士英乎？於是李沾侈言定策，挑激廷臣矣。劉孔昭以功賞不均，發憤冢臣，朝端譁然聚訟，而羣陰且翩翩起矣。借知兵之名，則逆黨可以然灰，寬反正之路，則逃臣可以汲引，而閣部諸臣且次第言去矣。中朝之黨論方興，何暇圖河北之賊；立

國之本紀已疏，何以言匡攘之略。高傑一逃將也，而奉若驕子，浸有尾大之憂。淮、揚失事，不難譴撫臣道臣以謝之，安得不長其桀驁，則亦恃士英卵翼也。劉、黃諸將，各有舊汛地，而置若弈棋，洶洶爲連雞之勢，至分剖江北四鎭以慰之，安得不啓其雄心，則皆高傑一人倡之也。京營自祖宗以來，皆勳臣爲政，樞貳佐之。陛下立國伊始，而有內臣盧九德之命，則士英有不得辭其責者。

總之，兵戈盜賊，皆從小人氣類感召而生，而小人與奄宦又往往相表裏。自古未有奄宦用事，而將帥能樹功於方域者。惟陛下首辨陰陽消長之機，出士英仍督鳳陽，聯絡諸鎭，決用兵之策。史可法即不還中樞，亦當自淮而北，歷河以南，別開幕府，與士英相犄角。京營提督，獨斷寢之。書之史冊，爲弘光第一美政。

王優詔答之，而促其速入。

士英大怒，即日具疏辭位，且揚言於朝曰：「劉公自稱草莽孤臣，不書新命，明示不臣天子也。」其私人朱統鐼遂劾宗周疏請移蹕鳳陽：「鳳陽，高牆所在，欲以罪宗處上，而與史可法擁立潞王。其兵已伏丹陽，當急備。」而澤清、傑日夜謀所以殺宗周者不得，乃遣客十輩往刺宗周。宗周時在丹陽，終日危坐，未嘗有惰容。客前後至者，不敢加害而去。而黃鳴駿入覲，兵抵京口，與防江兵相擊鬬。士英以統鐼言爲信也，亦震恐。於是澤清疏劾「宗

周陰撓恢復，欲誅臣等，激變士心，召生靈之禍」。劉良佐亦具疏言宗周力持「三案」，爲門戶主盟，倡議親征，圖晁錯之自爲居守，司馬懿之閉城拒君。疏未下，澤清復草一疏，署傑、良佐及黃得功名上之，言：「宗周勸上親征，謀危君父，欲安置陛下於烽火凶危之地。蓋非宗周一人之謀，姜曰廣、吳甡合謀也。曰廣心雄膽大，翊戴非其本懷，故陰結死黨，翦除諸忠，然後迫劫乘輿遷之別郡。如甡、宗周入都，臣等即渡江赴闕，面訐諸奸，正春秋討賊之義。」疏入，舉朝大駭，傳諭和衷集事。宗周不得已，以七月十八日入朝。初，澤清疏出，遣人錄示傑。傑曰：「我輩武人，乃預朝事耶？」得功疏辨：「臣不預聞。」士英寢不奏。可法不平，遣使徧詰諸鎭，咸云不知，遂據以入告，澤清輩由是氣沮。

士英既嫉宗周，益欲去之，而薦阮大鋮知兵。有詔，冠帶陛見。未幾，中旨特授兵部添注右侍郎。宗周曰：「大鋮進退，係江左興亡，老臣不敢不一爭之。不聽，則亦將歸爾。」疏入，不聽，宗周遂告歸，詔許乘傳。將行，疏陳五事：

一曰修聖政，毋以近娛忽遠猷。國家不幸，遭此大變，今紛紛制作，似不復有中原志者。土木崇矣，珍奇集矣，俳優雜劇陳矣，內豎充廷，金吾滿座，戚畹駢闐矣，讒夫昌，言路扼，官常亂矣。所謂狃近娛而忽遠圖也。

一曰振王綱，無以主恩傷臣紀。自陛下即位，中外臣工不曰從龍，則曰佐命。一

推恩近侍，則左右因而秉權；再推恩大臣，則閣部可以兼柄；三推恩勳舊，則陳乞至今未已；四推恩武弁，則疆埸視同兒戲。表裏呼應，動有藐視朝廷之心；彼此雄長，即爲犯上無等之習。禮樂征伐，漸不出自天子，所謂褻主恩而傷臣紀也。

一曰明國是，無以邪鋒危正氣。朋黨之說，小人以加君子，釀國家空虛之禍，先帝末造可鑒也。今更爲一二元惡稱冤，至諸君子後先死於黨、死於徇國者，若有餘戮。揆厥所由，止以一人進用，動引三朝故事，排抑舊人。私交重，君父輕，身自樹黨，而坐他人以黨，所謂長邪鋒而危正氣也。

一曰端治術，無以刑名先敎化。先帝頗尚刑名，而殺機先動於溫體仁。殺運日開，怨毒滿天下。近如貪吏之誅，不經提問，遽科罪名；未科罪名，先追贓罰。假令有禹好善之巡方，借成德以媚權相，又孰辨之？又職方戎政之奸弊，道路嘖有煩言，雖衞臣有不敢問者，則廠衞之設何爲？徒令人主虧至德，傷治體，所謂急刑名而忘敎化也。

一曰固邦本，毋以外釁釀內憂。前者淮、揚告變，未幾而高、黃二鎭治兵相攻。四鎭額兵各三萬，不以殺敵而自相屠毒，又日煩朝廷講和，何爲者！夫以十二萬不殺敵之兵，索十二萬不殺敵之餉，必窮之術耳。不稍裁抑，惟加派橫征。蓄一二蒼鷹乳虎之有司，以天下徇之已矣，所謂積外釁而釀內憂也。

優詔報聞。

明年五月，南都亡。六月，潞王降，杭州亦失守。宗周方食，推案慟哭，自是遂不食。移居郭外，有勸以文、謝故事者。宗周曰：「北都之變，可以死，可以無死，以身在田里，尚有望於中興也。南都之變，主上自棄其社稷，尚曰可以死，可以無死，以俟繼起有人也。今吾越又降矣，老臣不死，尚何待乎？若曰身不在位，不當與城爲存亡，獨不當與土爲存亡乎？此江萬里所以死也。」出辭祖墓，舟過西洋港，躍入水中。水淺不得死，舟人扶出之。絕食二十三日，始猶進茗飲，後勺水不下者十三日，與門人問答如平時。閏六月八日卒，年六十有八。其門人徇義者有祝淵、王毓蓍。

淵，字開美，海寧人。崇禎六年舉於鄉。自以年少學未充，棲峯巔僧舍，讀書三年，山僧罕見其面。十五年冬，會試入都，適宗周廷諍姜埰、熊開元削籍。淵抗疏曰：「宗周戇直性成，忠孝天授。受任以來，蔬食不飽，終宵不寢，圖報國恩。今四方多難，貪墨成風，求一淸剛臣以司風紀，孰與宗周。宗周以迂戇斥，繼之者必淟涊；宗周以偏執斥，繼之者必便捷。淟涊便捷之夫進，必且營私納賄，顚倒貞邪。乞收還成命，復其故官，天下幸甚。」帝得疏不懌，停淵會試，下禮官議。淵故不識宗周，既得命往謁。宗周曰：「子爲此舉，無所爲而爲之乎，抑動於名心而爲之也？」淵爽然避席曰：「先生名滿天下，誠恥不得列門牆爾，願執贄爲

弟子。」

明年，從宗周山陰。禮官議上，逮下詔獄，詰主使姓名。淵曰：「男兒死即死爾，何聽人指使爲！」移刑部，進士共疏出淵。未幾，都城陷，營死難太常少卿吳麟徵喪，歸其柩。詣南京刑部，竟前獄，尚書諭止之。上疏請誅奸輔，通政司抑不奏。給事中陳子龍疏薦淵及待詔涂仲吉義士，可爲臺諫。仲吉者，漳浦人。以諸生走萬里上書明黃道周冤，得罪杖譴者也。不許。

宗周罷官家居，淵數往問學。嘗有過，入曲室長跪流涕自撾。杭州失守，淵方葬母，趣竣工。既葬，還家設祭，即投繯而卒，年三十五也。踰二日，宗周餓死。

毓蓍，字元趾，會稽人。爲諸生，跌宕不羈。已，受業宗周之門，同門生咸非笑之。杭州不守，宗周絕粒未死，毓蓍上書曰：「願先生早自裁，毋爲王炎午所弔。」俄一友來視，毓蓍曰：「子若何？」曰：「有陶淵明故事在。」毓蓍曰：「不然，吾輩聲色中人，慮久則難持也。」一日，遍召故交歡飲，伶人奏樂。酒罷，攜燈出門，投柳橋下，先宗周一月死。鄉人私諡正義先生。

宗周始受業於許孚遠。已，入東林書院，與高攀龍輩講習。馮從吾首善書院之會，宗周亦與焉。越中自王守仁後，一傳爲王畿，再傳爲周汝登、陶望齡，三傳爲陶奭齡，皆雜於禪。

奭齡講學白馬山，爲因果說，去守仁益遠。宗周憂之，築證人書院，集同志講肄。且死，語門人曰：「學之要，誠而已，主敬其功也。敬則誠，誠則天。良知之說，鮮有不流於禪者。」宗周在官之日少，其事君，不以面從爲敬。入朝，雖處暗室，不敢南嚮。或訊大獄，會大議，對明旨，必卻坐拱立移時。或謝病，徒步家居，布袍粗飯，樂道安貧。聞召就道，嘗不能具冠裳。學者稱念臺先生。子汋，字伯繩。

黃道周，字幼平，漳浦人。天啓二年進士。改庶吉士，授編修，爲經筵展書官。故事，必膝行前，道周獨否，魏忠賢目攝之。未幾，內艱歸。崇禎二年起故官，進右中允。三疏救故相錢龍錫，降調，龍錫得減死。五年正月方候補，遘疾求去。瀕行，上疏曰：

臣自幼學易，以天道爲準。上下載籍二千四百年，考其治亂，百不失一。陛下御極之元年，正當師之上九，其爻云「大君有命，開國承家，小人勿用」。陛下思賢才不遽得，懲小人不易絕，蓋陛下有大君之實，而小人懷干命之心。臣入都以來，所見諸大臣皆無遠猷，動尋苛細。治朝寧者以督責爲要談，治邊疆者以姑息爲上策。序仁義道

德，則以爲迂昧而不經；奉刀筆簿書，則以爲通達而知務。一切磨勘，則葛藤終年；一意不調，而株連四起。陛下欲整頓紀綱，斥攘外患，諸臣用之以滋章法令，摧折縉紳；陛下欲剔弊防奸，懲一警百，諸臣用之以借題修隙，斂怨市權。且外廷諸臣敢誑陛下者，必不在拘攣守文之士，而在權力謬巧之人；內廷諸臣敢誑陛下者，必不在錐刀泉布之微，而在阿柄神叢之大。惟陛下超然省覽，旁稽載籍，自古迄今，決無數米量薪，可成遠大之猷，吹毛數睫，可奏三五之治者。彼小人見事，智每短於事前，言每多於事後。不救凌圍，而謂凌城必不可築；不理島民，而謂島衆必不可用。兵逃於久頓，而謂亂生於無兵；餉糜於漏巵，而謂功銷於無餉。亂視熒聽，浸淫相欺，馴至極壞，不可復挽，臣竊危之。自二年以來，以察去弊，而弊愈多；以威創頑，而威滋殫。是亦反申、商以歸周、孔，捐苛細以崇惇大之時矣。

帝不懌，摘「葛藤」、「株連」數語，令具陳。道周上言曰：

邇年諸臣所目營心計，無一實爲朝廷者。其用人行事，不過推求報復而已。自前歲春月以後，盛談邊疆，實非爲陛下邊疆，乃爲逆璫而翻邊疆也；去歲春月以後，盛言科場，實非爲陛下科場，乃爲仇隙而翻科場也。此非所謂「葛藤」、「株連」乎？自古外患未弭，則大臣一心以憂外患；小人未退，則大臣一心以憂小人。今獨以遺君父，而大

臣自處於催科比較之末。行事而事失，則曰事不可爲；用人而人失，則曰人不足用。此臣所謂舛也。三十年來，釀成門戶之禍，今又取縉紳稍有器識者，舉網投阱，卽緩急安得一士之用乎！

凡絕餌而去者，必非鯈魚；戀棧而來者，必非駿馬。以利祿豢士，則所豢者必嗜利之臣；以箠楚驅人，則就驅者必駑駘之骨。今諸臣之才具心術，陛下其知之矣。知其爲小人而又以小人矯之，則小人之焰益張；知其爲君子而更以小人參之，則君子之功不立。天下總此人才，不在廊廟則在林藪。臣所知識者有馬如蛟、毛羽健、任贊化，所聞習者有惠世揚、李邦華，在仕籍者有徐良彥、曾櫻、朱大典、陸夢龍、鄒嘉生，皆卓犖駿偉，使當一面，必有可觀。

語皆刺大學士周延儒、溫體仁。帝益不懌，斥爲民。

九年用薦召，復故官。明年閏月，久旱修省，道周上言：「近者中外齋宿，爲百姓請命，而五日內繫兩尙書，未聞有人申一疏者。安望其戢亂除凶，贊平明之治乎。陛下焦勞於上，小民展轉於下，而諸臣括囊其間，稍有人心，宜不至此。」又上疏曰：「陛下寬仁弘宥，有身任重寄至七八載罔效、擁權自若者。積漸以來，國無是非，朝無枉直，中外臣工率苟且圖事，誠可痛憤。然其視聽一係於上。上急催科，則下急賄賂；上樂鍥覈，則下樂巉險；上

喜告訐，則下喜誣陷。當此南北交訌，奈何與市井細民，申勃谿之談，修睚眦之隙乎。」時體仁方招奸人搆東林、復社之獄，故道周及之。

旋進右諭德，掌司經局，疏辭。因言己有三罪、四恥、七不如。三罪、四恥，以自責。七不如者，謂「品行高峻，卓絕倫表，不如劉宗周；至性奇情，無愧純孝，不如倪元璐；湛深大慮，遠見深計，不如魏呈潤；犯言敢諫，清裁絕俗，不如詹爾選、吳執御；志尙高雅，博學多通，不如華亭布衣陳繼儒、龍溪舉人張燮；至圜土纍係之臣，朴心純行，不如李汝璨、傅朝佑；文章意氣，坎坷磊落，不如錢謙益、鄭鄤。」鄤方被杖母大詬，帝得疏駭異，責以顚倒是非。道周疏辯，語復營護鄤。帝怒，嚴旨切責。

道周以文章風節高天下，嚴冷方剛，不諧流俗，公卿多畏而忌之，乃藉不如鄤語爲口實。其冬，擇東宮講官。體仁已罷，張至發當國，擯道周不與。其同官項煜、楊廷麟不平，上疏推讓道周。至發言：「鄤杖母，明旨煌煌，道周自謂不如，安可爲元良輔導。」道周遂移疾乞休，不許。

十一年二月，帝御經筵。刑部尙書鄭三俊方下吏，講官黃景昉救之，帝未許。而帝適追論舊講官姚希孟嘗請漕儲全折以爲非。道周聽未審，謂帝將寬三俊念希孟也，因言：「故輔臣文震孟一生蹇直，未蒙帷蓋恩。天下士，生如三俊，歿如震孟、希孟，求其影似，未可多

得。」帝以所對失實，責令回奏。再奏再詰，至三奏乃已。凡道周所建白，未嘗得一俞旨，道周顧言不已。

六月，廷推閣臣。道周已充日講官，遷少詹事，得與名。帝不用，用楊嗣昌等五人。道周乃草三疏，一劾嗣昌，一劾陳新甲，一劾遼撫方一藻，同日上之。其劾嗣昌，謂：

天下無無父之子，亦無不臣之子。衞開方不省其親，管仲至比之豭狗。李定不喪繼母，宋世共指爲人梟。今遂有不持兩服，坐司馬堂如楊嗣昌者。宣大督臣盧象昇以父殯在途，搥心飲血，請就近推補，乃忽有并推在籍守制之旨。夫守制者可推，則聞喪者可不去；聞喪者可不去，則爲子者可不父，爲臣者可不子。卽使人才甚乏，奈何使不忠不孝者連苞引蘖，種其不祥以穢天下乎？嗣昌在事二年，張網溢地之談，款市樂天之說，才智亦可睹矣，更起一不祥之人，與之表裏。陛下孝治天下，縉紳家庭小小勃谿，猶以法治之，而冒喪斁倫，獨謂無禁，臣竊以爲不可也。

其論新甲，言其

守制不終，走邪徑，託捷足。天下卽甚無才，未宜假借及此。古有忠臣孝子無濟於艱難者，決未有不忠不孝而可進乎功名道德之門者也。臣二十躬耕，手足胼胝，以養二人。四十餘削籍，徒步荷擔二千里，不解屝屨。今雖踰五十，非有妻子之奉，婢僕之

累。天下卽無人，臣願解清華，出管鎖鑰，何必使被棘負塗者，祓不祥以玷王化哉！其論一藻，則力詆和議之非。帝疑道周以不用怨望，而「縉紳」、「勃谿」語，欲爲鄭鄤脫罪，下吏部行譴。嗣昌因上言：「鄤杖母，禽獸不如。今道周又不如鄤，且其意徒欲庇凶徒，飾前言之謬，立心可知。」因自乞罷免，帝優旨慰之。

七月五日召內閣及諸大臣於平臺，幷及道周。帝與諸臣語所司事，久之，問道周曰：「凡無所爲而爲者，謂之天理；有所爲而爲者，謂之人欲。爾三疏適當廷推不用時，果無所爲乎？」道周對曰：「臣三疏皆爲國家綱常，自信無所爲。」帝曰：「先時何不言？」對曰：「先時猶可不言，至簡用後不言，更無當言之日。」帝曰：「淸固美德，但不可傲物遂非。且惟伯夷爲聖之淸，若小廉曲謹，是廉，非淸也。」時道周所對不合指，帝屢駁，道周復進曰：「惟孝弟之人始能經綸天下，發育萬物。不孝不弟者，根本旣無，安有枝葉。」嗣昌出奏曰：「臣不生空桑，豈不知父母。顧念君爲臣綱，父爲子綱，君臣固在父子前。況古爲列國之君臣，可去此適彼；今則一統之君臣，無所逃於天地之間。且仁不遺親，義不後君，難以偏重。臣四疏力辭，意詞臣中有如劉定之、羅倫者，抗疏爲臣代請，得遂臣志。及抵都門，聞道周人品學術，爲人宗師，乃不如鄭鄤。」帝曰：「然，朕正擬問之。」乃問道周曰：「古人心無所爲，今則各有所主，故孟子欲正人心，息邪說。古之邪說，別爲一教，今則直附於聖賢經傳中，係世道

人心更大。且爾言不如鄭鄤，何也？」對曰：「匡章見棄通國，孟子不失禮貌，臣言文章不如鄤。」帝曰：「章子不得於父，豈鄤杖母者比。爾言不如，豈非朋比？」道周曰：「衆惡必察。」帝曰：「陳新甲何以走邪徑，託捷足？且爾言軟美容悅，叩首折枝者誰耶？」道周不能對，但曰：「人心邪則行徑皆邪。」帝曰：「喪固凶禮，豈遭凶者卽凶人，盡不祥之人？」道周曰：「古三年喪，君命不過其門。自謂凶與不祥，故軍禮鑿凶門而出。奪情在疆外則可，朝中則不可。」帝曰：「人旣可用，何分內外？」道周曰：「我朝自羅倫論奪情，前後五十餘人，多在邊疆。故嗣昌在邊疆則可，在中樞則不可；在中樞猶可，在政府則不可。止嗣昌一人猶可，又呼朋引類，竟成一奪情世界，益不可。」帝又詰問久之。帝曰：「少正卯當時亦稱聞人。心逆而險，行僻而堅，言僞而辨，順非而澤，記醜而博，不免聖人之誅。今人多類此。」道周曰：「少正卯心術不正，臣心正無一毫私。」帝怒。有間，命出候旨。道周曰：「臣今日不盡言，臣負陛下；陛下今日殺臣，陛下負臣。」帝曰：「爾一生學問，止成佞耳。」叱之退，道周叩首起，復跪奏：「臣敢將忠佞二字剖析言之。夫人在君父前，獨立敢言爲佞，豈在君父前讒諂面諛爲忠耶？忠佞不別，邪正淆矣，何以致治？」帝曰：「固也，非朕漫加爾以佞。但所問在此，所答在彼，非佞而何？」再叱之退。顧嗣昌曰：「甚矣，人心偸薄也。道周恣肆如此，其能無正乎？」乃召文武諸臣，咸聆戒諭而退。

是時，帝憂兵事，謂可屬大事者惟嗣昌，破格用之。道周守經，失帝意。及奏對，又不遜。帝怒甚，欲加以重罪，憚其名高，未敢決。會劉同升、趙士春亦劾嗣昌，將予重譴，而部擬道周譴顧輕。嗣昌懼道周輕，則論己者將無已時也，亟購人劾道周者。有刑部主事張若麒謀改兵部，遂阿嗣昌意上疏曰：「臣聞人主之尊，尊無二上；人臣無將，將而必誅。今黃道周及其徒黨造作語言，虧損聖德。舉古今未有之好語盡出道周，無不可歸過於君父。不頒示前日召對始末，背公死黨之徒，鼓煽以惑四方，私記以疑後世，損聖天子正人心息邪說至意，大不便。」帝卽傳諭廷臣，毋爲道周刦持相朋黨，凡數百言。貶道周六秩，爲江西按察司照磨，而若麒果得兵部。

久之，江西巡撫解學龍薦所部官，推獎道周備至。故事，但下所司，帝亦不覆閱。而大學士魏照乘惡道周甚，則擬旨責學龍濫薦。帝遂發怒，立削二人籍，逮下刑部獄，責以黨邪亂政，並杖八十，究黨與。詞連編修黃文煥、吏部主事陳天定、工部司務董養河、中書舍人文震亨，並繫獄。戶部主事葉廷秀、監生涂仲吉救之，亦繫獄。尚書李覺斯讞輕，嚴旨切責，再擬謫戍烟瘴，帝猶以爲失出，除覺斯名，移獄鎭撫司掠治，乃還刑部獄。逾年，尚書劉澤深等言：「二人罪至永戍止矣，過此惟論死。論死非封疆則貪酷，未有以建言者。道周無封疆貪酷之罪，而有建言蒙戮之名，於道周得矣，非我聖主覆載之量也。陛下所疑者黨耳。

黨者，見諸行事。道周抗疏，祇託空言，一二知交相從罷斥，烏覩所謂黨，而煩朝廷大法乎。且陛下豈有積恨道周，萬一聖意轉圜，而臣已論定，悔之何及。」仍以原擬請，乃永戍廣西。[四]

十五年八月，道周戍已經年。一日，帝召五輔臣入文華後殿，手一編從容問曰：「張溥、張采何如人也？」皆對曰：「讀書好學人也。」帝曰：「張溥已死，張采小臣，科道官何亟稱之？」對曰：「其胸中自有書，科道官以其用未竟而惜之。」帝曰：「亦不免偏。」時延儒自以嗣昌旣已前死矣，而己方再入相，欲參用公議，爲道周地也，卽對曰：「張溥、黃道周皆未免偏，徒以其善學，故人人惜之。」帝默然。德璟曰：「道周前日蒙戍，上恩寬大，獨其家貧子幼，其實可憫。」帝微笑。演曰：「其事親亦極孝。」甡曰：「道周學無不通，且極淸苦。」帝不答，但微笑而已。明日傳旨復故官。道周在途疏謝，稱學龍、廷秀賢。旣還，帝召見道周，道周見帝而泣：「臣不自意今復得見陛下，臣故有犬馬之疾。」請假，許之。

居久之，福王監國，用道周吏部左侍郎。道周不欲出，馬士英諷之曰：「人望在公，公不起，欲從史可法擁立潞王耶？」乃不得已趨朝。陳進取九策，拜禮部尚書，協理詹事府事。而朝政日非，大臣相繼去國，識者知其將亡矣。明年三月遣祭告禹陵。瀕行，陳進取策，時不能用。甫竣事，南都亡，見唐王聿鍵於衢州，奉表勸進。王以道周爲武英殿大學士。道

周學行高，王敬禮之特甚，賜宴。鄭芝龍爵通侯，位道周上，衆議抑芝龍，文武由是不和。一諸生上書詆道周迂，不可居相位。王知出芝龍意，下督學御史撻之。

當是時，國勢衰，政歸鄭氏，大帥恃恩觀望，不肯一出關募兵。道周請自往江西圖恢復。以七月啓行，所至遠近響應，得義旅九千餘人，由廣信出衢州。十二月進至婺源，遇大清兵。戰敗，被執至江寧，幽別室中，囚服著書。臨刑，過東華門，坐不起，曰：「此與高皇帝陵寢近，可死矣。」監刑者從之。幕下士中書賴雍、蔡紹謹，兵部主事趙士超等皆死。

道周學貫古今，所至學者雲集。銅山在孤島中，有石室，道周自幼坐臥其中，故學者稱爲石齋先生。精天文曆數皇極諸書。所著易象正、三易洞璣及太函經，學者窮年不能通其說，而道周用以推驗治亂。歿後，家人得其小册，自謂終於丙戌，年六十二，始信其能知來也。

葉廷秀，濮州人。天啓五年進士。歷知南樂、衡水、獲鹿三縣，入爲順天府推官。英國公張惟賢與民爭田，廷秀斷歸之民。惟賢屬御史袁弘勛駁勘，執如初。惟賢訴諸朝。帝卒用廷秀奏，還田於民。

崇禎中，遷南京戶部主事，遭內外艱。服闋，入都，未補官，疏陳吏治之弊，言：「催科一

事，正供外有雜派，新增外有暗加，額辦外有貼助。小民破產傾家，安得不爲盜賊。夫欲救州縣之弊，當自監司郡守始。不澄其源，流安能潔。乃保舉之令行已數年，而稱職者希覯，是連坐法不可不嚴也。」帝納之，授戶部主事。帝以傅永淳爲吏部尚書。廷秀言永淳庸才，不當任統均。甫四月，永淳果敗。道周逮下獄，廷秀抗疏救之。帝怒，杖百，繫詔獄。明年冬，遣戍福建。

廷秀受業劉宗周門，造詣淵邃。宗周門人以廷秀爲首。與道周未相識，冒死論救，獲重罪，處之恬然。及道周釋還，給事中左懋第、御史李悅心復相繼論薦，執政亦稱其賢，道周在途又爲請。帝令所司核議，已而執政復薦。十六年冬，特旨起故官。會都城陷，未赴。福王時，兵部侍郎解學龍薦道周，並及廷秀，命以僉都御史用。及還朝，馬士英惡之，抑授光祿少卿。南都覆，唐王召拜左僉都御史，進兵部右侍郎。事敗，爲僧以終。

贊曰：劉宗周、黄道周所指陳，深中時弊。其論才守，別忠佞，足爲萬世龜鑑。而聽者迂而遠之，則救時濟變之說惑之也。傳曰「雖危起居，竟信其志，猶將不忘百姓之病也」，二臣有焉。殺身成仁，不違其素，所守豈不卓哉！

校勘記

〔一〕 益習爲頑鈍無恥　益，原作「蓋」，據明史稿傳一四一劉宗周傳改。

〔二〕 武清侯蒼頭毆諸生　武清侯，原作「武清伯」，據本書卷一〇八外戚恩澤侯表改。

〔三〕 朝政日驟　原作「朝廷日驟」，據明史稿傳一四一劉宗周傳改。

〔四〕 乃永戍廣西　廣西，本書卷三〇八及明史稿傳一三二周延儒傳作「辰州」，國榷卷九七頁五九一一作「辰州衞」。辰州、辰州衞在湖廣。

明史卷二百五十六

列傳第一百四十四

崔景榮 黃克纘 畢自嚴 李長庚 王志道 劉之鳳

崔景榮，字自强，長垣人。萬曆十一年進士。授平陽府推官。擢御史，劾東廠太監張鯨罪。巡按甘肅、湖廣、河南，最後按四川，積臺資十八年。播州亂，景榮監大帥劉綎、吳廣輩軍。綎馳金帛至景榮家，爲其父壽，景榮上疏劾之。播州平，或請以播北界安氏，景榮不可。會總督李化龍憂去，景榮爲請蠲蜀一歲租，卹上東五路，罷礦使。化龍疏敍監軍功，弗及景榮。已，晉太僕少卿。

三年滿，擢右僉都御史，巡撫寧夏。銀定素驕，歲入掠。景榮親督戰破之，因議革導賊諸部賞。諸部懼，請與銀定絕。銀定既失導，亦叩關求市。寧夏歲市費不貲，景榮議省之。在任三年，僅一市而已。其後延鎮吉能等挾款求補市，卒勿許，歲省金錢十餘萬。

四十一年入爲兵部右侍郎，總京營戎政。改吏部。以疾辭去。踰年，起宣府大同總督。召還，晉兵部尚書。會遼、瀋失，熊廷弼、王化貞議不協，命廷臣議經、撫去留。景榮數爲言官所論。御史方震孺請罷景榮，以孫承宗代之。遂引疾歸。

天啓四年十一月特起爲吏部尚書。當是時，魏忠賢盜國柄，羣小更相倚附，逐尚書趙南星。即家起景榮，欲倚爲助。比至，忠賢飾大宅以待，景榮不赴。錦衣帥田爾耕來謁，又辭不見。帝幸太學，忠賢欲先一日聽祭酒講，議裁諸聽講大臣賜坐賜茶禮，又議減考選員額，汰京堂添注官。景榮皆力持不行，浸忤忠賢指。又移書魏廣微，勸其申救楊漣、左光斗。廣微不得已，爲具揭。尋以景榮書爲徵，曰：「景榮敎我也。」於是御史倪文煥、門克新先後劾景榮陰護東林，媚奸邪而邀後福。得旨，削奪爲民。崇禎改元，復原職。四年卒。贈少保。

黃克纘，字紹夫，晉江人。萬曆八年進士。除壽州知州，入爲刑部員外郎。累官山東左布政使，就遷右副都御史，巡撫其地。請停礦稅，論劾稅使陳增、馬堂，他惠政甚著。屢以平盜功，加至兵部尚書。四十年詔以故官參贊南京機務，爲御史李若星、魏雲中所劾，還家候命。居三年，始履任。四十四年冬，隆德殿災，上疏陳時政，語極痛切。不報。

召理京營戎政，改刑部尚書，預受兩朝顧命。李選侍將移宮，其內侍王永福、姚進忠等八人坐盜乾清宮珠寶下吏。克纘擬二人辟，餘俱末減。帝不從，命辟六人，餘遣戍。克纘言：「姜昇、鄭穩山、劉尙理不持一物，[一]劉遜拾地上珠，還之選侍，而與永福、進忠同戮，輕重失倫。況選侍篋中物，安知非先朝所賜。」當是時，諸璫罪重，謀脫無自，惟請帝厚待選侍，則獄情自緩。於是流言四布，謂帝薄待先朝妃嬪，而克纘首入其言。帝不悅，責克纘偏聽，命如前旨。

已，楊漣陳「移宮」始末。帝卽宣諭廷臣，備述選侍凌虐聖母狀。且曰：「大小臣工，惟私李黨，責備朕躬。」克纘惶恐上言：「禮，父母並尊。事有出於念母之誠，跡或涉於彰父之過。必委曲周全，渾然無跡，斯爲大孝。若謂黨庇李氏，責備聖躬，臣萬死不敢出。」御史焦源溥力駁其持論之謬。末言：「羣豎持貲百萬，借安選侍爲名，妄希脫罪，克纘墮其術而不覺。」克纘奏辨，因乞罷。略言：「源溥謂在神宗時爲元子者爲忠，爲福藩者非忠。臣敢廣之曰：神宗既保護先帝，授以大位，則爲神考而全其貴妃富貴其愛子者，尤忠之大也。又謂在先帝時爲二后者爲忠，爲選侍者非忠。臣亦廣之曰：聖母既正名定位，則光昭刑于之令德，勿慮傳宮幃之忿爭，尤忠之大也。若如源溥言，必先帝不得正其始，聖母不得正其終，

方可議斯獄耳。」疏入，帝怒甚，責以輕肆無忌，不諳忠孝。克纘惶恐引罪，大學士劉一燝等亦代爲言，乃已。無何，給事中董承業、孫杰、毛士龍，御史潘雲翼、楊新期，南京御史王允成並劾克纘是非舛謬。克纘不服，言曩不舉李三才，故爲諸人所惡。源溥復劾克纘借三才以傾言官。克纘奏辨，再乞休，帝不問。

天啓元年冬，加太子太保。尋復以兵部尚書協理戎政。廷臣議「紅丸」，克纘述進藥始末，力爲方從哲辨。給事中薛文周詆其滅倫常，昵私交，昧大義。克纘憤，援春秋不書隱公、閔公之弑，力詆文周，且白選侍無毆聖母事。給事中沈惟炳助文周復劾克纘。先是，帝宣諭百官，明言選侍毆崩聖母。及惟炳疏上，得旨：「選侍向有觸忤。朕一時傳諭，不無過激。追念皇考，豈能恝然。」於是外議紛紜，咸言前此上諭，悉出王安矯託。而諸請安選侍者，益得藉爲詞。蓋是時王安已死，魏忠賢方竊柄，故前後諭旨牴牾如此。

克纘歷官中外，清强有執。持議與爭「三案」者異，攻擊紛起。自是羣小排東林，創要典，率推克纘爲首功。時東林方盛，克纘移疾。詔加太子太傅，乘傳歸。四年十二月，魏忠賢盡逐東林，召克纘爲工部尚書。視事數月，復移疾歸。三殿成，加太子太師。崇禎元年起南京吏部尚書。有劾之者，不就，卒於家。

畢自嚴，字景會，淄川人。萬曆二十年進士。除松江推官。年少有才幹，徵授刑部主事。歷工部員外郎中，遷淮徐道參議。內艱闋，分守冀寧。改河東副使，引疾去。起洮岷兵備參政。以按察使徙治榆林西路，進右布政使。泰昌時，召爲太僕卿。

天啓元年四月，遼陽覆。廷議設天津巡撫，專飭海防，改自嚴右僉都御史以往。置水軍，繕戰艦，備戎器。及熊廷弼建三方布置策，天津居其一，增設鎮海諸營。用戚繼光遺法，水軍先習陸戰，軍由是可用。魏忠賢令錦衣千戶劉僑逮天津廢將，自嚴以無駕帖疏論之，報聞。四方所募兵日逃亡，用自嚴言，攝其親屬補伍。兵部主事來斯行有武略，自嚴請爲監軍。山東白蓮妖賊起，令斯行率五千人往，功多。

初，萬曆四十六年，遼左用兵，議行登、萊海運。明年二月特設戶部侍郎一人，兼右僉都御史，出督遼餉，語詳李長庚傳。及是長庚遷，乃命自嚴代。敍前平賊功，進右都御史兼戶部左侍郎。時議省天津巡撫，令督餉侍郎兼領其事，即以委自嚴。又議討朝鮮。自嚴言不可遽討，當俟請貢輸誠，東征效力，徐許其封耳。京師數地震，因言內批宜慎，恩澤宜節，人才宜惜，內操宜罷，語甚切直。自嚴在事數年，綜核撙節，公私賴之。

五年以右都御史掌南京都察院。明年正月就改戶部尚書。忠賢議鬻南太僕牧馬草

場，助殿工。自嚴持不可，遂引疾歸。

崇禎元年召拜戶部尚書。自嚴以度支大絀，請覈逋賦，督屯田，嚴考成，汰冗卒，停薊、密、昌、永四鎮新增鹽菜銀二十二萬，俱報可。二年三月疏言：「諸邊年例，自遼餉外，爲銀三百二十七萬八千有奇。今薊、密諸鎮節省三十三萬，尙應二百九十四萬八千。統計京邊歲入之數，田賦百六十九萬二千，鹽課百一十萬三千，關稅十六萬一千，雜稅十萬三千，事例約二十萬，凡三百二十六萬五千有奇。而逋負相沿，所入不滿二百萬，即盡充邊餉，尙無贏餘。乃京支雜項八十四萬，遼東提塘三十餘萬，薊、遼撫賞十四萬，遼東舊餉改新餉二十萬，出浮於入，已一百十三萬六千。況內供召買，宣、大撫賞，及一切不時之需，又有出常額外者。乞敕下廷臣，各陳所見。」於是廷臣爭效計畫。自嚴擇其可者，先列上十二事，曰增鹽引，議鼓鑄，括雜稅，覈隱田，稅寺產，核牙行，停修倉廒，止葺公署，南馬協濟，崇文鋪稅，京運撥兌，板木折價。已，復列上十二事，曰增關稅，捐公費，鬻生祠，酌市稅，汰冗役，核虛冒，加抵贖，班軍折銀，吏胥納班，河濱灘蕩，京東水田，殿工冠帶。帝悉允行。

詔釐賦役全書。自嚴言：「全書之作，自行一條鞭始，距今已四十五年。有一事而此多彼少者，其弊爲混派。有司聽奸吏暗灑瓜分，其弊爲花派。當大爲申飭。」因條八式以獻。帝即命頒之天下。

給事中汪始亨極論盜屯損餉之弊。自嚴言：「相沿已久，難於驟實。請無論軍種民種，一照民田起科。」帝是其議。先是，忠賢亂政，邊餉多缺，自嚴給發如期。又疏言：「最耗財者無如客餉。諸鎮年例合三百二十七萬，而客餉居三之一，宜大裁省。其次則有撫賞、召買、修築諸費，皆不可不節。」帝褒納之。

其冬，京師被兵，帝憂勞國事，旨中夜數發。自嚴奏答無滯，不敢安寢，頭目臃腫，事幸無乏。明年夏，以六罪自劾，乞罷，優旨慰留。先以考滿加太子少保。敍遵、永克復功，再進太子太保。

兵部尙書梁廷棟請增天下田賦，自嚴不能止。於是舊增五百二十萬之外，更增百六十五萬有奇，天下益耗矣。已，陳時務十事，意主利民，帝悉採納。又以兵餉日增，屢請清覈，而兵部及督撫率爲寢閣。復乞汰內地無用之兵，帝即令嚴飭，然不能盡行也。

御史余應桂劾自嚴殿試讀卷，首薦陳于泰，乃輔臣周延儒姻婭。自嚴引疾乞休，疏四上，不允。時有詔，縣令將行取者，戶部先覈其錢穀。華亭知縣鄭友元已入爲御史，先任青浦，逋金花銀二千九百。帝以詰戶部，自嚴言友元已輸十之七貯太倉。帝令主庫者核實，無有，帝怒責自嚴。自嚴飾詞辨，帝益怒，遂下自嚴獄，遣使逮友元。御史李若讜疏救，不納。踰月，給事中吳甘來復抗疏論救，帝乃釋之。八年五月敍四川平賊功，復官，致仕。又三年卒，賜卹如制。

李長庚，字酉卿，麻城人。萬曆二十三年進士。授戶部主事。歷江西左、右布政使，所在勵清操。入爲順天府尹。改右副都御史，巡撫山東。盡心荒政，民賴以蘇。盜蔓武定諸州縣，討擒其渠魁。

四十六年，遼東用兵，議行登、萊海運。長庚初言不便，後言：「自登州望鐵山西北口，至羊頭凹，歷中島、長行島抵北信口，又歷兔兒島至深井，達蓋州，剝運一百二十里，抵娘娘宮，陸行至廣寧一百八十里，至遼陽一百六十里，每石費一金。」部議以爲便，遂行之。

明年二月特設戶部侍郎一人兼右僉都御史，出督遼餉，駐天津，即以長庚爲之。奏行造淮船、通津路、議牛車、酌海道、截漕運、議錢法、設按臣、開事例、嚴海防九事。時議歲運米百八十萬石，豆九十萬石，草二千一百六十萬束，銀三百二十四萬兩。長庚請留金花，行改折，借稅課，言：「臣考會計錄，每歲本色、折色通計千四百六十一萬有奇。入內府者六百餘萬，入太倉者，自本色外，折色四百餘萬。內府六百萬，自金花籽粒外，皆絲綿布帛蠟茶顏料之類，歲久皆朽敗。若改折一年，無損於上，有益於下。他若陝西羊絨，江、浙織造，

亦當稍停一年，濟軍國急。」帝不悅，言：「金花籽粒本祖宗舊制，內供正額及軍官月俸，所費不貲，安得借留？其以今年天津、通州、江西、四川、廣西上供稅銀，盡充軍費。」

於是戶科給事中官應震上言：「考會典，於內庫則云，金花銀，國初解南京供武俸，諸邊或有急，亦取給其中。正統元年始自南京改解內庫。嗣後除武官俸外，皆爲御用。是金花銀國初常以濟邊，而正統後方供御用也。會典於太倉庫則云，嘉靖二十二年題准諸處京運錢糧，不拘金花籽粒，應解內府者悉解貯太倉庫，備各邊應用。是世宗朝金花盡充兵餉，不知陛下初年何故斂之於內也。今不考各邊取給應用之例，而反云正供舊額，何相左若是。至武官月俸，歲不過十餘萬，乃云所費不貲哉。且原數一百萬，陛下始增二十萬，年深日久，顚末都忘。以臣計之，毋論今年當借，卽嗣後年年借用可也。毋論未來者當濟邊，卽見在內帑者盡還太倉可也。若夫物料改折，隆慶元年嘗行之以解部濟邊，六年又行於南京監局，亦以濟邊。此則祖宗舊制，陛下獨不聞耶？」帝卒不聽。

時諸事創始，百務坌集。長庚悉辦治。天啓二年遷南京刑部尚書，就移戶部。明年召拜戶部尚書，未任，以憂歸。

崇禎元年起工部尚書，復以憂去。久之，代閔洪學爲吏部尚書。六年正月，修撰陳于泰疏陳時弊。宣府監視中官王坤力詆之，侵及首輔周延儒。長庚率同列上言：「陛下博覽古

今，曾見有內臣參論輔臣者否？自今以後，廷臣拱手屏息，豈盛朝所宜有。臣等溺職，祈立賜譴黜，終不忍開內臣輕議朝政之端，流禍無窮，爲萬世口實。」帝不懌。次日召對平臺。時副都御史王志道劾坤語尤切，帝責令回奏。奏上，帝益怒。及面對，詰責者久之，竟削其籍。志道，漳浦人。天啓時爲給事中。議「三案」爲高攀龍所駁，謝病歸。其後附魏忠賢，歷擢左通政，論者薄之。及是，以忤中官罷。

長庚不植黨援，與溫體仁不甚合。推郎中王茂學爲眞定知府，帝不允。復推爲順德知府，帝怒，責以欺蒙，並追咎冠帶監生授職事，責令回奏。奏上，斥爲民。家居十年，國變，久之卒。

劉之鳳，字雝鳴，中牟人。萬曆四十四年進士。歷南京御史。天啓三年六月上疏別白孫承宗、王象乾、閻鳴泰本末，請定去留，而撤毛文龍海外軍，令居關內。又請亟罷內操。忤魏忠賢。傳旨切責，復宣諭廷臣，再瀆奏者罪無赦。六年，之鳳方視江防，期滿奏報。忠賢奪其職。

崇禎二年起故官。帝召周延儒燕見，宵分始出。之鳳偕同官上疏曰：「臣等待罪陪京，去延儒原籍三百里，其立身居鄉，不堪置齒頰。今乃特蒙眷注，必將曰舉朝盡欺，獨延儒一人捐軀爲國，使陛下眞若廷臣無可信，而延儒乃得藉所忌，樹所私，曰爲馮銓、霍維華等報怨。此一召也，於國事無纖毫益，而於聖德有丘山之損。」忤旨，詰責。已復列上五事，曰舉謀勇，止援兵，練土著，密偵探，選守令，俱見採納。

累遷刑部侍郎，遂代鄭三俊爲本部尚書。之鳳以天下囚徒皆五年一審錄，高牆罪獨不與，上疏言之，報可。嘗與左侍郎王命璿召對平臺，論律例及獄情，帝中飭而退。時有火星之變，之鳳特請修刑，言：「自今獄情大者，一月奏斷，小者半月。贓重人犯，結案在數年前者，大抵本犯無髓可敲，戚屬亦無脂可吸。祈悉宥免，全好生之仁。」從之。然之鳳雖爲此奏，其後每上獄詞，帝必嚴駁，之鳳懼甚。諸司呈稿，遲疑不敢遽發。屢疏謝病，帝不從。會尚書范景文劾南京給事中荆可棟貪墨，下部訊，之鳳予輕比。帝疑其受賄，下之吏，法司希旨坐絞。給事中李清言於律未合，同官葛樞復論救。帝怒，鐫樞級，調外。十三年四月，之鳳獄中上書自白無贓賄，情可矜原。亦置不省，竟瘐死。

計崇禎朝刑部易尙書十七人。薛貞以奄黨抵死。蘇茂相半歲而罷。王在晉未任，改兵部。喬允升坐逸囚遣戍。韓繼思坐議獄除名。胡應台獨得善去。馮英被劾遣戍。鄭三俊坐議獄逮繫。之鳳論絞，瘐死獄中。甄淑坐納賄下詔獄，改繫刑部，瘐死。李覺斯坐議

獄削籍。劉澤深卒於位。鄭三俊再爲尙書，改吏部。范景文未任，改工部。徐石麒坐議獄，落職閒住。胡應台再召不赴。繼其後者張忻，賊陷京師，與子庶吉士端並降。

贊曰：崔景榮、黃克纘皆不爲東林所與，然特不附東林耳。方東林勢盛，羅天下清流。士有落然自異者，詬誶隨之矣。攻東林者，幸其近己也，而援以爲重。於是中立者類不免蒙小人之玷。核人品者，乃專以與東林厚薄爲輕重，豈篤論哉。畢自嚴、李長庚計臣中辦治才，而自嚴增賦之議，識者病焉。劉之鳳議獄不當，罪止謫罷，竟予重比。刑罰不中，欲求治得乎！

校勘記

〔一〕姜昇鄭穩山劉尙理不持一物　鄭穩山，明史稿傳一二三黃克纘傳作「鄭隱山」，國榷卷八四頁五一七九作「鄭德山」。又，劉尙理，明史稿傳一二三黃克纘傳、光宗實錄泰昌元年九月己酉條、國榷卷八四頁五一七九都作「劉尙禮」。

明史卷二百五十七

列傳第一百四十五

張鶴鳴 弟鶴騰　董漢儒 汪泗論　趙彥　王洽 王在晉　高第
梁廷棟　熊明遇　張鳳翼　陳新甲　馮元飆 兄元颺

張鶴鳴，字元平，潁州人。中萬曆十四年會試，父病，馳歸。越六年，始成進士。除歷城知縣，移南京兵部主事。累官陝西右參政，分巡臨、鞏，以才略聞。

再遷右僉都御史，巡撫貴州。自楊應龍平後，銷兵太多，苗仲所在爲寇。鶴鳴言：「仲賊乃粵西瑤種，流入黔中。自貴陽抵滇，人以三萬計，砦以千四百七十計，分即爲民，合即爲盜。又有紅苗，環銅仁、石阡、思州、思南四郡，數幾十萬，而鎮遠、清平間，大江、小江、九股諸種，皆應龍遺孽，衆萬餘。臣部卒止萬三千，何以禦賊？」因列上增兵增餉九議。合諸土兵剿洪邊十二馬頭，大破紅苗。追剿柔坪。賊首老蜡雞據峰巔仰天窩，窩有九井，地平衍，

容數千人，下通三道，各列三關。老蜡雞僭王號。鶴鳴奪其關，老蜡雞授首，撫降餘衆而還。尋發兵擊平定廣、威平、安籠諸賊，威名甚著。遷兵部右侍郎，總督陝西三邊軍務。未上，轉左侍郎，佐理部事。時兵事亟，兵部增設二侍郎，而鶴鳴與祁伯裕、王在晉並臥家園不赴。

至天啓元年，遼陽破，兵事益亟。右侍郎張經世督援師出關，部中遂無侍郎。言官請趣鶴鳴等，章數十上。帝乃剋期令兵部馬上督催，鶴鳴等始履任。至則論平苗功，進本部尚書，視侍郎事。尚書王象乾出督薊、遼軍務，鶴鳴遂代其位。給事中韋蕃請留象乾，出鶴鳴督師。忤旨，謫外。時熊廷弼經略遼東，性剛負氣，好謾罵，淩轢朝士。鶴鳴與相失，事多齟齬，獨喜巡撫王化貞。化貞本庸才，好大言。鶴鳴主之，所奏請無不從，令無受廷弼節度。中外皆知經、撫不和，必悞封疆。而鶴鳴信化貞愈篤，[二]卒致疆事大壞。

二年正月，廷議經、撫去留。給事中惠世揚、周朝瑞議以鶴鳴代廷弼，其他多言經、撫宜並任，鶴鳴獨毅然主撤廷弼，專任化貞。議甫上，化貞已棄廣寧遁。鶴鳴內慚，且懼罪，乃自請行邊。詔加太子太保，賜蟒玉及尚方劍。鶴鳴憚行，逗遛十七日，始抵山海關。至則無所籌畫，日下令捕間諜，厚啗蒙古炒花、宰賽諸部而已。

初，廣寧敗書聞，廷臣集議兵事。鶴鳴盛氣詈廷弼自解。給事中劉弘化首論之，坐奪俸。御史江秉謙、何薦可繼劾，並貶官。廷臣益憤。御史謝文錦，給事中惠世揚、周朝瑞、

蕭良佐、侯震暘、熊德陽等交章極論，請用世宗戮丁汝夔、神宗逮石星故事，與化貞並按。鶴鳴抵言廷弼僨疆事，由故大學士劉一燝、尚書周嘉謨黨庇不令出關所致，因詆言者爲一燝鷹犬。且曰：「祖宗故事，大司馬不以封疆蒙功罪。」於是朝瑞等復合疏劾之。御史周宗文亦列其八罪。帝不問。鶴鳴遷延數月，謝病歸。

六年春，魏忠賢勢大熾，起鶴鳴南京工部尚書。尋以安邦彥未滅，鶴鳴先有平苗功，改兵部尚書，總督貴州、四川、雲南、湖廣、廣西軍務，賜尚方劍。功未就，莊烈帝嗣位。給事中瞿式耜、胡永順、萬鵬以鶴鳴由忠賢進，連章擊之。鶴鳴求去，詔加太子太師，乘傳歸。崇禎八年，流賊陷潁州，執鶴鳴，倒懸於樹，罵賊死，年八十五。

弟鶴騰，字元漢，舉萬曆二十三年進士。歷官雲南副使。行誼醇篤，譽過其兄。城陷被執，罵不絕口而死。

董漢儒，開州人。萬曆十七年進士。授河南府推官，入爲戶部主事。疏陳減織造、裁冒濫諸事。且曰：「邇來九閽三殿間，惟聞縱酒、淫刑、黷貨。時事可憂，不止國計日絀已

也。」不報。朝鮮再用兵，以郎中出理餉務。

尋遷山東僉事，進副使，歷湖廣左右布政使，所在有聲。四十年就拜右副都御史，巡撫其地。帝賜福王莊田，責湖廣四千四百餘頃。漢儒以無所得田，請歲輸萬金代租，不聽。楚宗五十餘人，訐假王事獲罪，囚十載，漢儒力言，王，假也，請釋繫者。又爲滿朝薦、卞孔時等乞宥。俱不報。憂歸。

光宗立，召拜工部右侍郎。旋改兵部，總督宣府、大同、山西軍務。天啓改元，遼陽失，簡精卒二千入衞，詔襃之。明年秋，以左侍郎協理戎政。未上，擢兵部尚書。時遼地盡亡，漢儒請逮治諸降將劉世勛等二十九人家屬，立誅逃將蔡汝賢等，報可。毛文龍居海外，屢以虛言誑中朝，登萊巡撫袁可立每代爲奏請。漢儒言文龍計畫疎，虛聲未可長恃。又請誅逃將管大藩、張思任、孟淑孔等，語甚切。帝命逮治思任等，而大藩卒置不問。諸鎮援遼軍多逃逸，有出塞投插部者。漢儒請捕獲立誅，同伍相擒捕者重賞；且給餉以時，則逃者自少。帝亦嘉納。

奄人王體乾、宋晉、魏忠賢等十二人有舊勞，命所廕錦衣官皆予世襲。漢儒據祖制力爭，帝不從。給事中程註、御史汪泗論等合疏諫，給事中朱大典、周之綱，御史宋師襄、胡良機特疏繼之，卒不納。漢儒旋以母喪歸。後忠賢大橫，漢儒服闋，遂不召。追敍甘肅功，

卽家進太子太保，廕子錦衣百戶。卒贈少保，謚肅敏。

汪泗論，字自魯，休寧人。祖珀，嘉靖中進士，歷官福建兵備僉事，分守福寧。倭犯同安，珀釋重囚七人爲軍鋒，擊倭却之。捷聞，賚金幣。

泗論中萬曆三十八年進士。授漳浦知縣，調福清，有惠政。清屯田，繕城堡。徵擢御史，首請杜內批以嚴履霜之漸，又請召還科臣楊漣等以作士氣。巡按江西，敦重持大體，奸宄肅然。宗人祿不給，疏以橋稅贖鍰存留接濟。歷太僕寺少卿。嘗識黃道周於諸生中，人服其精鑒。

趙彥，膚施人。萬曆十一年進士。授行人，屢遷山西左布政使。光宗嗣位，以右僉都御史巡撫山東。遼陽既失，彥請增兵戍諸島，特設大將登州。登、萊設鎭，自此始。天啓二年，廣寧復失。彥以山東南北咽喉，列上八事，詔多允行。

先是，薊州人王森得妖狐異香，[三]倡白蓮教，自稱聞香教主。其徒有大小傳頭及會主諸號，蔓延畿輔、山東、山西、河南、陝西、四川。森居灤州石佛莊，徒黨輸金錢稱朝貢，飛竹

籌報機事，一日數百里。[四]萬曆二十三年，有司捕繫森，論死，用賄得釋。乃入京師，結外戚中官，行教自如。後森徒李國用別立教，用符呪召鬼。兩教相仇，事盡露。四十二年，森復爲有司所攝。越五歲，斃於獄。其子好賢及鉅野徐鴻儒、武邑于弘志輩踵其教，徒黨益衆。至是，好賢見遼東盡失，四方奸民思逞，與鴻儒等約是年中秋並起兵。會謀洩，鴻儒遂先期反，自號中興福烈帝，稱大成興勝元年，[五]用紅巾爲識。五月戊申陷鄆城，俄陷鄒、滕、嶧，衆至數萬。

時承平久，郡縣無守備，山東故不置重兵。彥任都司楊國棟、廖棟，而檄所部練民兵，增諸要地守卒。請留京操班軍及廣東援遼軍，以備征調。薦起故大同總兵官楊肇基爲山東總兵官，討賊。賊乘肇基未至，襲兗州，爲滋陽知縣楊炳所却。棟等擊敗賊，復鄆城。其別部犯鉅野，知縣趙延慶固守不下。國棟兵至，敗之，又敗其犯兗州者。遂偕棟等合攻鄒縣。兵潰，遊擊張榜戰死，賊遂圍曲阜、鄒城。旋敗去，遂復嶧縣。

七月，彥視師兗州。甫出城，遇賊萬餘，彥縋入城。肇基急迎戰，而令國棟及棟夾擊，大敗之橫河。時賊精銳聚鄒、滕中道，彥欲攻鄒、滕。副使徐從治曰：「攻鄒、滕難下，不如擣其中堅，兩城可圖也。」彥乃與肇基令遊兵綴賊鄒城，而以大軍擊賊精銳於黃陰、紀王城，大敗賊，蹙而殪之嶧山，遂圍鄒。大小數十戰，城未下，令天津僉事來斯行及國棟等乘間復

滕縣。國棟又大破賊沙河，乃築長圍以攻鄒。鴻儒抗守三月，食盡，賊黨盡出降。鴻儒單騎走，被擒。撫其衆四萬七千餘人。彥乃紀績，告廟獻俘，磔鴻儒於市。鴻儒蟠山東二十年，徒黨不下二百萬，至是始伏誅。

于弘志亦於是年六月據武邑白家屯，將取景州應鴻儒。斯行方赴援山東，還軍討之。弘志突圍走，爲諸生葉廷珍所獲，凡舉事七日而滅。好賢亦捕得伏誅。

彥已加兵部侍郎，論功，進尚書兼右副都御史，再加太子太保，廕子錦衣世僉事，賚銀幣加等。奏請振濟，且捐鄒、滕賦三年，鄆城、嶧、滋陽、曲阜一年，鉅野半之，皆報許。

三年八月召代董漢儒爲兵部尚書，極陳邊將剋餉、役軍、虛伍、占馬諸弊，因條列綜核事宜。帝稱善，立下諸邊舉行。參將王楹行邊，爲哈剌慎部襲殺，彥請嚴覈論罪，并敕諸邊撫賞毋增故額。有傳我大清兵欲入喜峯口者，彥憂之，畫上八事，帝皆褒納。楊漣劾魏忠賢二十四罪，彥亦抗疏劾之，自是爲忠賢所惡。貴州征苗兵屢敗，彥列八策以獻，詔頒示軍中。

彥有籌略，曉暢兵事。然征妖賊時，諸將多殺良民冒功，而其子官錦衣，頗招搖都市。給事御史交劾之。彥三疏乞罷，忠賢挾前憾，令乘傳歸，子削籍。初，妖賊興，遼東經略王在晉遣兵助討，彥敍功不及在晉，在晉憾之。至是爲南京吏部，數詆彥。給事中袁玉佩遂

劾彥冒功濫廕，且言京觀不當築。詔削其世廕，并京觀毀之。尋追敍兵部時邊功，卽家進太子太傅。未幾卒。

王洽，字和仲，臨邑人。萬曆三十二年進士。歷知東光、任丘。服闋，補長垣。洽儀表頎偉，危坐堂上，吏民望之若神明。其廉能爲一方最。

擢吏部稽勳主事，歷考功文選郎中。天啓初，諸賢彙進，洽有力焉。遷太常少卿。三年冬，以右僉都御史巡撫浙江。洽本趙南星所引，及魏忠賢逐南星，洽乞罷，不許。五年四月，御史李應公希忠賢指劾洽，遂奪職閑住。

崇禎元年召拜工部右侍郎，攝部事。兵部尚書王在晉罷，帝召見羣臣，奇洽狀貌，卽擢任之。上疏陳軍政十事，曰嚴債帥，修武備，核實兵，衡將材，覈欺蔽，懲朘削，勤訓練，釐積蠹，舉異才，弭盜賊。帝並褒納。宣大總督王象乾與大同巡撫張宗衡爭插漢款戰事，帝召諸大臣平臺，詰問良久。洽及諸執政並主象乾策，定款議。詳見象乾、宗衡傳。

尋上言：「祖宗養兵百萬，不費朝廷一錢，屯田是也。今遼東、永平、天津、登、萊沿海荒地，及寶坻、香河、豐潤、玉田、三河、順義諸縣閑田百萬頃，元虞集有京東水田之議，本朝

萬曆初，總督張佳胤、巡撫張國彥行之薊鎮，爲豪右所阻。其後，巡撫汪應蛟復行之河間。今已墾者荒，未墾者置不問，遺天施地生之利，而日講生財之術，爲養軍資，不大失策乎！乞敕諸道監司，遵先朝七分防操、三分屯墾之制，實心力行，庶國計有裨，軍食無缺。」帝稱善，即命行之。嘗奏汰年深武弁無薦者四十八人，以邊才舉監司楊嗣昌、梁廷棟，後皆大用。

二年十月，我大清兵由大安口入，都城戒嚴。洽急徵四方兵入衞。督師袁崇煥，巡撫解經傳、郭之琮，總兵官祖大壽、趙率教、滿桂、侯世祿、尤世威、曹鳴雷等先後至，不能拒，大清兵遂深入。帝憂甚，十一月召對廷臣。侍郎周延儒言：「本兵備禦疎忽，調度乖張。」檢討項煜繼之，且曰：「世宗斬一丁汝夔，將士震悚，强敵宵遁。」帝頷之，遂下洽獄，以左侍郎申用懋代。明年四月，洽竟瘐死。尋論罪，復坐大辟。

洽清修伉直，雅負時望，而應變非所長。驟逢大故，以時艱見絀。遵化陷，再日始得報。帝怒其偵探不明，又以廷臣玩愒，擬用重典，故於洽不少貸。厥後都城復三被兵，樞臣咸獲免，人多爲洽惜之。

在晉，字明初，太倉人。萬曆二十年進士。授中書舍人。自部曹歷監司，由江西布政

使擢巡撫山東右副都御史，進督河道。泰昌時，遷添設兵部左侍郎。天啓二年署部事。三月遷兵部尚書兼右副都御史，經略遼東、薊鎮、天津、登萊，代熊廷弼。八月改南京兵部尚書，尋請告歸。五年起南京吏部尚書，尋就改兵部。崇禎元年召爲刑部尚書，未幾，還兵部。坐張慶臻改敕書事，削籍歸，卒。

高第，字登之，灤州人。萬曆十七年進士。歷官兵部尚書，經略薊、遼。未數月，以恇怯劾罷去。崇禎二年冬，大清兵破灤州，第竄免。

梁廷棟，鄢陵人。父克從，太常少卿。廷棟舉萬曆四十七年進士，授南京兵部主事，召改禮部，歷儀制郎中。天啓五年遷撫治西寧參議。七年調永平兵備副使。督撫以下爲魏忠賢建祠，廷棟獨不往，乞終養歸。

崇禎元年起故官，分巡口北道。明年加右參政。十一月，大清兵克遵化，巡撫王元雅自縊，即擢廷棟右僉都御史代之。廷棟請賜對，面陳方略，報可。未幾，督師袁崇煥下獄，復擢廷棟兵部右侍郎兼故官，總督薊、遼、保定軍務及四方援軍。廷棟有才知兵，奏對明爽，帝心異之。

三年正月，兵部尚書申用懋罷，特召廷棟掌部事。時京師雖解嚴，羽書旁午，廷棟剖決無滯。而廷臣見其驟用，心嫉之。給事中陳良訓首刺廷棟，同官陶崇道復言：「廷棟數月前一監司耳，倏而爲巡撫、總督、本兵，國士之遇宜何如報。乃在通州時，言遵、永易復，良、固難破，自以爲神算。今何以難者易，易者難？且嘗請躬履行間，隨敵追擊，以爲此報主熱血。今偃然中樞，熱血何銷亡也？謂制敵不專在戰，似矣。而伐謀用間，其計安在？」帝不聽崇道言。廷棟疏辨，乞一巖疆自效，優詔慰留之。未幾，工部主事李逢申劾廷棟虛名。崇道又言廷棟輕於發言，致臨洮、固原入衞兵變。帝皆不納。五月，永平四城復，賞廷棟調度功，加太子少保，世廕錦衣僉事。

其秋，廷棟以兵食不足，將加賦，因言：「今日閭左雖窮，然不窮於遼餉也。一歲中，陰爲加派者，不知其數。如朝覲、考滿、行取、推陞，少者費五六千金。合海內計之，國家選一番守令，天下加派數百萬。巡按查盤、訪緝、餽遺、謝薦，多者至二三萬金，合天下計之，國家遣一番巡方，天下加派百餘萬。而曰民窮於遼餉何也？臣考九邊額設兵餉，兵不過五十萬，餉不過千五百三十餘萬，何憂不足。故今日民窮之故，惟在官貪。使貪風不除，即不加派，民愁苦自若。使貪風一息，即再加派，民歡忻亦自若。」疏入，帝俞其言，下戶部協議。戶部尚書畢自嚴阿廷棟意，即言今日之策，無踰加賦，請畝加九釐之外，再增三釐。於是增賦

百六十五萬有奇，海內並咨怨。已，陳釐弊五事：曰屯田，曰鹽法，曰錢法，曰茶馬，曰積粟。又極陳陝西致寇之由，請重懲將吏貪汙者以紓軍民之憤，塞叛亂之源。帝皆褒納。

廷棟居中樞歲餘，所陳兵事多中機宜，帝甚倚任。然頗挾數行私，不爲朝論所重。給事中葛應斗劾御史袁弘勛納參將胡宗明金，請囑兵部。廷棟亦劾弘勛及錦衣張道濬通賄狀。兩人遂下獄。兩人者，吏部尚書王永光私人也。廷棟謀并去永光，以己代之，得釋兵事，永光遂由此去。御史水佳胤者，弘勛郡人也，兩疏力攻廷棟，發其所與司官手書，且言其縱奸人沈敏交關薊撫劉可訓，納賄營私。廷棟疏辯求去，帝猶慰留。有安國棟者，初以通判主插漢撫賞事，廷棟薦其才，特擢職方主事，仍主撫賞，頗爲奸利。廷棟庇之。後佳胤坐他事左遷行人司副，復上疏發兩人交通狀，并列其賄鬻將領數事，事俱有迹。廷棟危甚，賴中人左右之，得閒住去，以熊明遇代。

八年冬，召拜兵部右侍郎兼右都御史，代楊嗣昌總督宣、大、山西軍務。明年七月，我大清兵由間道踰天壽山，克昌平，逼京師。山後地，乃廷棟所轄也，命戴罪入援。兵部尚書張鳳翼懼罪，自請督師。兩人恇怯不敢戰，近畿地多殘破，言官交章論劾。兩人益懼，度解嚴後必罹重譴，日服大黃藥求死。八月十九日，大清兵出塞。至九月朔，鳳翼卒。踰旬日，廷棟亦卒。已，法司定罪，廷棟坐大辟，以既死不究云。

廷棟既歿，其父克從尚在。後賊破鄢陵，避開封。及開封被淹，死於水。

熊明遇，字良孺，進賢人。萬曆二十九年進士。知長興縣。四十三年擢兵科給事中，旋掌科事。上疏極陳時弊，言：

今春以來，天鼓兩震於晉地，流星晝隕於淸豐，地震二十八，天火九，石首雨菽，河內女妖，遼東兵端吐火，卽春秋二百四十年間，未有稠於今日者。且山東大祲，人相食，黃河水稽天，兼以太白經天，輔星湛沒，熒惑襲月，金水悠行，或日光無芒，日月同暈，爲恒風，爲枯旱。天譴愈深，而陛下所行皆逆天拂經之事，此誠禽息碎首、賈生痛哭之時也。敢以八憂、五漸、三無之說進。

今內庫太實，外庫太虛，可憂一。餉臣乏餉，邊臣開邊，可憂二。套部圖王，插部覬賞，可憂三。黃河泛濫，運河膠淤，可憂四。齊苦荒天，楚苦索地，可憂五。鼎鉉不備，棟梁常撓，可憂六。羣譁盈衢，訛言載道，可憂七。吳民喜亂，冠履倒置，可憂八。八憂未已，五漸繼之。太阿之柄，漸入中涓。魁壘之人，漸如隕籜。制科之法，漸成奸藪。武庫之器，漸見銷亡。商旅之途，漸至梗塞。

五漸未已，三無繼之。匹夫可熒惑天子，小校可濫邀絲綸，是朝廷無紀綱。滇、黔之守令皆途窮，揚、粵之監司多規避，是遠方無吏治。讒搆之口甚於戈戟，傾危之禍慘於蘇、張，是士大夫無人心。天下事可不寒心哉！

帝不省。亓詩教等以明遇與東林通，出爲福建僉事，遷寧夏參議。天啓元年以尚寶少卿進太僕少卿，尋擢南京右僉都御史，提督操江。建營伏虎山，選練蒼頭軍，以資守禦。永樂中，齊王榑以罪廢，其子孫居南京，號齊庶人。有睿爁者，自負異表，與奸人謀不軌，明遇捕獲之，置其黨十餘人於法。魏忠賢黨謀盡逐東林，以明遇嘗救御史游士任，五年三月給事中薛國觀遂劾其黨庇徇私，忠賢卽矯旨革職。未幾，坐汪文言獄，追贓千二百金，謫戍貴州平溪衛。

莊烈帝卽位，釋還。崇禎元年起兵部右侍郎。明年進左，遷南京刑部尚書。四年召拜兵部尚書，疏陳四司宿弊，悉見採納。楊鶴被逮，明遇言：「秦中流寇，明旨許撫剿並行。臣謂渠魁乞降亦宜撫，脅從負固亦宜剿。今鶴以撫賊無功就逮，倘諸臣因鶴故欲盡戮無辜，被脅之人絕其生路。宜急敕新督臣洪承疇，諭賊黨殺賊自效。卽神一魁、劉金輩，果立奇功，亦一體敍錄。而諸將善撫馭如吳弘器等，仍與陞擢，庶賊黨日孤。」帝亦納之。

五年正月，山東叛將李九成等陷登州，明遇過信巡撫余大成言，力主撫議，久愈猖獗，萊城被圍幾陷，乃調關外軍討定之。語詳徐從治傳。當是時，我大淸兵入宣府，巡撫沈棨與中官王坤等遣使議和，饋金帛牢醴，師乃旋。事聞，帝惡棨專擅，召對明遇等於平臺。明遇曲爲棨解，帝不悅，逮棨下吏。於是給事中孫三杰力詆明遇、棨交關悞國，同官陳贊化、呂黃鐘，御史趙繼鼎連劾之。明遇再疏乞罷，帝責以疏庸僨事，命解任候勘。尋以故官致仕。久之，用薦起南京兵部尚書，改工部，引疾歸。國變後卒。

張鳳翼，代州人。萬曆四十一年進士。授戶部主事。歷廣寧兵備副使，憂歸。天啓初，起右參政，飭遵化兵備。三年五月，遼東巡撫閻鳴泰罷，擢鳳翼右僉都御史代之。自王化貞棄廣寧後，關外八城盡空，樞輔孫承宗銳意修復，而版築未興。鳳翼聞命，疑承宗欲還朝，以遼事委之己，甚懼，卽疏請專守關門。其座主葉向高、鄉人韓爌柄政，抑使弗上。既抵關，以八月出閱前屯、寧遠諸城，上疏極頌承宗經理功。且曰：「八城畚插，非一年可就之工；六載瘡痍，非一時可起之疾。今日議剿不能，言戰不得，計惟固守。當以山海爲根基，寧遠爲門戶，廣寧爲哨探。」其意專主守關，與承宗異議。時趙率教駐前屯，墾田、練卒有成效。及袁崇煥、滿桂守寧遠，關外規模略定。忽有傳

中左所被兵者，永平吏民洶洶思竄。鳳翼心動，亟遣妻子西歸。承宗曰：「我不出關，人心不定。」遂於四年正月東行。鳳翼語人曰：「樞輔欲以寧前荒塞居我，是殺我也。國家卽棄遼左，猶不失全盛，如大寧、河套，棄之何害？今舉世不欲復遼，彼一人獨欲復耶？」密令所知居言路者詆馬世龍貪淫及三大將建閫之非，以撼承宗。承宗不悅，舉其言入告。適鳳翼遭內艱，遂解去。廷議以既去不復問。

六年秋，起故官，巡撫保定。明年冬，薊遼總督劉詔罷，進鳳翼右都御史兼兵部右侍郎代之。

崇禎元年二月，御史甯光先劾鳳翼前撫保定，建魏忠賢生祠。鳳翼引罪乞罷，不許。未幾，謝病去。諸建祠者俱入逆案，鳳翼以邊臣故獲宥。

三年起故官，代劉策總督薊、遼、保定軍務。既復遵、永四城，敍功，進太子少保、兵部尚書，世廕錦衣僉事。鳳翼以西協單弱，條奏增良將、宿重兵、備火器、預軍儲、遠哨探數事，從之。已復謝病去。久之，召爲兵部尚書。

明年二月召對平臺，與吏部尚書李長庚同奉「爲國任事，潔己率屬」之諭。尋以宣、大兵寡，上言：「國初額軍，宣府十五萬一千，今止六萬七千。大同十三萬五千，今止七萬五

千。乞兩鎮各增募萬人，分營訓練。且月餉止給五錢，安能致赳桓之士，乞一人食二餉。」帝並從之。給事中周純修、御史葛徵奇等以兵事日棘，劾鳳翼溺職。鳳翼連疏乞休，皆不許。

七年以恢復登州功，加太子太保。〔五〕七月，我大清西征插漢，師旋，入山西、大同、宣府境。帝怒守臣失機，下兵部論罪。部議巡撫戴君恩、胡沾恩、焦源清革職贖杖，總督張宗衡閒住。帝以爲輕，責鳳翼對狀。於是總督、巡撫及三鎮總兵睦自强、〔六〕曹文詔、張全昌俱遣戍，監視中官劉允中、劉文忠、〔七〕王坤亦充淨軍。時討賊總督陳奇瑜以招撫僨事，給事中顧國寶劾鳳翼舉用非人，帝亦不問。奇瑜既罷，即命三邊總督洪承疇兼督河南、山西、湖廣軍務，剿中原羣盜。言官以承疇勢難兼顧，請別遣一人爲總督。鳳翼不能決，既而承疇竟無功。及賊將南犯，請以江北巡撫楊一鵬鎮鳳陽，防護皇陵。溫體仁不聽，鳳翼亦不能再請。八年正月，賊果燬鳳陽皇陵。言官交章劾鳳翼。鳳翼亦自危，引罪乞罷。帝不許，令戴罪視事。

初，賊之犯江北也，給事中桐城孫晉以鄉里爲憂。鳳翼曰：「公南人，何憂賊？賊起西北，不食稻米，賊馬不飼江南草。」聞者笑之。事益急，始令朱大典鎮鳳陽。尋推盧象昇爲總理，與洪承疇分討南北賊，而賊已蔓延不可制矣。給事中劉昌劾鳳翼推總兵陳壯猷，納

其重賄。鳳翼力辯，昌貶秩調外。

已而鳳翼言：「剿賊之役，原議集兵七萬二千，隨賊所向，以殄滅爲期。督臣承疇以三萬人分布豫、楚數千里，力薄，又久戍生疾，故尤世威、徐來朝俱潰。以二萬人散布三秦千里內，勢分，又孤軍無援，故艾萬年、曹文詔俱敗。今既益以祖寬、李重鎮、倪寵、牟文綬兵萬二千，又募楚兵七千，合九萬有奇，兵力厚矣。請以賊在關內者屬承疇，在關外者屬象昇。倘賊盡出關，則承疇合剿於豫；盡入關，則象昇合剿於秦。臣更有慮者，賊號三四十萬，更迭出犯，勢衆而力合；我零星四應，勢寡而力分。賊所至因糧於我，人皆宿飽；我所至樵蘇後爨，動輒呼庚。賊馬多行疾，一二日而十舍可至；我步多行緩，三日而重繭難馳。衆寡、饑飽、勞逸之勢，相懸如此，賊何日平。乞嚴敕督、理二臣，選將統軍，軍各一二萬人，俾前茅、後勁、中權聯絡相貫，然後可制賊而不爲賊制。今賊大勢東行，北有黃河，南有長江，東有清渠，彼無舟楫，豈能飛越？我兵從西北窮追，猶易爲力。此防河扼險，目前要策，所當申飭者也。」帝稱善，命速行之。鳳翼自請督師討賊，帝優詔不允。

九年二月，給事中陳昌文上言：「將在軍，君命有所不受。今既假督、理二臣以便宜，則行軍機要不當中制。若今日議不許斬級，明日又議必斬級，今日議徵兵援鳳，明日又議撤兵防河，必至無所適從。願樞臣自今凡可掣督、撫之肘者，俱寬之文法，俾得展布可也。兵

法，守敵所不攻，攻敵所不守，奇正錯出，滅賊何難。今不惟不能滅，乃今日破軍殺將，明日又陷邑殘州，止罪守令而不及巡撫，豈法之平。願樞臣自今凡可責諸撫之成者，勿寬文法，俾加磨礪可也。」帝納其言。

江北之賊，自滁州、歸德兩敗後，盡趨永寧、盧氏、內鄉、淅川大山中，關中賊亦由閿鄉、靈寶與之合。鳳翼請敕河南、鄖陽、陝西三巡撫各督將吏扼防，毋使軼出，四川、湖廣兩巡撫移師近界，聽援剿，而督、理二臣以大軍入山蹙之，且嚴遏米商通販，賊可盡殄。帝深然之，剋期五月蕩平，老師費財，督撫以下罪無赦。鳳翼雖建此策，象昇所部多騎軍，不善入山，賊竟不能滅。

至七月，我大清兵自天壽山後入昌平，都城戒嚴。給事中王家彥以陵寢震驚，劾鳳翼坐視不救。鳳翼懼，自請督師。賜尚方劍，盡督諸鎮勤王兵。以左侍郎王業浩署部事，命中官盧維寧監督通、津、臨、德軍務，〔八〕而宣大總督梁廷棟亦統兵入援。三人相掎角，皆退怯不敢戰，於是寶坻、順義、文安、永清、雄、安肅、定興諸縣及安州、定州相繼失守。言官劾疏五六上，鳳翼憂甚。

己巳之變，尚書王洽下獄死，復坐大辟。鳳翼知不免，日服大黃藥，病已殆，猶治軍書不休。至八月末，都城解嚴，鳳翼即以九月朔卒。已而議罪奪其官。十一年七月論前剿寇

功，有詔敍復。

帝在位十七年間，易中樞十四人，皆不久獲罪。鳳翼善溫體仁，獨居位五載。其督師也，意圖逭責，乃竟以畏法死。

陳新甲，長壽人。萬曆時舉於鄉，爲定州知州。崇禎元年入爲刑部員外郎，進郎中。遷寧前兵備僉事。寧前，關外要地，新甲以才能著。四年，大凌新城被圍，援師雲集，征繕悉倚賴焉。及城破，坐削籍。巡撫方一藻惜其才，請留之，未報。監視中官馬雲程亦以爲言，乃報可。新甲言：「臣蒙使過之恩，由監視疏下，此心未白，清議隨之，不敢受。」不許。尋進副使，仍蒞寧遠。

七年九月擢右僉都御史，代焦源清巡撫宣府。新甲以戎備久弛，親歷塞垣，經前人足跡所不到，具得士馬損耗、城堡傾頹、弓矢甲仗朽敝狀。屢疏請於朝，加整飭，邊防賴之。楊嗣昌爲總督，與新甲共事，以是知其才。九年五月，內艱歸。

十一年六月，宣大總督盧象昇丁外艱，嗣昌方任中樞，薦新甲堪代。詔擢兵部右侍郎兼右僉都御史，奪情任之。會大清兵深入內地，詔新甲受代，即督所部兵協禦。未幾，象昇

戰歿，孫傳庭代統其軍。新甲與相倚仗，終不敢戰。明年春，畿輔解嚴。順天巡按劉呈瑞劾其前後逗撓。新甲歷陳功狀，且言呈瑞挾讐，帝不問。既赴鎮，列上編隊伍、嚴哨探、明訓練、飭馬政、練火器、禁侵漁諸事，報可。麾下卒夜譁，新甲請罪，亦不問。給事中戴明說嘗劾之，帝以輕議重臣，停其俸。

十三年正月召代傅宗龍爲兵部尚書。自弘治初賈俊後，乙榜無至尚書者。兵事方亟，諸大臣避中樞，故新甲得爲之。陛見畢，陳保邦十策，多廷臣所嘗言。惟言天壽山後宜設總兵，徐州亦宜設重鎮，通兩京咽喉，南護鳳陵，中防漕運，帝並採用之。復陳樞政四要及兵事四失，帝即命飭行。

十四年三月，賊陷雒陽、襄陽，福、襄二王被難，鐫新甲三秩視事。舊制，府、州、縣城郭失守者，長吏論死。宛平知縣陳景建言村鎮焚掠三所者，長吏當戍邊。新甲主其議，言：「有司能兼顧鄉城，即與優敘。若四郊被寇，與失機並論。」帝即從之。然是時中原皆盜，其法亦不能行也。楊嗣昌卒於軍中，新甲舉丁啓睿往代，議者尤其失人。然傅宗龍、孫傳庭並以徵罪繫獄，新甲於召對時稱其才，退復上章力薦，兩人獲用，亦新甲力也。尋論秋防功，復所鐫秩。

時錦州被圍久，聲援斷絕。有卒逸出，傳祖大壽語，請以車營逼，毋輕戰。總督洪承疇

集兵數萬援之，亦未敢決戰。帝召新甲問策，新甲請與閣臣及侍郎吳甡計之，因陳十可憂、十可議，而遣職方郎張若麒面商於承疇。若麒未返，新甲請分四道夾攻。承疇以兵分力弱，意主持重以待。帝以爲然，而新甲堅執前議。若麒素狂躁，見諸軍稍有斬獲，謂圍可立解，密奏上聞。新甲復貽書趣承疇。承疇激新甲言，又奉密敕，遂不敢主前議。若麒益趣諸將進兵。諸將以八月次松山，爲我大清兵所破，大潰，士卒死亡數萬人。若麒自海道遁還，言官請罪之。新甲力庇，復令出關監軍。錦州圍未解，承疇又被圍於松山，帝深以爲憂，新甲不能救。十五年二月，御史甘惟燦劾新甲寡謀悞國，請速令舉賢自代，不納。三月，松山、錦州相繼失，若麒復自寧遠遁還。言官劾若麒者，悉及新甲。新甲屢乞罷，皆不從。

新甲雅有才，曉邊事，然不能持廉，所用多債帥。深結中貴爲援，與司禮王德化尤昵，故言路攻之不能入。當是時，闖賊蹂躪河南，開封屢被圍，他郡縣失亡相踵。總督傅宗龍、汪喬年出關討賊，先後陷歿，賊勢愈張。言官劾新甲者，章至數十。新甲請罪章亦十餘上，帝輒慰留。

初，新甲以南北交困，遣使與大清議和，私言於傅宗龍。宗龍出都日，以語大學士謝陞。陞後見疆事大壞，述宗龍之言於帝。帝召新甲詰責，新甲叩頭謝罪。陞進曰：「倘肯議和，和亦可恃。」帝默然，尋諭新甲密圖之，而外廷不知也。已，言官謁陞。陞言：「上意主和，諸君幸勿多言。」言官駴愕，交章劾陞，陞遂斥去。帝既以和議委新甲，手詔往返者數十，皆戒以勿洩。外廷漸知之，故屢疏爭，然不得左驗。一日，所遣職方郎馬紹愉以密語報，新甲視之置几上。其家僮悞以爲塘報也，付之抄傳。於是言路譁然，給事中方士亮首論之。帝慍甚，留疏不下。已，降嚴旨，切責新甲，令自陳。新甲不引罪，反自詡其功，帝益怒。至七月，給事中馬嘉植復劾之，遂下獄。新甲從獄中上書乞宥，不許。新甲知不免，徧行金內外。給事中廖國遴、楊枝起等營救於刑部侍郎徐石麒，拒不聽。大學士周延儒、陳演亦於帝前力救，且曰：「國法，敵兵不薄城，不殺大司馬。」帝曰：「他且勿論，戮辱我親藩七，不甚於薄城耶？」遂棄新甲於市。

新甲爲楊嗣昌引用，其才品心術相似。軍書旁午，裁答無滯。帝初甚倚之，晚特惡其洩機事，且彰主過，故殺之不疑。厥後給事中沈迅力詆其失，帝曰：「令爾作新甲，恐更不如。」迅慚而退。新甲初自陽和入都門，黃霧四塞，識者以爲不祥，及是果應。

馮元飈，字爾弢，慈谿人。父若愚，南京太僕少卿。天啓元年，元飈與兄元飂同舉於

鄉。明年，元飂成進士，歷知澄海、揭陽。崇禎四年徵授戶科給事中。帝遣中官出鎮，元飂力爭。時元飈亦疏論中官，兄弟俱有直聲。無何，上疏力詆周延儒，被切責。尋論山東總督劉宇烈縱寇主撫罪。又言禮部侍郎王應熊無大臣體，宜罷。復薦詞臣姚希孟孤忠獨立，不當奪講官；科臣趙東曦正詞讜論，不當奪言路。皆不納。應熊謀改吏部，元飂復摭劾其貪穢數事。被旨譙責，遂乞假歸。

八年春還朝。時鳳陽皇陵燬，廷臣交論溫體仁、王應熊朋比悞國。元飂上言：「政本大臣，居實避名，受功辭罪。平時養威自重，遇天下有事，輒曰：『昭代本無相名，吾儕止供票擬。』上委之聖裁，下委之六部，持片語，叢百欺。夫中外之責，孰大於票擬。有漢、唐宰相之名而更代天言，有國初顧問之榮而兼隆位號。地親勢峻，言聽志行，柄用專且重者莫如今日，猶可謝天下責哉？」

遷禮科右給事中，再遷刑科左給事中。數言部囚多輕罪，請帝寬宥，並採納之。詔簡東宮講官，左諭德黃道周爲首輔張至發所扼，且疏詆之。元飂言：「道周至清無徒，忠足以動人主，惟不能得執政歡。」至發恚，兩疏詆元飂，帝皆置不問。由戶科都給事中擢太常少卿，改南京太僕卿，就遷通政使。

十五年六月召拜兵部右侍郎，轉左。元飈多智數，尚權譎，與兄元飂並好結納，一時翕

然稱「二馮」。然故與馮銓通譜誼。初在言路，詆周延儒。及爲侍郎，延儒方再相，元飈因與善。延儒欲以振饑爲銓功，復其冠帶，憚衆議，元飈令引吳甡入閣助之，既而甡背延儒議。熊開元欲盡發延儒罪，元飈沮止之，開元以是獲重譴。兵部尚書陳新甲棄市，元飈署部事。一日，帝召諸大臣遊西苑，賜宴明德殿，因論兵事。良久，出御馬佳者百餘匹，及內製火箭，次第示元飈，元飈爲辨其良楛。帝曰：「大司馬缺久，無踰卿者。」元飈以多病辭，乃用張國維。

十六年五月，國維下獄，遂以元飈爲尚書。帝倚之甚至，元飈顧不能有所爲。河南、湖廣地盡陷，關、寧又日告警。至八月，以病劇乞休。帝慰留之，賜瓜果食物，遣醫診視。請益堅，乃允其去。

元飈頗能料事。孫傳庭治兵關中，元飈謂不可輕戰。廷臣多言不戰則賊益張，兵久易懦。元飈謂將士習懦，未經行陣，宜致賊而不宜致於賊。乃於帝前爭之曰：「請先下臣獄，俟一戰而勝，斬臣謝之。」又貽書傳庭，戒毋輕鬭，白、高兩將不可任，傳庭果敗。將歸，薦李邦華、史可法自代。帝不用，用兵科都給事中張縉彥，都城遂不守。福王時，元飈卒，其家請卹。給事中吳适言：「元飈身膺特簡，莫展一籌，予以祭葬，是使僨國之臣生死皆得志也。」部議卒如所請。

元飇，字爾賡，舉崇禎元年進士，授都水主事。帝遣中官張彝憲總理戶、工二部事。元飇抗疏謂：「內臣當別立公署，不當踞二部堂，二部司屬亦不得至彝憲門，犯交結禁。」帝責以沽名，彝憲亦慍，元飇請告歸。尋起禮部主事，進員外郎中，遷蘇松兵備參議。溫體仁當國，唐世濟爲都御史，皆烏程人，其鄉人盜太湖，以兩家爲奧主。元飇捕得其渠魁，則世濟族子也，置之法。遷福建提學副使，巡撫張國維奏留之。太倉人陸文聲訐其鄉官張溥、張采倡復社，亂天下。巡按倪元珙以屬元飇，元飇盛稱溥等，元珙據以入告。體仁庇文聲，兩人並獲譴，元飇謫山東鹽運司判官。十一年，濟南被兵，攝濟寧兵備事。十四年遷天津兵備副使。十月擢右僉都御史，代李繼貞巡撫天津，兼督遼餉。明年敍軍功，廕一子錦衣衞。時元飈已掌中樞。帝顧其兄弟厚，嘗賜宮參療元飇疾。而元飇以衰老乞休。詔遣李希沆代，未至而京城陷，元飇乃由海道脫歸。是秋九月卒。

贊曰：明季疆埸多故，則重本兵之權，而居是位者乃多庸闇闒冗之輩。若張鶴鳴之任王化貞，陳新甲之舉丁啓睿，皆闇於知人。至松山之役，其僨國可勝言哉！梁廷棟謂民窮

之故在官貪，似矣。而因以售其加派之說，是所謂亡國之言也。

校勘記

〔一〕而鶴鳴信化貞愈篤　原脫「信」字，據明史稿傳一二三張鶴鳴傳補。

〔二〕薊州人王森得妖狐異香　薊州人，罪惟錄傳三一及明史紀事本末卷七〇都作「深州人」。國榷卷八五頁五二〇五稱徐鴻儒「與深州王好賢、景州于弘志通密約」。王好賢是王森兒子。

〔三〕一日數百里　日，原作「旦」，據明史稿傳一二三趙彥傳改。

〔四〕稱大成興勝元年　大成興勝，罪惟錄傳三一徐鴻儒傳、明史紀事本末卷七〇都作「大乘興勝」。

〔五〕加太子太保　原作「加太子少保」。明史稿傳一三五張鳳翼傳作「加太子太保」。按上文崇禎三年張鳳翼已進太子少保，據明史稿改。

〔六〕睦自強　明史稿傳一三五張鳳翼傳作「眭自強」。

〔七〕劉文忠　原作「劉文中」，據本書卷二五八魏呈潤傳附李曰輔傳、又卷三〇五張彝憲傳、懷宗實錄卷四崇禎四年九月乙未條，國榷卷九一頁五五七二改。

〔八〕命中官盧維寧監督通津臨德軍務　盧維寧，原作「羅維寧」，據本書卷二五四張瑋傳附金光辰傳、明史稿傳一三五張鳳翼傳、國榷卷九五頁五七五五改。

明史卷二百五十八

列傳第一百四十六

許譽卿 華允誠 魏呈潤 胡良機 李曰輔 趙東曦
毛羽健 黃宗昌 韓一良 吳執御 吳彥芳 王績燦
章正宸 黃紹杰 李世祺 傅朝佑 莊鼇獻 李汝璨
姜埰 弟垓 熊開元 方士亮 詹爾選 湯開遠
成勇 陳龍正

許譽卿，字公實，華亭人。萬曆四十四年進士。授金華推官。天啓三年徵拜吏科給事中。疏言錦衣世職，不當濫畀保姆奄尹。織造中官李實誣劾蘇州同知楊姜，侵撫按職。中旨謂姜賄譽卿出疏，停譽卿俸半年。楊漣劾魏忠賢，譽卿亦抗

疏極論忠賢大逆不道：「視漢之朋結趙嬈，唐之勢傾中外，宋之典兵矯詔謀間兩宮何異！」忠賢大怒。又言：「內閣政本重地，而票擬大權拱手授之內廷。廠衞一奉打問之旨，五毒備施。迺復用立枷法，士民槁項斃者不知凡幾。又行數十年不行之廷杖，流毒縉紳，豈所以昭君德哉！祖制，宦官不典兵。今禁旅日繁，內操未罷，聚虎狼於蕭牆之內，遄金革於禁闥之中，不爲早除，必貽後患。」於是忠賢怒益甚。會趙南星、高攀龍被逐，譽卿偕同列論救，遂鐫秩歸。

莊烈帝卽位，誅崔、魏，將大計天下吏。奄黨房壯麗、安伸、楊維垣之徒冀收餘燼，屢詔起廢，輒把持使不得進，引其同類。譽卿時已起兵科給事中，具疏爭。吏部尚書王永光素附璫，讎東林，尤陰騺。詔定逆案，頌璫者卽黨逆。永光嘗頌璫，治逆案，陰護持之。南京給事中陳堯言疏劾永光璫孽，不當正銓席。然帝方眷永光，責堯言。譽卿又抗疏爭，於是都給事中薛國觀以己亦璫孽也，遂訐譽卿及同官沈惟炳東林主盟，結黨亂政。譽卿上疏自白，卽日引去。

七年起故官，歷工科都給事中。明年正月，流賊陷潁州，譽卿請急調五千人守鳳陽。疏入而鳳陽已陷，皇陵毀焉。譽卿痛憤，直發本兵張鳳翼固位失事，及大學士溫體仁、王應熊玩寇速禍罪，言：「賊在秦、晉時，〔一〕早設總督，遏其渡河，禍止西北一隅耳，乃侍郎彭汝楠

避不肯行。及賊入楚、豫，人言交攻，然後不得已而議設之。侍郎汪慶百又避不行，乃推樞邊之陳奇瑜。鞭長不及，釀成今日之禍，非樞臣之固位失事乎。流寇發難已久，樞臣因東南震鄰，始有淮撫操江移鎭之疏，識者已恨其晚。及奉旨，則曰不必移鎭。臣觀各地方稍有兵力，賊卽不敢輕犯。鳳陽何地，使巡撫早移，豈有今日。今樞臣以曾請移鎭藉口，撫臣以不必移鎭爲詞，則輔臣欲諱玩寇速禍，其可得哉！」帝以苛求責之。

而是時言官吳履中等復交章劾體仁、應熊交相贊美，「其擬旨慰留，曰忠悃，曰藎畫，曰絕私奉公，曰弘濟時艱。不知時事至此，忠藎安在，而奉公濟艱者何事也？」譽卿再疏論，帝仍不問。譽卿曰：「皇上臨馭有年，法無假貸，獨於悞國輔臣不一問。今者巡撫楊一鵬、巡按吳振纓且相繼就逮矣。輔臣顧從容入直，退食委蛇，謂可超然事外乎？」帝終不聽。

譽卿在天啓時，謝陞方爲文選郎。及是，陞長吏部，譽卿猶滯垣中。以資深當擢京卿，陞希體仁意，出之南京。大學士文震孟慍，語侵陞，陞亦慍。適山東布政使勞永嘉賄營登萊巡撫，主給事中宋之普家，陞等列之舉首，爲給事中張第元所發。帝以詰陞，言路因欲攻陞及都御史唐世濟。譽卿以世濟恃體仁，惡尤甚，當先去之。御史張纘曾乃獨劾陞，陞疑出譽卿及震孟意，之普又搆之陞。先是，福建布政使申紹芳亦欲得登萊巡撫，譽卿嘗言之陞。陞遂疏攻譽卿，謂其營求北缺，不欲南遷，爲把持朝政地，并及囑紹芳事。體仁從中主之，譽

卿遂削籍，紹芳逮問遣戍。十五年，御史劉逵及給事中楊枝起相繼論薦，竟不果用。福王立，起光祿卿，不赴。國變，薙髮爲僧，久之卒。

華允誠，字汝立，無錫人。曾祖舜欽，瑞州知府。祖啓直，四川參政。允誠舉天啓二年進士。從同里高攀龍講學首善書院，先後旋里，遂受業爲弟子，傳其主靜之學。四年春，從攀龍入都，授都水司主事。攀龍去官，允誠亦告歸。

崇禎改元，起營繕主事，進員外郎。二年冬，京師戒嚴，分守德勝門，四十餘日不懈。帝微行察知之，賜白金，敍功，加俸一年，改職方員外郎。五年六月以溫體仁、閔洪學亂政，疏陳三大可惜，四大可憂。略言：

當事借皇上剛嚴，而佐以舞文擊斷之術；倚皇上綜核，而騁其訟逋握算之能。遂使和恒之世競尙刑名，清明之躬寖成叢脞。以聖主圖治之盛心，爲諸臣鬬智之捷徑。可惜一。

帥屬大僚，驚魂於回奏認罪；封駁重臣，奔命於接本守科。遂使直指風裁徙徵事件，長吏考課惟問錢糧。以多士靖共之精神，爲案牘鈎較之能事。可惜二。

廟堂不以人心爲憂，政府不以人才爲重。四海漸成土崩瓦解之形，諸臣但有角戶分門之念。意見互觭，議論滋擾。遂使剿撫等於築舍，用舍有若舉棊。以興邦啓聖之歲時，爲卽聾從昧之舉動。可惜三。

人主所以總一天下者，法令也。喪師悞國之王化貞，與楊鎬異辟。潔己愛民之余大成，與孫元化並逮。甚至一言一事之偶誤，執訊隨之。遂使刑罰不中，鈇鉞無威。一可憂也。

國家所恃以爲元氣者，公論也。直言敢諫之士一鳴輒斥，指佞薦賢之章目爲奸黨，不惟不用其言，幷錮其人，又加之罪。遂使喑默求容，是非共蔽。二可憂也。

國家所賴以防維者，廉恥也。近者中使一遣，妄自尊大，羣僚趨走，惟恐後時。皇上以近臣可倚，而不知倖竇已開；以操縱惟吾，而不知屈辱士大夫已甚。遂使阿諛成風，羞惡盡喪。三可憂也。

國家所藉以進賢退不肖者，銓衡也。我朝罷丞相，以用人之權歸之吏部，閣臣不得侵焉。今次輔體仁與冢臣洪學，同邑朋比，惟異己之驅除。閣臣兼操吏部之權，吏部惟阿閣臣之意，造門請命，夜以爲常。黜陟大柄，祇供報復之私。甚至庇同鄉，則逆黨公然保舉，而白簡反爲罪案；排正類，則講官借題逼逐，而薦剡遂作爰書。欺莫大於此矣，

擅莫專於此矣，黨莫固於此矣。遂使威福下移，舉措倒置。四可憂也。

疏入，帝詰其別有指使。允誠乃列上洪學徇私數事，且曰：「體仁生平，紾臂塗顏，廉隅掃地。陛下排衆議而用之，以其悻直寡諧，豈知包藏禍心，陰肆其毒。又有如洪學者，爲之羽翼，遍植私人，戕盡善類，無一人敢犯其鋒者，臣復受何人指使？」帝以體仁純忠亮節，而摘疏中「握定機關」語，再令陳狀。允誠復上言：「二人朋比，舉朝共知。溫育仁不識一丁，以家貲而首拔。鄧英以論沈演而謫，羅喻義以『左右非人』一語而逐。此非事之章明較著者乎？」帝亦悟兩人同里有私，乃奪允誠俸半年，而洪學亦旋罷去。

其冬，以省親歸，孝養母。母年八十三而終。後爲福王驗封員外郎，十餘日卽引疾歸。允誠踐履篤實，不慕榮達。延儒再召，遣人以京卿啗之，允誠拒不應。入南都，士英先造請，亦不報謝。國變後，屏居墓田，不肯薙髮，與從孫尚濂駢斬於南京。

魏呈潤，字中嚴，龍溪人。崇禎元年進士。由庶吉士改兵科給事中。

三年冬，疏陳兵屯之策：「請敕順天、保定兩巡撫簡所部壯士，大邑五百人，小邑二三百人，分營訓練。而天津翟鳳翀、通州范景文、昌平侯恂並建節鉞，宜令練兵之外兼營屯田。」又陳閩海剿撫機宜六事。並議行。

明年夏，久旱求言。疏言：「驛站所裁，纔六十萬，未足充軍餉十一，而郵傳益疲，勢必再編里甲。是猶剜肉醫瘡，瘡未瘳而肉先潰。關外舊兵十八萬，額餉七百餘萬。今兵止十萬七千，合薊門援卒，非溢原數。加派五百九十萬外，新增又百四十餘萬，猶憂不足，可不爲稽核乎！邊報告急，非臣子言功之日，而小捷頻聞，躐加崚秩，門客廝養詭名戎籍，不階而升，悉糜俸料，臣懼其難繼也。江、淮旱災，五湖之間，海岸爲谷，舊穀不登，新絲未熟，上供織造，宜且暫停。銓法壞於事例，正途日壅，不可不疏通。撫按諸臣捐貲助餉，大抵索之民間，顧奉急公之褒。上蒙而下削，不可不禁飭。」又條陳數策，請大修北方水政。帝皆納其言。

熹宗時，司業朱之俊議建魏忠賢祠國學旁，下教有「功不在禹下」語，置籍，責諸生捐助。及帝卽位，委過諸生陸萬齡、曹代何以自解，首輔韓爌以同鄉庇之，漏逆案。及是，之俊已遷侍講。呈潤發其奸，請與萬齡棄西市，之俊由是廢。

宣府監視中官王坤以册籍委頓，劾巡按御史胡良機。帝奪良機官，卽令坤按核。呈潤上言：「我國家設御史巡九邊，秩卑而任鉅。良機在先朝以糾逆璫削籍，今果有罪，則有回道考覈之法在，而乃以付坤。且邊事日壞，病在十羊九牧。旣有將帥，又有監司；旣有督撫，有巡方，又有監視。一官出，增一官擾。中貴之威，又復十倍。御史偶獲戾，且莫自必

其命，誰復以國事抗者。異日九邊聲息，監視善惡，奚從而聞之？乞召還良機，毋使仰鼻息於中貴。」帝以呈潤黨比，貶三級，出之外。

良機者，南昌人也，字省之。萬曆四十四年進士。天啓間爲御史，嘗糾魏忠賢之惡不減汪直、劉瑾。忠賢憾之，以年例還廣東參議。良機方按貴州，不俟代而去，遂斥爲民。崇禎元年起故官，按宣、大二鎭。年滿當代，以其敏練，再巡一年。至是，遂爲坤劾罷。

時又有御史李曰輔者，亦以論中官獲譴，廷臣交章論救，不聽。而御史趙東曦又疏劾坤，亦獲譴云。

曰輔，字元卿，亦南昌人也，與胡良機同里閈。萬曆中舉於鄉，爲成都推官。與巡撫朱燮元計兵事，偕諸將攻復重慶。崇禎四年擢南京御史。時中官四出，張彝憲總理戶、工錢糧，唐文征提督京營戎政，王坤監餉宣府，劉文忠監餉大同，劉允中監餉山西。又命王應朝監軍關、寧，〔三〕張國元監軍東協，王之心監軍中協，鄧希詔監軍西協。又命吳直監餉登島，李奇茂監茶馬陝西。〔四〕曰輔上疏諫曰：「邇者一日遣內臣四，尋又遣用五，非兵機則要地也。廷臣方交章，而登島、陝西又有兩閹之遺。假專擅之權，駭中外之聽，啓水火之隙，開

依附之門，灰任事之心，藉委卸之口。臣愚實爲寒心。陛下踐阼初，盡撤內臣，中外稱聖。昔何以撤，今何以遣？天下多故，擇將爲先。陛下不築黃金臺招頗、牧，乃汲汲內臣是遣，曾何補理亂之數哉！」帝怒，謫曰輔廣東布政司照磨。

東曦，字馭初，上海人。萬曆四十七年進士。崇禎五年由知縣入爲刑科給事中，請與屯塞下，以充軍用，不報。適宣塞有私和事，王坤時監宣餉，且請代。東曦上言：「宣塞失事，陛下赫然震怒，逮巡撫沈棨，罷本兵熊明遇。乃監視王坤方會飲城樓，商摧和議，邊臣倚庇，欺蔽日甚。坤不得辭扶同罪，反侈邊烽已熄爲己功，且請代。夫內臣之遣，陛下一用之，非不易之典。今卽盡撤之，猶謂不早。坤顧請代，圖彌縫於去後。願陛下正坤罪，撤各使還京。」帝言：「宣鎭擅和，實坤奏發，何謂欺隱？」謫東曦外任，謫福建布政司都事。

異時呈潤起官，以光祿署丞終。良機起光祿典簿，終南京吏部主事。東曦稍遷行人司正、禮部郎中，奉使還里。福王時，召東曦爲給事中，曰輔爲御史，而二人者皆已死矣。

毛羽健，字芝田，公安人。天啓二年進士。崇禎元年由知縣徵授御史。好言事，首劾楊維垣八大罪及阮大鋮反覆變幻狀，二人遂被斥。

王師討安邦彥久無功。羽健言：「賊巢在大方，黔其前門，蜀遵、永其後戶。由黔進兵，必渡陸廣奇險，七晝夜抵大方，一夫當關，千人自廢，王三善、蔡復一所以屢敗也。遵義距大方三日程，而畢節止百餘里平衍，從此進兵，何患不克？」因畫上足兵措餉方略，并薦舊總督朱燮元、閔夢得等。帝卽議行，後果平賊。已，陳驛遞之害：「兵部勘合有發出，無繳入。士紳遞相假，一紙洗補數四。差役之威如虎，小民之命如絲。」帝卽飭所司嚴加釐革，積困爲蘇。

當是之時，閹黨既敗，東林大盛。而朝端王永光陰陽閃爍，溫體仁猾賊，周延儒回佞。言路新進標直之徒，尤競抨擊以爲名高。體仁之訐錢謙益也，以科場舊事，延儒助之惡，且目攻己者爲結黨欺君，帝怒而爲之罷會推矣。御史黃宗昌疏糾體仁熱中枚卜，欲以「結黨」二字破前此公論之不予，且箝後來言路之多口。羽健亦憤朋黨之說，曰：「彼附逆諸奸既不可用，勢不得不用諸奸擯斥之人。如以今之連袂登進者爲相黨而來，抑將以昔之鱗次削奪者爲相黨而去乎！陛下不識在朝諸臣與奸黨諸臣之孰正孰邪，不覩天啓七年前與崇禎元年後之天下乎，孰危孰安？今日語太平則不足，語剔弊則有餘，諸臣亦何負國家哉！一夫高張，輒疑舉朝皆黨，則株連蔓引，不且一網盡哉。」帝責羽健疑揣，而以前條陳驛遞原之。

太常少卿謝陞求巡撫於永光，永光長吏部，陞當推薊鎭，畏而引病以避，後推太僕則不病。羽健劾陞、永光朋比，宜並罪。永光召對文華殿，力詆羽健，請究主使之者。大學士韓

爌曰：「究言官，非體也。」帝不從，已而宥之。一日，帝御文華殿，獨召延儒語良久，事秘，舉朝疑駭。羽健曰：「召見不以盈廷而以獨侍，清問不以朝參而以燕閒。更漏已沉，閤門猶啓。漢臣有言『所言公，公言之；所言私，王者不受私』。」疏入，切責。羽健既積忤權要，其黨思因事去之。及袁崇煥下獄，主事陸澄源以羽健嘗疏譽崇煥，劾之，落職歸，卒。

黃宗昌，字長倩，卽墨人。天啓二年進士。崇禎初，爲御史，請斥矯旨僞官，言：「先帝賓天在八月二十三日。三殿敍功止先一日，正當帝疾大漸之時，豈能安閒出詔？凡加銜進秩，皆魏氏官也。」得旨：「汰敍功冒濫者。」宗昌爭曰：「臣所糾乃矯旨，非冒濫也。冒濫猶可容，矯僞不可貸。」遂列上黃克纘、范濟世、霍維華、邵輔忠、呂純如等六十一人，乞罷免。帝以列名多，不聽。尋劾罷逆黨尙書張我續、侍郎呂圖南、通政使岳駿聲、給事中潘士聞、御史王珙。又劾周延儒貪穢數事，帝怒，停俸半年。旣而劾體仁，不納。

二年冬，巡按湖廣。岷王禋洪爲校尉侍聖及善化王長子企鉅等所弒。[四]參政龔承薦等不以實聞，獄不決者久之。宗昌至，羣奸始伏辜。帝責問前諸臣失出罪，宗昌糾承薦等。時體仁、延儒皆已入閣，而永光意忌，以爲不先劾承薦也。鐫宗昌四級，宗昌遂歸。十五年，卽墨被兵，宗昌率鄉人拒守，城全。仲子基中流矢死，其妻周氏及三妾郭氏、

二劉氏殉之，謂之「一門五烈」。

莊烈帝初在位，銳意圖治，數召見羣臣論事。然語不合，輒訶譴。而王永光長吏部，尤樂沮之。澄城人韓一良者，元年授戶科給事中，言：「陛下平臺召對，有『文官不愛錢』語，而今何處非用錢之地？何官非愛錢之人？向以錢進，安得不以錢償。以官言之，則縣官爲行賄之首，給事爲納賄之尤。今言者俱咎守令不廉，然守令亦安得廉？俸薪幾何，上司督取，過客有書儀，考滿、朝覲之費，無慮數千金。此金非從天降，非從地出，而欲守令之廉，得乎？臣兩月來，辭卻書帕五百金，臣寡交猶然，餘可推矣。伏乞陛下大爲懲創，逮治其尤者。」帝大喜，召見廷臣，卽令一良宣讀。讀已，以疏遍視閣臣曰：「一良忠鯁，可僉都御史。」永光請令指實。一良唯唯，如不欲告訐人者，則令密奏。五日不奏，而舉周應秋、閻鳴泰一二舊事爲言，語頗侵永光。帝乃再召見一良、永光及廷臣，手前疏循環頌，音琅然，而曰「此金非從天降，非從地出」，則掩卷而歎。問一良「五百金誰之餽也？」一良卒無所指。固問，則對如前。帝欲一良指實，將有所懲創，一良卒以風聞謝，大不懌。謂大學士劉鴻訓曰：「都御史可輕授耶！」叱一良前後矛盾，褫其官。

吳執御，字朗公，黃巖人。天啓二年進士。除濟南推官。德州建魏忠賢祠，不赴。崇禎三年徵授刑科給事中。明年請除鞶簽法，使人地相配，議格不行。請蠲畿輔加派，示四方停免之期，曉然知息肩有日，不至召亂。請罷捐助搜括，毋爲貪墨藏奸藪。帝以沽名市德責之。

劾吏部尚書王永光比匪：「用王元雅而封疆愼，聽張道濬賄舉尹同皋而祖制紊。國家立法懲貪，而永光誨貪，官邪何日正，寵賂何日清。」帝以永光清愼，不納其言。請召黃克纘、劉宗周、鄭鄤，忤旨譙讓。又言：「往者邊警，袁崇煥、王元雅擁金錢數百萬，士馬數十萬，狼狽失守。而史應聘、王象雲、張星、左應選以一邑抗强敵。故曰籌邊不在增兵餉，而在擇人。請畿輔東北及秦、晉沿邊州縣，選授精敏甲科，賜璽書，畀本地租賦，撫練軍民自禦寇。邊關文武吏繕修戰守外，責以理財，如先臣王翱、葉盛輩所爲。客兵可撤，餉省可數百萬。」帝時未審執御所論畿輔、秦、晉也，而曰：「歲賦留本地，則國用何資？」不聽。

又劾首輔周延儒攬權，其姻親陳于泰及幕客李元功等交關爲奸利。初，執御行取入都，延儒遣元功招之，不赴，至是竟劾延儒。又陳內外陰陽之說：「九邊、中原、廟堂之上，無非陰氣；心膂大臣，不皆君子。」帝以所稱「陽剛君子」無主名，令指實。執御乃以前所薦劉宗周三人，及姜曰廣、文震孟、陳仁錫、黃道周、倪元璐、曹于汴、惠世揚、羅喻義、易應昌對。會御史吳彥芳言：「執御所舉固眞君子，他若侍郎李瑾、李邦華、畢懋康、〔五〕倪思輝、程紹皆忠良當用，通政使章光岳邪媚當斥。」帝怒其朋比，執政復從中搆之，遂削二人籍，下法司訊。時御史王績燦方以薦李邦華、劉宗周等下獄，〔六〕而執御、彥芳復繼之，舉朝震駭。言官爲申救，卒坐三人贖徒三年。

彥芳，字延祖，歙縣人。爲御史。大凌被圍，疏論孫承宗。又駁逆案呂純如辨冤之謬。登州用兵，請設監島中官。至是譴歸。

績燦，字偉奏，安福人。與給事中鄧英陳奸吏私派之弊，又進賜環、起廢、容諫三說。薦張鳳翔、李邦華、劉宗周、惠世揚，遂獲罪，卒。福王時，復官。

彥芳、績燦兩人者，皆以天啓五年舉進士。彥芳授莆田知縣，績燦授興化知縣，又皆以治行高等擢崇禎四年御史，並有聲。其免官也，又皆以薦才不中，與吳執御同論譴云。

章正宸，字羽侯，會稽人。從學同里劉宗周，有學行。崇禎四年進士。由庶吉士改禮科給事中。勸帝法周、孔，黜管、商，崇仁義，賤富强。

禮部侍郎王應熊者，溫體仁私人也，廷推閣臣，望輕不得與。體仁引爲助，爲營入閣。正宸上言：「應熊强愎自張，何緣特簡。事因多擾，變以刻成，綜核傷察，宜存渾厚。奈何使很傲之人，與贊平明之治哉。」帝大怒，下獄拷訊，竟削籍歸。

九年冬，召爲戶科給事中，遷吏科都給事中。周延儒再相，帝尊禮之特重。正宸出其門，與搘拄。歲旦朝會，帝隆師傅禮，進延儒等而揖之曰：「朕以天下聽先生。」正宸曰：「陛下隆禮閣臣，願閣臣積誠以格君心。毋緣中官，毋修恩怨，毋以寵利居成功，毋以爵祿私親暱。」語皆風刺延儒。延儒欲用宣府巡撫江禹緒爲宣大總督，正宸持不可。吏部希延儒指，用之。延儒欲起江陵知縣史調元，正宸止之。延儒以罪輔馮銓力得再召，欲假守涿功復銓冠帶，正宸爭之，事遂寢。其不肯阿徇如此。未幾，會推閣臣，救李日宣，謫戍均州。語在日宣傳。

福王立，召復正宸故官。正宸痛舉朝無討賊心，上疏曰：「比者河北、山左各結營寨，擒殺僞官，爲朝廷效死力。忠義所激，四方響應。宜亟檄江北四鎭，分渡河、淮，聯絡諸路，一心齊力，互爲聲援。兩京血脈通，而後塞井陘，絕孟津，據武關以攻隴右。陛下縞素，親率六師，駐蹕淮上，聲靈震動，人切同仇，勇氣將自倍。簡車徒，選將帥，繕城塹，進寸則寸，進尺則尺，據險處要，以規中原。天下大矣，渠無人應運而出哉？」

魏國公徐弘基薦逆案張捷，部議並起用鄒之麟、張孫振、劉光斗，安遠侯柳祚昌等薦起阮大鋮，正宸並疏諫，不納。改大理丞，正宸請假歸。魯王監國，署舊官。事敗，棄家爲僧。

黃紹杰，萬安人。天啓五年進士。授中書舍人。崇禎元年考選給事中。需次，劾罷奄黨南京御史李時馨、徐復陽。補授兵科。五年，薊遼總督曹文衡與監視中官鄧希詔相訐。紹杰言：「文衡烈士，受內臣指摘，何顏立三軍上。希詔內豎，訐邊臣辱國，大不便。宜亟更文衡而罷希詔。」帝不聽。久之，文衡以閒住去。紹杰遷刑科左給事中。

七年五月因旱求言。紹杰疏論大學士溫體仁曰：「漢世災異，策免三公，宰執亦引罪以求罷。今者久旱，陛下修明政治，納讜言，可謂應天以實矣，而雨澤不降，何哉？天有所甚怒而不解也。次輔溫體仁者，秉政數載，上干天和，無歲不旱暵，無日不風霾，無處不盜賊，無人不愁怨。秉政既久，窺瞷益工，中外趨承益巧。一人當用，則曰『體仁關恐不樂也』。覆一疏，建一議，又曰『慮體仁有他屬』。不然，則『體仁意未遽爾也』。一事當行，則曰『體仁忌諱，毋攖其兇鋒也』。凡此召變之尤。願陛下罷體仁以回天意。體仁罷而甘霖不降，殺臣以正欺君之罪。」

帝方眷體仁，貶紹杰一秩。體仁辨，且訐其別有指授。紹杰言：「廷臣言事，指及乘輿，猶荷優容。一字涉體仁，必遭貶黜。誰不自愛，爲人指授耶？」因列其罪狀：東南不肯設立總督，庇兵部侍郎彭汝楠，致失機宜；用貪穢胡鍾麟爲職方郎，而黜李繼貞；囑尚書閔洪學起私人唐世濟爲南京總憲，錮正人瞿式耜等；庇姻婭沈棨爲宣撫，私款辱國；庇主考丁進，從寬磨勘。且曰：「臣所仰祝聖明，洞燭體仁奸欺者，其說則有兩端。下惟朋黨一語，可以箝言官之口，挑善類之禍；上惟票擬一語，可以激聖明之怒，蓋僨悞之懲。」體仁猶辨，且以朋黨爲言。紹杰遂言：「體仁受銅商王誠金，體仁長子受巡撫棨及兩淮巡鹽高欽順等金，皆萬計。體仁用門幹王治，東南之利皆其轉輸。體仁私邸兩被盜，失黃金寶玉無算，匿不敢言。」八年，賊犯皇陵，紹杰再劾體仁悞國召寇，再謫應天府檢校。屢遷南京吏部郎中，卒。

先是，七年正月，給事中李世祺論溫體仁及大學士吳宗達，幷劾兵部尚書張鳳翼溺職狀。帝怒，謫福建按察司檢校。世祺，字壽生，青浦人。天啓二年進士，授行人。崇禎三年擢刑科給事中，陳大計之當定者二，曰兵食之計，民生之計；大弊之當釐者

三，曰六曹之弊在吏胥，邊吏之弊在欺隱，貪墨之弊在奢靡。夏旱，禱雨未應，乃進修政之說三，曰恤畿甸，議催科，預儲備。帝並納之。中官出鎮，世祺上言：「祖宗立法，錢穀兵馬，軍民各分事權，防專擅。內閣入奉天顏，出司兵食，內廷意旨既得而陰伺之，外廷事權又得而顯操之。魏忠賢盜弄神器，則賴聖天子躬翦除之，而奈何復躬自蹈之。」不聽。

五年八月，淫雨損山陵，昌平地動。世祺上言：「日者輔理調燮無聞，精神爲固寵之用，統軍衡才無術，緩急無可恃之人。中樞決策，掩耳盜鈴；主計持籌，醫瘡剜肉。州縣迫功令，鞭策不前；六曹窘簿書，救過不贍。簪筆執簡之臣，接跡囹圄；考槃薖軸之士，抗聲鴻舉。一人議，疑及衆人；一事訾，疑及衆事。黃衣之使，頡頏卿貳之堂；貂蟬之座，雄踞節鉞之上。低眉則氣折，强項則釁開。各邊監視之遣，已將期月，初雖間有摘發，至竟同歸模棱，效不效可概見。伏願撤回各使，以明陰不干陽之分。然後採公論以進退大臣，酌事情以衡量小臣，釋疑忌之根，開功名之路，庶天變可回，時艱可濟。」帝以借端瀆奏，切責之。

給事中陳贊化劾周延儒，謂「延儒嘗語人曰：今上，羲皇上人也。此成何語？臣聞之世祺」。帝詰世祺，則言聞之贊化。帝詰責者再三，世祺執如初，乃已。至是論體仁絕世之奸，大貪之尤，遂貶官。久之，起行人司副，屢遷太僕寺卿。遣祭魯王，事竣旋里。國變，杜門不出，久之卒。

傅朝佑，字右君，臨川人。有孝行。萬曆中舉鄉試第一，師事鄒元標。天啓二年成進士，授中書舍人。

崇禎三年考選給事中。永平初復，列上善後七事。帝採納之，補授兵科。明年八月疏劾首輔周延儒：「以機械變詐之心，運刑名督責之術。見佞則加之膝，結袁弘勛、張道濬爲腹心；遇賢則墜之淵，擯錢象坤、劉宗周於草莽。傾陷正士，加之極刑，曰『上意不測也』。攘竊明旨，播諸朝右，曰『吾意固然也』。皇上因旱求言，則恐其揚己過，故削言官以立威；皇上愼密兵機，則欲其箝人口，故摽直臣以怵衆。往時糾其罪惡者盡遭斥逐，而親知鄉曲遍列要津。大臣之道固如是乎？」忤旨切責。

屢遷工科左給事中，陳當務十二事：一納諫，二恤民，三擇相，四勿以內批用輔臣，五勿使中官司彈劾，六勿令法外加濫刑，七止緹騎，八停內操，九抑武臣驕玩，十廣起廢，十一敕有司修城積粟，十二講聖諭六條。出封益藩，事竣還里。

九年即家進刑科都給事中。還朝愆期，爲給事中陳啓新所劾，貶秩調外。未行，疏論溫體仁六大罪。略言：

陛下當邊警時，特簡體仁入閣。體仁乃不以道事君，而務刑名。窺陛下意在振作，彼則借以快恩仇；窺陛下治尙精明，彼則託以張威福。此謂得罪於天子。鳳陽、昌平鍾靈之地，體仁曾無未雨綢繆，兩地失守，陵寢震驚。此謂得罪於祖宗。燮理職在三公。體仁爲相，日月交蝕，星辰失行，風霾迭見，四方告災，歲比不登，地震河決，城陷井枯，曾莫之懲，則日尋恩怨，圖報睚眦。此謂得罪於天地。强敵內逼，大盜四起，高麗旦暮且陷。體仁冒賞冒蔭，中外解體因之。此謂得罪於封疆。體仁子見屏於復社諸生，募人糾彈，株連不已。且七年又議裁減茂才，國家三百年取士之經，一旦壞於體仁之手。此謂得罪於聖賢。同生天地，誰無本心，體仁自有肺腸，偏欲殘害忠良。祇今文武臣僚，幾數百人，騈首囹圄，天良盡喪。此謂得罪於心性。

夫人主之辨姦在明，而人主之去姦在斷。伏願陛下大施明斷，速去體仁。毋以天變爲不足畏，毋以人言爲不足恤，毋以羣小之逢迎爲必可任，毋以一己之精明爲必可恃。大赦天下，除苛政，庶倒懸可解，太平可致。

帝怒，除名，下吏按治。踰月，體仁亦罷。

中官杜勳雅重朝佑，令其上疏請罪，而已從中主之，可復故官，朝佑不應。十一年冬，國事益棘，獲罪者益衆，獄幾滿。朝佑乃從獄中上書，請寬恤，語過激。會有邊警，未報也。

明年春，責以顛倒賢奸，恣意訕侮，廷杖六十，創重而卒。

當時臺省競言事，言不中多獲譴。章正宸、莊鼇獻、李汝璨之徒好直諫，朝佑嘗疏稱之。

鼇獻，字任公，晉江人。崇禎六年由庶吉士改兵科給事中，上太平十二策，極論東廠之害。忤旨，貶浙江布政司照磨。

汝璨，字用章，南昌人。崇禎時爲刑科給事中。十年閏月因旱求言，陳回天四要，論財用政事之弊。又言：「八九年來，干和召災，始於端揆，積於四海。水旱盜賊頻見疊出，勢將未已，何怪其然。」帝怒，削籍歸。國變，衰絰北面哀號，作祈死文祈死，竟死。

汝璨、朝佑既死，福王時，復官。鼇獻事福王，復官，久之卒。

姜埰，字如農，萊陽人。崇禎四年進士。授密雲知縣，調儀眞，遷禮部主事。十五年擢禮科給事中。

山陽武舉陳啓新者，崇禎九年詣闕上書，言：「天下三大病。士子作文，高談孝悌仁義，及服官，恣行奸慝。此科目之病也。國初典史授都御史，貢士授布政，秀才授尚書，嘉靖時

猶三途並用，今惟一途。舉貢不得至顯官，一舉進士，橫行放誕。此資格之病也。舊制，給事、御史，教官得爲之，其後途稍隘，而舉人、推官、知縣猶與其列，今惟以進士選。彼受任時，先以給事、御史自待，監司、郡守承奉不暇，剝下虐民，恣其所爲。此行取考選之病也。請停科目以絀虛文，舉孝廉以崇實行，罷行取考選以除積橫之習，蠲災傷田賦以蘇民困，專拜大將以節制有司便宜行事。」捧疏跪正陽門三日，中官取以進。帝大喜，立擢吏科給事中，歷兵科左給事中。劉宗周、詹爾選等先後論之。歙人楊光先訐其出身賤役，及徇私納賄狀。帝悉不究。然啓新在事所條奏，率無關大計。御史王聚奎劾其溺職，帝怒，謫聚奎。以僉都御史李先春議聚奎罰輕，並奪其職。久之，御史倫之楷劾其請託受賕，還鄉驕橫，始詔行勘。未上而啓新遭母憂，埰因劾其不忠不孝，大奸大詐。遂削啓新籍，下撫按追贓擬罪。啓新竟逃去，不知所之。國變後，爲僧以卒。

時帝以寇氛未息，民罹鋒鏑，建齋南城。埰上疏諫，不報。已，陳蕩寇二策，曰明農業，收勇敢。帝善其言。

初，溫體仁及薛國觀排異己及建言者。周延儒再相，盡反所爲，廣引清流，言路亦蜂起論事。忌者乃造二十四氣之說，以指朝士二十四人，直達御前。帝適下詔戒諭百官，責言路尤至。埰疑帝已入其說，乃上言：「陛下視言官重，故責之嚴。如聖諭云『代人規卸，爲人出缺』者，臣敢謂無其事。然陛下何所見而云？倘如二十四氣蜚語，此必大奸巨憝，恐言者不利己，而思以中之，激至尊之怒，箝言官之口，人皆喑默，誰與陛下言天下事者？」

先是，給事中方士亮論密雲巡撫王繼謨不勝任，保定參政錢天錫因夤緣給事中楊枝起、廖國遴，以屬延儒，及廷推，遂得俞旨。適帝有「爲人出缺」諭，蓋舉廷臣積習告戒之，非爲天錫發也。埰探之未審，謂帝實指其事，倉卒拜疏。而帝於是時方憂勞天下，默告上帝，戴罪省愆。所頒戒諭，詞旨哀痛，讀者感傷。埰顧反覆詰難，若深疑於帝者，帝遂大怒，曰：「埰敢詰問詔旨，藐玩特甚。」立下詔獄考訊。掌鎭撫梁清宏以獄詞上，帝曰：「埰情罪特重。且二十四氣之說，類匿名文書，見卽當毀，何故累騰奏牘。其速按實以聞。」

時行人熊開元亦以建言下錦衣衞。帝怒兩人甚，密旨下衞帥駱養性，令潛斃之獄。養性懼，以語同官。同官曰：「不見田爾耕、許顯純事乎？」養性乃不敢奉命，私以語同鄉給事中廖國遴，國遴以語同官曹良直。良直卽疏劾養性「歸過於君，而自以爲功。陛下無此旨，不宜誣謗；卽有之，不宜洩。」請並誅養性、開元。養性大懼，帝亦不欲殺諫臣，疏竟留中。會鎭撫再上埰獄，言掠訊者再，供無異詞。養性亦封還密旨。乃命移刑官定罪，尚書徐石麒等擬埰戍，開元贖徒。帝責以徇情骫法，令對狀。乃奪石麒及郎中劉沂春官，而逮埰、開元至午門，並杖一百。埰已死，埰弟垓口溺灌之，乃復蘇，仍繫刑部獄。明年秋，大疫，命諸

囚出外收保。埰、開元出，卽謁謝賓客。帝以語刑部尚書張忻，忻懼，復禁之獄。十七年二月始釋埰，戍宣州衞。將赴戍所而都城陷。

福王立，遇赦，起故官。丁父艱，不赴。國變後，流寓蘇州以卒。且死，語其二子曰：「吾奉先帝命戍宣州，死必葬我敬亭之麓。」二子如其言。

垓，字如須，崇禎十三年進士。授行人。埰下獄，垓盡力營護。後聞鄉邑破，父殉難，一門死者二十餘人。垓請代兄繫獄，釋埰歸葬，不許。卽日奔喪，奉母南走蘇州。初，垓爲行人，見署中題名碑，崔呈秀、阮大鋮與魏大中並列，立拜疏請去二人名。及大鋮得志，滋欲殺垓甚。垓乃變姓名，逃之寧波。國亡乃解。

熊開元，字魚山，嘉魚人。天啓五年進士。除崇明知縣，調繁吳江。

崇禎四年徵授吏科給事中。帝遣中官王應朝等監視關、寧軍馬，開元抗疏爭，不納。王化貞久繫不決，奸人張應時等疏頌其功，請以身代死，俾戴罪立功。開元疏駁之，言：「化貞家貲鉅萬，每會朝審，輒買燕市少年，雜立道旁，投熊廷弼瓦礫，嗟歎化貞不休，以此熒惑上

聽。今應時復敢爲此請，宜立肆化貞市朝。」化貞卒正法。

時有令，有司徵賦不及額者不得考選。給事中周瑞豹考選而後完賦，帝怒貶謫之，命如瑞豹者悉以聞。於是開元及御史鄭友元等三人並貶二秩調外，開元不赴官。久之，起山西按察司照磨，遷光祿寺監事。

十三年遷行人司副。左降官率驟遷，開元以淹久頗觖望。會光祿丞缺，開元詣首輔周延儒述己困頓狀。延儒適以他事輒命駕出，開元大恚。會帝以畿輔被兵求言，官民陳事者，報名會極門，即日召對。

開元欲論延儒，次日即請見。帝召入文昭閣，開元請密論軍事。帝屏左右，獨輔臣在，開元不敢言，但奏軍事而出。越十餘日，復請見。帝御德政殿，秉燭坐。開元從輔臣入，奏言：「易稱『君不密則失臣，臣不密則失身』，請輔臣暫退。」延儒等引退者再，帝不許。開元遂言：「陛下求治十五年，天下日以亂，必有其故。」帝曰：「其故安在？」開元言：「今所謀畫，惟兵食寇賊。不揣其本，而末是圖，雖終日夜不寢食，求天下治無益也。陛下臨御以來，輔臣至數十人，不過陛下曰賢，左右曰賢而已，未必諸大夫國人皆曰賢也。天子心膂股肱，而任之易如此。庸人在高位，相繼爲奸，人禍天殃，迄無衰止。迨言官發其罪狀，誅之斥之，已敗壞不可復救矣。」帝與詰問久之，疑開元有所爲，曰：「爾意有人欲用乎？」開元辨無有，

且奏且頻目延儒。延儒謝，帝曰：「天下不治皆朕過，於卿等何與？」開元言：「陛下令大小臣工不時面奏，而輔臣在左右，誰敢爲異同之論以速禍。且昔日輔臣，繁刑厚斂，屏棄忠良，賢人君子攻之。今輔臣奉行德意，釋纍囚，蠲逋賦，起廢籍，賢人君子皆其所引用。偶有不平，私慨歎而已。」帝責開元有私。開元辨，延儒等亦前爲解。

開元復請徧召廷臣，問以輔臣賢否。「輔臣心事明，諸臣流品亦別。陛下若不察，將吏狃情面賄賂，失地喪師，皆得無罪，誰復爲陛下捐軀報國者。」延儒等奏情面不盡無，賄賂則無有。開元復言：「敵兵入口四十餘日，未聞逮治一督、撫。」帝曰：「督、撫初推，人以爲賢，數月後即以爲不賢，必欲去之而後快。邊方與內地不同，使人何以展布。」開元言：「四方督、撫，率自監司。明日廷推，今日傳單，其人姓名不列。至期，吏部出諸袖，諸臣唯唯而已。既推後，言官轉相採訪，而其人伎倆亦自露於數月間，故人得而指之，非初以爲賢，繼以爲不賢也。」帝命之退。延儒等請令補牘，從之。

當是時，開元欲發延儒罪，以其在側不敢言。而延儒慮其補牘，謀沮之。大理卿孫晉、兵部侍郎馮元飈責開元：「首輔多引賢者。首輔退，賢者且盡逐。」開元意動。大理丞吳履中至，亦以開元言爲驟。禮部郎中吳昌時者，開元知吳江時所拔士也，復致書言之。開元乃止述奏辭，不更及延儒他事。帝方信延儒，大清兵又未退，焦勞甚。得奏，大怒，令錦衣衛逮治。衛帥駱養性，開元鄉人也，雅怨延儒，次日即以獄上。帝益怒，曰：〔七〕「開元譏譖輔弼，必使朕孤立於上，乃便彼行私，必有主使者。養性不加刑，溺職甚，其再嚴訊以聞。」十二月朔，嚴刑詰供主謀。開元堅不承，而盡發延儒之隱，養性具以聞。帝乃廷杖開元，繫獄。

始，方士亮劾罷密雲巡撫王繼謨，參政錢天錫得巡撫。御史孫鳳毛發其事，劾給事中湯枝起、廖國遴爲天錫營緣。因言開元面奏，實二人主之，欲令丘瑜秉政，陳演爲首輔。御史李陳玉亦言之。帝以開元已下吏，不問，而責令鳳毛陳奏。鳳毛死，其子訴冤，謂國遴、枝起酖殺之。兩人及天錫並削職下獄。士亮又言恐代繼謨者未能勝繼謨，繼謨得留任。十六年六月，延儒罷，言官多救開元者，不報。刑部擬贖徒，不許。明年正月遣戍杭州。

未幾，京師陷。福王召起吏科給事中。丁母艱，不赴。唐王立，起工科左給事中。連擢太常卿、左僉都御史，隨征東閣大學士。乞假歸。汀州破，棄家爲僧，隱蘇州之靈巖以終。

士亮，歙縣人。崇禎四年進士。歷嘉興、福州推官，擢兵科給事中。與同官朱徽、倪仁禎等謁大學士謝陞於朝房，陞言：「人主以不用聰明爲高。今上太用聰明，致天下盡壞。」又曰：「款事諸君不必言，皇上祈籤奉先殿，意已決。」諸人退，謂陞誹謗君父，洩禁中語。仁禎、國遴等交章論之，斥陞大不道，無人臣禮。士亮及他言官繼之，疏數十上。帝大怒，削陞

籍。已而士亮連劾諸督撫張福臻、徐世廕、朱大典、葉廷貴，及兵部侍郎呂大器、甘肅總兵馬爌，事多施行。又請召舊諫臣姚思孝、何楷、李化龍、張作楫、張焜芳、李模、詹爾選、李右讜、林蘭友、成勇、傅元初，而恤已死者吳執御、魏呈潤、傅朝佑、吳彥芳、王績燦、葛樞，帝頗採納。周延儒出督師，請士亮贊畫軍務。延儒獲譴，士亮亦削職下獄，久之釋歸。福王時，復官。國變後卒。

詹爾選，字思吉，撫安人。崇禎四年進士。授太常博士。八年擢御史。時詔廷臣舉守令，爾選言：「縣令多而難擇，莫若精擇郡守。郡守賢，縣令無不賢。」因請起用侍郎陳子壯、推官湯開遠，報聞。

明年疏劾陳啓新：「宜召九卿科道，覿面敷陳，磨其底蘊。果有他長，然後授官。遽爾授官，非所以重名器。」吏部尚書謝陞、大學士溫體仁不加駁正，尸素可愧。」帝怒。未幾，大學士錢士升以爭武生李璡搜括富戶，忤旨，引罪乞休去。爾選上疏曰：

輔臣引咎求黜，遂奉回籍之諭。夫人臣所以不肯言者，其源在不肯去耳。輔臣肯言肯去，臣實榮之，獨不能不爲朝廷惜此一舉也。璡以非法導主上，其端一開，大亂將

至。輔臣憂心如焚，忽奉改擬之命，遂爾執奏。皇上方嘉許不暇，顧以爲疑君要譽耶？人臣無故疑其君，非忠也，乃謂吾君萬舉萬當者，第容悅之借名，必非忠。人臣沽名，義所不敢出也，乃人主不以名譽鼓天下，使其臣尸位保寵，寡廉鮮恥，亦必非國家利。

況今天下疑皇上者不少矣。將驕卒惰，尙方不靈，億萬民命，徒供武夫貪冒，則或疑過於右武。穿札與操觚並課，非是者弗錄。人見賣牛買馬，紬德齊力，徒使强寇混跡於道途，父兄莫必其子弟，則或疑緩於敷文。兔覲之說行，上意在甦民困也，而或疑朝宗之大義，不敵數萬路用之金錢。駁問之事煩，上意在懲奸頑也，而或疑明啓之刑書，幾禁加等之紛亂。

其君子憂驅策之無當，其小人懼陷累之多門。明知一切苟且之政，或拊心愧恨，或對衆欷歔。輔臣不過偶因一事，代天下發憤耳，而竟鬱鬱以去，恐後之大臣無復有敢言者矣。大臣不敢言，而小臣愈難望其言矣。所日與皇上言者，惟苛細刻薄，不識大體之徒，似忠似直，如狂如癡，售則挺身招搖，敗則潛形遁竄，駭心志而熗耳目，毀成法而釀隱憂，天下事尙忍言哉！祈皇上以遠大宅心，以簡靜率憲，責大臣弼違之義，作言官敢諫之風。寧獻可替否，毋藉口聖明獨斷，掩聖主之謙沖。寧進禮退義，毋藉口君恩未酬，飾引身之濡滯。臣愚不勝惓惓。

疏入，帝震怒，召見武英殿，詰之曰：「輔臣之去，前旨甚明，汝安得爲此言？」對曰：「皇上大開言路，輔臣乃以言去國，恐後來大臣以言爲戒，非皇上求言意。」帝曰：「建言乃諫官事，大臣何建言？」對曰：「大臣雖在格心，然非言亦無由格。大臣止言其大者，決無不言之理。大臣不言，誰當言者？」帝曰：「朕如此焦勞，天下尙疑朕乎？即尙方劍何嘗不賜，彼不能用，何言不靈？」對曰：「誠如聖諭。但臣見督理有參疏，未蒙皇上大處分，與未賜何異。」帝曰：「刑官擬罪不合，朕不當駁乎？」對曰：「刑官不職，但當易其人，不當侵其事。」帝曰：「汝言一切苟且之政，何者爲苟且？」對曰：「加派。」帝曰：「加派，因賊未平，賊平，何難停。汝尙有言乎？」對曰：「搜括抽扣亦是。」帝曰：「此供軍國之用，非輸之內帑。汝更何言？」對曰：「即捐助亦是。」帝曰：「本令願捐者聽，何嘗强人？」

時帝聲色俱厲，左右皆震懾，而爾選詞氣不撓。帝又詰發憤諸語，及帖黃簡略，斥爲欺罔，命錦衣提下。爾選叩頭曰：「臣死不足惜，皇上幸聽臣，事尙可爲。即不聽，亦可留爲他日思。」帝愈怒，罪且不測。諸大臣力救，乃命繫於直廬。明日下都察院議罪，議止停俸。帝以語涉誇詡，幷罪覩草御史張三謨，令吏部同議。請鐫五級，以雜職用。復不許，乃削籍歸。自後言者屢薦，皆不聽。十五年，給事中沈迅、左懋第相繼薦。有詔召還，未及赴而都城陷。

福王立，首起故官。未上，羣小用事，憚爾選鯁直，令補外僚，遂不出。國變後，又十二年而終。

湯開遠，字伯開，主事顯祖子也。早負器識，經濟自許。崇禎五年由舉人爲河南府推官。帝惡廷臣玩愒，持法過嚴。開遠疏諫曰：

陛下臨御以來，明罰敕法。自小臣至大臣，蒙重譴下禁獄者相繼，幾於刑亂國用重典矣。見廷臣薦舉不當，疑爲黨徇；惡廷臣執奏不移，疑爲藐抗。以策勵望諸臣，於是戴罪者多，而不開以立功之路；以詳慎責諸臣，於是引罪者衆，而不諒其致誤之由。墨吏宜逮，然望稍寬出入，無紬能臣。至三時多害，五方交警，諸臣怵參罰，惟急催科，民窮則易爲亂。陛下寬一分在臣子，即寬一分在民生，此可不再計決者。尤望推諸臣以心，待諸臣以禮，諭中外法司以平允。至錦衣禁獄，非寇賊奸宄，不宜輕入。

帝怒，摘其疏中「桁楊慘毒，遍施勞臣」語，責令指實。乃上奏曰：

時事孔棘，諸臣有過可議，亦有勞可準；有罪可程，亦有情可原。究之議過不足懲過，而後事轉因前事以灰心；聲罪不足服罪，而故者更藉誤者以實口。綜核太過則要領

失措，懲創太深則本實多缺。往往上以爲宜詳宜新之事，而下以爲宜略宜仍之事。朝所爲縲辱擯棄不少愛之人，又野所爲推重愾歎不可少之人。上與下異心，朝與野異議，欲天下治平，不可得也。

蘇州僉事左應選任昌黎縣令，率士著保孤城。事平之日，擢任監司。乃用小過，卒以贓擬。城池失守者既不少貸，捍禦著績者又不獲原，諸臣安所適從哉。事急則鉅萬可捐，事平則錙銖必較，向使昌黎不守，同於遵、永，不知費朝廷幾許金錢，安所得涓滴而問之。臣所惜者此其一。

給事中馬思理、御史高倬，値草場火發，狂奔盡氣，無救燎原，此不過爲法受過耳，更欲以他罪論，則甚矣。今歲盛夏雪雹，地震京圻，草場不爇自焚。陛下不寬刑修省，反嚴鞫而長繫之，非所以召天和，稱善事也。臣所惜者此其一。

宣大巡按胡良機，陛下知其諳練，兩任巖疆，尋因過悞褫革，輿論惜之，豈成命終難反汗哉！臣所惜者此其一。

監兌主事吳澧，背旦河干，經營漕事。運弁稽違，旱行責戒，乃褫革之，又欲究治之。夫兵譁則爲兵易將，將譁則爲武抑文，勇於譁而怯於闕，安用此驕兵驕將爲也！臣所惜者此又其一。

末復爲都御史陳于廷、易應昌申辨。帝怒，切責之。

河南流賊大熾，開遠監左良玉軍，躬擐甲冑，屢致克捷。帝以天下用兵，意頗重武，督、撫失事多逮繫，而大將率姑息。開遠以爲偏，八年十月上疏曰：

比年寇賊縱橫，撫、鎭爲要。乃陛下於撫臣則懲創之，於鎭臣則優遇之。試觀近日諸撫臣，有不褫奪不囚繫者乎？諸帥臣及偏裨，有一禮貌不崇、陞廕不遂者乎？卽觀望敗衄罪狀顯著者，有不寬假優容者乎？夫懲創撫臣，欲其惕而戒也；優遇武臣，欲其感而奮也。然而封疆日破壞，寇賊日蔓延者，分別之法少也。撫臣中清操如沈棨，幹濟如練國事，捍禦兩河、身自爲將如玄默，拮据兵事、沮賊長驅如吳甡，或麗爰書，或登白簡，其他未可悉數。而武臣桀驁恣睢，無日不上條陳，爭體統。一旦有警，輒逡巡退縮。卽嚴旨屢頒，褎如充耳。如王樸、尤世勛、王世恩輩，其罪可勝誅哉！

秦撫甘學闊有法紀全疎一疏，請正縱賊諸弁以法，明旨顧切責之。然則自今以後，敗將當不問矣。文臣未必無才能，乃有寧甘斥黜必不肯任不敢任者，以任亦罪，不任亦罪，不任之罪猶輕，而任之罪更重也。誠欲使諸臣踴躍任事，在寬文法，原情實，分別去留，毋以一眚棄賢才。至鯀齡之夫，不使怯且欺者倖乎其閒，則賞罰以平，文武用命矣。

帝以撫臣不任者，無所指實，責令再陳。乃上言曰：

朝廷賞罰無章，於是諸臣之不肯任不敢任者罪，而肯任敢任者亦罪，且其罪反重。勸懲無當，欲勘定大亂，未之前聞。從來無詘督臣以伸庸帥者，至今而楊嗣昌不得關其說。從來無抑言路以伸劣弁者，至今而王肇坤不得保其秩。王樸恇怯暴著，聽敵飽去，猶得與吳甡並論，播之天下，不大爲口實哉！若撫臣之不肯任不敢任者，如陝西之胡廷晏，山西之仙克謹、宋統殷、許鼎臣，何以當日處分視後皆輕？練國事、玄默承大壞極敝之後，竭力撑持，何以當日處分較前更重？

且近日爲辦寇而誅督臣者一，逮督臣撫臣者二，褫撫臣者亦二。甚至巡方與撫臣並議，而幷逮兩按臣；計典與失事牽合，而幷褫南樞臣。若監司、守令之獲重譴者，不可勝紀。試問前後諸帥臣，有一誅且逮者乎？卽降而偏裨，有一誅且逮者乎？甚至避寇、縱寇、養寇、助寇者，皆置弗問。卽或處分，不過降級戴罪而已。然則諸將之不肯任不敢任者，直謂之無罪可乎？是陛下於文武二途，委任同，責成不同。明旨所謂一體者，終非一體矣。

不特此也。按臣曾週當舊撫艱去，力障寇鋒，初非失事，乃竟從遠配，將來無肯任敢任之按臣矣。道臣祝萬齡拮据兵食，寢餌俱廢，至疽發於背，而遽行削籍，將來無肯

任敢任之監司矣。史洪謨作令宜陽，戰守素備，賊渡澠池，不敢薄城，及知六安，復有全城之績，而褫奪驟加，將來無肯任敢任之州縣矣。賊薄永寧，舊蜀撫張論與子給事鼎延傾貲募士，夙夜登陴，及論物故，鼎延請恤，幷其子官奪之，將來無肯任敢任之鄉官矣。吏部惟雜職多弊，臣鄉吳羽文竭力釐剔，致刀筆胥豎鬨然而起，羽文略不爲撓，乃以起廢一事，長繫深求，將來無肯任敢任之部曹矣。

臣讀明旨，謂諸事皆經確核，以議處有銓部，議罪有法司，稽核糾舉有按臣也。不知詔旨一下，銓部卽議降議革，有肯執奏曰「此不當處」者乎？一下法司，卽擬配擬戍，有肯執奏曰「此不當罪」者乎？至查核失事，按臣不過據事上聞，有原功中之罪、罪中之功，乞貸於朝廷者乎？是非諸臣不肯分別也，知陛下一意重創，言之必不聽，或反以甚其罪也。所以行閒失事，無日不議處議罪，而於蕩寇安民毫無少補。則今日所少者，豈非大公之賞罰哉！

帝得奏大怒，命削籍，撫按解京訊治。河南人聞之，若失慈母。左良玉偕將士七十餘人合奏乞留，巡按金光辰亦備列其功狀以告。帝爲動容，命釋還戴罪辦賊。

十年正月討平舞陽大盜楊四。論功當進秩，總理王家禎復薦之。乃擢按察僉事，監安、廬二郡軍。其年冬，太子將出閤。奏言：「陛下言教不如身教。請謹幽獨，恤民窮，優大臣，

容直諫，寬拙吏，薄貨財，疏滯獄，俾太子得習見習聞，爲他日出治臨民之本。」帝深納之。

是時，賊大擾江北，開遠數有功。巡撫史可法薦其治行卓異，進秩副使，監軍如故。十三年與總兵官黃得功等大破革裏眼諸賊，賊遂乞降。朝議將用爲河南巡撫，竟以勞瘁卒官，軍民咸爲泣下。贈太僕少卿。

成勇，字仁有，安樂人。天啓五年進士。授饒州推官。謁鄒元標於吉水，師事之。中使至，知府以下郊迎，勇不往，且捕笞其從人。丁內外艱。歷開封、歸德二府推官。流賊攻歸德，擊走之。

崇禎十年行取入京。時變考選例，優者得爲翰林。公論首勇，而吏部尙書田唯嘉抑之，勇得南京吏部主事以去。明年二月，帝御經筵，問講官保舉考選得失，諭德黃景昉訟勇及朱天麟屈。帝親策諸臣，天麟得翰林，而勇以先赴南京不與。尋用御史涂必泓言，授南京御史。

楊嗣昌奪情入閣，言者咸獲譴。勇憤，其年九月上疏言：「嗣昌秉樞兩年，一籌莫展，邊警屢驚，羣寇滿野。淸議不畏，名教不畏，萬世公議不畏，臣竊爲靑史慮。」疏入，帝大怒，

削籍提訊，詰主使姓名。勇獄中上書言：「臣十二年外吏，數十日南臺，無權可招，無賄可納，不知有黨。」帝怒，竟戍寧波衞。中外薦者十餘疏，不召。後以御史張瑋言，〔八〕執政合詞請擢用。帝以勇有罪方新，不當復職，命以他官用。甫聞命，而京師陷。福王時，起御史，不赴。披緇爲僧，越十五年而終。

陳龍正，字惕龍，嘉善人。父于王，福建按察使。龍正遊高攀龍門。崇禎七年成進士，授中書舍人。時政尚綜覈，中外爭爲深文以避罪，東廠緝事尤冤濫。

十一年五月，熒惑守心，下詔修省，有「哀懇上帝」語。龍正讀之泣，上養和、好生二疏。略曰：「回天在好生，好生無過減死。皐陶贊舜曰『罪疑惟輕』，是聖人於折獄不能無失也。蓋獄情至隱，人命至重，故不貴專信，而取兼疑，不務必得，而甘或失。臣居家所見聞，四方罪犯，無甚窮凶奇謀者。及來京師，此等乃無虛月。且罪案一成，立就誅磔，亦宜有所懲戒，何犯者若此纍纍？臣願陛下懷帝舜之疑，寧使聖主有過仁之舉，臣下獲不經之愆。」蓋陰指東廠事也。越數日，果諭提督中官王之心不得輕視人命云。其冬，京師戒嚴，詔廷臣舉堪任督、撫者。御史葉紹顒舉龍正。久之，刑部主事趙奕昌請訪求天下眞賢才。帝令奕昌自舉，

亦以龍正對。帝皆不用。

龍正居冷曹，好言事。十二年十月，彗星見。是歲冬至，大雷電雨雹。十三年二月，京師大風，天黄日眚，浹旬不解。龍正皆應詔條奏，大指在聽言省刑。十五年夏，帝復下詔求言，云「拯困甦殘，不知何道」。龍正上言：「拯困甦殘，以生財爲本，但財非折色之謂。以折色爲財，則取於人而易盡。必知本色爲財，則生於地而不窮。今持籌之臣曰設處，曰搜括，曰加派，皆損下之事，聚斂之別名也。民日病，國奚由足？臣謂宜專意墾荒，中明累朝永不起科之制，招集南人巨賈，盡墾荒田，使畿輔、河南、山東菽粟日多，則京倉之積，邊軍之餉，皆可隨宜取給。或平糴，或拜爵，或中鹽，〔九〕國家命脈不專倚數千里外之轉運，則民間加派自可盡除。」然是時中原多殘破，有田不得耕，龍正執常理而已。翌日復進用人探本疏，帝皆優容焉。

給事中黃雲師劾其學非而博，言僞而辯，又以進墾荒議爲陵競。帝不問。時議欲用龍正爲吏部，御史黃澍以僞學詆之。十七年正月左遷南京國子監丞。甫抵家而京師陷。福王立於南京，用爲祠祭員外郎，不就。南京不守，龍正已得疾，遂卒。

贊曰：崇禎時，僉壬相繼枋政，天下多故，事之可言者衆矣。許譽卿諸人，抨擊時宰，有直臣之風。然傅朝佑死杖下，姜埰、熊開元得重譴，而詹爾選抗雷霆之威，顧獲放免。言天子易，言大臣難，信哉。湯開遠以踈遠外僚，侃侃論事，憤惋溢於辭表。就其所列國勢，亦重可慨矣夫！

校勘記

〔一〕言賊在秦晉時　原脫「言」字，據明史稿傳一四三許譽卿傳補。

〔二〕又命王應朝監軍關寧　王應朝，原作「王應斯」，據本書卷二三莊烈帝紀、卷三〇五張彝憲傳、懷宗實錄卷四崇禎四年十月辛丑條、國榷卷九一頁五五七三改。

〔三〕李奇茂監茶馬陝西　李奇茂，原作「李茂奇」。據本書卷二三莊烈帝紀、懷宗實錄卷四崇禎四年十一月丁亥條、國榷卷九一頁五五七五改。下同。

〔四〕爲校尉侍聖至所弒　侍聖，明史稿傳一四二毛羽健傳作「彭侍聖」，本傳脫「彭」字。

〔五〕畢懋康　原作「畢茂康」。明史稿傳一四二吳執御傳作「畢懋康」。按本書卷二四二有畢懋康傳，曾以兵部右侍郎罷歸，據改。

〔六〕時御史王績燦方以薦李邦華劉宗周等下獄　王績燦，本書卷二三三姜應麟傳附姜思睿傳作

「王績粲」。

〔七〕帝益怒曰　原脫「曰」字，據明史稿傳一四二熊開元傳補。

〔八〕後以御史張瑋言　御史，本書卷二五四張瑋傳作「副都御史」。

〔九〕或中鹽　原作「或中監」，據明史稿傳一一三陳龍正傳改。

中華書局

明史卷二百五十九

列傳第一百四十七

楊鎬 李維翰 周永春 袁應泰 薛國用 熊廷弼 王化貞

袁崇煥 毛文龍 趙光抃 范志完

楊鎬，商丘人。萬曆八年進士。歷知南昌、蠡二縣。入爲御史，坐事調大理評事。再遷山東參議，分守遼海道。嘗偕大帥董一元雪夜度墨山，襲蒙古炒花帳，大獲。進副使。墾荒田百三十餘頃，歲積粟萬八千餘石。進參政。

二十五年春，偕副將李如梅出塞，失部將十人，士卒百六十餘人。會朝鮮再用兵，命免鎬罪，擢右僉都御史，經略朝鮮軍務。鎬未至，先奏陳十事，請令朝鮮官民輸粟得增秩、授官、贖罪，及鄉吏奴丁免役，大氐皆苟且之事。又以朝鮮君臣隱藏儲蓄不餉軍，劾奏其罪。由是朝鮮多怨。

當是時，倭將行長、清正等已入據南原、全州，引兵犯全羅、慶尙，逼王京，銳甚。賴沈惟敬就擒，鄉導乃絕。而朝鮮兵燹之餘，千里蕭條，賊掠無所得，故但積粟全羅，爲久留計，而中國兵亦漸集。九月朔，鎬始抵王京。會副將解生等屢挫賊，朝鮮軍亦數有功，倭乃退屯蔚山。十二月，鎬會總督邢玠、提督麻貴議進兵方略，分四萬人爲三協，副將高策將中軍，李如梅將左，李芳春、解生將右，合攻蔚山。先以少兵嘗賊。賊出戰，大敗，悉奔據島山，結三柵城外以自固。鎬宦遼東時，與如梅深相得。及是游擊陳寅連破賊二柵，第三柵垂拔矣，鎬以如梅未至，不欲寅功出其上，遽鳴金收軍。賊乃閉城不出，堅守以待援。官兵四面圍之，地泥淖，且時際窮冬，風雪裂膚，士無固志。賊日夜發礮，用藥煮彈，遇者輒死，官兵攻圍十日不能下。賊知官兵懈，詭乞降以緩之。明年正月二日，行長救兵驟至。鎬大懼，狼狽先奔，諸軍繼之。賊前襲擊，死者無算。副將吳惟忠、遊擊茅國器斷後，賊乃還，輜重多喪失。

是役也，謀之經年，傾海內全力，合朝鮮通國之衆，委棄於一旦，舉朝嗟恨。鎬既奔，挈貴奔趨慶州，懼賊乘襲，盡撤兵還王京，與總督玠詭以捷聞。諸營上軍籍，士卒死亡殆二萬。鎬大怒，屛不奏，止稱百餘人。贊畫主事丁應泰聞鎬敗，詣鎬咨後計。鎬示以張位、沈一貫手

書，幷所擬未下旨，揚揚詡功伐。應泰憤，抗疏盡列敗狀，言鎬當罪者二十八，可羞者十，並劾位、一貫扶同作奸。帝震怒，欲行法。首輔趙志皐營救，乃罷鎬，令聽勘，以天津巡撫萬世德代之。已，東征事竣，給事中楊應文敍鎬功，詔許復用。

三十八年起撫遼東。襲炒花於鎭安，破之，御史田生金劾其開釁。時遼左多事，鎬力薦李如梅，請復用爲大將，爲給事中麻僖、御史楊州鶴所劾。鎬疏辨乞休，帝不問，鎬竟引去。

四十六年四月，我大清兵起，破撫順，守將王命印死之。遼東巡撫李維翰趣總兵官張承廕往援，與副總兵頗廷相等俱戰歿，遠近大震。廷議鎬熟諳遼事，起兵部右侍郎往經略。既至，申明紀律，徵四方兵，圖大舉。至七月，大清兵由鴉鶻關克清河，副將鄒儲賢戰死。乃斬清河逃將陳大道、高炫徇軍中。其冬，四方援兵大集，遂議進師。時蚩尤旗長竟天，彗見東方，星隕地震，識者以爲敗徵。大學士方從哲、兵部尙書黃嘉善、兵科給事中趙興邦等皆以師久餉匱，發紅旗，日趣鎬進兵。

明年正月，鎬乃會總督汪可受、巡撫周永春、巡按陳王庭等定議，以二月十有一日誓師，二十一日出塞。兵分四道，總兵官馬林出開原攻北；杜松出撫順攻西；李如柏從鴉鶻關出趨清河攻南；東南則以劉綎出寬奠，由涼馬佃搗後，而以朝鮮兵助之。號大兵四十七萬，

期三月二日會二道關並進。天大雪，兵不前，師期洩。松欲立首功，先期渡渾河，進至二道關，伏發，軍盡覆。林統開原兵從三岔口出，聞松敗，結營自固。大清兵乘高奮擊，林不支，遂大敗，遁去。鎬聞，急檄止如柏、綎兩軍，如柏遂不進。綎已深入三百里，至深河，大清兵擊之而不動。已，乃張松旗幟，被其衣甲紿綎。既入營，營中大亂，綎力戰死。惟如柏軍獲全。文武將吏前後死者三百一十餘人，軍士四萬五千八百餘人，亡失馬駝甲仗無算。敗書聞，京師大震。御史楊鶴疏劾之，不報。無何，開原、鐵嶺又相繼失。言官交章劾鎬，逮下詔獄，論死。崇禎二年伏法。

李維翰，睢州人。萬曆四十四年以右副都御史巡撫遼東。遼三面受敵，無歲不用兵。自稅使高淮朘削十餘年，軍民益困。而先後撫臣皆庸才，玩愒苟歲月。天子又置萬幾不理，邊臣呼籲，漠然不聞，致遼事大壞。及張承廕覆沒，維翰猶獲善歸。至天啓初，始下吏論死。

周永春，金鄉人。官禮科都給事中。齊黨方熾，永春與亓詩教爲之魁。尋由太常少卿擢右僉都御史，代維翰爲巡撫。値喪敗之後，佐經略調度軍食，拮据勞瘁。越二年，罷歸。天啓初，言官追論開原失陷罪，遣戍。

中華書局

袁應泰，字大來，鳳翔人。萬曆二十三年進士。授臨漳知縣。築長堤四十餘里，捍禦漳水。調繁河內，穿太行山，引沁水，成二十五堰，溉田數萬頃，鄰邑皆享其利。河決朱旺，役夫多死者。應泰設席爲廬，飲食作止有度，民懽然趨事，治行冠兩河。

遷工部主事，歷兵部武選郎中。汰遣假冒世職數百人。遷淮徐兵備參議。山東大饑，設粥廠哺流民，繕城濬濠，修先聖廟，饑者盡得食。更搜額外稅及漕折馬價數萬金，先後發振。戶部劾其擅移官廩，時已遷副使，遂移疾歸。

久之，起河南右參政，以按察使治兵永平。遼事方棘，應泰練兵繕甲，修亭障，飭樓櫓，關外所需芻茭、火藥之屬呼吸立應。經略熊廷弼深賴焉。

泰昌元年九月擢右僉都御史，代周永春巡撫遼東。踰月，擢兵部右侍郎兼前職，代廷弼爲經略，而以薛國用爲巡撫。應泰受事，卽刑白馬祀神，誓以身委遼。疏言：「臣願與遼相終始，更願文武諸臣無懷二心，與臣相終始。有託故謝事者，罪無赦。」熹宗優詔褒答，賜尚方劍。乃戮貪將何光先，汰大將李光榮以下十餘人，遂謀進取撫順。議用兵十八萬，大將十人，上奏陳方略。

應泰歷官精敏强毅，用兵非所長，規畫頗疎。廷弼在邊，持法嚴，部伍整肅。應泰以寬

矯之，多所更易。而是時蒙古諸部大饑，多入塞乞食。應泰言：「我不急救，則彼必歸敵，是益之兵也。」乃下令招降。於是歸者日衆，處之遼、瀋二城，優其月廩，與民雜居，潛行淫掠，居民苦之。議者言收降過多，或陰爲敵用，或敵雜間諜其中爲內應，禍且叵測。應泰方自詡得計，將藉以抗大清兵。會三岔兒之戰，降人爲前鋒，陣死者二十餘人，應泰遂用以釋羣議。

明年，天啓改元，三月十有二日，我大清兵來攻瀋陽。總兵官賀世賢、尤世功出城力戰，敗還。明日，降人果內應，城遂破，二將戰死。總兵官陳策、童仲揆等赴援，亦戰死。應泰乃撤奉集、威寧諸軍，并力守遼陽，引水注濠，沿濠列火器，兵環四面守。十有九日，大清兵臨城。應泰身督總兵官侯世祿、李秉誠、梁仲善、姜弼、朱萬良出城五里迎戰，軍敗多死。其夕，應泰宿營中，不入城。明日大清兵掘城西閘以洩濠水，分兵塞城東水口，擊敗諸將兵，遂渡濠，大呼而進。鏖戰良久，騎來者益衆，諸將兵俱敗，望城奔，殺溺死者無算。應泰乃入城，與巡按御史張銓等分陴固守。諸監司高出、牛維曜、胡嘉棟及督餉郎中傅國並踰城遁，人心離沮。又明日，攻城急，應泰督諸軍列楯大戰，又敗。薄暮，譙樓火，大清兵從小西門入，城中大亂，民家多啓扉張炬以待，婦女亦盛飾迎門，或言降人導之也。應泰居城樓，知事不濟，太息謂銓曰：「公無守城責，宜急去，吾死於此。」遂佩劍印自縊死。妻弟姚居秀從之。僕唐世明憑屍大慟，縱火焚樓死。事聞，贈兵部尚書，予祭葬，官其一子。

國用，洛南人。歷官山東右參政，分守遼海道，以右僉都御史代應泰巡撫遼東。應泰死，廷議將起廷弼。道遠未至，乃進國用兵部右侍郎，代應泰爲經略。歷官醇謹，久於遼，日夜憂戰守備。會大清兵不至，得安其位。無何請告，竟卒於官。

熊廷弼，字飛百，江夏人。萬曆二十五年舉鄉試第一。明年成進士，授保定推官，擢御史。

三十六年巡按遼東。巡撫趙楫與總兵官李成梁棄寬奠新疆八百里，徙編民六萬家於內地。已，論功受賞，給事中宋一韓論之。下廷弼覆勘，具得棄地驅民狀，劾兩人罪，及先任按臣何爾健、康丕揚黨庇。疏竟不下。時有詔興屯，廷弼言遼多曠土，歲於額軍八萬中以三分屯種，可得粟百三十萬石。帝優詔褒美，命推行於諸邊。邊將好搗巢，輒生釁端。廷弼言防邊以守爲上，繕垣建堡，有十五利，奏行之。歲大旱，廷弼行部金州，禱城隍神，約七日雨，不雨毀其廟。及至廣寧，踰三日，大書白牌，封劍，使使往斬之。未至，風雷大作，雨

如注，遼人以爲神。在遼數年，杜餽遺，核軍實，按劾將吏，不事姑息，風紀大振。

督學南畿，嚴明有聲。以杖死諸生事，與巡按御史荆養喬相訐奏。養喬投劾去，廷弼亦聽勸歸。

四十七年，楊鎬既喪師，廷議以廷弼熟邊事，起大理寺丞兼河南道御史，宣慰遼東。旋擢兵部右侍郎兼右僉都御史，代鎬經略。未出京，開原失，廷弼上言：「遼左，京師肩背；河東，遼鎭腹心；開原又河東根本。欲保遼東則開原必不可棄。敵未破開原時，北關、朝鮮猶足爲腹背患，今已破開原，北關不敢不服，遣一介使，朝鮮不敢不從。旣無腹背憂，必合東西之勢以交攻，然則遼、瀋何可守也？乞速遣將士，備芻糧，修器械，毋窘臣用，毋緩臣期，毋中格以沮臣氣，毋旁撓以掣臣肘，毋獨遺臣以艱危，以致悞臣，悞遼，兼悞國也。」疏入，悉報允，且賜尚方劍重其權。甫出關，鐵嶺復失，瀋陽及諸城堡軍民一時盡竄，遼陽洶洶。廷弼兼程進，遇逃者，諭令歸。斬逃將劉遇節、王捷、王文鼎，以祭死節士。誅貪將陳倫，劾罷總兵官李如楨，以李懷信代。督軍士造戰車，治火器，濬濠繕城，爲守禦計。令嚴法行，數月守備大固。乃上方略，請集兵十八萬，分布靉陽、清河、撫順、柴河、三岔兒、鎭江諸要口，首尾相應，小警自爲堵禦，大敵互爲應援。更挑精悍者爲遊徼，乘間掠零騎，擾耕牧，更番迭出，使敵疲於奔命，然後相機進勦。疏入，帝從之。

廷弼之初抵遼也，令僉事韓原善往撫瀋陽，憚不肯行。繼命僉事閻鳴泰，至虎皮驛慟哭而返。廷弼乃躬自巡歷，自虎皮驛抵瀋陽，復乘雪夜赴撫順。總兵賀世賢以近敵沮之，廷弼曰：「冰雪滿地，敵不料我來。」鼓吹入。時兵燹後，數百里無人跡，廷弼祭諸死事者而哭之。遂耀兵奉集，相度形勢而還。所至招流移，繕守具，分置士馬，由是人心復固。

廷弼身長七尺，有膽知兵，善左右射。自按遼即持守邊議，至是主守禦益堅。然性剛負氣，好謾罵，不爲人下，物情以故不甚附。

明年五月，我大清兵略地花嶺。六月略王大人屯。八月略蒲河。將士失亡七百餘人，諸將世賢等亦有斬獲功。而給事中姚宗文騰謗於朝，廷弼遂不安其位。宗文者，故戶科給事中，丁憂歸。還朝，欲補官。而吏部題請諸疏率數年不下，宗文患之。假招徠西部名，屬當事薦己。疏屢上，不得命。宗文計窮，致書廷弼，令代請。廷弼不從，宗文由是怨。後夤緣復吏科，閱視遼東士馬，與廷弼議多不合。遼東人劉國縉先爲御史，坐大計謫官。遼事起，廷議用遼人，遂以兵部主事贊畫軍務。國縉主募遼人爲兵，所募萬七千餘人，逃亡過半。廷弼聞於朝，國縉亦怨。廷弼爲御史時，與國縉、宗文同在言路，意氣相得，並以排東林、攻道學爲事。國縉輩以故意望廷弼，廷弼不能如前，益相失。宗文故出國縉門下，兩人益相比，而傾廷弼。及宗文歸，疏陳遼土日蹙，詆廷弼廢羣策而雄獨智，且曰：「軍馬不訓

練，將領不部署，人心不親附，刑威有時窮，工作無時止。」復鼓其同類攻擊，欲必去之。御史顧慥首劾廷弼出關踰年，漫無定畫，蒲河失守，匿不上聞；荷戈之士徒供挑濬，尚方之劍逞志作威。

當是時，光宗崩，熹宗初立，朝端方多事，而封疆議起。御史馮三元劾廷弼無謀者八，欺君者三，謂不罷，遼必不保。詔下廷議。廷弼憤，抗疏極辨，且求罷。而御史張修德復劾其破壞遼陽。廷弼益憤，再疏自明，云「遼已轉危爲安，臣且之生致死」。遂繳還尚方劍，力求罷斥。給事中魏應嘉復劾之。朝議允廷弼去，以袁應泰代。廷弼乃上疏求勘，言：「遼師覆沒，臣始驅羸卒數千，踉蹌出關，至杏山，而鐵嶺又失。廷臣咸謂遼必亡，而今且地方安堵，舉朝帖席，此非不操練，不部署者所能致也。若謂擁兵十萬，不能斬將擒王，誠臣之罪。然求此於今日，亦豈易言。令箭催而張帥殞命，馬上催而三路喪師，臣何敢復蹈前軌。」三元、應嘉、修德等復連章極論，廷弼即請三人往勘。帝從之。御史吳應奇、給事中楊漣等力言不可，乃改命兵科給事中朱童蒙往。廷弼復上疏曰：「臣蒙恩回籍聽勘，行矣。但臺省責臣以破壞之遼遺他人，臣不得不一一陳之於上。今朝堂議論，全不知兵。冬春之際，敵以冰雪稍緩，鬨然言師老財匱，馬上促戰。及軍敗，始愀然不敢復言。比臣收拾甫定，而愀然者又復鬨然責戰矣。自有遼難以來，用武將，用文吏，何非臺省所建白，何嘗有一效。

疆場事，當聽疆場吏自爲之，何用拾帖括語，徒亂人意，一不從，輒怫然怒哉！」及童蒙還奏，備陳廷弼功狀，末言：「臣入遼時，士民垂泣而道，謂數十萬生靈皆廷弼一人所留，其罪何可輕議？獨是廷弼受知最深，蒲河之役，敵攻瀋陽，策馬趨救，何其壯也；及見官兵駑弱，遂爾乞骸以歸，將置君恩何地。廷弼功在存遼，微勞雖有可紀；罪在負君，大義實無所逃。此則罪浮於功者矣。」帝以廷弼力保危城，仍議起用。

天啓元年，瀋陽破，應泰死，廷臣復思廷弼。給事中郭鞏力詆之，并及閣臣劉一燝。及遼陽破，河西軍民盡奔，自塔山至閭陽二百餘里，烟火斷絕，京師大震。一燝曰：「使廷弼在遼，當不至此。」御史江秉謙追言廷弼保守危遼功，兼以排擠勞臣爲鞏罪。帝乃治前劾廷弼者，貶三元、修德、應嘉、鞏三秩，除宗文名。御史劉廷宣救之，亦被斥。乃復詔起廷弼於家，而擢王化貞爲巡撫。

化貞，諸城人。萬曆四十一年進士。由戶部主事歷右參議，分守廣寧。蒙古炒花諸部長乘機窺塞下。化貞撫之，皆不敢動。朱童蒙勘事還，極言化貞得西人心，勿輕調，驟撫事。化貞亦言遼事將壞，惟發帑金百萬，亟款西人，則敵顧忌不敢深入。會遼、瀋相繼亡，廷議將起廷弼，御史方震孺請加化貞秩，便宜從事，令與薛國用同守河西。乃進化貞右僉都御史，巡撫廣寧。廣寧城在山隈，登山可俯瞰城內，恃三岔河爲阻，而三岔之黃泥窪又水

淺可涉。廣寧止孱卒千，化貞招集散亡，復得萬餘人。激厲士民，聯絡西部，人心稍定。遼陽初失，遠近震驚，謂河西必不能保。化貞提弱卒，守孤城，氣不懾，時望赫然。中朝亦謂其才足倚，悉以河西事付之。而化貞又以登、萊、天津兵可不設，諸鎮入衞兵可止。當事益信其有才，所奏請輒報可。時金、復諸衞軍民及東山礦徒，多結砦自固，以待官軍。其逃入朝鮮者，亦不下二萬。化貞請鼓舞諸人，優以爵祿，俾自奮於功名；詔諭朝鮮，褒以忠義，勉之同仇。帝亦從之。

至六月，廷弼入朝，首請免言官貶謫，帝不可。乃建三方布置策：廣寧用馬步列壘河上，以形勢格之，綴敵全力；天津、登、萊各置舟師，乘虛入南衞，動搖其人心，敵必內顧，而遼陽可復。於是登、萊議設巡撫如天津，以陶朗先爲之；而山海特設經略，節制三方，一事權。遂進廷弼兵部尚書，兼右副都御史，駐山海關，經略遼東軍務。廷弼因請尚方劍，請調兵二十餘萬，以兵馬、芻糗、器械之屬責成戶、兵、工三部。自監軍道臣高出、胡嘉棟，督餉郎中傅國無罪，請復官任事。議用遼人故贊畫主事劉國縉爲登萊招練副使，夔州同知佟卜年爲登萊監軍僉事，故臨洮推官洪敷敎爲職方主事，軍前贊畫，用收拾遼人心，並報允。七月，廷弼將啓行，帝特賜麒麟服一，彩幣四，宴之郊外，命文武大臣陪餞，異數也。又以京營選鋒五千護廷弼行。

先是，袁應泰死，薛國用代爲經略，病不任事。化貞乃部署諸將，沿河設六營，營置參將一人，守備二人，畫地分守。西平、鎮武、柳河、盤山諸要害，各置戍設防。議既上，廷弼不謂然，疏言：「河窄難恃，堡小難容，今日但宜固守廣寧。若駐兵河上，兵分則力弱。敵輕騎潛渡，直攻一營，力必不支。一營潰，則諸營俱潰，西平諸戍亦不能守。河上止宜置遊徼兵，更番出入，示敵不測。不宜屯聚一處，爲敵所乘。自河抵廣寧，止宜多置烽堠；西平諸處止宜稍置戍兵，爲傳烽哨探之用。而大兵悉聚廣寧，相度城外形勢，掎角立營，深壘高柵以俟。蓋遼陽去廣寧三百六十里，非敵騎一日能到。有聲息，我必預知。斷不宜分兵防河，先爲自弱之計也。」疏上，優旨襃答。會御史方震孺亦言防河六不足恃，議乃寢。而化貞以計不行，愠甚，盡委軍事於廷弼。廷弼乃請申諭化貞，不得藉口節制，坐失事機。先是，四方援遼之師，化貞悉改爲「平遼」，遼人多不悅。廷弼言：「遼人未叛，乞改爲『平東』或『征東』，以慰其心。」自是化貞與廷弼有隙，而經、撫不和之議起矣。

八月朔，廷弼言：「三方建置，須聯絡朝鮮。請亟發敕使往勞彼國君臣，俾盡發八道之師，連營江上，助我聲勢。又發詔書憫恤遼人之避難彼國者，招集團練，別爲一軍，與朝鮮軍合勢。而我使臣卽權駐義州，控制聯絡，俾與登、萊聲息相通，於事有濟。更宜發銀六萬兩，分犒朝鮮及遼人，而臣給與空名劄付百道，俾承制拜除。其東山礦徒能結聚千人者，卽

署都司；五百人者，署守備。將一呼立應，而一二萬勁兵可立致也。」因薦監軍副使梁之垣生長海濱，習朝鮮事，可充命使。帝立從之，且命如行人奉使故事，賜一品服以寵其行。之垣乃列上亟專權、定職掌八事，帝亦報可。

之垣方與所司議兵餉，而化貞所遣都司毛文龍已襲取鎮江，奏捷。舉朝大喜，亟命登、萊、天津發水師二萬應文龍，化貞督廣寧兵四萬進據河上，合蒙古軍乘機進取，而廷弼居中節制。命旣下，經、撫、各鎮互觀望，兵不果進。頃之，化貞備陳東西情形，言：「敵棄遼陽不守，河東失陷將士日夜望官軍至，卽執敵將以降。而西部虎墩兔、炒花咸願助兵。敵兵守海州不過二千，河上止遼卒三千。若潛師夜襲，勢在必克。敵南防者聞而北歸，我據險以擊其惰，可盡也。」兵部尚書張鶴鳴以爲然，奏言時不可失。御史徐卿伯復趣之，請令廷弼進駐廣寧，薊遼總督王象乾移鎮山海。會化貞復馳奏：「敵因官軍收復鎮江，遂驅掠四衞屯民。屯民據鐵山死守，傷敵三四千人，敵圍之益急。急宜赴救。」於是兵部愈促進師。化貞卽以是月渡河。廷弼不得已出關，次右屯，而馳奏海州取易守難，不宜輕舉。化貞卒無功而還。

化貞爲人騃而愎，素不習兵，輕視大敵，好謾語。文武將吏進諫悉不入，與廷弼尤牴牾。妄意降敵者李永芳爲內應，信西部言，謂虎墩兔助兵四十萬，遂欲以不戰取全勝。一

切士馬、甲仗、糗糧、營壘俱置不問，務爲大言罔中朝。尚書鶴鳴深信之，所請無不允，以故廷弼不得行其志。廣寧有兵十四萬，而廷弼關上無一卒，徒擁經略虛號而已。延綏入衞兵不堪用，廷弼請罪其帥杜文煥，鶴鳴議寬之。廷弼請用卜年，鶴鳴上駁議。廷弼奏遣之垣，鶴鳴故稽其餉。兩人遂相怨，事事齟齬。而廷弼亦褊淺剛愎，有觸必發，盛氣相加，朝士多厭惡之。

毛文龍鎮江之捷，化貞自謂發蹤奇功。廷弼言：「三方兵力未集，文龍發之太早，致敵恨遼人，屠戮四衞軍民殆盡，灰東山之心，寒朝鮮之膽，奪河西之氣，亂三方並進之謀，誤屬國聯絡之算，目爲奇功，乃奇禍耳。」貽書京師，力詆化貞。朝士方以鎮江爲奇捷，聞其言，亦多不服。廷弼又顯詆鶴鳴，謂：「臣旣任經略，四方援軍宜聽臣調遣，乃鶴鳴徑自發戍，不令臣知。七月中，臣咨部問調軍之數，經今兩月，置不答。臣有經略名，無其實，遼左事惟樞臣與撫臣共爲之。」鶴鳴益恨。至九月，化貞猶言虎墩兔兵四十萬且至，請速濟師。廷弼言：「撫臣恃西部，欲以不戰爲戰計。西部與我，進不同進。彼入北道，我入南道，相距二百餘里。敵分兵來應，亦須我自撑拒。臣未敢輕視敵人，謂可不戰勝也。臣初議三方布置，必使兵馬、器械、舟車、芻茭無一不備，而後剋期齊舉，進足戰，退亦足以守。今臨事中亂，雖樞臣主謀於中，撫臣決策於外，卜一舉成功，而臣猶有萬一不必然之慮也。」旣而西部竟

不至，化貞兵亦不敢進。

廷弼旣與化貞隙，中朝右化貞者多詆廷弼。給事中楊道寅謂出、嘉棟不宜用。御史徐景濂極譽化貞，〔一〕刺廷弼，詆之垣逍遙故鄉，不稱任使。御史蘇琰則言廷弼宜駐廣寧，〔二〕不當遠駐山海，因言登、萊水師無所用。廷弼怒，抗疏力詆三人。帝皆無所問。而帝於講筵忽問：「卜年係叛族，何擢僉事？國縉數經論列，何起用？嘉棟立功贖罪，何在天津？」廷弼知左右譖之，抗疏辨，語頗憤激。

是時，廷弼主守，謂遼人不可用，西部不可恃，永芳不可信，廣寧多間諜可虞。化貞一切反之，絕口不言守，謂我一渡河，河東人必內應。且騰書中朝，言仲秋之月，可高枕而聽捷音。識者知其必僨事，以疆埸事重，無敢言其短者。

至十月，冰合，廣寧人謂大清兵必渡河，紛然思竄。化貞乃與震孺計，分兵守鎮武、西平、閭陽、鎮寧諸城堡，而以大軍守廣寧。鶴鳴亦以廣寧可慮，請敕廷弼出關。廷弼上言：「樞臣第知經略一出，足鎮人心；不知徒手之經略一出，其動搖人心更甚。且臣駐廣寧，化貞駐何地？鶴鳴責經、撫協心同力，而樞臣與經臣獨不當協心同力乎？爲今日計，惟樞部俯同於臣，臣始得爲陛下任東方事也。」其言甚切至，鶴鳴益不悅。廷弼乃復出關，至右屯，議以重兵內護廣寧，外扼鎮武、閭陽。乃令劉渠以二萬人守鎮武，祁秉忠以萬人守閭陽。又

令羅一貫以三千人守西平。〔三〕復申令曰：「敵來，越鎮武一步者，文武將吏誅無赦。敵至廣寧而鎮武、閭陽不夾攻，掠右屯餉道而三路不救援者，亦如之。」

部署甫定，化貞又信諜者言，遽發兵襲海州，旋亦引退。廷弼乃上言：「撫臣之進，及今而五矣。八、九月間屢進屢止，猶未有疏請也。若十月二十五日之役，則拜疏輒行者也。臣疾趨出關，而撫臣歸矣。西平之會，相與協心議守，掎角設營，而進兵之書又以晦日至矣。撫臣以十一月二日赴鎮武，臣即以次日赴杜家屯，比至中途，而軍馬又遣還矣。初五日，撫臣又欲以輕兵襲牛莊，奪馬圈守之，爲明年進兵門戶。時馬圈無一敵兵，即得牛莊，我不能守，敵何損，我何益？會將吏力持不可，撫臣亦怏怏回矣。兵屢進屢退，敵已窺盡伎倆，而臣之虛名亦以輕出而損。願陛下明諭撫臣，愼重舉止，毋爲敵人所笑。」化貞見疏不悅，馳奏辨。且曰：「願請兵六萬，一舉蕩平。臣不敢貪天功，但厚賚從征將士，遼民賜復十年，海內得免加派，臣願足矣。即有不稱，亦必殺傷相當，敵不復振，保不爲河西憂。」因請便宜行事。

時葉向高復當國，化貞座主也，頗右之。廷臣惟太僕少卿何喬遠言宜專守廣寧，御史夏之令言蒙古不可信，款賞無益，給事中趙時用言永芳必不可信，與廷弼合。餘多右化貞，令毋受廷弼節制。而給事中李精白欲授化貞尚方劍，得便宜操縱。孫杰劾一燝以用出、嘉棟、卜年爲罪，而言廷弼不宜駐關內。廷弼憤，上言：「臣以東西南北所欲殺之人，而適遘事

機難處之會。諸臣能爲封疆容則容之，不能爲門戶容則去之，何必內借閣部，外借撫道以相困。」又言：「經、撫不和，恃有言官。言官交攻，恃有樞部。樞部佐鬬，恃有閣臣。臣今無望矣。」帝以兩臣爭言，遣兵部堂官及給事中各一人往諭，抗違不遵者治罪。命既下，廷臣言遣官不便，乃下廷臣集議。

初，廷弼之出關也，化貞慮奪己兵權，佯以兵事委廷弼。廷弼上言：「臣奉命控扼山海，非廣寧所得私。撫臣不宜卸責於臣。」會震孺奏經、撫不和，中有化貞心慵意懶語，廷弼據以刺化貞，化貞益不悅。及化貞請一舉蕩平，廷弼乃言：「宜如撫臣約，亟罷臣以鼓士氣。」

當是時，中外舉知經、撫不和，必悞疆事，章日上。而鶴鳴篤信化貞，遂欲去廷弼。二年正月，員外郎徐大化希指劾廷弼大言罩世，嫉能妒功，不去必壞遼事。疏幷下部，鶴鳴乃集廷臣大議。議撤廷弼者數人，餘多請分任責成。鶴鳴獨言化貞一去，毛文龍必不用命，遼人爲兵者必潰，西部必解體，宜賜化貞尚方劍，專委以廣寧，而撤廷弼他用。議上，帝不從，責吏、兵二部再奏。會大清兵逼西平，遂罷議，仍兼任二臣，責以功罪一體。

無何，西平圍急。化貞信中軍孫得功計，盡發廣寧兵，畀得功及祖大壽往會秉忠進戰。廷弼亦馳檄潔撤營赴援。二十二日遇大清兵平陽橋。鋒始交，得功及參將鮑承先等先奔，鎮武、閭陽兵遂大潰，潔、秉忠戰沒沙嶺，大壽走覺華島。西平守將一貫待援不至，與參將

黑雲鶴亦戰歿。廷弼已離右屯，次閭陽。參議邢愼言勸急救廣寧，爲僉事韓初命所沮，遂退還。時大清兵頓沙嶺不進。化貞素任得功爲腹心，而得功潛降於大清，欲生縛化貞以爲功，訛言敵已薄城。城中大亂奔走，參政高邦佐禁之，不能止。化貞方闔署理軍書，不知也。參將江朝棟排闥入，化貞怒呵之。朝棟大呼曰：「事急矣，請公速走。」化貞莫知所爲。朝棟掖之出上馬，二僕人徒步從，遂棄廣寧，踉蹌走。與廷弼遇大凌河。化貞哭，廷弼微笑曰：「六萬衆一舉蕩平，竟何如？」化貞慚，議守寧遠及前屯。廷弼曰：「嘻，已晚，惟護潰民入關可耳。」乃以己所將五千人授化貞爲殿，盡焚積聚。二十六日偕初命護潰民入關。化貞、出、嘉棟先後入，獨邦佐自經死。得功率廣寧叛將迎大清兵入廣寧，化貞逃已兩日矣。大清兵追逐化貞等二百里，不得食，乃還。報至，京師大震。鶴鳴恐，自請視師。

二月逮化貞，罷廷弼聽勘。四月，刑部尙書王紀、左都御史鄒元標、大理寺卿周應秋等奏上獄詞，廷弼、化貞並論死。後當行刑，廷弼令汪文言賄內廷四萬金祈緩，既而背之。魏忠賢大恨，誓速斬廷弼。及楊漣等下獄，誣以受廷弼賄，甚其罪。已，邏者獲市人蔣應暘，謂與廷弼子出入禁獄，陰謀叵測。忠賢愈欲速殺廷弼，其黨門克新、郭興治、石三畏、卓邁等遂希指趣之。會馮銓亦憾廷弼，與顧秉謙等侍講筵，出市刊遼東傳譖於帝曰：「此廷弼所作，希脫罪耳。」帝怒，遂以五年八月棄市，傳首九邊。已，御史梁夢環謂廷弼侵盜軍資十七

萬。御史劉徽謂廷弼家資百萬，宜籍以佐軍。忠賢即矯旨嚴追，罄貲不足，姻族家俱破。江夏知縣王爾玉責廷弼子貂裘珍玩，不獲，將撻之。其長子兆珪自剄死，兆珪母稱冤。爾玉去其兩婢衣，撻之四十。遠近莫不嗟憤。

崇禎元年詔免追贓。其秋，工部主事徐爾一訟廷弼冤，曰：

廷弼以失陷封疆，至傳首陳屍，籍產追贓。而臣考當年，第覺其罪無足據，而勞有足矜也。廣寧兵十三萬，糧數百萬，盡屬化貞。廷弼止援遼兵五千人，駐右屯，距廣寧四十里耳。化貞忽同三四百萬遼民一時盡潰，廷弼五千人，不同潰足矣，尙望其屹然堅壁哉！廷弼罪安在？化貞仗西部，廷弼云「必不足仗」。化貞信李永芳內附，廷弼云「必不足信」。無一事不力爭，無一言不奇中，廷弼罪安在？且屢疏爭各鎮節制不行，屢疏爭原派兵馬不與。徒擁虛器，抱空名，廷弼罪安在？唐郭子儀、李光弼與九節度師同潰，自應收潰兵扼河陽橋，無再往河陽坐待思明縛去之理。今計廣寧西，止關上一門限，不趣扼關門何待？史稱慕容垂一軍三萬獨全，亦無再駐淝水與晉人決戰之理。廷弼能令五千人不散，至大凌河付與化貞，事政相類，寧得與化貞同日道乎！

所謂勞有足矜者：當三路同時陷沒，開、鐵、北關相繼奔潰，廷弼經理不及一年，俄進築奉集、瀋陽，俄進屯虎皮驛，俄迎扼敵兵於橫河上，於遼陽城下鑿河列柵埋礮，屹

然樹金湯。令得竟所施，何至舉榆口關外拱手授人！而今俱抹摋不論，乃其所由必死則有故矣。其才既籠蓋一時，其氣又陵厲一世，揭辯紛紛，致攖衆怒，共起殺機，是則所由必殺其軀之道耳。當廷弼被勘被逮之時，天日輒爲無光，足明其冤。乞賜昭雪，爲勞臣勸。

不從。明年五月，大學士韓爌等言：

廷弼遺骸至今不得歸葬，從來國法所未有。今其子疏請歸葬，臣等擬票許之。蓋國典皇仁，並行不悖，理合如此。若廷弼罪狀始末，亦有可言。皇祖朝，戊申己酉間，大聲疾呼，人莫爲應。廷弼以御史按遼東，早以遼患爲慮，請核地界，飭營伍，聯絡南、北關。十年而驗若左券，其可言者一。戊午己未，楊鎬三路喪師，撫順、清河陷沒。皇祖用楊鶴言，召起廷弼代鎬。一年餘，修飭守具，邊患稍寧。會皇祖賓天，廷議以廷弼無戰功，攻使去，使袁應泰代，四閱月而遼亡。使廷弼在，未必至此，其可言者二。遼陽既失，先帝思廷弼言，再起之田間，復任經略。化貞主戰，廷弼主守，羣議皆是化貞。廷弼屢言玩師必敗，奸細當防，莫有聽者。徘徊躑躅，以五千人駐右屯，化貞兵十三萬駐廣寧。廣寧潰，右屯乃與俱潰，其可言者三。假令廷弼於此時死守右屯，捐軀殉封疆，豈非節烈奇男子。不然，支撑寧、前、錦、

義間，扶傷救敗，收拾殘黎，猶可圖桑榆之效。乃倉皇風鶴，偕化貞並馬入關。其意以我固嘗言之，言而不聽，罪當末減。此則私心短見，殺身以此，殺身而無辭公論，亦以此。傳首邊庭，頭足異處，亦足爲臨難鮮忠者之戒矣。然使誅廷弼者，按封疆失陷之條，偕同事諸臣，一體伏法，廷弼九原目瞑。乃先以賄贓拷坐楊漣、魏大中等，作清流陷阱；既而刊書惑衆，借題曲殺。身死尚懸坐贓十七萬，辱及妻孥，長子兆珪迫極自刎。斯則廷弼死未心服，海內忠臣義士亦多憤惋竊歎者。特以「封疆」二字，噤不敢訟陳皇上之前。

臣等平心論之，自有遼事以來，誆官營私者何算。廷弼不取一金錢，不通一饋問，焦脣敝舌，爭言大計。魏忠賢盜竊威福，士大夫靡然從風。廷弼以長繫待決之人，屈曲則生，抗違則死，乃終不改其强直自遂之性，致獨膺顯戮，慷慨赴市，耿耿剛腸猶未盡泯。今縱不敢深言，而傳首已踰三年，收葬原無禁例，聖明必當垂仁。臣所以娓娓及此者，以茲事雖屬封疆，而實陰繫朝中邪正本末。皇上天縱英哲，或不以臣等爲大謬也。

詔許其子持首歸葬。五年，化貞始伏誅。

袁崇煥，字元素，東莞人。[四]萬曆四十七年進士。授邵武知縣。爲人慷慨負膽略，好談兵。遇老校退卒，輒與論塞上事，曉其阨塞情形，以邊才自許。

天啓二年正月朝覲在都，御史侯恂請破格用之，遂擢兵部職方主事。無何，廣寧師潰，廷議扼山海關，崇煥即單騎出閱關內外。部中失袁主事，訝之，家人亦莫知所往。已，還朝，具言關上形勢。曰：「予我軍馬錢穀，我一人足守此。」廷臣益稱其才，遂超擢僉事，監關外軍，發帑金二十萬，俾招募。時關外地悉爲哈剌慎諸部所據，崇煥乃駐守關內。未幾，諸部受款，經略王在晉令崇煥移駐中前所，監參將周守廉、遊擊左輔軍，經理前屯衞事。尋令赴前屯安置遼人之失業者。崇煥即夜行荆棘虎豹中，以四鼓入城，將士莫不壯其膽。在晉深倚重之，題爲寧前兵備僉事。然崇煥薄在晉無遠略，不盡遵其令。及在晉議築重城八里鋪，崇煥以爲非策。爭不得，奏記首輔葉向高。

十三山難民十餘萬，久困不能出。大學士孫承宗行邊，崇煥請：「將五千人駐寧遠，以壯十三山勢，別遣驍將救之。寧遠去山二百里，便則進據錦州，否則退守寧遠，奈何委十萬人置度外？」承宗謀於總督王象乾。象乾以關上軍方喪氣，議發插部護關者三千人往。承宗以爲然，告在晉。在晉竟不能救，衆遂沒，脫歸者僅六千人而已。及承宗駁重城議，集

將吏謀所守。閻鳴泰主覺華，崇煥主寧遠，在晉及張應吾、邢慎言持不可，承宗竟主崇煥議。已，承宗鎮關門，益倚崇煥。崇煥內拊軍民，外飭邊備，勞績大著。崇煥嘗核虛伍，立斬一校。承宗怒曰：「監軍可專殺耶？」崇煥頓首謝，其果於用法類此。

三年九月，承宗決守寧遠。僉事萬有孚、劉詔力阻，不聽，命滿桂偕崇煥往。初，承宗令祖大壽築寧遠城，大壽度中朝不能遠守，築僅十一，且疏薄不中程。崇煥乃定規制：高三丈二尺，雉高六尺，址廣三丈，上二丈四尺。大壽與參將高見、賀謙分督之。明年迄工，遂爲關外重鎮。桂，良將，而崇煥勤職，誓與城存亡；又善撫，將士樂爲盡力。由是商旅輻輳，流移駢集，遠近望爲樂土。遭父憂，奪情視事。四年九月偕大將馬世龍、王世欽率水陸馬步軍萬二千，東巡廣寧，謁北鎮祠，歷十三山，抵右屯，遂由水道泛三岔河而還。尋以五防敍勞，進兵備副使，再進右參政。

崇煥之東巡也，請即復錦州、右屯諸城，承宗以爲時未可，乃止。至五年夏，承宗與崇煥計，遣將分據錦州、松山、杏山、右屯及大、小凌河，繕城郭居之。自是寧遠且爲內地，開疆復二百里。十月，承宗罷，高第來代，謂關外必不可守，令盡撤錦、右諸城守具，移其將士於關內。督屯通判金啓倧上書崇煥曰：「錦、右、大凌三城皆前鋒要地。倘收兵退，既安之民庶復播遷，已得之封疆再淪沒，關內外堪幾次退守耶！」崇煥亦力爭不可，言：「兵法有進

無退。三城已復，安可輕撤。錦、右動搖，則寧、前震驚，關門亦失保障。今但擇良將守之，必無他慮。」第意堅，且欲幷撤寧、前二城。崇煥曰：「我寧前道也，官此，當死此，我必不去。」第無以難，乃撤錦州、右屯、大、小凌河及松山、杏山、塔山守具，盡驅屯兵入關，委棄米粟十餘萬。而死亡載途，哭聲震野，民怨而軍益不振。崇煥遂乞終制，不許。十二月進按察使，視事如故。

我大清知經略易與，六年正月舉大軍西渡遼河。二十三日抵寧遠。崇煥聞，卽偕大將滿桂，副將左輔、朱梅，〔五〕參將大壽，守備何可剛等集將士誓死守。崇煥更刺血爲書，激以忠義，爲之下拜，將士咸請效死。乃盡焚城外民居，攜守具入城，清野以待。令同知程維楧詰奸，通判啓倧具守卒食，辟道上行人。檄前屯守將趙率教、山海守將楊麒，將士逃至者悉斬，人心始定。明日，大軍進攻，戴楯穴城，矢石不能退。崇煥令閩卒羅立，發西洋巨礮，傷城外軍。明日，再攻，復被却，圍遂解，而啓倧亦以然礮死。

啓倧起小吏，官經歷，主賞功事，勤敏有志介。承宗重之，用爲通判，核兵馬錢糧，督城工，理軍民詞訟，大得衆心。死，贈光祿少卿，世廕錦衣試百戶。

初，中朝聞警，兵部尚書王永光大集廷臣議戰守，無善策。經略第、總兵麒並擁兵關上，不救。中外謂寧遠必不守。及崇煥以書聞，舉朝大喜，立擢崇煥右僉都御史，璽書獎

勵，桂等進秩有差。

我大清初解圍，分兵數萬略覺華島，殺參將金冠等及軍民數萬。崇煥方完城，力竭不能救也。高第鎮關門，大反承宗政務，折辱諸將，諸將咸解體。遇麒若偏裨，麒至，見侮其卒。至是坐失援，第、麒並褫官去，而以王之臣代第，趙率教代麒。

我大清舉兵，所向無不摧破，諸將罔敢議戰守。議戰守，自崇煥始。三月復設遼東巡撫，以崇煥爲之。魏忠賢遣其黨劉應坤、紀用等出鎮。崇煥抗疏諫，不納。敍功，加兵部右侍郎，賚銀幣，世廕錦衣千戶。

崇煥既解圍，志漸驕，與桂不協，請移之他鎮，乃召桂還。崇煥以之臣奏留桂，又與不協。中朝慮僨事，命之臣專督關內，以關外屬崇煥畫關守。崇煥慮廷臣忌己，上言：「陛下以關內外分責二臣，用遼人守遼土，且守且戰，且築且屯。屯種所入，可漸減海運。大要堅壁清野以爲體，乘間擊瑕以爲用。戰雖不足，守則有餘；守既有餘，戰無不足。顧勇猛圖敵，敵必讐；奮迅立功，衆必忌。任勞則必召怨，蒙罪始可有功。怨不深則勞不著，罪不大則功不成。謗書盈篋，毀言日至，從古已然，惟聖明與廷臣始終之。」帝優旨褒答。

其冬，崇煥偕應坤、用、率教巡歷錦州、大、小凌河，議大興屯田，漸復第所棄舊土。忠賢與應坤等並因是廕錦衣，崇煥進所廕爲指揮僉事。崇煥遂言：「遼左之壞，雖人心不固，亦緣失有形之險，無以固人心。兵不利野戰，祗有憑堅城用大礮一策。今山海四城既新，當更修松山諸城，班軍四萬人，缺一不可。」帝報從之。

先是，八月中，我太祖高皇帝晏駕，崇煥遣使弔，且以覘虛實。我太宗文皇帝遣使報之，崇煥欲議和，以書附使者還報。我大清兵將討朝鮮，欲因此阻其兵，得一意南下。七年正月再遣使答之，遂大興兵渡鴨綠江南討。朝議以崇煥、之臣不相能，召之臣還，罷經略不設，以關內外盡屬崇煥，與鎮守中官應坤、用並便宜從事。崇煥銳意恢復，乃乘大軍之出，遣將繕錦州、中左、大凌三城，而再使使持書議和。會朝鮮及毛文龍同告急，朝命崇煥發兵援。崇煥以水師援文龍，又遣左輔、趙率教、朱梅等九將將精卒九千先後逼三岔河，爲牽制之勢，而朝鮮已爲大清所服，諸將乃還。

崇煥初議和，中朝不知。及奏報，優旨許之，後以爲非計，頻旨戒諭。崇煥欲藉是修故疆，持愈力。而朝鮮及文龍被兵，言官因謂和議所致。四月，崇煥上言：「關外四城雖延袤二百里，北負山，南阻海，廣四十里爾。今屯兵六萬，商民數十萬，地隘人稠，安所得食？錦州、中左、大凌三城，修築必不可已。業移商民，廣開屯種。倘城不完而敵至，勢必撤還，是棄垂成功也。故乘敵有事江東，姑以和之說緩之。敵知，則三城已完，戰守又在關門四百里外，金湯益固矣。」帝優旨報聞。

時率教駐錦州，護版築。朝命尤世祿來代，又以輔爲前鋒總兵官，駐大凌河。世祿未至，輔未入大凌，五月十一日大清兵直抵錦州，四面合圍。率教偕中官用嬰城守，而遣使議和，欲緩師以待救。〔六〕使三返不決，圍益急。崇煥以寧遠兵不可動，選精騎四千，令世祿、大壽將，繞出大軍後決戰。別遣水師東出，相牽制。且請發薊鎮、宣、大兵，東護關門。朝廷已命山海滿桂移前屯，三屯孫祖壽移山海，宣府黑雲龍移一片石，薊遼總督閻鳴泰移關城；又發昌平、天津、保定兵馳赴上關；檄山西、河南、山東守臣整兵聽調。世祿等將行，大清已於二十八日分兵趨寧遠。崇煥與中官應坤、副使畢自肅督將士登陴守，列營濠內，用礮距擊。而桂、世祿、大壽大戰城外，士多死，桂身被數矢。大軍亦旋引去，益兵攻錦州。以溽暑不能克，士卒多損傷，六月五日亦引還，因毀大、小凌河二城。時稱寧、錦大捷，桂、率教功爲多。忠賢因使其黨論崇煥不救錦州爲暮氣，崇煥遂乞休。中外方爭頌忠賢，崇煥不得已，亦請建祠，終不爲所喜。七月遂允其歸，而以王之臣代爲督師兼遼東巡撫，駐寧遠。及敍功，文武增秩賜廕者數百人，忠賢孫亦封伯，〔七〕而崇煥止增一秩。尚書霍維華不平，疏乞讓廕，忠賢亦不許。

未幾，熹宗崩。莊烈帝卽位，忠賢伏誅，削諸冒功者。廷臣爭請召崇煥，其年十一月擢右都御史，視兵部添注左侍郎事。崇禎元年四月命以兵部尚書兼右副都御史，督師薊

遼、兼督登、萊、天津軍務，所司敦促上道。七月，崇煥入都，先奏陳兵事。帝召見平臺，慰勞甚至，咨以方略。對曰：「方略已具疏中。臣受陛下特眷，願假以便宜，計五年，全遼可復。」帝曰：「復遼，朕不吝封侯賞。卿努力解天下倒懸，卿子孫亦受其福。」崇煥頓首謝。帝退少憩，給事中許譽卿叩以五年之略。崇煥言：「聖心焦勞，聊以是相慰耳。」譽卿曰：「上英明，安可漫對。異日按期責效，奈何？」崇煥憮然自失。頃之，帝出，卽奏言：「東事本不易竣。陛下既委臣，臣安敢辭難。但五年內，戶部轉軍餉，工部給器械，吏部用人，兵部調兵選將，須中外事事相應，方克有濟。」帝爲飭四部臣，如其言。

崇煥又言：「以臣之力，制全遼有餘，調衆口不足。一出國門，便成萬里。忌能妒功，夫豈無人。卽不以權力掣臣肘，亦能以意見亂臣謀。」帝起立傾聽，諭之曰：「卿無疑慮，朕自有主持。」大學士劉鴻訓等請收還之臣、桂尙方劍，以賜崇煥，假之便宜。帝悉從之，賜崇煥酒饌而出。崇煥以前此熊廷弼、孫承宗皆爲人排搆，不得竟其志，上言：「恢復之計，不外臣昔年以遼人守遼土，以遼土養遼人，守爲正著，戰爲奇著，和爲旁著之說。法在漸不在驟，在實不在虛。此臣與諸邊臣所能爲。至用人之人，與爲人用之人，皆至尊司其鑰。何以任而勿貳，信而勿疑？蓋馭邊臣與廷臣異，軍中可驚可疑者殊多，但當論成敗之大局，不必摘一言一行之微瑕。事任既重，爲怨實多。諸有利於封疆者，皆不利於此身者也。況圖敵之

急，敵亦從而間之，是以爲邊臣甚難。陛下愛臣知臣，臣何必過疑懼，但中有所危，不敢不告。」帝優詔答之，賜蟒玉、銀幣，疏辭蟒玉不受。

是月，川、湖兵戍寧遠者，以缺餉四月大譟，餘十三營起應之，縛繫巡撫畢自肅、總兵官朱梅、通判張世榮、推官蘇涵淳於譙樓上。自肅傷重，兵備副使郭廣初至，躬翼自肅，括撫賞及朋樁二萬金以散，不厭，貸商民足五萬，乃解。自肅疏引罪，走中左所，自經死。崇煥以八月初抵關，聞變馳與廣密謀，宥首惡楊正朝、張思順，〔八〕令捕十五人戮之市，斬知謀中軍吳國琦，責參將彭簪古，黜都司左良玉等四人。發正朝、思順前鋒立功，世榮、涵淳以貪虐致變，亦斥之。獨都司程大樂一營不從變，特爲獎勵。一方乃靖。

關外大將四五人，事多掣肘。後定設二人，以梅鎮寧遠，大壽仍駐錦州。至是梅將解任，崇煥請合寧、錦爲一鎮，大壽仍駐錦州，加中軍副將何可剛都督僉事，代梅駐寧遠，而移薊鎮率教於關門，關內外止設二大將。因極稱三人之才，謂「臣自期五年，專藉此三人，當與臣相終始。屆期不效，臣手戮三人，而身歸死於司敗」。帝可之，崇煥遂留鎮寧遠。自肅既死，崇煥請停巡撫。及登萊巡撫孫國楨免，崇煥又請罷不設。帝亦報可。哈剌慎三十六家向受撫賞，後爲插漢所迫，且歲饑，有叛志。崇煥召至於邊，親撫慰，皆聽命。二年閏四月敍春秋兩防功，加太子太保，賜蟒衣、銀幣，廕錦衣千戶。

崇煥始受事，卽欲誅毛文龍。文龍者，仁和人。以都司援朝鮮，逗留遼東。遼東失，自海道遁回，乘虛襲殺大清鎮江守將，報巡撫王化貞，而不及經略熊廷弼，兩人隙始開。用事者方主化貞，遂授文龍總兵，累加至左都督，掛將軍印，賜尙方劍，設軍鎮皮島如內地。皮島亦謂之東江，在登、萊大海中，綿亙八十里，不生草木，遠南岸，近北岸，北岸海面八十里卽抵大清界，其東北海則朝鮮也。島上兵本河東民，自天啓元年河東失，民多逃島中。文龍籠絡其民爲兵，分布哨船，聯接登州，以爲掎角計。中朝是之，島事由此起。

四年五月，文龍遣將沿鴨綠江越長白山，侵大清國東偏，爲守將擊敗，衆盡殲。八月遣兵從義州城西渡江，入島中屯田。大清守將覺，潛師襲擊，斬五百餘級，島中糧悉被焚。五年六月遣兵襲耀州之官屯寨，敗歸。六年五月遣兵襲鞍山驛，喪其卒千餘。越數日又遣兵襲撒爾河，攻城南，爲大清守將所却。七年正月，大清兵征朝鮮，并規剿文龍。三月，大清兵克義州，分兵夜擣文龍於鐵山。文龍敗，遁歸島中。時大清惡文龍躡後，故致討朝鮮，以其助文龍爲兵端。

顧文龍所居東江，形勢雖足牽制，其人本無大略，往輒敗衄，而歲糜餉無算；且惟務廣招商賈，販易禁物，名濟朝鮮，實闌出塞，無事則鬻參販布爲業，有事亦罕得其用。工科給事中潘士聞劾文龍糜餉殺降，尙寶卿董茂忠請撤文龍，治兵關、寧。兵部議不可，而崇煥心

弗善也，嘗疏請遣部臣理餉。文龍惡文臣監制，抗疏駁之，崇煥不悅。及文龍來謁，接以賓禮，文龍又不讓，崇煥謀益決。

至是，遂以閱兵爲名，泛海抵雙島，文龍來會。崇煥與相燕飲，每至夜分，文龍不覺也。崇煥議更營制，設監司，文龍怫然。崇煥以歸鄉動之，文龍曰：「向有此意，但惟我知東事，東事畢，朝鮮衰弱，可襲而有也。」崇煥益不悅。以六月五日邀文龍觀將士射，先設幄山上，令參將謝尙政等伏甲士幄外。文龍至，其部卒不得入。崇煥曰：「予詰朝行，公當海外重寄，受予一拜。」交拜畢，登山。崇煥問從官姓名，多毛姓。文龍曰：「此皆予孫。」崇煥笑，因曰：「爾等積勞海外，月米止一斛，言之痛心，亦受予一拜，爲國家盡力。」衆皆頓首謝。

崇煥因詰文龍違令數事，文龍抗辯。崇煥厲色叱之，命去冠帶縶縛，文龍猶倔强。崇煥曰：「爾有十二斬罪，知之乎？祖制，大將在外，必命文臣監。爾專制一方，軍馬錢糧不受核，一當斬。人臣之罪莫大欺君，爾奏報盡欺罔，殺降人難民冒功，二當斬。人臣無將，將則必誅。爾奏有牧馬登州取南京如反掌語，大逆不道，三當斬。每歲餉銀數十萬，不以給兵，月止散米三斗有半，侵盜軍糧，四當斬。擅開馬市於皮島，私通外番，五當斬。部將數千人悉冒己姓，副將以下濫給札付千，走卒、輿夫盡金緋，六當斬。自寧遠還，剽掠商船，自爲盜賊，七當斬。強取民間子女，不知紀極，部下效尤，人不安室，八當斬。驅難民遠竊

人參，不從則餓死，島上白骨如莽，九當斬。輦金京師，拜魏忠賢爲父，塑冕旒像於島中，十當斬。鐵山之敗，喪軍無算，掩敗爲功，十一當斬。開鎮八年，不能復寸土，觀望養敵，十二當斬。」數畢，文龍喪魂魄不能言，但叩頭乞免。崇煥召諭其部將曰：「文龍罪狀當斬否？」皆惶怖唯唯。中有稱文龍數年勞苦者，崇煥叱之曰：「文龍一布衣爾，官極品，滿門封廕，足酬勞，何悖逆如是！」乃頓首請旨曰：「臣今誅文龍以肅軍。諸將中有若文龍者，悉誅。臣不能成功，皇上亦以誅文龍者誅臣。」遂取尙方劍斬之帳前。乃出諭其將士曰：「誅止文龍，餘無罪。」

當是時，文龍麾下健校悍卒數萬，憚崇煥威，無一敢動者，於是命棺斂文龍。明日，具牲醴拜奠曰：「昨斬爾，朝廷大法；今祭爾，僚友私情。」爲下淚。乃分其卒二萬八千爲四協，以文龍子承祚、〔九〕副將陳繼盛、參將徐敷奏、遊擊劉興祚主之。收文龍敕印、尙方劍，令繼盛代掌。犒軍士，檄撫諸島，盡除文龍虐政。還鎮，以其狀上聞，末言：「文龍大將，非臣得擅誅，謹席槀待罪。」時崇禎二年五月也。〔一〇〕帝驟聞，意殊駭，念既死，且方倚崇煥，乃優旨褒答。俄傳諭暴文龍罪，以安崇煥心；其爪牙伏京師者，令所司捕。崇煥上言：「文龍一匹夫，不法至此，以海外易爲亂也。其衆合老稚四萬七千，妄稱十萬，且民多，兵不能二萬，妄設將領千。今不宜更置帥，卽以繼盛攝之，於計便。」帝報可。

崇煥雖誅文龍，慮其部下爲變，增餉銀至十八萬。然島弁失主帥，心漸攜，益不可用，其後致有叛去者。崇煥言：「東江一鎮，牽制所必資。今定兩協，馬軍十營，步軍五，歲餉銀四十二萬，米十三萬六千。」帝頗以兵減餉增爲疑，以崇煥故，特如其請。

崇煥在遼，與率教、大壽、可剛定兵制，漸及登、萊、天津，及定東江兵制，合四鎮兵十五萬三千有奇，馬八萬一千有奇，歲費度支四百八十餘萬，減舊一百二十餘萬。帝嘉獎之。

文龍既死，甫踰三月，我大清兵數十萬分道入龍井關、大安口。崇煥聞，卽督大壽、可剛等入衞。以十一月十日抵薊州，所歷撫寧、永平、遷安、豐潤、玉田諸城，皆留兵守。帝聞其至，甚喜，溫旨褒勉，發帑金犒將士，令盡統諸道援軍。俄聞率教戰歿，遵化、三屯營皆破，巡撫王元雅、總兵朱國彥自盡，大清兵越薊州而西。崇煥懼，急引兵入護京師，營廣渠門外。帝立召見，深加慰勞，咨以戰守策，賜御饌及貂裘。崇煥以士馬疲敝，請入休城中，不許。出與大軍鏖戰，互有殺傷。

時所入隘口乃薊遼總理劉策所轄，而崇煥甫聞變卽千里赴救，自謂有功無罪。然都人驟遭兵，怨謗紛起，謂崇煥縱敵擁兵。朝士因前通和議，誣其引敵脅和，將爲城下之盟。帝頗聞之，不能無惑。會我大清設間，謂崇煥密有成約，令所獲宦官知之，陰縱使去。其人奔告於帝，帝信之不疑。十二月朔再召對，遂縛下詔獄。大壽在旁，戰栗失措，出卽擁兵叛

歸。大壽嘗有罪，孫承宗欲殺之，愛其才，密令崇煥救解。大壽以故德崇煥，懼幷誅，遂叛。帝取崇煥獄中手書，往召大壽，乃歸命。

方崇煥在朝，嘗與大學士錢龍錫語，微及欲殺毛文龍狀。及崇煥欲成和議，龍錫嘗移書止之。龍錫故主定逆案，魏忠賢遺黨王永光、高捷、袁弘勳、史䇳輩謀興大獄，爲逆黨報讎，見崇煥下吏，遂以擅主和議、專戮大帥二事爲兩人罪。捷首疏力攻，䇳、弘勳繼之，必欲幷誅龍錫。法司坐崇煥謀叛，龍錫亦論死。三年八月遂磔崇煥於市。兄弟妻子流三千里，籍其家。崇煥無子，家亦無餘貲，天下冤之。

崇煥既縛，大壽潰而去。武經略滿桂以趣戰急，與大清兵戰，竟死，去縛崇煥時甫半月。初，崇煥妄殺文龍，至是帝誤殺崇煥。自崇煥死，邊事益無人，明亡徵決矣。

趙光抃，字彥清，九江德化人。父贊化，工部郎中。光抃舉天啓五年進士。鄉人曹欽程父事魏忠賢，驟得太僕少卿。光抃語之曰：「富貴一時，名節千古，君不可不審。」欽程惡之，卽日出贊化爲南寧知府。南寧惡地，贊化侘傺而死，光抃奔喪歸。崇禎初，服闋，除工部都水主事，歷兵部職方郎中。十年秋，遣閱薊、遼戎務，盡得邊塞

形勢，戰守機宜，列十二事以獻。明年冬，大清兵入密雲，總督吳阿衡敗歿，廷議增設巡撫一人，駐密雲，遂擢光抃右僉都御史任之。至卽發監視中官鄧希詔奸謀。帝召希詔還，而令分守中官孫茂霖覈實。茂霖爲希詔解，光抃反得罪，遣戍廣東。

十五年，兵事益棘，廷臣薦光抃復官。光抃家素饒，聞命，持數萬金入都爲軍資。旣至，召見德政殿。奏對稱旨，拜兵部右侍郎兼右僉都御史，總督薊州、永平、山海、通州、天津諸鎮軍務。而大清已克薊州，分兵四出，命光抃兼督諸路援軍。諸援軍觀望，河間迤南皆失守。光抃不敢救，尾而南。已，聞塞上警，又驅而北。廷臣交章劾光抃，謂列城被攻不救，退回高陽，坐視淪覆。明年復論光抃及范志完。四月，大清兵北旋，光抃、唐通、白廣恩等八鎮兵邀於螺山，皆敗走。帝聞，大怒。旣解嚴，與志完並逮譴。帝召見雷縯祚，縯祚詆志完，而稱光抃。帝曰：「志完、光抃逗遛河間，獨罪志完，渠服其心乎？」遂幷逮光抃。光抃嘗薦廣恩，廣恩抗不赴召，帝以是益惡光抃，卒與志完同日斬西市。

光抃才氣豪邁，而於大慮亦疎。在職方，深爲尙書楊嗣昌所倚，曰：「吾不及光抃。」先是，毛文龍據東江，海疆賴之。文龍死，陳繼盛、黃龍、沈世魁代其部，往往爲亂，中朝又素以糜餉爲憂。及世魁死，島中無帥，光抃慫臾嗣昌撤之。二十年積患一朝而除，而於邊計亦左焉。光抃雖文士，有膽決。嘗遇敵，諸將欲奔，光抃坐地不起，久之，乃引歸。其起戍

中也，將士不相習，猝遇大敵，先膽落，故所當輒敗。然受事破軍之餘，身先被創，顧與志完同誅，人咸以爲冤。福王時，太僕萬元吉奏復其官。

范志完，虞城人。崇禎四年進士。授永平推官，專理插漢撫賞，意不欲行。上疏言權輕，請得特疏奏軍事。當事者惡之，謫湖廣布政司檢校。擢寧國推官，歷官分巡關內僉事。十四年冬，超擢右僉都御史，巡撫山西。其座主周延儒當國，遂拜志完兵部右侍郎兼右僉都御史，總督薊州、永平、山海、通州、天津諸鎮軍務，代楊繩武。

繩武者，雲南彌勒人也。由庶吉士改授御史。十一年冬，用楊嗣昌薦召見，吐言如流，畫地成圖。帝偉之，遂超擢右僉都御史，巡撫順天。洪承疇困松山，遂擢繩武總督，尋以志完代之，而令繩武總督遼東寧遠諸軍，出關救松、錦，加銜督師。

明年正月，繩武卒官，贈兵部尚書，廕錦衣世襲百戶。遂進志完左侍郎，督師出關如繩武，而以張福臻督薊鎮，駐關內。自王樸諸軍敗，兵力益單，松、錦相繼失，志完乃築五城寧遠城南，護轉輪，募土著實之。又議修覺華島城，爲犄角勢，帝甚倚之。六月易銜欽命督師，總督薊、遼、昌、通等處軍務，節制登、津撫鎮。遼事急則移駐中後、前屯，關內急則星馳入援，三協有警則會同薊、昌二督并力策應。時關內外並建二督，而關外加督師銜，地望尤

尊，又於昌平、保定設二督，於是千里之內有四督臣。又有寧遠、永平、順天、密雲、天津、保定六巡撫，寧遠、山海、中協、西協、昌平、通州、天津、保定八總兵。星羅棋置，無地不防，而事權反不一。

十五年，給事中方士亮劾福臻昏庸，因言移督師關內，則薊督可裁，福臻可罷。於是召還福臻，令志完兼制關內，移駐關門。志完辭，不許。求去，不許。上疏言不能兼薊，請仍設薊督。踰月，始以趙光抃任之。而大清兵已入自牆子嶺，克薊州而南下矣。兵部劾志完疎防，廷臣亦言志完貪懦。帝以敵兵未退，責令戴罪立功。然志完無謀略，恇怯甚，不敢一戰，所在州縣覆沒，惟尾而呵噪，兵所到剽虜。至德州，僉事雷縯祚劾之，自是論列者益衆。帝猶責志完後效，志完終不敢戰。

明年，大清兵攻下海州、贛榆、沭陽、豐縣，已而北旋。志完、光抃卒觀望，皆不進。事定，議罪，召縯祚廷質，問志完逗遛淫掠狀，志完辨。問御史吳履中，對如縯祚言。時座主延儒督師亦無功，遂命下志完獄，以十一月斬志完。〔一一〕

先是，十二年封疆之案，伏罪者三十有六人。〔一二〕至是，失事甚於前，誅止志完、光抃及巡撫馬成名、潘永圖，總兵薛敏忠，副將柏永鎮，其他悉置不問。而保定巡撫楊進得善去，山東巡撫王永吉反獲遷擢。帝之用刑至是窮矣。

贊曰：三路喪師，收降取敗，鎬與應泰同辜。然君子重縲鎬而寬論應泰，豈不以士所重在節哉！惜乎廷弼以蓋世之材，褊性取忌。功名顯於遼，亦隳於遼。假使廷弼效死邊城，義不反顧，豈不毅然節烈丈夫哉！廣寧之失，罪由化貞，乃以門戶曲殺廷弼，化貞稽誅者且數年。崇煥智雖疎，差有膽略，莊烈帝又以讒間誅之。國步將移，刑章顛覆，豈非天哉！

校勘記

〔一〕御史徐景濂極譽化貞　徐景濂，明史稿傳一一八熊廷弼傳作「楊景濂」。

〔二〕御史蘇琰則言廷弼宜駐廣寧　蘇琰，明史稿傳一一八熊廷弼傳作「蘇逵」。

〔三〕又令羅一貫以三千人守西平　羅一貫，明史稿傳一一八熊廷弼傳、熹宗實錄卷一三天啓二年正月丁巳條、國榷卷八五頁五二〇〇都作「羅一貴」。

〔四〕袁崇煥字元素東莞人　東莞，懷宗實錄卷三崇禎三年八月癸亥條、國榷卷九一頁五五四四、明進士題名碑錄萬曆己未科都作「藤縣」，疑作「藤縣」是。

〔五〕副將左輔朱梅　朱梅，原作「朱海」。熹宗實錄天啓六年二月丙子條、國榷卷八七頁五三二〇

都作「朱梅」。按本卷下文「朱梅」之名屢見，與此誤作「朱海」者實是一人，據改。

〔六〕欲緩師以待救　緩，原「援」，與上下文義不相應，據明史稿傳一三一袁崇煥傳改。

〔七〕忠賢孫亦封伯　忠賢孫，係指魏忠賢從孫鵬翼，原誤作「忠賢子」。據本書卷二二熹宗紀、又卷三〇五魏忠賢傳改。

〔八〕宥首惡楊正朝張思順　楊正朝，原作「張正朝」，據明史稿傳一三一袁崇煥傳、懷宗實錄卷一崇禎元年七月甲申條、國榷卷八九頁五四五一改。

〔九〕文龍子承祚　承祚，懷宗實錄卷二崇禎二年六月戊午條、國榷卷九〇頁五四八七都作「承祿」。

〔一〇〕時崇禎二年五月也　五月，本書卷二三莊烈帝紀、懷宗實錄卷二崇禎二年六月戊午條、國榷卷九〇頁五四八七作「六月」。

〔一一〕以十一月斬志完　十一月，原作「十二月」，據本書卷二四莊烈帝紀、懷宗實錄卷一六崇禎十六年十一月丁未條、國榷卷九九頁六〇〇三改。

〔一二〕伏罪者三十有六人　三十有六人，本書卷二四莊烈帝紀作「三十三人」，懷宗實錄卷一二崇禎十二年八月庚寅條、國榷卷九七頁五八四六作「三十二人」。

中華書局

明史卷二百六十

列傳第一百四十八

楊鶴 從弟鶚 陳奇瑜 玄默 熊文燦 洪雲蒸 練國事
丁啓睿 從父魁楚 鄭崇儉 方孔炤 楊一鵬 邵捷春
余應桂 高斗樞 張任學

楊鶴，字修齡，武陵人。萬曆三十二年進士。授雒南知縣，調長安。四十年擢御史，上疏請東宮講學。且言：「頃者，愛女被躪於宮奴，館甥受撻於朝市，叩閽不聞，上書不達，壅蔽極矣。」時壽寧主壻冉興讓爲掌家宮人梁盈女、內官彭進朝等毆辱，公主三奏不達，興讓掛冠長安門去，故鶴言及之。尋出督兩淮鹽法，[一]巡按貴州。貴州接壤烏撒，去川南敍州千里，節制難。土官安雲

龍死，其族人與霑益安效良爭印，搆兵三十年，[二]後竟爲效良所據，其父紹慶又據霑益州，皆川、雲、貴咽喉地。鶴請割烏撒隸貴州，地近節制便，可弭後患，朝議不決。未幾，效良爲亂，如其言。貴州土官以百數，水西安氏最大，而土地、戶口、貢賦之屬，無籍可稽。鶴乃檄宣慰安位盡著之籍，并首領目把主名，承襲源委，悉列上有司。自是簿牒始明，奸弊易核。事竣，不俟命徑歸。久之，還朝。

楊鎬四路師敗，鶴薦熊廷弼、張鶴鳴、李長庚、薛國用、袁應泰，言：「遼事之失，不料彼己，喪師辱國，誤在經略；不諳機宜，馬上催戰，誤在輔臣；調度不聞，束手無策，誤在樞部。至尊優柔不斷，又至尊自誤。」當事惡其直，將假他事逐之，乃引疾去。丁外艱。天啓初，起太僕少卿，擢右僉都御史，巡撫南、贛。未任，丁內艱，而廣寧又敗。魏忠賢以鶴黨護廷弼，除鶴名。

崇禎元年召拜左僉都御史，進左副都御史。鶴上言：「圖治之要，在培元氣。自大兵大役，加派頻仍，公私交罄，小民之元氣傷。自遼左、黔、蜀喪師失律，暴骨成丘，封疆之元氣傷。自搢紳搆黨，彼此相傾，逆奄乘之，誅鋤善類，士大夫之元氣傷。譬如重病初起，百脈未調，風邪易入，道在培養。」時以爲名言。

先是，遼左用兵，逃軍憚不敢歸伍，相聚剽虜。至是，關中頻歲祲，有司不恤下。白水王二者，鳩衆，劓其面，闖入澄城，殺知縣張耀采。[三]由是府谷王嘉胤、漢南王大梁、階州周大旺羣賊蠭起，三邊饑軍應之，流氛之始也。當是時，承平久，卒被兵，人無固志。大吏惡聞賊，曰「此饑民，徐自定耳」。

明年，總督武之望死。久之，廷臣莫肯往者，羣推鶴。帝召見鶴，問方略。對曰：「清慎自持，撫恤將卒而已。」遂拜鶴兵部右侍郎，代之望總督陝西三邊軍務。至則大梁、大旺、王二已前誅滅，而繼起者益衆。鶴素有清望，然不知兵。其冬，京師戒嚴，延綏、寧夏、甘肅、固原、臨洮五鎭總兵官悉以勤王行。延綏兵中道逃歸，甘肅兵亦譁，懼誅，並合於賊，賊益張。

三年正月，王左掛等攻宜川，爲知縣成材所却，轉攻韓城。軍中無帥，鶴命參政洪承疇禦之。俘斬三百餘人，圍解，賊走清澗。鶴連疏請諸將還鎭，不果，起故將杜文煥任之。二月，延安知府張輦、都司艾穆蹙賊延川，降其魁王子順、張述聖、姬三兒。別賊王嘉胤掠延安、慶陽，鶴匿不奏，而紿降賊王虎、[四]小紅狼、一丈青、掠地虎、混江龍等免死牒，安置延綏、河曲間。賊淫掠如故，有司不敢問。寇患成於此矣。

七月，嘉胤陷黃甫、清水、木瓜，遂陷府谷，文煥擊走之，賊流入山西。已撫王左掛以白汝學攻綏德州，謀內應。事覺，巡按李應期與承疇計誅左掛等綏德，五十七人皆死。十二月，賊神一元攻陷新安、寧塞、柳樹澗等堡。寧塞，文煥所居，宗人多死。

明年正月，賊棄寧塞，陷保安。一元死，弟一魁圍慶陽，陷合水。鶴聞，移駐寧州。一魁求撫，送還合水知縣蔣應昌。別賊拓先齡、金翅鵬、過天星、田近菴、獨頭虎、上天龍等亦先後降。鶴設御座於城樓，賊跪拜呼萬歲。鶴宣聖諭，令設誓，或歸伍，或歸農。賊佯應之，則立赦其罪。羣盜自是視總督如兒戲矣。鶴又以一魁最強，致其壻帳中，同臥起，而一魁果至。數以十罪，則稽首謝。卽宣詔赦之，畀以官，處其衆四千餘人於寧塞，使守備吳弘器護焉。文煥聞之，嘆曰：「寧塞之役，賊畏我而逃。今者賊僞降，楊公信之，借名城爲盜資。我宗人，可與賊逼處此土乎！」遂以其族行。

五月，鶴移駐耀州。賊攻破金鎖關，殺都司王廉。七月，別賊李老柴、獨行狼攻陷中部，田近菴以六百人守馬欄山應之。而降渠一魁之黨茹成名者，尤桀驁，鶴令一魁誘殺之於耀州。其黨猜懼，挾一魁以叛。御史謝三賓言：「鶴謂慶陽撫局既畢，賊散遣俱盡。中部之賊，寧自天降？」疏下巡按御史吳甡覈奏，甡奏鶴主撫誤國。帝怒，逮鶴下獄，戍袁州。

七年秋，子嗣昌擢宣、大、山西總督，疏辭。言：「臣父鶴以總督蒙譴已三年，臣何心復居此職。」帝優詔答之，而不赦鶴罪。八年冬，鶴卒於戍所，嗣昌請恤。帝復鶴官，而不予恤。鶴初以尤世祿寧夏大捷功，進兵部尚書、太子少保，世廕錦衣千戶。十年敍賀虎臣寧夏破賊功，追加太子少傅。十三年又以甘肅敍功，任一子官。

從弟鶚，崇禎四年進士。官御史，有才名，擢順天巡撫。京師陷，南歸，福王以爲兵部右侍郎，總督川、湖軍務。

陳奇瑜，字玉鉉，保德州人。萬曆四十四年進士。除洛陽知縣。天啓二年擢禮科給事中。楊漣劾魏忠賢，奇瑜亦抗疏力詆。六年春，由戶科左給事中出爲陝西副使，遷右參政，分守南陽。

崇禎改元，加按察使職，尋歷陝西左右布政使。五年擢右僉都御史，代張福臻巡撫延綏。時大盜神一魁、不沾泥等已殲，而餘黨猶衆。歲大凶，民多從賊。明年五月，奇瑜上疏，極言鄜、延達鎮城千餘里饑荒盜賊狀，詔免延安、慶陽田租。奇瑜乃遣副將盧文善討斬截山虎、柳盜跖、金翅鵬等。尋遣遊擊常懷德斬薛仁貴，參政戴君恩斬一條龍、金剛鑽、開山鷂、黑煞神、人中虎、五閻王、馬上飛，都司賀思賢斬王登槐，巡檢羅聖楚斬馬紅狼、滿天飛，參政張伯鯨斬滿鵝，擒黃參耀、隔溝飛，守備閻士衡斬張聰、樊登科、樊計榮、一塊鐵、青背狼、穿山甲、老將軍、二將軍、滿天星、上山虎，把總白士祥斬掃地虎，守備郭金城斬扒

地虎、括天飛，守備郭太斬跳山虎、新來將、就地滾、小黃鶯、房日兔，遊擊羅世勛斬賈總管、逼上天、小紅旗，他將斬草上飛、一隻虎、一翅飛、雲裏手、四天王、薛紅旗、獨尾狼，諸渠魁略盡。奇瑜乃上疏曰：「流寇作難，始於歲饑，而成於元兇之煽誘，致兩郡三路皆盜藪。今未頓一兵，未絕一弦，擒斬頭目百七十七人，及其黨千有奇。頭目既除，餘黨自散。向之斬木揭竿者，今且荷鋤負耒矣。」帝嘉之，令錄有功將士以聞。

延綏羣賊多解，獨鑽天哨、開山斧據永寧關。永寧在鎮城東，前阻山，下臨黃河，數年不下。奇瑜謂是不可以力取，乃陰簡銳士，陽言總制檄發兵，令賀人龍將之而西，身爲後勁，直抵延川。援策馬東，曰：「視吾馬首所向。」潛師疾走入山。賊不虞大兵至，驚潰。焚其巢，斬首千六百有奇，二賊俱殲。分兵擊斬金翅鵬、一座城，獲首五百五十。延水羣盜盡平，奇瑜威名著關陝。於是羣盜盡萃於山西，流突河北、畿南。冬冰堅，從澠池渡，躝河南、湖廣，窺四川。

明年，廷議諸鎮撫事權不一，宜設大臣統之，多推薦洪承疇。以承疇方督三邊，不可易，乃擢奇瑜兵部右侍郎兼右僉都御史，總督陝西、山西、河南、湖廣、四川軍務，專辦流賊。奇瑜檄諸將會兵陝州。先是，老回回、過天星、滿天星、闖塌天、混世王五大營自楚入蜀，陷夔州。阻險，復走還楚，分爲三：一犯均州，往河南；一犯鄖陽，往淅川；一犯金漆坪，渡河

犯商南。奇瑜乃馳至均州，檄四巡撫會討。陝西練國事駐商南，遏其西北。鄖陽盧象昇駐房、竹，遏其西。河南玄默駐盧氏，遏其東北。湖廣唐暉駐南漳，遏其東南。奇瑜乃偕象昇督將士由竹谿至平利之烏林關，十餘戰，斬賊千七百餘級。越七日，大破之乜家溝，斬千八十餘級，總兵鄧玘功爲多。已，設伏蚋谿，連戰，斬三百餘級。至獅子山，斬七百二十餘級。別將楊化麟、楊世恩、周任鳳、〔五〕楊正芳等分道擊殺賊，擒其魁闖王、翻山虎等。奇瑜上言：「楚中屢捷，一時大盜幾盡，其竄伏深山者，臣督鄉兵爲嚮道，無穴不搜，楚中漸有寧宇。」帝嘉勞之。乃督副將劉遷等搜竹谿、平利賊，追至五狼河，擒其魁十二人。遣參將賀人龍等追八晝夜至紫陽，賊死者萬餘人。

先是，賊入蜀，復自蜀入秦，由陽平關奔鞏昌，承疇禦之秦州。賊遂越兩當，襲破鳳縣，分爲二：一向漢中，取間道犯城固、洋縣；一由鳳縣奔寶雞、汧陽。於是賊在平利、洵陽間者數萬，自四川入西鄉者二三萬。犯城固、洋縣者，又東下石泉、漢陰，會漢、興，窺商、雒。當是時，奇瑜以湖廣賊盡，鼓行而西，謂賊不足平也。乃遣遊擊唐通防漢中，以護藩封；遣參將賀人龍、劉遷、夏鎬扼略陽、沔縣，防賊西遁；遣副將楊正芳、余世任扼褒城，防賊北遁；自督副將楊化麟、柳國鎮等駐洋縣，防賊東遁。又檄練國事、盧象昇、玄默各守要害，截賊奔逸。

賊見官軍四集，大懼，悉遁入興安之車廂峽，諸渠魁李自成、張獻忠等咸在焉。峽四山巉立，中亙四十里，易入難出。賊誤入其中，山上居民下石擊，或投以炬火，山口纍石塞，路絕，無所得食，困甚。又大雨二旬，弓矢盡脫，馬乏芻，死者過半。當是時，官軍蹙之，可盡殲。自成等見勢絀，用其黨顧君恩謀，以重寶賄奇瑜左右及諸將帥，僞請降。奇瑜無大計，遽許之，先後籍三萬六千餘人，悉勞遣歸農。每百人以安撫官一護之，檄所過州縣具糗糧傳送，諸將無邀撓撫事。諸賊未大創，降非實也。既出棧道，遂不受約束，盡殺安撫官五十餘人，攻掠諸州縣，關中大震。

奇瑜悔失計，乃委罪他人以自解。賊初叛，猝至鳳翔，誘開城。守城知其詐，給以縋城上，殺其先登者三十六人，餘譟而去。其犯寶雞，亦爲知縣李嘉彥所挫。奇瑜遂劾嘉彥及鳳翔鄉官孫鵬等撓撫局，撫按官亦異心。帝怒，切責撫按，逮嘉彥、鵬及士民五十餘人。奇瑜又請敕陝西、鄖陽、湖廣、河南、山西五巡撫各守要害，有失則治諸臣罪，冀以分己過。又委罪巡撫練國事，國事亦被逮。給事中顧國寶劾奇瑜誤封疆，詔解任候勘。御史傅永淳復劾奇瑜解隴州圍報首功不實，詔除名，錦衣官逮訊。九年六月謫戍邊。

初，奇瑜官南陽，唐王殺其世子，欲并廢世子子聿鍵。賴奇瑜力，聿鍵得爲世孫。後聿鍵自立於閩，召奇瑜爲東閣大學士。道遠，未聞命，卒於家。

玄默，字中象，靜海人。萬曆四十七年進士。除懷慶推官，擢吏科給事中。魏忠賢焰方熾，以鄉里欲招致之，默謝不可。言路承忠賢意，劾罷歸。崇禎初，復官，歷遷太常卿。六年春，以僉都御史巡撫河南。流賊由均州犯河內，默率左良玉、湯九州、李卑、鄧玘兵待境上；復率九州乘雪夜薄吳城賊營，大破之。嵩、雒以北名城數十，賊避勿敢攻。奇瑜既失李自成於車箱峽，默自汝州移駐盧氏，檄良玉、九州各陳兵守要害，得稍寧者數月。當是時，賊勢張，良玉等承督師檄，守備尚固。默率諸將斬獲多，賊多趨秦、楚境。已，分爲三，自潁州犯鳳陽皇陵，中州所在告急。八年夏，默被逮去。久之，得釋，歸八年卒。

熊文燦，貴州永寧衞人。萬曆三十五年進士。授黃州推官，〔六〕遷禮部主事，歷郎中。出封琉球還，擢山東左參政，山西按察使，山東右布政使。憂歸，自是徙家蘄水。

崇禎元年起福建左布政使。三月就拜右僉都御史，巡撫其地。海上故多劇盜，袁進、李忠既降，楊六、楊七及鄭芝龍繼起。總兵官俞咨皋招六、七降，芝龍猖獗如故。然芝龍常

敗都司洪先春，釋不追；獲一遊擊，不殺；咨皋戰敗，縱之走。當事知其可撫，遣使諭降之。文燦至，善遇芝龍，使爲己用。其黨李魁奇再降，再叛去，芝龍擊擒之。海警漸息，而鍾斌又起。斌初亦就撫，後復叛，寇福州。文燦誘斌往泉州，令芝龍擊敗之。既而蹙之大洋，斌投海死。閩中屢平巨寇，皆芝龍力，文燦亦敍功增秩焉。

五年二月擢文燦兵部右侍郎兼右僉都御史，總督兩廣軍務，兼巡撫廣東。先是，海寇鍾凌秀既降復叛，〔七〕爲芝龍所擒，其黨潰入長汀，轉掠江西屬邑，文燦檄芝龍屢敗賊。而福建有紅夷之患，海盜劉香乘之，連犯閩、廣沿海邑，帝以責文燦。文燦不能討，乃議招撫，賊佯許之。參政洪雲蒸，長沙人，初官廣西參政，嘗搜淩秀餘黨，斬三十餘級，盡毀其巢。文燦乃令雲蒸與副使康承祖，參將夏之本、〔八〕張一傑入賊舟宣諭，俱被執。文燦懼罪，奏諸臣信賊自陷。給事中朱國棟劾之，詔貶秩，戴罪自效。八年，芝龍合廣東兵擊香於田尾遠洋。香脅雲蒸止兵，雲蒸大呼曰：「我矢死報國，急擊勿失。」遂遇害。香勢蹙，自焚溺死，承祖等脫還。賊黨千餘人詣浙江歸款，海盜盡平。

文燦官閩、廣久，積貲無算，厚以珍寶結中外權要，謀久鎮嶺南。會帝疑劉香未死，且不識文燦爲人，遣中使假廣西采辦名，往覘之。既至，文燦盛有所贈遺，留飲十日。中使喜，語及中原寇亂。文燦方中酒，擊案罵曰：「諸臣悞國耳。若文燦往，詎令鼠輩至是哉！」中使起立曰：「吾非往廣西采辦也，銜上命覘公。公信有當世才，非公不足辦此賊。」文燦出不意，悔失言，隨言有五難四不可。中使曰：「吾見上自請之，若上無所吝，卽公不得辭矣。」文燦辭窮，應曰「諾」。中使還朝，具言之帝。初，文燦徙蘄水，與邑人姚明恭爲姻婭，明恭官詹事，又與楊嗣昌善。嗣昌握兵柄，承帝眷，以帝急平賊，冀得一人自助。明恭因薦文燦，且曰：「此有內援可引也。」嗣昌喜，遂薦之。

十年四月拜文燦兵部尚書兼右副都御史，代王家禎總理南畿、河南、山西、陝西、湖廣、四川軍務。文燦拜命，卽請左良玉所將六千人爲己軍，而大募粵人及烏蠻精火器者一二千人以自護，弓刀甲冑甚整。次廬山，謁所善僧空隱。僧迎謂曰：「公誤矣。」文燦屏人問故，僧曰：「公自度所將兵足制賊死命乎？」曰：「不能。」曰：「諸將有可屬大事、當一面、不煩指揮而定者乎？」曰：「未知何如也。」曰：「二者既不能當賊，上特以名使公，厚責望，一不效，誅矣。」文燦却立良久，曰：「撫之何如？」僧曰：「吾料公必撫。然流寇非海寇比，公其愼之。」文燦去，抵安慶。帝所遣中官劉元斌、盧九德監勇衞營軍者亦至。良玉宿將桀驁，不受文吏節制，會其下與粵軍不和，大詬。文燦不得已，遣還南兵。然良玉軍實不爲用。嗣昌言於帝，乃以邊將馮舉、苗有才兵五千人隸焉。有才敗於眞陽。而京營將黃得功連破賊兵，威甚振。

當是時，嗣昌建「四正六隅」之策，增兵餉大半，期滅賊，賊頗懼。及文燦至，京軍屢捷，益懼。文燦顧決計招降。初抵安慶，卽遣人招張獻忠、劉國能，二人聽命。乃益刊招降檄，布通都。又請盡遷民與粟閉城中，賊無所掠，當自退。帝怒，譙讓文燦。嗣昌亦心非之，旣已任之，則曲爲文燦解。因其請，畀以畿輔、山西兵各三千。明年，國能果降，而獻忠襲據穀城。會得功又大破賊舞陽，馬士秀、杜應金夜半降，信陽城下。獻忠爲左良玉所創，幾被擒，其下饑困多散去。獻忠窮蹙，亦因陳洪範以降。於是嗣昌議功罪，絀洪承疇、曹變蛟等，而稱文燦功焉。

已而京軍解遂平圍，斬獲三千有奇。時文燦在裕州，馬進忠、羅汝才十三家賊聚南陽。文燦下令，殺賊者償死。賊不肯從，則齎金帛酒牢犒之，名曰「求賊」。帝詗得狀，曰：「文燦大言無實。」文燦恐。孫傳庭出關擊賊，文燦不救，而嗣昌已入政府掌中樞矣。九月，文燦次襄陽，賊分踞鄖、襄諸險。諸將請戰，文燦議分兵。盧九德曰：「兵分則力弱，一失利，全軍搖矣。莫若厚集其力而合擊之。」衆曰：「善。」乃以僉事張大經監大將左良玉、陳洪範軍，以通判孔貞會監副將龍在田軍，戰於雙溝，大破之，斬首二千餘級。羅汝才、惠登相率九營走均州，李萬慶率三營走光、固。

十一月，京師戒嚴，召洪承疇、孫傳庭入衞。汝才等以爲討己也，懼而叩太和山提督中

中華書局

官，求撫於文燦，許之。處汝才及一丈青、小秦王、一條龍四營於鄖縣，處登相及王國寧、常德安、〔九〕楊友賢、王光恩五營於均州。上言：「臣於李萬慶、賀一龍、馬光玉及順天王主剿，他皆主撫。請赦汝才等罪，授之官。」可之。時京軍、良玉軍皆以入衞行，馬士秀、杜應金遂叛於許州。初，士秀等降，良玉以其衆處許之郊外。許，大州也，良玉諸將寄孥與賄焉。良玉久征不歸，士秀、應金在文燦軍中，僞請急，假良玉軍號入城。夜半，兵從府第出，燒城南樓，劫庫，殺官吏，挈其貲投萬慶。萬慶者，賊魁射塌天也。

十二年三月，良玉還，破降馬進忠，使劉國能擊降萬慶，士秀、應金亦再降。順天王已前死，其黨順義王爲其下所殺。文燦遂上言：「臣兵威震懾，降者接踵。十三家之賊，惟革、左及馬光玉三部尚稽天誅，〔一〇〕可歲月平也。」帝優詔報之。

初，張獻忠之降也，擁兵萬人踞穀城，索十萬人餉。文燦及中外要人日與之。爲請官，請地，請關防矣，獻忠列軍狀曰請備遣。既而三檄其兵不應，朝野知獻忠必叛也。其後，汝才降，不肯釋甲。及進忠、萬慶等並降，文燦以爲得策，謂天下且無賊也。五月，獻忠遂反於穀城，劫汝才於房縣，於是九營俱反。初，均州五營懼見討，自疑，相與歃血拒獻忠，無何亦叛去。帝聞變，大驚，削文燦官，戴罪視事。七月，良玉擊獻忠羅猴山，敗績。帝大怒，命嗣昌來代。嗣昌已至軍，卽遣使逮文燦下獄，坐大辟，所親姚明恭柄國而不能救也。十

三年十月，文燦竟棄市。

練國事，字君豫，永城人。萬曆四十四年進士。授沛縣知縣，調山陽。

天啓二年徵授御史。廣寧失守，國事請薊州、宣府、大同及山東、山西、河南撫臣各練兵萬，以壯山海聲援。又請捕誅殺大同妖人。又疏論魏忠賢使羣閹辱尚書鍾羽正，索冬衣，傷國體。國事在諫垣，匡救多。給事中趙興邦，忠賢私人也，以國事爲趙南星黨，劾之，削籍。

崇禎元年復官，擢太僕少卿，進右僉都御史，巡撫陝西。關中頻歲饑，盜賊蠭起。四年正月，神一元陷保安。國事遣賀虎臣援延安，而身率副將張全昌連破點燈子於中部、郃陽、韓城，又破別部於宜君、雒川，降其魁李應蘩。諸將張全昌、趙大胤、王承恩、杜文煥、賀虎臣等分剿賊澄城、宜川、耀州、白水、郃陽，斬首千九百有奇。總督楊鶴既受羣賊降，已，復相繼叛，田近菴、李老柴陷中部。國事偕承恩攻圍五月，克之。而所部亦頻失事，楊鶴被徵，國事亦戴罪自贖。

五年，紅軍友、李都司等將犯平涼。國事自涇趨固原，檄大帥楊嘉謨殺賊塘馬，斷其偵

探。賊乃走慶陽西壕，嘉謨、曹文詔邀擊，大敗之。自三月至五月，大小數十戰，賊迄破滅。國事免戴罪。

當是時，關中五鎭，大帥曹文詔、楊嘉謨、王承恩、楊麟、〔一一〕賀虎臣各督邊軍協討，總督洪承疇尤善調度。賊魁多殲，餘盡走山西，關中稍靖。

六年冬，賊既從澠池渡，入盧氏。明年，賊遂由河南、湖廣入漢南。總督陳奇瑜檄國事駐商州，協剿商南、盧氏賊。漢南賊遂由寧羌至兩當，掠鳳縣，出棧道，陷寶雞，關中賊復熾。既而奇瑜受賊降，檄諸軍勿擊。賊出險，遂大掠鳳翔、麟游、寶雞、扶風、汧陽、乾州、涇陽、醴泉。奇瑜委罪國事以自解，國事上言：「漢南賊盡入棧道，奇瑜檄止兵。臣未知所撫實數。及見奇瑜疏，八大王部萬三千餘人，蠍子塊部萬五百餘人，張妙手部九千一百餘人，八大王又一部八千三百餘人，臣不覺仰天長嘆。夫一月內，撫强寇四萬餘，盡從棧道入內地，食飲何自出，安得無剽掠。且一大帥將三千人，而一賊魁反擁萬餘衆，安能受紀律。卽藉口回籍，延安州縣驟增四萬餘人，安集何所。合諸征剿兵不滿二萬，而降賊踰四萬，豈內地兵力所能支，宜其連陷名城而不可救也。若咎臣不堵剿，則先有止兵檄矣。若云賊已受撫，因誤殺使人致然，則未誤殺之先，何爲破麟游、永壽。今事已至此，惟急調大軍致討。若仍以願回原籍，禁兵勿剿，三秦之禍安所終極哉！」疏入，事已不可爲，遂逮下獄。九年正

月遣戍廣西。久之，敍前功，赦還，復冠帶。

福王時，召爲戶部左侍郎，尋改兵部。十二月加尙書，仍涖侍郎事。明年二月致仕，未幾卒。

丁啓睿，永城人。萬曆四十七年進士。崇禎初，歷山東右參政，坐事謫陝西副使。九年，寧夏兵變，啓睿捕斬殺巡撫王楫者首惡六人，軍中大定。再遷右布政使，分守關南，從巡撫孫傳庭討賊。

十一年冬，就拜右僉都御史，代傳庭巡撫陝西。歲頻旱，民益爲盜，長武、環、白水、長安、臨潼、咸陽賊起如蝟毛。十三年用督師楊嗣昌薦，擢兵部右侍郎兼右僉都御史，代鄭崇儉總督陝西三邊軍務討賊。明年，嗣昌死，加啓睿兵部尙書，改稱督師，代嗣昌盡督陝西、湖廣、河南、四川、山西及江南、北諸軍，仍兼總督陝西三邊軍務，賜劍、敕、印如嗣昌。

啓睿自謫河西副使，數遷皆在陝西，然實庸才。爲督、撫，奉督師期會，謹愼無功過；及督師任重專制，卽莫知爲計。啓睿已受命出潼關，將由承天赴嗣昌軍於荊州。湖廣巡按汪承詔言大寇在河南，荊、襄幸息警，無煩大軍，盡匿漢津船。啓睿至，五日不得渡，折而向

鄧州，州人閉門訴；過內鄉，長吏閉之糴。軍行荒山間，割馬驘，燎以野草，士咍不得飽。是時李自成已陷洛陽，圍開封，有衆七十萬。啓睿憚不敢援。聞張獻忠在光山、固始間，少弱，乃謀於諸將曰：「上命我剿豫賊，此亦豫賊也。」遂檄左良玉破之於麻城，斬首千二百。開封日告急，則曰：「我方有事於獻忠，不赴矣。」聞傳宗龍將入關督秦師，啓睿曰「三邊已置總督矣」，乞帝更敕書，乃更敕書宗龍辦自成。九月，宗龍敗歿於項城，啓睿不能救。賊乘勝陷南陽，殺唐王，開、汝二郡望風下。十二月，自成再圍開封。河南巡撫高名衡飛檄至，啓睿督兵赴之，避賊入城，部下大淫掠。總兵陳永福射自成，中其左目。明年正月，賊解圍去。

啓睿之在許州也，畏賊逼，始赴開封。離城三十里，而城卽破。其抵開封，啓門入，賊乘之，幾陷。四月，自成合羣賊復攻開封。六月，帝釋侯恂於獄，命督援剿諸軍救開封。未至，開封圍益急。帝數詔切責啓睿。啓睿不得已，乃大集良玉、虎大威、楊德政、方國安之軍，偕保定總督楊文岳，以七月會於朱仙鎭，與賊壘相望。賊衆百萬。啓睿欲戰，良玉曰：「賊鋒銳，未可擊也。」啓睿曰：「圍已急，必擊之。」諸將皆懼。良玉歸營，卽先走，諸營俱走。啓睿、文岳聯騎奔汝寧。賊渡河逐之，追奔四百里。喪馬驘七千，將士數萬，啓睿敕書、印、劍俱失。事聞，詔褫職候代。九月，賊決馬家口河灌開封，開封遂陷。乃徵下吏，久之釋

歸。自嗣昌死二年而啓睿敗，啓睿敗又二年而明亡矣。

福王時，啓睿賁緣馬士英充爲事官，督河南勸農、剿寇諸務。尋以擒斬歸德僞官，拜兵部尚書，加太子太保，官其一子。事敗，脫身旋里，久之卒。

從父魁楚，崇禎四年春，以右僉都御史巡撫保定。七年擢兵部右侍郎，代傅宗龍總督薊、遼、保定軍務。九年七月，畿輔被兵，魁楚坐下吏，久之放還。福王時，起故官，總督河南、湖廣，兼巡撫承天、德安、襄陽。未赴，會兩廣總督沈猶龍入爲侍郎，魁楚竟代其任。尋加兵部尚書。唐王自立於福州，命以故官協理戎政。靖江王亨嘉反桂林，下梧州，執巡撫瞿式耜。魁楚檄思恩參將陳邦傳等襲走之，獲於桂林。封魁楚平粵伯，仍留鎭兩廣。閩中事敗，與式耜擁立桂王於肇慶，進東閣大學士，兼理戎政。大清兵下廣州，漸逼肇慶。魁楚奉王走梧州，復棄之，走岑溪。輜重多，舳艫相屬，爲大將李成棟追獲，魁楚遂降。成棟與有隙，錄其家數百人殺之。魁楚乞一子，成棟笑曰：「汝身且莫保，尙求活人耶？」並殺之。

鄭崇儉，字大章，鄉寧人。〔二〕萬曆四十四年進士。授河南府推官，歷濟南兵備副使。崇禎初，遷陝西右參政。屢遷右僉都御史，巡撫寧夏。數敗套寇，賚銀幣，世廕錦衣副千戶。

十二年正月擢兵部右侍郎，代洪承疇總督陝西三邊軍務。五月，張獻忠反穀城，羅汝才等九營皆反，興安告警。總理熊文燦請敕楚撫方孔炤防荆門、當陽，鄖撫王鰲永防江陵、遠安，陝撫丁啓睿、蜀撫邵捷春各嚴兵於其境，而崇儉主提兵合擊。時固原、臨洮、寧夏三總兵左光先、曹變蛟、馬科隨承疇入衞，柴時華中道還甘肅，徵之不應。崇儉乃檄副將賀人龍、李國奇等軍發西安。國奇至略陽，卒大譟，剽瑞王租。〔三〕國奇已擢陝西總兵官，坐停新命，崇儉亦貶一秩。

獻忠既叛，大敗左良玉軍於房縣之羅猴山，謀入陝。崇儉率人龍、國奇軍扼之興安。賊還走興山、太平，處楚、蜀交。是時，楊嗣昌已出師，入文燦軍而代之矣。先是，尙書傅宗龍議令崇儉兼督蜀軍，而嗣昌亦檄秦軍入蜀。崇儉乃以十三年二月率人龍、國奇會良玉大敗賊於瑪瑙山，獲首功千三百三十有三，降賊將二十有五人，獲馬驘、甲仗無算。是役也，崇儉身在行，而嗣昌遠處襄陽。及論功，所賜半嗣昌，但增一秩，復先所降一秩而已。

獻忠既敗，竄柯家坪，蜀將張令追之，被圍。崇儉遣兵擊走賊，人龍、國奇等復追敗之寒溪寺、鹽井，先後斬首千五百級。其黨順天王、一條龍、一隻龍皆降。崇儉軍五日三捷，

威名甚振。以年衰乞骸骨，不許，令率總兵鄭家棟還關中，留人龍、國奇討賊。

當是時，獻忠竄伏興、歸山中。秦、楚師俱集於夔，諸將協心窮搜深箐，千餘殘寇可盡殲。崇儉既去，未幾，人龍軍亦自開縣譟而西歸，楚師遂敗績於土地嶺，蜀中由是大亂。嗣昌因言崇儉撤兵太早，致賊猖獗。帝初以崇儉不能馭軍，不悅，及是命削籍，以啓睿赴軍前代理，而疑崇儉託疾，令按臣核實。明年春，獻忠陷襄陽，嗣昌死，帝益恨崇儉不掎角平賊也，逮下獄，責以縱兵擅還，失悞軍律。不俟秋後，以五月棄市。

帝自卽位以來，誅總督七人，崇儉及袁崇煥、劉策、楊一鵬、熊文燦、范志完、趙光抃也。福王時，給事中李清言：「崇儉未失一城，喪一旅，因他人巧卸，遂服上刑。羣臣微知其冤，無敢訟言者，臣甚痛之。」崇儉冤始白。

方孔炤，字潛夫，桐城人。萬曆四十四年進士。天啓初，爲職方員外郎。忤崔呈秀，削籍。崇禎元年，起故官。憂歸。定桐城民變，還朝。十一年以右僉都御史巡撫湖廣，擊賊李萬慶、馬光玉、羅汝才於承天，八戰八捷。時文燦納獻忠降，處之穀城。孔炤條上八議，言主撫之誤，不聽，而陰厲士馬備戰守。已而賊果叛，如孔炤言。賊故畏孔炤，不敢東，文

燦乃檄孔炤防荊門、當陽，鰲永防江陵、遠安，秦、蜀各嚴兵。崇儉主合擊，孔炤乃請專斷德、黃，守承天，護獻陵，而江、漢以南責鰲永。會嗣昌代文燦，令孔炤仍駐當陽。惠王常潤言：「孔炤遏獻忠，有來家河、神通堡之捷，射中賊魁馬光玉，陵寢得無虞。請增秩久任。」章下部，未奏，而部將楊世恩、羅安邦奉調，會川、沅兵剿竹山寇。兩將深入，至香油坪而敗。嗣昌既以孔炤撫議異己也，又忮其言中，遂因事獨劾孔炤，逮下詔獄。子檢討以智，國變後棄家爲僧，號無可者也，伏闕訟父冤，膝行沙堰者兩年。帝爲心動，下議，孔炤護陵寢功多，減死戍紹興。久之，用薦復官，以右僉都御史屯田山東、河北。馳至濟南，復命兼理軍務，督大名、廣平二監司禦賊。命甫下而京師陷，孔炤南奔。馬、阮亂政，歸隱十餘年而終。

先是，有以陵寢失守獲重譴者，爲楊一鵬。一鵬，臨湘人。歷官大理寺丞，削籍。崇禎六年以兵部左侍郎拜戶部尚書兼右僉都御史，總督漕運，巡撫江北四府。鳳陽軍民素疾守陵太監楊澤貪虐，引賊來寇。八年正月，賊遂攻陷鳳陽，焚皇陵，燒龍興寺，燔公私邸舍二萬二千六百五十，戮中都留守朱國相、指揮使程永寧等四十有一員，殺軍民數萬人。

先是，賊漸逼江北，兵部尚書張鳳翼請敕一鵬移鎮鳳陽，溫體仁格其議。賊驟至，一鵬在淮安，遠不及救。帝聞變大驚，素服避殿，親祭告太廟，遂逮一鵬及巡按御史吳振纓、

守陵宦官澤。澤先自殺，一鵬棄市，振纓戍邊。

邵捷春，字肇復，侯官人。萬曆四十七年進士。累官稽勳郎中。崇禎二年出爲四川右參政，分守川南，撫定天全六番高、楊二氏。遷浙江按察使。大計，坐貶。久之，起四川副使，以十年秋抵成都。時秦賊已入蜀，巡撫王維章、總兵侯良柱悉衆北拒，城中惟屯田軍及蜀府護衛軍，人情恇懼。捷春啓門納鄉民避賊者。中尉奉鐕勾賊抵城下，捷春與御史陳廷謨擒繫奉鐕，而募市人、起廢將固守。賊去，蜀王疏其功。會維章罷，傅宗龍代，命捷春監軍，偕總兵羅尚文擊賊。明年，尚文及安綿副使吳鱗徵大破賊過天星等。[一四]捷春進右參政，仍監軍。

十二年五月，宗龍入掌中樞，即擢捷春右僉都御史代之。時張獻忠、羅汝才已叛，謀入秦。秦兵扼之興安，乃犯興山及蜀太平，遂窺大寧。捷春遣副將王之綸、方國安分道扼之。國安連破賊，賊遂還入秦、楚。十月朔，楊嗣昌誓師襄陽，檄蜀軍受節度。嗣昌以楚地廣衍，賊難制，驅使入蜀，蜀險阻，賊不得逞，蹙之可全勝。又慮蜀重兵扼險，賊將還毒楚，調蜀精銳萬餘爲己用，蜀中卒自是益罷弱不足支矣。捷春憤曰：「令甲失一城，巡撫坐。今以蜀委賊，是督師殺我也。」爭之，不能得。於是汝才、惠登相遂自興山、遠安犯大寧、大昌，獻忠亦西至太平。明年二月，左良玉大破獻忠瑪瑙山，他將張應元、張令等復數敗之。獻忠乃逃興、歸山中。久之復振，由汝才入寧昌故道走而西。

初，汝才在寧昌阻江，爲諸將劉貴、秦良玉、秦翼明、楊茂選等所拒，不得渡。會獻忠西，遂與合。貴等戰皆卻，賊乃渡江，營萬頃山、苦桃灣，其別部營紅茨崖、青平砦，歸、巫間大震。嗣昌乃上夷陵，而檄捷春扼夔門。蜀大寧、大昌界楚竹溪、房縣，有三十二隘口，嗣昌欲厚集兵力專守夔，棄寧、昌啗賊，官軍環攻之。捷春曰：「棄隘口不守，是延賊入戶也。」乃遣茂選及覃思岱等出關分守。二將不相得，思岱譖殺茂選，[一五]捷春令兼統其衆，其衆相率去。賊入隘，守者潰。賊夜斬夔關，將士大驚潰，新寧、大竹皆陷。而汝才、登相越巴霧河，陷開縣，爲鄭嘉棟、賀人龍所破。汝才乃與小秦王、混世王東奔。而登相獨過開縣西。人龍及李國奇又西追之。汝才等遁還興山，屢挫。會嗣昌下招降令，小秦王、混世王皆降，惟汝才逸去。嗣昌見楚地無賊，以八月終率師入蜀，於是羣賊盡萃蜀中。

當是時，捷春提弱卒二萬守重慶，所倚惟秦良玉、張令軍。無何，秦師譟而西歸，楚將張應元等敗績於夔州之土地嶺。於是捷春以大昌上、中、下馬渡水淺地平，難與持久，乃扼水寨觀音巖爲第一隘，以部將邵仲光守之，而夜叉巖、三黃嶺、磨子巖、魚河洞、下涌諸處，

各分兵三四百人以守。萬元吉以兵分力弱爲憂，捷春不聽。九月，獻忠突敗仲光軍，破上馬渡。元吉急檄諸將分邀之，復令張奏凱屯淨壁。[一六]捷春遣二將羅洪政、沈應龍爲助。十月，獻忠突淨壁，遂陷大昌，屯開縣。良玉、令兩軍皆覆。賊行則哨探，止則息馬抄糧。關隘偵候不明，防軍或遠離戍所，賊乘隙而過無人之境。嗣昌遂收斬仲光，上疏劾捷春失事。捷春收兵扼梁山。時登相已歸正，而汝才復與獻忠合，以梁山河深不能渡，乃自開縣西走達州。捷春退保綿州，扼涪江。賊疾走，陷劍州，遂趨廣元。將由間道入漢中，爲秦兵所扼，乃復走巴西。應元諸軍邀之梓潼，戰小利，既而衄，蜀將曹志耀等力戰卻之。降將張一川、[一七]張載福陷陣死，涪江師遂潰，賊屠綿州。捷春歸成都，賊逼成都。十一月逮捷春使者至，遂以軍事付代者廖大亨而去。

捷春爲人清謹，治蜀有惠政。士民哭送者載道，舟不得行，競逐散官旗。蜀王爲疏救，不聽。敕巡按御史遣官送京師，下獄論死。捷春知不可脫，明年八月仰藥死獄中。福王時，復官，贈兵部右侍郎。

余應桂，字二磯，都昌人。萬曆四十七年進士。歷知武康、龍巖、海澄三縣。

崇禎四年徵授御史。劾戶部尚書畢自嚴朋比。殿試讀卷，取陳于泰第一。于泰者，首輔周延儒姻也。劾延儒納孫元化參、貂，受楊鶴重賂。帝方眷延儒，責應桂。未幾，賊陷登州，元化被執，應桂再疏劾延儒。帝怒，貶三秩視事，應桂引疾歸。

七年還朝，出按湖廣，居守承天。捐贖鍰十餘萬募壯士，繕城治器，賊不敢逼獻陵。帝聞而嘉之。期滿，命再巡一年。貽贖鍰萬五千助盧象昇軍需，而奏報屬城失事，具以實聞。帝以是知巡撫王夢尹詐，而益信應桂。期滿，命再巡一年。十年即擢應桂右僉都御史，代夢尹。

當是時，諸監司袁繼咸、包鳳起、高斗樞輩已削平湖南羣賊，而江北賊勢日熾，諸將雖奏捷，不能大創也。帝命熊文燦爲總理，文燦主撫。明年降其渠劉國能、張獻忠。馬進忠西走潼關，馬光玉、賀一龍、李萬慶、順義王、九條龍衆十餘萬萃麻城、黃安。應桂諭降光玉、一龍，未至，而遣將擊順天王等於黃福店，賊遂走黃安。會文燦至麻城，應桂請協擊，不從。賊復東走江北，爲左良玉所遏，折而走廣濟、蘄水。文燦檄諸道兵合擊賊於茶山，賊逸於應桂所分地，文燦遂劾其後期悞軍。兵部尚書楊嗣昌以應桂曾劾其父鶴也，奏逮之。應桂乃陳撫剿始末，白己無罪，而詆文燦，言：

正月初，議撫劉國能，其黨李萬慶等諸大賊盡走泌陽、棗陽。時文燦、良玉並在德安。臣以爲兵勢方盛，宜乘此追剿，而文燦調良玉諸軍盡赴信陽剿馬進忠。臣謂進忠小寇，勝之不武，文燦不聽。自此機一失，賊走西，而文燦東，致張獻忠攻陷穀城以要撫。李萬慶五部收餘燼，勢復振。而豫、楚之患，遂自文燦之愎諫貽之矣。追賊西潰之後，遮飾上聞，妄報斬級。其自恃所長惟火礮火攻，經過州縣用夫至八百，死亡載道，未見其一試也。

且文燦辦賊之策曰「先撫後剿」。乃茶山不效，麻城又不效，第見招撫之旗絡繹於道。一遣使招賀一龍，而使者被殺，一遣使招李萬慶，而餽鹽椒運魚肉與通市，賊反因之焚掠，未見一賊歸順也。天下有如是撫法乎！其一切軍需，悉取於所歷之有司，名曰「借辦」，致城市空虛，孑遺盡絕。三月至麻城，民不堪淫掠，欲焚其署，始踉蹌而走。麻城，文燦壻家也，戚里如是，餘可知矣。三月在蘄水，其兵殺鄉民報捷。民家環哭，竟不敢治一兵。蘄水，文燦家園也，鄉里如是，餘可知矣。是以捷報日張，寇勢愈熾。十三家之賊蹂躪南陽、汝寧，如履無人之境。文燦駐宛、汝已久，調度不聞，天下有如是剿法乎！

獻忠在穀城招納亡命，買馬置器，人人知其叵測。文燦顧欲借之爲前茅，遣官調之。非惟不應，復留解餉之官，求總兵湖廣。今已造浮橋跨漢水矣。文燦前既誇張而敍功，後復掩匿而不報，可不謂之欺君乎！以總理之大柄畀之顚蹶之耄夫，臣不知其可也。

帝不納。逮至，下獄。

初，應桂貽書文燦，言獻忠必反，可先未發圖之。其書爲獻忠邏者所得，獻忠騰牒鄖陽巡撫戴東旻，言「撫軍欲殺我」。東旻聞之文燦，文燦再糾應桂。應桂再疏辨，帝亦不納。應桂竟遣戍。無何，獻忠果反，廷臣交章薦應桂。

十六年起應桂兵部右侍郎。十月，潼關陷，帝召問大臣。陳演言：「賊入關中，必戀子女玉帛，猶虎入陷穽。」應桂叱之曰：「壯士健馬咸出關西。賊得之，必長驅橫行，大臣安得面謾！」演股栗失色。十一月，督師孫傳庭戰歿，命應桂兼右僉都御史往代之。應桂以無兵無餉，入見帝而泣。帝但遣京軍千人護行，給御用銀萬兩、銀花四百、銀牌二百、蟒幣二百、雜幣倍之，爲軍前賞功之用而已。應桂既受命，日夜悲疑，將至山西，則僞官充斥，逡巡不得前。帝責以逗遛，奪職，命新擢陝西巡撫李化熙代之，化熙亦不能進也。未幾，京師陷，應桂家居不出。久之，死於難。

高斗樞，字象先，鄞人。崇禎元年進士。授刑部主事。坐議巡撫耿如杞獄，與同列四人下詔獄。尋復官，進員外郎。

五年遷荊州知府。久之，擢長沙兵備副使。楚郡之在湖北者，盡罹賊禍，勢且及湖南，臨、藍、湖、湘間土寇蠭起。長沙止老弱衞卒五百，又遣二百戍攸縣，城庳雉堞盡圮。斗樞至，建飛樓四十，大修守具。臨、藍賊艘二百餘，由衡、湘抵城下。相拒十餘日乃却去，轉攻袁州。遣都司陳上才躡其後，賊亦解去。尋擊殺亂賊劉高峰等，撫定餘衆。詔錄其功。巡撫陳睿謨大征臨、藍寇，斗樞當南面，大小十餘戰，賊盡平。詔賚銀幣。

十四年六月進按察使，移守鄖陽。鄖被寇且十載，屬邑有六，居民不四千，數百里荊榛。撫治王永祚以襄陽急，移師鎭之。斗樞至甫六日，張獻忠自陝引而東。斗樞與知府徐啓元遣遊擊王光恩及弟光興分扼之，戰頻捷，賊不敢犯。光恩者，均州降渠小秦王也。初與張獻忠、羅汝才輩爲賊。獻忠、汝才降而復叛，均州五營懼見討自疑。又以獻忠强，慮爲所併，光恩斂衆，據要害以拒獻忠。居久之，乃有稍稍颺去者，光恩亦去，已而復降。光恩善用其下，下亦樂爲之用。斗樞察其誠，招入郡守。當是時，斗樞、啓元善謀，光恩善戰，鄖城危而復全。

十五年冬，李自成陷襄陽、均州，攻鄖陽四日而去。明年春，復來攻。十餘日不克，乃退屯楊溪。五月，斗樞召遊擊劉調元入城，旬日間殺賊三千餘。自成將來攻，卒不克而去。乃令光恩復均州，調元下光化，躬率將士復穀城。將襲襄陽，聞孫傳庭敗，旋師，均州復爲賊有。

十七年正月，自成遣將路應標等以三萬人攻鄖。斗樞遣人入均州，燒其蓄積，賊乏食而退。當是時，湖南、北十四郡皆陷，獨鄖在。自十五年冬，撫治王永祚被逮，連命李乾德、郭景昌代之，路絕不能至，中朝謂鄖已陷，不復設撫治。十六年夏，斗樞上請兵疏，始知鄖存，衆議卽任斗樞。而陳演與之有隙，乃擢啓元右僉都御史任之，加斗樞太僕少卿，路阻亦不能達。是年二月，朝議設漢中巡撫，兼督川北軍務，擢斗樞右副都御史以往，朝命亦不達。至三月始聞太僕之命，卽以軍事付啓元。七月而北都變聞，并聞漢中之命。地已失，不可往。

福王立，移斗樞巡撫湖廣，代何騰蛟。復以道路不通，改用王驥，斗樞皆不聞也。國變後數年卒。啓元、光恩亦皆以功名終。

張任學，安岳人。天啓五年進士。授太原知縣，以才調榆次。

崇禎四年舉治行卓異，入爲御史。陳蜀中私稅、催科、訟獄三大苦，帝爲飭行。出視兩浙鹽法，數條奏利弊。八年，流賊陷鳳陽，詔逮巡按吳振纓，命任學往代。還朝，復按河南，監軍討賊。時羣盜縱橫，而諸將縮朒不敢擊。任學慨然曰：「事不辭難，臣職也。賊勢如此，我輩可雍容坐鎭耶！」

十一年二月遂上疏極詆諸將。請易武階，親執干戈，爲國平賊。帝壯之，下吏、兵二部及都察院議。諸臣以文吏無改武職者，請仍以監軍御史兼總兵事。帝不從，命授署都督僉事，爲河南總兵官。河南舊無總兵，左良玉、陳永福並以客兵備援剿，至是大將特設。而麾下無一官，兵部乃以署鎭許定國兵授之，使參將羅岱爲中軍。岱，健將，屢著戰功，任學倚以自強。時熊文燦專主撫，劉國能、張獻忠俱降，羅汝才、馬進忠、李萬慶等躪中原如故。河南人據塢壁自保者數十，賊悉摧破之，踞息縣、光州，磔人投汝水，水爲赤。任學不能大創也。進忠勢衰，佯求撫。文燦及巡撫常道立許之，乘間逸去。事聞，任學與文燦、道立並鐫秩。

七月，任學督岱等赴羅山，合左良玉軍擊汝才、萬慶及紫微星、順義王，大敗之，追奔五十里，斬首一千四百有奇，獲黑虎狼、滿天星，賊奔遂平。九月，進忠寇開封，至瓦子坡。岱奮擊，賊盡棄輜重遁入大隗山，獲其妻子。

其冬，京師戒嚴，任學入衞，道謁文燦，言：「獻忠狼子野心，終爲國患，我以勤王爲名，出其不意，可立縛也。」文燦不能用。抵畿南，有詔却還。巡撫道立調良玉兵於陝州。賊乘盧氏虛，遁入內鄉、淅川，爲文燦所劾。明年除道立名，任學亦鐫一秩。遊擊宋懷智、都司孔道興再破賊陳州，部將王應龍、尤之龍等破賊襄城，五戰皆勝。副將岱與應龍、懷智等復破賊葉縣，十日奏八捷。帝詔所司核實。已，又挫賊裕州。而是時總兵孫應元、黃得功統京軍討賊，屢奏大捷，凱旋錄功，任學亦敍復二秩。

尋與左良玉、陳洪範殲李萬慶於內鄉。萬慶方降，獻忠已叛，文燦盡調河南軍援剿，獨任學留汝南。川貴總督李若星論文燦主撫之謬，請復任學原官，攝行大將，督察軍事。不從。七月，獻忠合汝才自房縣西走，岱偕良玉追之。良玉令岱爲前鋒，己隨其後。至羅猴山，軍乏食。賊伏兵要害，岱與副將劉元捷鼓勇直上，伏四起。岱馬足絓於藤，抽刀斷之，蹶而復進，乃棄馬步鬭。久之矢盡，陷於賊，良玉軍亦大敗。事聞，任學坐褫職。十五年，言官請起廢，任學與焉，未及用而卒。

贊曰：流賊之肆毒也，禍始於楊鶴，成於陳奇瑜，而熾於熊文燦、丁啓睿。然練國事、鄭

崇儉先罹其罰，而邵捷春、兪應桂亦或死或戍。疆場則勳撫乖方，廟堂則賞罰不當，僨師玩寇，賊勢日張，詎非人謀不臧實使之然乎！

校勘記

〔一〕尋出督兩淮鹽法　兩淮，明史稿傳一三八楊鶴傳作「兩浙」。

〔二〕搆兵三十年　本書卷三一一烏蒙烏撒東川鎭雄四軍民府傳作「仇殺者二十年」。

〔三〕殺知縣張耀采　張耀采，本書卷二二熹宗本紀、熹宗實錄卷七七天啓七年三月戊子條、國榷卷八八頁五三六五都作「張斗耀」。

〔四〕降賊王虎　王虎，崇禎實錄卷三崇禎三年三月條、國榷卷九一頁五五四〇、綏寇紀略卷一、懷陵流寇始終錄卷三都作「黃虎」。

〔五〕周任鳳　明史稿傳一三七陳奇瑜傳、懷陵流寇始終錄卷七作「周仕鳳」。

〔六〕授黃州推官　黃州，原作「貴州」，據明史稿傳一三七熊文燦傳改。

〔七〕海寇鍾凌秀既降復叛　鍾凌秀，原作「鍾靈秀」，明史稿傳一三七熊文燦傳作「鍾凌秀」。按下文作「凌秀」，據改。

〔八〕參將夏之本　懷宗實錄卷七崇禎七年十二月壬寅條、國榷卷九三頁五六八三都作「夏之木」。

中華書局

〔九〕常德安　明史稿傳一三七熊文燦傳作「常國安」。

〔一〇〕惟革左及馬光玉三部尚稽天誅　馬光玉，原作「馬光裕」，據本卷鄭崇儉傳附方孔炤傳、余應桂傳及明史稿傳一三七熊文燦傳、綏寇紀略卷六改。

〔一一〕楊麟　明史稿傳一三七練國事傳、國榷卷九二頁五五九三作「楊麒」。

〔一二〕鄉寧人　鄉寧，原作「寧鄉」，據明史稿傳一三七鄭崇儉傳、明進士題名碑錄萬曆丙辰科改。

〔一三〕國奇至略陽卒大譟劫瑞王租　略陽，原作「洛陽」，綏寇紀略卷六、懷陵流寇始終錄卷一二都作「略陽」。按瑞王封國在漢中府，略陽其屬縣，亦李國奇應援入蜀道經之地，據改。

〔一四〕尙文及安綿副使吳麟徵大破賊過天星等　安綿副使，原作「安錦副使」，據明史稿傳一三七邵捷春傳改。按本書卷七五職官表按察司屬整飭兵備道在四川者有「安綿道」，無「安錦道」。又，吳麟徵，同上明史稿作「吳麟瑞」。按本書卷二六六有吳麟徵傳，事蹟與此異。

〔一五〕思岱譖殺茂選　譖殺，原作「潛殺」，據明史稿一三七邵捷春傳改。

〔一六〕淨壁　明史稿傳一三七邵捷春傳作「淨壁」，國榷卷九七頁五八七六、懷陵流寇始終錄卷一三作「淨堡」。

〔一七〕降將張一川　張一川，原作「張一州」，據明史稿傳一三七邵捷春傳、國榷卷九七頁五八八〇、綏寇紀略卷七、懷陵流寇始終錄卷一三、明史紀事本末卷七五改。

明史卷二百六十一

列傳一百四十九

盧象昇 弟象晉　象觀　從弟象同　劉之綸　丘民仰 丘禾嘉

盧象昇，字建斗，宜興人。祖立志，儀封知縣。象昇白晳而臞，膊獨骨，負殊力。舉天啓二年進士，授戶部主事。歷員外郎，稍遷大名知府。崇禎二年，京師戒嚴，募萬人入衞。明年進右參政兼副使，整飭大名、廣平、順德三府兵備，號「天雄軍」。又明年舉治行卓異，進按察使，治兵如故。象昇雖文士，善射，嫺將略，能治軍。

六年，山西賊流入畿輔，據臨城之西山。象昇擊卻之，與總兵梁甫、參議寇從化連敗賊。賊走還西山，圍遊擊董維坤冷水村。象昇設伏石城南，大破之。又破之青龍岡，又破之武安。連斬賊魁十一人，殲其黨，收還男女二萬。三郡之民，安堵者數歲。象昇每臨陣，

身先士卒，與賊格鬬，刃及鞍勿顧，失馬即步戰。逐賊危崖，一賊自巓射中象昇額，又一矢僕夫斃馬下，象昇提刀戰益疾。賊駭走，相戒曰：「盧廉使遇即死，不可犯。」象昇以是有能兵名。賊懼，南渡河。

明年，賊入楚，陷鄖陽六縣。命象昇以右僉都御史，代蔣允儀撫治鄖陽。時蜀寇返楚者駐鄖之黃龍灘。象昇與總督陳奇瑜分道夾擊，自烏林關、乜家溝、石泉壩、康寧坪、獅子山、太平河、竹木砭、箐口諸處，連戰皆捷，斬馘五千六百有奇，漢南寇幾盡。因請益鄖主兵，減稅賦，繕城郭，貸鄰郡倉穀，募商採銅鑄錢，鄖得完輯。

八年五月擢象昇右副都御史，代唐暉巡撫湖廣。八月命總理江北、河南、山東、湖廣、四川軍務，兼湖廣巡撫。總督洪承疇辦西北，象昇辦東南。尋解巡撫任，進兵部侍郎，加督山西、陝西軍務，賜尙方劍，便宜行事。汝、洛告警，象昇倍道馳入汝。賊部衆三十餘萬，連營百里，勢甚盛。象昇督副將李重鎭、雷時聲等擊高迎祥於城西，用强弩射殺賊千餘人。迎祥、李自成走，陷光州，象昇復大破之確山。先是，大帥曹文詔、艾萬年陣亡，尤世威敗衄，諸將率畏賊不敢前。象昇每慷慨灑泣，激以忠義。軍中嘗絕三日餉，象昇亦水漿不入口。以是得將士心，戰輒有功。

九年正月大會諸將於鳳陽。象昇乃上言曰：「賊橫而後調兵，賊多而後增兵，是爲後

局。兵至而後議餉，兵集而後請餉，是爲危形。況請餉未敷，兵將從賊而爲寇，是八年來所請之兵皆賊黨，所用之餉皆盜糧也。」又言「總督、總理宜有專兵專餉。請調咸寧、甘、固之兵屬總督，薊、遼、關、寧之兵屬總理」。又言「各直省撫臣，俱有封疆重任。毋得一有賊警卽求援求調。不應則吳、越也，分應則何以支」。又言臺諫諸臣，不問難易，不顧死生，專以求全責備。雖有長材，從何展布。「臣與督臣，有剿法無堵法，有戰法無守法」。言皆切中機宜。

於是迎祥圍廬州，不克，分道陷含山、和州，進圍滁州。象昇率總兵祖寬、遊擊羅岱救滁州，大戰於城東五里橋，斬賊首搖天動，奪其駿馬。賊連營俱潰，逐北五十里。朱龍橋至關山，積屍塡溝委塹，滁水爲不流。賊乃北趨鳳陽，圍壽州，突潁、霍、蕭、碭、靈壁、虹，窺曹、單。總兵劉澤淸拒河，乃掠考城、儀封而西。其犯亳者，折入歸德。永寧總兵官祖大樂邀擊之，賊乃北向開封。陳永福敗之朱仙鎭，賊遂走登封，與他賊合，分趨裕州、南陽。象昇合寬、大樂、岱兵大破之七頂山，殲自成精騎殆盡。已，次南陽，令大樂備汝寧，寬備鄧州，而躬率諸軍蹙賊。遣使告湖廣巡撫王夢尹、鄖陽撫治宋祖舜曰：「賊疲矣，東西邀擊，前阻漢江，可一戰殲也。」兩人竟不能禦，賊遂自光化潛渡漢入鄖。象昇遣總兵秦翼明、副將雷時聲由南漳、穀城入山擊賊。寬等騎軍，不利阻隘，副將王進忠軍譁，羅岱、劉肇基兵多

逃，追之則彎弓內嚮。象昇乃調四川及筸子土兵，搜捕均州賊。是時，楚、豫賊及迎祥等俱在秦、楚、蜀之交萬山中，象昇自南陽趨襄陽進兵。賊多兵少，而河南大饑，餉乏，邊兵益洶洶。承疇、象昇議，關中平曠，利騎兵，以寬、重鎭軍入陝。而襄陽、均、宜、穀、上津、南漳，環山皆賊。七月，象昇渡淅河而南。九月追賊至鄖西。

京師戒嚴，有詔入衞，再賜尙方劍。既行，賊遂大逞，駸駸乎不可復制矣。既解嚴，詔遷兵部左侍郎，總督宣、大、山西軍務。大興屯政，穀熟，畝一鍾，積粟二十餘萬。天子諭九邊皆式宣、大。

明年春，聞宣警，卽夜馳至天城。矢檄旁午，言二百里外乞炭馬蹄闊踏四十里。象昇曰：「此大舉也。」問：「入口乎？」曰：「未。」象昇曰：「殆欲右窺雲、晉，令我兵集宣，則彼乘虛入耳。」因檄雲、晉兵勿動，自率師次右衞，戒邊吏毋輕言戰。持一月，象昇曰：「懈矣，可擊。」哨知三十六營離牆六十里，潛召雲師西來，宣師東來，自督兵直子午，出羊房堡，計日鏖戰。乞炭聞之遂遁。象昇在陽和，乞炭不敢近邊。五月丁外艱，疏十上，乞奔喪。時楊嗣昌奪情任中樞，亦起陳新甲制中，而令象昇席喪候代。進兵部尙書。新甲在遠，未卽至。

九月，大淸兵入牆子嶺、靑口山，殺總督吳阿衡，毀正關，至營城石匣，駐於牛蘭。召宣、大、山西三總兵楊國柱、王樸、虎大威入衞。三賜象昇尙方劍，督天下援兵。象昇麻衣草履，誓師及郊。馳疏報曰：「臣非軍旅才。愚心任事，誼不避難。但自臣父奄逝，長途慘傷，潰亂五官，非復昔時；兼以草土之身蹈三軍上，豈惟觀瞻不聳，尤虞金鼓不靈。」已聞總監中官高起潛亦衰絰臨戎，象昇謂所親曰：「吾三人皆不祥之身也。人臣無親，安有君。樞輔奪情，亦欲予變禮以分督耶？處心若此，安可與事君。他日必面責之。」

當是時，嗣昌、起潛主和議。象昇聞之，頓足歎曰：「予受國恩，恨不得死所，有如萬分一不幸，寧捐軀斷脰耳。」及都，帝召對，問方略。對曰：「臣主戰。」帝色變，良久曰：「撫乃外廷議耳，其出與嗣昌、起潛議。」出與議，不合。明日，帝發萬金犒軍，嗣昌送之，屏左右，戒毋浪戰，遂別去。師次昌平，帝復遣中官齎帑金三萬犒軍。明日又賜御馬百、太僕馬千，銀鐵鞭五百。象昇曰：「果然外廷議也，帝意銳甚矣。」決策議戰，然事多爲嗣昌、起潛撓。疏請分兵，則議宣、大、山西三帥屬象昇，關、寧諸路屬起潛。象昇名督天下兵，實不及二萬。次順義。

先是，有瞽而賣卜者周元忠，善遼人，時遣之爲媾。會嗣昌至軍，象昇責數之曰：「文弱，子不聞城下盟春秋恥之，而日爲媾。長安口舌如鋒，袁崇煥之禍其能免乎？」嗣昌頳赤，曰：「公直以尙方劍加我矣。」象昇曰：「既不奔喪，又不能戰，齒劍者我也，安能加人。」嗣昌辭遁。象昇卽言：「元忠講款，往來非一日，事始於薊門督監，受成於本兵，通國聞之，誰可

諱也。」嗣昌語塞而去。又數日會起潛安定門，兩人各持一議。新甲亦至昌平，象昇分兵與之。當是時，象昇自將馬步軍列營都城之外，衝鋒陷陣，軍律甚整。

大淸兵南下，三路出師：一由淶水攻易，一由新城攻雄，一由定興攻安肅。象昇遂由涿進據保定，命諸將分道出擊，大戰於慶都。編修楊廷麟上疏言：「南仲在內，李綱無功；潛善秉成，宗澤殞恨。國有若人，非封疆福。」嗣昌大怒，改廷麟兵部主事，贊畫行營，奪象昇尙書，侍郎視事。命大學士劉宇亮輔臣督師，巡撫張其平閉闉絕餉。俄又以雲、晉警，趣出關，王樸徑引兵去。

象昇提殘卒，次宿三宮野外。畿南三郡父老聞之，咸叩軍門請曰：「天下洶洶且十年，明公出萬死不顧一生之計爲天下先。乃奸臣在內，孤忠見嫉。三軍捧出關之檄，將士懷西歸之心。棲遲絕野，一飽無時。脫巾狂噪，雲帥其見告矣。明公誠從愚計，移軍廣順，召集義師。三郡子弟喜公之來，皆以昔非公死賊，今非公死兵，同心戮力，一呼而裹糧從者可十萬，孰與隻臂無援，立而就死哉！」象昇泫然流涕而謂父老曰：「感父老義。雖然，自予與賊角，經數十百戰未嘗衄。今者，分疲卒五千，大敵西衝，援師東隔，事由中制，食盡力窮，旦夕死矣，無徒累爾父老爲也。」衆號泣雷動，各攜牀頭斗粟餉軍，或貽棗一升，曰：「公煑爲糗。」

十二月十一日進師至鉅鹿賈莊。起潛擁關、寧兵在雞澤，距賈莊五十里而近，象昇遣廷麟往乞援，不應。師至蒿水橋，遇大清兵。象昇將中軍，大威帥左，國柱帥右，遂戰。夜半，觱篥聲四起。旦日，騎數萬環之三匝。象昇麾兵疾戰，呼聲動天，自辰迄未，礮盡矢窮。奮身鬭，後騎皆進，手擊殺數十人，身中四矢三刃，遂仆。掌牧楊陸凱懼衆之殘其屍而伏其上，背負二十四矢以死。僕顧顯者殉，一軍盡覆。大威、國柱潰圍乃得脫。

起潛聞敗，倉皇遁，不言象昇死狀。嗣昌疑之，有詔驗視。廷麟得其屍戰場，麻衣白網巾。一卒遙見，即號泣曰：「此吾盧公也。」三郡之民聞之，哭失聲。順德知府于穎上狀，[二]嗣昌故靳之，八十日而後殮。明年，象昇妻王請恤。又明年，其弟象晉、象觀又請，不許。久之，嗣昌敗，廷臣多爲言者，乃贈太子少師、兵部尚書，賜祭葬，世廕錦衣千戶。福王時，追謚忠烈，建祠奉祀。

象昇少有大志，爲學不事章句。居官勤勞倍下吏，夜刻燭，雞鳴盥櫛，得一機要，披衣起，立行之。暇即角射，箭嚼花，五十步外，發必中。愛才惜下如不及，三賜劍，未嘗戮一偏裨。

高平知縣侯弘文者，奇士也，僑寓襄陽，散家財，募滇軍隨象昇討賊。象昇移宣、大，弘文率募兵至楚，巡撫王夢尹以擾驛聞。象昇上疏救，不得，弘文卒遣戍。天下由是惜弘文

而多象昇。

象昇好畜駿馬，皆有名字。嘗逐賊南漳，敗。追兵至沙河，水闊數丈，一躍而過，即所號五明驥也。

方象昇之戰歿也，嗣昌遣三邏卒察其死狀。其一人俞振龍者，歸言象昇實死。嗣昌怒，鞭之三日夜，且死，張目曰：「天道神明，無枉忠臣。」於是天下聞之，莫不歔欷，益恚嗣昌矣。其後南都亡，象觀赴水死，象晉爲僧，一門先後赴難者百餘人。從弟象同及其部將陳安死尤烈。

象觀，崇禎十五年，鄉薦第一，成進士。官中書。象晉、象同皆諸生。

象昇死時，年三十九。

劉之綸，字元誠，宜賓人。家世務農。之綸少從父兄力田，間艾薪樵，賣之市中。歸而學書，銘其座曰「必爲聖人」。里中由是號之綸劉聖人。天啓初，舉鄉試。奢崇明反，以策干監司扼賊歸路，監司不能用。

崇禎元年第進士，改庶吉士。與同館金聲及所客申甫三人者相與爲友，造單輪火車、

偏廂車、獸車，刳木爲西洋大小礮，不費司農錢。

明年冬，京師戒嚴。聲上書得召見，薦之綸及甫。帝立召之綸、甫。之綸言兵，了了口辨。帝大悅，授甫京營副總兵，資之金十七萬召募；改聲御史，監其軍；授之綸兵部右侍郎，副尚書閔夢得協理京營戎政。於是之綸賓賓以新進驟躋卿貳矣。

初，正月元日有黑氣起東北亙西方。甫見之大驚，趨語之綸、聲曰：「天變如此，汝知之乎？今年當喋血京城下，可畏也。」聞者皆笑。及冬十一月三日，大清兵破遵化。十五日至灞上。二十日薄都城，自北而西。都人從城上望之，如雲萬許片馳風，須臾已過。遂克良鄉，還至盧溝，夜殺甫一軍七千餘人，黎明掩殺大帥滿桂、孫祖壽，生擒黑雲龍、麻登雲以去。之綸曰：「元日之言驗矣。」請行，無兵，則請京營兵，不許，則請關外川兵，不許，則議召募，召募得萬人，遂行。抵通州，時永平已陷，天大雨雪。之綸奏軍機，七上，不報。

明年正月，師次薊。[三]當是時，大清兵蒙古諸部號十餘萬，駐永平；諸勤王軍數萬在薊。之綸乃與總兵馬世龍、吳自勉約，由薊趨永平，牽之無動，而自率兵八路進攻遵化。既由石門至白草頂，距遵化八里娘娘山而營，世龍、自勉不赴約。二十二日，大清兵自永平趨三屯營，驍騎三萬，望見山上軍，縱擊之。之綸發礮，礮炸，軍營自亂。左右請結陣徐退，以爲後圖。之綸叱曰：「毋多言！吾受國恩，吾死耳！」嚴鼓再戰，流矢四集。之綸解所佩印付

家人，「持此歸報天子」，遂死。一軍皆哭，拔營野戰，皆死之。尸還，矢飲於顱，不可拔。聲以齒嚙之出，以授其家人。

初，講官文震孟入都，之綸、聲往見之。震孟敎以持重。之綸既受命視師，驟貴，廷臣抑之。震孟使人諷之，謂宜辭侍郎而易科銜以行，不聽。既行，通州守者不納，雨雪宿古廟中，御史董羽宸劾其行留。之綸曰：「小人意忌，有事則委卸，無事則議論，止從一侍郎起見耳。乞削臣今官，賜骸骨。」不許。及戰死，天子嘉其忠，從優卹，贈兵部尚書。震孟止之曰：「死綏，分也，侍郎非不尊。」遂不予贈，賜一祭半葬，任一子。之綸母老，二子幼，貧不能返柩，請於朝，給驛還。久之，贈尚書。後十五年，聲死難。

丘民仰，字長白，渭南人。萬曆中舉於鄉。以敎諭遷順天東安知縣，釐宿弊十二事。調繁保定之新城。河齧，歲旱蝗，爲文祭禱。河他徙，蝗亦盡。

崇禎二年，縣被兵，晨夕登陴守。四方勤王軍畢出其地，民仰調度有方，民不知擾。擢御史，號敢言。時四方多盜，鎮撫率怯懦不敢戰，釀成大亂。吳橋兵變，列城多陷，巡撫余大成、孫元化皆主撫。流賊擾山西，巡撫宋統殷下令，殺賊者抵死。民仰先後疏論其非，

後皆如民仰言。遭妻喪，告歸。出爲河間知府，遷天津副使，調大同，監軍汝寧，遷永平右參政，移督寧前兵備。民仰善理劇，以故所移皆要地。

十三年三月擢右僉都御史，代方一藻巡撫遼東，按行關外八城，駐寧遠。十四年春，錦州被圍，墩墩毀塹，聲援斷絕。有傳其帥祖大壽語者：「逼以車營，毋輕戰。」總督洪承疇集兵，民仰轉餉，未發。帝憂之。朝議兩端。命郎中張若麒就行營計議，若麒至，則趣進師。七月，師次乳峰，去錦州五六里而營。且日，楊國柱之軍潰。踰月，王樸軍亦潰。未幾，馬科等五將皆潰。大清兵掘松山，斷我歸路，遂大敗，蹂躪殺溺無算，退保松山。圍急，外援不至，芻糧竭。至明年二月，且半年矣。城破，承疇降，民仰死，若麒跳從海上蕩漁舟而還，寧遠、關門勁旅盡喪。事聞，帝驚悼甚，設壇都城，承疇十六，民仰六，賜祭盡哀。贈民仰右副都御史，官爲營葬，錄其一子。尋命建祠都城外，與承疇並列，帝將親臨祭焉。將祭，聞承疇降，乃止。

丘禾嘉，貴州新添衞人。舉萬曆四十一年鄉試，好談兵。天啓時，安邦彥反，捐資製器，協擒其黨何中蔚。選祁門教諭，以貴州巡撫蔡復一請，遷翰林待詔，參復一軍。崇禎元年有薦其知兵者，命條上方略。帝稱善，卽授兵部職方主事。三年正月，薊遼

總督梁廷棟入主中樞，銜總理馬世龍違節制，命禾嘉監紀其軍。時永平四城失守，樞輔孫承宗在關門，聲息阻絕。薊遼總督張鳳翼未至，而順天巡撫方大任老病不能軍，惟禾嘉議通關門聲援，率軍入開平。二月，大清兵來攻，禾嘉力拒守，乃引去。已，分略古治鄉，禾嘉令副將何可綱、張洪謨、金國奇、劉光祚等迎戰，抵灤州。甫還，而大清兵復攻牛門、水門，又督參將曹文詔等轉戰，抵遵化而返。無何，四城皆復。

寧遠自畢自肅遇害，遂廢巡撫官，以經略兼之，至是議復設。廷棟力推禾嘉才，超拜右僉都御史，巡撫其地，兼轄山海關諸處。禾嘉初涖鎭，大清兵以二萬騎圍錦州。禾嘉督諸將赴救，城獲全。登萊巡撫孫元化議徹島上兵於關外，規復廣寧及金、海、蓋三衞。禾嘉議用島兵復廣寧、義州、右屯。廷棟慮其難，以咨承宗。承宗上奏曰：「廣寧去海百八十里，去河百六十里，陸運難。義州地偏，去廣寧遠，必先據右屯，聚兵積粟，乃可漸逼廣寧。」又言：「右屯城已隳，修築而後可守。築之，敵必至，必復大、小凌河，以接松、杏、錦州。錦州繞海而居敵，難陸運。而右屯之後卽海，據此則糧可給，兵可聚，始得爲發軔地。」奏入，廷棟力主之，於是有大凌築城之議。

會禾嘉訐祖大壽，大壽亦發其贓私。承宗不欲以武將去文臣，抑使弗奏，密聞於朝，請改禾嘉他職。四年五月命調南京太僕卿，以孫穀代。穀未至，部檄促城甚急。大壽以兵四

千據其地，發班軍萬四千人築之，護以石砫土兵萬人。禾嘉往視之，條九議以上。工垂成，廷棟罷去。廷議大凌荒遠不當城，撤班軍赴薊，責撫鎭矯舉，令回奏。禾嘉懼，盡撤防兵，留班軍萬人，輸糧萬石濟之。

八月，大清兵抵城下，掘濠築牆，四面合圍，別遣一軍截錦州大道。城外墩臺皆下，城中兵出，悉敗還。禾嘉聞之，馳入錦州，與總兵官吳襄、宋偉合兵赴救。離松山三十餘里，與大清兵遇，大戰長山、小凌河間，互有傷損。九月望，大清兵薄錦州，分五隊直抵城下。襄、偉出戰不勝，乃入城。二十四日，監軍張春會襄、偉兵，過小凌河東五里，築壘列車營，爲大凌聲援。大清兵扼長山，不得進。禾嘉遣副將張洪謨、祖大壽、靳國臣、孟道等出戰五里莊，亦不勝。夜趨小凌河，至長山接戰，大敗。春及副將洪謨、楊華徵、薛大湖等三十三人俱被執，副將張吉甫、滿庫、王之敬等戰歿。大壽不敢出，凌城援自此絕。敗書聞，舉朝震駭。孫穀代禾嘉，未至而罷，改命謝璉。璉畏懼，久不至。後兵事亟，召璉駐關外，禾嘉留治中。及是聞敗，移駐松山，圖再舉，言官以推委詆之。帝以禾嘉獨守松山，非卸責，戒飭而已。

大凌糧盡食人馬。大清屢移書招之，大壽許諾，獨副將可綱不從。十月二十七日，大壽殺可綱，與副將張存仁等三十九人投誓書約降。是夕出見，以妻子在錦州，請設計誘降

錦州守將，而留諸子於大清。禾嘉聞大凌城礮聲，謂大壽得脫，與襄及中官李明臣、高起潛發兵往迎。適大壽僞逃還，遂俱入錦州。大凌城人民商旅三萬有奇，僅存三之一，悉爲大清所有，城亦被毀。十一月六日，大清復攻杏山。明日攻中左所。城上用礮擊，乃退。大壽入錦州，未得間，而禾嘉知其納款狀，具疏聞於朝。因初奏大壽突圍出，前後不讐，引罪請死。於是言官交劾，嚴旨飭禾嘉。而帝於大壽欲羈縻之，弗罪也。

新撫璉已至，禾嘉猶在錦州。會廷議山海別設巡撫，詔罷璉，令方一藻撫寧遠，禾嘉仍以僉都御史巡撫山海、永平。尋論築城召釁罪，貶二秩，巡撫如故。禾嘉請爲監視中官設標兵。御史宋賢詆其諂附中人，帝怒，貶賢三秩。禾嘉持論每與承宗異，不爲所喜，時有詆諆。既遭喪敗，廷論益不容，遂堅以疾請。五年四月詔許還京，以楊嗣昌代。令其妻代陳病狀，乃命歸田，未出都卒。

明世舉於鄉而仕至巡撫者，隆慶朝止海瑞，萬曆朝張守中、艾穆。莊烈帝破格求才，得十人：丘民仰、宋一鶴、何騰蛟、張亮以忠義著，劉可訓以武功聞，劉應遇、孫元化、徐起元皆以勤勞致位，而陳新甲官最顯。

二十四史

贊曰：危亂之世，未嘗乏才，顧往往不盡其用。用矣，或掣其肘而驅之必死。若是者，人實爲之，要之亦天意也。盧象昇在莊烈帝時，豈非不世之才，乃困抑之以至死，何耶！至忠義激發，危不顧身，若劉之綸、丘民仰之徒，又相與俱盡，則天意可知矣。

校勘記

〔一〕順德知府于穎上狀　于穎，原作「于潁」，據明史稿傳一三九盧象昇傳、懷宗實錄卷十一崇禎十一年十二月丁未條、國榷卷九六頁五八二七改。

〔二〕時永平已陷天大雨雪之綸奏軍機七上不報明年正月師次薊　明年，承上文爲崇禎三年，則永平之陷爲崇禎二年事。按三年正月甲申，永平陷，見本書卷二三莊烈帝紀、懷宗實錄卷三、國榷卷九一頁五五一二，是「明年正月」四字應在永平陷前。

明史卷二百六十二

列傳第一百五十

傅宗龍　汪喬年 張國欽等　楊文岳 傅汝爲等　孫傳庭

傅宗龍，字仲綸，昆明人。萬曆三十八年進士。除銅梁知縣，調巴縣，行取，入爲戶部主事。久之，授御史。

天啓元年，遼陽破，帝下募兵之令，宗龍請行。一月餘，得精卒五千。明年，安邦彥反，圍貴陽，土寇蜂起。請發帑金濟滇將士，開建昌，通由蜀入滇之路，別設偏沅巡撫，罷湖廣退怯總兵薛來胤。帝多採納之。又上疏自請討賊，言：「爲武定、尋甸患者，東川土酋祿千鍾。爲霑益、羅平患者，賊婦設科及其黨李賢輩。攻圍普安，爲滇、黔門戶患者，龍文治妻及其黨尹二。困安南，據關索嶺者，沙國珍及羅應魁輩。困烏撒者，安效良。臣皆悉其生平，非臣敵。臣願以四川巡按兼貴州監軍，滅此羣醜。」帝大喜，下所司議。會宗龍以疾

歸，不果行。

四年正月，貴州巡撫王三善爲降賊陳其愚所紿，敗歿。其夏卽家起宗龍巡按其地，兼監軍。初，部檄滇撫閔洪學援黔，以不能過盤江而止。宗龍既被命，洪學令參政謝存仁、參將袁善及土官普名聲、沙如玉等以兵五千送之。宗龍直渡盤江，戰且行，寇悉破。乃謝遣存仁、善，以名聲等士兵七百人入貴陽，擒斬其愚。軍民大快。宗龍盡知黔中要害及土酋逆順，將士勇怯。巡撫蔡復一倚信之，請敕宗龍專理軍務，設中軍旗鼓，裨將以下聽賞罰可之。宗龍乃條上方略，又備陳黔中艱苦，請大發餉金，亦報可。初，三善令監軍道臣節制諸將，文武不和，進退牽制。宗龍反其所爲，令監軍給芻糧，覈功罪，不得專進止。由是諸將用命，連破賊汪家沖、蔣義寨，直抵織金。

五年正月，總理魯欽敗績於陸廣河。宗龍上言：「不合滇、蜀，則黔不能平賊；不專總督任，則不能合滇、蜀兵。請召還朱燮元，以復一兼督四川，開府遵義，而移蜀撫駐永寧，滇撫駐霑益，黔撫駐陸廣，沅撫駐偏橋，四面並進，發餉二百萬金給之。更設黔、蜀巡撫。」帝以復一新敗，令解官，卽以燮元代，而命尹同皋撫蜀，王瑊撫黔，沅撫閔夢得移鎭，一如宗龍議。

陸廣敗後，諸苗復蠢動。復一、宗龍謀，討破烏粟、螺螄、長田諸叛苗，大破平越賊，毀

其砦百七十，賊黨漸孤。宗龍乃條上屯守策，言：

蜀以屯爲守，黔則當以守爲屯。蓋安酋土地半在水外，仡狫、龍仲、蔡苗諸雜種，緩急與相助。賊有外藩，我無邊蔽，黔兵所以分力愈詘。臣謂以守爲屯者，先發兵據河，奪賊所恃。然後撫剿諸種，隨渡口大小，置大小寨，深溝高壘，置烽墩礮臺。小渡則塞以木石，使一粟不入水內，一賊不出水外，賊無如我何。又令沿河兵習水戰，當賊耕耨時，頻出奇兵，渡河擾之。賊不敢附河而居，而後我可以議屯也。

屯之策有二：一曰淸衞所原田，一曰割逆賊故壤，而以衞所之法行之。蓋黔不患無田，患無人。客兵聚散無常，不能久駐。莫若倣祖制，盡舉屯田以授有功。因功大小，爲官高下，自指揮至總、小旗，畀以應得田爲世業，而禁其私賣買。不待招徠，戶口自實。臣所謂以守爲屯者如此。然兵當用四萬八千人，餉當歲八十餘萬，時當閱三年，如此而後賊可盡滅也。

部議從之。

復一卒，王瑊代，事悉倚辦。宗龍乃漸剪水外逆黨，將大興屯田。邦彥懼，謀沮之。六年三月大舉渡河入寇。宗龍擊破邦彥趙官屯，斬老蟲添，威名大著。當是時，大帥新亡，全黔震動，變元遠在蜀，瑊擁虛位，非宗龍，黔幾殆。詔加太僕少卿。憂歸。

崇禎三年起故官。用孫承宗薦，擢右僉都御史，巡撫順天。未幾，拜兵部右侍郎兼僉都御史，總督薊、遼、保定軍務。

用小故奪官矣，居久之，十年十月流寇大入蜀，陷蜀三十餘州縣，帝拊髀而思宗龍曰：「使宗龍撫蜀，賊安至是哉！」趣卽家起宗龍。宗龍至蜀，代王維章與總兵羅尙文禦却賊。十二年五月以楊嗣昌薦，召爲兵部尙書，去蜀。宗龍自定黔亂後，凡十有四年，輒起用，用不久輒還去。八月至京，入見帝。宗龍爲人伉直任氣，不能從諛承意。帝憤中樞失職，嗣昌以權詭得主知。宗龍樸忠，初入見，卽言民窮財盡。帝頗然之，顧狠言不已，遂怫然曰：「卿當整理兵事爾。」既退，語嗣昌曰：「何哉？宗龍善策黔，而所言卑卑，皆他人唾餘，何也？」自是所奏請，多中格。

熊文燦既罷，宗龍乃言：「向者賊流突東西，嗣昌故建分剿之策。今則流突者各止其所，臣請收勢險節短之效。總理止轄楚、豫，秦督兼轄四川，鳳督兼轄安慶，各率所轄撫鎭，期十二月成功。」因薦湖廣巡撫方孔炤堪代文燦。帝不用，用嗣昌督師。

嗣昌既督師，上章請兵食，不悉應，劾中樞不任。宗龍亦劾嗣昌徒耗敝國家，不能報效，以氣淩廷臣。會薊遼總督洪承疇請用劉肇基爲團練總兵官，中官高起潛又揭肇基恇怯，宗龍不卽覆。帝遂發怒，責以抗旨，令對狀。奏上，復以戲視封疆下吏。法司擬戍邊，帝不許，欲置之死。在獄二年矣，十四年春，嗣昌死，尙書陳新甲薦其才，帝未有以應也，良久曰：「樸忠，吾以夙負用之，宜盡死力。」遂釋之出獄，以兵部右侍郎兼右僉都御史代丁啓睿，總督陝西三邊軍務。

當是之時，李自成有衆五十萬，自陷河、洛，犯開封，羅汝才復自南陽趨鄧、淅，與合兵。帝命宗龍專辦自成。議盡括關中兵餉以出，然屬郡旱蝗，已不能應。

九月四日以川、陝兵二萬出關，次新蔡，與保督楊文岳兵會。賀人龍、李國奇將秦兵，虎大威將保兵，共結浮橋，東渡汝，合兵趨項城。五日，兩軍畢渡，走龍口。自成、汝才亦結浮橋於上流，將趨汝寧。覘兩督兵至，盡伏精銳於林中，陽驅諸賊自浮橋西渡。人龍使後騎覘賊，還報曰：「賊向汝矣，結浮橋將渡矣。」宗龍、文岳夜會諸將於龍口，詰朝將戰。

六日，兩軍並進，中道一騎馳而告曰：「賊畢渡矣。」復進，一騎馳而告曰：「賊半渡矣，三分渡其二矣。」宗龍、文岳曰：「驅之。」走三十里，至於孟家莊，日卓午。人龍、大威曰：「馬力乏矣，詰朝而戰，止兵爲營。」諸軍弛馬甲，植戈鋌，散行墟落求芻牧。賊覘之，塵起於林中，伏甲並出搏我兵。人龍有馬千騎不戰，國奇以麾下兵迎擊之，不勝。秦兵、保兵俱潰，人龍、大威奔沈丘，國奇從之，三帥師潰。宗龍、文岳合兵屯火燒店，賊以步兵攻其營。諸軍鳴大礮，震死賊百餘。日暮，賊引去。宗龍軍西北，文岳軍東南，晝塹而守。保兵宵潰，保

督副將挾文岳騎而馳，夜奔於項城。宗龍復分秦兵立營於東南，諸將分壁當賊壘。

九日，檄人龍、國奇還兵救，二帥不應。宗龍曰：「彼避死，宜不來，吾豈避死哉！」語其麾下曰：「宗龍老矣，今日陷賊中，當與諸軍決一死戰，不能效他人捲甲走也。」召裨校李本實，卽文岳壁穿塹築壘以拒賊。賊亦穿壕二重以圍之。

十一日，秦師食盡，宗龍殺馬騾以享軍。明日，營中馬騾盡，殺賊取其屍分噉之。十八日，營中火藥、鉛子、矢並盡。宗龍簡士卒，夷傷死喪之餘，有衆六千。夜半，潛勒諸軍突賊營，殺千餘人，潰圍出。諸軍星散，宗龍徒步率諸軍且戰且走。十九日，日卓午，未至項城八里，賊追及之，執宗龍，呼於門曰：「秦督團隨官丁也，請啓門納秦督。」宗龍大呼曰：「我秦督也，不幸墮賊手，左右皆賊耳。」賊唾宗龍。宗龍罵賊曰：「我大臣也，殺則殺耳，豈能爲賊賺城以緩死哉！」賊抽刀擊宗龍，中其腦而仆，斲其耳鼻死城下。事聞，帝曰：「若此，可謂樸忠矣。」復官兵部尙書，加太子少保，謚忠壯，廕子錦衣世百戶，予祭葬。

人龍、國奇兵潰歸陝，賊遂屠項城。分兵屠商水、扶溝，遂攻葉縣。

汪喬年，字歲星，遂安人。天啓二年進士。授刑部主事，歷郎中。母憂歸。

崇禎二年起工部，遷青州知府。以治行卓異，遷登萊兵備副使，乞終養歸。父喪除，起官平陽，遷陝西右參政，提督學校。再以卓異，就遷按察使。喬年清苦自勵，惡衣菲食，之官，攜二僕，不以家自隨。爲青州，行廊置土銼十餘，訟者自炊候鞫，吏無敢索一錢。自負才武，休沐輒馳騎，習弓刀擊刺，寢處風露中。

十四年擢右僉都御史，巡撫陝西。時李自成已破河南，聲言入關。喬年疾驅至商、洛，不見賊。賊圍開封，而三邊總督傅宗龍亦至陝，議抽兵括餉，則關中兵食已盡，無以應。宗龍、喬年握手欷歔而別。未幾，宗龍敗歿於項城，喬年流涕歎曰：「傅公死，討賊無人矣。」已，又聞詔擢喬年兵部右侍郎，總督三邊軍務，代宗龍。部檄踵至，趣出關。是時，關中精銳盡沒於項城。喬年曰：「兵疲餉乏，當方張之寇。我出，如以肉餧虎耳。然不可不一出，以持中原心。」乃收散亡，調邊卒，得馬步三萬人。

十五年正月率總兵賀人龍、鄭嘉棟、牛成虎出潼關。先是，臨潁爲賊守，左良玉破而屠之，盡獲賊所擄。自成聞之怒，舍開封而攻良玉。良玉退保郾城，賊圍之急。喬年諸將議曰：[一]「郾城危在旦夕。吾趨郾，賊方銳，難與爭鋒。吾聞襄城距郾四舍，賊老砦咸在。吾舍郾而以精銳攻其必應，賊必還兵救，則郾城解矣。郾城解，我擊其前，良玉乘其背，賊可大破也。」諸將皆曰：「善。」乃留步兵火器於洛陽，簡精騎萬人兼程進。次郏縣，襄城人張永

祺等迎喬年。

二月二日，喬年入襄城，分人龍、嘉棟、成虎軍三路，駐城東四十里，逼郾城而軍，而自勒兵駐城外。賊果解郾城而救襄城。賊至，三帥奔，良玉救不至，軍大潰。喬年歎曰：「此吾死所也。」率步卒千餘入城守。[二]賊穴地實火藥攻城，喬年亦穿阱，覘所鑿，長矛刺之。賊礮擊喬年坐纛，雉堞盡碎。左右環泣請避之，喬年怒，以足蹴其首曰：「汝畏死，我不畏死也。」十七日，城陷，[三]巷戰，殺三賊，自剄不殊，爲賊所執，大罵。賊割其舌，磔殺之。襄城人建祠而祀之。

時張國欽、張一貫、黨威、李萬慶及監紀西安同知孫兆祿、材官李可從、襄城知縣曹思正從喬年，皆死之。萬慶者，降將射塌天也。又有馬帥某者，逸其名。兆祿，鹽山人。可從，盩厔人，黨威，神木人。餘莫考。黨威則嘗擊賊於西雒峪，擒賊首竇阿婆者也。自成數月之間再敗秦師，獲馬二萬，降秦兵又數萬，威震河雒。

自成購永祺不得，屠其族，劓刖諸生劉漢臣等百九十人。

初，喬年之撫陝西也，奉詔發自成先冢。米脂令邊大受，河間靜海舉人，健令也，詗得其族人爲縣吏者，掠之。言：「去縣二百里曰李氏村，亂山中，十六冢環而葬，中其始祖也。相傳，穴，仙人所定，壙中鐵燈檠，鐵燈不滅，李氏興。」如其言發之，螻蟻數石，火光熒熒然。

斲棺，骨青黑，被體黃毛。腦後穴大如錢，赤蛇盤，三四寸，角而飛，高丈許，咋咋吞日光者六七，反而伏。喬年函其顱骨、腊蛇以聞。焚其餘，雜以穢，棄之。自成聞之，嚙齒大恨曰：「吾必致死於喬年。」既殺喬年，由西華攻陳州。

楊文岳，字斗望，南充人。萬曆四十七年進士。授行人。天啓五年擢兵科給事中，屢遷禮科都給事中。

崇禎二年出爲江西右參政，歷湖廣、廣西按察使，雲南、山西左右布政使，以右副都御史巡撫登、萊。十二年擢兵部右侍郎，總督保定、山東、河北軍務，代孫傳庭。

十四年正月，李自成陷洛陽，犯開封。文岳率總兵虎大威以衆二萬赴救。渡河，賊先遁，追擊於鳴皐。還，駐兵開封。疫作，乃頓兵於汝寧，出屯西平、新蔡間。七月，自成走內鄉、淅川，與羅汝才合。文岳趨鄧州，自成還攻之。文岳戰三捷，斬其魁一條龍、一隻龍，賊遁去。

九月會陝西總督傅宗龍於新蔡，與賊遇，大潰於孟家莊，再潰於火燒店。部將挾文岳夜入於項城。明日奔陳州，宗龍遂覆沒。事聞，文岳革職，充爲事官，戴罪自贖。乃收集散

亡，率所部就巡撫高名衡防杞。賊遂破葉縣，拔泌陽，乘勝陷南陽，殺唐王，下鄧州等十四城，再圍開封。

明年正月，文岳馳救開封，論功復官。臨潁爲賊守，左良玉破而屠之，退保郾城。自成圍郾城。二月，督師丁啓睿及文岳、大威救郾城。賊潰，距官軍數里而營。文岳、啓睿相犄角，持十一晝夜。總督汪喬年出關，賊引去，再攻開封。六月詔起侯恂兵部右侍郎，總督保定、山東、河南、湖北軍務，代文岳。命所司察文岳罪狀。七月朔，文岳、啓睿合良玉、大威及楊德政、方國安四總兵之師，次朱仙鎭。諸軍盡潰，啓睿、文岳奔汝寧。賊渡河，追奔四百里，官軍失亡數萬。詔褫官候勘。

九月，文岳在汝寧，夜襲賊營有功。賊既灌開封，旋敗孫傳庭兵，以閏十一月悉衆薄汝寧，老回回、革裏眼、左金王等畢會。文岳遣都司康世德以輕騎偵賊。世德走還汝，將其步騎五百，夜縱火譟而奔。十三日，羣賊並至，壓汝寧五里而軍。監軍僉事孔貞會以川兵屯城東，文岳以保兵屯城西。賊兵進攻，相持一晝夜。川兵潰，殺傷數百。賊奪其馬騾，悉衆攻保兵，漸不支。僉事王世琮、知府傅汝爲、通判朱國寶，緦將士入城。副將賈悌、參將馮名聖亦掖文岳、貞會登城。

明日，賊四面環攻，戴扉以陣，矢石雲梯堵牆而立。城頭矢礮擂石雨集，賊死傷山積，

而攻不休。一鼓百道並登，執文岳及世琮、國寶、悌、名聖於城頭，殺汝陽知縣文師頤於城上。汝爲聞變，赴水死。賊擁文岳等見自成，大罵。賊怒，縛之城南三里鋪，以大礮擊之，洞胸糜骨而死。士民屠戮數萬，焚公私廨舍殆盡。貞會執去，不知所終。自成以文岳死忠，備禮斂之。遂拔營走確山、信陽、泌陽，犒襄陽，虜崇王由樻、崇世子、諸王妃及河南懷安諸王以行。

汝爲，字于宣，江陵人。崇禎七年進士。世琮，字仲發，達州人。國寶，成都人。師頤，全州人。皆舉人。世琮嘗爲汝寧推官，討土寇，流矢貫耳不爲動，時號王鐵耳者也。師頤涖任甫三日。

孫傳庭，字百雅，代州振武衞人。自父以上，四世舉於鄉。傳庭儀表頎碩，沈毅多籌略。萬曆四十七年成進士，授永城知縣，以才調商丘。天啓初，擢吏部驗封主事，屢遷稽勳郎中，請告歸。家居久不出。崇禎八年秋，始還驗封郎中，超遷順天府丞。陝西巡撫甘學濶不能討賊，秦之士大夫

譁於朝，乃推邊才用傳庭，以九年三月受代。傳庭涖秦，嚴徵發期會，一從軍興法。秦人愛之不如總督洪承疇，然其才自足辦賊。賊首整齊王據商、雒，諸將不敢攻，檄副將羅尚文擊斬之。

當是時，賊亂關中，有名字者以十數，高迎祥最強，拓養坤黨最衆，所謂闖王、蝎子塊者也。傳庭設方略，親擊迎祥於盩厔之黑水峪，擒之，及其僞領哨黃龍、總管劉哲，獻俘闕下。錄功，增秩一等。而賊黨自是乃共推李自成爲闖王矣。明年，養坤及其黨張耀文來降。已而養坤叛去，諭其下追斬之。擊賊惠登相於涇陽、三原，登相西走。河南賊馬進忠、劉國能等十七部入渭南，追之出關，復合河南兵夾擊之，先後斬首千餘級。進忠等復擾商、雒、藍田，叛卒與之合，將犯西安。遣左光先、曹變蛟追走之渭南，降其渠一條龍，招還脅從。募健兒擊餘賊，斬聖世王、瓦背王、一翅飛，〔四〕降鎭天王、上山虎。又殲白桿賊渠魁數人。他賊出棧道，謀越關犯河南，還軍擊。賊走入山谷，傳庭追之鳳翔。賊走伏斜谷，復大敗之，降其餘衆。西安四衞，舊有屯軍二萬四千，田二萬餘頃，其後田歸豪右，軍盡虛籍。傳庭釐得軍萬一千有奇，歲收屯課銀十四萬五千餘兩，米麥萬三千五百餘石。帝大喜，增秩，賚銀幣。

會楊嗣昌入爲本兵，條上方略。洪承疇以秦督兼剿務，而用廣撫熊文燦爲總理，分四

正六隅，馬三步七，計兵十二萬，加派至二百八十萬，期百日平賊。傳庭移書爭之，曰：「無益。且非特此也，部卒屢經潰衂，民力竭矣，恐不堪命。必欲行之，賊不必盡，而害中於國家。」累數千言。嗣昌大忤。部議，秦撫當一正面，募土著萬人，給餉銀二十三萬，以商、雒等處爲汛守。傳庭知其不可用也，乃核帑藏，鐲贖鍰，得銀四萬八千，市馬募兵，自辦滅賊具，不用部議。會諸撫報募兵及額，傳庭疏獨不至。嗣昌言軍法不行於秦，自請白衣領職，以激帝怒。傳庭奏曰：「使臣如他撫，籍郡縣民兵上之，遂謂及額，則臣先所報屯兵已及額矣。況更有募練馬步軍，數且踰萬，何嘗不遵部議。至百日之期，商、雒之汛守，臣皆不敢委。然使賊入商、雒，而臣不能禦，則治臣罪。若臣扼商、雒，而踰期不能滅賊，誤剿事者必非臣。」嗣昌無以難，然銜之彌甚。傳庭兩奉詔進秩，當加部銜，嗣昌抑弗奏。十一年春，賊破漢陰、石泉，則坐傳庭失援，削其所加秩。

傳庭出扼商、雒。大天王等犯慶陽、寶雞，還軍戰合水，破走之，獲其二子，追擊之延安。過天星、混天星等從徽、秦趨鳳翔，逼澄城。傳庭分兵五道擊之楊家嶺、黃龍山，大破之，斬首二千餘級。大天王知二子不殺，遂降。賊引而北，犯延安。傳庭策鄜州西、合水東三四百里，荒山邃谷，賊入當自斃。乃率標兵中部遏其東，檄變蛟慶陽拒其西，伏兵三水、淳化間。賊饑，出掠食，則大張旗幟，鳴鼓角以邀之，一日夜馳二百五十里。賊大驚，西奔，

至職田莊，遇伏而敗。復走寶雞，取棧道，再中伏大敗。折而走隴州關山道，又爲伏兵所挫。三敗，賊死者無算，過天星、混天星並降。又逐賊邠、寧間，陷陣，獲其渠。河南賊馬進忠、馬光玉驅宛、洛之衆，箕張而西。傳庭擊之，賊還走。又設伏於潼關原，變蛟逐賊入伏。而闖王李自成者，爲洪承疇所逐，盡亡其卒，以十八騎潰圍遁。關中羣盜悉平，是爲崇禎之十一年春也。捷聞，大喜，先敍澄城之捷，命加傳庭部銜。嗣昌仍格不奏。

當是時，總理熊文燦主撫。湖廣賊張獻忠已降，惟河南賊如故。羅汝才、馬進忠、賀一龍、左金王等十三部西窺潼關，聯營數十里。傳庭計曰：「天下大寇盡在此矣。我出擊其西，總理擊其東，賊不降則滅。此賊平，天下無賊矣。獻忠卽狙伏，無能爲也。」乃遂引兵東，大敗賊閿鄉、靈寶山間，貫其營而東，復自東以西。賊窘甚，以文燦招降手諭上，言旦夕且降。傳庭曰：「爾曹日就熊公言撫，而日攻堡屠寨不已，是僞也。降卽解甲來，有說卽非眞降，吾明日進兵矣。」明日擐甲而出，得文燦檄於途中曰：「毋妬吾撫功。」又進，得本兵嗣昌手書，亦云。傳庭怏怏撤兵還。然賊迄不就撫，移瞰商、雒。文燦悔，期傳庭夾擊。屬吏王文清等三戰三敗之，賊奔內鄉、淅川而去。傳庭既屢建大功，其將校數奉旨優敍，嗣昌務抑之不爲奏。

十月，京師戒嚴，召傳庭及承疇入衞，擢兵部右侍郎兼右僉都御史，代總督盧象昇督諸

鎮援軍，賜劍。當是時，傳庭提兵抵近郊，與嗣昌不協，又與中官高起潛忤，降旨切責，不得朝京師。承疇至，郊勞，且命陛見，傳庭不能無觖望。無何，嗣昌用承疇以爲薊督，欲盡留秦兵之入援者守薊、遼。傳庭曰：「秦軍不可留也。留則賊勢張，無益於邊，是代賊撤兵也。秦軍妻子俱在秦，兵日殺賊以爲利，久留於邊，非譁則逃，不復爲吾用，必爲賊用，是驅民使從賊也。安危之機，不可不察也。」嗣昌不聽。傳庭爭之不能得，不勝鬱鬱，耳遂聾。

傳庭初受命，疏言：「年來疆事決裂，由計畫差謬。事竣，當面請決大計。」明年，帝移傳庭總督保定、山東、河南軍務。既解嚴，疏請陛見。嗣昌大驚，謂傳庭將傾之，斥來役賷疏還之傳庭。傳庭慍，引疾乞休。嗣昌又劾其託疾，非眞聾。帝遂發怒，斥爲民，下巡撫楊一儁覈眞僞。一儁奏言：「眞聾，非託疾。」幷下一儁獄。傳庭長繫待決，舉朝知其冤，莫爲言。在獄三年，文燦、嗣昌相繼敗。而是時，闖王李自成者，已攻破河南矣，犯開封，執宗龍，殺唐王，兵散而賊益橫。帝思傳庭言，朝士薦者益衆。

十五年正月起傳庭兵部右侍郎，親御文華殿問勦賊安民之策，傳庭侃侃言。帝嗟歎久之，燕勞賞賚甚渥，命將禁旅援開封。開封圍已解，賊殺陝督汪喬年，帝卽命傳庭往代。大集諸將於關中，縛援勦總兵賀人龍，坐之麾下，數而斬之。謂其開縣噪歸，猛帥以孤軍失利而獻、曹出柙也；又謂其遇敵先潰，新蔡、襄城連喪二督也。諸將莫不洒然動色者。

傳庭既已誅殺人龍，威讋三邊，日夜治軍爲平賊計，而賊遂已再圍開封。詔御史蘇京監延、寧、甘、固軍，趣傳庭出關。傳庭上言：「兵新募，不堪用。」帝不聽。傳庭不得已出師，以九月抵潼關。大雨連旬，自成決馬家口河灌開封。開封已陷，傳庭趨南陽。自成西行逆秦師。傳庭設三覆以待賊：牛成虎將前軍，左勷將左，鄭嘉棟將右，高傑將中軍。成虎陽北以誘賊，賊奔入伏中，成虎還兵而鬬，高傑、董學禮突起翼之，左勷、鄭嘉棟左右橫擊之。賊潰東走，斬首千餘。追三十里，及之郟縣之塚頭。賊棄甲仗軍資於道，秦兵趨利。賊覘我軍囂，反兵乘之，左勷、蕭愼鼎之師潰，諸軍皆潰。副將孫枝秀躍馬以追賊，擊殺數十騎。賊兵圍之，馳突不得出，馬蹶被執，植立不撓。以刃臨之，瞠目不答。一人曰：「此孫副將也。」遂殺之。參將黑尚仁亦被執不屈而見殺，覆軍數千。材官小將之殁者，張暎奎、李棲鳳、任光裕、戴友仁以下七十有八人。賊倍獲其所喪馬。傳庭走鞏，由孟入關，執斬愼鼎，罰勷馬以二千，以勷父光先故，貸勷。是役也，天大雨，糧不至，士卒採青柿以食，凍且餒，故大敗。豫人所謂「柿園之役」也。

傳庭既已敗歸陝西，計守潼關，扼京師上游。且我軍新集，不利速戰，乃益募勇士，開屯田，繕器，積粟，三家出壯丁一。火車載火礮甲仗者三萬輛，〔五〕戰則驅之拒馬，止則環以自衞。督工苛急，夜以繼日，秦民不能堪。而關中頻歲饑，駐大軍餉乏，士大夫厭苦傳庭所爲，用法嚴，不樂其在秦。相與譁於朝曰：「秦督玩寇矣。」又相與危語恫脅之曰：「秦督不出關，收者至矣。」

明年五月命兼督河南、四川軍務，尋進兵部尚書，改稱督師，加督山西、湖廣、貴州及江南、北軍務，賜劍。趣戰益急。傳庭頓足歎曰：「奈何乎！吾固知往而不返也。然大丈夫豈能再對獄吏乎！」頃之，不得已遂再議出師。總兵牛成虎將前鋒，高傑將中軍，王定、官撫民將延、寧兵爲後勁，白廣恩統火車營，檄左良玉赴汝寧夾擊。當是時，自成已據有河南、湖北十餘郡，自號新順王，設官置戍，營襄陽而居之。將由內、淅窺商、雒，盡發荊、襄兵會於汜水、滎澤，伐竹結筏，人佩三葫蘆，將謀渡河。傳庭分兵防禦。八月十日，傳庭出師潼關，次於閿鄉。二十一日，師次陝州，檄河南諸軍渡河進勦。九月八日，師次汝州，僞都尉四天王李養純降。養純言賊虛實：諸賊老營在唐縣，僞將吏屯寶豐，自成精銳盡聚於襄城。遂破賊寶豐，斬僞州牧陳可新等。遂擣唐縣，破之，殺家口殆盡，賊滿營哭。轉戰至郟縣，遂擒僞果毅將軍謝君友，斫賊坐纛，尾自成幾獲。賊奔襄城，大軍遂進逼襄城。賊懼謀降，自成曰：「無畏！我殺王焚陵，罪大矣，姑決一死戰。不勝，則殺我而降未晚也。」而大軍時皆露宿與賊持，久雨道濘，糧車不能前。士饑，攻郟破之，獲馬贏噉之立盡。雨七日夜不止，後軍譁於汝州。賊大至，流言四起，不得已還軍迎糧，留陳永福爲後拒。前軍既移，後

軍亂，永福斬之不能止。賊追及之南陽，官軍還戰。賊陣五重，饑民處外，次步卒，次馬軍，又次驍騎，老營家口處內。戰，破其三重。賊驍騎殊死鬬，我師陣稍動。廣恩軍將火車者呼曰：「師敗矣！」脫輓輅而奔，車傾塞道，馬絓於衡不得前，賊之鐵騎淩而騰之，步賊手白棓遮擊，中者首兜鍪俱碎。自成空壁躡我。一日夜，官兵狂奔四百里，至於孟津，死者四萬餘，失亡兵器輜重數十萬。傳庭單騎渡垣曲，由閿鄉濟。賊獲督師坐纛，乘勝破潼關，大敗官軍。傳庭與監軍副使喬遷高躍馬大呼而殁於陣，廣恩降賊。傳庭屍竟不可得。傳庭死，關以內無堅城矣。

初，傳庭之出師也，自分必死，顧語繼妻張夫人曰：「爾若何？」夫人曰：「丈夫報國耳，毋憂我。」及西安破，張率二女三妾沉於井，揮其八歲兒世寧亟避賊去之。兒踰牆墮民舍中，一老翁收養之。長子世瑞聞之，重趼入秦，得夫人屍井中，面如生。翁歸其弟世寧，相扶攜還。道路見者，知與不知皆泣下。傳庭死時，年五十有一矣。傳庭再出師皆以雨敗也。或言傳庭未死者，帝疑之，故不予贈廕。傳庭死而明亡矣。

贊曰：流賊蔓延中原，所恃以禦賊者獨秦兵耳。傳宗龍、孫傳庭遠近相望，倚以辦賊。

汪喬年、楊文岳奮力以當賊鋒，而終於潰僨。此殆有天焉，非其才之不任也。傅庭敗死，賊遂入關，勢以愈熾。存亡之際，所係豈不重哉！

校勘記

〔一〕喬年諸將議曰　「喬年」二字下當脫一「與」字，應作「喬年與諸將議曰」，下文稱「諸將皆曰善」，卽承喬年與諸將的議論而言。

〔二〕率步卒千餘入城守　千餘，懷宗實錄卷一五崇禎十五年二月壬子條、國榷卷九八頁五九一七、綏寇紀略卷九都作「數百人」，罪惟錄傳一二中汪喬年傳作「五百人」。

〔三〕十七日城陷　十七日，原作「二十七日」，「二」字衍，據明史稿傳一三九汪喬年傳刪。按國榷卷九八頁五九一八作「丁巳」城陷，二月辛丑朔，丁巳正是十七日。

〔四〕斬翌世王瓦背王一翅飛　瓦背王，原作「瓦背」，脫「王」字，據懷陵流寇始終錄卷九崇禎九年八月壬申條補。

〔五〕火車載火礮甲仗者三萬輛　三萬，本書卷三〇九李自成傳、罪惟錄傳十二中孫傳庭傳都作「二萬」。

明史卷二百六十三

列傳第一百五十一

宋一鶴 沈壽崇　蕭漢　馮師孔 黃炯等〔一〕　林日瑞 郭天吉等
蔡懋德 趙建極等　衞景瑗 朱家仕等　朱之馮 朱敏泰等
陳士奇 陳纁等　龍文光 劉佳引　劉之勃 劉鎮藩

宋一鶴，宛平人。爲諸生，見天下大亂，卽究心兵事。崇禎三年舉於鄉。授教諭，以薦遷丘縣知縣，復以薦加東昌同知，仍知縣事。巡按御史禹好善以一鶴知兵，薦之，授兵部員外郎，尋擢天津兵備僉事，改飭汝南兵備，駐信陽。

時熊文燦總理南畿、河南、山西、陝西、湖廣、四川軍務，主撫議。一鶴降其盜魁黃三耀，又降其死賊順天王之黨劉喜才。一鶴先後剿劇賊，斬首七百有奇。從副將龍在田破賊固始，一鶴毒殺其賊千人。左良玉降其賊李萬慶，一鶴撫而定之數萬。文燦屢上其功，薦之，進副使，調鄖陽。

文燦誅，楊嗣昌代，以一鶴能，薦之，擢右僉都御史，代方孔炤巡撫湖廣。時湖廣賊爲諸將所逼，多竄入四川。一鶴以雲南軍移鎮荊門，相掎角。左良玉等大破賊於瑪瑙山，一鶴敍功增俸。遣副將王允成、孫應元等大破賊汝才五大營於豐邑坪，斬首三千餘級。嗣昌署一鶴荊楚第一功。獻忠陷襄陽，與革裏眼、左金王等東萃黃州、汝寧間。一鶴移駐蘄州，焚舟，遏賊渡。賊移而北，一鶴又斷横江，賊不敢渡。

嗣昌卒，丁啓睿代。啓睿破獻忠於麻城，會一鶴及鳳陽總督朱大典、安慶巡撫鄭二陽邀賊左金王、老回回等於潛山、懷寧山中。一鶴又督參將王嘉謨等追破左金王、爭世王、治世王於燈草坪，斬首千八百級。十五年遣部將陳治等合江北兵，破賊於桐城、舒城。

一鶴起鄉舉，不十年秉節鉞，廷臣不能無忮。御史衞周胤上疏醜詆一鶴。一鶴屢建功，然亦往往蒙時詬。嗣昌父名鶴，一鶴投揭，自署其名曰「一鳥」，楚人傳笑之。一鶴亦連疏引疾，帝疑其僞，下所司嚴核。先以襄陽陷，奪職戴罪，至是許解官候代。

趨救汝寧，汝寧城已陷。十二月，襄陽、德安、荆州連告陷，一鶴趨承天護獻陵。陵軍柵木爲城。賊積薪燒之，烟習純德山。城穿，一鼓而登。犯獻陵，毀祾殿。守陵巡按御史李振聲、總兵官錢中選皆降，遂攻承天。歲除，明年正月二日，有以城下賊者。城陷，一鶴自經，故留守沈壽崇、鍾祥知縣蕭漢俱死，分巡副使張鳳翥走入山中。先是左良玉軍擾襄、樊，一鶴疏糾之。既，良玉自襄走承天，軍饑而掠，乞餉於一鶴，不許。良玉銜之。至是，一鶴謀留良玉兵，良玉走武昌，故及於難。

壽崇，宣城人，都督有容子。崇禎初武進士。忤巡按，被劾罷，未行而賊至，遂及於難。贈都督僉事，廕子錦衣百戶。

漢，字雲濤，南豐人。崇禎十年進士。秩滿將行，賊薄城，卽辭家廟，授帨於妾陳曰：「男忠女烈，努力自盡。」遂出登陴，拒守五晝夜。元旦，突圍出，趨獻陵。賊騎環之，漢大呼「鍾祥令在，誰敢驚陵寢者！」賊挾之去，不殺，說降，不聽。明日，城陷，送漢吉祥寺，謹視之，求死不得。越三日，從僧榻得剃刀藏之，取敝紙書楊繼盛絕命詞，紙盡，投筆起，復拾土塊畫「鍾祥縣令蕭漢願死此寺」十字於壁。卽對壁自刭，血正濺字上，死矣。賊嘉其義，用錦衣斂而瘞之。賊退，其門人改斂之以時服，曰：「嗚呼，大白其無讀乎！吾師肯服賊服

乎！」悉易之。詔贈漢大理寺丞。

振聲，米脂人。與自成同縣而同姓。自成呼之爲兄，後復殺之。將發獻陵，大聲起山谷，若雷震虎嗥，懼，乃止。

馮師孔，字景魯，原武人。萬曆四十四年進士。授刑部主事，歷員外郎、郎中。恤刑陝西，釋疑獄百八十人。天啟初，出爲眞定知府，遷井陘兵備副使，憂歸。

崇禎二年起臨鞏兵備，改固原，再以憂歸。服闋，起懷來兵備副使，移密雲。忤鎮守中官鄧希詔。希詔摭他事劾之，下吏，削籍歸。

十五年詔舉邊才，用薦起故官，監通州軍。勤王兵集都下，剽劫公行，割婦人首報功。師孔大怒，以其卒抵死。明年舉天下賢能方面官，鄭三俊薦師孔。六月擢右僉都御史，代蔡官治巡撫陝西，調兵食，趣總督孫傳庭出關。

當是之時，賊十三家七十二營降，師殆盡，惟李自成、張獻忠存。自成尤强，據襄陽。以河洛、荆襄四戰之地，關中其故鄉，士馬甲天下，據之可以霸，決策西向。憚潼關天險，將自淅川龍駒寨間道入陝西。傳庭聞之，令師孔率四川、甘肅兵駐商、雒爲犄角，而師孔趨

戰。無何，我師敗績於南陽，賊遂乘勝破潼關，大隊長驅，勢如破竹。師孔整衆守西安，人或咎師孔趨師致敗也。賊至，守將王根子開門入之。十月十一日，城陷，師孔投井死。同死者，按察使黃絅，長安知縣吳從義，秦府長史韋尚絅，指揮崔爾達。

絅，字季侯，光州人。天啟二年進士。崇禎中，以淮海兵備副使憂歸。流賊陷州城，絅方廬墓山中，子舞如死於賊，其妹亦被難。服除，起臨鞏兵備副使，調番兵，大破李自成潼關原。尋以右參政分守洮岷，擢陝西按察使。自成劫之降，叱曰：「潼關之役，汝，我戮餘也，今日肯降汝耶？」妻王赴井，絅得間亦赴井，皆死。贈太常卿，謚忠烈。

尚絅，會稽人。聞城陷，投印井中，冠服趨王府端禮門雉經。贈按察司副使。

從義，山陰人。兒時夢一人指其背曰：「歲寒松柏，其在斯乎。」崇禎十三年成進士，之官。兵荒，從義練丁壯三百人殺賊。賊破秦，從義曰：「嗟乎，豈非天哉！吾唯昔夢是踐矣。」遂投井死。贈按察司僉事。

爾達，不知何許人，亦投井死之。自是長安多義井。

賊遂執秦王存樞，處其宮署，置百官，稱王西安。坐王府中，日執士大夫拷掠，索金錢，分兵四出攻抄。有小吏丘從周者，長不及三尺，乘醉罵自成曰：「若一小民無賴，妄踞王府，將僭僞號，而所爲暴虐若此，何能久！」賊怒，斫殺之。而布政使平湖陸之祺及里居吏部郎

乾州宋企郊，提學僉事眞寧鞏焴皆降賊，得寵用。

先是，戶部尚書倪元璐奏曰：「天下諸藩，孰與秦、晉。秦、晉山險，用武國也。請諭二王，以剿賊保秦責秦王，以遏賊不入責晉王。王能殺賊，假王以大將軍權；不能殺賊，悉輸王所有餉軍，與其賚盜。〔二〕賊平，益封王各一子如亲王，亦足以明報矣。二王獨不鑒十一宗之禍乎？賢王忠而熟於計，必知所處矣。」書上，不報。至是賊果破秦，悉爲賊有焉。

林日瑞，字浴元，詔安人。萬曆四十四年進士。崇禎初，以江西右參政憂歸。服闋，起故官，分守湖東。屬縣鉛山界閩，〔三〕妖人聚山中謀不軌，圍鉛山。日瑞擊敗之，搗其巢。屢遷陝西左、右布政使。

十五年夏，遷右僉都御史，代呂大器巡撫甘肅。明年十一月，李自成屠慶陽。其別將賀錦犯蘭州，蘭州人開城迎賊。賊遂渡河。涼州、莊浪二衞降，卽進逼甘州。日瑞聞賊急，結西羌，嚴兵以待，而自率副將郭天吉等扼諸河干。十二月，賊踏冰過，直抵甘州城下。日瑞入城，戰且守。大雪深丈許，樹盡介，角幹折，手足皴瘃，守者咸怨。賊乘夜坎雪而登，城陷，執日瑞。誘以官，不從，磔於市。

中華書局

初，日瑞撫甘肅，廷議以其不任也，遣楊汝經代之。未至，日瑞遂及於難。天吉及總兵官馬爌，撫標中軍哈維新、姚世儒，監紀同知藍臺，里居總兵官羅俊傑、趙宦，並死之。賊殺居民四萬七千餘人。三邊旣陷，列城望風降，惟西寧衞固守不下。賊無後顧，乃長驅而東。福王時，贈日瑞兵部尙書，臺太僕寺少卿，皆賜祭葬。

蔡懋德，字維立，崑山人。少慕王守仁爲人，著管見，宗良知之說。舉萬曆四十七年進士，授杭州推官。天啓間，行取入都。同鄉顧秉謙柄國，懋德不與通。秉謙怒，以故不得顯擢。授禮部儀制主事，進祠祭員外郎。尙書率諸司往謁魏忠賢祠，懋德託疾不赴。

崇禎初，出爲江西提學副使，好以守仁拔本塞源論敎諸生，大抵釋氏之緒論。遷浙江右參政，分守嘉興、湖州。劇盜屠阿丑有衆千餘，出沒太湖。懋德曰：「此可計擒也。」悉召瀕湖豪家，把其罪，簡壯士與同發，遂擒阿丑。皆曰：「懋德知兵。」內艱，服除，起井陘兵備。旱，懋德禱，即雨。他郡爭迎以禱，又輒雨。調寧遠，以守松山及修臺堡功，數被賚。會災異求言，懋德上省過、治平二疏，規切君相，一時咸笑爲迂。

懋德好釋氏，律身如苦行頭陀。楊嗣昌謂其淸修弱質，不宜處邊地，改濟南道。濟南

新殘破，大吏多缺人，懋德攝兩司及三道印。遷山東按察使、河南右布政使。田荒穀貴，民苦催科，賊復以先服不輸租相煽誘。懋德亟檄州縣停徵，上疏自劾，詔鐫七級視事。十四年冬，擢右僉都御史，巡撫山西。召對，賜酒饌、銀幣。明年春，抵任，討平大盜王冕。十月統兵入衞京師，詔扼守龍泉、固關二關。李自成已陷河南，懋德禦之河上。

十六年冬，自成破潼關，據西安，盡有三秦。十二月，懋德師次平陽，遣副將陳尙智扼守河津。山西，京師右背，蒲州北抵保德，悉鄰賊，依黃河爲險。然窮冬冰合，賊騎得長驅。懋德連章告急，請禁旅及保定、宣府、大同兵疾赴河干合拒。中朝益積憂山西，言防河者甚衆，然無兵可援。懋德以疲卒三千，當百萬狂寇。時太原洶洶，晉王手敕趣懋德還省。十八日，懋德去平陽。二十日，賊抵河津，自船窩東渡，尙智走還平陽。二十二日，賊攻平陽，拔之。尙智奔入泥源山中。二十八日，懋德還太原。

明年正月，自成稱王於西安。賊旣渡河，轉掠河東，列城皆陷。於是山西巡按御史汪宗友上言曰：「晉河二千里，平陽居其半。撫臣懋德不待春融冰泮，遽爾平陽返旆，賊即於明日報渡矣。隨行馬步千人，即時倍道西向，召集陳尙智叛卒，移檄各路防兵援剿，乃不發一兵。歲終至省，臣言宜提一旅，星馳而前，張疑聲討，尙冀桑榆之收，無如不聽何。賊日遣僞官，匝月，餘郡皆失，是誰之過歟。」有詔奪官候勘，以郭景昌代之。

二十三日，尙智叛降於賊。於是懋德誓師於太原，布政使趙建極，監司毛文炳、藺剛中、畢拱辰，太原知府孫康周，署陽曲縣事長史范志泰等官吏軍民咸在。懋德哭，衆皆哭。罷官命適至，或請出城候代。懋德不可，曰：「吾已辦一死矣，景昌即至，吾亦與俱死。」調陽和兵三千協守東門。剛中慮其內應，移之南關之外。遣部將張雄分守新南門，召中軍副總兵應時盛入參謀議。懋德等登城。

二月五日，賊至城下。遣部將牛勇、朱孔訓、王永魁出戰，死之。明日，自成具鹵簿，督衆攻城，陽和兵叛降賊。又明日，晝晦，懋德草遺表。須臾大風起，拔木揚砂。調張雄守大南門，雄已縋城出降，語其黨曰：「城東南角樓，火器火藥皆在，我下即焚樓。」夜中火起，風轉烈，守者皆散。賊登城，懋德北面再拜，出遺表付友人賈士璋間道達京師，語人曰：「吾學道有年，已勘了死生，今日吾致命時也。」即自剄，麾下持之。時盛請下城巷戰，願懋德曰「上馬」。懋德上馬，時盛持矛突殺賊數十人。至炭市口，賊騎充斥，時盛呼曰「出西門」。懋德遽下馬曰：「我當死封疆，諸君自去。」衆復擁懋德上馬，至水西門。懋德叱曰：「諸君欲陷我不忠耶！」復下馬，據地坐。時盛已出城，殺妻子，還顧不見，復斫門入，語懋德曰：「請與公俱死。」遂偕至三立祠。懋德就縊未絕，時盛釋甲加其肩，乃絕。時盛取弓弦自經。建極危坐公堂，賊擁之見自成。不屈，將斬之。下堦呼萬歲者再，曰：「臣失守封疆，死有餘罪。」自成以爲呼己

也，曳還。建極瞋目曰：「我呼大明皇帝，寧呼賊耶？」立射殺之。時自成執晉王，據王宮云。文炳被殺，妻趙、妾李亦投井死，子兆夢甫數歲，賊掠去。士民以其忠臣子也，贖而歸之。欲降剛中，不從，殺之。首旣墮，復躍起丈餘，賊皆辟易。賊適得新刃，拱辰覘之。問：「何覘？」曰：「欲得此斫頭耳。」遂取斬之。康周巷戰死，志泰不食死。自懋德而下，太原死事凡四十有六人，賊皆尸之城上。自成恨懋德之不降也，驗其尸，以刃斷頭而去。福王時，以懋德不守河爲失策，乃謚忠襄，賜祭葬而不予贈廕，餘賜恤有差。間考四十六人，行事多缺，姓名不傳，莫得而次云。

建極，河南永寧人。賊掠永寧時，建極五子皆死，後生三子又夭，至是趙氏一門竟絕。

文炳，字夢石，鄭州人。以吏科給事中出爲山西兵備副使。爲給事時，楊嗣昌督師，議調民兵討賊。文炳言：「民兵可守不可調，不若官軍乘馬便殺賊。」又言：「當大計，主計者喜奔競，抑廉靜，宜令官得互糾不公者。」帝皆納其言。

剛中，字坦生，陵縣人。爲南京給事中，奏保護留都六事，又陳漕事救弊之要。山東饑，疏言：「民死而丁存，田荒而賦在，安得不爲盜！宜清戶口并里甲。」皆切時病。遷山西副使。

拱辰，字星伯，掖縣人。知朝邑、鹽城二縣，數遷數貶。歷淮徐兵備僉事，督漕侍郎史

可法謂其不任，移之冀寧。

建極、文炳、剛中、拱辰由進士。康周，字晉侯，安丘人，由鄉舉。時盛，遼陽諸生。爲懋德所知，拔隸幕下，至都督僉事。志泰，虞城人。餘莫考。

太原既破，賊移檄遠近，所至郡縣望風結寨以拒官兵。而其仗義死難，陷胸斷脰而甘心者，則有若安邑知縣房之屏，宛平人，起家鄉舉。城陷，北向拜天子，入署拜其母，命妻子各自盡，遂投井，賊曳出斬之。忻州知州楊家龍，字惕若，曲陽人。爲寧鄉知縣，凡七年，流亡復其業。遷忻，賊卽至，曰：「此城必不守，我出，爾民可全也。」出城罵賊而死。州人祠祀之。代州參將閻夢夔，鹿邑人，汾州知州侯君昭，皆城亡與亡。汾陽知縣劉必達袖出罵賊文，賊誦而殺之。其義勇范奇芳，刺殺一僞都尉而自剄。寧武兵備副使王孕懋，字有懷，由太原知府遷。自成既陷太原，遣使說降，孕懋斬之，與總兵官周遇吉共守，城陷自殺。妻楊投井殉之。孕懋，霸州人，進士。遇吉自有傳。寧武失，賊破三關，犯大同。

衞景瑗，字仲玉，韓城人。天啓五年進士。授河南推官。

崇禎四年徵授御史，劾首輔周延儒納賄行私數事，復劾吏部侍郎曾楚卿憸邪。帝不

納。出按眞定諸府。父喪，不俟命竟歸。服闋，起故官。疏救給事中傅朝佑、李汝璨以論溫體仁下吏，故帝不懌，左遷行人司正。歷尙寶、大理丞，進少卿。十五年春，擢右僉都御史，巡撫大同。歲饑疫，疏乞振濟。蒐軍實，練火器，戢豪宗，聲績甚著。

十七年正月，李自成將犯山西，宣大總督王繼謨檄大同總兵官姜瓖扼之河上，瓖潛使納款而還。景瑗不知其變也，及山西陷，景瑗邀瓖歃血守。瓖出告人曰：「衞巡撫，秦人也，將應賊矣。」代王疑之，不見景瑗，永慶王射殺景瑗僕。會景瑗有足疾，不時出。兵事，瓖主之。瓖兄瑄，故昌平總兵也，勸瓖降賊。瓖慮其下不從，人犒之銀，言勵守城將士，代王信之。諸郡王分門守，瓖每門遣卒二百人助守。

至三月朔，賊抵城下。瓖卽射殺永慶王，開門迎賊入。紿景瑗計事，景瑗乘馬出，始知其變也，自墜馬下。賊執之見自成，自成欲官之。景瑗據地坐，大呼皇帝而哭。賊義之，曰「忠臣也」，不殺。景瑗猝起，以頭觸階石，血淋漓。賊引出，顧見瓖，罵曰：「反賊，與我盟而叛，神其赦汝耶！」賊使景瑗母勸之降。景瑗曰：「母年八十餘矣，當自爲計。兒，國大臣，不可以不死。」母出，景瑗謂人曰：「我不罵賊者，以全母也。」初六日自縊於僧寺。賊歎曰：「忠臣。」移其妻子空舍，戒毋犯。殺代王傳㸄及其宗室殆盡。

分巡副使朱家仕，盡驅妻妾子女入井，而己從之，死者十有六人。督儲郎中徐有聲、山陰知縣李倬亦死之。諸生李若蔡自題其壁曰「一門完節」，一家九人自經。家仕，河州人。

福王時，贈景瑗兵部尙書，謚忠毅。

賊既陷大同，以兵徇陽和，長驅向宣府。

朱之馮，字樂三，大興人。天啓五年進士。授戶部主事，榷稅河西務。課羸，貯公帑無所私。以外艱去。

崇禎二年起故官，進員外郎。坐詿誤，謫浙江布政司理問，稍遷行人司副，歷刑部郎中，浙江驛傳僉事，靑州參議。盜劫沂水民，株連甚衆。之馮捕得眞盜，大獄盡解。擒治樂安士豪李中行。權貴爲請，不聽。進副使，齎表入都，寄家屬濟南。濟南破，妻馮匿姑及子於他所，而自沉於井。姑李聞之，爲絕粒而死。柩還，之馮廬墓側三年。起河東副使。河東大猾朱全宇潛通秦賊，之馮至則執殺之，部內以寧。之馮自妻死不再娶，亦不置妾媵，一室蕭然。

十六年正月擢右僉都御史，巡撫宣府。司餉主事張碩抱以剋餉激變，羣縛碩抱。之馮出撫諭，貸商民貲給散，而密捕誅首惡七人，劾碩抱下吏。軍情帖然。

明年三月，李自成陷大同。之馮集將吏於城樓，設高皇帝位，歃血誓死守，懸賞格勵將士。而人心已散，監視中官杜勳且與總兵王承胤爭先納款矣，見之馮叩頭，請以城下賊。之馮大罵曰：「勳，爾帝所倚信，特遣爾，以封疆屬爾，爾至卽通賊，何面目見帝！」勳不答，笑而去。俄賊且至，勳蟒袍鳴騶，郊迎三十里之外，將士皆散。之馮登城太息，見大礮，語左右：「爲我發之！」默無應者。自起爇火，則礮孔丁塞，或從後掣其肘。之馮撫膺歎曰：「不意人心至此！」仰天大哭。賊至城下，承胤開門入之，訛言賊不殺人，且免徭賦，則舉城譁然皆喜，結綵焚香以迎。左右欲擁之馮出走，之馮叱之，乃南向叩頭，草遺表，勸帝收人心，厲士節，自縊而死。賊棄屍濠中，濠旁犬日食人屍，獨之馮無損也。

同日死者，督糧通判朱敏泰、諸生姚時中、副將甯龍及繫獄總兵官董用文、副將劉九卿及里居知縣申以孝。其他婦女死義者又十餘人。福王時，贈之馮兵部尙書，謚忠壯。

勳既降賊，從攻京師，射書於城中。城中初聞勳死宣府，帝爲予贈廕立祠，至是以爲鬼。守城監王承恩倚女牆而與語，縋勳入見帝，盛稱自成，「上可自爲計」。復縋之出，笑語諸守監曰：「吾輩富貴自在也。」

陳士奇，字平人，漳浦人也。好學，有文名，不知兵。舉天啓五年進士，授中書舍人。崇禎四年考選，授禮部主事，擢廣西提學僉事。父憂歸。服闋，起重慶兵備，尋改貴州，復督學政。母憂闋，起贛州兵備參議，進副使，督四川學政。廷臣交章薦士奇知兵。

十五年秋，擢右僉都御史，代廖大奇巡撫四川。松潘兵變，衆數萬，士奇諭以禍福，咸就撫。搖、黃賊十三家，縱横川東北十餘年，殺掠軍民無算；執少壯，文其面爲軍，至數十萬。士奇檄副使陳其赤、葛徵奇，參將趙榮貴等進討，屢告捷。而賊狡，迄不能制。士奇本文人，再督學政，好與諸生談兵，朝士以士奇知兵。及秉節鉞，反以文墨爲事，軍政廢弛。石砫女將秦良玉嘗圖全蜀形勢，請益兵分守十三隘，扼賊奔突。置不問，蜀以是擾。

明年十二月，朝議以其不任，命龍文光代之。士奇方候代，而陽平將趙光遠擁兵二萬，護瑞王常浩自漢中來奔，士民避難者又數萬，至保寧，蜀人震駭。士奇馳責光遠曰：「若退守陽平關，爲吾捍衞，不惜二萬金犒軍。如頓此，需厚餉，吾頭可斷，餉不可得也。」光遠退屯陽平，王以三千騎奔重慶。明年四月，文光受代，士奇將行，京師告變。士奇自以知兵也，曰：「必報國仇。」遂留駐重慶，遣水師參將曾英擊賊於忠州，焚其舟；遣趙榮貴禦賊於梁山。獻忠由葫蘆壩左步右騎，翼舟而上，二將敗奔，遂奪佛圖關，陷涪州。士奇徵石砫援兵不至。或勸：「公已謝事，宜去。」士奇不可。賊抵城下，擊以滾礮，賊死無數。二十日夜，黑

雲四布，賊穴地轟城。城陷，[四]王、士奇及副使陳纁、知府王行儉、知縣王錫俱被執。士奇大罵，賊縛於教場，將殺之。忽雷雨晦冥，咫尺不見。獻忠仰而詬曰：「我殺人，何與天事！」用大礮向天叢擊。俄晴霽，遂肆僇。士奇罵不絕口而死，王亦遇害。賊集軍民三萬七千餘人，斫其臂。[五]遂犯成都。

纁，本關南兵備副使，護瑞王入蜀，及於難。行儉，字質行，宜興人。崇禎十年進士，守重慶，善撫馭，爲賊臠死。錫，新建人。崇禎十三年進士。除巴縣知縣。嘗從士奇殲土寇彭長庚之黨，又斬搖、黃賊魁馬超。至是，賊蒙巨板穴城，錫灌以熱油，多死。及被執，大罵。抉其齒，罵不已。捶膝使跪，益屹立。舁至教場，縛樹上射之，又臠而烙之。既死，復燬其骨。指揮顧景聞城陷，入瑞王府，以己所乘馬乘王，鞭而走，遇賊呼曰：「賊寧殺我，無犯帝子。」賊刺殺王，景遂死之。

龍文光，馬平人。天啓二年進士。崇禎十七年以川北參政擢右僉都御史，代陳士奇巡撫四川。聞命，與總兵官劉佳引率兵三千，由順慶馳赴之。部署未定，數日而城陷。賊盡

驅文武將吏及軍民男婦於東門之外，將戮之，忽有龍尾下垂。賊以爲瑞，遂停刑。文光、佳引不屈，賊殺文光於濯錦橋，佳引自投於浣花溪。

劉之勃，字安侯，鳳翔人。崇禎七年進士。授行人，擢御史。上節財六議，言：「先朝馬萬計，草場止五六所。今馬漸少，場反增二倍，可節省者一。水衡工役費，歲幾百萬。近奉明旨，朝廷不事興作，而節愼庫額數襲爲常，可節省者二。諸鎭兵馬時敗潰而餉額不減，虛伍必多，可節省者三。光祿宴享賜賚，大抵從簡，而監局廚役多宂濫，可節省者四。三吳織造，澤、潞機杼，以及香蠟、藥材、陶器，無歲不貢，積之內爲廢物，輸之下皆金錢，可節省者五。軍前監紀、監軍、贊畫之官，不可勝紀。平時則以一人而靡千百人之餉，臨敵又以千百人而衞一人之身，耗食兼耗兵，可節省者六。」又疏陳東廠三弊，言：「東廠司緝訪，而內五城，外巡按，以及刑部、大理皆不能舉其職，此不便於官守。奸民千里首告，假捏姓名，一紙株連，萬金立罄，此不便於民生。子弟訐父兄，奴僕訐家主，部民訐官長，東廠皆樂聞，此不便於國體。」帝皆納其言。

十五年出按四川。十六年秋，類報災異，請緩賦省刑，亦弭災一術，時不能用。明年

正月，張獻忠大破川中郡邑。四月聞都城失守，人心益恟懼。舉人楊鏘、劉道貞等謀擁蜀王至澍監國，之勃不可，躍入池中，議乃寢。八月，賊逼成都，之勃與巡撫龍文光、建昌兵備副使劉士斗等分陴拒守。總兵官劉鎭藩出戰而敗。賊穴城，實以火藥，又刳大木長數丈者合之，纏以帛，貯藥，向城樓。之勃厲衆奮擊，賊卻二三里，皆喜，以爲將去也。初九日黎明，火發，北樓陷，木石飛蔽天，守陴者皆散，賊遂入城。蜀王率妃妾自沉於菊井。鎭藩突圍出，赴浣花溪死之。之勃等被執，賊以之勃同鄉，欲用之。之勃勸以不殺百姓，輔立蜀世子。不從，遂大罵，賊攢箭射殺之。時福王立於南京，擢之勃右僉都御史，巡撫四川，已不及聞矣。

贊曰：潼關既破，李自成乘勝遂有三秦。渡河而東，勢若燎原。宣、大繼覆，明亡遂決。一時封疆諸臣後先爭死，可不謂烈哉！然平陽之旆甫東，船窗之警旋告。死非難，所以處死爲難，君子不能無憾於懋德焉已。若夫一鶴之死顯陵，士奇之死夔州，劉之勃、龍文光之死成都，不亦得死所者歟！

中華書局

校勘記

〔一〕黃炯等　黃炯，原作「黃絅」，據本書卷二四莊烈帝紀、明進士題名碑錄天啓二年壬戌科改。下同。

〔二〕不能殺賊悉輸所有餉軍與其賫盜　按此句文義不通順。國榷卷九九頁五九九六作「如不知兵，宜悉輸所有。與其賫盜，何如享軍。」

〔三〕分守湖東屬縣鉛山界閩　湖東，原作「湖廣」，據明史稿傳一四〇林日瑞傳改。按本書卷七五職官志有湖東道，爲江西諸道之一，鉛山縣隸湖東道。

〔四〕二十日夜至六地轟城城陷　二十日，承上文爲四月二十日。按國榷卷一〇二頁六一二二繫「城陷」於六月丁丑（二十一日），明通鑑附編卷一上考異稱「轟城則六月二十日丙子」，「城陷則二十一日丁丑」，是「二十日」上脫「六月」二字。

〔五〕賊集軍民三萬七千餘人斫其臂　國榷卷一〇二頁六一二二作「又驅丁壯萬餘，割耳鼻斷一手以徇各縣，謂抗者如之」。與此異。

明史卷二百六十四

列傳第一百五十二

賀逢聖 傳冠 尹如翁　南居益 族父企仲　族弟居業　周士樸

呂維祺 弟維祜　王家禎　焦源溥 兄源清　李夢辰

宋師襄　麻僖　王道純　田時震 朱崇德　崇德子國棟

賀逢聖，字克繇，江夏人。與熊廷弼少同里閈，而不相能。爲諸生，同受知於督學熊尚文。尚文並奇二生，曰：「熊生，干將、莫邪也；賀生，夏瑚、商璉也。」舉於鄉。家貧，就應城教諭。萬曆四十四年，殿試第二人，授翰林編修。

天啓間，爲洗馬。當是時，廷弼已再起經略遼東矣。廣寧之敗，同鄉官將揭白廷弼之冤，意逢聖且沮之。逢聖作色曰：「此乃國家大事，吾安敢小嫌介介，不以明！」即具草上之。

湖廣建魏忠賢生祠，忠賢閩上梁文出逢聖手，大喜，即日詣逢聖。逢聖曰：「誤，借銜陋習耳。」忠賢咈然去，翌日削逢聖籍。

莊烈帝即位，復官，連進秩。九年六月以禮部尙書兼東閣大學士，入閣輔政，加太子太保，改文淵閣。十一年致政。十四年再入閣。明年再致政。

逢聖爲人廉靜，束修砥行。帝頗事操切，逢聖終無所匡言。其再與周延儒同召，帝待之不如延儒。及予告，宴餞便殿，賜金，賜坐蟒。感激大哭，伏地不能起，帝亦汍瀾動容焉。

是時，湖廣賊大擾。明年春，張獻忠連陷蘄、黃，逼江夏。有大冶人尹如翁，逢聖門生，走三百里，持一僧帽、一袈裟來貽逢聖。逢聖反其衣曰：「子第去，毋憂我。」如翁去。五月壬戌晦，賊陷武昌，執逢聖。叱曰：「我朝廷大臣，若曹敢無禮！」賊麾使去，遂投墩子湖死也。賊來自夏，去以秋云。大吏望衍而祭，有神夢於湖之人，「我守賀相殊苦，汝受而視之，有黑子在其左手，其徵是。」覺而異之，蹤於湖，赫然而尸出，驗之果是，蓋沉之百有七十日，面如生。以冬十一月壬子殮，大吏揮淚而葬之。

初，城之陷也，逢聖載家人以其舸艬，出墩子，鑿其舡艫，皆溺。賀氏死者，妻危氏，子覲明，子婦曾氏、陳氏，孫三人，次子光明自他所來，凡二十餘人。福王時，贈少傅，謚文忠，祭葬廕子如制。

如翁去，歸大冶。大冶城破，其慷慨而死者，如翁也。

其後有傅冠。冠，字元甫，進賢人。祖炯，南京刑部尚書。天啓二年，冠舉進士第二，授翰林編修。崇禎十年秋，由禮部右侍郎拜尚書兼東閣大學士。性簡易，有章奏發自御前，冠以爲揭帖，援筆判其上。既知悞，惶恐引罪，帝即放歸。唐王時，命以原官督師江西。嗜酒，或劾之，乃致仕。大清下江西，冠走匿門人泰寧汪亨龍家。亨龍執而獻之有司，殺之汀州，血漬地，久而猶鮮。

南居益，字思受，渭南人，尚書企仲族子、師仲從子也。曾祖從吉與曾伯祖大吉皆進士。兩人子姓，科第相繼。

企仲，大吉孫，萬曆八年進士。以祖母年高，請終養。祖母既歿，授刑部主事。客寓貲其家，夫婦並歿，企仲呼其子還之。吏部尚書孫丕揚以爲賢，調爲己屬，歷文選郎，擢太僕少卿，進太僕卿。三十年，帝以疾詔免礦稅，釋繫囚，錄建言貶斥諸臣。既而悔之，命礦稅如故，餘所司議行。吏、刑二部尚書李戴、蕭大亨遲數日未奏，企仲請亟罷二人，而赦二部

亟如詔奉行。帝大恚，傳諭亟停二事，落企仲一官。給事中蕭近高，御史李培、余懋衡亦請信明詔。帝益怒，並奪其俸，且命益重前貶謫官鄒元標等罰，欲以鉗言者。諸閣臣力爭，乃止。而給事中張鳳翔迎帝意，劾企仲他事，遂削籍。天啓初，起太常卿，累遷南京吏部尚書，以老致仕。師仲父軒，吏部郎中，嘗著通鑑綱目前編。師仲至南京禮部尚書。

居益少厲操行，舉萬曆二十九年進士，授刑部主事。三遷廣平知府，擢山西提學副使，雁門參政，歷按察使、左右布政使，並在山西。

天啓二年入爲太僕卿。明年擢右副都御史，巡撫福建。紅毛夷者，海外雜種，紺眼，赤鬚髮，所謂和蘭國也，自昔不通中土，由大泥、咬𠺕吧二國通闤商。萬曆中，奸民潘秀引其人據彭湖求市，巡撫徐學聚令轉販之二國。二國險遠，商舍而之呂宋。夷人疑呂宋邀商舶，攻之，又寇廣東香山澳，皆敗，不敢歸國，復入彭湖求市，且築城焉。巡撫商周祚拒之，不能靖。會居益代周祚，賊方犯漳、泉，招日本、大泥、咬𠺕吧及海寇李旦等爲助。居益使人招旦，說攜大泥、咬𠺕吧。賊帥高文律懼，遣使求款，斬之。築城鎮海港，逼賊風櫃。賊窮蹙，泛舟去，遂擒文律，海患乃息。五年遷工部右侍郎，總督河道。魏忠賢銜居益敍功不及己，格其賞。給事中黃承昊復論居益倚傍門戶，躐躋通顯，遂削籍去。閩人詣闕訟之，不聽。乃立祠以祀，勒碑於彭湖及平遠臺。

崇禎元年起戶部右侍郎，總督倉場。陝西鎮缺餉至三十餘月，居益請以陝賦當輸關門者，留三十萬，紓其急，報可。畿輔戒嚴，居益在通州，爲城守計甚備。未幾，試礮而炸，兵部尚書梁廷棟坐軍械不具下吏，四司郎中瘐死者三，遂詔居益代鳳翔。會工部尚書張鳳翔劾郎中王守履失職。守履懼，詆兵部郎中王建侯誣己。廷議不如守履言，遂下獄。居益疏捄，帝以爲徇私，削籍歸。廷杖守履六十，斥爲民。尋敍城守功，復居益冠帶。

十六年，李自成陷渭南，責南氏餉百六十萬。企仲年八十三矣，遇害。誘降居益及企仲子禮部主事居業，皆不從。明年正月，賊遣兵擁之去，加炮烙。二人終不屈，絕食七日而死。

周士樸，字丹其，商丘人。萬曆四十一年進士。除曲沃知縣。泰昌元年徵授禮科給事中。中官王添爵選淨身男子，索賄激變。守陵劉尚忠鼓陵軍挾賞。劉朝等假齎送軍器名，出行山海外，勢洶洶。織造李實訐周起元。羣璫索冬衣，辱尚書鍾羽正。士樸皆疏爭。士樸性剛果，不能委蛇隨俗，尤好與中官相搘柱，深爲魏忠賢所惡。會當擢京卿，忠賢持不下，士樸遂謝病歸。

崇禎元年起太常少卿，歷戶部左、右侍郎，拜工部尚書。帝命中官張彝憲監戶、工二部

出納，士樸恥之，數與齟齬。彝憲訐於帝，士樸疏對辭直，帝無以難。未幾，駙馬都尉齊贊元以遂平長公主塋價，士樸不引瑞安大長公主例，而壽寧大長公主薨，則引瑞安例，上疏醜詆之，遂削其籍。

十五年，廷臣交薦，不召。其年八月，李自成陷商丘，與妻曹、妾張、子舉人業熙、子婦沈同日縊死。

呂維祺，字介孺，新安人。祖母牛氏以守節被旌。父孔學，事母孝，捐粟千二百石振饑，兩旌孝義。維祺舉萬曆四十一年進士，授兗州推官，擢吏部主事，更歷四司。光宗崩，皇長子未踐阼，內侍導幸小南城。維祺謁見慈慶宮，言梓宮在殯，乘輿不得輕動，乃止。天啓初，歷考功、文選員外郎，進驗封郎中，告歸。開封建魏忠賢生祠，遺書士大夫戒勿預。忠賢毀天下書院，維祺立芝泉講會，祀伊、洛七賢。

崇禎元年起尚寶卿，遷太常少卿，督四夷館。明年四月，廷議軍餉，維祺陳奏十五事。其冬，奏防微八事，言：「陛下初勤批答，今或留中，留中多則疑慮起，當防一。初虛懷商榷，及擬旨一不當，改擬徑行，豈無當執奏，當防二。初無疑厭，疑厭諸臣自取，今且共、驩

並進，當防三。初日御講筵，今始傳免，當防四。初寡嗜慾，慎宴游，今或偶涉，當防五。初慎刑獄，今有下詔獄者。且登聞頻擊，恐長囂訟風，當防六。初重廷推，今間用陪，非常典，當防七。初樂讜言，今或譴訶時及，當防八。」帝優旨報之。

三年，擢南京戶部右侍郎，總督糧儲。設會計簿，鉤考隱沒侵欺，及積逋不輸，各數十百萬，大者彈奏，小者捕治。立法嚴督屯課，倉庾漸充。條上六議，曰稽出入以杜侵漁，增比較以完積案，設本科以重題覆，時會計以覈支收，定差序以杜營私，禁差假以修職業。帝稱善，卽行之。

六年拜南京兵部尚書，參贊機務。清冒伍八千餘名。請申飭江防，鳳陵單外爲憂，弗省。八年正月，賊犯江北，遣參將薛邦臣防全椒，趙世臣戍浦口。世臣潰走，南京震動，鳳陽亦旋告陷。大計拾遺，言官復劾他事，遂除名。時維祺父孔學避賊洛陽，維祺乃歸留洛，立伊洛會，及門二百餘人。著孝經本義成，上之。

十二年，洛陽大饑。維祺勸福王常洵散財餉士，以振人心，王不省。乃盡出私廩，設局振濟。事聞，復官。然饑民多從賊者，河南賊復大熾。無何，李自成大舉來攻，維祺分守洛陽北城。夜半，總兵王紹禹之軍有騎而馳者，周呼於城上，城外亦呼而應之，於是城陷。賊有識維祺者曰：「子非振饑呂尚書乎？我能活爾，爾可以間去。」維祺弗應，賊擁維祺去。

時福王常洵匿民舍中，賊跡而執之，遇維祺於道。維祺反接，望見王，呼曰：「王，綱常至重。等死耳，毋屈膝於賊！」王瞠不語。見賊渠於周公廟，按其項使跪，不屈，延頸就刃而死。時十四年之正月某日也。維祺年五十有五，贈太子少保，祭葬，廕子如制。而維祺之家在新安者，十六年城陷，家亦破。

弟維祜，字泰孺，由選貢生爲樂平知縣者也。至是解職歸，亦抗節死。贈按察僉事。福王立南京，加贈維祺太傅，謚忠節。

王家禎，長垣人。萬曆三十五年進士。天啓間，歷官左僉都御史，巡撫甘肅。松山部長銀定、歹成擾西鄙二十餘年。家禎至，三犯三却之，先後斬首五百四十。擢戶部右侍郎，轉左。崇禎元年攝部事，邊餉不以時發。秋，遼東兵鼓譟，巡撫畢自肅自縊死。帝大怒，削家禎籍。已，敍甘肅功，復其冠帶。

九年七月，京師被兵，起兵部左侍郎，尋以本官兼右僉都御史，總理河南、湖廣、山西、陝西、四川、江北軍務，代盧象昇討賊。會河南巡撫陳必謙罷，卽命兼之。督將士會剿賊馬進忠等於南陽，復遣兵救襄陽，大戰牌樓閣。其冬，家丁鼓譟，燒開封西門。家禎夜自外歸，慰諭犒賞，詰旦，發往南陽討土寇楊四以去。楊四者，舞陽劇盜也。初，四與其黨郭三海、侯馭民等降於必謙，至是復叛，故家禎有是遣。其後南陽同知萬年策與監紀推官湯開遠，諸將左良玉、牟文綬等連破四。四焚死，其黨亦爲諸將所擒誅云。

當是時，流賊盡趨江北，留都震驚。言者謂家禎奉命討安慶賊，未嘗一出中州。帝亦以家丁之變心輕之。明年四月乃以總理授熊文燦，令家禎專撫河南。文燦未至，詔遣左良玉援安慶，家禎不遣。秋，劉國能犯開封，裨將李春貴等戰歿。議罪，家禎落職閒住。久之，李自成陷京師，遣兵據長垣，設僞官。家禎與其子元紒並自經死。

焦源溥，字涵一，三原人。萬曆四十一年進士。歷知沙河、滑二縣，考最，召爲御史。

熹宗嗣位，移宮議起，刑部尚書黃克纘請寬盜寶諸奄。源溥折之曰：「光宗、神宗元子也，爲元子者爲忠，則爲福藩者非忠。孝端、孝靖，神宗后也，爲二后者爲忠，則爲鄭貴妃者非忠。孝元、孝和，光宗后也，爲二后者爲忠，則爲李選侍者非忠。貴妃三十年心事，人誰不知。張差持梃，危在呼吸，尙忍言哉！況當先帝御極之初，忽傳皇祖封后之命。請封

不得，冶容進矣。張差之梃不中，則投以女優之惑；崔文昇之藥不速，則促以李可灼之丸。痛哉！先帝欲諱言進御之事，遂甘蒙不白之冤。今卽厚待貴妃，始終恩禮，而鄭養性之都督不可不奪也，崔文昇不可不磔也。若竟置弗問，不幾於忘父乎！李選侍一宮人，更非貴妃比，如聖諭阻陛下於煖閣，挾陛下以垂簾，及凌虐聖母狀，有臣子所不忍言者。今卽爲選侍乞憐，第可求曲宥前辜，量從優典，而移宮始末不可得而抹摋也，盜寶諸奄不可得而寬宥也。若竟置諸奄弗問，不幾於忘母乎！」疏上，舉朝寒懼。

天啓二年憂歸。服闋還朝，出按眞定諸府，例轉鳳陽兵備副使。時崔文昇出鎭兩淮，欲甘心源溥，遂移疾歸。

崇禎二年起故官，分巡河東道，遷寧武參政，有平寇功，就遷山西按察使。七年擢右僉都御史，巡撫大同。時邊事日棘，兵缺伍，餉又久乏。歲洊饑，民淘馬糞以食。源溥請蠲振增餉，當事不能應。踰年，自劾求去，遂罷歸。十六年冬，李自成陷關中，與從兄源清同被執，勒令輸金。源溥瞋目大罵，賊拔其舌，支解之。

源清，字湛一，由進士歷官宣府巡撫。七年秋坐萬全左衞失守，奪官論戍。久之釋還，年七十。至是抗節，不食七日死。

李夢辰，字元居，睢州人。崇禎元年進士。授庶吉士，改兵科給事中。時盜起陝西，山東曹、濮間之盜，道梗三百餘里，河北有回賊。夢辰歷陳其狀，請敕將吏急防。五年上疏言：「中外交訌，秦、晉、齊、魯多亂，兩河居中尤要地。鉛硝久市直未償，漕米歲輸累無已，宗祿併徵，南陽加派，河決歲歉，郵傳催科之患百出，民室如懸罄，生計日不支，急難誰肯用命。兩河標兵、磁兵，新舊不滿七千，一有警，防禦何資。今日之務急防河，繕城，備器，練鄉兵，治甲冑，尤以收拾人心爲本。」帝命所司嚴飭。六年冬，鉅盜盡萃河北。夢辰慮其南犯，請敕河南諸道監司急防渡口。而巡撫移駐衞輝，與山西、保定二撫臣犄角急擊。帝方下兵部議，賊已從澠池潛渡。自是中州郡縣無日不告警矣。

累遷本科左給事中。復言：「將驕軍悍，鄧玘、張外嘉之兵弑主而叛，曹文詔、艾萬年之兵望賊而奔，尤世威、徐來朝之兵離汛而遁，今者，張全昌、趙光遠之兵且倒戈爲亂矣。滎澤劫庫殺人，偃師列營對壘。且全昌等會剿豫賊，隨處逗遛，及中途兵變，全昌竟東行，光遠始西向。驕抗如此，安可不重治。」帝頗採其言。進吏科都給事中。都御史唐世濟薦霍維華，[一]福建巡按應喜臣薦周維京，冀並翻逆案。夢辰疏駁之，世濟、喜臣皆下吏讁戍。

尋擢太常少卿，累遷至通政使。坐代人削章奏，貶秩調任。未幾，有持金囑中書舍人某賄大學士，求爲副都御史者。邏卒廉得之，詞連夢辰。帝令夢辰自奏，事得白。然夢辰竟坐是削籍。

十五年春，賊攻開封，不克，遂去，陷西華，屠陳州，逼睢州。時州缺正官，夢辰歸，即乘城主守。無何，賊從他門入，擁夢辰見羅汝才。汝才問所欲，曰：「我大臣，但欲死爾。」汝才去，遣其客說降，且進之酒。夢辰覆杯於地，太息起，扼吭而卒。妻王氏，方病，聞之，不食死。

宋師襄，耀州人。萬曆四十四年進士。歷官御史。天啓三年五月請罷內操，言：「自劉朝營脫死，與沈㴶謀爲固寵計。㴶以募兵爲朝外護，朝以內操爲㴶內援。宮府內外，知有朝而不知天子。天牖聖聰，一旦發露，屏之南京。然朝雖去，而三千虎旅安歸？世未有蓄怨藏怒之人，潛布左右而不爲患者，今惟有散之而已。夫平日卵翼朝者，黃克纘也，亡何以戎政內宣。抄參朝者，毛士龍也，未幾以搆陷削籍。豈非握兵據要，轉相恐喝，以至是乎。」帝以內操祖宗故事，不納。又陳足財之策，請減上供，汰冗官，覈營造，省賚賞。皆宦官所不便，格不行。奉聖夫人客氏子及中官王體乾、宋晉、魏進忠等十二人俱世襲錦衣。進忠者，魏忠賢也。師襄力諫。又言左都御史熊尚文、工部侍郎周應秋、登萊巡撫袁可立當去不去，光祿卿須之彥、太常卿呂純如不當來而來。帝皆不聽。

四年巡按河南。陛辭，言：「今之言者，皆曰治平要務，乃終日籌邊事，商國計，飭吏治，計民生，弭盜賊，而漫無實效。所以然者，臺諫以進言爲責，條奏一入，即云盡職，言之行否，置弗問矣。六曹以題覆爲責，題覆一上，即云畢事，事之行否，置弗問矣。內閣以票擬爲責，票擬一定，即爲明綸，旨之行否，置弗問矣。上謾下欺，釀成大患。今人怨已極，天怒已甚，災害並至，民不聊生。相聚思亂，十而八九。臣恐今日之患，不在遼左、黔、蜀，而在數百年休養之赤子也。」明年復命薦部內人才，首及尚書盛以弘。魏忠賢責以徇私，貶一秩調任，師襄遂歸。

崇禎元年召復官，擢太僕少卿，累遷至太常卿，致仕。奸人宋夢郊假師襄手書營兵部。事覺，師襄被逮，繫獄者二年。至徐石麒爲刑部，始得雪。十六年冬，賊陷耀州，師襄死之。

麻僖，慶陽人。父永吉，由庶吉士爲御史，終湖廣按察使，以清操聞。僖舉萬曆三十五年進士，授庶吉士，改兵科給事中。代王長子鼎渭訐父廢長立幼，僖劾代王無君，鼎渭無父。

四十年疏陳納諫諍、舉枚卜、補大僚、登遺佚、速考選數事，不報。已，復請重武科，復比試，清納級，汰家丁，恤班操，急邊餉，時亦不能用。遼東巡撫楊鎬請用舊將李如梅，以僖言，改用張承廕。[二]承廕未至而鐵嶺堡、曹莊相繼失事，鎬皆不以實聞。僖兩疏劾之，鎬旋引去。已，與同官孫振基等劾熊廷弼殺人媚人。又言湯賓尹取韓敬，關節顯然，語具振基傳。尋乞假歸。四十五年京察，賓尹黨用事，以僖倚附東林，謫山西按察知事。天啓二年起兵部主事，歷尚寶丞、少卿，改太常。五年六月，魏忠賢黨御史陳世埈劾之，遂落職。崇禎初，復官，致仕家居。十六年冬，李自成陷慶陽，僖死之。

王道純，字懷鞠，蒲城人。天啓五年進士。授中書舍人。崇禎三年擢御史。疏陳破資格之說，言銓除、舉劾、考選，甲乙科太低昂，宜變通，則賢才日廣。帝命所司即行，而甲科勢重，卒不能返。流賊躪關中，道純請急振饑民，毋使從賊，報可。已，劾罷光祿卿蘇晉、參政張爾基。四年劾吏部尚書王永光當去者三，不可留者四，不納。

巡按山東。其時李九成、孔有德叛於吳橋，南下。道純移書巡撫余大成，令討捕，大成不信。再促之，遂托疾請告，與登萊巡撫孫元化遣使招撫。道純以爲非，請敕二撫速剿。及賊陷登州，元化被繫，大成猶主招撫。道純憤，抗疏力爭。帝卽命道純監軍。及徐從治代大成，謝璉代元化，並入萊州，爲賊困。在外調度，止道純一人。賊遣人僞乞撫，道純焚書斬使，馳疏言：「賊日以撫愚我，一撫而六城陷，再撫而登州亡，三撫而黃縣失，今四撫而萊州被圍。我軍屢挫，安能復戰。乞速發大軍，拯此危土。」

時周延儒、熊明遇主撫議，道純反被責讓。明遇遣職方主事張國臣贊畫軍事，國臣入賊中招諭。賊佯許之，攻圍如故。及總督劉宇烈至，進兵沙河，道純與之俱。宇烈中情怯，頓兵不進，日議撫，尋棄軍奔。道純復請速討，不納。迨巡撫謝璉被執，帝震怒，逮宇烈，召道純還京，而明遇亦罷去。宇烈下吏，引道純分過。道純疏駁其所奏十餘事，命所司幷按。又劾明遇、國臣交通憪國十罪，語侵延儒。疏未下，延儒洩之國臣，國臣亦劾道純十罪，道純遂幷劾延儒。帝皆不問。已而賊平，道純竟坐監軍溺職，斥爲民。

十五年以廷臣薦，將起用，未果。及李自成陷蒲城，道純抗節死。福王時，贈卹如制。

田時震，富平人。天啓二年進士。歷知光山、靈寶。崇禎二年入爲御史，疏劾南京戶部尚書范濟世、順天巡撫單明詡、御史卓邁黨逆罪，而請免故御史夏之令誣坐贓，並從之。劾劉鴻訓納田仰金，囑吏部尚書王永光用爲四川巡撫，仰迄罷去。時震以發鴻訓私，進秩一等。未幾，又劾永光及溫體仁，忤旨切責。御史袁弘勳者，永光心腹也，被劾罷職，永光力援之。時震言：「弘勳因閣臣劉鴻訓賄敗，輒肆瀆辯。不知鴻訓之差快人意者，正以能別白徐大化、霍維華諸人之奸而斥去之，安得借此爲翻案之端耶？弘勳計行，大化、維華輩將乘間抵隙，害不可勝言。」因薦故光祿少卿史記事，蕭然四壁，講學著書，亟宜召用，帝不納。

時震旣屢忤永光，遂以年例出爲江西右參議，調山西，就遷左參政，罷歸。十六年冬，流賊陷富平，授以僞職，不屈死。

同邑朱崇德，字淳菴，侍郎國棟父也。國棟中天啓二年進士，歷戶科給事中。吏部侍郎張捷薦逆案呂純如，國棟上疏力詆。已，又劾兩廣總督熊文燦，招撫海盜劉香，奏詞掩飾欺罔五罪，帝切責文燦。而國棟果遷巡撫山東右僉都御史，督治昌平。十五年卒。

國棟卒之明年，富平陷於賊。賊驅崇德往長安，中道稱病。賊見其老，以爲果病也，聽之歸。崇德曰：「始吾所以隱忍者，爲九族計也，今得死所矣。」乃北面再拜，自縊死。是時關中諸死節者甫議卹，而國變至。福王立，始贈崇德右副都御史。

贊曰：流賊荼毒中原，所至糜爛。士大夫遘難者，不死則辱。然當其時，徘徊隱忍蒙垢而終以自戕者，亦不少矣。賀逢聖諸人從容就義，臨患難而不易其節，一死顧不重哉！逢聖與南居益、周士樸公方清正，呂維祺邃學純修，固中朝賢士大夫。宋師襄所謂「上蠹下欺，釀成大患」，末季之習，痛哉其言之也。

校勘記

〔一〕部御史唐世濟薦霍維華　唐世濟，原作「唐濟世」，據下文及明史稿傳一四六李夢辰傳改。

〔二〕改用張承廕　張承廕，原作「張承蔭」，據本書卷二三九及明史稿傳一一六張臣傳附子承廕傳改。下同。

明史卷二百六十五

列傳第一百五十三

范景文　倪元璐　李邦華　王家彥　孟兆祥子章明

施邦曜　淩義渠

崇禎十有七年三月，流賊李自成犯京師。十九日丁未，莊烈帝殉社稷。文臣死國者，東閣大學士范景文而下，凡二十有一人。福王立南京，並予贈謚。皇清順治九年，世祖章皇帝表章前代忠臣，所司以范景文、倪元璐、李邦華、王家彥、孟兆祥、子章明、施邦曜、淩義渠、吳麟徵、周鳳翔、馬世奇、劉理順、汪偉、吳甘來、王章、陳良謨、申佳胤、許直、成德、金鉉二十人名上。命所在有司各給地七十畝，建祠致祭，且予美謚焉。

范景文，字夢章，吳橋人。父永年，南寧知府。景文幼負器識，登萬曆四十一年進士，授東昌推官。以名節自勵，苞苴無敢及其門。歲大饑，盡心振救，闔郡賴之。用治行高等，擢吏部稽勳主事，歷文選員外郎，署選事。泰昌時，羣賢登進，景文力爲多，尋乞假去。

天啓五年二月起文選郎中。魏忠賢暨魏廣微中外用事，景文同鄉，不一詣其門，亦不附東林，孤立行意而已。嘗言：「天地人才，當爲天地惜之。朝廷名器，當爲朝廷守之。天下萬世是非公論，當與天下萬世共之。」時以爲名言。視事未彌月，謝病去。

崇禎初，用薦召爲太常少卿。二年七月擢右僉都御史，巡撫河南。京師戒嚴，率所部八千人勤王，餉皆自齎。抵涿州，四方援兵多剽掠，獨河南軍無所犯。移駐都門，再移昌平，遠近恃以無恐。明年三月擢兵部添注左侍郎，練兵通州。通鎭初設，兵皆召募，景文綜理有法，軍特精。嘗請有司實行一條鞭法，徭役歸之官，民稍助其費，供應平買，不立官價名。帝令永著爲例。居二年，以父喪去官。

七年冬，起南京右都御史。未幾，就拜兵部尙書，參贊機務。屢遣兵戍池河、浦口，援廬州，扼滁陽，有警輒發，節制精明。嘗與南京戶部尙書錢春以軍食相訐奏，坐鐫秩視事。已，敍援剿功，復故秩。十一年冬，京師戒嚴，遣兵入衞。楊嗣昌奪情輔政，廷臣力爭多被謫，景文倡同列合詞論救。帝不悅，詰首謀，則自引罪，且以衆論僉同爲言。帝益怒，削籍

爲民。

十五年秋，用薦召拜刑部尙書，未上，改工部。入對，帝迎勞曰：「不見卿久，何臞也？」景文謝。十七年二月命以本官兼東閣大學士，入參機務。未幾，李自成破宣府，烽火偪京師。有請帝南幸者，命集議閣中。景文曰：「固結人心，堅守待援而已，此外非臣所知。」及都城陷，趨至宮門。宮人曰：「駕出矣。」復趨朝房，賊已塞道。從者請易服還邸，景文曰：「駕出安歸？」就道旁廟草遺疏，復大書曰：「身爲大臣，不能滅賊雪恥，死有餘恨。」遂至演象所拜辭闕墓，赴雙塔寺旁古井死。景文死時，猶謂帝南幸也。贈太傅，謚文貞。本朝賜謚文忠。

倪元璐，字玉汝，上虞人。父涷，歷知撫州、淮安、荊州、瓊州四府，有當官稱。天啓二年，元璐成進士，改庶吉士，授編修。冊封德府，移疾歸。還朝，出典江西鄉試。暨復命，則莊烈帝踐阼，魏忠賢已伏誅矣。楊維垣者，逆奄遺孽也，至是上疏並詆東林、崔、魏。元璐不能平，崇禎元年正月上疏曰：

臣頃閱章奏，見攻崔、魏者必與東林並稱邪黨。夫以東林爲邪黨，將以何者名崔、

魏？崔、魏既邪黨矣，擊忠賢、呈秀者又邪黨乎哉！東林，天下才藪也，而或樹高明之幟，繩人過刻，持論太深，謂之非中行則可，謂之非狂狷不可。且天下議論，寧假借，必不可失名義；士人行己，寧矯激，必不可忘廉隅。自以假借矯激爲大咎，於是彪虎之徒公然背畔名義，決裂廉隅。頌德不已，必將勸進；建祠不已，必且呼嵩。而人猶且寬之曰「無可奈何，不得不然耳」。充此無可奈何、不得不然之心，又將何所不至哉！乃議者以忠厚之心曲原此輩，而獨持已甚之論苛責吾徒，所謂舛也。今大獄之後，湯火僅存，屢奉明綸，俾之酌用，而當事者猶以道學封疆，持爲鐵案，毋亦深防其報復乎？然臣以爲過矣。年來借東林媚崔、魏者，其人自敗，何待東林報復？若不附崔、魏，又能攻去之，其人已喬嶽矣，雖百東林烏能報復哉。

臣又伏讀聖旨，有「韓爌清忠有執，朕所鑒知」之諭。而近聞廷臣之議，殊有異同，可爲大怪。爌相業光偉，他不具論，卽如紅丸議起，舉國沸然，爌獨侃侃條揭，明其不然。夫孫愼行，君子也，爌且不附，況他人乎！而今推轂不及，則徒以其票擬熊廷弼一事耳。廷弼固當誅，爌不爲無說，封疆失事，纍纍有徒，乃欲獨殺一廷弼，豈平論哉。此爌所以閣筆也。然廷弼究不死於封疆而死於局面，不死於法吏而死於奸璫，則又不可謂後之人能殺廷弼，而爌獨不能殺之也。又如詞臣文震孟正學勁骨，

有古大臣之品，三月居官，昌言獲罪，人以方之羅倫、舒芬。而今起用之旨再下，謬悠之譚不已，將毋門戶二字不可重提耶？用更端以相遮抑耶？書院、生祠，相勝負者也，生祠毀，書院豈不當修復！

時柄國者悉忠賢遺黨，疏入，以論奏不當責之。於是維垣復疏駁元璐。元璐再疏曰：

臣前疏原爲維垣發也。陛下明旨曰「分別門戶，已非治徵」，曰「化異爲同」，曰「天下爲公」。而維垣則倡爲孫黨、趙黨、熊黨、鄒黨之說。是陛下於方隅無不化，而維垣實未化；陛下於正氣無不伸，而維垣不肯伸。

維垣怪臣盛稱東林，以東林嘗推李三才而護熊廷弼也。抑知東林有力擊魏忠賢之楊漣，首劾崔呈秀之高攀龍乎！忠賢窮凶極惡，維垣猶嘗稱之曰「廠臣公」，「廠臣不愛錢」，「廠臣知爲國爲民」，而何責乎三才。五彪五虎之罪，刑官僅擬削奪，維垣不駁正，又何誅乎廷弼。維垣又怪臣盛稱韓爌。夫舍爌昭然忤璫之大節，而加以罔利莫須有之事，已爲失平。至廷弼行賄之說，乃忠賢借以誣陷清流，爲楊、左諸人追贓地耳，天下誰不知，維垣猶守是說乎？維垣又怪臣盛稱文震孟。夫震孟忤璫削奪，其破帽策蹇傲蟒玉馳驛語，何可非。維垣試觀數年來破帽策蹇之輩，較超階躐級之儔，孰爲榮辱。自此義不明，畏破帽策蹇者，相率而頌德建祠，希蟒玉馳驛者呼父、呼九千歲而不

怍，可勝歎哉！維垣又怪臣盛稱鄒元標。夫謂都門聚講爲非則可，謂元標講學有他腸則不可。當日忠賢驅逐諸人，毀廢書院者，正欲箝學士大夫之口，恣行不義耳。自元標以僞學見驅，而逆璫遂以眞儒自命。學宮之內，儼然揖先聖爲平交。使元標諸人在，豈遂至此。

維垣又駁臣假借矯激。夫當崔、魏之世，人皆任眞率性，頌德建祠。使有一人假借矯激，而不頌不建，豈不猶賴是人哉！維垣以爲眞小人，待其貫滿可攻去之，臣以爲非計也。必待其貫滿，其敗壞天下事已不可勝言，雖攻去之，不已晚乎！卽如崔、魏，貫滿久矣，不遇聖明，誰攻去之。維垣終以無可奈何爲頌德建祠者解，臣以爲非訓也。假令呈秀一人舞蹈稱臣於逆璫，諸臣亦以爲無可奈何而從之乎？又令逆璫以兵劫諸臣使從叛逆，諸臣亦靡然從之，以爲無可奈何而然乎？維垣又言「今日之忠直，不當以崔、魏爲對案」，臣謂正當以崔、魏爲對案也。夫人品試之崔、魏而定矣，故有東林之人，爲崔、魏所恨其牴觸，畏其才望而必欲殺之逐之者，此正人也。有攻東林之人，雖爲崔、魏所借，而勁節不阿，或遠或逐者，亦正人也。以崔、魏定邪正，猶以明鏡別妍媸。維垣不取證於此，而安取證哉！

總之東林之取憎於逆璫獨深，其得禍獨酷。在今日當曲原其被抑之苦，不當毛舉

其尺寸之瑕。乃歸逆璫以首功，代逆璫而分謗，斯亦不善立論者矣。

疏入，柄國者以互相詆訾兩解之。當是時，元兇雖殛，其徒黨猶盛，無敢頌言東林者。自元璐疏出，清議漸明，而善類亦稍登進矣。

元璐尋進侍講。其年四月請燬三朝要典，言：「梃擊、紅丸、移宮三議，閧於清流。而三朝要典一書，成於逆豎。其議可兼行，其書必當速燬。蓋當事起議興，盈廷互訟。主梃擊者力護東宮，爭梃擊者計安神祖。主紅丸者仗義之言，爭紅丸者原情之論。主移宮者彌變於幾先，爭移宮者持平於事後。數者各有其是，不可偏非。總在逆璫未用之先，雖甚水火，不害塤篪，此一局也。既而楊漣二十四罪之疏發，魏廣微此輩門戶之說興，於是逆璫殺人則借三案，羣小求富貴則借三案。經此二借，而三案全非矣。故凡推慈歸孝於先皇，正其頌德稱功於義父。又一局也。網已密而猶疑有遺鱗，勢已重而或憂其翻局。崔、魏諸奸始創立私編，標題要典，以之批根今日，則衆正之黨碑；以之免死他年，卽上公之鐵券。又一局也。由此而觀，三案者，天下之公議；要典者，魏氏之私書。三案自三案，要典自要典也。今爲金石不刊之論者，誠未深思。臣謂翻卽紛囂，改亦多事，惟有燬之而已。」帝命禮部會詞臣詳議。議上，遂焚其板。侍講孫之獬，忠賢黨也，聞之，詣閣大哭，天下笑之。

元璐歷遷南京司業、右中允。四年進右諭德，充日講官，進右庶子。上制實八策：曰間

插部，曰繕京邑，曰優守兵，曰靖降人，曰益寇餉，曰儲邊才，曰奠輦轂，曰嚴教育。又上制虛八策：曰端政本，曰伸公議，曰宣義問，曰一條教，曰慮久遠，曰昭激勸，曰勵名節，曰假體貌。其端政本，悉規切溫體仁。其伸公議，則詆張捷薦呂純如謀翻逆案事。捷大怒，上疏力攻，元璐疏辨，帝俱不問。八年遷國子祭酒。

元璐雅負時望，位漸通顯。帝意嚮之，深爲體仁所忌。一日，帝手書其名下閣，令以履歷進，體仁益恐。會誠意伯劉孔昭謀掌戎政，體仁餌孔昭使攻元璐，言其妻陳尚存，而妾王冒繼配復封，敗禮亂法。詔下吏部核奏，其同里尚書姜逢元，侍郎王業浩、劉宗周及其從兄御史元珙，咸言陳氏以過被出，繼娶王非妾，體仁意沮。會部議行撫按勘奏，卽擬旨云：「登科錄二氏並列，罪跡顯然，何待行勘。」遂落職閒住。孔昭京營不可得，遂以南京操江償之。

十五年九月詔起兵部右侍郎兼侍讀學士。明年春抵都，陳制敵機宜，帝喜。五月超拜戶部尚書兼翰林院學士，仍充日講官。祖制，浙人不得官戶部。元璐辭，不許。帝眷元璐甚，五日三賜對。因奏：「陛下誠用臣，臣請得參兵部謀。」帝曰：「已諭樞臣，令與卿協計。」當是時，馮元飈爲兵部，與元璐同志，鉤考兵食，中外想望治平。惟帝亦以用兩人晚，而時事益不可爲，左支右詘，既已無可奈何。故事，諸邊餉司悉中差，元璐請改爲大差，兼兵部

銜，令清核軍伍，不稱職者卽遣人代之。先是，屢遣科臣出督四方租賦，元璐以爲擾民無益，罷之，而專責撫按。戶部侍郎莊祖誨督剿寇餉，憂爲盜劫，遠避之長沙、衡州。元璐請令督撫自催，毋煩朝使。自軍興以來，正供之外，有邊餉，有新餉，有練餉，款目多，黠吏易爲奸。元璐請合爲一。帝皆報可。時國用益詘，而災傷蠲免又多。元璐計無所出，請開贖罪例，且令到官滿歲者，得輸貲給封誥。帝亦從之。

先是，有崇明人沈廷揚者，獻海運策，元璐奏聞。命試行，乃以廟灣船六艘聽運進。月餘，廷揚見元璐。元璐驚曰：「我已奏聞上，謂公去矣，何在此？」廷揚曰：「已去復來矣，運已至。」元璐又驚喜聞上。上亦喜，命酌議。乃議歲糧艘，漕與海各相半行焉。十月命兼攝吏部事。陳演忌元璐，風魏藻德言於帝曰：「元璐書生，不習錢穀。」元璐亦數請解職。

十七年二月命以原官專直日講。踰月，李自成陷京師，元璐整衣冠拜闕，大書几上曰：「南都尚可爲。死吾分也，勿以衣衾斂。暴我屍，聊志吾痛。」遂南向坐，取帛自縊而死。贈少保，吏部尚書，謚文正。本朝賜謚文正。

李邦華，字孟闇，吉水人。受業同里鄒元標，與父廷諫同舉萬曆三十一年鄉試。父子

自相鐖礪，布衣徒步赴公車。明年，邦華成進士，授涇縣知縣，有異政。行取，擬授御史。值黨論初起，朝士多詆顧憲成。邦華與相拄，遂指目邦華東林。以是，越二年而後拜命。陳法祖用人十事：曰內閣不當專用詞臣，曰詞臣不當專守館局，曰詞臣不當教習內書堂，曰六科都給事中不當內外間阻，曰御史陞遷不當概論考滿，曰吏部乞假不當積至正郎，曰關倉諸差不當專用舉貢任子，曰調簡推知不當驟還京秩，曰進士改教不當概從內轉，曰邊方州縣不當盡用鄉貢。疏上，不報。

四十一年，福王之藩已有期，忽傳旨莊田務足四萬頃。廷臣相顧愕眙，計田數必不足，則期將復更，然無敢抗言爭之者。邦華首疏諫，廷臣乃相繼爭，期得毋易。巡視銀庫，上祛弊十事。中貴不便，格不行。巡按浙江，織造中官劉成死，命歸其事於有司，別遣中官呂貴錄成遺貲。貴嗾奸民紀光詭稱機戶，詣闕保留貴代成督造。邦華極論二人交關作奸罪。光疏不由通政，不下內閣，以中旨行之。邦華三疏爭，皆不報。是時神宗好貨，中官有所進奉，名爲孝順。疏中刺及之，並劾左右大奄之黨貴者，於是期滿，久不得代。

四十四年引疾歸。時羣小力排東林，指鄒元標爲黨魁。邦華與元標同里，相師友，又性好別黑白。或勸其委蛇，邦華曰：「寧爲偏枯之學問，不作反覆之小人。」聞者益嫉之。明年以年例出爲山東參議。其父廷諫時爲南京刑部郎中，亦罷歸。邦華乃辭疾不赴。

天啓元年起故官，飭易州兵備。明年遷光祿少卿，卽還家省父。四月擢右僉都御史，代畢自嚴巡撫天津。軍府新立，庶務草創，邦華至，極力振飭，津門軍遂爲諸鎭冠。進兵部右侍郎，復還家省父。四年夏抵京，奄黨大譁，謂樞輔孫承宗以萬壽節入覲，將清君側之惡，邦華實召之。乃立勒承宗還鎭，邦華引疾去。明年秋，奄黨劾削其官。

崇禎元年四月起工部右侍郎，總督河道。尋改兵部，協理戎政。還朝，召見，旋知武會試，事竣入營。故事，冬至郊，列隊扈蹕，用軍八萬五千人，至是增至十萬有奇。時方郊，總督勳臣缺，邦華兼攝其事。所設雲輦、龍旌、寶纛、金鼓、旗幟、甲冑、劍戟，煥然一新，帝悅。明年春幸學，亦如之。命加兵部尚書。時戎政大壞，邦華先陳更操法、愼揀選、改戰車、精火藥、專器械、責典守、節金錢、酌兌馬、練大礮九事。

京營故有占役、虛冒之弊。占役者，其人爲諸將所役，一小營至四五百人，且有賣閑、包操諸弊。虛冒者，無其人，諸將及勳戚、奄寺、豪强以蒼頭冒選鋒壯丁，月支厚餉。邦華核還占役萬，清虛冒千。三大營軍十餘萬，半老弱。故事，軍缺聽告補，率由賄得。邦華必親校，非年壯力强者不錄，自是軍鮮冒濫。三營選鋒萬，壯丁七千，餉倍他軍，而疲弱不異。邦華下令，每把總兵五百，月自簡五人，年必二十五以下，力必二百五十斤以上，技必兼弓矢火礮，月一解送，補選鋒壯丁之缺，自是人人思奮。三大營領六副將，又分三十六營，官

以三百六十七人計，所用掾史皆積猾。邦華按罪十餘人，又行一歲二考察之令，自是諸奸爲戢。

營馬額二萬六千，至是止萬五千。他官公事得借騎，總督、協理及巡視科道，例有坐班馬，不肯且折槀入錢，營馬大耗。邦華首減己班馬三之一，他官借馬，非公事不得騎，自是濫借爲希。

京營歲領太僕銀萬六千兩，屯田籽粒銀千六十兩，犒軍製器胥徒工食取給焉。各官取之無度，歲用不敷。邦華建議，先協理歲取千四百，總督巡視遞節減，自是營帑遂裕。

營將三百六十，聽用者稱是。一官缺，請託紛至。邦華悉杜絕，行計日省成法。每小營各置簿，月上事狀於協理，以定殿最。舊制，三大營外復設三備兵營，營三千人，餉視正軍，而不習技擊，益爲豪家隱冒。邦華核去四千餘人，又汰老弱千，疏請歸併三大營不另設，由是戎政大釐。

倉場總督南居益言：「京營歲支米百六十六萬四千餘石，視萬曆四十六年增五萬七千餘石，宜減省。」邦華因上議軍以十二萬爲額，餉以百四十四萬石爲額，歲省二十二萬有奇。帝亦報可，著爲令。帝知邦華忠，奏無不從，邦華亦感帝知，不顧後患。諸失利者銜次骨，而怨謗紛然矣。

其年十月，畿輔被兵，簡精卒三千守通州，二千援薊州，自督諸軍營城外，軍容甚壯。俄有命邦華軍撤還守陴，於是偵者不敢遠出，聲息遂斷，則請防寇賊，緝問諜，散奸宄，禁譌言。邦華自聞警，衣不解帶，捐貲造礮車及諸火器。又以外城單薄，自請出守。而諸不逞之徒，乃搆蜚語入大內。襄城伯李守錡督京營，亦銜邦華扼己，乘間詆諆。邦華自危，上疏陳情，歸命於帝。會滿桂兵拒大清兵德勝門外，城上發大礮助桂，悞傷桂兵多。都察院都事張道澤遂劾邦華，言官交章論列，遂罷邦華閒住。自是代者以爲戒，率因循姑息，戎政不可問矣。邦華前後罷免家居二十年。父廷諫無恙。

十二年四月起南京兵部尚書，定營制，汰不急之將，幷分設之營。謂守江南不若守江北，防下流不若防上流。乃由浦口歷滁、全椒、和，相形勢，繪圖以獻。於浦口置沿江敵臺，於滁設戍卒，於池河建城垣，於滁、椒咽喉則築堡於藕塘。和遭屠戮，請以隸之太平。又請開府采石之山，置哨太平之港，大墾當塗閒田數萬頃資軍儲。徐州，南北要害，水陸交會，請宿重兵，設總督，片檄徵調，奠陵京萬全之勢。皆下所司，未及行，以父憂去。

十五年冬，起故官，掌南京都察院事，俄代劉宗周爲左都御史。都城被兵，卽日請督東南援兵入衞，力疾上道。明年三月抵九江。左良玉潰兵數十萬，聲言餉乏，欲寄帑於南京，艨艟蔽江東下。留都士民一夕數徙，文武大吏相顧愕眙。邦華歎曰：「中原安靜土，東南一角耳。身爲大臣，忍坐視決裂，袖手局外而去乎！」乃停舟草檄告良玉，責以大義。良玉氣沮，答書語頗恭。邦華用便宜發九江庫銀十五萬餉之，而身入其軍，開誠慰勞。良玉及其下皆感激，誓殺賊報國，一軍遂安。帝聞之，大喜，陛見嘉勞。邦華跪奏移時，數詔起立，溫語如家人，中官屛息遠伏。其後召對百官，帝輒目注邦華云。舊例，御史出巡，回道考覈。邦華謂回道而後黜，害政已多。論罷巡按、巡鹽御史各一人。奉命考試御史，黜冒濫者一人，追黜御史無顯過而先任推官著貪聲者一人。臺中始畏法。

十七年二月，李自成陷山西。邦華密疏請帝固守京師，倣永樂朝故事，太子監國南都。居數日未得命，又請定、永二王分封太平、寧國二府，拱護兩京。帝得疏意動，繞殿行，且讀且歎，將行其言。會帝召對羣臣，中允李明睿疏言南遷便，給事中光時亨以倡言洩密糾之。帝曰：「國君死社稷，正也，朕志定矣。」遂罷邦華策不議。未幾，賊逼都城，亟詣內閣言事。魏藻德漫應曰：「姑待之。」邦華太息而出。已，率諸御史登城，羣奄拒之不得上。十八日，外城陷，走宿文信國祠。明日，內城亦陷，乃三揖信國曰：「邦華死國難，請從先生於九京矣。」爲詩曰：「堂堂丈夫兮聖賢爲徒，忠孝大節兮誓死靡渝，臨危授命兮吾無愧吾。」遂投繯而絕。贈太保、吏部尚書，謚忠文。本朝賜謚忠肅。

王家彥，字開美，莆田人。天啓二年進士。授開化知縣，調蘭谿。擢刑科給事中，彈擊權貴無所避。

崇禎四年請釋大學士錢龍錫於獄，龍錫得減死。請推行按月奏報例於四方，獄囚得無久淹。閩海盜劉香擾郡邑，撫鎭追剿多失利，朝議召募，將大舉。家彥言：「舊制，衞所軍餉於官，無別兵亦無別將，統於各衞之指揮。寨設號船，聯絡呼應，又添設遊擊等官，雖支洋窮港，戈船相望。臣愚以今日策防海，莫若復舊制，勤訓練。練則衞所軍皆勁卒，不練雖添設召募兵，猶驅市人而戰之，糜餉擾民無益，賊終不能盡。」時以爲名言。奉命巡靑，所條奏多議行。

先是，隆慶間太僕種馬額存十二萬五千，邊馬至二十六萬。言者以民間最苦養馬，所納馬又不足用，議馬徵銀十兩，加草料銀二兩，歲可得銀百四十四萬兩。中樞楊博持不可，詔折其半，而馬政始變。萬曆九年議盡行改折，南寺歲徵銀二十二萬，北寺五十一萬，銀入冏寺而馬政日弛。家彥極陳其弊，請改國初種馬及西番茶馬之制。又班軍舊額十六萬，後減至七萬，至是止二萬有奇，更有建議盡徵行糧、月糧，免其番上者。家彥時巡京營，力陳不可，且請免其工役，盡歸行伍。帝皆襃納其言。遵化鐵冶久廢，奸民請開之，家彥言

有害無利。復有請開開化雲霧山以興屯者，亦以家彥言而止。

屢遷戶科都給事中。軍興餉詘，總督盧象昇有因糧加餉之議，戶部尚書侯恂請於未被寇之地，士大夫家賦銀兩者，加二錢；民間五兩以上者，兩加一錢。家彥言：「民賦五兩上者，率百十家成一戶，非富民，不可以朘削。」軍食不足，畿輔、山東、河南、江北召買米豆輸天津，至九十餘萬石，吏胥侵耗率數十萬。家彥請嚴治，帝並採納焉。憂歸。

十二年起吏科都給事中。流寇日熾，緣墨吏朘民，民益走爲盜。盜日多，民生日蹙。家彥上疏曰：「臣見秦、晉之間，饑民相煽，千百爲羣。其始率自一鄉一邑，守令早爲之所，取周官荒政十二而行之，民何至接踵爲盜，盜何至潰裂以極。論者謂功令使然，催科急者書上考，督責嚴者號循良，不肖而墨者以束濕濟其饕餮，一二賢明吏束於文法，展布莫由。惟稍寬文網，壹令撫綏，盜之聚者可散，散者可不復聚。又舊制捕蝗令，吏部歲九月頒勘合於有司，請實意舉行。」帝皆納之。擢大理丞，進本寺少卿。

十五年遷太僕卿。家彥向言馬政，帝下兵部檄陝西督撫，未能行。至是四疏言馬耗之故，請行官牧及金牌差發遺制。且言：「課馬改折，舊增至二十四萬兩，已重困。楊嗣昌不恤民，復增三十七萬，致舊額反逋，不可不釐正。」帝手其疏，語執政曰：「家彥奏皆善。」敕議行。然軍興方亟，不能盡舉也。

頊之，擢戶部右侍郎。都城被兵，命協理戎政。卽日登陴，閱視內外城十六門。雪夜，攜一燈，步巡城堞，人無知者。翊日校勤惰，將士皆服，爭自勵。初，分守阜成門，後移安定門，寢處城樓者半歲。解嚴，賜宴午門，增秩一等。

十七年二月，廷推戶部尚書。帝曰：「戎政非家彥不可。」特留任。賊逼京師，襄城伯李國楨督京營，又命中官王德化盡督內外軍。國楨發三大營軍城外，守陴益少。諸軍旣出城，見賊輒降。降卒反攻城，城上人皆其儕，益無固志。廷臣分門守，家彥守安定門。號令進止由中官，沮諸臣毋得登城，又縋叛監杜勳上，與密約而去。帝手敕兵部尚書張縉彥登城察視，家彥從。中官猶固拒，示之手敕，問勳安在，曰：「去矣。」秦、晉二王欲上城，家彥曰：「二王降賊，卽賊也，賊安得上！」頓足哭。偕縉彥詣宮門請見，不得入。黎明，城陷，家彥投城下，不死，自縊於民舍。遭賊焚，殘其一臂，僕收其餘體焉。贈太子太保、兵部尚書，諡忠端。本朝賜諡忠毅。

孟兆祥，字允吉，山西澤州人也。世籍交河，舉於鄉，九赴會試。天啓二年始擢第，除大理左評事。

崇禎初，遷吏部稽勳主事，歷文選員外郎。門生謁選請善地，兆祥正色拒之，其人悚然退。進稽勳郎中，歷考功。忤權要，貶行人司副，稍遷光祿丞，進少卿，歷左通政、太僕卿，旋進通政使，拜刑部右侍郎。

賊薄都城，兆祥分守正陽門。襄城伯李國禎統京營軍，稽月餉不予，士無固志。城陷，兆祥曰：「社稷已覆，吾將安之！」自經於門下。長子章明，字綱宜，甫成進士，兆祥揮之曰：「我死，汝可去。」對曰：「君父大節也，君亡父死，我何生爲！」乃投繯於父之側。兆祥妻呂，章明妻王相向哭，旣而曰：「彼父子死忠矣，我二人獨不能死乎！」皆自縊。兆祥贈刑部尚書，諡忠貞，章明河南道御史，諡節愍。本朝賜兆祥諡忠靖，章明貞孝。

施邦曜，字爾韜，餘姚人。萬曆四十一年進士。不樂爲吏，改順天武學教授，歷國子博士、工部營繕主事，進員外郎。魏忠賢興三殿工，諸曹郎奔走其門，邦曜不往。忠賢欲困之，使拆北堂，期五日。適大風拔屋，免譴責。又使作獸吻，倣嘉靖間製，莫考。夢神告之，發地得吻，嘉靖舊物也，忠賢不能難。

遷屯田郎中，稍遷漳州知府，盡知屬縣奸盜主名，每發輒得，闔郡驚爲神。盜劉香、李魁奇橫海上，邦曜繫香母誘之，香就擒。魁奇擾鄭芝龍事，請撫，邦曜言於巡撫鄒維璉討平之。遷福建副使、左參政、四川按察使、福建左布政使，並有聲。

或餽之朱墨竹者，姊子在旁請受之。曰：「不可。我受之，卽彼得以乘間而嘗我，我則示之以可欲之門矣。」性好山水。或勸之遊峨眉，曰：「上官遊覽，動煩屬吏支應，傷小民幾許物力矣。」其潔己愛民如此。

歷兩京光祿寺卿，改通政使。黃道周旣謫官，復逮下詔獄。國子生涂仲吉上書訟之，邦曜不爲封進，而大署其副封曰：「書不必上，論不可不存。」仲吉劾邦曜，邦曜以副封上，帝見其署語，怒，下仲吉獄，而奪邦曜官。踰年起南京通政使。入都陛見，陳學術、吏治、用兵、財賦四事，帝改容納焉。出都三日，命中使召還，曰：「南京無事，留此爲朕效力。」吏部推刑部右侍郎。帝曰：「邦曜淸執，可左副都御史。」時崇禎十六年十二月也。

明年，賊薄近郊。邦曜語兵部尚書張縉彥檄天下兵勤王，縉彥謾弗省，邦曜太息而去。城陷，趨長安門，聞帝崩，慟哭曰：「君殉社稷矣，臣子可偸生哉！」卽解帶自經。僕救之蘇，恨曰：「是兒誤我！」賊滿衢巷，不得還邸舍，望門求縊，輒爲居民所麾。乃命家人市信石雜燒酒，卽途中服之，血迸裂而卒。

邦曜少好王守仁之學，以理學、文章、經濟三分其書而讀之，慕義無窮。魯時生者，里同年生也，官庶吉士，歿京師。邦曜手治含斂，以女妻其子。嘗買一婢，命灑掃，至東隅，捧篲凝視而泣。怪問之，曰：「此先人御史宅也。時墮環茲地，不覺悽愴耳。」邦曜卽分嫁女資，擇士人歸之。其篤於內行如此。贈太子少保、左都御史，諡忠介。本朝賜諡忠愍。

淩義渠，字駿甫，烏程人。天啓五年進士。除行人。崇禎三年授禮科給事中，知無不言。三河知縣劉夢煒失餉銀三千，責償急，自縊死，有司責其家。義渠言：「以金錢殞命吏，恐天下議朝廷重金，意不在盜也。」帝特原之。宜興、溧陽及遂安、壽昌民亂，焚掠巨室。義渠言：「魏羽林軍焚領軍張彝第，高歡以爲天下事可知。日者告密漸啓，藩國悍宗入京越奏，里閭小故叫閽聲冤，僕豎侮家長，下吏箝上官，市儈持縉紳，此春秋所謂六逆也。天下所以治，恃上下之分。防維決裂，卽九重安所藉以提挈萬靈哉！」

義渠與溫體仁同里，無所附麗。給事中劉含輝劾體仁擬旨失當，被貶二秩。義渠言：「諫官不得規執政失，而委申飭權於部院，反得制言路。大臣以攬權爲奉旨，小臣以結舌爲盡職，將貽國家無窮憂。」兵部尚書張鳳翼敍廢將陳壯猷功，爲給事中劉昌所駁，昌反被斥。

義渠言：「今上下盡相蒙，疆場欺蔽爲甚。官方盡濫徇，武弁倖功爲甚。中樞不職，捨其大，摘其細，已足爲言者羞。辨疏一入，調用隨之。自今奸弊叢生，功罪倒置，言者將杜口。」不納。

三遷兵科都給事中。東江自毛文龍後，叛者接踵。義渠言：「東島孤懸海外，轉餉艱，向仰給朝鮮。今路阻絕不得食，內潰可慮。」居無何，衆果潰，挾帥求撫。義渠言：「請陽撫陰剿，同惡必相戕。」及命新帥出海，義渠言：「殲渠散黨宜速，速則可圖功，遲則更生他釁。」後共語皆驗。

義渠居諫垣九年，建白多。吏科給事中劉安行惡之，以年例出義渠福建參政。尋遷按察使，轉山東右布政使，所至有清操。召拜南京光祿寺卿，署應天尹事。

十六年入爲大理卿。明年三月，賊犯都城，有旨召對。趨赴長安門，旦不啓扉。俄傳城陷，還。已，得帝崩問，負牆哀號，首觸柱，血被面。門生勸無死，義渠厲聲曰：「爾當以道義相勖，何姑息爲！」揮使去。據几端坐，取生平所好書籍盡焚之，曰：「無使賊手污也。」旦日具緋衣拜闕，作書辭父。已，自繫，奮身絕吭而死，年五十二。贈刑部尚書，謚忠清。本朝賜謚忠介。

贊曰：范景文、倪元璐等皆莊烈帝腹心大臣，所共圖社稷者，國亡與亡，正也。當時靦顏屈節　僥倖以偸生者，多被刑掠以死，身名俱裂，貽詬無窮。而景文等樹義烈於千秋，荷褒揚於興代，名與日月爭光。以彼潔此，其相去得失何如也。

明史卷二百六十六

列傳第一百五十四

馬世奇　吳麟徵　周鳳翔　劉理順　汪偉

吳甘來　王章　陳良謨　陳純德　申佳胤

成德　許直　金鉉

馬世奇，字君常，無錫人。祖濂，進士，桂林知府。世奇幼穎異，嗜學，有文名。登崇禎四年進士，改庶吉士，授編修。十一年，帝遣詞臣分諭諸藩。世奇使山東、湖廣、江西諸王府，所至却饋遺。還，進左諭德。父憂歸。

久之還朝，進左庶子。帝數召廷臣問禦寇策。世奇言：「闖、獻二賊，除獻易，除闖難。人心畏獻而附闖，非附闖也，苦兵也。今欲收人心，惟敕督撫鎮將嚴束部伍，使兵不虐民，

民不苦兵，則亂可弭。」帝善其言，爲下詔申飭。時寇警日亟，每召對，諸大臣無能畫一策。世奇歸邸，輒太息泣下，曰：「事不可爲矣。」

十七年三月，城陷。世奇方早食，投筯起，問帝安在，東宮二王安在。或言帝已出城，或言崩，或又言東宮二王被執。世奇曰：「嗟乎，吾不死安之！」其僕曰：「如太夫人何？」世奇曰：「正恐辱太夫人耳。」將自經，二妾朱、李盛飾前。世奇訝曰：「若以我死，將辭我去耶？」對曰：「聞主人盡節，我二人來從死耳。」世奇曰：「有是哉！」二妾並自經。世奇端坐，引帛自力縊乃死。先是，兵部主事成德將死，貽書世奇，以慷慨從容二義質焉。世奇曰：「勉哉元升。吾人見危授命，吾不爲其難，誰爲其難者！與君攜手黃泉，預訂斯盟，無忘息壤矣。」

世奇修頤廣顙，揚眉大耳，砥名行，居館閣有聲，好推奬後進。爲人廉，父死，蘇州推官倪長圩以賻鍰三千助喪。世奇辭曰：「蘇饑，留此可用振。」座主周延儒再相，世奇同郡遠嫌，除服不赴都。及還朝，延儒已賜死，親暱者率避去，世奇經紀其喪。其好義如此。贈禮部右侍郎，謚文忠。本朝賜謚文肅。

吳麟徵，字聖生，海鹽人。天啓二年進士。除建昌府推官，擒豪猾，捕劇盜，治聲日聞。

父憂歸。補興化府，廉公有威，僚屬莫敢以私進。

崇禎五年擢吏科給事中，請罷內遣，言：「古用內臣以致亂，今用內臣以求治。君之於臣，猶父之於子，未有信僕從，舍其子，求家之理者。」又言：「安民之本在守令。郡守廉，縣令不敢貪。郡守慈，縣令不敢虐。郡守精明，縣令不敢叢脞。宜倣宣宗用況鍾故事，精擇而禮遣之，重以璽書，假便宜久任。民生疾苦，吏治臧否，使得自達天子。」時不能行。麟徵在諫垣，直聲甚著。尋上疏乞假葬父。既去，貽言路公揭，謂：「自言官積輕，廟堂之上往往反其言而用之。奸人窺見此旨，明告君父，目爲朋黨，自稱孤立，下背公論，上竊主權。諸君子宜盡化沾沾之意，毋落其轂中，使清流之禍再見明時。」

居久之，還朝。劾吏部尚書田唯嘉贓汚，唯嘉罷去。再遷刑科給事中，丁繼母憂。服闋，起吏科都給事中。時貨賂公行，銓曹資格盡廢。麟徵上言：「限年平配，固銓政之弊，然舍此無以待中才。今遷轉如流，不循資格，巧者速化，拙者積薪，開奔競之門，無益軍國之計。」帝深然之。

十七年春，推太常少卿。未幾，賊薄京師。麟徵奉命守西直門。門當賊衝，賊詐爲勤王兵求入。中官欲納之，麟徵不可。以土石堅塞其門，募死士縋城襲擊之，多所斬獲。賊攻益急，麟徵趨入朝，欲見帝白事。至午門，魏藻德引麟徵手曰：「國家如天之福，必無他虞。

旦夕兵餉集，公何恩遽爲？」引之出，遂還西直門。明日城陷。欲還邸，已爲賊所據。乃入道旁祠，作書訣家人曰：「祖宗二百七十餘年宗社，一旦至此，雖上有亢龍之悔，下有魚爛之殃，而身居諫垣，無所匡救，法當褫服。殮用角巾青衫，覆以單衾，以志吾哀。」解帶自經。家人救之甦，環泣請曰：「待祝孝廉至，一訣可乎？」許之。祝孝廉名淵，嘗救劉宗周下獄，與麟徵善者也。明日，淵至。麟徵慷慨曰：「憶登第時夢隱士劉宗周吟文信國零丁洋詩，今山河碎矣，不死何爲！」酌酒與淵別，遂自經，淵爲視含殮而去。贈兵部右侍郎，謚忠節。本朝賜謚貞肅。

方賊之陷山西也，薊遼總督王永吉請撤寧遠吳三桂兵守關門，選士卒西行遏寇，即京師警，旦夕可援。天子下其議，麟徵深然之。輔臣陳演、魏藻德不可，謂：「無故棄地二百里，臣不敢任其咎。」引漢棄涼州爲證。麟徵復爲議數百言，六科不署名，獨疏昌言，弗省。及烽烟徹大內，帝始悔不用麟徵言，旨下永吉。永吉馳出關，徙寧遠五十萬衆，日行數十里。十六日入關，二十日抵豐潤，而京師已陷矣。城破，八門齊啓，惟西直門堅塞不能通。至五月七日，集民夫發掘乃開。

周鳳翔，字儀伯，浙江山陰人。崇禎元年進士。改庶吉士，授編修。遷南京國子司業。靈璧侯奴辱諸生，鳳翔執付法司。歷中允、諭德，爲東宮講官。嘗召對平臺，陳滅寇策。言論慷慨，帝爲悚聽。軍需急，議稅間架錢。鳳翔曰：「事至此，急宜收人心，尚可括民財搖國勢耶！」

亡何，京師陷，莊烈帝殉社稷。有謁傳駕南幸者。鳳翔不知帝所在，趨入朝。見魏藻德、陳演、侯恂、宋企郊等羣入，而賊李自成據御坐受朝賀。鳳翔至殿前大哭，急從左掖門趨出，賊亦不問。歸至邸，作書辭二親，題詩壁間自經。詩曰：「碧血九原依聖主，白頭二老哭忠魂。」天下悲之，去帝崩纔兩日也。後贈禮部右侍郎，謚文節。本朝賜謚文忠。

劉理順，字復禮，杞縣人。萬曆中舉於鄉。十赴會試，至崇禎七年始中式。及廷對，帝親擢第一，還宮喜曰：「朕今日得一耆碩矣。」拜修撰。益勤學，非其人不與交。

十二年春，畿輔告警，疏陳作士氣、矜窮民、簡良吏、定師期、信賞罰、招脅從六事。歷南京司業、左中允、右諭德，入侍經筵兼東宮講官。楊嗣昌奪情入閣，理順昌言於朝，嗣昌奪其講官。開封垂陷，理順建議河北設重臣，練敢死士爲後圖，疏格不行。嗣昌、薛國觀、

周延儒迭用事，理順一無所附麗。出溫體仁門，言論不少徇。

賊犯京師急，守卒缺餉，陰雨饑凍。理順詣朝房語諸執政，急請帑，衆唯唯。理順太息歸，捐家貲犒守城卒。僚友問進止，正色曰：「存亡視國，尚須商酌耶！」城破，妻萬、妾李請先死。既絕，理順大書曰：「成仁取義，孔、孟所傳。文信踐之，吾何不然！」書畢投繯，年六十三。僕四人皆從死。羣盜多中州人，入唁曰：「此吾鄉杞縣劉狀元也，居鄉厚德，何遽死。」羅拜號泣而去。後贈詹事，謚文正。本朝賜謚文烈。

汪偉，字叔度，休寧人，寄籍上元。崇禎元年進士。十一年，由慈谿知縣行取。帝以國家多故，朝臣詞苑起家，儒緩不習吏事，無以理紛禦變，改舊例，擇知推治行卓絕者入翰林。偉擢檢討。給假歸。還朝，充東宮講官。

十六年，賊陷承天、荊、襄。偉以留都根本之地，上江防綢繆疏，言：「金陵城週圍百二十里，雖十萬衆不能守。議者謂無守城法，有防江法。賊自北來，淮安爲要；自上游來，九江爲要。禦淮所以禦江，守九江所以守金陵也。淮有史可法，屹然保障。九江一郡，宜設重臣鎮之。自是而上之至於武昌，下之至於太平、采石、浦口，命南京兵部大臣建牙分閫，

以接聲援，而金陵之門戶固矣。南京兵部有重兵而無用，操江欲用兵而無人，宜使緩急相應。而府尹、府丞之官，重其權，久其任，聯百萬士民心，以分兵部操江之責。」帝嘉納之，乃設九江總督。又言：「兵額既虧，宜以衛所官舍餘丁補伍操練，修治兵船，以資防禦。額餉不足，暫借鹽課、漕米給之。」所條奏皆切時務。

明年三月，賊兵東犯。偉語閣臣：「事急矣，亟遣大僚守畿郡。都中城守，文自內閣，武自公侯伯以下，各率子弟畫地守。庶民統以紳士，家自爲守。而京軍分番巡徼，以待勤王之師。」魏藻德笑曰：「大僚守畿輔，誰肯者？」偉曰：「此何等時，猶較尊卑、計安危耶？請以一劇郡見委。」藻德哂其早計。未幾，眞定遊擊謝加福殺巡撫徐標迎賊。〔一〕偉泣曰：「事至此乎！」作書寄友人曰：「賊據眞定，奸人滿都城，外郡上供絲粟不至，諸臣無一可支危亡者，如聖主何！平時誤國之人，終日言門戶而不顧朝廷，今當何處伸狂喙耶！」

賊薄都城，守兵乏餉，不得食，偉市餅餌以饋。已而城陷，偉歸寓，語繼室耿善撫幼子。耿泣曰：「我獨不能從公死乎！」因以幼子屬其弟，衣新衣，上下縫，引刀自剄不殊，復投繯遂絕，時年二十三。偉欣然曰：「是成吾志。」移其屍於堂，貽子觀書，勉以忠孝，乃自經。贈少詹事，謚文烈。本朝賜謚文毅。

吳甘來，字和受，江西新昌人。父之才，西安府同知。甘來與兄泰來同舉鄉試。崇禎改元，甘來成進士，授中書舍人。後三年，泰來亦成進士，授南京太常博士。

五年，甘來擢刑科給事中。七年，西北大旱，秦、晉人相食，疏請發粟以振，而言：「山西總兵張應昌等半殺難民以冒功，中州諸郡畏曹變蛟兵甚於賊。陛下生之而不能，武臣殺之而不顧，臣實痛之。」又言：「賞罰者，將將大機權也。陛下加意邊陲，賞無延格。乃紅夷獻俘，黔、蜀爭功，昌黎死守，功猶待勘，急則用其死綏，緩則束以文法。且封疆之罰，武與文二，內與外二，士卒與將帥二。受命建牙，或逮或逐，以封疆罪罪之。而跋扈將帥，罪狀已暴，止於戴罪。偏裨不能令士卒，將帥不能令偏裨，督撫不能令將帥，將聽賊自來自去，誰爲陛下翦凶逆者？」憂歸。服闋，起吏科，進兵科右給事中，乞假歸。

十五年起歷戶科都給事中。中外多故，荊、襄數郡，賊未至而撫道諸臣率稱護藩以去。甘來曰：「若爾，則是棄地方而逃也。城社人民，誰與守者？」乃上疏曰：「天子衆建親親，將使屏藩帝室，故曰『宗子維城』。乃烽火纔傳，一朝委去以爲民望，而諸臣猶曉曉以擁衛自功，掩其失地之罪。是維城爲可留可去之人，名都爲可守可棄之士，撫道爲可有可無之官。功罪不明，賞罰不著，莫此爲甚！」疏入，帝大嘉歎。一日，帝詰戶部尚書倪元璐餉額，甘來曰：「臣科與戶曹表裏，餉可按籍稽。臣所慮者，兵聞賊而逃，民見賊而喜，恐非無餉之患，而無民之患。宜急輕賦稅，收人心。」帝頷之。

甘來遘疾，連請告。會帝命編修陳名夏掌戶科，甘來喜得代。不數日，賊薄都城。時泰來官禮部員外郎矣，甘來屬兄歸事母，而自誓必死。明日，城陷，有言駕南幸者，甘來曰：「主上明決，必不輕出。」乃疾走皇城，不得入。返檢几上疏草曰：「當賊寇縱橫，徒持議論，無益豪末。」盡取焚之，毋釣後世名，遂投繯死。贈太常卿，謚忠節。本朝賜謚莊介。

王章，字漢臣，武進人。崇禎元年進士。授諸暨知縣。少孤，母訓之嚴。及爲令，祖帳歸少暮，母訶跪予杖，曰：「朝廷以百里授酒人乎！」章伏地不敢仰視。親友爲力解，乃已。治諸暨有聲。甫半歲，以才調鄞縣。諸暨民與鄞民爭挽章，至相譁。治鄞益有聲，數注上考。

十一年行取入都。時有考選翰林之命，行取者爭奔競，給事中陳啓新論之。帝怒，命吏部上訪册，罪廷臣濫徇者。尚書姜逢元、王業浩，給事中傅元初，御史禹好善等六人閒住，給事中孫晉、御史李右讜等三人降調，給事中劉含輝、御史劉興秀等十一人貶二秩視

事。吏部尚書田維嘉等乃請先推部曹，凡推二十二人，章與焉，授工部主事。章及任濬、涂必泓、李嗣京欲疏辨，憚爲首獲罪。李士淳者耄矣，四人不告而首其名。士淳知之，懼且怒，與章等大詬。而帝知維嘉有私，詔許與考。又以爲首者必良士也，擢士淳編修，章等皆御史。章上疏請罷內操，寬江南逋賦。

明年出按甘肅，持風紀，飭邊防。西部寇莊浪，巡撫急徵兵。章曰：「貪寇索食耳。」策馬入其帳，衆羅拜乞降，乃稍給之食。兩河旱，章檄城隍神：「御史受錢或戕害人，神殛御史，毋虐民。神血食茲土，不能請上帝蘇一方，當奏天子易爾位。」檄焚，雨大注。邊卒貸武弁金，償以賊首，武弁以冒功，坐是數召邊釁。章著令，非大舉毋得以零級冒功。劾罷巡撫劉鎬貪惰。又所部十道監司，劾能其四。母憂歸。服闋，還朝，巡視京營，按籍額軍十一萬有奇。喜曰：「兵至十萬，猶可爲也。」及閱視，半死者。餘冒伍，憊甚，矢折刃缺，閱礮聲掩耳，馬未馳輒墮。而司農缺餉，半歲不發。章屢疏請帑，不報。

踰月，賊陷眞定，京師大震。襄城伯李國楨發營卒五萬營城外。〔二〕章與給事中光時亨守阜成門。城內外堞凡十五萬四千有奇，三堞一卒。三月初登陴，閱十日始一還邸，櫛沐易新衣冠。家人大駭，章不應。賊傅城下，章手發二礮，賊少却。頃之，各門礮聲絕。時亨攝章走，章厲聲曰：「事至此，猶惜死耶！」時亨曰：「死此與士卒何別？入朝訪上所在，不

獲則死，死未晚也。」章從之，與時亨並馬行。俄賊突至，呼下馬。時亨倉皇下馬跪。章持鞭不顧，叱曰：「吾視軍御史也，誰敢犯！」賊刺章股，墮。章罵曰：「逆賊！勤王兵且至。我死，爾滅不旋踵矣。」賊怒，攢槊刺殺章而去。抵暮，家人覓屍，猶一手據地坐，張口怒目，勃勃如叱賊狀。妻姜在籍，聞之，一慟而絕。贈大理寺卿，謚忠烈。本朝賜謚節愍。次子之栻仕闖爲職方主事，亦死難。

陳良謨，字士亮，鄞人。崇禎四年進士。授大理推官。初名天工。莊烈帝虔事上帝，詔羣臣名「天」者悉改之，乃改良謨。在職六年，兩注上考。行取陛見，擢御史。

十二年出按四川。期滿當代，再留任。時流寇大入蜀，詔良謨專護蜀王，巡撫邵捷春專辦賊。良謨飭守具，堅壁清野。賊犯成都，遣將據要害爲掎角。一再戰，賊潰奔。帝聞賊擾蜀，下詔責良謨，已聞其善守禦，乃優旨賜銀幣。及還朝，賊勢益迫，所規畫率不行，而京師陷矣。

良謨嘗夢拜文文山於堂下。文山揖之上，曰：「公與予先後一揆，何下拜爲？」覺而異之。及是城陷，良謨方移疾臥邸中，一慟幾絕，自是水漿不入口。或勸良謨無死，不答。謂邑

子李天葆曰：「吾爲國死，義不顧家。惟是母老，先君莫葬，繼嗣未定，須一言耳。」因賦詩付天葆。未幾，聞帝崩煤山，大慟曰：「主上不冕服，臣子敢具冠帶乎！吾巾褻，安所得明巾。」天葆以巾進。良謨著巾，藍便服，起入戶。妾時氏隨之，遂與妾俱自縊死。時氏，京師人，年十八。良謨踰五十無子，以禮納之，侍良謨百三日耳。良謨既卒，其族人以其兄之子久樞爲之後。未幾，久樞亦卒，良謨竟無後。贈太僕卿，謚恭愍。本朝賜謚恭潔。

陳純德，字靜生，零陵人。爲諸生，以學行稱。嘗夜泊洞庭，爲盜窘，躍出墮水，再躍入洲渚。比曉，坐蘆葦中，去泊舟數十丈。

崇禎十三年成進士，年已六十矣。莊烈帝召諸進士，咨以時事。純德奏稱旨，立擢御史，巡按山西。七月，部內嚴霜，民凍餒。純德上疏請恤，因陳抽練之弊。言：「兵抽則人失故居，無父母妻子之依，田園丘壠之戀，思歸則逃，逢敵則潰。抽餘者既以餉薄而安於無用，抽去者又以遠調而不樂爲用。伍虛而餉仍在，不歸主帥，則歸偏裨，樂其逃而利其餉，凡藉以營求遷秩，皆是物也。精神不以束伍，而以侵餉，厚餉不以養士，而以求官。伍虛則無人，安望其練，餉糜則愈缺，安望其充。此今日行間大弊也。」帝不能用。

還朝，督畿輔學政。將出按部，都城陷。賊下令百官以某日入見，衆攝純德入，還邸慟哭，遂自經。京山人秦嘉系買地葬之永定門外，立石表墓焉。贈太僕卿，謚恭節。

申佳胤，字孔嘉，永年人。崇禎四年進士。授儀封知縣。縣故多盜，佳胤嚴保甲法，盜無所容。霪雨河決，艤舟怒濤中，塞其口。捕大猾置之法。以才調杞縣。八年，賊掃地王率萬人來攻，城土垣多圮。佳胤募死士擊走賊，因甓其城。唐王聿鍵勤王，將抵開封。諸大吏惴恐，集議曰：「留之，不聽。行，守土者且得罪。」佳胤曰：「惟周王可留之。」衆稱善，用其計。

治行卓異，擢吏部文選主事，上備邊五策。進考功員外郎，佐京察。大學士薛國觀傾少詹事文安之。安之，佳胤座主也，事連佳胤，左遷南京國子博士。

久之，遷大理評事，進太僕丞。閱馬近畿。聞李自成破居庸，歎曰：「京師不守矣！君父有難，焉逃死？」馳入都，遍謁大臣爲畫戰守策，皆不省。貽子涵光書曰：「行己曰義，順數曰命。義不可背也，命不可違也。天下事莫不壞於貪生而畏死。死於疾，死於利，死於刑戮，於房幃，於鬭戰，均死也。死數者不死君父，蓋亦不善用死矣。今日之事，君父之事，

死義也，猶命也，我則行之。」

京師陷，冠帶辭母，策馬至王恭廠，從者請易服以避賊。佳胤曰：「吾起微賤，食祿十三年。國事至此，敢愛死乎！」兩僕環守不去，紿之曰：「吾不死也，我將擇善地焉。」下馬，旁見灌畦巨井，急躍入。僕號呼，欲出之。佳胤亦呼曰：「告太安人，有子作忠臣，勿過傷也。」遂死，年四十二。贈太僕少卿，謚節愍。本朝賜謚端愍。

成德，字元升，霍州人，依舅氏占籍懷柔。崇禎四年進士。除滋陽知縣。性剛介，清操絕俗，疾惡若讎。文震孟入都，德郊迎，執弟子禮，語刺溫體仁，體仁聞而恨之。兗州知府增餉額，德固爭，又嘗捕治其牙爪吏。知府怒，譖於御史禹好善。好善，體仁客也，誣德貪虐，逮入京。滋陽民詣闕訟冤。震孟在閣，亦爲之稱枉。德道中具疏極論體仁罪，而震孟已被體仁擠而去之。好善再劾德，言其疏出震孟手，帝不之究。德母張伺體仁長安街，繞輿大罵，拾瓦礫擲之。體仁恚，疏聞於朝。詔五城御史驅逐，移德鎮撫獄掠治，杖六十午門外，戍邊，坐贓六千有奇。而給體仁校尉五十人護出入。

德居戍所七年，用御史詹兆恒薦，起如皋知縣。尋擢武庫主事。以母老辭，不允，乃就

道。至則上言：「年來中外多故，居官者爵祿迷心，廉恥道喪。陛下御極十七年，何仗節死義之寥寥也！宋臣張栻有言：『仗節死義之臣，當於犯顏諫諍中求之。』夫犯顏諫諍何難，在朝廷養之而已。表厥宅里，所以伸忠臣孝子於生前；殊厥井疆，所以誅亂臣賊子於未死。苟死敵者無功，則媚敵者且無罪；死賊者褒揚不亟，則從賊者恬而不知畏也。」

未幾，城破，不知帝所在，旁皇廳事。已，趨至午門，見兵部尚書張縉彥自賊所出。德以頭觸縉彥胸，且詈之。俄聞帝崩，痛哭。持雞酒奔東華門，奠梓宮於茶棚之下，觸地流血。賊露刃脅之，不爲動。奠畢歸家，有妹年二十餘未嫁，德顧之曰：「我死，汝何依？」妹曰：「兄死，妹請前。」德稱善，哭而視其縊。入別其母，哭盡哀，出而自縊。母見子女皆死，亦投繯死。先是，懷柔城破，德父文桂遇害，家屬盡沒。妻劉在京，以徵德贓急，憂悸死。至是，又闔門死難，惟幼子先寄友人家獲存。贈德光祿卿，謚忠毅。本朝賜謚介愍。

許直，字若魯，如皋人。崇禎七年成進士。出文震孟之門，以名節自砥，除義烏知縣。母憂歸，哀毀骨立，終喪蔬食，寢柩旁。補廣東惠來縣。用清望，徵授吏部文選主事，進考功員外郎。

賊薄都城，約同官出貲饗士，爲死守計。城陷，賊令百官報名。直曰：「身可殺，志不可奪。」有傳帝南狩者，直將往從。見賊騎塞道，出門輒返，曰：「四方兵戈，駕焉往？國亂不臣，君危無濟，我何生爲！」已，知帝崩，一慟幾絕。客以七十老父爲解，直曰：「不死，辱及所生。」賦絕命詩六章，闔戶自經。越旦視之，神氣如生。贈太僕卿，謚忠節。本朝賜謚忠愍。

直有族子德溥者，在南。聞莊烈帝崩，大哭數日。揚州陷，又哭數日。每獨坐輒慟哭，食必以崇禎錢一枚置几上，祭而後食，食已復哭。又刺其兩臂曰：「生爲明臣，死爲明鬼。」事發，死西市。

金鉉，字伯玉，武進人，占籍順天之大興。祖汝升，南京戶部郎中。父顯名，汀州知府。鉉少有大志，以聖賢自期許。年十八舉鄉試第一。明年，崇禎改元，成進士。不習爲吏，改揚州府教授，日訓諸生闡濂、洛正學。燕居言動，俱有規格，諸生嚴憚之。歷國子博士、工部主事。

帝方銳意綜核，疑廷臣朋黨營私。度支告匱，四方亟用兵，餉不敷，遣中官張彝憲總理戶、工二部，建專署，檄諸曹謁見，禮視堂官。鉉恥之，再疏爭，不納。乃約兩部諸僚，私謁者衆唾其面，彝憲慍甚。鉉當榷稅杭州，辭疾請假。彝憲摭火器不中程，劾鉉落職。鉉杜門謝客，躬爨以養父母。

十七年春，始起兵部主事，巡視皇城。聞大同陷，疏曰：「宣、大，京師北門。大同陷則宣府危。宣府危，大事去矣。請急撤回監宣中官杜勳，專任巡撫朱之馮。勳二心僨事，之馮忠懇，可屬大事。」不報。未幾，勳以宣府下賊，賊殺之馮，烽火偪京師。鉉奔告母：「母可且逃匿。兒受國恩，義當死。」鉉母章時年八十餘矣，呵曰：「爾受國恩，我不受國恩乎！廡下井，是我死所也。」鉉哭而去。

城破，趨入朝，宮人紛紛出。知帝已崩，解牙牌拜授家人，即投金水河。家人爭前挽之，鉉怒，口嚙其臂，得脫，遂躍入水。水淺，濡首泥中乃絕。母聞即投井，妾王隨之，皆死。賊踞大內，踰月始去。金水河冠袍泛泛見水上，內官羣指之曰：「此金兵部也。」弟錝辨其屍，驗網巾環，得鉉首歸，合以木身，如禮而殮。事竣，錝自經。後贈鉉太僕少卿，謚忠節。本朝賜謚忠潔。

右范景文至鉉二十有一人，皆自引決。其他率委蛇見賊。賊以大僚多誤國，概囚縶

之。庶官則或用或否，用者下吏政府銓除，不用者諸僞將搒掠取其貲，大氐降者十七，刑者十三。福王時，以六等罪治諸從逆者。而文武臣殉難並予贈廕祭葬，且建旌忠祠於都城焉。曰正祀文臣，祀景文以下二十人，及大同巡撫衞景瑗、宣府巡撫朱之馮、布衣湯文瓊、諸生許琰四人。曰正祀武臣，祀新樂侯劉文炳、惠安伯張慶臻、襄城伯李國楨、駙馬都尉鞏永固、左都督劉文耀、山西總兵官周遇吉、遼東總兵官吳襄七人。曰正祀內臣，祀太監王承恩一人。曰正祀婦人，祀烈婦成德母張氏、金鉉母章氏、汪偉妻耿氏、劉理順妻萬氏、妾李氏、馬世奇妾朱氏、李氏、陳良謨妾時氏、吳襄妻祖氏九人。曰附祀文臣，祀進士孟章明及郎中徐有聲、給事中顧鋐、彭琯、御史俞志虞、總督徐標、副使朱廷煥七人。曰附祀武臣，祀成國公朱純臣、鎮遠侯顧肇迹、定遠侯鄧文明、武定侯郭培民、陽武侯薛濂、永康侯徐錫登、西寧侯宋裕德、懷寧侯孫維藩、彰武伯楊崇猷、宣城伯衞時春、清平伯吳遵周、新建伯王先通、安鄉伯張光燦、右都督方履泰、錦衣衞千戶李國祿十五人。曰附祀內臣，祀太監李鳳翔、王之心、高時明、褚憲章、方正化、張國元六人。有司春秋致祭。然顧鋐、彭琯、俞志虞輩，特爲賊拷死，諸侯伯亦大半以兵死。而郎中周之茂、員外郎甯承烈、中書宋天顯、署丞于騰雲、兵馬指揮姚成、知州馬象乾皆以不屈死，顧未邀贈恤也。

徐有聲，字聞復，金壇人。登鄉薦，崇禎十三年特擢戶部主事，歷員外郎、郎中。督餉

大同。城陷，被執不屈死。福王時，贈太僕少卿。

徐標，字準明，濟寧人。天啓五年進士。崇禎時，歷官淮徐道參議。十六年二月超擢右僉都御史，巡撫保定。陛見，請重邊防，擇守令，用車戰禦敵，招流民墾荒。帝深嘉之。李自成陷山西，警日逼，加標兵部侍郎，總督畿南、山東、河北軍務，仍兼巡撫，移駐眞定以遏賊。無何，賊遣使諭降，標毀檄戮其使。賊別將掠畿輔，眞定知府丘茂華移妻孥出城，標執茂華下之獄。中軍謝加福伺標登城畫守禦策，鼓衆殺之，出茂華於獄。數日而賊至，以城降。福王時，贈標兵部尚書。

朱廷煥，單縣人。崇禎七年進士。除工部主事，歷知廬州、大名二府，即以兵備副使分巡大名。十七年，賊逼畿輔，廷煥嚴守備。賊傳檄入城，怒而碎之。三月四日，賊來攻，軍民皆走，城遂陷。被執不屈死。福王時，贈右副都御史。

周之茂，字松如，黃廂人。崇禎七年進士。歷官工部郎中。服闋，需次都下。賊搜得之，迫使跪。不屈，折其臂而死。

甯承烈，字養純，大興人。舉於鄉，歷魏縣教諭，戶部司務，進本部員外郎，筦太倉銀庫。城陷，自經於官廨。

宋天顯，松江華亭人。由國子生官內閣中書舍人。爲賊所獲，自經。

于騰雲，順天人。爲光祿署丞。賊至，語其妻曰：「我朝臣，汝亦命婦，可汚賊耶！」夫婦並服命服，從容投繯死。

姚成，字孝威，餘姚人。由禮部儒士爲北城兵馬司副指揮。城陷，自縊死。

馬象乾，京師人。舉於鄉，官濮州知州。方里居，賊入，率妻及子女五人並自縊。

至若御史馮垣登、兵部員外郎鄭逢蘭、行人謝于宣皆拷死，郎中李逢申，拷掠久之，逼令縊死。與鉉、琯、志虞皆獲贈太僕少卿，而垣登、于宣至謚忠節。行取知縣鄒逢吉拷死，贈太僕寺丞。時南北阻絕，皆未能核實也。湯文瓊、許琰事載忠義傳。

贊曰：傳云「君子居其位，則思死其官」。夫忠貞之士，臨危授命，豈矯厲一時，邀名身後哉！分誼所在，確然有以自持而不亂也。馬世奇等皆負貞亮之操，勵志植節，不欺其素，故能從容蹈義，如出一轍，可謂得其所安者矣。

校勘記

〔一〕眞定遊擊謝加福殺巡撫徐標迎賊　謝加福，明史稿傳一四八汪偉傳，小腆紀年卷三及所附考引保定城守紀略、甲申上谷紀事都作「謝嘉福」。

〔二〕襄城伯李國楨發營卒五萬營城外　李國楨，原作「李國禎」，據下文及本書卷一〇六功臣表、懷宗實錄卷一七崇禎十七年二月丙戌、國榷卷一〇〇頁六〇三一改。

明史卷二百六十七

列傳第一百五十五

馬從聘 耿蔭樓 張伯鯨 宋玫 族叔應亨 陳顯際 趙士驥等

范淑泰 高名衡 王漢 徐汧 楊廷樞 鹿善繼 薛一鶚

馬從聘，字起莘，靈壽人。萬曆十七年進士。授青州推官，擢御史。勘衛李宗城册封平秀吉逃歸，從聘言其父言恭不當復督戎政，不從。出理兩淮鹽課，言近日泰山崩離，拆者里餘，由開礦斷地脈所致，當速罷。不報。奸人田應璧請掣賣沒官餘鹽助大工，帝遣中官魯保督之。從聘極陳欺罔狀，不從。還朝，改按浙江，又按蘇、松，請免增蘇、松、常鎭稅課，亦不報。以久次擢太僕少卿，拜右僉都御史，巡撫延綏，失事奪俸。旣而有擣巢功，未敍，引疾歸，加兵部右侍郎。家居凡二十餘年，終熹宗世不出。

崇禎十一年冬，大清破靈壽。從聘年八十有二矣，謂其三子曰：「吾得死所矣。」又曰：「吾大臣，義不可生，汝曹生無害也。」三子不從。從聘縊，三子皆縊。贈兵部尚書，諡介敏，官其一子。

耿蔭樓，從聘同邑人也，字旋極。天啓中，任臨淄知縣。久旱，囚服暴烈日中，哭於壇，雨立澍。擢壽光，禱雨如臨淄。崇禎中，入爲兵部主事，調吏部，歷員外郎，乞假歸。城破，偕子參並死之。贈光祿少卿。

張伯鯨，字繩海，江都人。萬曆四十四年進士。歷知會稽、歸安、鄞三縣。天啓中，大計，調補盧氏。

崇禎二年稍遷戶部主事，出督延、寧二鎭軍儲。自黃甫川西抵寧夏千二百里，不產五穀，芻粟資內地。賀蘭山沿黃河漢、唐二渠，東抵花馬池，素沃野，亦荒蕪甚。伯鯨疏陳其狀，爲通商惠工，轉菽麥。又倣邊商中鹽意，立官市法以招之，軍民稱便。大盜起延綏，擢伯鯨兵備僉事，轄榆林中路。擊破賀思賢，斬一座城、金翅鵬，敗套寇於長樂堡。巡撫陳奇瑜上其功，詔進三階，爲右參政，仍視兵備事。

七年春，奇瑜遷總督，遂擢伯鯨右僉都御史代之。督總兵王承恩等分道擊破揷漢部長及套寇於雙山、魚河二堡，斬首三百。明年，以拾遺論罷。尋論延綏功，詔起用，廕子錦衣千戶。

十年秋，楊嗣昌議大舉討賊，遣戶部一侍郎駐池州，專理兵食。帝命傅淑訓。明年，淑訓憂去，卽家起伯鯨代之，如淑訓官。又明年，熊文燦撫事敗，嗣昌自出督師，移伯鯨襄陽。文燦之被逮也，言餉不至者六十餘萬，伯鯨坐貶秩。

十五年召爲兵部左侍郎。明年，尚書馮元飆在告，伯鯨攝部事。召對萬歲山，疾作，中官扶出，遂乞休。又明年，京城陷，微服遁還。福王立於南京，伯鯨家居不出。久之，揚州被圍，與當事分城守。城破，自經死。

宋玫，字文玉，萊陽人。父繼登，萬曆三十二年進士。歷官陝西右參議。天啓五年大計謫官。玫卽以是年偕族叔應亨同舉進士。玫授虞城知縣，應亨得淸豐。崇禎元年，玫兄琮亦舉進士，知祥符，而玫以才調繁杞縣。三人壤地相接，並有治聲。

應亨遷禮部主事，玫亦擢吏科給事中。嘗疏論用人，謂「陛下求治之心愈急，則浮薄喜事之人皆飾詭而釣奇。陛下破格之意愈殷，則巧言孔壬之徒皆乘機而闖捷。」衆韙其言。時應亨已改吏部，累遷稽勳郎中，落職歸。玫方除母喪，起故官，歷刑科都給事中。請熟審概行於天下。又言獄囚稽滯瘐死，與刑死幾相半，宜有矜釋。帝採納之。遷太常少卿，歷大理卿、工部右侍郎。玫父繼登已久廢，至是爲浙江右參政。大學士周延儒客盛順者，爲浙江巡撫熊奮渭營內召，果擢南京戶部侍郎，繼登父子信之。

十五年夏，廷推閣臣，順爲玫營推甚力。會詔令再推，玫與焉。帝已中流言，疑諸臣有私。比入對，玫冀得帝意，侃侃敷奏。帝發怒，叱退之，與吏部尚書李日宣等並下獄。日宣等遣戍，玫除名，順乃驚竄。

閏十一月，臨淸破，應亨與知縣陳顯際謀城守。應亨以城北庳薄，出千金建甕城，浹旬而畢。玫及邑人趙士驥亦出貲治守具。無何，大淸兵薄城，城上火礮矢石並發，圍乃解。明年二月復至，城遂破，玫、應亨、顯際、士驥並死之。顯際，眞定人，士驥官中書舍人，並起家進士。玫、應亨有文名。

沈迅，亦萊陽人也。崇禎四年舉進士，歷知新城、蠡二縣，與膠州張若獻同年友善。[一]

十一年行取入都。帝以吏部考選行私，親策諸臣。迅、若麒並得刑部主事。兩人大恚恨，結楊嗣昌，得改兵部。其年冬，畿輔被兵。迅請於廣平、河間、定州、蠡縣各設兵備一人。又請以天下僧人配尼姑，編入里甲，三丁抽一，可得兵數十萬。他條奏甚多。章下兵部，嗣昌盛稱迅言可用，乃命爲兵科給事中。

迅欲自結於帝，數言事，皆中旨。當是時，軍興方棘，廷臣言兵者即以爲知兵，大者推督撫，小者兵備。一當事任，罪累立至。於是上下諱言兵，章奏無敢及者。迅極言其弊，乞敕廷臣五日內陳方略。帝即從其言。迅考選時爲掌河南道御史王萬象所抑，因事劾罷萬象，勢益張，與若麒盡把持山東事。會順天府丞戴澳誣劾平遠知縣王凝命、嘉興推官文德翼貪。迅上疏頌二人廉能，澳下吏削籍。迅累遷禮科都給事中。陳新甲主款，迅面斥其非，廷辨良久。又言：「楊嗣昌死有餘戮，借久案以邀功，陳新甲負罪不追，移邊勞而錄廕，非論功議罪法。」帝是其言。迅本由嗣昌進，隨衆詆毀，時論訾薄之。

尋以保舉高斗光爲鳳陽總督不當，謫國子博士，乞假歸。及新甲誅，命追論兵科不糾發罪，吏部上迅名。帝曰：「迅御前駁議，朕猶識之，可復故官。」未赴而京師陷。迅家居，與弟逕設砦自衛。逕短小精悍，馬上舞百斤鐵椎。兄弟率里中壯士，捕剿土寇略盡。大清兵至，破砦，迅闔門死之。

若麒劾黃道周以媚嗣昌。歷職方郎中，新甲遣赴寧、錦督戰，覆洪承疇等十餘萬軍，獨渡海逃還，論死繫獄。李自成陷都城，出降。

范淑泰，字通也，滋陽人。崇禎元年進士。授行人。五年冬，擢工科給事中。上疏陳刑獄繁多，乞敕刑官疏理，帝褒納之。流賊犯河南，追論先任巡撫樊尚璟罪，劾總兵鄧玘淫掠狀。時中官張彝憲言天下逋賦至一千七百餘萬，請遣科道官督徵。帝大怒，責撫按回奏。淑泰言民貧盜起，逋賦難以督追，不從。給事中莊鼇獻、章正宸建言下吏，抗疏救之。吏部張捷薦逆黨呂純如，淑泰極論其謬，并論大學士王應熊朋比行私，劾捷徇應熊意，用其私人王維章撫蜀。言：「維章官西寧，坐加徵激變，落職閒住。捷朦朧啓事，明肆奸欺。」帝責捷自陳。捷詆淑泰黨同伐異，帝不問。時皇陵被毀，巡撫楊一鵬得罪。應熊以座主故，力庇之。淑泰發其停匿章奏狀，帝亦不究。淑泰乃摭應熊納賄數事上之，應熊捐貲助陵工，淑泰又劾其召寇庇奸。帝責以挾私求勝，終不納。

十一年冬，上疏言：「今以措餉故，至搜括借助。即行之而得，再有兵事，能復行乎！治不規其可久，徒倉皇於補救之術，非所以爲忠也。陛下方以清節風天下，而乃條敍百官金

錢於多寡之間，是教之貪也。至借貸之說，尤不可行。京師根本重地，遷者物力困竭，富商大賈大半旋歸。內不安，何以攘外！乞立寢其說。」又言：「强兵莫如行法。今之兵，索餉則强，赴敵則弱；殺良冒功則强，除暴救民則弱。請明示法令，諸將能用命殺賊者，立擢爲大將，否則死無赦。毋以降級戴罪，徒爲不切身之痛癢。」帝是其言。

十五年遷吏科，典浙江鄉試，事竣還家。十二月，大清兵圍兗州，淑泰竭力固守。城破，死之。詔贈太僕少卿，官一子。

高名衡，字仲平，沂州人。崇禎四年進士。除如皋知縣，以才調興化，徵授御史。十二年出按河南。明年期滿，留再巡一年。

十四年正月，李自成陷洛陽，乘勝遂圍開封。巡撫李仙風時在河北，名衡集衆守。周王恭枵發庫金百萬兩，募死士殺賊。烝米屑麥，執爨以餉軍，凡七晝夜。仙風馳還開封。副將陳永福背城而戰，斬首二千。遊擊高謙夾擊，斬首七百。賊解去。仙風既還，與名衡互訐奏。帝以陷福藩罪詔逮仙風，以襄陽兵備副使張克儉代。克儉已前死難，即擢名衡右僉都御史代之。以永福充總兵官都督僉事，鎮守河南。

當是時，賊連陷南陽、鄧、汝十餘州縣，唐、徽二王遇害，名衡不能救。開封周邸圖書文物之盛甲他藩，士大夫亟富，蓄積充牣。自成攻之不能克，然欲得而甘心焉。十二月杪，賊再圍開封。永福射自成，中其左目，礮殪上天龍等。自成大怒，急攻之。開封故宋汴都，金帝南遷所重築也，厚數丈，內堅緻而疏外。賊用火藥放迸，火發即外擊，甎瓴飛鳴，賊騎皆糜爛，自成大驚。會楊文岳援兵亦至，乃解圍去。西華、鄢、襄、睢、陳、太康、商丘、寧陵、考城俱陷。

十五年四月復至開封，〔三〕圍而不攻，欲坐困之。六月，帝詔釋故尚書侯恂於獄，命督保定、山東、河北、湖北諸軍務，並轄平賊等鎮援剿官兵。拔知縣蘇京、王漢、王燮爲御史。詔蘇京監延、寧、甘、固軍，趣孫傳庭出關；王漢監平賊鎮標楚、蜀軍，同侯恂等急擊；王燮監陽、懷東晉軍，刻期渡河。總兵許定國以晉軍次沁水，一夕潰去，寧武兵亦潰於懷慶，詔逮定國。七月，河上之兵潰。督師丁啓睿、保督楊文岳合左良玉、虎大威、楊德政、方國安諸軍，次於朱仙鎮。良玉走還襄陽，諸軍皆潰，啓睿、文岳奔汝寧。詔山東總兵官劉澤清援開封。城中食盡，名衡、永福偕監司梁炳、蘇壯、吳士講，同知蘇茂灼，通判彭士奇，推官黃澍等守益堅。澤清以兵來援，諸軍並集河北朱家寨不敢進。澤清曰：「朱家寨去開封八里。我以兵五千南渡，依河而營，引水環之。以次結八營，直達大堤。築甬道輸河北之粟，

以餉城中。賊兵已老，可一戰走也。」諸軍皆曰：「善。」乃以兵三千人先渡立營。賊攻之，戰三晝夜，諸軍無繼者，甬道不就，澤淸拔營歸。日夜望傳庭出關，不至。

賊圍開封者三，士馬損傷多，積憤，誓必拔之。圍半年，師老糧匱，欲決黃河灌之。以城中子女貨寶，猶豫不決。聞秦師已東，恐諸鎭兵夾擊，欲變計。會有獻計於巡按御史嚴雲京者，請決河以灌賊。雲京語名衡、澍，名衡、澍以爲然。周王恭枵募民築羊馬牆，堅厚如高岸。賊營直傳大堤，河決賊可盡，城中無虞。我方鑿朱家寨口，賊知，移營高阜，艨艟巨筏以待，而驅掠民夫數萬反決馬家口以灌城。九月癸未望，夜半，二口並決。天大雨連旬，黃流驟漲，聲聞百里。丁夫荷鍤者，隨堤漂沒十數萬，賊亦沉萬人。河入自北門，貫東南門以出，流入於渦水。名衡、永福乘小舟至城頭，周王率其宮眷及寧鄉諸郡王避水棲城樓，坐雨絕食者七日。王燮以舟迎王，王從城上泛舟出，名衡等皆出。茂灼、士奇久餓不能起，並溺死。賊浮繿入城，遺民俱盡，拔營而西。城初圍時百萬戶，後饑疫死者十二三。汴梁佳麗甲中州，羣盜心豔之，至是盡沒於水。帝聞，痛悼。猶念諸臣拒守勞，命敍功。加名衡兵部右侍郎，名衡辭以疾。卽擢王漢右僉都御史，代名衡巡撫河南。名衡歸未幾，大清兵破沂州，名衡夫婦殉難。

王漢，字子房，掖縣人。崇禎十年進士。除高平知縣。調河內，擒巨寇天壇山劉二。又乘雪夜破妖僧智善。夜半渡河，破賊楊六郎。李自成圍開封，漢然火金龍口柳林爲疑兵，遣死士入賊中，聲言「諸鎭兵來援，各數十萬至矣」。賊聞則驚走。

漢爲人負氣愛士。人有一長，嗟歎之不容口。僚屬紳士陳民疾苦，或言己過，則瞿然下拜。用兵士卒同甘苦，人樂爲之死。好用間，賊中虛實莫不知。攻天壇山賊，山陡絕，登者輓以布。漢持刀直上，人服其勇。時賊氛日熾，帝每臨朝而歎漢前後破賊功，降旨優敍。

十五年春，以減俸行取入都，與蘇京、王燮同召對，稱旨。命三臣皆以試御史監軍。漢監平賊鎭標楚、蜀軍，與督臣侯恂南援汴。

時兵部奏撥勦兵十萬，十之四以屬京、燮，屬漢以其六。漢所監凡五萬九千，然大半已潰散，兵部空名使之。漢乃請自立標營兵千人，騎二百，報可。乃簡保營兵百餘人，募邯鄲、鉅鹿壯士三百人，又取故治河內所練義兵及修武、濟源素從征勦者五百人，及親故子弟，合千人。八月朔夜半，襲賊范家灘，斬一紅甲賊目。檄諸將合勦。自走襄陽，督左良玉兵救汴。至潼關，有詔漢巡按河南。時賊灌開封，漢聞，趣諸將自柳園夜半渡河，伏兵西岸，檄卜從善等夾攻之，斬首九十餘級，遂入汴。大張旗鼓爲疑兵，追賊至朱仙鎭，連戰皆捷。巡撫高名衡謝病，卽擢漢右僉都御史代之。漢乃廣間諜，收士豪，議屯田，謀所以圖賊。

無何，劉超反永城。超，永城人，跛而狡，爲貴州總兵，坐罪免。上疏言兵計，陳新甲用爲河南總兵。以私怨殺其鄉官御史魏景琦一家三十餘人，懼罪，遂據城反。漢上疏請討，語洩，超得爲備。明年正月，漢入永城，聲言招撫，爲賊所殺。參將陳治邦、遊擊連光耀父子皆戰死。遊擊馬魁負漢屍以出，面如生。詔贈兵部尙書，廕錦衣世百戶，建祠致祭。旣而超伏誅，傳首九邊。

徐汧，字九一，長洲人。生未期而孤。稍長砥行，有時名，與同里楊廷樞相友善。廷樞，復社諸生所稱維斗先生者也。天啓五年，魏大中被逮過蘇州，汧貸金資其行。周順昌被逮，緹騎橫索錢，汧與廷樞斂財經理之。當是時，汧、廷樞名聞天下。

崇禎元年，汧成進士，改庶吉士，授檢討。三年，廷樞舉應天鄉試第一。中允黃道周以救錢龍錫貶官。倪元璐，道周同年生，請以己代謫，帝不允。汧上疏頌道周、元璐賢，且自請罷黜，帝詰責汧。汧曰：「推賢讓能，藎臣所務；難進易退，儒者之風。閒者陛下委任之意希注外廷，防察之權輒逮閹寺，默窺聖意，疑貳漸萌。萬一士風日賤，宸嚮日移，明盛之時爲憂方大。」帝不聽。汧尋乞假歸。還朝，遷右庶子，充日講官。

十四年奉使益王府，便道還家。當是時，復社諸生氣甚盛，汧與廷樞、顧杲、華允誠等往復尤契。居久之，京師陷。福王召汧爲少詹事。汧以國破君亡，臣子不當叨位。且痛宗社之喪亡，由朋黨相傾，移書當事，勸以力破異同之見。旣就職，陳時政七事，惓惓以化恩讎、去偏黨爲言。而安遠侯柳祚昌疏攻汧，謂：「朝服謁潞王於京口，自恃東林巨魁，與復社楊廷樞、顧杲諸奸狼狽相倚。陛下定鼎金陵，彼爲討金陵檄，所云『中原逐鹿，南國指馬』是何語？乞置汧於理，除廷樞、杲名，其餘徒黨，容臣次第糾彈。」時國事方棘，事亦竟寢。汧移疾歸。

明年，南京失守，蘇、常相繼下。汧慨然太息，作書戒二子，投虎丘新塘橋下死。郡人赴哭者數千人。時又有一人儒冠藍衫而來，躍虎丘劍池中，土人憐而葬之，卒不知何人也。

於是廷樞聞變，走避之鄧尉山中。久之，四方弄兵者羣起，廷樞負重名，咸指目廷樞。當事者執廷樞，好言慰之。廷樞嫚罵不已，殺之蘆墟泗洲寺。首已墮，聲從項中出，益厲。門人迮紹原購其屍葬焉。

汧子枋，字昭法，舉十五年鄉試。枋依隱，有高行云。

鹿善繼，字伯順，定興人。祖久徵，萬曆中進士，授息縣知縣。時詔天下度田，各署上中下壤，息獨以下田報，曰：「度田以紓民，乃病民乎！」謫襄垣，擢御史，以言事謫澤州判官，遷滎澤知縣，未任而卒。父正，苦節自礪。縣令某欲見之，方糞田，投鍤而往。急人之難，傾其家不惜，遠近稱鹿太公。

善繼端方謹愨。由萬曆四十一年進士，授戶部主事。內艱除，起故官。遼左餉中絕，廷臣數請發帑，不報。會廣東進金花銀，善繼稽舊制，金花貯庫，備各邊應用。乃奏記尚書李汝華曰：「與其請不發之帑，何如留未進之金。」汝華然之。帝怒，奪善繼俸一年，趣補進。善繼持不可，以死爭。乃奪汝華俸二月，降善繼一級，調外。汝華懼，卒補銀進。泰昌改元，復原官，典新餉。連疏請帑百萬，不報。

天啓元年，遼陽陷，以才改兵部職方主事。大學士孫承宗理兵部事，推心任之。及閱視關門，以善繼從。出督師，復表爲贊畫。布衣贏馬，出入亭障間，延見將卒相勞苦，拓地四百里，收復城堡數十，承宗倚之若左右手。在關四年，累進員外郎、郎中。承宗謝事，善繼亦告歸。

先是，楊、左之獄起，魏大中子學洢、左光斗弟光明，先後投鹿太公家。太公客之，與所善義士容城舉人孫奇逢謀，持書走關門，告其難於承宗。承宗、善繼謀借巡視薊門，請入

覲。奄黨大譁，謂閣部將提兵清君側，嚴旨阻之。獄益急，五日一追贓，搒掠甚酷。太公急募得數百金輸之，而兩人者則皆已斃矣。至是善繼歸，而周順昌之獄又起。順昌，善繼同年生，善繼又爲募得數百金，金入而順昌又斃。奄黨居近善繼家，難家子弟僕從相望於道。太公曰：「吾不懼也。」崇禎元年，逆璫既誅，善繼起尚寶卿，遷太常少卿，管光祿丞事，再請歸。

九年七月，大清兵攻定興。善繼家在江村，白太公請入扞城，太公許之，與里居知州薛一鶚等共守。守六日而城破，善繼死。家人奔告太公，太公曰：「嗟乎，吾兒素以身許國，今果死，吾復何憾！」事聞，贈善繼大理卿，謚忠節，敕有司建祠。子化麟，舉天啓元年鄉試第一，伏闕訟父忠。踰年亦卒。

薛一鶚，字百當，由貢生爲黃州通判。荊王姬誣他姬酖世子，一鶚白其誣。奄人傳太妃命，欲竟其獄，卒直之。遷蘭州知州。州北有田沒於番，吏派其賦於他戶，後田復歸，爲衞卒所據，而民出賦三十年，一鶚核除其害。至是佐善繼城守，遂同死。

贊曰：士大夫致政里居，無封疆民社之責，可遜迹自全，非以必死爲勇也。然而忼慨捐軀，冒白刃而不悔，湛宗覆族，君子哀之。豈非名義所在，有重於生者乎！氣節凜然，要於自遂其志。其英風義烈，固不可泯沒於宇宙間矣。

校勘記

〔一〕與膠州張若麒同年友善　張若麒，原作「張若騏」。本傳下文「若麒」、「若騏」錯出。本書卷二五二楊嗣昌傳、明史稿傳一四六宋玫傳、明進士題名碑錄崇禎辛未科都作「若麒」，據改。下同。

〔二〕十五年四月復至開封　原脫「十五年」，據本書卷二四莊烈帝紀、懷宗實錄卷一五崇禎十五年四月丙午條、國榷卷九八頁五九二三補。

二十四史

清　張廷玉等撰

明史

第二三册

卷二六八至卷二八〇（傳）

中華書局

明史卷二百六十八

列傳第一百五十六

曹文詔 弟文耀　周遇吉　黃得功

曹文詔，大同人。勇毅有智略。從軍遼左，歷事熊廷弼、孫承宗，積功至遊擊。崇禎二年冬，從袁崇煥入衞京師。明年二月，總理馬世龍畀所賜尙方劍，令率參將王承胤、張叔嘉，都司左良玉等伏玉田枯樹、洪橋，鏖戰有功，遷參將。自大暫山轉戰逼遵化，又從世龍等克大安城及鮎魚諸關。以與復四城功，加都督僉事。七月，陝西賊熾，擢延綏東路副總兵。

賊渠王嘉胤久據河曲。四年四月，文詔克其城。嘉胤脫走，轉掠至陽城南山。文詔追及之，其下斬以降，以功擢臨洮總兵官。

點燈子自陝入山西。文詔追之，及於稷山，諭降七百人。點燈子遁，尋被獲，伏誅。

李老柴、獨行狼陷中部，巡撫練國事、延綏總兵王承恩圍之。五月，慶陽賊郝臨菴、劉道江援之。會文詔西旋，與楡林參政張福臻合剿，馘老柴及其黨一條龍，餘黨奔摩雲谷。副將張弘業、遊擊李明輔戰死。文詔乃與遊擊左光先、崔宗廕、李國奇分剿綏德、宜君、清澗、米脂賊，戰懷寧川、黑泉峪、封家溝、綿湖峪，皆大捷，掃地王授首。

紅軍友、李都司、杜三、楊老柴者，神一魁餘黨也，屯鎭原，將犯平涼。國事檄甘肅總兵楊嘉謨、副將王性善扼之，賊走慶陽。文詔從鄜州間道與嘉謨、性善合。五年三月，大戰西濠，斬千級，生擒杜三、楊老柴。餘黨糾他賊掠武安監，陷華亭，攻莊浪。文詔、嘉謨至，賊屯張麻村。官軍掩擊，賊走高山。遊擊曹變蛟、馮舉、劉成功、平安等譟而上，賊潰走。變蛟者，文詔從子也。會性善及甘肅副將李鴻嗣、參將莫與京等至，共擊斬五百二十餘級。追敗之咸寧關，又敗之關上嶺。追至隴安，嘉謨、變蛟夾擊，復敗之。賊餘衆數千欲走漢南，爲遊擊趙光遠所遏，乃由長寧驛走張家川。其逸出淸水者，副將蔣一陽遇之敗，都司李宮用被執。文詔乃縱反間，紿其黨，殺紅軍友，遂蹙敗之水落城。追至靜寧州，賊奔據唐毛山，變蛟先登，殄其衆。

可天飛、郝臨庵、劉道江爲王承恩所敗，退保鐵角城。獨行狼、李都司走與合，可天飛、劉道江遂圍合水。文詔往救。賊匿精銳，以千騎逆戰，誘抵南原，伏大起。城上人言曹將

中華書局

軍已殁。文詔持矛左右突，匹馬縈萬衆中。諸軍望見，夾擊，賊大敗，僵屍蔽野，餘走銅川橋。文詔率變蛟、擧、嘉謨及參將方茂功等追及之，大戰陷陣，賊復大敗。尋與寧夏總兵賀虎臣、固原總兵楊麒破賊甘泉之虎兒凹。麒復追賊安口河、崇信窑、白茅山，皆大獲。總督洪承疇斬可天飛、李都司於平涼，降其將白廣恩，餘賊分竄。文詔追擊之隴州、平、鳳間。十月三戰三敗之，遂殪賊耀州錐子山，其黨殺獨行狼、郝臨庵以降。承疇戮四百人，餘散遣。關中巨寇略平。

巡撫御史范復粹彙奏首功凡三萬六千六百有奇，文詔功第一，嘉謨次之，承恩、麒又次之。文詔在陝西，大小數十戰，功最多，承疇不爲敍。巡按御史吳甡推奬甚至，復粹疏復上。兵部抑其功，卒不敍。

當是時，賊見陝兵盛，多流入山西，其魁紫金梁、混世王、姬關鎖、八大王、曹操、闖塌天、興加哈利七大部，多者萬人，少亦半之，蹂躪汾州、太原、平陽。御史張宸極言：「賊自秦中來。秦將曹文詔威名宿著，士民爲之謠曰『軍中有一曹，西賊聞之心膽搖』。且嘗立功晉中，而秦賊滅且盡。宜敕令入晉協剿。」於是命陝西、山西諸將並受文詔節制。

六年正月抵霍州，敗賊汾河、盂縣，追及於壽陽。巡撫許鼎臣遣謀士張宰先大軍嘗賊，賊驚潰。二月，文詔追擊之，斬混世王於碧霞村。〔二〕餘黨爲猛如虎逐走，遇文詔兵方山，復

敗。五臺、盂、定襄、壽陽賊盡平。鼎臣命文詔軍平定，備太原東；張應昌軍汾州，備太原西。文詔連敗賊太谷、范村、榆社，太原賊幾盡。

帝以文詔功多，敕所過地多積糗糧以犒，並敕文詔速平賊。山西監視中官劉中允言文詔剿賊徐溝、盂、定襄，所司不給米，反以礮石傷士卒。帝卽下御史按問。三月，賊從河內上太行，文詔大敗之澤州。賊走潞安，文詔至陽城遇賊不擊，自沁水濳師，還擊之芹地、劉村寨，斬首千餘。四月，賊屯潤城，其他部陷平順，殺知縣徐明揚。文詔至，賊走，乃夜半襲潤城，斬賊千五百。紫金梁、老回回自榆社走武鄉，過天星走高澤山，文詔皆擊敗。他賊圍涉縣，聞文詔破賊黎城，解去。

五月，帝遣中官孫茂霖爲文詔內中軍。賊犯沁水，文詔大敗之，擒其魁大虎，又敗之遼城毛嶺山西。賊既屢敗，乃避文詔鋒，多流入河北。帝乃命文詔移師往討。而賊已敗鄧玘兵於林縣，文詔率五營軍夜襲破之。七月大敗懷慶賊柴陵村，馘其魁滾地龍，又追斬老回回於濟源。

文詔在洪洞時，與里居御史劉令譽忤。及是，令譽按河南，而四川石砫土官馬鳳儀軍敗沒於侯家庄，賴文詔馳退賊。甫解甲，與令譽相見，語復相失。文詔拂衣起，面叱之。令譽怒，遂以鳳儀之敗爲文詔罪。部議文詔怙勝而驕，乃調之大同。

七年七月，大清兵西征插漢，還師入大同境，攻拔得勝堡，參將李全自經，遂攻圍懷仁縣及井坪堡、應州。文詔偕總督張宗衡先駐懷仁固守。八月，圍解，卽移駐鎭城，挑戰敗還。已而靈丘及他屯堡多失陷，大清兵亦旋。十一月論罪，文詔、宗衡及巡撫胡沾恩並充軍邊衞。令甫下，山西巡撫吳甡薦文詔知兵善戰，請用之晉中。乃命爲援剿總兵官，立功自贖。當是時，河南禍尤劇，帝已允兵部議，敕文詔馳剿河南賊。甡復抗疏力爭，請令先平晉賊，後入豫，帝不許。而文詔以甡有恩，竟取道太原，爲甡所留。

會賊高加計已殲，而鳳陽告陷，遂整兵南，以八年三月會總督洪承疇於信陽。承疇大喜，卽令擊賊隨州，文詔追斬賊三百八十有奇。四月，承疇次汝州。以賊犇入關中，議還顧根本。分命諸將扼要害，檄文詔入關，文詔乃馳至靈寶謁承疇。承疇以賊在商、雒，聞官兵至，必先走漢中，而大軍由潼關入，反在其後，乃令文詔由閿鄉取山路至雒南、商州，直擣賊巢，復從山陽、鎭安、洵陽馳入漢中，遏其奔軼。曰：「此行也，道路回遠，將軍甚勞苦，吾集關中兵以待將軍。」拊其背而遣之，文詔躍馬去。五月五日抵商州。賊去城三十里，營火滿山。文詔夜半率從子參將變蛟、守備鼎蛟、都司白廣恩等敗賊深林中，追至金嶺川。賊據險以千騎逆戰，變蛟大呼陷陣，諸軍並進，賊敗走。變蛟勇冠三軍，賊中聞大小曹將軍名，皆怖慴。

已而闖王、八大王諸賊犯鳳翔，趨汧陽、隴州，文詔自漢中馳赴。賊盡向靜寧、泰安、清水、秦州間，衆且二十萬。承疇以文詔所部合張全昌、張外嘉軍止六千，衆寡不敵，告急於朝，未得命。六月，官軍遇賊亂馬川。前鋒中軍劉弘烈被執，俄副將艾萬年、柳國鎭復戰死。文詔聞之，瞋目大罵，亟詣承疇請行。承疇喜曰：「非將軍不能滅此賊。顧吾兵已分，無可策應者。將軍行，吾將由涇陽趨淳化爲後勁。」文詔乃以三千人自寧州進，遇賊眞寧之湫頭鎭。變蛟先登，斬首五百，追三十里，文詔率步兵繼之。賊伏數萬騎合圍，矢蝟集。賊不知爲文詔也，有小卒縛急，大呼曰：「將軍救我！」賊中叛卒識之，恚賊曰：「此曹總兵也。」賊喜，圍益急。文詔左右跳蕩，手擊殺數十人，轉鬬數里。力不支，拔刀自刎死。遊擊平安以下死者二十餘人。承疇聞，拊膺大哭，帝亦痛悼，贈太子太保、左都督，賜祭葬，世廕指揮僉事，有司建祠，春秋致祭。文詔忠勇冠時，稱明季良將第一。其死也，賊中爲相慶。

弟文耀，從兄征討，數有功。河曲之戰，斬獲多。後擊賊忻州，戰死城下。詔予贈卹。從子變蛟，自有傳。

周遇吉，錦州衞人。少有勇力，好射生。後入行伍，戰輒先登，積功至京營遊擊。京營將多勳戚中官子弟，見遇吉質魯，意輕之。遇吉曰：「公等皆紈袴子，豈足當大敵。何不於無事時練膽勇，爲異日用，而徒糜廩祿爲！」同輩咸目笑之。

崇禎九年，都城被兵。從尚書張鳳翼數血戰有功，連進二秩，爲前鋒營副將。明年冬，從孫應元等討賊河南，戰光山、固始，皆大捷。十一年班師，進秩受賚。明年秋，復出討賊，破胡可受於淅川，降其全部。楊嗣昌出師襄陽，遇吉從中官劉元斌往會。會張獻忠將至房縣，嗣昌策其必竄渡鄖灘，遣遇吉扼守槐樹關，張一龍屯光化，賊遂不敢犯。十二月，獻忠敗於興安，將走竹山、竹溪，遇吉復以嗣昌令至石花街、草店扼其要害，〔二〕賊自是盡入蜀。遇吉乃從元斌駐荊門，專護獻陵。明年與孫應元等大破羅汝才於豐邑坪。又明年與黃得功追破賊鳳陽。已而旋師，敗他賊李青山於壽張，追至東平，殲滅幾盡，青山遂降。屢加太子少保、左都督。

十五年冬，山西總兵官許定國有罪論死，以遇吉代之。至則汰老弱，繕甲仗，練勇敢，一軍特精。明年十二月，李自成陷全陝，將犯山西。遇吉以沿河千餘里，賊處處可渡，分兵扼其上流，以下流蒲坂屬之巡撫蔡懋德，而請濟師於朝。朝廷遣副將熊通以二千人來赴。十七年正月，遇吉令通防河。會平陽守將陳尚智已遣使迎賊，諷通還鎭說降。遇吉叱之

曰：「吾受國厚恩，寧從爾叛逆！且爾統兵二千，不能殺賊，反作說客邪！」立斬之，傳首京師。至二月七日，太原陷，懋德死之。賊遂陷忻州，圍代州。

遇吉先在代遏其北犯，乃憑城固守，而潛出兵奮擊。連數日，殺賊無算。會食盡援絕，退保寧武。賊亦躡至，大呼五日不降者屠其城。遇吉四面發大礮，殺賊萬人，火藥且盡，外圍轉急。或請甘言紿之，遇吉怒曰：「若輩何怯邪！今能勝，一軍皆忠義。卽不支，縛我予賊。」於是設伏城內，出弱卒誘賊入城，亟下閘殺數千人。賊用礮攻城，圮復完者再，傷其四驍將。自成懼，欲退。其將曰：「我衆百倍於彼，但用十攻一，番進，蔑不勝矣。」自成從之。前隊死，後復繼。官軍力盡，城遂陷。遇吉巷戰，馬蹶，徒步跳盪，手格殺數十人。身被矢如蝟，竟爲賊執，大罵不屈。賊懸之高竿，叢射殺之，復臠其肉。城中士民感遇吉忠義，巷戰殺賊，不可勝計。其舍中兒，先從遇吉出鬭，死亡略盡。夫人劉氏素勇健，率婦女數十人據山巓公廨，登屋而射，每一矢斃一賊，賊不敢逼。縱火焚之，闔家盡死。

自成集衆計曰：「寧武雖破，吾將士死傷多。自此達京師，歷大同、陽和、宣府、居庸，皆有重兵。倘盡如寧武，吾部下寧有孑遺哉！不如還秦休息，圖後舉。」刻期將遁，而大同總兵姜瓖降表至，自成大喜。方宴其使者，宣府總兵王承廕表亦至，自成益喜。遂決策長驅，歷大同、宣府抵居庸。太監杜之秩、總兵唐通復開門延之，京師遂不守矣。賊每語人曰：「他鎭復有一周總兵，吾安得至此。」福王時，贈太保，謚忠武，列祀旌忠祠。

黃得功，號虎山，開原衞人，其先自合肥徙。早孤，與母徐居。少負奇氣，膽略過人。年十二，母釀酒熟，竊飲至盡。母責之，笑曰：「償易耳。」時遼事急，得功持刀雜行伍中，出斬首二級，中賞率得白金五十兩，歸奉母，曰：「兒以償酒也。」由是隸經略爲親軍，累功至遊擊。

崇禎九年遷副總兵，分管京衞營。十一年以禁軍從總督熊文燦擊賊於舞陽，鏖光、固間，最。八月又從擊賊馬光玉於淅川之吳村、王家寨，大破之。詔加太子太師，署總兵銜。十三年從太監盧九德破賊於板石畈，賊革裏眼等五營降。十四年以總兵與王憲分護鳳陽、泗州陵，得功駐定遠。張獻忠攻桐城，挾營將廖應登至城下誘降。得功與劉良佐合兵擊之於鮑家嶺，賊敗遁，追至潛山，擒斬賊將闖世王馬武、三鷂子王興國。三鷂子，獻忠養子，最號驍勇者也。得功箭傷面，愈自奮，與賊轉戰十餘日，所殺傷獨多。明年移鎭廬州。

十七年封靖南伯。福王立江南，進封侯。旋命與劉良佐、劉澤清、高傑爲四鎭。

初，督輔史可法慮傑跋扈難制，故置得功儀眞，陰相牽制。適登萊總兵黃蜚將之任，

蜚與得功同姓，稱兄弟，移書請兵備非常。得功率騎三百由揚州往高郵迎之，傑副將胡茂楨馳報傑。傑素忌得功，又疑圖己，乃伏精卒道中邀擊之。得功行至土橋，方作食。伏起出不意，上馬舉鐵鞭，飛矢雨集。馬踣，騰他騎馳。有驍騎舞槊直前，得功大呼反鬭，挾其槊而抶之，人馬皆糜。復殺數十人，跳入頹垣中，哮聲如雷，追者不敢進，遂疾馳至大軍得免。方鬭時，傑潛師擣儀眞，得功兵頗傷，而所俱行三百騎皆歿。遂訴於朝，願與傑決一死戰。可法命監軍萬元吉和解之，不可。會得功有母喪，可法來弔，語之曰：「土橋之役，無智愚皆知傑不義。今將軍以國故捐盛怒，而歸曲於高，是將軍收大名於天下也。」得功色稍和，終以所殺亡多爲恨。可法令傑償其馬，復出千金爲母賵。得功不得已，聽之。

明年，傑欲趨河南，規取中原。詔得功與劉良佐守邳、徐。傑死，得功還儀眞。傑家幷將士妻子尚留揚州，得功謀襲之。朝廷急遣盧九德諭止，得功遂移鎭廬州。四月，左良玉東下，以清君側爲名，至九江病死，軍中立其子夢庚。命得功趨上江禦之，駐師荻港。得功破夢庚於銅陵，解其圍。命移家鎭太平，一意辦賊，論功加左柱國。

時大清兵已渡江，知福王奔，分兵襲太平。得功方收兵屯蕪湖，福王潛入其營。得功驚泣曰：「陛下死守京城，臣等猶可盡力，奈何聽奸人言，倉卒至此！且臣方對敵，安能扈駕？」王曰：「非卿無可仗者。」得功泣曰：「願效死。」得功戰荻港時，傷臂幾墮。衣葛衣，以帛

絡臂，佩刀坐小舟，督麾下八總兵結束前迎敵。而劉良佐已先歸命，大呼岸上招降。得功怒叱曰：「汝乃降乎！」忽飛矢至，中其喉偏左。得功知不可爲，擲刀拾所拔箭刺吭死。其妻聞之，亦自經。總兵翁之琪投江死，中軍田雄遂挾福王降。

得功粗猛不識文義。江南初立，王詔書指揮，多出羣小。得功得詔紙或對使罵裂之。然忠義出天性，聞以國事相規誡者，輒屈己改不旋踵。北來太子之獄，得功抗疏爭曰：「東宮未必假冒，先帝子即上子，未有了無證明，混然雷同者。臣恐在廷諸臣，諂徇者多，抗顏者少，即明白識認，亦不敢抗詞取禍矣。」時太子眞僞莫敢決，而得功忠憤不阿如此。得功每戰，飲酒數斗，酒酣氣益厲。喜持鐵鞭戰，鞭漬血沾手腕，以水濡之，久乃得脫，軍中呼爲黃闖子。始爲偏裨，隨大帥立功名，未嘗一當大敵。及專鎭封侯，不及一年餘而南北轉徙，主逃將潰，無所一用其力，束手就殪，與國俱亡而已。其軍行紀律嚴，下無敢犯，所至人感其德。廬州、桐城、定遠皆爲立生祠。葬儀眞方山母墓側。

贊曰：曹文詔等秉驍猛之資，所向摧敗，皆所稱萬人敵也。大命既傾，良將顚蹶。三人者忠勇最著，死事亦最烈，故別著於篇。

校勘記

〔一〕二月文詔追擊之斬混世王於碧霞村　二月，原作「六月」，置於「正月」與「三月」之間，當訛，據綏寇紀略卷一、懷陵流寇始終錄卷六改。又，混世王，懷陵流寇始終錄作「混天王」。

〔二〕遇吉復以嗣昌令至石花街草店扼其要害　石花街，原作「化石街」，據明史稿傳一四五周遇吉傳改。讀史方輿紀要卷七九，穀城縣有石花街鎭。

明史卷二百六十九

列傳第一百五十七

艾萬年　李卑　湯九州 楊正芳 楊世恩　陳于王 程龍等
侯良柱 子天錫　張令 汪之鳳　猛如虎 劉光祚等　虎大威
孫應元　姜名武 王來聘等 鄧祖禹　尤世威 王世欽等
侯世祿 子拱極　劉國能 李萬慶

艾萬年，米脂人。由武學生從軍，積功至神木參將。

崇禎四年從曹文詔復河曲。點燈子入山西，萬年從文詔連敗之桑落鎭、花地窊、霧露山，都司王世虎、守備姚進忠戰死。賊退屯石樓之康家山，西距河三十里，綏德知州周士奇、守備孫守法伏兵舍峪，渡河襲殺之。五年從參政樊一蘅討平不沾泥。山西告警，隸文詔東討，與李卑一月奏五捷，又與賀人龍敗八大王、掃地王兵。明年，賊將東遁，連破之延家山、亢義村、賈寨村，擢副總兵。

初，山西既中賊，其土寇亦乘間起，三關王剛、孝義通天柱、臨縣王之臣皆殘破城邑。後見賊衰，相繼歸順，然陰結黨不散。巡撫戴君恩新視事，謀誅之。七年正月迎春，召王剛宴，殺之，并殺通天柱於他所，而萬年亦捕殺王豹五與其黨領兵王，生擒翻山動、姬關鎖、掌世王，獻俘京師，晉中巨盜略靖。豹五即之臣也。有議君恩殺降者，給事中張第元力言諸賊蹂躪之慘，請錄萬年功。萬年適遘疾告歸，尋加署都督僉事。

八年二月上疏言：

臣仗劍從戎七載，復府谷，解孤山圍，救清水、黃甫、木瓜十一營堡。轉戰高山，設伏河曲，有馬鎭、虎頭巖、石臺山、西川之捷。戰平陽、汾州、太原，復臨縣及隰亭驛。〔一〕又大小數十戰，精力盡耗。與臣共事者李卑，溘先朝露。臣病勢奄奄，猶力戰冀北。又撫剿王剛、豹五、領兵王、通天柱，解散賊一萬三千有奇。蒙恩許臣養病，而督臣洪承疇檄又至，臣不敢不力疾上道。但念滅賊之法，不外剿撫，今剿撫俱未合機宜，臣不得不極言。

夫剿賊不患賊多，患賊走。蓋疊嶂重巒，皆其淵藪，兵未至而賊先逃，所以難滅，其故則兵寡也。當事非不知兵寡，因糗糧不足，爲苟且計，日引月長，以至於今，雖多措餉，多設兵，而已不可救矣。宜合計賊衆多寡，用兵若干，餉若干，度其足用，然後審察地利，用正用奇，用伏用間，或擊首尾，或衝左右，有不卽時殄滅者，臣不信也。

次則行堅壁清野之法，困賊於死地，然後可言撫。蓋羣賊攜妻挈子，無城柵，無輜重，暮楚朝秦，傳食中土，以剽掠爲生。誠令附近村屯移入城郭，儲精兵火器以待之，賊衣食易盡，生理一絕，鳥驚鼠竄。然後選精銳，據要害以擊之；或體陛下好生之心，誅厥渠魁，宥其脅從，不傷仁，不損威，乃撫剿良策。

帝深嘉之，下所司議行，然卒不能用其策也。

尋授孤山副總兵，戍平涼。當是時，總督洪承疇迫六月滅賊之期，急進戰。諸將見賊衆兵寡，咸自揣不敵，而勢不可止。萬年及副將劉成功、柳國鎭，遊擊王錫命合兵三千，以六月十四日至寧州之襄樂，遇賊大戰，斬首數百。伏兵驟起，圍之數重。萬年、國鎭力戰不支，皆戰歿。成功、錫命負重傷歸。士卒死者千餘人。事聞，贈恤如制。

李卑，字侍平，榆林人。由千總擢守備。天啓初，總督王象乾設薊鎭車營五，以卑爲都司僉書，統西協後車營。遷山海關遊擊，坐事罷歸。

崇禎二年，陝西巡撫劉廣生議討延慶回賊，三道進兵，命卑與遊擊伍維藩等由西路入。卑簡精騎二百，追擊兩晝夜，行四百里抵保安寧塞，連破之，共獲首功一千有奇。旋起延安參將。時羣盜蠭起，延安尤甚，卑連敗之富家灣、松樹屯。四年，神一元陷保安，卑與寧夏總兵賀虎臣守延安，賊不敢犯。

尋擢孤山副總兵。譚雄陷安塞，據其城，卑與王承恩擊降雄，戮之，斬首五百三十餘級。五年春，混天猴陷宜君、鄜州，其夏攻合水。卑及參將馬科追至甘泉山。七月破之延水關，斬首六百二十餘級。其地東限黃河，賊溺死者無算，科部卒斬混天猴以獻。初，卑及遊擊吳國俊等斬賊魁三人於甘泉橋子溝，尋剿賊固原，斬其魁薛仁貴等三人。

時陝西賊多流入山西。詔卑及賀人龍各率部卒千，隸總督張宗衡麾下。會王自用陷遼州，聞官兵至，棄城走。六年春，諸軍入城，多殺良民冒功，卑獨嚴戢其下無所擾。已，敗賊陽城之郎家山，又與艾萬年連敗之南獨泉土河村，復敗之茈堖村。賊入濟源山中，巡撫許鼎臣檄卑、萬年合剿，卑破之天井關。七月，臨洮總兵曹文詔改大同，命卑代署其事，協討河北賊，加都督僉事，數有功。其冬，賊盡走河南，命卑援剿。七年春，敗賊內鄉，馳至光化，與楚兵敗賊蓮花坪、白溝坪，實授臨洮總兵官。討賊湖廣，賊多聚鄖、襄，總理盧象昇方倚卑辦賊，六月卒於官。

卑善持紀律，所至軍民安堵。爲人有器度，當倉猝，鎭靜如常。贈右都督，賜祭葬。

湯九州，石埭人。崇禎時，爲昌平副總兵。六年夏，流賊大擾河北、畿南。命九州協剿，與左良玉等屢破賊兵，賊悉渡河而南。其冬，大敗過天星於吳城鎭，斬首四百二十級。七年擊賊嵩縣之潭頭，斬首三百二十級。賊駐商、雒，謀再入山西。左良玉迎擊於商南，九州遣部將趙柱、周爾敬逆之雒南。賊至商州返。已，復侵閿鄉。九州病，遣部將淩元機、胡良翰等搜山，悉敗歿。九州尋赴援山西。未幾，以河南剿賊功，加署都督僉事。

八年春，被劾褫官，從軍自效。洪承疇入關，以吳村、瓦屋爲商南賊走內鄉、淅川要地，令九州偕良玉扼之。尋移駐洛陽。九年二月，賊走登封石陽關，與伊、嵩賊合。九州期良玉夾擊，良玉半道歸。九州以孤軍千二百人由嵩縣深入。賊屢敗，窮追四十餘里，悞入深崖。遇賊數萬，據險攻圍。九州勢不敵，夜移營，爲賊所乘，遂戰歿。從孫文瓊伏闕三上書請恤，不報。文瓊後亦殉難。

時有楊正芳者，天啓間，以小校從軍，屢剿貴州賊，積功至副總兵。敍桃紅壩功，加署都督同知。崇禎三年擊破定番叛苗。七年，賊陷當陽，正芳以鎭筸兵敗賊斑鳩灘，復其城。湖廣巡撫唐暉以獻陵、惠藩爲重，令正芳及總兵許成名專護荊州、承天。正芳連奏金沙鋪、蓮花坪、白溝坪、官田、石門山之捷。陳奇瑜出師鄖陽，正芳偕成名、鄧玘從竹山、竹溪、白河分道進，皆大獲。至十月，正芳督筸兵千餘援雒南，戰敗，及部將張上選皆死焉，一軍盡歿。贈太子少師、左都督，世廕指揮同知，再廕一子守備，賜祭葬，有司建祠。

又有楊世恩者，崇禎時，歷官湖廣副總兵。七年春，敗賊竹溪。大雨，山水驟發，賊多漂溺死，餘潰走。世恩疾擊，斬鎭山虎等四十餘人。已，追賊石河口，連戰康家坪、蚋溪，功最。八年冬，敗賊孝感。九年春，祖寬大破賊滁州。世恩從盧象昇馳至，復大破之。十年春，與秦翼明破劉國能於細石嶺，獲其魁新來虎。賊陷隨州，責戴罪自贖。

十二年冬，督師楊嗣昌令守宜城。會賊羅汝才、惠登相分屯興山、遠安，夷陵告急。嗣昌檄世恩及荊門守將羅安邦赴救，至洋坪猴兒洞，道險甚，嗣昌再檄召還，而安邦由祚峪，世恩由重陽坪已兩道深入，期至馬良坪合兵。汝才、登相圍之香油坪，嗣昌連發數道兵往援，皆以道遠不能進。世恩等被困久，突圍走黃蓮坪，絕地無水，士饑渴甚。賊至，兩軍盡覆，世恩、安邦並死。

陳于王，字丹衷，吳縣人。世爲蘇州衞千戶。既襲職，兩舉武鄉試，授奇兵營守備。以捕獲海盜功，遷都司僉書，守崇明蛇山。盜王一爵等亂海濱，于王率戰艦數十擊之羊山，持刀躍入其舟，生擒一爵，殲其黨殆盡。上官交薦，遂知名。天啓初，經略熊廷弼用爲標下參將。代者至，歛于王酒暴卒。其子訴于王毒殺之，逮繫久不釋。

崇禎二年，京師有警。巡撫曹文衡貰其罪，署前鋒遊擊，將兵勤王。既至，兵事已解，遂南還。久之，巡撫張國維用爲中軍守備。九年，賊入江北，圍廬州，陷和州。國維遣于王守六合，守備蔣若來守江浦。賊方圍江浦，若來急入與知縣李維樾固守。賊登城，若來拒卻之。縋下角賊，矢著其頰，左臂傷，裹血還戰，賊乃退。六合無城，若來與于王掎角捍賊，二邑賴以全。賊犯宿松，于王弟國計偕指揮包文達等以二千人往救。文達敗歿，于王驟馬入，拔其弟而出。

十年正月，賊分犯江浦、六合及安慶。國維遣部將張載賡等援安慶，而以新募兵二千

令副將程龍及于王、若來分戍二邑。已而賊不至，國維議赴安慶，城太湖，乃提龍等三將兵西上。三月，賊犯太湖，副將潘可大將安慶兵九百，龍等三將將吳中兵三千六百，禦之酆家店。賊先犯可大營，龍等至，夾擊之，賊多死。夜復至，中伏，亦敗去。監軍史可法欲退扼要害，諸將不從，掘塹守二十四日。羅汝才、劉國能等七營數萬衆齊至，圍數重。諸將突擊，頗有殺傷。可法偕副將許自强馳救，扼於賊，鳴大礮遙爲聲援，諸將亦呼譟突圍。會天雨，甲重不得出。明日日中，賊四面入，將士短兵接戰。可大戰死，龍引火自焚死。于王手執大刀，左右殺賊，傷重力竭，北面叩頭自刎死，閱十日面色如生。若來服圉人衣以免。

同死者，武舉詹兆鵬首觸石死。陸王猷殺賊過當，賊臠分其肉死。莫是驊、唐世龍及千戶王定遠皆力戰死。〔二〕百戶王弘猷爲賊所執，鋸齒斷足，罵不絕聲死。士卒脫者僅千餘人。事聞，贈于王昭勇將軍、指揮使，世廕副千戶。餘贈廕有差。

侯良柱，字朝石，永寧衞人。天啓初，累官四川副總兵。討奢崇明父子，復遵義城。又與參議趙邦清招降奢寅黨安鑾。六年五月代李維新爲四川總兵官，鎮永寧。時崇明敗奔水西，與安邦彥合，貴州兵數討不克。

崇禎二年，總督朱燮元遣貴州總兵許成名復赤水衞，崇明、邦彥以十餘萬衆來爭。成名還永寧，賊追之銳甚。良柱偕監軍副使劉可訓出戰小卻，成名等來援，賊乃據五峯山桃紅壩。越數日，良柱乘賊不備，與副將鄧玘等侵早霧迫之，賊大潰，成名聞山上呼譟聲亦出。賊奔鵝項嶺，徑長而陜，人馬不能容。良柱、玘軍至，賊復大敗，死者數萬人。崇明、邦彥與邦彥黨僞都督莫德並授首，俘其黨楊作等數千人。積年巨寇平，時稱西南奇捷。

四川巡撫張論上其功不及黔將。成名等怒，言邦彥、德乃己部將趙國璽所斬，且崇明猶未死。燮元信之，奏於朝。兵部不能決，賞久不行。御史孫徵蘭言：「訊俘囚阿癡、楊作等，咸云邦彥即時授首，灼然非黔兵力。」帝即命獻俘告廟，傳首九邊。川中撫按及御史毛羽健皆訟良柱、可訓功，詆燮元。燮元疏辯且求去，賞遂格不行。良柱怨燮元，不爲用，至與相訐奏，解職候勘。久之，御史劉宗祥列上功狀。七年八月，始錄前功，進良柱左都督，世廕錦衣指揮僉事，成名等亦優敍。未幾，復爲四川總兵官。

八年夏，總督洪承疇大舉討賊，令良柱扼賊入川路。戰鳳縣三江口，斬首三百七十有奇。明年冬，賊犯漢中，瑞王遣使乞師。良柱督兵援，與他將同却賊。十年四月，川中地震者七，地鳴者一，占主兵。賊果入犯，陷南江、通江。帝切責良柱及巡撫王維章。時良柱駐廣元，盡召諸地兵九千有奇，分防扼險，止餘二千人。賊知其勢弱，五月復寇川北。維章告

急於朝。會賊轉掠他所，良柱乃撤還守隘兵，專守廣元。維章以爲非計，上章言之。十月，李自成、過天星、混天星等陷寧羌，分三道入寇。良柱急拒戰於綿州，衆寡不敵，陣亡。賊直逼成都，維章方守保寧，反在外，連失三十餘州縣。帝大怒，命逮二人下詔獄，猶未知良柱死。獄成，維章遣戍，追奪良柱官。

十三年，良柱子指揮天錫伏闕言：「臣與賊不共戴天。願捐貲繕甲，選募勁旅及臣父舊將，自當一隊，與賊血戰，下雪父恥，上報國恩。」帝深嘉之，命授遊擊，赴嗣昌軍立功。已，嗣昌言天錫所將親丁二百六十人及召募精卒五六百人皆剽悍敢戰。帝益嘉之，再增一秩。〔三〕

張令，永寧宣撫司人。天啓元年，奢崇明反，令爲僞總兵，從攻成都。令雖爲賊用，非其志。崇明敗歸永寧，令結朱武等乘閒擒其僞丞相何若海，率衆以降。崇明怒，殺令一家，夷其先墓。巡撫朱燮元言令等爲國忘家，請優擢示勸，命與武並授參將。後屢從大軍征討，頻有功，加副總兵，仍視參將事，後實授建武遊擊。

崇禎中，屢遷副總兵，鎮川北。七年，流賊入犯，總兵張爾奇以令爲先鋒，副將陳一龍、武攀華爲左右翼，拒之員山。令追至龍潭，一龍等不至，面中三矢，斬賊百餘級而還。賊犯

略陽，令又擊敗之，扼保寧、漢中諸要害，秦賊不敢犯。十年冬，李自成等陷四川三十餘州縣，總兵侯良柱陣亡，令獲免。楊嗣昌之督師也，張獻忠等悉奔興安，爲令所扼，不得入漢中，乃轉寇夔州。十三年二月大敗瑪瑙山，走岔溪、千江河，令復與副將方國安大破之。令時年七十餘，馬上用五石弩，中必洞胸，軍中號「神弩將」。

獻忠轉入柯家坪，其地亂峯錯峙，箐深道險。令率衆追及之，分其下爲五，鼓勇爭利。賊衆官軍寡，國安爲後拒，他道逸去。令獨深入，被圍，居絕阪中，屢射賊營，應弦斃者甚衆。水遠士渴，賴天雨以濟，圍終不解。襄陽監軍僉事張克儉言於總督鄭崇儉曰：「張令健將，奈何棄之！」急令參將張應元、汪之鳳從八台山進，總兵賀人龍從滿月嶆進。三月八日，應元等先至。令方與賊鬭，呼聲動山谷。應元等應之，內外夾擊，賊乃敗去。令與賊萬餘相持十三日，所殺傷過當，其卒僅五千耳。

時巡撫邵捷春駐重慶，遣守黃泥窪，倚令及秦良玉爲左右手。後捷春移大昌，以令守竹菌坪，防賊逸。九月，獻忠兵大至。令力戰，中矢死，軍遂敗。之鳳既解柯家坪圍，後與應元同守夔州之土地嶺，部卒多新募。獻忠盡銳來攻，之鳳、應元力戰。賊分兵從後山下，突入其營。應元突圍出。之鳳走他道免，山行道渴，飲斗水臥，血凝臆而死。踰月，令亦戰死。軍中失二將，爲奪氣。

猛如虎，本塞外降人，家楡林，積功至遊擊。

崇禎五年擊邢紅狼於高平，解其圍。明年敗賊壽陽黑山，覆姬關鎖軍。已，從曹文詔追賊西偃、碧霞村，斬混世王。[四]與頗希牧逐賊壽陽東，又與陳國威、馬杰破來遠寨。從文詔大破賊范村。國威以步卒三百夜劫賊紅山嶺，如虎、杰及虎大威、和應詔擊殺九條龍。尋以巡撫許鼎臣命，由文水入山剿賊。又與大威、應詔、杰由阜落山剿東犯之賊。並有功。賊流入畿南，山西警漸息，如虎仍隸鼎臣。七年剿賊沁源，殲五條龍。

如虎驍果善戰，與虎大威齊名。戴君恩、吳甡相繼爲巡撫，並委任之。以功進參將。其年冬，賊在河南，欲乘冰北渡，如虎、大威扼之河濱。八年二月與大威、國威斬劇賊高加計。山西賊盡平，用甡薦加副總兵。其冬以防河功，加署都督僉事。連歲防河及援剿河南賊，勞績甚著。十一年冬，京師有警，如虎督兵勤王。明年四月擢薊鎮中協總兵官。

十三年坐事落職，發邊方立功。督師楊嗣昌請於朝，令從入蜀。十一月，監軍萬元吉大饗將士於保寧。以諸軍進止不一，擢如虎爲正總統，張應元副之，率軍趨綿州。分遣諸將屯要害。而元吉自間道走射洪，扼蓬溪以待賊。賊方屯安岳界，偵官軍且至，宵遁，抵內

江。如虎簡驍騎追之。元吉、應元營安岳城下，以扼其歸路。十二月，張獻忠陷瀘州，其地三面阻江，惟立石站可北走。元吉以賊居絕地，將遣大兵南擣其老巢，而伏兵旁塞玉蟾寺，邀賊北竄永川，逆而擊之，可盡殄。永川知縣已先遁，城中止丞簿一二人。如虎覓嚮導不可得，夜宿西關空舍。及抵立石，賊已先渡南溪返走。關中將賀人龍軍隔水不擊，賊遂越成都，走漢川、德陽，渡綿河入巴州。

明年正月，嗣昌親統舟師下雲陽，檄諸將陸追賊，諸軍乃盡躡賊後。賊折而東返，歸路悉空，不可復遏。如虎所將止六百騎，餘皆左良玉部兵，驕悍不可制，所過肆焚掠，惟參將劉士杰勇敢思立功。諸軍從良玉，多優閒不戰。改隸如虎，馳逐山谷風雪中，咸怨望。賊謠曰：「想殺我左鎮，跑殺我猛鎮。」時賀人龍兵已大譟西歸，所恃止如虎，元吉深憂之。賊自巴州至開縣，官軍追之，遇諸黃陵城。日晡雨作，諸將疲乏，請詰朝戰。士杰奮曰：「四旬逐賊，今始及之。舍弗擊，我不能也。」執戈先，如虎激諸軍繼之。士杰所當，輒摧陷。獻忠登高望官軍，見無後繼，密抽壯騎潛行箐谷中，乘高大呼馳下。良玉兵先潰，士杰及遊擊郭開、如虎子先捷並戰死。如虎率親兵力戰，部將挾上馬，潰圍出，旗纛軍符盡失。乃收殘卒從嗣昌下荊州。及嗣昌死，率所部扼德安、黃州。會疽發背，不能戰，退屯承天，尋移駐南陽。

十一月，李自成覆傅宗龍兵，乘勢來攻。如虎與劉光祚憑城固守，用計殺賊精卒數千。已而城破，如虎持短兵巷戰，大呼衝擊，血盈袍袖。過唐府門，北面叩頭謝上恩，自稱力竭，爲賊搘死。光祚及分守參議艾毓初、南陽知縣姚運熙並死之，唐王亦遇害。

光祚，字鴻基，楡林衞人。初爲諸生，棄去。承祖廕，歷官延綏游擊。崇禎三年奉詔勤王，與何可綱等戰灤州有功，遷汾州參將。五年與遊擊王尚義敗賊張有義於臨縣。賊還兵犯之，軍盡覆，光祚僅以身免。被徵，未行，偕諸將復臨縣，詔除其罪。六年，賊犯石樓，光祚分三道擊，大敗之，斬隔溝飛、撲天虎等六人，獲首功三百七十。又數敗賊於臨縣、永寧。撲天飛等詐降，光祚設伏斬之。已，擊敗賊魏家灣、黑茶山。七年剿敗王剛餘黨，斬四百餘級，加署都督僉事，爲山西副總兵。敗賊崞縣，復其城。八年，賊渠賀宗漢號活地草者，見其黨劉浩然、高加計破滅，僞乞降。光祚伏兵斬之。晉中羣盜皆盡，乃移光祚於宣府。久之，命率兵援剿河南。

十一年連敗賊白果園、襄城。已，擢保定總兵官，仍協討河南賊。其冬，畿輔有警，馳還鎮。大清兵薄保定，以光祚堅守，不攻而去。光祚尋從總督孫傳庭南下。明年二月，大清兵還至渾河，値水漲，輜重難渡，諸將王樸、曹變蛟等相顧不敢擊，光祚恇怯尤甚。視師大

學士劉宇亮劾之，詔卽軍前正法。光祚適報武清捷，宇亮乃繫之武清獄，而拜疏請寬。帝怒，罷宇亮，論光祚死。十四年，大學士范復粹錄囚，力言光祚才武，命充爲事官，戴罪辦賊。光祚舉廢將尤翟文等，帝亦從之。

當是時，賊已陷河南、襄陽，中原郡縣大抵殘破。光祚士馬無幾，督師丁啓睿尤怯。光祚雖少有克捷，而賊勢轉盛。及傅宗龍敗歿於項城，南陽震恐。光祚適經其地，唐王邀與共守，城陷遂死。

虎大威，榆林人。本塞外降卒，勇敢嫻將略，從軍有功，累官山西參將。崇禎三年冬，從總兵尤世祿擊王嘉胤於河曲，力戰被傷。五年從總督張宗衡剿賊臨川、潞安、陽城、沁水，連勝之。明年從巡撫許鼎臣擊賊介休，殲其魁九條龍。時賊去山西，道據輝林、武陟山中，約二萬餘。鼎臣令曹文詔自黎城入，大威、猛如虎諸將自阜落山入，賊屢敗。尋移大威守平陽。七年，巡撫吳甡至，察諸將中惟大威、如虎沈毅可屬兵事，委任之。其冬與如虎扼賊渡河。高加計據岢嵐，四出剽掠。明年三月，二將追至忻、代山中。加計馬上舞三十觔長梃突陣，大威射殺之，追斬其衆五百人，餘黨悉平。甡薦二人忠勇，進大威副總兵。其冬

以扼賊功，加署都督僉事。

九年八月，畿輔被兵，率師入援。明年春，命援剿陝西賊，遂代王忠爲山西總兵官。上疏言諸將討賊，零級不可取，生口不可貪，封域不可限。帝採納之。十一年詔兵部甄別諸大將，大威以稱職增秩。其年冬，京師戒嚴。命總督盧象昇統大威及宣府總兵楊國柱、大同總兵王樸入衞。尋從象昇轉戰至鉅鹿賈莊，被圍數匝，象昇死焉，大威等潰圍出。督師劉宇亮、總督孫傳庭皆言大威、國柱敢勇，身入重圍，視他將異，乞令立功自贖。大威亦上章請罪。帝不從，卒解其任。尋令從軍辦賊。

十四年正月，李自成圍開封。總督楊文岳遣大威及副將張德昌先率五千人渡河。會賊已解圍去，乃會河南巡撫李仙風於偃師，以兵少未敢擊賊。待文岳軍至，與賊戰鳴皐，大破之，又與監軍道任棟挫賊平峪。七月，自成及張獻忠、羅汝才攻鄧州，大威從文岳擊破之，斬首千餘級。陝西總督傅宗龍出關討賊，文岳、大威會之。九月次新蔡，抵孟家莊。將戰，秦師賀人龍軍先潰，大威軍亦潰，遂奔沈丘。賊連陷河南鄢、許，再圍開封。大威從文岳援之，賊引去。明年二月，師次郾城。督師丁啓睿、總兵左良玉方與賊鏖戰，文岳督大威及馮大棟、張鵬翼等合擊，賊大敗。相持十一晝夜，俘斬數千。賊遂東陷陳州、歸德，已，復圍開封。七月朔，啓睿、文岳、大威及良玉、楊德政、方國安之師畢會。啓睿欲急擊，良玉不從，先走，大威諸軍亦走。帝大怒，立誅德政，黜譴啓睿諸人。大威時奔汝寧，出攻賊寨，中礮死，乃免其罪。

大威爲偏裨，最有聲。及爲大帥，值賊勢益張，所將止數千人，不能大有所挫。然身經數十戰，卒死王事，論者賢之。

孫應元，不知何許人。歷官京營參將，督勇衞營。勇衞營卽騰驤、武驤四衞也，其先隸御馬監，專牧馬。莊烈帝銳意修武備，簡應元及黃得功、周遇吉等訓練，遂成勁旅。

崇禎九年秋，從張鳳翼軍畿輔，有功，進副總兵。再以功增秩一等。明年，河南賊熾，應元、得功慷慨請行。帝壯之。發卒萬人，監以中官劉元斌、盧九德，戒毋擾民。諸將奉命，軍行肅然。十二月大破賊鄭州，再破之密縣，先後斬首千七百。明年正月大破之舞陽、光山、固始。四日三捷，斬首二千九百有奇。賊乃謀犯江北。元斌、九德南趨潁州，護鳳陵，密遣應元、得功督騎兵扼賊前。自南而北，破之方家集。賊遂由固始走商城。錄功，加都督僉事。已，復破之新野，又大破之遂平。熊文燦方主撫不戰。而賊憚應元等，多降，降者亦不遽叛，文燦以此擅撫賊功。已而京師有警，召應元等還，賊遂無所忌。帝初開禁軍屢

破賊，大喜，累加應元都督同知，賜銀幣蟒服，至是論功，遂進左都督，加衞總兵官，世廕錦衣副千戶。

十二年五月，張獻忠、羅汝才復叛，仍命元斌、九德監應元、得功軍南征。應元等馳至南陽。會馬光玉屯淅川之吳村，僞乞撫，規渡漢江應獻忠。淅川知縣郭守邦說降其黨許可變、胡可受。可變卽賊改世王，可受則安世王也。可變夜至，處之東關。可受爲光玉所持，約未定。應元、得功趨內鄉掩其背，令副將周遇吉等分道別擊之。文燦所遣陳洪範亦至。八月至小黃河口，參將馬文豸等力戰，可受敗，呼曰：「始與許王約降者我也，今歸命。」遇吉馳馬受之。應元、得功遂進兵王家寨。賊分屯南北兩山，用木石塞道。應元率文豸戰其南，得功率副將林報國戰其北，河南兵又扼華陽關，賊遂大敗，光玉遁免。元斌至軍，檄除可變、可受罪，授以官，報先後首功三千人。

及楊嗣昌督師襄陽，令元斌、應元戍荆門，護獻陵。十三年七月與副將王允成、王之綸、監軍僉事孔貞會等大破羅汝才於豐邑坪，斬首二千三百，生擒五百有奇。混世王、小秦王皆降。時稱荆楚第一功。十五年春，擊賊羅山，力戰。孤軍無援，遂陣歿。贈卹如制。

應元善戰，在行間多與黃得功偕。應元死，得功勳益顯，故其名尤震於世。

中華書局

姜名武，字我揚，保德州人。舉天啓二年武會試，授大同威遠守備。崇禎初，遷大水峪遊擊。築杏山城有功，遷宣府西城參將，擊斬大盜王科。移守宣府右衞，擢通州副總兵。護諸陵有功，以故官典保定總督楊文岳中軍，兼忠勇營團練事。

十五年，李自成圍開封急，名武從文岳往援。時諸軍壁朱仙鎭者十餘萬，左良玉最強。一夕，其軍大譟，突諸營，諸營驚潰。其軍遂乘亂掠諸營馬贏以去，於是諸營悉奔，獨名武一軍堅壁不動。侵晨，賊大至，督麾下血戰。殺數百人，力竭被執，大罵，爲賊磔死。贈特進榮祿大夫、右都督，廕外衞世襲總旗。其子援王來聘、甄奇傑例，乃議贈特進光祿大夫、左都督，世襲錦衣百戶。疏上，踰月而都城陷，不果行。

來聘，京師人。崇禎四年，中武會試。時帝銳意重武，舉子運百斤大刀者止來聘及徐彥琦二人，而彥琦不與選。帝下考官及監試御史獄，悉貶兵部郎二十二人。遣詞臣倪元璐等覆閱，取百人，視文榜例，分三甲傳臚錫宴，以前三十卷進呈，欽定一甲三人，來聘居首，卽授副總兵。武榜有狀元，自來聘始也。來聘既拜命，泫然流涕曰：「上重武若此，欲吾儕效命疆場爾，不捐軀殺賊，何以報上恩！」明年，孔有德據登州叛，官軍攻之久不下。又明年

二月以火藥轟城，城壞。將士蹋入，輒爲賊擊退。來聘復先登，中傷而死。天子惜之，贈廕有加。奇傑亦官副總兵，隸楊文岳麾下，從擊賊河南，戰死。

先是，又有鄧祖禹者，蘄水人，舉萬曆四十七年武會試，授瀋陽守備。嘗出戰，中矢死，夜半復甦，創甚告歸。崇禎初，起宣府遊擊，入衞京師。副將申甫軍歿，祖禹力戰盧溝橋，擢涿州參將。疏請召對，不許。入朝上書，聲甚厲，爲御史所糾下獄，然帝頗採其言。久之赦出，爲辰沅參將，擒苗酋飛天王、張五保，斬首千五百級，夷其巢。擢副總兵，轄德安、黃州。攻賊土壁山，盡掩所獲爲己有。當事將劾之，請剿寇自贖。乃令援應城，將七百人入城。賊大至，圍數重。祖禹突圍保西城外，賊復圍之，軍敗被執。賊說降，怒罵不屈。賊言之再三，復罵曰：「若此，須換却心肝。」賊笑曰：「換不難。」遂剖心剜肝而死。

尤世威，榆林衞人。與兄世功、弟世祿並勇敢知名。天啓中，世威積官建昌營參將，調守牆子路。七年遷山海中部副總兵。寧遠告警，從大帥滿桂赴援，力戰城東有功，增秩受賜。崇禎二年擢總兵官，鎭守居庸、昌平。其冬，京師戒嚴，命提兵五千防順義。俄命還鎭，防護諸陵。四年代宋偉爲山海總兵官，積資至左都督。七年命偕寧遠總兵官吳襄馳援

宣府。坐擁兵不進，褫職論戍。未行，會流賊蹦河南，詔世威充爲事官，與副將張外嘉統關門鐵騎五千往剿。

明年正月，賊陷鳳陽。世威以二千五百騎赴之，抵亳州。會總督洪承疇出關討賊，次信陽，命世威趨汝州。甫二日，承疇亦至。時賊見河南兵盛，悉奔入關中。承疇將入關征討，乃大會諸將，令分防汝、雒諸要害。以世威部下皆勁旅，令與參將徐來朝分駐永寧、盧氏山中，以扼雒南蘭草川、朱陽關之險。戒之曰：「靈、陝，賊所出入，汝勿懈！」及承疇既入關，賊避之而南，復由藍田走盧氏。扼於世威，仍入商、雒山中。來朝所部三千人不肯入山，大譟。賊至，來朝逃，一軍盡歿。世威軍暴露久，大疫，與賊戰失利。世威及遊擊劉肇基、羅岱俱負重傷，軍大潰。賊遂越盧氏，走永寧。事聞，命解任候勘。十年，宣大總督盧象昇言：「世威善撫士卒，曉軍機，徒以數千客旅久戍荒山，疾作失利。今當用兵時，棄之可惜。」乃命赴象昇軍自效。及象昇戰歿，自免歸。

十五年以廷臣薦，命與弟世祿赴京候調。召對中左門，復告歸。明年十月，李自成陷西安，傳檄榆林招降。總兵官王定懼，率所部精兵棄城走。時巡撫張鳳翼未至，城中士馬單弱，人心洶洶。布政使都任〔五〕亟集副將惠顯、參將劉廷傑等與里居將帥世威及王世欽、王世國、侯世祿、侯拱極、王學書，故延綏總兵李昌齡議城守。衆推世威爲主帥。無何，賊十

萬衆陷延安，下綏德，復遣使說降。廷傑大呼曰：「長安雖破，三邊如故。賊皆中州子弟，殺其父兄而驅之戰，必非所願。榆林天下勁兵，一戰奪其氣，然後約寧夏、固原爲三師迭進，賊可平也。」衆然其言，乃歃血誓師，簡卒乘，繕甲仗，各出私財佐軍。守具未備，賊已抵城下。廷傑募死士，乞師套部。師將至，賊分兵却之，攻城甚力。官軍力戰，殺賊無算。賊益衆來攻，起飛樓逼城中，矢石交至，世威等戰益厲。守七晝夜，賊乃穴城，置大礮轟之，城遂破。世威等猶督衆巷戰，婦人豎子亦發屋瓦擊賊，賊屍相枕藉。既而力不支，任死之，侯世祿父子及學書俱不屈死。賊怒廷傑勾套部，磔之，至死罵不絕口。世威、世欽、世國、昌齡並被執，縛至西安。自成坐秦王府欲降之，四人不屈膝。自成曰：「諸公皆名將，助我平天下，取封侯，可乎？」衆罵曰：「汝驛卒，敢大言侮我！」自成笑，前解其縛，世欽唾曰：「驛卒毋近前，汙將軍衣！」自成怒，皆殺之。時顯亦被執，大罵賊。賊惜其勇，繫至神木，服毒死。

王世欽，大將威子，歷山海左部總兵官，謝病去。崇禎八年，洪承疇起之家，擊李自成有功，卽謝歸。十六年召對中左門，未及用而歸，遂死於賊。世國，威弟，保定總兵官繼子，由柳溝總兵官罷歸。甫數日，竟拒賊以死。

世威弟世祿，爲寧夏總兵官，累著戰功，至是與世威同死。世威從弟翟文爲靖邊營副

將。嘗從洪承疇敗闖賊於鳳翔之官亭，斬首七百餘級。至是，率敢死士出南門奮擊，殺傷甚衆，中矢死。

又有尤岱者，由步卒起家，至山海鐵騎營參將，數有功。忤上官，棄職歸，守水西門，城陷自殺。

廷傑既死，其父副使彝鼎聞之不哭，曰：「吾有子矣。」其弟廷夔收兄屍，亦自投閣死。

昌齡，字玉川，鎮番衞人。爲延綏總兵官，數有功，以剛直罷，徙居榆林。賊至，或勸之去，昌齡曰：「賊至而遁，非勇也。見難而避，非義也。」起偕世威等同守城，卒同死。

侯世祿，榆林人。由世職累官涼州副總兵。遼事亟，詔擢總兵官，提兵赴援。世祿勇敢精悍，爲經略熊廷弼所知。及袁應泰代廷弼，亦倚任之。

天啓元年，應泰議復撫順、清河。以世祿及姜弼、梁仲善各將兵一萬駐清河。未行，遼陽破，仲善陣亡，世祿、弼俱負重傷，潰圍出。世祿以傷重，命立功自效。尋用爲固原總兵官。六年以軍政拾遺罷。明年，寧、錦告警，命率家丁赴關聽調。旋命出守前屯，甫至，令以故官鎮山海。

崇禎元年移鎮宣府。明年冬，京師戒嚴，率師入衞。兵再潰，世祿被創。部卒剽民間，奔還鎮。事聞，當重坐，以勤王先至，減死戍邊。九年八月，京師被兵。率子弟從軍，敍功免戍，還籍。廷臣多推薦，卒不復用。十六年，李自成圍榆林，世祿與子拱極固守新添門。城陷，父子被執，俱不屈死。

拱極歷官參將，常從總兵尤世祿破賊河曲有功。九年冬，任山海總兵官，尋謝病歸。後以廷臣薦，應詔入都，與王洪、王世欽、尤世威召對中左門，未用遣歸。卒與父同死。

劉國能，延安人。始與李自成、張獻忠輩同爲盜，自號闖塌天。

崇禎三年大亂陝西。已，渡河而東，寇山西，轉掠畿南、河北。六年冬，入河南，遂由內鄉、淅川犯湖廣鄖、襄，破數縣。明年正月入四川，陷夔州。折而東，入鄖陽境，爲總督陳奇瑜所蹙。走漢南，同困車箱峽。已得出，復大亂陝西，再入河南，躪江北。官軍逼之，與整齊王屯商、雒山間。九年復偕闖王、蝎子塊等由鄖、襄趨興安、漢中，總督洪承疇奔命不暇。其冬，與蝎子塊等十七營窺潼關，巡撫孫傳庭扼之，引而南。明年鬨馬光玉等將犯蘄、黃，率衆會之，直趨江北。官軍數道邀擊，乃不敢東。還走黃陂，入木蘭山，轉寇河南，敗參將李春貴兵，將迫開封。詔諸將發兵援，乃南走黃、麻。

當是時，總理熊文燦新至，賊憚之。見其下招降令，頗有欲歸正者。國能先與張獻忠有隙，慮爲所幷，後又與左良玉戰敗，乃以十一年正月四日率先就撫於隨州，頓首文燦前曰：「愚民陷不義且十載，賴公湔洗更生。願悉衆入軍籍，身隸麾下盡死力。」文燦大喜，慰撫之，署爲守備，令隸良玉軍。國能受約束，無異志。已而張獻忠、羅汝才亦降，皆據邑自固。獨國能從軍征剿，數有功。明年二月從良玉勤王。有詔，還討賊，獎勵之。命兵部授官，錄其部下將士，曰：「獻忠能立功，視此。」遂授國能副總兵。四月，良玉會師南陽，擊李萬慶。國能分擊，賊潰奔，遂招萬慶降。其秋，獻忠、汝才並反。文燦遣國能率萬慶兵會討，遂並守鄖陽。既而李自成擾河南，復移守葉縣。

初，國能爲盜時，與自成、汝才輩結爲兄弟。及國能歸正，自成輩深恨之。十四年九月圍其城，四面力攻，國能不能支，城遂陷，被執。賊猶好謂之曰：「若，我故人也，何不降？」國能瞋目罵曰：「我初與若同爲賊，今則王臣也，何故降賊！」遂殺之。事聞，贈左都督，特進榮祿大夫，建祠。

李萬慶，延安人。崇禎初，與張獻忠、羅汝才等並反，賊中所稱射塌天者是也。起陝西，蔓山西、畿南、河北，渡河殘河南，出沒湖廣、四川，還趨鄖陽，入興安，困於車箱峽。出險，益大肆。八年春，賊七十二營會滎陽，議分兵隨所向，令萬慶及許可變助馬進忠、橫天王西當陝兵。已而諸路之賊盡萃於陝，總督洪承疇彌歲不能定，益恣，出沒於河南、湖廣，凡十五家。

迨十一年春，國能、獻忠降，萬慶等大譟而去，改稱十三家，勢頗衰。而文燦擁兵德安，不敢擊，萬慶等復大振。李自成向關中，萬慶及馬光玉、馬進忠、羅汝才、惠登相、賀一龍、藺養成、順天王、順義王九家最著。八月，進忠、光玉大挫於潼關。九月，鄖、襄賊又大敗於雙溝，汝才率九營走均州，萬慶率三營走光、固。十一月，汝才亦降，自成又大敗關內，勢益衰，惟萬慶、光玉、一龍、順天王最勁。而萬慶得馬士秀、杜應金所劫左良玉賄，富且強，營廝城，徙信陽。

十二年正月戰敗，徙應山、德安。會光玉、進忠等皆大敗，進忠懼而降，而順天王已死。一龍、養成伏深山，登相遠掠秦、蜀，萬慶勢益孤。文燦檄良玉擊之唐縣姚溝，分三營肆賊，逐入三山。裨將王修政趨利戰死。文燦收二營卒，令良玉蹙之內鄉。萬慶等在赤眉城四平岡，依山結壘請降。良玉慮其詐，謀之文燦，益調諸將陳永福、羅岱、金聲桓之兵會於賈宋，大剿萬慶及光玉、可變。副將國能亦至，由張家林、七里河分擊，賊大奔。良玉遣國能以二十騎往偵，且諭萬慶降。萬慶馳見，輸情國能，遂執許州叛黨于汝虎以降，處內鄉城下者四千人。士秀、應金見進忠、萬慶降而懼，復來歸。有劉喜才者，夜取順義王首以獻，餘黨推可變爲主，與胡可受皆降。自是羣盜大衰。至五月，獻忠復叛，汝才率其黨九營應之，復大熾。而萬慶、進忠以徒衆既散，無二心。萬慶願從征自效，比國能給餉。遂授爲副總兵，與國能守鄖陽。獻忠等方大亂蜀中，鄖境得無事。

十四年，獻忠突陷襄陽，鄖守如故。明年正月，總督汪喬年討賊，以萬慶從。至襄城，軍潰，入城。賊攻圍之，固守五日，城陷，喬年死，萬慶亦不屈死。事聞，贈都督同知、榮祿大夫，立祠襄城。

贊曰：明至末季，流寇蔓延，國勢坐困，雖有奮威禦敵之臣，而兵孱餉絀，徒使賊乘其敝，潰陷相屬，無救亂亡。如艾萬年等之捐軀盡節，其可悲者矣。此非其勇不具，略不嫻也。兵力耗頓，加以統馭失宜，應援不及，求無敗衄，得乎！

校勘記

〔一〕復臨縣及䟢亭驛　䟢亭驛，寰宇通志卷八二、明一統志卷二一作「䴥亭驛」。明會典卷一四五作「䴥亭驛」。

〔二〕莫是驊唐世龍及千戶王定遠皆力戰死　唐世龍，原作「詹世龍」，據明史稿傳一四五陳于王傳、綏寇紀略卷五改。

〔三〕再增一秩　增，原作「贈」，據明史稿傳一四五侯良柱傳改。

〔四〕從曹文詔追賊西偃碧霞村斬混世王　西偃，綏寇紀略卷一、懷陵流寇始終錄卷六作「西堰」；混世王，後書作「混天王」。

〔五〕布政使都任　布政使，本書卷三〇九李自成傳作「副使」，國榷卷九九頁六〇〇一作「兵備副使」。

明史卷二百七十

列傳第一百五十八

馬世龍 楊肇基　賀虎臣 子讚 誠　沈有容　張可大 弟可仕

魯欽 子宗文　秦良玉　龍在田

馬世龍，字蒼元，寧夏人。由世職舉武會試，歷宣府遊擊。天啓二年擢永平副總兵。署兵部孫承宗奇其才，薦授署都督僉事，充三屯營總兵官。承宗出鎮，薦爲山海總兵，俾領中部，調總兵王世欽、尤世祿分領南北二部。明年正月賜尙方劍，實授府銜。承宗爲築壇拜大將，代行授鉞禮，軍馬錢穀盡屬之。尋定分地，世龍居中，駐衞城，世欽南海，世祿北山，並受世龍節制，兵各萬五千人。世龍感承宗知己，頗盡力，與承宗定計出守關外諸城。四年，偕巡撫喩安性及袁崇煥東巡廣寧，又與崇煥、世欽航海抵蓋套，相度形勢而還。敍勞，加右都督。

當是時，承宗統士馬十餘萬，用將校數百人，歲費軍儲數百萬。諸有求於承宗者，率因世龍，不得則大恚。而世龍貌偉，中實怯，忌承宗者多擊世龍以撼之。承宗抗辯於朝曰：「人謂其貪淫脧削，臣敢以百口保其必無。」帝以承宗故，不問。

五年九月，世龍誤信降人劉伯漒言，遣前鋒副將魯之甲、參將李承先率師襲取耀州，敗沒。言官交章劾奏，嚴旨切責，令戴罪圖功。時魏忠賢方以淸君側疑承宗，其黨攻世龍者幷及承宗。承宗不安其位去，以兵部尙書高第來代。職方主事徐日久者，先佐第撓遼事，及從第贊畫，力攻世龍。世龍陰結忠賢，反削日久籍。其冬，世龍亦謝病去。

崇禎元年，王在晉爲尙書。世龍上疏極論其罪，有詔逮世龍，久不至。在晉罷，始詣獄。二年冬，都城戒嚴。刑部尙書喬允升薦世龍才，詔圖功自贖。會祖大壽師潰，京師大震。承宗再起督師，以便宜遣世龍馳諭大壽聽命。及滿桂戰死，遂令世龍代爲總理，賜尙方劍，盡統諸鎭援師。

三年三月進左都督。時遵化、永平、遷安、灤州四城失守已三月。承宗、大壽隔關門，與世龍諸軍聲息斷絕。帝急詔四方兵勤王，昌平尤世威、薊鎭楊肇基、保定曹鳴雷、山海宋偉、山西王國樑、固原楊麒、延綏吳自勉、臨洮王承恩、寧夏尤世祿、甘肅楊嘉謨，所將皆諸邊銳卒；內地則山東、河南、南都、湖廣、浙江、江西、福建、四川諸軍，亦先後至。幷壁薊門，觀望不進。給事中張第元上言：「世龍在關數載，績效無聞，非若衞、霍之儔，功名足以服人也。諸帥宿將，非世龍偏裨，欲驅策節制，誰能甘之。師老財匱，銳氣日消，延及夏秋，將有不可言者。」帝以世龍方規進取，不納其言。時大壽於五月十日薄灤州。明日，世龍等以師會。又明日復其城。十三日，遊擊靳國臣復遷安。明日，副將何可綱復永平。又二日，別將復遵化。閱五月，四城始復。論功，大壽最，世祿次之。世龍加太子少保，廕本衞世千戶。八月復謝病歸。

六年五月，插漢虎墩兔合套寇犯寧夏，總兵賀虎臣戰歿，詔起世龍代之。世龍生長寧夏，習其形勢，大修戰備。明年正月，二部入犯，遣參將卜應第大破之，斬首二百有奇。踰月，套寇犯賀蘭山。世龍遣降丁潛入其營，馘其長撒兒甲，斬級如前。未幾，插部大舉入寇。世龍遣副將婁光先等分五道伏要害，而己中道待之，夾擊，斬首八百有奇。巡撫王振奇亦斬三百餘級。寇復犯河西玉泉宮，世龍復邀斬五百餘。其年七月犯棗園堡，世龍又大敗之，俘斬一千有奇。世龍半歲中屢奏大捷，威名震西塞。無何，卒於官，年四十餘。後論功，贈太子太傅，世錦衣僉事，賜恤如制。

楊肇基，沂州衞人。起家世職，積官至大同總兵。天啓二年，妖賊徐鴻儒反山東，連陷鄆、鉅野、鄒、滕、嶧，衆至數萬。巡撫趙彥任都司楊國棟、廖棟檄所部練民兵，增諸要地守

卒。時肇基方家居，彥因卽家薦起之，爲山東總兵官討賊。未至，棟及國棟等攻鄒，兵潰，遊擊張榜戰死。彥方視師兗州，遇賊。肇基至，急迎戰，而令國棟及棟夾擊，大敗之橫河。時賊精銳聚鄒、滕中道，肇基令遊兵綴賊鄒城，而以大軍擊賊黃陰、紀王城，大敗賊，蹙而殪之嶧山，遂圍鄒。國棟等亦先後收復鄆、鉅野、嶧、滕諸縣，又大破之於沙河。乃築長圍攻鄒。圍三月，賊食盡，其黨出降，遂擒鴻儒。獻俘，磔於市，賊平。肇基由署都督僉事進右都督，廕本衞世千戶。尋代沈有容鎮登、萊。改延綏，以擊套寇功，進左都督，廕錦衣千戶，屢加太子太保。

崇禎元年移薊鎮西協。二年冬，大清兵克三屯營。肇基乘間收復，困守數月，卒全孤城。廕錦衣世千戶。已，錄恢復四城功，加太子太師，改廕錦衣僉事。明年卒官。子御蕃，見徐從治傳。

賀虎臣，保定人。天啓初，歷天津海防遊擊，登萊參將，移兗州。六年遷延綏副總兵。河套寇大舉入犯，從帥楊肇基協擊，大破之。加署都督僉事。

崇禎二年捕誅階州叛卒周大旺等。擢總兵官，鎮守寧夏。關中賊大起，王嘉胤陷清水營，殺遊擊李顯宗，遂陷府谷。其黨李老柴應之，嘯聚三千餘人，攻合水。總督楊鶴檄虎臣往討，擊之盤谷，俘馘六百有奇。已，擊斬慶陽賊渠劉六。〔二〕四年，神一元陷保安。延安告急，延綏撫鎮皆東援陝西。巡撫練國事檄虎臣及副將李卑援剿。虎臣等遂進圍保安，賊引河套數千騎挫虎臣軍。會張應昌擊敗之，賊棄城去。虎臣等前後獲首功一千九百。明年，可天飛、郝臨菴、劉道江、李都司再圍合水。虎臣偕臨洮曹文詔、甘肅楊嘉謨、固原楊麒合擊，大破賊甘泉之虎兕凹，斬首七百有奇，賊大困。

六年五月，插漢虎墩兔合套寇五萬騎自清水、橫城分道入。守備姚之夔等不能禦，沙井驛副將史開先、臨河堡參將張問政、岳家樓守備趙訪皆潰逃。寇遂進薄靈州，虎臣急領千騎入守。旋盡勒城中兵出擊，次大沙井。寇從漢伯堡突至，虎臣軍未及布陳，且衆寡不敵，遂戰死。子讚挾五十騎突重圍出。事聞，贈虎臣都督僉事，賜祭葬，世廕指揮僉事。尋錄先後剿寇功，再贈都督同知，世廕錦衣副千戶。

讚，勇敢有父風。既承廕，尋舉武進士。積官至京營副將。崇禎十七年三月，李自成薄京師，京軍六大營分列城外，皆不敢戰，或棄甲降。讚獨率部卒迎擊，中矢死。

弟誠，身長七尺，美鬚髯，爲諸生，以忠義自許。兄誠襲副千戶，早卒，無子，誠當襲，以

讓其弟詮。及賊陷保定，家人勸易衣遁。叱曰：「吾忠臣子，偷生而逃，何以見先將軍地下！」遂偕妻女投井死。

沈有容，字士弘，宣城人。僉事寵之孫也。幼走馬擊劍，好兵略。舉萬曆七年武鄉試。薊遼總督梁夢龍見而異之，用爲昌平千總。復受知總督張佳胤，調薊鎮東路，轄南兵後營。十二年秋，朶顏長昂以三千騎犯劉家口。有容夜半率健卒二十九人迎擊，身中二矢，斬首六級，寇退乃還，由是知名。遼東巡撫顧養謙召隸麾下，俾練火器。十四年從李成梁出塞，抵可毋林，斬馘多。明年再出，亦有功。成梁攻北關，有容陷陣，馬再易再斃，卒拔其城。錄功，世廕千戶。遷都司僉書，守浮屠谷。

從宋應昌援朝鮮，乞歸。日本封事壞，福建巡撫金學曾欲用奇搗其穴，起有容守浯嶼、銅山。二十九年，倭掠諸寨，有容擊敗之。踰月，與銅山把總張萬紀敗倭彭山洋。倭據東番。有容守石湖，謀盡殲之，以二十一舟出海，遇風，存十四舟。過彭湖，與倭遇，格殺數人，縱火沈其六舟，斬首十五級，奪還男婦三百七十餘人。倭遂去東番，海上息肩者十年。捷聞，文武將吏悉敘功，有容賚白金而已。

三十二年七月，西洋紅毛番長韋麻郎駕三大艘至彭湖，求互市，稅使高寀召之也。有容白當事，自請往諭。見麻郎，指陳利害。麻郎悟，呼寀使者，索還所賂寀金，揚帆去。改僉書浙江都司。由浙江遊擊調天津，遷溫、處參將，罷歸。四十四年，倭犯福建。巡撫黃承元請特設水師，起有容統之，擒倭東沙。尋招降巨寇袁進、李忠，散遣其衆。

泰昌元年，遼事棘，始設山東副總兵，駐登州，以命有容。天啓改元，遼、瀋相繼覆。熊廷弼建三方布置之議，以陶朗先巡撫登、萊，而擢有容都督僉事，充總兵官，登、萊遂爲重鎮。八月，毛文龍有鎮江之捷。詔有容統水師萬，偕天津水師直抵鎮江策應。有容歎曰：「率一旅之師，當方張之敵，吾知其不克濟也。」無何，鎮江果失，水師遂不進。明年，廣寧覆，遼民走避諸島，日望登師救援。朗先下令，敢渡一人者斬。有容爭之，立命數十艘往，獲濟者數萬人。時金、復、蓋三衛俱空無人，有欲據守金州者。有容言金州孤懸海外，登州、皮島俱遠隔大洋，聲援不及，不可守。迨文龍取金州，未幾復失。四年，有容以年老乞骸骨，歸，卒。贈都督同知，賜祭葬。

張可大，字觀甫，應天人。世襲南京羽林左衞千戶，舉萬曆二十九年武會試，授建昌

守備。還浙江都司僉書，分守瓜洲、儀真，江洋大盜斂迹。稅監魯保死，淮撫李三才令可大錄其貲。保家餽重賄，却不受。葉向高赴召過儀，見而異之，曰：「此不特良將，且良吏也。」遷劉河遊擊，改廣東高肇參將。調浙江舟山。奉命征黎，與總兵王鳴鶴用黑番爲導，擣其巢，黎乃滅。

舟山，宋昌國城也，居海中，有七十二墺，爲浙東要害。可大條上八議，皆碩畫。倭犯五罩湖、白沙港、茶山、潭頭，連敗之，加副總兵。城久圮，可大與副使蔡獻臣築之，兩月工竣。城內外田數千畝，海潮害稼。可大築碶蓄淡水，遂爲膏腴。民稱曰「張公碶」。天啓元年以都指揮使掌南京錦衣衞。六年擢都督僉事，僉書南京右府。

崇禎元年出爲登萊總兵官。會議裁登萊撫鎮，乃命以總兵官視登州副總兵事，而巡撫遂罷不設。可大盡心海防，親歷巡視，圖沿海地形、兵力强弱，爲海防圖說上之。二年冬，白蓮賊餘黨圍萊陽，可大擊破之，焚其六砦，斬僞國公二人，圍遂解。京師被兵，可大入衞，守西直、廣寧諸門。明年，以勤王功，陞都督同知。

劉興治反東江，遂奉詔還鎮。已而四城並復，朝議復設登萊巡撫，以孫元化爲之。元化率關外八千人至，强半皆遼人。可大慮有變，屢言於元化，不聽。

四年七月，錄前守城功，進右都督。十月，僉書南京左府，兼督池河、浦口二軍，登人泣留之。未行而孔有德反吳橋，東陷六城。可大急往剿，元化檄止之，不聽。次萊州，遇元化，復爲所阻，乃還鎮。

歲將晏，有德暮薄城。可大請擊之，元化持撫議，不許。可大陳利害甚切，元化期明歲元日發兵合擊。至期，元化兵不發。明日，合兵戰城東，可大兵屢勝。元化部卒皆遼人，親黨多，無鬬志。其將張燾先走，可大兵亦敗。中軍管維城，遊擊陳良謨，守備盛洛、姚士良皆戰死。燾兵半降有德，遣歸爲內應。元化開門納之，可大諫，不聽。夜半賊至，城遂陷。可大時守水城，撫膺大慟。解所佩印付旗鼓，間道走濟南上之。還家辭母，令弟可度、子鹿徵奉母航海趨天津。而以佩劍付部將，盡斬諸婢妾，遂投繯死。事聞，贈特進榮祿大夫、太子少傅，謚莊節，賜祭葬，予世廕，建祠曰「旌忠」。

可大好學能詩，敦節行，有儒將風。爲南京錦衣時，歐陽暉由刑部主事謫本衞知事，嘗賦詩有「陰霾國事非」句，揚州知府劉鐸書之扇，贈一僧。惡鐸者譖之魏忠賢，暉、鐸俱被逮。可大約束旗尉，捐奉助之，卜室處其妻子。其尚義類如此。

弟可仕，字文峙，以字行。隱居博學，嘗輯明布衣詩一百卷。

魯欽，長清人。萬曆中，歷山西副總兵。天啓元年遷神機營左副將。尋擢署都督僉事，充保定總兵官。奢崇明、安邦彥並反，貴州總兵張彥方在圍中，而總理杜文煥稱病。明年十月用欽代文煥，命總川、貴、湖廣漢土軍刻期解圍。未至，圍已解，欽馳赴貴陽。三年正月，巡撫王三善大敗於陸廣，羣苗宋萬化、何中尉等蠭起。欽佐三善防剿，率諸將擒中尉、萬化，遂進營紅崖。紅崖者，崇明敗走處也。三善謀大舉深入，欽及總兵官馬炯、張彥方，諸道監司尹伸、岳具仰、向日升、楊世賞各以兵從，五戰，斬首萬八千，直抵大方。四年正月，三善敗歿於內莊，欽等以殘卒還。命戴罪辦賊。

都勻凱里土司者，運道咽喉也，邦彥結諸蠻困其城，長官楊世蔚不能守。總督蔡復一遣欽及總兵官劉超救之，拔賊巖頭寨，遂移師克平茶。已而邦彥盡驅羅鬼，結四十營於斑鳩灣後寨，亙二十餘里，分犯普定。復一令欽與總兵官黃鉞分道禦之。欽率部將張雲鵬、劉志敏、鄧玘等大敗賊汪家沖。鉞及參政陸夢龍、副使楊世賞亦大敗賊蔣義寨。合追至河，斬首千五百餘級。搜山，復斬六百餘級。尹伸守普定，亦敗賊兵，與大軍會，共剪水外逆苗。邦彥勢窘，渡河西奔。欽、鉞督諸將窮追，夢龍等分駐三岔河岸爲後勁。前鋒雲鵬、玘等深入織金，先後斬首千餘級。

復一上其功，言：「欽廉勇。雖名總理，權力不當一偏裨。舊撫臣三善及諸監軍，人人

為大帥，內莊失律，欽不當獨任大帥罪。臣至黔，以諸道監軍兵盡屬欽，每戰身先士卒。欽敗可原，勝足錄。當免其戴罪，仍以功論。」從之。明年正月，欽等渡河還，中伏，敗死者數千人。充為事官，立功自贖。

自平越至興隆、清平二衞，苗二百餘寨盤踞其閒，以長田之天保、阿秧為魁。邦彥初反，授二酋都督，使通下六衞聲息。是年春，寇石阡、餘慶。監軍按察使來斯行啗阿秧，使圖天保，阿秧反以情告。斯行乃誘斬阿秧，議討天保，會以疾去。復一令貴陽同知周鴻圖代為監軍，阿秧弟阿買與天保請兵邦彥，復兄讎。復一以兵事屬鴻圖及欽，而遣參將胡從儀、楊明楷等佐之。欽等三道進，大戰米墩山，生擒天保及阿買，先後斬賊魁五十四人，獲首功二千三百五十，破焚百七十四寨。盛夏興師，將士冒暑雨，衝嵐瘴，劇寇盡除，士人謂二百年所未有。復一既奏功，未報而卒。監軍御史傅宗龍復以為言，乃命欽總理如故，鴻圖授平越知府。

六年三月，邦彥復大舉入寇。欽禦之河上，連戰數日，殺傷相當。夜半，賊直逼欽壘。將士逃竄，欽遂自刎。諸營盡潰，賊勢復張。莊烈帝嗣位，贈少保、左都督，世廕指揮僉事，賜祭葬，建祠曰「旌忠」。

子宗文承廕。崇禎中，以薊鎮副總兵為總督吳阿衡中軍。十一年冬，牆子嶺失事，與阿衡並力戰死。

秦良玉，忠州人，嫁石砫宣撫使馬千乘。萬曆二十七年，千乘以三千人從征播州，良玉別統精卒五百裹糧自隨，與副將周國柱扼賊鄧坎。明年正月二日，賊乘官軍宴，夜襲。良玉夫婦首擊敗之，追入賊境，連破金筑等七寨。已，偕酉陽諸軍直取桑木關，大敗賊衆，為南川路戰功第一。賊平，良玉不言功。其後，千乘為部民所訟，瘐死雲陽獄，良玉代領其職。良玉為人饒膽智，善騎射，兼通詞翰，儀度嫻雅。而馭下嚴峻，每行軍發令，戎伍肅然。所部號白桿兵，為遠近所憚。

泰昌時，徵其兵援遼。良玉遣兄邦屏、弟民屏先以數千人往。朝命賜良玉三品服，授邦屏都司僉書，民屏守備。

天啓元年，邦屏渡渾河戰死，民屏突圍出。良玉自統精卒三千赴之，所過秋毫無犯。詔加二品服，卽予封誥。子祥麟授指揮使。良玉陳邦屏死狀，請優恤。因言：「臣自征播以來，所建之功，不滿讒妬口，貝錦高張，忠誠孰表。」帝優詔報之。兵部尚書張鶴鳴言：「渾河血戰，首功數千，實石砫、酉陽二土司功。邦屏既歿，良玉卽遣使入都，製冬衣一千五百，分給殘卒，而身督精兵三千抵榆關。上急公家難，下復私門仇，氣甚壯。宜錄邦屏子，進民屏官。」乃贈邦屏都督僉事，錫世廕，與陳策等合祠，民屏進都司僉書。

部議再徵兵二千。良玉與民屏馳還，抵家甫一日，而奢崇明黨樊龍反重慶，齎金帛結援。良玉斬其使，卽發兵率民屏及邦屏子翼明、拱明泝流西上，度渝城，奄至重慶南坪關，扼賊歸路。伏兵襲兩河，焚其舟。分兵守忠州，馳檄夔州，令急防瞿塘上下。賊出戰，卽敗歸。良玉上其狀，擢民屏參將，翼明、拱明守備。

已而奢崇明圍成都急，巡撫朱燮元檄良玉討。時諸土司皆貪賊賂，逗遛不進。獨良玉鼓行而西，收新都，長驅抵成都，賊遂解圍去。良玉乃還軍攻二郎關，民屏先登，已，克佛圖關，復重慶。良玉初舉兵，卽以疏聞。命封夫人，錫誥命，至是復授都督僉事，充總兵官。命祥麟為宣慰使，民屏進副總兵，翼明、拱明進參將。良玉益感奮，先後攻克紅崖墩、觀音寺、青山墩諸大巢，蜀賊底定。復以援貴州功，數賚金幣。

三年六月，良玉上言：「臣率翼明、拱明提兵裹糧，累奏紅崖墩諸捷。乃行間諸將，未覩賊面，攘臂誇張，及乎對壘，聞風先遁。敗於賊者，唯恐人之勝；怯於賊者，唯恐人之強。如總兵李維新，渡河一戰，敗衂歸營，反閉門拒臣，不容一見。以六尺軀鬚眉男子，忌一巾幗

婦人，靜夜思之，亦當愧死。」帝優詔報之，命文武大吏皆以禮待，不得疑忌。

是年，民屏從巡撫王三善抵陸廣，兵敗先遁。其冬，從戰大方，屢捷。明年正月，退師。賊來襲，戰死。二子佐明、祚明得脫，皆重傷。良玉請卹，贈都督同知，立祠賜祭，官二子。而是時翼明、拱明皆進官至副總兵。

崇禎三年，永平四城失守。良玉與翼明奉詔勤王，出家財濟餉。莊烈帝優詔襃美，召見平臺，賜良玉綵幣羊酒，賦四詩旌其功。會四城復，乃命良玉歸，而翼明駐近畿。明年築大凌河城。翼明以萬人護築，城成，命撤兵還鎮。七年，流賊陷河南，加翼明總兵官，督軍赴討。明年，鄧玘死，以所部皆蜀人，命翼明將之，連破賊於青崖河、吳家堰、袁家坪，扼賊走鄖西路。翼明性恇怯，部將連敗，不以實聞，革都督銜，貶二秩辦賊。已，從盧象昇逐賊穀城。賊走均州，翼明敗之青石鋪。賊入山自保，翼明攻破之。連破賊界山、三道河、花園溝，擒黑煞神、飛山虎。賊出沒鄖、襄閒，撫治鄖陽苗胙土遣使招降，翼明贊其事，為賊所紿，卒不降。翼明、胙土皆被劾。已而賊犯襄陽，翼明連戰得利，屯兵廟灘，以扼漢江之淺。而羅汝才、劉國能自深水以渡，遂大擾蘄、黃閒。帝以鄖、襄屬邑盡殘，罷胙土，切責翼明，尋亦被劾解官。而良玉自京師還，不復援剿，專辦蜀賊。

七年二月，賊陷夔州，圍太平，良玉至乃走。十三年扼羅汝才於巫山。汝才犯夔州，良

中華書局

玉師至乃去。已，邀之馬家寨，斬首六百，追敗之留馬埡，斬其魁東山虎。復合他將大敗之譚家坪北山，[二]又破之仙寺嶺。良玉奪汝才大纛，擒其渠副塌天，賊勢漸衰。

當是時，督師楊嗣昌盡驅賊入川。川撫邵捷春提弱卒二萬守重慶，所倚惟良玉及張令二軍。綿州知州陸遜之罷官歸，捷春使按營壘。見良玉軍整，心異之。良玉爲置酒，語遜之曰：「邵公不知兵。吾一婦人，受國恩，誼應死，獨恨與邵公同死耳。」遜之問故，良玉曰：「邵公移我自近，去所駐重慶僅三四十里，而遣張令守黃泥窪，殊失地利。賊據歸、巫萬山巔，俯瞰吾營。鐵騎建瓴下，張令必破。令破及我，我敗尚能救重慶急乎？且督師以蜀爲壑，無愚智知之。邵公不以此時爭山奪險，令賊無敢卽我，而坐以設防，此敗道也。」遜之深然之。已而捷春移營大昌，監軍萬元吉亦進屯巫山，與相應援。其年十月，張獻忠連破官軍於觀音巖、三黃嶺，遂從上馬渡過軍。良玉偕張令急扼之竹菌坪，挫其鋒。會令爲賊所殪，良玉趨救不克，轉鬬復敗，所部三萬人略盡。乃單騎見捷春請曰：「事急矣，盡發吾溪峒卒，可得二萬。我自廩其半，半餼之官，猶足辦賊。」捷春見嗣昌與己左，而倉無見糧，謝其計不用。良玉乃歎息歸。時搖、黃十三家賊橫蜀中。有秦纘勳者，良玉族人也，爲賊耳目，被擒，殺獄卒遁去。良玉捕執以獻，無脫者。

張獻忠盡陷楚地，將復入蜀。良玉圖全蜀形勢上之巡撫陳士奇，請益兵守十三隘，士

奇不能用。復上之巡按劉之勃，之勃許之，而無兵可發。十七年春，獻忠遂長驅犯夔州。良玉馳援，衆寡不敵，潰。及全蜀盡陷，良玉慷慨語其衆曰：「吾兄弟二人皆死王事，吾以一孱婦蒙國恩二十年，今不幸至此，其敢以餘年事逆賊哉！」悉召所部約曰：「有從賊者，族無赦！」乃分兵守四境。賊遍招土司，獨無敢至石砫者。後獻忠死，良玉竟以壽終。

翼明既罷，崇禎十六年冬，起四川總兵官。道梗，命不達。而拱明值普名聲之亂，與賊鬬死，贈卹如制。

龍在田，石屏州土官舍人也。天啓二年，雲南賊安效良、張世臣等爲亂。在田與阿迷普名聲、武定吾必奎等征討，數有功，得爲土守備。新平賊剽石屏，安效良攻霑益，在田俱破走之。巡撫閔洪學上其功，擢坐營都司。

崇禎二年與必奎收復烏撒。八年，流賊犯鳳陽，詔徵雲南土兵。在田率所部應詔，擊賊湖廣、河南，頻有功，擢副總兵。總理盧象昇檄討襄陽賊，至則象昇已奉詔勤王，命屬熊文燦。十年三月擊擒大盜郭三海。十一年九月大破賀一龍、李萬慶於雙溝，進都督同知。明年三月大破賊固始，斬首三千五百有奇。張獻忠之叛也，文燦命在田駐穀城，遏賊東突。

諸將多忌在田，讒言日興。及文燦被逮，在田亦罷歸，還至貴州，擊平叛賊安隴璧。

十五年夏，中原盜益熾。在田上疏曰：「臣以石屏世弁，因流氛震陵，奮激國難，捐貲募精卒九千五百，戰象四，戰馬二千，入楚、豫破賊。賊不敢窺江北陵寢，滇兵有力焉。五載捷二十有八，忌口中阻，逼臣病歸。自臣罷，親藩辱，名城屢陷。臣妄謂討寇必須南兵。蓋諸將所統多烏合，遇寇卽逃，乏餉卽譟。滇兵萬里長驅，家人父子同志，非若他軍易潰也。且一歲中，秋冬氣涼，賊得馳騁。春夏卽入山避暑，養銳而出，故其氣益盛。夫平原戰既不勝，山蹊又莫敢攖，師老財殫，蕩平何日。滇兵輕走遠跳，善搜山。臣願整萬衆，力掃秦、楚、豫、皖諸寇，不滅不止。望速給行糧，沿途接濟。臣誓捐軀報國，言而不效，甘伏斧鑕。」帝壯之，下兵部議，寢不行。

踰二載，乙酉八月，吾必奎叛。黔國公沐天波檄在田及寧州土知州祿永命協討，擊擒之。未幾，沙定洲作亂，據雲南府，在田不敢擊。明年，定洲攻在田不下，移攻寧州，尋陷嶍峨，在田走大理。又明年，孫可望等至貴州，在田說令攻定洲，定洲迄破滅。在田歸，卒於家。

贊曰：馬世龍等值邊陲多事，奮其勇略，著績戎行，或捐軀力戰，身膏原野，可謂無忝爪

牙之任矣。夫摧鋒陷敵，宿將猶難，而秦良玉一土舍婦人，提兵裹糧，崎嶇轉鬬，其急公赴義有足多者。彼仗鉞臨戎，縮朒觀望者，視此能無愧乎！

校勘記

[一] 已擊斬慶陽賊渠劉六　按本書卷二三莊烈帝紀、綏寇紀略卷一、明史紀事本末卷七五都繫此於崇禎四年八月。

[二] 復合他將大敗之譚家坪北山　北山，原作「北平」，據明史紀事本末卷七五、懷陵流寇始終錄卷一三改。

明史卷二百七十一

列傳第一百五十九

賀世賢 尤世功　童仲揆 陳策　周敦吉等　張神武等

羅一貫 劉渠　祁秉忠　滿桂 孫祖壽　趙率教 朱國彥

官惟賢 張奇化　何可綱　黃龍 李惟鸞

金日觀 楚繼功等

賀世賢，榆林衞人。少爲廝養，後從軍，積功至瀋陽遊擊，遷義州參將。萬曆四十六年七月，清河被圍，副將鄒儲賢固守。城破，率親丁鏖戰城南，與參將張旟俱死。部將二十人、兵民萬餘殲焉。世賢駐靉陽，聞變，疾馳出塞，得首功百五十有四級，進副總兵。

明年，楊鎬四路出師。世賢副李如柏出清河。劉綎深入中伏，勸如柏往救，不從，綎遂覆歿。尋擢都督僉事，充總兵官，駐虎皮驛。鐵嶺被圍，世賢馳援，城已破，邀獲首功百餘級。泰昌元年九月連戰灰山、撫安堡，獲首功二百有奇。當是時，四方宿將鱗集遼左，率縮朒不敢戰，獨世賢數角鬭有功，同列多忌之。移鎮瀋陽。經略袁應泰下納降令。廣寧總兵李光榮疑世賢所納多，以狀聞。巡撫薛國用亦奏三可慮，兵部尚書崔景榮請拒勿納，而置已納於他所。然世賢所納卒不可散，同列遂謗其有異志。

天啓元年三月，我大清以重兵薄瀋陽。世賢及總兵尤世功掘塹濬壕，樹大木爲柵，列楯車火器木石，環城設兵，守城法甚具。大清先以數十騎來偵，世功兵躡之，殺四人。世賢勇而輕，嗜酒。且日飲酒，率親丁千，出城逆擊，期盡敵而反。大清兵佯敗，世賢乘銳進。倏精騎四合，世賢戰且卻，抵西門，身被十四矢。城中聞世賢敗，各鳥獸竄，而降丁復叛，斷城外弔橋。或勸世賢走遼陽，曰：「吾爲大將，不能存城，何面目見袁經略乎！」揮鐵鞭馳突圍中，擊殺數人，中矢墜馬而死。世功引兵援，亦戰死。

世功亦榆林人。萬曆中，舉武鄉試，歷瀋陽遊擊。張承廕之敗也，世功脫歸，坐褫職。經略楊鎬言其身負重傷，才堪策勵，乃補武精營遊擊。鎬四路出師，世功隸李如柏麾下，得

全。尋以副總兵守瀋陽。熊廷弼代鎬，愛其才，與副將朱萬良並倚任。廷弼罷，袁應泰代，議三路出師，用爲總兵官。未行，而瀋陽被兵，死於戰。贈少保、左都督，增世廕三級，再廕指揮僉事，世襲，賜祭葬，建祠曰「愍忠」。

世賢既歿，或疑其叛降，恤典故不及。四川副使車樸爲訟冤，格衆議不果。

童仲揆，南京人。舉武會試，歷都指揮，掌四川都司。萬曆末，擢副總兵，督川兵援遼，與同官陳策並充援剿總兵官。熹宗初立，經略袁應泰招蒙古諸部，處之遼、瀋二城。仲揆力諫，不聽。

明年，天啓改元，應泰欲城清河、撫順。議三路出師，用大將十人，各將兵萬餘，仲揆、策當其二。未行，而大清兵已逼瀋陽。兩人馳救，次渾河。遊擊周敦吉曰：「事急矣，請直抵瀋陽，與城中兵夾擊，可以成功。」已，聞瀋陽陷，諸將皆憤曰：「我輩不能救瀋，在此三年何爲！」敦吉固請與石砫都司秦邦屏先渡河，營橋北，仲揆、策及副將戚金、參將張名世統浙兵三千營橋南。邦屏結陣未就，大清兵來攻，卻復前者三，諸軍遂敗。敦吉、邦屏及參將吳文傑、守備雷安民等皆死。他將走入浙兵營，被圍數匝。副將朱萬良、姜弼不救，及圍急始

前，一戰即敗走。大清兵盡銳攻浙營。營中用火器，多殺傷。火藥盡，短兵接，遂大潰。策先戰死，仲揆將奔，金止之，乃還兵鬭。力盡矢竭，揮刀殺十七人。大清兵萬矢齊發，仲揆與金、名世及都司袁見龍、鄧起龍等並死焉。萬良既遁，經略將斬之，乞勦罪自效。及遼陽被攻，果陷陣死。

自遼左用兵，將士率望風奔潰，獨此以萬餘人當數萬衆。雖力細而覆，時咸壯之。事聞，贈策少保、左都督，增世廕三級，再廕本衞指揮僉事，世襲，賜祭葬，建祠曰「愍忠」。仲揆贈都督同知，增世廕三級，祠祀。金、起龍贈都督僉事，增世廕三級，附祀。名世先有罪繫獄，尚書薛三才薦其善火器，命從征立功。文傑亦先褫職。及死，並得復官，贈三級，增世廕二級。見龍等皆予贈廕，他副將至把總戰死者百二十餘人，贈廕有差。

敦吉，先爲四川永寧參將。永寧宣撫奢效忠卒，子崇明幼，其妻奢世統與妾奢世續爭印，相攻者十餘年。後崇明襲職，世續猶匿印不予。都司張神武與敦吉謀，盡掠其積聚子女，擒世續以歸。其部目閻宗傳怒，以求主母爲名，大掠永寧、赤水、普市、摩尼，數百里成丘墟。事聞，敦吉、神武並論死。遼東告警，命敦吉從軍自效，及是鏖戰死，贈卹如制。

神武，新建人。萬曆中舉武會試第一。授四川都司僉書。既論死，遼左兵興，用經略

袁應泰薦，詔諭從征立功。神武率親丁二百四十餘，疾馳至廣寧。會遼陽已失，巡撫薛國用固留之，不可，曰：「奉命守遼陽，非守廣寧也。」曰：「遼陽歿矣，若何之？」曰：「將以殲敵。」曰：「二百人能殲敵乎？」曰：「不能，則死之。」前至遼河，遇逃卒十餘萬。神武以忠義激其帥，欲與還戰，帥不從。乃獨率所部渡河，抵首山，去遼陽十七里而軍。將士不食已一日，遇大清兵，疾呼奮擊，孤軍無援，盡歿於陣。監軍御史方震孺繪神武像，率將士羅拜，爲文祭之。詔贈都督僉事，世廕千戶，立祠祀之。

又有楊宗業、梁仲善者，皆援遼總兵官。宗業歷鎮浙江、山西。楊鎬四路敗後，命提兵赴援，至是父子並戰死。仲善亦戰死遼陽城下。宗業贈都督同知，世廕千戶，仲善贈都督僉事，增世廕三級，並從祠附祀。

羅一貫，甘州衞人。以參將守西平堡。遼陽陷，西平地最衝，一貫悉力捍禦。巡撫王化貞言於朝，加副總兵。時化貞駐廣寧，經略熊廷弼駐右屯，總兵劉渠以二萬人守鎮武，祁秉忠以萬人守閭陽，而一貫帥三千人守西平。已，定議，各繕隍堅壘，急則互相援，違者必誅。明年正月，大清兵西渡河，經撫戒勿輕戰。兵漸近，參將黑雲鶴出擊。一貫止之，不

從。明日，雲鶴戰敗，奔還城，追兵殲焉。一貫憑城固拒，用礮擊傷者無算。大清樹旗招降，且遣使來說，一貫不從。又明日，騎益衆，環城力攻。一貫流矢中目，不能戰。火藥矢石盡，乃北面再拜，曰：「臣力竭矣。」遂自剄。都司陳尚仁、王崇信亦死之。

化貞知城未下，信遊擊孫得功語，盡發廣寧兵。以得功及中軍遊擊祖大壽爲前鋒，令會秉忠赴援，廷弼亦遣使督渠進戰，遇大清兵於平陽。得功懷異志，欲引去。乃分兵爲左右翼，稍卻，推渠、秉忠前。渠等力戰，頗有殺傷。得功及副將鮑承先走，後軍見之亦奔，遂大潰。渠戰死。秉忠被二刃三矢，家衆扶上馬，奪圍出，創重，卒於途。副將劉徵擊殺十餘人，乃死。大壽走覺華島。越二日，廣寧卽破。事聞，贈一貫都督同知，世廕副千戶，渠、秉忠少保，左都督，增世廕三級，再廕指揮僉事。皆賜祭葬，建祠並祀。

一貫子俊傑承廕，崇禎中仕至宣府總兵官，免歸。李自成犯甘州，城陷，死之。

渠，京城巡捕營副將也，以御史楊鶴薦，擢總兵官，援剿遼東。遼陽被圍，廣寧總兵李光榮不能救，反斷河橋截軍民歸路，總督文球劾罷之，卽以渠代。西平告急，帥鎮武兵往援，遂戰歿。

秉忠，陝西人。萬曆四十四年爲永昌參將。銀定、歹靑以二千餘騎入塞，秉忠提兵三百拒之，轉戰兩晝夜。援軍至，始遁。秉忠追還所掠人畜，邊人頌之。擢涼州副總兵。經略袁應泰薦其智勇，令率私卒守蒲河。至則遼陽已破，命爲援剿總兵官，駐防閭陽，援西平，竟死。

自遼左軍興，總兵官陣亡者凡十有四人：撫順則張承廕，四路出師則杜松、劉綎、王宣、趙夢麟，開原則馬林，瀋陽則賀世賢、尤世功，渾河則童仲揆、陳策，遼陽則楊宗業、梁仲善。是役，渠與秉忠繼之。朝端卹典，俱極優崇。而僨軍之將，若李如柏、麻承恩輩，竟有未膺顯戮者。

滿桂，蒙古人，幼入中國，家宣府。稍長，便騎射。每從征，多斬馘。軍令，獲敵首一，予一官，否則賚白金五十。桂屢得金，不受職。年及壯，始爲總旗。又十餘年爲百戶。後屢遷潮河川守備。楊鎬四路師敗，薦小將知兵者數人，首及桂。移守黃土嶺。爲總督王象乾所知，進石塘路遊擊、喜峯口參將。

天啓二年，大學士孫承宗行邊，桂入謁。壯其貌，與談兵事，大奇之。及出鎮山海，卽擢副總兵，領中軍事。承宗幕下，文武輻輳，獨用桂。桂椎魯甚，然忠勇絕倫，不好聲色，與

士卒同甘苦。

明年，承宗議出關修復寧遠，問誰可守者。馬世龍薦孫諫及李承先，承宗皆不許。袁崇煥、茅元儀進曰：「滿桂可。但爲公中軍，不敢請耳。」承宗曰：「旣可，安問中軍。」呼桂語之，慨然請行。世龍猶疑其不可，承宗不聽。卽日置酒，親爲之餞。桂至寧遠，與崇煥協心城築，屹然成重鎮。語具崇煥傳中。

時蒙古部落駐牧寧遠東鄙，遼民來歸者悉遭劫掠，承宗患之。四年二月，遣桂及總兵尤世祿襲之大凌河。諸部號泣西竄，東鄙以寧。拱兔、炒花、宰賽諸部陽受款而陰懷反側。桂善操縱，諸部咸服，歲省撫賞銀不貲。初，城中郛外，一望丘墟。至是軍民五萬餘家，屯種遠至五十里。承宗上其功。詔擢都督僉事，加衞總兵。承宗乃令典後部，與前部趙率敎相掎角。督餉郎中楊呈秀侵剋軍糧，副將徐璉激之變，圍崇煥署。憚桂家卒勇猛，不敢犯，結隊東走。桂與崇煥追斬首惡，撫餘衆而還。

六年正月，我大清以數萬騎來攻，遠邇大震，桂與崇煥死守。始攻西南城隅，發西洋紅夷礮，傷攻者甚衆。明日轉攻南城，用火器拒却之，圍解。帝大喜，擢都督同知，實授總兵官。再論功，加右都督，廕副千戶，世襲。桂疏謝，並自敘前後功。優詔褒答，再進左都督。

桂初與率教深相得。是役也，怒其不親救，相責望。帝聞之，下敕戒勉。而崇煥復與桂不和，言其意氣驕矜，謾罵僚屬，恐壞封疆大計，乞移之別鎮，以關外事權歸率教。舉朝皆知桂可用，慮同城或僨事，遂召還。督師王之臣力言桂不可去，而召命已下。又請用之關門。崇煥皆不納。閏六月乃命以故秩僉書中軍府事。未幾，崇煥亦自悔，請仍用之臣言。帝可之，命桂掛印移鎮關門，兼統關外四路及燕河、建昌諸軍，賜尚方劍以重事權。

七年五月，大清兵圍錦州，分兵略寧遠。桂遣兵救，被圍笊籬山。桂與總兵尤世祿赴之，大戰相當。遂入寧遠城，與崇煥爲守禦計。俄大清兵進薄城下，桂率副將尤世威等出城迎，頗有殺傷，桂亦身被重創。捷聞，加太子太師，世廕錦衣僉事。會蒙古炒花諸部離散，桂與之臣多收置之麾下。及崇煥休去，之臣再督師，盛推桂才，請仍鎮寧遠。

莊烈帝已嗣位，詔之臣毋蹈袁應泰、王化貞故轍，並責桂阿之臣意。桂遂請病乞休，不允。崇禎元年七月，言官交劾之臣，因及桂。之臣罷，桂亦召還府。適大同總兵渠家楨失事，命桂代之。大同久恃款弛備，插部西侵，順義王遂入境大掠。家楨及巡撫張翼明論死，插部遂挾賞不去。桂至，徧閱八路七十二城堡，邊備大修，軍民恃以無恐。

明年冬十月，大清兵入近畿。十一月詔諭勤王。桂率五千騎入衞，次順義，與宣府總兵侯世祿俱戰敗，遂趨都城。帝遣官慰勞，犒萬金，令與世祿俱屯德勝門。無何，合戰，世

祿兵潰，桂獨前鬬。城上發大礮佐之，誤傷桂軍，桂亦負傷，令入休甕城。旋與袁崇煥、祖大壽並召見，桂解衣示創，帝深嘉歎。十二月朔復召見，下崇煥獄，賜桂酒饌，令總理關、寧將卒，營安定門外。

桂驍勇敢戰。所部降丁間擾民，桂不能問。副將申甫所統多市人，桂軍淩之。夜發矢，驚其營，有死者。御史金聲以聞，帝亦不問。及大壽軍東潰，乃拜桂武經略，盡統入衞諸軍，賜尚方劍，趣出師。桂曰：「敵勁援寡，未可輕戰。」中使趣之急，不得已，督黑雲龍、麻登雲、孫祖壽諸大將，以十五日移營永定門外二里許，列柵以待。大清兵自良鄉回，明日昧爽，以精騎四面蹙之。諸將不能支，大敗，桂及祖壽戰死，雲龍、登雲被執。帝聞，震悼，遣禮部侍郎徐光啓致祭，贈少師，世廕錦衣僉事，襲陞三級，賜祭葬，有司建祠。

孫祖壽，字必之，昌平人。萬曆中舉武鄉試，授固關把總。天啓二年歷官署都督僉事爲薊鎮總兵官。

孫承宗行邊，議於薊鎮三協十二路分設三大將。以祖壽領西協，轄石匣、古北、曹家、牆子四路，駐遵化。而江應詔領東協，駐關門，轄山海關、一片石、燕河、建昌四路。馬世龍領中協，駐三屯營，轄馬蘭、松棚、喜峰、太平四路。經略王在晉、總督王象乾僉謂：「永平設

鎮，本以衞山海。今移之三屯，則去山海四百里，於應援爲疏。遵化去三屯止六十里，今並列兩鎮，於建牙爲贅。請令世龍仍鎮永平，以東協四路分隸世龍、應詔，而以中、西二協專隸之祖壽，仍鎮三屯。」章下兵部，署事侍郎張經世議如其言，承宗堅執如初。乃命祖壽移鎮遵化。七年，錦州告警，祖壽赴援，不敢戰，被劾罷歸。及是都城被兵，散家財，招回部曲，從滿桂赴鬬，竟死，贈卹如制。

祖壽初守固關，遘危疾，妻張氏割臂以療，絕飲食者七日。祖壽生，而張氏旋死，遂終身不近婦人。爲大帥，部將以五百金遺其子於家，却不受。他日來省，賜之卮酒曰：「却金一事，善體吾心，否則法不汝宥也。」其秉義執節如此。

趙率教，陝西人。萬曆中，歷官延綏參將，屢著戰功。已，劾罷。遼事急，詔廢將蓄家丁者赴軍前立功。率教受知於經略袁應泰，擢副總兵，典中軍事。

天啓元年，遼陽破，率教潛逃，罪當死，倖免。明年，王化貞棄廣寧，關外諸城盡空。率教請於經略王在晉，願收復前屯衞城，率家丁三十八人以往。蒙古據其地，不敢進，抵中前所而止。其年，遊擊魯之甲以樞輔孫承宗令，救難民六千口，至前屯，盡驅蒙古於郊外。率

教乃得入，編次難民爲兵，繕雉堞，謹斥堠，軍府由是粗立。既而承宗令裨將陳練以川、湖土兵來助，〔一〕前屯守始固。而率教所招流亡至五六萬。擇其壯者從軍，悉加訓練。餘給牛種，大興屯田，身自督課，至手足胼胝。承宗出關閱視，大喜，以己所乘輿贈之。

蒙古虎墩兔素爲總督王象乾所撫。其部下抽扣兒者，善爲盜，率教捕斬四人。招撫僉事萬有孚與率教有隙，遂以故敗款事訴之象乾。象乾告兵部尚書董漢儒，將斬之，賴承宗貽書漢儒，得不死。

時承宗分關內外爲五部。以馬世龍、王世欽、尤世祿領中、左、右部，而令率教與副將孫諫領前、後部，部各萬五千人。率教仍駐前屯。四年九月，承宗暴其功於朝。擢署都督僉事，加衞總兵。五年冬，承宗去，高第來代，諸將多所更置。率教善事第，第亦委信之。

六年二月，蒙古以寧遠被圍，乘間入犯平川、三山堡。率教禦之，斬首百餘級，奪馬二百匹，追至高臺堡乃還。捷聞，帝大喜，立擢都督同知，實授總兵官，代楊麒鎮山海關。尋論功，再進右都督，世廕本衞副千戶。時滿桂守寧遠，亦有盛名，與率教深相得。及寧遠被圍，率教遣一都司、四守備東援。桂惡其稽緩，拒不納，以袁崇煥言，乃令入。既解圍，率教欲分功。桂不許，且責其不親援，兩人遂有隙。中朝聞之，下敕戒諭。而桂又與崇煥不和。乃召還桂，令率教盡統關內外兵，移鎮寧遠。

七年正月，大清兵南征朝鮮。率教督兵抵三岔河爲牽制，卒無功。三月，崇煥議修築錦州、大凌河、中左所三城，漸圖恢復。率教移鎮錦州護工，再加左都督。五月，大清兵圍錦州，率教與中官紀用，副將左輔、朱梅等嬰城固守。發大礮，頗多擊傷。相持二十四日，圍始解。時桂亦著功寧遠，因稱「寧、錦大捷」。魏忠賢等蒙重賞。率教加太子少傅，廕錦衣千戶，世襲。

崇禎元年八月移鎮永平，兼轄薊鎮八路。踰月，掛平遼將軍印，再移至關門。明年，大清兵由大安口南下。率教馳援，三晝夜抵三屯營。總兵朱國彥不令入，遂策馬而西。十一月四日戰於遵化，中流矢陣亡，一軍盡歿。帝聞痛悼，賜卹典，立祠奉祀。

率教爲將廉勇，待士有恩，勤身奉公，勞而不懈，與滿桂並稱良將。二人既歿，益無能辦東事者。

國彥以崇禎二年四月爲薊鎮中協總兵官，駐三屯營。十一月六日，大清兵臨城，副將朱來同等挈家潛遁。國彥憤，榜諸人姓名於通衢。以所積俸銀五百餘衣服器具盡給部卒。具冠帶西向稽首，偕妻張氏投繯死。

官惟賢，萬曆末，爲甘肅裴家營守備。[三]天啓二年以都司僉書署鎮番參將事，歷宣府遊擊、延綏西路參將，仍移鎮番。

五年春，河套、松山諸部入犯，惟賢偕參將丁孟科大敗之，斬首二百四十餘級。明年春，班記剌麻台吉復糾松山銀定、歹成及矮木素、三兒台吉以三千騎來犯。惟賢再敗之，獲首功二百有奇。三兒台吉被創死，進惟賢副總兵。其冬，銀定等以三兒之死挾憤圖報，益糾河套土巴台吉等分道入掠。惟賢及鎮將徐永壽等亦分道拒之，共獲首功百有六十。七年春，銀定、賓兔、矮木素、班記剌麻合土賣火力赤等由黑水河入。惟賢及西路副將陳洪範大破之，斬首百八十餘級。當是時，西部頻寇邊，惟賢屢挫其鋒。其秋，王之臣督師遼東，乞惟賢赴關門。

明年，崇禎改元，惟賢至，用爲山海北路副總兵。二年冬，京師有警。惟賢入衞，總理馬世龍令急援寶坻、灤縣。明年正月九日，大清兵自撫寧向山海。翼日，至鳳凰店，離關三十里列三營。惟賢與參將陳維翰等設兩營以待，合戰，互有殺傷。已，大清兵返撫寧，世龍令惟賢率維翰及遊擊張奇化、李居正、王世選、王成等往襲遵化。至城西波羅灣，城中兵出擊，前鋒殊死戰。大清兵收入城，後隊乘勢進攻，城上矢石如雨。尋復遣兵出戰，惟賢陷陣，中箭死，士卒殺傷者三百餘人。奇化亦戰歿。

何可綱，遼東人。天啓中，以守備典袁崇煥寧遠道中軍，廉勇善撫士卒。六年，寧遠被圍，佐崇煥捍禦有功，進都司僉書。明年再被兵，復堅守。遷參將，署寧遠副將事。

崇禎元年，巡撫畢自肅令典中軍。及崇煥再出鎮，復以副將領中軍事，靖十三營之變。崇煥欲更置大將，上言：「臣昔爲巡撫，定議關外止設一總兵。其時魏忠賢竊柄，崔呈秀欲用其私黨，增設三四人，以致權勢相衡，臂指不運。乃止留寧遠及前鋒二人，而臂指之不運猶故也。臣以爲寧遠一路，斷宜併歸前鋒。總兵駐關內者，掛平遼將軍印，轄山、石二路，而以前屯隸之。駐關外者，掛征遼前鋒將軍印，轄寧遠一衞，而以錦州隸之。薊遼總兵趙率教久習遼事，宜與山海麻登雲相易，掛平遼將軍印。關外總兵舊有朱梅、祖大壽。梅已解任，宜併歸大壽，駐錦州，而以臣中軍何可綱專防寧遠。可綱仁而有勇，廉而能勤，事至善謀，其才不在臣下。臣向所建豎，實可綱力，請加都督僉事，仍典臣中軍。則一鎮之費雖裁，一鎮之用仍在。臣妄謂五年奏凱者，仗此三人之力，用而不效，請治臣罪。」帝悉從之。可綱佐崇煥更定軍制，歲省餉百二十萬有奇。以春秋二防功，進職右都督。

二年冬，京師被兵，與大壽從崇煥入衞，數有功。崇煥下吏，乃隨大壽東潰，復與歸朝。明年正月，永平、灤州失守，可綱戰古冶鄉及雙望，頗有斬獲。四月，樞輔孫承宗令可綱督諸將營雙望諸山，以綴永平之師。令大壽諸軍直趨灤州。灤州既復，大清兵棄永平去，可綱遂入其城。論功，加太子太保、左都督。已而錦州被圍，可綱督諸將赴救，立功鄆馬山，復進秩。

四年築城大凌河，命可綱偕大壽護版築。八月甫竣工，大清以十萬衆來攻，可綱等堅守不下。久之，糧盡援絕。大壽及諸將皆欲降，獨可綱不從，令二人掖出城外殺之，可綱顏色不變，亦不發一言，含笑而死。

黃龍，遼東人。初以小校從復錦州，積功至參將。崇禎三年從大軍復灤州，功第一，遷副總兵。尋論功進秩三等，爲都督僉事，世廕副千戶。登萊巡撫孫元化以劉興治亂東江，請龍往鎮。兵部尚書梁廷棟亦薦龍爲總兵官，與元化恢復四衞，從之。

先是，毛文龍死，袁崇煥分其兵二萬八千爲四協，命副將陳繼盛、參將劉興治、毛承祚、徐敷奏主之。後改爲兩協，繼盛領東協，興治攝西協。語詳崇煥傳。興治兇狡好亂，與繼盛不相能。其兄參將興祚陣亡，繼盛誤聽諜報，謂未死。興治憤，擇日爲興祚治喪，諸將咸弔。繼盛至，伏兵執之，並執理餉經歷劉應鶴等十一人。[三]袖出一書，宣於衆，詭言此繼盛誣興祚詐死，及以謀叛誣陷己者，遂殺繼盛及應鶴等。又僞爲島中商民奏一通，請優卹興祚，而令興治鎮東江。舉朝大駭，以海外未遑詰也。興治與諸弟兄放舟長山島，大肆殺掠。島去登州四十里。時登萊總兵官張可大赴援永平，帝用廷棟言，趣可大還登州，授副將周文郁大將印，令撫定興治。會永平已復，興治稍戢，返東江。龍莅皮島受事，興治猶桀驁如故。四年三月復作亂，杖其弟興基，殺參將沈世魁家衆。[四]世魁率其黨夜襲殺興治，亂乃定。

遊擊耿仲明之黨李梅者，通洋事覺，龍繫之獄。仲明弟都司仲裕在龍軍，謀作亂。十月率部卒假索餉名圍龍署，擁至演武場，折股去耳鼻，將殺之。諸將爲救免。未幾，龍捕斬仲裕，疏請正仲明罪。會元化劾龍剋餉致兵譁，帝命充爲事官，而覈仲明主使狀。仲明遂偕孔有德反，以五年正月陷登州，招島中諸將。旅順副將陳有時、廣鹿島副將毛承祿皆往從之。龍急遣尚可喜、金聲桓等撫定諸島，而躬巡其地，慰商民，誅叛黨，縱火焚其舟。賊黨高成友者據旅順，斷關寧、天津援師。龍令遊擊李維鸞偕可喜等擊走之，即移駐其地，援始通。其冬，有德等欲棄登州走入海，龍遣副將龔正祥率舟師四千邀之廟島。颶風破舟，正

祥陷賊中。後居登州，謀爲內應，事露被殺。初，龍駐旅順大治兵。賊拘龍母妻及子以脅之，龍不顧。

六年二月，有德、仲明屢爲巡撫朱大典所敗，航海遁去。龍度有德等必遁，遁必經旅順，邀擊之。有德幾獲而逸。斬賊魁李九成子應元，生擒毛承祿、蘇有功、陳光福及其黨高志祥等十六人，獲首級一千有奇，奪還婦女無算，獻俘於朝。帝大喜，磔承祿等，傳首九邊，復龍官。承祿，文龍族家子也。

有德等大憤，欲報龍。會賊舟泊鴨綠江，龍盡發水師剿之。七月，有德等偵知旅順空虛，遂引大清兵來襲。龍數戰皆敗，火藥矢石俱盡，語部將譚應華曰：「敵衆我寡，今夕城必破。若速持吾印送登州，不能赴，即投諸海可也。」應華出，龍率惟鸞等力戰。圍急，知不能脫，自剄死。惟鸞及諸將項祚臨、樊化龍、張大祿、尚可義俱死之。事聞，贈龍左都督，賜祭葬，予世廕，建祠曰「顯忠」，惟鸞等附祀。以副總兵沈世魁代龍爲總兵官。

世魁本市儈，其女有殊色，爲毛文龍小妻。世魁倚勢橫行島中，至是爲大帥。七年二月，廣鹿島副將尚可喜降於我大清。[五]島中勢益孤。十年，朝鮮告急，世魁移師皮島爲聲援。有德等來襲，世魁戰敗，率舟師走石城，副將金日觀陣歿。登萊總兵陳洪範來援，不戰而走。世魁亦陣亡，士卒死傷者萬餘。從子副將志科集潰卒至長城島，欲得世魁敕印。監軍副使黃孫茂不予，志科怒殺之，並殺理餉通判邵啓。副將白登庸遂率所部降大清。諸島雖有殘卒，不能成軍，朝廷亦不置大帥，以登萊總兵遙領之而已。明年夏，楊嗣昌決策盡徙其兵民寧、錦，而諸島一空。

金日觀，不知何許人。天啓五年以將才授守備，効力關門。擢鎮標中軍遊擊，加參將行薊鎮東路遊擊事，專領南兵。

崇禎初，加副總兵，守馬蘭峪。三年正月，大清兵破京東列城。兵部侍郎劉之綸遣部將吳應龍等結營毛山，規取羅文谷關。師敗，日觀遣二將馳援，亦敗歿。大清兵乘勝據府君、玉皇二山，進攻馬蘭城甚急。日觀堅守，親然大礮。礮炸，焚頭目手足，意氣不衰。乞援於總理馬世龍。令參將王世選等赴救，兵乃退。尋復以二千餘騎來攻，日觀偕世選等死守不下。朝廷獎其功，驟加都督同知。四月，與副將謝尚政、曹文詔等攻復大安城，遂偕諸軍復遵化。錄功，進左都督。時總兵鄧玘轄馬蘭、松棚二路，日觀應受節制。以玘銜都督同知，不屑爲之下。總督曹文衡劾日觀器小易盈，恃功驕縱，帝特戒飭而已。久之，移涿州副總兵。

十年春，大清兵攻朝鮮，命從登萊總兵陳洪範往救，駐師皮島。大清遣孔有德、耿仲明、尚可喜等先攻鐵山。四月分兵攻皮島，水陸夾攻。副將白登庸先遁，洪範亦避走石城。日觀偕諸將楚繼功等相持七晝夜，力不支，陣歿，島城隨破。贈特進光祿大夫、太子太師，世廕錦衣副千戶，建祠。繼功等贈卹有差。

贊曰：古人有言，彼且爲我死，故我得與之俱生。故死封疆之臣，君子重之。觀遼左諸帥，委身許國，見危不避，可謂得死所者與！於時優卹之典非不甚渥，然而無救於危亡者，廟算不定，僨事者不誅，文墨議論之徒從而撓之，徒激勸忠義無益也。

校勘記

[一] 既而承宗令裨將陳練以川湖土兵來助　陳練，本書卷二五〇孫承宗傳、明史稿傳一二九趙率教傳都作「陳諫」。

[二] 爲甘肅裴家營守備　裴家營，原作「斐家營」，據明史稿傳一二九官惟賢傳改。

[三] 並執理餉經歷劉應鶴等十一人　劉應鶴，原作「楊應鶴」，據明史稿傳一二九黃龍傳、懷宗實錄

崇禎三年四月乙卯、國榷卷九一頁五五二八改。

〔四〕殺參將沈世魁家衆　沈世魁，懷宗實錄卷六崇禎六年九月壬寅條、國榷卷九二頁五六一六、清太宗實錄卷三四崇德二年四月條都作「沈世奎」，本書卷二三莊烈帝紀、懷宗實錄卷十崇禎十年四月辛亥條都作「沈冬魁」。

〔五〕七年二月廣鹿島副將尚可喜降於我大清　二月，本書卷二三莊烈帝紀、清太宗實錄卷一七天聰八年（崇禎七年）正月甲寅條都作「正月」。

明史卷二百七十二

列傳第一百六十

金國鳳 楊振 楊國柱　曹變蛟 朱文德 李輔明
劉肇基 乙邦才 馬應魁 莊子固

金國鳳，宣府人。崇禎中，以副總兵守松山。十二年二月，大清以重兵來攻，環城發礮，臺堞俱摧。城中人負扉以行。國鳳間出兵突擊，輒敗還，乃以木石甃補城壞處。大清兵屢登屢却，遂分兵攻塔山、連山，令銳卒分道穴城。國鳳多方拒守，終不下，閱四旬圍解。帝大喜，立擢署都督僉事，爲寧遠團練總兵官。再論功，署都督同知，廕錦衣衞千戶。

是年十月，大清兵復攻寧遠。國鳳憤將士恇怯，率親丁數十人出據北山岡鏖戰。移時矢盡力竭，與二子俱死。帝聞痛悼，贈特進榮祿大夫、左都督，賜祭葬，有司建祠，增世職三級。

總督洪承疇上言：「國鳳素懷忠勇。前守松山，兵不滿三千，乃能力抗強敵，卒保孤城。非其才力優也，以事權專，號令一，而人心肅也。迨擢任大將，兵近萬人，反致隕命。非其才力短也，由營伍紛紜，號令難施，而人心不一也。乞自今設連營節制之法，凡遇警守城，及統兵出戰，惟總兵官令是聽。庶軍心齊肅，戰守有資，所係於封疆甚大。」帝即允行之。及國鳳父子柩歸，帝念其忠，命所過有司給以舟車，且加二祭。其妻張氏援劉綎例，乞加宮保。部議格不行，而請於世職增級外，再廕本衞試百戶世襲，以勸忠臣。帝可之。

當松山被圍，巡撫方一藻議遣兵救援，諸將莫敢應。獨副將楊振請行，至呂洪山遇伏，一軍盡覆。振被執，令往松山說降。未至里許，踞地南向坐，語從官李祿曰：「爲我告城中人堅守，援軍即日至矣。」祿詣城下致振語，城中守益堅。振、祿皆被殺。事聞，命優恤。

振，義州衞人。世爲本衞指揮使。天啓二年，河東失守，歸路梗，其母自縊。振隨父及弟夜行晝伏，渡鴨綠江入皮島。毛文龍知其父子才，並署軍職。文龍死，振歸袁崇煥，爲寧遠千總。崇禎二年從入衞。救開平有功，進都司僉書。鄭馬山之戰，以遊擊進參將。久之，擢副總兵。監視中官高起潛招致之，不往。中以他事，落職。用一藻薦，復官，及是死難。

振從父國柱，崇禎九年爲宣府總兵官。十一年冬，入衞畿輔，從總督盧象昇戰賈莊，象昇敗歿，國柱當坐罪。大學士劉宇亮、侍郎孫傳庭皆言其身入重圍，非臨敵退却者比。乃充爲事官，戴罪圖功。十四年，祖大壽被困錦州，總督洪承疇率八大將往救。國柱先至松山，陷伏中。大清兵四面呼降，國柱太息，語其下曰：「此吾兄子昔年殉難處也，吾獨爲降將軍乎！」突圍，中矢隕馬卒。事聞，贈卹如制。

國柱二子俱歿。妻何氏以所遺甲冑弓矢及戰馬五十三匹獻諸朝。帝深嘉歎，命授一品夫人，有司月給米石，廩之終身。

曹變蛟，文詔從子也，幼從文詔積軍功至遊擊。崇禎四年從復河曲。明年連破賊紅軍友等於張麻村、隴安、水落城、唐毛山，又破劉道江等於銅川橋，勇冠諸軍。以御史吳甡薦，進參將。文詔移山西，變蛟從戰輒勝。及文詔改鎭大同，山西巡撫許鼎臣言：「晉賊紫金梁雖死，老回回、過天星、大天王、蠍子塊、闖塌天諸渠未滅。變蛟驍勇絕人，麾下健兒千百，才乃文詔亞，乞留之晉中。」從之。

七年，羣賊入湖廣，命變蛟南征。文詔困於大同，又命北援。七月遇大清兵廣武，有戰

功。其冬，文詔失事論戍，變蛟亦以疾歸。

明年，文詔起討陝西賊，變蛟以故官從。大捷金嶺川，塵眞寧之湫頭鎭，皆爲軍鋒。文詔既戰歿，變蛟收潰卒，復成一軍。總督洪承疇薦爲副總兵，置麾下，與高傑破賊關山鎭，逐北三十餘里。又與副將尤翟文、遊擊孫守法追闖王高迎祥，與戰鳳翔官亭，斬首七百餘級。又與總兵左光先敗迎祥乾州。迎祥中箭走，斬首三百五十餘級。已而迎祥自華陰南原絕大嶺，夜出朱陽關。光先戰不利，賴變蛟陷陣，乃獲全。九年破闖將澄城。偕光先等追至靖虜衞，轉戰安定、會寧，抵靜寧、固寧，賊屢挫。其秋追混天星等，敗之蒲城。賊西走平涼、鞏昌，復擊破之。

十年二月，巡撫孫傳庭部卒許忠叛，勾賊混十萬謀犯西安。變蛟方西追過天星，聞亂急還，賊遂遁。傳庭已誅迎祥，其黨闖將混天星、過天星踞洮、岷、階、文深谷間。承疇遣變蛟、光先及祖大弼、孫顯祖合擊。四月望，入山，遇賊郭家壩，大雨。諸將力戰，賊死傷無算，食盡引還。九月，階州陷，與光先並停俸。俄擢都督僉事，爲臨洮總兵官。當是時，承疇、傳庭共矢滅賊。傳庭戰於東，承疇戰於西，東賊幾盡。賊在西者，復由階、成出西和、禮縣。光先、顯祖皆無功，獨變蛟降小紅狼。餘賊竄走徽州、兩當、成、鳳間，不敢大逞。

十月，賊瞯蜀中虛，陷寧羌州，分三道，連陷三十餘州縣。承疇率變蛟等由沔縣歷寧

羌，過七盤、朝天二關。山高道狹，士馬饑疲，歲暮抵廣元，賊已走還秦。變蛟等回軍邀擊，斬首五百餘級。

時兵部尚書楊嗣昌創「四正六隅」之說，限三月平賊。十一年四月以滅賊踰期，普議降罰，變蛟、光先並鐫五級，[一]戴罪辦賊。

賊之再入秦也，其渠魁號六隊者，與大天王、混天王、爭管王四部連營東犯，混天星、過天星二部仍伏階、文，獨闖將李自成以三月自洮州出番地。承疇令變蛟偕賀人龍追之，連戰斬首六千七百有奇。番地乏食，賊多死亡。變蛟轉戰千里，身不解甲者二十七晝夜。餘賊潰入塞。大弼駐洮州，扼戰不力。乃走入岷州及西和、禮縣山中。變蛟還剿，賊伏匿不敢出，惟六隊勢猶張。六月，光先自固原進兵，賊已奔隴州、淸水。光先追至秦州，六隊及爭管王復走成縣、階州，爲變蛟所扼。其別部號三隊及仁義王、混天王降於光先，而自成、六隊及其黨祁總管避秦兵，復謀犯蜀，副將馬科、賀人龍拒之。將還走階、文及西鄉，憚變蛟，乃走漢中，又爲光先所扼。六隊、祁總管皆降，惟自成東遁。承疇令變蛟窮追，而設三覆於潼關之南原。變蛟追及，大呼斫賊。伏盡起，賊屍相枕藉。村民用大棒擊逃者。自成妻女俱失，從七騎遁去。餘皆降。是時，曹兵最強，各鎭依之以爲固，錄關中平賊功，進變蛟左都督。

十一月，京師戒嚴，召承疇入衞，變蛟及光先從之。明年二月，抵近畿，帝遣使迎勞，將士各有賜。未幾，戰渾河，無功；再戰太平砦北，小有斬獲。及解嚴，留屯遵化。麾下皆秦卒，思歸，多逃亡者，追斬之乃定。時張獻忠、羅汝才旣降復叛，陝西再用兵。總督鄭崇儉乞令變蛟兵西還，帝不許，尋用爲東協總兵官。

十三年五月，錦州告急。從總督承疇出關，駐寧遠。七月與援剿總兵左光先、山海總兵馬科、寧遠總兵吳三桂、遼東總兵劉肇基，遇大淸兵於黃土臺及松山、杏山，互有殺傷。大淸兵退屯義州。承疇議遣變蛟、光先、科之兵入關養銳，留三桂、肇基於松、杏間，佯示進兵狀。又請解肇基任，代以王廷臣，遣光先西歸，代以白廣恩。部議咸從之，而請調旁近邊軍，合關內外見卒十五萬人備戰守。用承疇言，師行糧從，必芻糧足支一歲，然後可議益兵。帝然之，敕所司速措給。

徵宣府總兵楊國柱、大同總兵王樸、密雲總兵唐通各揀精兵赴援。以十四年三月偕變蛟、科、廣恩先後出關，合三桂、廷臣凡八大將，兵十三萬，馬四萬，並駐寧遠。

承疇主持重，而朝議以兵多餉艱，職方郎張若麒趣戰。承疇念祖大壽被圍久，乃議急救錦州。七月二十八日，諸軍次松山，營西北岡。數戰，圍不解。八月，國柱戰歿，以山西總兵李輔明代之。承疇命變蛟營松山之北，乳峯山之西，兩山間列七營，環以長壕。俄聞

我太宗文皇帝親臨督陣，諸將大懼。及出戰，連敗，餉道又絕。樸先夜遁，通、科、三桂、廣恩、輔明相繼走。自杏山迤南沿海，東至塔山，爲大清兵邀擊，溺海死者無算。變蛟、廷臣聞敗，馳至松山，與承疇固守。三桂、樸奔據杏山。越數日，欲走還寧遠。至高橋遇伏，大敗，僅以身免。先後喪士卒凡五萬三千七百餘人。自是錦州圍益急，而松山亦被圍，應援俱絕矣。九月，承疇、變蛟等盡出城中馬步兵，欲突圍出，敗還。守半年，至明年二月，副將夏成德爲內應，松山遂破。承疇、變蛟、廷臣及巡撫丘民仰，故總兵祖大樂，兵備道張斗、姚恭、王之楨，副將江翥、饒勳、朱文德，參將以下百餘人皆被執見殺，獨承疇與大樂獲免。

文德，義州衞人，後家錦州。崇禎時，積功至松山副將。忤監視中官高起潛，爲所中，斥罷。十一年起故官。及城被圍，領前鋒拒守甚力，城破竟死。

三月，大壽遂以錦州降。杏山、塔山連失，京師大震。詔賜諸臣祭葬，有司建祠。變蛟妻高氏以贈廕請，乃贈榮祿大夫、太子少保，世廕錦衣指揮僉事。

法司會鞫王樸罪。御史郝晉言：「六鎭罪同，皆宜死。三桂實遼左主將，不戰而逃，奈何反加提督？」兵部尚書陳新甲覆議，請獨斬樸，勒科軍令狀，再失機卽斬決。三桂失地應斬，念守寧遠功，與輔明、廣恩、通皆貶秩，充爲事官。

輔明，遼東人，累官副總兵。崇禎八年從祖寬擊賊，連蹙之嵩縣、汝州、確山。明年追破賊於滁州。敍功，加都督僉事。十二年擢山西總兵官，被劾罷。明年從承疇出關，使代國柱，竟敗。十六年爲援勦總兵。是冬，大清兵薄寧遠，輔明馳援，軍敗猶力戰，歿於陣。事聞，贈特進榮祿大夫、左都督，世廕錦衣副千戶，賜祭葬，列壇前屯祀之。

樸，榆林衞人。父威，官左都督，九佩將印，爲提鎭者五十年。兄世欽，里居殉難，見尤世威傳中。樸由父廕屢遷京營副將。崇禎六年，賊躪畿南，命樸與倪寵爲總兵官，將京軍六千，監以中官楊應朝、盧九德，屢有斬獲功，進右都督。明年代曹文詔鎭大同，進左都督。九年秋，都城被兵，詔樸入衞，賚蟒衣彩幣，竟無功。十一年加太子太保。是冬，從總督盧象昇入衞，方戰欒城、束鹿間。或言大同有警，卽引兵歸。及是救錦州，以首逃下詔獄。十五年五月伏誅。

科，起偏裨至大帥，戰功亞變蛟，與三桂同守寧遠有功。十六年春，督兵入衞，賜宴武英殿，命從大學士吳甡南征，不果行。明年三月從李建泰西征。李自成兵至，科遂降，封懷仁伯。

廣恩，初從混天猴爲盜。既降，屢立戰功。松山敗還，代馬科鎭山海關。是年十一月，京師戒嚴，廣恩入衞，賚銀幣羊酒。俄戰龍王口，稍有斬獲，以捷聞。帝始惡廣恩觀望，降旨譙責，而冀其後效，特命敍功。明年四月合八鎭兵戰螺山，悉潰敗。總督趙光抃請帝召之入，用爲武經略。廣恩以帝頻戮大將，已又多過，懼不敢至，假索餉名，頓眞定。大學士吳甡將南征，密請帝嚴旨逮治，而己力救，率之剿寇。廣恩感甚。無何，帝遣中官齎二萬金犒其軍，且諭以溫旨。廣恩遂驕，不爲甡用，大掠臨洺關，徑歸陝西。帝不得已，命隸督師孫傳庭辦賊。十月，郟縣師覆，加廣恩盪寇將軍，俾緣道收潰卒以保潼關。未幾，潼關亦破，廣恩西奔固原。賊將追躡及之，卽開門降。自成大喜，握手共飲，封桃源伯。

通，口辯無勇略。既敗歸，仍鎭密雲。其年冬，奉詔入衞，命守禦三河、平谷。大清兵下山東，通尾之而南，抵青州，迄不敢一戰。明年復尾而北，戰螺山，敗績。已，命從甡南征。甡未行而斥，乃令通轄薊鎭西協。五月汰密雲總兵官，命兼轄中協四路。尋用孔希貴於西協，而命通專轄中協。十月，關外有警，命率師赴援，以銀牌二百爲賞功用。事定，復移鎭西協。帝顧通厚，有蟒衣玉帶之賜，召見稱卿而不名，錫之宴，獎勞備至。明年，賊逼宣府，命移守居庸，封定西伯。無何，賊犯關，卽偕中官杜之秩迎降，京師遂陷。

光先，梟將也，與賊角陝西，功最多。自遼左遣還，廢不用。後聞廣恩從賊，亦詣賊降。

又有陳永福者，守開封，射李自成中目。及自成陷山西，令廣恩諭之降。永福懼誅，意

猶豫。自成折箭以示信，乃降，封爲文水伯。後自成敗還山西，永福爲守太原，殺晉府宗室殆盡。

劉肇基，字鼎維，遼東人。嗣世職指揮僉事，遷都司僉書，隸山海總兵官尤世威麾下。崇禎七年從世威援宣府，又從勦中原賊。進遊擊，戍雒南蘭草川。明年遇賊，戰敗傷臂。未幾，世威罷，肇基及遊擊羅岱分將其兵，與祖寬大破賊汝州，斬首千六百有奇。後從寬數有功，而其部下皆邊軍，久戍思歸，與寬軍譟而走。總理盧象昇乃遣之入秦。其秋，畿輔有警，始還山海，竟坐前罪解職，令從征自效。俄以固守永平功復職，屢遷遼東副總兵。

十二年冬，薊遼總督洪承疇請用爲署總兵官，分練寧遠諸營卒。兵部尚書傅宗龍稍持之，帝怒，下宗龍獄，擢肇基都督僉事任之。明年三月，錦州有警。承疇命吳三桂偕肇基赴松山爲聲援。三桂困松、杏間，肇基救出之，喪士卒千人。七月與曹變蛟等戰黃土臺及松山、杏山。九月，復戰杏山，肇基軍稍却。承疇甄別諸將，解肇基職，代以王廷臣。

十七年春，加都督同知，提督南京大教場。及福王立，史可法督師淮、揚，肇基請從征自效。屢加左都督、太子太保。可法議分布諸將，奏薦李成棟、賀大成、王之綱、李本身、胡茂

楨爲總兵官。成棟鎮徐州，大成揚州，之綱開封。本身、茂楨隸高傑麾下，爲前鋒。而令肇基駐高家集，李棲鳳駐睢寧，以防河。棲鳳本甘肅總兵，以地失留淮、揚間也。閣標前鋒，則用張天祿駐瓜洲。十一月，肇基、棲鳳以可法命謀取宿遷。初八日渡河，復其城。越數日，大清兵圍邳州，軍城北，肇基軍城南，相持半月，大清兵引去。

順治二年三月，大清兵抵揚州，可法邀諸將赴援。獨肇基自白洋河趨赴，過高郵不見妻子。既入城，請乘大清兵未集，背城一戰。可法持重，肇基乃分守北門，發礮傷圍者。已而城破，率所部四百人巷戰，格殺數百人。後騎來益衆，力不支，一軍皆沒。副將乙邦才、馬應魁、莊子固等皆同死。

乙邦才，青州人。崇禎中，以隊長擊賊於河南、江北間。大將黃得功與賊戰霍山，單騎逐賊，陷淖中。賊圍而射之，馬斃，得功徒步鬭。天將暮，僅餘二矢。邦才大呼衝賊走，得功乃得出。邦才授以己馬，分矢與之，且走且射，殪追騎十餘人，始得及其軍。得功自是知邦才。

時有張衡者，亦以驍敢名。賊圍六安急，總督馬士英救之。甫至，斥其左右副將，而號於軍中曰：「孰爲乙邦才、張衡者？」兩人入謁，卽牒補副將，以其兵授之，曰：「爲我入六安，取知州狀來報。」兩人出，卽簡精騎二百，夜衝賊陣而入，遶城大呼，曰：「大軍至矣，固守勿懈！」城中人喜，守益堅。兩人促知州署狀，復奪圍出，不損一騎。

時潁、壽、六安、霍山諸州縣數被寇，邦才大小十餘戰，咸有功。及可法鎮揚州，擕之行。至是戰敗，自刎死。

馬應魁，字守卿，貴池人。初爲小將，率家丁五十人巡村落間。猝遇賊，衆懼欲奔。應魁大聲曰：「勿怖死！死，命也。」連發二矢殪二賊，賊卽退。可法因拔爲副總兵，俾領旗鼓。每戰披白甲，大書「盡忠報國」四字於背，至是巷戰死。

莊子固，字憲伯，遼東人。年十三，殺人亡命。後從軍有功，積官至參將。嘗從山西總兵許定國救開封，軍半道譟歸，定國獲罪。子固輯餘衆，得免議。後可法出鎮，用爲副總兵，俾與屯於徐州、歸德間。子固募壯士七百人，以赤心報國爲號。聞揚州被圍，率衆馳救，三日而至。城將破，欲擁可法出城，遇大清兵，格鬭死。

他若副將樓挺、江雲龍、李豫，參將陶國祚、許謹、馮國用、陳光玉、李隆、徐純仁，遊擊李大忠、孫開忠，都司姚懷龍、解學曾等十餘人，皆以巷戰死。

贊曰：金國鳳之善守，曹變蛟之力戰，均無愧良將材。然而運移事易，難於建功，而易於挫敗，遂至謀勇兼絀，以身殉之。蓋天命有歸，莫之爲而爲者矣。

校勘記

〔一〕變蛟光先並蠲五級　五級，原作「五官」，據懷宗實錄卷一一崇禎十一年四月丙申條、國榷卷九六頁五八〇六改。

明史卷二百七十三

列傳第一百六十一

左良玉 鄧玘 賀人龍 高傑 劉澤清 祖寬

左良玉，字崑山，臨清人。官遼東車右營都司。崇禎元年，寧遠兵變，巡撫畢自肅自經死，良玉坐削職回衞。已，復官。總理馬世龍令從遊擊曹文詔援玉田、豐潤，連戰洪橋、大塹山，直抵遵化。論恢復四城功，與文詔等俱進秩，隸昌平督治侍郎侯恂麾下。大淩河圍急，詔昌平軍赴援，總兵尤世威護陵不得行，薦良玉可代率兵往。已，恂薦爲副將，戰松山、杏山下，[一]錄功第一。

良玉少孤，育於叔父。其貴也，不知其母姓。長身赬面，驍勇，善左右射。目不知書，多智謀，撫士卒得其歡心，以故戰輒有功。時陝西賊入河南，圍懷慶。廷議令良玉將昌平兵往剿，大指專辦河南。會賊寇修武、清化者竄入平陽，因檄良玉入山西禦之，頗有斬獲。

河南巡撫樊尙璟以良玉駐澤州，扼豫、晉咽喉，可四面爲援兵。詔從之。時曹文詔將陝西兵，帝令良玉受尙璟節制，與文詔同心討賊，有急則秦兵東，豫兵西，良玉兵從中橫擊。

六年正月，賊犯隰州，陷陽城。良玉敗之於涉縣之西陂。二月，良玉兵與賊戰武安，大敗。尙璟罷，以太常少卿玄默代之。三月，賊再入河內，良玉自輝縣逐之。賊奔修武，殺遊擊越效忠，追參將陶希謙，希謙墜馬死。良玉擊之萬善驛，至柳樹口大敗之，[二]擒賊首數人，賊遂西奔。河南額兵僅七千，數被賊，折亡殆盡。良玉將昌平兵二千餘，數戰，雖有功，勢孤甚。總兵鄧玘方立功萊州，乃命將川兵益以石砫土司馬鳳儀兵馳赴良玉，與共角賊。已而鳳儀以孤軍戰沒於侯家莊。

當是時，賊勢已大熾，縱橫三晉、畿輔、河北間。諸將曹文詔、李卑、艾萬年、湯九州、鄧玘、良玉等先後與賊戰，勝負略相當。良玉、玘辦河南，屢破之於官村，於沁河，於清化，於萬善。良玉又扼之武安八德，斬獲尤多。會帝命倪寵、王樸爲總兵，將京營兵六千赴河南，以中官楊進朝、盧九德監其軍，[三]而別遣中官監良玉等軍。職方郎中李繼貞曰：「良玉、李卑身經百戰，位反在寵、樸下，恐聞而解體。」乃令良玉、卑署都督僉事，爲援剿總兵官，與寵、樸體相敵。京營兵至，共擊賊，數有功。良玉敗賊濟源、河內，又敗之永寧青山嶺銀洞溝，又自葉縣追至小武當山，皆斬賊魁甚衆。然諸將以中官監軍，意弗善也。

其冬，賊西奔者復折而東。良玉、九州扼其前，京營兵尾其後，賊大困，官軍連破之柳泉、猛虎村。賊張妙手、賀雙全等三十六家詭詞乞撫於分巡布政司常道立，因監軍進朝以請。諸將俟朝命，不出戰。會天寒河冰合，賊遂從澠池徑渡，巡撫默率良玉、九州、卑、玘兵待之境上。賊乃竄盧氏山中，由此自鄖、襄入川中，折而掠秦隴，復出沒川中、湖北，以犯河南，中原益大殘破，而三晉、畿輔獨不受賊禍者十年。

賊既渡河去，良玉與諸將分地守。陳奇瑜、盧象昇方角賊秦、楚，七年春夏間，中州幸無事。既而奇瑜失李自成於車箱，廷議合晉、豫、楚、蜀兵四面剿之。賊乃分軍三：一向慶陽，一趨鄖陽，而一出關趨河南。趨河南者又分爲三，郡邑所在告急。良玉扼新安、澠池，他將陳治邦駐汝州，陳永福扼南陽，皆坐甲自保而已，不能大創賊也。賊每營數萬，兵番進，皆因糧宿飽；我兵寡備多，饋餉不繼。賊介馬馳，一日夜數百里；我步兵多，騎少，行數十里輒疲乏，以故多畏賊。而良玉在懷慶時，與督撫議不合，因是生心，緩追養寇，多收降者以自重。督撫檄調，不時應命，稍稍露跋扈端矣。十二月遇賊於磁山，大戰數十，追奔百餘里。

八年正月，河南賊破潁州，毀鳳陽皇陵。其陷鹿邑、柘城、寧陵、通許者，良玉在許州不能救。四月，督師洪承疇在汝州，令諸將分地遮賊。尤世威守雒南，陳永福控盧氏、永寧，

鄧玘、尤翟文、張應昌、許成名遏湖廣。以吳村、瓦屋乃內鄉、淅川要地，令良玉與湯九州以五千人扼之。未幾，鄧玘以兵譁死，而曹文詔討陝賊，敗沒於眞寧。賊益張，遂超盧氏，奔永寧。巡撫默被逮未去，檄良玉自內鄉與陳治邦、馬良文等援盧氏。八月敗賊於鄢陵，九月蹋賊於郟之神垕山。賊連營數十里，番休更戰，以疲我兵，良玉收其軍而止。賊再攻密，良玉自郟援之，乃去。十月，良玉抵靈寶，合遼東總兵祖寬兵剪賊於澗口、焦村。焦村，朱陽關地也。十一月，李自成出朱陽關，張獻忠久據靈寶，闖王高迎祥亦與合。良玉、寬禦之靈寶，不能支，陝州陷。賊東下攻洛陽，良玉、寬從巡撫陳必謙救洛陽，賊乃去。迎祥、自成走偃師、鞏；獻忠走嵩、汝。良玉出雒追迎祥、自成，寬分擊獻忠救汝。會總理盧象昇至自湖廣，與寬大敗賊汝西，令裨將破賊於宜陽黃澗口。

九年二月，賊敗於登封郜城鎭，走石陽關，與伊、嵩之賊合。故總兵九州由嵩縣深入，與良玉夾剿。良玉中道遁歸，九州乘勝窮追四十里，無援敗歿，良玉反以捷聞。五月，象昇遣祖寬、李重鎭隨陝西總督洪承疇西行。良玉軍最强，又率中州人，故獨久留之。而以其驕亢難用，用孔道興代其偏將趙柱駐靈寶，防雒西；良玉與羅岱駐宜、永，防雒東。七月，良玉兵抵開封，[四]由登封之唐莊深入擊賊，自辰鏖至申，賊不支西走。陳永福方敗賊於唐河，賊至田家營，良玉渡河擊之，斬獲頗衆。九月，巡撫楊繩武劾良玉避賊，責令戴罪自贖。

十年正月，賊老回回合曹操、闖塌天諸部沿流東下，安慶告警，詔良玉從中州救之。良玉道剿殺南陽土寇楊四、侯馭民、郭三海，急抵六安，與賊遇。部將岱、道興乘勝連戰，大破賊。賊走霍、潛山。會馬爌、劉良佐亦屢敗賊於桐城、廬州、六安，賊在滁、和者亦西遁，江北警少息。應天巡撫張國維三檄良玉入山搜剿，不應，放兵掠婦女。屯舒城月餘，河南監軍太監力促之，始北去，賊已飽掠入山矣。已，淅川陷，良玉擁兵不救。以六安破賊功，詔落職戴罪，尋復之。賊東下襲六合，攻天長，分掠瓜洲、儀眞，破盱眙。良玉堅不肯救，令中州士大夫合疏留己。帝知出良玉意，不能奪也。十月，總理熊文燦至安慶，部檄以良玉軍隸焉，良玉輕文燦不爲用。

十一年正月，良玉與總兵陳洪範大破賊於鄖西。張獻忠假官旗號襲南陽，屯於南關。良玉適至，疑而急召之，獻忠逸去。追及，發兩矢，中其肩，復揮刀擊之，面流血。其部下救以免，遂逃之穀城。未幾，請降，良玉知其僞，力請擊之，文燦不許。九月，文燦剿鄖、襄諸賊，良玉與洪範及副將龍在田擊破之雙溝營，斬首二千餘級。十二月，河南巡撫常道立調良玉於陝州。賊乘盧氏虛，遁入內、淅。是月，許州兵變，良玉家在許，殲焉。

十二年二月，良玉率降將劉國能入援京師，詔還討河南賊。兵過灞頭、吳橋，大掠，太監盧九德疏聞，詔令戴罪。已而破賊馬進忠於鎮平關，進忠降。又與國能再破賊李萬慶於

張家林、七里河，萬慶亦降。七月，獻忠叛去，良玉與羅岱追之，使岱爲前鋒，己隨其後。逾房縣八十里，至羅猴山，[五]軍乏食。伏起，岱馬挂於藤，抽刀斷之，蹶而復進，棄馬登山，賊圍急，矢盡被獲。良玉大敗奔還，軍符印信盡失，棄軍資千萬餘，士卒死者萬人。事聞，以輕進貶三秩。

十三年春，督師楊嗣昌薦良玉雖敗，有大將才，兵亦可用，遂拜平賊將軍。[六]當是時，賊分爲三：西則張獻忠，踞楚、蜀郊；東則革裏眼、左金王等四營，豕突隨、應、麻、黃；南則曹操、過天星等十營，伏漳、房、興、遠間。閏正月，良玉合諸軍擊賊於枸坪關，獻忠敗走，良玉乃請從漢陽、西鄉入蜀追之。嗣昌謀以陝西總督鄭崇儉率賀人龍、李國奇從西鄉入蜀，[七]而令良玉駐兵興平，別遣偏將追剿，良玉不從。嗣昌檄良玉曰：「賊勢似不能入川，仍當走死秦界耳。將軍從漢陽、西鄉入川，萬一賊從舊路疾趨平利，仍入竹、房，將何以禦？不則走寧昌，入歸、巫，與曹操合，我以大將尾追，促賊反楚，非算也。」良玉報曰：「蜀地肥衍，賊渡險任其奔軼，後難制。且賊入川則有糧可因，回鄖則無地可掠，其不復竄楚境明矣。夫兵合則强，分則弱。今已留劉國能、李萬慶守鄖，若再分三千人入蜀，即駐興平，兵力已薄，賊來能遏之耶？今當出其不意疾攻之，一大創自然瓦解，縱折回房、竹間，人跡斷絕，彼從何得食？況鄖兵扼之於前，秦撫在紫、興扼之於右，勢必不得逞。若寧昌、歸、巫險且遠，曹操、獻忠不相下。倘窮而歸曹，必內相吞，其亡立見。」良玉已於二月朔涉蜀界之漁溪渡矣，嗣昌度力不能制，而其計良是，遂從之。

時獻忠營太平縣大竹河，良玉駐漁溪渡。未幾，總督崇儉引其兵來會。賊移軍九滾坪，見瑪瑙山峻險，將據之。良玉始抵山下，賊已踞山顚，乘高鼓譟。良玉下馬周覽者久之，曰：「吾知所以破賊矣。」分所進道爲三，己當其二，秦兵當其一。令曰：「聞鼓聲而上。」兩軍夾擊，賊陣堅不可動。鏖戰久之，賊大潰，墜崖澗者無算，追奔四十里。良玉兵斬掃地王曹威、白馬鄧天王等渠魁十六人。獻忠妻妾亦被擒，遁入興山、歸州之山中，尋自鹽井竄興、歸界上。是役也，良玉功第一。事聞，加太子少保。四月，良玉進屯興安、平利諸山，連營百里。諸軍憚山險，圍而不攻。久之，獻忠自興、房走白羊山而西，與羅汝才合。七月，良玉乘勝擊過天星，降之。過天星者，名惠登相，既降，遂始終爲良玉部將。

初，良玉受平賊將軍印，浸驕，不肯受督師約束。而賀人龍屢破賊有功，嗣昌私許以人龍代良玉。及良玉奏瑪瑙山捷，嗣昌語人龍須後命。人龍大恨，具以前語告良玉，良玉亦內恨。當獻忠之敗走也，追且及，遣其黨馬元利操重寶啗良玉曰：「獻忠在，故公見重。公所部多殺掠，而閣部猜且專。無獻忠，即公滅不久矣。」良玉心動，縱之去。監軍萬元吉知良玉跋扈不可使，勸嗣昌令前軍躡賊，後軍繼之，而身從間道出梓潼扼歸以俟濟師，嗣昌

不用。賊既入蜀之巴州，人龍兵譟而西歸。召良玉兵合擊，九檄皆不至。

十四年正月，諸軍追賊開縣之黃陵城。參將劉士杰深入，所當披靡。獻忠登高望，見無秦人旗幟，而良玉兵前部無鬬志，獨士杰孤軍。迺密選壯士潛行箐谷中，乘高大呼馳下，良玉兵先潰，總兵猛如虎潰圍出。嗣昌方悔不用元吉言，而獻忠已席卷出川，西絕新開驛置，楚、蜀消息中斷，遂以計紿入襄陽城。襄王被執，嗣昌不食卒。賊瀕死復縱，迄以亡國者，以良玉素驕蹇不用命故也。二月，詔良玉削職戴罪，平賊自贖。五月，獻忠陷南陽，即攻泌陽破之。良玉至南陽，賊遁去。良玉不戢士，泌人脫於賊者，遇官軍無噍類。既而獻忠陷鄖西，掠地至信陽，屢勝而驕。良玉乃從南陽進兵，復大破之，降其衆數萬。獻忠中股，負重傷夜遁。而是時，李自成方殘襄城，圍良玉於郾城，[八]幾陷。會陝西總督汪喬年出關，自成乃輟圍，與喬年戰襄陽城外。喬年軍盡覆，良玉不能救。帝既斬賀人龍以肅軍政，專倚良玉辦賊。

十五年四月，自成復圍開封，[九]乃釋故尙書初薦良玉者侯恂於獄，起爲督師，發帑金十五萬犒良玉營將士，激勸之。良玉及虎大威、楊德政會師朱仙鎭，賊營西，官軍營北。良玉見賊勢盛，一夕拔營遁，衆軍望見皆潰。自成戒士卒待良玉兵過，從後擊之。官軍幸追者緩，疾馳八十里。賊已於其前穿塹深廣各二尋，環繞百里，自成親率衆遮於後。良玉兵

大亂，下馬渡溝，僵仆溪谷中，趾其顛而過。賊從而蹂之，軍大敗，棄馬騾萬匹，器械無算，良玉走襄陽。帝聞良玉敗，詔恂拒河圖賊，而令良玉以兵來會。良玉畏自成，遷延不至。九月，開封以河決而亡，帝怒恂，罷其官，不能罪良玉也。開封既亡，自成無所得，遽引兵西，謀拔襄陽爲根本。

時良玉壁樊城，大造戰艦，驅襄陽一郡人以實軍，諸降賊附之，有衆二十萬。然親軍愛將大半死，而降人不奉約束，良玉亦漸衰多病，不復能與自成角矣。自成乘勝攻良玉，良玉退兵南岸，結水寨相持，以萬人扼淺洲。賊兵十萬爭渡，不能遏。良玉乃宵遁，引其舟師，左步右騎而下。至武昌，從楚王乞二十萬人餉，曰：「我爲王保境。」王不應，良玉縱兵大掠，火光照江中。宗室士民奔竄山谷，多爲土寇所害。驛傳道王揚基奪門出，良玉兵掠其貲，幷及其子女。自十二月二十四日抵武昌，至十六年正月中，兵始去。居人登蛇山以望，叫呼更生，曰：「左兵過矣！」良玉既東，自成遂陷承天，傍掠諸州縣。

當是時，降兵叛卒率假左軍號恣剽掠，蘄州守將王允成爲亂首，破建德，劫池陽，去蕪湖四十里，泊舟三山、荻港，漕艘鹽舶盡奪以載兵。聲言諸將寄帑南京，請以親信三千人與俱。南京諸文武官及操江都御史至陳師江上爲守禦，士民一夕數徙，商旅不行。都御史李邦華被召，道湖口，草檄告良玉，以危詞動之。而令安慶巡撫發九江庫銀十五萬兩，補六月

糧，軍心乃定。邦華入見帝，論良玉潰兵之罪，請歸罪於王允成。帝乃令良玉誅允成，而獎其能定變。良玉卒留允成於軍中，不誅也。良玉留安慶久之，徙泊九江上。聞獻忠破湖廣，沉楚王於江，坐視不救。

八月乃入武昌，立軍府招徠，下流粗定，分命副將吳學禮援袁州。江西巡撫郭都賢惡其淫掠，檄歸之，而自募士人爲戍守。會賊陷長沙、吉州，復陷袁州、岳州，〔一〇〕良玉遣馬進忠援袁州，馬士秀援岳州。士秀率水師敗賊岳州城下，二城遂並復。時帝命兵部侍郎呂大器代侯恂爲總督，恂解任，中道逮下獄。良玉知其爲己故，心鞅鞅，與大器齟齬。賊連陷建昌諸府，大器無兵不能救，良玉亦不援。進忠與賊戰嘉魚，再失利，良玉軍遂不振。會獻忠從荊河入蜀，良玉遣兵追之，距荊州七十里。荊、襄諸賊因自成入關，盡懈。良玉偵知，乃遣副將盧光祖上隨、棗、承德，而惠登相自均、房，劉洪起自南陽，掎賊後，收其空虛地以自爲功。

十七年三月，詔封良玉爲寧南伯，〔一一〕畀其子夢庚平賊將軍印，功成世守武昌。命給事中左懋第便道督戰，良玉乃條日月進兵狀以聞。疏入，未奉旨，聞京師被陷，諸將洶洶，以江南自立君，請引兵東下。良玉慟哭，誓不許。副將士秀奮曰：「有不奉公令復言東下者，吾擊之！」以巨艦置礮斷江，衆乃定。

福王立，晉良玉爲侯，廕一子錦衣衞正千戶，且並封黃得功、高傑、劉澤清、劉良佐爲諸鎮，俱廕子世襲，而以上流之事專委良玉，尋加太子太傅。時李自成敗於關門，良玉得以其間稍復楚西境之荊州、德安、承天。而湖廣巡撫何騰蛟及總督袁繼咸居江西，皆與良玉善，南都倚爲屏蔽。

良玉兵八十萬，號百萬，前五營爲親軍，後五營爲降軍。每春秋肄兵武昌諸山，一山幟一色，山谷爲滿。軍法用兩人夾馬馳，曰「過對」。馬足動地殷如雷，聲聞數里。諸鎮兵惟高傑最強，不及良玉遠甚。然良玉自朱仙鎮之敗，精銳略盡，其後歸者多烏合，軍容雖壯，法令不復相懾。良玉家殲於許州，其在武昌，諸營優娼歌舞達旦，良玉塊然獨處，無姬侍。嘗夜宴僚佐，召營妓十餘人行酒，履舄交錯，少焉左顧而欬，以次引出。賓客肅然，左右莫敢仰視。其統馭有體，爲下所服多此類。而是時，良玉已老且病，無中原意矣。

良玉之起由侯恂。恂，故東林也。馬士英、阮大鋮用事，慮東林倚良玉爲難，謾語修好，而陰忌之，築板磯城爲西防。良玉歎曰：「今西何所防，殆防我耳。」會朝事日非，監軍御史黃澍挾良玉勢，面觸馬、阮。既返，遣緹騎逮澍，良玉留澍不遣。澍與諸將日以淸君側爲請，良玉躊躇弗應。亡何，有北來太子事，澍借此激衆以報己怨，召三十六營大將與之盟。良玉反意乃決，傳檄討馬士英，自漢口達蘄州，列舟二百餘里。良玉疾已劇，至九江，邀總

督袁繼咸入舟中，袖中出密諭，云自皇太子，劫諸將盟，繼咸正辭拒之。部將郝效忠陰入城，縱火殘其城而去。良玉望城中火光，曰：「予負袁公。」嘔血數升，是夜死。時順治二年四月也。諸將秘不發喪，共推其子夢庚爲留後。七日，軍東下，朝命黃得功渡江防剿。

初，夢庚自立，佯語繼咸至池州候旨。抵池，繼咸密以疏聞，道梗不得達。惠登相者，初爲賊，既降，爲良玉副將。諸軍自彭澤下，連陷建德、東流，殘安慶城，獨池州不破，貽書登相曰：「留此以待後軍。」登相大詬曰：「若此，則我反不如前爲流賊時矣，如先帥末命何！」檄其軍返。夢庚見黑旗船西上，索輕舸追及之，登相與相見大慟。以夢庚不足事，引兵絕江而去，諸將乃議旋師。時大清兵已下泗州，逼儀眞矣。夢庚遂偕澍以衆降於九江。

鄧玘，四川人。天啓初，從軍，積功得守備。安邦彥反，玘追賊織金，勇冠諸將。已，敗績河濱。魯欽敗歿，賊犯威清。玘夜斫營走賊，進都司僉書。討敗苗酋李阿二。自貴州用兵，裨將楊明楷、劉志敏、張雲鵬並驍勇，不得爲大將，惟玘以功名聞。

崇禎初，屢遷四川副總兵，與侯良柱共斬安邦彥。京師有警，率六千人勤王，共復遵、永四城。加署都督僉事，世廕千戶。尋擢總兵官，鎮守遵化。戰喜峯口及洪山，並有功，進秩爲眞。五年春，叛將亂登、萊，王洪等無功。玘自請行，命爲援剿總兵官，與洪及劉國柱

禦賊沙河，戰相當。已而遁走，賊乘之，大敗。尋與諸將金國奇等復登、萊二城，錄功進署都督同知。

玘戍遵化久，思歸。及登、萊事竣，復以爲言。會賊入河北，言者請令玘勦，玘怏怏而行。給事中范淑泰劾玘虐民，帝不問，旋遣近侍監其軍。玘至濟源，射殺王自用於善陽山，〔一二〕郎賊紫金梁也。頃之，賊逼磁州，〔一三〕拒却之彭城鎮。與左良玉擊賊清池、柳莊，賊走林縣。玘部將楊遇春邀賊，中伏死。賊用其旗，并誘殺他將，自是輕玘。俄與良玉逐賊沙河，賊圍湯陰，玘被困土樵窩，〔一四〕良玉救乃免。已，共破賊官村、沁河、清化、萬善，〔一五〕移師畿南，敗賊白草關。賊犯平山，敗之紅子店、馬種川。賊遁青石嶺，敗之紅澗村、醉漢口。賊犯臨城，敗之魚桂嶺。

當是時，賊蔓河朔及畿南，天子特遣倪寵、王樸將京軍，而保定梁甫，河南左良玉、湯九州合玘軍足殄賊。羣帥勢相軋，彼此觀望，託山深道岐以自解，莫利先入，賊遂由澠池南渡。而諸帥各有近侍爲中軍，事易掩飾，所報功多不以實也。十一月，賊南遁，玘追敗之澠池扣子山，至宜陽、盧氏而還。是月以玘爲保定總兵官，代梁甫。

七年正月以賊盡入鄖、襄，命玘援勦，解南漳圍。尋敗賊胡地沖，斬闖天王、九條龍、草上飛、抓山虎、雙翼虎。勦房縣、竹山、南漳賊，戰獅子崖、石漳山，斬一隻虎、滿天飛。已，

擊賊洵陽也家溝，連戰皆捷，獲首功一千有奇。八月敍五峯山破賊功，進右都督。玘不善馭軍，軍心亦不附，譟於鄖西，玘渡河以避之，總督陳奇瑜犒慰乃定。奇瑜集諸將討竹山、竹溪諸賊，玘頻有功。十一月，賊大入河南，命玘援勦。

八年春，賊陷新蔡，知縣王信罵賊死，玘追敗賊羅山。是時，賊陷鳳陽，命玘自黃州速援安慶。及桐城被圍，玘竟不至。御史錢守廉劾玘勦賊羅山，殺良冒功，命總督洪承疇核之。四月，承疇至汝州，令玘戍樊城，防漢江。是月，部將王允成以尅餉鼓譟，殺其二僕。玘懼，登樓越牆墮地死。

玘由小校，大小數百戰，所向克捷。以久戍觖望，恣其下淫掠。大學士王應熊以鄉里庇之，玘益無所憚。其死也，人以爲逸罰云。

賀人龍，米脂人。初以守備隸延綏巡撫洪承疇麾下。崇禎四年，承疇受賊降，命人龍勞以酒，伏兵擊斬三百二十人。其冬，張福臻代承疇，遣人龍勦賊党雄，斬獲二百有奇。明年夏，從福臻擒賊孫守法。其秋，以所部援勦山西。六年春，與總兵尤世祿復遼州。已，敗賊垣曲、絳縣。進都司僉書。又連破賊水頭鎮、花池塞、湯湖村。會山西賊幾盡，乃還陝西。從巡撫陳奇瑜討平延川賊，俘斬一千有奇。奇瑜擢總督，以人龍自隨。

七年四月擊賊隰州，擒剗天虎，進參將。奇瑜追賊鄖、襄、興、漢，人龍並有功。賊軼車箱峽，陷隴州西去，奇瑜遣人龍救之。甫入隴州，李自成復至，環攻。以人龍同里閈，遣其將高傑移書令反，人龍不報。固守兩月，左光先救至，圍始解。十二月敗賊中莊。明年正月，鳳陽陷，總督洪承疇遣人龍馳救，敗賊睢州。進副總兵。承疇以陝西急，率人龍入關。商、洛賊馬光玉等薄西安，距大軍五十里。承疇命人龍入子午谷，邀賊之南，別將劉成功、王永祥邀賊之北，張全昌從咸陽繞興平東。賊以此不敢南遁，盡走武功、扶風，又渡渭走郿縣。承疇追至王渠鎮，賊方掠南山。人龍、成功等與戰，追奔三十里，至大泥峪，賊棄馬登山走。七月，高迎祥、張獻忠掠秦安、清水，人龍偕全昌破之張家川。已而失利，都司田應龍等死。八月，高傑降，承疇令人龍及遊擊孫守法挾之趨富平，乘夜擊敗賊。人龍尋移守延綏。

九年七月從巡撫孫傳庭大破賊盩厔，擒迎祥。九月，惠登相等屯寶雞，承疇遣人龍等往擊，戰於賈家村。追奔，爲賊所截，川將曾榮耀等來援，敗去，人龍坐褫官立功。十年，小紅狼圍漢中，瑞王告急。承疇率人龍兵由兩當趨救，賊解去，詔復人龍官。徽、秦逸賊東趨平、鳳，人龍躡至柳林，不利。賊窺西安，人龍禦之，斬獲多。其冬，自成、登相入四川，承疇率人龍等往援。歲暮至廣元，賊已逼成都，自成別由松潘還陝右。

十一年，承疇督人龍等自階、文窮追，自成走入西羌界，人龍與曹變蛟等大戰二十七日。自成引殘卒入塞，竄山中，謀入四川，爲人龍及馬科所追。突漢中，扼於左光先。其黨祁總管降，自成幾滅。詳變蛟傳。其冬，京師戒嚴，擢人龍總兵官，帥師入衞。人龍所部多降賊，至山西而譟，尋撫定。抵京，與變蛟等奏捷於太平。明年事定，還陝西。其秋，張獻忠、羅汝才叛，謀入陝。人龍及副將李國奇等扼之興安，乃入川東。楊嗣昌檄陝西總督鄭崇儉率人龍、國奇軍會勦。十二月，人龍擊賊，大敗之。

十三年二月與左良玉大破賊瑪瑙山，人龍得一千三百餘級，降賊將二十五人。六月，汝才、登相犯開縣，總兵鄭嘉棟擊之仙寺嶺，人龍擊之馬弱溪，共斬首一千二百。汝才、登相東西走，追之不能及。時賊盡集於川，監軍萬元吉令川將守巴、巫諸隘，人龍、國奇及楚將張應元、汪雲龍、張奏凱專主追擊。及應元軍入夔，營土地嶺，人龍逗留不至，諸軍遂大敗，人龍竟還陝。已而獻忠、汝才陷劍州，趨廣元，將從閬道入漢中。人龍拒之陽平、百丈二關，賊乃退。十二月，嗣昌至重慶，三檄人龍會師，不至。

初，嗣昌惡左良玉，許人龍代爲平賊將軍。及戰瑪瑙山，良玉功第一，嗣昌語人龍姑待之。人龍大觖望，效良玉所爲，不奉約束，嗣昌亦不能制。賊陷瀘州而北，人龍屯小市廂，隔一水不擊。賊遂越成都走漢州德陽，人龍軍大譟而歸。

十四年三月，嗣昌卒，丁啓睿代，令人龍、國奇出當陽，擊敗自成於靈寶山中。人龍子大明戰歿。九月，總督傅宗龍統人龍、國奇軍出關，次新蔡，遇賊孟家莊。將戰，人龍先走，國奇戰不勝，亦走，宗龍遂歿。十五年正月，總督汪喬年出關擊賊，人龍及鄭嘉棟、牛成虎從。至襄城遇賊，復不戰走，喬年亦歿。帝大怒，欲誅之，慮其爲變，姑奪職，戴罪視事。及孫傳庭督師陝西，帝授以意。人龍駐咸陽虞禍，曉夜爲備。傳庭以人龍家米脂，其宗族多在賊中，未可輕發，在道佯上疏曰：「人龍臣舊將，願貰其罪，俾從臣自效。」帝亦佯許之。人龍稍自安。傳庭至陝，密與巡撫張爾忠謀，以五月朔召人龍計事，數其罪斬之。其部將周國卿將精卒二百人與同黨魏大亨、賀國賢、高進庫等將逃還涇陽取其孥，與賊爲亂。爾忠遣參將孫守法先入涇陽，質其妻子。國卿窮，謀執大亨等以降。爾忠密聞之大亨，遂斬國卿，函送其首。他部將高傑、高汝利、賀勇、董學禮等十四人俱仍故官，一軍乃定。

高傑，米脂人。與李自成同邑，同起爲盜。崇禎七年閏八月，總督陳奇瑜遣參將賀人龍救隴州，被圍大困。自成令傑遺書約人龍反，不報。使者歸，先見傑，後見自成。比圍城兩月不拔，自成心疑傑，遣別部將往代，傑歸守營。自成妻邢氏趫武多智，掌軍資，每日

支糧仗。傑過氏營，分合符驗。氏偉傑貌，與之通，恐自成覺，謀歸降。次年八月遂竊邢氏來歸。洪承疇以付人龍，使其遊擊孫守法挾以破賊，取立效爲信，自是傑常隸人龍麾下。十三年，張獻忠敗於瑪瑙山，竄興、歸界上，傑隨人龍及副將李國奇大敗之鹽井。

十五年，人龍以罪誅，命傑爲實授遊擊。十月，陝西總督孫傳庭至南陽，自成與羅汝才西行逆之。傳庭以傑與魯某爲先鋒，遇於塚頭，大戰敗賊，追奔六十里。汝才見自成敗來救，遶出官軍後。後軍左勷望見賊，怖而先奔，衆軍皆奔，遂大潰，傑所亡失獨少。

十六年進副總兵，與總兵白廣恩爲軍鋒，兩人皆降將也。廣恩驁鷙，素不奉約束，而傑尤凶暴。朝廷以傑爲自成所切齒，故命隸傳庭辦賊。九月從傳庭克寶豐，復郟縣。時官軍乘勝深入，乏食。降將李際遇通賊，自成帥精騎大至。傳庭問計於諸將，傑請戰，廣恩不可。傳庭以廣恩爲怯，廣恩不懌，引所部遁去。官軍接戰，陷伏中。傑登嶺上望之曰：「不可支矣。」亦麾衆退。軍遂大奔，死者數萬。廣恩走汝州不救，傑乃隨傳庭走河北。已而自山西渡河，轉入潼關，廣恩已先至。十一月，自成攻關，廣恩力戰。而傑怨廣恩以寶豐之敗不救己，亦擁衆不肯救。廣恩戰敗，關遂破，傳庭被殺。自成破西安，據之。傑北走延安，賊將李過追傑。傑東走宜川，河冰適合，遂渡，入蒲津以守。賊至，冰解不得渡，乃免。廣恩既敗，走固原，爲賊將追及，遂以城降。十七年進傑總兵。帝令總督李化熙率傑兵馳救山西，而蒲州、平陽已陷久，傑退至澤州，沿途大掠，賊遂薄太原。

京師陷，傑南走，福王封傑興平伯，列於四鎮，領揚州，駐城外。傑固欲入城，揚州民畏傑不納。傑攻城急，日掠廂村婦女，民益惡之。知府馬鳴騄、推官湯來賀堅守月餘。傑知不可攻，意稍怠。閣部史可法議以瓜州予傑，乃止。九月命傑移駐徐州，以左中允衞胤文兼兵科給事中監其軍西討。徐州土賊程繼孔被擒至京師，乘李自成亂逃歸，十二月，傑擒斬之。加太子少傅，廕一子，世襲錦衣僉事。

初，傑伏兵要擊黃得功於土橋，得功幾不免，兩鎮遂相仇怨，事見得功傳。傑爭揚州時，可法頗爲所窘。至是，傑感可法忠，與謀恢復。議調得功與劉澤清二鎮赴邳、宿防河，傑自提兵直趨歸、開，且瞰宛、洛、荆、襄，以爲根本。遂具疏上之，語激切。且云：「得功與臣猶介介前事。臣知報君雪恥而已，安能與同列較短長哉！」然得功終不欲爲傑後勁，而澤清尤狡橫難任。可法不得已，調劉良佐赴徐與傑爲聲援。

順治二年正月，傑抵歸德。總兵許定國方駐睢州，有言其送子渡河者。傑招定國來會，不應。復邀巡撫越其杰、巡按陳潛夫同往睢州，定國始郊迎。其杰諷傑勿入城，傑心輕定國，不聽，遂入城。十一日，定國置酒享傑。傑飲酣，爲定國刻行期，且微及送子事。定國益疑，無離睢意。傑固促之行，定國怒，夜伏兵傳礮大呼。其杰等急遁走，傑醉臥帳中未

起，衆擁至定國所殺之。先是，傑以定國將去睢，盡發兵戍開封，所留親卒數十人而已。定國僞恭順，多選妓侍傑，而以二妓偶一卒寢。卒盡醉，及聞礮欲起，爲二妓所掣不得脫，皆死。明日，傑部下至，攻城，老弱無孑遺。定國走降大清軍。

傑爲人淫毒，揚民聞其死，皆相賀。然是行也，進取意甚銳，故時有惜之者。始朝廷許諸鎮與聞國是，故傑屢條奏救降賊者，及請釋武愫於獄，不允。復疏薦吳甡、鄭三俊、金光辰、姜埰、熊開元、金聲、沈正宗等。大抵其時武臣風尚多類此。傑死，贈太子太保，以其子元爵襲興平伯。

劉澤清，曹縣人。以將材授遼東寧、前衞守備，遷山東都司僉書，加參將。崇禎三年，大清兵攻鐵廠，欲據以絕豐潤糧道。援守三屯總兵楊肇基遣澤清來援，未至鐵廠一十五里，遇大兵，力戰，自辰至午不決。得濟師，轉戰至遵化，夾擊，遂得入城。敍功，加二級至副總兵。五年以侵尅軍糧被劾，詔立功衞要地。六年遷總兵。其冬加左都督，恢復登州有功。八年詔統山東兵防漕。九年，京師戒嚴，統兵入衞，令駐新城爲南北控扼，復命留守通州。加左都督、太子太師。

十三年五月，山東大饑，民相聚爲寇，曹、濮尤甚。帝命澤清會總兵楊御蕃兵勦捕之。

八月降右都督，鎭守山東防海。澤清以生長山東，久鎭東省非宜，請辭任。帝令整旅渡河，合諸鎭星馳援勦。

十六年二月，賊圍開封久，澤清赴援。以朱家寨去汴八里，提五千人南渡，倚河爲寨，疏水環之，欲以次結八寨達大堤，築甬道，饋餉城中。壁壘未成，賊來爭。相持三日，互有殺傷。澤清卽命拔營去，惶擾奔迸，士爭舟，多溺死者。澤清爲人性恇怯，懷私觀望。嘗妄報大捷邀賞賜，又詭稱墮馬被傷，詔賚藥資四十兩。命赴保定勦賊，不從，日大掠臨清。率兵南下，所至焚劫一空。寇氛日急，給事中韓如愈、馬嘉植皆謀奉使南歸。如愈常劾澤清，過東昌，澤清遣人殺之於道，無敢上聞者。

京師陷，澤清走南都，福王以爲諸鎭之一，封東平伯，駐廬州。時武臣各占分地，賦入不以上供，恣其所用，置封疆兵事一切不問。與廷臣互分黨援，干預朝政，排擠異己，奏牘紛如，紀綱盡裂，而澤清所言尤狂悖。王初立，卽援靖康故事，請以今歲五月改元，又請宥故輔周延儒助餉贓銀。都御史劉宗周劾諸將跋扈狀，澤清遂兩疏劾宗周，且曰：「上若誅宗周，臣卽卸職。」朝廷不得已，溫詔解之。又請禁巡按不得拏訪追贓，請法司嚴緝故總督侯恂及其子方域，朝廷皆曲意從之。

順治二年四月，揚州告急，命澤清等往援，而澤清已潛謀輸款矣。大清惡其反覆，磔

誅之。

澤清頗涉文藝，好吟咏。嘗召客飲酒唱和。幕中蓄兩猿，以名呼之卽至。一日，宴其故人子，酌酒金甌中，甌可容三升許，呼猿捧酒跪送客。猿狰獰甚，客戰掉，逡巡不敢取。澤清笑曰：「君怖耶？」命取囚撲死堦下，剜其腦及心肝，置甌中，和酒，付猿捧之前。飲釂，顏色自若。其兇忍多此類。

祖寬，遼東人。少有勇力。給侍祖大壽家，從軍有功，累官寧遠參將。部卒多塞外降人，所向克捷。

崇禎五年七月，叛將李九成等圍萊州急，詔發關外兵討之。寬與靳國臣、祖大弼、張韜率兵抵昌邑。巡撫朱大典獲賊書，約寬等爲內應，以示寬等，皆誓滅賊以自明，乃用寬、國臣爲前鋒。寬至沙河與賊遇，衆寡不敵，稍却。會國臣至，拔刀大呼直前，寬、大弼、韜咸殊死戰，大敗賊兵，逐北抵城下，立解萊州圍。是月晦，進兵黃縣。賊傾巢出戰，寬等復大敗之，遂與劉澤清等築長圍以困登州。明年二月，賊始平。語詳大典傳。寬以解圍功，進都督僉事。再敍功，世廕外衞副千戶，進副總兵。

八年秋，命爲援勦總兵官，督關外兵三千討流賊。十月至河南，巡撫陳必謙、監紀推官湯開遠令與左良玉抵靈寶，至則挫張獻忠於焦村。無何，高迎祥、李自成至，與獻忠合攻閿鄉。寬赴救，賊解而趨靈寶，斷良玉、寬軍不相應，遂東陷陝州，攻洛陽。良玉、寬至，迎祥、自成、獻忠皆走。良玉追迎祥，而寬分擊獻忠，夜督副將祖克勇等趨葛家莊，黎明遇賊，大破之。賊奔嵩縣九皐山，寬伏二軍於山溝誘之。賊趨下，伏發，斬馘九百有奇。尋與副將劉肇基、羅岱遇賊汝州圪料鎭，復大敗賊，伏屍二十餘里，斬馘千六百有奇。獻忠憤，合迎祥、自成兵，與寬戰龍門、白沙，截官軍爲二。寬自斷後，士卒殊死鬭，自晨至夜分，復大捷，斬馘一千有奇。迎祥、自成乃走窺光州，寬督副將李輔明躡其後。賊走攻確山，寬等馳救，大破之，斬馘五百八十有奇。自成等遂東走廬州，攻圍七晝夜。明年正月，寬等至，賊奔全椒，遂圍滁州。南京太僕卿李覺斯、知州劉大鞏力禦之。而寬等軍至，奮擊大呼，諸軍無不一當百，自晨至晡，賊大敗。從城東五里追至關山之朱龍橋，橫屍枕藉，水爲不流。二月，又從總理盧象昇破賊七頂山，殲自成精卒殆盡。象昇移軍南陽，命寬備鄧州。會賊渡漢江，入鄖、襄，餘衆三萬匿內鄉、淅川山中。象昇命寬與祖大樂等入山搜討。

邊軍强憨，性異他卒，不可以法繩。往時官軍多關中人，與賊鄉里，臨陣相勞苦，拋生口，棄輜重，卽縱之去，謂之「打活仗」。邊軍不通言語，逢賊卽殺，故多勝。然所過焚廬舍，

淫婦女，恃功不戢；又利野戰，憚搜山；且見賊遠竄，非旬朔可定，自以爲客將，無持久心。寬卒方過河，譟而逸。象昇激勸再三，始聽命。至黨子口，仍按甲不行。而總兵李重鎭素恇怯，冀卸責，衆益思歸。象昇乃力陳入山搜勦之難，請令寬、重鎭赴關中討賊。會總督洪承疇亦請之，寬等遂移軍陝西，隸承疇麾下。八月，京師被兵，召入衞。錄滁州功，進右都督，賚銀幣。事定，命赴寧遠協守。

十一年冬，詔寬率師援畿輔。及山東告急，寬逗遛。明年正月，濟南失守，褫職被逮，坐失陷藩封，竟棄市。

寬敢戰有功，稱驍將。性剛使氣，不爲文吏所喜，卒致大辟，莫爲論救。

贊曰：左良玉以驍勇之材，頻殲劇寇，遂擁强兵，驕亢自恣，緩則養寇以貽憂，急則棄甲以致潰。當時以不用命罪諸將者屢矣，而良玉偃蹇僨事，未正刑章，姑息釀患，是以卒至稱兵犯闕而不顧也。高傑、祖寬皆剛悍難馴，恃功不戢，而傑尤爲兇驁。然傑被戕於銳意進取之時，寬受誅於力戰赴援之後，死非其罪，不能無遺憾焉。

校勘記

〔一〕戰松山杏山下　松山，原作「香山」，據清太宗實錄卷四五崇德四年三月丁卯條改。松山與杏山均在遼東廣寧中屯衞，見本書卷四一地理志。

〔二〕至柳樹口大敗之　柳樹口，原作「柳善口」，「善」字沿上文「萬善驛」之「善」字誤，據綏寇紀略卷一、懷陵流寇始終錄卷五改。

〔三〕以中官楊進朝盧九德監其軍　楊進朝，原作「楊應朝」，據本書卷三〇九李自成傳、懷陵流寇始終錄卷六、綏寇紀略卷一改。下同。

〔四〕七月良玉兵抵開封　七月，懷陵流寇始終錄卷九作「八月」。

〔五〕至羅猴山　羅猴山，參見本書卷二五二楊嗣昌傳校記〔五〕。

〔六〕十三年春督師楊嗣昌薦良玉至遂拜平賊將軍　十三年春，疑當作「十二年十月」。按左良玉拜平賊將軍，本書卷二四莊烈帝紀、國榷卷九七頁五八五一、懷陵流寇始終錄卷一二、明史紀事本末卷七五都繫於十二年十月。

〔七〕嗣昌謀以陝西總督鄭崇儉率賀人龍李國奇從西鄉入蜀　李國奇，原作「李國安」，據本書卷二五二楊嗣昌傳、卷二六〇鄭崇儉傳、又卷三〇九張獻忠傳，懷陵流寇始終錄卷一三，明史紀事本末卷七五改。

〔八〕圍良玉於鄖城　鄖城，原作「偃城」，據本書卷四二地理志改。

〔九〕十五年四月自成復圍開封　四月，原作「三月」，據本書卷二四莊烈帝紀、又卷二六〇丁啓睿傳，懷宗實錄卷一五崇禎十五年四月丙午條改。

〔一〇〕分命副將吳學禮援袁州至會賊陷長沙吉州復陷袁州岳州　按國榷卷九九頁五九八六至五九九五，明史紀事本末卷七七，農民義軍攻陷長沙、岳州在八月，吳學禮援袁州在十月袁州被攻陷以後，與傳文所敍時間先後不同。

〔一一〕十七年三月詔封良玉爲寧南伯　三月，原作「正月」。按良玉封寧南伯，本書卷二四莊烈帝紀、又卷一〇七功臣世表，懷宗實錄卷一七崇禎十七年三月壬辰條，國榷卷一〇〇頁六〇三四都繫於十七年三月，據改。

〔一二〕射殺王自用於善陽山　善陽山，原脫「山」字，據明史稿傳一五一鄧玘傳、國榷卷九二頁五六一一、綏寇紀略卷一補。

〔一三〕賊逼磁州　原作「走賊礠川」。礠川，磁州，形近而誤。綏寇紀略卷一，崇禎六年五月，「賊十餘萬逼磁州」。懷陵流寇始終錄卷六「一字王、黑蝎子、闖塌天等九營十餘萬賊，是日逼磁州」。據改。

〔一四〕玘被困土樵窩　土樵窩，原作「上樵窩」，據綏寇紀略卷一改。懷陵流寇始終錄卷六的六月戊寅、庚辰條改。

〔一五〕已共破賊官村沁河清化萬善　清化，原作「清池」，據本卷上文、綏寇紀略卷一、懷陵流寇始終錄卷六改。

明史卷二百七十四

列傳第一百六十二

史可法 任民育等 何剛等　高弘圖　姜曰廣 周鑣 雷縯祚

史可法，字憲之，大興籍，祥符人。世錦衣百戶。祖應元舉於鄉，官黃平知州，有惠政。語其子從質曰：「我家必昌。」從質妻尹氏有身，夢文天祥入其舍，生可法。以孝聞。舉崇禎元年進士，授西安府推官，稍遷戶部主事，歷員外郎、郎中。

八年遷右參議，分守池州、太平。其秋，總理侍郎盧象昇大舉討賊。改可法副使，分巡安慶、池州，監江北諸軍。黃梅賊掠宿松、潛山、太湖，將犯安慶，可法追擊之潛山天堂寨。明年，祖寬破賊滁州，賊走河南。十二月，賊馬守應合羅汝才、李萬慶自鄖陽東下。可法馳駐太湖，扼其衝。

十年正月，賊從間道突安慶石牌，[一]尋移桐城。參將潘可大擊走賊，賊復爲廬、鳳軍

所扼，回桐城，掠四境。知縣陳爾銘嬰城守，可法與可大剿捕。賊走廬江，犯潛山，可法與左良玉敗之楓香驛，賊乃竄潛山、太湖山中。三月，可大及副將程龍敗歿於宿松。賊分其黨搖天動別爲一營，而合八營二十餘萬衆，分屯桐城之練潭、石井、陶沖。總兵官牟文綬、劉良佐擊敗之挂車河。

當是時，陝寇聚漳、寧，分犯岷、洮、秦、楚、應、皖，羣盜遍野。總理盧象昇既改督宣、大，代以王家禎，祖寬關外兵亦北歸。未幾，上復以熊文燦代家禎，專撫賊。賊益狂逞，盤牙江北，南都震驚。七月擢可法右僉都御史，巡撫安慶、廬州、太平、池州四府，及河南之光州、光山、固始、羅田，湖廣之蘄州、廣濟、黃梅，江西之德化、湖口諸縣，提督軍務，設額兵萬人。賊已東陷和州、含山、定遠、六合，犯天長、盱眙，趨河南。可法奏免被災田租。冬，部將汪雲鳳敗賊潛山，京軍復連破老回回舒城、廬江，賊遁入山。時監軍僉事湯開遠善擊賊，可法東西馳禦，賊稍稍避其鋒。十一年夏，以平賊踰期，戴罪立功。

可法短小精悍，面黑，目爍爍有光。廉信，與下均勞苦。軍行，士不飽不先食，未授衣不先禦，以故得士死力。連敗賊英山、六合，順天王乞降。十二年夏，丁外艱去。服闋，起戶部右侍郎兼右僉都御史。代朱大典總督漕運，巡撫鳳陽、淮安、揚州，劾罷督糧道三人，增設漕儲道一人，大濬南河，漕政大釐。拜南京兵部尚書，參贊機務。因武備久弛，奏行更新八事。

十七年四月朔，聞賊犯闕，誓師勤王。渡江抵浦口，聞北都既陷，縞衣發喪。會南都議立君，張愼言、呂大器、姜曰廣等曰：「福王由崧，神宗孫也，倫序當立，而有七不可：貪、淫、酗酒、不孝、虐下、不讀書、干預有司也。潞王常淓，神宗姪也，賢明當立。」移牒可法，可法亦以爲然。鳳陽總督馬士英潛與阮大鋮計議，主立福王，咨可法，可法以七不可告之。而士英已與黃得功、劉良佐、劉澤清、高傑發兵送福王至儀眞，於是可法等迎王。五月朔，王謁孝陵、奉先殿，出居內守備府。羣臣入朝，王色赧欲避。可法曰：「王毋避，宜正受。」既朝，議戰守。可法曰：「王宜素服郊次，發師北征，示天下以必報讎之義。」王唯唯。明日再朝，出議監國事。張愼言曰：「國虛無人，可遂即大位。」可法曰：「太子存亡未卜，倘南來若何？」誠意伯劉孔昭曰：「今日既定，誰敢復更？」可法曰：「徐之。」乃退。又明日，王監國，廷推閣臣，衆舉可法、高弘圖、姜曰廣。孔昭攘臂欲並列，衆以本朝無勳臣入閣例，遏之。孔昭勃然曰：「即我不可，馬士英何不可？」乃并推士英。又議起廢，推鄭三俊、劉宗周、徐石麒。孔昭舉大鋮，可法曰：「先帝欽定逆案，毋復言。」越二日，拜可法禮部尚書兼東閣大學士，與士英、弘圖並命。可法仍掌兵部事，士英仍督師鳳陽。乃定京營制，如北都故事，侍衛及錦衣衛諸軍，悉入伍操練。錦衣東西兩司房，及南北兩鎮撫司官，不備設，以杜告密，

安人心。

當是時，士英旦夕冀入相。及命下，大怒，以可法七不可書奏之王。而擁兵入覲，拜表即行。可法遂請督師，出鎮淮、揚。十五日，王即位。明日，可法陛辭，加太子太保，改兵部尚書、武英殿大學士。士英即以是日入直，議分江北爲四鎮。東平伯劉澤清轄淮、海，駐淮北，經理山東一路。總兵官高傑轄徐、泗，駐泗水，經理開、歸一路。總兵官劉良佐轄鳳、壽，駐臨淮，經理陳、杞一路。靖南伯黃得功轄滁、和，駐廬州，經理光、固一路。可法啓行，即遣使訪大行帝后梓宮及太子二王所在，奉命祭告鳳、泗二陵。

可法去，士英、孔昭輩益無所憚。孔昭以愼言舉吳甡，譁殿上，拔刀逐愼言。可法馳疏解，孔昭卒扼甡不用。可法祭二陵畢，上疏曰：「陛下踐阼初，祗謁孝陵，哭泣盡哀，道路感動。若躬謁二陵，親見泗、鳳蒿萊滿目，雞犬無聲，當益悲憤。願愼終如始，處深宮廣廈，則思東北諸陵魂魄之未安；享玉食大庖，則思東北諸陵麥飯之無展；膺圖受籙，則念先帝之集木馭朽，何以忽遘危亡；早朝晏罷，則念先帝之克儉克勤，何以卒隳大業。戰兢惕厲，無時怠荒，二祖列宗將默佑中興。若晏處東南，不思遠略，賢奸無辨，威斷不靈，老成投簪，豪傑裹足，祖宗怨恫，天命潛移，東南一隅未可保也。」王嘉答之。

得功、澤清、傑爭欲駐揚州。傑先至，大殺掠，屍橫野。城中恟懼，登陴守，傑攻之浹

月。澤清亦大掠淮上。臨淮不納良佐軍，亦被攻。朝命可法往解，得功、良佐、澤清皆聽命。乃詣傑。傑素憚可法，可法來，傑夜掘坎十百，埋暴骸。旦日朝可法帳中，辭色俱變，汗浹背。可法坦懷待之，接偏裨以溫語，傑大喜過望。然傑亦自是易可法，用己甲士防衞，文檄必取視而後行。可法夷然爲具疏，屯其衆於瓜洲，傑又大喜。傑去，揚州以安，可法乃開府揚州。

六月，大清兵擊敗賊李自成，自成棄京師西走。青州諸郡縣爭殺僞官，據城自保。可法請頒監國、登極二詔，慰山東、河北軍民心。開禮賢館，招四方才智，以監紀推官應廷吉領其事。八月出巡淮安，閱澤清士馬。返揚州，請餉爲進取資。士英靳不發，可法疏趣之。因言：「邇者人才日耗，仕途日淆，由名心勝而實意不修，議論多而成功少。今事勢更非昔比，必專主討賊復讎。舍籌兵籌餉無議論，舍治兵治餉無人才。有摭拾浮談、巧營華要者，罰無赦！」王優詔答之。

初，可法虞傑跋扈，駐得功儀眞防之。九月朔，得功、傑搆兵，曲在傑。賴可法調劑，事得解。北都降賊諸臣南還，可法言：「諸臣原籍北土者，宜令赴吏、兵二部錄用，否則恐絕其南歸之心。」又言：「北都之變，凡屬臣子皆有罪。在北者應從死，豈在南者非人臣？卽臣可法謬典南樞，臣士英叨任鳳督，未能悉東南甲疾趨北援，鎭臣澤清、傑以兵力不支，折而南

走。是首應重論者，臣等罪也。乃因聖明繼統，鈇鉞未加，恩榮疊被。而獨於在北諸臣毛舉而概繩之，豈散秩閑曹，責反重於南樞、鳳督哉。宜摘罪狀顯著者，重懲示儆。若僞命未污，身被刑辱，可置勿問。其逃避北方、徘徊而後至者，許戴罪討賊，赴臣軍前酌用。」廷議並從之。

傑居揚州，桀驁甚。可法開誠布公，導以君臣大義。傑大感悟，奉約束。十月，傑帥師北征。可法赴淸江浦，遣官屯田開封，爲經略中原計。諸鎭分汛地，自王家營而北至宿遷，最衝要，可法自任之，築壘緣河南岸。十一月四日，舟次鶴鎭，諜報我大清兵入宿遷。可法進至白洋河，令總兵官劉肇基往援。大清兵還攻邳州，肇基復援之，相持半月而解。

時自成既走陝西，猶未滅，可法請頒討賊詔書，言：

自三月以來，大讎在目，一矢未加。昔晉之東也，其君臣日圖中原，而僅保江左；宋之南也，其君臣盡力楚、蜀，而僅保臨安。蓋偏安者，恢復之退步，未有志在偏安，而遽能自立者也。大變之初，黔黎灑泣，紳士悲哀，猶有朝氣。今則兵驕餉絀，文恬武嬉，頓成暮氣矣。河上之防，百未經理，人心不肅，威令不行。復讎之師不聞及關、陝，討賊之詔不聞達燕、齊。君父之讐，置諸膜外。夫我卽卑宮菲食，嘗膽臥薪，聚才智精神，枕戈待旦，合方州物力，破釜沉舟，尙虞無救。以臣觀廟堂謀畫，百執事經營，殊未

盡然。夫將所以能克敵者，氣也；君所以能禦將者，志也。廟堂志不奮，則行間氣不鼓。夏少康不忘出竇之辱，漢光武不忘爇薪之時。臣願陛下爲少康、光武，不願左右在位，僅以晉元、宋高之說進也。

先皇帝死於賊，恭皇帝亦死於賊，此千古未有之痛也。在北諸臣，死節者無多；在南諸臣，討賊者復少。此千古未有之恥也。庶民之家，父兄被殺，尙思穴胸斷脰，〔二〕得而甘心，況在朝廷，顧可漠置。臣願陛下速發討賊之詔，責臣與諸鎭悉簡精銳，直指秦關，懸上爵以待有功，假便宜而責成效，絲綸之布，痛切淋漓，庶海內忠臣義士，聞而感憤也。

國家遘此大變，陛下嗣登大寶，與先朝不同。諸臣但有罪之當誅，曾無功之足錄。今恩外加恩未已，武臣腰玉，名器濫觴。自後宜愼重，務以爵祿待有功，庶猛將武夫有所激厲。兵行最苦無糧，搜括旣不可行，勸輸亦難爲繼。請將不急之工程，可已之繁費，朝夕之燕衎，左右之進獻，一切報罷。卽事關典禮，亦宜概從節省。蓋賊一日未滅，卽有深宮曲房，錦衣玉食，豈能安享！必刻刻在復讐雪恥，振舉朝之精神，萃萬方之物力，盡幷於選將練兵一事，庶人心可鼓，天意可回。

可法每繕疏，循環諷誦，聲淚俱下，聞者無不感泣。

比大清兵已下邳、宿，可法飛章報。士英謂人曰：「渠欲敍防河將士功耳。」慢弗省。而諸鎭逡巡無進師意，且數相攻。明年，是爲大清順治之二年，正月，餉缺，諸軍皆饑。頃之，河上告警。詔良佐、得功率師扼潁、壽，傑進兵歸、徐。傑至睢州，爲許定國所殺。部下兵大亂，屠睢旁近二百里殆盡。變聞，可法流涕頓足歎曰：「中原不可爲矣。」遂如徐州，以總兵李本身爲提督，統傑兵。本身者，傑甥也。以胡茂順爲督師中軍，李成棟爲徐州總兵，諸將各分地，又立傑子元爵爲世子，請恤於朝。軍乃定。傑軍旣還，於是大梁以南皆不守。士英忌可法威名，加故中允衞胤文兵部右侍郎，總督興平軍，以奪可法權。胤文，傑同鄉也，陷賊南還，傑請爲己監軍。傑死，胤文承士英旨，疏詆可法。士英喜，故有是命，駐揚州。二月，可法還揚州。未至，得功來襲興平軍，城中大懼。可法遣官講解，乃引去。

時大兵已取山東、河南北，逼淮南。四月朔，可法移軍駐泗州，護祖陵。將行，左良玉稱兵犯闕，召可法入援。渡江抵燕子磯，得功已敗良玉軍。可法乃趨天長，檄諸將救盱眙。俄報盱眙已降大清，泗州援將侯方巖全軍沒。可法一日夜奔還揚州。訛傳定國兵將至，殲高氏部曲。城中人悉斬關出，舟楫一空。可法檄各鎭兵，無一至者。二十日，大清兵大至，屯班竹園。明日，總兵李棲鳳、監軍副使高岐鳳拔營出降，城中勢益單。諸文武分陴拒守。舊城西門險要，可法自守之。作書寄母妻，且曰：「死葬我高皇帝陵側。」越二日，大清兵薄

城下，礮擊城西北隅，城遂破。可法自刎不殊，一參將擁可法出小東門，遂被執。可法大呼曰：「我史督師也。」遂殺之。揚州知府任民育，同知曲從直、王纘爵，江都知縣周志畏、羅伏龍，兩淮鹽運使楊振熙，監餉知縣吳道正，江都縣丞王志端，賞功副將汪思誠，幕客盧渭等皆死。

可法初以定策功加少保兼太子太保，以太后至加少傅兼太子太傅，敍江北戰功加少師兼太子太師，擒劇盜程繼孔功加太傅，皆力辭，不允。後以宮殿成，加太師，力辭，乃允。可法爲督師，行不張蓋，食不重味，夏不箑，冬不裘，寢不解衣。年四十餘，無子，其妻欲置妾。太息曰：「王事方殷，敢爲兒女計乎！」歲除遣文牒，至夜半，倦索酒。庖人報殽肉已分給將士，無可佐者，乃取鹽豉下之。可法素善飲，數斗不亂，在軍中絕飲。是夕，進數十觥，思先帝，泫然淚下，凭几臥。比明，將士集轅門外，門不啓，左右遙語其故。知府民育曰：「相公此夕臥，不易得也。」命鼓人仍擊四鼓，戒左右毋驚相公。須臾，可法寤，聞鼓聲，大怒曰：「誰犯吾令！」將士述民育意，乃獲免。嘗孑處鈴閣或舟中，有言宜警備者，曰：「命在天。」可法死，覓其遺骸。天暑，衆屍蒸變，不可辨識。踰年，家人舉袍笏招魂，葬於揚州郭外之梅花嶺。其後四方弄兵者，多假其名號以行，故時謂可法不死云。

可法無子，遺命以副將史德威爲之後。有弟可程，崇禎十六年進士。擢庶吉士。京師

陷，降賊。賊敗，南歸，可法請置之理。王以可法故，令養母。可程遂居南京，後流寓宜興，閱四十年而卒。

任民育，字時澤，濟寧人。天啓中鄉舉，善騎射。眞定巡撫徐標請於朝，用爲贊畫，理屯事。眞定失，南還。福王時，授亳州知州。以才擢揚州知府，可法倚之。城破，緋衣端坐堂上，遂見殺，闔家男婦盡赴井死。

從直，遼東人，與其子死東門。纘爵，鄞人，工部尚書佐孫。志畏，亦鄞人，進士，年少好氣，數遭傑將士窘辱，求解職。會伏龍至，可法命代之。伏龍，新喩人。故梓潼知縣，受代甫三日。振熙，臨海人。道正，餘姚人。志端，孝豐人。思誠，字純一，貴池人。

渭，字渭生，長洲諸生。可法出鎭淮、揚，渭等伏闕上書，言：「秦檜在內，李綱居外，宋終北轅。」不納。居禮賢館久，可法才渭。渭方歲貢，當得官，不受職，而擬授崑山歸昭等二十餘人爲通判、推官、知縣。甫二旬，城陷，渭監守鈔關，投於河。昭死西門，從死者十七人。

時同守城死者，又有遵義知府何剛、庶吉士吳爾壎。而揚州諸生殉義者，有高孝纘、王士琇、王纘、王績、王續等。又有武生戴之藩、醫者陳天拔、畫士陸愉、義兵張有德、市民馮應昌、舟子徐某，並自盡。他婦女死節者，不可勝紀。

何剛，字愨人，上海人。崇禎三年舉於鄉。見海內大亂，慨然有濟世之志。交天下豪俊，與東陽許都善，語之曰：「子所居天下精兵處，盍練一旅以待用。」都諾而去。

十七年正月入都上書，言：「國家設制科，立資格，以約束天下豪傑。此所以弭亂，非所以戡亂也。今日救生民，匡君國，莫急於治兵。陛下誠簡強壯英敏之士，命知兵大臣教習之，講韜鈐，練筋骨，拓膽智，時召而試之。學成優其秩，寄以兵柄，必能建奇功。臣讀戚繼光書，繼光數言義烏、東陽兵可用。誠得召募數千，加之訓練，準繼光遺法，分布河南郡縣，大寇可平。」因薦都及錢塘進士姚奇胤、桐城諸生周岐、陝西諸生劉湘客、絳州舉人韓霖。帝壯其言，即擢剛職方主事，募兵金華。而都作亂已前死，霖亦爲賊用，剛不知，故並薦之。

剛出都，都城陷，馳還南京。先是，賊逼京師，剛友陳子龍、夏允彝將聯海舟達天津，備緩急，募卒二千人，至是令剛統之。子龍入爲兵科，言防江莫如水師，更乞廣行召募，委剛訓練，從之。剛乃上疏言：「臣請陛下三年之內，宮室不必修，百官禮樂不必備。惟日求天下才，智者決策，廉者理財，勇者禦敵。爵賞無出此三者，則國富兵強，大敵可服。若以驕

悍之將馭無制之兵，空言恢復，是卻行而求前也。優游歲月，潤色偏安，錮豪傑於草間，迫梟雄爲盜賊，是株守以待盡也。惟廟堂不以浮文取士，而以實績課人，則眞才皆爲國用，而議論亦省矣。分遣使者羅草澤英豪，得才多者受上賞，則梟傑皆畢命封疆，而盜魁亦少矣。東南人滿，從之江北，或賜爵，或贖罪，則豪右皆盡力南畝，而軍餉亦充矣。」時不能用。

尋進本司員外郎，以其兵隸史可法。可法大喜得剛，剛亦自喜遇可法知己。士英惡之，出剛遵義知府。可法垂涕曰：「子去，吾誰仗？」剛亦泣，願死生無相背。踰月，揚州被圍，佐可法拒守。城破，投井死。

吳爾壎，崇德人。崇禎十六年進士，授庶吉士。賊敗南還，謁可法，請從軍贖罪，可法遂留參軍事。其父之屏方督學福建，爾壎斷一指畀故人祝淵曰：「君歸語我父母，悉出私財畀我餉軍。我他日不歸，以指葬可也。」從高傑北征至睢州，傑被難，爾壎流寓祥符。遇一婦人，自言福王妃。爾壎因守臣附疏以進，詔斥其妄言，逮之，可法爲救免。後守揚州新城，投井死。

高弘圖，字研文，膠州人。萬曆三十八年進士。授中書舍人，擢御史。柧棱自持，不依麗人。

天啓初，陳時政八患，請用鄒元標、趙南星。巡按陝西，題薦屬吏，趙南星糾之，弘圖不能無望，代還，移疾去。魏忠賢亟攻東林，其黨以弘圖嘗與南星有隙，召起弘圖故官。入都，則楊漣、左光斗、魏大中等已下詔獄，鍛鍊嚴酷。弘圖果疏論南星，然言「國是已明，雷霆不宜頻擊」，「詔獄諸臣，生殺宜聽司敗法」，則頗譏忠賢過當者。疏中又引漢元帝乘船事，忠賢方導帝遊幸，不悅，矯旨切責之。後諫帝毋出蹕東郊，又極論前陝西巡撫喬應甲罪，又嘗語刺崔呈秀。呈秀、應甲皆忠賢黨，由是忠賢大怒，擬順天巡按不用。弘圖乞歸，遂令閒住。

莊烈帝卽位，起故官。劾罪田詔、劉志選、梁夢環。擢太僕少卿，復移疾去。三年春，召拜左僉都御史，進左副都御史。五年遷工部右侍郎。方入署，總理戶、工二部中官張彝憲來會，弘圖恥之，不與共坐，七疏乞休。帝怒，遂削籍歸，家居十年不起。

十六年召拜南京兵部右侍郎，就遷戶部尚書。明年三月，京師陷，福王立，改弘圖禮部尚書兼東閣大學士。疏陳新政八事。一，宣義問。請聲逆賊之罪，鼓發忠義。一，勤聖學。請不俟釋服，日御講筵。一，設記注。請召詞臣入侍，日記言動。一，睦親藩。請如先朝踐

極故事，遣官齎璽書慰問。一，議廟祀。請權附列聖神主於奉先殿，仍於孝陵側望祀列聖山陵。一，嚴章奏。請禁奸宄小人借端妄言，脫罪僥倖。一，收人心。請蠲江北、河南、山東田租，毋使賊徒藉口。一，擇詔使。請遣官招諭朝鮮，示牽制之勢。並褒納焉。

當是時，朝廷大議多出弘圖手。馬士英疏薦阮大鋮，弘圖不可。士英曰：「我自任之。」乃命大鋮假冠帶陛見。大鋮入見，歷陳冤狀，以弘圖不附東林引爲證。弘圖則力言逆案不可翻，大鋮、士英並怒。一日，閣中語及故庶吉士張溥，士英曰：「我故人也，死，酹而哭之。」姜曰廣笑曰：「公哭東林者，亦東林耶？」士英曰：「我非畔東林者，東林拒我耳。」弘圖因縱臾之，士英意解。而劉宗周劾疏自外至，大鋮宣言曰廣實使之，於是士英怒不可止。而薦張捷、謝陞之疏出，朝端益水火矣。內札用戶部侍郎張有譽爲尚書，弘圖封還，具奏力諫，卒以廷推簡用。中官議設東廠，弘圖爭不得。遂乞休，不許，加太子少師，改戶部尚書，文淵閣。尋以太后至，進太子太保。

其年十月，弘圖四疏乞休，乃許之。弘圖既謝政，無家可歸，流寓會稽。國破，逃野寺中，絕粒而卒。

姜曰廣，字居之，新建人。萬曆末，舉進士，授庶吉士，進編修。天啓六年奉使朝鮮，不攜中國一物往，不取朝鮮一錢歸，朝鮮人爲立懷潔之碑。明年夏，魏忠賢黨以曰廣東林，削其籍。

崇禎初，起右中允。九年積官至吏部右侍郎。坐事左遷南京太常卿，遂引疾去。十五年起詹事，掌南京翰林院。莊烈帝嘗言：「曰廣在講筵，言詞激切，朕知其人。」每優容之。

北都變聞，諸大臣議所立。曰廣、呂大器用周鑣、雷縯祚言，主立潞王，而諸帥奉福藩至江上。於是文武官並集內官宅，韓贊周令各署名籍。曰廣曰：「無恩遽，請祭告奉先殿而後行。」明日至奉先殿，諸勳臣語侵史可法，曰廣呵之，於是羣小咸目攝曰廣。廷推閣臣，以曰廣異議不用，用史可法、高弘圖、馬士英。及再推詞臣，以王鐸、陳子壯、黃道周名上，而首曰廣。乃改曰廣禮部尚書兼東閣大學士，與鐸並命。鐸未至，可法督師揚州，曰廣與弘圖協心輔政。而士英挾擁戴功，內結勳臣朱國弼、劉孔昭、趙之龍，外連諸鎮劉澤清、劉良佐等，謀擅朝權，深忌曰廣。

未幾，士英特薦起阮大鋮。曰廣力爭不得，遂乞休，言：

前見文武交競，既慙無術調和；近睹逆案忽翻，又愧不能寢弭。遂棄先帝十七年之定力，反陛下數日前之明詔。臣請以前事言之。臣觀先帝之善政雖多，而以堅持逆

案爲尤美；先帝之害政間有，而以頻出口宣爲亂階。用閣臣內傳矣，用部臣勳臣內傳矣，用大將用言官內傳矣。而所得閣臣，則淫貪巧猾之周延儒也，逢君賊民奸險刻毒之溫體仁、楊嗣昌也，偸生從賊之魏藻德也；所得部臣，則陰邪貪狡之王永光、陳新甲；所得勳臣，則力阻南遷盡撤守禦狂稺之李國禎；所得大將，則紈袴支離之王樸、倪寵；所得言官，則貪橫無賴之史𡎊、陳啓新也。凡此皆力排衆議，簡自中旨，後效可睹。

今又不然。不必僉同，但求面對，立談取官。陰奪會推之柄，陽避中旨之名，決廉恥之大防，長便佞之惡習。此豈可訓哉！

臣待罪綸扉，苟好盡言，終蹈不測之禍。聊取充位，又來鮮恥之譏。願乞骸骨還鄉里。

得旨慰留，士英、大鋮等滋不悅。國弼、孔昭遂以誹謗先帝，誣衊忠臣李國禎爲言，[三]交章攻之。

劉澤清故附東林，擁立議起，亦主潞王。至是入朝，則力詆東林以自解免。且曰：「中興所恃在政府。今用輔臣，宜令大帥僉議。」曰廣愕然。越數日，澤清疏劾呂大器、雷縯祚，而薦張捷、鄒之麟、張孫振、劉光斗等。已，又請免故輔周延儒贓。曰廣曰：「是欲漸干朝政也。」乃下部議，竟不許。

曰廣嘗與士英交詆王前。宗室朱統鑽者，素無行，士英啖以官，使擊曰廣。澤清又假諸鎮疏攻劉宗周及曰廣，以三案舊事及迎立異議爲言，請執下法司，正謀危君父之罪。頃之，統鑽復劾曰廣五大罪，請并劉士楨、王重、楊廷麟、劉宗周、陳必謙、周鑣、雷縯祚置之理，必謙、鑣以是逮。曰廣既連遭誣衊，屢疏乞休，其年九月始得請。入辭，諸大臣在列。曰廣曰：「微臣觸忤權奸，自分萬死，上恩寬大，猶許歸田。臣歸後，願陛下以國事爲重。」士英熟視曰廣，詈曰：「我權奸，汝且老而賊也。」既出，復於朝堂相訴詈而罷。曰廣骨鯁，扼於憸邪，不竟其用，遂歸。其後左良玉部將金聲桓者，已降於我大清，既而反江西，迎曰廣以資號召。聲桓敗，曰廣投偰家池死。

周鑣，字仲馭，金壇人。父泰峙，雲南布政使。鑣舉鄉試第一，崇禎元年成進士，授南京戶部主事，権稅蕪湖。憂歸，服闋，授南京禮部主事。極論內臣言官二事，言：「張彝憲用而高弘圖、金鉉罷，王坤用而魏呈潤、趙東曦斥，鄧希詔用而曹文衡罷閒，王弘祖、李曰輔、熊開元罹罪。每讀邸報，半屬內侍溫綸。自今鍛鍊臣子，委褻天言，祗徇中貴之心，臣不知何所極也。言官言出禍隨，黃道周諸臣薦賢不效，而惠世揚、劉宗周勿獲進，華允誠諸臣驅奸無濟，而陳于廷、姚希孟、鄭三俊皆蒙譴。每奉嚴諭，率皆直臣封章。自今播棄忠良，獎成宵小，祗快奸人之計，臣益不知何所極矣。」帝怒斥爲民，鑣由是名聞天下。

初，鑣世父尚書應秋、叔父御史維持，以附魏忠賢並麗逆案，鑣恥之。通籍後，即交東林，矯矯樹名節。及被放，與宣城沈壽民讀書茅山，廷臣多論薦之。十五年起禮部主事，進郎中，爲吏部尚書鄭三俊所倚。然爲人好名，頗飾僞，給事中韓如愈疏論之，罷歸。

福王立於南京。馬士英既逐呂大器，以鑣及雷縯祚嘗主立潞王議，令朱統鑽劾曰廣，因言鑣、縯祚等皆曰廣私黨，請悉置於理，遂令逮治。而士英劾鑣從弟鍾從逆，幷及鑣，鍾亦逮治。阮大鋮居金陵時，諸生顧杲等出留都防亂公揭討之，主之者鑣也，大鋮以故恨鑣。鑣獄急，屬御史陳丹衷求解於士英，爲緝事者所獲，丹衷出爲長沙知州。於是察處御史羅萬爵希大鋮指，上疏痛詆鑣。而光祿卿祁逢吉，鑣同邑人，見人輒詈鑣，遂得爲戶部侍郎。亡何，左良玉稱兵檄討士英罪，言引用大鋮，搆陷鑣、縯祚，鍛鍊周內。士英、大鋮益怒。大鋮謂鑣實召良玉兵，王乃賜鑣、縯祚自盡，鍾棄市。

雷縯祚，太湖人。崇禎三年舉於鄉。十三年夏，帝思破格用人，而考選止及進士，特命舉人貢生就試教職者，悉用爲部寺司屬推官知縣，凡二百六十三人，號爲庚辰特用。而縯祚得刑部主事。明年三月劾楊嗣昌六大罪可斬，鳳陽總督朱大典、安慶巡撫鄭二陽、河南巡撫高名衡、山東巡撫王公弼宜急易，帝不悅。

十五年擢武德道兵備僉事。山東被兵，縯祚守德州，有詔獎勵。乃疏劾督師范志完縱兵淫掠，折除軍餉，搆結大黨。帝心善其言，以淫掠事責兵部，而令縯祚再陳。志完者，首輔周延儒門生也，縯祚意有所忌，久不奏。

明年五月，延儒下廷議，縯祚乃奏言：「志完兩載僉事，驟陟督師，非有大黨，何以至是。大僚則尚書范景文等，詞林則諭德方拱乾等，言路則給事中朱徽、沈胤培、袁彭年等，皆其黨也。方德州被攻，不克去，掠臨清，又五日，志完始至。聞後部破景州，則大懼，欲避入德州城。漏三下，邀臣議。臣不聽，志完乃偕流寓詞臣拱乾見臣南城古廟。臣告以督師非入城官，薊州失事，由降丁內潰，志完不懼而去。若夫座主當朝，罔利曲庇，隻手有燎原之勢，片語操生死之權，稱功頌德，偏於班聯。臣不忍見陛下以周、召待大臣，而大臣以嚴嵩、薛國觀自待也。臣外藩小吏，乙榜孤蹤，不言不敢，盡言不敢，感陛下虛懷俯納，故不避首輔延儒與舉國媚附時局，略進一言。至中樞主計請餉必餽常例，天下共知，他乾沒更無算。」

疏入，帝益心動。命議舊計臣李待問、傅淑訓，樞臣張國維及戶科荆永祚，兵科沈迅、張嘉言罪，而召縯祚陛見。越數日，抵京。又數日入對，召志完、拱乾質前疏中語，拱乾爲志完辨，帝頷之。問縯祚稱功頌德者誰，對曰：「延儒招權納賄，如起廢、清獄、蠲租，皆自居爲功。考選臺諫，盡收門下。凡求總兵巡撫者，必先賄幕客董廷獻。」帝怒，逮廷獻，誅志完，而令縯祚還任。縯祚尋以憂去。

福王時，統鑽劾曰廣，因及之，遂逮治。明年四月與鑣同賜自盡。故事，小臣無賜自盡者。因良玉兵東下，故大鋮輩急殺之。

贊曰：史可法憫國步多艱，忠義奮發，提兵江滸，以當南北之衝，四鎮棊布，聯絡聲援，力圖興復。然而天方降割，權臣掣肘於內，悍將跋扈於外，遂致兵頓餉竭，疆圉日蹙，孤城不保，志決身殲，亦可悲矣！高弘圖、姜曰廣皆蘊忠謀，協心戮力，而扼於權奸，不安其位。蓋明祚傾移，固非區區一二人之所能挽也。

校勘記

〔一〕賊從間道突安慶石牌　石牌，原作「石碑」，據懷陵流寇始終錄卷九、讀史方輿紀要卷二六改。安慶府懷寧縣有石牌市。

〔二〕尙思穴胸斷脰　斷脰，原作「斷脛」，據史忠正集卷一請出師討賊疏改。

〔三〕誣衊忠臣李國禎爲言　李國禎，原作「李國楨」，國榷卷一〇〇頁六〇五四同。今據本傳上文及本書卷一四六李濬傳、明史稿傳一四九姜曰廣傳改。

明史卷二百七十五

列傳第一百六十三

張愼言 子履旋　徐石麒　解學龍　高倬 黃端伯等

左懋第　祁彪佳

張愼言，字金銘，陽城人。祖昇，河南參政。愼言舉萬曆三十八年進士。除壽張知縣，有能聲。調繁曹縣，出庫銀糴粟備振，連値荒歲，民賴以濟。

泰昌時，擢御史。踰月，熹宗卽位。時方會議三案，愼言言：「皇祖召諭百工，不究張差黨與，所以全父子之情；然必摘發奸謀，所以明君臣之義。至先皇踐阼，蠱惑之計方行，藥餌之奸旋發。崔文昇投涼劑於積憊之餘，李可灼進紅丸於大漸之際，法當駢首，恩反賜金。誰秉國成，一至此極！若夫鼎湖再泣，宗廟之鼎鬯爲重，則先帝之簪履爲輕。雖神廟鄭妃且先徙以爲望，選侍不卽移宮，計將安待。」無何，賈繼春以請安選侍被譴，愼言抗疏救之。

帝怒，奪俸二年。

天啓初，出督畿輔屯田，言：「天津、靜海、興濟間，沃野萬頃，可墾爲田。近同知盧觀象墾田三千餘畝，其溝洫廬舍之制，種植疏濬之方，犂然具備，可倣而行。」因列上官種、佃種、民種、軍種、屯種五法。又言：「廣寧失守，遼人轉徙入關者不下百萬。宜招集津門，以無家之衆，墾不耕之田便。」詔從之。嘗疏薦趙南星，劾馮銓，銓大恨。五年三月，愼言假歸，銓屬曹欽程論劾，誣盜曹縣庫銀三千，遂下撫按徵贓，編戍肅州。

莊烈帝卽位，赦免。崇禎元年起故官。會當京察，請先治媚璫者附逆之罪，其他始付考功，報可。旋擢太僕少卿，歷太常卿、刑部右侍郎。讞耿如杞獄，不稱旨，并尚書韓繼思下吏，尋落職歸。久之，召爲工部右侍郎。國用不支，廷議開採、鼓鑄、屯田、鹽法諸事。愼言屢疏陳奏，悉根本計。大學士楊嗣昌議改府州縣佐爲練備、練總，愼言以更制事大，歷陳八議，其後卒不能行。由左侍郎遷南京戶部尚書，七疏引疾，不允。就改吏部尚書，掌右都御史事。

十七年三月，京師陷。五月，福王卽位南京，命愼言理部事。上中興十議：曰節鎭，曰親藩，曰開屯，曰叛逆，曰僞命，曰褒卹，曰功賞，曰起廢，曰懲貪，曰漕稅。皆嘉納。時大起廢籍，愼言薦吳甡、鄭三俊。命甡陛見，三俊不許，大學士高弘圖所擬也。勳臣劉孔昭、趙

中華書局

之龍等一日朝罷，羣詬於廷，指慎言及甡爲奸邪，叱咤徹殿陛。給事中羅萬象言：「慎言平生具在，甡素有清望，安得指爲奸邪？」孔昭等伏地痛哭，謂慎言舉用文臣，不及武臣，詈爭不已。又疏劾慎言，極詆三俊。且謂：「慎言當迎立時，阻難懷二心。乞寢甡陛見命，且議慎言欺蔽罪。」慎言疏辨，因乞休。萬象又言：「首膺封爵者，四鎮也。新改京營，又加二鎮銜，何嘗不用武。年來封疆之法，先帝多寬武臣，武臣報先帝者安在？祖制以票擬歸閣臣，參駁歸言官，不聞委勳臣以糾劾也。使勳臣得兼糾劾，文臣可勝逐哉！」史可法奏：「慎言疏薦無不當。諸臣痛哭喧呼，滅絕法紀，恐驕弁悍卒益輕朝廷。」御史王孫蕃言：「用人，吏部職掌。奈何廷辱冢宰。」弘圖等亦以不能戢和文武，各疏乞休，不允。

甡既不出，慎言乞休得請，加太子太保，廕一子。山西盡陷於賊，慎言無家可歸，流寓蕪湖、宣城間。國亡後，疽發於背，戒勿藥，卒，年六十九。

慎言少喪二親，鞠於祖母。及爲御史，訃聞，引義乞歸，執喪三年以報。

子履旋，舉崇禎十五年鄉試。賊陷陽城，投崖死。事聞，贈御史。

徐石麒，字寶摩，嘉興人。天啓二年進士。授工部營繕主事，筦節慎庫。魏忠賢兼領

惜薪司，所需悉從庫發，石麒輒持故事格之。其黨譟於庭，不爲動。御史黃尊素坐忤忠賢下詔獄，石麒爲盡力。忠賢怒，執新城侯王昇子下獄，令誣賄石麒，捕繫其家人，勒完贓而削其籍。

崇禎三年起南京禮部主事，就遷考功郎中。八年佐尚書鄭三俊京察，澄汰至公。歷尚寶卿、應天府丞。十一年春入賀。三俊時爲刑部尚書，議侯恂獄不中，得罪。石麒疏救，釋之。石麒官南京十餘年，至是始入爲左通政，累遷光祿卿、通政使。十五年擢刑部右侍郎，讞吏部尚書李日宣等獄。帝曰：「枚卜大典，日宣稱詡徇私。」石麒予輕比，貶二秩。先是，會推閣臣，日宣一再推，因及副都御史房可壯、工部右侍郎宋玫、大理寺卿張三謨，石麒與焉。召對便殿，石麒獨不赴。及是帝怒，戍日宣及吏科都給事中章正宸、河南道御史張煊，〔一〕奪可壯、玫、三謨及讞獄左侍郎惠世揚官。石麒代世揚掌部事，旋進左。

當是時，帝以威刑馭下，法官引律，大抵深文附會，予重比。石麒奉命清獄，推明律意，校正今斷獄之不合於律者十餘章，先以白同官。以次審理十三司囚，多寬減。然廉公，一時大法赫然，無敢倖免者。兵部尚書陳新甲下獄，朝士多營救。石麒持之曰：「人臣無境外交。未有身在朝廷，不告君父而專擅便宜者。新甲私款辱國，當失陷城寨律，斬。」帝曰：「未中，可覆擬。」乃論新甲陷邊城四，陷腹城七十二，陷親藩七，從來未有之奇禍。當臨敵缺乏，不依期進兵策應，因而失誤軍機者斬。奏上，新甲棄市，新甲黨皆大恨。

石麒尋擢本部尚書。中官王裕民坐劉元斌黨，元斌縱軍淫掠，伏誅，裕民以欺隱不舉下獄。帝欲殺之，初令三法司同鞫，後專付刑部，石麒議戍烟瘴。奏成，署院寺名以進。帝怒其失出，召詰都御史劉宗周，對曰：「此獄非臣讞。」徐曰：「臣雖不與聞，然閱讞詞，已曲盡情事。刑官所執者法耳，法如是止，石麒非私裕民也。」帝曰：「此奴欺罔實甚，卿等焉知？」令石麒改讞詞，棄之市。無何，宗周以救姜埰、熊開元獲嚴譴，僉都御史金光辰救之，奪職。石麒再疏留，不納。埰、開元既下詔獄，移刑部定罪。石麒據原詞擬開元贖徒，埰謫戍，不復鞫訊。帝責對狀，石麒援故事對。帝大怒，除司官三人名，石麒落職閒住。

福王監國，召拜右都御史，未任，改吏部尚書。奏陳省庶官、慎破格、行久任、重名器、嚴起廢、明保舉、交堂廉七事。時方考選，與都御史劉宗周矢公甄別，以年例出御史黃耳鼎、給事中陸朗於外。朗賄奄人得留用，石麒發其罪。朗恚，詆石麒，石麒稱疾乞休。耳鼎亦兩疏劾石麒，并言其枉殺陳新甲。石麒疏辯，求去益力。馬士英擬嚴旨，福王不許，命馳驛歸。

石麒剛方清介，扼於權奸，悒悒不得志。士英挾定策功，將圖封，石麒議格之。中官田成輩納賄請囑，石麒悉拒不應。由是中外皆怨，搆之去。去後以登極恩，加太子太保。

明年，南都亡。石麒時居郡城外，城將破，石麒曰：「吾大臣也，城亡與亡！」復入居城中，以閏月二十六日朝服自縊死，年六十有八。

解學龍，字石帆，揚州興化人。萬曆四十一年進士。歷金華、東昌二府推官。天啓二年擢刑科給事中。遼東難民多渡海聚登州，招練副使劉國縉請帑金十萬振之，多所乾沒。學龍三疏發其弊，國縉遂獲譴。王紀忤魏忠賢削籍，學龍言：「紀亮節弘猷，召置廊廟，必能表正百僚，裁決大務。」失忠賢意，不報。已，劾川貴舊總督張我續貪淫漏網，新總督楊述中縮朒卸責，帝不罪。學龍通曉政務，上言：

遼左額兵舊九萬四千有奇，歲餉四十餘萬。今關上兵止十餘萬，月餉乃二十二萬。遼兵盡潰，關門宜募新兵。薊鎮舊有額兵，乃亦給厚糈召募。舊兵以其餉厚，悉竄入新營，而舊額又如故，漏卮可勝言。國初，文職五千四百有奇，武職二萬八千有奇。神祖時，文增至一萬六千餘，武增至八萬二千餘矣。今不知又增幾倍。誠度冗者汰之，歲可得餉數十萬。裁冗吏，核曠卒，俾衞所應襲子弟襲職而不給俸，又可得數十萬。

京邊米一石，民輸則非一石也。以民之費與國之收衷之，國之一，民之三。關餉一斛銀四錢，以易錢則好米値錢百，惡米止三四十錢，又其下腐臭不可食。以國之費與兵之食衷之，兵之一，國之三。總計之，民費其六，而兵食其一。況小民作奸欺漕卒，漕卒欺官司，官司欺天子，展轉相欺，米已化爲糠粃沙土，兼濕熱蒸變，食不可咽，是又化有用之六，爲無用之一矣。臣以爲莫如修屯政，屯政修則地闢而民有樂土，粟積而人有固志。昔吳璘守天水，縱橫鑿渠，綿亙不絕，名曰「地網」，敵騎不能逞。今倣其制，溝涂之界，各樹土所宜木，小可獲薪果之饒，大可得抗扼之利，敵雖强，何施乎。」帝亟下所司，而議竟中格。稍進右給事中。五年九月，御史智鋌劾學龍及編修侯恪爲東林鷹犬，遂削籍。

崇禎元年起歷戶科都給事中。以民貧盜起，請大清吏治。尋劾薊撫王應豸剋餉激變，又上足餉十六事。帝皆採納。遷太常少卿、太僕卿。五年改右僉都御史，巡撫江西。疏言：「臣所部州縣七十八，而坐逋賦降罰者至九十八人。由數歲之逋責於一歲，數人之逋責於一人，故終無及額之日也。請別新舊，酌多寡，立帶徵之法。」可之。四方盜賊蠭起，江西獨無重兵，學龍以爲言，詔增置千人。討平都昌、萍鄉諸盜，合閩兵擊破封山妖賊張普薇等，賊遂殄滅。

十二年冬，擢南京兵部右侍郎。明年春，將解任，遵例薦舉屬吏，幷及遷謫官黃道周。帝怒，徵下獄，責其黨庇行私，廷杖八十，削其籍，移入詔獄，竟坐遣戍。十五年秋，道周召還，半道請釋學龍，不聽。

十七年五月，福王立於南京，召拜兵部左侍郎。十月擢刑部尚書。時方治從賊之獄，倣唐制六等定罪。學龍議定，以十二月上之。

其一等應磔者：吏部員外郎宋企郊，舉人牛金星，平陽知府張嶙然，太僕少卿曹欽程，御史李振聲、喻上猷，山西提學參議黎志陞，陝西左布政使陸之祺，兵科給事中高翔漢，潼關道僉事楊王休，翰林院檢討劉世芳十一人也。

二等應斬秋決者：刑科給事中光時亨，河南提學僉事鞏焴，庶吉士周鍾，兵部主事方允昌四人也。

三等應絞擬贖者：翰林修撰兼戶、兵二科都給事中陳名夏，戶科給事中楊枝起、廖國遴，襄陽知府王承曾，天津兵備副使原毓宗，庶吉士何胤光，少詹事項煜七人也。

四等應戍擬贖者：禮部主事王孫蕙，翰林院檢討梁兆陽，大理寺正錢位坤，總督侍郎侯恂，山西副使王秉鑑，御史陳羽白、裴希度、張懋爵，禮部郎中劉大鞏，吏部員外郎郭萬象，給事中申芝芳、金汝礪，舉人吳達，修撰楊廷鑑及黃繼祖十五人也。

五等應徒擬贖者：通政司參議宋學顯，諭德方拱乾，工部主事繆沅，給事中呂兆龍、傅振鐸，進士吳剛思，檢討方以智、傅鼎銓，庶吉士張家玉及沈元龍十人也。

六等應杖擬贖者：工部員外郎潘同春，禮部員外郎吳泰來，主事張琦，行人王于曜，行取知縣周壽明，進士徐家麟及向列星、李棡八人也。

其留北俟後定奪者：少詹事何瑞徵、楊觀光，太僕少卿張若麒，副使方大猷，戶部侍郎黨崇雅，吏部侍郎熊文舉，太僕卿葉初春，給事中龔鼎孳、戴明說、孫承澤、劉昌，御史涂必泓、張鳴駿，司業薛所蘊，通政參議趙京仕，編修高爾儼，戶部郎中衞周祚及黃紀、孫襄十九人也。

其另存再議者：給事中翁元益、郭充，庶吉士魯㮚、吳爾壎、史可程、王自超、白胤謙、梁清標、楊棲鶚、張元琳、呂崇烈、李化麟、朱積、趙頎、劉廷琮，吏部郎中侯佐，員外郎左懋泰，禮部郎中吳之琦，兵部員外郎鄒明魁，行人許作梅，進士胡顯，太常博士龔懋熙及王之牧、王皐、梅鶚、姬琨、朱國壽、吳嵩胤二十八人也。

其已奉旨錄用者：兵部尚書張縉彥，給事中時敏，諭德衞胤文、韓四維，御史蘇京，行取知縣黃國琦、施鳳儀，兵部郎中張正聲，內閣中書舍人顧大成及姜荃林等十人也。

得旨：「周鍾等不當緩決，陳名夏等未蔽厥辜，侯恂、宋學顯、吳剛思、方以智、潘同春等擬罪

未合。新榜進士盡汚僞命，不當復玷班聯。」令再議。惟方拱乾結納馬、阮，特旨免其罪。明年正月，學龍奉詔擬周鍾、光時亨等各加一等，潘同春諸臣皆候補小臣，受僞無據，仍執前律。當是時，馬、阮必欲殺周鍾。學龍欲緩其死，謀之次輔王鐸，乘士英注籍上之，且請停刑。鐸即擬俞旨，褒以詳慎平允。士英聞之大怒，然事已無及。大鋮暨其黨張捷、楊維垣聲言欲劾學龍，學龍引疾。命未下，保國公朱國弼、御史張孫振等詆其曲庇行私，遂削籍。

大鋮既殺鍾、時亨，即傳旨二等罪斬者謫充雲南金齒軍，三等罪絞者充廣西邊衞軍，四等以下俱爲民，永不敍用。然學龍所定案亦多漏網，而所擬一等諸犯，皆隨賊西行，實未嘗正刑辟也。黃繼祖、沈元龍、向列星、李棡、黃紀、孫襄、王之牧、王皐、梅鶚、姬琨、朱國壽、吳嵩胤、姜荃林，皆未詳其官。

學龍歸，南都旋失。久之卒於家。

高倬，字枝樓，忠州人。天啓五年進士。除德清知縣，調金華。

崇禎四年，徵授御史。薊遼總督曹文衡與總監鄧希詔相訐奏。詔殫力幹濟，以副委

任。倬乃上疏言：「文衡骯髒成性，必不能仰鼻息於中官，希詔睚眦未忘，何能化戈矛爲同氣。封疆事重，宜撤希詔安文衡心。若文衡不足用，宜更置，勿使中官參之。諸邊鎮臣如希詔不少，使人效希詔，督撫之展布益難。即諸邊督撫如文衡亦不少，使人效文衡，將邊事之廢壞愈甚。」疏入，貶一秩視事。巡視草場，坐失火下吏。廷臣申救，不納。逾年熱審，給事中吳甘來以爲言，始釋歸。起上林署丞，稍遷大理右寺副。

十一年五月，火星逆行，詔修省。倬以近者刑獄滋繁，法官務停閣，請敕諸司剋期奏報，大者旬，小者五日。其奉旨覆讞者，或五日三日，務俾積案盡疏，囹圄衰減。帝爲採納。屢遷南京太僕卿。太僕故駐滁州，滁爲南都西北門戶。請募州人爲兵，保障鄉土，從之。十六年二月擢右僉都御史，提督操江。其秋，操江改任武臣劉孔昭，召倬別用，未赴而京師陷。

福王立南京，拜倬工部右侍郎。御用監內官請給工料銀，置龍鳳几榻諸器物及宮殿陳設金玉諸寶，計貲數十萬，倬請裁省。光祿寺辦御用器至萬五千七百有奇，倬又以爲言。皆不納。明年二月，由左侍郎拜刑部尚書。國破，倬投繯死。

是時，大臣殉難者：倬與張捷、楊維垣，庶僚則有黃端伯、劉成治、吳嘉胤、龔廷祥。

端伯，字元公，建昌新城人。崇禎元年進士。歷寧波、杭州二府推官。行取赴都，母憂歸。服闋入都，疏陳益王居建昌不法狀。王亦劾端伯離間親藩，及出妻酗酒諸事。有詔候勘，避居廬山。福王立，大學士姜曰廣薦起之。明年三月授儀制主事。五月，南都破，百官皆迎降。端伯不出，捕繫之。閱四月，諭之降，不從，卒就戮。

成治，字廣如，漢陽人。崇禎七年進士。福王時，歷官戶部郎中。國破，忻城伯趙之龍將出降，入戶部封府庫。成治憤，手搏之，之龍跳而免。成治自經。

嘉胤，字繩如，松江華亭人。由鄉舉歷官戶部主事。奉使出都，聞變，還謁方孝孺祠，投繯死。

廷祥，字伯興，無錫人。馬世奇門人也。崇禎十六年進士。爲中書舍人。城破，衣冠步至武定橋投水死。

時又有欽天監博士陳于階，國子生吳可箕，武舉黃金璽，布衣陳士達，並死焉。

左懋第，字蘿石，萊陽人。崇禎四年進士。授韓城知縣，有異政。遭父喪，三年不入內寢，事母盡孝。

十二年擢戶科給事中。疏陳四弊，謂民困、兵弱、臣工委頓、國計虛耗也。又陳貴粟之策，令天下贖罪者盡輸粟，鹽筴復開中之舊，令輸粟邊塞充軍食。彗星見，詔停刑，懋第請馬上速傳。又請嚴禁將士剽掠，有司朘削。請散米錢，振輦下饑民，收養嬰孩。明年正月，剿餉罷徵，亦請馬上速行，恐遠方吏不知，先已徵，民不沾實惠。帝並採納。

三月，大風霾。帝布袍齋居，禱之不止。懋第言：「去秋星變，朝停刑而夕即滅。今者不然，豈陛下有其文未修其實乎？臣敢以實進。練餉之加，原非得已。乃明旨減兵以省餉，天下共知之，而餉猶未省，何也？請自今因兵徵餉，預使天下知應加之數，官吏無所逞其奸，以信陛下之明詔。而刑獄則以睿慮之疑信，定諸囚之死生，諸疑於心與疑信半者，悉從輕典。豈停刑可止彗，解網不可以返風乎？且陛下屢沛大恩，四方死者猶枕藉，盜賊未見衰止，何也？由蠲停者止一二，存留之賦，有司迫考成，催徵未敢緩，是以莫救於凶荒。請於極荒州縣，下詔速停，有司息訟，專以救荒爲務。」帝曰：「然。」於是上災七十五州縣新、舊、練三餉並停，中災六十八州縣止徵練餉，下災二十八州縣秋成督徵。

十四年督催漕運，道中馳疏言：「臣自靜海抵臨清，見人民饑死者三，疫死者三，爲盜者四。米石銀二十四兩，人死取以食，惟聖明垂念。」又言：「臣自魚臺至南陽，流寇殺戮，村市爲墟。其他饑疫死者，屍積水涯，河爲不流，振救安可不速。」已又陳安民息盜之策，請核荒

田，察逃戶，予以有生之樂，鼓其耕種之心。又言：「臣有事河干一載，每進父老問疾苦，皆言練餉之害。三年來，農怨於野，商嘆於途。如此重派，所練何兵？兵在何所？剿賊禦邊，效安在？奈何使衆心瓦解，一至此極乎！」又言：「臣去冬抵宿遷，見督漕臣史可法，言山東米石二十兩，而河南乃至百五十兩，漕儲多逋。朝議不收折色，需本色。今淮、鳳間麥大熟，如收兩地折色，易麥轉輸，豈不大利。昔劉晏有轉易之法。今歲河北大稔，山東東、兗二郡亦有收。誠出內帑二三十萬，分發所司，及時收糴，於國計便。」帝即命議行。屢遷刑科左給事中。

十六年秋，出察江防。明年五月，福王立，進兵科都給事中，旋擢右僉都御史，巡撫應天、徽州諸府。時大清兵連破李自成，朝議遣使通好，而難其人。懋第母陳歿於燕，懋第欲因是返厝葬，請行。乃拜懋第兵部右侍郎兼右僉都御史，與左都督陳弘範、〔二〕太僕少卿馬紹愉偕，而令懋第經理河北，聯絡關東諸軍。馬紹愉者，故兵部郎官也，嘗爲陳新甲通款事至義州而還。新甲既誅，紹愉以督戰致衄，爲懋第劾罷。及是紹愉已起官郎中，乃進爲少卿，副懋第。懋第言：「臣此行致祭先帝后梓宮，訪東宮二王蹤跡。臣既充使臣，勢不能兼理封疆。且紹愉臣所劾罷，不當復與臣共事。必用臣經理，則乞命弘範同紹愉出使，而假臣一旅，偕山東撫臣收拾山東以待，不敢復言北行。如用臣與弘範北行，則去臣經理，但銜命而

往，而罷紹愉勿遣。」閣部議止紹愉，改命原任薊督王永吉。王令仍遵前諭。

懋第瀕行言：「臣此行，生死未卜。請以辭闕之身，效一言。願陛下以先帝仇恥爲心，瞻高皇之弓劍，則思成祖列聖之陵寢何存；撫江上之殘黎，則念河北、山東之赤子誰卹。更望時時整頓士馬，必能渡河而戰，始能扼河而守；必能扼河而守，始能畫江而安。」衆韙其言。王令齎白金十萬兩、幣帛數萬匹，以兵三千人護行。八月，舟渡淮。十月朔，次張家灣，本朝傳令止許百人從行。

懋第衰絰入都門，至則館之鴻臚寺。請祭告諸陵及改葬先帝，不可，則陳太牢於旅所，哭而奠之。即以是月二十有八日遣還出都。弘範乃請身赴江南招諸將劉澤清等降附，而留懋第等勿遣。於是自滄州追還懋第，改館太醫院。順治二年六月，聞南京失守，慟哭。其從弟懋泰先爲吏部員外郎，降賊，後歸本朝授官矣，來謁懋第。懋第曰：「此非吾弟也。」叱出之。至閏月十二日，與從行兵部司務陳用極、游擊王一斌、都司張良佐、劉統、王廷佐俱以不降誅，而紹愉獲免。

祁彪佳，字弘吉，浙江山陰人。祖父世清白吏。彪佳生而英特，丰姿絕人。弱冠，第天啓二年進士，授興化府推官。始至，吏民易其年少。及治事，剖決精明，皆大畏服。外艱歸。

崇禎四年起御史。疏陳賞罰之要，言：「黔功因一級疑，稽三年之敍，且恩及督撫總帥帷幄大臣，而陷敵衝鋒之士不預，何以勵行間。山東之變，六城連陷，未嘗議及一官，欺蒙之習不可不破。」帝即命議行。又言：「九列之長，詰責時聞，四朝遺老或蒙重譴。諸臣怵嚴威，競迎合以保名位。臣所慮於大臣者此也。方伯或一二考，臺員或十餘載，竟不得遷除，監司守令多貶秩停俸。臣子精神才具無餘地，展布曷由。急功赴名之心不勝其掩罪匿瑕。臣所慮於小臣者此也。國家聞鼙鼓思將帥，茍得其人，推轂築壇，禮亦宜之。若必依序循資，冒濫之竇雖可清，奬拔之術或未盡。臣所慮於武臣者此也。撫按則使中官監視會同，隙開水火，其患顯；潛通交結，其患深。臣所慮於內臣者此也。」忤旨譙責。

尋上合籌天下全局疏，以策關、寧，制登海爲二大要。分析中州、秦、晉之流賊，江右、楚、粵之山賊，浙、閩、東粵之海賊，滇、黔、楚、蜀之土賊爲四大勢。極控制駕馭之宜，而歸其要於戢行伍以節餉，實衛所以銷兵。復陳民間十四大苦：曰里甲，曰虛糧，曰行戶，曰搜贓，曰欽提，曰隔提，曰訐訟，曰窩訪，曰私稅，曰私鑄，曰解運，曰馬戶，曰鹽丁，曰難民。帝善其言，下之所司。出按蘇、松諸府，廉積猾四人杖殺之。宜興民發首輔周延儒祖墓，又焚翰林陳于鼎、于泰廬，亦發其祖墓。彪佳捕治如法，而於延儒無所徇，延儒憾之。回道考覈，降俸，尋以侍養歸。家居九年，母服終，召掌河南道事。十六年佐大計，問遺莫敢及門。刷卷南畿，乞休，不允，便道還家。

北都變聞，謁福王於南京。王監國，或請登極。彪佳請發喪，服滿議其儀，從之。高傑兵擾揚州，民奔避江南，奸民乘機剽敓，命彪佳往宣諭，斬倡亂者數人，一方遂安。遷大理寺丞，旋擢右僉都御史，巡撫江南。蘇州諸生檄討其鄉官從賊者，奸民和之。少詹事項煜及大理寺正錢位坤、通政司參議宋學顯、禮部員外郎湯有慶之家皆被焚劫。常熟又焚給事中時敏家，燬其三代四棺。彪佳請議從逆諸臣罪，而治焚掠之徒以加等，從之。

詔設廠衛緝事官。彪佳上言：「洪武初，官民有犯，或收繫錦衣衛，高皇帝見非法凌虐，焚其刑具，送囚刑部。是祖制原無詔獄也。後乃以羅織爲事，雖曰朝廷爪牙，實爲權奸鷹狗。舉朝盡知其枉，而法司無敢雪。慘酷等來、周，平反無徐、杜。此詔獄之弊也。洪武十五年改儀鑾司爲錦衣衛，尚掌直駕侍衛等事，未嘗令緝事也。永樂間設立東廠，始開告密門。兇人投爲厮役，赤手鉅萬。飛誣及於善良，招承出於私拷，怨憤滿乎京畿。欲絕苞苴，而苞苴彌盛；欲清奸宄，而奸宄益多。此緝事之弊也。古者刑不上大夫。逆瑾用事，始去衣受杖。本無可殺之罪，乃蒙必死之刑。朝廷受愎諫之名，天下反歸忠直之譽。此廷杖之

弊也。」疏奏，乃命五城御史體訪，而緝事官不設。

督輔部將劉肇基、陳可立、張應夢、于永綬駐京口，浙江入衛都司黃之奎亦部水陸兵三四千戍其地。之奎御軍嚴。四將兵恣橫，刃傷民，浙兵縛而投之江，遂有隙。已而守備李大開統浙兵斫鎮兵馬，鎮兵與相擊，射殺大開。亂兵大焚掠，死者四百人。彪佳至，永綬等遁去。彪佳劾治四將罪，賙卹被難家，民大悅。

高傑駐瓜洲，跋扈甚，彪佳剋期往會。至期，風大作，傑意彪佳必無來。彪佳攜數卒衝風渡，傑大駭異，盡撤兵衛，會彪佳於大觀樓。彪佳披肝膈，勉以忠義，共奬王室。傑感歎曰：「傑閱人多矣，如公，傑甘爲死！公一日在吳，傑一日遵公約矣。」共飯而別。

羣小疾彪佳，競詆諆，以沮登極、立潞王爲言，彪佳竟移疾去。明年五月，南都失守。六月，杭州繼失，彪佳即絕粒。至閏月四日，紿家人先寢，端坐池中而死，年四十有四。唐王贈少保、兵部尚書，謚忠敏。

贊曰：張愼言、徐石麒等皆北都舊臣，剛方練達，所建白悉有裨時政。令其受事熙朝，從容展布，庶幾乎列卿之良也。而遭時不造，內外交訌，動輒齟齬，雖老成何能設施幹濟

哉！左懋第仗節全貞，蹈死不悔，於奉使之義，亦無愧焉。

校勘記

〔一〕河南道御史張煊　張煊，原作「張瑄」，據本書卷二五四李日宣傳、國榷卷九八頁五九三一、明進士題名碑録崇禎戊辰科改。

〔二〕與左都督陳弘範　陳弘範，國榷卷一〇二頁六一二七——六一三一、石匱書後集卷二九、明通鑑附編卷一下附記一下、南疆逸史卷九、小腆紀年附考卷七都作「陳洪範」。本書卷二七六朱大典傳有名陳洪範者，崇禎五年爲昌平總兵官，疑即此人，「弘」字當作「洪」。

明史卷二百七十六

列傳第一百六十四

朱大典 王道焜等　張國維　張肯堂 李向中 吳鍾巒 朱永佑等
曾櫻　朱繼祚 湯芬等　余煌 陳函輝　王瑞栴　路振飛
何楷 林蘭友　熊汝霖　錢肅樂 劉中藻 鄭遵謙
沈宸荃 邑子履祥

朱大典，字延之，金華人。家世貧賤。大典始讀書，爲人豪邁。登萬曆四十四年進士，除章丘知縣。天啓二年擢兵科給事中。中官王體乾、魏忠賢等十二人及乳媪客氏，假保護功，廕錦衣世襲，大典抗疏力諫。五年出爲福建副使，進右參政，以憂歸。

崇禎三年起故官，涖山東，尋調天津。五年四月，李九成、孔有德圍萊州。山東巡撫徐

從治中礮死，擢大典右僉都御史代之，詔駐青州，調度兵食。七月，登萊巡撫謝璉復陷於賊，總督劉宇烈被逮。乃罷總督及登萊巡撫不設，專任大典，督主、客兵數萬及關外勁旅四千八百餘人合剿之。以總兵金國奇將，率副將靳國臣、劉邦域，參將祖大弼、祖寬、張韜，遊擊柏永福及故總兵吳襄、襄子三桂等，以中官高起潛監護軍餉，抵德州。賊復犯平度，副將牟文綬、何維忠等救之，殺賊魁陳有時，維忠亦被殺。八月，巡按監軍御史謝三賓至昌邑，請斬王洪、劉國柱，詔逮治之。兵部尚書熊明遇亦坐主撫誤國，罷去。三賓復抗疏請絕口勿言撫事。

國奇等至昌邑，分三路。國奇等關外兵爲前鋒，鄧玘步兵繼之，從中路灰埠進。昌平總兵陳洪範，副將劉澤清、方登化，從南路平度進。參將王之富、王文緯等從北路海廟進。檄遊擊徐元亨等率萊陽師來會，以牟文綬守新河。諸軍皆攜三日糧，盡抵新河東岸，亂流以濟。祖寬至沙河，有德迎戰。寬先進，國臣繼之，賊大敗，諸軍乘勝追至城下。賊夜半東遁，圍始解。守者疑賊誘，礮拒之。起潛遣中使入諭，闔城相慶。明日，南路兵始至。國奇等遂擊賊黃縣，斬首萬三千，俘八百，逃散及墜海死者數萬。

賊竄歸登州，國臣等築長圍守之。城三面距山，一面距海，牆三十里而遙，東西俱抵海。分番戍，賊不能出，發大礮，官軍多死傷。李九成出戰相當。十一月，九成搏戰，降者

洩其謀。官軍合擊之，馘於陣，賊乃曉夜哭。賊渠魁五，九成、有德、有時、耿仲明、毛承祿也，及是殺其二。帝嘉解圍功，進大典右副都御史，將吏陞賞有差。是月，國奇卒，以襄代。攻圍既久，賊糧絕，恃水城可走，不降。及王之富、祖寬奪其水門外護牆，賊大懼。

六年二月中旬，有德先遁，載子女財帛出海。仲明以水城委副將王秉忠，己亦以單舸遁，官軍遂入大城。攻水城，未下。遊擊劉良佐獻轟城策，匿人永福寺中，穴城置火藥，發之，城崩，官軍入。賊退保蓬萊閣，大典招降，始釋甲，俘千餘人，獲秉忠及僞將七十五人，自縊及投海死者不可勝計，賊盡平。有德等走旅順，島帥黃龍邀擊，生擒其黨毛承祿、陳光福、蘇有功，斬李應元。惟有德、仲明逸去。乃獻承祿等於朝。磔之先一日，有功脫械走。帝震怒，斬監守官，刑部郎多獲罪。未幾被執，伏誅。敍功，進大典兵部右侍郎，世廕錦衣百戶，巡撫如故。

八年二月，流賊陷鳳陽，毀皇陵，總督楊一鵬被逮。詔大典總督漕運兼巡撫廬、鳳、淮、揚四郡，移鎮鳳陽。時江北州縣多陷。明年正月，賊圍滁州，連營百餘里，總兵祖寬大破之。大典會總理盧象昇追襲，復破之。急還兵遏賊衆於鳳陽，賊始退。十一年，賊復入江北，謀竄茶山。大典與安慶巡撫史可法提兵遏之，賊乃西遁。大典先坐失州縣，貶秩視事。是年四月以平賊踰期，再貶三秩。尋敍援剿及轉漕功，盡復其秩。

十三年，河南賊大入湖廣。大典遣將救援，屢有功，進左侍郎。明年六月命大典總督江北及河南、湖廣軍務，仍鎮鳳陽，專辦流賊，而以可法代督漕運。賊帥袁時中衆數萬，橫潁、亳間。大典率總兵劉良佐等擊破之，敍賚有差。大典有保障功，然不能持廉，屢爲給事中方士亮、御史鄭崑貞等所劾，詔削籍候勘。事未竟，而東陽許都事發。

許都者，諸生，負氣，憤縣令苛斂，作亂，圍金華。大典子萬化募健兒禦之，賊平而所募者不散。大典聞，急馳歸。知縣徐調元閱都兵籍有萬化名，遂言大典縱子交賊。巡按御史左光先聞於朝，得旨逮治，籍其家充餉，且令督賦給事中韓如愈趣之。

已而京師陷，福王立。有白其誣者，而大典亦自結於馬士英、阮大鋮，乃召爲兵部左侍郎。踰月，進尚書，總督上江軍務。左良玉舉兵，命監黃得功軍禦之。福王奔太平，大典與大鋮入見舟中，誓力戰。得功死，王被擒，兩人遂走杭州。會潞王亦降，大典乃還鄉郡，據城固守。唐王聞，就加東閣大學士，督師浙東。踰年，城破，闔門死之。

其時浙東西郡縣前後失守死事者，杭州則有同知王道焜、錢塘知縣顧咸建、臨安知縣唐自綵，紹興則有兵部主事高岱、葉汝蘅，衢州則有巡按王景亮、知府伍經正、推官鄧巖忠、江山知縣方召。若夫諸生及布衣殉義者，會稽潘集、周卜年，山陰朱瑋，諸暨傅日炯，鄞縣趙景麟，浦江張君正，瑞安鄒欽堯，永嘉鄒之琦，其尤著云。

王道焜，字昭平，錢塘人。以天啓元年舉於鄉。崇禎時，爲南平知縣，遷南雄同知。會光澤寇發，其父老言非道焜不能平。撫按爲請，詔改邵武同知，知光澤縣事。撫剿兼施，境內底定。莊烈帝破格求賢，盡徵天下賢能吏，撫按以道焜名聞。方待命而都城陷，微服南還。及杭州失守，遂投繯死。

顧咸建，字漢石，崑山人，大學士鼎臣曾孫也。崇禎十六年進士。授錢塘知縣。甫之官，聞京師陷，人情恟恟。咸建戢奸宄，嚴警備。巡按御史彭遇颽以貪殘激變，賴咸建調護，事寧而民免株連。及南都失守，鎮江守將鄭彩等率衆還閩，緣道劫掠。咸建出私財迎犒，乃斂威去。亡何，馬士英擁兵至。頃之，大將方國安兵亦至。咸建謀於上官，先期遣使行賂，兵乃不入城。四鄉多被淫掠，城中得無擾。時監司及郡縣長吏悉逋竄，咸建散遣妻子，獨守官不去。潞王既降，咸建不至。尋被執，死之。

唐自綵，達州人。爲臨安知縣。杭州失守，自綵與從子階豫逃山中。有言其受魯王敕，陰部署爲變，遂被捕獲。自綵麾階豫走，不從，竟同死。

高岱，字魯瞻，會稽人。崇禎中，以武學生舉順天鄉試，魯王授爲職方主事。及紹興失守，卽絕粒祈死。子朗知父意不可回，先躍入海中死。岱聞之曰：「兒果能先我乎！」自是不

復言，數日亦卒。

葉汝蘅，字衡生，岱同邑人，由舉人爲兵部主事。聞變，與妻王氏出居桐塢墓所，並赴水死。

王景亮，字武侯，吳江人。崇禎末登進士。仕福王爲中書舍人。唐王立，擢御史，巡撫金、衢二府，兼視學政。伍經正，安福人。由貢生爲西安知縣，唐王超擢知府事。鄧巖忠，江陵人。由鄉舉爲推官。衢州破，經正赴井死，景亮、巖忠皆自縊死。魯王所遣鎮將張鵬翼亦死之。

方召，宣城人。署江山縣事。金華被屠，集父老告之曰：「兵且至，吾義不當去。然不可以一人故，致闔城被殃。」遂封其印，冠帶向北拜，赴井死。士民爲收葬，立祠祀焉。

張國維，字玉笥，東陽人。天啓二年進士。授番禺知縣。

崇禎元年擢刑科給事中，劾罷副都御史楊所修、御史田景新，皆魏忠賢黨也。已，陳時政五事，言：「陛下求治太銳，綜核太嚴。拙者跼蹐以避咎，巧者委蛇以取容，誰能展布四體，爲國家營職業者。故治象精明，而腹心手足之誼實薄，此英察宜斂也。祖宗朝，閣臣有

封還詔旨者，有疏揭屢上而爭一事者。今一奉詰責，則俛首不遑；一承改擬，則順旨恐後。今則惟倘處置失宜，亦必不敢執奏，此將順宜戒也。召對本以通下情，未有因而獲罪者。不可稍加薄罰，示優容之度乎？此上下宜洽也。」其二條，請平刑罰，溥膏澤。帝不能盡用。進禮科都給事中。京師地震，規弊政甚切，遷太常少卿。

七年擢右僉都御史，巡撫應天、安慶等十府。其冬，流賊犯桐城，官軍覆沒。國維方壯年，一夕鬚髮頓白。明年正月率副將許自强赴援，遊擊潘可大、知縣陳爾銘等守桐不下。賊乃攻潛山，知縣趙士彥重傷卒。攻太湖，知縣金應元、訓導扈永寧被殺。國維至，解桐圍，遣守備朱士胤趨潛山，把總張其威趨太湖。士胤戰死，自强遇賊宿松，殺傷相當。安慶山民槃石以投賊，賊多死，乃越英山、霍山而遁。九月，賊復由宿松入潛山、太湖，他賊掃地王亦陷宿松等三縣。國維乃募士著二千人戍之，而以兵事屬監軍史可法。明年正月，賊圍江浦，遣守備蔣若來、陳于王戰却之。十二月，賊分兵犯懷寧，可法及左良玉、馬爌遏之。復犯江浦，副將程龍及若來、于王等拒守。諸城並全。又圍望江，遣兵援之，亦解去。

十年三月，國維率龍等赴安慶，禦賊酆家店，龍軍數千悉沒。賊東陷和州、含山、定遠，攻陷六合，知縣鄭同元潰走，賊遂攻天長。國維見賊勢日熾，請於朝，割安慶、池州、太平，

別設巡撫，以可法任之。安慶不隸江南巡撫，自此始也。議者欲并割江浦、六合，俾國維專護江南，不許。

國維爲人寬厚，得士大夫心。屬郡災傷，輒爲請命。築太湖、繁昌二城，建蘇州九里石塘及平望內外塘、長洲至和等塘，修松江捍海堤，濬鎮江及江陰漕渠，並有成績。遷工部右侍郎兼右僉都御史，總理河道。歲大旱，漕流涸，國維濬諸水以通漕。山東饑，振活窮民無算。

十四年夏，山東盜起，改兵部右侍郎兼督淮、徐、臨、通四鎮兵，護漕運。大盜李青山衆數萬，據梁山濼，遣其黨分據韓莊等八閘，運道爲梗。周延儒赴召北上，青山謁之，言率衆護漕，非亂也。延儒許言於朝，授以職。而青山竟截漕舟，大焚掠，迫臨清。國維合所部兵擊降之，獻俘於朝，磔諸市。兵部尚書陳新甲下獄，帝召國維代之。乃定戰守賞罰格，列上嚴世職、酌推陞、慎咨題等七事，帝皆報可。會開封陷，河北震動，條防河數策，帝亦納之。

十六年四月，我大清兵入畿輔，國維檄趙光抃拒螺山，八總兵之師皆潰。言者詆國維，乃解職，尋下獄。帝念其治河功，得釋。召對中左門，復故官，兼右僉都御史，馳赴江南、浙江督練兵輸餉諸務。出都十日而都城陷。

福王召令協理戎政。尋敍山東討賊功，加太子太保，廕錦衣僉事。吏部尚書徐石麒去位，衆議歸國維。馬士英不用，用張捷。國維乃乞省親歸。

南都覆，踰月，潞王監國於杭州，不數日出降。閏六月，國維朝魯王於台州，請王監國。即日移駐紹興，進國維少傅兼太子太傅、兵部尚書、武英殿大學士，督師江上。總兵官方國安亦自金華至。馬士英素善國安，匿其軍中，請入朝。國維劾其十大罪，乃不敢入。連復富陽、於潛，樹木城緣江要害，聯合國安及王之仁、鄭遵謙、熊汝霖、孫嘉績、錢肅樂諸營，爲持久計。順治三年五月，國安等諸軍乏餉潰，王走台州航海，國維亦還守東陽。六月知勢不可支，作絕命詞三章，赴水死，年五十有二。

張肯堂，字載寧，松江華亭人。天啓五年進士。授濬縣知縣。崇禎七年擢御史。明年春，賊陷鳳陽，條上滅賊五事。俄以皇陵震驚，疏責輔臣不宜作秦、越之視，帝不問。出按福建，數以平寇功受賚。還朝，言：「監司營競紛紜，意所欲就，則保留久任；意所欲避，則易地借才。今歲燕、秦，明歲閩、粵，道路往返，動經數千，程限稽遲，多踰數月。加一番更移，輒加一番擾害。」帝是其言。十二年十月，楊嗣昌出督師。肯

堂奏言：「從古戡亂之法，初起則解散，勢成則剪除，未有專任撫者。今輔臣膺新命而出，賊必仍用故技，佯搖尾乞憐。而失事諸臣，冀掩從前敗局，必多方熒惑，仍進撫議。請特申一令，專務剿除。有進招撫說者，立置重典。」帝以偏執臆見責之。

十四年四月言：「流寇隳城破邑，往來縱橫，如入無人之境，此督師嗣昌受事前所未有。目前大計，在先釋嗣昌之權。」疏入而嗣昌已死。十二月復言：「今討賊不可謂無人，巡撫之外更有撫治，總督之上又有督師。位號雖殊，事權無別。今楚自報捷，豫自報敗，甚至南陽失守，禍中親藩，督師職掌安在。試問今爲督師者，將居中而運，以發蹤指示爲功乎，抑分賊而辦，以焦頭爛額爲事乎？今爲秦、保二督者，將兼顧提封，相爲掎角之勢乎，抑遇賊追剿，專提出境之師乎？今爲撫者，將一稟督師之令，進退惟其指揮乎，抑兼視賊勢之急，戰守可以擇利乎？凡此肯綮，一切置不問，中樞冥冥而決，諸臣聵聵而任。至失地喪師，中樞糾督撫以自解，督撫又互相委以謝愆，而疆事不可問矣。」帝納其言，下所司詳議。十五年請召還建言譴謫諸臣，乃復給事中陰潤、李清、劉昌，御史周一敬官。肯堂遷大理丞，旋擢右僉都御史，巡撫福建。

總兵鄭鴻逵擁唐王聿鍵入閩，與其兄南安伯芝龍及肯堂勸進，遂加太子少保、吏部尚書。會櫻至，言官請令櫻掌吏部，乃令肯堂掌都察院。肯堂請出募舟師，由海道抵江南，倡

義旅，而王由仙霞趨浙東，與相聲援。乃加少保，給敕印，便宜從事。芝龍懷異心，陰沮之，不成行。

順治三年，王敗死，肯堂飄泊海外。六年至舟山，魯王用爲東閣大學士。八年，大清兵乘天霧集螺頭門。定西侯張名振奉王航海去，屬肯堂城守。城中兵六千，居民萬餘，堅守十餘日。城破，肯堂衣蟒玉南向坐，令四妾、一子婦、一女孫先死，乃從容賦詩自經。

時同死者，兵部尚書李向中、禮部尚書吳鍾巒、吏部侍郎朱永佑、安洋將軍劉世勛、左都督張名揚。又有通政使會稽鄭遵儉，兵科給事中鄞縣董志寧，兵部郎中江陰朱養時，戶部主事福建林瑛、蘇州江用楫，禮部主事會稽董元，兵部主事福建朱萬年、長洲顧珍、臨山衞李開國，工部主事長洲顧中堯，中書舍人蘇州蘇兆人，工部所正鄞縣戴仲明，定西侯參謀順天顧明楫，〔一〕諸生福建林世英，錦衣指揮王朝相，內官監太監劉朝。凡二十一人。

李向中，鍾祥人。崇禎十三年進士。授長興知縣，調秀水。福王時，歷車駕郎中，蘇松兵備副使。唐王以爲尚寶卿。閩事敗，避海濱。魯王監國，召爲右僉都御史，從航海，進兵部尚書，從至舟山。及是破，大帥召向中，不赴。發兵捕之，以衰絰見。大帥呵之曰：「聘汝不至，捕卽至，何也？」向中從容曰：「前則辭官，今就戮耳。」

吳鍾巒，字巒稚，武進人。崇禎七年進士。授長興知縣。以旱潦，徵練餉不中額，謫紹興照磨。踰年，移桂林推官。聞京師變，流涕曰：「馬君常必能死節。」已而世奇果死。福王立，遷禮部主事。抵南雄，聞南都失，轉赴福建，痛陳國計。魯王起兵，以鍾巒爲禮部尚書，往來普陀山中。大清兵至寧波，鍾巒慷慨謂人曰：「昔仲達死璫禍，吾以諸生不得死。君常死賊難，吾以遠臣不得從死。今其時矣！」乃急渡海，入昌國衞之孔廟，積薪左廡下，抱孔子木主自焚死。仲達者，江陰李應昇，鍾巒弟子，忤魏忠賢死黨禍者也。

朱永佑，字爰啓。崇禎七年進士。授刑部主事，改吏部，罷歸。事唐王，後至舟山。城破被執，願爲僧，不許，乃就戮。

名揚，名振弟。城破，母范以下自焚者數十人。

朝相聞城失守，護王妃陳氏、貴嬪張氏、義陽王妃杜氏入井，用巨石覆之，自刎其旁。開國母，瑛、明楫妻皆自盡。

曾櫻，字仲含，峽江人。萬曆四十四年進士。授工部主事，歷郎中。天啓二年稍遷常州知府。諸御史巡鹽、倉、江、漕及提學、屯田者，皆操舉劾權，文牒日

至。櫻牒南京都察院曰：「他方守令，奔命一巡按，獨南畿奔命數巡按。請一切戒飭，罷鈎訪取贖諸陋習。」都御史熊明遇爲申約束焉。

櫻持身廉，爲政愷悌公平，不畏强禦。屯田御史索屬吏應劾者姓名，櫻不應。御史危言恐之，答曰：「僚屬已盡，無可糾，止知府無狀。」因自署下考，杜門待罪。撫按亟慰留，乃起視事。織造中官李實迫知府行屬禮，櫻不從。實移檄以「爾」「汝」侮之，櫻亦報以「爾」「汝」，卒不屈。無錫高攀龍、江陰繆昌期、李應昇被逮，櫻助昌期、應昇貲，而經紀攀龍死後事，爲文祭之，出其子及僮僕於獄。宜興毛士龍坐忤魏忠賢遣戍，櫻諷士龍逃去。上官捕其家人，賴櫻以免。武進孫愼行忤忠賢，當戍，櫻緩其行。忠賢敗，事遂解。

崇禎元年以右參政分守漳南。九蓮山賊犯上杭，櫻募壯士擊退之，夜搗其巢，殲馘殆盡。士民爲櫻建祠。母憂歸。服闋，起故官，分守興、泉二郡。進按察使，分巡福寧。先是，紅夷寇興、泉，櫻請巡撫鄒維璉用副總兵鄭芝龍爲軍鋒，果奏捷。及劉香寇廣東，總督熊文燦欲得芝龍爲援，維璉等以香與芝龍有舊，疑不遣。櫻以百口保芝龍，遂討滅香，芝龍感櫻甚。

十年冬，帝信東廠言，以櫻行賄謀擢官，命械赴京。御史葉初春嘗爲櫻屬吏，知其廉，於他疏微白之。有詔詰問，因具言櫻賢，然不知賄所從至。詔至閩，巡撫沈猶龍、巡按張肯

堂閱廠檄有奸人黃四臣名。芝龍前白曰：「四臣，我所遣。我感櫻恩，恐還去，令從都下訊之。四臣乃妄言，致有此事。」猶龍、肯堂以入告，力白櫻冤，芝龍亦具疏請罪。士民以櫻貧，爲醵金辦裝，耆老數千人隨至闕下，擊登聞鼓訟冤。帝命毋入獄，俟命京邸。削芝龍都督銜，而令櫻以故官巡視海道。

尋以衡、永多寇，改櫻湖廣按察使，分守湖南，給以敕。故事，守道無敕，帝特賜之。時賊已殘十餘州縣，而永州知府推官咸不任職。櫻薦蘇州同知晏日曙、歸德推官萬元吉才。兩人方坐事罷官，以櫻言並起用。櫻乃調芝龍剿賊，賊多降，一方遂安。遷山東右布政使，分守登、萊。〔二〕

十四年春，擢右副都御史，代徐人龍巡撫其地。明年遷南京工部右侍郎，乞假歸。山東初被兵，巡撫王永吉所部濟、兗、東三府州縣盡失，匿不以聞。兵退，以恢復報。而櫻所部青、登、萊三府失州縣無幾，盡以實奏。及論罪，永吉反擢總督，而櫻奪官，逮下刑部獄。不十日而京師陷，賊釋諸囚，櫻乃遁還。

其後唐王稱號於福州。芝龍薦櫻起工部尚書兼東閣大學士。無何，令掌吏部，尋進太子太保、吏部尚書、文淵閣。王駐延平，令櫻留守福州。大清兵破福州，櫻挈家避海外中左衞。〔三〕越五年，其地被兵，遂自縊死。

朱繼祚，莆田人。萬曆四十七年進士。改庶吉士，授編修。天啓中，與修三朝要典，尋罷去。崇禎初，復官。累遷禮部右侍郎，充實錄總裁。給事中萬樞言繼祚嘗纂修要典，得罪清議，不可總裁國史，不聽。繼祚旋謝病去。起南京禮部尚書，又以人言罷去。

福王時起故官，未赴。南都失，唐王召爲東閣大學士，從至汀州。王被擒，繼祚奔還其鄉。魯王監國，繼祚舉兵應王，攻取興化城。既而大清兵至，城復破。繼祚及參政湯芬、給事中林嵋、知縣都廷諫並死之。

芬，字方侯，嘉善人。崇禎十六年進士。福王時，爲史可法監紀推官。唐王以爲御史。尋以監司分守興泉道。城破，緋衣坐堂上，被殺。嵋，字小眉，繼祚同邑人。由進士爲吳江知縣。蘇州失，歸仕唐王。至是自縊死。廷諫，杭州人。莆田知縣。

王自監國二年正月至長垣，迨次年正月，連克建寧、邵武、興化三府，福寧一州，漳浦、海澄、連江、長樂等二十七縣，軍聲頗振。及是得者復失。海澄失，知縣洪有文死之。永福失，邑人給事中鄢正畿、御史林逢經俱投水死。長樂失，邑人御史王恩及服毒死，妻李氏同

死。建寧失，守將王祈巷戰不勝，自焚死。

余煌，字武貞，會稽人。天啓五年進士第一。授翰林修撰，與修三朝要典。崇禎時，以內艱歸。服闋，起左中允，歷左諭德、右庶子，充經筵講官。給事中韓源劾禮部侍郎吳士元、御史華琪芳及煌皆與修要典，宜斥，帝置不問。煌疏辯，帝復溫旨慰諭之。戶部尚書程國祥請借京城房租，煌爭，不可，乞假歸。遂丁外艱。服除，久不起。

魯王監國紹興，起禮部右侍郎，再起戶部尚書，皆不就。明年以武將橫甚，拜煌兵部尚書，始受命。時諸臣競營高爵，請乞無厭。煌上言：「今國勢愈危，朝政愈紛，尺土未復，戰守無資。諸臣請祭，則當思先帝烝嘗未備；請葬，則當思先帝山陵未營；請封，則當思先帝宗廟未享；請廕，則當思先帝子孫未保；請謚，則當思先帝光烈未昭。」時以爲名言。大清兵過江，王航海遁。六月二日，煌赴水，舟人拯起之。居二日，復投深處，乃死。

陳函輝，字木叔，臨海人。崇禎七年進士。授靖江知縣，爲御史左光先劾罷。北都陷，誓衆倡義。會福王立，不許草澤勤王，乃已。尋起職方主事，監軍江北。事敗歸，魯王擢爲禮部右侍郎。從王航海，已而相失，哭入雲峰山，作絕命詞十章，投水死。

王瑞栴，字聖木，〔四〕永嘉人。天啓五年進士。授蘇州推官，兼理兌運。軍民交兌，恒相軋齧。瑞栴調劑得宜，歲省浮費三萬金，上官爲勒石著令。貴人弟奸法，執問如律。其人中之當道，將議調，遂歸。

崇禎七年起河間推官，遷工部主事，調兵部，轉職方員外郎，擢湖廣兵備僉事，駐襄陽。十一年春，張獻忠據穀城乞撫，總理熊文燦許之。瑞栴以爲非計，謀於巡按林銘球、總兵官左良玉，將俟其至，執之。文燦固執以爲不可。瑞栴言：「賊以計愚我，我不可爲所愚。今良玉及諸將賈一選、周仕鳳之兵俱在近境，誠合而擊之，何患不捷。」文燦怒，責以撓撫局。瑞栴曰：「賊未創而遽撫，彼將無所懼。惟示以必剿之勢，乃心折不敢貳。非相撓，實相成也。」文燦不從。明年，獻忠叛，瑞栴先已丁憂歸。瑞栴自爲檄諭獻忠，獻忠恃文燦庇己，不聽。獻忠留書於壁，言己之叛，總理使然。具列上官姓名及取賄月日，而題其末曰：「不納我金者，王兵備一人耳。」由是瑞栴名大著。服闋，未及用而都城陷。

福王時，召爲太僕少卿，極陳有司虐民之狀，旋告歸。唐王召赴福建，仍故官，未幾復歸。及閩地盡失，溫州亦不守，避之山中。有欲薦令出者，乃拜辭家廟，從容入室自經死。

路振飛，字見白，曲周人。天啓五年進士。除涇陽知縣。大吏諂魏忠賢，將建祠涇陽，振飛執不從。邑人張問達忤奄，坐追贓十萬。振飛故遲延，奄敗事解。流賊入境，擊却之。

崇禎四年徵授御史。疏劾周延儒卑污奸險，黨邪醜正，祈立斥以清揆路，被旨切責。未幾，陳時事十大弊，曰務苛細而忘政體，喪廉恥而壞官方，民愈窮而賦愈亟，有事急而無事緩，知顯患而忘隱憂，求治事而鮮治人，責外重而責內輕，嚴於小而寬於大，臣日偸而主日疑，有詔旨而無奉行。疏入，詔付所司。

山東兵叛，劾巡撫余大成、孫元化，且論延儒曲庇罪，帝不問。已，劾吏部尚書閔洪學結權勢，樹私人，秉銓以來，吏治日壞，洪學自引去。廷推南京吏部尚書謝陞爲左都御史，振飛歷詆其醜狀，陞遂不果用。

六年巡按福建。海賊劉香數勾紅夷入犯，振飛懸千金勵將士，遣遊擊鄭芝龍等大破之，詔賜銀幣。俸滿，以京卿錄用。初，振飛論海賊情形，謂巡撫鄒維璉不能辦，語侵之。

維璉罷去，命甫下，數奏捷，振飛乃力暴其功，維璉復召用。

八年夏，帝將簡輔臣。振飛言：「枚卜盛典，使夤緣者竊附則不光。如向者周延儒、溫體仁等公論俱棄，宅揆以後，民窮盜興，辱己者必不能正天下。」時延儒已斥，而體仁方居首揆，銜之。已而振飛按蘇、松，請除輪布、收銀、白糧、收兌之四大患，民困以蘇。會常熟錢謙益、瞿式耜爲奸民張漢儒所訐，體仁坐振飛失糾，擬旨令陳狀。振飛白謙益無罪，語刺體仁。體仁恚，激帝怒，謫河南按察司檢校。入爲上林丞，屢遷光祿少卿。

十六年秋，擢右僉都御史、總督漕運，巡撫淮、揚。明年正月，流賊陷山西。振飛遣將金聲桓等十七人分道防河，由徐、泗、宿遷至安東、沭陽。且團練鄉兵，犒以牛酒，得兩淮間勁卒數萬。福、周、潞、崇四王避賊，同日抵淮。大將劉澤清、高傑等亦棄汛地南下。振飛悉延接之。四月初，聞北都陷，福王立於南京。河南副使呂弼周爲賊節度使來代振飛，進士武愫爲賊防禦使招撫徐、沛，而賊將董學禮據宿遷。振飛擊擒弼周、愫，走學禮。竿弼周法場，命軍士人射三矢，乃解磔之。縛愫徇諸市，鞭八十，檻車獻諸朝，伏誅。五月，馬士英欲用所親田仰，乃罷振飛。振飛亦遭母喪，家無可歸，流寓蘇州。尋錄功，即家加右副都御史。

振飛初督漕，謁鳳陽皇陵。望氣者言高牆有天子氣。唐王聿鍵方以罪錮守陵，中官虐之。振飛上疏乞概寬罪宗，竟得請。順治二年，大兵破南京，聿鍵自立於福州，拜爲左都御

史。募能致振飛者官五品，賜二千金。振飛乃赴召，道拜太子太保、吏部尚書兼文淵閣大學士。至則大喜，與宴，抵夜分，撤燭送歸，解玉帶賜之，官一子職方員外郎。又錄守淮功，廕錦衣世千戶。王每責廷臣怠玩，振飛因進曰：「上謂臣僚不改因循，必致敗亡。臣謂上不改操切，亦未必能中興也。上有愛民之心，而未見愛民之政；有聽言之明，而未收聽言之效。喜怒輕發，號令屢更。見羣臣庸下而過於督責，因博覽書史而務求明備，凡上所長，皆臣所甚憂也。」其言曲中王短云。三年，大清兵進仙霞關，聿鍵走汀州，振飛追赴不能及。汀州破，走居海島。明年赴永明王召，卒於途。

何楷，字元子，漳州鎮海衞人。天啓五年進士。值魏忠賢亂政，不謁選而歸。

崇禎時，授戶部主事，進員外郎，改刑科給事中。流賊陷鳳陽，燬皇陵。楷劾巡撫楊一鵬、巡按吳振纓罪，而刺輔臣溫體仁、王應熊，言：「振纓，體仁私人；一鵬，應熊座主也。逆賊犯皇陵，神人共憤。陛下輟講避殿，感動臣民。二輔臣獨漫視之，欲令一鵬、振纓戴罪自贖。情面重，祖宗陵寢爲輕；朋比深，天下譏刺不恤。」忤旨，鐫一秩視事。又言：「應熊、體仁奏辯，明自引門生姻婭。刑官瞻徇，實由於此。乞宣諭輔臣，毋分別恩仇，以國事爲戲。」

應熊復奏辯。楷言：「臣疏未奉旨，應熊先一日摭引臣疏詞，必有漏禁中語者。」帝意動，令應熊自陳，應熊竟由是去。吏部尚書謝陞言登、萊要地，巡撫陳應元引疾，宜允其去。及推勞永嘉代應元，則言登萊巡撫本贅員。楷亦疏駁之。楷又請給贈都御史高攀龍官，諡賜左光斗諸臣諡，召還惠世揚。疏多見聽。屢遷工科都給事中。

十一年五月，帝以火星逆行，減膳修省。兵部尚書楊嗣昌方主款議，歷引前史以進。楷與南京御史林蘭友先後言其非。楷言：「嗣昌引建武款塞事，欲借以申市賞之說，引元和田興事，欲借以申招撫之說，引太平興國連年兵敗事，欲借以申不可用兵之說，徒巧附會耳。至永平二年馬皇后事，更不知指斥安在。」帝方護嗣昌，不聽。踰月，嗣昌奪情入閣，楷又劾之，忤旨，貶二秩爲南京國子監丞。母憂歸。服闋，廷臣交薦，召入京，都城已陷。

福王擢楷戶部右侍郎，督理錢法，命兼工部右侍郎。連疏請告，不許。順治二年，南都破，楷走杭州。從唐王入閩，擢戶部尚書。鄭芝龍、鴻逵兄弟橫甚，郊天時，稱疾不出，楷言芝龍無人臣禮。王奬其風節，命掌都察院事。鴻逵扇殿上，楷呵止之，兩人益怒。楷知不爲所容，連請告去。途遇賊，截其一耳，乃芝龍所使部將楊耿也。漳州破，楷遂抑鬱而卒。

楷博綜羣書，寒暑勿輟，尤邃於經學。

林蘭友，字翰荃，仙游人。崇禎四年進士。授臨桂知縣。擢南京御史。疏劾大學士張至發、薛國觀，吏部尚書田惟嘉等，因論嗣昌忠孝兩虧。貶浙江按察司照磨，與楷及黃道周、劉同升、趙士春稱「長安五諫」。遷光祿署丞。京師陷，薙髮自匿。爲賊所執，拷掠備至。賊敗，南還。唐王用爲太僕少卿，遷僉都御史。事敗，挈家遁海隅，十餘年卒。

熊汝霖，字雨殷，餘姚人。崇禎四年進士。授同安知縣。擢戶科給事中。疏陳用將之失，言：「自偏裨至副將，歷任有功，方可授節鉞。今足未履行陣，幕府已上首功。胥吏提虎旅，紈袴子握兵符，何由奮敵愾。若大將之選，宜召副將有功者，時賜面對，擇才者用之。廷臣推擇有誤，宜用文吏保舉連坐法。」帝納其言。已，言：「楊嗣昌未罪，盧象昇未褒，殊挫忠義氣。至爲嗣昌畫策練餉、驅中原萬姓爲盜者，原任給事中沈迅也。爲嗣昌運籌、以三千人駐襄陽、城破輒走者，監紀主事余爵也。〔五〕爲嗣昌援引、遺襄藩之陷、重賂陳新甲嫁禍鄖撫袁繼咸者，今解任候代之宋一鶴也。皆僨國之臣，宜罪。」不報。

京師戒嚴，汝霖分守東直門。嘗召對，言：「將不任戰。敵南北往返，謹隨其後，如厮隸

之於貴官，負弩前驅，望塵靡及。何名爲將，何名爲督師」帝深然之。已，言：「有司察處者，不得濫舉邊才，監司察處者，不得遽躐巡撫。庶封疆重任，不爲匪人借途。」又言：「自戒嚴以來，臣疏凡二十上。援剿機宜，百不行一。而所揣敵情，不幸言中矣。比者外縣難民紛紛入都，皆云避兵，不云避敵。霸州之破，敵猶不多殺掠，官軍繼至，始無孑遺。朝廷歲費數百萬金錢以養兵，豈欲毒我赤子。」帝惡其中有「飲泣地下」語，謫爲福建按察司照磨。

福王立，召還。上疏言：「臣自丹陽來，知浙兵爲邊兵所擊，火民居十餘里。邊帥有言，四鎮以殺掠獲封爵，我何憚不爲。臣意四鎮必毅然北征，一雪此恥，今戀戀淮、揚，何也？況一鎮之餉多至六十萬，勢必不能供。卽倣古藩鎮法，亦當在大河以北開屯設府，曾奧窔之內，而遽以藩籬視之。」頃之，言：「臣竊觀目前大勢，無論恢復未能，卽偏安尚未可必。宜日討究兵餉戰守，乃專在恩怨異同。勳臣方鎮，舌鋒筆鍔是逞，近且以匿名帖逐舊臣，以疏遠宗人劾宰輔，中外紛紛，謂將復廠衞。夫廠衞樹威牟利，小民雞犬無寧日，先帝止此一節，未免府怨。前事不遠，後事之師。且先帝篤念宗藩，而聞寇先逃，誰死社稷；先帝隆重武臣，而叛降跋扈，肩背相踵；先帝委任勳臣，而京營銳卒徒爲寇籍；先帝倚任內臣，而開門延敵，衆口諠傳；先帝不次擢用文臣，而邊才督撫，誰爲捍禦，超遷宰執，羅拜賊庭。知前日之所以失，卽知今日之所以得。及今不爲，將待何時。」疏奏，停俸。尋補吏科右給事中。

初，馬士英薦阮大鋮，汝霖爭不可。及大鋮起佐兵部，汝霖又言：「大鋮以知兵用，當置有用地，不宜處中朝。」不聽。踰月，以奉使陛辭，言：「朝端議論日新，宮府揣摩日熟。自少宰樞貳悉廢廷推，四品監司竟晉詹尹。蹊徑疊出，謠諑繁興。一人未用，便目滿朝爲黨人；一官外遷，輒訾當事爲可殺。置國恤於罔聞，逞私圖而得志。黃白充庭，青紫塞路，六朝佳麗，復見今時。獨不思他日稅駕何地耶？」不報。

未幾，南京破，士英竄杭州。汝霖責其棄主，士英無以應。杭州亦破，與孫嘉績同起兵。魯王監國，擢右僉都御史，督師防江，戰屢敗。入海寧募兵萬人，進兵部右侍郎。唐王立閩中，遣劉中藻頒詔，汝霖出檄嚴拒之。順治三年進兵部尚書，從魯王泛海。明年以本官兼東閣大學士。又明年春，鄭彩憾汝霖，遣兵潛害之，幷其幼子投海中。

錢肅樂，字希聲，鄞縣人。臨江知府若賡孫，寧國知府敬忠兄子也。崇禎十年成進士，授太倉知州。豪家奴與黠吏爲奸，而兇徒結黨殺人，焚其屍。肅樂痛懲，皆斂手。又以朱白榜列善惡人名，械白榜者階下，予大杖。久之，杖者日少。嘗攝崑山、崇明事，兩縣民皆立碑頌德。遷刑部員外郎，尋丁內外艱。

順治二年，大兵取杭州，屬郡多迎降。閏六月，寧波鄉官議納款，肅樂建議起兵。諸生華夏、董志寧等遮拜肅樂倡首，士民集者數萬人，肅樂乃建牙行事。郡中監司守令皆逃，惟一同知治府事。肅樂索取倉庫籍，繕完守具，與總兵王之仁締盟共守。聞魯王在台州，遣舉人張煌言奉表請監國。會紹興、餘姚亦舉兵，王乃赴紹興行監國事。召肅樂爲右僉都御史，畫錢塘而守。尋進右副都御史。當是時，之仁及大將方國安並加封爵，其兵食用寧波、紹興、台州三郡田賦，不能繼，恒缺食。已，加兵部右侍郎。明年五月，軍食盡，悉散去。魯王航海，肅樂亦之舟山。唐王召之，甫入境，王已沒。遂隱海壇山，採山薯爲食。明年，魯王次長垣，召爲兵部尚書，薦用劉沂春、吳鍾巒等。明年拜肅樂東閣大學士。

唐王雖歿，而其將徐登華爲守富寧，魯王遣大學士劉中藻攻之。登華欲降，疑未決，曰：「海上豈有天子？舟中豈有國公？」肅樂致書：「將軍獨不聞南宋之末二帝並在舟中乎？」登華遂降。鄭彩專柄，連殺熊汝霖、鄭遵謙。肅樂憂憤卒於舟，故相葉向高曾孫進晟葬之福清黃蘗山。

劉中藻，福安人。由進士官行人。賊陷京師，薙髮，被搒掠。賊敗南還，事唐王。既事魯王，攻降福寧守之，移駐福安。大清兵破城，冠帶坐堂上，爲文自祭，吞金屑死。

鄭遵謙，會稽人。爲諸生。潞王以杭州降大清，遵謙倡衆起兵，事魯王，崎嶇浙、閩間。從王航海，與汝霖並爲彩害。

沈宸荃，慈谿人。崇禎十三年進士。授行人，奉使旋里。福王立，復命。擢御史，疏陳五事，皆切時病。已，論羣臣醜正黨邪，請王臥薪嘗膽，爲雪恥報讎之計。尋薦詞臣黃道周、劉同升、萬世俊、徐汧、吳偉業等。又言：「經略山東、河南者，王永吉、張縉彥也。永吉失機，先帝拔爲總督，擁兵近甸，不救國危。縉彥官部曹，先帝驟擢典中樞，乃率先從賊。卽加二人極刑，不爲過。陛下屈法用之，而永吉觀望逗遛，縉彥狼狽南竄。死何以對先帝，生何以對陛下。昌平巡撫何謙失陷諸陵，罪亦當按。都城既陷，守土臣宜皆厲兵秣馬，以報國讎，乃賊塵未揚，輒先去以爲民望。如河道總督黃希憲、山東巡撫丘祖德，尚可容偃臥家園乎！」疏入，謙、祖德等皆命逮治，永吉、縉彥不罪。時朝政大亂，宸荃獨持正，要人多疾之。明年以年例出爲蘇松兵備僉事。未赴，南都破，宸荃舉兵邑中。

魯王監國，擢右僉都御史。已而事敗，宸荃棄家從王海外。王次長垣，連擢至大學士。

從王於舟山，又從泛海抵廈門、金門。後艤舟南日山，遭風，沒於海。

其邑子沈履祥嘗爲知縣，監國時，以御史督餉台州。城破，避山中，被獲死之。

贊曰：自甲申以後，明祚既終，不踰年而南都亦覆，勢固無可爲矣。朱大典、張國維等抱區區之義，徒假名號於海濱，以支旦夕。而上替下陵，事無統紀，欲以收偏安之效，何可得乎。

校勘記

〔一〕定西侯參謀順天顧明楫　明楫，原作「民楫」，據本傳下文及明史稿傳一五二張肯堂傳、小腆紀年附考卷一七改。

〔二〕分守登萊　登萊，原作「東萊」。按下文王永吉主管濟、兗、東三府，曾櫻主管青、登、萊三府，是「東」當作「登」。據明史稿傳一五二曾櫻傳改。

〔三〕操挈家避海外中左衞　按本書卷九〇兵志福建都司所轄無「中左衞」，有中左千戶所，簡稱中左所。疑「衞」字爲「所」字之譌。

〔四〕王瑞栴字聖木　王瑞栴，原作「王瑞枏」。按明史稿傳一五二王瑞栴傳、又傳一八三張獻忠傳、明進士題名碑錄天啓乙丑科都作「王瑞栴」。栴是紫檀香木，與字「聖木」相應，作「栴」是。據改。下同。卷目照改。

〔五〕監紀主事余爵也　余爵，原作「俞爵」，據明史稿傳一五六熊汝霖傳、本書卷二九三李乘雲傳附余爵傳改。

明史卷二百七十七

列傳第一百六十五

袁繼咸 張亮　金聲 江天一　丘祖德 溫璜 吳應箕 尹民興等
沈猶龍 李待問 章簡　陳子龍 夏允彝 徐孚遠　侯峒曾
閻應元等 朱集璜等　楊文驄 孫臨等　陳潛夫 陸培　沈廷揚
林汝翥 林垐　鄭爲虹 黃大鵬 王士和 胡上琛 熊緯

袁繼咸，字季通，宜春人。天啓五年進士。授行人。崇禎三年冬，擢御史，監臨會試，坐縱懷挾舉子，謫南京行人司副，遷主客員外郎。七年春，擢山西提學僉事。未行，總理戶、工二部中官張彝憲有朝覲官齎册之奏。繼咸疏論之，謂：「此令行，上自藩臬，下至守令，莫不次第參謁，屏息低眉，跪拜於中官之座，率天下爲無

恥事，大不便。」彝憲大恚，與繼咸互訐奏。帝不聽，乃孑身赴任。久之，巡撫吳甡薦其廉能。而巡按御史張孫振以請屬不應，疏誣繼咸贓私事。帝怒，逮繼咸，責甡回奏。甡賢繼咸，斥孫振。諸生隨至都，伏闕訴冤，繼咸亦列上孫振請屬狀及其贓賄數事。詔逮孫振，坐謫戍，繼咸得復官。

十年除湖廣參議，分守武昌。以兵搗江賊巢興國、大冶山中，擒賊首呂瘦子，降其黨千餘人。詔兼僉事，分巡武昌、黃州。擊退賊老回回、革裏眼等七大部黃陂、黃安，築黃岡城六千餘丈。

十二年移淮陽，忤中官楊顯名，奏鐫二秩調用。督師楊嗣昌以其知兵，引參軍事。明年四月擢右僉都御史，撫治鄖陽。未一年，襄陽陷，被逮，戍貴州。

十五年，廷臣交薦，起故官，總理河北屯政。未赴，賊逼江西。廷議設重臣總督江西、湖廣、應天、安慶軍務，駐九江。擢繼咸兵部右侍郎兼右僉都御史以行。賊已陷武昌，左良玉擁兵東下。繼咸遇良玉於蕪湖，激以忠義。良玉即還，恢復武昌。廷議呂大器來代，繼咸仍督屯政。大器、良玉不協，長沙、袁州俱陷，仍推繼咸代之。甫抵鎮而京師陷。

福王立南都，頒詔武昌，良玉不拜詔。繼咸致書言倫序正，良玉乃拜受詔。繼咸入朝，高傑新封興平伯。繼咸曰：「封爵以勸有功。無功而封，有功者不勸。跋扈而封，跋扈

愈多。」王曰：「事已行，奈何？」繼咸曰：「馬士英引傑渡江，宜令往輯。」王曰：「彼不欲往，輔臣史可法願往。」繼咸曰：「陛下嗣位，固以恩澤收人心，尤宜以紀綱肅衆志。乞振精神，申法紀。冬春間，淮上未必無事。臣雖駑，願奉六龍爲澶淵之舉。」王有難色。因詣榻前密奏曰：「左良玉雖無異圖，然所部多降將，非孝子順孫。陛下初登大寶，人心危疑，意外不可不慮，臣當星馳回鎮。」許之。因赴閣責可法不當封傑，士英嗛之。俄陳致治守邦大計，引宋高宗用黃潛善、汪伯彥事，語侵士英。會湖廣巡按御史黃澍劾奏士英十大罪，士英擬旨逮治。澍與良玉謀，陰諷將士大譁，欲下南京索餉，保救澍。繼咸爲留江漕十萬石、餉十三萬金給之，且代澍申理，以良玉依仗澍爲言。士英不得已，免逮澍。繼咸既與士英隙，所奏悉停寢。

明年正月，繼咸言：「元朔者，人臣拜手稱觴之日，陛下嘗膽臥薪之時。念大恥未雪，宜以周宣之未央問夜爲可法，以晚近長夜之飲、角觝之戲爲可戒。省土木之功，節淫泆之費。戒諭臣工，後私鬭而急公讎。臣每歎三十年來，徒以三案葛藤血戰不已。若要典一書，已經先帝焚毀，何必復理其說。書苟未進，宜寢之；即已進，宜毀之。至王者代興，從古亦多異同。平、勃迎立漢文，不聞窮治朱虛之過；房、杜決策秦邸，不聞力究魏徵之非。固其君豁達大度，亦其大臣公忠善謀，翊贊其美。請再下寬大之詔，解圜扉疑入之囚，斷草野株連之案。」王降旨兪其言。

羣小皆不喜繼咸，汰其軍餉六萬，軍中有怨言，繼咸疏爭不得。又以江上兵寡，鄭鴻逵戰艦不還，議更造，檄九江僉事葉士彥於江流截買材木。士彥家蕪湖，與諸商暱，封還其檄。繼咸以令不行，疏劾士彥。士彥同年御史黃耳鼎亦劾繼咸，言繼咸有心腹將校勸左良玉立他宗，良玉不從云。良玉嘗不拜監國詔，聞之益疑懼，上疏明與繼咸無隙，耳鼎受指使而言，要典宜再焚。江東人乃由是交口言繼咸、良玉倡和，脅制朝廷矣。會都下又有僞太子之事，良玉爭不得，遂與士英輩有隙。繼咸疏言：「太子眞僞，非臣所能懸揣。眞則望行良玉言，僞則不妨從容審處，多召東宮舊臣辨識，以解中外之疑。」疏未達，良玉已反。

初，繼咸聞李自成兵敗南下，命部將郝效忠、陳麟、鄧林奇守九江，自統副將汪碩畫、李士元等援袁州，防賊由岳州、長沙入江西境。既已登舟，聞良玉反，復還九江。良玉舟在北岸，貽書繼咸，願握手一別，爲皇太子死。九江士民泣請繼咸往，紓一方難。繼咸會良玉於舟中，良玉語及太子下獄事，大哭。次日，舟移南岸，良玉袖出皇太子密諭，劫諸將盟。繼咸正色曰：「密諭何從來？先帝舊德不可忘，今上新恩亦不可負，密諭何從來？」良玉色變，良久乃曰：「吾約不破城，改檄爲疏，駐軍候旨。」繼咸歸，集諸將於城樓而灑泣曰：「兵諫非正。晉陽之甲，春秋惡之，可同亂乎？」遂約與俱拒守。而效忠及部將張世勳等則已出與良玉合兵，入城殺掠。繼咸聞之，欲自盡。黃澍入署拜泣曰：「寧南無異圖。公以死激成之，大事去矣。」副將李士春亦密白繼咸隱忍，至前途，王文成之事可圖也。繼咸以爲然，遂出責良玉。良玉已疾篤，夜望見城中火起，大哭曰：「予負臨侯！」臨侯，繼咸別號也。嘔血數升，遂死。其子夢庚秘不發喪，諸將推爲帥，移舟東。

中朝皆疑繼咸、良玉同反。而南都時已破，諸鎭多納款。繼咸勸夢庚旋師，不聽。遣人語林奇、碩畫、士元毋爲不忠事，林奇、碩畫、士元避皖湖中，遣人陰逆繼咸。繼咸已爲效忠紿赴其軍。將及湖口，而夢庚、效忠降於我大清，遂執繼咸北去，館內院。至明年三月，終不屈，乃殺之。

有張亮者，四川人。舉於鄕。崇禎時，歷楡林兵備參議，用薦改安廬兵備，監禁軍討賊，頻有功。十七年擢右僉都御史，巡撫其地。福王旣立，亮聞李自成兵敗西奔，奏言賊勢可乘，請解職視賊所向，督兵進討，從之。尋召入京議事，復遣還任。明年四月，左夢庚陷安慶，亮被執。夢庚北行，挾亮與俱，乘間赴河死。

金聲字正希，休寧人。好學，工舉子業，名傾一時。崇禎元年成進士，授庶吉士。明年十一月，大清兵逼都城，聲慷慨乞面陳急務，帝即召對平臺。退具疏言：「臣書生素矢忠義，遭遇聖明，日夜爲陛下憂念天下事。今兵逼京畿，不得不急爲君父用。夫通州、昌平，都城左右翼，宜戍以重兵。而天津漕艘所聚，尤宜亟防。今天下草澤之雄，欲效用國家者不少，在破格用之耳。臣所知申甫有將才。臣願仗聖天子威靈，與練敢戰士，爲國家捍强敵，惟陛下立賜裁許。」

申甫者，僧也，好談兵，方私製戰車火器。帝納聲言，取其車入覽，授都司僉書。即日召見，奏對稱旨，超擢副總兵，敕募新軍，便宜從事。改聲御史，參其軍。甫倉猝募數千人，皆市井游手，所需軍裝戎器又不時給。而是時大清兵在郊圻久，勢當速戰，急出營柳林。總理滿桂節制諸軍，甫不肯爲下。桂卒掠民間，甫軍捕之，桂輒索去。聲以兩軍不和聞，帝即命聲調護。亡何，桂歿，甫連敗於柳林、大井，乃結車營盧溝橋。大清兵遶出其後，御車者惶懼不能轉，殲戮殆盡，甫亦陣亡。聲痛傷之，言甫受事日淺，直前衝鋒，遺骸矢刃殆徧，非喋血力戰不至此。帝亦傷之，命予恤典。

聲恥無功，請率參將董大勝兵七百人，甫遺將古壁兵百人，及豪傑義從數百人，練成一旅，爲劉之綸奇兵，收桑楡之效，不許。俄以清核軍需告竣，奏繳關防，請按律定罪，再疏請罷斥，皆不許。東江自毛文龍被殺，兵力弱，勢孤。聲因東宮册立，自請頒詔朝鮮，俾聯絡東江，張海外形勢。帝雖嘉其意，亦不果用。

尋上疏言：「陛下曉夜焦勞，日親天下之事，實未嘗日習天下之人。必使天下才不才，及才長短，一一程量不爽，方可斟酌位置。往者，陛下數召對羣臣，問無所得，鮮當聖心，遂厭薄之。臣愚妄謂陛下泰交尚未殷，顧問尚未數，不得謂召對無益也。願自今間日御文華，令京卿、翰林、臺諫及中行、評博等官，輪番入直，博咨廣詢。而內外有職業者，亦得不時進見。政事得失，軍民利病，廟堂舉錯，邊塞情形，皆與臣工考究於燕閒之間。歲月既久，品量畢呈。諸臣才不才，及才長短，豈得逃聖鑒。」帝未及報，聲再疏懇言之，終不用，遂屢疏乞歸。

後大學士徐光啓薦聲同修曆書，辭不就。以御史召，亦不赴。八年春，起山東僉事，復兩疏力辭。鄉郡多盜，聲團練義勇，爲捍禦。十六年，鳳陽總督馬士英遣使者李章玉徵貴州兵討賊，迂道掠江西，爲樂平吏民所拒擊。比抵徽州境，吏民以爲賊，率衆破走之。章玉諱激變，謂聲及徽州推官吳翔鳳主使。士英以聞，聲兩疏陳辨。帝察其無罪，不問。其年冬，廷臣交薦，即命召用，促入都陛見，未赴而京師陷。

福王立於南京，超擢聲左僉都御史，聲堅不起。大清兵破南京，列郡望風迎降。聲糾

集士民保績溪、黃山，分兵扼六嶺。寧國丘祖德、徽州溫璜、貴池吳應箕等多應之。乃遣使通表唐王，授聲右都御史兼兵部右侍郎，總督諸道軍。拔旌德、寧國諸縣。九月下旬，徽故御史黃澍降於大清，王師間道襲破之。

聲被執至江寧，語門人江天一曰：「子有老母，不可死。」對曰：「天一同公起兵，可不同公殉義乎！」遂偕死。唐王贈聲禮部尚書，謚文毅。天一，歙諸生。

丘祖德，字念修，成都人。崇禎十年進士。授寧國推官，以才調濟南。用薦超擢僉事，分巡東昌。山東土寇猖獗，帝因給事中張元始言，令祖德及東兗道李恪專任招撫，寇多解散。十五年調官沂州。其冬用兵部尚書張國維薦，擢右僉都御史，巡撫保定。十六年罣察典，解職候勘。事白，以故官代王永吉撫山東。京師覆，賊遣使招降。祖德斬之，謀發兵拒守。會中軍梅應元叛，率部卒索印，祖德乃南奔。

福王時，御史沈宸荃劾祖德及河南總督黃希憲輕棄封疆，詔削籍提訊，久之獲釋。而成都亦陷，無家可歸，流寓寧國。金聲起兵績溪，祖德與寧國舉人錢文龍，〔一〕諸生麻三衡、沈壽蕘等各舉兵應之。時郡城已失，祖德駐華陽，三衡駐稽亭，他蠭起者又十餘部，約共攻

郡城。不克，壽蕘陣歿，祖德退還山中。大清兵攻拔其寨，被獲，磔死，其子亦死。越四日，三衡軍敗，亦死。壽蕘，都督有容子。三衡，布政使溶孫也。三衡兵既起，旁近吳太平、阮恒、阮善長、劉鼎甲、胡天球、馮百家與俱起，號七家軍，皆諸生也。三衡既敗，太平等亦死。

溫璜，初名以介，字于石，烏程人。大學士體仁再從弟也。母陸守節被旌。璜久爲諸生，有學行。崇禎十六年秋舉進士，授徽州推官。甫莅任，聞京師陷，亟練民兵，爲保障計。明年，南京亦覆。知府秦祖襄及諸僚屬皆遁，璜乃盡攝其印，召士民慰諭之。金聲舉兵績溪，璜與犄角，且轉餉給其軍，而徙家屬於村民舍。未幾，聲敗，璜嚴兵自守。郡中故御史黃澍以城獻，璜趨歸村舍，刃其妻茅氏及長女，遂自刭死。

吳應箕，字次尾，貴池人。善今古文，意氣橫厲一世。阮大鋮以附璫削籍，僑居南京，聯絡南北附璫失職諸人，劫持當道。應箕與無錫顧杲、桐城左國材、蕪湖沈士柱、餘姚黃宗羲、長洲楊廷樞等爲留都防亂公揭討之，列名者百四十餘人，皆復社諸生也。後大鋮得志，謀殺周鑣，應箕獨入獄護視。大鋮聞，急遣騎捕之，應箕夜亡去。南都不守，起兵應金聲，敗走山中，被獲，慷慨就死。

其同時舉兵者有尹民興、吳漢超、龐昌胤、謝球、司石磐、王滋、魯之璵。

民興，字宣子，崇禎初舉進士。歷知寧國、涇二縣，除奸釐蠹，有神明之稱。行取入都，爲陳啓新所訐，謫福建按察司檢校。十五年春，疏陳時務十四事，帝喜，召爲職方主事。數召對，言多當帝意，即擢本司郎中。周延儒出督師，命從軍贊畫。延儒被譴，下民興吏，除名，久之始釋。福王立，起故官，尋謝病歸，流寓涇縣。南京失，與諸生趙初浣等據城拒守。大清兵攻破城，初浣死之，民興走免。唐王以爲御史，事敗歸，卒於家。

漢超，宣城諸生。崇禎十七年聞都城變，謀募兵赴難，會福王立，乃已。明年，南都覆，棄家走涇縣，從尹民興起兵。兵敗，匿華陽山中。先是，丘祖德、麻三衡諸軍潰，保華陽，有徐淮者部署之。漢超與合，連取句容、溧水、高淳、溧陽、涇、太平諸縣。明年正月襲寧國，夜緣南城登。兵潰，城中按首事者。漢超已出城，念母在，且恐累族人，入見曰：「首事者我也。」剖其腹，膽長三寸。妻戚自擲樓下死。

昌胤，西充人。崇禎十年進士。授青陽知縣。南京覆，走匿九華山，謀舉兵。事洩被執，夜死旅店中。

球，溧陽諸生，僉事鼎新子也。毀家募兵。兵散，被執而死。

石磐，鹽城諸生，與都司酈某同舉兵，兵敗被執。酈言：「此儒生，吾劫之爲書記耳。」石

磐曰：「吾首事，奈何諱之！」繫獄六十餘日，與鄷偕死。

滿，太倉諸生。城已下，與兄淳復集里人數百圍城。城中兵出擊，淳赴水死，滿被斫死。之璵，歷官副總兵，駐福山。蘇州既降，諸生陸世鑰聚衆焚城樓。之璵率千人入城，與大清兵戰，潰走，之璵戰死。

其時以諸生死者，有六合馬純仁、邳州王台輔。南京既下，六合卽歸附，純仁題銘橋柱，抱石投水死。台輔，當崇禎末，聞宦官復出鎮，將草疏極諫。甫入都，都城陷，乃還。福王時，東平伯劉澤清、御史王燮張樂大宴於睢寧。台輔衰絰直入，責之曰：「國破君亡，此公等卧薪嘗膽、食不下咽時，顧置酒大會耶！」左右欲鞭之，燮曰：「狂生也。」命引去。及南京覆，台輔視其廡曰：「此吾所樹，盡此死。」明年，粟盡，北面再拜，自縊死。

沈猶龍，字雲升，松江華亭人。萬曆四十四年進士。除鄞縣知縣。天啓初，徵授御史，出爲河南副使。崇禎元年召復故官，進太僕少卿，拜右僉都御史，巡撫福建。江西妖賊張普薇等作亂，

猶龍遣遊擊黃斌卿協剿，大破之。增秩賜金，以憂歸。服闋，起兵部右侍郎兼右僉都御史，總督兩廣軍務，兼廣東巡撫。

十七年冬，福王召理部事，不就，乞葬親歸。明年，南京失守，列城望風下。閏六月，吳淞總兵官吳志葵自海入江，結水寨於泖湖。會總兵官黃蜚擁千艘自無錫至，與合。猶龍乃偕里人李待問、章簡等，募壯士數千人守城，與二將相犄角，而參將侯承祖守金山。八月，大清兵至，二將敗於春申浦，城遂被圍。未幾破，猶龍出走，中矢死。待問守東門，簡守南門，城破，俱被殺。華亭教諭眭明永題詩明倫堂，〔二〕投繯死。諸生戴泓赴池死。嘉定舉人傅凝之參志葵軍事，兵敗，赴水死。大清兵遂攻金山，承祖與子世祿猶固守。城既破，巷戰踰時，世祿中四十矢，被獲，死之。承祖亦被獲，說之降，不從，遂被殺。志葵、蜚既敗，執至江陰城下，令說城中人降。志葵說之，蜚不語，城迄不下，後皆被殺。

待問，字存我，崇禎末進士。授中書舍人。工文章，兼精書法。簡，字坤能。舉於鄉，官羅源知縣。

陳子龍，字臥子，松江華亭人。生有異才，工舉子業，兼治詩賦古文，取法魏、晉，駢體尤精妙。崇禎十年進士。選紹興推官。

東陽諸生許都者，副使達道孫也。家富，任俠好施，陰以兵法部勒賓客子弟，思得一當。子龍嘗薦諸上官，不用，東陽令以私憾之。適義烏奸人假中貴名招兵事發，都葬母山中，會者萬人。或告監司王雄曰：「都反矣。」雄遽遣使收捕，都遂反。旬日間聚衆數萬，連陷東陽、義烏、浦江，遂逼郡城，既而引去。巡撫董象恆坐事逮，代者未至，巡按御史左光先以撫標兵，命子龍爲監軍討之，稍有俘獲。而遊擊蔣若來破其犯郡之兵，都乃率餘卒三千保南砦。

雄欲撫賊，語子龍曰：「賊聚糧據險，官軍不能仰攻，非曠日不克。我兵萬人，止五日糧，奈何？」子龍曰：「都，舊識也，請往察之。」乃單騎入都營，責數其罪，諭令歸降，待以不死。遂挾都見雄。復挾都走山中，散遣其衆，而以二百人降。光先與東陽令善，竟斬都等六十餘人於江滸。子龍爭，不能得。

以定亂功，擢兵科給事中。命甫下而京師陷，乃事福王於南京。其年六月，言防江之策莫過水師，海舟議不可緩，請專委兵部主事何剛訓練，從之。太僕少卿馬紹愉奉使陛見，語及陳新甲主款事。王曰：「如此，新甲當卹。」廷臣無應者，獨少詹事陳盟曰可。因命予卹，且追罪嘗劾新甲者。廷臣懲劉孔昭殿上相爭事，不敢言。子龍與同官李清交章力諫，事獲已。

未幾，列上防守要策，請召還故尚書鄭三俊，都御史易應昌、房可壯、孫晉，並可之。又言：「中使四出搜巷。凡有女之家，黃紙貼額，持之而去，閭井騷然。明旨未經有司，中使私自搜採，甚非法紀。」乃命禁訛傳誑惑者。子龍又言：「中興之主，莫不身先士卒，故能光復舊物。今入國門再旬矣，人情泄沓，無異昇平。清歌漏舟之中，痛飲焚屋之內，臣不知其所終。其始皆起於姑息一二武臣，以至凡百政令皆因循遵養，臣甚爲之寒心也。」亦不聽。明年二月乞終養去。

子龍與同邑夏允彝皆負重名，允彝死，子龍念祖母年九十，不忍割，遁爲僧。尋以受魯王部院職銜，結太湖兵，欲舉事。事露被獲，乘間投水死。

夏允彝，字彝仲。弱冠舉於鄉，好古博學，工屬文。是時東林講席盛，蘇州高才生張溥、楊廷樞等慕之，結文會名復社。允彝與同邑陳子龍、徐孚遠、王光承等亦結幾社相應和。

崇禎十年，與子龍同成進士，授長樂知縣，善決疑獄。他郡邑不能決者，上官多下長樂。居五年，邑大治。吏部尚書鄭三俊舉天下廉能知縣七人，以允彝爲首。帝召見，大臣方岳貢等力稱其賢，將特擢。會丁母憂，未及用。

北都變聞，允彝走謁尚書史可法，與謀興復。聞福王立，乃還。其年五月擢吏部考功司主事。疏請終制，不赴。御史徐復陽希要人旨，劾允彝及其同官文德翼居喪授職爲非制，以兩人皆東林也。兩人實未嘗赴官，無可罪。吏部尚書張捷遽議貶秩調用。未幾，南都失，彷徨山澤間，欲有所爲。聞友人侯峒曾、黄淳耀、徐汧等皆死，乃以八月中賦絕命詞，自投深淵以死。允彝死後二年，子完淳、兄之旭並以陳子龍獄詞連及，亦死。而同社徐孚遠，舉於鄉，因松江破，遁入海，死於島中。

侯峒曾，字豫瞻，嘉定縣人。給事中震暘子也。天啓五年成進士，授南京武選司主事，丁父憂。

崇禎七年入都。兵部尚書張鳳翼薦爲職方郎中，峒曾力辭，乃改南京文選司主事。由稽勳郎中遷江西提學參議。給事中耿始然督賦至，他監司以屬禮見，峒曾獨與抗禮。益王勢方熾，歲試謁兩宗生，王怒，使人詰讓，峒曾不爲動。遷廣東副使，不赴。起浙江右參政，分守嘉、湖。漕卒擊傷秀水知縣李向中，峒曾請於撫按，捕戮首惡，部內肅然。吏部尚書鄭三俊舉天下賢能監司五人，峒曾與焉。召爲順天府丞，未赴而京師陷。

福王時，用爲左通政，辭不就。及南京覆，州縣多起兵自保。嘉定士民推峒曾爲倡，偕里人黄淳耀、張錫眉、龔用圓、〔三〕馬元調、唐全昌、夏雲蛟等誓死固守。大清兵來攻，峒曾乞師於吳淞總兵官吳志葵。志葵遣遊擊蔡祥以七百人來赴，一戰失利，束甲遁，外援遂絕，城中矢石俱盡。七月三日大雨，城隅崩，架巨木支之。明日雨益甚，城大崩，大清兵入。峒曾拜家廟，挈二子元演、元潔並沈於池。錫眉、用圓、元調、全昌、雲蛟皆死之。錫眉、用圓皆舉人。用圓官秀水教諭。元調、全昌、雲蛟並諸生。

其時聚衆城守而死者有江陰閻應元，崑山朱集璜之屬。

應元，字麗亨，順天通州人。崇禎中，爲江陰典史。十七年，海賊顧三麻入黄田港，應元往禦，手射殺三人。賊退，以功遷英德主簿，道阻不赴，寓居江陰。

明年五月，南京亡，列城皆下。閏六月朔，諸生許用倡言守城，遠近應者數萬人。典史陳明遇主兵，用徽人邵康公爲將。而前都司周瑞龍泊江口，相犄角。戰失利，大清兵逼城下。徽人程璧盡散家貲充餉，而身乞師於吳淞總兵官吳志葵。志葵至，璧遂不返。康公戰不勝，瑞龍水軍亦敗去，明遇乃請應元入城，屬以兵事。大清兵力攻城，應元守甚固。東平伯劉良佐用牛皮帳攻城東北，城中用礮石力擊。良佐乃移營十方庵，令僧陳利害。良佐旋策馬至，應元誓以大義，屹不動。及松江破，大清兵來益衆，四圍發大礮，城中死傷無算，猶固守。八月二十一日，大清兵從祥符寺後城入，衆猶巷戰，男婦投池井皆滿。明遇、用皆舉家自焚。應元赴水，被曳出，死之。

訓導馮厚敦冠帶縊於明倫堂，姊及妻王結袵投井死。里居中書舍人戚勳令妻及子女、子婦先縊，乃舉火自焚，從死者二十人。舉人夏維新，諸生王華、呂九韶自刎死。

貢生黄毓祺者，好學，有盛名，精釋氏學。與門人徐趨舉兵行塘，以應城內兵。及城陷，兩人逸去。明年冬，趨偵江陰無備，率壯士十四人襲之。不克，皆死。毓祺既逸去，避江北。其子大湛、大洪被收，兄弟方爭死。而毓祺以敕印事發，逮繫江寧獄，將刑，其門人告之期，命取襲衣自斂，趺坐而逝。

朱集璜，字以發，崑山貢生。學行爲鄉里所推，教授弟子數百人。

南京既亡，崑山議拒守，而縣丞閻茂才已遣使迎降。縣人共執殺茂才，以六月望，推舊將王佐才爲帥，集璜及周室瑜、陶琰、陳大任等共舉兵。參將陳宏勛、前知縣楊永言率壯士百人爲助。佐才亦邑人，嘗官狼山副總兵，年老矣。大清兵至，宏勛率舟師迎戰，敗還，遊擊孫志尹戰殁。城陷，永言遁去。佐才縱民出走，而己冠帶坐帥府，被殺。集璜投東禪寺後河死。門人孫道民、張謙同日死。室瑜、琰、大任亦死之。室瑜子朝鑛、大任子思翰皆

同死。室瑜舉於鄉，官儀封知縣。琰、大任皆諸生。

時以守禦死者，蘇達道、莊萬程、陸世鑰、陸雲將、歸之甲、周復培、陸彥沖。代父死者，沈徵憲、朱國軾。救母死者，徐洺。自盡者，徐瀫、王在中、吳行貞。

楊文驄，字龍友，貴陽人。萬曆末，舉於鄉。崇禎時，官江寧知縣。御史詹兆恒劾其貪污，奪官候訊。事未竟，福王立於南京，文驄戚馬士英當國，起兵部主事，歷員外郎、郎中，皆監軍京口。以金山踞大江中，控制南北，請築城以資守禦，從之。文驄善書，有文藻，好交遊，干士英者多緣以進。其爲人豪俠自喜，頗推獎名士，士亦以此附之。

明年遷兵備副使，分巡常、鎭二府，監大將鄭鴻逵、鄭彩軍。及大清兵臨江，文驄駐金山，扼大江而守。五月朔，擢右僉都御史，巡撫其地，兼督沿海諸軍。文驄乃還駐京口，合鴻逵等兵南岸，與大清兵隔江相持。大清兵編大筏，置燈火，夜放之中流，南岸軍發礮石，以爲克敵也，日奏捷。初九日，大清兵乘霧潛濟，迫岸。諸軍始知，倉皇列陣甘露寺。鐵騎衝之，悉潰。文驄走蘇州。十三日，大清兵破南京，百官盡降。命鴻臚丞黄家鼒往蘇州安撫，

文驄襲殺之，遂走處州。時唐王已自立於福州矣。

初，唐王在鎮江時，與文驄交好。至是，文驄遣使奉表稱賀。鴻逵又數薦，乃拜兵部右侍郎兼右僉都御史，提督軍務，令圖南京。加其子鼎卿左都督、太子太保。鼎卿，士英甥也。士英遣迎福王，遇王於淮安。王貧窶甚，鼎卿賙給之，王與定布衣交。以故寵鼎卿甚。及鼎卿上謁，王以故人子遇之，奬其父子，擬以漢朝大、小耿。然其父子以士英故，多爲人詆譏。

明年，衢州告急。誠意侯劉孔昭亦駐處州，王令文驄與共援衢。七月，大清兵至，文驄不能禦，退至浦城，爲追騎所獲，與監紀孫臨俱不降被戮。

臨，字武公，桐城人，兵部侍郎晉之弟。文驄招入幕，奏爲職方主事，竟與同死。

其時起兵旁掠郡縣者有吳易，字日生，吳江人。生有膂力，跅弛不羈。崇禎末，成進士。福王時，謁史可法於揚州。可法異其才，題授職方主事，爲己監軍。

明年奉檄徵餉江南，未還而揚州失，已而吳江亦失。易走太湖，與同邑舉人孫兆奎，諸生沈自駉、自炳，武進吳福之等謀舉兵。旬日得千餘人，屯於長白蕩，出沒旁近諸縣，道路爲梗。唐王聞之，授兵部右侍郎兼右僉都御史，總督江南諸軍。文驄奏易斬獲多，進爲兵

部尚書。魯王亦授易兵部侍郎，封長興伯。

八月，大清兵至，易遂敗走。父承緒、妻沈及女皆投水死，自駉、自炳、福之亦死焉，兆奎被獲，一軍盡殲。明年，易鄉人周瑞復聚衆長白蕩，迎易入其營。八月，事洩，被獲死之。

福之，鍾衢子也。兆奎兵敗時，慮易妻女被辱，視其死而後行，故被獲。械至江寧，死之。

陳潛夫，字元倩，錢塘人。家貧落魄，好大言以駴俗。崇禎九年舉於鄉，益廣交遊，爲豪舉，好臧否人，里中人惡之。友人陸培兄弟爲文逐潛夫，潛夫乃避居華亭。

十六年冬，授開封推官。大河南五郡盡爲賊據，開封被河灌，城虛無人，長吏皆寄居封丘。有勸潛夫弗往者，不聽，馳之封丘。會叛將陳永福率賊兵出山西，其子德爲巡撫秦所式部將，縛巡按御史蘇京去。潛夫募民兵千，請於所式及總兵卜從善、許定國，令共剿，皆不肯行。

潛夫乃以十七年正月奉周王渡河居杞縣，檄召旁近長吏，設高皇帝位，歃血誓固守。賊所設僞巡撫梁啓隆居開封，他僞官散布郡邑間甚衆，而開封東西諸土寨剽掠公行，相攻殺無已。潛夫轉側杞、陳留間，朝夕不自保。開西平寨副將劉洪起勇而好義，屢殺賊有功，躬往說之。五月五日方誓師，而都城失守。報至，乃慟哭，令其下縞素。洪起兵萬，號五萬，潛夫兵三千，俘杞僞官，啓隆聞風遁去。遂渡河而北，大破賊將陳德於柳園。時李自成已敗走山西，而南陽賊乘間犯西平，洪起引還，潛夫亦隨而南。

福王立南京，潛夫傳露布至，朝中大喜，即擢監軍御史，巡按河南。潛夫乃入朝言：「中興在進取，王業不偏安。山東、河南地，尺寸不可棄。豪傑結寨自固者，引領待官軍。誠分命藩鎮，以一軍出潁、壽，一軍出淮、徐，則衆心競奮，爭爲我用。更頒爵賞鼓舞，計遠近，畫城堡俾自守，而我督撫將帥屯銳師要害以策應之。寬則耕屯爲食，急則披甲乘墉，一方有警，前後救援，長河不足守也。汴梁一路，臣聯絡素定，旬日可集十餘萬人。誠稍給糗糧，容臣自將，臣當荷戈先驅，諸藩鎮爲後勁，河南五郡可盡復。五郡既復，畫河爲固，南連荆楚，西控秦關，北臨趙衞，上之則恢復可望，下之則江淮永安，此今日至計也。兩淮之上，何事多兵，督撫紛紜，並爲虛設。若不思外拒，專事退守，舉土地甲兵之衆致之他人，臣恐江淮亦未可保也。」

當是時，開封、汝寧間列寨百數，洪起最大；南陽列寨數十，蕭應訓最大；洛陽列寨亦數十，李際遇最大。諸帥中獨洪起欲效忠，潛夫請予挂印爲將軍。馬士英不聽，而用其姻

婭越其杰巡撫河南。潛夫自九月入覲，便道省親，甫五日卽馳赴河上。所建白皆不用，諸鎮兵無至者。其杰老憊不知兵。兵部尚書張縉彥總督河南、山東軍務，止提空名，不能馭諸將。其冬，應訓復南陽及泌陽、舞陽、桐柏，遣子三傑獻捷。潛夫授告身，飲之酒，鼓吹旌旗前導出。三傑喜過望，往謁其杰。其杰故爲尊嚴，厲辭詰責，詆爲賊。三傑泣而出，萌異心。潛夫過諸寨，皆鐃吹送迎，其杰間過之，諸寨皆閉門不出。其杰恚，譖潛夫於士英。士英怒，冬盡，召潛夫還，以淩駉代。潛夫亦遭外艱歸。

明年三月，給事中林有本疏劾御史彭遇颽，並及潛夫。士英以遇颽己私人，置不問，獨令議潛夫罪。先是，有童氏者，自言福王繼妃，廣昌伯劉良佐具禮送之。潛夫至壽州，見車馬騶從傳呼皇后來，亦稱臣朝謁。及童氏入都，王以爲假冒，下之獄。遂責潛夫私謁妖婦，逮下獄治之。

未幾，南都不守，潛夫得脫歸。聞魯王監國紹興，渡江往謁，命復故官，加太僕少卿，監軍，乃自募三百人列營江上。尋進大理寺少卿，兼御史如故。順治三年五月晦，江上師盡潰，潛夫走至山陰化龍橋，偕妻妾二孟氏同赴水死，年三十七。

始爲文逐潛夫者陸培，字鯤庭，舉進士，爲行人，奉使事竣歸省。南京既覆，聞潞王又

降，以繩授二僕，從容就縊而死，年二十九。培少負俊才，有文名，行誼修謹，客華亭，嘗却奔女於室云。

沈廷揚，字季明，崇明人。好談經濟。崇禎中，由國子生爲內閣中書舍人。十二年冬，帝以山東多警，運道時梗，議復海運。廷揚生海濱，習水道，上疏極言其便，且輯海運書五卷以呈。帝喜，即命造海舟試之。廷揚乘二舟由淮安出海，抵天津，僅半月。帝大喜，即加戶部郎中，往登州與巡撫徐人龍計海運事。初，寧遠軍餉率用天津船，自登州候東南風，轉粟至天津；又候西南風轉至寧遠。廷揚請從登州直達寧遠，帝用其議，省費多。十五年命再赴淮安督海運，事竣，加光祿少卿，仍領其事。

及京師陷，福王命廷揚以海舟防江。尋命兼理餉務，餽江北諸軍。南京失守，走還鄉里。後航海至舟山，依黃斌卿。唐王在福建，授兵部右侍郎，總督水師。魯王授官亦如之。魯王航海之明年，廷揚督舟師北上，抵福山，次鹿苑。夜分颶風大作，舟膠於沙，爲大清兵所執。諭之降，不從，乃就戮。

林汝翥，字大葳，福清人。舉於鄉，授沛縣知縣。天啓二年，戰却徐鴻儒兵，緝妖人王普光黨有功，特擢御史。

四年六月巡視京城。民曹大妻與人奴角口，服毒死。火者曹進、傅國興率衆大掠奴主家，用大錐錐其主，刑官不敢問。汝翥捕得進，進懼劾，請受杖，遂杖之五十。國興邀於道，罵不已，汝翥收繫之，亦請受杖，復杖之。魏忠賢大怒，立傳旨廷杖汝翥。先數日，羣奄毆殺萬爆。汝翥大懼，逸至遵化。巡撫鄧渼爲代題，都御史孫瑋、御史潘雲翼等交章論救。不聽，卒杖之，削籍歸。

崇禎初，起官右參議，分守溫處道，不赴。久之，起瓊州道，坐奸民煽亂，貶秩歸。福王時，起雲南僉事，已而解職。魯王次長垣，召爲兵部右侍郎，與員外郎林垐攻福寧，戰敗被執，諭降不從，繫之，吞金屑而死。

垐，字子野，汝翥同邑人。崇禎十六年進士。授海寧知縣。邑有妖人以劍術惑衆，聚千人，垐捕殺之。南都覆，杭州亦不守，卒乘機乞餉，環署大譟。垐罪爲首者，而如其請。以城孤不能存，引去。唐王以爲御史，改文選員外郎，募兵福寧。聞王被殺，大慟，走匿山中。及魯王航海至長垣，福清鄉兵請垐爲主，與汝翥共攻城，歿於陣。

鄭爲虹，字天玉，江都人。崇禎十六年進士。除浦城知縣。唐王道浦城，知其廉，及自立，召爲御史。部民相率乞留，有十不可去之疏。乃令以御史巡視仙霞關，駐浦城。尋令巡撫上遊四府，兼領關務。鄭芝龍部將奪民舟，[四]爲虹叱責之。芝龍訴於王，王爲諭解。然是時芝龍已懷異志，盡撤守關將，仙霞嶺二百里間無一人。順治三年八月，大清兵長驅直入，爲虹亟還浦城，縱士民出走，自守空城。無何，被執，與給事中黃大鵬並死之，年二十有五。

大鵬，字文若，建陽人。崇禎十三年進士。爲義烏知縣，有能聲。唐王召爲兵科給事中，從至建寧，令與爲虹共守仙霞嶺，竟同死。時王在延平，聞仙霞關失守，倉猝走汀州。守延平者爲王士和，從走汀州者有胡上琛、熊緯，皆以死事著。

士和，字萬育，金谿人。崇禎中，舉於鄉。南京既覆，江西亦被兵，士和避入閩，授吏部司務。疏陳時政闕失，凡數千言，唐王刊賜文武諸臣，且召士和入對，嘉獎備至，擢兵部主

事。未一月擢延平知府。八月，王走汀州，留兵部侍郎曹履泰偕士和居守。俄警報疊至，士和召父老曰：「吾雖一月郡守，當與城存亡。若等可速出，毋使數萬生靈盡膏斧鑕。」衆泣，士和亦泣。退入內署，謂友人曰：「吾一介書生，數月而忝二千石，安敢偷生。」其友勸止之，正色曰：「君子愛人以德，姑息何爲。」從容正衣冠，閉戶投繯死。

上琛，字席公。世襲福州右衞指揮使。好讀書，能詩。既襲職，復舉武鄉試。唐王時，官錦衣衞指揮，遷署都督僉事，充御營總兵官，從至汀州。王被執，上琛奔還福州，謂家人曰：「吾世臣，不可苟活，爲我採毒草來。」妾劉年二十，願同死。上琛喜曰：「汝幼婦亦能死耶！」遂整冠帶與妾共飲藥酒而卒。

緯，字文江，南昌人。崇禎十六年進士。授行人。兩京既覆，每飲酒，輒涕泗交橫下。友人語之曰：「昔狼瞫有言『吾未獲死所』，子既有志，曷求所乎？」乃赴延平謁唐王，擢給事中。尋扈行至汀州，遘變，從官皆散，緯仍奔赴。遇大清兵，死之。

贊曰：廢興之故，豈非天道哉。金聲等以烏合之師，張皇奮呼，欲挽明祚於已廢之後，心離勢渙，敗不旋踵，何尺寸之能補。然卒能致命遂志，視死如歸，事雖無成，亦存其志而

已矣。

校勘記

〔一〕祖德與寧國舉人錢文龍　錢文龍，明史稿傳一五三、小腆紀傳卷四六丘祖德傳都作「錢龍文」。

〔二〕華亭教諭眭明永題詩明倫堂　眭明永，明史稿傳一五三、小腆紀傳卷四六沈猶龍傳作「睦明永」。

〔三〕董用圓　小腆紀年附考卷一一同。明史稿傳一五三侯峒曾傳、南疆繹史卷三六龔用圓傳、小腆紀傳卷四六黃淳耀傳都作「龔用圓」。

〔四〕鄭芝龍部將奪民舟　部，原作「步」，據小腆紀傳卷四九鄭爲虹傳改。

明史卷二百七十八

列傳第一百六十六

楊廷麟 彭期生等　萬元吉 楊文薦　梁于涘　郭維經 姚奇胤
詹兆恒 胡夢泰　周定仍等　陳泰來 曹志明　王養正 夏萬亨等
曾亨應 弟和應　子筠　揭重熙 傅鼎銓　陳子壯 麥而炫
朱實蓮　霍子衡　張家玉 陳象明等　陳邦彥　蘇觀生

楊廷麟，字伯祥，清江人。崇禎四年進士。改庶吉士，授編修。勤學嗜古，有聲館閣間，與黃道周善。

十年冬，皇太子將出閣，充講官兼直經筵。廷麟具疏讓道周，不許。明年二月，帝御經筵，問保舉考選何者爲得人。廷麟言：「保舉當嚴舉主，如唐世濟、王維章乃溫體仁、王應熊

所薦。今二臣皆敗，而舉主不問。是連坐之法先不行於大臣，欲收保舉效得乎？」帝爲動色。

其冬，京師戒嚴。廷麟上疏劾兵部尚書楊嗣昌，言：「陛下有撻伐之志，大臣無禦侮之才，謀之不臧，以國爲戲。嗣昌及薊遼總督吳阿衡內外扶同，朋謀誤國。與高起潛、方一藻倡和款議，武備頓忘，以至於此。今可憂在外者三，在內者五。督臣盧象昇以禍國責樞臣，言之痛心。夫南仲在內，李綱無功，潛善秉成，宗澤殞命。乞陛下赫然一怒，明正向者主和之罪，俾將士畏法，無有二心。召見大小諸臣，咨以方略。諭象昇集諸路援師，乘機赴敵，不從中制。此今日急務也。」

時嗣昌意主和議，冀紓外患，而廷麟痛詆之。嗣昌大恚，詭薦廷麟知兵。帝改廷麟兵部職方主事，贊畫象昇軍。象昇喜，卽令廷麟往眞定轉餉濟師。無何，象昇戰死賈莊。嗣昌意廷麟亦死，及聞其奉使在外，則爲不懌者久之。

初，張若麒、沈迅官刑曹，謀改兵部，御史涂必泓沮之。必泓，廷麟同里也。兩人疑疏出廷麟指，因與嗣昌比而搆廷麟。會廷麟報軍中曲折，嗣昌擬旨責以欺罔。事平，貶廷麟秩，調之外。黃道周獄起，詞連廷麟，當逮。未至而道周已釋，言者多薦廷麟。

十六年秋，復授職方主事，未赴，都城失守，廷麟慟哭，募兵勤王。福王立，用御史祁彪

佳薦，召爲左庶子，辭不就。宗室朱統鑜誣劾廷麟召健兒有不軌謀，以姜曰廣爲內應。王不問，而廷麟所募兵亦散。

順治二年，南都破，江西諸郡惟贛州存。唐王手書加廷麟吏部右侍郎，劉同升國子祭酒。同升自雩都至贛，與廷麟謀大舉。乃偕巡撫李永茂集紳士於明倫堂，勸輸兵餉。九月，大兵屯泰和，副將徐必達戰敗，廷麟、同升乘虛復吉安、臨江。加兵部尚書兼東閣大學士，賜劍，便宜從事。十月，大兵攻吉安，必達戰敗，赴水死。會廣東援兵至，大兵退屯峽江。已而萬元吉至贛。十二月，同升卒。

三年正月，廷麟赴贛，招峒蠻張安等四營降之，號龍武新軍。廷麟聞王將由汀赴贛，將往迎王，而以元吉代守吉安。無何，吉安復失，元吉退保贛州。四月，大兵逼城下，廷麟遣使調廣西狼兵，而身往雩都趣新軍張安來救。五月望，安戰梅林，再敗，退保雩都。廷麟乃散其兵，以六月入贛，與元吉憑城守。未幾，援兵至，圍暫解，已，復合。八月，水師戰敗，援師悉潰。及汀州告變，贛圍已半年，守陴者皆懈。十月四日，大兵登城。廷麟督戰，久之，力不支，走西城，投水死。同守者郭維經、彭期生等皆死。

期生，字觀我，海鹽人，御史宗孟子。登萬曆四十四年進士。崇禎初，爲濟南知府，坐

失囚謫布政司照磨，量移應天推官，轉南京兵部主事，進郎中。十六年，張獻忠亂江西，遷湖西兵備僉事，駐吉安。吉安不守，走贛州，偕廷麟招降張安等，加太常寺卿，仍視兵備事。城破，冠帶自縊死。

一時同殉者，職方主事周瑚，磔死。通判王明汲，編修兼兵科給事中萬發祥，吏部主事龔棻，戶部主事林琦，兵部主事王其宖、黎遂球、柳昂霄、魯嗣宗、錢謙亨，中書舍人袁從鶚、劉孟鍧、劉應試，推官署府事吳國球，監紀通判郭寧登，臨江推官胡縝，贛縣知縣林逢春，皆被戮。鄉官盧觀象盡驅男婦大小入水，乃自沉死。舉人劉曰佺偕母妻弟婦子姪同日死。參將陳烈數力戰，衆以其弟已降，疑之，烈益奮勇疾鬬。及見執，不屈，顧謂贛人曰：「而後乃今知我無二心也。」遂就戮。

萬元吉，字吉人，南昌人。天啓五年進士。授潮州推官，補歸德。捕大盜李守志，散其黨。崇禎四年大計，謫官。十一年秋，用曾櫻薦，命以永州檢校署推官事。居二年，督師楊嗣昌薦其才，改大理右評事，軍前監紀。嗣昌倚若左右手，諸將亦悅服，馳驅兵間，未嘗一夕安枕。嗣昌卒，元吉丁內艱歸。十六年起南京職方主事，進郎中。

福王立，仍故官。四鎮不和，元吉請奉詔宣諭。又請發萬金犒高傑於揚州，諭以大義，令保江、淮。乃渡江詣諸營。傑與黃得功、劉澤清方爭揚州，元吉與得功書，令共奬王室。得功報書如元吉指，乃錄其藁示澤清、傑，嫌漸解。廷議以元吉能輯諸鎮，擢太僕少卿，監視江北軍務。元吉身在外，不忘朝廷，數有條奏。請修建文實錄，復其尊稱，并還懿文追尊故號，祀之寢園，以建文配，而速褒靖難死事諸臣，及近日北都四方殉難者，以作忠義之氣。從之。又言：

先帝天資英武，銳意明作，而禍亂益滋。寬嚴之用偶偏，任議之途太畸也。

先帝初懲逆璫用事，委任臣工，力行寬大。諸臣狃之，爭意見之異同，略綢繆之桑土，敵入郊圻，束手無策。先帝震怒，宵小乘間，中以用嚴。於是廷杖告密，加派抽練，使在朝者不暇救過，在野者無復聊生，廟堂號振作，而敵強如故，寇禍彌張。十餘年來，小人用嚴之效如是。先帝亦悔，更從寬大，悉反前規，天下以爲太平可致。諸臣復競賄賂，肆欺蒙，每趨愈下，再攖先帝之怒，誅殺方興，宗社繼歿。蓋諸臣之孽，每乘於先帝之寬，而先帝之嚴，亦每激於諸臣之玩。臣所謂寬嚴之用偶偏者此也。

國步艱難，於今已極。乃議者求勝於理，即不審勢之重輕，好伸其言，多不顧事之損益。殿上之彼已日爭，閫外之從違遙制，一人任事，衆口議之。如孫傳庭守關中，識

者俱謂不宜輕出，而已有以逗撓議之者矣。賊既渡河，臣語史可法、姜曰廣急撤關、寧吳三桂兵，隨樞輔迎擊。先帝召對時，臣亦曾及此，而已有以蹙地議之者矣。及賊勢燎原，廷臣或勸南幸，或勸皇儲監國南都，皆權宜善計，而已有以邪妄議之者矣。由事後而觀，咸追恨議者之誤國。倘事幸不敗，必共服議者之守經。大抵天下事，無全害亦無全利，當局者非樸誠通達，誰敢違衆獨行，旁持者競意氣筆鋒，必欲強人從我。臣所謂任議之途太畸者此也。

乞究前事之失，爲後事之師，以寬爲體，以嚴爲用。蓋崇簡易、推眞誠之謂寬，而濫賞縱罪者非寬；辨邪正、綜名實之謂嚴，而鉤距索隱者非嚴。寬嚴得濟，任議乃合。仍請於任事之人，嚴覈始進，寬期後效，無令行間再踵藏垢，邊才久借然灰，收之以嚴，然後可任之以寬也。

詔褒納之。

明年五月，南京覆，走福建，歸唐王。六月，我大清兵已取南昌、袁州、臨江、吉安。踰月，又取建昌。惟贛州孤懸上游，兵力單寡。會益府永寧王慈炎招降峒賊張安，所號龍武新軍者也，遣復撫州。南贛巡撫李永茂乃命副將徐必達扼泰和，拒大兵。未幾，戰敗，至萬安，遇永茂。永茂遂奔贛。

八月，叛將白之裔入萬安，江西巡撫曠昭被執，知縣梁于涘死之。于涘，江都人。崇禎十六年進士。時唐王詔適至贛，永茂乃與楊廷麟、劉同升同舉兵。未幾，王召永茂爲兵部右侍郎，以張朝綖代。甫任事，擢元吉兵部右侍郎兼右副都御史，總督江西、湖廣諸軍，召朝綖還，以同升代。元吉至贛，同升已卒，遂以元吉兼巡撫。

順治三年三月，廷麟將朝王，元吉代守吉安。初，崇禎末，命中書舍人張同敞調雲南兵，至是抵江西，兩京已相繼失，因退還吉安。廷麟留與共守，用客禮待之。其將趙印選、胡一青頻立功，而元吉約束甚嚴，諸將漸不悅。時有廣東兵亦以赴援至。而新軍張安者，汀、贛間峒賊四營之一，驍勇善戰，既降，有復撫州功，且招他營盡降。元吉以新軍足恃也，蔑視雲南、廣東軍，二軍皆解體。然安卒故爲賊，居贛淫掠，遣援湖西，所過殘破。及是，大兵逼吉安，諸軍皆內攜，新軍又在湖西。城中軍不戰潰，城遂破。元吉退屯皂口，檄諭贛州極言雲南兵棄城罪，其衆遂西去。四月，大兵逼皂口，元吉不能禦，入贛城。大兵乘勝抵城下。給事中楊文薦奉命湖南，過贛，入城共守禦，城中賴之。文薦，元吉門生也。元吉素有才，涖事精敏。及失吉安，士不用命，昏然坐城上，對將吏不交一言。隔河大營遍山麓，指爲空營。兵民從大營中至，言敵勢盛，輒叱爲間諜，斬之。江西巡撫劉遠生令張琮者，將兵趨湖東。及贛圍急，遠生自出城，召琮於雩都。贛人曰「撫軍遁矣」，怒焚其

舟，拘遠生妻子。俄遠生率琮兵至，贛人乃大悔。琮軍渡河，抵梅林，中伏大敗，還至河，爭舟，多死於水。遠生憤甚，五月朔，渡河再戰，身先士卒，遇大兵，被獲，復逃歸。而新軍先往湖西者，聞吉安復失，仍還雩都。廷麟躬往邀之，與大兵戰梅林，再敗，乃散遣其軍，而身入城，與元吉同守。自遠生敗，援軍皆不敢前。六月望，副將吳之蕃以廣東兵五千至，圍漸解，未幾復合，城中守如初。

王聞贛圍久，獎勞之，賜名忠誠府，加元吉兵部尚書，文薦右僉都御史，使尚書郭維經來援。維經與御史姚奇胤沿途募兵，得八千人。元吉部將汪起龍率師數千，雲南援將趙印選、胡一青率師三千，大學士蘇觀生遣兵如之。兩廣總督丁魁楚亦遣兵四千。廷麟又收集散亡，得數千。先後至贛，營於城外。諸將欲戰，元吉待水師至並擊。而中書舍人來從諤募砂兵三千，吏部主事龔棻、兵部主事黎遂球募水師四千，皆屯南安，不敢下。主事王其宖謂元吉曰：「水師帥羅明受海盜也，桀驁難制，棻、遂球若慈母之奉驕子。且今水涸，巨舟難進，豈能如約。」不聽。及八月，大兵聞水師將至，即夜截諸江，焚巨舟八十，死者無算，明受遁還，舟中火藥戎器盡失。於是兩廣、雲南軍不戰而潰，他營亦稍稍散去。城中僅起龍、維經部卒四千餘人，城外僅水師後營二千餘人。參將謝志良擁衆萬餘雩都不進，廷麟調廣西狼兵八千人踰嶺，亦不卽赴。會聞汀州破，人情益震懼。

十月初，大兵用嚮導夜登城，鄉勇猶巷戰。黎明，兵大至，城遂破，元吉死之。先是，元吉禁婦女出城。其家人潛載其妾縋城去，元吉遣飛騎追還，捶其家人，故城中無敢出者。及城破，部將擁元吉出城。元吉歎曰：「爲我謝贛人，使闔城塗炭者我也，我何可獨存！」遂赴水死，年四十有四。

楊文薦，字幼宇，京山人。由進士爲兵科給事中。城破時，病困不能起，執送南昌，絕粒而卒。

郭維經，字六修，江西龍泉人。天啓五年進士。授行人。崇禎三年遷南京御史，疏陳時弊，中有所舉刺。帝責令指實，乃極稱順天府尹劉宗周之賢，力詆吏部尚書王永光谿刻及用人顚倒罪，帝置不問。六年秋，溫體仁代周延儒輔政，維經言：「執政不患無才，患有才而用之排正人，不用之籌國事。國事日非，則委曰我不知，坐視盜賊日猖，邊警日急，止與二三小臣爭口舌，角是非。平章之地幾成聚訟，可謂有才邪？」帝切責之。憂去。久之，起故官。

北都變聞，南都諸臣有議立潞王者，維經力主福王。王立，進應天府丞，仍兼御史，巡

視中城。俄上言：「聖明御極將二旬，一切雪恥除兇、收拾人心之事，絲毫未舉。今僞官縱橫於鳳、泗，悍卒搶攘於瓜、儀，焚戮剽掠之慘，漸逼江南，而廊廟之上不聞動色相戒，惟以慢不切要之務，盈庭而議。乞令內外文武諸臣洗滌肺腸，盡去刻薄偏私及恩怨報復故習，一以辦賊復仇爲事。」報聞。尋遷大理少卿，左僉都御史。命專督五城御史，察非常，清輦轂。明年二月，隆平侯張拱日、保國公朱國弼相繼以他事劾罷維經，維經回籍。唐王召爲吏部右侍郎。

順治三年五月，大兵圍贛州。王乃命維經爲吏、兵二部尚書兼右副都御史，總理湖廣、江西、廣東、浙江、福建軍務，督師往援。維經與御史姚奇胤募兵八千人入贛州，與楊廷麟、萬元吉協守。及城破，維經入嵯峨寺自焚死，奇胤亦死之。

奇胤，字有僕，錢塘人。由進士授南海知縣。地富饒，多盜賊。奇胤絕苞苴，力以弭盜爲事，政聲大起。入爲兵部主事，改監察御史，巡按廣東。未任，與維經赴援，遂同死。

詹兆恒，字月如，廣信永豐人。父士龍，順天府尹。兆恒舉崇禎四年進士。由甄寧知

縣徵授南京御史，疏陳盜鑄之弊，帝下所司察核。十四年夏，言燕、齊二千里間，寇盜縱橫，行旅阻絕，四方餉金滯中途者，至數百萬，請急發京軍剿滅。又言楚、豫之疆盡青燐白骨，新徵舊逋，斷無從出，請多方蠲貸。帝並采納。明年，賊陷舍山，犯無爲，劾總督高斗光。又明年秋，賊陷廬州，臨江欲渡，陳內外合防策。再劾斗光，請以史可法代，斗光遂獲譴。時江北民避亂，盡走南京。兆恒慮賊諜闌入，處之城外，爲嚴保伍，察非常，奸宄無所匿。

福王立，擢兆恒大理寺丞。馬士英薦阮大鋮，令冠帶陛見。兆恒言：「先皇手定逆案，芟刈羣兇，第一美政。今者大仇未報，乃忽召大鋮，還之冠帶，豈不上傷先皇靈，下短忠義氣哉！」疏奏，命取逆案進覽，兆恒即上進。而士英亦以是日進三朝要典，大鋮竟起用。其秋，奉命祭告，尋進本寺少卿。使事竣，即旋里。

唐王立，拜兆恒兵部左侍郎，佐黃道周協守廣信。廣信破，奔懷玉山，聚衆數千人自保。尋進攻衢州之開化縣，兵敗，歿於陣。

胡夢泰，字友蠡，廣信鉛山人。崇禎十年進士。除奉化知縣。邑人戴澳官順天府丞，怙勢不輸賦。夢泰捕治其子，其子走京師，愬澳，令劾去夢泰。澳念州民不當劾長吏，而劫於其子，姑出一疏，言天下不治由守令貪汚，以陰詆夢泰。及得旨，令指實。其子即欲訐

夢泰，而澳念夢泰無可劾，乃以嘉興推官文德翼、平遙知縣王凝命實之。給事中沈迅爲兩人訴枉，發澳隱情。澳下詔獄，除名。夢泰聲益起。

十六年夏，吏部會廷臣舉天下賢能有司十人，夢泰與焉，行取入都。帝以畿輔州縣殘破，欲得廉能者治之，諸行取者悉出補。夢泰得唐縣。京師陷，南歸。

唐王時，授兵科給事中，奉使旋里。順治三年，大兵逼城下，夢泰傾家募士，與巡撫周定仍等守城。圍數月，城破，夫婦俱縊死。

定仍，南昌人。崇禎十六年進士。與萬文英、胡奇偉、胡甲桂舉兵保廣信，唐王即以爲右僉都御史，巡撫其地。城破，死之。

文英，亦南昌人。初爲鳳陽推官，以子元亨代死，得脫歸。福王時，起禮部主事，丁艱不赴。唐王授爲兵部員外郎，監黃道周諸軍，協守廣信。諸軍敗於鉛山，文英舉家赴水死。

奇偉，進賢人。歷官兵部主事。唐王授爲湖東副使，守廣信，兵敗，死之。

甲桂，字秋卿，崑山人。崇禎十二年以鄉試副榜貢入國學，授南昌通判。遷永州同知，以道梗改廣信。至則南昌、袁州、吉安俱失。廣信止疲卒千人，士民多竄徙。會黃道周以募兵至，相與議城守。已而道周敗歿，勢益孤，甲桂效死不去。城破被執，諭降不從，幽別

室，自經死。

有畢貞士者，貴溪人，舉於鄉。同守廣信，城破，赴水。家人救之，行至五里橋，望拜祖塋，觸橋柱死。

陳泰來，字剛長，江西新昌人。崇禎四年進士。由宣城知縣入爲戶科給事中。十五年冬，都城戒嚴，泰來陳戰守數策。總督趙光抃言泰來與同官荊祚永素晰邊情，行間奏報，宜敕二臣參預，報可。泰來又自請假兵一萬，肅清輦轂。帝壯之，即改授兵科，出視諸軍戰守方略，召對中左門。至軍中，奏界嶺失事狀，劾副將柏永鎮論死。以功遷吏科右給事中，乞假歸。福王時，起刑科左給事中，不赴。

唐王擢爲太僕寺少卿，與萬元吉同守贛州。再擢右僉都御史，提督江西義軍。李自成敗走武昌，其部下散掠新昌境，泰來大破之。初，益王起兵建昌，泰來欲從之。同邑按察使漆嘉祉、舉人戴國士持不可。已而新昌破，國士出降，泰來惡之。會上高舉人曹志明等兵起，泰來與相結。十二月攻取上高、新昌、寧州，殺國士妻子，遂取萬載。已而大兵逼新昌，守將出降，泰來走界埠，志明等從上高移軍會之，進攻撫州，兵敗皆死。

王養正，字聖功，泗州人。崇禎元年進士。授海鹽知縣。遭父喪，服除，起官秀水，中大計，補河南按察司照磨，累遷南康知府。計殲巨寇鄧毛溪、熊高，一方賴之。福王時，進副使，分巡建昌。南都既覆，大兵下江西。巡撫曠昭棄南昌遁，走瑞州，列城望風潰。養正乃與布政夏萬亨、知府王域、推官劉允浩、南昌推官史夏隆起兵拒守。閱三日，有客兵內應，城即破。養正等被執，械至南昌，與萬亨等同死。其妻張氏聞之，絕粒九日而死。

萬亨，字元禮，崑山人，起家舉人。南昌失守，避建昌，與養正同死。妻顧、子婦陸及一孫、一孫女先赴井死。僕婢死者復十餘人。

域，字元壽，松江華亭人。舉於鄉，授宿州學正。流賊至，佐有司捍禦有功。屢遷工部主事，榷稅蕪湖。都城陷，諸榷稅者多以自入。域歎曰：「君父遭非常禍，臣子反因以爲利邪！」悉歸之南京戶部。尋由郎中遷建昌知府。城破，械至南昌，與允浩、夏隆同日死。

允浩，掖縣人。夏隆，宜興人。皆崇禎十六年進士。時同死者六人，其一人失其姓名。

建昌人哀其忠，哀而瘞之，表曰「六君子之墓」。

初，建昌南城諸生有鄧思銘者，聞北都陷，集其儕數十人爲庠兵，期朔望習射，學技擊，爲國報仇。請於有司，有司笑曰：「庠可兵邪？」衆志遂懈。思銘鬱鬱不得志。明年，城破，死之。

建昌既破，新城知縣譚夢開迎降，民潛導守關兵殺之。夢開黨與民互相殘，〔一〕彌月不靖。唐王以邵武貢生李翔爲新城知縣。翔至，擒殺餘黨，衆遂散。然民習於亂，佃人以田主徵租斛大，聚數千人，譟縣庭。翔潛遣義兵三百，詭稱鄭彩軍，殺亂民。明日復斬百餘級，亂乃靖。彩兵數萬駐新城，畏大兵，遁入關。獨監軍張家玉、新城人徐伯昌與翔共守。及大兵逼，家玉亦戰敗入關。翔率民兵千餘出城拒擊。大兵從間道入城，民兵皆散，翔與伯昌皆死之。伯昌，字子期，唐王時，由舉人授兵部主事，改御史者也。

時江西郡邑吏城守者，又有李時興、高飛聲。時興，福清人，舉於鄉，歷官袁州同知，攝府事。會城已降，時興力城守。無何，守將蒲纓兵潰，湖廣援將黃朝宣五營亦譟歸。時興度不能守，自縊於萍鄉官舍，一僕亦同死。飛聲，字克正，長樂人。崇禎中，由鄉舉授玉山知縣，遷同知，乞養去。唐王時，黃道周出督師，邀與偕，令攝撫州事。大兵至，遣家人懷印走謁王，而身守城死焉。

曾亨應，字子嘉，臨川人。父棟，廣東布政使。亨應舉崇禎七年進士。歷官吏部文選主事。十五年秋，有詔起廢，亨應以毛士龍、李右讜、喬可聘等十人上。御史張懋爵劾其納賄行私，亨應疏辨。懋爵三疏力攻，遂被謫去。

福王立之明年，江西列城皆不守。亨應命弟和應奉父入閩，而己與艾南英、揭重熙謀城守。會永寧王慈炎招連子峒土兵數萬復建昌，入撫州，寓書亨應。亨應募兵數百，與相犄角。一日，方置酒宴客，大兵至。亨應避石室，其從弟指示之，遂被執，并執其長子筠。亨應顧筠曰：「勉之，一日千秋，毋自負！」筠曰：「諾。」先受刑死。釋亨應縛，論之降，不答，被戮。和應聞兄死，曰：「烈哉！兄爲忠臣，兄子爲孝子，復何憾！」既奉父入閩，又走避之肇慶，乃拜辭其父，投井死。先是，棟弟栻爲蒲圻知縣，栻兄益爲貴州僉事，並死難，人稱「曾氏五節」云。

始，亨應爲懋爵所訐，朝士頗疑之。後亨應死節，而懋爵竟降李自成爲直指使。

揭重熙，字祝萬，臨川人。崇禎十年以五經登進士，授福寧知州。

福王時，擢吏部考功主事。外艱歸。撫州破，與同里曾亨應先後舉兵。唐王命以故官聯絡建昌兵，戰敗被劾。用大學士曾櫻薦，以考功員外郎兼兵科給事中，從大學士傅冠辦湖東兵事。瀘溪告警，冠不能救，重熙劾解冠任，兵事遂皆委重熙。江西巡撫劉廣胤戰敗被執，復用櫻薦，擢右僉都御史，代廣胤。攻撫州，不克而退。俄聞汀州失，解兵入山。永明王拜重熙兵部尙書兼右副都御史，總督江西兵，召募萬餘人，薄邵武，敗還。

金聲桓，左良玉將也，已降於大清，復乘間爲亂，據南昌。大兵攻討之，聲桓死，諸軍盡散，獨張自盛衆數萬走閩。重熙入其軍，約廣信曹大鎬並進。自盛掠邵武，戰敗被執。重熙走依大鎬百丈磜。適大鎬還軍鉛山，惟空營在，衆就營炊食。大兵偵得之，率衆至，射重熙中項，執至建寧，下之獄。重熙日呼高皇帝，祈死不得。至冬十一月，昂首受刃，顏色不改。

傅鼎銓，字維新，重熙同邑人。崇禎十三年進士。除翰林檢討。李自成陷京師，鼎銓出謁，賊敗南還。

唐王時，曾櫻薦鼎銓，命予知府銜，赴贛州軍自效，尋復其故官。贛州破，退隱山中。

已，隨金聲桓叛，鼎銓舉兵以應。永明王命爲兵部右侍郎兼翰林院侍讀學士。聲桓滅，鼎銓往來自盛、大鎬軍。順治八年，至廣信張村，爲守將所執，繫南昌獄。論之降，不從。令作書招重熙，亦不從。八月朔，乃從容就刑。

鼎銓自降流賊，爲鄉人非笑，嘗欲求一死所。至是得死，鄉人更賢鼎銓。已，重熙、大鎬相繼敗，都昌督師余應桂亦以是歲亡，江右兵遂盡。

陳子壯，字集生，南海人。萬曆四十七年以進士第三人授翰林編修。天啓四年典浙江鄉試，發策刺閹豎。魏忠賢怒，假他事削子壯及其父給事中熙昌籍。

崇禎初，起子壯故官，累遷禮部右侍郎。流賊犯皇陵，帝素服召對廷臣。子壯言：「今日所急，在收人心。宜下罪己詔，激發忠義。」帝納之。乃會諸臣，列上蠲租、清獄、使過、宥罪等十二事。帝以海內多故，思廣羅賢才，下詔援祖訓，郡王子孫文武堪任用者，得考驗授職。子壯慮爲民患，立陳五不可。會唐王上疏，歷引前代故事，詆子壯，遂除子壯名，下之獄，坐贖徒歸。久之，廷臣交薦，起故官，協理詹事府。未上，京師陷。

福王立，起禮部尙書。至蕪湖，南京亦失守，乃歸。唐王立福建，召相子壯。以前議宗室事，有宿憾，辭不行。

順治三年，汀州變，丁魁楚等擁立桂王子永明王由榔於肇慶。蘇觀生又議立唐王弟聿𨮁，子壯沮不得，退居邑之九江村。永明王授子壯東閣大學士兼兵部尚書，督廣東、福建、江西、湖廣軍務。會大兵入廣州，聿𨮁被執死，子壯止不行。

明年春，張家玉、陳邦彥及新會王興、潮陽賴其肖先後起兵，子壯亦以七月起兵九江村。[二]兵多蜑戶番鬼，善戰。乃與陳邦彥約共攻廣州，結故指揮使楊可觀等爲內應。事洩，可觀等死。子壯駐五羊驛，爲大兵擊敗，走還九江村。長子上庸陣歿。會故御史麥而炫破高明，迎子壯，以故主事朱實蓮攝縣事。實蓮，子壯邑子也。九月，大兵克高明，實蓮戰死。子壯、而炫俱執至廣州，不降，被戮。子壯母自縊。永明王贈子壯番禺侯，謚文忠，廕子上圖錦衣衛指揮使。

而炫，字章闇，高明人。由進士歷上海、安肅知縣。唐王時，擢御史。

實蓮，字子潔。由舉人歷官刑部主事。

初，聿𨮁之自立於廣州也，召南海霍子衡爲太僕卿。子衡，字覺商，舉萬曆中鄉試，歷袁州知府。及官太僕時，而廣州不守。子衡乃召妾莫氏及三子應蘭、應荃、應芷語之曰：

「禮，『臨難毋苟免』，若輩知之乎？」三子皆應曰：「惟大人命！」子衡援筆大書「忠孝節烈之家」六字，懸中堂，易朝服，北向拜。又易緋袍，謁家廟，先赴井死。妾從之，應蘭偕妻梁氏及一女繼之，應荃、應芷偕其妻徐氏、區氏又繼之。惟三孫得存。有小婢見之，亦投井死。

張家玉，字元子，東莞人。崇禎十六年進士。改庶吉士。

李自成陷京師，被執。上書自成，請旌己門爲「翰林院庶吉士張先生之廬」，而褒恤范景文、周鳳翔等，隆禮劉宗周、黃道周，尊養史可程、魏學濂。自稱殷人從周，願學孔子，稱自成大順皇帝。自成怒，召之入，長揖不跪。縛午門外三日，復脅之降，怵以極刑，卒不動。自成曰：「當磔汝父母！」乃跪。時其父母在嶺南，家玉遽自屈，人咸笑之。

賊敗南歸。阮大鋮等攻家玉薦宗周、道周於賊，令收人望，集羣黨。家玉遂被逮。明年，南都失守，脫歸。從唐王入福建，擢翰林侍講，監鄭彩軍。出杉關，謀復江西，解撫州之圍。

順治三年，風聞大兵至，彩卽奔入關，家玉走新城。大兵來攻，出戰，中矢，墮馬折臂，走入關。令以右僉都御史巡撫廣信。廣信已失，請募兵惠、潮，說降山賊數萬，將赴贛州急。會大兵克汀州，乃歸東莞。

四年，家玉與舉人韓如璜結鄉兵攻東莞城，知縣鄭霖降，乃籍前尚書李覺斯等貲以犒士。甫三日，大兵至，家玉敗走。奉表永明王，進兵部尚書。無何，大兵來擊，如璜戰死，家玉走西鄉。祖母陳、母黎、妹石寶俱赴水死，妻彭被執，不屈死，鄉人殲焉。西鄉大豪陳文豹奉家玉取新安，襲東莞，戰赤岡。未幾，大兵大至，攻數日，家玉敗走鐵岡，文豹等皆死。覺斯怨家玉甚，發其先壟，毀及家廟，盡滅家玉族，村市爲墟。家玉過故里，號哭而去。道得衆數千，取龍門、博羅、連平、長寧，遂攻惠州，克歸善，還屯博羅。大兵來攻，家玉走龍門，復募兵萬餘人。家玉好擊劍，任俠，多與草澤豪士游，故所至歸附。乃分其衆爲龍、虎、犀、象四營，攻據增城。

十月，大兵步騎萬餘來擊。家玉三分其兵，掎角相救，倚深谿高崖自固。大戰十日，力竭而敗，被圍數重。諸將請潰圍出，家玉歎曰：「矢盡礮裂，欲戰無具，將傷卒斃，欲戰無人。烏用徘徊不決，以頸血濺敵人手哉！」因徧拜諸將，自投野塘中以死，年三十有三。明年，永明王贈家玉少保、武英殿大學士、吏部尚書、增城侯，謚文烈。其父兆龍猶在，以子爵封之。

陳象明，字麗南，家玉同邑人。崇禎元年進士。授戶部主事，榷稅淮安，以清操聞。屢

遷饒州知府，忤巡按御史，被劾。謫兩浙鹽運副使，[三]累遷湖南道副使。唐王時，總督何騰蛟令徵餉廣西。會永明王立，廣東地盡失。象明徵調土兵，與陳邦傅連營，東至梧州榕樹潭，遇大兵，戰敗，死之。

廣東之失也，龍門破，里人廖翰標以二幼子託從父，從容自縊死。番禺破，里人梁萬爵曰「此志士盡節之秋也」，赴水死。翰標，天啓中舉人，官江西新城知縣，廉惠，民爲建祠。萬爵，字天若，唐王時舉人。

陳邦彥，字令斌，順德人。爲諸生，意氣豪邁。福王時，詣闕上政要三十二事，格不用。唐王聿鍵讀而偉之。旣自立，卽其家授監紀推官。未任，舉於鄉。以蘇觀生薦，改職方主事，監廣西狼兵，援贛州。至嶺，聞汀州變，勸觀生東保潮、惠，不聽。

會丁魁楚等已立永明王監國於肇慶，觀生遣邦彥入賀。王因贛州破，懼逼己，西走梧州。邦彥甫入謁，而觀生別立唐王聿𨮁於廣州，邦彥不知也。夜二鼓，王遣中使十餘輩召入舟中。王太后垂簾坐，王西向坐，魁楚侍，語以廣州事。邦彥請急還肇慶，正大位以繫人心。命南雄勍卒取韶，制粵東十郡之七，而委其三於唐王，代我受敵，從而乘其敝。王大悅，

立擢兵科給事中，齎敕還諭觀生。抵廣州，聞使臣彭燿被殺，乃遣從人授觀生敕，而自以書曉利害。觀生猶豫累日，欲議和，會聞永明王兵大敗，不果。邦彥遂變姓名入高明山中。

順治三年冬十二月，大兵破廣州，觀生死，列城悉下，邦彥乃謀起兵。初，贛州萬元吉遣族人萬年募兵於廣，得余龍等千餘人，未行而贛州失。龍等無所歸，聚甘竹灘爲盜，他潰卒多附，至二萬餘人。總督朱治憪招降之，既而謀歸。四年春，大兵定廣州，克肇慶、梧州，敗走治憪，殺魁楚，前驅抵平樂。永明王方自梧道平樂，走桂林，勢危甚。邦彥乃說龍乘間圖廣州，而已發高明兵由海道入珠江與龍會。且遺張家玉書曰：「桂林累卵，但得牽制毋西，潯、平間可完葺，是我致力於此而收功於彼也。」家玉以爲然。然龍卒故無紀律，大兵自桂林還救，揚言取甘竹灘，龍等顧其家，輒退，邦彥亦却歸。既，乃遣門人馬應芳會龍軍取順德。無何，大兵至，龍戰敗，應芳被執，赴水死。四月，龍再戰黃連江，亦敗歿。大兵攻家玉於新安。邦彥乃棄高明，收餘衆，徇下江門據之。

初，廣州之圍，大兵知謀出邦彥，求其家，獲妾何氏及二子，厚遇之，爲書招邦彥。邦彥判書尾曰：「妾辱之，子殺之。身爲忠臣，義不顧妻子。」七月與陳子壯密約，復攻廣州。子壯先至，謀洩，將引退。邦彥軍亦至，謀伏兵禺珠洲側，伺大兵還救會城，而縱火以焚舟。子壯如其計，果焚舟數十。大兵引而西，邦彥尾之。會日暮，子壯不能辨旗幟，疑皆敵舟

也，陣動。大兵順風追擊，遂大潰。子壯奔高明，邦彥奔三水。八月，清遠指揮白常燦以城迎邦彥。乃入清遠，與諸生朱學熙嬰城固守。

邦彥自起兵，日一食，夜則坐而假寐，與其下同勞苦，故軍最强，嘗分兵救諸營之敗者。至是精銳盡喪，外無援軍。越數日，城破，常燦死。邦彥率數十人巷戰，肩受三刃，不死，走朱氏園，見學熙縊，拜哭之。旋被執，饋之食，不食，繫獄五日，被戮。邦彥死，子壯被執，踰月，家玉亦自沉。永明王贈邦彥兵部尚書，諡忠愍，廕子錦衣指揮。

蘇觀生，字宇霖，東莞人。年三十始爲諸生。崇禎中，由保舉授無極知縣。總督范志完薦其才，進永平同知，監紀軍事，尋遷戶部員外郎。十七年，京師陷，脫還南京，進郎中，催餉蘇州。明年五月，南京破，走杭州。會唐王聿鍵至，觀生謁王。王與語大悅，聯舟入福建。與鄭芝龍、鴻逵兄弟擁立王，擢爲翰林學士，旋進禮部右侍郎兼學士。設儲賢館，分十二科，招四方士，令觀生領之。觀生矢清操，稍有文學，而時望不屬。王以故人，恩眷出廷臣右，乃超拜東閣大學士，參機務。

觀生數贊王出師。見鄭氏不足有爲，事權悉爲所握，請王赴贛州，經略江西、湖廣。王乃議觀生先行。明年，觀生赴贛州，大徵甲兵。餉不繼，竟不能出師。

時順治三年三月，大兵破吉安，總督萬元吉乞援，觀生遣二百人往。元吉令協守綿津灘，遇大兵，潰走。元吉乃退回贛州，大兵遂圍城。觀生走南康，贛人數告急，不敢援。六月，大兵退屯水西，觀生發三千人助贛守。久之，他將戰敗。九月，大兵再攻贛州，三千人皆引去。時觀生移駐南安，聞中急，不能救。聿鍵死於汀州，〔四〕贛州亦破，觀生退入廣州。

會丁魁楚等議立永明王，觀生欲與共事。魁楚素輕觀生，拒不與議，呂大器亦叱辱之。監紀主事陳邦彥勸觀生疾趨惠、潮，扼漳、泉，兩粵可自保。觀生不從。適唐王弟聿𨮁與大學士何吾騶自閩至，南海關捷先、番禺梁朝鍾首倡兄終弟及議。觀生遂與吾騶及布政使顧元鏡，侍郎王應華、曾道唯等以十一月二日擁立王，就都司署爲行宮。即日封觀生建明伯，掌兵部事，進吾騶等秩，擢捷先吏部尚書，旋與元鏡、應華、道唯並拜東閣大學士，分掌諸部。時倉卒舉事，治宮室、服御、鹵簿，通國奔走，夜中如晝。不旬日，除官數千，冠服皆假之優伶云。

永明王監國肇慶，遣給事中彭燿、主事陳嘉謨齎敕往諭。燿，順德人，過家拜先廟，託子於友人。至廣州，以諸王禮見，備陳天潢倫序及監國先後，語甚切至，因歷詆觀生諸人。觀生怒，執殺之，嘉謨亦不屈死。乃治兵日相攻，以番禺人陳際泰督師，與永明王總督林佳

鼎戰於三水。兵敗，復招海盜數萬人，遣大將林察將。

十二月二日，戰海口，斬佳鼎。觀生意得，務粉飾爲太平事，而委任捷先及朝鍾。

捷先，由進士歷官監司，小有才，便筆札。朝鍾舉於鄉，善談論，浹旬三遷至祭酒。有楊明競者，潮州人。好爲大言，詭稱精兵滿惠、潮間，可十萬，即特授惠潮巡撫。朝鍾語人：「內有捷先，外有明競，强敵不足平矣。」觀生亦器此三人，事必咨之。又有梁鍙者，妄人也，觀生才之，用爲吏科都給事中，與明競大納賄賂，日薦用數十人。

觀生本乏猷略，兼總內外任，益昏瞀。招海盜資捍禦，其衆白日殺人，縣肺腸於貴官之門以示威，城內外大擾。時大兵已下惠、潮，長吏皆降附，即用其印移牒廣州，報無警。觀生信之。

是月十五日，聿𨮁視學，百僚咸集，或報大兵已逼。觀生叱之曰：「潮州昨尚有報，安得遽至此。妄言惑衆，斬之！」如是者三。大兵已自東門入，觀生始召兵搏戰。兵精者皆西出，倉卒不能集。觀生走鍙所問計。曰：「死爾，復何言！」觀生入東房，鍙入西房，各拒戶自縊。觀生慮其詐，稍留聽之。鍙故扼其吭，氣湧有聲，且推几仆地，久之寂然。觀生信爲死，遂自經。明日，鍙獻其屍出降。朝鍾聞變赴池，爲鄰人救出，自經死。聿𨮁方事閱射，急易服踰垣匿王應華家。俄縋城走，爲追騎所獲。饋之食，不受，曰：「我若飲汝一勺水，何

以見先人地下！」投繯而絕。吾騶、應華等悉降。

贊曰：自南都失守，列郡風靡。而贛以彈丸，獨憑孤城，誓死拒命。豈其兵力果足恃哉，激於義而衆心固也。迨汀、贛繼失，危近目睫，而肇慶、廣州日治兵相攻，自取兩敗。蓋天速其禍，如發蒙振槁，無煩驅除矣。

校勘記

〔一〕夢開黨與民互相殘　黨，原作「等」。按夢開已被殺，不能與民相殘。據明史稿傳一五四、小腆紀傳卷四三王養正傳改。

〔二〕子壯亦以七月起兵九江村　七月，原作「八月」，據本卷陳邦彥傳、小腆紀年附考卷一四改。

〔三〕譎兩浙鹽運副使　兩浙，原作「兩淮」，據明史稿傳一五五、小腆紀傳卷五〇陳象明傳改。

〔四〕聿鍵死於汀州　本書卷一一八聿鍵傳作被執於汀州，死於福州。

明史卷二百七十九

列傳第一百六十七

呂大器　文安之　樊一蘅 范文光 詹天顏　吳炳 侯偉時

王錫袞　堵胤錫　嚴起恒　朱天麟 張孝起

楊畏知　吳貞毓 高勣等

呂大器，字儼若，遂寧人。崇禎元年進士。授行人，擢吏部稽勳主事，更歷四司，乞假歸。以邑城庳惡，倡議修築。工甫竣，賊至，佐有司拒守，城獲全。詔增秩一等。出爲關南道參議，遷固原副使。巡撫丁啓睿檄大器討長武賊，用穴地火攻法滅之。

十四年擢右僉都御史，巡撫甘肅。劾總兵官柴時華不法，解其職，立遣副將王世寵代之。時華乞兵西部及土魯番爲變，大器令世寵討敗時華及西部，時華自焚死。塞外爾迭

尼、黃台吉等擁衆乞賞，謀犯肅州，守臣拒走之。大器假賞犒名，毒飲馬泉，殺其衆無算。又遣總兵官馬爌督副將世寵等討羣番爲亂者，斬首七百餘級，撫三十八族而還。又擊敗其餘黨。西陲略定。

十五年六月擢兵部添註右侍郎。大器負才，性剛躁，善避事。見天下多故，懼當軍旅任，力辭，且投揭吏科，言己好酒色財，必不可用。帝趣令入京，詭稱疾不至。嚴旨切責，亦不至，命所司察奏。明年三月始至，命以本官兼右僉都御史，總督保定、山東、河北軍務。時畿輔未解嚴，大器及諸將和應薦、張汝行馳扼順義牛欄山。總督趙光抃集諸鎮師大戰螺山，應薦陣亡，他將亦多敗。大器所部無失事，增俸一等。

五月，以保定息警，罷總督官，特設江西、湖廣、應天、安慶總督，駐九江，大器任之。湖北地已失，武昌亦陷，左良玉駐九江，稱疾不進。以侯恂故疑大器圖己，語具良玉傳中。大器詣楊前與慰勞，疑稍釋。而張獻忠大躪湖南，分兵陷袁州、吉安。大器急遣部將及良玉軍連破之樟樹鎮，峽江、永新二郡皆復。已而建昌、撫州陷，良玉、大器不和，兵私鬭，焚南昌關廂。廷議因改大器南京兵部右侍郎，以袁繼咸代。

十七年四月，京師報陷，南京大臣議立君。大器主錢謙益、雷縯祚言，立潞王。議未定而馬士英及劉澤清諸將擁福王至。福王立，遷大器吏部左侍郎。大器以異議絀，自危，乃

上疏劾士英。言其擁兵入朝，覦留政地，翻先皇手定逆案；欲躋阮大鋮中樞。其子以銅臭爲都督，女弟夫未履行陣，授總戎，婣婭越其杰、田仰、楊文驄先朝罪人，盡登膴仕，亂名器。「夫吳甡、鄭三俊，臣不謂無一事失，而端方諒直，終爲海內正人之歸；士英、大鋮，臣不謂無一技長，而奸回邪慝，終爲宗社無窮之禍」。疏入，以和衷體國答之。

未幾，澤清入朝，劾大器、縝祚懷異圖。大器遂乞休去，以手書監國告廟文送內閣，明無他。士英憾未已，令太常少卿李沾劾之。遂削大器籍，復命法司逮治之。以蜀地盡失，無可蹤跡而止。大器既去，沾得超擢左都御史。謙益亦以附士英、大鋮，得爲禮部尚書。獨縝祚論死。

明年，唐王召爲兵部尚書兼東閣大學士。道梗，久之至。汀州失，奔廣東，與丁魁楚等擁永明王監國，令以原官兼掌兵部事。久之，進少傅，盡督西南諸軍，代王應熊，賜劍，便宜從事。至涪州，與將軍李占春深相結。他將楊展、于大海、胡雲鳳、袁韜、武大定、譚弘、譚詣、譚文以下，皆受大器約束。宗室朱容藩自稱天下兵馬副元帥，據夔州。大器檄占春、大海、雲鳳討殺容藩。大器至思南得疾，次都勻而卒，王謚爲文肅。

文安之，夷陵人。天啓二年進士。改庶吉士，授檢討，除南京司業。崇禎中，就遷祭酒，爲薛國觀所搆，削籍歸。久之，言官交薦，未及召而京師陷。

福王時，起爲詹事。唐王復召拜禮部尚書。安之方轉側兵戈間，皆不赴。永明王以瞿式耜薦，與王錫袞並拜東閣大學士，亦不赴。

順治七年六月，安之謁王梧州。安之敦雅操，素淡宦情，遭國變，絕意用世。至是見國勢愈危，慨然思起扶之，乃就職。時嚴起恒爲首輔，王化澄、朱天麟次之，起恒讓安之而自處其下。

孫可望再遣使乞封秦王，安之持不予。其後桂林破，王奔南寧。大兵日迫，雲南又爲可望據，不可往。安之念川中諸鎮兵尚强，欲結之，共獎王室，乃自請督師，加諸鎮封爵。王從之，加安之太子太保兼吏、兵二部尚書，總督川、湖諸處軍務，賜劍，便宜從事。進諸將王光興、郝永忠、劉體仁、袁宗第、李來亨、王友進、塔天寶、馬雲翔、郝珍、李復榮、譚弘、譚詣、譚文、党守素等公侯爵，卽令安之齎敕印行。可望聞而惡之，又素銜前阻封議，遣兵伺於都勻，邀止安之，追奪光興等敕印。留數月，乃令入湖廣。安之遠客他鄉，無所歸，復赴貴州，將謁王於安龍。可望坐以罪，戍之畢節衞。

先是，可望欲設六部、翰林等官，慮人議其僭，乃以范鑛、馬兆義、任僎、萬年策爲吏、戶、禮、兵尚書，並加行營之號。後又以程源代年策。而僎最寵，與方于宣屢勸進，可望令待王入黔議之。王久駐安龍，可望遂自設內閣六部等官，以安之爲東閣大學士。安之不爲用，久之走川東，依劉體仁以居。

李赤心、高必正等久竄廣西賓、橫、南寧間。赤心死，養子來亨代領其衆，推必正爲主。必正又死，其衆食盡，且畏大兵逼，率衆走川東，分據川、湖間，耕田自給。川中舊將王光興、譚弘等附之，衆猶數十萬。

順治十六年正月，王奔永昌。安之率體仁、宗第、來亨等十六營由水道襲重慶。會譚弘、譚詣殺譚文，諸將不服。安之欲討弘、詣，弘、詣懼，率所部降於大兵，諸鎮遂散。時王已入緬甸，地盡失，安之不久鬱鬱而卒。

樊一蘅，字君帶，宜賓人。父垣，常德知府。一蘅舉萬曆四十七年進士，知安義、襄陽。累官吏部郎中，請告歸。

崇禎三年秋，遷榆林兵備參議。流賊多榆林人，又久荒，饑民益相挺爲盜。一蘅撫創殘，修戎備，討斬申在庭、馬丙貴，平不沾泥。累被薦，遷監軍副使，再遷右參政，分巡關南。

總兵曹文詔敗歿，羣賊迫西安。總督洪承疇令一蘅監左光先、張應昌軍，連破賊，擊走混天星。賊逼漢中，瑞王告急，一蘅偕副將羅尙文往救。會承疇大軍至，賊乃走。進按察使，偕副將馬科、賀人龍屢挫祁總管於漢中，降之。

十二年擢右僉都御史，代鄭崇儉巡撫寧夏，被劾罷歸。十六年冬，用薦起兵部右侍郎，總督川、陝軍務，道阻，命不達。

順治元年，福王立於南京，復申前命。時張獻忠已據全蜀，惟遵義未陷，一蘅與王應熊避其地。旣拜命，檄諸郡舊將會師大舉。會巡撫馬乾復重慶，松潘副將朱化龍、同知詹天顏擊斬賊將王運行，復龍安、茂州。一蘅乃起舊將甘良臣爲總統，副以侯天錫、屠龍，合參將楊展、游擊馬應試、余朝宗所攜潰卒，得三萬人。明年三月攻敍州，應試、朝宗先登，展等繼至，斬馘數千級。僞都督張化龍走，遂復其城。一蘅乃犒師江上。

初，乾復重慶，賊將劉廷舉走，求救於獻忠。獻忠命養子劉文秀攻重慶，水陸並進。副將曾英與參政劉麟長自遵義至，〔二〕與部將于大海、李占春、張天相等夾擊，破賊兵數萬。英威名大振，諸別將皆屬，兵二十餘萬，奉一蘅節制。

楊展旣復敍州，賊將馮雙禮來寇，每戰輒敗，孫可望以大衆援之。隔江持一月，糧盡，一蘅退屯古藺州，展退屯江津。賊退截朱化龍及僉事蔡肱明於羊子嶺，化龍率番騎數百衝賊兵，賊驚潰，死者滿山谷。化龍以軍孤，還守舊地。他將復連敗賊於摩泥、滴水。

一蘅乃命展、應試取嘉定、邛、眉，故總兵官賈連登及其中軍楊維棟取資、簡，天錫、高明佐取瀘州，占春、大海守忠、涪。其他據城邑奉征調者，洪、雅則曹勛及監軍副使范文光，松、茂則監軍僉事詹天顏，夔、萬則譚弘、譚詣。一蘅乃移駐納溪，居中調度，與督師應熊會瀘州，檄諸路刻期並進。獻忠頗懼，盡屠境內民，沈金銀江中，大焚宮室，火連月不滅，將棄成都走川北。

明年春，展盡取上川南地，屯嘉定，與勛等相聲援。而應熊及王祥在遵義，乾、英在重慶，皆宿重兵。賊勢日蹙，惟保寧、順慶爲賊將劉進忠所守，進忠又數敗。獻忠怒，遣孫可望、劉文秀、王尚禮、狄三品、王復臣等攻川南郡縣。應熊、一蘅急令展、天錫、龍、應試及顧存志、莫宗文、張登貴連營犍爲、敍州以禦之。賊連戰不利，英、祥乘間趨成都，獻忠立召可望等還。又聞大清兵入蜀境，劉進忠降，大懼。

七月，棄成都走順慶，尋入西充之鳳凰山。至十二月，大清兵奄至，射殺獻忠，賊降及敗死者二三十萬。可望等率殘卒南奔，驟至重慶。英出不意，戰敗，死於江。賊遂陷綦江，應熊避之畢節衞。踰月，賊陷遵義，入貴州。大清兵追至重慶，巡撫乾敗死，遂入遵義。以餉乏，旋師。

王祥等復取保、寧二郡。一蘅再駐江上，爲收復全蜀計，乃列上善後事宜及諸將功狀於永明王。拜一蘅戶、兵二部尚書，加太子太傅，祥、展、天錫等進爵有差。時應熊已卒，而宗室朱容藩、故偏沅巡撫李乾德並以總制至，楊喬然、江爾文以巡撫至，各自署置，官多於民。諸將袁韜據重慶，于大海據雲陽，李占春據涪州，譚詣據巫山，譚文據萬縣，譚弘據天字城，侯天錫據永寧，馬應試據蘆衞，王祥據遵義，楊展據嘉定，朱化龍、曹勛仍據故地。搖、黃諸家據夔州夾江兩岸，而李自成餘孽李赤心等十三家亦在建始縣。一蘅令不行，保敍州一郡而已。

順治五年，容藩自稱楚世子，建行臺夔州，稱制封拜。時喬然已進總督，而范文光、詹天顏巡撫川南、北，呂大器以大學士來督師，皆惡容藩，謀誅之。六年春，容藩遂爲占春所敗，走死雲陽。初，展與祥有隙，遣子璟新攻之。璟新先襲殺應試，與祥戰敗歸。乾德利展富，說韜、大定殺展，分其貲。一蘅誚乾德，諸鎭亦皆憤，有離心。

秋九月，孫可望遣白文選攻殺祥，降其衆二十餘萬，盡得遵義、重慶。一蘅益孤。七年秋，可望又使劉文秀大敗武大定兵，長驅至嘉定。大定、韜皆降，乾德投水死。文秀兵復東，譚弘、譚詣、譚文盡降。占春、大海降於大清。明年正月，文秀還雲南，留文選守嘉定，劉鎭國守雅州。三月，大清兵南征，文選、鎭國挾曹勛走，文光、天顏、化龍相繼死。一蘅時已謝事，避山中。至九月，亦遘疾死。文武將吏盡亡。

范文光，內江人。天啓初，舉於鄉。崇禎中，歷官工部主事，南京戶部員外郎，告歸。

十七年，張獻忠亂蜀，文光偕邛州舉人劉道貞，蘆山舉人程翔鳳，雅州諸生傅元修、洪其仁等舉義兵，奉鎭國將軍朱平櫚爲蜀王，推黎州參將曹勛爲副總兵，統諸將，而文光以副使爲監軍，道貞等授官有差。勛敗賊雅州龍鸛山，追至城下，反爲所敗，退守小關山。十一月，文光督參將黎神武攻雅州，不克。明年九月，神武合雅州土、漢兵再擊賊將艾能奇於雅州，敗績。僞監司郝孟旋守黎州，文光、翔鳳遣間使招之，孟旋襲殺守雅州賊，以城來歸，文光等入居之。

獻忠死，文光保境如故。永明王命爲右僉都御史，巡撫川南，而以安緜道詹天顏巡撫川北。總督李乾德殺楊展，文光惡之，遂入山不視事。大清兵克嘉定，文光賦詩一章，仰藥死。天顏兵敗被執，亦死之。天顏，龍巖人，起家選貢生。

吳炳，宜興人。萬曆末進士。授蒲圻知縣。崇禎中，歷官江西提學副使。江西地盡

失，流寓廣東。永明王擢爲兵部右侍郎，從至桂林，令以本官兼東閣大學士，仍掌部事。又從至武岡。大兵至，王倉猝奔靖州，令炳扈王太子走城步，吏部主事侯偉時從之。既至，城已爲大兵所據，遂被執，送衡州。炳不食，自盡於湘山寺，偉時亦死之。

偉時，公安人。崇禎中進士，歷官吏部考功主事，罷官。至是補官數月，卽遘難。

王錫衮，祿豐人。天啓二年進士。改庶吉士，授檢討。崇禎中，累官少詹事。十三年擢禮部右侍郎。

明年秋，尚書林欲楫出視孝陵，錫衮以左侍郎掌部事。帝禁內臣干預外政，敕禮官稽先朝典制以聞。錫衮等備列諸監局職掌，而不及東廠。提督內臣王德化言：「東廠之設，始永樂十八年，國朝典彙可據。禮官覆議不及，請解臣職，停廠不設。」錫衮等言：「典彙雖載此條，但係下文箋註。臣等以正史無文，故不敢妄引。」帝不聽。錫衮復抗疏，請罷廠，亦不允。二月，帝再耕耤田。錫衮因言頻歲旱蝗，三餉疊派，請量除加徵，嚴核蠹餉，俾農夫樂生。又以時方急才，請召還故侍郎陳子壯、顧錫疇，故祭酒倪元璐、文安之，且乞免黃道周永戍。給事中沈胤培請增天下解額，錫衮因言南畿、浙江人文更盛，宜倍增。又言舉人

不第，有三十年不謁選者，宜定制，數科不售，即令服官。從之。

欲揖還朝，錫袞調吏部尚書。李日宣下獄，遂掌部事。帝性純孝，嘗以秋夜感念聖母孝純太后，遂欲終身蔬食。錫袞疏諫，帝嘉其寓愛於規，進秩一等。尋解部務，直講筵。十六年憂歸。

唐王立，拜禮部尚書兼東閣大學士。永明王立，申前命。皆不至。土酋沙定洲作亂，執至會城，詭草錫袞疏上永明王，言定洲忠勇，請代黔國公鎮雲南。疏既行，以稿示之。錫袞大恨，愬上帝祈死。居數日，竟卒。

堵胤錫，字仲緘，無錫人。崇禎十年進士。歷官長沙知府。山賊掠安化、寧鄉，官軍數敗，胤錫督鄉兵破滅之，又殺醴陵賊魁，遂以知兵名。

十六年八月，賊陷長沙。胤錫朝覲還，賊已退。明年六月，福王命為湖廣參政，分守武昌、黃州、漢陽。左良玉稱兵，總督何騰蛟奔長沙，令攝湖北巡撫事，駐常德。唐王立，拜右副都御史，實授巡撫。

李自成死，衆擁其兄子錦為主，奉自成妻高氏及高氏弟一功，驟至澧州。擁衆三十萬，

言乞降，遠近大震。胤錫議撫之，騰蛟亦馳檄至。乃躬入其營，開誠慰諭，稱詔賜高氏命服，錦、一功蟒玉金銀器，犒其軍，皆踴躍拜謝。乃即軍中宴之，導以忠孝大義數千言。明日，高氏出拜，謂錦曰：「堵公，天人也，汝不可負。」別部田見秀、劉汝魁等亦來歸。唐王大喜，加胤錫兵部右侍郎兼右僉都御史，總制其軍，手書獎勞。授錦御營前部左軍，一功右軍，並掛龍虎將軍印，封列侯。賜錦名赤心，一功名必正，他部賞賚有差，號其營曰忠貞。封高氏貞義夫人，賜珠冠綵幣，命有司建坊，題曰「淑贊中興」。胤錫遂與赤心等深相結，倚以自強。然赤心書疏猶稱自成先帝，稱高氏太后云。

已而袁宗第、劉體仁諸營先歸騰蛟者，亦引與赤心合，衆益盛。胤錫以芻糧難繼，令散處江北就食。明年正月，騰蛟大舉，期諸軍盡會岳州。獨赤心先至，餘逗遛，卒不進。永明王立，進胤錫兵部尚書，總制如故。

順治四年，永明王令赤心等攻荊州。月餘，大清兵援荊州。赤心等大敗，步走入蜀，數日不得食。乃散入施州衛，聲言就食湖南。時王在武岡，劉承胤懼為赤心所并，計非胤錫不能禦，乃加胤錫東閣大學士，封光化伯，賜劍，便宜從事。胤錫疏請得給空敕鑄印，頒賜秦中舉兵者，時頗議其專。承胤欲殺騰蛟，胤錫劾其罪。

八月，大兵破武岡及寶慶、常德、辰、沅，胤錫走永順土司。尋赴貴陽，抵遵義，乞師於

皮熊王祥。又入施州，請忠貞營軍。會楚宗人朱容藩偽稱監國天下兵馬副元帥，擅居夔州，御史錢邦芑傳檄討之。五年正月，胤錫見容藩，責以大義，曉譬利害，散其黨。

未幾，金聲桓、李成棟叛我大清，以江西、廣東附永明王。於是馬進忠、王進才、曹志建、李赤心、高必正等乘間取常德、桃源、澧州、臨武、藍山、道州、靖州、荊門、宜城諸州縣，進忠、赤心、必正皆封公。胤錫與進忠有隙，令赤心、必正爭進忠所取常德，進忠盡焚廬舍而去。赤心等棄空城引而東，所至守將皆燒營棄城走，湖南已復州縣為一空。胤錫乃率赤心等入湘潭，與騰蛟會。騰蛟令胤錫向江西，而自率進忠等向長沙。

六年正月，兵方逼長沙，騰蛟在湘潭被執，諸軍遂散。赤心等走廣西，緣道掠衡、永、郴、桂。胤錫與胡一青守衡州，戰敗走桂陽。

初，赤心等入廣西，龍虎關守將曹志建惡其淫掠，並惡胤錫，胤錫不知也。或說志建，胤錫將召忠貞營圖志建。志建夜發兵圍胤錫，殺從卒千餘。胤錫及子逃入富川瑤峒。志建索之急，瑤潛送胤錫於監軍僉事何圖復，間關達梧州。會王遣大臣嚴起恒、劉湘客安輯忠貞營。至梧而赤心等已走賓、橫二州，乃載胤錫謁王於肇慶。志建遷怒圖復，誘殺之，闔門俱盡。

胤錫至肇慶，時馬吉翔及李元胤、袁彭年等皆專柄，各樹黨。胤錫乃結歡於吉翔，激赤

心等東來，與元胤為難。移書瞿式耜，欲間元胤，託言王有密敕，令己與式耜圖元胤，王頗不悅。元胤黨丁時魁、金堡又論其喪師失地，乃令總統兵馬，移駐梧州。胤錫以赤心等不足恃，欲遙結孫可望為強援，矯王命封為平遼王。胤錫尋至潯州，自恨發病，十一月卒。王贈胤錫潯國公，謚文忠。

嚴起恒，浙江山陰人。崇禎四年進士。歷廣州知府，遷衡永兵備副使。十六年，張獻忠躪湖南，吏民悉逋竄。起恒獨堅守永州，賊亦不至。唐王時，擢戶部右侍郎，總督湖南錢法。

永明王立，令兼督湖南軍餉。順治四年，王駐武岡，拜起恒禮部尚書兼東閣大學士，仍領錢法。王走靖州，起恒從不及，避難萬村。已知王在柳州，間道往從之。從返桂林，復從至柳州、南寧。李成棟叛大清，以廣東附於王。起恒從王至肇慶，與王化澄、朱天麟同入直。無何，化澄、天麟相繼罷。黃士俊繼何吾騶為首輔，起恒次之。

時朝政決於成棟子元胤，都御史袁彭年，少詹事劉湘客，給事中丁時魁、金堡、蒙正發五人附之，攬權植黨，人目為五虎。起恒居其間，不能有所匡正。然起恒潔廉，遇事持平，

與文安侯馬吉翔、司禮中官龐天壽共患難久，無所忤。而五虎憾起恆，競詆爲邪黨。王在梧州，尚書吳貞毓等十四人合疏攻五虎，下湘客等獄，欲置之死。起恆顧跪王舟力救，貞毓等並惡之，乃請召還化澄，而合攻起恆。給事中雷德復劾其二十餘罪，比之嚴嵩。王不悅，奪德復官。起恆力求罷，王輓留之不得，放舟竟去。

會鄖國公高必正入覲王，貞毓欲藉其力以傾起恆，言：「朝事壞於五虎，主之者，起恆也。公入見，請除君側奸，數言決矣。」必正許之。有爲起恆解者，謂必正曰：「五虎攻嚴公，嚴公反力救五虎。此長者，奈何以爲奸？」必正見王，乃力言起恆虛公可任，請手敕邀與俱還。文安之入朝，起恆讓爲首輔。桂林破，從王奔南寧。

先是，孫可望據雲南，遣使乞封王。天麟議許之，起恆持不可。後胡執恭矯詔封爲秦王，可望知其僞，遣使求真封。起恆又持不可，可望大怒。至是，可望知王播遷，遣其將賀九儀、張勝等率勁卒五千，迎王至南寧，直上起恆舟，怒目攘臂，問王封是「秦」非「秦」。起恆曰：「君遠迎主上，功甚偉，朝廷自有隆恩。若專問此事，是挾封，非迎主上也。」九儀怒，格殺之，投屍於江。遂殺給事中劉堯珍、吳霖、張載述，追殺兵部尚書楊鼎和於崑崙關，皆以阻封議故。時順治八年二月也。起恆既死，屍流十餘里，泊沙渚間。虎負之登崖，葬於山麓。

朱天麟，字游初，崑山人。崇禎元年進士。授饒州推官，有惠政。考選入都，貧不能行賂，擬授部曹。帝御經筵，講官並爲稱屈。及臨軒親試，乃改翰林編修。

十七年正月奉命祭淮王，抵山東而京師陷。及南都破，走福州，唐王擢少詹事，署國子監事。天麟見鄭芝龍跋扈，乞假至廣東。聞汀州變，又走廣西，入安平土州。順治四年，永明王居武岡，以禮部侍郎召。天麟疏請王自將，倡率諸鎮，毋坐失事機。辭不至。

明年，王在南寧，擢禮部尚書，尋拜東閣大學士。天麟請親率土兵略江右，不聽，乃趨謁王。會李成棟反大清，從王至潯州。而潯帥陳邦傅請世居廣西如黔國公故事，天麟執不允。邦傅怒，以慶國公印、尚方劍擲天麟舟中，要必得，仍執不允。已而成棟奉王駐肇慶，天麟謂機可乘，復勸王亟頒親征詔，規取中原。王優詔答之。

當是時，朝臣各樹黨。從成棟至者，曹曄、耿獻忠、洪天擢、潘曾緯、毛毓祥、李綺，自誇反正功，氣凌朝士。從廣西扈行至者，天麟及嚴起恆、王化澄、晏清、吳貞毓、吳其雷、洪士彭、雷德復、尹三聘、許兆進、張孝起，自恃舊臣，詆曹、耿等嘗事異姓。久之復分吳、楚兩

黨。主吳者，天麟、孝起、貞毓、李用楫、堵胤錫、王化澄、萬翺、程源、郭之奇，皆內結馬吉翔，外結陳邦傅。主楚者，袁彭年、丁時魁、蒙正發、劉湘客、金堡，皆外結瞿式耜，內結李元胤。元胤者，惠國公成棟子，爲錦衣指揮使，進封南陽伯，握大權。彭年等倚爲心腹，勢張甚。

彭年嘗論事王前，語不遜。王責以君臣之義，彭年勃然曰：「儻向者惠國以五千鐵騎鼓行而西，君臣義安在？」王變色，大惡之。彭年等謀攻去吉翔、邦傅，權可獨擅也。而堡居言路，有鋒氣，乃疏陳八事，劾慶國公邦傅十可斬，文安侯吉翔，司禮中官龐天壽，大學士起恆、化澄與焉。起恆、化澄乞去，天麟奏留之。堡與給事中時魁等復相繼劾起恆、吉翔、天壽無已。太后召天麟面諭，武岡危難，賴吉翔左右，令擬諭嚴責堡等。天麟爲兩解，卒未嘗罪言者，而彭年輩怒不止。王知羣臣水火甚，令盟於太廟，然黨益固不能解。

明年春，邦傅許堡官臨清嘗降流賊，受其職，且請堡爲己監軍。天麟因擬諭譏堡，堡大憤。時魁乃鼓言官十六人詣閣詆天麟，至登殿陛大譁，棄官擲印而出。王方坐後殿，與侍臣論事，大驚，兩手交戰，茶傾於衣，急取還天麟所擬而罷。天麟遂辭位，王慰留再三，不可。陛辭，叩頭泣。王亦泣曰：「卿去，余益孤矣。」

初，時魁等謂所擬出起恆意，欲入署毆之。是日，起恆不入，而天麟獨自承。遂移怒天麟，逐之去，天麟移居慶遠。化澄貪鄙無物望，亦爲時魁等所攻，碎冠服辭去。王乃召何

吾騶、黃士俊入輔。未幾，吾騶亦爲堡等排去，獨士俊、起恆在，乃復召天麟，天麟不至。堡等既連逐三相，益橫，每闖入閣中，授閣臣以意指。王不得已，建文華殿於正殿旁，令閣臣侍坐擬旨以避之。堡又連劾堵胤錫及侍郎萬翺、程源、郭之奇，尚書吳貞毓。貞毓等欲排去之，畏元胤爲援，不敢發。

七年春，王赴梧州，元胤留肇慶，陳邦傅適遣兵入衞。貞毓、之奇、翺、源乃合諸給事御史劾彭年、湘客、時魁、堡、正發把持朝政，罔上行私罪。王謂彭年反正有功，免議，下堡等獄。堡又以語觸忌，與時魁並謫戍。湘客、正發贖配追贓。王乃再召天麟，天麟疏言：「年來百爾搆爭，盡壞實事。昔宋高宗航海，猶有退步。今則何地可退？當奮然自將，文武諸臣盡擐甲冑。臣亦抽峒丁，擇土豪，募水手，經略嶺北、湖南，爲六軍倡。若徒責票擬，以爲主持政本，今政本安在乎？」

時大兵益逼，孫可望請王赴雲南。初，起恆持可望封，天麟及化澄獨謂宜許。及可望使至，天麟力請從之。諸臣以起恆被殺故，皆不可。天麟乃奉命經略左、右兩江土司，以爲勤王之助。兵未集，大兵逼南寧，王倉皇出走，天麟扶病從之。明年四月抵廣南，王已先駐安龍。天麟病劇，不能入覲，卒於西坂村。

有李如月者，東莞人，官御史。王駐安龍時，孫可望獲叛將陳邦傳父子，去其皮，傳屍至安龍。如月劾可望不請旨，擅殺勛鎮，罪同莽、操，而請加邦傳惡謚，以懲不忠。王知可望必怒，留其疏。召如月入，諭以謚本褒忠，無惡謚理。小臣妄言亂制，杖四十，除名，意將解可望。而可望大怒，遣人至王所，執如月至朝門外，抑使跪。如月向闕叩頭，大呼太祖高皇帝，極口大罵。其人遂剝其皮，斷手足及首，實草皮內紉之，懸於通衢。

又有任國璽者，官行人。順治十五年，永明王將出奔，國璽獨請死守。章下廷議，李定國等言：「行人議是。但前途尚寬，暫移蹕，捲土重來，再圖恢復，未晚也。」乃扈王入緬甸。緬俗以中秋日大會羣蠻，令黔國公沐天波偕諸酋椎髻跣足，以臣禮見。天波不得已從之，歸泣告衆曰：「我所以屈辱者，懼驚憂主上耳。否則彼將無狀，我罪益大。」國璽與禮部侍郎楊在抗疏劾之。

時龐天壽已死，李國泰代掌司禮監印，吉翔復與表裏爲奸。國璽集宋末大臣賢奸事爲一書，進之王，吉翔深恨之。王覽止一日，國泰即竊去。國璽尋進御史，疏論時事三不可解，中言禍急然眉，當思出險。吉翔不悅，即令國璽獻出險策。國璽忿然曰：「時事至此，猶抑言官使不言耶！」

時緬甸弟弒兄自立，欲盡殺文武諸臣，遣人來言曰：「蠻俗貴詛盟，請與天朝諸公飲呪水。」吉翔、國泰邀諸臣盡往。至則以兵圍之，令諸臣以次出外，出輒殺之，凡殺四十二人。國璽及在、天波、吉翔、國泰、華亭侯王維恭、綏寧伯蒲纓、都督馬雄飛、吏部侍郎鄧士廉等皆預焉。惟都督同知鄧凱以傷足不行，獲免。時順治十八年七月也。自是由榔左右無人。至十二月，緬人遂送之出境，事具國史。

初，由榔之走緬甸也，昆明諸生薛大觀歎息曰：「不能背城戰，君臣同死社稷，顧欲走蠻邦以苟活，不重可羞耶！」顧子之翰曰：「吾不惜七尺軀，爲天下明大義，汝其勉之！」之翰曰：「大人死忠，兒當死孝。」大觀曰：「汝有母在。」時其母適在旁，顧之翰妻曰：「彼父子能死忠孝，吾兩人獨不能死節義耶？」其侍女方抱幼子，問曰：「主人皆死，何以處我？」大觀曰：「爾能死，甚善。」於是五人偕赴城北黑龍潭死。次日，諸屍相牽浮水上，幼子在侍女懷中，兩手堅抱如故。大觀次女已適人，避兵山中，相去數十里，亦同日赴火死。

有那嵩者，沅江土官也。世爲知府。嵩嗣職，循法無過。王走緬甸，過沅江，嵩與子燾迎謁，供奉甚謹，設宴皆金銀器。宴畢，悉以獻，曰：「此行上供者少，聊以佐缺乏耳。」後李定國號召諸土司兵，嵩即起兵應之。已而城破，登樓自焚，闔家皆死，其士民亦多巷戰死。

贊曰：明自神宗而後，寖微寖滅，不可復振。揆厥所由，國是紛呶，朝端水火，寧坐視社稷之淪胥，而不能破除門戶之角立。故至桂林播越，旦夕不支，而吳、楚之樹黨相傾，猶仍南都翻案之故態也。顛覆之端，有自來矣，於當時任事諸臣何責哉。

校勘記

〔一〕副將曾英與參政劉麟長自遵義至　曾英，原作「曹英」。本書卷二五三王應熊傳作「曾英」。明通鑑附編卷一上附記一上、綏寇紀略卷一〇、懷陵流寇始終錄卷一八、南疆逸史列傳第四七、小腆紀年附考卷六等書也都作「曾英」。據改。

〔二〕還攻石屏寧州嶍峨皆陷之　本書卷三一三雲南傳作「攻石屏不下」。

中華書局

明史卷二百八十

列傳第一百六十八

何騰蛟　章曠　傅作霖　瞿式耜　汪皡等

何騰蛟，字雲從，貴州黎平衞人。天啓元年舉於鄉。崇禎中授南陽知縣。地四達，賊出沒其間，數被挫去。已，從巡撫陳必謙破賊安皐山，斬首四百餘級，又討平土寇，益知名。遷兵部主事，進員外郎，出爲懷來兵備僉事，調口北道。才諝精敏，所在見稱。遭母憂，巡撫劉永祚薦其賢，乞奪情任事。騰蛟不可，固辭歸。服除，起淮徐兵備僉事。討平土寇，部內寔然。

十六年冬，拜右僉都御史，代王聚奎巡撫湖廣。時湖北地盡失，止存武昌，屯左良玉大軍，軍橫甚。騰蛟與良玉交歡，得相安。明年春，遣將惠登相、毛憲文復德安、隨州。五月，福王立。詔至，良玉駐漢陽，其部下有異議，不欲開讀。騰蛟曰：「社稷安危，繫

此一舉。倘不奉詔，吾以死殉之。」抵良玉所，而良玉已聽正紀盧鼎言，開讀如禮。正紀者，良玉所置官名也。八月，福王命加騰蛟兵部右侍郎，兼撫湖南，代李乾德。尋以故官總督湖廣、四川、雲南、貴州、廣西軍務，召總督楊鶚還。明年三月，南京有北來太子事，中外以爲眞，朝臣皆曰僞。騰蛟力言不可殺，與當國者大忤。

無何，良玉舉兵反，邀騰蛟偕行，不可，則盡殺城中人以劫之。士民爭匿其署中，騰蛟坐大門縱之入。良玉破垣舉火，避難者悉焚死。騰蛟急解印付家人，令速走，將自剄，爲良玉部將擁去。良玉欲與同舟，不從，乃置之別舟，以副將四人守之。舟次漢陽門，乘間躍入江水。四人懼誅，亦赴水。騰蛟漂十餘里，漁舟救之起，則漢前將軍關壯繆侯廟前也。家人懷印者亦至，相視大驚。覓漁舟，忽不見。遠近謂騰蛟忠誠得神佑，益歸心焉。

騰蛟乃從寧州轉瀏陽，抵長沙。集諸屬吏堵胤錫、傅上瑞、嚴起恒、章曠、周大啓、吳晉錫等，痛哭盟誓。分士馬舟艦糗糧，各任其一。令胤錫攝湖北巡撫，上瑞攝湖南巡撫，曠爲總督監軍，大啓提督學政。起恒故衡永道，卽督二郡軍食，晉錫以長沙推官攝郴桂道事。卽遣曠調副將黃朝宣、張先璧、劉承胤兵。朝宣自燕子窩，先璧自溆浦，承胤自武岡，先後至，兵勢稍振。而是時良玉已死。

順治二年五月，大兵下南都。唐王聿鍵自立於福州。王居南陽時，素知騰蛟賢，委任益至。李自成斃於九宮山，其將劉體仁、郝搖旂等以衆無主，議歸騰蛟。率四五萬人驟入湘陰，距長沙百餘里。城中人不知其來歸也，懼甚。朝宣卽引兵還燕子窩。上瑞請騰蛟出避，騰蛟曰：「死於左，死於賊，一也，何避焉。」長沙知府周二南請往偵之，以千人護行。賊謂其迎敵也，射殺之，從行者盡死。城中益懼，士女悉竄。騰蛟與曠謀，遣部將萬大鵬等二人往撫。賊見止二騎，迎入演武場，飲之酒。二人不交一言，與痛飲。飲畢，賊問來意，答言督師以湘陰褊小，不足容大軍，請卽移長沙。因致騰蛟手書召之曰：「公等歸朝，誓永保富貴。」搖旂等大喜，與大鵬至長沙。騰蛟開誠撫慰，宴飲盡歡，犒從官牛酒。命先璧以卒三萬馳射，旌旗蔽天。搖旂等大悅，招其黨袁宗第、藺養成、王進才、牛有勇皆來歸，驟增兵十餘萬，聲威大震。

未幾，自成將李錦、高必正擁衆數十萬逼常德。騰蛟令胤錫撫降之，置之荆州。錦，自成從子，後賜名赤心。必正則自成妻高氏弟也。高氏語錦曰：「汝願爲無賴賊，抑願爲大將邪？」錦曰：「何謂也？」曰：「爲賊無論，旣以身許國，當愛民，受主將節制，有死無二，吾所願也。」錦曰：「諾。」騰蛟慮錦跋扈，他日過其營，請見高氏，再拜，執禮恭。高氏悅，戒其子毋忘何公，錦自是無異志。

自成亂天下二十年，陷帝都，覆廟社，其衆數十萬悉歸騰蛟。而騰蛟上疏，但言元兇已

除，稍洩神人憤，宜告謝郊廟，卒不言己功。唐王大喜，立拜東閣大學士兼兵部尚書，封定興伯，仍督師。而疑自成死未實。騰蛟言自成定死，身首已糜爛。不敢居功，因固辭封爵。不允，令規取江西及南都。

當是時，降卒旣衆，騰蛟欲以舊軍參之，乃題授朝宣、先璧爲總兵官，與承胤、赤心、郝永忠、宗第、進才及董英、馬進忠、馬士秀、曹志建、王允成、盧鼎並開鎭湖南、北，時所謂十三鎭者也。永忠卽搖旂，英，騰蛟中軍，志建則故巡按劉熙祚中軍，餘皆良玉舊將也。

騰蛟銳意東下，拜表出師。明年正月與監軍御史李膺品先赴湘陰，期大會岳州。先璧逗遛，諸營亦觀望，獨赤心自湖北至，爲大兵所敗而還，諸鎭兵遂罷，騰蛟威望由此損。時諸將皆驕且貪殘，朝宣尤甚，劫人而剝其皮，永忠效之，殺民無虛日，騰蛟不能制。故總督楊鶚者，尅餉失軍心，至是復夤緣爲偏沅總督。騰蛟以爲言，乃召鶚還。

王數議出關，爲鄭氏所阻。騰蛟屢請幸贛，協力取江西。王遣使徵兵，騰蛟發永忠精騎五千往。永忠不肯前，五月始抵郴州。會大兵破汀州，聿鍵被執死，贛州亦失。騰蛟聞王死，大慟，厲兵保境如平時。

已聞永明王立，乃稍自安。王尋以騰蛟爲武英殿大學士，加太子太保。王進才故守益陽，聞大兵漸逼，還長沙。

四年春，進才揚言乏餉，大掠，幷及湘陰。適大兵至長沙，進才走湖北。騰蛟不能守，單騎走衡州，長沙、湘陰並失。盧鼎時守衡州，而先璧兵突至，大掠。鼎不能抗，走永州。先璧遂挾騰蛟走祁陽，又間道走辰州。騰蛟脫還，走永州。甫至，鼎部將復大掠。鼎走道州，騰蛟與侍郎嚴起恒走白牙市，大兵遂下衡、永。初，騰蛟建十三鎭以衞長沙，至是皆自爲盜賊。大兵入衡州，守將黃朝宣降。數其罪，支解之，遠近大快。大清以一知府守永州，副將周金湯嗣城虛，夜鼓譟而登，知府出走，金湯遂入永。

六月，騰蛟在白牙。王密遣中使告以劉承胤罪，令入武岡除之。騰蛟乃走謁王，王及太后皆召見。承胤由小校，以騰蛟薦至大將，已漸倨。騰蛟在長沙徵其兵，承胤大怒，言：「先調朝宣、先璧軍，皆章曠親行，今乃折箠使我。」遂馳至黎平，執騰蛟子，索餉數萬。子走訴騰蛟，騰蛟遣曠行，承胤乃以衆至。騰蛟爲請於王，得封定蠻伯，且與爲姻，承胤益驕。至是爵安國公，勛上柱國，賜尚方劍，益坐大。忌騰蛟出己上，欲奪其權，請用爲戶部尚書，專領餉務，王不許。王召騰蛟圖承胤，騰蛟無兵，命以雲南援將趙印選、胡一青兵隸之。及辭朝，賜銀幣，命廷臣郊餞。承胤伏千騎襲騰蛟，印選卒力戰，盡殲之，騰蛟乃還駐白牙。

八月，大兵破武岡，承胤降。王走靖州，又走柳州。時常德、寶慶已失，永亦再失。王將返桂林，而城中止焦璉軍，騰蛟率印選、一青入爲助。而南安侯郝永忠忽擁衆萬餘至，與

璉兵欲鬭，會宜章伯盧鼎兵亦至，騰蛟爲調劑，桂林以安。乃遣璉、永忠、鼎、印選、一青分扼興安、靈川、永寧、義寧諸州縣。十一月，大兵逼全州，騰蛟督五將合禦。

五年正月，王居桂林，加騰蛟太師，進爵爲侯，子孫世襲。二月，大兵破全州，至興安。永忠兵大潰，奔桂林，逼王西，縱兵大掠。騰蛟自永福至。大兵知桂林有變，直抵北門。騰蛟督璉、一青等分三門拒守，大兵乃還全州。會金聲桓、李成棟叛大清，以兵附。大兵在湖南者姑退，騰蛟遂取全州。復遣保昌侯曹志建、宜章侯盧鼎、新興侯焦璉、新寧侯趙印選攻永州，圍城三月，大小三十六戰，十一月朔克之。未幾，監軍御史余鯤起、職方主事李甲春取寶慶，諸將亦取衡州，馬進忠取常德，所失地多復。

騰蛟議進兵長沙。會督師堵胤錫惡進忠，招忠貞營李赤心軍自夔州至，令進忠讓常德與之。進忠大怒，盡驅居民出城，焚廬舍，走武岡。寶慶守將王進才亦棄城走，他守將皆潰。赤心等所至皆空城，旋棄走，東趨長沙。騰蛟時駐衡州，大駭。六年正月檄進忠由益陽出長沙，期諸將畢會，而親詣忠貞營，邀赤心入衡。部下卒六千人，懼忠貞營掩襲，不護行，止攜吏卒三十人往。將至，聞其軍已東，即尾之至湘潭。湘潭空城也，赤心不守而去，騰蛟乃入居之。大兵知騰蛟入空城，遣將徐勇引軍入。勇，騰蛟舊部將也，率其卒羅拜，勸騰蛟降。騰蛟大吒，勇遂擁之去。絕食七日，乃殺之。永明王聞之哀悼，賜祭者九，贈中湘

王，謚文烈，官其子文瑞僉都御史。

章曠，字于野，松江華亭人。崇禎十年進士。授沔陽知州。十六年三月，賊將郝搖旗陷其城，同知馬驄死之。曠走免，謁總督袁繼咸於九江，署爲監紀。從諸將方國安、毛憲文、馬進忠、王允成等復漢陽。武昌巡按御史黃澍令署漢陽推官兼攝府事，承德巡撫王揚基令署分巡道事。明年四月，憲文偕惠登相復德安，揚基檄曠往守。城空無人，衞官十數人齎印送賊將白旺。曠收斬之，日夕爲警備。居三月，代者李藻至，巡撫何騰蛟檄曠署荆西道事。曠去，藻失將士心，城復陷。給事中熊汝霖、御史游有倫劾曠沔陽失城罪，侯訊黃州。用騰蛟薦，令戴罪立功。

福王立南京，左良玉將犯闕。騰蛟至長沙，以曠爲監軍。副將黃朝宣者，故巡撫宋一鶴部將，駐燕子窩，騰蛟令曠召之來。副將張先璧屯精騎三千於漵浦，復屬曠召之，留爲親軍，而以朝宣戍茶陵。又令曠調劉承胤兵於武岡。會李自成死，其下劉體仁、郝搖旗、袁宗第、藺養成、王進才、牛有勇六大部各擁數萬兵至。騰蛟與曠計，盡撫其衆，軍容大壯。左良玉死，其將馬進忠、王允成無所歸，突至岳州。偏沅巡撫傅上瑞大懼，曠曰：「此無主之兵，可撫也。」入其營，與進忠握手，指白水爲誓，進忠等皆從之。進忠即賊中渠魁混十萬也。時南京

已破，大兵逼湖南，諸將皆畏怯，曠獨悉力禦。唐王擢爲右僉都御史，提督軍務，恢剿湖北。

曠有智略，行軍不避鋒鏑。身扼湘陰、平江之衝，湖南恃以無恐。嘗戰岳州，以後軍不繼而還。已，又大戰大荆驛。永明王加兵部右侍郎。長沙守將王進才與狼兵將覃遇春鬨，大掠而去。騰蛟奔衡州，曠亦走寶慶，長沙遂失。騰蛟駐祁陽，曠來會。騰蛟以兵事屬曠，而謁王武岡。曠移駐永州，見諸大將擁兵，聞警輒走，抑鬱而卒。

傅作霖，武陵人。由鄉舉仕唐王，大學士蘇觀生奏爲職方主事，監紀其軍。觀生歿，倚何騰蛟長沙，改監軍御史。永明王在全州，超拜兵部左侍郎，掌部事，尋進尚書，從至武岡。時劉承胤擅政，作霖與相善，故驟遷。及大兵逼武岡，承胤議迎降，作霖勃然責之。承胤遣使納款，大兵入城，作霖冠帶坐堂上。承胤力勸之降，不從，遂被殺。妾鄭有殊色，被執，驅之過橋，躍入水中死。

有蕭曠者，武昌諸生，爲承胤坐營參將。騰蛟題爲總兵官，管黎平參將事。及承胤降，令降將陳友龍招曠，曠不從。已而城破，死之。

傅上瑞，初爲武昌推官，賊圍城，遁走。久之，騰蛟薦爲長沙僉事，又令攝偏沅巡撫事。勸騰蛟設十三鎭，卒爲湖南大害。唐王時，用騰蛟薦，擢右僉都御史，實授偏沅巡撫。性反

覆，棄騰蛟如遺。武岡破，大兵逼沅州，上瑞出降。踰年，與劉承胤並誅死。

瞿式耜，字起田，常熟人。禮部侍郎景淳孫，湖廣參議汝說子也。舉萬曆四十四年進士。授吉安永豐知縣，有惠政。天啓元年調江陵。永豐民乞留，命再任。以憂歸。

崇禎元年擢戶科給事中，疏言李國檣宜留內閣，王永光宜典銓，曹于汴宜秉憲，鄭三俊、畢懋良宜總版曹，李邦華宜主戎政。帝多采其言。俄陳朝政不平，爲王之宷請恤，孫愼行訟冤，速楊鎬、王化貞之誅，白楊漣、左光斗結毒之謗，追論故相魏廣微、顧秉謙、馮銓、黃立極之罪。因言奪情建祠之朱童蒙不可寬，積惡久廢之湯賓尹不可用。帝亦納之。又極論來宗道、楊景辰附逆不可居政府，二人旋罷去。御史袁弘勛劾大學士劉鴻訓，逆黨徐大化實主之。川貴總督張鶴鳴先已被廢，其復用由魏忠賢。式耜並疏論。已，頌楊漣、魏大中、周順昌爲淸中之淸，忠中之忠，三人遂賜謚。未幾，陳時務七事，言：「起廢不可不覈，陞遷不可不漸，會推不可不愼。謚典宜嚴，刑章宜飭，論人宜審，附璫者宜區分。」又極論館選奔競之弊，請臨軒親試。末言：「古有左右史，記天子言動。今召對時勤，宜令史官入侍紀錄，昭示朝野。」事多議行。時將定逆案，請盡發紅本，定其情罪輕重。又言宣府巡撫徐良

彥不附逆奄，爲崔呈秀誣劾遣戍，亟當登用。良彥遂獲起。

式耜矯矯立名，所建白多當帝意，然搏擊權豪，大臣多畏其口。十月詔會推閣臣，禮部侍郎錢謙益以同官周延儒方言事蒙眷，慮並推則已絀，謀沮之。式耜，謙益門人也，言於當事者，擯延儒弗推，而列謙益第二。溫體仁遂發難，延儒助之。謙益奪官閒住，式耜坐貶謫。式耜嘗頌貴寧參政胡平表殺賊功，請優擢。其後平表爲貴州布政使，坐不謹罷。式耜再貶二秩，遂廢於家。久之，常熟奸民張漢儒希體仁指，訐謙益、式耜貪肆不法。體仁主之，下法司逮治。巡撫張國維、巡按路振飛交章白其冤，不聽。比兩人就獄，則體仁已去位，獄稍解。謙益坐削籍，式耜贖徒。言官疏薦，不納。

十七年，福王立於南京。八月起式耜應天府丞。已，擢右僉都御史，代方震孺巡撫廣西。明年夏，甫抵梧州，聞南京破。靖江王亨嘉謀僭號，召式耜。拒不往，而檄思恩參將陳邦傅助防。止狼兵，勿應亨嘉調。亨嘉至梧，劫式耜，幽之桂林，遣人取其敕印。初，式耜議立桂端王子安仁王。及唐王監國，式耜以爲倫序不當立，不奉表勸進。至是爲亨嘉所幽，乃遣使賀王，因乞援。王喜，而亨嘉爲丁魁楚所攻，勢窘，乃釋式耜。式耜與中軍官焦璉召邦傅共執亨嘉，亂遂定。唐王擢式耜兵部右侍郎，協理戎政，以晏日曙來代。式耜不入朝，退居廣東。

順治三年九月，大兵破汀州。式耜與魁楚等議立永明王由榔，乃迎王梧州，以十月十日監國肇慶。進式耜吏部右侍郎、東閣大學士，兼掌吏部事。未幾，贛州敗報至，司禮王坤迫王赴梧州。式耜力爭，不得。十一月朔，蘇觀生立唐王聿鐭於廣州。式耜乃與魁楚等定議迎王還肇慶，遣總督林佳鼎禦觀生兵，敗歿。式耜視師峽口。十二月望，大兵破廣州。王坤趣王西走。式耜趨赴王，王已越梧而西。

四年正月，大兵破肇慶，逼梧州，巡撫曹曄迎降。王欲走依何騰蛟於湖廣，丁魁楚、呂大器、王化澄皆棄王去，止式耜及吳炳、吳貞毓等從，乃由平樂抵桂林。二月，大兵襲平樂，分兵趨桂林。王將走全州，式耜極陳桂林形勢，請留，不許。自請留守，許之。進文淵閣大學士，兼兵部尚書，賜劍，便宜從事。平樂、潯州相繼破，桂林危甚。總督侍郎朱盛濃走靈川，巡按御史辜延泰走融縣，布政使朱盛濈、副使楊垂雲、桂林知府王惠卿以下皆遁，惟式耜與通判鄭國藩，縣丞李世榮及都司林應昌、李當瑞、沈煌在焉。王令兵部右侍郎丁元曄代盛濃，御史魯可藻代延泰。未赴而大兵已於三月薄桂林，以騎數十突入文昌門，登城樓瞰式耜公署。式耜急令援將焦璉拒戰。

初，永明王爲賊執，璉率衆攀城上，破械出之。王以此德璉，用破靖江王功，命爲參將。及是戰守三月，璉功最多，元曄、可藻亦盡力。式耜身立矢

石中，與士卒同甘苦。積雨城壞，吏士無人色，式耜督城守自如，故人無叛志。援兵索餉而譁，式耜括庫不足，妻邵捐簪珥佐之。既而璉兵主客不和，譟而去，城幾破者數矣。會陳邦彥等攻廣州，大兵引而東，桂林獲全。璉亦復陽朔及平樂，陳邦傅亦由潯復梧州。王聞捷，封式耜臨桂伯，璉新興伯，元曄等進秩有差。

式耜初請王返全州，不聽。已，請還桂林。王已許之，會武岡破，王由靖州走柳州，式耜復請還桂林。十一月，大兵自湖南逼全州，式耜偕騰蛟拒却。已，梧州復破，王方在象州，欲走南寧。以大臣力爭，乃以十二月還桂林。

五年二月，南安侯郝永忠駐桂林，惡城外團練兵，盡破水東十八村，殺戮無算，與式耜搆難。式耜力調劑，永忠乃駐興安。大兵前驅至靈川，永忠戰敗，奔入桂林，請王卽夕西走。式耜力爭，不聽。左右皆請速駕，式耜又爭。王曰：「卿不過欲予死社稷爾。」式耜爲泣下沾衣。王甫行，永忠卽大掠，搥殺太常卿黃太元。式耜家亦被掠；家人矯騰蛟令箭，乃出城。日中，趙印選諸營自靈川至，亦大掠，城內外如洗。永忠走柳州，印選等走永寧。明日，式耜息城中餘燼，安撫遠近。焦璉及諸鎭周金、湯兆佐、胡一靑等各率所部至，騰蛟軍亦至。三月，大兵知桂林有變，來襲，抵北門。騰蛟督諸將拒戰，城獲全。時王駐南寧，式耜遣使慰三宮起居。王始知式耜無恙，爲泣下。

閏三月，廣東李成棟、江西金聲桓皆叛大清，據地歸，式耜請王還桂林。王從成棟請，將赴廣州。式耜慮成棟挾王自專，如劉承胤事，力爭之，乃駐肇慶。十一月，永州、寶慶、衡州並復。式耜以機會可乘，請王還桂林，圖出楚之計，不納。慶國公陳邦傳守潯州，自稱世守廣西，欲如黔國公例。式耜特疏劾之，會中外多爭者，邦傳乃止。廣西巡撫魯可藻自署銜巡撫兩廣，式耜亦疏駁之。式耜身在外，政有闕，必疏諫。嘗曰：「臣與主上患難相隨，休戚與共，不同他臣。一切大政，自得與聞。」王爲褒納。而是時成棟子元胤專朝政，知敬式耜，袁彭年、丁時魁、金堡等遂爭相倚附。六年正月，時魁等逐朱天麟，不欲何吾騶爲首輔。召式耜入直，以文淵印畀之，式耜終不入也。未幾，騰蛟、聲桓、成棟相繼敗歿，國勢大危。朝士方植黨相角，式耜不能禁。

七年正月，南雄破。王懼，走梧州。諸大臣許時魁等下獄，式耜七疏論救。胡執恭之擅封孫可望也，式耜疏請斬之。皆不納。九月，全州破。開國公趙印選居桂林，衞國公胡一青守榕江，與寧遠伯王永祚皆懼不出兵，大兵遂入嚴關。十月，一青、永祚入桂林分餉，榕江無戍兵，大兵益深入。十一月五日，式耜檄印選出，不肯行，再趣之，則盡室逃。一青及武陵侯楊國棟、綏寧伯蒲纓、寧武伯馬養麟亦逃去。永祚迎降，城中無一兵。式耜端坐府中，家人亦散。部將戚良勛請式耜上馬速走，式耜堅不聽，叱退之。俄總督張同敞至，誓

偕死，乃相對飲酒，一老兵侍。召中軍徐高付以敕印，屬馳送王。是夕，兩人秉燭危坐。黎明，數騎至。式耜曰「吾兩人待死久矣」，遂與偕行，至則踞坐於地。諭之降，不聽，幽於民舍。兩人日賦詩倡和，得百餘首。至閏十一月十有七日，將就刑，天大雷電，空中震擊者三，遠近稱異，遂與同敞俱死。同敞，大學士居正曾孫，事見居正傳。

時桂林殉難者光祿少卿汪皡投水死。其破平樂也，守將鎭西將軍朱旻如自刭。有周震者，官中書舍人，居全州，慷慨尙氣節。武岡失，全州危，震邀文武將吏盟於神，誓死拒守。條城守事宜，上之留守瞿式耜。式耜卽題爲御史，監全州軍。無何，郝永忠、盧鼎自全州撤兵還桂林。守全諸將議舉城降，震力爭不可，衆怒殺之，全州遂失。

贊曰：何騰蛟、瞿式耜崎嶇危難之中，介然以艱貞自守。雖其設施經畫，未能一覩厥效，要亦時勢使然。其於鞠躬盡瘁之操，無少虧損，固未可以是爲訾議也。夫節義必窮而後見，如二人之竭力致死，靡有二心，所謂百折不回者矣。明代二百七十餘年養士之報，其在斯乎！其在斯乎！

明史

清　張廷玉等撰

第二四册

卷二八一至卷二九一（傳）

中華書局

中華書局

明史卷二百八十一

列傳第一百六十九

循吏

明太祖懲元季吏治縱弛，民生凋敝，重繩貪吏，置之嚴典。府州縣吏來朝，陛辭，諭曰：「天下新定，百姓財力俱困，如鳥初飛，木初植，勿拔其羽，勿撼其根。然惟廉者能約己而愛人，貪者必朘人以肥己，爾等戒之。」洪武五年下詔有司考課，首學校、農桑諸實政。日照知縣馬亮善督運，無課農興士效，立命黜之。一時守令畏法，潔己愛民，以當上指，吏治煥然丕變矣。下逮仁、宣，撫循休息，民人安樂，吏治澄清者百餘年。英、武之際，內外多故，而民心無土崩瓦解之虞者，亦由吏鮮貪殘，故禍亂易弭也。嘉、隆以後，資格既重甲科，縣令多以廉卓被徵，梯取臺省，而龔、黃之治，或未之覯焉。神宗末年，徵發頻仍，礦稅四出，海內騷然煩費，郡縣不克修舉厥職。而廟堂考課，一切以虛文從事，不復加意循良之選。

吏治既以日媮，民生由之益蹙。仁、宣之盛，邈乎不可復追，而太祖之法蔑如矣。重內輕外，實政不修，謂非在上者不加之意使然乎！

漢史丞相黃霸，唐史節度使韋丹皆入循吏傳中。今自守令超擢至公卿有勳德者，事皆別見，故採其終於庶僚，政績可紀者，作循吏傳。

陳灌 方克勤 吳履 廖欽等 高斗南 余彥誠等 史誠祖 吳祥等
謝子襄 黃信中 夏升 貝秉彝 劉孟雍等 萬觀 葉宗人 王源
翟溥福 李信圭 孫浩等 張宗璉 李驥 王畛等 李湘 趙豫
趙登等 曾泉 范衷 周濟 范希正 劉綱 段堅 陳鋼 丁積
田鐸 唐侃 湯紹恩 徐九思 龐嵩 張淳 陳幼學

陳灌，字子將，廬陵人也。元末，世將亂，環所居築場種樹，人莫能測。後十年，盜蠭起。灌率武勇結屯林中，盜不敢入，一鄉賴以全。太祖平武昌，灌詣軍門謁見。與語奇之，擢湖廣行省員外郎，累遷大都督府經歷。從大將軍徐達北征。尋命築城泰州，工竣，除寧國知府。

時天下初定，民棄詩書久。灌建學舍，延師，選俊秀子弟受業。訪問疾苦，禁豪右兼幷。創戶帖以便稽民。帝取爲式，頒行天下。伐石築堤，作水門蓄洩，護瀕江田，百姓咸賴。有坐盜麥舟者，論死數十人。灌覆按曰：「舟自溧至，而愚民闚取之，非謀劫也。」坐其首一人，餘悉減死。灌丰裁嚴正，而爲治寬恤類此。洪武四年召入京，病卒。

方克勤，字去矜，寧海人。元末，台州盜起，吳江同知金剛奴奉行省命募水兵禦之。克勤獻策弗納，逃之山中。洪武二年辟縣訓導，母老辭歸。四年徵至京師，吏部試第二，特授濟寧知府。

時始詔民墾荒，閱三歲乃稅。吏徵率不俟期，民謂詔旨不信，輒棄去，田復荒。克勤與民約，稅如期。區田爲九等，以差等徵發，吏不得爲奸，野以日闢。又立社學數百區，葺孔子廟堂，敎化興起。盛夏，守將督民夫築城，克勤曰：「民方耕耘不暇，奈何重困之畚鍤。」請之中書省，得罷役。先是久旱，遂大澍。濟寧人歌之曰：「孰罷我役？使君之力。孰活我黍？使君之雨。使君勿去，我民父母。」視事三年，戶口增數倍，一郡饒足。

克勤爲治以德化爲本，不喜近名，嘗曰：「近名必立威，立威必殃民，吾不忍也。」自奉簡素，一布袍十年不易，日不再肉食。太祖用法嚴，士大夫多被謫，過濟寧者，克勤輒周恤之。

永嘉侯朱亮祖嘗率舟師赴北平，水涸，役夫五千濬河。克勤不能止，泣禱於天。忽大雨，水深數尺，舟遂達，民以爲神。八年入朝，太祖嘉其績，賜宴，遣還郡。尋爲屬吏程貢所誣，謫役江浦，復以空印事連，逮死。

子孝聞、孝孺。孝聞，十三喪母，蔬食終制。孝孺，自有傳。

吳履，字德基，蘭谿人。少受業於聞人夢吉，通春秋諸史。李文忠鎮浙東，聘爲郡學正。久之，舉於朝，授南康丞。南康俗悍，謂丞儒也，易之。居數月，摘發奸伏如老獄吏，則皆大驚，相率斂跡。履乃改崇寬大，與民休息。知縣周以中巡視田野，爲部民所詈。捕之不獲，怒，盡縶其鄉鄰。履閱獄問故，立釋之，乃白以中。以中益怒，曰：「丞慢我。」履曰：「犯公者，一人耳，其鄰何罪？今縶者衆，而捕未已，急且有變，奈何？」以中意乃解。邑有淫祠，每祀輒有蛇出戶，民指爲神。履縛巫責之，沉神像於江，淫祠遂絕。爲丞六年，百姓愛之。

遷安化知縣。大姓易氏保險自守。江陰侯吳良將擊之，召履計事。履曰：「易氏逃死耳，非反也，招之當來。不來，誅未晚。」良從之，易氏果至。良欲籍農故爲兵者，民大恐。履曰：「世清矣，民安於農。請籍其願爲兵者，不願可勿强。」

遷濰州知州。山東兵常以牛羊代秋稅，履與民計曰：「牛羊有死瘠患，不若輸粟便。」他日，上官令民送牛羊之陝西，他縣民多破家，濰民獨完。會改州爲縣，召履還，濰民皆涕泣奔送。履遂乞骸骨歸。

是時河內丞廖欽並以廉能稱。居八年，調吳江，後坐事謫戍。久之，以老病放歸，道河內。河內民競持羊酒爲壽，且遺之縑，須臾裒數百匹。欽固辭不得，一夕遁去。

他若興化丞周舟以績最，特擢吏部主事。民爭乞留，乃遣還之。歸安丞高彬、曹縣主簿劉郁、衡山主簿紀惟正、霑化典史杜濩皆坐事，以部民乞宥復其官，而惟正立擢陝西參議。

其後州縣之佐貳知名者，在仁、宣時則易州判官張友聞、〔一〕壽州判官許敏、許州判官王通、靈璧丞田誠、安平丞耿福緣、嘉定丞戴肅、大名丞賀禎、昌邑主簿劉整、襄垣主簿喬育、貴池典史黃金蘭、深澤典史高聞；英、景時則養利判官汪浩、泰州判官王思旻、上海丞張禎、吳江丞王懋本、歷城丞熊觀、黔陽主簿古初、雲南南安州琅井巡檢李保。或超遷，或還任，皆因部民請云。

高斗南，字拱極，陝西徽州人。貌魁梧，語音若鐘。洪武中，由薦舉授四川定遠知縣。才識精敏，多善政。二十九年，與知府永州余彥誠，知縣齊東鄭敏、儀眞康彥民、岳池王佐、安肅范志遠、當塗孟廉及丞懷寧蘇億、〔二〕休寧甘鏞、當塗趙森並坐事，先後被徵。其耆民奔走闕下，具列善政以聞。太祖嘉之，賜襲衣寶鈔遣還，并賜耆民道路費。諸人既還任，政績益著。尋舉天下廉吏數人，斗南與焉，列其名於彰善榜、聖政記以示勸。九載績最，擢雲南新興知州，新興人愛之不異定遠。居數年，以衰老乞歸，薦子吏科給事中恂自代，成祖許之。年七十而卒。

恂，字士信，博學能詩文。官新興，從大軍征交阯，有協贊功。師旋，卒於官。

彥誠，德興人。初知安陸州，以征稅愆期當就逮，其父老伏闕乞留。太祖賜宴嘉賞，遣還，父老亦預宴。久之，擢知永州府，終河東鹽運使。

敏常坐事被逮，部民數千人守闕下求宥。帝宴勞，復其官，賜鈔百錠，衣三襲。居數年，考滿入朝。部民復走京師乞再任，帝從其請。及是，再獲宥。

彥民，泰和人。洪武二十七年進士。先知青田，調儀眞，後歷巴陵、天台，並著名績。永樂初罷歸。洪熙元年，御史巡按至天台。縣民二百餘人言彥民廉公有爲，乞還之天台，慰民望。御史以聞，宣宗歎曰：「彥民去天台二十餘年，民猶思之，其有善政可知。」乃用爲江寧縣丞。

億、廉、森三人既釋還，明年復以事當逮。縣民又走闕下頌其廉勤，帝亦釋之。時太祖操重典繩羣下，守令坐小過輒逮繫。聞其賢，旋遣還，且加賞賚，有因以超擢者。二十九年，知縣靈璧周榮、宜春沈昌、昌樂于子仁，丞新化葉宗並坐事逮訊，部民爲叩閽。太祖喜，立擢四人爲知府，榮河南，昌南安，子仁登州，宗黃州。由是長吏競勸，一時多循良之績焉。

榮，字國華，蓬萊人。初爲靈璧丞，坐累逮下刑部，耆老羣赴輦下稱其賢。帝賜鈔八十錠，綺羅衣各一襲。禮部宴榮及耆老而還之。無何，擢榮靈璧知縣。及知河南，亦有聲。後建言稱旨，擢河南左布政使。

史誠祖，解州人。洪武末，詣闕陳鹽法利弊。太祖納之，授汶上知縣，爲治廉平寬簡。永樂七年，成祖北巡，遣御史考覈郡縣長吏賢否，還言誠祖治第一。賜璽書勞之曰：「守令

承流宣化，所以安利元元。朕統御天下，夙夜求賢，共圖治理。往往下詢民間，皆言苦吏苛急，能副朕心者實鮮。爾敦厚老成，恪共乃職。持身勵志，一於廉公。平賦均徭，政清訟簡，民心悅戴，境內稱安。方古良吏，亦復何讓。特擢爾濟寧知州，仍視汶上縣事。其益共乃職，愼終如始，以永嘉譽，欽哉。」并賜內醞一尊，織金紗衣一襲，鈔千貫。御史又言貪吏虐民無若易州同知張騰，遂徵下獄。誠祖既得旌，益勤於治。土田增闢，戶口繁滋，益編戶十四里。成祖過汶上，欲徙其民數百家於膠州，誠祖奏免之。屢當遷職，輒爲民奏留。閱二十九年，竟卒於任。士民哀號，留葬城南，歲時奉祀。

是時，縣令多久任。蠡縣吳祥，永樂時知嵩縣，至宣德中，閱三十二年卒於任。臨汾李信，永樂時由國子生授遵化知縣，至宣德中，閱二十七年始擢無爲知州。以年老不欲赴，遂乞歸。涓縣房岳，宣德間爲鄒縣知縣，至正統中，閱二十餘年卒於任，吏民皆愛戴之。而吉水知縣武進錢本忠有廉名，詿誤罷官。父老奔走號泣乞留，郡人胡廣力保之，得還任。民聞本忠復來，空閭井迎拜。永樂中卒官，民哀慕留葬吉水，爭負土營墳，其得民如誠祖云。

謝子襄，名衮，以字行，新淦人。建文中，由薦擧授青田知縣。永樂七年，與錢塘知縣黄信中、開化知縣夏升並九載課最當遷。其部民相率訴於上官，乞再任，上官以聞。帝嘉之，卽擢子襄處州知府，信中杭州，升衢州，俾得治其故縣。

子襄治處州，聲績益著。郡有虎患，歲旱蝗。禱於神，大雨二日，蝗盡死，虎亦遁去。有盜竊官鈔，子襄檄城隍神。盜方閱鈔密室，忽疾風捲墮市中，盜卽伏罪。民鬻牛於市，將屠之。牛逸至子襄前，俛首若有訴，乃捐俸贖還其主。叛卒吳來據山谷爲亂，朝廷發兵討之，一郡洶洶。子襄力止軍城中毋出，而自以計掩捕之，獲其魁，餘悉解散。爲人廉謹，歷官三十年，不以家累自隨。二十二年卒。

信中，餘干人。先知樂清縣。奸人紿寡婦至京誣告鄉人謀叛，而已逸去。有司繫其婦以聞，詔行所司會鞫。信中廉得其情，力詆爲誣，獲全者甚衆。盜殺一家三人，獄久不決。信中禱於神，得眞盜，遠近稱之。升，鹽城人。

貝秉彝，名恒，以字行，上虞人。永樂二年進士。授邵陽知縣，以憂去，補東阿。善決

獄，能以禮義導民。歲大侵，上平糴備荒議。帝從之，班下郡縣如東阿式。邑西南有巨浸，積潦爲田害。秉彝相視高下，鑿渠，引入大清河，涸之，得沃壤數百頃，民食其利。尤善綜畫，凡廢鐵、敗皮、朽索、故紙悉藏之。暇令工匠煮膠、鑄杵、擣紙、絞索貯於庫。會成祖北巡，敕有司建席殿。秉彝出所貯濟用，工遂速竣。帝將召之，東阿耆老百餘人詣闕自言，願留貝令，帝許之。九載考滿入都，詔進一階，仍還東阿。嘗坐累，罰役京師。民競代其役，三罰三代，乃復官。

秉彝爲吏明察而仁恕。素善飲，已仕，遂已之。宣德元年卒官。

時龍溪知縣南昌劉孟雍、鄒縣知縣龍溪朱琦、建安知縣崑山張準、婺源知縣建安吳春、歙縣知縣江西樂平石啓宗，皆有惠利，民率懷思不忘云。

萬觀，字經訓，南昌人。弱冠成永樂十九年進士。帝少之，令歸肄學。尋召爲御史，改嚴州知府。府東境七里瀧，有漁舟數百艇，時剽行旅。觀編十舟爲一甲，令晝地巡警。不匝月，盜屛跡。乃勸學校，勸農桑，奏減織造，以銀代絲稅，民皆便之。九年考績，治行爲海內

第一。既以憂去，將除服，嚴州民豫上章願復得觀爲守，金、衢民亦上章乞之。朝廷異焉，補平陽府，政績益茂。有芝生堯祠棟上，士民皆言使君德化所致。觀曰：「太守知奉職而已，芝，非吾事也。」考滿，擢山東布政使，卒於官。

葉宗人，字宗行，松江華亭人。永樂中，尙書夏原吉治水東南。宗人以諸生上疏，請濬范家港引浦水入海，禁瀕海民毋作壩以遏其流。帝令赴原吉所自效。工竣，原吉薦之，授錢塘知縣。縣爲浙江省會，徭重，豪有力往往搆黠吏得財役貧民。宗人令民自占甲乙，書於册，以次簽役，役乃均。嘗視事，有蛇升階，若有所訴。宗人曰：「爾有冤乎？吾爲爾理。」蛇卽出，遣隸尾之，入餅肆爐下。發之，得僵屍，蓋肆主殺而瘞之也。又常行江中，有死人掛舟舵，推問，則里無賴子所沉者。遂俱伏法，邑民以爲神。

按察使周新，廉介吏也，尤重宗人。一日，伺宗人出，潛入其室，見廚中惟銀魚腊一裹。新歎息，攜少許去。明日召宗人共食，飲至醉，用儀仗導之歸。時呼爲「錢塘一葉清」。十五年督工匠往營北京，卒於塗，新哭之累日。

王源，字啓澤，龍巖人。永樂二年擢進士，授庶吉士。改深澤知縣。修學舍，築長隄，勸民及時嫁娶，革其爭財之俗。數上書論事，被詔徵入都，又論時政得失，忤旨下吏。會赦復官，奏免逋負。歲饑，輒發粟振救，坐是被逮。民爭先輸納，得贖還。召爲春坊司直郎，侍諸王講讀。遷衛府紀善，移松江同知，奏捐積逋數十萬石。以母老乞歸養，服闋，除刑部郎中。

英宗踐阼，擇廷臣十一人爲知府，賜宴及敕，乘傳行。源得潮州府。城東有廣濟橋，歲久半圮壞，源斂民萬金重築之。以其餘建亭，設先聖、四配、十哲像。刻藍田呂氏鄉約，擇民爲約正、約副、約士，講肄其中，而時偕僚寀董率焉。西湖山上有大石爲怪，源命鑿之，果獲石骷髏，怪遂息。乃琢爲碑，大書「潮州知府王源除怪石」。會杖一民死，民子訴諸朝，并以築橋建亭爲源罪。逮至京，罪當贖徒。久之，乞休。潮人奏留不獲，祠祀之。

翟溥福，字本德，東莞人。永樂二年進士。除青陽知縣。九華虎爲患，溥福檄山神，

虎卽殄。久之，移新淦，遷刑部主事，進員外郎，爲尚書魏源所器。正統元年七月詔舉廷臣堪爲郡守者，源以溥薦應，乃擢南康知府。

先是，歲歉，民擅發富家粟，及收取漂流官木者，前守悉坐以盜，當死者百餘人。溥閱實，杖而遣之。地濱鄱陽湖，舟遇風濤無所泊，爲築石堤百餘丈，往來者便之。廬山白鹿書院廢，溥倡衆興復，延師訓其子弟，朔望躬詣講授。

考績赴部，以年老乞歸。侍郎趙新嘗撫江西，大聲曰：「翟君此邦第一賢守也，胡可聽其去。」懇請累日，乃許之。辭郡之日，父老爭贐金帛，悉不受。衆挽舟涕泣，因建祠湖堤祀之，又配享白鹿書院之三賢祠。三賢者，唐李渤、宋周敦頤、朱熹也。

李信圭，字君信，泰和人。洪熙時舉賢良，授清河知縣。縣瘠而衝，官艘日相銜，役夫動以千計。前令請得沭陽五百人爲助，然去家遠，艱於衣食。信圭請免其助役，代輸清河浮征三之二，兩邑便之。俗好發塚縱火，信圭設教戒十三條，令里民書於牌，月朔望儆戒之。且令書其民勤惰善惡以聞，俗爲之變。

宣德三年上疏言：「本邑地廣人稀，地當衝要，使節絡繹，日發民挽舟。丁壯旣盡，役及

老稚，妨廢農桑。前年兵部有令，公事亟者舟予五人，緩者則否。今此令不行，役夫無限，有一舟至四五十人者。囚威所加，誰敢詰問。或遇快風，步追不及，則官舫人役沒其所齎衣糧，俾受寒餒。乞申明前令，哀此惸人。」從之。八年春，又言：「自江、淮達京師，沿河郡縣悉令軍民挽舟，若無衞軍則民夫盡出有司，州縣歲發二三千人，晝夜以俟。而上官又不分別雜泛差役，一體派及。致土田荒蕪，民無蓄積。稍遇歉歲，輒老稚相攜，緣道乞食，實可憫傷。請自儀眞抵通州，盡免其雜徭，俾得盡力農田，兼供夫役。」帝亦從之。自是，他郡亦蒙其澤。

正統元年用侍郎章敞薦，擢知蘄州。清河民詣闕乞留，命以知州理縣事。民有湖田數百頃，爲淮安衞卒所奪，民代輸租者六十年。信圭奏之，詔還民。饑民攘食人一牛，御史論死八人。信圭奏之，免六人。天久雨，淮水大溢，沒廬舍畜產甚衆。信圭奏請振貸，幷停歲辦物件及軍匠廚役、濬河人夫，報可。南北往來道死不葬者，信圭爲三大塚瘞之。十一年冬，尚書金濂薦擢處州知府，其在清河已二十二年矣。處州方苦旱，信圭至輒雨。未幾，卒於官。清河民爲立祠祀之。

自明興至洪、宣、正統間，民淳俗富，吏易爲治。而其時長吏亦多勵長者行，以循良見

稱。其秩滿奏留者，不可勝紀，略舉數人列於篇。

孫浩，永樂中知邵陽，遭喪去官。洪熙元年，陝西按察使頌浩前政，請令補威寧。宣宗嘉歎，卽命起復。久之，超擢辰州知府。

薛愼知長清，以親喪去。洪熙元年，長清民知愼服闋，相率詣京師乞再任。吏部尚書蹇義以聞，言長清別除知縣已久，卽如民言，又當更易。帝曰：「國家置守令，但欲其得民心，苟民心不得，雖屢易何害。」遂還之。

吳原知吳橋，洪熙中，九載考績赴部。縣民詣闕乞留，帝從之。

陳哲知博野，以舊官還職，解去。宣德元年，部民懇訴於巡按御史，乞還哲。御史以聞，報可。

暢宣知泰安，以母憂去。民頌於副使鄺埜，以聞，仁宗命服闋還任。宣德改元，宣服闋，吏部以請。帝曰：「民欲之，監司言之，固當從，況有先帝之命乎。」遂如其請。

劉伯吉知碭山，以親喪去。服除，碭山民守闕下，求再任。吏部言新令已在碭山二年矣。帝曰：「新者勝舊，則民不復思。今久而又思，其賢於新者可知矣。」遂易之。

孔公朝，永樂時知寧陽，坐與同僚飲酒忿爭，並遣戍。部民屢叩閽乞還，皆不許。宣德二年詔求賢，有以公朝薦者，寧陽人聞之，又相率叩閽乞公朝。帝顧尚書蹇義曰：「公朝去

寧陽已二十餘載，民奏乞不已，此非良吏耶？可卽與之。」

郭完知會寧，爲奸人所訐被逮。里老伏闕訟冤乞還，帝亦許之。

徐士宗知貴溪，宣德六年三考俱最。民詣闕乞留，詔增二秩還任。

郭南知常熟，正統十二年以老致仕。父老乞還任，英宗許之。

張璟知平山，秩滿，士民乞留，英宗命進秩復任。景泰初，母憂去。復從士民請，奪情視事。

徐榮知藁城，親喪去官。服闋，部民乞罷新令而還榮，英宗如其請。景泰初，秩滿。復徇民請，留之。

何澄知安福，被劾。民詣闕乞留，英宗命還任。乃築寅陂，浚渠道，復密湖之舊，大興水利。秩滿當遷，侍講劉球爲民代請，帝復留之。

田玉知桐鄉，丁艱去。英宗以部民及巡撫周忱請，還其任。

其他，若內丘馬旭、桐廬楊信、北流李禧、洋縣王輔、保安張庸、獲鹿吳轀、扶風宋端，皆當宣宗之世，以九載奏最。爲民乞留，卽加秩留任者也。時帝方重循良，而吏部尚書蹇義尤愼擇守令，考察明恕。沿及英宗，吏治淳厚，部民奏留率報可。

然其間亦有作奸者。永寧稅課大使劉迪刲羊置酒，邀耆老請留。宣宗怒，下之吏。漢

中同知王聚亦張宴求屬吏保奏爲知府。事聞，宣宗并屬吏罪之。自後，部民奏留，率下所司覈實云。

張宗璉，字重器，吉水人。永樂二年進士。改庶吉士，授刑部主事，錄囚廣東。仁宗卽位，擢左中允。會詔朝臣舉所知，禮部郎中況鍾以宗璉名上。帝問少傅楊士奇曰：「人皆舉外吏，鍾舉京官，何也？」對曰：「宗璉賢，臣與侍讀學士王直將舉之，不意爲鍾所先耳。」帝喜，曰：「鍾能知宗璉，亦賢矣。」由是知鍾，而擢宗璉南京大理丞。

宣德元年詔遣吏部侍郎黃宗載等十五人出釐各省軍籍，宗璉往福建。明年坐奏事忤旨，謫常州同知。朝遣御史李立理江南軍籍，檄宗璉自隨。立受黠軍詞，多逮平民實伍，宗璉數爭之。立怒，宗璉輒臥地乞杖，曰「請代百姓死」，免株累甚衆。初，宗璉使廣東，務廉恕。至是見立暴橫，心積不平，疽發背卒。常州民白衣送喪者千餘人，爲建祠君山。宗璉蒞郡，不攜妻子，病亟召醫，室無燈燭。童子從外索取油一盂入，宗璉立却之，其清峻如此。

李驥，字尙德，郯城人。舉洪武二十六年鄉試。入國學，居三年，授戶科給事中。時關市譏商旅，發及囊篋，驥奏止之。尋坐事免。

建文時，薦起新鄉知縣，招流亡，給以農具，復業者數千人。內艱去，官民相率奏留者數四，不許。永樂初，服闋，改知東安。事有病民，輒奏於朝，罷免之。有嫠婦子溺死，訴於驥。驥禱城隍神，深自咎責。明旦，猥死於其所。侍郎李昶等交薦，擢刑部郎中。奏陳十餘事，多見採納。坐累，謫役保安。

洪熙時，有詔求賢，薦爲御史。陳經國利民十事，仁宗嘉納。宣德五年巡視倉場，軍高祥盜倉粟，驥執而鞫之。祥父妄言，祥與張貴等同盜，驥受貴等賄故獨罪祥。刑部侍郎施禮遂論驥死。驥上章自辨，帝曰：「御史旣擒盜，安肯納賄！」命偕都察院再訊，驥果枉。帝乃切責禮，而復驥官。其年十一月，擇廷臣二十五人爲郡守，奉敕以行。驥授河南知府，肇慶則給事中王暬，〔三〕瓊州則戶部郎中徐鑑，汀州則禮部員外郎許敬軒，寧波則刑部主事鄭珞，〔四〕撫州則大理寺正王昇，後皆以政績著。

河南境多盜，驥爲設火甲，一戶被盜，一甲償之。犯者，大署其門曰盜賊之家。又爲勸教文，振木鐸以徇之。自是人咸改行，道不拾遺。郡有伊王府，王數請囑，不從。中官及校卒虐民，又爲驥所抑，恨甚。及冬至，令驥以四更往陪位行禮。及驥如期往，誣驥後期，執而桎梏之，次日乃釋。驥奏聞，帝怒，貽書讓王，府中承奉、長史、典儀悉逮置於理。驥持身端恪，晏居雖几席必正。蒞郡六年卒，年七十。士民赴弔，咸哭失聲。

王暬，鄞人，起家舉人。居肇慶九年，進秩二等，後徙知西安。

徐鑑，宜興人。在瓊四年卒，郡人祀之九賢祠。

許敬軒，天台人。起家國子生。守汀時糾參政陳羽貪暴，宣宗爲逮治羽。卒官，士民爭賻之。

鄭珞，〔五〕閩縣人。起家進士。守寧波，以艱去。會海寇入犯，民數千詣闕乞留，詔奪情復任。嘗劾中使呂可烈無狀，帝爲誅可烈。久之，擢浙江參政。

王昇，龍溪人。起家進士。在郡九載，以部民乞留，增秩還任。以疾歸。

李湘，字永懷，泰和人。永樂中，由國子生理刑都察院。以才擢東平知州，常祿外一無所取，訓誡吏民若家人然。城東有大村壩，源出岱嶽，雨潦輒爲民患，奏發丁夫隄之。州及所轄五邑，地多荒蕪，力督民墾闢，公私皆實。會舊官還任，將解去。民羣乞於朝，帝從其請。成祖晚年數北征，令山東長吏督民轉餉，道遠多死亡，惟東平人無失所。奸人誣湘苛斂民財，訐於布政司。縣民千三百人走訴巡按御史暨布、按二司，力白其冤。耆老七十人復奔伏闕下，發奸人誣陷狀。及布政司繫湘入都，又有耆老九十人隨湘訟冤。通政司以聞，下刑曹閱實，乃復湘官，而抵奸人於法。

蒞州十餘年，至正統初，詔大臣舉郡守，尙書胡濙以湘應，遂擢懷慶知府。東平民扶攜老幼，泣送數十里。懷慶有軍衞，素挾勢厲民。湘隨時裁制，皆不敢犯。居三年卒。

趙豫，字定素，安肅人。燕王起兵下保定，豫以諸生督賦守城。永樂五年授泌陽主簿，未上，擢兵部主事，進員外郎。內艱，起復。洪熙時進郎中。

宣德五年五月簡廷臣九人爲知府，豫得松江，奉敕往。時衞軍恣橫，豫執其尤者，杖而配之邊，衆遂帖然。一意拊循，與民休息。擇良家子謹厚者爲吏，訓以禮法。均徭節費，減吏員十之五。巡撫周忱有所建置，必與豫議。及清軍御史李立至，專務益軍，勾及姻戚同姓。稍辨，則酷刑榜掠。人情大擾，訴枉者至一千一百餘人。鹽司勾竈丁，亦累及他戶，大爲民害。豫皆上章極論之，咸獲蘇息。有詔減蘇、松官田重租，豫所轄華亭、上海二縣，減去十之二三。

正統中，九載考績。民五千餘人列狀乞留，巡按御史以聞，命增二秩還任。及十年春，大計羣吏，始舉卓異之典。豫與寧國知府袁旭皆預焉，賜宴及襲衣遣還。在職十五年，清靜如一日。去郡，老稚攀轅，留一履以識遺愛，後配享周忱祠。

方豫始至，患民俗多訟。訟者至，輒好言諭之曰：「明日來。」衆皆笑之，有「松江太守明日來」之謠。及訟者踰宿忿漸平，或被勸阻，多止不訟。

始與豫同守郡者，蘇州況鍾、常州莫愚、吉水陳本深、溫州何文淵、杭州馬儀、西安羅以禮、建昌陳鼎，並皦皦著名績，豫尤以愷悌稱。

是時，列郡長吏以惠政著聞者：

湖州知府祥符趙登，秩滿當遷。民詣闕乞留，增秩再任，自宣德至正統，先後在官十七年。

登同里岳璿繼之，亦有善政，民稱爲趙、岳。

淮安知府南昌彭遠被誣當罷，民擁中官舟，乞爲奏請，宣帝命復留之。〔六〕正統六年超

擢廣東布政司。

荆州知府大庾劉永遭父喪，軍民萬八千餘人乞留，英宗命奪情視事。

鞏昌知府鄞縣戴浩擅發邊儲三百七十石振饑，被劾請罪，景帝原之。

徽州知府孫遇秩滿當遷，民詣闕乞留，英宗令進秩視事。先後在官十八年，遷至河南布政使。

惟袁旭在寧國爲督學御史程富所誣劾，逮死獄中。而寧國人惜之，立祠祀焉。

會泉，泰和人。永樂十八年進士。選庶吉士，改御史。宣德初，都御史邵玘甄別屬僚，泉謫汜水典史，卒。

正統四年，河南參政孫原貞上言：「泉操行廉潔，服官勤敏，不以降黜故有傲惰心。躬督民闢荒土，收穀麥，伐材木，備營繕，通商賈，完逋責，官有儲積，民無科擾。遺舟楫，置棺櫬，贍民器用。百姓婚喪不給者，咸資於泉。死之日，老幼巷哭。臣行部汜水，泉沒已三年矣，民懷其惠，言輒流涕，雖古循吏，何以加茲。若使海內得泉等數十人分治郡邑，可使朝廷恩澤滂流，物咸得所。雖在異代，猶宜下詔褒美。而獎錄未及，官階未復，使泉終蒙貶謫之名，不獲顯於當世，良可矜恤。請追復泉爵，褒旣往以風方來。」帝從之。

范衷，字恭肅，豐城人。永樂十九年進士。除壽昌知縣。闢荒田二千六百畝，興水利三百四十有六區。正統五年三考報最，當遷。邑人頌德乞留，御史以聞，朝廷許之。尋以外艱去，服闋，起知汝州。吏部尚書王直察舉天下廉吏數人，衷爲第一。性至孝，廬父墓，瓜生連枝，有白兔三，馴擾墓側。鄉人莫不高其行。

周濟，字大亨，洛陽人。永樂中，以舉人入太學，歷事都察院。都御史劉觀薦爲御史，固辭。宣德時，授江西都司斷事。艱歸，補湖廣。正統初，擢御史。大同鎮守中官以驕橫聞，敕濟往廉之。濟變服負薪入其宅，盡得不法狀，還報，帝大嘉之。已，巡按四川。威州土官董敏、王允相讐殺，詔濟督官兵進討。濟曰：「朝廷綏安遠人，宜先撫而後征。」馳檄諭之，遂解。

十一年出爲安慶知府。歲比不登，民間鬻子女充衣食，方舟而去者相接。濟借漕糧以

振，而禁鬻子女者。且上疏請免租，詔許之，全活甚衆。又爲定婚喪制，禁侈費，愆嫁葬期者有罰，風俗一變。

饑民聚掠富家粟，富家以盜劫告。濟下令曰：「民饑故如此，然得穀當報太守數，太守當代爾償。」掠者遂解散。濟卒官，民皆罷市巷哭云。

范希正，字以貞，吳縣人。宣德三年舉賢良方正，授曹縣知縣。有奸吏受賕，希正按其罪，械送京師。吏反誣希正他事，坐逮。曹民八百餘人詣京白通政司，言希正廉能，橫爲奸吏誣枉。侍郎許廓以公事過曹，曹父老二百餘人遮道稽顙，泣言朝廷奪我賢令。事並聞，帝乃釋希正使還縣。正統十年，山東饑。惟曹以希正先積粟，得無患。大理寺丞張驥振山東，聞之。因請升曹縣爲州，而以希正爲知州，從之。時州民負官馬不能償，多逃竄。希正節公費代償九十餘匹，逃者皆復業。吉水人誣曹富民殺其兄，連坐甚衆。希正密移吉水，按其人姓名皆妄，事得白。治曹二十三年，歷知州，再考乃致仕。

當是時，潞州知州咸寧燕雲、徐州知州楊祕、全州知州錢塘周健、霸州知州張需、定州知州王約，皆大著聲績。祕、健進秩視事，約賜詔旌異。需忤太監王振，戍邊，人尤惜之。而

得民最久者，無若希正與寧州知州劉綱。

綱，字之紀，禹州人。建文二年進士。由府谷知縣遷是職。涖州三十四年，仁宗嘗賜酒饌，人以爲榮。正統中，請老去，民送之，涕泣載道。及卒，寧民祀之狄仁傑祠中。其孫，卽大學士宇也。

段堅，字可大，蘭州人。早歲受書，卽有志聖賢。舉於鄉，入國子監。景泰元年上書，請悉徵還四方監軍，罷天下佛老宮。疏奏，不行。五年成進士，授福山知縣。刊布小學，俾士民講誦。俗素陋，至是一變，村落皆有絃誦聲。

成化初，賜敕旌異，超擢萊州知府。期年，化大行。以憂去，服除，改知南陽。召州縣學官，具告以古人爲學之指，使轉相勸誘。創志學書院，聚秀民講說五經要義，及濂、洛諸儒遺書。建節義祠，祀古今烈女。訟獄徭賦，務底於平。居數年，大治，引疾去。士民號泣送者，踰境不絕。及聞其卒，立祠，春秋祀之。

堅之學，私淑河東薛瑄，務致知而踐其實，不以諛聞取譽，故能以儒術飾吏治。

子炅，進士，翰林檢討。諂附焦芳、劉瑾敗，落職，隤其家聲焉。

陳鋼，字堅遠，應天人。舉成化元年鄉試，授黔陽知縣。楚俗，居喪好擊鼓歌舞。鋼教以歌古哀詞，民俗漸變。縣城當沅、湘合流，歲數決，壞廬舍。鋼募人採石甃隄千餘丈，水不爲害。南山厓官道數里，徑窄甚，行者多墮厓死。鋼積薪燒山，沃以醯，拓徑丈許，行者便之。鋼病，民爭籲神，願減己算益鋼壽。遷長沙通判，監修吉王府第。工成，王賜之金帛，不受。請王故殿材修嶽麓書院，王許之。弘治元年丁母憂歸。卒，黔陽、長沙並祠祀之。子沂，官侍講，見文苑傳。

丁積，字彥誠，寧都人。成化十四年進士。授新會知縣，至卽師事邑人陳獻章。爲政以風化爲本，而主於愛民。中貴梁芳，邑人也，其弟長橫於鄉，責民逋過倍，復訴於積。積追券焚之，且收捕繫獄，由是權豪屛跡。申洪武禮制，參以朱子家禮，擇耆老誨導百姓。良家子墮業，聚廡下，使日誦小學書，親爲解說，風俗大變。民出錢輸官供役，名均平錢。其後吏貪，復令甲首出錢供用，曰當月錢，貧者至鬻子女。積一切杜絕。俗信巫鬼，爲痛毀淫祠。旣而歲大旱，築壇圭峯頂。昕夕伏壇下者八日，雨大澍。而積遂得疾以卒，士民聚哭於塗。有一嫗夜哭極哀，或問之，曰：「來歲當甲首，丁公死，吾無以聊生矣。」

田鐸，字振之，陽城人。成化十四年進士。授戶部主事，遷員外郎、郎中。

弘治二年奉詔振四川，坐誤遺敕中語，謫蓬州知州。州東南有江洲八十二頃，爲豪右所據，鐸悉以還民。建大小二十四橋，又鑿三溪山，以便行者。御史行部至蓬，寂無訟者，訝之。已，乃知州無冤民也，太息而去。薦於朝，擢廣東僉事。遷四川參議，不赴，以老疾告歸。

正德時，劉瑾矯詔，言鐸理廣東鹽法，簿牒未明，逮赴廣。未就道而瑾誅，或勸鐸毋行，鐸不聽，行次九江卒，年八十二矣。

唐侃，字廷直，丹徒人。正德八年舉於鄉，授永豐知縣。之官不攜妻子，獨與一二童僕飯蔬豆羹以居。久之，吏民信服。永豐俗刁訟，尙鬼，尤好俳優，侃禁止之。

進武定知州。會清軍籍，應發遣者至萬二千人。侃曰：「武定戶口三萬，是空半州也」，力爭之。又有議徙州境徒駭河者，侃復言不宜朘民財塡溝壑。事並得寢。章聖皇太后葬承天，諸內奄迫脅所過州縣吏，索金錢，宣言供張不辦者死，州縣吏多逃。侃置空棺旁舍中，奄迫之急，則紿至棺所，指而告之曰：「吾辦一死，金錢不可得也。」諸奄皆愕眙去。稍遷刑部主事，卒。

初，侃少時從丁璣學。鄰女夜奔之，拒勿納。其父坐繫，侃請代不得，藉草寢地。逾歲，父獲宥，乃止。其操行貞潔，蓋性成也。

湯紹恩，安岳人。父佐，弘治初進士，仕至參政。紹恩以嘉靖五年擢第。十四年由戶部郎中遷德安知府，尋移紹興。爲人寬厚長者，性儉素，內服疏布，外以父所遺故袍襲之。始至，新學宮，廣設社學。歲大旱，徒步禱烈日中，雨卽降。緩刑罰，恤貧弱，旌節孝，民情大和。

山陰、會稽、蕭山三邑之水，匯三江口入海，潮汐日至，擁沙積如丘陵。遇霪潦，則水阻沙不能驟洩，良田盡成巨浸，當事者不得已決塘以瀉之。塘決則憂旱，歲苦修築。紹恩遍行水道，至三江口，見兩山對峙，喜曰：「此下必有石根，余其於此建閘乎？」募善水者探之，果有石脈橫亙兩山間，遂興工。先投以鐵石，繼以籠盛甃屑沉之。工未半，潮衝蕩不能就，怨讟煩興。紹恩不爲動，禱於海神，潮不至者累日，工遂竣。修五十餘尋，爲閘二十有八，以應列宿。於內爲備閘三，曰經漊，曰撞塘，曰平水，以防大閘之潰。閘外築石隄四百餘丈扼潮，始不爲閘患。刻水則石間，俾後人相水勢以時啓閉。自是，三邑方數百里間無水患矣。士民德之，立廟閘左，歲時奉祀不絕。屢遷山東右布政使，致仕歸，年九十七而卒。

初，紹恩之生也，有峨帽僧過其門，曰：「他日地有稱紹者，將承是兒恩乎？」因名紹恩，字汝承，其後果驗。

徐九思，貴溪人。嘉靖中，授句容知縣。始視事，恂恂若不能。俄有吏袖空牒竊印者，九思擿其奸，論如法。郡吏爲叩頭請，不許，於是人人惴恐。爲治於單赤務加恩，而御豪猾特嚴。訟者，扶不過十。諸所催科，預爲之期，逾期令里老逮之而已，隸莫敢至鄉落。縣東

西通衢七十里，塵土積三尺，雨雪，泥沒股。九思節公費，甃以石，行旅便之。朝廷數遣中貴醮神三茅山，縣民苦供應。九思搜故牒，有鹽引金久貯於府者，請以給賞，民無所擾。歲侵，穀湧貴。巡撫發倉穀數百石，使平價糶而償直於官。九思曰：「彼糴者，皆豪也。貧民雖平價不能糴。」乃以時價糶其半，還直於官，而以餘穀煮粥食餓者。穀多，則使稱力分負以去，其山谷遠者，則就旁富人穀，而官爲償之，全活甚衆。嘗曰：「卽天子布大惠，安能人人蠲租賜復，第在吾曹酌緩急而已。」久之，與應天府尹不合，爲巡撫所劾，吏部尚書熊浹知其賢，特留之。

積九載，遷工部主事，歷郎中，治張秋河道。漕河與鹽河近而不相接，漕水溢則泛濫爲田患。九思議築減水橋於沙灣，俾二水相通，漕水溢，則有所洩以入海，而不侵田，少則有所限而不至於涸。工成，遂爲永利。時工部尚書趙文華視師東南，道河上。九思不出迎，遣一吏齎牒往謁，文華嫚罵而去。會遷高州知府。文華歸，修舊怨，與吏部尚書吳鵬合謀搆之，遂坐九思老，致仕。句容民爲建祠茅山。九思家居二十二年，年八十五，抱疾，抗手曰「茅山迎我」，遂卒。子貞明，自有傳。

龐嵩，字振卿，南海人。嘉靖十三年舉於鄉。講業羅浮山，從遊者雲集。二十三年歷應天通判，進治中，先後凡八年。府缺尹，屢攝其事。始至，值歲饑，上官命督振。公粟竭，貸之巨室富家，全活者六萬七千餘人。乃蠲積逋，緩征徭，勤勞徠，復業者又十萬餘人。

留都民苦役重，力爲調劑，凡優免戶及寄居客戶、詭稱官戶、寄莊戶、女戶、神帛堂匠戶，俾悉出以供役，民困大蘇。江寧縣葛仙、永豐二鄉，頻遭水患，居民止存七戶。嵩爲治隄築防，得田三千六百畝，立惠民莊四，召貧民佃之，流移盡復。屢剖冤獄，戚畹王湧、舉人趙君寵占良人妻，殺人，嵩置之法。

早遊王守仁門，淹通五經。集諸生新泉書院，相與講習。歲時單騎行縣，以壺漿自隨。京府佐貳鮮有舉其職者，至嵩以善政特聞。府官在六年京察例，而復與外察。嵩謂非體，疏請止之，遂爲永制。遷南京刑部員外郎，進郎中。撰原刑、司刑、祥刑、明刑四篇，曰刑曹志，時議稱之。遷雲南曲靖知府，亦有政聲。中察典，以老罷，而年僅五十。復從湛若水游，久之卒。應天、曲靖皆祠之名宦，葛仙鄉專祠祀之。

張淳，字希古，桐城人。隆慶二年進士。授永康知縣。吏民素多奸黠，連告罷七令。

淳至，日夜閱案牘。訟者數千人，剖決如流，吏民大駭服，訟浸減。凡赴控者，淳卽示審期，兩造如期至，片晷分析無留滯。鄉民裹飯一包卽可畢訟，因呼爲「張一包」，謂其敏斷如包拯也。

巨盜盧十八剽庫金，十餘年不獲，御史以屬淳。淳刻期三月必得盜，而請御史月下數十檄。及檄累下，淳陽笑曰：「盜遁久矣，安從捕。」寢不行。吏某婦與十八通，吏頗爲耳目，聞淳言以告十八，十八意自安。淳乃令他役詐告吏負金，繫吏獄。密召吏責以通盜死罪，復教之請以婦代繫，而己出營貲以償。十八聞，亟往視婦，因醉而擒之。及報御史，僅兩月耳。

民有睚眦嫌，輒以人命訟。淳驗無實卽坐之，自是無誣訟者。永人貧，生女多不舉。淳勸誡備至，貧無力者捐俸量給，全活無數。歲旱，劫掠公行，下令劫奪者死。有奪五斗米者，淳佯取死囚杖殺之，而榜其罪曰「是劫米者」，衆皆懾服。久之，以治行第一赴召去，永甫就車，顧其下曰：「某盜已來，去此數里，可爲我縛來。」如言跡之，盜正濯足於河，繫至，盜服辜。永人駭其事，謂有神告。淳曰：「此盜捕之急則遁，今聞吾去乃歸耳。」以理卜，何神之有。」

擢禮部主事，歷郎中，謝病去。起建寧知府，進浙江副使。時浙江有召募兵，撫按議散

之，兵皆洶洶。淳曰：「是慓悍者，留則有用，汰則叵測。不若汰其老弱，而留其壯勇，則留者不思亂，汰者不能亂矣。」從之，事遂定。官終陝西布政。

陳幼學，字志行，無錫人。萬曆十七年進士。授確山知縣。政務惠民，積粟萬二千石以備荒，墾萊田八百餘頃，給貧民牛五百餘頭，覈黃河退地百三十餘頃以賦民。里婦不能紡者，授紡車八百餘輛。置屋千二百餘間，分處貧民。建公廨八十間，以居六曹吏，俾食宿其中。節公費六百餘兩，代正賦之無徵者。栽桑榆諸樹三萬八千餘株，開河渠百九十八道。

布政使劉渾成弟燦成助妾殺妻，治如律。行太僕卿陳耀文家人犯法，立捕治之。汝寧知府丘度慮幼學得禍，言於撫按，調繁中牟。秋成時，飛蝗蔽天。幼學捕蝗，得千三百餘石，乃不爲災。縣故土城，卑且圮。給饑民粟，俾修築，工成，民不知役。縣南荒地多茂草，根深難墾。令民投牒者，必入草十斤。未幾，草盡，得沃田數百頃，悉以畀民。有大澤，積水，占膏腴地二十餘里。幼學疏爲河者五十七，爲渠者百三十九，俱引入小清河，民大獲利。大莊諸里多水，爲築隄十三道障之。給貧民牛種，貧婦紡具，倍於確山。越五年，政績茂著。以不通權貴，當考察拾遺，掌道御史擬斥之，其子爭曰：「兒自中州來，咸言中牟治行

無雙。今予殿，何也？」乃已。

稍遷刑部主事。中官採御園果者，怒殺園夫母，棄其屍河中。幼學具奏，逮置之法。嘉興人袁黃妄批削四書、書經集註，名曰刪正，刊行於時。幼學駁正其書，抗疏論列。疏雖留中，鏤板盡毁。以員外郎恤刑畿輔，出矜疑三百餘人。進郎中。

遷湖州知府，甫至，即捕殺豪惡奴。有施敏者士族子，楊陛者人奴也，橫郡中。幼學執敏置諸獄。敏賂貴人囑巡撫檄取親鞫，幼學執不予，立杖殺之。敏獄辭連故尚書潘季馴子廷圭，幼學言之御史，疏劾之，下獄。他奸豪復論殺數十輩，獨楊陛畏禍斂跡，置之。已，念己去陛必復逞，遂捕置之死，一郡大治。霪雨連月，禾盡死。幼學大舉荒政，活饑民三十四萬有奇。御史將薦之，徵其治行，推官閻世科列上三十六事，御史以聞。詔加按察副使，仍視郡事。

久之，以副使督九江兵備。幼學年已七十，其母尚在，遂以終養歸。母卒，不復出。天啓三年起南京光祿少卿，改太常少卿，俱不赴。明年卒，年八十四矣。中牟、湖州並祠祀之。

校勘記

〔一〕易州判官張友聞　張友聞，原作「張有聞」，據明史稿傳一五七吳履附傳、宣宗實錄卷五洪熙元年閏七月甲辰條、國榷卷一九頁一二六六改。

〔二〕丞懷寧蘇億　蘇億，明史稿傳一五七高斗南傳、太祖實錄卷二四八洪武二十九年十二月癸丑條作「蘇益」。

〔三〕給事中王謍　王謍，原作「王瑩」，據明史稿傳一五七李驥傳、宣宗實錄卷七二宣德五年十一月己未條、國榷卷二一頁一四〇四改。下同。卷目照改。

〔四〕寧波則刑部主事鄭珞　鄭珞，原作「鄭恪」，據明史稿傳一五七李驥傳、宣宗實錄卷七二宣德五年十一月己未條、國榷卷二一頁一四〇四改。下同。

〔五〕鄭珞　原作「魏恪」。按王謍以下五附傳，即上文所述與李驥同授知府之五人，上文作「鄭恪」，此又作「魏恪」，顯有錯誤。「魏」字據上文改作「鄭」，「恪」字改「珞」見校勘記〔四〕。

〔六〕宣帝命復留之　宣帝，當作「宣宗」。

明史卷二百八十二

列傳第一百七十

儒林一

學自司馬遷、班固創述儒林，著漢興諸儒修明經藝之由，朝廷廣厲學官之路，與一代政治相表裏。後史沿其體製，士之抱遺經以相授受者，雖無他事業，率類次爲篇。宋史判道學、儒林爲二，以明伊、雒淵源，上承洙、泗，儒宗統緒，莫正於是。所關於世道人心者甚鉅，是以載籍雖繁，莫可廢也。

明太祖起布衣，定天下，當干戈搶攘之時，所至徵召耆儒，講論道德，修明治術，興起教化，煥乎成一代之宏規。雖天亶英姿，而諸儒之功不爲無助也。制科取士，一以經義爲先，網羅碩學。嗣世承平，文教特盛，大臣以文學登用者，林立朝右。而英宗之世，河東薛瑄以醇儒預機政，雖弗究於用，其清修篤學，海內宗焉。吳與弼以名儒被薦，天子修幣聘之殊

禮，前席延見，想望風采，而譽隆於實，詬誶叢滋。自是積重甲科，儒風少替。白沙而後，曠典缺如。

原夫明初諸儒，皆朱子門人之支流餘裔，師承有自，矩矱秩然。曹端、胡居仁篤踐履，謹繩墨，守儒先之正傳，無敢改錯。學術之分，則自陳獻章、王守仁始。宗獻章者曰江門之學，孤行獨詣，其傳不遠。宗守仁者曰姚江之學，別立宗旨，顯與朱子背馳，門徒徧天下，流傳逾百年，其教大行，其弊滋甚。嘉、隆而後，篤信程、朱，不遷異說者，無復幾人矣。要之，有明諸儒，衍伊、雒之緒言，探性命之奧旨，錙銖或爽，遂啓歧趨，襲謬承譌，指歸彌遠。至專門經訓授受源流，則二百七十餘年間，未聞以此名家者。經學非漢、唐之精專，性理襲宋、元之糟粕，論者謂科舉盛而儒術微，殆其然乎。

今差別其人，準前史例，作儒林傳。有事功可見，列於正傳者，茲不復及。其先聖、先賢後裔，明代亟爲表章，衍聖列爵上公，與國終始。其他簪纓逢掖，奕葉承恩，亦儒林盛事也。考其原始，別自爲篇，附諸末簡，以備一代之故云。

范祖幹 葉儀等　謝應芳　汪克寬　梁寅　趙汸　陳謨　薛瑄
閻禹錫 周蕙等　胡居仁 余祐　蔡清 陳琛 林希元等　羅欽順
曹端　吳與弼 胡九韶等　陳眞晟　呂柟 呂潛等　邵寶 王問
楊廉　劉觀 孫鼎 李中　馬理　魏校 王應電 王敬臣　周瑛
潘府　崔銑　何瑭　唐伯元　黃淳耀 弟淵耀

范祖幹，字景先，金華人。從同邑許謙遊，得其指要。其學以誠意爲主，而嚴以慎獨持守之功。

太祖下婺州，與葉儀並召。祖幹持大學以進，太祖問治道何先，對曰：「不出是書。」太祖令剖陳其義，祖幹謂帝王之道，自修身齊家以至治國平天下，必上下四旁，均齊方正，使萬物各得其所，而後可以言治。太祖曰：「聖人之道所以爲萬世法。吾自起兵以來，號令賞罰，一有不平，何以服衆。夫武定禍亂，文致太平，悉是道也。」深加禮貌，命二人爲諮議，祖幹以親老辭歸。李文忠守處州，特加敬禮，恒稱之爲師。祖幹事親孝，父母皆八十餘而終。家貧不能葬，鄉里共爲營辦，悲哀三年如一日。有司以聞，命表其所居曰純孝坊，學者稱爲純孝先生。

葉儀，字景翰，金華人。受業於許謙，謙誨之曰：「學者必以五性人倫爲本，以開明心

術，變化氣質爲先。」儀朝夕惕厲，研究奧旨。已而授徒講學，士爭趨之。其語學者曰：「聖賢言行，盡於六經、四書，其微詞奧義，則近代先儒之說備矣。由其言以求其心，涵泳從容，久自得之，不可先立己意，而妄有是非也。」太祖克婺州，召見，授爲諮議，以老病辭。已而知府王宗顯聘儀及宋濂爲五經師，非久亦辭歸，隱居養親。所著有南陽雜藁。吳沉稱其理明識精，一介不苟。安貧樂道，守死不變。

門人何壽朋，字德齡，亦金華人。窮經守志，不妄干人。洪武初，舉孝廉，以二親俱老辭。父歿，舍所居宅易地以葬。學者因其自號，稱曰歸全先生。

同邑汪與立，字師道，祖幹門人。其德行與壽朋齊名而文學爲優。隱居教授，以高壽終。

謝應芳，字子蘭，武進人也。自幼篤志好學，潛心性理，以道義名節自勵。元至正初，隱白鶴溪上。搆小室，顏曰「龜巢」，因以爲號。郡辟教鄉校子弟，先質後文，諸生皆循循雅飭。疾異端惑世，嘗輯聖賢格言、古今明鑒爲辨惑編。有舉爲三衢書院山長者，不就。及天下兵起，避地吳中，吳人爭延致爲弟子師。

久之，江南底定，始來歸，年逾七十矣。徙居芳茂山，一室蕭然，晏如也。有司徵修郡

志，强起赴之。年益高，學行益劭。達官縉紳過郡者，必訪於其廬，廳芳布衣韋帶與之抗禮。議論必關世教，切民隱，而導善之志不衰。詩文雅麗蘊藉，而所自得者，理學爲深。卒年九十七。

汪克寬，字德一，祁門人。祖華，受業雙峯饒魯，得勉齋黃氏之傳。克寬十歲時，父授以雙峯問答之書，輒有悟。乃取四書，自定句讀，晝夜誦習，專勤異凡兒。後從父之浮梁，問業於吳仲迂，志益篤。元泰定中，舉應鄉試，中選。會試以答策伉直見黜，慨然棄科舉業，盡力於經學。春秋則以胡安國爲主，而博考衆說，會萃成書，名之曰春秋經傳附錄纂疏。〔一〕易則有程朱傳義音考。詩有集傳音義會通。禮有禮經補逸。綱目有凡例考異。四方學士，執經門下者甚衆。至正間，蘄、黃兵至，室廬貲財盡遭焚掠。簞瓢屢空，怡然自得。洪武初，聘至京師，同修元史。書成，將授官，固辭老疾。賜銀幣，給驛還。五年冬卒，年六十有九。

梁寅，字孟敬，新喻人。世業農，家貧，自力於學，淹貫五經、百氏。累舉不第，遂棄去。辟集慶路儒學訓導，居二歲，以親老辭歸。明年，天下兵起，遂隱居教授。

太祖定四方，徵天下名儒修述禮樂。寅就徵，年六十餘矣。時以禮、律、制度，分爲三局，寅在禮局中，討論精審，諸儒皆推服。書成，賜金幣。將授官，以老病辭，還。結廬石門山，四方士多從學，稱爲梁五經，又稱石門先生。鄰邑子初入官，詣寅請教。寅曰：「清、愼、勤，居官三字符也。」其人問天德王道之要，寅微笑曰：「言忠信，行篤敬，天德也。不傷財，不害民，王道也。」其人退曰：「梁子所言，平平耳。」後以不檢敗，語人曰：「吾不敢再見石門先生。」寅卒，年八十二。

趙汸，字子常，休寧人。生而姿稟卓絕。初就外傅，讀朱子四書，多所疑難，乃盡取朱子書讀之。聞九江黃澤有學行，往從之游。澤之學，以精思自悟爲主。其教人，引而不發。汸一再登門，乃得六經疑義千餘條以歸。已，復往，留二歲，得口授六十四卦大義與學春秋之要。後復從臨川虞集游，獲聞吳澄之學。乃築東山精舍，讀書著述其中。雞初鳴輒起，澄心默坐。由是造詣精深，諸經無不通貫，而尤邃於春秋。初以聞於黃澤者，爲春秋師說三卷，復廣之爲春秋集傳十五卷。因禮記經解有「屬辭比事春秋教」之語，乃復著春秋屬辭八篇。又以爲學春秋者，必考左傳事實爲先，杜預、陳傅良有得於此，而各有所蔽，乃復著左氏補注十卷。當是時，天下兵起，汸轉側干戈間，顚沛流離，而進修之功不懈。

太祖既定天下，詔修元史，徵汸預其事。書成，辭歸。未幾卒，年五十有一。學者稱東山先生。

陳謨，字一德，泰和人。幼能詩文，邃於經學，旁及子史百家，涉流探源，辨析純駁，犁然要於至當。隱居不求仕，而究心經世之務。嘗謂：「學必敦本，莫加於性，莫重於倫，莫先於變化氣質。若禮樂、刑政、錢穀、甲兵、度數之詳，亦不可不講習。」一時經生學子多從之游。事親孝，友於其弟。鄉人有爲不善者，不敢使聞。洪武初，徵詣京師，賜坐議學。學士宋濂、待制王禕請留爲國學師，謨引疾辭歸。屢應聘爲江、浙考試官，著書教授以終。

薛瑄，字德溫，河津人。父貞，洪武初領鄉薦，爲元氏教諭。母齊，夢一紫衣人謁見，已而生瑄。性穎敏，甫就塾，授之詩、書，輒成誦，日記千百言。及貞改任滎陽，瑄侍行。時年十二，以所作詩賦呈監司，監司奇之。既而聞高密魏希文、海寧范汝舟深於理學，貞乃並禮爲瑄師。由是盡焚所作詩賦，究心洛、閩淵源，至忘寢食。後貞復改官鄢陵。瑄補鄢陵學生，遂舉河南鄉試第一，時永樂十有八年也。明年成進士。以省親歸。居父喪，悉遵古禮。宣德中服除，擢授御史。三楊當國，欲見之，謝不往。出監湖廣銀場，日探性理諸書，學益進。以繼母憂歸。

正統初還朝，尙書郭璡舉爲山東提學僉事。首揭白鹿洞學規，開示學者。延見諸生，親爲講授。才者樂其寬，而不才者憚其嚴，皆呼爲薛夫子。王振語三楊：「吾鄉誰可爲京卿者？」以瑄對，召爲大理左少卿。三楊以用瑄出振意，欲瑄一往見，李賢語之。瑄正色曰：「拜爵公朝，謝恩私室，吾不爲也。」其後議事東閣，公卿見振多趨拜，瑄獨屹立。振趨揖之，瑄亦無加禮，自是銜瑄。

指揮某死，妾有色，振從子山欲納之，指揮妻不肯。妾遂訐妻毒殺夫，下都察院訊，已誣服。瑄及同官辨其冤，三卻之。都御史王文承振旨誣瑄及左、右少卿賀祖嗣、顧惟敬等故出人罪，振復諷言官劾瑄等受賄，並下獄。論瑄死，祖嗣等末減有差。繫獄待決，瑄讀

易自如。子三人，願一子代死，二子充軍，不允。及當行刑，振蒼頭忽泣於爨下。問故，泣益悲，曰：「聞今日薛夫子將刑也。」振大感動。會刑科三覆奏，兵部侍郎王偉亦申捄，乃免。

景帝嗣位，用給事中程信薦，起大理寺丞。也先入犯，分守北門有功。尋出督貴州軍餉，事竣，即乞休，學士江淵奏留之。景泰二年，推南京大理寺卿。富豪殺人，獄久不決，瑄執置之法。召改北寺。蘇州大饑，貧民掠富豪粟，火其居，蹈海避罪。王文以閣臣出視，坐以叛，當死者二百餘人，瑄力辨其誣。文恚曰：「此老倔强猶昔。」然卒得減死。屢疏告老，不許。

英宗復辟，拜禮部右侍郎兼翰林院學士，入閣預機務。王文、于謙下獄，下羣臣議，石亨等將置之極刑。瑄力言於帝，後二日文、謙死，獲減一等。帝數見瑄，所陳皆關君德事。已，見石亨、曹吉祥亂政，疏乞骸骨。帝心重瑄，微嫌其老，乃許之歸。

瑄學一本程、朱，其修己教人，以復性爲主，充養邃密，言動咸可法。嘗曰：「自考亭以還，斯道已大明，無煩著作，直須躬行耳。」有讀書錄二十卷，平易簡切，皆自言其所得，學者宗之。天順八年六月卒，年七十有二。贈禮部尚書，謚文清。弘治中，給事中張九功請從祀文廟，詔祀於鄉。已，給事中楊廉請頒讀書錄於國學，俾六館誦習。且請祠名，詔名「正學」。隆慶六年，允廷臣請，從祀先聖廟庭。

其弟子閻禹錫，字子與，洛陽人。父端，舉河南鄉試第一，爲教諭，卒。禹錫方九歲，哭父幾滅性。長博涉羣書，領正統九年鄉薦，除昌黎訓導。以母喪歸，廬墓三年，詔以孝行旌其閭。聞河津薛瑄講濂、洛之學，遂罷公車，往受業。久之，將歸，瑄送至里門，告之曰：「爲學之要，居敬窮理而已。」禹錫歸，得其大指，益務力行。

天順初，大學士李賢薦爲國子學正。請嚴監規以塞奔競，復武學以講備禦，帝皆從之。尋陞監丞，忤貴幸，左遷徽州府經歷。諸生伏闕乞留，不允。再遷至南京國子監丞，掌京衞武學，四爲同考官，超拜監察御史。督畿內學，取周子太極圖、通書爲士子講解，一時多士皆知嚮學。成化十二年卒，年五十一。

周蕙，字廷芳，泰州人。爲臨洮衞卒，戍蘭州。年二十，聽人講大學首章，惕然感動，遂讀書。州人段堅，薛瑄門人也，時方講學於里。蕙往聽之，與辨析，堅大服。誨以聖學，蕙乃研究五經。又從學安邑李昶。昶，亦瑄門人也，由舉人官清水教諭。學使者歎其賢，薦昶代己，命未下而卒。蕙從之久，學益邃。恭順侯吳瑾鎭陝西，欲聘爲子師，固辭不赴。或問之，蕙曰：「吾軍士也，召役則可。若以爲師，師豈可召哉？」瑾躬送二子於其家，蕙始納贄

焉。後還居泰州之小泉，幅巾深衣，動必由禮。州人多化之，稱爲小泉先生。以父久遊江南不返，渡揚子江求父，舟覆溺死。

蕙門人著者，薛敬之、李錦、王爵、夏尚樸。

敬之，字顯思，渭南人。五歲好讀書，不逐羣兒戲。長從蕙游，雞鳴候門啓，輒灑掃設座，跪而請教。嘗語人曰：「周先生躬行孝弟，學近伊、洛，吾以爲師。陝州陳雲逵忠信狷介，事必持敬，吾以爲友。」憲宗初，以歲貢生入國學，與同舍陳獻章並有盛名。會父母相繼歿，號哭徒行大雪中，遂成足疾。母嗜韭，終身不食韭。成化末，選應州知州，課績爲天下第一。弘治九年遷金華同知。居二年，致仕，卒年七十四。所著有道學基統、洙泗言學錄、爾雅便音、思菴埜錄諸書。思菴者，敬之自號也。其門人呂柟最著，自有傳。

錦，字名中，咸寧人。舉天順六年鄉試。入國學，爲祭酒邢讓所知。讓坐事下吏，錦率衆抗章白其非辜。幼喪父，事母色養，執喪盡禮，不作浮屠法。巡撫余子俊欲延爲子師，錦以齊衰不入公門，固辭。所居僅蔽風雨，布衣糲食，義不妄取。成化中選松江同知，卒官。

爵，字錫之，泰州人。弘治初，由國學生授保安州判官，有平允聲。其教門人也，務以誠敬爲本。

胡居仁，字叔心，餘干人。聞吳與弼講學崇仁，往從之游，絕意仕進。其學以主忠信爲先，以求放心爲要，操而勿失，莫大乎敬，因以敬名其齋。端莊凝重，對妻子如嚴賓。手置一册，詳書得失，用自程考。鶉衣簞食，晏如也。築室山中，四方來學者甚衆，皆告之曰：「學以爲己，勿求人知。」語治世，則曰：「惟王道能使萬物各得其所。」所著有居業錄，蓋取修辭立誠之義。每言：「與吾道相似莫如禪學。後之學者，誤認存心多流於禪，或欲屏絕思慮以求靜。不知聖賢惟戒愼恐懼，自無邪思，不求靜未嘗不靜也。故卑者溺於功利，高者騖於空虛，其患有二：一在所見不眞，一在功夫間斷。」嘗作進學箴曰：「誠敬既立，本心自存。力行既久，全體皆仁。舉而措之，家齊國治，聖人能事畢矣。」

居仁性行淳篤，居喪骨立，非杖不能起，三年不入寢門。與人語，終日不及利祿。與羅倫、張元禎友善，數會於弋陽龜峯。嘗言，陳獻章學近禪悟，莊昶詩止豪曠，此風既成，爲害不細。又病儒者撰述繁蕪，謂朱子註參同契、陰符經，皆不作可也。督學李齡、鍾成相繼聘主白鹿書院。過饒城，淮王請講易傳，待以賓師之禮。是時吳與弼以學名於世，受知朝廷，然學者或有間言。居仁闇修自守，布衣終其身，人以爲薛瑄之後，粹然一出於正，居仁一人而已。卒年五十一。萬曆十三年從祀孔廟，復追謚文敬。

其弟子余祐最著。祐字子積，鄱陽人。年十九，師事居仁，居仁以女妻之。弘治十二年舉進士。爲南京刑部員外郎，以事忤劉瑾，落職。瑾誅，起爲福州知府。鎮守太監市物不予直，民羣訴於祐。涕泣慰遣之，云將列狀上聞。鎮守懼，稍戢，然恚甚，遣人入京告其黨曰：「不去余祐，鎮守不得自遂也。」然祐素廉，摭拾竟無所得。未幾，遷山東副使。父憂，服闋，補徐州兵備副使。中官王敬運進御物入都，多挾商船，與知州樊準、指揮王良詬。良發其違禁物，敬懼，詣祐求解，祐不聽。敬誣奏準等毆己，遂幷逮祐，謫爲南寧府同知。稍遷韶州知府，投劾去。嘉靖初，歷雲南布政使，以太僕寺卿召，未行，改吏部右侍郎，祐已先卒。

祐之學，墨守師說，在獄中作性書三卷。其言程、朱教人，專以誠敬入。學者誠能去其不誠不敬者，不患不至古人。時王守仁作朱子晚年定論，謂其學終歸於存養。祐謂：「朱子論心學凡三變，存齋記所言，乃少時所見，及見延平，而悟其失。後聞五峯之學於南軒，而其言又一變。最後改定已發未發之論，然後體用不偏，動靜交致其力，此其終身定見也。安得執少年未定之見，而反謂之晚年哉？」其辨出，守仁之徒不能難也。

蔡清，字介夫，晉江人。少走侯官，從林玭學易，盡得其肯綮。舉成化十三年鄉試第一。二十年成進士，卽乞假歸講學。已，謁選，得禮部祠祭主事。王恕長吏部，重清，調爲稽勳主事，恒訪以時事。清乃上二札：一請振紀綱，一薦劉大夏等三十餘人。恕皆納用。尋以母憂歸，服闋，復除祠祭員外郎。乞便養，改南京文選郎中。一日心動，急乞假養父，歸甫兩月而父卒，自是家居授徒不出。正德改元，卽家起江西提學副使。寧王宸濠驕恣，遇朔望，諸司先朝王，次日謁文廟。清不可，先廟而後王。王生辰，令諸司以朝服賀。清曰「非禮也」，去蔽膝而入，王積不悅。會王求復護衞，清有後言。王欲誣以詆毀詔旨，清遂乞休。王佯挽留，且許以女妻其子，竟力辭去。劉瑾知天下議己，用蔡京召楊時故事，起清南京國子祭酒。命甫下而清已卒，時正德三年也，年五十六。

清之學，初主靜，後主虛，故以虛名齋。平生飭躬砥行，貧而樂施，爲族黨依賴。以善易名。嘉靖八年，其子推官存遠以所著易經、四書蒙引進於朝，詔爲刊布。萬曆中追諡文莊，贈禮部右侍郎。

其門人陳琛、王宣、易時中、林同、趙逯、蔡烈並有名，而陳琛最著。琛，字思獻，晉江人，杜門獨學。清見其文異之，曰：「吾得友此人足矣。」琛因介友人見清，清曰：「吾所發憤沉潛辛苦而僅得者，以語人常不解。子已盡得之，今且盡以付子矣。」清歿十年，琛舉進士。授刑部主事，改南京戶部，就擢考功主事，乞終養歸。嘉靖七年，有薦其恬退者，詔徵之，琛辭。居一年，卽家起貴州僉事，旋改江西，皆督學校，並辭不赴。家居，却掃一室，偃臥其中，長吏莫得見其面。

同郡林希元，字懋貞，與琛同年進士。歷官雲南僉事，坐考察不謹罷歸。所著存疑等書，與琛所著易經通典、四書淺說，並爲舉業所宗。

王宣，晉江人。弘治中舉於鄉，一赴會試不第，以親老須養，不再赴。嘗曰：「學者混朱、陸爲一，便非眞知。」爲人廓落豪邁，俯視一世。

易時中，字嘉會，亦晉江人。舉於鄉，授東流教諭，遷夏津知縣，有惠政。稍遷順天府推官。以治胡守中獄失要人意，將中以他事，遂以終養歸。道出夏津，老稚爭獻果脯。將別，有哭失聲者。母年九十一而終，時中七十矣，毀不勝喪而卒。

趙逯，字子重，東平人。弘治中舉鄉試，受易於清。蔡氏易止行於閩南，及是北行齊、魯矣。居母喪毀瘠，後會試不第，遂抗志不出。生平好濂、洛諸子之學，於明獨好薛氏讀書錄。

蔡烈，字文繼，龍溪人。父昊，瓊州知府。烈弱冠爲諸生，受知於清及莆田陳茂烈。隱居鶴鳴山之白雲洞，不復應試。嘉靖十二年詔舉遺佚，知府陸金以烈應，以母老辭。巡按李元陽檄郡邑建書院，亦固辭。忽山鳴三日，烈遂卒。主簿詹道嘗請論心，烈曰：「宜論事。孔門求仁，未嘗出事外也。堯、舜之道，孝弟而已。夫子之道，忠恕而已。」學士豐熙戍鎮海，見烈，歎曰：「先生不言躬行，熙已心醉矣。」

羅欽順，字允升，泰和人。弘治六年進士及第，授編修。遷南京國子監司業，與祭酒章懋以實行教士。未幾，奉親歸，因乞終養。劉瑾怒，奪職爲民。瑾誅，復官，遷南京太常少卿，再遷南京吏部右侍郎，入爲吏部左侍郎。世宗卽位，命攝尚書事。上疏言久任、超遷法當疏通，不報。大禮議起，欽順請愼大禮以全聖孝，不報。遷南京吏部尚書，省親乞歸。改禮部尚書，會居憂未及拜。再起禮部尚書，辭。又改吏部尚書，下詔敦促，再辭。許致仕，有司給祿米。時張璁、桂萼以議禮驟貴，秉政樹黨，屏逐正人。欽順恥與同列，故屢詔不起。

里居二十餘年，足不入城市，潛心格物致知之學。王守仁以心學立教，才知之士翕然師之。欽順致書守仁，略曰：「聖門設教，文行兼資，博學於文，厥有明訓。如謂學不資於外求，但當反觀內省，則『正心誠意』四字亦何所不盡，必於入門之際，加以格物工夫哉？」守仁得書，亦以書報，大略謂：「理無內外，性無內外，故學無內外。講習討論，未嘗非內也。反觀內省，未嘗遺外也。」反復二千餘言。欽順再以書辨曰：「執事云：『格物者，格其心之物也，格其意之物也，格其知之物也。正心者，正其物之心也。誠意者，誠其物之意也。致知者，致其物之知也。』自有大學以來，未有此論。夫謂格其心之物，格其意之物，格其知之物，凡爲物也三。謂正其物之心，誠其物之意，致其物之知，其爲物也一而已矣。就三而論，以程子格物之訓推之，猶可通也。以執事格物之訓推之，不可通也。就一物而論，則所謂物，果何物耶？如必以爲意之用，雖極安排之巧，終無可通之日也。又執事論學書有云：『吾心之良知，卽所謂天理。致吾心良知之天理於事物，則事事物物皆得其理矣。致吾心之良知者，致知也。事事物物各得其理者，格物也。』審如所言，則大學當云『格物在致知』，不當云『致知在格物』，與『物格而后知至』矣。」書未及達，守仁已歿。

欽順爲學，專力於窮理、存心、知性。初由釋氏入，既悟其非，乃力排之，謂：「釋氏之明心見性，與吾儒之盡心知性相似，而實不同。釋氏之學，大抵有見於心，無見於性。今人明

心之說，混於禪學，而不知有千里毫釐之謬。道之不明，將由於此。欽順有憂焉。」爲著困知記，自號整菴。年八十三卒，贈太子太保，謚文莊。

曹端，字正夫，澠池人。永樂六年舉人。五歲見河圖、洛書，卽畫地以質之父。及長，專心性理。其學務躬行實踐，而以靜存爲要。讀宋儒太極圖、通書、西銘，歎曰：「道在是矣。」篤志研究，坐下著足處，兩甎皆穿。事父母至孝，父初好釋氏，端爲夜行燭一書進之，謂：「佛氏以空爲性，非天命之性。老氏以虛爲道，非率性之道。」父欣然從之。繼遭二親喪，五味不入口。既葬，廬墓六年。

端初讀謝應芳辨惑編，篤好之，一切浮屠、巫覡、風水、時日之說屏不用。上書邑宰，毀淫祠百餘，爲設里社、里穀壇，使民祈報。年荒勸振，存活甚衆。爲霍州學正，修明聖學。諸生服從其教，郡人皆化之，恥爭訟。知府郭晟問爲政，端曰：「其公廉乎。公則民不敢謾，廉則吏不敢欺。」晟拜受。遭艱歸，澠池、霍諸生多就墓次受學。服闋，改蒲州學正。霍、蒲兩邑各上章爭之，霍奏先得請。先後在霍十六載，宣德九年卒官，年五十九。諸生服心喪三年，霍人罷市巷哭，童子皆流涕。貧不能歸葬，遂留葬霍。二子琇、琛，亦廬端墓，相繼死，葬墓側，後改葬澠池。

端嘗言：「學欲至乎聖人之道，須從太極上立根脚。」又曰：「爲人須從志士勇士不忘上參取。」又曰：「孔、顏之樂仁也，孔子安仁而樂在其中，顏淵不違仁而不改其樂，程子令人自得之。」又曰：「天下無性外之物，而性無不在焉。性卽理也，理之別名曰太極，曰至誠，曰至善，曰大德，曰大中，名不同而道則一。」

初，伊、洛諸儒，自明道、伊川後，劉絢、李籲輩身及二程之門，至河南許衡、洛陽姚樞講道蘇門，北方之學者翕然宗之。洎明興三十餘載，而端起崤、澠間，倡明絕學，論者推爲明初理學之冠。所著有孝經述解、四書詳說、周易乾坤二卦解義、太極圖說通書西銘釋文、性理文集、儒學宗統譜、存疑錄諸書。

霍州李德與端同時，亦講學於其鄉。及見端，退語諸生曰：「學不厭，教不倦，曹子之盛德也。至其知古今，達事變，末學鮮或及之。古云『得經師易，得人師難』，諸生得人師矣。」遂避席去。端亦高其行誼，命諸生延致之，講明正學。初，端作川月交映圖擬太極，學者稱月川先生。及歿，私謚靜修。正德中，尙書彭澤、河南巡撫李楨請從祀孔子廟庭，不果。

吳與弼，字子傅，崇仁人。父溥，建文時爲國子司業，永樂中爲翰林修撰。與弼年十九，見伊洛淵源圖，慨然嚮慕，遂罷舉子業，盡讀四子、五經、洛閩諸錄，不下樓者數年。中歲家益貧，躬親耕稼，非其義，一介不取。四方來學者，約己分少，飲食、教誨不倦。正統十一年，山西僉事何自學薦於朝，請授以文學高職。後御史涂謙、撫州知府王宇復薦之，俱不出。嘗歎曰：「宦官、釋氏不除，而欲天下治平，難矣。」景泰七年，御史陳述又請禮聘與弼，俾侍經筵，或用之成均，教育冑子。詔江西巡撫韓雍備禮敦遣，竟不至。

天順元年，石亨欲引賢者爲己重，謀於大學士李賢，屬草疏薦之。帝乃命賢草敕加束帛，遣行人曹隆，賜璽書，齎禮幣，徵與弼赴闕。比至，帝問賢曰：「與弼宜何官？」對曰：「宜以宮僚，侍太子講學。」遂授左春坊左諭德，與弼疏辭。賢請賜召問，且與館次供具。於是召見文華殿，顧語曰：「聞處士義高，特行徵聘，奚辭職爲？」對曰：「臣草茅賤士，本無高行，陛下垂聽虛聲，又不幸有狗馬疾。束帛造門，臣慚被異數，匍匐京師，今年且六十八矣，實不能官也。」帝曰：「宮僚優閒，不必辭。」賜文綺酒牢，遣中使送館次。顧謂賢曰：「此老非迂闊者，務令就職。」時帝眷遇良厚，而與弼辭益力。又疏稱：「學術荒陋，苟冒昧徇祿，必且曠官。」詔不許。乃請以白衣就邸舍，假讀秘閣書。帝曰：「欲觀秘書，勉受職耳。」命賢爲諭意。與弼留京師二月，以疾篤請。賢請曲從放還，始終恩禮，以光曠舉。帝然之，賜敕慰

勞，賚銀幣，復遣行人送還，命有司月給米二石。與弼歸，上表謝，陳崇聖志、廣聖學等十事。成化五年卒，年七十九。

與弼始至京，賢推之上座，以賓師禮事之。編修尹直至，令坐於側。直大慍，出卽謗與弼。及與弼歸，知府張璝謁見不得，大恚。募人代其弟投牒訟與弼，立遣吏攝之，大加侮慢，始遣還。與弼諒非弟意，友愛如初。編修張元禎不知其始末，〔三〕遺書誚讓，有「上告素王，正名討罪，豈容先生久竊虛名」語。直復筆其事於瑣綴錄。又言與弼跋亨族譜，自稱門下士，士大夫用此訾與弼。後顧允成論之曰：「此好事者爲之也。」與弼門人後皆從祀，而與弼竟不果。所著日錄，悉自言生平所得。

其門人最著者曰胡居仁、陳獻章、婁諒，次曰胡九韶、謝復、鄭伉。

胡九韶，字鳳儀，少從與弼學。諸生來學者，與弼令先見九韶。及與弼歿，門人多轉師之。家貧，課子力耕，僅給衣食。成化中卒。

謝復，字一陽，祁門人。聞與弼倡道，棄科舉業從之游。身體力行，務求自得。居家孝友，喪祭冠婚，悉遵古禮。或問學，曰：「知行並進，否則落記誦詁訓矣。」晚卜室西山之麓，學者稱西山先生。弘治末年卒，年六十五。

鄭伉，字孔明，常山人。爲諸生，試有司，不偶，卽棄去，師與弼。辭歸，日究諸儒論議，一切折衷於朱子。事親孝。設義學，立社倉，以惠族黨。所著易義發明、讀史管見、觀物餘論、蛙鳴集，多燼於火。

陳眞晟，字晦德，漳州鎭海衞人。初治舉赴鄉試，聞有司防察過嚴，無待士禮，恥之，棄去，由是篤志聖賢之學。讀大學或問，見朱子重言主敬，知「敬」爲大學始基。又得程子主一之說，專心克治，歎曰：「大學，誠意爲鐵門關，主一二字，乃其玉鑰匙也。」天順二年詣闕上程朱正學纂要。其書首取程氏學制，次采朱子論說，次作二圖，一著聖人心與天地同運，一著學者之心法天之運，終言立明師、輔皇儲、隆教本數事，以畢圖說之意。書奏，下禮部議，侍郎鄒幹寢其事。眞晟歸，聞臨川吳與弼方講學，欲就問之。過南昌，張元禎止之宿，與語，大推服曰：「斯道自程、朱以來，惟先生得其眞。如康齋者，不可見，亦不必見也。」遂歸閩，潛思靜坐，自號漳南布衣。卒於成化十年，年六十四。

眞晟學無師承，獨得於遺經之中。自以僻處海濱，出而訪求當世學者，雖未與與弼相證，要其學頗似近之。

呂柟，字仲木，高陵人，別號涇野，學者稱涇野先生。正德三年登進士第一，授修撰。劉瑾以柟同鄉欲致之，謝不往。又因西夏事，疏請帝入宮親政事，潛消禍本。瑾惡其直，欲殺之，引疾去。瑾誅，以薦復官。乾清宮災，應詔陳六事，其言除義子，遣番僧，取回鎭守太監，尤人所不敢言。是年秋，以父病歸。都御史盛應期、御史朱節、熊相、曹珪累疏薦。適世宗嗣位，首召柟。上疏勸勤學以爲新政之助，略曰：「克己愼獨，上對天心，親賢遠讒，下通民志，庶太平之業可致。」

大禮議興，與張、桂忤。以十三事自陳，中以大禮未定，諂言日進，引爲己罪。上怒，下詔獄，謫解州判官，攝行州事。恤煢獨，減丁役，勸農桑，興水利，築隄護鹽池，行呂氏鄉約及文公家禮，求子夏後，建司馬溫公祠。四方學者日至，御史爲闢解梁書院以居之。三年，御史盧煥等累薦，陞南京宗人府經歷，歷官尚寶司卿。吳、楚、閩、越士從者百餘人。晉南京太僕寺少卿。太廟災，乞罷黜，不允。選國子監祭酒，晉南京禮部右侍郎，署吏部事。帝將躬祀顯陵，累疏勸止，不報。值天變，遂乞致仕歸。年六十四卒，高陵人爲罷市者三日。解梁及四方學者聞之，皆設位，持心喪。訃聞，上輟朝一日，賜祭葬。

柟受業渭南薛敬之，接河東薛瑄之傳，學以窮理實踐爲主。官南都，與湛若水、鄒守益共主講席。仕三十餘年，家無長物，終身未嘗有惰容。時天下言學者，不歸王守仁，則歸湛若水，獨守程、朱不變者，惟柟與羅欽順云。所著有四書因問、易說翼、書說要、詩說序、春秋說志、禮問內外篇、史約、小學釋、寒暑經圖解、史館獻納、宋四子抄釋、南省奏稾、涇野詩文集。萬曆、崇禎間，李禎、趙錦、周子義、王士性、蔣德璟先後請從祀孔廟，下部議，未及行。

柟弟子，涇陽呂潛，字時見，舉於鄉。官工部司務。張節，字介夫。咸寧李挺，字正五。皆有學行。

潛里人郭郛，字維藩，由舉人官馬湖知府。藍田王之士，字欲立。由舉人以趙用賢薦，授國子博士。兩人不及柟門，亦秦士之篤學者也。

邵寶，字國賢，無錫人。年十九，學於江浦莊昶。成化二十年舉進士，授許州知州。月朔，會諸生於學宮，講明義利公私之辨。正潁考叔祠墓。改魏文帝廟以祠漢愍帝，不稱獻而稱愍，從昭烈所諡也。巫言龍骨出地中爲禍福，寶取骨，毀於庭，杖巫而遣之。躬課農桑，倣朱子社倉，立積散法，行計口澆田法，以備凶荒。

弘治七年入爲戶部員外郎，歷郎中，遷江西提學副使。釋菜周元公祠。修白鹿書院學舍，處學者。其敎，以致知力行爲本。江西俗好陰陽家言，有數十年不葬父母者。寶下令，士不葬親者不得與試，於是相率舉葬，以千計。寧王宸濠索詩文，峻却之。後宸濠敗，有司校勘，獨無寶跡。遷浙江按察使，再遷右布政使。進湖廣布政使。與鎭守太監勘處州銀礦，寶曰：「費多獲少，勞民傷財，慮生他變。」卒奏寢其事。

正德四年擢右副都御史，總督漕運。劉瑾擅政，寶至京，絕不與通。瑾怒漕帥平江伯陳熊，欲使寶劾之，遣校尉數輩要寶左順門，危言恐之曰：「行逮汝。」張綵、曹元自內出，語寶曰：「君第劾平江，無後患矣。」寶曰：「平江功臣後，督漕未久，無大過，不知所劾。」二人默然出。越三日，給事中劾熊併及寶，勒致仕去。

瑾誅，起巡撫貴州，尋還戶部右侍郎，進左侍郎。命兼左僉都御史，處置糧運。及會勘通州城濠歸，奏稱旨。尋疏請終養歸，御史唐鳳儀、葉忠請用之留都便養，乃拜南京禮部尚書，再疏辭免。世宗卽位，起前官，復以母老懇辭。許之，命有司以禮存問。久之卒，贈太子太保，謚文莊。

寶三歲而孤，事母過氏至孝。甫十歲，母疾，爲文告天，願減己算延母年。及終養歸，

得疾，左手不仁，猶朝夕侍親側不懈。學以洛、閩爲的，嘗曰：「吾願爲眞士大夫，不願爲假道學。」舉南畿，受知於李東陽。爲詩文，典重和雅，以東陽爲宗。至於原本經術，粹然一出於正，則其所自得也。博綜羣籍，有得則書之簡，取程子「今日格一物，明日格一物」之義，名之曰日格子。所著學史、簡端二錄，巡撫吳廷舉上於朝，外定性書說、漕政舉要諸集若干卷。學者稱二泉先生。

其門人，同邑王問，字子裕，以學行稱。嘉靖十七年成進士。授戶部主事，監徐州倉，減羨耗十二三。以父老，乞便養，改南京職方，遷車駕郎中、廣東僉事。行未半道，乞養歸。父卒，遂不復仕。築室湖上，讀書三十年，不履城市，數被薦不起。工詩文書畫，清修雅尚，士大夫皆慕之。卒年八十，門人私謚曰文靜先生。

子鑑，字汝明。嘉靖末年進士。累官吏部稽勳郎中。念父老，謝病歸，奉養不離側。父歿久之，進尚寶卿，改南京鴻臚卿，引年乞休。進太僕卿，致仕。鑑亦善畫，有言勝其父者，遂終身不復作。

楊廉，字方震，豐城人。父崇，永州知府，受業吳與弼門人胡九韶。廉承家學，早以文行稱。舉成化末年進士，改庶吉士。

弘治三年授南京戶科給事中。明年，京師地震，劾用事大臣。五年以災異上六事：一，經筵停罷時，宜日令講官更直待問。二，召用言事遷謫官，不當限臺諫及登極以後。三，治兩浙、三吳水患，停額外織造。四，召林下恬退諸臣。五，删法司條例。六，災異策免大臣。末言，遇大政，宜召大臣面議，給事、御史隨入駁正。帝頗納之。吏部尚書王恕被譏，廉請斥讒邪，無爲所惑。母喪，服闋，起任刑科。請祀薛瑄，取讀書錄貯國學。明年三月有詔以下旬御經筵。廉言：「故事，經筵一月三舉，苟以月終起以月初罷，則進講有幾？且經筵啓而後日講繼之，今遲一日之經筵，卽輟一旬之日講也。」報聞。以父老欲便養，復改南京兵科。中貴李廣死，得廷臣通賄籍。言官劾賄者，帝欲究而中止。廉率同官力爭，竟不納。已，請申明祀典，謂宋儒周、程、張、朱從祀之位，宜居漢、唐諸儒上。闕里廟，當更立木主。大成本樂名，不合謚法。皆不果行。遷南京光祿少卿。

正德初，就改太僕，歷順天府尹。時京軍數出，車費動數千金，廉請大興遞運所餘銀供之。奏免夏稅萬五千石，慮州縣巧取民財，置歲辦簿，吏無能爲奸。乾清宮災，極陳時政缺失，疏留中。明年擢南京禮部右侍郎。上疏諫南巡，不報。帝駐南京，命百官戎服朝見。

廉不可，乞用常儀，更請謁見太廟，俱報許。世宗卽位，就遷尚書。

廉與羅欽順善，爲居敬窮理之學，文必根六經，自禮樂、錢穀至星曆、算數，具識其本末。學者稱月湖先生。嘗以帝王之道莫切於大學，自爲給事卽上言，進講宜先大學衍義，至是首進大學衍義節略。帝優詔答之。疏論大禮，引程頤、朱熹言爲證，且言：「今異議者率祖歐陽修。然修於考之一字，雖欲加之於濮王，未忍絕之於仁宗。今乃欲絕之於孝廟，此又修所不忍言者。」報聞。八疏乞休，至嘉靖二年，賜敕、馳驛，給夫廩如制。家居二年卒，年七十四。贈太子少保，謚文恪。

劉觀，字崇觀，吉水人。正統四年成進士。方年少，忽引疾告歸。尋丁內艱，服除，終不出。杜門讀書，求聖賢之學。四方來問道者，坐席嘗不給。縣令劉成爲築書院於虎丘山，名曰「養中」。平居，飯脫粟，服澣衣，翛然自得。每日端坐一室，無惰容。或勸之仕，不應。又作勤、儉、恭、恕四箴，以敎其家，取呂氏鄉約表著之，以敎其鄉。冠婚喪祭，悉如朱子家禮。[三]族有孤嫠不能自存者周之。或請著述，曰：「朱子及吳文正之言，尊信之足矣，復何言。」吳與弼，其鄰郡人也，極推重之。

觀前有孫鼎，廬陵人。永樂中爲松江府教授，以孝弟立教。後督學南畿，人稱爲貞孝先生。又有李中，吉水人，官副都御史，號谷平先生，在觀後。是爲吉水三先生。

馬理，字伯循，三原人。同里尚書王恕家居，講學著書。理從之遊，得其指授。楊一清督學政，見理與呂柟、康海文，大奇之，曰：「康生之文章，馬生、呂生之經學，皆天下士也。」登鄉薦，入國學，與柟及林慮馬卿，榆次寇天敍，安陽崔銑、張士隆，同縣秦偉，日切劘於學，名震都下。高麗使者慕之，錄其文以去。連遭艱，不預試。安南使者至，問主事黃淸曰：「關中馬理先生安在，何不仕也？」其爲外裔所重如此。

正德九年舉進士。一淸爲吏部尚書，即擢理稽勳主事。調文選，請告歸。起考功主事，偕郎中張衍瑞等諫南巡。詔跪闕門，予杖奪俸。未幾，復告歸。教授生徒，從游者衆。嘉靖初，起稽勳員外郎，與郎中余寬等伏闕爭大禮。下詔獄，再予杖奪俸。屢遷考功郎中。故戶部郎中莊繹者，正德時首導劉瑾覈天下庫藏。瑾敗，落職。至是奏辨求復，當路者屬理，理力持不可，寢其事。五年大計外吏，大學士賈詠、吏部尚書廖紀以私憾欲去廣東副使

魏校、河南副使蕭鳴鳳、陝西副使唐龍。理力爭曰：「三人督學政，名著天下，必欲去三人，請先去理。」乃止。明年大計京官，黜張璁、桂萼黨吏部郎中彭澤，璁、萼竟取旨留之。理擢南京通政參議，請急去。居三年，起光祿卿，未幾告歸。閱十年，復起南京光祿卿，尋引年致仕。三十四年，陝西地震，理與妻皆死。

理學行純篤，居喪取古禮及司馬光書儀、朱熹家禮折衷用之，與呂柟並爲關中學者所宗。穆宗立，贈右副都御史。天啓初，追謚忠憲。

魏校，字子才，崑山人。其先本李姓，居蘇州葑門之莊渠，因自號「莊渠」。弘治十八年成進士。歷南京刑部郎中。守備太監劉瑯藉劉瑾勢張甚，或自判狀送法司，莫敢抗者。校直行己意，無所徇。改兵部郎中，移疾歸。嘉靖初，起爲廣東提學副使。丁憂，服闋，補江西兵備副使。累遷國子祭酒，太常卿，尋致仕。

校私淑胡居仁主敬之學，而貫通諸儒之說，擇執尤精。嘗與余祐論性，略曰：「天地者，陰陽五行之本體也，故理無不具。人物之性，皆出於天地，然而人得其全，物得其偏。」又曰：「古聖賢論性有二：其一，性與情對言，此是性之本義，直指此理而言。其一，性與習對

言，但取生字爲義，非性之所以得名，蓋曰天所生爲性，人所爲曰習耳。先儒因『性相近』一語，遂謂性兼氣質而言，不知人性上下不可添一物，纔著氣質，便不得謂之性矣。荀子論性惡，揚子論性善惡混，韓子論性有三品，衆言淆亂，必折之聖。若謂夫子『性相近』一言，正論性之所以得名，則前後說皆不謬於聖人，而孟子道性善，反爲一偏之論矣。孟子見之分明，故言之直捷，但未言性爲何物，故荀、揚、韓諸儒得以其說亂之。伊川一言以斷之，曰『性，卽理也』，則諸說皆不攻自破矣。」所著有大學指歸、六書精蘊。卒，謚恭簡。唐順之、王應電、王敬臣，皆其弟子也。順之，自有傳。

王應電，字昭明，崑山人。受業於校，篤好周禮，謂周禮自宋以後，胡宏、季本各著書，指摘其瑕釁至數十萬言。而余壽翁、吳澄則以爲冬官未嘗亡，雜見於五官中，而更次之。近世何喬新、陳鳳梧、舒芬亦各以己意更定。然此皆諸儒之周禮也。覃研十數載，先求聖人之心，溯斯禮之源；次考天象之文，原設官之意，推五官離合之故，見綱維統體之極。因顯以探微，因細而繹大，成周禮傳詁數十卷。以爲百世繼周而治，必出於此。嘉靖中，家燬於兵燹，流寓江西泰和。以其書就正羅洪先，洪先大服。翰林陳昌積以師禮事之。胡松撫江西，刊行於世。

應電又研精字學，據說文所載謁謬甚者，爲之訂正，名曰經傳正譌。又著同文備考、書法指要、六義音切貫珠圖、六義相關圖。卒於泰和。昌積爲經紀其喪，歸之崑山。

時有李如玉者，同安儒生，亦精於周禮，爲會要十五卷。嘉靖八年詣闕上之，得旨嘉獎，賜冠帶。

王敬臣，字以道，長洲人，江西參議庭子也。十九爲諸生，受業於校。性至孝，父疽發背，親自吮舐。老得瞀眩疾，則臥於榻下，夜不解衣，微聞謦欬聲，卽躍起問安。事繼母如事父，妻失母歡，不入室者十三載。初，受校默成之旨，嘗言議論不如著述，著述不如躬行，故居常杜口不談。自見耿定向，語以聖賢無獨成之學，由是多所誘掖，弟子從游者至四百餘人。其學，以愼獨爲先，而指親長之際、衽席之間爲愼獨之本，尤以標立門戶爲戒。鄉人嘗爲少湖先生。

萬曆中，以廷臣薦，徵授國子博士，辭不行。詔以所授官致仕。二十一年，巡按御史甘士价復薦。吏部以敬臣年高，請有司時加優禮，詔可。年八十五而終。

明史卷二百八十三

列傳第一百七十一

儒林二

陳獻章 李承箕 張詡　婁諒 夏尚樸　賀欽　陳茂烈　湛若水 蔣信等
鄒守益 子善等　錢德洪 徐愛等　王畿 王艮等　歐陽德 族人瑜
羅洪先 程文德　吳悌 子仁度　何廷仁 劉邦采 魏良政等
王時槐　許孚遠　尤時熙 張後覺等　鄧以讚 張元忭
孟化鯉 孟秋　來知德　鄧元錫 劉元卿 章潢

陳獻章，字公甫，新會人。舉正統十二年鄉試，再上禮部，不第。從吳與弼講學。居半載歸，讀書窮日夜不輟。築陽春臺，靜坐其中，數年無戶外跡。久之，復游太學。祭酒邢讓試和楊時此日不再得詩一篇，驚曰：「龜山不如也。」颺言於朝，以爲眞儒復出。由是名震京

師。給事中賀欽聽其議論，卽日抗疏解官，執弟子禮事獻章。獻章旣歸，四方來學者日進。廣東布政使彭韶、總督朱英交薦。召至京，令就試吏部。屢辭疾不赴，疏乞終養，授翰林院檢討以歸。至南安，知府張弼疑其拜官，與與弼不同。對曰：「吳先生以布衣爲石亨所薦，故不受職而求觀祕書，冀在開悟主上耳。時宰不悟，先令受職然後觀書，殊戾先生意，遂決去。獻章聽選國子生，何敢僞辭釣虛譽。」自是屢薦，卒不起。

獻章之學，以靜爲主。其教學者，但令端坐澄心，於靜中養出端倪。或勸之著述，不答。嘗自言曰：「吾年二十七，始從吳聘君學，於古聖賢之書無所不講，然未知入處。比歸白沙，專求用力之方，亦卒未有得。於是舍繁求約，靜坐久之，然後見吾心之體隱然呈露，日用應酬隨吾所欲，如馬之御勒也。」其學灑然獨得，論者謂有鳶飛魚躍之樂，而蘭谿姜麟至以爲「活孟子」云。

獻章儀幹修偉，右頰有七黑子。母年二十四守節，獻章事之至孝。母有念，輒心動，卽歸。弘治十三年卒，年七十三。萬曆初，從祀孔廟，追謚文恭。

門人李承箕，字世卿，嘉魚人。成化二十二年舉鄉試。往師獻章，獻章日與登涉山水，投壺賦詩，縱論古今事，獨無一語及道。久之，承箕有所悟，辭歸，隱居黃公山，不復仕。與兄進士承芳，皆好學，稱嘉魚二李。卒年五十四。

張詡，字廷實，南海人，亦師事獻章。成化二十年舉進士，授戶部主事。尋丁憂，累薦不起。正德中，召爲南京通政司參議，一謁孝陵卽告歸。獻章謂其學以自然爲宗，以忘己爲大，以無欲爲至。卒年六十。

婁諒，字克貞，上饒人。少有志絕學。聞吳與弼在臨川，往從之。一日，與弼治地，召諒往視，云學者須親細務。諒素豪邁，由此折節。雖掃除之事，必身親之。景泰四年舉於鄉。天順末，選爲成都訓導。尋告歸，閉門著書，成日錄四十卷、三禮訂訛四十卷。謂周禮皆天子之禮，爲國禮，儀禮皆公卿大夫士庶人之禮，爲家禮。以禮記爲二經之傳，分附各篇，如冠禮附冠義之類。不可附各篇者，各附一經之後。不可附一經者，總附二經之後。其爲諸儒附會者，以程子論黜之。著春秋本意十二篇，不採三傳事實，言：「是非必待三傳而後明，是春秋爲棄書矣。」其學以收放心爲居敬之門，以何思何慮、勿忘勿助爲居敬要旨。然其時胡居仁頗譏其近陸子，後羅欽順亦謂其似禪學云。

子忱，字誠善，傳父學。女爲寧王宸濠妃，有賢聲，嘗勸王毋反。王不聽，卒反。諒子

姓皆捕繫，遺文遂散軼矣。

門人夏尚樸，字敦夫，廣信永豐人。正德初，會試赴京。見劉瑾亂政，慨然歎曰：「時事如此，尚可干進乎？」不試而歸。六年成進士，授南京禮部主事。歲饑，條上救荒數事。再遷惠州知府，投劾歸。嘉靖初，起山東提學副使。擢南京太僕少卿，與魏校、湛若水輩日相講習。言官劾大學士桂萼，語連尚樸。吏部尚書方獻夫白其無私，尋引疾歸。早年師諒，傳主敬之學，常言「纔提起，便是天理。纔放下，便是人欲」。魏校亟稱之。所著有中庸語、東巖文集。王守仁少時，亦嘗受業於諒。

賀欽，字克恭，義州衞人。少好學，讀近思錄有悟。成化二年以進士授戶科給事中。已而師事陳獻章。[一]旣歸，肖其像事之。

弘治改元，用閣臣薦，起爲陝西參議。檄未至而母死，乃上疏懇辭，且陳四事。一，謂今日要務莫先經筵，當博訪眞儒，以資啓沃。二，薦檢討陳獻章學術醇正，稱爲大賢，宜以非常之禮起之，或俾參大政，或任經筵，以養君德。三，內官職掌，載在祖訓，不過備灑掃、

司啓閉而已。近如王振、曹吉祥、汪直等，或參預機宜，干政令，招權納寵，邀功啓釁。或引左道，進淫巧，以蕩上心。誤國殃民，莫此爲甚。宜愼飭將來，內不使干預政事，外不使鎭守地方掌握兵權。四，興禮樂以化天下。「陛下紹基之初，舉行朱子喪葬之禮，而頹敗之俗因仍不改，乞申明正禮，革去教坊俗樂，以廣治化。」疏凡數萬言。奏入，報聞。

正德四年，劉瑾括遼東田，東人震恐，而義州守又貪橫，民變，聚衆劫掠。顧相戒曰：「毋驚賀黃門。」欽聞之，急諭禍福，以身任之，亂遂定。

欽學不務博涉，專讀四書、六經、小學，期於反身實踐。謂爲學不必求之高遠，在主敬以收放心而已。卒年七十四。

子士諧，鄉貢士，嘗陳十二事論王政，不報。終身不仕。

陳茂烈，字時周，莆田人。年十八，作省克錄，謂顏之克己，曾之日省，學之法也。弘治八年舉進士。奉使廣東，受業陳獻章之門，獻章語以主靜之學。退而與張詡論難，作靜思錄。尋授吉安府推官，考績過淮，寒無絮衣，凍幾殆。入爲監察御史，袍服朴陋，乘一疲馬，人望而敬之。

以母老終養。供母之外，不辦一帷。治畦汲水，身自操作。太守聞其勞，進二卒助之，三日遣之還。吏部以其貧，祿以晉江教諭，不受。又奏給月米，上書言：「臣素貧，食本儉薄，故臣母自安於臣之家，而臣亦得以自遂其貧，非有及人之廉，盡己之孝也。古人行傭負米，皆以爲親，臣之貧尚未至是。而臣母鞠臣艱苦，今年八十有六，來日無多。臣欲自盡心力，尚恐不及，上煩官帑，心竊未安。」奏上，不允。母卒，茂烈亦卒。

茂烈爲諸生時，韓文問莆田人物於林俊，曰：「從吾。」謂彭時也。又問，曰：「時周。」且曰：「與時周語，沉痾頓去。」其爲所重如此。

湛若水，字元明，增城人。弘治五年舉於鄉，從陳獻章游，不樂仕進。母命之出，乃入南京國子監。十八年會試，學士張元禎、楊廷和爲考官，撫其卷曰：「非白沙之徒不能爲此。」置第二。賜進士，選庶吉士，授翰林院編修。時王守仁在吏部講學，若水與相應和。尋丁母憂，廬墓三年。築西樵講舍，士子來學者，先令習禮，然後聽講。

嘉靖初，入朝，上經筵講學疏，謂聖學以求仁爲要。已，復上疏言：「陛下初政，漸不克終。左右近侍爭以聲色異教蠱惑上心。大臣林俊、孫交等不得守法，多自引去，可爲寒心。

亟請親賢遠奸，窮理講學，以隆太平之業。」又疏言日講不宜停止，報聞。明年進侍讀，復疏言：「一二年間，天變地震，山崩川湧，人饑相食，殆無虛月。夫聖人不以屯否之時而後親賢之訓，明醫不以深錮之疾而廢元氣之劑，宜博求修明先王之道者，日侍文華，以裨聖學。」已，遷南京國子監祭酒，作心性圖說以教士。拜禮部侍郎。倣大學衍義補，作格物通，上於朝。歷南京吏、禮、兵三部尚書。南京俗尚侈靡，爲定喪葬之制頒行之。老，請致仕。年九十五卒。

若水生平所至，必建書院以祀獻章。年九十，猶爲南京之游。過江西，安福鄒守益，守仁弟子也，戒其同志曰：「甘泉先生來，吾輩當憲老而不乞言，愼毋輕有所論辨。」若水初與守仁同講學，後各立宗旨，守仁以致良知爲宗，若水以隨處體驗天理爲宗。守仁言若水之學爲求之於外，若水亦謂守仁格物之說不可信者四。又曰：「陽明與吾言心不同。陽明所謂心，指方寸而言。吾之所謂心者，體萬物而不遺者也，故以吾之說爲外。」一時學者遂分王、湛之學。

湛氏門人最著者，永豐呂懷、〔三〕德安何遷、婺源洪垣、歸安唐樞。懷之言變化氣質，遷之言知止，樞之言求眞心，大約出入王、湛兩家之間，而別爲一義。垣則主於調停兩家，而互救其失。皆不盡守師說也。懷，字汝德，南京太僕少卿。遷，字益之，南京刑部侍郎。垣，

字峻之，溫州府知府。樞，刑部主事，疏論李福達事，罷歸，自有傳。

蔣信，字卿實，常德人。年十四，居喪毀瘠。與同郡冀元亨善，王守仁謫龍場，過其地，偕元亨事焉。嘉靖初，貢入京師，復師湛若水。若水爲南祭酒，門下士多分教。至十一年，舉進士，累官四川水利僉事。却播州土官賄，置妖道士於法。遷貴州提學副使。建書院二，廩羣髦士其中。龍場故有守仁祠，爲置祠田。坐擅離職守，除名。

信初從守仁游時，未以良知教。後從若水游最久，學得之湛氏爲多。信踐履篤實，不事虛談。湖南學者宗其教，稱之曰正學先生。卒年七十九。

時宜興周衝，字道通，亦游王、湛之門。由舉人授高安訓導，至唐府紀善。嘗曰：「湛之體認天理，卽王之致良知也。」與信集師說爲新泉問辨錄。兩家門人各相非笑，衝爲疏通其旨焉。

鄒守益，字謙之，安福人。父賢，字恢才，弘治九年進士。授南京大理評事，數有條奏。歷官福建僉事，擒殺武平賊渠黃友勝。居家以孝友稱。

二十四史　中華書局

守益舉正德六年會試第一，出王守仁門。以廷對第三人授翰林院編修。踰年告歸，謁守仁，講學於贛州。宸濠反，與守仁軍事。世宗卽位，始赴官。

嘉靖三年二月，帝欲去興獻帝本生之稱。守益疏諫，忤旨，被責。踰月，復上疏曰：

陛下欲隆本生之恩，屢下羣臣會議，羣臣據禮正言，致蒙詰讓，道路相傳，有孝長子之稱。昔曾元以父寢疾，憚於易簀，蓋愛之至也。而曾子責之曰「姑息」。魯公受天子禮樂，以祀周公，蓋尊之至也。而孔子傷之曰「周公其衰矣」。臣願陛下勿以姑息事獻帝，而使後世有其衰之歎。

且羣臣援經證古，欲陛下專意正統，此皆為陛下忠謀，乃不察而督過之，謂忤且慢。臣歷觀前史，如冷褒、段猶之徒，當時所謂忠愛，後世所斥以為邪媚也。師丹、司馬光之徒，當時所謂欺慢，後世所仰以為正直也。後之視今，猶今之視古。望陛下不吝改過，察羣臣之忠愛，信而用之，復召其去國者，無使姦人動搖國是，離間宮闈。

昔先帝南巡，羣臣交章諫阻，先帝赫然震怒，豈不謂欺慢可罪哉。陛下在藩邸聞之，必以是為盡忠於先帝。今入繼大統，獨不容羣臣盡忠於陛下乎。

帝大怒，下詔獄拷掠，謫廣德州判官。廢淫祠，建復初書院，與學者講授其間。稍遷南京禮部郎中，州人立生祠以祀。聞守仁卒，為位哭，服心喪，日與呂柟、湛若水、錢德洪、王畿、薛

侃輩論學。考滿入都，卽引疾歸。

久之，以薦起南京吏部郎中，召為司經局洗馬。守益以太子幼，未能出閤，乃與霍韜上聖功圖，自神堯茅茨土階，至帝西苑耕稼蠶桑，凡為圖十三。帝以為謗訕，幾得罪，賴韜受帝知，事乃解。明年遷太常少卿兼侍讀學士，出掌南京翰林院，夏言欲遠之也。御史毛愷請留侍東宮，被謫。尋改南京祭酒。九廟災，守益陳上下交修之道，言：「殷中宗、高宗，反妖為祥，享國長久。」帝大怒，落職歸。

守益天姿純粹。守仁嘗曰：「有若無，實若虛，犯而不校，謙之近之矣。」里居，日事講學，四方從遊者踵至，學者稱東廓先生。居家二十餘年卒。隆慶初，贈南京禮部右侍郎，諡文莊。

先是，守仁主山東試，堂邑穆孔暉第一，後官侍講學士，卒，贈禮部右侍郎，諡文簡。孔暉端雅好學，初不肯宗守仁說，久乃篤信之，自名王氏學，浸淫入於釋氏。而守益於戒懼慎獨，蓋兢兢焉。

子善，嘉靖三十五年進士。以刑部員外郎恤刑湖廣，矜釋甚衆。擢山東提學僉事，時與諸生講學。萬曆初，累官廣東右布政使，謝病歸。久之，以薦卽家授太常卿，致仕。子德涵、德溥。

德涵，字汝海，隆慶五年進士。歷刑部員外郎。張居正方禁講學，德涵守之自若。御史傅應禎、劉臺相繼論居正，皆德涵里人，疑為黨，出為河南僉事。御史承風指劾之，貶秩歸。善服習父訓，踐履無怠，稱其家學。而德涵從耿定理游，定理不答。發憤湛思，自覺有得，由是專以悟為宗，於祖父所傳，始一變矣。德溥，由萬曆十一年進士。歷司經局洗馬。德泳偕同官救之，亦削籍。

善從子德泳，萬曆十四年進士。官御史。給事中李獻可請預教太子，斥為民。德泳偕同官救之，亦削籍。家居三十年，言者交薦。光宗立，起尚寶少卿，歷太常卿。魏忠賢用事，乞休歸。所司將為忠賢建祠，德泳塗毀其募籍，乃止。

錢德洪，名寬，字德洪，後以字行，改字洪甫，餘姚人。王守仁自尚書歸里，德洪偕數十人共學焉。四方士踵至，德洪與王畿先為疏通其大旨，而後卒業於守仁。

嘉靖五年舉會試，徑歸。七年冬，偕畿赴廷試，聞守仁訃，乃奔喪至貴溪。議喪服，德洪曰：「某有親在，麻衣布經弗敢有加焉。」畿曰：「我無親。」遂服斬衰。喪歸，德洪與畿築室于場，以終心喪。十一年始成進士。累官刑部郎中。郭勛下詔獄，移部定罪，德洪據獄詞

論死。廷臣欲坐以不軌，言德洪不習刑名。而帝雅不欲勛死，因言官疏下德洪詔獄。所司上其罪，已出獄矣。帝曰：「始朕命刑官毋梏勛，德洪故違之，與勛不領敕何異。」再下獄。御史楊爵、都督趙卿亦在繫，德洪與講易不輟。久之，斥為民。

德洪既廢，遂周遊四方，講良知學。時士大夫率務講學為名高，而德洪、畿以守仁高第弟子，尤為人所宗。德洪徹悟不如畿，畿持循亦不如德洪，然畿竟入於禪，而德洪猶不失儒者矩矱云。

穆宗立，復官，進階朝列大夫，致仕。神宗嗣位，復進一階。卒年七十九。學者稱緒山先生。

初，守仁倡道，其鄉鄰境從游者甚衆，德洪、畿為之首。其最初受業者，則有餘姚徐愛，山陰蔡宗兗、[三]朱節及應良、盧可久、應典、董澐之屬。

愛，字曰仁，守仁女弟夫也。正德三年進士。官至南京工部郎中。良知之說，學者初多未信，愛為疏通辨析，暢其指要。守仁言：「徐生之溫恭，蔡生之沉潛，朱生之明敏，皆我所不逮。」愛卒，年三十一，守仁哭之慟。一日講畢，歎曰：「安得起曰仁九泉聞斯言乎！」率門人之其墓所，酹酒告之。

蔡宗兗，字希淵。正德十二年進士。官至四川提學僉事。

朱節，字守中。正德八年進士。爲御史，巡按山東。大盜起顏神鎮，蔓州縣十數。驅馳戎馬間，以勞卒。贈光祿少卿。

應良，字原忠，仙居人。正德六年進士。官編修。守仁在吏部，良學焉。親老歸養，講學山中者將十年。嘉靖初，還任，伏闕爭大禮，廷杖。張璁黜翰林爲外官，良得山西副使，謝病歸，卒。

盧可久，字一松。程粹，字養之。皆永康諸生。與同邑應典，皆師守仁。粹子正誼，歷順天府尹。

應典，字天彝。進士。官兵部主事。居家養母，不希榮利。通籍三十年，在官止一考。可久傳東陽杜惟熙，惟熙傳同邑陳時芳、陳正道。惟熙以克己爲要，嘗曰：「學者一息不昧，則萬古皆通；一刻少寬，即終朝欠缺。」卒年八十餘。時芳博覽多聞，而歸於實踐。歲貢不仕。正道爲建安訓導，年八十餘，猶徒步赴五峯講會。其門人呂一龍，永康人，言動不苟，學者咸宗之。

董澐，字子壽，海寧人。年六十八矣，游會稽，肩瓢笠詩卷謁守仁，卒請爲弟子。子穀，官知縣，亦受業守仁。

王畿，字汝中，山陰人。弱冠舉於鄉，跌宕自喜。後受業王守仁，聞其言，無底滯，守仁大喜。嘉靖五年舉進士，與錢德洪並不就廷對歸。守仁征思、田，留畿、德洪主書院。已，奔守仁喪，經紀葬事，持心喪三年。久之，與德洪同第進士。授南京兵部主事，進郎中。給事中戚賢等薦畿。夏言斥畿僞學，奪賢職，畿乃謝病歸。畿嘗云：「學當致知見性而已，應事有小過不足累。」故在官弗免干請，以不謹斥。

畿既廢，益務講學，足跡遍東南，吳、楚、閩、越皆有講舍，年八十餘不肯已。善談說，能動人，所至聽者雲集。每講，雜以禪機，亦不自諱也。學者稱龍谿先生。其後，士之浮誕不逞者，率自名龍谿弟子。而泰州王艮亦受業守仁，門徒之盛，與畿相埒，學者稱心齋先生。陽明學派，以龍谿、心齋爲得其宗。

艮，字汝止。初名銀，王守仁爲更名。七歲受書鄉塾，貧不能竟學。父竈丁，冬晨犯寒役於官。艮哭曰：「爲人子，令父至此，得爲人乎！」出代父役，入定省，惟謹。艮讀書，止孝經、論語、大學，信口談說，中理解。有客聞艮言，詫曰：「何類王中丞語。」

艮乃謁守仁江西，與守仁辨久之，大服，拜爲弟子。明日告之悔，復就賓位自如。已，心折，卒稱弟子。從守仁歸里，歎曰：「吾師倡明絕學，何風之不廣也！」還家，製小車北上，所過招要人士，告以守仁之道，人聚觀者千百。抵京師，同門生駭異，匿其車，趣使返。守仁聞之，不悅。艮往謁，拒不見，長跪謝過乃已。王氏弟子遍天下，率都爵位有氣勢。艮以布衣抗其間，聲名反出諸弟子上。然艮本狂士，往往駕師說上之，持論益高遠，出入於二氏。

艮傳林春、徐樾，樾傳顏鈞，鈞傳羅汝芳、梁汝元，汝芳傳楊起元、周汝登、蔡悉。

樾，字子直，貴溪人。舉進士。歷官雲南左布政使。元江土酋那鑑反，〔四〕詐降。樾信之，抵其城下，死焉。詔贈光祿寺卿，予祭葬，任一子官。

春，字子仁，泰州人。聞良知之學，日以朱墨筆識臧否自考，動有繩檢，尺寸不踰。嘉靖十一年會試第一，除戶部主事，調吏部。縉紳士講學京師者數十人，聰明解悟善談說者，推王畿，志行敦實推春及羅洪先。進文選郎中，卒官，年四十四。發其篋，僅白金四兩，僚友棺斂歸其喪。

汝芳，字維德，南城人。嘉靖三十二年進士。除太湖知縣。召諸生論學，公事多決於講座。遷刑部主事，歷寧國知府。民兄弟爭產，汝芳對之泣，民亦泣，訟乃已。創開元會，

罪囚亦令聽講。入覲，勸徐階聚四方計吏講學。階遂大會於靈濟宮，聽者數千人。父艱，服闋，起補東昌，移雲南屯田副使，進參政，分守永昌，坐事爲言官論罷。初，汝芳從永新顏鈞講學，後鈞繫南京獄當死，汝芳供養獄中，鬻產救之，得減戍。汝芳既罷官，鈞亦赦歸。汝芳事之，飲食必躬進，人以爲難。鈞詭怪猖狂，其學歸釋氏，故汝芳之學亦近釋。

楊起元、周汝登，皆萬曆五年進士。起元，歸善人。選庶吉士，適汝芳以參政入賀，遂學焉。張居正方惡講學，汝芳被劾罷，而起元自如，累官吏部左侍郎。拾遺被劾，帝不問。未幾卒。天啓初，追諡文懿。汝登，嵊人。初爲南京工部主事，榷稅不如額，謫兩淮鹽運判官，累官南京尚寶卿。起元清修姱節，然其學不諱禪。汝登更欲合儒釋而會通之，輯聖學宗傳，盡採先儒語類禪者以入。蓋萬曆世士大夫講學者，多類此。

蔡悉，字士備，合肥人。嘉靖三十八年進士。授常德推官。築郛外六隄以免水患。擢南京吏部主事，累官南京尚寶卿，移署國子監。嘗請立東宮，又極論礦稅之害。有學行，恬宦情。仕五十年，家食强半。清操亮節，淮西人宗之。

歐陽德，字崇一，泰和人。甫冠舉鄉試。之贛州，從王守仁學。不應會試者再。嘉靖

二年策問陰詆守仁，德與魏良弼等直發師訓無所阿，竟登第。除知六安州，建龍津書院，聚生徒論學。入爲刑部員外郎。六年詔簡朝士有學行者爲翰林，乃改德編修。遷南京國子司業，作講亭，進諸生與四方學者論道其中。尋改南京尚寶卿。召爲太僕少卿。以便養，復改南京鴻臚卿。父憂，服闋，留養其母，與鄒守益、聶豹、羅洪先日講學。以薦起故官。累遷吏部左侍郎兼學士，掌詹事府。

母憂歸，服未闋，即用爲禮部尚書。喪畢之官，命直無逸殿。時儲位久虛，帝惑陶仲文「二龍不相見」之說，諱言建儲，德懇請。會有詔，二王出邸同日婚。德以裕王儲貳不當出外，疏言：「曩太祖以父婚子，諸王皆處禁中。宣宗、孝宗以兄婚弟，始出外府。今事與太祖同，請從初制。」帝不許。德又言：「會典醮詞，主器則曰承宗，分藩則曰承家。今裕王當何從？」帝不悅曰：「既云王禮，自有典制。如若言，何不竟行册立耶？」德即具册立儀上。帝滋不悅，然終諒其誠，婚亦竟不同日。裕王母康妃杜氏薨，德請用成化朝紀淑妃故事，不從。德遇事侃侃，裁制諸宗藩尤有執。或當利害，衆相顧色戰，德意氣自如。

當是時，德與徐階、聶豹、程文德並以宿學都顯位。於是集四方名士於靈濟宮，與論良知之學。赴者五千人。都城講學之會，於斯爲盛。

德器宇溫粹，學務實踐，不尚空虛。晚見知於帝，將柄用，而德遽卒。贈太子少保，謚文莊。

族人瑜，字汝重，亦學於守仁。守仁教之曰：「常欿然無自是而已。」瑜終身踐之。舉於鄉，不就會試，曰：「老親在，三公不與易也。」母死，廬墓側。虎環廬嘷，不爲動。歷官四川參議，所至有廉惠聲。年近九十而卒。

羅洪先，字達夫，吉水人。父循，進士。歷兵部武選郎中。會考選武職，有指揮二十餘人素出劉瑾門，循罷其管事。瑾怒罵尚書王敞，敞懼，歸部趣易奏。循故遲之，數日瑾敗，敞乃謝循。循歷知鎮江、淮安二府，徐州兵備副使，咸有聲。

洪先幼慕羅倫爲人。年十五，讀王守仁傳習錄好之，欲往受業，循不可而止。乃師事同邑李中，傳其學。嘉靖八年舉進士第一，授修撰，即請告歸。外舅太僕卿曾直喜曰：「幸吾壻成大名。」洪先曰：「儒者事業有大於此者。此三年一人，安足喜也。」洪先事親孝。父每肅客，洪先冠帶行酒、拂席、授几甚恭。居二年，詔劾請告踰期者，乃赴官。尋遭父喪，苦塊蔬食，不入室者三年。繼遭母憂，亦如之。

十八年簡宮僚，召拜春坊左贊善。明年冬，與司諫唐順之、校書趙時春疏請來歲朝正後，皇太子出御文華殿，受羣臣朝賀。時帝數稱疾不視朝，諱言儲貳臨朝事，見洪先等疏，大怒曰：「是料朕必不起也。」降手詔百餘言切責之，遂除三人名。

洪先歸，益尋求守仁學。甘淡泊，鍊寒暑，躍馬挽强，考圖觀史，自天文、地志、禮樂、典章、河渠、邊塞、戰陣攻守，下逮陰陽、算數，靡不精究。至人才、吏事、國計、民情，悉加意諮訪。曰：「苟當其任，皆吾事也。」邑田賦多宿弊，請所司均之，所司即以屬。洪先精心體察，弊頓除。歲饑，移書郡邑，得粟數十石，率友人躬振給。流寇入吉安，主者失措。爲畫策戰守，寇引去。素與順之友善。順之應召，欲挽之出，嚴嵩以同鄉故，擬假邊才起用，皆力辭。

洪先雖宗良知學，然未嘗及守仁門，恒舉易大傳「寂然不動」、周子「無欲故靜」之旨以告學人。又曰：「儒者學在經世，而以無欲爲本。惟無欲，然後出而經世，識精而力鉅。」時王畿謂良知自然，不假纖毫力。洪先非之曰：「世豈有現成良知者耶？」雖與畿交好，而持論始終不合。山中有石洞，舊爲虎穴，葺茅居之，命曰石蓮。謝客，默坐一榻，三年不出戶。

初，告歸，過儀眞，同年生主事項喬爲分司。有富人坐死，行萬金求爲地，洪先拒不聽。喬微諷之，厲聲曰：「君不聞志士不忘在溝壑耶？」江漲，壞其室，巡撫馬森欲爲營之，固辭不可。隆慶初卒，贈光祿少卿，謚文莊。

程文德，字舜敷，永康人。初受業章懋，後從王守仁遊。登洪先榜進士第二，授翰林編修。坐同年生楊名劾汪鋐事，下詔獄，謫信宜典史。鋐罷，量移安福知縣，遷兵部員外郎。父憂，廬墓側，終喪不入內。起兵部郎中，擢廣東提學副使，未赴，改南京國子祭酒。母憂，服闋，起禮部右侍郎。俺答犯京師，分守宣武門，盡納鄉民避寇者。調吏部爲左。已，改掌詹事府。

三十三年供事西苑。所撰青詞，頗有所規諷，帝銜之。會推南京吏部尚書，帝疑文德欲遠己，命調南京工部右侍郎。文德疏辭，勸帝享安靜和平之福。帝以爲謗訕，除其名。既歸，聚徒講學。卒，貧不能殮。萬曆間，追贈禮部尚書，謚文恭。

吳悌，字思誠，金谿人。嘉靖十一年進士。除樂安知縣，調繁宣城，徵授御史。十六年，應天府進試錄，考官評語失書名，諸生答策多譏時政。帝怒，逮考官諭德江汝璧、洗馬歐陽衢詔獄，貶官，府尹孫懋等下南京法司，尋得還職，而停舉子會試。悌爲舉子求寬，坐下詔獄，出視兩淮鹽政。海溢，沒通、泰民廬，悌先發漕振之而後奏聞。尋引疾歸，還朝，按河南。伊王典楧驕橫，憚悌，遺書稱爲友。悌報曰：「殿下，天子親藩，非悌所敢友。悌，天子憲臣，非殿下所得友。」王愈憚之。夏言、嚴嵩當國，與悌鄉里。嘗謁言，衆見言新服宮袍，競前譽之，悌却立不進。言問故，徐曰：「俟談少間，當以政請。」言爲改容。及嵩擅政，悌惡之，引疾家居垂二十年。嵩敗，起故官，一歲中累遷至南京大理卿。時吳嶽、胡松、毛愷並以耆俊爲卿貳，與悌稱「南都四君子」。隆慶元年就遷刑部侍郎。明年卒。

悌爲王守仁學，然清修果介，反躬自得爲多。萬曆中，子仁度請恤。吏部尚書孫丕揚曰：「悌，理學名臣，不宜循常格。」遂用黃孔昭例，贈禮部尚書，謚文莊。鄉人建祠，與陸九淵、吳澄、吳與弼、陳九川並祀，曰五賢祠，學者稱疏山先生。

仁度，字繼疎。萬曆十七年進士。授中書舍人。三王並封議起，抗疏爭之。久之，擢吏部主事，歷考功郎中。稽勳郎中趙邦清被劾，疑同官鄧光祚等嗾言路，憤激力辨。章下考功，仁度欲稍寬邦清罰，給事中梁有年遂劾仁度黨比。時光祚引疾去，而仁度代爲文選，御史康丕揚復劾仁度傾光祚而代之，詔改調之南京。自邦清被論後，言路訐不已，都御史溫純恚甚，請定國是，以剖衆疑，而深爲仁度惜。仁度尋補南京刑部郎中，擢太僕少卿，進

右僉都御史，巡撫山西。砥廉隅，務慈愛，與魏允貞齊名。居四年，以疾歸。熹宗初，起大理卿，進兵部右侍郎，復稱疾去。再起工部左侍郎。天啓五年，魏忠賢以仁度與趙南星、楊漣等善，勒令致仕，尋卒。仁度，名父子，克自振勵，鄒元標亟稱之。

何廷仁，初名秦，以字行，改字性之。黃弘綱，字正之。皆雩都人。廷仁和厚，與人接，誠意盎溢。而弘綱難近，未嘗假色笑於人。然兩人志行相準。廷仁初慕陳獻章，後聞王守仁之學於弘綱。守仁征桶岡，詣軍門謁，遂師事焉。嘉靖元年舉於鄉，復從守仁浙東。廷仁立論尙平實，守仁歿後，有爲過高之論者，輒曰：「此非吾師言也。」除新會知縣，釋菜獻章祠，而後視事。政尙簡易，士民愛之。遷南京工部主事，分司儀眞，榷蕪湖稅，不私一錢。滿考，卽致仕。弘綱由鄉舉官刑部主事。

守仁之門，從遊者恒數百，浙東、江西尤衆，善推演師說者稱弘綱、廷仁及錢德洪、王畿。時人語曰：「江有何、黃，浙有錢、王。」然守仁之學，傳山陰、泰州者，流弊靡所底極，惟江西多實踐，安福則劉邦采，新建則魏良政兄弟，其最著云。

邦采，字君亮。族子曉受業守仁，歸語邦采，遂與從兄文敏及弟姪九人謁守仁於里第，師事焉。父憂，蔬水廬墓。免喪，不復應舉。提學副使趙淵檄赴試，御史儲良才許以常服入闈，不解衣檢察，乃就試，得中式。久之，除壽寧教諭，擢嘉興府同知，棄官歸。邦采識高明，用力果銳。守仁倡良知爲學的，久益敝，有以揣摩爲妙悟，縱恣爲自然者，邦采每極言排斥焉。

文敏，字宜充。〔三〕父喪除，絕意科舉。嘗曰：「學者當循本心之明，時見己過，刮磨砥礪，以融氣稟，絕外誘，徵諸倫理、事物之實，無一不慊於心，而後爲聖門正學，非困勉不可得入也。高談虛悟，炫末離本，非德之賊乎？」曉，字伯光。舉於鄉，後爲新寧知縣，有善政。

良政，字師伊。守仁撫江西，與兄良弼，弟良器、良貴，咸學焉。提學副使邵銳、巡按御史唐龍持論與守仁異，戒諸生勿往謁，良政兄弟獨不顧，深爲守仁所許。良政功尤專，孝友敦朴，燕居無惰容，嘗曰：「不尤人，何人不可處；不累事，何事不可爲。」舉鄉試第一而卒。良弼嘗言，「吾夢見師伊，輒汗浹背」，其爲兄憚如此。良器，字師顏。性超穎絕人，雖宗良知，踐履務平實。良弼，自有傳。良貴，官右副都御史。

王時槐，字子植，安福人。嘉靖二十六年進士。授南京兵部主事。歷禮部郎中、福建僉事。累官太僕少卿，降光祿少卿。隆慶末，出爲陝西參政。張居正柄國，以京察罷歸。萬曆中，南贛巡撫張岳疏薦之。吏部言：「六年京察，祖制也。若執政有所驅除，非時一舉，謂之閏察。時槐在閏察中，羣情不服，請召時槐，且永停閏察。」報可。久之，陸光祖掌銓，起貴州參政，旋擢南京鴻臚卿，進太常，皆不赴。

時槐師同縣劉文敏，及仕，徧質四方學者，自謂終無所得。年五十，罷官，反身實證，始悟造化生生之幾，不隨念慮起滅。學者欲識眞幾，當從愼獨入。其論性曰：「孟子性善之說，決不可易。使性中本無仁義，則惻隱羞惡更何從生。且人應事接物，如是則安，不如是則不安，非善而何？」又曰：「居敬、窮理，二者不可廢一。要之，居敬二字盡之。自其居敬之精明了悟而言，謂之窮理，卽考索討論，亦居敬中之一事。敬無所不該，敬外更無餘事也。」年八十四卒。

盧陵陳嘉謨，字世顯，與時槐同年進士。爲給事中，不附嚴嵩，出之外。歷湖廣參政，乞休歸，專用力於學。凡及其門者，告之曰：「有塘南在，可往師之。」塘南，時槐別號也。年八十三卒。

許孚遠，字孟中，德清人，受學同郡唐樞。嘉靖四十一年成進士，授南京工部主事，就改吏部。已，調北部。尚書楊博惡孚遠講學，會大計京朝官，黜浙人幾半，博鄉山西無一焉。孚遠有後言，博不悅，孚遠遂移疾去。隆慶初，高拱薦起考功主事，出爲廣東僉事，招大盜李茂、許俊美擒倭黨七十餘輩以降，錄功，賚銀幣。旋移福建。

神宗立，拱罷政，張居正議逐拱黨，復大計京官。王篆爲考功，誣孚遠黨拱，謫兩淮鹽運司判官。歷兵部郎中，出知建昌府，暇輒集諸生講學，引貢士鄧元錫、劉元卿爲友。尋以給事中鄒元標薦，擢陝西提學副使，敬禮貢士王之士，移書當路，并元卿、元錫薦之。後三人並得徵，由孚遠倡也。還應天府丞，坐爲李材訟冤，貶二秩，由廣東僉事再遷右通政。

二十年擢右僉都御史，巡撫福建。倭陷朝鮮，議封貢，孚遠請敕諭日本擒斬平秀吉，不從。呂宋國酋子訟商人襲殺其父，孚遠以聞，詔戮罪人，厚犒其使。福州饑，民掠官府，孚遠擒倡首者，亂稍定，而給事中耿隨龍、御史甘士价等劾孚遠宜斥，帝不問。所部多僧田，孚遠入其六於官。又募民墾海壇地八萬三千有奇，築城建營舍，聚兵以守，因請推行於南日、彭湖及浙中陳錢、金塘、玉環、南麂諸島，皆報可。居三年，入爲南京大理卿，就遷兵部

右侍郎，改左，調北部。甫半道，被論。乞休，疏屢上，乃許。又數年，卒於家，贈南京工部尚書，後謚恭簡。

孚遠篤信良知，而惡夫援良知以入佛者。知建昌，與郡人羅汝芳講學不合。及官南京，與汝芳門人禮部侍郎楊起元、尚寶司卿周汝登並主講席。汝登以無善無惡爲宗，孚遠作九諦以難之，言：「文成宗旨，原與聖門不異，以性無不善，故知無不良。良知即是未發之中，立論至爲明析。無善無惡心之體一語，蓋指其未發時，廓然寂然者而言之，止形容得一靜字，合下三語，始爲無病。今以心意知物，俱無善惡可言者，非文成之正傳也。」彼此論益齟齬。而孚遠撫福建，與巡按御史陳子貞不相得，子貞督學南畿，遂密諷同列拾遺劾之。從孚遠遊者，馮從吾、劉宗周、丁元薦，皆爲名儒。

尤時熙，字季美，洛陽人。生而警敏不羣，弱冠舉嘉靖元年鄉試。時王守仁傳習錄始出，士大夫多力排之，時熙一見歎曰：「道不在是乎？向吾役志詞章，末矣。」已而以疾稍從事養生家。授元氏教諭，父喪除，改官章丘，一以致良知爲教，兩邑士亦知新建學。入爲國子博士，徐階爲祭酒，命六館士咸取法焉。居常以不獲師事守仁爲恨，聞郎中劉魁得守仁之傳，遂師事之。魁以直言錮詔獄，則書所疑，時時從獄中質問。尋以戶部主事榷稅滸墅，課足而止，不私一錢。念母老，乞終養歸，遂不出，日以修己淑人爲事，足未嘗涉公府。齋中設守仁位，晨興必焚香肅拜，來學者亦令展謁。晚年，病學者憑虛見而忽躬行，甚且越繩墨自恣，故其論議切於日用，不爲空虛隱怪之談。卒於萬曆八年，年七十有八，學者稱西川先生。其門人，孟化鯉最著，自有傳。

張後覺，字志仁，茌平人。父文祥，由鄉舉官廣昌知縣。後覺生有異質，事親孝，居喪哀毀，三年不御內。早歲，聞良知之說於縣教諭顏鑰，遂精思力踐，偕同志講習。已而貴谿徐樾以王守仁再傳弟子來爲參政，後覺率同志往師之，學益有聞。久之，以歲貢生授華陰訓導，會地大震，人多傾壓死，上官令署縣事，救災扶傷，人胥悅服。及致仕歸，士民泣送載道。

東昌知府羅汝芳、提學副使鄒善皆宗守仁學，與後覺同志。善爲建願學書院，俾六郡士師事焉。汝芳亦建見泰書院，時相討論。猶以取友未廣，北走京師，南游江左，務以親賢講學爲事，門弟子日益進。凡吏於其土及道經茌平者，莫不造廬問業。巡撫李世達兩詣山居，病不能爲禮，乃促席劇談，飽蔬食而去。平生不作詩，不談禪，不事著述，行孚遠近，學者稱之爲弘山先生。年七十六，以萬曆六年卒。

其門人，孟秋、趙維新最著。秋，自有傳。維新，亦茌平人，年二十，聞後覺講良知之學，遂師事之。次其問答語，爲弘山教言。性純孝，居喪，五味不入口，柴毀骨立，杖而後起。鄉人欲舉其孝行，力辭之。喪偶，五十年不再娶。嘗築垣得金一篋，工人持之去，維新不問。家貧，或併日而食，超然自得。亦以歲貢生爲長山訓導，年九十二，無疾而終。

鄧以讚，字汝德，新建人。張元忭，字子藎，紹興山陰人。二人皆生有異質，又好讀書。以讚幼，見父與人論學，輒牽衣尾之，間出語類夙儒。元忭素羸弱，母戒毋過勞，乃藏燈幕中，俟母寢始誦。父閔其勤學，營扃之斗室。十餘歲時以氣節自負，聞楊繼盛死，爲文遙誄之，慷慨泣下。父天復，官雲南副使，擊武定賊鳳繼祖有功。已，賊還襲武定，官軍敗績，巡撫呂光洵討滅之。至隆慶初，議者追理前失亡狀，逮天復赴雲南對簿，元忭適下第還，萬里護行，髮盡白。已，復馳詣闕下白冤，當事憐之，天復得削籍歸。

隆慶五年，以讚舉會試第一，廷試第三，授編修，而元忭以廷試第一，授修撰。萬曆初，座主張居正枋國政，以讚時有匡諫，居正弗善也，移疾歸。久之，補原官，旋引退。詔起中

允，至中途復以念母返。再起南京祭酒，就擢禮部右侍郎，復就轉吏部，再疏請建儲，且力斥三王並封之非，中言：「中宮鍾愛元子，其願早正春宮，覲臣民尤切。陛下以厚中宮而緩册立，殆未諒中宮心。況信者，國之大寶，建儲一事，屢示更移，將使詔令不信於天下，非所以重宗廟、安社稷也。」會廷臣多諫者，事竟寢。尋召爲吏部右侍郎，力辭不拜。以讚登第二十餘年，在官僅滿一考。居母憂，不勝喪而卒。贈禮部尚書，諡文潔。

元忭嘗抗疏救御史胡涍，又請進講列女傳於兩宮，修二南之化，皆不省。萬曆十年奉使楚府還，過家省母，既行心動，輒馳歸，僅五日，母卒。元忭奉二親疾，湯藥非口嘗弗進，居喪毁瘠，遵用古禮，鄉人多化之。服闋，起故官，進左諭德，直經筵。先是，元忭以帝登極恩，請復父官，詔許給冠帶。至是復申前請，格不從。元忭泣曰：「吾無以下見父母矣。」遂悒悒得疾卒。天啓初，追諡文恭。

以讚、元忭自未第時即從王畿游，傳良知之學，然皆篤於孝行，躬行實踐。以讚品端志潔，而元忭矩矱儼然，無流入禪寂之弊。元忭子汝霖，江西參議。汝懋，御史。

孟化鯉，字叔龍，河南新安人。孟秋，字子成，茌平人。化鯉年十六，慨然以聖賢自期。

而秋兒時受詩，至桑中諸篇，輒棄去不竟讀。

化鯉舉萬曆八年進士。授戶部主事，時相欲招致之，辭不往。榷稅河西務，與諸生講學，河西人尸祝之。南畿、山東大饑，奉命往振，全活多。改吏部，歷文選郎中，佐尚書孫鑨黜陟，名籍甚。時內閣權重，每銓除必先白，化鯉獨否，中官請託復不應，以故多不悅。都給事中張棟先以建言削籍，化鯉奏起之，忤旨，奪堂官俸，謫化鯉及員外郎項復弘、主事姜仲軾雜職。閣臣疏救，命以原品調外。頃之，言官復交章救，帝益怒，奪言官俸，斥化鯉等爲民。既歸，築書院川上，與學者講習不輟，四方從游者恒數百人。久之卒。

秋舉隆慶五年進士。爲昌黎知縣，有善政。遷大理評事，去之日，老稚載道泣留。以職方員外郎督視山海關。關政久弛，奸人出入自擅，秋禁之嚴。中流言，萬曆九年京察坐貶，歸塗與妻孥共駕一牛車，道旁觀者咸歎息。許孚遠嘗過張秋，造其廬，見茆屋數椽，書史狼藉其中，歎曰：「孟我疆風味，大江以南未有也。」我疆者，秋別號也。後起官刑部主事，歷尚寶丞少卿，卒。秋既歿，廷臣爲請諡者章數十上。天啓初，賜諡清憲。

化鯉自貢入太學，即與秋道義相勖，後爲吏部郎，而秋官尚寶，比舍居，食飲起居無弗共者，時人稱「二孟」。化鯉之學得之洛陽尤時熙，而秋受業於邑人張後覺。時熙師曰劉魁，後覺則顏鑰、徐樾弟子也。

來知德，字矣鮮，梁山人。幼有至行，有司舉爲孝童。嘉靖三十一年舉於鄉。二親相繼歿，廬墓六年，不飲酒茹葷。服除，傷不及祿養，終身麻衣蔬食，誓不見有司。其學以致知爲本，盡倫爲要。所著有省覺錄、省事錄、理學辨疑、心學晦明解諸書，而周易集註一篇用功尤篤。自言學莫邃於易。初，結廬釜山，學之六年無所得。後遠客求溪山中，覃思者數年，始悟易象。又數年始悟文王序卦、孔子雜卦之意。又數年始悟卦變之非。蓋二十九年而後書成。

萬曆三十年，總督王象乾、巡撫郭子章合詞論薦，特授翰林待詔。知德力辭，詔以所授官致仕，有司月給米三石，終其身。

鄧元錫，字汝極，南城人。十五喪父，水漿不入口。十七行社倉法，惠其鄉人。已爲諸生，遊邑人羅汝芳門，又走吉安，學於諸先達。嘉靖三十四年舉於鄉，復從鄒守益、劉邦采、劉陽諸宿儒論學。後不復會試，杜門著述，踰三十年，五經皆有成書，閎深博奧，學者稱潛谷先生。

休寧范淶知南城時，重元錫。後爲南昌知府，萬曆十六年入覲，薦元錫及劉元卿、章潢於朝。南京祭酒趙用賢亦請徵聘，如吳與弼、陳獻章故事。得旨，有司起送部試，元錫固辭。明年，御史王道顯復以元錫、元卿並薦，且請倣祖宗徵辟故事，無拘部試。詔令有司問病，痊可起送赴部，竟不行。二十一年，巡按御史秦大夔復並薦二人，詔以翰林待詔徵之，有司敦遣上道，甫離家而卒。鄉人私諡文統先生。

元錫之學，淵源王守仁，不盡宗其說。時心學盛行，謂學惟無覺，一覺即無餘蘊，九容、九思、四教、六藝皆桎梏也。元錫力排之，故生平博極羣書，而要歸於六經。所著五經繹、函史上下編、皇明書，並行於世。

元卿，字調父，安福人。舉隆慶四年鄉試，明年會試，對策極陳時弊，主者不敢錄。張居正聞而大怒，下所司申飭，且令人密詗之，其人反以情告，乃獲免。既歸，師同邑劉陽，王守仁弟子也。萬曆二年，會試不第，遂絕意科名，務以求道爲事。既累被薦，乃召爲國子博士。擢禮部主事，疏請早朝勤政，又請從祀鄒守益、王艮於文廟，釐正外蕃朝貢舊儀。尋引疾歸，肆力撰述，有山居草、還山續草、諸儒學案、賢弈編、思問編、禮律類要、大學新編諸書。

潢，字本清，南昌人。居父喪，哀毁血溢。搆此洗堂，聯同志講學。輯羣書百二十七卷，曰圖書編。又著周易象義、詩經原體、書經原始、春秋竊義、禮記劄言、論語約言諸書。從游者甚衆。數被薦，從吏部侍郎楊時喬請，遂授順天訓導。如陳獻章、來知德故事，有司月給米三石贍其家。卒於萬曆三十六年，年八十二。其鄉人稱潢自少迄老，口無非禮之言，身無非禮之行，交無非禮之友，目無非禮之書，乃私謚文德先生。自吳與弼後，元錫、元卿、潢並蒙薦辟，號「江右四君子」。

校勘記

〔一〕師事陳獻章　原無「陳」字。按本傳此處始見陳獻章之名，應冠姓，今補。

〔二〕永豐呂懷　呂懷，原作「李懷」，據本書卷二〇八洪垣傳、明進士題名碑錄嘉靖壬辰科改。

〔三〕山陰蔡宗兗　蔡宗兗，原作「葉宗兗」，據明史稿傳八〇王守仁傳附徐愛傳、明儒學案卷一一浙中王門學案及明進士題名碑錄正德丁丑科改。下同。

〔四〕元江土舍那鑑反　元江，原作「沅江」，據本書卷三一四元江傳、世宗實錄卷三九三嘉靖三十二年正月丁酉條改。按元江屬雲南，而沅江屬湖廣，是另一地。徐樾是雲南布政使。

〔五〕文敏字宜充　宜充，原作「直充」，據明史稿傳八〇王守仁傳附劉邦采傳、明儒學案卷一九江右王門學案改。

明史卷二百八十四

列傳第一百七十二

儒林三

孔希學　孔彥繩　顏希惠　曾質粹　孔聞禮　孟希文　仲于陛　周冕　程接道　程克仁　張文運　邵繼祖　朱挺　朱墅

孔希學，字士行，先聖五十六代孫也，世居曲阜。祖思晦，字明道，仕元爲教諭，有學行。仁宗時，以思晦襲封衍聖公，卒謚文肅，子克堅襲。

克堅，字璟夫。至正六年，中書言衍聖公階止嘉議大夫，與爵不稱，乃進通奉大夫，予銀印。十五年有薦其明習禮樂者，徵爲同知太常禮儀院事，以子希學襲封。克堅累遷國子祭酒。二十二年，克堅謝病還闕里，後起集賢學士、山東廉訪使，皆不赴。

洪武元年三月，徐達下濟寧，克堅稱疾，遣希學來見，達送之京師。希學奏父病不能

行，太祖敕諭克堅，末言「稱疾則不可」。會克堅亦來朝，遇使者淮安，惶恐兼程進，見於謹身殿。問以年，對曰：「臣年五十有三。」曰：「爾年未邁，而病嬰之。今不煩爾以官。爾家，先聖後，子孫不可不學。爾子溫厚，俾進學。」克堅頓首謝。即日賜宅一區，馬一匹，米二十石。明日復召見，命以訓厲族人。因顧侍臣曰：「先聖後，特優禮之，養以祿而不任以事也。」

十一月命希學襲封衍聖公。置官屬，曰掌書，曰典籍，曰司樂，曰知印，曰奏差，曰書寫，各一人。立孔、顏、孟三氏教授司，教授、學錄、學司各一人。立尼山、洙泗二書院，各設山長一人。復孔氏子孫及顏、孟大宗子孫徭役。又命其族人希大爲曲阜世襲知縣。而進衍聖公秩二品，階資善大夫。賜之誥曰：「古之聖人，自羲、農至於文、武，法天治民，明並日月，德化之盛莫有加焉。然皆隨時制宜，世有因革。至於孔子，雖不得其位，會前聖之道而通之，以垂教萬世，爲帝者師。其孫子思，又能傳述而名言之，以極其盛。有國家者，求其統緒，尊其爵號，蓋所以崇德報功也。歷代以來，膺襲封者或不能繩其祖武，朕甚閔焉。當臨馭之初，訪世襲者得五十六代孫孔希學，大宗是紹，爰行典禮，以致褒崇。爾其領袖世儒，益展聖道之用於當世，以副朕之至望，豈不偉歟！」希大階承事郎，賜之敕。

三年春，克堅以疾告歸，遣中使慰問。疾篤，詔給驛還家，賜白金文綺，舟次邳州卒。

六年八月，希學服闋入朝，命所司致廩餼，從人皆有賜，復勞以敕，賜襲衣冠帶。九月

辭歸，命翰林官餞於光祿寺，賚白金文綺。明年二月，希學言：「先聖廟堂廊廡圮壞，祭器、樂器、法服不備，乞命有司修治。先世田，兵後多蕪，而徵賦如故，乞減免。」並從之。自是，每歲入朝，班亞丞相，皆加宴賚。

希學好讀書，善隸法，文詞爾雅。每賓客讌集，談笑揮灑，爛然成章。承大亂之後，廟貌服物，畢力修舉，盡還舊觀。十四年卒。命守臣致祭。

子訥，字言伯，十七年正月襲封。命禮官以教坊樂導送至國學，學官率諸生二千餘人迎於成賢街。自後，每歲入覲，給符乘傳。帝既革丞相官，遂令班文臣首。訥性恭謹，處宗黨有恩。建文二年卒。子公鑑襲。

公鑑，字昭文，有孝行，嗣爵二年卒。成祖卽位，遣使致祭。

子彥縉，字朝紳，永樂八年襲，甫十歲，命肄業國學，久之遣歸。十五年修闕里文廟成，御製碑文勒石。仁宗踐阼，彥縉來朝。仁宗語侍臣曰：「外蕃貢使皆有公館。衍聖公假館民間，非崇儒重道意。」遂賜宅東安門外。宣德四年，彥縉將遣使福建市書，咨禮部，部臣以聞，命市與之。已，奏闕里雅樂及樂舞生冠服敝壞，詔所司修治。景泰元年，帝幸學。彥縉率三氏子孫觀禮，賜坐彝倫堂聽講。幸學必先期召衍聖公，自此始。彥縉幼孤，能自立，

然與族人不睦。景泰六年，族祖克昫等與彥縉相訐，帝置不問。

彥縉子承慶，先卒。孫弘緒，字以敬，甫八歲，而彥縉卒。妾江訴弘緒幼弱，爲族人所侵。詔遣禮部郎爲治喪，而命其族父公恂理家事。驛召弘緒至京襲封，賜玉帶金印，簡敎授一人課其學。英宗復辟，入賀。朝見便殿，握其手，置膝上，語良久。弘緒纔十歲，進止有儀，帝甚悅。每歲入賀聖壽。帝聞其賜第湫隘，以大第易之。凡南城賞花、西苑較射，皆與焉。

公恂，字宗文。景泰五年舉會試。聞母疾，不赴廷對。帝問禮部，得其故，遣使召之。日且午，不及備試卷，命翰林院給筆札。登第，卽丁母憂歸。天順初，授禮科給事中。大學士李賢言：「公恂，至聖後，贊善司馬恂，宋大賢溫國公光後，宜輔導太子。」帝喜，同日超拜少詹事，侍東宮講讀。入語孝肅皇后曰：「吾今日得聖賢子孫爲汝子傅。」孝肅皇后者，憲宗生母，方以皇貴妃有寵，於是具冠服拜謝，宮中傳爲盛事云。成化初，以言事謫漢陽知府，未至，丁父憂。服闋，還故秩，莅南京詹事府。久之卒。

弘緒少貴，又恃婦翁大學士李賢，多過舉。成化五年被劾，按治，奪爵爲庶人，令其弟弘泰襲。弘泰歿，爵仍歸弘緒子。

弘泰，字以和。旣嗣爵，弘治十一年，山東按臣言弘緒遷善改行，命復冠帶。明年六

月，聖殿災，弘泰方在朝，弘緒率子弟奔救，素服哭廟，蔬食百日。弘泰還，亦齋哭如居喪。弘泰生七月而孤，奉母孝，與弘緒友愛，無間言。十六年卒，弘緒子聞韶襲。

聞韶，字知德。明年，新廟建，規制踰舊，遣大學士李東陽祭告，御製碑文勒石。正德三年以尼山、洙泗二書院及鄒縣子思子廟各有祀事，奏請弟聞禮主之。帝授聞禮五經博士，主子思子祀事，世以衍聖公弟爲之。兩書院各設學錄一人，薦族之賢者充焉。六年，山東盜起，聞韶與巡撫趙璜請城闕里，遷曲阜縣治以衞廟，不果行。嘉靖二十五年，聞韶卒，子貞幹襲。

貞幹，字用濟。三十五年入朝。卒，子尚賢襲。

尚賢，字象之。巡撫丁以忠言：「尚賢沖年，宜如弘泰例，國學肄業。」從之。萬曆九年，庶母郭氏訐尚賢。帝爲革供奉女樂二十六戶，令三歲一朝。十七年，尚賢仍請比歲入賀，許之。尚賢博識。天啓元年卒。子蔭椿先卒，無嗣，從弟子蔭植襲。

蔭植，字對寰。祖貞寧，衍聖公貞幹弟也，仕爲五經博士。父尚坦，國學生，追封衍聖公。蔭植先爲博士，尚賢既喪子，遂育爲嗣。天啓四年以覃恩加太子太保。崇禎元年加太子太傅。

孔彥繩，字朝武，衢州西安人，先聖五十九代孫也。宋建炎中，衍聖公端友扈蹕南渡，因家衢州。高宗命以州學爲家廟，賜田五頃，以奉祭祀。五傳至洙。元至元間，命歸曲阜襲封。洙讓爵曲阜之弟治。

弘治十八年，衢州知府沈杰奏言：「衢州聖廟，自孔洙讓爵之後，衣冠禮儀，猥同氓庶。今訪得洙之六世孫彥繩，請授以官，俾主祀事。」又言：「其先世祭田，洪武初，輕則起科，後改徵重稅，請仍改輕，以供祀費。」帝可之。正德元年授彥繩翰林院五經博士，子孫世襲，并減其祭田之稅。

彥繩卒，子承美，字永實，十四年襲。卒，子弘章，字以達，嘉靖二十六年襲。卒，子聞音，字知政，萬曆五年襲。卒，子貞運，字用行，四十三年襲。時以在曲阜者爲孔氏北宗，在西安者爲南宗云。

顏希惠，復聖五十九代孫也。洪武初，以顏子五十七代孫池爲宣德府學教授。十五年改三氏學教授，以奉祀事。池，字德裕。子拳，字克膺。拳子希仁，字士元。景泰三年詔以顏、孟子孫長而賢者各一人，至京官之。其年，希仁爲巡按御史顧曈所劾。詔黜希仁，召希惠以爲翰林院五經博士。未幾，以希惠非嫡子，仍以希仁長子議爲之。議，字定伯，成化元

年賜第京師，入覲，馳驛以爲常。議卒，子鋐，字宗器，十八年襲。卒，子重德，字尚本，正德二年襲。卒，子從祖，字守嗣，襲。卒，無子，嘉靖四十一年以從祖從父重禮之長子肇先爲嗣。肇先，字啓源。卒，子嗣慎，字用修襲。卒，長子尹宗先卒，次子尹祚，字永錫，萬曆年襲。尹祚爲人博學好義，尹宗之子伯貞旣長，遂以其職讓之。伯貞，字叔節，二十七年襲。卒，子㓜，弟伯廉，字叔淸，三十四年襲。卒，子紹緖，崇禎十四年襲。

曾質粹，字好古，吉安永豐人，宗聖五十九代孫也。其先，都鄉侯據避新莽之亂，徙家豫章，子孫散居撫、吉諸郡間。成化初，山東守臣上言：「嘉祥縣南武山西南，元寨山之東麓，有漁者陷入穴中，得懸棺，碣曰曾參之墓。」詔加修築。正德間，山東僉事錢鋐訪得曾子之後一人于嘉祥山中，未幾而沒。嘉靖十二年，以學士顧鼎臣言，詔求嫡嗣。於是江西撫按以質粹名聞，命回嘉祥，以衣巾奉祀。十八年，授翰林院五經博士，子孫世襲。三十九年卒。子昊，未襲卒。昊子繼祖，字繩之，少病目，江西族人袞謀奪其職，爲給事中劉不息、御史劉光國所糾，於是罷袞官，而繼祖仍主祀事。卒，子承業，字洪福，萬曆五年襲。卒，子弘毅，字泰東，崇禎元年襲。卒，子聞達，字象輿，十四年襲。

孔聞禮，字知節，衍聖公聞韶弟也。正德二年詔授翰林院五經博士，[一]以奉述聖祀事。自後，世以衍聖公弟爲之。聞禮卒，嘉靖二十五年，貞寧字用致襲。卒，萬曆二十二年，蔭桂襲。卒，天啓二年，蔭隆襲。卒，八年，尙達襲。卒，崇禎十年，蔭相襲。卒，十四年，蔭錫襲。卒，十六年，蔭鈺襲。

孟希文，字士煥，亞聖五十六代孫也。洪武元年詔以孟子五十四代孫思諒奉祀，世復其家。思諒，字友道，子克仁，字信夫。克仁子希文。景泰三年授希文翰林院五經博士，子孫世襲。卒，子元，字長伯，弘治二年襲。卒，子公榮幼，嘉靖二年以元弟亨之子公肇襲。公肇，字先文，少好學，事繼母孔氏，以孝聞。卒，十二年，仍以公榮襲。公榮，字稾文。卒，子彥璞，字朝璽，隆慶元年襲。卒，子承光，萬曆二十九年襲。卒，子弘譽，天啓三年襲。卒，子聞玉，崇禎二年襲。

仲于陛，先賢仲子六十二代孫也。萬曆十五年詔以仲子五十九代孫呂爲奉祀。呂子銓。銓子則顯。則顯子于陛。崇禎十六年以衍聖公孔蔭植言，詔授于陛翰林院五經博士，子孫世襲，賜泗水縣、濟寧州田六十餘頃，廟戶三十一，以奉其祭祀焉。

周冕，先賢元公周子十二代孫也。其先，道州人，熙寧中，周子葬母江州，子孫因家廬山蓮花峰下。景泰七年，授冕翰林院五經博士，子孫世襲，還鄉以奉周子祀事。卒，子繡麟襲。卒，子道襲。卒，子聯芳襲。卒，子濟襲。卒，從弟汝忠襲。卒，子蓮應襲。

程接道，先賢正公程子後也。宋淳熙間，純公程子五世孫有居江寧者，嘗主金陵書院祀事。卒，以名㓜學者承之。明初失傳。崇禎三年，河南巡按李日宣請以正公之後爲之嗣，詔許之，遂以接道爲翰林院五經博士，子孫世襲。十四年，土賊于大忠作亂，接道力拒，死之。

程克仁，先賢正公程子十七代孫也，世居嵩縣之六渾。景泰六年授翰林院五經博士，子孫世襲，以奉程子祀事。卒，子繼祖襲。卒，仲子世宥襲。卒，子心傳襲。心傳莊重寡言，爲鄉黨所稱。卒，弟宗益襲。卒，從子佳引襲。卒，從弟佳祚襲。崇禎十四年爲土賊于大忠所殺。

張文運，郿人，先賢明公張子十四代孫也。天啓二年授翰林院五經博士，子孫世襲，以

奉張子祀事。崇禎三年卒，子承引，以父憂未襲。六年卒，子元祥，本朝康熙元年襲。

邵繼祖，洛陽人，先賢康節公邵子二十七代孫也。崇禎三年，河南巡按吳甡請以繼祖爲翰林院五經博士，子孫世襲，以奉邵子祀事。詔從之。卒，子養醇襲。

朱梴，字孟齡，先賢文公朱子九世孫也，世居福建建安縣之紫霞洲。景泰六年授翰林院五經博士，子孫世襲，以奉朱子祀事。梴爲人淳謹，言動有則。卒，子墩，字孔暉襲。墩以事入都，中途遇盜。未幾，有遺金道上者，墩守之，以還其人，人稱其廉介。卒，子塈，字元厚襲。卒，子瀅襲。卒，子法，字兆祖襲。法爲人孝友。卒，子樾，字士啓襲。卒，子瑩，字惟玉襲。卒，子之僑，字喬之襲。

朱墅，先賢文公朱子十一世孫也。正德間，給事中戴銑、汪元錫，御史王完等相繼言：「朱子，繼孔子者也。孔子之後有曲阜、西安，朱子之後亦有建安、婺源。今建安恩典已隆，在婺源者，請依闕里之例，錄其子孫一人，量授以官，俾掌祠事。」詔許之。嘉靖二年授墅翰林院五經博士。三十八年以本學訓導席端言，令其世襲。墅卒，子鎬襲。卒，子德洪襲。

卒，子邦相襲。卒，子煜襲。卒，子坤襲。

校勘記

〔一〕正德二年詔授翰林院五經博士　二年，原作「元年」，據本書卷七三職官志及武宗實錄卷三二正德二年十一月丙辰條改。

明史卷二百八十五

列傳第一百七十三

文苑一

明初，文學之士承元季虞、柳、黃、吳之後，師友講貫，學有本原。宋濂、王禕、方孝孺以文雄，高、楊、張、徐、劉基、袁凱以詩著。其他勝代遺逸，風流標映，不可指數，蓋蔚然稱盛已。永、宣以還，作者遞興，皆沖融演迤，不事鉤棘，而氣體漸弱。弘、正之間，李東陽出入宋、元，溯流唐代，擅聲館閣。而李夢陽、何景明倡言復古，文自西京，詩自中唐而下，一切吐棄，操觚談藝之士翕然宗之。明之詩文，於斯一變。迨嘉靖時，王慎中、唐順之輩，文宗歐、曾，詩倣初唐。李攀龍、王世貞輩，文主秦、漢，詩規盛唐。王、李之持論，大率與夢陽、景明相倡和也。歸有光頗後出，以司馬、歐陽自命，力排李、何、王、李，而徐渭、湯顯祖、袁宏道、鍾惺之屬，亦各爭鳴一時，於是宗李、何、王、李者稍衰。至啓、禎時，錢謙益、艾南英

準北宋之矩矱，張溥、陳子龍擷東漢之芳華，又一變矣。有明一代，文士卓卓表見者，其源流大抵如此。今博考諸家之集，參以眾論，錄其著者，作文苑傳。

楊維楨 陸居仁 錢惟善　胡翰　蘇伯衡　王冕 郭奎 劉炳

戴良 王逢 丁鶴年　危素　張以寧 石光霽 秦裕伯

趙壎 宋僖等　徐一夔　趙撝謙 樂良等　陶宗儀 顧德輝等

袁凱　高啓 楊基等　王行 唐肅 宋克等　孫蕡 王佐等

王蒙 郭傳

楊維楨，字廉夫，山陰人。母李，夢月中金錢墜懷，而生維楨。少時，日記書數千言。父宏，築樓鐵崖山中，繞樓植梅百株，聚書數萬卷，去其梯，俾誦讀樓上者五年，因自號鐵崖。元泰定四年成進士，署天台尹，改錢清場鹽司令。狷直忤物，十年不調。會修遼、金、宋三史成，維楨著正統辯千餘言，總裁官歐陽元功讀且嘆曰：「百年後，公論定於此矣。」將薦之而不果，轉建德路總管府推官。擢江西儒學提舉，未上，會兵亂，避地富春山，徙錢塘。張士誠累招之，不赴，遣其弟士信咨訪之，因撰五論，具書復士誠，反覆告以順逆成敗之說，士誠不能用也。又忤達識丞相，徙居松江之上，海內薦紳大夫與東南才俊之士，造門納屨

無虞日。酒酣以往，筆墨横飛。或戴華陽巾，披羽衣坐船屋上，吹鐵笛，作梅花弄。或呼侍兒歌白雪之辭，自倚鳳琶和之。賓客皆蹁躚起舞，以爲神仙中人。

洪武二年，太祖召諸儒纂禮樂書，以維楨前朝老文學，遣翰林詹同奉幣詣門，維楨謝曰：「豈有老婦將就木，而再理嫁者邪？」明年，復遣有司敦促，賦老客婦謠一章進御，曰：「皇帝竭吾之能，不强吾所不能則可，否則有蹈海死耳。」帝許之，賜安車詣闕廷，留百有一十日，所纂敍例略定，卽乞骸骨。帝成其志，仍給安車還山。史館胄監之士祖帳西門外，宋濂贈之詩曰「不受君王五色詔，白衣宣至白衣還」，蓋高之也。抵家卒，年七十五。

維楨詩名擅一時，號鐵崖體，與永嘉李孝光、茅山張羽、錫山倪瓚、崑山顧瑛爲詩文友，碧桃叟釋臻、知歸叟釋現、淸容叟釋信爲方外友。張雨稱其古樂府出入少陵、二李間，有曠世金石聲。宋濂稱其論撰，如覩商敦、周彝，雲雷成文，而寒芒横逸。詩震蕩陵厲，鬼設神施，尤號名家云。

維楨徙松江時，與華亭陸居仁及僑居錢惟善相倡和。惟善，字思復，錢塘人。至正元年，省試羅剎江賦，時鎖院三千人，獨惟善據枚乘七發辨錢塘江爲曲江，由是得名，號曲江居士。官副提舉。張士誠據吳，遂不仕。居仁，字宅之，中泰定三年鄉試，隱居敎授，自號雲松野衲。兩人旣歿，與維楨同葬干山，人目爲三高士墓。

胡翰，字仲申，金華人。幼聰穎異常兒。七歲時，道拾遺金，坐守待其人還之。長從蘭谿吳師道、浦江吳萊學古文，復登同邑許謙之門。同郡黃溍、柳貫以文章名天下，見翰文，稱之不容口。游元都，公卿交譽之。與武威余闕、宣城貢師泰尤善。或勸之仕，不應。旣歸，遭天下大亂，避地南華山，著書自適。文章與宋濂、王褘相上下。

太祖下金華，召見，命與許元等會食中書省。後侍臣復有薦翰者，召至金陵。時方籍金華民爲兵，翰從容進曰：「金華人多業儒，鮮習兵，籍之，徒糜餉耳。」太祖卽罷之。授衢州敎授。洪武初，聘修元史，書成，受賚歸。愛北山泉石，卜築其下，徜徉十數年而終，年七十有五。所著有春秋集義，文曰胡仲子集，詩曰長山先生集。

蘇伯衡，字平仲，金華人，宋門下侍郎轍之裔也。父友龍，受業許謙之門，官蕭山令，行省都事。明師下浙東，坐長子仕閩，謫徙滁州。李善長奏官之，力辭歸。

伯衡警敏絕倫，博洽羣籍，爲古文有聲。元末貢於鄉。太祖置禮賢館，伯衡與焉。歲

丙午用爲國子學錄，遷學正。被薦，召見，擢翰林編修。力辭，乞省覲歸。洪武十年，學士宋濂致仕，太祖問誰可代者，濂對曰：「伯衡，臣鄉人，學博行修，文詞蔚贍有法。」太祖卽徵之，入見，復以疾辭，賜衣鈔而還。二十一年聘主會試，事竣復辭還。尋爲處州敎授，坐表箋誤，下吏死。二子恬、怡，救父，幷被刑。

王冕，字元章，諸暨人。幼貧，父使牧牛，竊入學舍，聽諸生誦書，暮乃返，亡其牛，父怒撻之，已而復然。母曰：「兒癡如此，曷不聽其所爲。」冕因去依僧寺，夜坐佛膝上，映長明燈讀書。會稽韓性聞而異之，錄爲弟子，遂稱通儒。性卒，門人事冕如事性。屢應舉不中，棄去，北游燕都，客祕書卿泰不花家，擬以館職薦，力辭不就。旣歸，每大言天下將亂，攜妻孥隱九里山，樹梅千株，桃杏半之，自號梅花屋主，善畫梅，求者踵至，以幅長短爲得米之差。嘗倣周官著書一卷，曰：「持此遇明主，伊、呂事業不難致也。」太祖下婺州，物色得之，置幕府，授諮議參軍，一夕病卒。

同時郭奎、劉炳皆早參戎幕，以詩名。

奎，字子章，巢縣人。從余闕學，治經，闕亟稱之。太祖爲吳國公，來歸，從事幕府。朱文正開大都督府於南昌，命奎參其軍事，文正得罪，奎坐誅。

炳，字彥昺，鄱陽人。至正中，從軍於浙。太祖起淮南，獻書言事，用爲中書典籤。洪武初，從事大都督府，出爲知縣。閱兩考，以病告歸，久之卒。

戴良，字叔能，浦江人。通經、史百家暨醫、卜、釋、老之說。學古文於黃溍、柳貫、吳萊。貫卒，經紀其家。太祖初定金華，命與胡翰等十二人會食省中，日二人更番講經、史，陳治道。明年，用良爲學正，與宋濂、葉儀輩訓諸生。太祖旣旋師，良忽棄官逸去。辛丑，元順帝用薦者言，授良江北行省儒學提舉。良見時事不可爲，避地吳中，依張士誠。久之，見士誠將敗，挈家泛海，抵登、萊，欲間行歸擴廓軍，道梗，寓昌樂數年。

洪武六年始南還，變姓名，隱四明山。太祖物色得之。十五年召至京師，試以文，命居會同館，日給大官膳，欲官之，以老疾固辭，忤旨。明年四月暴卒，蓋自裁也。元亡後，惟良與王逢不忘故主，每形於歌詩，故卒不獲其死云。

良世居金華九靈山下，自號九靈山人。

逢，字原吉，江陰人。至正中，作河清頌，臺臣薦之，稱疾辭。張士誠據吳，其弟士德用逢策，北降於元以拒明。太祖滅士誠，欲辟用之，堅臥不起，隱上海之烏涇，歌詠自適。洪武十五年以文學徵，有司敦迫上道。時子掖爲通事司令，以父年高，叩頭泣請，乃命吏部符止之。又六年卒，年七十，有梧溪詩集七卷。逢自稱席帽山人。

時又有丁鶴年者，回回人。曾祖阿老丁與弟烏馬兒皆巨商。元世祖征西域，軍乏饟，老丁杖策軍門，盡以貲獻。論功，賜田宅京師，奉朝請。烏馬兒累官甘肅行省左丞。父職馬祿丁，以世廕爲武昌縣達魯花赤，有惠政，解官，留葬其地。

至正壬辰，武昌被兵，鶴年年十八，奉母走鎮江。母歿，鹽酪不入口者五年。避地四明。方國珍據浙東，最忌色目人，鶴年轉徙逃匿，爲童子師，或寄僧舍，賣漿自給。及海內大定，牒請還武昌，而生母已道阻前死，瘞東村廢宅中，鶴年慟哭行求，母告以夢，乃嚙血沁骨，斂而葬焉。烏斯道爲作丁孝子傳。鶴年自以家世仕元，不忘故國，順帝北遁後，飲泣賦詩，情詞悽惻。晚學浮屠法，廬居父墓，以永樂中卒。

鶴年好學洽聞，精詩律，楚昭、莊二王咸禮敬之。正統中，憲王刻其遺文行世。

危素，字太樸，金谿人，唐撫州刺史全諷之後。少通五經，遊吳澄、范梈門。至正元年用大臣薦授經筵檢討。修宋、遼、金三史及注爾雅成，賜金及宮人，不受。由國子助敎遷翰林編修。纂后妃等傳，事逸無據，素買餳餅饋宦寺，叩之得實，乃筆諸書，卒爲全史。遷太常博士、兵部員外郎、監察御史、工部侍郎，轉大司農丞、禮部尚書。

時亂將亟，素每抗論得失。十八年參中書省事，請專任平章定住總西方兵，毋迎帝師慢軍事，用普顏不花爲參政，經略江南，立兵農宣撫使司以安畿內，任賢守令以撫流竄之民。且曰：「今日之事，宜臥薪嘗膽，力圖中興。」尋進御史臺治書侍御史。二十年拜參知政事，俄除翰林學士承旨，出爲嶺北行省左丞。言事不報，棄官居房山。

素爲人侃直，數有建白，敢任事。上都宮殿火，敕重建大安、睿思二閣，素諫止之。請親祀南郊，築北郊，以斥合祭之失。因進講陳民間疾苦，詔爲發錢粟振河南、永平民。淮南兵亂，素往廉問，假便宜發楮幣，振維揚、京口饑。

居房山者四年。明師將抵燕，淮王帖木兒不花監國，起爲承旨如故。素甫至而師入，乃趨所居報恩寺，入井。寺僧大梓力挽起之，曰：「國史非公莫知。公死，是死國史也。」素

遂止。兵迫史庫，往告鎮撫吳勉輩出之，元實錄得無失。

洪武二年授翰林侍講學士，數訪以元興亡之故，且詔撰皇陵碑文，皆稱旨。頃之，坐失朝，被劾罷。居一歲，復故官，兼弘文館學士，賜小車，免朝謁。嘗偕諸學士賜宴，屢遣內官勸之酒，御製詩一章，以示恩寵，命各以詩進，素詩最後成，帝獨覽而善之曰：「素老成，有先憂之意。」時素已七十餘矣。御史王著等論素亡國之臣，不宜列侍從，詔謫居和州，守余闕廟，歲餘卒。

先是，至元間，西僧嗣古妙高欲燬宋會稽諸陵。夏人楊輦眞珈爲江南總攝，悉掘徽宗以下諸陵，攫取金寶，裒帝后遺骨，瘞於杭之故宮，築浮屠其上，名曰鎮南，以示厭勝，又截理宗顱骨爲飲器。眞珈敗，其貲皆籍於官，顱骨亦入宣政院，以賜所謂帝師者。素在翰林時，宴見，備言始末。帝歎息良久，命北平守將購得顱骨於西僧汝納所，諭有司厝於高坐寺西北。其明年，紹興以永穆陵圖來獻，遂敕葬故陵，實自素發之云。

張以寧，字志道，古田人。父一清，元福建、江西行省參知政事。以寧年八歲，或訟其伯父於縣繫獄，以寧詣縣伸理，尹異之，命賦琴堂詩，立就，伯父得釋，以寧用是知名。泰定

中，以春秋舉進士，由黃巖判官進六合尹，坐事免官，滯留江、淮者十年。順帝徵爲國子助敎，累至翰林侍讀學士，知制誥。在朝宿儒虞集、歐陽玄、揭傒斯、黃溍之屬相繼物故，以寧有俊才，博學強記，擅名於時，人呼小張學士。

明師取元都，與危素等皆赴京，奏對稱旨，復授侍講學士，特被寵遇。帝嘗登鍾山，以寧與朱升、秦裕伯等扈從擁翠亭，給筆札賦詩。

洪武二年秋，奉使安南，封其主陳日煃爲國王。甫抵境，而日煃卒，國人乞以印誥授其世子，以寧不聽，留居洱江上，諭世子告哀於朝，且請襲爵。既得命，俟後使者林唐臣至，然後入境將事。事竣，敎世子服三年喪，令其國人效中國行頓首稽首禮。天子聞而嘉之，賜璽書，比諸陸賈、馬援，再賜御製詩八章。及還，道卒，詔有司歸其柩，所在致祭。

以寧爲人潔清，不營財產，奉使往還，襆被外無他物。本以春秋致高第，故所學尤專春秋，多所自得，譔胡傳辨疑最辨博，惟春王正月考未就，寓安南踰半歲，始卒業。元故官來京者，素及以寧名尤重。素長於史，以寧長於經。素宋、元史藁俱失傳，而以寧春秋學遂行。

門人石光霽，字仲濂，泰州人。讀書五行俱下。洪武十三年以明經舉，授國子學正，進

中華書局

博士，作春秋鈎玄，能傳以寧之學。

裕伯，字景容，大名人。仕元，累官至福建行省郎中。遭世亂，棄官，客揚州。久之，復避地上海。居母喪盡禮。張士誠據姑蘇，遣人招之，拒不納。吳元年，太祖命中書省檄起之。裕伯對使者曰：「食元祿二十餘年而背之，不忠也。母喪未終，忘哀而出，不孝也。」乃上中書省固辭。洪武元年復徵，稱病不出。帝乃手書諭之曰：「海濱民好鬭，裕伯智謀之士而居此地，堅守不起，恐有後悔。」裕伯拜書，涕泗橫流，不得已，偕使者入朝。授侍讀學士，固辭，不允。與張以寧等扈從，登鍾山擁翠亭，給筆札賦詩，甚見寵待。二年改待制，旋爲治書侍御史。三年始詔設科取士，以裕伯與御史中丞劉基爲京畿主考官。裕伯博辨善論說，占奏悉當帝意，帝數稱之。出知隴州，卒於官。

趙壎，字伯友，新喻人，好學，工屬文。元至正中舉於鄉，爲上猶教諭。

洪武二年，太祖詔修元史，命左丞相李善長爲監修官，前起居注宋濂、漳州府通判王褘爲總裁官，徵山林遺逸之士汪克寬、胡翰、宋僖、陶凱、陳基、曾魯、高啓、趙汸、張文海、徐尊生、黃篪、傅恕、王錡、傅著、謝徽爲纂修官，而壎與焉。以是年二月，開局天界寺，取元經世

大典諸書，用資參考。至八月成，諸儒並賜賚遣歸。而順帝一朝史猶未備，乃命儒士歐陽佑等往北平采遺事。明年二月還朝，重開史局，仍以宋濂、王褘爲總裁，徵四方文學士朱右、貝瓊、朱廉、王彝、張孟兼、高遜志、李懋、李汶、張宣、張簡、杜寅、殷弼、俞寅及壎爲纂修官。先後纂修三十人，兩局並與者，壎一人而已。閱六月，書成，諸儒多授官，惟壎及朱右、朱廉不受歸。〔一〕

尋召修日曆，授翰林編修。高麗遣使朝貢，賜宴，樂作，使者以國喪辭。壎進曰：「小國之喪，不廢大國之禮。」太祖甚悅，命與宋濂同職史館。濂兄事之。嘗奉詔撰甘露頌，太祖稱善。出爲靖江王府長史，卒。

始與壎同纂修者汪克寬、陶凱、曾魯、高啓、趙汸、貝瓊、高遜志並有傳，今自宋僖以下可考者，附著於篇。

宋僖，字無逸，餘姚人。元繁昌教諭，遭亂歸。史事竣，命典福建鄉試。

陳基，字敬初，臨海人。少與兄聚受業於義烏黃溍，從溍游京師，授經筵檢討。嘗爲人草諫章，力陳順帝並后之失，順帝欲罪之，引避歸里。已，奉母入吳，參太尉張士誠軍事。士誠稱王，基獨諫止，欲殺之，不果。吳平，召修元史，賜金而還。洪武三年冬卒。初，士誠與太祖相持，基在其幕府，書檄多指斥，及吳亡，吳臣多見誅，基獨免。世所傳夷白集，其指斥之文猶備列云。

張文海，鄞人，與同里傅恕並入史館。

徐尊生，字大年，淳安人。元史成，受賜歸，復同修日曆。後以宋濂薦授翰林應奉，文字草制，悉稱旨。尋以老疾辭還。

傅恕，字如心，鄞人。學通經史，與同郡烏斯道、鄭眞皆有文名。洪武二年詣闕陳治道十二策，曰：正朝廷、重守令、馭外蕃、增祿秩、均民田、更法役、黜異端、易服制、興學校、愼選舉、罷榷鹽、停榷茶。太祖嘉納之，遂命修元史。事竣，授博野知縣，後坐累死。

斯道，字繼善，慈谿人，與兄本良俱有學行。洪武中，斯道被薦授石龍知縣，調永新，坐事謫役定遠，放還，卒。斯道工古文，兼精書法。子緝，亦善詩文。洪武四年舉鄉試第一，授臨淮教諭。入見，賜之宴，賦詩稱旨，除廣信教授，自號滎陽外史。

傅著，字則明，長洲人。史成，歸爲常熟教諭。魏觀行鄉飲酒禮，長洲教諭周敏侍其父南老，著侍其父玉，皆降而北面立，觀禮者以爲盛事焉。歷官知府，卒。

謝徽，字元懿，長洲人。史成，授翰林國史院編修。尋擢吏部郎中，力辭不拜，歸。復起國子助教，卒。徽博學工詩文，與同邑高啓齊名。弟恭，字元功，亦能詩。

朱右，字伯賢，臨海人。史成，辭歸。已，徵修日曆、寶訓，授翰林編修。遷晉府右長史。九年卒官。

朱廉，字伯清，義烏人。幼力學，從黃溍學古文。知府王宗顯辟教郡學。李文忠鎮嚴州，延爲釣臺書院山長。洪武初，元史成，不受官歸。尋徵修日曆，除翰林編修。八年扈駕中都，進詩十章，太祖稱善，爲和六章賜之。已而授楚王經，遷楚府右長史。久之，辭疾歸。廉好程、朱之學，嘗取朱子語類，摘其精義，名曰理學纂言。

王彝，字常宗，其先蜀人，父爲崑山教授，遂卜居嘉定。少孤貧，讀書天台山中，師事王貞文，得蘭谿金履祥之傳，學有端緒。嘗著論力詆楊維楨，目爲文妖。元史成，賜銀幣還。又以薦入翰林，母老乞歸。坐知府魏觀事，與高啓俱被殺。

張孟兼，浦江人，名丁，以字行。史成，授國子學錄，歷禮部主事、太常司丞。劉基嘗爲太祖言：「今天下文章，宋濂第一，其次即臣基，又次即孟兼。」太祖頷之。孟兼性傲，嘗坐累謫輸作。已，復官，太祖顧孟兼謂濂曰：「卿門人邪？」濂對：「非門人，乃邑子也。其爲文有才，臣劉基嘗稱之。」太祖熟視孟兼曰：「生骨相薄，仕宦，徐徐乃可耳。」未幾，用爲山西僉事。廉勁疾惡，糾摘奸猾，令相牽引，每事輒株連數十人。吏民聞張僉事行部，凜然墮膽。聲聞於朝，擢山東副使。布政使吳印者，僧也，太祖驟貴之，寵眷甚，孟兼易之。印謁孟兼，

由中門入，孟兼杖守門卒。已，又以他事與相拄。太祖先入印言，逮笞孟兼。孟兼憤，捕爲印書奏者，欲論以罪。印復上書言狀，太祖大怒曰：「豎儒與我抗邪！」械至闕下，命棄市。

李汶，字宗茂，當塗人。博學多才，史成，除巴東知縣，移南和。晚年歸里，以經學訓後進。

張宣，字藻重，江陰人。洪武初，以考禮徵。尋預修元史，太祖親書其名，召對殿廷，即日授翰林編修，呼爲小秀才。奉詔歸娶，年已三十矣。六年坐事謫徙濠梁，道卒。

張簡，字仲簡，吳縣人。初師張雨爲道士，隱居鴻山。元季兵亂，以母老歸養，遂返儒服。洪武三年，薦修元史。當元季，浙東、西士大夫以文墨相尙，每歲必聯詩社，聘一二文章鉅公主之，四方名士畢至，讌賞窮日夜，詩勝者輒有厚贈。臨川饒介爲元淮南行省參政，豪於詩，自號醉樵，嘗大集諸名士賦醉樵歌。簡詩第一，贈黃金一餅；高啓次之，得白金三斤；楊基又次之，猶贈一鎰。

杜寅，字彥正，吳縣人。史成，官岐寧衞知事。洪武八年，番賊既降復叛，寅與經歷熊鼎俱被害。

徐一夔，字大章，天台人。工文，與義烏王禕善。洪武二年八月詔纂修禮書，一夔及儒士梁寅、劉于、曾魯、周子諒、胡行簡、劉宗弼、董彝、蔡深、滕公琰並與焉。〔三〕明年書成，將續修元史，禕方爲總裁官，以一夔薦。一夔遺書曰：

邇者縣令傳命，言朝廷以續修元史見徵，且云執事謂僕善敍事，薦之當路，私心竊怪執事何惓惓於不材多病之人也。僕素謂執事知我，今自審終不能副執事之望，何也？

近世論史者，莫過於日曆，日曆者，史之根柢也。自唐長壽中，史官姚璹奏請撰時政記，元和中，韋執誼又奏撰日曆。日曆以事繫日，以日繫月，以月繫時，以時繫年，猶有春秋遺意。至於起居注之說，亦專以甲子起例，蓋紀事之法無踰此也。

往宋極重史事，日曆之修，諸司必關白。如詔誥則三省必書，兵機邊務則樞司必報，百官之進退，刑賞之予奪，臺諫之論列，給舍之繳駁，經筵之論答，臣僚之轉對，侍從之直前啓事，中外之囊封匭奏，下至錢穀、甲兵、獄訟、造作，凡有關政體者，無不隨日以錄。猶患其出於吏牘，或有訛失。故歐陽修奏請宰相監修者，於歲終檢點修撰官日所錄事，有失職者罰之。如此，則日曆不至訛失，他時會要之修取於此，實錄之修取於此，百年之後紀、志、列傳取於此，此宋氏之史所以爲精確也。

元朝則不然，不置日曆，不置起居注，獨中書置時政科，遣一文學掾掌之，以事付史館。及一帝崩，則國史院據所付修實錄而已。其於史事，固甚疎略。幸而天曆間虞集倣六典法，纂經世大典，一代典章文物粗備。

是以前局之史，既有十三朝實錄，又有此書可以參稽，而一時纂修諸公，如胡仲申、陶中立、趙伯友、趙子常、徐大年輩皆有史才史學，廑而成書。至若順帝三十六年之事，既無實錄可據，又無參稽之書，惟憑采訪以足成之，竊恐事未必覈也，言未必馴也，首尾未必穿貫也。而向之數公，或受官，或還山，復各散去。乃欲以不材多病如僕者承之於後，僕雖欲仰副執事之望，曷以哉！謹奉狀左右，乞賜矜察。

一夔遂不至。

未幾，用薦署杭州教授。召修大明日曆，書成，將授翰林院官，以足疾辭，賜文綺遣還。

趙撝謙，名古則，更名謙，餘姚人。幼孤貧，寄食山寺，與朱右、謝肅、徐一夔輩定文字交。天台鄭四表善易，則從之受易。定海樂良、鄞鄭眞明春秋，山陰趙俶長於說詩，迮雨善樂府，廣陵張昱工歌詩，無爲吳志淳、華亭朱芾工草書篆隸，撝謙悉與爲友。博究六經、百

氏之學，尤精六書，作六書本義，復作聲音文字通，時目爲考古先生。洪武十二年命詞臣修正韻，撝謙年二十有八，應聘入京師，授中都國子監典簿。久之，以薦召爲瓊山縣學教諭。二十八年，卒於番禺。

其後，門人柴欽，字廣敬，以庶吉士與修永樂大典，進言其師所撰聲音文字通當采錄，遂奉命馳傳，即其家取之。

樂良，字季本。迮雨，字士霖。趙俶，字本初。洪武中，官國子監博士。以年老乞歸，加翰林待制。

張昱，字光弼，廬陵人。仕元，爲江浙行省左、右司員外郎，行樞密院判官。留居西湖壽安坊，貧無以葺廬，酒間爲瞿佑誦所作詩，笑曰：「我死埋骨湖上，題曰詩人張員外墓足矣。」太祖徵至京，憫其老，曰「可閑矣」，厚賜遣還，乃自號可閑老人。年八十三卒。

吳志淳，字主一，元末知靖安、都昌二縣。奏除待制翰林，爲權倖所阻，避兵於鄞。

朱芾，字孟辨，洪武初，官編修，改中書舍人。

陶宗儀，字九成，黃巖人。父煜，元福建、江西行樞密院都事。宗儀少試有司，一不中即棄去，務古學，無所不窺。出游浙東、西，師事張翥、李孝光、杜本。爲詩文，咸有程度，尤刻志字學，習舅氏趙雍篆法。浙帥泰不華、南臺御史丑驢舉爲行人，又辟爲教官，皆不就。張士誠據吳，署爲軍諮，亦不赴。

洪武四年詔徵天下儒士，六年命有司舉人才，皆及宗儀，引疾不赴。晚歲，有司聘爲教官，非其志也。二十九年率諸生赴禮部試，讀大誥，賜鈔歸，久之卒。所著有輟耕錄三十卷，又葺說郛、書史會要、四書備遺，並傳於世。

顧德輝，字仲瑛，崑山人。家世素封，輕財結客，豪宕自喜。年三十，始折節讀書，購古書、名畫、彝鼎、祕玩，築別業於茜涇西，曰玉山佳處，晨夕與客置酒賦詩其中。四方文學士河東張翥、會稽楊維楨、天台柯九思、永嘉李孝光，方外士張雨、于彥、成琦、元璞輩，咸主其家。園池亭榭之盛，圖史之富暨餼館聲伎，並冠絕一時。而德輝才情妙麗，與諸名士亦略相當。

嘗舉茂才，授會稽教諭，辟行省屬官，皆不就。張士誠據吳，欲强以官，去隱於嘉興之合溪。尋以子元臣爲元水軍副都萬戶，封德輝武略將軍、飛騎尉、錢塘縣男。母喪歸綽溪，

士誠再辟之，遂斷髮廬墓，自號金粟道人。及吳平，父子並徙濠梁。洪武二年卒。士誠之據吳也，頗收召知名士，東南士避兵於吳者依焉。

孫作，字大雅，江陰人。爲文醇正典雅，動有據依。嘗著書十二篇，號東家子，宋濂爲作東家子傳。元季，挈家避兵於吳，盡棄他物，獨載書兩簏。士誠廩祿之，旋以母病謝去，客松江，衆爲買田築室居焉。洪武六年聘修大明日曆，授翰林編修，乞改太平府教授。召爲國子助教，尋分教中都，踰年還國學，擢授司業，歸卒於家。

元末文人最盛，其以詞學知名者，又有張憲、周砥、高明、藍仁之屬。

張憲，字思廉，山陰人。學詩於楊維楨，最爲所許。負才不羈，嘗走京師，恣言天下事，衆駭其狂。還入富春山，混緇流以自放。一日，升高呼所親，語曰：「禍至矣，亟去！」三日而寇至，死者五百家。後仕張士誠，爲樞密院都事。吳平，變姓名，寄食杭州報國寺以歿。

周砥，字履道，吳人，僑無錫。博學工文詞，與宜興馬治善，遭亂客治家，治爲具舟車，盡窮陽羨山溪之勝。其鄉多富人，與治善者咸置酒招砥。砥心厭之，一日貽書別治，夜半遁去，游會稽，歿於兵。治，字孝常，亦能詩。洪武時爲內丘知縣，終建昌知府。

高明，字則誠，永嘉人。至正五年進士，授處州錄事，辟行省掾。方國珍叛，省臣以明諳海濱事，擇以自從，與論事不合。及國珍就撫，欲留置幕下，即日解官，旅寓鄞之櫟社。太祖聞其名，召之，以老疾辭，還卒於家。

藍仁，字靜之。弟智，字明之，崇安人。元時，清江杜本隱武夷，崇尚古學，仁兄弟俱往師之，授以四明任士林詩法，遂謝科舉，一意爲詩。後辟武夷書院山長，遷邵武尉，不赴。內附後，例徙濠梁，數月放歸，卒。智，洪武十年被薦，起家廣西僉事，著廉聲。

袁凱，字景文，松江華亭人。元末爲府吏，博學有才辨，議論飈發，往往屈座人。洪武三年薦授御史。武臣恃功驕恣，得罪者漸衆，凱上言：「諸將習兵事，恐未悉君臣禮。請於都督府延通經學古之士，令諸武臣赴都堂聽講，庶得保族全身之道。」帝敕臺省延名士直午門，爲諸將說書。後帝慮囚畢，命凱送皇太子覆訊，多所矜減。凱還報，帝問：「朕與太子孰是？」凱頓首言：「陛下法之正，東宮心之慈。」帝以凱老猾持兩端，惡之。凱懼，佯狂免，告歸，久之以壽終。

凱工詩，有盛名。性詼諧，自號海叟。背戴烏巾，倒騎黑牛，游行九峰間，好事者至繪爲圖。初，在楊維楨座，客出所賦白燕詩，凱微笑，別作一篇以獻。維楨大驚賞，徧示座客，人遂呼袁白燕云。

高啓，字季迪，長洲人。博學工詩。張士誠據吳，啓依外家，居吳淞江之青丘。洪武初，被薦，偕同縣謝徽召修元史，授翰林院國史編修官，復命教授諸王。三年秋，帝御闕樓，啓、徽俱入對，擢啓戶部右侍郎，徽吏部郎中。啓自陳年少不敢當重任，徽亦固辭，乃見許。已，並賜白金放還。啓嘗賦詩，有所諷刺，帝嗛之未發也。及歸，居青丘，授書自給。知府魏觀爲移其家郡中，旦夕延見，甚歡。觀以改修府治，獲譴。帝見啓所作上梁文，因發怒，腰斬於市，年三十有九。

明初，吳下多詩人，啓與楊基、張羽、徐賁稱四傑，以配唐王、楊、盧、駱云。

基，字孟載，其先蜀嘉州人，祖宦吳中，生基，遂家焉。九歲背誦六經，及長著書十萬餘言，名曰論鑒。遭亂，隱吳之赤山。張士誠辟爲丞相府記室，未幾辭去，客饒介所。明師下平江，基以饒氏客安置臨濠，旋徙河南。洪武二年放歸。尋起爲滎陽知縣，謫居鍾離。被

薦爲江西行省幕官，以省臣得罪，落職。六年起官，奉使湖廣。召還，授兵部員外郎，遷山西副使。進按察使，被讒奪官，謫輸作，竟卒於工所。初，會稽楊維楨客吳中，以詩自豪。基於座上賦鐵笛歌，維楨驚喜，與俱東，語從游者曰：「吾在吳，又得一鐵矣。若曹就之學，優於老鐵學也。」

張羽，字來儀，後以字行，本潯陽人。從父宦江浙，兵阻不獲歸，與友徐賁約，卜居吳興。領鄉薦，爲安定書院山長，再徙於吳。洪武四年徵至京師，應對不稱旨，放還。再徵授太常司丞。太祖重其文，十六年自述滁陽王事，命羽撰廟碑。尋坐事竄嶺南，未半道，召還。羽自知不免，投龍江以死。羽文章精潔有法，尤長於詩，作畫師小米。

徐賁，字幼文，其先蜀人，徙常州，再徙平江。工詩，善畫山水。張士誠辟爲屬，已謝去。吳平，謫徙臨濠。洪武七年被薦至京。九年春，奉使晉、冀，有所廉訪。暨還，檢其橐，惟紀行詩數首，太祖悅，授給事中。改御史，巡按廣東。又改刑部主事，遷廣西參議。以政績卓異，擢河南左布政使。大軍征洮、岷，道其境，坐犒勞不時，下獄瘐死。

王行，字止仲，吳縣人。幼隨父依賣藥徐翁家，徐媼好聽稗官小說，行日記數本，爲媼

誦之。媼喜，言於翁，授以論語，明日悉成誦。翁大異之，俾盡讀家所有書，遂淹貫經史百家言。未弱冠，謝去，授徒齊門，名士咸與交。富人沈萬三延之家塾，每文成，酬白金鎰計，行輒麾去曰：「使富而可守，則然臍之慘不及矣。」洪武初，有司延爲學校師。已，謝去，隱於石湖。其二子役於京，行往視之，涼國公藍玉館於家，數薦之太祖，得召見。後玉誅，行父子亦坐死。

始吳中用兵，所在多列礮石自固，行私語所知曰：「兵法柔能制剛，若植大竹於地，繫布其端，礮石至，布隨之低昂，則人不能害，而礮石無所用矣。」後常遇春取平江，果如其法。行亦自負知兵，以及於禍云。

初，高啓家北郭，與行比鄰，徐賁、高遜志、唐肅、宋克、余堯臣、張羽、呂敏、陳則皆卜居相近，號北郭十友，又稱十才子。啓、賁、遜志、羽自有傳。

唐肅，字處敬，越州山陰人。通經史，兼習陰陽、醫卜、書數。少與上虞謝肅齊名，稱會稽二肅。至正壬寅舉鄉試。張士誠時，爲杭州黄岡書院山長，遷嘉興路儒學正。士誠敗，例赴京。尋以父喪還。洪武三年用薦召修禮樂書，擢應奉翰林文字。其秋，科舉行，爲分考官，免歸。六年謫佃濠梁，卒。子之淳，字愚士，宋濂亟稱之。建文二年，用方孝孺薦，擢翰林侍讀，與孝孺共領修書事，卒於官。

謝肅，官至福建僉事，坐事死。

宋克，字仲溫，長洲人。偉軀幹，博涉書史。少任俠，好學劍走馬，家素饒，結客飲博。迫壯，謝酒徒，學兵法，周流無所遇，益以氣自豪。張士誠欲羅致之，不就。性抗直，與人議論期必勝，援古切今，人莫能難也。杜門染翰，日費十紙，遂以善書名天下。時有宋廣，字昌裔，亦善草書，稱二宋。洪武初，克任鳳翔同知，卒。

余堯臣，字唐卿，永嘉人。入吳，爲士誠客。城破，例徙濠梁。洪武二年放還，授新鄭丞。呂敏，字志學，無錫人。元時爲道士，洪武初，官無錫教諭。十三年舉人才，不知其官所終。

陳則，字文度，崑山人。洪武六年舉秀才，授應天府治中。俄擢戶部侍郎，以閔實戶口，出爲大同府同知，進知府。

孫蕡，字仲衍，廣東順德人。性警敏，書無所不窺。詩文援筆立就，詞采爛然。負節概，不妄交游。何眞據嶺南，開府辟士，與王佐、趙介、李德、黄哲並受禮遇，稱五先生。廖

永忠南征，蕡爲眞草降表，永忠辟典教事。洪武三年始行科舉，蕡與其選，授工部織染局使，遷虹縣主簿。兵燹後，蕡勞徠安輯，民多復業。居一年，召爲翰林典籍，與修洪武正韻。九年遣監祀四川。居久之，出爲平原主簿。坐累逮繫，俾築京師望都門城垣。蕡謳唫爲粵聲，主者以奏。召見，命誦所歌詩，語皆忠愛，乃釋之。十五年起爲蘇州經歷，復坐累戍遼東。已，大治藍玉黨，蕡嘗爲玉題畫，遂論死。臨刑，作詩長謳而逝。時門生黎貞亦戍遼東，蕡屍乃得收斂。貞，字彥晦，新會人。工詩文，嘗爲本邑訓導，以事被誣，戍遼陽十八年，從游者甚衆。放還卒。

蕡所著，有通鑑前編綱目、孝經集善、理學訓蒙及西菴集、和陶集，多佚不傳。番禺趙純稱其究極天人性命之理，爲一時儒宗云。

王佐，字彥舉，先河東人，元末侍父官南雄，經亂不能歸，遂占籍南海。與蕡結詩社。擣辭敏捷，佐不如蕡，句意沉著，蕡亦不如佐。何眞使佐掌書記，參謀議。眞歸朝，佐亦還里。洪武六年被薦，徵爲給事中。太祖賜宋濂黄馬，復爲歌，命侍臣屬和，佐立成。性不樂樞要，將告歸。時告者多獲重譴，或尼之曰：「君少忍，獨不虞性命邪？」佐乃遲徊二年，卒乞骸歸。

趙介，字伯貞，番禺人。博通六籍及釋、老書。氣豪邁，無仕進意。行以囊自隨，遇景，賦詩投其中，日往來西樵泉石間。有司累薦，皆辭免。洪武二十二年坐累逮赴京，卒於南昌舟次。四子，潔、絢、繹、純，皆善詩文，工篆隸。絢，隱居不出，有父風。純，仕御史。

李德，字仲修，番禺人。洪武三年以明經薦授洛陽典史，歷南陽、西安二府幕官，並能其職。以年衰乞改漢陽教諭，秩滿，調義寧。義寧在粵西，荒陋甚，德爲振舉，文教漸興，解官歸卒。德初好爲詩，晚究洛、閩之學，謂誠意爲古聖喆心要，故嶺南人稱理學，必曰李仲修云。

黃哲，亦番禺人。歷仕州郡，以治行稱。

王蒙，字叔明，湖州人，趙孟頫之甥也。敏於文，不尚矩度。工畫山水，兼善人物。少時賦宮詞，仁和俞友仁見之，曰「此唐人佳句也」，遂以妹妻焉。元末官理問，遇亂，隱居黃鶴山，自稱黃鶴山樵。洪武初，知泰安州事。蒙嘗謁胡惟庸於私第，與會稽郭傳、僧知聰觀畫。惟庸伏法，蒙坐事被逮，瘐死獄中。

郭傳，一名正傳，字文遠。洪武七年，帝御武樓，賜學士宋濂坐，謂曰：「天下既定，朕方垂意宿學之士，卿知其人乎？」對曰：「會稽有郭傳者，學有淵源，其文雄贍新麗，其議論根據六經，異才也。」既而濂持其文以進，帝召見於謹身殿，授翰林應奉，直起居注。遷兵部主事，再遷考功監丞，進監令，出署湖廣布政司參政。

校勘記

〔一〕惟壎及朱右朱廉不受歸　朱廉，原作「朱濂」。上文作「朱廉」，太祖實錄卷四九洪武三年二月乙丑條、國榷卷四頁四〇八作「朱世廉」。按下文言「朱廉，字伯清」。「濂」字當作「廉」，據上下文改。

〔二〕滕公琰並與焉　滕公琰，原作「勝公琰」，據明史稿傳一六一徐一夔傳及太祖實錄卷四四洪武二年八月「是月」條、國榷卷三頁三九七改。

明史卷二百八十六

列傳第一百七十四

文苑二

林鴻 鄭定等　王紱 夏昶　沈度 弟粲 滕用亨等　聶大年
劉溥 蘇平等　張弼　張泰 陸釴 陸容　程敏政　羅玘
儲巏　李夢陽 康海 王九思 王維楨　何景明　徐禎卿
楊循吉 祝允明 唐寅 桑悅　邊貢　顧璘 弟瑮 陳沂等
鄭善夫 殷雲霄 方豪等　陸深 王圻　王廷陳　李濂

林鴻，字子羽，福清人。洪武初，以人才薦，授將樂縣訓導，歷禮部精膳司員外郎。性脫落，不善仕，年未四十自免歸。閩中善詩者，稱十才子，鴻爲之冠。十才子者，閩鄭定，侯官王褒、唐泰，長樂高棅、王恭、陳亮，永福王偁及鴻弟子周玄、黃玄，時人目爲二玄者也。

鴻論詩，大指謂漢、魏骨氣雖雄，而菁華不足。晉祖玄虛，宋尚條暢，齊、梁以下但務春華，少秋實。惟唐作者可謂大成。然貞觀尚習故陋，神龍漸變常調，開元、天寶間聲律大備，學者當以是爲楷式。閩人言詩者率本於鴻。

晉府引禮舍人浦源，字長源，無錫人也。慕鴻名，踰嶺訪之。造其門，二玄請誦所作，曰：「吾家詩也。」鴻延之入社。

鄭定，字孟宣，嘗爲陳友定記室。友定敗，浮海亡交、廣間。久之，還居長樂。洪武中，徵授延平府訓導，歷國子助教。

王褒，字中美，鴻之兄子壻也。爲長沙學官，遷永豐知縣。永樂中，召入，預修大典，擢漢府紀善。

唐泰，字亨仲。洪武二十七年進士。歷陝西副使。

高棅，字彥恢，更名廷禮，別號漫士。永樂初，以布衣召入翰林，爲待詔，遷典籍。性善飲，工書畫，尤專於詩。其所選唐詩品彙、唐詩正聲，終明之世，館閣宗之。

王恭，字安中，隱居七巖山，自稱皆山樵者。永樂初，以儒士薦起待詔翰林，年六十餘，與修大典。書成，授翰林院典籍。

陳亮，字景明。自以故元儒生，明興累詔不出，作陳摶傳以見志。結草屋滄洲中，與三山耆彥爲九老會，終其身不仕。

王偁，字孟敭。父翰仕元，抗節死，偁方九歲，父友吳海撫教之。洪武中，領鄉薦，入國學，陳情養母。母歿，廬墓六年。永樂初，用薦授翰林檢討，與修大典。學博才雄，最爲解縉所重。自負無輩行，獨推讓同官王洪。

王洪者，字希範，錢塘人。八歲能文，十八成進士，授吏科給事中。改翰林檢討，偕偁等與修大典。歷修撰、侍講。帝頒佛曲於塞外，命洪爲文，逡巡不應詔。爲同列所排，不復進用，卒官。而偁後坐累謫交阯，復以縉事連及，繫死獄中。

黃玄，字玄之，將樂人。聞鴻棄官歸，遂攜妻子居閩縣，以歲貢官泉州訓導。

周玄，字微之，閩縣人。永樂中，以文學徵，授禮部員外郎。嘗挾書千卷止高棅家，讀十年，辭去，盡棄其書，曰：「在吾腹笥矣。」

同時趙迪、林敏、陳仲宏、鄭關、林伯璟、張友謙亦以能詩名，皆鴻之弟子。

王紱，字孟端，無錫人。博學，工歌詩，能書，寫山木竹石，妙絕一時。洪武中，坐累戍

朔州。永樂初，用薦，以善書供事文淵閣。久之，除中書舍人。

紱未仕時，與吳人韓奕爲友，隱居九龍山，遂自號九龍山人。於書法，動以古人自期。畫不苟作，游覽之頃，酒酣握筆，長廊素壁淋漓霑灑。有投金幣購片楮者，輒拂袖起，或閉門不納，雖豪貴人勿顧也。有諫之者，紱曰：「丈夫宜審所處，輕者如此，重者將何以哉！」在京師，月下聞吹簫聲，乘興寫石竹圖，明旦訪其人贈之，則估客也。客以紅氍毹餽，請再寫一枝爲配。紱索前畫裂之，還其餽。一日退朝，黔國公沐晟從後呼其字，紱不應。同列語之曰：「此黔國公也。」紱曰：「我非不聞之，是必與我索畫耳。」晟走及之，果以畫請，紱頷之而已。踰數年，晟復以書來，紱始爲作畫。既而曰：「我畫直遺黔公不可。黔公客平仲微者，我友也，以友故與之，俟黔公與求則可耳。」其高介絕俗如此。

崑山夏昺者，亦善畫竹石，亞於紱。畫竹一枝，直白金一錠，然人多以餽遺得之。昺，字仲昭，永樂十三年進士，改庶吉士，歷官太常寺卿。昺與上元張益，同中進士，同以文名，同善畫竹。其後，昺見益石渠閣賦，自謂不如，遂不復作賦。益見昺所畫竹石，亦遂不復畫竹。益死土木之難。

仲微，名顯，錢塘人。嘗知滕縣事，謫戍雲南。其爲詩頗豪放自喜，雲南詩人稱平、居、陳、郭，顯其一也。

沈度，字民則。弟粲，字民望。松江華亭人。兄弟皆善書，度以婉麗勝，粲以遒逸勝。度博涉經史，爲文章絕去浮靡。洪武中，舉文學，弗就。坐累謫雲南，岷王具禮幣聘之，數進諫，未幾辭去。都督瞿能與偕入京師。成祖初卽位，詔簡能書者入翰林，給廩祿，度與吳縣滕用亨、長樂陳登同與選。是時解縉、胡廣、梁潛、王璉皆工書，度最爲帝所賞，名出朝士右。日侍便殿，凡金版玉册，用之朝廷，藏秘府，頒屬國，必命之書。遂由翰林典籍擢檢討，歷修撰，遷侍講學士。粲自翰林待詔遷中書舍人，擢侍讀，進階大理少卿。兄弟並賜織金衣，鏤姓名於象簡，泥之以金。贈父母如其官，馳傳歸，告於墓。

崑山夏昺者，字孟暘，與其弟昺以善書畫聞，同官中書舍人，時號大小中書，而度、粲號大小學士。

度性敦實，謙以下人，嚴取與。有訓導介其友求書，請識姓字於上。度沈思曰：「得非曩訐奏有司者耶？」遽却之。其友固請，終不肯書姓名。其在內廷備顧問，必以正對。粲篤於事兄，己有賜，輒歸其兄。

滕用亨，初名權，字用衡。精篆隸書。被薦時年七十矣，召見，大書麟鳳龜龍四字以進，又獻貞符詩三篇。授翰林待詔，與修永樂大典。用亨善鑒古，嘗侍帝觀畫卷，未竟，衆目爲趙伯駒，用亨曰：「此王詵筆也。」至卷尾，果然。

陳登，字思孝。初仕羅田縣丞，改蘭谿，再改浮梁。選入翰林，仍給縣丞祿，歷十年始授中書舍人。登於六書本原，博考詳究，用力甚勤。自周、秦以來，殘碑斷碣，必窮搜摩搨，審度而辨定之。得其傳者，太常卿南城程南雲也。

聶大年，字壽卿，臨川人。父同文，洪武中，官翰林侍書、中書舍人。燕王入京師，迎謁，道暍死，死後五月而大年生，母胡撫之。比長，博學，善詩古文。葉盛稱其詩，謂三十年來絕唱也。書得歐陽率更法。宣德末，薦授仁和訓導。母卒，歸葬，哀感行路。里人列其母子賢行上之有司，詔旌其門。服闋，分敎常州，遷仁和敎諭。景泰六年薦入翰林，未幾得疾卒。

始，尚書王直以詩寄錢塘戴文進索畫，自序昔與文進交，嘗戲作詩一聯，至是十年始成

之。大年題其後曰：「公愛文進之畫，十年不忘。使以是心待天下賢者，天下寧復有遺賢哉。」直聞其言，不怒亦不薦。及大年疾篤，作詩貽直，有「鏡中白髮孰憐我，湖上青山欲待誰」句，直曰：「此欲吾志其墓耳」，遂爲之志。

劉溥，字原博，長洲人。祖彥，父士賓，皆以醫得官。溥八歲賦溝水詩，時目爲聖童。長侍祖父遊兩京，研究經史兼通天文、曆數。宣德時，以文學徵。有言溥善醫者，授惠民局副使，調太醫院吏目。恥以醫自名，日吟咏爲事。其詩初學西崑，後更奇縱，與湯胤勣、蘇平、蘇正、沈愚、王淮、晏鐸、鄒亮、蔣忠、王貞慶號「景泰十才子」，溥爲主盟。

胤勣，東甌王和曾孫，自有傳。蘇平，字秉衡，弟正，字秉貞，海寧人。兄弟並以布衣終。沈愚，字通理，崑山人，業醫終其身。王淮，字柏源，慈谿人。晏鐸，字振之，富順人。由庶吉士授御史，歷按兩畿、山東，所至有聲。坐言事謫上高典史，鄰境寇發，官兵不能討，鐸捕滅之，歸所掠於民。鄒亮，字克明，長洲人。用況鍾薦，擢吏部司務，遷御史。蔣忠，字主忠，儀眞人，徙居句容。王貞慶，字善甫，駙馬都尉寧子

也。折節好士，有詩名，時稱金粟公子。

張弼，字汝弼，松江華亭人。成化二年進士。授兵部主事，進員外郎。遷南安知府，地當兩廣衝，奸人聚山谷爲惡，悉捕滅之。毀淫祠百數十區，建爲社學。謝病歸，士民爲立祠。

弼自幼穎拔，善詩文，工草書，怪偉跌宕，震撼一世。自號東海。張東海之名，流播外裔。爲詩，信手縱筆，多不屬稿，即有所屬，以書故，輒爲人持去。與李東陽、謝鐸善。嘗自言：「吾平生，書不如詩，詩不如文。」東陽戲之曰：「英雄欺人每如此，不足信也。」鐸稱其好學不倦，詩文成一家言。子弘至，自有傳。

張泰，字亨父，太倉人。陸釴，字鼎儀，崑山人。陸容，字文量，亦太倉人。三人少齊名，號「婁東三鳳」。泰舉天順八年進士，選庶吉士，授檢討，遷修撰。爲人恬淡自守，詩名亞李東陽。弘治間，藝苑皆稱李懷麓、張滄洲，東陽有懷麓堂集，泰有滄洲集也。

釴與泰同年進士，殿試第二。授編修，歷修撰、諭德。孝宗立，以東宮講讀勞，進太常少卿兼侍讀，得疾歸。泰、釴皆早卒。

容，成化中進士。授南京主事，進兵部職方郎中。西番進獅子，奏請大臣往迎，容諫止之。遷浙江參政，罷歸。

程敏政，字克勤，休寧人，南京兵部尚書信子也。十歲侍父官四川，巡撫羅綺以神童薦。英宗召試，悅之，詔讀書翰林院，給廩饌。學士李賢、彭時咸愛重之，賢以女妻焉。成化二年進士及第，授編修，歷左諭德，直講東宮。翰林中，學問該博稱敏政，文章古雅稱李東陽，性行眞純稱陳音，各爲一時冠。孝宗嗣位，以宮僚恩擢少詹事兼侍講學士，直經筵。

敏政，名臣子，才高負文學，常俯視儕偶，頗爲人所疾。弘治元年冬，御史王嵩等以雨災劾敏政，因勒致仕。五年起官，〔二〕尋改太常卿兼侍讀學士，掌院事。進禮部右侍郎，專典內閣誥敕。十二年與李東陽主會試，舉人徐經、唐寅預作文，與試題合。給事中華昶劾敏政鬻題，時榜未發，詔敏政毋閱卷，其所錄者令東陽會同考官覆校。二人卷皆不在所取中，東陽以聞，言者猶不已。敏政、昶、經、寅俱下獄，坐經嘗贄見敏政，寅嘗從敏政乞文，黜

爲吏，敏政勒致仕，而昶以言事不實調南太僕主簿。敏政出獄憤恚，發癰卒。後贈禮部尚書。或言敏政之獄，傅瀚欲奪其位，令昶奏之。事祕，莫能明也。

羅玘，字景鳴，南城人。博學，好古文，務爲奇奧。年四十困諸生，輸粟入國學。丘濬爲祭酒，議南人不得留北監。玘固請不已，濬罵之曰：「若識幾字，倔彊乃爾！」玘仰對曰：「惟中祕書未讀耳。」濬姑留之，他日試以文，乃大驚異。成化末，領京闈鄉試第一。明年舉進士，選庶吉士，授編修。益肆力古文，每有作，或據高樹，或閉坐一室，瞑目隱度，形容灰槁。自此文益奇，玘亦厚自負。

尤尚節義。臺諫救劉遜盡下獄，玘言當優容以全國體。中官李廣死，遺一籍，具識大臣賄交者。帝怒，命言官指名劾奏。玘上言曰：「大臣表正百僚，今若此，固宜置重典。然天下及四裔皆仰望之，一旦指名暴其惡，啓遠人慢朝廷心。言官未見籍記，憑臆而論，安辨玉石？一經攻擿，且玷終身。臣請降敕密諭，使引疾退，或斥以他事，庶不爲朝廷羞，而仕路亦清。」李夢陽下獄，玘言：「壽寧侯託肺腑，當有以保全之。夢陽不保，爲侯累。」帝深納焉。秩滿，進侍讀。

正德初，還南京太常少卿。劉瑾亂政，李東陽依違其間。玘，東陽所舉士也，貽書責以大義，且請削門生之籍。尋進本寺卿，擢南京吏部右侍郎。遇事嚴謹，僚屬畏憚。畿輔盜縱橫，而皇儲未建，玘疏論激切，且侵執政者。七年冬，考績赴都，遂引疾致仕歸。寧王宸濠慕其名，遣使餽，玘避之深山。及叛，玘已病，馳書守臣約討賊，事未舉而卒。嘉靖初，賜謚文肅，學者稱圭峰先生。

儲巏，字靜夫，泰州人。九歲能屬文。母疾，刲股療之，卒不起。家貧，力營墓域。旦哭冢，夜讀書不輟。成化十九年鄉試，明年會試，皆第一。授南京考功主事。孝宗嗣位，疏薦前直諫貶謫者，主事張吉、王純，中書舍人丁璣，進士李文祥，吉等皆錄用。久之，進郎中。吏部尚書耿裕知其賢，調北部，考注臧否，一出至公。嘗覈實一官，裕欲改其評，巏正色曰：「公所執，何異王介甫！」羣僚咸在側，裕大慚，徐曰：「郎中言是，然非我莫能容也。」擢太僕少卿，請命史官記注言動，如古左右史，時不能用。進本寺卿。

武宗立，塞上有警，條禦邊五事，又陳馬政病民者四事，多議行。正德二年改左僉都御史，總督南京糧儲。召爲戶部右侍郎，尋轉左，督倉場，所至宿弊盡釐。劉瑾用事，數陵侮

大臣，獨敬巏，稱爲先生。巏憤其所爲，五年春，引疾求去。詔許乘傳，有司俟疾痊以聞。其秋，瑾敗，以故官召，辭不赴。後起南京戶部左侍郎，就改吏部，卒官。

巏體貌清羸，若不勝衣。淳行清修，介然自守。工詩文。好推引知名士，辟遠非類，不惡而嚴。進士顧璘嘗謁尚書邵寶，寶語曰：「子立身，當以柴墟爲法。」柴墟者，巏別號也。嘉靖初，賜謚文懿。

李夢陽，字獻吉，慶陽人。父正，官周王府教授，徙居開封。母夢日墮懷而生，故名夢陽。弘治六年舉陝西鄉試第一，明年成進士，授戶部主事。遷郎中，榷關，格勢要，搆下獄，得釋。

十八年應詔上書，陳二病、三害、六漸，凡五千餘言，極論得失。末言：「壽寧侯張鶴齡招納無賴，罔利賊民，勢如翼虎。」鶴齡奏辨，摘疏中「陛下厚張氏」語，誣夢陽訕母后爲張氏，罪當斬。時皇后有寵，后母金夫人泣愬帝，帝不得已繫夢陽錦衣獄。尋宥出，奪俸。金夫人愬不已，帝弗聽，召鶴齡閒處，切責之，鶴齡免冠叩頭乃已。左右知帝護夢陽，請毋重罪，而予杖以泄金夫人憤。帝又弗許，謂尚書劉大夏曰：「若輩欲以杖斃夢陽耳，吾寧殺直

臣快左右心乎！」他日，夢陽途遇壽寧侯，詈之，擊以馬箠，墮二齒，壽寧侯不敢校也。

孝宗崩，武宗立，劉瑾等八虎用事，尚書韓文與其僚語及而泣。夢陽進曰：「公大臣，何泣也？」文曰：「奈何？」曰：「比言官劾羣奄，閣臣持其章甚力，公誠率諸大臣伏闕爭，閣臣必應之，去若輩易耳。」文曰「善」，屬夢陽屬草。會語泄，文等皆逐去。瑾深憾之，矯旨謫山西布政司經歷，勒致仕。既而瑾復摭他事下夢陽獄，將殺之，康海爲說瑾，乃免。

瑾誅，起故官，遷江西提學副使。令甲，副使屬總督，夢陽與相抗，總督陳金惡之。監司五日會揖巡按御史，夢陽又不往揖，且敕諸生毋謁上官，即謁，長揖毋跪。御史江萬實亦惡夢陽。淮王府校與諸生爭，夢陽笞校。王怒，奏之，下御史按治。夢陽恐萬實右王，訐萬實。詔下總督金行勘，金檄布政使鄭岳勘之。夢陽僞撰萬實劾金疏以激怒金，幷搆岳子沄通賄事。寧王宸濠者浮慕夢陽，嘗請撰陽春書院記，又惡岳，乃助夢陽劾岳。萬實復奏夢陽短，及僞爲奏章事。參政吳廷舉亦與夢陽有隙，上疏論其侵官，不俟命徑去。詔遣大理卿燕忠往鞫，召夢陽，羈廣信獄。諸生萬餘爲訟冤，不聽。劾夢陽陵轢同列，挾制上官，遂以冠帶閒住去。亦褫岳職，謫戍沄，奪廷舉俸。

夢陽既家居，益跅弛負氣，治園池，招賓客，日縱俠少射獵繁臺、晉丘間，自號空同子，名震海內。宸濠反誅，御史周宣劾夢陽黨逆，被逮。大學士楊廷和、尚書林俊力救之，坐前

作書院記，削籍。頃之卒。子枝，進士。

夢陽才思雄鷙，卓然以復古自命。弘治時，宰相李東陽主文柄，天下翕然宗之，夢陽獨譏其萎弱。倡言文必秦、漢，詩必盛唐，非是者弗道。與何景明、徐禎卿、邊貢、朱應登、顧璘、陳沂、鄭善夫、康海、王九思等號十才子，又與景明、禎卿、貢、海、九思、王廷相號七才子，皆卑視一世，而夢陽尤甚。吳人黃省曾、越人周祚，千里致書，願爲弟子。迨嘉靖朝，李攀龍、王世貞出，復奉以爲宗。天下推李、何、王、李爲四大家，無不爭效其體。華州王維楨以爲七言律自杜甫以後，善用頓挫倒插之法，惟夢陽一人。而後有譏夢陽詩文者，則謂其模擬剽竊，得史遷、少陵之似，而失其眞云。

康海，字德涵，武功人。弘治十五年殿試第一，授修撰。與夢陽輩相倡和，訾議諸先達，忌者頗衆。正德初，劉瑾亂政。以海同鄉，慕其才，欲招致之，海不肯往。會夢陽下獄，書片紙招海曰：「對山救我。」對山者，海別號也。海乃謁瑾，瑾大喜，爲倒屣迎。海因設詭辭說之，瑾意解，明日釋夢陽。踰年，瑾敗，海坐黨，落職。

王九思，字敬夫，鄠人。弘治九年進士。由庶吉士授檢討。尋調吏部，至郎中，亦以瑾黨謫壽州同知。復被論，勒致仕。

海、九思同里、同官，同以瑾黨廢。每相聚沜東鄠、杜間，挾聲伎酣飲，製樂造歌曲，自比俳優，以寄其怫鬱。九思嘗費重貲購樂工學琵琶。海搊彈尤善。後人傳相倣效，大雅之道微矣。

王維楨，〔三〕字允寧。嘉靖十四年進士。擢庶吉士，累官南京國子祭酒。家居，地大震，壓死。維楨頎而皙，自負經世才，職文墨，不得少效於世，使酒謾罵，人多畏而遠之。於文好司馬遷，於詩好杜甫，而其意以夢陽兼此二人。終身所服膺效法者，夢陽也。

何景明，字仲默，信陽人。八歲能詩古文。弘治十一年舉於鄉，年方十五，宗藩貴人爭遣人負視，所至聚觀若堵。十五年第進士，授中書舍人。與李夢陽輩倡詩古文，夢陽最雄駿，景明稍後出，相與頡頏。

正德改元，劉瑾竊柄。上書吏部尚書許進勸其秉政毋撓，語極激烈。已，遂謝病歸。踰年，瑾盡免諸在告者官，景明坐罷。瑾誅，用李東陽薦，起故秩，直內閣制敕房。李夢陽下獄，衆莫敢爲直，景明上書吏部尚書楊一清救之。九年，乾清宮災，疏言義子不當畜，邊

軍不當留，番僧不當寵，宦官不當任。留中。久之，進吏部員外郎，直制敕如故。錢寧欲交驩，以古畫索題，景明曰：「此名筆，毋汚人手。」留經年，終擲還之。尋擢陝西提學副使。廖鵬弟太監鑾鎭關中，橫甚，諸參隨遇三司不下馬，景明執撻之。其敎諸生，專以經術世務。遴秀者於正學書院，親爲說經，不用諸家訓詁，士始知有經學。嘉靖初，引疾歸，未幾卒，年三十有九。

景明志操耿介，尙節義，鄙榮利，與夢陽並有國士風。兩人爲詩文，初相得甚歡，名成之後，互相詆諆。夢陽主摹倣，景明則主創造，各樹堅壘不相下，兩人交游亦遂分左右袒。說者謂景明之才本遜夢陽，而其詩秀逸穩稱，視夢陽反爲過之。然天下語詩文必並稱何、李，又與邊貢、徐禎卿並稱四傑。其持論，謂：「詩溺於陶，謝力振之，古詩之法亡於謝。文靡於隋，韓力振之，古文之法亡於韓。」錢謙益撰列朝詩，力詆之。

徐禎卿，字昌穀，吳縣人。資穎特，家不蓄一書，而無所不通。自爲諸生，已工詩歌，與里人唐寅善，寅言之沈周、楊循吉，由是知名。舉弘治十八年進士。孝宗遣中使問禎卿與華亭陸深名，深遂得館選，而禎卿以貌寢不與。授大理左寺副，坐失囚，貶國子博士。

禎卿少與祝允明、唐寅、文徵明齊名，號「吳中四才子」。其爲詩，喜白居易、劉禹錫。既登第，與李夢陽、何景明游，悔其少作，改而趨漢、魏、盛唐，然故習猶在，夢陽譏其守而未化。卒，年三十有三。

禎卿體癯神清，詩鎔鍊精警，爲吳中詩人之冠，年雖不永，名滿士林。子伯虬，舉人，亦能詩。

楊循吉，字君謙，吳縣人。成化二十年進士。授禮部主事。善病，好讀書，每得意，手足踔掉不能自禁，用是得顚主事名。一歲中，數移病不出。弘治初，奏乞改敎，不許。遂請致仕歸，年纔三十有一。結廬支硎山下，課讀經史，旁通內典、稗官。父母歿，傾貲治葬，寢苫墓側。性狷隘，好持人短長，又好以學問窮人，至頰赤不顧。清寧宮災，詔求直言，馳疏請復建文帝尊號，格不行。武宗駐蹕南都，召賦打虎曲，稱旨，易武人裝，日侍御前爲樂府、小令。帝以優俳畜之，不授官。循吉以爲恥，閱九月辭歸。既復召至京，會帝崩，乃還。嘉靖中，獻九廟頌及華陽求嗣齋儀，報聞而已。

晚歲落寞，益堅癖自好。尙書顧璘道吳，以幣贄，促膝論文，歡甚。俄郡守邀璘，璘將赴之，循吉忽色變，驅之出，擲還其幣。明日，璘往謝，閉門不納。卒，年八十九。其詩文，自

定爲松籌堂集，他所作又十餘種，幾及千卷。

祝允明，字希哲，長洲人。祖顥，正統四年進士。內侍傳旨試能文者四人，顥與焉，入掖門，知欲令敎小內豎也，不試而出。由給事中歷山西參政，並有聲。

允明以弘治五年舉於鄉，久之不第，授廣東興寧知縣。捕戮盜魁三十餘，邑以無警。稍遷應天通判，謝病歸。嘉靖五年卒。

允明生而枝指，故自號枝山，又號枝指生。五歲作徑尺字，九歲能詩。稍長，博覽羣集，文章有奇氣，當筵疾書，思若湧泉。尤工書法，名動海內。好酒色六博，善新聲，求文及書者踵至，多賄妓掩得之。惡禮法士，亦不問生產，有所入，輒召客豪飲，費盡乃已，或分與持去，不留一錢。晚益困，每出，追呼索逋者相隨於後，允明益自喜。所著有詩文集六十卷，他雜著百餘卷。

子續，正德中進士，仕至廣西左布政使。

唐寅，字伯虎，一字子畏。性穎利，與里狂生張靈縱酒，不事諸生業。祝允明規之，乃閉戶浹歲。舉弘治十一年鄉試第一，座主梁儲奇其文，還朝示學士程敏政，敏政亦奇之。

未幾，敏政總裁會試，江陰富人徐經賄其家僮，得試題。事露，言者劾敏政，語連寅，下詔獄，謫爲吏。寅恥不就，歸家益放浪。寧王宸濠厚幣聘之，寅察其有異志，佯狂使酒，露其醜穢。宸濠不能堪，放還。築室桃花塢，與客日般飲其中，年五十四而卒。

寅詩文，初尚才情，晚年頹然自放，謂後人知我不在此，論者傷之。吳中自枝山輩以放誕不羈爲世所指目，而文才輕豔，傾動流輩，傳說者增益而附麗之，往往出名教外。

時常熟有桑悅者，字民懌，尤怪妄，亦以才名吳中。書過目，輒焚棄，曰：「已在吾腹中矣。」敢爲大言，以孟子自況。或問翰林文章，曰：「虛無人，舉天下惟悅，其次祝允明，又次羅玘。」爲諸生，上謁監司，曰「江南才子」。監司大駭，延之較書，預刊落以試悅，文義不屬者，索筆補之。年十九舉成化元年鄉試，試春官，答策語不雅馴，被斥。三試得副榜，年二十餘耳，年籍誤二爲六，遂除泰和訓導。

學士丘濬重其文，屬學使者善遇之。使者至，問：「悅不迎，豈有恙乎？」長吏皆銜之，曰：「無恙，自負才名不肯謁耳。」使者遣吏召不至，益兩使促之。悅怒曰：「始吾謂天下未有無耳者，乃今有之。與若期，三日後來，瀆則不來矣。」使者恚，欲收悅，緣濬故，不果。三日來見，長揖使者。使者怒，悅脫帽竟去。使者下階謝，乃已。

遷長沙通判，調柳州。會外艱歸，遂不出。居家益狂誕，鄉人莫不重其文，而駭其行。

初，悅在京師，見高麗使臣市本朝兩都賦，無有，以爲恥，遂賦之。居長沙，著庸言，自以爲窮究天人之際。所著書，頗行於世。

邊貢，字廷實，歷城人。祖寧，應天治中。父節，代州知州。貢年二十舉於鄉，第弘治九年進士。除太常博士，擢兵科給事中。孝宗崩，疏劾中官張瑜、太醫劉文泰、高廷和用藥之謬，又劾中官苗逵、保國公朱暉、都御史史琳用兵之失。改太常丞，遷衞輝知府，改荊州，並能其官。歷陝西、河南提學副使，以母憂家居。嘉靖改元，用薦，起南京太常少卿，三遷太常卿，督四夷館，擢刑部右侍郎，拜戶部尚書，並在南京。

貢早負才名，美風姿，所交悉海內名士。久官留都，優閒無事，游覽江山，揮毫浮白，夜以繼日。都御史劾其縱酒廢職，遂罷歸。

顧璘，字華玉，上元人。弘治九年進士。授廣平知縣，擢南京吏部主事，晉郎中。正德四年出爲開封知府，數與鎮守太監廖堂、王宏忤，逮下錦衣獄，謫全州知州。秩滿，遷台州知府。歷浙江左布政使，山西、湖廣巡撫，右副都御史，所至有聲。遷吏部右侍郎，改工部。董顯陵工畢，遷南京刑部尚書。罷歸，年七十餘卒。

璘少負才名，與何、李相上下。虛己好士，如恐不及。在浙，慕孫太初一元不可得見。道衣幅巾，放舟湖上，月下見小舟泊斷橋，一僧、一鶴、一童子煮茗，笑曰：「此必太初也。」移舟就之，遂往還無間。撫湖廣時，愛王廷陳才，欲見之，廷陳不可。偵廷陳狎游，疾掩之，廷陳避不得，遂定交。既歸，搆息園，大治幸舍居客，客常滿。

從弟瑮，字英玉，以河南副使歸，居園側一小樓，教授自給。璘時時與客豪飲，伎樂雜作。呼瑮，瑮終不赴，其孤介如此。

初，璘與同里陳沂、王韋，號「金陵三俊」。其後寶應朱應登繼起，稱四大家。璘詩，矩矱唐人，以風調勝。韋婉麗多致，頗失纖弱。沂與韋同調。應登才思泉湧，落筆千言。然璘、應登羽翼李夢陽，而韋、沂則頗持異論。三人者，仕宦皆不及璘。

陳沂，字魯南。正德中進士。由庶吉士歷編修、侍講，出爲江西參議，量移山東參政。以不附張孚敬、桂萼，改行太僕卿致仕。

王韋，字欽佩。父徽，成化時給事中，直諫有聲。韋舉弘治中進士，由庶吉士歷官太僕

少卿。子逢元，亦能詩。

朱應登，字升之。弘治中進士，歷雲南提學副使，遷參政。恃才傲物，中飛語，罷歸。子曰藩，嘉靖間進士，終九江知府。能文章，世其家。

南都自洪、永初，風雅未暢。徐霖、陳鐸、金琮、謝璿輩談藝正德時，稍稍振起。自璘主詞壇，士大夫希風附塵，厥道大彰。許穀、陳鳳、璿子少南、金大車、大輿、金鑾、盛時泰、陳芹之屬，並從之游。穀等皆里人，鑾僑居客也。儀真蔣山卿、江都趙鶴亦與璘遙相應和。沿及末造，風流未歇云。

鄭善夫，字繼之，閩縣人。弘治十八年進士。連遭內外艱，正德六年始爲戶部主事，榷稅滸墅，以清操聞。時劉瑾雖誅，嬖倖用事。善夫憤之，乃告歸，築草堂金鼇峰下，爲遲清亭，讀書其中，曰：「俟天下之清也。」寡交游，日晏未炊，欣然自得。起禮部主事，進員外郎。武宗將南巡，偕同列切諫，杖於廷，罰跪五日。善夫更爲疏草，置懷中，屬其僕曰：「死即上之。」幸不死，歎曰：「時事若此，尚可靦顏就列哉！」乞歸未得，明年力請，乃得歸。嘉靖改元，用薦起南京刑部郎中，未上，改吏部。行抵建寧，便道游武夷、九曲，風雪絕糧，得病卒。

年三十有九。

善夫敦行誼，婚嫁七弟妹，貲悉推予之，葬母黨二十二人。所交盡名士，與孫一元、殷雲霄、方豪尤友善。作詩，力摹少陵。

雲霄，字近夫，壽張人，善夫同年進士。作蓄艾堂，聚書數千卷，以作者自命。正德中，官南京給事中。武宗納有娠女子馬姬宮中，雲霄偕同官疏諫，引李園、呂不韋事爲諷，不報。卒官，年三十有七。鄉人穆孔暉長雲霄峭直，曰：「殷子恥不善，不啻負穢然。」

方豪，字思道，開化人。正德三年進士。除崑山知縣，遷刑部主事。諫武宗南巡，跪闕下五日，復受杖。歷官湖廣副使，罷歸。一元，見隱逸傳。

閩中詩文，自林鴻、高棅後，閱百餘年，善夫繼之。迨萬曆中年，曹學佺、徐𤊹輩繼起，謝肇淛、鄧原岳和之，風雅復振焉。

學佺詳見後傳。𤊹，字興公，閩縣人。兄熥，萬曆間舉人。𤊹以布衣終。博聞多識，善草隸書。積書鼇峯書舍至數萬卷。

肇淛，字在杭。萬曆三十年進士。官工部郎中，視河張秋，作北河紀略，具載河流原委及歷代治河利病。終廣西右布政使。原岳，字汝高，亦閩縣人，肇淛同年進士，終湖廣副使。

陸深，字子淵，上海人。弘治十八年進士，二甲第一。選庶吉士，授編修。劉瑾嫉翰林官亢己，悉改外，深得南京主事。瑾誅，復職，歷國子司業、祭酒，充經筵講官。奏講官撰進講章，閣臣不宜改竄。忤輔臣，謫延平同知。晉山西提學副使，改浙江。累官四川左布政使。松、茂諸番亂，深主調兵食，有功，賜金幣。嘉靖十六年召爲太常卿兼侍讀學士。世宗南巡，深掌行在翰林院印，御筆刪侍讀二字，進詹事府詹事，致仕。卒，謚文裕。

深少與徐禎卿相切磨，爲文章有名。工書，倣李邕、趙孟頫。賞鑒博雅，爲詞臣冠。然頗倨傲，人以此少之。

同邑有王圻者，字元翰。嘉靖四十四年進士。除清江知縣，調萬安。擢御史，忤時相，出爲福建按察僉事，謫邛州判官。兩知進賢、曹縣，遷開州知州。歷官陝西布政參議，乞養歸，築室淞江之濱，種梅萬樹，目曰梅花源。以著書爲事，年踰耄耋，猶篝燈帳中，丙夜不輟。所撰續文獻通考諸書行世。

初，圻以奏議爲趙貞吉所推。張居正與貞吉交惡，諷圻攻之，不應。高拱爲圻座主，時

方修隙徐階，又以圻爲私其鄉人不助己，不能無恚，遂摭拾之。

王廷陳，字稚欽，黃岡人。父濟，吏部郎中。廷陳穎慧絕人，幼好弄，父抶之，輒大呼曰：「大人奈何虐天下名士！」正德十二年成進士，選庶吉士，益恃才放恣。故事，兩學士爲館師，體嚴重，廷陳伺其退食，獨上樹杪，大聲叫呼。兩學士無如之何，佯弗聞也。武宗下詔南巡，與同館舒芬等七人將疏諫，館師石瑤力止之。廷陳賦烏母謠，大書於壁以刺，瑤及執政皆不悅。已而疏上，帝怒，罰跪五日，杖於廷。時已改吏科給事中，乃出爲裕州知州。

廷陳不習爲吏，又失職怨望，簿牒堆案，漫不省視。夏日裸跣坐堂皇，見飛鳥集庭樹，輒止訟者，取彈彈之。上官行部，不出迎。已而布政使陳鳳梧及巡按御史喻茂堅先後至，廷陳以鳳梧座主，特出迓。鳳梧好謂曰：「子俟我固善，御史即來，俟之當倍謹。」廷陳許諾。及茂堅至，銜其素驕蹇，有意裁抑之，以小過榜州吏。廷陳爲跪請，茂堅故益甚。廷陳大罵曰：「陳公誤我。」直上堂搏茂堅，悉呼吏卒出，鎖其門，禁絕供億，且將具奏。茂堅大窘，鳳梧爲解，乃夜馳去。尋上疏劾之，適裕人被案者逸出，奏廷陳不法事，收捕繫獄，削籍歸。世宗踐阼，前直諫被謫者悉復官，獨廷陳以里吏議不與。

屏居二十餘年，嗜酒縱倡樂，益自放廢。士大夫造謁，多蓬髮赤足，不具賓主禮。時衣紅紫窄袖衫，騎牛跨馬，嘯歌田野間。嘉靖十八年詔修承天大志，巡撫顧璘以廷陳及顏木、王格薦。書成，不稱旨，賜銀幣而已。廷陳才高，詩文重當世，一時才士鮮能過之。木，應山人，官亳州知州。格，京山人，官河南僉事。

李濂，字川父，祥符人。舉正德八年鄉試第一，明年成進士。授沔陽知州，稍遷寧波同知，擢山西僉事。嘉靖五年以大計免歸，年纔三十有八。濂少負俊才，時從俠少年聯騎出城，搏獸射雉，酒酣悲歌，慨然慕信陵君、侯生之爲人。一日作理情賦，友人左國璣持以示李夢陽，夢陽大嗟賞，訪之吹臺，濂自此聲馳河、雒間。既罷歸，益肆力於學，遂以古文名於時。初受知夢陽，後不屑附和。里居四十餘年，著述甚富。

校勘記

〔一〕五年起官　孝宗實錄卷一五一弘治十二年六月壬辰條作「弘治六年召還」。

〔二〕王維楨　原作「王維禎」，據卷目、本書卷九九藝文志、明進士題名碑錄嘉靖乙未科改。下同。

中華書局

明史卷二百八十七

列傳第一百七十五

文苑三

文徵明 蔡羽等　黃佐 歐大任　黎民表　柯維騏　王愼中 屠應埈等　高叔嗣 蔡汝楠　陳束 任瀚　熊過　李開先　田汝成 子藝蘅　皇甫涍 弟沖　汸　濂　茅坤 子維　謝榛 盧柟　李攀龍 梁有譽等　王世貞 汪道昆　胡應麟 弟世懋　歸有光 子子慕　胡友信

文徵明，長洲人，初名璧，以字行，更字徵仲，別號衡山。父林，溫州知府。叔父森，右僉都御史。林卒，吏民醵千金爲賻。徵明年十六，悉卻之。吏民修故卻金亭，以配前守何文淵，而記其事。

徵明幼不慧，稍長，穎異挺發。學文於吳寬，學書於李應禎，[一]學畫於沈周，皆父友也。又與祝允明、唐寅、徐禎卿輩相切劘，名日益著。其爲人和而介。巡撫俞諫欲遺之金，指所衣藍衫，謂曰：「敝至此邪？」徵明佯不喻，曰：「遭雨敝耳。」諫竟不敢言遺金事。寧王宸濠慕其名，貽書幣聘之，辭病不赴。正德末，巡撫李充嗣薦之，會徵明亦以歲貢生詣吏部試，奏授翰林院待詔。世宗立，預修武宗實錄，侍經筵，歲時頒賜，與諸詞臣齒。而是時專尚科目，徵明意不自得，連歲乞歸。

先是，林知溫州，識張璁諸生中。璁既得勢，諷徵明附之，辭不就。楊一清召入輔政，徵明見獨後。一清亟謂曰：「子不知乃翁與我友邪？」徵明正色曰：「先君棄不肖三十餘年，苟以一字及者，弗敢忘，實不知相公與先君友也。」一清有慚色，尋與璁謀，欲徙徵明官。徵明乞歸益力，乃獲致仕。四方乞詩文書畫者，接踵於道，而富貴人不易得片楮，尤不肯與王府及中人，曰：「此法所禁也。」周、徽諸王以寶玩爲贈，不啓封而還之。外國使者道吳門，望里肅拜，以不獲見爲恨。文筆徧天下，門下士贋作者頗多，徵明亦不禁。嘉靖三十八年卒，年九十矣。

長子彭，字壽承，國子博士。次子嘉，字休承，和州學正。並能詩，工書畫篆刻，世其

家。彭孫震孟，自有傳。

吳中自吳寬、王鏊以文章領袖館閣，一時名士沈周、祝允明輩與並馳騁，文風極盛。徵明及蔡羽、黃省曾、袁袠、皇甫沖兄弟稍後出。而徵明主風雅數十年，與之遊者王寵、陸師道、陳道復、王穀祥、彭年、周天球、錢穀之屬，亦皆以詞翰名於世。

蔡羽，字九逵，由國子生授南京翰林院孔目。自號林屋山人，有林屋、南館二集。自負甚高。文法先秦、兩漢。或謂其詩似李賀，羽曰：「吾詩求出魏、晉上，今乃爲李賀邪！」其不肯屈抑如此。

黃省曾，字勉之。舉鄉試。從王守仁、湛若水游，又學詩於李夢陽。所著有五嶽山人集。子姬水，字淳父，有文名，學書於祝允明。

袁袠，字永之，七歲能詩。舉嘉靖五年進士，改庶吉士。張璁惡之，出爲刑部主事，累遷廣西提學僉事。兩廣自韓雍後，監司謁督府，率庭跪，袠獨長揖。無何，謝病歸。子尊尼，[二]字魯望，亦官山東提學副使，有文名。

王寵，字履吉，別號雅宜。少學於蔡羽，居林屋者三年，既而讀書石湖。由諸生貢入國子，僅四十而卒。行楷得晉法，書無所不觀。

陸師道，字子傳。由進士授工部主事，改禮部，以養母請告歸。歸而游徵明門，稱弟子。家居十四年，乃復起，累官尚寶少卿。善詩文，工小楷古篆繪事。人謂徵明四絕，不減趙孟頫，而師道並傳之，其風尚亦略相似。平居不妄交游，長吏罕識其面。女字卿子，適趙宧光，夫婦皆有聞於時。

陳道復，名淳，以字行。祖璚，副都御史。淳受業徵明，以文行著，善書畫，自號白陽山人。

王穀祥，字祿之。由進士改庶吉士，歷官吏部員外郎。忤尚書汪鋐，左遷眞定通判以歸。與師道俱有清望。

彭年，字孔嘉，其人亦長者。周天球，字公瑕，錢穀，字叔寶。天球以書，穀以畫，皆繼徵明表表吳中者也。

其後，華亭何良俊亦以歲貢生入國學。當路知其名，用蔡羽例，特授南京翰林院孔目。良俊，字元朗。少篤學，二十年不下樓，與弟良傅並負俊才。良傅舉進士，官南京禮部郎中，而良俊猶滯場屋，與上海張之象、同里徐獻忠、董宜陽友善，並有聲。及官南京，趙貞吉、王維楨相繼掌院事，與相得甚歡。良俊居久之，慨然歎曰：「吾有清森閣在海上，藏書四萬卷，名畫百籤，古法帖彝鼎數十種，棄此不居，而僕僕牛馬走乎！」遂移疾歸。海上中倭，

復居金陵者數年，更買宅居吳閶。年七十始返故里。徐獻忠，字伯臣。嘉靖中，舉於鄉，官奉化知縣。著書數百卷。卒年七十七，王世貞私諡曰貞憲。

董宜陽，字子元。

張之象，字月鹿。祖萱，湖廣參議。父鳴謙，順天通判。之象由諸生入國學，授浙江按察司知事，以吏隱自命。歸益務撰著。晚居秀林山，罕入城市。卒年八十一。

黃佐，字才伯，香山人。祖瑜，長樂知縣，以學行聞。正德中，佐舉鄉試第一。世宗嗣位，始成進士，選庶吉士。嘉靖初，授編修，陳初政要務，又請修舉新政，疏皆留中。尋省親歸，便道謁王守仁，與論知行合一之旨，數相辨難，守仁亦稱其直諒。還朝，會出諸翰林爲外僚，除江西僉事。旋改督廣西學校，聞母病，引疾乞休，不俟報竟去，下巡撫林富逮問。富言佐誠有罪，第爲親受過，於情可原，乃令致仕。

家居九年，簡宮僚，命以編修兼司諫，尋進侍讀，掌南京翰林院。召爲右諭德，擢南京國子祭酒。母憂除服，起少詹事。謁大學士夏言，與論河套事不合。會吏部缺左侍郎，所

司推禮部右侍郎崔桐及佐。給事中徐霈、御史艾朴言：「桐與左侍郎許成名競進，至相詬詈，而佐及同官王用賓亦爭覬望，惟恐或先之，宜皆止勿用。」言從中主之，遂皆賜罷。

佐學以程、朱爲宗，惟理氣之說，獨持一論。平生譔述至二百六十餘卷。所著樂典，自謂洩造化之秘。年七十七卒。穆宗詔贈禮部右侍郎，諡文裕。

佐弟子多以行業自飭，而梁有譽、歐大任、黎民表詩名最著云。

歐大任，字楨伯，順德人。由歲貢生歷官南京工部郎中，年八十而終。

黎民表，字惟敬，從化人，御史貫子也。舉鄉試，久不第，授翰林孔目，遷吏部司務。執政知其能文，用爲制敕房中書，供事內閣，加官至參議。

柯維騏，字奇純，莆田人。高祖潛，翰林學士。父英，徽州知府。維騏舉嘉靖二年進士，授南京戶部主事，未赴，輒引疾歸。張孚敬用事，創新制，京朝官病滿三年者，概罷免，維騏亦在罷中。自是謝賓客，專心讀書。久之，門人日進，先後四百餘人，維騏引掖靡倦。慨近世學者樂徑易而憚積累，竊二氏之說以文其固陋也，作左右二銘，訓學者務實。以辨心術、端趨向爲實志，以存敬畏、密操履爲實功，而其極則以宰理人物、成能天地爲實用，作講義二卷。宋史與遼、金二史，舊分三書，維騏乃合之爲一，以遼、金附之，而列二王於本紀。褒貶去取，義例嚴整，閱二十年而始成，名之曰宋史新編。又著史記考要、續莆陽文獻志，及所作詩文集並行於世。

維騏登第五十載，未嘗一日服官。中更倭亂，故廬焚燬，家困甚，終不妄取。世味無所嗜，惟嗜讀書。撫按監司時有論薦，不復起。隆慶初，廷臣復薦。所司以維騏年高，但授承德郎致仕。卒年七十有八。孫茂竹，海陽知縣。茂竹子昶，副都御史，巡撫山西。

王愼中，字道思，晉江人。四歲能誦詩，十八舉嘉靖五年進士，授戶部主事，尋改禮部祠祭司。時四方名士唐順之、陳束、李開先、趙時春、任瀚、熊過、屠應埈、華察、陸銓、江以達、曾忭輩，[二]咸在部曹。愼中與之講習，學大進。大學士張孚敬欲一見，辭不赴，乃稍移吏部，爲考功員外郎，進驗封郎中。忌者讒之孚敬，因覆議貢人張衍慶請封疏，謫常州通判。稍遷戶部主事、禮部員外郎，並在南京。久之，擢山東提學僉事，改江西參議，進河南參政。

侍郎王杲奉命振荒，以其事委愼中，還朝，薦愼中可重用。會二十年大計，吏部註愼中不及。而大學士夏言先嘗爲禮部尚書，愼中其屬吏也，與相忤，遂內批不謹，落其職。

愼中爲文，初主秦、漢，謂東京下無可取。已悟歐、曾作文之法，乃盡焚舊作，一意師倣，尤得力於曾鞏。順之初不服，久亦變而從之。壯年廢棄，益肆力古文，演迤詳贍，卓然成家，與順之齊名，天下稱之曰王、唐，又曰晉江、毘陵。家居，問業者踵至。年五十一而終。李攀龍、王世貞後起，力排之，卒不能掩。攀龍，愼中提學山東時所賞拔者也。愼中初號遵巖居士，後號南江。

屠應埈，字文升，平湖人，刑部尚書勳子也。舉嘉靖五年進士。由郎中改翰林，官至右諭德。

華察，字子潛，無錫人。應埈同年進士。累官侍講學士，掌南京翰林院。

陸銓，字選之，鄞人。嘉靖二年進士。與弟編修釴爭大禮，並繫詔獄，被杖，後官廣西布政使。釴終山東提學副使，兄弟皆能文。

江以達，字子順，貴溪人。嘉靖五年進士。累官福建提學僉事。

高叔嗣，字子業，祥符人。年十六，作申情賦幾萬言，見者驚異。十八舉於鄉，第嘉靖二年進士。授工部主事，改吏部。歷稽勳郎中。出爲山西左參政，斷疑獄十二事，人稱爲神。遷湖廣按察使，卒官，年三十有七。

叔嗣少受知邑人李夢陽，及官吏部，與三原馬理、武城王道同署，以文藝相磨切。其爲詩，清新婉約，雖爲夢陽所知，不宗其說。陳束序其蘇門集，謂有應物之沖澹，兼曲江之沈雄，體王、孟之清適，具高、岑之悲壯。王世貞則曰：「子業詩，如高山鼓琴，沈思忽往，木葉盡脫，石氣自青，又如衞洗馬言愁，憔悴婉篤，令人心折。」而蔡汝楠至推爲本朝第一云。兄仲嗣，官知府，亦有才名。

汝楠，字子木。兒時隨父南京，聽祭酒湛若水講學，輒有解悟。年十八，成嘉靖十一年進士，授行人。從王慎中、唐順之及叔嗣輩學爲詩。尋進刑部員外郎，徙南京刑部。善皇甫涍兄弟，尚書顧璘引爲忘年友。廷議改歸德州爲府，擢汝楠知其府事。以母憂歸，聚諸生石鼓書院，與說經。治民有惠政，旣去，士民祠祀之。歷官江西左、右布政使，擢右副都御史，巡撫河南。召爲兵部右侍郎，從諸大僚祝釐西宮，世宗望見其貌寢，改南京工部右侍

郎，未幾卒。

汝楠始好爲詩，有重名。中年好經學，及官江西，與鄒守益、羅洪先游，學益進，然詩由此不工云。

陳束，字約之，鄞人。生而聰慧絕倫，好讀古書。會稽侍郎董玘官翰林時，聞束才，召視之。束垂髫而前，試詞賦立就，遂字以女，攜至京，文譽益起。嘉靖八年廷對，世宗親擢羅洪先、程文德、楊名爲一甲，而置唐順之及束、任瀚於二甲，皆手批其卷。無何，考庶吉士，得胡經等二十人，以束及順之、瀚嘗御批，列經等首。座主張璁、霍韜以前此館選悉改他曹，引嫌，亦議改，乃寢前命，束授禮部主事。時有「嘉靖八才子」之稱，謂束及王慎中、唐順之、趙時春、熊過、任瀚、李開先、呂高也。四郊改建，都御史汪鋐請徙近郊居民墳墓，束疏諫，不報。遷員外郎，改編修。

束出璁、韜門，不肯親附。歲時上壽，望門投刺，輒馳馬過之。爲所惡，出爲湖廣僉事。分巡辰、沅，治有聲。稍遷福建參議，改河南提學副使。束故有嘔血疾，會科試期迫，試八郡之士，三月而畢，疾增劇，竟不起，年纔三十有三。妻董，亦能詩，束卒未幾亦卒，束竟無後。

當嘉靖初，稱詩者多宗何、李，束與順之輩厭而矯之。束早世，且稾多散逸，今所傳后岡集，僅十之一二云。

任瀚，字少海，南充人。嘉靖八年進士。改庶吉士，未上，授吏部主事。屢遷考功郎中。十八年，簡宮僚，改左春坊左司直兼翰林院檢討。明年，拜疏引疾，出郭戒行，疏再上，不報，復自引還。給事中周來劾瀚舉動任情，蔑視官守。帝令自陳，瀚語侵掌詹事霍韜。帝怒，勒爲民。久之，遇赦，復官致仕。終世宗朝，中外屢薦，不復用。神宗嗣位，四川巡撫劉思潔、曾省吾先後疏薦，優旨報聞而已。瀚少懷用世志，百家二氏之書，罔不蒐討。被廢，益反求六經，闡明聖學。晚又潛心於易，深有所得。文亦高簡。卒年九十三。

熊過，字叔仁，富順人。瀚同年進士。累官祠祭郎中，坐事貶秩，復除名爲民。

李開先，字伯華，章丘人。束同年進士。官至太常少卿。性好蓄書，李氏藏書之名聞天下。

呂高，字山甫，丹徒人。亦束同年進士。歷官山東提學副使。鄉試錄文，舊多出學使者手，巡按御史葉經乞順之文。高心憾，寓書京師友人言經紕繆。嚴嵩惡經，遂置之死。及後大計，諸御史謂經禍由高，乃斥歸，於八子中，名最下。

田汝成，字叔禾，錢塘人。嘉靖五年進士。授南京刑部主事，尋召改禮部。十年十二月上言：「陛下以青宮久虛，祈天建醮，復普放生之仁，凡羈蹄鍛羽禁在上林者，咸獲縱釋。顧使囹圄之徒久纏徽纆，衣冠之侶流竄窮荒，父子長離，魂魄永喪，此獨非陛下之赤子乎！望大廣皇仁，悉加寬宥。」忤旨，切責，停俸二月。屢遷祠祭郎中，廣東僉事，謫知滁州。

復擢貴州僉事，改廣西右參議，分守右江。龍州土酋趙楷、憑祥州土酋李寰皆弒主自立，與副使翁萬達密計誅之。努灘賊侯公丁爲亂，斷藤峽羣賊與相應。汝成復偕萬達設策誘擒公丁，而進兵討峽賊，大破之。又與萬達建善後七事，一方遂靖，有銀幣之賜。遷福建提學副使。歲當大比，預定諸生甲乙。比榜發，一如所定。

汝成博學工古文，尤善敍述。歷官西南，諳曉先朝遺事，撰炎徼紀聞。歸田後，盤桓湖山，窮浙西諸名勝，撰西湖游覽志，並見稱於時。他所論著甚多，時推其博洽。

子藝蘅，字子莪。十歲從父過采石，賦詩有警句。性放誕不羈，嗜酒任俠。以歲貢生爲徽州訓導，罷歸。作詩有才調，爲人所稱。

皇甫涍，字子安，長洲人。父錄，弘治九年進士。任重慶知府。生四子，沖、涍、汸、濂。沖、汸同登嘉靖七年鄉薦，明年，汸第進士。又三年，涍第進士。又十三年，濂亦第進士。而沖尚爲舉子。兄弟並好學工詩，稱「皇甫四傑」。

沖，字子浚，善騎射，好談兵。遇南北內訌，譔幾策、兵統、枕戈雜言三書，凡數十萬言。

涍，初授工部主事，改禮部。歷儀制員外郎，主客郎中。在儀制時，夏言爲尚書，連疏請建儲，皆涍起草，故言深知涍才。比簡宮僚，遂用爲春坊司直兼翰林檢討。言者論涍改官有私，謫廣平通判，量移南京刑部主事，進員外郎，遷浙江僉事。大計京官，以南曹事論罷，邑邑發病卒。

涍沈靜寡與，自負高俊，稍不當意，終日相對無一言。居官砥廉隅，然頗操切，多忤物，故數被讒謗云。

汸，字子循，七歲能詩。官工部主事，名動公卿，沾沾自喜，用是貶秩爲黃州推官。屢遷南京稽勳郎中，再貶開州同知，量移處州府同知。擢雲南僉事，以計典論黜。汸和易，近聲色，好狎游。於兄弟中最老壽，年八十乃卒。

濂，字子約，初授工部主事，母喪除，起故官，典惜薪廠。賈人僞增數罔利，濂按其罪。賈人女爲尚書文明妾，明召濂切責之。濂抗言曰：「公掌邦政，縱奸人干紀，又欲奪郎官法守邪？」明爲斂容謝。大計，謫河南布政司理問，終興化同知。

濂兄弟與黃魯曾、省曾爲中表兄弟，文藻亦相似。其後，里人張鳳翼、燕翼、獻翼並負才名。吳人語曰：「前有四皇，後有三張。」鳳翼、燕翼終舉人。而獻翼爲太學生，名日益高，年老矣，狂甚，爲讎家所殺。

茅坤，字順甫，歸安人。嘉靖十七年進士。歷知青陽、丹徒二縣。母憂，服闋，還禮部主事，移吏部稽勳司，坐累，謫廣平通判。

屢遷廣西兵備僉事，轄府江道。坤雅好談兵。瑤賊據鬼子諸砦，殺陽朔令。朝議大征，總督應檟以問坤。坤曰：「大征非兵十萬不可，餉稱之，今猝不能集，而賊已據險爲備。計莫若鵰勦。倏入殲其魁，他部必讋，謀自全，此便計也。」檟善之，悉以兵事委坤。連破十七砦，晉秩二等。民立祠祀之。

還大名兵備副使，總督楊博歎爲奇才，特薦於朝。爲忌者所中，追論其先任貪汚狀，落

職歸。時倭事方急，胡宗憲延之幕中，與籌兵事，奏請爲福建副使。吏部持之，乃已。家人橫於里，爲巡按龐尚鵬所劾，遂褫冠帶。坤既廢，用心計治生，家大起。年九十，卒於萬曆二十九年。

坤善古文，最心折唐順之。順之喜唐、宋諸大家文，所著文編，唐、宋人自韓、柳、歐、三蘇、曾、王八家外，無所取，故坤選八大家文鈔。其書盛行海內，鄉里小生無不知茅鹿門者。鹿門，坤別號也。

少子維，字孝若，能詩，與同郡臧懋循、吳稼竳、吳夢暘，並稱四子。嘗詣闕上書，希得召見，陳當世大事，不報。

謝榛，字茂秦，臨清人。眇一目。年十六，作樂府商調，少年爭歌之。已，折節讀書，刻意爲歌詩。西游彰德，爲趙康王所賓禮。入京師，脫盧柟於獄。

李攀龍、王世貞輩結詩社，榛爲長，攀龍次之。及攀龍名大熾，榛與論生平，頗相鐫責，攀龍遂貽書絕交。世貞輩右攀龍，力相排擠，削其名於七子之列。然榛游道日廣，秦、晉諸

王爭延致，大河南、北皆稱謝榛先生。趙康王卒，榛乃歸。

萬曆元年冬，復游彰德，王曾孫穆王亦賓禮之。酒闌樂止，命所愛賈姬獨奏琵琶，則榛所製竹枝詞也。榛方傾聽，王命姬出拜，光華射人，藉地而坐，竟十章。榛曰：「此山人里言耳，請更製，以備房中之奏。」詰朝上新詞十四闋，姬悉按而譜之。明年元旦，便殿奏伎，酒止送客，卽盛禮而歸姬於榛。榛游燕、趙間，至大名，客請賦壽詩百章，成八十餘首，投筆而逝。

當七子結社之始，尚論有唐諸家，各有所重。榛曰：「取李、杜十四家最勝者，熟讀之以會神氣，歌詠之以求聲調，玩味之以裒精華。得此三要，則浩乎渾淪，不必塑謫仙而畫少陵也。」諸人心師其言，厥後雖合力擯榛，其稱詩指要，實自榛發也。

盧柟，字少楩，濬縣人。家素封，輸貲爲國學生。博聞强記，落筆數千言。爲人跅弛，好使酒罵座。常爲具召邑令，日晏不至，柟大怒，徹席滅炬而臥。令至，柟已大醉，不具賓主禮。會柟役夫被搒，他日牆壓死，令卽捕柟，論死，繫獄，破其家。里中兒爲獄卒，恨柟，笞之數百，謀以土囊壓殺之，爲他卒救解。柟居獄中，益讀所攜書，作幽鞫、放招二賦，詞旨沈鬱。

謝榛入京師，見諸貴人，泣訴其冤狀曰：「生有一盧柟不能救，乃從千古哀沅而弔湘

乎！」平湖陸光祖選得濬令，因榛言平反其獄。枏出，走謁榛。榛方客趙康王所，王立召見枏，禮爲上賓。諸宗人以王故爭客枏，枏酒酣罵座如故。及光祖爲南京禮部郎，枏往訪之，偏游吳會無所遇，還益落魄嗜酒，病三日卒。枏騷賦最爲王世貞所稱，詩亦豪放如其爲人。

李攀龍，字于鱗，歷城人。九歲而孤，家貧，自奮於學。稍長爲諸生，與友人許邦才、殷士儋學爲詩歌。已，益厭訓詁學，日讀古書，里人共目爲狂生。舉嘉靖二十三年進士，授刑部主事。歷員外郎、郎中，稍遷順德知府，有善政。上官交薦，擢陝西提學副使。鄉人殷學爲巡撫，檄令屬文，攀龍怫然曰：「文可檄致邪？」拒不應。會其地數震，攀龍心悸，念母思歸，遂謝病。故事，外官謝病不再起，吏部重其才，用何景明例，特予告歸。予告者，例得再起。攀龍既歸，搆白雪樓，名曰益高。賓客造門，率謝不見，大吏至，亦然，以是得簡傲聲。獨故交殷、許輩過從靡間。時徐中行亦家居，坐客恒滿，二人聞之，交相得也。歸田將十年，隆慶改元，薦起浙江副使，改參政，擢河南按察使。攀龍至是摧亢爲和，賓客亦稍稍進。無何，奔母喪歸，哀毀得疾，疾少間，一日心痛卒。

攀龍之始官刑曹也，與濮州李先芳、臨清謝榛、孝豐吳維岳輩倡詩社。王世貞初釋褐，

先芳引入社，遂與攀龍定交。明年，先芳出爲外吏。又二年，宗臣、梁有譽入，是爲五子。未幾，徐中行、吳國倫亦至，乃改稱七子。諸人多少年，才高氣銳，互相標榜，視當世無人，七才子之名播天下。擯先芳、維岳不與，已而榛亦被擯，攀龍遂爲之魁。其持論謂文自西京，詩自天寶而下，俱無足觀，於本朝獨推李夢陽。諸子翕然和之，非是，則詆爲宋學。攀龍才思勁鷙，名最高，獨心重世貞，天下亦並稱王、李。又與李夢陽、何景明並稱何、李、王、李。其爲詩，務以聲調勝，所擬樂府，或更古數字爲己作，文則聱牙戟口，讀者至不能終篇。好之者推爲一代宗匠，亦多受世抉摘云。自號滄溟。

梁有譽、宗臣、徐中行、吳國倫，皆嘉靖二十九年進士。有譽除刑部主事，居三年，以念母告歸，杜門讀書。大吏至，辭不見。卒年三十六。

宗臣，字子相，揚州興化人。由刑部主事調考功，謝病歸，築室百花洲上，讀書其中。起故官，移文選。進稽勳員外郎，嚴嵩惡之，出爲福建參議。倭薄城，臣守西門，納鄉人避難者萬人。或言賊且迫，曰：「我在，不憂賊也。」與主者共擊退之。尋遷提學副使，卒官，士民皆哭。

徐中行，字子輿，長興人。美姿容，善飲酒。由刑部主事歷員外郎、郎中，稍遷汀州知府。廣東賊蕭五來犯，禦之，有功。策其且走，俾武平令徐甫宰邀擊之，讓功甫宰，甫宰得優擢。尋以父憂歸，補汝寧，坐大計，貶長蘆鹽運判官。遷湖廣僉事，掩捕湖盜柯彩鳳，得其積貯，活饑民萬餘。累官江西左布政使，萬曆六年卒官。中行性好客，無賢愚貴賤，應之不倦，故其死也，人多哀之。

吳國倫，字明卿，興國人。由中書舍人擢兵科給事中。楊繼盛死，倡衆賻送，忤嚴嵩，假他事謫江西按察司知事。量移南康推官，調歸德，居二歲棄去。嵩敗，起建寧同知，累遷河南左參政，大計罷歸。國倫才氣橫放，好客輕財。歸田後聲名籍甚，求名之士，不東走太倉，則西走興國。萬曆時，世貞既沒，國倫猶無恙，在七子中最爲老壽。

王世貞，字元美，太倉人，右都御史忬子也。生有異稟，書過目，終身不忘。年十九，舉嘉靖二十六年進士。授刑部主事。世貞好爲詩古文，官京師，入王宗沐、李先芳、吳維岳等詩社，又與李攀龍、宗臣、梁有譽、徐中行、吳國倫輩相倡和，紹述何、李，名日益盛。屢遷員外郎、郎中。

奸人閻姓者犯法，匿錦衣都督陸炳家，世貞搜得之。炳介嚴嵩以請，不許。楊繼盛下

吏，時進湯藥。其妻訟夫冤，爲代草。既死，復棺殮之。嵩大恨。吏部兩擬提學皆不用，用爲青州兵備副使。父忬以灤河失事，嵩搆之，論死繫獄。世貞解官奔赴，與弟世懋日蒲伏嵩門，涕泣求貸。嵩陰持忬獄，而時爲謾語以寬之。兩人又日囚服跽道旁，遮諸貴人輿，搏顙乞救。諸貴人畏嵩不敢言，忬竟死西市。兄弟哀號欲絕，持喪歸，蔬食三年，不入內寢。既除服，猶却冠帶，苴屨葛巾，不赴宴會。

隆慶元年八月，兄弟伏闕訟父冤，言爲嵩所害，大學士徐階左右之，復忬官。世貞意不欲出，會詔求直言，疏陳法祖宗、正殿名、廣恩義、寬禁例、修典章、推德意、昭爵賞、練兵實八事，以應詔。無何，吏部用言官薦，令以副使涖大名。遷浙江右參政，山西按察使。母憂歸，服除，補湖廣，旋改廣西右布政使，入爲太僕卿。

萬曆二年九月以右副都御史撫治鄖陽，數條奏屯田、戍守、兵食事宜，咸切大計。有奸僧僞稱樂平王次子，奉高皇帝御容、金牒，行游天下。世貞曰：「宗藩不得出城，而譸張如此，必僞也。」捕訊之，服辜。

張居正枋國，以世貞同年生，有意引之，世貞不甚親附。所部荊州地震，引京房占，謂臣道太盛，坤維不寧，用以諷居正。居正婦弟辱江陵令，世貞論奏不少貸。居正積不能堪，會遷南京大理卿，爲給事中楊節所劾，即取旨罷之。後起應天府尹，復被劾罷。居正歿，起南京

刑部右侍郎，辭疾不赴。久之，所善王錫爵秉政，起南京兵部右侍郎。先是，世貞爲副都御史及大理卿、應天尹與侍郎，品皆正三。世貞通理前俸，得考滿廕子。比擢南京刑部尚書，御史黃仁榮言世貞先被劾，〔四〕不當計俸，據故事力爭。世貞乃三疏移疾歸。二十一年卒於家。

世貞始與李攀龍狎主文盟，攀龍歿，獨操柄二十年。才最高，地望最顯，聲華意氣籠蓋海內。一時士大夫及山人、詞客、衲子、羽流，莫不奔走門下。片言褒賞，聲價驟起。其持論，文必西漢，詩必盛唐，大曆以後書勿讀，而藻飾太甚。晚年，攻者漸起，世貞顧漸造平淡。病亟時，劉鳳往視，見其手蘇子瞻集，諷翫不置也。

世貞自號鳳洲，又號弇州山人。其所與遊者，大抵見其集中，各爲標目。曰前五子者，攀龍、中行、有譽、國倫、臣也。後五子則南昌余曰德、蒲圻魏裳、歙汪道昆、銅梁張佳胤、新蔡張九一也。廣五子則崑山俞允文、濬盧柟、濮州李先芳、孝豐吳維岳、順德歐大任也。續五子則陽曲王道行、東明石星、從化黎民表、南昌朱多煃、常熟趙用賢也。末五子則京山李維楨、鄞屠隆、南樂魏允中、蘭谿胡應麟，而用賢復與焉。其所去取，頗以好惡爲高下。

余曰德，字德甫，張佳胤，字肖甫，張九一，字助甫，世貞詩所謂「吾黨有三甫」也。魏裳，字順甫，與曰德俱嘉靖二十九年進士。曰德終福建副使，裳終濟南知府。九一，嘉靖三

十二年進士，終巡撫寧夏僉都御史。佳胤自有傳。

汪道昆，字伯玉，世貞同年進士。大學士張居正亦其同年生也，父七十壽，道昆文當其意，居正亟稱之。世貞筆之藝苑卮言曰：「文繁而有法者于鱗，簡而有法者伯玉。」道昆由是名大起。晚年官兵部左侍郎，世貞亦嘗貳兵部，天下稱「兩司馬」。世貞頗不樂，嘗自悔奬道昆爲違心之論云。

胡應麟，幼能詩。萬曆四年舉於鄉，久不第，築室山中，搆書四萬餘卷，手自編次，多所撰著。攜詩謁世貞，世貞喜而激賞之，歸益自負。所著詩藪二十卷，大抵奉世貞卮言爲律令，而敷衍其說，謂詩家之有世貞，集大成之尼父也。其貢諛如此。

世貞弟世懋，字敬美。嘉靖三十八年成進士，卽遭父憂。父雪，始選南京禮部主事。歷陝西、福建提學副使，再遷太常少卿，先世貞三年卒。好學，善詩文，名亞其兄。世貞力推引之，以爲勝己，攀龍、道昆輩因稱爲「少美」。

世貞子士騏，字冏伯，舉鄉試第一，登萬曆十七年進士，終吏部員外郎，亦能文。

歸有光，字熙甫，崑山人。九歲能屬文，弱冠盡通五經、三史諸書，師事同邑魏校。嘉靖十九年舉鄉試，八上春官不第。徙居嘉定安亭江上，讀書談道。學徒常數百人，稱爲震川先生。

四十四年始成進士，授長興知縣。用古教化爲治。每聽訟，引婦女兒童案前，刺刺作吳語，斷訖遣去，不具獄。大吏令不便，輒寢閣不行。有所擊斷，直行己意。大吏多惡之，調順德通判，專轄馬政。明世，進士爲令無遷倅者，名爲遷，實重抑之也。隆慶四年，大學士高拱、趙貞吉雅知有光，引爲南京太僕丞，留掌內閣制敕房，修世宗實錄，卒官。

有光爲古文，原本經術，好太史公書，得其神理。時王世貞主盟文壇，有光力相觝排，目爲妄庸巨子。世貞大憾，其後亦心折有光，爲之讚曰：「千載有公，繼韓、歐陽。余豈異趨，久而自傷。」其推重如此。

有光少子子慕，字季思。舉萬曆十九年鄉試，再被放，卽屛居江村，與無錫高攀龍最善。其歿也，巡按御史祁彪佳請於朝，贈翰林待詔。

有光制舉義，湛深經術，卓然成大家。後德清胡友信與齊名，世並稱歸、胡。

友信，字成之，隆慶二年進士。授順德知縣。歲賦率奸胥攬輸，稍以所入啗長吏，謂之月錢。友信與民約，歲爲三限，多寡皆自輸，不取贏，閭里無妄費，而公賦以充。海寇竊發，

官軍往討，民間驛騷。部內烏洲、大洲，賊所巢穴，諸惡少爲賊耳目。友信悉勾得之，捕誅其魁，餘黨解散。鄉立四應社，一鄉有警，三鄉鼓而援之，不援者罪同賊，賊不敢發。歲大凶，民饑死無敢爲惡者。

初，友信慮民輕法，涖以嚴，後令行禁止，更爲寬大，或旬日不笞一人。其治縣如家，繁修隳舉，學校城池，咸爲更新。督課邑子弟，敎化興起。卒官，士民立祠奉祀。

友信博通經史，學有根柢。明代舉子業最擅名者，前則王鏊、唐順之，後則震川、思泉。思泉，友信別號也。

校勘記

〔一〕學書於李應禎　李應禎，原作「李應楨」，據明史稿傳一六三文徵明傳、孝宗實錄卷七八弘治六年七月壬寅條改。

〔二〕子曾尼　曾尼，原作「曾尼」，據本書卷九藝文志、明史稿傳一六三文徵明傳改。

〔三〕曾忭輩　曾忭，原作「曾汴」，據明史稿傳一六三王愼中傳、明進士題名碑錄嘉靖丙戌科改。

〔四〕御史黃仁榮言世貞先被劾　黃仁榮，原作「黃世榮」，據本書卷二一九許國傳、神宗實錄卷二一五萬曆十七年九月己未條改。

明史卷二百八十八

列傳第一百七十六

文苑四

李維楨 郝敬　徐渭 屠隆　王穉登 俞允文 王叔承　瞿九思　唐時升 婁堅 李流芳 程嘉燧　焦竑 黃輝 陳仁錫　董其昌 莫如忠 邢侗 米萬鍾　袁宏道 鍾惺 譚元春　王惟儉 李日華　曹學佺 曾異撰　王志堅　艾南英 章世純 羅萬藻 陳際泰　張溥 張采

李維楨，字本寧，京山人。父裕，福建布政使。維楨舉隆慶二年進士，由庶吉士授編修。萬曆時，穆宗實錄成，進修撰。出爲陝西右參議，遷提學副使。浮沉外僚，幾三十年。天啓初，以布政使家居，年七十餘矣。會朝議登用耆舊，召爲南京太僕卿，旋改太常，未赴。閣諫官有言，辭不就。時方修神宗實錄，給事中薛大中特疏薦之，未及用。四年

月，太常卿董其昌復薦之，乃召爲禮部右侍郎，甫三月進尚書，並在南京。維楨緣史事起用，乃館中諸臣憚其以前輩壓己，不令入館，但超遷其官。維楨亦以年衰，明年正月力乞骸骨去。又明年卒於家，年八十。崇禎時，贈太子太保。

維楨弱冠登朝，博聞强記，與同館許國齊名。館中爲之語曰：「記不得，問老許；做不得，問小李。」維楨爲人，樂易闊達，賓客雜進。其文章，弘肆有才氣，海內請求者無虛日，能屈曲以副其所望。碑版之文，照耀四裔。門下士招富人大賈，受取金錢，代爲請乞，亦應之無倦，負重名垂四十年。然文多率意應酬，品格不能高也。

邑人郝敬，字仲輿。父承健，舉於鄉，官肅寧知縣。敬幼稱神童，性跅弛，嘗殺人繫獄。維楨，其父執也，援出之，館於家。始折節讀書，舉萬曆十七年進士。歷知縉雲、永嘉二縣，並有能聲。徵授禮科給事中，乞假歸養。久之，補戶科，數有所論奏。

山東稅監陳增貪横，爲益都知縣吳宗堯所奏，帝不罪。敬上言：「開採不罷，則陛下明旨不過爲愚弄臣民之虛文。乞先停止，然後以宗堯所奏下撫按勘覈，正增不法之罪。」不聽。頃之，山東巡撫尹應元亦極論增罪，帝怒，切責應元，斥宗堯爲民。敬再上言：「陛下處陳增一事，甚失衆心。」帝怒，奪俸一年。帝遣中官高寀榷稅京口，暨祿榷稅儀眞，敬復力諫。宗堯之劾增也，增怒甚，誣訐其贓私，詞連青州一府官僚，旁引商民吳時奉等，請皆籍沒，帝輒可之。敬復力詆增，乞速寢其奏，亦不納。坐事，謫知江陰縣。貪汚不檢，物論皆不予，遂投劾歸，杜門著書。崇禎十二年卒。

徐渭，字文長，山陰人。十餘歲倣揚雄解嘲作釋毀，長師同里季本。爲諸生，有盛名。總督胡宗憲招致幕府，與歙余寅、鄞沈明臣同筦書記。宗憲得白鹿，將獻諸朝，令渭草表，并他客草寄所善學士，擇其尤上之。學士以渭表進，世宗大悅，益寵異宗憲，宗憲以是益重渭。宗憲嘗宴將吏於爛柯山，酒酣樂作，明臣作鐃歌十章，中有云「狹巷短兵相接處，殺人如草不聞聲」。宗憲起，捋其鬚曰：「何物沈生，雄快乃爾！」卽命刻於石，寵禮與渭埒。督府勢嚴重，將吏莫敢仰視。渭角巾布衣，長揖縱談。幕中有急需，夜深開戟門以待。渭或醉不至，宗憲顧善之。寅、明臣亦頗負崖岸，以侃直見禮。

渭知兵，好奇計，宗憲擒徐海，誘王直，皆預其謀。藉宗憲勢，頗横。及宗憲下獄，渭懼禍，遂發狂，引巨錐剚耳，深數寸，又以椎碎腎囊，皆不死。已，又擊殺繼妻，論死繫獄，里人張元忭力救得免。乃游金陵，抵宣、遼，縱觀諸邊阨塞，善李成梁諸子。入京師，主元忭。

元忭導以禮法，渭不能從，久之怒而去。後元忭卒，白衣往弔，撫棺慟哭，不告姓名去。

渭天才超軼，詩文絕出倫輩。善草書，工寫花草竹石。嘗自言：「吾書第一，詩次之，文次之，畫又次之。」當嘉靖時，王、李倡七子社，謝榛以布衣被擯。渭憤其以軒冕壓韋布，誓不入二人黨。後二十年，公安袁宏道游越中，得渭殘帙以示祭酒陶望齡，相與激賞，刻其集行世。

寅，字仲房。明臣，字嘉則。皆有詩名。

屠隆者，字長卿，明臣同邑人也。生有異才，嘗學詩於明臣，落筆數千言立就。族人大山、里人張時徹方爲貴官，共相延譽，名大噪。舉萬曆五年進士，除潁上知縣，調繁青浦。時招名士飲酒賦詩，游九峰、三泖，以仙令自許，然於吏事不廢，士民皆愛戴之。遷禮部主事。

西寧侯宋世恩兄事隆，宴游甚歡。刑部主事俞顯卿者，險人也，嘗爲隆所詆，心恨之。訐隆與世恩淫縱，詞連禮部尚書陳經邦。隆等上疏自理，并列顯卿挾仇誣陷狀。所司乃兩黜之，而停世恩俸半歲。隆歸，道青浦，父老爲斂田千畝，請徙居。隆不許，歡飲三日謝去。歸益縱情詩酒，好賓客，賣文爲活。詩文率不經意，一揮數紙。嘗戲命兩人對案拈二

題，各賦百韻，咄嗟之間二章並就。又與人對弈，口誦詩文，命人書之，書不逮誦也。子婦沈氏，修撰懋學女，與隆女瑤瑟並能詩。隆有所作，兩人輒和之。兩家兄弟合刻其詩，曰留香草。

王穉登，字伯穀，長洲人。四歲能屬對，六歲善擘窠大字，十歲能詩，長益駿發有盛名。嘉靖末，遊京師，客大學士袁煒家。煒試諸吉士紫牡丹詩，不稱意。命穉登爲之，有警句。煒召數諸吉士曰：「君輩職文章，能得王秀才一句耶？」將薦之朝，不果。隆慶初，復遊京師，徐階當國，頗修憾於煒。或勸穉登弗名袁公客，不從，刻燕市、客越二集，備書其事。

吳中自文徵明後，風雅無定屬。穉登嘗及徵明門，遙接其風，主詞翰之席者三十餘年。嘉隆、萬曆間，布衣、山人以詩名者十數，俞允文、王叔承、沈明臣輩尤爲世所稱，然聲華烜赫，穉登爲最。申時行以元老里居，特相推重。王世貞與同郡友善，顧不甚推之。及世貞歿，其仲子士驌坐事繫獄，穉登爲傾身救援，人以是重其風義。萬曆中，詔修國史，大學士趙志皋輩薦穉登及其同邑魏學禮、江都陸弼、黃岡王一鳴。有詔徵用，未上，而史局罷。卒年七十餘。子留，字亦房，亦以詩名。

俞允文，字仲蔚，崑山人。其父舉進士，官大理評事。允文年十五爲馬鞍山賦，援据該博。年未四十，謝去諸生，專力於詩文書法。與王世貞善，而不喜李攀龍詩，其持論不苟同如此。

王叔承，字承父，吳江人。少孤，治經生業，以好古謝去。貧，贅婦家，爲婦翁所逐，不予一錢，乃攜婦歸奉母，貧益甚。入都，客大學士李春芳所。性嗜酒，春芳有所譔述，覓之，往往臥酒樓，欠伸弗肯應。久之，乃謝歸。太倉王錫爵，其布衣交也。再召，會有三王並封之議，叔承遺書數千言，謂當引大義以去就力爭，不當依違兩端，負主恩，辜物望。錫爵得書歎服。其詩，極爲世貞兄弟所許。卒於萬曆中。

瞿九思，字睿夫，黃梅人。父晟，嘉靖三十二年進士。歷官廣平知府。鑿長渠三百里，引水爲四閘，得田數十萬畝。卒於官。

九思十歲從父宦吉安，事羅洪先。十五作定志論。後從同郡耿定向游，學益進。舉萬曆元年鄉試。居二年，縣令張維翰違制苛派，民聚毆之，維翰坐九思倡亂。巡按御史向程劾維翰激變。吏部尚書張瀚言御史議非是，九思遂長流塞下。子甲，年十三，爲書數千言，歷抵公卿，訟父冤。甲弟罕，亦伏闕上書求宥。屠隆作訟瞿生書，遍告中外，馮夢禎亦白於楚中當事，而張居正故才九思，乃獲釋歸。三十七年，以撫按疏薦，授翰林待詔，力辭不受。詔有司歲給米六十石，終其身。乃撰樂章及萬曆武功錄，遣罕詣闕上之。卒年七十一。

九思學極奧博，其文章不雅馴，然一時嗜古篤志之士亦鮮其儔。

甲，字釋之，年十九舉於鄉，早卒。罕，字曰有，七歲能文。白父冤時，往返徒步，不避寒餒，天下稱雙孝。崇禎時，辟舉知州。

唐時升，字叔達，嘉定人。父欽訓，與歸有光善，故時升早登有光之門。年未三十，謝舉子業，專意古學。王世貞官南都，延之邸舍，與辨晰疑義。時升自以出歸氏門，不肯復稱王氏弟子。及王錫爵枋國，其子衡邀時升入都，值塞上用兵，逆斷其情形虛實，將帥勝負，無一爽者。家貧，好施予，灌園藝蔬，蕭然自得。詩援筆成，不加點竄，文得有光之傳。與里人婁堅、程嘉燧並稱曰「練川三老」。卒於崇禎九年，年八十有六。

婁堅，字子柔。幼好學，其師友皆出有光門。堅學有師承，經明行修，鄉里推爲大師。貢於國學，不仕而歸。工書法，詩亦清新。四明謝三賓知縣事，合時升、堅、嘉燧及李流芳詩刻之，曰嘉定四先生集。

流芳，字長蘅，萬曆三十四年舉於鄉。工詩善書，尤精繪事。天啓初，會試北上，抵近郊聞警，賦詩而返，遂絕意進取。

程嘉燧，字孟陽，休寧人，僑居嘉定。工詩善畫。與通州顧養謙善。友人勸詣之，乃渡江寓古寺，與酒人歡飲三日夜，賦詠古五章，不見養謙而返。崇禎中，常熟錢謙益以侍郎罷歸，築耦耕堂，邀嘉燧讀書其中。閱十年返休寧，遂卒，年七十有九。謙益最重其詩，稱曰松圓詩老。

焦竑，字弱侯，江寧人。爲諸生，有盛名。從督學御史耿定向學，復質疑於羅汝芳。舉嘉靖四十三年鄉試，下第還。定向遴十四郡名士讀書崇正書院，以竑爲之長。及定向里居，復往從之。萬曆十七年，始以殿試第一人官翰林修撰，益討習國朝典章。二十二年，大學士陳于陛建議修國史，欲竑專領其事，竑遜謝，乃先撰經籍志，其他率無所撰，館亦竟罷。

翰林教小內侍書者，衆視爲具文，竑獨曰：「此曹他日在帝左右，安得忽之。」取古奄人善惡，時與論說。

皇長子出閣，竑爲講官。故事，講官進講罕有問者。竑講畢，徐曰：「博學審問，功用維均，敷陳或未盡，惟殿下賜明問。」皇長子稱善，然無所質難也。一日，竑復進曰：「殿下言不易發，得毋諱其誤耶？解則有誤，問復何誤？古人不恥下問，願以爲法。」皇長子復稱善，亦竟無所問。竑乃與同列謀先啓其端，適講舜典，竑舉「稽於衆，舍己從人」爲問。皇長子曰：「稽者，考也。考集衆思，然後舍己之短，從人之長。」又一日，舉「上帝降衷，若有恒性」。皇長子曰：「此無他，卽天命之謂性也。」時方十三齡，答問無滯，竑亦竭誠啓迪。嘗講次，羣鳥飛鳴，皇長子仰視，竑輟講肅立。皇長子斂容聽，乃復講如初。竑嘗採古儲君事可爲法戒者爲養正圖說，擬進之。同官郭正域輩惡其不相聞，目爲賈譽，竑遂止。竑旣負重名，性復疏直，時事有不可，輒形之言論，政府亦惡之，張位尤甚。二十五年主順天鄉試，舉子曹蕃等九人文多險誕語，竑被劾，謫福寧州同知。歲餘大計，復鐫秩，竑遂不出。竑博極羣書，自經史至稗官、雜說，無不淹貫。善爲古文，典正馴雅，卓然名家。集名澹園，竑所自號也。講學以汝芳爲宗，而善定向兄弟及李贄，時頗以禪學譏之。萬曆四十八年卒，年八十。熹宗時，以先朝講讀恩，復官，贈諭德，賜祭廕子。福王時，追謚文端。子

潤生，見忠義傳。

黃輝，字平倩，一字昭素，南充人。竑同年進士。幼穎異，父子元，官湖廣，御史屬訊疑獄，輝檢律如老吏。御史聞而異之，命負以至，授錢穀集，一覽輒記。稍長，博極羣書。年十五舉鄉試第一。久之，成進士，改庶吉士。館課文字多沿襲熟爛，目爲翰林體，及李攀龍、王世貞之學行，則又改而從之。輝刻意學古，一以韓、歐爲師，館閣文稍變。時同館中，詩文推陶望齡，書畫推董其昌，輝詩及書與齊名。至徵事，輝十得八九，竑以閎雅名，亦自遜不如也。

由編修遷右中允，充皇長子講官。時帝寵鄭貴妃，疎皇后、長子，長子生母王恭妃幾殆。輝從內豎徵知其狀，謂同里給事中王德完曰：「此國家大事，旦夕不測，書之史册，謂朝廷無人，吾輩爲萬世僇矣。」德完奮然，屬輝具草上之，下獄，廷杖瀕死。輝周旋橐饘，不避險阻，人或危之。輝曰：「吾陷人於禍，可坐視乎？」輝雅好禪學，多方外交，爲言者所論。時已爲庶子掌司經局，遂請告歸。已，起故官，擢少詹事兼侍讀學士，卒官。

陳仁錫，字明卿，長洲人。父允堅，進士。歷知諸暨、崇德二縣。仁錫年十九，舉萬曆二十五年鄉試。聞武進錢一本善易，往師之，得其指要。久不第，益究心經史之學，多所論著。

天啓二年以殿試第三人授翰林編修。時第一爲文震孟，亦老成宿學。海內咸慶得人。明年丁內艱，廬墓次。服闋，起故官，尋直經筵，典誥敕。魏忠賢冒邊功，矯旨錫上公爵，給世券。仁錫當視草，持不可，其黨以威劫之，毅然曰：「世自有視草者，何必我！」忠賢聞之怒。不數日，里人孫文豸以誦步天歌見捕，坐妖言鍛鍊成獄，詞連仁錫及震孟，罪將不測。有密救者，得削籍歸。

崇禎改元，召復故官。旋進右中允，署國子司業事，再直經筵。以預修神、光二朝實錄，進右諭德，乞假歸。越三年，卽家起南京國子祭酒，甫拜命，得疾卒。福王時，贈詹事，謚文莊。仁錫講求經濟，有志天下事，性好學，喜著書，一時館閣中博洽者鮮其儔云。

董其昌，字玄宰，松江華亭人。舉萬曆十七年進士，改庶吉士。禮部侍郎田一儁以教習卒官，其昌請假，走數千里，護其喪歸葬。還授編修。皇長子出閣，充講官，因事啓沃，皇長子每目屬之。坐失執政意，出爲湖廣副使，移疾歸。起故官，督湖廣學政，不徇請囑，爲

勢家所怨，嗾生儒數百人鼓譟，毀其公署。其昌卽拜疏求去，帝不許，而令所司按治，其昌卒謝事歸。起山東副使、登萊兵備、河南參政，並不赴。

光宗立，問：「舊講官董先生安在？」乃召爲太常少卿，掌國子司業事。天啓二年擢本寺卿，兼侍讀學士。時修神宗實錄，命往南方採輯先朝章疏及遺事，其昌廣搜博徵，錄成三百本。又採留中之疏切於國本、藩封、人才、風俗、河渠、食貨、吏治、邊防者，別爲四十卷。倣史贊之例，每篇繫以筆斷。書成表進，有詔褒美，宣付史館。明年秋，擢禮部右侍郎，協理詹事府事，尋轉左侍郎。五年正月拜南京禮部尚書。時政在奄豎，黨禍酷烈。其昌深自引遠，踰年請告歸。崇禎四年起故官，掌詹事府事。居三年，屢疏乞休，詔加太子太保致仕。又二年卒，年八十有三。贈太子太傅。福王時，謚文敏。

其昌天才俊逸，少負重名。初，華亭自沈度、沈粲以後，南安知府張弼、詹事陸深、布政莫如忠及子是龍皆以善書稱。其昌後出，超越諸家，始以宋米芾爲宗。後自成一家，名聞外國。其畫集宋、元諸家之長，行以己意，瀟灑生動，非人力所及也。四方金石之刻，得其制作手書，以爲二絕。造請無虛日，尺素短札，流布人間，爭購寶之。精於品題，收藏家得片語隻字以爲重。性和易，通禪理，蕭閒吐納，終日無俗語。人擬之米芾、趙孟頫云。同時以善書名者，臨邑邢侗、順天米萬鍾、晉江張瑞圖，時人謂邢、張、米、董，又曰南董、北米。

然三人者，不逮其昌遠甚。

莫如忠，字子良。嘉靖十七年進士。累官浙江布政使。潔修自好。夏言死，經紀其喪。善草書，詩文有體要。是龍，字雲卿，後以字行，更字廷韓。十歲能文，長善書。皇甫汸、王世貞輩亟稱之。以貢生終。

邢侗，字子愿。萬曆二年進士。終陝西行太僕卿。家貲鉅萬，築來禽館於古犂丘，減產奉客，遂致中落。妹慈靜，善倣兄書。

米萬鍾，字友石。萬曆二十三年進士。歷官江西按察使。天啓五年，魏忠賢黨倪文煥劾之，遂削籍。崇禎初，起太僕少卿，卒官。

張瑞圖者，官至大學士，逆案中人也。

袁宏道，字中郎，公安人。與兄宗道、弟中道並有才名，時稱「三袁」。宗道，字伯修。萬曆十四年會試第一。授庶吉士，進編修，卒官右庶子。泰昌時，追錄光宗講官，贈禮部右侍郎。

宏道年十六爲諸生，卽結社城南，爲之長。閒爲詩歌古文，有聲里中。舉萬曆二十年進士。歸家，下帷讀書，詩文主妙悟。選吳縣知縣，聽斷敏決，公庭鮮事。與士大夫談說詩文，以風雅自命。已而解官去。起授順天教授，歷國子助教、禮部主事，謝病歸。久之，起故官。尋以清望擢吏部驗封主事，改文選。尋移考功員外郎，立歲終考察羣吏法，言：「外官三歲一察，京官六歲，武官五歲，此曹安得獨免？」疏上，報可，遂爲定制。遷稽勳郎中，後謝病歸，數月卒。

中道，字小修。十餘歲，作黃山、雪二賦，五千餘言。長益豪邁，從兩兄宦游京師，多交四方名士，足跡半天下。萬曆三十一年始舉於鄉。又十四年乃成進士。由徽州教授，歷國子博士、南京禮部主事。天啓四年進南京吏部郎中，卒於官。

先是，王、李之學盛行，袁氏兄弟獨心非之。宗道在館中，與同館黃輝力排其說。於唐好白樂天，於宋好蘇軾，名其齋曰白蘇。至宏道，益矯以清新輕俊，學者多舍王、李而從之，目爲公安體。然戲謔嘲笑，閒雜俚語，空疎者便之。其後，王、李風漸息，而鍾、譚之說大熾。鍾、譚者，鍾惺、譚元春也。

惺，字伯敬，竟陵人。萬曆三十八年進士。授行人，稍遷工部主事，尋改南京禮部，進郎

中。擢福建提學僉事，以父憂歸，卒於家。惺貌寢，羸不勝衣，爲人嚴冷，不喜接俗客，由此得謝人事。官南都，僦秦淮水閣讀史，恒至丙夜，有所見卽筆之，名曰史懷。晚逃於禪以卒。

自宏道矯王、李詩之弊，倡以清眞，惺復矯其弊，變而爲幽深孤峭。與同里譚元春評選唐人之詩爲唐詩歸，又評選隋以前詩爲古詩歸。鍾、譚之名滿天下，謂之竟陵體。然兩人學不甚富，其識解多僻，大爲通人所譏。

元春，字友夏，名輩後於惺，以詩歸故，與齊名。至天啓七年始舉鄉試第一，惺已前卒矣。

王惟儉，字損仲，祥符人。萬曆二十三年進士。授濰縣知縣，遷兵部職方主事。三十年春，遼東總兵官馬林以忤稅使高淮被逮，兵部尚書田樂等救之。帝怒，責職方不推代者，空司而逐，惟儉亦削籍歸。家居二十年，光宗立，起光祿丞。三遷大理少卿。天啓三年八月擢右僉都御史，巡撫山東。值徐鴻儒之亂，民多逃亡，遼人避難來者，亦多失所，惟儉加意綏輯。五年三月擢南京兵部右侍郎，未赴。入爲工部右侍郎，魏忠賢黨御史田景新劾之，落職閒住。

惟儉資敏嗜學。初被廢，肆力經史百家。苦宋史繁蕪，手删定，自爲一書。好書畫古玩。萬曆、天啓間，世所稱博物君子，惟儉與董其昌並，而嘉興李日華亞之。

日華，字君實，嘉興人。萬曆二十年進士。官至太僕少卿。恬澹和易，與物無忤。惟儉則口多微詞，好抨擊道學，人不能堪。嘗與時輩讌集，徵漢書一事，具悉本末，指其腹笑曰：「名下寧有虛士乎！」其自喜如此。

曹學佺，字能始，侯官人。弱冠舉萬曆二十三年進士，授戶部主事。中察典，調南京添注大理左寺正。居冗散七年，肆力於學。累遷南京戶部郎中，四川右參政、按察使。蜀府燬於火，估修貲七十萬金，學佺以宗藩條例却之。又中察典，議調。天啓二年起廣西右參議。

初，梃擊獄興，劉廷元輩主瘋顚。學佺著野史紀略，直書事本末。至六年秋，學佺遷陝西副使，未行，而廷元附魏忠賢大幸，乃劾學佺私撰野史，淆亂國章，遂削籍，燬所鏤板。巡按御史王政新，以嘗薦學佺，亦勒閒住。廣西大吏揣學佺必得重禍，羈留以待。已，知忠賢無意殺之，乃得釋還。崇禎初，起廣西副使，力辭不就。

中華書局

家居二十年，著書所居石倉園中，爲石倉十二代詩選，盛行於世。嘗謂「二氏有藏，吾儒何獨無」，欲修儒藏與鼎立。采擷四庫書，因類分輯，十有餘年，功未及竣，兩京繼覆。唐王立於閩中，起授太常卿。尋遷禮部右侍郎兼侍講學士，進尚書，加太子太保。及事敗，走入山中，投繯而死，年七十有四。詩文甚富，總名石倉集。萬曆中，閩中文風頗盛，自學佺倡之，晚年更以殉節著云。

其同邑後起者，曾異撰，字弗人，晉江人，家侯官。父爲諸生，早卒。母張氏，以遺腹生。家窶甚，紡績給晨夕。異撰起孤童，事母至孝。歲饑，採薯葉雜糠籺食之，母妻嘗負畚鋤乾草給爨。然性介甚，長吏知其貧，欲爲地，不屑也。吳興潘曾紘督學政，上其母節行，獲旌於朝。及曾紘巡撫南、贛，得王惟儉所撰宋史，招異撰及新建徐世溥更定，未成而罷。異撰久爲諸生，究心經世學，所爲詩，有奇氣。崇禎十二年舉鄉試，年四十有九矣，再赴會試還，遂卒。

王志堅，字弱生，崑山人。父臨亨，進士。杭州知府。志堅舉萬曆三十八年進士，授南京兵部主事，遷員外郎、郎中。暇日要同舍郎爲讀史社，撰讀史商語。遷貴州提學僉事，

不赴，乞侍養歸。天啓二年起督浙江驛傳，奔母喪歸。崇禎四年復以僉事督湖廣學政，禮部推爲學政第一。六年卒於官。

志堅少與李流芳同學，爲詩文，法唐、宋名家。通籍後，卜居吳門古南園，杜門却掃，肆志讀書，先經後史，先史後子、集。其讀經，先箋疏而後辨論。讀史，先證據而後發明。讀子，則謂唐、宋而後無子，當取說家之有裨經史者補之。讀集，則定秦、漢以後古文爲五編，考覈唐、宋碑志，援史傳，捃雜說，以參覈其事之同異、文之純駁。其於內典，亦深辨性相之宗。作詩甚富，自選止七十餘首。

弟志長，字平仲，舉於鄉，亦深於經學。

艾南英，字千子，東鄉人。七歲作竹林七賢論。長爲諸生，好學無所不窺。萬曆末，場屋文腐爛，南英深疾之，與同郡章世純、羅萬藻、陳際泰以興起斯文爲任，乃刻四人所作行之世。世人翕然歸之，稱爲章、羅、陳、艾。天啓四年，南英始舉於鄉。座主檢討丁乾學、給事中郝土膏發策詆魏忠賢，南英對策亦有譏刺語。忠賢怒，削考官籍，南英亦停三科。莊烈帝即位，詔許會試。久之，卒不第，而文日有名。負氣陵物，人多憚其口。始王、

李之學大行，天下談古文者悉宗之，後鍾、譚出而一變。至是錢謙益負重名於詞林，痛相糾駁。南英和之，排詆王、李不遺餘力。兩京繼覆，江西郡縣盡失，南英乃入閩。唐王召見，陳十可憂疏，授兵部主事，尋改御史。明年八月卒於延平。

章世純，字大力，臨川人。博聞強記。舉天啓元年鄉試。崇禎中，累官柳州知府，年已七十矣，聞京師變，悲憤，遘疾卒。

羅萬藻，字文止，世純同縣人。天啓七年舉於鄉。崇禎中行保舉法，祭酒倪元璐以萬藻應詔，辭不就。福王時爲上杭知縣。唐王立於閩，擢禮部主事。南英卒，哭而殯之，居數月亦卒。

陳際泰，字大士，亦臨川人，父流寓汀州武平，生於其地。家貧，不能從師，又無書，時取旁舍兒書，屏人竊誦。從外兄所獲書經，四角已漫滅，且無句讀，自以意識別之，遂通其義。十歲，於外家藥籠中見詩經，取而疾走。父見之，怒，督往田，則攜至田所，踞高阜而哦，遂畢身不忘。久之，返臨川，與南英輩以時文名天下。其爲文，敏甚，一日可二三十首。先後所作至萬首，經生舉業之富，無若際泰者。崇禎三年舉於鄉。又四年成進士，年六十有八矣。又三年除行人。居四年，護故相蔡國用喪南行，卒於道。

張溥，字天如，太倉人。伯父輔之，南京工部尚書。溥幼嗜學。所讀書必手鈔，鈔已朗誦一過，即焚之，又鈔，如是者六七始已。右手握管處，指掌成繭。冬日手皸，日沃湯數次。後名讀書之齋曰「七錄」，以此也。與同里張采共學齊名，號「婁東二張」。

崇禎元年以選貢生入都，采方成進士，兩人名徹都下。已而采官臨川。溥歸，集郡中名士相與復古學，名其文社曰復社。四年成進士，改庶吉士。以葬親乞假歸，讀書若經生，無間寒暑。四方啖名者爭走其門，盡名爲復社。溥亦傾身結納，交游日廣，聲氣通朝右。所品題甲乙，頗能爲榮辱。諸奔走附麗者，輒自矜曰：「吾以嗣東林也。」執政大僚由此惡之。

里人陸文聲者，輸貲爲監生，求入社不許，采又嘗以事抶之。文聲詣闕言：「風俗之弊，皆原於士子。溥、采爲主盟，倡復社，亂天下。」溫體仁方枋國事，下所司。遷延久之，提學御史倪元珙、兵備參議馮元颺、太倉知州周仲連言復社無可罪。三人皆貶斥，嚴旨窮究不已。閩人周之夔者，嘗爲蘇州推官，坐事罷去，疑溥爲之，恨甚。聞文聲訐溥，遂伏闕言溥等把持計典，己罷職實其所爲，因及復社恣橫狀。章下，巡撫張國維等言之夔去官，無預溥

事，亦被旨譙讓。

至十四年，溥已卒，而事猶未竟。刑部侍郎蔡奕琛坐黨薛國觀繫獄，未知溥卒也，訐溥遙握朝柄，己罪由溥，因言采結黨亂政。詔責溥、采回奏，采上言：「復社非臣事，然臣與溥生平相淬礪，死避網羅，負義圖全，誼不出此。念溥日夜解經論文，矢心報稱，曾未一日服官，懷忠入地。即今嚴綸之下，幷不得泣血自明，良足哀悼。」當是時，體仁已前罷，繼者張至發、薛國觀皆不喜東林，故所司不敢復奏。及是，至發、國觀亦相繼罷，而周延儒當國，溥座主也，其獲再相，溥有力焉，故采疏上，事即得解。

明年，御史劉熙祚、給事中姜埰交章言溥砥行博聞，所纂述經史，有功聖學，宜取備乙夜觀。帝御經筵，問及二人，延儒對曰：「讀書好秀才。」帝曰：「溥已卒，采小臣，言官何爲薦之？」延儒曰：「二人好讀書，能文章。言官爲舉子時讀其文，又以其用未竟，故惜之耳。」帝曰：「亦未免偏。」延儒言：「誠如聖諭，溥與黃道周皆偏，因善讀書，以故惜之者衆。」帝頷之，遂有詔徵溥遺書，而道周亦復官。有司先後錄上三千餘卷，帝悉留覽。

溥詩文敏捷。四方徵索者，不起草，對客揮毫，俄頃立就，以故名高一時。卒時，年止四十。

采，字受先，與溥善。溥性寬，泛交博愛。采特嚴毅，喜甄別可否，人有過，嘗面叱之。知臨川，摧强扶弱，聲大起。移疾歸，士民泣送載道。知州劉士斗、錢肅樂嚴重之，以奸蠹詗采，片紙報，咸置之法。福王時，起禮部主事，進員外郎，乞假去。南都失守，奸人素銜采者，羣擊之死，復用大錐亂刺之。已而甦，避之鄰邑，又三年卒。

明史卷二百八十九

列傳第一百七十七

忠義一

從古忠臣義士，爲國捐生，節炳一時，名垂百世，歷代以來，備極表章，尚已。明太祖創業江左，首褒余闕、福壽，以作忠義之氣。至從龍將士，或功未就而身亡，若豫章、康郎山兩廟及雞籠山功臣廟所祀諸人，爵贈公侯，血食俎豆，侑享太廟，恤錄子孫，所以褒厲精忠，激揚義烈，意至遠也。建文之變，羣臣不憚膏鼎鑊，赤姻族，以抗成祖之威稜，雖表忠一錄出自傳疑，亦足以知人心天性之不泯矣。仁、宣以降，重熙累洽，垂二百餘載，中間如交阯之征，土木之變，宸濠之叛，以暨神、熹兩朝，邊陲多故，沉身殉難者，未易更僕數。而司勳褒卹之典，悉從優厚。或所司失奏，後人得自陳請。故節烈之續，咸得顯暴於時。迨莊烈之朝，運丁陽九，時則內外諸臣，或隕首封疆，或致命闕下，蹈死如歸者尤衆。

今就有明一代死義死事之臣，博采旁蒐，彙次如左。同死者，各因事附見。其事實繁多及國家興亡所繫，或連屬他傳，本末始著，與夫直諫死忠，疏草傳誦人口，概具前帙。至若抒忠勝國，抗命興朝，稽諸前史，例得並書。我太祖、太宗忠厚開基，扶植名教，獎張銓之守義，釋張春而加禮，洪量同天地，大義懸日月，國史所載，煥若丹靑。諸臣之遂志成仁，斯爲無忝，故備列焉。

花雲 朱文遜 許瑗等　王愷　孫炎 王道同 朱文剛　牟魯 裴源
朱顯忠 王均諒等　王綱 子彥達　王禕 吳雲　熊鼎　易紹宗
琴彭 陳汝石等　皇甫斌 子弼 吳貴等　張瑛 熊尙初等　王禎
萬琛 王祜　周憲 子幹　楊忠 李睿等　吳景 王源 馮傑 孫璽等
霍恩 段豸 張汝舟等　孫燧　許逵　黃宏 馬思聰
宋以方 萬木 鄭山 趙楠等

花雲，懷遠人。貌偉而黑，驍勇絕倫。至正十三年癸巳杖劍謁太祖於臨濠。奇其才，俾將兵略地，所至輒克。破懷遠，擒其帥。攻全椒，拔之。襲繆家寨，羣寇散走。太祖將取滁州，率數騎前行，雲從。猝遇賊數千，雲舉鈹翼太祖，拔劍躍馬衝陣而進。賊驚曰：「此黑將軍勇甚，不可當其鋒。」兵至，遂克滁州。甲午從取和州，獲卒三百，以功授管勾。乙未，太祖渡江，雲先濟。既克太平，以忠勇宿衞左右。從下集慶，獲卒三千，擢總管。徇鎮江、丹陽、丹徒、金壇，皆克之。過馬馱沙，劇盜數百遮道索戰。雲且行且鬭三日夜，皆擒殺之，授前部先鋒。從拔常州，守牛塘營。太祖立行樞密院於太平，擢雲院判。丁酉克常熟，獲卒萬餘。命趨寧國，兵陷山澤中八日，羣盜相結梗道。雲操矛鼓譟出入，斬首千百計，身不中一矢。

還駐太平。庚子閏五月，陳友諒以舟師來寇。雲與元帥朱文遜、知府許瑗、院判王鼎結陣迎戰，文遜戰死。賊攻三日不得入，以巨舟乘漲，緣舟尾攀堞而上。城陷，賊縛雲。雲奮身大呼，縛盡裂，起奪守者刀，殺五六人，罵曰：「賊非吾主敵，盍趣降！」賊怒，碎其首，縛諸檣叢射之，罵賊不少變，至死聲猶壯，年三十有九。瑗、鼎亦抗罵死。太祖卽吳王位，追封雲東丘郡侯，瑗高陽郡侯，鼎太原郡侯，立忠臣祠，並祀之。

方戰急，雲妻郜祭家廟，挈三歲兒，泣語家人曰：「城破，吾夫必死，吾義不獨存，然不可使花氏無後，若等善撫之。」雲被執，郜赴水死。侍兒孫瘞畢，抱兒行，被掠至九江。孫夜投漁家，脫簪珥屬養之。及漢兵敗，孫復竊兒走渡江，遇僨軍奪舟棄江中，浮斷木入葦洲，採蓮實哺兒，七日不死。夜半，有老父雷老挈之行，踰年達太祖所。孫抱兒拜泣，太祖亦泣，

寘兒膝上，曰：「將種也。」賜雷老衣，忽不見。賜兒名煒，累官水軍衞指揮僉事。其五世孫爲遼復州衞指揮，請於世宗，贈郜貞烈夫人，孫安人，立祠致祭。

文遜者，太祖養子也。嘗與元帥秦友諒攻克無爲州。瑗，字栗夫，樂平人。元末，兩舉鄉第一。太祖駐婺州，瑗謁曰：「足下欲定天下，非延攬英雄，難以成功。」太祖喜，置幕中，參軍事。已，命守太平。鼎，儀徵人。初爲趙忠養子。忠爲總管，克太平，授行樞密院判，鎮池州。趙普勝來寇，忠陣歿。鼎嗣職，復故姓，駐太平。至是，三人皆死之。

時有劉齊者，以江西行省參政守吉安。守將李明道開門納友諒兵，殺參政曾萬中、陳海，執齊及知府朱叔華，脅之降，皆不屈。又破臨安，執同知趙天麟，亦不屈，並送友諒所。友諒方攻洪都，殺三人徇城下。及陷無爲州，執知州董曾，曾抗罵不屈，沉之江。

王愷，字用和，當塗人。通經史，爲元府吏。太祖拔太平，召爲掾。從下京口，撫定新附民。及建中書省，用爲都事。杭州苗軍數萬降，待命嚴州境。愷馳諭之，偕其帥至。太祖克衢州，命總制軍民事。愷增城浚濠，置游擊軍，籍丁壯，得萬餘人。常遇春屯兵金華，部將擾民，愷械而撻諸市。遇春讓愷，愷曰：「民者國之本，撻一部將而民安，將軍所樂聞也。」乃謝愷。時饑疫相仍，愷出倉粟，修惠濟局，全活無算。學校毀，與孔子家廟之在衢者，並新之。設博士弟子員，士翕然悅服。開化馬宣、江山楊明並爲亂，先後討擒之。

遷左司郎中，佐胡大海治省事。苗軍作亂，害大海。其帥多德愷，欲擁之而西。愷正色曰：「吾守土，義當死，寧從賊邪！」遂並其子行殺之。年四十六。

愷善謀斷，嘗白事，未聽，卻立戶外，抵暮不去。太祖出，怪問之，愷諫如初，卒從其議。後贈奉直大夫、飛騎尉，追封當塗縣男。

孫炎，字伯融，句容人。面鐵色，跛一足。談辨風生，雅負經濟。與丁復、夏煜遊，有詩名。太祖下集慶，召見，請招賢豪成大業。時方建行中書省，用爲首掾。從征浙東，授池州同知，進華陽知府，擢行省都事。克處州，授總制。太祖命招劉基、章溢、葉琛等，基不出。炎使再往，基遺以寶劍。炎作詩，以爲劍當獻天子，斬不順命者，人臣不敢私，封還之。遺基書數千言，基始就見，送之建康。

時城外皆賊，城守無一兵。苗軍作亂，殺院判耿再成，執炎及知府王道同、元帥朱文

剛，幽空室，脅降，不屈。賊帥賀仁德燖雁斗酒啗炎，炎且飲且罵。賊怒，拔刀叱解衣，炎曰：「此紫綺裘，主上所賜，吾當服以死。」遂與道同、文剛皆見害，時年四十。追贈丹陽縣男，建像再成祠。

道同，由中書省宣使知處州，贈太原郡侯。文剛，太祖養子，小字柴舍。變起，欲與再成聚兵殺賊，不及，遂被難。贈鎮國將軍，附祭功臣廟。

牟魯，烏程人，爲莒州同知。洪武三年秋，青州民孫古朴爲亂，襲州城，執魯欲降之。魯曰：「國家混一海宇，民皆樂業。若等悔過自新，可轉禍爲福。不然，官軍旦夕至，無遺種矣。我守土臣，義唯一死。」賊不敢害，擁至城南。魯大罵，遂殺之。賊破，詔恤其家。

又有白謙、裴源、朱顯忠、王均諒、[一]王名善、黃里、顧師勝、陳敬、吳得、井孚之屬。謙，婺源知州。信州盜蕭明來寇，謙力不能禦，懷印出北門，赴水死。

源，肇慶府經歷。以公事赴新興，遇山賊陳勇卿，被執，勸令跪。源大罵曰：「我命官，乃跪賊邪！」遂被殺。洪武三年贈官二等。

顯忠，如皋人。爲張士誠將，來降。以指揮僉事從鄧愈下河州，抵吐番。從傅友德克文州，遂留守之。洪武四年，蜀將丁世珍召番數萬來攻。〔二〕食盡無援，或勸走避，顯忠叱不聽。攻益急，裹創力戰，城破，爲亂兵所殺。事聞，贈恤有差。

名善，義烏人，高州通判。有海寇何均善曾被戮，洪武四年，〔三〕其黨羅子仁率衆潛入城，執名善，不屈死。

里，雲內州同知。洪武五年秋，蒙古兵突入城。里率兵巷戰，死之。

師勝，興化人，襄眉知縣。洪武十三年率民兵討賊彭普貴，戰死。詔褒恤。

敬，增城人。洪武十四年舉賢良，爲曲靖府經歷，署劍川州事。鄰寇來攻，敬禦之。官兵奔，欲退，敬瞋目大呼，力戰死。命恤其家。

得，全椒人，龍里守禦所千戶。洪武三十年，古州上婆洞蠻作亂，得與鎮守將井孚守城。賊燒門急攻，二人開門奮擊，得中毒弩死，孚戰死。贈得指揮僉事，孚正千戶，子孫世襲。

王綱，字性常，餘姚人。有文武才。善劉基，常語曰：「老夫樂山林，異時得志，勿以世緣累我。」洪武四年以基薦徵至京師，年七十，齒髮神色如少壯。太祖異之，策以治道，擢兵部郎。

潮民弗靖，除廣東參議，督兵餉，嘆曰：「吾命盡此矣。」以書訣家人，攜子彥達行，單舸往諭，潮民叩首服罪。還抵增城，遇海寇曹真，截舟羅拜，願得爲帥。綱諭以禍福，不從，則奮罵。賊舁之去，爲壇坐綱，日拜請。綱罵不絕聲，遂遇害。彥達年十六，罵賊求死，欲並殺之。其酋曰：「父忠子孝，殺之不祥。」與之食，不顧，令綴羊革裹父屍而出。御史郭純以聞，詔立廟死所。彥達以廕得官，痛父，終身不仕。

王禕，字子充，義烏人。幼敏慧，及長，身長嶽立，屹有偉度。師柳貫、黃溍，遂以文章名世。覩元政衰敝，爲書七八千言上時宰。危素、張起巖並薦，不報。隱青岩山，著書，名日盛。

太祖取婺州，召見，用爲中書省掾史。征江西，禕獻頌。太祖喜曰：「江南有二儒，卿與宋濂耳。學問之博，卿不如濂。才思之雄，濂不如卿。」太祖創禮賢館，李文忠薦禕及許元、王天錫，召置館中。旋授江南儒學提舉司校理，累遷侍禮郎，掌起居注。同知南康府事，多惠政，賜金帶寵之。太祖將即位，召還，議禮。坐事忤旨，出爲漳州府通判。

洪武元年八月上疏言：「祈天永命之要，在忠厚以存心，寬大以爲政，法天道，順人心。雷霆霜雪，可暫不可常。浙西既平，科斂當減。」太祖嘉納之，然不能盡從也。

明年修元史，命禕與濂爲總裁。禕史事擅長，裁煩剔穢，力任筆削。書成，擢翰林待制，同知制誥兼國史院編修官。奉詔預教大本堂，經明理達，善開導。召對殿廷，必賜坐，從容宴語。未久，奉使吐蕃，未至，召還。

五年正月議招諭雲南，命禕齎詔往。至則諭梁王，亟宜奉版圖歸職方，不然天討且夕至。王不聽，館別室。他日，又諭曰：「朝廷以雲南百萬生靈，不欲殲於鋒刃。若恃險遠，抗明命，龍驤鷁艦，會戰昆明，悔無及矣。」梁王駭服，即爲改館。會元遣脫脫徵餉，脅王以危言，必欲殺禕。王不得已出禕見之，脫脫欲屈禕，禕叱曰：「天既訖汝元命，我朝實代之。汝爝火餘燼，敢與日月爭明邪！且我與汝皆使也，豈爲汝屈！」或勸脫脫曰：「王公素負重名，不可害。」脫脫攘臂曰：「今雖孔聖，義不得存。」禕顧王曰：「汝殺我，天兵繼至，汝禍不旋踵矣。」遂遇害，時十二月二十四日也。梁王遣使致祭，具衣冠斂之。建文中，禕子紳訟禕事，詔贈翰林學士，謚文節。正統中，改謚忠文。成化中，命建祠祀之。

紳，字仲縉。禕死時，年十三，鞠於兄綬，事母兄盡孝友。長博學，受業宋濂。濂器之曰：「吾友不亡矣。」蜀獻王聘紳，待以客禮。紳啓王往雲南求父遺骸，不獲，即死所致祭，述滇南慟哭記以歸。建文帝時，用薦召爲國子博士，預修太祖實錄，獻大明鐃歌鼓吹曲十二章。與方孝孺友善，卒官。

子稌，字叔豐。師方孝孺。孝孺被難，與其友鄭珣輩潛收遺骸，禍幾不測，自是絕意仕進。初，紳痛父亡，食不兼味。稌守之不變，居喪，不飲酒，不食肉者三年，門人私謚曰孝莊先生。

子汶，字允達。成化十四年進士。授中書舍人。謝病歸，讀書齊山下。弘治初，言者交薦，與檢討陳獻章同召，未抵京卒。

禕死雲南之三年，死事者又有吳雲。雲，宜興人。元翰林待制，仕太祖，爲湖廣行省參政。洪武八年九月，太祖議再遣使招諭梁王，召雲至，語之曰：「今天下一家，獨雲南未奉正朔，殺我使臣，卿能爲我作陸賈乎？」雲頓首請行。時梁王遣鐵知院輩二十餘人使漠北，爲大將軍所獲，送京師，太祖釋之，令與雲偕行。既入境，鐵知院等謀曰：「吾輩奉使被執，罪且死。」乃誘雲，令詐爲元使，改制書，共紿梁王。雲誓死不從，鐵知院等遂殺雲。梁王聞其事，收雲骨，送蜀給孤寺殯之。

雲子獻，上雲事於朝。詔馳傳返葬，以獻爲國子生。弘治四年五月贈雲刑部尚書，謚忠節，與褘並祠，改祠額曰二忠。

熊鼎，字伯穎，臨川人。元末舉於鄉，長龍溪書院。江西寇亂，鼎結鄉兵自守。陳友諒屢脅之，不應。鄧愈鎮江西，數延見，奇其才，薦之。太祖欲官之，以親老辭，乃留愈幕府贊軍事。母喪除，召至京師，授德清縣丞。松江民錢鶴皐反，鄰郡大驚，鼎鎮之以靜。

吳元年召議禮儀，除中書考功博士。遷起居注，承詔搜括故事可懲戒者，書新宮壁間。舍人耿忠使廣信還，奏郡縣官違法狀，帝遣御史廉之。而時已頒赦書，丞相李善長再諫不納，鼎偕給事中尹正進曰：「朝廷布大信於四方，復以細故煩御史，失信，且褻威。」帝默然久之，乃不遣御史。

洪武改元，新設浙江按察司，以鼎爲僉事，分部台、溫。台、溫自方氏竊據，僞官悍將二百人，暴橫甚。鼎盡遷之江、淮間，民始安。平陽知州梅鎰坐贓，辨不已，民數百咸訴知州無

罪。鼎將聽之，吏白鼎：「釋知州，如故出何？」鼎嘆曰：「法以誅罪，吾敢畏譴，誅無罪人乎！」釋鎰，以情聞，報如其奏。寧海民陳德仲支解黎異，異妻屢訴不得直。鼎一日覽牒，有青蛙立案上，鼎曰：「蛙非黎異乎？果異，止勿動。」蛙果勿動，乃逮德仲，鞫實，立正其罪。

是秋，山東初定，設按察司，復以鼎爲僉事。鼎至，奏罷不職有司數十輩，列部肅清。鼎欲稽官吏利弊，乃令郡縣各置二曆，日書所治訟獄錢粟事，一留郡縣，一上憲府，遞更易，按曆鉤考之，莫敢隱者。尋進副使，徙晉王府右傅。坐累左遷，復授王府參軍，召爲刑部主事。

八年，西部朶兒只班率部落內附，改鼎岐寧衞經歷。既至，知寇僞降，密疏論之。帝遣使慰勞，賜裘帽，復遣中使趙成召鼎。鼎既行，寇果叛，脅鼎北還。鼎責以大義，罵之，遂與成及知事杜寅俱被殺。帝聞，悼惜，命葬之黃羊川，立祠，以所食俸給其家。

易紹宗，攸人。洪武時，從軍有功，授象山縣錢倉所千戶。建文三年，倭登岸剽掠。紹宗大書於壁曰：「設將禦敵，設軍衞民。縱敵不忠，棄民不仁。不忠不仁，何以爲臣！爲臣不職，何以爲人！」書畢，命妻李具牲酒生奠之，訣而出，密令遊兵間道焚賊舟。賊驚救，紹

宗格戰，追至海岸，陷淖中，手刃數十賊，遂被害。其妻攜孤奏於朝，賜葬祭，勒碑旌之。

琴彭，交阯人。永樂中，以乂安知府署茶籠州事，有善政。宣德元年，黎利反，率衆圍其城。彭拒守七月，糧盡卒疲，諸將無援者，巡按御史飛章請救。宣宗馳敕責榮昌伯陳智等曰：「茶籠守彭被困孤城，矢死無貳，若等不援，將何以逃責！急發兵解圍，無干國憲。」敕未至而城陷，彭死之。詔贈交阯左布政使，送一子京師官之。

時交阯人陳汝石、朱多蒲、陶季容、陳汀亦皆以忠節著。汝石初爲陳氏小校，大軍南征，率先歸附，積功至都指揮僉事。永樂十七年，四忙土官車綿子等叛。汝石從方政討之，深入賊陣，中流矢墜馬，與千戶朱多蒲皆死。多蒲，亦交阯人。事聞，遣行人賜祭，賻其家，官爲置塚。

皇甫斌，壽州人。先爲興州右屯衞指揮同知，以才調遼海衞。忠勇有智略，遇警，輒身先士卒。宣德五年十月勒兵禦寇，至密城東峪，自旦及晡力戰，矢盡援絕，子弼以身衞父，

俱戰死。千戶吳貴，百戶吳襄、毛觀並驍勇，出必衝鋒，至是皆死。斌等雖死，殺傷過當，寇亦引退。事聞，詔有司褒恤。

張瑛，字彥華，浙江建德人。永樂中，舉於鄉，歷刑部員外郎。正統時，擢建寧知府。鄧茂七作亂，賊二千餘迫城結砦，四出剽掠。瑛率建安典史鄭烈會都指揮徐信軍，分三路襲之，斬首五百餘，遂拔其砦。進右參議，仍知府事，烈亦遷主簿。茂七既誅，其黨林拾得等轉掠城下，瑛與從父敬禦之。賊敗，乘勝逐北，陷伏中，敬死，瑛被執，大罵不屈死。詔贈福建按察使，賜祭，官其子。弘治中，建寧知府劉璵請於朝，立祠致祭。

時泉州守熊尚初亦以拒賊被執死。尚初，南昌人。初爲吏，以才擢都察院都事，進經歷。正統中，用都御史陳鎰薦，擢泉州知府。盜起，上官檄尚初監軍，不旬日降賊數百。已而賊逼城下，守將不敢禦。尚初憤，提民兵數百，與晉江主簿史孟常、陰陽訓術楊仕弘分統之，拒於古陵坡。兵敗，皆遇害。郡人哀之，爲配享忠臣廟。

王禎，字維禎，吉水人。祖省，死建文難，自有傳。成化初，禎由國子生授夔州通判。二年，荆、襄石和尚流劫至巫山，督盜同知王某者怯不救。禎面數之，即代勒所部民兵，晝夜行。至則城已陷，賊方聚山中。禎擊殺其魁，餘盡遁，乃行縣撫傷殘，招潰散，久乃得還。

甫三日，賊復劫大昌。禎趣同知行，不應。指揮曹能、柴成與同知比，激禎曰：「公爲國出力，肯復行乎？」禎即請往，兩人僞許相左右。禎上馬，挾二人與俱，夾水陣。既渡，兩人見賊即走。禎被圍半日，誤入淖中，賊執欲降之，禎大罵。賊怒，斷其喉及右臂而死。從行者奉節典史及部卒六百餘人皆死。

自死所至府三百餘里，所乘馬奔歸，血淋漓，毛盡赤。衆始知禎敗，往覓屍，面如生。子廣鬻馬爲歸貲，王同知得馬不償直。櫬既行，馬夜半哀鳴。同知起視之，馬驟前嚙項，擠其胸，翼日嘔血死，人稱爲義馬。事聞，贈禎僉事，錄一子。

萬琛，字廷獻，宣城人。慷慨負氣節，舉於鄉。弘治中，知瑞金縣。十八年正月，劇盜大至，縣人洶洶逃竄。有勸琛急去者，琛斥之，率民兵數十人迎敵，殺賊二十餘人。相持至明日，力屈被執，罵不絕口，賊攢刺之，乃死。贈光祿少卿，賜祭葬，予廕。

時有王祐者，爲廣昌知縣，賊至，民盡逃，援兵又不至。祐拔刀自刲其腹曰：「有城不能守，何生爲！」左右奔奪其刀。後援兵集，賊稍退。越七日復突至，祐倉皇赴敵，死之。

周憲，安陸人。弘治六年進士。除刑部主事，進員外郎。十七年坐事下詔獄，謫兗州通判。正德初，復故官，歷江西副使。華林、馬腦賊方熾，總督陳金檄憲剿之，平馬腦砦及仙女、雞公嶺諸寨，先後斬獲千餘人。華林賊窘，遣諜者詭言饑困狀。憲信之，移檄會師夾擊。他將多觀望，憲攻北門，三戰，賊稍却，與子幹先登逼之。賊下木石如雨，軍潰，憲中槍，幹前救，力戰墮崖死。憲創重被執，罵不絕口，賊支解之。

事始聞，贈按察使，予祭葬，謚節愍，廕一子，旌幹門曰孝烈。嘉靖二年，江西巡撫盛應期請與黃宏、馬思聰並旌，詔附祀忠烈祠。後從給事中李鐸言，命有司歲給其家米二石，帛二匹。

楊忠，寧夏人。世官中衞指揮，以功進都指揮僉事，廉介有謀勇。正德五年，安化王寘鐇反，其黨丁廣將殺巡撫安惟學，忠在側，罵曰：「賊狗敢犯上邪！」廣怒，殺之，迄死罵益厲。百戶張欽不從逆，走至雷福堡，亦被殺。

忠同官李睿聞變，馳至寘鐇所。門閉不得入，大罵，爲賊所殺。皆贈官予廕，表忠、睿曰忠烈之門，欽曰忠節之門。

吳景，南陵人。弘治九年進士。正德中，歷官四川僉事，守江津。重慶人曹弼亡命播州，糾衆寇川南，謀與大盜藍廷瑞合。六年正月逼江津。御史俞緇遁去，屬景及都指揮龐鳳禦之。鳳邀景俱走，景不可，率典史張俊迎擊，手殺三賊，矢被面。急收兵入保，城已陷，大呼曰：「寧殺我，毋殺士民！」賊強之跪，不屈，遂被殺，俊亦死。巡撫林俊上其事，詔贈景副使，賜祭葬，立祠江津，予世廕。

是月，僉事王源行部川北，會藍廷瑞、鄢本恕等掠通、巴至營山，源率典史鄧俊禦之，皆被殺。贈源副使，廕其子。源，五臺人，弘治十二年進士。

明年正月，賊廝六兒將逼川東。副使馮傑追擊於蒼溪，俘斬頗衆。日晡，移營鐵山關，賊乘夜衝突，傑死之。贈按察使，賜祭葬，謚恪愍，世廕百戶。

是時，略陽知縣孫璽、劍州判官羅明、梁山主簿時植亦皆死於賊。

璽，字廷信，代州人。舉於鄉，知扶風縣。都御史藍章以略陽漢中要地，舊無城，檄璽往城之。工未畢，賊至，縣令嚴順欲去，璽拔刀斫坐几曰：「欲去者視此！」乃率僚屬堅守，數日城陷，璽被執，大罵不屈，賊臠殺之。順逃去，誣璽俱逃，溺於江，以他人屍斂。璽子啓視，非是，訟於朝。勘得死節狀，贈光祿少卿，賜祭予廕，抵順罪。

明以吏起家。鄢本恕逼其城，與子介拒守。城陷，父子皆罵賊死。

植，字良材，通許人。由國子生授官，時攝縣事。賊方四等略地，植拒却之，斬獲數十級。踰月復至，相拒數日，城陷，說之降，不屈。脅取其印，不予，大罵被殺。妻賈聞變即自縊，女九歲，赴火死。明、植皆贈恤如制，而表植妻女爲貞烈。

其時，士民冒死殺賊者，有趙趣、徐敬之、雷應通、袁璋之屬。

趣，梁山諸生。賊攻城，同友人黃甲、李鳳、何璟、蕭鋭、徐宣、楊茂寬、趙采誓死拒守。城陷，皆死。都御史林俊嘉其義，立祠祀之。

敬之，亦梁山人。衆推爲部長，以拒賊陷陣死。

應通，嘉州人。賊衝百丈關，父子七人倡義死戰。被執，俱慷慨就殺。

二十四史

璋，江南人。素以勇俠聞。巡撫林俊委剿賊，所在有功。後爲所執，其子襲挺身救之，連殺七賊，亦被執，俱死。襲死三日，兩目猶瞠視其父。林俊表其門曰父子忠節。總制彭澤爲勒石城隍廟，祀於忠孝祠。

霍恩，字天錫，易州人。弘治十五年進士。正德中，歷知上蔡縣。六年，賊四起，中原郡邑多殘破。畿內則棗强知縣段豸、大城知縣張汝舟，河南則恩及典史梁逵，西平知縣王佐、主簿李銓，葉縣知縣唐天恩，永城知縣王鼎，裕州同知郁采、都指揮詹濟、鄉官任賢，固始丞曾基，夏邑丞安宜，息縣主簿邢祥，睢寧主簿金聲、丘紳，西華敎諭孔環，山東則萊蕪知縣熊騶，萊州衞指揮僉事蔡顯，南畿則靈璧主簿蔣賢，皆抗節死，而恩、佐、采、環死尤烈。

恩與梁逵共守，當賊至時，語妻劉曰：「脫有急，汝若何？」劉願同死，乃築臺廨後，約曰：「見我下城，卽賊入矣。」及城陷，恩拔刀下城，劉臺上見之，卽縊，未絕，以簪刺心死。恩被執，賊脅之跪。罵曰：「吾此膝肯爲賊屈乎！」賊日殺人以懾之，罵益厲。賊以刀抉其口，支解之。逵自經死。

豸，字世高，澤州人。起家進士。正德中，授兵科都給事中，謫棗强令。賊至，連戰却

之。及城陷，中四矢一鎗，瞋目大呼，殺賊而死，賊屠其城。汝舟官大城時，與主簿李銓迎戰，皆被殺。

佐，字汝弼。潞州舉人，授西平令。手殺賊數十人，矢斃其渠帥。賊忿，急攻三日，佐力屈被執，罵不絕口。賊懸諸竿，殺而支解之。天恩知葉縣，賊至，與父政等七人俱死。鼎知永城，城陷，繫印於肘，端坐待賊，不屈死。

采，字亮之，浙江山陰人，進士。由主事謫敎諭，遷裕州同知。與濟、賢共堅守，斬獲多，城陷被執。采罵不輟，賊碎其輔頰而死。濟亦不屈死。賢嘗爲御史，方里居，招邑子三千人拒守，罵賊死，一家死者十三人。基爲固始丞，被執，使馭馬不從，被害。宜，初授夏邑丞。賊楊虎逼其境，或勸毋往，宜兼程進。抵任七日，賊大至，拒守有功。城陷，死之。祥已致仕，城陷，罵賊死。聲、紳與義士朱用之迎戰死。

環，南宮人。由歲貢生授來安知縣，爲劉瑾黨所陷，左遷西華敎諭。被執，賊曰：「呼我王，卽釋汝。」厲聲曰：「我恨不得碎汝萬段，肯媚汝求活耶！」遂被殺。騶爲賊所執，與主簿韓塘俱不屈死。顯與三子淇、英、順俱禦盜力戰死。

諸人死節事聞，皆贈官賜祭予廕立祠如制。恩妻劉贈宜人，建忠節坊旌之。天恩、鼎、基、宜、祥諸人，里貫無考。

時有鄭寶，爲鬱林州同知，署北流縣事。妖賊李通寶犯北流，寶與子宗珪出戰，皆死。王振者，爲福建黃崎鎭巡檢。海寇大至，率三子臣、朝、實迎戰竟日。伏兵起，振被殺，屍僵立。三子救之，臣重傷，朝、實皆死。亦予恤有差。

孫燧，字德成，餘姚人。弘治六年進士。歷刑部主事，再遷郎中。正德中，歷河南右布政使。寧王宸濠有逆謀，結中官幸臣，日夜詗中朝事，幸有變。又劫持羣吏，厚餌之，使爲己用。惡巡撫王哲不附己，毒之，得疾，踰年死。董傑代哲，僅八月亦死。自是，官其地者惴惴，以得去爲幸。代傑者任漢、俞諫，皆歲餘罷歸。燧以才節著治聲，廷臣推之代。

十年十月擢右副都御史，巡撫江西。燧聞命歎曰：「是當死生以之矣。」遣妻子還鄉，獨攜二僮以行。時宸濠逆狀已大露，南昌人洶洶，謂宸濠旦暮得天子。燧左右悉宸濠耳目，燧防察密，左右不得窺，獨時時爲宸濠陳說大義，卒不悛。陰察副使許逵忠勇，可屬大事，與之謀。先是，副使胡世寧暴宸濠逆謀，中官幸臣爲之地，世寧得罪去。燧念詘言於朝無益，乃托禦他寇預爲備。先城進賢，次城南康、瑞州。患建昌縣多盜，割其地，別置安義縣，以漸弭之。而請復饒、撫二州兵備，不得復，則請敕湖東分巡兼理之。九江當湖衝，最要

害，請重兵備道權，兼攝南康、寧州、武寧、瑞昌及湖廣興國、通城，以便控制。廣信橫峯、青山諸窯，地險人悍，則請設通判駐弋陽，兼督旁五縣兵。又恐宸濠劫兵器，假討賊，盡出之他所。宸濠瞷燧圖己，使人賂朝中幸臣去燧，而遺燧棗梨薑芥以示意，燧笑却之。逵勸燧先發後聞，燧曰：「奈何予賊以名，且需之。」

十三年，江西大水，宸濠素所蓄賊淩十一、吳十三、閔念四等出沒鄱陽湖，燧與逵謀捕之。三賊遁沙井，燧自江外掩捕，夜大風雨，不克濟。三賊走匿宸濠祖墓間，於是密疏白其狀，且言宸濠必反。章七上，輒爲宸濠遮獲，不得達。宸濠恚甚，因宴毒燧，不死。燧乞致仕，又不許，憂懼甚。

明年，宸濠脅鎭巡官奏其孝行，燧與巡按御史林潮冀藉是少緩其謀，乃共奏於朝。朝議方降旨責燧等，會御史蕭淮盡發宸濠不軌狀，詔重臣宣諭，宸濠聞，遂決計反。

六月乙亥，宸濠生日，宴鎭巡三司。明日，燧及諸大吏入謝，宸濠伏兵左右，大言曰：「孝宗爲李廣所悞，抱民間子，我祖宗不血食者十四年。今太后有詔，令我起兵討賊，亦知之乎？」衆相顧愕眙，燧直前曰：「安得此言！請出詔示我。」宸濠曰：「毋多言，我往南京，汝當扈駕。」燧大怒曰：「汝速死耳。天無二日，吾豈從汝爲逆哉！」宸濠怒叱燧，燧益怒，急起，不得出。宸濠入內殿，易戎服出，麾兵縛燧。逵奮曰：「汝曹安得辱天子大臣！」因以身翼蔽

中華書局

燧，賊并縛遠。二人且縛且罵，不絕口，賊擊燧，折左臂，與遠同曳出。遠謂燧曰：「我勸公先發者，知有今日故也。」燧、遠同遇害惠民門外。巡按御史王金、布政使梁宸以下，咸稽首呼萬歲。

宸濠遂發兵，僞署三賊爲將軍，首遣婁伯徇進賢，爲知縣劉源清所斬。招窯賊，賊畏守吏不敢發。大索兵器於城中，不得，賊多持白梃。伍文定起義兵，設兩人木主於文天祥祠，率吏民哭之。南贛巡撫王守仁與共平賊。諸逋賊走安義，皆見獲，無脫者。人於是益思燧功。

燧生有異質，兩目爍爍，夜有光。死之日，天忽陰慘，烈風驟起凡數日，城中民大恐。走收兩人屍，屍未變，黑雲蔽之，蠅蚋無近者。明年，守臣上其事於朝，未報。世宗即位，贈禮部尚書，謚忠烈，與遠並祀南昌，賜祠名旌忠，各廕一子。燧子堪聞父訃，率兩弟墀、陞赴之，會宸濠已擒，扶柩歸。兄弟廬墓蔬食三年，有芝一莖九葩者數本產墓上。服除，以父死難，更墨衰三年，世稱三孝子。

堪，字志健。爲諸生，能文，善騎射。既廕錦衣，中武會試第一，擢署指揮同知。善用强弩，教弩卒數千人以備邊。歷都督僉事。事母楊至孝，母年九十餘，歿京師。堪年亦七

十，護喪歸，在道，以毀卒。巡按御史趙炳然上堪孝行，得旌。堪子鈺，亦舉武會試，官都督同知。鈺子如津，都督僉事。

墀，字仲泉，以選貢生歷官尚寶卿。陞，官尚書。墀孫如游，大學士。如游孫嘉績，僉事。陞子，鑨、鑛皆尚書，鋌侍郎，錝太僕卿。鑨子，如法主事，如洵參政。並以文章行誼世其家。陞、鑨、鑛、如游、如法、嘉績，事皆別見。

許遠，字汝登，固始人。正德三年進士。長身巨口，猿臂燕頷，沈靜有謀略。授樂陵知縣。六年春，流賊劉七等屠城邑，殺長吏。諸州縣率閉城守，或棄城遁，或遺之芻粟弓馬，乞賊毋攻。遠之官，慨然爲戰守計。縣初無城，督民版築，不踰月，城成。令民屋外築牆，牆高過簷，啓圭竇，才容人。家選一壯者執刃伺竇內，餘皆入隊伍，日視旗爲號，違者軍法從事。又募死士伏巷中，洞開城門。賊果至，旗舉伏發，竇中人皆出，賊大驚竄，斬獲無遺。後數犯，數却之，遂相戒不敢近。事聞，進秩二等。

時知縣能抗賊者，益都則牛鸞，郯城則唐龍，汶上則左經，濬則陳滯，然所當賊少。而遠屢禦大賊有功，遂與鸞俱超擢兵備僉事。遠駐武定州，州城圮濠平，不能限牛馬。遠築城鑿池，設樓櫓，置巡卒。明年五月，賊楊寡婦以千騎犯灘縣，指揮喬剛禦之，賊少却。遠追敗之高苑，令指揮張勛邀之滄州，先後俘斬二百七十餘人。未幾，賊別部掠德平，遠盡殲之，威名大著。

十二年遷江西副使。時宸濠黨暴橫，遠以法痛繩之。嘗言於孫燧曰：「寧王敢爲暴者，恃權臣也。權臣左右之者，貪重賄也。重賄由於盜藪，今惟翦盜則賄息，賄息則黨孤。」燧深然之，每事輒與密議。及宸濠縛燧，遠爭之。宸濠素忌遠，問許副使何言，遠曰：「副使惟赤心耳。」宸濠怒曰：「我不能殺汝邪？」遠罵曰：「汝能殺我，天子能殺汝。汝反賊，萬段磔汝，汝悔何及！」宸濠大怒，并縛之，曳出斫其頸，屹不動。賊衆共推抑令跪，卒不能，遂死，年三十六。

初，遠以文天祥集貽其友給事中張漢卿而無書。漢卿語人曰：「寧邸必反，汝登其爲文山乎？」遠父家居，聞江西有變，殺都御史及副使，即爲位，易服哭。人怪問故，父曰：「副使，必吾兒也。」世宗即位，贈左副都御史，謚忠節，廕一子。又錄山東平賊功，復廕一子。嘉靖元年詔遠死事尤烈，改贈遠禮部尚書，進廕指揮僉事。

長子瑒，好學有器識。既葬父，日夜號泣，六年而後就廕。人或趣之，瑒曰：「吾父死，瑒乃因得官。」痛哭不能仰視。瑒子郊，事親孝。隆慶中舉於鄉，數試禮部不第。有試官與

瑒婚姻，喜郊才，欲收羅之。郊曰：「若此，何以見先忠節地下？」許氏子孫不如孫氏貴顯，亦能傳其家。

黃宏，字德裕，鄞人。弘治十五年進士。知萬安縣。民好訟，訟輒禱於神，宏毀其祠曰：「令在，何禱也。」訟者至，輒片言折之。累遷江西左參議，按湖西、嶺北二道。王守仁討横水、桶岡賊，宏主餉有功。賊閔念四既降，復恃宸濠勢，剽九江上下。宏發兵捕之，走匿宸濠祖墓中，盡得其輜重以歸。宸濠逆節益露，士大夫以爲憂，宏正色曰：「國家不幸有此，我輩守土，死而已。」有持大義不從宸濠黨者，宏每陰左右之。宸濠反，宏被執，憤怒，以手梏向柱擊項，是夕卒，賊義而棺斂之。子紹文奔赴，求得其棺，以僞命治斂，非父志，亟易之，扶歸。

時主事馬思聰亦抗節死。思聰，字懋聞，莆田人。弘治末舉進士，爲象山知縣，復二十六渠，溉田萬頃。累遷南京戶部主事，督糧江西，駐安仁。值宸濠反，被執繫獄，不屈，絕食六日死。

世宗立，贈宏太常少卿，思聰光祿少卿，並配享旌忠祠。時有謂宏、思聰死節非眞者。

給事中毛玉劾江西逆黨，復請表章宏、思聰及承奉周儀，而宏子紹武訴於朝。巡按御史穆相列上二人死節狀甚悉，遂無異議。

宋以方，字義卿，靖州人。弘治十八年進士。歷戶部郎中。正德十年遷瑞州知府。時華林大盜甫平，瘡痍未復，以方悉心撫字，吏民愛之。宸濠逆謀萌，而瑞故無城郭，以方築城繕守具，募兵三千，日夕訓練。宸濠深忌之，有徵索又不應，遂迫鎮守劾繫南昌獄。明日，宸濠反，出以方，脅之降，不可，械舟中。至安慶，兵敗，問地何名，舟子云「黃石磯」，江西人音，則「王失機」也。宸濠以爲不祥，斬以方祭江。後賊平，其子崇學求遺骸不得，斂衣冠歸葬。嘉靖六年，巡撫陳洪謨上其事，詔贈光祿卿，廕一子，立祠瑞州。

方宸濠之謀爲變也，江西士民受害者不可勝紀。〔四〕初遣閹校四出，籍民田廬，收縛豪强不附者。有萬木、鄔山，俱新建人，集鄉人結砦自固。賊黨謝重一馳入村，二人執之，積葦張睢陽廟前，縛人馬，生焚之，濠黨不敢犯。二人歙江上，爲盜淩十一所逼，趣見宸濠，烙而椎之，皆罵賊死。

趙楠，南昌諸生。兄模，嘗捐粟佐振。宸濠捕模索金，楠代往，脅之，不屈，被掠死。同邑辜增見迫，抗節不從，一家百口皆死。諸生劉世倫、儒士陳經官、義士李廣源，皆被掠，不屈死。

葉景恩者，以俠聞，族居吳城。宸濠將作難，捕景恩，脅降之，不從，死獄中。宸濠兵過吳城，景恩弟景允以三百人邀擊賊。賊分兵焚劫景允家，其族景集、景修等四十九人皆死。

又有閻順者，爲寧府典寶副。宸濠將反，順與典膳正陳宣、內使劉良微言不可，爲典寶正涂欽所譖，三人懼誅，潛詣京師上變。羣小庇宸濠，下之獄，搒掠備至。宸濠聞三人赴都，慮事泄，誣奏其罪，且嗾羣小必殺之，會已遣戍孝陵，乃免。世宗立，復官。

校勘記

〔一〕王均諒 原作「王君諒」，據太祖實錄卷六六洪武四年六月戊戌條改。按本傳下文正作「均諒」。

〔二〕蜀將丁世珍召番數萬來攻 丁世珍，本書卷二太祖紀作「丁世貞」，太祖實錄卷六六洪武四年六月戊戌條作「丁世真」。

〔三〕洪武四年 四年，原作「五年」，據本書卷二太祖紀、太祖實錄卷六七洪武四年八月「是月」條改。

〔四〕江西士民受害者不可勝紀 江西，原作「西江」，據本書卷一九五王守仁傳改。

明史卷二百九十

列傳第一百七十八

忠義二

王冕 龔諒　陳聞詩 董倫　王鈇 錢泮　錢錞 唐一岑　朱裒 齊恩

孫鏜　杜槐　黃釧 陳見等　王德 叔沛　汪一中 王應鵬　唐鼎

蘇夢暘 韋宗孝 龍旌　張振德 章文炳等　董盡倫 李忠臣 高光等

龔萬祿 李世勛 翟英等　管良相 李應期等　徐朝綱 楊以成

孫克恕 鄔罷　姬文胤 孟承光　朱萬年 秦三輔等　張瑤 王興夔等

何天衢 楊于陛

王冕，字服周，洛陽人。正德十二年進士。除萬安知縣。宸濠反，長吏多奔竄。冕募勇壯士，得死士數千人，從王守仁攻復南昌。宸濠解安慶圍，還救，至鄱陽湖，兩軍相拒。濠盡

出金帛犒士，殊死戰，官軍不利。冕密白守仁，以小艇實葦於中，擬建昌人語，就賊艦，乘風舉火。濠兵大驚，遂潰敗，焚溺死者無算。濠易舟，挾宮人遁。冕部卒棹漁舟，追執之。宸濠平，守仁封新建伯，而冕未及敍，坐他事落職。既而錄前功，擢兵部主事，巡視山海關。嘉靖三年十二月，遼東妖賊陸雄、李真等作亂，突入關。侍吏欲扶冕趨避，冕不可，曰：「吾有親在。」急趨母所，執兵以衛。賊至，母被傷，冕奮前救之，被執。脅以刃，大罵，遂見害。詔贈光祿少卿，有司祠祀。

世宗嗣位之歲，寧津盜起，轉掠至德平。知縣龔諒率吏民禦之，力屈，被殺。贈濟南通判，恤其家。

陳聞詩，字廷訓，柘城人。嘉靖中舉於鄉，以親老，絕意仕進。親歿，居喪哀毀。三十二年秋，賊師尚詔陷歸德，聞聞詩名，欲劫爲帥。已，陷柘城，擁之至，誘說百端，不屈。引其家數人斬之，曰：「不從，滅而族。」聞詩紿曰：「必欲吾行，毋殺人，毋縱火。」賊許諾，擁以行。聞詩遂不食，至鹿邑自經死。

董倫，歸德檢校也。尚詔入歸德，知府及守衛官皆遁。倫率民兵巷戰，被執，垂死猶手

刃數賊。妻賈及童僕皆從死。詔贈閩詩鳳陽同知，倫歸德同知，並立祠死所。

王鈇，字德威，順天人。嘉靖二十九年進士。授常熟知縣。濱海多大猾，匿亡命作奸，鈇悉貰其罪。倭患起，鈇語諸猾曰：「何以報我？」咸請効死，於是立耆長，部署子弟得數百人，合防卒訓練。縣故無城，鈇率士卒城之。倭來薄，數禦却之。已，自三丈浦分掠常熟、江陰。參政任環令鈇與指揮孔燾分統官民兵三千，破其寨，斬首百五十有奇，焚二十七艘，餘倭皆遁。復掠旁縣，將由尚湖還海。鈇憤曰：「賊尚敢涉吾地邪！必擊殺之。」會邑人錢泮，字鳴擊者，以江西參政里居，忿倭爇其父柩，力從臾贊鈇。乃用小艇數十躡倭，倭夾擊之隘中，獨耆長數人從，皆力鬭死。鈇陷淖，瞋目大呼，腹中刃死。泮被數鎗，殺三賊而死。時三十四年五月也。詔贈泮光祿卿，鈇太僕少卿，並廕錦衣世百戶，遣官諭祭，立祠死所，歲時奉祀。

錢錞，字鳴叔，鍾祥人。嘉靖二十九年進士。授江陰知縣。初至官，倭已熾。三十三年入犯，鄉民奔入城者萬計，兵備道王從古不納。錞曰：「民死不救，守空城奚爲！」遂開門縱之入，而身自搏戰於斜橋，三戰却之。明年六月，倭據蔡涇閘，分衆犯塘頭。錞提狼兵戰九里山，薄暮，雷雨大作，伏四起，狼兵悉奔，錞戰死。

時唐一岑知崇明縣，建新城成，議徙居，爲千戶高才、翟欽所沮。倭突入，一岑戰且詈，遂爲亂軍所殺。詔贈錞、一岑光祿少卿，錞世廕錦衣百戶，岑廕國子生，並建祠祀。

朱裒，字崇晉，鄖西人。嘉靖中舉於鄉，署鞏縣教諭事。遷武功知縣，抑豪強，祛積弊，關中呼爲鐵漢。遷揚州同知，吏無敢索民一錢。三十四年，倭入犯，擊敗之沙河，殲其酋，還所掠牲畜甚衆。未幾，復大至，薄城東門。督兵奮擊，兵潰，死焉。贈左參政，錄一子。

明年，倭犯無爲州，同知齊恩率舟師敗倭於圌山北等港，[一]斬首百餘級。子嵩，年十八，最驍勇，擊倭至安港，伏發被圍，恩家二十餘人俱力戰死，惟嵩等三人獲全。贈恩光祿丞，錄一子，厚恤其家，建祠祀之。

孫鏜，莒州人。商販吳、越。倭擾松江，謁郡守自請輸貲佐軍。守薦之參政翁大立，試以雙刀，若飛，錄爲士兵。擊走倭，出參政任環圍中。遣人還莒，括家貲，悉召里兒爲爪牙，吳中倚鏜若長城。倭舟渡泖濟，鏜突出，酣戰竟日，援兵不至，還至石湖橋，半渡，伏大起，鏜墮水，中刃死。贈光祿丞，錄一子，亦建祠祀。

杜槐，字茂卿，慈谿人。倜儻任俠。倭寇至，縣僉其父文明爲部長，令團結鄉勇。槐傷父老，以身任之，數敗倭。副使劉起宗委槐守餘姚、慈谿、定海。遇倭定海之白沙，一日戰十三合，斬三十餘人，馘一酋，身被數鎗，墮馬死。

文明擊倭鳴鶴場，斬酋一人，倭驚遁，稱爲杜將軍。無何，追至奉化楓樹嶺，戰歿。文明贈府經歷，槐贈光祿丞，建祠並祀，廕槐子國子生。

黃釧，字珍夫，安溪人。由舉人歷官溫州同知。嘉靖三十四年，倭入犯，釧擊走之。知倭必復來，日夜爲備。又三年，倭果大至。釧出城逆擊，分軍爲三，釧將中軍，其二軍帥皆紈袴子，約左右應援。及與倭遇，倭遣衆分掩二軍，而以銳卒當中軍。釧發勁弩巨礮，戰良久，倭方不支，二軍帥望敵而潰。倭合兵擊釧，釧腹背受敵，遂被執。脅之降，不屈，責以金贖，釧笑且罵曰：「爾不知黃大夫不愛錢邪！」倭怒，裸而寸斬之。子購屍不獲，具衣冠葬。事聞，贈浙江參議，官一子，有司建祠。

是年，倭陷福清，舉人陳見率衆禦之，與訓導鄔中涵被執，大罵而死。

倭乘勝犯惠安，知縣番禺林咸拒守五晝夜，倭引去。已，復至，咸擊之鴨山，窮追逐北，陷伏死。贈泉州同知，賜祠，任一子。

其陷興化，延平同知奚世亮署府事，守踰月，城陷，力戰死。贈右參議，廕子，賜葬。世亮，字明仲，黃岡人。

先是，三十一年，台州知事溧水武暐追倭釣魚嶺，力戰死，上官不以聞。其子尚實訴於朝，乃贈太僕丞，而廕尚實爲國子生。

王德，字汝修，永嘉人。嘉靖十七年進士。歷戶科給事中。定國公徐延德丐無極諸縣閒田爲業，且言私置莊田，不宜以災傷免賦。德抗疏劾之，俺答圍都城，屢陳軍國便宜，悉報可。時城門盡閉，避難者不得入，號呼徹西內。德以爲言，民始獲入。寇退，命募兵山東，所得悉驍勇，爲諸道最。還朝，會李默長吏部，怒德投刺倨，出爲嶺南兵備僉事。與巡撫爭事，投劾徑歸。默復起吏部，用前憾，落職閒住。德鄉居，以倭亂，奉母居城中，傾貲募健兒爲保障計。

三十七年夏，倭自梅頭至，大掠。德偕族父沛督義兵擊之，宵遁。俄一舟突來犯，沛及族弟崇堯、崇修殲焉。亡何，倭復至，大掠。德憤怒，勒所部追襲至龍灣，軍敗，手射殺數人，罵賊死。然倭自是不敢越德鄉侵郡城矣。事聞，贈太僕少卿，世廕錦衣百戶，立祠曰愍忠。沛贈太僕丞，立祠，予廕。

汪一中，字正叔，歙人。嘉靖二十三年進士。由開封推官歷江西副使。四十年，鄰境賊入寇，薄泰和。一中方讌，投箸起曰：「賊鼓行而西，掩我不備，不早計，且無噍類，豈飲酒時乎！」當路遂以討賊屬之。先是，泰和巡檢劉芳力戰死，賊怒磔其尸。一中至，率諸將吏祭曰：「爾職抱關，猶死疆事。吾待罪方面，不滅賊，何以生爲！」遂誓師，列陣鼓之，俘五人，斬首以徇。

旦日，陣如前，會賊至，左右軍皆潰，賊悉赴中軍，中軍亦潰。一中躍馬當賊鋒，射殺二人，手刃一人，而左脅中鎗二，臂中刃三，與指揮王應鵬、千戶唐鼎皆死。妻程投於井，家人出之，喪至，不食五日死。一中贈光祿卿，給祭葬，諡忠愍，妻程並贈卹如制。

蘇夢暘，萬曆間，爲雲南祿豐知縣。三十五年十二月，武定賊鳳騰霄反，圍雲南府城，轉寇祿豐。夢暘率民兵出城力戰，賊退去。明年元旦，方朝服祝釐，賊出不意襲陷其城，執之去，不屈死。贈光祿少卿，有司建祠，錄一子。

當祿豐之未陷也，賊先犯嵩明州，吏目韋宗孝出禦而敗，合門死之。贈本州同知，廕子入國學。

有龍旌者，趙州人，由歲貢生爲嵩明州學正。賊薄城，被執，罵賊死。贈國子博士。

張振德，字季修，崑山人。祖情，從祖意，皆進士。情福建副使，意山東副使。振德由選貢生授四川興文知縣。縣故九絲蠻地，萬曆初，始建土牆數尺，戶不滿千。永寧宣撫奢

崇明有異志，潛結奸人，掠賣子女。振德捕奸人，論配之，招還被掠者三百餘人。崇明賄以二千金，振德怒卻之，裂其牘。

天啓元年方赴成都與鄉闈事，而崇明部將樊龍殺巡撫徐可求，副使駱日升、李繼周等。重慶知府章文炳、巴縣知縣段高選皆抗節死，賊遂據重慶。時振德兼署長寧，去賊稍遠，從者欲走長寧。振德曰：「守興文，正也。」疾趨入城。長寧主簿徐大禮與振德善，以騎來迎，振德卻之。督鄉兵輿戰，不敵，退集居民城守。會大風雨，賊毀土城入。振德命妻錢及二女持一劍坐後堂，曰：「若輩死此，吾死前堂。」乃取二印繫肘後，北向拜曰：「臣奉職無狀，不能殺賊，惟一死明志。」妻女先伏劍死。乃命家人舉火，火熾自剄。一門死者十二人。賊至火所，見振德面如生，左手繫印，右手握刀，忿怒如赴敵狀，皆駭愕，羅拜而去。事聞，賜祭葬，贈光祿卿，諡烈愍。敕有司建祠，世廕錦衣千戶。

振德既死，興文教諭劉希文代署縣事。甫半載，賊復薄城，誓死不去。妻白亦慷慨願同死。城破，夫婦罵賊，並死。

大禮守長寧，城亦陷。大禮曰：「吾不可負張公。」一家四人仰藥死。贈重慶同知，世廕百戶。

文炳，長泰人。萬曆四十一年進士。歷戶部郎中，遷知府，治行廉潔，吏民愛之。賊既殺巡撫可求等，文炳罵賊亦被殺。後知其賢，爲覓屍殯而歸之，喪出江上，夾岸皆大哭。贈太僕少卿，再贈太常卿，世廕外衞副千戶。

高選，雲南劍川縣人。萬曆四十七年進士。適在演武場，聞變，立遣吏歸印於署，厲聲叱賊。賊魁戒其下勿殺，而高選罵不絕聲，遂遇害。父汝元，母劉，側室徐及一子一女，聞變，皆自盡。僕冒死覓主屍，亦被害。初贈尙寶卿，世廕百戶。崇禎元年，子暄援振德例，叩閽請優恤，贈光祿卿，世廕錦衣千戶，建祠奉祀。汝元等亦獲旌。十五年復以諡請，賜諡恭節。

時先後殉難者，灌縣知縣左重，率壯士追賊成都，力戰馬蹶，罵賊死。南溪知縣王碩輔，城陷自盡，賊支解之。桐梓知縣洪維翰，城陷，奪印，不屈死。典史黃啓鳴亦死。郫縣訓導趙愷，率衆擊賊，被刺死。遵義推官馮鳳雛，挺身禦賊，被創死。遵義司獄蘇樸、威遠經歷袁一修，義不汙賊，墜城死。大足主簿張志譽、典史宋應皐，集兵奮戰，力屈死。所司上其狀，贈重、碩輔、維翰尙寶卿，世廕千戶。啓鳴重慶通判，愷重慶同知，俱世廕試百戶。崇禎十二年，重子廷皐援高選例乞恩，命如其請。

崇明父子據永寧，貴陽同知嘉興王昌胤分理永寧衞事，死難。贈僉事，賜祭。崇禎初，其子監生世駿言：「賊踞永寧，臣父刺血草三揭，繳印上官，以次年五月再拜自縊。賊恨之，

焚其屍。二孫、一孫女及僕婢十三人，同日被害。乞如張振德例，優加卹典。」報可。

董盡倫，字明吾，合州人。萬曆中舉於鄉，除清水知縣，調安定，咸有惠政。秩滿，安定人詣闕奏留，詔加鞏昌同知，仍視縣事。久之，以同知理甘州軍餉，解職歸。天啓初，奢崇明反，率衆薄城。盡倫偕知州翁登彥固守。賊遣使說降，盡倫大怒，手刃賊使，抉其睛啖之，屢挫賊鋒，城獲全。復率衆援銅梁有功，尋被檄擣重慶，孤軍深入，伏四起，遂戰死。贈光祿少卿，世廕百戶，建祠奉祀，尋改廕指揮僉事。崇禎初，論全城功，改廕錦衣千戶。

其時里居士大夫死節者，有李忠臣，永寧人，官松潘參政。家居，陷賊。募死士，密約總兵官楊愈懋，令以大兵薄城，己爲內應。事洩，合門遇害。高光，瀘州人，嘗爲應天通判。城陷，薙髮爲僧，與子在崑募壯士，殺賊百餘。賊怒，追至大葉壩，光罵賊不屈，與家衆十二人同死。胡縝，永寧舉人。預策崇明必反，上書當事，不納。賊起，被執，嚴刑錮獄中。弟緯傾家救免，乃糾義徒，潛結賊將張令等，執其僞相。部勒行陣，自當一面，數斬馘，賊甚畏之。既而爲火藥焚死。聶繩昌，富順舉人。毀家募義勇禦賊，戰死。吳長齡，瀘州監生。

率衆恢復瀘州，尋中伏，父子俱戰死。胡一夔，興文人。仕龍陽縣丞，被執，不屈死。皆未予恤。

龔萬祿，貴州人。目不知書，有膽志，膂力過人。從劉綎征楊應龍，先登海龍囤，署守備，戍建武所。

奢崇明反，衆推萬祿遊擊將軍，主兵事。指揮李世勛，名位先萬祿，亦受節制，戮力固守。崇明謀犯成都，憚萬祿牽其後，遣部將張令說降。令與萬祿結，紿崇明以降。崇明果遣他將來戍，萬祿脅降之，誘殺無算。復微服走敍州，說副使徐如珂曰：「賊精騎萃成都，留故巢者悉老弱，誠假萬祿萬人擣其巢，彼必還救，成都圍立解矣。」如珂奇其計，而不能用。

未幾，賊悉衆攻建武，萬祿邀擊十里外，兵少敗還，城遂陷。世勛具衣冠再拜，率家屬自焚死。萬祿手刃兩妻、兩孫，自刎不殊，乃握矟馳出，大呼：「我龔萬祿也，孰能追我者！」賊相視不敢逼。走至敍州，乞師巡撫朱燮元，遂以兵復建武。會官軍敗於江門，賊四面來攻，萬祿力戰三日，手刃數十人，與子崇學並死。詔贈都督僉事，立祠賜祭，世廕百戶。

時成都衞指揮翟英扼賊龍泉驛，[一]成都後衞指揮韓應泰赴援成都，遇賊草堂寺，小河

所鎭撫郁聯若麈賊城西，茂州百戶張羽救援郫縣，皆力戰死。

管良相者，烏撒衞指揮也，爲人慷慨負奇節。天啓初，樊龍等反於四川，巡撫李橒召至麾下，與籌軍事。良相策安邦彥必反，佐橒爲固守計。尋以祖母疾，乞假歸，泣語橒曰：「烏撒孤城，密邇水西，且與安效良相讐。水西有變，禍必首及，良相無子，願以死報國。乞建長策，保此一方。」逾月，邦彥果反，圍其城，良相固守不下。久之，外援不至，城陷，自縊死。

同官李應期、朱運泰、蔣邦俊亦遇害。時普定衞王明重、威淸衞丘述堯、平壩衞金紹勛、壩陽把總簡登、龍里故守備劉皐、皐子景並死難，而訓導劉三畏，賊至不避，兀坐齋中，見殺，人稱「龍里三劉」。

徐朝綱，雲南晉寧人。萬曆二十八年舉於鄉。天啓元年，授安順推官，至卽署府事。明年，安邦彥反，來攻城，朝綱督兵民共守。土官溫如璋等開門迎賊，朝綱奮怒督戰，賊執之，逼降，不屈。索其印，罵曰：「死賊奴，吾頭可斷，印不可得！」賊怒，刀斧交下而死。其妻

聞之，登樓自縊。長子婦急舉火焚舍，挈十歲女躍烈焰中死。孫應魁，年十六，持矛潰圍出城覓其祖，遇賊被殺。婢僕從死者十一人。

五年正月卹殉難諸臣，贈朝綱光祿少卿，廕子入國學。子天鳳甫第進士，卽奔喪歸，服闋，授戶部主事。疏言：「臣家一門，臣死忠，妻死節，婦死姑，孫死祖，婢僕死主。此從來未有之節烈，乞如張振德例，再加優恤。臣母、臣嫂，一體旌表。」帝深嘉之，再贈光祿卿，改廕錦衣世千戶，賜祭葬，立祠建坊，諸從死者皆附祀。

同時殉難者：

楊以成，雲南路南人。萬曆中，由貢生授貴陽通判，理畢節衞事。秩滿，進同知，仍治畢節。邦彥圍貴陽，以成具蠟書乞援於雲南巡撫沈儆炌。書發而賊已至，戰却之。賊來益衆，以成遣吏懷印間道趨省，身督吏民拒守。會援兵至，賊方夜逃，而衞吏阮世爵爲內應，城遂陷。以成倉皇投繯，賊繫之去。乃爲書述賊中情形，置竹筒中，遣弟以赤赴雲南告變，至散納溪，賊搜得其書，并以成殺之，家屬死者十三人。贈按察僉事，賜葬。

鄭鼎，字爾調，龍溪人。由鄉舉爲廣順知州。策安邦彥必反，上書當事言狀。州故無城，督民樹柵實以土。無何，邦彥果反，來攻城，鼎誓死固守。或言賊勢盛，宜走定番。鼎

曰：「吾守土吏也，義當與城存亡。」及賊入，與土官金燦端坐堂上，並爲賊所殺，婢僕從死者六人。吏目胡士統被執，亦不屈死。巡撫李標上於朝，贈僉事，賜祭。崇禎元年，以成子舉人輿南，鼎子舉人崑禎皆援朝綱例，請加卹，並贈光祿卿，世廕錦衣千戶，予祭葬，有司建祠立坊，以恭亦附祀。崑禎後舉進士，歷御史，尙寶卿。

時有孫克恕者，字推之，馬平人。舉於鄉，歷官貴州副使，分巡思石道。禦賊戰死，有虎守其骸不去，蠻人嗟異。事聞，贈太僕卿，賜祭葬。

姬文胤，字士昌，華州人。舉於鄉。天啓二年授滕縣知縣。視事甫三日，白蓮賊徐鴻儒薄城，民什九從亂。文胤徒步叫號，驅吏卒登陴，不滿三百，望賊輒走，存者纔數十。問何故從賊，曰：「禍由董二。」董二者，故延綏巡撫董國光子也，居鄉貪暴，民不聊生，故從賊。文胤憑城諭曰：「良民以董二故，挺而從賊。吾將執二置諸法，爲若雪憤，可乎？」文胤身長赤面，鬚髯戟張，賊望見，駭爲神人，皆讙呼羅拜。

俄而發箭西隅，斃二賊。視之，延綏沙柳簳也。賊謂文胤紿之，大憤，肉薄登城，衆悉潰。文胤緋衣坐堂皇，嚼齒罵賊。賊前，捽裂冠裳，械繫之，罵不屈。三日潛解印，畀小吏

魏顯照及家僮李守務，北向拜闕，遂自經。賊搒掠顯照索印，顯照潛授其父，而與守務罵賊，並死之。事聞，贈太僕少卿，立祠致祀，錄一子，優恤顯照、守務家。董二踰城遁去。

時賊陷鄒縣，博士孟承光被執，詬詈不屈死。贈尙寶少卿，世廕錦衣千戶。承光，字永觀，亞聖裔，世廕五經博士也。

朱萬年，黎平人。萬曆中，舉於鄉。歷萊州知府，有惠政。崇禎五年，叛將李九成等陷登州，率衆來犯。萬年率吏民固守。時山東巡撫徐從治、登萊巡撫謝璉並在城中，被圍，堅守數月，從治中礮死。賊詭乞降，璉率萬年往受，爲所執。萬年曰：「爾執我無益，盍以精騎從我，呼守者出降。」賊以精騎五百擁萬年至城下，萬年大呼曰：「我被擒，誓必死。賊精銳盡在此，急發礮擊之，毋以我爲念！」守將楊御蕃不忍，萬年復頓足大呼，賊怒殺之。城上人見萬年已死，遂發礮，賊死過半。事聞，贈太常卿，賜祭葬，有司建祠，官一子。

初，賊掠新城，知縣秦三輔、訓導王協中禦之，並死。其陷黃縣，知縣吳世揚罵賊死，縣丞張國輔、參將張奇功、守備熊奮渭皆力戰死。陷平度，知州陳所聞自縊死。三輔、世揚贈光祿少卿，所聞贈太僕少卿，並賜祭葬，建祠，廕子。協中、國輔、奇功亦贈恤有差。三輔，三原人。世揚，洛陽人。所聞，畿輔人。並起家乙榜。

張瑤，蓬萊人。天啓五年進士。授開封府推官，絕請寄，抑豪強，吏民畏如神。崇禎四年行取入都，吏科宋鳴梧力援宋玫爲給事，而抑瑤，授府同知。瑤怒，疏摭玫行賄狀。吏部尙書閔洪學劾瑤饋遺奔競，鳴梧復極論之，謫河州判官，未赴。明年正月，李九成等逼登州，瑤率家衆登陴拒守。城陷，瑤猶揮石奮擊。賊擁執之，大罵不屈，被殺。妻女四人並投井死。贈光祿少卿。

先是，賊陷新城，舉人王與夔、張儼然死之。其陷他縣者，貢生張聯台、蔣時行亦死之。皆格於例，不獲旌。禮部侍郎陳子壯上言：「舉貢死難，無恤典，舊制也。然名旣登於天府，恩獨後於流官，九泉之下，能無怨恫。比者，武舉李調禦賊捐軀，已蒙贈恤。武途如此，文儒安得獨遺。乞量贈一官，永爲定制。」可之。乃贈與夔、儼然宛平知縣，聯台、時行順天府教授。其後地方死難，若舉人李讓、吳之秀、賈煜、張慶雲，貢生張茂貞、張茂恂，皆贈官如前制。

何天衢，字升宇，阿迷州人。有勇略，土酋普名聲招爲頭目，使駐三鄉。崇禎三年，名聲反，謀出三路兵，至昆明會戰。令天衢自維摩羅平入，以礮手三百人助之。天衢慨然曰：「此大丈夫報國秋也，吾豈爲逆賊用哉！」坑殺礮手數十人，率衆歸附，署維摩州同知李嗣泌開城納之。名聲已陷彌勒，聞大懼，急撤兩路兵歸。巡撫王伉上其事，授爲守備。後數與嗣泌進剿有功。

及名聲死，妻萬氏代領其衆，屢攻天衢。天衢屢挫之，錄功，進參將。十三年擢副總兵。萬氏贅沙定洲爲壻，益以南安兵，且厚賂黔國公用事者，令毀天衢。天衢請兵餉皆不應，賊悉力攻之，食盡，舉家自焚死。

初，名聲之亂，有楊于陛者，劍州人。舉於鄉。歷官武定府同知。巡撫伉令監紀軍事，兵敗被執，死之。贈太僕少卿，建祠曰精忠。

校勘記

〔一〕敗倭於圌山北等港　圌山，原作「團山」，據世宗實錄卷四三四嘉靖三五年四月甲辰條改。按本書卷四〇地理志載，圌山屬鎮江府，與傳文所記地區相符。

〔二〕翟英扼賊龍泉驛　翟英，本書卷二四九朱燮元傳作「瞿英」。

明史卷二百九十一

列傳第一百七十九

忠義三

潘宗顏 竇永澄等　張銓　何廷魁 徐國全　高邦佐 顧頤　崔儒秀

陳輔堯　段展　鄭國昌 張鳳奇　盧成功等　黨還醇 安上達　任光裕等

李獻明 何天球　徐澤　武起潛　張春　閻生斗 李師聖等　王肇坤

王一桂 上官藎等　孫士美 白慧元　李禎宁等　喬若雯 李崇德等

張秉文 宋學朱等　顏胤紹 趙珽等　吉孔嘉 王端冕等　邢國璽

馮守禮等　張振秀 劉源清等　鄧藩錫 王維新等　張焜芳

潘宗顏，字士瓚，保安衞人。善詩賦，曉天文、兵法。舉萬曆四十一年進士，歷戶部郎中。數上書當路言遼事，當路不能用。以宗顏知兵，命督餉遼東。旋擢開原兵備僉事。

四十六年，馬林將出師，宗顏上書經略楊鎬曰：「林庸懦，不堪當一面，乞易他將，以林爲後繼，不然必敗。」鎬不從。宗顏監林軍，出三岔口，營稗子峪，夜聞杜松敗，林軍遂譁。及旦，大清兵大至。林恐甚，一戰而敗，策馬先奔。宗顏殿後，奮呼衝擊，膽氣彌厲。自辰至午，力不支，與遊擊竇永澄、守備江萬春、贊理通判董爾礪等皆死焉。事聞，賜祭葬，贈光祿卿，再贈大理卿，廕錦衣世百戶，謚節愍，立祠奉祀。永澄等亦賜恤如制。

張銓，字宇衡，沁水人。萬曆三十二年進士。授保定推官，擢御史，巡視陝西茶馬。以憂歸，起按江西。

時遼東總兵官張承廕敗歿，而經略楊鎬方議四道出師。銓馳奏言：「敵山川險易，我未能悉知，懸軍深入，保無抄絕？且奕騎野戰，敵所長，我所短。以短擊長，以勞赴逸，以客當主，非計也。昔臚朐河之戰，五將不還，奈何輕出塞。爲今計，不必徵兵四方，但當就近調募，屯集要害以固吾圉，厚撫北關以樹其敵，多行間諜以攜其黨，然後伺隙而動。若加賦選丁，騷擾天下，恐識者之憂不在遼東。」因請發帑金，補大僚，宥直言，開儲講，先爲自治之本。又言：「李如柏、杜松、劉綎以宿將並起，宜責鎬約束，以一事權。唐九節度相州之潰，

可爲明鑑。」又言：「廷議將恤承廕，夫承廕不知敵誘，輕進取敗，是謂無謀。猝與敵遇，行列錯亂，是謂無法。率萬餘之衆，不能死戰，是謂無勇。臣以爲不宜恤。」又論鎬非大帥才，而力薦熊廷弼。

四十八年夏復上疏言：「自軍興以來，所司創議加賦，畝增銀三釐，未幾至七釐，又未幾至九釐。辟之一身，遼東，肩背也，天下，腹心也。肩背有患，猶藉腹心之血脈滋灌。若腹心先潰，危亡可立待。竭天下以救遼，遼未必安，而天下已危。今宜聯人心以固根本，豈可朘削無已，驅之使亂。且陛下內廷積金如山，以有用之物，置無用之地，與瓦礫糞土何異。乃發帑之請，叫閽不應，加派之議，朝奏夕可。臣殊不得其解。」銓疏皆關軍國安危，而帝與當軸卒不省。綎、松敗，時謂銓有先見云。

熹宗卽位，出按遼東，經略袁應泰下納降令，銓力爭，不聽，曰：「禍始此矣。」天啓元年三月，瀋陽破，銓請令遼東巡撫薛國用帥河西兵駐海州，薊遼總督文球帥山海兵駐廣寧，以壯聲援。疏甫上，遼陽被圍，軍大潰。銓與應泰分城守，應泰令銓退保河西，以圖再舉，不從。守三日，城破，被執不屈，欲殺之，引頸待刃，乃送歸署。銓衣冠向闕拜，又遙拜父母，遂自經。事聞，贈大理卿，再贈兵部尙書，謚忠烈。官其子道濬錦衣指揮僉事。

銓父五典，歷官南京大理卿，時侍養家居。詔以銓所贈官加之，及卒，贈太子太保。

初，五典度海內將亂，築所居竇莊爲堡，堅甚。崇禎四年，流賊至，五典已歿，獨銓妻霍氏在，衆請避之。曰：「避賊而出，家不保。出而遇賊，身更不保。等死耳，盍死於家。」乃率僮僕堅守。賊環攻四晝夜，不克而去。副使王肇生名其堡曰「夫人城」。鄉人避賊者多賴以免。

道濬既官錦衣，以忠臣子見重，屢加都指揮僉事，僉書衞所。顧與閹黨楊維垣等相善，而受王永光指，攻錢龍錫、成基命等，爲公論所不予。尋以納賄事敗，戍雁門。流賊起，山西巡撫宋統殷檄道濬軍前贊畫。道濬家多壯丁，能禦賊。

崇禎五年四月，賊犯沁水，寧武守備猛忠戰死。道濬遣遊擊張瓚馳援，賊乃退。八月，紫金樑、老回回、八金剛等以三萬衆圍竇莊，謀執道濬以脅巡撫。道濬屢敗賊，賊乃欲因道濬求撫。紫金樑請見，免胄前曰：「我王自用也，誤從王佳胤至此。」〔一〕又一人跽致辭曰：「我宜川廩生韓廷憲，爲佳胤所獲，請誓死奉約束。」道濬勞遣之，而陰使使啗廷憲圖賊。賊至舊縣，守約不動，廷憲日慫紫金樑就款，未決。官軍襲之，賊怒，尤廷憲，遂敗約，南突濟源，陷温陽。

九月，廷憲知紫金樑疑己，思殺之以歸，約道濬伏兵沁河以待。道濬遣所部劉偉佐之。

是夕,賊攻諸生蓋汝璋樓,掘地深丈餘,樓不毀。賊怒,誓必拔。雞鳴不得間,廷憲知事且洩,偕偉倉卒奔。賊追之及河,伏起,殺追者滾山虎等六人,皆賊腹心也。賊臨沁河,索廷憲。竇莊東面河,道濬潛渡上流,繞賊後大噪,賊駭遁去。未幾,官軍扼賊陵川,師潰,道濬據九仙臺以免。十二月,廷憲知紫金樑、亂世王有隙,縱諜遺書間之。亂世王果疑,遣其弟混世王就道濬乞降。時統殷以失賊罷,許鼎臣來代,主進討。道濬權詞難之曰:「斬紫金樑以來,乃得請。」混世王怏怏去,賊衆遂分部掠諸郡縣。

明年三月,官軍躡賊,自陽城而北。道濬設伏三纏凹,擒賊渠滿天星等,巡撫鼎臣奏道濬功第一。八月,賊陷沁水。沁水當賊衝,去來無時,道濬倡鄉人築堡五十四以守,賊五犯皆卻去,至是乃陷。道濬率家衆三百人馳赴擊賊,賊退徙十五里。道濬收散亡,捕賊衆,傾家囷以餉。副使王肇生列狀上道濬功。道濬故得罪清議,冀用軍功自湔祓,而言者劾其離伍冒功。巡按御史馮明玠覆劾,謂沁城既失,不可言功,乃更戍海寧衞。

何廷魁,字汝謙,山西威遠衞人。萬曆二十九年進士。授涇縣知縣,調寧晉,遷刑部主事,歷歸德、衞輝、河南知府,西寧副使。坐考功法,復爲黎平知府。會遼事棘,遷副使,分

巡遼陽。

袁應泰納降,廷魁爭,不聽。及瀋陽破,同事者遣孥歸,廷魁曰:「吾不敢爲民望。」大清兵渡濠,廷魁請乘半濟急擊之。俄薄城,圍未合,又請盡銳出禦。應泰並不從。遼陽破,廷魁懷印率其妾高氏、金氏投井死,婢僕從死者六人。都司徐國全聞之,亦自經公署。事聞,贈光祿卿,再贈大理卿,賜祭葬,謚忠愍,世廕錦衣百戶。國全贈恤如制。

高邦佐,字以道,襄陵人。萬曆二十三年進士。授壽光知縣,教民墾荒,招集流亡三千家。歷戶部主事、員外郎。遷永平知府,濬灤河,築長堤。裁抑稅使高淮,不敢大橫。遷天津兵備副使,平巨盜董時耀。轉神木參政,屢破套寇沙計。以嫡母憂歸,補薊州道,坐調兵忤主者意,被劾歸。

天啓元年,遼陽破,起參政,分守廣寧。以母年八十餘,涕泣不忍去,母責以大義乃行。熊廷弼、王化貞搆隙,邦佐知遼事必敗,累乞歸。方報允,而化貞棄廣寧逃。衆謂邦佐既請告,可入關。邦佐叱曰:「吾一日未去,則一日封疆臣也,將安之!」夜作書訣母,策騎趨右屯謁廷弼,言:「城中雖亂,敵尚未知。亟提兵入城,斬一二人,人心自定。公卽不行,請授邦佐兵赴難。」廷弼不納,偕化貞並走。邦佐仰天長嘆,泣語從者曰:「經、撫俱逃,事去矣。松山吾守地,當死此。汝歸報太夫人。」遂西向拜闕,復拜母,解印綬自經官舍。僕高永曰:「主死,安可無從者。」亦自經於側。事聞,賜祭葬,贈光祿卿,再贈太僕卿,謚忠節,世廕錦衣百戶。邦佐與張銓、何廷魁皆山西人,詔建祠宣武門外,顏曰三忠。

同時顧頤,以右參政分守遼海道。廣寧之變,力屈自經。贈太僕少卿,世廕本衞副千戶。

崔儒秀,字儆初,陝州人。萬曆二十六年進士。歷戶部郎中,遷開原兵備僉事。時開原已失,儒秀募壯士,攜家辭墓行。經略袁應泰以兵馬甲仗不足恃爲憂,儒秀曰:「恃人有必死之心耳。」應泰深然之。遼陽被圍,分守東城,矢集如雨,不少卻。會兵潰,儒秀痛哭,戎服北向拜,自經。事聞,賜恤視何廷魁,賜祠曰愍忠,以陳輔堯、段展配祀。

輔堯,揚州人。萬曆中舉於鄉。歷永平同知,轉餉出關,與自在知州段展駐瀋陽。天啓元年,日暈異常。展牒應泰言天象示警,宜豫防。踰月,瀋陽破,展死之。輔堯方奉命印烙,左右以無守土責,勸之去。輔堯曰:「孰非封疆臣,何去爲。」望闕拜,拔刀自剄,與展並

贈按察僉事。輔堯官膠州時,有餽山繭者,受而懸之公廨中。展,涇陽舉人。

鄭國昌,邢州人。萬曆三十五年進士。歷山西參政。崇禎元年以按察使治兵永平,遷山西右布政使,上官奏留之。三年正月,大清兵自京師東行,先使人伏文廟承塵上,主者不覺也。初四日黎明登城,有守將左右之,國昌覺其異,捶之至死。須臾,北樓火發,城遂破。國昌自縊城上,中軍守備程應琦從之。應琦妻奔告國昌妻,與之偕死。

知府張鳳奇,推官盧成功,盧龍教諭趙允殖,副總兵焦延慶,東勝衞指揮張國翰及里居中書舍人廖汝欽,武舉唐之俊,諸生韓洞原、周祚新、馮維京、胡起鳴、胡光奎、田種玉等十數人皆死。國昌、鳳奇一門盡死。事聞,贈國昌太常卿,鳳奇光祿卿,並賜祭葬,廕一子。成功等贈恤有差。鳳奇,陽曲人,起家鄉舉。

黨還醇,字子真,三原人。天啓五年進士。授休寧知縣,有善政,以父憂歸。崇禎二年服闋,起官良鄉。十二月,大清兵薄城,督吏民乘城拒守。或言縣小無兵,盍避去。還醇毅

然曰：「吾守土吏也，去將安之！」救兵不至，力屈城破，與教諭安上達、訓導李廷表、典史史之棟、驛丞楊其禮並死焉。事定，父老覓還醇屍，得之草間，赤身面縛，體被數鎗，羣哭而殮之。

上達，貴州安順人。萬曆末年舉於鄉，謁選得教諭，至是闔門死難。

事聞，贈還醇光祿丞，予祭葬，有司建祠，官其一子。之棟等亦贈卹，給驛歸其喪。已而吏科上言：「還醇城亡與亡，之死靡貳，猶曰有守土責也。上達、之棟等，微員末秩，亦能致命遂志，有死無隕。宜破格褒崇，以爲世勸。朝廷必不惜今日之虛名，作將來之忠義，乃僅贈國學教職，良鄉主簿，於聖主優卹之典謂何！」帝感其言，下部更議，乃贈上達、廷表五經博士，與之棟等及千戶蕭如龍、何秉忠，百戶李膺並配祀還醇祠。武舉陳鑫澗、諸生梅友松等十五人，烈婦朱氏等十七人，並建坊旌表。順天府尹劉宗周以上達得死難之正，請贈翰苑宮坊，不報。

是時，列城以死事聞者，更有香河知縣任光裕、灤州知州楊燫。光裕贈卹如還醇，燫贈光祿少卿，並任一子。

李獻明，字思皇，壽光人。崇禎元年進士。授保定推官。明年十一月，大清兵臨遵化，巡撫王元雅與推官何天球、遵化知縣徐澤及先任知縣武起潛等憑城拒守。時獻明以察核官庫駐城中。或謂此邑非君所轄，去無罪。獻明正色曰：「莫非王土，安敢見危避難。」請守東門，城破死之。

元雅，太原人。爲巡撫數月卽遇變，自縊死。天球以永平推官理遵化軍餉。澤，字兌若，襄陽人，獻明同年進士。涖任七日，與天球、起潛並殉難。

起潛，字用潛，進賢人。天啓五年進士。初爲武清知縣，有諸生爲人所訐，納金酒甕以獻。起潛召學官及諸生貧者數人，置甕庭中，謂之曰：「美酒不可獨享，與諸生共之。」酒盡，金見，其人惶恐請罪，卽以金分界貧者。治縣一年，有聲，調繁遵化。坐事被劾，解官候代，遂及於難。

巡撫方大任論畿輔諸臣功罪，因言元雅有失城罪，而一死節概凜然，足以蓋愆。樞輔孫承宗請卹殉難諸臣，亦首元雅。帝贈獻明、天球光祿少卿，澤光祿丞，俱廕一子。元雅以大吏失城，贈卹不及。

張春，字泰宇，同州人。萬曆二十八年舉於鄉。歷刑部主事，勵操行，善談兵。天啓二年，遼東西盡失，廷議急邊才，擢山東僉事，永平、燕建二路兵備道。時大軍屯山海關，永平爲孔道，士馬絡繹，關外難民雲集。春運籌有方，事就理而民不病。累轉副使、參政，仍故官。七年，哈剌愼部長汪燒餅者，擁衆窺桃林口，春督守將擒三人。燒餅叩關願受罰，春等責數之，誓不敢叛。

崇禎元年改關內道。兵部尙書王在晉惑浮言，劾春嗜殺，一日梟斬十二人。春具揭辯，關內民亦爲訟冤。在晉復劾其通奄剋餉，遂削籍，下法司治。督師袁崇煥言春廉惠，不聽。御史李炳言：「春疾惡過甚，爲人中傷。夫殺之濫否，一勘卽明，乞免提問。」不從。明年，法司言春被劾無實，乃釋之。

三年正月，永平失守，起春永平兵備參議。春言：「永平統五縣一州，今郡城及灤州、遷安並失，昌黎、樂亭、撫寧又關內道所轄。臣寄跡無所，當駐何城？臣以兵備名官，而實無一兵，操空拳入虎穴，安能濟事。乞於赴援大將中，敕一人與臣同事，臣亦招舊日義勇率之自效。臣身已許此城，不敢少規避。但必求實濟封疆，此臣區區之忠，所以報聖明而盡臣職也。」因言兵事不可預洩，乞賜陛見，面陳方略，帝許之。既入對，帝數稱善，進春參政。已而偕諸將收復永平諸城，論功加太僕少卿，仍涖兵備事，候巡撫缺推用。時乙榜起家者

多授節鉞，而春獨需後命，以無援於朝也。永平當兵燹之餘，閭閻困敝，春盡心撫卹，人益懷之。

四年八月，大清兵圍大凌河新城，命春監總兵吳襄、宋偉軍馳救。九月二十四日渡小凌河。越三日次長山，距城十五里，大清兵以二萬騎來逆戰。兩軍交鋒，火器競發，聲震天地。春營被衝，諸軍遂敗，襄先敗，春復收潰衆立營。時風起，黑雲見，春命縱火，風順，火甚熾，天忽雨反風，士卒焚死甚衆。少頃雨霽，兩軍復鏖戰，偉力不支亦走。春及參將張洪謨、楊華徵，遊擊薛大湖等三十三人俱被執，部卒死者無算。諸人見我太宗文皇帝皆行臣禮，春獨植立不跪。至晚，遣使賜以珍饌。春曰：「忠臣不事二君，禮也。我若貪生，亦安用我。」遂不食。越三日，復以酒饌賜之，春仍不食，守者懇勸，感太宗文皇帝恩，始一食。令薙髮，不從。居古廟，服故衣冠，迄不失臣節而死。

初，襄等敗書聞，以春守志不屈，遙遷右副都御史，恤其家。春妻翟聞之，慟哭，六日不食，自縊死。當春未死時，我大清有議和意，春爲言之於朝，朝中譁然詆春。誠意伯劉孔昭遂劾春降敵不忠，乞削其所授憲職。朝議雖不從，而有司繫其二子死於獄。

閻生斗，字文瀾，汾西人。由歲貢生，歷保安知州。大清兵入保安，生斗集吏民固守。城破，被執死之。判官李師聖、吏目王本立、訓導張文魁亦同死，時崇禎七年七月也。八月入靈丘，知縣蔣秉采募兵堅守，力屈衆潰，投繯死，合門殉之。守備于世奇，把總陳彥武、馬如豸，典史張標，教諭路登甫並闘死。事聞，贈生斗太僕少卿，餘贈恤如制。秉采，字袁白，全州舉人。

王肇坤，字亦資，蘭谿人。崇禎四年進士。除刑部主事，改御史。初，流賊破鳳陽，疏言兵驕將悍之弊，請假督撫重權，大將犯軍令者，便宜行戮。得旨申飭而已。出巡山海、居庸二關。

九年七月，大清兵入喜峰口，肇坤激衆往禦，不敵，退保昌平。被圍，與守陵太監王希忠，總兵官巢丕昌，戶部主事王一桂、(二)趙悅，攝知州事保定通判王禹佐分門守。有降丁二千爲內應，城遂破，肇坤被四矢兩刃而死。丕昌出降。一桂、悅、禹佐、希忠及判官胡惟忠，吏目郭永，學正解懷亮，訓導常時光、守備咸貞吉皆死之。禹佐子亦從父死。

一桂，黃岡舉人，督餉昌平，以南城最衝，身往扼之。俄西城失守，被執死。妻妾子女

暨家衆二十七人悉赴井死。悅以公事赴昌平，遂遇難。

未幾，大清兵攻順義。知縣上官藎，字忠赤，曲沃人。起家鄉舉，廉執有聲，在官三年，薦章十餘上。與遊擊治國器、都指揮蘇時雨等拒守。城破，藎自經。國器、時雨及訓導陳所蘊皆死。尋破寶坻，知縣趙國鼎、主簿樊樞、典史張六師、訓導趙士秀皆死。國鼎，山西樂平人。鄉試第一，崇禎七年進士。破定興，教諭灤州熊嘉志殉節死。破安肅，知縣臨清鄭延任與妻同殉。教諭靈壽耿三麟亦死之。

事聞，贈肇坤大理卿，予祭葬，官一子。一桂、悅並贈太僕少卿，廕子祭葬，餘贈卹如制。

孫士美，青浦人。由鄉舉授舒城教諭。崇禎八年春，賊來犯，縣令以公事出，士美代守七十餘日，城以全。明年擢知深州。十一年冬，大清兵至，力守三日，城破，自剄於角樓。父訥亦自縊，一家死者十三人。贈太僕少卿，訥亦被旌。

是時，畿輔諸郡悉被兵，長吏多望風遁，失城四十有八。任丘白慧元、慶都黃承宗、靈壽馮登鰲、文安王鑰、蠡縣王采、新河崔賢、鹽山陳誌、故城王九鼎，(三)皆以殉難聞。他若青縣張文煥、輿濟錢珍、慶雲陳鍼，城破被殺。教官死難者則有劉廷訓、張純儒、唐一中。鄉官則喬若雯、李禎宁最著。而棄城者，吳橋知縣李蓁隆等十人，皆坐死。

白慧元，南澗人。崇禎七年進士。居官善祛蠹，吏民畏之。九年以守城功，命減俸行取。會與大閹有隙，摭其罪於帝，逮治之，未行，大兵已抵城下，乃與代者李廉仲共守。無何，廉仲縋城遁，慧元躬擐甲冑，防禦甚力。及城破，一門俱死，贈僉事。

鄉官李禎宁，萬曆三十八年進士。歷山西按察使，罷歸，佐慧元拒守。城破，率家衆格鬬，身中數槊而死，一門從死者數人。承宗，未詳何許人。馮登鰲，廣施舉人，其從父大緯爲蠡縣訓導，亦死。王鑰，武功舉人。王采，澤州人，進士。崔賢，代州舉人。誌、九鼎，亦未詳何許人，誌自經死，九鼎戰死城上，各贈卹有差。

劉廷訓，順天通州人。歲貢生，爲吳橋訓導。崇禎十一年，大清兵入畿內，知縣李蓁隆欲遁，廷訓止之，與共守。外圍將合，蓁隆縋城走。廷訓急趨城上，語守者曰：「守死，逃亦死，盍死於守，爲忠義鬼乎！」衆泣諾，乃堅拒三晝夜。廷訓中流矢，束胸力戰，又中六矢乃死。踰月，其子啓棺更殮，面如生。

張純儒，新安人，爲臨城訓導，率諸生共城守，城破死之。唐一中，全州人，爲鉅鹿教

諭，抗節死。

喬若雯，臨城人。萬曆四十七年進士。授中書舍人，遷禮部主事。崇禎元年春，廷臣爭擊魏忠賢黨，若雯亦兩疏劾兵部侍郎秦士文，御史張訥、智鋌，備列其傾邪狀。尋言：「故輔魏廣微，罪惡滔天，致先帝冒桓、靈之名，罪不下忠賢。其徒陳九疇、張訥、智鋌爲之鷹犬，專噬善類，罪不下『彪、虎』。乞死者削其官階，生者投之荒裔。」帝責其詆毀先帝，而九疇等下所司行遣。若雯尋改吏部，遷員外郎。出爲兗州知府，剔除積弊，豪猾斂手。以疾歸，士民遮道泣送。及城陷，若雯端坐按劍以待，遂被殺。

時鄉官李崇德、董祚、魏克家並以城亡殉難。崇德，青縣人。祚，隆平人。克家，高陽人。皆舉人。崇德歷戶部員外郎。祚未仕。克家爲鄒平知縣，有善政。若雯贈太常少卿，餘贈卹有差。

張秉文，字含之，桐城人。祖淳，官參政，事具循吏傳。秉文舉萬曆三十八年進士，歷

福建右參政，與平海寇李魁奇。崇禎中，歷廣東按察使，右布政使，調山東爲左。

十一年冬，大清兵自畿輔南下。本兵楊嗣昌檄山東巡撫顏繼祖移師德州，於是濟南空虛，止鄉兵五百，萊州援兵七百，勢弱不足守。巡按御史宋學朱方行部章丘，聞警馳還，與秉文及副使周之訓、翁鴻業，參議鄧謙，鹽運使唐世熊等議守城，連章告急於朝。嗣昌無以應，督師中官高起潛擁重兵臨清不救，大將祖寬、倪寵等亦觀望。大清兵徇下州縣十有六，遂臨濟南。秉文等分門死守，晝夜不解甲，援兵竟無至者。

明年正月二日，城潰，秉文擐甲巷戰，已被箭，力不能支，死之。妻方、妾陳，並投大明湖死。學朱、之訓、謙、世熊及濟南知府苟好善、同知陳虞胤、通判熊烈獻、歷城知縣韓承宣皆死焉，德王由樞被執。秉文贈太常寺卿，之訓、謙光祿卿，承宣光祿少卿，皆建特祠，餘贈卹如制。學朱死，不得屍，疑未實，獨格不予，福王時，贈大理卿。鴻業及推官陸燦不知所終，贈卹亦不及。

學朱，字用晦，長洲人。崇禎四年進士。爲御史，嘗抗疏劾楊嗣昌、田維嘉，時論壯之。之訓，黃岡人，進士。累官浙江按察使，坐事貶官，被薦未擢而遘難。望闕再拜，與妻劉偕死，闔門殉之。謙，孝感人，進士。戰於城上，與季父有正偕死，母莫氏匿民間不食死，族戚

傔從死者四十餘人。世熊，灌陽舉人，分守西門，被殺。好善，醴泉人，進士。虞胤，未詳。烈獻，黃陂貢生，城破，與二子俱死。承宣，大學士爌孫，進士，與妻妾同死。有劉大年者，江西廣昌人。官兵部主事，奉使南京，還朝，道歷城，城破抗節死。贈光祿少卿。

時大清兵所破州縣，守令失城者，皆論死。而臨邑宋希堯、博平張列宿、茌平黃建極、武城李承芳、丘縣高重光，皆以死節蒙贈卹。重光，字秀恒，保定人。由貢生爲柏鄉訓導，率蒼頭擊盜以全城，遂擢爲令。及大軍至，吏民欲負之逃，重光不可，抱印赴井死。

其縉紳殉難者，恩縣李應薦，天啓時，官御史。以附魏忠賢，麗名逆案。至是，捐貲募士，佐有司力守城，城破，身被數刃而死。歷城劉化光與子漢儀先後舉於鄉，父子俱守城力戰死，贈恤有差。

顏胤紹，字廣明，曲阜人，復聖六十五代孫也。崇禎四年進士。歷知鳳陽、江都、邯鄲，遷眞定同知，守城剿寇有功。十五年擢河間知府，比歲大饑，死亡載道，寇盜充斥，拊循甚至。閏十一月，大清兵至，與參議趙珽、同知姚汝明、知縣陳三接等堅守。援兵雲集，率逗遛。胤紹知城必破，豫集一家老稚於室中，積薪繞之，而身往城上策戰守。城破，趨歸官舍，舉火焚室，衣冠北向再拜，躍入火中同死。

珽，字秉珪，慈谿人。崇禎元年進士。知南安、侯官二縣，屢遷河間兵備僉事，一門十四人悉被難。

汝明，夏縣人。天啓初，舉於鄉。性孝友。崇禎間歲大祲，傾廩振濟，立義塚，瘞暴骨。授蠡縣知縣，聞鄉邑又饑，貽書其子令振救如初。後官河間，與妾任同死。

三接，文水人。舉崇禎六年鄉試，知河間縣。歲旱饑，人相食。三接至，雨卽降。有疑獄，數年不決，至卽決之。妻武氏賢，三接見封疆多故，遣之歸，答曰：「夫死忠，妻死節，分也。」三接巷戰死，武從之。

珽贈太僕卿，胤紹光祿卿，汝明、三接並僉事。

有周而淳者，掖縣人。由進士拜兵科給事中，與同官六人分督畿輔諸郡城守事。而淳甫至河間，城卽被圍，遂與諸臣同死，贈太常少卿。

先是，大兵入霸州，兵備副使趙燀偕知州丁師羲、里居參政李時芜等督士民固拒。援軍不至，城遂破。燀整冠帶自盡，子琬同死。師羲、時芜皆死之。燀，字黃如，河津人，崇禎七年進士，贈光祿卿。師羲，字象先，楚雄人。選貢生，贈參議。時芜，進士，累官參政，贈太常卿。

吉孔嘉，洋縣人。幼時愬父冤於巡按御史，獲釋，以孝稱。舉崇禎三年鄉試。授寧津知縣，蠲繁苛，除寇賊，闔邑頌德。累遷順德知府。十五年冬，大清兵臨城，與鄉官知府傅梅，中書舍人孟魯鉢、張鳳鳴募兵，悉力拒守，力屈城破，孔嘉與妻張、長子惠迪、次子婦王俱死。贈太僕少卿，妻子皆獲旌。梅，邢臺人。萬曆十九年舉於鄉。除知登封，有善政。遷刑部主事，治張差梃擊案，事別見。死，贈太常少卿。魯鉢，工部主事。

時以守城殉難者，有王端冕，字服先，江陵舉人。知趙州，以廉惠得民。城破，被執死之。敎諭陳廣心，元城人，起家乙榜。城將破，衣冠危坐，諸子環泣請避，厲聲曰：「吾平生所學何事，豈爲兒女戀戀耶！」遂被殺。訓導王一統，成安人。居家多義行，死節明倫堂。唐鉉，字節玉，睢州人。崇禎七年進士。歷定州知州，死之。高維岱，昌邑人。舉於鄉，知永清縣，視事甫旬餘卽遇變，一門死之。典史李時正、敎諭邸養性、鄉官劉維蕙同死。清豐破，敎諭曹一貞、訓導董調元皆死。鄉官吏部郞中李其紀、黃州推官侶鶴舉、富陽知縣杜斗愚亦死之。而南樂監生鄭獻書、河間襄陽知縣賈太初、永年山東副使申爲憲皆抗節死。鉉贈右參議，維岱僉事，餘贈恤有差。

邢國璽，長葛人。崇禎七年進士。授濰縣知縣，改建石城，盡心民事。時帝以修城郭、練民兵、儲糗糧、備戎器四事課天下，有司率視爲具文，惟國璽奉行如詔。上官交薦，遷戶部主事。運道梗於盜，有議開膠萊河者，國璽力陳其便。擢登萊兵備僉事，經度河道。十五年，畿輔戒嚴，部檄徵山東兵入衞。國璽監督至龍岡，猝遇大清兵。部卒驚懼欲竄，國璽叱止之，身先搏戰，矢刃交加，墮馬死。撫按不奏，帝降旨嚴責，乃具聞，贈恤如制。

時大兵下山東，直抵海州、贛榆、沭陽、豐、沛，列城將吏，或遁或降。其身死封疆者，有馮守禮、張日新、張予卿、朱迥添、任萬民等。

守禮，猗氏人，舉於鄉。縣令有疑獄，語訴者得馮孝廉一刺，獄卽解。其人懷金以告，拒不聽。選平定州學正，諸生兄弟爭產相訐，餽以金，守禮嚴却之，勸以友悌，感悟去。歷遷知萊蕪縣。城破，與二子攄奇、拱奇並自殺。

日新，浙江建德人。由歲貢爲訓導，遷齊東教諭。見海內寇起，與諸生講藝習射，招土寇安守夏降之。及齊東被圍，與守夏登陴守，力屈及子光裔死之，妻方氏自刎，守夏亦從死。

予卿知陽信，[三]城陷殉難。迥添者，瀋陽宗室也，居潞安。由宗學貢生爲鄒平知縣，城失，全節以死。萬民，陽曲諸生。見鄉郡被寇，草救時八議、守城十二策，獻之當事，果得其用。以保舉授武城知縣，在職三年，有能聲，竟殉城死。

又文昌時，全州舉人。知臨淄縣，以廉慎得民。及大清兵東下，城受圍，與訓導申周輔共守。城破，舉家自焚，周輔亦殉難。同時，壽光知縣李耿，大興人。崇禎中進士，自縋城上。吳良能，遼東蓋州人。舉於鄉，知滕縣，城將破，盡殺家屬，拜母出，力戰死。吳汝宗，寧洋人。知東阿，城失守，死之。周啓元，黃岡舉人，知高苑縣，城破，朱衣坐堂上，死之。

劉光先，未詳里居，知豐縣。大兵二千騎營西城外，不攻。夜一人自營逸出，語城上人曰：「得梯卽攻。」不信。又有逸者曰：「梯成，立攻矣。」婦人亦自營出曰：「盡甲矣。」昧爽突攻西南陬，方力禦，已登西北陬，光先殉焉。劉士璟，亦不知何許人，知沭陽，有強幹聲。竭力捍城，城破死之。贈山東僉事。

張振秀，臨清人。萬曆三十八年進士。知肥鄉、永平，遷兵部主事。泰昌元年改吏部，更歷四司，至文選員外郎，乞假歸。崇禎改元，起驗封郎中，歷考功、文選，擢太常少卿，坐事落職歸。

崇禎十五年，大清兵圍河間，遠近震恐。臨清總兵官劉源清偕榷關主事陳興言、同知路如瀛、判官徐應芳、吏目陳翔龍、在籍兵部侍郎張宗衡、員外郎邢泰吉、臨汾知縣尹任及振秀等合力備禦。未幾，城被圍，力拒數日，援不至，城破，並死之。興言，南靖人。如瀛，陵川人。應芳，臨川人。翔龍，蕭山人。泰吉、任皆進士。宗衡自有傳。源清，澤清弟，贈太子少保。

其時，城破殉難者，壽張王大年、曹州楚煙、滕縣劉弘緒數人。大年舉進士，歷御史，加太僕少卿，以附魏忠賢名挂逆案，至是盡節死。煙舉進士，歷戶部主事，解職歸。及城失守，力抗，子鳳苞以身翼之，皆被殺。妻趙觸柱死。弘緒歷車駕郎中，遇變死。

鄧藩錫，字晉伯，金壇人。崇禎七年進士。歷南京兵部主事。十五年遷兗州知府，甫抵任，已聞大清兵入塞，亟繕守具。未幾，四萬騎薄城下，藩錫走告魯王曰：「郡有吏，國有王，猶同舟也。列城失守，皆由貴家惜金錢，而令窶人、餓夫列陴捍禦。夫城郭者，我之命也。財賄者，人之命也。我不能畀彼以命，而望彼畀我以命乎？王誠散積儲以鼓士氣，城猶可存。不然，大事一去，悔無及矣。」王不能從。

藩錫與監軍參議王維新，同知譚絲、曾文蔚，通判閻鼎，推官李昌期，滋陽知縣郝芳聲，副將丁文明，長史俞起蛟及里居給事中范淑泰等分門死守。至十二月八日，力不支，城破，維新猶力戰，被二十一創乃死。藩錫受縛不降，被殺，其妾攜稚子投井死。魯王以派亦被殺。

昌期，永年人。芳聲，忻州人。並起家進士。昌期嘗監軍破土寇萬，衆推其才。芳聲治縣有聲。至是皆死。

起蛟，錢塘人。由貢生歷官魯府左長史，相憲王。及惠王立，欲易世子，起蛟力諫乃已。世子嗣位，值歲凶，勸王振貸，自出粟二千石佐之。大盜李青山率衆來犯，偕淑泰出擊，大破其衆。及王被難，起蛟率親屬二十三人殉之。文明亦戰死。

事聞，贈維新光祿卿，藩錫太僕少卿，昌期僉事，餘贈恤有差。

有樊吉人者，元城人。由進士知滋陽，累擢山東兵備僉事。未行遇變，自刎死。淑泰自有傳。

張焜芳，會稽人。崇禎元年進士。歷南京戶科給事中。十一年春，疏薦黃道周、惠世揚、陳子壯、金光辰，而爲舊撫文震孟請卹。帝以沽名市恩，切責之。又糾太僕少卿史𡑍，爲𡑍所許，遂罷職，事具薛國觀傳。十六年正月，焜芳北上，抵臨清，遇大清兵，與諸生馬之騆、之駉俱被執死之。其妻妾聞之，赴井死。

時又有天津參將賀秉鉞者，泰寧左衞人。崇禎四年第武科一甲第三，亦以扶父柩至臨清，巷戰終日，矢盡，被執死。

校勘記

〔一〕誤從王佳胤至此　王佳胤，本書、懷宗實錄以及明末清初有關史籍通作「王嘉胤」。

〔二〕戶部主事王一桂　王一桂，明史稿傳一六八王肇坤傳、懷宗實錄卷九崇禎九年七月己酉條、國榷卷九五頁五七四七都作「王桂」，下同。

〔三〕故城王九鼎　故城，原作「固城」，按明史卷四〇地理志、明一統志卷二，畿輔地區有「故城」，屬河間府，無「固城」，據改。真定府景州有「固城」，乃一古地名。

〔四〕予卿知陽信　陽信，原作「信陽」，據明史稿傳一六八邢國璽傳改。按本書卷四一地理志、明一統志卷二二，山東屬縣有陽信，無「信陽」。

清　張廷玉等撰

第二五冊

卷二九二至卷三〇三（傳）

中華書局

明史卷二百九十二

列傳第一百八十

忠義四

張允登，漢州人。萬曆三十八年進士。歷知咸寧、咸陽，有善政。其成進士，出湯賓尹

之門，賓尹弗善也，而東林以賓尹故，惡之。舉卓異，得刑部主事，累遷河西兵備副使。鄜、延歲飢，亟遭盜，允登拊循備至，士民德之。崇禎四年閏十一月督餉至甘泉，降卒潛與流賊通，殺知縣郭永固，劫餉。允登力禦，不敵死。鄜人素服迎其喪，哭聲震十里，罷市三日。

當是時，流賊日熾，總督洪承疇往來奔擊，日不暇給。逾月陷宜君，又陷葭州，僉事郭景嵩死之。明年二月陷鄜州，兵備副使郭應響死之。

應響，福清人，萬曆丙午舉鄉試第一。寧塞餘賊來犯，應響禦之，斬賊常山虎等十五人。至是，混天猴率衆夜突至，應響登北關，集士卒拒守，手殺三賊，力不支遂死。事聞，贈光祿寺少卿，諡忠烈，予祭葬，廕一子入監讀書。

張光奎，澤州人。仕至山東右參政。崇禎五年，流賊躪山西，監司王肇生以便宜署歙人吳開先爲將，使擊賊，戰澤州城西。賊敗去，從沁水轉掠陽城。開先恃勇渡沁，戰北留墩下，擊斬數百人，礮盡無援，一軍盡沒。賊乃再犯澤州，光奎方里居，與兄守備光璽、千總劉自安等率衆固守八日，援兵不至，城陷，並死之。澤，大州也，遠近爲震動。事聞，贈光祿卿，光璽等贈恤有差。

是歲，紫金梁等寇遼州，里居行人楊于楷與主事張友程，佐知州信陽李呈章拒守，力屈城陷，于楷被執，罵賊死。呈章、友程及舉人趙一亨、侯標並死之。明年六月，賊陷和順，里居昌平副使樂濟衆被傷，不屈，投井死。贈于楷光祿少卿，濟衆太僕少卿。有徐明揚者，滓梁人，由選貢生爲平順知縣。六年四月，賊來犯，設策守禦，城破不屈死。

李中正，盧氏人。萬曆末，舉會試，以天啓二年赴廷對，授承天府推官，遷兵部主事。崇禎初，謝病歸。六年，羣盜大亂河北。其冬，乘冰渡河，遂由澠池犯盧氏。中州承平久，不設備。驟聞賊至，吏民惶駭，知縣金會嘉棄城遁。十二月，賊入城，中正勸家衆及里中壯士奮擊，衆寡不敵，力戰死。賊縱掠城中，執舉人靳謙書，使跪，不屈，大罵而死。

賊以是冬始入河南，自是屢陷名城，殺將吏無算，鄉官舉貢多被難。其宜陽馬足輕，靈寶許燁，新安劉君培、馬山、李登英，偃師裴君合，陝州張我正、張我德，孟津孫挺生，〔一〕嵩縣傅世濟、李佩玉，上蔡劉時寵輩，則先後以布衣抗節顯。

足輕，性孝友。弟惑婦言，迫分產，乃取田磽薄者自予。萬曆末，歲大凶，出粟六百石以振，焚券千餘。崇禎六年冬，流賊渡河而南，挈家避之石龍崖。三女皆殊色，慮賊汚，悉投崖死。足輕被執，厲聲大罵。賊怒，并三子殺之。家衆皆遇害，惟存次子駿一人，後登鄉薦。

燁爲縣陰陽官，爲賊所掠，大罵見殺。

君培有義行，攜子及從孫避難，道遇賊，欲殺其從孫。君培曰：「我尚有男，此子乃遺孤，幸舍之而殺我。」賊如其言，二子獲免。

山性剛直，土寇于大中陷新安，獲山，使負米。叱曰：「我天朝百姓，肯爲賊負米邪！」大罵而死。登英亦以罵賊死。

君合幼孤，母苦節，孝養惟謹。賊至，聚衆保沙岸寨。攻圍十晝夜不克，說之降，大罵不從。寨破，被磔。

我正素豪俠，集衆保鄉里，一方賴之。十四年勒衆禦賊，馘三人。俄賊大至，衆悉奔，奮臂獨戰。賊愛其勇，欲生致之，詬罵自刎死。我德知賊至，恐妻子受辱，驅一家二十七人登樓自焚。

挺生精星術，預卜十五年有寇禍，編茅河渚以居。賊蹤跡得之，語其妻梁氏曰：「此正夫徇義之秋也。」夫婦對泣，詬賊而死。世濟與兄世舟並爲土寇于大中所執，將殺之。兄弟

相抱泣，賊議釋其一，世濟即奪賊刀自殺，世舟獲免。

佩玉者，御史興元孫也。崇禎末，中州盡殘，佩玉結遺民捍鄉井，與鄰寨相掎角，往往尾賊後，奪其輜重。賊憚之，不敢出其境。後大舉圍別寨，佩玉往救，力戰而死，里人聚哭之。

時寵有孝行。賊陷城，其父宗祀以年老不能行，命之速避，遂自殺。時寵慟哭，刺殺一子、三女，夫婦並自剄。其妹適歸寧，亦從死，一家死者八人。

方國儒，字道醇，歙縣人。四歲失父，奉母以孝聞。天啓元年舉於鄉。崇禎間，授保康知縣。流賊大入湖廣，將吏率望風先奔。保康小邑素無兵，七年正月賊至，國儒急率鄉兵出禦，力不支，城遂陷。亡何，賊退，國儒還入城。踰月復至，督吏民固拒。賊至益衆，復陷。國儒官服坐堂上，被執大罵，身中七刃死。

賊陷竹溪，訓導王紹正死之。穀城舉人常存畏會試赴京，道遇賊，欲劫爲首領，罵不絕口死。他賊犯興山，知縣劉定國堅守。城將陷，遣吏懷印送上官，罵賊死。

何承光，貴州鎮遠人。萬曆四十年舉於鄉。崇禎中，歷夔州同知。七年二月，賊由荆州入夔門，犯夔州。副使周士登在涪州，城中倉猝無備，通判、推官、知縣悉遁。承光攝府事，率吏民固守，力竭城陷。承光整冠帶危坐，賊入殺之，投屍於江。事聞，贈承光夔州知府。自賊起陝西，轉寇山西、畿輔、河南、北及湖廣、四川，陷州縣以數十計，未有破大郡者，至是天下爲震動。

其他部自漢中犯大寧，知縣高日臨見勢弱不能守，齧指書牒乞援上官，率衆禦之北門。兵敗被執，大罵不屈，賊碎其體焚之。訓導高錫及妻女，巡檢陳國俊及妻，皆遇害。日臨，字儼若，鄖陽恩貢生。

賊陷夔州，他賊卽以次日陷巫山，通江巡檢郭纘化陣沒，通江指揮王永年力戰死。至四月，守備郭震辰、指揮田實擊賊百丈關，兵敗被執，罵賊死。

龐瑜，字堅白，公安人。家貧，躬耕自給。夏轉水灌田，執書從牛後，朗誦不輟。由歲貢生授京山訓導。崇禎七年擢陝西崇信知縣。縣無城，兵荒，貧民止百餘戶。瑜知賊必至，言於監司陸夢龍，以無兵辭。瑜集士民築土垣以守，流涕誓死職。閏八月天大雨，土垣盡圮。賊掩至，瑜急解印遣家人賫送上官，端坐堂上以待。賊至，捽令跪。瑜罵曰：「賊奴敢辱官長！」拔刀脅之，罵益厲。賊掠城中無所有，執至野外，剖心裂屍而去。贈固原知州。

時賊盡趨秦中，長吏多殉城者。

山陽陷，知縣董三謨，黎平舉人也，及父嗣成、弟三元俱死之，妻李氏亦攜子女偕死。贈光祿丞，立祠，與嗣成、三元並祀，妻女建坊旌表。

吉永祚，輝縣人。爲鳳縣主簿，謝事將歸。會賊至，知縣棄城遁，永祚倡義拒守。城陷，北面再拜曰：「臣雖小吏，嘗食祿於朝，不敢以謝事逃責。」大罵死之。子士樞、士模皆死。教諭李之蔚、鄉官魏炳亦不屈死。永祚贈漢中衞經歷，餘贈恤有差。

婁琇知涇州。閏八月，城陷死，贈太僕少卿。

蒲來舉知甘泉。賊來犯，守備孫守法等擁兵不救。城破，來舉手刃一賊，傷六賊而後死。贈光祿少卿。

呂鳴世，福建人。由恩貢生爲麟游知縣。兵變後，拊居民有恩。城陷，賊不忍加害，自絕食六日卒。

有朱緒湯者，耀州諸生，被獲，大罵死。

尹夢鼇，雲南太和人。萬曆時舉於鄉。崇禎中知潁州。八年正月方謁上官於鳳陽，聞流賊大至，立馳還。賊已抵城下，乃偕通判趙士寬率民固守。城北有高樓瞰城中，諸生劉廷傳請先據之，夢鼇以爲然。而廷傳所統皆市人，不可用。賊遂據樓以攻，且鑿城，頹數丈，城上人皆走，止之不可。夢鼇持大刀，獨當城壞處，殺賊十餘人，身被數刃。賊衆畢登，遂投城下烏龍潭死，弟姪七人皆死之。

廷傳者，故布政使九光從子，任俠好義，亦罵賊死。九光子廷石分守西城，中賊刃未絕，口授友人方略，令繕牘上當事，旋卒。

士寬，字汝良，掖縣人。由門廕爲鳳陽通判，駐潁州。以正旦詣郡城，聞警，一日夜馳三百里返州。城陷，率家衆巷戰，力竭，亦投烏龍潭死。妻李攜三女登樓自焚，僕王丹亦罵賊死。鄉官尚書張鶴鳴、弟副使鶴騰，子大同，中書舍人田之穎，知縣劉道遠，光祿署正李生白，訓導丁嘉遇，舉人郭三杰，諸生韓光祖等，皆死之。

光祖，進士獻策父也，被執，賊捽使跪。叱曰：「吾生平讀書，止知忠義。」遂大罵。賊殺之，碎其屍。妻武偕一妹、一女並獻策妻李赴井死。妾李方有娠，賊剖腹刳胎死。次子定策、孫日曦罵賊死，獨獻策獲存。時被難者共一百三人，城中婦人死節者三十七人，烈女八人。潁州忠烈，稱獨盛云。

潁州衞隸河南，流賊至，指揮李從師、王廷俊，千戶孫升、田三震，百戶羅元慶、田得民、王之麟俱乘城戰死。賊既陷潁州，屠其民。其別部卽以是月由壽州犯鳳陽。

鳳陽故無城，中都留守朱國相率指揮袁瑞徵、呂承廕、郭希聖、張鵬翼、周時望、李郁、岳光祚，千戶陳弘祖、陳其忠、金龍化等，以兵三千逆賊上窰山，多斬獲。俄賊數萬至，矢集如蝟，遂敗，國相自刎死，餘皆陣沒。賊遂犯皇陵，大肆焚掠。

知府顏容暄囚服匿於獄，釋囚獲之，容暄大罵，賊杖殺之。血浸石堦，宛如其像，滌之不滅。士民乃取石立塚，建祠奉祀。

推官萬文英臥病，賊索之。子元亨，年十六，泣語父曰：「兒不得復事親矣！」出門呼曰：「若索官，何爲？我卽官也。」賊縶之。顧見其師萬師尹亦被縶，紿賊曰：「若欲得者，官爾。何縶此賤隸？」賊遂釋之。元亨乃極口大罵。賊怒，斷脰死，文英獲免。

容暄，漳浦人。文英，南昌人。皆進士。一時同死者，千戶陳永齡、百戶盛可學等四十一人，諸生六十六人。舉人蔣思宸聞變，投繯死。

後給事中林正亨錄上其狀，贈夢鼇光祿少卿，士寬光祿丞，餘贈卹有差。

盧謙，字吉甫，廬江人。萬曆三十二年進士。〔二〕授永豐知縣。擢御史，出爲江西右參政，引疾歸。崇禎八年二月，流賊犯廬江，士民具財帛求免，賊僞許之。俄襲陷其城，謙服命服，危坐中門。賊至，欲屈之，罵曰：「吾朝廷憲臣，肯爲賊屈邪？鼠輩滅亡在卽，安敢無禮！」賊怒殺之，投屍於池，池水盡赤。舉人張受、畢尹周亦不屈被殺。

是年正月，賊陷霍丘，縣丞張有俊，教諭倪可大，訓導何炳，鄉官田旣庭、戴廷對，舉人王毓貞死焉。賊陷巢縣，知縣嚴覺被執不屈，一門皆死。

二月犯太湖，知縣金應元據城東大濠以守。奸人導賊渡濠，執應元，斫之未殊，自經死。訓導扈永寧亦死之。

謙贈光祿卿，餘贈卹如制。覺，歸安人。應元，浙江山陰人。皆舉人。

龔元祥，字子禎，長洲人。舉於鄉。崇禎四年爲霍山敎諭，厲廉隅，以名敎自任，與訓導姚允恭友善。八年，賊陷鳳陽，元祥偕縣令守禦。賊掩至，令逸去，元祥督士民固守。或勸之避，元祥曰：「食祿而避難，不忠。臨危而棄城，不義。吾平日講說者謂何？倘不測，死爾。」及賊陷城，元祥整衣冠危坐。賊至，侃侃諭以大義。賊欲屈之，厲聲曰：「死卽死，賊輩何敢辱我！」賊怒，執之去，罵不絕口，遂遇害。子炳衡號呼罵賊，賊又殺之。閱五日，允恭斂其屍，卽自縊，適令至，解免。越日，賊復入，允恭卒死之。事聞，贈元祥國子助教，建祠曰忠孝，以其子配。允恭亦被旌。

王信，陝西寧州人。父歿，廬墓三年。母歿，信年已六十，足不踰閾者三年。崇禎初，由歲貢生除靈璧訓導，遷眞陽知縣。八年二月出撫土寇，會流賊猝至，被執，使諭降羅山、眞陽。信大罵不從，斷頭剖腹而死。閱四日，其子來覓，猶舒指握子手。贈光祿丞，建祠奉祀。

史記言，字司直，當塗人。崇禎中舉人，由長沙知縣遷知陝州。陝當賊衝，記言出私財募士，聘少室僧訓練之。八年冬十一月，〔三〕流賊犯陝，記言禦之，斬數十級，生擒二十餘人。

老回回憤，率數萬人攻城，不克，乘雪夜來襲，而所練士方調他郡，城遂陷。記言縱火自焚，兩僧掖之出曰：「死此，何以自明？」乃越女牆下。賊追獲之，令降，叱曰：「有死知州，無降知州也！」遂被殺。指揮李君賜殺數賊而死。訓導王誠心，里居敎諭張敏行、姚良弼，指揮楊道泰、阮我疆，鎭撫陳三元，亦不屈死。

是月，賊陷盧氏，知縣白楹自剄。十年九月陷澠池，知縣李邁林死之。

記言贈光祿少卿，餘贈卹有差。

梁志仁，南京人，保定侯銘之裔也。萬曆末年舉於鄉。崇禎六年授衡陽知縣，調羅田。賊大擾湖廣，志仁日夕儆備。羅汝才謂左右曰：「羅田城小易克，然梁君長者，吾不忍加兵。俟其去，當取之。」會邑豪江猶龍與賊通，志仁捕下獄。猶龍知必死，潛導汝才別校來攻。八年二月猝攻城。志仁急偕典史單思仁、敎諭吳鳳來、訓導盧大受督民守禦。城陷，志仁持長矛巷戰，殺六賊。力屈被縶，抑使跪。罵曰：「我天子命官，肯屈膝賊輩邪！」賊怒，碎其支體，焚之。妻唐被逼，大罵，奪賊刀不得，口齧賊手，遂遇害。思仁等亦不屈死。汝才在英山，聞之，馳至羅田，斬其別校，曰：「奈何擅害長者！」以錦繡斂其夫婦屍。

中華書局

鳳來，福建舉人。大受，寶慶貢生。詔贈志仁蘄州知州，思仁羅田主簿，鳳來國子助敎，大受學錄，廕子，祭葬有差。

王國訓，字振之，解州人。天啓二年進士。歷知金鄉、壽張、滋陽、武淸。坐大計，久之，補調扶風。國訓性剛嚴，恥干進，故官久不遷。崇禎八年秋，賊來犯，偕主簿夏建忠、典史陳紹南、敎諭張弘綱、訓導陳纁嬰城固守。閱兩月，外援不至，城陷，罵賊死。建忠等亦不屈死。贈國訓光祿少卿，建忠等皆贈卹。

當是時，大帥曹文詔、艾萬年等並戰歿，賊勢益張，關中諸州縣悉殘破。八月，賊陷永壽，殺知縣薄匡宇。尋陷咸陽，殺知縣趙躋昌。

其時長吏以死聞者，隴州知州胡爾純，自經死。延長知縣萬代芳與敎諭譚恩、驛丞羅文魁協力守城，城陷皆死之。代芳妻劉、妾梁從死。爾純，山東人，贈光祿少卿。代芳贈光祿丞，妻妾建坊旌表。恩等亦賜祭。

有孫仲嗣者，膚施人，由貢生爲階州學正。當事知其才，委以城守。賊大至，盡瘁死守。城破，與妻子十餘人並死之。贈國子博士。又有楊呈秀，華陰人。由進士歷官順慶知府，大計罷歸。賊攻城，佐有司禦賊以死，贈恤如制。

黎弘業，字孟擴，順德人。由舉人知和州。崇禎八年，流賊犯和州，禦卻之。十二月復至，與鄉官馬如蛟募死士，登陴固守。城將陷，弘業繫印於肘，跪告其母曰：「兒不肖，貪微官以累母，奈何！」母李泣諭曰：「汝勿以我爲意，事至此，有死而已。」遂自縊。妻楊、妾李及女四人繼之。弘業北面慟哭再拜，自刎未殊，濡頸血大書曰：「爲臣盡忠，爲子盡孝，何惜一死。」賊入，傷數刃而死。贈太僕少卿，任一子。

判官錢大用偕妻妾子婦俱死。吏目景一高被創死。學正康正諫，祁門人，舉人。偕妻汪、子婦章赴水死，贈國子監丞。訓導趙世選不屈死，贈國子學錄。

馬如蛟，字騰仲，州人。天啓二年進士。授浙江山陰知縣，有淸操。崇禎元年徵授御史，劾罷魏忠賢黨徐紹吉、張訥。出按四川，蜀中奸民悉以他人田產投勢家，如蛟列上十事，永革其弊。還朝，監武會試。武舉董姓者，以技勇聞於帝，及入試，文不中程，被黜。帝怒，黜考官，如蛟亦落職。八年論平邦彥功，復故官，以父憂未赴。流賊至，如蛟傾貲募士，佐弘業固守。麾壯士出擊，兩戰皆捷。賊將奔，會風雪大作，不辨人色，守者皆潰，賊遂入城。如蛟急下令，能擊賊者，予百金，須臾得百餘人。巷戰，賊多傷，力屈，遂戰死。兄鹽運司判官如虯、諸生如虹及家屬十四人皆死。事聞，贈太僕少卿，官一子。

張紹登，字振夫，南城人。崇禎中舉人，知應城縣。九年，賊來犯，偕訓導張國勛、鄉官饒可久悉力禦之。國勛曰：「賊不一創，城不易守。」率壯士出擊，力戰一日夜，斬獲甚衆。賊去，邑侍郎王瑊之子權結怨於族黨，怨家潛導賊復來攻。國勛佐紹登力守，而乞援於上官。副將鄧祖禹來救，守西南，國勛守東北，紹登往來策應。會賊射書索權，權懼，斬北關以出，賊乘間登南城。紹登還署，端坐堂上，賊至，奮拳擊之。羣賊大至，乃被殺。賊渠歎其忠，以冠帶覆屍，埋堂側。

國勛，黃陂歲貢生。賊既入，朝服北面拜，走捧先聖神主，拱立以待。賊遂焚文廟，投國勛於烈焰中。祖禹亦不屈死。

可久，幼孤，事母孝，舉於鄉。知大興縣。崇禎初，疏請更三朝要典，時奄宦擅權，謫光祿典簿。遷應天府推官、刑部主事，歷知府，丁艱歸。賊入，語妻程曰：「臣死忠，婦死節，分也。」于是妻女相對自經。可久被執，賊强之拜，曰：「頭可斷，膝不可屈也！」遂遇害。瑊爲賊支解。

事聞，贈紹登尙寶少卿，國勛國子學正。

王燾，字濬仲，崑山人。少孤貧，九歲爲人後。族人有謀其產者，燾舉以讓之，迎養嗣祖母及母惟謹。萬曆末，舉於鄉，由敎諭歷隨州知州。州經羣盜焚掠，戶不滿千。燾訓民兵，繕守具。土寇李良喬爲亂，殲滅之。

十年正月，大賊奄至。燾且守且戰，擊斬三百餘人。賊攻益力，相持二十餘日。天大風雪，守者多散。燾知必敗，入署，整冠帶自經。賊焚其署，火獨不及燾死所，屍直立不仆，賊望見駭走。已，覓州印，得之燾所立尺土下。事聞，贈太常少卿。福王時，賜謚烈愍，建雙忠祠，與同邑蔡懋德並祀。

有魏時光者，南昌人。善舞雙刀。崇禎九年夏，爲廣濟典史。邑遭殘破，長吏設排兵三百人，委之教練。其冬，賊據蘄州河口，憚時光不敢渡。時光益募死士，夜襲其營，手殺數賊，賊不敢逼。俄賊大至，部卒皆散，時光單騎據高坡，又殺數人。賊環繞之，刳斷被執，不屈死。其兄陳於上官，却不奏。兄憤發病死，友人收殮之，哭盡哀，曰：「弟爲國死，兄爲弟死，吾獨不能表暴之乎！」具牘力陳，乃奏聞。贈廣濟主簿，予恤典。

蔣佳徵，灌陽人。天啓四年舉於鄉。崇禎中，知盱眙縣，有聲。縣故無城，佳徵知賊必至，訓民爲兵。十年秋，賊果來犯，設伏要害，親率兵往誘，賊殲甚衆。賊怒，環攻之，力戰死。母聞之，亦投繯死。兵部議贈奉訓大夫、尙寶少卿。未幾，巡按御史言佳徵子忠母義，宜賜謚廕，以植倫常。乃建表忠祠，幷母奉祀。

同時江北死難者，有吳暢春。崇禎八年爲潛山天堂寨巡檢，練鄉兵防賊。明年冬，賊至，夜設燎，大驚去之。踰年，賊再至，暢春死守，力屈，仰天歎曰：「吾得死所矣！」手刃數賊，被執不屈死。贈迪功郎、安慶府經歷，廕子所鎭撫。

又有王寅，錢塘人。膂力絕人，舉武鄉試，以父征播功爲千戶。崇禎中，擢撫標守備。十年遷龍江

見步卒尫弱，詫曰：「曩戚將軍練浙兵，聞天下，今若爾邪！」督教之，卒始可用。

都司，馳赴泗州護祖陵。賊來犯，寅曰：「賊衆我寡，及其未集，可破也。」捲甲疾趨，至盱眙，斬其先鋒一人。戰自午迄申，賊來益衆，與守備陳正亨陷陣死。贈鎭國將軍、都指揮僉事。正亨贈昭勇將軍、指揮使。並官一子。

徐尙卿，南平人。舉於鄉，知劍州。崇禎十年十月，李自成、惠登相等以數十萬衆入四川，大將侯良柱敗歿於廣元，遂攻陷昭化，知縣王時化死之。尙卿知賊必至，集士民泣曰：「城必不能守，若輩速去，吾死此。」衆泣，請偕去，尙卿不可。閱二日，城陷，投繯死，吏目李英俊從之。賊遂長驅陷江油、彰明、安縣、羅江、德陽、漢州，吏民皆先遁。尋掠郫縣，主簿張應奇死之。陷金堂，典史潘孟科死之。[四]

是月也，賊陷州縣三十六，以死事聞者四人。事定，贈尙卿右參議，時化光祿丞，應奇按察司知事，孟科將仕郎，並賜卹典。時化，湖廣人，舉鄉試第一。

阮之鈿，字實甫，桐城諸生。崇禎中，下詔保舉人才，同郡諭德劉若宰以之鈿應，授穀城知縣。

十一年正月，之鈿未至，張獻忠襲陷其城，據以求撫。總理熊文燦許之，處其衆數萬於四郊，居民洶洶欲竄。之鈿至，盡心調劑，民稍安，乃上疏言：「獻忠虎踞邑城，其謀叵測。所要求之地，實兵餉取道咽喉，秦、蜀交會脈絡，今皆爲所據。奸民甘心效用，善良悉爲迫脅。臣守土牧民之官，至無土可守，無民可牧。庫藏殫虛，民產被奪，無賦可徵。名雖縣令，實贅員爾。乃廟堂之上專主撫議，臣愚妄謂撫剿二策可合言，未可分言，致損國威，而挫士氣。」時不能用。賊衆漸出野外行劫，之鈿執之以告其營將，稍置之法。及再告，皆不應，曰：「官司不給餉耳，得餉自止。」由是村民徙亡殆盡，遂掠及闤闠。稍拒，輒挺刃相向，日有死者，一城大囂。監軍僉事張大經奉文燦令來鎭撫，亦不能禁。

明年，獻忠反形漸露，之鈿往說之曰：「將軍始所爲甚悖，今幸得爲王臣，當從軍立功，垂名竹帛。且不見劉將軍國能乎？天子手詔進官，厚賚金帛，此赤誠效也。將軍若疑天朝有異論，之鈿請以百口保。何嫌何疑，而復懷他志。」獻忠素銜之鈿，遂惡言極罵之。之鈿憂憤成病，題數語於壁，自誓以死，遂不視事。

至五月，獻忠果反，劫庫縱囚，毀其城。之鈿仰藥未絕，獻忠遣使索印，堅不予，賊遂殺之。旋縱火焚公署，骸骨爲燼。而大經爲賊劫去，不能死。迨瑪瑙山戰敗，偕賊將曹威等

出降，士論醜之。之鈿後贈尙寶少卿。

郝景春，字和滿，江都人。舉於鄉，署鹽城教諭，坐事罷歸。起陝西苑馬寺萬安監錄事，量移黃州照磨，攝黃安縣事。甫三日，羣賊奄至，堅守八日夜，始解去。

崇禎十一年，擢知房縣。羅汝才率九營之衆請降於熊文燦，文燦受之。汝才猶豫，景春單騎入其營，偕汝才及其黨白貴、黑雲祥歃血盟。汝才詣軍門降，分諸營於竹谿、保康、上津，而自與貴、雲祥居房縣之野。當是時，鄖陽諸屬邑，城郭爲墟，獨房賴景春拊循，粗可守。及大衆雜處，居民日惴惴。景春乃與主簿朱邦聞、守備楊道選修守具，輯諸營。

明年五月，張獻忠反穀城，約汝才同反。景春子鳴鑾，諸生也，力敵萬夫，謂父曰：「吾城當賊衝，而羸卒止二百，城何以守？」乃擐甲詣汝才曰：「若不念香火盟乎？愼毋從亂。」汝才佯諾。鳴鑾覺其僞，歸與道選授兵登陴，而獻忠所遣前鋒已至，擊斬其將上天龍。遣使縋城乞援於文燦，凡十四往，不報。

已而賊大至，獻忠兵張白幟，汝才兵張赤幟，俄二幟相雜，環城力攻。貴、雲祥策馬呼曰：「以城讓我，保無他也。」獻忠又以張大經檄諭降，景春大罵碎之。鳴鑾且守且戰，閱五

日，賊多死。乃負板穴城，城將崩，鳴鑾熱油灌之。又擊傷獻忠左足，殺其所愛善馬。乃用間入賊壘，陰識獻忠所臥帳，將襲擒之。指揮張三錫啓北門揖汝才入，道選巷戰死。大經使汝才說景春降，怒不答。問庫藏儲蓄安在，叱曰：「庫藏若有物，城豈為汝陷！」賊怒，殺一典史、一守備恐之，卒不屈，與鳴鑾俱被殺。僕陳宜亦死之。邦聞及其家人並不屈死。事聞，贈景春尚寶少卿，建祠奉祀，道選等亦贈卹。已，帝召見輔臣賀逢聖，備述其死事狀，改贈太僕少卿。三錫後為官軍所獲，磔死。

張克儉，字禹型，屯留人。崇禎四年進士。授輝縣知縣。六年春，賊犯武安，守備曹鳴鸚戰死，遂犯輝縣。克儉乘城固守，賊不能下，屯百泉書院，三日而去。遷兵部主事，被薦召對，稱旨。

十二年擢湖廣僉事，監鄖、襄諸軍。楊嗣昌鎮襄陽，深倚仗之。張獻忠、羅汝才之敗也，小秦王、渾世王、過天星等皆降，嗣昌處之房、竹山中，命克儉安輯。而諸賊得免死牌，莫肯散，自擇便地，連營數百里。時河南、北大饑，流民就食襄、漢者日數萬，降卒多闌入流民中。克儉深憂之，上書嗣昌曰：「襄陽自古要區，本朝莞鑰獻陵，際昔尤重。近兩河饑民

雲集，新舊降丁逼處其間，一夫叫呼，即足致亂。況秦兵以長、武之變，西歸鄖、房。軍府粗立，降營棊置，奚啻放虎自衞。紫、漢、西、興，初無重門之備，何恃不恐。」嗣昌不以為意，報曰：「昔高仁厚六日降賊百萬，迄擒阡能，監軍何怯耶？」及嗣昌入蜀，委克儉以留務。錄破賊功，加右參議，監軍如故。

十四年二月擢右僉都御史，巡撫河南。未聞命，獻忠令人假督府軍符誑入襄陽城。克儉不能辨，夜分，賊從中起，焚襄王府。克儉倉皇奔救，為賊所執，大罵死。推官鄺曰廣、攝縣事李大覺、游擊黎民安死焉。

曰廣，番禺人。崇禎十年進士。居官有守。奉檄覈軍儲於荆州，甫還任而難作，中刃死，妻子女俱遇害。大覺，字覺之，金谿人。由鄉舉知穀城，兼署襄陽縣。聞變，繫印於肘，縊死堂上。民安，大覺同縣人。城中火起，率所部千餘人搏戰，矢盡被縛，抗罵死。獨知府夏邑王承曾遁免。

初，獻忠敗於瑪瑙山，其妻敖氏、高氏被獲，他將搜山，又獲其軍師潘獨鰲，皆繫襄陽獄。承曾年少輕佻，每夕托問賊中情形，與獻忠二妻笑語。獄吏又多納賊金，禁防盡弛，獨鰲等脫桎梏恣飲。嗣昌移牒戒之，承曾笑曰：「是豈能飛至耶？」及是，獨鰲果從獄中起，承曾率衆奪門走。事聞，命逮治。時河南亦大亂，久逮不至，未知所終。

徐世淳，字中明，秀水人。父必達，字德夫，萬曆二十年進士。知溧水縣，築石臼湖隄，奏除齊泰姻戚子孫軍籍二十六家。累遷吏部考功郎中，與吏科給事中儲純臣同領察事。純臣受賊吏賕，當大計日，必達進狀請黜純臣，面揖之退，一座大驚。遷光祿丞，陳白糧利弊十一事，悉允行。進少卿，巡漕御史孫居相以船壞不治，請雇民船濟運，必達爭止之。天啓初，以右僉都御史督操江軍。白蓮賊將窺徐州，必達募銳卒會山東兵擊破之。遷兵部右侍郎，以拾遺罷歸，卒。

世淳，崇禎中舉人。十三年冬，歷隨州知州。州嘗被賊，居民蕭然。世淳知賊必復至，集士民誓以死守。會歲大荒，士多就食粥廠，嘆曰：「可使士以餒失禮乎？」分粟振之。潰兵過隨索餉，世淳授兵登陴，而單騎入見軍帥曰：「軍食不供，有司罪也。殺我足矣，請械我以見督師。」帥氣奪，斂衆去。

明年三月，張獻忠自襄陽來犯，世淳寢食南城譙樓，曉夜固守，告急於巡撫宋一鶴。一鶴遣兵來援，為監司守承天者邀去。守月餘，援絕力窮，賊急攻南城，而潛兵隍北城以入。

世淳命子肇梁齎印廨後，勒馬巷戰，矢貫頤，耳鼻橫斷，墜馬，亂刃斫死。肇梁奔赴，且哭且罵，賊將殺之，呼州人告以瘞印處，乃死。世淳妾趙、王及臧獲十八人皆死。後贈太僕少卿，建祠，以肇梁祔。

隨自十年正月陷，及是再陷，至七月復陷，判官余塙死焉。三陷之後，城中幾無孑遺。

校勘記

〔一〕孟津孫挺生　孟津，原作「孟澤」，據明史稿傳一六七李中正傳改。按本書卷四二地理志，孟津屬河南河南府，與傳文地域相符。

〔二〕萬曆三十二年進士　三十二年，原作「三十三年」，據本書卷二一神宗紀、明史稿傳一六七盧謙傳、明進士題名碑錄甲辰科改。

〔三〕八年冬十一月　本書卷二三莊烈帝紀、懷陵流寇始終錄都繫破陝州於八年十月。

〔四〕典史潘孟科死之　潘孟科，本書卷三〇九李自成傳、明史稿傳一六七徐尚卿傳作「潘夢科」。

明史卷二百九十三

列傳第一百八十一

忠義五

武大烈 徐日泰等　錢祚徵　盛以恒 高孝誌等　顏日愉 艾毓初等
潘弘 劉振世等　陳豫抱 許宣等　劉振之 杜邦舉 費曾謀等
李乘雲 佘爵等　關永傑 侯君擢等　張維世 姚若時等
王世琇 顏則孔等　許永禧 高斗垣等　李貞佐 周卜曆等
魯世任 張信等　劉禋 陳顯元等　何燮 左相申等　趙興基 鄭元綬等

武大烈，臨潼人。舉天啓七年鄉試。崇禎中，授永寧知縣。奸人倚萬安郡王恣不法，大烈痛懲之。十三年十二月，李自成自南陽陷宜陽，知縣唐啓泰被害，遂攻永寧。大烈與鄉官四川巡撫張論協力捍禦。論歿，子吏部郎中鼎延及從父治中讚繼之。有獄囚勾賊入，都

司馬有義棄城走。大烈、鼎延等固守三日，賊夜半登城，執大烈。自成以同鄉欲活之，大烈不屈，索印又不予，乃燔灼以死。鼎延匿眢井免。讚及子國學生祚延死之。主簿魏國輔、教諭任維清、守備王正己、百戶孫世英並不屈死。萬安王采𨰉亦被害。

賊移攻偃師，一日而陷。知縣徐日泰大罵不屈，爲賊臠割死。日泰，金谿人。並起家鄉舉。

明年正月，賊陷寶豐，知縣朱由樾死之。陷密縣，知縣朱敏汀及里居太僕卿魏持衡、舉人馬體健死之。由樾，益府鎮國將軍常澈子，敏汀亦宗室，並由貢生。敏汀妻張，一女一孫及臧獲數人俱死，與由樾並贈僉事。

是月，陷洛陽，鄉官來秉衡、劉芳奕、常克念、郭顯星、韓金聲、王明、楊萃、荀良翰等抗節死。秉衡，天啓四年舉於鄉，未仕。城陷，爲賊將劉宗敏所執，令易服，欲官之，不可。羈南郊民舍，顧見其友，謂之曰：「賊勒我以官，我義不受辱，恨母老子幼，死不瞑目爾。」賊聞，燒鐵索加其脛，終不從，遂被殺，并其母劉、妾吳及幼子俱殺之。芳奕，慷慨負智略，與秉衡同舉於鄉，爲昌樂知縣。解官歸，歲大歉，人相食，傾橐濟之。賊漸逼，集義士爲干城社，佐有司保障。及城陷，縊死西城戍樓。克念舉進士，爲平陽推官，有聲。顯星舉於鄉，爲翰林待詔。金聲、明，皆進士。金聲官邯鄲知縣，明官行人。萃、良翰皆舉人。萃官辰州知府，良翰未仕。

錢祚徵，字錫吉，掖縣人。崇禎中，由鄉舉歷官汝州知州。汝爲流賊往來孔道，土寇又竊據山中。祚徵欲先除土寇，募壯士千人訓練，而遣人爲好言招撫，夜半取間道直搗其巢，寇大敗。乃令民千家立一大寨，有急鳴鉦相救，寇勢衰息，其魁遂降。十四年正月，李自成驟來犯，祚徵乘城守，身中流矢，守益力。月餘，大風霾，礮炸樓焚，城遂陷，罵賊而死。汝人立廟祀之。

盛以恒，潼關衞人。崇禎十三年舉人。知商城縣。視事月餘，流賊突至，却之。明年，張獻忠陷襄陽，鄰境大恐。以恒已遷開封同知，將行，士民懇留之，乃登陴，與鄉官楊所修、洪胤衡、馬剛中、段增輝共城守。二月中，賊奄至，適雨雪，守者凍餒不能戰。以恒督家衆射賊十七人墜馬，賊怒，併力攻，矢中以恒右額，猶裹創拒敵。賊登北城，家衆巷戰死且盡，乃被執，罵賊不屈，爲賊支解。孫覺及典史呂維顯、教諭曹維正皆死。

所修，故魏忠賢黨也。歷左副都御史，入逆案，贖徒爲民，至是罵賊死。胤衡，萬曆中進士。歷官陽和兵備副使，分守北門，力戰死。剛中，字九如。崇禎七年進士。除大同知縣，行取授檢討，乞假歸。賊入，大罵，被磔死。增輝，字含素，爲諸生以學行稱。朝廷下保舉令，被薦，不樂爲吏，擬除教授，未謁選歸。遇變，罵賊死。

賊既陷商城，[一]即疾驅犯信陽。城陷，知州高孝誌，訓導李逢旭、程所聞，里居靜海知縣張映宿死之。其陷光山，典史魏光遠亦死之。所司請贈卹，未報。十五年七月，帝下詔曰：「比州縣有司不設守備，賊至即陷，與衝鋒陷陣，持久力詘者殊科。若概援天啓間例，優予贈廕，何由旌勸勞臣。自今五品以下，止贈監司，四品及方面，始贈京卿。著爲令。」乃贈以恒副使，孝誌參議，維顯等贈卹有差。天啓中，州縣長吏殉難者，率贈京卿，廕錦衣世職，賜祭葬，有司建祠。崇禎初，改廕國子生，俾之出仕，而京卿之贈如故，至是始改贈外僚云。

顏日愉，字華陽，上虞人。萬曆中，舉於鄉。崇禎初，除知萊縣，有惠政，爲上官所惡，劾罷。部民爭詣闕訟冤，乃獲敍用。後爲靜寧知州。羅賊亂，馳請固鎮五道兵合剿。而先率

敢死士數人招諭之，賊弛備，遂遣精卒擣其營，賊倉皇潰，斬數百級。黎明，五道兵繼至，復大破之。遷開封同知。流賊勢方熾，上官以南陽要衝，舉日愉爲知府，大治守具，人心稍固。

十四年五月，賊猝至，百餘人冒雨登城。日愉擊殺之幾盡，餘賊引去，城獲全。日愉手中一矢，頭項被二刃，死城上。事聞，贈太僕卿。

賊既不得志去，遂縱掠旁近州縣。其冬再圍南陽，攻陷之，參議艾毓初死焉。

毓初，字孩如，米脂人，戶部侍郎希淳曾孫也。崇禎四年進士。授內鄉知縣。生長邊陲，習戰事。六年冬，流寇來犯。埋大礮名「滾地龍」者於城外，城中燃線發之，賊死無算，遂解去。內鄉與鄰邑淅川多深山邃谷，爲盜窟，民居懍懍。毓初至，爲設守備，民得少安。

明年冬，唐王聿鍵上言：「祖制，親王所封地，有司早晚必謁見。今艾毓初等皆不謁。」帝怒，悉逮下法司，而敕禮部申典制。已而王被逮，毓初獲補官。屢遷至右參議，分守南陽，與日愉却賊有功。自成用宋獻策計，欲取南陽以圖關中，復率大衆來寇。毓初偕總兵官猛如虎等堅守。賊攻入南門，會總督楊文岳援軍至，賊引退。文岳去，賊復攻之，食盡援絕，毓初題詩城樓，遂自縊。南陽知縣姚運熙、主簿門迎恩、訓導楊氣開亦死之。

明年十月，自成再陷南陽，知府丘懋素罵賊不屈，闔門被害。是月，賊過扶溝，衆議城守，舉人劉恩澤初嘗以策干當事，多見用。縣令騃不解事，恩澤痛哭曰：「吾不幸從木偶人死。」自題樓壁曰：「千古綱常事，男兒肯讓人。」明日，城陷，擲樓下以死。

潘弘，字若稚，淮安山陽人。起家貢生。崇禎十三年爲舞陽知縣。時流賊披猖，土寇亦間發，弘數討敗之。明年十一月，李自成、羅汝才既陷南陽，縱兵覆所屬州縣，將攻舞陽，弘諭士民共拒。諸生慮賊屠城，請委曲紓禍，弘叱之去。賊薄城，發礮擊之，多斃。有小校善射，屢却賊。諸生潛遣人約降，賊復至。弘作告先聖文，自誓必死。諸生潛開門，縛弘以獻。賊索印，弘不予。脅降，怒罵不屈，乃支解之。子澄瀾痛憤大哭，投井死。

時鄧州、鎮平、內鄉、泌陽、新野相繼陷。鄧州知州劉振世，吏目李國璽，千戶余承廕、李錫，諸生丁一統、張五美、王鍾、王子章、海寬、傅彥皆抗節死。鎮平知縣成縣鍾其碩被執，罵賊死。內鄉知縣南昌龔新、新野知縣四川韓醇，並不屈死。

泌陽凡再陷。是年五月，張獻忠破信陽，獲左良玉旗幟，假之以登城。知縣雲南南寧王士昌懷印端坐，被縛，毆罵死。臨昌姚昌祚代之，甫數月，復陷。昌祚手斬數賊，力屈死。典史雷晉遠率捕卒戰死。又有武職王衍范、錢繼功、海成俱死難。而鄧州於十年春爲張獻忠所破，知州孫澤盛、同知薛應齡皆戰死，至是亦再陷云。

陳豫抱，舞陽人。母段早寡，撫豫抱及其弟豫養、豫懷，皆爲諸生，力田好學，善承母志。崇禎十四年，流賊陷舞陽，母先赴井，三子從之。豫抱妻黃攜其子默通，豫養妻馬攜子默恒、默言俱從之。三世九人，一時盡節。

時郡邑諸生死者甚衆，錄其著者。內鄉許宜及二弟宋、宮，慷慨好義。賊陷鄧州，宜兄弟結里中壯士，直入其城，擒僞官，堅守許家寨。賊怒，攻破之，宋從母常先投井死，宜、宮皆詈賊被殺，宮妻鍾、宋妻陳並自經，其妹亦罵賊被殺。時稱「許氏七烈」。

賊之攻偃師也，張毓粹率二子佐有司固守，城陷，大罵，俱被殺。妻蘭與三女、二孫悉赴井死。賊殺武同芳母，同芳噴血大罵，支解而死。劉芳名、劉芳世、蘭之粹、喬于昆、蘭完積、王光顯、喬國屏、王邦紀、蘭相裔、張一鷟、張一鵬、牛一元皆抗節死。芳名、完積妻皆張氏，與邦紀妻高並從死。一鷟、一鵬父亦罵賊死。

唐縣許日琮，早喪父。母歿，廬墓三年。城破，遁居南山。賊徵之不出，脅以死，鐫其

背曰「誓不從賊」，遂嘔血而死。

劉振之，字而強，慈谿人。性剛方，敦學行，鄉人嚴重之。崇禎初，舉於鄉，以教諭遷鄢陵知縣。十四年十二月，李自成陷許州。知州王應翼被害，都司張守正，鄉官魏完眞，諸生李文鵬、王應鵬皆死。自許以南無堅城。有奸人素通賊，倡言城小宜速降，振之怒叱退之。典史杜邦舉曰：「城存與存，亡與亡，人臣大義，公言是。」振之乃與集吏民共守。賊大至，城陷，振之秉笏坐堂上。賊索印，不與，縛置雪中三日夜，罵不絕口，亂刃交下乃死。

初，振之書一小箭，藏篋中，每歲元旦取視，輒加紙封其上。及死，家人發篋，乃「不貪財、不好色、不畏死」三語也，其立志如此。贈光祿寺丞。

邦舉，富平人。許被屠，鄢陵人恟懼，守者或遁走，邦舉捕得，斬以徇。及城陷，自成欲降之，邦舉罵曰：「朝廷臣子，豈爲賊用！」賊抉其舌，含血噴之，遂遇害。

開封屬邑多陷，殉難者，有費曾謀、魏令望、柴薦種、楊一鵬、劉孔暉、王化行、姚文衡之屬。

中華書局

曾謀，鉛山人，少師宏裔也。由鄉舉知通許，甫四旬，賊猝至。曾謀召父老曰：「我死，若輩以城降，可免屠戮。」北向再拜，抱印投井死。令望，字于野，武鄉人。舉進士，授商丘知縣，調太康。寇至，固守不下。賊怒，攻破之，屠其城，令望闔門自焚。薦經，江山舉人，知洧川，城陷，大罵死。一鵬，河津人。舉崇禎九年鄉試，爲尉氏知縣，甫數月，寇擊四起。城破，罵賊死。孔暉，邵陽人。舉天啓元年鄉試，知新鄭，固守不能支，遂死之。士民祀之子產祠。化行，知商水，城陷，被殺。代者文衡，涖任數月，賊復至，攜印赴井死。

其小吏，則臨潁千總賈騰序、長葛典史杜復春，鄉居則長葛舉人孟良屏、諸生張紘孔等，汜水舉人張治載、馬德茂，皆死之。

李乘雲，高陽人，舉於鄉。崇禎初，〔三〕知浮山縣。流賊數萬來寇，乘雲手發一矢斃其魁，衆遂遁。屢遷山西僉事。十四年秋，以才調河南大梁道，駐禹州。十二月，李自成連陷鄢陵、陳留諸縣，遂寇禹州。乘雲誓死固守，賊多斃於礮。俄以十萬衆攀堞登，執乘雲使跪，乘雲怒叱賊，賊捽而杖之，大罵不絕聲。縛諸樹攢射之，罵不已，斷其舌，亂刃交下而死。贈光祿卿。州先有徽王府，嘉靖時，王載埨有罪，爵絕，而延津等五郡王皆被難。

明年，賊犯開封，監軍主事余爵、監軍僉事任棟先後戰死。

棟，永壽人，由貢生爲萊州通判。崇禎四年，李九成等叛，棟佐知府朱萬年共守。萬年與巡撫謝璉爲賊所誘執，棟與同知寇化、掖縣知縣洪恩炤助大帥楊御蕃力拒。圍解，論功進秩，屢遷保定監軍僉事。十四年從總督楊文岳南征，鳴皋鎮之捷，與有功。尋與總兵虎大威破賊平峪，再破之郾州。明年正月，從解開封圍。尋戰郾城，大捷。後從援開封，會左良玉大潰於朱仙鎮，賊來追，棟力戰，歿於陣。

余爵，禹州人。崇禎元年進士。歷知撫寧、章丘。遷職方主事，罷歸。楊嗣昌出督師，請爵以故官參謀軍事。嗣昌入蜀，命與張克儉同守襄陽。城陷，爵脫走，從督師丁啓睿於河南，破賊鄧州。十五年，開封圍急，監左良玉軍往援，戰敗被執，罵賊死。姪敦華亦遇害。棟贈太僕卿，爵太僕少卿。

關永傑，字人孟，鞏昌衞人。世官百戶。永傑好讀書，每遇忠義事，輒書之壁。狀貌奇偉，類世人所繪壯繆侯像。崇禎四年會試入都，與儕輩遊壯繆祠。有道士前曰：「昨夢神告：『吾後人當有登第者，後且繼我忠義，可語之。』」永傑愕然，頗自喜。已果登第，授開封推官，强植不阿，民畏愛之。憂歸，起官紹興。遷兵部主事，督師楊嗣昌薦其才，請用之軍前，乃擢睢陳兵備僉事，駐陳州。陳故賊衝，歲被蹂躪，永傑日夜爲儆備。

十五年二月，李自成數十萬衆來攻，永傑與知州侯君擢、鄉官崔泌之、舉人王受爵等率士民分堞守。賊遣使說降，斬其頭，懸之城上。賊怒，攻破之，永傑格殺數賊，身中亂刃而死。

君擢，字際明，成安人，起家舉人。城圍時，身先士卒，運木石擊賊，城濠皆滿。後被縛，罵不絕口死。泌之，鹿邑人。進士。知雄縣，調清苑，多所建豎。舊令黃宗昌爲御史，劾周延儒，延儒屬保定知府摭宗昌罪。知府以屬泌之，泌之曰：「殺人媚人可乎！」知府愧且怒。會泌之遷戶部主事，知府謂其侵隱錢糧三萬，不聽行。御史行部至，泌之直前與知府角。御史以聞，下獄遣戍，久之釋還。至是，遭變，用鐵杖斃賊數人，自剄死。守備張鷹揚力戰被擒，不屈。受爵亦擊殺數賊，大罵。並死之。

贈永傑光祿卿，君擢右參議，泌之復故官。受爵，宛平知縣。

有龔作梅者，年十七，父母俱亡，殯於舍。賊火民居，作梅跪柩前焚死。

張維世，太康人。萬曆四十四年進士。歷平陽知府，捕治絳州奸猾數十人，遷副使。累官右僉都御史，代陳新甲巡撫宣府，視事甫旬日，坐失防，削籍遣戍，已而釋還。崇禎十五年二月，李自成陷睢州，犯太康。維世佐知縣魏令望竭力拒守。城陷，抗節死。

時中州縉紳先後死難者甚衆。十三年，登封土寇李際遇因歲饑倡亂，旬日間衆數萬。前鳳陽通判姚若時居魯莊，被執，誘之降，大罵死。族諸生不顯亦死之。若時子諸生域，思報父讎，數請兵討賊。賊執之於路，亦抗罵死。陝州趙良棟，仕蓬萊教諭，罷歸，寓澠池。寇陷澠池，父子挺身罵賊死，子婦與孫亦赴井以殉。陝州之陷，平定知州梁可棟大罵而死，淮安同知萬大成投井死。商水陷，臨汾知縣張質抗賊死。西平陷，懷仁知縣楊士英死之，子婦王亦死。睢州陷，太平知府杜時髦不屈死。時髦，字觀生，崇禎七年進士。息縣陷，賊召前項城教諭王多福欲官之，堅拒不赴。賊逼之，投繯死。

其後以國變死者，有洛陽阮泰，知廣靈，解職歸。聞京師陷，不食死，妻朱氏從之。睢州楊汝經，崇禎十年進士。授戶部主事，擢井陘兵備僉事。十七年，甘肅陷，巡撫林日瑞殉難，超拜汝經右僉都御史代之。行次林縣，聞京師陷，將赴南京，至東明，率壯士百餘騎還討林縣僞官。遇賊，戰敗被執。僞官釋其縛，屢說之降，不從，斃之獄。

王世琇，字崑良，清苑人。崇禎十年進士。授歸德推官，遷工部主事。十五年二月，李自成陷陳州，乘勝犯歸德。世琇將行，僚屬邀共守，慨然曰：「久官其地，臨難而去之，非誼也。」遂與同知顏則孔、經歷徐一源、商丘知縣梁以樟、教諭夏世英、里居尚書周士樸等誓衆堅守。賊攻圍七日，總督侯恂家商丘，其子方夏率家衆斬關出，傷守者，衆遂亂。賊乘之入，世琇、則孔並遇害。則孔女聞之，即自縊。一源分守北城，殺賊多，城陷，巷戰，罵賊死。以樟中賊刃，久而復甦，妻張及子女僕從皆死，以樟竟獲免。世英持刀罵賊，死於明倫堂，妻石亦自刎。

同死者，尚書士樸，工部郎中沈試，主事朱國慶，中書侯忻，廣西知府沈仔，威縣知縣張儒及舉人徐作霖、吳伯胤、周士美等六人，官生沈佖、侯畯等三人，貢生侯恒、沈誠、周士貴等八人，國學生侯倧、沈偶等四人，諸生吳伯裔、張渭、劉伯愚等一百十餘人。試，商丘人，大學士鯉之孫。作霖、伯胤、伯裔、渭、伯愚，皆郡中名士。則孔，忻州人。一源，海鹽人。世英，祥符人。士樸自有傳。賊既破歸德，尋陷鹿邑，知縣紀懋勛死之。陷虞城，署縣事主簿孔亮死之。

許永禧，曲沃人。由鄉舉爲上蔡知縣，多惠政。性耿介，嚬笑無所假。崇禎十五年春，李自成遣數騎抵城下，脅降，永禧即督吏民城守。賊大呼曰：「今日不降，明日屠！」衆懼，永禧嘆曰：「賊勢披猖，彈丸邑豈能守，吾一死盡職而已！」衆皆泣。明日，賊果大至，守者驚潰。永禧具袍笏，北面再拜，據案秉燭端坐。賊入，遂自剄。

時西平、遂平先後皆陷。西平知縣高斗垣，繁峙人。崇禎十二年由貢生授官。爲人孤鯁，以清慎得名。城陷，被執不屈死。遂平知縣劉英，貴州貢生，誓衆死守。城陷，罵賊死。

上蔡既陷，有官篆者，以汝寧通判往攝縣事。城中民舍盡燬，篆廣招流亡，衆觀望不敢入。會左良玉駐城南，兵士恣淫掠，衆始入城依篆。村民遭難來愬，篆即入良玉營，責以大義，奪還之。悍卒挾弓刃相向，篆坦腹當之，不敢害，民獲完家室者甚衆。是年冬，汝寧陷，賊黨賀一龍掠地上蔡。謁傳士寇剽掠，篆出禦之，陷陣死。篆，膠州人，起家任子。

李貞佐，字無欲，安邑人。少受業同里曹于汴之門，以學行著，後舉於鄉。崇禎十四年除知郟縣。初，李自成焚掠至郟，土寇導之，害前令邵可灼。貞佐至，則練鄉兵，括土寇財充餉，時出郊勞耕者，月課士。邑有姊妹二人抗賊死，拜其冢，祀以少牢。民王錫胤有孝行，造廬禮之。士民大悅。

明年二月，自成復來寇，貞佐集衆死守。汝州吏目顧王家，仁和人，撫賊有功，當遷，汝人乞留以助之。城陷，貞佐走拜其母曰：「兒不忠不孝，陷母至此。」有勸微服遁者，不可，賊執之去，大罵。見賊殺人，輒厲聲曰：「驅百姓固守者，我也，妄殺何爲！」賊割其舌，支解而死，母喬亦死。友人王昱，相隨不去，賊義之。昱收葬貞佐於南郊。歲寒食，鄉人傾邑祭奠，廣其冢至二畝餘。贈河南僉事。王家亦大聲叱賊，賊亂刃斫死。子國誘賊發金墟墓間，用巨石擊殺之，賊遂盡殺郟人。

郟有陳心學者，授知縣，不謁選而歸。其友周卜曆舉鄉試，知內黃，以父喪歸里。自成陷郟，執兩人欲官之，心學不從被殺。自成謂卜曆曰：「爲我執知縣來，可代汝死。」曰：「戕人以利己，仁者不爲。」賊怒，并殺之。

汝所轄四邑並陷。寶豐知縣張人龍，遵化人。城陷，不屈死。妻年少，悍奴四人欲亂

之。妻飲以酒俾極歡，潛遣婢告丞尉，捕殺奴，乃扶櫬旋里。魯山知縣楊呈芳，山海衞人，有惠政。練總詹思鸞與進士宗麟祥等謀不軌，呈芳捕斬之。城陷，死。伊陽知縣孔貞璞，曲阜人。賊薄城，以守禦堅，解圍去。他日有事汝陽，道遇賊，被執，亦不屈死。

寶豐之陷也，舉人李得笥短衣雜衆中，爲所執。賊謀主牛金星者，故舉人也，勸賊重用舉人，賊所至獲舉人，即授以官。得笥終不自言，賊莫知其爲舉人也，役使之，不肯，伺賊寐將刺之，賊覺，被殺。或告賊曰：「此舉人也。」賊懼，棄其屍而去。

時中州舉人盡節者，南陽張鳳翮、王明物，洛陽張民表，永城夏云醇，商城余容善，光州王者琯，光山胡植，嵩縣王翼明，並罵賊死。

魯世任，字媿尹，垣曲人。性端方，事親孝。從安邑曹于汴學，又交絳州辛全，學日有聞。天啓末舉於鄉。崇禎十年知鄭州，建天中書院，集士子講肄其中，遠近從學者千人。十三年秋，給事中范士髦薦世任及臨城諸生喬己百、內丘太原通判喬中和於朝，稱爲德行醇儒，堪繼薛瑄、陳獻章之後。乞召試平臺，置左右備顧問，不報。十五年，流賊來犯，世任勒民兵禦之河干，戰敗自剄死。士民祀之書院中。

其年正月，賊陷襄城，知縣曹思正被殺，訓導張信罵賊不屈死，典史趙鳳豸拒賊死。復陷西華，知縣劉伯驂懷印投井死。明年，汜水陷，知縣周騰蛟亦死焉。

伯驂，河間人。由歲貢生得官。賊信急，遣妻奉母歸。及城被困，有勸出降者，立斬之，登陴死守。賊驅其下爲十覆迭攻之，城遂陷，抗節死。

騰蛟，香河舉人。邑兵荒，撫字有術，以其間釐定徭役，民甚便之。城孤懸河畔，縣人吳邦清等於城南立七砦相犄角，摩天砦最險。土寇李際遇伺騰蛟往河北，急據之，遂攻縣城。騰蛟聞，力請於上官，救兵至，始解去。騰蛟念故城難守，遷縣治於摩天砦以扼賊衝。未幾，賊大至，持十餘日，勢且不支，砦臨河，可渡以免。騰蛟曰：「吾何忍舍衆獨生！」遂自投於河。賊退，人從河濱獲其屍，印懸肘間。

河南凡八郡，三在河北，自六年蹂躪後，賊未再犯。其南五郡十一州七十三縣，靡不殘破，有再破三破者。城郭丘墟，人民百不存一。朝廷亦不復設官。間有設者，不敢至其地，遙寄治他所。其遺黎僅存者，率結山寨自保，多者數千人，少者數百。最大者，洛陽則際遇，汝寧則沈萬登，南陽則劉洪起兄弟，各擁衆數萬，而諸小寨悉歸之。或附賊，或受朝命，陰陽觀望。獨洪起嘗官副總兵，頗恭順。其後諸人自相吞併，中原禍亂於是爲極。至十六

年四月，帝特下詔蠲五郡賦三年，諭諸人赦其罪，斬僞官者受職，捕賊徒者賚金，復城獻俘者不次擢用，然事已不可爲矣。

劉禋，字誠吾，中部人。祖仕，刑部郎中，以諍大禮廷杖。後與定李福達獄，下吏遣戍。穆宗朝起太僕少卿，不就。父爾完，歷知商丘、名山，有學行。

禋性孝，母歿于名山，四千里扶櫬，過劍閣雲棧，以肩任之。父少寐，愛聽史記，禋每夕朗誦，俟父熟寢乃已。崇禎四年，賊陷中部，禋負父走免。十四年由鄉舉授登封知縣。土寇爲亂，禋練壯士，且守且戰，寇不敢近。十五年，李自成陷其城，禋被縛。自成以同郡故欲降之，禋叱曰：「豈有奕世清白吏，肯降賊耶！」自成義之，遣賊將反覆說，禋執彌厲，乃見殺。贈僉事。

陳顯元者，由副榜授新安知縣。惡衣糲食，徒步咨疾苦。以城堞傾頹，寇至不能守，率士民入保闕門寨。賊檄降，立碎其檄。及來犯，死守月餘，力竭而陷。見賊怒罵。賊大索寨中人，顯元叱曰：「守寨者，我也。百姓何辜，寧殺我！」賊怒，遂支解而死。

當是時，河南被賊尤酷，故死事者尤多，其傳錄未詳者，開封之陷，則同知蘇茂均，通判彭士奇，大使徐陞，閻生白皆死之。士奇，高要人，由鄉舉。河南之陷，則先後知府亢孟檜、王蔭長，通判白守文，訓導張道脈，靈寶知縣朱挺，或被執不屈，或陷城自盡。孟檜，臨汾人。蔭長，吳橋人。並由鄉舉。南陽之陷，則葉縣知縣張我翼被害，新野先後知縣陳公、丘茂表皆死之。汝寧之陷，武臣則遊擊朱崇祖，千戶劉懋勳、楊紹祖、袁永基同子世蔭，百戶葉榮蔭、張承德、李衍壽、閻忠國，皆力戰死。崇祖妻孫、永基母王亦死之。歲貢生林景暘，國學生趙得庚、楊道臨等，諸生趙重明、費明棟、楊應禎、李士謂等，皆奉詔錄上，凡二百四十九人。後因國變，諸籍散佚。蓋武職及州縣末秩、舉貢諸生，所遺者幾什之五六。

何燮，字中理，晉江人。舉於鄉。崇禎中，知亳州。州自八年後，寇賊交橫，益以饑饉，民死徙過半。燮盡心拊循，營戰守具甚備。未幾，山東、河南土寇迭至，燮戰廬家廟，生擒賊魁二人，刳其腸示衆，撫降者數千人。十五年二月，李自成陷河南，居民望風逃竄，城空不能守。賊至，執燮欲降之，罵不屈，斷足剖胸而死，懸首市上三日，耳鼻猶動。賊遂縱兵四出，霍丘、靈璧、盱眙皆陷。

霍丘，八年春嘗陷，至是再陷。知縣左相申率兵巷戰，力屈死之。靈璧知縣唐良銳，全州舉人。城陷，抗罵死。盱眙，先被陷，賊至，士民悉走，獨主簿胡淵不去。縣故無城，淵持戟至龜山寺力鬬，殪數人。賊駭欲遁，會馬蹶被執，奮罵而死。淵，永年人，起家貢生。

趙興基，雲南太和人。崇禎初，[三]以鄉舉通判廬州。賀一龍、左金王等五部據英、霍二山，暑入秋出以爲常。督師楊嗣昌遣監軍僉事楊卓然招之，受侮而返。十四年六月襲陷英山，知縣高在嵛抗賊死。十二月陷潛山，知縣李胤嘉、典史沈所安素苛急，奸民導賊執之，並不屈死。所安子亦死焉。

十五年，張獻忠爲左良玉所敗，走與諸部合，遂以三月攻舒城。踰月城陷，改爲得勝州，據之。遣其黨分掠旁邑，游騎日抵廬州城下。興基與知府鄭履祥、經歷鄭元綬、合肥知縣潘登貴、指揮同知趙之璞、里居參政程楷分門守。監司蔡如蘅貪戾，民不附，賊諜滿城中不能知。五月，提學御史徐之垣以試士至，獻忠遣其徒僞爲諸生，襲儒冠以入，夜半舉

礮，城中大擾。之垣、如蕙及履祥、登貴並縋城走。興基時守水西門，聞變，挺刃下戍樓與鬭，斬數人，被創死。元綬、楷共守南薰門，元綬力鬭死，楷不屈死。之璞守東門，巷戰死。

賊乘勢連陷含山、巢縣、廬江及無爲、六安，又陷太湖。知縣楊春芳、典史陳知訓、敎諭沈鴻起、訓導婁懋履並死焉。

廬州城池高深。八年春，賊百方力攻，知府吳太樸堅守不下。〔四〕後屢犯，終不得志，至是以計得之。履祥、登貴懼罪，委之興基。總督史可法察其冤以聞，乃治守令罪，而贈興基河南僉事，楷光祿卿，元綬亦贈䘏。

方賊攻舒城，縣令適以憂去，里居編修胡守恒與遊擊孔廷訓督民兵共守。會遊擊縱所部淫掠，士民遂叛降賊。城將陷，悍卒殺守恒。事聞，贈少詹事，謚文節。

校勘記

〔一〕賊既陷商城　商城，原作「南城」，據上文及明史稿傳一六九盛以恒傳改。

〔二〕崇禎初　明史稿傳一六九李乘雲傳作「崇禎中」。

〔三〕崇禎初　明史稿傳一六九趙興基傳作「崇禎中」。

〔四〕知府吳太樸堅守不下　吳太樸，明史稿傳一六九趙興基傳、國榷卷九四頁五六九六作「吳大樸」，疑是。

明史卷二百九十四

列傳第一百八十二

忠義六

夏統春 薛聞禮等　陳美 郭裕等　諶吉臣 張國勳等　盧學古 朱士完等

陳萬策 李開先　許文岐 李新等　郭以重 岳璧　郭金城　崔文榮 朱士鼎

徐學顏 李毓英等　馮雲路 熊亓　明睿　易道暹　傅可知　蔡道憲 周二南等

張鵬翼 歐陽顯宇等　劉熙祚　王孫蘭　程良籌 程道壽　黃世清

楊暄 朱一統等　唐時明 薛應玢　唐夢鯤　段復興 靳聖居等

簡仁瑞 何相劉等　司五教 張鳳翮　都任 王家錄等　祝萬齡 王徵等

陳瓚 周鳳岐　王徵俊 宋之儁等　丁泰運 尙大倫等

夏統春，字元夫，桐城人。爲諸生，慷慨有才志。用保舉授黃陂丞，嘗攝縣事，著廉能

聲。十五年，賊犯黃陂。統春已遷麻陽知縣，未赴，乃督衆拒守，凡十五晝夜，賊忽解去。統春度賊必再至，而衆已疲甚，休於家。閱五日，賊果突至，城遂陷。統春巷戰，力竭被執，欲屈之。統春指賊魁大罵，賊怒，斷其右手。復以左手指賊罵，賊又斷之。罵不已，乃割其舌。目怒視，眥欲裂，賊又剜其目。猶以頭觸賊，遂支解之。

有薛聞禮者，武進人。由府吏官黃陂典史。歲歉，民逋漕粟。聞禮奉使過漢口，貸於所知得千金，以代民逋。十六年，張獻忠陷黃陂，愛聞禮才，挾與俱去，暮卽亡歸。會賊所設僞官爲士民殺死，聞禮曰「禍大矣」，令士民遠避，而己獨留以當之。俄賊至，將屠城。聞禮挺身曰：「殺僞官者，我也。」賊欲活之，詈不止，乃見殺。

當是時，賊延蔓中原，覆名城不可勝數。其以小吏死難，有何宗孔、賈儒秀、張逵、郝瑞日諸人。宗孔，紫陽典史。十一年五月，流賊再陷其城，死之。儒秀，商南典史，城陷，抗節死。逵，興山典史。十四年二月，張獻忠自蜀來攻，都司徐日耀戰歿，逵被縛，罵賊不屈死。瑞日，陝西人，爲固始巡檢。羅山爲賊陷，上官令瑞日攝縣事。單騎攜二童以往，至則止僧寺，將招流移爲守禦計。未踰月，賊遣僞官至，土寇萬朝勳與之合。誘執瑞日，說之降，不從，拘於家。一日，朝勳置酒宴羣賊，醉臥，瑞日潛入其室，殺之。將奔鳳陽，雨阻，復見縶。賊愛其勇，欲留之，叱曰：「我雖小吏，亦朝廷臣子，肯爲賊用耶！」遂被害，二僕亦死。

有朱燿者，固始人。與父允義、兄炳、思成並以勇力聞。八年，賊來犯，燿父子力戰却之。明年，賊復至。燿出戰，手馘數十人，追之，陷伏中，大罵死。允義曰：「我必報子讎。」炳謂思成曰：「我二人必報弟讎。」三人率衆奮擊，賊解去，城獲全。

陳美，字在中，新建人。崇禎時由鄉舉知宜城縣。兵燹之餘，民生凋瘵。及張獻忠據穀城，人情益懼，美安輯備至。襄陽陷，賊兵來犯。美偕守備劉祖國迎擊，賊中伏敗去。巡按御史上其功，獲敍錄。撫治都御史王永祚以六等課所部有司，美居上上。薦於朝，未及擢用。

十五年冬，李自成長驅犯襄陽，左良玉先奔，永祚及知府以下俱遁。賊入城，鄉官羅平知州蔡思繩、福州通判朱大勛殉節。賊分兵寇宜城、棗陽、穀城、光化、均州。美守宜城，固拒八晝夜。城陷，抗罵不已，爲賊磔死。訓導陽城田世福亦死之。

棗陽知縣郭裕，清江舉人。甫視事，張獻忠至。左良玉屯近邑，裕單騎邀與共禦，賊却去。至是，賊將劉福來攻，裕發礮石，擊傷多。賊憤，攻益力，城陷。身被數槊，大罵。賊支

解之，闔門遇害。

光化知縣萬敬宗，南昌人，貢生，到官以死自誓。賊薄城，遂自盡。賊義之，引去，城獲全。鄉官韓應龍，舉人，歷長蘆鹽運使，不受僞職，自縊死。穀城知縣周建中亦殉節。均州知州胡承熙被執不屈，與其子爾英俱死。承熙有能聲，永祚課屬吏，亦列上上，遷刑部員外郎，未行，遇難。賊犯鄖陽，同知劉璇死之。保康陷，知縣萬惟壇與妻李氏俱死之。璇，永年人。惟壇，曹縣人。俱貢生。

譚吉臣，字仲貞，南昌人。父應華，萬曆時，以參將援朝鮮，戰歿。吉臣由舉人爲雲夢知縣。崇禎十五年十二月，李自成陷襄陽，其黨賀一龍陷德安。吉臣急遣孥歸，身誓死勿去。明年正月，雲夢陷，被執，不食累日。賊臨以兵，吉臣乞速死。賊壯之，授以官，不屈。驅上馬，曰：「我失守封疆，當死此，更安往。」乃見殺。福王時，贈太僕寺丞。

賊分兵犯旁邑，應城陷，訓導張國勳死之。國勳，黃陂人。城將陷，詣文廟抱先師木主大哭，爲賊所執，大罵不屈，支解死。妻子十餘人皆殉節。

袁啓觀者，雲夢諸生也。賊據城，啓觀立寨自守。賊執去，出題試之。啓觀曰：「汝旣知文，亦知亂臣賊子，人人得而誅之耶？」賊怒，殺之。

安陸城陷，知縣分水濮有容一門十九人皆死。鄉民結寨自保，賊將白旺連破數十寨，諸生廖應元守益堅。奸人執送旺，旺問：「汝欲何爲？」厲聲曰：「欲殺賊耳！」賊怒，射殺之。應山舉人劉申錫養死士百人，城陷，謀恢復。兵敗，爲旺所殺，百人皆戰死。沔陽陷，同知馬飈死之。

盧學古，夏縣人。舉人。歷承天府同知，攝荆門州事。崇禎十五年十二月，李自成寇荆門，學古誓死守。學正黃州張郊芳、訓導黃岡程之奇亦盟諸生於大成殿，佐城守。賊環攻四日，無援，城陷。學古罵賊不絕口，剖腹而死。郊芳、之奇亦不屈死。

有朱士完者，潛江舉人。鄉試揭榜夕，夢黑幟墮其墓門，粉書「亂世忠臣」四字。至是，賊破承天，長驅陷潛江。士完被執，械送襄陽，道由泗港，齧指血書已盡節處，遂自經。賊所過焚燬，士完所題壁獨存。

彭大翮者，竟陵之青山人。賊逼承天，大翮出所著平賊權略上之當事，不能用。遂自集一旅保鄉曲，邀斬賊過當。賊怒，雨夜襲之。大翮太息曰：「吾子孫陣亡已盡，吾何用生

爲！」赴水死。

賊旣陷荆門，遂向荆州。巡撫陳睿謨急渡江入城，奉惠王常潤南奔，[二]監司以下皆奔，士民遂開門迎賊。訓導墩君錫正衣冠端坐明倫堂。賊至，欲屈之，詬罵而死。君錫，字賓王，絳縣人。賊大索縉紳，故相張居正子尚寶丞允修不食死。戶部員外郎李友蘭不屈死。諸生王維藩率妻朱及二女避難，爲賊所掠。維藩令妻女赴井死，遂見殺。諸生王圖南被執，抗罵死。

夷陵李雲，由鄉舉知潁川州，州人祠祀之。謝事歸。流賊熾，大書「名義至重，鬼神難欺」二語於牖以自警。及城陷，不屈。執至江陵，絕食死。呂調元者，歸州千戶也。城陷，士民悉歸附，調元獨率部卒格鬭，陷重圍中。招之降，大罵，死亂刀下。

陳萬策，江陵人。天啓中，與同邑李開先先後舉於鄉，並有時名。崇禎十六年正月，李自成據襄陽，設僞官。其吏政府侍郎石首喻上猷，先爲御史，降賊，薦兩人賢可用。自成遣使具書幣徵之。萬策隱龍灣市，賊使至，歎曰：「我爲名誤，既不能奮身滅賊，尚可惜頂踵耶？」夜自經。賊使至開先家，開先瞋目大罵，頭觸牆死。福王時，俱命優卹。

中華書局

許文岐，字我西，仁和人。祖子良，巡撫貴州右僉都御史。父聯樞，廣西左參政。文岐，崇禎七年進士。歷南京職方郎中。賊大擾江北，佐尚書范景文治戎備，景文甚倚之。遷黃州知府，射殺賊前鋒一隻虎，奪大纛而還。獄有重囚七人，縱歸省，剋期就獄，皆如約至，乃請於上官貸之。

十三年遷下江防道副使，駐蘄州。賊魁賀一龍、藺養成等卒蘄、黃間，文岐設備嚴。賊黨張雄飛將南渡，命遊擊楊富焚其舟，賊乃却。巡撫宋一鶴上其功。副將張一龍善馭兵，文岐重之。嘗共宿帳中，軍中夜呼譟，文岐曰「此奸人乘夜思逞耳」，堅臥不出。質明，叛兵百餘人奪門遁，一龍追獲盡斬之，一軍肅然。楊富既久鎮蘄，一鶴復遣參將毛顯文至，不相得，兵民洶洶。文岐會二將，以杯酒釋之，始無患。

十五年，左良玉潰兵南下大掠。文岐立馬江口迎之，兵莫敢犯。時警報日急，人無固志，會擢督糧參政當行，文岐歎曰：「吾為天子守孤城三載矣，分當死封疆，雖危急，奈何棄之。」遣妻奉母歸，檄富、顯文出屯近郊，為固守計。無何，荊王府將校郝承忠潛通張獻忠。明年大舉兵來攻，文岐發礮斃賊甚衆。夜將半，雪盈尺，賊破西門入，文岐巷戰。雪愈甚，礮不得發，

遂被執。獻忠聞其名，不殺，繫之後營。時舉人奚鼎鉉等數十人同繫，文岐密謂曰：「觀賊老營多烏合，凡此數萬卒皆被掠良民，若告以大義，同心協力，賊可殲也。」於是陰相結，期四月起事，以柳圈為信。謀洩，獻忠索之，果得柳圈，縛文岐斬之。將死，語人曰：「吾所以不死者，志滅賊耳。今事不成，天也。」含笑而死，時文岐陷賊中已七十餘日矣。事聞，贈太僕卿。

賊既陷蘄州，遂屠其民。鄉官陝西僉事李新舉家被執，賊欲屈之。新叱曰：「我昔官秦中，爾輩方為厮養，今日肯屈膝厮養耶！」賊怒，新抱父屍就刃。其時屬吏死節者，惟麻城教諭定遠蕭頌聖、蘄水訓導施州童天申。

郭以重，黃州人。世為衛指揮。崇禎十六年，城陷，自他所來赴難。其妻欲止之，叱曰：「朝家畀我十三葉金紫，不能易一死哉！吾將先殺汝。」妻乃不敢言。既至，遇賊欲脅之去，堅不從。露刃懾之，乃好謂賊曰：「從汝非難，但抱小兒者，吾妻也，汝為我殺之，吾無累矣。」賊如其言。以重卽奪賊刀擊斬一賊，羣賊擁至，遂赴水死。

先是，蘄州破，指揮岳璧自屋墮地，不死。賊執至城上，欲降之。厲聲曰：「我世臣也，

城亡與亡，豈降賊！」賊刃之，仆地。氣將絕，瞋目曰：「我死為鬼，當滅汝！」時大雪，血流丈餘，目眦不合。

同時，郭金城為羅田守將，賊逼城，率所部五百人戰，斬級百餘，追之英山。賊大集，困三日，突圍不得出，被執。脅降不從，見殺。

崔文榮，海寧衛人。世指揮僉事，舉武會試，授南安守備。崇禎中，臨、藍盜起，逼桂陽，桂王告急。文榮督所部會剿，却賊四萬人。以功，擢武昌參將。

十六年四月，張獻忠犯漢陽，文榮渡江襲斬六百級。已而城陷，武昌震懼。巡撫宋一鶴既死，承天新任巡撫王聚奎未至，武昌素不宿重兵，城空虛。或議撤江上兵以守，文榮曰：「守城不如守江，團風、煤炭、鴨蛋諸洲，淺不及馬腹，縱之飛渡，而坐守孤城，非策也。」當事不從。賊果從團風渡江，陷武昌縣。縣無人，賊出營樊口，文榮軍洪山寺扼之。旣，斂兵入城，以他將代守。賊全軍由鴨蛋洲畢渡，抵洪山，守將亦退入城。文榮以武勝門當賊衝，偕故相賀逢聖協守，賊攻之不能下。

監軍參政王揚基時已擢右僉都御史，巡撫承天、德安二郡，未聞命，尚駐武昌。見勢

急，與推官傅上瑞詭言有事漢陽，開門遁去，人情益洶洶。先是，楚王出資募兵，應募者率蘄、黃潰卒及賊間諜，至是開文昌、保安二門納賊。文榮方出鬭還，闔城扉不及，躍馬大呼，殺三人。賊攢槊刺之，洞胸死。

有朱士鼎者，起家武進士，為巡江都司。城陷被執，賊喜其勇敢，欲大用之。戟手大罵，賊斷其右手，乃以左手染血灑賊，賊又斷之，不死。賊退，令人縛筆於臂，能作楷字。招集舊卒，訓練如常。

徐學顏，字君復，永康人。母疾，禱於天，請以身代。夜夢神人授藥，且識其形色，廣覓之，得荊瀝，疾遂愈。父為中城兵馬指揮，忤權要人下吏。學顏三疏訟冤，所司格不上，徧叩諸公卿莫為雪，將置重辟。學顏號泣爭於刑部，不能得，至齧臂血濺於庭，乃獲釋歸。推所居大宅讓其弟，尙義疎財，族黨德之。崇禎三年建東宮，詔舉孝友廉潔、博物洽聞可勵俗維風者，有司以學顏應，寢不行。十二年以恩貢生授楚府左長史，引義匡輔，王甚敬之。

十五年冬，諸司長官及武昌知府、江夏知縣並以朝覲行，學顏攝江夏事，繕修守具。楚

府新募兵，卽令學顏將之。明年五月晦，新軍內叛，城陷。學顏格鬬，斷左臂，大罵不屈，爲賊支解，一家二十餘人殉之。通判固安李毓英亦舉家自縊。

武昌知縣鄒逢吉被害。同死者，武昌衞經歷汪文熙、巡檢戴良瑄及僧官一人，俱罵賊不屈，腰斬。賊既陷武昌，分兵陷屬邑，於是嘉魚知縣霍山王良鑑、蒲圻知縣臨川曾栻俱抗節死。事聞，學顏贈僉事，毓英等賵卹有差。

馮雲路，字漸卿，黃岡人。好學勵行，年三十，卽棄諸生從賀逢聖講學，遂寓居武昌，著書數百卷。崇禎三年，巡按御史林鳴球薦其賢，并上所著書，不用。及賊將渡江，雲路貽書逢聖曰：「在內，以寧湖爲止水。在外，以漢江爲汨羅。」寧湖者，雲路談經處也。城既陷，乘桴入寧湖。賊遣使來聘，遙應曰：「我平生只讀忠孝書，未嘗讀降賊書也。」遂投湖死。從游諸生汪延陛亦死焉。

其同邑熊霦，字渭公，亦移居武昌。喜邵子皇極書，頗言未來事。十六年元旦，盡以所撰性理格言、圖書懸象、大易參諸書付其季弟，曰：「善藏之。」城破前一日，貽書雲路，言「明日當覓我某樹下。」及期行樹傍，賊追至，躍入荷池以死。

有諸生明睿者，江夏人。城破，賊獨不入其門。睿慨然曰：「安有父母之邦覆，而偸生苟活者！」語家人：「速從我入井，否則速去。」於是妻及二子、二女并諸婢以次投井。睿笑曰：「吾今曠然無累矣。」從容榜諸門，赴井死，時人號爲明井。

先是，賊陷黃岡，諸生易道暹者，字曦侯。好學尙氣節，居深山中，積書滿家。賊氛漸逼，道暹惜所積書，又以己所著書多，不忍棄，逡巡未行。及賊至，子爲瑚急奉母走青峰巖，道暹攜幼子爲璉擔書以行。遇賊，紿曰：「余書賈也。」賊笑曰：「汝易曦侯，何紿我。」道暹曰：「若既知我，當聽我一言，愼毋殺人焚廬舍。」賊曰：「若身不保，尙爲他人言耶！」道暹厲色叱賊，賊怒殺之。爲璉請代，賊并殺之。未幾，爲瑚亦被殺。

時黃陂諸生傅可知亦以叱賊死。可知幼喪父，卧柩下三年。六十喪母，啜粥三年。黃陂陷，被執，可知年已踰八十。賊憫其老不殺，俾養馬，叱曰：「我爲士數十年，肯役於賊耶！」延頸就刃，賊殺之。

蔡道憲，字元白，晉江人。崇禎十年進士。爲長沙推官。地多盜，察豪民通盜者，把其罪而任之。盜方劫富家分財，收者已至。召富家還所失物，皆愕不知所自。惡少年閉戶謀

爲盜，啓戶，捕卒已坐其門，驚逸去。吉王府宗人恣爲奸，道憲先治而後啓王。王召責之，抗聲曰：「今四海鼎沸，寇盜日滋。王不愛民，一旦鋌而走險，能獨與此曹保富貴乎？」王悟，謝遣之。

十六年五月，張獻忠陷武昌，長沙大震。承天巡撫王揚基率所部千人，自岳州奔長沙。道憲請還駐岳州，曰：「岳與長沙脣齒也，并力守岳則長沙可保，而衡、永亦無虞。」揚基曰：「岳，非我屬也。」道憲曰：「棄北守南，猶不失爲楚地。若南北俱棄，所屬地安在？」揚基語塞，乃赴岳州。及賊入蒲圻，卽遁去。湖廣巡撫王聚奎遠駐袁州，憚賊不敢進。道憲亦請移岳，聚奎不得已至岳，數日卽徙長沙。道憲曰：「賊去岳遠，可繕城以守。彼犯岳，猶憚長沙援。若棄岳，長沙安能獨全。」聚奎不從。賊果以八月陷岳州，直犯長沙。

先是，巡按御史劉熙祚令道憲募兵，得壯丁五千訓練之，皆可用。至是親將之，與總兵官尹先民等扼羅塘河。聚奎聞賊逼，大懼，撤兵還城。道憲曰：「去長沙六十里有險，可柵以守，毋使賊踰此。」又不從。

時知府堵胤錫入覲未返，通判周二南攝攸縣事，城中文武無幾。賊薄城，士民盡竄。聚奎詭出戰，遽率所部遁。道憲獨拒守，賊遶城呼曰：「軍中久知蔡推官名，速降，毋自苦。」道憲命守卒射之斃。越三日，先民出戰，敗還。賊奪門入，先民降。道憲被執，賊啗以官，

嚼齒大罵。釋其縛，延之上坐，罵如故。賊曰：「汝不降，將盡殺百姓。」道憲大哭曰：「願速殺我，毋害我民。」賊知終不可奪，磔之，其心血直濺賊面。

健卒林國俊等九人隨不去，賊亦令說道憲降。國俊曰：「吾主畏死去矣，不至今日。」賊曰：「爾主不降，爾輩亦不得活。」國俊曰：「我輩畏死亦去矣，不至今日。」賊并殺之，四卒奮然曰：「願瘞主屍而死。」賊許之，乃解衣裹道憲骸，瘞之南郊醴陵坡，遂自刎。道憲死時年二十九，贈太僕少卿，謚忠烈。

二南，字汝爲，雲南人。由選貢爲長沙通判，盡職業，與道憲深相得。擢岳州知府，士民固留，乃以新秩還長沙，後亦死。

邑中舉人馮一第走湘鄉，將乞師他所，賊繫其母與兄招之。一第歸就縛，賊將斬之，一老僧伏地哭請免。賊乃去其兩手置營中，一夕死，母兄獲免。賊陷東安，舉人唐德明仰藥死。犯耒陽，諸生謝如珂拒戰死。

張鵬翼，西充人。崇禎中，由選貢生授衡陽知縣。十六年八月，張獻忠逼衡州，巡撫王

聚奎、李乾德及監司以下皆遁，士民盡奔竄。鵬翼獨守空城，賊至卽陷。脅使降，戟手詬詈，賊縛而投諸江，妻子赴水死。

賊之趨岳州也，巴陵教諭桂陽歐陽顯宇時攝縣事，死焉。其趨臨湘也，知縣莆田林不息抗罵不屈，斷其兩手殺之。湘陰陷，知縣大埔楊開率家屬十七人投水死。其丞賴萬耀攝醴陵縣事，城破亦死之。長沙府照磨莫可及，宜興人，攝寧鄉縣事，殉城死。二子若鼎、若鉦號慟奔赴，遇害。衡州既陷，屬縣衡山亦失守，知縣富順董我前、教諭分宜彭允中，皆盡節。府教授永明蔣道亨攝武陵縣事，抱印罵賊，見殺。其他文武將吏，非降則逃。長沙史可鏡，官給事中，丁艱歸，降賊，賊用爲湖廣巡撫。及賊棄湖廣入四川，李乾德復還長沙，執可鏡，加榜掠，械送南都伏法。

乾德者，亦鵬翼同邑人。崇禎四年進士。十六年歷右僉都御史撫治鄖陽，未赴，改湖南。時武昌已陷，乾德守岳州。獻忠攻急，乾德棄城走長沙，岳州遂陷。轉徙衡、永，賊至，輒先避，長沙、衡、永皆隨陷。獻忠入四川，乃還長沙，以失地，詣赴督師王應熊軍前自劾。永明王立，擢兵部侍郎，巡撫川南。乾德入蜀，其鄉邑已陷，父亦被難，乃說諸將袁韜攻佛圖關，復重慶。韜及武大定久駐重慶，食盡。乾德說嘉定守將楊展與大定結爲兄弟，資之食。已而惡展，搆韜殺之，據嘉定，蜀人咸不直乾德。會劉文秀自雲南至，擒韜，陷嘉定，乾

德乃驅家人及其弟御史升德，俱赴水死。

劉熙祚，字仲緝，武進人。父純仁，泉州推官。熙祚舉天啓四年鄉試。崇禎中，爲興寧知縣。奸民啖斷腸草，脅人財物。熙祚令贖罪者必以草，以是致死者勿問，草以漸少，弊亦止。課最，徵授御史。

十五年冬巡按湖南。李自成陷荆、襄諸郡，張獻忠又破蘄、黃，臨江欲渡。熙祚以明年二月抵岳州，檄諸將分防江滸，偏沅、鄖陽二撫聯絡形勢。會賊馬守應據澧州，窺常德，土寇甘明揚等助之。熙祚馳至常德，擊斬明揚。五月還長沙。

及武昌、岳州相繼陷，急令總兵尹先民、副將何一德督萬人守羅塘河，扼要害。而巡撫王聚奎乃撤守長沙，賊遂長驅至。聚奎率潰將孔全彬、黃朝宣、張先璧等走湘潭，長沙不能守。惠王避地至長沙，與吉王謀出奔，熙祚奉以奔衡州。衡州，桂王封地也，聚奎兵至，大焚劫，王及吉、惠二王皆登舟避亂。熙祚單騎赴永州爲城守計。未幾，聚奎復走祁陽，衡州遂陷。永士民聞之，空城逃。三王至永州，[三]聚奎繼至，越日全彬等亦至，劫庫金去。熙祚乃遣部將護三王走廣西，而己返永州拒守。賊騎追執之，獻忠踞桂王宮，叱令跪，不屈。賊羣毆之，自殿城曳至端禮門，膚盡裂。使降將尹先民說之，終不變，見殺。事聞，贈太常少卿，謚忠毅。

弟永祚，字叔遠，由選貢生屢遷興化同知，擒賊曾旺。後以副使知興化府事。大清兵入城，仰藥死。弟綿祚，字季延。崇禎四年進士。爲吉安永豐知縣。鄰境九蓮山，界閩、粵，賊窟其中，綿祚請會剿。賊怒，率衆攻。綿祚出擊，三戰三捷。賊益大至，綿祚伏兵黃牛峒，大破之。積勞得疾，請告歸卒。兄弟三人並死王事。

王聚奎既失永州，後伺賊退，潛還武昌，爲代者何騰蛟所劾，奪緣免。

王孫蘭，字畹仲，無錫人。崇禎四年進士。累遷成都知府。蜀宗人虐民，民相聚將焚內江王第。孫蘭撫諭之，乃解。父憂，服闋，起官紹興，修荒政。遷廣東副使，分巡南雄、韶州二府。連州猺賊爲亂，馳剿，三戰皆捷。十六年，張獻忠大亂湖南，湖南之郴州宜章與韶接壤。孫蘭乞援督府，不應，最後以七百人至，一宿復調去。及賊陷衡州，肆屠戮。韶所轄樂昌、乳源、仁化，逋竄一空。連州守將先據城叛，韶士民聞之，空城逃，而賊所設僞官傳檄將至。孫蘭仰天歎曰：「失封疆當死，賊陷城又當死，吾盍先死乎！」遂自縊。既死，賊竟

不至，朝廷憫其忠，予贈卹。

程良籌，字持卿，孝感人，工部尚書註子也。天啓五年進士。時註爲太常少卿，不附魏忠賢。御史王士英劾其爲趙南星、李三才私黨，忠賢遂矯旨幷良籌除名，永不敍錄。未出仕而除名，前此未有也。崇禎元年起官，歷文選員外郎，掌選事。麻城李長庚爲尙書，以同鄉故，甚倚之。正郎久缺不推補，同列多忌，朝論亦少之。長庚用推擧失當削籍，良籌亦下吏遣戍，久乃釋歸。

十六年，李自成犯承天，孝感亦陷。良籌以白雲山險峻，與同邑參政夏時亨築壘聚守。賊使說降，良籌毀其書。賊怒，設長圍攻之，相持四十餘日，解去。時漢陽、武昌亦爲張獻忠所陷，四面皆賊，獨白雲孤處其間，賊頗忠之。已，武昌爲官軍所復，良籌號召遠近諸寨，犄角進兵。其冬，遂復孝感、雲夢。十二月，進薄德安，兵敗，退保白蓮寨。寨中人素通賊，爲內應，良籌遂被執。說降，不屈，羈之密室。明年正月，左良玉遣將攻德安。賊懼，擁良籌令止外兵，不從。賊棄城去，逼良籌偕行，又不從，遂被殺。贈太常少卿。

程道壽者，良籌里人也，嘗爲來安知縣。賊陷孝感，置掌旅守之。道壽結里中壯士，擊殺掌旅。賊復至，杖之，繫獄，令爲書招良籌。道壽曰：「我不能助白雲滅汝，肯助汝耶？」遂見殺。

黃世清，字澄海，滕縣人。父中色，吏部員外郎。世清登崇禎七年進士，除戶部主事，榷滸墅關，有清操。歷員外郎，屢遷右參議，分守商、雒，駐商州。城屢遭兵，四野蕭然，民皆入保城中。而客兵所過淫掠，民苦兵甚於賊。世清下令兵不得闌入城。未幾，關中兵經其地，有二卒摑門，榜以徇。督撫發兵，誡毋犯黃參議令。李自成躪荊、襄，遠近震動。世清一子方幼，屬友人養之，誓身殉。

十六年十月，自成敗孫傳庭軍，長驅入關，遣右營十萬人從南陽犯商州。世清憑城守，有奸民投賊，至城下說降，世清佯與語，發礮斃之，懸其首城上曰：「懷二心者視此！」士民皆効死，礮矢盡，繼以石，石盡，婦人掘街砌繼之。

城陷，世清坐堂上，麾其僕朱化鳳去，化鳳願同死。賊牽世清下，化鳳叱曰：「奴才不得無禮！」賊批其頰，化鳳聲色愈厲。執至賊帥袁宗第營，世清植立。賊欲屈之，化鳳曰：「吾

主堂堂憲司，肯拜賊耶！」賊先殺之，授世清以防禦札。罵不受，與一家十三人皆遇害。贈光祿卿。

楊暄，高平人。崇禎十三年進士。授渭南知縣。歲大凶，畢力拯救，民稍獲安。十六年冬，李自成入潼關，兵備僉事楊王休降。教授許嗣復分守上南門，城破，持梃鬬，詈賊死，妻女被掠皆自殺。賊遂抵渭南。暄已擢兵部主事，未行，與訓導蔡其城同守。會舉人王命誥開門迎賊，暄被縛，索印不與，詬罵死。其城亦死之。

賊遂陷西安，咸陽知縣趙躋昌被害。屬邑望風降。蒲城知縣朱一統獨謀拒守，曰：「吾家七世衣冠，安可臣賊。」或言他州縣甲榜者皆已納款，一統曰：「此事寧論資格耶。」以體肥，令家人擴井口以待。會衙兵叛，奪印趣迎降。一統瞋目叱曰：「吾一日未死，印不可得！」日暮，左右盡散，從容赴井死。縣丞沁源姚啓崇亦死焉。一統，平定人，起家乙榜。

有朱迥洪者，藩府宗室也，由宗貢生爲白水知縣。明習吏事，下不敢欺。賊潛入城，猶手弓射賊，與學官魏歲史、劉進並被難。

唐時明，字爾極，固始人。舉於鄉。崇禎中，爲長垣教諭。子路墓祀田爲豪家奪，時明復其故。由國子學正屢遷鳳翔知府。十六年十月聞李自成入潼關，亟治戰守備。俄潰兵大掠，西人無固志。及自成據西安，分兵來寇，典史董尙質開門迎賊，時明被執。僞相牛金星曰：「吾主求賢若渴，君至西京，不次擢用。」時明叱曰：「我天朝命吏，肯臣賊耶！」金星令尙質說降，厲聲責之。賊令縛赴西安，時明託妻子於友人，至興平，乘間自縊。

鳳翔既陷，屬城叛降。隴州同知薛應玢，武進人。時攝州事，勒兵守城。城陷，詈賊死。寶雞知縣唐夢鯤，番禺舉人。歷知仙居、天台、富川、分水四縣。在富川，有撫瑤功。及坐累，謫池州經歷，攝貴池縣事。左良玉擁兵下，鄉民奔入城，守者拒，夢鯤令悉納之。改寶雞，賊已過潼關，星馳抵任。賊逼縣，知不可守，自經死。

段復興，字仲方，陽穀人。崇禎七年進士。歷右參議，分守慶陽。十六年十月，李自成據西安，傳檄諭降。復興裂其檄，集衆守。踰月，賊薄城，圍數匝，發礮石殺賊滿濠。久之，勢不支。拜辭其母，聚妻妾子女於樓，置薪其上，復乘城督戰。城陷，趨歸火其樓，母亦赴

火死。乃持鐵鞭走北門，擊殺數賊，遂自刎。士民葬之西河坪，立祠祀之。

同時死難者，慶陽推官靳聖居、安化知縣袁繼登。聖居，字淑孔，長垣人。崇禎元年進士，歷知濟源、萊陽二縣。屢謫復起，涖慶陽時，已授刑部主事，未行，遇賊，佐復興死守。城破被執，罵不絕口死。繼登，南畿人。起家選貢，涖任未浹歲卽遘變，見賊求速死，賊殺之。

其陷寧州也，知州董琬死之。宗室朱新鏌者，以貢生授中部知縣。自成使人持檄招降，新鏌碎之。歎曰：「城小無兵，空令士民受禍，計惟自靖耳。」令妻妾子女盡縊，乃投繯死。

簡仁瑞，字季麟，榮縣人。由舉人歷官西安同知，遷平涼知府。十六年冬，賊入關，諸王及監司以下官謀遁走。仁瑞謁韓王曰：「長安有重兵，訛言不足信。殿下輕棄三百年宗社，欲何之？縱賊壓境，延、寧、甘、涼諸軍足相援，必不能支，同死社稷，亦不辱二祖列宗。」王不從。是夕，其護衛卒譟，挾王及諸郡王、宗室斬關出奔，脅仁瑞行。仁瑞曰：「吾平涼守也，吾去，誰與守？」衆遂去。仁瑞乃撤四關居民入城，以土石塞門爲死守計。未幾，賊檄至，乃召所活死囚數輩，謂之曰：「吾昔嘗生汝，汝亦有以報我乎？」皆對曰：「唯命。」卽托以

幼子，令衞出。明日，賊抵城下，士民數人草降書，乞僉名署印。仁端怒叱責之，正衣冠，自經堂上。

平涼既陷，屬城悉降。華亭敎諭鄭姓者，援曾子居武城義，欲避去。訓導何相劉止之曰：「吾輩委質爲臣，安可以賓師自待？」乃率諸生共守，及城陷，與敎諭皆殉難。

司五敎，字敬先，內黃人。篤學有志行。崇禎時，以歲貢爲內丘訓導。十一年，邑被兵，佐長吏拒守有功。遷城固知縣，剿山寇滅之。十六年冬，賊據關中，郡縣風靡，五敎激士民固守。有諸生謀內應，捕斬之，竿其首城上。無何，僞帥田見秀擁兵至，五敎且戰且守。賊悉兵攻四日而城陷，既見執，厲聲罵賊。賊去其冠帶，輒自取冠之，罵益厲，乃被磔。

鄉官張鳳翮，字健沖。天啓五年進士。崇禎中官御史，極論四川巡撫王維章貪劣，而請召還給事中章正宸，不納。出按雲南，還朝，言：「陛下議均輸再征一年，民力已竭，討賊諸臣泄泄沓沓，徒糜數百萬金錢。」帝納其言，敕兵部飛騎勒熊文燦進兵，而張獻忠已叛矣。十五年遷浙江右參政，未任而罷。賊陷城，脅之仕，不屈死。

都任，字弘若，祥符人。萬曆四十一年進士。授南京兵部主事，進郎中，屢遷四川右參政。天啓五年大計，左遷江西僉事，復屢遷陝西左布政使。崇禎五年又謫山東右參政。再遷山西按察使。任性剛嚴，多忤物，數謫徙，終不變。月朔，同僚朝晉王，任據會典爭，不赴。巡按御史張孫振誣劾提學僉事袁繼咸，任數慰問繼咸，賻其行。孫振怒，復中以大計，貶秩歸。後復起，歷右布政使兼副使，飭榆林兵備。十六年九月，巡撫崔源之罷去，代者張鳳翼未至，總兵官王定從孫傳庭出關，大敗奔還，遠近震恐。李自成遂據西安，遣其將李過以精卒數萬徇三邊，延安、綏德相繼陷。定懼，詭言討河套寇，率所部遁去，榆林益空虛。任急集軍民，慷慨流涕，諭以大義，與督餉員外郎王家錄、副將惠顯等議城守。城中多廢將，任以尤世威知兵，推爲主帥，率諸將王世欽等數十人誓死守。賊遣使招降，任斬以徇。賊大衆麕至，十一月望，城被圍，至二十七日，城陷，任猶巷戰，力不支，被執。欲降之，大罵不屈，遂見殺。世威等皆死，詳見世威傳中。

家錄，黃岡人，舉於鄉。時已擢關南兵備僉事，未行，與任協守。圍急，男子皆乘城，家錄令婦人運水灌城，氷厚數寸，賊不能攻。及城陷，家錄自剄死。

一時同死者，里居戶部主事張雲鷚，知州彭卿、柳芳，湖廣監紀趙彬，皆不屈死。指揮崔重觀自焚死，傅佑與妻杜氏自縊死。中軍劉光祐罵賊死。材官李耀，善射，矢盡，自刎死。同營李光裕趣家人死，亦自刎死；張天敍焚其積貯，自縊死。指揮黃廷政與弟千戶廷用、百戶廷弼奮力殺賊，同死。千戶賀世魁偕妻柳氏自縊死。參將馬鳴節聚妻子室中，自焚死。里居戰死則山海副總兵楊明、定邊副總兵張發、孤山副總兵王永祚、西安參將李應孝。在官死事則遊擊傅德、潘國臣、李國奇、晏維新、陳二典、劉芳馨、文侯國，都司郭遇吉，中軍楊正韓、柳永年、馬應舉，旗鼓文經國，守備尤勉、惠澈、賀大雷、楊以偉，指揮李文焜、文燦。而副將常懷、李登龍，遊擊孫貴、尤養鯤，守備白愼衡、李宗敍，亦以守鄉土遭難。諸生則陳義昌、沈濬、沈演、白拱極、白含章罵賊死，張連元、連捷、李可柱、胡一奎、李膺祥自經死。一城之中，婦女死義者數千人，井中屍滿，賊遂屠其城。

榆林爲天下雄鎭，兵最精，將材最多，然其地最瘠，餉又最乏，士常不宿飽。乃慕義殉忠，志不少挫，無一屈身賊庭，其忠烈又爲天下最。事聞，天子嗟悼，將大行褒恤，國亡不果。

祝萬齡，咸寧人。父世喬，有至行，以父遠遊不歸，年十五即獨身訪求，瀕死，歷數千

里，卒得之。後由選貢通判南康，以淸愼著。

萬齡師鄉人馮從吾，舉萬曆四十四年進士。累官保定知府。天啓六年，魏忠賢盡毀天下書院，萬齡憤。逆黨李魯生遂劾萬齡倡詭言，謂天變、地震、物怪、人妖，悉由毀書院所致，非聖誣天實甚。萬齡遂落職。

崇禎初，用薦起黃州知府，集諸生定惠書院，迪以正學。居三年，遷河南副使，監軍磁州。輝縣之北與山西陵川之南，有村曰水峪，回賊竊據數十年，大爲民患。萬齡與山西監司王肇生合兵擊，六戰焚其巢三百餘，賊遂平。錄功，加右參政。

流賊自山西入河北，掠新鄉。萬齡邀擊之，賊走陵川。已，復大至，坐失事，削籍歸。湯開遠訟其冤，不納。久之，廷臣交薦，未及用，而西安陷。萬齡深衣大帶，趣至關中書院，哭拜先聖，投繯死。僉事涇陽王徵、太常寺卿耀州宋師襄、懷慶通判咸寧竇光儀、儀封知縣長安徐方敬、芮城知縣咸寧徐芳聲、舉人宗室朱誼罙及席增光皆里居，城破，並抗節死。

陳璸，漳浦人。天啓五年進士。授慈谿知縣。崇禎十年爲袁州推官，拒楚賊有功。屢遷右參議，分守湖南，討平八排賊。十六年，張獻忠陷長沙，圍參政周鳳岐於澧州。璸督兵往

救，軍敗，被執。欲降之，不屈，斷手割肝而死。

鳳岐，永康人。萬曆末年進士。歷工部郎中，掌節愼庫，忤奄人，落職歸。崇禎初，起故官，進四川副使。苗人爭界，爲立碑畫疆以定之。改右參政，分守澧州。賊來犯，援軍敗沒，城遂陷。賊帥親解其縛，說以降，怒罵而死。

王徵俊，字夢卜，陽城人。天啓五年進士。授韓城知縣。崇禎初，流賊來犯，禦却之。坐大計，謫歸德照磨。巡按御史李日宣薦於朝，給事中呂黃鐘請用天下必不可少之人，亦及徵俊，乃量移滕縣知縣。累官右參政，分守寧前，以憂歸。十七年二月，賊陷陽城，被執不屈，繫之獄。士民爭頌其德，賊乃釋之。抵家北面再拜，投繯卒。

其時士大夫居家盡節者，靈石宋之儁、翼城史可觀、陽曲朱愼鏷。之儁舉進士，歷官登萊監軍副使，忤巡按謝三賓，互訐於朝，落職歸。三賓亦貶秩。及遇變，之儁受刑死。妻喬罵賊撞階死。女斂屍畢，拔簪刺喉死。可觀，太常少卿學遷子。官中書舍人，加鴻臚少卿。城陷，自縊死。愼鏷，晉府宗室，攝靈丘郡王府事。賊陷太原，冠帶祀家廟，驅家人入廟中，焚之，已亦投火死。

丁泰運，字孟尙，澤州人。崇禎十三年進士。除武陟知縣，調河內，著廉直聲。十七年二月，賊將劉方亮自蒲坂渡河。巡按御史蘇京托言塞太行道，先遁去，與陝西巡撫李化熙同抵寧郭驛。俄兵變，化熙被傷走。兵執京，披以婦人服，令插花行，稍違，輒抶之以爲笑樂。叛將陳永福引賊至，京卽迎降。賊遂逼懷慶，監司以下皆竄。泰運獨守南城，力不支，被執。賊擁見方亮，使跪不屈，燒鐵鎖炙之，亦不從，乃遇害。

賊既陷懷慶，尋陷彰德。安陽人尙大倫，字崇雅。由進士歷官刑部郎中。有國學生白夢謙以救黃道周繫獄，大倫議寬之，忤尙書意，遂罷歸。城陷，抗節死。參將楡林王棨及其子師易，皆死之。又有王橓徵，由鄉舉歷官蒲州知州，忤豪宗，謝事歸。爲賊所執，傳詣李自成，道憤恨不食死。

校勘記

〔一〕惠王常潤南奔　惠王，原作「瑞王」，據本書卷一二〇惠王常潤傳、國榷卷九八頁五九五四改。

〔二〕三王至永州　三王，原作「二王」，據本書卷一二〇惠王常潤傳改。下同。

明史卷二百九十五

列傳第一百八十三

忠義七

何復 邵宗元等　張羅俊 弟羅彥等　金毓峒 韓東明等　湯文瓊 范箴聽等

許琰 曹肅等　王喬棟　張繼孟 陳其赤等　劉士斗 沈雲祚等

王勵精 劉三策等　尹伸 莊祖誥等　高其勳 王士傑等　張耀 吳子騏

曾異撰等　米壽圖　耿廷籙 馬乾　席上珍 孔師程等　徐道興 羅國瓛等

劉廷標 王運開　王運閎

何復，字見元，平度人。邵宗元，字景康，碭山人。復，崇禎七年進士。知高縣，有却賊功。忤上官，被劾謫戍。後廷臣多論薦，起英山知縣，累遷工部主事，進員外郎。十七年二月擢保定知府。宗元，由恩貢生歷保定同知，有治行。

李自成陷山西，遣僞副將軍劉方亮由固關東犯，畿輔震動。及眞定遊擊謝嘉福殺巡撫徐標反，遣使迎賊，人情益洶洶。宗元時攝府事，亟集通判王宗周，推官許曰可，清苑知縣朱永康，後衞指揮劉忠嗣及鄉官張羅彥、尹洗等，議城守。復聞，兼程馳入城，宗元授以印。復曰：「公部署已定，印仍佩之，我相與僇力可也。」乃謁文廟，與諸生講見危致命章，詞氣激烈。講畢，登城分守。

都城陷之次日，賊使投書誘降，宗元手裂之。明日，賊大至，絡繹三百里。有數十騎服婦人衣，言：「所過百餘城，皆開門遠迎，不降卽屠。且京師已破，汝爲誰守？」城上人聞之，髮豎眥裂。賊環攻累日，宗元等守甚堅，賊稍稍引却。

督師大學士李建泰率殘卒數百，輦餉銀十餘輛，叩城求入。宗元等不許。建泰舉敕印示之，宗元等曰：「荷天子厚恩，御門賜劍，酌酒餞別。今不仗鉞西征，乃叩關避賊耶？」建泰怒，厲聲叱呼，且舉尙方劍脅之。或請啓門，宗元曰：「脫賊詐爲之，若何？」衆以御史金毓峒嘗監建泰軍，識建泰，推出視之信，乃納之。

建泰入，賊攻益厲。建泰倡言曰：「勢不支矣，姑與議降。」書牒，迫宗元用印。宗元抵印厲聲曰：「我爲朝廷守土，義不降，欲降者任爲之。」大哭，引刀將自刎，左右急止之，皆雨泣。羅彥前曰：「邪說勿聽，速擊賊。」復自起爇西洋巨礮，火發，被燎幾死。賊攻無遺力，雉堞盡傾。俄賊火箭中城西北樓，復遂焚死。南郭門又焚，守者多散。南城守將王登洲縋城出降，賊蜂擁而上。建泰中軍副將郭中杰等爲內應，城遂陷。宗元及中官方正化不屈死。建泰率曰可、永康出降。忠嗣分守東城，城將陷，召女弟適楊千戶者歸，與妻毛、子婦王同處一室，俱以弓弦縊殺之，復登城拒守。城破被執，怒詈，奪賊刀殺二賊。賊麕至，剜目劓鼻支解死。

一時武臣死事者，守備則張大同與子之坦力戰死。指揮則文運昌、劉洪恩、戴世爵、劉元靖、呂九章、呂一照、李一廣，中軍則楊儒秀，鎮撫則管民治，千戶則楊仁政、李尚忠、紀動、趙世貴、劉本源、侯繼先、張守道，百戶則劉朝卿、劉悅、田守正、王好善、强忠武、王爾祉，把總則郝國忠、申錫，皆殉城死。

有呂應蛟者，保定右衞人，歷官密雲副總兵，謝事歸。賊至，總監正化知其能，延與共守，晝夜戮力。城破，短兵鬭殺十餘賊而死。

張羅俊，字元美，清苑人。父純臣，由武進士歷官署參將、神機營左副將。生六子：羅俊、羅彥、羅士、羅善、羅喆、羅輔。

羅俊娶瞽女，終身不置妾。羅彥，字仲美，舉崇禎二年進士。累遷吏部文選郎中。楊嗣昌數借封疆事引用匪人，羅彥多駁正。帝疑吏部行私，廠卒常充庭，曹郎多罹譴者，羅彥獨無所染。秩滿，遷光祿少卿，被誣落職歸。羅俊以十六年秋舉進士，羅輔亦以是年舉武進士。而羅彥少從父塞上，習兵事。初官行人，奉使旋里，鄉郡三被兵，佐當事守禦，三著功。給事中時敏奉使過其地，夜半欲入城，羅彥不許。敏劾其擅司鎖鑰，羅彥疏辯，帝不問。

十七年二月，賊逼京師，衆議守禦。羅彥兄弟與同知邵宗元等歃血盟，誓死守。總兵官馬岱謁羅彥曰：「賊分兩道，一出固關，一趨河間。吾當出屯蠡縣扼其衝，先殺妻子而後往，其城守悉屬公。」羅彥曰：「諾。」詰旦，岱果殺妻孥十一人，率師去。羅彥等糾鄉兵二千分陴守。羅俊守東城，羅彥西北，羅輔爲游兵。公廩不足，出私財佐之。賊遣騎呼降，羅俊顧其下曰：「欲降者，取我首去。」後衞指揮劉忠嗣挺劍曰：「有不從張氏兄弟死守者，齒此劍。」怒目，髮上指。聞者咸憤厲，守益堅，賊爲引却。

已，聞京師變，衆皆哭，北向拜，又羅拜相盟誓。而賊攻益急，城中多異議。羅彥謂宗元曰：「小民無知，非鼓以大義，氣不壯。」乃下令人綴崇禎錢一枚於項，以示戴主意。賊謂羅彥主謀，呼其名大詬，且射書說降，羅彥不顧。賊死傷多，攻愈力。李建泰親軍爲內應，城遂陷。羅俊猶持刀砍賊，刀脫，兩手抱賊齧其耳，血淋漓口吻間。賊至益衆，大呼「我進士張羅俊也」，遂遇害。羅彥見賊入，急還家，大書官階、姓名於壁，投繯死；子晉與羅俊子伸並赴井死。

羅善，字舜卿，爲諸生，佐兩兄守城。城將陷，兩兄戒勿死，羅善曰：「有死節之臣，不可無死節之士。」妻高攜三女投井死，羅善亦投他井死。

羅輔多力善射，晝夜乘城，射必殺賊。城破，與羅俊奪圍走，羅俊不可，羅輔連射殺數人，矢盡，持短兵殺數人乃死。

張氏兄弟六人，羅士早卒，其妻高守節十七年，至是自經死。惟羅喆從水門走免，其妻王亦縊死。羅俊伯母李罵賊死。羅彥妻趙、二妾宋、錢及晉妻師，當圍急時，並坐井傍以待。賊入，皆先羅彥投井死，獨趙不沈，家人出之。羅輔妻白在母家，聞變欲死，侍者止之，紿以汲井，推幼女先入，已從之。羅俊再從子震妻徐，巽妻劉，亦投井死，一門死者凡二十三人。

金毓峒，字稚鶴，保定衞人。父銓，戶部員外郎。毓峒舉崇禎七年進士。授中書舍人。十四年面陳漕務，稱旨，授御史。疏論兵部尚書陳新甲庸才悞國，戶部尚書李待問積病妨賢。又請渙發德音，自十五年始，蠲除繁苛，與海內更新。因言復社一案，其人盡縫掖，不可以一夫私怨開禍端。帝多採納。

明年出按陝西。孫傳庭治兵關中，吏民苦征繕，日夜望出關，天子亦屢詔督趣。毓峒獨謂將驕卒悍，未可輕戰，抗疏爭。帝不納，師果敗。

十六年冬，期滿得代，甫出境，而賊入關。復還至朝邑，覈上將吏功罪而後行。明年三月召對，命監李建泰軍。馳赴山西，抵保定，賊騎已逼，遂偕邵宗元等共守。毓峒分守西城，散家貲千餘金犒士，其妻王亦出簪珥佐之。

京師變聞，賊射書說降，衆頗懈。毓峒厲聲曰：「正當爲君父復讎，敢異議者斬！」懸銀牌，令擊賊者自取。衆爭奮，斃賊多。城陷，一賊挽毓峒往謁其帥，且罵且行，遇井。推賊仆地，自墮井死。妻聞，卽自經。其從子振孫有勇力，以武舉佐守城。賊至，衆皆散，獨立城上，大呼曰：「我金振孫，前日殺數賊魁者，我也。」羣賊支解之。振孫兄肖孫、子婦陳與侍兒桂春，亦投井死。肖孫匿毓峒二子，爲賊搒掠無完膚，終不言，二孤獲免。

同時守城殉難者，邠州知州韓東明、武進士陳國政赴井死。平涼通判張維綱，舉人張爾翬、孫從範，不屈死。舉人高經負母避難，遇賊求釋母，母獲釋而經被執，乘間赴水死。貢生郭鳴世寢疾，聞城陷，整衣端坐。賊至，持棒奮擊而死。諸生王之珽，先城陷一日，置酒會家人，飲達旦。城破，偕妻齊及三子、二女入井死。諸生韓楓、何一中、杜日芳、王法等二十九人，布衣劉宗向、田仰名、劉自重等二十人，或自經，或溺，或受刃，皆不屈死。婦人盡節者一百十五人。他若都給事中尹洗、舉人劉會昌、貢生王聯芳，以城陷次日爲賊收獲，亦不屈死。賊揭其首於竿，書曰：「據城抗節，惡官逆子。」見者飲泣。

湯文瓊，字兆鰲，石埭人。授徒京師，見國事日非，數獻策闕下，不報。京師陷，慨然語其友曰：「吾雖布衣，獨非大明臣子耶？安忍見賊弒君篡國。」乃書其衣衿曰：「位非文丞相之位，心存文丞相之心。」投繯而卒。

福王時，給事中熊汝霖上疏曰：「北都之變，臣傳詢南來者，確知魏藻德爲報名入朝之首，梁兆陽、楊觀光、何瑞徵爲從逆獻謀之首，其他皆稽首賊庭，乞憐恐後。而文瓊以閭閻四夫，乃能抗志捐生，爭光日月。賊聞其衣帶中語，以責陳演，卽斬演於市。文瓊布衣死

節，賊猶重之，不亟表章，何以慰忠魂，勵臣節。」乃贈中書舍人，祀旌忠祠。

時都城以布衣盡節者，又有范箴聽、楊鉉、李夢禧、張世禧輩。福王建國，喪亂益甚，且見聞不詳，未盡表章。

箴聽，端方有義行。高攀龍講學都下，受業其門。魏國公徐允禎延爲館賓，數進規諫。允禎或倨見他客，箴聽至，輒斂容。賊入，置一棺，偃臥其上，絕食七日死。鉉，善寫眞。京師陷，攜二子赴井死。夢禧，負志節，與妻杜、二子、二女、一婢俱縊死。世禧，儒士也，亦與二子懋賞、懋官俱縊死。

又有周姓者，悲憤搥胸，嘔血數升而死。而柏鄉人郝奇遇，居京師，聞變，謂妻曰：「我欲死難，汝能之乎？」妻曰：「能。」遂先死。奇遇瘞畢，服藥死。

許琰，字玉仲，吳縣人。幼有至性，嘗刲臂療父疾。爲諸生，磊落不羈。聞京師陷，帝殉社稷，大慟，誓欲舉義兵討賊。走告里薦紳，皆不應。端午日過友人，出酒飲之，琰擲杯大詬曰：「今何日，我輩讀聖賢書，尚縱酒如平日耶！」拂衣徑去。已，聚哭明倫堂，琰衰杖擗踊，號泣盡哀。御史謁文廟，猶吉服。琰率諸生責以大義，御史惶悚謝罪去。及南都頒監國詔，而哀詔猶未頒。琰益憤慟，趨古廟自經，爲人所解，乃步至胥門，投於河。潞王舟至，拯之出，詢其故，嗟嘆良久。識琰者掖以歸，家人旦夕守，不得死，遂絕粒。尋聞哀詔至，卽庭中稽首號慟，幷不復言，以六月三日卒。鄉人私謚曰潛忠先生。南中贈五經博士，祀旌忠祠。

是時諸生殉義者，京師則曹肅、蘭衞卿、周讜、李汝翼，大同則李若葵，金壇則王明灝，丹陽則王介休，雞澤則殷淵，肥鄉則宋湯齊、郭珩、王拱辰。

肅，曾祖子登，仕爲甘肅巡撫。賊入，肅與祖母姜、母張、嫂李及弟持敏、妹持順、弟婦鄧並自縊。衞卿止一幼女，託其友，亦自縊。讜被執，罵賊不屈死。汝翼，布政使本緯子。亦罵賊，被磔死。若葵與親屬九人皆自縊，題曰一門完節。明灝聞變，日夕慟哭，家人解慰之。託故走二十里外，投水死。介休，不食七日死。

淵，字仲弘。父大白，官監軍副使，爲楊嗣昌所殺。淵負奇氣。從父兵間，善技擊，嘗欲報父讎。及賊破雞澤，謀起兵恢復。俄聞京師陷，卽同諸生黃祐等悲號發喪，約山中壯士，誅賊所置官。僞令秦植踉蹌走，乃入城，行哭臨禮，義聲大震。爲奸人所乘，被殺，遠近

悼之。湯齊、珩、拱辰亦起兵討賊，爲賊將張汝行所害。

王喬棟，雄縣人。舉進士，授朝邑知縣。縣人王之宷爲魏忠賢黨所惡，坐以贓，下喬棟嚴徵。喬棟不忍，封印於庫而去。巡撫怒，將劾之。士民擁署號呼，乃止。崇禎初，起順天教授，累遷湖廣參政。楚中大亂，諸道監司多不至，喬棟兼綰數篆。乙酉夏，李自成據武昌，喬棟時駐興國州。城爲賊陷，自經城樓上。

張繼孟，字伯功，扶風人。萬曆末年進士。知濰縣。天啓三年擢南京御史，未出都，奏籌邊六事，末言已被抑南臺，由錢神世界，公道無權，宜嚴禁餽遺。帝令實指，繼孟以風聞對，詔詰責之。左都御史趙南星言：「今天下進士重而舉貢輕，京官重而外官輕，在北之科道重而南都輕。乞因繼孟言，思偏重之弊。敕下吏部極力挽回，於用人不爲無補。」於是忌者咸指目繼孟爲東林。尋以不建魏忠賢祠，斥爲邪黨，削奪歸。

崇禎二年起故官，上言：

近見冢臣王永光「人言蹕至」一疏，語語謬戾。其曰「惠世揚等借題當議」。夫云借者，無其事而借名也。世揚與楊漣、左光斗同事同心，但未同死耳。今楊、左業有定議，世揚方昭揭於天下後世，奈何以借名之，謬一。

又曰「高捷、史𡎴發奸已驗，特用宜先」。夫捷、𡎴之糾劉鴻訓也，爲楊維垣等報讐耳。鴻訓輔政，止此一事快人意。其後獲罪以納賄，非以捷、𡎴劾也。今指護奸者爲發奸，謬二。

又曰「諸臣所擁戴者，錢謙益、李騰芳、孫愼行」。夫謙益本末，陛下近亦洞然。至騰芳、愼行，天下共推服。會推之時，永光身主其議。乃指公論爲擁戴，謬三。

又曰「欲諸臣疎一面網，息天下朋黨之局」。信斯言也，則部議漏張文熙等數十人，是爲疎網，而陛下嚴核議罪，反開朋黨之局乎？謬四。且永光先爲御史李應昇所糾，今又爲御史馬孟正、徐尙勛等所論。而推轂永光者先爲崔呈秀、徐大化，今則霍維華、楊維垣、張文熙，其賢不肖可知矣。帝並不納。永光深疾之，出爲廣西知府。上舍普名聲久亂未靖，繼孟設計戢之，一方遂安。稍遷浙江鹽運使，忤視鹽內官崔璘，左遷保寧知府。尋進副使，分巡川西。

十七年八月，張獻忠寇成都，與陳其赤、張孔敎、鄭安民、方堯相等佐巡撫龍文光協守，城陷被執。獻忠僭帝號，欲用諸人備百官。繼孟等不爲屈，乃被殺，妻賈從之。

其赤，字石文，崇仁人。崇禎元年進士。歷兵備副使，轄成都。城陷，投百花潭死，家人同死者四十餘人。

孔敎，字魯生，會稽人。舉於鄉。歷四川僉事，不屈死。子以衡，奉母孔南竄，匿不使知。踰年母詣以衡書室，見副使周夢尹請孔敎卹典疏，隕絕，罵以衡曰：「父死二載，我尙偸生，使我無顏見汝父地下！」遂取刀斷喉死。

安民，浙江貢生，歷蜀府左長史。賊圍成都，分守南城，城陷，不屈死。

堯相，字紹虞，黃岡人。官成都同知，監紀軍事，兵食不足，泣請於蜀王，王不允，自投於池，以救免。次日城陷，被殺於萬里橋下。總兵劉佳胤亦盡節。

劉士斗，字瞻甫，南海人。崇禎四年進士。知太倉州，有政聲。忤上官，中計典，謫江西按察司知事，擢成都推官。十六年，御史劉之勃薦爲建昌兵備僉事。明年八月，賊將入境，之勃促之行。士斗曰：「安危生死與公共，復何往。」城陷被執，見之勃與張獻忠語，大呼曰：「此賊也，公不可少屈！」獻忠怒，命捽以上，士斗又返顧之勃，語如前，遂闔門被殺。

同時，沈雲祚，字子凌，太倉人。崇禎十三年進士。知華陽縣。有奸民爲搖、黃賊耳目，設策捕戮之。賊破夔門，成都大震，雲祚走謁蜀王，陳守禦策，不聽。聞內江王至淥賢，往說之曰：「成都危在旦夕，而王府貨財山積，不及今募士殺賊，疆場淪喪，誰爲王守？」至淥言於王，不聽。賊迫成都，王始出財佐軍，已無及。城陷，獻忠欲用之，幽之大慈寺而遣其黨饋食，以刃脅降，不屈，遂遇害。

王勵精，蒲城人。崇禎中，由選貢生授廣西府通判，仁恕善折獄。歲凶，毀銀帶易粟，減價糶。富人聞之，爭出粟，價遂平。遷崇慶知州，多善政。

十七年，張獻忠陷成都，州人驚竄。勵精朝服北面拜，又西向拜父母，從容操筆書文信國成仁取義四語於壁，登樓縛利刃柱間，而置火藥樓下，危坐以俟。俄聞賊騎渡江，卽命舉火，火發，觸刃貫胸而死。賊歎其忠，斂葬之。其墨迹久逾新，滌之不滅。後二十餘年，州人建祠奉祀，祀甫畢，壁卽頹，遠近歎異。

先是，十三年賊犯仁壽，知縣鄱陽劉三策拒守，城陷不屈死，贈尙寶司丞。及是再陷，知縣顧繩貽遇害。賊陷郫縣，主簿山陰趙嘉煒守都江堰，賊誘降，不從，投江死。陷緜竹，典史卜大經與其僕俱縊死，鄉官戶部郎中刁化神亦死之。

他若滎縣知縣漢陽秦民湯、蒲田知縣江夏朱蘊羅、興文知縣漢川艾吾鼎、南部知縣鄭夢眉、中江敎諭攝劍州事覃之賓，皆殉難。夢眉夫婦並縊。蘊羅、吾鼎闔家被難。宗室朱奉鉚，由進士歷御史，劾督師丁啓睿諸疏，爲時所稱。時里居，幷及於難。

尹伸，字子求，宜賓人。萬曆二十六年進士。授承天推官。屢遷南京兵部郎中、西安知府、陝西提學副使、蘇松兵備參政。公廉強直，不事媕阿，三任皆投劾去。天啓時，起故官，分守貴州威清道。貴陽圍解，巡撫王三善將深入，伸頗贊之，監軍西征。三善敗歿，伸突圍歸，坐奪官，戴罪辦賊。四年，賊圍普安，伸赴援，賊解去，遂移駐其地。賊復來攻，率參將范邦雄破走之，遂北至三岔河。總督蔡復一上其功，免戴罪，貶一秩視事。崇禎五年歷河南右布政使，以失禦流賊，罷歸。伸所至與長吏迕，然待人有始終，篤分義，工詩善書，日課楷書五百字，寒暑不輟。張獻忠陷敍州，匿山中，搜得之，罵不肯行。

賊重其名，不殺。至井研，罵益厲，遂攢殺之。福王時，起太常卿，仲已先死。

蜀中士大夫在籍死難者，成都則雲南按察使莊祖誥，廣元則戶科給事中吳宇英，資縣則工部主事蔡如蕙，郫縣則舉人江騰龍。而安岳進士王起峩、渠縣禮部員外郎李含乙，皆舉義兵討賊，不克死。

高其勳，字懋功。初襲千戶，後舉武鄉試，爲黔國公標下中軍。吾必奎反，擢參將，守禦武定。及沙定洲再反，分兵來攻。固守月餘，城陷，衣冠望北拜，服毒死。

時有陳正者，世爲大理衞指揮，未嗣職。沙賊陷城，督衆巷戰，手馘數賊而死。王承憲者，襲祖職爲楚雄衞指揮，擢遊擊，爲副使楊畏知前鋒。定洲來攻，凡守禦備悉，畏知深倚之。賊去復至，承憲偕土官那簫等出城衝擊，賊皆披靡，俄爲流矢所中死。弟承瑱力戰死，一軍盡歿。

賊進圍大理時，太和縣丞王士傑佐上官畢力捍禦，城陷，死城上。同死者，大理府教授段見錦、經歷楊明盛及子一甲、司獄魏崇治。而故永昌府同知蕭時顯，解任，以道阻，寓居

大理，亦自經。

士人同死者，舉人則高拱極投池死，楊士俊同母妻妹自焚死。諸生則尹夢旗、夢符、馮大成倡義助守，罵賊死，楊憲偕妻女、子婦、姪女、孫女、弟婦一門自焚死。楊蓀既死復甦，妻竟死。人稱太和節義爲獨盛云。

單國祚者，會稽人，爲通海典史。城陷，握印坐堂上，罵賊被殺，印猶在握。縣人葬之諸葛山下。

張耀，字融我，三原人。萬曆中，舉於鄉。知聞喜縣，慈惠撫民，民爲立祠。崇禎中，歷官貴州布政使。張獻忠死，其部將孫可望、李定國等率衆奔貴州。耀急言於巡撫，請發兵民守禦，巡撫以衆寡不敵難之。俄賊衆奄至，耀率家衆乘城拒擊。城陷被執，賊帥與耀皆秦人，說之曰：「公若降，當用爲相。」耀怒詈不屈。賊執其妾滕恍之曰：「降則免一家死。」耀詈益甚，賊殺之，并其家屬十三人。

時鄉官吳子騏、劉琯、楊元瀛等率鄉兵敗賊，賊來益衆，戰敗被執，俱不屈死。

子騏，字九逵，貴陽人。萬曆中，舉於鄉，知興寧縣。天啓時，安邦彥圍貴陽，子騏以母在城內，倉皇棄官歸。崇禎十年，蠻賊阿烏謎叛，陷大方城，逐守將。總督朱燮元屬子騏詣六廣，走書召諸目，曉以利害，果乞降。燮元上其功，優旨獎賞。

琯戶部主事，元瀛府同知，並起家鄉舉。同時譚先哲，平壩衞人，子騏同年生也。官戶部郎中。賊陷其城，與里人石聲和皆闔家殉難。聲和，天啓中，舉於鄉，官寧前兵備參議。

有顧人龍者，定番州人，嘗出仕，解職家居。流賊來犯，率士民拒守，殺賊甚衆。城破，大罵而死。可望寇安平，僉事臨川曾益集衆拒守，城陷死之。

曾異撰，榮昌人。舉於鄉，知永寧州。可望既陷貴州，將長驅入雲南。異撰與其客江津進士程玉成、貢生龔茂勳謀曰：「州據盤江天險，控扼滇、黔，棄之不守，事不可爲矣。」遂集衆登陴守，城陷，自焚死。

米壽圖，宛平人。崇禎中，由舉人知新鄉縣。土寇來犯，督吏民破走之，斬首千二百餘級。以治行徵授南京御史。

十五年四月，劾論監軍張若騏罪，〔一〕言：「若騏本不諳軍旅，諂附楊嗣昌，遂由刑曹調職

方。督臣洪承疇孤軍遠出，若騏任意指揮，視封疆如兒戲。虛報大捷，躐光祿卿，冒功罔上，恃鄉人謝陞爲內援。陞奸險小人，非與若騏駢斬，何以慰九廟之靈。」會廷臣多糾若騏，遂論死，陞亦除名。初，嗣昌倡練兵之議，擾民特甚。壽圖疏陳十害，又言：「往時督撫多用京卿，今封疆不靖，遇卿貳則爭先，推督撫則引避。宜嚴加甄別，內外兼補。」因劾偏沅巡撫陳睿謨、廣西巡撫林贄貪黷。帝納其言。

十七年五月，福王立，馬士英薦用阮大鋮，壽圖論劾。七月，出按四川。時川地已爲張獻忠所據，命吏部簡堪任監司守令者從壽圖西行。至則與督師王應熊、總督樊一蘅等聯絡諸將，號召遠近，漸復川南郡縣。

唐王立，擢右僉都御史，巡撫貴州。大清順治四年，獻忠遺黨孫可望等陷貴陽，壽圖出奔沅州。十一月，〔二〕沅州亦陷，壽圖死之。

耿廷籙，臨安河西人。天啓四年舉於鄉。崇禎中，知耀州，有能聲。十五年夏，疏陳時政，言：「將多不若將良，兵多不若兵練，餉多不若餉核。」又言：「諸臣恩怨當忘，廉恥當勵。小怨必報，何不大用於斷頭飲血之元兇；私恩必酬，何不廣用於鵠面鳩形之赤子。」優旨褒

納。擢山西僉事，改監宣府軍。

十七年，京師陷，走南都。十一月以張獻忠亂四川，命加太僕少卿赴雲南監沙定洲軍，由建昌入川討賊。明年三月，四川巡撫馬乾罷，卽拜廷籙右僉都御史代之。未赴，而定洲作亂，蜀地亦盡失，遂止不行。後李定國掠臨安，過河西，廷籙聞之赴水死。妻楊被執，亦不屈死。

馬乾者，昆明人。舉崇禎六年鄉試，爲四川廣安知州。夔州告警，巡撫邵捷春檄乾攝府事。張獻忠攻圍二十餘日，固守不下。督師楊嗣昌兵至，圍始解。擢川東兵備僉事。成都陷，巡撫龍文光死，蜀人共推乾攝巡撫事。賊陷重慶，留其將劉廷舉戍守。乾擊走之，復其城。督師王應熊劾乾淫掠，奪職提訊。會蜀地大亂，詔命不至，乾行事如故。乃傳檄遠近，協力討賊。廷舉旣敗去，賊遣劉文秀等以數萬衆來攻，乾固守。曾英等援兵至，賊敗還。及獻忠死，其黨孫可望等南奔，大清兵追至重慶，乾戰敗而死。

席上珍，姚安人。崇禎中，舉於鄉。磊落尙節義，聞孫可望、李定國等入雲南，與姚州知

州何思、大姚舉人金世鼎據姚安城拒守。可望遣張虎攻陷之，世鼎自殺，上珍、思被執至昆明。可望呵之，上珍厲聲曰：「我大明忠臣，肯爲若屈耶！」可望怒，命引出斬之，大罵不絕，遂磔於市。思亦不屈死。

有孔師程者，昆明人，以從軍得官。至是糾合晉寧、呈貢諸州縣，起兵拒賊。定國率衆奄至，師程遁，晉寧知州石阡冷陽春、呈貢知縣嘉興夏祖訓並死之。晉寧舉人段伯美、諸生余繼善、耿希哲助陽春城守，亦殉難。

賊陷富民，貢生李開芳妻及二子俱赴井死。開芳走至松花壩自經，其友王朝賀掩埋訖，亦自經。在籍知縣陳昌裔不受僞職，爲賊杖死。

楚雄舉人杜天禎，初佐楊畏知拒沙賊，頻有功。後畏知督兵擊可望敗績，天禎聞之卽自盡。

臨安之陷，進士廖履亨赴水死。

徐道興，睢州人。崇禎末，官雲南都司經歷，署師宗州事，廉潔愛民。孫可望等入雲南，破曲靖。巡按羅國瓛方按部其地，與知府焦潤生被執。可望欲降之，國瓛不屈，擒至昆明，自焚死。潤生亦不屈死。

道興見賊逼，集士民諭之曰：「力薄兵寡，不能抗賊，吾死分也。若等可速去。」民請偕行，道興厲聲曰：「封疆之臣死封疆，吾將安之！」衆雨泣辭去。舍中止一僕，出俸金二錠授之曰：「一以賜汝，一買棺斂我。」僕大哭，請從死。道興曰：「爾死，誰收吾骨？」僕叩頭號泣乃去。及賊入署，令出迎其將。道興大罵，擲酒杯擊之，罵不絕口，遂被殺。

國瓛，嘉定州人，崇禎十六年進士。潤生，修撰竑子。同時張朝綱，廣通人，由貢生授渾源州同知，解職歸。可望等兵至，與其妻馮並縊死，子諸生耀葬親訖，亦縊死。

劉廷標，字霞起，上杭人。王運開，字子朗，夾江人。廷標由貢生歷永昌府通判。運開舉於鄉，授永昌推官。

沙定洲之亂，黔國公沐天波走永昌。及孫可望等入雲南，馳檄諭天波降。時運開攝監司事，廷標攝府事，方發兵守瀾滄，而天波將遣子納款，諭兩人以印往。兩人堅不予，各遣家人走騰越。永昌士民聞賊所至屠戮，號泣請運開納款紓禍，運開不可，慰遣之。又詣廷標，廷標亦不可，衆大哭。廷標取毒酒將飲，乃散去。兩人相謂曰：「衆情如此，吾輩惟一死

自靖耳。」是夕，運開先自經。廷標聞之曰：「我老當先死，王乃先我。」遂沐浴，賦詩三章，亦自經。兩家子弟自騰越來奔喪，脣畢復返。

可望等重兩人死節，求其後，或以運開弟運閎對，卽聘之。行至潞江，謂其僕曰：「吾兄弟可異趣耶！吾死，若收吾骨與兄合葬。」遂躍入江死。

校勘記

〔一〕極論監軍張若騏罪　張若騏，明史稿傳一七二米壽圖傳及懷宗實錄卷一五崇禎十五年四月壬戌條都作「張若麒」。

〔二〕十一月　原作「十一年」，據明史稿傳一七二米壽圖傳改。

明史卷二百九十六

列傳第一百八十四

孝義

孝弟之行，雖曰天性，豈不賴有教化哉。自聖賢之道明，誼辟英君莫不汲汲以厚人倫、敦行義爲正風俗之首務。旌勸之典，賁於閭閻，下逮委巷。布衣之皿、匹夫匹婦、兒童稚弱之微賤，行修於閨闥之中，而名顯於朝廷之上。觀其至性所激，感天地，動神明，水不能濡，火不能爇，猛獸不能害，山川不能阻，名留天壤，行卓古今，足以扶樹道教，敦厲末俗，綱常由之不泯，氣化賴以維持。是以君子尙之，王政先焉。至或刑政失平，復讐洩忿，或遭時不造，荒盜流離，誓九死以不回，冒白刃而弗顧。時則有司之辜，民牧之咎，爲民上者，當爲之惻然動念。故史氏志忠孝義烈之行，如恐弗及，非徒以發側陋之幽光，亦以覘世變，昭法戒焉。

明太祖詔舉孝弟力田之士，又令府州縣正官以禮遣孝廉士至京師。百官聞父母喪，不待報，得去官。割股臥冰，傷生有禁。其後遇國家覃恩海內，輒以詔書從事。有司上禮部請旌者，歲不乏人，多者十數。激勸之道，綦云備矣。實錄所載，莫可殫述，今採其尤者輯爲傳。餘援唐書例，臚其姓氏如左。

其事親盡孝，或萬里尋親，或三年廬墓，或聞喪殞命，或負骨還鄉者，洪武時，則有麗水祝崑，上元徐眞童、李某女，龍江衞丁歪頭，懷寧曹鏞、鏞妻王氏，徐州王僧兒，廣德姚觀壽，廣武衞陳禮關，桃源張注，江浦張二女勝奴，上海沈德，溧陽史以仁，丹徒唐川，邳州李英，北平東安王重，遵化張拾，保定顧仲禮，欒亭杜仁義妻韓氏，昌平劉驢兒，保定新城王興，祁陽郝安童，山東寧海姜瑜，汶上侯昱，孟縣李德，鞏縣給事中魏敏，登封王中，舞陽周炳，臨桂李文選。而鈞州張宗魯以贅子有孝行，十七年被旌。

永樂間，則有大興王萬僧奴，東光回滿住，金吾右衞何黑廝，金吾後衞包三，武功中衞蔣小保、周阿狗，錦州衞趙興祖，旗手衞周來保，大寧前衞滑中，保安衞徐宗賢，羽林前衞孫志，漢府左護衞千戶許信男斌，江寧浦阿住、沈得安、嚴分保，上元馮添孫、邵佛定，上海沈氏妙蘭，儀眞韓福緣，江陰衞徐佛保，府軍衞浦良兒，府軍後衞王保兒、潘丑兒，水軍右衞黃阿回，廣武衞百戶劉玉，蘇州衞張阿童，廣洋衞鄭小奴，大河衞朱阿金，興武衞張彥昇，龍江提舉司匠張貴、胡佛保、聶廣，永新左興兒，濟陽張思名，泰安張翼，肥城趙讓，安邑張普圓，永寧王仕能，陽武劉大，靈寶賀貳，鈞州袁節，膚施陳七兒，鳳翔梁準。

洪熙間，則有江陰趙鉉。

宣德間，則有慶都邊靖，南樂康祥、楊鐸，內黃崔克昇，江寧張繼宗，定遠王絅，舒城錢敏，徐州衞張文友，歸德衞任貴，浮梁洪信文，堂邑趙巖，汶上馬威，翼城劉原眞，太康順孫陳智，鈞州楊𤩽，延安衞指揮王永、安岳、李遇中。

正統間，則有大興劉懷義，元城谷眞，邢臺劉鏞，獻縣崔鑑，通州左衞總旗孫雄，昌黎侯顯，新樂孫禮，定興魏整，交河田畯，柏鄉張本，歸德楊敬，井陘畢鸞，永年楊忠，永淸右衞穆弘，武驤左衞成貴，江寧顧暘，舒城吏部主事胡紀、御史王紹，廬江張政，武進胡長寧，徐州金暠、王豫，桐城檀郁，歸德衞呂仲和，麻城趙說，聊城裴俊，陵縣虎賁左衞經歷張讓，費縣葛子成，樂安孫整，冠縣陳勉，臨淸賈貴，郯城郭秉，東平張琛，德州張泰，平陰王福緣，猗氏王約，高平王起孝、太僕丞王璲，介休楊智，興縣郭安，朔州衞吳順，杞縣高朗，太康軒茂良，鄭州邢恭，祥符李斌，鳳翔石玫，膚施劉友得、張信，邠州郭元，延安衞薛廣，蘭州吳仕坤。〔一〕

景泰間，則有成安張憲，威縣傅海，邳州岑義，鳳陽李忠，徐州朱環，宿州郭興、李寬，泗州衞蔡興，龍泉顧佛僧，龍游常州通判徐珙，武昌衞吳綬，靖州衞方觀，鄆城李逵，朝城王禮，聊城朱舉，洛陽昌黎訓導閻禹錫。

天順間，則有宛平龔然勝，遷安蔣盛，永淸賈懋，任丘黃文，唐縣寇林、大寧指揮張英，平山衞房鎭，忠義衞總旗鍾通，潼關衞楊順通、順素，蒙城汪泉，六合胡琛，合肥高興、張俊，和州獲嘉知縣薛良，上元龍景華，杭州姚文、姚得，平湖夔州知府沈琮，金華宗祉，德州尹綸，東昌許通，臨汾續鳳，絳州陳璽，鄢陵解禮、順孫張縉，上蔡朱儉，同州侯智，醴泉張璉，西安前衞張軫，延安衞指揮柏英，太和楊寧，金齒衞徐訥。

成化間，則有神機營指揮方榮，太醫院生安陽郭本，順天舉人萬盛，順天東安昌樂訓導周尙文，武淸柳芳，玉田李茂，無極李愷，開州任勉、陳璋、僉事侯英及弟侃、副使甘澤，贊皇劉哲，平山光祿署丞李傑，莘縣李志及子忱，邢臺井澍，豐潤馬敬，柏鄉高明，定州竇文眞、王逵，平鄉張翺、史諫、史誼，永平秦良、朱輝，武平衞成綱、楊昇，隆慶左衞衞瑾，宣府左衞何文玘，潼關衞千戶藍瑄，遼東定遼左衞劉定、東寧衞序班劉鼎，江寧福建參議盧雍，徐州吳友直、路車、張棟，山陽楊旻、順孫王鋐，滁州黃正，長洲朱灝，無錫秦永孚、仲孚，合肥沈譓，六安黃用賢，沭陽支儉，休寧吳仲成，懷寧吳本淸，沛縣蔡淸，歸德衞沈忠，杭州右衞金

洪，黃巖項茂，富陽何訥，浙江西安錦衣百戶鄭得，麗水葉伯廣，海寧董謙，浙江建德蔡廷璨，奉化陸洪，餘干桃源訓導張憲，永豐呂盛，晉江史惠，平溪汪浩，江夏傅實、周璽，監利劉祥，湘陰邵敏，東昌張銳，莘縣孔昭、趙全，恩縣王弘，汶上張鄺，堂邑王權，陽穀錢道，單縣徐洲，聊城王安、孫良，歷城湖廣布政使王允，曹州黃表、張倫，臨清劉端，壽陽吳宗，潞州張倫，大同楊茂、楊瑞、焦鑑，渾源慶都縣丞王誠，高平李振民，平陽衛指揮僉事楊輔，安東中屯衛王經，許州何清，汜水張俊，信陽王綱、袁洪，汲縣張琛，封丘陳瑛，光州太平通判劉進，羅山王賓，衞輝徐寧，郟縣劉濟，西平尹冕，新鄉王興，確山劉政，長葛蒙陰訓導羅貴，陽武舉人蕭盛，弘農衛習潤，涇陽趙謐、駱森、趙稷，同州張鼎，洋縣武全，甘州左衛毛綱，華陰周祿，保安李端，合州陳伯剛，臨桂劉本，姚州土官高棠、潼賜。

弘治間，則有大興錢福，宛平序班夏琮，青縣張俸，南和張彪，曲周趙象賢，長垣王鼐，開州甘潤、馬宗範，薊州孟振，遷安韓廷玉，元氏王懋，深州王寧，天津衛鄭海，武平衛王矩，廣寧右衛李周，霍丘徐汝楫，海州定邊衛經歷徐謐，邳州丁友，懷遠徐本忠、劉澄，宣城吳宗周，潁上王翃，鳳陽衛張全，鳳陽張欽、王澄，嘉定縣沈輔、沈琨，崑山徐協祥，豐縣周澤，徐州權宇、楊輔，績溪許欽，英山段弘仁，六安張時厚，蕭縣唐鸞、南傑，錢塘朱昌，仁和陳璋、璋妻錢氏，餘姚黃濟之，桐廬王琩，江西樂安謝紳，南昌左衛黃璡，安福劉珍，豐城余壽，湖

廣寧鄉同知劉端，湘陰甘準，祁陽張機，閩縣高惟一，龍溪王彝，濟南序班谷珍，莘縣白溥，鄒平辛恕，堂邑李尚質，益都冀琮，文登致仕縣丞劉鑑，臨清王祐，寧海州卜懷，陵川徐河、徐瑛，平遙趙澄，澤州宋甫、裴春、舉人李用，興縣白好古，解州李錦，陽曲薛敬，榆次趙復性，屯留衛李清，儀封謝欽，祥符陳鎧，周府儀賓史經，西平張文佐，河南唐縣李擴，登封王祺，嵩縣杜端，裕州劉宗周，閿鄉薛璋，洛陽護衛軍餘章瀚，鈞州陳希全，新鄭張遂，郟縣黃錦，咸寧舉人楊時敷，涇陽熊玻、張憲，隴西李琦，甘州後衛徐行，博羅何宇新，雲南芮城李錦及子澤、澤子柄，太和楊讁仙，靖安陳伯瑄及子恩。

正德間，則有高邑湘潭驛丞董玹，槀城劉強，定州趙鵬，吳橋段興，直隸新城李瑟，沙河王得時，青陽李希仁，永康歸德訓導應剛，進賢趙氏郡珍，宜春易直，善化陳大用，湘陰蘇純，侯官黃文會，邵武謝恩，長山許嗣聰，聊城梁瑾，曲阜孔承夏，日照張旻，臨汾李大經及子承芳，新鄭王科，蒲城雷瑜，嵩明陳大韶。

嘉靖以後，國史不詳載，姓名所可考者，嘉靖間，則有直隸趙進、黃流、張節，冀州王國臣，六安順孫李九疇，望江順孫龍湧，太湖呂腆，沛縣楊冕，潁上王敷政，華亭徐億，浙江龔曇、王晁、孫堪、樓堦、丘敍、吳燧，江西余冠雄、曾柏，福建吳毓嘉、孫炳、丘子能，莆田舉人

方重杰，山東宮守禮、王選，河南馮金玉、劉一魁，信陽趙謨，孝婦韓氏、安氏，杞縣邊雲鵲，陝西黃驥、張琛、李實，環縣趙璋，新會容璘，四川李應麒，嘉定州舉人王表，祿豐唐文炳、文蔚，蒙化舉人范運吉、黃巖。又有旌表天下孝子鮑燦、陸爻、徐億等，俱軼其鄉里。

隆慶間，則有大興李彪，靜海周一念、周斐，遷安楊騰，松江舉人馮行可，新鄉張登元，興業何世錦，崇善何珵。

萬曆間，則有直隸韓錫，深州林基，井陘張民望，清豐侯燦，河間吳應奎，平山舉人邢雲衢，邳州張縝，直隸華亭楊應祈、高承順，太湖顧槐，盱眙蔣臚，六安何金，遂安毛存元，江西余鑰、徐信，都昌曹珊，萬安劉靜，新建樊徹、舒泰，會昌歐于復，鄱陽李岐，奉新周勃，南昌曹必和，湖廣賈應進，光化蔡玉、蔡佩，黃岡唐治，浦城徐彪，泉州訓導王熺及熺子文昇，晉江韋起宗，山東馬致遠，冠縣申一琴、一攀，岳陽王應科，河南侯鶴齡，歸德賈洙，密縣陳邦寵，舞陽楊愈光，汜水王謙，淅川劉待徵，陝西劉燧，涇陽韓汝復，寧州周大賢，成都後衛楊茂勳，井研曾海，大姚金鯉，蒙化范潤，四川孝女解氏。又有馬錦、張浩、杜惠、孝女楊氏等，不詳邑里。

天啓間，則有安州邵桂，棗強先自正，晉州張蘭，高邑孫喬，上海張秉介，高淳葛至學，旌德江景宗，山陽張致中，歙縣吳榮讓、孝童女胡之憲、玉娥，慈谿馮象臨，吉水郭元達，宜

春鍾名揚，峽江黃國賓，臨川傅合，萬載彭夢瑞，南康楊可幸，萬安羅應賚，江西樂安曹希和，安福孝婦王三重妻謝氏，孝感施文星，福建李躍龍，甌寧陳榮，晉江丘應賓，浦城吳昂，禹城給事中楊士衡，泰安范希賢，曹縣王治寧，曲阜孔弘傳，德州紀紹堯，聞喜張學孔，陳州郭一肯，虞城呂桂芳，淅川何大縉，華州孫繩祖，梁山李資孝，又有王錫光不詳邑里。

崇禎間，則有應天王之卿，故城李華先，仁和沈尚志，江西王之範，福建吳宗烜，山東朱文龍，忻州趙裕心，稷山舉人史宗禹，淳化高起鳳，雲南趙文宿。又有王宅中、任萬庫、武世捷、孔維章、浦某、褚咸、孫良輔等，不詳邑里。皆以孝行旌其門。

其同居敦睦者，則有洪武時龍游夏文昭，四世同居。成化間，霸州秦貴，建德何永敬，蒲圻李玘，句容戴睿，饒陽耿寬，俱七世同居，石首王宗義五世同爨，宿遷張賓八世同爨，安東蘇勸，潞城韓錦、李昇，永州唐汝賢，豐城劉志清，俱六世同居。弘治間，密雲李琚，合肥鄭元，陵川徐粱，安東朱勇，五世同居，慶都黃鍾，定邊衛韓鵬，俱六世同居，孝感程昂七世同居，泰州王玉八世同爨。正德間，山陽丁震五世同居。嘉靖間，石偉十一世同居，遂安毛彥恭六世同居。萬曆間，蕭梅七世同居，滁州盧守一，長治仇大，六世同居，先後得節烈貞女二十三人，太平楊乙六累世同居。天啓間，南城吳煥八世同居。皆旌曰義門。

其輪財助官振濟者，則有正統間千戶胡文郁，訓術李冔，訓科劉文勝，吉安胡有初、謝子寬，浮梁范孔孫，榆次于敏，邳州鞏得海、岑仲暉、高興、葉旺、高宗秦，沭陽葛禎，清河王仲英，山陽鮑越，懷遠廖冠平、張簡，石州張雷，淮安梁辟、李成、俞勝、徐成，潞州李廷玉，羅山王必通，溧陽陸旺，餘干舒彥祥，溫州李倫、鄭有真，四安何仕能、王清。景泰間，江陰陳安常。天順間，潮陽郭吾，太原栗仲仁，代州李斌。弘治中，歸善吳宗益、宗義及宗義子璋。隆慶間，永寧王潔、胥瓚。萬曆間，少卿吳炯，浙江董欽等，臨清張氏，江西胡士琇、丁果、婁世潔、黎金球，山西孫光勳、高自修，亳州李文明，順義楊惟孝。天啓間南城吳煥。崇禎間席本楨等。皆旌爲義門，或賜璽書褒勞。

孝義一

鄭濂 王澄　徐允讓 石永壽　錢瑛 曾鼎　姚玭　丘鐸 李茂
崔敏 劉鎬 顧琇　周琬 虞宗濟等　伍洪 劉文煥　朱煦 危貞昉
劉謹　李德成　沈德四　謝定住 包實夫 蘇奎章　權謹
趙紳 向化 陸尚質　麴祥

鄭濂，字仲德，浦江人。其家累世同居，幾三百年。七世祖綺載宋史孝義傳。六傳至文嗣，旌爲義門，載元史孝友傳。弟文融，字太和，部使者余闕表爲東浙第一家。鄭氏家法，代以一人主家政。文融卒，嗣子欽繼之，嘗刺血療本生父疾。欽卒，弟鉅繼。鉅卒，弟銘當主家政，以兄子渭宗子也，相讓久之，始受事。銘受業於吳萊。銘卒，弟鉉繼。父喪，慟哭三日，髮鬚盡白。元末兵起，大將數入其境，相戒無犯義門。樞密判官阿魯灰軍奪民財，鉉以利害折之，引去。明兵臨婺州，鉉挈家避，右丞李文忠爲扃鑰其家，而遣兵護之歸。至正中卒，渭繼。渭卒，弟濂繼。

濂受知於太祖，昆弟由是顯。濂以賦長詣京師，太祖問治家長久之道。對曰：「謹守祖訓，不聽婦言。」帝稱善，賜之果，濂拜賜懷歸，剖分家人。帝聞嘉歎，欲官之，以老辭。

時富室多以罪傾宗，而鄭氏數千指獨完。會胡惟庸以罪誅，有訴鄭氏交通者，吏捕之，兄弟六人爭欲行，濂弟湜竟往。時濂在京師，迎謂曰：「吾居長，當任罪。」湜曰：「兄年老，吾自往辨。」二人爭入獄。太祖召見曰：「有人如此，肯從人爲逆耶？」宥之，立擢湜爲左參議，命舉所知。湜舉同郡王應等五人，皆授參議。湜，字仲持，居官有政聲。南靖民爲亂，詿誤者數百家，湜言於諸將，盡釋免。居一歲，入覲，卒於京。

十九年，濂坐事當逮，從弟洧曰：「吾家稱義門，先世有兄代弟死者，吾可不代兄死乎？」詣吏自誣服，斬於市。洧，字仲宗，受業於宋濂，有學行，鄉人哀之，私諡貞義處士。

濂卒，弟渶繼。二十六年，東宮缺官，命廷臣舉孝弟敦行者，衆以鄭氏對。太祖曰：「其里王氏亦倣鄭氏家法。」乃徵兩家子弟年三十上者，悉赴京，擢濂弟濟與王懃爲春坊左、右庶子。後又徵濂弟沂，自白衣擢禮部尚書，年餘，致仕。永樂元年入朝，留爲故官。未幾，復謝去。濂從子幹官御史，棠官檢討。他得官者復數人，鄭氏愈顯。濟、棠皆學於宋濂，有文行。

初，渶嘗仕元爲浙江行省宣使，主家政數年。建文帝表其門，渶朝謝，御書「孝義家」三字賜之。燕兵既入，有告建文帝匿其家者，遣人索之。渶家廳事中，列十大櫃，五貯經史，五貯兵器備不虞。使者至，所發皆經史，置其半不啓，乃免於禍，人以爲至行所感云。成化十年，有司奏鄭永朝世敦行義，復旌以孝義之門。

自文融至渶，皆以篤行著。文融著家範三卷，凡五十八則，子欽增七十則，從子鉉又增九十二則，至濂弟濤與從弟泳、澳、湜，白于兄濂、源，共相損益，定爲一百六十八則，刊行焉。

王澄，字德輝，亦浦江人。歲儉，出粟貸人，不取其息。有鬻產者，必增直以足之。慕

義門鄭氏風，將終，集子孫誨之曰：「汝曹能合食同居如鄭氏，吾死目瞑矣。」子孫咸拜受教。澄生三子子覺、子麟、子偉，克承父志。子覺生應，卽爲鄭湜所舉擢參議者。子偉生懃，卽與鄭濟並擢庶子者。義門王氏之名，遂埒鄭氏。

又有王燾者，蘄水人，七世同居，一家二百餘口，人無間言。洪武九年十一月，詔旌爲孝義之門。

徐允讓，浙江山陰人。元末，賊起，奉父安走避山谷間。遇賊，欲斫安頸。允讓大呼曰：「寧殺我，勿殺我父！」賊遂舍安殺允讓。將辱其妻潘，潘紿曰：「吾夫已死，從汝必矣。若能焚吾夫，則無憾也。」賊許之，潘聚薪焚夫，投烈焰中死。賊驚歎去，安獲全。洪武十六年，夫婦並旌。

同時石永壽者，新昌人。負老父避賊，賊執其父將殺之，號泣請代，賊殺永壽而去。

錢瑛，字可大，吉水人。生八月而孤，年十三能應秋試。及長，值元季亂，奉祖本和及

母避難，歷五六年。遇賊，縛本和，瑛奔救，幷縛之。本和哀告貰其孫，瑛泣請代不已，賊憐而兩釋之。時瑛母亦被執，瑛妻張從伏莽中窺見，卽趨出，謂賊曰：「姑老矣，請縛我。」賊從之，既就縛，擲袖中鐶與姑，訣曰：「婦無用此矣。」且行且睨姑，稍遠卽罵賊不肯行。賊持之急，罵益厲，賊怒，攢刃刺殺之。事定，有司知瑛賢，凡三薦，並以親老辭。子遂志成進士，官山東僉事。

同時曾鼎，字元友，泰和人。祖懷可、父思立，並有學行。元末，鼎奉母避賊。母被執，鼎跪而泣請代。賊怒，將殺母，鼎號呼以身翼蔽，傷頂肩及足，控母不舍。賊魁繼至，憫之，攜其母子入營療治，獲愈。行省聞其賢，辟爲濂溪書院山長。洪武三年，知縣郝思讓辟教設學。鼎好學能詩，兼工八分及邵子數學。

姚玭，松江人。元至正中，苗帥楊完者兵入境。玭奉母避於野，阻河不可渡。母泣曰：「兵至，吾誓不受辱。」遂沉於水。玭急投水救之，負母而出。已，數遇盜，中矢，玭佯死伏屍間以免，乃奉母過湖、淮。後母疾思食魚，暮夜無從得，家養一烏，忽飛去攫魚以歸。洪武初，行省聞其賢，辟之，以親老不就。

丘鐸，字文振，祥符人。元末，父爲湖廣儒學提舉。值兵亂，鐸奉父母播遷，賣藥供甘旨。母卒，哀慟幾絕。葬鳴鳳山，結廬墓側，朝夕上食如生時。當寒夜月黑，悲風蕭瑟，鐸輒繞墓號曰：「兒在斯！兒在斯！」山深多虎，聞鐸哭聲避去。時稱眞孝子。鐸初避寇慶元，從祖父母居故鄉者八人，貧不能自存，鐸悉迎養之。有姑年十八，夫亡守節，鐸養之終身。

後有李茂者，澄城諸生也。母患惡瘡，茂日吮膿血，夜則叩天祈代。及卒，結廬墓旁，朝夕悲泣。天大雨，懼衝其墓，伏墓而哭，雨止乃已。父卒，廬墓如之。成化二年旌。二子表、森，森爲國子生。茂卒，兄弟同廬於墓。弘治五年旌。表子俊亦國子生，表卒，俊方弱冠，廬墓終喪。母卒，亦如初。正德四年旌。

崔敏，字好學，襄陵人。生四十日，其父仕元爲綿竹尹，父子隔絕者三十年。敏依母兄以居。元季寇亂，母及兄俱相失。亂定，入陜尋母不得。由陜入川，抵綿竹，求父塚，無知者。復還陜，訪諸親故，始知父殯所在，乃啓攢負骸歸。時稱崔孝子。

同時劉鎬，江西龍泉人。父允中，洪武五年舉人，官憑祥巡檢，卒於任。鎬以道遠家貧，不能返柩，居常悲泣。父友憐之，言於廣西監司，聘爲臨桂訓導。尋假公事赴憑祥，莫知葬處。鎬晝夜環哭，一蒼頭故從其父，已轉入交阯。忽暮至，若有憑之者，因得塚所在。刺血驗之良是，乃負歸葬。

有顧琇者，字季粟，吳縣人。洪武初，父充軍鳳翔，母隨行，留琇守丘墓。越六年，母歿。琇奔赴，負母骨行數千里，寢則懸之屋梁，涉則戴之於頂。父釋歸卒。水漿不入口五日，不勝喪而死。

周琬，江寧人。洪武時，父爲滁州牧，坐罪論死。琬年十六，叩閽請代。帝疑受人教，命斬之，琬顏色不變。帝異之，命宥父死，謫戍邊。琬復請曰：「戍與斬，均死爾。父死，子安用生爲，願就死以贖父戍。」帝復怒，命縛赴市曹，琬色甚喜。帝察其誠，卽赦之，親題御屏曰「孝子周琬」。尋授兵科給事中。

同時子代父死者，更有虞宗濟、胡剛、陳圭。宗濟，字思訓，常熟人。父兄並有罪，吏將逮治。宗濟謂兄曰：「事涉徭役，國法嚴，往必死。父老矣，兄冢嗣，且未有後，我幸產兒，可

代死。」乃挺身詣吏，白父兄無所預。吏疑而訊之，悉自引伏。洪武四年竟斬於市，年二十二。剛，浙江新昌人。洪武初，父謫役泗上，以逃亡當死，敕駙馬都尉梅殷監刑。剛時方走省，立河上竢渡。聞之，卽解衣泅水而往，哀號泣代。殷憫之，奏聞，詔宥其父，幷宥同罪者八十二人。圭，黃巖人。父爲讐人所訐當死，圭詣闕上章曰：「臣爲子不能諫父，致陷不義，罪當死，乞原父使自新。」帝大喜曰：「不謂今日有此孝子，宜赦其父，俾四方朝覲官至，播告之，以風勵天下。」刑部尙書開濟奏曰：「罪有常刑，不宜屈法開僥倖路。」乃聽圭代，而戍其父雲南。

十七年，左都御史詹徽奏言：「太平府民有毆孕婦至死者，罪當絞，其子請代。」章下大理卿鄒俊議，曰：「子代父死，情固可嘉。然死婦繫二人之命，冤曷由申；犯人當二死之條，律何可貸。與其存犯法之父，孰若全無罪之兒。」詔從其議。

伍洪，字伯宏，安福人。洪武四年進士。授績溪主簿，擢上元知縣。丁外艱，服除，以母老不復仕。推資產與諸弟，而已獨隱居養母。有異母弟得罪逃，使者捕弗獲，執其母，洪哭訴求代。母曰：「汝往必死，莫若吾自當之。」洪曰：「安有子在而累母者。」遂行，竟死

於市。

時有劉文煥者，廣濟人。與兄文煇運糧愆期，當死。兄以長坐，文煥詣吏請代，叩頭流血。所司上其狀，命宥之，則兄已死矣。太祖特書「義民」二字奬之。

時京師有兄坐法，兩弟各自縛請代。太祖遣使問故，同詞對曰：「臣少失父，非兄無以至今日。兄當死，弟安敢愛其生。」帝陽許之，而戒行刑者曰：「有難色者殺之，否則奏聞。」兩人皆引頸就刃，帝大嗟異，欲幷其兄貰之。左都御史詹徽持不可，卒殺其兄。

朱煦，仙居人。父季用，爲福州知府。洪武十八年詔盡逮天下積歲官吏爲民害者，赴京師築城。季用居官僅五月，亦被逮，病不能堪，謂煦曰：「吾辦一死耳，汝第收吾骨歸葬。」煦惶懼不敢頃刻離。時訴枉令嚴，訴而戍極邊者三人，抵極刑者四人矣。煦奮曰：「訴不訴，等死耳，萬一父緣訴獲免，卽戮死無恨。」卽具狀叩闕。太祖憫其意，赦季用，復其官。

有危貞昉者，字孟陽，臨海諸生。父孝先，洪武四年進士。官陵川縣丞，坐法輸作江浦。貞昉詣闕上疏曰：「臣父絓吏議輸作，筋力向衰，不任勞苦。而大母年踰九十，恐染霜露之疾，貽臣父終天之恨。臣犬馬齒方壯，願代父作勞，俾父獲歸養，死且不朽。」詔從之。

貞昉力作不勝勞，閱七月病卒。

劉謹，浙江山陰人。洪武中，父坐法戍雲南。謹方六歲，問家人「雲南何在？」家人以西南指之，輒朝夕向之拜。年十四，矍然曰：「雲南雖萬里，天下豈有無父之子哉！」奮身而往，閱六月抵其地，遇父於逆旅，相持號慟。俄父患瘋痹，謹告官乞以身代。法令戍邊者必年十六以上，嫡長男始許代。時謹未成丁，伯兄先死，乃歸家攜兄子往。兄子亦弱未能自立，復歸悉鬻其產畀兄子，始獲奉其父還，孝養終身。

李德成，淶水人。幼喪父。元末，年十二，隨母避寇至河濱。寇騎迫，母投河死。德成長，娶婦王氏。摶土爲父母像，與妻朝夕事之。方嚴冬，大雪，氷堅至河底。德成夢母曰：「我處氷下，寒不得出。」覺而大慟，且與妻徒跣行三百里，抵河濱。臥氷七日，氷果融數十丈，恍惚若見其母，而他處堅凍如故。久之，乃歸。洪武十九年舉孝廉，屢擢尙寶丞。二十七年旌爲孝子。建文中，燕兵逼濟南。德成往

諭令還兵，燕兵不退。德成歸，以辱命下吏，已而釋之。永樂初復官，屢遷陝西布政使。

沈德四，直隸華亭人。祖母疾，刲股療之愈。已而祖父疾，又刲肝作湯進之，亦愈。洪武二十六年被旌。尋授太常贊禮郎。上元姚金玉、昌平王德兒亦以刲肝愈母疾，與德四同旌。

至二十七年九月，山東守臣言：「日照民江伯兒，母疾，割脅肉以療，不愈。禱岱嶽神，母疾瘳，願殺子以祀。已果瘳，竟殺其三歲兒。」帝大怒曰：「父子天倫至重。禮父服長子三年。今小民無知，滅倫害理，亟宜治罪。」遂逮伯兒，杖之百，遣戍海南。因命議旌表例。禮臣議曰：「人子事親，居則致其敬，養則致其樂，有疾則醫藥籲禱，迫切之情，人子所得爲也。至臥氷割股，上古未聞。倘父母止有一子，或割肝而喪生，或臥氷而致死，使父母無依，宗祀永絕，反爲不孝之大。皆由愚昧之徒，尙詭異，駭愚俗，希旌表，規避里徭。割股不已，至於割肝，割肝不已，至於殺子。違道傷生，莫此爲甚。自今父母有疾，療治罔功，不得已而臥氷割股，亦聽其所爲，不在旌表例。」制曰：「可。」

永樂間，江陰衛卒徐佛保等復以割股被旌。而掖縣張信、金吾右衛總旗張法保援李德

成故事，俱擢尙寶丞。迨英、景以還，卽割股者亦格於例，不以聞，而所旌，大率皆廬墓者矣。

謝定住，大同廣昌人。年十二，家失牛。母抱幼子追逐，定住隨母後。虎躍出噬其母，定住奮前擊之，虎逸去。取弟抱之，扶母行。虎復追齧母頸，定住再擊之，虎復去。行數武，虎還齧母足。定住復取石擊，虎乃舍去，母子三人並全。永樂十二年，帝召見嘉奬，賜米十石、鈔二百錠，旌其門。

先是，洪武中，有包實夫者，進賢人。授徒數十里外，途遇虎，銜衣入林中，釋而蹲。實夫拜請曰：「吾被食，命也，如父母失養何？」虎卽舍去。後人名其地爲拜虎岡。

其後，嘉靖中，筠連諸生蘇奎章，從父入山，猝遇虎。奎章倉皇泣告，願舍父食己，虎曳尾徐去。後爲岷府教授。

權謹，字仲常，徐州人。十歲喪父，卽哀毁，奉母至孝。永樂四年薦授樂安知縣，遷光祿署丞，以省侍歸。母年九十終，廬墓三年，致泉湧兎馴之異。有司以聞，仁宗命馳驛赴

闕，出其事狀，令侍臣朗誦大廷，以示百僚，卽拜文華殿大學士。謹辭，帝曰：「朕擢卿以風天下爲子者，他非卿責也。」尋扈從皇太子監國南京。宣宗嗣位，以疾乞歸，改通政司右參議，賜白金文綺致仕。

子倫，舉永樂中鄉試。養親二十年，親終不仕。倫子宇，父母卒，皆廬墓。成化十二年亦獲旌。

趙紳，字以行，諸暨人。父秩，永樂中爲高郵州學正，考滿赴京，至武城縣墮水。紳奮身下救，河流湍悍，俱不能出。明日屍浮水上，紳兩手抱父臂不釋。宣德五年旌其門。

有向化者，靜海衞人。父上爲衞指揮，墮海死。化號泣求屍不得，亦投於海。忽父屍浮出，衣服盡脫。天方晴霽，雷雨驟作。旣息，化首頂父衣，浮至一處。衆異而收葬之。

陸尚質者，山陰人。父渡江遇風，飄舟將入海。尚質自崖見之，卽躍入濤中，欲挽舟近岸。父舟獲濟，而尚質竟溺死。里人呼其處爲陸郎渡。

魏祥，字景德，永平人。永樂中，父亮爲金山衞百戶。祥年十四，被倭掠。國王知爲中國人，召侍左右，改名元貴，遂仕其國，有妻子，然心未嘗一日忘中國也，屢諷王入貢。宣德中，與使臣偕來，上疏言：「臣夙遭俘掠，抱釁痛心，流離困頓，艱苦萬狀。今獲生還中國，夫豈由人。伏乞賜歸侍養，不勝至願。」天子方懷柔遠人，不從其請，但許給驛暫歸，仍還本國。

祥抵家，獨其母在，不能識，曰：「果吾兒，則耳陰有赤痣。」驗之信，抱持痛哭。未幾別去，至日本，啓以帝意。國王允之，仍令入貢。祥乃復申前請，詔許襲職歸養。母子相失二十年，又有華夷之限，竟得遂其初志，聞者異之。

校勘記

〔一〕蘭州吳仕坤　蘭州，原作「南州」，按地理志無「南州」，吳仕坤蘭州人，據明史考證擴逸卷三四改。

明史卷二百九十七

列傳第一百八十五

孝義二

王俊 劉準 楊敬　石鼐 任鏜　史五常　周敖　鄭韺 榮瑄 葉文榮
傅檝　楊成章　謝用　何競　王原　黃璽　歸鉞 族子繡
何麟　孫清 宋顯章 李豫　劉憲 羅璟等　容師偃 劉靜 溫鉞
俞孜 張震 孫文　崔鑑　唐儼　丘緒　張鈞 張承相等　王在復 王鍇等
夏子孝　阿寄　趙重華 謝廣　王世名　李文詠 王應元等
孔金 子良　楊通照 弟通杰 浦邵等　張清雅 白精忠等

王俊，城武人。父爲順天府知事。母卒於官舍，俊扶櫬還葬，刈草萊爲茇舍，寢處塋側。野火延爇將及，俊叩首慟哭，火及塋樹而止。正統三年被旌。

劉準者，唐山諸生。父喪，廬墓。冬月野火將及冢樹，準悲號告天，火遂息。正統六年旌表。

楊敬者，歸德人。父歿於陣，爲木主招魂以葬。每讀書至戰陣之事，輒隕涕不止。母歿，柩在堂。鄰家失火，烈焰甚迫，敬撫柩哀號，風止火滅。正統十三年旌表。

石鼐，渾源諸生。父歿，廬墓。墓初成，天大雨，山水驟漲。鼐仰天號哭，水將及墓，忽分兩道去，墓獲全。弘治五年旌表。

任鏜，夏邑人。嫡母卒，廬於墓。黃河衝溢，將齧塋域。鏜伏地號哭，河卽南徙。嘉靖二十五年旌表。

史五常，內黃人。父耋，官廣東僉事。卒，葬南海和光寺側。五常方七歲，母攜以歸。比長，奉母至孝，常恨父不得歸葬。母語之曰：「爾父杉木櫬內，置大錢十，爾謹志之。」母歿，廬墓致毀，旣終喪，往迎父櫬。時相去已五十年，寺沒於水久矣。五常泣禱，有老人以杖指示寺址。發地，果得父櫬，內置錢如母言，乃扶歸，與母合葬，復廬墓側。正統六年旌表。

周敖，河州衞軍家子也。正統末，聞英宗北狩，大哭，不食七日而死。其子諸生路方讀書別墅，聞父死，慟哭奔歸，以頭觸庭槐亦死。鄉人異之，聞於州。知州躬臨其喪，賻麥四十斛、白金一斤。路妻方氏，厲志守節，撫子堂成立，後爲知縣。

鄭韺，石康人。父賜，舉人，兄護，進士。天順中，母爲猺賊所掠。韺年十六，挺身入賊壘，紿之曰：「吾欲丐吾母，豈惜金，第金皆母所瘞，願代母歸取之。」賊遂拘韺而釋母，然其家實無金也，韺遂被殺。廉州知府張岳建祠祀之。

榮瑄，瓊州人。三歲而孤，與兄琇並以孝聞。天順四年，土賊據瓊城，瑄兄弟扶母走避。遇賊，琇謂瑄曰：「我以死衞母，汝急去。」瑄從之，琇與母遂陷賊中。官軍至，琇被執。主將將殺琇，瑄趨至，叩頭流血，泣請曰：「兄以母故陷賊，母老家貧，恃兄爲命，願殺瑄存兄養

母。」主將不察，竟殺瑄。

後有葉文榮，海寧人。弟殺人論死，母日悲泣不食。文榮謂母曰：「兒年已長，有子，請代弟死。」遂詣官服殺人罪，弟得釋，而文榮坐死。

傅檝，字定濟，泉州南安人。祖凱，父浚，並進士。爲部郎。檝年十六舉鄉試，二十成進士。弘治中，授行人，出行襄府。半道聞母病，請入京省視再往竣事。禮部尚書劉春曰：「無害於若，而可教孝。」奏許之。

浚後遷山東鹽運司同知。娶繼妻，私其二奴。浚聞將治之，遂暴卒。檝心疑未發，奴遽亡去。久之，偵一奴逃德化縣，傭巨姓家。檝微行往伺奴出，袖鐵椎擊殺之，而其一不可跡矣。

檝不欲見繼母，葬父畢，號慟曰：「父讎尚在，何以爲人！」乃裂衣冠，屛妻子，出宿郊壚閒，蓬首垢面，饑寒風雨，不知就避。親戚故人率目之爲狂，檝終不自明也。子燾卒，不哭。或詰之，則垂涕曰：「我不能爲子，敢爲父乎！」繼母卒，乃歸。蓋自廢自罰者三十五年，又十五年而卒。

楊成章，道州人。父泰，爲浙江長亭巡檢。妻何氏無出，納丁氏女爲妾，生成章。甫四歲，泰卒。何將扶櫬歸，丁氏父予之子，而奪其母。母乃剪銀錢與何別，約各藏其半，俟成章長授之。越六年，何臨歿，授成章半錢，告之故。成章嗚咽受命。旣冠，娶婦月餘，卽執半錢之浙中尋母。母先已適東陽郭氏，生子曰珉，而成章不知也。徧訪之，無所遇而還。

弘治十一年，東陽典史李紹裔以事宿珉家。珉母知爲道州人，遣珉問成章存否，知成章已爲諸生，乃令珉執半錢覓其兄。會有會稽人官訓導者，嘗設教東陽，爲珉師，與成章述珉母憶子狀。成章亦往尋母，遇珉於江西舟次。兄弟悲且喜，各出半錢合之，益信，遂俱至東陽，母子始相聚。自是成章三往迎母不遂，棄月廩，赴東陽侍養。及母卒，廬墓三載始返。

至嘉靖十年，成章以歲貢入都，珉亦以事至，乃述成章尋親事，上之吏部，請進一官。部臣言：「成章孝行，兩地已勘實，登之朝覲憲綱，珉言非謬。昔朱壽昌棄官尋母，宋神宗詔令就官。今所司知而不能薦，臣等又拘例而不請旌，眞有愧於古誼。請量授成章國子學錄，賜珉花紅羊酒。」制曰：「可。」

謝用，字希中，祁門人。父永貞。生母馬氏方娠，永貞客外，嫡母汪氏妒而嫁之，遂生用。永貞還，大恨，抱用歸，寄乳隣嫗。汪氏收而自鞠之，踰年亦生子，均愛無厚薄。用旣冠，始知所生。密訪之，則又改適，不知其所矣。用遍覓幾一載。一夕宿休寧農家，有寡嫗出問曰：「若爲誰？」用告以姓名，及尋母之故。曰：「若母爲誰？」曰：「馬氏。」曰：「若非永貞之子乎？」曰：「然。」嫗遂抱用曰：「我卽汝母也。」於是母子相持而哭，時弘治十五年四月也。用歸告父，幷其同母弟迎歸，居別室。孝養二母，曲盡其誠。後汪感悔，令迎馬同居，訖無閒言。

永貞卒，用居喪以孝聞。隣人失火，延數十家，將至用舍，風反火息。用時爲諸生，督學御史廉其孝，列之德行優等，月廩之。

何競，字邦植，蕭山人。父舜賓，爲御史，謫戍廣西慶遠衞，遇赦還。好持吏短長。有鄒魯者，當塗人。亦以御史謫官，稍遷蕭山知縣，貪暴狡悍。舜賓求魯陰事訐之，兩人互相猜。縣中湘湖爲富人私據，舜賓發其事於官，奏覈之。富人因奏舜賓以戍卒潛逃，擅自冠帶。章並下所司覈治。魯隱其文牒，詭言舜賓遇赦無驗，宜行原衞查核。上官不可，駁之。

會舜賓門人訓導童顯章爲魯所陷論死，下府覆驗，道經舜賓家，入與謀。魯聞之，大詬曰：「舜賓乃敢寘重囚。」發卒圍其門，輒捕舜賓，徑解慶遠。又令爪牙吏屏其衣服。至餘干，宿昌國寺，夜以濕衣閉其口，壓殺之。魯復捕舜賓妻子。競與母逃常熟，匿父友王鼎家。

已而魯遷山西僉事，將行。競乃潛歸與族人謀，召親黨數十人飲之酒，爲舜賓稱冤。中坐，競出叩首哭以請，皆踴躍願效命。乃各持器伏道旁，伺魯過，競袖鐵鎚奮擊，騶從駭散。仆其輿，裸之，杖齊下，矐兩目，鬚髮盡拔。競拔佩刀砍其左股，必欲殺之，爲衆所止。乃與魯連鎖赴按察司，而預令族父澤走闕下訴冤。僉事蕭翀故黨魯，嚴刑訊競。競大言曰：「必欲殺我，我非畏死者。顧人孰無父母，且我已訟於朝，非公輩所得擅殺。」噬臂肉擲案上，含血噀翀面，一堂皆驚。

會競疏已上，遣刑部郎中李時、給事中李舉，會巡按御史鄧璋雜治。諸人持兩端，擬魯故屏人衣食至死，競部民毆本屬知縣篤疾，律俱絞，餘所逮數百人，擬罪有差。競母朱氏復撾登聞鼓訴冤，魯亦使人馳訴，乃命大理寺正曹廉會巡按御史陳銓覆治。廉曰：「爾等何毆縣官？」競曰：「競知父讐，不知縣官，但恨未殺之耳。」廉以致死無據，遣縣令揭棺驗之。驗者報傷，而解役任寬慷慨首實，且出舜賓臨命所付血書。於是衆皆辭伏，改擬魯斬，競徒三年。法司議競遣戍，且曰：「魯已成篤疾，競爲父報讐，律意有在，均俟上裁。」帝從其議，戍

競福寧衞，時弘治十四年二月也。後武宗登極肆赦，魯免死，競赦歸，又九年卒。競自父歿至死，凡十六年，服衰終其身。

王原，文安人。正德中，父珣以家貧役重逃去。原稍長，問父所在。母告以故，原大悲慟。乃設肆於邑治之衢，治酒食舍諸行旅。遇遠方客至，則告以父姓名、年貌，冀得父蹤跡。久之無所得。既娶婦月餘，跪告母曰：「兒將尋父。」母泣曰：「汝父去二十餘載，存亡不可知。且若父眊耳，流落何所，誰知名者？無爲父子相繼作羈鬼，使我無依。」原痛哭曰：「幸有婦陪母，母無以兒爲念，兒不得父不歸也。」號泣辭母去，遍歷山東南北，去來者數年。

一日，渡海至田橫島，假寐神祠中，夢至一寺，當午，炊莎和肉羹食之。一老父至，驚覺。原告之夢，請占之。老父曰：「若何爲者？」曰：「尋父。」老父曰：「午者，正南位也。莎根附子，肉和之，附子膾也。求諸南方，父子其會乎？」原喜，謝去，而南踰洛、漳，至輝縣帶山，有寺曰夢覺，原心動。天雨雪，寒甚，臥寺門外。及曙，一僧啓門出，駭曰：「汝何人？」曰：「文安人，尋父而來。」曰：「識之乎？」曰：「不識也。」引入禪堂，憐而予之粥。珣方執爨竈下，僧素知爲文安人，謂之曰：「若同里有少年來尋父者，若倘識其人。」珣出見原，皆不相識。

問其父姓名，則王珣也。珣亦呼原乳名。相抱持慟哭，寺僧莫不感動。珣曰：「歸告汝母，我無顏復歸故鄉矣。」原曰：「父不歸，兒有死耳。」牽衣哭不止。寺僧力勸之，父子相持歸，夫妻子母復聚。後原子孫多仕宦者。

黃璽，字廷璽，餘姚人。兄伯震，商十年不歸。璽出求之，經行萬里，不得蹤跡。最後至衡州，禱南岳廟，夢神人授以「纏綿盜賊際，狼狽江漢行」二句。一書生告之曰：「此杜甫舂陵行詩也，舂陵今道州，曷往尋之。」璽從其言，既至，無所遇。一日入厠，置傘道旁。伯震適過之曰：「此吾鄉之傘也。」循其柄而觀，見有「餘姚黃廷璽記」六字。方疑駭，璽出問訊，則其兄也，遂奉以歸。

歸鉞，字汝威，嘉定縣人。早喪母。父娶繼妻，有子，鉞遂失愛。父偶撻鉞，繼母輒索大杖與之，曰：「毋傷乃翁力也。」家貧，食不足，每炊將熟，卽諓諓數鉞過，父怒而逐之，其母子得飽食。鉞飢困，匍匐道中。比歸，父母相與言曰：「有子不居家，在外作賊耳。」輒復杖

之，屢瀕於死。及父卒，母益擯不納，因販鹽市中，時私其弟，問母飲食，致甘鮮焉。正德三年，大饑，母不能自活。鉞涕泣奉迎，母內自慚不欲往，然以無所資，迄從之。鉞得食，先母弟，而己有饑色。弟尋卒，鉞養母終其身，嘉靖中卒。

族子繡，亦販鹽，與二弟紋、緯友愛。緯數犯法，繡輒罄貲護之，終無慍色。繡妻朱，製衣必三襲，曰：「二叔無室，豈可使郎君獨暖耶？」里人稱爲歸氏二孝子。

何麟，沁水人，爲布政司吏。武宗微行，由大同抵太原，城門閉，不得入。怒而還京，遣中官逮守臣不啓門者，巡撫以下皆大懼。麟曰：「朝廷未知主名。請厚賄中官，麟與俱往。卽聖怒不測，麟一身獨當之。」及抵京，上疏曰：「陛下巡幸晉陽，司城門者實臣麟一人，他官無預也。臣不能啓門迎駕，罪當萬死。但陛下輕宗廟社稷而事巡游，且易服微行，無清道警蹕之詔，白龍魚服，臣下何由辨焉。昔漢光武夜獵，至上東門，守臣郅惲拒弗納，光武以惲能守法而賞之。今小臣欲守郅惲之節，而陛下乃有不敬之誅。臣恐天下後世以爲臣之不幸不若郅惲，陛下寬仁之量亦遠遜光武也。」疏入，帝怒稍解，廷杖六十，釋還，餘不問。巡撫以下郊迎，禮敬之。

孫清，睢陽諸生也。幼孤，事母孝。母歿未葬，流賊入其境，居民盡逃，清獨守柩不去。賊兩經其門，皆不入，里人多賴以全。

正德九年四月，河南巡按御史江良貴奏聞，并言：「清同邑徐儀女雪梅、嚴清女銳兒皆不受賊汚，憤罵見殺。沭陽諸生沈麟以知府劉祥、縣丞程儉爲賊所執，挺身詣賊，開陳利害，願以身代。賊義之，二人獲釋。凡此義烈，有關風化，宜如制旌表。」章下禮官。

先是，八年二月，山東巡按御史張璿奏，賊所過州縣，有子救父，婦衞夫，罹賊兵刃者，凡百十九人，皆宜旌表。時傅珪代費宏爲禮部，言：「所奏人多，費廣。宜準山西近例，於所在旌善亭側，建二石碑，分書男婦姓名、邑里及其孝義、貞烈大略，以示旌揚，有司量給殯殮費。」帝可之。至是，良貴奏下，劉春代珪爲禮部，竟不請旌，但用珪前議，并給銀建坊之令亦不復行，而旌善之意微矣。

當是時，濮州諸生宋顯章、淅川諸生李豫，皆以孝行著聞，流賊過其門不敢犯，里人亦多賴以全。而顯章之死也，其妻辛氏自縊以殉。知州李緝爲建孝節坊，並祠祀。嘉靖七

年，豫獨被旌。

劉憲，靈石諸生也。父先亡。母年七十餘，兩目俱瞽，憲奉事惟謹。正德六年，流賊入城，憲負母避之城外。賊追至，欲殺母，憲哀告曰：「寧殺我，毋害我母。」賊乃釋之，行至嶺後，憲竟爲他賊所殺。賊縱火焚民居，獨憲宅隨爇隨滅。

同時羅璋，遂寧諸生。大盜亂蜀中，母爲賊所獲，璋手挺長鎗，連斃三賊，賊舍母去。後賊追至，璋力捍賊，久之力疲，竟被執。賊憤甚，刳心剖肝，裂其屍。並正德中旌表。

有李壯丁者，安定縣人。嘉靖中，北寇入犯，從父母奔避山谷。遇賊縛母去，壯丁取石奮擊，母得脫。前行復遇五賊，一賊縛其母，母大呼曰：「兒速去，毋顧我！」壯丁憤，手提鐵器擊仆賊，母得逃，而壯丁竟爲賊所殺。

正德中，賊掠鉅鹿，執趙智、趙慧之母，將殺之。智追至，跪告曰：「母年老，願殺我。」慧亦至，泣曰：「兄年長，願留養母而殺我。」智方與爭死，而母復請曰：「吾老當死，乞留二子。」羣賊笑曰：「皆好人也。」並釋之。

容師偃，香山人。父患癱疾，扶持不離側。正德十二年，寇掠其鄉，師偃負父而逃。追者急，父麾使遯，泣曰：「父子相爲命，去將安之。」俄被執，賊灼其父，師偃號泣請代。賊從之，父得釋，而師偃焚死。

後有劉靜者，萬安諸生。嘉靖間，流賊陷其縣，負母出奔。遇賊，將殺母，靜以身翼蔽求代死。賊怒，攢刃殺之，猶抱母不解，屍閱七日不變。萬曆元年旌表。

又有溫鉞者，大同人。父景清有膽力。嘉靖三年，鎭兵叛，殺巡撫張文錦。其後，巡撫蔡天佑令景清密捕首惡，戮數人，其黨恨之。十二年復叛，〔一〕殺總兵李瑾，因遍索昔年爲軍府効命者。景清深匿不出，遂執鉞及其母王氏以去，令言景清所在。鉞曰：「爾欲殺我父，而使我言其處，是我殺父也。如讎不可解，則殺我舒憤足矣。」賊不聽，逼母使言，母大罵不輟。賊怒，支解以怵鉞。鉞大哭且罵，并被殺。事平，母子並獲旌。

俞孜，字景修，浙江山陰人。爲諸生，敦行誼。嘉靖初，父華充里役，解流人徐鐸至口外。鐸毒殺華，亡走。孜扶櫬歸，誓必報讎，縱跡數十郡不可得。後聞已還鄉，匿其甥楊氏

家。乃結力士十數人，佯爲賣魚，往來偵伺，且謁知府南大吉乞助。大吉義之，遣數健卒與俱，夜半驟率卒入楊氏家，呼鐸出見，縛送於官，置諸法。孜自是不復應舉，養繼母以終。

有張震者，餘姚農家子也。生周歲，父爲人所陷將死，齧震指語曰：「某，吾讎也，汝勿忘。」震長而指瘡不愈，母告以故，震誓必報。其友謂曰：「汝力弱，吾爲汝殺之。」未幾，讎乘馬出，友以田器擊之，卽死。震喜，走告父墓。已而事發，有司傷其志，減死論戍，遇赦歸。

孫文，亦餘姚人也。幼時，父爲族人時行箠死。長欲報之，而力不敵，乃僞與和好，共武斷鄉曲。時行坦然不復疑。一日，値時行於田間，卽以田器擊殺之。坐戍，未幾，遇赦獲釋。

崔鑑，京師人。父嗜酒狎娼，召與居。娼恃寵，時時陵鑑母，父又被酒，數使辱之。一日，娼惡言詈母，母復之，娼遂擊敗母面。母不勝憤，入室伏牀而泣，將自盡。鑑時年十三，自學舍歸，問之，母告以故。鑑曰：「母無死。」卽走至學舍，挾刃還。娼適掃地，且掃且詈。鑑拔刃刺其左脅，立斃，乃匿刃牖下，亡走數里，忽自念曰：「父不知我殺娼，必累我母。」急趨歸，父果訴於官，將縶其母矣。鑑至，告捕者曰：「此我所爲，非母也。」衆見其幼，不信。鑑曰：「汝等不信，請問凶器安在？」自出刃示之，衆乃釋母，縶鑑置獄。事聞，下刑部讞。尙

書聞淵等議，鑑志在救母，且年少可矜，難拘常律。帝亦貸其罪。

唐儼，全州諸生也。父蔭，郴州知州，歸老得危疾。儼年十二，潛割臂肉進之，疾良已。及父歿，哀毀如成人。其後游學於外，嫡母寢疾。儼妻鄧氏年十八，奮曰：「吾婦人，安知湯藥。昔夫子以臂肉療吾舅，吾獨不能療吾姑哉？」於是割脅肉以進，姑疾亦愈。儼聞母疾，馳歸，則無恙久矣，拜其妻曰：「此吾分也，當急召我，何自苦如此！」妻曰：「子事父，婦事姑，一也。方危急時，召子何及。且事必待子，安用婦爲。」儼益歎異。嫡母歿二十年，而生母歿，儼廬墓三年。嘉靖四年貢至京，有司奏旌其門。

丘緒，字繼先，鄞縣諸生也。生母黃，爲嫡余所逐，適江東包氏。未幾轉適他所，遂不復相聞。緒年十五，父歿，事余至孝。余疾，謹奉湯藥，不解衣帶者數月。余重感其孝，病革，與訣曰：「我卽死，汝無忘若母。」時母被逐已二十年矣。

一夕，夢人告曰：「若母在台州金鰲寺前。」覺而識之。次日，與一人憩於途，詰之，則包

氏故養馬廝也。叩以母所向，曰：「有周平者曾悉其事，今已戍京衞矣。」緒姊壻謁選在京，遺書囑訪平，久之未得。一日，有避雨於邸門者，其聲類鄞人，叩之，卽周平也，言黃已適台州李副使子。

緒得報，卽之台，而李已歿，其嗣子漫不知前事。緒徬徨掩泣於道，有傷之者，導謁老媒妁王四，曰已再適仙居吳義官。吳，仙居巨族也。緒至，歷瞯數十家，無所遇。已而抵一儒生吳秉朗家，語之故。生感其意，留止焉。有叔母聞所留者異鄉人也，恚而咻之。生告以緒意。叔母者，黃故主母也，頗憶前事，然不詳所往。呼舊蒼頭問之，云金鰲寺前，去歲經之，棺已殯寺旁矣。緒以其言與夢合，信之，行且泣，牛觸之墜於溝，則與夫馬長之門也。駭而出，問所從來。緒以情告。長曰：「吾前與一婦至縉雲蒼嶺下，殆是也。」與緒至其處。緒徧物色，無所遇，倀倀行委巷中。一嫗立門外，探之，知爲鄞人，告以所從來。嫗亦轉詢丘氏耗，則緒母也。抱持而哭，閭里皆感動。寺旁棺者，蓋其姒氏云。所適陳翁，貧而無子，且多負。緒還取金償之，并迎翁以歸，備極孝養。嘉靖十四年，知縣趙民順入覲，疏聞於朝，獲旌表。

張鈞，石州人。父敎，國子生。以二親早亡，矢志不仕，隱居城北村。鈞，正德末舉於鄉。以親老亦不仕，讀書養親，遠近皆稱其孝。嘉靖二十年，俺答犯石州。鈞慮父遭難，自城中馳一騎號泣赴救。寇射中其肩，裹瘡疾馳，至則父已被殺。鈞隕絕，盡餂父血，水漿不入口三日，不勝悲痛而卒。越二年，有司上其狀，獲旌。

是時殺掠甚慘，石州爲親死者十一人，而張承相、于博、張永安尤著。承相少孤，及長爲諸生，養母二十餘年，以孝聞。寇至，負母出逃，爲所得，叩頭號泣，乞免其母。寇怒，并殺之，抱母首死。博二歲而孤，奉母盡孝。寇抵城下，博方讀書城中。母居村舍，亟下城號泣求母。母已被執，遇諸途，博取石奮擊寇。寇就剖其心，母得逸去，年止十有八。永安，石州吏也。父爲寇所逐，永安持梃追擊之，傷二賊，趣父逸去，而身自後衞之，被數十創死。與鈞同被旌。

有溫繼宗者，沁州諸生。父卒，不能葬，日守柩哀泣。嘉靖二十一年，寇入犯，或勸出城避難，以父殯不肯去。寇至，與叔父淵等力禦，擊傷一賊，中矢死柩旁，淵等皆死。亦與鈞同被旌。

王在復，太倉人。年二十一，從父讀書城外。倭寇入犯，父子亟奔入城。父體肥不能速行，中道遇賊，遂相失。在復走二里許，展轉尋父。聞父被執，急趨賊所，叩頭求免。賊不聽，拔刃擬其父，在復以身蔽之，痛哭哀求。賊怒，并殺之，兩首墜地，而手猶抱父不釋。時嘉靖三十三年五月也。

當是時，倭亂東南，孝子以衞父母見殺者甚衆，其得旌於朝者，在復及黃巖王鍣、慈谿向敍、無錫蔡元銳、丹徒殷士望。鍣隨父顯避賊。顯被執，將殺之。鍣亟趨前請代，賊遂殺鍣而釋顯。敍爲慈谿諸生。倭入寇，以縣無城，掖母出避。遇賊，踣敍而斫其母，敍急起抱母頸，大呼曰：「寧殺我，毋殺我母！」賊如其言，母獲全。俱嘉靖三十五年旌表。元銳，無錫人，與弟元鐸並孝友。倭犯無錫，入元銳家，兄弟急扶父升屋避匿。而元銳爲賊執，令言父所在，堅不從，遂見殺。元鐸不知兄死，明日持重貲往贖，并見殺。嘉靖三十八年旌表。士望，丹徒人，事親孝。倭犯京口，父被掠，士望請代死。賊笑而試之，火炙刀刺，受之怡然，賊兩釋之。嘉靖四十三年旌表。

其他未及旌表者，又有陳經孚、龔可正、伍民憲。經孚，平陽人。倭至，負母出逃，遇賊索母珥環，欲殺之。經孚以身翼蔽，賊怒，揮刃截耳及肩而死，手猶抱母頸不解。可正，嘉定諸生。負祖母避賊，天雨泥濘，猝遇賊。賊惡見婦人，欲殺其祖母，叱可正去。可正跪泣

請代，賊不從。可正以身覆祖母，賊並殺之。民憲，晉江人。扶父避難，遇賊，長跪哀告曰：「勿驚我父，他物任取之。」賊不聽，竟殺其父。民憲憤，挺身殺二賊，傷數賊。賊至益多，斷民憲右手。臥草中，猶一手執戈，呼其父三日而絕。

夏子孝，字以忠，桐城人。六歲失母，哀哭如成人。九歲父得危疾，禱天地，刲股六寸許，調羹以進，父食之頓愈。翌日，子孝痛創，父詰其故，始知之。里老以聞於官，知府胡麟先夢王祥來謁，詰旦而縣牒至，訝曰：「孺子其祥後身耶？」召見，易其舊名「恩」曰「子孝」。督學御史胡植即令入學爲諸生，月廩之。麟復屬貢士趙詹授之經。

嘉靖末，父卒，廬墓，獨居荒山，身無完衣，形容槁瘁。後歷事王畿、羅汝芳、史桂芳、耿定向，獲聞聖賢之學。定向爲督學御史，將疏聞於朝，固辭曰：「不肖不忍以亡親賈名。」乃止。將死，命其子曰：「葬我父墓側。」

阿寄者，淳安徐氏僕也。徐氏昆弟析產而居，伯得一馬，仲得一牛，季寡婦得阿寄，時

年五十餘矣。寡婦泣曰：「馬則乘，牛則耕，老僕何益。」寄嘆曰：「主謂我不若牛馬耶！」乃畫策營生，示可用狀。寡婦盡脫簪珥，得白金十二兩，畀寄。

寄入山販漆，期年而三倍其息，謂寡婦曰：「主無憂，富可致矣。」歷二十年，積資巨萬，爲寡婦嫁三女，婚二子，齎聘皆千金。又延師教二子，輸粟爲太學生。自是，寡婦財雄一邑。

及寄病且死，謂寡婦曰：「老奴牛馬之報盡矣。」出枕中二籍，則家鉅細悉均分之，曰：「以此遺兩郎君，可世守也。」既歿，或疑其有私，竊啓其篋，無一金蓄。所遺一嫗一兒，僅敝縕掩體而已。

趙重華，雲南太和人。七歲時，父廷瑞遊江湖間，久不返。重華長，謁郡守請路引，榜其背曰「萬里尋親」。別書父年貌、邑里數千紙，所歷都會州縣徧張之。西禱武當山，經太子巖，巖陰有字曰：「嘉靖四十四年十二月十二日，趙廷瑞朝山至此。」重華讀之，慟曰：「吾父果過此，今吾之來月日正同，可卜相逢矣。」遂書其後曰：「萬曆六年十二月十二日，趙廷瑞之子重華，尋父至此。」久之竟無所遇。過丹陽，盜攫其貲，所遺獨路引。且行且乞，遇一老僧呼問其故，笑曰：「汝父客無錫南禪寺中。」語訖忽不見。重華急趨至寺，果其父，出路引示之，相與慟哭。留數日，乃還雲南。

是時，有謝廣者，祁門人。父求仙不返，廣娶婦七日即別母求父，遇於開封逆旅中。父乘間復脫去。廣跋涉四方者垂二十年，終不得父，聞者哀之。

王世名，字時望，武義人。父良，與族子俊同居爭屋，爲俊毆死。世名年十七，恐殘父屍，不忍就理，乃佯聽其輸田議和。凡田所入，輒易價封識。俊有所餽，亦佯受之。而潛繪父像懸密室，繪己像於旁，帶刀侍，朝夕泣拜，且購一刃，銘「報讎」二字，母妻不知也。服闋，爲諸生。及生子數月，謂母妻曰：「吾已有後，可以死矣。」一日，俊自外醉歸，世名挺刃迎擊之，立斃。出號於衆，入白母，即取前封識者詣吏請死。時萬曆九年二月，去父死六年矣。

知縣陳某曰：「此孝子也，不可置獄。」別館之，而上其事於府。府檄金華知縣汪大受來訊。世名請死，大受曰：「檢屍有傷，爾可無死。」曰：「吾惟不忍殘父屍，以至今日。不然，何待六年。乞放歸辭母乃就死。」許之。歸，母迎而泣。世名曰：「身者，父之遺也。以父之遺

爲父死，雖離母，得從父矣，何憾。」頃之，大受至，縣人奔走直世名者以千計。大受乃令人舁致父棺，將開視之。世名大慟，以頭觸堦石，血流殷地。大受及旁觀者咸爲隕涕，乃令舁柩去，將自上官免檢屍，以全孝子。世名曰：「此非法也，非法無君，何以生爲。」遂不食而死。

妻俞氏，撫孤三載，自縊以殉，旌其門曰孝烈。

李文詠，崑山諸生。父大經，沂水知縣。萬曆二十七年，父寢室被火。文詠突入，將父抱出，而榱棟盡覆，父子俱焚死。火息，入視，屍猶覆其父，父存全體，文詠但餘一股。

唐治，黃岡人。父柩在堂，鄰居火，治盡出貲財募人舁柩，人各自顧，無應者。或挽之出，泣曰：「父柩在此，我死不出。」火息，後堂巋然獨存，柩亦無恙，而治竟熏灼伏柩死。萬曆中旌表。

王應元，武隆人。力農養父。父醉臥，家失火。應元自外趨烈焰中，竟不能出，抱父死。

許恩，蘄水人。夜半鄰家失火，恩驚出，徧尋母不得，復突入，遂與母俱焚。

馮象臨，慈谿諸生。家被火，徧覓父母，烟焰瀰室，迷失庭戶。象臨大呼，初得母，卽從火中負出。再入負父，幷挾一弟以出，半體已焦爛。聞妹尙留臥內，母號呼，將自入，亟止之，觸烈焰攜妹出，竟灼爛而死。事聞，賜旌。

後有龔作梅者，陳州人。年十七，父母俱亡，殯於舍。闖賊火民居，作梅跪柩前焚死。

孔金，山陽人。父早亡，母謝氏，遺腹三月而生金。母爲大賈杜言逼娶，投河死。金長，屢訟於官，不勝。言行賄欲斃金，金乃乞食走闕下，擊登聞鼓訴冤，不得達。還墓所，晝夜號泣。里人劉清等陳其事於府，知府張守約異之，召閩族媒氏質實，坐言大辟。未幾守約卒，言夤緣免。金復號訴不已，被箠無完膚。已而撫按理舊牘，仍坐言大辟，迄死獄中。

金子良亦有孝行，父病，刲股爲羹以進，旋愈。比卒，廬墓哀毀。萬曆四十三年，父子並得旌。

楊通照、通杰，銅仁人。母周氏有疾，兄弟爭拜禱，求以身代。閱三年，不入內室。萬曆三十六年，蠚苗流劫，至其家，母被執去。二人追鬬數十里，被傷不顧。至鬼空溪，見賊縶母，大罵，聲震山谷，橫擊萬衆中，爲賊所礫死。通照年二十五，通杰年二十二。泰昌元年，巡撫李榣、巡按史永安上其事，旌曰雙孝之門。

時無錫民浦邵，賊縛其父虞，將殺之。邵以首迎刃而死，父得免。寧化民林上元，賊掠其繼母李氏出城，上元從城上持鎗一躍而下，直奔賊壘，刺死二人。賊避其鋒，立出李氏，因引去，城賴以全。皆萬曆四十三年旌。

崇禎七年，流賊陷竹溪，執知縣余霄將殺之。子諸生伯麟請代，乃免。

張清雅，潛山人。家貧，力學養親。崇禎十年，張獻忠來犯。清雅以父年老臥病，守之不去。無何，父卒。斂甫畢，賊入其家，疑棺內藏金銀，欲剖視之。清雅據棺哀泣，賊斷其手，仆地。幼子超藝年十六，號哭求代。賊復砍之，父子俱死，而棺得不剖。僕雲滿，具兩棺斂之，亦不食死。

時有白精忠者，潁州人。五歲而孤，母袁氏撫之。家貧，母食糠覈，而以精者哺兒。精忠知之，每餐必先啖其惡者。天啓中，舉於鄉。崇禎八年，流賊陷潁州，家人勸逃匿。精忠

以母年老，不忍獨去，遂遇害。

州有檀之槐者，護母柩不去。與賊格鬬，殺數人，被礫死。

又有李心唯，素敦孝行。賊至，泣守母喪。賊掠其室，將縛之，不出，被殺。子果，見父死，厲聲罵賊，賊又殺之。

有余承德者，無爲人。崇禎十五年，流賊突至，掖其祖母劉氏、母魏氏及妻楊氏、妹玉女出避。祖母、母行遲，爲盜所獲，欲刃之。承德號呼救護，並遇害。楊氏見之，急投河死。賊將犯玉女，玉女大罵，堅不從，寸磔而死。

校勘記

〔一〕十二年復叛　十二年，原作「十三年」。按總兵官李瑾被殺事，本書卷十七世宗紀及世宗實錄卷一五五嘉靖十二年十月乙亥條都繫於十二年，據改。

明史卷二百九十八

列傳第一百八十六

隱逸

韓愈言：「蠱之六二曰『王臣蹇蹇』，而蠱之上九曰『高尚其事』，由所居之時不一，而所蹈之德不同。」夫聖賢以用世爲心，而逸民以肥遯爲節，豈性分實然，亦各行其志而已。

明太祖興禮儒士，聘文學，搜求巖穴，側席幽人，後置不爲君用之罰，然韜迹自遠者亦不乏人。迨中葉承平，聲教淪浹，巍科顯爵，頓天網以羅英俊，民之秀者無不觀國光而賓王廷矣。其抱瓌材，蘊積學，槁形泉石，絕意當世者，靡得而稱焉。由是觀之，世道升降之端，係所遭逢，豈非其時爲之哉。

凡徵聘所及，文學行誼可稱者，已散見諸傳。茲取貞節超邁者數人，作隱逸傳。

張介福　倪瓚　徐舫　楊恒 陳洄　楊引　吳海　劉閔
楊黼　孫一元　沈周　陳繼儒

張介福，字子祺，自懷慶徙吳中。少受學於許衡。二親早終，遂無仕進意。家貧，冬不能具夾襦，或遺以紵絮，不受，纖介必以禮。張士誠入吳，有卒犯其家，危坐不爲起。刀斫面，仆地，醒復取冠戴之，坐自若。卒怪，以爲異物，走去。介福恐發其先墓，往廬焉。士誠聞而欲致之，不可。使其弟往問，答曰：「無樂亂，無貪天禍，無忘國家。」饋之，力辭。已，病革，謂其友曰：「吾志希古人，未能也。惟無汚於時，庶幾哉。」遂卒。

倪瓚，字元鎭，無錫人也。家雄於貲，工詩，善書畫。四方名士日至其門。所居有閣曰清閟，幽迥絕塵。藏書數千卷，皆手自勘定。古鼎法書，名琴奇畫，陳列左右。四時卉木，縈繞其外，高木修篁，蔚然深秀，故自號雲林居士。時與客觴咏其中。爲人有潔癖，盥濯不離手。俗客造廬，比去，必洗滌其處。求縑素者踵至，瓚亦時應之。至正初，海內無事，忽散其貲給親故，人咸怪之。未幾兵興，富家悉被禍，而瓚扁舟箬笠，往來震澤、三泖間，獨不罹患。張士誠累欲鈎致之，逃漁舟以免。其弟士信以幣乞畫，瓚又斥去。士信恚，他日從賓客遊湖上，聞異香出葭葦間，疑爲瓚也，物色漁舟中，果得之。扶幾斃，終無一言。及吳平，瓚年老矣，黃冠野服，混迹編氓。洪武七年卒，年七十四。

徐舫，字方舟，桐廬人。幼輕俠，好擊劍、走馬、蹴踘。既而悔之，習科舉業。已，復棄去，學爲歌詩。睦故多詩人，唐有方干、徐凝、李頻、施肩吾，宋有高師魯、滕元秀，號睦州詩派，舫悉取步驟之。既乃遊四方，交其名士，詩益工。行省參政蘇天爵將薦之，舫笑曰：「吾詩人耳，可羈以章紱哉。」竟避去。築室江皐，日苦吟於雲烟出沒間，翛然若與世隔，因自號滄江散人。

宋濂、劉基、葉琛、章溢之赴召也，舟溯桐江，忽有人黃冠鹿裘立江上，招基而笑，且語侵之。基望見，急延入舟中。琛、溢競讙謔，各取冠服服之，欲載上黟川，其人不可乃止。濂初未相識，以問。基曰：「此徐方舟也。」濂因起共歡笑，酌酒而別。舫詩有瑤林、滄江二集。年六十八，丙午春，卒於家。

楊恒，字本初，諸暨人。外族方氏建義塾，館四方遊學士，恒幼往受諸經，輒領其旨要。文峻潔，有聲郡邑間。浦江鄭氏延爲師，閱十年退居白鹿山，戴欔冠，披羊裘，帶經耕烟雨間，嘯歌自樂，因自號白鹿生。

太祖既下浙東，命欒鳳知州事。鳳請爲州學師，恒固讓不起。鳳乃命州中子弟即家問道。政有缺失，輒貽書咨訪。後唐鐸知紹興，欲辟起之，復固辭。宋濂之爲學士也，擬薦爲國子師，聞不受州郡辟命，乃已。

恒性醇篤，與人語，出肺肝相示。事稍乖名義，輒峻言指斥。家無儋石，而臨財甚介，鄉人奉爲楷法焉。

時有陳洄者，義烏人。幼治經，長通百家言。初欲以功名顯，既而隱居，戴青霞冠，披白鹿裘，不復與塵事接。所居近大溪，多修竹，自號竹溪逸民。常乘小艇，吹短簫，吹已，叩舷而歌，悠然自適。宋濂俱爲之傳。

楊引，吉水人。好學能詩文，爲宋濂、陶安所稱。駙馬都尉陸賢從受學，入朝，舉止端雅。太祖喜，問誰教者，賢以引對，立召見，賜食。他日，賢以褻服見，引太息曰：「是其心易我，不可久居此矣。」復以纂修徵，亦不就。其教學者，先操履而後文藝。嘗揭論語鄉黨篇示人曰：「吾敎自有養生術，安事偃仰吐納爲。」乃節飲食，時動息，迄老視聽不衰。既歿，安福劉球稱其學探道原，文範後世，去就出處，卓然有陶潛、徐穉之風。

吳海，字朝宗，閩縣人。元季以學行稱。值四方盜起，絕意仕進。洪武初，守臣欲薦諸朝，力辭免。既而徵詣史局，復力辭。嘗言：「楊、墨、釋、老，聖道之賊；管、商、申、韓，治道之賊；稗官野乘，正史之賊；支詞豔說，文章之賊。上之人，宜敕通經大臣，會諸儒定其品目，頒之天下，民間非此不得輒藏，坊市不得輒鬻。如是數年，學者生長不涉異聞，其於養德育才，豈曰小補。」因著書一編曰書禍，以發明之。與永福王翰善。翰嘗仕元，海數勸之死，翰果自裁。海敎養其子偁，卒底成立。平居虛懷樂善，有規過者，欣然立改，因顏其齋曰聞過。爲文嚴整典雅，一歸諸理，後學咸宗仰之。有聞過齋集行世。

劉閔，字子賢，莆田人。生而純愨。早孤，絕意科舉，求古聖賢禔躬訓家之法，率而行之。祖母及父喪未舉，斷酒肉，遠室家。訓鄰邑，朔望歸，則號哭殯所，如是三年。婦失愛於母，出之，獨居奉養，疾不解衣。母或恚怒，則整衣竟夕跪榻前。祭享奠獻，一循古禮，鄉人莫不欽重。副使羅璟立社學，搆養親堂，延閔爲師。提學僉事周孟中捐俸助養。知府王弼每祭廟社，必延致齋居，曰：「此人在座，私意自消。」置田二十餘畝贍之，並受不辭。及母歿，即送田還官，廬墓三年。弟婦求分產，閔闔戶自撾，婦感悟乃已。

弘治中，僉都御史林俊上言：「伏見皇太子年踰幼學，習處宮中，罕接外傅，豫教之道似爲未備。今講讀侍從諸臣固已簡用，然百司衆職，山林隱逸，不謂無人。以臣所知，則禮部侍郎謝鐸、太僕少卿儲巏，[一]光祿少卿楊廉，可備講員。其資序未合，德行可取者二人，則致仕副使曹時中、布衣劉閔是也。閔，臣縣人，恭愼醇粹，孝行高古。日無二粥，身無完衣，處之晏如。監司劉大夏、徐貫等恒敬禮之。臣謂可禮致時中爲宮僚，閔以布衣入侍，必能涵育薰陶，裨益睿質。」時不能用。其後，巡按御史宗彝、饒瑭欲援詔例舉閔經明行修，閔力辭。知府陳效請遂其志，榮以學職。正德元年，遂授儒學訓導。

楊黼，雲南太和人也。好學，讀五經皆百遍。工篆籀，好釋典。或勸其應舉，笑曰：「不理性命，理外物耶？」庭前有大桂樹，縛板樹上，題曰桂樓。偃仰其中，歌詩自得。躬耕數畝供甘膬，但求親悅，不顧餘也。注孝經數萬言，證羣書，根性命，字皆小篆。所用硯乾，將下樓取水，硯池忽滿，自是爲常，時人咸異之。父母歿，爲傭營葬畢，入雞足，棲羅漢壁石窟山十餘年，壽至八十。子孫迎歸，一日沐浴，令子孫拜，曰：「明日吾行矣。」果卒。

孫一元，字太初，不知何許人，問其邑里，曰：「我秦人也。」嘗棲太白之巔，故號太白山人。或曰安化王宗人，王坐不軌誅，故變姓名避難也。一元姿性絕人，善爲詩，風儀秀朗，蹤跡奇譎，烏巾白帢，攜鐵笛鶴瓢，遍遊中原，東踰齊、魯，南涉江、淮，歷荊抵吳越，所至賦詩，談神仙，論當世事，往往傾其座人。鉛山費宏罷相，訪之杭州南屏山，值其晝寢，就臥內與語。送之及門，了不酬答。宏出語人曰：「吾一生未嘗見此人。」時劉麟以知府罷歸，龍霓以僉事謝政，並客湖州，與郡人故御史陸崑善，而長興吳珫隱居好客，三人者並主於其家。珫因招一元入社，稱「苕溪五隱」。一元買田溪上，將老焉。舉人施侃雅善一元，妻以妻妹張氏，生一女而卒，年止三十七。珫等葬之道場山。

沈周，字啓南，長洲人。祖澄，永樂間舉人材，不就。所居曰西莊，日置酒款賓，人儗之顧仲瑛。伯父貞吉，父恒吉，並抗隱。搆有竹居，兄弟讀書其中，工詩善畫，臧獲亦解文墨。邑人陳孟賢者，陳五經繼之子也。周少從之遊，得其指授。年十一，遊南都，作百韻詩，上巡撫侍郎崔恭。面試鳳凰臺賦，援筆立就，恭大嗟異。及長，書無所不覽。文摹左氏，詩擬白居易、蘇軾、陸游，字仿黃庭堅，並爲世所愛重。尤工於畫，評者謂爲明世第一。

郡守欲薦周賢良，周筮易，得遯之九五，遂決意隱遁。所居有水竹亭館之勝，圖書鼎彝充牣錯列，四方名士過從無虛日，風流文彩照映一時。奉親至孝。父歿，或勸之仕，對曰：「若不知母氏以我爲命耶？奈何離膝下。」居恒厭入城市，於郭外置行窩，有事一造之。晚年，匿跡惟恐不深，先後巡撫王恕、彭禮咸禮敬之，欲留幕下，並以母老辭。

有郡守徵畫工繪屋壁。里人疾周者，入其姓名，遂被攝。或勸周謁貴遊以免，周曰：「往役，義也，謁貴遊，不更辱乎！」卒供役而還。已而守入覲，銓曹問曰：「沈先生無恙乎？」

守不知所對，漫應曰：「無恙。」見內閣，李東陽曰：「沈先生有牘乎？」守益愕，復漫應曰：「有而未至。」守出，倉皇謁侍郎吳寬，問：「沈先生何人？」寬備言其狀。詢左右，乃畫壁生也。比還，謁周舍，再拜引咎，索飯，飯之而去。周以母故，終身不遠遊。母年九十九而終，周亦八十矣。又三年，以正德四年卒。

陳繼儒，字仲醇，松江華亭人。幼穎異，能文章，同郡徐階特器重之。長爲諸生，與董其昌齊名。太倉王錫爵招與子衡讀書支硎山。王世貞亦雅重繼儒，三吳名下士爭欲得爲師友。繼儒通明高邁，年甫二十九，取儒衣冠焚棄之。隱居崑山之陽，搆廟祀二陸，草堂數椽，焚香晏坐，意豁如也。時錫山顧憲成講學東林，招之，謝弗往。親亡，葬神山麓，遂築室東佘山，杜門著述，有終焉之志。

工詩善文，短翰小詞，皆極風致，兼能繪事。又博文强識，經史諸子、術伎稗官與二氏家言，靡不較覈。或刺取瑣言僻事，詮次成書，遠近競相購寫。徵請詩文者無虛日。性喜奬掖士類，屨常滿戶外，片言酬應，莫不當意去。暇則與黃冠老衲窮峯泖之勝，吟嘯忘返，足跡罕入城市。其昌爲築來仲樓招之至。黃道周疏稱「志尚高雅，博學多通，不如繼儒」，

其推重如此。侍郎沈演及御史、給事中諸朝貴，先後論薦，謂繼儒道高齒茂，宜如聘吳與弼故事。屢奉詔徵用，皆以疾辭。卒年八十二，自爲遺令，纖悉畢具。

校勘記

〔一〕儲巏 原作「儲瓘」，據本書卷二八六儲巏傳及明史稿傳一七四儲巏傳改。

明史卷二百九十九

列傳第一百八十七

方伎

左氏載醫和、緩，梓愼、裨竈，史蘇之屬，甚詳且核。下逮巫祝，亦往往張其事以神之。論者謂之浮夸，似矣。而史記傳扁鵲、倉公，日者，龜策，至黃石、赤松、倉海君之流，近於神仙荒忽，亦備錄不遺。范蔚宗乃以方術名傳。夫藝人術士，匪能登乎道德之途。然前民利用，亦先聖之緒餘，其精者至通神明，參造化，詎曰小道可觀已乎。

明初，周顚、張三丰之屬，蹤蹟秘幻，莫可測識，而震動天子，要非妄誕取寵者所可幾。張中、袁珙，占驗奇中。夫事有非常理所能拘者，淺見尠聞不足道也。醫與天文皆世業專官，亦本周官遺意。攻其術者，要必博極於古人之書，而會通其理，沈思獨詣，參以考驗，不爲私智自用，乃足以名當世而爲後學宗。今錄其最異者，作方伎傳。眞人張氏，道家者流，

而世蒙恩澤。其事蹟關當代典故，撮其大略附於篇。

滑壽 葛乾孫 呂復 倪維德 周漢卿 王履 周顚 張中
張三丰 袁珙 子忠徹 戴思恭 盛寅 皇甫仲和 仝寅
吳傑 許紳 王綸 淩雲 李玉 李時珍 繆希雍 周述學
張正常 劉淵然等

滑壽，字伯仁，先世襄城人，徙儀眞，後又徙餘姚。幼警敏好學，能詩。京口王居中，名醫也。壽從之學，授素問、難經。既卒業，請於師曰：「素問詳矣，多錯簡。愚將分藏象、經度等爲十類，類抄而讀之。難經又本素問、靈樞，其間榮衞藏府與夫經絡腧穴，辨之博矣，而缺誤亦多。愚將本其義旨，注而讀之可乎？」居中躍然稱善。自是壽學日進。壽又參會張仲景、劉守眞、李明之三家而會通之，所治疾無不中。

既學鍼法於東平高洞陽，嘗言：「人身六脈雖皆有係屬，惟督任二經，則苞乎腹背，有專穴。諸經滿而溢者，此則受之，宜與十二經並論。」乃取內經骨空諸論及靈樞篇所述經脈，著十四經發揮三卷，通考隧穴六百四十有七。他如讀傷寒論抄、診家樞要、痔瘻篇又採諸書本草爲醫韻，皆有功於世。

晚自號攖寧生。江、浙間無不知攖寧生者。年七十餘，容色如童孺，行步蹻捷，飲酒無算。天台朱右摭其治疾神效者數十事，爲作傳，故其著述益有稱於世。

葛乾孫，字可久，長洲人。父應雷，以醫名。時北方劉守眞、張潔古之學未行於南。有李姓者，中州名醫，官吳下，與應雷談論，大駭歎，因授以張、劉書。自是江南有二家學。乾孫體貌魁碩，好擊刺戰陣法。後折節讀書，兼通陰陽、律曆、星命之術。屢試不偶，乃傳父業。然不肯爲人治疾，或施之，輒著奇效，名與金華朱丹溪埒。富家女病四支痿痹，目瞪不能食，衆醫治罔效。乾孫命悉去房中香奩、流蘇之屬，掘地坎，置女其中。久之，女手足動，能出聲。投藥一丸，明日女自坎中出矣。蓋此女嗜香，脾爲香氣所蝕，故得是症。其療病奇中如此。

呂復，字元膺，鄞人。少孤貧，從師受經。後以母病求醫，遇名醫衢人鄭禮之，遂謹事之，因得其古先禁方及色脈藥論諸書，試輒有驗。乃盡購古今醫書，曉夜研究，自是出而行

世，取效若神。其於內經、素問、靈樞、本草、難經、傷寒論、脈經、脈訣、病原論、太始天元玉冊元誥、六微旨、五常政、玄珠密語、中藏經、聖濟經等書，皆有辨論。前代名醫如扁鵲、倉公、華佗、張仲景至張子和、李東垣諸家，皆有評騭。所著有內經或問、靈樞經脈箋、五色診奇眩、切脈樞要、運氣圖說、養生雜言諸書甚衆。浦江戴良採其治效最著者數十事，爲醫案。歷舉仙居、臨海教諭，台州教授，皆不就。

倪維德，字仲賢，吳縣人。祖、父皆以醫顯。維德幼嗜學，已乃業醫，以內經爲宗。病大觀以來，醫者率用裴宗元、陳師文和劑局方，故方新病多不合。乃求金人劉完素、張從正、李杲三家書讀之，出而治疾，無不立效。

周萬戶子，八歲昏眊，不識饑飽寒暑，以土炭自塞其口。診之曰：「此慢脾風也。脾藏智，脾慢則智短。」以疏風助脾劑投之，卽愈。顧顯卿右耳下生癭，大與首同，痛不可忍。診之曰：「此手足少陽經受邪也。」飲之藥，踰月愈。劉子正妻病氣厥，或哭或笑，人以爲祟。診之曰：「兩手脈俱沉，胃脘必有所積，積則痛。」問之果然，以生熟水導之，吐痰涎數升愈。盛架閣妻左右肩臂奇癢，延及頭面，不可禁，灼之以艾，則暫止。診之曰：「左脈沉，右脈浮

且盛，此滋味過盛所致也。」投以劑，旋愈。林仲實以勞得熱疾，熱隨日出入爲進退，暄盛則增劇，夜涼及雨則否，如是者二年。診之曰：「此七情內傷，陽氣不升，陰火漸熾。故溫則進，涼則退。」投以東垣內傷之劑，亦立愈。他所療治，多類此。

常言：「劉、張二氏多主攻，李氏惟調護中氣主補，蓋隨時推移，不得不然。」故其主方不執一說。常患眼科雜出方論，無全書，著元機啓微，〔一〕又校訂東垣試效方，並刊行於世。洪武十年卒，年七十五。

周漢卿，松陽人。醫兼內外科，鍼尤神。鄉人蔣仲良，左目爲馬所踶，睛突出如桃。他醫謂係絡已損不可治。漢卿封以神膏，越三日復故。華州陳明遠瞽十年。漢卿視之，曰：「可鍼也。」爲翻睛刮翳，欻然辨五色。武城人病胃痛，奮擲乞死。漢卿納藥於鼻，俄嚏赤蟲寸許，口眼悉具，痛旋止。馬氏婦有娠，十四月不產，尫且黑。漢卿曰：「此中蠱，非娠也。」下之，有物如金魚，病良已。永康人腹疾，痀僂行。漢卿解衣視之，氣衝起腹間者二，其大如臂。刺其一，砉然鳴，又刺其一亦如之，加以按摩，疾遂愈。長山徐嫗癇疾，手足顫掉，裸而走，或歌或笑。漢卿刺其十指端，出血而痊。錢塘王氏女生瘰癧，環頭及腋，凡十九竅。

竅破白瀋出，將死矣。漢卿爲剔竅母深二寸，其餘烙以火，數日結痂愈。山陰楊翁項有疣如瓜大，醉仆階下，潰血不能止。疣潰者必死。漢卿以藥糝其穴，血卽止。義烏陳氏子腹有塊，捫之如罌。漢卿曰：「此腸癰也。」用大鍼灼而刺之，入三寸許，膿隨鍼迸出有聲，愈。諸暨黃生背曲，須杖行。他醫皆以風治之，漢卿曰：「血澀也。」刺兩足崑崙穴，頃之投杖去。其捷效如此。

王履，字安道，崑山人。學醫於金華朱彥修，盡得其術。嘗謂張仲景傷寒論爲諸家祖，後人不能出其範圍。且素問云「傷寒爲病熱」，言常不言變，至仲景始分寒熱，然義猶未盡。乃備常與變，作傷寒立法考。又謂陽明篇無目痛，少陰篇言胸背滿不言痛，太陰篇無嗌乾，厥陰篇無囊縮，必有脫簡。乃取三百九十七法，去其重複者二百三十八條，復增益之，仍爲三百九十七法。極論內外傷經旨異同，併中風、中暑辨，名曰泝洄集，凡二十一篇。又著百病鈎玄二十卷，醫韻統一百卷，醫家宗之。

履工詩文，兼善繪事。嘗遊華山絕頂，作圖四十幅，記四篇，詩一百五十首，爲時所稱。

自滑壽以下五人，皆生於元，至明初始卒。

周顛，建昌人，無名字。年十四，得狂疾，走南昌市中乞食，語言無恒，皆呼之曰顛。及長有異狀，數謁長官，曰「告太平」。時天下寧謐，人莫測也。後南昌爲陳友諒所據，顛避去。太祖克南昌，顛謁道左。洎還金陵，顛亦隨至。一日，駕出，顛來謁。問「何爲」，曰「告太平」。自是屢以告。太祖厭之，命覆以巨缸，積薪煅之。薪盡啓視，則無恙，頂上出微汗而已。太祖異之，命寄食蔣山僧寺。已而僧來訴，顛與沙彌爭飯，怒而不食且半月。太祖往視顛，顛無饑色。乃賜盛饌，食已閉空室中，絕其粒一月，比往視，如故。諸將士爭進酒饌，茹而吐之，太祖與共食則不吐。

太祖將征友諒，問曰：「此行可乎？」對曰：「可。」曰：「彼已稱帝，克之不亦難乎？」顛仰首睬天，正容曰：「天上無他座。」太祖攜之行，舟次安慶，無風，遣使問之。曰：「行則有風。」遂命牽舟進，須臾風大作，直抵小孤。太祖慮其妄言惑軍心，使人守之。至馬當，見江豚戲水，歎曰：「水怪見，損人多。」守者以告。太祖惡之，投諸江。師次湖口，顛復來，且乞食。太祖與之食，食已，卽整衣作遠行狀，遂辭去。友諒既平，太祖遣使往廬山求之，不得，疑其仙去。洪武中，帝親撰周顛仙傳，紀其事。

張中，字景華，臨川人。少應進士舉不第，遂放情山水。遇異人，授數學，談禍福，多奇中。太祖下南昌，以鄧愈薦召至，賜坐。問曰：「予下豫章，兵不血刃，此邦之人其少息乎？」對曰：「未也。且夕此地當流血，廬舍煅且盡，鐵柱觀亦僅存一殿耳。」未幾，指揮康泰反，如其言。尋又言國中大臣有變，宜豫防。至秋，平章邵榮、參政趙繼祖伏甲北門爲亂，[三]事覺伏誅。

陳友諒圍南昌三月，太祖伐之，召問之。曰：「五十日當大勝，亥子之日獲其渠帥。」帝命從行，舟次孤山，無風不能進。乃以洞玄法祭之，風大作，遂達鄱陽。大戰湖中，常遇春孤舟深入，敵舟圍之數重，衆憂之。曰：「無憂，亥時當自出。」已而果然。連戰大勝，友諒中流矢死，降其衆五萬。自啓行至受降，適五十日。始南昌被圍，帝問「何日當解」，曰「七月丙戌」。報至，乃乙酉，蓋術官算曆，是月差一日，實在丙戌也。其占驗奇中，多若此。爲人狷介寡合。與之言，稍涉倫理，輒亂以他語，類佯狂玩世者。嘗好戴鐵冠，人稱爲鐵冠子云。

張三丰，遼東懿州人，名全一，一名君寶，三丰其號也。以其不飾邊幅，又號張邋遢。頎而偉，龜形鶴背，大耳圓目，鬚髯如戟。寒暑惟一衲一蓑，所啖，升斗輒盡，或數日一食，或數月不食。書經目不忘，游處無恒，或云能一日千里。善嬉諧，旁若無人。嘗游武當諸巖壑，語人曰：「此山，異日必大興。」時五龍、南巖、紫霄俱燬於兵，三丰與其徒去荊榛，辟瓦礫，創草廬居之，已而舍去。

太祖故聞其名，洪武二十四年遣使覓之不得。後居寶雞之金臺觀，一日自言當死，留頌而逝，縣人共棺殮之。及葬，聞棺內有聲，啓視則復活。乃遊四川，見蜀獻王。復入武當，歷襄、漢，蹤跡益奇幻。

永樂中，成祖遣給事中胡濙偕內侍朱祥齎璽書香幣往訪，遍歷荒徼，積數年不遇。乃命工部侍郎郭璡、隆平侯張信等，督丁夫三十餘萬人，大營武當宮觀，費以百萬計。既成，賜名太和太岳山，設官鑄印以守，竟符三丰言。

或言三丰金時人，元初與劉秉忠同師，後學道於鹿邑之太清宮，然皆不可考。天順三年，英宗賜誥，贈爲通微顯化眞人，終莫測其存亡也。

袁珙，字廷玉，鄞人。高祖鏞，宋季舉進士。元兵至，不屈，舉家十七人皆死。父士元，翰林檢閱官。

珙生有異禀，好學能詩。嘗遊海外洛伽山，遇異僧別古崖，授以相人術。先仰視皎日，目盡眩，布赤黑豆暗室中，辨之，又懸五色縷牕外，映月別其色，皆無訛，然後相人。其法以夜中燃兩炬視人形狀氣色，而參以所生年月，百無一謬。

珙在元時已有名，所相士大夫數十百，其於死生禍福，遲速大小，并刻時日，無不奇中。南臺大夫普化帖木兒，由閩海道見珙。珙曰：「公神氣嚴肅，舉動風生，大貴驗也。但印堂司空有赤氣，到官一百十四日當奪印。然守正秉忠，名垂後世，願自勉。」普署臺事於越，果爲張士誠逼取印綬，抗節死。見江西憲副程徐曰：「君帝座上黃紫再見，千日內有二美除。但冷笑無情，非忠節相也。」徐於一年後拜兵部侍郎，擢尚書。又二年降於明，爲吏部侍郎。嘗相陶凱曰：「君五岳朝揖而氣色未開，五星分明而光澤未見，宜藏器待時。不十年以文進，爲異代臣，官二品，其在荊、揚間乎。」凱後爲禮部尚書、湖廣行省參政。其精類如此。

洪武中，遇姚廣孝於嵩山寺，謂之曰：「公，劉秉忠之儔也，幸自愛。」後廣孝薦於燕王，召至北平。王雜衞士類己者九人，操弓矢，飲肆中。珙一見卽前跪曰：「殿下何輕身至此。」

九人者笑其謬，珙言益切。王乃起去，召珙宮中，諦視曰：「龍行虎步，日角插天，太平天子也。年四十，鬚過臍，卽登大寶矣。」已見藩邸諸校卒，皆許以公侯將帥。王慮語洩，遣之還。及卽位，召拜太常寺丞，賜冠服、鞍馬、文綺、寶鈔及居第。帝將建東宮，而意有所屬，故久不決。珙相仁宗曰：「天子也。」相宣宗曰：「萬歲天子。」儲位乃定。

珙相人卽知其心術善惡。人不畏義，而畏禍患，往往因其不善導之於善，從而改行者甚多。爲人孝友端厚，待族黨有恩。所居鄞城西，遶舍種柳，自號柳莊居士，有柳莊集。永樂八年卒，年七十有六。賜祭葬，贈太常少卿。

子忠徹，字靜思。幼傳父術。從父謁燕王，王宴北平諸文武，使忠徹相之。謂都督宋忠面方耳大，身短氣浮，布政使張昺面方五小，行步如蛇，都指揮謝貴擁腫蚤肥而氣短，都督耿瓛顴骨插鬢，色如飛火，僉都御史景淸身短聲雄，於法皆當刑死。王大喜，起兵意益決。及爲帝，卽召授鴻臚寺序班，賜賚甚厚。

遷尙寶寺丞，已，改中書舍人。扈駕北巡。駕旋，仁宗監國，爲讒言所中，帝怒，榜午門，凡東宮所處分事，悉不行。太子憂懼成疾，帝命蹇義、金忠偕忠徹視之。還奏，東宮面色靑藍，驚憂象也，收午門榜可愈。帝從之，太子疾果已。帝嘗屏左右，密問武臣朱福、朱能、張

輔、李遠、柳升、陳懋、薛祿，文臣姚廣孝、夏原吉、〔三〕蹇義及金忠、呂震、方賓、吳中、李慶等禍福，後皆驗。九載秩滿，復爲尙寶司丞，進少卿。

禮部郎周訥自福建還，言閩人祀南唐徐知諤、知誨，其神最靈。帝命往迎其像及廟祝以來，遂建靈濟宮於都城，祀之。帝每遘疾，輒遣使問神。廟祝詭爲仙方以進，藥性多熱，服之輒痰壅氣逆，多暴怒，至失音，中外不敢諫。忠徹一日入侍，進諫曰：「此痰火虛逆之症，實靈濟宮符藥所致。」帝怒曰：「仙藥不服，服凡藥耶？」忠徹叩首哭，內侍二人亦哭。帝益怒，命曳二內侍杖之，且曰：「忠徹哭我，我遂死耶？」忠徹惶懼，趨伏階下，良久始解。帝識忠徹於藩邸，故待之異於外臣。忠徹亦以帝遇己厚，敢進讜言，嘗諫外國取寶之非，武臣宜許行服，衍聖公誥宜改賜玉軸，聞者韙之。

宣德初，覲帝容色曰：「七日內，宗室當有謀叛者。」漢王果反。嘗坐事下吏罰贖。正統中，復坐事下吏休致。二十餘年卒，年八十有三。

忠徹相術不殊其父，世所傳軼事甚多，不具載。其相王文，謂「面無人色，法曰瀝血頭」。相于謙，謂「目常上視，法曰望刀眼」。後果如其言。然性陰險，不如其父，與羣臣有隙，卽緣相法於上前齮齕之。頗好讀書，所著有人相大成及鳳池唫藁、符臺外集，載元順帝爲瀛國公子云。

戴思恭，字原禮，浦江人，以字行。受學於義烏朱震亨。震亨師金華許謙，得朱子之傳，又學醫於宋內侍錢塘羅知悌。知悌得之荆山浮屠，浮屠則河間劉守眞門人也。震亨醫學大行，時稱爲丹溪先生。愛思恭才敏，盡以醫術授之。

洪武中，徵爲御醫，所療治立效，太祖愛重之。燕王患瘕，太祖遣思恭往治，見他醫所用藥良是，念何以不效，乃問王何嗜。曰：「嗜生芹。」思恭曰：「得之矣。」投一劑，夜暴下，皆細蝗也。晉王疾，思恭療之愈。已，復發，卽卒。太祖怒，逮治王府諸醫。思恭從容進曰：「臣前奉命視王疾，啓王曰：『今卽愈，但毒在膏肓，恐復作不可療也。』今果然矣。」諸醫由是免死。思恭時已老，風雨輒免朝。太祖不豫，少間，出御右順門，治諸醫侍疾無狀者，獨慰思恭曰：「汝仁義人也，毋恐。」已而太祖崩，太孫嗣位，罪諸醫，獨擢思恭太醫院使。

永樂初，以年老乞歸。三年夏，復徵入，免其拜，特召乃進見。其年冬，復乞骸骨，遣官護送，賚金幣，踰月而卒，年八十有二，遣行人致祭。所著有證治要訣、證治類元、類證用藥諸書，皆檃括丹溪之旨。又訂正丹溪金匱鉤玄三卷，附以己意。人謂無愧其師云。

盛寅，字啓東，吳江人。受業於郡人王賓。初，賓與金華戴原禮游，冀得其醫術。原禮笑曰：「吾固無所吝，君獨不能少屈乎？」賓謝曰：「吾老矣，不能復居弟子列。」他日伺原禮出，竊發其書以去，遂得其傳。將死，無子，以授寅。寅既得原禮之學，復討究內經以下諸方書，醫大有名。

永樂初，爲醫學正科。坐累，輸作天壽山。列侯監工者，見而奇之，令主書算。先是有中使督花鳥於江南，主寅舍，病脹，寅愈之。適遇諸途，驚曰：「盛先生固無恙耶！予所事太監，正苦脹，盍與我視之。」既視，投以藥立愈。會成祖較射西苑，太監往侍。成祖遙望見，愕然曰：「謂汝死矣，安得生？」太監具以告，因盛稱寅，卽召入便殿，令診脈。寅奏，上脈有風濕病，帝大然之，進藥果效，遂授御醫。一日，雪霽，召見。帝語白溝河戰勝狀，氣色甚厲。寅曰：「是殆有天命耳。」帝不懌，起而視雪。寅復吟唐人詩「長安有貧者，宜瑞不宜多」句，聞者咋舌。他日，與同官對弈御藥房。帝猝至，兩人斂枰伏地，謝死罪。帝命終之，且坐以觀，寅三勝。帝喜，命賦詩，立就。帝益喜，賜象牙棋枰并詞一闋。帝晚年猶欲出塞，寅以帝春秋高，勸毋行。不納，果有榆木川之變。

仁宗在東宮時，妃張氏經期不至者十月，衆醫以妊身賀。寅獨謂不然，出言病狀。妃

遙聞之曰：「醫言甚當，有此人何不令早視我。」及疏方，乃破血劑。東宮怒，不用。數日病益甚，命寅再視，疏方如前。妃令進藥，而東宮慮墮胎，械寅以待。已而血大下，病旋愈。當寅之被繫也，闔門惶怖曰：「是殆磔死。」既三日，紅仗前導還邸舍，賞賜甚厚。

寅與袁忠徹素爲東宮所惡，既愈妃疾，而怒猶未解，懼甚。忠徹曉相術，知仁宗壽不永，密告寅，寅猶畏禍。及仁宗嗣位，求出爲南京太醫院。宣宗立，召還。正統六年卒。兩京太醫院皆祀寅。寅弟宏亦精藥論，子孫傳其業。

初，寅晨直御醫房，忽昏眩欲死，募人療寅，莫能應。一草澤醫人應之，一服而愈。帝問狀，其人曰：「寅空心入藥房，猝中藥毒。能和解諸藥者，甘草也。」帝問寅，果空腹入，乃厚賜草澤醫人。

皇甫仲和，睢州人。精天文推步學。永樂中，成祖北征，仲和與袁忠徹扈從。師至漠北，不見寇，將引還，命仲和占之，言：「今日未申間，寇當從東南來。王師始却，終必勝。」忠徹對如之。比日中不至，復問，二人對如初。帝命械二人，不驗，將誅死。頃之，中官奔告曰：「寇大至矣。」時初得安南神礮，寇一騎直前，卽以礮擊之，一騎復前，再擊之，寇不動。

帝登高望之曰：「東南不少却乎？」亟麾大將譚廣等進擊，諸將奮斫馬足，寇少退。俄疾風揚沙，兩軍不相見，寇始引去。帝欲卽夜班師，二人曰：「明日寇必降，請待之。」至期果降，帝始神其術，授仲和欽天監正。

英宗將北征，仲和時已老，學士曹鼐問曰：「駕可止乎？胡、王兩尚書已率百官諫矣。」曰：「不能也，紫微垣諸星已動矣。」曰：「然則奈何？」曰：「盍先治內。」曰：「命親王監國矣。」曰：「不如立儲君。」曰：「皇子幼，未易立也。」曰：「恐終不免立。」及車駕北狩，景帝遂卽位。寇之薄都城也，城中人皆哭。仲和曰：「勿憂，雲向南，大將氣至，寇退矣。」明日，楊洪等入援，寇果退。一日出朝，有衞士請占。仲和辭，衞士怒。仲和笑曰：「汝室中妻妾正相鬭，可速返。」返則方鬭不解。或問：「何由知？」曰：「彼問時，適見兩鵲鬭屋上，是以知之。」其占事率類此。

仝寅，字景明，安邑人。年十二歲而瞽，乃從師學京房術，占禍福多奇中。父清游大同，攜之行塞上。石亨爲參將，頗信之，每事咨焉。英宗北狩，遣使問還期。筮得乾之初，曰：「大吉。四爲初之應，初潛四躍，明年歲在午，其干庚。午，躍候也。庚，更新也。龍歲一躍，秋潛秋躍，明年仲秋駕必復。但繇勿用，應在淵，還而復，必失位。然象龍也，數九也。四近五，躍近飛。龍在丑，丑曰赤奮若，復在午。午色赤，午奮於丑，若，順也，天順之也。其於丁，象大明也。位於南方，火也。寅其生，午其王，壬其合也。至歲丁丑，月寅，日午，合於壬，帝其復辟乎？」已而悉驗。

石亨入督京營，挾自隨。及也先逼都城，城中人恟懼，或請筮之，寅曰：「彼驕我盛，戰必勝。」寇果敗去。明年，也先請遣使迎上皇，廷臣疑其詐。寅言於亨曰：「彼順天仗義，我中國反失奉迎禮，寧不貽笑外蕃。」亨乃與于謙決計，上皇果還。

景泰三年，指揮盧忠告變，事連南宮。帝殺中官阮浪，猶窮治不已，外議洶洶。忠一日屏人請筮，寅叱之曰：「是兆大凶，死不足贖。」忠懼而佯狂，事得不竟。已而忠果伏誅。英宗復辟，將官寅，寅固辭。命賜金錢金卮諸物。其父官指揮僉事，將赴徐州。英宗慮寅偕行，乃授錦衣百戶，留京師。寅見石亨勢盛，每因筮戒之，亨不能用，卒及於禍。寅以筮游公卿貴人間，莫不信重之，然無一語及私。年幾九十乃卒。

吳傑，武進人。弘治中，以善醫徵至京師，試禮部高等。故事，高等入御藥房，次入太

醫院，下者遣還。傑言於尚書曰：「諸醫被徵，待次都下十餘載，一旦遣還，誠流落可憫。傑願辭御藥房，與諸人同入院。」尚書義而許之。

正德中，武宗得疾，傑一藥而愈，卽擢御醫。一日，帝射獵還，憊甚，感血疾。服傑藥愈，進一官。自是，每愈帝一疾，輒進一官，積至太醫院使，前後賜彪虎衣、繡春刀及銀幣甚厚。帝每行幸，必以傑扈行。帝欲南巡，傑諫曰：「聖躬未安，不宜遠涉。」帝怒，叱左右掖出。及駕還，漁於清江浦，溺而得疾。至臨清，急遣使召傑，比至，疾已深，遂扈歸通州。時江彬握兵居左右，慮帝晏駕己得禍，力請幸宣府。傑憂之，語近侍曰：「疾亟矣，僅可還大內。儻至宣府有不諱，吾輩寧有死所乎！」近侍懼，百方勸帝，始還京師。甫還而帝崩，彬伏誅，中外晏然，傑有力焉。未幾致仕。子希周，進士，戶科給事中；希曾，舉人。

又有許紳者，京師人。嘉靖初，供事御藥房，受知於世宗，累遷太醫院使，歷加工部尚書，領院事。二十年，宮婢楊金英等謀逆，以帛縊帝，氣已絕。紳急調峻藥下之，辰時下藥，未時忽作聲，去紫血數升，遂能言，又數劑而愈。帝德紳，加太子太保、禮部尚書，賜賚甚厚。未幾，紳得疾，曰：「吾不起矣。曩者宮變，吾自分不效必殺身，因此驚悸，非藥石所能療也。」已而果卒，賜諡恭僖，官其一子，卹典有加。明世，醫者官最顯，止紳一人。

其士大夫以醫名者，有王綸、王肯堂。綸，字汝言，慈谿人，舉進士。正德中，以右副都御史巡撫湖廣，精於醫，所在治疾，無不立效。有本草集要、名醫雜著行於世。肯堂所著證治準繩，爲醫家所宗，行履詳父樵傳。

淩雲，字漢章，歸安人。爲諸生，棄去。北遊泰山，古廟前遇病人，氣垂絕，雲嗟歎久之。一道人忽曰：「汝欲生之乎？」曰：「然。」道人鍼其左股，立蘇，曰：「此人毒氣內侵，非死也，毒散自生耳。」因授雲鍼術，治疾無不效。

里人病嗽，絕食五日，衆投以補劑，益甚。雲曰：「此寒濕積也，穴在頂，鍼之必暈絕，逾時始蘇。」命四人分牽其髮，使勿傾側，乃鍼，果暈絕。家人皆哭，雲言笑自如。頃之，氣漸蘇，復加補，始出鍼，嘔積痰斗許，病即除。

有男子病後舌吐。雲兄亦知醫，謂雲曰：「此病後近女色太蚤也。舌者心之苗，腎水竭，不能制心火，病在陰虛。其穴在右股太陽，是當以陽攻陰。」雲曰：「然。」如其穴針之，舌吐如故。雲曰：「此知瀉而不知補也。」補數劑，舌漸復故。

淮陽王病風三載，請於朝，召四方名醫，治不效。雲投以鍼，不三日，行步如故。

金華富家婦，少寡，得狂疾，至裸形野立。雲視曰：「是謂喪心。吾鍼其心，心正必知恥。蔽之帳中，慰以好言釋其愧，可不發。」乃令二人堅持，用涼水噴面，鍼之果愈。

吳江婦臨產，胎不下者三日，呼號求死。雲鍼刺其心，鍼出，兒應手下。主人喜，問故。曰：「此抱心生也。手鍼痛則舒。」取兒掌視之，有鍼痕。

孝宗聞雲名，召至京，命太醫官出銅人，蔽以衣而試之，所刺無不中，乃授御醫。年七十七，卒於家。子孫傳其術，海內稱鍼法者，曰歸安淩氏。

有李玉者，官六安衞千戶，善鍼灸。或病頭痛不可忍，雖震雷不聞。玉診之曰：「此蟲啖腦也。」合殺蟲諸藥爲末，吹鼻中，蟲悉從眼耳口鼻出，即愈。有跛人扶雙杖至，玉鍼之，立去其杖。兩京號「神鍼李玉」。

兼善方劑。或病痿，玉察諸醫之方，與治法合而不效，疑之。忽悟曰：「藥有新陳，則效有遲速。此病在表而深，非小劑能愈。」乃熬藥二鍋傾缸內，稍冷，令病者坐其中，以藥澆之，踰時汗大出，立愈。

李時珍，字東璧，蘄州人。好讀醫書，醫家本草，自神農所傳止三百六十五種，梁陶弘景所增亦如之，唐蘇恭增一百一十四種，宋劉翰又增一百二十種，至掌禹錫、唐慎微輩，先後增補合一千五百五十八種，時稱大備。然品類既煩，名稱多雜，或一物而析爲二三，或二物而混爲一品，時珍病之。乃窮搜博採，芟煩補闕，歷三十年，閱書八百餘家，稿三易而成書，曰本草綱目。增藥三百七十四種，釐爲一十六部，合成五十二卷。首標正名爲綱，餘各附釋爲目，次以集解詳其出產、形色，又次以氣味、主治附方。書成，將上之朝，時珍遽卒。未幾，神宗詔修國史，購四方書籍。其子建元以父遺表及是書來獻，天子嘉之，命刊行天下，自是士大夫家有其書。時珍官楚王府奉祠正，子建中，四川蓬溪知縣。

又吳縣張頤、祁門汪機、杞縣李可大、常熟繆希雍皆精通醫術，治病多奇中。而希雍常謂本草出於神農，朱氏譬之五經，其後又復增補別錄，譬之註疏，惜硃墨錯互。乃沈研剖析，以本經爲經，別錄爲緯，著本草單方一書，行於世。

周述學，字繼志，山陰人。讀書好深湛之思，尤邃於曆學，撰中經。用中國之算，測西域之占。又推究五緯細行，爲星道五圖，於是七曜皆有道可求。與武進唐順之論曆，取歷

代史志之議，正其訛舛，刪其繁蕪。又撰大統萬年二曆通議，以補歷代之所未及。自曆以外，圖書、皇極、律呂、山經、水志、分野、輿地、算法、太乙、壬遁、演禽、風角、鳥占、兵符、陣法、卦影、祿命、建除、葬術、五運六氣、海道鍼經，莫不各有成書，凡一千餘卷，統名曰神道大編。

嘉靖中，錦衣陸炳訪士於經歷沈鍊，鍊舉述學。炳禮聘至京，服其英偉，薦之兵部尚書趙錦。錦就訪邊事，述學曰：「今歲主有邊兵，應在乾艮。艮爲遼東，乾則宣、大二鎭，京師可無虞也。」已而果然。錦將薦諸朝，會仇鸞聞其名欲致之，述學識其必敗，乃還里。總督胡宗憲征倭，招至幕中，亦不能薦，以布衣終。

張正常，字仲紀，漢張道陵四十二世孫也。世居貴溪龍虎山。元時賜號天師。太祖克南昌，正常遣使上謁，已而兩入朝。洪武元年入賀即位。太祖曰：「天有師乎？」乃改授正一嗣教眞人，賜銀印，秩視二品。設寮佐，曰贊教，曰掌書。定爲制。

長子宇初嗣。建文時，坐不法，奪印誥。成祖即位，復之。宇初嘗受道法於長春眞人劉淵然，後與淵然不協，相詆訐。永樂八年卒，弟宇淸嗣。宣德初，淵然進號大眞人，宇淸

入朝懇禮部尚書胡濙爲之請，亦加號崇謙守靜。

再傳至曾孫元吉，年幼，敕其祖母護持，而贈其父留綱爲眞人，封母高氏爲元君。景泰五年入朝，乞給道童四百二十人度牒。濙復爲請，許之。尋欲得大眞人號，濙爲請，又許之。天順七年再乞給道童三百五十人度牒，禮部尚書姚夔持不可，詔許度百五十人。憲宗立，元吉復乞加母封，改太元君爲太夫人，以吏部言不許，乃止。初，元吉已賜號沖虛守素昭祖崇法安恬樂靜玄同大眞人，母慈惠靜淑太元君，至是加元吉號體玄悟法淵默靜虛闡道弘法妙應大眞人，母慈和端惠貞淑太眞君。然元吉素兇頑，至僭用乘輿器服，擅易制書。奪良家子女，逼取人財物。家置獄，前後殺四十餘人，有一家三人者。事聞，憲宗怒，械元吉至京，會百官廷訊，論死。於是刑部尚書陸瑜等請停襲，去眞人號，不許。命仍舊制，擇其族人授之，有妄稱天師，印行符籙者，罪不貸。時成化五年四月也。元吉坐繫二年，竟以貪緣免死，杖百，發肅州軍，尋釋爲庶人。

族人元慶嗣，弘治中卒。子彥頨嗣，嘉靖二年進號大眞人。彥頨知天子好神仙，遣其徒十餘人乘傳詣雲南、四川採取遺經、古器進上方，且以蟒衣玉帶遺鎭守中貴，爲雲南巡撫歐陽重所劾，不問。十六年禱雪內庭有驗，賜金冠玉帶、蟒衣銀幣，易金印，敕稱卿不名。彥頨入朝所經，郵傳供應或後期，常山知縣吳襄等至下按臣治。

傳子永緒，嘉靖末卒，無子。吏部主事郭諫臣乘穆宗初政，上章請奪其世封。下江西守臣議，巡撫任士憑等力言宜革，乃去眞人號，改授上清觀提點，秩五品，給銅印，以其宗人國祥爲之。萬曆五年，馮保用事，復國祥故封，仍予金印。國祥傳至應京。崇禎十四年，帝以天下多故，召應京有所祈禱。旣至，命賜宴。禮臣言：「天順中制，眞人不與宴，但賜筵席。今應京奉有優旨，請倣宴法王佛子例，宴於靈濟宮，以內官主席。」從之。明年三月，應京請加三官神封號，中外一體尊奉。禮官力駁其謬，事得寢。顧代相傳襲，閱世旣久，張氏自正常以來，無他神異，專恃符籙，祈雨驅鬼，間有小驗。卒莫廢去云。

劉淵然者，贛縣人。幼爲祥符宮道士，頗能呼召風雷。洪武二十六年，太祖聞其名，召至，賜號高道，館朝天宮。永樂中，從至北京。仁宗立，賜號長春眞人，給二品印誥，與正一眞人等。宣德初，進大眞人。七年乞歸朝天宮，御製山水圖歌賜之。卒年八十二，閱七日入殮，端坐如生。淵然有道術，爲人清靜自守，故爲累朝所禮。

其徒有邵以正者，雲南人，早得法於淵然。淵然請老，薦之，召爲道籙司左玄義。〔四〕正統中，遷左正一，領京師道教事。景泰時，賜號悟玄養素凝神沖默闡微振法通妙眞人。天順

三年將行慶成宴。故事，眞人列二品班末，至是，帝曰：「殿上宴文武官，眞人安得與。」其送筵席與之，遂爲制。

又有沈道寧者，亦有道術。仁宗初，命爲混元純一沖虛湛寂清靜無爲承宣布澤助國佐民廣大至道高士，階正三品，賜以法服。

時有浮屠智光者，亦賜號圓融妙慧淨覺弘濟輔國光範衍教灌頂廣善大國師，賜以金印。智光，武定人。洪武時，奉命兩使烏斯藏諸國。永樂時，又使烏斯藏，迎尚師哈立麻，遂通番國諸經，多所譯解。歷事六朝，寵錫冠羣僧，與淵然輩淡泊自甘，不失戒行。迨成化、正德、嘉靖朝，邪妄雜進，恩寵濫加，所由與先朝異矣。

校勘記

〔一〕元機啓微　千頃堂書目卷一四、稽璜續文獻通考卷一七九作「原機啓微」。

〔二〕參政趙繼祖伏甲北門爲亂　趙繼祖，原作「趙維祖」，據本書卷一太祖紀、太祖實錄卷一一壬寅七月丙辰條改。

〔三〕夏原吉　原作「夏元吉」。明初人惡書「元」字，往往改「元」爲「原」。今據本書卷一四九夏原吉傳改從一致。

〔四〕名爲道籙司左玄義　道籙司，本書卷七四職官志、明會典卷二作「道錄司」。

明史卷三百

列傳第一百八十八

外戚

明太祖立國，家法嚴。史臣稱后妃居宮中，不預一髮之政，外戚循理謹度，無敢恃寵以病民，漢、唐以來所不及。而高、文二后賢明，抑遠外氏。太祖訪得高后親族，將授以官。后謝曰：「國家爵祿宜與賢士大夫共之，不當私妾家。」且援前世外戚驕佚致禍爲辭。帝善后言，賜金帛而已。定國之封，文皇后謂非己志，臨終猶勸帝，毋驕畜外家。詒謀既遠，宗社奠安，而椒房貴戚亦藉以保福慶逮子孫，所全不已多乎。

惟英宗時，會昌侯孫繼宗以奪門功，參議國是。自茲以下，其賢者類多謹身奉法，謙謙有儒者風。而一二怙恩負乘之徒，所好不過田宅、狗馬、音樂，所狎不過俳優、伎妾，非有軍國之權，賓客朋黨之勢。而在廷諸臣好爲危言激論，汰如壽寧兄弟，庸駑如鄭國泰，已逐影

尋聲，抨擊不遺餘力。故有明一代，外戚最爲孱弱。然而惠安、新樂，舉宗殉國，嗚呼卓矣！成祖后家詳中山王傳，餘採其行事可紀者，作外戚傳。

陳公　馬公　呂本　馬全　張麒子昶　昇等　胡榮　孫忠子繼宗
吳安　錢貴　汪泉　杭昱　周能子壽　彧　王鎭子源等　萬貴
邵喜　張巒　夏儒　陳萬言　方銳　陳景行　李偉　王偉
鄭承憲　王昇　劉文炳弟文燿等　張國紀　周奎

陳公，逸其名，淳皇后父也。洪武二年追封揚王，媼爲王夫人，立祠太廟東。明年有言王墓在盱眙者，中都守臣按之信。帝乃命中書省即墓次立廟，設祠祭署，奉祀一人，守墓戶二百一十家，世世復。帝自製揚王行實，諭翰林學士宋濂文其碑，略曰：

王姓陳氏，世維揚人，不知其諱。當宋季，名隸尺籍伍符中，從大將張世傑扈從祥興。至元己卯春，世傑與元兵戰，師大潰，士卒多溺死。王幸脫死達岸，與一二同行者，累石支破釜，煮遺糧以療饑。已而絕糧，同行者聞山有死馬，將共烹食之。王疲極晝睡，夢一白衣人來曰：「汝愼勿食馬肉，今夜有舟來共載也。」王未之深信，俄又夢如初。至夜將半，夢中髣髴聞櫓聲，有衣紫衣者以杖觸王胯曰：「舟至矣。」王驚寤，身已在舟上，見舊所事統領官。

時統領已降於元將，元將令來附者輒擲棄水中。統領憐王，藏之艎板下，日取乾餱從板隙投之，王掬以食。復與王約，以足撼板，王即張口從板隙受漿。居數日，事洩，彷徨不自安。颶風吹舟，盤旋如轉輪，久不能進，元將大恐。統領知王善巫術，遂白而出之。王仰天叩齒，若指麾鬼神狀，風濤頓息。元將喜，因飮食之。至通州，送之登岸。

王歸維揚，不樂爲軍伍，避去盱眙津里鎭，以巫術行。王無子，生二女，長適季氏，次即皇太后。晚以季氏長子爲後，年九十九薨，遂葬焉，今墓是已。

臣濂聞君子之制行，能感於人固難，而能通於神明爲尤難。今當患難危急之時，神假夢寐，挾以升舟，非精誠上通於天，何以致神人之佑至於斯也。舉此推之，則積德之深厚，斷可信矣。是宜慶鍾聖女，誕育皇上，以啓億萬年無疆之基，於乎盛哉！

臣濂既序其事，復再拜稽首而獻銘曰：皇帝建國，克展孝思。疏封母族，自親而推。錫爵維揚，地邇帝畿，立廟崇祀，玄冕衮衣。痛念宅兆，卜之何墟。閩帥來告，今在盱眙。皇情悅豫，繼以涕洟，即詔禮官，汝往葺治，毋俾蕘豎，跳踉以嬉。惟我揚王，昔隸戎麾，狎風蕩海，糧絕阻饑。天有顯相，夢來紫衣，挾以登舟，神力所持，易死爲

生，壽躋期頤。積累深長，未究厥施，乃毓聖女，茂衍皇支。蘿圖肇開，鴻祚峩巍，日照月臨，風行霆馳。自流徂源，功亦有歸，無德弗酬，典禮可稽。聿昭化原，扶植政基，以廣孝治，以惇民彝。津里之鎭，王靈所依，於昭萬年，視此銘詩。

馬公，逸其名，高皇后父也，宿州人。元末殺人，亡命定遠。與郭子興善，以季女屬子興，後歸太祖，即高皇后也。公及妻鄭媼皆前卒，洪武二年追封徐王，媼爲王夫人，建祠太廟東。皇后親奉安神主，祝文稱「孝女皇后馬氏，謹奉皇帝命致祭」。四年命禮部尙書陶凱即宿州塋次立廟，帝自爲文以祭。

文曰：「朕惟古者創業之君，必得賢后以爲內助，共定大業。及天下已安，必追崇外家，以報其德。惟外舅、外姑實生賢女，正位中宮。朕既追封外舅爲徐王，外姑爲王夫人，以王無繼嗣，立廟京師，歲時致祭。然稽之古典，於禮未安。又念人生其土，魂魄必遊故鄉，故即塋所立廟，俾有司春秋奉祀。茲擇吉辰，遣禮官奉安神主於新廟，靈其昭格，尙鑒在茲。」

二十五年設祠祭署，奉祀、祀丞各一人。王無後，以外親武忠、武聚爲之，置灑掃戶九

十三家。永樂七年北巡，親謁祠下。守塚武戡爲建陽衞鎮撫，犯法，責而宥之。十五年，帝復親祭，以戡爲徐州衞指揮僉事。

呂本，壽州人，懿文太子次妃父也。仕元，爲元帥府都事。後歸太祖，授中書省令史。洪武五年歷官吏部尚書。六年改太常司卿。明年四月，御史臺言：「本奉職不謹，郊壇牲角非繭栗，功臣廟壞不修。」詔免官，罰役功臣廟。已，釋爲北平按察司僉事。帝召本及同時被命楊基、答祿與權，諭之曰：「風憲之設，在肅紀綱，淸吏治，非專理刑名。爾等往修厥職，務明大體，毋傚俗吏拘繩墨。善雖小，爲之不已，將成全德；過雖小，積之不已，將爲大慝。不見干雲之臺，由寸土之積，燎原之火，由一熠之微，可不愼哉！」本等頓首受命，尋復累遷太常司卿。逾二年卒，無子，賜葬鍾山之陰。

馬全，洪武中爲光祿少卿。其女，乃惠帝后也。燕兵陷都城，全不知所終。

張麒，〔一〕永城人。洪武二十年以女爲燕世子妃，授兵馬副指揮。世子爲太子，進京衞指揮使，尋卒。仁宗卽位，追封彭城伯，諡恭靖，後進侯。二子杲、昇，並昭皇后兄也。

杲從成祖起兵取大寧，戰鄭村壩，俱有功，授義勇中衞指揮同知。已，授薊州，敗遼東軍，還佐世子守北平。永樂初，累官錦衣衞指揮使。杲嘗有過，成祖戒之曰：「戚畹最當守法，否則罪倍常人。汝今富貴，能不忘貧賤，驕逸何自生。若奢傲放縱，陵虐下人，必不爾恕，愼之。」杲頓首謝。仁宗立，擢中軍都督府左都督，俄封彭城伯，子孫世襲。洪熙改元，命掌五軍右哨軍馬。英宗嗣位，年幼，太皇太后召杲兄弟誡諭之，凡朝政弗令預。杲兄弟素恭謹，因訓飭益自斂。正統三年卒。

長子輔病廢，子瑾嗣。以伯爵封輔，命未下而輔卒。初，杲私蓄奄人，瑾匿不舉。事發，下獄，已，獲釋。瑾從弟玘，天順中，官錦衣衞副千戶。飲千戶呂宏家，醉抽刀刺宏死，法當斬，有司援議親末減。詔不從，迄如律。成化十六年，瑾卒，子信嗣。其後裔嗣封，見世表。

昇，字叔暉。成祖起兵，以舍人守北平有功，授千戶，歷官府軍衞指揮僉事。永樂十二年從北征。仁宗卽位，拜後府都督同知。宣德初，進左都督掌左府事。四年二月敕諭昇

曰：「卿舅氏至親，日理劇務，或以吏欺謾連，不問則廢法，問則傷恩，其罷府事，朝朔望，官祿如舊，稱朕優禮保全之意。」九年北征，命掌都督府事，留守京師。英宗立，太皇太后令勿預政。大學士楊士奇稱昇賢，宜加委任，終不許。正統五年，兄杲已前卒，太后念外氏惟昇一人，封惠安伯，予世襲。明年卒。

子軏早亡，孫琮嗣。琮卒，弟瑛嗣。瑛卒，無子，庶兄瓚嗣。瓚卒，子偉嗣。弘治十二年充陝西總兵官，鎮守固原。明年五月，孝宗御平臺，出兵部推舉京營大將疏，歷詢大學士劉健等，僉稱偉才。命提督神機營，御書敕以賜。正德元年令參英國公張懋、保國公朱暉提督團營。三年加太子太保。六年三月充總兵官，〔二〕偕都御史馬中錫督京兵討流賊劉六等。朝議以偉擁兵自衞，責其玩寇殃民，召還。御史吳堂復劾其罪，兵部請逮偉及中錫，下獄論死。遇赦獲釋，停祿閒住。十年請給祿，詔給其半。十五年復督神機營。嘉靖初，兼提督團營。二年敍奉迎防守功，加太子太傅。十四年卒，贈太傅，諡康靖。

子鑭嗣。二十年，言官劾勛戚權豪家置店房、科私稅諸罪，鑭亦預，輸贖還爵。二十七年掌後府事。居三年卒。子元善嗣。隆慶四年僉書後府事。萬曆三十七年卒。

子慶臻嗣。四十八年掌左府事。崇禎元年七月命提督京營。慶臻私請內閣，於敕內增入兼管捕營。捕營提督鄭其心訐慶臻侵職，帝怒，詰改敕故。大學士劉鴻訓至遣戍，慶

臻以世臣停祿三年。後復起，掌都督府。十七年，賊陷都城，慶臻召親黨盡散貲財，闔家自燔死。南渡時，贈太師、惠安侯，諡忠武，合祀旌忠祠。初，世宗嘉靖八年革外戚世爵，惟彭城、惠安獲存，慶臻卒殉國難。

胡榮，濟寧人。洪武中，長女入宮爲女官，授錦衣衞百戶。永樂十五年將册其第三女爲皇太孫妃，擢光祿寺卿，子安爲府軍前衞指揮僉事，專侍太孫，不涖事。後太孫踐阼，妃爲皇后，安亦屢進官。宣德三年，后廢，胡氏遂不振。

孫忠，字主敬，鄒平人。初名愚，宣宗改曰忠。初，以永城主簿督夫營天壽山陵，有勞，遷鴻臚寺序班，選其女入皇太孫宮。宣宗卽位，册貴妃，授忠中軍都督僉事。三年，皇后胡氏廢，貴妃爲皇后，封忠會昌伯。嘗謁告歸里，御製詩賜之，命中官輔行。比還，帝后臨幸慰勞。妻董夫人數召入宮，賜賚弗絕。

正統中，皇后爲皇太后。忠生日，太后使使賜其家。時王振專權，祭酒李時勉荷校國

學門，忠附奏曰：「臣荷恩厚，願赦李祭酒使爲臣客。坐無祭酒，臣不歡。」太后立言之帝，時勉獲釋。忠家奴貸子錢於濱州民，規利數倍，有司望風奉行，民不堪，訴諸朝，言官交章劾之。命執家奴戍邊，忠不問。景泰三年卒，年八十五，贈會昌侯，諡康靖。英宗復辟，加贈太傅、安國公，改諡恭憲。成化十五年再贈太師、左柱國。子五人：繼宗、顯宗、紹宗、續宗、純宗。

純宗官錦衣衞指揮僉事，早卒。

繼宗，字光輔，章皇后兄也。宣德初，授府軍前衞指揮使，改錦衣衞。景泰初，進都指揮僉事，尋襲父爵。天順改元，以奪門功，進侯，加號奉天翊衞推誠宣力武臣，特進光祿大夫、柱國，身免二死，子免一死，世襲侯爵；諸弟官都指揮僉事者，俱改錦衣衞。復自言：「臣與弟顯宗率子、壻、家奴四十三人預奪門功，乞加恩命。」由是顯宗進都指揮同知，子璉授錦衣衞指揮使，壻指揮使武忠進都指揮僉事，蒼頭輩授官者十七人。五月，命督五軍營戎務兼掌後軍都督府事。

左右又有爲紹宗求官者，帝召李賢謂曰：「孫氏一門，長封侯，次皆顯秩，子孫二十餘人悉得官，足矣。今又請以爲慰太后心，不知初官其子弟時，請於太后，數請始允，且不懌者

累日，曰：『何功於國，濫授此秩，物盛必衰，一旦有罪，吾不能庇矣。』太后意固如此。」賢稽首頌太后盛德，因從容言祖宗以來，外戚不典軍政。帝曰：「初內侍言京營軍非皇舅無可屬，太后實悔至今。」賢曰：「侯幸淳謹，但後此不得爲故事耳。」帝曰：「然。」已，錦衣逯杲奏英國公張懋、太平侯張瑾及繼宗、紹宗並侵官地，立私莊。命各首實，懋等具服，乃宥之，典莊者悉逮問，還其地於官。石亨之獲罪也，繼宗爲顯宗、武忠及子孫、家人、軍伴辭職，帝止革家人、軍伴之授職者七人，餘不問。五年，曹欽平，進太保。尋以疾奏解兵柄，辭太保，不允。

憲宗嗣位，命繼宗提督十二團營兼督五軍營，知經筵事，監修英宗實錄。朝有大議，必繼宗爲首。再敍奪門功，惟繼宗侯如故。乞休，優詔不許。三年八月，實錄成，加太傅。十年，兵科給事中章鎰疏言：「繼宗久司兵柄，尸位固寵，亟宜罷退，以全終始。」於是繼宗上疏懇辭，帝優詔許解營務，仍蒞後府事，知經筵，預議大政。復辭，帝不許，免其奏事承旨。自景泰前，戚臣無典兵者，帝見石亨、張軏輩以營軍奪門，故使外戚親臣參之，非故事也。又五年卒，年八十五，贈郯國公，諡榮襄。再傳至曾孫杲，詳世表中。

吳安，丹徒人。父彥名，有女入侍宣宗於東宮，生景帝。宣德三年册爲賢妃，彥名已卒，授安錦衣衞百戶。景帝嗣位，尊妃爲皇太后，安進本衞指揮使。屢遷前府左都督，弟信亦屢擢都督僉事。景泰七年封安安平伯。信早亡，官其弟敬爲南京前軍左都督。英宗復辟，太后復稱賢妃，降安爲府軍前衞指揮僉事。敬及其羣從南京錦衣衞指揮僉事智、府軍前衞指揮同知喜山、指揮僉事廣林、[三]錦衣衞千戶誠，俱革職原籍閑住。尋命安爲錦衣衞指揮使，子孫世襲。

錢貴，海州人，英宗睿皇后父也。祖整，從成祖起兵，爲燕山護衞副千戶。父通嗣職，官至金吾右衞指揮使。貴嗣祖職，數從成祖、宣宗北征，屢遷都指揮僉事。正統七年，后將正位中宮，擢貴中府都督同知。英宗數欲封之，后輒遜謝，故后家獨不獲封。

貴卒，長子欽爲錦衣衞指揮使，與弟鍾俱歿於土木。欽無子，以鍾遺腹子雄爲後，年幼，以父錦衣故秩予優給。天順改元，累擢都督同知。成化時，后崩。憲宗優生母外家周氏，而薄錢氏，故后家又不獲封。雄卒，子承宗亦屢官錦衣衞都指揮使。弘治二年，承宗祖母王氏援憲宗外家王氏例，請封。乃封承宗安昌伯，世襲。先是，勳臣莊田租稅皆有司代

收，至是王氏乞自收，始命願自收者聽，而禁管莊者橫肆。嘉靖五年，承宗卒，[四]諡榮僖。子維圻嗣。尋卒，承宗母請以庶長子維垣嗣，[五]詔授錦衣衞指揮使。已又請嗣伯爵。世宗以外戚世封非祖制，下廷臣議。八年十月上議曰：「祖宗之制，非軍功不封。洪熙時，都督張昶封彭城伯，弟昇亦封惠安伯，外戚之封，自此始。循習至今，有一門數貴者，歲縻厚祿，踰分非法。臣等謹議：魏、定二公雖係戚里，實佐命元勳，彭城、惠安二伯即以恩澤封，而軍功參半。其餘外戚恩封，毋得請襲。有出特恩一時寵錫者，量授指揮，千、百戶之職，終其身。」制曰：「可。」命魏、定、彭城、惠安襲封如故，餘止終本身，著爲令。維垣遂不得襲，以錦衣終。

汪泉，世爲金吾左衞指揮使，家京師。正統十年，其子瑛有女將册爲郕王妃，授瑛爲中城兵馬司指揮，食祿不視事。妃正位中宮，進泉都指揮同知府軍衞，帶俸，瑛錦衣衞指揮使。尋並擢左都督，瑛弟亦授錦衣千戶有差。英宗復位，泉仍居金吾舊職，瑛錦衣舊職，其四弟皆奪官還故里。尋命瑛錦衣指揮僉事，子孫世襲。

中華書局

杭昱，女爲景帝妃，生子見濟。景泰三年，帝欲廢英宗子而立己子，乃廢皇后汪氏，册妃爲后。昱累官錦衣衛指揮使。兄聚授錦衣千戶。聚尋卒，賜賻及祭葬。七年，后崩，官其弟敏錦衣百戶。英宗復辟，盡奪景帝所授外親官，尤惡杭氏，昱已前卒，敏削職還里。

周能，字廷舉，昌平人。女爲英宗妃，生憲宗，是爲孝肅皇太后。英宗復位，授能錦衣衛千戶，賜賚甚渥。

能卒，長子壽嗣職。憲宗踐阼，擢左府都督同知。成化三年封慶雲伯，贈能慶雲侯。壽以太后弟，頗恣横。時方禁勛戚請乞莊田，壽獨冒禁乞通州田六十二頃，〔六〕不得已與之。嘗奉使，道呂梁洪，多挾商艘。主事謝敬不可，壽與鬨，且劾之，敬坐落職。十七年進侯，子弟同日授錦衣官者七人，能追贈太傅、寧國公，謚榮靖。孝宗立，壽加太保。時壽所賜莊田甚多，其在寶坻者已五百頃，又欲得其餘七百餘頃，詭言以私財相易。部劾其貪求無厭，執不許，孝宗竟許之。又與建昌侯張延齡爭田，兩家奴相毆，交章上聞。又數撓鹽法，侵公家利，有司厭苦之。十六年加太傅，弟長寧伯彧亦加太保，兄弟並爲侯伯，位三公，

前此未有也。武宗立，汰傳奉官，壽子姪八人在汰中，壽上章乞留，從之。正德四年卒，贈宣國公，謚恭和。子瑛嗣，封殖過於父。嘉靖中，於河西務設肆邀商貨，虐市民，虧國課，爲巡按御史所劾，停祿三月。而瑛怙惡如故，又爲主事翁萬達所劾，詔革其廛肆，下家人於法司。時已革外戚世爵，瑛卒，遂不得嗣。

彧，太后仲弟也。成化時，累官左府都督同知。二十一年封長寧伯，世襲。弘治中，外戚經營私利，彧與壽寧侯張鶴齡至聚衆相鬭，都下震駭。九年九月，尚書屠滽偕九卿上言：

「憲宗皇帝詔，勛戚之家，不得占據關津陂澤，設肆開廛，侵奪民利，違者許所在官司執治以聞。皇上踐極，亦惟先帝之法是訓是遵。而勛戚諸臣不能恪守先詔，縱家人列肆通衢，邀截商貨，都城內外，所在有之。觀永樂間榜例，王公僕從二十人，一品不過十二人。今勛戚多者以百數，大乖舊制。其間多市井無賴，冒名罔利，利歸羣小，怨叢一身，非計之得。

邇者長寧伯周彧、壽寧侯張鶴齡兩家，以瑣事忿爭，喧傳都邑，失戚里之觀瞻，損朝廷之威重。伏望綸音戒諭，俾各修舊好。凡有店肆，悉皆停止。更敕都察院揭榜禁戒，擾商賈、奪民利者，聽巡城巡按御史及所在有司執治。仍考永樂間榜例，裁定勛戚

家人，不得濫收。」科道亦以爲言，帝嘉納之。十八年進太保。彧求爲侯，吏部言封爵出自朝廷，無請乞者，乃止。武宗立，悉擢彧子瑭等六人爲錦衣官。彧尋卒，傳子瑭，孫大經，及曾孫世臣，降授錦衣衛指揮同知。

先是，孝肅有弟吉祥，兒時出游，去爲僧，家人莫知所在，孝肅亦若忘之。一夕，夢伽藍神來，言后弟今在某所，英宗亦同時夢。旦遣小黃門，以夢中言物色，得之報國寺伽藍殿中，召入見。后且喜且泣，欲爵之不可，厚賜遣還。憲宗立，爲建大慈仁寺，賜莊田數百頃。其後，周氏衰落，而慈仁寺莊田久猶存。

王鎮，字克安，上元人，憲宗純皇后父也。成化初，授金吾左衛指揮使。未幾，后將正位中宮，拜中軍都督同知。四年進右都督。鎮爲人厚重清謹，雖榮寵，不改其素，有長者稱。十年六月卒。弘治六年追封阜國公，〔七〕謚康穆。子三人：源，清，濬。

源，字宗本，后弟也。父卒，授錦衣衛都指揮使。外戚例有賜田，源家奴怙勢，多侵靜海縣民業。十六年，給事中王垣等言：「永樂、宣德間，許畿輔八郡民盡力墾荒，永免其稅，

所以培國本重王畿也。外戚王源賜田，初止二十七頃，乃令其家奴別立四至，占奪民產至二千二百餘頃。及貧民赴告，御史劉喬徇情曲奏，致源無忌憚，家奴益橫。今戶部郎中張禎叔等再按得實，乞自原額外悉還民，并治喬罪。」帝不悅，切責之。後詔禁外戚侵民產，源悉歸所占於民，人多其能改過。十八年擢中軍都督同知。二十年封瑞安伯。弘治六年進侯。〔八〕十六年加太保。武宗登極，進太傅，增祿至七百石。嘉靖三年卒，贈太師，謚榮靖。

清，成化十八年授錦衣衛千戶，累官中軍都督同知。弘治十年封崇善伯。武宗嗣位，加太保。嘉靖十三年卒。

濬，成化十八年授錦衣衛百戶。兄清每遷職，輒以濬代，歷官中軍左都督。正德二年封安仁伯，踰月卒，贈侯。濬兄弟三人並貴顯，皆謙愼守禮，在戚里中以賢稱。

源子橋、濬子桓，皆嗣伯。嘉靖中并清子極皆以例降革。

萬貴，憲宗萬貴妃父也，歷官錦衣衛指揮使。貴頗謹飭，每受賜，輒憂形於色曰：「吾起掾史，編尺伍，蒙天子恩，備戚屬，子姓皆得官。福過災生，未知所終矣。」時貴妃方擅寵，貴子喜爲指揮使，與弟通、達等並驕橫。貴每見諸子屑越賜物，輒戒曰：「官所賜，皆著籍。他

日復宣索，汝曹將重得罪。」諸子笑以爲迂。成化十年卒，賻贈祭葬有加。

十四年進喜都指揮同知，通指揮使，逵指揮僉事。通少貧賤，業賈。既驟貴，益貪黷無厭，造奇巧邀利。中官韋興、梁芳等復爲左右，每進一物，輒出內庫償，輦金錢絡繹不絕。通妻王出入宮掖，大學士萬安附通爲同宗，婢僕朝夕至王所，詷起居。妖人李孜省輩皆緣喜進，朝野苦之。通死，帝眷萬氏不已，遷喜都督同知，逵指揮同知。通庶子方二歲，養子方四歲，俱授官。憲宗崩，言官劾其罪狀。孝宗乃奪喜等官，而盡追封誥及內帑賜物，如貴言。

邵喜，昌化人，世宗大母邵太后弟也。世宗立，封喜昌化伯，明年卒。子蕙嗣，嘉靖六年卒，無子，族人爭嗣。初，太后入宮時，父林早歿。太后弟四人：宗、安、宣、喜。宗、宣無後，及蕙卒，帝令蕙弟萱嗣。蕙姪錦衣指揮輔、千戶茂言，萱非嫡派，不當襲，蕙母爭之，議久不決。大學士張璁等言：「邵氏子孫已絕，今其爭者皆旁枝，不宜嗣。」時帝必欲爲喜立後，乃以喜兄安之孫杰爲昌化伯。明年，明倫大典成，命武定侯郭勛頒賜戚畹，弗及杰。杰自請之，帝詰勛。勛怒，錄邵氏爭襲章奏，訐杰實他姓，請覆勘，帝不聽。會給事中陸粲論

大學士桂萼受杰賂，使奴隸冒封爵。帝怒，下粲獄，而盡革外戚封，杰亦奪襲。

張巒，敬皇后父也。弘治四年封壽寧伯。〔六〕立皇太子，進爲侯。卒贈昌國公，子鶴齡嗣侯。十六年，其弟延齡亦由建昌伯進爵侯。巒起諸生，雖貴盛，能敬禮士大夫。

鶴齡兄弟並驕肆，縱家奴奪民田廬，篡獄囚，數犯法。帝遣侍郎屠勳、太監蕭敬按得實，坐奴如律。敬復命，皇后怒，帝亦佯怒。已而召敬曰：「汝言是也。」賜之金。給事中吳世忠、主事李夢陽皆以劾延齡幾得罪。他日，帝遊南宮，鶴齡兄弟入侍。酒半，皇后、皇太子及鶴齡母金夫人起更衣，因出遊覽。帝獨召鶴齡語，左右莫得聞，遙見鶴齡免冠首觸地，自是稍斂迹。正德中，鶴齡進太傅。世宗入繼，鶴齡以定策功，進封昌國公。時敬皇后已改稱皇伯母昭聖皇太后矣。帝以太后抑其母蔣太后故，銜張氏。嘉靖十二年，延齡有罪下獄，坐死，并革鶴齡爵，謫南京錦衣衛指揮同知，太后爲請不得。

初，正德時，日者曹祖告其子鼎爲延齡奴，與延齡謀不軌。武宗下之獄，將集羣臣廷鞫之，祖仰藥死。時頗以祖暴死疑延齡，而獄無左證，遂解。指揮司聰者，爲延齡行錢，負其五百金。索之急，遂與天文生董杲子至謀訐祖前所首事，脅延齡賄。延齡執聰幽殺之，令聰子升焚其屍，而折所負券。升噤不敢言，常憤詈至。至廬事發，乃摭聰前奏上之。下刑部，逮延齡及諸奴雜治。延齡嘗買沒官第宅，造園池，僭侈踰制。又以私憾殺婢及僧，事并發覺。刑部治延齡謀不軌，無驗，而違制殺人皆實，遂論死。

繫獄四年，獄囚劉東山發延齡手書訕上，東山得免戍，又陰搆奸人劉琦誣延齡盜宮禁內帑，所告連數十百人。明年，奸人班期、于雲鶴又告延齡兄弟挾左道祝詛，辭及太后。鶴齡自南京赴逮，瘐死，期、雲鶴亦坐誣謫戍。又明年，東山以射父亡命，爲御史陳讓所捕獲，復誣告延齡并搆讓及遂安伯陳鏸等數十人，冀以悅上意而脫己罪。奏入，下錦衣衛窮治，讓獄中上疏言：「東山扇結奸黨，圖危宮禁。陛下有帝堯旣睦之德，而東山敢爲陛下言漢武巫蠱之禍。陛下有帝舜底豫之孝，而東山敢導陛下以暴秦遷母之謀。離間骨肉，背逆不道，義不可赦。」疏奏，帝頗悟。指揮王佐典其獄，鉤得東山情，奏之。乃械死東山，赦讓、鏸等，而延齡長繫如故。太后崩之五年，延齡斬西市。

夏儒，毅皇后父也。正德二年以后父封慶陽伯。爲人長厚，父瑄疾，三年不去左右。旣貴，服食如布衣時，見者不知爲外戚也。十年以壽終，子臣嗣伯。嘉靖八年罷襲。

陳萬言，肅皇后父也，大名人，起家諸生。嘉靖元年授鴻臚卿，改都督同知，賜第黃華坊。明年詔復營第於西安門外，費帑金數十萬。工部尚書趙璜以西安門近大內，治第毋過高。帝怒，逮營繕郎翟璘下獄。言官余瓚等諫，不省。尋封萬言泰和伯，子紹祖授尚寶司丞。

又明年，萬言乞武清、東安地各千頃爲莊田，詔戶部勘閑地給之。給事中張漢卿言：「萬言拔跡儒素，聯婚天室，當躬自檢飭，爲戚里倡，而僭冒陳乞，違越法度。去歲深冬冱雪，急起大第，徒役疲勞，怨咨載道。方今災沴相繼，江、淮餓死之人，掘穴掩埋，動以萬計。萬言曾不動念，益請莊田。小民一廛一畝，終歲力作，猶不足於食，若又割而畀之貴戚，欲無流亡，不可得也。伏望割恩以義，杜漸以法，一切裁抑，令保延爵祿。」帝竟以八百頃給之。巡撫劉麟、御史任洛復言不宜奪民地，弗聽。七年，皇后崩，萬言亦絀。十四年卒，子不得嗣封。

方鋭，世宗孝烈皇后父也，應天人。后初爲九嬪，鋭授錦衣正千戶。嘉靖十三年，張后廢，后由妃冊爲皇后，遷鋭都指揮使。扈蹕南巡，道拜左都督。旣封安平伯，尋進封侯。卒，子承裕嗣。隆慶元年用主事郭諫臣言，罷襲。

陳景行，穆宗繼后陳皇后父也。先世建昌人，高祖政以軍功世襲百戶，調通州右衞，遂家焉。景行故將門，獨嗜學，弱冠試諸生高等。穆宗居裕邸，選其女爲妃，授景行錦衣千戶。隆慶元年封固安伯。景行素恭敬，每遇遣祀、冊封諸典禮，必齋戒將事。家居，誡諸子以退讓。萬曆中卒，太后、帝及中宮、潞王、公主賻贈優厚，人皆榮之。

子昌言、嘉言、善言、名言，皆官錦衣。昌言先景行卒，其子承恩引李文全例，請襲祖封。帝曰：「承恩，孫，文全，子也，不可比。」以都督同知授之。

李偉，字世奇，漷縣人，神宗生母李太后父也。兒時嬉里中，有羽士過之，驚語人曰：「此兒骨相，當位極人臣。」嘉靖中，偉夢空中五色彩輦，旌幢鼓吹導之下寢所，已而生太后。

避警，攜家入京師。居久之，太后入裕邸，生神宗。隆慶改元，立皇太子，授偉都督同知。神宗立，封武清伯，再進武清侯。太后能約束其家，偉嘗有過，太后召入宮切責之，不以父故骩祖宗法。以是，偉益小心畏慎，有賢聲。萬曆十一年卒，贈安國公，諡莊簡。

子文全嗣侯，卒，子銘誠嗣。天啓末，銘誠頌魏忠賢功德，建祠名鴻勛。莊烈帝定逆案，銘誠幸獲免。久之，大學士薛國觀請勒助戚助軍餉。時銘誠已卒，子國瑞當嗣爵，其庶兄國臣與爭產，言父遺貲四十萬，願輸以佐軍興。帝初不允，至是詔借餉如國臣言，國瑞不能應。帝怒，奪國瑞爵，遂悸死，有司復繫其家人。國瑞女字嘉定伯周奎孫，奎請於莊烈后，后曰：「但迎女，秋毫無所取可也。」諸戚畹人人自危。會皇五子疾亟，李太后憑而言。帝懼，悉還李氏產，復武清爵，而皇五子竟殤。或云中人搆乳媼，教皇五子言之也。未幾，國觀遂以事誅。

王偉，神宗顯皇后父也。萬曆五年授都督。尋封永年伯。帝欲加恩偉子棟及其弟俊，閣臣請俱授錦衣正千戶。帝曰：「正德時，皇親夏助等俱授錦衣指揮使，世襲，今何薄也？」大學士張居正等言：「正德時例，世宗悉已釐革，請授棟錦衣衞指揮僉事，俊千戶，如前議。」帝意未慊，居正固爭，乃止。偉卒，傳子棟及曾孫明輔，襲伯如制。

鄭承憲，〔10〕神宗鄭貴妃父也。貴妃有寵，鄭氏父子、宗族並驕恣，帝悉不問。承憲累官至都督同知，卒。子國泰請襲，帝命授都指揮使。給事中張希皐言：「指揮使下都督一等，不宜授任子。妃家蒙恩如是，何以優后家。」不報。

是時，廷臣疑貴妃謀奪嫡，羣以爲言。國泰不自安，上疏請立太子，其從子承恩亦言儲位不宜久虛。大學士沈一貫左右於帝，弗聽。

萬曆二十六年，承恩復上疏劾給事中戴士衡、知縣樊玉衡，妄造憂危竑議，離間骨肉，汚衊皇貴妃。帝怒。憂危竑議者，不知誰所作，中言侍郎呂坤搆通宮掖，將與國泰等擁戴福王。而士衡前嘗論坤與承恩相結，玉衡方抗言貴妃沮立太子，疏並留中，故承恩指兩人。帝怒，士衡、玉衡皆永戍。廷臣益忿鄭氏。久之，皇太子立。

四十三年，男子張差持梃入東宮，被擒。言者皆言國泰謀刺皇太子。主事王之寀鞫差，差指貴妃宮監。主事陸大受、給事中何士晉遂直攻國泰。帝以貴妃故，不欲竟事，詳之寀等傳。國泰官左都督，病死，子養性襲職。天啓初，光祿少卿高攀龍、御史陳必謙追論其

罪，且言養性結白蓮賊將爲亂。詔勒養性出京師，隨便居住。魏忠賢用事，宥還。

王昇，熹宗生母孝和太后弟也。父鉞。天啓元年封昇新城伯。尋以皇子生，進侯。卒，子國興嗣。崇禎十七年，京師陷，被殺。

劉文炳，字淇筠，宛平人。祖應元，娶徐氏，生女，入宮，卽莊烈帝生母孝純皇太后也。應元早卒，帝卽位，封太后弟效祖新樂伯，卽文炳父也。崇禎八年卒，文炳嗣。是年，文炳大母徐年七十，賜寶鈔、白金、文綺。帝謂內侍曰：「太夫人年老，猶聰明善飯，使太后在，不知若何稱壽也。」因愴然泣下。九年進文炳爲新樂侯，其祖、父世贈爵如之。

十三年，宮中奉太后像，或曰未肖。帝不懌，遣司禮監太監王裕民同武英殿中書至文炳第，敕徐口授，繪像以進，左右咸驚曰：「肖。」帝大喜，命卜日具鹵簿，帝俯伏歸極門，迎入，安奉奉慈殿，朝夕上食如生。因追贈應元瀛國公，封徐氏瀛國太夫人，文炳晉少傅，叔繼祖、弟文燿、文照俱晉爵有差。

文炳母杜氏賢，每謂文炳等曰：「吾家無功德，直以太后故，受此大恩，當盡忠報天子。」帝遣文炳視鳳陽祖陵，密諭有大事上聞。文炳歸，奏史可法、張國維忠正有方略，宜久任，必能滅賊，後兩人果殉國難。文炳謙厚不妄交，獨與宛平太學生申湛然、布衣黃尼麓及駙馬都尉鞏永固善。時天下多故，流賊勢益張，文炳與尼麓等講明忠義，爲守禦計。及李自成據三秦，破榆林，將犯京師。文炳知勢不支，慷慨泣下，謂永固曰：「國事至此，我與公受國恩，當以死報。」

十七年正月，帝召文炳、永固等問國事。二人請早建藩封，遣永、定二王之國。帝是之，以內帑乏，不果行。

三月初一日，賊警益急，命文武勛戚分守京城。繼祖守皇城東安門，文燿守永定門，永固守崇文門。文炳以繼祖、文燿皆守城，故未有職事。十六日，賊攻西直門，勢益急。尼麓踉蹌至，謂文炳曰：「城將陷，君宜自爲計。」文炳母杜氏聞之，卽命侍婢簡篙緪於樓上，作七八繯，命家僮積薪樓下，隨遣老僕鄭平迎李氏、吳氏二女歸，曰：「吾母女同死此。」又念瀛國太夫人年篤老，不可俱燼，因與文炳計，匿之申湛然家。

十八日，帝遣內使密召文炳、永固。文炳歸白母曰：「有詔召兒，兒不能事母。」母拊文炳背曰：「太夫人旣得所，我與若妻妹死耳，復何憾。」文炳偕永固謁帝，時外城已陷。帝曰：

「二卿所糾家丁，能巷戰否？」文炳以衆寡不敵對，帝愕然。永固奏曰：「臣等已積薪第中，當闔門焚死，以報皇上。」帝曰：「朕志決矣。朕不能守社稷，朕能死社稷。」兩人皆涕泣誓效死，出馳至崇文門。須臾賊大至，永固射賊，文炳助之，殺數十人，各馳歸第。

十九日，文照方侍母飯，家人急入曰：「城陷矣！」文照盌脫地，直視母。母遽起登樓，文照及二女從之，文炳妻王氏亦登樓。懸孝純皇太后像，母率衆哭拜，各縊死。文照入繯墮，拊母背連呼曰：「兒不能死矣，從母命，留侍太夫人。」遂逃去。家人共焚樓。文炳歸，火烈不得入，入後園，適湛然、尼麓至，曰：「鞏都尉已焚府第，自刎矣。」文炳曰：「諾。」將投井，忽止曰：「戎服也，不可見皇帝。」湛然脫己幘冠之，遂投井死。繼祖歸，亦投井死。繼祖妻左氏見大宅火，亟登樓自焚，妾董氏、李氏亦焚死。初，文燿見外城破，突出至渾河，聞內城破，復入，見第焚，大哭曰：「文燿未死，以君與母在。今至此，何生爲！」遂覓文炳死所，大書版井旁曰「左都督劉文燿同兄文炳畢命報國處」，亦投井死，闔門死者四十二人。

是時，惠安伯張慶臻集妻子同焚死。新城侯王國興亦焚死。〔二〕宣城伯衞時春懷鐵券，闔門赴井死。與永固射賊楊光陛者，駙馬都尉子也，被甲馳突左右射，與永固相失，矢盡，投觀象臺下井中死。而湛然以匿瀛國爲賊所拷掠，終不言，體糜爛以死。福王時，謚文炳忠壯，文燿忠果。

張國紀，祥符人，熹宗張皇后父也。天啓初，封太康伯。魏忠賢與客氏忌皇后，因謀陷國紀，使其黨劉志選、梁夢環先後劾國紀謀占宮婢韋氏，矯中宮旨鬻獄。忠賢將從中究其事，以摵后。大學士李國㰖曰：「君后，猶父母也，安有勸父搆母者？」國紀始放歸故郡，忠賢猶欲掎之，莊烈帝立，乃得免。崇禎末，以輸餉進爵爲侯，旋死於賊。

周奎，蘇州人，莊烈帝周皇后父也。崇禎三年封嘉定伯，賜第於蘇州之葑門。帝嘗諭奎及田貴妃父弘遇、袁貴妃父祐，宜恪遵法度，爲諸戚臣先。祐頗謹愼，惟弘遇驕縱，奎居外戚中，碌碌而已。

李自成逼京師，帝遣內侍徐高密諭奎倡勛戚輸餉，奎堅謝無有。高憤泣曰：「后父如此，國事去矣。」奎不得已奏捐萬金，且乞皇后爲助。及自成陷京師，掠其家得金數萬計。人以是笑奎之愚云。

校勘記

〔一〕張麒　原作「張騏」，據本書卷一〇八外戚恩澤侯表、卷一一三后妃傳及仁宗實錄卷四下永樂二十二年十一月丁酉條改。卷日照改。

〔二〕六年三月充總兵官　三月，原作「二月」，據本書卷一八七馬中錫傳、明史稿傳一七七張騏傳（「騏」當作「麒」）及武宗實錄卷七三正德六年三月庚午條改。

〔三〕指揮僉事廣林　廣林，原作「林廣」，據明史稿傳一七七吳安傳及英宗實錄卷二七五天順元年二月庚子條改。

〔四〕嘉靖五年承宗卒　五年，原作「四年」，據明史稿傳一七七錢貴傳及世宗實錄卷六〇嘉靖五年正月庚戌條改。

〔五〕承宗母請以庶長子維垣嗣　承宗母，世宗實錄卷一〇五嘉靖八年九月壬子條作「承宗妻」。

〔六〕通州田六十二頃　憲宗實錄卷五三成化四年四月庚寅條、國榷卷三五頁二二四八都作「涿州六十三頃」。

〔七〕弘治六年追封阜國公　弘治六年，原作「弘治五年」，據本書卷一〇八外戚恩澤侯表及孝宗實錄卷七四弘治六年四月癸丑條改。

〔八〕弘治六年進侯　按孝宗實錄卷七〇王源在弘治五年十二月己亥已爲瑞安侯。

〔九〕弘治四年封壽寧伯　弘治四年，孝宗實錄卷六六弘治五年八月己酉條作「弘治三年」。

〔一〇〕鄭承憲　原作「鄭成憲」，據本書卷二一七沈鯉傳、又卷二三三陳登雲傳及神宗實錄卷二一〇萬曆十七年四月戊子條改。

〔一一〕王國興亦焚死　王國興，原作「王國典」，據本卷王昇傳及卷一〇八外戚恩澤侯表改。

明史卷三百一

列傳第一百八十九

列女一

婦人之行，不出於閨門，故詩載關雎、葛覃、桃夭、芣苢，皆處常履順，貞靜和平，而內行之修，王化之行，具可考見。其變者，行露、柏舟，一二見而已。劉向傳列女，取行事可爲鑒戒，不存一操。范氏宗之，亦采才行高秀者，非獨貴節烈也。魏、隋而降，史家乃多取患難顚沛，殺身殉義之事。蓋輓近之情，忽庸行而尙奇激，國制所褒，志乘所錄，與夫里巷所稱道，流俗所震駭，胥以至奇至苦爲難能。而文人墨客往往借儻非常之行，以發其偉麗激越跌宕可喜之思，故其傳尤遠，而其事尤著。然至性所存，倫常所係，正氣之不至於澌滅，而斯人之所以異於禽獸，載筆者宜莫之敢忽也。

明興，著爲規條，巡方督學歲上其事。大者賜祠祀，次亦樹坊表，烏頭綽楔，照耀井閭，

乃至僻壤下戶之女，亦能以貞白自砥。其著於實錄及郡邑志者，不下萬餘人，雖間有以文藝顯，要之節烈爲多。嗚呼！何其盛也。豈非聲教所被，廉恥之分明，故名節重而蹈義勇歟。

今掇其尤者，或以年次，或以類從，具著於篇，視前史殆將倍之。然而姓名湮滅者，尙不可勝計，存其什一，亦足以示勸云。

月娥　劉孝婦甄氏　諸娥　丁氏石氏　楊氏張氏等
貞女韓氏黃善聰　姚孝女蔡孝女　招遠孝女　盧佳娘施氏
吳氏畢氏　石孝女　湯慧信　義婢妙聰　徐孝女　高氏
孫義婦　梁氏　馬氏　義姑萬氏陳氏　郭氏幼溪女　程氏
王妙鳳唐貴梅　張氏　楊泰奴張氏　陳氏秀水張氏　歐陽金貞
莊氏唐氏　王氏易氏　鍾氏四節婦　宣氏孫氏　徐氏
義妾張氏　龔烈婦江氏　范氏二女丁美音　成氏興安二女子
章銀兒茅氏　招囊猛　淩氏杜氏　義婦楊氏　史氏林端娘
汪烈婦　竇妙善　石門丐婦　賈氏　胡氏　陳宗球妻史氏

葉氏　胡貴貞　孫氏　江氏　嚴氏

月娥，西域人，元武昌尹職馬祿丁女也。少聰慧，聽諸兄誦說經史，輒通大義。長適蕪湖葛通甫，事上撫下，一秉禮法。長姒盧率諸婦女，悉受其教。

太祖渡江之六年，僞漢兵自上游而下，盧曰：「太平有城郭，且嚴兵守，可恃。」使月娥挾諸婦女往避之。未幾，寇至，城陷，月娥歎曰：「吾生詩禮家，可失節於賊邪！」抱幼女赴水死。諸婦女相從投水者九人，方盛暑，屍七日不浮，顏色如生。鄉人爲巨穴合葬之故居之南，題曰十女墓。娥弟丁鶴年，幼通經史，皆娥口授也。後通甫與盧皆死於寇。

劉孝婦，新樂韓太初妻。太初，元時爲知印。洪武初，例徙和州，挈家行。劉事姑謹，姑道病，刺血和藥以進。抵和州，夫卒，劉種蔬給姑食。越二年，姑患風疾不能起，晝夜奉湯藥，驅蚊蠅不離側。姑體腐，蛆生席間，爲齧蛆，蛆不復生。及姑疾篤，刲肉食之，少甦，踰月而卒，殯之舍側。欲還葬舅塚，力不能舉喪，哀號五載。太祖聞之，遣中使賜衣一襲、鈔二十錠，命有司還其喪，旌門閭，復徭役。

同時甄氏，欒城李大妻，事姑孝。姑壽九十一卒，甄廬墓三年，旦暮悲號，亦被旌。

孝女諸娥，山陰人。父士吉，洪武初爲糧長。有黠而逋賦者，誣士吉於官，論死，二子炳、煥亦慴罪。娥方八歲，晝夜號哭，與舅陶山長走京師訴冤。時有令，冤者非臥釘板，勿與勘問。娥輾轉其上，幾斃，事乃聞，勘之，僅戍一兄而止。娥重傷卒，里人哀之，肖像配曹娥廟。

唐方妻，浙新昌丁氏女，名錦孥。洪武中，方爲山東僉事，坐法死，妻子當沒爲官婢。有司按籍取之，監護者見丁色美，借梳掠髮，丁以梳擲地，其人取掠之，持還丁。丁罵不受，謂家人曰：「此輩無禮，必辱我，非死無以全節。」肩輿過陰澤，崖峭水深，躍出赴水，衣厚不能沉，從容以手斂裙，隨流而沒，年二十八，時稱其處爲夫人潭。

鄭煁妻石氏。煁，浦江鄭泳孫也。洪武初，李文忠薦諸朝，屢遷藏庫提點，坐法死。石當遣配，泣曰：「我義門婦也，可辱身以辱門乎！」不食死。

楊氏，慈谿人，字同邑鄭子琜。洪武中，子琜父仲徽戍雲南。明制，子成丁者隨遣，子琜亦在戍中。楊年甫十六，聞子琜母老弟幼，請於父母，適鄭養姑，以待子琜之返。子琜竟卒戍所，楊與姑撫諸叔成立，以夫從子孔武爲嗣，苦節五十餘年。

其後，鄭煥妻張氏，嫁未旬日；泰然妻嚴氏生子一蘭，方孩抱；栻妻王氏事夫痼病，狂不省人事，服勤八年弗怠；三人皆楊氏夫族，先後早寡，皆以節聞。萬曆中，知府鄒希賢題曰鄭氏節門，以比浦江鄭氏義門云。

貞女韓氏，保寧人。元末明玉珍據蜀，貞女慮見掠，僞爲男子服，混迹民間。既而被驅入伍，轉戰七年，人莫知其處女也。後從玉珍破雲南還，遇其叔父贖歸成都，始改裝而行，同時從軍者莫不驚異。洪武四年嫁爲尹氏婦。成都人以韓貞女稱。

其後有黃善聰者，南京人。年十三失母，父販香廬、鳳間，令善聰爲男子裝從遊數年。父死，善聰習其業，變姓名曰張勝。有李英者，亦販香，與爲伴侶者踰年，不知其爲女也。後偕返南京省其姊。姊初不之識，詰知其故，怒詈曰：「男女亂羣，辱我甚矣。」拒不納。善聰以死自誓。乃呼鄰嫗察之，果處子也。相持痛哭，立爲改裝。明日，英來，知爲女，怏怏如失，歸告母求婚。善聰不從，曰：「若歸英，如瓜李何？」鄰里交勸，執益堅。有司聞之，助以聘，判爲夫婦。

姚孝女，餘姚人，適吳氏。母出汲，虎銜之去，女追掣虎尾，虎欲前，女掣益力，尾遂脫，虎負痛躍去。負母還，藥之獲愈，奉其母二十年。

後成化間，武康有蔡孝女，隨母入山採藥。虎攫其母，女折樹枝格鬭三百餘步。虎舍其母，傷女，血濺丈許，竹葉爲赤，女亦獲全。

後招遠有孝女，不知其姓。父採石南山，爲蟒所吞。女哭之，願見父屍同死。俄頃大雷電擊蟒墮女前，腹裂見父屍。女負土掩埋，觸石而死。

盧佳娘，福淸李廣妻。婚甫十月，廣暴卒，盧慟絕復甦，見廣口鼻出惡血，悉餂食之。既殮，哭輒僵仆，積五六日，家人防懈，潛入寢室自經。後其縣有游政妻倪氏殉夫，亦然。

又有施氏，滁州彭禾妻。正德元年，禾得疾不起，握手訣曰：「疾憊甚，知必死。汝無子，擇壻而嫁，毋守死，徒自苦也。」施泣曰：「君尚不知妾乎！願先君死。」禾固止之，因取禾所嘔血盡吞之，以見志。及禾歿，即自經。

吳氏，潞州廩生盧淸妻。舅姑歿於臨洺，寄瘞旅次。淸授徒自給，後失廩，充掾於汴，憤恥發狂死。吳聞訃，痛絕，哭曰：「吾舅姑委骨於北，良人死，忍令終不返乎！」乃寄幼孤於姊兄，鬻次女爲資，獨抵臨洺，覓舅姑瘞處不得，號泣中野。忽一丈夫至，則淸所授徒也，爲指示，收二骸以歸。復冒暑之汴，負夫骨還。三喪畢舉，忍餓無他志。學正劉崧言於知州馬曔，賻其女，厚恤之。年七十五乃卒。

後有畢氏，河間鄧節妻。年饑，攜家景州就食，舅姑相繼亡，節亦尋歿，俱藁葬景州。氏年三十三，無子女，獨歸里中，忍饑凍，晝夜紡織，積數年，市地城北八里莊，獨之景州，負舅姑及夫骨還葬。

石孝女，新昌人。襁褓時，父濟坐事籍沒，繫京獄。母吳以漏籍獲免，依兄弟爲生。一日，父脫歸，匿吳家。吳兄弟懼連坐，殺置大窖中，母不敢言。及女長，問母曰：「我無父族何也？」母告之故，女大悲憤。

永樂初，年十六，舅氏主婚配族子。女白母曰：「殺我父者，吳也。奈何爲父讐婦？」母曰：「事非我主，奈何？」女頷而不答。嫁之日，方禮賓，女自經室中。母仰天哭曰：「吾女之死，不欲爲讐人婦也。」號慟數日亦死。有司聞之，治殺濟者罪。

湯慧信，上海人。通孝經、列女傳，嫁華亭鄧林。林卒，婦年二十五，一女七歲。鄧族利其居，迫使歸家，婦曰：「我鄧家婦，何歸乎？」族知不可奪，留其居於巨室。婦泣曰：「我收

夫骨於茲土，與同存亡，奈何棄之。」欲自盡，巨室義而去之。婦尋自計曰：「族利我財耳。」乃出家資，盡畀族人，躬績紝以給。

歲大水，居荒野沮洳中。其女適人者，操舟來迎，不許。請暫憩舟中，亦不許，曰：「我守此六十年，因巨浸以從汝父，所甘心焉，復何往！」母女方相牽未捨，水至，湯竟溺死。

義婢妙聰，保安右衛指揮張孟喆家婢也。永樂中，調兵操宣府，孟喆在行。北寇入掠，妻李謂夫妹曰：「我命婦，與若皆宦門女，義不可辱。」相挈投井中，妙聰亦隨入，見二人俱未死，以李有娠，恐水冷有所害，遂負之於背。賊退，孟喆弟仲喆求三人井中，以索引嫂妹出，而婢則死矣。

徐孝女，嘉善徐遠女也。年六歲，母患臁瘡。女問母何以得愈，母紿曰：「兒吮之乃愈。」女遂請吮，母難之。女悲啼不已，母不得已聽之，吮數日，果愈。

高氏女，武邑人，適諸生陳和。和早卒，高獨持門戶，奉翁姑甚孝。及宣德時，翁姑並歿，氏以禮殯葬，時年五十矣。泣謂子剛曰：「我父，洪武間舉家客河南虞城。父死，旅葬城北，母以棗木小車輞識之。比還家，母亦死，弟懦不能自振。吾三十年不敢言者，以汝王母在堂，當朝夕侍養也。今大事已畢，欲舁吾父遺骸歸合葬。」剛唯唯，隨母至虞城，抵葬所，塚纍纍不能辨。氏以髮繫馬鞍逆行，自朝及夕，至一小塚，鞍重不能前，即開其塚，所識車輞宛然。遠近觀者咸驚異，助之歸，啓母窆同葬。

孫義婦，慈谿人。歸定海黃誼昭，生子濟。未幾夫卒，孫育之成立，求兄女爲配。甫三年，生二子，濟亦卒。

時田賦皆令民自輸，孫姑婦相率攜幼子輸賦南京，訴尚書蹇義，言：「縣苦潮患，十年九荒，乞築海塘障之。」義見其孤苦，詰曰：「何爲不嫁？」對曰：「餓死事極小，失節事極大。」義嗟歎久之，次日即爲奏請，遣官偕有司相度成之，起自龍山，迄於觀海，永免潮患。慈谿人廟祀之塘上。

梁氏，大城尹之路妻。嫁歲餘，夫乏食出遊山海關，賣熟食爲生。又娶馬氏，生子二，十餘年不通問。氏事翁姑，艱苦無怨言。夫客死，氏徒步行乞，迎夫喪，往返二千里，迄扶柩攜後妻二子以歸，里人歎異。

余佛妻馬氏，吳縣人。歸五年，夫死無子，家酷貧。姑欲奪其志，有田二畝半，得粟不以與婦，馬不爲動。姑潛納他人聘，一夕鼓吹臨門，趣治妝，馬入臥室自經死，几上食器、糲粢尚存。

義姑萬氏，名義顓，字祖心，鄞人，寧波衛指揮僉事鍾女也。幼貞靜，善讀書。兩兄文、武，皆襲世職，戰死，旁無期功之親。繼母曹氏，兩嫂陳氏、吳氏，皆盛年孀居。吳遺腹僅六月，姑旦暮拜天哭告曰：「萬氏絕矣，願天賜一男，續忠臣後。我矢不嫁，共撫之。」已果生男，名之曰全。姑喜曰：「萬氏有後矣。」乃與諸嫠共守，名閥來聘，皆謝絕之，訓全讀書，迄底成立。全嗣職，傳子禧、孫椿，皆奉姑訓惟謹。姑年七十餘卒。姑之祖斌及父兄並死王事，母及二嫂守貞數十年，姑更以義著。鄉人重之，稱爲四忠三節一義之門。

後有陳義姑者，沙縣陳穗女。年十八，父母相繼卒，遺二男，長七歲，次五歲。親族利其有，日耽耽於旁。姑矢志撫弟，居常置帚數十。族兄弟暮夜叩門，姑燃帚照之，亟啓戶具酒食款。叩者告曰：「吾輩夜行滅火，就求燭耳。」自此窺伺者絕意。及二弟畢婚，年四十五乃嫁，終無子。二弟迎歸，母事之。

郭氏，大田人。鄧茂七之亂，鄉人結寨東巖。寨破，郭襁幼兒走，且有身，爲賊所驅。郭奮罵，投百尺巖下，與兒俱碎亂石間，胎及腸胃迸出，猥籍巖下。賊據高瞰之，皆歎曰：「眞烈婦也！」瘞之去。

同時有幼溪女，失其姓名。茂七破沙縣，匿草間，爲二賊所獲。遇溪橋，貞女曰：「扶我過，當從一人而終。」二賊爭趨挽，至橋半，女視溪流湍急，拽二賊投水中，俱溺死。

程氏，揚州胡尙絅妻。尙絅嬰危疾，婦刲腕肉啖之，不能咽而卒。婦號慟不食二日。懷孕四月矣，或曰：「得男可延夫嗣，徒死何爲？」答曰：「吾亦知之，倘生女，徒苟活數月耳。」因復食，彌月果生男。

明年殤，卽前語翁姑曰：「媳不能常侍奉，有娣姒在，無悲也。」復絕食，越二日其姑撫之曰：「爾父母家二百里內，若不俟面訣乎？」婦曰：「可急迎之。」日飲米瀋一匙以待。逾十有二日，父母遣幼弟至，婦曰：「是可白吾志。」自是滴水不入口，徐簡匳中簪珥，令辦後事，以其餘散家人幷鄰嫗嘗通問者，復自卜曰：「十八、九日皆良，吾當逝。」向曾刲肉救夫，夫不可救，以灰和之置牀頭，附吾左腕，以示全歸。」遂卒。

王妙鳳，吳縣人。適吳奎。姑有淫行。正統中，奎商於外。姑與所私飲，幷欲污之，命妙鳳取酒，挈瓶不進。頻促之，不得已而入。姑所私戲掺其臂。妙鳳憤，拔刀斫臂不殊，再斫乃絕。父母欲訟之官，妙鳳曰：「死則死耳，豈有婦訟姑理邪？」逾旬卒。

唐貴梅者，貴池人。適同里朱姓。姑與富商私，見貴梅悅之，以金帛賄其姑，誨婦淫者百端勿聽，加箠楚勿聽，繼以炮烙，終不聽。乃以不孝訟於官。通判某受商賂，拷之幾死者數矣。商冀其改節，復令姑保出之。親黨勸婦首實，婦曰：「若爾，妾之名幸全，如播姑之惡何？」夜易服，自經後園梅樹下。及旦姑起，且將撻之。至園中乃知其死，尸懸樹三日，顏如生。

其後，嘉靖二十三年，有嘉定張氏者，嫁汪客之子。其姑多與人私，諸惡少中有胡巖者，最桀黠，羣黨皆聽其指使。於是與姑謀，遣其子入縣爲卒，而巖等日夕縱飲。一日，呼婦共坐，不應。巖從後攫其梳，婦折梳擲地。頃之，巖徑入犯婦。婦大呼殺人，以杵擊巖。巖怒走出，婦自投於地，哭終夜不絕，氣息僅屬。詰旦，巖與姑恐事洩，縶諸牀足守之。明日召諸惡少酣飲。二鼓共縛婦，椎斧交下。婦痛苦宛轉曰：「何不以利刃刺我。」一人乃前刺其頸，一人刺其脅，又椓其陰。舉尸欲焚之，尸重不可舉，乃火其室。鄰里救火者踏門入，見嚇然死人，驚聞於官。官逮小女奴及諸惡少鞫之，具得其實，皆以次受刑。婦死時年十九。邑故有烈婦祠，婦死前三日，祠旁人聞空中鼓樂聲，火炎炎從祠柱中出，人以爲貞婦死事之徵云。

楊泰奴，仁和楊得安女。許嫁未行。天順四年，母疫病不愈。泰奴三割胸肉食母，不效。一日薄暮，剖胸取肝一片，昏仆良久。及甦，以衣裹創，手和粥以進，母遂愈。母宿有膝攣疾，亦愈。

後有張氏，儀眞周祥妻。姑病，醫百方不效。一方士至其門曰：「人肝可療。」張割左脅下，得膜如絮，以手探之沒腕，取肝二寸許，無少痛，作羹以進姑，病遂瘳。

陳氏，祥符人。字楊瑄，未嫁而瑄卒。女請死，父母不許，欲往哭，又不許。私剪髮，屬媒氏置瑄懷。汴俗聘女，以金書生年月日畀男家，號定婚帖。瑄母乃以帖裹其髮，置瑄懷以葬。女遂素服以居。亡何，父母謀改聘，女縊死。後五十三年，至正德中，瑄姪永康改葬瑄，求陳骨合焉。二骨朽矣，髮及定婚帖鮮完如故。葬三年，岐穀、丫瓜產墓上。

張氏，秀水人。年十四，受同邑諸生劉伯春聘。伯春負才名，必欲舉於鄉而後娶。未

幾卒，女號泣絕髮，自爲詩祭之。持服三年，不踰閫，不茹葷。服闋，卽絕飲食，父母强諭之，終不食，旬日而卒。年二十，舅姑迎柩合葬焉。

又有江夏歐陽金貞者，父梧，授孝經、列女傳。稍長，字羅欽仰，從梧之官柘城。梧艱歸，舟次儀眞，欽仰墜水死。金貞年甫十四，驚哭欲赴水從之，父母持不許。又欲自縊，父母曰：「汝未嫁，何得爾？」對曰：「女自分無活理，卽如父母言，願終身稱未亡人。」大聲哀號不止。及殮，剪髮繫夫右臂以殉。抵家，告父母曰：「有婦，以事姑也。姑旣失子，可幷令無婦乎？願歸羅，以畢所事。」父母從之。後父知廣元縣，姑病卒，女乃歸寧。有諷他適者，曰：「事姑畢矣，更何待？」女曰：「我昔殮羅郎時，有一束髮纏其手，誰能掘塚開棺，取髮還我，則易志矣。」遂止。生平獨臥一樓，年六十餘卒。

莊氏，海康吳金童妻。成化初，廣西流寇掠鄉邑，莊隨夫避新會，傭劉銘家。銘見莊美，欲犯之，屢誘不從。乃令黨梁狗同金童入海捕魚，沒水死。越三日不還，莊求之海濱，屍浮岸側，手足被縛，腫腐莫可辨。莊以衣識之，歸攜女赴水，抱夫屍而沒。翼日，三屍隨流遶銘門，去而復還。土人感異殯祭之，然莫知銘殺也。後梁狗漏言，有司並捕考，處以極刑。

中華書局

唐氏，汝陽陳旺妻，隨其夫以歌舞逐食四方。正德三年秋，旺攜妻及女環兒、姪成兒至江夏九峯山。有史聰者，亦以傀儡爲業。見婦、女皆豔麗，而旺且老，因紿旺至青山，夜殺之。明日，聰獨返，擕其婦、女、幼姪入武昌山吳王祠，持利刃脅唐。唐曰：「汝殺吾夫，吾不能殺汝以復讐，忍從汝亂邪？」遂遇害。賊裹以薦，置荆棘中。明日，徙褻衣園，賊又迫環兒，臨以刃。環兒哭且詈，聲振林木，賊亦殺之，瘞糞壤中而去。其年冬至，賊被酒，成兒潛出告官，擒於葛店市，伏誅。

王氏，慈谿人。聘於陳，而夫佳病，其父母娶婦以慰之。及門，卽入侍湯藥。未幾，佳卒，王年甫十七，矢志不嫁。姑張氏曰：「未成禮而守，無名。」女曰：「入陳氏門，經事君子，何謂無名？」姑乃使其二女從容諷之。婦不答，截髮毀容。姑終欲强之，窘辱萬狀。二小姑陵之若婢，稍不順卽爪其面，姑聞復加箠楚。女口不出怨言，曰：「不逼嫁，爲婢亦甘也。」夜寢處小姑牀下，受濕得傴疾，私自幸曰：「我知免矣。」鞠從子梅爲嗣，敎之。成化初領鄉薦，卒昌其家。

後有易氏，分宜人，嫁安福王世昌。時世昌已遘疾，奄奄十餘月，易事之，衣不解帶。世昌死，除喪猶縞素。姑憐之，謂：「汝猶處子，可終累乎？」跪泣曰：「是何言哉？父母許我

王氏，卽終身王氏婦矣。」自是獨處一樓，不窺外戶四十餘年。方世昌疾，所吐痰血，輒手一布囊盛之。卒後，用所盛囊爲枕，枕之終身。

鍾氏，桐城陶鏞妻。鏞以罪被戍，卒於外。鍾年二十五，子繼甫在抱，負鏞骨四千餘里歸葬。乃斷髮杜門，年八十二以節終。

繼亦早卒，妻方氏年二十七，子亮甫二歲。其兄憐之，微叩其意，方以死誓。景泰中，亮舉鄉試，業於太學，卒。妻王氏年二十八，妾吳氏二十二，皆無子，扶櫬歸葬。貧不能支，所親勸之嫁，兩人哭曰：「而不知我之爲節婦婦乎！」乃共以紡績自給。越二十六年，縣令陳勉以聞，詔旌三代。人稱之曰四節里。

宣氏，嘉定張樹田妻。夫素狂悖，與宣不睦。夫病，宣晨夕奉事。及死，誓身殉。時樹田友人沈思道亦死，其婦孫與宣以死相要，各分尺帛。孫自經，或勸宣曰：「彼與夫相得，故以死報，汝何爲效之？」宣歎曰：「予知盡婦道而已，安論夫之賢不賢。」卒縊死。

徐氏，慈谿人，定海金傑妻也。成化中，傑兄以罪逮入京，傑往請代。瀕行，徐已有身，傑謂曰：「予去，生死不可知，若生男善撫之，金氏鬼庶得食也。」已而悔曰：「我幾悞汝，吾去無還理，卽死，善事後人。」徐泣曰：「君以義往，上必義君，君兄弟當同歸，無過苦也。卽如君言，妾有死耳，敢忘付託乎？」已果生男，無何兄得還，傑竟瘐死。徐撫孤慟曰：「我本欲從汝父地下，奈金氏何？」强營葬事。服闋，父母勸他適，截髮斷指自誓，食澹茹苦六十餘年，覩子孫再世成立，乃卒。

義妾張氏，南京人。松江楊玉山商南京，娶爲妾。逾月以婦妬，遣之歸。張屏居自守，楊亦數往來，所贈千計。後二十餘年，楊坐役累，罄其產，怏怏失明。張聞之，直造楊廬，拜主母，捧楊袂大慟。乃悉出向所贈金珠，具裝，嫁其二女，幷爲二子娶婦，留侍湯藥。踰年楊死，守其柩不去。旣免喪，父母强之歸，不從，矢志以歿，終身不見一人。

龔烈婦，江陰人。年十七嫁劉玉，家貧，力作養姑。姑亡，相夫營葬。夫又亡，無以爲斂。里有羨婦色者，欲助以棺。龔覺其意，辭之。旣又强之，龔恐無以自脫，乃以所生六歲男、三歲女寄食母家。是夜，積麥藁屋中，舉火自焚，抱夫屍死。

又江氏，蒙城王可道妻。夫貧，負販餬口，死不能斂。比鄰諸生李雲蟾合錢斂之，卜日

以葬。及期，率衆至其家，闃然無聲，廚下燈微明，趨視之飲食畢具，蓋以待舁棺者，婦已縊死竈旁矣。衆驚歎，復合錢幷葬之。

會稽范氏二女，幼好讀書，並通列女傳。長適江，一月寡。次將歸傅，而夫亡。二女同守節，築高垣，圍田十畝，穿井其中，爲屋三楹以居。當種穫，父啓圭竇率傭以入，餘日則塞其竇，共汲井灌田。如是者三十年。自爲塋於屋後，成化中卒，竟合葬焉。族人卽其田立祠以祀。

又有丁美音，潊浦丁正明女。幼受夏學程聘，年十八將嫁，學程死，美音誓不再嫁。父母曰：「未嫁守節，非禮也。何自苦如此？」美音齧指滴血，籲天自矢。當道交旌之，賚以銀幣約百金，乃搆室獨居，鬻田自贍，事舅姑，養父母。鄉人名其田爲貞女田。

成氏，無錫人，定陶敎諭繪女，登封訓導尤輔妻也。輔游學靖江，成從焉。江水夜溢，家人倉卒升屋，成整衣欲上，問：「爾等衣邪？」衆謝不暇。成曰：「安有男女裸，而尚可俱生邪？我獨留死耳。」衆號哭請，不應。厥明，水退，坐死榻上。

後崇禎中，興安大水，漂沒廬舍。有結筏自救者，鄰里多附之。二女子附一朽木，倏沈

倏浮，引筏救之，年皆十六七，問其姓氏不答。二女見筏上男子有裸者，歎曰：「吾姊妹倚木不死，冀有善地可存也，今若此，何用生爲！」攜手躍入波中死。

章銀兒，蘭谿人。幼喪父，獨與母居。邑多火災，室盡燬，結茅以棲母。母方疾，鄰居又火，銀兒出視，衆呼令疾避。銀兒曰：「母疾不能動，何可獨避。」亟返入廬，欲扶母出，烈焰忽覆其廬，衆莫能救。火光中，遙見銀兒抱其母，宛轉同焚死，時弘治元年三月也。

義妹茅氏，慈谿人。年十四，父母亡，獨與兄嫂居。其兄病瘵臥。值倭入縣，嫂出奔，呼與偕行。女曰：「我室女，將安之！且俱去，誰扶吾兄者！」賊至，縱火，女力扶其兄避於空室，竟被燔灼並死。

招囊猛，雲南孟璉長官司土官舍人刁派羅妻也。年二十五，夫死，守節二十八年。弘治六年九月，雲南都指揮使奏其事。帝曰：「朕以天下爲家，方思勵名教以變夷俗。其有趨於禮義者，烏可不亟加獎勵。招囊猛貞節可嘉，其卽令有司顯其門閭，使遠夷益知向化，無俟覈報。」

張維妻淩氏，慈谿人。弘治中，維舉於鄉，卒。婦年二十五，子四歲亦卒。其兄諷之改圖，婦痛哭齧脣，噀血灑地，終身不歸寧。舅姑慰之曰：「不幸絕嗣，日計無賴，吾二人景逼矣，爾年尙遠，何以爲活？」婦曰：「恥辱事重，餓死甘之。」乃出簪珥爲舅納妾，果得子，喜曰：「張氏不絕，亡夫墓門且有寒食矣。」後舅病瘋，姑雙目瞽，婦紡績供養，二十年不衰。

後有杜氏，貴池曹桂妻。年二十四，夫亡，遺腹生女，悲苦無計。日諷姑爲舅納妾，果生一子。產後，妾死，杜以己女託於族母，而自乳其叔。逾年翁喪，勸者曰：「汝辛苦撫孤，寧能以叔後汝乎？」杜曰：「叔後吾翁，異日生二子，卽以一子後我夫，吾志畢矣。」後卒如其言。

義婦楊氏，王世昌妻，臨漳人。弘治中，世昌兄坐事論死。世昌念兄爲嫡子，請代其刑。時楊未笄，謀於父母宗族曰：「彼代兄死爲義士，我顧不能爲義婦邪？」願訴於上代夫死。」遂入京陳情，敕法司議，夫妻並得釋。

史氏，杞縣人。字孔弘業，未嫁而夫卒。欲往殉之，母不許。女七日不食，母持茗逼之飮，雙蛾適墮杯中死，女指示曰：「物意尙孚我心，母獨不諒人邪！」母知不可奪，翌日製素衣縞裳，送之孔氏。及暮，辭舅姑，整衣自經死。白氣縷縷騰屋上，達旦始消。

又有林端娘者，甌寧人，字陳廷策。聞廷策訃，寄聲曰：「勿殮，吾將就死。」父曰：「而雖許字，未納幣也。」對曰：「旣許矣，何幣之問？」父謹防之。曰：「女奚所不可死，願死夫家耳。」父曰：「壻家貧，無以周身。」曰：「身非所卹。」又曰：「壻家貧，孰爲標名？」曰：「名非所求。」遂往哭奠畢，自剋死期，理帛自經，三拱而絕。陳故家青陽山下，山下人言婦將盡時，山鳴三晝夜。

汪烈婦，晉江諸生楊希閔妻也。年二十三，夫死，無子，欲自經。家人防之謹，不得閒。氏聞茉莉有毒能殺人，多方求之，家人不知也，日供數百朶。踰月，家人爲亡者齋祭，婦自撰祭文，辭甚悲。夜五鼓，防者稍懈，取所積花煎飮之，天明死。

竇妙善，京師崇文坊人。年十五，爲工部主事餘姚姜榮妾。正德中，榮以瑞州通判攝府事。華林賊起，寇瑞，榮出走。賊入城，執其妻及婢數人，問榮所在。時妙善居別室，急取府印，開後牕投荷池。衣鮮衣前曰：「太守統援兵數千，出東門捕爾等，旦夕授首，安得執吾婢？」賊意其夫人也，解前所執數人，獨與妙善出城。

適所驅隸中，有盛豹者父子被掠，其子叩頭乞縱父，賊許之。妙善曰：「是有力，當以舁我，何得遽縱。」賊從之。行數里，妙善視前後無賊，低語豹曰：「我所以留汝者，以太守不知印處，欲藉汝告之。今當令汝歸，幸語太守，自此前行遇井，卽畢命矣。」呼賊曰：「是人不善舁，可仍縱之，易善舁者。」賊又從之。行至花塢遇井，妙善曰：「吾渴不可忍，可汲水置井傍，吾將飮。」賊如其言，妙善至井傍，跳身以入，賊驚救不得而去。豹入城告榮取印，引至花塢，覓井，果得妙善屍。越七年，郡縣上其事，詔建特祠，賜額貞烈。

石門丐婦，湖州人，莫詳其姓氏。正德中，湖大飢，婦隨其夫及姑走崇德石門市乞食。三人偶相失。婦有色，市人爭挑之。與之食不顧，誘之財亦不顧。寓東高橋上，不復乞食者二日。伺夫與姑皆不至，聚觀者益衆，婦乃從橋上躍入水中死。

賈氏，慶雲諸生陳俞妻。正德六年，兵變，值舅病卒，家人挽之避，痛哭曰：「舅尙未斂，婦何惜一死。」身服斬衰不解。兵至，縱火迫之出，罵不絕口，刃及身無完膚，與舅屍同燼。年二十五。

鄞縣諸生李珂妻胡氏，年十八歸珂。閱七年，珂死，遺男女各一，胡誓不踰閾。鄰火作，珂兄珮往救之，曰：「阿姆來，吾乃出。」珮使妻陳往，婦以七歲男自牖付之，屬曰：「幸念吾夫，善視之。」陳曰：「嬸將何如？」紿之曰：「取少首飾卽出。」陳去，胡卽纍衣箱塞戶，抱三歲女端坐火中死。

陳宗球妻史氏，南安人。夫死將殉有期矣，尙爲姑釀酒。姑曰：「婦已決死，生存豈多日，何辛苦爲？」曰：「政爲日短，故釀而奉姑。」將死，告舅曰：「婦有喪，幸毋髹棺。」遂縊。

葉氏，定海人。許聘慈谿翁姓，而父母俱歿，遂育於翁。年十四，翁貲產日落，且失其姑，舅待之如奴，勞勩萬狀，略無怨色。舅以子幼，欲鬻之羅姓者，葉恚曰：「我非貨也，何輒轉貿易爲？」日哽咽垂涕。旣知不可免，僞爲喜色，舅遂寬之。夜月上，紿諸姒曰：「月色甚佳，盍少猶夷乎？」趨門外良久。諸姒並勸曰：「夜旣半矣，盍就寢。」遂入，及晨覓之，則氏已浮屍於河矣，起之色如生。

胡貴貞，樂平人。生時，父母欲不舉，其鄰曾嫗救之歸，與子天福同乳，欲俟其長而配焉。天福年十八，父母繼亡，家甚落。貴貞父將奪以姻富家，女曰：「我鞠於曾，婦於曾，分姑媳，恩母子，可以飢寒棄之邪？」乃依從姑以居，葦舍單淺，外人未嘗識其面。其兄乘天福未婚，曳以歸，出視求聘者金寶笄飾。女知不免，潛入房縊死。

孫氏，吳縣衞廷珪妻。隨夫商販，寓潯陽小江口。寧王陷九江，廷珪適他往，所親急邀孫共逃。孫謂兩女金蓮、玉蓮曰：「我輩異鄉人，汝父不在，逃將安之？今賊已劫鄰家矣，奈何？」女曰：「生死不相離，要當爲父全此身耳。」於是母子共一長繩自束，赴河死。

江氏，餘干夏璞妻。正德間，賊至，抱方晬弟走，不得脫。賊將縛之，曰：「誠願與將軍俱，顧吾父年老，惟一弟，幸得全之。」賊以爲信，縱令置所抱兒，出遂大聲罵賊，投橋下死。

後隆慶中，有高明嚴氏，賊掠其境，隨兄出避，遇賊，刃及其兄。女跪泣曰：「父早喪，孀母堅守，恃此一兒，殺之則祀殄矣，請以身代。」賊憫然爲納刃。旣而欲汚之，則曰：「請釋吾兄卽配汝。」及兄去，執不從，竟剖腹而死。

明史卷三百二

列傳第一百九十

列女二

歐陽氏 徐氏 馮氏　方氏 葉氏　潘氏　楊氏　張烈婦 蔡氏 鄭氏
王烈婦 許烈婦　吳氏　沈氏六節婦　黃氏 張氏　張氏 葉氏 范氏
劉氏二女　孫烈女 蔡烈女　陳諫妻李氏　胡氏　戴氏 胡氏
許元忱妻胡氏　郃陽李氏　吳節婦 楊氏　徐亞長　蔣烈婦
楊玉英 張蟬雲　倪氏　彭氏 劉氏　劉氏二孝女　黃氏　邵氏婢
楊貞婦 倪氏　楊氏　丁氏　尤氏　李氏　孫氏
方孝女 解孝女　李氏　項貞女　壽昌李氏　玉亭縣君　馬氏
王氏　劉氏 楊氏　譚氏 張氏　李烈婦 黃烈婦　須烈婦

陳節婦 馬氏　謝烈婦　張氏 王氏 戚家婦　金氏 楊氏　王氏
李孝婦 洪氏 倪氏　劉氏

歐陽氏，九江人，彭澤王佳傅妻也。事姑至孝。夫亡，氏年方十八，撫遺腹子，紡績爲生。父母迫之嫁，乃鍼刺其額，爲誓死守節字，墨涅之，深入膚裏，里人稱爲黑頭節婦。又徐氏，烏程人。年十六，嫁潘順。未期而夫病篤，顧徐曰：「母老，汝年少，奈何？」徐泣下，卽引刀斷左小指，以死誓。夫死，布衣長齋。年七十八卒。遺命取斷指入棺中。家人出其指，所染爪紅色尙存。

馮氏，宣城劉慶妻。年十九，夫亡，誓守節。其娣姒諷之曰：「守未易言，非齩斷鐵釘者不能。」馮卽投袂起，拔壁上釘齧之，割然有齒痕。復抉臂肉，釘著壁上曰：「脫有異志，此卽狗彘肉不若。」已而遺腹生子，曰大賢。長娶李氏，大賢又夭，姑婦相守至老。卒，取視壁釘肉，尙韌不腐，齒痕如新。

方氏，金華軍士袁堅妻。堅嗜酒敗家，卒殯城北濠上。方貧無所依，乃卽殯處置棺，寢處其中，饑則出飲於濠。久之不復出，則死矣。郡守劉蒞爲封土祭之。

二十四史　中華書局

又葉氏，蘭谿人。適神武中衞舍人許伸。伸家素饒於財，以不檢，蕩且盡，攜妻投所親，卒於通州。氏守屍，晝夜號哭。或遺之食，或餽金，或勸以改嫁，俱却不應。水漿不入口者十四日，竟死尸傍，年二十餘。州人爲買棺合葬。

潘氏，海寧人。年十六，歸許釗，生子淮。甫期年，釗卒，旣殮，潘自經。死已兩日矣，有老嫗過之曰：「是可活也。」投之藥，更甦。釗族兄欲不利於孤，嗾潘改適，潘毀容自矢。族兄者，夜率勢家僕數十人誣以債，椎門入。潘負子，冒風雨，踰垣逸。前距大河，追者迫，潘號慟投於河。適有木浮至，憑以渡，達母家，遂止不歸。淮年十九，始歸。淮補諸生，娶婦生五子。潘年五十，宗人聚而祝，族兄者亦至。潘曰：「氏所以得有今日，賴伯氏玉成。」目淮酌酒飲伯，卒爵，北向拜曰：「未亡人，三十年來瀕死者數矣，而顧强生，獨以淮故耳。今幸成立，且多子，復何憾。」語畢入室。頃之宴徹，諸宗人同淮入謝，則縊死室中矣。

楊氏，桐城吳仲淇妻。仲淇卒，家貧，舅欲更嫁之。楊曰：「卽餓死，必與舅姑俱。」舅不能奪。數年，家益貧，舅謀於其父母，將以償債。楊仰天呼曰：「以吾口累舅姑，不孝。無所

助於貧，不仁。失節則不義。吾有死而已。」因咽髮而死。

張烈婦，蕪湖諸生繆釜妻。年十八，歸釜。越四年，釜病，屬張善自託。張泣曰：「夫以吾有二心乎？有子則守志奉主，妻道也。無子則潔身殉夫，婦節也。」乃沐浴更衣，閤戶自縊。閱日，而釜乃卒。

又蔡烈婦，松陽葉三妻。三負薪爲業，蔡小心敬事。三久病，織紝供藥餌。病篤，執婦手訣曰：「及我生而嫁，無受三年苦。」婦梳洗更衣，袖刀前曰：「我先嫁矣。」刎頸死。三驚歎，尋死。

又鄭氏，安陸趙鈺妻。性剛烈，閨房中言動不涉非禮。某寡婦更適人，饋以茶餅。鄭怒，命傾之。夫戲曰：「若勿罵，幸夫不死耳。」鄭正色曰：「君勿憂，我豈爲此者。」後鈺疾將死，迴視鄭，瞪目不瞑。鄭曰：「君得毋疑我乎？」卽自縊於牀楣。鈺少甦，回盼，出泪而絕。

王烈婦，上元人。夫嗜酒廢業，僦居破屋一間，以竹籧隔內外。婦日塞戶，坐門扉績麻自給。夫與博徒李游。李悅婦姿，謀亂之。夫被酒，以狂言餂婦，婦奔母家避之。夫逼之歸，夜持酒脯與李俱至，引婦坐，婦駭走且罵。夫以威挾之，婦堅拒，大被搒笞。婦度不免，夜攜幼女坐河干，慟哭投河死。是夜，大風雨，屍不漂沒。及曙，女尚熟睡草間。

又許烈婦，松江人許初女。夫飲博不治生。諸博徒聚謀曰：「若婦少艾，曷不共我輩歡，日可得錢治酒。」夫卽以意喻婦，婦叱之，屢加箠撻不從。一日，諸惡少以酒肴進。婦走避鄰嫗家，泣顧懷中女曰：「而父不才，吾安能覥顏自存，俟汝之成也。」少間，聞閤戶聲。嫗覘之，則拔刀刎頸仆地矣。父挈醫來視，取熱雞皮封之，復抓去。明旦氣絕，年二十五。

吳氏，永豐人，名姑姑。年十八，適甯集略。未一年，夫卒，六日不食。所親百方解譬，始食粥，朝暮一溢米。服除，母憐其少，欲令改適。往視之，同寢食三年，竟不敢出一語。歸謂諸婦曰：「此女鐵石心，不可動也。」

慈谿沈氏六節婦。章氏，袢妻。周氏，希魯妻。馮氏，信魁妻。柴氏，惟瑞妻。孟氏，弘量妻。孫氏，琳妻。所居名沈思橋，近海。族衆二千人，多驍黠善鬬。嘉靖中，倭賊入犯，屢殲其魁，奪還虜掠。賊深讎之。一日，賊大至，沈氏豪誓於衆曰：「無出婦女，無輦貨財，共以死守，違者誅。」章亦集族中婦女誓曰：「男子死鬬，婦人死義，無爲賊辱。」衆竦息聽命。賊圍合，羣婦聚一樓以待。旣而賊入，章先出投於河，周與馮從之。柴方爲夫礪刃，卽以刃

斫賊，旋自刃。孟與孫爲賊所得，奪賊刃自刺死。時宗婦死者三十餘人，而此六人尤烈。

黃氏，沙縣王珣妻。嘉靖中，倭亂，流劫其鄉。鄉之比鄰，皆操舟爲業。賊至，衆婦登舟，匿艙中，黃兀坐其外。衆婦呼之曰：「不虞賊見乎？」黃曰：「篷窗安坐，恐賊至不得脫，我居外，便投水耳。」賊至，黃躍入水中死。

時同縣羅舉妻張氏，從夫避亂巖穴間。賊至，張與妾及妾子俱爲所獲。賊見張美，欲犯之，不從。至中途，張解髮自縊，賊斷之。張又解行纏，賊又覺之，徒跣驅至營。賊魁欲留之，張厲聲曰：「速賜一死。」賊曰：「不畏死，吾殺汝妾。」張引頸曰：「請代妾，留撫孩嬰。」賊曰：「吾殺孩嬰。」張引頸曰：「請代孩嬰，存夫嗣。」賊令牽出殺之。張先行，了無懼色。賊方猶豫，張罵不絕口，遂遇害。投屍於河，數日屍浮如生。

張氏，政和游銓妻。倭寇將至，婦數語其女曰：「婦道惟節是尙，値變之窮，有溺與刃耳，汝謹識之。」銓聞，以爲不祥。婦曰：「使婦與女能如此，祥孰大焉。」未幾，賊陷政和，張度不脫，連呼女曰：「省前誨乎？」女頷之，卽赴井。張含笑隨之，並死。

又葉氏，松溪江華妻，陳氏，葉弟惠滕妻，偕里人避倭長潭。値歲除，里嫗覓刀爲幼男

中華書局

薙髮弗得，葉出諸懷中。衆問故，曰：「以備急耳。」及倭圍長潭，執二婦，共縶一繩。葉謂陳曰：「我二人被縶，縱生還，亦被惡名，死爲愈。」陳唯唯。葉探刀於懷，則已失，各抱幼女跳潭中死。

同時林壽妻范氏，亦與衆婦匿山塢。倭搜得衆婦，偕至水南，范獨與抗。或謂姑順之，家且來贖。答曰：「身可贖，辱可贖哉！我則寧死。」賊聞言，殺其幼女恐之，不爲動。曰：「併及汝矣。」厲聲曰：「固我願也！」賊殺之。

劉氏二女，興化人。嘉靖四十一年與里中婦同爲倭所掠，繫路傍神祠中。倭飲酣，逼視縶中，先取其姊。姊厲聲曰：「我名家女也，肯汚賊乎？」倭笑慰之曰：「若從我，當詢父母歸汝。」女曰：「父母未可知，此時尙論歸耶？」倭尙撫背作款曲狀。女怒，大罵。時黃昏，倭方縱火，女卽赴火死。已復侵其妹，妹又大罵。倭露刃脅之，不爲動，曰：「欲殺，卽殺。」倭欲强犯之，女紿曰：「吾固願從，俟姊骨燼乃可，否則不忍也。」倭喜負薪益火，火熾，女又赴火死。時同死者四十七人，二女爲最。

孫烈女，五河人。性貞靜，不苟嬉笑。母朱卒，繼母李攜前夫子鄭州兒來。州兒恃母

欲私女，嘗以手挑之，忿批其頰。一日，女方治麪，州兒從後摟之。女揪髮覓刃，州兒齧其臂得脫。女奔訴於姊，觸地慟哭曰：「母不幸，父又他出，賊子敢辱我，必刃之而後死。」姊曲撫慰。乃以臂痕示李，使戒戢之。州兒不悛，紿李曰：「兒採薪，臂力不勝，置遺束於路。」李往取之，歸則戶扃甚嚴。從母舒氏亦趨至，曰：「初聞如小犢悲鳴，繼又響震如雷，必有異。」幷力啓之，州兒死閾下，項幾斷，女亦倚壁死。蓋州兒詒母出，調女。女陽諾而使之閉門，旣躡其後殺之也。

又蔡烈女，上元人。少孤，與祖母居。一日，祖母出，有逐僕爲僧者來乞食，挑之，不從。挾以刃，女徒手搏之，受傷十餘處，罵不絕，宛轉死竈下。賊遁去，官行驗，忽來首伏。官怪問故。賊曰：「女拘我至此。」遂抵罪。

陳諫妻李氏，番禺人。諫，嘉靖十一年進士。爲太平推官，兩月卒，其弟扶櫬歸。李曰：「吾少嫠也，豈可與叔萬里同歸哉！」遂不食死。

胡氏，會稽人。字同里沈袠。將嫁，而袠遘父鍊難，二兄袞、褒杖死塞上，袠與兄襄並逮繫宣府獄。總督楊順逢嚴嵩意，必欲置二子死，搒掠數百，令夜分具二子病狀。會順爲給事中吳時來所劾，就檻車去，襄等乃得釋。自是病嘔血，扶父喪歸，比服闋始婚，胡年已二十七。踰六月，袠卒，胡哀哭不絕聲，盡出奩具治喪事。有他諷者，斷髮剺面絕之。終日一室中，卽同產非時不見。晚染疾，家人將迎醫，告其父曰：「寡婦之手豈可令他人視。」不藥而卒，年五十一。以襄子嗣。

戴氏，莆田人，名清。歸蔡本澄，年甫十四。居二年，本澄以世籍戍遼東，買妾代婦行。戴父與約曰：「遼左天末，五年不歸，吾女當改嫁矣。」至期，父語清如約。泣不從，獨居十有五年。本澄歸，生一子，未晬，父子相繼亡。清哀毀幾絕。父潛受吳氏聘，清聞之曰：「人呼女蔡本澄婦耳，何又云吳耶？」卽往父家，使絕婚。吳訟之官，令守節，表曰寡婦清之門。時莆又有歐茂仁妻胡氏，守節嚴苦，內外重之。郡有獄久不斷，人曰：「太守可問胡寡婦。」守乃過婦問之，一言而決。

胡氏，鄞許元忱妻。元忱爲徐祝師養子，習巫祝事。胡鄙之，勸夫改業，且勸歸許宗。未果，而元忱疫死。氏殯之許氏廬，苦臥柩傍，夜擁一刀臥。里某求氏爲偶，氏毀面截鬢髮，斷左手三指，流血淋漓，某驚遁。族婦曾行抱持之，大慟，因立應後者，令子之。氏服喪三

年，不浣不櫛。畢葬，乃爲子娶婦。夫有弟少流移於外，復爲返之，許氏賴以復起。

李氏，郃陽安尙起妻。尙起商河南，病亡。氏聞訃，盡變產完夫債，且置棺以待夫櫬歸，晚告族黨曰：「煩舉二棺入地。」閉戶將自縊，鄰婦欲生之，排闥曰：「爾尙有所逋，何遽死？」氏啓門應曰：「然吾資已盡，奈何？請復待一日。」乃紉履一雙往畀之，曰：「得此足償矣。」歸家，遂縊死。

吳節婦，無爲周凝貞妻。凝貞卒，婦年二十四，毀容誓死，不更適，傭女工以奉孀姑。姑老臥病，齒毀弗能食。婦絕其兒乳以乳姑，冬月臥擁姑背以煖之，宛轉牀席者三年。姑卒，哀毀骨立，年七十五終。

又楊氏，淸苑劉壽昌妻。年十九，夫卒，誓死殉。念姑病無依，乃不死。母家來迎，以姑老不忍去側，竟不歸寧。閱三十年，姑卒，葬畢，哀號夫墓曰：「妾今得相從地下矣。」遂絕粒。家人問遺言。曰：「姑服在身，殮以布素。」遂瞑。

徐亞長，東莞徐添男女。添男爲徐姓僕，生亞長四歲而死。母以亞長還其主，去而別

適。比長，貞靜寡言笑，居羣婢中，凛然有難犯之色。家童進旺欲私之，不可。亞長奉主命薙草豆田中，進旺跡而迫之，力拒獲免，因哭曰：「聞郎君讀書，有寡婦手爲人所引，斧斷其手，況我尚女也，何以生爲！」遂投江死。

蔣烈婦，丹陽姜士進妻。幼穎悟，喜讀書。弟文止方就外傅，夜歸，輒以餅餌啖之，令誦日所授書，悉能記憶，久之遂能文。歸士進數年，士進病瘵死。婦屑金和酒飲之，幷飲鹽鹵。其父數偵知，奔救免。不食者十二日，父啓其齒飲之藥，復不死。

禮部尚書寶，士進從父也，知婦嗜讀書，多置古圖史於其寢所，令續劉向列女傳。婦許諾，家人備之益謹。一日，婦命於繐帳前掘坎埋大缸貯水，笑謂家人：「吾將種白蓮於此，此花出泥滓無所染，令亡者知予心耳。」於是日纂輯不懈。書將成，防者稍不戒，則濡首缸中死矣。

爲文脫稿卽毀，所存烈女傳及哭夫文四篇、夢夫賦一篇，皆文止竊而得之者。御史聞於朝，榜其門曰文章貞節。初，其兄見女能文，以李易安、朱淑眞比之，輒顰蹙曰：「易安更嫁，而淑眞不慊其夫，雖能文，大節虧矣。」其幼時志操已如此。

楊玉英，建寧人。涉獵書史，善吟咏。年十八，許字官時中。時中有非意之獄，父母改受他聘。玉英聞之，囑其婢曰：「吾篋有佩囊、布糭諸物，異日以遺官官人。」婢弗悟，諾之。於是竊入寢室，自經死，目不瞑。時中聞訃，具禮往祭，以手掩之，遂瞑。婢出所遺物，付父母啓之，得詩云：「崑山一片玉，旣售與卞和。和足苦被刖，玉堅不可磨。若再付他人，其如平生何！」

又張蟬雲，蒲城人，許字俞檜。萬曆中，檜被誣繫獄。女聞可賄脫，謀諸母，欲貨妝奩助之。母不可，曰：「汝未嫁，何爲若此。」女方食，卽以盌擲地，恚不語。入暮自縊死。

陳襄妻倪氏。襄爲鄞諸生，早卒。婦年三十，無子，家貧，力女紅養姑。有慕其姿者，遣媒白姑。婦煎沸湯自潰其面，左目爆出，又以烟煤塗傷處，遂成獰惡狀。媒過之，驚走，不敢復以聘告。歷二十年，姑壽七十餘卒，婦哀慟不食死。

彭氏，安丘人。幼字王枚臯。未嫁，枚臯卒，誓不再適。濰縣丁道平密囑其父欲娶之。彭察知，六日不食。道平悔而止，心敬女節烈，後聞其疾革不起，贈以棺。彭語父曰：「可束葦埋我，亟還丁氏棺，地下欲見王枚臯也。」遂死。

又劉氏，潁州劉梅女，許聘李之本。之本歿，女泣血不食，語父曰：「兒爲李郎服三年，需弟稍長，然後殉。寄語翁，且勿爲郎置槨。」遂盡去鉛華，教弟讀書，親正句讀。越一年，梅潛許田家。女聞，中夜開篋，取李幣，挑燈製衣，衣之，縊死。知府謝詔臨其喪，鄰里弔者如市。田家亦具奠賻，舉酒方酹，柩前承灌瓦盆劃然而碎，起高丈餘，遶檐如蝶墜。觀者震色。

劉氏二孝女，汝陽人。父玉生七女，家貧力田。嘗至隴上，歎曰：「生女不生男，使我扶犁不輟。」其第四、第六女聞之惻然，誓不嫁，著短衣代父耕作。及父母相繼卒，無力營葬，二女卽屋爲丘，不離親側。隆慶四年，督學副使楊俊民、知府史桂芳詣其舍請見，二女年皆逾六十矣。

黃氏，江寧陳伯妻。年十八，歸伯。父死，母欲改節，氏苦諫不從。一日，母來省，女閉門不與相見，母慚去。後伯疾篤，黃誓不獨生。一日，姑扶伯起坐，黃熟視曰：「嗟乎！病至此，吾無望矣。」走竈下，碎食器刺喉不殊，以廚刀自刎死，年二十一。

邵氏，丹陽大俠邵方家婢也。方子儀，令婢視之。故相徐階、高拱並家居，方以策干

階，階不用，卽走謁拱，爲營復相，名傾中外。萬曆初，拱罷，張居正屬巡撫張佳胤捕殺方，幷逮儀。儀甫三歲，捕者以日暮未發，閉方所居宅，守之。

方女夫武進沈應奎，義烈士，負氣有力，時爲諸生，念儀死，邵氏絕，將往救之。而府推官與應奎善，固邀飲，夜分乃罷。武進距方居五十里，應奎踰城出，夜半抵方家，踰牆入，婢方坐燈下，抱儀泣曰：「安得沈郎來，屬以此子。」應奎倉卒前，婢立以儀授之，頓首曰：「邵氏之祀在君矣。此子生，婢死無憾。」應奎匿儀去，晨謁推官。

且日，捕者失儀，繫婢毒掠，終無言。或言於守曰：「必應奎匿之。」奎所善推官在坐，大笑曰：「冤哉！應奎夜飲於余，晨又謁余也。」會有爲方解者，事乃寢，婢撫其子以老。

楊貞婦，潼關衞人，字郭恒。萬曆初，客遊湖南，久不歸。父議納他聘，女不可，斷髮自守。家有巖壁，穴牆居之，垂橐以通飲食，如是者二十六年。恒歸，乃成禮。

又有倪氏，歸安人，許聘陳斂。斂從征，傳爲已死，踰五十載始歸。倪守志不嫁，至是成婚，年六十一矣。

楊氏，寧國饒鼎妻。鼎以單衣溺死湖中，楊招魂葬之，課二子成立，冬不衣袷。萬曆

初，年八十，竟單衣入宅旁池中，端坐死。

丁氏，五河王序禮妻。序禮弟序爵客外，爲賊所殺，其妻郭氏懷孕未卽殉。及生子越月，投繯死。時丁氏適生女，泣謂序禮曰：「叔不幸客死，嬸復殉，棄孤不養，責在君與妾也。妾初舉女，後尚有期，孤亡則斬叔之嗣，且負嬸矣。」遂棄女乳姪。未幾，序禮亦死，竟無子女。氏年方少，撫姪長，絕無怨悔。

尤氏，崑山貢生鏞女。嫁諸生趙一鳳，早死，將殉之，顧二子方襁褓，爲強食。二子復殤，慟曰：「可以從夫矣。」痛夫未葬，卽營窀穸。惡少年豔其色，訾其目曰：「彼盼美而流，烏能久也。」婦聞之，夜取石灰手挼目，血出立枯。置棺自隨。夫葬畢，卽自縊，或解之，乃觸石裂額，趨臥棺中死。

李氏，王寵麟繼妻。寵麟仕知府卒，氏年二十餘，哭泣不食，經四十日疾革。知族人利其貲，必以惡語傾前妻子，預戒家人置己棺中，勿封殮。衆果蝟集，誤孤殺母。氏從棺中言：「已知汝輩計必出此也。」衆大慚而去，然後瞑。

孫氏，甌寧人。幼解經史，字吳廷桂。廷桂死，孫欲奔喪，家人止不得，父爲命輿。曰：「奔喪而輿，可乎？」入夜，徒步往，挾納采雙金雀以見舅姑。拜畢，奠柩側，遂不離次，期必死。吳家故貧，所治棺，取具而已。好事者助以美櫬，孫視之曰：「木以美逾吾夫，非禮矣。」卻之。以楮櫝來，乃許。屆期縊死，書衣帶中云：「男毋附尸，女毋啓衣。」

方孝女，莆田人。父瀾，官儀制郎中，卒京師。女年十四，無他兄弟，與叔父扶櫬歸。渡揚子江，中流舟覆，櫬浮。女時居別舟，皇遽呼救，風濤洶怒，人莫敢前。女仰天大哭，遂赴水死。經三日，屍浮，傍父櫬，同泊南岸。

又有解孝女，寧陵人。年十四，同母浣衣。母誤溺水，女四顧無人，號泣投水。俄兄紹武至，泅而得之，母女皆死。女手挽母甚堅，兄救母，久之復甦。女手仍不解，兄哭撫之曰：「母已生，妹可慰矣。」乃解。

李氏，東鄉何璇妻。璇客死。李有殊色，父迫之嫁。遂以簪入耳中，手自拳之至沒，復拔出，血濺如注。姑覺，呼家人救，則已死矣。

項貞女，秀水人。國子生道亨女，字吳江周應祁。精女工，解琴瑟，通列女傳，事祖母及母極孝。年十九，聞周病瘵，卽持齋，燃香燈禮佛，默有所祝，侍女輩竊聽，微聞以身代語。一日，謂乳媼曰：「未嫁而夫亡，當奈何？」曰：「未成婦，改字無害。」女正容曰：「昔賢以一劍許人，猶不忍負，況身乎？」及訃聞，父母祕其事，然傳吳江人來，女已喻。祖母屬其母入視，女留母坐，色甚溫，母釋然去。夜伺諸婢熟睡，獨起以素絲約髮，衣內外悉易以縞，而紉其下裳。檢衣物當勞諸婢者，名標之，列諸牀上。大書於几曰：「上告父母，兒不得奉一日驩，今爲周郎死矣。」遂自縊。兩家父母從其志，竟合葬焉。

李氏，壽昌人。年十三，受翁應兆聘。應兆暴卒，女盡取備嫁衣飾焚之，以身赴火，爲父母救止。乃赴翁家，哀告舅姑乞立嗣，復乞一小樓，設夫位，坐臥於旁，奠食相對，非姑不接面。舅亡，家落，忍饑紡績以養姑。未幾，姑亦亡，鄰火大起，夜半達旦，延百餘家。鄰婦趨上樓，勸之避，婦曰：「此正我授命時也。」抱夫木主待焚。須臾四面皆燼，小樓獨存。

玉亭縣君，伊府宗室典柄女。年二十四，適楊仞。不兩月仞卒，號慟不食。或勸以舅

姑年老，且有遺孕，乃忍死襄事。及生男，家日落。萬曆二十一年，河南大饑，宗祿久缺，紡績三日，不得一飧，母子相持慟哭。夜分夢神語曰：「汝節行上聞於天，當有以相助。」晨興，母子述所夢皆符，頗怪之。其子曰：「取屋後土作坯，易粟。」其日掘土，得錢數百。自是，每掘輒得錢。一日，舍傍地陷，得石炭一窖，取以供爨。延兩月餘，官俸亦至，人以爲苦節所感。

馬節婦，年十六，歸平湖諸生劉濂。十七而寡。翁家甚貧，利其再適，必欲奪其志。不與飲食，百計挫之，志益厲。嘗閉門自經，或救之，則繫絕而墜於地死矣。急解之，漸蘇。翁又陰納沈氏聘，其姑誘與俱出，令女奴抱持納沈舟。婦投河不得，疾呼天救我。須臾風雨晝晦，疾雷擊舟，欲覆者數四。沈懼，乃旋舟還之。事聞於縣，縣令婦別居。時父兄盡歿，無可歸，假寓一學舍，官贍之以老。

王氏，東莞葉其瑞妻。其瑞貧，操舟往來鄰境，一月一歸。婦紡績易食。萬曆二十四年，嶺南大饑，民多鬻妻子。其瑞將鬻婦博羅民家，券成，載其人俱來。入門見氏羸甚，問之，不饘粥數日矣。其瑞泣語之故，且示之金，婦笑而許之。及舟發寶潭，躍入潭中死。兩

岸觀者如堵，皆謂水迅，屍流無所底。其瑞至，從上流哭數聲，屍忽湧出，去所投處，已逆流數十步矣。

劉氏，博平吳進學妻。楊氏，進性妻。進學疫死，既葬，劉夜匍匐縊於墓所。未幾，進性亦疫死，楊一慟幾絕。姑議嫁之，楊曰：「我何以不如姒。」遂縊死。

譚氏，南海方存業妻。生子三月，夫亡，悲號欲殉。母及姑交止之，且諷改適。氏垂涕曰：「吾久不樂生，特念姑與兒耳。」哽咽流涕不止，二人不敢復言。及子七歲，遣就塾師，先令拜姑，微示付託意，竊自喜曰：「吾今可以遂志矣。」一日，媒氏至，復勸改適，氏愈憤，中夜縊死。

又張氏，臨清林與岐妻。夫亡，欲自縊，舅姑慰之曰：「爾死，如遺孤何？」氏以衣物倩乳媼育其子，三月，知子安乳媼，遂不食死。

李烈婦，餘姚吳江妻。年二十，夫與舅俱卒，家酷貧，婦紡績養姑，已恒凍餒。有黃某者，謀娶之，賄夫族某使餌其姑，未即從。某乃陰與黃及父家約，詭稱其母暴病，肩輿來迎。

婦倉卒升輿，既及門，非父家也。姑亦尋至，布几席，速使成禮。婦佯曰：「所以不欲嫁者，爲姑老無依耳。姑既許，復何言。然妾自夫歿未嘗解帶，今願一洗沐。」又問：「聘財幾何？」姑以數對。曰：「亟懷之去。姑在，我即從人，殊赧顏也。」衆喜，促姑行，爲具湯。湯至，久不出，闢戶視之，則縊死矣。

其後，崇禎十五年，餘姚又有黃烈婦者，金一龍妻。夫早歿，黃截指自誓，立從子爲嗣，與姑相依。熊氏子欲娶之，母黨利其財，紿令還家，閒道送於熊。黃知勢不可挽，願搜括所有以償聘金，不聽，相持至夜深，引刀自刎未殞。其姑聞之，急趨視，黃曰：「婦所以未即死者，欲姑一面耳，今復何求。」遂剜喉以絕。郡邑聞之，斃熊氏子獄中。

須烈婦，吳縣人。夫李死，市兒悅其色，爭欲娶之。婦泣曰：「吾方送一夫，旋迎一夫。且利吾夫之死而妻我，不猶殺我夫耶！」市兒乃糾黨聚謀，將掠之。婦驚奔母，母懼不敢留。返於姑，姑懼如母。投姊，姊益不敢留，婦泣而歸。鄰人勸之曰：「若即死，誰旌若節者，何自苦若此？」婦度終不免，自經死。

陳節婦，安陸人。適李姓，早寡，孑然一身，歸父家守志，坐臥小樓，足不下樓者三十年。臨終，謂其婢曰：「吾死，愼勿以男子舁我。」家人忽其言，令男子登樓舉之，氣絕踰時矣，起坐曰：「始我何言，而令若輩至此。」家人驚怖而下，目乃瞑。

馬氏，山陰劉晉曠妻。萬曆中，晉曠客死，馬年二十許，家無立錐。伯氏有樓，遂與母寄居其上，以十指給養，不下梯者數十年。常用瓦盆貯新土，以足附之。鄰婦問故，曰：「吾以服土氣耳。」年六十五卒。

謝烈婦，名玉華，番禺曹世興妻。世興爲馮氏塾師，甫成婚，即負笈往。亡何病歸，不能起，婦誓不改適。曹族之老嘉之，議分祭田以贍。或謂婦年方盛，當俟襄事畢，令歸寧。婦佯諾。及期，駕輿欲行，別諸姒，多作訣語，徐入室閉戶，以刀自斷其頸。家人亟穴板入，血流滿衣，尚未絕，見諸人入，亟以左手從斷處探喉出之，右手引刀一割，乃瞑。

張氏，桐城李楝妻。楝死無子，張自經於牀。母救之，奮身起，引斧斫左臂者三。家人奪斧，抑而坐之幃閒，張瞶悶不語。家人稍退，張遽掙身出戶投於水。水方冰，以首觸穴入，遂死。

邑又有烈婦王氏，高文學妻。文學死，父道美來弔，謂王曰：「無過哀。事有三等，在汝

自爲之。」王輟泣問之，父曰：「其一從夫地下爲烈，次則冰霜以事翁姑爲節，三則恒人事也。」王即鍵戶，絕粒不食，越七日而死。

又有戚家婦者，竇應人。甫合巹，而夫暴歿。婦哭之哀，投門外汪中死。後人名其死所爲戚家汪云。

金氏，通渭劉大俊妻。年十九，夫病風痹，金扶浴溫泉。暴風雨，山水陡發，夫不能動，令金急走。金號泣堅持不肯舍，並溺死。屍流數十里而出，手猶挽夫不釋云。

又應山諸生王芳妻楊氏。芳醉墜塘中，氏赴水救之。夫入水益深，氏追深處偕死。

王氏，山陰沈伯夔妻。議婚數年，伯夔病厲，手攣髮禿，父母有他意。女問：「沈郎病始何日？」父曰：「初許時固佳兒，今乃病。」女曰：「既許而病，命也，違命不祥。」竟歸之。伯夔病且憊，王奉事無少怠。居八年卒，嗣其從子。更出簪珥佐舅買妾，更得子。踰年，舅姑相繼亡，王獨撫二幼孤，鬻手食之，並成立。

李孝婦，臨武人，名中姑，適江西桂廷鳳。姑鄧患痰疾，將不起，婦涕泣憂悼。聞有言

乳肉可療者，心識之。一日，煮藥，爇香禱竈神，自割一乳，昏仆於地，氣已絕。廷鳳呼藥不至，出視，見血流滿地，大驚呼救，傾駭城市，邑長佐皆詣其廬，命亟治。俄有僧踵門曰：「以室中蘄艾傅之，即愈。」如其言，果甦，比求僧不復見矣。乃取乳和藥奉姑，姑竟獲全。

又洪氏，懷寧章崇雅妻。崇雅早卒，洪守志十年。姑許，疾不能起，洪刲乳肉爲羹而飲之，獲愈，餘肉投池中，不令人知。數日後，羣鴨自水中銜出，鳴噪迴翔，小童獲以告姑。姑起視之，乳血猶淋漓也。

倪氏，興化陸鰲妻。性純孝，舅早世，憫姑老，朝夕侍寢處，與夫睽異者十五年。姑其夫兄崇古亦早亡，姒朱氏誓死靡他，妯娌相守五十年云。姑鼻患疽垂斃，躬爲吮治，不愈，乃夜焚香告天，割左臂肉以進，姑啖之愈。遠近稱孝婦。

劉氏，張能信妻，太僕卿憲寵女，工部尚書九德婦也。性至孝，姑病十年，侍湯藥不離側。及病劇，舉刀刲臂，侍婢驚持之。舅聞，囑醫言病不宜近腥膩，力止之。踰日，竟刲肉煮臙以進，則姑已不能食，乃大悔恨曰：「醫紿我，使姑未鑒我心。」復刲肉寸許，慟哭奠簀前，將闔棺，取所奠置棺中曰：「婦不獲復事我姑，以此肉伴姑側，猶身事姑也。」鄉人莫不稱其孝。

明史卷三百三

列傳第一百九十一

列女三

徐貞女，宣城人。少字施之濟。年十五，里豪湯一泰豔之，倚從子祭酒賓尹，強委禽焉。女父子仁不受，夜趣施舁女歸。一泰恚甚，賫有司攝施婦，欲庭奪以歸，先使人捽之濟父子及媒妁數人，毆之府門，有司莫能制。徐氏被攝，候理，次城東旅舍，悲不免。夜伺人靜，投池中死，衣上下縫紉不見寸體。觀者皆泣下，共舁古廟，盛夏鬱蒸，蠅不敢近。郡守張德明臨視，立祠城東祀之。

劉氏，京師人。有松江人戍邊者，詐稱無妻，娶劉。既而遇赦歸，紿劉曰：「吾暫歸省。」久之不復至，劉抵松訪之，夫拒不納。劉哭曰：「良人棄我，我將安歸。」乃翦髮爲尼，行乞市上，人多憐而周之。劉置一棺，夜臥棺中數十年。鄰火起，劉入棺，呼曰：「乞與闔棺，以畢吾事。」遂焚死。

余氏，黃岡朱蒙妾。蒙妻劉，舉子女各一人，余無所出。及蒙卒，劉他適，妾辛勤育之。日事紡績，非丙夜不休。壼政嚴肅，親屬莫敢窺其門。踰二十年，忽謂子女曰：「吾命將盡，不能終視若輩，惟望若輩爲上流人爾。」越數日，無疾而逝。

虞鳳娘，義烏人。其姊嫁徐明輝而卒，明輝聞鳳娘賢，懇其父欲聘爲繼室。女知，泣謂父母曰：「兄弟未嘗同妻，卽姊妹可知。」父執不聽，女絕口不言，自經死。

林貞女，侯官人。父舜道，官參政。女幼許長樂副都御史陳省子長源，旣納幣，長源卒。女蓬首削脂澤，稱疾臥牀，哭無聲而神傷。或謂未成婦，何自苦。答曰：「予名氏、歲月飾而櫝之以歸陳，忍自昧哉！」固請於父，欲赴陳喪，父爲達其意。陳父答曰：「以凶歸，所不忍，以好歸，疇與主之？姑俟喪除。」女大悲咤曰：「是欲緩之，覬奪吾志也。」遂不食，積七日，嘔血死。

王貞女，崑山人，太僕卿宇之孫，諸生述之女，字侍郎顧章志孫同吉。未幾，同吉卒。女卽去飾，白衣至父母前，不言亦不泣，若促駕行者。父母有難色，使嫗告其舅姑，舅姑掃庭內待之。女旣至，拜柩而不哭，斂容見舅姑，有終焉之意。姑含淚曰：「兒不幸早亡，奈何累新婦。」女聞姑稱新婦，泪簌簌下，遂留執婦道不去。早晚跪奠柩前，視姑眠食外，輒自屛一室，雖至戚遣女奴候視，皆謝絕，曰：「吾義不見門以外人。」後姑病，女服勤，晝夜不懈。及病劇，女入候牀前，出視藥竈，往來再三，若有所爲。羣婢窺之而莫得其迹，姑旣進藥則睡，覺而病立間，呼女曰：「向飲我者何藥？乃速愈如是。」欲執其手勞之，女縮手有難進之狀。姑怪起視，已斷一指煮藥中矣。姑歎曰：「吾以天奪吾子，常憂老無所倚。今婦不惜支體以療吾疾，豈不勝有子耶！」流涕久之。人皆稱貞孝女云。

倪美玉，年十八歸董緒。緒居喪過毀得疾，謂妻曰：「吾無兄弟，又無子。吾死，父母祀絕矣。當以吾屋爲小宗祠，置祀田數畝，小宗人遞主之，春秋享祀，吾父母獲與焉，吾無憾矣。汝必以此意告我叔父而行之。」緒卒，倪立從子爲後。治喪畢，擕其女及田二十畝囑其姒曰：「以此累姒。」及夫叔父自外郡至，泣拜致夫命，叔父如其言。事竣，婦出拜謝，卽入室臥不食。居數日，沐浴整衣曰：「亡夫召我矣。」舉手別父母親屬而逝，年二十二。

劉烈女，錢塘人。少字吳嘉諫。鄰富兒張阿官屢窺之，一夕緣梯入。女呼父母共執之，將訟官。張之從子倡言劉女誨淫，縛人取財。人多信之。女呼告父曰：「賊汚我名，不可活矣，我當訴帝求直耳。」卽自縊。盛暑待驗，暴日下無屍氣。嘉諫初惑人言，不哭。徐察之，知其誣也，伏屍大慟。女目忽開，流血淚數行，若對泣者。張延訟師丁二執前說，女傳魂於二曰：「若以筆汚我，我先殺汝。」二立死。時江濤震吼，岸土裂崩數十丈，人以爲女冤所致。有司遂杖殺阿官及從子。

上海某氏，旣嫁，夫患瘋癩，舅姑謀奪以妻少子。婦覺，密告其夫，夫泣遣之歸寧。婦潛製殮具，夫旣死，舅姑不以告，不闔棺，露置水濱，以俗忌惡疾也。婦聞，盂飯瀹雞，偕幼妹至棺所，抱屍浴之，斂以衣衾，闔棺設祭。祭畢，與妹訣，以巾冪面，投水死。

谷氏，餘姚史茂妻。父以茂有文學，贅之於家。數日，鄰人宋思徵責於父，見氏美，遂指逋錢爲聘物，訟之官。知縣馬從龍察其誣，杖遣之。及谷下階，茂將扶以行。谷故未嘗出閨閤，見隸人林立，而夫以身近己，慚發頳，推茂遠之。從龍望見，以谷意不屬茂也，立改

剕歸思。思卽率衆擁輿中而去，谷母隨之至思舍。谷呼號求速死，斷髮屬母遺茂。思族婦十餘人，環相勸慰，不可解，乘間縊死。從龍聞之大驚，捕思，思亡去。茂感妻義，終身不娶。

白氏，清澗惠道昌妻。年十八，夫亡。懷娠六月，欲以死殉。衆諭之曰：「胡不少待，舉子以延夫嗣。」氏泣曰：「非不念良人無後，但心痛不能須臾緩耳。」七日不食而死。

高烈婦，博平諸生賈垓妻。垓卒，氏自計曰：「死節易，守節難。況當兵亂之際，吾寧爲其易者。」執姑手泣曰：「婦不能奉事舅姑，反遺孤孫爲累。然婦殉夫爲得正，勿過痛也。」遂縊。

于氏，潁州鄧任妻。任病，家貧，藥餌不給，氏鬻嫁笥救之。閱六月病革，氏聘簪二，綰一於夫髮，自綰其一，撫任頸哽咽曰：「妾必不負君。」納指任口中，令齧爲信。任歿三日，縊死。

州又有臺氏，諸生張雲鵬妻。夫病，氏單衣蔬食，禱天願代，割臂爲糜以進。夫病危，

許以身殉,訂期三日。夫付紅帨爲訣,氏號泣受之。越三日,結所授帨就縊,侍婢救不死,恨曰:「何物奴,敗我事!令我負三日約。」自是,水漿不入口,舉聲一號,熱血迸流。至七日,頓足曰:「遲矣,郎得毋疑我。」毋偶出櫛沐,扃戶縊死。

胡氏,諸城人,遂平知縣麗明孫女也。年十七,歸諸生李敬中,生一女而夫卒。初哭踊甚哀,比三日不哭,盥櫛拜舅姑堂下,家人怪之,從容答曰:「婦不幸失所天,無子,將從死者地下,不得復事舅姑,幸强飯自愛。」他日叔有子,爲亡人立嗣,歲時奠麥飯足矣。」姑及其母泣止之,不可,乃焚香告柩前,顧家人曰:「洗舍汝等親之,不可近男子。」遂入戶自經,母與姑槌門痛哭疾呼,終不顧而死。

王氏,淄川成象妻。夫死,痛哭三日,唇焦齒黑。父不忍,予之水,謝勿飲。又三日,氣息漸微,强起語父曰:「翁姑未葬,夫亦露殯,奈何?」父許任其事,氏就枕叩頭而瞑,年十七。

劉孝女,京師人。父蘭卒,矢志不嫁,以養其母。崇禎元年,年四十六矣,母病歿,女遂絕粒殉之。

崔氏,香河王錫田妻。崇禎二年,城破,氏與衆訣曰:「我義不受辱。」涕泣乳其女,將自縊,家人力持不得遂。兵及門,衆俱奔,氏倉皇縊於戶後,恐賊見其貌,或解之也。

高陵李氏,鎮撫劉光燦妻。夫歿,勵志苦守。崇禎四年,賊陷高陵。年七十九,其家掖之走,曰:「未亡人棄先夫室何往?」語未已,賊露刃入。卽取刀自刺,流血淋漓。賊壯其烈,與飲食,怒不受,以盌擊賊,罵曰:「吾忍死四十九年,今毀賊食耶!」遂遇害。

烈婦柴氏,夏縣孫貞妻。崇禎四年,夫婦避賊山中。賊搜山,見氏悅之,執其手。氏以口齧肉棄之曰:「賊污吾手。」繼扳其肱,又以口齧肉棄之曰:「賊污吾肱。」賊捨之去,氏罵不絕聲,還殺之。

周氏,新城王永命妻,登州都督遇吉兒女也。幼通孝經、列女傳。崇禎五年,叛將耿仲明、李九成等據登州反,縱兵淫掠。一小校將辱之,氏紿之去,卽投繯死。明日,賊至,怒其誑己,支解之。事平,永命偵賊所在,擊斬之,以其首祭墓。

時蓬萊浦延禧妻王氏,年二十,守節撫孤。九成叛,城陷,叔允章至其家,問所向。答曰:「兒豈向患難中求活。」時有廠索在牀頭,叔以手振之曰:「欲決計於此乎?」氏首肯,從容就縊。

荆嫣,陝西淳化人,姓高氏。兄起鳳,邑諸生。崇禎五年,流賊掠繼母秦氏及荆嫣去,起鳳馳赴賊營請贖。賊索二馬,起鳳傾貲得一馬,予之。賊止還其母。起鳳與妹訣曰:「我去,汝卽死。」賊令勸妹從己,且欲留爲書記。起鳳大罵不從,被殺。百計脅荆嫣,大罵求死。賊悅其色,割髮裂衣以恐之。嫣益罵不已,賊乃殺之,年甫十六。巡按吳甡上其事,兄妹皆旌。

陳丹餘妻宋氏。丹餘爲鄖陽諸生。崇禎六年,賊至被掠,并執其女,迫令入空室。前有古槐,母女抱樹立,罵曰:「吾母子死白日下,豈受污暗室中。」大罵不行。賊斷其手,益大罵,俱被害。

黃日芳妾李氏、陳氏。日芳知霍丘縣,崇禎八年,齎計簿入郡。流賊突至,圍城。二人

相謂曰:「主君未還,城必不守,我兩人獨有一死耳。」密縫內外衣甚固,城陷,南望再拜,攜赴藏天澗死。越三日,日芳至,號哭澗側。兩屍應聲浮出,顏色如生,手尙相援。

蘄水李氏,諸生何之旦妻。流賊至蘄,執而逼之去,不從,則衆挾之。李罵益厲,詈賊求死。賊怒,刺之,創徧體,未嘗有懼色,賊斷其頸死。

從婢阿來抱李幼女,守哭。賊奪女將殺之,不與,伏地以身庇之。刺數十創,婢、女俱死。

萬氏,和州儒士姚守中妻,泉州知府慶女孫也。生六子,皆有室。崇禎八年,流賊陷其城,慟哭孀姑前,命諸婦曰:「我等女子也,誓必死節。」諸子環泣,急麾之曰:「汝輩男子,當圖存宗祀,何泣焉?」長子承舜泣曰:「兒讀書,惟識忠孝字耳,願爲厲鬼殺賊,何忍母獨死。」遂負母投於塘。諸婦女孫相隨死者十數人,僅存子希舜,求其屍,共聚塘坳,無一相離者。

流賊陷和州,王氏一時五烈婦:王用賓妻尹氏,用賢妻杜氏,用聘妻魯氏,用極妻戴氏,又王氏良器女,劉臺妻也。五人同匿城西別墅,誓偕死。及賊登陴,呼聲震地。五人相持泣曰:「亟死亟死,毋污賊刃。」結繯,繯斷,適用賢所佩劍挂壁上,杜趨拔之,爭磨以刭,次第死。

州又有女，失其姓，與諸婦共匿明倫堂後。其四人已爲賊執，用帛牽之。獨此女不肯就執，多方迫之不得。四婦勸之，泣曰：「我處女也，可同男子去耶？」以頭搶地。賊搴其足而曳之，女大罵。賊怒，一手搴足，以刀從下劈之，體裂爲四。

陳氏，涇陽王生妻。有子方晬，生疾將死，以遺孩屬陳。陳曰：「吾當生死以之。」流賊至，陳抱子避樓上。賊燒樓，陳從樓簷跳下，不死。賊覩其色麗，挾之馬上，陳躍身墜地者再。最後以索縛之，行數里，陳力斷所繫索，并鞍墜焉。賊知不可奪，乃殺之。賊退，家人收其屍，子呱呱懷中，兩手猶堅抱如故。

雞澤二李氏。一同邑田蘊璽妻。遇亂，蘊璽兄弟被殺。李抱女同姒王抱男而逃。王足創難行，令李速去。李曰：「良人兄弟俱死，當存此子以留田氏後。」遂棄己女，抱其子赴城，得無恙。一嫁曲周郭某。遭亂，舉家走匿。翁姑旋被殺，李攜幼男及夫弟方七歲者共逃，力罷，不能俱全。或敎之舍叔而抱男，李曰：「翁姑死矣，叔豈再得乎！子雖難捨，然吾夫在外，或未死，尚可期也。」竟棄男，負叔而走。

宋德成妻姜氏，臨清人。德成知贊皇縣，寇入署，姜投井。賊出之，逼令食，罵曰：「待官兵剮汝，醢爲脯，吾當食之。」以簪自剔一目示賊曰：「吾廢人也，速殺爲幸。」賊怒殺之。

六安女，失其姓。崇禎中，流賊入境，見其美，將犯之。以帕蒙其頭，輒壞之，曰：「毋污我髮。」被以錦衣，又擲之曰：「毋污吾身。」强擁諸馬上，復投地大罵請死。賊怒刃之，旣而歎曰：「眞烈女。」

石氏女，失其邑里，隨父守仁寓五河。崇禎十年，流賊突至，執欲污之。女抱槐樹厲聲罵賊。賊使數人牽之不解，斵其兩手，罵如初。又斷其足，愈罵不絕，痛仆地佯死。賊就褫其衣，女以口齧賊指，斷其三，含血升許噴賊，乃瞑。賊擁薪焚之，厥後所焚地，血痕耿耿，遇雨則燥，暘則濕。村人駭異，掘去之，色亦入土三尺許。

又當塗舉人吳昌祚妻謝氏，爲亂卒所掠。謝以手抱樹，大罵不止。卒怒，斷其附樹之指，復拾斷指擲卒面，卒磔殺之。

周彥敬妻莊氏。彥敬，棲霞知縣。氏讀書知大義，亂起，鄉人悉竄山穴中。莊以男女無別，有難色。彥敬强之曰：「不入，且見殺。」莊曰：「無禮不如死，君疑我難死乎！」即引刀自裁。彥敬感其義，終身不復娶。

梁凝禧妻馮氏。凝禧，隨州諸生。崇禎十年，聞賊警，夫婦買舟避難。行至西河，賊追急，登岸奔魏家砦。夫婦要同死，氏訣凝禧曰：「同死固甘，但君尚無子，老母在堂，幸速逃，明早可於此地尋我。」凝禧遂逃，次早果得屍於分手處。

唐烈妻陳氏。烈，孝感諸生。崇禎十年，從夫避難山砦。賊突至，夫與子俱奔散，陳獨行山谷間。砦人曰：「非唐氏婦乎？事迫矣，可急入保。」陳問夫與子至未，曰：「未也。」陳泣曰：「我煢煢一婦人，靡因而至。諸君雖憐而生我，我何面目安茲土耶！夫存亡未知，依人以生不貞，棄夫之難不義。失貞與義，何以爲人！吾其行也。」卒不入。已，賊至，逼去不從，大罵死。

又劉氏，懷寧人，應天府丞顏素之孫婦也。崇禎末，亂兵焚掠江市。其舅與夫先在南京。劉孑身出避，倉皇無所之，見男婦雜走登舟，慨然曰：「吾儕婦人，保姆不在，義不出帷，敢亂羣乎！」遂投江死。

唐氏，廣濟潘龍躍妻。崇禎十三年避賊靈果山。賊至，加刃龍躍頸，索錢。唐跪泣，乞以身代夫，不許。女巽跪泣，乞以身代父，不許。唐知夫不免，投於塘，女從之。賊愴然釋其夫。

又顏氏，長樂諸生黃應運妻。城陷，兵至其家，欲殺應運生母詹氏，顏泣訴，願身代。及顏方受刃，妾曾又奔號曰：「此我主母，無所出，願殺我以全其命。」卒感其義，兩釋之。

潁州盧氏，王瀚妻。家貧，舂織終歲。崇禎十四年大饑，夫患疫。氏語夫曰：「君死，我當從。」及夫死，時溽暑，氏求親戚斂錢以葬曰：「我當死，但酷熱無衣棺，恐更爲親戚累，遲之秋爽耳。」聞者咍之。及秋，盡糶其新穀，置粗布衣，餘買酒蔬祀夫墓。歸至家，市棃數十進姑，并貽妯娌，語人曰：「我可死矣。」夜半自縊。

于氏，汝州張鐸妻。崇禎十四年，賊破城，氏謂兩婢曰：「吾輩今日必死，曷若先出擊賊，殺賊而斃，不失爲義烈鬼。」於是執梃而前，賊先入者三，出不意，悉爲所踣。羣賊怒，攢刺之，皆死。

蕭氏，萬安賴南叔妻。夫早喪，無子，遺一女。寇大起，築室與女共居。盜突至，率女持利刃遮門，詈曰：「昔寧化曾氏婦，立砦殺賊。汝謂我刃不利邪！犯我必殺汝。」賊怒，縱火焚之，二人咸燼。

又楊氏，安定舉人張國紘妻。崇禎十六年，賊賀錦攻城急。國紘與守者議，丁壯登陴，女子運石。楊先倡，城中女子從之，須臾四城皆徧。及城陷，楊死譙樓旁。事定，家人獲其屍，兩手猶抱石不脫。

仲氏女，湖州人，隨父賈漢陽。崇禎中，漢陽陷，從羣婦將出城，賊守門者止之。有頃，賊大肆淫掠，見女美，執之。女髝面披髮，大罵。賊具馬，命二賊挾之上，連墜傷額，終不肯往。賊露刃迫之曰：「身往何如頭往？」笑曰：「頭往善。」遂被害。

鄺抱義妻何氏。抱義，臨武諸生。崇禎末，氏爲賊所執，乃垢面蓬髮給以病疫，賊懼釋之。及賊退，家人咸喜，何泣曰：「平昔謁拜伯叔，猶赭顏汗發。今匿身不固，以面目對賊，牽臂引裾，雖免污辱，何以爲人！」竟忿恚不食死。

湯祖契妻趙氏。祖契，睢州諸生。氏知書，有志節。崇禎十五年，賊陷太康，將抵睢。氏語家人曰：「州爲兵衝，未易保也。脫變起，有死耳。」及城破，屬祖契負其母以逃，而已闔戶自經，家人解之，投井，復爲家人所阻，怒曰：「賊至不死，非節也，死不以時，非義也。」賊至，環刃相向，牽之出，厲聲訶賊，遂遇害。

蕭來鳳妻倪氏。來鳳，商城貢生，慷慨有大節。賊逼受職，不屈死，倪自經從之。又有宋愈亭，深澤舉人，寇至投井死。妻王氏曰：「夫旣如此，吾敢相負。」媳韓生男甫六日，願從死，相對縊。

邵氏，鄒縣張一桂妻，同妾李氏遇賊。欲迫李行，邵罵曰：「亡夫以妾託我，豈令受賊辱。」賊怒殺之。李知不免，紿曰：「我有簪珥埋後園井旁。」賊隨李發之，至則曰：「主母爲我死，我豈獨生。」卽投井。賊下井扶之，李披髮破面罵不已，扭其衣欲令併死井底，叫聲若雷。賊知不可強，乃刃之。

宗胤芳妻江氏，魯山人。子麟祥，進士。流賊之亂，江與麟祥妻袁氏率孫女、孫婦九人

登樓，俱懸於梁。視其已死，乃引刀自剄。

曹復彬妻楊氏。復彬，江都諸生。城破，復彬創仆地，楊匿破屋中。長女蒨文，年十四，趣母決計。次女蒨紅，年十二，請更衣死。楊止之，復彬執不可，乃爲三繯，次第而縊。

梁以樟妻張氏，大興人。以樟知商丘縣。崇禎十五年，流賊圍商丘，急積薪樓下，集婢女其上，俱令就縊。謂子變曰：「汝父城守，命不可知，宗祀惟汝是賴。」屬乳嫗匿民家。自縊死。家人舉火，諸屍俱燼。

鄭完我母石氏，甘州衞人。完我，南陽府同知，旣之官，妻王氏奉石家居。崇禎十六年，賊圍甘州，石預戒家人積薪室中。及城陷，擕王及一孫女縱火自焚。寇退，出屍灰燼間，姑媳牽挽不釋手。女距三尺許，覆以甕，啓視色如生。

郭氏，長治宋體道妻。崇禎十五年，任國琦作亂，同居諸婦皆羅跪，呼郭不出，獨匿垝垣。賊怒，詰其不跪，瞪目厲聲曰：「我跪亦死，不跪亦死，已安排不活矣。」賊加數刃，迄死罵不絕口。

姚氏，桐城人，湘潭知縣之騏女，諸生吳道震妻。年十九，夫亡，以子德堅在襁褓，忍死撫之。越二十六年，至崇禎末，流賊掠桐城。兄孫林奉母避潛山，氏偕行。賊奄至，孫林格鬭死，德堅負氏逃。氏曰：「事急矣，汝書生焉能負我遠行，倘賊追及，卽俱死，汝不能全母，顧反絕父祀乎！」叱之去，德堅泣弗忍，氏推之墜層厓下。須臾賊至，叱曰：「出金可免。」氏曰：「我流離遠道，安得有金。」賊令解衣驗之，罵曰：「何物賊奴，敢作此語！」賊怒，刃交下死。

朱氏，無爲人，徐畢璋妻。年十七，歸璋。璋有妹名京，年十五，未字。崇禎十五年，流賊破城。朱方懷孕，奔井邊，謂京曰：「吾姙在懷，井口狹，可推而納之。」京曰：「唯。」納畢，卽哭呼曰：「父母安在乎，吾伴嫂死矣！」一躍而入。

李氏，定州人，廣平教授元薦女，歸同里郝生。崇禎十六年，州被兵。生將奉親避山中，留李與二子居其母家。生控馬將發，李哭拜馬前，指庭中井訣曰：「若有變，卽潔身此

中，以衣袂爲識，旁有白綫一行者，卽我也。」比城破，藏二子他所，入井死。兵退，生出其屍，顏色如生。

胡敬妻姚氏。敬，孝感貢生。流賊陷孝感，姚乘舟避難南湖，欷歔不已。鄰舟婦解之曰：「賊入黃，從未殺人，何畏也？」姚曰：「我非畏殺，畏其不殺耳。」聞賊將入湖，歎曰：「賊至而死，辱矣。」遂攜二女僮投水死。

熊氏，武昌李蓋臣妻，大名知縣正南女。蓋臣父周華，官贛州知府，蓋臣從父之任，留婦於家。崇禎十六年，武昌陷，婦匿林藪中，爲賊所得，奪刀自刎。賊去，鄰嫗救活之。明年，李自成率殘卒南奔，婦隻身竄山谷。有胡姓者，欲爲子娶之。婦曰：「吾頸可斷，汝不聞前事乎！」已，蓋臣自江西歸，遇賊被殺。婦慟三日，自縊死。

丘氏，孝感劉應景妻。崇禎末，爲賊所執，逼從，不可。賊曰：「刃汝。」丘曰：「得死爲幸。」賊注油滿甕，漬其衣，語同類曰：「此婦倔强，將爇之。」丘哂曰：「若謂死溺、死焚、死刃有間乎？官兵旦夕至，若求如我，得哉！」賊怒，束於木焚之，火熾，罵不絕口。

同邑乾氏，年十七，歸高文煥。文煥卒，無子，拔刀自裁。母及姑救之，越三日復甦。自是斷葷，日不再食。崇禎十六年，聞賊陷德安，將及孝感。從子高鶱將扶避山砦，氏曰：「吾老矣，豈復出門求活。行吾四十年前之志，可也。」投後園池中死。

邑又有黃氏，張挺然妻。崇禎末，賊帥白旺陷德安，授挺然僞掌旅。黃泣止之，不聽。賊令挺然取婦爲質，黃攜十歲兒匿青山砦。挺然誘以利，劫以兵，且使親戚招之，皆不應。已而破砦，焚己居以窮黃，黃匿愈深，竟不可得。挺然寄兒金簪，兒以綰髮，黃怒，拔棄之曰：「何爲以賊物污首！」久之，賊敗，挺然走死襄陽，黃耕織以撫其子，鄉人義之。

蘄水洗馬畈某氏，爲賊所執，不從。賊刃其腹，一手抱嬰兒，一手捧腹，使氣不卽盡以待夫。夫至，付兒，放手而斃。

向氏，黃陂人。年十八，歸王旦士。未久，賊陷黃陂，被執。賊持刀迫之，氏罵不絕口。賊指衆曰：「若非汝父母，卽舅姑兄弟，必盡殺，而後及汝。」氏曰：「我義不辱，與家人何與！」奪刃自刎。賊怒，立磔之。

劉長庚妻雷氏。長庚爲同州諸生。賊陷潼關，將及州，長庚拜家廟，召妻及二子曰：「汝年長，且有子，當逃。」召雷及所生女曰：「汝年少，當從吾死。」雷曰：「妾志也。」長庚攜酒登樓，謂妻曰：「汝平日不飲，今當共醉。」妻欣然引滿。長庚且飲且歌，夜半徧題四壁，拔刀示妻曰：「可以行乎。」對曰：「請先之。」奪刀自刎。長庚乃解所繫絛，縊於梁。女方七歲，橫刀於壁，以頸就之而死。

邵氏，商州人，布政使可立女，侍郎雒南薛國用子匡倫妻也。流賊將至，避之母家。商州陷，賊驅使執爨，罵曰：「吾大家女，嫁大臣子，肯爲狗賊作飯耶！」賊怒，斫其足，罵益厲，斷舌寸磔之。

關陝諫妻呂氏。陝諫，雲夢諸生。族有安氏者，殉其夫關坤，呂每談及，輒感慨欷歔曰：「婦人義當如是。」崇禎末，寇陷鄉郡，呂謂夫曰：「賊焰方張，不如早爲之所。」取魚網結其體甚固。俄寇至，俾縫衣，呂投剪破賊面，罵曰：「賊敢辱我鍼黹乎！手可斷，衣不可縫。」賊怒，磔之，投於水。

邵氏，曲周李純盛妻。寇至，姑姊妹俱避地洞中。邵爲寇所得，問洞所在。紿之行，寇喜隨之，徑往井傍，投井死。洞中五十餘人俱獲免。

王氏，宛平劉應龍妻。年十六，嫁應龍。家貧，以女紅養舅姑。應龍父子相繼亡，王事姑撫子。閱二十年，賊陷都城，泣拜其姑曰：「留長孫奉事祖母，婦死已決。」遂攜幼子投井死。

吳之瑞妻張氏。之瑞，宿松諸生。福王時，城陷，軍士欲污之。張恐禍及夫與子，紿曰：「此吾家塾師，攜其子在此。吾醜之，若遣去，則惟命。」夫與二子去已遠，張乃厲聲唾罵，撞石死。

韓鼎允妻劉氏。鼎允爲懷寧諸生。福王時，城潰。舅姑雙柩殯於堂，劉守不去。賊欲剖棺，劉抱棺號哭，賊釋之。一女年十三，賊欲縱火，而數盼其女。劉紿之曰：「苟不驚先柩，女非所惜也。」賊喜投炬，攜女去。劉送女，自門外池示之，女卽投池死。賊怒，刃劉，劉罵不絕口死。

江都程氏六烈。程煜節者，江都諸生也。其祖姑有適林者，其姑有適李者，其叔母曰劉氏、鄒氏、胡氏。而煜節之妹曰程娥，未字。城破，女理髮更衣，再拜別其母，遂縊死。劉有女甫一歲，啼甚慘。劉乳之，復以糕餌一器置女側，乃死。鄒與胡亦同死。適林者，投井死。適李者，遭掠，紿卒至井旁，大罵投井死。時稱一門六烈。

張氏，江都史著馨妻。年二十六，夫亡。及城陷，撫其子泣曰：「嚮也撫孤爲難，今也全節爲大。兒其善圖，吾不能顧矣。」遂赴水死。

又蘭氏，孫道升繼妻。其前妻女曰四，蘭所生女曰七，皆嫁古氏。次曰存，孫女曰巽，皆未嫁。其弟道乾、道新並先卒。道乾妻王氏，子天麟妻丁氏，道新妻古氏，其從弟子啓先妻董氏。江都之圍，諸婦女各手一刃一繩自隨。城破，巽先縊死。蘭時五十四，引繩自縊死。王氏、丁氏投舍後汪中死。古氏亦五十四，守節三十年，頭盡白，投井死。有女嫁於吳，生女曰睿，方八歲，適在外家，從死於井。董氏以帶繫門樞，縊死。存病足，力疾投井死。董氏之娣，有祖母曰陳氏，方寄居，與董氏同處，亦自縊死。四與七同縊於牀死。

同時有張廷鉉者，妻薛氏，城破自縊死。廷鉉之妹曰五，遇卒鞭撻使從己，大呼曰：「殺卽殺，何鞭爲！」遂殺死。

張秉純妻劉氏。秉純，和州諸生。家故貧，氏操井臼，處之怡然。國亡，秉純絕粒死。氏一勺水不入口，閱十有六日，肌骨銷鑠，命子扶至柩前祭拜，痛哭而絕。

陶氏，當塗孫士毅妻，守節十年。南都覆，爲卒所掠，縛其手介刃於兩指之間，曰：「從我則完，否則裂。」陶曰：「義不以身辱，速盡爲惠。」兵不忍殺，稍創其指，血流竟手，曰：「從乎？」曰：「不從。」卒怒，裂其手而下，且剜其胸，寸磔死。陶母奔護，亦被殺。

田氏，儀眞李鐵匠妻，姿甚美。高傑步卒掠江上，執犯之，田以死拒。挾馬上，至城南小橋，馬不能渡。田紿卒牽衣行，覩中流急湍，曳二卒赴水，並溺死。

王氏，和州諸生張侶顏妻。南都不守，劉良佐部卒肆掠。氏同母匿朝陽洞，卒攻洞急，氏以子付母曰：「賊勢洶洶，我少婦，卽苟免，何面目回夫家。此張氏一綫，善撫之。」言訖，挺身跳洞外，洞高數十仞，亂石巉巖若鋒刃，碎身死焉。

方氏，桐城錢秉鐙妻。避寇寓南都。歲祲，饘粥不給，以女紅易米食其夫，己與婢僕雜食糠籺。客過，潔茗治饌，取諸簪珥，與秉鐙遊者，未嘗知其貧也。秉鐙與阮大鋮同里，有隙，避吳中。已而吳中亦亂，方知不免，乃密紉上下服，抱女赴水死。

陸氏，嘉定黃應爵妻。少喪夫，家貧，紡績自給踰三十年。甫歿，嘉定城破。子道弘妻，亡其姓，持二女倉卒欲赴井。長女曰：「若使母先投，必繼念吾二女，不如先之。」乃挽妹亟入，道弘妻繼之，並溺死。

于氏，丹陽荆溱妻。溱父大澈爲亂兵所殺。于聞變，知不免，謂溱曰：「請先殺妾。」溱不忍，怒曰：「君不自殺，欲留爲亂兵污耶！」溱慟哭從之。

項淑美，淳安人，適方希文。希文好蓄書。杭州不守，大帥方國安潰兵掠江滸，數百里無寧宇。希文避山閒，載書以往。會幼子病疹，希文出延醫，淑美與一嫗一婢處。是夕，亂

兵突至，縱火肆掠。婢挽淑美衣，欲與俱出，正色叱曰：「出則死於兵，不出死於火，等死耳，死火不辱。」時嫗已先去，見火熾復入，呼曰：「火至，奈何弗出？」淑美不應，急取書堆左右，高與身等，坐其中。須臾火迫，書盡焚，遂死。賊退，希文歸，則餘燼旋而成堆，若護其骨者。一慟，灰卽散，乃收骨瘞先兆。

先是，有慈谿王氏，歸同里方姓。甫逾月，火起，延及其屋。夫適他出，氏堅坐小樓不下，遂被焚，骸骨俱燼，惟心獨存。夫歸，捧之長號，未頃卽化。

甬上四烈婦。錢塘張氏，鄞縣舉人楊文瓚妻。國變後，文瓚與兄文琦，友華夏、屠獻宸，俱坐死。張紉箴聯其首，棺殮畢，卽盛服題絕命詩，徧拜族戚。呑腦子不死，以佩帶自縊而卒。文琦妻沈氏亦自縊。夏繼妻陸氏結帨於梁，引頸就縊，身肥重，帨絕墮地。時炎暑，流汗沾衣，乃坐而搖扇，謂其人曰：「余且一涼。」旣復取帨結之而盡。有司聞楊、華三婦之縊，遣丐婦四人至獻宸家，防其妻朱氏甚嚴。朱不得閒，陽爲歡笑以接之，且時時誚三婦之徒自苦也。數日，防者稍懈，因謂之曰：「我將一浴，汝儕可暫屏。」丐婦聽之，闔戶自盡。時稱「甬上四烈婦」。

二十四史

夏氏，黔國公沐天波侍女也。沙定州之亂，天波出走，母陳、妻焦亦避外舍。懼賊迫，焦謂姑曰：「吾輩皆命婦，可陷賊手乎！」舉火自焚死。夏歸其母家，獲免。後天波自永昌還，夏復歸府，則已薙爲尼矣。天波感其義，俾佐內政。及天波從亡緬甸，夏遂自經。時城中大亂，死者載道，屍爲烏犬所食，血肉狼籍，夏屍棄十餘日，獨無犯者。

清　張廷玉等撰

第二六册

卷三〇四至卷三一二(傳)

中華書局

中華書局

明史卷三百四

列傳第一百九十二

宦官一

明太祖既定江左，鑒前代之失，置宦者不及百人。迨末年頒祖訓，乃定爲十有二監及各司局，稍稱備員矣。然定制，不得兼外臣文武銜，不得御外臣冠服，官無過四品，月米一石，衣食於內庭。嘗鐫鐵牌置宮門曰：「內臣不得干預政事，預者斬。」敕諸司不得與文移往來。有老閹供事久，一日從容語及政事，帝大怒，即日斥還鄉。嘗用杜安道爲御用監。安道，外臣也，以鑷工侍帝數十年，帷幄計議皆與知，性縝密不泄，過諸大臣前一揖不啓口而退。太祖愛之，然亡他寵異，後遷出爲光祿寺卿。有趙成者，洪武八年以內侍使河州市馬。其後以市馬出者，又有司禮監慶童等，然皆不敢有所干竊。建文帝嗣位，御內臣益嚴，詔出外稍不法，許有司械聞。

及燕師逼江北，內臣多逃入其軍，漏朝廷虛實。文皇以爲忠於己，而狗兒輩復以軍功得幸，即位後遂多所委任。永樂元年，內官監李興奉敕往勞暹羅國王。三年遣太監鄭和帥舟師下西洋。八年，都督譚青營有內官王安等。又命馬靖鎮甘肅，馬騏鎮交阯。十八年置東廠，令刺事。蓋明世宦官出使、專征、監軍、分鎮、刺臣民隱事諸大權，皆自永樂間始。

初，太祖制，內臣不許讀書識字。後宣宗設內書堂，選小內侍，令大學士陳山教習之，遂爲定制。用是多通文墨，曉古今，逞其智巧，逢君作奸。數傳之後，勢成積重，始於王振，卒於魏忠賢。考其禍敗，其去漢、唐何遠哉。雖間有賢者，如懷恩、李芳、陳矩輩，然利一而害百也。今摭其有關成敗者，作宦官傳。

鄭和 侯顯　金英 興安 范弘等　王振　曹吉祥 劉永誠　懷恩 覃吉

汪直　梁芳 錢能等　何鼎 鄧原等　李廣　蔣琮　劉瑾　張永

谷大用 魏彬等

鄭和，雲南人，世所謂三保太監者也。初事燕王於藩邸，從起兵有功，累擢太監。成祖疑惠帝亡海外，欲蹤跡之，且欲耀兵異域，示中國富強。永樂三年六月命和及其儕王景弘等通使西洋。將士卒二萬七千八百餘人，多齎金幣。造大舶，修四十四丈、廣十八丈者六十二。自蘇州劉家河泛海至福建，復自福建五虎門揚帆，首達占城，以次徧歷諸番國，宣天子詔，因給賜其君長，不服則以武懾之。五年九月，和等還，諸國使者隨和朝見。和獻所俘舊港酋長。帝大悅，爵賞有差。舊港者，故三佛齊國也，其酋陳祖義，剽掠商旅。和使使招諭，祖義詐降，而潛謀邀劫。和大敗其衆，擒祖義，獻俘，戮於都市。六年九月再往錫蘭山。國王亞烈苦柰兒誘和至國中，索金幣，發兵劫和舟。和覘賊大衆既出，國內虛，率所統二千餘人，出不意攻破其城，生擒亞烈苦柰兒及其妻子官屬。劫和舟者聞之，還自救，官軍復大破之。九年六月獻俘於朝。帝赦不誅，釋歸國。是時，交阯已破滅，郡縣其地，諸邦益震讋，來者日多。

十年十一月復命和等往使，至蘇門答剌。其前僞王子蘇幹剌者，[一]方謀弒主自立，怒和賜不及己，率兵邀擊官軍。和力戰，追擒之喃渤利，並俘其妻子，以十三年七月還朝。帝大喜，賚諸將士有差。

十四年冬，滿剌加、古里等十九國咸遣使朝貢，辭還。復命和等偕往，賜其君長。十七年七月還。十九年春復往，明年八月還。二十二年正月，舊港酋長施濟孫請襲宣慰使職，和齎敕印往賜之。比還，而成祖已晏駕。洪熙元年二月，仁宗命和以下番諸軍守備南京。

南京設守備，自和始也。[二]宣德五年六月，帝以踐阼歲久，而諸番國遠者猶未朝貢，於是和、景弘復奉命歷忽魯謨斯等十七國而還。[三]

和經事三朝，先後七奉使，所歷占城、爪哇、真臘、舊港、暹羅、古里、滿剌加、渤泥、蘇門答剌、阿魯、柯枝、大葛蘭、小葛蘭、西洋瑣里、瑣里、加異勒、阿撥把丹、南巫里、甘把里、[四]錫蘭山、喃渤利、彭亨、急蘭丹、忽魯謨斯、比剌、溜山、孫剌、木骨都束、麻林、剌撒、祖法兒、沙里灣泥、竹步、榜葛剌、天方、黎伐、那孤兒，凡三十餘國。所取無名寶物，不可勝計，而中國耗廢亦不貲。自宣德以還，遠方時有至者，要不如永樂時，而和亦老且死。自和後，凡將命海表者，莫不盛稱和以夸外番，故俗傳三保太監下西洋，爲明初盛事云。

當成祖時，銳意通四夷，奉使多用中貴。西洋則和、景弘，西域則李達，迤北則海童，而西番則率使侯顯。

侯顯者，司禮少監。帝聞烏思藏僧尚師哈立麻有道術，善幻化，欲致一見，因通迤西諸番。乃命顯齎書幣往迓，選壯士健馬護行。元年四月奉使，[五]陸行數萬里，至四年十二月始與其僧偕來，詔駙馬都尉沐昕迎之。帝延見奉天殿，寵賚優渥，儀仗鞍馬什器多以金銀爲之，道路烜赫。五年二月建普度大齋於靈谷寺，爲高帝、高后薦福。或言卿雲、天花、甘露、甘雨、青鳥、青獅、白象、白鶴及舍利祥光，連日畢見，又聞梵唄天樂自空而下。帝益大喜，廷臣表賀，學士胡廣等咸獻聖孝瑞應歌詩。乃封哈立麻萬行具足十方最勝圓覺妙智慧善普應祐國演教如來大寶法王西天大善自在佛，領天下釋教，給印誥制如諸王，其徒三人亦封灌頂大國師，再宴奉天殿。顯以奉使勞，擢太監。

十一年春復奉命，賜西番尼八剌、地湧塔二國。尼八剌王沙的新葛遣使隨顯入朝，表貢方物。詔封國王，賜誥印。十三年七月，帝欲通榜葛剌諸國，復命顯率舟師以行，其國即東印度之地，去中國絕遠。其王賽佛丁遣使貢麒麟及諸方物。帝大悅，錫予有加。榜葛剌之西，有國曰沼納樸兒者，地居五印度中，古佛國也，侵榜葛剌。賽佛丁告於朝。十八年九月命顯往宣諭，賜金幣，遂罷兵。宣德二年二月復使顯賜諸番，徧歷烏斯藏、必力工瓦、靈藏、思達藏諸國而還。途遇寇劫，督將士力戰，多所斬獲。還朝，錄功陞賞者四百六十餘人。顯有才辨，强力敢任，五使絕域，勞績與鄭和亞。

金英者，宣宗朝司禮太監也，親信用事。宣德七年賜英及范弘免死詔，辭極襃美。英宗立，與興安並貴幸。及王振擅權，英不敢與抗。正統十四年夏旱，命英理刑部、都

察院獄囚，築壇大理寺。英張黃蓋中坐，尙書以下左右列坐。自是六年一審錄，制皆如此。其秋，英宗北狩，中外大震。郕王使英、安等召廷臣問計。侍讀徐珵倡議南遷，安叱之，令扶珵出，大言曰：「敢言遷者斬！」遂入告太后，勸郕王任于謙治戰守。或曰叱珵者，英也。也先入寇，至德勝門，景帝敕安與李永昌同于謙、石亨總理軍務。永昌，亦司禮近侍也。景泰元年十一月，英犯贓罪，下獄論死。帝令禁錮之，終景帝世廢不用，獨任安。也先遣使議和，請迎上皇，廷議報使。帝不懌，令安出，呼羣臣曰：「公等欲報使，孰可者？孰爲文天祥、富弼！」詞色俱厲。尙書王直面折之，安語塞。及遣都給事中李實往，敕書不及迎上皇。實驚，走白內閣，遇安。安復詬曰：「若奉黃紙詔行耳，他何預！」及易儲，人遂疑安預謀矣。

安有廉操，且知于謙賢，力護之。或言帝任謙太過，安曰：「爲國分憂如于公者，寧有二人！」

英宗復辟，盡磔景帝所用太監王誠、舒良、張永、王勤等，謂其與黃竑搆邪議，[六]易太子，且與于謙、王文謀立外藩。於是給事、御史皆言安與誠、良等爲黨，宜同罪。帝宥之，但奪職。是時，中官坐誅者甚衆，安僅獲免云。

安佞佛，臨歿，遺命舂骨爲灰，以供浮屠。

范弘，交阯人，初名安。永樂中，英國公張輔以交童之美秀者還，選爲奄，弘及王瑾、阮安、阮浪等與焉。占對嫺雅，成祖愛之，教令讀書，涉經史，善筆札，侍仁宗東宮。宣德初，爲更名，累遷司禮太監，偕英受免死詔，又偕英及御用太監王瑾同賜銀記。正統時，英宗眷弘，嘗目之曰蓬萊吉士。十四年從征，歿於土木，喪歸，葬香山永安寺，弘建也。而王瑾至景泰時始卒。

瑾，初名陳蕪。宣宗爲皇太孫時，朝夕給事。及即位，賜姓名。從征漢王高煦還，參預四方兵事，賞賚累巨萬，數賜銀記曰「忠肝義膽」，曰「金貂貴客」，曰「忠誠自勵」，曰「心跡雙清」。又賜以兩宮人，官其養子王椿。其受寵眷，英、弘莫逮也。

阮安有巧思，奉成祖命營北京城池宮殿及百司府廨，目量意營，悉中規制，工部奉行而已。正統時，重建三殿，治楊村河，並有功。景泰中，治張秋河，道卒，囊無十金。

阮浪至景帝時，爲御用監少監。英宗居南宮，浪入侍，賜鍍金繡袋及鍍金刀。浪以贈門下皇城使王瑤。錦衣衛指揮盧忠者，險人也，見瑤袋刀異常製，醉瑤而竊之，以告尙衣監高平。平令校尉李善上變，言浪傳上皇命，以袋刀結瑤謀復位。景帝下浪、瑤詔獄，忠證之，浪、瑤皆磔死，詞終不及上皇。英宗復辟，磔忠及平，而贈浪太監。

王振，蔚州人。少選入內書堂。侍英宗東宮，爲局郎。初，太祖禁中官預政。自永樂後，漸加委寄，然犯法輒置極典。宣宗時，袁琦令阮巨隊等出外採辦。事覺，琦磔死，巨隊等皆斬。又裴可烈等不法，立誅之。諸中官以是不敢肆。及英宗立，年少。振狡黠得帝歡，遂越金英等數人掌司禮監，導帝用重典御下，防大臣欺蔽。於是大臣下獄者不絕，而振得因以市權。然是時，太皇太后賢，方委政內閣。閣臣楊士奇、楊榮、楊溥，皆累朝元老，振心憚之未敢逞。

至正統七年，太皇太后崩，榮已先卒，士奇以子稷論死不出，溥老病，新閣臣馬愉、曹鼐勢輕，振遂跋扈不可制。作大第皇城東，建智化寺，窮極土木。興麓川之師，西南騷動。侍講劉球因雷震上言陳得失，語刺振。振下球獄，使指揮馬順支解之。大理少卿薛瑄、祭酒李時勉素不禮振。振摭他事陷瑄幾死，時勉至荷校國子監門。御史李鐸遇振不跪，謫戍鐵嶺衛。駙馬都尉石璟詈其家閹，振惡賤己同類，下璟獄。怒霸州知州張需禁飭牧馬校卒，逮之，並坐需舉主王鐸。又械戶部尙書劉中敷，侍郎吳璽、陳瑺於長安門。所忤恨，輒加罪譴。內侍張環、顧忠，錦衣衛卒王永心不平，以匿名書暴振罪狀。事發，磔於市，不覆奏。

帝方傾心嚮振，嘗以先生呼之。賜振敕，極褒美。振權日益積重，公侯勛戚呼曰翁父。畏禍者爭附振免死，賕賂輳集。工部郎中王祐以善諂擢本部侍郎，兵部尚書徐晞等多至屈膝。其從子山、林至廕都督指揮。私黨馬順、郭敬、陳官、唐童等並肆行無忌。久之，搆釁瓦剌，振遂敗。

瓦剌者，元裔也。十四年，其太師也先貢馬，振減其直，使者恚而去。秋七月，也先大舉入寇，振挾帝親征。廷臣交諫，弗聽。至宣府，大風雨，復有諫者，振益虓怒。成國公朱勇等白事，咸膝行進。尚書鄺埜、王佐忤振意，罰跪草中。其黨欽天監正彭德清以天象諫，振終弗從。八月己酉，帝駐大同，振益欲北。鎮守太監郭敬以敵勢告，振始懼。班師，至雙寨，雨甚。振初議道紫荊關，由蔚州邀帝幸其第，既恐蹂鄉稼，復改道宣府。軍士紆迴奔走，壬戌始次土木。瓦剌兵追至，師大潰。帝蒙塵，振乃爲亂兵所殺。敗報聞，百官慟哭，都御史陳鎰等廷奏振罪，[七]給事中王竑等立擊殺馬順及毛、王二中官。郕王命籍王山於市，並振黨誅之，振族無少長皆斬。振擅權七年，籍其家，得金銀六十餘庫，玉盤百，珊瑚高六七尺者二十餘株，他珍玩無算。

先是，郭敬鎮大同，歲造箭鏃數十甕，以振命遺瓦剌，瓦剌輒報以良馬。及帝親征，西寧侯宋瑛、駙馬都尉井源爲前鋒，遇敵陽和，敬又撓使敗。至是逃歸，亦坐誅。

英宗復辟，顧念振不置。用太監劉恒言，賜振祭，招魂以葬，祀之智化寺，賜祠曰精忠。而振門下曹吉祥復以奪門功，有寵顓政。

曹吉祥，灤州人。素依王振。正統初，征麓川，爲監軍。征兀良哈，與成國公朱勇、太監劉永誠分道。又與寧陽侯陳懋等征鄧茂七於福建。吉祥每出，輒選達官、跳盪卒隸帳下，師還畜於家，故家多藏甲。

景泰中，分掌京營。後與石亨結，帥兵迎英宗復位。遷司禮太監，總督三大營。嗣子欽，從子鉉、鐸、鎔等皆官都督，欽進封昭武伯，門下廝養冒官者多至千百人，朝士亦有依附希進者，權勢與石亨埒，時並稱曹、石。

二人惡言官有言，共譖於帝，命吏部尚書王翺察核年三十五以上者留，不及者調用。於是給事何玘等十三人改州判官，御史吳禎等二十三人改知縣。會有風雷雨雹之變，帝乃悟，悉還其職。未幾，二人爭寵有隙，御史楊瑄、張鵬劾之，吉祥乃復與亨合，乘間愬帝。帝爲下瑄等詔獄，而逮治閣臣徐有貞、李賢等。事具賢傳。承天門災，帝命閣臣岳正草罪己詔，詔語激切。吉祥、亨復愬正謗訕，帝又謫正。焰益張，朝野仄目。

久之，帝覺其奸，意稍稍疑。及李賢力言奪門非是，始大悟，疎吉祥。無何，石亨敗，吉祥不自安，漸蓄異謀，日犒諸達官，金錢、穀帛恣所取。諸達官恐吉祥敗而己隨黜退也，皆願盡力效死。欽問客馮益曰：「自古有宦官子弟爲天子者乎？」益曰：「君家魏武，其人也。」欽大喜。天順五年七月，欽私掠家人曹福來，爲言官所劾。帝令錦衣指揮逯杲按之，降敕偏諭羣臣。欽驚曰：「前降敕，遂捕石將軍。今復爾，殆矣。」謀遂決。

是時甘、涼告警，帝命懷寧侯孫鏜西征，未發。吉祥使其黨掌欽天監太常少卿湯序擇是月庚子昧爽，欽擁兵入，而己以禁軍應之。謀定，欽召諸達官夜飲。是夜，鏜及恭順侯吳瑾俱宿朝房。達官馬亮恐事敗，逸出，走告瑾。瑾趣鏜由長安右門隙投疏入。帝急縶吉祥於內，而敕皇城及京城九門閉弗啓。欽知亮逸，中夜馳往逯杲家，殺杲，斫傷李賢於東朝房。以杲頭示賢曰：「杲激我也。」又殺都御史寇深於西朝房。攻東、西長安門不得入，縱火。守衞者拆河墉甎石塞諸門。賊往來叫呼門外。鏜遣二子急召西征軍擊欽於東長安門。欽走攻東安門，道殺瑾。復縱火，門燬。門內聚薪益之，火熾，賊不得入。天漸曙，欽黨稍稍散去。鏜勒兵逐欽，斬鉉、鎔，鏜子軏斫欽中膊。欽走突安定諸門，門盡閉。奔歸家，拒戰。會大雨如注，鏜督諸軍大呼入，欽投井死。遂殺鐸，盡屠其家。越三日，磔吉祥於市。湯序、馮益及吉祥姻黨皆伏誅。馬亮以告反者，授都督。

英宗始任王振，繼任吉祥，凡兩致禍亂。其他宦者若跛兒干、亦失哈、喜寧、韋力轉、牛玉之屬，率兇狡。

土木之敗，跛兒干、喜寧皆降敵。跛兒干助敵反攻，射內使黎定。既又爲敵使至京，有所需索，景帝執而誅之。喜寧數爲也先畫策，索賞賜，導入邊寇掠。上皇患之，言於也先，使寧還京索禮物，而命校尉袁彬以密書報邊臣。至獨石，參將楊俊擒寧送京師，景泰元年二月磔於市。[八]

亦失哈鎮遼東。敵犯廣寧，亦失哈禁官軍勿出擊。百戶施帶兒降敵，爲脫脫不花通於亦失哈。正統十四年冬，帶兒逃歸，巡按御史劉孜並劾亦失哈及他不法事。景帝命誅帶兒，而置亦失哈不問。

韋力轉者，性淫毒，鎮守大同，多過惡。衛軍妻不與宿，杖死其軍。又與養子妻淫戲，射殺養子。天順元年，工部侍郎霍瑄發力轉僭用金器若王者，及强娶所部女爲妾諸不法事。帝怒，執之下錦衣衞獄，既而宥之。牛玉事，詳吳廢后傳。

其與吉祥分道征兀良哈者劉永誠，永樂時，嘗爲偏將，累從北征。宣德、正統中，再擊兀良哈。後監鎮甘、涼，戰沙漠，有功。景泰末，掌團營。英宗復辟，勒兵從，官其嗣子聚。

成化中，永誠始卒。

懷恩，高密人，兵部侍郎戴綸族弟也。[九]宣宗殺綸，並籍恩父太僕卿希文家。恩方幼，被宮爲小黃門，賜名懷恩。憲宗朝，掌司禮監。時汪直理西廠，梁芳、韋興等用事。恩班在前，性忠鯁無所撓，諸閹咸敬憚之。

員外郎林俊論芳及僧繼曉下獄，帝欲誅之，恩固爭。帝怒，投以硯曰：「若助俊訕我。」恩免冠伏地號哭。帝叱之出。恩遣人告鎮撫司曰：「汝曹諂芳傾俊。俊死，汝曹何以生！」徑歸，稱疾不起。帝怒解，遣醫視恩，卒釋俊。會星變，罷諸傳奉官。御馬監王敏請留馬房傳奉者，帝許之。敏謁恩，恩大罵曰：「星變，專爲我曹壞國政故。今甫欲正之，又爲汝壞，天雷擊汝矣！」敏愧恨，遂死。進寶石者章瑾求爲錦衣衛鎮撫，恩不可，曰：「鎮撫掌詔獄，奈何以賄進。」當是時，尚書王恕以直諫名，恩每嘆曰：「天下忠義，斯人而已。」憲宗末，惑萬貴妃言，欲易太子，恩固爭。帝不懌，斥居鳳陽。孝宗立，召歸，仍掌司禮監，力勸帝逐萬安，用王恕。一時正人彙進，恩之力也。卒，賜祠額曰顯忠。

同時有覃吉者，不知所由進，以老閹侍太子。太子年九歲，吉口授四書章句及古今政典。憲宗賜太子莊田，吉勸毋受，曰：「天下皆太子有也。」太子偶從內侍讀佛經，吉入，太子驚曰：「老伴來矣。」亟手孝經。吉跪曰：「太子誦佛書乎？」曰：「無有。孝經耳。」吉頓首曰：「甚善。佛書誕，不可信也。」弘治之世，政治醇美，君德清明，端本正始，吉有力焉。

汪直者，大藤峽猺種也。初給事萬貴妃於昭德宮，遷御馬監太監。成化十二年，黑眚見宮中，妖人李子龍以符術結太監韋舍私入大內，事發，伏誅。帝心惡之，銳欲知外事。直爲人便黠，帝因令易服，將校尉一二人密出伺察，人莫知也，獨都御史王越與結歡。

明年設西廠，以直領之，列官校刺事。南京鎮監覃力朋進貢還，以百艘載私鹽，騷擾州縣。武城縣典史詰之，力朋擊典史，折其齒，射殺一人。直廉得以聞，逮治論斬。力朋後得倖免，而帝以此謂直能摘姦，益幸直。直乃任錦衣百戶韋瑛爲心腹，屢興大獄。

建寧衞指揮楊曄，故少師榮曾孫也，與父泰爲仇家所告，逃入京，匿姊夫董璵所。璵爲請瑛，瑛陽諾而馳報直。直即捕曄、璵考訊，三琶之。琶者，錦衣酷刑也。骨節皆寸解，絕而復甦。曄不勝苦，妄言寄金於其叔父兵部主事士偉所。[一〇]直不復奏請，捕士偉下獄，并掠其妻孥。獄具，曄死獄中，泰論斬，士偉等皆謫官，郎中武清、樂章，行人張廷綱，參政劉福等皆無故被收案。自諸王府邊鎮及南北河道，所在校尉羅列，民間鬬詈雞狗瑣事，輒置重法，人情大擾。直每出，隨從甚衆，公卿皆避道。兵部尚書項忠不避，迫辱之，權焰出東廠上。

五月，大學士商輅與萬安、劉珝、劉吉奏其狀。帝震怒，命司禮太監懷恩、覃吉、[一一]黃高至閣下，厲色傳旨，言：「疏出誰意？」輅口數直罪甚悉，因言：「臣等同心一意，爲國除害，無有先後。」珝慷慨泣下。恩遂據實以奏。頃之，傳旨慰勞。翼日，尚書忠及諸大臣疏亦入。帝不得已，罷西廠，使懷恩數直罪而宥之，令歸御馬監，調韋瑛邊衞，散諸旗校還錦衣。中外大悅。

然帝眷直不衰。直因言閣疏出司禮監黃賜、陳祖生意，爲楊曄報復。帝卽斥賜、祖生於南京。御史戴縉者，佞人也，九年秩滿不得遷。窺帝旨，盛稱直功。詔復開西廠，以千戶吳綬爲鎮撫，直焰愈熾。未幾，令東廠官校誣奏項忠，且諷言官郭鏜、馮貫等論忠違法事。帝命三法司、錦衣衞會問。衆知出直意，無敢違，竟勒忠爲民。而左都御史李賓亦失直旨褫職，[一二]大學士輅亦罷去。一時九卿劾罷者，尚書董方、[一三]薛遠及侍郎滕昭、程萬里等數十人。以所善王越爲兵部尚書兼左都御史，陳鉞爲右副都御史巡撫遼東。

十五年秋，詔直巡邊，率飛騎日馳數百里，御史、主事等官迎拜馬首，箠撻守令。各邊都御史畏直，服櫜鞬迎謁，供張百里外。至遼東，陳鉞郊迎蒲伏，廚傳尤盛，左右皆有賄。直大悅。惟河南巡撫秦紘與直抗禮，而密奏直巡邊擾民。帝弗省。兵部侍郎馬文升方撫諭遼東，直至，不爲禮，又輕鉞，被陷坐戍。由是直威勢傾天下。

直年少喜兵。陳鉞諷直征伏當加，立邊功自固。直聽之，用撫寧侯朱永總兵，而自監其軍。師還，永封保國公，鉞晉右都御史，直加祿米。又用王越言，詐稱亦思馬因犯邊。詔永同越西討，直爲監軍。越封威寧伯，直再加祿米。已，伏當加寇遼東，亦思馬因寇大同，殺掠甚衆。遼東巡按强珍發鉞奸狀，直右鉞謫珍。於是惡直者，指王越、陳鉞爲二鉞。小中官阿丑工俳優，一日於帝前爲醉者謾罵狀。人言駕至，謾如故。言汪太監至，則避走。曰：「今人但知汪太監也。」又爲直狀，操兩鉞趨帝前。旁人問之，曰：「吾將兵，仗此兩鉞耳。」問何鉞，曰：「王越、陳鉞也。」帝听然而笑，稍稍悟。然廷臣猶未敢攻直也。會東廠尚銘獲賊得厚賞，直忌，且怒銘不告。銘懼，乃廉得其所洩禁中祕語奏之，盡發王越交通不法事，帝始疏直。

十七年秋，命直偕越往宣府禦敵。敵退，直請班師。不許，徙鎮大同，而盡召將吏還，獨留直、越。直既久鎮不得還，寵日衰。給事御史交章奏其苛擾，請仍罷西廠。閣臣萬安亦力言之。而大同巡撫郭鏜復言直與總兵許寧不和，恐悞邊事。帝乃調直南京御馬監，罷西廠不復設。中外欣然。尋又以言官言，降直奉御，而褫逐其黨王越、戴縉、吳綬等。陳鉞已致仕，不問。韋瑛後坐他事誅，人皆快之，然直竟良死。縉由御史不數年至南京工部尚書。越、鉞頗以材進。縉無他能，工側媚而已。

西廠廢，尚銘遂專東廠事。聞京師有富室，輒以事羅織，得重賄乃已。賣官鬻爵，無所不至。帝尋覺之，謫充南京淨軍，籍其家，輦送內府，數日不盡。而陳準代爲東廠。準素善懷恩，既代銘，誡諸校尉曰：「有大逆，告我。非是，若勿預也。」都人安之。

梁芳者，憲宗朝內侍也。貪黷諛佞，與韋興比。而諂萬貴妃，日進美珠珍寶悅妃意。其黨錢能、韋眷、王敬等，爭假採辦名，出監大鎮。帝以妃故，不問也。妖人李孜省、僧繼曉皆由芳進，共爲姦利。取中旨授官，累數千人，名傳奉官，有白衣躐至太常卿者。陝西巡撫鄭時論芳被黜，陝民哭送之。帝聞頗悔，斥傳奉官十人，繫六人獄，詔自後傳旨授官者俱覆奏，然不罪芳也。刑部員外郎林俊以劾芳及繼曉下獄。久之，帝視內帑，見累朝金七窖俱盡，謂芳及韋興曰：「糜費帑藏，實由汝二人。」興不敢對。芳曰：「建顯靈宮及諸祠廟，爲陛

下祈萬年福耳。」帝不懌曰：「吾不汝瑕，後之人將與汝計矣。」芳大懼，遂說貴妃勸帝廢太子，而立興王。會泰山累震，占者言應在東朝。帝懼，乃止。

孝宗立，謫芳居南京，尋下獄，興亦斥退。正德初，羣閹復薦興司香太和山，兼分守湖廣行都司地方。尚書劉大夏、給事中周璽、御史曹來旬諫，不聽。興遂復用，而芳卒廢以死。

錢能，芳黨也。憲宗時，鄭忠鎮貴州，韋朗鎮遼東，能鎮雲南，並恣縱，而能尤橫。貴州巡撫陳宜劾忠，因請盡撤諸鎮監，帝不允。而雲南巡按御史郭陽顧上疏譽能，請留之雲南。舊制，安南貢道出廣西，後請改由雲南，弗許也。能詐言安南捕盜兵入境，請遣指揮使郭景往諭其王，詔從之。能遂令景以玉帶、綵繒、犬馬遺王，紿其貢使改道雲南。邊吏格之不得入，乃去。復遣景與指揮盧安等索寶貨於干崖、孟密諸土司，至逼淫曩罕弄女孫，許爲奏授宣撫。踰三年，事發。詔巡撫都御史王恕廉之，捕景，景赴井死。再遣刑部郎中鍾蕃往按，事皆實。帝宥能，而致其黨九人於法。指揮姜和、李祥不就逮，能復上疏爲二人求宥，帝曲從之。巡按御史甄希賢復劾能杖守礦千戶一人死，亦不罪。召歸，安置南京。復夤緣得南京守備。時恕爲南京參贊尚書，能心憚恕不敢肆。久之卒。

韋眷、王敬亦芳黨。眷爲廣東市舶太監，縱賈人通諸番，聚珍寶甚富。請以廣南均徭戶六十隸市舶。布政使彭韶爭之，詔給其半。眷又誣奏布政使陳選，被逮道卒。自是，人莫敢逆眷者。弘治初，眷因結蔡用妄舉李父貴冒紀太后族，[四]降左少監，撤回京。事詳紀太后傳。

王敬好左道，信妖人王臣。使南方，挾臣同行。僞爲詔，括書畫、古玩，聚白金十萬餘兩。至蘇州，召諸生使錄妖書，且辱之。諸生大譁。巡撫王恕以聞。東廠尚銘亦發其事。詔斬臣，而黜敬充孝陵衞淨軍。

何鼎，餘杭人，一名文鼎，性忠直。弘治初，爲長隨，上疏請革傳奉官，爲儕輩所忌。壽寧侯張鶴齡兄弟出入宮禁，嘗侍內庭宴。帝如廁，鶴齡倚酒戴帝冠，鼎心怒。他日鶴齡復窺御帷，鼎持大瓜欲擊之，奏言：「二張大不敬，無人臣禮。」皇后激帝怒，下鼎錦衣獄。問主使，鼎曰：「有。」問爲誰，曰：「孔子、孟子也。」給事中龐泮、御史吳山及尚書周經、主事李昆、進士吳宗周先後論救，帝以后故，俱不納。后竟使太監李廣杖殺鼎。帝追思之，賜祭，勒其文於碑。

是時，中官多守法，奉詔出鎮者，福建鄧原、浙江麥秀、河南藍忠、宣府劉清，皆廉潔愛民。兵部上其事，賜敕旌勵。又有司禮太監蕭敬者，歷事英宗、憲宗，諳習典故，善鼓琴。帝嘗語劉大夏曰：「蕭敬朕所顧問，然未嘗假以權也。」獨李廣、蔣琮得帝寵任，後二人俱敗，而敬至世宗朝，年九十餘始卒。

李廣，孝宗時太監也。以符籙禱祀蠱帝，因爲奸弊，矯旨授傳奉官，如成化間故事，四方爭納賄賂。又擅奪畿內民田，專鹽利鉅萬。起大第，引玉泉山水，前後遶之。給事葉紳、御史張縉等交章論劾，帝不問。十一年，廣勸帝建毓秀亭於萬歲山。亭成，幼公主殤，未幾，清寧宮災。日者言廣建亭犯歲忌，太皇太后恚曰：「今日李廣，明日李廣，果然禍及矣。」廣懼自殺。

帝疑廣有異書，使使即其家索之，得賂籍以進，多文武大臣名，餽黃白米各千百石。帝驚曰：「廣食幾何，乃受米如許。」左右曰：「隱語耳，黃者金，白者銀也。」帝怒，下法司究治。諸交結廣者，走壽寧侯張鶴齡求解，乃寢勿治。廣初死時，司設監太監爲請祠額葬祭，及是以大學士劉健等言，罷給祠額，猶賜祭。

蔣琮，大興人。孝宗時，守備南京。沿江蘆場，舊隸三廠。成化初，江浦縣田多沉於江，而瀕江生沙洲六，民請耕之，以補沉江田額。洲與蘆場近，又瓦屑壩廢地及石城門外湖地，故不隸三廠。太監黃賜爲守備時，受奸民獻，俱指爲蘆場，盡收其利。民已失業，而歲額租課仍責償之民。孝宗立，縣民相率愬於朝，下南京御史姜綰等覆按。

弘治二年，綰等劾琮與民爭利，且用揭帖抗詔旨。琮條辨綰疏，而泛及御史劉愷、方岳等及南京諸司違法事。給事中韓重因星變請斥琮及太監郭鏞等，以弭天怒，未報。而太監陳祖生復奏戶部主事盧錦、給事中方向私種南京後湖田事。後湖者，洪武時置黃册庫其中，令主事、給事中各一人守之，百司不得至。歲久湖塞，錦、向於湖灘稍種蔬伐葦，給公用，故爲祖生所奏。事下南京法司。適郭鏞奉使兩廣，道南京，往觀焉。御史孫紘等因劾鏞擅遊禁地。鏞怒，歸愬於帝，言府尹楊守隨劾錦、向失出，御史不劾奏，獨繩內臣。帝乃遣太監何穆、大理寺少卿楊謐再勘後湖田，并覆綰、琮訐奏事。

明年，奏上，褫錦職，謫守隨、向以下官有差。又勘琮不當受獻地，私囑勘官，所訐事皆誣，綰等劾琮亦多不實，並宜逮治。詔逮綰等。御史伊宏、給事中陳瑶等皆言不宜以一內

臣而置御史十人於獄，不聽。綰等鐫級調外，而宥琮不問。時劉吉竊柄，素惡南京御史劾己，故興此獄。尚書王恕、李敏，給事中趙竑，御史張賓先後言琮、綰同罪異罰，失平，亦不納。琮由是益無忌。久之，廣洋衞指揮石文通奏琮僭侈殺人，掘聚寶山傷皇陵氣，及毆殺商人諸罪。琮竟免死，充孝陵淨軍。

劉瑾，興平人。本談氏子，依中官劉姓者以進，冒其姓。孝宗時，坐法當死，得免。已，得侍武宗東宮。武宗卽位，掌鐘鼓司，與馬永成、高鳳、羅祥、魏彬、丘聚、谷大用、張永並以舊恩得幸，人號「八虎」，而瑾尤狡狠。嘗慕王振之爲人，日進鷹犬、歌舞、角觝之戲，導帝微行。帝大歡樂之，漸信用瑾，進內官監，總督團營。孝宗遺詔罷中官監鎗及各城門監局，瑾皆格不行，而勸帝令內臣鎭守者各貢萬金。又奏置皇莊，漸增至三百餘所，畿內大擾。

外廷知八人誘帝游宴，大學士劉健、謝遷、李東陽驟諫，不聽。尚書張昇，給事中陶諧、胡煜、楊一瑛、張檜，御史王渙、趙佑，南京給事、御史李光翰、陸崑等，交章論諫，亦不聽。五官監候楊源以星變陳言，帝意頗動。健、遷等復連疏請誅瑾，戶部尚書韓文率諸大臣繼之。帝不得已，使司禮太監陳寬、李榮、王岳至閣，議遣瑾等居南京。三反，健等執不

可。尚書許進曰：「過激將有變。」健不從。王岳者，素謇直，與太監范亨、徐智心嫉八人，具以健等語告帝，且言閣臣議是。健等方約文及諸九卿詰朝伏闕面爭，而吏部尚書焦芳馳白瑾。瑾大懼，夜率永成等伏帝前環泣。帝心動，瑾因曰：「害奴等者王岳。岳結閣臣欲制上出入，故先去所忌耳。且鷹犬何損萬幾。若司禮監得人，左班官安敢如是。」帝大怒，立命瑾掌司禮監，永成掌東廠，大用掌西廠，而夜收岳及亨、智充南京淨軍。旦日諸臣入朝，將伏闕，知事已變，於是健、遷、東陽皆求去。帝獨留東陽，而令焦芳入閣，追殺岳、亨於途，箠智折臂。時正德元年十月也。

瑾既得志，遂以事革韓文職，而杖責請留健、遷者給事中呂翀、劉蒨及南京給事中戴銑等六人，御史薄彥徽等十五人。守備南京武靖伯趙承慶、〔一五〕府尹陸珩、尚書林瀚，皆以傳翀、蒨疏得罪，珩、瀚勒致仕，削承慶半祿。南京副都御史陳壽，御史陳琳、王良臣，主事王守仁，復以救銑等謫杖有差。瑾勢日益張，毛舉官僚細過，散布校尉，遠近偵伺，使人救過不贍。因顓擅威福，悉遣黨閹分鎭各邊。敍大同功，遷擢官校至一千五百六十餘人，又傳旨授錦衣官數百員。通鑑纂要成，瑾誣諸翰林纂修官謄寫不謹，皆被譴，而命文華殿書辦官張駿等改謄，超拜官秩。駿由光祿卿擢禮部尚書，他授京卿者數人，裴瀇匠役悉授官。創用枷法，給事中吉時，御史王時中，郎中劉繹、張瑋，尚寶卿顧璿，副使姚祥，參議吳廷舉

等，並摭小過，枷瀕死，始釋而戍之。其餘枷死者無數。錦衣獄徽纆相屬。惡錦衣僉事牟斌善視獄囚，杖而錮之。府丞周璽、五官監候楊源杖至死。源初以星變陳言，罪瑾者也。瑾每奏事，必偵帝爲戲弄時。帝厭之，亟麾去曰：「吾用若何事，乃溷我！」自此遂專決，不復白。

二年三月，瑾召羣臣跪金水橋南，宣示奸黨，大臣則大學士劉健、謝遷，尚書則韓文、楊守隨、張敷華、林瀚，部曹則郎中李夢陽，主事王守仁〔一六〕、王綸、孫磐、黃昭，詞臣則檢討劉瑞，言路則給事中湯禮敬、陳霆、徐昂、陶諧、劉蒨、艾洪、呂翀、任惠、李光翰、戴銑、徐蕃、牧相、徐暹、張良弼、葛嵩、趙士賢，御史陳琳、貢安甫、史良佐、曹閔、王弘、任諾、李熙、王蕃、葛浩、陸崑、張鳴鳳、蕭乾元、姚學禮、黃昭道、蔣欽、薄彥徽、潘鏜、王良臣、趙佑、何天衢、徐珏、楊璋、熊卓、朱廷聲、劉玉等，皆海內號忠直者也。又令六科寅入酉出，使不得息，以困苦之。令文臣毋輒予封誥，痛繩文吏。寧王宸濠圖不軌，賂瑾求復護衞。瑾予之，濠反謀遂成。瑾不學，每批答章奏，皆持歸私第，與妹壻禮部司務孫聰、華亭大猾張文冕相參決，辭率鄙冗，焦芳爲潤色之，東陽頫首而已。

當是時，瑾權擅天下，威福任情。有罪人溺水死，乃坐御史匡翼之罪。嘗求學士吳儼賄，不得，又聽都御史劉宇讒，怒御史楊南金，乃以大計外吏奏中，落二人職。授播州土司

楊斌爲四川按察使。令奴壻閻潔督山東學政。公侯勳戚以下，莫敢鈞禮，每私謁，相率跪拜。章奏先具紅揭投瑾，號紅本，然後上通政司，號白本，皆稱劉太監而不名。都察院奏讞誤名瑾，瑾怒詈之，都御史屠滽率屬跪謝乃已。遣使察覈邊倉，都御史周南、張鼐、馬中錫、湯全、劉憲，布政以下官孫祿、冒政、方矩、華福、金獻民、劉遜、郭緒、張翼，郎中劉繹、王藎等，並以赦前罪，下獄追補邊粟，憲至瘐死。又察鹽課，杖巡鹽御史王潤，逮前運使甯舉、楊奇等。察內甲字庫，謫尙書王佐以下百七十三人。復創罰米法，嘗忤瑾者，皆擿發輸邊。故尙書雍泰、馬文升、劉大夏、韓文、許進，都御史楊一清、李進、王忠，侍郎張縉，給事中趙士賢、任良弼，御史張津、陳順、喬恕、聶賢、曹來旬等數十人，悉破家，死者繫其妻孥。

其年夏，[一六]御道有匿名書詆瑾所行事，瑾矯旨召百官跪奉天門下。瑾立門左詰責，日暮收五品以下官盡下獄。明日，大學士李東陽申救，瑾亦微聞此書乃內臣所爲，始釋諸臣。而主事何釴、順天推官周臣、進士陸伸已暍死。是日酷暑，太監李榮以冰瓜啗羣臣，瑾惡之。太監黃偉憤甚，謂諸臣曰：「書所言皆爲國爲民事，挺身自承，雖死不失爲好男子，奈何枉累他人。」瑾怒，卽日勒榮閒住，而逐偉南京。

時東廠、西廠緝事人四出，道路恇懼。瑾復立內行廠，尤酷烈，中人以微法，無得全者。又悉逐京師客傭，令寡婦盡嫁，喪不葬者焚之，輦下洶洶幾致亂。都給事中許天錫欲劾瑾，

懼弗克，懷疏自縊。

瑾故急賄，凡入覲、出使官皆有厚獻。給事中周鑰勘事歸，以無金自殺。其黨張綵曰：「今天下所餽遺公者，非必皆私財，往往貸京師，而歸則以庫金償。公奈何斂怨貽患。」瑾然之。會御史歐陽雲等十餘人以故事入賂，瑾皆舉發致罪。乃遣給事、御史十四人分道盤察，有司爭厚斂以補帑。所遣人率阿瑾意，專務搏擊，劾尙書顧佐、侶鍾、韓文以下數十人。浙江鹽運使楊奇逋課死，至鬻其女孫。而給事中安奎、潘希曾，御史趙時中、阮吉、張彧、劉子厲，以無重劾下獄。奎、彧枷且死，李東陽疏救，始釋爲民。希曾等亦皆杖斥，忤意者謫斥有差。又矯旨籍故都御史錢鉞、禮部侍郎黃景、尙書秦紘家。凡瑾所逮捕，一家犯，鄰里皆坐，或瞰河居者，以河外居民坐之。屢起大獄，冤號遍道路。孝宗實錄成，翰林預纂修者當遷秩，瑾惡翰林官素不下己，調侍講吳一鵬等十六人南京六部。

是時，內閣焦芳、劉宇，吏部尙書張綵，兵部尙書曹元，錦衣衞指揮楊玉、石文義，皆爲瑾腹心。變更舊制，令天下巡撫入京受敕，輸瑾賂。延綏巡撫劉宇不至，逮下獄。宣府巡撫陸完後至，幾得罪，旣賂，乃令試職視事。都指揮以下求遷者，瑾第書片紙曰「某授某官」，兵部卽奉行，不敢復奏。邊將失律，賂入，卽不問，有反陞擢者。又遣其黨丈邊塞屯地，誅求苛刻。邊軍不堪，焚公廨，守臣諭之始定。給事中高淓丈滄州，所劾治六十一人，

至劾其父高銓以媚瑾。又以謝遷故，令餘姚人毋授京官。以占城國使人亞劉謀逆獄，裁江西鄉試額五十名，仍禁授京秩如餘姚，以焦芳惡彭華故也。[一七]瑾又自增陝西鄉試額至百名，亦爲芳增河南額至九十五名，[一八]以優其鄉士。其年，帝大赦，瑾峻刑自如。刑部尙書劉璟無所彈劾，瑾詬之。璟懼，劾其屬王尙賓等三人，乃喜。給事中郗夔核榆林功，懼失瑾意，自縊死。給事中屈銓、祭酒王雲鳳請編瑾行事，著爲律令。

五年四月，安化王寘鐇反，檄數瑾罪。瑾始懼，匿其檄，而起都御史楊一清、太監張永爲總督，討之。初，與瑾同爲八虎者，當瑾專政時，有所請多不應，永成、大用等皆怨瑾。又欲逐永，永以譎免。及永出師還，欲因誅瑾，一清爲畫策，永意遂決。瑾好招致術士，有俞日明者，妄言瑾從孫二漢當大貴。兵仗局太監孫和數遺以甲仗，兩廣鎭監潘午、蔡昭又爲造弓弩，瑾皆藏於家。

永捷疏至，將以八月十五日獻俘，瑾使緩其期。永慮有變，遂先期入，獻俘畢，帝置酒勞永，瑾等皆侍。及夜，瑾退，永出寘鐇檄，因奏瑾不法十七事。帝已被酒，俛首曰：「瑾負我。」永曰：「此不可緩。」永成等亦助之。遂執瑾，繫於菜廠，分遣官校封其內外私第。次日晏朝後，帝出永奏示內閣，降瑾奉御，謫居鳳陽。帝親籍其家，得僞璽一，穿宮牌五百及衣甲、弓弩、衮衣、玉帶諸違禁物。又所常持扇，內藏利匕首二。始大怒曰：「奴果反。」趣付

獄。獄具，詔磔於市，梟其首，榜獄詞處決圖示天下。族人、逆黨皆伏誅。張綵獄斃，磔其屍。閣臣焦芳、劉宇、曹元而下，尙書畢亨、朱恩等，共六十餘人，皆降謫。已，廷臣奏瑾所變法，吏部二十四事，戶部三十餘事，兵部十八事，工部十三事，詔悉釐正如舊制。

張永，保定新城人。正德初，總神機營，與瑾爲黨。已而惡其所爲，瑾亦覺其不附己也，言於帝，將黜之南京。永知之，直趨帝前，訴瑾陷己。帝召瑾與質，方爭辯，永輒奮拳毆瑾。帝令谷大用等置酒爲解，由是二人益不合。及寘鐇反，命永及右都御史楊一清往討。帝戎服送之東華門，賜關防、金瓜、鋼斧以行，寵遇甚盛。瑾亦忌之，而帝方嚮永，不能間也。師出，寘鐇已擒，永遂率五百騎撫定餘黨。還次靈州，與一清言，欲奏瑾不法事。一清曰：「彼在上左右，公言能必入乎？不如以計誅之。」因爲永畫策，語詳一清傳。是時，瑾兄都督同知景祥死，京師籍籍謂瑾將以八月十五日俟百官送葬，因作亂。適永捷疏至，將以是日獻俘，瑾使緩其期，欲俟事成並擒永。或以告永，永先期入獻俘，是夜遂奏誅瑾。

於是英國公張懋、兵部尙書王敞等，奏永輯寧中外，兩建奇勳，遂封永兄富爲泰安伯、

弟容爲安定伯。涿州男子王豸嘗刺龍形及「人王」字於足，永以爲妖人，擒之。兵部尚書何鑑乞加永封，下廷臣議。永欲身自封侯，引劉永誠、鄭和故事風廷臣，內閣以非制格之。永意沮，乃辭免恩澤。吏部尚書楊一清言宜聽永讓，以成其賢，事竟已。久之，坐庫官盜庫銀事，閒住。九年，北邊有警，命永督宣府、大同、延綏軍禦之，寇退乃還。

寧王宸濠反，帝南征，永率邊兵二千先行。時王守仁已擒宸濠，檻車北上。永以帝意遮守仁，欲縱宸濠於鄱陽湖，俟帝至與戰。守仁不可，至杭州詣永。永拒不見，守仁叱門者徑入，大呼曰：「我王守仁也，來與公議國家事，何拒我！」永爲氣懾。守仁因言江西荼毒已極，王師至，亂將不測。永大悟，乃曰：「羣小在側，永來，欲保護聖躬耳，非欲攘功也。」因指江上檻車曰：「此宜歸我。」守仁曰：「我何用此。」卽付永，而與永偕還江西。時太監張忠等已從大江至南昌，方窮治逆黨，見永至，大沮。永留數旬，促忠同歸，江西賴以安。忠等屢譏守仁，亦賴永營解獲免。武宗崩，永督九門防變。

世宗立，御史蕭淮奏谷大用、丘聚輩蠱惑先帝，黨惡爲奸，並及永。詔永閒住。已而淮復劾永在江西不法事，再降永奉御，司香孝陵。然永在江西，實非有不法也。嘉靖八年，大學士楊一清等言，永功大，不可泯，乃起永掌御用監，提督團營。未幾卒。

谷大用者，瑾掌司禮監時提督西廠，分遣官校遠出偵事。江西南康民吳登顯等，五月五日爲競渡，誣以擅造龍舟，籍其家，天下皆重足屏息。建鷹房草場於安州，奪民田無數。瑾誅，大用辭西廠。未幾，帝復欲用之，大學士李東陽力諫乃止。

六年，劉六、劉七反，命大用總督軍務，偕伏羌伯毛銳、兵部侍郎陸完討之。大用駐臨清，召邊將許泰、〔一九〕郤永、江彬、劉暉等入內地，聽調遣。久之無功，會賊過鎭江狼山，遇颶風舟覆，陸完兵至殲之，遂封大用弟大亮爲永淸伯。而先是平寘鐇時，其兄大寬已封高平伯矣，義子冒陞賞者，不可勝紀。

世宗立，以迎立功賜金幣。給事中閻閎極論之，尋降奉御，居南京。已，召守康陵。嘉靖十年籍其家。

魏彬，當瑾時，總三千營。瑾誅，代掌司禮監。其年，敍寧夏功，封弟英鎭安伯，馬永成兄山亦封平涼伯。世宗立，彬不自安，爲英辭伯爵。詔改都督同知，世襲錦衣指揮使。給事中楊秉義、徐景嵩、吳巖皆言彬附和逆瑾，結姻江彬，宜置極典。帝宥不問。已而御史復論之，始令閒住。

張忠，霸州人。正德時御馬太監，與司禮張雄、東廠張銳並侍豹房用事，時號三張，性皆兇悖。忠利大盜張茂財，結爲弟，引入豹房，侍帝蹴鞠。而雄至怨其父不愛己致自宮，拒不見。同儕勸之，乃垂簾杖其父，然後相抱泣，其無人理如此。銳以捕妖言功，加祿至一百二十石。每緝事，先令邏卒誘人爲奸，乃捕之，得賄則釋，往往以危法中人。三人並交通宸濠，受臧賢、錢寧等賄，以助成其叛。寧王反，忠勸帝親征。其遮王守仁捷，欲縱宸濠鄱陽，待帝自戰，皆忠之謀也。

是時，又有吳經者，尤親暱。帝南征，經先至揚州。嘗夜半燃炬通衢，遍入寡婦、處女家，掠以出，號哭震遠近，許以金贖，貧者多自經。

先是，又有劉允者，以正德十年奉敕往迎烏斯藏僧，所齎金寶以百餘萬計。廷臣交章諫，不聽。允至成都，治裝歲餘，費又數十萬，公私匱竭。既至，爲番人所襲。允走免，將士死者數百人，盡亡其所齎。及歸，武宗已崩，世宗用御史王鈞等言，張忠、吳經發孝陵衞充軍，張雄、張銳下都察院鞫治，允亦得罪。

世宗習見正德時宦侍之禍，卽位後御近侍甚嚴，有罪撻之至死，或陳尸示戒。張佐、鮑忠、麥福、黃錦輩，雖由興邸舊人掌司禮監，督東廠，然皆謹飭不敢大肆。帝又盡撤天下鎭守內臣及典京營倉場者，終四十餘年不復設，故內臣之勢，惟嘉靖朝少殺云。

校勘記

〔一〕其前僞王子蘇幹剌者　前僞王子，本書卷三二五蘇門答剌傳作「老王弟」，太宗實錄卷九七成祖永樂十三年七月壬寅條都作「前僞王弟」。

〔二〕南京設守備自和始也　按本書卷八仁宗紀載永樂二十二年九月戊子，「始設南京守備，以襄城伯李隆爲之」，與此異。

〔三〕於是和景弘復奉命歷忽魯謨斯等十七國而還　十七國，本書卷三二五蘇門答剌傳作「二十餘國」，宣宗實錄卷六七宣德五年六月戊寅條作「二十國」。

〔四〕甘把里　本書卷三二六甘巴里傳及宣宗實錄卷六七宣德五年六月戊寅條作「甘巴里」。

〔五〕元年四月奉使　本書卷六成祖紀、太宗實錄卷一六永樂元年二月乙丑條繫侯顯奉使之命於元年二月。

〔六〕謂其與黃竑搆邪議　黃竑，原作「王竑」，據本書卷一七〇于謙傳及英宗實錄卷二七四天順元年正月丁亥條改。

〔七〕都御史陳鎰等廷奏振罪　陳鎰，原作「陳鑑」，據本書卷一一一七卿年表、又卷一五九陳鎰傳及英宗實錄卷一八一正統十四年八月庚午條改。

〔八〕景泰元年二月磔於市　二月，原作「三月」，據本書卷一一景帝紀及英宗實錄卷一八九景泰元年二月壬辰條改。

〔九〕懷恩高密人兵部侍郎戴綸族弟也　孝宗實錄卷十弘治元年閏正月甲午條作：「恩，直隸蘇州府人，本姓馬。宣德間入禁中，賜姓懷。」與此異。

〔一〇〕妄言寄金於其叔父兵部主事士偉所　士偉，明史卷一八四張元禎傳同，憲宗實錄卷一六二成化十三年二月丁丑條、國榷卷三七頁二三七六都作「仕偉」。

〔一一〕覃吉　明史稿傳一七八汪直傳及憲宗實錄卷一六六成化十三年五月丙子條作「覃昌」。

〔一二〕而左都御史李賓亦失直旨褫職　李賓，原作「方賓」，據本書卷一一一七卿年表、明史稿傳一七八汪直傳及憲宗實錄卷一六八成化十三年七月丁卯條改。

〔一三〕尙書董方　董方，原作「董芳」，據明史稿傳一七八汪直傳及憲宗實錄卷一六八成化十三年七月丁卯條改。

〔一四〕眷因結蔡用妄舉李父貴冒紀太后族　李父貴，原作「李文貴」，據本書卷一一三紀太后傳、孝宗實錄卷四〇弘治三年七月乙丑條改。

〔一五〕守備南京武靖伯趙承慶　武靖伯，原作「武清伯」，據本書卷一〇七功臣世表、卷一八八劉蒨

傳，明史稿傳一七八劉瑾傳及武宗實錄卷二二正德二年閏正月庚戌條改。

〔一六〕其年夏　其年，承上文當指二年。按匿名書事在正統三年六月，「其年」應作「三年」。

〔一七〕以焦芳惡彭華故也　原脫「彭」字，據本書卷三〇六焦芳傳補。

〔一八〕亦爲芳增河南額至九十五名　原脫「五」字，據本書卷七〇選舉志及武宗實錄卷三六正德三年三月壬戌條補。

〔一九〕召邊將許泰　許泰，原作「許恭」，據本書卷三〇七許泰傳、明史稿傳一七八谷大用傳及武宗實錄卷七七正德六年七月壬申條改。

明史卷三百五

列傳第一百九十三

宦官二

李芳　馮保　張鯨　陳增 陳奉 高淮　梁永 楊榮　陳矩

王安　魏忠賢　王體乾 李永貞等　崔文昇　張彝憲

高起潛　王承恩　方正化

李芳，穆宗朝內官監太監也。帝初立，芳以能持正見信任。初，世宗時，匠役徐杲以營造躐官工部尙書，修盧溝橋，所侵盜萬計。其屬冒太僕少卿、苑馬卿以下職銜者以百數。隆慶元年二月，芳劾之。時杲已削官，乃下獄遣戍，盡汰其所冒冗員。又奏革上林苑監增設皂隸，減光祿歲增米鹽及工部物料，以是大爲同類所嫉。而是時，司禮諸閹滕祥、孟沖、陳洪方有寵，爭飾奇技淫巧以悅帝意，作鰲山燈，導帝爲長夜飲。芳切諫，帝不悅。祥等復媒孽

之，帝遂怒，勒芳閒住。二年十一月復杖芳八十，下刑部監禁待決。尙書毛愷等言：「芳罪狀未明，臣等莫知所坐。」帝曰：「芳事朕無禮，其錮之。」

芳錮，祥等益橫。前司禮太監黃錦已革廕，祥輒復予之。工部尙書雷禮劾祥：「傳造採辦器物及修補壇廟樂器，多自加徵，糜費巨萬。工廠存留大木，斬截任意。臣禮力不能爭，乞早賜罷。」帝不罪祥，而令禮致仕。沖傳旨下海戶王印於鎭撫司，論戍，法司不預聞。納肅藩輔國將軍縉熿賄，越制得嗣封肅王。洪尤貪肆，內閣大臣亦有因之以進者。三人所糜國帑無算。帝享太廟，三人皆冠進賢冠，服祭服以從，爵賞辭謝與六卿埒。廷臣論劾者，太常少卿周怡以外補去，給事中石星、李已、陳吾德，御史詹仰庇，尙寶丞鄭履淳，皆廷杖削籍。三人各廕錦衣官至二十人，而芳獨久繫獄。四年四月，刑科都給事中舒化等以熱審屆期，請宥芳，乃得釋，充南京淨軍。

馮保，深州人。嘉靖中，爲司禮秉筆太監。隆慶元年提督東廠兼掌御馬監事。時司禮掌印缺，保以次當得之，適不悅於穆宗。大學士高拱薦御用監陳洪代，保由是疾拱。及洪罷，拱復薦用孟沖。沖故掌尙膳監者，例不當掌司禮。保疾拱彌甚，乃與張居正深相結，謀

去之。會居正亦欲去拱專柄，兩人交益固。穆宗得疾，保密屬居正豫草遺詔，爲拱所見，面責居正曰：「我當國，奈何獨與中人具遺詔。」居正面赤謝過。拱益惡保，思逐之。

穆宗甫崩，保言於后妃，斥孟沖而奪其位，又矯遺詔令與閣臣同受顧命。及帝登極，保升立寶座旁不下，舉朝大駭。保旣掌司禮，又督東廠，兼總內外，勢益張。拱諷六科給事中程文、十三道御史劉良弼等，交章數其奸，而給事中雒遵、陸樹德又特疏論列，拱意疏下卽擬旨逐保。而保匿其疏，亟與居正定謀，遂逐拱去。

初，穆宗崩，拱於閣中大慟曰：「十歲太子，如何治天下。」保譖於后妃曰：「拱斥太子爲十歲孩子，如何作人主。」后妃大驚，太子聞之亦色變。迨拱去，保憾猶未釋。萬曆元年正月，有王大臣者，僞爲內侍服，入乾清宮，被獲下東廠。保欲緣此族拱，與居正謀，令家人辛儒飲食之，納刃其袖中，俾言拱怨望，遣刺帝。大臣許之。踰日，錦衣都督朱希孝等會鞫。大臣疾呼曰：「許我富貴，乃掠治我耶！且我何處識高閣老？」希孝懼，不敢鞫而罷。會廷臣楊博、葛守禮等保持之，居正亦迫衆議微諷保。保意稍解，乃以生漆酒瘖大臣，移送法司坐斬，拱獲免。由是舉朝皆惡保，而不肖者多因之以進。

慈聖太后遇帝嚴。保倚太后勢，數挾持帝，帝甚畏之。時與小內豎戲，見保入，輒正襟危坐曰：「大伴來矣。」所昵孫海、客用爲乾清宮管事牌子，屢誘帝夜游別宮，小衣窄袖，走馬

持刀，又數進奇巧之物，帝深寵幸。保白太后，召帝切責。帝長跪受敎，惶懼甚。保屬居正草帝罪己手詔，令頒示閣臣。詞過挹損，帝年已十八，覽之內慚，然迫於太后，不得不下。居正乃上疏切諫。又緣保意劾去司禮秉筆孫德秀、溫太及掌兵仗局周海，而令諸內侍俱自陳。由是保所不悅者，斥退殆盡，時八年十一月也。

保善琴能書。帝屢賜牙章曰「光明正大」，曰「爾惟鹽梅」，曰「汝作舟楫」，曰「魚水相逢」，曰「風雲際會」，所以待之甚隆。後保益橫肆，卽帝有所賞罰，非出保口，無敢行者。帝積不能堪，而保內倚太后，外倚居正，帝不能去也。然保亦時引大體。內閣產白蓮，翰林院有雙白燕，居正以進。保使使謂居正曰：「主上沖年，不可以異物啓玩好。」又能約束其子弟，不敢肆惡，都人亦以是稱之。

居正固有才，其所以得委任專國柄者，由保爲之左右也。然保性貪，其私人錦衣指揮徐爵、內官張大受，爲保、居正交關語言。且數用計使兩人相疑，旋復相好，兩人皆在爵術中。事與籌畫，因恃勢招權利，大臣亦多與通。爵夜至禁門，守衞者不敢詰，其橫如此。居正之奪情及杖吳中行等，保有力焉。

已而居正死，其黨益結保自固。居正以遺疏薦其座主潘晟入閣，保卽遣官召之。御史雷士楨、王國，給事中王繼光相繼言其不可用，晟中途疏辭。內閣張四維度申時行不肯爲晟下，擬旨允之，帝卽報可。保時病起，詬曰：「我小恙，遽無我耶？」皇太子生，保欲封伯爵，四維以無故事難之，擬廕弟姪一人都督僉事。保怒曰：「爾由誰得今日，而負我！」御史郭惟賢請召用吳中行等，保責其黨護，謫之。吏部尚書王國光罷，保輒用其鄉人梁夢龍代。爵、大受等竊權如故。

然是時太后久歸政，保失所倚，帝又積怒保。東宮舊閹張鯨、張誠乘間陳其過惡，請令閒住。帝猶畏之，曰：「若大伴上殿來，朕奈何？」鯨曰：「旣有旨，安敢復入。」乃從之。會御史李植、江東之彈章入，遂謫保奉御，南京安置，久之乃死。其弟佑、從子邦寧並官都督，削職下獄，瘐死。大受及其黨周海、何忠等八人，貶小火者，司香孝陵。爵與大受子，烟瘴永戍。盡籍其家，保金銀百餘萬，珠寶瑰異稱是。

保之發南京也，太后問故。帝曰：「老奴爲張居正所惑，無他過，行且召還。」時潞王將婚，所需珠寶未備，太后問以爲言。帝曰：「年來無恥臣僚，盡貨以獻張、馮二家，其價驟貴。」太后曰：「已籍矣，必可得。」帝曰：「奴黠猾，先竊而逃，未能盡得也。」而其時，錦衣都督劉守有與僚屬張昭、龐清、馮昕等，皆以籍罪人家，多所隱沒，得罪。

張鯨，新城人，太監張宏名下也。內豎初入宮，必投一大璫爲主，謂之名下。馮保用事，鯨害其寵，爲帝畫策害保。宏謂鯨曰：「馮公前輩，且有骨力，不宜去之。」鯨不聽。旣譖逐保，宏遂代保掌司禮監，而鯨掌東廠。宏無過惡，以賢稱，萬曆十二年卒。張誠代掌司禮監。十八年，鯨罷東廠，誠兼掌之。二十四年春，以誠聯姻武清侯，擅作威福，降奉御，司香孝陵，籍其家，弟姪皆削職治罪。

鯨性剛果，帝倚任之。其在東廠兼掌內府供用庫印，頗爲時相所憚。而其用事司房邢尚智，招權受賕。萬曆十六年冬，御史何出光劾鯨及其黨鴻臚序班邢尚智與錦衣都督劉守有相倚爲奸，專擅威福，罪當死者八。帝命鯨策勵供事，而削尚智、守有職，餘黨法司提問。給事中陳尚象、吳文梓、楊文煥，御史方萬策、崔景榮復相繼論列，報聞。法司奏鯨等贓罪，尚智論死，鯨被切責。給事中張應登再疏論之，御史馬象乾幷劾大學士申時行阿縱。帝皆不聽，命下象乾詔獄。以時行及同官許國、王錫爵等申救，象乾疏乃留中。給事中李沂至謂帝納鯨金寶，故寬鯨罪。帝大怒，言沂等爲張居正、馮保報復，杖六十，削其官，鯨亦私家閒住。已而南京兵部尚書吳文華率南九卿請罪鯨而宥言者，帝亦不聽。

尋復召鯨入。給事中陳與郊、御史賈希夷、南京吏部尚書陸光祖、給事中徐常吉、御史王以通等言益力，俱不報。最後大理評事雒于仁上酒色財氣四箴，指鯨以賄復進。帝怒甚，

召中時行等於毓德宮，命治于仁罪，而召鯨，令時行等傳諭責訓之，鯨寵遂衰。尙智後減死充軍。

陳增，神宗朝礦稅太監也。萬曆十二年，房山縣民史錦奏請開礦，下撫按查勘，不果行。十六年，中使祠五臺山，還言紫荆關外廣昌、靈丘有礦砂，可作銀冶。帝聞之喜，以大學士申時行等言而止。十八年，易州民周言、張世才復言阜平、房山各產礦砂，請遣官開礦。時行等仍執不可。

至二十年，寧夏用兵，費帑金二百餘萬。其冬，朝鮮用兵，首尾八年，費帑金七百餘萬。二十七年，播州用兵，又費帑金二三百萬。三大征踵接，國用大匱。而二十四年，乾清、坤寧兩宮災。二十五年，皇極、建極、中極三殿災。營建乏資，計臣束手，礦稅由此大興矣。其遣官自二十四年始，其後言礦者爭走闕下，帝即命中官與其人偕往，天下在在有之。眞、保、薊、永則王亮，昌黎、遷安則田進，昌平、橫嶺、淶水、珠寶窩山則王忠，眞定復益以王虎，并採山西平定、稷山，浙江則曹金，後代以劉忠，陝西則趙欽，山西則張忠，河南則魯坤，廣東則李鳳、李敬，雲南則楊榮，遼東則高淮，江西則潘相，福建則高宋，湖廣則陳奉，而增奉敕

開採山東。通都大邑皆有稅監，兩淮則有鹽監，廣東則有珠監，或專遣，或兼攝。大璫小監縱橫繹騷，吸髓飲血，以供進奉。大率入公帑者不及什一，而天下蕭然，生靈塗炭矣。其最橫者增及陳奉、高淮。

二十四年，增始至山東，即劾福山知縣韋國賢，帝爲逮問削職。益都知縣吳宗堯抗增，被陷幾死詔獄。巡撫尹應元奏增二十大罪，亦罰俸。已，復命增兼徵山東店稅，與臨清稅監馬堂相爭。帝爲和解，使堂稅臨清，增稅東昌。增益肆無忌，其黨內閣中書程守訓、中軍官仝治等，自江南北至浙江，大作奸弊。稱奉密旨搜金寶，募人告密。誣大商巨室藏違禁物，所破滅什伯家，殺人莫敢問。御史劉曰梧具以狀聞，鹽務少監魯保亦奏守訓等阻塞鹽課，帝俱弗省。久之，鳳陽巡撫李三才劾守訓奸贓。增懼，因搜得守訓違禁珍寶及賍銀四十餘萬，聞於朝。命械入京鞫治，乃論死。而增肆惡山東者十年，至三十三年始死。

陳奉，御馬監奉御也。萬曆二十七年二月命徵荆州店稅，兼採興國州礦洞丹砂及錢廠鼓鑄事。奉兼領數使，恣行威虐。每託巡歷，鞭笞官吏，剽劫行旅。商民恨刺骨，伺奉自武昌抵荆州，聚數千人譟於塗，競擲瓦石擊之。奉走免，遂誣襄陽知府李商畊、黃州知府趙文煒、〔一〕荆州推官華鈺、〔二〕荆門知州高則巽、黃州經歷車任重等煽亂。帝爲逮鈺、任重，而謫

商畊等官。興國州奸人漆有光，訐居民徐鼎等掘唐相李林甫妻楊氏墓，〔三〕得黃金巨萬。騰驤衛百戶仇世亨奏之，帝命奉括進內庫。奉因毒拷責償，且悉發境內諸墓。巡按御史王立賢言所掘墓乃元呂文德妻，非林甫妻。奸人訐奏，語多不讐，請罷不治，而停他處開掘，不報。

二十八年十二月，武昌民變。南京吏部主事吳中明奏言：「奉嚇詐官民，僭稱千歲。其黨至直入民家，奸淫婦女，或掠入稅監署中。王生之女、沈生之妻，皆被逼辱。以致士民公憤，萬餘人甘與奉同死，撫按三司護之數日，僅而得全。而巡撫支可大曲爲蒙蔽。天下禍亂，將何所底！」大學士沈一貫亦言：「陳奉入楚，始而武昌一變，繼之漢口、黃州、襄陽、武昌、寶慶、德安、湘潭等處，變經十起，幾成大亂。立乞撤回，以收楚民之心。」帝皆置不問。

奉復使人開穀城礦，不獲，脅其庫金，爲縣民所逐。武昌兵備僉事馮應京劾奉十大罪，奉隨誣奏，降應京雜職。奉又開棗陽礦，知縣王之翰以顯陵近，執不可。奉劾之翰及襄陽通判邸宅、推官何棟如，緹騎逮訊，并追逮應京。應京素有惠政，民號哭送之。奉又榜列應京罪狀於衢。民切齒恨，復相聚圍奉署，誓必殺奉。奉逃匿楚王府，衆乃投奉黨耿文登等十六人於江。〔四〕以巡撫可大護奉，焚其轅門。事聞，一貫及給事中姚文蔚等請撤奉，不報。而御馬監監丞李道方督理湖口船稅，亦奏奉水沮商舟，陸截販賈，徵三解一，病國剝民。帝始召奉歸，而用一貫請，革可大職。奉在湖廣二年，慘毒備至。及去，金寶財物鉅萬

計。可大懼爲民所掠，多與徒衞，導之出疆，楚民無不毒恨者。奉至京師，給事中陳維春、郭如星復極言其罪。帝不懌，降二人雜職。三十二年始釋應京歸，之翰卒瘐死。

當奉劾商畊等時，臨清民亦譟而逐馬堂。馬堂者，天津稅監也，兼轄臨清。始至，諸亡命從者數百人，白晝手鋃鐺奪人產，抗者輒以違禁罪之。僮告主者，畀以十之三，中人之家破者大半，遠近爲罷市。州民萬餘縱火焚堂署，斃其黨三十七人，〔五〕皆黥臂諸偷也。事聞，詔捕首惡，株連甚衆。有王朝佐者，素仗義，慨然出曰：「首難者，我也。」臨刑，神色不變。知府李士登恤其母妻，臨清民立祠以祀。後十餘年，堂擅往揚州，巡鹽御史徐縉芳劾其九罪，不問。

高淮，尙膳監監丞也。神宗寵愛諸稅監，自大學士趙志皋、沈一貫而下，廷臣諫者不下百餘疏，悉寢不報。而諸稅監有所糾劾，朝上夕下，輒加重譴。以故諸稅監益驕，而淮及梁永尤甚。淮與陳奉同時採礦徵稅遼東。委官廖國泰，虐民激變，淮誣繫諸生數十人。巡按楊宏科救之，不報。參隨楊永恩婪賄事發，奉旨會勘，卒不問。淮又惡遼東總兵馬林不爲己下，劾罷之。給事中侯先春疏救，遂戍林而謫先春雜職。巡按何爾健與淮互訐奏，淮遣人邀於路，責其奏事人，錮之獄，匿疏不以聞。又請復遼東馬市，巡撫趙楫力爭，始得寢。

三十一年夏，淮率家丁三百餘，張飛虎幟，金鼓震天，聲言欲入大內謁帝，潛住廣渠門外。給事中田大益、孫善繼、姚文蔚等言：「淮搜括士民，取金至數十萬，招納諸亡命降人，意欲何爲？」吏部尚書李戴、刑部尚書蕭大亨皆劾淮擅離信地，挾兵潛住京師，乃數百年未有之事。御史袁九皋、劉四科、孔貞一，給事中梁有年等，各疏劾淮，不報。巡撫楫劾淮罪惡萬端，且無故打死指揮張汝立，亦不報。淮因上疏自稱鎭守協同關務，兵部奏其妄。帝心護淮，謬曰：「朕固命之矣。」

淮自是益募死士，時時出塞射獵，發黃票龍旗，走朝鮮索冠珠、貂馬，數與邊將爭功，山海關內外咸被其毒。又扣除軍士月糧。三十六年四月，前屯衞軍甲而譟，誓食淮肉。六月，錦州、松山軍復變。淮懼內奔，誣同知王邦才、參將李獲陽逐殺欽使，〔六〕劫奪御用錢糧。二人皆逮問，邊民益譁。薊遼總督蹇達再疏暴淮罪，乃召歸，而以通灣稅監張曄兼領其事。獲陽竟死獄中，邦才至四十一年乃釋。

梁永，御馬監監丞也。萬曆二十七年二月命往陝西徵收名馬貨物。稅監故不典兵，永獨畜馬五百匹，招致亡命，用千戶樂綱出入邊塞。富平知縣王正志發其奸，幷劾礦監趙欽。

詔逮正志，瘐死詔獄中。渭南知縣徐斗牛，廉吏也。永責賂，箠斃縣吏卒，斗牛憤恨自縊死。巡撫賈待問奏之，帝顧使永會勘。永反劾西安同知宋賢，幷劾待問有私，請皆勘。帝從之，而宥待問。

永又請兼鎭守職銜。又請率兵巡花馬池、慶陽諸鹽池，徵其課。緣是帥諸亡命具旌蓋鼓吹，巡行陝地。盡發歷代陵寢，搜摸金玉，旁行劫掠。所至，邑令皆逃。杖死縣丞鄭思顏、指揮劉應聘、諸生李洪遠等。縱樂綱等肆爲淫掠，私宮良家子數十人。稅額外增耗數倍，藍田等七關歲得十萬。復用奸人胡奉言，索咸陽冰片五十斤、羊毛一萬斤、麝香二十斤。知縣宋時際怒，勿予。

咸寧人道行遇盜，跡之，稅使役也，知縣滿朝薦捕得之。永誣時際、朝薦劫稅銀，帝命逮時際，而以朝薦到官未久，鐫秩一級。陝西巡撫顧其志盡發其奸，且言秦民萬衆，共圖殺永。大學士沈鯉、朱賡請械永歸，以安衆心。帝悉置不報，而釋時際勿逮，復朝薦官。

會御史余懋衡方按陝西，永懼，使綱酖懋衡幾死。訟於朝，言官攻永者數十疏，永部下諸亡命乃稍稍散。其渠魁王九功、石君章等齎重寶，輜軿盈路，詐爲上供物，持劍戟弓弩，結陣以行。而永所遣人解馬匹者，已乘郵傳先發。九功等急馳，欲追及與同出關。朝薦疑其盜，見九功等後至無驗，邏兵與格鬭，追至渭南，殺數人，盡奪其裝。御史懋衡以捕盜殺傷聞。永大窘，聽樂綱謀，使人繫疏髮中馳奏：「九功等各貢名馬、金珠、睛綠諸寶物，而咸寧知縣朝薦承余御史指，伏兵渭南遮劫之，繫君章等，誣以盜。」帝怒曰：「御史酖無恙，而朝薦代爲報復，且劫貢物。」敕逮朝薦，而令撫按護永等還京。三十四年事也。

是年，楊榮爲雲南人所殺。

初，榮妄奏阿瓦、猛密諸番願內屬，其地有寶井，可歲益數十萬，願賜敕領其事。帝許之。既而榮所進不得什一，乃誣知府熊鐸侵匿，下法司。又請詔麗江土知府木增獻地聽開採。巡按御史宋興祖言：「太祖令木氏世守茲土，限石門以絕西域，守鐵橋以斷土蕃，奈何自撤藩蔽，生遠人心。」不報。榮由是愈怙寵，誣劾尋甸知府蔡如川、趙州知州甘學書，皆下詔獄。已，又誣劾雲南知府周鐸，下法司提問。百姓恨榮入骨，相率燔稅廠，殺委官張安民。榮弗悛，恣行威虐，杖斃數千人。至是怒指揮使樊高明後期，榜掠絕勳，枷以示衆。又以求馬不獲，繫指揮使賀瑞鳳，且言將盡捕六衞官。於是指揮賀世勛、韓光大等率冤民萬人焚榮第，殺之，投火中，幷殺其黨二百餘人。事聞，帝爲不食者數日，欲逮問守土官。大學士沈鯉揭爭，且密屬太監陳矩剖示。帝乃止誅世勛等，而用巡撫陳用賓議，令四川稅使丘乘雲兼攝雲南事。

當是時，帝所遣中官，無不播虐逞兇者。

湖口稅監李道劾降九江府經歷樊圃充，又劾逮南康知府吳寶秀、星子知縣吳一元，降臨江知府顧起淹。

山西稅監孫朝劾降夏縣知縣韓薰。給事中程紹以救薰鐫一級，給事中李應策等復救之，遂削紹、薰職。巡撫魏允貞以阻撓罷去。

廣東稅監李鳳劾逮鄉官通判吳應鴻等。鳳與珠池監李敬相仇，巡按李時華恃敬援劾鳳。給事中宋一韓言鳳乾沒五千餘萬，他珍寶稱是。吏部尚書李戴等言鳳釀禍，致潮陽鼓譟，粵中人爭欲殺之。帝不問。而敬惡亦不減於鳳，採珠七八年，歲得珠近萬兩。其後珠池盜起，敬乃請罷採。

山西礦監張忠劾降夏縣知縣袁應春，又劾逮西城兵馬臧文龍。

江西礦監潘相激浮梁景德鎭民變，焚燒廠房。饒州通判陳奇可諭散之，相反劾逮奇可。相檄上饒縣勘礦洞，知縣李鴻戒邑人敢以食物市者死。相竟日饑渴，憊而歸，乃螫鴻，罷其官。

橫嶺礦監王虎以廣昌民變，劾降易州知州孫大祚。

蘇、杭織造太監兼管稅務孫隆激民變，遍焚諸札委稅官家，隆急走杭州以免。福建稅監高宷薦布政使陳性學，立擢巡撫。居閩十餘年，廣肆毒害。四十二年四月，萬衆洶洶欲殺宷。宷率甲士二百餘人入巡撫袁一驥署，露刃劫之，令諭衆退。復挾副使李思誠、僉事呂純如等至私署要盟，始釋一驥。復拘同知陳豸於署者久之。事聞，帝召宷還，命出豸，而一驥由此罷。

他若山東張曄、河南魯坤、四川丘乘雲輩，皆爲民害。迨帝崩，始下遺詔罷礦稅，撤諸中使還京。

陳矩，安肅人。萬曆中，爲司禮秉筆太監。二十六年提督東廠。爲人平恕識大體。嘗奉詔收書籍，中有侍郎呂坤所著閨範圖說，帝以賜鄭貴妃，妃自爲序，鋟諸木。時國本未定，或作閨範圖說跋，名曰憂危竑議，大指言貴妃欲奪儲位，坤陰助之，并及張養蒙、魏允貞等九人，語極妄誕。踰三年，皇太子立。

至三十一年十一月甲子昧爽，自朝房至勳戚大臣門，各有匿名書一帙，名曰續憂危竑議，言貴妃與大學士朱賡，戎政尚書王世揚，三邊總督李汶，保定巡撫孫瑋，少卿張養志，錦

衣都督王之楨，千戶王名世、王承恩等相結，謀易太子，其言益妄誕不經。矩獲之以聞，大學士賡奏亦入。帝大怒，敕矩及錦衣衞大索，必得造妖書者。時大獄猝發，緝校交錯都下，以風影捕繫，所株連甚衆。之楨欲陷錦衣指揮周嘉慶，首輔沈一貫欲陷次輔沈鯉、侍郎郭正域，俱使人屬矩。矩正色拒之。

已而百戶蔣臣捕皦生光至。生光者，京師無賴人也，嘗僞作富商包繼志詩，有「鄭主乘黃屋」之句，以脅國泰及繼志金，故人疑而捕之。酷訊不承，妻妾子弟皆掠治無完膚。矩心念生光卽冤，然前罪已當死，且獄無主名，上必怒甚，恐輾轉攀累無已。禮部侍郎李廷機亦以生光前詩與妖書詞合。乃具獄，生光坐淩遲死。鯉、正域、嘉慶及株連者，皆賴矩得全。

三十三年掌司禮監，督廠如故。帝欲杖建言參政姜士昌，以矩諫而止。雲南民殺稅監楊榮，帝欲盡捕亂者，亦以矩言獲免。明年奉詔慮囚，御史曹學程以阻封日本酋關白事，繫獄且十年，法司請於矩求出，矩謝不敢。已而密白之，竟得釋，餘亦多所平反。又明年卒，賜祠額曰清忠。

自馮保、張誠、張鯨相繼獲罪，其黨有所懲，不敢大肆。帝亦惡其黨盛，有缺多不補。迨晚年，用事者寥寥，東廠獄中至生青草。帝常膳舊以司禮輪供，後司禮無人，乾清宮管事牌子常雲獨辦，以故偵卒稀簡，中外相安。惟四方採榷者，帝實縱之，故貪殘肆虐，民心憤怨，

尋致禍亂云。

王安，雄縣人，初隸馮保名下。萬曆二十二年，陳矩薦於帝，命爲皇長子伴讀。時鄭貴妃謀立己子，數使人摭皇長子過。安善調護，貴妃無所得。「梃擊」事起，貴妃心懼。安爲太子屬草，下令旨，釋羣臣疑，以安貴妃。帝大悅。光宗卽位，擢司禮秉筆太監，遇之甚厚。安用其客中書舍人汪文言言，勸帝行諸善政，發帑金濟邊，起用直臣鄒元標、王德完等，中外翕然稱賢。大學士劉一燝、給事中楊漣、御史左光斗等皆重之。

初，西宮李選侍怙寵陵熹宗生母王才人，安內忿不平。及光宗崩，選侍與心腹閹李進忠等謀挾皇長子自重，安發其謀於漣。漣偕一燝等入臨，安紿選侍抱皇長子出，擇吉卽位，選侍移別宮去。事詳一燝等傳。熹宗心德安，言無不納。

安爲人剛直而疎，又善病，不能數見帝。魏忠賢始進，自結於安名下魏朝，朝日夕譽忠賢，安信之。及安怒朝與忠賢爭客氏也，勒朝退，而忠賢、客氏日得志，忌安甚。天啓元年五月，帝命安掌司禮監，安以故事辭。客氏勸帝從其請，與忠賢謀殺之。忠賢猶豫未忍，客氏曰：「爾我孰若西李，而欲遺患耶？」忠賢意乃決，嗾給事中霍維華論安，降充南海子淨軍，而

以劉朝爲南海子提督，使殺安。劉朝者，李選侍私閹，故以移宮盜庫下獄宥出者。既至，絕安食。安取籬落中蘆菔啗之，三日猶不死，乃撲殺之。安死三年，忠賢遂誣東林諸人與安交通，興大獄，清流之禍烈矣。莊烈帝立，賜祠額曰昭忠。

魏忠賢，肅寧人。少無賴，與羣惡少博，不勝，爲所苦，恚而自宮，變姓名曰李進忠。其後乃復姓，賜名忠賢云。忠賢自萬曆中選入宮，隸太監孫暹，夤緣入甲字庫，又求爲皇長孫母王才人典膳，諂事魏朝。朝數稱忠賢於安，安亦善遇之。長孫乳媼曰客氏，素私侍朝，所謂對食者也。及忠賢入，又通焉。客氏遂薄朝而愛忠賢，兩人深相結。

光宗崩，長孫嗣立，是爲熹宗。忠賢、客氏並有寵。未踰月，封客氏奉聖夫人，蔭其子侯國興、弟客光先及忠賢兄釗俱錦衣千戶。忠賢尋自惜薪司遷司禮秉筆太監兼提督寶和三店。忠賢不識字，例不當入司禮，以客氏故，得之。

天啓元年詔賜客氏香火田，敍忠賢治皇祖陵功。御史王心一諫，不聽。及帝大婚，御史畢佐周、劉蘭請遣客氏出外，大學士劉一燝亦言之。帝戀戀不忍舍，曰：「皇后幼，賴媼保護，俟皇祖大葬議之。」忠賢顓客氏，逐魏朝。又忌王安持正，謀殺之，盡斥安名下諸閹。客

氏淫而狠。忠賢不知書，頗强記，猜忍陰毒，好諛。帝深信任此兩人，兩人勢益張，用司禮監王體乾及李永貞、石元雅、涂文輔等爲羽翼，宮中人莫敢忤。既而客氏出，復召入。御史周宗建、侍郎陳邦瞻、御史馬鳴起、給事中侯震暘先後力諍，俱被詰責。給事中倪思輝、朱欽相、王心一復言之，並謫外，尚未指及忠賢也。忠賢乃勸帝選武閹、鍊火器爲內操，密結大學士沈㴶爲援。又日引帝爲倡優聲伎，狗馬射獵。刑部主事劉宗周首劾之，帝大怒，賴大學士葉向高救免。

初，神宗在位久，怠於政事，章奏多不省。廷臣漸立門戶，以危言激論相尚，國本之爭，指斥宮禁。宰輔大臣爲言者所彈擊，輒引疾避去。吏部郎顧憲成講學東林書院，海內士大夫多附之，「東林」之名自是始。既而「梃擊」、「紅丸」、「移宮」三案起，盈廷如聚訟。與東林忤者，衆目之爲邪黨。天啓初，廢斥殆盡，識者已憂其過激變生。及忠賢勢成，其黨果謀倚之以傾東林。而徐大化、霍維華、孫杰首附忠賢，劉一燝及尚書周嘉謨並爲杰劾去。然是時葉向高、韓爌方輔政，鄒元標、趙南星、王紀、高攀龍等皆居大僚，左光斗、魏大中、黃尊素等在言路，皆力持清議，忠賢未克逞。

二年敍慶陵功，蔭忠賢弟姪錦衣衛指揮僉事。給事中惠世揚、尚書王紀論沈㴶交通客、魏，俱被譴去。會初夏雨雹，周宗建言雹不以時，忠賢讒慝所致。修撰文震孟、太僕少卿滿

朝薦相繼言之，亦俱黜。

三年春，引其私人魏廣微爲大學士。令御史郭鞏訐宗建、一燝、元標及楊漣、周朝瑞等保舉熊廷弼，黨邪誤國。宗建駁鞏受忠賢指揮，御史方大任助宗建攻鞏及忠賢，皆不勝。其秋，詔忠賢及客氏子國興所蔭錦衣官並世襲。兵部尚書董漢儒、給事中程註、御史汪泗論交諫，不從。忠賢益無忌，增置內操萬人，衷甲出入，恣爲威虐。矯詔賜光宗選侍趙氏死。裕妃張氏有娠，客氏譖殺之。又革成妃李氏封。皇后張氏娠，客氏以計墮其胎，帝由此乏嗣。他所害宮嬪馮貴人等，太監王國臣、劉克敬、馬鑑等甚衆。禁掖事秘，莫詳也。是冬，兼掌東廠事。

四年，給事中傅櫆結忠賢甥傅應星爲兄弟，誣奏中書汪文言，並及左光斗、魏大中。下文言鎮撫獄，將大行羅織。掌鎮撫劉僑受葉向高教，止坐文言。忠賢大怒，削僑籍，而以私人許顯純代。是時御史李應昇以內操諫，給事中霍守典以忠賢乞祠額諫，御史劉廷佐以忠賢濫蔭諫，給事中沈惟炳以立枷諫，忠賢皆矯旨詰責。於是副都御史楊漣憤甚，劾忠賢二十四大罪。疏上，忠賢懼，求解於韓爌。爌不應，遂趨帝前泣訴，且辭東廠，而客氏從旁爲剖析，體乾等翼之。帝懵然不辨也。遂溫諭留忠賢，而於次日下漣疏，嚴旨切責。漣既絀，魏大中及給事中陳良訓、許譽卿，撫寧侯朱國弼，南京兵部尚書陳道亨，侍郎岳元聲等七十餘人，交章論忠賢不法。向高及禮部尚書翁正春請遣忠賢歸私第以塞謗，不許。

當是時，忠賢憤甚，欲盡殺異己者。顧秉謙因陰籍其所忌姓名授忠賢，使以次斥逐。王體乾復昌言用廷杖，威脅廷臣。未幾，工部郎中萬燝上疏刺忠賢，立杖死。又以御史林汝翥事辱向高，向高遂致仕去，汝翥亦予杖。廷臣俱大讋。一時罷斥者，吏部尚書趙南星、左都御史高攀龍、吏部侍郎陳于廷及楊漣、左光斗、魏大中等先後數十人，已又逐韓爌及兵部侍郎李邦華。正人去國，紛紛若振槁。乃矯中旨召用例轉科道。以朱童蒙、郭允厚爲太僕少卿，呂鵬雲、孫杰爲大理丞，復霍維華、郭興治爲給事中，徐景濂、賈繼春、楊維垣爲御史，而起徐兆魁、王紹徽、喬應甲、徐紹吉、阮大鋮、陳爾翌、張養素、李應薦、李嵩、楊春懋等，爲之爪牙。未幾，復用擬戍崔呈秀爲御史。呈秀乃造天鑒、同志諸錄，王紹徽亦造點將錄，皆以鄒元標、顧憲成、葉向高、劉一燝等爲魁，盡羅入不附忠賢者，號曰東林黨人，獻於忠賢。忠賢喜，於是羣小益求媚忠賢，攘臂攻東林矣。

初，朝臣爭三案及辛亥、癸亥兩京察與熊廷弼獄事，忠賢本無預。其黨欲藉忠賢力傾諸正人，遂相率歸忠賢，稱義兒，且云：「東林將害翁。」以故，忠賢欲甘心焉。御史張訥、倪文煥，給事中李魯生，工部主事曹欽程等，競搏擊善類爲報復。而御史梁夢環復興汪文言獄，下鎮撫司拷死。許顯純具爰書，詞連趙南星、楊漣等二十餘人，削籍遣戍有差。逮漣及

左光斗、魏大中、周朝瑞、袁化中、顧大章等六人，至牽入熊廷弼案中，掠治死於獄。又殺廷弼，而杖其姻御史吳裕中至死。又削逐尚書李宗延、張問達，侍郎公鼐等五十餘人，朝署一空。而特召亓詩教、劉述祖等爲御史，私人悉不次超擢。於是忠賢之黨徧要津矣。

當是時，東廠番役橫行，所緝訪無論虛實輒糜爛。戚臣李承恩者，寧安大長公主子也，家藏公主賜器。忠賢誣以盜乘輿服御物，論死。中書吳懷賢讀楊漣疏，擊節稱歎。奴告之，斃懷賢，籍其家。武弁蔣應陽爲廷弼訟冤，立誅死。民間偶語，或觸忠賢，輒被擒僇，甚至剝皮、刲舌，所殺不可勝數，道路以目。其年，敍門功，加恩三等，蔭都督同知。又蔭其族叔魏志德都督僉事。擢傅應星爲左都督，且旌其母。而以魏良卿僉書錦衣衛，掌南鎮撫司事。

六年二月，鹵簿大駕成，蔭都督僉事。復使其黨李永貞僞爲浙江太監李實奏，逮治前應天巡撫周起元及江、浙里居諸臣高攀龍、周宗建、繆昌期、周順昌、黃尊素、李應昇等。攀龍赴水死，順昌等六人死獄中。蘇州民見順昌逮，不平，毆殺二校尉，巡撫毛一鷺爲捕顏佩韋等五人悉誅死。刑部尚書徐兆魁治獄，視忠賢所怒，卽坐大辟。又從霍維華言，命顧秉謙等修三朝要典，極意詆諸黨人惡。御史徐復陽請毀講學書院，以絕黨根。御史盧承欽又請立東林黨碑。海內皆屏息喪氣。霍維華遂教忠賢冒邊功矣。

遼陽男子武長春遊妓家，有妄言，東廠擒之。許顯純掠治，故張其辭云：「長春敵間，不獲且爲亂，賴廠臣忠智立奇勳。」詔封忠賢姪良卿爲肅寧伯，賜宅第、莊田，頒鐵券。吏部尚書王紹徽請崇其先世，詔贈忠賢四代如本爵。忠賢又矯詔遣其黨太監劉應坤、陶文、紀用鎭山海關，收攬兵柄。再敍功，廕都督同知，世襲錦衣衞指揮使，各一人。浙江巡撫潘汝楨奏請爲忠賢建祠。倉場總督薛貞言草場火，以忠賢救，得無害。於是頌功德者相繼，諸祠皆自此始矣。

編修吳孔嘉與宗人吳養春有讐，誘養春僕告其主隱占黃山，養春父子瘐死。忠賢遣主事呂下問、評事許志吉先後往徽州籍其家，株蔓殘酷。知府石萬程不忍，削髮去，徽州幾亂。其黨都督張體乾誣揚州知府劉鐸代李承恩謀釋獄，結道士方景陽詛忠賢，鐸竟斬。又以睚眦怨，誣新城侯子錦衣王國興，論斬，並黜主事徐石麒。〔七〕御史門克新誣吳人顧同寅、孫文豸誹謗熊廷弼，坐妖言律斬。又逮侍郎王之宷，斃於獄。凡忠賢所宿恨，若韓爌、張問達、何士晉、程註等，雖已去，必削籍，重或充軍，死必追贓破其家。或忠賢偶忘之，其黨必追論前事，激忠賢怒。

當此之時，內外大權一歸忠賢。內豎自王體乾等外，又有李朝欽、王朝輔、孫進、王國泰、梁棟等三十餘人，爲左右擁護。外廷文臣則崔呈秀、田吉、吳淳夫、李夔龍、〔八〕倪文煥

主謀議，號「五虎」。武臣則田爾耕、許顯純、孫雲鶴、楊寰、崔應元主殺僇，號「五彪」。又吏部尚書周應秋、太僕少卿曹欽程等，號「十狗」。又有「十孩兒」、「四十孫」之號。而爲呈秀輩門下者，又不可數計。自內閣、六部至四方總督、巡撫，徧置死黨。心忌張皇后，其年秋，誣后父張國紀縱奴不法，矯中宮旨，冀搖后。帝爲致奴法，而誚讓國紀。忠賢未慊，復使順天府丞劉志選、御史梁夢環交發國紀罪狀，並言后非國紀女。會王體乾危言沮之，乃止。

其冬，三殿成。李永貞、周應秋奏忠賢功，遂進上公，加恩三等。魏良卿時已晉肅寧侯矣，亦晉寧國公，食祿如魏國公例，再加恩廕錦衣指揮使一人，同知一人。工部尚書薛鳳翔奏給賜第。已而太監陶文奏築喜峰隘口成，督師王之臣奏築山海城，刑部尚書薛貞奏大盜王之錦獄，南京修孝陵工竣，甘鎭奏捷，蕃育署丞張永祚獲盜，並言忠賢區畫方略。忠賢又自奏三年緝捕功，詔書褒奬。半歲中，所廕錦衣指揮使四人、同知三人、僉事一人。授其姪希孟世襲錦衣同知，甥傅之琮、馮繼先並都督僉事，而擢崔呈秀弟凝秀爲薊鎭副總兵。名器僭濫，於是爲極。其同類盡鎭薊、遼，山西宣、大諸阨要地。總兵梁柱朝、楊國棟等歲時賂名馬、珍玩勿絕。

七年春，復以崔文昇總漕運，李明道總河道，胡良輔鎭天津。文昇故侍光宗藥，爲東林所攻者也。海內爭望風獻諂，諸督撫大吏閻鳴泰、劉詔、李精白、姚宗文等，爭頌德立祠，洶

洶若不及。下及武夫、賈豎、諸無賴子亦各建祠。窮極工巧，攘奪民田廬，斬伐墓木，莫敢控愬。而監生陸萬齡至請以忠賢配孔子，以忠賢父配啓聖公。

初，潘汝楨首上疏，御史劉之待會藁遲一日，即削籍。而薊州道胡士容以不具建祠文，遵化道耿如杞入祠不拜，皆下獄論死。故天下風靡，章奏無巨細，輒頌忠賢。宗室若楚王華㷇、中書朱愼鋆，勳戚若豐城侯李永祚，廷臣若尚書邵輔忠、李養德、曹思誠，總督張我續及孫國楨、張翌明、郭允厚、楊維和、李時馨、汪若極、何廷樞、楊維新、陳維新、陳爾翼、郭如闇、郭希禹、徐溶輩，佞詞累牘，不顧羞恥。忠賢亦時加恩澤以報之。所有疏，咸稱「廠臣」不名。大學士黃立極、施鳳來、張瑞圖票旨，亦必曰「朕與廠臣」，無敢名忠賢者。山東產麒麟，巡撫李精白圖象以聞。立極等票旨云：「廠臣修德，故仁獸至。」其誣罔若此。前後賜奬敕無算，誥命皆擬九錫文。

是年自春及秋，忠賢冒款汪燒餅、擒阿班歹羅銕等功，積廕錦衣指揮使至十有七人。其族孫希孔、希孟、希堯、希舜、鵬程，姻戚董芳名、王選、楊六奇、楊祚昌，皆至左、右都督及都督同知、僉事等官。又加客氏弟光先亦都督。魏撫民又從錦衣改尚寶卿。而忠賢志願猶未極，會袁崇煥奏寧遠捷，忠賢乃令周應秋奏封其從孫鵬翼爲安平伯。再敍三大工功，封從子良棟爲東安侯，加良卿太師，鵬翼少師，良棟太子太保。因徧賚諸廷臣，用呈秀爲兵部尚

書兼左都御史，獨絀崇煥功不錄。時鵬翼、良棟皆在襁褓中，未能行步也。良卿至代天子饗南北郊，祭太廟。於是天下皆疑忠賢竊神器矣。

帝性機巧，好親斧鋸髹漆之事，積歲不倦。每引繩削墨時，忠賢輩輒奏事。帝厭之，謬曰：「朕已悉矣，汝輩好爲之。」忠賢以是恣威福惟己意。歲數出，輒坐文軒，羽幢青蓋，四馬若飛，鐃鼓鳴鏑之聲，轟隱黃埃中。錦衣玉帶鞾袴握刀者，夾左右馳，廚傳、優伶、百戲、輿隸相隨屬以萬數。百司章奏，置急足馳白乃下。所過，士大夫遮道拜伏，至呼九千歲，忠賢顧盼未嘗及也。客氏居宮中，脅持皇后，殘虐宮嬪。偶出歸私第，騶從赫奕照衢路，望若鹵簿。忠賢故騃無他長，其黨日夜教之，客氏爲內主，羣凶煽虐，以是毒痛海內。

七年秋八月，熹宗崩，信王立。王素稔忠賢惡，深自儆備，其黨自危。楊所修、楊維垣先攻崔呈秀以嘗帝，主事陸澄原、錢元慤，員外郎史躬盛遂交章論忠賢。帝猶未發。於是嘉興貢生錢嘉徵劾忠賢十大罪：一並帝，二蔑后，三弄兵，四無二祖列宗，五剋削藩封，六無聖，七濫爵，八掩邊功，九朘民，十通關節。疏上，帝召忠賢，使內侍讀之。忠賢大懼，急以重寶啗信邸太監徐應元求解。應元，故忠賢博徒也。帝知之，斥應元。十一月，遂安置忠賢於鳳陽，尋命逮治。忠賢行至阜城，聞之，與李朝欽偕縊死。詔磔其屍，懸首河間。笞殺客氏於浣衣局。魏良卿、侯國興、客光先等並棄市，籍其家。客氏之籍也，於其家得宮女八人，

中華書局

蓋將效呂不韋所爲，人尤疾之。

崇禎二年命大學士韓爌等定逆案，始盡逐忠賢黨，東林諸人復進用。諸麗逆案者日夜圖報復。其後溫體仁、薛國觀輩相繼柄政，潛傾正人，爲翻逆案地。帝亦厭廷臣黨比，復委用中璫。而逆案中阮大鋮等卒肆毒江左，至於滅亡。

王體乾、李永貞、涂文輔，皆忠賢黨。體乾，昌平人，柔佞深險。熹宗初，爲尚膳太監，遷司禮秉筆。王安之辭司禮掌印也，體乾急謀於客、魏奪之，而置安於死。用是，一意附忠賢，爲之盡力。故事，司禮掌印者位東廠上。體乾避忠賢，獨處其下，故忠賢一無所忌。楊漣劾忠賢疏上，帝命體乾誦之，置疏中切要語不讀，漣遂得譴。萬燝之死，出體乾意。忠賢不識字，體乾與永貞等爲之謀主，遇票紅文書及改票，動請御筆，體乾獨奏，忠賢默然也。及忠賢冒陵工、殿工、邊功等賞，體乾、永貞輩亦各廕錦衣官數人。嘗疑選人錢受益、黃願素爲錢謙益、黃尊素兄弟，欲並禁錮，其阿媚忠賢如此。及莊烈帝定逆案，革體乾職，籍其家。

永貞，通州人。萬曆中爲內侍，犯法被繫者十八年，光宗立，得釋。忠賢用事，引其黨諸棟、史賓等爲秉筆。永貞入棟幕，與忠賢掌班劉榮爲死友。棟死，夤緣得通於忠賢，由文書

房陞秉筆太監，匝月五遷，與體乾、文輔及石元雅共爲忠賢心腹。凡章奏入，永貞等先鈔識窾要，白忠賢議行。崔呈秀所獻諸錄，永貞等各置小册袖中，遇有處分，則爭出册告曰：「此某錄中人也。」故無得免者。永貞性貪，督三殿工，治信王邸，所侵沒無算。莊烈帝立，永貞陽引退，行十五萬金於體乾及司禮王永祚、王本政求援。三人惡其反覆，首於帝。永貞懼，遂亡去。既而被獲，謫鳳陽，尋以僞草李實奏，逮至，伏誅。

文輔，初爲客氏子侯國興授讀，諂附忠賢，由司禮秉筆歷掌御馬監，總督太倉、節愼二庫。奪寧安大長公主第爲廨，署曰「戶工總部」。騶從常數百人，部郎以下皆庭參，勢焰出羣閹上。莊烈帝立，復附徐應元，謫南京。

時有劉若愚者，故隸陳矩名下。善書，好學有文。天啓初，李永貞取入內直房，主筆札。永貞多密謀，若愚心識之，不敢與外廷通。忠賢敗，若愚爲楊維垣所劾，充孝陵淨軍。已，御史劉重慶以李實誣高攀龍等七人事劾實。實疏辨言係空印紙，乃忠賢逼取之，令永貞塡書者。帝驗疏，墨在朱上，遂誅永貞，坐若愚大辟。久之，得釋。若愚當忠賢時，祿賜未嘗一及，既幽囚，痛己之冤，而恨體乾、文輔輩之得漏網也，作酌中志以自明，凡四卷，見者憐之。

崔文昇者，鄭貴妃宮中內侍也。光宗立，陞司禮秉筆，掌御藥房。時貴妃進帝美女四人，帝幸焉，既而有疾。文昇用大黃藥，益劇，不視朝。外廷洶洶，皆言文昇受貴妃指，有異謀。給事中楊漣言：「陛下哀毀之餘，萬幾勞瘁。文昇誤用伐藥，又搆造流言，謂侍御蠱惑，損陛下令名。陛下奈何置賊臣於肘腋間哉？」然搆造之說，漣疑文昇誤用藥，故爲此以圖卸罪，其實出於文昇果否，未知也。未幾，光宗服鴻臚丞李可灼紅丸，遂崩。言者交攻可灼及閣臣方從哲，惟御史鄭宗周等直指文昇。給事中魏大中言文昇之惡不下張差，御史吳甡亦謂其罪浮可灼。下廷議，可灼論戍，文昇謫南京。及忠賢用事，召文昇總督漕運兼管河道。莊烈帝卽位，召回。御史吳煥復劾之。疏甫上，文昇卽結同黨伏宮門號哭，聲徹御座。帝大怒，並其黨皆杖一百，充孝陵淨軍。

張彝憲，莊烈帝朝司禮太監也。帝初卽位，鑒魏忠賢禍敗，盡撤諸方鎭守中官，委任大臣。既而廷臣競門戶，兵敗餉絀，不能贊一策，乃思復用近侍。崇禎四年九月，遣王應朝等監視關、寧，又遣王坤宣府，劉文忠大同，劉允中山西，監視軍馬。而以彝憲有心計，令鉤校戶、工二部出入，如涂文輔故事，爲之建署，名曰戶工總理，其權視外總督，內團營提督焉。

給事中宋可久、馮元飈等十餘人論諫，不納。吏部尚書閔洪學率朝臣具公疏爭，帝曰：「苟羣臣殫心爲國，朕何事乎內臣。」衆莫敢對。南京侍郎呂維祺疏責輔臣不能匡救，禮部侍郎李孫宸亦以召對力諫，俱不聽。彝憲遂按行兩部，踞尚書上，命郎中以下謁見。工部侍郎高弘圖不爲下，抗疏乞歸，削籍去。彝憲益驕縱，故勒邊鎭軍器不發。管盔甲主事孫肇興恐稽滯軍事，因劾其悞國。帝命回奏，罪至遣戍。主事金鉉、周鑣皆以諫斥去。工部尚書周士樸以不赴彝憲期，被詰問，罷去。

是時，中璫勢復大振。王坤至宣府，甫踰月，卽劾巡按御史胡良機。帝落良機職，命坤按治。給事中魏呈潤爭之，亦謫外。坤性狂躁敢言，朝中大吏有欲倚之相傾擠者。於是坤抗疏劾修撰陳于泰，謂其盜竊科名，語侵周延儒。給事中傅朝佑言坤妄干彈劾之權，〔九〕且其文詞練達，機鋒挑激，必有陰邪險人主之，其意指溫體仁。帝置不問。左副都御史王志道言：「近者內臣舉動，幾於手握皇綱，而輔臣終不敢一問。至於身被彈擊，猶忍辱不言。何以副明主之知？」皆備責延儒，欲以動帝。帝怒，削其籍。時帝方一意用內臣，故言者多得罪。

至八年八月始下詔曰：「往以廷臣不職，故委寄內侍。今兵制麤立，軍餉稍清，盡撤監視總理。」又明年，命彝憲守備南京，尋死。然帝卒用高起潛輩典兵監鎭，馴至開關延賊，遂底

滅亡。

高起潛，在內侍中，以知兵稱，帝委任之。五年命偕其儕呂直督諸將征孔有德於登州，明年凱旋。時流賊大熾，命太監陳大金、閻思印、謝文舉、孫茂霖等爲內中軍，分入大帥曹文詔、左良玉、張應昌諸營，名曰監軍，在邊鎭者，悉名監視。而起潛得監視寧、錦諸軍。已而諸監多侵剋軍資，臨敵輒擁精兵先遁，諸將亦恥爲之下，緣是皆無功。八年盡撤諸鎭內臣，惟起潛監視如故。

九年七月復遣太監李國輔、〔一〇〕許進忠等分守紫荆、倒馬諸關，孫惟武、劉元斌防馬水河。時兵部尚書張鳳翼出督援軍，宣大總督梁廷棟亦引兵南，特命起潛爲總監，給金三萬、賞功牌千，以司禮大璫張雲漢、韓贊周副之。然起潛實未嘗決一戰，惟割死人首冒功而已。明年，起潛行部視師，令監司以下悉用軍禮。永平道劉景耀、關內道楊於國疏爭，被黜。既而與兵部尚書楊嗣昌比，致宣大總督盧象昇孤軍戰歿，又匿不言狀，人多疾之。

十七年，李自成將犯闕，帝復命起潛監寧、前諸軍，而以杜勳鎭宣府。勳至鎭即降賊。事聞，廷臣請急撤城守太監，忽傳旨云：「杜勳罵賊殉難，予蔭祠。」蓋爲內臣蒙蔽也。未幾，勳

從賊至，自成設黃幄坐廣寧門外，秦、晉二王左右席地坐，勳侍其下，呼城上請入見。守城諸璫縋之上，同入大內，盛稱賊勢，勸帝自爲計。左右請留之，勳曰：「不返，則二王危。」乃縱之出，復縋下，語守城諸璫曰：「吾曹富貴固在也。」俄而城陷，諸璫皆降。及賊敗將遁，乃下令盡逐內豎，無貴賤老弱皆號哭徒跣，破面流血，走出京城門。賊遂捆載其金帛珠寶西去。

初，內臣奉命守城，已有異志，令士卒皆持白楊杖，朱其外，貫鐵環於端使有聲，格擊則折，至是賊卽以其杖驅焉。廣寧門之啓，或曰太監曹化淳獻之，或曰化淳實守東直門，而化淳入國朝，上疏奏辨甚力，時倉卒莫能明也。起潛赴寧、前，中道棄關走。福王召爲京營提督，後亦降於我大清。

王承恩，太監曹化淳名下也，累官司禮秉筆太監。崇禎十七年三月，李自成犯闕，帝命承恩提督京營。是時，事勢已去，城陴守卒寥寥，賊架飛梯攻西直、平則、德勝三門。承恩見賊坎牆，急發礮擊之，連斃數人，而諸璫泄泄自如。帝召承恩，令亟整內官，備親征。夜分，內城陷。天將曙，帝崩於壽皇亭，承恩卽自縊其下。福王時，謚忠愍。本朝賜地六十畝，建祠立碑旌其忠，附葬故主陵側。

方正化，山東人。崇禎時，爲司禮太監。十五年冬，畿輔被兵，命總監保定軍務，有全城功，已而撤還。十七年二月復命出鎭，正化頓首辭，帝不許。又頓首曰：「奴此行萬無能爲，不過一死報主恩爾。」帝亦垂涕遣之。既至，與同知邵宗元等登陴共守。有請事者，但曰：「我方寸已亂，諸公好爲之。」及城陷，擊殺數十人，賊問：「若爲誰？」厲聲曰：「我總監方公也！」賊攢刀斫殺之，其從奄皆死。

時內臣殉難者，更有故司禮掌印太監高時明，司禮秉筆太監李鳳翔，提督諸監局太監褚憲章、張國元四人。督東廠太監王之心家最富，既降，賊勒其貲，拷死。南渡時，建旌忠祠祀諸死難者，以王承恩爲正祀，內臣正化等附祀，而之心亦濫與焉。

校勘記

〔一〕黃州知府趙文煒　趙文煒，本書卷二三七華鈺傳作「趙文煥」。

〔二〕荆州推官華鈺　華鈺，原作「華珏」，據本書卷二三七及明史稿傳一一三華鈺傳，神宗實錄卷三三八、三四三萬曆二十七年八月丁丑、二十八年正月丁卯條改。下同。

〔三〕訐居民徐鼎等掘唐相李林甫妻楊氏墓　徐鼎，本書卷二一六馮琦傳作「徐鼐」。

〔四〕衆乃投奉黨耿文登等十六人於江　十六人，本書卷二三七馮應京傳作「六人」。

〔五〕斃其黨三十七人　三十七人，本書卷二一神宗紀作「三十四人」。

〔六〕參將李獲陽逐殺欽使　李獲陽，原作「李孟陽」，據本書卷二三七華鈺傳、神宗實錄卷四四七萬曆三十六年六月庚申條改。下同。

〔七〕並黜主事徐石麒　徐石麒，原作「徐石麟」，據本書卷二七五徐石麒傳、明史稿傳一七九魏忠賢傳改。

〔八〕李夔龍　原脫「夔」字，據本書卷三〇六崔呈秀傳、明史稿傳卷一七九魏忠賢傳補。

〔九〕給事中傅朝佑言坤妄干彈劾之權　傅朝佑，原作「傅朝佐」，據本書卷三〇八周延儒傳、又卷二五八傅朝佑傳改。

〔一〇〕太監李國輔　李國輔，原作「李輔國」，據本書卷二三莊烈帝紀、國榷卷九五頁五七四七改。

明史卷三百六

列傳第一百九十四

閹黨

明代閹宦之禍酷矣，然非諸黨人附麗之，羽翼之，張其勢而助之攻，虐焰不若是其烈也。中葉以前，士大夫知重名節，雖以王振、汪直之橫，黨與未盛。至劉瑾竊權，焦芳以閣臣首與之比，於是列卿爭先獻媚，而司禮之權居內閣上。迨神宗末年，訛言朋興，羣相敵讎，門戶之爭固結而不可解。凶豎乘其沸潰，盜弄太阿，黠桀渠憸，竄身婦寺。淫刑痡毒，快其惡正醜直之私。衣冠塡於狴犴，善類殞於刀鋸。迄乎惡貫滿盈，亟伸憲典，刑書所麗，迹穢簡編，而遺孽餘燼終以覆國。莊烈帝之定逆案也，以其事付大學士韓爌等，因慨然太息曰：「忠賢不過一人耳，外廷諸臣附之，遂至於此，其罪何可勝誅。」痛乎哉，患得患失之鄙夫，其流毒誠無所窮極也！

今錄自焦芳、張綵以下，迄天啓朝，爲閹黨列傳，用垂鑒誡。其以功名表見，或晚節自蓋，如王驥、王越、楊維垣、張捷之徒，則仍別見焉。

焦芳 劉宇 曹元　張綵 韓福等　顧秉謙 魏廣微等　崔呈秀 吳淳夫等
劉志選 梁夢環等　曹欽程 石三畏等　王紹徽 周應秋　霍維華 徐大化等
閻鳴泰　賈繼春　田爾耕 許顯純

焦芳，泌陽人。天順八年進士。大學士李賢以同鄉故，引爲庶吉士，授編修，進侍講。滿九年考，當遷學士。或語大學士萬安：「不學如芳，亦學士乎？」芳聞大恚曰：「是必彭華間我也。我不學士，且剌華長安道中。」華懼，言於安，乃進芳侍講學士。先是，詔纂文華大訓，進講東宮，其書皆華等所爲。芳恥不與，每進講，故摘其疵，揚言衆中。翰林尙文采，獨芳粗陋無學識，性陰很，動輒議訕，人咸畏避之。尹旻之罷也，芳與其子龍相比，謫桂陽州同知。芳知出華、安二人指，銜次骨。

弘治初，移霍州知州，擢四川提學副使，調湖廣。未幾，遷南京右通政，以憂歸。服闋，授太常少卿兼侍講學士，尋擢禮部右侍郎。怨劉健尼己，日於衆中嫚罵。健判牒不可意，輒引筆抹去，不關白尙書。俄改吏部，轉左侍郎。馬文升爲尙書，芳輒加姍侮，陰結言官，使抨擊素所不快及在己上者。又上言禦邊四事以希進用，爲謝遷所抑，尤憾遷。每言及餘姚、江西人，以遷及華故，肆口詬詈。芳旣積忤廷臣，復銳進，乃深結閹宦以自固，日夜謀逐健、遷，代其位。

正德初，戶部尙書韓文言會計不足。廷議謂理財無奇術，唯勸上節儉。芳知左右有竊聽者，大言曰：「庶民家尙須用度，況縣官耶？諺云『無錢揀故紙』。今天下逋租匿稅何限，不是檢索，而但云損上何也？」武宗聞之大喜。會文升去，遂擢爲吏部尙書。韓文將率九卿劾劉瑾，疏當首吏部，以告芳。芳陰洩其謀於瑾。瑾遂逐文及健、遷輩，而芳以本官兼文淵閣大學士，入閣輔政，累加少師、華蓋殿大學士。居內閣數年，瑾濁亂海內，變置成法，荼毒縉紳，皆芳導之。每過瑾，言必稱千歲，自稱曰門下。裁閱章奏，一阿瑾意。四方賂瑾者先賂芳。

子黃中，亦傲很不學，廷試必欲得第一。李東陽、王鏊爲置二甲首，芳不悅。言於瑾，徑授翰林檢討，俄進編修。芳以黃中故，時時詈東陽。瑾聞之曰：「黃中昨在我家試石榴詩，甚拙，顧恨李耶？」

瑾怒翰林官傲己，欲盡出之外，爲張綵勸沮。及修孝宗實錄成，瑾又持前議，綵復力沮。而芳父子與檢討段炅輩，教瑾以擴充政事爲名，乃盡出編修顧淸等二十餘人於部曹。

有司應詔舉懷材抱德之士，以餘姚人周禮、徐子元、許龍，上虞人徐文彪四人名上。瑾以禮等皆遷鄉人，而詔草出健，因下四人詔獄，欲併逮健、遷。東陽力解之。芳厲聲曰：「縱貰其罪，不當除名耶？」乃黜健、遷爲民，而榜逐餘姚人之爲京官者。

滿剌加使臣亞劉，本江西萬安人，名蕭明舉。以罪叛入其國，與其國人端亞智等來朝。旣又謀入浡泥國索寶，且殺亞智等。事聞，方下所司勘奏。芳卽署其尾曰：「江西土俗，故多玩法，如彭華、尹直、徐瓊、李孜省、黃景等，多被物議。宜裁減解額五十名，通籍者勿選京職，著爲令。」且言：「王安石禍宋，吳澄仕元，宜榜其罪，使他日毋得濫用江西人。」楊廷和解之曰：「以一盜故，禍連一方，至裁解額矣。宋、元人物，亦欲併案耶？」乃止。

芳深惡南人，每退一南人，輒喜。雖論古人，亦必詆南而譽北，嘗作南人不可爲相圖進瑾。其總裁孝宗實錄，若何喬新、彭韶、謝遷皆肆醜詆，自喜曰：「今朝廷之上，誰如我直者。」

始張綵爲郎時，芳力薦以悅瑾，覬其爲奸利。比綵爲尙書，芳父子薦人無虛日，綵時有同異，遂有隙。而段炅見瑾暱綵，芳勢稍衰，轉附綵，盡發芳陰事於瑾。瑾大怒，數於衆中斥芳父子。芳不得已，乃乞歸。

黃中亦匄閣廕，以侍讀隨父還。瑾敗，給事、御史交劾，削其官，黜黃中爲民。久之，芳使黃中齎金寶遺權貴，上章求湔雪復官，爲吏科所駁。於是吏部覆奏，請械繫黃中法司，以彰天討。黃中狼狽遁走。

芳居第宏麗，治作勞數郡。大盜趙鐩入泌陽，火之，發窖多得其藏金，乃盡掘其先人塚墓，雜燒以牛馬骨。求芳父子不得，取芳衣冠被庭樹，拔劍斫其首，使羣盜靡之，[二]曰：「吾爲天子誅此賊。」鐩後臨刑歎曰：「吾不能手刃焦芳父子以謝天下，死有餘恨！」瑾從孫二漢當死，[三]亦曰：「吾死固當，第吾家所爲，皆焦芳與張綵耳。今綵與我處極刑，而芳獨晏然，豈非冤哉。」芳父子竟良死。

劉宇，字至大，鈞州人。成化八年進士。由知縣入爲御史，坐事謫，累遷山東按察使。弘治中，以大學士劉健薦，擢右僉都御史，巡撫大同，召爲左副都御史。正德改元，吏部尚書馬文升薦之，進右都御史，總督宣府、大同、山西軍務。宇初撫大同，私市善馬賂權要。兵部尚書劉大夏因孝宗召見，語及之。帝密遣錦衣百戶邵琪往察，宇厚賂琪，爲之抵諱。後大夏再召對，帝曰：「健薦宇才堪大用，以朕觀之，此小人，豈可用哉？由是知內閣亦未可盡信也。」宇聞，以大夏不爲己地，深憾之。

劉瑾用事，宇介焦芳以結瑾。二年正月入爲左都御史。瑾好摧折臺諫，宇緣其意，請

敕箝制御史，有小過輒加笞辱，瑾以爲賢。瑾初通賄，望不過數百金，宇首以萬金贄，瑾大喜曰：「劉先生何厚我。」尋轉兵部尚書，加太子太傅。子仁應殿試，求一甲不得。厚賄瑾，內批授庶吉士，踰年遷編修。

時許進爲吏部尚書，宇讒於瑾，遂代其位，而曹元代宇爲兵部。宇在兵部時，賄賂狼籍。及爲吏部，權歸選郎張綵，而文吏賄遺又不若武弁，嘗悒悒歎曰：「兵部自佳，何必吏部也。」後瑾欲用綵代宇，乃令宇以原官兼文淵閣大學士。宇宴瑾閣中，極驩，大喜過望。明日將入閣辦事。瑾曰：「爾眞欲相耶？此地豈可再入。」宇不得已，乃乞省墓去。踰年瑾誅，科道交章劾奏，削官致仕，子仁黜爲民。

曹元，字以貞，大寧前衞人。柔佞滑稽，不修士行。舉成化十一年進士。授工部主事。正德二年累遷右副都御史，巡撫甘肅。分守中官張昭奉命捕虎豹，元以軍士出境搜捕，恐啓邊釁，上疏請止，不從。改撫陝西。踰年，召爲兵部右侍郎，轉左，尋代宇爲尚書兼督團營，加太子少保。將校遷除，皆惟瑾命。元所入亦不貲。五年拜吏部尚書兼文淵閣大學士。元與劉瑾有連，自瑾侍東宮，即與相結。及瑾得志，遂夤緣躐至卿相，然瑣瑣無能，在閣中飲酒諧謔而已。瑾敗，元即日上疏請罪，詞極哀。詔許致仕，言官交劾，黜爲民。元無子，病

中自作墓志，歎曰：「我死，誰銘我者！」

當劉瑾時，廷臣黨附者甚衆。瑾誅，言官交劾。內閣則焦芳、劉宇、曹元。尚書則吏部張綵，戶部劉璣，兵部王敞，刑部劉璟，工部畢亨，南京戶部張澯，禮部朱恩，刑部劉纓，工部李善。侍郎則吏部柴昇、李瀚，前戶部韓福，禮部李遜學，兵部陸完、陳震，刑部張子麟，工部崔巖、夏昂、胡諒，南京禮部常麟，工部張志淳。都察院則副都御史楊綸，僉都御史蕭選。巡撫則順天劉聰、應天魏訥、宣府楊武、保定徐以貞、大同張綸、淮揚屈直、兩廣林廷選，操江王彥奇。前總督文貴、馬炳然。大理寺則卿張綸，少卿董恬，丞蔡中孚、張檜。通政司則通政吳釴、王雲鳳，參議張龍。太常則少卿楊廷儀、劉介。尚寶卿則吳世忠，丞屈銓。府尹則陳良器，府丞則石祿。翰林則侍讀焦黃中，修撰康海，編修劉仁，檢討段炅。吏部郎則王九思、王納誨。給事中則李憲、段豸。御史則薛鳳鳴、朱袞、秦昂、宇文鍾、崔哲、李紀、周琳。其他郎署監司又十餘人。於是綵論死，福謫戍，元、恩、震、聰、訥、武、恬、介、黃中、海、仁、憲、鳳鳴、鍾除名，亨、昂閒住，善、巖、諒、志淳、綸、直、彥奇、良器、哲致仕，選、以貞、綸、中孚、龍、祿、銓、炅、豸、袞、紀、琳、九思、納誨謫外，朝署爲清。

張綵，安定人。弘治三年進士。授吏部主事，歷文選司郎中。綵議論便利，善伺權貴指。初矯飾徼聲譽，尚書馬文升等皆愛之。給事中劉蒞嘗劾其顚倒選法數事，文升悉爲辯析，且譽其聰明剛正，爲上下所推服。詔令辦事如故。綵即五疏移疾去，文升固留不得，時論稱之。越數日，給事中李貫薦綵有將略。楊一清總制三邊，亦薦綵自代。而焦芳以綵與劉瑾同鄉，力薦於瑾。瑾欲致之，因著令，病過期不赴者，斥爲民。綵乃就道。既見瑾，高冠鮮衣，貌白晳修偉，鬚眉蔚然，詞辯泉湧。瑾大敬愛，執手移時，曰：「子神人也，我何以得遇子！」時文選郎劉永已遷通政，次當驗封郎石確。疏既入，瑾令尚書許進追原疏，以綵易之。綵自是一意事瑾。瑾惡進不附己，綵因媒孽去進，以劉宇代之。宇雖爲尚書，銓政率由綵，多不關白宇，即白宇，宇必溫言降接。綵抱案立語，宇俯僂不敢當。居文選半載，擢左僉都御史，與戶部右侍郎韓鼎同廷謝。鼎老，拜起不如儀，爲谷大用、張永輩所竊笑。瑾方慚，而綵丰采英毅，大用等皆稱羨，瑾乃喜。越二日罷鼎，而綵踰年超拜吏部右侍郎。鼎，合水人。弘治時，爲給事中，負直聲。後遷右通政，治水安平有勞績，以通政使家居。至是爲瑾所引，復挫歸，遂失其素望。

瑾欲大貴綵，乃命劉宇入內閣，以綵代之。一歲中，自郎署長六卿。僚友守官如故，咸

惴惴白事尚書前，綵厲色無所假借。尋加太子少保。每瑾出休沐，公卿往候，自辰至晡未得見。綵故徐徐來，直入瑾小閣，歡飲而出，始揖衆人。衆以是益畏綵，見綵如瑾禮。綵與朝臣言，呼瑾爲老者。凡所言，瑾無不從。因不時考察內外官，糾摘嚴急，間一用薄罰，而諸司臺諫謫辱日甚。變亂舊格，賄賂肆行，海內金帛奇貨相望塗巷間。性尤漁色。撫州知府劉介，其鄉人也，娶妾美。綵特擢介太常少卿，盛服往賀曰：「子何以報我？」介皇恐謝曰：「一身外，皆公物。」綵曰：「命之矣。」卽使人直入內，牽其妾，輿載而去。又聞平陽知府張恕妾美，索之不肯，令御史張綸按致其罪，擬戍。恕獻妾，始得論減。

綵既銜瑾恩，見瑾擅權久，貪冒無厭，天下怨之，因乘間說曰：「公亦知賄入所自乎？非盜官帑，卽剝小民。彼借公名自厚，入公者未十一，而怨悉歸公，何以謝天下？」瑾大然之。會御史胡節巡按山東還，厚遺瑾。瑾發之，捕節下獄。少監李宣、侍郎張鸞、指揮同知趙良按事福建還，餽瑾白金二萬。瑾疏納金於官，而按三人罪。其他因賄得禍者甚衆。苛斂之害爲少衰，中外或稱綵能導瑾爲善矣。及瑾伏誅，綵以交結近侍論死，遇赦當免。改擬同瑾謀反，瘐死獄中，仍剉屍於市，籍其家，妻子流海南。

韓福者，西安前衛人也。成化十七年進士。爲御史，按宣府、大同，數條奏軍民利病，

邊人悅之。弘治中，遷大名知府，奸盜屏跡，道不拾遺，政績爲畿輔冠。以卓異舉，遷浙江左參政，病免。

武宗立，言官交薦，召爲大理右少卿。正德二年以右僉都御史督蘇、松糧儲。未幾，召入爲右副都御史。坐累，下詔獄。獄上，劉瑾以同鄉故，立命出之。召與語，大悅，卽用爲戶部左侍郎。福故强幹吏，所在著能聲。至是受挫，爲瑾所拔擢，遂精心事瑾，爲效力。瑾亦時召與謀，委寄亞於綵。會湖廣以缺餉告，命兼僉都御史往理之。瑾喜操切，福希指，益務爲嚴苛。湖廣民租自弘治改元後，逋六百餘萬石，皆遇災蠲免。福欲追徵之，劾所司催科不力，自巡撫鄭時以下凡千二百人。奏至，舉朝駭愕，戶部尚書劉璣等議如福言。瑾忽怒福，取詔旨報曰：「湖廣軍民困敝，朕甚憫之。福任意苛斂，甚不稱朕意，令自劾，吏部舉堪代者以聞。」福引罪求罷，乃召還。四年復命覈遼東屯田。福性故刻深，所攜同知劉玉等又奉行過當。軍士不能堪，焚掠將吏及諸大姓家。守臣發帑撫慰之，亂始定。給事中徐仁等極論之。瑾迫公議，勒福致仕。明年瑾敗，籍其貲，則福在湖廣時所餽白金數十萬兩，封識宛然，遂遣戍固原。

李憲，岐山人。爲吏科給事中，諂事瑾，每率衆請事於瑾，盛氣獨前，自號六科都給事中。時袖白金示同列曰：「此劉公所遺也。」瑾敗，憲禍及，亦劾瑾六事。瑾在獄，笑曰：「李憲亦劾我乎？」卒坐除名。

張龍，順天人。官行人，邪媚無賴，與壽寧侯通譜系，因得交諸中人、貴戚，恃勢奪人田宅。正德三年夤緣爲兵科給事中，出覈遼東軍餉，得腐豆四石。請逮問監守諸臣，罰郎中徐璉以下米三百石有差。瑾以爲能，擢通政參議。瑾敗，謫知灤州。後又結朱寧爲父，起嘉興同知，遷登州知府。言官彈射無虛月。與山西左布政使倪天民、右布政使陳逵、右參議孫清並貪殘，天下目爲「四害」。龍朝覲入都，中旨擢右通政，爲寧通中外賄，所乾沒不貲。嘉靖初，下獄論死。

顧秉謙，崑山人。萬曆二十三年進士。改庶吉士，累官禮部右侍郎，教習庶吉士。天啓元年晉禮部尚書，掌詹事府事。二年，魏忠賢用事，言官周宗建等首劾之。忠賢於是謀結外廷諸臣，秉謙及魏廣微率先諂附，霍維華、孫杰之徒從而和之。明年春，秉謙、廣微遂與朱國禎、朱延禧俱入參機務。

廣微，南樂人，侍郎允貞子也。萬曆三十二年進士。由庶吉士歷南京禮部侍郎。忠賢

用事，以同鄉同姓潛結之，遂召拜禮部尚書。至是，與秉謙俱以原官兼東閣大學士。

七月，秉謙晉太子太保，改文淵閣。十一月晉少保、太子太傅。五年正月晉少傅、太子太師、吏部尚書，改建極殿。九月晉少師。

秉謙爲人，庸劣無恥，而廣微陰狡。趙南星與其父允貞友善，嘗歎曰：「見泉無子。」見泉，允貞別號也。廣微聞之，恨刺骨。既柄政，三及南星門，閽人辭不見。廣微怫然曰：「他人可拒，相公尊，不可拒也。」益恨南星。楊漣之劾忠賢二十四罪也，忠賢懼，屬廣微爲調旨，一如忠賢意。而秉謙以漣疏有「門生宰相」語，怒甚。會孟冬饗廟，且頒朔，廣微偃蹇後至，給事中魏大中、御史李應昇連劾之。廣微益憤，遂決意傾善類，與秉謙謀盡逐諸正人，點縉紳便覽一册，若葉向高、韓爌、何如寵、成基命、繆昌期、姚希孟、陳子壯、侯恪、趙南星、高攀龍、喬允升、李邦華、鄭三俊、楊漣、左光斗、魏大中、黃尊素、周宗建、李應昇等百餘人，目爲邪黨，而以黃克纘、王永光、徐大化、賈繼春、霍維華等六十餘人爲正人，由閹人王朝用進之，俾據是爲黜陟。忠賢得內閣爲羽翼，勢益張。秉謙、廣微亦曲奉忠賢，若奴役然。

葉向高、韓爌相繼罷，何宗彥卒，秉謙遂爲首輔。自四年十二月至六年九月，凡傾害忠直，皆秉謙票擬。三朝要典之作，秉謙爲總裁，復擬御製序冠其首，欲用是鉗天下口。朝廷有一舉動，輒擬旨歸美忠賢，褒贊不已。廣微以札通忠賢，簽其函曰「內閣家報」，時稱曰

「外魏公」。先是，內閣調旨，惟出首輔一人，餘但參議論而已。廣微欲擅柄，謀之忠賢，令衆輔分任，政權始分，後遂沿爲故事。

楊漣等六人之逮也，廣微實與其謀，秉謙調嚴旨，五日一追比。尚書崔景榮懼其立死杖下，亟請廣微諫止。廣微不自安，疏言：「漣等在今日，誠爲有罪之人，在前日實爲卿寺之佐。縱使贓私果眞，亦當轉付法司，據律論罪，豈可逐日嚴刑，令鎭撫追贓乎？身非木石，重刑之下，就死直須臾耳。以理刑之職，使之追贓，官守安在？勿論傷好生之仁，抑且違祖宗之制，將朝政日亂，與古之帝王大不相侔矣。」疏入，大忤忠賢意。廣微懼，急出景榮手書自明，而忠賢怒已不可解。乃具疏乞休，不許。居兩月，矯詔切責廷臣，中言「朕方率循舊章，而曰『朝政日亂』，朕方祖述堯、舜，而曰『大不相侔』」，蓋卽指廣微疏語。廣微益懼，丐秉謙爲解，忠賢意少釋。然廣微卒不自安，復三疏乞休，五年八月許之去。〔三〕廣微先已加少保、太子太傅，改吏部尚書、建極殿大學士，至是復加少傅、太子太師，廕子中書舍人，賜白金百、坐蟒一、綵幣四表裏，乘傳，行人護歸。典禮優渥，猶用前好故也。居二年，卒於家，賵太傅，恤典如制。

秉謙票擬，事事徇忠賢指。初矯旨罪主考丁乾學，又調旨殺漣、光斗等。惟周順昌、李應昇等下詔獄，秉謙請付法司，毋令死非其罪。內臣出鎭，秉謙撰上諭，已復與丁紹軾請

罷。二事微有執爭。馮銓既入閣，同黨中日夜交軋，羣小亦各有所左右。秉謙不自安，屢疏乞休，後廣微一年致仕去。崇禎元年，爲言官祖重曄、徐尚勳、汪應元所糾，命削籍。已，坐交結近侍，入逆案中，論徒三年，贖爲民。二年，崑山民積怨秉謙，聚衆焚掠其家。秉謙年八十，倉皇竄漁舟得免，乃獻窖藏銀四萬於朝，寄居他縣以死。廣微亦追論削奪，列逆案遣戍中。

自秉謙、廣微當國，政歸忠賢。其後入閣者黃立極、施鳳來、張瑞圖之屬，皆依媚取容，名麗逆案。

黃立極，字中五，元城人。萬曆三十二年進士。累官少詹事、禮部侍郎。天啓五年八月，忠賢以同鄉故，擢禮部尚書兼東閣大學士，與丁紹軾、周如磐、馮銓並參機務。時魏廣微、顧秉謙皆以附忠賢居政府。未幾廣微去，如磐卒。明年夏，紹軾亦卒，銓罷。其秋，施鳳來、張瑞圖、李國𣳾入。已而秉謙乞歸，立極遂爲首輔。

施鳳來，平湖人。張瑞圖，晉江人。皆萬曆三十五年進士。鳳來殿試第二，瑞圖第三，同授編修，同積官少詹事兼禮部侍郎，同以禮部尚書入閣。鳳來素無節槪，以和柔媚於世。瑞圖會試策言：「古之用人者，初不設君子小人之名，分別起於仲尼。」其悖妄如此。忠賢生祠碑文，多其手書。莊烈帝卽位，山陰監生胡煥猷劾立極、鳳來、瑞圖、國𣳾等：「身居揆席，漫無主持。甚至顧命之重臣，斃於詔獄；五等之爵，尙公之尊，加於閹寺；而生祠碑頌，靡所不至。律以逢奸之罪，夫復何辭？」帝爲除煥猷名，下吏。立極等內不自安，各上疏求罷，帝猶優詔報之。十一月，立極乞休去，來宗道、楊景辰並入閣，鳳來爲首輔。御史羅元賓復疏糾，鳳來、瑞圖俱告歸。

宗道，蕭山人。立極同年進士，累官太子太保、禮部尚書，以本官兼內閣大學士，預機務。宗道官禮部時，爲崔呈秀父請卹典，中有「在天之靈」語。編修倪元璐屢疏爭時事，宗道笑曰：「渠何事多言，詞林故事，止香茗耳。」時謂宗道淸客宰相云。

景辰，瑞圖同縣人。萬曆四十一年進士。積官吏部右侍郎，與宗道同入閣。官翰林時，爲要典副總裁，一徇奸黨指，又三疏頌忠賢。及朝局已變，乃請燬要典，給事、御史交劾之，與宗道同日罷。

其後定逆案，瑞圖、宗道初不與，莊烈帝詰之，韓爌等對無實狀。帝曰：「瑞圖爲忠賢書碑，宗道稱呈秀父『在天之靈』，非實狀耶？」乃以瑞圖、宗道與顧秉謙、馮銓等坐贖徒爲民，而立極、鳳來、景辰落職閒住。

崔呈秀，薊州人。萬曆四十一年進士。授行人。天啓初，擢御史，巡按淮、揚。卑污狡獪，不修士行。見東林勢方盛，將出都，力薦李三才，求入其黨，東林拒不納。在淮、揚，贓私狼籍。霍丘知縣鄭延祚貪，將劾之，以千金賄免。延祚知其易與，再行千金，卽薦之。其行事多類此。

四年九月還朝，高攀龍爲都御史，盡發其貪污狀。吏部尚書趙南星議戍之，詔革職候勘。呈秀大窘，夜走魏忠賢所，叩頭乞哀，言攀龍、南星皆東林，挾私排陷，復叩頭涕泣，乞爲養子。當是時，忠賢爲廷臣交攻，憤甚，方思得外廷爲助。涿州人馮銓，少年官侍從家居，與熊廷弼有隙，遺書魏良卿勸興大獄。忠賢冀假事端傾陷諸害已者，得呈秀，恨相見晚，遂用爲腹心，日與計畫。

明年正月，給事中李恒茂爲呈秀訟冤。中旨卽言呈秀被誣，復其官。呈秀乃首疏薦張鶴鳴、申用懋、王永光、商周祚、許弘綱等；而再疏請令京官自陳，由是淸流多屛斥。尋督三殿工，忠賢以閱工故，日至外朝。呈秀必屛人密語，以間進同志諸錄，皆東林黨人。又進天鑒錄，皆不附東林者。令忠賢憑以黜陟，善類爲一空。暮夜乞憐者，莫不緣呈秀以進，蠅集蟻附，其門如市。累擢工部右侍郎並兼御史，督工如故。御史田景新言，侍郎兼御史非

便，請改僉都御史，從之。

忠賢嘗修鄉縣肅寧城，呈秀首上疏稱美。六年二月，復疏頌忠賢督工功，請賜敕獎諭，末言：「臣非行媚中官者，目前千譏萬罵，臣固甘之。」疏出，朝野轟笑。閣臣顧秉謙輩撰敕八百餘言，褒忠賢，極口揚詡，前代九錫文不能過也。自是，中外章疏，無不頌忠賢功德者矣。時方創三朝要典，呈秀疏陳要典之源，追論並封、妖書、之藩三事，凡擁衞光宗者，悉加醜詆。忠賢悅，宣付史館。其年七月，進本部尚書。十月，皇極殿成，加太子太保兼左都御史，仍督大工。母死，不奔喪，奪情視事。

呈秀負忠賢寵，嗜利彌甚。朝士多拜爲門下士，以通於忠賢。其不附己及勢位相軋者，輒使其黨排去之，時有「五虎」之目，以呈秀爲魁。諸所傾陷，不可悉數，雖其黨亦深畏之。子鐸不能文，屬考官孫之獬，獲鄉薦。用其弟凝秀爲浙江總兵官，女夫張元芳爲吏部主事，妾弟優人蕭惟中爲密雲參將，所司皆不敢違。

明年八月冒寧、錦功，加太子太傅。俄敍三殿功，加少傅，世廕錦衣指揮僉事。其月遷兵部尚書，仍兼左都御史，並綰兩篆，握兵權憲紀，出入烜赫，勢傾朝野。無何，熹宗崩，廷臣入臨。內使十餘人傳呼崔尚書甚急，廷臣相顧愕眙。呈秀入見忠賢，密謀久之，語秘不得聞。或言忠賢欲篡位，呈秀以時未可，止之也。

莊烈帝即位，其黨知忠賢必敗，內相攜。副都御史楊所修首請允呈秀守制，御史楊維垣、賈繼春相繼力攻，呈秀乞罷。帝猶慰留。章三上，溫旨令乘傳歸。已而言者劾呈秀及工部尚書吳淳夫、兵部尚書田吉、太常卿倪文煥、副都御史李夔龍，號稱「五虎」，宜肆市朝。詔逮治，籍其貲。時忠賢已死，呈秀知不免，列姬妾，羅諸奇異珍寶，呼酒痛飲，盡一卮即擲壞之，飲已自縊。詔戮其屍，子鐸除名，弟凝秀遣戍。後定逆案，以呈秀爲首。

淳夫，晉江人。萬曆三十八年進士。歷官陝西僉事，以京察罷。五年夤緣起兵部郎中，與文煥、吉、夔龍並由呈秀進，爲忠賢義子。大學士馮銓釋褐十三年登宰輔，爲忠賢所暱。呈秀妬之，淳夫即爲攻銓。六年冬，擢太僕少卿，視職方事。旋擢太僕卿，歷工部添注右侍郎。冒寧、錦及三殿功，累進工部尚書，加太子太傅。歲中六遷，至極品。

倪文煥，江都人。由進士授行人，擢御史，巡視南城。山東多大猾，事發則走匿京師。參政王維章數牒文煥，文煥納其賄，反劾罷維章。嘗誤撻皇城守卒，爲中官所糾，大懼，走謁呈秀求救，遂引入忠賢幕，爲鷹犬。首劾兵部侍郎李邦華，御史李日宣，吏部員外郎周順昌、林枝橋。〔四〕再劾戶部侍郎孫居相、御史夏之令及故吏部尚書崔景榮、吏部尚書李宗延等數十人。輕者削奪，重者拷死。呈秀首頌忠賢，文煥即繼之。出按畿輔，爲忠賢建三祠。

河南道缺掌印官，呈秀爲懸缺待文煥，至越十餘人任之。冒寧、錦、殿功，加太僕卿，掌道如故。尋改太常卿。忠賢敗，文煥懼，乞終養歸。

田吉者，故城人。萬曆三十八年廷對懷挾，罰三科，以縣佐錄用。已，補試，由知縣歷兵部郎中。六年冬，遷淮揚參議，取中旨，擢太常少卿，視職方事。明年擢太常卿。未匝歲，連擢至兵部尚書，加太子太保。諸逆黨超擢，未有如吉者。

李夔龍，福建南安人。由進士歷吏部主事，被劾罷去。天啓五年夤緣復官，進郎中。專承呈秀指，引用邪人以媚忠賢。擢太常少卿，仍署選事。尋還左僉都御史。三殿成，進左副都御史。

莊烈帝嗣位，淳夫、文煥、吉、夔龍並以上林典簿樊維城、戶部員外郎王守履言，逮治論死。

方忠賢敗時，莊烈帝納廷臣言，將定從逆案。大學士韓爌、李標、錢龍錫不欲廣搜樹怨，僅以四五十人上。帝少之，令再議，又以數十人上。帝不懌，令以贊導、擁戴、頌美、諂附爲目，且曰：「內侍同惡者亦當入。」爌等以不知內侍對，帝曰：「豈皆不知，特畏任怨耳。」閱日，召入便殿，案有布囊，盛章疏甚夥，指之曰：「此皆奸黨頌疏，可案名悉入。」爌等知帝

意不可回，乃曰：「臣等職在調旨，三尺法非所習。」帝召吏部尚書王永光問之，永光以不習刑名對，乃詔刑部尚書喬允升、左都御史曹于汴同事，於是案名羅列無脫遺者。崇禎二年三月上之，帝爲詔書頒示天下。

首逆凌遲者二人：魏忠賢，客氏。

首逆同謀決不待時者六人：呈秀及魏良卿，客氏子都督侯國興，太監李永貞、李朝欽、劉若愚。

交結近侍秋後處決者十九人：劉志選、梁夢環、倪文煥、田吉、劉詔、薛貞、吳淳夫、李夔龍、曹欽程，大理寺正許志吉，順天府通判孫如冽，國子監生陸萬齡，豐城侯李承祚，都督田爾耕、許顯純、崔應元、楊寰、孫雲鶴、張體乾。

結交近侍次等充軍者十一人：魏廣微、周應秋、閻鳴泰、霍維華、徐大化、潘汝禎、李魯生、楊維垣、張訥，都督郭欽，孝陵衞指揮李之才。

交結近侍又次等論徒三年輸贖爲民者：大學士顧秉謙、馮銓、張瑞圖、來宗道，尚書王紹徽、郭允厚、〔五〕張我續、曹爾禎、孟紹虞、馮嘉會、李春曄、邵輔忠、呂純如、徐兆魁、薛鳳翔、孫杰、楊夢袞、李養德、劉廷元、曹思誠，南京尚書范濟世、張樸，總督尚書黃運泰、郭尚友、李從心，巡撫尚書李精白等一百二十九人。

交結近侍減等革職閒住者，黃立極等四十四人。

忠賢親屬及內官黨附者又五十餘人。

案既定，其黨日謀更翻，王永光、溫體仁陰主之，帝持之堅，不能動。其後，張捷薦呂純如，被劾去。唐世濟薦霍維華，福建巡按應喜臣薦部內閒住通政使周維京，罪至謫戍。其黨乃不敢言。福王時，阮大鋮冒定策功，起用，其案始翻。於是太僕少卿楊維垣、徐景濂，給事中虞廷陛、郭如闇，御史周昌晉、陳以瑞、徐復陽，編修吳孔嘉，參政虞大復輩相繼而起，國亡乃止。

劉志選，慈谿人。萬曆中，與葉向高同舉進士。授刑部主事，偕同官劉復初、李懋檜爭鄭貴妃、王恭妃册封事。後懋檜因給事中邵庶請禁諸曹言事，抗疏力爭，貶二秩。志選言：「陛下謫懋檜，使人箝口結舌，蒙蔽耳目，非國家福也。」帝怒，謫福寧州判官。稍遷合肥知縣，以大計罷歸，家居三十年。

光宗、熹宗相繼立，諸建言得罪者盡起，志選獨以計典不獲與。會向高赴召，道杭州，志選與遊宴彌月。還朝，用爲南京工部主事，進郎中。時已七十餘，嗜進彌銳，上疏追論

「紅丸」，極詆孫慎行不道。魏忠賢喜，天啓五年九月召爲尚寶少卿。在道，復力攻慎行，遂幷及向高。忠賢益喜，出兩疏宣史館。

明年擢順天府丞。冬十月遂上疏劾張國紀。國紀者，后父也。忠賢忌后賢明，欲傾之。會有張匿名榜於厚載門者，列忠賢反狀，幷其黨七十餘人。忠賢疑出國紀及被逐諸人手。邵輔忠、孫杰謀因此興大獄，盡殺東林諸人，而借國紀以搖中宮，事成則立魏良卿女爲后，草一疏，募人上之。諸人慮禍不敢承。志選惑家人言，謂己老必先忠賢死，竟上之。極論國紀罪，而末言「毋令人訾及丹山之穴、藍田之種」。蓋前有死囚孫二言張后己所生，非國紀女也。疏上，事叵測。帝伉儷情篤，但令國紀自新而已。后爲故司禮劉克敬所選，忠賢遷怒克敬，謫發鳳陽，縊殺之。

未幾，志選疏頌要典，言：「命德討罪，無微不彰，卽堯、舜之放四凶，舉元、愷，何以加焉，洵游、夏無能贊一詞者。」因力詆王之寀、孫慎行、楊漣、左光斗，而極譽劉廷元、岳駿聲、黃克纘、徐景濂、范濟世、賈繼春幷及傅櫆、陳九疇。且言：「慷慨憂時，力障狂瀾於旣倒者，魏廣微也，當還之揆席，以繼五臣之盛事。赤忠報國，弼成亘典於不日者，廠臣也，當增入簡端，以揚一德之休風。」又言：「之寀宜正典刑，慎行宜加譴戍。」忠賢大悅，於是駿聲等超擢，之寀被逮，慎行遣戍，悉如志選言。

七年擢右僉都御史，提督操江。其年，熹宗崩，忠賢敗，言官交劾，詔削籍。後定逆案，律無傾搖國母文，坐子罵母律，與梁夢環幷論死。志選先自經。

梁夢環，廣東順德人。舉進士。歷官御史。父事忠賢，與汪文言獄，殺楊漣等。出巡山海關，會寧遠敘功，崔呈秀不獲與，夢環力敘其賢勞，遂進侍郎。劾熊廷弼乾沒軍資十七萬，廷弼已死，家益破。志選之劾國紀也，忠賢意未逞。夢環偵知之，七年二月馳疏極論國紀罪，且故詰「丹山、藍田」二語，冀傾后。顧事重，忠賢亦不能驟行，而國紀竟勒還籍。夢環建祠祀忠賢，三疏頌功德。寧、錦之役，復稱忠賢「德被四方，勳高百代」，於是有安平之封，夢環擢太僕卿。

又劉詔者，杞縣人。萬曆四十七年進士。授盧龍知縣。天啓二年超擢山東僉事。七年代閻鳴泰總督薊、遼、保定軍務。尋進兵部尚書，加太子太保。詔嗜利無恥，父事忠賢。忠賢敗，僅罷官聽勘。御史高弘圖言：「傾危社稷，搖動宮闈，如詔及劉志選、梁夢環三賊者，罪實浮於『五虎』『五彪』，而天討未加。且詔建祠薊州，迎忠賢像，五拜三稽首，呼九千歲。及聞先帝彌留，詔卽整兵三千，易置將領，用崔呈秀所親蕭惟中主鄭騎，直接都門，此其意何爲。」由是三人皆被逮，論死。

邵輔忠，定海人。萬曆二十三年進士。爲工部郎中，首劾李三才貪險假橫四大罪。尋謝病去，久之起故官。天啓五年附忠賢，驟遷至兵部尚書，視侍郎事。諸奸黨攻擊正人，多其所主使。七年三月護桂王之藩衡州，加太子太保。還朝，時事已變，移疾歸。尋麗逆案，贖徒爲民。

孫杰，錢塘人。萬曆四十一年進士。官刑科右給事中，以附忠賢劾劉一燝、周嘉謨，爲清議所棄。出爲江西參議，引疾歸。忠賢召爲大理丞，累擢工部右侍郎。大學士馮銓由李魯生、李蕃擁戴爲首輔，素與崔呈秀暱。而杰與霍維華以呈秀最得忠賢歡，欲令入閣，謀之吳淳夫等，先擊去銓。又恐王紹徽爲吏部，不肯推呈秀，令袁鯨疏攻紹徽，而龔萃肅上閣臣內外兼用疏以堅之。自是，魯生、蕃與杰等分途，其黨日相軋矣。杰官亦至尚書，加少保。忠賢誅，杰被劾罷，名麗逆案，贖徒三年。輔忠、杰本謀搖中宮，而事發於志選、夢環，故得輕論云。

曹欽程，江西德化人。舉進士。授吳江知縣，贓污狼籍，以淫刑博强項聲。巡撫周起元劾之，貶秩，改順天教授，調國子助教。諂附汪文言，得爲工部主事。及文言敗，欽程力

擠之，由座主馮銓父事魏忠賢，爲「十狗」之一。銓欲害御史張慎言、周宗建，令李魯生草疏，屬欽程上之，因及李應昇、黃尊素，而薦魯生及傅櫆、陳九疇、張訥、李蕃、李恒茂、梁夢環輩十餘人。慎言等四人並削籍。

欽程於羣小中尤無恥，日夜走忠賢門，卑諂無所不至，同類頗羞稱之。欽程顧驕衆人以忠賢親己。給事中吳國華劾之，忠賢怒，除國華名，欽程益得志。給事中楊所修緣忠賢指，力薦其賢，遂由員外郎擢太僕少卿。後忠賢亦厭之，六年正月爲給事中潘士聞所劾。忠賢責以敗羣，削其籍。瀕行猶頓首忠賢前曰：「君臣之義已絕，父子之恩難忘。」絮泣而去。忠賢誅，入逆案首等，論死。繫獄久之，家人不復饋食，欽程掠他囚餘食，日醉飽。李自成陷京師，欽程首破獄出降。自成敗，隨之西走，不知所終。福王時，定從賊案，欽程復列首等。

當忠賢盛時，其黨爭搏擊淸流，獻諂希寵。最著者，石三畏、張訥、盧承欽、門克新、劉徽、智鋌。

三畏，交河人。知文登、曹二縣，大著貪聲。以御史陳九疇薦，得行取。趙南星秉銓，出爲王府長史。故事，外吏行取無爲王官者，三畏以是大恨。及忠賢得志，三畏諂附之，

遂授御史。首劾都給事中劉弘化護熊廷弼，太僕卿吳炯黨顧憲成，兩人獲嚴譴。追論京察三變，力詆李三才、王圖、孫丕揚、曹于汴、湯兆京、王宗賢、顧憲成、胡忻、王元翰、王淑抃、趙南星、張問達、王允成、涂一榛、王象春等十五人，而薦喬應甲、徐兆魁等十三人。於是三才等生者除名，死者追奪。已，極論三案，請以其疏付史館，而劾禮部侍郎周炳謨、南京尙書沈儆炌、大理丞張廷拱，三人亦獲譴。三畏爲忠賢「十孩兒」之一。又倚呈秀爲薦主，鍛成楊、左之獄，咆哮特甚。一日，赴戚畹宴，魏良卿在焉。三畏醉，誤令優人演劉瑾酗酒一劇。忠賢聞，大怒，削籍歸。忠賢殛，借忤璫名，起故官，爲南京御史朱純所劾，罷去。

訥，閬中人。由行人擢御史，承忠賢指，首劾趙南星十大罪，幷及御史王允成，吏部郞鄒維璉、程國祥、夏嘉遇。忠賢大喜，立除南星等名，且令再奏。乃羅織兵部侍郎李邦華，湖廣巡撫孫鼎相，舊給事中毛士龍、魏大中，光祿少卿史記事等十七人，誣以賄南星得官，諸人並獲罪。尋請毀東林、關中、江右、徽州諸書院。痛詆鄒元標、馮從吾、余懋衡、孫愼行幷及侍郞鄭三俊、畢懋良等，亦坐削奪。復劾罷江西巡撫韓光祐。訥爲忠賢鷹犬，前後搏擊用力多。忠賢深德之，用其兄太僕少卿樸至南京戶部尙書，加太子太保。樸官宣大總督，爲忠賢建四祠。兄弟並入逆案。

承欽，餘姚人。由中書舍人擢御史，首劾罷戶部侍郎孫居相等，因言：「東林自顧憲成、李三才、趙南星而外，如王圖、高攀龍等謂之副帥，曹于汴、湯兆京、史記事、魏大中、袁化中謂之『先鋒』，丁元薦、沈正宗、李朴、賀烺謂之『敢死軍人』，孫丕揚、鄒元標謂之『土木魔神』。請以黨人姓名、罪狀榜示海內。」忠賢大喜，敕所司刊籍，凡黨人已罪未罪者，悉編名其中。承欽官至太僕少卿卒。

克新，汝陽人。由青州推官擢御史，劾右庶子葉燦、光祿卿錢春、按察使張光縉倚傍門戶，且請速誅熊廷弼。忠賢大喜，立傳旨行刑。以閣臣固爭，乃令俟秋後，而除燦等名。御史吳裕中，廷弼姻也，憤曰：「廷弼已死人，何必疏促。」與克新絕，逆黨由此銜之。廷弼之禍，大學士丁紹軾有力焉。馮銓因使人嗾裕中劾紹軾，而先報忠賢曰：「裕中必爲廷弼報讐。」裕中疏上，遂命於午門杖之百，舁至家死。魏廣微將謝政，克新言：「廣微砥柱狂瀾，厥功甚偉，宜錫之溫綸，優以禮數。」以是稍失忠賢意。太倉人孫文豸，與同里武進士顧同寅嘗客廷弼所。廷弼死，文豸爲詩誄之，同寅題尺牘亦有追惜語，爲邏卒所獲。克新遽以誹謗聞，兩人遂棄市，連及同郡編修陳仁錫、故修撰文震孟，並削籍。克新尋巡按山東，崇禎初，引疾去。

徽，清苑人。由臨淮知縣擢御史。陳朝輔劾馮銓，徽出疏繼之，且曰：「臣與銓同鄉，痛

惡羣小之悞銓，不忍銓坐失燕、趙本色。」聞者笑之。出督遼餉，乾沒不貲。初，梁夢環巡關，誣熊廷弼侵盜軍貲十七萬。徽言：「廷弼原領帑金三十萬，茫無所歸。其家貲不下百萬，而僅以十七萬還公家，何以申國法？」因誣給事中劉弘化、毛士龍，御史樊尙燝、房可壯贓賄事。忠賢喜，削弘化等籍，敕所司徵廷弼贓。尋加徽太僕少卿，先後頌忠賢至十一疏。忠賢敗，被劾回籍。

鋌，元氏人。舉鄉試，受業趙南星門，授知縣。由魏廣微通於忠賢，得擢御史，遂疏詆南星爲元惡。先後劾罷禮部侍郎徐光啓等。鋌以乙榜起家，欲得忠賢歡，搏擊彌銳。忠賢大喜，加太僕少卿，以憂歸。崇禎初，禮部主事喬若雯劾鋌及陳九疇、張訥爲魏廣微爪牙，詔奪職。後與三畏、訥、承欽、克新、徽並入逆案，訥遣戍，三畏等論徒。

當忠賢橫時，宵小希進干寵，皆陷善類以自媒。始所擊皆東林也，其後凡所欲去者，悉誣以東林而逐之。自四年十月迄熹宗崩，韰詔獄者十餘人，下獄謫戍者數十人，削奪者三百餘人，他革職貶黜者不可勝計。

王紹徽，咸寧人，尙書用賓從孫也。舉萬曆二十六年進士。授鄒平知縣，擢戶科給事

中。居官强執，頗以清操聞。湯賓尹號召黨與，圖柄用。吏部尚書孫丕揚以紹徽其門生，用年例出爲山東參議，紹徽辭疾不就。泰昌時，起通政參議，遷太僕少卿，被劾引疾。尋以拾遺罷。

天啓四年冬，魏忠賢既逐去左光斗，卽召紹徽代爲左僉都御史。明年六月進左副都御史。尋進戶部侍郎，督倉場，甫視事，改左都御史。十二月拜吏部尚書。忠賢爲從子良卿求世封，紹徽卽爲奏請良卿封伯。請推崇其三世，紹徽亦議如其言。至忠賢遣內臣出鎭，紹徽乃偕同官陳四不可。王恭廠、朝天宮並災，紹徽言誅罰過多。忤忠賢意，得譙讓。已復上言：「四方多事，九邊缺餉，難免催科，乞定分數，寬年限，以緩急之宜付撫按。正殿既成，兩殿宜緩，請敕工部裁省織造、瓷器諸宂費，用佐大工。奸黨削除已盡，恐藏禍蓄怨，反受中傷。逮繫重刑，加於封疆、顯過、三案巨奸，則人心悅服，餘宜少寬貸。」復忤忠賢意。

初，紹徽在萬曆朝，素以排擊東林爲其黨所推，故忠賢首用居要地。紹徽倣民間水滸傳，編東林一百八人爲點將錄，獻之，令按名黜汰，以是益爲忠賢所喜。既而奸黨轉盛，後進者求速化，妬諸人妨己，擬次第逐之。孫杰乃謀使崔呈秀入閣，先擊去紹徽，令御史袁鯨、張文熙詆紹徽朋比。鯨再疏列其鬻官穢狀，遂落紹徽職，而以周應秋代。逆案既定，紹徽削籍論徒。

應秋，金壇人。萬曆中進士。歷官工部侍郎，生平無持操。天啓三年避東林謝病去。明年冬，魏忠賢起爲南京刑部左侍郎。五年召拜刑部添註尚書。時忠賢廣樹私人，悉餌以顯爵，故兩京大僚多添註。尋改左都御史。家善烹飪，每魏良卿過，進豚蹄留飲，良卿大歡，時號「煨蹄總憲」。明年七月代紹徽爲吏部尚書，與文選郎李夔龍鬻官分賄。清流未盡逐者，應秋毛舉細故，削奪無虛日。忠賢門下有「十狗」，應秋其首也。冒三殿功，屢加太子太師。初，楊漣等拷死，應秋夜半叩戶語其館客曰：「天眼開，楊漣、左光斗死矣。」莊烈帝嗣位，被劾歸。已，入逆案，遣戍死。

弟維持。天啓中爲御史，請刊黨籍，盡燬天下書院。俄劾兵部尚書趙彥等，並削籍。以兄應秋在位，引嫌歸。崇禎初，起按浙江，被劾罷。兄弟並麗逆案。

霍維華，東光人。萬曆四十一年進士。除金壇知縣，徵授兵科給事中。天啓元年六月，中官王安當掌司禮監印，辭疾居外邸，冀得溫旨卽視事。安與魏忠賢有隙，閹人陸藎臣者，維華內弟也，偵知之以告。維華故與忠賢同郡交好，遂乘機劾安，忠賢輒矯旨殺之。劉

一燝、周嘉謨咸惡維華，用年例出爲陝西僉事。其同官孫杰言，維華三月兵垣無過失，一燝、嘉謨仰王安鼻息，故擯於外。忠賢大喜，立逐兩人，而維華亦以外艱歸。

四年冬，朝事大變，南京御史呂鵬雲以外轉請告。忠賢傳旨令與被察徐大化、年例外轉孫杰俱擢京卿，維華及王志道、郭興治、徐景濂、賈繼春、楊維垣並復故官。維華得刑科。諸爲趙南星斥者，競起用事。維華益銳意攻東林，劾罷御史劉璞、南京御史涂世業、黃公輔、萬言揚。追論三案，痛詆劉一燝、韓爌、孫愼行、張問達、周嘉謨、王之寀、楊漣、左光斗，而譽范濟世、王志道、汪慶百、劉廷元、徐景濂、郭如楚、張捷、唐嗣美、岳駿聲、曾道唯。請改光宗實錄，宣其疏史館。忠賢立傳旨削一燝等五人籍，逮之寀，免李可灼戍，擢濟世巡撫、志道等京卿，嗣美以下悉起用，實錄更撰，而以閣臣言免一燝等罪。尚書趙彥宜去，御史方震孺不宜逮，韓敬宜復官，湯賓尹宜雪。忤忠賢意，傳旨譙責之。五年冬擢太僕少卿。明年擢本寺卿。尋擢兵部右侍郎，署部事。每陳奏，必頌忠賢。七年，延綏奏捷，進右都御史，廕子錦衣千戶。寧、錦敍功，進兵部尚書，視侍郎事，廕子如之。俄敍三殿功，加太子太保。

維華性儉邪，與崔呈秀爲忠賢謀主。所親爲近侍，宮禁事皆預知，因進仙方靈露飲。帝初甚甘之，已漸厭。及得疾，體腫，忠賢頗以咎維華。維華甚懼，而慮有後患，欲先自貳

於忠賢，乃力辭寧、錦恩命，讓功袁崇煥，乞以己廕授之。忠賢覺其意，降旨頗厲。無何，熹宗崩，忠賢敗，維華與楊維垣等彌縫百方。其年十月，以兵部尚書協理戎政。

崇禎改元，附璫者多罷去，維華自如。遼東督師王之臣免，代者袁崇煥未至，維華謀行邊自固。帝已可之，給事中顏繼祖極論其罪，言：「維華狡人也，璫熾則借璫，璫敗則攻璫。擊楊、左者，維華也。楊、左逮，而陽爲救者，亦維華也。以一給事中，三年躐至尚書，無敍不及，有賚必加，卽維華亦難以自解。」乃寢前命。頃之，言者踵至，維華乃引退。逆案既定，維華戍徐州，氣勢猶盛。七年，駱馬湖淤，維華言於治河尚書劉榮嗣，請自宿遷抵徐州，穿渠二百餘里，引黃河水通漕，冀敍功復職。榮嗣然其計，費金錢五十餘萬，工不成，下獄論死，維華意乃沮。九年，邊事急，都御史唐世濟薦維華邊才，至，下獄遣戍。維華遂憂憤死。

福王時，楊維垣翻逆案，爲維華等訟冤，章下吏部。尚書張捷重述三朝舊事，力稱維華等忠，追賜卹典。贈廕祭葬諡全者，維華及劉廷元、呂純如、楊所修、徐紹吉、徐景濂六人。贈官祭葬者，徐揚先、劉廷宣、岳駿聲三人。贈廕祭葬不予諡者，徐大化、范濟世二人。復官不賜卹者，王紹徽、徐兆魁、喬應甲三人。他若王德完、黃克纘、王永光、章光岳、徐鼎臣、徐卿伯、陸澄源，名不麗逆案，而爲清議所抑者，亦賜卹有差。

徐大化，會稽人，家京師。由庶吉士改御史，以京察貶官，再起再貶，至工部主事。孫丕揚典京察，坐不謹落職。故事，大計斥退官無復起者。萬曆末，羣邪用事，文選郎陸卿榮破例起之。天啓初，屢遷刑部員外郎，結魏忠賢、劉朝，爲之謀主。給事中周朝瑞劾其奸貪，御史張新詔抉其閨房之隱，大化頗愧沮。已，承要人指，力詆熊廷弼。及廷弼入關，又請速誅，與朝瑞相訐，尚書王紀劾罷之。尋復罹察典，削職。四年冬，中旨起大理丞，益與魏廣微比，助忠賢爲虐。疏薦邵輔忠、姚宗文、陸卿榮、郭鞏等十三人，卽召用。俄遷少卿。左僉都御史楊漣等之下獄也，大化獻策於忠賢曰：「彼但坐移宮罪，則無贓可指。若坐納楊鎬、熊廷弼賄，則封疆事重，殺之有名。」忠賢大悅，從之，由是諸人皆不免。尋進左副都御史，歷工部左、右侍郎。皇極殿成，加尚書，貪恣無忌，忠賢亦厭之。七年四月那移金錢事發，遂勒閒住。後入逆案，戍死。

李蕃，日照人。與李魯生皆萬曆四十一年進士。蕃由盧江知縣入爲御史，魯生亦方居垣中，皆爲魏忠賢心腹。孫承宗請入朝，蕃以王敦、李懷光爲比，承宗遂還鎭。朱國禎當國，不爲忠賢所喜，蕃希指劾去之。同官排擊忠良，多其代草。始與魯生諂事魏廣微，廣微敗，改事馮銓，銓寵衰，又改事崔呈秀，時號兩人爲四姓奴。出督畿輔學政，建祠天津、河間、眞定，呼忠賢九千歲。加太僕卿，視御史事。忠賢敗，被劾罷。

魯生，霑化人，知邢臺、邯鄲、儀封、祥符四縣。擢兵科給事中，由座主廣微通於忠賢，卑污奸險，常參密謀。周起元劾朱童蒙，魯生希忠賢指，攻罷起元。時中旨頻出，朝端以爲憂。魯生獨上言：「執中者帝，用中者王，旨不從中出而誰出？」舉朝大駭。內閣缺人，詔舉老成幹濟者。馮銓資淺，年未及四十，魯生、蕃欲令入閣。魯生遂上言：「成卽爲老，而非必老乎年。幹乃稱濟，而卽有濟於國。」銓果柄用。時有「十孩兒」之號，魯生其一也。嘗薦阮大鋮、陳爾翼、張素養、李嵩、張捷輩十一人，悉其私黨。疏詆家居大學士韓爌，削其籍。主事呂下問治徽州吳養春獄，株累者數百家，知府石萬程不能堪，棄官去。魯生反劾罷萬程。遷左給事中，典試湖廣，發策詆楊漣，因歷詆屈原、宋玉等。冒寧、錦功，進太僕少卿。莊烈帝卽位，魯生知禍及，疏請免漣等追贓。給事中汪始亨、顏繼祖，〔六〕御史張三謨交章發其奸，始罷去。御史汪應元再劾之，乃削籍。

又有李恒茂者，邢臺人。爲禮科給事中，薦呈秀復官，與深相得。劾罷侍郎扶克儉、太僕少卿孫之益、太常少卿莊欽鄰，皆不附忠賢者也。恒茂、魯生、蕃日走吏、兵二部，交通請託，時人爲之語曰：「官要起，問三李。」後忽與呈秀交惡，削籍歸。忠賢敗，起故官，爲御史鄒毓祚劾罷。逆案既定，魯生遣戍，蕃、恒茂贖徒爲民。

閻鳴泰，清苑人。萬曆中進士。除戶部主事，屢遷遼東參政，拾遺被劾罷歸。久之，起僉事，分巡遼海。開原既失，經略熊廷弼遣撫瀋陽，半道慟哭而返。尋託疾謝歸。

天啓二年起故官，監軍山海關。旋進副使，受知孫承宗，屢疏推薦，而鳴泰實無才略，工諂佞，以虛詞罔上而已。其年八月，廷推鳴泰遼東經略，會承宗自請督師，乃擢右僉都御史，巡撫遼東。自王化貞棄地後，巡撫罷不設。至是承宗以重臣當關，事權獨操，鳴泰不能有所爲。明年五月復移疾去，家居三年。魏忠賢竊柄，鳴泰潛結之，用御史智鋌薦，召爲兵部右侍郎。

六年正月，寧遠告警，畿輔震驚。內閣顧秉謙等以順天巡撫吳中偉非禦侮才，薦鳴泰代之。未幾，代王之臣總督薊、遼、保定軍務。寧遠敍功，進本部尚書。以繕修山海關城，進太子太傅。尋召還，協理戎政。敍錦州功，加少保。三殿成，加少師兼太子太師。熹宗崩，代崔呈秀爲兵部尚書。鳴泰由忠賢再起，專事諂諛。每陳邊事，必頌功德，於薊、遼建生祠，多至七所。其頌忠賢，有「民心依歸，卽天心向順」語，聞者咋舌。崇禎初，爲言者劾罷。後麗逆案，遣戍死。

生祠之建，始於潘汝禎。〔七〕汝禎巡撫浙江，徇機戶請，建祠西湖。六年六月疏聞於朝，詔賜名「普德」。自是，諸方效尤，幾遍天下。其年十月，孝陵衞指揮李之才建之南京。七年正月，宣大總督張樸、宣府巡撫秦士文、宣大巡按張素養建之宣府、大同，應天巡撫毛一鷺、巡按王珙建之虎丘。二月，鳴泰與順天巡撫劉詔、巡按倪文煥建之景忠山，宣大總督樸、大同巡撫王點、巡按素養又建之大同。三月，鳴泰與詔、文煥，巡按御史梁夢環建之西協密雲丫髻山，又建之昌平、通州，太僕寺卿何宗聖建之房山。四月，鳴泰與巡撫袁崇煥又建之寧前，宣大總督樸、山西巡撫曹爾禎、巡按劉弘光又建之五臺山，庶吉士李若琳建之蕃育署，工部郎中曾國禎建之盧溝橋。五月，通政司經歷孫如冽、順天府尹李春茂建之宣武門外，巡撫朱童蒙建之延綏，巡視五城御史黃憲卿、王大年、汪若極、張樞、智鋌等建之順天，戶部主事張化愚建之崇文門，武清侯李誠銘建之藥王廟，保定侯梁世勳建之五軍營大教場，登萊巡撫李嵩、山東巡撫李精白建之蓬萊閣、寧海院，督餉尚書黃運泰、保定巡撫張鳳翼、提督學政李蕃、順天巡按文煥建之河間、天津，河南巡撫郭增光、巡按鮑奇謨建之開封，上林監丞張永祚建之良牧、嘉蔬、林衡三署，博平侯郭振明等建之都督府、錦衣衞。六月，總漕尚書郭尚友建之淮安。是月，順天巡按盧承欽、山東巡按黃憲卿、順天巡按卓邁，七月，長蘆巡鹽龔萃肅、淮揚巡鹽許其孝、應天巡按宋禎漢、陝西巡按莊謙，各建之所部。八月，總河李從心、總漕尙友、山東巡撫精白、巡按黃憲卿、巡漕何可及建之濟寧，湖廣巡撫姚宗文、鄖陽撫治梁應澤、湖廣巡按溫皐謨建之武昌、承天、均州。三邊總督史永安，陝西巡撫胡廷晏，巡按謙、袁鯨建之固原太白山。楚王華奎建之高觀山。山西巡撫牟志夔，巡按李燦然、劉弘光建之河東。

每一祠之費，多者數十萬，少者數萬，剝民財，侵公帑，伐樹木無算。開封之建祠也，至毀民舍二千餘間，創宮殿九楹，儀如帝者。參政周鏘、祥符知縣季寓庸恣爲之，巡撫增光佽首而已。鏘與魏良卿善，祠成，熹宗已崩，猶抵書良卿，爲忠賢設滲金像。而都城數十里間，祠宇相望。有建之內城東街者，工部郎中葉憲祖竊歎曰：「此天子幸辟雍道也，土偶能起立乎！」忠賢聞，卽削其籍。上林一苑，至建四祠。童蒙建祠延綏，用琉璃瓦。詔建祠薊州，金像用冕旒。

凡疏詞揄揚，一如頌聖，稱以「堯天帝德，至聖至神」。而閣臣輒以駢語褒答，中外若響應。運泰迎忠賢像，五拜三稽首，率文武將吏列班階下，拜稽首如初。已，詣像前，祝稱某事賴九千歲扶植，稽首謝。某月荷九千歲拔擢，又稽首謝。還就班，復稽首如初禮。運泰請以遊擊一人守祠，後建祠者必守。其孝等方建祠揚州，將上梁，而熹宗哀詔至，既哭臨，釋縗易吉，相率往拜。監生陸萬齡至謂：「孔子作春秋，忠賢作要典。孔子誅少正卯，忠賢

誅東林。宜建祠國學西，與先聖並尊。」司業朱之俊輒爲舉行，會熹宗崩，乃止。而華奎、誠銘輩，以藩王之尊，戚畹之貴，亦獻諂希恩，祝釐恐後。最後，巡撫楊邦憲建祠南昌，毀周、程三賢祠，益其地，鬻澹臺滅明祠，曳其像碎之。比疏至，熹宗已崩，莊烈帝且閱且笑。忠賢覺其意，具疏僞辭，帝輒報允。無何，忠賢誅，諸祠悉廢，凡建祠者概入逆案云。

賈繼春，新鄉人。萬曆三十八年進士。歷知臨汾、任丘二縣，入爲御史。李選侍移噦鸞宮，一時頗逼迫，然故無恙也。繼春聽流言，上書內閣方從哲等，略言：「新君御極，首導以違忤先皇，逼逐庶母，通國痛心。昔孝宗不問昭德，先皇優遇鄭妃，何不輔上取法？且先皇彌留，面以選侍諭諸臣，而玉體未寒，愛妾莫保。忝爲臣子，夫獨何心。」給事中周朝瑞駁之，繼春再揭，謂「選侍雉經，皇八妹入井」，至稱選侍爲未亡人。楊漣乃上移宮始末疏，謂：「宸宮未定，先帝之社稷爲重，則平日之寵愛爲輕。及宸居已安，既盡臣子防危之忠，卽當體聖主如天之度。臣所以請移宮者如此。而蜚語謂選侍踉蹌徒跣，屢欲自裁，皇妹失所投井。恐釀今日之疑端，流爲他年之實事。」帝於是宣敕數百言，極言選侍無狀，嚴責廷臣黨庇。

時繼春出按江西，便道旋里，馳疏自明上書之故，中有「威福大權，莫聽中涓旁落」語。王安激帝怒，嚴旨切責，令陳狀。於是御史張愼言、高弘圖連章爲求寬。帝益怒，下廷臣雜議。尙書周嘉謨等言：「臣等意陛下篤念聖母，不能忘選侍。及誦敕諭，知聖心自體恤。而繼春誤聽風聞，愼言等又連疏瀆奏。然意本無他，罪當宥。」未報。御史王大年、張捷、周宗建、劉廷宣，給事中王志道、倪思輝等交章論救，給事、御史復合詞爲請，諸閣臣又於講筵救之，乃停愼言、弘圖、大年俸，宥志道等。既而繼春回奏，詞甚哀，且隱「雉經、入井」二語。帝嚴旨窮詰，令再陳。嘉謨等復力救，帝不許。繼春益窘，惶恐引罪，言得之風聞。乃除名永錮，時天啓元年四月也。其後言者屢請召還，帝皆不納。

四年冬，魏忠賢既逐楊漣等，卽以中旨召復官。至則重述移宮事，極言：「漣與左光斗目無先皇，罪不容死。且漣因傳櫆發汪文言事，知禍及，故上劾內疏，先發制人，天地祖宗所必殛。而止坐納賄結黨，則漣等當死之罪未大暴天下。宜速定爰書布中外，昭史冊，使後世知朝廷之罪漣等以不道無人臣禮也。」疏娓娓數百言，且請用楊所修言，亟修三朝要典，忠賢大喜。

莊烈帝卽位，繼春方督學南畿，知忠賢必敗，馳疏劾崔呈秀及尙書田吉、順天巡撫單明翙、副都御史李夔龍，羣小始自貳。旋由太常少卿進左僉都御史，與霍維華輩力扼正人。

崇禎改元五月，給事中劉斯球極言其反覆善幻，乃自引歸。已，楊漣子之易疏訐之，詔削籍。

初，繼春以移宮事詆漣結王安圖封拜，後見公議直漣，畏漣嚮用，俛首乞和，聲言疏非己意。還朝則極詆漣。及忠賢殛，又極譽高弘圖之救漣，且薦韓爌、倪元璐，以求容於淸議。帝定逆案，繼春不列名，帝問故。閣臣言繼春雖反覆，持論亦可取。帝曰：「惟反覆，故爲眞小人。」遂引交結近侍律，坐徒三年，自恨死。

田爾耕，任丘人，兵部尙書樂孫也。用祖廕，積官至左都督。天啓四年十月代駱思恭掌錦衣衛事。狡黠陰賊，與魏良卿爲莫逆交。魏忠賢斥逐東林，數興大獄。爾耕廣布偵卒，羅織平人，鍛鍊嚴酷，入獄者率不得出。宵人希進者，多緣以達於忠賢，良卿復左右之，言無不納，朝士輻輳其門。魏廣微亦與締姻，時有「大兒田爾耕」之謠。又與許顯純、崔應元、楊寰、孫雲鶴有「五彪」之號。〔八〕累加至少師兼太子太師，廕錦衣世職者數人，歲時賞賚不可勝紀。顯純等加官亦如之。忠賢敗，言者交劾，下吏論死。崇禎元年六月與顯純並伏誅。

顯純，定興人，駙馬都尉從誡孫也。舉武會試，擢錦衣衛都指揮僉事。天啓四年，劉僑

掌鎭撫司，治汪文言獄，失忠賢指，得罪，以顯純代之。顯純略曉文墨，性殘酷，大獄頻興，毒刑鍛鍊，楊漣、左光斗、周順昌、黃尊素、王之宋、夏之令等十餘人，皆死其手。諸人供狀，皆顯純自爲之。每讞鞫，忠賢必遣人坐其後，謂之聽記，其人偶不至，卽袖手不敢問。

應元，大興人。市井無賴，充校尉，冒緝捕功，積官至錦衣指揮。雲鶴，霸州人，爲東廠理刑官。寰，吳縣人。隸籍錦衣，爲東司理刑。凡顯純殺人事，皆應元等共爲之。而寰爲田爾耕心腹。及顯純論死，法司止當應元、雲鶴、寰戍。後定逆案，三人並論死，寰先死戍所。

校勘記

〔一〕使孽盜麋之　麋，原作「麇」，據明史稿傳一八一焦芳傳改。

〔二〕瑾從孫二漢當死　從孫，原作「從子」。按本書卷三〇四劉瑾傳作「從孫」，武宗實錄卷六六正德五年八月戊申條作「侄孫」，據改。

〔三〕五年八月許之去　五年八月，原作「六年九月」，據本書卷一二熹宗紀、卷一一〇宰輔年表及熹宗實錄卷五七天啓五年八月己亥條改。

〔四〕林枝橋　原作「林梓橋」，據熹宗實錄卷五六天啓五年七月壬戌條、明進士題名碑錄萬曆丙辰

科改。

〔五〕尙書王紹徽郭允厚　郭允厚，原作「郭允寬」，據本書卷一一二七卿年表、熹宗實錄卷七八天啓七年四月丁未條、國榷卷九〇頁五四七四改。

〔六〕顏繼祖　原作「顧繼祖」，據本書卷二四八顏繼祖傳、國榷卷八九頁五四二五改。

〔七〕始於潘汝禎　潘汝禎，熹宗實錄卷六八天啓六年閏六月辛丑條同。本書卷二二熹宗紀、國榷卷八七頁五三三〇都作「潘汝楨」，下同。

〔八〕又與許顯純崔應元楊寰孫雲鶴有五彪之號　五彪，原作「五虎」，按本書卷三〇五魏忠賢傳載：文臣崔呈秀等號「五虎」，武臣田爾耕等號「五彪」，據改。

明史卷三百七

列傳第一百九十五

佞倖

漢史所載佞倖，如籍孺、閎孺、鄧通、韓嫣、李延年、董賢、張放之屬，皆以宦寺弄臣貽譏千古，未聞以武夫、健兒、貪人、酷吏、方技、雜流任親暱，承寵渥於不衰者也。明興，創設錦衣衞，典親軍，暱居肘腋。成祖卽位，知人不附己，欲以威讋天下，特任紀綱爲錦衣，寄耳目。綱刺廷臣陰事，以希上指，帝以爲忠，被殘殺者不可勝數。英宗時，門達、逯杲之徒，並見親信。至其後，廠衞遂相表裏，淸流之禍酷焉。憲宗之世，李孜省、僧繼曉以祈禱被寵任，萬安、尹直、彭華等至因之以得高位。武宗日事般遊，不恤國事，一時宵人並起，錢寧以錦衣幸，臧賢以伶人幸，江彬、許泰以邊將幸，馬昂以女弟幸。禍流中外，宗社幾墟。世宗入繼大統，宜矯前軌，乃任陸炳於從龍，寵郭勛於議禮，而一時方士如陶仲文、邵元節、藍道

行之輩，紛然並進，玉杯牛帛，詐妄滋興。凡此諸人，口銜天憲，威福在手，天下士大夫靡然從風。雖以成祖、世宗之英武聰察，而嬖倖釀亂，幾與昏庸失道之主同其蒙蔽。彼第以親己爲可信，而孰知其害之至於此也。至顧可學、盛端明、朱隆禧之屬，皆起家甲科，致位通顯，乃以秘術干榮，爲世戮笑。此亦佞倖之尤者，附之篇末，用以示戒云。

紀綱　門達 逯杲　李孜省　繼曉　江彬 許泰　錢寧　陸炳

邵元節　陶仲文　顧可學 盛端明等

紀綱，臨邑人，爲諸生。燕王起兵過其縣，綱叩馬請自效。王與語，說之。綱善騎射，便辟詭黠，善鉤人意嚮。王大愛幸，授忠義衞千戶。旣卽帝位，擢錦衣衞指揮使，令典親軍，司詔獄。

都御史陳瑛滅建文朝忠臣數十族，親屬被戮者數萬人。綱覘帝旨，廣布校尉，日摘臣民陰事。帝悉下綱治，深文誣詆。帝以爲忠，親之若肺腑。擢都指揮僉事，仍掌錦衣。綱用指揮莊敬、袁江，千戶王謙、李春等爲羽翼，誣逮浙江按察使周新，致之死。帝所怒內侍及武臣下綱論死，輒將至家，洗沐好飲食之，陽爲言，見上必請赦若罪，誘取金帛且盡，忽刑於市。

數使家人僞爲詔，下諸方鹽場，勒鹽四百餘萬。還復稱詔，奪官船二十、牛車四百輛，

載入私第，弗予直。搆陷大賈數十百家，罄其資乃已。詐取交阯使珍奇。奪吏民田宅。籍故晉王、吳王，乾沒金寶無算。得王冠服服之，高坐置酒，命優童奏樂奉觴，呼萬歲，器物僭乘輿。欲買一女道士爲妾，都督薛祿先得之，遇祿大內，撾其首，腦裂幾死。恚都指揮啞失帖木不避道，誣以冒賞事，捶殺之。腐良家子數百人，充左右。詔選妃嬪，試可，令暫出待年，綱私納其尤者。吳中故大豪沈萬三，洪武時籍沒，所漏貲尚富。其子文度蒲伏見綱，進黃金及龍角、龍文被、奇寶異錦，願得爲門下，歲時供奉。綱乃令文度求索吳中好女。文度因挾綱勢，什五而中分之。

綱又多蓄亡命，造刀甲弓弩萬計。端午，帝射柳，綱屬鎭撫龐瑛曰：「我故射不中，若折柳鼓譟，以覘衆意。」瑛如其言，無敢糾者。綱喜曰：「是無能難我矣。」遂謀不軌。十四年七月，內侍讐綱者發其罪，命給事、御史廷劾，下都察院按治，具有狀。卽日磔綱於市，家屬無少長皆戍邊，列罪狀頒示天下。其黨敬、江、謙、春、瑛等，誅譴有差。

門達，豐潤人。襲父職爲錦衣衞百戶。性機警沉鷙。正統末，進千戶，理鎭撫司刑。久之，遷指揮僉事，坐累解職。景泰七年復故官，佐理衞事兼鎭撫理刑。天順改元，與「奪門」功，進指揮同知。旋進指揮使，專任理刑。千戶謝通者，浙江人也，佐達理司事，用法仁恕，達倚信之。重獄多平反，有罪者以下禁獄爲幸，朝士翕然稱達賢。然是時英宗慮廷臣黨比，欲知外事，倚錦衣官校爲耳目，由是逯杲得大幸，達反爲之用。

逯杲者，安平人也，以錦衣衞校尉爲達及指揮劉敬腹心，從「奪門」。帝大治奸黨，杲縛錦衣百戶楊瑛，指爲張永親屬。又執千戶劉勤於朝，奏其訕上，兩人並坐誅。用楊善薦，授本衞百戶。以捕妖賊功，進副千戶。又用曹吉祥薦，擢指揮僉事。帝以杲強鷙，委任之，杲乃摭羣臣細故以稱帝旨。英國公張懋、太平侯張瑾、外戚會昌侯孫繼宗兄弟並侵官田，杲劾奏，還其田於官。懋等皆服罪，乃已。石亨恃寵不法，帝漸惡之，杲卽伺其陰事。亨從子彪有罪下獄，命杲赴大同械其黨都指揮朱諒等七十六人。杲因發彪弟慶他罪，連及者皆坐，杲進指揮同知。明年復奏亨怨望，懷不軌，亨下獄死。有詔盡革「奪門」功，達、杲言臣等俱特恩，非以亨故。帝優詔留任，以杲發亨奸，益加倚重。

杲益發舒，勢出達上。白遣校尉偵事四方，文武大吏、富家高門多進伎樂貨賄以祈免，親藩郡王亦然。無賄者輒執送達，鍛鍊成獄。天下朝覲官大半被譴，逮一人，數大家立破。四方奸民詐稱校尉，乘傳縱橫，無所忌。彭城伯張瑾以葬妻稱疾不朝，而與諸公侯飲私第。杲劾奏，幾得重罪。杲所遣校尉誣寧府弋陽王奠壏母子亂，帝遣官往勘，事已白，靖王奠

培等亦言無左驗。[一]帝怒責杲，杲執如初，帝竟賜奠壏母子死。方昇尸出，大雷雨，平地水數尺，人咸以爲冤。指揮使李斌嘗搆殺弘農衞千戶陳安，爲安家所訴，下巡按御史邢宥覆讞，石亨囑宥薄斌罪。至是，校尉言：「斌素藏妖書，謂其弟健當有大位，欲陰結外番爲石亨報讐。」杲以聞，下錦衣獄，達坐斌謀反。帝兩命廷臣會訊，畏杲不敢平反。斌兄弟置極刑，坐死者二十八人。

杲本由石亨、曹吉祥進，訐亨致死，復奏吉祥及其從子欽陰事，吉祥、欽大恨。五年七月，欽反，入杲第斬之，取其首以去。事平，贈杲指揮使，給其子指揮僉事俸。

時達已掌衞事，仍兼理刑。杲被殺，達以守衞功，進都指揮僉事。初，杲給事達左右，及得志恣甚。達怒，力逐之。杲旋復官，欲傾達，達惴惴不敢縱。杲死，達勢遂張。欲踵杲所爲，益布旗校於四方。告訐者日盛，中外重足立，帝益以爲能。

外戚都指揮孫紹宗及軍士六十七人冒討曹欽功，達發其事。紹宗被責讓，餘悉下獄。盜竊戶部山西司庫金，巡城御史徐茂劾郎中趙昌、主事王珪、徐源疏縱。達治其事，皆下獄謫官。達以囚多，獄舍少，不能容，請城西武邑庫隙地增置之，報可。御史樊英、主事鄭瑛犯贓罪，給事中趙忠等報不以實。達劾其徇私，亦下獄謫官。給事中程萬里等五人直登聞鼓，有軍士妻愬冤，會齋戒不爲奏。達劾諸人蒙蔽，詔下達治。已，劾南京戶部侍郎馬諒，

左都御史石璞，掌前府忻城伯趙榮，都督同知范雄、張斌老瞶，皆罷去。裕州民奏知州秦永昌衣黃衣閱兵。帝怒，命達遣官覈，籍其貲，戮永昌，榜示天下。并逮布政使侯臣、按察使吳中以下及先後巡按御史吳琬等四人下獄，臣等停俸，琬等謫縣丞。御史李蕃按宣府，或告蕃擅撻軍職，用軍容迎送。御史楊璡按遼東，韓琪按山西，校尉言其妄作威福。皆下達治，蕃、琪並荷校死。陝西督儲參政婁良，湖廣參議李孟芳，陝西按察使錢博，福建僉事包瑛，陝西僉事李觀，四川巡按田斌，雲南巡按張祚，清軍御史程萬鍾及刑部郎中馮維、孫瓊，員外郎貝鈿，給事中黃甄，皆爲校尉所發下獄。瑛守官無玷，不勝憤，自縊死，其他多遣戍。湖廣諸生馬雲罪黜，詐稱錦衣鎭撫，奉命葬親，布政使孫毓等八人咸賻祭。事覺，法司請逮問，卒不罪雲。達初欲行督責之術，其同列呂貴曰：「武臣不易犯，曹欽可鑒也。獨文吏易裁耳。」達以爲然，故文吏禍尤酷。

都指揮袁彬恃帝舊恩，不爲達下。達深銜之，廉知彬妾父千戶王欽誆人財，奏請下彬獄，論贖徒還職。有趙安者，初爲錦衣力士役於彬，後謫戍鐵嶺衞，赦還，改府軍前衞，有罪，下詔獄。達坐安改補府軍由彬請託故，乃復捕彬，搒掠，誣彬受石亨、曹欽賄，用官木爲私第，索內官督工者磚瓦，奪人子女爲妾諸罪名。軍匠楊塤不平，擊登聞鼓爲彬訟冤，語侵達，詔并下達治。當是時，達害大學士李賢寵，又數規己，嘗譖於帝，言賢受陸瑜金，酬以

尚書。帝疑之，不下詔者半載。至是，拷掠塤，教以引賢，塤卽謬曰：「此李學士導我也。」達大喜，立奏聞，請法司會鞫塤午門外。帝遣中官裴當監視。達欲執賢幷訊，當曰：「大臣不可辱。」乃止。及訊，塤曰：「吾小人，何由見李學士，此門錦衣教我。」達色沮不能言，彬亦歷數達納賄狀，法司畏達不敢聞，坐彬絞輸贖，塤斬。帝命彬贖畢調南京錦衣，而禁錮塤。

明年，帝疾篤，達知東宮局丞王綸必柄用，預爲結納。無何，憲宗嗣位，綸敗，達坐調貴州都勻衞帶俸差操。甫行，言官交章論其罪。命逮治，論斬繫獄，沒其貲鉅萬。指揮張山同謀殺人，罪如之。子序班升、從子千戶清、壻指揮楊觀及其黨都指揮牛循等九人，謫戍、降調有差。後當審錄，命貸達，發廣西南丹衞充軍，死。

李孜省，南昌人。以布政司吏待選京職，贓事發，匿不歸。時憲宗好方術，孜省乃學五雷法，厚結中官梁芳、錢義，以符籙進。成化十五年，特旨授太常丞。御史楊守隨、給事中李俊等劾孜省贓吏，不宜典祭祀，乃改上林苑監丞。日寵幸，賜金冠、法劍及印章二，許密封奏請。益獻淫邪方術，與芳等表裏爲奸，漸干預政事。十七年，擢右通政，寄俸本司，仍掌監事。同官王昺輕之，不加禮。孜

省譖昺，左遷太僕少卿。故事，寄俸官不得預郊壇分獻，帝特以命孜省。廷臣懲昺事，無敢執奏者。

初，帝踐位甫踰月，卽命中官傳旨，用工人爲文思院副使。自後相繼不絕，一傳旨姓名至百十人，時謂之傳奉官，文武、僧道濫恩澤者數千。鄧常恩、趙玉芝、淩中、顧玒及奸僧繼曉輩，皆尊顯，與孜省相倚爲奸，然權寵皆出孜省下。居二年，進左通政。給事中王瑞、御史張稷等交劾之。乃貶二秩，爲本司左參議，他貶黜者又十二人。蓋特借以塞中外之望，孜省寵固未嘗替也。頃之，復還左通政。

二十一年正月，星變求言。九卿大臣、給事御史皆極論傳奉官之弊，首及孜省、常恩等。帝頗感悟，貶孜省上林監丞，令吏部錄冗濫者名凡五百餘人。帝爲留六十七人，餘皆斥罷，中外大說。孜省緣是恨廷臣甚，搆逐主事張吉、員外郎彭綱，而益以左道持帝意。

其年十月，再復左通政，益作威福。搆罪吏部尚書尹旻及其子侍講龍。〔二〕又假扶鸞術言江西人赤心報國，於是致仕副都御史劉敷、禮部郎中黃景、南京兵部侍郎尹直、工部尚書李裕、禮部侍郎謝一夔，皆因之以進。間採時望，若學士楊守陳、倪岳，少詹事劉健，都御史余子俊、李敏諸名臣，悉密封推薦。搢紳進退，多出其口，執政大臣萬安、劉吉、彭華從而附麗之。通政邊鏞爲僉都御史，李和爲南京戶部侍郎，皆其力也。所排擠江西巡撫閔

珪、洗馬羅璟、兵部尚書馬文升、順天府丞楊守隨，皆被譴，朝野側目。

吏部奏通政使缺，卽以命孜省，而右通政陳政以下五人，遞進一官。時張文質方以尚書掌司事，通政故未嘗缺使也。已，復擢禮部右侍郎，掌通政如故。

常恩，臨江人，因中官陳喜進。玉芝，番禺人，因中官高諒進。並以曉方術，累擢太常卿。玉芝丁母憂，特賜祭葬，大治塋域，制度踰等。玒、中不知何許人。玒以扶鸞術，累官太常少卿，喪母賜祭，且給贈誥。故事，四品未三載無給誥賜祭者，憲宗特予之。吏部尚書尹旻因請幷贈其父。未幾，進本寺卿。其二子經、綸，亦官太常少卿。中以善書供事文華殿，不數年爲太常卿。踰月，以諫官言，降寺丞。孜省以星變貶，常恩亦貶本寺丞，而玉芝、玒、中並如故。孜省復通政，常恩亦復太常卿。

有李文昌者，試術不效，杖五十，斥還。岳州通判沈政以繪事賚緣至太常少卿，請斂天下貨財充內府。帝怒，下獄，杖謫廣西慶遠通判。人頗以爲快。

然羣奸中外蟠結，士大夫附者日益多。進士郭宗由刑部主事，以篆刻爲中人所引，擢尚寶少卿，日與市井工技伍，趨走闕廷。兵科左給事中張善吉謫官，因秘術干中官高英，得召見，因自陳乞復給事中，士論以爲羞。大學士萬安亦獻房中術以固寵。而諸雜流加侍郎、通政、太常、太僕、尚寶者，不可悉數。

憲宗崩，孝宗嗣位，始用科道言，盡汰傳奉官，謫孜省、常恩、玉芝、玒、中、經戍邊衞。又以中官蔣琮言，〔三〕逮孜省、常恩、玉芝等下詔獄，坐交結近侍律斬，妻子流二千里。詔免死，仍戍邊。孜省不勝搒掠，瘐死。

繼曉，江夏僧也。憲宗時，以秘術因梁芳進，授僧錄司左覺義。進右善世，命爲通元翊教廣善國師。日誘帝爲佛事，建大永昌寺於西市，逼徙民居數百家，費國帑數十萬。員外郎林俊請斬芳、繼曉以謝天下，〔四〕幾得重譴。繼曉虞禍及，乞歸養母，幷乞空名度牒五百道，帝悉從之。

帝初卽位，卽以道士孫道玉爲眞人。其後西番僧劄巴堅參封萬行莊嚴功德最勝智慧圓明能仁感應顯國光教弘妙大悟法王西天至善金剛普濟大智慧佛，其徒劄實巴、鎖南堅參、端竹也失皆爲國師，錫誥命。服食器用，僭擬王者。出入乘椶輿，衞卒執金吾仗前導，錦衣玉食幾千人。取荒塚頂骨爲數珠，髑髏爲法盌。給事中魏元等切諫，不納。尋進劄實巴爲法王，班卓兒藏卜爲國師，又封領占竹爲萬行清修眞如自在廣善普慧弘度妙應掌教翊國正覺大濟法王西天圓智大慈悲佛，又封西天佛子劄失藏卜、劄失堅參、乳奴班丹、鎖南

堅參、法領占五人爲法王，其他授西天佛子、大國師、國師、禪師者不可勝計。羽流加號眞人、高士者，亦盈都下。大國師以上金印，眞人玉冠、玉帶、玉珪、銀章。繼曉尤奸黠竊權，所奏請立從。成化二十一年，星變，言官極論其罪，始勒爲民，而諸番僧如故。

孝宗初，詔禮官議汰。禮官言諸寺法王至禪師四百三十七人，剌麻諸僧七百八十九人。華人爲禪師及善世、覺義諸僧官一百二十人，道士自眞人、高士及正一演法諸道官一百二十三人，請俱貶黜。詔法王、佛子遞降國師、禪師、都綱，餘悉落職爲僧，遣還本土，追奪誥敕、印章、儀仗諸法物。眞人降左正一，高士降左演法，亦追奪印章及諸玉器。僧錄司止留善世等九員，道錄司留正一等八員，餘皆廢黜。而繼曉以科臣林廷玉言，逮治棄市。

江彬，宣府人。初爲蔚州衞指揮僉事。正德六年，畿內賊起，京軍不能制，調邊兵。彬以大同遊擊隸總兵官張俊赴調。過薊州，殺一家二十餘人，誣爲賊，得賞。後與賊戰淮上，被三矢，其一著面，鏃出於耳，拔之更戰。武宗聞而壯之。七年，賊漸平，遣邊兵還鎭大同、宣府。軍過京師，犒之，遂幷宣府守將許泰皆留不遣。彬因錢寧得召見。帝見其矢痕，呼曰：「彬健能爾耶！」

彬狡黠強很，貌魁碩有力，善騎射。談兵帝前，帝大說，擢都指揮僉事，出入豹房，同臥起。嘗與帝弈不遜，千戶周騏叱之。彬陷騏搒死，左右皆畏彬。彬導帝微行，數至教坊司；進鋪花氈幄百六十二間，制與離宮等，帝出行幸皆御之。

寧見彬驟進，意不平。一日，帝捕虎，召寧，寧縮不前。虎迫帝，彬趨撲乃解。帝戲曰：「吾自足辦，安用爾。」然心德彬而嗛寧。寧他日短彬，帝不應。彬知寧不相容，顧左右皆寧黨，欲藉邊兵自固，因盛稱邊軍驍悍勝京軍，請互調操練。言官交諫，大學士李東陽疏稱十不便，皆不聽。於是調遼東、宣府、大同、延綏四鎭軍入京師，號外四家，縱橫都市。每團練大內，間以角牴戲。帝戎服臨之，與彬聯騎出，鎧甲相錯，幾不可辨。八年命許泰領敢勇營，彬領神威營。改太平倉爲鎭國府，處邊兵。建西官廳於奮武營。賜彬、泰國姓。越二年，遷都督僉事。彬薦萬全都指揮李琮、陝西都指揮神周勇略，並召侍豹房，同賜姓爲義兒。毀積慶、鳴玉二坊民居，造皇店酒肆，建義子府。四鎭軍，彬兼統之。帝自領羣閹善射者爲一營，號中軍。晨夕馳逐，甲光照宮苑，呼譟聲達九門。帝時臨閱，名過錦。諸營悉衣黃罩甲，泰、琮、周等冠遮陽帽，帽植天鵝翎，貴者三翎，次二翎。兵部尚書王瓊得賜一翎，自喜甚。

彬既心忌寧，欲導帝巡幸遠寧。因數言宣府樂工多美婦人，且可觀邊釁，瞬息馳千里，何鬱鬱居大內，爲廷臣所制。帝然之。十二年八月，急裝微服出幸昌平，至居庸關，爲御史張欽所遮，乃還。數日，復夜出。先令太監谷大用代欽，止廷臣追諫者。因度居庸，幸宣府。彬爲建鎭國府第，悉輦豹房珍玩、女御實其中。彬從帝，數夜入人家，索婦女。帝大樂之，忘歸，稱曰家裏。未幾，幸陽和。迤北五萬騎入寇，諸將王勛等力戰。至應州，寇引去。斬首十六級，官軍死數百人，以捷聞京師。帝自稱威武大將軍朱壽，又自稱鎭國公，所駐蹕稱軍門。中外事無大小，白彬乃奏，或壅格至二三歲。廷臣前後切諫，悉置不省。

十三年正月還京，數念宣府。彬復導帝往，因幸大同。聞太皇太后崩，乃還京發喪。將葬，如昌平，祭告諸陵，遂幸黃花、密雲。彬等掠良家女數十車，日載以隨，有死者。永平知府毛思義忤彬，下獄謫官。典膳李恭疏請回鑾，指斥彬罪。未及上，彬逮恭死詔獄。帝駐大喜峯口，欲令朶顏三衞花當、把兒孫等納質宴勞，御史劉士元陳四不可，不報。帝既還，下詔稱總督軍務威武大將軍總兵官朱壽統率六軍，而命彬爲威武副將軍。錄應州功，封彬平虜伯，子三人，錦衣衞指揮；泰，安邊伯；琮、周，俱都督。陞賞內外官九千五百五十餘人，賞賜億萬計。

彬又導帝由大同渡黃河，次楡林，至綏德，幸總兵官戴欽第，納其女。還，由西安歷偏頭關，抵太原，大徵女樂，納晉府樂工楊騰妻劉氏以歸。彬與諸近幸皆母事之，稱曰劉娘。

初，延綏總兵官馬昂罷免，有女弟善歌，能騎射，解外國語，嫁指揮畢春，有娠矣。昂因彬奪歸，進於帝，召入豹房，大寵。傳陞昂右都督，弟炅、杲並賜蟒衣，大璫皆呼爲舅，賜第太平倉。給事、御史諫，不應。嘗幸昂第，召其妾。昂不聽，帝怒而起。昂復結太監張忠進其妾杜氏，遂傳陞炅都指揮，杲儀眞守備。昂喜過望，又進美女四人謝恩。及是，納欽女，皆彬所導也。

十四年正月自太原還至宣府，命彬提督十二團營。帝東西遊幸，歷數千里，乘馬腰弓矢，涉險阻，冒風雪，從者多道病，帝無倦容。及還京，復欲南幸。刑部主事汪金疏陳九不可，且極言酣酒當戒，帝不省。廷臣百餘人伏闕諫，彬故激帝怒，悉下獄，多杖死者。彬亦意沮，議得寢。

會寧王宸濠反，彬復贊帝親征，下令諫者處極刑。命彬提督贊畫機密軍務，並督東廠錦衣官校辦事。是時，張銳治東廠，錢寧治錦衣，彬兼兩人之任，權勢莫與比，遂扈帝以行。尋止寧，令董皇店役，不得從。八月發京師。彬在途，矯旨輒縛長吏，通判胡琮懼，自縊死。十二月至揚州，即民居爲都督府，遍刷處女、寡婦，導帝漁獵。以劉姬諫，稍止。至南京，又欲導帝幸蘇州，下浙江，抵湖、湘。諸臣極諫，會其黨亦勸沮，乃止。當是時，彬率邊兵數萬，跋扈甚。成國公朱輔爲長跪，魏國公徐鵬舉及公卿大臣皆側足事之。惟參贊尙書喬宇、應天府丞寇天敍挺身與抗，彬氣稍折。

十五年六月幸牛首山。諸軍夜驚，言彬欲爲逆，久之乃定。時宸濠已就擒，繫江上舟中，民間數訛傳將爲變。帝心疑，欲歸。閏八月發南京。至清江浦，漁積水池，帝舟覆被溺，遂得疾。十月，帝至通州。彬尙欲勸帝幸宣府，矯旨召勳戚大臣議宸濠獄。又上言：「賴鎭國公朱壽指授方略，擒宸濠逆黨申宗遠等十五人，乞明正其罪。」乃下詔褒賜鎭國公，歲加彬祿米百石，廕一子錦衣千戶。會帝體憊甚，左右力請乃還京。彬猶矯旨改團練營爲威武團練營，自提督軍馬，令泰、周、琮等提督教場操練。

及帝崩，大學士楊廷和用遺命，分遣邊兵，罷威武團練營。彬內疑，稱疾不出，陰布腹心，衷甲覘變，令泰詣內閣探意。廷和以溫語慰之，彬稍安，乃出成服。廷和密與司禮中官魏彬計，因中官溫祥入白太后，請除彬。會坤寧宮安獸吻，卽命彬與工部尙書李鐩入祭。彬禮服入，家人不得從。事竟將出，中官張永留彬、鐩飯，太后遽下詔收彬。彬覺，亟走西安門，門閉。尋走北安門，門者曰：「有旨留提督。」彬曰：「今日安所得旨？」排門者。門者執之，拔其鬚且盡。收者至，縛之。有頃，周、琮並縛至，罵彬曰：「奴早聽我，豈爲人擒！」世宗卽位，磔彬於市，周、琮與彬子勳、杰、鰲、熙俱斬，繪處決圖，榜示天下，幼子然及妻、女俱發功臣家爲奴。時京師久旱，遂大雨。籍彬家，得黃金七十櫃，白金二千二百櫃，他珍珤不可

數計。

許泰，江都人。都督寧子，襲職爲羽林前衞指揮使。中武會舉第一，擢署都指揮同知。尋充副總兵，協守宣府。正德六年，與郤永、江彬俱調剿流賊，敗賊霸州，追敗之東光半壁店。未幾，復敗賊棗強。劉六寇曹州，泰與馮楨、郤永擊却之，乘勝擒斬千八百人。賊犯蠡縣、臨城，泰等不敢擊，被劾停俸。既而賊奔衞輝，泰爲所敗。調赴萊陽，逗遛不進，詔革署都督僉事新銜，仍以都指揮同知辦賊。賊平，進署都督同知，留京師，與彬日侍左右，賜國姓，歷遷左都督。冒應州功，封安邊伯。

宸濠反，帝以泰爲威武副將軍，偕中官張忠率禁軍先往。宸濠已爲王守仁所擒。泰欲攘其功，疾馳至南昌，窮搜逆黨，士民被誣陷者不可勝計。誅求刑戮，甚於宸濠之亂。嫉守仁功，排擠之百方。執伍文定，窘辱備至。居久之，始旋師。世宗卽位，廷臣交劾，文定亦備以虐民妒功狀上聞，下獄論死。夤緣貴近，減死徙邊。馬昂亦罷，炅等戍邊。

錢寧，不知所出，或云鎭安人。幼鬻太監錢能家爲奴，能嬖之，冒錢姓。能死，推恩家人，得爲錦衣百戶。

正德初，曲事劉瑾，得幸於帝。性猾狡，善射，拓左右弓。帝喜，賜國姓，爲義子，傳陞錦衣千戶。瑾敗，以計免，歷指揮使，掌南鎭撫司。累遷左都督，掌錦衣衞事，典詔獄，言無不聽，其名刺自稱皇庶子。引樂工臧賢、回回人于永及諸番僧，以秘戲進。請於禁內建豹房、新寺，恣聲伎爲樂，復誘帝微行。帝在豹房，常醉枕寧臥。百官候朝，至晡莫得帝起居，密伺寧，寧來，則知駕將出矣。

太監張銳領東廠緝事，橫甚，而寧典詔獄，勢最熾，中外稱曰「廠、衞」。司務林華、評事沈光大皆以杖繫校尉，爲寧所奏，逮下錦衣獄，黜光大，貶華一級。錦衣千戶王注與寧暱，撻人至死，員外郞劉秉鑑持其獄急。寧匿注於家，而屬東廠發刑部他事。尙書張子麟亟造謝寧，立釋注，乃已。廠衞校卒至部院白事，稱尙書子麟輩曰老尊長。太僕少卿趙經初以工部郞督乾清宮工，乾沒帑金數十萬。經死，寧佯遣校尉治喪，迫經妻子扶櫬出，姬妾、帑藏悉據有之。中官廖堂鎭河南，其弟錦衣指揮鵬肆惡，爲巡撫鄧庠所劾，詔降級安置。鵬懼，使其嬖妾私事寧，得留任。

寧子永安，六歲爲都督。養子錢傑、錢靖等，俱冒國姓，授錦衣衞官。念富貴已極，帝無子，思結强藩自全。爲寧王宸濠營復護衞，又遣人往宸濠所，有異謀。又令宸濠數進金

銀玩好於帝。謀召其世子司香太廟，爲入嗣地。又以玉帶、綵紵附其典寶萬銳歸，詐稱上賜。凡宸濠所遣私人行賄京師，皆主伶人臧賢家，由寧以達帝左右。

宸濠反，帝心疑寧。寧懼，白帝收宸濠所遣盧孔章，而歸罪賢，謫戍邊，使校尉殺之途以滅口，又致孔章瘐死，冀得自全。然卒中江彬計，使董皇店役。彬在道，盡白其通逆狀。帝曰：「黠奴，我固疑之。」乃羈之臨清，馳收其妻子家屬。帝還京，裸縛寧，籍其家，得玉帶二千五百束、黃金十餘萬兩、白金三千箱、胡椒數千石。世宗卽位，磔寧於市。養子傑等十一人皆斬，子永安幼，免死，妻妾發功臣家爲奴。

陸炳，其先平湖人。祖墀，以軍籍隸錦衣衞爲總旗。父松，襲職，從興獻王之國安陸，選爲儀衞司典仗。世宗入承大統，松以從龍恩，遷錦衣副千戶。累官後府都督僉事，協理錦衣事。

世宗始生，松妻爲乳媼，炳幼從母入宮中。稍長，日侍左右。炳武健沉鷙，長身火色，行步類鶴。舉嘉靖八年武會試，授錦衣副千戶。松卒，襲指揮僉事。尋進署指揮使，掌南鎭撫事。十八年從帝南幸，次衞輝。夜四更，行宮火，從官倉猝不知帝所在。炳排闥負帝

出，帝自是愛幸炳。屢擢都指揮同知，掌錦衣事。

帝初嗣位，掌錦衣者朱宸，未久罷。代者駱安，繼而王佐、陳寅，皆以興邸舊人掌錦衣衞。佐嘗保持張鶴齡兄弟獄，有賢聲。寅亦謹厚不爲惡。及炳代寅，權勢遠出諸人上。未幾，擢署都督僉事。又以緝捕功，擢都督同知。

炳驟貴，同列多父行，炳陽敬事之，徐以計去其易己者。又能得閣臣夏言、嚴嵩歡，以故日益重。嘗捶殺兵馬指揮，爲御史所糾，詔不問。言故暱炳，一日，御史劾炳諸不法事，言卽擬旨逮治。炳窘，行三千金求解不得，長跪泣謝罪，乃已。炳自是嫉言次骨。及嵩與言搆，炳助嵩，發言與邊將關節書，言罪死。嵩德炳，恣其所爲，引與籌畫，通賕賂。後仇鸞得寵，陵嵩出其上，獨憚炳。炳曲奉之，不敢與鈞禮，而私出金錢結其所親愛，得鸞陰私。及鸞病亟，炳盡發其不軌狀。帝大驚，立收鸞敕印，鸞憂懼死，至剖棺戮屍。

炳先進左都督，錄擒哈舟兒功，加太子太保。以發鸞密謀，加少保兼太子太傅，歲給伯祿。三十三年命入直西苑，與嚴嵩、朱希忠等侍修玄。三十五年三月賜進士恩榮宴。故事，錦衣列於西。帝以炳故，特命上坐，班二品之末。明年疏劾司禮中官李彬侵盜工所物料，營墳墓，僭擬山陵，與其黨杜泰三人論斬，籍其貲，銀四十餘萬，金珠珍寶無算。尋加炳太保兼少傅，掌錦衣如故。三公無兼三孤者，僅於炳見之。

炳任豪惡吏爲爪牙，悉知民間錙兩奸。富人有小過輒收捕，沒其家。積貲數百萬，營別宅十餘所，莊園遍四方，勢傾天下。時嚴嵩父子盡攬六曹事，炳無所不關說。文武大吏爭走其門，歲入不貲，結權要，周旋善類，亦無所吝。帝數起大獄，炳多所保全，折節士大夫，未嘗搆陷一人，以故朝士多稱之者。三十九年卒官。贈忠誠伯，謚武惠，祭葬有加，官其子繹爲本衞指揮僉事。

隆慶初，用御史言，追論炳罪，削秩，籍其產，奪繹及弟太常少卿煒官，坐贓數十萬，繫繹等追償，久之貲盡。萬曆三年，繹上章乞免。張居正等言，炳救駕有功，且律非謀反叛逆奸黨，無籍沒者，況籍沒、追贓，二罪幷坐，非律意。帝憫之，遂獲免。

邵元節，貴溪人，龍虎山上清宮道士也。師事范文泰、李伯芳、黃太初，咸盡其術。寧王宸濠召之，辭不往。

世宗嗣位，惑內侍崔文等言，好鬼神事，日事齋醮。諫官屢以爲言，不納。嘉靖三年，徵元節入京，見於便殿，大加寵信，俾居顯靈宮，專司禱祀。雨雪愆期，禱有驗，封爲清微妙濟守靜修眞凝玄衍範志默秉誠致一眞人，統轄朝天、顯靈、靈濟三宮，總領道教，錫金、玉、銀、象牙印各一。

六年乞還山，詔許馳傳。未幾，趣朝。有事南郊，命分獻風雲雷雨壇。預宴奉天殿，班二品。贈其父太常丞，母安人，幷贈文泰眞人，賜元節紫衣玉帶。給事中高金論之，帝下金詔獄。敕建眞人府於城西，以其孫啓南爲太常丞，曾孫時雍爲太常博士。歲給元節祿百石，以校尉四十人供灑掃，賜莊田三十頃，蠲其租。又遣中使建道院於貴溪，賜名仙源宮。既成，乞假還山。中途上奏，言爲大學士李時弟員外旼所侮。時上章引罪，旼下獄獲譴。比還朝，舟至潞河，命中官迎入，賜蟒服及「闡教輔國」玉印。

先是，以皇嗣未建，數命元節建醮，以夏言爲監禮使，文武大臣日再上香。越三年，皇子疊生，帝大喜，數加恩元節，拜禮部尚書，賜一品服。孫啓南、徒陳善道等咸進秩，贈伯芳、太初爲眞人。

帝幸承天，元節病不能從。無何死，帝爲出涕，贈少師，賜祭十壇，遣中官錦衣護喪還，有司營葬，用伯爵禮。禮官擬謚榮靖，不稱旨，再擬文康。帝兼用之，曰文康榮靖。啓南官至太常少卿。善道亦封清微闡教崇眞衞道高士。隆慶初，削元節秩謚。

陶仲文，初名典眞，黃岡人。嘗受符水訣於羅田萬玉山，與邵元節善。

嘉靖中，由黃梅縣吏爲遼東庫大使。秩滿，需次京師，寓元節邸舍。元節年老，宮中黑眚見，治不效，因薦仲文於帝。以符水噀劍，絕宮中妖。莊敬太子患痘，禱之而瘥，帝深寵異。

十八年南巡，元節病，以仲文代。次衞輝，有旋風繞駕，帝問：「此何祥也？」對曰：「主火。」是夕行宮果火，宮人死者甚衆。帝益異之，授神霄保國宣教高士，尋封神霄保國弘烈宣教振法通眞忠孝秉一眞人。明年八月欲令太子監國，專事靜攝。太僕卿楊最疏諫，杖死，廷臣震懾。大臣爭諂媚取容，神仙禱祀日亟。以仲文子世同爲太常丞，子壻吳濬、從孫良輔爲太常博士。帝有疾，既而瘳，喜仲文祈禱功，特授少保、禮部尚書。久之，加少傅，仍兼少保。仲文起筦庫，不二歲登三孤，恩寵出元節上。乃請建雷壇於鄉縣，祝聖壽，以其徒臧宗仁爲左至靈，馳驛往，督黃州同知郭顯文監之。工稍稽，謫顯文典史，遣工部郎何成代，督趣甚急，公私騷然。御史楊爵、郎中劉魁言及之。給事中周怡陳時事，有「日事禱祠」語。帝大怒，悉下詔獄，拷掠長繫。吏部尚書熊浹諫乩仙，卽命削籍。自是，中外爭獻符瑞，焚修、齋醮之事，無敢指及之者矣。

帝自二十年遭宮婢變，移居西內，日求長生，郊廟不親，朝講盡廢，君臣不相接，獨仲文得時見，見輒賜坐，稱之爲師而不名。心知臣下必議己，每下詔旨多憤疾之辭，廷臣莫知所指。小人顧可學、盛端明、朱隆禧輩，皆緣以進。其後，夏言以不冠香葉冠，積他釁至死。而嚴嵩以虔奉焚修蒙異眷者二十年。大同獲諜者王三，帝歸功上玄，加仲文少師，仍兼少傅少保。一人兼領三孤，終明世，惟仲文而已。久之，授特進光祿大夫柱國兼支大學士俸，廕子世恩爲尚寶丞。復以聖誕加恩，給伯爵俸，授其徒郭弘經、王永寧爲高士。

時都御史胡纘宗下獄，株連數十人。二十九年春，京師災異頻見，帝以咨仲文。對言慮有冤獄，得雨方解。俄法司上纘宗等爰書，帝悉從輕典，果得雨。乃以平獄功，封仲文恭誠伯，歲祿千二百石，弘經、永寧封眞人。仇鸞之追戮也，下詔稱仲文功，增祿百石，廕子世昌國子生。三十二年，仲文言：「齊河縣道士張演昇建大淸橋，濬河得龍骨一，重千斤。又突出石沙一脈，長數丈，類有神相。」帝卽發帑銀助之。時建元嶽湖廣太和山，既成，遣英國公張溶往行安神禮，仲文偕顧可學建醮祈福。明年，聖誕，加恩，廕子錦衣百戶。

帝益求長生，日夜禱祠，簡文武大臣及詞臣入直西苑，供奉青詞。四方奸人段朝用、龔可佩、藍道行、王金、胡大順、藍田玉之屬，咸以燒煉符咒熒惑天子，然不久皆敗，獨仲文恩寵日隆，久而不替，士大夫或緣以進。又創二龍不相見之說，青宮虛位者二十年。

三十五年，上皇考道號爲三天金闕無上玉堂都仙法主玄元道德哲慧聖尊開眞仁化大帝，皇妣號爲三天金闕無上玉堂總仙法主玄元道德哲慧聖母天后掌仙妙化元君，

帝自號靈霄上清統雷元陽妙一飛玄眞君，後加號九天弘教普濟生靈掌陰陽功過大道思仁紫極仙翁一陽眞人元虛玄應開化伏魔忠孝帝君，再號太上大羅天仙紫極長生聖智昭靈統元證應玉虛總掌五雷大眞人玄都境萬壽帝君。明年，仲文有疾，乞還山，獻上歷年所賜蟒玉、金寶、法冠及白金萬兩。既歸，帝念之不置，遣錦衣官存問，命有司以時加禮，改其子尙寶少卿世恩爲太常丞兼道錄司右演法，供事眞人府。

仲文得寵二十年，位極人臣。然小心愼密，不敢恣肆。三十九年卒，年八十餘。帝聞痛悼，葬祭視邵元節，特諡榮康惠肅。世恩後至太常卿。隆慶元年坐與王金僞製藥物，下獄論死。仲文秩諡亦追削。

段朝用，合肥人。以燒煉干郭勛，言所化銀皆仙物，用爲飲食器，當不死。勛進之帝，帝大悅。仲文亦薦之，獻萬金助雷壇工費。帝嘉其忠，授紫府宣忠高士。朝用請歲進數萬金以資國用，帝益喜。已而術不驗，其徒王子巖攻發其詐。帝執子巖、朝用，付鎭撫拷訊，朝用所獻銀，故出勛貲。事既敗，帝亦寖疎勛。明年，勛亦下獄，朝用乃脅勛賄，捶死其家人，復上疏瀆奏。帝怒，遂論死。

龔可佩，嘉定人。出家崑山爲道士，通曉道家神名，由仲文進。諸大臣撰青詞者，時從可佩問道家故事，俱愛之，得爲太常博士。帝命入西宮，敎宮人習法事，累遷太常少卿。爲中宮所惡，誣其嗜酒，使使偵之，報可佩醉員外郎邵畯所。執下詔獄，幷逮畯，俱杖六十。可佩杖死，屍暴潞河，爲羣犬所食，畯亦奪官。畯與可佩故無交，無敢白其枉者。

藍道行以扶鸞術得幸，有所問，輒密封遣中官詣壇焚之，所答多不如旨。帝咎中官穢褻，中官懼，交通道行，啓視而後焚，答始稱旨。帝大喜，問：「今天下何以不治？」道行故惡嚴嵩，假乩仙言嵩奸罪。帝問：「果爾，上仙何不殛之？」答曰：「留待皇帝自殛。」帝心動，會御史鄒應龍劾嵩疏上，帝卽放嵩還。已，嵩詗知道行所爲，厚賂帝左右，發其怙寵招權諸不法事。下詔獄，坐斬，死獄中。

胡大順者，仲文同縣人也。緣仲文進，供事靈濟宮。仲文死，大順以奸欺事發，斥回籍。後覬復用，僞撰萬壽金書一帙，詭稱呂祖所作，且言呂祖授三元大丹，可却疾不老。遣其子元玉從妖人何廷玉齎入京，因左演法藍田玉、左正一羅萬象以通內官趙楹，獻之帝。

田玉者，鐵柱觀道士。嚴嵩罷歸，至南昌，值聖誕，田玉爲帝建醮。會御史姜儆訪秘法至，嵩索田玉諸符籙進獻。田玉亦自以召鶴術託儆附奏，得召爲演法，與萬象並以扶鸞術供奉西內，因交歡楹。時帝方幸此三人，故大順書由三人進。帝覽書問：「既云乩書，扶乩

者何不來？」田玉遂詐爲聖諭徵之，至則屢上書求見。帝語徐階曰：「自藍道行下獄，遂百孽擾宮。今大順來，可復用乎？」對曰：「扶乩之術，惟中外交通，間有驗者，否則茫然不知。今宮孽已久，似非道行所致。且用此輩，孽未必消。小人無賴，宜治以法。」帝悟，報曰：「田玉無狀，去冬代廷玉進水銀藥，遂詐傳密旨，徵取大順，不治無以儆將來。」階對：「水銀不可服食，詐傳詔旨罪尤重。倘置不問，羣小互相朋結，恐釀大患。」乃命執大順、田玉、萬象等下錦衣獄，不知其奸由楹也。錦衣上獄詞，帝有意寬之，以問階。階力言不可不重治，乃下諸人法司，令重擬。楹伺間，具密奏，爲諸人申理。帝大怒，付司禮拷訊，具得其交通狀，遂與大順、田玉、萬象、廷玉、元玉並論死。楹瘐死。帝以逆囚當顯戮，怒所司不如法，詔停刑部司官俸。嘉靖四十四年也。

世宗朝，奏章有前朝、後朝之說。前朝所奏者，諸司章奏也；他方士雜流有所陳請，則從後朝入，前朝官不與聞，故無人摘發。賴帝晚年漸悟其妄，而政府力爲執奏，諸奸獲正法云。

王金者，鄠縣人也。爲國子生，殺人當死。知縣陰應麟雅好黃白術，聞金有秘方，爲之解，得末減。金遂逃京師，匿通政使趙文華所。以仙酒獻文華，文華獻之帝。及文華視師江南，金落魄無所遇。一日，帝於秘殿扶乩，言服芝可延年，使使採芝天下。四方來獻者，

皆積苑中，中使竊出市人，復進之以邀賞。金厚結中使，得芝萬本，聚爲一山，號萬歲芝山，又僞爲五色龜，欲因禮部以獻，尚書吳山不爲進。山罷，金自進之。帝大喜，遣官告太廟。禮官袁煒率廷臣表賀，而授金太醫院御醫。

先是，總督胡宗憲獻白鹿者再。帝喜，告謝玄極寶殿及太廟，進宗憲秩，百官表賀。已，宗憲獻靈芝五、白龜二。帝益喜，賜金幣、鶴衣，告廟表賀如初。不數日，龜死，帝曰：「天降靈物，朕固疑處塵寰不久也。」淮王獻白雁二，帝曰：「天降祥羽，其告廟。」嚴嵩孫鵠獻玉兔一、靈芝六十四，藍道行獻瑞龜。俱遣中官獻太廟，廷臣表賀。未幾，兔生二子，禮官請謝玄告廟。是月，兔又生二子，帝以爲延生之祥，特建謝典告廟。已又生數子，皆稱賀。其他西苑嘉禾，顯陵甘露，無不告廟稱賀者。

當是時，陶仲文已死，嚴嵩亦罷政，藍道行又以詐僞誅，宮中數見妖孽，帝春秋高，意邑邑不樂，中官因詐飾以娛之。四十三年五月，帝夜坐庭中，獲一桃御幄後，左右言自空中下。帝大喜曰：「天賜也。」修迎恩醮五日。明日復降一桃，其夜白兔生二子。帝益喜，謝玄告廟。未幾，壽鹿亦生二子，廷臣表賀。帝以奇祥三錫，天眷非常，手詔褒答。

時遣官求方士於四方，至者日衆。豐城人熊顯進仙書六十六冊，方士趙添壽進秘法三十二種，醫士申世文亦進三種。帝知其多妄，無殊錫。金思所以動帝，乃與世文及陶世恩、

陶倣、劉文彬、高守中僞造諸品仙方、養老新書、七元天禽護國兵策，與所製金石藥並進。其方詭秘不可辨，性燥，非服食所宜。帝御之，稍稍火發不能愈。世恩竟得遷太常卿，倣太醫院使，文彬太常博士。未幾，帝大漸，遺詔歸罪金等，命悉正典刑，五人並論死繫獄。隆慶四年十月，高拱柄國，盡反徐階之政，乃宥金等死，編口外爲民。

顧可學，無錫人。舉進士，歷官浙江參議。言官劾其在部時盜官帑，斥歸，家居二十餘年。瞯世宗好長生，而同年生嚴嵩方柄國，乃厚賄嵩，自言能煉童男女溲爲秋石，服之延年。嵩爲言於帝，遣使齎金幣就其家賜之。可學詣闕謝，遂命爲右通政。嘉靖二十四年超拜工部尙書，尋改禮部，再加至太子太保。時盛端明亦以方術承帝眷，可學獨揚揚自喜，請厲公事，人咸畏而惡之。

帝惑乩仙言，手詔問禮部：「古用芝入藥，今產何所？」尙書吳山博引本草、黃帝內經、漢舊儀、王充論衡、瑞命記，言：「歷代皆以芝爲瑞，然服食之法未有傳，所產地亦未敢預擬。」乃詔有司採之五嶽及太和、龍虎、三茅、齊雲、鶴鳴諸山。無何，宛平民獻芝五本。帝悅，賚銀幣。自是，來獻者接踵。時又採銀礦、龍涎香，中使四出，論者咸咎可學。可學尋以年老乞休。卒，賜祭葬，謚榮僖。

端明，饒平人。舉進士，歷官右副都御史，督南京糧儲，劾罷，家居十年。自言通曉藥石，服之可長生，由陶仲文以進，嚴嵩亦左右之，遂召爲禮部右侍郎。尋拜工部尙書，改禮部，加太子少保，皆與可學並命。二人但食祿不治事，供奉藥物而已。端明頗負才名，晚由他途進，士論恥之。端明內不自安，引去，卒於家。賜祭葬，謚榮簡。隆慶初，二人皆褫官奪謚。

朱隆禧者，崑山人。由進士歷順天府丞，坐大計黜。二十七年，陶仲文赴太和山，隆禧邀至其家，以所傳長生秘術及所製香衲祈代進。仲文還朝，奏之。帝悅，即其家賜白金、飛魚服。隆禧入朝謝恩，帝以大計罷閒官例不復起，加太常卿致仕。居二年，加禮部右侍郎。會有邊警，仲文乘閒薦隆禧知兵。帝曰：「祖宗法不可廢。」卒不用。既卒，其妻請卹典，所司執不予，帝特諭予之。隆慶初，褫官。

帝晚年求方術益急，仲文、可學輩皆前死。四十一年冬，命御史姜儆、王大任分行天下，訪求方士及符籙秘書。儆，江南、山東、浙江、江西、福建、廣東、廣西；大任，畿輔、河南、湖廣、四川、山西、陝西、雲南、貴州。至四十三年十月還朝，上所得法秘數千冊，方士唐秩、劉

文彬等數人。儆、大任擢侍講學士，秩等賜第京師。儆不自安，尋引退。大任入翰林，不爲同官所齒。隆慶元年正月，言官劾兩人所進劉文彬等已正刑章，宜并罪，遂奪職。

校勘記

〔一〕靖王奠培等亦言無左驗　靖王，原作「寧王」，據本書卷一一七寧王權傳改。

〔二〕搆罪吏部尙書尹旻及其子侍講龍　吏部，原作「禮部」，據本書卷一一一七卿年表、孝宗實錄卷八成化二十三年十二月辛卯條改。

〔三〕又以中官蔣琮言　蔣琮，原作「蔣宗」，據明史稿傳一八〇李孜省傳、孝宗實錄卷八成化二十三年十二月辛卯條改。

〔四〕員外郎林俊請斬芳繼曉以謝天下　林俊，原作「淩俊」，據本書卷一九四林俊傳、明史稿傳一八〇繼曉傳改。

中華書局

明史卷三百八

列傳第一百九十六

奸臣

宋史論君子小人，取象於陰陽，其說當矣。然小人世所恒有，不容概被以奸名。必其竊弄威柄，搆結禍亂，動搖宗祏，屠害忠良，心跡俱惡，終身陰賊者，始加以惡名而不敢辭。有明一代，巨奸大惡，多出於寺人內豎，求之外廷諸臣，蓋亦鮮矣。當太祖開國之初，胡惟庸兇狡自肆，竟坐叛逆誅死。陳瑛在成祖時，以刻酷濟其奸私，逢君長君，荼毒善類。此其所值，皆英武明斷之君，而包藏禍心，久之方敗。令遇庸主，其爲惡可勝言哉。厥後權歸內豎，懷奸固寵之徒依附結納，禍流搢紳。惟世宗朝，閹宦斂迹，而嚴嵩父子濟惡，貪賫無厭。莊烈帝手除逆黨，而周延儒、溫體仁懷私植黨，僨國覆邦。南都末造，本無足言，馬士英庸瑣鄙夫，饕殘恣惡。之數人者，內無閹尹可依，而外與羣邪相比，罔恤國事，職爲亂階。究其心迹，殆將與杞、檜同科。吁可畏哉！作奸臣傳。

胡惟庸 陳寧　陳瑛 馬麟等　嚴嵩 趙文華等　周延儒

溫體仁　馬士英 阮大鋮

胡惟庸，定遠人。歸太祖於和州，授元帥府奏差。尋轉宣使，除寧國主簿，進知縣，遷吉安通判，擢湖廣僉事。吳元年，召爲太常少卿，進本寺卿。洪武三年拜中書省參知政事。已，代汪廣洋爲左丞。六年正月，右丞相廣洋左遷廣東行省參政，帝難其人，久不置相，惟庸獨專省事。七月拜右丞相。久之，進左丞相，復以廣洋爲右丞相。

自楊憲誅，帝以惟庸爲才，寵任之。惟庸亦自勵，嘗以曲謹當上意，寵遇日盛，獨相數歲，生殺黜陟，或不奏徑行。內外諸司上封事，必先取閱，害己者，輒匿不以聞。四方躁進之徒及功臣武夫失職者，爭走其門，饋遺金帛、名馬、玩好，不可勝數。大將軍徐達深疾其奸，從容言於帝。惟庸遂誘達閽者福壽以圖達，爲福壽所發。御史中丞劉基亦嘗言其短。久之基病，帝遣惟庸挾醫視，遂以毒中之。基死，益無所忌。與太師李善長相結，以兄女妻其從子佑。學士吳伯宗劾惟庸，幾得危禍。自是，勢益熾。其定遠舊宅井中，忽生石筍，出水數尺，諛者爭引符瑞，又言其祖父三世塜上，皆夜有火光燭天。惟庸益喜自負，有異謀矣。

吉安侯陸仲亨自陝西歸，擅乘傳。帝怒責之，曰：「中原兵燹之餘，民始復業，籍戶買馬，艱苦殊甚。使皆效爾所爲，民雖盡鬻子女，不能給也。」責捕盜於代縣。平涼侯費聚奉命撫蘇州軍民，日嗜酒色。帝怒，責往西北招降蒙古，無功，又切責之。二人大懼。惟庸陰以權利脅誘二人，二人素戇勇，見惟庸用事，密相往來。嘗過惟庸家飲，酒酣，惟庸屏左右言：「吾等所爲多不法，一旦事覺，如何？」二人益惶懼，惟庸乃告以己意，令在外收集軍馬。又嘗與陳寧坐省中，閱天下軍馬籍，令都督毛驤取衞士劉遇賢及亡命魏文進等爲心膂，曰：「吾有所用爾也。」太僕寺丞李存義者，善長之弟，惟庸壻李佑父也，惟庸令陰說善長。善長已老，不能強拒，初不許，已而依違其間。惟庸益以爲事可就，乃遣明州衞指揮林賢下海招倭，與期會。又遣元故臣封績致書稱臣于元嗣君，請兵爲外應。事皆未發。會惟庸子馳馬於市，墜死車下，惟庸殺輓車者。帝怒，命償其死。惟庸請以金帛給其家，不許。惟庸懼，乃與御史大夫陳寧、中丞涂節等謀起事，陰告四方及武臣從己者。

十二年九月，占城來貢，惟庸等不以聞。中官出見之，入奏。帝怒，敕責省臣。惟庸及廣洋頓首謝罪，而微委其咎於禮部，部臣又委之中書。帝益怒，盡囚諸臣，窮詰主者。未幾，賜廣洋死，廣洋妾陳氏從死。帝詢之，乃入官陳知縣女也。大怒曰：「沒官婦女，止給功臣家。文臣何以得給？」乃敕法司取勘。于是惟庸及六部堂屬咸當坐罪。明年正月，涂

節遂上變，告惟庸。御史中丞商暠時謫爲中書省吏，亦以惟庸陰事告。帝大怒，下廷臣更訊，詞連寧、節。廷臣言：「節本預謀，見事不成，始上變告，不可不誅。」乃誅惟庸、寧并及節。

惟庸既死，其反狀猶未盡露。至十八年，李存義爲人首告，免死，安置崇明。十九年十月，林賢獄成，惟庸通倭事始著。二十一年，藍玉征沙漠，獲封績，善長不以奏。至二十三年五月，事發，捕續下吏，訊得其狀，逆謀益大著。會善長家奴盧仲謙首善長與惟庸往來狀，而陸仲亨家奴封帖木亦首仲亨及唐勝宗、費聚、趙庸三侯與惟庸共謀不軌。〔一〕帝發怒，肅清逆黨，詞所連及坐誅者三萬餘人。乃爲昭示奸黨錄，布告天下。株連蔓引，迄數年未靖云。

陳寧，茶陵人。元末爲鎭江小吏，從軍至集慶，館於軍帥家，代軍帥上書言事。太祖覽之稱善，召試檄文，詞意雄偉，乃用爲行省掾吏。時方四征，羽書旁午，寧酬答整暇，事無留滯，太祖益才之。淮安納款，奉命徵其兵，抵高郵，爲吳人所獲。寧抗論不屈，釋還，擢廣德知府。會大旱，乞免民租，不許。寧自詣太祖奏曰：「民饑如此，猶徵租不已，是爲張士誠敺民也。」太祖壯而聽之。

辛丑除樞密院都事。癸卯遷提刑按察司僉事。明年改浙東按察使。有小隸訟其隱過，寧已擢中書參議，太祖親鞫之，寧首服，繫應天獄一歲。吳元年，冬盡將決，太祖惜其才，命諸將數其罪而宥之，用爲太倉市舶提舉。

洪武元年召拜司農卿，遷兵部尚書。明年出爲松江知府。用嚴爲治，積歲蠹弊，多所釐革。尋改山西行省參政。召拜參知政事，知吏、戶、禮三部事。寧，初名亮，至是賜名寧。

三年，坐事出知蘇州。尋改浙江行省參政，未行，用胡惟庸薦，召爲御史中丞。太祖嘗御東閣，免冠而櫛。寧與侍御史商暠入奏事，太祖見之，遂移入便殿，遣人止寧毋入。櫛已，整冠出閣，始命入見。六年命兼領國子監事。俄拜右御史大夫。八月遣釋奠先師。丞相胡惟庸、參政馮冕、誠意伯劉基不陪祀而受胙，太祖以寧不舉奏，亦停俸半月。自是，不預祭者不頒胙。久之，進左御史大夫。

寧有才氣，而性特嚴刻。其在蘇州徵賦苛急，嘗燒鐵烙人肌膚。吏民苦之，號爲陳烙鐵。及居憲臺，益務威嚴。太祖嘗責之，寧不能改。其子孟麟亦數諫，寧怒，捶之數百，竟死。太祖深惡其不情，曰：「寧於其子如此，奚有於君父耶！」寧聞之懼，遂與惟庸通謀。十三年正月，惟庸事發，寧亦伏誅。

陳瑛，滁人。洪武中，以人才貢入太學。擢御史，出爲山東按察使。建文元年調北平僉事。湯宗告瑛受燕王金錢，通密謀，逮謫廣西。燕王稱帝，召爲都察院左副都御史，署院事。

瑛天性殘忍，受帝寵任，益務深刻，專以搏擊爲能。甫莅事，即言：「陛下應天順人，萬姓率服，而廷臣有不順命、效死建文者，如侍郎黃觀、少卿廖昇、修撰王叔英、紀善周是修、按察使王良、知縣顏伯瑋等，其心與叛逆無異，請追戮之。」帝曰：「朕誅奸臣，不過齊、黃數輩，後二十九人中如張紞、王鈍、鄭賜、黃福、尹昌隆，皆宥而用之。況汝所言，有不與此數者，勿問。」後瑛閱方孝孺等獄詞，遂簿觀、叔英等家，給配其妻女，疏族、外親莫不連染。胡閏之獄，所籍數百家，號冤聲徹天。兩列御史皆掩泣，瑛亦色慘，謂人曰：「不以叛逆處此輩，則吾等爲無名。」於是諸忠臣無遺種矣。

永樂元年擢左都御史，益以訐發爲能。八月劾歷城侯盛庸怨誹，當誅，庸自殺。二年劾曹國公李景隆謀不軌，又劾景隆弟增枝知景隆不臣不諫，多置莊產，蓄佃僕，意叵測，俱收繫。又劾長興侯耿炳文僭，炳文自殺。劾駙馬都尉梅殷邪謀，殷遇害。三年，行部尚書雒僉言事忤帝意，瑛劾僉貪暴，僉坐誅死。又劾駙馬都尉胡觀强取民間女子，娶娼爲妾，預景隆逆謀，以親見宥不改。帝命勿治，罷觀朝請。已，又劾其怨望，逮下獄。八年劾隆平侯張信占練湖及江陰官田，命三法司雜治之。

瑛爲都御史數年，所論劾勳戚、大臣十餘人，皆陰希帝指。其他所劾順昌伯王佐，都督陳俊，指揮王恕，都督曹遠，指揮房昭，僉都御史俞士吉，大理少卿袁復，御史車舒，都督王瑞，指揮林泉、牛諒，通政司參議賀銀等，先後又數十人，俱得罪。帝以爲能發奸，寵任之，然亦知其殘刻，所奏讞不盡從。中書舍人芮善弟夫婦爲盜所殺，心疑其所親，訟於官。刑部驗非盜，縱之。善白帝刑部故出盜，帝命御史鞫治，果非盜。瑛因劾善妄奏，當下獄。帝曰：「兄弟同氣，得賊惟恐逸之，善何罪，其勿問。」車里宣慰使刀暹答侵威遠州地，執其知州刀算黨以歸。帝遣使諭之，刀暹答懼，歸地及所執知州，遣弟刀臘等貢方物謝罪。瑛請先下刀臘法司，且逮治刀暹答。帝曰：「蠻僚之性稍不相得則相讐，改則已。今服罪而復治之，何以處不服者。」遂赦弗問。知嘉興縣李鑑廷見謝罪，帝問故。瑛言：「鑑籍奸黨姚瑄，瑄弟亨當連坐，而鑑釋亨不籍，宜罪。」鑑言：「都察院文止籍瑄，未有亨名。」帝曰：「院文無名而不籍，不失爲愼重。」鑑得免。戶部人材高文雅言時政，因及建文事，辭意率直，帝命議行之。瑛劾文雅狂妄，請置之法。帝曰：「草野之人何知忌諱，其言有可采，奈何以直而廢之。瑛刻薄，非助朕爲善者。」以文雅付吏部，量材授官。海運糧漂沒，瑛請治官軍罪，責之償。

帝曰：「海濤險惡，官軍免溺死，幸矣。」悉釋不問。瑛之奸險附會，一意苛刻，皆此類也。

帝北巡，皇太子監國。瑛言兵部主事李貞受皂隸葉轉等四人金，請下貞獄。無何，貞妻擊登聞鼓訴冤。皇太子命六部大臣廷鞫之，自辰至午，貞等不至，惟葉轉至。訊之，云貞不承，不勝拷掠死，三皂隸皆笞死三日矣，貞實未嘗受金。先是，袁綱、覃珩兩御史俱至兵部索皂隸，貞猝無以應，兩御史銜之，興此獄。於是刑科給事中耿通等言瑛及綱、珩朋奸蒙蔽，擅殺無辜，請罪瑛。皇太子曰：「瑛大臣，蓋爲下所欺，不能覺察耳。」置勿問，械繫綱、珩，以其罪狀奏行在。又有學官坐事謫充太學膳夫者，皇太子令法司與改役，瑛格不行，中允劉子春等復劾瑛方命自恣。皇太子謂瑛曰：「卿用心刻薄，不明政體，殊非大臣之道。」時太子深惡瑛，以帝方寵任，無如何。久之，帝亦寖疎瑛。九年春，瑛得罪下獄死，天下快之。

帝以篡得天下，御下多用重典。瑛首承風旨，傾誣排陷者無算。一時臣工多效其所爲，如紀綱、馬麟、丁珏、秦政學、趙緯、李芳，皆以傾險聞。綱在佞倖傳。

麟，鞏人。洪武末爲工科給事中，建文時坐罪謫雲南爲吏。成祖即位，悉復建文朝所罷官，麟得召還。尋進兵科都給事中。麟無他建白，事以訐發爲能。帝久亦厭之，論麟等曰：「奏牘一字之誤皆喋喋，煩碎甚矣。僞謬卽改正，不必以聞。」麟等言：「奏內有不稱臣者，不可宥。」帝曰：「彼亦偶脫漏耳。言官當陳軍國大務，細故可略也。」久之，擢右通政。帝一日顧侍臣曰：「四方頻奏水旱，朕甚不寧。」麟遽進曰：「水旱天數，堯、湯不免。一二郡有之，未害。」帝曰：「洪範恒雨恒暘，皆本人事，可委天數哉？爾此言，不學故也。」麟慚而退。麟居言路，糾彈諸司無虛日。嘗署兵部事，甫一日，輒有過，爲人所奏，自是稍戢。居通政八年，卒於官。

珏，山陽人。永樂四年，里社賽神，誣以聚衆謀不軌，坐死者數十人。法司因稱珏忠，特擢刑科給事中。伺察百僚小過，輒上聞。居官十年，貪黷不顧廉恥。母喪未期，起復視事，輒隨衆大祀齋宮，復與慶成宴，爲御史兪信等所劾，論大不敬當死。帝曰：「朕素疑其奸邪，若悉行所言，廷臣豈有一人免耶？」遂謫戍邊。

政學，慈谿人。永樂二年進士。歷行在禮部郎中，務掇人過失，肆爲奸貪。十六年春，有罪伏誅。

緯初爲大興教諭，燕兵起，與城守有勞。擢禮科給事中，坐罪謫思南宣慰司教授。永樂七年，復原官，務捃摭朝士過。久之，遷浙江副使。後入朝，仁宗見其名曰：「此人尚在耶！是無異蛇蝎。」遂謫嘉興典史。

芳，潁上人。永樂十三年進士。歷刑科給事中。宣宗數御便殿，與大臣議事。芳言：「洪武中，大臣面議時政，必給事中二人與俱，請復其舊。」帝是之。芳輒自矜，百司所爲，少不如意，卽詣帝前奏之，人比之紀綱。久之，帝亦惡其奸，黜爲海鹽丞，棄官歸。

嚴嵩，字惟中，分宜人。長身戌削，疏眉目，大音聲。舉弘治十八年進士，改庶吉士，授編修。移疾歸，讀書鈐山十年，爲詩古文辭，頗著清譽。還朝，久之進侍講，署南京翰林院事。召爲國子祭酒。

嘉靖七年歷禮部右侍郎，奉世宗命祭告顯陵，還言：「臣恭上寶册及奉安神牀，皆應時雨霽。又石產棗陽，羣鸛集繞，碑入漢江，河流驟漲。請命輔臣撰文刻石，以紀天眷。」帝大悅，從之。遷吏部左侍郎，進南京禮部尚書，改吏部。

居南京五年，以賀萬壽節至京師。會廷議更修宋史，輔臣請留嵩以禮部尚書兼翰林學士董其事。及夏言入內閣，命嵩還掌部事。帝將祀獻皇帝明堂，以配上帝。已，又欲稱宗入太廟。嵩與羣臣議沮之，帝不悅，著明堂或問示廷臣。嵩惶恐，盡改前說，條畫禮儀甚備。禮成，賜金幣。自是，益務爲佞悅。帝上皇天上帝尊號、寶册，尋加上高皇帝尊謚聖號

以配，嵩乃奏慶雲見，請受羣臣朝賀。又爲慶雲賦、大禮告成頌奏之，帝悅，命付史館。尋加太子太保，從幸承天，賞賜與輔臣埒。

嵩歸日驕。諸宗藩請卹乞封，挾取賄賂。子世蕃又數關說諸曹。南北給事、御史交章論貪污大臣，皆首嵩。嵩每被論，亟歸誠於帝，事輒已。帝或以事諮嵩，所條對平無奇，帝必故稱賞，欲以諷止言者。嵩科第先夏言，而位下之。始倚言，事之謹，嘗置酒邀言，躬詣其第，言辭不見。嵩布席，展所具啓，跽讀。言謂嵩實下己，不疑也。帝以奉道嘗御香葉冠，因刻沈水香冠五，賜言等。言不奉詔，帝怒甚。嵩因召對冠之，籠以輕紗。帝見，益內親嵩。嵩遂傾言，斥之。言去，醮祀青詞，非嵩無當帝意者。

二十一年八月拜武英殿大學士，入直文淵閣，仍掌禮部事。時嵩年六十餘矣，精爽溢發，不異少壯。朝夕直西苑板房，未嘗一歸洗沐，帝益謂嵩勤。久之，請解部事，遂專直西苑。帝嘗賜嵩銀記，文曰「忠勤敏達」。尋加太子太傅。翟鑾資序在嵩上，帝待之不如嵩。嵩諷言官論之，鑾得罪去。吏部尚書許讚、禮部尚書張璧同入閣，皆不預聞票擬事，政事一歸嵩。讚嘗歎曰：「何奪我吏部，使我旁睨人。」嵩欲示厚同列，且塞言者意，因以顯夏言短，乃請凡有宣召，乞與成國公朱希忠、京山侯崔元及讚、璧偕入，如祖宗朝蹇、夏、三楊故事。帝不聽，然心益喜嵩，累進吏部尚書、謹身殿大學士、少傅兼太子太師。

久之，帝微覺嵩橫。時讚老病罷，璧死，乃復用夏言，帝爲加嵩少師以慰之。言至，復盛氣陵嵩，頗斥逐其黨，嵩不能救。子世蕃方官尚寶少卿，橫行公卿間。言欲發其罪，嵩父子大懼，長跪榻下泣謝，乃已。知陸炳與言惡，遂與比而傾言。世蕃遷太常少卿，嵩猶畏言，疏遺歸省墓。嵩尋加特進，再加華蓋殿大學士。窺言失帝眷，用河套事搆言及曾銑，俱棄市。已而南京吏部尚書張治、國子祭酒李本以疏遠擢入閣，益不敢預可否。嵩既傾殺言，益僞恭謹。言嘗加上柱國，帝亦欲加嵩，嵩乃辭曰：「尊無二上，上非人臣所宜稱。國初雖設此官，左相國達，功臣第一，亦止爲左柱國。乞陛下免臣此官，著爲令典，以昭臣節。」帝大喜，允其辭，而以世蕃爲太常卿。

嵩無他才略，惟一意媚上，竊權罔利。帝英察自信，果刑戮，頗護己短，嵩以故得因事激帝怒，戕害人以成其私。張經、李天寵、王忬之死，嵩皆有力焉。前後劾嵩、世蕃者，謝瑜、葉經、童漢臣、趙錦、王宗茂、何維柏、王曄、陳塏、厲汝進、沈鍊、徐學詩、楊繼盛、周鈇、吳時來、張翀、董傳策皆被譴。經、鍊用他過置之死，繼盛附張經疏尾殺之。他所不悅，假遷除考察以斥者甚衆，皆未嘗有跡也。

俺答薄都城，慢書求貢。帝召嵩與李本及禮部尚書徐階入對西苑。嵩無所規畫，委之禮部。帝悉用階言，稍輕嵩。嵩復以間激帝怒，杖司業趙貞吉而謫之。兵部尚書丁汝夔受

嵩指，不敢趣諸將戰。寇退，帝欲殺汝夔。嵩懼其引己，謂汝夔曰：「我在，毋慮也。」汝夔臨死始知爲嵩紿。

大將軍仇鸞，始爲曾銑所劾，倚嵩傾銑，遂約爲父子。已而鸞挾寇得帝重，嵩猶兒子蓄之，寖相惡。嵩密疏毀鸞，帝不聽，而頗納鸞所陳嵩父子過，少疏之。嵩當入直，不召者數矣。嵩見徐階、李本入西內，卽與俱入。至西華門，門者以非詔旨格之。嵩還第，父子對泣。時陸炳掌錦衣，與鸞爭寵，嵩乃結炳共圖鸞。會鸞病死，炳訐鸞陰事，帝追戮之。於是益信任嵩，遣所乘龍舟過海子召嵩，載直西內如故。世蕃尋遷工部左侍郎。倭寇江南，用趙文華督察軍情，大納賄賂以遺嵩，致寇亂益甚。及胡宗憲誘降汪直、徐海，文華乃言：「臣與宗憲策，臣師嵩所授也。」遂命嵩兼支尚書俸無謝，自是褒賜皆不謝。

帝嘗以嵩直廬隘，撤小殿材爲營室，植花木其中，朝夕賜御膳、法酒。嵩年八十，聽以肩輿入禁苑。帝自十八年葬章聖太后後，卽不視朝，自二十年宮婢之變，卽移居西苑萬壽宮，不入大內，大臣希得謁見，惟嵩獨承顧問，御札一日或數下，雖同列不獲聞，以故嵩得逞志。然帝雖甚親禮嵩，亦不盡信其言，間一取獨斷，或故示異同，欲以殺離其勢。嵩父子獨得帝窾要，欲有所救解，嵩必順帝意痛詆之，而婉曲解釋以中帝所不忍。卽欲排陷者，必先稱其嫩，而以微言中之，或觸帝所恥與諱。以是移帝喜怒，往往不失。士大夫輻輳附嵩，時

稱文選郎中萬寀、職方郎中方祥等爲嵩文武管家。尚書吳鵬、歐陽必進、高燿、許論輩，皆惴惴事嵩。

嵩握權久，遍引私人居要地。帝亦寖厭之，而漸親徐階。會階所厚吳時來、張翀、董傳策各疏論嵩，嵩因密請究主使者，下詔獄，窮治無所引。帝乃不問，而慰留嵩，然心不能無動，階因得間傾嵩。吏部尚書缺，嵩力援歐陽必進爲之，甫三月卽斥去。趙文華忤旨獲譴，嵩亦不能救。有詔二王就婚邸第，嵩力請留內。帝不悅，嵩亦不能力持。嵩雖警敏，能先意揣帝指，然帝所下手詔，語多不可曉，惟世蕃一覽了然，答語無不中。及嵩妻歐陽氏死，世蕃當護喪歸，嵩請留侍京邸。帝許之，然自是不得入直所代嵩票擬，而日縱淫樂於家。嵩受詔多不能答，遣使持問世蕃。值其方耽女樂，不以時答。中使相繼促嵩，嵩不得已自爲之，往往失旨。所進青詞，又多假手他人不能工，以此積失帝歡。會萬壽宮火，嵩請暫徙南城離宮，南城，英宗爲太上皇時所居也，帝不悅。而徐階營萬壽宮甚稱旨，帝益親階，顧問多不及嵩，卽及嵩，祠祀而已。嵩懼，置酒要階，使家人羅拜，舉觴屬曰：「嵩旦夕且死，此曹惟公乳哺之。」階謝不敢。

未幾，帝入方士藍道行言，有意去嵩。御史鄒應龍避雨內侍家，知其事，抗疏極論嵩父子不法，曰：「臣言不實，乞斬臣首以謝嵩、世蕃。」帝降旨慰嵩，而以嵩溺愛世蕃，負眷倚，令

致仕，馳驛歸，有司歲給米百石，下世蕃於理。嵩爲世蕃請罪，且求解，帝不聽。法司奏論世蕃及其子錦衣鵠、鴻，客羅龍文，戍邊遠。詔從之，特宥鴻爲民，使侍嵩，而錮其奴嚴年於獄，擢應龍通政司參議。時四十一年五月也。龍文官中書，交關爲奸利，而年最黠惡，士大夫競稱蕚山先生者也。

嵩既去，帝追念其贊玄功，意忽忽不樂，諭階欲遂傳位，退居西內，專祈長生。階極陳不可，帝曰：「卿等不欲，必皆奉君命，同輔玄修乃可。嚴嵩既退，其子世蕃已伏法，敢更言者，並應龍俱斬。」嵩知帝念己，乃賂帝左右，發道行陰事，繫刑部，俾引階。道行不承，坐論死，得釋。嵩初歸至南昌，值萬壽節，使道士藍田玉建醮鐵柱宮。田玉善召鶴，嵩因取其符籙，并己祈鶴文上之，帝優詔褒答。嵩因言：「臣年八十有四，惟一子世蕃及孫鵠皆遠戍，乞移便地就養，終臣餘年。」不許。

其明年，南京御史林潤奏：「江洋巨盜多入逃軍羅龍文、嚴世蕃家。龍文居深山，乘軒衣蟒，有負險不臣之志。世蕃得罪後，與龍文日誹謗時政。其治第役衆四千，道路皆言兩人通倭，變且不測。」詔下潤逮捕，下法司論斬，皆伏誅，黜嵩及諸孫皆爲民。嵩竊政二十年，溺信惡子，流毒天下，人咸指目爲奸臣。其坐世蕃大逆，則徐階意也。又二年，嵩老病，寄食墓舍以死。

世蕃，短項肥體，眇一目，由父任入仕。以築京師外城勞，由太常卿進工部左侍郎，仍掌尙寶司事。剽悍陰賊，席父寵，招權利無厭。然頗通國典，曉暢時務。嘗謂天下才，惟己與陸炳、楊博爲三。炳死，益自負。嵩耄昏，且旦夕直西內，諸司白事，輒曰：「以質東樓。」東樓，世蕃別號也。朝事一委世蕃，九卿以下浹日不得見，或停至暮而遣之。士大夫側目屏息，不肖者奔走其門，筐篚相望於道。世蕃熟諳中外官饒瘠險易，責賄多寡，毫髮不能匿。其治第京師，連三四坊，堰水爲塘數十畝，羅珍禽奇樹其中，日擁賓客縱倡樂，雖大僚或父執，虐之酒，不困不已。居母喪亦然。好古尊彝、奇器、書畫，趙文華、鄢懋卿、胡宗憲之屬，所到輒輦致之，或索之富人，必得然後已。被應龍劾戍雷州，未至而返，益大治園亭。其監工奴見袁州推官郭諫臣，不爲起。

御史林潤嘗劾懋卿，懼相報，因與諫臣謀發其罪，且及冤殺楊繼盛、沈鍊狀。世蕃喜，謂其黨曰：「無恐，獄且解。」法司黃光昇等以讞詞白徐階，階曰：「諸公欲生之乎？」僉曰：「必欲死之。」曰：「若是，適所以生之也。夫楊、沈之獄，嵩皆巧取上旨。今顯及之，是彰上過也。必如是，諸君且不測，嚴公子騎款段出都門矣。」爲手削其草，獨按龍文與汪直姻舊，爲交通賄世蕃乞官。世蕃用彭孔言，以南昌倉地有王氣，取以治第，制擬王者。又結宗人

典楧陰伺非常，多聚亡命。龍文又招直餘黨五百人，謀爲世蕃外投日本，先所發遣世蕃班頭牛信，亦自山海衞棄伍北走，誘致外兵，共相響應。卽日令光昇等疾書奏之。世蕃聞，詫曰：「死矣。」遂斬於市。籍其家，黃金可三萬餘兩，白金二百萬餘兩，他珍寶服玩所直又數百萬。

趙文華，慈谿人。嘉靖八年進士。授刑部主事。以考察謫東平州同知。久之，累官至通政使。性傾狡，未第時在國學，嚴嵩爲祭酒，才之。後仕於朝，而嵩日貴幸，遂相與結爲父子。嵩念己過惡多，得私人在通政，劾疏至，可預爲計，故以文華任之。

文華欲自結於帝，進百花仙酒，詭曰：「臣師嵩服之而壽。」帝飲甘之，手敕問嵩。嵩驚曰：「文華安得爲此！」乃宛轉奏曰：「臣生平不近藥餌，犬馬之壽誠不知何以然。」嵩恨文華不先白己，召至直所詈責之。文華跪泣，久不敢起。徐階、李本見之爲解，乃令去。嵩休沐歸，九卿進謁，嵩猶怒文華，令從吏扶出之。文華大窘，厚賂嵩妻。嵩妻敎文華伺嵩歸，匿於別室，酒酣，嵩妻爲之解，文華卽出拜，嵩乃待之如初。以建議築京師外城，加工部右侍郎。

東南倭患棘，文華獻七事。首以祭海神爲言，請遣官望祭於江陰、常熟。次令有司掩骼輕徭。次增募水軍。次蘇、松、常、鎭民田，一夫過百畝者，重科其賦，且預徵官田稅三

年。次募富人輸財力自效，事寧論功。次遣重臣督師。次招通番舊黨並海鹽徒，易以忠義之名，令偵伺賊情，因以爲間。兵部尚書聶豹議行其五事，惟增田賦、遣重臣二事不行。帝怒，奪豹官，而用嵩言卽遣文華祭告海神，因察賊情。

當是時，總督尚書張經方徵四方及狼土兵，議大舉，自以位文華上，心輕之。文華不悅。狼兵稍有斬獲功，文華厚犒之，使進剿，至漕涇戰敗，亡頭目十四人。文華恚，數趣經進兵。經慮文華輕淺洩師期，不以告。文華益怒，劾經養寇失機，疏方上，經大捷王江涇。文華攘其功，謂己與巡按胡宗憲督師所致，經竟論死。又劾浙江巡撫李天寵罪，薦宗憲代，天寵亦論死。帝益以文華爲賢，命鑄督察軍務關防，卽軍中賜之。文華自此出總督上，益恣行無忌。欲分蘇松巡撫曹邦輔滸墅關破賊功，不得，則以陶宅之敗，重劾邦輔。陶宅之戰，實文華、宗憲兵先潰也。兵科給事中夏栻得其情，劾文華欺誕。吏科給事中孫濬亦白邦輔冤狀。帝終信文華言，邦輔坐遣戍。文華既殺經、天寵，復先後論罷總督周珫、楊宜，至是又傾邦輔，勢益張。文武將吏爭輸貨其門，顚倒功罪，牽制兵機，紀律大乖，將吏人人解體，徵兵半天下，賊寇愈熾。文華又陳防守事宜，請籍閒田百萬畝給兵，爲屯守計，而令里居搢紳，分督郡邑兵事。爲兵部所駁而寢。

官軍既屢敗，文華知賊未易平，欲委責去。會川兵破賊周浦，兪大猷破賊海洋，文華遂

言水陸成功，江南清晏，請還朝。帝悅，許之。比還，敗報踵至，帝疑其妄，數詰嵩，嵩曲爲解，帝意終不釋。會吏部尚書李默發策試選人，中言「漢武征四夷，而海內虛耗。唐憲復淮、蔡，而晚業不終」。文華劾其謗訕，默坐死。帝以是謂文華忠，進工部尚書，且加太子太保。是時，嵩年老，慮一旦死，有後患，因薦文華文學，宜供奉青詞，直內閣。帝不許。而東南警遝至，部議再遣大臣督師，已命兵部侍郎沈良材矣，嵩令文華自請行，爲帝言江南人矯首望文華。帝以爲然，命兼右副都御史，總督江南、浙江諸軍事。時宗憲先以文華薦代楊宜爲總督，及文華再出，宗憲欲藉文華以通於嵩，諂奉無不至。文華素不知兵，亦倚宗憲，兩人交甚歡。已而宗憲平徐海，俘陳東，文華以大捷聞，歸功上玄。帝大喜，祭告郊廟社稷，加文華少保，廕子錦衣千戶。召還朝，文華乃推功元輔嵩，辭陞廕，帝優詔不允。

文華既寵貴，志日驕，事中貴及世蕃，漸不如初，諸人憾之。帝嘗遣使賜文華，値其醉，拜跪不如禮，帝聞惡其不敬。又嘗進方士藥，帝服之盡，使小璫再索之，不應。西苑造新閣，不以時告成。帝一日登高，見西長安街有高甍，問誰宅。左右曰：「趙尙書新宅也。」旁一人曰：「工部大木，半爲文華作宅，何暇營新閣。」帝益慍。會三殿災，帝欲建正陽門樓，責成甚亟，文華猝不能辦。帝積怒，且聞其連歲視師黷貨要功狀，思逐之，乃諭嵩曰：「門樓庀材遲，文華似不如昔。」嵩猶未知帝意，力爲掩覆，且言：「文華觸熱南征，因致疾，宜增侍郎

一人專督大工。」帝從之。文華因上章稱疾，請賜假靜攝旬月。帝手批曰：「大工方興，司空是職。文華既有疾，可回籍休養。」制下，舉朝相賀。

帝雖逐文華猶以爲未盡其罪，而言官無攻者，帝怒無所洩。會其子錦衣千戶懌思以齋祀停封章日請假送父，〔三〕帝大怒，黜文華爲民，戍其子邊衞。以禮科失糾劾，令對狀。於是都給事中謝江以下六人，並廷杖削籍。文華故病蠱，及遭譴臥舟中，意邑邑不自聊，一夕手捫其腹，腹裂，臟腑出，遂死。後給事中羅嘉賓等核軍餉，文華所侵盜以十萬四千計。有詔徵諸其家，至萬曆十一年徵猶未及半，有司援恩詔祈免。神宗不許，戍其子愼思於烟瘴地。

鄢懋卿，豐城人。由行人擢御史，屢遷大理少卿。三十五年，轉左僉都御史。尋進左副都御史。懋卿以才自負，見嚴嵩柄政，深附之，爲嵩父子所暱。會戶部以兩浙、兩淮、長蘆、河東鹽政不舉，請遣大臣一人總理，嵩遂用懋卿。舊制，大臣理鹽政，無總四運司者。至是懋卿盡握天下利柄，倚嚴氏父子，所至市權納賄，監司郡邑吏膝行蒲伏。

懋卿性奢侈，至以文錦被廁牀，白金飾溺器。歲時饋遺嚴氏及諸權貴，不可勝紀。其按部，常與妻偕行，製五綵輿，令十二女子舁之，道路傾駭。淳安知縣海瑞、慈谿知縣霍與

琅，以抗忤罷去。御史林潤嘗劾懋卿要索屬吏，餽遺鉅萬，濫受民訟，勒富人賄，置酒高會，日費千金，虐殺不辜，怨咨載路，苛斂淮商，幾至激變，五大罪。帝置不問。四十年召爲刑部右侍郎。兩淮餘鹽，歲徵銀六十萬兩，及懋卿增至一百萬。懋卿去，巡鹽御史徐爌極言其害，乃復六十萬之舊。

嵩敗，御史鄭洛劾懋卿及大理卿萬寀朋奸黷貨，兩人皆落職。既而寀匿嚴氏銀八萬兩，懋卿給得其二萬，事皆露，兩人先後戍邊。

時坐嚴氏黨被論者，前兵部右侍郎柏鄉魏謙吉、工部左侍郎南昌劉伯躍、南京刑部右侍郎德安何遷、右副都御史信陽董威、僉都御史萬安張雨、應天府尹祥符孟淮、南京光祿卿南昌胡植、南京光祿少卿武進白啓常、右諭德蘭谿唐汝楫、南京太常卿掌國子監事新城王材、太僕丞新喻張春及嵩壻廣西副使袁應樞等數十人，黜謫有差。植與嵩鄉里，嘗勸嵩殺楊繼盛。啓常官禮部郎，匿喪遷光祿，與材、汝楫俱爲世蕃狎客。啓常至以粉墨塗面供歡笑。而材、汝楫俱出入嵩臥內，關通請屬，尤爲人所惡云。

周延儒，字玉繩，宜興人。萬曆四十一年會試、殿試皆第一。授修撰，年甫二十餘。

美麗自喜，與同年生馮銓友善。天啓中，遷右中允，掌司經局事。尋以少詹事掌南京翰林院事。

莊烈帝即位，召爲禮部右侍郎。延儒性警敏，善伺意指。崇禎元年冬，錦州兵譁，督師袁崇煥請給餉。帝御文華殿，召問諸大臣，皆請發內帑。延儒揣帝意，獨進曰：「關門昔防敵，今且防兵。寧遠譁，餉之，錦州譁，復餉之，各邊且效尤。」帝曰：「卿謂何如？」延儒曰：「事迫，不得不發。但當求經久之策。」帝頷之，降旨責羣臣。居數日，復召問，延儒曰：「餉莫如粟，山海粟不缺，缺銀耳。何故譁？譁必有隱情，安知非驕弁搆煽以脅崇煥邪？」帝方疑邊將要挾，聞延儒言大說，由此屬意延儒。

十一月，大學士劉鴻訓罷，命會推，廷臣以延儒望輕置之，列成基命、錢謙益、鄭以偉、李騰芳、孫慎行、何如寵、薛三省、盛以弘、羅喻義、王永光、曹于汴十一人名上。帝以延儒不預，大疑。及溫體仁訐謙益，延儒助之。帝遂發怒，黜謙益，盡罷會推者不用。二年三月召對延儒於文華殿，漏下數十刻乃出，語祕不得聞。御史黃宗昌劾其生平穢行，御史李長春論獨對之非。延儒乞罷，不允。南京給事中錢允鯨言：「延儒與馮銓密契，延儒柄政，必爲逆黨翻局。」延儒疏辨，帝優詔褒答。其年十二月，京師有警，特旨拜延儒禮部尚書兼東閣大學士，參機務。明年二月加太子太保，改文淵閣。六月，體仁亦入。九月，成基命致

仕，延儒遂爲首輔。尋加少保，改武英殿。

體仁既並相，務爲柔佞，帝意漸嚮之。而體仁陽曲謹媚延儒，陰欲奪其位，延儒不知也。體仁與吏部尚書王永光謀起逆案王之臣、呂純如等。或謂延儒曰：「彼將翻逆案，而外歸咎於公。」延儒愕然。會帝以之臣問，延儒曰：「用之臣，亦可雪崔呈秀矣。」帝悟而止。體仁益欲傾延儒。四年春，延儒姻婭陳于泰廷對第一，及所用大同巡撫張廷拱、登萊巡撫孫元化皆有私，時論籍籍。其子弟家人暴邑中，邑中民爇其廬，發其先壟，爲言官所糾。兄素儒冒錦衣籍，〔三〕授千戶，又用家人周文郁爲副總兵，益爲言者所詆。

五年正月，叛將李九成等陷登州，囚元化。侍郎劉宇烈視師無功，言路咸指延儒庇宇烈。於是給事中孫三傑、馮元飈，御史余應桂、衞景瑗、尹明翼、路振飛、吳執御、王道純、王象雲等，屢劾延儒。應桂並謂延儒納巨盜神一魁賄。而監視中官鄧希詔與總督曹文衡相訐奏，語侵延儒。給事中李春旺亦論延儒當去。延儒數上疏辯，帝雖慰留，心不能無動。已而延儒令于泰陳時政四事，宣府太監王坤承體仁指，直劾延儒庇于泰。給事中傅朝佑言中官不當劾首揆，輕朝廷，疑有邪人交搆，副都御史王志道亦言之。帝怒，削志道籍，延儒不能救。體仁復嗾給事中陳贊化劾延儒「昵武弁李元功等，招搖罔利。陛下特恩停刑，元功以爲延儒功，索獄囚賕謝。而延儒至目陛下爲羲皇上人，語詩逆」。帝怒，下元功詔獄，

且窮詰贊化語所自得。贊化言得之上林典簿姚孫渠、給事中李世祺，而副使張鳳翼亦具述延儒語。帝益怒。錦衣衞帥王世盛拷掠元功無所承。獄上，鐫世盛五級，令窮治其事。延儒覬體仁爲援，體仁卒不應，且陰黜與延儒善者，延儒大困。六年六月引疾乞歸，賜白金、綵緞，遣行人護行。體仁遂爲首輔矣。

始延儒里居，頗從東林游，善姚希孟、羅喻義。既陷錢謙益，遂仇東林。及主會試，所取士張溥、馬世奇等，又皆東林也。至是歸，失勢，心內慚。而體仁益橫，越五年始去。去而張至發、薛國觀相繼當國，與楊嗣昌等並以娼嫉稱。一時正人鄭三俊、劉宗周、黃道周等，皆得罪。溥等憂之，說延儒曰：「公若再相，易前轍，可重得賢聲。」延儒以爲然。溥友吳昌時爲交關近侍，馮銓復助爲謀。會帝亦頗思延儒，而國觀適敗。十四年二月詔起延儒。九月至京，復爲首輔。尋加少師兼太子太師，進吏部尚書、中極殿大學士。

延儒被召，溥等以數事要之。延儒慨然曰：「吾當銳意行之，以謝諸公。」既入朝，悉反體仁輩弊政。首請釋漕糧白糧欠戶，蠲民間積逋，凡兵殘歲荒地，減見年兩稅。蘇、松、常、嘉、湖諸府大水，許以明年夏麥代漕糧。宥戍罪以下，皆得還家。復詿誤舉人，廣取士額及召還言事遷謫諸臣李清等。帝皆忻然從之。延儒又言：「老成名德，不可輕棄。」於是鄭三俊長吏部，劉宗周掌都察院，范景文長工部，倪元璐佐兵部，皆起自廢籍。其他李邦華、張

國維、徐石麒、張瑋、金光辰等，布滿九列。釋在獄傅宗龍等，贈已故文震孟、姚希孟等官。中外翕然稱賢。嘗燕侍，帝語及黃道周，時道周方謫戍辰州。延儒曰：「道周氣質少偏，然學與守皆可用。」蔣德璟請移道周戍近地。延儒曰：「上欲用卽用之耳，何必移戍。」帝卽日復道周官。其因事開釋如此。

帝尊禮延儒特重，嘗於歲首日東向揖之，曰：「朕以天下聽先生。」因徧及諸閣臣。然延儒實庸駑無材略，且性貪。當邊境喪師，李自成殘掠河南，張獻忠破楚、蜀，天下大亂，延儒一無所謀畫。用侯恂、范志完督師，皆僨事，延儒無憂色。而門下客盛順、董廷獻因緣爲奸利。又信用文選郎吳昌時及給事中曹良直、廖國遴、楊枝起、曾應遴輩。

昌時，嘉興人。有幹材，頗爲東林效奔走。然爲人墨而傲，通廠衞，把持朝官，同朝咸嫉之。行人司副熊開元廷劾延儒納賄狀，觸帝怒，與給事中姜埰俱廷杖，下詔獄。左都御史宗周、僉都御史光辰以救開元、埰罷，尚書石麒又以救宗周等罷，延儒皆弗救，朝議皆以咎延儒。會昌時以年例出言路十人於外，言路大譁。掌科給事中吳麟徵、掌道御史祁彪佳劾昌時挾勢弄權，延儒頗不自安。

初，延儒奏罷廠衞緝事，都人大悅。朝士不肖者因通賂遺，而廠衞以失權，胥怨延儒。又傲同官陳演，演銜刺骨。掌錦衣者駱養性，延儒所薦也，養性狡狠背延儒，與中官結，刺

延儒陰事。十六年四月，大清兵略山東，還至近畿，帝憂甚。大學士吳甡方奉命辦流寇，延儒不得已自請視師。帝大喜，降手敕，奬以召虎、裴度，賜章服、白金、文綺、上駟，給金帛賞軍。延儒駐通州不敢戰，惟與幕下客飲酒娛樂，而日騰章奏捷，帝輒賜璽書褒勵。偵大清兵去，乃言敵退，請下兵部議將吏功罪。既歸朝，繳敕諭，帝卽令藏貯，以識勳勞。論功，加太師，廕子中書舍人，賜銀幣、蟒服。延儒辭太師，許之。居數日，養性及中官盡發所刺軍中事。帝乃大怒，諭府部諸臣責延儒蒙蔽推諉，事多不忍言，令從公察議。陳演等公揭救之，延儒席藁待罪，自請戍邊。帝猶降溫旨，言「卿報國盡忱，終始勿替」，許馳驛歸，賜路費百金，以彰保全優禮之意。及廷臣議上，帝復諭延儒功多罪寡，令免議。延儒遂歸。

既去，給事中郝絅疏請除奸，以指延儒。帝不聽。山東僉事雷縯祚糾范志完，亦及延儒。已而御史蔣拱宸劾吳昌時贓私巨萬，大抵牽連延儒，而中言昌時通中官李端、王裕民，洩漏機密，重賄入手，輒預揣溫旨告人。給事中曹良直亦劾延儒十大罪。帝怒甚，御中左門，親鞫昌時，折其脛，無所承，怒不解。拱宸面訐其通內，帝察之有迹，乃下獄論死，始有意誅延儒。初，薛國觀賜死，謂昌時致之。其門人魏藻德新入閣有寵，恨昌時甚，因與陳演共排延儒，養性復騰蜚語。帝遂命盡削延儒職，遣緹騎逮入京師。時舊輔王應熊被召，延儒知帝怒甚，宿留道中，俟應熊先入，冀爲請。帝知之，應熊既抵京，命之歸。延儒至，安置

正陽門外古廟，上疏乞哀，不許。法司以戍請，同官申救，皆不許。冬十二月，昌時棄市，命勒延儒自盡，籍其家。

溫體仁，字長卿，烏程人。萬曆二十六年進士。改庶吉士，授編修，累官禮部侍郎。崇禎初，遷尚書，協理詹事府事。爲人外曲謹而中猛鷙，機深刺骨。

崇禎元年冬，詔會推閣臣，體仁望輕，不與也。侍郎周延儒方以召對稱旨，亦弗及。體仁揣帝意必疑，遂上疏訐謙益關節受賄，神奸結黨，不當與閣臣選。先是，天啓二年，謙益主試浙江，所取士錢千秋者，首場文用俚俗詩一句，分置七義結尾，蓋奸人給爲之。爲給事中顧其仁所摘，謙益亦自發其事。法司戍千秋及奸人，奪謙益俸，案久定矣。至是體仁復理其事，帝心動。次日，召對閣部科道諸臣於文華殿，命體仁、謙益皆至。謙益不虞體仁之劾己也，辭頗屈，而體仁盛氣詆謙益，言如湧泉，因進曰：「臣職非言官不可言，會推不與，宜避嫌不言。但枚卜大典，宗社安危所係。謙益結黨受賄，舉朝無一人敢言者，臣不忍見皇上孤立於上，是以不得不言。」帝久疑廷臣植黨，聞體仁言，輒稱善。而執政皆言謙益無罪，吏科都給事中章允儒爭尤力，且言：「體仁熱中觖望，如謙益當糾，何俟今日。」體仁曰：「前

此，謙益皆閒曹，今者糾之，正爲朝廷愼用人耳。如允儒言，乃眞黨也。」帝怒，命禮部進千秋卷，閱竟，責謙益，謙益引罪。歎曰：「微體仁，朕幾悞！」遂叱允儒下詔獄，并切責諸大臣。時大臣無助體仁者，獨延儒奏曰：「會推名雖公，主持者止一二人，餘皆不敢言，卽言，徒取禍耳。且千秋事有成案，不必復問諸臣。」帝乃卽日罷謙益官，命議罪。允儒及給事中瞿式耜、御史房可壯等，皆坐謙益黨，降謫有差。

亡何，御史毛九華劾體仁居家時，以抑買商人木，爲商人所訴，賂崔呈秀以免。又因杭州建逆祠，作詩頌魏忠賢。帝下浙江巡撫覈實。明年春，御史任贊化亦劾體仁娶娼、受金，奪人產諸不法事。帝怒其語褻，貶一秩調外。體仁乞罷，因言：「比爲謙益故，排擊臣者百出。而無一人左袒臣，臣孤立可見。」帝再召內閣九卿質之，體仁與九華、贊化詰辯良久，言二人皆謙益死黨。帝心以爲然，獨召大學士韓爌等於內殿，諭諸臣不憂國，惟挾私相攻，當重繩以法。體仁復力求去以要帝，帝優詔慰答焉。已，給事中祖重曄、南京給事中錢允鯨、南京御史沈希詔相繼論體仁熱中會推，劾言者以黨，帝皆不聽。法司上千秋獄，言謙益自發在前，不宜坐。詔令再勘。體仁復疏言獄詞皆出謙益手。於是刑部尚書喬允升，左都御史曹于汴，大理寺卿康新民，太僕寺卿蔣允儀，府丞魏光緒，給事中陶崇道，御史吳甡、樊尚璟、劉廷佐，各疏言：「臣等雜治千秋，觀聽者數千人，非一手一口所能掩。」體仁顧欺罔求

勝。」體仁見于汴等詞直，乃不復深論千秋事，惟詆于汴等黨護而已。謙益坐杖論贖，而九華所論體仁媚璫詩，亦卒無左驗。當是時，體仁以私憾撑拒諸大臣，展轉不肯詘。帝謂體仁孤立，益嚮之。未幾，延儒入閣。其明年六月，遂命體仁以禮部尚書兼東閣大學士。

體仁既藉延儒力得輔政，勢益張。踰年，吏部尚書王永光去，用其鄉人閔洪學代之，凡異己者，率以部議論罷，而體仁陰護其事。又用御史史𡌴、高捷及侍郎唐世濟、副都御史張捷等爲腹心，忌延儒居己上，并思傾之。初，帝殺袁崇煥，事牽錢龍錫，論死。體仁與延儒、永光主之，將興大獄，梁廷棟不敢任而止，事詳龍錫傳。比龍錫減死出獄，延儒言帝盛怒，解救殊難，體仁則佯曰：「帝固不甚怒也。」善龍錫者，因薄延儒。其後太監王坤、給事中陳贊化先後劾延儒，體仁默爲助，延儒遂免歸。始與延儒同入閣者何如寵，錢象坤踰歲致政去，無何，如寵亦去。延儒既罷，廷臣惡體仁當國，勸帝復召如寵。如寵屢辭，給事中黃紹傑言：「君子小人不並立，如寵瞻顧不前，則體仁宜思自處。」帝爲謫紹傑於外，如寵卒辭不入，體仁遂爲首輔。

體仁荷帝殊寵，益忮橫，而中阻深。所欲推薦，陰令人發端，己承其後。欲排陷，故爲寬假，中上所忌，激使自怒。帝往往爲之移，初未嘗有迹。姚希孟爲講官，以才望遷詹事。體仁惡其偪，乃以冒籍武生事，奪希孟一官，使掌南院去。禮部侍郎羅喻義，故嘗與基命、

謙益同推閣臣，有物望。會進講章中有「左右未得人」語，體仁欲去之，喻義執不可。體仁因自劾：「日講進規例從簡，喻義駁改不從，由臣不能表率。」帝命吏部議，洪學等因謂：「聖聰天亶，何俟喻義多言。」喻義遂罷歸。

時魏忠賢遺黨日望體仁翻逆案，攻東林。會吏部尚書、左都御史缺，體仁陰使侍郎張捷舉逆案呂純如以嘗帝。言者大譁，帝亦甚惡之，捷氣沮，體仁不敢言，乃薦謝陞、唐世濟爲之。世濟尋以薦逆案霍維華得罪去。維華之薦，亦體仁主之也，體仁自是不敢訟言用逆黨，而愈側目諸不附己者。

文震孟以講春秋稱旨，命入閣。體仁不能沮，薦其黨張至發以間之，而日伺震孟短，遂用給事中許譽卿事，逐之去。先是，秦、楚盜起，議設五省總督，兵部侍郎彭汝楠、汪慶百當行，憚不敢往，體仁庇二人，罷其議。賊犯鳳陽，南京兵部尚書呂維祺等議，令淮撫、操江移鎮，體仁又卻不用。既而賊大至，焚皇陵。譽卿言：「體仁納賄庇私，貽憂要地，以皇陵爲孤注，使原廟震驚，誤國孰大焉。」體仁素忌譽卿，見疏益憾。會謝陞以營求北缺劾譽卿，體仁擬旨降調，而故重其詞。帝果命削籍，震孟力爭之，大學士何吾騶助爲言。體仁訐奏震孟語，謂言官罷斥爲至榮，蓋以朝廷賞罰爲不足懲勸，悖理蔑法。帝遂逐震孟并罷吾騶。震孟既去，體仁憾未釋。庶吉士鄭鄤與震孟同建言，相友善也，其從母舅大學士吳宗達已謝

政歸。體仁劾鄤假乩仙判詞，逼父振先杖母，言出宗達。帝震怒，下鄤獄。其後體仁已去，而帝怒鄤甚，不俟左証，磔死。滋陽知縣成德，震孟門人，以強直忤巡按御史禹好善，被誣劾，震孟爲不平。體仁劾德，杖戍之。

體仁輔政數年，念朝士多與爲怨，不敢恣肆，用廉謹自結於上，苞苴不入門。然當是時，流寇躪畿輔，擾中原，邊警雜沓，民生日困，未嘗建一策，惟日與善類爲仇。誠意伯劉孔昭劾倪元璐，給事中陳啓新劾黃景昉，皆奉體仁指。禮部侍郎陳子壯嘗面責體仁，尋以議宗藩事忤帝指，竟下獄削籍。其所引與同列者，皆庸材，苟以充位，且藉形己長，固上寵。帝每訪兵餉事，輒遜謝曰：「臣夙以文章待罪禁林，上不知其駑下，擢至此位。盜賊日益衆，誠萬死不足塞責。顧臣愚無知，但票擬勿欺耳。兵食之事，惟聖明裁決。」有詆其窺帝意旨者，體仁言：「臣票擬多未中窾要，每經御筆批改，頌服將順不暇，詎能窺上旨。」帝以爲樸忠，愈親信之。

自體仁輔政後，同官非病免物故，卽以他事去。獨體仁居位八年，官至少師兼太子太師，進吏部尚書、中極殿大學士，階左柱國，兼支尚書俸，恩禮優渥無與比。而體仁專務刻核，迎合帝意。帝以皇陵之變，從子壯言，下詔寬恤在獄諸臣，吏部以百餘人名上。體仁靳之，言於帝，僅釋十餘人。秋決論囚，帝再三諮問，體仁略無平反。陝西華亭知縣徐兆麟涖

任甫七日，以城陷論死，帝頗疑之。體仁不爲救，竟棄市。帝憂兵餉急，體仁惟倡衆捐俸助馬修城而已。所上密揭，帝率報可。

體仁自念排擠者衆，恐怨歸己，倡言密勿之地，不宜宣洩，凡閣揭皆不發，并不存錄閣中，冀以滅迹，以故所中傷人，廷臣不能盡知。當國既久，劾者章不勝計，而劉宗周劾其十二罪、六奸，皆有指實。宗藩如唐王聿鍵，勳臣如撫寧侯朱國弼，布衣如何儒顯、楊光先等，亦皆論之，光先至輿櫬待命。帝皆不省，愈以爲孤立，每斥責言者以慰之，至有杖死者。庶吉士張溥、知縣張采等倡爲復社，與東林相應和。體仁因推官周之夔及奸人陸文聲訐奏，將興大獄。嚴旨察治，以提學御史倪元珙、海道副使馮元飂不承風指，皆降謫之。最後復有張漢儒訐錢謙益、瞿式耜居鄉不法事。體仁故讐謙益，擬旨逮二人下詔獄嚴訊。謙益等危甚，求解於司禮太監曹化淳。漢儒偵知之，告體仁。體仁密奏帝，請并坐化淳罪。帝以示化淳，化淳懼，自請案治，乃盡得漢儒等奸狀及體仁密謀。獄上，帝始悟體仁有黨。會國弼再劾體仁，帝命漢儒等立枷死。體仁乃佯引疾，意帝必慰留。及得旨竟放歸，體仁方食，失匕箸，時十年六月也。踰年卒，帝猶惜之，贈太傅，謚文忠。

崇禎末，福王立於南京，以尚書顧錫疇議，削其贈謚，天下快焉。尋用給事中戴英言，復如初。體仁雖前死，其所推薦張至發、薛國觀之徒，皆效法體仁，蔽賢植黨，國事日壞，以

至於亡。

馬士英，貴陽人。萬曆四十四年，與懷寧阮大鋮同中會試。又三年，士英成進士，授南京戶部主事。天啓時，遷郎中，歷知嚴州、河南、大同三府。崇禎三年，遷山西陽和道副使。五年，擢右僉都御史，巡撫宣府。到官甫一月，檄取公帑數千金，餽遺朝貴，爲鎭守太監王坤所發，坐遣戍。尋流寓南京。時大鋮名挂逆案，失職久廢，以避流賊至，與士英相結甚歡。

大鋮機敏猾賊，有才藻。天啓初，由行人擢給事中，以憂歸。同邑左光斗爲御史有聲，大鋮倚爲重。四年春，吏科都給事中缺，大鋮次當遷，光斗招之。而趙南星、高攀龍、楊漣等以察典近，大鋮輕躁不可任，欲用魏大中。大鋮至，使補工科。大鋮心恨，陰結中璫寢推大中疏。吏部不得已，更上大鋮名，卽得請。大鋮自是附魏忠賢，與霍維華、楊維垣、倪文煥爲死友，造百官圖，因文煥達諸忠賢。然畏東林攻己，未一月遽請急歸。而大中掌吏科，大鋮憤甚，私謂所親曰：「我猶善歸，未知左所如耳。」已而楊、左諸人獄死，大鋮對客詡詡自矜。尋召爲太常少卿，至都，事忠賢極謹，而陰慮其不足恃，每進謁，輒厚賄忠賢閽人，還其刺。居數月，復乞歸。忠賢旣誅，大鋮函兩疏馳示維垣。其一專劾崔、魏。其一以七年

合算爲言，謂天啓四年以後，亂政者忠賢，而翼以呈秀，四年以前，亂政者王安，而翼以東林。傳語維垣，若時局大變，上劾崔、魏疏，脫未定，則上合算疏。會維垣方並指東林、崔、魏爲邪黨，與編修倪元璐相詆，得大鋮疏，大喜，爲投合算疏以自助。崇禎元年，起光祿卿。御史毛羽健劾其黨邪，罷去。明年定逆案，論贖徒爲民，終莊烈帝世，廢斥十七年，鬱鬱不得志。

流寇偪皖，大鋮避居南京，頗招納遊俠爲談兵說劍，覬以邊才召。無錫顧杲、吳縣楊廷樞、蕪湖沈士柱、餘姚黃宗羲、鄞縣萬泰等，皆復社中名士，方聚講南京，惡大鋮甚，作留都防亂揭逐之。大鋮懼，乃閉門謝客，獨與士英深相結。周延儒內召，大鋮輦金錢要之維揚，求湔濯。延儒曰：「吾此行，謬爲東林所推。子名在逆案，可乎？」大鋮沉吟久之，曰：「瑤草何如？」瑤草，士英別字也。延儒許之。十五年六月，鳳陽總督高斗光以失五城逮治。禮部侍郎王錫袞薦士英才，延儒從中主之，遂起兵部右侍郎兼右僉都御史，總督廬、鳳等處軍務。

永城人劉超者，天啓中以征安邦彥功，積官至四川遵義總兵官，坐罪免，數營復官不得。李自成圍開封，超請募士寇協擊，乃用爲保定總兵官，令率兵赴救。超憚不敢行，宿留家中，以私怨殺御史魏景琦等三家，遂據城反。巡撫王漢討之，被殺。帝乃命士英偕太監盧九德、河南總兵官陳永福進討。明年四月，圍其城，連戰，賊屢挫，築長圍困之。超官貴州時，與士英相識，緣舊好乞降。士英佯許之，超出見，不肯去佩刀。士英笑曰：「若旣歸朝，安用此？」手解其刀。已，潛去其親信，遂就縛。獻俘於朝，磔死。時流寇充斥，士英捍禦數有功。

十七年三月，京師陷，帝崩，南京諸大臣聞變，倉卒議立君。而福王由崧、[四]潞王常淓俱避賊至淮安，倫序當屬福王。諸大臣慮福王立，或追怨「妖書」及「挺擊」、「移宮」等案，潞王立，則無後患，且可邀功。陰主之者，廢籍禮部侍郎錢謙益，力持其議者兵部侍郎呂大器，而右都御史張愼言、詹事姜曰廣皆然之。前山東按察使僉事雷縯祚、禮部員外郎周鑣往來遊說。時士英督師廬、鳳，獨以爲不可，密與操江誠意伯劉孔昭、總兵高傑、[五]劉澤清、黃得功、劉良佐等結，而公致書於參贊機務兵部尚書史可法，言倫序親賢，無如福王。可法意未決。及廷臣集議，吏科給事中李沾探士英指，面折大器。士英亦自廬、鳳擁兵迎福王至江上，諸大臣乃不敢言。王之立，士英力也。

當王監國時，廷推閣臣，劉孔昭攘臂欲得之，可法折以勳臣無入閣例。孔昭乃訟言：「我不可，士英何不可？」於是進士英東閣大學士兼兵部尚書、都察院右副都御史，與可法及戶部尚書高弘圖並命。士英仍督師鳳陽。士英大慍，令高傑、劉澤清等疏趣可法督師淮、

揚，而士英留輔政，仍掌兵部，權震中外。尋論定策功，加太子太師，廕錦衣衞指揮僉事。九月，敍江北歷年戰功，加少傅兼太子太師、建極殿大學士，廕子如前。十二月，進少師。明年，進太保。當是時，中原郡縣盡失，高傑死睢州，諸鎭權侔無統。左良玉擁兵上流，跋扈有異志。而士英爲人貪鄙無遠略，復引用大鋮，日事報復，招權罔利，以迄於亡。

初，可法、弘圖及姜曰廣、張愼言等皆宿德在位，將以次引海內人望，而士英必欲起大鋮。有詔廣搜人材，獨言逆案不可輕議。士英令孔昭及侯湯國祚、伯趙之龍等攻愼言去之，而薦大鋮知兵。初，大鋮在南京，與守備太監韓贊周暱。京師陷，中貴人悉南奔，大鋮因贊周遍結之，爲羣奄言東林當日所以危貴妃、福王者，俾備言於王，以潛傾可法等。羣奄更極口稱大鋮才，士英亦言大鋮從山中致書與定策謀，爲白其附璫贊導無實跡。遂命大鋮冠帶陛見。大鋮乃上守江策，陳三要、兩合、十四隙疏，幷自白孤忠被陷，痛詆孫愼行、魏大中、左光斗，且指大中爲大逆。於是大學士姜曰廣、侍郎呂大器、懷遠侯常延齡等並言大鋮逆案巨魁，不可召。士英爲大鋮奏辨，力攻曰廣、大器，益募宗室統鑛、建安王統鏤輩，連疏交攻。而以大學士高弘圖爲御史時嘗詆東林，必當右己，乃言「弘圖素知臣者」。弘圖則言先帝欽定逆案一書，不可擅改。士英與爭，弘圖因乞罷。士英意稍折，遲迴月餘，用安遠侯柳祚昌薦，[六]中旨起大鋮兵部添註右侍郎。左都御史劉宗周言：「殺大中者魏璫，大鋮其

主使也。卽才果足用，臣慮黨邪害正之才，終病世道。大鋮進退，實係江左興亡，乞寢成命。」有旨切責。未幾，大鋮兼右僉都御史，巡閱江防。尋轉左侍郎。明年二月進本部尚書兼右副都御史，仍閱江防。

呂大器、姜曰廣、劉宗周、高弘圖、徐石麒皆與士英齟齬，先後罷歸。士英獨握大柄，內倚中官田成輩，外結勳臣劉孔昭、朱國弼、柳祚昌，鎭將劉澤清、劉良佐等，而一聽大鋮計。盡起逆案中楊維垣、虞廷陛、郭如闇、周昌晉、虞大復、徐復陽、陳以瑞、吳孔嘉，其死者悉予贈卹，而與張捷、唐世濟等比。若張孫振、袁弘勳、劉光斗皆得罪先朝，復置言路爲爪牙。朝政濁亂，賄賂公行。四方警報狎至，士英身掌中樞，一無籌畫，日以鋤正人引兇黨爲務。

初，舉朝以逆案攻大鋮，大鋮憾甚。及見北都從逆諸臣有附會淸流者，因倡言曰：「彼攻逆案，吾作順案與之對。」以李自成僞國號曰順也。士英因疏糾從逆光時亨等。時亨名附東林，故重劾之。大鋮又誣逮顧杲及左光斗弟光先下獄，劾周鑣、雷縯祚殺之。時有狂僧大悲出語不類，爲總督京營戎政趙之龍所捕。大鋮欲假以誅東林及素所不合者，因造十八羅漢、五十三參之目，書史可法、高弘圖、姜曰廣等姓名，內大悲袖中，海內人望，無不備列。錢謙益先已上疏頌士英，且爲大鋮訟冤修好矣，大鋮憾不釋，亦列焉，將窮治其事。獄詞詭秘，朝士皆自危，而士英不欲興大獄，乃當大悲妖言律斬而止。

張縉彥以本兵首從賊，賊敗，縉彥竄歸河南，自言集義勇收復列城，卽授原官，總督河北、山西、河南軍務，便宜行事。其他大僚降賊者，賄入，輒復其官。諸白丁、隸役輸重賂，立躋大帥。都人爲語曰：「職方賤如狗，都督滿街走。」其刑賞倒亂如此。大淸兵抵宿遷、邳州，未幾引還。史可法以聞，士英大笑不止，坐客楊士聰問故。士英曰：「君以爲誠有是事耶？乃史公妙用也。歲將暮，防河將吏應敍功，耗費軍資應稽算，此特爲序功、稽算地耳。」侍講衞胤文兼給事中，監高傑軍。傑死，胤文窺士英指，論可法督師爲贅。士英卽擢胤文兵部右侍郎，總督傑營將士以分其權，可法益不得展布。

先是，左良玉接監國詔書，不肯拜，袁繼咸强之，乃開讀如禮。而屬承天守備何志孔、巡按御史黃澍入賀，陰伺朝廷動靜。澍挾良玉勢，當陛見，面數士英奸貪不法，且言嘗受張獻忠僞兵部尚書周文江重賄，爲題授參將，罪當斬。志孔亦論士英罔上行私諸罪。司禮太監韓贊周叱志孔退，士英跪乞處分，澍舉笏直擊其背曰：「願與奸臣同死。」士英大號呼，王搖首不言者久之，贊周卽執志孔候命。王因澍言意頗動，夜諭贊周，欲令士英避位。士英佯引疾，而賂福邸舊奄田成等向王泣曰：「上非馬公不得立，逐馬公，天下將議上背恩矣。且馬公去，誰念上者？」王默然，卽慰留士英。士英亦畏良玉，請釋志孔，而命澍速還湖廣。故都督掌錦衣衞劉僑者，嘗遣戍，由周文江賄張獻忠，受僞命，爲錦衣指揮使。及良玉復蘄、黃，僑削髮逃去，澍持之急。而士英納僑賄，令訐澍，遂復僑官，削澍職。尋以楚府中尉言，逮澍。良玉令部將羣譁，欲下南京索餉，因保救澍。袁繼咸爲上疏代澍申理，士英不得已，乃免逮。澍遂匿良玉軍中，良玉與士英由此有隙。及僞太子獄起，良玉遂假爲兵端。

太子之來也，識者指其僞，而都下士民譁然是之。時又有童氏者，自稱王妃，亦下獄。督撫、鎭將交章爭太子及童妃事。王亟出獄詞，徧示中外，衆論益籍籍，謂士英等朋奸，導王滅絕倫理。澍在良玉軍中，日夜言太子冤狀，請引兵除君側惡。良玉亦上疏請全太子，斥士英等爲奸臣。又以士英裁其餉，大憾，移檄遠近，聲士英罪。復上疏言：「自先帝之變，士英利災擅權，事事爲難。逆案先帝手定，士英首翻之。要典先帝手焚，士英復修之。越其杰貪婪遣戍，濫授節鉞。張孫振贓污絞犯，驟昇京卿。他如袁弘勳、楊文驄、劉泌、王燧、黃鼎等，或行同狗彘，或罪等叛逆，皆用之當路。已爲首輔，用腹心阮大鋮爲添註尚書。又募死士伏皇城，詭名禁軍，動曰廢立由我。陛下卽位之初，恭儉明仁，士英百計誑惑，進優童豔女，傷損盛德。復引用大鋮，睚眦殺人，如雷縯祚、周鑣等，鍛煉周內，株連甚者，借三案爲題，凡生平不快意之人，一網打盡。令天下士民，重足解體。目今皇太子至，授受分明。大鋮一手握定抹殺識認之方拱乾，而信朋謀之劉正宗，忍以十七年嗣君，付諸幽囚。凡有血氣，皆欲寸磔士英、大鋮等，以謝先帝。乞立肆市朝，傳首抒憤。」疏上，遂

引兵而東。士英懼，乃遣阮大鋮、朱大典、黃得功、劉孔昭等禦良玉，而撤江北劉良佐等兵，從之西。時大淸兵日南下，大理少卿姚思孝，御史喬可聘、成友謙請無撤江北兵，亟守淮、揚。士英厲聲叱曰：「若輩東林，猶藉口防江，欲縱左逆入犯耶？北兵至，猶可議款。左逆至，則若輩高官，我君臣獨死耳！」力排思孝等議，淮、揚備禦益弱。會良玉死，其子夢庚連陷郡縣，率兵至采石。得功等與相持，大鋮、孔昭方虛張捷音，以邀爵賞，而大淸兵已破揚州，逼京城。

五月三日，王出走太平，奔得功軍。孔昭斬關遁。明日，士英奉王母妃，以黔兵四百人爲衞，走浙江。經廣德州，知州趙景和疑其詐，閉門拒守。士英攻破，執景和殺之，大掠而去。走杭州，守臣以總兵府爲母妃行宮。不數日，大鋮、大典、方國安俱倉皇至，則得功已兵敗死，王被擒。次日，請潞王監國，不受。未幾，大兵至，王率衆降，尋同母妃北去。此卽大器等之所議欲立者也。

杭州旣降，士英欲謁監國魯王，魯王諸臣力拒之。大鋮投朱大典於金華，亦爲士民所逐，大典乃送之嚴州總兵方國安軍。士英，國安同鄉也，先在其軍中。大鋮掀髯指掌，日談兵，國安甚喜。而士英以南渡之壞，半由大鋮，而己居惡名，頗以爲恨。已，我兵擊敗士

英、國安。無何，士英、國安率衆渡錢塘，窺杭州，大兵擊敗之，溺江死者無算。士英擁殘兵欲入閩，唐王以罪大不許。明年，大兵剿湖賊，士英與長興伯吳日生俱擒獲，詔俱斬之。事具國史。大鋮偕謝三賓、宋之晉、蘇壯等赴江干乞降，從大兵攻仙霞關，僵仆石上死。而野乘載士英遁至台州山寺爲僧，爲我兵搜獲，大鋮、國安先後降。尋唐王走順昌。我大兵至，搜龍扛，〔七〕得士英、大鋮、國安父子請王出關爲內應疏，遂駢斬士英、國安於延平城下。大鋮方遊山，自觸石死，仍戮屍云。

校勘記

〔一〕亦首仲亨及唐勝宗費聚趙庸三侯與惟庸共謀不軌　趙庸，原作「趙雄」，據本書卷一〇五功臣世表、卷一二七李善長傳改。

〔二〕會其子錦衣千戶懌思以齋祀停封章日請假送父　懌思，原脫「思」字，據明史稿傳一八一趙文華傳、世宗實錄卷四五一嘉靖三十六年九月辛亥條補。

〔三〕兄素儒冒錦衣籍　兄素儒，本書卷二三三姜應麟傳作「弟素儒」。

〔四〕而福王由崧　由崧，原作「由松」，據本書卷一二〇福王傳改。

〔五〕總兵高傑　高傑，原作「高杰」。本書卷二七三有高傑傳，事跡與此合，據改。本傳下文也作「高

傑」。

〔六〕用安遠侯柳祚昌薦　柳祚昌，本書卷一〇六功臣世表作「柳昌祚」。

〔七〕搜龍扛　龍扛，小腆紀年附考卷一三、小腆紀傳卷六二馬士英傳及阮大鋮傳都作「龍槓」，疑「扛」字應從木作「杠」。

明史卷三百九

列傳第一百九十七

流賊

盜賊之禍，歷代恒有，至明末李自成、張獻忠極矣。史册所載，未有若斯之酷者也。永樂中，唐賽兒倡亂山東。厥後乘瑕弄兵，頻見竊發，然皆旋就撲滅。惟武宗之世，流寇蔓延，幾危宗社，而卒以掃除。莊烈帝勵精有爲，視武宗何啻霄壤，而顧失天下，何也？明興百年，朝廷之綱紀既肅，天下之風俗未澆。孝宗選擧賢能，布列中外，與斯民休養生息者十餘年，仁澤深而人心固，元氣盛而國脈安。雖以武之童昏，亟行稗政，中官倖夫，濁亂左右，而本根尚未盡撥，宰輔亦多老成。迨盜賊四起，王瓊獨典中樞，陸完、彭澤分任閫帥，委寄既專，旁撓絕少，以故危而不亡。莊烈帝承神、熹之後，神宗怠荒棄政，熹宗暱近閹人，元氣盡澌，國脈垂絕。向使熹宗御宇復延數載，則天下之亡不再傳矣。

莊烈之繼統也，臣僚之黨局已成，草野之物力已耗，國家之法令已壞，邊疆之搶攘已甚。莊烈雖銳意更始，治核名實，而人才之賢否，議論之是非，政事之得失，軍機之成敗，未能灼見於中，不搖於外也。且性多疑而任察，好剛而尚氣。任察則苛刻寡恩，尚氣則急遽失措。當夫羣盜滿山，四方鼎沸，而委政柄者非庸卽佞，剿撫兩端，茫無成算。內外大臣救過不給，人懷規利自全之心。言語戇直，切中事弊者，率皆摧折以去。其所任爲閫帥者，事權中制，功過莫償。敗一方卽戮一將，隳一城卽殺一吏，賞罰太明而至於不能罰，制馭過嚴而至於不能制。加以天災流行，饑饉洊臻，政繁賦重，外訌內叛。譬一人之身，元氣羸然，疽毒並發，厥症固已甚危，而醫則良否錯進，劑則寒熱互投，病入膏肓，而無可救，不亡何待哉。是故明之亡，亡於流賊，而其致亡之本，不在於流賊也。嗚呼！莊烈非亡國之君，而當亡國之運，又乏救亡之術，徒見其焦勞瞀亂，孑立於上十有七年。而帷幄不聞良、平之謀，行間未覩李、郭之將，卒致宗社顚覆，徒以身殉，悲夫！

自唐賽兒以下，本末易竟，事具剿賊諸臣傳中。獨志其亡天下者，立李自成、張獻忠傳。

李自成　張獻忠

李自成，米脂人，世居懷遠堡李繼遷寨。父守忠，無子，禱於華山，夢神告曰：「以破軍

星爲若子。」已，生自成。幼牧羊於邑大姓艾氏，及長，充銀川驛卒。善騎射，鬬很無賴，數犯法。知縣晏子賓捕之，將置諸死，脫去爲屠。天啓末，魏忠賢黨喬應甲爲陝西巡撫，朱童蒙爲延綏巡撫，貪黷不詰盜，盜由是始。

崇禎元年，陝西大饑，延綏缺餉，固原兵劫州庫。白水賊王二，府谷賊王嘉胤，宜川賊王左掛、〔一〕飛山虎、大紅狼等，一時並起。有安塞馬賊高迎祥者，自成舅也，與饑民王大梁聚衆應之。迎祥自稱闖王，大梁自稱大梁王。二年春，詔以楊鶴爲三邊總督，捕之。參政劉應遇擊斬王二、王大梁，參政洪承疇擊破王左掛，〔二〕賊稍稍懼。會京師戒嚴，山西巡撫耿如杞勤王兵譁而西，延綏總兵吳自勉、甘肅巡撫梅之煥勤王兵亦潰，與羣盜合。延綏巡撫張夢鯨恚死，承疇代之，召故總兵杜文煥督延綏、固原兵，便宜剿賊。

三年，王左掛、王子順、苗美等戰屢敗，乞降。而王嘉胤掠延安、慶陽間，楊鶴撫之，不聽，從神木渡河犯山西。是時，秦地所徵曰新餉，曰均輸，曰間架，其目日增，吏因緣爲姦，民大困。以給事中劉懋議，裁驛站，山、陝游民仰驛糈者，無所得食，俱從賊，賊轉盛。兵部郎中李繼貞奏曰：「延民饑，將盡爲盜，請以帑金十萬振之。」帝不聽。而嘉胤已襲破黃甫川、清水、木瓜三堡，陷府谷、河曲。又有神一元、不沾泥、可天飛、郝臨菴、紅軍友、點燈子、李老柴、混天猴、獨行狼諸賊，所在蜂起，或掠秦，或東入晉，屠陷城堡。官兵東西奔擊，

賊或降或死，旋滅旋熾。延安賊張獻忠亦聚衆據十八寨，稱八大王。

四年，孤山副將曹文詔破賊河曲，王嘉胤遁去。已，復自岳陽突犯澤、潞，爲左右所殺，其黨共推王自用號紫金梁者爲魁。自用結羣賊老回回、曹操、八金剛、掃地王、射塌天、閻正虎、滿天星、破甲錐、邢紅狼、上天龍、蝎子塊、過天星、混世王等及迎祥、獻忠共三十六營，衆二十餘萬，聚山西。自成乃與兄子過往從迎祥，與獻忠等合，號闖將，未有名。楊鶴撫賊不效被逮，洪承疇代鶴，張福臻代承疇，督諸將曹文詔、楊嘉謨剿賊，所向克捷，陝地略定。而山西賊大盛，剽掠寧鄉、石樓、稷山、聞喜、河津間。

五年，賊分道四出，連陷大寧、隰州、澤州、壽陽諸州縣，全晉震動。乃罷巡撫宋統殷，以許鼎臣代之，與宣大總督張宗衡分督諸將。宗衡督虎大威、賀人龍、左良玉等兵八千人，駐平陽，責以平陽、澤、潞四十一州縣。鼎臣督張應昌、頗希牧、艾萬年兵七千人，駐汾州，責以汾、太、沁、遼三十八州縣。賊亦轉入磨盤山，分衆爲三：閻正虎據交城、文水，窺太原；邢紅狼、上天龍據吳城，窺汾州；自用、獻忠突沁州、武鄉，陷遼州。

六年春，官兵共進力擊。自用懼，乞降於故錦衣僉事張道濬。約未定，陽和兵襲之。賊怒，敗約去。會總兵官曹文詔率陝西兵至，偕諸將猛如虎、虎大威、頗希牧、艾萬年、張應昌等合剿，屢戰皆大克，前後殺混世王、滿天星、姬關鎖、翻山動、掌世王、顯道神等，破自用、

獻忠、老回回、蝎子塊、掃地王諸賊。其後，自用又爲川將鄧玘射殺之。山西三大盜俱敗。

初，賊之破澤州也，分其衆，南踰太行，掠濟源、清化、修武，圍懷慶。官軍擊之，賊遁走。別賊復闌入西山，大掠順德、眞定間。大名道盧象昇力戰卻賊。賊自邢臺摩天嶺西下，抵武安，敗總兵左良玉，河北三府焚劫殆徧。潞王上疏告急，兼請衞鳳、泗陵寢。詔特遣總兵倪寵、王樸率京營兵六千人，與諸將並進。賊聞之，欲從河內走太行。文詔邀擊之，不敢進。

賊之敗於山西者，亦奔河北合營，迎祥、自成、獻忠、曹操、老回回等俱至。京兵蹙其後，左良玉、湯九州等扼其前，連戰於青店、石岡、石坡、牛尾、柳泉、猛虎村，屢敗之。賊欲逸，阻於河，大困。賊素畏文詔、道濬，道濬先坐事遣戍，文詔轉戰秦、晉、河北，遇賊輒大克，御史復劾其驕倨，調大同總兵去。賊遂詭辭乞降，監軍太監楊進朝信之，〔三〕爲入奏。會天寒河冰合，賊突從毛家寨策馬徑渡。河南諸軍無扼河者，賊遂連陷澠池、伊陽、盧氏三縣。河南巡撫玄默率諸將盛兵待之，賊竄入盧氏山中，由間道直走內鄉，掠鄖陽，又分掠南陽、汝寧，入棗陽、當陽，偪湖廣。巡撫唐暉斂兵守境。犯歸、巴、夷陵等處，破夔州，〔四〕攻廣元，逼四川，所在告急。

七年春，特設山、陝、河南、湖廣、四川總督，專辦賊，以延綏巡撫陳奇瑜爲之，以盧象昇

撫治鄖陽，爲奇瑜破賊延水關有威名，而象昇歷戰陣知兵也。於是奇瑜自均州入，與象昇並進，師次烏林關，斬賊數千級。賊走漢南，奇瑜以湖廣不足憂，引兵西擊。

始，賊自澠池渡河，高迎祥最強，自成屬焉。及入河南，自成與兄子過結李牟、俞彬、白廣恩、李雙喜、顧君恩、高傑等自爲一軍。過、傑善戰，君恩善謀。及奇瑜兵至，獻忠等奔商、雒，自成等陷於興安之車箱峽。會大雨兩月，馬乏芻多死，弓矢皆脫，自成用君恩計，賄奇瑜左右，詐降。奇瑜意輕賊，許之，檄諸將按兵毋殺，所過州縣爲具糗傳送。賊甫渡棧，即大譟，盡屠所過七州縣。而略陽賊數萬亦來會，賊勢愈張。奇瑜坐削籍，而自成名始著矣。

已，洪承疇代奇瑜，李喬巡撫陝西，吳甡巡撫山西。大學士溫體仁謂甡曰：「流賊癬疥疾，勿憂也。」未幾，西寧兵變，承疇甫受命而東，聞變遽返。迎祥、自成遂入鞏昌、平涼、臨洮、鳳翔諸府數十州縣。敗賀人龍、張天禮軍，殺固原道陸夢龍。圍隴州四十餘日，承疇檄總兵左光先與人龍合擊，大破之。會朝廷亦命豫、楚、晉、蜀兵四道入陝，迎祥、自成遂竄入終南山。已而東出，陷陳州、靈寶、汜水、滎陽。聞左良玉將至，移壁梅山、溱水間。部賊拔上蔡，燒汝寧郛。乃命承疇出關追賊，與山東巡撫朱大典幷力擊，賊偵知之。

八年正月大會於滎陽。老回回、曹操、革裏眼、左金王、改世王、射塌天、横天王、混十

萬，過天星、九條龍、順天王及迎祥、獻忠共十三家七十二營，議拒敵，未決。自成進曰：「一夫猶奮，況十萬衆乎！官兵無能爲也。宜分兵定所向，利鈍聽之天。」皆曰：「善。」乃議革裏眼、左金王當川、湖兵，橫天王、混十萬當陝兵，曹操、過天星扼河上，迎祥、獻忠及自成等略東方，老回回、九條龍往來策應。陝兵銳，益以射塌天、改世王。所破城邑，子女玉帛惟均。衆如自成言。

先是，南京兵部尚書呂維祺懼賊南犯，請加防鳳陽陵寢，不報。及迎祥、獻忠東下，江北兵單，固始、霍丘俱失守。賊燔壽州，陷潁州，知州尹夢鼇、州判趙士寬戰死，殺故尚書張鶴鳴。乘勝陷鳳陽，焚皇陵，留守署正朱國相等皆戰死。事聞，帝素服哭，遣官告廟。逮漕運都御史楊一鵬棄市，以朱大典代之，大徵兵討賊。賊乃大書幟曰古元眞龍皇帝，合樂大飲。自成從獻忠求皇陵監小閹善鼓吹者，獻忠不與。自成怒，偕迎祥西趨歸德，與曹操、過天星合，復入陝西。獻忠獨東下廬州。

承疇方馳至汝州，命諸將左良玉、湯九州、尤世威、徐來朝、陳永福、鄧玘、張應昌分扼湖廣、河南、鄖陽諸關隘，召曹文詔爲中軍。文詔未至，玘以兵亂死。迎祥、自成從終南山出，大掠富平、寧州。老回回、獻忠、曹操、蝎子塊、過天星諸賊，聞承疇出關，先後皆走陝西，焚掠西安、平涼、鳳翔諸郡。承疇亟還救，分遣諸將擊老回回等，令副總兵劉成功、艾萬

年擊迎祥、自成於寧州。萬年中伏戰死，文詔怒，復擊之，亦中伏戰死。羣賊乘勝掠地，火照西安城中。承疇力禦之涇陽、三原間，決死戰，賊不得過。獻忠、老回回等由他道轉突朱陽關，守關將徐來臣軍潰死，尤世威中箭遁。於是羣賊皆出關，分十三營東犯，而迎祥、自成獨留陝西。

時盧象昇已改湖廣巡撫，總理直隸、河南、山東、四川、湖廣諸軍務。詔承疇督關中，象昇督關外。賊亦分兵，迎祥略武功、扶風以西，自成略富平、固州以東。承疇遣將追自成，小捷，至醴泉。賊將高傑通於自成妻邢氏，懼誅，挾之來降。承疇身追自成，大戰渭南、臨潼，自成大敗東走。迎祥亦屢敗，東踰華陰南原，絕嶺，偕自成出朱陽關，與獻忠合。冬十一月，羣賊薄閿鄉，左良玉、祖寬禦之不克，遂陷陝州，進攻雒陽。河南巡撫陳必謙督良玉、寬援雒陽，獻忠走嵩、汝。迎祥、自成走偃師、鞏縣，略魯山、葉縣，陷光州，象昇擊敗之確山。

九年春，迎祥、自成攻廬州，不拔。陷含山、和州，殺知州黎弘業及在籍御史馬如蛟等。〔五〕又攻滁州，知州劉大鞏、太僕卿李覺斯堅守不下。象昇親督祖寬、羅岱、楊世恩等來援，戰於朱龍橋，賊大敗，屍咽水不流。北攻壽州，故御史方震孺堅守。折而西，入歸德，邊將祖大樂破之。走密、登封，故總兵湯九州戰死。分道犯南陽、裕州，必謙援南陽，象昇援裕，令大樂等擊賊，殺迎祥、自成精銳幾盡。賊復分兵再入陝，迎祥由鄖、襄趨興安、漢中，自成由南山踰商、雒，走延綏，犯鞏昌北境。諸將左光先、曹變蛟破之，自成走環縣。未幾，官軍敗於羅家山，盡亡士馬器仗，總兵官俞沖霄被執。自成勢復振，進圍綏德，欲東渡河，山西兵遏之。復西掠米脂，呼知縣邊大綬，〔六〕曰：「此吾故鄉也，勿虐我父老。」遺之金，令修文廟。將襲榆林，河水驟長，賊淹死甚衆，乃改道，從韓城而西。

時象昇及大樂、寬等皆入援京師。孫傳庭新除陝西巡撫，銳意滅賊。秋七月，擒迎祥於盩厔，獻俘闕下，磔死。於是賊黨乃共推自成爲闖王矣。是月，犯階、徽。未幾，出汧、隴，犯鳳翔，渡渭河。

十年犯涇陽、三原。蝎子塊、過天星俱來會。傳庭督變蛟連戰七日，皆克，蝎子塊降。自成與過天星奔秦州。入蜀，陷寧羌，破七盤關，陷廣元，總兵官侯良柱戰死，遂連陷昭化、劍州、梓潼、江油、黎雅、青川等州縣。〔七〕劍州知州徐尚卿、吏目李英俊、昭化知縣王時化、郫縣主簿張應奇、金堂典史潘夢科皆死。〔八〕進攻成都，七日不克，巡撫王維章坐避賊徵。

十一年春，官軍敗賊梓潼，自成奔白水，食盡。承疇、傳庭合擊於潼關原，〔九〕大破之。自成盡亡其卒，獨與劉宗敏、田見秀等十八騎潰圍，竄伏商、洛山中。其年，獻忠降，自成勢益衰。承疇改薊遼總督，傳庭改保定總督。傳庭以疾辭，逮下獄。二人去，自成稍得安。總

理熊文燦方主撫，諜者或報自成死，益寬之。

十二年夏，獻忠反穀城。自成大喜，出收衆，衆復大集。陝西總督鄭崇儉發兵圍之，令曰「圍師必缺」。自成乃由缺走，突武關，往依獻忠。獻忠欲圖之，覺，遁去。楊嗣昌督師夷陵，檄令降，自成出謾語。官軍圍自成於巴西、魚復諸山中，自成大困，欲自經，養子雙喜勸而止。賊將多出降。劉宗敏者，藍田鍛工也，最驍勇，亦欲降。自成與步入叢祠，顧而歎曰：「人言我當爲天子，盍卜之，不吉，斷我頭以降。」宗敏諾，三卜三吉。宗敏還，殺其兩妻，謂自成曰：「吾死從君矣。」軍中壯士聞之，亦多殺妻子願從者。自成乃盡焚輜重，輕騎由鄖、均走河南。河南大旱，斛穀萬錢，饑民從自成者數萬。遂自南陽出，攻宜陽，殺知縣唐啓泰。攻永寧，殺知縣武大烈，戕萬安王采𨧫。攻偃師，知縣徐日泰罵賊死。時十三年十二月也。

自成爲人高顴深頞，鴟目曷鼻，聲如豺。性猜忍，日殺人斮足剖心爲戲。所過，民皆保塢堡不下。杞縣舉人李信者，逆案中尚書李精白子也，嘗出粟振饑民，民德之曰：「李公子活我。」會繩伎紅娘子反，擄信，强委身焉。信逃歸，官以爲賊，囚獄中。紅娘子來救，饑民應之，共出信。盧氏舉人牛金星磨勘被斥，私入自成軍爲主謀，潛歸，事洩坐斬，已，得末減。二人皆往投自成，自成大喜，改信名曰巖。金星又薦卜者宋獻策，長三尺餘，上讖記

云：「十八子，主神器。」自成大悅。巖因說曰：「取天下以人心爲本，請勿殺人，收天下心。」自成從之，屠戮爲減。又散所掠財物振饑民，民受餉者，不辨巖、自成也，雜呼曰：「李公子活我。」巖復造謠詞曰：「迎闖王，不納糧。」使兒童歌以相煽，從自成者日衆。

十四年正月攻河南，有營卒勾賊，城遂陷，福王常洵遇害。自成兵汋王血，雜鹿醢嘗之，名「福祿酒」。王世子由崧裸而逃。〔一〇〕自成發王邸金振饑民，遂移攻開封。時張獻忠亦陷襄陽，戕襄王翊銘。王開封者周王恭枵，聞賊至，急發庫金募死士，與巡撫都御史高名衡等固守。自成攻七晝夜，解去，屠密縣。賊魁羅汝才、土寇袁時中皆歸自成。時中衆二十萬，號小袁營。汝才卽曹操，與獻忠同降復叛去者也。

自成初爲迎祥裨將，至是勢大盛。帝以故尙書傅宗龍爲陝西總督，使專辦自成，別敕保定總督楊文岳會師。宗龍馳入關，與巡撫汪喬年調兵，兵已發盡，乃檄河南大將李國奇、賀人龍兵隸部下，亟出關。文岳率虎大威軍俱至新蔡，與自成遇。人龍卒先奔，國奇、大威繼之，宗龍、文岳以親軍築壘自固。夜，文岳兵潰奔陳州，宗龍與賊持數日，食盡，突圍走，被執死。自成陷葉縣，殺副將劉國能，遂圍左良玉於郾城。喬年代宗龍總督，出關，次襄城，自成盡銳攻之，喬年與副將李萬慶皆死。自成劓刖諸生百九十人。遂乘勝陷南陽、鄧州十四城，再圍開封。巡撫名衡、總兵陳永福力拒之，射中自成目，殪上天龍等，自成益

怒。

自成每攻城，不用古梯衝法，專取瓴甋，得一甎卽歸營臥，後者必斬。取甎已，卽穿穴穴城。〔一一〕初僅容一人，漸至百十，次第傳土以出。過三五步，留一土柱，繫以巨絙。穿畢，萬人曳絙一呼，而柱折城崩矣。名衡於城上鑿橫道，聽其下有聲，用毒穢灌之，多死。賊乃卽城壞處用火攻法，實藥甕中，火燃藥發，當者輒糜碎，名曰放迸。

十五年正月，〔一二〕城半圮，賊用放迸法攻之，鐵騎數千馳譟，伺城頹卽擁入城。城故宋汴都，金人所重築也。厚數丈，土堅，火外擊，賊騎多殲，自成駭而去。南陷西華，尋屠陳州，副使關永傑、知州侯君擢皆罵賊死。〔一三〕歸德、睢州、寧陵、太康數十郡縣，悉殘燬。商丘知縣梁以樟創死復甦，全家殲焉。

已，復攻開封，築長圍爲持久計。詔起孫傳庭爲總督，釋故尙書侯恂命督師，召左良玉援開封。良玉至朱仙鎭，大敗，奔襄陽。諸軍皆屯河北，不敢進。開封食盡。山東總兵劉澤淸亦奉詔至。傳庭知開封急，大會諸將西安，亟出關來救。未至，名衡等議決朱家寨口河灌賊，賊亦決馬家口河欲灌城。秋九月癸未，天大雨，二口並決，聲如雷，潰北門入，穿東南門出，注渦水。城中百萬戶皆沒，得脫者惟周王、妃、世子及撫按以下不及二萬人。賊亦漂沒萬餘，乃拔營西南去。

先是，有馬守應稱老回回，賀一龍稱革裏眼，賀錦稱左金王，劉希堯稱爭世王，藺養成稱亂世王者，皆附自成，時號「革左五營」。自成乃西迎傳庭兵，遇於南陽，傳庭軍潰走，豫人所謂柿園之敗也。是時大淸兵南侵，京師方告急，朝廷不暇復討賊。自成乃收羣賊，連營五百餘里，再屠南陽，進攻汝寧。總兵虎大威中礮死，楊文岳被殺。自成乃脅崇王由櫍使從軍，遂由確山、信陽、泌陽向襄陽。左良玉望風南走，自成入襄陽。分徇屬城及德安諸州縣，皆下，再破夷陵、荊門州。自成自攻荊州，湘陰王儼鉀遇害，燒獻陵木城，穿燬宮殿。

十六年春陷承天。將發獻陵，有聲震山谷，懼而止。旁掠潛山、京山、雲夢、黃陂、孝感等州縣，皆下。先驅偪漢陽，良玉走九江。攻鄖陽，撫治都御史徐起元及王光恩力守不下。光恩，賊反正者也。

自成自號奉天倡義大元帥，號羅汝才代天撫民威德大將軍。分其衆，曰標營，領兵百隊；曰先、後、左、右營，各領兵三十餘隊。標營白幟黑纛，自成獨白鬃大纛銀浮屠；左營幟白，右緋，前黑，後黃，纛隨其色。五營以序直晝夜，次第休息，巡徼嚴密。逃者謂之落草，磔之。收男子十五以上、四十以下者爲兵。精兵一人，主芻、掌械、執爨者十人。軍令不得藏白金，過城邑不得室處，妻子外不得攜他婦人。寢興悉用單布幕。緜甲厚百層，矢礮不能入。一兵倅馬三四匹，冬則以茵褥藉其蹶。剖人腹爲馬槽以飼馬，馬見人，輒鋸牙思噬

若虎豹。軍止，卽出較騎射，曰站隊。夜四鼓，蓐食以聽令。所過崇岡峻坂，騰馬直上。水惟憚黃河，若淮、泗、涇、渭，則萬衆翹足馬背，或抱鬣緣尾，呼風而渡，馬蹶所壅閼，水爲不流。臨陣，列馬三萬，名三堵牆。前者返顧，後者殺之。戰久不勝，馬兵佯敗誘官兵，步卒長鎗三萬，擊刺如飛，馬兵回擊，無不大勝。攻城，迎降者不殺，守一日殺十之三，二日殺十之七，三日屠之。凡殺人，束屍爲燎，謂之打亮。城將陷，步兵萬人環堞下，馬兵巡徼，無一人得免。獻忠雖至殘忍，不逮也。諸營較所獲，馬騾者上賞，弓矢鉛銃者次之，幣帛又次之，珠玉爲下。

自成不好酒色，脫粟粗糲，與其下共甘苦。汝才妻妾數十，被服紈綺，帳下女樂數部，厚自奉養，自成嘗嗤鄙之。汝才衆數十萬，用山西舉人吉珪爲謀主。自成善攻，汝才善戰，兩人相須若左右手。自成下宛、葉，克梁、宋，兵强士附，有專制心，顧獨忌汝才。乃召汝才所善賀一龍宴，縛之，晨以二十騎斬汝才於帳中，悉兼其衆。

自成在中州，所略城輒焚燬之。及渡漢江，謀以荊、襄爲根本，改襄陽曰襄京，修襄王宮殿居之。改禹州曰均平府，承天府曰揚武州，他府縣多所更易。

牛金星教以創官爵名號，大行署置。自成無子，兄子過及妻弟高一功，迭居左右，親信用事。田見秀、劉宗敏爲權將軍，李巖、賀錦、劉希堯等爲制將軍，張鼐、党守素等爲威武將

軍，谷可成、任繼榮等爲果毅將軍，凡五營二十二將。又置上相、左輔、右弼、六政府侍郎、郎中、從事等官。要地設防禦使，府曰尹，州曰牧，縣曰令。封崇王由櫍襄陽伯，邵陵王在城棗陽伯，保寧王紹圯宣城伯，肅寧王術授順義伯。以張國紳爲上相，牛金星爲左輔，來儀爲右弼。國紳，安定人，嘗官參政。既降，獻文翔鳳妻鄧氏以媚自成。自成惡其傷同類，殺之，而歸鄧氏於其家。六政府侍郎則石首喻上猷、江陵蕭應坤、招遠楊永裕、米脂李振聲、江陵鄧巖忠、西安姚錫胤，尋以宣城丘之陶代振聲爲兵政府侍郎。其餘受僞職者甚衆，不具載。

使高一功、馮雄守襄陽，任繼光守荆州，藺養成、牛萬才守夷陵，王文曜守澧州，白旺守安陸，蕭雲林守荆門，謝應龍守漢川，周鳳梧守禹州。於是河南、湖廣、江北諸賊莫不聽命。獻忠方據武昌，自成遣使賀，且脅之曰：「老回回已降，曹操輩誅死，行及汝矣。」獻忠大懼，南入長沙。

當是時，十三家七十二營諸大賊，降死殆盡，惟自成、獻忠存，而自成獨勁，遂自稱曰新順王。集牛金星等議兵所向。金星請先取河北，直走京師。楊永裕請下金陵，〔一四〕斷燕都糧道。從事顧君恩曰：「金陵居下流，事雖濟，失之緩。直走京師，不勝，退安所歸，失之急。關中，大王桑梓邦也，百二山河，得天下三分之二，宜先取之，建立基業。然後旁略三邊，資

其兵力，攻取山西，後向京師，庶幾進戰退守，萬全無失。」自成從之。

傳庭之敗於柿園而歸陝也，大治兵，制火車二萬輛，募壯士，使白廣恩、高傑將，欲俟賊饑而擊之。朝議日督戰，不得已出關。以牛成虎、盧光祖爲前鋒，〔一五〕由靈寶入洛。高傑爲中軍，檄廣恩從新安來會。河南將陳永福守新灘，四川將秦翼明出商、洛，爲掎角。前鋒敗賊澠池，至寶豐，再拔其城。次郟，自成率萬騎還戰，復大敗，幾被擒。會天大雨，道濘，糧車不進。自成遣輕騎出汝州，要截糧道。傳庭乃分軍三，令廣恩從大道，令高傑親隨從間道，迎糧，令永福守營。傳庭既行，永福兵亦爭發，不可禁，遂爲賊所躡。至南陽，傳庭還戰，賊陣五重，官軍克其三。已而稍却，火車奔，騎兵亦大奔。賊縱鐵騎踐之，傳庭大敗。自成空壁追，一日夜踰四百里，官軍死者四萬餘人，失兵器輜重數十萬。傳庭奔河北，轉趨潼關，氣敗沮不復振。

冬十月，自成陷潼關，傳庭死，遂連破華陰、渭南、華、商、臨潼。進攻西安，守將王根子開東門納賊。自成執秦王存樞以爲權將軍，永壽王誼泥爲制將軍。巡撫馮師孔以下死者十餘人，布政使陸之祺等俱降。自成大掠三日，下令禁止。改西安曰長安，稱西京。賜顧君恩女樂一部，賞入關策也。大發民，修長安城，開馳道。自成每三日親赴教場校射，百姓望見黃龍纛，咸伏地呼萬歲。諸將白廣恩、高汝利、左光先、梁甫先後皆降。陳永福以先射中

自成目，保山巔不敢下，自成折箭爲誓，招之，亦降。惟高傑以竊自成妻走延安，爲李過所追，折而東，渡宜川，絕蒲津以守。

自成兵所至風靡，乃詣米脂祭墓。向爲官軍所發，焚棄遺骴，築土封之。求其宗人，贈金封爵以去。改延安府曰天保府，米脂曰天保縣，清澗曰天波府。鳳翔不下，屠之。始，自成入陝西，自謂故鄉，毋有侵暴，未一月抄掠如故。又以士大夫必不附己，悉索諸薦紳，搒掠徵其金，死者瘞一穴。榆林故死守，李過等不能克，自成大發兵攻陷之。副使都任，總兵王世國、尤世威等，俱不屈死。乘勝取寧夏，屠慶陽，執韓王亶脊。〔一六〕移攻蘭州，甘肅巡撫林日瑞等亦死。進陷西寧，於是肅州、山丹、永昌、鎭番、莊浪皆降，陝西地悉歸自成。又遣賊渡河，陷平陽，殺宗室三百餘人。高傑奔澤州。詔以余應桂總督三邊，收邊兵剿賊，然全陝已沒，應桂不能進。

十七年正月庚寅朔，自成稱王於西安，僭國號曰大順，改元永昌，改名自晟。追尊其曾祖以下，加謚號，以李繼遷爲太祖。設天佑殿大學士，以牛金星爲之。增置六政府尚書，設弘文館、文諭院、諫議、直指使、從政、統會、尚契司、驗馬寺、知政使、書寫房等官。以乾州宋企郊爲吏政尚書，平湖陸之祺爲戶政尚書，眞寧鞏焴爲禮政尚書，歸安張嶙然爲兵政尚書。復五等爵，大封功臣，侯劉宗敏以下九人，伯劉體純以下七十二人，子三十人，男五十

五人。定軍制。有一馬儳行列者斬之，馬騰入田苗者斬之。籍步兵四十萬、馬兵六十萬。兵政侍郎楊王休爲都肄，出橫門，至渭橋，金鼓動地。令弘文館學士李化鱗等草檄馳諭遠近，〔一七〕指斥乘輿。是日，大風霾，黃霧四塞。事聞，帝大驚，召廷臣議。大學士李建泰請督師，帝許之。

時山西自平陽陷，河津、稷山、滎河皆陷，他府縣多望風送款。二月，自成渡河，破汾州，徇河曲、靜樂，攻太原，執晉王求桂，巡撫蔡懋德死之。北徇忻、代，寧武總兵周遇吉戰死。自成先遣游兵入故關，掠大名、眞定而北。身率衆賊並邊東犯，陷大同，巡撫衞景瑗、總兵朱三樂死。自成殺代王傳𤅷，代藩宗室殆盡。犯宣府，總兵姜瓖迎降，巡撫朱之馮死。遂犯陽和，由柳溝逼居庸，總兵官唐通、太監杜之秩迎降。

三月十三日焚昌平，總兵官李守鑅死。〔一八〕始，賊欲偵京師虛實，往往陰遣人輦重貨，賈販都市，又令充部院諸掾吏，探刺機密。朝廷有謀議，數千里立馳報。及抵昌平，兵部發騎探賊，賊輒勾之降，無一還者。賊游騎至平則門，京師猶不知也。十七日，帝召問羣臣，莫對，有泣者。俄頃賊環攻九門，門外先設三大營，悉降賊。京師久乏餉，乘陴者少，益以內侍。內侍專守城事，百司不敢問。

十八日，賊攻益急，自成駐彰義門外，遣降賊太監杜勳縋入見帝，求禪位。帝怒，叱之

下，詔親征。日晡，太監曹化淳啓彰義門，賊盡入。帝出宮，登煤山，望烽火徹天，歎息曰：「苦我民耳。」徘徊久之，歸乾清宮，令送太子及永王、定王於戚臣周奎、田弘遇第，劍擊長公主，趣皇后自盡。十九日丁未，天未明，皇城不守，鳴鐘集百官，無至者。乃復登煤山，書衣襟爲遺詔，以帛自縊於山亭，帝遂崩。太監王承恩縊於側。

自成氈笠縹衣，乘烏駁馬，入承天門。僞丞相牛金星，尚書宋企郊、喻上猷，侍郎黎志陞、張嶙然等騎而從。登皇極殿，據御座，下令大索帝后，期百官三日朝見。文臣自范景文、勳戚自劉文炳以下，殉節者四十餘人。宮女魏氏投河，從者二百餘人。象房象皆哀吼流淚。太子投周奎家，不得入，二王亦不能匿，先後擁至，皆不屈，自成羈之宮中。長公主絕而復甦，舁至，令賊劉宗敏療治。

已，乃知帝后崩，自成命以宮扉載出，盛柳棺，置東華門外，百姓過者皆掩泣。越三日己酉，昧爽，成國公朱純臣、大學士魏藻德率文武百官入賀，皆素服坐殿前。自成不出，羣賊爭戲侮，爲椎背、脫帽，或舉足加頸，相笑樂，百官懾伏不敢動。太監王德化叱諸臣曰：「國亡君喪，若曹不思殯先帝，乃在此耶！」因哭，內侍數十人皆哭，藻德等亦哭。顧君恩以告自成，改殯帝后，用袞冕褘翟，加葦廠云。大學士陳演勸進，不許。封太子爲宋王。放刑部、錦衣衞繫囚。

自成自居西安，建置官吏，至是益盡改官制。六部曰六政府，司官曰從事，六科曰諫議，十三道曰直指使，翰林院曰弘文館，太僕寺曰驗馬寺，巡撫曰節度使，兵備曰防禦使，知府州縣曰尹、曰牧、曰令。召見朝官，自成南嚮坐，金星、宗敏、企郊等左右雜坐，以次呼名，分三等授職。自四品以下少詹事梁紹陽、楊觀光等無不污僞命，三品以上獨用故侍郎侯恂。其餘勳戚、文武諸臣奎、純臣、演、藻德等共八百餘人，送宗敏等營中，拷掠責賕賂，至灼肉折脛，備諸慘毒。藻德遇馬世奇家人，泣曰：「吾不能爲若主，今求死不得。」賊又編排甲，令五家養一賊，大縱淫掠，民不勝毒，縊死相望。徵諸勳戚大臣金，金足輒殺之。焚太廟神主，遷太祖主於帝王廟。

時賊黨已陷保定，李建泰降，畿內府縣悉附。山東、河南徧設官吏，所至無違者。及淮，巡撫路振飛發兵拒之，乃去。自成謂眞得天命，金星率賊衆三表勸進，乃從之，令撰登極儀，諏吉日。及自成升御座，忽見白衣人長數丈，手劍怒視，座下龍爪鬣俱動，自成恐，亟下。鑄金璽及永昌錢，皆不就。聞山海關總兵吳三桂兵起，乃謀歸陝西。

初，三桂奉詔入援，至山海關，京師陷，猶豫不進。自成劫其父襄，作書招之，三桂欲降。至灤州，聞愛姬陳沅被劉宗敏掠去，憤甚，疾歸山海，襲破賊將。自成怒，親部賊十餘萬，執吳襄於軍，東攻山海關，以別將從一片石越關外。三桂懼，乞降於我大清。四月二十

二日，自成兵二十萬，陣於關內，自北山亙海。我兵對賊置陣，三桂居右翼末，悉銳卒搏戰，殺賊數千人，賊亦力鬭，圍開復合。戰良久，我兵從三桂陣右突出，衝賊中堅，萬馬奔躍，飛矢雨墮，天大風，沙石飛走，擊賊如雹。自成方挾太子登高岡觀戰，知爲我兵，急策馬下岡走。我兵追奔四十里，賊衆大潰，自相踐踏死者無算，僵屍徧野，溝水盡赤。自成奔永平，我兵逐之。

時牛金星居守，諸降人往謁，執門生禮甚恭。金星曰：「讖言方起，諸君宜簡出。」由是降者始懼，多竄伏矣。自成至，悉鎔所拷索金及宮中帑藏、器皿，鑄爲餅，每餅千金，約數萬餅，騾車載歸西安。二十九日丙戌，僭帝號於武英殿，追尊七代皆爲帝后，立妻高氏爲皇后。自成被冠冕，列仗受朝。金星代行郊天禮。是夕焚宮殿及九門城樓。詰旦，挾太子、二王西走，而使僞將軍左光先、谷可成殿。

五月二日，我大清兵入京師，下令安輯百姓，爲帝后發喪，議謚號，遣將偕三桂追自成。時福王已監國南京，大學士史可法督師討賊。自成至定州，我兵追之，與戰，斬谷可成，左光先傷足，賊負而逃。自成西走眞定，益發衆來攻，我兵復擊之。自成中流矢創甚，西踰故關，入山西。會我兵東返，自成乃鳩合潰散，走平陽。

李巖者，故勸自成以不殺收人心者也。及陷京師，保護懿安皇后令自盡。又獨於士大

夫無所拷掠，金星等大忌之。定州之敗，河南州縣多反正，自成召諸將議，巖請率兵往。金星陰告自成曰：「巖雄武有大略，非能久下人者。河南，巖故鄉，假以大兵，必不可制。十八子之讖，得非巖乎？」因譖其欲反。自成令金星與巖飲，殺之，賊衆俱解體。

自成歸西安，復遣賊陷漢中，降總兵趙光遠，進略保寧。時獻忠以兵拒之，乃還。八月建祖禰廟成，將往祀，忽寒慄不能就禮。自成始以巖言，謬爲仁義，及巖死，又屢敗，復强很自用，僞尚書張第元、耿始然皆以小忤死。制銅鐁，[一九]官吏坐賕，刵鐁斬。民盜一雞者死。西人大懼。

順治二年二月，我兵攻潼關，僞伯馬世耀以六十萬衆迎戰，敗死。潼關破，自成遂棄西安，由龍駒寨走武岡，入襄陽，復走武昌。我兵兩道追躡，連蹙之鄧州、承天、德安、武昌，窮追至賊老營，大破之者八。當是時，左良玉東下，武昌虛無人。自成屯五十餘日，賊衆尚五十餘萬，改江夏曰瑞符縣。尋爲我兵所迫，部衆多降，或逃散。自成走咸寧、蒲圻，至通城，[二〇]竄於九宮山。秋九月，自成留李過守寨，自率二十騎略食山中，爲村民所困，不能脫，遂縊死。或曰村民方築堡，見賊少，爭前擊之，人馬俱陷泥淖中，自成腦中鉏死。剝其衣，得龍衣金印，眇一目，村民乃大驚，謂爲自成也。時我兵遣識自成者驗其尸，朽莫辨。獲自成兩從父僞趙侯、僞襄南侯及自成妻妾二人，金印一。又獲僞汝侯劉宗敏、僞總兵左光先、僞軍

師宋獻策。於是斬自成從父及宗敏於軍。牛金星、宋企郊等皆遁亡。

自成兄子過改名錦，偕諸賊帥奉高氏降於總督何騰蛟。時唐王立於閩，賜錦名赤心，封高氏忠義夫人，號其軍曰忠貞營，隸騰蛟麾下。永明王時，赤心封興國侯，尋死。

張獻忠者，延安衞柳樹澗人也，與李自成同歲生。長隸延綏鎮爲軍，犯法當斬，主將陳洪範奇其狀貌，爲請於總兵官王威釋之，乃逃去。

崇禎三年，陝西賊大起，王嘉胤據府谷，陷河曲。獻忠以米脂十八寨應之，自稱八大王。明年，嘉胤死，其黨王自用復聚衆三十六營，獻忠及高迎祥、羅汝才、馬守應等皆爲之渠。其冬，洪承疇爲總督，獻忠及汝才皆就撫。已而叛入山西，偕羣賊焚掠。尋擾河北，又偕渡河。自是，陝西、河南、湖廣、四川、江北數千里地，皆被蹂躪。當此之時，賊渠率衆無專主，遇官軍，人自爲鬬，勝則爭進，敗則竄山谷不相顧。官軍遇賊追殺，亦不知所逐何賊也。賊或分或合，東西奔突，勢日强盛。

八年，十三家會滎陽，議敵官軍。守應欲北渡，獻忠嗤之，守應怒，李自成爲解，乃定議。獻忠始與高迎祥並起作賊，自成乃迎祥偏裨，不敢與獻忠並。及是遂相頡頏，與俱東

掠，連破河南、江北諸縣，焚皇陵。已而迎祥、自成西去。獻忠獨東，圍廬州、舒城，俱不下。攻桐城，陷廬江，屠巢、無爲、潛山、太湖、宿松諸城，應天巡撫張國維禦之。獻忠從英、霍遁，道麻城，合守應等入關，會迎祥於鳳翔。已，復出商、洛，屯靈寶，以待迎祥。迎祥至，則合兵復東。總兵官左良玉、祖寬擊之，獻忠與迎祥分道走。寬追獻忠，戰於嵩縣及九皋山，三戰皆克，俘斬甚衆。獻忠恚，再合迎祥衆還戰，復大敗。迎祥尋與自成入陝西，而守應、汝才諸賊，各盤踞鄖陽、商、洛山中，不能救，獻忠亦遁山中。

明年秋，總督盧象昇去，苗胙土巡撫湖廣，不習兵。於是獻忠自均州，守應自新野，蝎子塊自唐縣，並犯襄陽，衆二十餘萬。總兵秦翼明兵寡不能禦，湖廣震動。獻忠糾汝才、守應及闖塌天諸賊，順流東下，與江北賊賀一龍、賀錦等合，烽火達淮、揚。南京兵部尚書范景文、操江都御史黃道直、總兵官楊御蕃分汛固守，安池道副使史可法親率兵當賊衝。賊從間道犯安慶，連營百里，巡撫國維告警。詔左良玉、馬爌、劉良佐合兵援之，遂大破賊。賊走潛山之天王古寨，〔三〕國維檄良玉搜山，良玉不應，尋北去。賊乃復出太湖，連蘄、黃，敗官軍於酆家店，殺參將程龍、陳于王等四十餘人。會總兵官牟文綬偕良佐來援，復破賊。賊皆遁，獻忠入湖廣。

是時，河南、湖廣賊十五家，惟獻忠最狡黠驍勍，次則汝才。獻忠嘗僞爲官兵，欲紿宛

城，良玉適至，獻忠倉皇走，前鋒羅岱射之中額，良玉馬追及，刃拂獻忠面，馬馳以免。會熊文燦爲總理，刊檄撫賊。闖塌天者，本名劉國能，與獻忠有郤，詣文燦降。獻忠創甚，不能戰，大恐。

十一年春，偵知陳洪範隸文燦麾下爲總兵，大喜，因遺閒齎重幣獻洪範曰：「獻忠蒙公大恩，得不死，公豈忘之邪？願率所部降以自效。」洪範亦喜，爲告文燦，受其降。巡按御史林銘球、分巡道王瑞枬與良玉謀，俟獻忠至執之，文燦不可。獻忠遂據穀城，請十萬人餉，文燦不敢決。時羣賊皆聚南陽，屠掠旁州縣。文燦赴裕州，益大發檄撫賊。汝才以戰敗乞降於太和山監軍太監李繼改。明年，射塌天、混十萬、過天星、關索、王光恩等十三家渠帥，先後俱降。陝西總督洪承疇、巡撫孫傳庭復大破李自成，自成竄崤、函山中，朝廷皆謂賊撲剪殆盡。

獻忠在穀城，訓卒治甲仗，言者頗疑其欲反。帝方信兵部尚書楊嗣昌言，謂文燦能辦賊，不復憂也。夏五月，獻忠叛，殺知縣阮之鈿，隳穀城，陷房縣，合汝才兵，殺知縣郝景春。十三家降賊一時並叛，惟王光恩不從。獻忠去房縣，左良玉追擊之，羅岱爲前鋒，至羅猴山，岱中伏死，良玉大敗。

嗣昌已拜大學士，乃自請督師，帝大悅。十月朔，嗣昌至襄陽，集諸將議進兵。時羣賊

大掠，賀一龍、賀錦犯隨、應、麻、黃，與官軍相持。汝才及過天星竄伏漳、房、興、遠，獻忠踞湖廣、四川界，將西犯。嗣昌視東略稍緩，乃宿輜重襄陽，濬濠築城甚固，令良玉專力剿獻忠。

十三年閏正月，良玉擊賊枸坪關，獻忠遁，追至瑪瑙山。賊據山拒敵，良玉先登，賀人龍、李國奇夾擊，大敗之，斬首千三百餘級，擒獻忠妻妾。湖廣將張應元、汪之鳳追敗之水右壩。川將張令、方國安又邀擊於岔溪。獻忠奔柯家坪，張令逐北深入，被圍，應元、之鳳援之，復破賊。獻忠率千餘騎竄興、歸山中，勢大蹙。

初，良玉之進兵也，與嗣昌議不合。獻忠遣閒說良玉，良玉乃圍而弗攻。獻忠因得與山民市鹽芻米酪，收潰散，掩旗息鼓，益西走白羊山。時汝才及過天星從寧昌窺大昌、巫山，欲渡江，爲官兵所扼。獻忠至，遂與之合。獻忠雖累敗，氣益盛，立馬江岸，有不前赴者，輒戮之。賊畢渡，屯萬頃山，歸、巫大震。已而汝才、過天星犯開縣不利，汝才東走，過天星復軼開縣而西。諸將往復追逐，獻忠乃悉衆攻楚兵於土地嶺，副將汪之鳳戰死。〔三〕遂陷大昌，進屯開縣，張令戰死，石砫女土司秦良玉亦敗。汝才復自東至，與獻忠轉趨達州。川撫邵捷春退扼涪江。賊北陷劍州，將入漢中。總兵官趙光遠、賀人龍守陽平、百丈險。賊不得過，乃復走巴西。涪江師潰，捷春論死。獻忠屠緜州，越成都，

中華書局

陷瀘州，北渡陷永川，走漢川、德陽，〔三三〕入巴州。又自巴走達州，復至開縣。

先是，嗣昌聞賊入川，進駐重慶。監軍萬元吉曰：「賊或東突，不可無備，宜分中軍間道出梓潼，扼歸路。」嗣昌不聽，擬令諸將盡赴瀘州追賊。

十四年正月，總兵猛如虎、參將劉士傑追之開縣之黃陵城，賊還戰，官軍大敗，士傑及游擊郭開等皆死。獻忠果東出，令汝才拒鄖撫袁繼咸兵，自率輕騎，一日夜馳三百里，殺督師使者於道，取軍符，紿陷襄陽城。獻忠縛襄王翊銘置堂下，屬之酒曰：「我欲借王頭，使楊嗣昌以陷藩誅，王其努力盡此酒。」遂殺之，並殺鄖襄道張克儉、推官鄺曰廣，復得其所失妻妾。又去，陷樊城、當陽、郟。合汝才入光州，殘商城、羅山、息縣、信陽、固始。分軍犯茶山、應城，陷隨州。僞張良玉輾，入泌陽。再攻應山，不克，去。攻鄖陽，守將王光恩力戰，始解。又拔鄖西，羣盜附者萬計，遂東略地。

獻忠自瑪瑙山之敗，心畏良玉，及屢勝，有驕色。秋八月，良玉追擊之信陽，大破之，降賊衆數萬。獻忠傷股，乘夜東奔，良玉急追之。會大雨，江溢道絕，官軍不能進，獻忠走免。已，復出商城，將向英山，又爲副將王允成所破，衆道散且盡，從騎止數十。時汝才已先與自成合，獻忠遂投自成。自成以部曲遇之，不從。自成欲殺之，汝才諫曰：「留之使擾漢南，分官軍兵力。」乃陰與獻忠五百騎，使遁去。道糾土賊一斗穀、瓦罐子等，衆復盛，然猶佯推

自成。先是，賊營革、左二賀陷含、巢、潛諸縣，欲西合獻忠，以湖廣官兵沮不得達。及汴圍急，督師丁啓睿及左良玉皆往援汴，獻忠乘間陷亳州，入英、霍山中，與革、左、二賀相見，皆大喜。

明年合攻，陷舒城、六安，掠民益軍。陷廬州，知府鄭履祥死。陷無爲、廬江，習水師於巢湖。太監盧九德以總兵官黃得功、劉良佐之兵戰於夾山，敗績，江南大震。鳳陽總督高斗光、安慶巡撫鄭二陽逮治，詔起馬士英代斗光。是秋，得功、良佐大破賊於潛山，獻忠腹心婦豎盡走蘄水，革、左二賀北投自成。已，獻忠復襲陷太湖。會良玉避自成東下，盡撤湖廣兵自從。獻忠聞之，又襲陷黃梅。

十六年春，連陷廣濟、蘄州、蘄水。入黃州，黃民盡逃，乃驅婦女剷城，尋殺之以塡塹。麻城人湯志者，大姓奴也，殺諸生六十人，以城降賊。獻忠改麻城爲州。又西陷漢陽，全軍從鴨蛋洲渡，陷武昌，執楚王華奎，籠而沈諸江，盡殺楚宗室。錄男子二十以下、十五以上爲兵，餘皆殺之。由鸚鵡洲至道士洑，浮胔蔽江，踰月人脂厚累寸，魚鼈不可食。獻忠遂僭號，改武昌曰天授府，江夏曰上江縣。據楚王第，鑄西王之寶，僞設尚書、都督、巡撫等官，開科取士。以興國州柯、陳兩姓土官悍勇，招降之。題詩黃鶴樓。下令發楚邸金振饑民。蘄、黃等二十一州縣悉附。

時李自成在襄陽，聞之忌且怒，貽書譙責。左良玉兵復西上，僞官吏多被擒殺。獻忠懼，乃悉衆趨岳州、長沙。於是監軍道王瓆、沔陽知州章曠、武昌生員程天一、白雲寨長易道三皆起兵討賊，蘄、黃、漢陽三府皆反正。獻忠遂陷咸寧、蒲圻，偪岳州。沅撫李乾德、總兵孔希貴等據城陵磯拒戰，〔三四〕三戰三克，殲其前部。獻忠怒，百道並進，乾德等不支，皆走，岳州陷。獻忠欲渡洞庭湖，卜於神，不吉，投筊而詬。將渡，風大作，獻忠怒，連巨舟千艘，載婦女焚之，水光夜如晝。騎而逼長沙，巡按劉熙祚奉吉王、惠王走衡州，總兵尹先民降，長沙陷。尋破衡州，吉王、惠王、桂王俱走永州。乃拆桂府材，載至長沙，造僞殿，而自追三王於永。熙祚命中軍護三王入廣西，身入永死守，城陷見殺。又陷寶慶、常德，發故督師楊嗣昌祖墓，斬其屍見血。攻道州，守備沈至緖戰歿，其女再戰，奪父屍還，城獲全。遂東犯江西，陷吉安、袁州、建昌、撫州、永新、安福、萬載、南豐諸府縣。廣東大震，南、韶屬城官民盡逃。

賊有獻計取吳、越者，獻忠憚良玉在，不聽，決策入川中。

十七年春陷夔州，至萬縣，水漲，留屯三月。已，破涪州，敗守道劉麟長、總兵曾英兵。〔三五〕進陷佛圖關。破重慶，瑞王常浩遇害。是日，天無雲而雷，賊有震者。獻忠怒，發巨礮與天角。遂進陷成都，蜀王至澍率妃、夫人以下投於井，巡撫龍文光被殺。〔三六〕是時我大清兵已定京師，李自成遁歸西安。南京諸臣尊立福王，命故大學士王應熊督川、湖軍事，兵力弱，

不能討賊。獻忠遂僭號大西國王，改元大順。冬十一月庚寅，卽僞位，以蜀王府爲宮，名成都曰西京。用汪兆麟爲左丞相，嚴錫命爲右丞相。設六部五軍都督府等官，王國麟、江鼎鎭、龔完敬等爲尚書。養子孫可望、艾能奇、劉文秀、李定國等皆爲將軍，賜姓張氏，分徇諸府州縣，悉陷之。保寧、順慶先已降自成，置官吏，獻忠悉逐去。自成發兵攻，不克，遂據有全蜀。惟遵義一郡及黎州土司馬金堅不下。

獻忠黃面長身虎頷，人號黃虎。性狡譎，嗜殺，一日不殺人，輒悒悒不樂。詭開科取士，集於青羊宮，盡殺之，筆墨成丘塚。坑成都民於中園。殺各衞籍軍九十八萬。又遣四將軍分屠各府縣，名草殺。僞官朝會拜伏，呼獒數十下殿，獒所齅者，引出斬之，名天殺。又創生剝皮法，皮未去而先絕者，刑者抵死。將卒以殺人多少敍功次，共殺男女六萬萬有奇。賊將有不忍至縊死者。僞都督張君用、王明等數十人，皆坐殺人少，剝皮死，並屠其家。脅川中士大夫使受僞職，敍州布政使尹伸、廣元給事中吳宇英不屈死。諸受職者，後尋亦皆見殺。其慘虐無人理，不可勝紀。又用法移錦江，涸而闕之，深數丈，埋金寶億萬計，然後決堤放流，名水藏，曰：「無爲後人有也。」當是時，曾英、李占春、于大海、王祥、楊展、曹勳等義兵並起，故獻忠誅殺益毒。川中民盡，乃謀窺西安。

順治三年，獻忠盡焚成都宮殿廬舍，夷其城，率衆出川北，又欲盡殺川兵。僞將劉進忠

二十四史　中華書局

故統川兵，聞之，率一軍逃。會我大清兵至漢中，進忠來奔，乞爲鄉導。至鹽亭界，大霧。獻忠曉行，猝遇我兵於鳳凰坡，中矢墜馬，蒲伏積薪下。於是我兵擒獻忠出，斬之。

川中自遭獻忠亂，列城內雜樹成拱，狗食人肉若猛獸虎豹，齧人死輒棄去，不盡食也。民逃深山中，草衣木食久，徧體皆生毛。獻忠既誅，賊黨可望、能奇、文秀、定國等潰入川南，殺曾英、李乾德等，後皆降於永明王。

校勘記

〔一〕宜川賊王左掛　宜川，原作「宜州」，按明代陝西有宜川縣，無「宜州」。據本書卷四二地理志、明一統志卷三六改。

〔二〕參政洪承疇擊破王左掛　參政，原作「參議」，據本書卷二六〇楊鶴傳、懷宗實錄卷二崇禎二年四月甲午條、國榷卷九〇頁五四七八、懷陵流寇始終錄卷二改。

〔三〕監軍太監楊進朝信之　楊進朝，本書卷二七三左良玉傳及綏寇紀略卷二俱作「楊應朝」。

〔四〕破夔州　本傳繫於六年。按本書卷二三莊烈帝紀、懷宗實錄卷七崇禎七年二月壬申條、國榷卷九三頁五六三〇、懷陵流寇始終錄卷七均繫於崇禎七年二月。

〔五〕陷含山和州殺知州黎弘業及在籍御史馬如蛟等　本傳繫於九年春。按本書卷二九二黎弘業

傳、懷宗實錄卷八崇禎八年十二月癸卯條、國榷卷九四頁五七二二都繫於八年十二月。

〔六〕呼知縣邊大綬　邊大綬，本書卷二六二汪喬年傳、明史稿傳一八三李自成傳都作「邊大受」。

〔七〕青川等州縣　青川，原作「青州」。明代四川有青川無「青州」，據本書卷四三地理志改。

〔八〕金堂典史潘夢科皆死　潘夢科，本書卷二九二徐尚卿傳作「潘孟科」。

〔九〕承疇傳庭合擊於潼關原　潼關原，原作「梓潼原」。按本書卷二四莊烈帝紀，梓潼之戰在四川，時在正月，與本傳上文「敗賊梓潼」合。潼關原之戰在十月，其時自成已由川入陝，故下文稱「竄伏商、洛山中」，與潼關原地望相合。據本書卷二六二孫傳庭傳、明史稿傳一八三李自成傳改。

〔一〇〕王世子由崧裸而逃　由崧，原作「由松」，據本書卷一二〇福王傳改。

〔一一〕卽穿穴穴城　城，原作「成」，據明史稿傳一八三李自成傳、懷宗實錄卷一五崇禎十五年正月辛巳條、國榷卷九八頁五九一四及懷陵流寇始終錄卷一五改。

〔一二〕十五年正月　正月，原作「二月」，據本書卷二四莊烈帝紀、國榷卷九八頁五九一四、平寇志卷五改。

〔一三〕知州侯君擢皆罵賊死　侯君擢，原作「侯君耀」，據明史卷二九三關永傑傳附侯君擢傳及國榷卷九八頁五九一九改。

〔一四〕楊永裕請下金陵　楊永裕，懷宗實錄卷一六崇禎十六年十月壬申條、國榷卷九九頁五九九六俱作「楊承裕」。

〔一五〕以牛成虎盧光祖爲前鋒　牛成虎，原脫「虎」字，據本書卷二六二孫傳庭傳、明史稿傳一八三李自成傳、懷陵流寇始終錄卷一六補。

〔一六〕執韓王亶塉　亶塉，原作「稟塉」，據本書卷二四莊烈帝紀、又卷一〇〇諸王世表、卷一一八諸王傳及國榷卷首頁二四、卷九九頁六〇〇五改。

〔一七〕令弘文館學士李化鱗等草檄馳諭遠近　李化鱗，明史稿傳一八三李自成傳及懷陵流寇始終錄卷一七都作「李化麟」。

〔一八〕總兵官李守鑅死　李守鑅，原作「李守鑠」，據明史稿傳一八三李自成傳及懷宗實錄卷一七崇禎十七年三月癸卯條、國榷卷一〇〇頁六〇四〇改。

〔一九〕制銅鐁　銅鐁，原作「銅鏃」，據明史稿傳一八三李自成傳改。下同。

〔二〇〕自成走咸寧蒲圻至通城　咸寧，原誤作「延寧」。按地書無「延寧」。湖廣有咸寧，蒲圻鄰縣，其西南卽通城縣。下文張獻忠傳正作「咸寧」，今據改。

〔二一〕賊走潛山之天王古寨　天王古寨，本書卷二七四史可法傳作「天堂寨」，懷陵流寇始終錄卷一〇作「天堂古寨」，注稱「徐壽輝都此，殿礎猶存」。

〔二二〕副將汪之鳳戰死　汪之鳳，原作「潘之鳳」，據卷二六九張令傳附汪之鳳傳、懷陵流寇始終錄卷

一三改。國榷卷九七頁五八七四作汪雲鳳。

〔二三〕越成都陷瀘州北渡陷永川走漢州德陽　永川、漢州，原誤作「永州」、「漢川」。按永州、漢川均在湖廣，去成都、瀘州遠甚。永川縣屬四川重慶府，在江北，漢州屬成都府，德陽其領縣，與張獻忠進軍路線合，今據明通鑑卷八七、明史紀事本末卷七七、綏寇紀略卷五、懷陵流寇始終錄卷一三改。

〔二四〕沅撫李乾德總兵孔希貴據城陵磯拒戰至岳州陷　城陵磯，原作「陳陵磯」。按湖廣岳州府無「陳陵磯」，有城陵磯，明設巡檢司於此，今據本書卷四四地理志、明史紀事本末卷七七、明通鑑卷八九改。

〔二五〕敗守道劉麟長總兵曾英兵　曾英，原作「曹英」。本書卷二五三王應熊傳作「曾英」，明通鑑附編卷一上附記上、綏寇紀略卷一〇、懷陵流寇始終錄卷一八、南疆逸史列傳四十七、小腆紀年附考卷六等也都作「曾英」，據改。

〔二六〕巡撫龍文光被殺　龍文光，原作「陳士奇」，據國榷卷一〇二頁六一三七、懷陵流寇始終錄卷一八改。按本書卷二六三陳士奇傳，稱士奇死於重慶，又同卷龍文光傳稱文光代陳士奇作四川巡撫，死於成都。作「龍文光」是。

明史卷三百十

列傳第一百九十八

土司

西南諸蠻，有虞氏之苗，商之鬼方，西漢之夜郎、靡莫、邛、莋、僰、爨之屬皆是也。自巴、夔以東及湖、湘、嶺嶠，盤踞數千里，種類殊別。歷代以來，自相君長。原其爲王朝役使，自周武王時孟津大會，而庸、蜀、羌、髳、微、盧、彭、濮諸蠻皆與焉。及楚莊蹻王滇，而秦開五尺道，置吏，沿及漢武，置都尉縣屬，仍令自保，此卽土官、土吏之所始歟。

迨有明踵元故事，大爲恢拓，分別司郡州縣，額以賦役，聽我驅調，而法始備矣。然其道在於羈縻。彼大姓相擅，世積威約，而必假我爵祿，寵之名號，乃易爲統攝，故奔走惟命。然調遣日繁，急而生變，恃功怙過，侵擾益深，故歷朝徵發，利害各半。其要在於撫綏得人，恩威兼濟，則得其死力而不足爲患。實錄載成化十八年馬平主簿孔性善言：「谿峒蠻僚，雖

常梗化，亂豈無因。昔陳景文爲令，猺、獞皆應差徭，厥後撫字乖方，始仍反側。誠使守令得人，示以恩信，諭以禍福，亦當革心。」帝嘉納之，惜未能實究其用，此可爲治蠻之寶鑑矣。

嘗考洪武初，西南夷來歸者，卽用原官授之。其土官銜號曰宣慰司，曰宣撫司，曰招討司，曰安撫司，曰長官司。以勞績之多寡，分尊卑之等差，而府州縣之名亦往往有之。襲替必奉朝命，雖在萬里外，皆赴闕受職。天順末，許土官繳呈勘奏，則威柄漸弛。成化中，令納粟備振，則規取日陋。孝宗雖發憤釐革，而因循未改。嘉靖九年始復舊制，以府州縣等官隸驗封，宣慰、招討等官隸武選。隸驗封者，布政司領之；隸武選者，都指揮領之。於是文武相維，比於中土矣。其間叛服不常，誅賞互見。茲據其事蹟尤著者，列於篇。

湖廣土司

湖南，古巫郡、黔中地也。其施州衞與永、保諸土司境，介於岳、辰、常德之西，與川東巴、夔相接壤，南通黔陽。谿峒深阻，易於寇盜，元末滋甚。陳友諒據湖、湘間，啗以利，資其兵爲用。諸苗亦爲盡力，有乞兵旁寨爲之驅使者，友諒以此益肆。及太祖殲友諒於鄱陽，進克武昌，湖南諸郡望風歸附，元時所置宣慰、安撫、長官司之屬，皆先後迎降。太祖以原官授之，已而梗化。

洪武三年，慈利安撫使覃垕連搆諸蠻入寇，征南將軍周德興平之。五年，復命鄧愈爲征南將軍，率師平散毛等三十六洞，[一]而副將軍吳良復平五開、古州諸蠻凡二百二十三洞，籍其民一萬五千，收集潰散士卒四千五百餘人，平其地。未幾，五開、五谿諸蠻亂，討平之。十八年，五開蠻吳面兒反，勢獗甚。命楚王楨將征虜將軍湯和，[二]擊斬九谿諸處蠻僚，俘獲四萬餘人，諸苗始懼。而靖、沅、道、澧之間，十年內亦尋起尋滅。雖開國之初，師武臣力，實太祖控制之道恩威備焉。

永樂初，苗告繼絕，襲冠帶，益就銜勒。垂百年，而五開、銅鼓間又紛紛多警。時英宗北狩，中原所在侵擾，苗勢殊熾。景泰初，總兵官宮聚奏：「蠻賊西至貴州龍里，東至湖廣沅州，北至武岡，南至播州之境，不下二十萬，圍困焚掠諸郡邑。臣所領官軍不及二萬，前後奔赴不能解平越之圍。乞急調京邊軍及征麓川卒十萬前來，以資調遣。」久而師徵不至，更易他帥，浸淫六七載。至天順元年，總督石璞調總兵官方瑛，始剋期征剿。破天堂、小坪、墨溪二百二十七寨，擒僞王侯伯等百餘人，斬賊首千四百餘級，奪回軍人男婦千三百餘口，於是苗患漸平。蓋萌發於貴州，而蔓衍於湖南，皆生苗爲梗。諸土司初無動搖，而永、保諸宣慰，世席富強，每遇征伐，輒願荷戈前驅，國家亦賴以撻伐，故永、保兵號爲虓雄。嘉、隆以還，徵符四出，而湖南土司均備臂指矣。

施州　施南宣撫司　散毛宣撫司　忠建宣撫司　容美宣撫司

永順軍民宣慰使司　保靖州軍民宣慰使司

施州，隋爲清江郡，改施州。明初仍之。洪武十四年改置施州衞軍民指揮使司，屬湖廣都司。領軍民千戶所一：曰大田。領宣撫司三：曰施南，曰散毛，曰忠建。領安撫司八：曰東鄉五路，曰忠路，曰忠孝，曰金峒，曰龍潭，曰大旺，曰忠峒，曰高羅。領長官司七：曰搖把峒，曰上愛茶峒，曰下愛茶峒，曰劍南，曰木冊，曰鎭南，曰唐崖。領蠻夷長官司五：曰鎭遠，曰隆奉，曰西泙，[三]曰東流，曰臘壁峒。又有容美宣撫司者，亦在境內，領長官司四：曰椒山瑪瑙，曰五峰石寶，曰石梁下峒，曰水盡源通塔平。

初，太祖卽吳王位，甲辰六月，湖廣安定宣撫使向思明遣長官硬徹律等，以元所授宣撫敕印來上，請改授。乃命仍置安定等處宣撫司二，以思明及其弟思勝爲之。又置懷德軍民宣撫司一，以向大旺爲之，統軍元帥二，以南木、潘仲玉爲之。抽攔、不用、黃石三洞，[四]各置長官一，以沒葉、大蟲、硬徹律爲之。簳坪洞設元帥府一，以向顯祖爲之。梅梓、麻寮二洞，各置長官一，以向思明、唐漢明爲之。[五]皆新降者。丙午二月，容美洞宣撫使田光寶遣弟光受等，以元所授宣撫敕印來上。命光寶爲四川行省參政，行容美洞等處軍民宣撫

司事，仍置安撫元帥治之。並立太平、臺宜、麻寮等十寨長官司。

洪武四年，宣寧侯曹良臣帥兵取桑植，容美洞元施南道宣慰使覃大勝弟大旺、副宣慰覃大興、光寶子答谷等皆來朝，納元所授金虎符。命以施州宣慰司爲從三品，東鄉諸長官司爲正六品，以流官參用。五年，忠建元帥墨池遣其子驢吾，率所部溪洞元帥阿巨等來歸附，納元所授金虎符幷銀印、銅章、誥敕。置忠建長官司及沿邊溪洞長官司，以墨池等爲長官。二月，容美宣撫田光寶復遣子答谷來朝。征南將軍鄧愈平散毛、柿谿、赤谿、安福等三十九峒，散毛宣慰司都元帥覃野旺上僞夏所授印。

十四年，江夏侯周德興移師討水盡源、通塔平、散毛諸峒，置施州衞軍民指揮使司。十五年，置施南宣撫司，〔六〕隸施州衞。十七年，散毛、沿邊安撫司安撫覃野旺之子起剌來朝，命爲本司僉事。景川侯曹震言：「散毛等洞蠻時寇掠爲民患，已令施州衞及施南宣撫覃大勝招之，如負固，請發兵討。」

二十二年命忠建宣撫田思進之子忠孝代父職。時思進年八十餘，乞致仕，故有是命。明年，涼國公藍玉克散毛洞，擒剌惹長官覃大旺等萬餘人。置大田軍民千戶所，隸施州衞。以藍玉奏散毛、鎭南、大旺、施南等洞蠻叛服不常，黔江、施州衞兵相去遠，難應援。今散毛地與大水田連，宜置千戶所守禦，乃改散毛爲大田，命千戶石山等領土兵一千五百人，置所

鎭之。時忠建、施南叛蠻結寨於龍孔，玉遣指揮徐玉將兵攻之，擒宣撫覃大勝，餘蠻退走。玉復分兵搜之，殺獲男女一千八百餘人，械大勝及其黨八百二十人送京師。磔大勝於市，餘戍開元，給衣糧遣之。

永樂二年復設散毛、施南二長官司。先是，洪武初，諸土司長官來降者，皆予原官。蠻苗吳面兒之難，諸土司地多荒廢，長官亦罷承襲。至是，故土官之子覃友諒等以招復蠻民，請仍設治所。以其戶少，降爲長官司，隸大田軍民千戶所。以友諒爲散毛長官，覃添富爲施南長官。四年，改施南、散毛仍爲宣撫司，以友諒、添富來朝故也。以田應虎爲龍潭安撫。時應虎來朝，言其祖父自宋、元來，俱爲安撫，自蠻亂併其地入散毛，隔遠難治，乞仍舊，從之。時高羅安撫田大民言，招復蠻民四百餘戶，乞還原職治所。木冊長官田谷佐、唐崖長官覃忠孝，並言父祖世爲安撫，洪武時大軍平蜀，民驚潰，治所廢，今谷佐等招集三百餘戶，請襲，許之。五年，鎭南長官覃興等來朝，稱係世職，洪武中廢，今招徠蠻民三百戶，乞仍舊，既五峰石寶長官張再武亦以襲職請，從之。同時，設東鄉五路安撫，以覃忠爲之，隸施南。設石梁下峒、椒山瑪瑙、水盡源通塔平三長官司，以向潮文、劉再貴、唐思文爲之，隸容美。既復設忠路、忠孝、金峒三安撫司，隸施州衞，以覃英、田大英、覃添貴爲之。皆因洪武間蠻亂民散，廢其治，今忠等以故官子姪來朝，奏請復設，並從之，各賜印章冠帶。

宣德二年設劍南長官司，〔七〕隸忠路安撫；搖把峒、上愛下愛二茶峒三長官司及鎭邊、隆奉二蠻夷官司，〔八〕皆隸東鄉五路安撫；東流、臘壁峒二蠻夷官司，隸散毛宣撫；石關峒長官司、西泙蠻夷官司，隸金峒安撫。皆以其酋長爲之。先是，忠路安撫司等各奏，前元故土官子孫牟酋蠻等，各擁蠻民，久據谿洞，今就招撫，請設官司，授以職事。兵部以聞，帝以馭蠻當順其情，所授諸司，宜有等殺。兵部議以四百戶以上者設長官司，四百戶以下者設蠻夷官司。元土官子孫量授以職，從所招官司管屬。皆從之。令三年一朝貢如故事。九年，木冊長官田谷佐奏：「高羅安撫常倚勢淩轢，侵奪其土地人民，已蒙朝廷分理，然彼宿怨未平，恐復加害。乞徑隸施州衞。」從之。

正統三年命散毛宣撫覃友諒子瑄試職。初，友諒以罪械赴京，中路逃匿，後爲官軍所獲，斃獄。至是，本司以其子爲蠻民信服，乞襲職。帝以友諒罪重宜革，第以蠻故詘法信恩，命瑄試職圖後效。景泰二年，禮部奏：「散毛宣撫司副使黃縉瑄謀殺親兄，律應斬。其妻譚氏遣子忠等貢馬贖罪，然縉瑄罪重，〔九〕法不可宥。宜給鈔以酬馬直。」從之。天順元年，容美宣撫田潮美老疾，請子保富代職，從之。五年，禮部奏：「施州木冊長官司土舍譚文壽兇暴，幷造不法誹謗之言，罪當刑。今其母向氏進馬以贖，恐不可從。」帝命給鈔百錠以慰其母，其子仍禁錮之。

成化二年，搖把洞長官向麥答踵奏：「鄰近洗羅峒長，窺知本洞土兵調征兩廣，村寨空虛，煽誘土蠻攻劫，乞調官軍剿治。」五年，禮部奏：「容美宣撫司田保富等，遣人進貢方物不及數，恐使者侵盜，宜停其賞，仍移知所司。」施州等衞八安撫司各奏，成化五年朝覲進馬，已付邊衞騎操，而諸衞收馬文移不至，恐有虛詐，宜勘實給賞。皆從之。弘治二年，木冊長官田賢及容美致仕田保富各進馬，爲土人譚敬保等贖罪。刑部言：「蠻民納馬贖罪，輕者可原，重者難宥，宜下按臣察覈。」八年，容美宣撫貢馬及香，禮部以香不及數，馬多道斃，又無文驗，命予半賞。九年，金峒安撫覃彥龍奏：「境內產杉木，嘗鬻金三千貯庫。今彥龍年老，子惟一人，恐身后土人爭奪，乞解部。」工部議非貢典，却之。

正德四年，容美宣撫幷椒山瑪瑙長官司所遣通事劉思朝等赴京進貢，沿途驛傳多需索，爲偵事所發，自魯橋以北計千餘金。部臣以聞，帝以遠蠻宥之。散毛宣撫幷五峰石寶、水盡源通塔平長官司入貢後期，部議半賞，從之。九年命大田千戶所千戶冉霖子舜卿爲指揮僉事，以自陳討川寇功也。十一年，容美宣撫田秀愛其幼子，將逐其兄白俚俾，而以幼子襲。白俚俾恨之，賊殺其父及其弟。事聞，下鎭巡官驗治，磔死。土官唐勝富、張世英等爲白俚俾奏辨，罪亦當坐。詔以蠻僚異類，難盡繩以法，免其並坐，戒飭之。十五年，容美宣撫司同知田世瑛，奏獲鎭南軍民府古印，爲始祖田始進開熙二年頒給，乞改陞宣撫司爲軍

民府。禮部議，以開設宣撫，頒印已久，不當更，古印宜繳，從之。

嘉靖七年，容美宣撫司、龍潭安撫司每朝貢率領千人，所過擾害，鳳陽巡撫唐龍以聞。禮部按舊制，進貢不過百人，赴京不過二十人，命所司申飭。忠孝安撫司把事田春者數十人稱入貢，僞造關文，騷擾驛傳，應天巡撫以聞。兵部議，土司違例入貢，且所過橫索，恐有他虞，宜嚴禁諭。二十六年，臘壁峒等長官司入貢，禮部驗印文詐僞，詔革其賞，幷下按臣勘問。

三十三年詔湖廣川貴總督幷節制容美十四司。初，容美土官田世爵與土官向元楫累世相仇。元楫幼，世爵佯爲講好，以女嫁之，謀奪其產，因誣元楫以奸。有司恐激變，令自捕元楫，下獄論死。世爵遂發兵，盡俘向氏，幷籍其土，皆沒入之。久之，撫按知其謀，責與元楫對狀，世爵不出，陰與羅峒土舍黃中等謀叛。於是湖廣巡按御史周如斗請移荆南道分巡施州衞，以便控制，調廣西淸浪等戍軍，以實行伍。疏下督臣馮岳等議，岳等言：「施州地勢孤懸，不可久居，戍軍亦非一時可集。當移荆瞿守備於施州，九永守備於九谿，上荆南道備巡歷。至世爵驕橫，有司不能攝治，獨久繫元楫何爲。宜假督臣以節制容美之權，問世爵抗違之罪，如不悛，卽繩以法。」從之。

時龍潭安撫黃俊素貪暴，據支羅洞寨，以睚眥殺人，繫獄。會白草番反，俊子中請立功爲父貰罪，已又自求爲副指揮，賄當事者許之。俊出益驕，乃與中及羣盜李仲實等，恣行於四川之雲陽、奉節間，副使熊逵等計擒俊與仲實。俊死於獄，中自縛出降，執餘黨譚景雷等自贖。帝命追戮俊，梟示，仲實等論斬，中謫戍，而賞有功者。三十五年，命容美宣撫田九霄襲職，賜紅紵衣一襲，以浙江黃宗山擊倭之功也。

隆慶元年，吏科給事中朱繪等言，湖廣施州衞忠路安撫覃大寧一日奏五上，語多不實，請究治。都察院議，金峒安撫土舍覃壁爭印相殺，及磁峒不當轄四川。俱下撫按官勘報。四年，覃壁作亂，傷官軍，撫按請治失事諸臣罪。兵部言：「本衞孤懸境外，事起倉猝，宜從寬貰，以責後功。」帝然之，命所司相機勦撫。五年，巡撫劉慤以覃壁平，條議五事：「一，請以川東所轄巫山、建始、黔江、萬縣改屬上荆道。一，以荆州去施州衞遠，不便巡歷。夷陵西有傅友德所闢取蜀故道，名百里荒者，抵衞僅五百餘里。請以巴東之石硅司巡檢、施州衞之州門驛、三會驛並移近地，俾閭井聯絡。而於百里荒及東卜壠仍創建哨堡，令千戶一員，督班軍百人戍守。一，施州衞延袤頗廣，物產最饒，衞官朘削，致民逃夷地爲亂。宜裁通判設同知，撫治民蠻，均平徭賦，勿額外橫索。一，金峒世官不宜遽絕，貸覃勝罪，降安撫爲峒長，聽支羅所百戶提調。一，施州所轄十四司應襲官舍，必先白道院，始許理事。其擅立名號者，請嚴治，幷令兵巡道每歲經歷施州，豫行調集各官舍獎諭，令赴學觀化。」俱從之。

萬曆十一年，湖廣撫按奏：「施州衞施南等宣撫司各官，仍聽鎭筸參將節制，載入敕書，以一事權。」從之。

崇禎十二年，容美宣撫田元疏言：「六月間，穀賊復叛，撫治兩臣調用土兵。臣卽捐行糧戰馬，立遣土兵七千，令副長官陳一聖等將之前行。悍軍鄧維昌等憚於征調，遂與譚正賓結七十二村，鳩銀萬七千兩，賂巴東知縣蔡文陞以逼民從軍之文上報，阻忠義而啓邊釁。」帝命撫按核其事。時中原寇盜充斥，時事日非，卽土司徵調不至，亦不能問矣。

永順，漢武陵、隋辰州、唐溪州地也。宋初爲永順州。嘉祐中，溪州刺史彭仕羲叛，臨以大兵，仕羲降。熙寧中，築下溪州城，賜名會溪。元時，彭萬潛自改爲永順等處軍民安撫司。

洪武五年，永順宣慰使順德汪倫、堂厓安撫使月直遣人上其所受僞夏印，詔賜文綺襲衣。遂置永順等處軍民宣慰使司，隸湖廣都指揮使司。領州三，曰南渭，曰施溶，曰上谿；長官司六，曰臘惹洞，曰麥著黃洞，曰驢遲洞，曰施溶溪，曰白崖洞，曰田家洞。九年，永順宣慰彭添保遣其弟義保等貢馬及方物，賜衣幣有差。自是，每三年一入貢。永樂十六年，

宣慰彭源之子仲率土官部長六百六十七人貢馬。

宣德元年，禮部以永順宣慰彭仲子英朝正後期，請罪之。帝以遠人不無風濤疾病之阻，仍賜予如例。總兵官蕭綬奏：「酉陽宋農里、石提洞軍民被臘惹洞長謀古賞等連年攻劫，又及後溪，招之不從，乞調兵勦之。」謀古賞等懼，願罰人馬贖罪，乃罷兵。正統元年命彭仲子世雄襲職。天順二年諭世雄調土兵會勦貴州東苗。

成化三年，兵部尚書程信請調永順兵征都掌蠻。十三年以征苗功，命宣慰彭顯英進散官一階，仍賜敕獎勞。十五年免永順賦。弘治七年，貴州奏平苗功，以宣慰彭世麒等與有勞，〔一〇〕世麒乞陞職。兵部言非例，請進世麒階昭勇將軍，仍賜敕褒獎，從之。八年，世麒進馬謝恩。十四年，世麒以北邊有警，請帥土兵一萬赴延綏助討賊。兵部議不可，賜敕獎諭，幷賜奏事人路費鈔千貫，免其明年朝覲，以方聽調征賊婦米魯故也。

正德元年以世麒從征有功，賜紅織金麒麟服，世麒進馬謝恩。二年進馬賀立中宮，命給賞如例。五年，永順與保靖爭地相攻，累年不決，訴於朝，命各罰米三百石。六年，四川賊藍廷瑞、鄢本恕等及其黨二十八人倡亂兩川，烏合十餘萬人，僭王號，置四十八營，攻城殺吏，流毒黔、楚。總制尚書洪鍾等討之，不克。已而爲官軍所遏，乏食，乃佯聽撫，劫掠自如。廷瑞以女結婚於永順土舍彭世麟，冀緩兵。世麟僞許之，因與約期。廷瑞、本恕及王

金珠等二十八人皆來會，世麟伏兵擒之，餘賊潰渡河，官兵追圍之，擒斬及溺死者七百餘人。總制、巡撫以捷聞，獎賚有差，論者以是役世麟爲首功云。七年，賊劉三等自遂平趨東皐，宣慰彭明輔及都指揮曹鵬等以土軍追擊之，賊倉卒渡河，溺死者二千人，斬首八十餘級。巡撫李士實以聞。命永順宣慰格外加賞，仍給明輔誥命。

十年，致仕宣慰彭世麒獻大木三十，次者二百，親督運至京，子明輔所進如之。賜敕褒諭，賞進奏人鈔千貫。十三年，世麒獻大楠木四百七十，子明輔亦進大木備營建。詔世麒陞都指揮使，賞蟒衣三襲，仍致仕；明輔授正三品散官，賞飛魚服三襲，賜敕獎勵，仍令鎭巡官宴勞之。時政出權倖，恩澤皆由於干請。於是郴州民頌世麒征賊時號令嚴明，其土官彭芳等亦頌世麒功，乞蟒衣玉帶。兵部格不可，乃已。世麒辭賞，請立坊，賜名曰表勞。會有保靖兩宣慰爭兩江口之議，詞連明輔，主者議逮治。明輔乃令蠻民奏其從征功，悉辭香鑪山應得陞賞，以贖逮治之辱。部議悉已之。

嘉靖六年，論擒岑猛功，免應襲宣慰彭宗漢赴京，而加宗漢父明輔、祖世麒銀幣。二十一年，巡撫陸傑言：「酉陽與永順以採木仇殺，保靖又煽惑其間，大爲地方患。」乃命川、湖撫臣撫戢，勿釀兵端。是年，免永順秋糧。

三十三年冬，調永順土兵協勦倭賊於蘇、松。明年，永順宣慰彭翼南統兵三千，致仕宣

慰彭明輔統兵二千，俱會於松江。時保靖兵敗賊於石塘灣。永順兵邀擊，賊奔王江涇，大潰。保靖兵最，永順次之，帝降敕獎勵，各賜銀幣，翼南賜三品服。

先是，永順兵勦新場倭，倭故不出，保靖兵爲所誘遽先入，永順土官田菑、田豐等亦爭入，爲賊所圍，皆死之。議者皆言督撫經略失宜，致永順兵再戰再北。及王江涇之戰，保靖掎之，永順角之，斬獲一千九百餘級，倭爲奪氣，蓋東南戰功第一云。時邀功者方行賞，翼南遂授昭毅將軍。已，陞右參政管宣慰事，與明輔俱受銀幣之賜。時保、永二宣慰破倭後，兵驕，所過皆劫掠，緣江上下苦之。御史請究治，部議以土兵新有功，遽加罰，失遠人心，宜諭責之。幷令浙、直練鄉勇，嗣後不得輕調土兵。

四十二年以獻大木功再論賞，加明輔都指揮使，賜蟒衣，其子掌宣慰司事右參政彭翼南爲右布政使，賜飛魚服，仍賜敕獎勵。四十四年，永順復獻大木，詔加明輔、翼南二品服。

萬曆二十五年，東事棘，調永順兵萬人赴援。宣慰彭元錦請自備衣糧聽調，既而支吾，有要挾之迹，命罷之。三十八年賜元錦都指揮銜，給蟒衣一襲，妻汪氏封夫人。四十七年，永順貢馬後期，減賞。兵部言：「前調宣慰元錦兵三千人援遼，已半載，到關者僅七百餘人。」命究主兵者。四十八年進元錦都督僉事。先是，元錦以調兵三千爲不足立功，願以萬兵

往。朝廷嘉其忠，加恩優渥。既而檄調八千，僅以三千塞責，又上疏稱病，爲巡撫所劾，得旨切責。元錦不得已行，兵抵通州北，聞三路敗衂，遂大潰。於是巡撫徐兆魁言：「調永順兵八千，費踰十萬，今奔潰，虛糜無益。」罷之。

保靖，唐溪州地，宋置保靜州，元爲保靖州安撫司。明太祖之初起也，安撫使彭世雄率其屬歸附，命仍爲保靖安撫使。洪武元年，保靖安撫使彭萬里遣子德勝奉表貢馬及方物，詔陞安撫司爲保靖宣慰司，以萬里爲之，隸湖廣都指揮使司。自是，朝貢如制。

永樂元年以保靖族屬大蟲可宜等互仇殺，遣御史劉從政齎敕撫諭之。三年，辰州衞指揮龔能等招諭筸子坪等三十五寨生苗廖彪等，各遣子入貢，因設筸子坪長官司，以彪爲之，隸保靖。九年，宣慰彭勇烈遣人來貢。十二年，筸子坪賊吳者泥自稱苗王，與蠻民苗金龍等爲亂，總兵梁福平之。未幾，者泥子吳擔竹復誘苗吳亞廝糾貴州答意諸蠻叛，都督蕭授斬平之。二十一年，宣慰彭藥哈俾遣人貢馬。

宣德元年，宣慰彭大蟲可宜遣子順來貢。四年，兵部奏：「保靖舊有二宣慰，一爲人所殺，一以殺人當死，其同知以下官皆缺，請改流官治之。」帝以蠻性難馴，流官不諳土俗，令

都督蕭授擇衆所推服者以聞。正統十四年，保靖宣慰與族人彭南木答等相訐奏，既而講和，願輸米贖誣奏罪，從之。

景泰七年命調保靖土兵協勦銅鼓、五開、黎平諸蠻，先頒賞犒之。天順二年敕宣慰彭捨怕俾即選兵進討。三年，保靖奏夏災。成化二年，以保靖宣慰彭顯宗征蠻有功，命給誥命。三年復調保靖兵征都掌蠻。五年免保靖宣慰諸土司成化二年稅糧八百五十三石，以屢調征廣西及荆、襄、貴州有功也。七年，顯宗老不任事，命其子仕瓏代。十三年，以平苗功，顯宗、仕瓏皆進一階。十五年以災免保靖租賦。仕瓏奏，兩江口長官彭勝祖違例進貢，下部臣議，宜逮問，命鎭巡官諭之。

弘治十二年，永順宣慰司奏，仕瓏擅率兵攻長官彭世英，仇殺多年，搆禍不已，乞發兵征勦。部覆以屢行按問不報，宜諭鎭巡官速勘奏聞，從之。十四年，以保靖宣慰等方聽調，免明年朝覲，時有征貴州賊婦米魯之役故也。

初，保靖安撫彭萬里以洪武元年歸附，卽其地設保靖宣慰司，授萬里宣慰使，領白崖、大別、大江、小江等二十八村寨。萬里卒，子勇烈嗣。勇烈卒，子藥哈俾嗣，年幼。萬里弟麥谷踵之子大蟲可宜，諷土人奏己爲副宣慰，同理司事，因殺藥哈俾而據其十四寨。〔二〕事覺，逮問，死獄中，革副宣慰，而所據寨如故。其後，勇烈之弟勇傑嗣，傳子南木杵，孫顯宗，曾

孫仕瓏，與大蟲可宜之子忠，忠子武，武子勝祖及其子世英，代爲仇敵。而武以正統中隨征有功，授兩江口長官，勝祖成化中亦以功授前職，並隨司理事，無印署。弘治初，勝祖以年老，世英無官，恐仕瓏奪其地，援例求世襲，奏行覈實，仕瓏輒沮之，以是仇恨益甚，兩家所轄土人亦各分黨仇殺。永順宣慰使彭世麒取勝祖女，復左右之，以是互相攻擊，奏訴無寧歲。弘治十年，巡撫沈暉奏言，令世英入粟嗣父職，將以平之，而仕瓏奏訐不止。是時，敕調世英從征貴州，而兵部移文有「兩江口長官司」字，仕瓏疑世英得設官署，將不聽約束，復奏言之。於是巡撫閻仲宇、巡按王約等請以前後章奏下兵部、都察院，議：「令世英歸所據小江七寨於仕瓏，止領大江七寨，聽仕瓏約束。其原居兩江口係襟喉要地，請調清水溪堡官兵守之。而徙世英於沱埠，以絕爭端。以後土官應襲子弟，悉令入學，漸染風化，以格頑冥。如不入學者，不准承襲。世麒黨於世英，法當治，但從征湖廣頗効忠勤，已有旨許以功贖。仕瓏、世英並逮問，勝祖照常例發遣。」奏上，從之。弘治十六年六月事也。

正德十四年，保靖兩江口土舍彭惠旣以祖大蟲可宜與彭藥哈俾世仇，至是與宣慰彭九霄復搆怨。永順宣慰彭明輔與之連姻，助以兵力，遂與九霄往復仇殺，數年不息，死者五百餘人，前後訐奏累八十餘章。守巡官繫惠於獄，明輔率衆劫之去，尋復捕繫。事聞，詔都御史吳廷舉勘處。廷舉乃令鎭巡議，以爲惠罪當誅，但土蠻難盡以法繩，宜徙惠置辰、常城

中，令九霄出價以易兩江口故地。仍用文官左遷者二人爲首領官，以勸相之。俟數年後革心向化，請敕獎諭，仍擢用爲首領。下兵部議，以惠徙內地，恐貽後患，令廷舉再議。於是廷舉等復請以大江之右五寨歸保靖，大江之左二寨屬辰州，設大剌巡檢司，流官一人主之。惠免遷徙，仍居沱埠，以土舍名目協理巡檢事。部覆如廷舉言。

嘉靖六年以擒岑猛功進九霄湖廣參政，賜銀幣。長子虎臣戰歿，贈指揮僉事，次子良臣襲職時，免赴京。二十六年免保靖秋糧。三十三年詔調宣慰彭藎臣帥所部三千人赴蘇、松征倭。明年遇倭於石塘灣，大戰，敗之。賊北走平望，諸軍尾之於王江涇，大破之。錄功，以保靖爲首，敕賜藎臣銀幣并三品服，令統兵益擊賊。先是，都司李經率保靖兵追倭至新場，倭二千人伏不出，保靖土舍彭翅引軍探之，中伏，與所部皆死，贈翅一官并賜棺殮具。及是，以王江涇捷，進藎臣爲昭毅將軍。旣又調保靖土兵六千赴總督軍前，從胡宗憲請也。時已敍趙文華、宗憲功，復加藎臣右參政，管宣慰司事，仍賞銀幣。

萬曆四十七年調保靖兵五千，命宣慰彭象乾親統援遼。四十八年加象乾指揮使。象乾至涿州病，中夜兵逃散者三千餘人，部臣以聞。帝嚴旨責統兵者，并敕監軍道沿途招撫。明年，象乾病不能行，遣其子姪率親兵出關，戰於渾河，全軍皆歿。天啓二年進象乾都督僉事，贈彭象周、彭緄、彭天祐各都司僉書，以渾河之役一門殉戰，義烈爲諸土司冠云。

校勘記

〔一〕率師平散毛等三十六洞　三十六洞，本卷施州傳、太祖實錄卷七三洪武五年四月庚子條都作「三十九洞」，本書卷一二六鄧愈傳作「四十八洞」。

〔二〕命楚王楨將征虜將軍湯和　征虜，原作「征南」，據本書卷三太祖紀、又卷一二六湯和傳及太祖實錄卷一七五洪武十八年九月戊子條改。

〔三〕曰西泙　西泙，本書卷四四地理志作「西坪」，下同。

〔四〕抽擱不用黃石三洞　不用，太祖實錄卷一四甲辰年（至正二十四年）六月戊戌條及國榷卷二頁三一三俱作「不夜」。

〔五〕以向思明唐漢明爲之　向思明，太祖實錄卷一四甲辰年六月戊戌條作「向志明」。

〔六〕十五年置施南宣撫司　本書卷四四地理志及太祖實錄卷一五八洪武十六年十一月乙卯條繫於十六年。

〔七〕宣德二年設劍南長官司　本書卷四四地理志及宣宗實錄卷四三宣德三年五月戊寅條繫於三年。

〔八〕鎭邊隆奉二蠻夷官司　鎭邊，宣宗實錄卷四三宣德三年五月戊寅條同，本書卷四四地理志及

卷九〇兵制、明史稿志二一地理志及志六七兵制都作「鎭遠」。

〔九〕然縉瑄罪重　原脫「縉」字，據上文及英宗實錄卷二〇〇景泰二年正月壬戌條補。

〔一〇〕以宣慰彭世麒等與有勞　彭世麒，原作「彭世騏」，下文「騏」又作「麒」。按明史稿傳一八四永順軍民宣慰使司傳、武宗實錄卷一三二正德十年十二月丁丑條俱作「彭世麒」，據改。下同。

〔一一〕因殺藥哈俾而據其十四寨　原脫「哈」字，據上文及孝宗實錄卷二〇〇弘治十六年六月乙巳條補。

中華書局

明史卷三百十一

列傳第一百九十九

四川土司

四川土司諸境，多有去蜀遠去滇、黔近者。如烏蒙、東川近於滇，烏撒、鎭雄、播州近於黔。明太祖略定邊方，首平蜀夏，置四川布政司，使招諭諸蠻，次第歸附。故烏蒙、烏撒、東川、芒部舊屬雲南者，皆隸於四川，不過歲輸貢賦，示以羈縻。然夷性獷悍，嗜利好殺，爭相競尙，焚燒劫掠，習以爲恒。去省窵遠，莫能控制，附近邊民，咸被其毒。皆由規模草創，未嘗設立文武爲之鈐轄，聽其自相雄長。雖受天朝爵號，實自王其地。以故終明之世，常煩撻伐。唯建昌、松、茂等處設立衞所，播州改遵義、平越二府以後，稍安戢云。

四川土司一

烏蒙烏撒東川鎭雄四軍民府　馬湖　建昌衞 寧番衞　越巂衞　鹽井衞

會川衞　茂州衞　松潘衞　天全六番招討司　黎州安撫司

烏蒙、烏撒、東川、芒部，古爲竇地、的巴、[一]東川、大雄諸甸，皆唐烏蒙裔也。宋有封烏蒙王者。元初置烏蒙路，遂以東川、芒部皆隸於烏蒙、烏撒等處宣慰司。烏撒富盛甲諸部，元時嘗置軍民總管府，而於東川置萬戶府。地勢並在蜀之東南，與滇、黔壤土相接，皆據險阻深，與中土聲教隔離。

明太祖既平蜀，規取雲南，大師皆集於辰、沅，欲幷剪諸蠻以通蜀道。洪武十四年遣內臣齎敕諭烏蒙、烏撒諸部長曰：「西南諸部，自古及今，莫不朝貢中國。朕受天命爲天下主十有五年，而烏蒙、烏撒、東川、芒部、建昌諸部長猶桀驁不朝。朕已遣征南將軍潁川侯、左副將軍永昌侯、右副將軍西平侯率師往征。猶恐諸部長未喻朕意，故復遣內臣往諭。如悔罪向義，當卽躬親來朝，或遣人入貢，亟攄誠款，朕當罷兵，以安黎庶。爾共省之。」

時征南將軍傅友德已分遣都督胡海洋等帥師五萬，由永寧趨烏撒，復自率師由曲靖循格孤山而南，以通永寧之兵，擣烏撒。時元右丞實卜聞海洋兵至，乃聚兵赤水河以拒之。及聞大軍繼進，皆遁。友德令諸軍築城，版牐方具，蠻寇大集。友德屯兵山岡，持重以待。既知士勇可用，乃縱兵接戰。有芒部土酋率衆來援，實卜兵與合，鋒甚銳。大軍鼓譟而前，

其酋長多中槊墜馬死。大軍益奮，蠻衆力不支，大潰，斬首三千，獲馬六百，實卜率衆遁。遂城烏撒，克七星關以通畢節，又克可渡河。於是東川、烏蒙、芒部諸蠻震讋，皆望風降附。

十五年置東川、烏撒、烏蒙、芒部諸衞指揮使司，詔諭諸部人民。以雲南已降附，宜益効順中國，以享昇平。復諭諸部長曰：「今置郵傳通雲南，宜率土人，隨其疆界遠邇，開築道路，各廣十丈，準古法，以六十里爲一驛。符至奉行。」又敕征南將軍友德等曰：「烏蒙、烏撒、東川、芒部諸酋長雖已降，恐大軍一還，仍復嘯聚。符到日，悉送其酋長入朝。」又諭以「貴州已設都指揮使，然地勢偏東，今宜於實卜所居之地立司，以便控制，卿其審之」。

已，烏撒諸蠻復叛，帝諭友德曰：「烏撒諸蠻伺官軍散處，卽有此變，朕前已慮之，今果然。然雲南之地如曲靖、普安、烏撒、建昌，勢在必守，其東川、芒部、烏蒙，未可遽守也。且留屯大軍蕩埽諸蠻，戮其渠長，方可分兵守禦耳。」乃命安陸侯吳復爲總兵，平涼侯費聚副之，征烏撒、烏蒙諸叛蠻。幷諭勿與蠻戰於關索嶺上，當分兵掩襲，直擣其巢，使彼各奔救其家之不暇，必不敢出以抗大師。俟三將軍至，破擒之。是月，副將軍西平侯沐英自大理還軍，會友德擊烏撒，大敗其衆，斬首三萬餘級，獲馬牛羊萬計，餘衆悉遁，復追擊破之。帝諭友德等，師捷後，必戮其渠魁，使之畏懼。搜其餘黨，絕其根株，使彼智窮力屈，誠心款附，方可留兵鎭守。又諭宜乘兵勢修治道途，令土酋諭其民，各輸糧一石以給軍，爲持久計。

十六年以雲南所屬烏撒、烏蒙、芒部三府隸四川布政使司。烏蒙、烏撒、東川、芒部諸部長百二十人來朝，貢方物。詔各授以官，賜朝服、冠帶、錦綺、鈔錠有差。其烏撒女酋實卜，[二]加賜珠翠。芒部知府發紹、烏蒙知府阿普病卒，詔賜綺衣幷棺殮之具，遣官致祭，歸其柩於家。十七年割雲南東川府隸四川布政使司，幷烏撒、烏蒙、芒部皆改爲軍民府，而定其賦稅。烏撒歲輸二萬石，氊衫一千五百領；烏蒙、東川、芒部皆歲輸八千石，氊衫八百領。又定茶鹽布疋易馬之數，烏撒歲易馬六千五百匹，烏蒙、東川、芒部皆四千匹。凡馬一匹，給布三十疋，或茶一百斤，鹽如之。實卜復貢馬，賜綺鈔。十八年，烏蒙知府亦德言，蠻地刀耕火種，比年霜旱疾疫，民飢窘，歲輸之糧無從徵納。詔悉免之。二十年徵烏撒知府阿能赴京。

二十一年命西平侯沐英南征。英言，東川强盛，據烏山路作亂，罪狀已著，必先加兵。但其地重關複嶺，上下三百餘里，人迹阻絕，須以大兵臨之。帝命潁國公傅友德仍爲征南將軍，英與陳桓爲左右副將軍，率諸軍進討。敕友德等曰：「東川、芒部諸夷，種類皆出於羅羅。厥後子姓蕃衍，各立疆場，乃異其名曰東川、烏撒、烏蒙、芒部、祿肇、水西。無事則互起爭端，有事則相爲救援。若唐時閤羅鳳亡居大理，唐兵追捕，道經芒部諸境，羣蠻聚衆據險

設伏。唐將不備，遂墮其計，喪師二十萬，皆將帥無謀故也。今須預加防閑，嚴爲之備。」烏撒軍民府葉原常獻馬三百匹、米四百石於征南將軍，以資軍用，且願收集土兵從征。英等以聞，從之。復命景川侯曹震、靖寧侯葉昇等分討東川，平之，捕獲叛蠻五千五百三十八人。

二十三年，烏撒土知府阿能，烏蒙、芒部土官，各遣子弟入監讀書。二十七年，烏撒知府卜穆奏，霑益州屢侵其地，命沐春諭之。二十八年，戶部言：「烏撒、烏蒙、芒部、東川歲賦氈衫不如數，詔已免徵。今有司仍追之，宜申明。」從之。二十九年，烏蒙軍民府知府實哲貢馬及氈衫。自是，諸土知府三年一入貢，以爲常，或有恩賜，則進馬及方物謝恩。

宣德七年，兵部侍郎王驥言，烏蒙、烏撒土官祿昭、尼祿等，爭地仇殺，宜遣官按問。八年遣行人章聰、侯璉齎敕往諭，仍敕巡按與三司官往平之。設烏蒙儒學教授、訓導各一員。以通判黃甫越言，元時本府向有學校，今文廟雖存，師儒未建。乞除教官，選俊秀子弟入學讀書，以廣文治，從之。

正統七年裁烏撒軍民府通判、推官、知事、檢校各一員。十一年裁烏蒙、東川知事、檢校各一員，并革烏撒、烏蒙遞運所。景泰元年敕諭烏撒、烏蒙諸府土官普茂等，以貴州諸苗叛亂，恐滋蔓鄰近，宜戒嚴防守，毋聽賊衆誘惑，倘來逼犯，便當剿殺。時烏撒進萬壽表踰

期，部議宜究，詔以遠人宥之。嗣後，朝貢過期及表箋不至者，朝廷率以土官多從寬貸，應賞者給其半。天順元年，鎮守四川中官陳清等奏，芒部所轄白江蠻賊千餘作亂，攻圍筠連縣治，敕御史項愫會鎮巡官捕之。

成化十二年，烏撒知府隴舊等奏，同知剛正撫字有方，蠻民信服，今九年秩滿，乞再任三年，以慰羣望。從之。弘治十四年，烏撒所轄可渡河巡檢司言：「自閏七月二十七日，〔三〕大雷雨不止，至二十九日，水漲山崩地裂，山鳴如牛吼，地陷湧出清泉數十派，衝壞廬舍橋梁及壓死人口牲畜無算。又本府阿都地方，八月亦暴風雨，田土渰沒二百餘處，死者三百餘人。」

正德十五年討斬芒部奭蠻阿又磉等。初，芒部土舍隴壽，與庶弟隴政及兄妻支祿爭襲仇殺。所部奭蠻阿又磉等乘機倡亂流劫。事聞，命鎮守中官會撫按官捕治。至是，貴州參政傅習、都指揮許詔，督永寧宣撫司女土官奢爵等，討擒阿又磉等四十三人，斬一百十九級，事乃定。

嘉靖元年命芒部護印土舍隴壽襲知府，免赴京。故事，土官九品以上，皆保送至京乃襲。時壽、政等爭襲，不敢離任。朝廷以嫡故立壽，恐壽赴京而政等乘隙爲亂，故有是命。然政與支祿倚烏撒土舍安寧等兵力，仇殺如故。壩底參將何卿請於巡撫許廷光，發土兵二

萬五千人，命貴州參將楊仁等將之，受何卿節制，相機進剿。政、祿佯聽撫，乞緩師，而令賊黨阿黑等掠周泥站、七星關，復遣阿核等糾集諸苗，剽掠畢節諸處，殺傷官軍，燬官民房屋甚衆。兵部言賊勢猖獗，宜速征。於是何卿等進剿，斬首二百餘級，俘二十餘人，降其衆數百。政敗奔烏撒，卿檄烏撒土舍安寧、土婦奢勿擒之。安寧佯許諾，僅以阿核等屍獻，竟不出政，兵久不解。都御史湯沐以聞，詔切責諸將及守巡官罪，而革何卿冠帶，令剿賊自贖。

四年，政誘殺壽，奪其印。巡撫王軏、巡按劉黻各上其事。黻言從蠻情，立支祿便。軏以隴政、支祿怙終稔惡，戕朝廷命吏，罪不可赦。乃命鎮巡官諭安寧，縛政、祿及諸助惡者。時政已爲官軍擒於水西，追獲芒部印信，前後斬首六百七十四級，生擒一百六十七人，招撫白烏石等四十九寨，以捷聞。貴州巡按劉廷簠言：「烏撒所獻阿核等屍，及水西所縛隴政，眞僞未可信，恐首惡尚在，不無後慮，請覈實。」五年，兵部奏：「芒部隴氏，釁起蕭牆，騷動兩省，王師大舉，始克蕩平。今其本屬親支已盡，無人承襲，請改爲鎮雄府，設流官知府統之。分屬夷良、毋響、落角利之地，爲懷德、歸化、威信、安靜四長官司，使隴氏疏屬阿濟、白壽、祖保、阿萬四人統之。如程番府例，令三年一入朝，貢馬十二匹，而以通判程洸爲試知府。」

六年，芒部賊沙保等謀復隴氏，擁隴壽子勝糾衆攻陷鎮雄城，執程洸，奪其印，殺傷數百人，洸奔畢節。事聞，兵科給事中鄭自壁等言：「鎮雄初設流官，蠻情未服，而有司失先

事之防，不亟收遺裔隴勝，而令沙保得擁孺子，致煽禍一方。宜速遣總兵何卿併力剿寇。」於是兵部覆言：「隴勝非眞隴壽子，故議設流官，有司撫循失策，遂生叛亂。沙保罪不容誅，當剿。何卿方守松潘，勢難相援，宜亟趣都御史王廷相之任，并敕總兵牛桓調兵速進。」時沙保出鎮雄府印乞降，然尚持兩端，欲立土官如故。四川撫按以保狡悍不可馴，檄瀘州守備丁勇擊之。又遣使勞賜芒部撫夷郤良佐，使計擒沙保。保怒，復叛。

七年，川、貴諸軍會剿，敗沙保等，擒斬三百餘級，招撫蠻羅男婦以千計。捷聞，設鎮雄流官如舊。而芒部、烏撒、毋響苗蠻隴革等復起，攻劫畢節屯堡，殺掠士民，紛紛見告。兵部尚書李承勛以伍文定專主用兵爲失計，疏及之。而御史楊彝復言芒部改土易流非長策，又時值荒饉，小民救死不贍，何能趣戰。時帝亦軫念災傷，令罷芒部兵，俟有秋再議征討。於是四川巡撫唐鳳儀言：「烏蒙、烏撒、東川諸土官，故與芒部爲脣齒。自芒部改流，諸部內懷不安，以是反者數起。今懷德長官阿濟等雖自詭擒賊，其心固望隴勝得一職，以存隴後。臣請如宣德中復安南故事，俯順輿情，則不假兵而禍源自塞。」川、貴巡按戴金、陳講等奏如鳳儀言。金又以首惡如毋響、祖保等，宜剿誅以折其驕氣，始下撫處之令，許生獻沙保等，待阿濟以不死，然後復隴勝故職，或降爲知州。其長官或因或革，或分隸，庶操縱得宜，恩威並著。章下部覆，乃革鎮雄流官知府，而以隴勝爲通判，署鎮雄府事。令三年後果能率

職奉貢，准復知府舊銜。時嘉靖九年四月也。

三十九年命勘東川阿堂之亂。初，東川土知府祿慶死，子位幼，妻安氏攝府事。有營長阿得革頗擅權，謀奪其官。因先求烝安氏不得，乃縱火焚府治，走武定州，爲土官所殺。得革子堂奔水西，賄結烏撒土官安泰，入東川，囚安氏，奪其印。貴州宣慰安萬銓故與祿氏姻連，乃起兵攻阿堂所居寨，破之。堂妻阿聚擕幼子奔霑益州土官安九鼎。萬銓脅九鼎，取阿聚及幼子殺之。堂以是怨九鼎，時相攻擊。堂兵侵羅雄州境，九鼎及祿位與羅雄土官者濬等，各上書訟堂罪。詔下雲、貴、四川撫按官會勘。堂聽勘於車洪江，具服罪，願獻所劫府印幷霑益、羅雄人口牲畜及侵地，乞貸死。

時位及弟儇已前歿，官府因訊祿氏所當襲者，堂以己幼子詭名祿哲以報。據府印如故，復與九鼎治兵相攻。九鼎訴之雲南巡撫游居敬，謂堂怙亂，請致討，且自詭當率所部爲前鋒，必擒堂以獻。居敬信之，遂上疏言堂稔惡不悛，請專意進剿，爲地方除害。帝允部議，行川、貴撫按會勘具奏。居敬遽調土漢兵五萬餘進剿。雲南承平久，一旦兵動，費用不貲，賦斂百出，諸軍衞及有司土官舍等乘之爲姦利，遠近騷動。巡按王大任言：「逆堂奪印謀官，法所必誅。第彼猶借朝廷之印以約土蠻，冒祿氏之宗以圖世職，而四川之差稅辦納以時，雲、貴之鄰壤未見侵越，此其非叛明矣。其與九鼎治兵相攻，彼此俱屬有罪。居敬乃

信一偏之詭辭，違會勘之明旨，輕動大衆，恐生意外患。且外議籍籍，謂居敬入九鼎重賄，欲爲雪怨，及受各土官賂，攘盜帑積，皆有實跡。請亟罷居敬，暫停征剿爲便。」乃命逮居敬。時堂聞大兵至東川，逃深箐，諸將分兵於新舊諸城，窮搜不獲，地方民夷大遭屠掠。

四十年，營長者阿易謀於堂之心腹母勒阿濟等，掩殺堂於戛來矣石之地，其子阿哲就擒，哲時年八歲。事雖定，而府印不知所在。於是安萬銓取東川府經歷印，畀祿位妻寧著署之，以照磨印畀羅雄土官者濬，而以寧著女妻者濬子。仍留水西兵三千於東川，爲寧著防衞。水西與東川鄰，萬銓本水西土官，故議者謂其有陰據東川之志。巡按王大任以誅阿堂聞，因言：「東川地方殘傷，該府三印悉爲土官部置，請通敕川、貴總督及鎭巡官，按究各土官私擅標署之罪。幷訪祿氏支派之宜立，與所以處阿哲者。」部覆報可。

四十一年鑄給四川東川府印。初，阿堂既誅，索府印不獲，人疑爲安萬銓所匿，及是屢勘，印實亡失。而祿位近派悉絕，惟同六世祖有幼男阿采。撫按官雷賀、陳瓚請以采襲祿氏職，姑予同知銜，令寧著署掌，後果能撫輯其衆，仍進襲知府。其新印請更名，以防奸僞。有旨不必更，餘如議。先是，烏撒與永寧、烏蒙、霑益、水西諸土官，境土相連，世戚親厚，既而以各私所親，彼此搆禍，奏訐紛紜，詳四川永寧土司傳中，當事者頗厭苦之。萬曆六年乃令照蠻俗罰牛例處分，務悔禍息爭，以保境安民，然終不能靖也。

三十八年詔東川土司並聽雲南節制。時巡按鄧渼疏稱：〔四〕「蜀之東川偪處武定、尋甸諸郡，只隔一嶺，出沒無時，朝發夕至。其酋長祿壽、祿哲兄弟，安忍無親，日尋干戈。其部落以劫殺爲生，不事耕作。蜀轄遼遠，法紀易疏。滇以非我屬內，號令不行。以是驕蹇成習，目無漢法。今惟改敕滇撫兼制東川。」因條三利以進，詔從之。

先是，四川烏撒軍民府，雲南霑益州，雖滇、蜀異轄，宗派一源。明初大軍南下，女土官實卜與夫弟阿哥二人，率衆歸順，授實卜以烏撒土知府，授阿哥以霑益土知州。其後，彼絕此繼，通爲一家。萬曆元年，霑益女土官安素儀無嗣，奏以土知府祿墨次子繼本州，卽安紹慶也。已，祿墨及長子安雲龍與兩孫俱歿，安紹慶奏以次子安效良歸宗，襲土知府。安雲龍之妻隴氏，卽鎭雄女土官者氏之女也，以雲龍雖故，尙有遺孤，且挾外家兵力，與紹慶爲敵。紹慶則以隴氏所出，明係假子，亦倚霑益兵力，與隴氏爲難。彼此仇殺，流毒一方。士民連名上奏，事行兩省會勘，歷十有四年不結。是年，安雲翔奏稱：「隴氏有子官保，今已長成。效良倚父兵，强圖竊據，殺戮無辜。」因極言效良不可立者數事。

三十九年，廷臣議行川、貴大吏勘報。貴州撫臣以土官爭職在雲南，而爲害在黔、蜀，必得三省會勘，始可定獄。帝命速勘，乃命隴鶴書承襲鎭雄土知府。鶴書，原名阿卜，自其始祖隴飛沙獻土歸順，授爲世職知府，五傳而爲庶魯卜，別居於果利地，又四傳而爲庶祿

姑，別居夷良、七欠頭地，又五傳而隴氏之正支斬矣。水西安堯臣贅於祿，欲奄有之，衆論不平，始有驅安立隴之奏，奉旨察立隴後。女官者氏以阿固應。阿固者，魯卜之六世孫，而易名隴正名者也。於是主立阿固，而先立其父阿章。章尋病死，阿固不爲夷衆所服，往復察勘。者氏及四十八目、十五火頭等共推阿卜。阿卜者，祿姑之五世孫，咸以爲長且賢，而者氏且以印獻，遂定立阿卜，而以阿固充管事，從巡撫喬應星之議也。

四十一年，烏撒土舍安效良初與安雲翔爭立，朝廷以嫡派立效良。雲翔數爲亂，謀逐效良，焚劫烏撒。四川撫按上其事，以效良爲雲龍親姪，雲翔乃其堂弟，親疏判然，效良自當立。雲翔擾害地方，欺罔朝廷，罪原難赦，但爲奸人指使，情可原，姑准復冠帶。從之。

四十三年，雲南巡按吳應琦言：「東川土官祿壽、祿哲爭襲以來，各縱部衆，越境劫掠。擁衆千餘，剽掠兩府，浹旬之間，村屯並掃，荼毒未有如此之甚者。或撫或剿，毋令養禍日滋。」下所司勘奏。貴州巡按御史楊鶴言：「烏撒土官，自安雲龍物故，安咀與安效良爭官奪印，仇殺者二十年。夷民無統，盜寇蜂起，堡屯焚燬，行賈梗絕者亦二十年。是爭官奪印者蜀之土官，而蹂躪糜爛者黔之赤子。誠改隸於黔，則彈壓既便，干戈可戢。」又言：「烏撒者，滇、蜀之咽喉要地。臣由普安入滇，七日始達烏撒。見效良之父安紹慶據霑益，當曲靖之門戶。效良據烏撒，又扼滇、蜀之咽喉。父子各據一方，且壤地相接，無他郡縣上司以隔

絕鈐制之，將來尾大不掉，實可寒心。蓋黔有可制之勢，而無其權；蜀有遙制之名，而無其實。誠以爲隸黔中便。」帝命所司速議。

泰昌元年，雲南撫按沈儆炌等言：[三]「蜀之東川，業奉朝命兼制，然事權全不相關。祿千鍾、祿阿伽縱賊披猖，爲患不已。是東川雖隸蜀，而相去甚遠，雖不隸滇，而禍實震鄰。宜特敕蜀撫按，凡遇襲替，務合兩省會勘。蜀察其世次，滇亦按無侵犯，方許起送，亦羈縻綏靜之要術也。」詔下所司。

時諸土司皆桀驁難制，烏撒、東川、烏蒙、鎭雄諸府地界，復相錯於川、滇、黔、楚之間，統轄既分，事權不一，往往軼出爲諸邊害。故封疆大吏紛紛陳情，冀安邊隅，而中樞之臣動諉勘報，彌年經月，卒無成畫，以致疆事日壞。播州初平，永寧又叛，水西煽起，東川、烏蒙、鎭雄皆觀望騎牆，心懷疑二。於是安効良以烏撒首附逆於邦彥，幷力攻陸廣，復合霑益賊圍羅平，陷霑益，爲雲南巡撫閔洪學所敗。洪學以兵力不繼，好語招之，令擒賊自贖，効良亦佯爲恭順。又見黔師出陸廣，滇師出霑益，水、烏之勢已成騎虎，遂合永寧、水西諸部三十六營，直抵霑益，對壘城下五日。副總兵袁善、宣撫使沙源等督將士力戰，出奇兵破之，効良敗死。妻安氏無子，妾設白生其爵、其祿。二婦素不相能，安氏居鹽倉，設白母子居抱渡。安氏遂代効良爲土官，然亦未絕其爵，其爵亦以安氏爲安位姐，不敢抗。

崇禎元年，四川巡撫差官李友芝齎冠帶獎賞其爵母子，令管烏撒。安氏惡分，始絕其爵。其爵夜襲安氏鹽倉，不克，與設白、其祿逃東川界，爲東川所拒，而抱渡又失。李友芝爲請於制府，發滇兵三千援其爵，滇撫不應。安氏懼，謀迎霑益土官安邊爲婚，授之烏撒以拒其爵。安邊亦欲偶安氏以拒其祿，以催糧爲名至建昌。安氏遂迎邊至鹽倉成婚。一時皇皇謂水西必糾霑、烏入犯。雲南巡撫謝存仁以聞，存仁因移鎭曲靖以觀變。安邊、安氏請復烏撒衞以自贖。

二年，總督朱燮元調集漢土兵，列營霑益，趣滇撫會兵進烏撒境。安邊、安氏逃避偏橋。大兵入鹽倉，拔難民一千餘人。師還，安邊、安氏復還鹽倉，遣人至軍前，請俟烏城克復，束身歸命，意實緩師。乃復發兵逐安邊、安氏，以鹽倉授其爵。兵至望城坡，遇賊哨騎百餘，鏖兵奮擊，賊盡奔箐中，遂復烏撒城。安邊駐三十里外，擁兵求兒，諭令束身歸誠。安邊夜遁，遂棄鹽倉，入九龍囤。烏撒陷賊八年，至是始復。乃召其爵來鹽倉，令約束九頭目以守，且令圖獻安邊、安氏。其爵以鹽倉殘燬，乞移烏撒城，從之。時其爵署烏撒知府，其祿署霑益知州，雖懦稚頗忠順，其母亦頗有主持，能得衆。

安邊屢乞降於總督朱燮元，且藉水西安位代申，以邊實紹慶嫡孫，宜襲知州，請罪其爵、其祿。燮元曲爲調護，欲予以職銜，分烏撒安置之。雲南撫按堅執不可，以安邊令其黨勸兵於野馬川，復以千金誘其爵頭目，日爲幷吞霑、烏計。萬一其爵被襲，則烏撒失，而前功盡棄。烏撒失，霑益危，而全滇動搖，非但震鄰，實乃切膚。竟不行。安邊乃乞師於安位，納之霑益，而逐其祿，時安氏在也。既而安氏死，安位與之貳，其祿乃假手羅彩令者布發難，邊遄死。不移日，其祿率兵至，詭言爲其叔報仇，士民歸者如流，於是其祿復有霑益。而廟堂之上方急流寇，不復能問云。

馬湖，漢犍爲郡內地也，有龍馬湖，因名焉。唐爲羈縻州四，總名馬湖部。洪武四年冬，馬湖路總管安濟，遣其子仁來歸附，詔改馬湖路爲馬湖府。領長官司四：曰泥溪，曰平夷，曰蠻夷，曰沐川。以安濟爲知府，世襲。六年，安濟以病告，乞以子安仁代職，詔從之。自是，三年一入貢。七年，馬湖知府珉德遣其弟阿穆上表貢馬，廷臣言：「洪武四年，大兵下蜀，珉德叔安濟遣子入朝，朝廷授以世襲知府，恩至渥矣。今珉德既襲其職，不自來朝而遣其弟，非奉上之道。」帝却其所貢馬。十二年，珉德貢香楠木，詔賜衣鈔。十六年，珉德來朝，獻馬十八匹，賜衣一襲、米二十石、鈔三十錠。

永樂十二年，泥溪、平夷、蠻夷、沐川四長官司遣人貢方物，賜鈔幣。宣德八年，平夷長

官司奏，比者火延公廨，凡朝廷頒降榜文、倉庫稅糧錢帛及案牘皆救免，乞宥罪，幷獻馬二匹。帝曰：「遠蠻能恭謹畏法如此。」置不問。正統二年，泥溪土官醫學正科田璣盜官藏絲鈔，援永、宣時例，邊夷有犯，聽以馬贖，許之。三年，免馬湖府舉人王有學充吏。先是，有學會試，過期不至，例充吏。有學原籍長官司，因遣通事貢馬，乞宥罪，仍肄習太學，許之。

弘治八年，土知府安鰲有罪，伏誅。鰲性殘忍虐民，計口賦錢，歲入銀萬計。土民有婦女，多淫之。用妖僧百足魘魅殺人。又令人殺平夷長官王大慶，大慶聞而逃，乃殺其弟。爲橫二十年。巡按御史張鸞請治之，得實，伏誅，遂改馬湖府爲流官知府。

建昌衞，本邛都地。漢武帝置越嶲郡。隋、唐皆爲嶲州。至德初，沒於吐番。貞元中收復。懿宗時，爲蒙詔所據，改建昌府，以烏、白二蠻實之。元至元間，置建昌路，又立羅羅斯宣慰司以統之。

洪武五年，羅羅斯宣慰安定來朝，而建昌尚未歸附，十四年遣內臣齎敕諭之，乃降。十五年置建昌衞指揮使司。元平章月魯帖木兒等自雲南建昌來貢馬一百八十匹，幷上元所授符印。詔賜月魯帖木兒綺衣、金帶、韡襪，家人綿布一百六十疋、鈔二千四百四十錠。以

月魯帖木兒爲建昌衛指揮使，月給三品俸贍其家。十六年，建昌土官安配及土酋阿派先後來朝，貢馬及方物，皆賜織金文綺、衣帽、鞾襪。十八年，月魯帖木兒舉家來朝，請遣子入學，厚賜遣之。二十一年，建昌府故土官安思正妻師克等來朝，貢馬九十九匹。詔授師克知府，賜冠帶、襲衣、文綺、鈔錠，因命師克討東川、芒部及赤水河叛蠻。二十三年，安配遣子僧保等四十二人入監讀書。二十五年，致仕指揮安配貢馬，詔賜配及其把事五十三人幣鈔有差。

已而月魯帖木兒反，合德昌、會川、迷易、柏興、邛部并西番土軍萬餘人，殺官軍男婦二百餘口，掠屯牛，燒營屋，劫軍糧，率衆攻城。指揮使安的以所部兵出戰，敗之，斬八十餘級，擒其黨十餘人。賊退屯阿宜河，轉攻蘇州。指揮僉事魯毅率精騎出西門擊之，賊衆大集，毅且戰且却，復入城拒守。賊圍城，毅乘間遣壯士王旱突入賊營，斫賊，賊驚遁。於是置建昌、蘇州二軍民指揮使司及會川軍民千戶所，〔六〕調京衛及陝西兵萬五千餘人往戍之。仍諭將士互相應援，設伏出奇，并諭擒賊首獻者賞千金。復諭總兵官涼國公藍玉，以月魯帖木兒詭詐，不可信其降，致綏師養禍。

四川都指揮使瞿能率各衛兵至雙狼寨，擒僞千戶段太平等，賊衆大潰，月魯帖木兒敗遁。能督兵追捕，攻托落寨，拔之。轉戰而前，進至打沖河三里所，與月魯帖木兒遇，大戰，

又敗之。俘其衆五百餘人，溺死者千餘，獲牛馬無算。官軍入德昌，能遂調指揮同知徐凱分兵入普濟州搜捕。復駕橋於打沖河，遣指揮李華引兵追托落寨餘孽，進至水西，斬月魯帖木兒把事七人，其截路寨土蠻長沙、納的皆中矢死。能還攻天星、臥漂諸寨，皆克之，先後俘殺千八百餘人。月魯帖木兒遁入柏興州。

帝遣諭藍玉曰：「月魯帖木兒信其逆黨達達、楊把事等，或遣之先降，或親來覘我，不可不密爲防。其柏興州賈哈喇境內麼些等部，更須留意。」賈哈喇者，麼些洞土酋也。初，王師克建昌，授以指揮之職，自是從月魯帖木兒叛。玉率兵至柏興州，遣百戶毛海以計誘致月魯帖木兒并其子胖伯，遂降其衆，送月魯帖木兒京師，伏誅。玉因奏：「四川地曠山險，控扼西番。松、茂、碉、黎當吐番出入之地，馬湖、建昌、嘉定俱爲要道，皆宜增屯衛。」報可，命玉班師。

二十七年，麼些洞蠻寇打沖河西守堡，都督徐凱擊敗之。二十九年，威龍土知州普習叛。普習，月魯帖木兒妻兄也。官軍捕之，普習中流矢死。三十一年，徐凱等平卜木瓦寨，執賈哈喇，送京師，誅之。寨地峻險，三面陡絕，下臨大江，江流悍急，不可行舟，惟一道僅可通人行。官軍至，輒自上投石，不得進。凱乃斷其汲道困之，寇窮促，凱督將士抵其寨，力攻破之，遂就擒。因改建昌路爲建昌衛，置軍民指揮使司。〔七〕安氏世襲指揮使，不給印，置其居於城東郭外里許。所屬有四十八馬站，大頭土番、僰人子、白夷、麼些、倮鹿、保羅、韃靼、回紇諸種散居山谷間。北至大渡，南及金沙江，東抵烏蒙，西訖鹽井，延袤千餘里。以昌州、普濟、威龍三州長官隸之，有把事四人，世轄其衆，皆節制於四川行都指揮使司。西南土官，安氏殆爲稱首。

配六世孫安忠無後，妻鳳氏管指揮使事。鳳氏死，族人安登繼襲，復無子，妻瞿氏管事，以族人世隆嗣。世隆復無子，繼妻祿氏管事。祿死，以族姪安崇業嗣。崇業與祿氏不相能，因養那固爲假子，其奴祿祈從臾搆難，歲仇殺。鎮巡官讞之，殺那固而戍祿祈，事遂平。

安氏所轄四驛，曰祿馬、阿用、白水、瀘沽，各百里有差。其涼山拖郎、桐槽、熱水諸番，則以强弱爲向背。所領昌州等三長官司，皆在衛東、西、南三百里內。洪武十八年，土官盧尼姑、吉撒加、白氏等歸附，皆令世襲爲知州。月魯帖木兒之亂，諸州皆廢革。永樂元年復置，〔八〕悉改爲長官司，仍隸建昌。其千戶所之隸於衛者有三：曰禮州，曰打沖河，曰德昌。禮州，漢蘇示縣；打沖河，唐沙野城；德昌，元定昌路也。

寧番衛，元時立於邛都之野，曰蘇州。洪武間，土官怕兀它從月魯帖木兒爲亂，廢州置

衛。環而居者，皆西番種，故曰寧番。有冕山、鎮西、禮州中三千戶所。〔九〕

越巂衛，漢邛都及闌二縣地。〔一〇〕有奴諸城，卽蜀漢時諸葛亮征蠻所築以憩軍者也。元置邛部安撫招討司，已，改邛部州。

洪武中，嶺眞伯以招討使來歸，因改爲邛部軍民州。洪武二十五年置越巂軍民指揮使司於邛部州，〔一一〕命指揮僉事李質領謫戍軍士守之。二十六年置越巂衛。永樂元年改邛部爲長官司，隸越巂衛。

萬曆中，土官嶺柏死，孽子應昇負印去，柏妾沙氏爭之不得。土目阿堆等擁沙氏，焚利濟站廬舍，擁兵臨城。總兵劉顯率兵往撫之，沙氏悔禍，殺阿堆等自贖，顯遂以印授之。後沙氏淫於族人阿祭，印復爲昇所奪。祭死，其子嶺鳳起嗾他番剌殺應昇。鎮守官因平蠻之師，誘鳳起縶之，收其印，而誅從鳳起爲亂者百餘人。印無所歸，緘於庫。部衆無統，肆行爲盜。普雄部衆姑咱等乘勢蜂起，郵傳不通，遠近震恐。十五年，鎮巡官會師討之，斬馘千數，鳳起病死，其衆爭歸附，因置平夷、歸化二堡以居之。有鎮西千戶所。

鹽井衛，古定筰縣也。元初爲落蘭部。至元中，於黑、白鹽井置閏鹽縣，於縣置柏興

府。洪武中，改爲柏興千戶所，旋改鹽井衞，又於二井置鹽課司。永樂五年設馬剌長官司，其村落多白夷居之。長官世阿氏，洪武時歸附，授世職。地接雲南北勝州，稱庶富，人亦擾馴。

打沖河守禦中左千戶所，其土千戶剌兀，於洪武二十五年征賈哈喇效順來歸。其子馬剌非復貢馬赴京，〔二〕授本所副千戶。永樂十一年陞正，以別於四所。地與麗江、永寧二府隣，麗江土官木氏侵削其地幾半。

會川衞，越巂之會無縣也。唐上元中，移邛都縣於會川鎭，以川原並會故名。宋屬大理，爲會川府。元置會川路，治武安州，隸羅羅斯宣慰司。

洪武十七年，會川土同知馬誠來朝，復立會川府，領武安、永昌、麻龍等州。二十六年革會川府。初，月魯帖木兒反，土知府王春陷會川，燬民居府治，至是遂墮其城。尋改爲會川衞軍民指揮使司，領迷易千戶所。土官賢姓，其先雲南景東僰種也，徙其屬來田種。洪武十六年歸附，以隨征東川、芒部勞，授世襲副千戶。居所治城外，所轄僰蠻僅八百戶。

茂州，古冉駹國地。漢武帝置汶山郡，宣帝爲北部都尉。隋爲蜀州，尋改會州。唐貞觀改茂州。宋、元仍舊，治汶山縣。

洪武六年，茂州權知州楊者七及隴木頭、靜州、岳希蓬諸土官來朝貢。十一年置茂州衞指揮使司。時四川都司遣兵修灌縣橋梁至陶關，汶川土酋孟道貴疑之，集部落阻陶關道。都司遣指揮胡淵、童勝等統兵分二道擊之，一由石泉，一由灌口。由灌口者進次陶關，蠻衆伏兩山間，投石崖下，兵不能進。適汶川土官來降，得其間道。乃選勇士捲旗甲，乘夜潛出兩山後，遲明從山頂張旗幟，發火礮，蠻驚潰。師進雁門關，道險，蠻復據之。乃駐平濳出兩山後，遲明從山頂張旗幟，發火礮，蠻驚潰。

正德二年，太監羅籥奏，茂州所轄卜南村、曲山等寨，乞爲白人，願納糧差。其俗以白爲善，以黑爲惡。禮部覆，番人向化，宜令入貢給賞。從之。十四年，巡撫馬昊調松潘兵，攻小東路番寨，而茂州核桃溝上、下關番蠻懼，遂糾白石、羅打鼓諸寨生番，攻圍城堡，游擊張傑敗績。十五年，巡撫盛應期奏，綽頭番犯松州，總兵張傑克之，復犯雄溪屯，指揮杜欽敗之，烟崇等寨皆降。萬曆十九年，威、茂諸番作亂，攻破新橋，乘勢圍普安等堡。四川巡撫李尚忠檄諸路兵追剿過河，普安諸堡得以保全。

茂州地方數千里，自唐武德改郡會州，〔三〕領羈縻州九，前後皆蠻族，向無城郭。宋熙寧中，范百常知茂州，民請築城，而蠻人來爭。百常與之拒，且戰且築，城乃得立。自宋迄元，皆爲羌人所據，不置州縣者幾二百年。洪武十一年平蜀，置疊溪右千戶所，隸茂州衞。而置威茂道，開府茂州，分游擊以駐疊溪，規防始立。然東路生羌，白草最強，又與松潘黃毛韃相通，出沒爲寇，相沿不絕云。其通西域要路，爲桃坪，卽古桃關也，有繩橋渡江。守桃坪者，爲隴木司。

茂州長官司三：曰隴木，曰靜州，曰疊溪。隴木長官司，其長官卽隴木里人也。洪武時歸附，授承直郎，世襲長官，歲貢馬二匹。所屬玉亭、神溪十二寨，俱爲編氓，有保長統之。

靜州長官司，其地卽唐之悉唐縣，其長官亦靜州里人也。襲官貢馬，與隴木同。正德間，與岳希蓬、節孝爲亂，攻茂城，斷水道七日。節孝弟車勺潛引水以濟我軍。事平，使車勺襲職，轄法虎、核桃溝八寨，俱編戶爲氓，亦有保長統之。

疊溪千戶所，永樂四年置。領長官司二：曰疊溪，在治北一里；曰鬱卽，在治西十五里。疊溪郁氏，洪武十五年歸附，給印世襲，凡三年貢馬四匹。長官所轄河東熟番八寨，皆

大姓，及馬路、小關七族。其土舍轄河西小姓六寨。地土廣遠，饒畜產，稞麥路積。八皆梟黠，名雖熟番，與生番等。

鬱卽長官嚹保，萬曆十八年與黑水、松坪稱兵，攻新橋，明年伏誅。漢關墩附近諸小姓，舊屬鬱卽，至是改屬疊溪。初，都督方政平曆日諸寨，設長寧安撫司，隸松潘。至正統元年，總兵蔣貴言其遼闊，亦改隸於疊溪守禦千戶。

松潘，古氐羌地。西漢置護羌校尉於此。唐初置松州都督，廣德初，陷於吐蕃。宋時，吐蕃將潘羅支領之，名潘州。元置吐蕃宣慰司。

洪武十二年命平羌將軍御史大夫丁玉定其地，敕之曰：「松潘僻在萬山，接西戎之境，朕豈欲窮兵遠討，但羌戎屢寇邊，征之不獲已也。今捷至，知松州已克，徐將資糧於谷州，進取潘州。若盡三州之地，則疊州不須窮兵，自當來服。須擇士勇者守納都、疊溪路，其驛道無阻遏者，不可守也。來降諸戎長，必遣入朝，朕親撫諭之。」遂併潘州於松州，置松州衞指揮使司。丁玉遣寧州衞指揮高顯城其地。十三年，帝以松州衞遠在山谷，屯種不給，餽餉爲難，命罷之。未幾，指揮耿忠經略其地，奏言松州爲番蜀要害地，不可罷，命復置。

十四年置松潘等處安撫司，以龍州知州薛文勝爲安撫使，秩從五品。又置十三族長官司，秩正七品：曰勒都，曰阿昔洞，曰北定，曰牟力結，曰蛒匝，[一四]曰祈命，曰山洞，曰麥匝，曰者多，曰占藏先結，曰包藏先結，曰班班，曰白馬路。其後復隸松潘者，長官司四，曰阿思，曰思囊兒，曰阿用，曰潘斡寨；安撫司四，曰八郎，曰阿角寨，曰麻兒匝，曰芒兒者。後又以思曩日安撫司附焉。諸長官司每三年入貢，賞賜如例。十五年，占藏先結等七奮來朝，貢馬一百三匹，詔賜綺鈔有差。十六年，耿忠言：「臣所轄松潘等處安撫司屬各長官司，宜以其戶口之數，量其民力，歲令納馬置驛，而籍其民充驛夫，供徭役。」從之。既而松潘羌民作亂，官兵討平之。甃松州及疊溪城。

十七年，松潘八積族老虎等寨蠻亂。官兵擊破之，獲馬一百二十，犏牛三百，犛牛五百九十。景川侯曹震請擇良馬貢京師，餘給軍，其犏牛、犛牛非中國所畜，令易糧餉犒軍，從之。十八年，松州羌反。成都衞指揮咸信等率兵攻其牟力等寨，破之。兵還，又遇賊三千人於道，復擊敗之，追至乞剌河乃還。

二十年改松州衞爲松潘等處軍民指揮使司，改松潘安撫司爲龍州。二十一年，朶貢生番則路、南向等引草地生番千餘人寇潘州阿昔洞長官司，殺傷人口。指揮周助率馬步軍同松潘衞軍討之，番寇率衆迎戰，千戶劉德破之，斬首三十四級，獲馬三十餘匹。賊潰，渡河

四十餘里，復收敗卒屯聚。指揮周能追擊之，斬首一百三十餘級，獲馬六十餘匹，溺死甚衆，羣番遠遁。二十六年，西番思曩日等族來歸，進馬百三十匹，命給金銅信符幷賜文綺襲衣。

宣德二年，麻兒匝順化，喇嘛著八讓卜來歸。置麻兒匝安撫司，以喇嘛著八讓卜爲安撫。麻兒匝在阿樂地，去松潘七百餘里。初，著八讓卜時侵掠邊民及遮八郎安撫司朝貢路。松潘衞指揮吳瑋遣人招之，因遣其姪完卜來貢獻，言其地廣民衆，過於八郎，請置宣撫司以轄之。帝命置安撫，遣敕諭之。

四川巡按等奏松潘衞所轄阿用等寨蠻寇，擁衆萬餘，傷敗官軍，請討之。帝意邊將必有激之者。既四川都司奏至，言並非番寇。實由千戶錢宏因調發松潘官軍往征交阯，衆憚行，宏詭言番寇至，當追捕，冀免調。又領軍突入麥匝諸族，逼取牛馬，致番人忿怨。復以大軍將致討懾之，番衆驚潰，約黑水生番爲亂。帝命逮宏等，而責諸司怠玩邊務，亟捕諸傷官軍者。遣都指揮僉事蔣貴往，同松潘衞指揮吳瑋招撫番寇，令調附近諸衞軍二萬人以行。時賊圍松潘、疊溪、茂州，斷索橋，官軍與戰皆敗，出掠縣竹諸縣，官署民居皆被焚燬，鎭撫侯璉死之。蜀王遣護衞官校七千人來援，命都督陳懷與指揮蔣貴等合師亟討之，而梟宏於松潘以徇，并竄諸將之貪淫玩寇者。三年，陳懷等率諸軍屢敗賊於乾答壩、葉棠關，奪

永鎭等橋，復疊溪，撫定祁命等十族，又招降渴卓等二十餘寨，松潘平。

八年，八部安撫司及思囊兒十四族朝貢之使陛辭，令齎敕還諭其土官，俾約束所轄蠻民，安分循理，毋作過以取罪戾。九年敕指揮僉事方政、蔣貴等撫勦松潘。政等至，榜諭禍福，威、茂諸衞俱聽命，惟松潘、疊溪所轄任昌、巴猪、黑虎等寨梗化。政令指揮趙得、宮聚等以次進兵，平龍溪等三十七寨，班師還。命蔣貴佩平蠻將軍印，[一五]鎭守松潘。十年，貴奏，比因番人不靖，松潘、疊溪諸處倉糧，支銷殆盡，別無儲積。帝命戶部於四川歲運之數，量益二分給之。

正統三年，巖州長官司讓達作亂，侵雜道諸邊，雜道長官安白訴於朝。帝命四川三司往諭之，皆歸服。四年，松潘指揮趙得奏：「祁命族番寇商巴作亂，官軍捕擒之。其弟小商巴復聚浦江、新塘等關，據險劫掠，乞發大軍勦除。」帝命李安充總兵官，王翺參贊軍務，調成都左衞官軍及松潘土兵，合二萬人征之。已，翺知商巴爲都指揮趙諒所陷，乃按誅諒而釋商巴等，事遂已。

九年，松潘指揮僉事王杲奏：「比者，黑虎等寨番蠻攻圍椒園、松溪等關堡，殺傷官民。欲行擒勦，恐各寨驚疑，應諭能擒賊者重賞之。」報可。十年，黑虎寨賊首多兒太伏誅。[一六]初，多兒太掠茂州境，爲官軍所獲，誡而釋之。未幾，復糾諸寨入掠。帝命序班祁全往諭諸

寨，擒多兒太至京，梟其首。十一年以寇深爲僉都御史，提督松潘兵備。時松潘皆已向化，惟歪地骨鹿族二十寨不服，命督高廣、王杲等勦之。設思曩日安撫司，以阿思觀爲之使，隸松潘衞。先是，阿思觀父端葛，洪武中歸順，給金牌撫番，至阿思觀又能招撫，故有是命。

景泰三年，鎭守松潘刑部左侍郎羅綺等奏：「雪兒卜寨賊首卓時芳等，[一七]烟崇寨賊首阿兒結等，累年糾合於安化關劫掠。臣會師抵其巢穴，斬首不計其數，生擒卓時芳、阿兒結等，梟斬於市。」七年，提督松潘羅綺復奏：「松潘土番王永習性兇獷，嘗殺其土官高茂林男婦五百餘口，及故土官董敏子伯浩等二十餘人。今又糾合番蠻，攻劫地方。臣與指揮周貴等統領官軍，直抵桑坪，已將永等誅滅，邊境肅淸。」降敕褒賞。天順五年，番衆入龍安、石泉等處，擾糧道。六年敕松潘總兵許貴曰：「敍州蠻賊出沒爲患，比松潘尤甚，其馳往會勦。」貴聞命，會兵敍州，追討昔乖件、莫洞、都夜三寨，分兵兩哨，克硬寨四十餘，斬首一千一百餘級。

成化二年，鎭守太監閻禮奏：「松、茂、疊溪所轄白草壩等寨，番羌聚衆五百人，越龍州境剽掠。白草番者，唐吐蕃贊普遺種，上下凡十八寨。部曲素强，恃其險阻，往往剽奪爲患。」四年，禮復奏：「白草諸番擁衆寇安縣、石泉諸處，因各軍俱調征山都掌蠻，致指揮王璟備禦不謹。」命副總兵盧能勦之。能遣指揮閻斌巡邊至廟子溝，番賊三百突至，殺傷相當。斌以失機逮治。九年，巡撫夏塤奏：「黑虎寨賊首夜合等劫攻關堡，左參將宰用、兵備副使

沈琮督兵馳詣松溪堡敗之，斬獲夜合等三十六級。」松潘指揮僉事堯彧奏：「臣與兵備沈琮分剿白馬路水土、茹兒等番寨，大克之。」

弘治二年，松潘番寇殺傷平夷堡官軍，命逮指揮以下各官治之。三年免思曩日安撫等十六族明年朝覲，以守臣言其地方災傷也。七年，松潘空心寨番賊犯邊，都指揮僉事李鎬敗之。十三年，番賊入犯松潘壩州坡抵關，勢益獗。命逮指揮湯綱等，〔一八〕而敕巡撫張瓚調漢、土官兵五萬，由東南二路分剿，〔一九〕破白羊嶺、鵝飲溪等三十一寨，斬四百餘級。商巴等二十六族皆納款。十四年復攻黃頭、青水諸寨，前後殺獲男婦七百餘人，豬其碉房九百，墜崖死者不可勝計，諸番稍靖。

正德元年，巡撫劉洪奏：「祈命族八長官司所攝番衆多至三十寨，少亦二十餘寨，環布松潘兩河。其土官已故子孫，自應承襲。今宜察勘，有原降印信者，方許襲。」報可。十六年，松潘衞熟番八大巃等作亂，同知杜欽平之。

嘉靖五年命都督僉事何卿鎮守松潘。時黑虎五寨及烏都、鵓鴿諸番叛，卿次第平之，降者日至。卿有威望，在鎮十七年，松潘以寧。二十三年以北警召卿入衞，繼之者李爵、高岡鳳，未幾皆爲巡撫劾罷。二十六年復命卿往鎮。時白草番亂，卿會巡撫張時徹討擒渠惡數人，俘斬九百七十餘級，克營寨四十七，毀碉房四千八百，獲馬牛器械儲積無算。終嘉靖

世，松潘鎮號得人，邊境安堵焉。

初，龍州薛文勝於洪武六年來降，命仍知龍州。既置松潘安撫司，命文勝爲安撫使。既罷松州衞，仍以松潘爲龍州。宣德七年陞龍州爲宣撫司，〔二〇〕以土知州薛忠義爲宣撫使。龍州者，漢陰平道也。宋景定間，臨邛進士薛嚴來守是州，捍衞有功，得世襲。自文勝歸附，其部長李仁廣、王祥皆輸糧餉有功，亦得世襲。及宣德中，以征松潘功，陞州爲宣撫使，仁廣爲副使，祥爲僉事，各統兵五百世守白馬、白草、木瓜番地。

至嘉靖四十四年，宣撫薛兆乾與副使李蕃相仇訐，兆乾率衆圍執蕃父子，毆殺之。撫按檄兵備僉事趙教勘其事。兆乾懼，與母陳氏及諸左右糾白草番衆數千人，分據各關隘拒命，絕松潘餉道。脅僉事王華，不從，屠其家。居民被焚掠者無算。是年春，與官軍戰，不利，求救於上下十八族番蠻，皆不應。兆乾率其家屬奔至石壩，官軍追及之，就擒。四十五年，兆乾伏誅，籍其家，母及其黨二十二人皆以同謀論斬，餘黨悉平。遂改龍州宣撫司爲龍安府，設立流官如馬湖，而割保寧之江油、成都之石泉二縣分隸之。

萬曆八年，雪山國師喇嘛等四十八寨，勾北邊部落爲寇，圍漳臘，守備張良賢破之。犯鎮虜，百戶杜世仁力戰，城得全，世仁死焉。又犯制臺，良賢復擊之，追至思答弄，連戰大破之，火落赤之姪小王子死焉。十九年，巡按李化龍言：「松潘爲四川屛蔽，疊、茂爲松潘咽

喉。番戎作梗，松潘力不能支，宜移四川總兵於松潘以備防禦。」是時疊、茂諸番衆糾結爲亂，鎮巡官率兵剿之，俘馘八百餘級，番寇亦斬其部長黑卜、白什等，獻功贖罪。而松坪諸惡屯據大雪山頂，諸將卒搜討，亦有斬獲。以捷聞，遂設平武縣於龍安府。

松潘以孤城介絕域，寄一綫饋運路於龍州，制守爲難。洪武時欲棄者數，以形勝扼險，不可罷，乃內修屯務，外輯羌戎，因俗拊循，擇人爲理，番衆相安者垂四十餘年。及宣德初，調兵啓釁，致勤干戈，自是置鎮建牙，宿重兵以資彈壓，亦時服時叛。自漳臘以北卽爲大荒，斯籌邊者之所亟圖也。

天全，古氐羌地。五代孟蜀時，置碉門、黎、雅、長河西、魚通、寧遠六軍安撫司。宋因之，隸雅州。元置六安撫司，屬土番等處宣慰司，後改六番招討，又分置天全招討司。明初幷爲天全六番招討司，隸四川都司。

洪武六年，天全六番招討使高英遣子敬嚴等來朝，貢方物。帝賜以文綺龍衣。以英爲正招討，楊藏卜爲副招討，秩從五品，每三歲入貢，賜予甚厚。二十一年，楊藏卜來朝，言茶戶向與西番貿易，歲收其課。近在官收買，額遂虧，乞從民便，許之。先是，高敬嚴襲招討

使，偕楊藏卜奏請簡土民爲兵，以守邊境，詔許之。敬嚴等遂招選土民，教以戰陣，得馬步卒千餘人。至是藏卜來朝，奏其事，詔更天全六番招討司爲武職，令戍守邊界，控制西番。三十一年，帝諭左都督徐增壽曰：「曩因碉門拒長河西口，道路險隘，以致往來跋涉艱難，市馬數少。今聞有路自碉門出枯木任場徑抵長河西口，〔二一〕通雜道長官司，道路平坦，往來徑直，可卽檄所司開拓，以便往來。」

永樂二年，高敬讓來朝，幷賀立皇太子，且遣其子虎入國子學，賜虎衣衾等物。十年，敬讓遣子虎貢馬。初，虎入國學讀書，以丁母憂去，至是服闋還監，皇太子命禮部賜予如例。

宣德五年，六番招討司奏：「舊額歲辦烏茶五萬斤，二年一次，運付碉門茶馬司易馬。今戶部令再辦芽茶二千二百斤，山深地瘠，艱於采辦，乞減其數。」帝令免烏茶只辦芽茶。十年命高鳳署天全六番招討司事。先是，敬讓以罪下獄死。至是，其子鳳乞襲父職。帝念其祖有撫綏功，命暫理招討事。正統四年命鳳襲。

正德十五年，招討高文林父子稱兵亂，副招討楊世仁亦助惡。命四川撫按官討之。初，文林等與蘆山縣民爭田搆釁，知縣處置失宜，致叛亂。踰年，討斬文林，擒其子繼恩，擇其宗人承襲。

初，天全招討司治碉門城，元之碉門安撫司也，在雅州境。明初，宣慰余思聰、王德貴歸附，始降司爲州，設雅州千戶所，而設碉門百戶，近天全六番之界。又置茶課司以平互市。蓋其地爲南詔咽喉，三十六番朝貢出入之路。

三十六番者，皆西南諸部落，洪武初，先後至京，授職賜印。立都指揮使二：曰烏斯藏，曰朶甘。爲宣慰司者三：曰朶甘，曰董卜韓胡，曰長河西魚通寧遠。爲招討司者六，爲萬戶府者四，爲千戶所者十七，是爲三十六種。或三年，或五年一朝貢，其道皆由雅州入，詳西番傳。

黎州，漢沈黎郡地。史記稱越嶲以東北，君長以十數，筰都最大。自唐蒙通夜郎，邛、筰之君請爲內臣，因置筰都縣，復曰旄牛縣。元鼎中，以爲沈黎郡。唐割雅、嶲二州置黎州。天寶初，改爲洪源郡，尋改漢源。宋屬成都路。元屬土番等處宣慰司。

洪武八年省漢源縣，置黎州長官司，以芍德爲長官。德，雲南人，馬姓。祖仕元，世襲邛部州六番招討使。明氏據蜀，德兄安復爲黎州招討使。明氏亡，蠻民潰散，德奉母還居邛部。至是，四川布政司招之，德遂來朝貢馬，請置長官司。詔以德爲黎州長官，賜印及衣

服綺帛。十一年陞爲黎州安撫司，即以德爲使。十四年，德遣使貢馬。詔賜德鈔五十四錠、文綺七疋。自是，三年一入貢。弘治十四年命黎州安撫隸四川都司。

萬曆十九年，安撫馬祥無後，妻瞿氏掌司事，取瞿姓子撫之，將有他志。祥姪士舍居松坪者，遂興兵攻城，奪印，番衆乘機剽掠。時參將吳文傑方有征東之役，移師剿平之。二十四年降黎州安撫司爲千戶所，立所治於司南三十里大田山壩。分上七枝編戶，屬大渡河千戶所，下七枝仍屬松坪馬氏約束。松坪在司之東南，自炒米城直接峨眉，高山峻坂三百餘里，皆安撫族人居之。

黎、雅諸蠻，宋時屢爲邊患。明興，以諸蠻皆天全六番諸部，散居於二州之境，遂於黎州設安撫，於天全六番設招討，以示羈縻。而雅州所屬，與招討所轄之蠻民，境土相連，時有爭訟。徼外大、小木瓜種分三枝，賦乃卜最强，世居西河。初屬馬湖土官安氏鈐轄，自馬湖改流，諸瓜叛入邛部，歸嶺氏。其地自西河至涼山、雪山諸處，周圍蟠據。嘉靖末，諸瓜畜牧蕃盛，時窺邊，邛部長官嶺柏不能制，嶲、峨、犍爲諸邊皆爲侵擾。鎭巡官督邛部兵捕之，瓜兵旋熾，乃議大征，分建昌、越嶲、馬湖三路兵進討。瓜部始惶駭請降，願歲貢馬方物，乃定。其地四千八百四十餘畝，徵糧四百四十餘石，輸峨眉縣。

明初與安撫司同置者，有大渡河守禦千戶所。唐時，河平廣可通漕，戍者一不守，則黎、雅、邛、嘉、成都皆動搖。宋建隆三年，王全斌平蜀，以圖來上。議者欲因兵威復越嶲，藝祖以玉斧畫圖曰：「外此，吾不有也。」自是之後，河中流忽陷下五六十丈，水至此，洶湧如空中落，船筏不通，名爲噎口，殆天設險以限內外云。

校勘記

〔一〕的巴　明史稿傳一八五烏蒙烏撒東川鎭雄四軍民府傳、明一統志卷七二作「巴的」。

〔二〕烏撒女酋實卜　實卜，原作「卜實」，據本傳上下文及明史稿傳一八五烏蒙烏撒東川鎭雄四軍民府傳、太祖實錄卷一五六洪武十六年九月戊午條、卷一六九洪武十七年十二月丁酉條改。

〔三〕自閏七月二十七日　閏七月，原作「閏二月」，據本書卷三〇五行志、孝宗實錄卷一七八弘治十四年八月癸丑條改。按弘治十四年閏在七月，作「閏二月」誤。

〔四〕時巡按鄧渼疏稱　鄧渼，原作「鄧洙」，據明史稿傳一八五烏蒙烏撒東川鎭雄四軍民府傳及神宗實錄卷四六〇萬曆三十七年七月甲申條、卷四六八萬曆三十八年三月丁酉條改。

〔五〕雲南撫按沈儆炌等言　沈儆炌，原作「沈敬炌」，據本書卷二四九蔡復一傳附沈儆炌傳、明實錄泰昌元年十二月己巳條改。

〔六〕及會川軍民千戶所　會川，原作「會州」，據本書卷四三地理志、明史稿傳一八五建昌衞傳、太祖

實錄卷二一八洪武二十五年六月癸丑條改。

〔七〕因改建昌路爲建昌衞置軍民指揮使司　本傳繫於三十一年。按本書卷四三地理志、太祖實錄卷二一八洪武二十五年六月癸丑條及明一統志卷七三俱繫此於洪武二十五年六月。

〔八〕永樂元年復置　本書卷四三地理志及太宗實錄卷三〇永樂二年七月辛丑條均繫昌州等長官司之復置於永樂二年。

〔九〕有冕山鎭西禮州中三千戶所　按本書卷四三地理志稱寧番衞「領千戶所一」，即冕山橋後千戶所。又禮州後千戶所及禮州中中千戶所屬建昌衞，鎭西後千戶所屬越嶲衞，與本傳上文所記建昌衞及下文越嶲衞所屬千戶所基本相符。此處疑衍「鎭西禮州中三」六字。

〔一〇〕漢邛都及闌二縣地　闌，原作「闌」，按漢書卷二八上地理志有「闌縣」，無「闌縣」，據改。

〔一一〕洪武二十五年置越嶲軍民指揮使司於邛部州　原脫「二」字，作「洪武十五年」，據本書卷四三地理志及太祖實錄卷二一九洪武二十五年七月丙午條補。

〔一二〕其子馬剌非復貢馬赴京　馬剌非，原作「剌馬非」，據本書卷三一三永寧傳及宣宗實錄卷五九宣德四年十月丁亥條改。

〔一三〕自唐武德改郡會州　會州，原作「會川」，據本傳上文及舊唐書卷四一地理志、寰宇通志卷六一、讀史方輿紀要卷六七改。

〔一四〕日絡匝　絡匝，太祖實錄卷一三五洪武十四年正月乙未條、明會典卷一〇八同，本書卷四三地理志作「蠟匝」。

〔一五〕命蔣貴佩平蠻將軍印　平蠻將軍，原作「征蠻將軍」，據本書卷一五五蔣貴傳及宣宗實錄卷一一三宣德九年十月乙丑條改。

〔一六〕十年黑虎寨賊首多兒太伏誅　十年，原作「十五年」，據英宗實錄卷一二七正統十年三月戊子條、國榷卷二六頁一六八二刪「五」字。按多兒太死於正統十年三月，且正統無十五年，「五」字衍。

〔一七〕雪兒卜寨賊首卓時芳等　卓時芳，本書卷一六〇羅綺傳、英宗實錄卷二一八景泰三年七月己酉條作「卓勞」。下同。

〔一八〕番賊入犯松潘壩州坡抵關勢益猖獗命遣指揮湯綱等　坡抵關、湯綱，孝宗實錄卷一六五弘治十三年八月甲申條作「坡底關」、「楊綱」。

〔一九〕而敕巡撫張瓚調漢土官兵五萬由東南二路分剿　此繫於弘治十三年，疑係誤入。按張瓚鎮壓松潘人民事，在成化十三年，見本書卷一四憲宗紀、國朝獻徵錄卷三〇張瓚傳，並參見本書卷一七二張瓚傳及憲宗實錄卷一七九成化十四年六月丙申條。且張瓚成化十八年已卒，不得預弘治間事。

〔二〇〕宣德七年陞龍州為宣撫司　七年，原作「九年」，據本書卷四三地理志、寰宇通志卷七〇、明一統志卷七〇改。

〔二一〕今闢有路自碉門出枯木任場徑抵長河西口　場，原作「傷」，據太祖實錄卷二五六洪武三十一年正月丙午條改。

明史卷三百十二

列傳第二百

四川土司二

播州宣慰司　永寧宣撫司　酉陽宣撫司　石砫宣撫司

播州宣慰司

遵義府即播州。秦為夜郎且蘭地。漢屬牂牁。唐貞觀中，改播州。乾符初，南詔陷播，太原楊端應募復其城，為播人所懷服，歷五代，子孫世有其地。宋大觀中，楊文貴納土，置遵義軍。元世祖授楊邦憲宣慰使，賜其子漢英名賽因不花，封播國公。

洪武四年平蜀，遣使諭之。五年，播州宣慰使楊鏗同知羅琛、總管何嬰、蠻夷總管鄭瑚等，相率來歸，貢方物，納元所授金牌、銀印、銅章。詔賜鏗衣幣，仍置播州宣慰使司，鏗、琛皆仍舊職。領安撫司二，曰草塘，曰黃平；長官司六，曰眞州，曰播州，曰餘慶，曰白泥，曰容山，曰重安。以嬰等為長官。七年，中書省奏：「播州土地既入版圖，當收其貢賦，

歲納糧二千五百石為軍儲。」帝以其率先來歸，田稅隨所入，不必以額。已，復置播州黃平宣撫司。播州江渡蠻黃安作亂，貴州衞指揮張岱討平之。八年，鏗遣其弟錡來貢，賜衣幣。自是，每三歲一入貢。十四年遣使齎敕諭鏗：「比聞爾聽浮言，生疑貳。今大軍南征，多用戰騎，宜率兵二萬、馬三千為先鋒，庶表爾誠。」十五年城播州沙溪，以官兵一千人、土兵二千人戍之。改播州宣慰司隸貴州，改黃平衞為千戶所。十七年，鏗子震卒於京，命有司歸其喪。二十年徵鏗入朝，貢馬十匹。帝諭以守土保身之道，賜鈔五百錠。二十一年，播州宣慰使司并所屬宣撫司官，各遣其子來朝，請入太學，帝敕國子監官善訓導之。

永樂四年免播州荒田租，設重安長官司，隸播州宣慰司，以張佛保為長官，以佛保嘗招輯重安蠻民嚮化故也。七年，宣慰使楊昇招諭草塘、黃平、重安所轄當科、葛雍等十二寨蠻人來歸。

宣德三年，昇賀萬壽節後期，禮部議予半賞。帝以道遠，勿奪其賜。七年，草塘所屬穀儺等四十一寨蠻作亂，〔一〕總兵陳懷剿撫之，旋定。

正統十四年，宣慰使楊綱老疾，以其子輝代。景泰三年，輝奏：「湖、貴所轄臻、剖、五坌等苗賊，糾合草塘、江渡諸苗黃龍、韋保等，殺掠人民，屢撫復叛，乞調兵征剿，以靖民患。」帝命總督王來、總兵梁珤等，會同四川巡撫剿之。七年，調輝兵征銅鼓、五開叛苗，賜敕

頒賞。

成化十年以播州賊齎果等屢歲爲患，敕責川、貴鎮巡官。正統末，苗蠻聚衆寇邊，土官同知羅宏奏，輝有疾，乞以其子愛代。帝命愛襲職，仍敕愛卽率兵從總兵官剿賊。先是，輝奏所屬夭壩干地五十三寨及重安所轄灣溪等寨，屢被苗蠻占據，乞令湖、貴會兵征之。命如輝言。部議以愛年幼，請仍起輝暫理軍事。又以輝難獨任，宜敕都御史張瓚親至播州督理，勵輝等振揚威武，以備征調，其機宜悉聽瓚裁處。

十二年，瓚督諸軍及輝攻敗灣溪、夭壩干地諸苗，凡破山寨十六，斬首四百九十六級，撫男婦九千八百餘口。事下兵部，以苗就撫者多，宜量爲處分。瓚議設安寧宣撫司，幷懷遠、宣化二長官司，建靖南、龍場二堡，命輝董其役。輝調兵民五千餘，立治所，委所屬黃平諸長官，分甓城垣。將竣，輝因奏：「各寨苗蠻，近頗知懼，但大軍還後，難保無虞。播州向設操守土兵一千五百人，今撥守懷遠、靖南、夭漂、龍場各二百人，宣化百人，安寧六百人，其家屬宜徙之同居，爲固守計。其工之未畢者，宜命臣子愛董之，而聽臣致仕如故。」詔從之。時灣溪既立安寧宣撫，爛土諸蠻惡其逼，遂引齎果等攻陷夭漂、靖南城堡，圍安寧。愛新襲，力弗能支，求援於川、貴二鎮。兵部奏起輝再統兵剿之，又敕川、貴兵爲助。十五年，貴州巡撫陳儼奏：「苗賊齎果轉橫，乞調川、湖等官軍五萬五千，剋期會貴州，聽儼節制。」兵

部言：「賊作於四川，而貴州守臣自欲節制諸軍，恐有邀功之人主之。且興師五萬，以半年計，須軍儲十三萬五千石，山路險峻，輸運之夫須二十七萬衆，況天將暑，瘴癘可虞。」帝然其奏。

二十二年，愛兄宣撫楊友訐奏愛，帝命刑部侍郎何喬新往勘。二十三年，喬新奏：「輝在日，溺其庶子友，欲令承襲，長官張淵阿順之。安撫宋韜謂楊氏家法，立嗣以嫡，愛宜立。輝不得已立愛，又欲割地以授友，謀於淵，因以夭壩干乃本州懷遠故地，爲生苗所據，請兵取之。容山長官韓瑄以土民安輯日久，不宜征。淵與輝計執瑄，杖殺之。前巡撫張瓚受輝賂，以其地設安寧宣撫司，冒以友任宣撫。輝立券，以所有金玉、服用、莊田召諸子均分之。輝沒，淵乃與友潛謀刺愛，淵弟深亦與謀，不果。友遂奏愛居處器用僭擬朝廷，又通唐府，密書往來，私習兵法、天文，謀不軌，事皆誣。」帝命斬淵、深。以愛信讒薄兄，友因公擅殺，且謀嫡，盜官錢，皆有罪。愛贖復任，友還保寧羈管，仍敕喬新從宜處治。

弘治元年增設重安守禦千戶所，命播州歲調土兵一千助戍守。七年，以平苗功，賜敕勞愛。十四年，調播州兵五千征貴州賊婦米魯等。

正德二年陞播州宣慰使楊斌爲四川按察使，仍理宣慰事。舊制，土官有功，賜衣帶，或旌賞部衆，無列銜方面者。斌狡橫，不受兩司節制，諷安撫羅忠等上其平普安等戰功，重賂劉瑾，得之。踰年，巡按御史俞緇言不宜授，乃裁之，仍原職。

初，友旣編置保寧，愛益恣，厚斂以賄中貴，征取友向所居凱里地者獨苛。同知楊才居安寧，乘之，朘剝尤甚，諸苗憤怨。凱里民爲友奏復官，弗得，乃潛入保寧，以友還，糾衆作亂，攻播州，焚愛居第及公私廨宇略盡，遂殺才，多所殘戮。愛屢奏於朝，帝命鎮巡官調兵征之。會友死，遂緩師。已而鎮巡官言：「友子弘能悔過自新，且善撫馭，蠻衆願聽其約束。其前爲友所焚殺者，俱已隨土俗折償，且還所侵奪於官。乞授弘冠帶爲土舍，協同播州經歷司撫輯諸蠻。其家衆置保寧者仍歸之，隸播州管轄。幷諭斌與弘協和，不得再造釁端。」報可。未幾，播州安撫宋淮奏：「貴州凱口爛土苗婚於凱里草塘諸寨，〔二〕陰相搆結，誘山苗爲亂。乞賜斌敕，令每年巡視邊境，會湖廣鎮巡官撫處。」部議，土官向無領敕出巡者。諭斌宜撫綏土衆，輯睦親族，以副朝廷優待之意。因授致仕宣慰愛爲昭毅將軍，給誥命，賜麒麟服。時斌又爲其父請進階及服色，禮科駁之，以服色等威所繫，不可假。兵部以愛舊有剿賊功，皆許之。斌復爲其子相請入學，幷得賜冠帶。

十二年，播州安撫羅忠、宋淮等奏：「斌有父喪，欲援文臣例守制，但邊防爲重，乞仍令掌印理事。」初，楊弘旣歸凱里，〔三〕與重安土舍馮綸等有怨。弘卒，綸等誘苗蠻攻之，更相仇殺，侵軼貴州境。巡撫鄒文盛言狀，且請移文四川，會官撫處，踰歲不報。文盛乃遣參

議蔡潮入播州，督致仕楊斌撫平之。因言：「宜復安寧宣撫，俾弘子弟襲之。斌未衰，宜仍起任事，以制諸蠻寨。潮有撫蠻勞，宜量擢。」兵部議：「安寧已革不可復，斌子旣代，亦不可起。土官應襲與否，屬四川，非黔所得專。盛所請難行，而功不可誣。」十六年賜斌蟒衣玉帶。

嘉靖元年賜播州儒學四書集註，從宣慰楊相奏也。弘旣死，其弟張求襲職不得，時盜邊，劫白泥司印信，復與相搆兵。守臣乞改凱里屬貴州，以張爲土知州解釋之。兵部議：「張習父兄之惡，幸免於辜；敢肆然執印信以要挾，當命川、貴守臣按其前後爭產殺人諸罪，置於理。若張悔過輸情，還所獲印，尚可量授一官，聽調殺賊以自効。倘或怙終，必誅以爲玩法戒。」旣，遂許張襲宣撫，而改安寧爲凱里，隸貴州。

初，楊相之祖父皆以嫡庶相爭，梯禍數世。至是，相復寵庶子煦。嫡子烈母張，悍甚，與烈盜兵逐相。相走，客死水西。烈求父屍，宣慰安萬銓因要挾水烟、天旺故地，而後予屍，烈陽許之。及相喪還，烈靳地不予，遂與水西搆難，又殺其長官王黻。時嘉靖二十三年也。

烈旣代襲，遂與黻黨李保治兵相攻，垂十年，總督馮岳調總兵石邦憲討平之。眞州苗盧阿項者亦久稱亂，邦憲以兵七千擊敗之。有言賊求援於播者，邦憲曰：「吾方調水西兵，聲揚烈助逆罪，烈暇救人乎。」已，擒阿項父子，斬獲四百餘人。初，嘉靖初，議分凱里屬貴

州，既，又以播地多在貴州境，并改屬思石兵備。及眞州盜平，地方安靖，播人以爲非便。川、貴守臣異議不決，命總督會勘。總督奏，仍以播歸四川，而貴州思石兵備仍兼制播、酉、平、邑諸土司事，報可。

隆慶五年，烈死，子應龍請襲，命予職。萬曆元年給應龍宣慰使敕書。八年賜故宣慰楊烈祭葬，從應龍請也。十四年，應龍獻大木七十，材美，賜飛魚服，又復引其祖斌賜蟒例。部議，以斌有軍功，且出特恩，未可爲比。帝命以都指揮使銜授應龍。

十八年，貴州巡撫葉夢熊疏論應龍兇惡諸事，巡按陳效歷數應龍二十四大罪。時方防禦松潘，調播州土兵協守，四川巡按李化龍疏請暫免勘問，俾應龍戴罪圖功。由是，川、貴撫按疏辨，在蜀者謂應龍無可勘之罪，在黔者謂蜀有私暱應龍之心。於是給事中張希臯等，以事屬重大，兩省利害，豈漫不相關者，乞從公會勘，無執成心。十九年，夢熊主議，播州所轄五司改土爲流，悉屬重慶，與化龍意復相左。化龍遂引嫌求斥。蓋應龍本雄猜，阻兵嗜殺，所轄五司七姓悉叛離。嬖妾田屠妻張氏，并及其母。妻叔張時照與所部何恩、宋世臣等上變，告應龍反。夢熊請發兵勦之，蜀中士大夫悉謂蜀三面鄰播，屬裔以什伯數，皆其彈壓，且兵驍勇，數征調有功，剪除未爲長策。以故，蜀撫按並主撫。朝議命勘，應龍願赴蜀，不赴黔。

二十年，應龍詣重慶對簿，坐法當斬，請以二萬金贖。御史張鶴鳴方駁問，會倭大入朝鮮，徵天下兵，應龍因奏辨，且願將五千兵征倭自贖，詔釋之。兵已啓行，尋報罷。巡撫王繼光至，嚴提勘結，應龍抗不出。張時照等復詣奏闕下，繼光用兵之議遂決。二十一年，繼光至重慶，與總兵劉承嗣等分兵三道進婁山關，屯白石口。應龍佯約降，而統苗兵據關衝擊。承嗣兵敗，殺傷大半。會繼光論罷，即撤兵，委棄輜重略盡。黔師協勦，亦無功。時四川新撫譚希忠與貴州鎮、撫再議勦，御史薛繼茂主撫。應龍上書自白，遣其黨攜金入京行間，執原奏何恩詣綦江縣。

二十二年，以兵部侍郎邢玠總督貴州。二十三年，玠至蜀，察永寧、酉陽皆應龍姻婭，而黃平、白泥久爲仇讐，宜剪其枝黨。乃檄應龍，謂當待以不死。會水西宣慰安疆臣請父國亨卹典，兵部尚書石星手札示疆臣，趣應龍就吏得貰，疆臣奉札至播招應龍。時七姓恐應龍出得除罪，而四方亡命竄匿其間，又幸龍反，因以爲利，驛傳文移，輒從中阻。玠檄重慶知府王士琦詣綦江，趣應龍安穩聽勘。應龍使弟兆龍至安穩，治郵舍，儲糒，叩頭郊迎，致餼牽如禮，言：「應龍縛渠魁，待罪松坎。所不敢至安穩者，恐墮安穩仇民不測禍也，幸請至松坎受事。」士琦曰，「松坎亦曩奏勘地」，即單騎往。應龍果面縛道旁，泣請死罪，願執罪人，獻罰金，得自比安國亨。國亨者，曩亦被訐懼罪不出界，故應龍引之。士琦爲請于玠，許之，應龍乃縛獻黃元等十二人。案驗，抵應龍斬，論贖，輸四萬金助採木，仍革職，以子朝棟代，次子可棟羈府追贖，黃元等斬重慶市，總督以聞。時倭氛未靖，兵部欲緩應龍，事東方，朝廷亦以應龍向有積勞，可其奏，於松坎設同知治焉，以士琦爲川東兵備副使彈治之。

應龍獲寬，益怙終不悛。尋可棟死於重慶，益痛恨。促喪歸不得，復檄完贖，大言曰：「吾子活，銀即至矣。」擁兵驅千餘僧招魂去。分遣土目，置關據險。厚撫諸苗，名其健者爲硬手，州人稍殷厚者，沒入其貲以養苗。苗人咸願爲出死力。

二十四年，應龍殘餘慶，掠大阡、都壩，焚劫草塘、餘慶二司及興隆、都勻各衞。又遣其黨圍黃平，戮重安長官家，勢復大熾。二十五年流劫江津及南川，臨合江，索其仇袁子升，縋城下，磔之。時兵備王士琦調征倭，應龍益統苗兵，大掠貴州洪頭、高坪、新村諸屯。已，又侵湖廣四十八屯，阻塞驛站。詗原奏仇民宋世臣、羅承恩等挈家匿偏橋衞，襲破之。大索城中，戮其父母，淫其妻女，備極慘酷。

二十七年，貴州巡撫江東之令都司楊國柱部卒三千勦應龍，奪三百落。賊佯北，誘師殲焉，國柱等盡死。東之罷，以郭子章代，而起李化龍節制川、湖、貴州諸軍事，調東征諸將劉綎、麻貴、陳璘、董一元南征。時應龍乘大兵未集，勒兵犯綦江。城中新募兵不滿三千，

賊兵八萬奄至，游擊張良賢巷戰死，綦江陷。應龍盡殺城中人，投屍蔽江，水爲赤。益結九股生苗及黑脚苗等爲助，屯官壩，聲窺蜀。已，遂焚東坡、爛橋，楚、黔路梗。

二十八年，應龍五道並出，破龍泉司。時總督李化龍已移駐重慶，徵兵大集，遂以二月十二日誓師，分八路進。每路約三萬人，官兵三之，土司七之，旗鼓甲仗森列，苗大驚。總兵劉綎破其前鋒，楊朝棟僅以身免，賊膽落。遂連克桑木、烏江、河渡三關，〔四〕奪天都、三百落諸囤。賊連敗，乃乘隙突犯烏江，詐稱水西隴澄會哨，誘永順兵，斷橋，淹死將卒無算。尋綎破九盤，入婁山關。關爲賊前門，萬峰插天，中通一線。綎從間道攀藤毀柵入，陷焉。四月朔，師屯白石，應龍率諸苗決死戰。綎親勒騎衝中堅，分兩翼夾擊，敗之。追奔至養馬城，連破龍爪、海雲險囤，壓海龍囤。賊所倚天險，謂飛鳥騰猿不能逾者。時偏沅師已破青蛇囤，安疆臣亦奪落濛關，至大水田，焚桃溪莊。賊見勢急，父子相抱哭，上囤死守，每路投降文緩師。總兵吳廣入崖門關，營水牛塘，與賊力戰三日，却之。賊詭令婦人於囤上拜表痛哭云：「田氏且降。」復詐爲應龍仰藥死報廣，廣輕信按兵。已，覘賊詐，益厲兵攻，燒二關，奪賊樵汲路。八路師大集海龍囤，遂築長圍，更番迭攻。賊知必死。會化龍聞父喪，詔以縗墨視師。化龍念賊前囤險不能越，令馬孔英率勁兵併力攻其後。天苦雨，將士馳泥淖中苦戰。六月四日，天忽霽，綎先士卒，克土城。應龍益迫，散金募死士拒戰，無應者。起，

提刀巡壘，見四面火光燭天，大兵已登囤，破土城入。應龍倉皇同愛妾二閫室縊，且自焚。吳廣獲其子朝棟，急覓應龍屍，出焰中。賊平。計出師至滅賊，百十有四日，八路共斬級二萬餘，生獲朝棟等百餘人。化龍露布以聞，獻俘闕下，剉應龍屍，磔朝棟、兆龍等於市。播州自唐入楊氏，傳二十九世，八百餘年，至應龍而亡。

三十一年，播州餘逆吳洪、盧文秀等叛，總兵李應祥等討平之。分播地爲二，屬蜀者曰遵義府，屬黔者爲平越府。

永寧，唐藺州地。宋爲瀘州江安、合江二縣境。元置永寧路，領筠連州及騰川縣，後改爲永寧宣撫司。

洪武四年平蜀，永寧內附，置永寧衞。六年，筠連州滕大寨蠻編張等叛，詐稱雲南兵，據湖南長寧諸州縣，命成都衞指揮袁洪討之。洪引兵至敍州慶符縣，攻破清平關，擒僞千戶李文質等。編張遁走，復以兵犯江安諸縣。洪追及之，又敗其衆，焚其九寨，獲編張子僞鎭撫張壽。編張遁匿溪洞，餘黨散入雲南。帝聞之，敕諭洪曰：「南蠻叛服不常，不足罪。

既獲其俘，宜編爲軍。且駐境上，必以兵震之，使讋天威，無遺後患。」未幾，張復聚衆據滕大寨，洪移兵討敗之。追至小芒部，張遁去，遂取得花寨，擒阿普等。自是，張不敢復出，其寨悉平。遂降筠連州爲縣，屬敍州，[五]以九姓長官司隸永寧安撫司。

七年陞永寧等處軍民安撫司爲宣撫使司，秩正三品。八年以祿照爲宣撫使。十七年，永寧宣撫使祿照貢馬，詔賜鈔幣冠服，定三年一貢如例。十八年，祿照遣弟阿居來朝，言比年賦馬皆已輸，惟糧不能如數。緣大軍南征，蠻民驚竄，耕種失時，加以兵後疾疫死亡者多，故輸納不及。命蠲之。二十三年，永寧宣撫言，所轄地水道有一百九十灘，其江門大灘有八十二處，[六]皆石塞其流。詔景川侯曹震往疏鑿之。二十四年，震至瀘州按視，有枝河通永寧，乃鑿石削崖，以通漕運。

二十六年，以祿照子阿聶襲職。先是，祿照坐事逮至京，得直，還卒於途。其子阿聶與弟智皆在太學，遂以庶母奢尾署司事。至是，奢尾入朝，請以阿聶襲，從之。永樂四年，免永寧荒田租。

宣德八年，故宣撫阿聶妻奢蘇朝貢。九年，宣撫奢蘇奏：「生儒皆土僚，朝廷所授官言語不通，難以訓誨。永寧監生李源資厚學通，乞如雲南鶴慶府例，授爲儒學訓導。」詔從之。景泰二年，滅永寧宣撫司稅課局鈔，以苗賊竊發，客商路阻，從布政司請也。

成化元年，山都掌大壩等寨蠻賊分劫江安等縣，兵部以聞。二年，國子學錄黃明善奏：「四川山都掌蠻屢歲出沒，殺掠良民。景泰元年招之復叛，天順六年撫之又反。近總兵李安令永寧宣撫奢貴赴大壩招撫，亦未效。恐開釁無已，宜及大兵之集，早爲定計，毋釀邊患。」三年，明善復言：「宋時多剛縣蠻爲寇，用白芀子兵破之。白芀子者，卽今之民壯；多剛縣者，卽今之都掌多剛寨也。前代用鄉兵有明效，宜急募民壯，以助官軍。都掌水稻十月熟，宜督兵先時取其田禾，則三月之內蠻必餒矣。軍宜分三路：南從金鵝池攻大壩，中從戎縣攻箐前，北從高縣攻都掌。小寨破，大寨自拔。又大壩南百餘里爲芒部，西南二百里爲烏蒙，令二府土官截其險要。更用火器自下而上，順風延爇，寨必可攻。且征調土兵，須處置得宜，招募民壯，須賞罰必信。」詔總兵官參用之。時總督尚書程信亦奏：「都掌地勢險要，必得土兵嚮道。請敕東川、芒部、烏蒙、烏撒諸府兵，並速調湖廣永順、保靖兵，以備征遣。」又請南京戰馬一千應用。皆報可。四年，信奏：「永寧宣撫奢貴開通運道，擒獲賊首，宜降璽書奬賚。」從之。

十六年，白羅羅羿子與都掌大壩蠻相攻，禮部侍郎周洪謨言：「臣敍人也，知敍蠻情。戎、珙、筠、高諸縣，在前代皆土官，國朝始代以流，言語性情不相習，用激變。洪、永、宣、正四朝，四命將徂征，隨服隨叛。景泰初，益滋蔓，至今爲梗。臣向嘗言仍立土官治之，爲久

遠計。而都御史汪浩儌幸邊功，誣殺所保土官及寨主二百餘人，諸蠻怨入骨髓，轉肆劫掠。及尙書程信統大兵，僅能克之。臣以謂及今順蠻人之情，擇其衆所推服者，許爲大寨主，俾世襲，庶可相安。」又言：「白羅羅者，相傳爲廣西流蠻，有衆數千，無統屬。景泰中，糾戎、珙苗，攻破長寧九縣，今又侵擾都掌。其所居，崖險箐深，旣難剪滅，亦宜立長官司治之。地近芒部，宜卽隸之。羿子者，永寧宣撫所轄。而永寧乃雲、貴要衝，南跨赤水、畢節六七百里，以一柔婦人制數萬强梁之衆，故每肆劫掠。臣以爲宣撫土僚，仍令宣撫奢貴治之。其南境寨蠻近赤水、畢節要路者，宜立二長官司，仍隸永寧宣撫。夫土官有職無俸，無損國儲，有益邊備。」從之。二十五年，永寧宣撫司女土官奢祿獻大木，給誥如例。

萬曆元年，四川巡撫曾省吾奏：「都蠻叛逆，發兵征討，土官奢效忠首在調，但與貴州土官安國亨有讐。請並令總兵官劉顯節制，使不得藉口復讐，妄有騷動。」從之。初，烏撒與永寧、烏蒙、水西、霑益諸土官境相連，復以世戚親厚。旣而安國亨殺安信，信兄智結永寧宣撫奢效忠報讐，彼此相攻。而安國亨部下吏目與智有親，恐爲國亨所殺，因投安路墨。墨詐稱爲土知府安承祖，赴京代奏。已而國亨亦令其子安民陳訴，與奢效忠俱奉命聽勘於川貴巡撫。議照蠻俗罰牛贖罪，報可。效忠死，妻世統無子，妾世續有幼子崇周。世統以嫡欲奪印，相讐殺。方奏報間，總兵郭成、參將馬呈文利其所有，遽發兵千餘，深入落紅。奢

氏九世所積，搜掠一空。世續亦發兵尾其後。効忠弟沙卜出拒戰，且邀水西兵報讐。成兵敗績，乃檄取沙卜於世統，統不應，復殺把總三人，聚苗兵萬餘，欲攻永寧洩怨。巡按劾成等邀利起釁，宜逮；而議予二土婦冠帶，仍分地各管所屬，其宣撫司印俟奢崇周成立，赴襲理事。報可。十四年，奢崇周代職，未幾死。

奢崇明者，効忠親弟盡忠子也。幼孤，依世統撫養一十三年。至是，送之永寧，世續遺之龕馬，許出印給之。事已定，而諸奸閣宗傳等自以昔從世續逐世統，殺沙卜，懼崇明立，必復前恨，遂附水西，立阿利以自固。安疆臣陰陽其間，蠻兵四出，焚劫屯堡，官兵不能禁。總督以聞，朝議命奢崇明暫管宣撫事，冀崇明獨夙恨，以收人心。而閣宗傳等攻掠永寧、普市、〔七〕摩尼如故。崇明承襲幾一載，世續印竟不與，且以印私安疆臣妻弟阿利。巡撫遣都司張神武執世續索印，世續言印在鎮雄隴澄處。

隴澄者，水西安堯臣也。隴氏垂絕，堯臣入贅，遂冒隴姓，稱隴澄。敍平播州、敍州功，澄與焉，中朝不知其爲堯臣也。堯臣外怙播功，內仗水西，有據鎮雄制永寧心。蜀撫按以堯臣非隴氏種，無授鎮雄意。堯臣以是懷兩端，陰助世續。意世續得授阿利，則己據鎮雄益堅。又朝廷厭兵，宗傳、阿利等方驛騷，已可臥取隴氏也。而閣宗傳等每焚掠，必稱鎮雄兵，以怖諸部。川南道梅國樓所俘蠻丑者言，鎮雄遣將魯大功督兵五營屯大壩，水西兵已

渡烏鈴堡，約攻永寧，普市遂潰，宗傳等以空城棄去。奢崇明又言，堯臣所遣目把彭月政、魯仲賢六大營助逆不退，聲言將抵敍南，攻永寧、瀘州。於是總兵侯國弼等，皆歸惡於堯臣。都司張神武等所俘喚者、朗者，皆鎮雄土目，堯臣亦不能解。

黔中撫按以西南多事，兵食俱詘，無意取鎮雄。堯臣因以普市、摩尼諸焚掠，皆歸之蜀將。議者遂以貪功起釁，爲蜀將罪。四川巡撫喬璧星言：「堯臣狡謀，欲篡鎮雄，垂涎藺地有年矣。宗傳之背逆恃鎮雄，猶鎮雄之恃水西也。水西疆臣不助兵，臣已得其狀，宜乘逆孽未成，令貴州撫按調兵與臣會剿。倘堯臣稔惡如故，臣即移師擊之，毋使弗摧之虺復爲蛇，弗窒之鷇復爲河也。」疏上，廷議無敢決用師者。久之，阿利死，印亦出，蜀中欲逐堯臣之論，卒不可解。時播州清疆之議方沸騰，黔、蜀各紛紛。至是，永寧議兵又如聚訟矣。時朝廷已一意休兵。三十五年，命釋奢世續，赦閣宗傳等罪，訪求隴氏子孫爲鎮雄後。並令安疆臣約束堯臣歸本土司，聽遙授職銜，不許冒襲隴職。於是宗傳降，堯臣請避去，黔督遂請撤師。

舊制，永寧衞隸黔，土司隸蜀。自水、藺交攻，軍民激變，奢崇明雖立，而行勘未報。摩尼、普市千戶張大策等復請將永寧宣撫改土爲流。兵部言，無故改流，置崇明何地，命速完前勘諸案。於是蜀撫擬張大策以失守城池罪，應斬，黔撫擬張神武以擅兵劫掠，〔八〕罪亦應

斬。策，黔人，武，蜀人也。由是兩情皆不平，諸臣自相搆訟，復紛結不解。會奢崇明子寅與水西已故土官妻奢社輝爭地，安兵馬十倍奢，而奢之兵精，兩相持。蜀、黔撫按不能制，以狀聞。四十八年，黔撫張鶴鳴以赤水衞白撒所屯地爲永寧占據，宜清還，皆待勘未決。

天啓元年，崇明請調馬步兵二萬援遼，從之。崇明與子寅久蓄異志，借調兵援遼，遣其壻樊龍、部黨張彤等，領兵至重慶，久駐不發。巡撫徐可求移鎮重慶，趣永寧兵。樊龍等以增行糧爲名乘機反，殺巡撫、道、府、總兵等官二十餘員，遂據重慶。分兵攻合江、納溪，〔九〕破瀘州，陷遵義，興文知縣張振德死之。興文，故九絲蠻地也。進圍成都，僞號大梁，布政使朱燮元、周著，按察使林宰分門固守。石砫土司女官秦良玉遣弟民屏、〔一〇〕姪翼明等，發兵四千，倍道兼行，潛渡重慶，營南坪關。良玉自統精兵六千，沿江上趨成都。諸援兵亦漸集。時寅攻城急，陰納劉勳等爲內應，事覺伏誅。復造雲梯及旱船，晝夜薄城，城中亦以礟石擊毀之。相持百日，會賊將羅乾象遣人輸款，願殺賊自効。是夜，乾象縱火焚營，賊兵亂，崇明父子倉皇奔，錢帛穀米委棄山積，窮民賴以得活。乾象因率其黨胡汝高等來降。時燮元已授巡撫，率川卒追崇明，江安、新都、遵義諸郡邑皆復。時二年三月也。樊龍收餘衆數萬，據重慶險塞。燮元督良玉等奪二郎關，總兵杜文煥破佛圖關，諸將迫重慶而軍。奢寅遣賊黨周鼎等分道來救，鼎敗走，爲合江民所縛。官軍與平茶、酉陽、石砫三

土司合圍重慶，城中乏食。燮元遂以計擒樊龍，殺之，張彤亦爲亂兵所殺，生擒龍子友邦及其黨張國用、石永高等三十餘人，遂復重慶。

時安邦彥反於貴州，崇明遙倚爲聲援。三年，川師復遵義，進攻永寧，遇奢寅於土地坎，率兵搏戰。大兵奮擊，敗之。寅被創遁，樊虎亦戰死。進克其城，降賊二萬。復進拔紅崖、天台諸囤寨，降者日至。崇明勢益蹙，求救於水西，邦彥遣十六營過河援之。羅乾象急破藺州，焚九鳳樓，覆其巢。崇明踉蹌走，投水西。邦彥與合兵，分犯遵義、永寧。川師敗之於芝蔴塘，賊遁入青山。諸將逼渭河，鏖入龍場陣，獲崇明妻安氏及奢崇輝等，斬獲萬計。藺州平。總督朱燮元請以赤水河爲界，河東龍場屬黔，河西赤水、永寧屬蜀。永寧設道、府，與遵義、建武聲勢聯絡。

未幾，貴州巡撫王三善爲邦彥所襲死，崇明勢復張，將以踰春大舉寇永寧。會奢寅爲其下所殺，而燮元亦以父喪去，崇明、邦彥得稽誅。崇明稱大梁王，邦彥號四裔大長老，諸稱元帥者不可勝計，合兵十餘萬，規先犯赤水。崇禎初，起燮元總督貴、湖、雲、川、廣諸軍務，大會師。燮元定計誘賊深入向永寧，邀之於五峰山桃紅壩，令總兵侯良柱大敗之，崇明、邦彥皆授首。是役也，掃蕩蜀、黔數十年巨憝，前後皆燮元功云。

酉陽，漢武陵郡酉陽縣地。宋爲酉陽州。元屬懷德府。〔一〕

洪武五年，酉陽軍民宣慰司冉如彪遣弟如喜來朝貢。置酉陽州，以如彪爲知州。八年改爲宣撫司，仍以冉如彪爲使。置平茶、邑梅、麻兔、石耶四洞長官司，以楊底綱、楊金奉、冉德原、楊隆爲之，每三年一入貢。石耶不能親至京，命附於酉陽。二十七年，平茶洞署長官楊再勝，謀殺兄子正賢及洞長楊通保等。正賢等覺之，逃至京師，訴其事，且言再勝與景川侯謀反。帝命逮再勝鞫之，再勝辭服，當族誅，正賢亦應緣坐。帝誅再勝，釋正賢，使襲長官。酉陽宣撫冉興邦以襲職來朝，命改隸渝州。

永樂三年，指揮丁能、杜福撫諭亞堅等十一寨生苗一百三十六戶，各遣子入朝，命隸酉陽宣撫司。四年免酉陽荒田租。五年，興邦遣部長龔俊等貢方物，並謝立儒學恩。

景泰七年調宣撫僉事冉廷璋兵，征五開、銅鼓叛苗，賜敕諭賞賚。天順十三年命進宣撫冉雲散官一階，以助討叛苗及擒石全州之功也。

弘治七年，宣撫冉舜臣以征貴州叛苗功，乞陞職。兵部以非例，請進舜臣階明威將軍，賜敕褒之。十二年，舜臣奏宋農寨蠻賊糾脅諸寨洞蠻，殺掠焚劫，乞剿捕。保靖、永順二宣慰亦奏，邑梅副長官楊勝剛父子謀據酉陽，結俊倍洞長楊廣震等，號召宋農、後溪諸蠻，聚

兵殺掠，請並討。兵部議，酉陽溪洞連絡，易煽動，宜即撲滅，請行鎮巡官酌機宜。十四年調酉陽兵五千協剿貴州賊婦米魯。

正德三年，酉陽宣撫司護印舍人冉廷璽及邑梅長官司奏，湖廣鎮溪所洞苗聚衆攻劫，請兵剿捕。八年，宣撫冉元獻大木二十，乞免男維翰襲職赴京，從之。二十年，元再獻大木二十，詔量加服色酬賞。

萬曆十七年，宣撫冉維屏獻大木二十，價逾三千。工部議，應加從三品服，以爲土官輸誠之勸，從之。四十六年調酉陽兵四千，命宣撫冉躍龍將之援遼。四十七年，躍龍遣子天胤及文光等領兵赴遼陽，駐虎皮、黃山等處三載，解奉集之圍。再援瀋陽，以渾河失利，冉見龍戰沒，死者千餘人。撤守遼陽，又以降敵縱火，冉文煥等戰沒，死者七百餘人。兵部尚書張鶴鳴言：「躍龍遣子弟萬里勤王，見龍既殺身殉國，躍龍又自捐金二千兩，運軍器至山海關，振困招魂，忠義可嘉。臣在貴州時，躍龍亦自捐餉征紅苗，屢建奇功。今又著節於邊，宜加優恤，以風諸邊。」

天啓元年授躍龍宣慰使，並妻舒氏，皆給誥命，仍恤陣亡千七百餘家。二年，奢崇明叛，躍龍率援師合圍重慶。及崇明誅，其土舍冉紹文與有功。四年，躍龍以東西赴調效命，爲弟見龍及諸陣亡者請賚卹。命下所司。

崇禎九年，宣慰使冉天麟疏言：「庶孽天胤假旨謀奪臣爵土，不遂，擅兵戕殺。」下撫按察勘。時蜀方憂盜，大吏自顧不暇，土官事多寢閣云。

石砫，以石潼關、砫蒲關而名。後周置施州。唐改青江郡。宋末，置石砫安撫司。元改石砫軍民府，尋仍爲安撫司。

洪武七年，石砫安撫使馬克用遣其子付德與同知陳世顯入朝，貢方物。八年，改石砫安撫司爲宣撫司，隸重慶府。十六年，石砫溪蠻寇施州，黔江守禦官軍擊破之。十八年，石砫宣撫同知陳世顯遣子興潮等奉表貢方物，賀明年正旦。二十四年賜石砫宣撫同知陳興潮及其子文義白金百兩，以從征散毛洞有功故也。

宣德五年命宣撫馬應仁子鎮爲宣撫。初，應仁有罪應死，貸謫戍。至是，帝念其祖克用嘗効力先朝，命求其子孫之良者用之，故有是命。

成化十八年，四川巡撫孫仁奏：「三月內盜三百人入石砫，殺宣撫馬澄及隸卒二十餘人，焚掠而去。以石砫地鄰酆都，互爭銀場相訐，有司不爲區治，致相讐殺。」命責有司捕賊。仁奏，「石砫歲辦鉛課五千一百三十斤，正統後停之。鄰境軍民假以徵課，乘機竊取，

釀成禍階。請除其課，閉其洞，仍移忠州臨江巡檢於酆都南賓里之姜池，以便防守。」從之。是年，命馬徽爲宣撫。

萬曆二十二年，石砫女土官覃氏行宣撫事。土吏馬邦聘謀奪其印，與其黨馬斗斛、斗霖等，集衆數千，圍覃氏，縱火焚公私廬舍八十餘所，殺掠一空。覃氏上書言：「臣自從征疊、茂，擊賊大雪山，斬首捕寇，皆著有成勞，屢膺上官獎賞。今邦聘無故虔劉孤寡，臣豈不能出一旅與之角勝負，誠以非朝命，不敢也。今叛人斯在，請比先年楚金洞舍覃碧謀篡事，願與邦聘同就吏。」二十三年命四川撫按讞其獄，事未決。會楊應龍反播州，覃與應龍爲姻，而斗斛亦結應龍，兩家觀望，獄遂解。覃氏有智計，性淫，故與應龍通。長子千乘失愛，暱次子千駟，謂應龍可恃，因聘其女爲千駟妻。千駟入播，同應龍反。千乘襲馬氏爵，應調，與酉陽冉御龍同征應龍。應龍敗，千駟伏誅，而千乘爲宣撫如故。千乘卒，妻秦良玉以功封夫人，自有傳。

校勘記

〔一〕草塘所屬穀僚等四十一寨蠻作亂　穀僚，明史稿傳一八六播州宣慰司傳作「穀撒」。

〔二〕貴州凱口爛土苗婚於凱里草塘諸寨　凱里，原作「凱離」，據本卷上下文、本書卷四六地理志

改從一致。

〔三〕楊弘既歸凱里　楊弘，原避清諱作「楊宏」，據本傳上文、本書卷一九四鄒文盛傳、明史稿傳一八六播州宣慰司傳改。下同。

〔四〕遂連克桑木烏江河渡三關　河渡，原脫「河」字。按明史稿傳一八六播州宣慰司傳作「連克桑木烏江河渡三關」，國榷卷七八頁四八五〇稱萬曆二十八年三月「壬子，貴陽兵克烏江關；甲寅，克河渡關。」萬曆三大征考稱三月初八日克桑木關，十一日克烏江關，十二日克河渡關。據補。

〔五〕遂降筠連州爲縣屬敍州　此繫於洪武六年，本書卷四三地理志繫於洪武四年。

〔六〕其江門大灘有八十二處　八十二處，原作「十二處」，脫「八」字。按本書卷一三二曹震傳作「八十餘灘」，太祖實錄卷二〇四洪武二十三年九月「是月」條作「八十二處」，據補。

〔七〕而閎宗傳等攻掠永寧普市　普市，原作「普寧」，據本書卷二七一童仲揆傳、明史稿傳一二九張神武傳、神宗實錄卷四三二萬曆三十五年四月丁未條改。

〔八〕黔撫擬張神武以擅兵劫掠　張神武，原作「張仲武」。按上下文都稱「張神武」，「張仲武」只此處一見。本書卷二七一童仲揆傳附有張神武傳，事跡與此合，據改。神武，江西新建人，時爲四川都指揮使故稱「蜀人」，非指籍貫。

〔九〕分兵攻合江納溪　納溪，原作「汭溪」，據本書卷四三地理志改。

〔一〇〕石砫土司女官秦良玉遣弟民屏　民屏，原作「明屏」，據本書卷二七〇秦良玉傳、又卷二四九王三善傳改。

〔一一〕元屬懷德府　懷德府，原作「紹慶府」，據本書卷四三地理志、元史卷六〇地理志改。

明史

清　張廷玉等撰

第二七册

卷三一三至卷三二二(傳)

中華書局

明史卷三百十三

列傳第二百一

雲南土司

明洪武十四年，大軍至滇，梁王走死，遂置雲南府。自是，諸郡以次來歸，垂及累世，規制咸定。統而稽之，大理、臨安以下，元江、永昌以上，皆府治也。孟艮、孟定等處則爲司，新化、北勝等處則爲州，或設流官，或仍土職。今以諸府州概列之土司者，從其始也。蓋滇省所屬多蠻夷雜處，即正印爲流官，亦必以土司佐之。而土司名目淆雜，難以縷析，故係之府州，以括其所轄。而於土司事迹，止摭其大綱有關乎治亂興亡者載之，俾控馭者識所鑒焉。

雲南土司一

雲南　大理　臨安　楚雄　澂江　景東　廣南　廣西　鎭沅　永寧　順寧　蒙化　孟艮　孟定 耿馬安撫司附　曲靖

雲南，滇國也。漢武帝時始置益州郡。蜀漢置雲南郡。隋置昆州，唐仍之。後爲南詔蒙氏所據，改都闡府。歷鄭、趙、楊三氏，至大理段氏，以高智昇領都闡牧，遂世其地。元初，置鄯闡萬戶府。既改置中慶路，封子忽哥爲雲南王鎭之，仍錄段氏子孫守其土。忽哥死，其子嗣封爲梁王。

洪武六年，遣翰林待制王褘等齎詔諭梁王，久留不遣，卒遇害。八年復遣湖廣行省參政吳雲往，中途爲梁使所害。十四年，征南將軍傅友德、藍玉、沐英率師至雲南城，梁王赴滇池死，定其地。改中慶路爲雲南府，置都指揮使司，命都督僉事馮誠署司事。二月詔諭雲南諸郡蠻。十五年，友德等分兵攻諸蠻寨之未服者，土官楊苴乘隙作亂，集蠻衆二十餘萬攻雲南城。時城中食少，士卒多病，寇至，都督謝熊、馮誠等攖城固守，賊不能攻，遂遠營爲久困計。時沐英方駐師烏撒，聞之，將驍騎還救。至曲靖，遣卒潛入報城中，爲賊所得，紿之曰：「總兵官領三十萬衆至矣。」賊衆驚愕，拔營宵遁，走安寧、羅次、邵甸、富民、普寧、大理、江川等處，復據險樹柵，謀再寇。英分調將士剿降之，斬首六萬餘級，生擒四千餘人，諸部悉定。二十五年，英卒，命其子春襲封西平侯，〔一〕仍鎭雲南。

自英平雲南，在鎭十年，恩威著於蠻徼，每下片楮，諸番部具威儀出郭叩迎，盥而後啓，曰：「此令旨也。」沐氏亦皆能以功名世共家。每大征伐，輒以征南將軍印授之，沐氏未嘗不在行間。數傳而西平裔孫當襲侯，守臣爭之，謂滇人知有黔國公，不知西平侯也。孝宗以爲然，許之。自是，遂以公爵佩印，爲故事。諸土司之進止予奪，皆咨稟。及承平久，文網周密，凡事必與太監撫、按、三司會議後行，動多掣肘，土官子孫承襲有積至二三十年不得職者。土官復慢令玩法，無所忌憚；待其罪大惡極，然後興兵征剿，致軍民日困，地方日壞。大學士楊一清等因武定安銓之亂，痛切陳之。黔國公沐紹勳亦以爲言。雖得旨允行，亦不能更革。馴至神宗之世，朝廷惰媮，封疆敗壞日甚一日。緬、莽之叛，皆土官之失職者導之。雖稍奏膚功，而滇南喪敗，卒由土官沙定洲之禍。

沙定洲者，王弄山長官司沙源之子也。源驍勇有將材，萬曆中，數從征調有功，巡撫委以王弄副長官事。繼以征建水功，以安南長官司廢地畀之。後征東川、水西、馬龍山等處，全雲南會城，稱首功，累加至宣撫使，時號沙兵。定洲，其仲子也。

崇禎中，元謀土知州吾必奎叛。總兵官沐天波剿之，調定洲從征。定洲不欲行，出怨言。會奸徒饒希之、余錫朋者逋天波金，無以償。錫朋常出入土司家，誇黔府富盛。定洲心動，陰結都司阮韻嘉諸人爲內應。既定洲入城辭行，天波以家諱日不視事，定洲譟而入，焚劫其府。天波聞變，由小竇遁。時寧州土司祿永命在城，方巷戰拒賊，從官周鼎止天波，留討賊。天波疑鼎爲定洲誘己，殺之，其母妻皆走城北自焚死。定洲據黔府，盤踞會城。劫

巡撫吳兆元，使題請代天波鎭滇，傳檄州縣，全滇震動。祿永命與石屛州龍在田俱引所部去。

天波走楚雄，金滄副使楊畏知奉調駐城中，謂天波曰：「公何不走永昌，使楚得爲備，而公在彼掎角，首尾牽制之，上策也。」天波從之。定洲至楚雄，城閉不得入，乃去。遣其黨王翔、李日芳等，攻陷大理、蒙化。畏知乘間檄城外居民盡入城，築陴濬隍，調土、漢兵守之。定洲聞祿永命等各固守，不敢至永昌，恐畏知截其歸路，急還兵攻楚雄。畏知坐城樓，賊發巨礮擊之，煙焰籠城櫓，衆謂畏知已死，而畏知端坐自如，賊相驚謂神。畏知伺賊間，輒出奇兵殺賊甚衆。賊引去，攻石屛不下，還攻寧州，祿永命戰死。賊計迤東稍稍定，乃復攻楚雄。分兵爲七十二營，環城掘濠，爲久困計。

會張獻忠死，其部將孫可望率餘衆由遵義入黔，稱黔國焦夫人弟來復仇。民久困沙兵，喜其來，迎之。定洲解楚雄圍，迎戰於草泥關，大敗，遁阿迷。可望破曲靖及交水，俱屠之。遂由陸涼、宜良入雲南城，分遣李定國徇迤東諸府。而可望自率兵西出，畏知禦於啓明橋，兵敗，被執。可望聞其名，不殺，語之曰：「吾與爾共討賊，何如？」畏知要以三事：「不用獻忠僞號，不殺百姓，不擄婦女，吾從爾。」可望皆許之。卽折箭相誓，乃以書諭天波如畏知言，天波亦來歸。而李定國之徇臨安者，定洲部目李阿楚拒戰甚力。定國穴地置礮，礮發城陷，

遂入。驅城中官民於城外白場殺之，凡七萬八千餘人，斬獲不與焉。當時皆意定國破臨安，必襲阿迷，取定洲，乃僅掠臨安子女而回，所過無不屠滅。迤西以畏知在軍，得保全。

始定洲歸，屯兵洱革龍，且借安南援自固。會可望與定國不協，聲其罪，杖之百，責以取定洲自贖。定國既至，定洲土目楊嘉方迎定洲就其營宴。定國偵知之，率兵圍營，相拒數日，乃出降。遂械定洲及妻萬氏數百人回雲南，剝其皮市中。可望遂據滇，而天波卒走死於緬甸。

大理，唐葉楡縣境也。麟德初，置姚州都督府。開元末，蒙詔皮羅閣建都於此，爲南詔，治太和城。至閣羅鳳，號大蒙國，異牟尋改大禮國。其後，鄭買賜、趙善政、楊干貞互篡奪，至五代晉時，段思平得之，更號大理國。元憲宗取雲南，至大理，段智興降附，乃設都元帥，封智興爲摩訶羅嵯，管領八方。又以劉時中爲宣撫使，同智興安輯其民。

段氏有大理，傳十世至寶。聞太祖開基江南，遣其叔段眞由會川奉表歸款。洪武十四年，征南將軍傅友德克雲南，授段明爲宣慰使。明遣都使張元亨貽征南將軍書曰：「大理乃唐交綏之外國，鄯闡實宋斧畫之餘邦，難列營屯，徒勞兵甲。請依唐、宋故事，寬我蒙、段，奉正朔，佩華篆，比年一小貢，三年一大貢。」友德怒，辱其使。明再貽書曰：「漢武習戰，僅置益州。元祖親征，祗緣鄯闡。乞賜班師。」友德答書曰：「大明龍飛淮甸，混一區宇。陋漢、唐之小智，卑宋、元之淺圖。大兵所至，神龍助陣，天地應符。汝段氏接武蒙氏，運已絕於元代，寬延至今。我師已殲梁王，報汝世仇，不降何待？」

十五年，征南左將軍藍玉、右將軍沐英率師攻大理。大理城倚點蒼山，西臨洱河爲固。聞王師至，聚衆扼下關。下關者，南詔皮羅閣所築龍尾關也，號極險。玉等至品甸，遣定遠侯王弼以兵由洱水東趨上關，爲犄角勢，自率衆抵下關，造攻具。遣都督胡海洋由石門間道夜渡河，繞出點蒼山後，攀木援崖而上，立旗幟。昧爽，軍抵下關者望見，皆踴躍讙譟，蠻衆驚亂。英身先士卒，策馬渡河，水沒馬腹，將士隨之，遂斬關入。蠻兵潰，拔其城，酋長段世就擒。世與明皆段寶子也。至京師，帝傳諭曰：「爾父寶曾有降表，朕不忍廢。」賜長子名歸仁，授永昌衞鎭撫；次子名歸義，授鴈門鎭撫。大理悉定，因改大理路爲大理府，置衞，設指揮使司。

十六年，品甸土酋杜惠來朝，命爲千夫長。命六安侯王志、安慶侯仇成、鳳翔侯張龍督兵往雲南品甸，繕城池，立屯堡，置郵傳，安輯人民。十七年以土官阿這爲鄧川知州，阿散爲太和府正千夫長，李朱爲副千夫長，楊奴爲雲南縣丞。十九年置雲南洱海衞指揮使司，以賴鎭爲指揮僉事。洱海，本品甸也。兵燹後，人民流亡，室廬無復存者。鎭至，復城池，建譙樓，治廬舍市里，修屯堡、隄防、斥堠，又開白鹽井，民始安輯。二十年詔景川侯曹震及四川都司選精兵二萬五千人，給軍器農具，即雲南品甸屯種，以俟征討。

永樂以後，雲南諸土官州縣，率按期入貢，進馬及方物，朝廷賜予如制。嘉靖元年改十二關長官司於一泡江之西，從巡撫何孟春奏也。

臨安，古句町國。漢置縣。唐爲羈縻牁州地。天寶末，南詔蒙氏於此置通海郡。元時內附，置阿僰部萬戶府。至元中改臨安路，屬臨安、廣西、元江等處宣慰司。

洪武十四年，征南將軍下雲南，遣宣德侯金朝興分道取臨安。元右丞兀卜台、元帥完者都及土官楊政降，改路爲府，廢宣慰司，置臨安衞指揮使司。十七年以土官和寧爲阿迷知州，弄甥爲寧州知州，陸羨爲蒙自知縣，普少爲納樓茶甸副長官；俱來朝貢，因給誥敕冠帶以命之。十八年，臨安府千戶納速丁等來朝，人賜米十石。

永樂九年，溪處甸長官司副長官自恩來朝，貢馬及金銀器，賜賚如例。自恩因言：「本司歲納海肥七萬九千八百索，非土所產，乞准鈔銀爲便。」戶部以洪武中定額，難准折輸。帝曰：「取有於無，適以厲民，況彼遠夷，尤當寬恤，其除之。」

宣德五年，中官雲仙還自雲南，奏設東山口巡檢司，以故土官後普覺爲巡檢。八年，虧容甸長官司奏：「河底自洪武中官置渡船，路通車里、八百。近年軍民有逃逸出境詐稱使者，迫令乘載，往往被害，又沿河時有劫盜出沒。乞置巡檢司，以故把事袁凱之子瑀爲巡檢。」從之。

嘉靖元年復設寧州流官知州，掌州事，土知州祿氏專職巡捕。寧州舊設流官，正德初，土官祿俸陰賄劉瑾罷之。遂交通彌勒州十八寨强賊爲亂，爲官軍捕誅，其子祿世爵復以罪論死。撫按請仍設流官，從之。

初，臨安阿迷州土官普柱，洪武中爲土知州。後設流，錄其後覺爲東山巡檢，既而以他事廢。正德二年以廣西維摩、王弄山與阿迷接壤，盜出沒，仍令普覺後納繼前職。

普維藩者，與寧州祿氏搆兵，師殲焉。維藩子名聲，幼育於官，既長，有司俾繼父職。名聲收拾舊部，勇於攻戰，從討奢安有功，仍授土知州，漸驕恣。

崇禎五年，御史趙洪範按部，名聲不出迎。已，出戈甲旗幟列數里。洪範大怒，謀之巡撫王伉，請討，得旨。官軍進圍州城，名聲恐，使人約降，而陰以重賄求援於元謀土官吾必奎。時官軍已調必奎隨征，必奎與名聲戰，兵始合，佯敗走。官軍望見，遂大潰，布政使周

中華書局

士昌戰死。朝廷以起釁罪伉，逮治，而名聲就撫。然驕恣益甚，當事者頗以爲患。已而廣西知府張繼孟道出阿迷，以計毒殺之。必奎聞名聲死，遂反，連陷武定、祿豐、楚雄諸城。寧州土官祿永命、石屏州土目龍在田，俱與必奎、名聲從征著名，至是，黔國公沐天波檄之統兵，合剿擒必奎。名聲妻萬氏，本江西寄籍女，淫而狡。名聲死後，改嫁王弄山副長官沙源之子定洲。名聲有子曰服遠，與萬氏分寨居，定洲誘殺服遠，併其地。天波檄定洲取必奎，定洲不欲行，遂反，詳前傳。

臨安領州四，縣四。[二]其長官司有九，曰納樓茶甸，曰敎化三部，曰溪處甸，曰左能寨，曰王弄山，曰虧容甸，曰思陀甸，曰落恐甸，曰安南，其地皆在郡東南。西平侯征安南，取道於此。蓮花灘之外卽交荒外，而臨安無南面之虞者，以諸甸爲之備也。但地多瘴，流官不欲入，諸長官亦不請代襲，自相冠帶，日尋干戈。納樓部內有礦場三，曰中場、鵝黃、摩訶。封閉已久，亡命多竊取之。其安南長官司，本阿僰蠻所居，舊名褒古，後名捨資。元爲捨資千戶所。以地近交阯，改安南，屬臨安路。正德八年，蒙自土舍祿祥爭襲父職，鴆殺其嫡兄祿仁，安南長官司土舍那代助之以兵，遂稱亂，守臣討平之。事聞，命革蒙自土官，改長官司爲新安守禦千戶所，調臨安衞中所官軍戍之。

楚雄，昔爲威楚。元憲宗置威楚萬戶府。至元後，置威楚開南路宣撫司。

洪武十五年，南雄侯趙庸取其地。十七年以土官高政爲楚雄府同知，阿魯爲定邊縣丞。永樂元年，楚雄府言：「所屬蠻民，不知禮義。惟僰種賦性溫良，有讀書識字者。府州已嘗設學敎養，其縣學未設。縣所轄六里，僰人過半，請立學置官訓誨。」從之。

宣德五年命故土知府高政女襲同知。政初爲同知，永樂中來朝，時仁宗監國，嘉其勤誠，陞知府，子孫仍襲同知。政卒，無子，妻襲。又卒，其女奏乞襲知府。帝曰：「皇考有成命。」令襲同知。

八年陞南安州琅井土巡檢李保爲州判官，以鄉老言：「本州俱羅舞、和泥、烏蠻雜類，稟性頑獷，以無土官管束，多致流移，差役賦稅，俱難理辦。衆嘗推保署州事，撫綏得宜，民皆向服，流移復歸，乞授本州土官。」吏部言：「南安舊無土官，難從其請。」帝以爲治在順民情，從之。

九年，黔國公沐晟等奏：「楚雄所屬黑石江及泥坎村銀場，軍民盜礦，千百爲羣，執兵攘奪。楚雄縣賊首者些糾合武定賊者惟等，劫掠軍民，殺巡檢張禎。又定邊縣阿苴里諸處強賊，聚衆抄掠景東等衞。大理、蒙化、楚雄、姚州皆有盜出沒。」帝敕責晟等，期以三年，討靖

諸爲亂者。

嘉靖四十三年，楚雄叛蠻阿方等兵起，先攻易門所，流劫嶍峨、昆陽、新化各州縣，僭稱王，約土官王一心、王行道爲援。一心後悔，詣軍門請討賊自効。巡撫呂光洵許之，招降數百人。官軍分道進，擒獲賊黨。乘勝攻大、小木址二寨，克之，斬阿方首，餘賊悉平。

澂江，唐爲南寧、昆二州地。天寶末，沒於蠻，號羅伽甸。宋時，大理段氏號羅伽部。元置羅伽萬戶府。至元中，改澂江路。洪武十五年，雲南平，澂江歸附，改澂江府。地居滇省之中，山川明秀，蠶衣耕食，民安於業。近郡之羅羅，性雖頑狠，然恭敬上官。官至，爭迎到家，刲羊擊豕，罄所有以供之，婦女皆出羅拜，故於諸府獨號安靜云。

景東，古柘南也，漢尙未有其地。唐南詔蒙氏始置銀生府，後爲金齒白蠻所據。元中統三年討平之，以所部隸威楚萬戶。至元中，置開南州。

洪武十五年平雲南，景東先歸附。土官俄陶獻馬百六十匹、銀三千一百兩、馴象二。詔

置景東府，以俄陶知府事，賜以文綺襲衣。十八年，百夷思倫發叛，率衆十餘萬攻景東之北吉寨。俄陶率衆禦之，爲所敗，率其民千餘家避於大理府之白崖川。事聞，帝嘉其忠，遣通政司經歷楊大用齎白金文綺賜之。二十三年，沐英討平思倫發，復景東地，因奏景東百夷要衝，宜置衞。以錦衣衞僉事胡常守之，俄陶仍舊職。二十四年，帝以景東爲雲南要害，且多腴田，調白崖川軍士屯守。二十六年命洱海衞指揮同知賴鎭守景東，從沐春請也。

宣德五年置孟緬長官司。時景東奏所轄孟緬、孟梳，地方遐遠，屢被外寇侵擾。乞幷孟梳於孟緬，設長官司，授把事姜嵩爲長官，以隸景東，歲增貢銀五十兩。六年，大侯土知州刀奉漢侵據孟緬地，敕黔國公沐晟遣官撫諭。

正統中，思任發叛，官軍征麓川，知府陶瓚從征有功，進階大中大夫。弘治十五年正月，景東衞雲霧黑暗，[三]晝夜不別者凡七日，巡撫陳金以聞。命廷臣議考察，以謝天變。南京刑部、都察院承旨，考黜文武官千二百員。嘉靖中，者東甸稱亂，劫景東府印去。土舍陶金追斬其頭目，奪印歸。

景東部皆僰種，性淳樸，習弩射，以象戰。歷討鐵索、米魯、那鑑、安銓、鳳繼祖諸役，皆調其兵及戰象。天啓六年，貴州水西安邦彥反，率衆二十萬入滇境，至馬龍後山，去會城十五里。總兵官調景東土舍陶明卿率兵伏路左。賊分道幷至，官兵禦之，賊拒戰，勢甚銳。

明卿乃以象陣從左翼衝出橫擊，賊潰，追奔十餘里。巡撫上功，推明卿第一。景東每調兵二千，必自効千餘，餉士之費，未嘗仰給公家，土司中最稱恭順。其府治東有邦泰山，頗險峻，土官陶姓所世居也。

廣南，宋時名特磨道。土酋儂姓，智高之裔也。元至元間，立廣南西路宣撫司。〔四〕初領路城等五州，後惟領安寧、富二州。

洪武十五年歸附，〔五〕改廣南府，以土官儂郎金爲同知。十八年，郎金來朝，賜錦綺鈔錠。二十八年，都指揮同知王俊奉命率雲南後衞官軍至廣南，築城建衞。郎金父貞佑不自安，結衆據山寨拒守。俊遣人招之，不服，時伏草莽中劫掠，覘官軍進退。俊乃遣指揮歐慶等分兵攻各寨，自將取貞佑，又以兵扼間道，絕其救援。諸寨悉破，衆潰，貞佑窮促就擒，械送京師。降郎金爲府通判。

永樂六年，富州土知州沈紘經入貢，値仁孝皇后喪，紘經奉香幣致祭。宣德元年，土官儂郎舉來朝，貢馬。

正統六年，廣南賊阿羅、阿思等劫掠，命總兵官沐昂等招撫之。時富州土官沈政與郎舉

互訐糾衆侵地，帝命昂等勘處。七年，昂奏二人叛逆無實迹，因有隙相妄奏。兵部請治政等罪，帝以蠻人宥之。政、舉相讐殺已十餘年，時方征麓川，憚兵威不敢動。未幾，郎舉以從征功陞同知，死無嗣，四門舍目共推儂文舉署事，屢立戰功。萬曆七年，實授同知。子應祖從征三鄉，親獲賊首，詔賞銀百兩。播州之役，徵其兵三千討尋甸叛目，皆有功，賜四品服。

儂氏自文舉藉四門舍目推擁之力得授職，後儂氏襲替必因之。土官之政出於四門，租稅僅取十之一。道險多瘴，知府不至其地，印以臨安指揮一人署之。指揮出，印封一室，入取，必有瘟癘死亡。萬曆末，知府廖鉉者，避瘴臨安，以印付同知儂仕英子添壽。添壽死，家奴竊印幷經歷司印以逃，既而歸印於其族叔儂仕祥。時仕英親弟仕獬例得襲，索仕祥印，仕祥不與，遂獻地與泗城土官岑接，與連婚搆兵，滅仕獬家。及仕祥死，子琳以府印送接，而經歷司印又爲琳弟瓊所有。巡撫王懋中調兵往問，瓊懼，還印於通判周憲，接亦出府印獻於官。時兵方調至境，遽遣歸。廷議治鉉擅離與守巡失撫之罪，瓊、接已輸服，勿問，詔可。未幾，儂紹湯兄弟爭襲，各糾交阯兵象，焚掠一空。

廣西，隋屬牂州，後爲東爨、烏蠻等部所居。〔六〕唐隸黔州都督府。後師宗、彌勒二部寖盛，蒙、段皆莫能制。元憲宗時始內屬。至元十二年籍二部爲軍，置廣西路。

洪武十四年歸附，以土官普德署府事。二十年，普德及彌勒知州赤善、師宗知州阿的各遣人貢馬，詔賜文綺鈔錠。二十四年，布政使張紞奏：「維摩、雲龍、永寧、浪渠、越順等州縣蠻民頑惡，不遵政教，宜置兵戍守，以控制之。」是後，朝貢賜予如制。

正統六年，總兵官沐昂奏師宗州及廣南府賊阿羅、阿思糾合爲亂，命昂等招諭，未幾平。成化中，土知府昂貴有罪，革其職，安置彌勒州，乃置流官，始築土城。嘉靖元年設雲南彌勒州十八寨守禦千戶所。其部衆好擄掠，無紀律，至水西、烏撒用兵，始征調之。崇禎間，巡按御史傅宗龍由滇入黔，招普兵以行。時滇中最勍稱沙普兵，亦曰昂兵。

鎭沅，古濮、洛雜蠻所居，元史謂是和泥、昔樸二蠻也。唐南詔蒙氏銀生府地。其後，金齒爽蠻據之。元時爲威遠蠻棚府，屬元江路總管。

洪武十五年，總管刀平與兄那直歸附，授千夫長。建文四年置鎭沅州，以刀平爲知州。永樂三年，刀平率其子來朝，貢方物，賜鈔文綺。從征八百，又從攻石崖、者達寨外部。整線

來降，入貢方物。陞爲府，以刀平爲知府，置經歷、知事各一員。貢賜皆如例。成化十七年，以地方未平，免鎭沅諸土官朝覲。正統元年復免。〔七〕

嘉靖中征安銓，調鎭沅兵千人，命刀寧息領之。復調其子刀仁，亦率兵千人，征那鑑，克魚復寨。初，鎭沅印爲那氏所奪，至是得印以獻，命給之。

領長官司一，曰祿谷寨，永樂十年置。

永寧，昔樓頭睒地，接吐蕃，又名荅藍。唐屬南詔，後爲麼些蠻所據。元憲宗時內附，至元間，置荅藍管民官，尋改永寧州，隸北勝府。

洪武平雲南時，屬鶴慶府。二十九年，改屬瀾滄衞。十二月，土賊卜百如加劫殺軍民，前軍都督僉事何福遣指揮李榮等討之。其子阿沙遁入革失瓦都寨，官軍齎三日糧，深入追之，會天大雨，衆饑疲，引還。

永樂四年設四長官司，隸永寧土官，以土酋張首等爲長官，各給印章，賜冠帶綵幣。尋陞永寧爲府，隸布政司，陞土知州各吉八合知府，遣之齎敕往大西番撫諭蠻衆。宣德四年，永寧蠻寨矢不剌非糾四川鹽井衞土官馬剌非殺各吉八合，官軍撫定之。命卜撒襲知府，復

爲矢不剌非所殺。已，命卜撒之弟南八襲，馬剌非又據永寧節卜、上、下三村，逐南八，大掠夜白、尖住、促卜瓦諸寨。事聞，帝命都督同知沐昂勒兵諭以禍福，幷移檄四川行都司下鹽井衞諭馬剌非還所據村寨。正統二年，馬剌非爲南八所攻，拔烏節等寨，南八亦言馬剌非殺害。詔鎭巡官驗問，令各歸侵地，乃寢。

永寧界，東至四川鹽井衞十五里，西至麗江寶山州，南至浪渠州，北至西番。領長官司四，曰剌次和，曰瓦魯之，[八]曰革甸，曰香羅。

順寧府，本蒲蠻地，名慶甸。宋以前不通中國，雖蒙氏、段氏不能制。元泰定間始內附。天曆初，置順寧府幷慶甸縣，後省入府。

洪武十五年，順寧歸附，以土酋阿悅貢署府事。十七年命阿日貢爲順寧知府。二十三年，土酋猛丘、土知府子丘等，不輸徵賦，自相仇殺。大理衞指揮鄭祥征蒙化賊，移師至甸頭，破其寨。猛丘請降輸賦，乃還。猛丘死，把事阿羅等復起兵相攻擊。二十九年，西平侯沐春遣鄭祥與指揮李榮等，分道進討，擒阿羅等誅之。後貢賜如制。

順寧與大侯接境。萬曆中，大侯土舍奉赦、奉學兄弟不相能。[九]奉學倚妻父土知府猛

廷瑞，與兄赦日搆兵。巡撫陳用賓檄參將李先著、副使邵以仁勘處。以仁襲執廷瑞，因請改順寧爲流官。先著被檄，極言不可討，被謗語，逮下獄瘐死。然廷瑞實無反謀，以參將吳顯忠覘其富，誣以助惡，索金不應，遂讒於巡按張應揚，轉告巡撫陳用賓。廷瑞大恐，不得已斬奉學以獻。顯忠益誣其陰事，傅以反狀，撫按會奏，得旨大剿。廷瑞出，獻印獻子以俟命，不從。顯忠帥兵入其寨，盡取猛氏十八代蓄貲數百萬，誘廷瑞至會城執之，獻捷於朝。於是所部十三寨盡憤，始聚兵反，官兵悉剿除之，幷殺其子。以仁超擢右都御史，廕子。未幾坐大辟，繫獄，應揚亦病卒。人以爲天道云。

順寧附境有猛猛、猛撒、猛緬，所謂三猛也。[一〇]猛猛最強，部落萬人，時與二猛爲難。其地田少箐多，射獵爲業。猛緬地雖廣，而人柔弱。部長賜冠帶，最忠順。猛撒微弱，後折入於耿馬云。

蒙化，唐屬姚州都督府。蒙氏時，細奴邏築城居之，號蒙舍詔。段氏改開南縣。元爲州，屬大理。

洪武十七年以土酋左禾爲蒙化州判官，施生爲正千夫長。二十三年，西平侯沐英以蒙化所屬蠻火頭字青等梗化不服，請置衞。命指揮僉事李聚守蒙化。賊高天惠作亂，大理衞指揮使鄭祥捕斬之，傳首雲南。

永樂九年，土知州左禾、正千夫長阿束來朝，貢馬，賜予如例。既，左伽從征麓川，戰於大侯，功第一，進秩臨安知府，掌州事。正統中，陞州爲府，以左伽爲知府，世襲。所部江內諸蠻，性柔，頗馴擾，江外數枝，以勇悍稱。每應征調，多野戰，無行伍。

成化十七年，巡撫奏地方未寧，免蒙化土官明年朝貢。正統元年詔復免。[一一]

萬曆四十八年，雲龍土知州段龍死，子嘉龍立，養子進忠殺嘉龍爭襲，流劫殺掠。官軍進討，進忠從間道欲趨大理，官軍擒誅之，改設流官，授段氏世吏目一人。

孟艮，蠻名孟揹，自古不通中國。永樂三年來歸，設孟艮府，隸雲南都司，以土酋刀哀爲知府，給印誥冠帶。時刀哀遣人來朝，請設治所，歲辦差發黃金六十兩。六年，土知府刀交遣弟刀哈哄貢象及金銀器。禮部言：「刀交嘗搆兵攻劫鄰境，詐譎不誠，宜却其貢。」帝曰：「蠻夷能悔過來朝，往事不足責。」命賜鈔及絨錦綺帛。是後，貢賜皆如例。宣德六年，命內官楊琳齎綵幣往賜孟艮知府刀光。正統間，孟艮地多爲木邦所幷。景泰中，入貢知府

名慶馬辣，不知於刀氏何屬也。

孟艮在姚關東南二千里外，沃野千里，最殷富。地多虎，農者於樹杪結草樓以護稼。雲南知府趙混一嘗入其境，待之禮慢，後無復至者。

孟定，蠻名景麻。至元中，立孟定路軍民總管府，領二甸，隸大理、金齒等處宣慰司。洪武十五年，土酋刀名扛來朝，貢方物，賜綺帛鈔幣，設孟定府，[一二]以刀渾立爲知府。永樂二年，孟定土官刀景發遣人貢馬，賜鈔羅綺。遣使往賜印誥、冠帶、襲衣，復頒信符、金字紅牌。四年，帝以孟定道里險遠，每歲朝貢不便，令自今三年一貢，如慶賀謝恩不拘例。

初，孟璉與孟定皆麓川地，其土目皆故等夷，惡相屬，後改孟璉隸雲南，多以互侵土地仇殺。宣德六年，土知府罕顏法以爲言，敕黔國公沐晟遣官撫諭，俾各歸侵掠。正統中，麓川叛，孟定知府刀祿孟遁走。木邦土官罕葛從征有功，總督王驥奏令食孟定之土。嘉靖間，木邦罕烈據地奪印，令土舍罕慶守之，名爲耿馬，地之所入，悉歸木邦。萬曆十二年，官兵取隴川，平孟定故地，以罕葛之後爲知府。十五年頒孟定府印。崇禎末，孟定叛，降於緬甸。

其地，自姚關南八日程，西接隴川，東連孟璉，南木邦，北鎭康。土瘠人稀，有馬援城在焉。領安撫司一，曰耿馬。萬曆十二年置，以們罕爲安撫使。與孟定隔喳哩江。孟定居南，耿馬居北。罕死，弟們罕金護印，屢奉朝貢。時木邦思禮作亂，侵灣甸、鎭康，倚罕金爲聲援。天啓二年，緬人攻猛乃、孟艮，罕金欲救之。緬移兵攻金，金厚賂之，乃解。後與木邦罕正構難不絕云。

曲靖，隋恭、協二州地。唐置南寧州，改恭州爲曲州，分協州置靖州。至元初，置磨彌部萬戶，後改爲曲靖路宣慰司。

洪武十四年，征南將軍下雲南，元曲靖宣慰司征行元帥張麟、行省平章劉輝等來降。十五年改曲靖千戶所爲曲靖軍民指揮使司，置曲靖軍民府。十六年，霑益州土官安索叔、安磁等貢馬及羅羅刀甲、氈衫、虎皮。詔賜磁、冠帶、綺羅衣各一襲幷文綺、鈔錠。羅雄州土酋納居來朝，賜鈔幣。十七年，亦佐縣土酋安伯作亂，西平侯沐英發兵討降之。

二十年，越州土酋阿資與羅雄州營長發束等叛。阿資者，土官龍海子也。越州，蠻呼爲苦麻部。元末，龍海居之，所屬俱羅羅斯種。王師征南時，英駐兵其地之湯池山。龍海

降，遂遣子入朝，詔以龍海爲知州。尋爲亂，英擒之，徙遼東，至蓋州病死。阿資繼其職，益桀驁，至是叛。帝命英會征南將軍傅友德進討。道過平夷，以其山險惡，宜駐兵屯守，遂遷其山民往居卑午村，留神策衞千戶劉成等將千人置堡其地，後以爲平夷千戶所。阿資等率衆寇普安，燒府治，大肆剽掠。友德率兵擊之，斬其營長。二十二年，友德等進攻，土官普旦來降。阿資退屯普安，倚崖壁爲寨。友德以精兵蹙之，蠻衆皆緣壁攀崖，墜死者不可勝數，生擒一千三百餘人，獲馬畜甚衆。阿資遁還越州，復追擊敗之，斬其黨五十餘人。阿資窮蹙請降。初，阿資之遁也，揚言曰：「國家有萬軍之勇，我地有萬山之險，豈能盡滅我輩。」英乃請置越州、馬龍二衞，〔一三〕扼其險要，復分兵追捕，至是遂降。

英等以陸涼西南要地，請設衞屯守。命洱海衞指揮僉事滕聚於古魯昌築城，置陸涼衞指揮使司。英又言：「曲靖指揮千戶哈剌不花，乃故元守禦陸涼千戶。今陸涼置衞，宜調於本衞鎭守，庶絕後患。」詔從之。帝以平夷尤當要衝，四面皆諸蠻部落，乃遣開國公常昇往辰陽集民間丁壯五千人，統以右軍都督僉事王成，即平夷千戶所改置衞。二十三年置越州衞。二十四年徙越州衞於陸涼州；以英言雲南諸蠻皆降，惟阿資恃險屢叛，宜徙衞軍守禦。已，阿資復叛。命都督僉事何福爲平羌將軍，率師進討，屢敗賊衆。會連月淫雨水溢，阿資援絕，與其衆降。福擇曠地列柵，以置其衆。西南有木容箐，賊常出沒處，復調普安衞官軍置寧越堡鎭之，然阿資終不悛。

二十七年，阿資復反。西平侯沐春及福率兵營於越州城北，遣壯士伏於岐路，而以兵挑戰。蠻兵悉衆出，伏起，大敗之，阿資脫身遁。初，曲靖土軍千戶阿保、張琳所守地，與越州接壤，部衆多相與貿易。春使人結阿保等，覘阿資所在及其經行地，星列守堡，絕其糧道，賊益困。二十八年，福潛引兵屯赤窩鋪，遣百戶張忠等擣賊巢，擒阿資，斬之，俘其黨，越州乃平。自是以後，諸土官按期朝貢，西南晏然。

正統二年，曲靖軍民知府晏毅言四事。一，土官承襲，或子孫，或兄弟，或妻繼夫，或妾繼嫡，皆無豫定次序，致臨襲爭奪，仇殺連年。乞敕該部移文所司，豫爲定序造册，土官有故，如序襲職。一，請卹陣亡子孫。一，請雲南官俸，悉如四川之例。一，均戶口田地。事下所司議行。毅復請設霑益州松韶巡檢，從之。

嘉靖中，羅雄知州者濬殺營長，奪其妻，生子繼榮，稍長即持刀逐濬。濬欲置之死，以其母故不忍。及濬請老，以繼榮代襲，繼榮遂逐濬。濬訴之鎭巡官，命迎濬歸。繼榮陽事之，實加禁錮。萬曆九年調羅雄兵征緬。繼榮將行，恐留濬爲難，遂弒濬。時霑益土知州安世鼎死，妻安素儀署州事，〔一四〕亦提兵赴調。繼榮與之合營，通焉，且倚霑益兵力爲助。師過越州，留土官資氏家，淫樂不進。知州越應奎白於兵備，將擒之，繼榮走，遂聚衆反，攻破陸涼

鴨子塘、陡陂諸寨，築石城於赤龍山，據龍潭爲險，廣六十里。名己所居曰「龍樓鳳閣」，環以羣寨，實諸軍士妻女其中。十三年，巡撫劉世曾乃檄諸道進兵。適劉綎破緬解官回，世曾以兵屬綎。綎遂馳赴普鮓營，直擣赤龍寨，斬賊渠帥，繼榮遁去。綎復連破三寨，降其衆一萬七千人，追奔至阿拜江，斬繼榮，賊平。世曾請築城，改設流官，乃以何倓爲知州，者繼仁爲巡檢。未幾，蠻寇必大反，殺繼仁，執倓。參將蔡兆吉等討定之，乃改羅雄州曰羅平，設千戶所曰定雄。

時霑益安素儀無子，以烏撒土官子安紹慶爲嗣。慶死，孫安遠襲。土婦設科作亂，逐安遠，糾衆焚掠霑益諸堡站，陷平夷衞。天啓三年，官兵擒設科，誅之。五年，安邊據霑益，從水西叛。事詳烏撒傳中。

初，越州阿資罪誅，永樂間以其子祿寧爲土縣丞，與亦佐沙氏分土而居。其地南北一百二十里，士馬精强，征調銀至三千八百兩。

曲靖境內有交水，去平夷衞二舍，與黔接壤，滇師出上六衞必由之道。天啓初，水西用兵，撫臣議：「曲靖鎖鑰全滇，交水當黔、滇之衝，乃阨塞要地。平夷右所宜移置交水，去險築城 俾與平夷衞相望，互爲聲援，便。」報可。

校勘記

〔一〕二十五年英卒命其子春襲封西平侯　二十五年，原作「二十六年」。按本書卷三太祖紀、太祖實錄卷二一八都繫沐英死於洪武二十五年六月丁卯，繫其子春襲西平侯於本年十月乙亥，據改。

〔二〕臨安領州四縣四　州四縣四，當作州五縣五。按寰宇通志卷一一二、明一統志卷八六、重修明會典卷一六都作「州四縣四」，因三書分別纂修於景泰、天順、萬曆初，時臨安府領州四縣四。至萬曆十九年，新化州「來屬」，又置新平縣，遂領州五縣五。本書卷四六地理志作「領州六縣五」（「縣五」原作「縣四」，已改正），係將宣德元年已「與安南」之寧遠州亦列爲屬州之故。讀史方輿紀要卷一一五作「州五縣五」。

〔三〕弘治十五年正月晨東衞雲霧黑暗　本書卷二八五行志、國榷卷四四頁二七九二都繫此事於弘治十五年十一月。

〔四〕立廣南西路宣撫司　廣南西路，原作「廣南西道」，據本書卷四六地理志、元史卷六一地理志改。

〔五〕洪武十五年歸附　洪武十五年，原作「洪武十七年」，據本書卷四六地理志、太祖實錄卷一五

○洪武十五年十一月「是月」條改。

〔六〕後爲東爨烏蠻等部所居　東爨，明史稿傳一八七廣西傳、元史卷六一地理志改作「東爨」。

〔七〕正統元年復免　按正統元年不應敍在成化十七年之後，疑「正統」當作「正德」。

〔八〕日瓦魯之　原「瓦」「魯」二字倒置，據本書卷四六地理志、明史稿傳一八七永寧傳、明一統志卷八七改。

〔九〕萬曆中大侯土舍奉赦奉學兄弟不相能　萬曆中，原作「宣德中」。按奉學與兄奉赦不相能日搆兵事，纘司合誌卷一一稱在「萬曆中」。撫按以聞，明朝廷命猛廷瑞擒獻奉學，見神宗實錄卷三一三萬曆二十五年八月甲申條。此作「宣德中」誤，今改正。

〔一〇〕所謂三猛也　三猛，原作「三緬」，據本書卷四六地理志改。

〔一一〕正統元年詔復免　按上文已見正統，不應重出，也不應敍在成化之後，疑「正統」當作「正德」。

〔一二〕洪武十五年至設孟定府　十五年，原作「三十五年」，「三」字衍，據本書卷四六地理志改。太祖實錄卷一四三洪武十五年三月己未條載是年所定之雲南府名中有孟定府。

〔一三〕英乃請置越州馬龍二衞　馬龍，原作「龍馬」。據明史稿傳一八七曲靖傳、寰宇通志卷一一二、明一統志卷八七改。按「馬龍」一作「馬隆」，見太祖實錄卷一九五洪武二十二年二月「是月」條、國榷卷九頁六九四。本書卷四六地理志曲靖府馬龍州注云：「北有馬隆守禦千户所，本馬隆衞，洪武二十三年七月置。」

〔一四〕妻安素儀署州事　安素儀，原作「安索儀」，據下文及明史稿傳一八七曲靖傳改。

明史卷三百十四

列傳第二百二

雲南土司二

姚安　鶴慶　武定　尋甸　麗江　元江　永昌　新化　威遠
北勝　灣甸　鎭康　大侯　瀾滄衞　麓川

姚安，本漢弄棟、蜻蛉二縣地。唐置姚州都督府，以民多姚姓也。天寶間，南詔蒙氏改爲弄棟府。宋時，段氏改姚州。元立統矢千戶所，天曆間，陞姚安路。洪武十五年定雲南，改爲府。十六年，姚安土官自久作亂。官兵往討，師次九十九莊，自久遁去。明年復寇品甸。西平侯沐英奏以土官高保爲姚安府同知、高惠爲姚安州同知。二十年命普定侯陳桓、靖寧侯葉昇往雲南總制諸軍，於定邊、姚安等處立營屯種。二十六年，保以襲職，遣其弟貢馬謝恩。

宣德九年，姚安土知府高賢遣使貢馬。弘治中，土官高棟與普安叛賊戰，死於板橋驛。嘉靖三十年，土官高鵠當元江之變布政司徐樾遇害，奮身赴救，死之。萬曆中，同知高金以征緬功，賜四品服。

所屬大姚縣，有鐵索箐者，本儸種。依山險，以剽掠爲業，旁郡皆受其害。弘治間，稍有歸命者，分隸於姚安、姚州。嘉靖中，乃專屬姚安。其渠羅思者，有幻術，造僞印稱亂。萬曆元年，巡撫鄒應龍與總兵官沐昌祚討平之，諸郡乃安。

鶴慶，唐時名鶴川，南詔置謀統郡。元初，置鶴州。至元中，陞鶴慶府，尋改爲路。洪武中，大軍平雲南，分兵拔三營、萬戶砦，獲僞參政寶山帖木兒等六十七人。置鶴慶府，以土官高隆署府事。十七年以董賜爲知府、高仲爲同知，賜子節爲安寧知州、楊奴爲劍川知州。賜率其屬來朝，貢馬及方物，詔賜冠帶幷織金文綺、布帛、鈔錠。十八年以賜爲雲南前衞世襲指揮僉事。賜，安寧州人，世爲酋長。大軍入滇，率衆來降，復從軍討賊有功，故與子節並有世襲知府、知州之命。及賜來朝，以父子俱受顯榮，無以仰報，子幼沖，不達政治，乞還父子所授官，而自爲安寧知州。帝曰：「爾能綏靖邊鄙，授爾官以酬爾勳。今辭尊居卑，奈何？」命潁國公傅友德及諸大臣議之。皆以賜既有功，不可聽其辭，而節之官則可免。乃改賜明威將軍雲南前衞世襲指揮僉事，諭曰：「雲南前衞密邇安寧，特命爾是職。爾其綏輯遠人，以安邊鄙，其毋再辭。」

二十年，劍川土官楊奴叛。大理衞指揮鄭祥討之，斬八十餘人，楊奴遁。未幾，還劍川，復聚蠻爲亂，祥復以兵擊斬之。二十四年置鶴慶衞。三十年改鶴慶府爲軍民府。永樂十五年，順州知州王義言：「雲被聖化三十餘年，聲教所屆，言語漸通，子弟亦有俊秀，請建學教育。」從之。

正統二年，副使徐訓奏鶴慶土知府高倫與弟純屢逞兇惡，屠戮士庶，與母楊氏幷叔宣互相賊害。敕黔國公沐昂諭使輸款，如恃強不服，卽調軍擒捕。五年復敕昂等曰：「比聞土知府高倫妻劉氏同倫弟高昌等，糾集羅羅、麼些人衆，肆行兇暴。事發，不從逮訊。敕至，卽委官至彼勘實，量調官軍擒捕首惡，幷逮千戶王蕙及高宣等至京質問。」八年，鶴慶民楊仕潔妻阿夜珠告倫謀殺其子，復命法司移文勘驗。已而大理衞千戶奏報，倫擅率軍馬欲謀害親母，又稱其母告倫不孝及私斂民財，多造兵器，殺戮軍民，支解梟令等罪。遂敕黔國公沐晟等勘覆。及奏至，言倫所犯皆實，罪應死。倫復屢訴，因與叔宣爭襲，又與千戶王蕙爭娶妾，以致挾仇誣陷。所勘殺死，皆病死及强盜拒捕之人。倫母楊亦訴倫無不孝，實由宣

等陷害。復敕晟及御史嚴恭確訪。既而奏當倫等皆伏誅。高氏族人無可繼者，帝命於流官中擇人，以綏遠蠻。乃擢瀘州知府林遒節爲知府。鶴慶之改流官自此始。

武定，南詔三十七部之一。宋淳熙間，大理段氏以阿歷爲羅武部長。三傳至矣格，當元世祖時，爲北部土官總管。至元七年改武定路，置南甸縣。

洪武十四年，雲南下，武定女土官商勝首先歸附。十五年改爲武定軍民府，以勝署府事。十六年，勝遣人來朝，貢馬。詔賜勝誥命、朝服及錦幣、鈔錠。十七年以和曲土官豆派爲知州。二十一年發內帑，令於武定、德昌、會川諸處，市馬三千匹。宣德元年，元謀縣故土知縣吾忠子政來朝。

正德二年四月，武定雨雹，溪水漲，決堤壞田，隕霜露殺麥。七月廢武定所屬之南甸縣，改隸和曲州，石舊縣改隸祿勸州。三年，土知府鳳英以從征功，進秩右參政，仍知府事，請賜金帶，部議不可。帝以英有軍功，給之。明年，英貢馬謝恩，賜如例。

嘉靖七年，土舍鳳朝文作亂。殺同知以下官吏，劫州印，舉兵與尋甸賊安銓合犯雲南府，撫臣以聞。時安銓未平，朝文復起，滇中大擾。詔以右都御史伍文定爲兵部尙書，提督

雲、貴、川、湖軍務，調四鎮土漢官軍討賊。五月，黔國公沐紹勛疏言：〔一〕「臣奉命會同巡撫等調發官軍，分道勦撫。諸賊抗逆，執留所遣官軍二人，所調集各土舍，又重自疑畏。臣謹以便宜榜示，先給冠帶，待後奏請承襲，衆始感奮。於二月進兵，擊斬強賊十餘人，賊奔回武定。乞敕部授臣方略，俾獲便宜行事，并宥各土舍往罪，凡有功者，俱許承襲，作其敵愾之氣。」帝納之，賜敕奬勵。賊既敗歸，其黨稍散。初，朝文給其衆，謂武定知府鳳詔母子已戮，朝廷且盡勦武定蠻衆。至是，鳳詔同其母率衆自會城往，蠻民相顧錯愕，咸投鳳詔降。朝文計無所出，絕普渡而走，官兵追及，復敗之。朝文率家奴數人，取道霑益州，奔至東川之湯郎箐，爲追兵所及，磔死。銓衆猶盛，遁據尋甸故巢，列寨數十。官兵分哨夾攻之，諸寨先後破，乃併力攻拔其必古老巢。銓奔東川，入芒部，爲土舍祿慶所執，賊平。是役也，生擒渠賊千餘人，斬首二千九百餘級，俘獲男婦千一百餘，撫散蠻黨二萬有奇，奪器械牛馬無算。捷聞，銓、朝文皆梟示，籍其產，家屬戍邊。

十六年命土知府瞿氏掌印。初，府印自洪武以來俱掌於土官，正德間有司議以畀流官同知，土知府職專巡捕、徵糧而已。及鳳詔死，瞿氏以母襲子官，所轄四十七馬頭阿台等，數請以印屬瞿氏。吏部覆言，係舊例，宜如其請，從之。

四十二年，瞿氏老，舉鳳詔妻索林自代。比索林襲，遂失事姑禮。瞿氏大恚，乃收異姓

兒繼祖入鳳氏宗，挾其甥壻貴州水西土舍安國亨、四川建昌土官鳳氏兵力，欲廢索林，以繼祖嗣。不克，乃具疏自稱爲索林囚禁，令繼祖詣闕告之。繼祖歸，詐稱受朝命襲職，驅目兵逼奪府印。索林抱印奔會城，撫按官諭解之。索林歸武定，視事如故，而復聽繼祖留瞿氏所，於是婦姑嫌隙益甚。索林謀誅繼祖，事洩，繼祖遂大發兵圍府，行劫和曲、祿勸等州縣，殺傷調至土官王心一等兵。索林復抱印走雲南，巡撫曹忭下令收印，逮其左右鄭竑繫獄，令瞿氏暫理府事，貸繼祖，責其自新。

四十四年添設府通判一員。四十五年築武定新城成，巡撫呂光洵遣鄭竑回府復業。鄭竑者，前爲索林謀殺繼祖者也。繼祖執而殺之，糾衆攻新城。臨安通判胡文顯督百戶李鰲、土舍王德隆往援，至雞溪子隘，遇伏，鰲及德隆俱死。僉事張澤督尋甸兵二千餘馳救，亦敗，澤及千戶劉裕被執。鎮巡官促諸道兵並進，逼繼祖東山寨，圍之。繼祖懼，擕澤及索林走照姑。已，復殺澤。官軍追之急，由直勒渡過江，趨四川，依東川婦家阿科等。巡按劉思問以狀聞，敕雲南、四川會兵討賊。

初，繼祖之走東川也，土官鳳氏與之通。已而見滇、蜀官軍與土舍祿紹先等兵皆會，乃背繼祖，發卒七千人來援，繼祖益窮。賊帥者色赴紹先營降，斬繼祖以獻。姚縣土官高繼先復擒其餘黨，姚安府同知高欽及弟鈞，謀主趙士傑等皆伏誅。守臣議改設流官，猶不欲

絕鳳氏，授索林支屬鳳曆子思堯經歷，給莊百餘。鳳曆以不得知府怨望，陰結四川七州及水西宣慰安國亨謀作亂。流官知府劉宗寅遣諭之，不聽，遂聚衆稱思堯知府，夜襲府城。城中嚴備不能入，退屯魯墟。宗寅夜出兵，砍其營，賊潰，追至馬刺山，擒鳳曆，伏誅。

萬曆三十五年，繼祖姪阿克久徙金沙江外，賊黨鄭舉等誘阿克作亂，陰結江外會川諸蠻，直陷武定，大肆劫掠。連破元謀、羅次諸城，索府印。會流官知府擕印會城，不能得。賊以無印難號召，劫推官，請冠帶、印信。鎮撫以兵未集，懼，差人以府印授之。賊退入武定，立阿克爲知府。鎮撫調集土兵，分五路進勦，克復武定、元謀、羅次、祿豐、嵩明等州縣，擒阿克及其黨至京師，磔於市。武定平，遂悉置流官。

尋甸，古滇國地，獛剌蠻居之，〔二〕號仲劄溢源部，後爲烏蠻裔斯丁所奪，號斯丁部。蒙氏爲尋甸，至段氏，改仁德部。元初，置仁德萬戶，後改府。

洪武十五年定雲南，仁德土官阿孔等貢馬及方物，改爲尋甸軍民府。十六年，土官安陽來朝，貢馬及虎皮、氈衫等物，詔賜衣服、錦綺、鈔錠。十七年以尋甸土官沙琛爲知府。二十三年置木密關守禦千戶所於尋甸之甸頭易龍驛，又置屯田所於甸頭里果馬里，聯絡耕

種，以爲邊備。是後，土官皆按期入貢。

成化十二年，兵部奏，土官舍人安宣聚衆殺掠，命鎮守官相機撫捕。十四年，土知府安晟死，兄弟爭襲，遂改置流官。

嘉靖六年，安銓作亂，乃土舍之失職者也，侵掠嵩明、木密、楊林等處。巡撫傅習檄守巡官討之，大敗，賊遂陷尋甸、嵩明，殺指揮王昇、唐功等，知府馬性魯棄城走。時武定鳳朝文叛，銓與之合，久之伏誅，事詳前傳。

麗江，南詔蒙氏置麗水節度。宋時麼些蠻蒙醋據之。〔三〕元初，置茶罕章宣慰司。至元中，改置麗江路軍民總管府，後改宣撫司。

洪武十五年置麗江府。十六年，蠻長木德來朝貢馬，以木德爲知府，羅克爲蘭州知州。十八年，巨津土酋阿奴聰叛，劫石門關，千戶浦泉戰死。吉安侯陸仲亨率指揮李榮、鄭祥討之，賊戰敗，遁入山谷，捕獲誅之。時木德從征，又從西平侯沐英征景東、定邊，皆有功，予世襲。二十四年，木德死，子初當襲。初守巨津州石門關，與西番接境。既襲職，英請以初弟虧爲千夫長，代守石門，從之。二十六年十月，西平侯沐春奏，麗江土民每歲輸白金七

百六十兩，皆麼些洞所產，民以馬易金，不諳眞僞，請令以馬代輸，從之。三十年改爲麗江軍民府，從春請也。永樂十六年，檢校龐文郁言，本府及寶山、巨津、通安、蘭州四州歸化日久，請建學校，從之。

宣德五年，麗江府奏浪滄江寨蠻者保等聚衆劫掠。黔國公沐晟委官撫諭，不服，部議再行招撫。已，蘭州土官羅牙等奏，者保拒命，請發兵討之。帝命黔國公及雲南三司相機行，勿緣細故激變蠻民。正統五年，賜知府木森誥命，加授大中大夫資治少尹，以征麓川功也。成化十一年，知府木嶔奏，鶴慶千夫長趙賢屢糾羣賊越境殺掠，乞調旁衞官軍擒剿，命移知守臣計畫。嘉靖三十九年，知府木高進助殿工銀二千八百兩，詔加文職三品服色，給誥命。四十年又進木植銀二千八百兩，詔進一級，授亞中大夫，給誥命。

萬曆三十一年，巡按御史宋興祖奏：「稅使內監楊榮欲責麗江土官退地，聽採。竊以麗江自太祖令木氏世官，守石門以絕西域，守鐵橋以斷吐蕃，滇南藉爲屏藩。今使退地聽採，必失遠蠻之心。卽令聽諭，已使國家歲歲有吐蕃之防；倘或不聽，豈獨有傷國體。」疏上，事得寢。

三十八年，知府木增以征蠻軍興，助餉銀二萬餘兩，乞比北勝土舍高光裕例，加級。部覆賜三品服色，巡按御史劾其違越，請奪新恩，從之。四十七年，增復輸銀一萬助遼餉。泰

昌元年，錄增功，賞白金表裏，其子懿及舍目各賞銀幣有差。天啓二年，增以病告，加授左參政致仕。五年，特給增誥命，以旌其忠。雲南諸土官，知詩書好禮守義，以麗江木氏爲首云。

元江，古西南夷極邊境，曰惠籠甸，又名因遠部。南詔蒙氏以屬銀生節度，徙白蠻蘇、張、周、段等十姓戍之。又開威遠等處，置威遠賧。後和泥侵據其地。宋時，儂智高之黨竄居於此，和泥又開羅槃甸居之，後爲麼些、徒蠻、阿僰諸部所據。元時內附。至元中，置元江萬戶府。後於威遠更置元江路，領羅槃、馬籠等十二部，屬臨安、廣西、元江等處宣慰司。

洪武十五年改元江府。十七年，土官那直來朝貢象，以那直爲元江知府，賜襲衣冠帶。十八年置因遠羅必甸長官司隸之，以土酋白文玉爲副長官。二十年遣經歷楊大用往元江等府練兵，時百夷屢爲邊患，帝欲發兵平之故也。二十六年置元江府儒學。二十七年，知府那榮及白文玉等來朝貢。

永樂三年，榮復入朝貢。帝厚加賜予，遂改爲元江軍民府，給之印信。榮請躬率兵及餽運，往攻八百，帝嘉勞之。元江府又奏，石屏州洛夾橋，每歲江水衝壞，止令本府修理，民

不堪，乞命石屏州協治，從之。九年，那榮率頭目人等來朝，貢馬及金銀器，賜予如例。十二年，故土知府那直子那邦入貢方物。

宣德五年，黔國公沐晟奏，元江土知府那忠，被賊刀正、刀龍等焚其廨宇及經歷印信。今獲刀龍、刀洽赴京，乞如永樂故事，發遼東安置，以警邊夷，從之。命禮部鑄印給之。正統元年，因遠羅必甸長官司遣人來朝貢馬。正德二年以那端襲土知府。

嘉靖二十五年，土舍那鑑殺其姪土知府那憲，奪其印，幷收因遠驛印記。巡撫應大猷以聞，命鎭巡官發兵剿之。二十九年，那鑑懼，密約交蠻武文淵謀亂。撫按官胡奎、林應箕，總兵官沐朝弼以聞，請以副使李維、參政胡堯時督兵剿之，制可。那鑑益縱兵攻掠村寨。

沐朝弼與巡撫石簡調武定、北勝、亦佐等土、漢兵，分五哨。調兵旣集，朝弼與簡駐臨安，分部進兵。破木龍寨，降甘莊，賊勢漸蹙。那鑑遣經歷張維及生儒數人詣南羨監督王養浩所乞降。時左布政徐樾以督餉至南羨，樾迂闊，聞維言，謂鑑誠計窮，乃約翼日令鑑面縛出城來降。左右咸謂夷詐不可信，樾不聽，如期親率百人往城下受降。鑑縱象馬夷兵突出衝之，樾及左右皆死。巡按趙炳然以聞，幷參朝弼、簡及養浩等失事罪。帝降敕切責，褫簡職，養浩等各住俸，剋期捕賊贖罪。朝弼與簡乃督集五哨兵，環元江而壁。令南羨哨督兵渡江攻城，還路通哨、甘莊哨各精卒二千佐之。那鑑知二哨精卒悉歸南羨，潛遣兵象乘

虛衝路通哨。官兵不意賊至，倉猝燒營走。監督郝維嶽奔入甘莊哨，甘莊亦大潰，督哨李維亦遁，惟餘南羨逼城而軍。武定女土官瞿氏、寧州土舍祿紹先、廣南儂兵頭目陸友仁咸恨那鑑戕主奪嫡，誓死不退。督哨王養浩因激奬之，翼日鼓譟攻城，賊大敗，閉門不出。官兵圍之，鑑乞降。官兵懲徐樾之敗，不應。城中析屋而爨，斗米銀三四錢。時瘴毒起，大兵乃復撤，期秋末征之，朝弼以事聞。帝定二哨失事諸臣罪，行撫臣厚賞瞿氏、祿紹先、陸友仁等，敕朝弼會同新撫臣鮑象賢鳩兵討賊。

三十二年，象賢至鎭，調集土、漢兵七萬人，廣集糧運，剋期分哨進剿元江，爲必取計。那鑑懼，伏藥死。象賢檄百戶汪輔入城，撫諭其衆，擒其賊首，及戕土官那憲之阿捉，殺布政徐樾之光龍、光色等，皆斬首以獻。鑑子恕輸所占那旂、封鑾等村寨，幷出所掠鎭沅府印，納象十二隻，輸屢歲逋賦。象賢命官民推那氏當立者，衆舉前土官那端從孫從仁。象賢疏言其狀，請廢恕，貸其死，命從仁暫統其衆，加汪輔以千戶職，從之。萬曆十三年以元江土舍那恕招降車里功，許襲祖職，賞銀幣。

領長官司一，曰因遠羅必甸。

永昌，古哀牢國。漢武帝時，置不韋縣。東漢置瀾滄郡，尋改永昌郡。唐屬姚州，後爲南詔蒙氏所據，歷段氏、高氏皆爲永昌府。元初，於永昌立三千戶所，隸大理萬戶府。[四]至元間置永昌州，尋爲府，隸大理路，置金齒等處宣撫司治。

洪武十五年定雲南，立金齒衛。以元雲南右丞觀音保爲金齒指揮使，賜姓名李觀。十六年，永昌州土官申保來朝，詔賜錦二匹、織金文綺二匹、衣一襲及鈒花銀帶、韡襪。十七年以申保爲永昌府同知。四月，金齒土官段惠遣把事及其子弟來貢，賜綺帛鈔有差。置施甸長官司，[五]以土酋阿干爲副長官，賜冠帶。

十八年置金齒衛指揮使司。二十年，遣使諭金齒衛指揮儲傑、嚴武、李觀曰：「金齒遠在邊徼，土民不遵禮法。爾指揮李觀處事寬厚，名播蠻中，爲諸蠻所愛。然其下多恃功放恣，有乖軍律，故特命傑、武輔之。觀之寬，可以綏遠；傑、武之嚴，可以馭下。敕至，其整練諸軍，以觀外變。」

二十三年罷永昌府，改金齒衛爲軍民指揮使司。時西平侯沐英言，永昌居民鮮少，宜以府衛合爲軍民使司，從之。置鳳谿長官司，以永昌府通判阿鳳爲長官。二十四年置永平衛。永樂元年，賜金齒土官百戶汪用鈔一百錠、綵幣四表裏，以西平侯沐晟遣用招安罕的法，故賞之。洪熙元年，金齒軍民指揮使司及騰衝守禦千戶所等土官貢馬，賜鈔幣。

宣德五年設金齒軍民指揮司騰衝州，置土知州一員。時騰衝守禦所土官副千戶張銘言，其地遠在極邊，麓川宣慰思任發不時侵擾，乞設州治。帝從之，卽以銘爲騰衝知州。八年置騰衝州庫扛關、庫刀關、庫勒關、古湧二關。[六]先是，騰衝州奏，本州路通麓川、緬甸諸處，人民逃徙者多，有悞差發貢獻。舊四百夫長隸騰衝千戶所，其庫扛關等五處，皆軍民兼守。今四百夫已隸本州，止州民守之。乞於五處置巡檢司，以土軍尹黑、張保、李輔、郭節等爲巡檢。正統二年以非額革之。

嘉靖元年復設永昌軍民府。領州一、縣二。其長官司二，曰施甸，曰鳳谿。

新化，本馬龍、他郎二甸，阿僰諸部蠻據之。元憲宗時內附，立爲二千戶所，隸寧州萬戶府。至元間，以馬龍等甸管民官併於他郎甸，置司，隸元江路。

洪武初，改名馬龍他郎甸長官司，直隸雲南布政司。後陞爲新化州。十七年以普賜爲馬龍他郎甸副長官。宣德八年，故長官普賜弟土舍普寧等來朝，貢馬，賜鈔幣。八月，黔國公沐晟奏，摩沙勒寨萬夫長刀甕及弟刀眷糾蠻兵侵占馬龍他郎甸長官司衙門，殺掠人民，請遣都督同知沐昂討之。帝命遣人撫諭，但得刀甕，毋擾平民。正統二年，晟等奏甕不服

招撫，請調附近官土兵，令都督昂剿捕。帝以蠻衆仇殺乃其本性，可仍撫諭之，事遂不竟。

其地有馬龍諸山，居摩沙勒江右。兩岸束隘如峽，地勢極險，故改州以鎮之。

威遠，唐南詔銀生府地，舊爲濮落雜蠻所居。大理時，爲百夷所據。元至元中，置威遠州。

洪武十五年平雲南後，改威遠蠻棚府爲威遠州。三十五年，以土官刀算黨爲威遠知州。

永樂二年，算黨爲車里所擄，奪其地，命西平侯諭之，乃還算黨幷侵地。三年，算黨進象馬方物謝，頒降敕諭金字紅牌，賜之金帶、織金文綺、襲衣及銀鈔、錦幣。二十二年，土官刀慶罕等來朝，貢馬及方物，賜慶罕鈔八十錠，紵絲、羅紗，及頭目以下，皆有加。

宣德三年，刀慶罕遣頭目招剛、刀著中等來貢，賜予如例，就令齎敕及織金紵絲、紗羅賜之，仍給信符、勘合底簿。八年，威遠州奏其地與車里接境，累被各土官劫掠，播孟賓當要衝，乞置巡檢司，以把事劉禧爲巡檢，從之。

正統二年，土知州刀蓋罕遣人貢馬及銀器，賜綵幣等物，并以新信符給之。正統六年

給威遠土知州刀蓋罕金牌，[七]命合兵剿麓川叛寇，以捷聞。敕曰：「叛寇思任發侵爾境土，脅爾從逆。爾母招曩猛能秉大義，効忠朝廷，悉出金貲，分賚頭目。爾母子躬擐甲冑，賈勇殺賊，斬其頭目派罕，[八]追逐餘賊過江，溺死數千，斬首數百，得其戰艦戰象，仍留兵守賊所據江口地。忠義卓然，深足嘉尙。今特陞爾正五品，授奉政大夫、修正庶尹，封爾母爲太宜人，俱錫誥命、銀帶及綵幣表裏，酬爾母子勳勞。陶孟、刀孟經等亦賜賚有差。爾宜益勉忠義，以副朕懷。」

時西南諸部多相仇殺，所給金牌、信符，燒燬不存。景泰六年，刀蓋罕、隨乃吾等來朝貢，因命其管屬本州人民，復給與金牌、信符、織金文綺，賜敕諭遣之。成化元年，威遠州土舍刀朔罕遣頭目刀昔思貢象馬幷金銀器，賜予如例。

其俗勇健，男女走險如飛。境內有河，汲水練炭上卽成鹽。無秤斗，以簍計多寡量之。

北勝，唐貞元中，南詔異牟尋始開其地，名北方賧，徙瀰河白蠻及羅落、麼些諸蠻，以實其地，號成偈賧，又改名善巨郡。宋時，大理段氏改爲成紀鎮。元初，內附。至元中，置施州，尋改北勝州。後爲府，隸麗江路軍民宣撫司。

洪武十五年改爲州，隸鶴慶府，後屬瀾滄衞。永樂五年，土官百夫長楊克卽牙奮來貢馬，賜鈔幣。宣德四年，土判官高琳子瑛來貢方物，請襲父職。十年，土知府高瑛來朝貢，賜鈔幣。正統七年，以北勝州直隸雲南布政司，設流官吏目一員，以州蠻苦於瀾滄衞官軍侵漁也。

萬曆四十八年，北勝州土同知高世懋死，異母弟世昌襲。其族姪蘭妄稱世昌奸生，訟之官，不聽。世昌懼逼，走麗江避之。尋還至瀾滄，宿客舍，蘭圍而縱火，殺其家七十餘人，發其祖父墓，自稱欽授把總，大掠。麗江知府木增請討之，謂法紀弁髦，尾大不掉，不治將有隱憂。上官嘉其義，調增率其部進剿，獲蘭梟之。

灣甸，蠻名細賧。元中統初，內附，屬鎮康路。洪武十七年置灣甸縣。永樂元年三月設灣甸長官司，以西平侯沐晟奏地近麓川，地廣人稠故也。尋仍改爲灣甸州，以土官刀景發爲知州，給印章、金牌并置流官吏目一員。四年，帝以灣甸道里險遠，每歲朝貢，令自今三年一貢，著爲令。如慶賀、謝恩之類，不拘此例。六年，刀景發遣人來朝，貢馬及方物，賜鈔幣。七年，刀景發子景懸等來朝，貢馬，賜予如例。

宣德八年以土官刀景項弟景辦法繼兄職。州有流官吏目一員。州鄰木邦、順寧，日以侵削。成化五年，灣甸州土官舍人景拙法遣使刀胡猛等來朝，貢象馬并金銀器，賜宴并衣服綵幣有差。

萬曆十一年，土官景宗眞率弟宗材導木邦叛賊罕虔入寇姚關，宗眞死於陣，擒宗材斬之。景眞子幼，貸死，降爲州判官。後從討猛廷瑞有功，復舊職。灣甸地多瘴。有黑泉，漲時，飛鳥過之輒墮。

鎮康，蠻名石賧，本黑僰所居。元中統初，內附。至元十三年立鎮康路軍民總管府，領三甸。

洪武十五年改爲鎮康府，十七年改爲州。永樂二年遣官頒信符及金字紅牌於鎮康州。七年以灣甸同知曩光爲知州。初，鎮康地隸灣甸，曩光請增設署所，故有是命。九年以中官徐亮使西南蠻，曩光阻道，詔責之，至是，遣人來朝謝罪。十四年，鎮康州長官司遣人貢馬，賜鈔幣。二十一年，知府刀孟廣來朝，貢馬。宣德三年賜鎮康州土目刀門淵等鈔幣有差。成化五年，知州刀門戞遣使貢馬及金銀器，賜予如例，及妻。

鎮康後亦爲木邦、順寧所侵削。隆慶間，知州悶坎者，罕虔妻以女，因附虔歸緬。坎敗死，其弟悶恩歸義。恩死，子悶枳襲，木邦思禮誘之歸緬，不從。天啓二年，木邦兵據喳哩江，枳奔姚關，守備遣官撫之，乃退。

大侯，蠻名孟祐，百夷所居。元中統初，內附，屬麓川路。

洪武二十四年置大侯長官司。永樂二年頒給信符、金字紅牌。三年，大侯長官司長官刀奉偶遣子刀奉董貢馬及銀器，賜鈔幣。六年，長官刀奉偶遣弟不納狂來貢，賜予如例。

宣德四年陞大侯長官司爲大侯州，〔九〕以土官刀奉漢爲知州。〔一〇〕時刀奉漢奏：「大侯蠻民復業者多，歲納差發銀二百五十兩。灣甸、鎮康二長官民少，歲納差發銀各百兩，永樂中俱陞爲州，乞援二州例。」帝諭吏部曰：「大侯民多復業，亦其長官善撫綏也，宜增秩旌之。」故有是命。八年，大侯州入貢，遣內官雲仙往撫之，并賜錦綺有差。

正統三年，土官刀奉漢子刀奉送來貢，命齎敕并織金文綺絨錦諸物，賜刀奉漢并及其妻。初，奉漢令把事傳永瑤來朝，貢馬，奏欲與木邦宣慰罕門法共起土兵十萬，協同征剿麓川，乞賜金牌、信符，以安民心。特賜之，復降敕嘉奬。七年，敕刀奉漢子刀奉送襲大侯知

州，賜冠帶、印章、綵段表裏，以奉送能率土兵助討麓川也。十一年，大侯知州奉外法等貢銀器、象馬，賜綵幣、衣服有差。十二年敕賜大侯州奉敬法、刀奉送等并其妻綵幣，命來使齎與之。

萬曆中，土目奉學壻於順寧知府猛廷瑞，後巡撫陳用賓誣奏廷瑞與學反狀，廷瑞斬奉學首以獻，學兄赦守大侯如故。子奉先與其族舍猛廊、奉恭爭殺抗命，次年討平之，改爲雲州，設流官。

瀾滄，元爲北勝州地。洪武中，屬鶴慶府。二十八年置瀾滄衞。二十九年於州南築城，置今衞司。領北勝、浪渠、永寧三州。永樂四年以永寧州陞爲府。正統七年以北勝州直隸布政司，今衞只領州一。

弘治十一年，福建布政李韶以前任雲南參議，知土俗事宜，上疏言四事。〔一一〕一謂瀾滄衞與北勝州同一城，地域廣遠，與四川建昌西番野番相通。邇年西番土舍章靦等倚恃山險，招服野番千餘家爲莊戶，遂致各番生拗，動輒殺人，州官無兵不能禁止。衞官大廢軍政，恬不加意。又姚安府、大羅衞、賓川州地方有賊穴六七，軍民受害。請添設兵備副使於

瀾滄衞城，以姚安、大羅、賓川、鶴麗、大理、洱海、景東諸府州衞所，皆令屬之。於野番則用撫流民法，於賊巢則用立保甲法，朝夕經理，則內外寇患皆可弭矣。因從其議，設兵備副使一員於瀾滄城。

麓川、平緬，元時皆屬緬甸。緬甸，古朱波地也。宋寧宗時，緬甸、波斯等國進白象，緬甸之名自此始。緬在雲南之西南，最窮遠。與八百國、占城接境。有城郭室屋，人皆樓居，地產象馬。元時最强盛。元嘗遣使招之，始入貢。

洪武六年遣使田儼、程斗南、張禕、錢允恭齎詔往諭。至安南，留二年，以道阻不通。有詔召之，惟儼還，餘皆道卒。十五年，大兵下雲南，進取大理，下金齒。平緬與金齒壤地相接，土蠻思倫發聞之懼，遂降。因置平緬宣慰使司，以倫發爲宣慰使。十七年八月，倫發遣刀令孟獻方物，幷上元所授宣慰使司印。詔改平緬宣慰使爲平緬軍民宣慰使司，並賜倫發朝服、冠帶及織金文綺、鈔錠。尋改平緬軍民宣慰使司爲麓川平緬軍民宣慰使司。[二]麓川與平緬連境，元時分置兩路以統其所部，至是以倫發遣使貢，命兼統麓川之地。

十八年，倫發反，率衆寇景東。都督馮誠率兵擊之，值天大霧，猝遇寇，失利，千戶王

昇戰死。

二十年敕諭西平侯沐英等曰：「近御史李原名歸自平緬，[三]知蠻情詭譎，必爲邊患。符到，可卽於金齒、楚雄、品甸及瀾滄江中道，葺壘深池，以固營柵，多置火銃爲守備。寇來，勿輕與戰。又以往歲人至百夷，多貪其財貨，不顧事理，貽笑諸蠻。繼今不許一人往平緬，卽文移亦愼答之，毋忽。」明年，倫發誘羣蠻入寇馬龍他郎甸之摩沙勒寨。英遣都督甯正擊破之，斬首千五百餘級。倫發悉舉其衆，號三十萬，象百餘，寇定邊，欲報摩沙勒之役，新附諸蠻皆爲盡力。英選師三萬亟趨至，賊列象陣搏戰。英列弩注射，突陣大呼，象多傷，其蠻亦多中矢斃，蠻氣稍縮。次日，英率將士，益置火鎗、神機箭，更番射，象奔，賊大敗。擣其寨，斬首三萬餘級，降卒萬餘人。象死者半，生獲三十有七。倫發遁，以捷聞。帝遣使諭英移師逼景東屯田，固壘以待大軍集，勿輕受其降。

二十二年，倫發遣把事招綱等來言：「往者逆謀，皆由把事刀厮郎、刀厮養所爲。乞貸死，願輸貢賦。」雲南守臣以聞。乃遣通政司經歷楊大用齎敕往諭思倫發修臣禮，悉償前日兵費，庶免問罪之師。倫發聽命，遂以象、馬、白金、方物入貢謝罪，大用幷令獻叛首刀厮郎等一百三十七人，平緬遂平。自是三年每來朝貢。二十七年，倫發來朝，貢馬、象、方物。已，遣京衞千戶郭均英往賜思倫發公服、幞頭、金帶、象笏。

二十八年，緬國王使來言，百夷屢以兵侵奪其境。明年，緬使復來訴。帝遣行人李思聰等使緬國及百夷。思倫發聞詔，俯伏謝罪，願罷兵。適其部長刀幹孟叛，[四]思聰以朝廷威德諭其部衆，叛者稍退。思倫發欲倚使者服其下，强留之，以象、馬、金寶爲賂，思聰諭却之。歸述其山川、人物、風俗、道路之詳，爲百夷傳紀以進，帝褒之。

初，平緬俗不好佛。有僧至自雲南，善爲因果報應之說，倫發信之。又有金齒戍卒逃入其境，能爲火銃、火砲之具，倫發喜其技能，俾繫金帶，與僧位諸部長上。刀幹孟等不服，遂與其屬叛，攻騰衝。倫發率其家走雲南，西平侯沐春遣送至京師。帝憫之，命春爲征南將軍，何福、徐凱爲副將軍，率雲南、四川諸衞兵往討刀幹孟。幷遣倫發歸，駐潞江上，招諭其部衆。賜倫發黃金百兩、白金百五十兩、鈔五百錠。又敕春曰：「思倫發窮而歸我，當以兵送還。若至雲南，先遣人往諭幹孟毋怙終不臣，必歸而主。倘不從，則聲罪討之。」

時幹孟旣逐倫發，亦懼朝廷加兵，乃遣人詣西平侯請入貢，春以聞。三十一年奏：「幹孟欲假朝廷威以拒忽都，其言入貢，未可信。」帝遣人諭春曰：「遠蠻詭詐誠有之，姑從所請，審度其宜，毋失事機。」春以兵送倫發於金齒，使人諭刀幹孟，幹孟不從。遣左軍都督何福、瞿能等，將兵五千討之。踰高良公山，[五]直擣南甸，大破之，殺刀名孟，斬獲甚衆。回兵擊景罕寨。寨憑高據險，堅守不下，官軍糧械俱盡，賊勢益張。福使告急於春，春率五百騎往

救，乘夜至潞江，詰旦渡。率驍騎，揚塵蔽天。賊不意大軍至，驚懼，遂破之。乘勝擊崆峒寨，賊夜潰。幹孟遣人乞降，事聞，朝廷以其狡詐，命春俟變討之。春尋病卒，幹孟竟不降。又命都督何福往討，未幾，擒幹孟歸，倫發始還平緬，踰年卒。

永樂元年，思倫發子散朋來朝，貢馬。賜絨錦、織金文綺、紗羅幷傔從鈔有差。二年遣內官張勤等頒賜麓川。麓川、平緬、木邦、孟養俱遣人來貢，各賜之鈔幣。時麓川平緬宣慰使思行發所遣頭目刀門賴訴孟養、木邦數侵其地。禮部請以孟養、木邦朝貢使付法司，正其罪。帝謂蠻衆攻奪常事，執一二人罪之，不足以革其俗，且曲直未明，遽罪其使，失遠人心。命西平侯諭之，遣員外郎左緝使八百國，幷使賜麓川平緬宣慰冠帶、襲衣。

五年，麓川平緬所隸孟外頭目刀發孟來朝，貢象及金器，散朋亦貢馬，各賜鈔幣。六年，思行發貢馬、方物謝，賜金牌、信符。黔國公沐晟言：「麓川、平緬所隸孟外、陶孟，土官刀發孟之地，爲頭目刀薛孟侵據，請命思行發諭刀薛孟歸侵地。」從之。七年，行發來貢，遣中官雲仙等齎敕，賜金織文綺、紗羅。至麓川，行發失郊迎禮，仙責之。行發惶懼，九年遣刀門奈來貢謝罪。帝貸之，仍命宴勞其使，幷遣賜行發文錦、金織紵絲紗羅。

十一年，行發請以其弟思任發代職，從之。任發遣頭目刀弄發貢象六、馬百匹及金銀器皿等物謝恩。二十年，任發遣使奉表來貢，幷謝侵南甸州罪，遣中官雲仙齎賜幷敕戒之。

洪熙元年遣內官段忠、徐亮以卽位詔諭麓川。

宣德元年遣使諭西南夷，賜麓川錦綺有差，以其勤修職貢也。時麓川、木邦爭界，各訴於朝，就令使者諭解之，俾安分毋侵越。黔國公沐晟奏，麓川所屬思陀甸火頭曲比爲亂，請發兵討，帝命姑撫之。置麓川平緬宣慰司所轄大店地驛丞一員，以土人刀捧怯爲之，從宣慰刀暗發奏也。

三年，雲南三司奏，麓川宣慰使思任發奪南甸州地，請發兵問罪。帝命晟同三司、巡撫詳計以聞。敕任發保境安民，不得侵鄰疆，陷惡逆，以滋罪咎。晟以任發侵奪南甸、騰衝之罪不可宥，請發官軍五萬及諸土兵討之。帝以交阯、四川方用兵，民勞未息，宜再行招諭。不得已，其調雲南土官軍及木邦宣慰諸蠻兵剿之。八年遣內官雲仙齎敕至麓川，賜思任發幣物，諭其勿與木邦爭地抗殺。

正統元年，免麓川平緬軍民宣慰司所欠差發銀二千五百兩。以任發奏其地爲木邦所侵，百姓希少，無從辦納。部執不可，帝特蠲之。

初，洪武間，克平雲南，惟百夷部長思倫發未服，後爲頭目刀幹孟所逐，赴京陳訴。命爲宣慰，回居麓川，分其地，設孟養、木邦、孟定三府，隸雲南；設潞江、干崖、大侯、灣甸四長官司，隸金齒。永樂元年陞孟養、木邦爲宣慰司。〔一六〕孟養宣慰刀木旦與鄰境仇殺而死，

緬甸乘機幷其地。未幾，緬甸宣慰新加斯又爲木邦宣慰所殺。〔一七〕時倫發已死，子行發襲，亦死。次子任發襲爲麓川宣慰，狡獪愈於父兄，差發金銀，不以時納，朝廷稍優容之。會緬甸之危，任發侵有其地，遂欲盡復其故地，稱兵擾邊，侵孟定府及灣甸等州，殺掠人民。而南甸知州刀貢罕亦奏麓川奪其所轄羅卜思莊等二百七十八村。於是晟奏：「思任發連年累侵孟定、南甸、干崖、騰衝、潞江、金齒等處，自立頭目刀珍罕、土官早亭等相助爲暴，叛形已著。近又侵及金齒，勢甚猖獗。已遣諸衞馬步官軍至金齒守禦，乞調大兵進討。」朝命選將，廷臣舉右都督方政、都督僉事張榮往雲南，協同鎭守右都督沐昂率兵討之。任發方修貢冀緩師，而晟遽信其降，無渡江意。任發乃遣衆萬餘奪潞江，沿江造船三百艘，欲取雲龍，又殺死甸順、江東等處軍餘殆盡。帝以賊勢日甚，責晟等玩寇養患。政亦至軍，欲出戰，晟不可。政造舟欲濟師，晟又不許。政不勝憤，乃獨率麾下與賊將緬簡戰，破賊舊大寨。賊奔景罕，指揮唐清復擊破之。又追之高黎共山下，共斬三千餘級。乘勝深入，逼任發上江。上江，賊重地也。政遠攻疲甚，求援於晟，晟怒其違節制渡江，不遣。久之，以少兵往，至夾象石，又不進。政追至空泥，知晟不救，賊出象陣衝擊，軍殲，政死焉。晟聞敗，乃請益軍。帝遣使者責狀，仍調湖廣官軍三萬一千五百人、貴州一萬人、四川八千五百人，令吳亮、馬翔統之，至雲南，聽晟節制，仍敕晟豫籌糧糒。而晟懼罪，暴卒。

時任發兵愈橫，犯景東，剽孟定，殺大侯知州刀奉漢等千餘人，破孟賴諸寨，孟璉長官司諸處皆降之。任發仍遣人以象馬金銀來修貢，復致番書於雲南總兵官，謂：「始因潞江安撫司線舊法相邀報仇，其後線舊法乃誣已爲入寇，致大軍壓境，惶恐無地。今欲遣使謝罪，乞爲導奏。」帝降敕許赦其罪。時刑部侍郎何文淵疏請罷麓川師，命下廷臣議。於是行在兵部尚書王驥及英國公張輔等，皆以爲「麓川負恩怙惡，在所必誅，須更選將練兵，以昭天討。如思任發早自悔禍，縛詣軍門，生全之恩，取自上裁」。帝然之。已而侍講劉球復以息兵請如文淵議。部覆以麓川之征，已有成命，報聞。

六年以定西伯蔣貴爲平蠻將軍，都督李安、劉聚副之，以兵部尚書王驥總督雲南軍務，大會諸道兵十五萬討之。時任發遣賊將刀令道等十二人，率衆三萬餘，象八十隻，抵大侯州，欲奪景東、威遠。而驥將抵金齒，任發遣人乞降，驥受之，密令諸將分道入。右參將冉保從東路攻細甸、灣甸水寨，入鎭康，趨孟定。驥與貴由中路至上江，會騰衝。左參將宮聚自下江據夾象石。至期，合攻之。賊拒守嚴，銃弩飛石，交下如雨。次日，乘風焚其柵，火竟夜不息。官軍力戰，拔上江寨，斬刀放戞父子，擒刀孟項，〔一八〕前後斬馘五萬餘，以捷聞。

七年，驥率兵渡下江，通高黎貢山道。至騰衝，留都督李安領兵提備。驥由南甸至羅卜思莊，前軍抵杉木籠。〔一九〕時任發率衆二萬餘據高山，立硬寨，連環七營，首尾相應。驥

遣宮聚、劉聚分左右翼緣嶺上，驥將中軍橫擊之，賊遁。軍進馬鞍山，擣賊寨。寨兩面拒江壁立，周迴三十里皆立柵開塹，軍不可進，而賊從間道潛師出馬鞍山後。驥戒中軍毋動，命指揮方瑛率精騎六千突入賊寨，斬首數百級，復誘敗其象陣。而從東路者，合木邦人馬，招降孟通諸寨。元江同知杜凱等亦率車里及大侯蠻兵五萬，招降孟璉長官司，幷攻破烏木弄、戞邦等寨，斬首二千三百餘級。齊集麓川，守西峨渡，就通木邦信息。百道環攻，復縱火焚其營，賊死不可勝算。任發父子三人幷挈其妻孥數人，從間道渡江，奔孟養。搜獲原給虎符、金牌、信符、宣慰司印及所掠騰衝千戶等印三十二。麓川平。捷聞，命還師。

時任發敗走孟蒙，復爲木邦宣慰所擊，追過金沙江，走孟廣。緬甸宣慰卜剌當亦起兵攻之。帝命木邦、緬甸能効命擒任發獻者，卽以麓川地與之。未幾，任發爲緬人擒，緬人挾之求地。其子思機發窮困，乞來朝謝罪，先遣其弟招賽入貢，帝命遣還雲南安置。機發窺大兵歸，圖恢復，據麓川出兵侵擾。於是復命王驥、蔣貴等統大軍再征麓川。驥率師至金齒，機發遣頭目刀籠肘偕其子詣軍門求降。驥遣人至緬甸索任發，緬佯諾不遣。驥至騰衝，與蔣貴、沐昂分五營進，緬人亦聚衆待。驥欲乘大師攻之，見其衆盛，未易拔，又恐多一麓川敵，乃宣言犒師，而命貴潛焚其舟數百艘，進師薄之。緬甸堅執前詔，必予地乃出任發，復詭以機發致仇爲解。驥乃趨者藍，擣機發巢，破之。機發脫走，俘其妻子部衆，立隴

川宣慰司而歸。時思機發竊據孟養，負固不服，自如也。

十一年，緬甸始以任發及其妻孥三十二人獻至雲南。〔一〇〕任發於道中不食，垂死。千戶王政斬之，函首京師。其子機發屢乞降，遣頭目刀孟永等修朝貢，獻金銀。言蒙朝廷調兵征討，無地逃死，乞貸餘生，詞甚哀。帝命受其貢，因敕總兵官沐斌及參贊軍務侍郎楊寧等，以朝廷旣貸思機發以不死，經畫善後長策以聞，幷賜敕諭思機發。十二年，總兵官黔國公沐斌奏：「臣遣千戶明庸齎敕招諭思機發，以所遣弟招賽未歸，疑懼不敢出。近緬甸以機發掠其牛馬、金銀，欲進兵攻取。臣等議遣人分諭木邦、緬甸諸宣慰司，令集蠻兵，剋期過江，分道討機發。臣等率官軍萬人駐騰衝，以助其勢。賊四面受敵，必成擒矣。」從之。已，命授機發弟招賽爲頭目，給冠帶、月糧、房屋，隸錦衣衛，其從人俱令於馴象所供役。先是，招賽安置雲南，其黨有欲稱亂者，乃命招賽來京，且冀以招徠機發也。帝旣命雲南出兵剿機發，及沐斌等至騰衝，督諸軍追捕，機發終不出，潛匿孟養，遣其徒來貢。許以恩貸，復不至。斌以春瘴作，江漲不可渡，糧亦乏，引兵還。

帝以斌師出無功，復命兵部尚書靖遠伯王驥總督軍務，都督同知宮聚佩平蠻將軍印，率南京、雲南、湖廣、四川、貴州官軍、土軍十三萬人往討之。至是，驥凡三征麓川矣。帝密諭驥曰：「萬一思機發遠遁，則先擒刀變蠻，平其巢穴。或遁入緬地，緬人黨蔽，亦相機擒

之。庶蠻衆知懼，大軍不爲徒出。」又敕諭斌，軍事悉與驥會議而行。又敕諭木邦、緬甸、南甸、干崖、隴川等宣慰司罕蓋發等，各整兵備船，積糧以俟調度。

十四年，驥率諸將自騰衝會師，由干崖造舟，至南牙山舍舟陸行，抵沙壩，復造舟至金沙江。機發於西岸埋柵拒守。大軍順流下至管屯，適木邦、緬甸兩宣慰兵十餘萬亦列於沿江兩岸，緬甸備舟二百餘爲浮梁濟師，併力攻破其柵寨，得積穀四十萬餘石。軍飽，銳氣增倍。賊領衆至鬼哭山，築大寨於兩峰上，築二寨爲兩翼，又築七小寨，綿亙百餘里。官軍分道並進，皆攻拔之，斬獲無算，而思機發、思卜發復奔遁。

時王師踰孟養至孟那。孟養在金沙江西，去麓川千餘里，諸部皆震讋曰：「自古，漢人無渡金沙江者，今王師至此，眞天威也。」驥還兵，其部衆復擁任發少子思祿據孟養地爲亂。〔一二〕驥等慮師老，度賊不可滅，乃與思祿約，許土目得部勒諸蠻，居孟養如故，立石金沙江爲界，誓曰「石爛江枯，爾乃得渡」。思祿亦懼，聽命，乃班師。捷聞，帝爲告廟云。

景泰元年，雲南總兵官沐璘奏：「緬甸宣慰已擒獲思機發，又將思卜發放歸孟養，恐緬人復挾爲奇貨，不若緩之，聽其自獻便。」從之。五年，緬人索舊地，左參將胡誌等諭以銀戛等處地方與之，乃送思機發及其妻孥六人至金沙江村，誌等檻送京師。南寧伯毛福壽以聞，乃誅思機發於京師。七年，任發子思卜發奏：「臣父兄犯法，時臣幼無知。今不敢如父兄所爲，甚畏朝廷法，謹備差發銀五百兩、象三、馬六及方物等，遣使人入貢，惟天皇帝主哀憐。」因賜敕戒諭，幷賚思卜發與妻錦幣及其使鈔幣有差。

成化元年，總兵官沐瓚等以思任發之孫思命發至京師，乃逆賊遺孽，不可留，請發沿海登州衞安置，月給米二石，從之。麓川亡。

先是，麓川之初平也，分其地立隴川宣撫使司，因以恭項爲宣撫使。恭項者，故麓川部長，首先歸順効力有功，因命於麓川故地開設宣撫。已，頭目曩渙等復來歸，願捕賊自効。帝命還守本土，有功，卽加敍。諸凡來歸者視此例。遂以刀歪孟爲本司同知，刀落曩爲副使，隴帚爲僉事，俱賜冠帶，從宣撫恭項請也。恭項子恭立來貢，給賜如例，幷授恭立爲長史。未幾，隴川宣撫失印，請再給。帝責恭項以不能宣揚國威，反失印，罪應不宥，姑從寬頒給。時板蹇據者藍寨，侵擾隴川，百夫長刀門線、刀木立進兵圍之，斬板蹇等二十三人。命賜有功者皆爲冠帶把事，幷賚織金文綺。

正統十一年，木邦宣慰罕蓋發來求麓川故地。有司以已設隴川宣撫司，建官分管，以孟止地予之，報可。十二年敕諭恭項，言：「比者，總兵奏爾與百夫長刀木立相仇殺，人民懷怨，欲謀害爾父子。今遷爾於雲南，俾不失所，且遣官護爾家屬完聚，其體憫恤，無懷疑懼。」旣而總兵官言：「隴川致亂，皆由恭項暴殺無辜，刻虐蠻人。僉知刀歪孟爲蠻衆信服，乞安

置項於別衞，以刀歪孟代。」帝以恭項來歸，屈法宥之，命於曲靖安置，幷遣敕往諭。

景泰七年，隴川宣撫多外悶遣人貢象、馬及金銀器皿、方物，賜綵幣、襲衣如例。仍命齎敕賜之，以多外悶初修朝貢故也。成化十九年，以隴川宣撫司多歪孟子亨法代職。

初，隴川與木邦相鄰，爭地仇殺，搆兵不息。嘉靖中，土舍多鯨刃兄自襲，下鎭巡官按問，伏辜，還職兄子多參。詔貰其罪，幷戒木邦罕孟毋得復黨鯨爭職。

萬曆初，緬甸莽瑞體叛，來招隴川宣撫多士寧，士寧不從。其記室岳鳳者，江西撫州人，黠而多智，商於隴川，士寧信任之，妻以妹。鳳曲媚士寧，陰奪其權，與三宣六慰各土舍罕拔等歃血盟，誘士寧往擺古，歸附緬酋。陰使其子曩烏鳩士寧幷殺其妻女，奪印投緬，受緬僞命，代士寧爲宣撫。及瑞體死，子應裏嗣，鳳父子臣服之。誘敗官軍，獻士寧母胡氏及親族六百餘人於應裏，盡殺之，多氏之宗幾盡。

初，鳳之附於緬也，爲瑞體招諸部，拒中國，傷官軍，逆勢寖成，緬深倚之。久之，以緬不足恃。而鄧川土知州何鈺，鳳友壻也，初使人招鳳，鳳執使獻緬。及是，鈺復開示百方，與之盟誓。時官軍亦大集，諸將劉綎、鄧子龍各率勁師至，環壁四面。鳳懼，乃令妻子及部曲來降。〔一三〕綎責令獻金牌、符印及蠻莫、猛密地。乃以送鳳妻子還隴川爲名，分兵趨沙木籠山，先據其險，而自領大兵馳入隴川。鳳度無可脫，遂詣軍門降。綎復率兵進緬，緬將

先遁，留少兵隴川，綎攻之，鳳子曩烏亦降。綎乃擒鳳父子往攻蠻莫，蠻莫賊知鳳降，馳報應裏，發兵圍隴川。綎乘機掩殺，賊窘，乞降，縛緬人及象馬來獻。遂招撫孟養賊，賊將乘象走，追獲之。復移師圍孟璉，生擒其魁，隴川平。獻俘於朝，帝爲告謝郊廟，時萬曆十二年九月也。踰年復鑄隴川宣撫司及孟定府印，陞孟密安撫爲宣撫司。添設安撫司二，曰蠻莫，曰耿馬；長官司二，曰孟璉，曰孟養；千戶所二，一居姚關，一居孟淋砦，皆名之曰鎭安；並鑄印記，建大將行署於蠻莫。從雲南巡撫劉世曾之議也。於是，多士寧之子思順襲隴川宣撫使。

二十九年，莽應裏分道入犯，一入遮放、芒市，一入臘撒蠻頟，一入杉木籠，並出隴川。多思順不敵，奔猛卯。緬初以猛卯同知多俺爲嚮導，寇東路。至是大軍遣木邦罕欽擒多俺殺之。〔三〕未幾，思順死，蠻莫思正乘喪襲隴川，據其妻罕氏。三十五年，思順子安民以守將索賂，叛入緬。已而緬聽撫，遣安民歸。安民久據蠻灣，桀驁甚，署永騰參將周會遣二指揮襲之，敗績。王師亟討，其族人挾其弟多安靖誅之以獻。時安靖尚幼，勢孤，詔俟其長給之印。安民弟安邦治亦附緬，後寄居蠻莫。其地有馬安、摩黎、羅木等山，極險峻，麓川之所恃爲巢穴者也。

校勘記

〔一〕黔國公沐紹勛疏言　沐紹勛，原作「沐勛」，據本書卷一〇五功臣世表、卷一二六沐英傳及世宗實録卷八八嘉靖七年五月甲申條補。

〔二〕獛剌蠻居之　獛剌，明一統志卷八七、讀史方輿紀要卷一一四作「僰剌」。

〔三〕宋時麼些蠻蒙醋據之　蒙醋，寰宇通志卷一一三、明一統志卷八七麗江軍民府作「蒙醋醋」。

〔四〕隸大理萬户府　府，原作「所」，據寰宇通志卷一一三、明一統志卷八七、元史卷九一百官志改。

〔五〕置施甸長官司　施甸，原作「司甸」，據本書卷四六地理志、明史稿傳一八八、太祖實録卷一六二洪武十七年五月己酉條改。

〔六〕古湧二關　宣宗實録卷一〇六宣德八年九月己丑條同，本書卷四六地理志、寰宇通志卷一一三作「古勇關」。

〔七〕給威遠土知州刀蓋罕金牌　刀蓋罕，原作「刀蓋」，脫「罕」字。據上下文及英宗實録卷八一正統六年七月己亥條補。

〔八〕斬其頭目派罕　派罕，當作「刀派罕」，派罕姓刀，見英宗實録卷八一正統六年七月己亥條、國榷卷二五頁一六一二。下文刀孟經未省「刀」，此亦不宜省。

〔九〕宣德四年陞大侯長官司爲大侯州　本書卷四六地理志、宣宗實録卷四三宣德三年五月戊午條繫於宣德三年。

〔一〇〕以土官刀奉漢爲知州　刀奉漢，原作「刀奉罕」。本傳下文二名錯出。本卷上文景東傳、英宗實錄卷四六正統三年九月庚戌條、國榷卷二四頁一五五九作「刀奉漢」，宣宗實錄卷四三宣德三年五月戊午條、國榷卷二〇頁一三四九作「刀奉罕」。明代文獻中多同名異譯者，今爲劃一起見，都改作「刀奉漢」。

〔一一〕弘治十一年福建布政李韶以前任雲南參議知土俗事宜上疏言四事　參議，孝宗實錄卷一五四弘治十二年九月乙丑條作「右參政」。

〔一二〕尋改干緬軍民宣慰使司爲麓川平緬軍民宣慰使司　第二個「宣慰」上原脫「軍民」二字，據本書卷四六地理志、太祖實錄卷一六四洪武十七年八月丙子條補。

〔一三〕近御史李原名歸自平緬　李原名，原作「李原德」。明史稿傳一八八麓川傳、太祖實錄卷一八二洪武二十年五月庚申條、國榷卷八頁六七〇俱作「李原名」。按本書卷一三六有李原名傳，事跡與此合，據改。

〔一四〕適其部長刀幹孟叛　幹，原作「榦」，據本書卷三太祖紀、卷一二六沐英傳、卷三一五緬甸傳及太祖實錄卷二五七洪武三十一年五月丁未條改。下同。

〔一五〕踰高良公山　高良公山，下文作「高黎共山」、「高黎貢山」。寰宇通志卷一一三謂當地居民稱爲「高良公山」。

〔一六〕永樂元年陞孟養木邦爲宣慰司　本書卷四六地理志、太宗實録卷二九永樂二年六月癸酉條繫於永樂二年。

〔一七〕緬甸宣慰新加斯又爲木邦宣慰所殺　新加斯，原作「新斯加」，據本書卷三一五緬甸傳、宣宗實録卷三一宣德二年九月丁酉條改。

〔一八〕擒刀孟項　刀孟項，原作「刀孟頊」，據明史稿傳一八八麓川傳改。英宗實録卷八六正統六年閏十一月辛巳條作「刀門項」。「孟」、「門」當係音譯之異。

〔一九〕前軍抵杉木籠　杉木籠，原作「於木籠」，據本書卷一七一王驥傳改。本傳下文作「杉木籠」，又作「沙木籠」，本書卷二七四劉綎傳、明一統志卷八七作「沙木籠」，乃同一山名之異譯。

〔二〇〕十一年緬甸始以任發及其妻孥三十二人獻至雲南　本書卷一〇英宗前紀及英宗實録卷一三六俱繫於正統十年十二月丙辰，本書卷三一五緬甸傳繫於正統十二年。

〔二一〕其部衆復擁任發少子思禄據孟養地爲亂　思禄，原作「禄」，脫「思」字，據下文補。按思禄，本書卷一七三王驥傳、孝宗實録卷一九五弘治十六年正月癸未條俱作「思陸」，本書卷三一五孟養傳作「思陸發」。

〔二二〕鳳懼乃令妻子及部曲來降　令，原作「合」。按時鳳尚未來降，作「合」誤。據本書卷二四七劉綎

中華書局

傳、明史稿傳一八八麓川傳改。

〔三〕大軍遣木邦罕欽擒多俺殺之　多俺，原作「多掩」，據上文及本書卷三一五緬甸傳、明史稿傳一八八麓川傳改。

明史卷三百十五

列傳第二百三

雲南土司三

緬甸 二宣慰司　干崖 宣撫　潞江　南甸 二宣撫司　芒市　者樂甸
茶山　孟璉 郎猛臉　里麻　鈕兀　東倘　瓦甸　促瓦　散金
木邦 孟密安撫司附　孟養　車里　老撾　八百 二宣慰司

緬甸，古朱波地。宋寧宗時，緬甸、波斯等國進白象，緬甸通中國自此始。地在雲南西南，最窮遠。有城郭廬舍，多樓居。元至元中，屢討之，乃入貢。

明太祖即位，遣使齎詔諭之。至安南，〔一〕留二年，以道阻不能達而返，使者多道卒。洪武二十六年，八百國使人入貢，言緬近其地，以遠不能自達。帝乃令西平侯沐春遣使至八百國王所，諭意。於是緬始遣其臣板南速剌至，進方物，勞賜之。二十七年置緬中宣慰使

司，以土酋卜剌浪爲使。二十八年，卜剌浪遣使貢方物，訴百夷思倫發侵奪境土。二十九年復來訴。帝遣行人李思聰、錢古訓諭緬及百夷各罷兵守土，倫發聽命。會有百夷部長刀幹孟之亂，逐倫發，以故事得已。

永樂元年，緬酋那羅塔遣使入貢。因言緬雖遐裔，願臣屬中國，而道經木邦、孟養，多阻遏。乞命以職，賜冠服、印章，庶免欺陵。詔設緬甸宣慰使司，以那羅塔爲宣慰使，遣內臣張勤往賜冠帶、印章。於是緬有二宣慰使，皆入貢不絕。五年，那羅塔遣使貢方物，謝罪。先是，孟養宣慰使刀木旦與戛里相攻，那羅塔乘釁襲之，殺刀木旦及其長子，遂據其地。事聞，詔行人張洪等齎敕諭責。那羅塔懼，歸其境土，而遣人詣闕謝罪。帝諭禮部曰：「蠻既服辜，其釋不問。」仍給以信符，令三年一朝貢。

初，卜剌浪分其地，使長子那羅塔管大甸，次子馬者速管小甸。卜剌浪死，那羅塔盡收其弟土地人民。已而其弟復入小甸，遣人來朝，且訴其情。敕諭那羅塔兄弟和好如初，毋干天討。六年，那羅塔復遣人入貢，謝罪，并謝賜金牌、信符，勞賜遣之。七年復遣中官雲仙等齎敕賜緬酋金織文綺。十二年，緬人來言爲木邦侵掠。帝以那羅塔素强橫，遣人諭之，使修好鄰封，各守疆界。

洪熙元年遣內官段忠、徐亮以即位詔諭緬甸。宣德元年遣使往諭雲南土官，賜緬甸錦

綺。二年以莽得剌爲宣慰使。初，緬甸宣慰使新加斯與木邦仇殺而死，子弟潰散。緬共推莽得剌權襲，許之。自是來貢者只署緬甸，而甸中之稱不復見。八年，莽得剌遣人來貢，復遣雲仙齎敕賜之，并諭共勿侵木邦地。

正統六年給緬甸信符、金牌。時麓川思任發叛，將討之，命緬甸調兵待。七年，任發兵敗，過金沙江，走孟廣，緬人攻之。帝諭能擒獻賊首者，予以麓川地。八年，總督尚書王驥奏，緬甸酋馬哈省、以速剌等已擒獲思任發，不解至，唯以麓川地爲言，朝命遂有并征緬甸之命。是時，大師已集騰衝，緬使致書，期以今冬送思任發至貢章交付。驥與剋期，遣指揮李儀等率精騎通南牙山路，抵貢章，受獻，而緬人送思任發者竟不至。九年，驥駐師江上，緬人亦嚴兵爲備，遣人往來江中，覘官軍虛實。驥以麓川未平，緬難不可復作，乃令總兵官蔣貴等潛焚其舟數百，緬人潰，驥亦班師。於是總兵官沐昂奏：「緬恃險黨賊，應加兵，但滇中方連年征討，財力困弊，旱澇相仍，糧餉不給，未可輕舉。臣已遣人諭緬禍福，俾獻賊首，緬宜聽從。」十二年，木邦宣慰罕蓋法，緬甸故宣慰子馬哈省、以速剌，遣使偕千戶王政等獻思任發首及諸俘馘至京，并貢方物。〔三〕帝命馬哈省、以速剌並爲宣慰使，賜敕獎勞，給冠帶、印信。未幾，以速剌奏求孟養、戛里地，且請大軍亟滅思任發之子思機發兄弟，而己出兵爲助。帝諭以機發可不戰擒，宜即滅賊以求分地，弗爲他人得也。

景泰二年賜緬甸陰文金牌、信符。時以速剌久獲思機發不獻，又放思卜發歸孟養。朝廷知其要挾，故緩之。五年，緬人來索地，參將胡誌以銀戛等地與之，乃送機發及其妻孥。帝以思卜發既遠遁，不必窮追，仍加賞錦幣，降敕褒獎。

成化七年，鎮守太監錢能言，緬甸宣慰稱貢章、孟養舊爲所轄，欲復得之。帝命往勘，貢章係木邦、隴川分治，孟養係思洪發所掌，非緬境，乃令雲南守臣傳飭諸部。而緬甸以所求地乃前朝所許，貢章乃朝貢必由之途，乞與之。又乞以金齒軍餘李讓爲冠帶把事，以備任使。兵部尚書余子俊等以思洪發不聞有過，豈可奪其地，李讓中國人，而與爲把事，亦非體，宜勿許。帝命兵部諭其使，孟養、貢章是爾朝貢所由，當飭邊臣往諭思洪發，以通道往來，不得阻遏，餘勿多望。

弘治元年，緬甸來貢，且言安南侵其邊境。二年遣編修劉戩諭安南罷兵。然緬地鄰孟養，而孟養以緬先執思任發，故怨緬。

嘉靖初，孟養酋思陸子思倫糾木邦及孟密，擊破緬，殺宣慰莽紀歲并其妻子，分據其地。緬訴於朝，不報。六年始命永昌知府嚴時泰、衞指揮王訓往勘。思倫夜縱兵鼓譟，焚驛舍，殺齎金牌千戶曹義，時泰倉皇遁，乃別立土舍莽卜信守之而去。值安鳳之亂，不暇究其事。

莽紀歲有子瑞體，少奔匿洞吾母家，其酋養爲己子。既長，有其地。洞吾之南有古喇，濱海，與佛郎機鄰。古喇酋兄弟爭立，瑞體和解之，因德瑞體，爭割地爲獻，受其約束，號瑞體爲噠喇。瑞體乃舉衆絕古喇糧道，殺其兄弟，盡奪其地，諸蠻皆畏服之。時滅緬者木邦、孟養，而與緬相抗者孟密也。孟密土舍兄弟爭立，訴於瑞體。瑞體乃納其弟爲壻，改名思忠，遣歸孟密，奪其兄印，因假道攻孟養及迤西諸蠻，以復前仇，又使其黨卓吉侵孟養境。後卓吉爲思眞壻猛乃頭目別混所殺，瑞體怒，自將攻別混父子，擒之。遂招誘隴川、干崖、南甸諸土官，欲入寇。既覘知有備，又慮他蠻襲其後，乃遁歸。於是鎮巡官沐朝弼等上其事。兵部覆，荒服之外，治以不治。噠喇已畏威遠遁，傳諭諸蠻，不許交通結納。詔可。時嘉靖三十九年也。

木邦土舍罕拔求襲不得，怒投于緬，潞江宣撫線貴聞之，亦入緬。瑞體自以起孤微，有兵衆，威加諸部，中國復禁絕之，遂謀內侵，乃命線貴趣召隴川土官多士寧。士寧言中國廣大，誠勿妄動，瑞體稍稍寢。未幾，士寧爲其下岳鳳所殺，干崖宣撫刀怕舉亦死。罕拔乃請瑞體入干崖，干崖舉，則隴川可坐定也。瑞體子應裏桀黠多智，言於瑞體曰：「隴川、干崖雖無主，遠難猝取。孟養思箇近在肘腋，又吾世仇，萬一乘虛順流下，禍不測。」瑞體深然之，因借木邦兵一萬取干崖，而自率兵侵孟養。既至，屢爲思箇所敗，思箇亦退保孟倫，相

持久之。而隴川書記岳鳳欺其主幼，私齎重賂投緬，結爲父子。蠻莫土目思哲亦迎附瑞體，調緬兵萬餘，出入於迤西界上，以牽制思箇。復徵木邦罕拔兵，會岳鳳於隴川，襲孟密。

萬曆元年，緬兵至隴川，入之。岳鳳遂盡殺士寧妻子族屬，受緬僞命，據隴川爲宣撫。乃與罕拔、思哲盟，必下孟密，奉瑞體以拒中國。僞爲錦囊象函貝葉緬文，稱西南金樓白象主莽噠喇弄王書報天皇帝，書中嫚辭無狀。罕拔又爲緬招干崖土舍刀怕文，許代其兄職。怕文拒之，與戰。適應裏率衆二十萬分戍隴、干間，以其兵驟臨之，怕文潰奔永昌。遂取干崖印，付罕拔妹，以女官攝宣撫，召盞達副使刀思管、雷弄經歷廖元相佐之，同守干崖，以防中國。於是木邦、蠻莫、隴川、干崖諸蠻，悉附緬，獨孟養未下。

金騰副使許天琦遣指揮侯度持檄撫諭孟養。思箇受檄，益拒緬。緬大發兵攻之，思箇告急。會天琦卒，署事羅汝芳犒思箇使，令先歸待援，遂調兵至騰越。箇聞援兵至，喜，令土目馬祿喇送等領兵萬餘，絕緬糧道，且導大兵伏戛撒誘緬兵深入。箇率蠻卒衝其前，而約援兵自隴川尾擊之。緬兵既敗，糧又絕，屠象馬以食，瑞體窘甚。會有陳於巡撫王凝，言生事不便者，凝馳使止援軍。汝芳聞檄退，思箇待援不至。岳鳳偵知之，集隴川兵二千兼程進，導瑞體由間道遁去。思箇追擊之，緬兵大敗，當是時幾獲瑞體。

六年，廷議遣使至孟養，俾思箇還所俘緬兵象，并賚以金帛，好言慰諭之。瑞體不謝。

中華書局

七年，永昌千戶辛鳳奉使買象於孟密，思忠執鳳送緬，緬遣回。是年，緬復攻孟養，報戛撒之怨。思箇以無援敗，將走騰越，中途爲其下所執，送瑞體，殺之，盡并孟養地。八年，巡撫饒仁侃遣人招緬，緬不應。

十年，岳鳳導緬兵襲破干崖，奪罕氏印，俘之。俄，瑞體死，子應裏嗣。岳鳳嗾應裏殺罕拔，盡俘其衆。〔三〕又說應裏起兵象數十萬，分道內侵。十一年焚掠施甸，寇順寧。鳳子曩烏領衆六萬，突至孟淋寨，指揮吳繼勳、千戶祁維垣戰死。又破盞達，副使刀思定求救不得，城破，妻子族屬皆盡。且窺騰衝、永昌、大理、蒙化、景東、鎮沅諸郡。巡撫劉世曾請以南京坐營中軍劉綎爲騰越遊擊，移武靖參將鄧子龍爲永昌參將，各提兵五千赴剿，并調諸土軍應援。緬亦合兵犯姚關，綎與子龍大破之於攀枝花地，乘勝追擊，自十年十月至十一年四月，斬首萬餘。復率兵出隴川、孟密，直抵阿瓦，緬將猛勺詣綎降。勺，瑞體弟也。緬將之守隴川、孟養、蠻莫者，皆遁去，岳鳳及其子皆伏誅。官軍定隴川，遂歸。應裏乃以其子思斗守阿瓦，復攻孟養、蠻莫，聲言復仇。副使李材備兵騰衝，遣兵援之，戰於遮浪，大破其象陣，生擒五千餘人。

先是，蠻莫酋思化投緬。材遣人招之，思化降。十九年，應裏復率緬兵圍蠻莫，思化告急。會天暑，軍行不前，裨將萬國春夜馳至，多設火炬爲疑兵，緬人懼而退，追敗其衆。二

十二年，巡撫陳用賓設八關於騰衝，留兵戍守，募人至暹羅約夾攻緬。緬初以猛卯酋多俺爲嚮導，寇東路。至是遣木邦罕欽擒多俺殺之，遂築堡於猛卯，大興屯田。是年，緬帥思仁寇蠻莫，敗之，斬其渠丙測。

二十三年，應裏屬孟璉、孟艮二土司求朝貢，鎮巡以聞。朝議令原差官黎景桂齎銀幣賜之，至境，不受。詔以景桂首事貪功納侮，下於理。三十一年，阿瓦雍罕、木邦罕拔子罕袞俱入貢，緬勢頓衰。暹羅得楞復連歲攻緬，殺緬長子莽機撾，古喇殘破。自此不敢內犯，然近緬諸部附之如初。

崇禎末，蠻莫思綵爲緬守曩木河。及黔國公沐天波等隨永明王走蠻莫，思綵使告緬。緬遣人迎之，傳語述萬曆時事，并出神宗璽書，索今篆合之，以爲僞。天波出己印與先所頒文檄相比無差，始信。蓋自天啓後，緬絕貢職，無可考驗云。

干崖，舊名干賴賧，僰人居之。東北接南甸，西接隴川，有平川衆岡。境內甚熱，四時皆蠶，以其絲織五色土錦充貢。元中統初，內附。至元中，置鎮西路軍民總管府，領三甸。洪武十五年改鎮西府。永樂元年設干崖長官司。二年頒給信符、金字紅牌并賜冠服。

三年，干崖長官曩歡遣頭目奉表貢馬及犀、象、金銀器，謝恩，賜鈔幣。五年設古剌驛，隸干崖。曩歡復遣子刀思曩朝貢，賜賚如例。自是，三年一朝貢不絕。宣德六年改隸雲南都司。〔四〕時長官刀弄孟奏，其地近雲南都司，而歲納差發銀於金齒衞，路遠，乞改隸，而輸銀於布政司。從之。正統三年命仍隸金齒軍民指揮使司。六年陞干崖副長官刀怕便爲長官司，賜綵幣，以歸附後屢立功，從總兵官沐昂請也。九年陞干崖爲宣撫司，以刀怕便爲宣撫副使，劉英爲同知，從總督王驥請也。

弘治三年，干崖土舍刀怕愈欺其姪刀怕落幼，劫印奪職。蠻衆不服，遂起兵相攻。四年，按察司副使林俊同參將沐詳移文往諭，始釋兵歸印。事聞，帝以鎮巡官不以時奏報，責之。嘉靖三十九年，緬酋莽瑞體叛，招干崖諸土官入寇。萬曆初，宣撫刀怕舉死，妻罕氏，木邦宣慰罕拔妹也。拔既叛附緬，召怕舉弟怕文襲職以臣緬，且許以妹。怕文不受，與戰。緬兵十萬驟臨，怕文潰奔永昌。罕拔遂取干崖印付罕氏。十年，隴川岳鳳破干崖，奪罕氏印。十一年，遊擊劉綎破隴川，〔五〕鳳降，追印竟不得。而干崖部衆自相承代，亦莫得而考云。

潞江，地在永昌、騰越之間，南負高崙山，北臨潞江，爲官道咽喉。地多瘴癘，蠻名怒江甸。至元間，隸柔遠路。

永樂元年內附，設潞江長官司。其地舊屬麓川平緬，西平侯奏其地廣人稠，宜設長官司治之。二年頒給信符、金字紅牌。九年，潞江長官司曩璧遣子維羅法貢馬、方物，賜鈔幣，尋陞爲安撫司。曩璧來朝，貢象、馬、金銀器，謝恩。

宣德元年，曩璧遣人貢馬，請改隸雲南布政司，從之。遣中官雲仙齎敕及綺幣賜曩璧。三年，黔國公沐晟奏，潞江千夫長刀不浪班叛歸麓川，劫潞江，逐曩璧入金齒，據潞江驛，逐驛丞周禮，立寨固守，斷絕道路，請發兵討。帝敕晟與三司計議。五年，晟奏，刀不浪班懼罪，還所據地，歸舊部，輸役如故，乞宥之。報可。是年置雲南廣邑州。時雲仙還言：「金齒廣邑寨，本永昌副千戶阿干所居。干嘗奉命招生蒲五千戶向化。今干孫阿都魯同蒲酋莽塞等詣京貢方物，乞於廣邑置州，使阿都魯掌州事，以熟蒲并所招生蒲屬之。」帝從之，遂以阿都魯爲廣邑州知州，莽塞爲同知，鑄印給之。八年改金齒永昌千戶所爲潞江州，隸雲南布政司，以千夫長刀珍罕爲知州，刀不浪班爲同知，置吏目及清水關巡檢各一員。

正統三年從黔國公沐晟奏，改潞江安撫司仍隸金齒，悉還舊制。五年，安撫使線舊法

以麓川思任發叛來告，諭整兵以俟。未幾，麓川賊遣部衆奪據潞江，殺傷官軍，潞江遂削弱。

正德十六年，安撫司土官安捧奪其從弟掩莊田三十八所，掩訟於官，不報。捧遂集蠻兵圍掩寨，縱火屠掠，掩母子妻妾及蠻民男婦死者八十餘人，據有其地。官軍誘執之，捧死於獄。帝命戮屍棄市，其子詔及黨與皆斬。天啓間，有線世祿者，繼襲安撫。

南甸宣撫司，舊名南宋，在騰越南半箇山下，其山巓北多霜雪，南則炎瘴如蒸。元置南甸路軍民總管府，領三甸。

洪武十五年改南甸府。永樂十一年改爲州，〔六〕隸布政司。宣德三年，南甸爲麓川侵奪，有司請討。不許，降敕諭麓川，俾還侵地。五年，南甸州奏：「先被麓川宣慰司奪其境土，賴朝廷威力復之，若不置官司以正疆界，恐侵奪未厭，乞置四巡檢司鎭之。」帝命吏部除官。八年又奏：「與麓川接境，舊十二百夫長在騰衝千戶所時，賴邦哈等處軍民乘守。後麓川侵據，不守者十餘年。今蒙敕諭還，竊恐再侵，百姓逃移，乞於賴邦哈、九浪、莽孟洞三處各置巡檢，以土軍楊義等三人爲之。」命下三司勘覆，授之。

正統二年，土知州刀貢罕奏：「麓川思任發奪其所轄羅卜思莊二百七十八村，乞遣使齎金牌、信符諭之退還。」帝敕沐晟處置奏聞。麓川之役自是起。九年陞州爲宣撫司，以知州刀落硬爲宣撫使，通判劉思勉爲土同知。六年頒給金牌、信符、勘合，加敕諭之。十年免所欠差發銀兩，令安業後，仍前科辦。

天順二年復置南甸驛丞一人，以土人爲之。時宣撫刀落蓋奏南寧伯毛勝遣騰衝千戶藺愈占其招八地，逼民逃竄。敕雲南三司官同巡按御史詣其地體勘，以所占田寨退還，治勝、愈罪。

南甸所轄羅卜思莊與小隴川，皆百夫長之分地。知事謝氏居曩宋，悶氏居盞西，屬部直抵金沙江，地最廣。司東十五里曰蠻干，宣撫世居之。南百里有關，立木爲柵，周一里。曰南牙，甚高，山勢延袤一百餘里，官道經之。上有石梯，蠻人據以爲險。

芒市，舊曰怒謀，又曰大枯睒、小枯睒，在永昌西南四百里，卽唐史所謂茫施蠻也。元中統初，內附。至元十三年立茫施路軍民總管府，領二甸。

洪武十五年置茫施府。正統七年，總兵官沐晟奏：「芒市陶孟刀放革遣人來訴，與叛寇思任發有讐。今任發已遁去，思機發兄弟三人來居麓川者藍地方，願擒以獻。」兵部言：「放革先與任發同惡，今勢窮乃言結讐，譎詐難信。宜敕諭放革，如能去逆效順，當密調土兵助剿機發。」從之。八年，機發令其黨涓孟車等來攻芒市，爲官軍所敗。放革來降，靖遠伯王驥請設芒市長官司，以陶孟刀放革爲長官，隸金齒衞。

成化八年，木邦曩罕弄亂，掠隴川。敕芒市等長官司整兵備調。萬曆初，長官放福與隴川岳鳳聯姻，導緬寇松坡營。事覺，伏誅，立舍目放緯領司事，轄於隴川。

芒市川原廣邈，田土富饒，而人稍脆弱云。

者樂甸，本馬龍他郎甸猛摩地，〔七〕名者島。洪武末，內附，隸雲南布政司。永樂元年設者樂甸長官司，改隸雲南都司，以沐晟言其地廣人稠也。十八年，長官刀談來朝，貢馬。自是，皆以刀氏世領司事。其地山險多瘴，介於鎭沅、元江、景東間。日事攻戰，鎧械犀利，兵寡而勍，諸部畏憚之。

茶山長官司，永樂二年頒給信符、金字紅牌。八年，長官早張遣人貢馬。宣德五年置滇灘巡檢司。以長官司奏滇灘當茶山瓦高之衝，蠻寇出沒，民不能安，通事段勝頗曉道理，能安人心，乞置司，以勝爲巡檢。從之。

孟璉長官司，永樂四年四月設。時孟璉頭目刀派送遣子壞罕來言，孟璉舊屬麓川平緬宣慰司，後隸孟定府。而孟定知府刀名扛亦故平緬頭目，素與等夷，乞改隸。遂設長官司，隸雲南都司，命刀派送爲長官，賜冠帶、印章。

正統四年，思任發反，以兵破孟璉，遂降於麓川，爲木邦宣慰罕蓋法擊敗。七年，總督王驥征麓川，招降孟璉、亦保等寨。敕賜孟璉故長官司刀派罕子派樂等綵幣，以麓川平故也。嘉靖中，孟璉與孟養、孟密諸部仇殺數十年，司廢。至萬曆十三年，隴川平，復設，稱猛臉云。

里麻長官司，永樂六年設，隸雲南都司，以刀思放爲長官。時思放爲里麻招剛。招剛者，故西南蠻官名。思放籍其地來朝，請授職事，遂有是命，仍賜印章、冠帶。八年遣頭目貢馬。

鈕兀長官司，宣德八年置。鈕兀、五隆諸寨在和泥之地，其酋任者、陀比等朝貢至京，奏地遠蠻多，請授職以總其衆。兵部請設長官司，從之。遂以任者爲長官，陀比爲副。

東倘長官司，宣德八年置，隸緬甸宣慰。時緬甸宣慰昔得謀殺當蕩頭目新把的，而奪其地。新把的遣子莽只貢象、馬、方物，乞置司，庶免侵殺，從之。置東倘長官司，命新把的爲長官。

瓦甸長官司，初隸金齒，永樂九年改隸雲南都司。土官刀怕賴言金齒遠，都司近，故改隸焉。宣德八年置曲石、高松坡、馬緬三巡檢司。初，長官司言其地山高林茂，寇盜出沒，

人民不安，乞置巡檢司，以授通事楊資、楊中、范興三人，從之。命資於曲石，中於高松坡，興於馬緬。正統五年，長官早貴爲思任發所獲，殺其守者十七人，挈家來歸。帝嘉其忠順，命所司褒賞，以早貴爲安撫，賜綵幣、誥命。

促瓦、散金二長官司，皆永樂五年設，[八]隸雲南都司。其地舊屬麓川平緬。土蠻詿甸八等來朝，請別設長官司，從之。命詿甸八等爲長官，各給印章。

木邦，一名孟邦。元至元二十六年立木邦路軍民總管府，領三甸。洪武十五年平雲南，改木邦府。建文末，土知府罕的法遣人貢馬及金銀器，賜鈔幣。

永樂元年遣內官楊瑄齎敕諭木邦諸土官。明年遣人來貢。時麓川訴木邦侵地，命西平侯諭之，因改木邦爲軍民宣慰使司，以知府罕的法爲使，賜誥印。時官軍征八百，罕的法發兵助戰，攻江下等十餘寨，斬首五百餘級。詔遣鎮撫張伯恭、經歷唐復往賜白金、錦幣，及其部領有差。明年遣使貢象馬、方物，謝恩。頒賜如例，復加賜其母及妻錦綺。罕的法

卒，其子罕賓發來朝，請襲，命賜冠服。七年遣使謝恩。又遣人奏緬甸宣慰使那羅塔數誘賓發叛，賓發不敢從逆，若天兵下臨，誓當效命。帝嘉其忠，遣中官徐亮齎敕勞之，賜白金三千兩、錦綺三百表裏，祖母、母、妻織金文綺、紗羅各五十疋。自是，每三年遣使貢象馬。十一年，賓發遣使獻緬甸俘。時木邦攻破緬甸城寨二十餘，多所殺獲，獻於京師。

宣德三年遣中官徐亮齎敕及文綺賜襲職宣慰罕門法幷及祖母、母、妻。八年，木邦與麓川、緬甸各爭地，訴於朝，帝命沐晟幷三司巡按公勘。

正統三年征麓川，敕諭木邦以兵會剿。五年，總兵官沐昂遣人間道達木邦，得報，知宣慰祖母美罕板、其孫宣慰罕蓋法與麓川戰於孟定、孟璉地，殺部長二十人，斬首三萬餘級，獲馬象器械甚衆。帝嘉其功，加授罕蓋法懷遠將軍，封美罕板太淑人，賚以金帶、綵幣。七年，總督王驥奏，罕蓋法遣兵攻拔麓川板罕、貢章等寨，追至孟蒙，獲其孥七人、象十二，麓川酋思任發父子遁孟廣。帝命指揮陳儀往勞之，且曰：「木邦能自効，生縶賊首獻，其酬以麓川土地人民。」八年免木邦歲辦金萬四千兩。木邦遣人謝恩，幷獻所獲思任發家屬，復賜敕及綵幣獎勞。十一年，緬甸獻任發首，木邦亦遣使與同獻，且修貢職，因求麓川地。兵部以麓川已設隴川宣撫司，請以孟止地給之，幷遣官諭祭其母，以表忠勤，免木邦歲辦銀八錠三年，從之。

景泰元年，罕蓋法奏乞隴川界者闌景線地，未報，蓋法子罕落法輒發兵據之。隴川宣撫刀歪孟訴於總兵官沐璘。璘遣使諭歸之，而與以底麻之地。四年，罕落法襲父職。族人搆難，落法避於孟更，遣人赴總兵官求救。璘以聞，詔左參將胡誌調兵撫諭之，與其族人部衆設盟而還。然落法猶避居孟都不敢歸。孟都蠻者，地近隴川，歲調蠻兵二百更番護之。

天順元年，鎮守中官羅珪奏：「罕落法與所部交攻，遣人求援。臣等議委南寧伯毛勝、都督胡誌量調官軍，相機剿捕。」帝以非犯邊疆，不許。二年，落法奏爲思坑、曩罕弄等所攻，乞兵剿除，命總兵官區處。六年，總兵官沐瓚奏罕落法屢侵隴川地，欲以撥守貴州兵八千調回防禦，詔留其半。

成化十年，木邦所轄孟密蠻婦曩罕弄等侵掠隴川，黔國公沐琮以聞。曩罕弄者，故木邦宣慰罕揲法之女，嫁其孟密部長思外法。地有寶井。罕揲法卒，孫落法嗣。曩罕弄以尊屬不樂受節制，嗾族人與爭。景泰中，叛木邦，逐宣慰，據公署，殺掠鄰境隴川、孟養，兵力日盛，自稱天娘子，其子思柄自稱宣慰。黔國公琮奏委三司官往撫，曩罕弄驕蹇不服，且欲外結交阯兵，逼脅木邦、八百諸部，琮等復以聞。兵部尚書張鵬主用兵。詔廷臣集議，皆以孟密與木邦仇殺，並未侵犯邊境，止宜撫諭。因命副都御史程宗馳傳與譯者序班蘇銓往。時成化十八年也。踰年，孟密奏爲木邦所擾，乞別

設安撫司。張鶚以太監覃平、御史程宗撫馭已有成緒，遂命宗巡撫雲南，敕平偕詣金齒勸諭之，其孟密地或仍隸木邦，或別設安撫，區處具奏。

初，曩罕弄竊據孟密，貳於木邦。畏鄰境不平，遣人從間道抵雲南，至京，獻寶石、黃金，乞開設治所，直隸布政司。閣臣萬安欲許之，劉珝、劉吉皆以孟養原木邦屬夷，今曩罕弄叛，而請命於朝，若許之，則土官誰不解體。蘇銓私以告於宗。宗復奏曩罕弄與木邦仇殺已久，勢難再合，已喻諸蠻，示以朝廷德意，宥其罪，開設衙門，令還其所侵地，皆踴躍奉命，木邦亦已允服，乞遂行之。部覆，從之。二十年遂設孟密安撫司，以思柄爲使。時孟密據寶井之利，資爲結納，而木邦爲孟密所侵，兵力積弱，不能報，雖屢奏訴，竟不得直云。

弘治二年，雲南守臣奏，孟密曩罕弄先後占奪木邦地二十七處，又誘其頭目放卓孟等叛，其勢必盡吞後已。乞敕八百宣慰司俾與木邦和好，互相救援。亦敕木邦宣慰收復人心，親愛骨肉，勿使孟密得乘間誘叛，自致孤弱。如孟密聽諭，方許曩罕弄孫承襲。報可，并敕雲南守臣親詣金齒曉諭，復降敕詰責前鎭巡官所以受賂召侮啓釁者。三年追論致仕南京工部尙書程宗罪。先是，宗以右副都御史奉命率蘇銓往撫諭，而銓受思柄金，給宗奏爲設孟密安撫司。銓復教思柄僞歸木邦地，而占據如故，思柄益橫。至是，木邦宣慰罕空法發其事，時宗已致仕，巡按請追罪之。獄具，帝以事在赦前，不問。六年，雲南守臣奏孟

密侵奪木邦，兵連禍結，垂四十餘年，屢撫屢叛，勢愈猖肆，請調兵往討。兵部議以孟密安撫，初隸布政司，今改隸木邦，以致爭殺，仍如初隸可息兵，從之。

初，孟密之復叛木邦也，因木邦宣慰罕空法親迎婦於孟乃寨，孟密土舍思揲乘虛襲之，據木邦，誘降其頭目高答落等，聚兵阻路。罕空法不得歸，依孟乃寨者三年。於是巡撫張誥等會奏，議遣文武大員詣孟密撫諭，思揲猶不服。誥乃遣官督率隴川、南甸、干崖三宣撫司，積糧開道，示以必征之勢，又令漢土官舍耀兵以威之。高答落等懼，謀歸罕空法。思揲欲殺之，罕空法乞救於鄰部，調土兵合隴川等三宣撫兵至蠻遮，共圍之。思揲懼，乃罷兵。誥等奏其事，且乞賞有功者。兵部議，罕空法雖還木邦，思揲猶未悔罪，必令歃血同盟，歸地獻叛，永息爭端，乃可論功行賞，報聞。

九年，罕空法及思揲各遣使來貢，報賜如例。初，思揲圍蠻遮，木邦宣慰妻求救於孟養思陸。孟密素畏思陸之兵，聞其將至，遂解去。木邦與思陸謀共取孟密，於是蠻中之患，又在孟養矣。自萬安、程宗勘處失宜，諸酋長紛紜進退，中國用兵且數十年。

嘉靖初，思陸子思倫與木邦宣慰罕烈同擊殺緬酋莽紀歲，而分其地。後莽瑞體强，將修怨於木邦。隆慶二年，木邦土舍罕拔告襲，有司索賂不爲請。拔怒，與弟罕章集兵梗往來道，商旅不前，而已食鹽亦乏絕，乞於緬。緬以五千籯餽之，自是反德緬，攜金寶象馬往

謝之。瑞體亦厚報之，歡甚，約爲父子。瑞體死，子應裏用岳鳳言誘拔殺之。時萬曆十一年也。

拔子進忠守木邦，應裏遣弟應龍襲之，其孽子罕鳳與耿馬舍人罕虔欲擒進忠獻應龍。進忠攜妻子內奔，虔等追至姚關，焚順寧而去。十二年，官軍破緬於姚關，立其子欽。欽死，其叔罕楂約暹羅攻緬，緬恨之。三十四年，緬以三十萬衆圍其城。請救於內地，不至，城陷，罕楂被擄。緬僞立孟密思禮領其衆。事聞，黜總兵官陳賓，木邦遂亡。

孟密自思柄授安撫，繼之者曰思揲，曰思眞，眞年至百十歲。嘉靖中，土舍兄弟爭襲，走訴於緬。緬人爲立其弟，改名思忠，忠遂以其地附緬。萬曆十二年，忠齎僞印來歸，命授爲宣撫。已而復投緬，乃以其母罕烘代掌司印。緬攻孟密，罕烘率子思禮、從子思仁奔孟廣，而孟密遂失。十八年，緬復攻孟廣，罕烘、思禮奔隴川，思仁奔工回，而孟廣又失。先是，思仁從罕烘奔孟廣時，有甘線姑者，思忠妻也。思忠既投緬，思仁通於線姑，遂欲妻之，而罕烘不許。至是，罕烘攜線姑走隴川，思仁奔雅蓋，率兵象犯隴川，欲擄線姑去。會隴川有備，弗克，思仁亦走歸緬，緬僞署思仁於孟密，食其地。

初，孟密寶井，朝廷每以中官出鎭，司採辦。武宗朝錢能最橫，至嘉靖、隆慶時猶然。萬

曆二十年，巡撫陳用賓言，緬酋擁衆直犯蠻莫，其執詞以奉開採使命令，殺蠻莫思正以開道路。全滇之禍，皆自開採啓之。時稅使楊榮縱其下，以開採爲名，恣暴橫，蠻人苦之。且欲令麗江退地聽採，緬酋因得執詞深入。巡按宋興祖極言其害，請追還榮等，帝皆不納。凡採辦必先輪官，然後與商賈貿易，每往五六百人。其屬有地羊寨，在孟密東，往來道所必經。人工幻術，採辦人有强索其飲食者，多腹痛死；已所乘馬亦斃，剖之，則馬腹皆木石也。思眞嘗劓之，殺數千人，不得絕。至是，復議劓，以兵少中止。

孟養，蠻名迤水，有香柏城。元至元中，於孟養置雲遠路軍民總管府。洪武十五年改爲雲遠府。其地故屬平緬宣慰司。平緬思倫發爲其下所逐，走京師。帝命西平侯沐春以兵納之，還故地。

成祖卽位，改雲遠府爲孟養府，〔九〕以土官刀木旦爲知府。永樂元年，刀木旦遣人貢方物及金銀器，賜賚遣歸。二年改陞軍民宣慰使司，以刀木旦爲使，賜誥印。四年，孟養與戞里相仇殺，緬甸宣慰那羅塔乘釁劫之，殺刀木旦及子思欒發而據其地。事聞，詔行人張洪等齎敕諭責緬。那羅塔懼，仍歸其境土。會木邦宣慰使罕賓法以那羅塔侵據孟養，請自率兵

討，遂破緬甸城寨二十餘，獲其象、馬獻京師。十四年復設孟養宣慰司，命刀木旦次子刀得孟爲使，以木旦姪玉賓爲同知。自木旦被害，司遂廢，孟養之人從玉賓散居干崖、金沙江諸處者三千餘人。朝廷嘗命玉賓署宣慰使以撫之，故仍命爲本司同知，令其率衆復業。十五年，刀得孟遣使貢馬及方物。

宣德五年，刀玉賓奏：「伯父刀木旦被殺，蒙朝廷遣官訪玉賓，授同知，又阻於緬難，寄居金齒者二十餘年。今孟養地又爲麓川宣慰思任發所據，乞遣兵送歸本土。」帝命黔國公沐晟遣還之，然其地仍爲任發所有。時爲孟養宣慰者名刀孟賓，亦寄居雲南。及任發敗奔緬甸，子機發潛匿孟養，求撫。

正統十三年敕孟養頭目伴送思機發來朝，〔一〇〕許以陞賞，機發疑畏竟不至。帝以孟養宣慰頭目刀變蠻等匿機發，敕數其罪，曰：「孟養乃朝廷開設，爾刀變蠻等敢違朝命，一可伐。思機發係賊子，故縱不捕，二可伐。爾孟養被思任發奪地，逐爾宣慰，見在雲南優養，爾等與仇爲黨，三可伐。雲南總兵官世世管屬爾地，奉命捕取賊子，爾等不從調度，四可伐。爾等不過以爲山川險阻，官軍未易遽到，又以爲氣候瘴癘，官軍不可久居。勢強則拒敵，力弱則奔遁。殊不知昔馬援遠標銅柱，險阻無傷，諸葛亮五月渡瀘，炎蒸無害，皆能破滅蠻衆，開拓境土。況今大軍有必勝之機，麓川之師可爲前鑒。爾等速宜悔過自圖，令思機發

親自前來，仍與一官一地，令享生全。如不肯出，爾等卽擒爲上策；迹思機發所在，報與官軍捕取爲中策；若代彼支吾，令其逃匿，則幷爾等剿滅，悔無及矣。」時已三征麓川，內旨必欲生擒機發，已密諭總督王驥，又敕諭以雲南安置孟養舊宣慰刀孟賓爲嚮導。及兵出窮征，機發卒遁去，不可得。於是乃以孟養地給緬甸宣慰馬哈省管治，命捕思機發。時正統十四年也。

景泰二年，任發之子思卜發遣使來貢，〔一一〕求管孟養舊地。廷臣議，孟養地已與緬甸，豈可移易。時朝命雖不許，然卜發已潛據之，卽緬甸不能奪也。卜發死，子思洪發嗣，自天順、成化，每朝貢輒署孟養地名，儼然自有其地矣。

成化中，孟養金沙江思陸發遣人貢象馬，宴賜皆如例。思陸發者，思任發之遺孽也。太監錢能鎭雲南，思陸發數以珍寶遺能，因得入貢，稱孟養金沙江思陸發，常規立功以襲祖職。適孟密安撫土舍思揲侵據木邦地，爭殺累年，守臣議征之，思陸發乃請自效。時蠻衆相傳孟密畏思陸兵，參政毛科請於總兵鎭巡官，許之。思陸兵未至，思揲解去。巡撫張誥議調思陸兵，令戮力捕思揲，乃遣使促之發兵。思陸遣大陶孟倫索領蠻兵象馬過江，倫索既過江，指鷹謂使者曰：「我曹猶此鷹，奪得土地，卽管食之耳。」科聞之憂甚。時思揲令陶孟思英以兵守蠻莫。孟養兵至，思英堅守不出，已而請和。孟養兵聞官軍聽思英約降，頗有

怨言。官軍糧絕，遽引退。倫索亦恐思英絕其歸路，取道干崖而還。科念倫索前語，急戒令孟養還兵守疆界，孟養不聽。初，靖遠伯王驥與之約誓，非總兵官符檄不得渡江。自是遂犯約，數興兵過江與孟密戰。

弘治十二年，雲南巡按謝朝宣奏：

孟養思陸本麓川叛種，竄居金沙江外。成化中，嘗據緬甸之騰盞。弘治七年徵調其兵渡江，遂復據騰衝之蠻莫。又糾木邦兵，攻燒孟密安撫司，殺掠蠻民二千餘人，劫象馬金寶，有幷吞孟密覬覦故土之志。迤西人恭們、騰衝人段和爲之謀主，屢撫不聽。雲南會城去孟養遠，聲勢難接。曩於金騰添設鎭守太監，爲撫蠻安民之計。而近時太監吉慶貪暴無狀，雖嘗陽却思陸之贄，然蠻知其貪，又烏知不因其却而更進之。臣聞蠻莫等處，乃水陸會通之地，蠻方器用咸自此出，江西、雲南大理逋逃之民多赴之。雲南差官每多齎違禁物往彼餽送，漏我虛實，爲彼腹心。鎭夷關一巡檢耳，安能禁制。臣計孟養甲兵不能當中原一大縣，以雲南之勢臨之，易於壓卵。柰何一調卽來，屢撫不退，皆鎭巡失之於初，逋逃奸人謀之於中，撫蠻中官壞之於後。伏望垂念邊民困苦，將雲南鎭守太監止存一員，別用指揮一員守備鎭夷關，而移騰衝司於蠻莫，幷木邦、孟密不得窺伺，乃爲萬全之策。設思陸冥頑不聽撫諭，便當決

策用兵，使無噍類，以爲土官不法之戒。

先是，吉慶已爲思陸請朝貢，至是因朝宣疏，幷下鎭巡官議剿撫之宜，數年不決。

十六年，巡撫陳金乃遣金騰參將盧和撫諭思陸。和至騰衝，思陸遣陶孟投書，致方物。和諭以禍福，令掣兵過江，歸所占蠻莫等地，且調隴川、干崖、南甸三宣撫司蠻兵及戰象，隨官軍分道至金沙江。思陸乃遣大陶孟倫索、怕卓等率所部來見，和等再申諭之。思陸聽命，退還前所據蠻莫等地十三處，撤回象馬蠻兵，渡金沙江而歸。又遣陶孟、招剛等貢象六、銀六百兩幷金銀器納款。鎭巡官以聞，幷奏言：「蠻莫等地原隸木邦，成化間始爲孟密所有，近又爲思陸所據，連年搆禍，今始平定。既不可復與木邦、孟密，又不可割界隴川、干崖、南甸三宣撫，宜暫於騰衝歲檄官軍四百分番守之。思陸前有助平思揲功，今悔禍納款，請賜以名目、冠帶，仍降敕獎諭。」部議以蠻莫等處本木邦分地，在大義宜歸之木邦。其名目、冠帶，貢使已言思陸不願受，不宜輕畀，請賜敕厚勞遣歸之。報可。時思陸覬得宣慰司印，部執不予，於是仍數出兵與木邦、孟密仇殺無寧歲。

嘉靖七年，總兵官沐紹勛、巡撫歐陽重遣參政王汝舟等徧歷諸蠻，諭以禍福。孟養思倫等各願貢象牙、土錦、金銀器，退地贖罪。乃以蠻莫等十三處地方寬廣，諸蠻歷年所爭，屬之騰衝司，檄軍輪守，則烟瘴可虞；屬之木邦，則地勢遼遠，蠻心不順。莫若仍屬孟密管

領，歲徵差發銀一千兩，而割孟乃等七處仍歸木邦罕烈，則分願均而忿爭息矣。報可。

萬曆五年，雲南巡按陳文燧言，孟養思箇與緬世仇，今更歸順於緬。因引弘治朝先臣劉健嘗議孟養事狀，謂思陸有官猶可制，卽無官，其僭自若也，不如因而官之以抗緬。報可。十一年，緬爲遊擊劉綎所敗，孟養思威亦殺緬使降於綎。十三年，隴川平，乃於孟養立長官司。

未幾，長官思眞復爲緬所擄，部長思遠奉思眞妻來歸，給以冠帶，令歸守。思遠乘亂自立爲宣慰，貢象進方物。然遠暴虐，諸部恨之，引緬兵至，聲言還思眞，思遠奔蠻西。有思轟者，內附，與蠻莫酋思正共據險抗緬。三十年，緬攻思正，轟率兵倍道馳救，至則正已被殺。三十二年，緬攻入迤西，轟走死，緬以頭目思華守其地。華死，妻怕氏代理。緬人更番戍守，連年徵發，從行甚苦，曰：「孟養不亡，蠻何得至此！」轟之後曰放思祖，有衆千餘，不敢歸，寄食於干崖云。

舊制，宣慰遣人俱稱頭目，唯木邦及緬甸又有陶孟及招剛等稱，孟養又有招八稱，皆見於奏章，因其俗不改。

車里，卽古產里，爲倭泥、貂黨諸蠻雜居之地，〔二〕古不通中國。元世祖命將兀良吉䚟伐交阯，經所部，降之，置撤里路軍民總管府，領六甸，後又置耿凍路耿當、孟弄二州。

洪武十五年，蠻長刀坎來降，改置車里軍民府，以坎爲知府。坎遣姪豐祿貢方物，詔賜刀坎及使人衣服、綺幣甚厚，以初奉貢來朝故也。十七年復遣其子刀思拂來貢，賜坎冠帶、鈔幣，改置軍民宣慰使司，以坎爲使。二十四年，子刀暹答嗣，遣人貢象及方物。二十八年以賜誥命謝恩，予賜皆如例。

永樂元年，刀暹答令其下剽掠威遠知州刀算黨及民人以歸。西平侯沐晟請發兵討，帝命晟移文諭之，如不悛，卽以兵繼。又以車里已納威遠印，是悔過之心已萌，不必加兵。晟使至，暹答果懼，還刀算黨及威遠之地，遣人貢馬謝罪。帝以其能改過，宥之。自是頻入貢。朝廷遣內官往車里者，道經八百大甸，爲宣慰刀招散所阻。三年，刀暹答遣使請舉兵攻八百，帝嘉其忠。八百伏罪，敕車里班師，復加獎勞。四年遣子刀典入國學，實陰自納質。帝知其隱，賜衣幣慰諭遣還，以道里遼遠，命三年一貢，著爲令。十一年，暹答卒。長子刀更孟自立，驕狠失民心，未幾亦卒。更孟長子霸羨年幼，衆推刀賽署司事。刀賽者，更孟弟刀怕漢也。怕漢死，妻以前夫子刀弄冒爲暹答孫，請襲。十五年命刀弄襲宣慰使，以更孟從弟刀雙孟爲本司同知。十九年，雙孟言刀弄屢以兵侵劫蠻民，乞別設治所，以撫其衆。詔分其地，置靖安宣慰使司，陞雙孟爲宣慰使，命禮部鑄印給之。

宣德三年，雲南布政司奏刀弄、雙孟相仇殺，弄棄地投老撾，請差官招撫。帝命黔國公計議。六年，黔國公奏，謂奉命招撫刀弄，其母具言布政司差官劉亨徵差發金，亨已取去，本司復來徵，蠻民因而激變逐弄，弄逃入老撾，尋還境內以死。未嘗棄地外投，亦未嘗與雙孟仇殺。帝命法司執劉亨等罪之。

七年，車里土舍刀霸羨請襲，許之，遣行人陸塤齎敕賜冠帶、襲衣。九年，靖安宣慰刀霸供言：「靖安原車里地，今析爲二，致有爭端，乞仍併爲一，歲貢如例。」帝從其請，革靖安宣慰，仍歸車里，命刀霸供、刀霸羨共爲宣慰使，俾上所授靖安宣慰司印。

正統五年命貢使齎敕及綺帛歸賜刀霸羨及妻，嘉其勤修職貢也。六年，麓川宣慰思倫發叛，詔給車里信符、金牌，命合兵剿賊。景泰三年以刀霸羨奉調有功，免其積欠差發金。天順元年，總兵官沐璘奏：「刀霸羨自殺，弟板雅忠等已推兄三寶歷代承職。今板雅忠又作亂，糾合八百相仇殺。」帝命璘亟爲撫諭，并勘奏應襲者。二年，帝以三寶歷代者，雖刀更孟之子，乃庶孽奪嫡，謀害刀霸羨，致板雅忠借兵攻殺，不當襲。但蠻民推立，姑從衆願，命襲宣慰使。

成化十六年，交阯黎灝叛，頒僞敕於車里，期會兵共攻八百，車里持兩端。雲南守臣

以聞，遣使敕車里諸土官互相保障，勿懷二心。二十年復敕車里等部，愼固封疆，防交人入寇，不得輕與文移，啓釁納侮。嘉靖十一年，緬酋莽應裏據擺古，蠶食諸蠻。車里宣慰刀糯猛折而入緬，有大、小車里之稱，以大車里應緬，而以小車里應中國。萬曆十三年命元江土舍那恕往招，糯猛復歸，獻馴象、金屏、象齒諸物，謝罪。詔受之，聽復職。

天啓七年，巡撫閔洪學奏，緬人侵孟艮，孟艮就車里求救，宣慰刀韞猛遣兵象萬餘赴之。緬人以是恨車里，興兵報復，韞猛年已衰，重賂求和。緬聞韞猛子召河璇有女名召烏岡色美，責獻烏岡。河璇別以女給之。緬知其詐，大憤，攻車里愈急。韞猛父子不能支，遁至思毛地，緬追執之以去。中朝不及問，車里遂亡。

老撾，俗呼爲撾家，古不通中國。成祖卽位，老撾土官刀線歹貢方物，始置老撾軍民宣慰使司。永樂二年以刀線歹爲宣慰使，給之印。五年遣人來貢。既而帝以刀線歹潛通安南季犛，遣使詰責，諭其悔過。六年，刀線歹遣人貢象馬、方物。七年復進金銀器、犀象、方物謝罪。自是連年入貢，皆賚予如例。帝遣中官楊琳往賜文綺。十年來貢，命禮部加賜焉。

宣德六年遣使齎敕獎諭宣慰刀線達。九年，老撾貢使還，恐道中爲他部所阻，給信符、

敕孟艮、車里諸部遣人護之。景泰元年請賜土官衣服。故事，無加賜衣服者，命加賜錦幣，幷及其妻。成化元年頒金牌、信符於老撾。七年，鑄給老撾軍民宣慰使司印，以皆爲賊焚燬也。十六年，貢使至，會安南攻老撾，鎭守內官錢能以聞。因敕其使兼程回，幷量給道里費。明年，安南黎灝率兵九萬，開山爲三道，進兵破哀牢，入老撾境，殺宣慰刀板雅及其子二人。其季子怕雅賽走八百，宣慰刀攬那遣兵送至景坎。黔國公沐琮以聞，命怕雅賽襲父職，免其貢物一年，賜冠帶、綵幣，以示優恤。既怕雅賽欲報安南之仇，覬中國發兵爲助。帝以老撾、交阯皆服屬中國久，恤災解難，中國體也，令琮愼遣人諭之。

弘治十一年，宣慰舍人招攬章應襲職，遣人來貢，因請賜冠帶及金牌、信符。賚賞如制，其金牌、信符，俟鎭巡官勘奏至日給之。十一月，招攬章遣使入貢。吏部言：「招攬章係舍人，未授職，僭稱宣慰使，雲南三司官冒奏違錯，宜治罪。」宥之。

嘉靖九年，招攬章言：「交阯應襲長子光紹，爲叔所逐，出亡老撾，欲調象馬送回。」守臣言：「據招攬章之言，懼納亡之罪，且假我爲制服之資，留之啓釁，遣之招兵，宜聽光紹自歸，幷責其私納罪。」報可。二十四年，雲南巡撫汪文盛言：「老撾土舍怕雅聞征討安南，首先思奮，且地廣兵多，可獨當一面。八百、車里與老撾相近，孟艮在老撾上流，皆多兵象，可備征討。請免其察勘，就令承襲，以備征調。」從之。四十四年，土舍怕雅蘭章遣人進舞牌牙象

二、母象三、犀角十，雲南守臣以聞。禮部以非貢期，且無漢、緬公文，第來路險遠，跋涉踰年，宜受其所貢，給賞遣之，毋令赴京。報可。時緬勢方張，剪除諸部，老撾亦折而入緬，符印俱失。

萬曆二十六年，緬敗，老撾來歸，奉職貢，請頒印。命復鑄老撾軍民宣慰使司印給之。四十年貢方物，言印信燬於火，請復給，撫鎭官以聞。明年再頒老撾印。時宣慰猶貢象及銀器、緬席，賜予如例。自是不復至云。

其俗與木邦同，部長不知姓，有三等：一曰招木弄，一曰招木牛，一曰招木化。而爲宣慰者，招木弄也，代存一子，絕不嗣。其地東至水尾，南至交阯，西至八百，北至車里，西北六十八程至雲南布政司。

八百，世傳部長有妻八百，各領一寨，因名八百媳婦。元初征之，道路不通而還，後遣使招附。元統初，置八百等處宣慰司。

洪武二十一年，八百媳婦國遣人入貢，遂設宣慰司。二十四年，八百土官刀板冕遣使貢象及方物。先是，西平侯沐英遣雲南左衛百戶楊完者往八百招撫，至是來貢。帝諭兵部尙書茹瑺曰：「聞八百與百夷搆兵，仇殺無寧日。朕念八百宣慰遠在萬里外，能修職奉貢，深見至誠。今與百夷搆兵，當有以處之。可諭意八百，令練兵固守，俟王師進討。」自是及永樂初，頻遣使入貢，賜予如例。

永樂二年設軍民宣慰使司二，以土官刀招你爲八百者乃宣慰使，其弟刀招散爲八百大甸宣慰使，遣員外郎左洋往賜印誥、冠帶、襲衣。刀招散遣人貢馬及方物謝恩，命五年一朝貢。

是歲，遣內官楊瑄齎敕諭孟定、孟養等部，道經八百大甸，爲土官刀招散所阻，弗克進。三年遣使諭刀招散曰：「朕特頒金字紅牌，敕諭與諸邊爲信，以禁戢邊吏生事擾害，用福爾衆。諸宣慰皆敬恭聽命，無所違禮。惟爾年幼無知，惑於小人孟乃朋、孟允公等，啓釁生禍，使臣至境，拒却不納。廷臣咸請興師問罪，朕念八百之人豈皆爲惡，兵戈所至，必及無辜，有所不忍。茲特遣司賓田茂、推官林楨齎敕往諭，爾能悔過自新，卽將奸邪之人擒送至京，庶境土可保。其或昏迷不悛，發兵討罪，孥戮不貸！」幷敕西平侯沐晟嚴兵以待。以馬軍六百、步軍一千四百護內官楊安、郁斌前往。又慮老撾乘車里空虛，或發兵掩襲，或與八百爲援，可遣其部長率兵一萬五千往備。

三年，刀招你等遣使奉金縷表文，〔三〕貢金結絲帽及方物。帝命受之，仍加賜予。西平

侯沐晟奏：「奉命率師及車里諸宣慰兵至八百境內，破其猛利石厓及者答二寨，又至整線寨。木邦兵破其江下等十餘寨。八百恐，遣人詣軍門伏罪。」乃以所陳詞奏聞。因遣使敕諭車里、木邦等曰：「曩者八百不恭朝命，爾等請舉兵誅討。嘉爾忠誠，已從所請。今得西平侯奏，言八百已伏罪納款。夫有罪能悔，宜赦宥之。敕至，其悉止兵勿進。」遂敕晟班師。四年降敕誡諭刀招散，刀招散遣人貢方物謝罪。帝以不誠，却之。五年貢使復來謝罪，命禮部受之。

洪熙元年遣內官洪仔生齎敕諭刀招散。宣德七年遣人來貢，因奏波勒土酋常糾土雅之兵入境殺掠，乞發兵討之。帝以八百大甸去雲南五千餘里，波勒、土雅皆未嘗歸化，勞中國爲遠蠻役，非計，止降敕撫諭而已。

正統五年，八百貢使奏：「遞年進貢方物，土民不識禮法，不通漢語。乞依永樂間例，仍令通事齎捧金牌、信符，催督進貢，驛路令軍卒護送，庶無疏失。」從之。十年，給八百大甸宣慰司金牌、信符各一，以前所給牌符爲暹羅國寇兵焚燬也。

成化十七年，安南黎灝已破老撾，頒僞敕於車里，期會兵攻八百。其兵暴死者數千，傳言爲雷所震。八百因遣兵扼其歸路，襲殺萬餘，交人敗還。土官刀攬那以報。黔國公沐琮奏：「攬那能保障生民，擊敗交賊，救護老撾。交人嘗以僞敕脅誘八百，八百毀敕，以象蹴之，

請頒賞以旌忠義。」帝命雲南布政司給銀百兩、綵幣四表裏以獎之。二十年，刀攬那遣人入貢。雲南守臣言：「交兵雖退，宜令八百諸部飭兵爲備。」弘治二年，刀攬那孫刀整賴貢方物，求襲祖職。兵部言：「八百遠離雲南，瘴毒之地，宜免勘予襲。」從之，仍給冠帶。

其地東至車里，南至波勒，西至大古喇，與緬鄰，北至孟艮，自姚關東南行五十程始至。平川數千里，有南格剌山，下有河，南屬八百，北屬車里。好佛惡殺，寺塔以萬計。有見侵乃舉兵，得仇即已，俗名慈悲國。嘉靖間，爲緬所幷，其酋避居景線，名小八百。自是朝貢遂不至。緬酋應裏以弟應龍居景邁城，倚爲右臂焉。萬曆十五年，八百大甸上書請恢復不報。初，四譯館通事惟譯外國，而緬甸、八百如之，蓋二司於六慰中加重焉。

校勘記

〔一〕至安南　安南，原作「南安」，據本書卷三一四麓川傳及太祖實錄卷八六洪武六年十一月己酉條改。

〔二〕十二年木邦宣慰罕蓋法至幷貢方物　本書卷三一四麓川傳繫於十一年，又卷一〇英宗前紀及英宗實錄卷一三六均繫於正統十年十二月丙辰。

〔三〕盡俘其衆　此繫於萬曆十年，同卷木邦傳作「萬曆十一年」，彼此互異。

〔四〕宣德六年改隸雲南都司　本書卷四六地理志、宣宗實錄卷六七宣德五年六月壬午條繫於宣德五年。

〔五〕十一年遊擊劉綎破隴川　本書卷二〇神宗本紀繫於十二年。

〔六〕永樂十一年改爲州　本書卷四六地理志及寰宇通志卷一一三、明一統志卷八七繫於永樂十二年。

〔七〕本馬龍他郎甸猛摩地　馬龍，原誤倒作「龍馬」，據本書卷三一四新化傳、寰宇通志卷一一三、讀史方輿紀要卷一一五改正。

〔八〕皆永樂五年設　本書卷四六地理志、太宗實錄卷五六永樂六年四月癸未條繫於永樂六年。

〔九〕改雲遠府爲孟養府　雲遠府，原作「雲南府」，據本書卷四六地理志、太祖實錄卷一四三洪武十五年三月己未條、太宗實錄卷一五洪武三十五年（卽建文四年）十二月丙辰條改。

〔一〇〕正統十三年敕孟養頭目伴送思機發來朝　正統十三年，原脫「正統」年號，只作「十三年」，繫於宣德之下。按宣德共十年，不得有十三年。敕孟養頭目伴送思機發來朝，事在正統十三年二月，見英宗實錄卷一六三正統十三年二月乙丑條，據補「正統」二字。

〔一一〕任發之子思卜發遣使來貢　任發，原作「機發」，據本書卷三一四麓川傳及英宗實錄卷二六五景泰七年四月乙卯條改。

〔一二〕爲倭泥貂黨諸蠻雜居之地　倭泥，原作「倭沙」，據明史稿傳一八九車里傳及明一統志卷八七、讀史方輿紀要卷一一九改。

〔一三〕三年刀招你等遣使奉金縷表文　此「三年」，與上文「三年」重出。按上文「三年遣使諭刀招散」，是三年七月事。此「三年，刀招你等遣使奉金縷表文」，是三年十月事，見太宗實錄卷三六永樂三年七月壬子條、又卷三八永樂三年十月壬午條。此「三年」疑當作「是年」。

明史卷三百十六

列傳第二百四

貴州土司

貴州，古羅施鬼國。漢西南夷牂牁、武陵諸傍郡地。元置八番、順元諸軍民宣慰使司，以羈縻之。明太祖既克陳友諒，兵威遠振，思南宣慰、思州宣撫率先歸附，卽令以故官世守之，時至正二十五年也。及洪武五年，貴州宣慰靄翠與宋蒙古歹及普定府女總管適爾等先後來歸，皆予以原官世襲。帝方北伐中原，未遑經理南荒。又田仁智等歲修職貢，最恭順，乃以衞指揮僉事顧成築城以守，賦稅聽自輸納，未置郡縣。

永樂十一年，思南、思州相仇殺，始命成以兵五萬執之，送京師。乃分其地爲八府四州，設貴州布政使司，而以長官司七十五分隸焉，屬戶部。置貴州都指揮使，領十八衞，而以長官司七隸焉，屬兵部。府以下參用土官。其土官之朝貢符信屬禮部，承襲屬吏部，領

土兵者屬兵部。其後府幷爲六，州幷爲四，長官司或分或合，釐革不一。

其地西接滇、蜀，東連荊、粵。太祖於平滇詔書言：「靄翠輩不盡服之，雖有雲南不能守也」，則志已在黔，至成祖遂成之。然貴州地皆崇山深箐，鳥道蠶叢，諸蠻種類，嗜淫好殺，畔服不常。靄翠歸附之初，請討其隴居部落。帝曰：「中國之兵，豈外夷報怨之具。」及仁智入朝，帝諭之曰：「天下守土之臣，皆朝廷命吏，人民皆朝廷赤子，汝歸善撫之，使各安其生，則汝可長享富貴。夫禮莫大於敬上，德莫盛於愛下，能敬能愛，人臣之道也。」二十一年，部臣以貴州逋賦請，帝曰：「蠻方僻遠，來納租賦，是能遵聲教矣。逋負之故，必由水旱之災，宜行蠲免。自今定其數以爲常，從寬減焉。」二十九年，清水江之亂旣平，守臣以賊首匿宣慰家，宜並罪。帝曰：「蠻人鴟張鼠伏，自其常態，勿復問。」明初御蠻之道，其後世之龜鑑也夫。

貴陽　思南 思州附　鎮遠　銅仁　黎平　安順　都勻　平越

石阡　新添 金筑安撫司附

貴陽府，舊爲程番長官司。洪武初，置貴州宣慰司，隸四川。永樂十一年改隸貴州。成化十二年置程番府。隆慶三年移程番府爲貴陽府，與宣慰司同城，府轄城北，司轄城南。萬曆時，改爲貴陽軍民府。領安撫司一，曰金筑，領長官司十八，[二]曰貴竹，曰廠㸌，曰木瓜，曰大華，曰程番，曰韋番，曰方番，曰洪番，曰臥龍番，曰金石番，曰小龍番，曰羅番，曰大龍番，曰小程番，曰上馬橋，曰盧番，曰盧山，曰平伐。其貴州宣慰司所領長官司九，[三]曰水東，曰中曹，曰青山，曰劄佐，曰龍里，曰白納，曰底寨，曰乖西，曰養龍坑。

自蜀漢時，濟火從諸葛亮南征有功，封羅甸國王。後五十六代爲宋普貴，傳至元阿畫，世有土於水西宣慰司。靄翠，其裔也，後爲安氏。洪武初，同宣慰宋蒙古歹來歸，賜名欽，俱令領原職世襲。及設布政使司，而宣慰司如故。安氏領水西，宋氏領水東。八番降者，皆令世其職。六年詔靄翠位各宣慰之上。靄翠每年貢方物與馬，帝賜錦綺鈔幣有加。十四年，宋欽死，妻劉淑貞隨其子誠入朝，賜米三十石、鈔三百錠、衣三襲。時靄翠亦死，妻奢香代襲。都督馬曄欲盡滅諸羅，代以流官，故以事撻香，激爲兵端。諸羅果怒，欲反。劉淑貞聞止之，爲走愬京師。帝旣召問，命淑貞歸，招香，賜以綺鈔。十七年，奢香率所屬來朝，幷訴曄激變狀，且願効力開西鄙，[四]世世保境。帝悅，賜香錦綺、珠翠、如意冠、金環、襲衣，而召曄還，罪之。香遂開偏橋、水東，以達烏蒙、烏撒及容山、草塘諸境，立龍場九驛。二十年，香進馬二十三匹，每歲定輸賦三萬石。子安的襲，貢馬謝恩。帝曰：「安的居水西，最爲誠恪。」命禮部厚賞其使。二十五年，的來朝，賜三品服幷襲衣金帶、白金三百兩、鈔五十錠。香復遣其子婦奢助及其部長來貢馬六十六匹，詔賜香銀四百兩，錦綺鈔幣有差。

自是每歲貢獻不絕，報施之隆，亦非他土司所敢望也。二十九年，香死，朝廷遣使祭之，的貢馬謝恩。

正統七年，水西宣慰隴富自陳：「祖父以來，累朝皆賜金帶。臣蒙恩受職，乞如例。」從之。是時，宋誠之子斌年老，以子昂代，昂死，然代。十四年賜敕隴富母子，嘉其調兵保境之功。隴富頗驕。天順三年，東苗之亂，富不時出兵，聞朝廷有意督之，乃進馬謝罪，賜敕獎之。富死，姪觀襲。觀老，子貴榮襲。巡撫陳儀以西堡獅子孔之平，由觀與子貴榮統部衆二萬攻白石崖，四旬而克，家自餽餉，口不言功，特給觀正三品昭勇將軍誥。

初，安氏世居水西，管苗民四十八族，宋氏世居貴州城側，管水東、貴竹等十長官司，皆設治所於城內，銜列左右。而安氏掌印，非有公事不得擅還水西。至是總兵官爲之請，許其以時巡歷所部，趣辦貢賦，聽暫還水西，以印授宣慰宋然代理。貴榮老，請以子佐襲，命賜貴榮父子錦紵。

先是，宋然貪淫，所管陳湖等十二馬頭科害苗民，致激變。而貴榮欲幷然地，誘其衆作亂。於是阿朵等聚衆二萬餘，署立名號，攻陷寨堡，襲據然所居大羊腸，然僅以身免。貴榮遽以狀上，冀令己按治之。會阿朵黨洩其情，官軍進討。貴榮懼，乃自率所部爲助。及賊平，貴榮已死，坐追奪，然坐斬。然奏世受爵土，負國厚恩。但變起於榮，而身陷重辟，乞分

釋。因從末滅，依土俗納粟贖罪。都御史請以貴筑、平伐七長官司地設立府縣，皆以流官撫理。巡撫覆奏以蠻民不願，遂寢。宋氏亦遂衰，子孫守世官，衣租食稅，聽徵調而已。

時安萬鍾應襲，驕縱不法。漢民張純、土目烏掛等導之游獵，酒酣，輒射人爲戲。又嘗撻其左右，爲所殺。無子，其從弟萬鎰宜襲，鎰以賊未獲辭。烏掛等遂以疏族幼子普者冒萬鍾弟曰萬鈞告襲，承勘官入其賄，遂暫委鍾妻奢播攝事。萬鎰悔不立，而恨烏掛之主其謀也，遂以兵襲烏掛，烏掛亦發兵相仇殺，皆以萬鍾之死爲辭。巡按御史上其狀，以萬鎰宜襲，但與烏掛相誣訐，宜各宥輸贖。而梟殺鍾者，幷戍純等，受其賄者亦罰治，詔如之。

未幾，鎰死，子阿寫幼，命以萬銓借襲。萬銓有助平阿向功，提督尚書伍文定爲之請。萬銓亦自陳其功，乞加參政銜，賜蟒衣，帝命賜以應得之服。後阿寫長，襲職，改名仁。未幾死，子國亨襲。淫虐，乃以事殺萬銓之子信。信兄智與其母別居於安順州，聞之，因告國亨反。巡撫王諍遽請發兵誅國亨，智遂爲總兵安大朝畫策，且約輸兵糧數萬。及師至陸廣河，智糧不至。諍乃令人諭國亨，而止大朝毋進。兵已渡河，爲國亨所敗。國亨懼大誅，遣使哀辭乞降，朝廷未之許。巡撫阮文中至，檄捕諸反者，密使語國亨，亟出諸奸徒，割地以處安智母子，還所費兵糧，朝廷當待汝以不死。於是國亨悉聽命，帝果赦不誅，而命國亨子民襲。國亨事起於隆慶四年，至萬曆五年乃已。

國亨既革任，日遣人至京納賂，爲起復地。十三年，播州宣慰楊應龍以獻大木得賜飛魚服，國亨亦請以大木進，乞還給冠帶誥封如播例。既而木竟不至，乃諉罪於木商。上怒，命奪所賚。國亨請補貢以明不欺，上仍如所請。

萬曆二十六年，國亨子疆臣襲職。會播州楊應龍反，疆臣亦以戕殺安定事爲有司所案。疆臣奏稱：「播讐方殷，臣心未白。」上復優詔報之。巡撫郭子章許疆臣以應龍平後還播所侵水西烏江地六百里以酬功，於是疆臣兵從沙溪入。有蜚語水西佐賊者，總督李化龍檄詰之，疆臣遂執賊二十餘人，率所部奪落濛關，至大水田，焚桃溪莊。應龍伏誅。

初，應龍之祖以內難走水西，客死。宣慰萬銓挾之，索水烟、天旺地，聽還葬，其地遂爲水西所據。及播州平，分其地爲遵義、平越二府，分隸蜀、黔，以渭河中心爲界。總督王象乾代化龍，命疆臣歸所侵播州地。子章奏言：「侵地始於萬銓，而非疆臣。安氏迫取於楊相喪亂之時，非擅取於應龍蕩平之日。且臣曾許其裂土，今反奪其故地，臣無面目以謝疆臣，願罷去。」象乾疏言：「疆臣征播，殲應龍子惟棟不實，首功可知。至佯敗棄陣，送藥往來，欺君助逆，迹已昭然。令還侵地，不咎既往，已屬國家寬大。若因其挾而予之，彼不爲恩，我且示弱。疆臣既無功，不與之地，正所以全撫臣之信。宜留撫臣罷臣，以爲重臣無能與蠹

爾苗嚕沓者之戒。」於是清疆之議，累年不決。兵部責令兩省巡按御史勘報，而南北言官交章詆象乾貪功起釁。科臣呂邦耀復劾子章納賄縱奸，子章求去益力。象乾執疆臣所遣入京行賄之人與金，以聞於朝。然議者多右疆臣，尚書蕭大亨遂主巡按李時華疏，謂：「征播之役，水西不惟假道，且又助兵。矧失之土司，得之土司，播固輸糧，水亦納賦，不宜以土地之故傷字小之仁，地宜歸疆臣。」於是疆臣增官進秩，其母得賜祭，水西尾大之患，亦於是乎不可制矣。

三十六年，疆臣死，弟堯臣襲。四十一年，烏撒土舍謀逐安効良，堯臣以追印爲名，領兵數萬長驅入滇，直薄霑益州，所過焚掠，備極慘毒。朝廷方以越境擅兵欲加堯臣罪，而堯臣死。子位幼，命其妻奢社輝攝事。社輝，永寧宣撫奢崇明女弟。崇明子寅獷悍，與社輝爭地，相仇恨。而安邦彥者，位之叔父也，素懷異志，陰與崇明合。及崇明反，調兵水西，邦彥遂挾位叛以應之，位幼弱不能制。邦彥更招故宣慰土舍宋萬化爲助，率兵趨畢節，陷之，分兵破安順、平壩、霑益。而萬化亦率苗仲九股陷龍里，遂圍貴陽，自稱羅甸王，時天啓二年二月也。[四]

巡撫李㯄方受代，[五]聞變，與巡按御史史永安悉力拒守。賊攻不能克，則沿巖制柵，斷城中出入。鎮將張彥芳將兵二萬赴援，隔龍里不得進。貴州總兵楊愈懋、推官郭象儀與

賊戰於江門而死。外援既絕，攻益急，城中糧盡，人相食，而拒守不遺餘力。中朝方急遼，不之省。已，以王三善爲巡撫，倉卒調兵食，大會將士，分兵三道進。三日抵龍頭營，屢敗賊兵，遂奪龍里。邦彥聞新撫自將大兵數十萬，懼甚，遂退屯龍洞。前鋒楊明楷率烏羅兵擊死安邦俊，遂乘勝抵貴陽城下，先以五騎傳呼曰：「新撫至矣。」舉城懽呼更生。貴陽被圍十餘月，城中軍民男婦四十萬，至是餓死幾盡，僅餘二百人。[六]詳李㯄及三善傳中。

貴陽圍既解，邦彥遠遁陸廣河外。三善遣使諭社輝母子縛邦彥以降。大軍至者日益衆，三善欲因糧於敵。又諸軍視賊過易，楊明楷營於三十里外。邦彥復糾諸苗來攻，師敗，明楷爲所執。邦彥勢復張，合衆欲再圍貴陽。三善遣兵三路禦之，破生苗寨二百餘，擒萬化等，焚其積聚數萬。龍里、定番四路並通，諸苗畔者相繼降。邦彥氣奪不敢出，於鴨池、陸廣諸要地掘塹屯兵，爲自守計。時奢崇明爲蜀兵所敗，計窮投水西，與邦彥合。

三年，三善督兵攻大方賊巢，擒土司何中尉等，進營紅崖。連破天台、水腳等七囤，奪其天險。別將亦破賊於羊耳，追至鴨池河，奪其戰象。遂深入至紅鳥岡，諸苗奔潰。三善率兵直入大方，奢社輝、安位焚其巢，竄火灼堡，邦彥奔織金。位遂遣人赴鎮遠，乞降於總督楊述中。許之，令擒崇明父子自贖，一意主撫。而三善責幷獻邦彥，當幷用剿，議不合。往返間已逾數月，邦彥得益兵爲備。三善糧不繼，焚大方，還貴州，道遇賊，三善爲所害。

邦彥率數萬衆來追，總理魯欽力禦之，大戰數日，大軍無糧，乘夜皆潰，欽自剄。賊燒劫諸堡，苗兵復助逆，貴陽三十里外樵蘇不行，城中復大震。

初，大方東倚播，北倚藺，相爲犄角。後播、藺既平，賊惟恃烏撒爲援，而畢節爲四夷交通處。當三善由貴陽陸廣深入大方百七十里，皆羅鬼巢窟，以失地利而陷。天啓間，朱燮元爲蜀督，建議滇兵出霑益，遏安効良應援，分兵於天生橋、尋甸等處，以絕其走；蜀兵臨畢節，扼其交通之路，而別出龍場巖後，以奪其險；黔兵由普定渡思臘河，徑趨邦彥巢，由陸廣、鴨池擣其虛；粵西兵出泗城，分道策應；然後大軍由遵義鼓行而前。尋以憂去，未及用。總督閔夢得繼之，亦以貴州抵大方路險，賊惟恃畢節一路外通。我兵宜從永寧始，自永寧而普市，而摩泥，〔七〕而赤水，百五十里皆坦途。赤水有城郭可憑而守，宜結營進逼。四十里爲白巖，六十里爲層臺，又六十里爲畢節。畢節至大方不及六十里，賊必併力來禦，須重兵扼之，斷其四走之路。然後遵義、貴陽剋期而進，亦不果用。及是黔事棘，詔起燮元總督貴、雲、川、廣。於是燮元再涖黔，時崇禎元年也。

奢崇明自號大梁王，安邦彥自號四裔大長老，其部衆悉號元帥。悉力趨永寧，先犯赤水。燮元授意守將佯北，誘深入，度賊已抵永寧，分遣別將林兆鼎從三岔入，王國禎從陸廣入，劉養鯤從遵義入。邦彥分兵四應，力不支。羅乾象復以奇兵繞其背，急擊之，賊大驚

潰，崇明、邦彥皆授首。邦彥亂七年而誅。燮元乃移檄安位，赦其罪，許歸附。位豎子不能決，其下謀合潰兵來拒。燮元扼其要害，四面迭攻，斬首萬餘級。復得嚮導，輒發窖粟就食，賊益饑。復遣人至大方燒其室廬，位大恐，遂率四十八目出降。燮元奏請許之，報可。而前助邦彥故宣慰宋萬化之子嗣殷亦至是始剿滅。乃以宋氏洪邊十二馬頭地置開州，建城設官。燮元復遣兵平擺金五洞諸叛苗，水西勢益孤。十年，安位死，無嗣，族屬爭立。朝議欲乘其敝郡縣之。燮元奏未可驟，乃傳檄土目，諭以威德，諸苗爭納土獻印。貴陽甫定，而明亦旋亡矣。

思南，即唐思州。宋宣和中，番部田祐恭內附，世有其地。元改宣慰司。明洪武初，析爲二宣慰，屬湖廣。永樂十一年置思南府，領長官司四：曰水德江，曰蠻夷，曰沿河祐溪，曰朗溪。思州領長官司四：曰都坪峨異溪，曰都素，曰施溪，曰黃道溪。

初，太祖起兵平僞漢，略地湖南。思南宣慰使田仁智遣都事楊琛來歸附，并納元所授宣慰誥。帝以率先來歸，俾仍爲思南道宣慰使，以三品銀印給之，并授琛爲宣撫使。思州宣撫使田仁厚亦遣都事林憲、萬戶張思溫來獻鎭遠、古州軍民二府，婺川、功水、常寧等十

縣，龍泉、瑞溪、沿河等三十四州。於是命改思州宣撫爲思南鎭西等處宣慰使司，以仁厚爲使，俱歲朝貢不絕。

二年，仁厚死，子弘正襲。帝以思南土官世居荒服，未嘗詣闕，詔令率其部長入朝。九年，仁智入覲，加賜織金文綺，并諭以敬上愛下保守爵祿之道。仁智辭歸，至九江龍城驛病卒。有司以聞，遣官致祭，并敕送柩歸思南。時思州田弘正與其弟弘道等來朝，帝命禮部皆優賜。十一年，仁智子大雅襲，奉表謝恩。命思南收集各洞弩手二千人，備征調。十四年，大雅入朝。十八年，思州諸洞蠻作亂，命信國公湯和等討之。時寇出沒不常，聞師至，輒竄山谷間，退則復出剽掠。和等師抵其地，恐蠻人驚潰，乃令軍士於諸洞分屯立柵，與蠻人雜耕，使不復疑。久之，以計擒其魁，餘黨悉定，留兵鎭之。二十年移思南宣慰於鎭遠。大雅來謝恩。思州宣慰弘正死，子琛襲。三十年，大雅母楊氏來朝。

永樂八年，大雅死，子宗鼎襲。初，宗鼎兇暴，與其副使黃禧搆怨，奏訐累年。朝廷以田氏世守其土，又先歸誠，曲與保全，改禧爲辰州知府。未幾，思州宣慰田琛與宗鼎爭沙坑地有怨。禧遂與琛結，圖宗鼎，搆兵。琛自稱天主，禧爲大將，率兵攻思南。宗鼎挈家走，琛殺其弟，發其墳墓，并戮其母屍。宗鼎訴於朝，屢敕琛、禧赴闕自辨，皆拒命不至，潛使奸人入教坊司，伺隙爲變。事覺，遣行人蔣廷瓚召之，命鎭遠侯顧成以兵壓其境，執琛、禧械

送京師，皆引服。琛妻冉氏尤強悍，遣人招誘臺羅等寨苗普亮爲亂，冀朝廷遣琛還招撫，以免死。帝聞而錮之。

以宗鼎窮蹙來歸，得末減，令復職，還思南。而宗鼎必得報怨，以絕禍根。帝以宗鼎幸免禍，不自懲，乃更逞忿，亦留之。宗鼎出誹言，因發祖母陰事，謂與禧奸，實造禍本。祖母亦發宗鼎縊殺親母瀆亂人倫事。帝命刑部正其罪，諭戶部尚書夏原吉曰：「琛、宗鼎分治思州、思南，皆爲民害。琛不道，已正其辜。宗鼎滅倫，罪不可宥。其思州、思南三十九長官地，可更郡縣，設貴州布政使司總轄之。」命顧成剿臺羅諸寨。成斬苗賊普亮，思州乃平。十二年遂分其地爲八府四州，貴州爲內地，自是始。兩宣慰廢，田氏遂亡。

正統初，蠻夷長官司奏土官衙門婚姻，皆從土俗，乞頒恩命。帝以土司循襲舊俗，因親結婚者，既累經赦宥不論，繼今悉依朝廷禮法，違者罪之。景泰間，思南府奏府四面皆山，關隘五處，無城可守，乞發附近土軍修築。命巡撫王來經畫之。

鎭遠，故爲豎眼大田溪洞。元初，置鎭遠沿邊溪洞招討使，後改爲鎭遠府。洪武五年改爲州，隸湖廣。永樂十一年仍改府，屬貴州。領長官司二：曰偏橋，曰邛水十五洞。領縣

二：曰鎭遠，卽金容金達、楊溪公俄二長官司地；曰施秉，卽施秉長官司地也。

洪武二十年，土官趙士能來朝，貢馬。三十年，鎭遠鬼長箐等處苗民作亂，指揮萬繼、百戶吳彬戰死。都指揮許能率兵會偏橋衞軍擊敗之，衆散走。

永樂初，鎭遠長官何惠言：「每歲修治淸浪、焦溪、鎭遠三橋，工費浩大。所部臨溪部民，皆佯、僙、猫、佬，力不勝役，乞令軍民參助。」從之。

宣德初，鎭遠邛水奧洞蠻苗章奴劫掠淸浪道中，爲思州都坪峩異溪長官司所獲。其父苗銀總劫取之，聚兵欲攻思州。因令赤溪湳洞長官楊通諒往撫，銀總伏兵殺諒，又掠埂洞。命總兵官蕭授調辰、沅諸衞兵萬四千人勦之，會於淸浪衞，指揮張名討銀總，克奧洞，盡殺其黨，銀總遁。正統三年革鎭遠州，以鎭遠、施秉二長官司隸鎭遠府。十二年，巡按御史虞禎奏：「貴州蠻賊出沒，撫之不從，捕之不得，若非設策，難以控制。臣觀淸水江等處，峭壁層崖，僅通一徑出入，彼得恃險爲惡。若將江外山口盡行閉塞，江內山口幷津渡俱設關堡，屯兵守禦，又擇寨長有才幹者爲辦事官，庶毋疏虞。」從之。十四年命振偏橋衞，以被苗寇殺掠，不能自存，有司以請，從之。

天順七年，鎭守湖廣太監郭閔奏：「貴州洪江賊苗蟲蝦等糾合二千餘人，僞稱王侯，攻劫鎭遠埊寨。撫諭不服，請合兵進討。」命總兵官李震、李安等分道入，賊退守平坤寨，官兵

追至淸水江，獲蟲蝦，幷斬賊首飛天侯、苗老底、額頭等六百四十餘人，幷復黎平之赤溪湳洞，賊平。弘治十年改鎭遠金容金達長官司爲鎭遠州，設流官。時土官何碖父子罪死，[八]土人思得流官，守臣以聞，報可。

萬曆末，邛水長官司楊光春貪暴，土目彭必信濟之箕斂。苗不堪，將上訴改設流官。光春與必信遂謀反，言官兵欲勦諸苗，當斂金贖，得金五百餘。都御史何起鳴詗知之，捕光春下獄，瘐死。於是每四戶擇壯兵一人，立四哨，不爲兵者佐粮糧魚鹽，箇土吏何文奎等掌之。必信復醵諸苗金，訴於朝，言巴也、梁止諸寨爲亂，指揮使陶効忠不問，反索土官楊光春金而殺之。改舊例用新法，不便。書上，意自得，歸謁知府王一麟。一麟縛之下獄，檄諸苗，言：「若等十五洞所苦者，以兵餉月米三斗過甚耳。然歲給白蟲舖米，每洞月八斗，他於平溪驛剩餘徵銀兩，皆可足餉。我爲若通之，毋爲必信所誑。」苗皆悅服，乃坐必信罪。時有土舍楊載淸者應襲推官，嘗中貴州鄉試，命於本衞加俸級優異之。

天啓五年，巡撫傅宗龍奏：「苗寇披猖，地方受害，乞勅偏沅撫臣移鎭偏橋，勿復回沅，凡思、石、偏、鎭等處俾練兵萬餘人，平時以之勦苗，大征卽統爲督臣後勁，庶苗患寧而西賊之氣亦漸奪矣。」報可。

銅仁，元爲銅人大小江等處軍民長官司。洪武初，改爲銅仁長官司。永樂十一年置銅仁府。萬曆二十六年始改銅仁長官司爲縣治。領長官司五：曰省溪，曰提溪，曰大萬山，曰烏羅，曰平頭著可。烏羅者，本永樂時分置貴州八府之一也，所屬有朗溪長官司、答意長官司、治古長官司，而平頭著可長官司亦隸焉。

宣德五年，烏羅知府嚴律己言：「所屬治古、答意二長官石各野等聚衆出沒銅仁、平頭、甕橋諸處，誘脅蠻賊石雞娘幷筸子坪長官吳畢郞等共爲亂，招撫不從。緣其地與鎭溪、酉陽諸蠻接境，恐相煽爲亂。請調官土軍分據要地，絕其糧道，且捕且撫。事平之後，宜置衞所巡司以守之。」事聞，命總兵官蕭授及鎭巡諸司議。於是授築二十四堡，環其地守之。兵力分，卒難扞禦。賊四出劫掠，殺淸浪衞鎭撫葉受，勢益獗。七年，巡按御史以聞，且言生苗之地不過三百餘里，乞別遣良將督諸軍殄滅。授言：「殘苗吳不爾等遁入筸子坪，結生苗龍不登等攻劫湖廣五寨及白崖諸寨，爲患滋甚。宜令川、湖、貴州接境諸官軍、土兵分路併力攻勦，庶除邊患。」從之。既降敕諭授，言：「暴師久，恐蹉跌爲蠻羞，或撫或勦，朕覩成功，不從中制。」

八年，授奏言：「臣受命統率諸軍進攻賊巢，破新郞等寨，前後生擒賊首吳不跳等二百

一十二人，斬吳不爾、王老虎、龍安軸等五百九十餘級，皆梟以徇，餘黨悉平。還所掠軍民男婦九十八口，悉給所親。獲賊婦女幼弱一千六百餘口，以給從征將士。」幷械吳不跳等獻京師。帝顧謂侍臣曰：「蠻苗好亂，自取滅亡，然於朕心，不能無惻然也。」授威服南荒，前後凡二十餘年。

正統三年革烏羅府，所屬治古、答意二長官司，亂後殘民無幾，亦幷革之，以烏羅、平頭著可隸銅仁，以朗溪隸思南，從巡按御史請也。景泰七年，平頭著可長官司奏其地多爲蠻賊侵害，乞立土城固守，從之。

成化十一年，總兵官李震奏：「烏羅苗人石全州，妄稱元末明氏子孫，僭稱明王，糾衆於執銀等處作亂，鄰洞多應之。因調官軍往勦，石全州已就擒，而諸苗攻劫未已。」命鎭巡官設策撫捕，未幾平。

嘉靖二十二年，平頭苗賊龍桑科作亂，流劫湖廣桂陽間，甚獗。帝以諸苗再叛，責激亂者，而起都御史萬鏜往討之。明年，鏜奏叛苗以次殄滅，惟龍母叟雖降，然其罪大，宜置重典。命安置遼東。未幾，龍子賢復叛。二十六年，湖貴巡按御史奏官軍討賊不力，降旨切責。三十九年，總兵官石邦憲勦之，擒首惡龍老羅等，遂平。

黎平，元潭溪地也。洪武初，仍各長官司。永樂十一年改置黎平、新化二府。宣德十年并新化入黎平。領長官司十三：曰潭溪，曰八舟，曰洪舟泊里，曰曹滴洞，曰古州，曰西山陽洞，曰湖耳，曰亮寨，曰歐陽，曰新化，曰中林驗洞，曰赤溪湳洞，曰龍里。

初，洪武三年，辰州衞指揮劉宣武率兵招降湖耳、潭溪、新化、萬平江、歐陽諸洞，於是諸洞長官皆來朝，納元所授印敕。帝命皆仍其原官，以轄洞民，隸辰州衞。既改龍里長官司爲龍里衞，又增立五開衞以鎮之，隸思州。二十九年，清水江蠻金牌黃作亂，都司發兵捕之，金牌黃遁去。捕獲其黨五百餘人，械至京，以其脅從，宥死，戍遠衞。既有言金牌黃匿宣慰家者，詔勿問。

三十年，古州洞蠻林寬者，自號小師，聚衆作亂，攻龍里。千戶吳得、鎮撫井孚力戰死之。寬遂犯新化，突至平茶，千戶紀達率壯士擊之。達突陣殺數人，以鎗橫挑一人擲之，流矢中臂，達拔矢復戰。賊驚曰：「是平茶紀蒙邪？」遁去。蠻稱官爲蒙云。已，復熾，命湖廣都指揮使齊讓爲平羌將軍，統兵五萬征之。既以讓逗遛，命楊文代之。又命楚王楨、湘王柏各率護衞兵進討，城銅鼓衞。未幾，讓擒寬等，械入京，誅之。三十一年復平其餘黨，并俘獲三十岡等處洞蠻二千九百人以歸，遂班師。

永樂五年，寨長韋萬木來朝，自陳所統四十七寨，乞設官。因設西山陽洞長官司，以萬木爲屯長。宣德六年改永從蠻夷長官司爲永從縣，置流官，以土官李瑛絕故也。又割思州新溪等十一寨隸黎平赤溪湳洞長官司。正統四年，計砂苗賊苗金蟲等糾合洪江生苗，僞立統千侯、統萬侯名號，劫掠四出，命都督蕭授調兵剿之。賊首苗總牌等爲都督吳亮所戮，洪江生苗遂詣軍門降。授諭遣之，命千戶尹勝誘執苗金蟲，斬以徇。

景泰五年，巡撫王永壽以苗賊蒙能攻圍龍里、新化、銅鼓諸城，乞調兵剿之。時賊欲取龍里爲巢穴，攻破亮寨、銅鼓、羅團堡諸城，都指揮汪迪爲賊所殺。朝議以南和伯方瑛爲平蠻將軍，統湖廣諸軍討之。蒙能糾賊衆三萬出攻平溪衞，瑛遣指揮鄭泰等以火鎗攻，斃賊三千人，能亦死。而能黨李珍等尙煽惑苗衆，官軍計擒之，克復銅鼓、藕洞，連破鬼板等一百六十餘寨，覃洞、上隆諸苗悉降。[九]

天順元年，鎮守太監阮讓言：「東苗爲貴州諸苗之首，負固據險，僭號稱王，逼脅他種，東苗平則諸苗服。臣會同方瑛計議，并請師期。」於是頒諭四川、湖廣諸宣慰、宣撫會師討賊。[一〇]三年，督理軍務都御史白圭以谷種山箐，乃東苗羽翼，宜先剿。因同瑛進青崖，令總兵李貴進牛皮箐，參將劉玉進谷種，參將李震進鬼山。所向皆捷，克水車壩等一百四十七寨。諸將復合兵青崖，攻石門山，克擺傷等三十九寨。仍分兵四路，進攻董農、竹蓋、甲底等四百三十七寨。賊首干把猪退守六美山。合兵大進，斬五千餘級，生擒干把猪，送京師伏誅。

先是，麻城人李添保以逋賦逃入苗中，詭稱唐後，聚衆萬餘，僭稱王，建元武烈。署故賊首蒙能子聰爲總兵官，遺之銀印敕書，縱兵剽掠，震動遠近。至是爲李震所敗，餘賊大潰。添保僅以身免，潛入鬼池及絞洞諸寨，復煽諸苗劫攻中林、龍里，亦爲震擒，伏誅。

萬曆二十八年，皮林逆苗吳國佐、石纂太等作亂。國佐本洪州司特洞寨苗，頗知書，嘗入永從學爲生員，素桀黠，皮林諸苗推服之。因娶叛人吳大榮妾，爲黎平府所持，遂反。自稱天皇上將，陽聽撫而陰與播賊通。纂太亦自稱太保，殺百戶黃鐘等百餘人，與國佐合兵圍上黃堡。參將黃沖霄討之，敗績。殺守備張世忠，焚五開，破永從縣，圍中潮所。總兵陳良玭、陳璘合湖、貴兵進討，亦失利，國佐益橫。二十九年命巡撫江鐸會兵分七路進剿，苗據險不出。陳璘潛師奪隘，縱火焚其巢。國佐逃，擒之，纂太亦爲他將誘縛，皆伏誅。

安順，普里部蠻所居。元世祖置普定府，成宗時改普定路，又爲普安路，並屬雲南。洪武初爲普定府，十六年改爲安順州，隸四川。正統三年改屬貴州。萬曆中改安順軍民府，

以普安等州屬焉。普安，故軍民府也，初隸雲南，尋廢爲衞。永樂間改爲州，始隸貴州，領長官司二：曰寧谷，曰西堡。

洪武五年，普定府女總管適爾及其弟阿甕來朝，遂命適爾爲知府，許世襲。六年設普定府流官二員。十四年城普定。十五年，普定軍民知府者額來朝，賜米及衣鈔，命諭其部衆，有子弟皆令入國學。十六年，者額遣弟阿昌及八十一砦長阿窩等來朝。二十年詔徵普定、安順等州六長官赴京，命以銀二十萬備糴，遣普定侯陳桓等率諸軍駐普安屯田。明年，越州叛苗阿資率衆寇普安，燒府治，大肆剽掠。征南將軍傅友德擊走之，且詣軍門降，遂改軍民府爲指揮使司。二十三年，西平侯沐英奏普安百夫長密卽叛，殺屯田官軍及驛丞試百戶。調指揮張泰討之於盤江木窖關，官軍失利。更調指揮蔣文統烏撒、畢節、永寧三衞軍剿之，乃遁。二十六年，普定西堡長官司阿德及諸寨長作亂，命貴州都指揮顧成討平之。二十八年，成討平西堡土官阿傍。三十一年，西堡滄浪寨長必莫者聚衆亂，阿革傍等亦糾三千餘人助惡。成皆擊斬之，其地悉平。

永樂元年，故普安安撫者昌之子慈長言：「建文時父任是職，宜襲，吏部罷之。本境地闊民稠，輸糧三千餘石，乞仍前職報効。」命仍予安撫。十三年改普安安撫司爲普安州。十四年，慈長謀占營長地，且強娶民人妻爲妾，殺其夫，閹其子。事聞，命布政司孟驥按狀。

慈長糾兵萬餘圍驥，驥以計擒之，逮至京，死於獄。

天順四年，西堡蠻賊聚衆焚劫，鎭守貴州內官鄭忠、右副總兵李貴請調川雲都司官兵二萬，幷貴州宣慰安隴富兵二萬進剿。至阿果，擒賊首楚得隆等，斬首二百餘級。餘賊奔白石崖，復斬級七百餘，焚其巢而還。十年，安順土知州張承祖與所屬寧谷寨長官顧鐘爭地仇殺。下巡撫究治，命各貢馬贖罪。

成化十四年，貴州總兵吳經奏，西堡獅子孔洞等苗作亂，先調雲南軍八千助防守。聞雲南有警，乞改調沅州、清浪諸軍應援。十五年，經奏已擒斬賊首阿屯、堅婁等，以捷聞。

弘治十一年，普安州土判官隆暢妻米魯反。〔一一〕米魯者，霑益州土知州安民女也，適暢被出，居其父家。暢老，前妻子禮襲，父子不相能。米魯與營長阿保通，因令阿保諷禮迎己，禮與阿保同烝之。暢聞怒，立殺禮，燬阿保寨。阿保挾魯與其子阿鮓等攻暢，暢走雲南。時東寧伯焦俊爲總兵官，與巡撫錢鉞和解之。魯於道中毒暢死，遂與保據寨反。暢妾曰適烏，生二子，別居南安。米魯欲並殺之，築寨圍其城。又別築三寨於普安，而令阿鮓等防守。名所居寨曰承天，自號無敵天王，出入建黃纛，官兵不能制，鎭巡以聞。發十衞及諸土兵萬三千人分道進，責安民殺賊自贖。民乃攻斬阿保父子於查剌寨，米魯亡走。焦俊等責安民獻魯，民陰資魯兵五百襲殺適烏及其二子，據別寨殺掠，又自請襲爲女土官。鎭巡

官皆受魯賂，請宥魯。嚴旨切責，必得魯乃已。貴州副使劉福陰索賂於魯，故緩師。賊益熾，官兵敗於阿馬坡，都指揮吳遠被擄，普安幾陷。帝命南京戶部尙書王軾、〔一二〕巡撫陳金、都指揮李政進剿，破二十餘寨。魯竄馬尾籠，官兵圍之，就擒，伏誅。安民自辨，得赦。正德元年，暢族婦適擦襲土判官，赴京朝貢，帝嘉之。或曰適擦亦暢妾云。

西堡阿得、獅子孔阿江二種，皆革僚也。初據滄浪六寨，不供常賦。土官溫愷懼罪自縊，其子廷玉請免賦，不允。往徵，爲其寨長乜呂等所殺。六年，廷玉弟廷瑞訴於守臣，會乜呂死，指揮楊仁撫其衆。巡撫蕭翀請令其輸賦，免用兵，從之。

都勻，元曰都雲。洪武十九年置都勻安撫司。二十九年改爲軍民指揮使司，屬四川。永樂十一年改隸貴州。〔一三〕弘治七年置府，領州二，曰麻哈，曰獨山，卽合江洲陳蒙爛土長官司地。領縣一，曰清平，卽清平長官司地也。領長官司八：屬府者曰都勻，曰平浪，曰邦水，曰平州六洞；〔一四〕屬獨山者曰九名九姓，曰豐寧；屬麻哈者曰樂平，曰平定。

洪武二十二年，都督何福奏討都勻叛苗，斬四千七百餘級，擒獲六千三百九十餘人，收降寨洞一百五十二處。二十三年城都勻衞，命指揮同知董庸守之。二十五年，九名九姓蠻亂，命何福平之。二十八年，豐寧三藍等寨亂，命顧成平之。二十九年，平浪蠻殺土官王應名，都指揮程暹平之。應名妻吳攜九歲子阿童來訴，詔予襲。永樂四年，鎭遠侯顧成招諭合江州十五寨來歸。

宣德元年，平浪賊紀那、阿魯等占副長官地，殺掠葉果諸寨，招諭不聽。詔蕭授平之。七年，陳蒙爛土副長官張勉奏，所司去衞遠，地連古州生苗，與廣西僚洞近，化從寨長韋翁同等煽亂，乞立堡，幷請調泗城州土兵一千鎭守，從之。九年，翁同糾下高太刀蠻合廣西賊韋萬良等恣殺掠。指揮陳原討擒萬良等三人，翁同遂聽撫，而落昌、蔡郎等四十寨仍聚衆拒敵。總兵蕭授遣指揮顧勇進討，平之。

成化十四年，陳蒙爛土長官司張鏞奏：「天壩干賊首齋果侵掠，請於所侵大陳、大步等寨設一司，隸安寧宣撫。」而豐寧長官司楊泰亦奏峰峒陸光翁等聚爛土爲亂。先是，宣慰楊輝平天壩干後，卽灣溪立安寧宣撫司。爛土諸苗惡其逼己，至是果等旣攻陷天漂，遂圍豐寧。時輝已致仕，子愛承襲，力弗支，求援於川、貴二鎭。各奏聞，命仍起輝，會兵討之。十六年，鏞復奏齋果糾合九姓、豐寧幷荔波賊萬人，攻剽愈亟。帝責諸守臣玩寇。於是巡撫謝昊言：「自天順四年以來，諸苗攻劫舟溪等處，不靖至今。」乃命鎭守太監張成、總兵吳經相機剿撫。二十年，爛土苗賊龍洛道潛號稱王，聲言犯都勻、清平諸衞。豐寧長官楊泰與

土目楊和有隙，誘廣西泗城州農民九千於銕坑等一百餘寨殺掠，於是苗患愈盛。

弘治二年，苗賊七千人攻圍楊安堡，都指揮劉英統兵覘之，爲所困。命鎭巡官往援，乃得出。五年命鎭遠侯顧溥率官兵八萬人，巡撫鄧廷瓚提督軍務，〔一五〕太監江德監諸軍，往征之。七年，諸軍分道進剿，令熟苗詐降於賊，誘令入寇，伏兵擒之，直擣其巢，凡破一百十餘寨，以捷聞。於是開置都勻府及獨山、麻哈二州。

正德三年，都勻長官司吳欽與其族吳敏爭襲仇殺，鎭巡以聞，言：「欽之祖賴洪武間立功爲長官，陣亡。子琮幼，弟貴署之。及琮長，仍襲，傳至欽三世。敏不得以貴故妄爭。」詔可之。

嘉靖十五年，平浪叛苗王聰攻奪凱口坉，執參將李佑等。初，王阿向先世爲土官，爲王仲武先人所奪，至阿向，與仲武爭印煽亂。總兵楊仁、巡撫陳克宅平之，斬阿向等，盡逐其黨，以地屬都勻府，改名滅苗鎭。仲武因諸苗失業，陰爲招復，旋科索之。諸苗不勝怨，遂推阿向餘孽王聰、王佑爲主。巡按楊春芳遣李佑等撫諭之，賊質佑等，乞還土田官印，乃釋佑。春芳以聞，詔巡撫調官軍三萬人集坉下。坉故絕險，其要害處置弩樓，疊石爲防。攻之三月不克，復調宣慰安萬銓兵合剿。萬銓力戰破賊，聰等皆伏誅，前後斬首二百六十餘級，降苗寨一百五十餘，男婦二萬餘口。捷聞，敍功賞賚有差。

又有黑苗曰天漂者，在湖、貴、川、廣界，與者亞鼎足居。萬曆六年，天漂請內附。都御史遣指揮郭懷恩及長官金篆往問狀，而阻於者亞，乃遠從丹彰間道通天漂。會苗坪、黨銀等亦以格於者亞不得通，都御史王緝遣使責者亞部長阿斗。斗願歸附平定，緝謂斗故養善牌部，何故欲屬平定，必有他謀。下吏按驗，果得實，蓋欲往平定借諸蒙兵襲養善，皆內地奸人天金貴等導之。遂治金貴罪，以者亞仍屬養善，路遂通。於是苗坪、天漂皆請奉貢賦，比編氓，名其地曰歸化，隸都勻府。凡使命往來，自生齒以上，悉跪拜迎送，夾騶從行，前吹蘆笙，唱蠻歌，呼導而馳。事聞，帝嘉之。七年，者亞、阿斗以反誅，乃罷樂平吏目，增設麻哈州州判一員，令居樂平司，以養鵝、者亞、羊腸諸苗屬之。

初，者亞、阿斗反，答干寨阿其應之。斗誅，阿其屢犯順。十四年，土舍吳楠、王國聘慮阿其叵測禍及己，請以答干、雞賈、甲多諸寨屬蒙詔，立宣威營，歲輸賦。獨阿其不服，引者亞殘苗圍宣威營大譟，曰：「此我地，誰令爾營此？」蒙詔常徵秋稅，阿其度使至，以血釁門，令勿通。居常張傘鼓角，繪龍鳳器，遂與雞賈、甲多、仰枯諸苗擊牛酒爲誓，劫歸化，官兵不敢近。獨山土吏蒙天眷願以兵進剿，乃使人佯言，漢已黜蒙詔，令以宣威營地還阿其，且暮撤兵去矣。阿其乃親馳樂邦牛場詗視，言人人同，遂弛備。天眷驟入，斬阿其，雞賈、甲多皆降。

其屬蒙詔者，自答干、雞賈、甲多外，有塘蛙、當井、斗坡等十七寨。小橋熟苗龍木恰視寨事，年老，子倖襲，頒糧者遂不及恰，恰輒奪倖之有以爲養。倖訴於官，官逮問恰，非罪之也。恰輒鎖漢使，已而逐之曰：「速去，此我家事，再來我當以烏雞諸寨踐漢邊矣。」官以計擒之，死獄中。無何，龍化龍羊山苗引川苗作亂，曰：「漢無故殺苗，苗請報之。」官軍戰不利。既而都司蔡兆吉招諭令降，待以不死，於是諸苗皆散，倖視事如故。

四十三年，平州長官楊進雄兇惡，土人苦之。雄無子，以兄繼祿子珂爲後，既生子治安，而疏珂。珂怨雄，雄乃奪珂財產，幷其父逐之。珂頗得民心，遂爲亂，據唐宿寨，攻雄。雄敗走，屠其家。各上疏訐奏，詔推問。都御史趙鈛以雄不法，逮之獄，檄獨山土酋蒙繼武諭珂歸命，許改土爲流以安之。治安計不便，乃陰許以六洞賂繼武借兵。繼武乃發兵攻珂，復平州，珂走廣西之泗城。繼武遂屯耕六洞地，六洞民不服，復助珂，與繼武相攻。珂復據平州。巡撫吳岳招降其父繼祿，六洞乃安。

平越，古黎峨里。元爲平月長官司。洪武十四年置衞。十七年改爲軍民指揮使司，屬四川。萬曆中，始置府，屬貴州。領州一，曰黃平，卽黃平安撫司地。領縣四：〔一六〕曰平越，曰湄潭，曰甕安，卽甕水、草塘二長官司地；曰餘慶，卽白泥、餘慶二長官司地。領長官司一，曰揚義。〔一七〕

初，洪武八年，貴州江力、江松、剌回四十餘寨苗把具、播共桶等連結苗、僚二千作亂，平越安撫司乞兵援，命指揮同知胡汝討之。九年，黃平蠻僚都麻堰亂，宣撫司捕之，不克，千戶所以兵討之，亦敗。乃命重慶諸衞合擊，大破之，平其地。十九年，平越衞麻哈苗楊孟等作亂，命傅友德平之。時麻哈長官宋成陣歿，命其子襲。二十二年，察隴、牛場、乾溪苗亂，傅友德平之。二十三年命延安侯唐勝宗往黃平、平越、鎭遠、貴州諸處訓練軍士，提督屯田，相機剿寇。

正統末，鎭遠蠻苗金臺僞稱順天王，與播州苗相煽亂，遂圍平越、新添等衞。半年城中糧盡，官兵逃者九千餘人，貴州東路閉。時王驥征麓川，班師過其地，不之顧。景泰元年命保定伯梁珤佩平蠻將軍印督師進剿，大破之，平八十餘寨，擒賊首王阿同等，平越諸衞圍乃解。二年，都御史王來奏，貴州苗韋同烈聚衆於興隆之截洞，復攻平越、清平等衞。梁珤自沅州發兵由東路，都督方瑛由西路，合兵興隆，擊破之，同烈退保香鑪山。瑛由龍場，都督陳友由萬潮山，都督毛福壽由重安江，攻破黎樹、翁滿等三百餘寨，斬三千餘級，招撫衰水等二百餘寨，合兵香鑪山下。衆縛同烈降，械至京。

五年，副總兵李貴奏，黎從等寨賊首阿挐、王阿傍、苗金虎等僞號苗王，與銅鼓諸賊相應，乞加兵。七年，巡撫蔣琳奏，剿苗賊於平越，斬四百餘級。其阿傍等據車梘寨，仍爲亂於清平、平越地方，殺指揮王杞，據香鑪山，掠偏橋。

正德十一年命巡撫秦金剿之。初，黔、楚之交，羣苗嘯聚，連寨相望。而香鑪山周迴四十里，高數百尋，四面陡絕，其上平衍，向爲叛苗巢穴。阿傍等據之，糾諸寨苗作亂。巡撫鄒文盛、總兵官李昂等分漢、土兵爲五，克其前柵。密遣人援崖先登，殺賊守路者，衆蟻附而上，焚賊巢，擒阿傍，餘賊猶堅守不下。參將洛忠等詭言招撫，自山後擊之，殲焉。遂移師龍頭、黎、蘭等寨，悉破之，賊遂平。

天啓四年，凱里土司楊世慰叛，〔一八〕合安邦彥兵與平茶羣苗來修怨，復窺香鑪山，搖動四衞，梗塞糧運。總督楊述中檄總兵魯欽馳至清平，相機進剿，調副使顏欲章等爲後援。欽督將領攻破巖頭，分遣朗溪司田景祥截平茶賊援。用藥弩及礮殺傷賊衆，賊乘夜遠遁。自是不敢再窺鑪山，四衞得安。

石阡，本思州地。永樂十一年置府，隸貴州，領長官司四：曰石阡，曰苗民，曰葛彰葛商，曰龍泉坪。宣德六年，葛彰葛商長官安民奏：「前以官鈔糴糧儲備，令蠻民守視。溪洞險僻，無所支用，恐歲久腐爛，賠納實難，請以充有司祭祀過使廩給之用。」從之。萬曆中，改龍泉坪爲縣。

新添衞，故麥新地也。宋時克麥新地，乃改爲新添。元置新添葛蠻安撫司。洪武四年置長官司。二十三年改爲衞。二十九年置新添衞軍民指揮使司，領長官司五：曰新添，曰小平伐，曰把平寨，曰丹平，曰丹行。

洪武五年春，新添安撫宋亦憐眞子仁來朝。其秋，平伐、盧山、山木等砦長來降。七年，平伐、谷霞、谷浪等苗攻劫的敖諸寨，指揮僉事張岱討之。岱攻谷峽、刺向關破之，追至的敖，大破之，擒的令、的若而還，蠻大讋。

永樂二年置丹行、丹平二長官。宣德元年，新添土舍宋志道糾洞蠻肆掠，蕭授討擒之。九年，丹行土舍羅朝𡦚誘寨長卜長、逃民羅阿記等侵占卧龍番長官龍保地，又攻猓平寨焚劫。時苗民素憚指揮李政，尚書王驥因奏遣政往撫諭。景泰二年，苗賊有在新添行劫，聚於西廬者，官軍破之以聞。成化九年，以旱災免新添衞糧。

萬曆三十四年，貴州巡撫郭子章討平貴州苗，斬獲苗長吳老喬、阿倫、阿皆等十二人，招降男婦甚衆。先是，東西二路苗名曰仲家者，盤踞貴龍、平新之間，爲諸苗渠帥。其在水硍山介於銅仁、思、石者，曰山苗，紅苗之羽翼也，窺黔自平播後財力殫竭，有輕漢心，經年剽掠無虛日。子章奏討之，命相機進兵。子章乃命總兵陳璘，參政洪澄源率官軍五千，益以土兵五千，攻水硍山。監軍布政趙健率宣慰土兵萬人，使遊擊劉岳等督之。及兩路會師，皆九十餘日而克。二寇既平，專命總兵陳璘率漢、土兵五千移營新添，進攻東路苗，不一月復克其六箐，諸苗盡平。

金筑安撫司，洪武四年，故元安撫密定來朝貢馬，詔賜文綺三匹，置金筑長官司，秩正六品，隸四川行省，以密定爲長官，世襲。十四年敕勞密定曰：「西南諸部雖歸附，然暫入貢而已。爾密定首獻馬五百匹，以助征討，其誠可嘉。故遣特使往諭，俟班師之日，重勞爾功。」陞金筑長官司爲安撫司，仍以密定爲安撫使，予世襲。十六年，密定遣使貢方物。十八年，密定遣弟保珠來貢。二十九年以金筑安撫司隸貴州軍民指揮使司。

永樂初年，金筑安撫得垛來朝，賜絨錦文綺。洪熙、宣德改元，皆貢馬。十年，直隸貴州布政司。正統五年，安撫金鏞貢馬。成化、弘治、隆慶時歷朝貢。

萬曆四十年，吏部覆巡撫胡桂芳奏：「金筑安撫土舍金大章乞改土爲流，設官建治，欽定州名，鑄給印信，改州判爲流官。授大章土知州，予四品服色，不許管事。子孫承襲，隸州於貴陽府。」遂改金筑安撫司爲廣順州。

校勘記

〔一〕領長官司十八　本書卷四六地理志稱，貴陽軍民府領長官司十六，未載貴竹、平伐。

〔二〕其貴州宣慰司所領長官司九　本書卷四六地理志稱貴州宣慰司領長官司七，無青山、劄佐。

〔三〕且願効力開西鄙　西鄙，原作「四鄙」，據明史稿傳一九〇貴陽傳改。

〔四〕自稱羅甸王時天啓二年二月也　羅甸王，原作「羅殿王」，據本書卷二四九李橒傳、明史稿傳一九〇貴陽傳改。二年，原作「元年」，據本書卷二二熹宗紀、又李橒傳及熹宗實錄卷一四天啓二年二月癸酉條改。

〔五〕巡撫李橒方受代　李橒，原作「李澐」，據本書卷二四九李橒傳改。下同。

〔六〕城中軍民男婦四十萬至是餓死幾盡僅餘二百人　本書卷二四九李橒傳作「城中戶十萬」「僅存者千餘人」，熹宗實錄卷二四天啓二年十二月己巳條作城中「無慮數萬人」。

〔七〕麼泥　原作「磨泥」，據本書卷二四九朱燮元傳及熹宗實錄卷七四天啓六年十二月戊午條改。

〔八〕時土官何碖父子罪死　何碖，原作「何倫」，據本書卷一八五黃珂傳及孝宗實錄卷一二七弘治十年七月己未條改。

〔九〕覃岡上隆諸苗悉降　上隆，原作「上陸」，據本書卷一六六方瑛傳、明會典卷一六、讀史方輿紀要卷一一一改。

〔一〇〕於是頒諭四川湖廣諸宣慰宣撫會師討賊　上文係「天順元年」，英宗實錄卷二九三繫此事於天順二年七月己亥。

〔一一〕弘治十一年普安州土判官隆暢妻米魯反　本書卷一五孝宗紀繫於十二年九月壬午，孝宗實錄卷一五一繫於弘治十二年六月癸卯。

〔一二〕帝命南京戶部尚書王軾　戶部，原作「兵部」，據本書卷十五孝宗紀、又卷一七二王軾傳及孝宗實錄卷一七六弘治十四年七月癸亥條改。

〔一三〕永樂十一年改隸貴州　永樂十一年，本書卷四六地理志及明一統志卷八八作「永樂十七年」，寰宇通志卷一一五作洪武「二十三年」，讀史方輿紀要卷一二一作「永樂七年」。

〔一四〕平州六洞　平州，本書卷四六地理志作「平洲」。

〔一五〕巡撫鄧廷瓚提督軍務　鄧廷瓚，原作「鄧廷讚」，據本書卷一七二鄧廷瓚傳及孝宗實錄卷六四弘治五年六月庚子條改。

〔一六〕領縣四　本書卷四六地理志稱領縣三，無平越。

〔一七〕領長官司一曰揚義　本書卷四六地理志稱平越領長官司二，曰凱里，曰楊義。此作「領長官司一」，無凱里，又楊義作「揚義」。按下文平越所屬有凱里，此誤奪，地理志是。又據讀史方輿紀要卷一二一楊義爲土酋楊氏世守地，字以作「楊」爲是。

〔一八〕凱里土司楊世慰叛　楊世慰，本書卷一七〇魯欽傳作「楊世蔚」。

明史卷三百十七

列傳第二百五

廣西土司

廣西瑤、僮居多，盤萬嶺之中，當三江之險，六十三山倚爲巢穴，三十六源踞其腹心，其散布於桂林、柳州、慶遠、平樂諸郡縣者，所在蔓衍。而田州、泗城之屬，尤稱强悍。種類滋繁，莫可枚舉。蠻勢之衆，與滇爲埒。今就其尤著者列於篇。觀其叛服不常，沿革殊致，可以覘中國之德威，知夷情之順逆，爲籌邊者之一助云。

廣西土司一

桂林　柳州　慶遠　平樂　梧州　潯州　南寧

桂林，自秦置郡，漢始安，唐桂州，天寶改建陵，宋靜江府，元靜江路。明初，改桂林府

爲廣西布政使司治所，屬內地，不當列於土司。然廣西惟桂林與平樂、潯州、梧州未設土官，而無地無瑤、僮。桂林之古田，平樂之府江，潯州之藤峽，梧州之岑溪，皆煩大征而後克，卒不能草薙而獸獮之，設防置戍，世世爲患，是亦不得而略焉。

洪武七年，永、道、桂陽諸州蠻竊發，命金吾右衞指揮同知陸齡率兵討平之。二十二年，富川縣逃吏首賜糾合苗賊盤大孝等爲亂，殺知縣徐元善等，往來劫掠。廣西都指揮韓觀遣千戶廖春等討之，擒殺大孝等二百餘人。觀因言：「靈亭鄉乃瑤蠻出入地，雖征剿有年，未盡殄滅，宜以桂林等衞贏餘軍士，置千戶所鎮之。」詔從其請。二十七年，全州灌陽等縣平川諸源瑤民，聚衆爲亂。命湖廣、廣西二都司發兵討之，擒殺千四百餘人，諸瑤奔竄遁去，置灌陽守禦千戶所。初，灌陽縣隸湖廣，因廣西平川等三十六源瑤賊作亂，攻擊縣治，詔寶慶衞指揮孫宗總兵討平之。縣丞李原慶因奏灌陽去湖廣遠，隸廣西近，遂以灌陽隸桂林府千戶所，命廣西都指揮同知陶瑾領兵築城守之。

永樂二年，總兵韓觀奏：「潯、桂、柳三郡蠻寇黃田等累行劫掠，殺擄人畜。已調都指揮朱輝追剿，斬獲頗多。尋蒙遣官齎敕撫安，其黃田等瑤皆已向化，悉歸所擄人畜。」帝命觀，復業者善撫恤之。宣德六年，都督山雲奏：「廣西左、右兩江設土官衙門大小四十九處，蠻性無常，讐殺不絕。朝廷每命臣同巡按御史三司官理斷，緣諸處皆瘴鄉，兼有蠱毒，三年之

間，遣官往彼，死者凡十七人，事竟不完。今同衆議，凡土官衙門軍務重事，徑詣其處。其餘爭論詞訟，就所近衞理之。」報可。

景泰五年，廣西古丁等洞賊首藍伽、韋萬山等，糾合蠻類，劫掠南寧、上林、武緣諸處。鎭守副總兵陳旺以聞，詔令總督馬昂等勦捕之。

初，桂林、古田僮種甚繁，最强者曰韋，曰閉，曰白，而皆幷於韋。賊首韋朝威據古田，縣官竄會城，遣典史入縣撫諭，烹食之。弘治間，大征，殺副總兵馬俊、參議馬鉉。〔一〕正德初再征，殺通判、知縣、指揮等官。嘉靖初，又征之，殺指揮舒松等。時韋銀豹與其從父朝猛攻陷洛容縣，據古田，分其地爲上、下六里。銀豹出掠，挾下六里人行，而上六里不與焉。四十五年，提督吳桂芳因其閒，遣典史廖元入上六里撫諭之，諸僮復業者二千人，銀豹勢孤請降。久之，復猖獗，嘗挾其五子據鳳皇、連水二寨，襲殺昭平知縣魏文端。更自永福入桂林劫布政司庫，殺署事參政黎民衷，縋城而去，官軍追不及。久之，臨桂、永福各縣兵羣起捕賊，始得賊黨扶嫩、土婆顯等三十餘人於各山寨中。

時首惡未獲，隆慶三年，朝議以廣西專設巡撫，推江西按察使殷正茂爲僉都御史以往。正茂至，奏請勦賊，合土漢兵十萬，集衆議。時八寨助逆，衆議先勦，敕書亦有先平八寨，徐圖古田之語。正茂獨不謂然，先給榜諭八寨，八寨聽命。然後分兵七哨，以總兵俞大猷統

之，使副總兵門崇文，參將王世科、黃應甲，都司董龍、魯國賢，遊擊丁山等各領一哨，復分土兵爲二隊，更番清道，必先清數里而後行。及至其巢，合營攻之，斬七千四百六十餘級，生擒朝猛，梟於軍，俘獲男女千餘口。銀豹窮蹙，擇肖己者斬首獻，捷聞。既而生縛銀豹幷其子扶枝膠送京師，斬之。古田平。乃幷八寨與龍哈、咘咳爲十寨，立長官司，以黃昌等爲長官及土舍，聽守禦調度。更陞古田縣爲永寧州。已而永寧僮韋狠要與其黨黃銀成有隙，相仇殺，常安巡檢欲窮治之。狠要遂與右江荔浦山灣諸僮稱亂。命指揮徐民瞻將兵捕之，民瞻伏兵執狠要，諸瑤大訌。總制殷正茂、巡撫郭應聘乃檄徵田州、向武、都康諸土兵，屬參將王瑞進勦，斬廖金鑑、廖金盞、韋銀花、韋狠化等。萬曆六年，總制淩雲翼、巡撫吳文華大征河池、咘咳諸瑤，斬首四萬八百餘級，嶺表悉平。

柳州置自唐貞觀中，明初移治于馬平。所屬州二，縣十。內屬千餘年，惟上林縣尙爲土官，而賓、象、融、羅諸瑤蠻蟠結爲寇，城外五里卽賊巢，軍民至無地可田。後屢加征勦，置土巡檢於各峒隘，稍稱寧焉。

洪武二年，中書省臣言：「廣西諸峒雖平，宜遷其人入內地，可無邊患。」帝曰：「溪洞蠻僚雜處，其人不知禮義，順之則服，逆之則變，未可輕動。惟以兵分守要害以鎭服之，俾日漸效化，數年後，可爲良民，何必遷也。」

永樂七年，柳州道村寨蠻韋布黨等作亂，都指揮周誼率兵討擒之。命斬布黨，梟其首於寨。廣西洞蠻韋父、融州羅城洞蠻潘父蕊各聚衆爲亂，柳州等衞官軍捕斬之。九年，賓州遷江縣、象州武仙縣古逢等洞蠻僚作亂。詔發柳州、南寧、桂林等衞兵討之。十四年，融州瑤民作亂，官軍討平之。十七年，象州土吏覃仁用言，其父景安，故元時常任本州巡檢，有兵僮二百人，今皆爲民，請收集爲軍。帝不許。十九年，融縣蠻賊五百餘人，羣聚剽掠，廣西參政耿文彬率民兵會桂林衞指揮平之。柳州等府上林等縣僮民梁公竦等六千戶，男女三萬三千餘口，及羅城縣土酋韋公、成乾等三百餘戶復業。初，韋公等倡亂，僮民多亡入山谷，與之相結。事聞，遣御史王煜等招撫復業，至是俱至，仍隸籍爲民。

宣德初，蠻寇覃公旺作亂，據思恩縣大、小富龍三十餘峒，固守險阻，以拒官軍。總兵官顧興祖等督兵分道攻之，斬公旺幷其黨千五十餘人。捷至，帝曰：「蠻民亦朕赤子，殺至千數，豈無脅從非辜者。以後宜開示恩信，撫慰而降之，如賈琮戍交州可也。」元年，柳州僮首韋敬曉等歸附。二年，廣西三司奏：「柳慶等府賊首韋萬黃、韋朝傳等聚衆劫殺爲民害。」敕興祖進兵勦平之。

懷遠爲柳州屬邑，在右江上游，旁近靖綏、黎平，諸瑤竊據久。隆慶時，大征古田，懷遠知縣馬希武欲乘閒築城，召諸瑤役之，許犒不與。諸瑤遂合繩坡頭、板江諸峒，殺官吏反。總制殷正茂請於朝，遣總兵官李錫、參將王世科統兵進討。官兵至板江，瑤賊皆據險死守。正茂知諸瑤獨畏永順鉤刀手及狠兵，乃檄三道兵數萬人擊太平、河裏諸村，大破之，連拔數寨，斬賊首榮才富、吳金田等，前後捕斬凡三千餘，俘獲男婦及牛馬無算。事聞，議設兵防，改萬石、宜良、丹陽爲土巡司，屯土兵五百人，且耕且守。

萬曆元年，洛容知縣邵廷臣以養歸，主簿謝漳行縣事。會上元夜，單騎巡檄山中。僮蠻韋朝義率上油、古底諸僮夜半出掠，逐漳，追至城，殺漳，奪縣印去。是夜，指揮朱昌胤、土巡檢韋顯忠共提兵決戰，斬首三十一級，兵校文斌獲朝義，奪還縣印，守巡官以聞。乃命總兵李錫，參將王瑞、〔二〕康仁等勦之，破上油、古底諸寨，斬覃金狠等二千八百三十餘級，俘二百二十餘人，牛馬器械稱是。後殘僮黃朝貴復合融縣瑤號萬人，聲言欲入富祿鎭。王世科復引兵擊之，斬五十餘人。始洛容在萬山中，城小無雉堞，縣官皆寓府城，知縣余涵請遷城於白龍巖，不果，至是謝漳遂及於難。

又韋王朋者，馬平僮也。初平馬平時，因建營堡，使土舍韋志隆提兵屯其地。王朋視堡兵如仇，常率東歐、大產諸蠻要挾營堡。兵備周浩使千總往撫，遂殺千總，劫村落，總兵王

尙父剷平之。

慶遠，秦象郡，漢交阯、日南二郡界，後淪於蠻。唐始置粵州，天寶初，改龍水郡，屬嶺南道，乾符中，更宜州。宋陞慶遠軍節度，咸淳初，改慶遠府。元爲慶元路。

洪武元年仍改慶遠府。時征南將軍楊文既平廣西，二年，行省臣言：「慶遠府地接八番溪洞，所轄南丹、宜山等處，宋、元皆用其土酋安撫使統之。天兵下廣西，安撫使莫天護首來款附，宜如宋、元制，錄用以統其民，則蠻情易服，守兵可減。」帝從之，詔改慶遠府爲慶遠南丹軍民安撫司，置安撫使、同知、副使、經歷、知事各一員，以天護爲同知，王毅爲副使。

三年，行省臣言：「慶遠故府也，今爲安撫司，其地皆深山曠野，其民皆安撫莫天護之族。天護素庸弱，宗族强者，動肆跋扈，至殺河池縣丞蓋讓，與諸蠻相煽爲亂，此豈可姑息以貽禍將來。乞罷安撫司，仍設府置衞，以守其地。」報可。乃命莫天護赴京。七年，賜廣西土官莫金文綺六匹，置南丹州，隸慶遠府，以莫金爲知州。八年，那地縣土官羅貌來朝，以貌知縣事。

二十八年，都指揮韓觀率兵捕獲宜山等縣蠻寇二千八百餘人，斬僞大王韋召，僞萬戶趙成秀、韋公旺等，傳首京師。時嶺南盛暑，官軍多病瘴，帝命觀班師。南丹土官莫金叛，帝命征南將軍楊文，龍州平後，移師討南丹、奉議等處。龍州趙宗壽來朝謝罪，貢方物。大軍進征奉議，調參將劉眞分道攻南丹，破之，執莫金并俘其衆。後遣寶慶衞指揮孫宗等分兵擊巴蘭等寨，蠻僚懼，焚寨遁去，官兵追捕斬之，蠻地悉定。詔置南丹、奉議、慶遠三衞，以官軍守之。

二十九年，廣西布政司言：「新設南丹等三衞及富川千戶所，歲用軍餉二十餘萬石，有司所徵，不足以給。」帝命俱置屯田，給耕種。尋遣中使至桂林等府市牛給南丹、奉議諸衞軍士。都指揮姜旺、童勝率兵抵思恩縣鎭寧等村洞，殺獲叛蠻三千餘人，降一千一百餘戶，得故宋銅印一來上。

永樂二年，慶遠府言：「忻城、宜山二縣洞蠻陳公宣等出沒爲寇，請剿捕。」帝命都指揮朱輝親往撫諭，公宣等相率歸附，凡千三十五戶。荔波縣民覃眞保上言：「縣自洪武至今，人民安業，惟八十二洞瑤民未隸編籍。今聞朝廷加恩撫綏，咸願爲民，無由自達，乞遣使招撫。」乃命右軍都督府移文都督韓觀遣人撫諭，其願爲民者，量給賜賚，復其徭役三年。

宣德五年，總兵官山雲討慶遠蠻寇，斬首七千四百，平之。九年，雲奏：「思恩縣蠻賊覃公砦等累年作亂，今委都指揮彭義等率兵剿捕，斬賊首梁公成、潘通天等梟之，仍督官軍搜捕餘黨。」帝賜敕慰勞。又奏：「慶遠、鬱林等州縣蠻寇出沒，必宜剿除，而兵力不足。」帝命廣東都司調附近衞所精銳士卒千五百人，委都指揮一員，赴廣西，聽雲調用。十年，南丹土官莫禎來朝，貢馬，賜綵幣。

正統四年，莫禎奏：「本府所轄東蘭等三州，土官所治，歷年以來，地方寧靖。宜山等六縣，流官所治，溪峒諸蠻，不時出沒。原其所自，皆因流官能撫字附近良民，而溪峒諸蠻恃險爲惡者，不能鈐制其出沒。每調軍剿捕，各縣居民與諸蠻結納者，又先漏洩軍情，致賊潛遁。及聞招撫，詐爲向順，仍肆劫掠，是以兵連禍結無寧歲。臣竊不忍良民受害，願授臣本州土官知府，流官總理府事，而臣專備蠻賊，務擒捕殄絕積年爲害者。其餘則編伍造册，使聽調用。據巖險者，拘集平地，使無所恃。擇有名望者立爲頭目，加意撫恤，督勵生理。各村寨皆置社學，使漸風化。三五十里設一堡，使土兵守備，凡有寇亂，即率衆剿殺。如賊不除，地方不靖，乞究臣誑罔之罪。」帝覽其奏，即敕總兵官柳溥曰：「以蠻攻蠻，古有成說。今莫禎所奏，意甚可嘉，彼果能效力，省我邊費，朝廷豈惜一官，爾其酌之。」

弘治九年，總督鄧廷瓚言：「廣西瑤、獞數多，土民數少，兼各衞軍士十亡八九，凡有征調，全倚土兵。乞令東蘭土知州韋祖鋐子一人，領土兵數千於古田、蘭麻等處撥田耕守，候

平古田，改設長官司以授之。」廷議以古田密邇省治，其間土地多良民世業，若以祖鋐子爲土官，恐數年之後，良民田稅皆非我有。欲設長官司，祗宜於土民中選補。廷瓚又言：「慶遠府天河縣舊十八里，後漸爲獞賊所據，止餘殘民八里，請分設一長官司治之。」部議增設永安長官司，授土人韋萬妙等爲正、副長官，并流官吏目一員。是年，裁忻城縣流官，留土官知縣掌縣事，亦從廷瓚奏也。

十二年，韋祖鋐率兵五千助思恩岑濬攻田州，殺掠男女八百餘人，驅之溺水死者無算。副總兵歐磐詣田州，兵乃解。

嘉靖二十七年，那地州土官羅廷鳳聽調有勞，命襲替，免赴京。四十二年錄平瑤功，授東蘭州、那地州土官職。

慶遠領州四。河池，弘治中以縣陞州，改流官。其東蘭、那地、南丹皆土官。縣五，忻城土官。又長官司二，曰永安，永順。〔二〕

東蘭州，在府城西南四百二十里。宋時有韋君朝者，居文蘭峒爲蠻長，傳子宴闊。崇寧五年內附，因置蘭州，以宴闊知州事，俾世其官。元改爲東蘭州，韋氏世襲如故。洪武十二年，土官韋富撓遣家人韋錢保詣闕，上元所授印，貢方物。錢保匿富撓名，以己名上，因

以錢保知東蘭州。既而錢保徵斂暴急，民不堪命，擁富撓作亂。廣西都司討平之，執錢保正其罪，仍以其地歸韋氏。

那地州，在府城西南二百四十里。宋熙寧初，土人羅世念來降，授世職。崇寧五年，諸蠻納土，遂置地、那二州，以羅氏世知地州。大觀中，析地州置孚州。元仍爲地、那二州。洪武元年，土官羅黃貌歸附，詔幷那入地，爲那地州，予印，授黃貌世襲土知州，以流官吏目佐之。

南丹州，宋開寶初，土官莫洪臙內附。元豐三年置南丹州，管轄諸蠻，歷世承襲。元至正末，莫國麒納土，命爲慶遠南丹谿洞安撫使。明洪武初，安撫使莫天護歸附。七年置州，授莫金知州，世襲，佐以流官吏目。金以叛誅，廢州置衞。後因其地多瘴，遷之賓州。既而蠻民作亂，復置土官知州，以金子莫祿爲之。

忻城，宋慶曆間置縣，隸宜州。元以土官莫保爲八仙屯千戶。洪武初，設流官知縣，罷管兵官，籍其屯兵爲民，莫氏遂徙居忻城界。宣、正後，瑤、獞狂悖，知縣蘇寬不任職。瑤老

韋公泰等舉莫保之孫誠敬爲土官，寬爲請於上官，具奏，得世襲知縣。由是邑有二令，權不相統，流官握空印，僦居府城而已。弘治間，總督鄧廷瓚奏革流官，土人韋保爲內官，陰主之，始獨任土官。

永順司、永安司，舊爲宜山縣。正統六年，因蠻民弗靖，有司莫能控禦，耆民黃祖記與思恩土官岑瑛交結，欲割地歸之思恩，因謀於知縣朱斌備。時瑛方雄兩江，大將多右之，斌備亦欲藉以自固，遂爲具奏，以地改屬思恩。土民不服，韋萬秀以復地爲名，因而倡亂。成化二十二年，覃召管等復亂，屢征不靖。

弘治元年委官撫之，衆願取前地，別立長官司。都御史鄧廷瓚爲奏，置永順、永安二司，各設長官一，副長官一，以鄧文茂等四人爲之，皆宜山洛口、洛東諸里人也。自是宜山東南棄一百八十四村地，宜山西南棄一百二十四村地。議者以忻城自唐、宋內屬已二百餘年，一旦舉而棄之於蠻，爲失策云。

平樂，初爲縣，元大德中改平樂府，明因之。洪武二十一年，廣西都指揮使言：「平樂府富川縣靈亭山、破紙山等洞瑤二千餘人，占耕內地，嘯聚劫奪，居民被擾，恭城、賀縣及湖廣道州、永明等縣之民亦被害。比調衞兵收捕，卽逃匿巖谷，兵退復肆跳梁。臣等欲於秋成時，統所部會永、道諸軍，列屯賊境，扼其要路，收其所種穀粟。彼無糧食，勢必自窮，乘機擒戮，可絕後患。」從之。二十九年遷富川縣於富川千戶所。時富川千戶所新立於矮石城，[四]典史言：「縣治無城，恐蠻寇竊發，無以守禦，宜遷城內爲便。」從之。

弘治九年，總督鄧廷瓚言：「平樂府之昭平堡介在梧州、平樂間，[五]瑤、獞率出爲患，乞令上林土知縣黃瓊、歸德土知州黃通各選子弟一人，領土兵各千人，往駐其地。仍築城垣，設長官司署領，撥平樂縣仙回峒閒田與之耕種。其冠帶千夫長龍彪改授昭平巡檢，造哨船三十，使往來府江巡哨，流官停選。」廷議以昭平堡係內地，若增土官，恐貽後患。況府江一帶，近已設按察司副使一員，整飭兵備，土官不必差遣，止令每歲各出土兵一千聽調。詔從其議。

府江有兩岸三洞諸獞，皆屬荔浦，延袤千餘里，中間巢峒盤絡，爲瑤、獞窟穴。江上諸賊倚爲黨援，日與府江酋長楊公滿等掠荔浦、平樂及峰門、南源，執永安知州楊惟執，殺指揮胡翰、[六]千戶周濂、土舍岑文及兵民無算。而還江之北三，來賓之北五，皆右江獞，亦時與東歐、西里及三都、五都諸賊相倚附，馬多人勁，俗號爲剗馬賊。常陳兵走嶺東，掠三水、清遠諸縣，還入南寧、平南、武宣、來賓、藤、貴，劫府庫。已而劫來賓所千戶黃元舉，殺土吏黃勝及其子四人，兵七十餘人，又殺明經諸生王朝經、周松、李茂、姜集等，白晝劫殺，道絕行人。

隆慶六年，巡撫郭應聘、總督殷正茂請討。詔總兵官李錫督軍進剿，幷調東蘭、龍英、泗城、南丹、歸順諸土兵，而以土吏韋文明等統之，攻古西、巖口、笋山、古造及兩峰、黃洞等寨，斬獲賊渠，餘黨竄入仙回、古帶諸山，搜捕殆盡。乃移檄北三、北五，趣其歸降。峒老韋法眞同被擄來賓、遷江民蒙演等詣軍前乞降，許之，乃定善後六策以聞。初，荔浦之峰門、南源，修仁之麗壁，永安之古眉諸巡司，爲諸獞所奪。至是議改土巡檢，推擇有才武者，給冠帶管事，三載稱職，始世襲。

萬曆六年，北山蠻譚公柄挾毒弩，肆傷行旅，每一出十百爲羣。自殺黃勝後，復聚黨以三千人出仚鳳山、龜鼈塘，與河塘韋宋武傍江結寨。時義寧、永寧、永福諸獞羣起，相殺掠，道路不通。會咘咳寨藍公潺執土吏黃如金，奪其司。巡撫吳文華檄守巡道吳善、陳俊徵永順白山兵及狼兵剿之，平橫山、咘咳諸巢。諸瑤請還侵地及所擄生口，願輸賦爲良民，遂班師。

右江十寨，隆慶中，總督殷正茂擊破古田，卽以檄趣八寨歸降，得貸死。於是寨老樊公

懸、韋公良等踵軍門上謁，自言十寨共一百二十八村，環村而居者二千一百二十餘家，皆請受賦。右江兵備鄭一龍、參將王世科，謂十寨既請爲氓，當以十家爲率，賦米一石。村立一甲長，寨立一峒老，爲徵賦計。而以思古、周安、落紅、古卯、龍哈立一州，屬向武土官黃九疇；羅墨、古鉢、古憑、都北、咘咳立一州，屬那地土官黃暘，〔七〕皆爲土知州。已，移思恩守備於周安堡，而布政使以爲不便，總制乃議立八寨爲長官，黃昌、韋富皆給冠帶爲土舍，亦各引兵二百守焉。

久之，十寨復聚黨作亂，據民田產，白晝入都市剽掠，甚至攻城劫庫，戕官民。總制劉堯誨、巡撫張任急統兵進剿，斬首一萬六千九百有奇，獲器仗三千二百，牛馬二百三十九。帝乃陞賞諸土吏功，復分八寨爲三鎭，各建一城，而以東蘭州韋應鯤、韋顯能及田州黃馮克爲土巡檢，留兵一千人戍之。於三里增建二堡，自楊渡水爲界，墾田屯種，給南丹衞，通道慶遠、賓州，使思恩、三里聯絡不絕，於是右江十寨復安輯輸賦。

三十二年，桂林、平樂瑤、僮據險肆亂，殺知縣張士毅，焚劫無虛月。總督應檟檄總兵官顧寰督兵進剿，擒斬四百八十四，俘獲男女三百四十，牛馬器械甚衆。守臣以捷聞，並上僉事茅坤、參將王寵、都指揮鍾坤秀、參政張謙、百戶吳通等功狀，各陞賚有差。東南入梧，西北近楚，清湘、九嶷，轇相轇結。溪洞林箐，多爲瑤人盤據。

自數經大征後，刊山通道，展爲周行，而又增置樓船，繕修校壘，居民行旅皆帖席，瑤、僮亦駸駸馴習於文治云。

梧州，漢之蒼梧郡也。元至元中，改置梧州路。洪武元年，征南將軍廖永忠、參政朱亮祖等旣平廣東，〔八〕引兵至梧州境。元達魯花赤拜住率官吏父老迎降，亮祖駐兵藤州。於是潯、貴等州縣以次降附。二年併南流縣於鬱林州，普寧縣於容州，幷藤州皆隸梧州府。四年置梧州守禦千戶所。二十三年置容縣守禦千戶所。

廣西全省惟蒼梧一道無土司，瑤患亦稀。萬曆初，岑溪有潘積善者，僭號平天王，與六十三山、六山、七山諸瑤、僮據山爲寇，居民請剿。會大兵征羅旁不暇及，總制淩雲翼檄以禍福，積善願歸降輸賦，乃貸其死，且以其子入學。議者謂七山爲蒼、藤信地，六山爲容縣、北流中衝，北科爲六十三山咽喉，懷集爲賀縣諸村出入之所。因立五大營，營六百人，合得三千人，設參將及屯堡三十治焉。而懷集瑤賊，在正德中已雄據十五寨，環二百餘里，爲州縣患。官軍屢討之，歸降，然盤互如故，往往相結諸峒蠻劫掠，殺百戶朱裳及把總羅定朝，村民畏之，東西走匿。都御史吳善檄總兵戚繼光徵兵於羅定、泗城、都康諸土司，分五道，命參將戴應麟等擊金雞、松柏諸寨，斬渠魁，撫四百餘人。

時鬱林瑤亦桀驁，數糾諸生瑤破諸村寨，入寇興業縣。兵巡道副使王原相告於總制，調兵擊破之，諸瑤悉平。

潯州，江曰潯江，東城門曰潯陽，郡名取焉。洪武八年，潯州大藤峽瑤賊竊發，柳州衞官軍擒捕之。二十年，知府沈信言：「府境接連柳、象、梧、藤等州，山谿險峻，瑤賊出沒不常。近者廣西布政司參議楊敬恭爲大亭、老鼠、羅碌山生瑤所殺，官軍討之，賊登巖攀樹，捷如猿狖，追襲不及。若久駐兵，則瘴癘時發，兵多疾疫，又難進取，兵退復出爲患。臣以爲桂平、平南二縣，舊附瑤民，皆便習弓弩，慣歷險阻。若選其少壯千餘人，免其差徭，給以軍器衣裝，俾各團村寨置烽火，與官兵相爲聲援，協同捕逐，可以殲之。」帝以蠻夷梗化，夙昔固然，但當謹其防禦，使不爲患。如爲寇不已，則發兵討之，何必團寨。

永樂三年，總兵韓觀奏桂平縣蠻民爲亂，請發兵剿捕。帝命姑撫之，勿用兵。宣德四年，總兵山雲討潯、柳二州寇，並誅從寇二千四百八十人，梟首境上。七年，雲奏斬獲桂平等縣蠻寇覃公專等首級數。帝顧左右曰：「蠻寇害我良民，譬之蟊賊害稼，不可不去。然殺

之過多，亦所不忍。雖彼自取滅亡，朕自以天地之心爲心也。」九年，雲奏潯州等處蠻寇劫掠良民，指揮田眞率兵於大藤峽等處，前後斬首九十六級，歸所掠男婦二百三人。

正統元年，兵部尙書王驥奏：「桂平大藤峽等處蠻寇，攻劫鄉村。因調廣東官軍二千人，今已踰年，軍器衣裝損壞，宜如貴州諸軍例，予踐更。」從之。二年，山雲奏：「潯州府平南等縣耆民言：『大藤峽等山，瑤寇不時出沒，劫掠居民，阻絕行旅。近山荒田，爲賊占耕，而左、右兩江，人多食少，其狼兵素勇，爲賊所憚。若選委頭目，屯種近山荒田，斷賊出沒之路，不過數年，賊徒坐困，地方寧靖矣。』臣已會同巡按諸司計議，量撥田州等府族目土兵，分界耕守，卽委土官都指揮黃竑領之。遇賊出沒，協同剿殺。」從之。七年，瑤賊藍受貳等恃所居大藤峽山險，糾集大信等山山老、山丁數百人，遞年殺掠。千戶滿智等誘殺十人，〔九〕帝命梟之，家口給賜有功之家。十一年，大藤峽蠻賊流劫鄉村，侵犯諸縣，巡按萬節以聞。

景泰七年，大藤峽賊糾合荔浦等處賊，劫掠縣治，殺擄居民，命總兵柳溥等剿之。

天順五年，鎭守廣東中官阮隨奏：「大藤峽瑤賊出沒兩廣，爲惡累年，邇來愈甚。雖常會兵剿捕，緣地里遼遠，且兩廣軍馬不相統屬，未易成功，宜大舉擣其巢穴，庶絕民患。」乃命都督僉事顏彪佩征夷將軍印，〔一〇〕調南京、江西及直隸九江等衞官軍一萬隸之。六年，彪奏：「臣率軍進剿大藤，攻破七百二十一寨，斬首三千二百七十一級，復所掠男婦五百餘

口。」帝敕獎之。

七年，大藤峽賊夜入梧州城。時總兵官泰寧侯陳涇駐兵城中，會太監朱祥、巡按吳璘、副使周璹、僉事董應軫、參議陸禎、都指揮杜衡、土官都指揮岑瑛等議調兵。夜半，賊駕梯上城，涇等不覺，遂入府治，劫庫放囚，殺死軍民無算，大掠城中，執副使周璹爲質，殺訓導任璩。涇等倉卒無計，惟擁兵自衞，隨軍器械幷備賞銀物，皆爲賊有。布政使宋欽時致仕家居，挺身出，以大義諭賊，爲所害。黎明，賊聲言官軍若動，則殺周副使。涇等乃遣人與賊講解，晡時，縱之出城。賊旣出，乃縱璹還。時官軍數千，賊僅七百而已。都指揮邢斌奏至，帝曰：「梧州蕞爾小城，總兵、鎭、巡、三司俱擁重兵駐城中，乃爲小賊所蔑視，況遇大敵乎！爾兵部其卽議處行。」

八年，國子監生封登奏：「潯州夾江諸山，峆岈巖業，峽中有大藤如斗，延亘兩崖，勢如徒杠，蠻衆蟻渡，號大藤峽，最險惡，地亦最高。登藤峽巔，數百里皆歷歷目前，軍旅之聚散往來，可顧盼盡，諸蠻倚爲奧區。桂平大宣鄉崇姜里爲前庭，象州東鄉、武宣北鄉爲後戶，藤縣五屯障其左，貴縣龍山據其右，若兩臂然。峽北巖峒以百計，仙人關、九層崖極險峻，峽以南有牛腸、大岵諸村，皆緣江立寨。藤峽、府江之間爲力山，力山之險倍於藤峽。又南則爲府江，其中多冥巖奧谷，絕壁層崖，十步九折，失足隕身。中產猺人，藍、胡、侯、槃四姓

爲渠魁。力山又有僮人，善傅毒藥弩矢，中人無不立斃，四姓猺亦憚之。自景泰以來，嘯聚至萬人，隳城殺吏。而修仁、荔浦、平樂、力山諸猺應之，其勢益張。渠長侯大狗嘗懸千金購，莫能得。鬱林、博白、新會、信宜、興安、馬平、來賓亦煽動，所至丘墟，爲民害。乞選良將，多調官軍、狼兵急滅賊。」報聞。

成化元年，編修丘濬條上兩廣用兵機宜。兵部尚書王竑奏言：「峽賊稱亂日久，皆由守臣以招撫爲功，致釀大患，非大創不止。」因薦浙江參政韓雍有文武才。命以雍爲僉都御史，都督同知趙輔爲征夷將軍，〔二〕和勇爲遊擊將軍，率師討之。時大藤峽賊三千餘陷平南縣，〔三〕殺典史周誠，擄其妻子，并劫縣印。又入藤縣城，掠官庫，劫縣印。鎭守總兵歐信以聞。於是總兵官趙輔率軍至，奏言：「大藤蠻賊以修仁、荔浦爲羽翼，今大軍壓境，宜先剿之。」乃合諸軍十六萬人，分五道進，先破修仁，窮追至力山，生擒千二百餘人，斬首七千三百餘級。

二年，趙輔、韓雍等奏：「元年十一月，師次潯州，謀深入以覆其巢。遂調總兵官歐信等分兵五哨，取道山北以進。臣及指揮白全分兵八哨，直抵潯州，以擣山南。復令參將孫震分兵二哨，從水路入。別遣指揮潘鐸等以兵分守諸山隘口，剋期十二月朔日，水陸並進，腹背交攻。賊知師至，先移妻子錢米入桂州橫石塘等處藏匿。乃於山南各寨，立柵自固，用木石鏢鎗藥弩，憑險拒守。官軍用團牌、扒山虎等器，魚貫而進。士殊死戰，一日之間，攻破

山南、石門、林峒、沙田、古營諸巢，縱火焚其積聚，賊皆奔潰。復督兵追躡，劃山開路，直抵橫石塘及九層樓等山。賊已據險立柵數重，復用木石、鎗弩拒守。臣等多設疑兵，誘賊拋擲木石幾盡，別遣壯士於賊所不備處，高山絕頂，舉礮爲號。諸軍緣木攀蘿，蟻附而上，四面夾攻，連日鏖戰，賊不能支。破賊寨三百二十四所，斬首三千二百七級，生擒七百八十二人，獲賊婦女二千七百一十八人，戰溺死者不可勝計。已將大藤峽改爲斷藤峽，刻石紀之，以昭天討。」捷聞，帝降敕褒諭，仍敕輔計議長策，永絕後患。

未幾，雍奏斷藤峽殘賊侯鄭昂等七百餘人，夜入潯州府城，焚軍營城樓，奪百戶所印三顆，殺掠男婦數十人。旋爲參將孫震、指揮張英率軍擊斬賊魁，餘黨仍奔入巢。旣雍又奏：「諸猺之性，憚見官吏，攝以流官，終難靖亂。請改設武宣縣東鄉等巡檢司，以土人李昇等爲副巡檢；設武靖州於峽內，以上隆州知州岑鐸知州事，土人覃仲英世襲土官吏目。」然府江東西兩岸，大、小桐江、洛口與斷藤峽、朦朧、三黃等處，村巢接壤，路道崎嶇，聚衆劫掠，終不能除。

正德十一年，總督陳金復督調兩廣官軍土兵，分爲六大哨，按察使宗璽，布政使吳廷舉，副總兵房閏，鎭守太監傅倫，參將牛桓，都指揮魯宗貫、王瑛將之，〔四〕水陸並進，斬七千五百六十餘級。金謂諸蠻利魚鹽耳，乃與約，商船入峽者，計船大小，給之魚鹽。蠻就水濱

受去，如榷稅然，不得爲梗。蠻初獲利聽約，道頗通。金以此法可久，易峽名永通。諸蠻緣此無忌，大肆掠奪，稍不愜，卽殺之。因循猖獗，江路爲斷。

時總督王守仁定田州還，兩江父老遮道言峽賊阻害狀。守仁上疏請討，報可。守仁率湖南兵至南寧，約日會兵。寇聞湖兵且至，皆逃匿。守仁故爲散遣諸兵狀，寇弛不爲備，乃令官軍突進，連破油榨、石壁、大皮等寨，賊奔斷藤峽，復追擊破之。賊奔渡橫石江，溺死六百餘人，俘斬甚衆，賊潰散。遂移兵仙臺、花相、白竹、古陶、羅鳳諸處，賊不支，奔入永安力山，官軍次第破之，擒斬三千餘，俘獲無算。八寨平，兩江悉定。守仁遂以土官岑猛子邦佐爲武靖知州，使靖遺孽。

邦佐不能輯衆，且貪得賊賄，峽北賊復獗。有侯勝海者爲首，指揮潘翰臣誘殺之，勝海弟公丁聚衆譟城下。僉事鄔閱、參議孫繼祖言於都御史潘旦，請討之。參將沈希儀以爲宜需春江漲，順流下，乃可破賊，不聽。閱與繼祖以千人往擊，賊遁，斬一尪寇還。漫言賊退，請置堡。堡成，閱令土目黃貴、韋香以三百人往戍。初，貴、香利勝海田廬，故說翰臣殺海，至是往戍，遂奪勝海田廬。於是諸猺俱恚，邦佐又陰黨之，公丁遂嘯聚二千餘人，乘夜陷堡城，殺戍兵二百人，貴、香走免。巡按以聞，乃罷閱與繼祖，旦亦代去，命侍郎蔡經督兵討之。會朝議欲征安南，事遂已。公丁等益橫，時出殺掠。

久之，經乃會安遠侯柳珣決計發兵，以兵事屬副使翁萬達。萬達廉得百戶許雄通賊狀，詰之。雄懼，請自効。萬達佯庇公丁，捕繫訐詋公丁者數人。公丁果遣人自列，萬達佯許之，又令雄假稱貸爲賄，公丁喜，益信雄。會萬達巡他郡，以事屬參議田汝成。汝成召雄申飭之，雄紿公丁詣汝成自列，言寇堡事由他瑤，汝成亦慰遣之。乃密授意城中居民被賊害者家，出毆公丁，一市皆譁，遊徼幷逮公丁入繫獄。遣雄諭其黨曰：「寇堡事公丁委罪諸瑤，果否？」諸瑤遂言事自公丁，聽論坐，不敢黨。乃檻致公丁於軍門，磔之。汝成因言於經，謂首惡旣誅，宜乘勢進兵討賊。乃以副總兵張經、都指揮高乾分將左右二軍，萬達及副使梁廷振監之，副使蕭畹紀功，參政林士元及汝成督餉。

嘉靖十八年二月，兩軍齊發：左軍三萬五千人，分六道，攻紫荆、石門、梅嶺、木昂、藤沖、大坑等巢；右軍萬六千人，分四道，攻碧灘、羅淥上、中、下洞等巢。南北夾擊，賊大窘，遂擁衆奔林峒而東。王良輔邀擊之，中斷，復西奔。諸軍合擊，大破之，斬首千二百級，追至羅運山，〔四〕又斬百餘級。平南縣有小田、羅應、古陶、古思諸瑤亦據險勿靖。萬達等移兵剿之，招降賊黨二百餘人，江南胡姓諸瑤歸順者亦千餘人，藤峽復平。

隆慶三年，右江諸瑤、僮復亂，巡撫郭應聘請給餉剿除。給事中梁問孟以賊黨衆，不可盡滅，宜令守臣熟計。兵部言：「府江自正德十二年都御史陳金征討之後，且六十年。而右

江北三、北五等巢，素未懲創，生齒日繁，遂肆猖獗。頃者大征古田，各巢咸畏威斂戢，獨府江、右江恃險爲亂，若復縱之，非惟無以固八寨懷遠之招，亦恐以啓古田攜貳之漸，剿之便。但兵在萬全，宜即以科臣所慮，備行提督殷正茂及巡撫郭應聘等便宜行之。」應聘遂檄總兵官李錫等將兵往討，以捷聞。

南寧，唐之邕州也。元，邕州路。泰定中，改南寧路。洪武二年命潭州衞指揮同知丘廣爲總兵官，寶慶衞指揮僉事胡海、廣西衞指揮僉事左君弼副之，率兵討左江上思州蠻賊黃龍冠等。龍冠一名英傑，時聚衆萬餘，寇鬱林州。知州趙鑑、同知王彬集民丁拒守，賊圍半月不下。海北等衞官軍來援，賊夜遁，追至上思州境，破之，賊走還，仍結聚不解。事聞，故命廣等討之。廣等兵至上思州，賊拒戰，擊敗之，擒從賊黃權等。英傑走十萬山，官軍追及，斬之，上思州平。

三年，置南寧、柳州二衞。時廣西省臣言：「廣西地接雲南、交阯，所治皆溪洞苗蠻，性狼戾多畔。府衞兵遠在靖江數百里外，卒有警，難相援，乞立衞置兵以鎭。」又言：「廣海俗素獷戾，動相讐殺，蓋緣郡縣無兵以馭之。近盜寇鬱林，同知集民兵拒守，潯州經歷徐成祖

亦以民兵千餘敗賊，是土兵未始不可用。乞令邊境郡縣輯民丁之壯者，置衣甲器械，籍之有司，有事則捕賊，無事則務農。」詔從之。遂置衞，益兵守禦，賞王彬、徐成祖等有功者。

五年，宣化盜起，劫掠南寧府，詔發廣西官軍討平之。初，南寧衞指揮僉事左君弼覈民之無籍者爲軍，又縱所部入山伐木，民多擾，遂相搆爲盜。至是討平，命大都督府按君弼罪。

南寧故稱邕管，牂牁峙其西北，交阯踞其西南，三十六洞錯壤而居，延袤幾千里，橫山、永平尤要害。歷唐及宋，建牙置帥，與桂州等。又郡地夷曠，可宿數萬師。成化時，征田州及經略安南，皆弭節玆土。後因瑤蠻不靖，往往仗狼兵，急則藉爲前驅，緩則檄爲守禦。諸瑤乃稍稍驕恣，不可盡繩以法。議邕事者謂宜開重鎭，以復邕州督府之舊云。

南寧領州四。〔五〕曰新寧，曰橫州，爲流官。曰上思州，曰下雷州，爲土官。縣三，曰宣化，曰隆化，曰永淳。

歸德州，宋熙寧中置。元屬田州路。洪武二年，土官黃隍城歸附，授知州，以流官吏目佐之。

果化州，宋始置。元屬田州路。洪武二年，土官趙榮歸附，授世襲知州，以流官吏目佐

之。洪熙元年，果化州土官趙英遣族人趙誠等貢馬及方物。弘治間，州與歸德皆爲田州所侵削，因改隸於南寧。

上思州，唐始置。元屬思明路。洪武初，土官黃中榮內附，授知州，子孫畔服不常。弘治十八年改流官，屬南寧府。正德六年，土目黃鏳聚衆攻城，都御史林廷選捕之，下獄。已，越獄復叛，官軍禦之，詐降，攻破州城，復捕獲之，伏誅。嘉靖元年，都御史張嵿言：「上思州本土官，後改流，遂致土人稱亂。宜仍其舊，擇土吏之良者任之。」議以爲然，仍以土官襲。

下雷州，宋置。明初，印失，廢爲峒，在湖潤寨，屬鎭安府。峒長許永通奉調有功，給冠帶。傳世烈、國仁繼襲峒事。嘉靖十四年獲舊印。國仁及子宗蔭屢立戰功。四十三年改屬南寧府。萬曆十八年以地逼交南，奏陞爲州，頒印，授宗蔭子應珪爲土判官，流官吏目佐之。

校勘記

〔一〕參議馬鉉　馬鉉，原作「馬鋐」，據本書卷十五孝宗紀、又卷一八三閔珪傳、又卷二二二殷正茂傳及孝宗實錄卷六一弘治五年三月辛卯條改。

〔二〕參將王瑞　王瑞，本書卷二一二李錫傳作「王端」。

〔三〕又長官司二曰永安永順　本書卷四五地理志謂領永順、永定、永安三長官司。

〔四〕時富川千戶所新立於矮石城　矮石城，本書卷四五地理志及讀史方輿紀要卷一〇七俱作「露石山」。

〔五〕平樂府之昭平堡介在梧州平樂間　昭平堡，原作「昭仁堡」，據本傳下文及本書卷四五地理志、孝宗實錄卷一一六弘治九年八月壬寅條改。

〔六〕殺指揮胡輸　胡輸，本書卷二一一郭應聘傳作「胡潮」，萬曆武功錄頁三四七府江右江諸僮列傳作「胡瀚」。

〔七〕屬那地土官黃暘　那地，明史稿傳一九一平樂傳及萬曆武功錄頁三六八十寨諸僮列傳俱作「那馬」。

〔八〕參政朱亮祖等旣平廣東　參政，原作「參將」，據本書卷一三二朱亮祖傳、明史稿傳一九一平樂傳及太祖實錄卷二八洪武元年五月戊戌條改。

〔九〕千戶滿智等誘殺十人　英宗實錄卷八九正統七年二月丙午條作「千戶潘智誘執其十人」。

〔一〇〕乃命都督僉事顏彪佩征夷將軍印　征夷將軍，原作「征蠻將軍」，據本書卷十二英宗後紀及英宗實錄卷三二五天順五年二月丙申條改。

〔一一〕都督同知趙輔爲征夷將軍　征夷將軍，原作「征蠻將軍」，據本書卷十三憲宗紀、又卷一五五趙輔傳及憲宗實錄卷一三成化元年正月甲子條改。

〔一二〕時大藤峽賊三千餘陷平南縣　平南，原誤倒作「南平」，據本書卷四五地理志改。

〔一三〕都指揮魯宗貫王瑛將之　王瑛，明史稿傳一九一及武宗實錄卷一五五正德十二年十一月丙戌條俱作「王英」。

〔一四〕追至羅運山　羅運山，原作「羅連山」，據本書卷二〇五張經傳、炎徼紀聞卷二、行邊紀聞頁三九改。

〔一五〕南寧領州四　本書卷四五地理志作領州七，橫州、新寧州、上思州、歸德州、果化州、忠州、下雷州。

明史卷三百十八

列傳第二百六

廣西土司二

太平　思明　思恩　鎭安　田州　恩城　上隆　都康

太平，漢屬交阯，號麗江。唐爲羈縻州，隸邕州都督府。宋平嶺南，於左、右二江溪峒立五寨。其一曰太平，與古萬、遷隆、永平、橫山四寨各領州、縣、峒，屬邕州建武軍節度。元仍爲五寨。後廢，乃置太平路於麗江。

洪武元年，征南將軍廖永忠下廣西，左江太平土官黃英衍等遣使齎印詣平章楊璟降。璟還自廣海，帝問黃、岑二氏所轄情形。璟言：「蠻僚頑獷，散則爲民，聚則爲盜，難以文治，當臨之以兵，彼始畏服。」帝曰：「蠻猺性習雖殊，然其好生惡死之心，未嘗不同。若撫之以安靖，待之以誠，諭之以理，彼豈有不從化者哉。」遣中書照磨蘭以權齎詔，往諭左、右兩江

溪峒官民曰：「朕惟武功以定天下，文德以化遠人，此古先哲王威德並施，遐邇咸服者也。眷茲兩江，地邊南徼，風俗質樸。自唐、宋以來，黃、岑二氏代居其間，世亂則保境土，世治則修職貢，良由其審時知幾，故能若此。頃者，朕命將南征，八閩克靖，兩廣平定。爾等不煩師旅，奉印來歸，嚮慕之誠，良足嘉尙。今特遣使往諭，爾其克愼乃心，益懋厥職，宣布朕意，以安居民。」以權至廣西衞，鎭撫彭宗、萬戶劉維善以兵護送。將抵兩江，適來賓洞蠻寇掠楊家寨居民。以權謂彭宗等曰：「奉詔遠來，欲以安民，今見賊不擊，何以庇民？」乃督宗等擊之。賊敗走，遂安輯其地，兩江之民由是懾服。二年，黃英衍遣使奉表貢馬，乃改爲太平府。以英衍爲知府，世襲。

宣德元年，崇善縣土知縣趙暹謀廣地界，遂招納亡叛，攻左州，執故土官，奪其印，殺其母，大肆擄掠，占據村洞四十餘所。造火器，建旗幟，僭稱王，署僞官，流劫州縣。事聞，帝命總兵官顧興祖會廣西三司剿捕。興祖等招之，不服，遣千戶胡廣率兵進。暹扼寨拒守，廣進圍之，給出所奪各州印，撫諭脅從官民，使復職業。暹計窮，從間道遁。伏兵邀擊，及其黨皆就擒。

時左州土官黃榮亦奏：「蠻人李圓英劫掠居民，僞稱官爵，乞發兵剿捕。」帝謂兵部曰：「蠻民愚獷，或挾私讐忿爭戕殺，來告者必欲深致其罪，未可遽信。其令鎭遠侯幷廣西三司

勦實，先遣人招撫，如叛逆果彰，發兵未晚也。」

二年斬南寧百戶許善。初，善知趙暹謀逆，與之交通。及總兵官遣善追還，又受暹馬十匹、銀百兩，故延緩之，冀幸免。事覺，下御史，鞫問得實，斬之，餘黨皆伏誅。

太平領州縣以十數。明初，皆以世職授土官，而設流官佐之。

太平州，舊名𨙶陽，爲西原、農峒地。唐爲波州，宋隸太平寨，元隸太平路。洪武元年，土官李以忠歸附，授世襲知州，設流官吏目佐之。

鎮遠州，舊名古隴，宋置，隸邕州。元隸太平路。洪武初，土官趙勝昌歸附，授世襲知州，設流官吏目佐之。

茗盈州，宋置，隸邕州。元隸太平路。洪武初，土官李鐵釘歸附，授世襲知州，設流官吏目佐之。

安平州，舊名安山，亦西原、農峒地。唐置波州，宋析爲安平州，元隸太平路。洪武初，土官李郭佑歸附，授世襲知州，設流官吏目佐之。

思同州，舊名永寧，爲西原地，唐置，隸邕州。宋隸太平寨。洪武元年，土官黃克嗣歸附，授世襲知州，設流官吏目佐之，屬太平府。萬曆二十八年，省入永康州。

養利州，元屬太平路。洪武初，土官趙日泰歸附，授知州，以次傳襲。宣德間，稍侵其鄰境，肆殺掠。萬曆三年討平之，改流官。

萬承州，舊名萬陽。唐置萬承、萬形二州。宋省萬形，隸太平寨。元隸太平路。洪武初，土官許郭安歸附，授世襲知州，設流官吏目佐之。永樂間，郭安從征交阯，死於軍，子永誠襲。

全茗州，舊名蓮岡，爲西原地，宋置，隸邕州。元隸太平路。洪武初，土官李添慶歸附，授世襲知州，設流官吏目佐之。

結安州，舊名營周，亦西原、農峒地。宋置結安峒，隸太平寨。元改州，屬太平路。洪武元年，土官張仕榮歸附，授世襲知州，設流官吏目佐之。

龍英州，舊名英山，宋爲峒。元改州，屬太平路。洪武元年，土官李世賢歸附，授世襲知州，割上懷地益其境，設流官吏目佐之。

結倫州，舊名邦兜，〔一〕亦西原、農峒地。宋置結安峒，〔二〕隸太平寨。元改州，屬太平路。洪武二年，峒長馮萬傑歸附，授世襲知州，設流官吏目佐之。

都結州，元屬太平路，土官農姓。洪武初內附，授世襲知州，設流官吏目佐之。

上下凍州，舊名凍江。宋置凍州。元分上、下凍二州，尋合爲一，屬龍州萬戶府。洪武元年，土官趙貼從歸附，授世襲知州，設流官吏目佐之，屬太平府。貼從死，子福瑪襲。永樂四年從征交阯，死於軍。

思城州，亦西原、農峒地，唐置州。宋分爲上、下思城二州，隸太平寨。元至正間，并爲一，屬太平路。洪武元年，土官趙雄傑歸附，授世襲知州，設流官吏目佐之。

永康州，宋置縣，隸遷隆寨。元隸太平路，土官楊姓。成化八年，其裔孫楊雄傑糾合峒賊二千餘人，入宣化縣劫掠，且僞署官職。總兵官趙輔捕誅之，因改流官。萬曆二十八年升爲州。

左州，舊名左陽，唐置，隸邕州。宋隸古萬寨。元屬太平路。洪武初，土官黃勝爵歸附，授世襲知州。再傳，子孫爭襲，相仇殺。成化十三年改流官。

羅陽縣，舊名福利，陀陵縣，舊名駱陀，皆宋置。元隸太平。洪武初，土官黃宣、黃富歸附，並授世襲知縣，設流官典史佐之。

思明，唐置州，隸邕州。宋隸太平寨。元改思明路。洪武初，改爲府。二年，土官黃忽都遣使貢馬及方物。詔以忽都爲思明府知府，世襲。十五年，忽都復遣其弟藤政奉表來

貢，詔賜鈔錠。

二十三年，忽都子黃廣平遣思州知州黃志銘率屬部，偕十五州土官李圓泰等來朝。明年，廣平以服闋，遣知州黃忠奉表貢馬及方物。詔廣平襲職，賜冠帶襲衣，及文綺十四、鈔百錠。二十五年，憑祥洞巡檢高祥奏，思明州知州門三貴謀殺思明府知府黃廣平，廣平覺而殺之，乃以病死聞於朝，所言不實。詔逮廣平鞫之。既至，帝謂刑部曰：「蠻寇相殺，性習固然，獨廣平不以實言，故繩以法。今姑宥之，使其改過。」命給道里費遣還，是後朝貢如例。

二十九年，土官黃廣成遣使入貢，因奏言：「本府自故元改思明路軍民總管所，轄左江一路州縣峒寨，東至上思州，南至銅柱。元兵征交阯，去銅柱百里，設永平寨軍民萬戶府，置兵戍守，命交人供其軍餉。元季擾亂，交人以兵攻破永平寨，遂越銅柱二百餘里，侵奪思明屬地丘溫、如嶅、慶遠、淵、脫等五縣，逼民附之，以是五縣歲賦皆土官代輸。前者本府失理於朝，遂致交人侵迫益甚。及告禮部，任尙書立站於洞登，洞登實思明地，而交阯乃稱屬銅柱界。臣嘗具奏，蒙朝廷遣刑部尙書楊靖覈其事，建武志尙可考。乞敕安南，俾還舊封，庶疆域復正，歲賦不虛。」帝令戶部錄所奏，遣行人陳誠、呂讓往諭安南。三十年，誠、讓至安南，諭其王陳日焜，令還思明地。議論往復，久而不決。以譯者言不達意，復爲書曉之。

安南終辯論不已，出黃金二錠、白金四錠及沉檀等香以賄，誠却之。安南復咨戶部，無還地意。廷臣議其抗命當誅，帝曰：「蠻人怙頑不悛，終必取禍，姑待之。」

永樂二年，憑祥巡檢李昇言，其地瀕安南，百姓樂業，生齒日繁，請改爲縣，以便撫輯，從之。以昇爲知縣，設流官典史一員。三年，昇以新設縣治來朝，貢馬及方物謝恩。廣成奏安南侵奪其祿州、西平州永平寨地，請遣使諭還，從之。九年，免思明稅糧，以廣成言去秋雨水傷稼也。

宣德元年，思明賀天壽節奉表踰期，禮部請罪之。帝以遠蠻既至，毋問。土官知府黃𤩽奏憑祥歲凶民饑，命發龍州官倉糧振之。正統七年，𤩽遣使入貢。九年，貢解毒藥味，賜鈔錦。

景泰三年，𤩽致仕，以子鈞襲。𤩽庶兄都指揮玹欲殺鈞，代以己子。玹守備潯州，託言徵兵思明府，令其子糾衆結營於府三十里外，馳至府，襲殺𤩽一家，支解𤩽及鈞，甕葬後圃，仍歸原寨。明日，乃入城，詐發哀，遣人報玹捕賊，以掩其迹。方殺𤩽時，𤩽僕福童得免，走憲司訴其事，且以徵兵檄爲證。郡人亦言殺𤩽一家者，玹父子也。副總兵武毅以聞，將逮治之。玹自度禍及，乃謀迎合朝廷意，遣千戶袁洪奏永固國本事，請易儲。奏入，帝曰：「此天下國家重事，多官其會議以聞。」玹爲此舉，衆皆驚愕，謂必有受其賂而教之者，或疑侍郎

江淵云。事成，玹得釋罪，且進秩。英宗復辟，玹聞自殺。帝命發棺戮其屍，其子震亦爲都督韓雍捕誅。

成化十八年，土知府黃道奏所轄思明州土官孫黃義爲族人黃紹所殺，乞發兵捕勦。帝命兩廣守臣區處以聞。

弘治十年，況村賊黃紹侵占思明、上石、下石三州，復謀殺知府黃道父子。道妻趙氏累訴於朝，且謂屢經委官勘問，俱被賂免，乞發兵誅之。十一年，紹集衆數千人焚劫鄉村，據三州，屢撫不下，總鎮請發兵捕勦。

嘉靖四十一年，以勦平瑤、僮功，命土官知州男黃承祖暫襲本職。

隆慶四年，忠州土官黃賢相等據南寧府屬四都地作亂，永康典史李材計誘其黨，縛賢相以降。

萬曆十六年，思明州土官黃拱聖謀奪襲，殺其母兄拱極等五人。而思明知府黃承祖乘亂掠村寨，爲之援。按臣請以拱聖及諸凶正法，思明州改屬流府，革承祖冠帶，立功自贖，而追其所掠，更令族人黃恩護拱極妻許氏撫遺孤世延，待其長官之。

三十三年，總督戴燿奏：〔三〕「思明叛目已擒，土官黃應雷縱僕起釁，棄印而逃，斷難復官。黃應宿爭地，殺戮六哨成仇，且係義子，不應襲職。黃應聘係承祖幼子，人心推戴，似

應承襲知府，以存黃氏宗祀。但年甫七歲，暫令流官同知署府事，待至十五歲，交印接管。應雷既廢，不宜同城，應降爲土舍，其後永襲土舍，給田養贍，制其出入。應宿仍管故業，俱屬思明府節制。於府治設教授一員，量給廩生六名，其寄附太平府者，悉歸本學，嗣後續增其祭祀廩餼之用，則地方可安，文教可興。」詔悉從之。

崇禎十一年，總督張鏡心疏報土官殺職官思明州黃日章、黃德志等，鼓衆叛逆。帝令速擒首惡以靖地方。論者以黃玹神奸，身逭大憝，世濟其兇，傳及四世，猶併思明州而有之，王綱隳矣。然骨肉相屠，至是四見，蓋天道云。

思明州，東抵思明府，西抵交阯界，南抵西平州，北抵龍英州。土官黃姓，與思明府同族。洪武初，黃君壽歸附，授世襲知州，屬思明府，後爲黃玹所幷。萬曆十六年，黃拱聖之亂，改屬太平。

上石西州，宋屬永平寨，〔四〕元屬思明路。明初屬思明府，至萬曆三十八年改屬太平府。州更土官趙氏、何氏、黃氏凡三姓，皆絕，始改流官。

下石西州，宋分石西州置，元屬思明路。洪武二年，土官閉賢歸附。授世襲知州，設流官吏目佐之。

忠州，宋置，隸邕州。元屬思明路。洪武初，土官黃威慶率子中謹歸附，授威慶江州知州，中謹忠州知州，皆世襲，設流官同知吏目佐之。其隣地有四峒者，界於南寧、思明、忠江之間，思明、忠州屢肆侵奪。副使翁萬達議改峒名四都，隸之南寧，地方稍定。隆慶三年冬，思明府土官黃承祖奏取四都地，忠州土官黃賢相爭之，遂擅立總管諸名目，分兵數千戍守，因縱令剽掠，爲禍甚烈。僉事譚惟鼎調永康典史李材以計擒賢相，斃之於獄。議改流官，不果，遂改隸州於南寧，仍以州印予賢相子有翰，俾襲職。

憑祥，宋爲憑祥洞，屬永平寨，元屬思明路。洪武十八年，土蠻李昇歸附。置憑祥鎮，授昇巡檢，屬思明府。永樂二年置縣，以昇爲知縣。

成化八年升爲州，以昇孫廣寧爲知州，直隸布政司。廣寧有十子，廣寧死，諸子爭立不決，凡三四年，乃以孫珠襲知州職。嘉靖十年，珠死，族弟珍、珏爭立，珍挈印走況村，珏攝州事。十四年，州目李清、趙琪等謀納珍，許思明府黃朝以州屬之。朝遂以兵納珍於憑祥，珏奔罄柳。既珍悔屬思明，與朝隙，朝乃以外婦所生子時芳，詭云廣寧孫，以兵千人納之。時珍淫縱，爲部民所怨，於是廣寧季子寰以尊屬謀廢立。十七年，寰遂殺珍而附於安南，莫登庸藉爲嚮導。總督蔡經屬副使翁萬達擒之，〔五〕論死。於是珏與時芳復爭立，時芳倚思明勢，州民皆右之。萬達黜珏而論時芳死，更立李佛嗣珍爲知州，憑祥遂定。

思恩，漢屬交阯。唐爲思恩州，屬邕，乃澄州止戈縣地。宋開寶間，廢澄州，以止戈、賀水、無虞三縣省入上林。治平間，以上林之止戈入武緣，隸邕。元屬田州路。歷代羈縻而已。

明洪武二十二年，田州府知府岑堅遣其子思恩州知州永昌貢方物。二十八年，歸德州土官黃碧言，思恩州知州岑永昌旣匿五縣民，不供賦稅，仍用故元印章。帝以不奉朝命，命左都督楊文相機討之，旣以荒遠不問。永樂初，改屬布政司，時居民僅八百戶。

永昌死，子瑛襲。宣德二年，瑛遣弟㰚貢馬。正統三年進瑛職爲知府，仍掌州事。瑛有謀略，善治兵，從征蠻寇，屢有功，故有是命。因與知府岑紹交惡，各具奏，下總兵官及三司議。於是安遠侯柳溥等請陞思恩爲府，俾瑛、紹各守疆土，以杜侵爭，從之。六年，瑛受屬挾詐事覺，帝以土蠻宥不問，令法司移文戒之。瑛以府治僻隘，橋利堡正當猺寇出沒之所，且有城垣公廨，乞徙置，許之。以思恩府爲思恩軍民府。十二年設儒學，置教授一員，訓導四員，俱從瑛請也。

景泰四年，總兵官陳旺奏：「思恩土兵調赴桂林哨守者，離本府遼遠，不便耕種，稅糧宜

暫免。」從之。六月，以瑛親率本部狼兵韋陳威等赴城操練，協助軍威，敕授奉議大夫，賜綵段，韋陳威等俱給冠帶。五年從瑛請建廟學，造祭祀樂器。又以瑛征剿猺寇功，免土軍今年應輸田糧之半，進瑛從二品散官。瑛屢領兵隨征，以子鐐代爲知府。鐐招集無賴，肆爲不法。瑛舉發其事，請於總兵，回府治之。鐐聞其父將至，自縊死。事聞，嘉其能割愛効忠，降敕慰諭。又以柳溥奏，免思恩調用土軍千五百人、秋糧二千三百餘石。

天順元年，戶部奏：「思恩存留廣西操練軍一千五百人，有誤種田納糧。乞分爲三班，留五百人操練，免其糧七百七十餘石。放回千人耕種，徵其糧千五百四十餘石，俟寧靖日放回全徵。」從之。

三年，鎭守中官朱祥奏請量還瑛都司軍職。帝以瑛歷練老成，累有軍功，改授都指揮同知，仍聽總兵官鎭守調用，以其子鐩爲知府。

成化元年遣兵科給事中王秉彝齎敕奬諭瑛父子，幷賜銀幣。二年命給瑛父母妻誥命，從總兵趙輔請也。十四年，瑛卒。瑛自襲父職，頻年領兵於外，多所斬獲。歷陞知府、參政、都指揮使。年且八十，尙在軍中。旣卒，鐩以誥請，帝念其勞，特賜之。

十六年，田州府土目黃明作亂，知府岑溥避入思恩，鐩會鎭守等官討平之。巡撫朱英請奬鐩功。鐩死，子濬襲。

弘治十二年，田州土官岑溥爲子猇所殺，猇亦死。次子猛幼，頭目黃驥、李蠻搆難，督府命濬調衆護猛。驥厚賂濬，幷獻其女，且約分地與濬。濬以兵屬驥，送猛至田州。不得入，猛遂久留濬所。及總鎭諸官攝濬，乃出猛襲知府。濬從索故分地，不得，怒，約泗城、東蘭二州攻劫田州，殺掠萬計，城郭爲墟。濬兵二萬據舊田州，劫龍州印，納故知府趙源妻岑氏。及總兵官詣田州勘治，黃驥懼，匿濬所。先是，濬築石城於丹良莊，屯兵千餘人，截江道以括商利，官命毀之，不聽。會官軍自田州還，乘便毀其城。濬兵來拒，殺官軍二十餘人。官軍敗之，俘其目兵九人。總鎭及巡按等官請治濬罪，而參政武淸納濬賂，曲護之。

濬從弟業少從中官京師，仕爲大理寺副三司。總鎭請敕業往諭，兵部以濬稔惡，非業所能諭責，宜敕鎭巡召濬至軍門，諭以朝廷威德，罪其首惡，反侵地，納所劫印，幷官私財物，乃可赦。總督鄧廷瓚奏：「濬屢撫不服，請調官軍土兵分哨逐捕按問。如集兵拒敵，相機剿殺，幷將田州土官岑猛一幷區處，以靖邊疆。」十六年，總督潘蕃奏：「濬僭叛，當用兵誅剿。今濬從弟岑業以山東布政司參議在內閣制敕房辦事，禁密之地，恐有泄漏。」吏部擬改調，而業亦奏乞養去。十七年，濬掠上林、武緣等縣，死者不可勝計。又攻破田州，猛僅以身免，掠其家屬五十人。總鎭以聞，兵部請調三廣兵剿之。

十八年，總督潘蕃、太監韋經、總兵毛銳調集兩廣、湖廣官軍土兵十萬八千餘人，分六

哨。副總兵毛倫、右參政王璘由慶遠，右參將王震、左參將王臣及湖廣都指揮官纓由柳州，左參將楊玉、僉事丁隆由武緣，都指揮金堂、副使姜綰由上林，都指揮何淸、參議詹璽由丹良，都指揮李銘、泗城州土舍岑接由工堯，各取道共抵巢寨。賊分兵阻險拒敵，官軍奮勇直前，援崖而進。濬勢蹙，遯入舊城，諸軍圍攻之。濬死，城中人獻其首，思恩遂平。前後斬捕四千七百九十級，俘男女八百人，得思恩府印二，向武州印一。自進兵及班師僅踰月。捷聞，帝以蕃等有功，璽書勞之。兵部議濬旣伏誅，不宜再錄其後，改設流官，擇其可者。以雲南知府張鳳陞廣西右參政，掌思恩府事，賜敕。

正德七年增設鳳化縣治。

時初設流官，諸蠻未服，相繼作亂。嘉靖四年，都御史盛應期遣官軍平之。六年，土目王受與田州盧蘇謀煽亂，勢復熾。新建伯王守仁受命至，一意招撫，而檄受等破八寨賊，因列思恩地爲九土巡檢司，管以頭目，授王受白山司巡檢，得比於世官。又以思恩舊治瘴霧昏塞，宜更之爽塏。於是擇地荒田建新郡，割武緣止戈二里益之；又議割上林三里，而移鳳化縣治於其處。蓋寓犬牙相錯之意。巡撫林富謂遷郡及割止戈里應如守仁議，至以三里當設衞，而幷鳳化縣裁之，遂令府治益孤。其後九司頭目日恣，所轄蠻民不堪，知府陳瑣曲加綏戢。目把劉觀、盧回以復土爲名，鼓衆作亂。副使翁萬達因有事安南，計擒盧回殺之，

招回從亂者三十餘人。最後東蘭岑瑄詐稱岑濬子起雲，謀復土官，爲九司頭目所縛。萬曆七年，督撫吳文華謂九司日以驕黠，編氓甚少，緩急難恃，奏割南寧武緣縣屬思恩，自是思恩稱巨鎭云。

思恩府土巡檢九司，皆嘉靖七年設，曰興隆，曰那馬，曰白山，曰定羅，曰舊城，曰下旺，曰安定，曰都陽，曰古零。

鎭安，宋時於鎭安峒建右江軍民宣撫司，元改鎭安路。

明洪武元年，鎭安歸附。以舊治僻遠，移建廢凍州，改爲府。授土官岑添保知府，朝貢如例。二十七年，添保上言：「往者征南將軍傅友德令郡民歲輸米三千石，運雲南普安衞。鎭安僻處溪洞，南接交阯，孤立一方，且無所屬。州縣人民鮮少，舟車不通，陸行二十五日始到普安。道遠而險，一夫負米三斗，給食餘所存無幾，往往以耕牛及他物至其地易米輸納。而普安荒遠，米不易得，民甚病之。又歲輸本衞米四百石，尤極艱難。舊以白金一兩折納一石。今願依前例，以蘇民困。」從之。

永樂中，向武知州黃世鐵侵奪鎭安高寨等地，朝廷遣兵討平之，以其地屬鎭安。

成化八年，知府岑永壽姪宗紹糾集土兵，攻破府治，殺傷嫡母，流劫鄉村，有司撫諭不服，都指揮岑瑛擒斬之。

嘉靖十四年，田州盧蘇作亂，糾歸順州土官岑瓛攻毀鎭安府，目兵遇害者以萬計。按臣會守約以聞，帝命守臣治之。〔六〕時蘇倡亂，田州無主，鎭安府土官男岑眞寶以兵納岑邦佐於田州。歸順州岑瓛，蘇壻也，及向武州黃仲金皆與眞寶隙，乘眞寶入田州，蘇遣瓛及仲金襲破鎭安。眞寶聞亂，走還。蘇會目兵追圍之武陵寨，瓛等遂發眞寶父母墓，焚其骸，分兵占據諸洞寨。眞寶訴之軍門，督諭瓛等不退。久之乃解，官軍歸眞寶。於是瓛與眞寶互相訐。巡按御史言，土蠻自相讐，非有所侵犯，從末減。於是蘇、瓛、仲金各降罰有差，眞寶亦革冠帶，許立功自贖。二十二年以瑤、僮作亂，防禦需人，免眞寶諸土官來朝。

鎭安所屬有上映洞、湖潤寨。巡檢皆土人，世官。

田州，古百粵地。漢屬交阯郡。唐隸邕州都督府。宋始置田州，屬邕州橫山寨。元改置田州路軍民總管府。明興，改田州府，省來安府入焉。後改田州，領縣一，曰上林。

洪武元年，大兵下廣西，右江田州府土官岑伯顏遣使齎印詣平章楊璟降。二年，伯顏

遣使奉表貢馬及方物，詔以伯顏爲田州知府，世襲，自是朝貢如制。六年，田州溪峒蠻賊竊發，伯顏討平之。伯顏請振安州、順龍州、侯州、陽縣、羅博州、龍威寨人民，詔有司各給牛米，仍蠲其稅二年。

十六年，伯顏死，子堅襲。十七年，都指揮使耿良奏：「田州知府岑堅、泗州知州岑善忠率其土兵，討捕瑤寇，多樹功績。臣欲令選取壯丁各五千人，立二衞，以善忠之子振，堅之子永通爲千戶，統衆守禦，且耕且戰，此古人以蠻攻蠻之術也。」詔行其言。二十年，堅遣子思恩知州永昌朝貢，如例給賜。

永樂元年，堅死，子永通襲。永通，上隆州知州也，州以瓊代，而已襲父職。正統八年，賜知府岑紹誥命，并封贈其父母妻。

天順元年，田州頭目呂趙僞稱敵國大將軍，張旗幟，鳴鉦鼓，率衆劫掠南丹州，又據向武州。武進伯朱瑛以聞，兵部請命瑛及土官岑瑛勦捕。三年，巡撫葉盛奏：「田州叛目呂趙勢愈獗，殺知府岑鑑，占據地方，僞稱太平王，圖謀岑氏宗族，冒襲知府職事。」帝命總兵速討。四年，巡按御史吳禎奏：「奉敕勦捕反賊呂趙，選調官軍士兵，攻破功饒、婁鳳二關，直擣府城。呂趙攜妻子，挾知州岑鐸等宵遁。官軍追至雲南富州，奪回鐸等及其子若壻，斬首四十九級，賊衆悉降。趙以數騎走鎭安府，追及之，斬趙及其子四人，從賊十八人，獲

其妻孥及僞太平王木印、無敵將軍銅印，并鳳旗盔甲等物。復委知府岑鏞仍掌府事，撫安人民。」田州平，帝遣使齎敕獎諭禎等，并敕鏞謹守法度，保全宗族。

成化元年，遣兵科給事中王秉彝齎敕諭鏞，并賜銀幣，以兵部言其所部土官狼兵，屢調勦有勞，且有事於大藤峽也。二年，總兵官趙輔奏鏞從征有功，請給誥命，旌其父母并妻，從之。五年，復以輔言，予鏞官誥。

十六年，田州頭目黃明聚衆爲亂，知府岑溥走避思恩。總督朱英調參將馬義率軍捕明，明敗走，爲恩城知州岑欽所執，并族屬誅之。已，溥復與欽交惡。欽攻奪田州，逐溥，殺五十餘家。時泗城州岑應方恃兵强，復黨欽，殺擄人民二萬六千餘，與欽分割田州而據其地。

弘治三年，總制遣官護溥之子猇入田，爲欽所遏，居溽州。按察使陶魯率官軍次南寧，欽拒敵，敗走。而應復援之入城，陳兵以備。巡撫秦紘請合貴州、湖廣及兩廣兵勦之，欽勢蹙，乞兵於應，遂匿應所，總鎭官因檄應捕欽。欽從應飲，殺應父子於坐，收其兵以拒官軍。已而應弟岑接伴以兵送欽至田州界，亦殺其父子以報。事聞，廷議仍命溥還田州。九年，總督鄧廷瓚言溥前以罪革職，比隨征有功，乞復其冠帶，領土兵赴梧州聽調，從之。

十二年，溥爲子猇所弒，猇亦自殺。次子猛方四歲，溥母岑氏及頭目黃驥護之，赴制府

告襲。歸至南寧，頭目李蠻來迎。驥慮蠻奪己權，殺其使。蠻率兵至舊田州，驥懼，誣蠻將爲變，乞以兵納，乃調思恩岑濬率兵衞猛。濬受驥賂，納其女，挾猛，約分其六甲地。比至田州，蠻拒不納，驥復以猛奔思恩，幽之。事覺，廷瓚檄副總兵歐磐等攝濬，久乃出猛，置於會城。得奏，命猛襲知府。驥、濬怒其事之不由己出也，要泗城岑接、東蘭韋祖鋐各起兵攻蠻。接兵二萬先入田州，殺掠男女八百餘人，驅之溺水死者無算，括府庫，放兵大掠，城郭爲墟。濬兵二萬攻舊田州，據之，殺掠男女五千三百餘人，蠻逃去。副總兵歐磐、參政武清等詣田州府勘治，遣兵送猛還府。驥懼罪，匿濬家，有司請治濬罪。

初，蠻之迎猛也，無他念，及猛在外，蠻守土以待其歸。驥爭權首亂，濬、接、祖鋐黨惡，以致茲變。清受濬賂，曲右之，且誣蠻占據府治，阻兵弄權，事竟不直。於是廷瓚言思恩岑濬罪惡，正在逐捕，而田州岑猛亦宜乘此區畫，降府爲州，毋基異日尾大之患，從之。十八年，廷議以思、田既平，宜設流官；岑猛世濟兇惡，致陷府治，宜降授千戶，而遴選才望者假以方面職銜，守田州，仍賜敕以重其權。帝然之，於是以平樂知府謝湖爲右參政，掌府事。

時岑猛已降福建平海衞千戶，遷延不行。及湖至，復陳兵自衞，令祖母岑氏奏乞於廣西極邊率部下立功，以便祭養，詔總鎭官詳議以聞。總督陳金奏：「猛據舊巢，要求府佐，

不赴平海衞。參政謝湖不卽赴任，爲猛所拒，納餽遺而徇其要求，宜逮問。」時猛遣人重賂劉瑾，得旨，留猛而褫湖，幷及前撫潘蕃、劉大夏，猛竟得以同知攝府事。猛撫輯遺民，兵復振，稍復侵旁郡自廣。嘗言督撫有調發，願立功，冀復舊職。會江西盜起，都御史陳金檄猛從征，猛所至剽掠。然以賊平故論功，遷指揮同知。非猛初意，頗怨望。

正德十五年，猛奏：「田州土兵每征調，輒許戶留一二丁耕種，以供常稅。其久勞於外者，乞量振給，免其輪稅。」從之。

嘉靖二年，猛率兵攻泗城，拔六寨，遂克州治。岑接告急於軍門，言猛無故興兵攻寨。猛言接非岑氏後，據其祖業，欲得所侵地。時方有上思州之役，徵兵皆不至，總督張嵿以狀聞。四年，提督盛應期、巡按謝汝儀議大征猛，條征調事宜，詔報可。而應期以他事去，詔以都御史姚鏌代，命懸金購猛。然鏌知猛無反心，猛方奏辯，鏌亦欲緩師。而巡按謝汝儀與鏌郤，乃誣鏌之子涞納猛萬金，廉得涞書獻之。鏌惶恐，乃再疏請征。於是部趣鏌剋期進，鏌偕總兵官朱麒發兵八萬，〔七〕以都指揮沈希儀、張經等統之，分道並入。猛聞大兵至，令其下毋交兵，裂帛書冤狀，陳軍門乞憐察。鏌不聽，督兵益急，沈希儀斬猛長子邦彥於工堯隘。〔八〕猛懼，謀出奔，而歸順州知州岑璋，猛婦翁也，其女失愛，璋欲藉此報猛，乃甘言誘猛走歸順，鴆殺之，斬首以獻。

六年，鏌以田州平，告捷京師，乃請改田州爲流官，幷陳善後七事，詔俱從之。鏌留參議汪必東、僉事申惠、參將張經以兵萬人鎭其地，知府王熊兆署府事。會必東、惠皆移疾他駐，惟經、熊兆在府，兵勢分，防守稍懈。於是逆黨盧蘇、王受等乃爲僞印，誑言猛在，且借交阯兵二十萬，以圖興復。蠻民信之，聚衆薄府城。經出擊，兵少不敵，欲引還，而城中陰爲內應，呼譟四出，官軍腹背受攻，力戰不支，突圍渡江走，賊逼其後，爭舟溺死者甚衆。賊沿江置闌索，伏藥弩，夾岸並起。官軍且戰且行，抵向武，失士卒三四百人。賊遂入據府城，燒倉粟以萬計。御史石金上其事，頗委罪前撫盛應期生事召釁，而給事中鄭自璧因請仍檄湖廣永順、保靖兵併力剿賊。帝以四方兵數萬方歸休，豈可復調，命再計機宜以聞。

時盧蘇等雖據府叛，佯聽撫，遣人迎署府事王熊兆。而其黨王受等糾衆萬餘，攻據思恩城，執知府吳期英、守備指揮門祖蔭等。已而釋期英等，亦投牒上官，願聽招撫。都御史姚鏌以兵未集，姑受之以緩其謀。遣諜者檄東蘭、歸順、鎭安、泗城、向武諸土官，各勤兵自効，且責失事守巡參將等官立功自贖。復疏調湖廣永、保土兵，江西汀、贛畬兵，俱會於南寧，併力進剿。帝以蠻亂日久，鎭巡官受命大征，未及殄絕，輒奏捷散兵，使餘孽復滋，罪不容逭。姑赦前過，益圖新功。乃起原任兵部尚書新建伯王守仁總督軍務，同鏌討之。

時受既入思恩，封府庫，以賊兵守之，而自攻武緣。守巡官鄒輗等率兵至思恩，思恩千夫長韋貴、徐伍等遣壯士由間道入城爲內應，夜引官兵奪門，殺賊二十餘人，收府印及庫物，護送期英於賓州，因招撫城中未下者。時受攻武緣甚急，參將張經堅壁拒守。鎭守頭目許用與戰，斬其渠帥一人。賊見援兵大集，乃遁去。鏌以聞。

帝以田州、思恩賊鋒雖挫，首惡未擒，仍令守仁亟督兵剿撫。守仁威名素重，及督軍務，調兵數萬人至，諸蠻心懾。守仁至南寧，道中見受等勢盛，度亦未可卒滅，上疏極陳用兵利害。兵部議以守仁所見未確，復陳五事，令守仁詳計其宜，於是守仁又疏云：

臣奉命於去年十二月至廣西平南縣，與巡按御史石金及藩臬諸將領等會議。思、田禍結兩省，已踰二年。今日必欲窮兵盡剿，則有十患。若罷兵行撫，則有十善。臣與諸臣，攄心極論，今日之局，撫之爲是。

臣抵南寧，遂下令盡撤調集防守之兵。數日內解歸者數萬，惟湖兵數千，道阻遠，不易卽歸，仍使分留南寧，解甲休養，待間而動。而盧蘇、王受先遣其頭目黃富等訴告，願得歸境投生，乞宥一死。臣等諭以朝廷威德，令齎飛牌，歸巢曉諭，期以速降無死。蘇、受等得牌，皆羅拜踴躍，歡聲雷動。尋率衆至南寧城下，分屯四營。蘇、受等囚首自縛，與頭目數百人赴軍門請命。臣

等復諭之曰：「朝廷既赦爾罪，爾等擁衆負固，騷動一方。若不示罰，何以雪憤？」於是下蘇、受於軍門，各杖一百，乃解其縛。又諭之曰：「今日宥爾死者，朝廷好生之德；必杖爾者，人臣執法之義。」衆皆叩首悅服，願殺賊立功。臣隨至其營，撫定其衆七萬餘人，復委布政使林富等安插，於二月二十六日悉命歸業。是皆皇上至孝達順之德，神武不殺之威，未期月而蠻民率服，不折一矢，不傷一人；而全活數萬生靈，即古舞干之化，奚以加焉。

疏聞，帝嘉之，遣行人齎敕獎賚。於是守仁復疏言：

思、田久搆禍，荼毒兩省，已踰二年。兵力盡於哨守，民脂竭於轉輸，官吏疲於奔走。地方軀瘵，如破壞之舟，漂泊風浪，覆溺在目，不待智者而知之矣。必欲窮兵雪憤，以殲一隅，無論不克，縱使克之，患且不測。況田州外捍交阯，內屏各郡，深山絕谷，瑤、獠盤據。使盡誅其人，異日雖欲改土爲流，誰爲編戶？非惟自撤其藩籬，而拓土開疆以資鄰敵，非計之得也。

今岑氏世効邊功，猛獨詿誤觸法，雖未伏誅，聞已病死。臣謂治田州非岑氏不可，請降田州府爲田州，而官其子，以存岑氏之後。查猛有二子，長邦佐，自幼出繼爲武靖州知州。武靖當瑤賊之衝，邦佐才足制馭，宜仍舊職。而今所建州，請以猛幼子邦相

授吏目，署州事，俟後遞陞爲知州，以承岑氏之祀。設土巡檢諸司，即以盧蘇、王受等九人爲之，以殺其勢。添設田寧府，統以流官知府，以總其權。

從之。惟以守仁所奏岑猛子，與撫按所報異，令再覆。

於是守仁言：「臣初議立岑氏後，該府土目及耆老俱言岑猛本有四子：長邦佐，妻張氏出；次邦彥，妾林氏出；次邦輔，外婢所生；次邦相，妾韋氏出。猛嬖溺林氏而張失愛，故邦佐自幼出繼武靖。邦彥既死，邦佐得武靖民心，更代亦難其人。欲立邦輔，土目謂外婢所生，名實不正。惟邦相係猛正派，質貌厚重，堪繼岑氏。故當時直謂猛子存者二人，亦所以正名愼始，杜後日之爭也。」疏上，如議行。

八年，守仁於思、田既議設流官，又議移南丹衞於八寨，改思恩府城於荒田，改設鳳化縣治於三里，添設流官縣於思龍，增築五鎭城堡於五屯。及侍郎林富繼之，又言：「田州界居南寧、泗城，交通雲、貴、交阯，爲備非一，不宜改設流官。南丹衞設在賓州，既不足以遙制八寨，遷八寨又不得以還護賓州。爲今日計，獨上林之三里，守仁所議設縣者，可遷南丹衞於此。夫設縣則割賓州之地以益思恩，是顧彼而失此也。遷衞則扼八寨之吭以還護賓州，是一舉而兩得也。然不宜屬田州，而仍屬南寧爲便。」其議與守仁頗有異同，詔從富言。

初，邦相兄邦彥有子芝，依大母林氏、瓦氏居，官給養田。其後邦相惡蘇專擅，密與頭

目盧玉等謀誅蘇及芝。蘇知之，會邦相又侵削二氏原食莊田，二氏遂與蘇合謀，以芝奔梧州，赴軍門告襲，蘇又爲芝疏請。尋令人刺邦相，邦相覺，殺行刺者。而蘇遂伏兵殺盧玉等，以兵圍邦相宅，誘邦相出，乘夜與瓦氏縊殺之。巡按御史曾守約以聞，帝命守臣亟爲勘處。〔九〕蘇之殺邦相也，歸順、鎭安、泗城、向武諸土官羣起搆難，互相訐奏。當事者謂以岑芝承襲未定，田州無主，致令隣封覬覦，當給劄付令芝管事。蘇又請早給芝冠帶，以撫田州，而自悔罪，願裹糧立功，及追補累年所逋糧賦。巡按御史諸演疏聞，部議以土蠻自相讐殺，當從末減，皆令立功，方准贖罪復官。

三十二年，芝死，子大壽方四歲。土人莫葦冒岑姓，及土官岑施，相煽搆亂，提督郎檟奏令思恩守備張啓元暫駐田州鎭之，報可。三十四年，田州土官婦瓦氏以狼兵應調至蘇州剿倭，隸於總兵俞大猷麾下。以殺賊多，詔賞瓦氏及其孫男岑大壽、大祿銀幣，餘令軍門獎賞。四十二年以平廣西瑤、僮功，准岑大祿實受知州職。

泰昌元年，總督許弘綱奏：「田州土官岑懋仁肆惡起釁，窺占上林，納叛人黃德隆等，〔一〇〕糾衆破城，擅殺土官黃德勳，擄其妻女印信，乞正其罪。」詔令岑懋仁速獻印，執送諸犯，聽按臣分別正法，違則進剿。天啓二年，巡撫何士晉請免懋仁逮問，各率土兵援剿，有功優敍，從之。

田州世岑氏，改流者再，而終不果。盧蘇再叛弑主，終逸於罰，論者以爲失刑云。

上林在田州東，宋置，隸橫山寨。元屬田州路。洪武二年，土官黃嵩歸附，授世襲知縣，流官典史佐之。

恩城州，唐置，宋、元仍舊。明初因之，隸廣西布政司，朝貢如例。成化十九年，知州岑欽，田州土官岑溥叔也，相讐殺。溥敗，欽入田州，焚府治，大肆殺掠。溥愬於制府，下三司官鞫理。弘治三年，欽復入田州，與泗城土官岑應分據其地。巡撫秦紘請調兵剿之。〔一一〕兵部言兵不可輕動，惟令守臣諭令應縛欽自贖。五年，欽走岑應所借兵，總鎭檄應捕之，欽遂殺應父子。已而應弟接伴以兵送欽，亦殺欽父子。有司以恩城宜裁革，從之，州遂廢。

上隆州，宋置，隸橫山寨。元屬田州路，明因之。後改隸布政司。洪武十九年，上隆知州岑永通遣從子岑安來貢，賜綺帛鈔錠。洪熙元年，土官知州岑瓊母陳氏來朝，貢馬，賜鈔幣。宣德四年以陳氏爲知州。時瓊已卒，無子，土人訴於朝，願得陳氏襲職，故有是命。

都康州，宋置，隸横山寨。元屬田州路。洪武間，爲蠻僚所據。三十二年復置，隸布政司。土官馮姓。其界東南抵龍英，西至鎮安，北至向武。

校勘記

〔一〕舊名邦兜 邦兜，讀史方輿紀要卷一一〇作「那兜」。

〔二〕宋置結安峒 結安峒，原脱「結」字，據上文及寰宇通志卷一一〇、明一統志卷八五改。

〔三〕總督戴耀奏 戴耀，神宗實録卷四〇五萬曆三十三年正月壬辰條、國榷卷八〇頁四九三六作「戴燿」。

〔四〕宋屬永平寨 永平寨，原作「承平寨」，據寰宇通志卷一一〇、明一統志卷八五改。

〔五〕總督蔡經屬副使翁萬達擒之 蔡經，本書卷一九八翁萬達傳作「張經」。按卷二〇五張經傳稱，「初冒蔡姓，久之乃復」，是張經亦稱「蔡經」。

〔六〕按臣曾守約以聞帝命守臣治之 守臣，原作「新建伯王守仁」。按田州盧蘇反抗事，前後二次。首次在嘉靖六年，御史石金以聞，命新建伯王守仁鎮壓之，見下文田州傳及世宗實録卷七四嘉靖六年三月乙未條。第二次即本傳所述，見世宗實録卷一八二嘉靖十四年十二月丁未條。此條稱「巡按御史曾守約以聞」，「命守臣亟爲議處」。傳文將二事混作一事，故有此誤。且王守仁

卒於嘉靖七年，安得預卒後事。今改正。

〔七〕鏌偕總兵官朱麒發兵八萬 朱麒，原作「朱麟」，據本書卷二〇〇姚鏌傳、世宗實録卷五一嘉靖四年五月甲戌條、行邊紀聞改。

〔八〕沈希儀斬猛長子邦彥於工堯隘 工堯隘，原作「工堯隧」，據本書卷三一九歸順州傳、行邊紀聞改。

〔九〕帝命守臣亟爲勘處 守臣，原作「守仁」，據世宗實録卷一八二嘉靖十四年十二月丁未條改。

〔一〇〕納叛人黃德隆等 黃德隆，原作「黃得隆」，據本書卷二四二陳邦瞻傳、光宗實録泰昌元年九月甲午條改。

〔一一〕巡撫秦紘請調兵剿之 秦紘，原作「秦竑」，據本書卷一七八秦紘傳改。

明史卷三百十九

列傳第二百七

廣西土司三

泗城 利州 龍州 歸順 向武 奉議 江州 思陵 廣東瓊州府附

泗城州，宋置，隸横山寨。元屬田州路。其界東抵東蘭，西抵上林長官司，南抵田州，北抵永寧州。

洪武五年，征南副將軍周德興克泗城州，土官岑善忠歸附，授世襲知州。十三年，善忠子振作亂，寇利州，廣西都司討平之。十四年，善忠來貢方物。二十六年，振遣人貢馬及方物，詔賜以鈔錠。

宣德元年，女土官盧氏遣族人岑臺貢馬及銀器等物，賜賚有差。八年，致仕女土官盧氏奏，襲職土官岑豹率土兵千五百餘人謀害己，又棄毀故土官岑瑄塑像，所爲不孝，難俾襲

職。豹叔利州知州顏亦奏豹興兵謀殺盧氏，州民被害。都督山雲奏：「豹實故土官瑄姪，人所信服，應襲職。盧氏，瑄妻，豹伯母，初借襲，今致仕，宜量撥田土以贍終身。仍請敕豹無肆侵擾。」兵部請從雲奏。帝命行人章聰、侯璡齎敕，諭雲會三司巡按究豹與盧氏是非，從公判決。

正統元年，豹遣人入貢。二年，豹攻利州，〔一〕掠其叔顏妻子財物。朝廷官至撫諭，負固不服，增兵拒守。雲以聞，乞發兵剿之。帝敕雲曰：「蠻夷梗化，罪固難容，然興師動衆，事亦不易，其更遣人諭之。」五年，顏奏豹侵占及掠擄罪。頭目黃祖亦奏豹殺其弟，籍其家。瑄女亦奏豹占奪田地人民，因其母盧氏。帝復遣行人朱昇、黃恕齎敕諭之，幷敕廣西、貴州總兵官親詣其地，令速還所侵掠，如不服，相機擒捕。六年，總兵官柳溥奏：〔二〕「行人恕、昇同廣西三司委官諭豹退還原占利州地，豹時面從，及回，占如故。今顏欲以利州、利甲等莊易泗城、古那等甲，開設利州衙門，宜從其請，發附近官軍送顏赴彼撫治蠻民。倘豹仍拒逆，則率兵剿捕。」從之。八年，豹遣人奉貢，賜綵幣。十年，豹復奏顏占據其地，帝令速予議處，不可因循，貽邊方害。

成化元年，豹聚衆四萬，攻劫上林長官司，殺土官岑志威，據其境土。兵部言：「豹强獷如此，宜調兵擒捕，明正典刑。」從之。未幾，豹死。

弘治三年，土官知州岑應復據上林長官司及貴州鎮寧等處一十八城。時恩城土官岑欽攻奪田州府，逐知府岑溥。應與欽黨，旣復相讐，兩家父子交相讐殺。事聞，兵部奏：「欽連年搆禍，而應黨之，復據上林長官司，流毒不少，今天厭禍，假手相殘，實地方之幸。應所占鄰壤及土官印信數多，亦宜勘斷，以除禍本，并令應弟接退還侵地及印信，乃許承襲。泗城地廣兵多，宜選頭目，量授職銜，分轄以殺其勢。」詔下總鎮官區處。接遣人朝正，賜綵段鈔錠。

十年，總督鄧廷瓚奏：「接往年隨征都勻、府江等處有功，乞略其祖父罪，令承襲世職，以圖報効。」廷臣議：「劫印侵地，雖係接祖父罪，然再四撫諭，接不肯歸之於官，遽使襲職，則志益驕，非馭土官法。」

十二年，田州土目黃驥作亂，要接爲聲援，殺掠男婦，劫燒倉庫民廬，又劫府學及橫山驛印記，遂據興仁。十四年，貴州賊婦米魯作亂，提督王軾請調接領土兵二萬營於砦布河，因赦接自備兩月餉，剋期赴調。

十八年，泗城土官族人岑九仙奏：「自始祖岑彭以來，世襲土官。至豹子應罹欽之禍，子孫滅亡殆盡。其弟接，衆推護印，累著勞勩，乞令襲職，俾掌轄蠻衆。」兵部尚書劉大夏等議：「豹乃叛臣餘孽，子應復自取滅亡。今接者，人皆傳稱爲梁接，非應親枝，又不知岑九仙是何

逋逃，冒爲奏擾。臣大夏先在兩廣，見岑氏譜。岑之始祖木納罕於元至正年間，與田州知府之祖伯顏，一時受官。今九仙妄援漢岑彭世次，塵瀆聖聽，請治其罪。其岑接應襲與否，前已令鎮巡官勘奏，岑九仙雖蠻人難以深究，亦當摘發以破其奸。」從之。

正德十二年，泗城及程縣各遣官族來貢。後期，賞減半。泗城貢厚，仍全給之。

嘉靖二年，田州岑猛率兵攻泗城，拔六寨，進薄州城，克之。接告急軍門，言猛無故攻寨。猛言接非岑氏後，據其祖業，欲得所侵地。詔下勘處。

十六年，田州盧蘇作亂。泗城土舍岑施以兵納岑邦佐。兵敗，弗克納。二十七年詔土舍施襲替，免赴京，以嘗聽調有勞也。隆慶二年，泗城蠻黃豹、黃豸等據貴州程番府麻嚮、大華等司，時出擄掠，官軍剿之，豹等遁去。

萬曆二年，泗城土官岑承勳等貢馬及香鑪等物。四十一年，土官岑雲漢貢方物。初，雲漢乃紹勳嫡嗣，紹勳寵庶孽雷漢，頭目黃瑪等從中煽禍，以至焚劫稱兵。雲漢給毋出印，扶弟以奔，撫按以聞。廷議請釋紹勳罪以存大倫，杖雷漢、黃瑪等以息囂孽，雲漢從寬削銜，戴罪管事。詔可。天啓二年，巡撫何士晉請復雲漢知州職，量加都司職銜，令率土兵援黔。從之。

泗城延袤頗廣，兵力亦勁，與慶遠諸州互相雄長。其流惡自豹而應而接，且三世。領

縣一，曰程縣，長官司二，曰安隆，曰上林。

程縣在泗城州之東北，舊號程丑莊。明初歸附，隸泗城州。洪武二十一年改爲縣，編戶一里。後改屬慶遠府，尋復隸泗城州，設流官知縣。正統間，爲岑豹所逼，棄官遁去，典史攝印，旋亦罹害。豹遂奪其印，據縣治。事聞，屢遣官諭之，歷岑應、岑接凡七十餘年不服。嘉靖二年，接爲諸土官攻殺，督府遣官按問，得縣印，貯於官，後僅存荒土。泗城、南丹、那地俱欲得之，時治兵相攻云。

安隆長官司，東抵泗城，西抵雲南，南抵上林長官司，北抵貴州宣慰司，元泗城州地也。洪武元年，泗城州土官岑善忠以次子子得領安隆峒。三十年，子得來朝，貢馬。設治所。永樂元年設安隆長官司，以子得爲長官，撫其衆。十二年貢馬，賜鈔幣，予世襲。

上林長官司，東北俱抵泗城界，西抵安隆長官司，南抵雲南。宋、元號上林峒，屬泗城州，明興因焉。永樂初置長官司，以泗城州土官岑善忠三子子成爲長官，撫其民。永樂四年，子成遣子保貢方物，賜鈔幣，自是貢賜不絕。成化元年，泗城岑豹攻劫上林，殺長官志威，滅其族，劫印，占其境土。兵部移文議豹罪，仍以地與印給上林。弘治三年，上林長官司遣頭目入貢，禮部以過期至，給半賞。旣而泗城岑應復奪據上林長官司，然正、嘉、隆、萬

問朝貢猶時至。

利州，漢屬交阯，號阪麗莊。宋建利州，隸橫山寨，元因焉。土官亦岑姓，洪武初歸附。授知州，以流官吏目佐之，直隸布政司。宣德二年，利州知州岑顏遣頭目羅嚮貢馬。

正統元年，泗城岑豹侵據利州地，并掠顏妻子財物。總兵官山雲以聞，帝敕鎮、巡官撫諭之。四年，顏遣族人岑忻貢銀器方物。五年，顏奏：「本州地二十五甲，被豹興兵攻占，母覃被囚，妻財被掠，累奉敕撫諭，猖獗不服。」帝遣行人黃恕、朱昇敕諭豹，事具前傳。七年，豹復與顏相仇殺，帝敕總兵官吳亮宣布恩威，令各罷兵，而豹終殺顏及其子得，奪州印去，遂以流官判州事。數十年間，屢經諸司勘奏，移檄督追，歷岑應、岑接二世如故。

嘉靖二年歸併泗城。

龍州，古百粵地。漢屬交阯。宋置龍州，隸太平寨。元大德中，陞州爲萬戶府。洪武二年，龍州土官趙帖堅遣使奉表，貢方物。詔以帖堅爲龍州知州，世襲。八年改

隸廣西布政司。〔三〕時帖堅言：「地臨交阯，所守關隘二十七處，有警須申報太平，達總司，比報下，已涉旬月，恐誤事機，乞依奉議、泗城二州，隸廣西便。」從之。十六年，帖堅以孝慈皇后喪，上慰表，貢馬及方物，賜綺帛鈔錠有差。

二十一年，帖堅病，無子，以其從子宗壽代署州事。帖堅卒，宗壽襲。鄭國公常茂以罪讁居龍州。〔四〕帖堅妻黃氏有二女，一爲太平州土官李圓泰妻，茂納其一爲妾。時宗壽雖襲職，帖堅妻猶持土官印，與茂、圓泰專擅州事，數陵逼宗壽。會茂以病卒，其閽者趙觀海等亦肆侮宗壽。宗壽乃與把事等以計取土官印，上奏，言茂已死，幷械觀海等至京。於是帖堅妻惶懼，使人告宗壽擄掠，又與圓泰謀劫茂妾幷其奴婢往太平州，又盡掠趙氏祖父官誥諸物，又欲併取龍州之地。乃自至京，告宗壽實從子，不應襲，宗壽亦上章言狀。帝乃詔宗壽勿問，下吏議帖堅妻與圓泰罪，旣而以遠蠻俱釋之。

久之，復有人告茂匿龍州未死，前宗壽所言皆妄。遂詔右軍都督府榜諭宗壽及龍州官民，言：「昔鄭國公常茂有罪，上以開平王之功，不忍遽置於法，安置龍州。土官趙帖堅故，其妻與茂結爲婚姻，誘合諸蠻，肆爲不道。帖堅姪宗壽襲職，與黃氏互相告訐，言茂已死。上以功臣子，猶加憐憫，釋二人告訐罪。今有人言茂實未死，宗壽等知狀。已遣散騎舍人諭宗壽捕茂，延玩使者久不復命，其意莫測。特命榜諭爾宗壽等知之，如茂果存，則送至京

師以贖罪，如茂果死，宗壽亦宜親率大小頭目至京，具陳其由。」

廣西布政司言宗壽屢詔赴京，拒命不出，又言南丹、奉議等蠻梗化。帝復命致仕兵部尚書唐鐸往諭宗壽，訖不從命。詔發湖廣、江西所屬衞所馬步官軍六萬餘，各齎三月糧，期以秋初俱赴廣西。命都督楊文佩征南將軍印，爲總兵官，都指揮韓觀爲左將軍，都督僉事宋晟爲右將軍，劉眞爲參將，率京衞馬步軍三萬人至廣西，會討龍州及奉議、南丹、向武等州叛蠻。師行，帝撰文遣使祭嶽鎭海瀆，復遣禮部尚書任亨泰、監察御史嚴震直使安南，諭以討龍州趙宗壽之故，令陳日焜愼守邊境，毋助逆，勿納叛。遣人諭文調南寧衞兵千人，江陰侯吳高領之，柳州衞兵千人，安陸侯吳傑領之，皆令其建功自贖。又詔文等，如兵至龍州，宗壽親來見，具陳茂已死之由，則宥其罪。若詐遣人來，則進兵討之。旣，鐸還京，言宗壽伏罪來朝，乞罷兵勿征。詔文移兵於奉議，仍命鐸至軍參軍事。宗壽偕耆民農里等六十九人來朝謝罪，貢方物。

宗壽死，子景升襲。景升死，無嗣，以叔仁政襲。仁政再傳爲趙源，源死無子。思恩土官岑濬率兵攻田州回，劫龍州，奪其印，納故知府源妻岑氏。詔下鎭巡官剿賊，而議立爲源後者。以源庶兄浦有二子，相居長當立。相弟楷不能無望，則謀於岑氏，以僕韋隊子璋詭云遺腹。岑氏特兄子猛方兵雄，楷遂奏言，璋實源子，當立，爲相所簒。事下督府勘，未決。

璋賂鎭守太監傅倫舍人，詭稱有詔，檄猛調二萬兵，納璋入龍州。左江大震，相挈印奔況村。都御史楊旦討璋，猛殺之，相乃歸。相二子，長燧，次寶。相枝拇，寶亦枝拇，相絕愛之，曰：「肖我當立。」猛乃以寶去，羌爲奴。

嘉靖元年，相死，州人立燧。楷弑之，州人立其族弟煖。時王守仁提督兩廣，幕客岑伯高用事，楷賂伯高，言煖非趙氏裔，當立者楷也。遣上思州知州黃熊兆褫之。熊兆黨伯高，言楷當立，以州印畀楷。楷遂殺煖，龍州大亂。州目黃安等潛往田州購寶。寶時爲奴楊布家十三年矣，安等行百金購得之。言之督府，都御史林富謂楷勢已張，毋持之急，乃令楷攝職，俟寶長讓之。楷復時時謀殺寶。富諭楷，令以印還寶，寶謝以五千金，益以腴田三十一村。楷計寶弱易與，不如邀厚利而徐圖之，遂聽命。楷復求韋璋之子應育之，令往來寶所。寶妻黃氏，思明府土官黃朝女也，貳於寶而與應通。應乃厚結州目，又數遣人與向武州締好，乞兵爲衞。寶日荒悍，刑狡男子王良爲閹。楷知良恨寶，激使內應，良許之。楷以千人夜至寶寢門呼良，良開門納楷兵，執寶寢所，斬之，以他盜聞。應以兵千人據州，幷結朝自援。

都御史蔡經屬副使翁萬達謀之。萬達謂楷狙詐，未可速圖。韋應巽懦寡慮，可旦夕擒，斷其中堅，然後可次第獲，督撫善之。萬達行部至太平，使人以他事召朝，諭之計，論

應當死，言楷才勇，正須藉爲龍州當一面耳。時諸言楷事者，故不爲理，州人大譁。萬達愈厚楷，楷信之，遂統精兵千人詣萬達言狀，幷以三十一村地獻。萬達召楷及州目鄧瑀等入見，伏壯士劫之，曰：「汝罪大，宜自爲計。誠死，尙可爲爾子留一官。」楷自分無生理，乃手書諭其黨曰：「業已如此，亂無益也，可善輔我子以存趙。」萬達即杖楷，斃之，以楷書諭其州人。時楷子匡時，生四年矣，立之，一州悉定。乃以十三村還龍州，十八村隸崇善縣，於是龍州趙氏仍得襲。

歸順州，舊爲峒，隸鎭安府。永樂間，鎭安知府岑志綱分其第二子岑永綱領峒事，傳子瑛，屢率兵報効。弘治九年，總督鄧廷瓚言：「鎭安府之歸順峒，舊爲州治，洪武初裁革。今其峒主岑瑛每効勞於官，乞設州治，授以土官知州。凡出兵令備土兵五千，仍歲領土兵二千赴梧州聽調。」詔從之，增設流官吏目一員。瑛死，子璋襲。復從璋奏，以本州改隸布政司。

璋多智略。田州岑猛以不法獲譴，都御史姚鏌將舉兵討之。璋，猛婦翁也。鏌慮璋黨猛，召都指揮沈希儀謀。希儀雅知璋女失寵，恨猛，又知部下千戶趙臣雅善璋。希儀因使趙

臣語璋圖猛，璋受命。時猛子邦彥守工堯隘，璋詐遣兵千人助邦彥，言：「天兵至，以姻黨故，且與爾同禍。今發精兵來，幸努力堅守。」邦彥欣納之。璋遣人報希儀曰：「謹以千人內應矣。」時田州兵殊死拒戰，諸將莫利當隘者，希儀獨引兵當之。約戰三合，歸順兵大呼曰：「敗矣！」田州兵驚潰，希儀麾兵乘之，斬首數千級，邦彥死焉。猛聞敗，欲自經。而璋先已築別館，使人請猛。時猛倉皇不知所出，遂挈印從璋，使走歸順。璋詭爲猛草奏，促猛出印實封之。璋既知猛印所在，乃鴆殺猛，斬其首，幷府印函之，間道馳軍門。爲讒言所阻，竟不論功。

璋死，次子瓛襲。嘉靖四年，提督盛應期以瓛先助猛逆攻泗城，許自新，出兵討賊自贖。從之。十四年，田州盧蘇叛，糾瓛攻鎮安府。瓛破鎮安，幷發岑眞寶父母墳墓。事聞，革冠帶，許立功贖。瓛後從征交阯，卒於軍。子代襲，萬曆間以貢馬違限，給半賞。

向武州，宋置，隸橫山寨。元隸田州路。其界東北抵田州，西抵鎮安，南抵鎮遠。

洪武二年七月，土官黃世鐵遣使貢馬及方物〔五〕。詔以世鐵爲向武州知州，許世襲。二十一年，廣西布政司言向武州叛蠻梗化。時都督楊文佩征南將軍印，討龍州、奉議等處，

復奉命移師向武。文調右副將軍韓觀分兵進討都康、向武、富勞諸州縣，斬世鐵。以兵部尚書唐鐸言，置向武州守禦千戶所。

永樂二年，土官知州黃彧遣頭目羅以得貢馬，賜鈔幣。宣德四年，故土官知州黃謙昌子宗蔭貢馬，賜鈔。

嘉靖四年，田州岑猛叛，向武土官以兵助猛。提督盛應期議大征，檄向武出兵討賊，以功贖罪。

十六年，田州盧蘇叛，鎮安土官岑眞寶以兵納岑邦佐，蘇求助於向武。時土官黃仲金怨眞寶，遂與合兵，破鎮安。事聞，革仲金冠帶。二十七年，以仲金聽調有勞，詔許承襲原職，免赴京。四十二年，又以剿平瑤寇功，加仲金四品服。

向武領縣一，曰富勞，元置。洪武間，爲蠻僚所據。建文時復置，仍隸向武州。永樂初，省武林入焉。土官亦黃氏世襲。

奉議州，宋置。初屬靜江軍，後屬廣西經略安撫司。元屬廣西兩江道宣慰司。洪武初，土官黃志威舊爲田州府總管，來歸附。二年詔授其子世鐵爲向武州知州，世襲。三年，志威入朝貢。六年招撫奉議等州百十七處人民，皆款服。帝嘉志威功，命以安州、侯州、陽縣屬之。七年以志威爲奉議州知州兼守禦，直隸廣西行省。二十六年，奉議州知州黃嗣隆遣人貢馬及方物，賜以鈔錠。

二十八年，廣西布政司言，奉議、南丹等處蠻人梗化。時都督楊文討龍州，伏罪，帝命移兵奉議剿賊，遣使諭文等：「近聞奉議、兩江溪峒等處，林木陰翳，蛇虺遺毒草莽中，雨過，流毒溪澗，飲之令人死。師入其地，行營駐劄，勿飲山溪水泉，恐餘毒傷人。宜鑿井以飲，爾等其愼察之。」文發廣西都司及護衞官軍二萬人，調田州、泗城等土兵三萬八千九百人從征。師至奉議州，蠻寇聞官軍至，悉竄入山林，據險自固。文督諸將分兵捕之，復調參將劉眞等領兵分道攻南丹叛寇。初，文等駐師奉議州之東南，分兵追捕賊黨，且遣人招降其脅從者。賊皆焚廬舍，走山谷，憑險阻立柵自固。文督將士屢攻破之，賊衆潰散。左副將軍韓觀等遂分兵追討都康、向武、富勞、上林諸州縣，破其更吾、蓮花、大藤峽等寨，斬向武土官黃世鐵幷其黨萬八千三百餘人，招降蠻民復業者六百四十八戶，徙置象州武山縣，蠻寇遂平。時兵部尚書致仕唐鐸參議軍事，以朝廷嘗命征剿畢日，置衞守之。乃會諸將相度形勢，置奉議等衞幷向武、河池、懷集、武仙、賀縣等處守禦千戶所，設官軍鎮守。詔從其言。

宣德二年，署州事土官黃宗蔭遣頭目貢馬。〔六〕正統五年，宗蔭科斂劫殺，甚且欲戕其

母。母避之，殺母侍者以洩怒，爲母所告。僉事鄧義奏其事，帝敕總兵官柳溥及三司按驗以聞。

嘉靖四年，田州岑猛叛，奉議土官嘗助猛攻泗城州。至是提督盛應期言，許其自新，令出兵討賊，以功贖罪。後土官知州死，皆以土判官掌州事。論者以奉議彈丸地，三面交迫田州，獨南界鎮安，其勢甚蹙。明初置衞，銓官如宋、元故事，蓋欲中斷田、鎮，以伐其謀云。

江州界，東抵忠州，西抵龍州，南抵思明，北抵太平府。其州宋置，隸古萬寨。元屬思明路。

明初，土官黃威慶歸附。授世襲知州，設流官吏目以佐之，直隸布政司。嘉靖四十二年，以平瑤、僮功，准江州土官子黃恩暫署本職。

領縣一，曰羅白。洪武初，土官梁敬賓歸附，授世襲知縣。敬賓死，子復昌襲。永樂間，從征交阯被陷，子福里襲。

思陵州，宋置，屬永平寨。元屬思明路。洪武初，省入思明府。二十一年復置思陵州。二十七年，土官韋延壽貢馬及方物。宣德四年，護印土官韋昌來朝，貢馬，賜鈔幣。正統間，貢賜如制。其界東至忠州，西北至思明，南至交阯。

瓊州，居環海中。漢武帝平南粵，始置珠崖、儋耳二郡。歷晉、隋、唐、宋叛服不一，事具前史。元改置瓊州路，屬海北海南道宣慰司。天曆初，改乾寧軍民安撫司。

洪武元年，征南將軍廖永忠平廣東，改乾寧安撫司爲瓊州府，以崖州吉陽軍、儋州萬安軍俱爲州，南建州爲定安縣隸焉。[七]

六年，儋州宜倫縣民陳昆六等作亂，攻陷州城。廣東指揮使司奏言：「近儋州山賊亂，已調兵剿。其儋、萬二州，山深地曠，宜設兵衞鎮之。」詔置儋、萬二州守禦千戶所。七年，儋州黎人符均勝等作亂，海南衞指揮張仁率兵討平之。又海南羅屯等洞黎人作亂，千戶周旺等討平之。澄邁縣賊王官舍亂，典史彭禎領民兵捕斬之。十五年，萬、崖二州民陳鼎叔等作亂，陷陵水縣，爲海南衞官軍擊敗，追至藤橋，斬鼎叔等三百餘人，餘黨悉平。十七年，儋州宜倫縣黎民唐那虎等亂，海南衞指揮張信發兵討之。那虎及其黨鄭銀等敗遁，信追擒之，送京師。知州魏世吉受賄，縱銀去。帝謂兵部曰：「知州不能捕賊，及官軍捕至而反縱之乎？」命遣力士即其州杖世吉，責捕所縱者。

永樂三年，廣東都司言：「瓊州所屬七縣八洞生黎八千五百人，崖州抱有等十八村一千餘戶，俱已向化，惟羅活諸洞生黎尚未歸附。」帝命遣通判劉銘齎敕撫諭之。御史汪俊民言：「瓊州周圍皆海，中有大、小五指，黎母等山，皆生熟黎人所居。比歲軍民有逃入黎洞者，甚且引誘生黎，侵擾居民。朝廷屢使招諭，黎性頑狠，未見信從。又山水峻惡，風氣亦異，罹其瘴毒，鮮能全活。近訪宜倫縣熟黎峒首王賢祐，嘗奉命招諭黎民，歸化者多。請仍詔賢祐，量授以官，俾招諭未服，戒約諸峒，無納逋逃。其熟黎則令隨產納稅，悉免差徭；其生黎歸化者，免稅三年；峒首則量所招民數多寡授以職。如此庶幾黎人順服。」從之。遣知縣潘隆本齎敕撫諭。

四年，瓊州屬縣生黎峒首羅顯、許志廣、陳忠等三十三人來朝。初以生黎多未向化，遣銘招撫。至是向化者萬餘戶，顯等從銘來朝，且乞以銘撫其衆。帝遂授銘瓊州知府，專職撫黎，仍授顯等知縣、縣丞、巡檢等官，賜冠帶鈔幣，遣還。自是諸黎感悅，相繼來歸。瓊山、臨高諸縣生黎峒首王罰、鍾異、王琳等來朝，命爲主簿、巡檢。六年，銘復率土黎峒首王賢祐、王惠、王存禮等來朝，貢馬。命賢祐爲儋州同知，惠、存禮爲萬寧縣主簿。八年，文昌縣斬脚寨黎首周振生等來歸，賜以鈔幣，俾仍往招諸峒。九年，臨高縣典史王寄扶奉命

招至生黎二千餘戶，而以峒首王乃等來朝。命寄扶爲縣主簿，幷賜王乃等鈔。十一年，瓊山縣東洋都民周孔洙招諭包黎等村黎人王觀巧等二百三十戶，願附籍爲民。從之。臨高民黃茂奉命招撫深峒、那呆等二十四峒生黎，率黎首王聚、符喜等來朝貢馬，黎民來歸者戶四百有奇。通計前後所撫諸黎共千六百七十處，戶三萬有奇，蓋皆本廟算云。

十四年，王賢祐率生黎峒首王撒、黎佛金等來朝貢，帝嘉納之。命禮部曰：「黎人遠處海南，慕義來歸，若朝貢頻繁，非存撫意。自今生黎土官峒首俱三年一貢，著爲令。」十六年，感恩土知縣樓吉祿率峒首貢馬。十九年，寧遠土縣丞那京率峒首羅淋朝貢。時崖州民以私忿相戰鬭，衞將利漁所欲，發兵剿之。瓊州知州王伯貞執不可，曰：「彼自相仇殺耳，非有寇城邑殺良民之惡，不足煩官軍。」衞將不從，伯貞乃遣寧遠縣丞黃童按視。果仇殺，逮治數人，黎人遂安。

宣德元年，樂會土主簿王存禮等遣黎首黎寧及萬州黎民張初等來貢，帝謂尚書胡濙曰：「黎人居海島，不識禮儀，叛服不常，昔專設官撫綏，今來朝，當加賚之。」九月，澄邁縣黎王觀珠、瓊山縣黎王觀政等聚衆殺瓊山土知縣許志廣，流劫鄉村，殺掠人畜，命廣東三司勘實討之。二年，指揮王瑀等追捕黎賊，兵至金鷄嶺，賊率衆拒敵，敗之，生擒賊首王觀政及從賊二百六十二人，斬首二百六十七級，餘衆潰，奔走入山，招撫復業黎八百一十二戶，以

捷聞，械送觀政等至京。帝謂尚書蹇義曰：「蠻性雖難馴，然至爲變，必有激。宜嚴戒撫黎諸官，寬以馭之，若生事激變，國有常刑。」

正統九年，崖州守禦千戶陳政聞黎賊出沒，偕副千戶洪瑜領軍搜捕賊，乃圍熟黎村，黎首出見，政等輒殺之。又令軍旗孫得等十五人焚其廬舍，殺其妻孥數人，擄其財物。各黎激變，政及官軍百人，皆爲所殺。巡按御史趙忠以聞，坐瑜激變律斬。

景泰三年敕萬州判官王琥曰：「以爾祖父能招撫黎人，特授土官。爾能繼承父志，亦旣有年。茲特降敕付爾，撫諭該管村峒黎人，各安生業，不得倣傚別峒生黎所爲。其官軍亦不得擅入村峒，擾害激變。」

天順五年敕兩廣巡撫葉盛，以海南賊五百餘占據城池，可馳至瓊，相機撫捕，勿使滋蔓。

弘治二年，崖州故土官陳迪孫、冠帶舍人陳崇祐朝貢。以其能撫黎人之逋逃復業者，厚賜之。

十五年，黎賊符南蛇反，鎮兵討之，不下。戶部主事馮顒奏：「府治在大海南。有五指山峒，黎人雜居。外有三州、十縣、一衞、十一所。永樂間，置土官州縣以統之，黎民安堵如故。成化間，黎人作亂，三度征討。將領貪功，殺戮無辜。迨弘治間，知府張桓、余濬貪殘

苛斂，大失黎心，釀成今日南蛇之禍。臣本土人，頗知事勢，乞仍考原設應襲土官子舍，使各集土兵，可得數萬，聽鎮巡官節制。有能擒首惡符南蛇者，復其祖職。以蠻攻蠻，不數月可奏績矣。」詔從之。

嘉靖十九年，總督蔡經以崖、萬二州黎岐叛亂，攻逼城邑，請設參將一員，駐劄瓊州分守。

二十八年，崖州賊首那燕等聚衆四千人爲亂，詔發兩廣官軍九千剿之。給事鄭廷鵠言：

瓊州諸黎盤居山峒，而州縣反環其外。其地彼高而我下，其土彼膏腴而我鹹鹵，其勢彼聚而我散。故自開郡來千六百餘年，無歲不遭黎害，然無如今日甚矣。今日黎患，非九千兵可辦，必添調狼土官兵，兼召募打手，集數萬衆，一鼓而四面攻之，然後可克。

嘗考剿除黎患，其大舉有二。元至元辛卯，曾空其穴，勒石五指山。其時雖建屯田府，立定安、會同二縣，惜其經略未盡，故所得旋失。嘉靖庚子，又嘗大渡師徒，攻毀巢囤，無處不至。於是議者謂德霞地勢平衍，擬建城立邑，招新民耕守。業已舉行，中道而廢，旋爲賊資，以至復有今日。謹條三事：

一，崖黎三面郡縣，惟東面連郎溫、嶺脚二峒岐賊，〔八〕實當萬州陵水之衝。崖賊被

攻，必借二峒東訌以分我兵勢。〔九〕計須先分奇兵攻二峒，而以大兵徑擣崖賊。彼此自救不暇，莫能相顧，則殲滅可期。傳聞賊首那燕已入凡陽搆集岐賊。此必多方誤我，且訛言搖惑，以堅諸部助逆之心。宜開示慰安，以解狐疑之黨。

一，隋、唐郡縣，輿圖可考，今多陷入黎中。蕩平後悉宜恢復，幷以德霞、千家、羅活等膏腴之地盡還州縣，設立屯田，且耕且守。仍由羅活、磨斬開路，以達定安，〔一〇〕由德霞沿溪水以達昌化。道路四達，井邑相望，非徒懾奸銷萌，而王路益開拓矣。

一，軍威既振，宜建參將府於德霞，各州縣許以便宜行事，以鎮安人心。其新附之民中有異志者，或遷之海北地方屯田，或編入附近衛所戎籍，如漢徙潛山蠻故事。又擇仁明慈惠之長，久任而安輯之，則瓊人受萬世利矣。

疏下兵部議，詔悉允行。

二十九年，總兵官陳圭、總督歐陽必進等督兵進剿，斬賊五千三百八十級，俘一千四十九人，奪牛羊器械倍之，招撫三百七十六人。捷聞，帝嘉其功，賜圭、必進祿米廕襲有差。

萬曆十四年，長田峒黎出掠，兵備道遣兵執戮之。草子坡諸黎召衆來報復，戰於長沙營，斬黎首百餘級，於是黃村、田尾諸峒黎皆出降。

瓊州黎人，居五指山中者爲生黎，不與州人交。其外爲熟黎，雜耕州地。原姓黎，後多姓王及符。熟黎之產，半爲湖廣、福建奸民亡命，及南、恩、藤、梧、高、化之征夫，利其土，占居之，各稱酋首。成化間，副使涂棐設計犁掃，漸就編差。弘治間，符南蛇之亂，遠郡震驚，其小醜侵突，無時而息云。

校勘記

〔一〕二年豹攻利州　二年，同卷利州傳作正統元年。按英宗實錄卷二六繫此於正統二年正月庚戌，並有英宗敕命，則「二年」應是奏報到京之年。

〔二〕六年總兵官柳溥奏　六年，原作「正德六年」。按柳溥此奏在正統六年五月丁巳，見英宗實錄卷七九，「正德」顯係「正統」之誤。上文已見「正統元年」，此處不應複述「正統」，據刪。

〔三〕八年改隸廣西布政司　八年，本書卷四五地理志龍州條及明一統志卷八五俱作「九年」。

〔四〕鄭國公常茂以罪謫居龍州　龍州，原作「壽州」，據下文及卷三太祖紀、卷一二五常遇春傳附常茂傳，太祖實錄卷一八五洪武二十年九月丁酉條改。

〔五〕土官黃世鐵遣使貢馬及方物　黃世鐵，原作「黃士鐵」，據下文及明史稿傳一九三向武州傳、太祖實錄卷四二洪武二年七月丁未條改。

〔六〕土官黃宗蔭遣頭目貢馬　黃宗蔭，原作「黃宗允」，據上文及明史稿傳一九三奉議州傳、英宗實

錄卷六四正統五年二月癸巳條改。下同。

〔七〕南建州爲定安縣隸焉　定安縣，原作「安定縣」，據本書卷四五地理志瓊州府條、明一統志卷八二瓊州府條、世宗實錄卷三五一嘉靖二十八年八月庚申條改。太祖實錄卷三一洪武元年十月丁酉條亦誤倒作「安定」。

〔八〕惟東面連郎溫嶺脚二峒岐賊　原作「惟東南連郎溫脚二峒岐賊」，「東面」誤「東南」，「溫」下脫「嶺」字，據世宗實錄卷三五一嘉靖二十八年八月庚申條、國榷卷五九頁三六三八、讀史方輿紀要卷一〇五陵水縣獨秀山條改補。「郎溫」，國榷作「瑯瑥」。

〔九〕必借二峒東訌以分我兵勢　東訌，原作「東江」，據世宗實錄卷三五一嘉靖二十八年八月庚申條改。

〔一〇〕以達定安　定安，原作「安定」，據世宗實錄卷三五一嘉靖二十八年八月庚申條改。

中華書局

明史卷三百二十

列傳第二百八

外國一

朝鮮

朝鮮，箕子所封國也。漢以前曰朝鮮。始爲燕人衞滿所據，漢武帝平之，置眞番、臨屯、樂浪、玄菟四郡。漢末，有扶餘人高氏據其地，改國號曰高麗，又曰高句麗，居平壤，卽樂浪也。已，爲唐所破，東徙。後唐時，王建代高氏，兼併新羅、百濟地，徙居松岳，曰東京，而以平壤爲西京。其國北鄰契丹，西則女直，南曰日本。元至元中，西京內屬，置東寧路總管府，盡慈嶺爲界。

明興，王高麗者王顓。太祖卽位之元年遣使賜璽書。二年送還其國流人。顓表賀，貢方物，且請封。帝遣符璽郎偰斯齎詔及金印誥文封顓爲高麗國王，賜曆及錦綺。其秋，顓遣

總部尚書成惟得、千牛衞大將軍金甲兩上表謝，〔一〕幷賀天壽節，因請祭服制度，帝命工部製賜之。惟得等辭歸，帝從容問：「王居國何爲？城郭修乎？兵甲利乎？宮室壯乎？」頓首言：「東海波臣，惟知崇信釋氏，他未遑也。」遂以書諭之曰：「古者王公設險，未嘗去兵。民以食爲天，而國必有出政令之所。今有人民而無城郭，人將何依？武備不修，則威弛；地不耕，則民艱於食；且有居室，無廳事，無以示尊嚴。此數者朕甚不取。夫國之大事，在祀與戎。苟闕斯二者，而徒事佛求福，梁武之事，可爲明鑑。王國北接契丹、女直，而南接倭，備禦之道，王其念之。」因賜之六經、四書、通鑑。自是貢獻數至，元旦及聖節皆遣使朝賀，歲以爲常。

三年正月命使往祀其國之山川。是歲頒科舉詔於高麗，顓表謝，貢方物，幷納元所授金印。中書省言：「高麗貢使多齎私物入貨，宜征稅；又多攜中國物出境，禁之便。」俱不許。五年表請遣子弟入太學，帝曰：「入學固美事，但涉海遠，不欲者勿强。」貢使洪師範、鄭夢周等一百五十餘人來京，失風溺死者三十九人，師範與焉。帝憫之，遣元樞密使延安答里往諭入貢毋數。而顓復遣其門下贊成事姜仁裕來貢馬，其賀正旦使金湑等已先至，帝悉遣還。謂中書省臣曰：「高麗貢獻繁數，旣困敝其民，而涉海復虞覆溺。宜遵古諸侯之禮，三年一聘。貢物惟所產，毋過侈。其明諭朕意。」

六年，顓遣甲兩等貢馬五十匹，道亡其二，甲兩以聞。及進，以私馬足之。帝惡其不誠，却之。七年遣監門護軍周誼、鄭庇等來貢，表請每歲一貢，貢道從陸，由定遼，毋涉海，其貢物稱「送太府監」。中書省言：「元時有太府監，本朝未嘗有，言涉不誠。」帝命却其貢。是歲顓爲權相李仁人所弒。〔二〕顓無子，以寵臣辛肫之子禑爲子，於是仁人立禑。

八年，禑遣判宗簿事崔原來告哀，且言前有貢使金義殺朝使蔡斌，今嗣王禑已誅義，籍其家。帝疑其詐，拘原而遣使往祭弔。十年，使來請故王顓謚號，帝曰：「顓被殺已久，今始請謚，將假吾朝命，鎭撫其民，且掩其弒逆之跡，不可許。」前所留使者，其遣之。」於是釋原歸。其夏，復遣周誼貢馬及方物，却不受。冬，又遣使賀明年正旦。帝曰：「高麗王顓被弒，奸臣竊命，春秋之義，亂臣必誅，夫又何言。第前後使者皆稱嗣王所遣，中書宜遣人往問嗣王如何，政令安在。若政令如前，嗣王不爲羈囚，則當依前王言，歲貢馬千匹，明年貢金百斤、銀萬兩、良馬百、細布萬，仍悉送還所拘遼東民，方見王位眞而政令行，朕無惑已。否則弒君之賊，必討無赦。」

十一年四月，禑復命誼來貢。十二年敕遼東守將潘敬、葉旺等謹飭邊備。其冬，禑遣李茂芳等來貢，以不如約却之。十三年，遼東送高麗使誼至京師，帝敕敬等曰：「高麗弒君，又殺朝使，前堅請入貢又不如期，今遣誼來，以虛文飾詐，他日必爲邊患。自今來者，其絕

勿通。」因留誼於京師。十六年來貢，却之，命禮部責其朝貢過期、陪臣侮慢之罪；誠欲聽約者，當以前五歲違約不貢之物幷至。十七年六月，禑遣司僕正崔涓、禮儀判書金進宜貢馬二千匹。且言金非地所產，願以馬代輸，餘皆如約。遼東守將唐勝宗爲之請，帝許之。然請顓謚號，襲王爵，未允也。

十八年正月，貢使至。帝諭禮臣曰：「高麗屢請約束，朕數不允，而其請不已，故索歲貢以試其誠僞，非以此爲富也。今旣聽命，宜損其貢數，令三年一朝，貢馬五十匹。至二十一年正旦乃貢。」七月，禑上表請襲爵，幷請故王謚。命封禑爲高麗國王，賜故王顓謚恭愍。

十九年二月遣使貢布萬匹、馬千匹。九月，表賀，貢方物。其後貢獻輒踰常額，且未嘗至三年也。冬，詔遣指揮僉事高家奴以綺布市馬於高麗。二十年三月，高家奴還，陳高麗表辭馬直，帝敕如數償之。先是，元末遼、瀋兵起，民避亂，轉徙高麗。至是因市馬，帝令就索之，遂以遼、瀋流民三百餘口來歸。十二月命戶部咨高麗王：「鐵嶺北，東西之地，舊屬開元者，遼東統之。鐵嶺之南，舊屬高麗者，本國統之。各正疆境，毋侵越。」

二十一年四月，禑表言，鐵嶺之地實其世守，乞仍舊便。帝曰：「高麗舊以鴨綠江爲界，今飾辭鐵嶺，詐僞昭然。其以朕言諭之，俾安分，毋生釁端。」八月，高麗千戶陳景來降，言：「是年四月，禑欲寇遼東，使都軍相崔瑩、李成桂繕兵西

京。成桂使陳景屯艾州，以糧不繼退師。王怒，殺成桂之子。成桂還兵攻破王城，囚王及瑩。」景懼及，故降。帝敕遼東嚴守備，仍遣人偵之。十月，禑請遜位於其子昌。帝曰：「前聞其王被囚，此必成桂之謀，姑俟之以觀變。」

二十二年，權國事昌奏乞入朝，帝不許。是歲，成桂廢昌，而立定昌國院君瑤。二十三年正月遣使來告。二十四年三月詔市馬高麗。八月，權國事瑤進所市馬千五百匹。帝曰：「三韓君臣悖亂，二紀於茲。今王瑤嗣立，乃王氏苗裔，宜遣使勞之。」十二月，瑤遣其子奭朝賀明年正旦。奭未歸而成桂自立，遂有其國，瑤出居原州。王氏自五代傳國數百年，至是絕。

二十五年九月，高麗知密直司事趙胖等持國都評議司奏言：「本國自恭愍王薨，無嗣，權臣李仁人以辛旽子禑主國事，昏暴好殺，至欲興師犯邊，大將李成桂以爲不可而回軍。禑負罪惶懼，遜位於子昌。國人弗順，啓請恭愍王妃安氏擇宗親瑤權國事。已及四年，昏戾信讒，戕害勳舊，子奭癡騃不慧，國人謂瑤不足主社稷。今以安氏命，退瑤於私第。王氏子姓無可當輿望者，中外人心咸繫成桂。臣等與國人耆老共推主國事，惟聖主俞允。」帝以高麗僻處東隅，非中國所治，令禮部移諭：「果能順天道，合人心，不啓邊釁，使命往來，實爾國之福，我又何誅。」冬，成桂聞皇太子薨，遣使表慰，并請更國號。帝命仍古號曰朝鮮。

二十六年二月遣使進馬九千八百餘匹，命運紵絲綿布一萬九千七百餘匹酬之。六月表謝，貢馬及方物，并上前恭愍王金印，請更己名曰旦。從之。是月，遼東都指揮使司奏，朝鮮國招引女直五百餘人，潛渡鴨綠江，欲入寇。乃遣使敕諭，示以禍福。旦得敕，惶懼陳謝，上貢，并械送遣逃軍民三百八十餘人至遼東。

二十七年，旦遣子入貢。二十八年遣使柳珣賀明年正旦。帝以表文語慢，詰責之。珣言表文乃門下評理鄭道傳所撰，遂命逮道傳，釋珣歸。二十九年送撰表人鄭總等三人至，云表實總等所撰，道傳病不能行。帝以總等亂邦搆釁，留不遣。三十年冬，復以表涉譏訕，拘其使。建文初，旦表陳年老，以子芳遠襲位。許之。

成祖立，遣官頒卽位詔。永樂元年正月，芳遠遣使朝貢。四月復遣陪臣李貴齡入貢，奏芳遠父有疾，需龍腦、沉香、蘇合、香油諸物，齎布求市。帝命太醫院賜之，還其布。芳遠表謝，因請冕服書籍。帝嘉其能慕中國禮，賜金印、誥命、冕服、九章、圭玉、珮玉，妃珠翠七翟冠、霞帔、金墜，及經籍綵幣表裏。自後貢獻，歲輒四五至焉。

二年十二月詔立芳遠子禔爲世子，從其請也。五年十二月，貢馬三千匹至遼東，命戶部運絹布萬五千匹償之。六年，世子禔來朝，賜織金文綺。及歸，帝親製詩賜之。時朝鮮納女後宮，立爲妃嬪者四人。其秋，遣陪臣鄭擢來告其父旦之喪。命官弔祭，賜謚康獻。

十六年奏世子禔不肖，第三子祹孝弟力學，國人所屬，請立爲嗣，詔聽王所擇。因上表謝，并陳己年老，請以祹理國事。命光祿少卿韓確、鴻臚丞劉泉封祹爲朝鮮國王。時帝已遷北都，朝鮮益近，而事大之禮益恭，朝廷亦待以加禮，他國不敢望也。

二十年，芳遠卒，賜謚恭定。二十一年七月，祹請立嫡子珦爲世子，從之。先是，敕祹貢馬萬匹，至是如數至，賜白金綺絹。

宣德二年三月遣中官賜白金紵紗，別敕進馬五千匹，資邊用。九月如數至。四年賜祹書：「珍禽異獸，非朕所貴，其勿獻。」後又敕祹：「金玉之器，非爾國所產，宜止之，土物效誠而已。」八年，祹奏遣子弟詣太學或遼東學，帝不許，賜五經、四書、性理、通鑑綱目諸書。

正統元年三月放朝鮮婦女金黑等五十三人還其國。金黑等自宣德初至京師，至是遣中官送回。三年八月賜祹遠游冠、絳紗袍、玉佩、赤舃。先是，建州長童倉避居朝鮮界，已復還建州。朝鮮言：「昔以窮歸臣，臣遇之善。今負恩還建州李滿住所，慮其同謀擾邊。」建州長言，所部爲朝鮮追殺，阻留一百七十餘家。五年詔祹還之。七年五月諭祹曰：「鴨綠江一帶東寧等衞，密邇王境，中多細人逃至王國，或被國人誘脅去者，無問漢人、女直，至卽解京。」初，瓦剌密令女直諸部誘朝鮮，使背中國。祹拒之，白其事於朝。帝嘉其忠，敕奬之，并賜綵幣。九年春，倭寇犯邊，祹命將擒獲五十餘人，械送京師。十年又獲餘黨來獻。帝連敕

奬諭，賜賚加等。十三年冬，命使調發朝鮮及野人女直兵會遼東，征北寇。時英宗北狩，郕王卽位，遣官頒詔於其國。

景泰元年貢馬五百匹。奏稱奉敕辦馬二三萬匹，比因鄰寇擣釁，馬畜踣斃，一時未能。詔曰：「寇今少息。馬已至者，償其直。未至者，止勿貢。」是年夏，祹卒，賜弔祭，謚莊憲，封子珦爲國王。會遼東奏報開原、瀋陽有寇入境，掠人畜，係建州、海西、野人女直頭目李滿住等爲嚮導，因諭珦相爲犄角截殺之。其秋，續貢馬千五百餘匹。賜冕服，并償其直。冬又賜珦及妃權氏誥命，封其子弘暐爲世子。二年冬，以建州頭目潛與朝鮮通，戒珦絕其使。

三年秋，珦卒，來告哀。遣中官往弔祭，賜謚恭順，命子弘暐嗣立。弘暐立三年，以年幼且嬰夙疾，請以叔瑈權國事。七年上表遜位，乃封瑈爲國王。瑈請立子暲爲世子，從之。

天順三年，邊將奏，有建州三衞都督私與朝鮮結，恐爲中國患。因敕瑈毋作不靖，貽後悔。瑈疏辨，復諭曰：「宣德、正統年間，以王國與彼互相侵掠，敕解怨息兵，初不令交通給賞授官也。彼旣受朝廷官職，王又加之，是與朝廷抗也。王素秉禮義，何爾文過飾非？後宜絕私交，以全令譽。」四年復諭瑈曰：「王奏毛憐衞都督郎卜兒哈通謀煽亂，已置之法。夫法止可行於國中，豈得加於鄰境。郎卜兒哈有罪，宜奏朝廷區處。今輒行殺害，何怪其子阿比車之思復讐也。聞阿比車之母尙在，宜急送遼東都司，令阿比車領回，以解讐怨。」五

年，建州衛野人至義州殺掠，瑈奏乞朝命還所掠。兵部議：「朝鮮先嘗誘殺郎卜兒哈，繼又誘致都指揮兀克，縱兵掠其家屬。今野人實係復讎，宜諭朝鮮，寇盜之來皆自取，惟守分安法，庶弭邊釁。」從之。

成化元年冬，陪臣李門炯來朝，卒於道。命給棺賜祭，幷賜綵幣慰其家。時朝鮮頻貢異物，三年春，敕諭瑈修常貢，勿事珍奇。是時朝廷用兵征建州，敕瑈助兵進剿。瑈遣中樞府知事康純統衆萬餘渡鴨綠、潑猪二江，攻破九獮府諸寨，斬獲多。

四年正月遣官來獻俘。詔從厚賚，敕獎諭之。是年，瑈卒，賜謚惠莊。遣太監鄭同、崔安封世子晄爲王，給妃韓氏誥命。既行，巡按遼東御史侯英奏曰：「遼東連年被寇，瘡痍未起，今復禾稼不登，軍民乏食。太監鄭同等隨從人員所過驛騷。臣考先年曾於翰林院中選有學行文望者出使。今同、安俱朝鮮人，墳墓宗族皆在，見其國王，不免屈節，殊褻中國體。乞寢成命，或翰林，或給事中及行人內推選一員，往使爲便。」帝曰：「英所言良是。自後賞賚遣內臣，其册封正副使，選廷臣有學行者。」

六年，晄病篤，以所生子幼，命其兄故世子暲之子娎權國事，遣陪臣以聞。及卒，賜謚襄悼，命娎嗣位，娎妻韓氏封王妃。十年追贈娎父世子暲爲國王，謚懷簡，母韓氏爲王妃，從所請也。

十一年四月，娎奏建州野人糾聚毛憐等衛侵擾邊境不已，乞朝命戒飭。十二年十月，娎爲繼妻尹氏請封，賜誥命冠服。時禁外國互市兵器，娎奏：「小邦北連野人，南鄰倭島，五兵之用，不可缺一。而弓材所需牛角，仰於上國。高皇帝時嘗賜火藥、火礮，今望特許收買弓角，不與外番同禁。」兵部議歲市弓角五十，後以不足於用，請無限額，詔許倍市。

十五年十月命娎出兵夾擊建州女直。娎遂遣右贊成魚有沼率兵至滿浦江，以氷泮後期。復遣左議政尹弼商、節度使金嶠等渡江進剿。十六年春遣陪臣來獻捷，帝命內官齎敕獎其能繼先烈，賜金幣，領兵官賞賚如例。後使還，遣其臣許熙伴送。熙歸至開州，建州騎二千邀之，掠其從卒三十餘人，馬二百三十餘匹，他所亡物稱是。奏聞，英國公張懋、吏部尚書尹旻等以遼東連年用兵，未可輕動，宜以此意諭娎。敕遼東守臣整飭邊備，更令譯者窮究所掠，期在必得，仍賜熙白金綵幣慰安之。

十七年，娎奏繼妃尹氏失德，廢置，乞更封副室尹氏。從之。十九年四月封娎長子㦕爲世子。

弘治七年十二月，娎卒，賜謚康靖。明年四月，封㦕爲國王，妻愼氏爲王妃。十二年，㦕奏：「本國人屢有違禁匿海島，誘引軍民，漸至滋蔓。乞許本國自行搜刷。其係上國地方，請敕官追捕。」時遼東守臣亦奏如㦕言，報可。十五年冬，封㦕長子顗爲世子。

正德二年，㦕以世子顗夭亡，哀慟成疾，奏請以國事付其弟懌，其國人復奏請封懌。禮部議命懌權理國事，俟㦕卒乃封。既，陪臣盧公弼等以朝貢至京，復請封懌，廷議不允。十二月，㦕母妃奏懌長且賢，堪付重寄。於是禮部奏：「㦕以痼疾辭位，懌以親弟承托，接受既明，友愛不失。通國臣民舉無異詞，宜順其請。」上乃允懌嗣位，遣中官敕封，幷賜其妃尹氏誥命。

初，成桂之自立也，與宰相李仁人本異族。永樂間，降祭海嶽祝文，稱成桂爲仁人子，而祖訓亦載仁人子成桂更名旦。後成桂子芳遠奏辨，太宗許令改正。至是修大明會典，仍列祖訓於朝鮮國。貢使市以歸，懌上疏備陳世系，辨先世無弑逆事，乞改正。禮部議：「會典詳載本朝制度，事涉外國，疑似之際，在所略。況成桂得國出皇祖命，其不繫仁人後，太宗詔可徵，宜從其請。」詔曰：「可。」

十五年冬，命內官封懌子峼爲世子，賜懌金帛珠玉，令括取異物及童男女以進。十六年，世宗卽位，禮官言：「天子初踐祚，宜正中國之體，絕外裔狎侮之端。請諭懌非朝廷意，召內臣還，毋有所索取。」帝從之。

嘉靖二年八月，以俘獲倭夷來獻，幷送還中國被掠八人。賜白金錦紵。

八年八月，陪臣柳溥上言：「國祖李旦係本國全州人。二十八世祖瀚仕新羅爲司空。新

羅亡，六世孫兢休入高麗。十三世孫安社仕元爲南京千戶所達魯花赤。元季兵興，安曾孫子春與男成桂避地東遷。至正辛丑，當恭愍王之十年，有紅巾賊入境，成桂擊賊有功，授武班職事，時尚未知名。恭愍無嗣，陰蓄寵臣辛旽之子禑爲子，晚爲嬖臣洪倫、內豎崔萬生所弑。權臣李仁人誅倫、萬生而立禑，擢成桂爲門下侍中。禑遣成桂侵遼東，成桂不從，返兵。禑懼，遜位於子昌。昌以僞姓見黜，復立王氏裔定昌君瑤，竄仁人於外。瑤復不道，國人戴成桂，請於高皇帝，立爲王，更名旦，贍瑤別邸，終其身，實未嘗爲弑。前永樂、正德間屢經奏請，俱蒙俞允，而迄未改正。今遇重修會典，乞賜昭雪。」詔送史館編纂。

十八年二月，睿宗祔太廟，配享明堂禮成，懌表賀。帝特御奉天門引見，賜宴禮部。

二十三年冬，懌卒。二十四年正月來訃，賜謚恭僖。詔立其子峼。峼未踰年卒，賜謚榮靖。九月，峼弟權國事峘遣使謝祭謚，幷請襲封，詔許之。

二十五年，峘遣使送下海番人六百餘至邊，賜金幣。二十六年正月，峘咨稱：「福建人從無泛海至本國者，因往日本市易，爲風所漂，前後共獲千人以上，皆挾軍器貨物，致中國火礮亦爲倭有，恐起兵端。」詔：「頃年沿海奸民犯禁，福建尤甚，往往爲外國所獲，有傷國體。海道官員令巡按御史察參。」仍賜王銀幣，以旌其忠。

三十一年冬，以洪武、永樂間所賜樂器敝壞，奏求律管，更乞遣樂官赴京校習，許之。

三十五年五月有倭船四自浙、直敗還，漂入朝鮮境。峘遣兵擊殲之，得中國被俘及助逆者三十餘人來獻，因賀冬至節，帝賜璽書褒諭。三十八年十一月奏：「今年五月，有倭寇駕船二十五隻來抵海岸，臣命將李鐸等勦殺殆盡，獲中國民陳春等三百餘人，內招通倭嚮導陳得等十六人，俱獻闕下。」復降敕獎勵，厚賚銀幣，并賜鐸等有差。

四十二年九月，峘復上書辨先世非李仁人後，今修會典雖蒙釐正，乞著始祖旦、父子春之名，帝令附錄會典。

隆慶元年六月遣官頒卽位詔。時帝將幸太學，來使乞留觀禮，許之。是年冬，峘卒，賜諡恭憲，命其姪昖襲封。

萬曆元年正月上穆宗尊諡、兩宮徽號禮成，昖表賀，獻方物馬匹。時昖屢請賜皇明會典，爲其先康獻王旦雪冤。十六年正月，會典成，適貢使兪泓在京，請給前書，以終前命。許之。十七年十一月，陪臣奇苓等入賀冬至，奏稱本年六月，大琉球國船遭風至海岸，所有男婦合解京，給文放歸。從之。

十九年十一月奏，倭酋關白平秀吉聲言明年三月來犯，詔兵部申飭海防。平秀吉者，薩摩州人，初隨倭關白信長。會信長爲其下所弒，秀吉遂統信長兵，自號關白，劫降六十餘州。朝鮮與日本對馬島相望，時有倭夷往來互市。二十年夏五月，秀吉遂分渠帥行長、清正等率舟師逼釜山鎭，潛渡臨津。時朝鮮承平久，兵不習戰，昖又湎酒，弛備，猝島夷作難，望風皆潰。昖棄王城，令次子琿攝國事，奔平壤。已，復走義州，願內屬。七月，兵部議令駐劄險要，以待天兵；號召通國勤王，以圖恢復。而是時倭已入王京，毀墳墓，劫王子、陪臣，剽府庫，八道幾盡沒，旦暮且渡鴨綠江，請援之使絡繹於道。廷議以朝鮮爲國藩籬，在所必爭。遣行人薛潘諭昖以興復大義，揚言大兵十萬且至。而倭業抵平壤，朝鮮君臣益急，出避愛州。遊擊史儒等率師至平壤，戰死。副總兵祖承訓統兵渡鴨綠江援之，僅以身免。中朝震動，以宋應昌爲經略。八月，倭入豐德等郡，兵部尚書石星計無所出，議遣人偵探之，於是嘉興人沈惟敬應募。惟敬者，市中無賴也。是時秀吉次對馬島，分其將行長等守要害爲聲援。惟敬至平壤，執禮甚卑。行長紿曰：「天朝幸按兵不動，我不久當還。以大同江爲界，平壤以西盡屬朝鮮耳。」惟敬以聞。廷議倭詐未可信，乃趣應昌等進兵。而星頗惑於惟敬，乃題署遊擊，赴軍前，且請金行間。十二月，以李如松爲東征提督。明年正月，如松督諸將進戰，大捷於平壤。行長渡大同江，遁還龍山。所失黃海、平安、京畿、江原四道並復，〔三〕清正亦遁還王京。如松既勝，輕騎趨碧蹄館，敗，退駐開城。事具如松傳。

初，如松誓師，欲斬惟敬，以參軍李應試言而止。至是敗，氣縮，而應昌急圖成功，倭亦乏食有歸志，因而封貢之議起。應昌得倭報惟敬書，乃令遊擊周弘謨同惟敬往諭倭，獻王京，返王子，如約縱歸。倭果於四月棄王城遁。時漢江以南千有餘里朝鮮故土復定，兵部言宜令王還國居守，我各鎭兵久疲海外，以次撤歸爲便。詔可。應昌疏稱：「釜山雖瀕海南，猶朝鮮境，有如倭覘我罷兵，突入再犯，朝鮮不支，前功盡棄。今撥兵協守爲第一策，卽議撤，宜少需，俟倭盡歸，量留防戍。」部議留江浙兵五千，分屯要害，仍諭昖蒐練軍實，毋恃外援。已而沈惟敬歸自釜山，同倭使來請款，而倭隨犯咸安、晉州，逼全羅，聲復漢江以南，以王京、漢江爲界。如松計全羅饒沃，南原府尤其咽喉，乃命諸將分守要害。已，倭果分犯，我師並有斬獲。兵科給事中張輔之、遼東都御史趙燿皆言款貢不可輕受。七月，倭從釜山移西生浦，送回王子、陪臣。時師久暴露，聞撤，勢難久羈。應昌請留劉綎川兵，吳惟忠、駱尙志等南兵，合薊、遼兵共萬六千，聽綎分布慶尙之大丘，月餉五萬兩，資之戶兵二部。先是，發帑給軍費，已累百萬。廷臣言虛內實外非長策，請以所留川兵命綎訓練，兵餉令本國自辦。於是詔撤惟忠等兵，止留綎兵防守。諭朝鮮世子臨海君珒居全慶，以顧養謙爲經略。

九月，昖以三都既復，疆域再造，上表謝恩。然時倭猶據釜山也，星益一意主款。九月，兵部主事曾偉芳言：「關白大衆已還，行長留待。欲歸報關白捲土重來，則風不利，正苦冬寒。故款亦去，不款亦去。知我兵未撤，不敢以一矢加遺。沈惟敬前於倭營講購，咸安、晉州隨陷，而欲恃款冀來年不攻，則速之款者，正速之來耳。故款亦來，不款亦來。宜令朝鮮自爲守，弔死問孤，練兵積粟，以圖自强。」帝以爲然，因敕諭昖者甚至。

二十二年正月，昖遣金睟等進方物謝恩。禮部郎中何喬遠奏：「睟涕泣言倭寇猖獗，朝鮮束手受刃者六萬餘人。倭語悖慢無禮，沈惟敬與倭交通，不云和親，輒曰乞降。臣謹將萬曆十九年中國被掠人許儀所寄內地書、倭夷答劉綎書及歷年入寇處置之宜，乞特敕急止封貢。」詔兵部議。時廷臣交章，皆以罷封貢、議戰守爲言。八月，養謙奏講貢之說，貢道宜從寧波，關白宜封爲日本王，諭行長部倭盡歸，與封貢如約。九月，昖請許保國。帝乃切責羣臣阻撓，追褫御史郭實等。詔小西飛入朝，集多官面議，要以三事：一，勒倭盡歸巢；一，既封不與貢；一，誓無犯朝鮮。倭俱聽從，以聞。帝復諭於左闕，語加周複。十二月，封議定，命臨淮侯李宗城充正使，以都指揮楊方亨副之，同沈惟敬往日本，王給金印，行長授都督僉事。

二十三年九月，昖奏立次子琿爲嗣。先是，昖庶長子臨海君珒陷賊中，驚憂成疾，次子光海君琿收集流散，頗著功績，奏請立之。禮部尙書范謙言繼統大義，長幼定分，不宜僭差，遂不許。至是復奏，引永樂間恭定王例上請，禮臣執奏，不從。二十四年五月，昖復疏請立琿，禮部仍執不可，詔如議。時國儲未建，中外恫疑，故尙書范謙於朝鮮易封事三疏力持云。

九月，封使至日本。先是，沈惟敬抵釜山，私奉秀吉蟒玉、翼善冠、地圖、武經、良馬。而李宗城以貪淫爲倭守臣所逐，棄璽書夜遁。事聞，逮問。乃以方亨充正使，加惟敬神機營銜副之。及是奉册至，關白怒朝鮮王子不來謝，止遣二使奉白土紬爲賀，拒其使不見，語惟敬曰：「若不思二子、三大臣、三都、八道悉遵天朝約付還，今以卑官微物來賀，辱小邦邪？辱天朝邪？且留石曼子兵於彼，候天朝處分，然後撤還。」翌日奉貢，遣使賫表文二道，隨册使渡海至朝鮮。

初，方亨詭報去年從釜山渡海，倭於大版受封，卽回和泉州。然倭方責備朝鮮，仍留兵釜山如故，謝表後時不發，方亨徒手歸。至是，惟敬始投表文，案驗潦草，前折用豐臣圖書，不奉正朔，無人臣禮。而寬奠副總兵馬棟報清正擁二百艘屯機張營。方亨始直吐本末，委罪惟敬，并呈石星前後手書。帝大怒，命逮石星、沈惟敬案問。以兵部尚書邢玠總督薊、遼；改麻貴爲備倭大將軍，經理朝鮮；僉都御史楊鎬駐天津，申警備；楊汝南、丁應泰贊畫軍前。

五月，玠至遼。〔四〕行長建樓，清正布種，島倭窖水，索朝鮮地圖，玠遂決意用兵。麻貴望鴨綠江東發，所統兵僅萬七千人，請濟師。玠以朝鮮兵惟嫺水戰，乃疏請募兵川、浙，并調薊、遼、宣、大、山、陝兵及福建、吳淞水師，劉綖督川、漢兵聽勦。貴密報候宣、大兵至，乘倭未備，掩釜山，則行長擒，清正走。玠以爲奇計，乃檄楊元屯南原，吳惟忠屯忠州。

六月，倭數千艘泊釜山，戮朝鮮郡守安弘國，漸逼梁山、熊川。惟敬率營兵二百，出入釜山。玠陽爲慰藉，檄楊元襲執之，縛至貴營，惟敬執而嚮導始絕。七月，倭奪梁山、三浪，遂入慶州，侵閑山。統制元均兵潰，遂失閑山。閑山島在朝鮮西海口，右障南原，爲全羅外藩，一失守則沿海無備，天津、登、萊皆可揚帆而至。而我水兵三千甫抵旅順，閑山破，經略檄守王京西之漢江、大同江，扼倭西下，兼防運道。

八月，清正圍南原，乘夜猝攻，守將楊元遁。時全州有陳愚衷，去南原僅百里，南原告急，愚衷不敢救，聞已破，棄城走。麻貴遣遊擊牛伯英赴援，與愚衷合兵，屯公州。倭遂犯全慶，逼王京。王京爲朝鮮八道之中，東阻鳥嶺、〔五〕忠州，西則南原、全州，道相通。自二城失，東西皆倭，我兵單弱，因退守王京，依險漢江。麻貴請於玠，欲棄王京退守鴨綠江。海防使蕭應宮以爲不可，自平壤兼程趨王京止之。麻貴發兵守稷山，朝鮮亦調都體察使李元翼由鳥嶺出忠清道遮賊鋒。玠旣身赴王京，人心始定。玠召參軍李應試問計，應試請問廟廷主畫云何。玠曰：「陽戰陰和，陽勦陰撫，政府八字密畫，無泄也。」應試曰：「然則易耳。倭叛以處分絕望，其不敢殺楊元，猶望處分也。直使人諭之曰沈惟敬不死，則退矣。」因請使李大諫於行長，馮仲纓於清正，玠從之。九月，倭至漢江，楊鎬遣張貞明持惟敬手書往，責其動兵，有乖靜候處分之實。行長、正成亦尤清正輕舉，乃退屯井邑。麻貴遂報青山、稷山大

捷。蕭應宮揭言：「倭以惟敬手書而退，青山、稷山并未接戰，何得言功？」玠、鎬怒，遂劾應宮恇怯，不親解惟敬，並逮。

十一月，玠徵兵大集，帝發帑金犒軍，賜玠尚方劍，而以御史陳效監其軍。玠大會諸將，分三協。鎬同貴率左右協，自忠州、鳥嶺向東安，趨慶州，專攻清正。使李大諫通行長，約勿往援。復遣中協屯宜城，東援慶州，西扼全羅。以餘兵會朝鮮合營，詐攻順天等處，以牽制行長東援。十二月，會慶州。麻貴遣黃應賜賂清正約和，〔六〕而率大兵奄至其營。時倭屯蔚山，〔七〕城依山險，中一江通釜寨，其陸路由彥陽通釜山。貴欲專攻蔚山，恐釜倭由彥陽來援，乃多張疑兵，又遣將遏其水路，遂進逼倭壘。遊擊擺寨以輕騎誘倭入伏，斬級四百餘，獲其勇將，乘勝拔兩栅。倭焚死者無算，遂奔島山，連築三寨。翌日，遊擊茅國器統浙兵先登，連破之，斬獲甚多，倭堅壁不出。島山視蔚山高，石城堅甚，我師仰攻多損傷。諸將乃議曰：「倭艱水道，餉難繼，第坐困之，清正可不戰縛也。」鎬等以爲然，分兵圍十日夜，倭饑甚，僞約降緩攻。俄行長援兵大至，將繞出軍後。鎬不及下令，策馬西奔，諸軍皆潰。遂撤兵還王京，士卒物故者二萬。上聞之，震怒。乃罷鎬聽勘，以天津巡撫萬世德代。事詳鎬傳。

二十六年正月，邢玠以前役乏水兵無功，乃益募江南水兵，議海運，爲持久計。二月，都

督陳璘以廣兵，劉綖以川兵，鄧子龍以浙、直兵先後至。玠分兵三協，爲水陸四路，路置大將。中路如梅，東路貴，西路綖，水路璘，各守汛地，相機行勦。時倭亦分三窟。東路則清正，據蔚山。西路則行長，據粟林、曳橋，建砦數重。中路則石曼子，據泗州。而行長水師番休濟餉，往來如駛。我師約日並進，尋報遼陽警，李如松敗沒，詔如梅還赴之，中路以董一元代。

當應泰之劾鎬也，昖請回乾斷，崇勵鎮撫，以畢征討。上不許。又應泰會以築城之議爲鎬罪案，〔八〕謂堅城得志，啓朝鮮異日之患，於是昖奏辨。帝曰：「連年用兵發餉，以爾國素効忠順故也，毋以人言自疑。」

九月，將士分道進兵，劉綖進逼行長營，約行長爲好會。翌日，攻城，斬首九十二。陳璘舟師協堵擊，毀倭船百餘。行長潛出千餘騎扼之，綖不利，退，璘亦棄舟走。麻貴至蔚山，頗有斬獲，倭僞退誘之。貴入空壘，伏兵起，遂敗。董一元進取晉州，乘勝渡江，連燬二寨。倭退保泗州老營，鏖戰下之，前逼新寨。寨三面臨江，一面通陸，引海爲濠，海艘泊寨下千計，築金海、固城爲左右翼。十月，董一元遣將四面攻城，用火器擊碎寨門，兵競前拔栅。忽營中火藥崩，烟焰漲天。倭乘勢衝擊，固城倭亦至，兵遂大潰，奔還晉州。帝聞，命斬二遊擊以徇，一元等各帶罪立功。是月，福建都御史金學曾報七月九日平秀吉死，各倭俱有歸

志。十一月，清正發舟先走，麻貴遂入島山、酉浦，〔九〕劉綎攻奪曳橋。石曼子引舟師救行長，陳璘邀擊敗之。諸倭揚帆盡歸。

自倭亂朝鮮七載，喪師數十萬，糜餉數百萬，中朝與屬國迄無勝算，至關白死而禍始息。

二十七年閏四月，〔一〇〕以平倭詔告天下，又敕諭昖曰：「倭奴平秀吉肆爲不道，蹂躪爾邦。朕念王世篤忠貞，深用憫惻。七年之中，日以此賊爲事。始行薄伐，繼示包容，終加嚴討。蓋不殺乃天之心，而用兵非予得已。安疆靖亂，宜取蕩平。神惡凶盈，陰殲魁首，大師乘之，追奔逐北，鯨鯢盡戮，海隅載清，捷書來聞，憂勞始釋。惟王雖還舊物，實同新造，振凋起敝，爲力倍艱。倭雖遁歸，族類尚在。茲命邢玠振旅歸京，量留萬世德等分布戍守。王宜臥薪嘗膽，無忘前恥，惟忠惟孝，纘紹前休。」

五月，玠條陳東征善後事宜十事。一，留戍兵，馬步水陸共計三萬四千有奇，馬三千四。一，定月餉，每年計銀九十一萬八千有奇。一，定本色，合用米豆，分派遼東、天津、山東等處，每年十三萬石。一，留中路海防道。〔一一〕一，裁餉司。一，重將領。一，添巡捕。一，分汛地。一，議操練。一，責成本國。廷臣議：「數年疲耗，今始息肩，自宜內固根本，不當更爲繁費。況彼國兵荒之後，不獨苦倭之擾，兼苦我兵。故今日善後事宜，仍當商之彼國，

先量彼餉之贏絀，始可酌我兵之去留。至於增買馬匹，添補標兵，創立巡捕，及至管餉府佐，悉宜停止。」帝命督撫會同國王酌奏。八月，昖獻方物，助大工，褒賞如例。十月，請留水兵八千，以資戍守。其撤回官兵，駐劄遼陽備警。二十八年四月請將義州等倉遺下米豆運回遼陽。戶部議：「輪運維艱，莫若徑與彼國，振其彫敝，以昭皇仁。」詔曰：「可。」

二十九年二月，兵部覆奏經督條陳七事：「一，練兵士。麗人鷙悍耐寒苦，而長衫大袖，訓練無方，宜以束伍之法教之。一，守衝要。朝鮮三面距海，釜山與對馬相望，巨濟次之，宜各守以重兵，幷蔚山、開山等處皆宜戍守。一，修險隘。王京北倚叢山，南環滄海。忠州左右鳥、竹二嶺，羊腸繞曲，有一夫當關之險。今營壘遺址尚存，亟宜修葺。一，建城池。朝鮮八道，十九無城。平壤西北鴨、浿二江，俱南通海。倘倭別遣一旅占據平壤，則王京聲援斷絕，皆應修築屯聚。一，造器械。倭戰便陸不便海，〔一二〕以船制重大，不利攻擊。今淮福唬造百十艘爲奇兵，幷添造神機百子火箭。〔一三〕一，訪異材。朝鮮貴世官，賤世役，一切禁錮，往往走倭走敵，爲本國患，宜破格搜採。一，修內治。國家東南臨海，以登、旅爲門戶，鎮江爲咽喉，應援之兵，不宜盡撤。我自固，亦所以固朝鮮也。」詔朝鮮刻勵以行。九月，奏所頒誥命冕服遭變淪失，祈補給，從之。

時倭國內亂，對馬島主平義智悉遣降人還朝鮮，遣書乞和，且揚言秀吉將家康將輪糧

數十萬石爲軍興資，以脅朝鮮。朝鮮與對馬島一水相望，島地不產五穀，資米於朝鮮。兵興後，絕開市，因百計脅款。秀吉死，我軍盡撤，朝鮮畏倭滋甚。欲與倭通款，又懼開罪中國。十二月，昖以島倭求款來請命。兵部以事難遙度，令總督世德酌議，詔可。三十年十一月，昖言倭使頻來要挾和款，兵端漸露，乞選將率兵，督同本國訓練修防。帝曰：「曾留將士教習，成法具在，無容再遣。」因命其使臣齎敕誡勵。三十三年九月，昖復請封琿爲世子，禮部仍執立長之議。三十五年四月，昖以家康求和來告，兵部議聽王自計而已。由是和款不絕，後三年始畫開市之事。

三十六年，昖卒。光海君琿自稱署國事，遣陪臣來訃，且請謚。帝惡其擅，不允，令該國臣民公議以聞。時我大清兵征服各部，漸近朝鮮。兵部議令該王大修武備，整飭邊防，幷請敕遼左督撫鎮臣，遣官宣達毋相侵犯之意。從之。十月，封琿爲國王，從其臣民請也。三十七年二月，謚昖曰昭敬，遣官賜琿及妃柳氏誥命。

初，朝鮮失守，賴中國力得復，倭棄釜山遁。然陰謀啓疆，爲患不已。於是海上流言倭圖釜山，朝鮮與之通。四十一年九月，總兵官楊宗業以聞。琿疏辨，詔慰解之。

四十二年四月，奏請追封生母金氏。禮部按會典，嫡母受封而生母先亡者得追贈，乃命封爲國王次妃。四十三年十一月，表賀冬至，因奏買回吾學編、弇山堂別集等書，載本國

事與會典乖錯，乞改正。禮部言：「野史不足憑。今所請恥與逆黨同譏，宜憫其誠，宣付史館。」報可。初，琿爲生母已得封，至是復祈給冠服。禮臣以金氏側室，禮有隆殺，執不可。四十五年正月，琿請至再，帝以琿屢次懇陳，勉從之。

四十七年，楊鎬督馬林、杜松、劉綎等出師，爲我大清兵所敗。朝鮮助戰兵將，或降或戰死。琿告急，詔加優恤。十一月，兵部覆：朝鮮入貢之道，宜添兵防守。詔鎮江等處設兵將，令經略熊廷弼調委。四十八年正月，琿奏：「敵兵八月中攻破北關，金台吉自焚，白羊出降。鐵嶺之役，蒙古宰賽亦爲所滅。聞其國謀議以朝鮮、北關、宰賽皆助兵南朝，今北關、宰賽皆滅，不可使朝鮮獨存。又聞設兵牛毛寨、萬遮嶺，欲略寬奠、鎮江等處。寬奠、鎮江與昌城、義州諸堡隔水相望，孤危非常。敵若從靉陽境上鴉鶻關取路遶出鳳凰城裏，一日長驅，寬鎮、昌城俱莫自保。內而遼左八站，外而東江一城，彼此隔斷，聲援阻絕，可爲寒心。望速調大兵，共爲掎角，以固邊防。」時遼鎮塘報稱朝鮮與大清講和，朝議遂謂琿陽衡陰順，宜遣官宣諭，或命將監護，其說紛挐。琿疏辨：「二百年忠誠事大，死生一節。」詞極剴摯。禮、兵二部請降敕令曉諭，以安其心。帝是其議，然敕令陪臣往，不遣官也。

天啓元年八月，改朝鮮貢道，自海至登州，直達京師。時毛文龍以總兵鎮皮島，招集逃民爲兵，而仰給於朝鮮。十一月，琿奏力難餽餉，乞循萬曆東征例，發運山東粟，從之。

三年四月，國人廢琿而立其姪綾陽君倧，以昭敬王妃之命權國事，令議政府移文督撫轉奏，文龍爲之揭報。登州巡撫袁可立上言：「琿果不道，宜聽太妃具奏，以待中國更立。」疏留中。八月，王妃金氏疏請封倧，禮部尚書林堯俞言：「朝鮮廢立之事，內外諸臣抒忠發憤，有謂宜聲罪致討者，有謂勿遽討且受方貢覈顚末者，或謂當責以大義，察輿情之向背者，或謂當令倧討敵自洗者，衆論咸有可采。其謂琿實悖德，倧討叛臣以赤心奉朝廷者，惟文龍一人耳。皇上奉天討逆，扶植綱常，此正法也。毋亦念彼素稱恭順，迥異諸裔，則更遣貞士信臣，會同文龍，公集臣民，再四詢訪。勘辨旣明，再請聖斷。」報可。十二月，禮部復上言：「臣前同兵部移咨登撫，幷劄毛帥，遣官往勘。今據申送彼國公結十二道，自宗室至八道臣民共稱倧爲恭順。且彼之陪臣相率哀籲，謂當此危急之秋，必須君國之主。乞先頒敕諭，令倧統理國事，仍令發兵索賦，同文龍設伏出奇，俟漸有次第，始遣重臣往正封典。庶幾字小之中，不失固圉之道。」從之。四年四月，封倧爲國王。

五年十二月，文龍報：「朝鮮逆黨李适、韓明璉等起兵昌城，直趨王京，被臣擒獲。餘孽韓潤、鄭梅等竄入建州，有左議府尹義立約爲內應，期今冬大舉犯朝鮮。臣已咨國王防守，暫移鐵山之衆就雲從島柴薪。」登萊巡撫武之望奏：「毛帥自五月以來，營室於須彌，所謂雲從島是也。今十月又徙兵民商賈以實之，而鐵山之地空矣。故朝鮮各道疑其有逼處

之嫌，甚至布兵以防禦之。今鎭臣所稱李适等之叛，尹義立之內應，臣等微聞之，而未敢遽信焉。信之則益重鮮人之疑，不信則恐貽後來之患。」兵部言：「牽制敵國者，朝鮮也；聯屬朝鮮者，毛鎭也；駕馭毛鎭者，登撫也。今撫臣與鎭臣不和，以至鎭臣與屬國不和，大不利。」帝乃飭勉鎭撫同心，而韓潤、尹義立等令朝鮮自處。倧又請撤遼民安插中土，兵部言：「遼人去留，文龍是視。文龍一日不去，則遼人一日不離。鮮人驅之入島可也，驅之離島不可也。宜令鎭臣將遼民盡刷過島，登撫刻期運糧朝鮮，量行救振，以資屯牧。」帝是之。

六年十月，倧上疏曰：

皇朝之於小邦，覆幬之恩，視同服內。頃遭昏亂，潛通敵國，皇天震怒，降黜厥命。臣自權署之初，不敢遑寧，卽命陪臣張晚爲帥，李适副之，付以國中精銳，進屯寧邊，一聽毛鎭節制，以候協剿之期。而适重兵在握，潛蓄覬覦，遂與龜城府使明璉舉兵內叛，直犯京城。晚收餘兵躡其後，與京輔官兵表裏夾攻，賊皆授首，而西邊軍實及列鎭儲偫罄於是役矣。

毛鎭當全遼淪沒之後，孤軍東渡，寄寓海上，招集遼民前後數十萬，亦小邦所仰藉也。顧以封疆多故，土瘠民貧，內供本國之軍需，外濟鎭兵之待哺，生穀有限，支給實難。遼民迫於饑餒，散布村落，强者攫奪，弱者丐乞。小邦兵民被撓不堪，拋棄鄉邑，

轉徙內地。遼民逐食，亦隨而入。自昌、義以南，安、肅以北，客居六七，主居三四。向者將此情形具奏，見兵部題覆處分已定，何敢再干。

至韓潤及弟潭係逆賊明璉子姪，〔一四〕亡命潛逃，因而勾引來寇。賊旣叛國而去，制命已不在臣。尹義立曾任判書，本非議政。頃年差爲毛鎭接伴官，不稱任使，褫職歸家，並無怨叛之事。毛鎭據王仲保等所訴，都無實事。意必有讒邪之臣，欺妄督撫，以售其交搆之計者。

毛帥久鎭海外，臣與周旋已近十稔。雖餼牽將竭，彼此俱困，而情誼之殷，實無少損。且其須彌之遷，直爲保護累重，將以就便芻薪。一進一退，兵家常事。訛言噂沓，本不介意。竊見部撫移咨曰「虞其逼處」，曰「驅其民，驅其帥」，甚至有「布兵以防，屬國攜貳」之語，似海外情事，未盡諒悉。臣之請刷遼民，因力不足濟，初非慮及逼處也。臣方與毛鎭同心一力，建功報主，豈敢有一毫猜防意乎。

帝報曰：「王和協東鎭，愛戴中朝，忠貞之忱，溢乎言表。鎭軍久懸，鮮、遼雜處。久客累主，生寡食多。微王言，朕有不坐照萬里之外者。然毛帥在中朝爲牽制之師，在王國則唇齒之形也。海上芻輓，已令該部區畫，刻期運濟。逃難邊民，亦令毛帥悉心計處，俾無重爲王累。傳訛之言，未足介懷，幷力一心，王其勉之。」

七年三月，兵部上文龍揭言：「麗官、麗人招敵攻鐵山，傷我兵千人，殺麗兵六萬，焚糧百餘萬，敵遂移兵攻麗矣。」帝敕文龍速相機應援。登撫李嵩奏：「朝鮮叛臣韓潤等引敵入安州，節度使南以興自焚死，中國援兵都司王三桂等俱陣亡。」〔一五〕旣復奏：「義州及郭山、凌漢、山城俱破，平壤、黃州不戰自潰，敵兵直抵中和，遊騎出入黃、鳳之間，又分向雲從，攻掠毛帥，國王及士民遷於江華以避難。」時大清兵所至輒下，朝鮮列城望風奔潰，乃遣使諭倧，倧輸款，遂班師。九月，倧奏被兵情形。時熹宗崩，莊烈帝嗣位，優詔勵勉焉。

崇禎二年，改每歲兩貢爲一貢。先是，遼路阻絕，貢使取道登、萊，已十餘年矣。自袁崇煥督師，題改覺華，迂途冒險，其國屢請復故。至是遣戶曹判書鄭斗源從登海來，移書登撫孫元化，屬其陳請。元化委官伴送，仍疏聞。帝以水路旣有成命，改途嫌於自便，不許。是年六月，督師袁崇煥殺平遼將軍左都督毛文龍於雙島。

六年六月，倧遣書總兵黃龍言：「文龍舊將孔有德、耿仲明率士卒二萬投順大清，向朝鮮徵糧。本國以有德等釁在皮島爲本國患，故未之應。」龍以聞。

十年正月，太宗文皇帝親征朝鮮，責其渝盟助明之罪，列城悉潰。朝鮮告急，命總兵陳洪範調各鎭舟師赴援。三月，洪範奏官兵出海。越數日，山東巡撫顏繼祖奏屬國失守，江華已破，世子被擒，國王出降。今大治舟艦，來攻皮島、鐵山，其鋒甚銳。宜急敕沈世魁、

陳洪範二鎮臣，以堅守皮島爲第一義。帝以繼祖不能協圖匡救，切責之。亡何，皮島並爲大清兵所破，朝鮮遂絕，不數載而明亦亡矣。

朝鮮在明雖稱屬國，而無異域內。故朝貢絡繹，錫賚便蕃，殆不勝書，止著其有關治亂者於篇。至國之風土物產，則具載前史，茲不復錄。

校勘記

〔一〕成惟得至金甲兩上表謝　成惟得，高麗史卷四一作「成准得」。金甲兩，作「金甲雨」。

〔二〕顓爲權相李仁人所弒　李仁人，李朝實錄太祖實錄卷一恭讓王元年十二月條、明世宗實錄卷一〇四嘉靖八年八月壬午條都作「李仁任」。作「仁人」或係傳訛。太祖實錄卷二二一洪武二十五年九月庚寅條、葉向高朝鮮考，統作「仁人」，今姑仍之。下同。

〔三〕黃海平安京畿江原四道並復　江原，原作「江源」，據李朝實錄世宗實錄卷一五三地理志改。

〔四〕五月玠至遼　按邢玠至遼東，以及上文所述楊方亨自朝鮮還奏、邢玠爲薊遼總督等事，均在萬曆二十五年，見神宗實錄卷三〇八三月己酉、己未各條，傳文失載年分。

〔五〕東阻烏嶺　烏嶺，原作「烏嶺」，據本書卷二四七劉綎傳、神宗實錄卷三一五萬曆二十五年十月辛酉條改。下同。

〔六〕遣黃應賜賄清正約和　黃應賜，明史稿傳一九四朝鮮傳、國榷卷七八頁四八〇五作「黃應暘」。

〔七〕時倭屯蔚山　蔚山，原作「尉山」，據本書卷二五九楊鎬傳及卷二三八麻貴傳、神宗實錄卷三一七萬曆二十五年十二月丙戌條、國榷卷七七頁四八〇四改。下同。

〔八〕又應泰曾以築城之議爲鎬罪案　應泰，原作「應」，脫「泰」字，據上文及神宗實錄卷三二七萬曆二十六年十月癸丑條補。「應泰」指丁應泰，不宜省。

〔九〕麻貴遂入島山西浦　西浦，本書卷二三八麻貴傳作「西浦」，疑是。

〔一〇〕二十七年閏四月　閏四月，原作「四月」，脫「閏」字，據本書卷二一神宗紀、神宗實錄卷三三四萬曆二十七年閏四月丙戌條補。

〔一一〕留中路海防道　中路，原作「中都」，據明史稿傳一九四朝鮮傳、神宗實錄卷三三五萬曆二十七年五月壬戌條改。

〔一二〕倭戰便陸不便海　原作「倭便戰陸不便海」，據神宗實錄卷三五六萬曆二十九年二月辛卯條改。

〔一三〕並添造神機百子火箭　火，原作「大」，據神宗實錄卷三五六萬曆二十九年二月辛卯條改。

〔一四〕至韓潤及弟潭係逆賊明璉子姪　弟潭，明史稿傳一九四朝鮮傳、熹宗實錄卷七二天啓六年十月辛酉條俱作「弟澤」。

〔一五〕中國援兵都司王三桂等俱陣亡　王三桂，熹宗實錄卷七七天啓七年三月戊寅條作「王三貴」。

明史卷三百二十一

列傳第二百九

外國二

安南

安南，古交阯地。唐以前皆隸中國。五代時，始爲土人曲承美竊據。宋初，封丁部領爲交阯郡王，三傳爲大臣黎桓所篡。黎氏亦三傳爲大臣李公蘊所篡。李氏八傳，無子，傳其壻陳日烜。〔一〕元時，屢破其國。

洪武元年，王日煃聞廖永忠定兩廣，將遣使納款，以梁王在雲南未果。十二月，太祖命漢陽知府易濟招諭之。日煃遣少中大夫同時敏，正大夫段悌、黎安世等，奉表來朝，貢方物。明年六月達京師。帝喜，賜宴，命侍讀學士張以寧、典簿牛諒往封爲安南國王，賜駝紐塗金銀印。詔曰：「咨爾安南國王陳日煃，惟乃祖父，守境南陲，稱藩中國，克恭臣職，以永

世封。朕荷天地之靈，肅清華夏，馳書往報。卿即奉表稱臣，專使來賀，法前人之訓，安遐壤之民。眷茲勤誠，深可嘉尚。是用遣使齎印，仍封爾爲安南國王。於戲！視廣同仁，思效哲王之盛典；爵超五等，俾承奕葉之遺芳。益茂令猷，永爲藩輔，欽哉。」賜日煃大統曆、織金文綺紗羅四十匹，同時敏以下皆有賜。

以寧等至，日煃先卒，姪日熞嗣位。遣其臣阮汝亮來迎，請誥印，以寧等不予。日熞乃復遣杜舜欽等請命於朝，以寧駐安南俟命。時安南、占城構兵，帝命翰林編修羅復仁、兵部主事張福諭令罷兵，兩國皆奉詔。明年，舜欽等至告哀。帝素服御西華門引見，遂命編修王廉往祭，賻白金五十兩、帛五十匹。別遣吏部主事林唐臣封日熞爲王，賜金印及織金文綺紗羅四十匹。廉既行，帝以漢馬援立銅柱鎮南蠻，厥功甚偉，命廉就祀之。尋頒科舉詔於其國，且以更定嶽瀆神號及廓清沙漠，兩遣官詔告之。日熞遣上大夫阮兼、中大夫莫季龍、下大夫黎元普等謝恩，貢方物。兼卒於道，詔賜其王及使臣，而送兼柩歸國。頃之，復仁等還，言却其贐不受，帝嘉之，加賜季龍等。

四年春，遣使貢象，賀平沙漠，復遣使隨以寧等來朝。其冬，日熞爲伯父叔明逼死。叔明懼罪，貢象及方物。踰年至京，禮官見署表非日熞名，詰得其實，詔却之。叔明復朝貢謝罪，且請封。其使者抵言日熞實病死，叔明遜避於外，爲國人所推。帝命國人爲日熞服，而

叔明姑以前王印視事。七年，叔明遣使謝恩，自稱年老，乞命弟煓攝政，從之。煓遣使謝恩，請貢期。詔三年一貢，新王世見。尋復遣使貢，帝令所司諭却，且定使者毋過三四人，貢物無厚。

十年，煓侵占城，敗沒。弟煒代立，遣使告哀，命中官陳能往祭。時安南怙强，欲滅占城，反致喪敗。帝遣官諭前王叔明毋搆釁貽禍，以叔明實主國事也，叔明貢方物謝罪。廣西思明土官訴安南犯境，安南亦訴思明擾邊。帝移檄數其奸誑罪，敕守臣勿納其使。煒懼，遣使謝罪，頻年貢奄豎、金銀、紫金盤、黃金酒尊、象馬之屬。帝命助教楊盤往使，令饋雲南軍餉，煒即輸五千石於臨安。二十一年，帝復命禮部郎中邢文偉齎敕及幣往賜。[二]煒遣使謝，復進象。帝以其頻煩，且貢物侈，命仍三歲一貢，毋進犀象。

時國相黎季犛竊柄，廢其主煒，尋弒之，立叔明子日焜主國事，仍假煒名入貢。朝廷不知而納之，越數年始覺，命廣西守臣絕其使。季犛懼，二十七年遣使由廣東入貢。帝怒，遣官詰責，却其貢。季犛益懼，明年復詭詞入貢。帝雖惡其弒逆，不欲勞師遠征，乃納之。大軍方討龍州趙宗壽，命禮部尚書任亨泰、御史嚴震直諭日焜，毋自疑。季犛聞言，稍自安。帝又遣刑部尚書楊靖諭令輸米八萬石，餉龍州軍。季犛輸一萬石，餽金千兩、銀二萬兩，言龍州陸道險，請運至憑祥洞。靖不可，令輸二萬石於沲海江，江距龍州止半日。靖因言：「日焜

年幼，國事皆決季犛父子，乃敢觀望如此。」時帝以宗壽納款，移兵征向武諸蠻，遂諭靖令輸二萬石給軍，而免其所餽金銀。明年，季犛告前王叔明之訃。帝以叔明本篡弒，弔祭則奬亂，止不行，移檄使知之。

思明土官黃廣成言：「自元設思明總管府，所轄左江州縣，東上思州，南銅柱爲界。元征交阯，去銅柱百里立永平寨萬戶府，遣兵戍守，令交人給其軍。元季喪亂，交人攻破永平，越銅柱二百餘里，侵奪思明所屬丘溫、如嶅、慶遠、淵、脫等五縣地，近又告任尚書置驛思明洞登地。臣嘗具奏，蒙遣楊尚書勘實。乞敕安南以五縣地還臣，仍畫銅柱爲界。」帝命行人陳誠、呂讓往諭，季犛執不從。誠自爲書諭日焜，季犛貽書爭，且爲日焜書移戶部。誠等復命，帝知其終不肯還，乃曰：「蠻夷相爭，自古有之。彼恃頑，必召禍，姑俟之。」建文元年，季犛弒日焜，立其子顒。又弒顒，立其弟㝅，方在襁褓中，復弒之。大殺陳氏宗族而自立，更姓名爲胡一元，名其子蒼曰胡奃，謂出帝舜裔胡公後，僭國號大虞，年號元聖，尋自稱太上皇，傳位奃，朝廷不知也。

成祖既承大統，遣官以即位詔告其國。永樂元年，奃自署權理安南國事，遣使奉表朝貢，言：「高皇帝時安南王日煃率先輸誠，不幸早亡，後嗣絕。臣陳氏甥，爲衆所推，權理國事，於今四年。望天恩賜封爵，臣有死無二。」事下禮部，部臣疑之，請遣官廉訪。乃命行人楊渤等齎敕諭其陪臣父老，凡陳氏繼嗣之有無，胡奃推戴之誠僞，具以實聞。賚奃使者遣還，復命行人呂讓、丘智賜絨錦、文綺、紗羅。既而奃使隨渤等還，進陪臣父老所上表，如奃所以誑帝者，乞即賜奃封爵。帝乃命禮部郎中夏止善封爲安南國王。奃遣使謝恩，然帝其國中自若也。

思明所轄祿州、西平州、永平寨爲所侵奪，帝諭令還，不聽。占城訴安南侵掠，詔令修好。奃陽言奉命，侵掠如故，且授印章逼爲屬，又邀奪天朝賜物。帝惡之，方遣官切責，而故陪臣裴伯耆詣闕告難，言：「臣祖父皆執政大夫，死國事。臣母，陳氏近族。故臣幼侍國王，官五品，後隸武節侯陳渴眞爲裨將。洪武末，代渴眞禦寇東海。而賊臣黎季犛父子弒主篡位，屠戮忠良，滅族者以百十數，臣兄弟妻孥亦遭害。遣人捕臣，欲加誅醢。臣棄軍遁逃，伏處山谷，思詣闕庭，披瀝肝膽，展轉數年，始睹天日。竊惟季犛乃故經略使黎國髦之子，世事陳氏，叨竊寵榮，及其子蒼，亦蒙貴任。一旦篡奪，更姓易名，僭號改元，不恭朝命。忠臣良士疾首痛心，願興弔伐之師，隆繼絕之義，蕩除奸凶，復立陳氏後，臣死且不朽。敢效申包胥之忠，哀鳴闕下，惟皇帝垂察。」帝得奏感動，命所司周以衣食。會老撾送陳天平至，言：「臣天平，前王日烜孫，奣子，日煃弟也。黎賊盡滅陳族，臣越在外州獲免。臣僚佐激於忠義，推臣爲主以討賊。方議招軍，賊兵見迫，倉皇出走，竄伏巖谷，萬死一生，得達老

撾。恭聞皇帝陛下入正大統，臣有所依歸。匍匐萬里，哀愬明庭。陳氏後裔止臣一人，臣與此賊不共戴天。伏祈聖慈垂憐，迅發六師，用章天討。」帝益感動，命所司館之。

奃方遣使賀正旦，帝出天平示之，皆錯愕下拜，有泣者。伯耆責使者以大義，惶恐不能答。帝諭侍臣：「奃父子悖逆，鬼神所不容，而國中臣民共爲欺蔽。一國皆罪人也，朕烏能容。」

三年命御史李琦、行人王樞齎敕責奃，令具篡弒之實以聞。雲南寧遠州復訴奃侵奪七寨，掠其壻女。奃遣其臣阮景眞從琦等入朝謝罪，抵言未嘗僭號改元，請迎天平歸，奉爲主，且退還祿州、寧遠地。帝不虞其詐，許之。命行人聶聰齎敕往諭，言：「果迎還天平，事以君禮，當建爾上公，封以大郡。」奃復遣景眞從聰等還報，迎天平。聰力言奃誠可信，帝乃令天平還國，敕廣西左、右副將軍黃中、呂毅將兵五千送之。

四年，天平陛辭，帝厚加賚，敕封奃順化郡公，盡食所屬州縣。三月，中等護天平入雞陵關，將至芹站，奃伏兵邀殺天平，中等敗還。帝大怒，召成國公朱能等謀，決意討之。七月命能佩征夷將軍印充總兵官，西平侯沐晟佩征夷副將軍印爲左副將軍，新城侯張輔爲右副將軍，豐城侯李彬、雲陽伯陳旭爲左、右參將，督師南征。能至龍州病卒，輔代將其軍。入安南坡壘關，傳檄數一元父子二十大罪，諭國人以輔立陳氏子孫意。師次芹站，遂造浮

橋於昌江以濟。前鋒抵富良江北嘉林縣，而輔由芹站西取他道至北江府新福縣，〔三〕諜晟、彬軍亦自雲南至白鶴，乃遣驃騎將軍朱榮往會之。時輔等分道進兵，所至皆克。賊乃緣江樹柵，增築土城於多邦隘，城柵連九百餘里，大發江北民二百餘萬守之。諸江海口皆下木樁，所居東都，嚴守備，水陸兵號七百萬，欲持久以老官軍。輔等乃移營三帶州箇招市江口，造戰艦。帝慮賊緩師以待瘴癘，敕輔等必以明年春滅賊。十二月，晟次洮江北岸，與多邦城對壘。輔遣旭攻洮江州，〔四〕造浮橋濟師，遂俱抵城下，攻拔之。賊所恃惟此城，既破，膽裂。大軍循富良江南下，遂擣東都。賊棄城走，大軍入據之，薄西都。賊大燒宮室，駕舟入海。郡縣相繼納款，抗拒者輒擊破之。士民上書陳黎氏罪惡，日以百數。

五年正月大破季犛於木丸江，宣詔訪求陳氏子孫。於是耆老千一百二十餘人詣軍門，言：「陳氏爲黎賊殺盡，無可繼者。安南本中國地，乞仍入職方，同內郡。」輔等以聞。尋大破賊於富良江，季犛父子以數舟遁去。諸軍水陸並追，次茶籠縣，知季犛走乂安，遂循舉厥江，追至日南州奇羅海口，命柳升出海追之。賊數敗，不能軍。五月獲季犛及僞太子於高望山，安南盡平。羣臣請如耆老言，設郡縣。

六月朔，詔告天下，改安南爲交阯，設三司：以都督僉事呂毅掌都司事，黃中副之，前工部侍郎張顯宗、福建布政司左參政王平爲左、右布政使，前河南按察使阮友彰爲按察使，裴

伯耆授右參議，又命尙書黃福兼掌布、按二司事。設交州、北江、諒江、三江、建平、新安、建昌、奉化、清化、鎭蠻、諒山、新平、演州、乂安、順化十五府，分轄三十六州，一百八十一縣。又設太原、宣化、嘉興、歸化、廣威五州，直隸布政司，分轄二十九縣。其他要害，咸設衞所控制之。乃敕有司，陳氏諸王被弑者咸予贈謚，建祠治塚，各置灑掃二十戶。宗族被害者贈官，軍民死亡暴露者瘞埋之。居官者仍其舊，與新除者參治。黎氏苛政一切蠲除，遭刑者悉放免。禮待高年碩德。鰥寡孤獨無告者設養濟院。懷才抱德之彥敦遣赴京。又詔訪求山林隱逸、明經博學、賢良方正、孝弟力田、聰明正直、廉能幹濟、練達吏事、精通書算、明習兵法及容貌魁岸、語言便利、〔五〕膂力勇敢、陰陽術數、醫藥方脈諸人，悉以禮敦致，送京錄用。於是張輔等先後奏舉九千餘人。九月，季犛、蒼父子俘至闕下，與僞將相胡杜等悉屬吏。赦蒼弟衞國大王澄、子芮，所司給衣食。

六年六月，輔等振旅還京，上交阯地圖，東西一千七百六十里，南北二千八百里。安撫人民三百一十二萬有奇，獲蠻人二百八萬七千五百有奇，象、馬、牛二十三萬五千九百有奇，米粟一千三百六十萬石，船八千六百七十餘艘，軍器二百五十三萬九千八百。於是大行封賞，輔進英國公，晟黔國公，餘敍賚有差。

時中朝所置吏，務以寬厚輯新造，而蠻人自以非類，數相驚恐。陳氏故官簡定者，先降，將遣詣京師，偕其黨陳希葛逃去，與化州僞官鄧悉、阮帥等謀亂。定乃僭大號，紀元興慶，國曰大越。出沒乂安、化州山中，伺大軍還，卽出攻盤灘鹹子關，扼三江府往來孔道，寇交州近境。慈廉、威蠻、上洪、天堂、應平、石室諸州縣皆響應，守將屢出討，皆無功。事聞，命沐晟爲征夷將軍，統雲南、貴州、四川軍四萬人，由雲南征討。而遣使齎敕招降者予世官。賊不應，晟與戰生厥江，大敗，呂毅及參贊尙書劉儁死之。

七年，敗書聞，益發南畿、浙江、江西、福建、湖廣、廣東、廣西軍四萬七千人，從英國公輔征之。輔以賊負江海，不利陸師，乃駐北江仙游，大造戰艦，而撫諸遭寇逋播者，遂連破慈廉、廣威諸營柵。偵其黨鄧景異扼南策州盧渡江太平橋，乃進軍鹹子關。僞金吾將軍阮世每衆二萬，對岸立寨柵，列船六百餘艘，樹樁東南以扞蔽。時八月，西北風急，輔督陳旭、朱廣、俞讓、方政等舟齊進，礮矢飇發，斬首三千級，生擒僞監門將軍潘低等二百餘人，獲船四百餘艘。遂進擊景異，景異先走，乃定交州、北江、諒江、新安、建昌、鎭蠻諸府。追破景異太平海口，獲其黨范必栗。

時阮帥等推簡定爲太上皇，〔六〕別立陳季擴爲帝，紀元重光。乃遣使自稱前安南王孫，求封爵。輔叱斬之，由黃江、阿江、大安海口至福成江，轉入神投海口，盡去賊所樹樁柵。十餘日抵清化，水陸畢會。定已奔演州，季擴走乂安，帥、景異等亦散亡。於是駐軍，捕餘黨。

定走美良縣吉利柵，〔七〕輔等窮追及之。定走入山，大索不得，遂圍之，并其僞將相陳希葛、阮汝勵、阮晏等俱就擒。

先是，賊黨阮師檜僭王，與僞金吾上將軍杜元措等據東潮州安老縣之宜陽社，衆二萬餘人。八年正月，輔進擊之，斬首四千五百餘級，擒其黨范支、陳原卿、阮人柱等二千餘人，悉斬之，築京觀。輔將班師，言：「季擴及黨阮帥、胡具、鄧景異等尙在演州、乂安，逼清化。而鄧鎔塞神投福成江口，據清化要路，出沒乂安諸處。若諸軍盡還，恐沐晟兵少不敵。請留都督江浩，都指揮俞讓、花英、師祐等軍，佐晟守禦。」從之。五月，晟追季擴至虞江，賊棄柵遁。追至古靈縣及會潮、靈長海口，斬首三千餘級，獲僞將軍黎弄。季擴大懼，奉表乞降。帝心知其詐，姑許之，詔授交阯布政使，阮帥、胡具、鄧景異、鄧鎔並都指揮，陳原樽右參政，潘季祐按察副使。詔既下，念賊無悛心，九年復命輔督軍二萬四千，合晟軍討之。賊據月常江，樹樁四十餘丈，兩崖置柵二三里，列船三百餘艘，設伏山右。秋，輔、晟等水陸並進，阮帥、胡具、鄧景異、鄧鎔等來拒。輔令朱廣等連艦拔樁以進，自率方政等以步隊剿其伏兵，水陸夾攻。賊大敗，帥等皆散走。生擒僞將軍鄧宗稷、黎德彝、阮忠、阮軒等，獲船百二十艘。輔乃督水軍剿季擴，聞石室、福安諸州縣僞龍虎將軍黎蕊等斷銳江浮橋阻生厥江交州後衞道路，遂往征之。蕊及范慷來拒，蕊中矢死。斬僞將軍阮陁，獲僞將軍楊汝梅、

防禦使馮翕，斬首千五百級，追殺餘賊殆盡。慷及杜箇旦、鄧明、阮思瑊等亦就擒。

十年，輔督方政等擊賊舟於神投海，大敗之，擒僞將軍陳磊、鄧汝戲等。阮帥等遠遁，追之不及。輔軍至乂安土黃，〔八〕僞少保潘季祐等請降，率僞官十七人上謁。輔承制授季祐按察副使，署乂安府事。於是僞將軍、觀察、安撫、招討諸使陳敏、阮士勤、陳全勖、陳全敏等相繼降。

明年，輔及晟合軍至順州。阮帥等設伏愛子江，而據昆傳山險，列象陣迎敵。諸軍大破之，生擒僞將軍潘徑、阮徐等五十六人，追至愛母江。賊潰散，鄧鎔弟僞侯鐵及將軍潘魯、潘勤等盡降。明年春，進軍政和。賊帥胡同降，言僞大將軍景異率黨黎蟾等七百人逃暹蠻昆蒲柵。遂進羅蒙江，〔九〕舍騎步行，比至，賊已遁。追至叱蒲捺柵，又遁。昏夜行二十餘里，聞更鼓聲，輔率政等銜枚疾趨，黎明抵叱蒲幹柵，江北賊猶寨南岸。官軍渡江圍之，矢中景異脇，擒之。鎔及弟銑亡走，追擒之，盡獲其衆。別將朱廣追僞大將軍阮帥於暹蠻，大搜暹人關諸山，獲帥及季擴等家屬。帥逃南靈州，依土官阮茶彙。指揮薛聚追獲帥，斬茶彙。

初，鄧鎔之就執也，季擴逃乂安竹排山。輔遣都指揮師祐襲之，走老撾。祐躡其後，老撾懼官軍躪其地，請自縛以獻。輔檄索之，令祐深入，克三關，抵金陵箇，賊黨盡奔，遂獲季

擴及其弟僞相國驩國王季擀，他賊盡平。明年二月，輔、晟等班師入京。四月復命輔佩征夷將軍印，出鎮。十四年召還。明年命豐城侯李彬代鎮。

交人故好亂。中官馬騏以採辦至，大索境內珍寶，人情騷動，桀黠者鼓煽之，大軍甫還，卽並起爲亂。陸那阮貞，順州黎核、潘強與土官同知陳可論、判官阮昭、千戶陳惱、南靈州判官阮擬、左平知縣范伯高、縣丞武萬、百戶陳巳律等一時並反。彬皆遣將討滅之，而反者猶不止。俄樂巡檢黎利、四忙故知縣車綿之子三、乂安知府潘僚、南靈州千戶陳順慶、乂安衞百戶陳直誠，亦乘機作亂。其他奸宄，范軟起俄樂，〔一〇〕武貢、黃汝典起偈江，儂文歷起丘溫，陳木果起武定，阮特起快州，吳巨來起善誓，鄭公證、黎姪起同利，陶強起善才，丁宗老起大灣，范玉起安老，皆自署官爵，殺將吏，焚廬舍。有楊恭、阮多者，〔一一〕皆自稱王，署其黨韋五、譚興邦、阮嘉爲太師、平章，與羣寇相倚，而潘僚、范玉尤猖獗。僚者，故乂安知府季祐子也，嗣父職，不堪馬騏虐，遂反。土官指揮路文律、千戶陳苔等從之。玉爲塗山寺僧，自言天降印劍，遂僭稱羅平王，紀元永寧，與范善、吳中、黎行、陶承等爲亂，署爲相國、司空、大將軍，攻掠城邑。彬東西征剿，日不暇給。中朝以賊久未平，十八年命榮昌伯陳智爲左參將，助之。又降敕責彬曰：「叛寇潘僚、黎利、車三、儂文歷等迄今未獲，兵何時得息，民何時得安。宜廣爲方略，速奏蕩平。」彬皇恐，督諸將追剿。明年秋，賊悉破滅，惟黎利不能得。

利初仕陳季擴爲金吾將軍，後歸正，用爲清化府俄樂縣巡檢，邑邑不得志。及大軍還，遂反，僭稱平定王，以弟石爲相國，與其黨段莽、范柳、范晏等放兵肆掠。官軍討之，生擒晏等，利遁去。久之，出據可藍柵行劫。〔一二〕諸將方政、師祐剿獲其僞將軍阮箇立等，利逃匿老撾。及政等還，利潛出，殺玉局巡檢。已，復出掠磊江，每追擊輒遁去。及羣盜盡滅，利益深匿。彬奏言：「利竄老撾，老撾請官軍毋入，當盡發所部兵捕利。今久不遣，情叵測。」帝疑老撾匿賊，令彬送其使臣至京詰問，老撾乃逐利。

二十年春，彬卒，詔智代彬。二十一年，智追利於寧化州車來縣，敗之，利復遠竄。明年秋，智奏利初逃老撾，後被逐歸瑰縣。官軍進擊，其頭目范仰等已率男婦千六百人降，利雖求撫，顧以所部來歸，而止俄樂不出，造軍器未已，必當進兵。奏至，會仁宗以踐阼大赦天下，因敕智善撫之，而利已寇茶籠州，敗方政軍，殺指揮伍雲。

利未叛時，與鎭守中官山壽善。至是壽還朝，力言利與己相信，今往諭之，必來歸。帝曰：「此賊狡詐，若爲所紿，則其勢益熾，不易制也。」壽叩頭言：「如臣往諭，而利不來，臣當萬死。」帝頷之，遣壽齎敕授利清化知府，慰諭甚至。敕甫降，利已寇清化，殺都指揮陳忠。利得敕，無降意，卽借撫愚守臣，佯言俟秋涼赴官，而寇掠不已。

時洪熙改元，鑄將軍印分頒邊將，智得征夷副將軍印，又命安平伯李安往佐之。智素無將略，憚賊，因借撫以愚中朝，且與方政迕，遂頓兵不進。賊益無所忌，再圍茶籠，智等坐視不救。閏七月，城中糧盡，巡按御史以聞，奏至而仁宗崩。宣宗初卽位，敕責智及三司官。智等不爲意，茶籠遂陷，知州琴彭死之。尚書掌布按二司陳洽言：「利雖乞降，內擕貳，既陷茶籠，復結玉麻土官、老撾酋長與之同惡。始言俟秋涼，今秋已過，復言與參政梁汝笏有怨，乞改授茶籠州，而遣逆黨潘僚、路文律等往嘉興、廣威諸州招集徒衆，勢日滋蔓。乞命總兵者速行剿滅。」奏上，爲降敕切責，期來春平賊。智始懼，與政薄可留關，敗還，至茶籠又敗。政勇而寡謀，智懦而多忌，素不相能，而山壽專招撫，擁兵乂安不救，是以屢敗。

宣德元年春，事聞，復降敕切責。時渠魁未平，而小寇蠭起，美留潘可利助逆，宣化周莊、太原黃菴等結雲南寧遠州紅衣賊大掠。帝敕沐晟剿寧遠，又發西南諸衞軍萬五千、弩手三千赴交阯，且敕老撾不得容叛人。四月，命成山侯王通爲征夷將軍，都督馬瑛爲參將，往討黎利。削陳智、方政職，充爲事官。通未至，賊犯清化。政不出戰，都指揮王演擊敗之。詔大赦交阯罪人，黎利、潘僚降亦授職；停採辦金銀、香貨，冀以弭賊，而賊無悛心。政督諸軍進討，李安及都指揮于瓚、謝鳳、薛聚、朱廣等先奔，政由此敗，俱謫爲事官，立功贖罪。未幾，智遣都指揮袁亮擊賊黎善於廣威州，欲渡河，土官何加伉言有伏。亮不從，遣

指揮陶森、錢輔等渡河，中伏並死，亮亦被執。善遂分兵三道犯交州，其攻下關者爲都督陳濬所敗，攻邊江小門者爲李安所敗，善夜走。

通聞之，亦分兵三道出擊。馬瑛敗賊清威，至石室與通會，俱至應平寧橋。士卒行泥淖中，遇伏兵，大敗。尙書陳洽死焉，通亦中脇還。利在乂安聞之，〔三〕鼓行至清潭，攻北江，進圍東關。通素無戰功，以父眞死事封。朝廷不知其庸劣，誤用之。一戰而敗，心膽皆喪，舉動乖張，不奉朝命，擅割清化以南地予賊，盡撤官吏軍民還東關。惟清化知州羅通不從，利移兵攻之不下。賊分兵萬人圍隘留關，百戶萬琮奮擊，乃退。帝聞通敗，大駭，命安遠侯柳升爲總兵官，保定伯梁銘副之，督師赴討，又命沐晟爲征南將軍，興安伯徐亨、新寧伯譚忠爲左、右副將軍，從雲南進兵，兩軍共七萬餘人。復敕通固守，俟升。

二年春，利犯交州。通與戰，斬僞太監黎祕及太尉、司徒、司空等官，獲首級萬計。利破膽奔遁，諸將請乘勢追之，通逗留三日。賊知其怯，復立寨濬濠，四出剽掠。三月復發三萬三千人，從柳升、沐晟征討。賊分兵圍丘溫，都指揮孫聚力拒之。先是，賊以昌江爲大軍往來要道，發衆八萬餘人來攻，都指揮李任等力拒，殺賊甚衆。閏九月，諸將觀望不救，賊懼升大軍至，攻益力。夏四月，城陷，任死之。時賊圍交州久，通閉城不敢出，賊益易之，致書請和。通欲許之，集衆議，按察使楊時習曰：「奉命討賊，與之和，而擅退師，何以逃罪！」

通怒，厲聲叱之，衆不敢言，遂以利書聞。

升奉命久，俟諸軍集，九月始抵隘留關。利既與通有成言，乃詭稱陳氏有後，率大小頭目具書詣升軍，乞罷兵，立陳氏裔。升不啓封，遣使奏聞。無何，升進薄倒馬坡，陷歿，後軍相繼盡歿。通聞，懼甚，大集軍民官吏，出下哨河，立壇與利盟誓，約退師。遂遣官偕賊使奉表及方物進獻。沐晟軍至水尾，造船將進，聞通已議和，亦引退，賊乘之，大敗。

鴻臚寺進賊與升書，略言：「高皇帝龍飛，安南首朝貢，特蒙褒賞，錫以玉章。後黎賊篡弑，太宗皇帝興師討滅，求陳氏子孫。陳族避禍方遠竄，故無從訪求。今有遺嗣暠，潛身老撾二十年，本國人民不忘先王遺澤，已訪得之。倘蒙轉達黼扆，循太宗皇帝繼絕明詔，還其爵土，匪獨陳氏一宗，實蠻邦億萬生民之幸。」帝得書頷之。明日，暠表亦至，稱「臣暠，先王頊三世嫡孫」，其詞與利書略同。帝心知其詐，欲藉此息兵，遂納其言。

初，帝嗣位，與楊士奇、楊榮語交阯事，卽欲棄之。至是，以表示廷臣，諭以罷兵息民意。士奇、榮力贊之，惟蹇義、夏原吉不可。然帝意已決，廷臣不敢爭。十一月朔，命禮部左侍郎李琦、工部右侍郎羅汝敬爲正使，右通政黃驥、鴻臚卿徐永達爲副使，齎詔撫諭安南人民，盡赦其罪，與之更新，令具陳氏後人之實以聞。因敕利以興滅繼絕之意，幷諭通及三司官，盡撤軍民北還。詔未至，通已棄交阯，由陸路還廣西，中官山壽、馬騏及三司守令，由水路還欽州。凡得還者止八萬六千人，爲賊所殺及拘留者不可勝計。天下舉疾通棄地殃民，而帝不怒也。

三年夏，通等至京，文武諸臣合奏其罪，廷鞫具服，乃與陳智、馬瑛、方政、山壽、馬騏及布政使弋謙，俱論死下獄，籍其家。帝終不誅，長繫待決而已。騏恣虐激變，罪尤重，而謙實無罪，皆同論，時議非之。廷臣復劾沐晟、徐亨、譚忠逗留及喪師辱國罪，帝不問。

琦等還朝，利遣使奉表謝恩，詭言暠於正月物故，陳氏子孫絕，國人推利守其國，謹俟朝命。帝亦知其詐，不欲遽封，復遣汝敬、永達諭利及其下，令訪陳氏，幷盡還官吏人民及其眷屬。明年春，汝敬等還，利復言陳氏無遺種，請別命。因貢方物及代身金人。又言：「臣九歲女遭亂離散，後知馬騏攜歸充宮婢，臣不勝兒女私，冒昧以請。」帝心知陳氏卽有後，利必不言，然以封利無名，復命琦、汝敬敕諭再訪，且以利女病死告之。

五年春，琦等還，利遣使貢金銀器方物，復飾詞具奏，幷具頭目耆老奏請令利攝國政。使臣歸，帝復以訪陳氏裔，還中國遺民二事諭之，詞不甚堅。明年夏，利遣使謝罪，以二事飾詞對，復進頭目耆老奏，仍爲利乞封。帝乃許之，命禮部右侍郎章敞、右通政徐琦齎敕印，命利權署安南國事。利遣使齎表及金銀器方物，隨敞等入貢。七年二月達京師，比還，利及使臣皆有賜。明年八月來貢，命兵部侍郎徐琦等與其使偕行，諭以順天保民之道。是

年，利卒。

利雖受敕命，其居國稱帝，紀元順天，建東、西二都，分十三道：曰山南、京北、山西、海陽、安邦、諒山、太原、明光、諒化、清華、乂安、順化、廣南。各設承政司、憲察司、總兵使司，擬中國三司。東都在交州府，西都在清華府。置百官，設學校，以經義、詩賦二科取士，彬彬有華風焉。僭位六年，私謚太祖。

子麟繼，麟一名龍。自是其君長皆有二名，以一名奏天朝，貢獻不絕如常制。麟遣使告訃，命侍郎章敞、行人侯璡敕麟權署國事。明年遣使入貢謝恩。

正統元年四月以宣宗賓天，遣使進香。又以英宗登極及尊上太皇太后、皇太后位號，並遣使表賀，貢方物。閏六月復貢。帝以陳氏宗支既絕，欲使麟正位，下廷議，咸以爲宜。乃命兵部右侍郎李郁、左通政李亨齎敕印，封麟爲安南國王。明年遣使入貢謝恩。時安南思郎州土官攻掠廣西安平、思陵二州，據二峒二十一村。帝命給事中湯鼐、行人高寅敕麟還侵地。麟奉命，遣使謝罪，而訴安平、思陵土官侵掠思郎。帝令守臣嚴飭。七年，安南貢使還，令齎皮弁冠服、金織襲衣賜其王。是歲，麟卒，私謚太宗。改元二：紹平六年，大寶三年。

子濬繼，一名基隆，遣使告訃。命光祿少卿宋傑、兵科都給事中薛謙持節册封爲國王。

濬遣將侵占城，奪新州港，擄其王摩訶賁該以歸。帝爲立新王摩訶貴來，敕安南使，諭濬歸其故王。濬不奉詔，侵掠人口至三萬三千餘，占城入訴。

景泰元年賜敕戒濬，迄不奉詔。四年遣使賀册立皇太子。天順元年遣使入貢，乞賜袞冕，如朝鮮例，不從。其使者乞以土物易書籍、藥材，從之。二年遣使賀英宗復辟。三年十月，其庶兄諒山王琮弒之而自立。濬改元二：大利十一年，延寧六年。私謚仁宗。琮，一名宜民，篡位九月，改元天與，爲國人所誅，貶厲德侯，以濬弟灝繼。灝，一名思誠。

初，琮弒濬，以游湖溺死奏。天朝不知，將遣官弔祭。琮恐天使至覺其情，言禮不弔溺，不敢煩天使，帝卽已之。使者言濬無子，請封琮。命通政參議尹旻、禮科給事中王豫往封。未入境，聞琮已誅，灝嗣位，卽却還。灝連遣使朝貢請封，禮官疑其詐，請命廣西守臣覈實奏請，從之。使臣言：「禮，生有封，死有祭。今濬死既白，請賜祭。」乃命行人往祭。六年二月命侍讀學士錢溥、給事中王豫封灝爲國王。

憲宗踐阼，命尚寶卿淩信、〔一四〕行人邵震賜王及妃綵幣。灝遣使來貢，因請冕服，不從，但賜皮弁冠服及紗帽犀帶。成化元年八月以英宗賓天，遣使進香，命赴裕陵行禮。

灝雄桀，自負國富兵强，輒坐大。四年侵據廣西憑祥。帝聞，命守臣謹備之。七年破占城，執其王盤羅茶全，逾三年又破之，執其王盤羅茶悅，遂改其國爲交南州，設兵戍守。安

南貢道，故由廣西。時雲南鎭守中官錢能貪恣，遣指揮郭景齎敕取其貨。灝素欲窺雲南，遂以解送廣西龍州罪人爲詞，隨景假道雲南入京，索夫六百餘，且發兵繼其後，雲南大擾。兵部言雲南非貢道，龍州罪人宜解廣西，不必赴京。乃令守臣檄諭，且嚴邊備。

灝既得憑祥，滅占城，遂侵廣東瓊、雷，盜珠池。廣西之龍州、右平，雲南之臨安、廣南、鎭安，亦數告警。詔守臣詰之，輒詭詞對。廟堂務姑息，雖屢降敕諭，無厲詞。灝益玩侮無畏忌，言：「占城王盤羅茶全侵化州道，爲其弟盤羅茶悅所弒，因自立。及將受封，又爲子茶質苔所弒。〔一五〕其國自亂，非臣灝罪。」中朝知其詐，不能詰，但勸令還其土宇。灝奏言：「占城非沃壤，家鮮積貯，野絕桑麻，山無金寶之收，海乏魚鹽之利，止產象牙、犀角、烏木、沉香。得其地不可居，得其民不可使，得其貨不足富，此臣不侵奪占城故也。明詔令臣復其土宇，乞遣朝使申畫郊圻，俾兩國邊陲休息，臣不勝至願。」時占城久爲所據，而其詞誕如此。

先是，安南入貢，多攜私物，道憑祥、龍州，乏人轉運，輒與讎釁。會遣使賀册立皇太子，有詔禁飭之。十五年冬，灝遣兵八百餘人，越雲南蒙自界，聲言捕盜，擅結營築室以居。守臣力止之，始退。灝既破占城，志意益廣，親督兵九萬，開山爲三道，攻破哀牢，侵老撾，復大破之，殺宣慰刀板雅、蘭、掌父子三人，其季子怕雅賽走八百以免。灝復積糧練兵，頒

僞敕於車里，徵其兵合攻八百。將士暴死者數千，咸言爲雷霆所擊。八百乃遏其歸路，襲殺萬餘人，灝始引還。帝下廷議，請令廣西布政司檄灝斂兵，雲南、兩廣守臣戒邊備而已。既而灝言未侵老撾，且不知八百疆宇何在，語甚誑誕。帝復慰諭之，迄不奉命。十七年秋，滿剌加亦以被侵告，帝敕使諭令睦鄰保國。未幾，使臣入貢，請如暹羅、爪哇例賜冠帶。許之，不爲例。

孝宗踐阼，命侍讀劉戩詔諭其國。其使臣來貢，以大喪免引奏。弘治三年，時占城王古來以天朝力得還國，復愬安南見侵。兵部尚書馬文升召安南使臣曰：「歸諭爾主，各保疆土享太平。不然，朝廷一旦赫然震怒，天兵壓境，如永樂朝事，爾主得無悔乎？」安南自是有所畏。

十年，灝卒，私謚聖宗。其改元二：光順十年，洪德二十八年。子暉繼，一名鏳，遣使告訃，命行人徐鈺往祭。尋賜暉皮弁服、金犀帶。其使臣言，國主受王封，賜服與臣下無別，乞改賜。禮官言：「安南名爲王，實中國臣也。嗣王新立，必賜皮弁冠服，使不失主宰一國之尊，又賜一品常服，俾不忘臣事中國之義。今所請，紊亂祖制，不可許。然此非使臣罪，乃通事者導之妄奏，宜懲。」帝特宥之。十七年，暉卒，私謚憲宗，其改元曰景統。子漎繼，一名敬甫，七月而卒，私謚肅宗。弟誼繼，一名璿。

武宗踐阼，命修撰倫文敍、給事中張弘至詔諭其國。誼亦遣使告訃，命官致祭如常儀。正德元年册爲王。誼寵任母黨阮种、阮伯勝兄弟，恣行威虐，屠戮宗親，酖殺祖母。种等怙寵竊權，四年逼誼自殺，擁立其弟伯勝，貶誼爲厲愍王。國人黎廣等討誅之，立灝孫晭，改謚誼威穆帝。誼在位四年，改元端慶。晭，一名瀅，七年受封，多行不義。

十一年，社堂燒香官陳暠與二子昺、昇作亂，殺晭而自立。詭言前王陳氏後，仍稱大虞皇帝，改元應天，貶晭爲靈隱王。晭臣都力士莫登庸初附暠，後與黎氏大臣阮弘裕等起兵討之。暠敗走，獲昺及其黨陳璲等。暠與昇奔諒山道，據長寧、太原、清節三府自保。〔一六〕登庸等乃共立晭兄灝之子譓，〔一七〕改謚晭襄翼帝。晭在位七年，改元洪順。譓將請封，因國亂不果。以登庸有功，封武川伯，總水陸諸軍。既握兵柄，潛蓄異志。黎氏臣鄭綏，以譓徒擁虛位，別立其族子酉榜，發兵攻都城。譓出走，登庸擊破綏兵，捕酉榜殺之，益恃功專恣，遂逼妻譓母，迎譓歸，自爲太傅仁國公。十六年率兵攻陳暠，暠敗走死。

嘉靖元年，登庸自稱安興王，謀弒譓。譓母以告，乃與其臣杜溫潤間行以免，居於清華。登庸立其庶弟廮，遷居海東長慶府。世宗踐阼，命編修孫承恩、給事中俞敦詔諭其國。至龍州，聞其國大亂，道不通，乃却還。四年夏，譓遣使問道通貢，并請封，爲登庸所阻。明年春，登庸賂欽州判官唐清，爲廮求封。總督張嵿逮清，死於獄。六年，登庸令其黨范嘉謨

僞爲廑禪詔，篡其位，改元明德，立子方瀛爲皇太子。旋酖殺廑，謚爲恭皇帝。踰年，遣使來貢，至諒山城，被攻而還。九年，登庸禪位於方瀛，自稱太上皇，移居都齋、海陽，爲方瀛外援，作大誥五十九條，頒之國中。方瀛改元大正。其年九月，黎譓卒於清華，國亡。

十五年冬，皇子生，當頒詔安南。禮官夏言言：「安南不貢已二十年，兩廣守臣謂黎譓、黎廑均非黎晭應立之嫡，莫登庸、陳暠俱彼國篡逆之臣，宜遣官按問，求罪人主名。且前使既以道阻不通，今宜暫停使命。」帝以安南叛逆昭然，宜急遣官往勘，命言會兵部議征討。言及本兵張瓚等力言逆臣篡主奪國，朝貢不修，決宜致討。乞先遣錦衣官二人往覈其實，敕兩廣、雲南守臣整兵積餉，以俟師期，制可。乃命千户陶鳳儀、鄭璽等，分往廣西、雲南，詰罪人主名，敕四川、貴州、湖廣、福建、江西守臣，預備兵食，候征調。户部侍郎唐胄上疏，力陳用兵七不可，語詳其傳中，末言：「安南雖亂，猶頻奉表箋，具方物，款關求入。守臣以其姓名不符，拒之。是彼欲貢不得，非負固不貢也。」章下兵部，亦以爲然，命俟勘官還更議。

十六年，安南黎寧遣國人鄭惟僚等赴京，〔一八〕備陳登庸篡弒狀，言：「寧即譓子。譓卒，國人立寧爲世孫，權主國事。屢馳書邊臣告難，俱爲登庸邀殺。乞興師問罪，亟除國賊。」時嚴嵩掌禮部，謂其言未可盡信，請羈之，待勘官回奏，從之。尋召鳳儀等還，命禮、兵二

部會廷臣議，列登庸十大罪，請大振宸斷，剋期徂征。乃起右都御史毛伯温於家，參贊軍務，命户部侍郎胡璉、高公韶先馳雲、貴、兩廣調度軍食，以都督僉事江桓、牛桓爲左、右副總兵，督軍征討，其大將需後命。兵部復奉詔，條用兵機宜十二事。〔一九〕獨侍郎潘珍持不可，抗疏切諫。帝怒，褫其職。兩廣總督潘旦亦馳疏請停前命，言：「朝廷方興問罪之師，登庸即有求貢之使，宜因而許之，戒嚴觀變，以待彼國之自定。」嚴嵩、張瓚窺帝旨，力言不可宥，且言黎寧在清都圖恢復，而旦謂彼國俱定，上表求貢，決不可許。旦疏遂寢。五月，伯温至京，奏上方略六事，以旦不可共事，請易之，優旨褒答。及兵部議上，帝意忽中變，謂黎寧誠僞未審，令三方守臣從宜撫剿，參贊、督餉大臣俱暫停，旦調用，以張經代之。時御史徐九皋、給事中謝廷蒞以修省陳言，〔二〇〕亦請罷征南之師。

八月，雲南巡撫汪文盛以獲登庸間諜及所撰僞大誥上聞。帝震怒，命守臣仍遵前詔征討。時文盛招納黎氏舊臣武文淵得其進兵地圖，謂登庸必可破，遂上之朝。廣東按臣余光言：「莫之篡黎，猶黎之篡陳，不足深較。但當罪其不庭，責以稱臣修貢，不必遠征，疲敝中國。臣已遣使宣諭，彼如來歸，宜因以撫納。」帝以光輕率，奪祿一年。文盛即傳檄安南，登庸能束身歸命，籍上輿圖，待以不死。於是登庸父子遣使奉表乞降，且投牒文盛及黔國公沐朝輔，具述黎氏衰亂，陳暠叛逆，己與方瀛有功，爲國人歸附，所有土地，已載一統志中，

乞貰其罪，修貢如制。朝輔等以十七年三月奏聞，而黎寧承前詔，懼天朝竟納其降，備以本國篡弒始末及軍馬之數、水陸進兵道里來上。俱下兵部，集廷臣議。僉言莫氏罪不可赦，亟宜進師。請以原推咸寧侯仇鸞總督軍務，伯温仍爲參贊，從之。張經上言：「安南進兵之道有六，兵當用三十萬，一歲之餉當用百六十萬，造舟、市馬、制器、犒軍諸費又須七十餘萬。況我調大衆，涉炎海，與彼勞逸殊勢，不可不審處也。」疏方上，欽州知州林希元又力陳登庸可取狀。兵部不能決，復請廷議。及議上，帝不悦曰：「朕聞卿士大夫私議，咸謂不當興師。爾等職司邦政，漫無主持，悉委之會議。既不協心謀國，其已之。鸞、伯温別用。」

十八年册立皇太子，當頒詔安南。特起黄綰爲禮部尚書，學士張治副之，往使其國。命甫下，方瀛遣使上表降，並籍其土地、户口，聽天朝處分，凡爲府五十有三，州四十有九，縣一百七十有六。帝納之，下禮、兵二部協議。至七月，綰猶未行，以忤旨落職，遂停使命。初，征討之議發自夏言，帝既責綰，因發怒曰：「安南事，本一人倡，衆皆隨之。乃訕上聽言計，共作慢詞。此國應棄應討，宜有定議，兵部即集議以聞。」於是瓚及廷臣惶懼，請如前詔，仍遣鸞、伯温南征。如登庸父子束手歸命，無異心，則待以不死，從之。登庸聞，大喜。

十九年，伯温等抵廣西，傳檄諭以納款宥罪意。時方瀛已卒，登庸即遣使請降。十一月率從子文明及部目四十二人入鎮南關，囚首徒跣，匍匐叩頭壇上，進降表，伯温稱詔赦

之。復詣軍門匍匐再拜，上土地軍民籍，請奉正朔，永爲藩臣。伯温等宣示威德，令歸國俟命。疏聞，帝大喜，命削安南國爲安南都統使司，授登庸都統使，秩從二品，銀印。舊所僭擬制度悉除去，改其十三道爲十三宣撫司，各設宣撫、同知、副使、僉事，聽都統黜陟。廣西歲給大統曆，仍三歲一貢以爲常。更令覈黎寧眞僞，果黎氏後，割所據四府奉其祀事，否則已之。制下，登庸悚惕受命。

二十二年，登庸卒，方瀛子福海嗣，遣宣撫同知阮典敬等來朝。〔二一〕二十五年，福海卒，子宏瀷嗣。初，登庸以石室人阮敬爲義子，封西寧侯。敬有女嫁方瀛次子敬典，因與方瀛妻武氏通，得專兵柄。宏瀷立，方五歲，敬益專恣用事。登庸次子正中及文明避之都齋，其同輩阮如桂、范子儀等亦避居田里。敬舉兵逼都齋，正中、如桂、子儀等禦之，不勝。正中、文明率家屬奔欽州，子儀收殘卒遁海東。敬詭稱宏瀷殁，以迎立正中爲詞，犯欽州，爲參將俞大猷所敗，誅死。宏瀷初立時，遣使黎光賁來貢，至南寧，守臣以聞。禮官以其國內亂，名分未定，止來使勿進，而命守臣覈所當立者。至三十年事白，命授宏瀷都統使，赴關領牒。會部目黎伯驪與黎寧臣鄭檢合兵來攻，宏瀷奔海陽，不克赴。光賁等留南寧且十五年，其偕來使人物故大半。宏瀷祈守臣代請，詔許入京，其都統告身，仍俟宏瀷赴關則給。四十三年，宏瀷卒，子茂洽嗣。萬曆元年授都統使。三年遣使謝恩，賀即位，進方物，又補累年

所缺之貢。

時莫氏漸衰，黎氏復興，互相搆兵，其國益多故。始黎寧之據清華也，仍僭帝號，以嘉靖九年改元元和。居四年，爲登庸所攻，竄占城界。國人立其弟憲，改元光照。十五年廉知寧所在，迎歸清華，後遷於漆馬江。寧卒，其臣鄭檢立寧子寵。寵卒，無子，國人共立黎暉四世孫維邦。維邦卒，檢子松立其子維潭，世居清華，自爲一國。

萬曆十九年，維潭漸强，舉兵攻茂洽，茂洽敗奔嘉林縣。〔三〕明年冬，松誘土人內應，襲殺茂洽，奪其都統使印，親黨多遇害。有莫敦讓者，奔防城告難，總督陳蕖以聞。松復擒敦讓，勢益張。茂洽子敬恭與宗人履遜等奔廣西思陵州，莫履機奔欽州。獨莫敬邦有衆十餘萬，起京北道，擊走黎黨范拔萃、范百祿諸軍，敦讓得復歸。衆乃推敬邦署都統，諸流寓思陵、欽州者悉還。黎兵攻南策州，敬邦被殺，莫氏勢益衰。敬恭、敬用屯諒山高平，敬璋屯東海新安，懼黎兵追索，竄至龍州、憑祥界，令土官列狀告當事。維潭亦叩關求通貢，識以國王金印。

二十一年，廣西巡撫陳大科等上言：「蠻邦易姓如弈棋，不當以彼之叛服爲順逆，止當以彼之叛我服我爲順逆。今維潭雖圖恢復，而茂洽固天朝外臣也，安得不請命而擅然戮之。竊謂黎氏擅興之罪，不可不問。莫氏孑遺之緒，亦不可不存。倘如先朝故事，聽黎氏

納款，而仍存莫氏，比諸漆馬江，亦不翦其祀，於計爲便。」廷議如其言。明年，大科方遣官往察，敬用即遣使叩軍門告難，且乞兵。明年秋，維潭亦遣使謝罪，求款。時大科已爲兩廣總督，與廣西巡撫戴燿並以屬左江副使楊寅秋，寅秋竊計曰：「不拒黎，亦不棄莫，吾策定矣。」兩遣官往問，以敬恭等願居高平來告，而維潭求款之使亦數至。寅秋乃與之期，具報督撫。會敬璋率衆赴永安，爲黎氏兵擊敗，海東、新安地盡失，於是款議益決。

時維潭圖恢復名，不欲以登庸自處，無束身入關意。寅秋復遣官諭之，其使者來報如約，至期忽言於關吏曰：「士卒饑病，款儀未備。且莫氏吾讎也，棲之高平，未敢聞命。」遂中宵遁去。大科等疏聞，謂其臣鄭松專權所致。維潭復遣使叩關，自己非遁。大科等再遣官諭之，維潭聽命。

二十五年遣使請期，寅秋示以四月。屆期，維潭至關外，譯者詰以六事。首擅殺茂洽，曰：「復讎急，不遑請命。」次維潭宗派，曰：「世孫也，祖暉，天朝曾錫命。」次鄭松，曰：「此黎氏世臣，非亂黎氏也。」然則何宵遁，曰：「以儀物之不戒，非遁也。」何以用王章，曰：「權倣爲之，立銷矣。」惟割高平居莫氏，猶相持不絕。復諭之曰：「均貢臣也，黎昔可棲漆馬江，莫獨不可棲高平乎？」乃聽命。授以款關儀節，俾習之。維潭率其下入關謁御幄，一如登庸舊儀。退謁寅秋，請用賓主禮，不從，四拜成禮而退。安南復定。詔授維潭都統使，頒曆奉

貢，一如莫氏故事。先是，黎利及登庸進代身金人，皆囚首面縛，維潭以恢復名正，獨立而肅容。當事嫌其倨，令改製，乃爲俯伏狀，鐫其背曰：「安南黎氏世孫，臣黎維潭不得蒲伏天門，恭進代身金人，悔罪乞恩。」自是，安南復爲黎氏有，而莫氏但保高平一郡。

二十七年，維潭卒，子維新嗣，鄭松專其柄。會叛酋潘彥搆亂，維新與松移保清化。三十四年遣使入貢，命授都統使。時莫氏宗黨多竄處海隅，往往僭稱公侯伯名號，侵軼邊境，維新亦不能制。守臣檄問，數發兵夾剿，雖應時破滅，而邊方頗受其害。維新卒，子維祺嗣。天啓四年，發兵擊莫敬寬，克之，殺其長子，掠其妻妾及少子以歸。敬寬與次子逃入山中，復回高平，勢益弱。然迄明之世，二姓分據，終不能歸一云。

安南都會在交州，卽唐都護治所。其疆域東距海，西接老撾，南渡海卽占城，北連廣西之思明、南寧，雲南之臨安、元江。土膏腴，氣候熱，穀歲二稔。人性獷悍。驩、演二州多文學，交、愛二州多倜儻士，較他方爲異。

校勘記

〔一〕傳其壻陳日炬　陳日炬，明史稿傳一九五安南傳、元史卷二〇九安南傳都作「陳日煚」，大越史記全書本紀全書卷四作「陳昊」。

〔二〕帝復命禮部郎中邢文偉齎敕及幣往賜　邢文偉，太祖實錄卷一八九洪武二十一年三月庚寅條作「邢文博」。

〔三〕至北江府新福縣　北江府，原作「江北府」，據太宗實錄卷五〇永樂五年六月癸未條、明一統志卷九〇改。

〔四〕輔遣旭攻洮江州　洮江州，原作「洮州」。太宗實錄卷四七永樂四年十二月辛卯條作「洮江」，又卷五〇永樂五年六月癸未條及明一統志卷九〇稱洮江州屬三江府。此脫「江」字，據補。

〔五〕語言便利　原脫「語言」，據明史稿傳一九五安南傳、太宗實錄卷五〇永樂五年六月癸未條補。

〔六〕時阮帥等推簡定爲太上皇　太上皇，本書卷一五四張輔傳、太宗實錄卷六八永樂八年正月丁酉條作「越上皇」。

〔七〕定走美良縣吉利柵　吉利柵，原作「吉利册」，據丘濬平定交南錄、王世貞安南傳改。

〔八〕輔軍至乂安土黃　土黃，原作「上黃」，據太宗實錄卷五〇永樂五年六月癸未條、又卷八五永樂十年十月戊寅條及大南一統志卷一四改。

〔九〕遂進羅蒙江　羅蒙江，原作「羅江」，脫「蒙」字，據太宗實錄卷九一永樂十二年正月壬辰條、國榷卷一六頁一〇九八、讀史方輿紀要卷一一二補。

〔一〇〕范軟起俄樂　俄樂，原作「浮樂」，據本書卷一五四李彬傳及太宗實錄卷一一四永樂十七年十

月壬申條改。

〔一一〕有楊恭阮多者　楊恭，原作「楊公」，據本書卷一五四李彬傳改。

〔一二〕出據可藍柵行劫　可藍柵，原作「可藍堡」，據本書卷一五四李彬傳及太宗實錄卷一一三永樂十七年五月乙巳條改。

〔一三〕利在乂安聞之　乂安，原作「清化」，據本書卷一五四王通傳、宣宗實錄卷二二宣德元年十一月乙未條及王世貞安南傳改。按時清化未破，黎利不得在清化，作「乂安」是。

〔一四〕命尙寶卿淩信　尙寶卿，原作「尙書卿」，據憲宗實錄卷二天順八年二月壬寅條改。

〔一五〕又爲子茶質苔所弑　茶質苔，憲宗實錄卷一四四成化十一年八月辛丑條、國榷卷三七頁二三五八及殊域周咨錄卷七俱作「茶質苔來」。

〔一六〕據長寧太原清節三府自保　清節，明史稿傳一九五安南傳、殊域周咨錄卷五都作「清都」。

〔一七〕登庸等乃共立晭兄灝之子譓　灝，明史考證攟逸卷四〇據識大錄改爲「灝」。

〔一八〕安南黎寧遣國人鄭惟僚等赴京　鄭惟僚，明史稿傳一九五安南傳、世宗實錄卷一九七嘉靖十六年二月壬子條及殊域周咨錄卷六都作「鄭惟憭」。

〔一九〕條用兵機宜十二事　十二事，世宗實錄卷一九九嘉靖十六年四月辛酉條作「十一事」，具列十一事條文。

〔二〇〕給事中謝廷蒞以修省陳言　謝廷蒞，原作「謝廷茝」，據本書卷二〇七謝廷蒞傳、世宗實錄卷二〇〇嘉靖十六年五月乙巳條及卷二二三嘉靖十八年四月甲寅條改。

〔二一〕遣宣撫同知阮典敬等來朝　阮典敬，原作「阮敬典」，據世宗實錄卷二七三嘉靖二十二年四月乙未條、殊域周咨錄卷六改。

〔二二〕茂洽敗奔嘉林縣　嘉林縣，原作「喜林縣」，據太宗實錄卷五〇永樂五年六月癸未條、明一統志卷九〇改。

明史卷三百二十二

列傳第二百十

外國三

日本

日本，古倭奴國。唐咸亨初，改日本，以近東海日出而名也。地環海，惟東北限大山，有五畿、七道、三島，共一百十五州，統五百八十七郡。其小國數十，皆服屬焉。國小者百里，大不過五百里。戶小者千，多不過一二萬。國主世以王爲姓，羣臣亦世官。宋以前皆通中國，朝貢不絕，事具前史。惟元世祖數遣使趙良弼招之不至，乃命忻都、范文虎等帥舟師十萬征之，至五龍山遭暴風，軍盡沒。後屢招不至，終元世未相通也。

明興，高皇帝卽位，方國珍、張士誠相繼誅服。諸豪亡命，往往糾島人入寇山東濱海州縣。洪武二年三月，帝遣行人楊載詔諭其國，且詰以入寇之故，謂：「宜朝則來廷，不則修兵自固。倘必爲寇盜，卽命將徂征耳，王其圖之。」日本王良懷不奉命，〔一〕復寇山東，轉掠溫、台、明州旁海民，遂寇福建沿海郡。

三年三月又遣萊州府同知趙秩責讓之，泛海至析木崖，入其境，守關者拒弗納。秩以書抵良懷，良懷延秩入。諭以中國威德，而詔書有責其不臣語。良懷曰：「吾國雖處扶桑東，未嘗不慕中國。惟蒙古與我等夷，乃欲臣妾我。我先王不服，乃使其臣趙姓者訹我以好語，語未旣，水軍十萬列海岸矣。以天之靈，雷霆波濤，一時軍盡覆。今新天子帝中夏，天使亦趙姓，豈蒙古裔耶？亦將訹我以好語而襲我也。」目左右將兵之。秩不爲動，徐曰：「我大明天子神聖文武，非蒙古比，我亦非蒙古使者後。能兵，兵我。」良懷氣沮，下堂延秩，禮遇甚優。遣其僧祖來奉表稱臣，貢馬及方物，且送還明、台二郡被掠人口七十餘，以四年十月至京。太祖嘉之，宴賚其使者，念其俗佞佛，可以西方教誘之也，乃命僧祖闡、克勤等八人送使者還國，賜良懷大統曆及文綺、紗羅。是年掠溫州。〔二〕五年寇海鹽、澉浦，又寇福建海上諸郡。六年以於顯爲總兵官，出海巡倭，倭寇萊、登。祖闡等旣至，爲其國演教，其國人頗敬信。而王則傲慢無禮，拘之二年，以七年五月還京。倭寇膠州。

時良懷年少，有持明者，與之爭立，國內亂。是年七月，其大臣遣僧宣聞溪等齎書上中書省，貢馬及方物，而無表。帝命却之，仍賜其使者遣還。未幾，其別島守臣氏久遣僧奉表來貢。帝以無國王之命，且不奉正朔，亦却之，而賜其使者，命禮臣移牒，責以越分私貢之非。又以頻入寇掠，命中書移牒責之。乃以九年四月，遣僧圭廷用等來貢，且謝罪。帝惡其表詞不誠，降詔戒諭，宴賚使者如制。十二年來貢。十三年復貢，無表，但持其征夷將軍源義滿奉丞相書，書辭又倨。乃却其貢，遣使齎詔譙讓。十四年復來貢，帝再却之，命禮官移書責其王，并責其征夷將軍，示以欲征之意。良懷上言：

臣聞三皇立極，五帝禪宗，惟中華之有主，豈夷狄而無君。乾坤浩蕩，非一主之獨權，宇宙寬洪，作諸邦以分守。蓋天下者，乃天下之天下，非一人之天下也。臣居遠弱之倭，褊小之國，城池不滿六十，封疆不足三千，尚存知足之心。陛下作中華之主，爲萬乘之君，城池數千餘，封疆百萬里，猶有不足之心，常起滅絕之意。夫天發殺機，移星換宿。地發殺機，龍蛇走陸。人發殺機，天地反覆。昔堯、舜有德，四海來賓。湯、武施仁，八方奉貢。

臣聞天朝有興戰之策，小邦亦有禦敵之圖。論文有孔、孟道德之文章，論武有孫、吳韜略之兵法。又聞陛下選股肱之將，起精銳之師，來侵臣境。水澤之地，山海之洲，自有其備，豈肯跪途而奉之乎？順之未必其生，逆之未必其死。相逢賀蘭山前，聊以博戲，臣何懼哉。倘君勝臣負，且滿上國之意。設臣勝君負，反作小邦之羞。自古講

和爲上，罷戰爲强，免生靈之塗炭，拯黎庶之艱辛。特遣使臣，敬叩丹陛，惟上國圖之。

帝得表慍甚，終鑑蒙古之轍，不加兵也。

十六年，倭寇金鄉、平陽。十九年遣使來貢，却之。明年命江夏侯周德興往福建濱海四郡，相視形勢。衞所城不當要害者移置之，民戶三丁取一，以充戍卒，乃築城一十六，增巡檢司四十五，得卒萬五千餘人。又命信國公湯和行視浙東、西諸郡，整飭海防，乃築城五十九。民戶四丁以上者以一爲戍卒，得五萬八千七百餘人，分戍諸衞，海防大飭。閏六月命福建備海舟百艘，廣東倍之，以九月會浙江捕倭，既而不行。

先是，胡惟庸謀逆，欲藉日本爲助。乃厚結寧波衞指揮林賢，佯奏賢罪，謫居日本，令交通其君臣。尋奏復賢職，遣使召之，密致書其王，借兵助己。賢還，其王遣僧如瑤率兵卒四百餘人，詐稱入貢，且獻巨燭，藏火藥、刀劍其中。既至，而惟庸已敗，計不行。帝亦未知其狡謀也。越數年，其事始露，乃族賢，而怒日本特甚，決意絕之，專以防海爲務。然其時王子滕祐壽者，來入國學，帝猶善待之。二十四年五月特授觀察使，留之京師。後著祖訓，列不征之國十五，日本與焉。自是，朝貢不至，而海上之警亦漸息。

成祖卽位，遣使以登極詔諭其國。永樂元年又遣左通政趙居任、行人張洪偕僧道成往。將行，而其貢使已達寧波。禮官李至剛奏：「故事，番使入中國，不得私攜兵器鬻民。宜敕所司覈其舶，諸犯禁者悉籍送京師。」帝曰：「外夷修貢，履險蹈危，來遠，所費實多。有所齎以助資斧，亦人情，豈可概拘以禁令。至其兵器，亦准時直市之，毋阻向化。」十月，使者至，上王源道義表及貢物。帝厚禮之，遣官偕其使還，賚道義冠服、龜鈕金章及錦綺、紗羅。

明年十一月來賀冊立皇太子。時對馬、臺岐諸島賊掠濱海居民，因諭其王捕之。王發兵盡殲其衆，縶其魁二十人，以三年十一月獻於朝，且修貢。帝益嘉之，遣鴻臚寺少卿潘賜偕中官王進賜其王九章冕服及錢鈔、錦綺加等，而還其所獻之人，令其國自治之。使者至寧波，盡置其人於甑，烝殺之。明年正月又遣侍郎俞士吉齎璽書褒嘉，〔二〕賜賚優渥。封其國之山爲壽安鎮國之山，御製碑文，立其上。六月，使來謝，賜冕服。五年、六年頻入貢，且獻所獲海寇。使還，請賜仁孝皇后所製勸善、內訓二書，卽命各給百本。十一月再貢。十二月，其國世子源義持遣使來告父喪，命中官周全往祭，賜謚恭獻，且致賻。又遣官齎敕，封義持爲日本國王。時海上復以倭警告，再遣官諭義持剿捕。

八年四月，義持遣使謝恩，尋獻所獲海寇，帝嘉之。明年二月復遣王進齎敕褒賚，收市物貨。其君臣謀阻進不使歸，進潛登舶，從他道遁還。自是，久不貢。是年，倭寇盤石。十

五年，倭寇松門、金鄉、平陽。有捕倭寇數十人至京者，廷臣請正法。帝曰：「威之以刑，不若懷之以德，宜還之。」乃命刑部員外郎呂淵等齎敕責讓，令悔罪自新。中華人被掠者，亦令送還。明年四月，其王遣使隨淵等來貢，謂：「海寇旁午，故貢使不能上達。其無賴鼠竊者，實非臣所知。願貸罪，容其朝貢。」帝以其詞順，許之，禮使者如故，然海寇猶不絕。

十七年，倭船入王家山島，都督劉榮率精兵疾馳入望海堝。賊數千人分乘二十舟，〔三〕直抵馬雄島，進圍望海堝。榮發伏出戰，奇兵斷其歸路。賊奔櫻桃園，榮合兵攻之，斬首七百四十二，生擒八百五十七。召榮至京，封廣寧伯。自是，倭不敢窺遼東。二十年，倭寇象山。

宣德七年正月，帝念四方蕃國皆來朝，獨日本久不貢，命中官柴山往琉球，令其王轉諭日本，賜之敕。明年夏，王源義教遣使來。帝報之，賚白金、綵幣。秋復至。十年十月以英宗嗣位，遣使來貢。

正統元年二月，使者還，賚王及妃銀幣。四月，工部言：「宣德間，日本諸國皆給信符勘合，今改元伊始，例當更給。」從之。四年五月，倭船四十艘連破台州桃渚、寧波大嵩二千戶所，又陷昌國衞，大肆殺掠。八年五月，寇海寧。先是，洪熙時，黃巖民周來保、龍巖民鍾普福困於徭役，叛入倭。倭每來寇，爲之鄉導。至是，導倭犯樂清，先登岸偵伺。俄倭去，二

人留村中丐食，被獲，置極刑，梟其首於海上。倭性黠，時載方物、戎器，出沒海濱，得間則張其戎器而肆侵掠，不得則陳其方物而稱朝貢，東南海濱患之。

景泰四年入貢，至臨清，掠居民貨。有指揮往詰，毆幾死。所司請執治，帝恐失遠人心，不許。先是，永樂初，詔日本十年一貢，人止二百，船止二艘，不得攜軍器，違者以寇論。乃賜以二舟，爲入貢用，後悉不如制。宣德初，申定要約，人毋過三百，舟毋過三艘。而倭人貪利，貢物外所攜私物增十倍，例當給直。禮官言：「宣德間所貢硫黃、蘇木、刀扇、漆器之屬，估時直給錢鈔，或折支布帛，爲數無多，然已大獲利。今若仍舊制，當給錢二十一萬七千，銀價如之。宜大減其直，給銀三萬四千七百有奇。」從之。使臣不悅，請如舊制。詔增錢萬，猶以爲少，求增賜物。詔增布帛千五百，終怏怏去。

天順初，其王源義政以前使臣獲罪天朝，蒙恩宥，欲遣使謝罪而不敢自達，移書朝鮮王令轉請，朝鮮以聞。廷議敕朝鮮覈實，令擇老成識大體者充使，不得仍前肆擾，既而貢使亦不至。

成化四年夏，乃遣使貢馬謝恩，禮之如制。其通事三人，自言本寧波村民，幼爲賊掠，市與日本，今請便道省祭，許之。戒其勿同使臣至家，引中國人下海。十一月，使臣清啓復來貢，傷人於市。有司請治其罪，詔付清啓，奏言犯法者當用本國之刑，容還國如法論

治。且自服不能鈐束之罪，帝俱赦之。自是，使者益無忌。十三年九月來貢，求佛祖統紀諸書，[三]詔以法苑珠林賜之。使者述其王意，請於常例外增賜，命賜錢五萬貫。二十年十一月復貢。弘治九年三月，王源義高遣使來，還至濟寧，其下復持刀殺人。所司請罪之，詔自今止許五十人入都，餘留舟次，嚴防禁焉。十八年冬來貢，時武宗已即位，命如故事，鑄金牌勘合給之。

正德四年冬來貢。禮官言：「明年正月，大祀慶成宴。朝鮮陪臣在殿東第七班，日本向無例，請殿西第七班。」從之。禮官又言：「日本貢物向用舟三，今止一，所賜銀幣，宜如其舟之數。且無表文，賜敕與否，請上裁。」命所司移文答之。五年春，其王源義澄遣使臣宋素卿來貢，時劉瑾竊柄，納其黃金千兩，賜飛魚服，前所未有也。素卿，鄞縣朱氏子，名縞，幼習歌唱。倭使見，悅之，而縞叔澄負其直，因以縞償。至是，充正使，至蘇州，澄與相見。後事覺，法當死，劉瑾庇之，謂澄已自首，並獲免。七年，義澄使復來貢，浙江守臣言：「今畿輔、山東盜充斥，恐使臣遇之爲所掠，請以貢物貯浙江官庫，收其表文送京師。」禮官會兵部議，請令南京守備官即所在宴賚，遣歸，附進方物，皆予全直，毋阻遠人向化心。從之。

嘉靖二年五月，其貢使宗設抵寧波。未幾，素卿偕瑞佐復至，互爭眞僞。素卿賄市舶太監賴恩，宴時坐素卿於宗設上，船後至又先爲驗發。宗設怒，與之鬭，殺瑞佐，焚其舟，追

素卿至紹興城下，素卿竄匿他所免。凶黨還寧波，所過焚掠，執指揮袁璡，奪船出海。都指揮劉錦追至海上，戰沒。巡按御史歐珠以聞，且言：「據素卿狀，西海路多羅氏義興者，向屬日本統轄，無入貢例。因貢道必經西海，正德朝勘合爲所奪。我不得已，以弘治朝勘合，由南海路起程，比至寧波，因詰其僞，致啓釁。」章下禮部，部議：「素卿言未可信，不宜聽入朝。但釁起宗設，素卿之黨被殺者多，其前雖有投番罪，已經先朝宥赦，毋容問。惟宜諭素卿還國，移咨其王，令察勘合有無，行究治。」帝已報可，御史熊蘭、給事張翀交章言：「素卿罪重不可貸，請并治賴恩及海道副使張芹、分守參政朱鳴陽、分巡副使許完、都指揮張浩。閉關絕貢，振中國之威，寢狡寇之計。」事方議行，會宗設黨中林、望古多羅逸出之舟，爲暴風飄至朝鮮。朝鮮人擊斬三十級，生擒二賊以獻。給事中夏言因請逮赴浙江，會所司與素卿雜治，因遣給事中劉穆、御史王道往。至四年，獄成，素卿及中林、望古多羅並論死，繫獄。久之，皆瘐死。時有琉球使臣鄭繩歸國，命傳諭日本以擒獻宗設，還袁璡及海濱被掠之人，否則閉關絕貢，徐議征討。

九年，琉球使臣蔡瀚者，道經日本，其王源義晴附表言：「向因本國多事，干戈梗道。正德勘合不達東都，以故素卿捧弘治勘合行，乞貸遣。望并賜新勘合、金印，修貢如常。」禮官驗其文，無印篆，言：「倭譎詐難信，宜敕琉球王傳諭，仍遵前命。」十八年七月，義晴貢使至

寧波，守臣以聞。時不通貢者已十七年，敕巡按御史督同三司官覈，果誠心效順，如制遣送，否則却回，且嚴居民交通之禁。明年二月，貢使碩鼎等至京申前請，乞賜嘉靖新勘合，還素卿及原留貢物。部議：「勘合不可遽給，務繳舊易新。貢期限十年，人不過百，舟不過三，餘不可許。」詔如議。二十三年七月復來貢，未及期，且無表文。部臣謂不當納，却之。其人利互市，留海濱不去。巡按御史高節請治沿海文武將吏罪，嚴禁奸豪交通，得旨允行。而內地諸奸利其交易，多爲之囊橐，終不能盡絕。

二十六年六月，巡按御史楊九澤言：「浙江寧、紹、台、溫皆濱海，界連福建福、興、漳、泉諸郡，有倭患，雖設衞所城池及巡海副使、備倭都指揮，但海寇出沒無常，兩地官弁不能通攝，制禦爲難。請如往例，特遣巡視重臣，盡統海濱諸郡，庶事權歸一，威令易行。」廷議稱善，乃命副都御史朱紈巡撫浙江，兼制福、興、漳、泉、建寧五府軍事。未幾，其王義晴遣使周良等先期來貢，用舟四，人六百，泊於海外，以待明年貢期。守臣沮之，則以風爲解。十一月事聞，帝以先期非制，且人船越額，敕守臣勒回。十二月，倭賊犯寧、台二郡，大肆殺掠，二郡將吏並獲罪。

明年六月，周良復求貢，紈以聞。禮部言：「日本貢期及舟與人數雖違制，第表辭恭順，去貢期亦不遠，若概加拒絕，則航海之勞可憫，若稍務含容，則宗設、素卿之事可鑑。宜敕

紈循十八年例，起送五十人，餘留嘉賓館，量加犒賞，諭令歸國。若互市防守事，宜在紈善處之。」報可。紈力言五十人過少，乃令百人赴都。部議但賞百人，餘罷勿賞。良訴貢舟高大，勢須五百人。中國商舶入海，往往藏匿島中爲寇，故增一舟防寇，非敢違制。部議量增其賞，且謂：「百人之制，彼國勢難遵行，宜相其貢舟大小，以施禁令。」從之。

日本故有孝、武兩朝勘合幾二百道，使臣前此入貢請易新者，而令繳其舊。至是良持弘治勘合十五道，言其餘爲素卿子所竊，捕之不獲。正德勘合留十五道爲信，而以四十道來還。部議令異時悉繳舊，乃許易新，亦報可。

當是時，日本王雖入貢，其各島諸倭歲常侵掠，濱海奸民又往往勾之。紈乃嚴爲申禁，獲交通者，不俟命輒以便宜斬之。由是，浙、閩大姓素爲倭內主者，失利而怨。紈又數騰疏於朝，顯言大姓通倭狀，以故閩、浙人皆惡之，而閩尤甚。巡按御史周亮，閩產也，上疏詆紈，請改巡撫爲巡視，以殺其權。其黨在朝者左右之，竟如其請。又奪紈官，羅織其擅殺罪，紈自殺。自是不置巡撫者四年，海禁復弛，亂益滋甚。

祖制，浙江設市舶提舉司，以中官主之，駐寧波。海舶至則平其直，制馭之權在上。及世宗，盡撤天下鎮守中官，并撤市舶，而濱海奸人遂操其利。初市猶商主之，及嚴通番之禁，遂移之貴官家，負其直者愈甚。索之急，則以危言嚇之，或又以好言紿之，謂我終不負若

直。倭喪其貲不得返，已大恨，而大奸若汪直、徐海、陳東、麻葉輩素窟其中，以內地不得逞，悉逸海島爲主謀。倭聽指揮，誘之入寇。海中巨盜，遂襲倭服飾、旂號，並分艘掠內地，無不大利，故倭患日劇，於是廷議復設巡撫。三十一年七月以僉都御史王忬任之，而勢已不可撲滅。

明初，沿海要地建衞所，設戰船，董以都司、巡視、副使等官，控制周密。迨承平久，船敝伍虛。及遇警，乃募漁船以資哨守。兵非素練，船非專業，見寇舶至，輒望風逃匿，而上又無統率御之。以故賊帆所指，無不殘破。

三十二年三月，汪直勾諸倭大舉入寇，連艦數百，蔽海而至。浙東、西，江南、北，濱海數千里，同時告警。破昌國衞。四月犯太倉，破上海縣，掠江陰，攻乍浦。八月劫金山衞，犯崇明及常熟、嘉定。三十三年正月自太倉掠蘇州，攻松江，復趨江北，薄通、泰。四月陷嘉善，破崇明，復薄蘇州，入崇德縣。六月由吳江掠嘉興，還屯柘林。縱橫來往，若入無人之境，忬亦不能有所爲。未幾，忬改撫大同，以李天寵代，又命兵部尚書張經總督軍務。乃大徵兵四方，協力進剿。

是時，倭以川沙窪、柘林爲巢，抄掠四出。明年正月，賊奪舟犯乍浦、海寧，陷崇德，轉掠塘棲、新市、橫塘、雙林等處，攻德清縣。五月復合新倭，突犯嘉興，至王江涇，乃爲經擊

斬千九百餘級，餘奔柘林。其他倭復掠蘇州境，延及江陰、無錫，出入太湖。大抵眞倭十之三，從倭者十之七。倭戰則驅其所掠之人爲軍鋒，法嚴，人皆致死，而官軍素懦怯，所至潰奔。帝乃遣工部侍郎趙文華督察軍情。文華顚倒功罪，諸軍益解體。經、天寵並被逮，代以周珫、胡宗憲。踰月，珫罷，代以楊宜。

時賊勢蔓延，江、浙無不蹂躪。新倭來益衆，益肆毒。每自焚其舟，登岸劫掠。自杭州北新關西剽淳安，突徽州歙縣，至績谿、旌德，過涇縣，趨南陵，遂達蕪湖。燒南岸，奔太平府，犯江寧鎮，徑侵南京。倭紅衣黃蓋，率衆犯大安德門，及夾岡，乃趨秣陵關而去，由溧水流劫溧陽、宜興。聞官兵自太湖出，遂越武進，抵無錫，駐惠山。一晝夜奔百八十餘里，抵滸墅。爲官軍所圍，追及於楊林橋，殲之。是役也，賊不過六七十人，而經行數千里，殺戮戰傷者幾四千人，歷八十餘日始滅，此三十四年九月事也。〔六〕

應天巡撫曹邦輔以捷聞，文華忌其功。以倭之巢於陶宅也，乃大集浙、直兵，與宗憲親將之。又約邦輔合剿，分道並進，營於松江之甎橋。倭悉銳來衝，遂大敗，文華氣奪，賊益熾。十月，倭自樂清登岸，流劫黃巖、仙居、奉化、餘姚、上虞，被殺擄者無算。至嵊縣乃殲之，亦不滿二百人，顧深入三府，歷五十日始平。其先一枝自山東日照流劫東安衞，至淮安、贛榆、沭陽、桃源，至清河阻雨，爲徐、邳官兵所殲，亦不過數十人，流害千里，殺戮千餘，

其悍如此。而文華自甎橋之敗，見倭寇勢甚，其自柘林移於周浦，與泊於川沙舊巢及嘉定高橋者自如，他侵犯者無虛日，文華乃以寇息請還朝。

明年二月，罷宜，代以宗憲，以阮鶚巡撫浙江。於是宗憲乃請遣使諭日本國王，禁戢島寇，招還通番奸商，許立功免罪。既得旨，遂遣寧波諸生蔣洲、陳可願往。及是，可願還，言至其國五島，遇汪直、毛海峰，謂日本內亂，王與其相俱死，諸島不相統攝，須徧諭乃可杜其入犯。又言，有薩摩洲者，〔七〕雖已揚帆入寇，非其本心，乞通貢互市，願殺賊自效。乃留洲傳諭各島，而送可願還。宗憲以聞，兵部言：「直等本編民，既稱効順，卽當釋兵。乃絕不言及，第求開市通貢，隱若屬國然，其奸叵測。宜令督臣振揚國威，嚴加備禦。移檄直等，俾剿除舟山諸賊巢以自明。果海疆廓清，自有恩賚。」從之。

時兩浙皆被倭，而慈谿焚殺獨慘，餘姚次之。浙西柘林、乍浦、烏鎭、皂林間，皆爲賊巢，前後至者二萬餘人，命宗憲亟圖方略。七月，宗憲言：「賊首毛海峯自陳可願還，一敗倭寇於舟山，再敗之瀝表，又遣其黨招諭各島，相率効順，乞加重賞。」部令宗憲以便宜行。當是時，徐海、陳東、麻葉，方連兵攻圍桐鄉，宗憲設計間之，海遂擒東、葉以降，盡殲其餘衆於乍浦。未幾，復蹴海於梁莊，海亦授首，餘黨盡滅。江南、浙西諸寇略平，而江北倭則犯丹陽及掠瓜洲，燒漕艘者明春復犯如皐、海門，攻通州，掠揚州、高郵，入寶應，遂侵淮安府，

集於廟灣，逾年乃克。其浙東之倭則盤踞於舟山，亦先後爲官軍所襲。

先是，蔣洲宣諭諸島，至豐後被留，令僧人往山口等島傳諭禁戢。於是山口都督源義長具咨送還被掠人口，而咨乃用國王印。豐後太守源義鎭遣僧德陽等具方物，奉表謝罪，請頒勘合修貢，送洲還。前楊宜所遣鄭舜功出海哨探者，行至豐後島，島主亦遣僧清授附舟來謝罪，言前後侵犯，皆中國奸商潛引諸島夷衆，義鎭等實不知。於是宗憲疏陳其事，言：「洲奉使二年，止歷豐後、山口二島，或有貢物而無印信勘合，或有印信而無國王名稱，皆違朝典。然彼既以貢來，又送還被掠人口，實有畏罪乞恩意。宜禮遣其使，令傳諭義鎭、義長，轉諭日本王，擒獻倡亂諸渠，及中國奸宄，方許通貢。」詔可。

汪直之踞海島也，與其黨王滶、葉宗滿、謝和、王清溪等，各挾倭寇爲雄。朝廷至懸伯爵、萬金之賞以購之，迄不能致。及是，內地官軍頗有備，倭雖横，亦多被剿戮，有全島無一人歸者，往往怨直，直漸不自安。宗憲與直同郡，館直母與其妻孥於杭州，遣蔣洲齎其家書招之。直知家屬固無恙，頗心動。義鎭等以中國許互市，亦喜。乃裝巨舟，遣其屬善妙等四十餘人隨直等來貢市，於三十六年十月初，抵舟山之岑港。將吏以爲入寇也，陳兵備。直乃遣王滶入見宗憲，謂：「我以好來，何故陳兵待我？」滶卽毛海峯，直養子也。宗憲慰勞甚至，指心誓無他。俄善妙等見副將盧鏜於舟山，鏜令擒直以獻。語洩，直益疑。宗憲開

諭百方，直終不信，曰：「果爾，可遣滶出，吾當入見。」宗憲立遣之。直又邀一貴官爲質，卽命指揮夏正往。直以爲信，遂與宗滿、清溪偕來。宗憲大喜，禮接之甚厚，令謁巡按御史王本固於杭州，本固以屬吏。滶等聞，大恨，支解夏正，焚舟登山，據岑港堅守。

逾年，新倭大至，屢寇浙東三郡。其在岑港者，徐移之柯梅，造新舟出海，宗憲不之追。十一月，賊揚帆南去，泊泉州之浯嶼，掠同安、惠安、南安諸縣，攻福寧州，破福安、寧德。明年四月遂圍福州，經月不解。福清、永福諸城皆被攻燬，蔓延於興化，奔突於漳州。其患盡移於福建，而潮、廣間亦紛紛以倭警聞矣。至四十年，浙東、江北諸寇以次平。宗憲尋坐罪被逮。明年十一月陷興化府，大殺掠，移據平海衞不去。初，倭之犯浙江也，破州縣衞所城以百數，然未有破府城者。至是，遠近震動，亟徵俞大猷、戚繼光、劉顯諸將合擊，破之。其侵犯他州縣者，亦爲諸將所破，福建亦平。

其後，廣東巨寇曾一本、黄朝太等，無不引倭爲助。隆慶時，破碣石、甲子諸衞所。已，犯化州石城縣，陷錦囊所、神電衞。吳川、陽江、茂名、海豐、新寧、惠來諸縣，悉遭焚掠。轉入雷、廉、瓊三郡境，亦被其患。萬曆二年犯浙東寧、紹、台、溫四郡，又陷廣東銅鼓石雙魚所。〔八〕三年犯電白。四年犯定海。八年犯浙江韭山及福建澎湖、東湧。十年犯溫州，又犯廣東。十六年犯浙江。然時疆吏懲嘉靖之禍，海防頗飭，賊來輒失利。其犯廣東者，爲蜑

賊梁本豪勾引，勢尤猖獗。總督陳瑞集衆軍擊之，斬首千六百餘級，沈其船百餘艘，〔九〕本豪亦授首。帝爲告謝郊廟，宣捷受賀云。

日本故有王，其下稱關白者最尊，時以山城州渠信長爲之。偶出獵，遇一人臥樹下，驚起衝突，執而詰之。自言爲平秀吉，薩摩州人之奴，雄健蹻捷，有口辯。信長悅之，令牧馬，名曰木下人。後漸用事，爲信長畫策，奪幷二十餘州，遂爲攝津鎭守大將。有參謀阿奇支者，得罪信長，命秀吉統兵討之。俄信長爲其下明智所殺，秀吉方攻滅阿奇支，聞變，與部將行長等乘勝還兵誅之，威名益振。尋廢信長三子，僭稱關白，盡有其衆，時爲萬曆十四年。於是益治兵，征服六十六州，又以威脅琉球、呂宋、暹羅、佛郎機諸國，皆使奉貢。乃改國王所居山城爲大閣，廣築城郭，建宮殿，其樓閣有至九重者，實婦女珍寶其中。其用法嚴，軍行有進無退，違者雖子壻必誅，以故所向無敵。乃改元文祿，幷欲侵中國，滅朝鮮而有之。召問故時汪直遺黨，知唐人畏倭如虎，氣益驕。益大治兵甲，繕舟艦，與其下謀，入中國北京者用朝鮮人爲導，入浙、閩沿海郡縣者用唐人爲導。慮琉球洩其情，使毋入貢。

同安人陳甲者，商於琉球。懼爲中國害，與琉球長史鄭迵謀，因進貢請封之使，具以其情來告。甲又旋故鄉，陳其事於巡撫趙參魯。參魯以聞，下兵部，部移咨朝鮮王。王但深辨嚮導之誣，亦不知其謀已也。

初，秀吉廣徵諸鎭兵，儲三歲糧，欲自將以犯中國。會其子死，旁無兄弟。前奪豐後島主妻爲妾，慮其爲後患。而諸鎭怨秀吉暴虐，咸曰：「此舉非襲大唐，乃襲我耳。」各懷異志。由是，秀吉不敢親行。二十年四月遣其將清正、行長、義智，僧玄蘇、宗逸等，將舟師數百艘，由對馬島渡海陷朝鮮之釜山，乘勝長驅，以五月渡臨津，〔一〇〕掠開城，分陷豐德諸郡。朝鮮望風潰，清正等遂偪王京。朝鮮王李昖棄城奔平壤，又奔義州，遣使絡繹告急。倭遂入王京，執其王妃、王子，追奔至平壤，放兵淫掠。七月命副總兵祖承訓赴援，與倭戰於平壤城外，大敗，承訓僅以身免。八月，中朝乃以兵部侍郎宋應昌爲經略，都督李如松爲提督，統兵討之。

當是時，寧夏未平，朝鮮事起，兵部尚書石星計無所出，募能說倭者偵之，於是嘉興人沈惟敬應募。星卽假游擊將軍銜，送之如松麾下。明年，如松師大捷於平壤，朝鮮所失四道並復。如松乘勝趨碧蹄館，敗而退師。於是封貢之議起，中朝彌縫惟敬以成款局，事詳朝鮮傳。久之，秀吉死，諸倭揚帆盡歸，朝鮮患亦平。然自關白侵東國，前後七載，喪師數十萬，糜餉數百萬，中朝與朝鮮迄無勝算。至關白死，兵禍始休，諸倭亦皆退守島巢，東南稍有安枕之日矣。秀吉凡再傳而亡。

終明之世，通倭之禁甚嚴，閭巷小民，至指倭相詈罵，甚以噤其小兒女云。

校勘記

〔一〕日本王良懷不奉命　良懷，日本史籍作「懷良」，指懷良親王。

〔二〕是年掠溫州　溫州，本書卷二太祖紀、太祖實錄卷六六洪武四年六月戊申條都作「膠州」。

〔三〕又遣侍郎俞士吉齎璽書褒嘉　按本書卷一四九夏原吉傳附俞士吉傳及國朝獻徵錄卷四九俞公士吉傳，俞士吉出使日本時官僉都御史。

〔四〕賊數千人分乘二十舟　二十舟，本書卷一五五劉榮傳作「三十餘舟」，太宗實錄卷一一三永樂十七年六月戊子條作「三十一艘」。

〔五〕求佛祖統紀諸書　佛祖統紀，原作「佛祖通紀」，據憲宗實錄卷一七〇成化十三年九月辛卯條、稽璜續文獻通考卷一八五、四庫全書總目卷一四五改。

〔六〕此三十四年九月事也　九月，本書卷十八世宗紀、世宗實錄卷四二五嘉靖三十四年八月壬辰條都作「八月」。

〔七〕有薩摩洲者　薩摩洲，日本史籍俱作「薩摩州」。

〔八〕又陷廣東銅鼓石雙魚所　銅鼓石，原作「銅鼓衛」，本書卷二一二張元勳傳及神宗實錄卷三二

萬曆二年十二月乙卯條都作「銅鼓石雙魚城」。據改。按本書卷九〇兵志，銅鼓衛隸湖廣都司，不在廣東。

〔九〕沈其船百餘艘　百餘，本書卷二一二李錫傳附黃應甲傳作「二百餘」。

〔一〇〕以五月渡臨津　原脫「臨」字，據本書卷三二〇朝鮮傳、國榷卷七六頁四七〇〇補。

清　張廷玉等撰

明史

第二八冊

卷三二三至卷三三二（傳）

中華書局

中華書局

明史卷三百二十三

列傳第二百十一

外國四

琉球　呂宋　合貓里　美洛居　沙瑤吶嗶嘽　雞籠　婆羅

麻葉甕　古麻剌朗　馮嘉施蘭　文郎馬神

琉球居東南大海中，自古不通中國。元世祖遣官招諭之，不能達。洪武初，其國有三王，曰中山，曰山南，曰山北，皆以尚爲姓，而中山最强。五年正月命行人楊載以即位建元詔告其國，其中山王察度遣弟泰期等隨載入朝，貢方物。帝喜，賜大統曆及文綺、紗羅有差。七年冬，泰期復來貢，并上皇太子箋。命刑部侍郎李浩齎賜文綺、陶鐵器，且以陶器七萬、鐵器千，就其國市馬。九年夏，泰期隨浩入貢，得馬四十匹。浩言其國不貴紈綺，惟貴磁器、鐵釜，自是賞賚多用諸物。明年遣使賀正旦，貢馬十六匹、硫黃千斤。又明年復貢。山

南王承察度亦遣使朝貢，禮賜如中山。十五年春，中山來貢，遣內官送其使還國。明年與山南王並來貢，詔賜二王鍍金銀印。時二王與山北王爭雄，互相攻伐。命內史監丞梁民賜之敕，令罷兵息民，三王並奉命。山北王怕尼芝即遣使偕二王使朝貢。十八年又貢，賜山北王鍍金銀印如二王，而賜二王海舟各一。自是，三王屢遣使奉貢，中山王尤數。二十三年，中山來貢，其通事私攜乳香十斤、胡椒三百斤入都，爲門者所獲，當入官。詔還之，仍賜以鈔。

二十五年夏，中山貢使以其王從子及寨官子偕來，請肄業國學。從之，賜衣巾靴襪并夏衣一襲。其冬，山南王亦遣從子及寨官子入國學，賜賚如之。自是，歲賜冬夏衣以爲常。明年，中山兩入貢，又遣寨官子肄業國學。是時，國法嚴，中山生與山南生有非議詔書者。帝聞，置之死，而待其國如故。山北王怕尼芝已卒，其嗣王攀安知，二十九年春遣使來貢。令山南生肄國學者歸省，其冬復來。中山亦遣寨官子二人及女官生姑、魯妹二人，先後來肄業，其感慕華風如此。中山又遣使請賜冠帶，命禮部繪圖，令自製。其王固以請，乃賜之，并賜其臣下冠服。又嘉其修職勤，賜閩中舟工三十六戶，以便貢使往來。及惠帝嗣位，遣官以登極詔諭其國，三王亦奉貢不絕。

成祖承大統，詔諭如前。永樂元年春，三王並來貢。山北王請賜冠帶，詔給賜如中山。

命行人邊信、劉亢齎敕使三國，賜以絨錦、文綺、紗羅。明年二月，中山王世子武寧遣使告父喪，命禮部遣官諭祭，賻以布帛，遂命武寧襲位。四月，山南王從弟汪應祖亦遣使告承察度之喪，[一]謂前王無子，傳位應祖，乞加朝命，且賜冠帶。帝並從之，遂遣官册封。時山南使臣私齎白金詣處州市磁器，事發，當論罪。帝曰：「遠方之人，知求利而已，安知禁令。」悉貰之。三年，山南遣寨官子入國學。明年，中山亦遣寨官子六人入國學，并獻奄豎數人。帝曰：「彼亦人子，無罪刑之，何忍？」命禮部還之。部臣言：「還之，慮阻歸化之心，請但賜敕，止其再進。」帝曰：「諭以空言，不若示以實事。今不遣還，彼欲獻媚，必將繼進。天地以生物爲心，帝王乃可絕人類乎？」竟還之。五年四月，中山王世子思紹遣使告父喪，諭祭，賜賻册封如前儀。

八年，山南遣官生三人入國學，賜巾服靴條、衾褥帷帳，已復頻有所賜。一日，帝與羣臣語及之。禮部尚書呂震曰：「昔唐太宗興庠序，新羅、百濟並遣子來學。爾時僅給廩餼，未若今日賜予之周也。」帝曰：「蠻夷子弟慕義而來，必衣食常充，然後嚮學。此我太祖美意，朕安得違之。」明年，中山遣國相子及寨官子入國學，因言：「右長史王茂輔翼有年，請擢爲國相。左長史朱復，本江西饒州人，輔臣祖察度四十餘年，不懈。今年踰八十，請令致仕還鄉。」從之，乃命復、茂並爲國相，復兼左長史致仕，茂兼右長史任其國事。十一年，中山遣

寨官子十三人入國學。時山南王應祖爲其兄達勃期所弒，諸寨官討誅之，推應祖子他魯每爲主，以十三年三月請封。命行人陳季若等封爲山南王，賜誥命冠服及寶鈔萬五千錠。

琉球之分三王也，惟山北最弱，故其朝貢亦最稀。自永樂三年入貢後，至是年四月始入貢。其後，竟爲二王所併，而中山益强，以其國富，一歲常再貢三貢。天朝雖厭其繁，不能却也。其冬，貢使還至福建，擅奪海舶，殺官軍，且毆傷中官，掠其衣物。事聞，戮其爲首者，餘六十七人付其主自治。明年遣使謝罪，帝待之如初，其修貢益謹。二十二年春，中山王世子尚巴志來告父喪，諭祭賜賻如常儀。

仁宗嗣位，命行人方彝詔告其國。洪熙元年命中官齎敕封巴志爲中山王。宣德元年，其王以冠服未給，遣使來請，命製皮弁服賜之。三年八月，帝以中山王朝貢彌謹，遣官齎敕往勞，賜羅錦諸物。

山南自四年兩貢，終帝世不復至，亦爲中山所併矣。自是，惟中山一國朝貢不絕。

正統元年，其使者言：「初入閩時，止具貢物報聞。下人所齎海肥、螺殼，失於開報，悉爲官司所沒入，致來往乏資，乞賜垂憫。」命給直如例。明年，貢使至浙江，典市舶者復請籍其所齎，帝曰：「番人以貿易爲利，此二物取之何用，其悉還之，著爲令。」使者奏：「本國陪臣冠服，皆國初所賜，歲久敝壞，乞再給。」又言：「小邦遵奉正朔，海道險遠，受曆之使，或半

歲一歲始返，常懼後時。」帝曰：「冠服令本邦自製。大統曆，福建布政司給予之。」七年正月，中山世子尚忠來告父喪，命給事中余忭、行人劉遜封忠爲中山王。敕使之用給事中，自茲始也。忭等還，受其黃金、沉香、倭扇之贈，爲偵事者所覺，並下吏，杖而釋之。十二年二月，世子尚思達來告父喪，命給事中陳傅、行人萬祥往封。

景泰二年，思達卒，無子，其叔父金福攝國事，遣使告喪。命給事中喬毅、行人童守宏封金福爲王。〔三〕五年二月，金福弟泰久奏：「長兄金福殂，次兄布里與兄子志魯爭立，兩傷俱殞，所賜印亦毀壞。國中臣民推臣權攝國事，乞再賜印鎭撫遠藩。」從之。明年四月命給事中嚴誠、行人劉儉封泰久爲王。天順六年三月，世子尚德來告父喪，命給事中潘榮、行人蔡哲封爲王。

成化五年，其貢使蔡璟言：「祖父本福建南安人，爲琉球通事，傳至璟，擢長史。乞如制賜誥贈封其父母。」章下禮官，以無例而止。明年，福建按察司言：「貢使程鵬至福州，與指揮劉玉私通貨賄，並宜究治。」命治玉而宥鵬。七年三月，世子尚圓來告父喪，命給事中丘弘、行人韓文封爲王。弘至山東病卒，命給事中官榮代之。十年，貢使至福建，殺懷安民夫婦二人，焚屋劫財，捕之不獲。明年復貢，禮官因請定令二年一貢，毋過百人，不得附攜私物，騷擾道途。帝從之，賜敕戒王。其使者請如祖制，比年一貢，不許。又明年，貢使至，會冊

立東宮，請如朝鮮、安南，賜詔齎回。禮官議琉球與日本、占城並居海外，例不頒詔，乃降敕以文錦、綵幣賜其王及妃。十三年，使臣來，復請比年一貢，不許。明年四月，王卒，世子尚眞來告喪，乞嗣爵，復請比年一貢。禮官言，其國連章奏請，不過欲圖市易。近年所遣之使，多係閩中逋逃罪人，殺人縱火，奸狡百端，專貿中國之貨，以擅外蕃之利，所請不可許。乃命給事中董旻、行人張祥往封，而不從其請。十六年，使來，復引祖訓條章請比年一貢，帝賜敕戒約之。十八年，使者至，復以爲言，賜敕如初。使者攜陪臣子五人來受學，命隸南京國子監。二十二年，貢使來，其王移咨禮部，請遣五人歸省，從之。

弘治元年七月，其貢使自浙江來。禮官言貢道向由福建，今既非正道，又非貢期，宜却之，詔可。其使臣復以國王移禮部文來，上言舊歲知東宮冊妃，故遣使來賀，非敢違制。禮官乃請納之，而稍減傔從賜賚，以示裁抑之意。三年，使者至，言近歲貢使止許二十五人入都，物多人少，慮致疏虞。詔許增五人，其傔從在閩者，并增給二十人廩食，爲一百七十人。時貢使所攜土物，與閩人互市者，爲奸商抑勒，有司又從而侵削之。使者訴於朝，有詔禁止。十七年遣使補貢，謂小邦貢物常市之滿剌加，因遭風致失期，命宴賚如制。正德二年，使者來，請比年一貢。禮官言不可許，是時劉瑾亂政，特許之。五年遣官生蔡進等五人入南京國學。

嘉靖二年從禮官議，敕琉球二年一貢，如舊制，不得過百五十人。五年，尚眞卒，其世子尚清以六年來貢，因報訃，使者還至海，溺死。九年遣他使來貢，幷請封。命福建守臣勘報。十一年，世子以國中臣民狀來上，乃命給事中陳侃、行人高澄持節往封。及還，却其贈。十四年，貢使至，仍以所贈黃金四十兩進於朝，乃敕侃等受之。二十九年來貢，攜陪臣子五人入國學。

三十六年，貢使來，告王尚清之喪。先是，倭寇自浙江敗還，抵琉球境。世子尚元遣兵邀擊，大殲之，獲中國被掠者六人，至是送還。帝嘉其忠順，賜賚有加，即命給事中郭汝霖、行人李際春封尚元爲王。至福建，阻風未行。三十九年，其貢使亦至福建，稱受世子命，以海中風濤叵測，倭寇又出沒無時，恐天使有他虞，請如正德中封占城故事，遣人代進表文方物，而身偕本國長史齎回封冊，不煩天使遠臨。巡按御史樊獻科以聞，禮官言：「遣使冊封，祖制也。今使者欲遙受冊命，是委君貺於草莽，不可一。昔正德中，占城王爲安南所侵，竄居他所，故使者齎回敕命，是棄世子專遣之命，不可二。今援失國之事，以儗其君，不可三。梯航通道，柔服之常。彼所藉口者倭寇之警，風濤之險爾，不知琛賨之輸納，使臣之往來，果何由而得無患乎？不可四。曩占城雖領封，其王猶懇請遣使。今使者非世子面命，又無印信文移。若輕信其言，倘世子以遣使

爲至榮，遙拜爲非禮，不肯受封，復上書請使，將誰執其咎？不可五。乞命福建守臣仍以前詔從事。至未受封而先謝恩，亦非故事。宜止聽其入貢，其謝恩表文，俟世子受封後遣使上進，庶中國之大體以全。」帝如其言。四十一年夏，遣使入貢謝恩。明年及四十四年並入貢。隆慶中，凡三貢，皆送還中國飄流人口。天子嘉其忠誠，賜敕獎勵，加賚銀幣。

萬曆元年冬，其國世子尚永遣使告父喪，請襲爵。章下禮部，行福建守臣覈奏。明年遣使賀登極。三年入貢。四年春，再貢。七月命戶科給事中蕭崇業、行人謝杰齎敕及皮弁冠服、玉珪，封尚永爲中山王。明年冬，崇業等未至，世子復遣使入貢。其後，修貢如常儀。八年冬，遣陪臣子三人入南京國學。十九年遣使來貢，而尚永隨卒。禮官以日本方侵噬鄰境，琉球不可無王，乞令世子速請襲封，用資鎭壓。從之。

二十三年，世子尚寧遣人請襲。福建巡撫許孚遠以倭氛未息，據先臣鄭曉領封之議，請遣官一員齎敕至福建，聽其陪臣面領歸國，或遣習海武臣一人，偕陪臣同往。禮官范謙議如其言，且請待世子表至乃許。二十八年，世子以表至，其陪臣請如祖制遣官。禮官余繼登言：「累朝冊封琉球，伐木造舟，動經數歲。使者蹈風濤之險，小國苦供億之煩。宜一如前議從事。」帝可之，命今後冊封，止遣廉勇武臣一人偕請封陪臣前往，其祭前王，封新王，禮儀一如舊章，仍命俟彼國大臣結狀至乃行。明年秋，貢使以狀至，仍請遣文臣。乃

命給事中洪瞻祖、行人王士禎往，且命待海寇息警，乃渡海行事。已而瞻祖以憂去，改命給事中夏子陽，以三十一年二月抵福建。按臣方元彥復以海上多事，警報頻仍，會巡撫徐學聚疏請仍遣武臣。子陽、士禎則以屬國言不可爽，使臣義當有終，乞堅成命慰遠人。章俱未報，禮部侍郎李廷機言：「宜行頒封初旨，并武臣不必遣。」於是御史錢桓、給事中蕭近高交章爭其不可，謂：「此事當在欽命未定之前，不當在册使既遣之後，宜敕所司速成海艘，勿悞今歲渡海之期。俟竣事復命，然後定爲畫一之規，先之以文告，令其領封海上，永爲遵守。」帝納之。三十三年七月，乃命子陽等速渡海竣事。

當是時，日本方强，有吞滅之意。琉球外禦强鄰，內修貢不絕。四十年，日本果以勁兵三千入其國，[三]擄其王，遷其宗器，大掠而去。浙江總兵官楊宗業以聞，乞嚴飭海上兵備，從之。已而其王釋歸，復遣使修貢，然其國殘破已甚，禮官乃定十年一貢之例。明年修貢如故。又明年再貢，福建守臣遵朝命却還之，其使者怏怏而去。四十四年，日本有取雞籠山之謀，其地名臺灣，密邇福建，尚寧遣使以聞，詔海上警備。

天啓三年，尚寧已卒，其世子尚豐遣使請貢請封。禮官言：「舊制，琉球二年一貢，後爲倭寇所破，改期十年。今其國休養未久，暫擬五年一貢，俟新王册封更議。」從之。五年遣使入貢請封。六年再貢。是時中國多事，而科臣應使者亦憚行，故封典久稽。

崇禎二年，貢使又至請封，命遣官如故事。禮官何如寵復以履險糜費，請令陪臣領封。帝不從，乃命戶科給事中杜三策、行人楊掄往，成禮而還。四年秋，遣使賀東宮册立。自是，迄崇禎末，並修貢如儀。後兩京繼沒，唐王立於福建，猶遣使奉貢。其虔事天朝，爲外藩最云。

呂宋居南海中，去漳州甚近。洪武五年正月遣使偕瑣里諸國來貢。永樂三年十月遣官齎詔，撫諭其國。八年與馮嘉施蘭入貢，自後久不至。萬曆四年，官軍追海寇林道乾至其國，國人助討有功，復朝貢。時佛郎機强，與呂宋互市，久之見其國弱可取，乃奉厚賄遺王，乞地如牛皮大，建屋以居。王不虞其詐而許之，其人乃裂牛皮，聯屬至數千丈，圍呂宋地，乞如約。王大駭，然業已許諾，無可奈何，遂聽之，而稍徵其稅如國法。其人既得地，即營室築城，列火器，設守禦具，爲窺伺計。已，竟乘其無備，襲殺其王，逐其人民，而據其國，名仍呂宋，實佛郎機也。先是，閩人以其地近且饒富，商販者至數萬人，往往久居不返，至長子孫。佛郎機既奪其國，其王遣一酋來鎮，慮華人爲變，多逐之歸，留者悉被其侵辱。

二十一年八月，酋郎雷敝裏系勝侵美洛居，役華人二百五十助戰。有潘和五者爲其哨

官。蠻人日酣臥，而令華人操舟，稍怠，輒鞭撻，有至死者。和五曰：「叛死，箠死，等死耳，否亦且戰死，曷若刺殺此酋以救死。勝則揚帆歸，不勝而見縛，死未晚也。」衆然之，乃夜刺殺其酋，持酋首大呼。諸蠻驚起，不知所爲，悉被刃，或落水死。和五等盡收其金寶、甲仗，駕舟以歸。失路之安南，爲其國人所掠，惟郭惟太等三十二人附他舟獲返。時酋子郎雷貓吝駐朔霧，聞之，率衆馳至，遣僧陳父冤，乞還其戰艦、金寶，戮仇人以償父命。巡撫許孚遠聞於朝，檄兩廣督撫以禮遣僧，置惟太於理，和五竟留安南不敢返。

初，酋之被戮也，其部下居呂宋者，盡逐華人於城外，毀其廬。及貓吝歸，令城外築室以居。會有傳日本來寇者，貓吝懼交通爲患，復議驅逐。而孚遠適遣人招還，蠻乃給行糧遣之。然華商嗜利，趨死不顧，久之復成聚。

其時礦稅使者四出，奸宄蠭起言利，有閻應龍、張嶷者，[四]言呂宋機易山素產金銀，採之，歲可得金十萬兩、銀三十萬兩，以三十年七月詣闕奏聞。帝即納之。命下，舉朝駭異。都御史溫純疏言：

近中外諸臣爭言礦稅之害，天聽彌高。今廣東李鳳至汚辱婦女六十六人，[五]私運財賄至三十巨舟、三百大扛，勢必見戮於積怒之衆。何如及今撤之，猶不失威福操縱之柄。緬酋以寶井故，提兵十萬將犯內地，西南之蠻，岌岌可憂。而閩中奸徒又以

機易山事見告。此其妄言，眞如戲劇，不意皇上之聰明而悞聽之。臣等驚魂摇曳，寢食不寧。異時變興禍起，費國家之財不知幾百萬，倘或剪滅不早，其患又不止費財矣。

臣聞海澄市舶高寀已歲徵三萬金，決不遺餘力而讓利。即機易越在海外，亦決無徧地金銀，任人採取之理，安所得金十萬、銀三十萬，以實其言。不過假借朝命，闌出禁物，勾引諸番，以逞不軌之謀，豈止煩擾公私，貽害海澄一邑而已哉。

昔年倭患，正緣奸民下海，私通大姓，設計勒價，致倭賊憤恨，稱兵犯順。今以朝命行之，害當彌大。及乎兵連禍結，諸奸且效汪直、曾一本輩故智，負海稱王，擁兵列寨，近可以規重利，遠不失爲尉佗。於諸亡命之計得矣，如國家大患何！乞急寘於理，用消禍本。

言官金忠士、曹于汴、朱吾弼等亦連章力爭，皆不聽。

事下福建守臣，持不欲行，而迫於朝命，乃遣海澄丞王時和、百戶干一成偕嶷往勘。呂宋人聞之大駭。華人流寓者謂之曰：「天朝無他意，特是奸徒橫生事端。今遣使者按驗，俾奸徒自窮，便於還報耳。」其酋意稍解，命諸僧散花道旁，若敬朝使，而盛陳兵衞迓之。時和等入，酋爲置宴，問曰：「天朝欲遣人開山。山各有主，安得開？譬中華有山，可容我國開耶？」且言：「樹生金豆，是何樹所生？」時和不能對，數視嶷，嶷曰：「此地皆金，何必問豆所

自？」上下皆大笑，留嶷，欲殺之。諸華人共解，乃獲釋歸。時和還任，卽病悸死。守臣以聞，請治嶷妄言罪。事已止矣，而呂宋人終自疑，謂天朝將襲取其國，諸流寓者爲內應，潛謀殺之。

明年，聲言發兵侵旁國，厚價市鐵器。華人貪利盡鬻之，於是家無寸鐵。酋乃下令錄華人姓名，分三百人爲一院，入卽殲之。事稍露，華人羣走菜園。酋發兵攻，衆無兵仗，死無算，奔大崙山。蠻人復來攻，衆殊死鬭，蠻兵少挫。酋旋悔，遣使議和。衆疑其僞，撲殺之。酋大怒，斂衆入城，設伏城旁。衆飢甚，悉下山攻城。伏發，衆大敗，先後死者二萬五千人。酋尋出令，諸所掠華人貲，悉封識貯庫。移書閩中守臣，言華人將謀亂，不得已先之，請令死者家屬往取其孥與帑。巡撫徐學聚等亟告變於朝，帝驚悼，下法司議奸徒罪。三十二年十二月議上，帝曰：「嶷等欺誑朝廷，生釁海外，致二萬商民盡膏鋒刃，損威辱國，死有餘辜，卽梟首傳示海上。呂宋酋擅殺商民，撫按官議罪以聞。」學聚等乃移檄呂宋，數以擅殺罪，令送死者妻子歸，竟不能討也。其後，華人復稍稍往，而蠻人利中國互市，亦不拒，久之復成聚。

時佛郎機已併滿剌加，益以呂宋，勢愈強，橫行海外，遂據廣東香山澳，築城以居，與民互市，而患復中於粵矣。

合貓里，海中小國也。土瘠多山，山外大海，饒魚蟲，人知耕稼。永樂三年九月遣使附爪哇使臣朝貢。其國又名貓里務，近呂宋，商舶往來，漸成富壤。華人入其國，不敢欺陵，市法最平，故華人爲之語曰：「若要富，須往貓里務。」有網巾礁老者，最兇悍，海上行劫，舟若飄風，遇之無免者。然特惡商舶不至其地，偶有至者，待之甚善。貓里務後遭寇掠，人多死傷，地亦貧困。商人慮爲礁老所劫，鮮有赴者。

美洛居，俗訛爲米六合，居東海中，頗稱饒富。酋出，威儀甚備，所部合掌伏道旁。男子削髮，女椎結。地有香山，雨後香墮，沿流滿地，居民拾取不竭。其酋委積充棟，以待商舶之售。東洋不產丁香，獨此地有之，可以辟邪，故華人多市易。

萬曆時，佛郎機來攻，其酋戰敗請降，乃宥令復位，歲以丁香充貢，不設戍兵而去。已，紅毛番橫海上，知佛郎機兵已退，乘虛直抵城下，執其酋，語之曰：「若善事我，我爲若主，殊勝佛郎機也。」酋不得已聽命，復位如故。佛郎機酋聞之大怒，率兵來攻，道爲華人所殺，語具呂宋傳。

時紅毛番雖據美洛居，率一二歲率衆返國，旣返復來。佛郎機酋子旣襲位，欲竟父志，大舉兵來襲，值紅毛番已去，遂破美洛居，殺其酋，立己所親信主之。無何，紅毛番至，又破其城，逐佛郎機所立酋，而立美洛居故王之子。自是，歲搆兵，人不堪命。華人流寓者，遊說兩國，令各罷兵，分國中萬老高山爲界，山以北屬紅毛番，南屬佛郎機，始稍休息，而美洛居竟爲兩國所分。

沙瑤，與吶嗶嘽連壤。吶嗶嘽在海畔，沙瑤稍紆入山隈，皆與呂宋近。男女蓄髮椎結，男子用履，婦女跣足。以板爲城，豎木覆茅爲室。崇釋教，多建禮拜寺。男女之禁甚嚴，夫行在前，其婦與人嘲笑，夫卽刃其婦，所嘲笑之人不敢逃，任其刺割。盜不問大小，輒論死。孕婦將產，以水灌之，且以水滌其子，置水中，生而與水習矣。物產甚薄，華人商其地，所攜僅磁器、鍋釜之類，重者至布而止。後佛郎機據呂宋，多侵奪鄰境，惟二國號令不能及。

雞籠山在彭湖嶼東北，故名北港，又名東番，去泉州甚邇。地多深山大澤，聚落星散。無君長，有十五社，社多者千人，少或五六百人。無徭賦，以子女多者爲雄，聽其號令。雖居海中，酷畏海，不善操舟，老死不與鄰國往來。永樂時，鄭和徧歷東西洋，靡不獻琛恐後，獨東番遠避不至。和惡之，家貽一銅鈴，俾挂諸項，蓋擬之狗國也。其後，人反寶之，富者至掇數枚，曰：「此祖宗所遺。」

俗尚勇，暇卽習走，日可數百里，不讓奔馬。足皮厚數分，履荊棘如平地。男女椎結，裸逐無所避。女或結草裙蔽體，遇長老則背身而立，俟過乃行。男子穿耳。女子年十五，斷唇旁齒以爲飾，手足皆刺文，衆社畢賀，費不貲。貧者不任受賀，則不敢刺。四序，以草青爲歲首。土宜五穀，而不善水田。穀種落地，則止殺，謂行好事，助天公，乞飯食。旣收穫，卽標竹竿於道，謂之插青，此時逢外人便殺矣。村落相仇，刻期而後戰，勇者數人前跳，被殺則立散。其勝者，衆賀之，曰：「壯士能殺人也。」其負者，家衆亦賀之，曰：「壯士不畏死也。」次日，卽和好如初。地多竹，大至數拱，長十丈，以竹搆屋，覆之以茅，廣且長，聚族而居。無曆日、文字，有大事集衆議之。善用鏢鎗，竹柄鐵鏃，銛甚，試鹿鹿斃，試虎虎亦斃。性旣畏海，捕魚則於溪澗。冬月聚衆捕鹿，鏢發輒中，積如丘山。獨不食雞雉，但取其毛以爲飾。中多大溪，流入海，水澹，故其外名淡水洋。

嘉靖末，倭寇擾閩，大將戚繼光敗之。倭遁居於此，其黨林道乾從之。已，道乾懼爲倭所併，又懼官軍追擊，揚帆直抵浡泥，攘其邊地以居，號道乾港。而雞籠遭倭焚掠，國遂殘破。初悉居海濱，既遭倭難，稍稍避居山後。忽中國漁舟從魍港飄至，遂往來通販，以爲常。至萬曆末，紅毛番泊舟於此，因事耕鑿，設闤闠，稱臺灣焉。

崇禎八年，給事中何楷陳靖海之策，言：「自袁進、李忠、楊祿、楊策、鄭芝龍、李魁奇、鍾斌、劉香相繼爲亂，海上歲無寧息。今欲靖寇氛，非墟其窟不可。其窟維何？臺灣是也。臺灣在彭湖島外，距漳、泉止兩日夜程，地廣而腴。初，貧民時至其地，規魚鹽之利，後見兵威不及，往往聚而爲盜。近則紅毛築城其中，與奸民互市，屹然一大部落。墟之之計，非可干戈從事，必嚴通海之禁，俾紅毛無從謀利，奸民無從得食，出兵四犯，我師乘其虛而擊之，可大得志。紅毛舍此而去，然後海氛可靖也。」時不能用。

其地，北自雞籠，南至浪嶠，可一千餘里。東自多羅滿，西至王城，可九百餘里。水道，順風，自雞籠淡水至福州港口，五更可達。自臺灣港至彭湖嶼，四更可達。自彭湖至金門，七更可達。東北至日本，七十更可達。南至呂宋，六十更可達。蓋海道不可以里計，舟人分一晝夜爲十更，故以更計道里云。

婆羅，又名文萊，東洋盡處，西洋所自起也。唐時有婆羅國，高宗時常入貢。永樂三年十月遣使者齎璽書、綵幣撫諭其王。四年十二月，其國東、西二王並遣使奉表朝貢。明年又貢。

其地負山面海，崇釋教，惡殺喜施。禁食豕肉，犯者罪死。王薙髮，裹金繡巾，佩雙劍，出入徒步，從者二百餘人。有禮拜寺，每祭用犧。厥貢玳瑁、瑪瑙、硨磲、珠、白焦布、花焦布、降眞香、黃蠟、黑小廝。

萬曆時，爲王者閩人也。或言鄭和使婆羅，有閩人從之，因留居其地，其後人竟據其國而王之。邸旁有中國碑。王有金印一，篆文，上作獸形，言永樂朝所賜。民間嫁娶，必請此印印背上，以爲榮。後佛郎機橫，舉兵來擊。王率國人走入山谷中，放藥水，流出，毒殺其人無算，王得返國。佛郎機遂犯呂宋。

麻葉甕，在西南海中。永樂三年十月遣使齎璽書賜物，招諭其國，迄不朝貢。自占城靈山放舟，順風十晝夜至交欄山，其西南卽麻葉甕。山峻地平，田膏腴，收穫倍他國。煑海爲鹽，釀蔗爲酒。男女椎結，衣長衫，圍之以布。俗尙節義，婦喪夫，剺面剃髮，絕粒七日，與屍同寢，多死。七日不死，則親戚勸以飲食，終身不再嫁。或於焚屍日，亦赴火自焚。產玳瑁、木棉、黃蠟、檳榔、花布之屬。

交欄山甚高廣，饒竹木。元史弼、高興伐爪哇，遭風至此山下，舟多壞，乃登山伐木重造，遂破爪哇。其病卒百餘，留養不歸，後益蕃衍，故其地多華人。

又有葛卜及速兒米囊二國，亦永樂三年遣使持璽書賜物招諭，竟不至。

古麻剌朗，東南海中小國也。永樂十五年九月遣中官張謙齎敕撫諭其王幹剌義亦奔敦，賜之絨錦、紵絲、紗羅。十八年八月，王率妻子、陪臣隨謙來朝，貢方物，禮之如蘇祿國王。王言：「臣愚無知，雖爲國人所推，然未受朝命，幸賜封誥，仍其國號。」從之，乃賜以印誥、冠帶、儀仗、鞍馬及文綺、金織襲衣，妃以下並有賜。明年正月辭還，復賜金銀錢、文綺、紗羅、綵帛、金織襲衣、麒麟衣，妃以下賜有差。王還至福建，遘疾卒。遣禮部主事楊善諭祭，謚曰康靖，有司治墳，葬以王禮。命其子剌苾嗣爲王，率衆歸，賜鈔幣。

馮嘉施蘭，亦東洋中小國。永樂四年八月，其酋嘉馬銀等來朝，貢方物，賜鈔幣有差。六年四月，其酋玳瑁、里欲二人，各率其屬朝貢，賜二人鈔各百錠、文綺六表裏，其從者亦有賜。八年復來貢。

文郎馬神，以木爲城，其半倚山。酋蓄繡女數百人。出乘象，則繡女執衣履、刀劍及檳榔盤以從。或泛舟，則酋趺坐牀上，繡女列坐其下，與相向，或用以刺舟，威儀甚都。民多縛木水上，築室以居，如三佛齊。男女用五色布纏頭，腹背多袒，或著小袖衣，蒙頭而入，下體圍以幔。初用蕉葉爲食器，後與華人市，漸用磁器。尤好磁甕，畫龍其外，死則貯甕中以葬。其俗惡淫，奸者論死。華人與女通，輒削其髮，以女配之，永不聽歸。女苦髮短，問華人何以致長，紿之曰：「我用華水沐之，故長耳。」其女信之，競市船中水以沐。華人故靳之，以爲笑端。女或悅華人，持香蕉、甘蔗、茉莉相贈遺，多與之調笑。然憚其法嚴，無敢私通者。

其深山中有村名烏籠里憚，其人盡生尾，見人輒掩面走避。然地饒沙金，商人持貨往市者，擊小銅鼓爲號，置貨地上，卽引退丈許。其人乃前視，當意者，置金於旁。主者遙語欲售，則持貨去，否則懷金以歸，不交言也。所產有犀牛、孔雀、鸚鵡、沙金、鶴頂、降香、蠟、藤席、蓽藤、蓽撥、血竭、肉荳蔻、獐皮諸物。

鄰境有買哇柔者，性兇狠，每夜半盜斬人頭以去，裝之以金。故商人畏之，夜必嚴更以待。始，文郎馬神酋有賢德，待商人以恩信。子三十一人，恐擾商舶，不令外出。其妻乃買哇柔酋長之妹，生子襲父位，聽其母族之言，務爲欺詐，多負商人價直，自是赴者亦稀。

校勘記

〔一〕山南王從弟汪應祖亦遣使告承察度之喪　汪應祖，原作「王應祖」，據本書卷六成祖紀及太宗實錄卷二八永樂二年四月壬午條改。

〔二〕命給事中喬毅行人童守宏封金篇爲王　童守宏，原作「董守宏」，明史稿傳一九七琉球傳、英宗實錄卷二〇六景泰二年七月戊戌條、國榷卷三〇頁一九〇四都作「童守宏」。據改。

〔三〕四十年日本果以勁兵三千入其國　本書卷二一神宗紀繫此事於三十七年。

〔四〕有閻應龍張嶷者　閻應龍，神宗實錄卷三七五萬曆三十年八月丙戌條及國榷卷七九頁四九〇

〇都作「閻應隆」。

〔五〕廣東李鳳至汚辱婦女六十六人　廣東，原作「雲南」，據本書卷二二〇溫純傳、又卷三〇五陳增傳、梁永傳改。按神宗實錄卷三七五萬曆三十年八月甲寅條有廣東巡按李時華論稅使李鳳疏。

明史卷三百二十四

列傳第二百十二

外國五

占城　賓童龍　眞臘　暹羅　爪哇　闍婆　蘇吉丹　碟里　日羅夏治　三佛齊

占城居南海中，自瓊州航海順風一晝夜可至，自福州西南行十晝夜可至，卽周越裳地。秦爲林邑，漢爲象林縣。後漢末，區連據其地，始稱林邑王。自晉至隋仍之。唐時，或稱占不勞，或稱占婆，其王所居曰占城。至德後，改國號曰環。迄周、宋，遂以占城爲號，朝貢不替。元世祖惡其阻命，大舉兵擊破之，亦不能定。

洪武二年，太祖遣官以卽位詔諭其國。其王阿荅阿者先已遣使奉表來朝，貢象虎方物。帝喜，卽遣官齎璽書、大統曆、文綺、紗羅，偕其使者往賜，其王復遣使來貢。自後或

比歲貢，或間歲，或一歲再貢。未幾，命中書省管勾甘桓、會同館副使路景賢齎詔，封阿荅阿者爲占城國王，賜綵幣四十、大統曆三千。三年遣使往祀其山川，尋頒科舉詔於其國。

初，安南與占城搆兵，天子遣使諭解，而安南復相侵。四年，其王奉金葉表來朝，長尺餘，廣五寸，刻本國字。館人譯之，其意曰：「大明皇帝登大寶位，撫有四海，如天地覆載，日月照臨。阿荅阿者譬一草木爾，欽蒙遣使，以金印封爲國王，感戴忻悅，倍萬恒情。惟是安南用兵，侵擾疆域，殺掠吏民。伏願皇帝垂慈，賜以兵器及樂器、樂人，俾安南知我占城乃聲教所被，輸貢之地，庶不敢欺陵。」帝命禮部諭之曰：「占城、安南並事朝廷，同奉正朔，乃擅自搆兵，毒害生靈，既失事君之禮，又乖交鄰之道。已咨安南國王，令卽日罷兵。本國亦宜講信修睦，各保疆土。所請兵器，於王何吝，但兩國互搆而賜占城，是助爾相攻，甚非撫安之義。樂器、樂人，語音殊異，難以遣發。爾國有曉華言者，其選擇以來，當令肄習。」因命福建省臣勿徵其稅，示懷柔之意。

六年，貢使言：「海寇張汝厚、林福等自稱元帥，剽劫海上。國主擊破之，賊魁溺死，獲其舟二十艘、蘇木七萬斤，謹奉獻。」帝嘉之，命給賜加等。冬，遣使獻安南之捷。帝謂省臣曰：「去冬，安南言占城犯境；今年，占城謂安南擾邊，未審曲直。可遣人往諭，各罷兵息民，毋相侵擾。」十年與安南王陳煓大戰，煓敗死。十二年，貢使至都，中書不以時奏。帝切責

丞相胡惟庸、汪廣洋，二人遂獲罪。遣官賜王大統曆及衣幣，令與安南修好罷兵。

十三年遣使賀萬壽節。帝聞其與安南水戰不利，賜敕諭曰：「曩者安南兵出，敗於占城。占城乘勝入安南，安南之辱已甚。王能保境息民，則福可長享；如必驅兵苦戰，勝負不可知，而鷸蚌相持，漁人得利，他日悔之，不亦晚乎。」

十六年貢象牙二百枝及方物。遣官賜以勘合、文册及織金文綺三十二、磁器萬九千。十九年遣子寶部領詩那日忽來朝，賀萬壽節，獻象五十四，皇太子亦有獻。帝嘉其誠，賜賚優渥，命中官送還。明年復貢象五十一及伽南、犀角諸物，帝加宴賚。還至廣東，復命中官宴餞，給道里費。

眞臘貢象，占城王奪其四之一，其他失德事甚多。帝聞之，怒。二十一年夏，命行人董紹敕責之。紹未至，而其貢使抵京。尋復遣使謝罪，乃命宴賜如制。時阿荅阿者失道，大臣閣勝懷不軌謀，二十三年弒王自立。明年遣太師奉表來貢，帝惡其悖逆，却之。三十年後，復連入貢。

成祖即位，詔諭其國。永樂元年，其王占巴的賴奉金葉表朝貢，且告安南侵掠，請降敕戒諭。帝可之，遣行人蔣賓興、王樞使其國，賜以絨、錦、織金文綺、紗羅。明年，以安南王胡奃奏，詔戢兵，遣官諭占城王。而王遣使奏：「安南不遵詔旨，以舟師來侵，朝貢人回，賜

物悉遭奪掠。又畀臣冠服、印章，俾爲臣屬。且已據臣沙離牙諸地，更侵掠未已，臣恐不能自存。乞隸版圖，遣官往治。」帝怒，敕責胡奃，而賜占城王鈔幣。

四年貢白象方物，復告安南之難。帝大發兵往討，敕占城嚴兵境上，遏其越逸，獲者即送京師。五年攻取安南所侵地，獲賊黨胡烈、潘麻休等獻俘闕下，貢方物謝恩。帝嘉其助兵討逆，遣中官王貴通齎敕及銀幣賜之。

六年，鄭和使其國。王遣其孫舍楊該貢象及方物謝恩。十年，其貢使乞冠帶，予之，復命鄭和使其國。

十三年，王師方征陳季擴，命占城助兵。尚書陳洽言：「其王陰懷二心，愆期不進，反以金帛、戰象資季擴，季擴以黎蒼女遺之，復約季擴舅陳翁挺侵升華府所轄四州十一縣地。厥罪維均，宜遣兵致討。」帝以交阯初平，不欲勞師，但賜敕切責，俾還侵地，王即遣使謝罪。十六年，遣其孫舍那挫來朝。命中官林貴、行人倪俊送歸，有賜。

宣德元年，行人黃原昌往頒正朔，絀其王不恪，却所酬金幣以歸，擢戶部員外郎。

正統元年，瓊州知府程瑩言：「占城比年一貢，勞費實多。乞如暹羅諸國例，三年一貢。」帝是之，敕其使如瑩言，賜王及妃綵幣。然番人利中國市易，雖有此令，迄不遵。

六年，王占巴的賴卒，其孫摩訶賁該以遺命遣王孫述提昆來朝貢，〔一〕且乞嗣位。乃遣給事中管瞳、〔二〕行人吳惠齎詔，封爲王，新王及妃並有賜。七年春，述提昆卒於途，帝憫之，遣官賜祭。八年遣從子且揚樂催貢舞牌旗黑象。

十一年敕諭摩訶賁該曰：「邇者，安南王黎濬遣使奏王欺其孤幼，曩已侵升、華、思、義四州，今又屢攻化州，掠其人畜財物。二國俱受朝命，各有分疆，豈可興兵搆怨，乖睦鄰保境之義。王宜祇循禮分，嚴飭邊臣，毋恣肆侵軼，貽禍生靈。」并諭安南嚴行備禦，毋挾私報復。先是，定三年一貢之例，其國不遵。及詰其使者，則云：「先王已逝，前敕無存，故不知此令。」是歲，貢使復至，再敕王遵制，賜王及妃綵幣。冬復遣使來貢。

十二年，王與安南戰，大敗被執。故王占巴的賴姪摩訶貴來遣使奏：「先王抱疾，曾以臣爲世子，欲令嗣位。臣時年幼，遜位於舅氏摩訶賁該。後屢興兵伐安南，致敵兵入舊州古壘等處，殺掠人畜殆盡，王亦被擒。國人以臣先王之姪，且有遺命，請臣代位。辭之再三，不得已始於府前治事。臣不敢自專，伏候朝命。」乃遣給事中陳誼、行人薛幹封爲王，諭以保國交鄰，并諭國中臣民共相輔翼。十三年敕安南送摩訶賁該還國，不奉命。

景泰三年遣使來貢，〔三〕且告王訃。命給事中潘本愚、行人邊永封其弟摩訶貴由爲王。

天順元年入貢，賜其正副使鈒花金帶。二年，王摩訶槃羅悅新立，遣使奉表朝貢。四年復貢，自正使以下賜紗帽及金銀角帶有差。使者訴安南見侵，因敕諭安南王。九月，使

來，告王喪。命給事中黃汝霖、行人劉恕封王弟槃羅茶全爲王。

八年入貢。憲宗嗣位，應頒賜蕃國錦幣，禮官請付使臣齎回，從之。使者復訴安南見侵，求索白象。乞如永樂時，遣官安撫，建立界牌石，以杜侵陵。兵部以兩國方爭，不便遣使，乞令使臣歸諭國王，務循禮法，固封疆，捍外侮，毋輕搆禍，從之。

成化五年入貢。時安南索占城犀象、寶貨，令以事天朝之禮事之。占城不從，大舉往伐。七年破其國，執王槃羅茶全及家屬五十餘人，劫印符，大肆焚掠，遂據其地。王弟槃羅茶悅逃山中，遣使告難。兵部言：「安南吞并與國，若不爲處分，非惟失占城歸附之心，抑恐啓安南跋扈之志。宜遣官齎敕宣諭，還其國王及眷屬。」帝慮安南逆命，令俟貢使至日，賜敕責之。

八年，以槃羅茶悅請封，命給事中陳峻、行人李珊持節往。峻等至新州港，守者拒之，知其國已爲安南所據，改爲交南州，乃不敢入。十年冬還朝。

安南既破占城，復遣兵執槃羅茶悅，立前王孫齋亞麻弗菴爲王，以國南邊地予之。十四年，遣使朝貢請封，命給事中馮義、行人張瑾往封之。義等多攜私物，既至廣東，聞齋亞麻弗菴已死，其弟古來遣使乞封。義等慮空還失利，亟至占城。占城人言，王孫請封之後，即爲古來所殺，安南以僞敕立其國人提婆苔爲王。義等不俟奏報，輒以印幣授提婆苔封

之，得所賂黃金百餘兩，又往滿剌加國盡貨其私物以歸。義至海洋病死。瑾具其事，幷上僞敕於朝。

十七年，古來遣使朝貢，言：「安南破臣國時，故王弟槃羅茶悅逃居佛靈山。比天使齎封誥至，已爲賊人執去，臣與兄齋亞麻弗菴潛竄山谷。後賊人畏懼天威，遣人訪覓亞兄，還以故地。然自邦都郎至占臘止五處，臣兄權國未幾，遽爾隕歿。臣當嗣立，不敢自專，仰望天恩，賜之册印。臣國所有土地本二十七處，四府、一州、二十二縣。東至海，南至占臘，西至黎人山，北至阿本喇補，凡三千五百餘里。乞特諭交人，盡還本國。」章下廷議，英國公張懋等請特遣近臣有威望者二人往使。時安南貢使方歸，即賜敕詰責黎灝，令速還地，毋抗朝命。禮官乃劾瑾擅封，執下詔獄，具得其情，論死。時古來所遣使臣在館，召問之，云：「古來實王弟，其王病死，非弒。提婆苔不知何人。」乃命使臣暫歸廣東，俟提婆苔使至，審誠僞處之。使臣候命經年，提婆苔使者不至，乃令還國。

二十年敕古來撫諭提婆苔，使納原降國王印，宥其受僞封之罪，仍爲頭目。提婆苔不受命，乃遣給事中李孟暘、行人葉應册封古來爲國王。孟暘等言：「占城險遠，安南搆兵未已，提婆苔又竊據其地，稍或不慎，反損國威。宜令來使傳諭古來，詣廣東受封，幷敕安南悔禍。」從之。古來乃自老撾挈家赴崖州，孟暘竣封事而返。古來又欲躬詣闕廷，奏安南之

罪。二十三年，總督宋旻以聞。廷議遣大臣一人往勞，檄安南存亡繼絕，迎古來返占城。帝報可，命南京右都御史屠滽往。至廣東，卽傳檄安南，宣示禍福。募健卒二千人，駕海舟二十艘，護古來還國。安南以滽大臣奉特遣，不敢抗，古來乃得入。

明年，弘治改元，遣使入貢。二年遣弟卜古良赴廣東，言：「安南仍肆侵陵，乞如永樂時遣將督兵守護。」總督秦紘等以聞。兵部言：「安南、占城皆祖訓所載不征之國。永樂問命將出師，乃正黎賊弒逆之罪，非以隣境交惡之故。今黎灝修貢惟謹，古來膚受之愬，容有過情，不可信其單詞，勞師不征之國。宜令守臣回咨，言近交人殺害王子古蘇麻，王卽率衆敗之，仇恥已雪。王宜自强修政，撫䘏國人，保固疆圉，仍與安南敦睦修好。其餘嫌細故，悉宜捐除。倘不能自强，專藉朝廷發兵渡海，代王守國，古無是理。」帝如其言。三年遣使謝恩。其國自殘破後，民物蕭條，貢使漸稀。

十二年遣使奏：「本國新州港之地，仍爲安南侵奪，患方未息。臣年已老，請及臣未死，命長子沙古卜洛襲封，庶他日可保國土。」廷議：「安南爲占城患，已非一日。朝廷嘗因占城之愬，累降璽書，曲垂誨諭。安南前後奏報，皆言祇承朝命，土地人民，悉已退還。然安南辨釋之語方至，而占城控訴之詞又聞，恐眞有不獲已之情。宜仍令守臣切諭安南，毋貪人土地，自貽禍殃，否則議遣偏師往問其罪。至占城王長子，無父在襲封之理。請令先立爲

世子攝國事，俟他日當襲位時，如例請封。」帝報允。尋遣王孫沙不登古魯來貢。

十八年，古來卒。子沙古卜洛遣使來貢，不告父喪，但乞命大臣往其國，仍以新州港諸地封之。別有占奪方輿之奏，微及父卒事。給事中任良弼等言：「占城前因國土削弱，假貢乞封，仰仗天威，讋伏隣國。其實國王之立不立，不係朝廷之封不封也。今稱古來已歿，虛實難知。萬一我使至彼，古來尙存，將遂封其子乎？抑義不可而已乎？迫脅之間，事極難處。如往時科臣林霄之使滿剌加，不肯北面屈膝，幽餓而死，迄不能問其罪。君命國威，不可不愼。大都海外諸蕃，無事則廢朝貢而自立，有事則假朝貢而請封。今者貢使之來，豈急於求封，不過欲復安南之侵地，還粵東之逃人耳。夫安南侵地，璽書屢諭歸還，占據如故。今若再諭，彼將玩視之，天威褻矣。倘我使往封占城，羈留不遣，求爲處分，朝廷將何以應。又或拘我使者，令索逃人，是以天朝之貴臣，質於海外之蠻邦。宜如往年古來就封廣東事，令其領敕歸國，於計爲便。」禮部亦以古來存亡未明，請令廣東守臣移文占城勘報，從之，旣而封事久不行。

正德五年，〔四〕沙古卜洛遣叔父沙係把麻入貢，因請封。命給事中李貫、行人劉廷瑞往。貫抵廣東憚行，請如往年古來故事，令其使臣領封。廷議：「遣官已二年，今若中止，非興滅繼絕義。倘其使不願領封，或領歸而受非其人，重起事端，益傷國體，宜令貫等亟往。」貫

終憚行，以乏通事、火長爲詞。廷議令廣東守臣采訪其人，如終不得，則如舊例行。貫復設詞言：「臣奉命五載，似憚風波之險，殊不知占城自古來被逐後，竄居赤坎邦都郎，國非舊疆，勢不可往。況古來乃前王齋亞麻弗菴之頭目，殺王而奪其位。王有三子，其一尙存，義又不可。律以春秋之法，雖不興問罪之師，亦必絕朝貢之使。奈何又爲采訪之議，徒延歲月，於事無益。」廣東巡按丁楷亦附會具奏，廷議從之。十年令其使臣齎敕往，自是遂爲故事，其國貢使亦不常至。

嘉靖二十二年遣王叔沙不登古魯來貢，訴數爲安南侵擾，道阻難歸。乞遣官護送還國，報可。

其國無霜雪，四時皆似夏，草木常青。民以漁爲業，無二麥，力穡者少，故收穫薄。國人皆食檳榔，終日不離口。不解朔望，但以月生爲初，月晦爲盡，不置閏。分晝夜爲十更，非日中不起，非夜分不臥，見月則飲酒、歌舞爲樂。無紙筆，用羊皮槌薄熏黑，削細竹蘸白灰爲字，狀若蚯蚓。有城郭甲兵，人性狠而狡，貿易多不平。戶皆北向，民居悉覆茅檐，高不得過三尺。部領分差等，門高卑亦有限。飲食穢汚，魚非腐爛不食，釀不生蛆不爲美。人體黑，男蓬頭，女椎結，俱跣足。

王，瑣里人，崇釋教。歲時采生人膽入酒中，與家人同飲，且以浴身，曰「通身是膽」。其

國人采以獻王，又以洗象目。每伺人於道，出不意急殺之，取膽以去。若其人驚覺，則膽已先裂，不足用矣。置衆膽於器，華人膽輒居上，故尤貴之。五六月間，商人出，必戒備。王在位三十年，則避位入深山，以兄弟子姪代，而己持齋受戒，告於天曰：「我爲君無道，願狼虎食我，或病死。」居一年無恙，則復位如初。國中呼爲「昔嚟馬哈剌」，乃至尊至聖之稱也。國不甚富，惟犀象最多。烏木、降香，樵以爲薪。棋枏香獨產其地一山，酋長遣人守之，民不得采，犯者至斷手。

有鱷魚潭，獄疑不決者，令兩造騎牛過其旁，曲者，魚輒躍而食之，直者，卽數往返，不食也。有尸頭蠻者，一名屍致魚，本婦人，惟無瞳神爲異。夜中與人同寢，忽飛頭食人穢物，來卽復活。若人知而封其頸，或移之他所，其婦卽死。國設厲禁，有而不告者，罪及一家。

賓童龍國，與占城接壤。或言如來入舍衞國乞食，卽其地。氣候、草木、人物、風土，大類占城，惟遭喪能持服，葬以僻地，設齋禮佛，婚姻偶合。酋出入乘象或馬，從者百餘人，前後讚唱。民編茅覆屋。貨用金、銀、花布。

有崑崙山，節然大海中，與占城及東、西竺鼎峙相望。其山方廣而高，其海卽曰崑崙

洋。諸往西洋者，必待順風，七晝夜始得過，故舟人爲之諺曰：「上怕七州，下怕崑崙，針迷舵失，人船莫存。」此山無異產。人皆穴居巢處，食果實魚蝦，無室廬井竈。

眞臘，在占城南，順風三晝夜可至。隋、唐及宋皆朝貢。宋慶元中，滅占城而幷其地，因改國名曰占臘。元時仍稱眞臘。

洪武三年遣使臣郭徵等齎詔撫諭其國。四年，其國巴山王忽爾那遣使進表，貢方物，賀明年正旦。詔賜大統曆及綵幣，使者亦給賜有差。六年進貢。十二年，王參答甘武者持達志遣使來貢，宴賜如前。十三年復貢。十六年遣使齎勘合文册賜其王。凡國中使至，勘合不符者，卽屬矯僞，許縶縛以聞。復遣使賜織金文綺三十二、磁器萬九千。其王遣使來貢。十九年遣行人劉敏、唐敬偕中官齎磁器往賜。明年，敬等還，王遣使貢象五十九、香六萬斤。尋遣使賜其王鍍金銀印，王及妃皆有賜。其王參烈寶毘邪甘菩者遣使貢象及方物。明年復貢象二十八、象奴三十四人、番奴四十五人，謝賜印之恩。二十二年三貢。明年復貢。

永樂元年遣行人蔣賓興、王樞以卽位詔諭其國。明年，王參烈婆毘牙遣使來朝，貢方物。初，中官使眞臘，有部卒三人潛遁，索之不得，王以其國三人代之，至是引見。帝曰：「華人自逃，於彼何預而責償？且語言不通，風土不習，吾焉用之？」命賜衣服及道里費，遣還。三年遣使來貢，告故王之喪。命鴻臚序班王孜致祭，給事中畢進、中官王琮齎詔封其嗣子參烈昭平牙爲王。進等還，嗣王遣使偕來謝恩。六年、十二年再入貢。使者以其國數被占城侵擾，久留不去。帝遣中官送之還，幷敕占城王罷兵修好。十五年、十七年並入貢。宣德、景泰中，亦遣使入貢。自後不常至。

其國城隍周七十餘里，幅員廣數千里。國中有金塔、金橋、殿宇三十餘所。王歲時一會，羅列玉猿、孔雀、白象、犀牛於前，名曰百塔洲。盛食以金盤、金椀，故有「富貴眞臘」之諺。民俗富饒。天時常熱，不識霜雪，禾一歲數稔。男女椎結，穿短衫，圍梢布。刑有劓、刖、刺配，盜則去手足。番人殺唐人罪死；唐人殺番人則罰金，無金則鬻身贖罪。唐人者，諸番呼華人之稱也，凡海外諸國盡然。婚嫁，兩家俱八日不出門，晝夜燃燈。〔五〕人死置於野，任烏鳶食，俄頃食盡者，謂爲福報。居喪，但髡其髮，女子則額上剪髮如錢大，曰用此報親。文字以麂鹿雜皮染黑，用粉爲小條畫於上，永不脫落。以十月爲歲首，閏悉用九月。夜分四更。亦有曉天文者，能算日月薄蝕。其地謂儒爲班詰，僧爲苧姑，道爲八思。班詰不知

讀何書，由此入仕者爲華貫。先時項掛一白線以自別，既貴曳白如故。俗尚釋教，僧皆食魚、肉，或以供佛，惟不飲酒。其國自稱甘孛智，後訛爲甘破蔗，萬曆後又改爲東埔寨。

暹羅，在占城西南，順風十晝夜可至，卽隋、唐赤土國。後分爲羅斛、暹二國。暹土瘠不宜稼，羅斛地平衍，種多穫，暹仰給焉。元時，暹常入貢。其後，羅斛强，併有暹地，遂稱暹羅斛國。

洪武三年命使臣呂宗俊等齎詔諭其國。四年，其王參烈昭毘牙遣使奉表，與宗俊等偕來，貢馴象、六足龜及方物，詔賜其王錦綺及使者幣帛有差。已，復遣使賀明年正旦，詔賜大統曆及綵幣。五年貢黑熊、白猿及方物。明年復來貢。其王之姊參烈思寧別遣使進金葉表，貢方物於中宮，却之。已而其姊復遣使來貢，帝仍却之，而宴賚其使。時其王懦而不武，國人推其伯父參烈寶毘邪嗯哩哆囉祿主國事，遣使來告，貢方物，宴賚如制。已而新王遣使來貢、謝恩，其使者亦有獻，帝不納。已，遣使賀明年正旦，貢方物，且獻本國地圖。

七年，使臣沙里拔來貢。言去年舟次烏猪洋，遭風壞舟，飄至海南，賴官司救護，尚存

飄餘兜羅綿、降香、蘇木諸物進獻，廣東省臣以聞。帝怪其無表，既言舟覆，而方物乃有存者，疑其爲番商，命却之。諭中書及禮部臣曰：「古諸侯於天子，比年一小聘，三年一大聘。九州之外，則每世一朝，所貢方物，表誠敬而已。惟高麗頗知禮樂，故令三年一貢。他遠國，如占城、安南、西洋瑣里、爪哇、浡泥、三佛齊、暹羅斛、眞臘諸國，入貢既頻，勞費太甚。今不必復爾，其移牒諸國俾知之。」然而來者不止。其世子蘇門邦王昭祿羣膺亦遣使上箋於皇太子，貢方物。命引其使朝東宮，宴賚遣之。八年再入貢。其舊明臺王世子昭孛羅局亦遣使奉表朝貢，宴賚如王使。

十年，昭祿羣膺承其父命來朝。帝喜，命禮部員外郎王恒等齎詔及印賜之，文曰「暹羅國王之印」，并賜世子衣幣及道里費。自是，其國遵朝命，始稱暹羅；比年一貢，或一年兩貢。至正統後，或數年一貢云。

十六年賜勘合文册及文綺、磁器，與眞臘等。二十年貢胡椒一萬斤、蘇木一萬斤。〔六〕帝遣官厚報之。時溫州民有市其沉香諸物者，所司坐以通番，當棄市。帝曰：「溫州乃暹羅必經之地，因其往來而市之，非通番也。」乃獲宥。二十一年貢象三十、番奴六十。二十二年，世子昭祿羣膺遣使來貢。二十三年貢蘇木、胡椒、降香十七萬斤。

二十八年，昭祿羣膺遣使朝貢，且告父喪。命中官趙達等往祭，敕世子嗣王位，賜賚有

加。諭曰：「朕自即位以來，命使出疆，周於四維，足履其境者三十六，聲聞於耳者三十一，〔七〕風殊俗異。大國十有八，小國百四十九，較之於今，暹羅最近。邇者使至，知爾先王已逝。王紹先王之緒，有道於邦家，臣民懽懌。茲特遣人錫命，王其罔失法度，罔淫於樂，以光前烈。欽哉。」

成祖即位，詔諭其國。永樂元年賜其王昭祿羣膺哆囉諦剌駝紐鍍金銀印，其王即遣使謝恩。六月，以上高皇帝尊謚，遣官頒詔，有賜。八月復命給事中王哲、行人成務賜其王錦綺。九月命中官李興等齎敕，勞賜其王，其文武諸臣並有賜。

二年有番船飄至福建海岸，詰之，乃暹羅與琉球通好者。所司籍其貨以聞，帝曰：「二國修好，乃甚美事，不幸遭風，正宜憐惜，豈可因以爲利。所司其治舟給粟，俟風便遣赴琉球。」是月，其王以帝降璽書勞賜，遣使來謝，貢方物。賜賚有加，并賜列女傳百册。使者請頒量衡爲國永式，從之。

先是，占城貢使返，風飄其舟至彭亨，暹羅索取其使，羈留不遣。蘇門答剌及滿剌加又訴暹羅恃強發兵奪天朝所賜印誥。帝降敕責之曰：「占城、蘇門答剌、滿剌加與爾俱受朝命，安得逞威拘其貢使，奪其誥印。天有顯道，福善禍淫，安南黎賊可爲鑒戒。其即返占城使者，還蘇門答剌、滿剌加印誥。自今奉法循理，保境睦鄰，庶永享太平之福。」時暹羅所遣

貢使，失風飄至安南，盡爲黎賊所殺，止餘孛黑一人。後官軍征安南，獲之以歸。帝憫之，六年八月命中官張原送還國，賜王幣帛，令厚恤被殺者之家。九月，中官鄭和使其國，其王遣使貢方物，謝前罪。

七年，使來祭仁孝皇后，命中官告之几筵。時奸民何八觀等逃入暹羅，帝命使者還告其主，毋納逋逃。其王即奉命遣使貢馬及方物，并送八觀等還，命張原齎敕幣奬之。十年命中官洪保等往賜幣。

十四年，王子三賴波羅摩剌劄的賴遣使告父之喪。命中官郭文往祭，別遣官齎詔封其子爲王，賜以素錦、素羅，隨遣使謝恩。十七年命中官楊敏等護歸。以暹羅侵滿剌加，遣使責令輯睦，王復遣使謝罪。宣德八年，王悉里麻哈賴遣使朝貢。

初，其國陪臣柰三鐸等貢舟次占城新州港，盡爲其國人所掠。正統元年，柰三鐸潛附小舟來京，訴占城劫掠狀。帝命召占城使者與相質。使者無以對，乃敕占城王，令盡還所掠人物。已，占城移咨禮部言：「本國前歲遣使往須文達那，亦爲暹羅賊人掠去，必暹羅先還所掠，本國不敢不還。」三年，暹羅貢使又至，賜敕曉以此意，令亟還占城人物。十一年，王思利波羅麻那惹智剌遣使入貢。

景泰四年命給事中劉洙、行人劉泰祭其故王波羅摩剌劄的賴，封其嗣子把羅蘭米孫剌

爲王。天順元年賜其貢使鈒花金帶。六年，王孛剌藍羅者直波智遣使朝貢。

成化九年，貢使言天順元年所頒勘合，爲蟲所蝕，乞改給，從之。十七年，貢使還，至中途竊買子女，且多載私鹽，命遣官戒諭諸番。先是，汀州人謝文彬，以販鹽下海，飄入其國，仕至坤岳，猶天朝學士也。後充使來朝，貿易禁物，事覺下吏。

十八年遣使朝貢，且告父喪，命給事中林霄、行人姚隆往封其子國隆勃剌略坤息剌尤地爲王。弘治十年入貢。時四夷館無暹羅譯字官，閣臣徐溥等請移牒廣東，訪取能通彼國言語文字者，赴京備用，從之。正德四年，暹羅船有飄至廣東者，市舶中官熊宣與守臣議，稅其物供軍需。事聞，詔斥宣妄攬事柄，撤還南京。十年進金葉表朝貢，館中無識其字者。閣臣梁儲等請選留其使一二人入館肄習，報可。嘉靖元年，暹羅、占城貨船至廣東。市舶中官牛榮縱家人私市，論死如律。三十二年遣使貢白象及方物，象死於途，使者以珠寶飾其牙，盛以金盤，并尾來獻。帝嘉其意，厚遺之。

隆慶中，其鄰國東蠻牛求婚不得，慙怒，大發兵攻破其國。王自經，擄其世子及天朝所賜印以歸。次子嗣位，奉表請印，予之。自是爲東蠻牛所制，嗣王勵志復仇。萬曆間，敵兵復至，王整兵奮擊，大破之，殺其子，餘衆宵遁，暹羅由是雄海上。移兵攻破眞臘，降其王。從此，歲歲用兵，遂霸諸國。

六年遣使入貢。二十年，日本破朝鮮，暹羅請潛師直擣日本，牽其後。中樞石星議從之，兩廣督臣蕭彥持不可，乃已。其後，奉貢不替。崇禎十六年猶入貢。

其國，周千里，風俗勁悍，習於水戰。大將用聖鐵裹身，刀矢不能入。聖鐵者，人腦骨也。王，瑣里人。官分十等。自王至庶民，有事皆決於其婦。其婦人志量，實出男子上。婦私華人，則夫置酒同飲，恬不爲怪，曰：「我婦美，而爲華人所悅也。」崇信釋教，男女多爲僧尼，亦居菴寺，持齋受戒。衣服頗類中國。富貴者，尤敬佛，百金之產，即以其半施之。氣候不正，或寒或熱，地卑濕，人皆樓居。男女椎結，以白布裹首。富貴者死，用水銀灌其口而葬之。貧者則移置海濱，即有羣鴉飛啄，俄頃而盡，家人拾其骨號泣而棄之於海，謂之鳥葬。亦延僧設齋禮佛。交易用海𧵅。是年不用𧵅，則國必大疫。其貢物，有象、象牙、犀角、孔雀尾、翠羽、龜筒、六足龜、寶石、珊瑚、片腦、米腦、糠腦、腦油、腦柴、薔薇水、碗石、丁皮、阿魏、紫梗、藤竭、藤黃、硫黃、沒藥、烏爹泥、安息香、羅斛香、速香、檀香、黃熟香、降眞香、乳香、樹香、木香、丁香、烏香、胡椒、蘇木、肉荳蔻、白荳蔻、蓽茇、烏木、大楓子及撒哈剌、西洋諸布。其國有三寶廟，祀中官鄭和。

爪哇在占城西南。元世祖時，遣使臣孟琪往，黥其面。世祖大舉兵伐之，破其國而還。

洪武二年，太祖遣使以即位詔諭其國。其使臣先奉貢於元，還至福建而元亡，因入居京師。太祖復遣使送之還，且賜以大統曆。三年以平定沙漠頒詔曰：「自古爲天下主者，視天地所覆載，日月所照臨，若遠若近，生人之類，莫不欲其安土而樂生。然必中國安，而後四方萬國順附。邇元君妥懽帖木兒，荒淫昏弱，志不在民。天下英雄，分裂疆宇。朕憫生民之塗炭，興舉義兵，攘除亂略。天下軍民共尊朕居帝位，國號大明，建元洪武。前年克取元都，四方底定。占城、安南、高麗諸國，俱來朝貢。今年遣將北征，始知元君已沒，獲其孫買的里八剌，封爲崇禮侯。朕倣前代帝王，治理天下，惟欲中外人民，各安其所。又慮諸蕃僻在遠方，未悉朕意，故遣使者往諭，咸使聞知。」九月，其王昔里八達剌蒲遣使奉金葉表來朝，貢方物，宴賚如禮。

五年又遣使隨朝使常克敬來貢，上元所授宣敕三道。八年又貢。十年，王八達那巴那務遣使朝貢。其國又有東、西二王，東蕃王勿院勞網結，西蕃王勿勞波務，各遣使朝貢。天子以其禮意不誠，詔留其使，已而釋還之。十二年，王八達那巴那務遣使朝貢。明年又貢。時遣使賜三佛齊王印綬，爪哇誘而殺之。天子怒，留其使月餘，將加罪，已，遣還，賜敕責之。十四年遣使貢黑奴三百人及他方物。明年又貢黑奴男女百人、大珠八顆、胡椒七萬五千斤。二十六年再貢。明年又貢。

成祖即位，詔諭其國。永樂元年又遣副使聞良輔、行人甯善，賜其王絨、錦、織金文綺、紗羅。使者旣行，其西王都馬板遣使入賀，復命中官馬彬等賜以鍍金銀印。西王遣使謝賜印，貢方物。而東王孛令達哈亦遣使朝貢，請印，命遣官賜之。自後，二王並貢。

三年遣中官鄭和使其國。明年，西王與東王搆兵，東王戰敗，國被滅。適朝使經東王地，部卒入市，西王國人殺之，凡百七十人。西王懼，遣使謝罪。帝賜敕切責之，命輸黃金六萬兩以贖。六年再遣鄭和使其國。西王獻黃金萬兩，禮官以輸數不足，請下其使於獄。帝曰：「朕於遠人，欲其畏罪而已，寧利其金耶？」悉捐之。自後，比年一貢，或間歲一貢，或一歲數貢。中官吳賓、鄭和先後使其國。時舊港地有爲爪哇侵據者，滿剌加國王矯朝命索之。帝乃賜敕曰：「前中官尹慶還，〔六〕言王恭待敕使，有加無替。比聞滿剌加國索舊港之地，王甚疑懼。朕推誠待人，若果許之，必有敕諭，王何疑焉。小人浮詞，愼勿輕聽。」

十三年，其王改名揚惟西沙，遣使謝恩，貢方物。時朝使所攜卒有遭風飄至班卒兒國者，爪哇人珍班聞之，用金贖還，歸之王所。十六年，王遣使朝貢，因送還諸卒。帝嘉之，賜敕奬王，并優賜珍班。自是，朝貢使臣大率每歲一至。

正統元年，使臣馬用良言：「先任八諦來朝，蒙恩賜銀帶。今爲亞烈，秩四品，乞賜金帶。」從之。閏六月遣古里、蘇門答剌、錫蘭山、柯枝、天方、加異勒、阿丹、忽魯謨斯、祖法兒、甘巴里、眞臘使臣偕爪哇使臣郭信等同往。賜爪哇敕曰：「王自我先朝，修職勿怠。朕今嗣服，復遣使來朝，意誠具悉。宣德時，有古里等十一國來貢，今因王使者歸，令諸使同往。王其加意撫卹，分遣還國，副朕懷遠之忱。」五年，使臣回，遭風溺死五十六人，存者八十三人，仍返廣東。命所司廩給，俟便舟附歸。

八年，廣東參政張琰言：「爪哇朝貢頻數，供億費煩，敝中國以事遠人，非計。」帝納之。其使還，賜敕曰：「海外諸邦，並三年一貢。王亦宜體恤軍民，一遵此制。」十一年復三貢，後乃漸稀。

景泰三年，王巴剌武遣使朝貢。天順四年，王都馬班遣使入貢。使者還至安慶，酗酒，與入貢番僧鬭，僧死者六人。禮官請治伴送行人罪，使者敕國王自治，從之。成化元年入貢。弘治十二年，貢使遭風舟壞，止通事一舟達廣東。禮官請敕所司，量予賜賚遣還，其貢物仍進京師，制可。自是貢使鮮有至者。

其國近占城，二十晝夜可至。元師西征，以至元二十九年十二月發泉州，明年正月即抵其國，相去止月餘。宣德七年入貢，表書「一千三百七十六年」，蓋漢宣帝元康元年，乃其建國之始也。地廣人稠。性兇悍，男子無少長貴賤皆佩刀，稍忤輒相賊，故其甲兵爲諸蕃之最。字類瑣里，無紙筆，刻於茭葦葉。氣候常似夏，稻歲二稔。無几榻匕箸。人有三種：華人流寓者，服食鮮華；他國賈人居久者，亦尚雅潔；其本國人最汚穢，好啖蛇蟻虫蚓，與犬同寢食，狀黝黑，猱頭赤脚。崇信鬼道。殺人者避之三日卽免罪。父母死，舁至野，縱犬食之；不盡，則大戚，燔其餘。妻妾多燔以殉。

其國一名蒲家龍，又曰下港，曰順塔。萬曆時，紅毛番築土庫於大澗東，佛郎機築於大澗西，歲歲互市。中國商旅亦往來不絕。其國有新村，最號饒富。中華及諸番商舶，輻輳其地，寶貨塡溢。其村主卽廣東人，永樂九年自遣使表貢方物。

闍婆，古曰闍婆達。宋元嘉時，始朝中國。唐曰訶陵，又曰社婆，其王居闍婆城，宋曰闍婆，皆入貢。洪武十一年，其王摩那駝喃遣使奉表，貢方物，其後不復至。或曰爪哇卽闍婆。然元史爪哇傳不言，且曰：「其風俗、物產無所考。」太祖時，兩國並時入貢，其王之名不同。或本爲二國，其後爲爪哇所滅，然不可考。

蘇吉丹，爪哇屬國，後訛爲思吉港。國在山中，止數聚落。酋居吉力石。其水濇，舟不

可泊。商船但往饒洞，其地平衍，國人皆就此貿易。其與國有思魯瓦及猪蠻。猪蠻多盜，華人鮮至。

碟里，近爪哇。永樂三年遣使附其使臣來貢。其地尙釋教，俗淳少訟，物產甚薄。

日羅夏治，近爪哇。永樂三年遣使附其使臣入貢。國小，知種藝，無盜賊。亦尙釋教，所產止蘇木、胡椒。

三佛齊，古名干陀利。劉宋孝武帝時，常遣使奉貢。梁武帝時數至。宋名三佛齊，修貢不絕。

洪武三年，太祖遣行人趙述詔諭其國。明年，其王馬哈剌札八剌卜遣使奉金葉表，隨入貢黑熊、火雞、孔雀、五色鸚鵡、諸香、苾布、兜羅被諸物。詔賜大統曆及錦綺有差。戶部言其貨舶至泉州，宜徵稅，命勿徵。

六年，王怛麻沙那阿者遣使朝貢，又一表賀明年正旦。時其國有三王。七年，王麻那哈寶林邦遣使來貢。八年正月復貢。九月，王僧伽烈宇蘭遣使，隨招諭拂菻國朝使入貢。

九年，怛麻沙那阿者卒，子麻那者巫里嗣。明年遣使貢犀牛、黑熊、火雞、白猴、紅綠鸚鵡、龜筒及丁香、米腦諸物。使者言：「嗣子不敢擅立，請命於朝。」天子嘉其義，命使臣齎印，敕封爲三佛齊國王。時爪哇强，已威服三佛齊而役屬之，聞天朝封爲國王與己埒，則大怒，遣人誘朝使邀殺之。天子亦不能問罪，其國益衰，貢使遂絕。

三十年，禮官以諸蕃久缺貢，奏聞。帝曰：「洪武初，諸蕃貢使不絕。邇者安南、占城、眞臘、暹羅、爪哇、大琉球、三佛齊、浡泥、彭亨、百花、蘇門答剌、西洋等三十國，以胡惟庸作亂，三佛齊乃生間諜，紿我使臣至彼。爪哇王聞知，遣人戒飭，禮送還朝。由是商旅阻遏，諸國之意不通。惟安南、占城、眞臘、暹羅、大琉球朝貢如故，大琉球且遣子弟入學。凡諸蕃國使臣來者，皆以禮待之。我視諸國不薄，未知諸國心若何。今欲遣使爪哇，恐三佛齊中途沮之。聞三佛齊本爪哇屬國，可述朕意，移咨暹羅，俾轉達爪哇。」於是部臣移牒曰：「自有天地以來，卽有君臣上下之分，中國四裔之防。我朝混一之初，海外諸蕃，莫不來享。豈意胡惟庸謀亂，三佛齊遂生異心，紿我信使，肆行巧詐。我聖天子一以仁義待諸蕃，何諸蕃敢背大恩，失君臣之禮。倘天子震怒，遣一偏將將十萬之師，恭行天罰，易如覆手，爾諸蕃何不思之甚。我聖天子嘗曰：『安南、占城、眞臘、暹羅、大琉球皆修臣職，惟三佛齊梗我聲教。彼以蕞爾之國，敢倔强不服，自取滅亡。』爾暹羅恪守臣節，天朝眷禮有加，可轉達爪哇，令以大義告諭三佛齊，誠能省愆從善，則禮待如初。」

時爪哇已破三佛齊，據其國，改其名曰舊港，三佛齊遂亡。國中大亂，爪哇亦不能盡有其地，華人流寓者往往起而據之。有梁道明者，廣州南海縣人，久居其國。閩、粵軍民泛海從之者數千家，推道明爲首，雄視一方。會指揮孫鉉使海外，遇其子，挾與俱來。

永樂三年，成祖以行人譚勝受與道明同邑，命偕千戶楊信等齎敕招之。道明及其黨鄭伯可隨入朝，貢方物，受賜而還。

四年，舊港頭目陳祖義遣子士良，道明遣從子觀政並來朝。祖義，亦廣東人，雖朝貢，而爲盜海上，貢使往來者苦之。五年，鄭和自西洋還，遣人招諭之。祖義詐降，潛謀邀劫。有施進卿者，告於和。祖義來襲被擒，獻於朝，伏誅。時進卿適遣壻丘彥誠朝貢，命設舊港宣慰司，以進卿爲使，錫誥印及冠帶。自是，屢入貢。然進卿雖受朝命，猶服屬爪哇，其地狹小，非故時三佛齊比也。二十二年，進卿子濟孫告父訃，乞嗣職，許之。洪熙元年遣使入貢，訴舊印爲火燬，帝命重給。其後，朝貢漸稀。

嘉靖末，廣東大盜張璉作亂，官軍已報克獲。萬曆五年商人詣舊港者，見璉列肆爲蕃舶長，漳、泉人多附之，猶中國市舶官云。

其地爲諸蕃要會，在爪哇之西，順風八晝夜可至。轄十五洲，土沃宜稼。語云：「一年種穀，三年生金。」言收穫盛而貿金多也。俗富好淫。習於水戰，隣國畏之。地多水，惟部

領陸居，庶民皆水居。編筏築室，繫之於樁。水漲則筏浮，無沉溺患。欲徙則拔樁去之，不費財力。下稱其上曰詹卑，猶國君也。後大酋所居，卽號詹卑國，改故都爲舊港。初本富饒，自爪哇破滅，後漸致蕭索，商船鮮至。其他風俗、物產，具詳宋史。

校勘記

〔一〕其孫摩訶賁該以遺命遣王孫述提昆來朝貢　其孫，指摩訶賁該爲占巴的賴之孫。下文又言摩訶賁該爲占巴的賴姪摩訶貴來之舅，卽摩訶賁該爲占巴的賴之妻弟，與作「其孫」不合。按英宗實錄卷一五六正統十二年七月己亥條、國榷卷二五頁一六一一及卷二六頁一七二五都稱占巴的賴姪摩訶貴來幼，遜國於舅摩訶賁該，疑作「其孫」誤。

〔二〕乃遣給事中管瞳　管瞳，英宗實錄卷八一正統六年七月丙午條、國榷卷二五頁一六一三作「舒瞳」。

〔三〕景泰三年遣使來貢　本書卷一一景帝紀繫於景泰四年。

〔四〕正德五年　原脫「正德」年號，據武宗實錄卷六六正德五年八月丙戌條補。

〔五〕晝夜燃燈　原脫「夜」字，據寰宇通志卷一一八眞臘國、殊域周咨錄卷八眞臘補。

〔六〕蘇木一萬斤　太祖實錄卷一八三洪武二十年七月乙巳條、國榷卷八頁六七四、殊域周咨錄卷

八暹羅都作「蘇木十萬斤」。

〔七〕璺鬪於耳者三十一　鬪，原作「同」，據太祖實錄卷二四三洪武二十八年十二月戊午條改。

〔八〕前中官尹慶還　尹慶，原作「吳慶」，據本書卷三二五蘇門答剌傳、卷三二六古里傳改。

明史卷三百二十五

列傳第二百十三

外國六

浡泥　滿剌加　蘇門答剌　須文達那　蘇祿　西洋瑣里　瑣里　覽邦　淡巴　百花　彭亨一作湓亨又作彭坑　那孤兒　黎伐　南渤利　阿魯　柔佛　丁機宜　巴喇西　佛郎機　和蘭

浡泥，宋太宗時始通中國。洪武三年八月命御史張敬之、福建行省都事沈秩往使。自泉州航海，閱半年抵闍婆，又踰月至其國。王馬合謨沙傲慢不爲禮，秩責之，始下座拜受詔。時其國爲蘇祿所侵，頗衰耗，王辭以貧，請三年後入貢。秩曉以大義，王旣許諾，其國素屬闍婆，闍婆人閒之，王意中沮。秩折之曰：「闍婆久稱臣奉貢，爾畏闍婆，反不畏天朝邪？」乃遣使奉表箋，貢鶴頂、生玳瑁、孔雀、梅花大片龍腦、米龍腦、西洋布、降眞諸香。八

月從敬之等入朝。表用金，箋用銀，字近回鶻，皆鏤之以進。帝喜，宴賚甚厚。八年命其國山川附祀福建山川之次。

永樂三年冬，其王麻那惹加那遣使入貢，乃遣官封爲國王，賜印誥、敕符、勘合、錦綺、綵幣。王大悅，率妃及弟妹子女陪臣泛海來朝。次福建，守臣以聞。遣中官往宴賚，所過州縣皆宴。六年八月入都朝見，帝獎勞之。王跪致詞曰：「陛下膺天寶命，統一萬方。臣遠在海島，荷蒙天恩，賜以封爵。自是國中雨暘時順，歲屢豐登，民無災厲，山川之間，珍奇畢露，草木鳥獸，亦悉蕃育。國中耆老咸謂此聖天子覆冒所致。臣願睹天日之表，少輸悃誠，不憚險遠，躬率家屬陪臣，詣闕獻謝。」帝慰勞再三，命王妃所進中宮箋及方物，陳之文華殿。王詣殿進獻畢，自王及妃以下悉賜冠帶、襲衣。帝乃饗王於奉天門，妃以下饗於他所，禮訖送歸會同館。禮官請王見親王儀，帝令準公侯禮。尋賜王儀仗、交椅、銀器、傘扇、銷金鞍馬、金織文綺、紗羅、綾絹衣十襲，餘賜賚有差。十月，王卒於館。帝哀悼，輟朝三日，遣官致祭，賻以繒帛。東宮親王皆遣祭，有司具棺槨、明器，葬之安德門外石子岡，樹碑神道。又建祠墓側，有司春秋祀以少牢，謚曰恭順。賜敕慰其子遐旺，命襲封國王。

遐旺與其叔父上言：「臣國歲供爪哇片腦四十斤，乞敕爪哇罷歲供，歲進天朝。臣今歸國，乞命護送，就留鎭一年，慰國人之望。幷乞定朝貢期及傔從人數。」帝悉從之，命三年一

中華書局

貢，偁從惟王所遣，遂敕爪哇國免其歲供。王辭歸，賜玉帶一、金百兩、銀三千兩及錢鈔、錦綺、紗羅、衾褥、帳幔、器物，餘皆有賜。以中官張謙、行人周航護行。

初，故王言：「臣蒙恩賜爵，臣境土悉屬職方，乞封國之後山爲一方鎭。」新王復以爲言，乃封爲長寧鎭國之山。御製碑文，令謙等勒碑其上。其文曰：

上天佑啓我國家萬世無疆之基，誕命我太祖高皇帝全撫天下，休養生息，以治以敎，仁聲義問，薄極照臨，四方萬國，奔走臣服，充湊於廷。神化感動之機，其妙如此。朕嗣守鴻圖，率由典式。嚴恭祗畏，協和所統。無間內外，均視一體。遐邇綏寧，亦克承予意。

乃者浡泥國王，誠敬之至，知所尊崇，慕尚聲敎，益謹益虔，率其眷屬、陪臣，不遠數萬里，浮海來朝，達其志，通其欲，稽顙陳辭曰：「遠方臣妾，丕冒天子之恩，以養以息，旣庶且安。思見日月之光，故不憚險遠，輒敢造廷。」又曰：「覆我者天，載我者地。使我有土地人民之奉，田疇邑井之聚，宮室之居，妻妾之樂，和味宜服，利用備器，以資其生，強罔敢侵，衆罔敢暴，實惟天子之賜。是天子功德所加，與天地並。然天仰則見，地蹐則履，惟天子遠而難見，誠有所不通。是以遠方臣妾，不敢自外，踰歷山海，躬詣闕廷，以伸其悃。」朕曰：「惟天，惟皇考，付予以天下，子養庶民。天與皇考，視民同

仁，予其承天與皇考之德，惟恐弗堪，弗若汝言。」乃又拜手稽首曰：「自天子建元之載，臣國時和歲豐，山川之藏，珍寶流溢，草木之無葩蘤者皆華而實，異禽和鳴，走獸蹌舞。國之黃叟咸曰，中國聖人德化漸暨，斯多嘉應。臣土雖遠，實天子之氓，故奮然而來觀也。」朕觀其言文貌恭，動不踰則，悅喜禮教，脫略夷習，非超然卓異者不能。稽之載籍，自古遐遠之國，奉若天道，仰服聲敎，身致帝廷者有之。至於舉妻子、兄弟、親戚、陪臣頓首稱臣妾於階陛之下者，惟浡泥國王一人；西南諸蕃國長，未有如王賢者。王之至誠貫於金石，達於神明，而令名傳於悠久，可謂有光顯矣。

茲特錫封王國中之山爲長寧鎭國之山，賜文刻石，以著王休，於昭萬年，其永無斁。系之詩曰：「炎海之墟，浡泥所處。煦仁漸義，有順無迕。慺慺賢王，惟化之慕。導以象胥，遹來奔赴。同其婦子、兄弟、陪臣，稽顙闕下，有言以陳。謂君猶天，遺以休樂，一視同仁，匪偏厚薄。顧茲鮮德，弗稱所云。浪舶風檣，實勞懇勤。稽古遠臣，順來怒趦。以躬或難，矧曰家室。王心亶誠，金石其堅。西南蕃長，疇與王賢。矗矗高山，以鎭王國。鑱文於石，懋昭王德。王德克昭，王國攸寧。於萬斯年，仰我大明。」

八年九月遣使從謙等入貢謝恩。明年復命謙賜其王錦綺、紗羅、綵絹凡百二十匹，其下皆有賜。十年九月，遐旺偕其母來朝。命禮官宴之會同館，光祿寺旦暮給酒饌。明日，

帝饗之奉天門，王母亦有宴。越二日，再宴，賜王冠帶、襲衣，王母、王叔父以下，分賜有差。明年二月辭歸。賜金百，銀五百，鈔三千錠，錢千五百緡，錦四，綺帛紗羅八十，金織文繡、文綺衣各一，衾褥、幃幔、器物咸具。自十三年至洪熙元年四入貢，後貢使漸稀。

嘉靖九年，給事中王希文言：「暹羅、占城、琉球、爪哇、浡泥五國來貢，並道東莞。後因私攜賈客，多絕其貢。正德間，佛郎機闌入流毒，概行屏絕。曾未幾年，遽爾議復，損威已甚。」章下都察院，請悉遵舊制，毋許混冒。

萬曆中，其王卒，無嗣，族人爭立。國中殺戮幾盡，乃立其女爲王。漳州人張姓者，初爲其國那督，華言尊官也，因亂出奔。女主立，迎還之。其女出入王宮，得心疾，妄言父有反謀。女主懼，遣人按問其家，那督自殺。國人爲訟冤，女主悔，絞殺其女，授其子官。後雖不復朝貢，而商人往來不絕。

國統十四洲，在舊港之西，自占城四十日可至。初屬爪哇，後屬暹羅，改名大泥。華人多流寓其地。嘉靖末，閩、粵海寇遺孽逋逃至此，積二千餘人。萬曆時，紅毛番強商其境，築土庫以居。其入彭湖互市者，所攜乃大泥國文也。諸風俗、物產，具詳宋史。

滿剌加，在占城南。順風八日至龍牙門，又西行二日卽至。或云卽古頓遜，唐哥羅富沙。

永樂元年十月遣中官尹慶使其地，賜以織金文綺、銷金帳幔諸物。其地無王，亦不稱國，服屬暹羅，歲輸金四十兩爲賦。慶至，宣示威德及招徠之意。其酋拜里迷蘇剌大喜，遣使隨慶入朝貢方物，三年九月至京師。帝嘉之，封爲滿剌加國王，賜誥印、綵幣、襲衣、黃蓋，復命慶往。其使者言：「王慕義，願同中國列郡，歲效職貢，請封其山爲一國之鎭。」帝從之。製碑文，勒山上，末綴以詩曰：「西南巨海中國通，輸天灌地億載同。洗日浴月光景融，雨崖露石草木濃。金花寶鈿生青紅，有國於此民俗雍。王好善義思朝宗，願比內郡依華風。出入導從張蓋重，儀文裼襲禮虔恭。大書貞石表爾忠，爾國西山永鎭封。山君海伯翕扈從，〔一〕皇考陟降在彼穹。後天監視久彌隆，爾衆子孫萬福崇。」慶等再至，其王益喜，禮待有加。

五年九月遣使入貢。明年，鄭和使其國，旋入貢。九年，其王率妻子陪臣五百四十餘人來朝。抵近郊，命中官海壽、禮部郎中黃裳等宴勞，有司供張會同館。入朝奉天殿，帝親宴之，妃以下宴他所。光祿日致牲牢上尊，賜王金繡龍衣二襲、麒麟衣一襲，金銀器、帷幔衾裯悉具，妃以下皆有賜。將歸，賜王玉帶、儀仗、鞍馬，賜妃冠服。瀕行，賜宴奉天門，再

賜玉帶、儀仗、鞍馬、黃金百、白金五百、鈔四十萬貫、錢二千六百貫、錦綺紗羅三百匹、帛千匹、渾金文綺二、金織通袖膝襴二；妃及子姪陪臣以下，宴賜有差。禮官餞於龍江驛，復賜宴龍潭驛。十年夏，其姪入謝。及辭歸，命中官甘泉偕往，旋又入貢。

十二年，王子母幹撒于的兒沙來朝，告其父訃。卽命襲封，賜金幣。嗣後，或連歲，或間歲入貢以爲常。

十七年，王率妻子陪臣來朝謝恩。及辭歸，訴暹羅見侵狀。帝爲賜敕諭暹羅，暹羅乃奉詔。二十二年，西里麻哈剌以父沒嗣位，率妻子陪臣來朝。

宣德六年遣使者來言：「暹羅謀侵本國，王欲入朝，懼爲所阻，欲奏聞，無能書者，令臣三人附蘇門答剌貢舟入訴。」帝命附鄭和舟歸國，因令和齎敕諭暹羅，責以輯睦鄰封，毋違朝命。初，三人至，無貢物，禮官言例不當賞。帝曰：「遠人越數萬里來愬不平，豈可無賜。」遂賜襲衣、綵幣，如貢使例。

八年，王率妻子陪臣來朝。抵南京，天已寒，命俟春和北上，別遣人齎敕勞賜王及妃。洎入朝，宴賚如禮。及還，有司爲治舟。王復遣其弟貢駝馬方物。時英宗已嗣位，而王猶在廣東。賜敕獎王，命守臣送還國。因遣古里、眞臘等十一國使臣，附載偕還。

正統十年，其使者請賜王息力八密息瓦兒丟八沙護國敕書及蟒服、傘蓋，以鎭服國人。

又言：「王欲親詣闕下，從人多，乞賜一巨舟，以便遠涉。」帝悉從之。

景泰六年，速魯檀無答佛哪沙貢馬及方物，請封爲王。詔給事中王暉往。已，復入貢，言所賜冠帶燬於火。命製皮弁服、紅羅常服及犀帶紗帽予之。

天順三年，王子蘇丹芒速沙遣使入貢，命給事中陳嘉猷等往封之。越二年，禮官言：「嘉猷等浮海二日，至烏猪洋，遇颶風，舟壞，飄六日至淸瀾守禦所獲救。敕書無失，諸賜物悉沾水。乞重給，令使臣復往。」從之。

成化十年，給事中陳峻冊封占城王，遇安南兵據占城不得入，以所齎物至滿剌加，諭其王入貢。其使者至，帝喜，賜敕嘉獎。十七年九月，貢使言：「成化五年，貢使還，飄抵安南境，多被殺，餘黥爲奴，幼者加宮刑。今已據占城地，又欲吞本國。本國以皆爲王臣，未敢與戰。」適安南貢使亦至，滿剌加使臣請與廷辯。兵部言事屬旣往，不足深較。帝乃因安南使還，敕責其王，幷諭滿剌加，安南復侵陵，卽整兵待戰。尋遣給事中林榮、行人黃乾亨冊封王子馬哈木沙爲王。二人溺死，贈官賜祭，予廕，恤其家。餘敕有司海濱招魂祭，亦恤其家。復遣給事中張晟、行人左輔往。晟卒於廣東，命守臣擇一官爲輔副，以終封事。

正德三年，使臣端亞智等入貢。其通事亞劉，本江西萬安人蕭明舉，負罪逃入其國，賂大通事王永、序班張字，謀往浡泥索寶。而禮部吏侯永等亦受賂，僞爲符印，擾郵傳。還至廣東，明舉與端亞智輩爭言，遂與同事彭萬春等劫殺之，盡取其財物。事覺，逮入京。明舉凌遲，萬春等斬，王永減死罰米三百石，與張字、侯永並戍邊，尙書白鉞以下皆議罰。劉瑾因此罪江西人，減其解額五十名，仕者不得任京職。

後佛郎機強，舉兵侵奪其地，王蘇端媽末出奔，遣使告難。時世宗嗣位，敕責佛郎機，令還其故土。諭暹羅諸國王以救災恤鄰之義，迄無應者，滿剌加竟爲所滅。時佛郎機亦遣使朝貢請封，抵廣東，守臣以其國素不列王會，羈其使以聞。詔予方物之直遣歸，後改名麻六甲云。

滿剌加所貢物有瑪瑙、珍珠、玳瑁、珊瑚樹、鶴頂、金母鶴頂、瑣服、白苾布、西洋布、撒哈剌、犀角、象牙、黑熊、黑猿、白麂、火雞、鸚鵡、片腦、薔薇露、蘇合油、梔子花、烏爹泥、沉香、速香、金銀香、阿魏之屬。

有山出泉流爲溪，土人淘沙取錫煎成塊曰斗錫。田瘠少收，民皆淘沙捕魚爲業。氣候朝熱暮寒。男女椎髻，身體黝黑，間有白者，唐人種也。俗淳厚，市道頗平。自爲佛郎機所破，其風頓殊。商舶稀至，多直詣蘇門答剌。然必取道其國，率被邀劫，海路幾斷。其自販於中國者，則直達廣東香山澳，接跡不絕云。

蘇門答剌，在滿剌加之西。順風九晝夜可至。或言卽漢條枝，唐波斯、大食二國地，西洋要會也。

成祖初，遣使以卽位詔諭其國。永樂二年遣副使聞良輔、行人甯善賜其酋織金文綺、絨錦、紗羅，招徠之。中官尹慶使爪哇，便道復使其國。三年，鄭和下西洋，復有賜。和未至，其酋宰奴里阿必丁已遣使隨慶入朝，貢方物。詔封爲蘇門答剌國王，賜印誥、綵幣、襲衣。遂比年入貢，終成祖世不絕。鄭和凡三使其國。

先是，其王之父與鄰國花面王戰，中矢死。王子年幼，王妻號於衆曰：「孰能爲我報讐者，我以爲夫，與共國事。」有漁翁聞之，率國人往擊，馘其王而還。王妻遂與之合，稱爲老王。旣而王子年長，潛與部領謀，殺老王而襲其位。老王弟蘇幹剌逃山中，連年率衆侵擾。十三年，和復至其國，蘇幹剌以頒賜不及己，怒，統數萬人邀擊。和勒部卒及國人禦之，大破賊衆，追至南渤利國，俘以歸。其王遣使入謝。

宣德元年遣使入賀。五年，帝以外蕃貢使多不至，遣和及王景弘遍歷諸國，頒詔曰：「朕恭膺天命，祗承太祖高皇帝、太宗文皇帝、仁宗昭皇帝大統，君臨萬邦，體祖宗之至仁，普輯寧於庶類。已大赦天下，紀元宣德。爾諸蕃國，遠在海外，未有聞知。茲遣太監鄭和、王景弘等齎詔往諭，其各敬天道，撫人民，共享太平之福。」凡歷二十餘國，蘇門答剌與焉。明年遣使入貢者再。八年貢麒麟。

九年，王弟哈利之漢來朝，卒於京。帝憫之，贈鴻臚少卿，賜誥，有司治喪葬，置守塚戶。時景弘再使其國，王遣弟哈尼者罕隨入朝。明年至，言王老不能治事，請傳位於子。乃封其子阿卜賽亦的爲國王，自是貢使漸稀。

成化二十二年，其使者至廣東，有司驗無印信勘合，乃藏其表於庫，却還其使。別遣番人輸貢物京師，稍有給賜。自後貢使不至。

迨萬曆間，國兩易姓。其時爲王者，人奴也。奴之主爲國大臣，握兵柄。奴桀黠，主使牧象，象肥。俾監魚稅，日以大魚奉其主。主大喜，俾給事左右。一日隨主入朝，見王尊嚴若神，主鞠躬惟謹，出謂主曰：「主何恭之甚？」主曰：「彼王也，焉敢抗。」曰：「主第不欲王爾，欲之，主即王矣。」主詫，叱退之。他日又進曰：「王左右侍衞少，主擁重兵出鎮，必入辭，請以奴從。主言有機事，乞屏左右，王必不疑。奴乘間刺殺之，奉主爲王，猶反掌耳。」主從之，奴果殺王，大呼曰：「王不道，吾殺之。吾主即王矣。敢異議者，齒此刃！」衆懾服不敢動，其主遂篡位，任奴爲心腹，委以兵柄。未幾，奴復殺主而代之。乃大爲防衞，拓其宮，建六門，不得闌入，雖勳貴不得帶刀上殿。出乘象，象駕亭而帷其外，如是者百餘，俾人莫測王所在。

其國俗頗淳，出言柔媚，惟王好殺。歲殺十餘人，取其血浴身，謂可除疾。貢物有寶石、瑪瑙、水晶、石青、回回青、善馬、犀牛、龍涎香、沉香、速香、木香、丁香、降眞香、刀、弓、錫、鎖服、胡椒、蘇木、硫黃之屬。貨船至，貿易稱平。地本瘠，無麥有禾，禾一歲二稔。四方商賈輻輳。華人往者，以地遠價高，獲利倍他國。其氣候朝如夏，暮如秋，夏有瘴氣。婦人裸體，惟腰圍一布。其他風俗類滿剌加。篡弒後，易國名曰啞齊。

須文達那，洪武十六年，國王殊旦麻勒兀達盼遣使俺八兒來朝，貢馬二匹，幼苾布十五匹，隔著布、入的力布各二匹，花滿直地二，番綵紬直地二，兜羅綿二斤，撒剌八二箇，幼賴革著一箇，撒哈剌一箇，及薔薇水、沉香、降香、速香諸物。命賜王大統曆、綺羅、寶鈔，使臣襲衣。或言須文達那即蘇門答剌，洪武時所更，然其貢物與王之名皆不同，無可考。

蘇祿，地近浡泥、闍婆。洪武初，發兵侵浡泥，大獲，以闍婆援兵至，乃還。

永樂十五年，其國東王巴都葛叭哈剌、西王麻哈剌叱葛剌麻丁、峒王妻叭都葛巴剌卜並率其家屬頭目凡三百四十餘人，浮海朝貢，進金鏤表文，獻珍珠、寶石、玳瑁諸物。禮之若滿剌加，尋並封爲國王。賜印誥、襲衣、冠帶及鞍馬、儀仗器物，其從者亦賜冠帶有差。居二十七日，三王辭歸。各賜玉帶一，黃金百，白金二千，羅錦文綺二百，帛三百，鈔萬錠，錢二千緡，金繡蟒龍、麒麟衣各一。東王次德州，卒於館。帝遣官賜祭，命有司營葬，勒碑墓道，諡曰恭定，留妻妾傔從十人守墓，俟畢三年喪遣歸。乃遣使齎敕諭其長子都馬含曰：「爾父知尊中國，躬率家屬陪臣，遠涉海道，萬里來朝。朕眷其誠悃，已錫王封，優加賜賚，遣官護歸。舟次德州，遭疾殞歿。朕聞之，深爲哀悼，已葬祭如禮。爾以嫡長，爲國人所屬，宜即繼承，用綏藩服。今特封爾爲蘇祿國東王。爾尚益篤忠貞，敬承天道，以副眷懷，以繼爾父之志。欽哉。」

十八年，西王遣使入貢。十九年，東王母遣王叔叭都加蘇里來朝，貢大珠一，其重七兩有奇。二十一年，東王妃還國，厚賜遣之。明年入貢，自後不復至。萬曆時，佛郎機屢攻之，城據山險，迄不能下。

其國，於古無所考。地瘠寡粟麥，民率食魚蝦，煮海爲鹽，釀蔗爲酒，織竹爲布。氣候常熱。有珠池，夜望之，光浮水面。土人以珠與華人市易，大者利數十倍。商船將返，輒留數人爲質，冀其再來。其旁近國名高藥，出玳瑁。

西洋瑣里，洪武二年命使臣劉叔勉以即位詔諭其國。三年平定沙漠，復遣使臣頒詔。其王別里提遣使奉金葉表，從叔勉獻方物。賜文綺、紗羅諸物甚厚，幷賜大統曆。

成祖頒即位詔於海外諸國，西洋亦與焉。永樂元年命副使聞良輔、行人甯善使其國，賜絨錦、文綺、紗羅。已復命中官馬彬往使，賜如前。其王即遣使來貢，附載胡椒與民市。有司請徵稅，命勿徵。二十一年偕古里、阿丹等十五國來貢。

瑣里，近西洋瑣里而差小。洪武三年，命使臣塔海帖木兒齎詔撫諭其國。五年，王卜納的遣使奉表朝貢，幷獻其國土地山川圖。帝顧中書省臣曰：「西洋諸國素稱遠蕃，涉海而來，難計歲月。其朝貢無論疏數，厚往薄來可也。」乃賜大統曆及金織文綺、紗羅各四匹，使者亦賜幣帛有差。

覽邦，在西南海中。洪武九年，王昔里馬哈剌札的剌札遣使奉表來貢。詔賜其王織金文綺、紗羅，使者宴賜如制。永樂、宣德中，嘗附鄰國朝貢。其地多沙磧，麻麥之外無他種。商賈鮮至。山坦迤無峯巒，水亦淺濁。俗好佛，勤齋祀。厥貢，孔雀、馬、檀香、降香、胡椒、蘇木。交易用錢。

淡巴，亦西南海中國。洪武十年，其王佛喝思羅遣使上表，貢方物，賜賚有差。其國，石城瓦屋。王乘輿，官跨馬，有中國威儀。土衍水清，草木暢茂，畜產甚夥。男女勤於耕織，市有貿易，野無寇盜，稱樂土焉。厥貢，苾布、兜羅緜被、沉香、速香、檀香、胡椒。

百花，居西南海中。洪武十一年，其王剌丁剌者望沙遣使奉金葉表，貢白鹿、紅猴、龜筒、玳瑁、孔雀、鸚鵡、哇哇倒掛鳥及胡椒、香、蠟諸物。詔賜王及使者綺、幣、襲衣有差。國中氣候恒煖，無霜雪，多奇花異卉，故名百花。民富饒，尚釋教。

彭亨，在暹羅之西。洪武十一年，其王麻哈剌惹答饒遣使齎金葉表，貢番奴六人及方物，宴賚如禮。永樂九年，王巴剌密瑣剌達羅息泥遣使入貢。十年，鄭和使其國。十二年，復入貢。十四年，與古里、爪哇諸國偕貢，復令鄭和報之。

其國，土田沃，氣候常溫，米粟饒足，煮海爲鹽，釀椰漿爲酒。上下親狎，無寇賊。然惑於鬼神，刻香木爲像，殺人祭賽，以禳災祈福。所貢有象牙、片腦、乳香、速香、檀香、胡椒、蘇木之屬。

至萬曆時，有柔佛國副王子娶彭亨王女，將婚，副王送子至彭亨，彭亨王置酒，親戚畢會。婆羅國王子爲彭亨王妹壻，舉觴獻副王，而手指有巨珠甚美，副王欲之，許以重賄。王子靳不予，副王怒，即歸國發兵來攻。彭亨人出不意，不戰自潰。王與婆羅王子奔金山。浡泥國王，王妃兄也，聞之，率衆來援。副王乃大肆焚掠而去。當是時，國中鬼哭三日，人民半死。浡泥王迎其妹歸，彭亨王隨之，而命其長子攝國。已，王復位，次子素凶悍，遂毒殺其父，弑其兄自立。

那孤兒，在蘇門答剌之西，壤相接。地狹，止千餘家。男子皆以墨刺面爲花獸之狀，故又名花面國。猱頭裸體，男女止單布圍腰。然俗淳，田足稻禾，强不侵弱，富不驕貧，悉自耕而食，無寇盜。永樂中，鄭和使其國。其酋長常入貢方物。

黎伐，在那孤兒之西。南大山，北大海，西接南渤利。居民三千家，推一人爲主。隸蘇門答剌，聲音風俗多與之同。永樂中，嘗隨其使臣入貢。

南渤利，在蘇門答剌之西。順風三日夜可至。王及居民皆回回人，僅千餘家。俗朴實，地少穀，人多食魚蝦。西北海中有山甚高大，曰帽山，其西復大海，名那沒黎洋，西來洋船俱望此山爲準。近山淺水內，生珊瑚樹，高者三尺許。永樂十年，其王馬哈麻沙，遣使附蘇門答剌使入貢。賜其使襲衣，賜王印誥、錦綺、羅紗、綵幣。遣鄭和撫諭其國。終成祖時，比年入貢，其王子沙者罕亦遣使入貢。宣德五年，鄭和遍賜諸國，南渤利亦與焉。

阿魯，一名啞魯，近滿剌加。順風三日夜可達。風俗、氣候，大類蘇門答剌。田瘠少收，盛藝芭蕉、椰子爲食。男女皆裸體，以布圍腰。永樂九年，王速魯唐忽先遣使附古里諸國入貢。賜其使冠帶、綵幣、寶鈔，其王亦有賜。十年，鄭和使其國。十七年，王子段阿剌沙遣使入貢。十九年、二十一年，再入貢。宣德五年，鄭和使諸蕃，亦有賜。其後貢使不至。

柔佛，近彭亨，一名烏丁礁林。永樂中，鄭和遍歷西洋，無柔佛名。或言和曾經東西竺山，今此山正在其地，疑卽東西竺。萬曆間，其酋好搆兵，鄰國丁機宜、彭亨屢被其患。華人販他國者多就之貿易，時或邀至其國。

國中覆茅爲屋，列木爲城，環以池。無事通商於外，有事則召募爲兵，稱强國焉。地不產穀，常易米於鄰壤。男子薙髮徒跣，佩刀，女子蓄髮椎結，其酋則佩雙刀。字用茭蔁葉，以刀刺之。婚姻亦論門閥。王用金銀爲食器，羣下則用磁。無匕筯。俗好持齋，見星方食。

中華書局

節序以四月爲歲首。居喪，婦人薙髮，男子則重薙，死者皆火葬。所產有犀、象、玳瑁、片腦、沒藥、血竭、錫、蠟、嘉文簟、木棉花、檳榔、海菜、窩燕、西國米、蒥吉柿之屬。

始其國吉寧仁爲大庫，忠於王，爲王所倚信。王弟以兄疏己，潛殺之。後出行墮馬死，左右咸見吉寧仁爲祟，自是家家祀之。

丁機宜，爪哇屬國也，幅員甚狹，僅千餘家。柔佛黠而雄，丁機宜與接壤，時被其患。後以厚幣求婚，稍獲寧處。其國以木爲城。酋所居，旁列鍾鼓樓，出入乘象。以十月爲歲首。性好潔，酋所食啖，皆躬自割烹。民俗類爪哇，物產悉如柔佛。酒禁甚嚴，有常稅。然大家皆不飲，維細民無籍者飲之，其曹偶咸非笑。婚者，男往女家持其門戶，故生女勝男。喪用火葬。華人往商，交易甚平。自爲柔佛所破，往者亦鮮。

巴喇西，去中國絕遠。正德六年遣使臣沙地白入貢，言其國在南海，始奉王命來朝，舟行四年半，遭風飄至西瀾海，舟壞，止存一小艇，又飄流八日，至得吉零國，居一年。至祕

得，居八月。乃遵陸行，閱二十六日抵暹羅，以情告王，獲賜日給，且賜婦女四人，居四年。迄今年五月始附番舶入廣東，得達闕下。進金葉表，貢祖母綠一，珊瑚樹、琉璃瓶、玻璃盞各四，及瑪瑙珠、胡黑丹諸物。帝嘉其遠來，賜賚有加。

佛郎機，近滿剌加。正德中，據滿剌加地，逐其王。十三年遣使臣加必丹末等貢方物，請封，始知其名。詔給方物之直，遣還。其人久留不去，剽劫行旅，至掠小兒爲食。已而夤緣鎮守中貴，許入京。武宗南巡，其使火者亞三因江彬侍帝左右。帝時學其語以爲戲。其留懷遠驛者，益掠買良民，築室立寨，爲久居計。

十五年，御史丘道隆言：「滿剌加乃敕封之國，而佛郎機敢併之，且啗我以利，邀求封貢，決不可許。宜却其使臣，明示順逆，令還滿剌加疆土，方許朝貢。倘執迷不悛，必檄告諸蕃，聲罪致討。」御史何鰲言：「佛郎機最凶狡，兵械較諸蕃獨精。前歲駕大舶突入廣東會城，礮聲殷地。留驛者違制交通，入都者桀驁爭長。今聽其往來貿易，勢必爭鬭殺傷，南方之禍殆無紀極。祖宗朝貢有定期，防有常制，故來者不多。近因布政吳廷舉謂缺上供香物，不問何年，來卽取貨。致番舶不絕於海澨，蠻人雜還於州城。禁防既疏，水道益熟。此佛郎機所以乘機突至也。乞悉驅在澳番舶及番人潛居者，禁私通，嚴守備，庶一方獲安。」疏下禮部，言：「道隆先宰順德，鰲卽順德人，故深晰利害。宜俟滿剌加使臣至，廷詰佛郎機侵奪鄰邦、擾亂內地之罪，奏請處置。其他悉如御史言。」報可。

亞三侍帝驕甚。從駕入都，居會同館。見提督主事梁焯，不屈膝。焯怒，撻之。彬大詬曰：「彼嘗與天子嬉戲，肯跪汝小官邪？」明年，武宗崩，亞三下吏。自言本華人，爲番人所使，乃伏法。絕其朝貢。其年七月，又以接濟朝使爲詞，攜土物求市。守臣請抽分如故事，詔復拒之。其將別都盧旣以巨礮利兵肆掠滿剌加諸國，橫行海上，復率其屬疎世利等駕五舟，擊破巴西國。

嘉靖二年遂寇新會之西草灣，指揮柯榮、百戶王應恩禦之。轉戰至稍州，向化人潘丁苟先登，衆齊進，生擒別都盧、疎世利等四十二人，斬首三十五級，獲其二舟。餘賊復率三舟接戰。應恩陣亡，賊亦敗遁。官軍得其礮，卽名爲佛郎機，副使汪鋐進之朝。九年秋，鋐累官右都御史，上言：「今塞上墩臺城堡未嘗不設，乃寇來輒遭蹂躪者，蓋墩臺止瞭望，城堡又無制遠之具，故往往受困。當用臣所進佛郎機，其小止二十斤以下，遠可六百步者，則用之墩臺。每墩用其一，以三人守之。其大至七十斤以上，遠可五六里者，則用之城堡。每堡用其三，以十人守之。五里一墩，十里一堡，大小相依，遠近相應，寇將無所容足，可坐收

不戰之功。」帝悅，卽從之。火礮之有佛郎機自此始。然將士不善用，迄莫能制寇也。

初，廣東文武官月俸多以番貨代，至是貨至者寡，有議復許佛郎機通市者。給事中王希文力爭，乃定令，諸番貢不以時及勘合差失者，悉行禁止，由是番舶幾絕。巡撫林富上言：「粵中公私諸費多資商稅，番舶不至，則公私皆窘。今許佛郎機互市有四利。祖宗時諸番常貢外，原有抽分之法，稍取其餘，足供御用，利一。兩粵比歲用兵，庫藏耗竭，藉以充軍餉，備不虞，利二。粵西素仰給粵東，小有徵發，卽措辦不前，若番舶流通，則上下交濟，利三。小民以懋遷爲生，持一錢之貨，卽得展轉販易，衣食其中，利四。助國裕民，兩有所賴，此因民之利而利之，非開利孔爲民梯禍也。」從之。自是佛郎機得入香山澳爲市，而其徒又越境商於福建，往來不絕。

至二十六年，朱紈爲巡撫，嚴禁通番。其人無所獲利，則整衆犯漳州之月港、浯嶼。[三]副使柯喬等禦却之。二十八年又犯詔安。官軍迎擊於走馬溪，生擒賊首李光頭等九十六人，餘遁去。紈用便宜斬之，怨紈者御史陳九德遂劾其專擅。帝遣給事中杜汝禎往驗，言此滿剌加商人，歲招海濱無賴之徒，往來鬻販，無僭號流劫事，紈擅自行誅，誠如御史所劾。紈遂被逮，自殺。蓋不知滿剌加卽佛郎機也。

自紈死，海禁復弛，佛郎機遂縱橫海上無所忌。而其市香山澳、壕鏡者，至築室建城，雄

踞海畔，若一國然，將吏不肖者反視爲外府矣。壕鏡在香山縣南虎跳門外。先是，暹羅、占城、爪哇、琉球、浡泥諸國互市，俱在廣州，設市舶司領之。正德時，移於高州之電白縣。嘉靖十四年，指揮黃慶納賄，請於上官，移之壕鏡，歲輸課二萬金，佛郎機遂得混入。高棟飛甍，櫛比相望，閩、粵商人趨之若鶩。久之，其來益衆。諸國人畏而避之，遂專爲所據。四十四年僞稱滿剌加入貢。已，改稱蒲都麗家。守臣以聞，下部議，言必佛郎機假託，乃卻之。

萬曆中，破滅呂宋，盡擅閩、粵海上之利，勢益熾。至三十四年，又於隔水青州建寺，高六七丈，閎敞奇閟，非中國所有。知縣張大猷請毁其高墉，不果。明年，番禺舉人盧廷龍會試入都，請盡逐澳中諸番，出居浪白外海，還我壕鏡故地，當事不能用。番人既築城，聚海外雜番，廣通貿易，至萬餘人。吏其土者，皆畏懼莫敢詰，甚有利其寶貨，佯禁而陰許之者。總督戴燿在事十三年，養成其患。番人又潛匿倭賊，敵殺官軍。四十二年，總督張鳴岡檄番人驅倭出海，因上言：「粵之有澳夷，猶疽之在背也。澳之有倭賊，猶虎之傅翼也。今一旦驅斥，不費一矢，此聖天子威德所致。惟是倭去而番尚存，有謂宜剿除者，有謂宜移之浪白外洋就船貿易者，顧兵難輕動。而壕鏡在香山內地，官軍環海而守，彼日食所需，咸仰於我，一懷異志，我即制其死命。若移之外洋，則巨海茫茫，奸宄安詰，制禦安施。似不

如申明約束，內不許一奸闌出，外不許一倭闌入，無啓釁，無弛防，相安無患之爲愈也。」部議從之。居三年，設參將於中路雍陌營，調千人戍之，防禦漸密。天啓元年，守臣慮其終爲患，遣監司馮從龍等毁其所築青州城，番亦不敢拒。

其時，大西洋人來中國，亦居此澳。蓋番人本求市易，初無不軌謀，中朝疑之過甚，迄不許其朝貢，又無力以制之，故議者紛然。然終明之世，此番固未嘗爲變也。其人長身高鼻，貓睛鷹嘴，拳髮赤鬚，好經商，恃强陵轢諸國，無所不往。後又稱干系臘國。所產多犀象珠貝。衣服華潔，貴者冠，賤者笠，見尊長輒去之。初奉佛教，後奉天主教。市易但伸指示數，雖累千金不立約契，有事指天爲誓，不相負。自滅滿剌加、巴西、呂宋三國，海外諸蕃無敢與抗者。

和蘭，又名紅毛番，地近佛郎機。永樂、宣德時，鄭和七下西洋，歷諸番數十國，無所謂和蘭者。其人深目長鼻，髮眉鬚皆赤，足長尺二寸，頎偉倍常。

萬曆中，福建商人歲給引往販大泥、呂宋及咬𠺕吧者，和蘭人就諸國轉販，未敢窺中國也。自佛郎機市香山，據呂宋，和蘭聞而慕之。二十九年駕大艦，攜巨礮，直薄呂宋。呂宋人力拒之，則轉薄香山澳。澳中人數詰問，言欲通貢市，不敢爲寇。當事難之。稅使李道卽召其酋入城，遊處一月，不敢聞於朝，乃遣還。澳中人慮其登陸，謹防禦，始引去。

海澄人李錦及奸商潘秀、郭震，久居大泥，與和蘭人習。語及中國事，錦曰：「若欲通貢市，無若漳州者。漳南有彭湖嶼，去海遠，誠奪而守之，貢市不難成也。」其酋麻韋郎曰：〔三〕「守臣不許，奈何？」曰：「稅使高寀嗜金銀甚，若厚賄之，彼特疏上聞，天子必報可，守臣敢抗旨哉。」酋曰：「善。」錦乃代爲大泥國王書，一移寀，一移兵備副使，一移守將，俾秀、震齎以來。守將陶拱聖大駭，亟白當事，繫秀於獄，震遂不敢入。初，秀與酋約，入閩有成議，當遣舟相聞，而酋卞急不能待，卽駕二大艦，直抵彭湖。時三十二年之七月。汛兵已撤，如入無人之墟，遂伐木築舍爲久居計。錦亦潛入漳州偵探，詭言被獲逃還，當事已廉知其狀，并繫獄。已而議遣二人諭其酋還國，許以自贖，且拘震與俱。三人既與酋成約，不欲自彰其失，第云「我國尚依違未定」。而當事所遣將校詹獻忠齎檄往諭者，乃多攜幣帛、食物，覬其厚酬。海濱人又潛載貨物往市，酋益觀望不肯去。當事屢遣使諭之，見酋語輒不競，愈爲所慢。而寀已遣心腹周之範詣酋，說以三萬金餽寀，卽許貢市，酋喜與之。盟已就矣，會總兵施德政令都司沈有容將兵往諭。有容負膽智，大聲論說，酋心折，乃曰：「我從不聞此言。」其下人露刃相詰，有容無所懾，盛氣與辨，酋乃悔悟，令之範還所贈金，止以哆囉嗹、玻璃器

及番刀、番酒餽寀，乞代奏通市。寀不敢應，而撫、按嚴禁奸民下海，犯者必誅，由是接濟路窮，番人無所得食，十月末揚帆去。巡撫徐學聚劾秀、錦等罪，論死、遣戍有差。

然是時佛郎機橫海上，紅毛與爭雄，復汎舟東來，攻破美洛居國，與佛郎機分地而守。後又侵奪臺灣地，築室耕田，久留不去，海上奸民，闌出貨物與市。已，又出據彭湖，築城設守，漸爲求市計。守臣懼禍，說以毁城遠徙，卽許互市。番人從之，天啓三年果毁其城，移舟去。巡撫商周祚以遵諭遠徙上聞，然其據臺灣自若也。已而互市不成，番人怨，復築城彭湖，掠漁舟六百餘艘，俾華人運土石助築。尋犯廈門，官軍禦之，俘斬數十人，乃詭詞求款。再許毁城遠徙，而修築如故。已又泊舟風櫃仔，出沒浯嶼、白坑、東碇、莆頭、古雷、洪嶼、沙洲、甲洲間，要求互市。而海寇李旦復助之，濱海郡邑爲戒嚴。

其年，巡撫南居益初至，謀討之。上言：「臣入境以來，聞番船五艘續至，與風櫃仔船合，凡十有一艘，其勢愈熾。有小校陳士瑛者，先遣往咬𠺕吧宣諭其王，至三角嶼遇紅毛船，言咬𠺕吧王已往阿南國，因與士瑛偕至大泥，謁其王。王言咬𠺕吧國主已大集戰艦，議往彭湖求互市，若不見許，必至搆兵。蓋阿南卽紅毛番國，而咬𠺕吧、大泥與之合謀，必不可以理論。爲今日計，非用兵不可。」因列上調兵足餉方略，部議從之。四年正月遣將先奪鎭海港而城之，且築且戰，番人乃退守風櫃城。居益增兵往助，攻擊數月，寇猶不退，乃大

發兵，諸軍齊進。寇勢窘，兩遣使求緩兵，容運米入舟，卽退去。諸將以窮寇莫追，許之，遂揚帆去。獨渠帥高文律等十二人據高樓自守，諸將破擒之，獻俘於朝。彭湖之警以息，而其據臺灣者猶自若也。

崇禎中，爲鄭芝龍所破，不敢窺內地者數年，乃與香山佛郎機通好，私貿外洋。十年，駕四舶，由虎跳門薄廣州，聲言求市。其酋招搖市上，奸民視之若金穴，蓋大姓有爲之主者。當道鑒壕鏡事，議驅斥，或從中撓之。會總督張鏡心初至，力持不可，乃遁去。已，爲奸民李葉榮所誘，交通總兵陳謙爲居停出入。事露，葉榮下吏。謙自請調用以避禍，爲兵科淩義渠等所劾，坐逮訊。自是，奸民知事終不成，不復敢勾引，而番人猶據臺灣自若。

其本國在西洋者，去中華絕遠，華人未嘗至。其所恃惟巨舟大礮。舟長三十丈，廣六丈，厚二尺餘，樹五桅，後爲三層樓。旁設小牕置銅礮。桅下置二丈巨鐵礮，發之可洞裂石城，震數十里，世所稱紅夷礮，卽其製也。然以舟大難轉，或遇淺沙，卽不能動。而其人又不善戰，故往往挫衄。其所役使名烏鬼，入水不沉，走海面若平地。其柁後置照海鏡，大徑數尺，能照數百里。其人悉奉天主教。所產有金、銀、琥珀、瑪瑙、玻璃、天鵝絨、瑣服、哆囉嗹。國土旣富，遇中國貨物當意者，不惜厚資，故華人樂與爲市。

校勘記

〔一〕山君海伯禽扈從　山君，原作「山居」，據太宗實錄卷三八永樂三年十月壬午條改。

〔二〕漳州之月港浯嶼　按浯嶼屬泉州不屬漳州，見本書卷九一兵志及讀史方輿紀要卷九九。

〔三〕其酋麻韋郎曰　麻韋郎，本書卷二七〇沈有容傳作「韋麻郎」。

明史卷三百二十六

列傳第二百十四

外國七

古里　柯枝　小葛蘭 大葛蘭　錫蘭山　榜葛剌　沼納樸兒
祖法兒　木骨都束　不剌哇　竹步　阿丹　剌撒　麻林
忽魯謨斯　溜山 比剌　孫剌　南巫里　加異勒　甘巴里　急蘭丹
沙里灣泥　底里　千里達　失剌比　古里班卒　剌泥 夏剌比
奇剌泥　窟察泥　捨剌齊　彭加那　八可意　烏沙剌踢　坎巴　阿哇　打回
白葛達 黑葛達　拂菻　意大里亞

古里，西洋大國。西濱大海，南距柯枝國，北距狼奴兒國，東七百里距坎巴國。自柯枝

舟行三日可至，自錫蘭山十日可至，諸蕃要會也。

永樂元年命中官尹慶奉詔撫諭其國，賚以綵幣。其酋沙米的喜遣使從慶入朝，貢方物。三年達南京，封爲國王，賜印誥及文綺諸物，遂比年入貢。鄭和亦數使其國。十三年偕柯枝、南渤利、甘巴里、滿剌加諸國入貢。十四年又偕爪哇、滿剌加、占城、錫蘭山、木骨都束、溜山、南渤利、不剌哇、阿丹、蘇門答剌、麻林、剌撒、忽魯謨斯、柯枝、南巫里、沙里灣泥、彭亨諸國入貢。是時，諸蕃使臣充斥於廷，以古里大國，序其使者於首。十七年偕滿剌加十七國來貢。十九年又偕忽魯謨斯等國入貢。二十一年復偕忽魯謨斯等國，遣使千二百人入貢。時帝方出塞，敕皇太子曰：「天時向寒，貢使卽令禮官宴勞，給賜遣還。其以土物來市者，官酬其直。」

宣德八年，其王比里麻遣使偕蘇門答剌等國使臣入貢。其使久留都下，正統元年乃命附爪哇貢舟西還。自是不復至。

其國，山多地瘠，有穀無麥。俗甚淳，行者讓道，道不拾遺。人分五等，如柯枝，其敬浮屠，鑿井灌佛亦如之。每旦，王及臣民取牛糞調水塗壁及地，又煅爲灰抹額及股，謂爲敬佛。國中半崇回教，建禮拜寺數十處。七日一禮，男女齋沐謝事。午時拜天於寺，未時乃散。王老不傳子而傳甥，無甥則傳弟，無弟則傳於國之有德者。國事皆決於二將領，以回

回人爲之。刑無鞭笞，輕者斷手足，重者罰金珠，尤重者夷族沒產。鞫獄不承，則置其手指沸湯中，三日不爛卽免罪。免罪者，將領導以鼓樂，送還家，親戚致賀。

富家多植椰子樹至數千。其嫩者漿可飲，亦可釀酒，老者可作油、糖，亦可作飯。幹可構屋，葉可代瓦，殼可製杯，穰可索綯，煅爲灰可鑲金。其他蔬果、畜產，多類中國。所貢物有寶石、珊瑚珠、琉璃瓶、琉璃枕、寶鐵刀、拂郎雙刃刀、金繫腰、阿思模達塗兒氣、龍涎香、蘇合油、花氈單、伯蘭布、苾布之屬。

柯枝，或言卽古盤盤國。宋、梁、隋、唐皆入貢。自小葛蘭西北行，順風一日夜可至。永樂元年遣中官尹慶齎詔撫諭其國，賜以銷金帳幔、織金文綺、綵帛及華蓋。六年復命鄭和使其國。九年，王可亦里遣使入貢。十年，鄭和再使其國，連二歲入貢。其使者請賜印誥，封其國中之山。帝遣鄭和齎印賜其王，因撰碑文，命勒石山上。其詞曰：

王化與天地流通，凡覆載之內、舉納於甄陶者，體造化之仁也。蓋天下無二理，生民無二心，憂戚喜樂之同情，安逸飽煖之同欲，奚有間於遐邇哉。任君民之寄者，當盡子民之道。詩云「邦畿千里，惟民所止，肇域彼四海」。書云「東漸于海，西被于流沙，朔

南暨聲教，訖于四海」。朕君臨天下，撫治華夷，一視同仁，無間彼此。推古聖帝明王之道，以合乎天地之心。遠邦異域，咸使各得其所，聞風嚮化者，爭恐後也。

柯枝國遠在西南，距海之濱，出諸蕃國之外，慕中華而歆德化久矣。命令之至，拳跽鼓舞，順附如歸，咸仰天而拜曰：「何幸中國聖人之教，沾及於我！」乃數歲以來，國內豐穰，居有室廬，食飽魚鼈，衣足布帛，老者慈幼，少者敬長，熙熙然而樂，凌厲爭競之習無有也。山無猛獸，溪絕惡魚，海出奇珍，林產嘉木，諸物繁盛，倍越尋常。暴風不興，疾雨不作，札沴殄息，靡有害菑。蓋甚盛矣。朕揆德薄，何能如是，非其長民者之所致歟？乃封可亦里爲國王，賜以印章，俾撫治其民。并封其國中之山爲鎭國之山，勒碑其上，垂示無窮。而系以銘曰：「截彼高山，作鎭海邦，吐烟出雲，爲下國洪龐。肅其煩歊，時其雨暘，祛彼氛妖，作彼豐穰。靡菑靡沴，永庇斯疆，優游卒歲，室家胥慶。於戲！山之嶄兮，海之深矣，勒此銘詩，相爲終始。」

自後，間歲入貢。

宣德五年，復遣鄭和撫諭其國。八年，王可亦里遣使偕錫蘭山諸國來貢。正統元年，遣其使者附爪哇貢舶還國，并賜敕勞王。

王，瑣里人，崇釋教。佛座四旁皆水溝，復穿一井。每旦鳴鐘鼓，汲水灌佛，三浴之，始羅拜而退。

其國與錫蘭山對峙，中通古里，東界大山，三面距海。俗頗淳。築室，以椰子樹爲材，取葉爲苫以覆屋，風雨皆可蔽。

人分五等：一曰南昆，王族類；二曰回回；三曰哲地，皆富民；四曰革全，皆牙儈；五曰木瓜。木瓜最貧，爲人執賤役者。屋高不得過三尺。衣上不得過臍，下不得過膝。途遇南昆、哲地人，輒伏地，俟其過乃起。

氣候常熱。一歲中，二三月時有少雨，國人皆治舍儲食物以俟。五六月間大雨不止，街市成河，七月始晴，八月後不復雨，歲歲皆然。田瘠少收，諸穀皆產，獨無麥。諸畜亦皆有，獨無鵝與驢云。

小葛蘭，其國與柯枝接境。自錫蘭山西北行六晝夜可達。東大山，西大海，南北地窄，西洋小國也。永樂五年遣使附古里、蘇門答剌入貢，賜其王錦綺、紗羅、鞍馬諸物，其使者亦有賜。

王及羣下皆瑣里人，奉釋教。重牛及他婚喪諸禮，多與錫蘭同。俗淳。土薄，收穫少，

仰給榜葛剌。鄭和嘗使其國。厥貢惟珍珠傘、白棉布、胡椒。

又有大葛蘭者，波濤湍悍，舟不可泊，故商人罕至。土黑墳，本宜穀麥，民懶事耕作，歲賴烏爹之米以足食。風俗、物產，多類小葛蘭。

錫蘭山，或云卽古狼牙修。梁時曾通中國。自蘇門答剌順風十二晝夜可達。

永樂中，鄭和使西洋至其地，其王亞烈苦奈兒欲害和，和覺，去之他國。王又不睦鄰境，屢邀劫往來使臣，諸蕃皆苦之。及和歸，復經其地，乃誘和至國中，發兵五萬劫和，塞歸路。和乃率步卒二千，由間道乘虛攻拔其城，生擒亞烈苦奈兒及妻子、頭目，獻俘於朝。廷臣請行戮，帝憫其無知，并妻子皆釋，且給以衣食。命擇其族之賢者立之。有邪把乃那者，諸俘囚咸稱其賢，乃遣使齎印誥，封爲王，其舊王亦遣歸。自是海外諸蕃益服天子威德，貢使載道，王遂屢入貢。

宣德五年，鄭和撫諭其國。八年，王不剌葛麻巴忽剌批遣使來貢。正統元年命附爪哇貢舶歸，賜敕諭之。十年偕滿剌加使者來貢。天順三年，王葛力生夏剌昔利把交剌惹遣使

來貢。嗣後不復至。

其國，地廣人稠，貨物多聚，亞於爪哇。東南海中有山三四座，總名曰翠藍嶼。大小七門，門皆可通舟。中一山尤高大，番名梭篤蠻山。其人皆巢居穴處，赤身髡髮。相傳釋迦佛昔經此山，浴於水，或竊其袈裟，佛誓云：「後有穿衣者，必爛其皮肉。」自是，寸布掛身輒發瘡毒，故男女皆裸體。但紉木葉蔽其前後，或圍以布，故又名裸形國。地不生穀，惟啖魚蝦及山芋、波羅密、芭蕉實之屬。自此山西行七日，見鸚哥嘴山。又二三日抵佛堂山，卽入錫蘭國境。海邊山石上有一足跡，長三尺許。故老云，佛從翠藍嶼來，踐此，故足跡尚存。中有淺水，四時不乾，人皆手蘸拭目洗面，曰「佛水清淨」。山下僧寺有釋迦眞身，側臥牀上。旁有佛牙及舍利，相傳佛涅槃處也。其寢座以沉香爲之，飾以諸色寶石，莊嚴甚。王所居側有大山，高出雲漢。其顚有巨人足跡，入石深二尺，長八尺餘，云是盤古遺跡。此山產紅雅姑、青雅姑、黃雅姑、昔刺泥、窟沒藍等諸色寶石。每大雨，衝流山下，土人競拾之。海旁有浮沙，珠蚌聚其內，光彩瀲灩。王使人撈取，置之地，蚌爛而取其珠，故其國珠寶特富。

王，瑣里國人。崇釋教，重牛，日取牛糞燒灰塗其體，又調以水，徧塗地上，乃禮佛。手足直舒，腹貼於地以爲敬，王及庶民皆如之。不食牛肉，止食其乳，死則瘞之，有殺牛者，罪

至死。氣候常熱，米粟豐足，民富饒，然不喜啖飯。欲啖，則於暗處，不令人見。徧體皆毫毛，悉薙去，惟髮不薙。所貢物有珠、珊瑚、寶石、水晶、撒哈剌、西洋布、乳香、木香、樹香、檀香、沒藥、硫黃、藤竭、蘆薈、烏木、胡椒、碗石、馴象之屬。

榜葛剌，卽漢身毒國，東漢曰天竺。其後中天竺貢於梁，南天竺貢於魏。唐亦分五天竺，又名五印度。宋仍名天竺。榜葛剌則東印度也。自蘇門答剌順風二十晝夜可至。

永樂六年，其王靄牙思丁遣使來朝，貢方物，宴賚有差。七年，其使凡再至，攜從者二百三十餘人。帝方招徠絕域，頒賜甚厚。自是比年入貢。十年，貢使將至，遣官宴之於鎭江。既將事，使者告其王之喪。遣官往祭，封嗣子賽勿丁爲王。十二年，嗣王遣使奉表來謝，貢麒麟及名馬方物。禮官請表賀，帝勿許。明年遣侯顯齎詔使其國，王與妃、大臣皆有賜。正統三年貢麒麟，百官表賀。明年又入貢。自是不復至。

其國，地大物阜。城池街市，聚貨通商，繁華類中國。四時氣候常如夏。土沃，一歲二稔，不待耔耘。俗淳龐，有文字，男女勤於耕織。容體皆黑，間有白者。王及官民皆回回人，喪祭冠婚，悉用其禮。男子皆薙髮，裹以白布。衣從頸貫下，用布圍之。曆不置閏。刑

有笞杖徒流數等。官司上下，亦有行移。醫卜、陰陽、百工、技藝悉如中國，蓋皆前世所流入也。

其王敬天朝。聞使者至，遣官具儀物，以千騎來迎。王宮高廣，柱皆黃銅包飾，雕琢花獸。左右設長廊，內列明甲馬隊千餘，外列巨人，明盔甲，執刀劍弓矢，威儀甚壯。丹墀左右，設孔雀翎傘蓋百餘，又置象隊百餘於殿前。王飾八寶冠，箕踞殿上高座，橫劍於膝。朝使入，令拄銀杖者二人來導，五步一呼，至中則止；又拄金杖者二人，導如初。其王拜迎詔，叩頭，手加額。開讀受賜訖，設毯毯於殿，宴朝使；不飲酒，以薔薇露和香蜜水飲之。贈使者金盔、金繫腰、金瓶、金盆，其副則悉用銀，從者皆有贈。厥貢，良馬、金銀琉璃器、青花白瓷、鶴頂、犀角、翠羽、鸚鵡、洗白苾布、兜羅緜、撒哈剌、糖霜、乳香、熟香、烏香、麻藤香、烏爹泥、紫膠、藤竭、烏木、蘇木、胡椒、粗黃。

沼納樸兒，其國在榜葛剌之西。或言卽中印度，古所稱佛國也。永樂十年遣使者齎敕撫諭其國，賜王亦不剌金絨錦、金織文綺、綵帛等物。十八年，榜葛剌使者愬其國王數舉兵侵擾，詔中官侯顯齎敕諭以睦鄰保境之義，因賜之綵幣；所過金剛寶座之地，亦有賜。然其

王以去中國絕遠，朝貢竟不至。

祖法兒，自古里西北放舟，順風十晝夜可至。永樂十九年遣使偕阿丹、剌撒諸國入貢，命鄭和齎璽書賜物報之。二十一年，貢使復至。宣德五年，和再使其國，其王阿里卽遣使朝貢，八年達京師。正統元年還國，賜璽書獎王。

其國東南大海，西北重山，天時常若八九月。五穀、蔬果、諸畜咸備。人體頎碩。王及臣民悉奉回回教，婚喪亦遵其制。多建禮拜寺。遇禮拜日，市絕貿易，男女長幼皆沐浴更新衣，以薔薇露或沉香油拭面，焚沉、檀、俺八兒諸香土罏，人立其上以薰衣，然後往拜。所過街市，香經時不散。天使至，詔書開讀訖，其王偏諭國人，盡出乳香、血竭、蘆薈、沒藥、蘇合油、安息香諸物，與華人交易。乳香乃樹脂。其樹似榆而葉尖長，土人砍樹取其脂爲香。有駝雞，頸長類鶴，足高三四尺，毛色若駝，行亦如之，常以充貢。

木骨都束，自小葛蘭舟行二十晝夜可至。永樂十四年遣使與不剌哇、麻林諸國奉表朝

中華書局

貢，命鄭和齎敕及幣偕其使者往報之。後再入貢，復命和偕行，賜王及妃綵幣。二十一年，貢使又至。比還，其王及妃更有賜。宣德五年，和復頒詔其國。

國濱海，山連地曠，磽瘠少收。歲常旱，或數年不雨。俗頑嚚，時操兵習射。地不產木。亦如忽魯謨斯，壘石爲屋，及用魚腊以飼牛羊馬駝云。

不剌哇，與木骨都束接壤。自錫蘭山別羅里南行，二十一晝夜可至。永樂十四年至二十一年，凡四入貢，並與木骨都束偕。鄭和亦兩使其國。宣德五年，和復往使。

其國傍海而居，地廣斥鹵，少草木，亦壘石爲屋。有鹽池。但投樹枝於中，已而取起，鹽即凝其上。俗淳。田不可耕，蒜葱之外無他種，專捕魚爲食。所產有馬哈獸，狀如獐；花福祿，狀如驢；及犀、象、駱駝、沒藥、乳香、龍涎香之類，常以充貢。

竹步，亦與木骨都束接壤。永樂中，嘗入貢。其地戶口不繁，風俗頗淳。鄭和至其地。地亦無草木，壘石以居，歲多旱暵，皆與木骨都束同。所產有獅子、金錢豹、駝蹄雞、龍涎

香、乳香、金珀、胡椒之屬。

阿丹，在古里之西，順風二十二晝夜可至。永樂十四年遣使奉表貢方物。辭還，命鄭和齎敕及綵幣偕往賜之。自是，凡四入貢，天子亦厚加賜賚。宣德五年，海外諸番久缺貢，復命和齎敕宣諭。其王抹立克那思兒卽遣使來貢。八年至京師。正統元年始還。自後，天朝不復通使，遠番貢使亦不至。前世梁、隋、唐時，並有丹丹國，或言卽其地。

地膏腴，饒粟麥。人性强悍，有馬步銳卒七八千人，鄰邦畏之。王及國人悉奉回回教。氣候常和，歲不置閏。其定時之法，以月爲準，如今夜見新月，明日卽爲月朔。四季不定，自有陰陽家推算。其日爲春首，卽有花開；其日爲秋初，卽有葉落；及日月交食、風雨潮汐，皆能預測。

其王甚尊中國。聞和船至，躬率部領來迎。入國宣詔訖，徧諭其下，盡出珍寶互易。永樂十九年，中官周姓者往，市得貓睛，重二錢許，珊瑚樹高二尺者數枝，又大珠、金珀、諸色雅姑異寶，麒麟、獅子、花貓、鹿、金錢豹、駝雞、白鳩以歸，他國所不及也。

蔬果、畜產咸備，獨無鵝、豕二者。市肆有書籍。工人所製金首飾，絕勝諸番。所少惟無草木，其居亦皆壘石爲之。麒麟前足高九尺，後六尺，頸長丈六尺有二，短角，牛尾，鹿身，食粟豆餅餌。獅子形似虎，黑黃色無斑，首大，口廣，尾尖，聲吼若雷，百獸見之皆伏地。

嘉靖時製方丘朝日壇玉爵，購紅黃玉於天方、哈密諸番，不可得。有通事言此玉產於阿丹，去土魯番西南二千里，其地兩山對峙，自爲雌雄，或自鳴，請如永樂、宣德故事，齎重賄往購。帝從部議，已之。

剌撒，自古里順風二十晝夜可至。永樂十四年遣使來貢，命鄭和報之。後凡三貢，皆與阿丹、不剌哇諸國偕。宣德五年，和復齎敕往使，竟不復貢。國傍海而居，氣候常熱，田瘠少收。俗淳，喪葬有禮。有事則禱鬼神。草木不生，久旱不雨。居室，悉與竹步諸國同。所產有乳香、龍涎香、千里駝之類。

麻林，去中國絕遠。永樂十三年遣使貢麒麟。將至，禮部尚書呂震請表賀，帝曰：「往儒臣進五經四書大全，請上表，朕許之，以此書有益於治也。麟之有無，何所損益，其已

之。」已而麻林與諸番使者以麟及天馬、神鹿諸物進，帝御奉天門受之。百僚稽首稱賀，帝曰：「此皇考厚德所致，亦賴卿等翊贊，故遠人畢來。繼自今，益宜秉德迪朕不逮。」十四年又貢方物。

忽魯謨斯，西洋大國也。自古里西北行，二十五日可至。永樂十年，天子以西洋近國已航海貢琛，稽顙闕下，而遠者猶未賓服，乃命鄭和齎璽書往諸國，賜其王錦綺、綵帛、紗羅，妃及大臣皆有賜。王卽遣陪臣已卽丁奉金葉表，貢馬及方物。十二年至京師。命禮官宴賜，酬以馬直。比還，賜王及妃以下有差。自是，凡四貢。和亦再使。後朝使不往，其使亦不來。

宣德五年復遣和宣詔其國。其王賽弗丁乃遣使來貢。八年至京師，宴賜有加。正統元年附爪哇舟還國。嗣後遂絕。

其國居西海之極。自東南諸蠻邦及大西洋商舶、西域賈人，皆來貿易，故寶物塡溢。氣候有寒暑，春發葩，秋隕葉，有霜無雪，多露少雨。土瘠穀麥寡，然他方轉輸者多，故價殊賤。民富俗厚，或遭禍致貧，衆皆遺以錢帛，共振助之。人多白晳豐偉，婦女出則以紗蔽

面，市列廛肆，百物具備。惟禁酒，犯者罪至死。醫卜、技藝，皆類中華。交易用銀錢。書用回回字。王及臣下皆遵回教，婚喪悉用其禮。日齋戒沐浴，虔拜者五。地多鹹，不產草木，牛羊馬駝皆噉魚腊。壘石爲屋，有三四層者，寢處庖廁及待客之所，咸在其上。饒蔬果，有核桃、把聃、松子、石榴、葡萄、花紅、萬年棗之屬。境內有大山，四面異色。一紅鹽石，鑿以爲器，盛食物不加鹽，而味自和；一白土，可塗垣壁；一赤土、一黃土，皆適於用。所貢有獅子、麒麟、駝雞、福祿、靈羊；常貢則大珠、寶石之類。

溜山，自錫蘭山別羅里南去，順風七晝夜可至；自蘇門答剌過小帽山西南行，十晝夜可至。永樂十年，鄭和往使其國。十四年，其王亦速福遣使來貢。自後三貢，並與忽魯謨斯諸國偕。宣德五年，鄭和復使其國，後竟不至。

其山居海中，有三石門，並可通舟。無城郭，倚山聚居。氣候常熱，土薄穀少，無麥，土人皆捕魚，暴乾以充食。王及羣下盡回回人，婚喪諸禮，多類忽魯謨斯。山下有八溜，或言外更有三千溜，舟或失風入其處，即沉溺。

又有國曰比剌，曰孫剌。鄭和亦嘗齎敕往賜。以去中華絕遠，二國貢使竟不至。

南巫里，在西南海中。永樂三年遣使齎璽書、綵幣撫諭其國。六年，鄭和復往使。九年，其王遣使貢方物，與急蘭丹、加異勒諸國偕來。賜其王金織文綺、金繡龍衣、銷金幃幔及傘蓋諸物，命禮官宴賜遣之。十四年再貢。命鄭和與其使偕行，後不復至。

加異勒，西洋小國也。永樂六年遣鄭和齎詔招諭，賜以錦綺、紗羅。九年，其酋長葛卜者麻遣使奉表，貢方物。命賜宴及冠帶、綵幣、寶鈔。十年，和再使其國，後凡三入貢。宣德五年，和復使其國。〔一〕八年又偕阿丹等十一國來貢。

甘巴里，亦西洋小國。永樂六年，鄭和使其地，賜其王錦綺、紗羅。十三年遣使朝貢方物。〔二〕十九年再貢，遣鄭和報之。宣德五年，和復招諭其國。王兜哇剌札遣使來貢，八年抵京師。正統元年附爪哇舟還國，賜敕勞王。

其鄰境有阿撥把丹、小阿蘭二國，亦以六年命鄭和齎敕招諭，賜亦同。

急蘭丹，永樂九年，王麻哈剌查苦馬兒遣使朝貢。十年命鄭和齎敕獎其王，賚以錦綺、紗羅、綵帛。

沙里灣泥，永樂十四年遣使來獻方物，命鄭和齎幣帛還賜之。

底里，永樂十年遣使奉璽書招諭其王馬哈木，賜絨錦、金織文綺、綵帛諸物。其地與沼納樸兒近，幷賜其王亦不剌金。

千里達，永樂十六年遣使貢方物。賜其使冠帶、紵絲、紗羅、綵帛及寶鈔。比還，賜其王有加。

失剌比，永樂十六年遣使朝貢。賜其使冠帶、金織文綺、襲衣、綵幣、白金有差，其王亦優賜。

古里班卒，永樂中，嘗入貢。其土瘠穀少，物產亦薄。氣候不齊，夏多雨，雨即寒。

剌泥，永樂元年，其國中回回哈只馬哈沒奇剌泥等來貢方物，因攜胡椒與民市。有司請徵其稅，帝曰：「徵稅以抑逐末之民，豈以爲利。今遠人慕義來，乃取其貨，所得幾何，而虧損國體多矣。其已之。」

剌泥而外，有數國：曰夏剌比，曰奇剌泥，曰窟察泥，曰捨剌齊，曰彭加那，曰八可意，曰烏沙剌踢，曰坎巴，曰阿哇，曰打回。永樂中，嘗遣使朝貢。其國之風土、物產，無可稽。

白葛達，宣德元年遣其臣和者里一思入貢。其使臣言：「遭風破舟，貢物盡失，國主悃惓忠敬之忱，無由上達。此使臣之罪，惟聖天子恩貸，賜之冠帶，俾得歸見國主，知陪臣實詣闕廷，庶幾免責。」帝許之，使附鄰國貢舟還國，諭之曰：「倉卒失風，豈人力能制。歸語爾主，朕嘉王之誠，不在物也。」宴賜悉如禮。及辭歸，帝謂禮官曰：「天時漸寒，海道遼遠，可賜路費及衣服。」其國，土地瘠薄，崇釋教，市易用鐵錢。

又有黑葛達，亦以宣德時來貢。國小民貧，尙佛長刑。多牛羊，亦以鐵鑄錢。

拂菻，卽漢大秦，桓帝時始通中國。晉及魏皆曰大秦，嘗入貢。唐曰拂菻，宋仍之，亦

數入貢。而宋史謂歷代未嘗朝貢，疑其非大秦也。

元末，其國人捏古倫入市中國，元亡不能歸。太祖聞之，以洪武四年八月召見，命齎詔書還諭其王曰：「自有宋失馭，天絕其祀。元興沙漠，入主中國百有餘年，天厭其昏淫，亦用隕絕其命。中原擾亂十有八年，當羣雄初起時，朕爲淮右布衣，起義救民。荷天之靈，授以文武諸臣，東渡江左，練兵養士，十有四年。西平漢王陳友諒，東縛吳王張士誠，南平閩、粵，戡定巴蜀，北定幽燕，奠安方夏，復我中國之舊疆。朕爲臣民推戴卽皇帝位，定有天下之號曰大明，建元洪武，於今四年矣。凡四夷諸邦皆遣官告諭，惟爾拂菻隔越西海，未及報知。今遣爾國之民捏古倫齎詔往諭。朕雖未及古先哲王，俾萬方懷德，然不可不使天下知朕平定四海之意，故茲詔告。」已而復命使臣普剌等齎敕書、綵幣招諭，其國乃遣使入貢。後不復至。

萬曆時，大西洋人至京師，言天主耶穌生於如德亞，卽古大秦國也。其國自開闢以來六千年，史書所載，世代相嬗，及萬事萬物原始，無不詳悉。謂爲天主肇生人類之邦，言頗誕謾不可信。其物產、珍寶之盛，具見前史。

意大里亞，居大西洋中，自古不通中國。萬曆時，其國人利瑪竇至京師，爲萬國全圖，言天下有五大洲。第一曰亞細亞洲，中凡百餘國，而中國居其一。第二曰歐羅巴洲，中凡七十餘國，而意大里亞居其一。第三曰利未亞洲，亦百餘國。第四曰亞墨利加洲，地更大，以境土相連，分爲南北二洲。最後得墨瓦臘泥加洲爲第五。而域中大地盡矣。其說荒渺莫考，然其國人充斥中土，則其地固有之，不可誣也。

大都歐羅巴諸國，悉奉天主耶穌教，而耶穌生於如德亞，其國在亞細亞洲之中，西行教於歐羅巴。其始生在漢哀帝元壽二年庚申，閱一千五百八十一年至萬曆九年，利瑪竇始汎海九萬里，抵廣州之香山澳，其教遂沾染中土。至二十九年入京師，中官馬堂以其方物進獻，自稱大西洋人。

禮部言：「會典止有西洋瑣里國無大西洋，其眞僞不可知。又寄居二十年方行進貢，則與遠方慕義特來獻琛者不同。且其所貢天主及天主母圖，既屬不經，而所攜又有神仙骨諸物。夫既稱神仙，自能飛昇，安得有骨？則唐韓愈所謂凶穢之餘，不宜入宮禁者也。況此等方物，未經臣部譯驗，徑行進獻，則內臣混進之非，與臣等溺職之罪，俱有不容辭者。及奉旨送部，乃不赴部審譯，而私寓僧舍，臣等不知其何意。但諸番朝貢，例有回賜，其使臣必有宴賞，乞給賜冠帶還國，勿令潛居兩京，與中人交往，別生事端。」不報。八月又言：「臣

等議令利瑪竇還國，候命五月，未賜綸音，毋怪乎遠人之鬱病而思歸也。察其情詞懇切，眞有不願尙方錫予，惟欲山棲野宿之意。譬之禽鹿久羈，愈思長林豐草，人情固然。乞速爲頒賜，遣赴江西諸處，聽其深山邃谷，寄跡怡老。」亦不報。

已而帝嘉其遠來，假館授粲，給賜優厚。公卿以下重其人，咸與晉接。瑪竇安之，遂留居不去，以三十八年四月卒於京。賜葬西郭外。

其年十一月朔日食。曆官推算多謬，朝議將修改。明年，五官正周子愚言：「大西洋歸化人龐迪我、熊三拔等深明曆法。其所攜曆書，有中國載籍所未及者。當令譯上，以資採擇。」禮部侍郎翁正春等因請倣洪武初設回回曆科之例，令迪我等同測驗。從之。

自利瑪竇入中國後，其徒來益衆。有王豐肅者，居南京，專以天主教惑衆，士大夫暨里巷小民，間爲所誘。禮部郎中徐如珂惡之。其徒又自誇風土人物遠勝中華，如珂乃召兩人，授以筆劄，令各書所記憶。悉舛謬不相合，乃倡議驅斥。四十四年，與侍郎沈㴶、給事中晏文輝等合疏斥其邪說惑衆，且疑其爲佛郎機假託，乞急行驅逐。禮科給事中余懋孳亦言：「自利瑪竇東來，而中國復有天主之教。乃留都王豐肅、陽瑪諾等，煽惑羣衆不下萬人，朔望朝拜動以千計。夫通番、左道並有禁。今公然夜聚曉散，一如白蓮、無爲諸教。且往來壕鏡，與澳中諸番通謀，而所司不爲遣斥，國家禁令安在？」帝納其言，至十二月令豐肅及迪

我等俱遣赴廣東，聽還本國。命下久之，遷延不行，所司亦不爲督發。

四十六年四月，迪我等奏：「臣與先臣利瑪竇等十餘人，涉海九萬里，觀光上國，叨食大官十有七年。近南北參劾，議行屏斥。竊念臣等焚修學道，尊奉天主，豈有邪謀敢墮惡業。惟聖明垂憐，候風便還國。若寄居海嶼，愈滋猜疑，乞并南都諸處陪臣，一體寬假。」不報，乃怏怏而去。豐肅尋變姓名，復入南京，行教如故，朝士莫能察也。

其國善製礮，視西洋更巨。既傳入內地，華人多效之，而不能用。天啓、崇禎間，東北用兵，數召澳中人入都，令將士學習，其人亦爲盡力。

崇禎時，曆法益疏舛，禮部尚書徐光啓請令其徒羅雅谷、湯若望等，以其國新法相參較，開局纂修。報可。久之書成，卽以崇禎元年戊辰爲曆元，名之曰崇禎曆。書雖未頒行，其法視大統曆爲密，識者有取焉。

其國人東來者，大都聰明特達之士，意專行教，不求祿利。其所著書多華人所未道，故一時好異者咸尚之。而士大夫如徐光啓、李之藻輩，首好其說，且爲潤色其文詞，故其敎驟興。

時著聲中土者，更有龍華民、畢方濟、艾如略、鄧玉函諸人。華民、方濟、如略及熊三拔，皆意大里亞國人，玉函，熱而瑪尼國人，龐迪我，依西把尼亞國人，陽瑪諾，波而都瓦爾

國人，皆歐羅巴洲之國也。其所言風俗、物產多夸，且有職方外紀諸書在，不具述。

校勘記

〔一〕和復使其國　使，原作「賜」，據明史稿傳二〇〇加異勒傳改。

〔二〕十三年遣使朝貢方物　十三年，原作「十二年」，據本書卷三二六古里傳、太宗實錄卷九七永樂十三年九月癸卯條改。

明史卷三百二十七

列傳第二百十五

外國八

韃靼

韃靼，卽蒙古，故元後也。太祖洪武元年，大將軍徐達率師取元，元主自北平遁出塞，居開平，數遣其將也速等擾北邊。明年，常遇春擊敗之，師進開平，俘宗王慶孫、〔一〕平章鼎住。

時元主奔應昌，其將王保保據定西爲邊患。三年春，以徐達爲大將軍，使出西安擣定西；李文忠爲左副將軍，馮勝爲右副將軍，使出居庸擣應昌。文忠至興和，擒平章竹貞，復大破元兵於駱駝山，遂趨應昌。未至，知元主已殂，進圍其城，克之。獲元主孫買的里八剌及其妃嬪、大臣，寶玉圖籍。太子愛猷識理達臘獨以數十騎遁去。而徐達亦大破王保保兵於

沈兒峪口，走之。太祖封買的里八剌爲崇禮侯，諡元主曰順帝。於是故元諸將江文清等、王子失篤兒等，先後歸附。獨王保保擁太子愛猷識理達臘居和林，屢詔諭之，不從。

五年春，命大將軍徐達、左副將軍李文忠、征西將軍馮勝率師三道征之。大將軍達由中路出雁門，戰不利，守塞。勝軍西次蘭州。右副將軍傅友德先進，轉戰至埽林山，勝等兵合，斬其平章不花，降上都驢等所部吏民八千三百餘戶，遂由亦集乃路至瓜、沙州，復連敗之。文忠東出居庸至口溫，元將棄營遁，乃率輕騎自臚朐河疾馳，進敗蠻子哈剌章於土剌河，追及阿魯渾河，又追及稱海，獲其官屬子孫并軍士家屬千八百餘，送京師。達等尋召還。明年春，遣達、文忠等備西北邊。元兵入犯武、朔，達遣陳德、郭子興擊破之。未幾，達等復大破王保保兵於懷柔。時元兵先後犯白登、保德、河曲，輒爲守將所敗，獨撫寧、瑞州被殘，太祖乃徙其民於內地。

七年夏，都督藍玉拔興和。文忠亦遣裨將擒斬其長，而自以大軍攻高州大石崖，克之，斬宗王、大臣朶朶失里等，至氈帽山斬魯王，獲其妃蒙哥禿。秋，太祖以故元太子流離沙漠，父子隔絕，未有後嗣，乃遣崇禮侯北歸，以書諭之。又二年，其部下九住等寇西邊，敗去。

洪武十一年夏，故元太子愛猷識理達臘卒，太祖自爲文，遣使弔祭。子脫古思帖木兒繼立。其丞相驢兒、蠻子哈剌章，國公脫火赤，平章完者不花、乃兒不花，樞密知院愛足等，

擁衆於應昌、和林，時出沒塞下。太祖屢賜璽書諭之，不從。十三年春，西平侯沐英師出靈州，渡黃河，歷賀蘭山，踐流沙，擒脫火赤、愛足等於和林，盡以其部曲歸。冬，完者不花亦就擒。明年春，徐達及副將軍湯和、傅友德征乃兒不花，至河北，襲灰山，斬獲甚衆。

時王保保已先卒，諸巨魁多以次平定，或望風歸附，獨丞相納哈出擁二十萬衆據金山，數窺伺遼。二十年春，命宋國公馮勝爲大將軍，率潁川侯傅友德、永昌侯藍玉等，將兵二十萬征之，還其先所獲元將乃剌吾。勝軍駐通州，遣藍玉乘大雪襲慶州，克之。夏，師踰金山，臨江侯陳鏞失道，陷敵死。乃剌吾歸，備以朝廷撫恤恩語其衆，於是全國公觀童來降。納哈出因聞乃剌吾之言已心悸，復爲大軍所迫，乃陽使人至大將軍營納款，以覘兵勢。勝遣玉往受降。使者見勝軍還報，納哈出仰天嘆曰：「天弗使吾有此衆矣。」遂率數百騎詣玉納降。已，將脫去，爲鄭國公常茂所傷不得去。都督耿忠遂以衆擁之見勝，勝重禮之，使忠與同寢食。先後降其部曲二十餘萬人，及聞納哈出傷，由是驚潰者四萬人，獲輜重畜馬亙百餘里。勝班師，都督濮英以三千騎殿，爲潰卒所邀襲，死之。秋，勝等表上納哈出所部官屬二百餘人，將校三千三百餘人，金銀銅印一百顆，虎符牌面百二十五事，馬二百九十餘匹，稱賀。太祖封納哈出爲海西侯，先後賜予甚厚，并授乃剌吾千戶。

納哈出既降，帝以故元遺寇終爲邊患，乃卽軍中拜藍玉爲大將軍，唐勝、郭英副之，耿

忠、孫恪爲左、右參將，率師十五萬往征之。冬，元將脫脫等降於玉。明年春，玉以大軍由大寧至慶州，聞脫古思帖木兒在捕魚兒海，從間道馳進，至百眼井哨不見敵，欲引還。定遠侯王弼曰：「吾等奉聖主威德，提十萬餘衆，深入至此，無所得，何以復命？」玉乃穴地而爨，一夜馳至捕魚兒海。黎明，去敵營八十里。時大風揚沙，晝晦，軍行無知者，敵不設備。弼爲前鋒，直薄之，遂大破其軍，斬太尉、蠻子數千人。脫古思帖木兒以其太子天保奴、知院捏怯來、丞相失烈門等數十騎遁去，獲其次子地保奴及妃主五十餘人、渠率三千、男女七萬餘，馬駝牛羊十萬，聚鎧仗焚之。又破其將哈剌章營，盡降其衆。於是漠北削平。捷奏至，太祖大悅，賜地保奴等鈔幣，命有司給供具。既有言玉私元主妃者，帝怒，妃慚懼自殺。地保奴出怨言，帝居之琉球。

脫古思帖木兒既遁，將依丞相咬住於和林，行至土剌河，爲其下也速迭兒所襲，衆復散，獨與捏怯來等十六騎偕。適咬住來迎，欲共往依闊闊帖木兒，大雪不得發。也速迭兒兵猝至，縊殺之，并殺天保奴。於是捏怯來、失烈門等來降，置之全寧衛。未幾，捏怯來爲失烈門所襲殺，衆潰，詔朶顏等衞招撫之，來降者益衆。二十三年春，命潁國公傅友德等以北平兵從燕王，定遠侯王弼等以山西兵從晉王，征咬住及乃兒不花、阿魯帖木兒等。燕王出古北口，偵知乃兒不花營迤都，冒大雪馳進，去敵一磧，敵不知也。先遣指揮觀童往；觀

童舊與乃兒不花善，一見相持泣。頃之，大軍壓其營，乃兒不花驚欲遁，觀童止之，引見王；賜飲食慰諭遣還。乃兒不花喜過望，遂偕咬住等來降。久之，乃兒不花等以謀叛誅死，敵益衰。太祖亦封燕、晉諸王爲邊藩鎮，更歲遣大將巡行塞下，督諸衞卒屯田，戒以持重，寇來輒敗之。而敵自脫古思帖木兒後，部帥紛拏，五傳至坤帖木兒，咸被弑，不復知帝號。有鬼力赤者簒立，稱可汗，去國號，遂稱韃靼云。

成祖卽位，遣使諭之通好，賜以銀幣并及其知院阿魯台、丞相馬兒哈咱等。時鬼力赤與瓦剌相仇殺，數往來塞下，帝敕邊將各嚴兵備之。

永樂三年，頭目埽胡兒、察罕達魯花等先後來歸。久之，阿魯台殺鬼力赤，而迎元之後本雅失里于別失八里，立爲可汗。

六年春，帝卽以書諭本雅失里曰：「自元運既訖，順帝後愛猷識理達臘至坤帖木兒凡六傳，瞬息之間，未聞一人善終者。我皇考太祖高皇帝於元氏子孫，加意撫恤，來歸者輒令北還，如遣脫古思帖木兒歸，嗣爲可汗，此南北人所共知。朕之心卽皇考之心。茲元氏宗祧不絕如線，去就之機，禍福由分，爾宜審處之。」不聽。

明年，獲其部曲完者帖木兒等二十二人，帝因復使給事中郭驥齎書往。驥被殺，帝怒。秋，命淇國公丘福爲大將軍，武城侯王聰、同安侯火眞副之，靖安侯王忠、安平侯李遠爲左、

右參將，[三]將精騎十萬北討，諭以毋失機，毋輕犯敵，一舉未捷，俟再舉。時本雅失里已爲瓦剌所襲破，與阿魯台徙居臚朐河。福率千騎先馳，遇游兵擊破之。軍未集，福乘勝渡河追敵，敵輒佯敗引去。諸將以帝命止福，福不聽。敵衆奄至，圍之，五將軍皆沒。帝益怒。

明年，帝自將五十萬衆出塞。本雅失里聞之懼，欲與阿魯台俱西，阿魯台不從，衆潰散，君臣始各爲部。本雅失里西奔，阿魯台東奔。帝追及斡難河，本雅失里拒戰。帝麾兵奮擊，一呼敗之。本雅失里棄輜重孳畜，以七騎遁。斡難河者，元太祖始興地也。班師至靜虜鎭，遇阿魯台，帝使諭之降。阿魯台欲來，衆不可，遂戰。帝率精騎大呼衝擊，矢下如注，阿魯台墜馬，遂大敗，追奔百餘里乃還。冬，阿魯台使來貢馬，帝納之。

越二年，本雅失里爲瓦剌馬哈木等所殺。阿魯台已數入貢，帝俱厚報之，并還其向所俘同產兄妹二人。至是，奏馬哈木等弑其主，又擅立答里巴，願輸誠內附，請爲故主復仇。天子義之，封爲和寧王。自是，歲或一貢，或再貢，以爲常。

十二年，帝征瓦剌。阿魯台使部長以下來朝會。賜米五十石，乾肉、酒糗、綵幣有差。十四年，以戰敗瓦剌，使來獻俘。十九年，阿魯台貢使至邊，要劫行旅，帝諭使戒戢之，由是驕蹇不至。

阿魯台之內附，困于瓦剌，窮蹙而南，思假息塞外。帝納而封之，母妻皆爲王太夫人、

王夫人。數年生聚，畜牧日以蕃盛，遂慢我使者，拘留之。其貢使歸，多行刦掠，部落亦時來窺塞。二十年春，大入興和。于是詔親征之。阿魯台聞大軍出，懼，其母妻皆詈之曰：「大明皇帝何負爾，而必爲逆！」于是盡棄其輜重馬畜于闊灤海側，以其孥直北徙。帝命焚其輜重，收其馬畜，遂班師。

明年秋，邊將言阿魯台將入寇。帝曰：「彼意朕必不復出，當先駐塞下待之。」遂部分寧陽侯陳懋爲先鋒，至宿嵬山不見敵，遇王子也先土干率妻子部屬來降。帝封爲忠勇王，賜姓名曰金忠。忠勇王至京師，數請擊敵自効。帝曰：「姑待之。」

二十二年春，開平守將奏阿魯台盜邊，羣臣勸帝如忠勇王言。帝復親征，師次荅蘭納木兒河，〔三〕得諜者，知阿魯台遠遁。帝意亦厭兵，乃下詔暴阿魯台罪惡，而宥其所部來降者，止勿殺。車駕還，崩於榆木川。未幾，阿魯台使來貢馬，仁宗已登極，詔納之。自是，歲修職貢如永樂時。

時阿魯台數敗于瓦剌，部曲離散。其屬把的等先後來歸，朝廷皆予官職，賜鈔幣，詔有司給供具。自後來歸者，悉如例。阿魯台日益蹙，乃率其屬東走兀良哈，駐牧遼塞。諸將請出兵掩擊之，帝不聽。

宣德九年，阿魯台復爲脫脫不花所襲，妻子死，孳畜略盡，獨與其子失捏干等徙居母納

山、察罕腦剌等處。未幾，瓦剌脫懽襲殺阿魯台及失捏干，于是阿魯台子阿卜只俺及其孫妻速木答思等喪敗無依，來乞內附。帝憐而撫之。

阿魯台既死，其故所立阿台王子及所部朶兒只伯等復爲脫脫不花所窘，竄居亦集乃路。外爲納款，而數入寇甘、涼。正統元年，將軍陳懋敗朶兒只伯于平川，追及蘇武山，頗有斬獲。二年冬，命都督任禮爲總兵官，蔣貴、趙安副之，尚書王驥督師，以便宜行事。明年夏，復敗朶兒只伯等于石城。阿台與朶兒合，復敗之兀魯乃地，追及黑泉，又及之刁力溝，出沙漠千里，東西夾擊，敵幾盡，先後獲其部長一百五十人。於是阿台、朶兒只伯等來歸。

未幾，脫脫不花捕阿台等殺之。脫脫不花者，故元後，韃靼長也。瓦剌脫懽旣擊殺阿魯台，悉收其部，兼幷賢義、安樂二王之衆，欲自立爲可汗。衆不可，乃立脫脫不花，以阿魯台衆屬之，自爲丞相，陽推奉之，實不承其號令。

脫懽死，子也先嗣，益桀驁自雄，諸部皆下之，脫脫不花具可汗名而已。脫脫不花歲來朝貢，天子皆厚報之，比諸蕃有加，書稱之曰達達可汗，賜賚幷及其妃。十四年秋，也先謀大舉入寇，脫脫不花止之曰：「吾儕服食，多資大明，何忍爲此。」也先不聽，曰：「可汗不爲，吾當自爲。」遂分道，俾脫脫不花侵遼東，而自擁衆從大同入。帝親征之，駕於土木陷焉。景皇帝自監國卽位，尊帝爲太上皇帝。明年秋，上皇歸自也先所。〔四〕事載瓦剌傳。

脫脫不花自上皇歸後，修貢益勤。嘗妻也先姊，生子，也先欲立之，不從。也先亦疑其與中國通，將害己，遂治兵相攻。也先殺脫脫不花，收其妻子孳畜，給諸部屬，而自立爲可汗。時景皇帝二年也。朝廷稱也先爲瓦剌可汗。

未幾，爲所部阿剌知院所殺。韃靼部長孛來復攻破阿剌，求脫脫不花子麻兒可兒立之，號小王子。阿剌死，而孛來與其屬毛里孩等皆雄視部中，于是韃靼復熾。

景泰六年遣使入貢。英宗復辟，遣都督馬政往賜故伯顏帖木兒妻幣。孛來留之，而遣使入賀，欲獻璽。帝敕之曰：「璽已非眞，卽眞，亦秦不祥物耳，獻否從爾便。第無留我使，以速爾禍。」時敵數寇威遠諸衞，夏，定遠伯石彪敗之於磨兒山。

天順二年，孛來大舉寇陝西，安遠侯柳溥禦之輒敗，而飾小捷以聞。明年春，敵入安邊營，石彪等破之，都督周賢、〔五〕指揮李鑑戰死。四年復寇榆林，彰武伯楊信拒却之。再入，敗之於金雞峪。〔六〕未幾，復大掠陝西諸邊，廷臣請治各守將罪，帝宥之。五年春，寇入平虜城，誘指揮許顒等入伏，殺之。邊報日亟，命侍郎白圭、都御史王竑往視師。秋，孛來求款，帝使詹昇齎敕往諭。孛來遣使隨昇來貢，請改大同舊貢道，而由陝西蘭縣入，許之。未幾，復糾其屬毛里孩等入河西。明年春，圭等分巡西邊，圭遇敵於固原川，竑遇敵於紅崖子

川，皆破之。帝賜璽書獎勵，敕孛來使臣，仍從大同入貢。

時麻兒可兒復與孛來相仇殺。麻兒可兒死，衆共立馬可古兒吉思，〔七〕亦號小王子。自是，韃靼部長益各專擅。小王子稀通中國，傳世次，多莫可考。孛來等每歲入貢，數寇掠，往來塞下，以西攻瓦剌爲辭，又數要劫三衞。七年冬，貢使及關，帝却之，以大學士李賢言乃止。八年春，御史陳選言：「韃靼部落，孛來最强，又密招三衞諸蕃，相結屯住。去冬來朝，要我賞宴，窺我虛實，其犯邊之情已露。而我邊關守臣，因循怠慢，城堡不修，甲仗不利，軍士不操習，甚至富者納月錢而安閒，貧者迫饑寒而逃竄。邊備廢弛，緩急何恃。乞敕在邊諸臣，痛革前弊。其鎭守、備禦等官，亦宜以時黜陟，庶能者知奮，怠者知警。至阨塞要害之處，或益官軍，或設營堡，或用墩臺，咸須處置得宜，歲遣大臣巡視，庶邊防有備，寇氛可戢。」報聞。

成化元年春，孛來誘兀良哈九萬騎入遼河，武安侯鄭宏禦却之。秋，散掠延綏。冬，復大入。命彰武伯楊信率山西兵，都御史項忠率陝西兵禦之，少却。未幾，復渡河曲，圍黃甫川堡，官軍力戰，乃引去。

始，韃靼之來也，或在遼東、宣府、大同，或在寧夏、莊浪、甘肅，去來無常，爲患不久。景泰初，始犯延慶，然部落少，不敢深入。天順間，有阿羅出者，率屬潛入河套居之，遂逼近

西邊。河套，古朔方郡，唐張仁愿築三受降城處也。地在黃河南，自寧夏至偏頭關，延袤二千里，饒水草，外爲東勝衞。東勝而外，土平衍，敵來，一騎不能隱，明初守之，後以曠絕內徙。至是，孛來與小王子、毛里孩等先後繼至，擄中國人爲鄉導，抄掠延綏無虛時，而邊事以棘。

二年夏，大入延綏。帝命楊信充總兵官，都督趙勝爲副，率京軍及諸邊卒二萬人討之。信先以議事赴闕，未至。敵散掠平涼，入靈州及固原，長驅寇靜寧、〔八〕隆德諸處。冬，復入延綏，參將湯胤績戰死。

未幾，諸部內爭，孛來弒馬可古兒吉思，毛里孩殺孛來，更立他可汗。斡羅出者復與毛里孩相仇殺，〔九〕毛里孩遂殺其所立可汗，逐斡羅出，而遣使入貢。尋渡河掠大同。三年春，帝命撫寧侯朱永等征之。會毛里孩再乞通貢，而別部長孛魯乃亦遣人來朝。帝許之，詔永等駐軍塞上。

四年秋，給事中程萬里上言：「毛里孩久不朝貢，窺伺邊疆，其情叵測。然臣度其有可敗者三。近我邊地才二三日程，彼客我主，一也。兼幷諸部，馳驅不息，旣驕且疲，二也。比來散逐水草，部落四分，兵力不一，三也。宜選精兵二萬，每三千人爲一軍，統以驍將，嚴其賞罰，使探毛里孩所在，潛師擣之，破之必矣。」帝壯之，而不能用。冬寇延綏。明年春再

入，守將許寧等輒擊敗之。冬復糾三衞入寇，延綏、榆林大擾。

六年春，大同巡撫王越遣遊擊許寧擊敗之，楊信等亦大破之于胡柴溝。時孛魯乃與斡羅出合別部乩加思蘭、孛羅忽亦入據河套，爲久居計。延綏告急，帝命永爲將軍，以王越參贊軍務，使禦敵。永至，數以捷聞，越等皆陞賞，論功永世侯，而敵據套自如。

七年春，永上戰守二策，廷議以糧匱馬乏，難於進剿，請命邊將愼守禦以圖萬全。于是吏部侍郎葉盛巡邊，偕延綏巡撫余子俊及越議築邊牆，設立臺堡。冬，敵入塞，參將錢亮敗績，越等不能救。兵部尚書白圭請擇遣大將軍專事敵，會盛還，越亦赴京計事，乃集廷議，請大發兵搜套。帝以武靖侯趙輔爲將軍，節制諸路，王越仍督師。敵大入延綏，輔不能禦，遂召還，以寧晉伯劉聚代之，聚亦未有功。而毛里孩、孛魯乃、斡羅出稍衰，滿都魯入河套稱可汗，〔一〇〕乩加思蘭爲太師。

九年秋，滿都魯等與孛羅忽並寇韋州。王越偵知敵盡行，其老弱巢紅鹽池，乃與許寧及遊擊周玉率輕騎晝夜疾馳至，分薄其營，前後夾擊，大破之。復邀擊于韋州。滿都魯等敗歸，孳畜廬帳蕩盡，妻孥皆喪亡，相顧悲哭去。自是，不復居河套，邊患少弭，間盜邊，弗敢大入，亦數遣使朝貢。

初，乩加思蘭以女妻滿都魯，立爲可汗。久之殺孛羅忽，幷其衆，益專恣。滿都魯部脫

羅干、亦思馬因謀殺之。尋滿都魯亦死，諸強酋相繼略盡，邊人稍得息肩。

時中官汪直怙恩用事，思以邊功自樹，王越、朱永附之。十六年春，邊將上言，傳聞敵將渡河，遂以永爲將軍。直與越督師至邊，未及期，襲敵於威寧海子，大破之，又敗之于大同。永晉公爵，予世襲，〔一一〕越封威寧伯，直增祿至三百石。未幾詔以越代永總兵。于是亦思馬因等益糾衆盜邊，延及遼塞。秋，敵三萬騎寇大同，連營五十里，殺掠人畜數萬。總兵許寧禦之，兵敗，以捷聞。敵旣得利，長驅入順聖川，散掠渾源、朔諸州。宣府巡撫秦紘、總兵周玉力戰却之。山西巡撫邊鏞，參將支玉等悉力捍禦，敵去輒復來，迄成化末無寧歲。

亦思馬因死，入寇者復稱小王子，又有伯顏猛可王。弘治元年夏，小王子奉書求貢，自稱大元大可汗。朝廷方務優容，許之。自是，與伯顏猛可王等屢入貢，漸往來套中，出沒爲寇。八年，北部亦卜剌因王等入套駐牧。于是小王子及脫羅干之子火篩相倚日強，爲東西諸邊患。其年，三入遼東，多殺掠。明年，宣、大、延綏諸境俱被殘。

十一年秋，王越旣節制諸邊，乃率輕兵襲敵于賀蘭山後，破之。明年，〔一二〕敵擁衆入大同、寧夏境，遊擊王杲敗績，參將秦恭、副總兵馬昇逗遛不進，皆論死。時平江伯陳銳爲總兵，侍郎許進督師，久無功，被劾去，以保國公朱暉、侍郎史琳代之，太監苗逵監軍。

十三年冬，小王子復居河套。明年春，吏部侍郎王鏊上禦敵八策：一曰定廟算，二曰重

主將，三曰嚴法令，四曰恤邊民，五曰廣招募，六曰用間，七曰分兵，八曰出奇。帝命所司知之。時敵以八千騎東駐遼塞下，攻入長勝堡，殺掠殆盡。秋，暉等以五路之師夜襲敵于河套，斬首三級，驅孳畜千餘歸，賞甚厚。小王子以十萬騎從花馬池、鹽池入，散掠固原、寧夏境，三輔震動，戕殺慘酷。

十五年以戶部尚書秦紘總制陝西。〔一三〕夏，敵入遼東清河堡，至密雲，旋西掠偏頭關。秋，復以五千騎犯遼東長安堡，副總兵劉祥禦之，斬首五十一級，敵乃退。明年，稍靖。

十七年春，敵上書請貢，許之，竟不至；仍入大同殺墩軍，犯宣府及莊浪，守將衞勇、白玉等禦却之。明年春，敵三萬騎圍靈州，復散掠內地，指揮仇鉞、總兵李祥擊走之。敵大舉入寇宣府，總兵張俊禦之，大敗，裨將張雄、穆榮戰歿。

武宗嗣位，復命暉、琳出禦。冬，敵入鎮夷所，指揮劉經死之。復自花馬池毀垣入，掠隆德、靜寧、會寧諸處，關中大擾，以楊一清爲總制。時正德元年春也。

劉瑾用事，監軍皆閹人，一清不得職去，文貴、才寬相繼受事。二年，敵入寧夏、莊浪及定遼後衞諸境，守將皆逮問。

四年，敵數寇大同。冬，才寬禦敵於花馬池，中伏死。總兵馬昂與別部亦孛來戰于木瓜山，勝之，斬三百六十五級，獲馬畜六百餘，軍器二千九百餘。

明年，北部亦卜剌與小王子仇殺。亦卜剌竄西海，阿爾禿厮與合，逼脅洮西屬番，屢入寇。巡撫張翼、總兵王勛不能制，漸深入，邊人苦之。八年夏，擁衆來川，遣使詣翼所，乞邊地駐牧修貢。翼啗以金帛，令遠徙，亦卜剌遂西掠烏斯藏，據之。自是，洮、岷、松潘無寧歲。

小王子數入寇，殺掠尤慘。復以五萬騎攻大同，趣朔州，掠馬邑。帝命咸寧侯仇鉞總兵禦之，戰于萬全衞，斬三級，而所失亡十倍，以捷聞。明年秋，敵連營數十，寇宣、大塞，而別遣萬騎掠懷安。總制叢蘭告急，命太監張永督宣、大、延綏兵，都督白玉爲大將，協守禦，京師戒嚴。已，敵踰懷安趣蔚州，至平虜城南，蘭等預置毒飯於田間如農家餉，而設伏以待。敵至，中毒，伏猝發，多死者。其年，小王子部長卜兒孩以內難復奔據西海，出沒寇西北邊。

十一年秋，小王子以七萬騎分道入，與總兵潘浩戰于賈家灣。浩再戰再敗，裨將朱春、王唐死之。張永遇於老營坡，被創走居庸。敵遂犯宣府，凡攻破城堡二十，殺掠人畜數萬。浩奪三官，諸將降罰有差。

十二年冬，小王子以五萬騎自楡林入寇，圍總兵王勛等於應州。帝幸陽和，親部署，督諸將往援，殊死戰，敵稍却。明日復來攻，自辰至酉，戰百餘合，敵引而西，追至平虜、朔州，

值大風黑霧，晝晦，帝乃還，命宣捷於朝。是後歲犯邊，然不敢大入。

嘉靖四年春，以萬騎寇甘肅。總兵姜奭禦之於苦水墩，斬其魁。明年犯大同及宣府，亦卜剌復駐牧賀蘭山後，數擾邊。明年春，小王子兩寇宣府。參將王經、關山先後戰死。[二]秋，以數萬騎犯寧夏塞，尚書王憲以總兵鄭卿等敗之，斬三百餘級。明年春，掠山西。夏，入大同中路，參將李蓁禦却之。冬，復寇大同，指揮趙源戰死。

十一年春，小王子乞通貢，未得命，怒，遂擁十萬騎入寇。總制唐龍請許之，帝不聽。龍連戰，頗有斬獲。

時小王子最富强，控弦十餘萬，多畜貨貝，稍厭兵，乃徙幕東方，稱土蠻，分諸部落在西北邊者甚衆。曰吉囊、曰俺答者，於小王子爲從父行，據河套，雄黠喜兵，爲諸部長，相率蹦諸邊。

十二年春，吉囊擁衆屯套內，將犯延綏，邊臣有備，乃突以五萬騎渡河西，襲亦不剌、卜兒孩兩部，大破之。卜兒孩爲莊、寧邊患久，亦郎骨、土魯番諸蕃皆苦之，嘗因屬番帖木哥求貢市，朝廷未之許。至是唐龍以卜兒孩衰敗遠徙，西海獲寧，請無更議款事。

吉囊等既破西海，旋竊入宣府永寧境，大掠而去。冬，犯鎭遠關，總兵王效、副總兵梁震敗之於柳門，又追敗之於蜂窩山，敵溺水死者甚衆。明年春，寇大同。秋，復由花馬池入犯，梁震及總兵劉文拒却之。

十五年夏，吉囊以十萬衆屯賀蘭山，分兵寇涼州，副總兵王輔禦之，斬五十七級。又入莊浪境，總兵姜奭遇之於分水嶺，三戰三勝之。又入延綏及寧夏邊。冬，復犯大同，入掠宣、大塞，總制侍郎劉天和、總督尚書楊守禮及巡撫都御史楚書悉力禦之。

十九年秋，書以總兵白爵等三敗敵於萬全右衞境，斬百餘級。天和以總兵周尚文大破敵於黑水苑，斬吉囊子小十王。明年春，守禮以總兵李義禦敵於鎭朔堡，以總兵楊信禦敵於甘肅，皆勝之。

秋，俺答及其屬阿不孩遣使石天爵款大同塞，巡撫史道以聞，詔却之。以尚書樊繼祖督宣、大兵，懸賞格購俺答、阿不孩首。遂大舉內犯，俺答下石嶺關，趨太原。吉囊由平虜衞入掠平定、壽陽諸處。總兵丁璋、遊擊周宇戰死，諸將多獲罪，繼祖獨蒙賞。

二十一年夏，敵復遣天爵求貢。大同巡撫龍大有誘縛之，上之朝，詭言用計擒獲。帝悅，擢大有兵部侍郎，邊臣陞賞者數十人，磔天爵於市。敵怒，入寇，掠朔州，抵廣武，由太原南下，沁、汾、襄垣、長子皆被殘，復從忻、崞、代而北，屯祁縣。參將張世忠力戰，敵圍之數重。自巳至申，所殺傷相當。已而世忠矢盡見殺，百戶張宣、張臣俱死，敵遂從雁門故道去。秋，復入朔州。吉囊死，諸子狼台吉等散處河西，勢既分，俺答獨盛，歲數擾延綏諸邊。

二十三年冬，小王子自萬全右衞入，至蔚州及完縣。京師戒嚴。

二十四年秋，俺答犯延綏及大同，總兵張達拒却之。又犯鵓鴿峪，參將張鳳、指揮劉欽、千戶李瓚、生員王邦直等皆戰死。會總督侍郎翁萬達、總兵周尚文嚴兵備陽和，敵引去。明年夏，俺答復遣使詣大同塞，求貢，邊卒殺之。秋，復來請，萬達再疏以聞，帝不許。敵以十萬騎西入保安，掠慶陽、環縣而東，以萬騎寇錦、義。總督三邊侍郎曾銑率參將李珍等直擣敵巢於馬梁山後，斬百餘級，敵始退。

銑議復河套，大學士夏言主之。帝方嚮用言，令銑圖上方略，以便宜從事。明年夏，萬達復言：「敵自冬涉春屢求貢，詞恭，似宜許。」不聽，責萬達沮潰。銑鳩兵繕塞，輒破敵。既而帝意中變，言與銑竟得罪，斬西市。敵益蓄忿思逞，廷臣不敢言復套事矣。

二十八年春，犯宣府滴水崖。把總指揮江瀚、董暘戰死，全軍覆，遂犯永寧、大同。總兵周尚文禦之於曹家莊，大敗之，斬其魁。會萬達自懷來赴援，宣府總兵趙國忠聞警，亦率千騎追擊，復連敗之。是歲，犯西塞者五。

二十九年春，俺答移駐威寧海子。夏，犯大同，總兵張達、林椿死之。敵引去，傳箭諸部大舉。秋，循潮河川南下至古北口，都御史王汝孝率薊鎭兵禦之。敵陽引滿內嚮，而別遣精騎從間道潰牆入。汝孝兵潰，遂大掠懷柔，圍順義，抵通州，分兵四掠，焚湖渠馬房。

畿甸大震。

敵大衆犯京師，大同總兵咸寧侯仇鸞、巡撫保定都御史楊守謙等，各以勤王兵至。帝拜鸞爲大將軍，使護諸軍。鸞與守謙皆恇懦不敢戰，兵部尚書丁汝夔恇擾不知所爲，閉門守。敵焚掠三日夜，引去。帝誅汝夔及守謙。敵將出白羊口，鸞尾之。敵猝東返，鸞出不意，兵潰，死傷千餘人。敵乃徐由古北口出塞。諸將收斬遺屍，得八十餘級，以捷聞。

方俺答薄都城時，縱所擄馬房內官楊增持書入城求貢。輔臣徐階等謂當以計款之，諭令退屯塞外，因邊臣以請。俺答歸，遣子脫脫陳款。時鸞方用事，乃議開馬市以中敵。兵部郎中楊繼盛上疏爭之，不得。明年春，以侍郎史道涖其事，給白金十萬，開市大同，次及延、寧。叛人蕭芹、呂明鎮者，故以罪亡入敵，挾白蓮邪教，與其黨趙全、丘富、周原、喬源諸人導俺答爲患。俺答市畢，旋入掠。邊臣責之，以芹等爲詞。芹詭有術，能墮城。敵試之不驗，遂縛芹及明鎮，而全、富等竟匿不出。俺答復請以牛馬易粟豆，求職役誥敕，又潛約河西諸部內犯，墮諸邊垣。帝惡之，詔罷馬市，召道還。自是，敵日寇掠西邊，邊人大困。

三十一年春，敵二千騎寇大同，指揮王恭禦之於平川墩，戰死。夏，東入遼塞，圍百戶常祿，指揮姚大謨、劉棟、劉啓基等於三道溝，四人皆戰沒。備禦指揮王相赴援，大戰於寺兒山，殺傷相當，敵舍去。千戶龔廷瑞率百人助相。明日，相裹創復邀敵於蠟黎山，殊死

鬬，矢竭，遂與麾下將士三百人皆死之。廷瑞被創死復蘇，敵亦引退。其年，凡四犯大同，三犯遼陽，一犯寧夏。明年春，犯宣府及延綏。夏，犯甘肅及大同。守將禦之輒敗。秋，俺答復大舉入寇，下渾源、靈丘、廣昌，急攻插箭、浮圖等峪。固原遊擊陳鳳、寧夏遊擊朱玉率兵赴援，大戰却之。敵分兵東犯蔚，西掠代、繁峙。已，駐鄜、延二十日，延慶諸城屠掠幾徧，乃移營中部，以瞷涇、原，會久雨乃去。時小王子亦乘隙爲寇，犯宣府赤城。未幾，俺答復以萬騎入大同，縱掠至八角堡。巡撫趙時春禦之，遇敵於大蟲嶺，總兵李淶戰死，軍覆，時春僅以身免。

三十三年春，入宣府柴溝堡。夏，復犯寧夏，大同總兵岳懋中伏死。秋，攻薊鎮牆，百道並進。警報日數十至，京師戒嚴。總督楊博悉力拒守，募死士夜砍其營，敵驚擾乃遁。明年數犯宣、薊，參將趙傾葵、李光啓、丁碧先後戰死。朝廷再下賞格，購俺答首，賜萬金，爵伯；獲丘富、周原者三百金，授三品武階。時富等在敵，招集亡命，居豐州，築城自衞，搆宮殿，墾水田，號曰板升。板升，華言屋也。趙全教敵，益習攻戰事。俺答愛之甚，每入寇必置酒全所，問計。

三十五年夏，敵三萬騎犯宣府。遊擊張紘迎戰，敗死。冬，掠大同邊，繼掠陝西環、慶諸處，守將孫朝、袁正等却之。其年，土蠻再犯遼東。

明年，敵以二萬騎分掠大同邊，殺守備唐天祿、把總汪淵。俺答弟老把都復擁衆數萬入河流口，犯永平及遷安，副總兵蔣承勛力戰死。夏，突犯宣府馬尾梁，參將祁勉戰死。秋，復入大同右衞境，攻毀七十餘堡，所殺擄甚衆。冬，俺答子辛愛有妾曰桃松寨，私部目收令哥，懼誅來降。總督楊順自詡爲奇功，致之闕下。辛愛來索不得，乃縱掠大同諸墩堡，圍右衞數匝。順懼，乃詭言敵願易我以趙全、丘富。本兵許論以爲便，乃遣桃松寨夜逸出塞，紿之西走，陰告辛愛，辛愛執而戮之。敵知順無能，圍右衞益急，更分兵犯宣、薊鎮。西鄙震動，右衞烽火斷絕者六閱月。大學士嚴嵩與許論議，欲棄右衞。帝不聽，詔諸臣發兵措餉，而以兵部侍郎江東代順。時故將尚表以餽餉入圍城，悉力捍禦，粟盡食牛馬，徹屋爲薪，士卒無變志。表時出兵突戰，獲俺答孫及壻與其部將各一人。會帝所遣侍郎江東及巡撫楊選、總兵張承勳等各嚴兵進，圍乃解。復掠永昌、涼州及宣府赤城，圍甘州十四日始退。土蠻亦數寇遼東。

三十八年春，老把都、辛愛謀大舉入犯，駐會州，使其諜詭稱東下。總督王忬不能察，遽分兵而東，號令數易，敵遂乘間入薊鎮潘家口，忬得罪。夏，犯大同，轉掠宣府東西二城，駐內地旬日，會久雨乃退。

三十九年，敵聚衆喜峰口外，窺犯薊鎮。大同總兵劉漢出擣其帳於灰河，敵稍遠徙。

秋，漢復與參將王孟夏等擣豐州，擒斬一百五十人，焚板升略盡。是歲，寇大同、延綏、薊、遼邊無虛日。明年春，敵自河西踏冰入寇，守備王世臣、千戶李虎戰死。秋，犯宣府及居庸。冬，掠陝西、寧夏塞。已，復分兵而東，陷蓋州。

四十一年夏，土蠻入撫順，爲總兵黑春所敗。冬，復攻鳳凰城，春力戰二日夜，死之。海、金殺掠尤甚。冬，俺答數犯山西、寧夏塞。〔一五〕延綏總兵趙岢分部銳卒，令裨將李希靖等東出神木堡，擣敵帳於半坡山，徐執中等西出定邊營，擊敵騎於莜麥湖，皆勝之，斬一百十九級。

四十二年春，敵入宣府滴水崖，劉漢却之。敵遂引而東，數犯遼塞。秋，總兵楊照敗死。時薊遼總督楊選囚繫三衞長通罕，令其諸子更迭爲質。通罕者，辛愛妻父也，冀以牽制辛愛，三衞皆怨。冬，大掠順義、三河。諸將趙溱、孫臏戰死，京師戒嚴。大同總兵姜應熊禦之於密雲，敗之，敵退。詔誅選。明年，土蠻入遼東，都御史劉燾上諸將守禦功，言海水暴漲，敵騎多沒者。帝曰：「海若效靈。」下有司祭告，燾等皆有賞。冬，敵犯陝西，大掠板橋、響閘兒諸處。

四十四年春，犯遼東寧前小團山，參將線補袞、遊擊楊維藩死之。夏，犯肅州，總兵劉承業禦之，再戰皆捷。秋，俺答子黃台吉帥輕騎，自宣府洗馬林突入，散掠內地。把總姜汝棟

以銳卒二百伏暗莊堡，猝遇台吉，搏之。台吉墮馬，爲所部奪去。台吉受傷，越日始甦。明年，俺答屢犯東西諸塞。夏，清河守備郎得功扼之張能峪口，勝之。冬，大同參將崔世榮禦敵於樊皮嶺，及子大朝、大賓俱戰死。時丘富死，趙全在敵中益用事，尊俺答爲帝，治宮殿。期日上棟，忽大風，棟墜傷數人。俺答懼，不敢復居。兵部侍郎譚綸在薊鎭善治兵，全乃說俺答無輕犯薊，大同兵弱，可以逞。

隆慶元年，俺答數犯山西。秋，復率衆數萬分三道入井坪、朔州、老營、偏頭關諸處。邊將不能禦，遂長驅攻岢嵐及汾州，破石州，殺知州王亮采，屠其民，復大掠孝義、介休、平遙、文水、交城、太谷、隰州間，男女死者數萬。事聞，諸邊臣罰治有差。而三衞勾土蠻同時入寇，薊鎭、昌黎、撫寧、樂亭、盧龍，皆被蹂躪。遊騎至灤河，京師震動，三日乃引去。諸將追之，敵出義院口。會大霧，迷失道，墮棒槌崖中，人馬枕藉，死者頗衆，諸將乃趨割其首。

二年，敵犯柴溝，守備韓尙忠戰死。時兵部侍郎王崇古鎭西邊，總兵李成梁守遼東，數以兵邀擊於塞外。敵知有備，入寇稍稀。

四年秋，黃台吉寇錦州，總兵王治道、參將郎得功以十餘騎入敵死。冬，俺答有孫曰把漢那吉者，俺答第三子鐵背台吉子也，幼孤，育於俺答妻所。既長，娶婦比吉。把漢復聘襖兒都司女，即俺答外孫女，貌美，俺答奪之。把漢恚，遂率其屬阿力哥等十人來降。大同巡

撫方逢時受之，以告總督王崇古。崇古上言：「把漢來歸，非擁衆內附者比，宜給官爵，豐館餼，飭輿馬，以示俺答。俺答急，則使縛送板升諸叛人；不聽，即脅誅把漢牽沮之；又不然，因而撫納，如漢置屬國居烏桓故事，使招其故部，徙近塞。俺答老且死，黃台吉立，則令把漢還，以其衆與台吉抗，我按兵助之。」詔可，授把漢指揮使，阿力哥正千戶。

俺答方西掠吐番，聞之亟引還，約諸部入犯，崇古檄諸道嚴兵禦之。敵使來請命，崇古遣譯者鮑崇德往，言朝廷待把漢甚厚，第能縛板升諸叛人趙全等，旦送至，把漢即夕返矣。俺答大喜，屏人語曰：「我不爲亂，亂由全等。若天子幸封我爲王，長北方諸部，孰敢爲患。即死，吾孫當襲封，彼衣食中國，忍倍德乎？」乃益發使與崇德來乞封，且請輸馬，與中國鐵鍋、布帛互市，隨執趙全、李自馨等數人來獻。崇古乃以帝命遣把漢歸，把漢猶戀戀，感泣再拜去。俺答得孫大喜，上表謝。

崇古因上言：「朝廷若允俺答封貢，諸邊有數年之安，可乘時修備。設敵背盟，吾以數年蓄養之財力，從事戰守，愈於終歲奔命，自救不暇者矣。」復條八事以請。一，議封號官爵。諸部行輩，俺答爲尊，宜錫以王號，給印信。其大枝如老把都、黃台吉及吉囊長子吉能等，俱宜授以都督。弟姪子孫如兀愼打兒漢等四十六枝，授以指揮。其俺答諸壻十餘枝，授以千戶。一，定貢額。每歲一入貢，俺答馬十四，使十人。老把都、吉能、黃台吉八匹，使四

人。諸部長各以部落大小爲差，大者四匹，小者二匹，使各二人。通計歲貢馬不得過五百匹，使不得過百五十人。馬分三等，上駟三十進御，餘給價有差，老瘠者不入。其使，歲許六十人進京，餘待境上。使還，聽以馬價市繒布諸物。給酬賞，其賞額視三衞及西番諸國。一，議貢期、貢道。以春月及萬壽聖節四方來同之會，使人馬匹及表文自大同左衞驗入，給犒賞。駐邊者，分送各城撫鎭驗賞。入京者，押送自居庸關入。一，立互市。其規如弘治初，北部三貢例。蓄以金、銀、牛馬、皮張、馬尾等物，商販以緞紬、布匹、釜鍋等物。開市日，來者以三百人駐邊外，我兵五百駐市場，期盡一月。市場，陝西三邊有原立場堡，大同應於左衞北威遠堡邊外，宣府應於萬全右衞、張家口邊外，山西應於水泉營邊外。一，議撫賞。守市兵人布二匹，部長緞二匹、紬二匹。以好至邊者，酌來使大小，量加賞犒。一，議歸降。通貢後，降者不分有罪無罪，免收納。其華人被擄歸正者，查別無竊盜，乃許入。一，審經權。一，戒狡飾。

疏入，下廷臣議。帝終從崇古言，詔封俺答爲順義王，賜紅蟒衣一襲；昆都力哈、〔三〇〕黃台吉授都督同知，各賜紅獅子衣一襲、綵幣四表裏；賓兔台吉等十人，授指揮同知；那木兒台吉等十九人，授指揮僉事；打兒漢台吉等十八人，授正千戶；阿拜台吉等十二人，授副千戶；恰台吉等二人，授百戶。昆都力哈，即老把都也。兵部採崇古議，定市令。秋市成，凡

得馬五百餘匹，賜俺答等綵幣有差。西部吉能及其姪切盡等亦請市，詔予市紅山墩暨清水營。市成，亦封吉能爲都督同知。已而俺答請金字經及剌麻僧，詔給之。崇古復請玉印，詔予鍍金銀印。俺答老佞佛，復請於海南建寺，詔賜寺額仰華。俺答常遠處青山，二子，曰賓兔，居松山，直蘭州之北，曰丙兔，居西海，直河州之西，並求互市，多桀驁。俺答諭之，亦漸馴。

自是，約束諸部無入犯，歲來貢市，西塞以寧。而東部土蠻數擁衆寇遼塞。總兵李成梁敗之於卓山、〔三一〕斬五百八十餘級，守備曹簠復敗之於長勝堡。神宗即位，頻年入犯。

萬曆六年，成梁率遊擊秦得倚等擊敵於東昌堡，斬部長九人，餘級八百八十四，總督梁夢龍以聞。帝大悅，祭告郊廟，御皇極門宣捷。

七年冬，土蠻四萬騎入錦川營。夢龍、成梁及總兵戚繼光等已預受大學士張居正方略，併力備禦，敵始退。自是，敵數入，成梁等數敗之，輒斬其巨魁，又時襲擊於塞外，多所斬獲。敵畏之，少戢，成梁遂以功封寧遠伯。

俺答既就市，事朝廷甚謹。部下卒有掠奪邊氓者，必罰治之，且稽首謝罪，朝廷亦厚加賞賚。十年春，俺答死，帝特賜祭七壇、綵緞十二表裏、布百匹，示優恤。其妻哈屯率子黃台吉等，上表進馬謝，復賜幣布有差。封黃台吉爲順義王，改名乞慶哈。立三歲而死，朝廷

給恤典如例。

十五年春，子撦力克嗣。其妻三娘子，故俺答所奪之外孫女而爲婦者也，歷配三王，主兵柄，爲中國守邊保塞，衆畏服之，乃敕封爲忠順夫人，自宣大至甘肅不用兵者二十年。及撦力克西行遠邊，而套部莊禿賴等據水塘，卜失兔、火落赤等據莽剌、捏工兩川，數犯甘、涼、洮、岷、西寧間。他部落亡慮數十種，出没塞下，順逆不常。帝惡之，十九年詔並停撦力克市賞。已而撦力克叩邊輸服，率衆東歸，獨莊禿賴、卜失兔等寇抄如故。其年冬，别部明安、土昧分犯榆林邊，總兵杜桐禦之，斬獲五百人，殺明安。

二十年，寧夏叛將哱拜等勾卜失兔、莊禿賴等，大舉入寇，總兵李如松擊敗之。二十二年，延綏巡撫李春光奏：「套部納款已久，自明安被戮而寇恨深，西夏黨逆而貢市絶，延鎮連年多事。今東西各部皆乞款，而卜失兔挾私叵測，邊長兵寡，制禦爲難。宜察敵情，審時勢。敵入犯則血戰，偶或小失，應寬吏議。倘敵真心效順，相機議撫，不可忘戰備也。」帝命兵部傳飭各邊。秋，卜失兔入固原，遊擊史見戰死。延綏總兵麻貴禦之，閱月始退。全陝震動。其年，東部炒花犯鎮武堡，總兵董一元與戰，大破之。明年春，松部宰僧等犯陝西，總督葉夢熊督卻之。秋，海部永邵卜犯西寧，總督三邊李汶檄參將達雲、〔一八〕遊擊白澤暨馬其撒、卜爾加諸屬番，設伏邀擊，大敗之，斬六百八十三級。捷聞，帝大悦，且以屬番效命，追敍前

總制鄭雒功，賞賚並及雒。

二十四年春，總督李汶以勁兵分三道出塞，襲卜失兔營，共斬四百九級，獲馬畜器械數千。火落赤部衆復窺伺洮州，汶遣參將周國柱等擊之於莽剌川腦，斬一百三十六級。秋，著力兔、阿赤兔、火落赤等合謀犯西邊，炒花亦擁衆犯廣寧，守將皆嚴兵卻之。二十五年秋，海部寇甘鎮，官軍擊走之。冬，炒花糾土蠻諸部寇遼東，殺掠無算。明年夏，復寇遼東，總兵李如松遠出擣巢，死之。冬，汶等分道出襲火落赤等於松山，走之，復其地。

二十七年詔復撦力克市賞。時汶等築松山，諸部紛叛，延、寧守臣共擊之，殺獲甲首幾三千。明年，著力兔、宰僧、莊禿賴等乞通款，不許。邊臣王見賓等復爲請，詔復套部貢市。

三十一年，海部數入陝西塞，兵備副使李自實，總兵蕭如薰、達雲等，擊走之。三十三年夏，東部宰賽誘殺慶雲堡守禦熊鑰，詔革其市賞。

三十五年夏，總督徐三畏言：「河套之部與河東之部不同。東部事統於一，約誓定，歷三十年不變。套部分四十二枝，各相雄長，卜失兔徒建空名於上。西則火落赤最狡，要挾最無厭；中則擺言太以父明安之死，無歲不犯；東則沙計爭爲監市，與炒花朋逞。西陲搶攘非一日矣。然衆雖號十萬，分爲四十二枝，多者不過二三千騎，少者一二千騎耳。宜分其勢，納其款，俾先順者獲賞，後至者拒剿。仍須主戰以張國威。」時已許宰賽及火落赤諸部

復貢市矣。

未幾，撦力克死，未有嗣，忠順夫人率所部仍效貢職。西部銀定、歹青數擁衆犯東西邊。延綏部猛克什力亦以挾賞故，常沿邊抄掠。卜失兔欲婚於忠順，忠順拒之。其所部素囊台吉、五路台吉等，各不相下，封號久未定。四十一年，卜失兔始婚於忠順，東、西諸部長皆具狀爲請封。忠順夫人旋卒，詔封卜失兔爲順義王，而以把漢比吉素效恭順，封忠義夫人。卜失兔爲撦力克孫，襲封時，已少衰，所制止山、大二鎮外十二部。其部長五路、素囊及兀愼台吉等，兵力皆與順義埒。朝廷因宣大總督涂宗濬言，各予陞賞如例。

其年，炒花糾虎墩兔三犯遼東。虎墩兔者，居插漢兒地，亦曰插漢兒王子，元裔也。其祖打來孫始駐牧宣塞外，俺答方强，懼爲所併，乃徙帳於遼，收福餘雜部，數入掠薊西，四傳至虎墩兔，遂益盛。明年夏，炒花復合宰賽、煖兔以三萬騎入掠，至平虜、大寧。既求撫賞，許之。

四十二年，猛克什力寇懷遠及保寧。延綏總兵官秉忠等破之，斬二百二十一級。明年，插部數犯遼東。已，掠義州，攻陷大安堡，兵民死者甚衆。

四十四年，總兵杜文煥數破套部猛克什力等於延綏邊，火落赤、擺言太及吉能、切盡、歹青、沙計東西諸部皆懼，先後來請貢市。

四十六年，我大清兵起，略撫順及開原，插部乘隙擁衆挾賞。西部阿暈妻滿旦亦以萬騎自石塘路入掠薊鎮白馬關及高家、馮家諸堡。遊擊朱萬良禦之，被圍。羽書日數十至，中外戒嚴。頃之，滿旦亦叩關乞通貢。

四十七年，大淸兵滅宰賽及北關金台什、布羊古等。金台什孫女爲虎墩兔婦，於是薊遼總督文球、巡撫周永春等以利啗之，俾聯結炒花諸部，以捍大淸兵，給白金四千。明年，爲泰昌元年，加賞至四萬。虎乃揚言助中國，邀索無厭。

天啓元年秋，吉能犯延綏邊，楡林總兵杜文煥擊敗之。明年春，復大掠延安黃花峪，深入六百里，殺掠居民數萬。三年春，銀定糾衆再掠西邊，官軍擊敗之。明年春，復謀入故巢，犯松山，爲守臣馮任等所敗。夏，遂糾海西古六台吉等犯甘肅，總兵董繼舒擊之，斬三百餘級。其年，歹青以領賞譁於邊，邊人格殺之。歹青，虎墩兔近屬也，邊臣議歲給償命銀一萬三千有奇，而虎怏怏，益恩颺去。未幾，大淸兵襲破炒花，所部皆散亡，半歸於插漢。時卜失兔益衰，號令不行於諸部，部長干兒罵等歲數犯延綏諸邊。七慶台吉及敖目比吉、毛乞炭比吉等，亦各擁衆往來窺伺塞下。

崇禎元年，虎墩兔攻哈喇嗔及白言台吉、卜失兔諸部，皆破之，遂乘勝入犯宣大塞。秋，帝御平臺，召總督王象乾，詢以方略，象乾對言：「禦插之道，宜令其自相攻。今卜失兔

西走套內，白台吉挺身免，而哈喇嗔所部多被擄，不足用。永邵卜最强，約三十萬人，合卜失兎所部并聯絡朶顏三十六家及哈喇嗔餘衆，可以禦插漢。然與其擣之，不如撫而用之。」帝曰：「插漢意不受撫，奈何？」對曰：「當從容籠絡。」帝曰：「如不款何？」象乾復密奏，帝善之，命往與督師袁崇煥共計。象乾至邊，與崇煥議合，皆言西靖而東自寧，虎不款，而東西並急，因定歲予插金八萬一千兩，以示羈縻。

大同巡撫張宗衡上言：「插來宣大，駐新城，去大同僅二百里，三閱月未敢近前，飢餓窮乏，插與我等耳。插恃撫金爲命，兩年不得，資用已竭，食盡馬乏，暴骨成莽。插之望款不啻望歲，而我遺之金繒、牛羊、茶果、米穀無算，是我適中其欲也。插忽焦悖慢，耳目不忍睹聞，方急款尙如是。使插士馬豐飽，其憑陵狂逞，可勝道哉。」象乾言：「款局垂成而復棼之，旣示插以不信，亦非所以爲國謀。」疏入，帝是象乾議，詔宗衡毋得異同。

明年秋，虎復擁衆至延綏紅水灘，乞增賞未遂，卽縱掠塞外，總兵吳自勉禦却之。旣而東附大清兵攻龍門。未幾，爲大淸兵所擊。六年夏，插漢聞大淸兵至，盡驅部衆渡河遠遁。而是時，韃靼諸部先後歸附於大淸。明年，大淸兵遂大會諸部於兀蘇河南岡，頒軍律焉。而虎已卒，乃追至上都城，盡俘插漢妻孥部衆。

其後，套部歲入寧夏、甘、涼境，巡撫陳奇瑜、總兵馬世龍、督師洪承疇等輒擊敗之。套

部干兒罵，亦爲總兵尤世祿所斬。迄明世，邊陲無寧，致中原盜賊蜂起。當事者狃與俺答等貢市之便，見插之恣於東也，謂歲捐金錢數十萬，冀苟安旦夕，且覬收之爲用，而卒不得。迨其後也，明未亡，而插先斃，諸部皆折入於大淸。國計愈困，邊事愈棘，朝議愈紛，明亦遂不可爲矣。

韃靼地，東至兀良哈，西至瓦剌。當洪、永、宣世，國家全盛，頗受戎索，然畔服亦靡常。正統後，邊備廢弛，聲靈不振。諸部長多以雄傑之姿，恃其暴强，迭出與中夏抗。邊境之禍，遂與明終始云。

校勘記

〔一〕俘宗王慶孫　慶孫，本書卷一二五常遇春傳、太祖實錄卷四二洪武二年六月己卯條都作「慶生」。

〔二〕靖安侯王忠安平侯李遠爲左右參將　李遠，原作「李達」，據本書卷六成祖紀、卷一〇六功臣世表、卷一四五丘福傳附李遠傳、太宗實錄卷六五永樂七年七月癸酉條改。

〔三〕師次莕蘭納木兒河　莕蘭納木兒河，原作「蘭莕納木兒河」，據本書卷七成祖紀、卷一五六金忠傳、太宗實錄卷一二九永樂二十二年四月庚午條改。

〔四〕明年秋上皇歸自也先所　「明年」二字，原置於「十四年秋」之後，「景皇帝自監國卽位」之上，卽成爲十四年之「明年」景帝卽位。按景帝卽位在正統十四年九月癸未，英宗之歸在景泰元年八月丙戌，「明年」兩字顯係誤置。今據本書卷一一景帝紀、英宗實錄卷一八三改正，移「明年」二字於「尊帝爲太上皇帝」之下。

〔五〕都督周賢　周賢，原作「周顏」，據本書卷一二英宗後紀、卷一七四周賢傳，英宗實錄卷二九九天順三年正月甲辰條改。

〔六〕敗之於金雞峪　金雞峪，原作「金鷄峪」，據本書卷一七三楊信傳、明史稿傳二〇一韃靼傳、英宗實錄卷三一一天順四年正月戊子條改。

〔七〕衆共立馬可古兒吉思　馬可古兒吉思，原「可古」二字誤倒作「馬古可兒吉思」。今據下文及英宗實錄卷三五二天順七年五月癸丑條、卷三五三天順七年六月丁亥條改。

〔八〕長驅寇靜寧　靜寧，原作「寧靜」，本書卷一七八項忠傳、憲宗實錄卷三三成化二年八月乙丑條都作「靜寧」。按本書卷四二地理志，靜寧州與隆德縣均隸陝西平涼府。作「靜寧」是，據改。

〔九〕斡羅出者復與毛里孩相仇殺　斡羅出，本卷上文及本書卷一三憲宗紀、卷一七一王越傳、卷一七三朱謙傳附永傳都作「阿羅出」。

〔一〇〕滿都魯入河套稱可汗　滿都魯，原作「滿魯都」，據本書卷一三憲宗紀、卷一五五劉聚傳、卷一七一王越傳，憲宗實錄卷一二一成化九年十月壬申條改。下同。

〔一一〕永晉公爵予世襲　此繫於成化十六年春，本書卷一四憲宗紀、憲宗實錄卷一九八繫於成化十五年十二月辛未。本書卷一七三朱謙傳附永傳作十五年冬，又稱十六年春出師無功。

〔一二〕明年　指弘治十二年。按傳文在本年內所記事件，都見於本書卷一五孝宗紀弘治十三年。

〔一三〕十五年以戶部尙書秦紘總制陝西　本書卷一五孝宗紀、孝宗實錄卷一七九都繫於十四年九月甲辰。本書卷一七八秦紘傳也作「十四年」。

〔一四〕參將王經關山先後戰死　關山，原作「開山」，據本書卷一七世宗紀、世宗實錄卷七四嘉靖六年三月庚辰條改。

〔一五〕冬復攻鳳凰城春力戰二日夜死之至冬俺答數犯山西寧夏塞　「冬」字重出，上「冬」字疑誤。按黑春之死在夏季，見世宗實錄五〇九嘉靖四十一年五月壬子條。據本書行文例，上「冬」字應作「已」字。

〔一六〕昆都力哈　本書卷二二二王崇古傳作「昆都力」。

〔一七〕總兵李成梁敗之於卓山　卓山，原作「車山」，據本書卷二三八李成梁傳、明史稿傳二〇一韃靼傳、穆宗實錄卷六四隆慶五年十二月辛亥條改。

〔一八〕總督三邊李㫚檄參將達雲　李㫚，原作「李收」。本傳下文及明史稿傳二〇一韃靼傳統作「李㫚」，今據改。本書卷二二八魏學曾傳、神宗實錄卷二八四萬曆二十三年四月己未條都作「李汶」。

明史卷三百二十八

列傳第二百十六

外國九

瓦剌　朵顏　福餘　泰寧

瓦剌，蒙古部落也，在韃靼西。元亡，其强臣猛可帖木兒據之。死，衆分爲三，其渠曰馬哈木，曰太平，曰把禿孛羅。

成祖卽位，遣使往告。永樂初，復數使鎭撫答哈帖木兒等諭之，幷賜馬哈木等文綺有差。六年冬，馬哈木等遣暖答失等隨亦剌思來朝貢馬，仍請封。明年夏，封馬哈木爲特進金紫光祿大夫、順寧王；太平爲特進金紫光祿大夫、賢義王；把禿孛羅爲特進金紫光祿大夫、安樂王；賜印誥。暖答失等宴賚如例。

八年春，瓦剌復貢馬謝恩。自是，歲一入貢。

時元主本雅失里偕其屬阿魯台居漠北，馬哈木乃以兵襲破之。八年，帝旣自將擊破本雅失里及阿魯台兵，馬哈木上言請得早爲滅寇計。十年，馬哈木遂攻殺本雅失里。復上言欲獻故元傳國璽，慮阿魯台來邀，請中國除之；脫脫不花子在中國，請遣還；部屬多從戰有勞，請加賞賚；又瓦剌士馬强，請予軍器。帝曰：「瓦剌驕矣，然不足較。」賚其使而遣之。明年，馬哈木留敕使不遣，復請以甘肅、寧夏歸附韃靼者多其所親，請給還。帝怒，命中官海童切責之。冬，馬哈木等擁兵飲馬河，將入犯，而揚言襲阿魯台。開平守將以聞，帝詔親征。明年夏，駐蹕忽蘭忽失溫。三部埽境來戰，帝麾安遠侯柳升、武安侯鄭亨等先嘗之，而親率鐵騎馳擊，大破之，斬王子十餘人，部衆數千級。追奔，度兩高山，至土剌河。馬哈木等脫身遁，乃班師。明年春，馬哈木等貢馬謝罪，且還前所留使，詞卑。帝曰：「瓦剌故不足較。」受其獻，館其使者。明年，瓦剌與阿魯台戰，敗走。未幾，馬哈木死，海童歸言，瓦剌拒命由順寧，順寧死，賢義、安樂皆可撫。帝因復使海童往勞太平、把禿孛羅。

十六年春，海童偕瓦剌貢使來。馬哈木子脫懽請襲爵，帝封爲順寧王。而海童及都督蘇火耳灰等以綵幣往賜太平、把禿孛羅及弟昂克，別遣使祭故順寧王。自是，瓦剌復奉貢。

二十年，瓦剌侵掠哈密，朝廷責之，遣使謝罪。二十二年冬，瓦剌部屬賽因打力來降，命爲所鎭撫，賜綵幣、襲衣、鞍馬，仍令有司給供具。自後來歸者悉如例。

宣德元年，太平死，子揑烈忽嗣。時脫懽與阿魯台戰，敗之，逼母納山、察罕腦剌間。宣德九年，脫懽襲殺阿魯台，遣使來告，且請獻玉璽。帝賜敕曰：「王殺阿魯台，見王克復世仇，甚善。顧王言玉璽，傳世久近，殊不在此。王得之，王用之可也。」仍賜紵絲五十表裏。

正統元年冬，成國公朱勇言：「近瓦剌脫懽以兵迫逐韃靼朵兒只伯，恐吞併之，日益强大。乞敕各邊廣儲積，以備不虞。」帝嘉納之。未幾，脫懽內殺其賢義、安樂兩王，盡有其衆，欲自稱可汗，衆不可，乃共立脫脫不花，以先所併阿魯台衆歸之。自爲丞相，居漠北，哈喇嗔等部俱屬焉。已，襲破朵兒只伯，復脅誘朵顏諸衞，窺伺塞下。

四年，脫懽死，子也先嗣，稱太師淮王。於是北部皆服屬也先，脫脫不花具空名，不復相制。每入貢，主臣並使，朝廷亦兩敕答之，賜賚甚厚，並及其妻子、部長。故事，瓦使不過五十人。利朝廷爵賞，歲增至二千餘人。屢敕，不奉約。使往來多行殺掠，又挾他部與俱，邀索中國貴重難得之物。稍不饜，輒造釁端，所賜財物亦歲增。也先攻破哈密，執王及王母，旣而歸之。又結婚沙州、赤斤蒙古諸衞，破兀良哈，脅朝鮮。邊將知必大爲寇，屢疏聞，止敕戒防禦而已。

十一年冬，也先攻兀良哈，遣使抵大同乞糧，幷請見守備太監郭敬。帝敕敬毋見，毋予

糧。明年，復致書宣府守將楊洪。洪以聞，敕洪禮其使，報之。頃之，其部衆有來歸者，言也先謀入寇，脫脫不花止之，也先不聽，尋約諸番共背中國。帝詔問，不報。時朝使至瓦剌，也先等有所請乞，無不許。瓦剌使來，更增至三千人，復虛其數以冒廩餼。禮部按實予之，所請又僅得五之一，也先大愧怒。

十四年七月，遂誘脅諸番，分道大舉入寇。脫脫不花以兀良哈寇遼東，阿剌知院寇宣府，圍赤城，又遣別騎寇甘州，也先自寇大同。參將吳浩戰死貓兒莊，羽書踵至。太監王振挾帝親征，羣臣伏闕爭，不得。大同守將西寧侯宋瑛、武進伯朱冕、都督石亨等與也先戰陽和，太監郭敬監軍，諸將悉爲所制，失律，軍盡覆。瑛、冕死，敬伏草中免，亨奔還。車駕次大同，連日風雨甚，又軍中常夜驚，人恟懼，郭敬密言於振，始旋師。車駕還次宣府，敵衆襲軍後。恭順侯吳克忠拒之，敗歿。成國公朱勇、永順伯薛綬以四萬人繼往，至鷂兒嶺，伏發，盡陷。次日，至土木。諸臣議入保懷來，振顧輜重遽止，也先遂追及。土木地高，掘井二丈不得水，汲道已爲敵據，衆渴，敵騎益增。明日，敵見大軍止不行，僞退，振遽令移營而南。軍方動，也先集騎四面衝之，士卒爭先走，行列大亂。敵跳陣而入，六軍大潰，死傷數十萬。英國公張輔，駙馬都尉井源，尙書鄺埜、王佐，侍郎曹鼐、丁鉉等五十餘人死之，振亦死。帝蒙塵，中官喜寧從。也先聞車駕至，錯愕未之信，及見，致禮甚恭，奉帝居其弟伯顏

帖木兒營，以先所掠校尉袁彬來侍。也先將謀逆，會大雷雨震死也先所乘馬，復見帝寢幄有異瑞，乃止。也先擁帝至大同城，索金幣，都督郭登與白金三萬。登復謀奪駕入城，帝沮之不果，也先遂擁帝北行。

九月，郕王自監國即皇帝位，尊帝爲太上皇帝。也先詭稱奉上皇還，由大同、陽和抵紫荆關，攻入之，直前犯京師。兵部尚書于謙督武淸伯石亨、都督孫鏜等禦之。也先邀大臣出迎上皇，未果。亨等與戰，數敗之。也先夜走，自良鄉至紫荆，大掠而出。都督楊洪復大破其餘衆於居庸，也先仍以上皇北行。也先夜常於御幄上，遙見赤光奕奕若龍蟠，大驚異。也先又欲以妹進上皇，上皇却之，益敬服，時時殺羊馬置酒爲壽，稽首行君臣禮。

景泰元年，也先復奉上皇至大同，郭登不納，仍謀欲奪上皇，也先覺之，引去。初，也先有輕中國心，及犯京師，見中國兵强，城池固，始大沮。會中國已誘誅賊奄喜寧，失其間諜，而脫脫不花、阿剌知院復遣使與朝廷和，皆撤所部歸，也先亦決意息兵。秋，帝遣侍郎李實、少卿羅綺、指揮馬政等齎璽書往諭脫脫不花及也先。而脫脫不花、也先所遣皮兒馬黑麻等已至，帝因復使都御史楊善、侍郎趙榮率指揮、千戶等往。也先語實，兩國利速和，迎使夕至，大駕朝發，但當遣一二大臣來。實歸，善等至，致奉迎上皇意。也先曰：「上皇歸，當仍作天子邪？」善曰：「天位已定，不再更。」也先引善見上皇，遂設宴餞上皇行。也先席地

彈琵琶，妻妾奉酒，顧善曰：「都御史坐。」善不敢坐，上皇曰：「太師著坐，便坐。」善承旨坐，即起，周旋其間。也先顧善曰：「有禮。」伯顏等亦各設餞畢，也先築土臺，坐上皇臺上，率妻妾部長羅拜其下，各獻器用、飲食物。上皇行，也先與部衆皆送約半日程，也先、伯顏乃下馬伏地慟哭曰：「皇帝行矣，何時復得相見！」良久乃去，仍遣其頭目七十人送至京。

上皇歸後，瓦剌歲來貢，上皇所亦別有獻。於是帝意欲絕瓦剌，不復遣使往。也先以爲請，尚書王直、金濂、胡濙等相繼言絕之且起釁。帝曰：「遣使，有前事，適以滋釁耳。曩瓦剌入寇時，豈無使邪？」因敕也先曰：「前者使往，小人言語短長，遂致失好。朕今不復遣，而太師請之，甚無益。」

也先與脫脫不花內相猜。脫脫不花妻，也先姊也，也先欲立其姊子爲太子，不從。也先亦疑其通中國，將謀己，遂治兵相攻。脫脫不花敗走，也先追殺之，執其妻子，以其人畜給諸部屬，遂乘勝迫脅諸蕃，東及建州、兀良哈，西及赤斤蒙古、哈密。

三年冬，遣使來賀明年正旦，尚書王直等復請答使報之。下兵部議，兵部尚書于謙言：「臣職司馬，知戰而已，行人事非所敢聞。」詔仍毋遣使。明年冬，也先自立爲可汗，以其次子爲太師，來朝，書稱大元田盛大可汗，末曰添元元年。田盛，猶言天聖也。報書稱曰瓦剌可汗。未幾，也先復逼徙朶顏所部於黃河母納地。也先恃强，日益驕，荒於酒色。

六年，阿剌知院攻也先，殺之。韃靼部孛來復殺阿剌，奪也先母妻幷其玉璽。也先諸子火兒忽答等徙居干趕河，弟伯都王、姪兀忽納等往依哈密。伯都王，哈密王母之弟也。英宗復辟三年，哈密爲請封，詔授伯都王都督僉事，兀忽納指揮僉事。自也先死，瓦剌衰，部屬分散，其承襲代次不可考。

天順中，瓦剌阿失帖木兒屢遣使入貢，朝廷以其爲也先孫，循例厚賚之。又拜亦撒哈者，常與孛來讐殺。又捺力克者，常偕哈密來朝。其長曰克捨，頗强，數糾韃靼小王子入寇。克捨死，養罕王稱雄，擁精兵數萬，克捨弟阿沙爲太師。成化二十三年，養罕王謀犯邊，哈密罕愼來告。養罕不利去，憾哈密，兵還掠其大土剌。

弘治初，瓦剌中稱太師者一曰火兒忽力，一曰火兒古倒溫，皆遣使朝貢。土魯番據哈密，都御史許進以金帛厚啗二部，令以兵擊走之。其部長卜六王者，屯駐把思闊。正德十三年，土魯番犯肅州，守臣陳九疇因遣卜六王綵幣，使乘虛襲破土魯番三城，殺擄以萬計。土魯番畏逼，與之和。嘉靖九年，復以議婚相仇隙。土魯番益强，瓦剌數困敗，又所部輒自殘，多歸中國，哈密復乘間侵掠。卜六王不支，亦求內附。朝廷不許，遣出關，不知所終。

朶顏、福餘、泰寧，高皇帝所置三衞也。其地爲兀良哈，在黑龍江南，漁陽塞北。漢鮮卑、唐吐谷渾、宋契丹，皆其地也。元爲大寧路北境。

高皇帝有天下，東蕃遼王、惠寧王、朶顏元帥府相率乞內附。遂即古會州地，置大寧都司營州諸衞，封子權爲寧王使鎭焉。已，數爲韃靼所抄。洪武二十二年置泰寧、朶顏、福餘三衞指揮使司，俾其頭目各自領其衆，以爲聲援。自大寧前抵喜峰口，近宣府，曰朶顏；自錦、義歷廣寧至遼河，曰泰寧；自黃泥窪逾瀋陽、鐵嶺至開原，曰福餘。獨朶顏地險而强。久之皆叛去。

成祖從燕起靖難，患寧王躡其後，自永平攻大寧，入之。謀脅寧王，因厚賂三衞說之來。成祖行，寧王餞諸郊，三衞從，一呼皆起，遂擁寧王西入關。成祖復選其三千人爲奇兵，從戰。天下既定，徙寧王南昌，徙行都司於保定，遂盡割大寧地界三衞，以償前勞。

帝踐阼初，遣百戶裴牙失里等往告。永樂元年復使指揮蕭尚都齎敕諭之。明年夏，頭目脫兒火察等二百九十四人隨尚都來朝貢馬。命脫兒火察爲左軍都督府都督僉事，哈兒兀歹爲都指揮同知，掌朶顏衞事；安出及土不申俱爲都指揮僉事，掌福餘衞事；忽剌班胡爲都指揮僉事，掌泰寧衞事；餘三百五十七人，各授指揮、千百戶等官。賜誥印、冠帶及白金、鈔幣、襲衣。自是，三衞朝貢不絕。三年冬，命來朝頭目阿散爲泰寧衞掌衞事、都指揮僉

事，其朶兒臥等，各陞賞有差。

四年冬，三衞饑，請以馬易米。帝命有司第其馬之高下，各倍償給之。久之，陰附韃靼掠邊戍，復假市馬來窺伺。帝下詔切責，令其以馬贖罪。十二年春，納馬三千於遼東，帝敕守將王眞，一馬各予布四匹。已，復叛附阿魯台。二十年，帝親征阿魯台還，擊之，大敗其衆於屈烈河，[一]斬馘無算，來降者釋勿殺。

仁宗嗣位，詔三衞許自新。洪熙元年，安出奏其印爲寇所奪，請更給，許之。冬，三衞頭目阿者禿來歸，授千戶，賜鈔幣、襲衣、鞍馬，仍命有司給供具。自後來歸者，悉如例。

宣宗初，三衞掠永平、山海間，帝將親討之，三衞頭目皆謝罪入貢，撫納之如初。七年更給泰寧衞印。秋，以朶顏頭目哈剌哈孫、福餘頭目安出、泰寧頭目脫火赤等恭事朝廷久，加賜織金綵幣表裏有差。

正統間，屢寇遼東、大同、延安境。獨石守備楊洪擊敗之，擒其頭目朶欒帖木兒。未幾，復附瓦剌也先，泰寧拙赤妻也先以女，皆陰爲之耳目。入貢輒易名，且互用其印，又東合建州兵入廣寧前屯。帝惡其反覆，九年春，命成國公朱勇偕恭順侯吳克忠出喜峯，興安伯徐亨出界嶺，都督馬亮出劉家口，都督陳懷出古北，各將精兵萬人，分勦之。勇等捕其擾邊者致闕下，并奪回所掠人畜。

拙赤等拘肥河衞使人，殺之。肥河衞頭目別里格與戰於格魯坤迭連，拙赤大敗。瓦剌復分道截殺，建州亦出兵攻之，三衞大困。

十二年春，總兵曹義、參將胡源、都督焦禮等分巡東邊，值三衞入寇，擊之，斬三十二級，擒七十餘人。其年，瓦剌賽刊王復擊殺朶顏乃兒不花，大掠以去。也先繼至，朶顏、泰寧皆不支，乞降，福餘獨走避腦溫江，三衞益衰。畏瓦剌强，不敢背，仍歲來致貢，止以利中國賜賚；又心銜邊將勦殺，故常潛圖報復。

十四年夏，大同參將石亨等復擊其盜邊者於箭谿山，[二]擒斬五十人，三衞益怨。秋，導瓦剌大入，英宗遂以是役北狩。

景泰初，朝廷仍遣使撫諭。三衞受也先旨，數以非時入貢，多遣使往來伺察中國。既而也先虐使之，復逼徙朶顏所部於黃河母納地，三衞皆不堪，遂陰輸瓦剌情於中國，請得近邊屯駐。舊制，三衞每歲三貢，其貢使俱從喜峰口驗入，有急報則許進永平。時三衞使有自獨石及萬全右衞來者。邊臣以爲言，敕止之。天順中，嘗乘間掠諸邊，復竊通韃靼孛來，每爲之鄉導。所遣使與孛來使臣偕見。中國待韃靼厚，請加賞不得，大忿，遂益與孛來相結。

成化元年，頭目朶羅干等以兵從孛來，大入遼河。已，復西附毛里孩，東合海西兵，數入塞。又時獨出沒廣寧、義州間。九年，遼東總兵歐信以偏將韓斌等敗之於興中，追及麥州，斬六十二級，獲馬畜器械幾數千。其年，喜峰守將吳廣以貪賄失三衞心，三衞入犯，廣下獄死。明年復掠開原，慶雲參將周俊擊退之。

十四年詔復三衞馬市。初，國家設遼東馬市三，一城東，一廣寧，皆以待三衞。正統間，以其部衆屢叛，罷之。會韃靼滿都魯暴强，侵掠三衞，三衞頭目皆走避塞下。數饑困，請復馬市再四，不許。至是巡撫陳鉞爲帝言，始許之。滿都魯死，亦思馬因主兵柄，三衞復數爲所窘。

二十二年，[三]韃靼別部那孩擁三萬衆入大寧、金山，涉老河，攻殺三衞頭目伯顏等，掠去人畜以萬計。三衞乃相率擕老弱，走匿邊圉。邊臣劉潺以聞，詔予芻糧優卹之。

弘治初，常盜掠古北、開原境，守臣張玉、總兵李杲等以計誘斬其來市者三百人，遂北結脫羅干，請爲復讐，數寇廣寧、寧遠諸處。時海西尚古者，以不得通貢叛中國，數以兵阻諸蕃入貢，諸蕃並銜之。朝廷旋許尚古納款，撫寧猛克帖木兒等皆以尚古爲辭，入寇遼陽，殺掠甚衆。韃靼小王子屢掠三衞，三衞因各叩關輸罪，朝廷許之，然陽爲恭順而已。

朶顏都督花當者，恃險而驕，數請增貢加賞，不許。正德十年，花當子把兒孫以千騎毀鮎魚關，入馬蘭谷大掠，參將陳乾戰死；復以五百騎入板場谷，千騎入神山嶺，又千餘騎入

水開洞。事聞，命副總兵桂勇禦之。花當退去，屯駐紅羅山，匿把兒孫，使其子打哈等入朝請罪，詔釋不問。十三年，帝巡幸至大喜峰口，將徵三衞頭目，使悉詣關下宴勞，不果。

當把兒孫犯邊時，朝廷詔削其職。把兒孫死，其子伯革入貢。嘉靖九年，詔予伯革父爵，而打哈自以花當子不得職，怒，遂先後掠冷口、擦崖、喜峰間。參將袁繼勳等失於防禦，皆逮治。十七年春，指揮徐顥誘殺泰寧部九人，其頭目把當亥率衆寇大清堡，總兵馬永擊斬之。其屬把孫以朶顏部衆復入，鎮守少監王永與戰，敗績。二十二年冬，攻圍墓田谷，殺守備陳舜，副總兵王繼祖等赴援，擊斬三十餘級。其年，詔罷舊設三衞馬市，并新設木市亦罷之。秋，三衞復導韃靼寇遼州，[四]入沙河堡，守將張景福戰死。

三衞之迭犯也，實朶顏部哈舟兒、陳通事爲之。二人者，俱中國人，被擄遂爲三衞用。二十九年，韃靼俺答謀犯畿東，舟兒爲指潮河川路。俺答移兵白廟，近古北，舟兒詐言敵已退，邊備緩，俺答遂由鴿子洞、曹榆溝入，直犯畿甸。已，俺答請開馬市，舟兒復往來誘阻之。三十年，薊遼總督何棟購捕至京，伏誅。

朶顏通罕者，俺答子辛愛妻父也。四十二年，古北哨卒出關，爲朶顏所撲殺。俄通罕叩關索賞，副總兵胡鎭伏兵執之。總督楊選將爲牽制辛愛計，乃拘縶通罕，令其諸子更迭爲質。三衞恨甚，遂導俺答入掠順義及三河，選得罪。

萬曆初，朶顏長昂益强，挾賞不遂，數糾衆入掠，截諸蕃貢道。十二年秋，復導土蠻，以四千騎分掠三山、三道溝、錦川諸處。守臣李松請急剿長昂等，朝議不從，僅革其月賞。未幾，復以千騎犯劉家口，官軍禦之，殺傷相當。於是長昂益跋扈自恣，東勾土蠻，西結婚白洪大，以擾諸邊。十七年合韃靼東西二部寇遼東，總兵李成梁逐之，官軍大敗，殲八百人。又二年大掠獨石路。二十二年復擁衆犯中後所，攻入小屯臺，副總兵趙夢麟、秦得倚等力戰卻之。明年潛入喜峰口，官軍擒其頭目小郎兒。二十九年，長昂與董狐狸等皆納款，請復寧前木市，許之。三十四年冬，復糾韃靼班不什、白言台吉等，以萬騎迫山海關，總兵姜顯謨擊走之。長昂復以三千騎窺義院界，邊將有備，乃引去。旋詣喜峰，自言班、白入寇，己不預知。守臣具以聞，詔長昂復貢市，頒給撫賞如例。

長昂死，諸子稍衰，三衞皆靖。崇禎初，與插漢戰於早落兀素，勝之，殺獲萬計，以捷告。未幾，皆服屬於大清云。

校勘記

〔一〕大敗其衆於屈烈河　屈烈河，本書卷七成祖紀、太宗實錄卷一二三永樂二十年七月庚午條都作

「屈裂兒河」。

〔二〕大同參將石亨等復擊其盜邊者於箭谿山　箭谿山，本書卷一七三石亨傳、英宗實錄卷一七七正統十四年四月辛未條都作「箭豁山」。

〔三〕二十二年　本書卷一四憲宗紀、憲宗實錄卷二九一成化二十三年六月己巳條都作「二十三年」。

〔四〕二十二年冬至秋三衞復導韃靼寇遼州　「冬」後復書「秋」，顯有譌誤。按本書卷十八世宗紀、世宗實錄卷三五四嘉靖二十八年十一月壬午條都稱嘉靖二十八年九月三衞犯遼東，「秋」字上疑脫「二十八年」四字。

明史卷三百二十九

列傳第二百十七

西域一

哈密衞　柳城　火州　土魯番

哈密，東去嘉峪關一千六百里，漢伊吾盧地。明帝置宜禾都尉，領屯田。唐爲伊州。宋入於回紇。元末以威武王納忽里鎮之，〔一〕尋改爲肅王。卒，弟安克帖木兒嗣。洪武中，太祖既定畏兀兒地，置安定等衞，漸逼哈密。安克帖木兒懼，將納款。成祖初，遣官招諭之，許其以馬市易，卽遣使來朝，貢馬百九十匹。永樂元年十一月至京，帝喜，賜賚有加，命有司給直收其馬四千七百四十匹，擇良者十匹入內廐，餘以給守邊騎士。

明年六月復貢，請封，乃封爲忠順王，賜金印，復貢馬謝恩。已而迤北可汗鬼力赤毒

死之，其國人以病卒聞。三年二月遣官賜祭，以其兄子脫脫爲王，賜玉帶。脫脫自幼俘入中國，帝拔之奴隸中，俾列宿衞，欲令嗣爵。恐其國不從，遣官問之，不敢違，請還主其衆。因賜其祖母及母綵幣，旋遣使貢馬謝恩。

四年春，甘肅總兵官宋晟奏，脫脫爲祖母所逐。帝怒，敕責其頭目曰：「脫脫朝廷所立，卽有過，不奏而擅逐之，是慢朝廷也。老人昏耄，頭目亦不知朝廷耶？卽迎歸，善匡輔，俾孝事祖母。」由是脫脫得還，祖母及頭目各遣使謝罪。三月立哈密衞，以其頭目馬哈麻火者等爲指揮千百戶等官，又以周安爲忠順王長史，劉行爲紀善，輔導。冬，授頭目十九人爲都指揮等官。

明年，宋晟奏，頭目陸十等作亂，已誅，慮他變，請兵防禦。帝命晟發兵應之，而以安克帖木兒妻子往依鬼力赤，恐誘賊侵哈密，敕晟謹備。晟卒，以何福代，又敕福開誠撫忠順。會頭目請設把總一人理國政，帝敕福曰：「置把總，是增一王也；政令不一，下安適從。」寢其議。自是，比歲朝貢，悉加優賜，其使臣皆增秩授官。

帝眷脫脫特厚，而脫脫顧凌侮朝使，沈湎昏聵，不恤國事，其下買住等交諫不從。帝聞之怒，八年十一月遣官賜敕戒諭之。未至，而脫脫以暴疾卒。訃聞，遣官賜祭。擢都指揮同知哈剌哈納爲都督僉事，鎮守其地，賜敕及白金、綵幣。且封脫脫從弟兔力帖木兒爲忠

中華書局

義王，賜印誥、玉帶，世守哈密。十年，貢馬謝恩，自是修貢惟謹，故王祖母亦數奉貢。

十七年，帝以朝使往來西域者，忠義王致禮延接，命中官齎綺帛勞之，賜其母妻金珠冠服、綵幣，及其部下頭目。其使臣及境內回回尋貢馬三千五百餘匹及貂皮諸物，詔賜鈔三萬二千錠、綺百、帛一千。二十一年貢駝三百三十、馬千匹。

仁宗踐阼，詔諭其國。洪熙元年再入貢，賀卽位。仁宗崩，宣宗繼統，其王兔力帖木兒亦卒，使來告哀。

宣德元年遣官賜祭，命故王脫脫子卜答失里嗣忠順王，且以登極肆赦，命其國中亦赦，復貢馬謝恩。明年遣弟北斗奴等來朝，貢駝馬方物。授北斗奴都督僉事，因命中官諭王，遣故忠義王弟脫歡帖木兒赴京。三年以卜答失里年幼，命脫歡帖木兒嗣忠義王，同理國事。自是，二王並貢，歲或三四至，奏求婚娶禮幣，命悉予之。

正統二年，脫歡帖木兒卒，封其子脫脫塔木兒爲忠義王，未幾卒。已而忠順王亦卒，封其子倒瓦答失里爲忠順王。五年遣使三貢，廷議以爲煩，定令每年一貢。

初，成祖之封忠順王也，以哈密爲西域要道，欲其迎護朝使，統領諸番，爲西陲屏蔽。而其王率庸懦，又其地種落雜居。一曰回回，一曰畏兀兒，一曰哈剌灰，其頭目不相統屬，王莫能節制。衆心離渙，國勢漸衰。及倒瓦答失里立，都督皮剌納潛通瓦剌猛可卜花等謀

殺王，不克。王父在時，納沙州叛亡百餘家，屢敕王令還，止遣其半，其貢使又數辱驛吏卒，呵叱通事，當四方貢使大宴日，惡言詬詈，天子不加罪，但令愼擇使臣，以是益無忌。其地，北瓦剌，西土魯番，東沙州、罕東、赤斤諸衞，悉與搆怨。由是鄰國交侵。罕東兵抵城外，掠人畜去。沙州、赤斤先後兵侵，皆大獲。瓦剌酋也先，王母弩溫答失里弟也，亦遣兵圍哈密城，殺頭目，俘男婦，掠牛馬駝不可勝計，取王母及妻北還，脅王往見，王懼不敢往，數遣使告難。敕令諸部修好，迄不從，惟王母妻獲還。

十年，也先復取王母妻及弟，幷撒馬兒罕貢使百餘人掠之，又數趣王往見。王外順朝命，實懼也先。十三年夏，親詣瓦剌，居數月方還，而遣使誑天子，謂守朝命不敢往。天子爲賜敕褒嘉。已，知其詐，嚴旨詰責，然其王迄不能自振。會也先方東犯，不復還故土，以是哈密獲少安。

景泰三年遣其臣捏列沙朝貢，請授官。先是，使臣至京必加恩命。是時于謙掌中樞，言哈密世受國恩，乃敢交通瓦剌。今雖歸款，心猶譎詐。若加官秩，賞出無名。乃止。終景泰世，使臣無授官者。

天順元年，倒瓦答失里卒，〔二〕弟卜列革遣使告哀，卽封爲忠順王。時都指揮馬雲使西域，聞迤北酋乩加思蘭梗道，不敢進。會哈密王報道已通，雲乃行，至哈密。而賊兵實未

退，且謀劫朝使。帝疑王與賊通，遣使切責。

四年，王卒，無子，母弩溫答失里主國事。初，也先被誅，其弟伯都王及從子兀忽納走居哈密。王母爲上書乞恩，授伯都王都督僉事，兀忽納指揮僉事。自卜列革之亡，親屬無可繼，命國人議當襲者。頭目阿只等言脫歡帖木兒外孫把塔木兒官都督同知，可繼。王母謂臣不可繼君，而安定王阿兒察與忠順王同祖，爲請襲封。七年冬，奏上，禮官言：「乩加思蘭見哈密無主，謀據其地，勢危急，乞從其請。」帝命都指揮賀玉往。至西寧逗遛不進，哈密使臣苦兒魯海牙請先行，又不許。帝逮玉下吏，改命都指揮李珍，而敕安定、罕東護使臣偕往。阿兒察以哈密多難，力辭不行，珍乃返。

哈密素衰微，又婦人主國，衆益離散。乩加思蘭乘隙襲破其城，大肆殺掠，王母率親屬部落走苦峪，猶數遣使朝貢，且告難。朝廷不能援，但敕其國人速議當繼者而已。其國以殘破故，來者日衆。

成化元年，禮官姚夔等言：「哈密貢馬二百匹，而使人乃二百六十人。以中國有限之財，供外蕃無益之費，非策。」帝下廷臣議，定歲一入貢，不得過二百人，制可。

明年，兵部言王母避苦峪久，今賊兵已退，宜令還故土，從之。已而貢使言其地饑寒，男婦二百餘人隨來丐食，不能歸國。命人給米六斗、布二疋，遣之。

初，國人請立把塔木兒，以王母不肯，無王者八年。至是頭目交章請，詞極哀。乃擢把塔木兒爲右都督，攝行國王事，賜之誥印。五年，王母陳老病乞藥物，帝卽賜之。尋與瓦剌、土魯番遣使三百餘人來貢，邊臣以聞。廷議貢有定期，今前使未回後使又至，且瓦剌强寇，今乃與哈密偕，非哈密挾其勢以邀利，卽瓦剌假其事以窺邊。帝乃却其獻，令邊臣宴賚，遣還。貢使堅不受賜，必欲親詣闕下，乃命遣十之一赴京。

八年，把塔木兒子罕愼以父卒請嗣職。帝許之，而不命其主國事，國中政令無所出。九年四月，土魯番速檀阿力乘機襲破其城，執王母，奪金印，以忠順王孫女爲妾，據守其地。事聞，命邊臣謹戒備，敕罕東、赤斤諸衞協力戰守。尋遣都督同知李文、右通政劉文赴甘肅經略。抵肅州，遣錦衣千戶馬俊奉敕往諭。時阿力留其妹壻牙蘭守哈密，〔三〕而已攜王母、金印已返土魯番。俊至，諭以朝命，抗詞不遜，羈俊月餘。一日，牙蘭忽至，言大兵三萬卽日西來，阿力乃宴勞俊等，舁王母出見。王母懼不敢言，夜潛遣人來云：「爲我奏天子，速發兵救哈密。」文等以聞，遂檄都督罕愼及赤斤、罕東、乜克力諸部集兵進討。十年冬，兵至卜隆吉兒川，諜報阿力集衆抗拒，且結別部謀掠罕東、赤斤二衞。文等不敢進，令二衞還守本土，罕愼及乜克力、畏兀兒之衆退居苦峪，文等亦引還肅州。帝乃命罕愼權主國事，因其請給米布，且賜以穀種。文等無功而還。

十七年，阿黑麻死，諸子爭立，相仇殺。已而長子滿速兒嗣爲速檀，修貢如故。明年，忠順王陝巴卒，子拜牙卽襲，昏愚失道，國內益亂。而滿速兒桀黠變詐踰於父，復有吞哈密之志。

正德四年，其弟眞帖木兒在甘州，貢使乞放還。朝議不許，乃以甘州守臣奏送還。還卽以邊情告其兄，共謀爲逆。九年誘拜牙卽叛，復據哈密。朝廷遣彭澤經略，贖還城印。其部下他只丁復據之，且導滿速兒犯肅州。自是，哈密不可復得，而患且中於甘肅。會中朝大臣自相傾陷，番酋覘知之，益肆譏搆，賊腹心得侍天子，中國體大虧，賊氣焰益盛。

十五年復許通貢。甘肅巡按潘倣言：「番賊犯順，殺戮摽掠，慘不可勝言。今雖悔罪，果足贖前日萬一乎？數年以來，雖嘗閉關，未能問罪。今彼以困憊求通，且將窺我意向，探我虛實，緩我後圖，誘我重利。不於此時稍正其罪，將益啓輕慢之心，招反覆之釁，非所以尊中國馭外番也。況彼番文執難從之詞，示敢拒之狀，當悔罪求通之日，爲侮慢不恭之語，其變詐已見。若曰來者不拒，馭戎之常，盡略彼事之非，納求和之使，必將叨冒恩禮，飽饜賞賚，和市私販，滿載而歸。所欲旣足，驕志復萌，少不慊心，動則藉口，反復之釁，且在目前。叛則未嘗加罪，而反獲鈔掠之利，來則未必見拒，而更有賜賚之榮，何憚不爲。臣謂宜乘窘迫之時，聊爲懾伏之計，雖納其悔過之詞，姑阻其來貢之使，降敕責其犯順，仍索歸還

未盡之人。其番文可疑者，詳加詰問，使彼知中國尊嚴，天威難犯，庶幾反側不萌，歸服可久。」時王瓊力主款議，不納其言。

明年，世宗立，賊腹心寫亦虎仙伏誅，失所恃，再謀犯邊。嘉靖三年寇肅州，掠甘州，四年復寇肅州，皆失利去，於是卑詞求貢。會瓊、蕚等起封疆之獄，遂陰庇滿速兒再許之貢，議已定。賊黨牙蘭者，本曲先人，幼爲番掠，長而黠健，阿力以妹妻之，握兵用事，久爲西陲患，至是獲罪其主，七年夏，率所部二千人來降。本帖木兒哥、土巴者，〔二〕俱沙州番族，土魯番役屬之，歲徵婦女牛馬，不勝侵暴，亦率其族屬數千帳來歸。邊臣悉處之內地。

滿速兒怒，使其部下虎力納咱兒引瓦剌寇肅州，不勝，則復遣使求貢。總督王瓊請許之，詹事霍韜言：「番人攻陷哈密以來，議者或請通貢，或請絕貢，聖諭必有悔罪番文然後許。今王瓊譯進之文，皆其部下小醜之語，無印信足憑。我遽許之，恐戎心益驕，後難駕馭。可虞者一。哈密城池雖稱獻還，然無實據，何以興復。或者遂有棄置不問之議，彼愈得志，必且劫我罕東，誘我赤斤，掠我瓜、沙，外連瓦剌，內擾河西，而邊警無時息矣。可虞者二。牙蘭爲番酋腹心，擁衆來奔，而彼云不知所向，安知非詐降以誘我。他日犯邊，曰納我叛臣也。我不歸彼叛臣，彼不歸我哈密。自是西陲益多事，而哈密終無興復之期。可虞者三。牙蘭之來，日給廩餼，所費實多，猶曰羈縻之策不獲已也。倘番酋擁衆叩關，索彼叛

人，將予之耶，抑拒之耶？又或牙蘭包藏禍心，搆變於內，內外協應，何以禦之？可虞者四。或曰今陝西饑困，甘肅孤危，哈密可棄也。臣則曰，保哈密所以保甘、陝也，保甘肅所以保陝西也。若以哈密難守卽棄哈密，然則甘肅難守亦棄甘肅乎？昔文皇之立哈密也，因元遺孽力能自立，因而立之。彼假其名，我享其利。今忠順之嗣三絕矣，天之所廢，孰能興之。今於諸夷中，求其雄傑能守哈密者，卽畀金印，俾和輯諸番，爲我藩蔽，斯可矣，必求忠順之裔而立焉，多見其固也。」

疏入，帝嘉其留心邊計，下兵部確議。尚書胡世寧等力言牙蘭不可棄，哈密不必興復，請專圖自治之策，帝深納其言。自是番酋許通貢，而哈密城印及忠順王存亡置不復問，河西稍獲休息，而滿速兒桀傲益甚矣。

十二年遣臣奏三事。一，請追治巡撫陳九疇罪。一，請遣官議和。一，請還叛人牙蘭。詞多悖慢，朝廷不能罪，但戒以修職貢無妄言。然自寫亦虎仙誅，他只丁陣歿，牙蘭又降，失其所倚賴，勢亦漸孤，部下各自雄長，稱王入貢者多至十五人，政權亦不一。

十五年，甘肅巡撫趙載陳邊事，言：「番酋屢服屢叛，我撫之太厚，信之太深，愈長其奸狡。今後入犯，宜戮其使臣，徙其從人於兩粵，閉關拒絕。卽彼悔罪，亦但許奉貢，不得輒還從人。彼內有所牽，外有所畏，自不敢輕犯。」帝頗採其言。

二十四年，滿速兒死，長子沙嗣爲速檀，其弟馬黑麻亦稱速檀，分據哈密。已而兄弟讐殺，馬黑麻乃結婚瓦剌以抗其兄，且墾田沙州，謀入犯。其部下來告，馬黑麻乃叩關求貢，復求內地安置。邊臣諭止之，乃還故土，與兄同處。總督張珩以聞，詔許其入貢。二十六年定令五歲一貢。其後貢期如令，而來使益多。逮世宗末年，番文至二百四十八道。朝廷重違其情，咸爲給賜。

隆慶四年，馬黑麻嗣兄職，遣使謝恩。其弟瑣非等三人，亦各稱速檀，遣使來貢。禮官請裁其犒賜，許附馬黑麻隨從之數，可之。迄萬曆朝，奉貢不絕。

校勘記

〔一〕以威武王納忽里鎭之　納忽里，太宗實錄卷二九永樂二年六月甲午條、殊域周咨錄卷一二均作「忽納失里」，明史稿傳二〇二哈密衞傳作「納忽失里」。

〔二〕倒瓦答失里卒　倒瓦荅失里，原作「倒瓦剌失里」，據上文及英宗實錄卷七一正統五年九月辛丑條改。

〔三〕留其妹壻牙蘭守哈密　牙蘭，本書卷一九九胡世寧傳、世宗實錄卷八九嘉靖七年六月壬寅條、國榷卷三七頁二三四二作「牙木蘭」。下同。

〔四〕且言土魯番亦革心向化　土魯番，原脫「土」字，據明史稿傳二〇二哈密傳、憲宗實錄卷二三五成化十八年十二月庚午條補。

〔五〕其子拜牙卽自稱速檀　拜牙卽，本書卷一九八彭澤傳、明史紀事本末卷四〇都作「拜牙郎」。

〔六〕十一年五月拜疏言　十一年五月，當作「十年六月」。按彭澤此疏，見武宗實錄卷一二六正德十年六月庚午條。

〔七〕明年五月甘肅巡撫李昆上言　明年，承上指十二年，當作「十一年」。按李昆上言，見武宗實錄卷一三七正德十一年五月己丑條。

〔八〕哈密後爲失拜烟答子米兒馬黑木所有　馬黑木，上文作「馬黑麻」。按上文稱馬黑木爲寫亦虎仙子，馬黑麻爲失拜烟答子。

〔九〕與安定　安定，原作「定安」，據本書卷三三〇安定衞傳、明史稿傳二〇二火州傳、憲宗實錄卷一一八成化九年七月辛卯條改。

〔一〇〕都指揮白阿兒忻台遣使偕俺的干　俺的干，原作「俺的千」，據明史稿傳二〇二火州傳、太宗實錄卷八八永樂十一年六月癸酉條改。按本書卷三三二有俺的干傳。

〔一一〕有帖木兒哥土巴者　帖木兒哥，本書卷一九八王瓊傳作「帖木哥」。

明史卷三百三十

列傳第二百十八

西域二

西番諸衞 西寧河州洮州岷州等番族諸衞　安定衞　阿端衞　曲先衞　赤斤蒙古衞　沙州衞　罕東衞　罕東左衞　哈梅里

西番，卽西羌，族種最多，自陝西歷四川、雲南西徼外皆是。其散處河、湟、洮、岷間者，爲中國患尤劇。漢趙充國、張奐、段熲，唐哥舒翰，宋王韶之所經營，皆此地也。元封駙馬章古爲寧濮郡王，鎭西寧，於河州設吐番宣慰司，以洮、岷、黎、雅諸州隸之，統治番衆。

洪武二年，太祖定陝西，卽遣官齎詔招諭，其酋長皆觀望。復遣員外郎許允德招之，乃多聽命。明年五月，吐蕃宣慰使何鎖南普等以元所授金銀牌印宣敕來上，〔一〕會鄧愈克河州，遂詣軍前降。其鎭西武靖王卜納剌亦以吐蕃諸部來納款。冬，何鎖南普等入朝貢馬

及方物。帝喜，賜襲衣。四年正月設河州衞，命爲指揮同知，予世襲。知院朶兒只、汪家奴並爲指揮僉事。設千戶所八，百戶所七，皆命其酋長爲之。卜納剌等亦至京師，爲靖南衞指揮同知，〔二〕其儕桑加朶兒只爲高昌衞指揮同知，皆帶刀侍衞。自是，番酋日至。尋以降人馬梅、汪瓦兒並爲河州衞指揮僉事。又遣西寧州同知李喃哥等招撫其酋長，至者亦悉授官。乃改西寧州爲衞，以喃哥爲指揮。

帝以西番產馬，與之互市，馬至漸多。而其所用之貨與中國異，自更鈔法後，馬至者少，患之。八年五月命中官趙成齎羅綺、綾絹幷巴茶往河州市之，馬稍集，率厚其値以償。成又宣諭德意，番人咸悅，相率詣闕謝恩。山後歸德等州西番諸部落皆以馬來市。

十二年，洮州十八族番酋三副使等叛，據納鄰七站之地。命征西將軍沐英等討之，又命李文忠往籌軍事。英等至洮州舊城，寇遁去，追斬其魁數人，盡獲畜產。遂於東籠山南川度地築城置戍，遣使來奏。帝報曰：「洮州，西番門戶，築城戍守，扼其咽喉。」遂置洮州衞，以指揮聶緯、陳暉等六人守之。已，文忠等言官軍守洮州，餉艱民勞。帝降敕諭之曰：「洮州西控番戎，東蔽湟、隴，漢、唐以來備邊要地。今番寇旣斥，棄之不守，數年後番人將復爲患。慮小費而忘大虞，豈良策哉。所獲牛羊，分給將士，亦足充兩年軍食。其如敕行之。」文忠等乃不敢違。

秋，何鎖南普及鎮撫劉溫各攜家屬來朝。諭中書省臣曰：「何鎖南普自歸附以來，信義甚堅。前遣使烏斯藏，遠涉萬里，及歸，所言皆稱朕意。今以家屬來朝，宜加禮待。」乃賜米、麥各三十石，劉溫三之一。

英等進擊番寇，大破之，盡擒其魁，俘斬數萬人，獲馬牛羊數十萬。自是，羣番震慴，不敢爲寇。

十六年，青海酋長史剌巴等七人來歸，賜文綺、寶鈔。時岷州亦設衞，番人歲以馬易茶，馬日蕃息。二十五年又命中官而聶至河州，召必里諸番族，以敕諭之。爭出馬以獻，得萬三百餘匹，給茶三十餘萬觔。命以馬畀河南、山東、陝西騎士。帝以諸衞將士有擅索番人馬者，遣官齎金、銅信符敕諭，往賜涼州、甘州、肅州、永昌、山丹、臨洮、鞏昌、西寧、洮州、河州、岷州諸番族。諭之曰：「往者朝廷有所需，必酬以茶貨，未許私徵。近聞邊將無狀，多假朝命擾害，俾爾等不獲寧居。今特製金、銅信符頒給，遇有徵發，必比對相符始行，否則僞，械至京，罪之。」自是，需求遂絕。

初，西寧番僧三剌爲書招降罕東諸部，又建佛剎於碾白南川，以居其衆，至是來朝貢馬，請敕護持，賜寺額。帝從所請，賜額曰瞿曇寺。立西寧僧綱司，以三剌爲都綱司。又立河州番、漢二僧綱司，並以番僧爲之，紀以符契。自是，其徒爭建寺，帝輒錫以嘉名，且賜

敕護持。番僧來者日衆。

永樂時，諸衞僧戒行精勤者，多授剌麻、禪師、灌頂國師之號，有加至大國師、西天佛子者，悉給以印誥，許之世襲，且令歲一朝貢，由是諸僧及諸衞土官輻輳京師。其他族種，如西寧十三族、岷州十八族、洮州十八族之屬，大者數千人，少者數百，亦許歲一奉貢，優以宴賚。西番之勢益分，其力益弱，西陲之患亦益寡。

宣德元年，以協討安定、曲先功，加國師吒思巴領占等五人爲大國師，給誥命、銀印，秩正四品，加剌麻著星等六人爲禪師，給敕命、銀印，秩正六品。

正統五年敕陝西鎮守都督鄭銘、都御史陳鎰曰：「得奏，言河州番民領占等先因避罪，逃居結河里，招集徒黨，占耕土田，不注籍納賦，又藏匿逃亡，剽劫行旅，欲發兵討之。朕念番性頑梗，且所犯在赦前，若遽加師旅，恐累及無辜。宜使人撫諭，令散遣徒黨，還所掠牛羊，兵卽勿進，否則加兵未晚。爾等其審之。」番人果輸服。七年再敕銘及都御史王翺等曰：「得鎮守河州都指揮劉永奏：往歲阿爾官等六族三千餘人，列營歸德城下，聲言交易，後乃鈔掠屯軍，大肆焚戮；而著亦匝族番人屢於煖泉亭諸處，潛爲寇盜。指揮張瑀擒獲二人，止責償所盜馬，縱之使去。論法，瑀及永皆當究治，今姑令戴罪。爾等卽遣官偕三司堂上親詣其寨，曉以利害，令還歸所掠，許其自新，不悛，則進討。蓋馭戎之道，撫綏爲先，

撫之不從，然後用兵。爾等宜體此意。」番人亦輸服。

成化三年，陝西副使鄭安言：「進貢番僧，自烏斯藏來者不過三之一，餘皆洮、岷寺僧詭名冒貢。進一羸馬，輒獲厚直，得所賜幣帛，製爲戰袍，以拒官軍。本以羈縻之，而益致寇掠，是虛國帑而齎盜糧也。」章下禮部，〔三〕會廷臣議，請行陝西文武諸臣，計定貢期、人數及存留、起送之額以聞，報可。已而奏上，諸自烏斯藏來者皆由四川入，不得徑赴洮、岷，遂著爲例。明年冬，洮州番寇擁衆掠鐵城、後川二寨，指揮張翰等率兵禦之，敗去，獲所掠人口以歸。

五年，巡按江孟綸言：〔四〕「岷州番寇縱橫，村堡爲墟。頃令指揮后泰與其弟通反覆開示，〔五〕生番忍藏、占藏等三十餘族酋長百六十餘人，熟番栗林等二十四族酋長九十一人，轉相告語，悔過來歸，且還被掠人畜，願供徭賦。殺牛告天，誓不再犯。已令副使李玘從宜賞勞，宣示朝廷恩威，皆歡躍而去。惟熟番綠園一族怙惡不服。」兵部言：「番性無常，朝撫夕叛，未可弛備。請諭邊臣，向化者加意撫綏，犯順者克期剿滅。」帝納其言。

八年，禮官言：「洮、岷諸衞送各族番人赴京，多至四千二百餘人，應賞綵幣人二表裏，帛如之，鈔二十九萬八千有奇，馬直尚在其外。考正統、天順間，各番貢使不過三五百人。成化初，因洮、岷諸處濫以熟番作生番冒送，已定例，生番三年一貢，大族四五人，小族一二

人赴京，餘悉遣還。成化六年，副使鄧本端妄自招徠，又復冒送，臣部已重申約束。今副使吳玘等不能嚴飭武備，專事通番，以紓近患。乞降敕切責，務遵前令。」帝亦如其言。

西寧卽古湟中，其西四百里有青海，又曰西海，水草豐美。番人環居之，專務畜牧，日益繁滋，素號樂土。正德四年，蒙古部酋亦不剌、阿爾禿厮獲罪其主，擁衆西奔。瞰知青海饒富，襲而據之，大肆焚掠。番人失其地，多遠徙。其留者不能自存，反爲所役屬。自是甘肅、西寧始有海寇之患。九年，總制彭澤集諸道軍，將擣其巢。寇詗知之，由河州渡黃河，奔四川，出松潘、茂州境，直走烏斯藏。及大軍引還，則仍返海上，惟阿爾禿厮遁去。

嘉靖二年，尚書金獻民西征，議遣官招撫，許爲藩臣，如先朝設安定、曲先諸衞故事。兵部行總制楊一清計度，一清意在征討，言寇精騎不過二三千，餘皆脅從番人，然怨之入骨，時欲報讎，可用爲閒諜，大舉剿絕。議未定，王憲、王瓊相繼來代，皆以兵寡餉詘，議竟不行。

八年，洮、岷諸番數犯臨洮、鞏昌，內地騷動。樞臣李承勳言：「番爲海寇所使，日益內徙。倘二寇交通，何以善後。昔趙充國不戰而服羌，段熲殺羌百萬而內地虛耗，兩者相去遠矣。乞廣先帝之明，專充國之任，制置方略，悉聽瓊便宜從事。」瓊乃集衆議，且剿且撫。先遣總兵官劉文、遊擊彭楲分布士馬。明年二月自固原進至洮、岷，遣人開示禍福。洮州

東路木舍等三十一族，西路答祿失等十三族，岷州西寧溝等十五族，皆聽撫，給白旂犒賜遣歸。惟岷州東路若籠族、西路板尙等十五族及岷州剌卽等五族，恃險不服。乃分兵先攻若籠、板尙二族，覆其巢，剌卽諸族震慴乞降。凡斬首三百六十餘級，撫定七十餘族，乃班師。自是，洮、岷獲寧，而西寧仍苦寇患。

十一年，甘肅巡撫趙載等言：「亦不剌據海上已二十餘年，其黨卜兒孩獨傾心向化，求帖木哥等屬番來納款。宜因而撫之，或俾之納馬，或令其遣質，或授官給印，建立衞所，爲我藩籬，於計爲便。」疏甫上，會河套酋吉囊引衆西掠，大破亦不剌營，收其部落大半而去，惟卜兒孩一枝斂衆自保。由是西寧亦獲休息，而納款之議竟寢。及唐龍爲總制，寇南掠松潘。龍慮其回巢與諸番及他部勾結爲患，奏行甘肅守臣，繕兵積粟，爲殄滅計。及龍去，事亦不行。

二十年正月，卜兒孩獻金牌、良馬求款。兵部言：「寇果輸誠通貢，誠西陲大利。乃止獻馬及金牌，未有如往歲遣子入侍、酋長入朝之請，未可遽許。宜令督撫臣偵察情實，並條制馭之策以聞。」報可。會寇勢漸衰，番人亦漸復業，其議復寢。

二十四年設岷州，隸鞏昌府。岷西臨極邊，番漢雜處。洪武時，改土番十六族爲十六里，設衞治之，俾稍供徭役。自設州之後，徵發繁重，人日困敝。且番人戀世官，而流官又

不樂居，遙寄治他所。越十餘年，督撫合疏言不便，乃設衞如故。

時北部俺答猖獗，歲掠宣、大諸鎭。又羨青海富饒，三十八年攜子賓兔、丙兔等數萬衆，襲據其地。卜兒孩竄走，遂縱掠諸番。已，引去，留賓兔據松山，丙兔據青海，西寧亦被其患。隆慶中，俺答受封順義王，修貢惟謹，二子亦斂戢。

時烏斯藏僧有稱活佛者，諸部多奉其敎。丙兔乃以焚修爲名，請建寺青海及嘉峪關外，爲久居計。廷臣多言不可許，禮官言：「彼已採木興工，而令改建於他所，勢所不能，莫若因而許之，以鼓其善心，而杜其關外之請。況中國之禦戎，惟在邊關之有備。戎之順逆，亦不在一寺之遠近。」帝許之。丙兔既得請，又近脅番人，使通道松潘以迎活佛。四川守臣懼逼，乞令俺答約束其子，毋擾鄰境。俺答言，丙兔止因甘肅不許開市，寧夏又道遠艱難，雖有禁令，不能盡制。宣大總督方逢時亦言開市爲便。帝以責陝西督撫，督撫不敢違。萬曆二年冬，許丙兔市於甘肅，賓兔市於莊浪，歲一次。既而寺成，賜額仰華。

先是，亦不剌之據青海，邊臣猶以外寇視之。至是以俺答故，竟視若屬番。諸酋亦以父受王封，不敢大爲邊患，而洮州之變乃起。初，洮州番人以河州奸民負其物貨，入掠內地，他族亦乘機爲亂。奸民以告河州參將陳堂，堂曰：「此洮州番也，何與我事。」洮州參將劉世英曰：「彼犯河州，非我失事。」由是二將有隙。總督石茂華聞之，令二人及蘭州參將徐

勳、岷州守備朱憲、舊洮州守備史經各引兵壓其境，曉以利害。番人懼，卽還所掠人畜。世英謂首惡未擒，不可遽已，遂剿破之，殺傷及焚死者無算。軍律，吹銅角乃退兵。堂挾前憾，不待角聲而去，諸部亦多引去。憲、經方深入搜捕，鄰番見其勢孤，圍而殺之。事聞，帝震怒，褫堂、世英職，切責茂華等。茂華乃集諸軍分道進討，斬首百四十餘級，焚死者九百餘人，獲孳畜數十羣。諸番震恐遠徙，來降者七十一族，斬送首惡四人，生縛以獻者二人，輸馬牛羊二百六十。稽首謝罪，誓不再犯，師乃還。

自丙兔據青海，有切盡台吉者，河套酋吉能從子，俺答從孫也，從之而西。屢掠番人不得志，邀俺答往助。俺答雅欲侵瓦剌，乃假迎活佛名，擁衆西行。疏請授丙兔都督，賜金印，且開茶市。部議不許，但稍給以茶。俺答既抵瓦剌，戰敗而還。乃移書甘肅守臣，乞假道赴烏斯藏。守臣不能拒，遂越甘肅而南，會諸酋於海上。番人益遭蹂躪，多竄徙。八年春，始以活佛言東還，而切盡弟火落赤及俺答庶兄子永邵卜遂留居青海不去。八月，丙兔率衆掠番並內地人畜，詔絕其市賞。俺答聞之，馳書切責。乃盡還所掠，執獻爲惡者六人，自罰牛羊七百。帝嘉其父恭順，賚之銀幣，卽以牛羊賜其部人，爲惡者付之自治，仍許貢市。俺答益感德。而火落赤侵掠番族不休，守臣檄切盡台吉約束之，亦引罪輸服。及俺答卒，傳至孫扯力克，勢輕，不能制諸酋。

十六年九月，永邵卜部衆有闌入西寧者，副總兵李奎方被酒，躍馬而前。部衆控鞍欲愬，奎拔刀斫之，衆遂射奎死。部卒馳救之，亦多死。守臣不能討，遣使詰責，但獻首惡，還人畜而止。以故無所憚，愈肆侵盜。時丙兔及切盡台吉亦皆死，丙兔子眞相移駐莽剌川，火落赤移駐捏工川，逼近西寧，日蠶食番族。番不能支，則折而爲寇用。扯力克又西行助之，勢益熾。十八年六月入舊洮州，副總兵李聯芳率三千人禦之，盡覆。七月復深入，大掠河州、臨洮、渭源。總兵官劉承嗣與遊擊孟孝臣各將一軍禦之，皆敗績，遊擊李芳等死焉，西陲大震。

事聞，命尙書鄭洛出經略。洛前督宣、大軍，撫順義王及忠順夫人有恩。遣使趣扯力克東歸，而大布招番之令，來者率善遇之，自是歸附者不絕。火、眞二酋自知罪重，又聞套酋卜失兔來助，大敗於水泉口，扯力克復將還巢，始懼。徙帳去，留其黨可卜兔等於莽剌川。明年，總兵官尤繼先破走之。洛更進兵青海，焚仰華寺，逐其餘衆而還。番人復業者至八萬餘人，西陲暫獲休息。已，復聚於青海。

二十三年增設臨洮總兵官，以劉綎任之。未幾，永邵卜諸部犯南川，參將達雲大破之。已，連火、眞二酋犯西川，雲又擊破之。明年，諸酋復掠番族，將窺內地。綎部將周國柱禦之莽剌川，又大破之。二十七年糾叛苗犯洮、岷，總兵官蕭如薰等敗之，斬番人二百五十

餘級，寇八十二級，撫降番族五千餘人。三十四年復入鎭番黑古城，〔六〕爲總兵官柴國柱所敗。自是屢入鈔掠，不能大得志。

時爲陝西患者，有三大寇：一河套，一松山，一青海。青海土最沃，且有番人屛蔽，故患猶不甚劇。崇禎十一年，李自成屢爲官軍擊敗，自洮州軼出番地。諸將窮追，復奔入塞內，番族亦遭蹂躪。十五年，西寧番族作亂，總兵官馬爌督諸將五道進勦，斬首七百有奇，撫降三十八族而還。明年冬，李自成遣將陷甘州，獨西寧不下。賊將辛恩忠攻破之，〔七〕遂進掠青海。諸酋多降附，而明室亦亡。

番有生熟二種。生番獷悍難制。熟番納馬中茶，頗柔服，後寖通生番爲內地患。自青海爲寇所據，番不堪剽奪，私饋皮幣曰手信，歲時加饋曰添巴，或反爲嚮導，交通無忌。而中國市馬亦鮮至，蓋已失捍外衞內之初意矣。

原夫太祖甫定關中，卽法漢武創河西四郡隔絕羌、胡之意，建重鎭於甘肅，以北拒蒙古，南捍諸番，俾不得相合。又遣西寧等四衞土官與漢官參治，令之世守。且多置茶課司，番人得以馬易茶。而部族之長，亦許其歲時朝貢，自通名號於天子。彼勢旣分，又動於利，不敢爲惡。卽小有蠢動，邊將以偏師制之，靡不應時底定。自邊臣失防，北寇得越境闌入，與番族交通，西陲遂多事。然究其時之所患，終在寇而不在番，故議者以太祖制馭爲善。

安定衞，距甘州西南一千五百里。漢爲婼羌，唐爲吐蕃地，元封宗室卜烟帖木兒爲寧王鎭之。其地本名撒里畏兀兒，廣袤千里，東近罕東，北邇沙州，南接西番。居無城郭，以氈帳爲廬舍。產多駝馬牛羊。

洪武三年遣使持詔招諭。七年六月，卜烟帖木兒使其府尉麻答兒等來朝，貢鎧甲刀劍諸物。太祖喜，宴賚其使者，遣官厚賚其王，而分其地爲阿端、阿眞、苦先、帖里四部，〔八〕各錫以印。明年正月，其王遣傅卜顏不花來貢，上元所授金、銀字牌，請置安定、阿端二衞，從之。乃封卜烟帖木兒爲安定王，以其部人沙剌等爲指揮。

九年命前廣東參政鄭九成等使其地，賚王及其部人衣幣。明年，王爲沙剌所弒，王子板咱失里復讐，誅沙剌。沙剌部將復殺王子，部內大亂。番將朶兒只巴叛走沙漠，經安定，大肆殺掠，奪其印去，其衆益衰。二十五年，藍玉西征，徇阿眞川。土酋司徒哈昝等懼，逃匿山谷不敢出。及肅王之國甘州，遣僧諭王，乞授官以安部衆。王爲奏請，帝許之。二十九年命行人陳誠至其地，復立安定衞。其酋長哈孩虎都魯等五十八人悉授指揮、千百戶等官。〔九〕誠還，酋長隨之入朝，貢馬謝恩。帝厚賚之，復命中官齎銀幣往賜。

永樂元年遣官齎敕撫諭撒里諸部。明年，安定頭目多來朝，擢千戶三卽等三人爲指揮僉事，餘授官有差，并賜本衞指揮同知哈三等銀幣。未幾，指揮朶兒只束來朝，願納差發馬五百匹，命河州衞指揮康壽往受之。壽言：「罕東、必里諸衞納馬，其直皆河州軍民運茶與之。今安定遼遠，運茶甚難，乞給以布帛。」帝曰：「諸番市馬用茶，已著爲例。今姑從所請，後仍給茶。」於是定制，上馬給布帛各二匹，以下遞減。三年，哈三等遣使來貢，奏舉頭目撒力加藏卜等爲指揮等官，且請歲納孳畜什一，並從之。四年徙駐苦兒丁之地。

初，安定王之被殺也，其子撒兒只失加爲其兄所殺，部衆潰散，子亦攀丹流寓靈藏。十一年五月率衆入朝，自陳家難，乞授職。帝念其祖率先歸附，令襲封安定王，賜印誥。自是朝貢不輟。

二十二年，中官喬來喜、鄧誠使烏斯藏，次畢力术江黃羊川。安定指揮哈三孫散哥及曲先指揮散卽思等率衆邀劫之，殺朝使，盡奪駝馬幣物而去。仁宗大怒，敕都指揮李英偕康壽等討之。英等率西寧諸衞軍及隆奔國師賈失兒監藏等十二番族之衆，深入追賊，賊遠遁。英等踰崑崙山西行數百里，抵雅令闊之地，遇安定賊，擊敗之，斬首四百八十餘級，生擒七十餘人，獲駝馬牛十四萬有奇。曲先聞風遠竄，追之不及而還。英以此封會寧伯，〔一〇〕壽等皆進秩。大軍旣旋，指揮哈三等懼罪，不敢還故地。

宣德元年，帝遣官招諭之，復業者七百餘人。帝並賜綵幣表裏，以安其反側。三年春，賜安定及曲先衞指揮等官五十三人誥命。

初，大軍之討賊也，安定指揮桑哥與罕東衞軍同奉調從征。罕東違令不至，其所轄板納族瞰桑哥軍遠出，盡掠其部內廬帳畜產。事聞，降敕切責，令速歸所掠，違命則發兵進討。已，進桑哥都指揮僉事。

正統元年遣官齎敕諭安定王及桑哥曰：「我祖宗時，爾等順天命，尊朝廷，輸誠効力，始終不替，朝廷恩賚亦久而弗渝。肆朕嗣位，爾等復遵朝命，約束部下，良用爾嘉。茲特遣官往諭朕意，賜以幣帛。宜益順天心，篤忠誠，保境睦鄰，永享太平之福。」三年，桑哥卒，其子那南奔嗣職。九年，那南奔率衆掠曲先人畜。朝廷遣官諭還之，不奉命，反劫其行李。帝怒，敕責安定王追理。王旣奉命，又陳詞乞憐。帝乃宥之，諭以保國睦鄰之義。十一年冬，亦攀丹卒，子領占幹些兒襲。時王年幼，叔父指揮同知輟思泰巴佐理國事，其同儕多不相下。王遣之入朝，奏請量加一秩，乃擢都指揮僉事。歷景泰、天順、成化三朝，頻入貢。

弘治三年，領占幹些兒卒，子千奔襲。賜齋糧、麻布，諭祭其父。先是，哈密忠順王卒，無子。廷議安定王與之同祖，遣官擇一人爲其後，安定王不許。至是，訪求陝巴於安定，册爲忠順王，命千奔遣送其家屬。千奔怒曰：「陝巴不應嗣王爵，爵應歸綽爾加。」綽爾加者，千奔弟也。且邀厚賞。兵部言：「陝巴實忠順王之孫，素爲國人所服。前哈密無主，遣使取應立者，綽爾加自知力弱不肯往。今事定之後，乃爾反覆，所言不可從。」陝巴迄得立。然千奔以立非己意，後哈密數被寇，竟不應援。十七年率衆侵沙州，大掠而去。正德時，蒙古大酋亦不剌、阿爾禿厮侵據青海，縱掠鄰境。安定遂殘破，部衆散亡。

阿端衛，在撒里畏兀兒之地，洪武八年置。後爲朶兒只巴殘破，其衛遂廢。永樂四年冬，酋長小薛忽魯札等來朝，貢方物，請復置衛設官，從之，卽授小薛等爲指揮僉事。

洪熙時，曲先酋散卽思邀劫朝使，脅阿端指揮鎖魯丹偕行。已，大軍出征，鎖魯丹懼，率部衆遠竄，失其印。宣德初遣使招撫，鎖魯丹猶不敢歸，依曲先雜處。六年春，西寧都督史昭言：「曲先衛眞只罕等本別一部，因其父助散卽思爲逆，竄處畢力术江。其地當烏斯藏孔道，恐復爲亂，宜討之。」帝敕昭曰：「殘寇窮迫，無地自容，宜遣人宥其罪，命復故業。」於是眞只罕率所部還居帖兒谷舊地。明年正月入朝，天子喜，授指揮同知，令掌衛事，以指揮僉事卜答兀副之。眞只罕因言：「阿端故城在回回境，去帖兒谷尙一月程，乞移本土爲便。」天子從其請，仍給以印，賜璽書撫慰之。迄正統朝，數入貢，後不知所終。

其時西域地亦有名阿端者，貢道從哈密入，與此爲兩地云。

曲先衛，東接安定，在肅州西南。古西戎，漢西羌，唐吐蕃，元設曲先答林元帥府。洪武時，酋長入貢。命設曲先衛，官其人爲指揮。後遭朶兒只巴之亂，部衆竄亡，併入安定衛，居阿眞之地。永樂四年，安定指揮哈三、散卽思、三卽等奏：「安定、曲先本二衛，後合爲一。比遭吐番把禿侵擾，不獲寧居。乞仍分爲二，復先朝舊制。」從之。卽令三卽爲指揮使，掌衛事，散卽思副之。又從其請，徙治藥王淮之地。自是屢入貢。

洪熙時，散卽思偕安定部酋劫殺朝使。已，大軍往討，散卽思率衆遠遁，不敢還故土。宣德初，天子赦其罪，遣都指揮陳通等往招撫，復業者四萬二千餘帳。乃遣指揮失剌罕等入朝謝罪，貢駝馬，待之如初。尋擢散卽思都指揮同知，其僚屬悉進官，給以誥命。

五年六月，朝使自西域還，言散卽思數率部衆邀劫往來貢使，梗塞道途。天子怒，命都督史昭爲大將，率左右參將趙安、王彧及中官王安、王瑾，督西寧諸衛軍及安定、罕東之衆，往征之。昭等兵至其地，散卽思先遁，其黨脫脫不花等迎敵。〔二〕諸將縱兵擊之，殺傷甚衆，生擒脫脫不花及男婦三百四十餘人，獲駝馬牛羊三十四萬有奇。自是西番震慴。散卽思素狡悍，天子宥其罪，仍怙惡不悛。至是人畜多損失，乃悔懼。明年四月遣其弟副千戶堅都等四人貢馬請罪。復待之如初，令還居故地并歸其俘。

七年，其指揮那那罕言：「往者安定之兵從討曲先，臣二女、四弟及指揮桑哥等家屬被掠者五百人。今散卽思已蒙赦宥，而臣等親屬猶未還，望聖明垂憐。」天子得奏惻然，語大臣曰：「朕常以用兵爲戒，正恐濫及無辜。彼不自言，何由知之。」卽敕安定王亦攀丹等悉歸所掠。其年，散卽思卒，命其子都立嗣職，賜敕勉之。十年擢那那罕都指揮僉事，其僚屬進職者八十九人。正統七年遣使貢玉石。成化時，土魯番强，被其侵掠。

弘治中，安定王子陝巴居曲先。廷議哈密無主，迎爲忠順王。正德七年，蒙古酋阿爾禿厮亦不剌竄居青海，曲先爲所蹂躪，部族竄徙，其衛遂亡。

明初設安定、阿端、曲先、罕東、赤斤、沙州諸衛，給之金牌，令歲以馬易茶，謂之差發。沙州、赤斤隸肅州，餘悉隸西寧。時甘州西南盡皆番族，受邊臣羈絡，惟北面防寇。後諸衛盡亡，亦不剌據青海，土魯番復據哈密，逼處關外。諸衛遷徙之衆又環列甘肅肘腋，獷悍難馴。於是河西外防大寇，內防諸番，兵事日亟。

赤斤蒙古衛。出嘉峪關西行二十里曰大草灘，又三十里曰黑山兒，又七十里曰回回墓，墓西四十里曰騸馬城，並設墩臺，置瞭卒。城西八十里卽赤斤蒙古。漢燉煌郡地，晉屬晉昌郡，唐屬瓜州，元如之，屬沙州路。

洪武十三年，都督濮英西討，次白城，獲蒙古平章忽都帖木兒。進至赤斤站，獲豳王亦憐眞及其部曲千四百人，金印一。師還，復爲蒙古部人所據。

永樂二年九月，有塔力尼者，自稱丞相苦术子。率所部男婦五百餘人，自哈剌脫之地來歸。詔設赤斤蒙古所，以塔力尼爲千戶，賜誥印、綵幣、襲衣。八年，回回哈剌馬牙叛於肅州，約塔力尼爲援。拒不應，而率部下擒賊六人以獻。天子聞之喜，詔改千戶所爲衛，擢塔力尼指揮僉事，其部下授官者三人。明年遣使貢馬。又明年以匿叛賊老的罕，將討之。用侍講楊榮言，止兵勿進，而賜敕詰責，塔力尼卽擒老的罕來獻。天子嘉之，進秩指揮同知，賜賚甚厚。久之卒，子且旺失加襲，修貢如制，進指揮使。宣德二年再進都指揮同知，其僚屬亦多進秩。

正統元年，其部下指揮可兒卽掠西域阿端貢物，殺使臣二十一人。賜敕切責，令還所掠。尋與蒙古脫歡帖木兒、猛哥不花戰，勝之，使來獻捷，進都指揮使。五年，朝使往來哈密者，且旺失加具餱糧、騾馬護送，擢都督僉事。明年，天子聞其部下時往沙州寇掠，或冒

明史卷三百三十二

列傳第二百二十

西域四

撒馬兒罕　沙鹿海牙　達失干　賽藍　養夷　渴石　迭里迷
卜花兒　別失八里　哈烈　俺都淮　八答黑商　于闐　失剌思
俺的干　哈實哈兒　亦思弗罕　火剌札　乞力麻兒　白松虎兒
答兒密　納失者罕　敏眞　日落　米昔兒　黑婁　討來思
阿速　沙哈魯　天方　默德那　坤城　哈三等二十九部附　魯迷

撒馬兒罕，卽漢罽賓地，隋曰漕國，唐復名罽賓，皆通中國。元太祖蕩平西域，盡以諸王、駙馬爲之君長，易前代國名以蒙古語，始有撒馬兒罕之名。去嘉峪關九千六百里。元末爲之王者，駙馬帖木兒也。

洪武中，太祖欲通西域，屢遣使招諭，而遐方君長未有至者。二十年九月，〔一〕帖木兒首遣回回滿剌哈非思等來朝，貢馬十五，駝二。詔宴其使，賜白金十有八錠。自是頻歲貢馬駝。二十五年兼貢絨六匹，青梭幅九匹，紅綠撒哈剌各二匹及鑌鐵刀劍、甲冑諸物。而其國中回回又自驅馬抵涼州互市。帝不許，令赴京鬻之。元時回回徧天下，及是居甘肅者尚多，詔守臣悉遣之，於是歸撒馬兒罕者千二百餘人。

二十七年八月，帖木兒貢馬二百。其表曰：「恭惟大明大皇帝受天明命，統一四海，仁德洪布，恩養庶類，萬國欣仰。咸知上天欲平治天下，特命皇帝出膺運數，爲億兆之主。光明廣大，昭若天鏡，無有遠近，咸照臨之。臣帖木兒僻在萬里之外，恭聞聖德寬大，超越萬古。自古所無之福，皇帝皆有之。所未服之國，皇帝皆服之。遠方絕域，昏昧之地，皆清明之。老者無不安樂，少者無不長遂，善者無不蒙福，惡者無不知懼。今又特蒙施恩遠國，凡商賈之來中國者，使觀覽都邑、城池，富貴雄壯，如出昏暗之中，忽睹天日，何幸如之。又承敕書恩撫勞問，使站驛相通，道路無壅，遠國之人咸得共濟。欽仰聖心，如照世之杯，使臣心中豁然光明。臣國中部落，聞茲德音，歡舞感戴。臣無以報恩，惟仰天祝頌聖壽福祿，如天地永永無極。」照世杯者，其國舊傳有杯光明洞徹，照之可知世事，故云。帝得表，嘉其有文。明年命給事中傅安等齎璽書、幣帛報之。其貢馬，一歲再至，以千計，並賜寶鈔償之。

成祖踐阼，遣使敕諭其國。永樂三年，傅安等尚未還，而朝廷聞帖木兒假道別失八里率兵東，敕甘肅總兵官宋晟儆備。五年六月，安等還。初，安至其國被留，朝貢亦絕。尋令人導安徧歷諸國數萬里，以誇其國廣大。至是帖木兒死，其孫哈里嗣，乃遣使臣虎歹達等送安還，貢方物。帝厚賚其使，遣指揮白阿兒忻台等往祭故王，而賜新王及部落銀幣。其頭目沙里奴兒丁等亦貢駝馬。命安等賜其王綵幣，與貢使偕行。七年，安等還，王遣使隨入貢。自後，或比年，或間一歲，或三歲，輒入貢。十三年遣使隨李達、陳誠等入貢。暨辭歸，命誠及中官魯安偕往，賜其頭目兀魯伯等白銀、綵幣。其國復遣使隨誠等入貢。十八年復命誠及中官郭敬齎敕及綵幣報之。宣德五年秋、冬，頭目兀魯伯米兒咱等遣使再入貢。七年遣中官李貴等齎文綺、羅錦賜其國。

正統四年貢良馬，色玄，蹄額皆白。帝愛之，命圖其像，賜名瑞騟，賞賚有加。十年十月書諭其王兀魯伯曲烈干曰：「王遠處西陲，恪修職貢，良足嘉尚。使回，特賜王及王妻子綵幣表裏，示朕優待之意。」別敕賜金玉器、龍首杖、細馬鞍及諸色織金文綺，官其使臣爲指揮僉事。

景泰七年貢馬駝、玉石。禮官言：「舊制給賞太重。今正、副使應給一等、二等賞物者，如舊時。三等人給綵緞四表裏，絹三匹，織金紵絲衣一襲。其隨行鎮撫、舍人以下，遞減有

差。所進阿魯骨馬每匹綵緞四表裏、絹八匹，駝三表裏、絹十匹，達達馬不分等第，每匹紵絲一匹、絹八匹、折鈔絹一匹，中等馬如之，下等者亦遞減有差。」制可。又言：「所貢玉石，堪用者止二十四塊，六十八斤，餘五千九百餘斤不適於用，宜令自鬻。而彼堅欲進獻，請每五斤賜絹一匹。」亦可之。已而使臣還，賜王卜撒因文綺、器物。天順元年命都指揮馬雲等使西域，敕獎其鎖魯檀毋撒，賜綵幣，令護朝使往還。鎖魯檀者，君長之稱，猶蒙古可汗也。七年復命指揮詹昇等使其國。

成化中，其鎖魯檀阿黑麻三入貢。十九年偕亦思罕酋長貢二獅，至肅州，其使者奏請大臣往迎。職方郎中陸容言：「此無用之物，在郊廟不可爲犧牲，在乘輿不可被騑服，宜勿受。」禮官周洪謨等亦言往迎非禮，帝卒遣中使迎之。獅日啖生羊二，醋、酐、蜜酪各二瓶。養獅者，光祿日給酒饌。帝既厚加賜賚，而其使者怕六灣以爲輕，援永樂間例爲請。禮官議從正統四年例，加綵幣五表裏。使者復以爲輕，乃加正、副使各二表裏，從者半之，命中官韋洛、鴻臚署丞海濱送之還。其使者不由故道赴廣東，又多買良家女爲妻妾，洛等不爲禁止。久之，洛上疏委罪於濱，濱坐下吏。其使者請泛海至滿剌加市狻猊以獻，市舶中官韋眷主之，布政使陳選力陳不可，乃已。

弘治二年，其使由滿剌加至廣東，貢獅子、鸚鵡諸物，守臣以聞。禮官耿裕等言：「南海

非西域貢道，請却之。」禮科給事中韓鼎等亦言：「狻猊之獸，狎玩非宜，且騷擾道路，供費不貲，不可受。」帝曰：「珍禽奇獸，朕不受獻，況來非正道，其卽却還。守臣違制宜罪，姑貸之。」禮官又言：「海道固不可開，然不宜絕之已甚，請薄犒其使，量以綺帛賜其王。」制可。明年又偕土魯番貢獅子及哈剌、虎剌諸獸，由甘肅入。鎮守中官傅德、總兵官周玉等先圖形奏聞，卽遣人馳驛起送。獨巡按御史陳琛論其糜費煩擾，請勿納。禮官議如其言，量給犒賞，且言：「聖明在御，屢却貢獻，德等不能奉行德意，請罪之。」帝曰：「貢使既至，不必却回，可但遣一二人詣京。獅子諸物，每獸日給一羊，不得妄費。德等貸勿治。」後至十二年始來貢。[二]明年復至。而正德中猶數至。

嘉靖二年，貢使又至。禮官言：「諸國使臣在途者遷延隔歲，在京者伺候同賞，光祿、郵傳供費不貲，宜示以期約。」因列上禁制數事，從之。十二年偕天方、土魯番入貢，稱王者至百餘人。禮官夏言等論其非，請敕閣臣議所答。張孚敬等言：「西域諸王，疑出本國封授，或部落自相尊稱。先年亦有至三四十人者，卽據所稱答之。若驟議裁革，恐人情觖望，乞更敕禮、兵二部詳議。」於是言及樞臣王憲等謂：「西域稱王者，止土魯番、天方、撒馬兒罕。如日落諸國，稱名雖多，朝貢絕少。弘、正間，土魯番十三入貢，正德間，天方四入貢，稱王者卒一人，多不過三人，餘但稱頭目而已。至嘉靖二年、八年，天方多至六七人，土

魯番至十一二人，撒馬兒罕至二十七人。孚敬等言三四十人者，并數三國爾。今土魯番十五王，天方二十七王，撒馬兒罕五十三王，實前此所未有。弘治時回賜敕書，止稱一王。若循撒馬兒罕往歲故事，類答王號，人與一敕，非所以尊中國制外蕃也。蓋帝王之馭外蕃，固不拒其來，亦必限以制。其或名號僭差，言詞侮慢，則必正以大義，責其無禮。今謂本國所封，何以不見故牘，謂部落自號，何以達之天朝。我概給以敕，而彼卽據敕恣意往來，恐益擾郵傳，費供億，殫府庫以實谿壑，非計之得也。」帝納其言，國止給一敕，且加詰讓，示以國無二王之義。然諸蕃迄不從，十五年入貢復如故。甘肅巡撫趙載奏：「諸國稱王者至一百五十餘人，皆非本朝封爵，宜令改正，且定貢使名數。通事宜用漢人，毋專用色目人，致交通生釁。」部議從之。二十六年入貢，甘肅巡撫楊博請重定朝貢事宜，禮官復列數事行之。後入貢，迄萬曆中不絕。蓋番人善賈，貪中華互市，既入境，則一切飲食、道途之資，皆取之有司，雖定五年一貢，迄不肯遵，天朝亦莫能難也。

其國東西三千餘里，地寬平，土壤膏腴。王所居城，廣十餘里，民居稠密。西南諸蕃之貨皆聚於此，號爲富饒。城東北有土屋，爲拜天之所，規制精巧，柱皆靑石，雕爲花文，中設講經之堂。用泥金書經，裹以羊皮。俗禁酒。人物秀美，工巧過於哈烈，而風俗、土產多與之同。其旁近東有沙鹿海牙、達失干、賽藍、養夷，西有渴石、迭里迷諸部落，皆役屬焉。

沙鹿海牙，西去撒馬兒罕五百餘里。城居小岡上，西北臨河。河名火站，水勢衝急，架浮梁以渡，亦有小舟。南近山，人多依崖谷而居。園林廣茂。西有大沙洲，可二百里。無水，間有之，鹹不可飲。牛馬悞飲之，輒死。地生臭草，高尺餘，葉如蓋，煮其液成膏，卽阿魏。又有小草，高一二尺，叢生，秋深露凝，食之如蜜，煮爲糖，番名達郞古賓。

永樂間，李達、陳誠使其地，其酋卽遣使奉貢。宣德七年命中官李貴齎敕諭其酋，賜金織文綺、綵幣。

達失干，西去撒馬兒罕七百餘里。城居平原，周二里。外多園林，饒果木。土宜五穀。民居稠密。李達、陳誠、李貴之使，與沙鹿海牙同。

賽藍，在達失干之東，西去撒馬兒罕千餘里。有城郭，周二三里。四面平曠，居人繁

庶。五穀茂殖，亦饒果木。夏秋間，草中生黑小蜘蛛。人被螫，徧體痛不可耐，必以薄荷枝掃痛處，又用羊肝擦之，誦經一晝夜，痛方止，體膚盡蛻。六畜被傷者多死。凡止宿，必擇近水地避之。元太祖時，都元帥薛塔剌海從征賽藍諸國，以礮立功，卽此地也。陳誠、李貴之使，與諸國同。

養夷，在賽藍東三百六十里。城居亂山間。東北有大溪，西流入巨川。行百里，多荒城。蓋其地介別失八里、蒙古部落之間，數被侵擾。以故人民散亡，止戍卒數百人居孤城，破廬頹垣，蕭然榛莽。永樂時，陳誠至其地。

渴石，在撒馬兒罕西南三百六十里。城居大村，周十餘里。宮室壯麗，堂以玉石爲柱，牆壁牕牖盡飾金碧，綴琉璃。其先，撒馬兒罕酋長駙馬帖木兒居之。城外皆水田。東南近山，多園林。西行十餘里，饒奇木。又西三百里，大山屹立，中有石峽，兩崖如斧劈。行二三里出峽口，有石門，色似鐵，路通東西，番人號爲鐵門關，設兵守之。或言元太祖至東印

度鐵門關，遇一角獸，能人言，卽此地也。

迭里迷，在撒馬兒罕西南，去哈烈二千餘里。有新舊二城，相去十餘里，其酋長居新城。城內外居民僅數百家，畜牧蕃息。城在阿木河東，多魚。河東地隸撒馬兒罕，西多蘆林，產獅子。陳誠、李達嘗使其地。

卜花兒，在撒馬兒罕西北七百餘里。城居平川，周十餘里，戶萬計。市里繁華，號爲富庶。地卑下，節序嘗溫，宜五穀桑麻，多絲綿布帛，六畜亦饒。

永樂十三年，陳誠自西域還，所經哈烈、撒馬兒罕、別失八里、俺都淮、八答黑商、迭里迷、沙鹿海牙、賽藍、渴石、養夷、火州、柳城、土魯番、鹽澤、哈密、達失干、卜花兒凡十七國，悉詳其山川、人物、風俗，爲使西域記以獻，以故中國得考焉。宣德七年命李達撫諭西域，卜花兒亦與焉。

別失八里，西域大國也。南接于闐，北連瓦剌，西抵撒馬兒罕，東抵火州，東南距嘉峪關三千七百里。或曰焉耆，或曰龜茲。元世祖時設宣慰司，尋改爲元帥府，其後以諸王鎮之。

洪武中，藍玉征沙漠，至捕魚兒海，獲撒馬兒罕商人數百。太祖遣官送之還，道經別失八里。其王黑的兒火者，卽遣千戶哈馬力丁等來朝，貢馬及海青，以二十四年七月達京師。帝喜，賜王綵幣十表裏，其使者皆有賜。九月命主事寬徹、御史韓敬、評事唐鉦使西域。以書諭黑的兒火者曰：「朕觀普天之下，后土之上，有國者莫知其幾。雖限山隔海，風殊俗異，然好惡之情，血氣之類，未嘗異也。皇天眷佑，惟一視之。故受天命爲天下主者，上奉天道，一視同仁，俾巨細諸國，殊方異類之君民，咸躋乎仁壽。而友邦遠國，順天事大，以保國安民，皇天監之，亦克昌焉。曩者我中國宋君，奢縱怠荒，奸臣亂政。天監否德，於是命元世祖肇基朔漠，入統中華，生民賴以安靖七十餘年。至於後嗣，不修國政，任用非人，致紀綱盡弛，強陵弱，衆暴寡，民生嗟怨，上達於天。天用是革其命，屬之於朕。朕躬握乾符，以主黔黎。凡諸亂雄擅聲教違朕命者兵偃之，順朕命者德撫之。是以三十年間，諸夏奠安，外蕃賓服。惟元臣蠻子哈剌章等尙率殘衆，生釁寇邊，興師致討，勢不容已。兵至捕魚兒海，故元諸王、駙馬率其部屬來降。有撒馬兒罕數百人以貿易來者，朕命官護歸已三年矣。使者還，王卽遣使來貢，朕甚嘉之。王其益堅事大之誠，通好往來，使命不絕，豈不保封國於悠久乎。特遣官勞嘉，其悉朕意。」徹等旣至，王以其無厚賜，拘留之。敬、鉦二人得還。

三十年正月復遣官齎書諭之曰：「朕卽位以來，西方諸商來我中國互市者，邊將未嘗阻絕。朕復敕吏民善遇之，由是商人獲利，疆埸無擾，是我中華大有惠於爾國也。前遣寬徹等往爾諸國通好，何故至今不返？吾於諸國，未嘗拘留一人，而爾顧拘留吾使，豈理也哉！是以近年回回入境者，亦令於中國互市，待徹歸放還。後諸人言有父母妻子，吾念其至情，悉縱遣之。今復使使諭爾，俾知朝廷恩意，毋梗塞道路，致啓兵端。書曰：『怨不在大，亦不在小。惠不惠，懋不懋。』爾其惠且懋哉。」徹乃得還。

成祖卽位之冬，遣官齎璽書綵幣使其國。未幾，黑的兒火者卒，子沙迷查干嗣。永樂二年遣使貢玉璞、名馬，宴賚有加。時哈密忠順王安克帖木兒爲可汗鬼力赤毒死，沙迷查干率師討之。帝嘉其義，遣使賚以綵幣，令與嗣忠順王脫脫敦睦。四年夏來貢，命鴻臚寺丞劉帖木兒齎敕幣勞賜，與其使者偕行。秋、冬暨明年夏，三入貢，因言撒馬兒罕本其先世故地，請以兵復之。命中官把太、李達及劉帖木兒齎敕戒以審度而行，毋輕舉，因賜之綵幣。六年，太等還，言沙迷查干已卒，弟馬哈麻嗣。帝卽命太等往祭，幷賜其新王。

八年以朝使往撒馬兒罕者，馬哈麻待之厚，遣使齎綵幣賜之。明年貢名馬、文豹，命給事中傅安送其使還，賚金織文綺。時瓦剌使者言馬哈麻將襲其部落，因諭以順天保境之義。十一年，貢使將至甘肅，命所司宴勞，且敕總兵官李彬善遇之。明年冬，有自西域還者，言馬哈麻母及弟相繼卒。帝愍之，命安齎敕慰問，賚以綵幣。已而馬哈麻亦卒，無子，從子納黑失只罕嗣。十四年春，使來告喪。命安及中官李達弔祭，卽封其嗣子爲王，賚文綺、弓刀、甲冑，其母亦有賜。明年遣使來貢，言將嫁女撒馬兒罕，請以馬市妝奩。命中官李信等以綺、帛各五百匹助之。十六年，貢使速哥言其王爲從弟歪思所弒，而自立，徙其部落西去，更國號曰亦力把里。帝以番俗不足治，授速哥爲都督僉事，而遣中官楊忠等賜歪思弓刀、甲冑及文綺、綵幣，其頭目忽歹達等七十餘人幷有賜。自是，奉貢不絕。

宣德元年，帝嘉其尊事朝廷，遣使賜之鈔幣。明年入貢，授其正、副使爲指揮千戶，賜誥命、冠帶，自後使臣多授官。三年貢駝馬，命指揮昌英等齎璽書，綵幣報之。時歪思連歲貢，而其母鎖魯檀哈敦亦連三歲來貢。歪思卒，子也先不花嗣。正統元年遣使來朝，貢方物，後亦頻入貢。故王歪思之壻卜賽因亦遣使來貢。十年，也先不花卒，也密力虎者嗣。明年貢馬駝方物，命以綵幣賜王及王母。景泰三年貢玉石三千八百斤，禮官言其不堪用，詔悉收之，每二斤賜帛一匹。天順元年命千戶于志敬等以復辟諭其王，且賜綵幣。成化元年，禮官姚夔等定西域朝貢期，令亦力把里三歲、五歲一貢，使者不得過十人，自是朝貢遂稀。

其國無城郭宮室，隨水草畜牧。人性獷悍，君臣上下無體統。飲食衣服多與瓦剌同。地極寒，深山窮谷，六月亦飛雪。

哈烈，一名黑魯，在撒馬兒罕西南三千里，去嘉峪關萬二千餘里，西域大國也。元駙馬帖木兒既君撒馬兒罕，又遣其子沙哈魯據哈烈。

洪武時，撒馬兒罕及別失八里咸朝貢，哈烈道遠不至。二十五年遣官詔諭其王，賜文綺、綵幣，猶不至。二十八年遣給事中傅安、郭驥等攜士卒千五百人往，爲撒馬兒罕所留，不得達。三十年又遣北平按察使陳德文等往，亦久不還。

成祖踐阼，遣官齎璽書綵幣賜其王，猶不報命。永樂五年，安等還。德文偏歷諸國，說其酋長入貢，皆以道遠無至者，亦於是年始還。德文，保昌人，采諸方風俗作爲歌詩以獻。帝嘉之，擢僉都御史。明年復遣安齎書幣往哈烈，其酋沙哈魯把都兒遣使隨安朝貢。七年達京師，復命齎賜物偕其使往報。明年，其酋遣使朝貢。

撒馬兒罕酋哈里者，哈烈酋兒子也，二人不相能，數搆兵。帝因其使臣還，命都指揮白阿兒忻台齎敕諭之曰：「天生民而立之君，俾各遂其生。朕統御天下，一視同仁，無間遐邇，屢嘗遣使諭爾。爾能虔修職貢，撫輯人民，安於西徼，朕甚嘉之。比聞爾與從子哈里搆兵相仇，朕爲惻然。一家之親，恩愛相厚，足制外侮。親者尚爾乖戾，疏者安得協和。自今宜休兵息民，保全骨肉，共享太平之福。」因賜綵幣表裏，并敕諭哈里罷兵，亦賜綵幣。

白阿兒忻台既奉使，偏詣撒馬兒罕、失剌思、俺的干、俺都淮、土魯番、火州、柳城、哈實哈兒諸國，賜之幣帛，諭令入朝。諸酋長咸喜，各遣使偕哈烈使臣貢獅子、西馬、文豹諸物。十一年達京師。帝喜，御殿受之，犒賜有加。自是，諸國使并至，皆序哈烈於首。及歸，命中官李達、吏部員外郎陳誠、戶部主事李暹、指揮金哈藍伯等送之，就齎璽書、文綺、紗羅、布帛諸物，分賜其酋。十三年，達等還，哈烈諸國復遣使偕來，貢文豹、西馬及他方物。明年再貢，及還，命陳誠齎書幣報之，所過州縣皆宴餞。十五年遣使隨誠等來貢。明年復貢，命李達等報如初。十八年偕于闐、八答黑商來貢。二十年復偕于闐來貢。

宣德二年，其頭目打剌罕亦不剌來朝，貢馬。自仁宗不勤遠略，宣宗承之，久不遣使絕域，故其貢使亦稀至。七年復命中官李貴通西域，敕諭哈烈酋沙哈魯曰：「昔朕皇祖太宗文皇帝臨御之日，爾等尊事朝廷，遣使貢獻，始終如一。今朕恭膺天命，卽皇帝位，主宰萬方，

紀元宣德。小大政務，悉體皇祖奉天恤民，一視同仁之心。前遣使臣齎書幣往賜，道阻而回。今已開通，特命內臣往諭朕意。其益順天心，永篤誠好，相與還往，同爲一家，俾商旅通行，各遂所願，不亦美乎。」因賜以文綺、羅錦。貴等未至，其貢使法虎兒丁已抵京師，卒於館。命官致祭，有司營葬。尋復遣使隨貴貢駝馬、玉石。明年春，使者歸。復命貴護送，賜其王及頭目綵幣。是年秋及正統三年并來貢。

英宗幼沖，大臣務休息，不欲疲中國以事外蕃，故遠方通貢者甚少。至天順元年，復議通西域。大臣莫敢言，獨忠義衞吏張昭抗疏切諫，事乃止。七年，帝以中夏乂安，而遠蕃朝貢不至，分遣武臣齎璽書、綵幣往諭。於是都指揮海榮、指揮馬全往哈烈。然自是來者頗稀，卽哈烈亦不以時貢。

嘉靖二十六年，甘肅巡撫楊博言：「西域入貢人多，宜爲限制。」禮官言：「祖宗故事，惟哈密每年一貢，貢三百人，送十一赴京，餘留關內，有司供給。他若哈烈、哈三、土魯番、天方、撒馬兒罕諸國，道經哈密者，或三年、五年一貢，止送三五十人，其存留賞賚如哈密例。頃來濫放入京，宜敕邊臣恪遵此例，濫放者罪之。」制可。然是時哈烈已久不至，嗣後朝貢遂絕。

其國在西域最強大。王所居城，方十餘里。壘石爲屋，平方若高臺，不用梁柱瓦甓，中

敞，虛空數十間。牕牖門扉，悉雕刻花文，繪以金碧。地鋪氈罽，無君臣、上下、男女，相聚皆席地趺坐。國人稱其王曰鎖魯檀，猶言君長也。男髠首纏以白布，婦女亦白布蒙首，僅露雙目。上下相呼皆以名。相見止稍屈身，初見則屈一足三跪，男女皆然。食無匕箸，有瓷器。以葡萄釀酒。交易用銀錢，大小三等，不禁私鑄。惟輸稅於酋長，用印記，無印者禁不用。市易皆征稅十二。不知斗斛，止設權衡。無官府，但有管事者，名曰刀完。亦無刑法，卽殺人亦止罰錢。以姊妹爲妻妾。居喪止百日，不用棺，以布裹屍而葬。常於墓間設祭，不祭祖宗，亦不祭鬼神，惟重拜天之禮。無干支朔望，每七日爲一轉，周而復始。歲以二月、十月爲把齋月，晝不飲食，至夜乃食，周月始茹葷。城中築大土室，中置一銅器，周圍數丈，上刻文字如古鼎狀。游學者皆聚此，若中國太學然。有善走者，日可三百里，有急使，傳箭走報。俗尚侈靡，用度無節。

土沃饒，節候多暖少雨。土產白鹽、銅鐵、金銀、琉璃、珊瑚、琥珀、珠翠之屬。多育蠶，善爲紈綺。木有桑、榆、柳、槐、松、檜，果有桃、杏、李、梨、葡萄、石榴，穀有粟、麥、麻、菽，獸有獅、豹、馬、駝、牛、羊、雞、犬。獅生於阿木河蘆林中，初生目閉，七日始開。土人於目閉時取之，調習其性，稍長則不可馴矣。其旁近俺都淮、八答黑商，并隸其國。

使其國，竟不復再貢。

沙哈魯，在阿速西海島中。永樂中遣七十七人來貢，日給酒饌、果餌，異於他國。其地，山川環抱，饒畜產，人性樸直，恥鬭好佛。王及臣僚處城中，庶人悉處城外。海產奇物，西域賈人以輕直市之，其國人不能識。

天方，古筠沖地，一名天堂，又曰默伽。水道自忽魯謨斯四十日始至，自古里西南行，三月始至。其貢使多從陸道入嘉峪關。

宣德五年，鄭和使西洋，分遣其儕詣古里。聞古里遣人往天方，因使人齎貨物附其舟偕行。往返經歲，市奇珍異寶及麒麟、獅子、駝雞以歸。其國王亦遣陪臣隨朝使來貢。宣宗喜，賜賚有加。正統元年始命附爪哇貢舟還，賜幣及敕獎其王。六年，王遣子賽亦得阿力與使臣賽亦得哈三以珍寶來貢。陸行至哈剌，遇賊，殺使臣，傷其子右手，盡劫貢物以去，命守臣察治之。

成化二十三年，其國中回回阿力以兄納的游中土四十餘載，欲往雲南訪求。乃攜寶物鉅萬，至滿剌加，附行人左輔舟，將入京進貢。抵廣東，爲市舶中官韋眷侵剋。阿力怨，赴京自訴。禮官請估其貢物，酬其直，許訪兄於雲南。時眷懼罪，先已夤緣於內。帝乃責阿力爲間諜，假貢行奸，令廣東守臣逐還，阿力乃號泣而去。弘治三年，其王速檀阿黑麻遣使偕撒馬兒罕、土魯番貢馬、駝、玉石。

正德初，帝從御馬太監谷大用言，令甘肅守臣訪求諸番騾馬、騸馬，番使云善馬出天方。守臣因請諭諸番貢使，傳達其王，俾以入貢。兵部尚書劉宇希中官指，議令守臣善擇使者與通事，親詣諸番曉諭，從之。十三年，王寫亦把剌克遣使貢馬、駝、梭幅、珊瑚、寶石、魚牙刀諸物，詔賜蟒龍金織衣及麝香、金銀器。

嘉靖四年，其王亦麻都兒等遣使貢馬、駝、方物。禮官言：「西人來貢，陝西行都司稽留半年以上始爲具奏。所進玉石悉粗惡，而使臣所私貨皆良。乞下按臣廉問，自今毋得多攜玉石，煩擾道途。其貢物不堪者，治都司官罪。」從之。明年，其國額麻都抗等八王各遣使貢玉石，主客郎中陳九川簡退其粗惡者，使臣怨。通事胡士紳亦憾九川，因詐爲使臣奏，詞誣九川盜玉，坐下詔獄拷訊。尚書席書、給事中解一貫等論救，不聽，竟戍邊。

十一年遣使偕土魯番、撒馬兒罕、哈密諸國來貢，稱王者至三十七人。禮官言：「舊制，惟哈密與朶顏三衛比歲一貢，貢不過三百人。三衛地近，盡許入都。哈密則十遣其二，餘留待於邊。若西域則越在萬里，素非屬國，難視三衛貢期，而所遣使人倍踰恒數。番文至二百餘通，皆以索取叛人牙木蘭爲詞。竊恐託詞窺伺，以覘朝廷處分。邊臣不遵明例，概行起送，有乖法體。乞下督撫諸臣，遇諸番入貢，分別存留起送，不得概遣入京。且嚴飭邊吏，毋避禍目前，貽患異日，貪納款之虛名，忘禦邊之實策。」帝可其奏。

故事，諸番貢物至，邊臣驗上其籍，禮官爲按籍給賜。籍所不載，許自行貿易。貢使既竣，卽有餘貨，責令攜歸。願入官者，禮官奏聞，給鈔。正德末，黠番猾胥交關罔利，始有貿易餘貨令市儈評直、官給絹鈔之例。至是，天方及土魯番使臣，其籍餘玉石、銼刀諸貨，固求準貢物給賞。禮官不得已，以正德間例爲請，許之。

番使多賈人，來輒挾重貲與中國市。邊吏嗜賄，侵剋多端，類取償於公家。或不當其直，則咆哮不止。是歲，貢使皆黠悍，既習知中國情，且憾邊吏之侵剋也，屢訴之，禮官却不問。鎮守甘肅中官陳浩者，當番使入貢時，令家奴王洪多索名馬、玉石諸物，使臣憾之。一日，遇洪於衢，卽執詣官以證實其事。禮官言事關國體，須大有處分，以服遠人之心。乃命三法司、錦衣衛及給事中各遣官一員赴甘肅按治，洪迄獲罪。

十七年復貢，其使臣請游覽中土。禮官疑有狡心，以非故事格之。二十二年偕撒馬兒

罕、土魯番、哈密、魯迷諸國貢馬及方物。後五六年一貢，迄萬曆中不絕。

天方於西域爲大國，四時常似夏，無雨雹霜雪，惟露最濃，草木皆資之長養。土沃，饒粟、麥、黑黍。人皆頎碩。男子削髮，以布纏之。婦女則編髮蓋頭，不露其面。相傳回回設教之祖曰馬哈麻者，首於此地行教，死卽葬焉。墓頂常有光，日夜不熄。後人遵其教，久而不衰，故人皆向善。國無苛擾，亦無刑罰，上下安和，寇賊不作，西土稱爲樂國。俗禁酒。有禮拜寺，月初生，其王及臣民咸拜天，號呼稱揚以爲禮。寺分四方，每方九十間，共三百六十間，皆白玉爲柱，黃甘玉爲地。其堂以五色石砌成，四方平頂。內用沉香大木爲梁凡五，又以黃金爲閣。堂中垣墉，悉以薔薇露、龍涎香和土爲之。守門以二黑獅。堂左有司馬儀墓，其國稱爲聖人塚。土悉寶石，圍牆則黃甘玉。兩旁有諸祖師傳法之堂，亦以石築成，俱極其壯麗。其崇奉回回教如此。

瓜果諸畜，咸如中國。西瓜、甘瓜有一人不能舉者，桃有重四五斤者，雞、鴨有重十餘斤者，皆諸番所無也。馬哈麻墓後有一井，水淸而甘。泛海者必汲以行，遇颶風取水灑之卽息。當鄭和使西洋時，傳其風物如此。其後稱王者至二三十人，其俗亦漸不如初矣。

默德那，回回祖國也，地近天方。宣德時，其酋長遣使偕天方使臣來貢，後不復至。相傳，其初國王謨罕驀德生而神靈，盡臣服西域諸國，諸國尊爲別諳拔爾，猶言天使也。國中有經三十本，凡三千六百餘段。其書旁行，兼篆、草、楷三體，西洋諸國皆用之。其教以事天爲主，而無像設。每日西向虔拜。每歲齋戒一月，沐浴更衣，居必易常處。隋開皇中，其國撒哈八撒阿的幹葛思始傳其教入中國。迄元世，其人偏於四方，皆守教不替。

國中城池、宮室、市肆、田園，大類中土。有陰陽、星曆、醫藥、音樂諸技。其織文、製器尤巧。寒暑應候，民殷物繁，五穀六畜咸備。俗重殺，不食猪肉。嘗以白布蒙頭，雖適他邦，亦不易其俗。

坤城，西域回回種。宣德五年，其使臣者馬力丁等來朝，貢駝馬。時有開中之令，使者即輸米一萬六千七百石於京倉中鹽。及辭還，願以所納米獻官。帝曰：「回人善營利，雖名朝貢，實圖貿易，可酬以直。」於是予帛四十匹、布倍之。其後亦嘗貢。

自成祖以武定天下，欲威制萬方，遣使四出招徠。由是西域大小諸國莫不稽顙稱臣，獻琛恐後。又北窮沙漠，南極溟海，東西抵日出沒之處，凡舟車可至者，無所不屆。自是，殊

方異域鳥言侏𠎝之使，輻輳闕廷。歲時頒賜，庫藏爲虛。而四方奇珍異寶、名禽殊獸進獻上方者，亦日增月益。蓋兼漢、唐之盛而有之，百王所莫並也。餘威及於後嗣，宣德、正統朝猶多重譯而至。然仁宗不務遠略，踐阼之初，即撤西洋取寶之船，停松花江造舟之役，召西域使臣還京，敕之歸國，不欲疲中土以奉遠人。宣德繼之，雖間一遣使，尋亦停止，以故邊隅獲休息焉。

今采故牘嘗奉貢通名天朝者，曰哈三，曰哈烈兒，曰沙的蠻，曰哈的蘭，曰掃蘭，曰乜克力，曰把力黑，曰俺力麻，曰脫忽麻，曰察力失，曰幹失，曰卜哈剌，曰怕剌，曰你沙兀兒，曰克失迷兒，曰帖必力思，曰火壇，曰火占，曰苦先，曰牙昔，曰牙兒干，曰戎，曰白，曰兀倫，曰阿端，曰邪思城，曰捨黑，曰擺音，曰克癿，計二十九部。以疆域褊小，止稱地面。與哈烈、哈實哈兒、賽藍、亦力把力、失剌思、沙鹿海牙、阿速、把丹皆由哈密入嘉峪關，或三年、五年一貢，入京者不得過三十五人。其不由哈密者，更有乞兒、麻米兒、哈蘭可脫、乩蠟燭、也的干、剌竹、亦不剌、因格失、迷乞兒、吉思羽奴、思哈辛十一地面，亦嘗通貢。

魯迷，去中國絕遠。嘉靖三年遣使貢獅子、西牛。[四] 給事中鄭一鵬言：「魯迷非嘗貢之邦，獅子非可育之獸，請卻之，以光聖德。」禮官席書等言：「魯迷不列王會，其眞僞不可知。近土魯番數侵甘肅，而邊吏於魯迷册內，察有土魯番之人。其狡詐明甚，請遣之出關，治所獲間諜罪。」帝竟納之，而令邊臣察治。

五年冬，復以二物來貢。[五] 既頒賜，其使臣言，長途跋涉，費至二萬二千餘金，請加賜。御史張祿言：「華夷異方，人物異性，留人養畜，不惟違物，抑且拂人。況養獅日用二羊，養西牛日用果餌。獸相食與食人食，聖賢皆惡之。又調御人役，日需供億。以光祿有限之財，充人獸無益之費，殊爲拂經。乞返其人，卻其物，薄其賞，明中國聖人不貴異物之意。」不納。乃從禮官言，如弘治撒馬兒罕例益之。二十二年偕天方諸國貢馬及方物，明年還至甘州。會迤北賊入寇，總兵官楊信令貢使九十餘人往禦，死者九人。帝聞，褫信職，命有司棺斂歸其喪。二十七年、三十三年并入貢。其貢物有珊瑚、琥珀、金剛鑽、花瓷器、鎖服、撒哈剌帳、羚羊角、西狗皮、捨列猻皮、鐵角皮之屬。

校勘記

〔一〕二十年九月　九月，原作「四月」，據太祖實錄卷一八五洪武二十年九月壬辰條改。

〔二〕後至十二年始來貢　十二年，原作「十六年」，據本書卷一五孝宗紀、孝宗實錄卷一五三弘治十

二年八月辛卯條改。

〔三〕正統二年　正統，原作「正德」。按下文有景泰四年，正德不應敍於景泰之前。據明史稿傳二〇五黑婁傳改。

〔四〕遣使貢獅子西牛　西牛，本書卷一七世宗紀作「犀牛」。

〔五〕五年冬復以二物來貢　按本書卷一七世宗紀，嘉靖五年無魯迷入貢的記載，世宗實錄卷七二嘉靖六年正月丁未條，有魯迷來貢獅子西牛並請加賜事。

張廷玉上明史表

經筵日講官太保兼太子太保保和殿大學士兼管吏部尚書翰林院掌院學士事世襲三等伯臣張廷玉等上言：

臣等奉敕纂修明史告竣，恭呈睿鑒，臣等謹奉表恭進者。伏以瑤圖應運，丹綸繙竹素之遺；雒鼎凝庥，玉局理汗青之業。集百年之定論，裒一代之舊聞，歷纂輯於興朝，畢校紬於茲日。垂光册府，煥采書林。竊惟論道首在尊經，紀事必歸攬史。興衰有自，七十二君之蹟何稱；法戒攸關，二十一史之編具在。繼咸五登三之治，心源不隔於邃初；開萬方一統之模，典制必參諸近世。況乎歲時綿歷，載籍叢殘。執簡相先，合衆長而始定；含毫能斷，昭公道以無私。考獻徵文，用備酉山之秘；屬辭比事，上塵乙夜之觀。欽惟皇帝陛下，乘六御天，奉三出治。紹庭建極，綏蕩平正直之猷；典學傳心，綜忠敬質文之統。觀人文以化天下，鑑物惟公；考禮樂以等百王，折衷必當。

惟茲明史，職在儒臣。紀統二百餘年，傳世十有六帝。創業守成之略，卓乎可觀；典章文物之規，燦然大備。迨乎繼世，法弗飭於廟堂；降及末流，權或移於閹寺。無治人以行治

法，既外釁而內訌；因災氛以啓寇氛，亦文衰而武弊。朝綱不振，天眷既有所歸；賊焰方張，明祚遂終其運。我國家丕承景命，肇建隆基，天戈指而掃欃槍，王會圖而陳玉帛。滌中原寇盜之孽，奠我民生；慰前朝諸帝之心，雪其國恥。迄今通侯備恪，俎豆相承；依然守戶衞陵，松楸勿翦。是則擴隆恩於覆載，既極優崇；因之徵故籍於春秋，絕無忌諱。

第以長編汗漫，抑且雜記舛訛。靖難從亡，傳聞互異；追尊議禮，聚訟紛拏。降及國本之危疑，釀爲要典之決裂。兵符四出，功罪難明；黨論相尋，貞邪易貿。稗官野錄，大都荒誕無稽；家傳碑銘，亦復浮夸失實。欲以信今而傳後，允資博考而旁參。仰惟聖祖仁皇帝搜圖書於金石，羅耆俊於山林。創事編摩，寬其歲月。我世宗憲皇帝重申公慎之旨，載詳討論之功。

臣等於時奉敕充總裁官，率同纂修諸臣開館排緝。聚官私之紀載，核新舊之見聞。籤帙雖多，牴牾互見。惟舊臣王鴻緒之史稿，經名人三十載之用心。進在彤闈，頒來秘閣。首尾略具，事實頗詳。在昔漢書取裁於馬遷，唐書起本於劉昫。苟是非之不謬，詎因襲之爲嫌。爰即成編，用爲初稿。發凡起例，首尚謹嚴；據事直書，要歸忠厚。曰紀，曰志，曰表，曰傳，悉仍前史之體裁；或詳，或略，或合，或分，務覈當時之心跡。文期共喻，掃艱深鄙穢之言；事必可稽，黜荒誕奇衺之說。十有五年之內，幾經同事遷流；三百餘卷之書，以次隨時告竣。勝國君臣之靈爽，實式憑之；累朝興替之事端，庶幾備矣。

臣等才謝宏通，學慚淹貫。幸際右文之代，獲尚論於先民；敢云稽古之勤，遠希風於作者。恭蒙睿鑒，俾授梓人。伏願金鏡高懸，璇樞廣運。參觀往跡，考證得失之源；懋建鴻猷，昭示張弛之度。無怠無荒而熙庶績，化阜虞絃；克寬克仁而信兆民，時存殷鑒。則冠百王而首出，因革可徵百世之常；邁千祀以前驅，政教遠追千古而上矣。謹將纂成本紀二十四卷，志七十五卷，表十三卷，列傳二百二十卷，目錄四卷，共三百三十六卷，刊刻告成，裝成一十二函，謹奉表隨進以聞。

乾隆四年七月二十五日

經筵日講官太保兼太子太保保和殿大學士兼管吏部尚書翰林院掌院學士事世襲三等伯　臣張廷玉

太子少保食尚書俸　臣徐元夢

戶部右侍郎加五級　臣留保

乾隆四年七月二十五日奉旨開列在事諸臣職名

監理

議政大臣辦理理藩院尚書事務兼總管內務府和碩莊親王　臣允祿

總裁

經筵日講官太保兼太子太保保和殿大學士兼管吏部尚書翰林院掌院學士事世襲三等伯　臣張廷玉

原任太子太傅文華殿大學士兼吏部尚書加五級　臣朱軾

原任經筵講官太子太傅文華殿大學士兼理戶部尚書事務加七級　臣蔣廷錫

太子少保食尚書俸　臣徐元夢

原任議政大臣戶部尚書管理三庫兼步軍統領教習庶吉士　臣鄂爾奇

原任經筵講官禮部尚書　臣吳襄

戶部右侍郎加五級　臣留保

原任兵部左侍郎教習庶吉士臣胡煦
原任經筵講官通政使司通政使臣覺羅逢泰

纂修

太子少保兵部尚書兼都察院右副都御史總督直隸等處地方紫荆密雲等關隘，提督軍務兼理糧餉加一級臣孫嘉淦
原任刑部右侍郎臣喬世臣
翰林院侍讀學士臣汪由敦
原任翰林院侍講學士臣楊椿
翰林院侍讀臣鄭江
原任右春坊右贊善兼翰林院檢討臣彭廷訓
原任國子監司業臣胡宗緒
原任翰林院編修臣陶貞一
原任翰林院編修臣蔣繼軾
原任翰林院編修臣陸奎勳

光祿寺少卿臣梅瑴成
原任吏科都給事中臣楊爾德
原任給事中臣閆圻
原任監察御史臣姚之駰
原任監察御史臣吳啓昆
原任翰林院庶吉士改授內閣中書臣韓孝基
原任翰林院庶吉士改授內閣中書臣馮汝軾
內閣中書舍人臣吳麟
原任盛京戶部員外郎臣藍千秋
原任湖北按察使司按察使臣唐繼祖
湖北分守武昌道按察使司副使臣吳龍應
原任湖南糧儲道布政使司參議臣王葉滋
山東兗州府寧陽縣知縣臣姚焜
原任翰林院庶吉士改授知縣臣金門詔
候選知縣臣萬邦榮

提調

盛京刑部侍郎加三級紀錄二次臣覺羅吳拜
內閣學士兼禮部侍郎加一級紀錄一次臣伊爾敦
內閣學士兼禮部侍郎佐領加三級紀錄三次臣春山
日講官起居注翰林院侍讀學士加四級紀錄三次臣春臺
原任內閣侍讀學士臣汪國弼
原任翰林院侍講學士臣世祿
原任四川布政使司布政使候補京堂臣竇啓瑛
原任四川永寧道布政使司參議加一級紀錄一次臣劉嵩齡
署理日講官起居注翰林院編修兼武英殿校對臣朱良裘

收掌

內閣侍讀學士加三級紀錄二次臣佟世德
戶部員外郎加一級紀錄二次臣石海

工部員外郎加一級紀錄三次臣覺羅彰古禮
盛京兵部郎中紀錄二次臣鄂禮善
戶部主事加二級紀錄三次臣佟鏞
內閣中書加一級紀錄二次臣伊希德
內閣中書加二級紀錄二次臣圖敏
翰林院待詔加一級隨帶又加一級紀錄二次臣朝奇
翰林院七品筆帖式在起居注行走加二級紀錄一次臣覺羅懷玉
翰林院八品筆帖式加一級紀錄二次臣六格
翰林院八品筆帖式在起居注行走加二級紀錄二次臣七十六
翰林院八品筆帖式加三級紀錄一次臣索銘
九門提督衙門八品筆帖式加三級紀錄三次臣多紳

繕寫

翰林院檢討臣韓彥曾
戶部司務留翰林院待詔任臣吳自高

福建永春州知州臣杜昌丁
候補知縣臣姚士塽
直隸永平府遷安縣知縣臣李廷益
候選知縣臣朱瑄
候選知縣臣楊述曾
候選州判臣戴大欽
候選州判揀選直隸試用臣焦作新
候選州判臣葉兆華
候選州判臣曹江
候選縣丞揀選福建鹽場大使臣方南瀠
福建建寧府浦城縣縣丞臣呂萬年
江西瑞州府上高縣縣丞臣黃鏞
江西廣信府興安縣縣丞臣羅德齡
江南松江府金山縣縣丞臣張曰謨
福建邵武府邵武縣縣丞臣朱淮臣

候補縣丞臣金帶
山西朔平府經歷臣羅溶
山西汾州府經歷臣王是荷
江西九江府經歷臣錢毓崧
候選經歷臣何津
候選經歷臣謝沛生
候選經歷臣金元霖
候選經歷臣葛舜有
候選主簿臣馬士憲
候選主簿臣汪連芳
候選主簿臣陳塤
雲南祿勸州吏目臣呂春
雲南新興州吏目臣畢大書
河南光州吏目臣馮大績
廣西柳城縣東泉鎮巡檢臣王紹曾

廣西宣化縣金城寨巡檢臣范尙仁
江南奉賢縣南橋鎮巡檢臣童秉德
廣東西寧縣夜護司巡檢臣甯玠
廣東萬州龍滾司巡檢臣沈彝
貴州平越府湄潭縣典史臣金鼎
河南懷慶府河內縣典史臣張沅
廣西思恩府武緣縣典史臣張景琦
四川重慶府墊江縣典史臣陳書
候補典史臣于世寧
候選典史臣徐璟

校對

經筵講官吏部右侍郎加二級臣陳大受
日講官起居注詹事府詹事兼翰林院侍讀學士加一級臣陳浩
日講官起居注詹事府少詹事兼翰林院侍講學士臣呂熾

署理日講官起居注翰林院編修兼明史館提調臣朱良裘
翰林院編修加一級臣熊暉吉
翰林院編修臣吳兆雯
原任翰林院編修臣于枋
翰林院編修加三級臣田志勤
翰林院編修加一級臣夏廷芝
翰林院檢討臣唐進賢
翰林院編修臣董邦達
翰林院編修臣張映斗
翰林院編修臣陸嘉穎
原任翰林院編修臣張蘭清
翰林院編修臣曹秀先
翰林院檢討臣吳泰
翰林院編修臣李清芳
翰林院編修臣潘乙震

中華書局

翰林院編修　臣沈廷芳

翰林院編修　臣馮祁

翰林院編修　臣吳紱

翰林院檢討　臣萬松齡

巡察臺灣御史　臣楊二酉

協理陝西道事福建道監察御史　臣陳仁

原任監察御史　臣邱玖華

翰林院庶吉士今改補戶部主事　臣帥家相

拔貢生　臣費應泰

拔貢生　臣葉環

拔貢生　臣盧明楷

拔貢生　臣廖名揚

拔貢生　臣徐顯烈

優貢生　臣王男

拔貢生　臣薛世梠

在事諸臣職名　八六四一

在事諸臣職名　八六四二

副榜貢生　臣陳俊乂

拔貢生　臣王積光

拔貢生　臣李謙

恩貢生　臣曾尚渭

監造

內務府南苑郎中兼佐領加六級紀錄八次　臣雅爾岱

內務府錢糧衙門郎中兼佐領加五級紀錄四次　臣永保

內務府廣儲司員外郎加二級　臣雙玉

內務府都虞司主事加二級紀錄一次　臣西寧

內務府廣儲司司庫加二級　臣胡三格

監造　臣恩克

監造加一級　臣永忠

庫掌　臣于保柱

庫掌　臣鄭桑格

二十四史（全二十册）

中華書局 出版 發行
（北京市豐臺區太平橋西里38號 100073）
http://www.zhbc.com.cn
E-mail:zhbc@zhbc.com.cn

一九九七年十一月 第一版
二〇二三年十月第七次印刷
850×1168毫米 1/16 1287印張
印數 18001-18600套
北京盛通印刷股份有限公司
ISBN 978-7-101-01675-8
定價：叁仟玖佰捌拾圓